商文明的信仰世界与传统思想渊源

上编 昊天充满神兽：商文明祈天的信仰结构

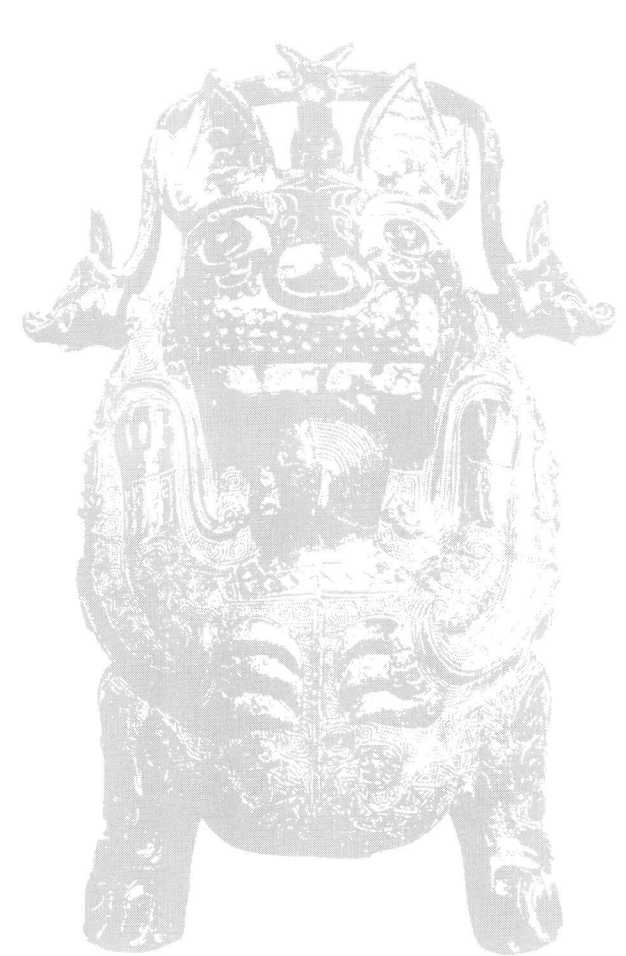

郭静云 著

图书在版编目(CIP)数据

商文明的信仰世界与传统思想渊源 / 郭静云著. —
上海：上海古籍出版社，2023.1
ISBN 978-7-5732-0482-0

Ⅰ.①商… Ⅱ.①郭… Ⅲ.①商文化(考古学)—研究
Ⅳ.①K871.34

中国版本图书馆 CIP 数据核字(2022)第 203791 号

商文明的信仰世界与传统思想渊源

郭静云 著

上海古籍出版社出版发行

(上海市闵行区号景路 159 弄 1-5 号 A 座 5F　邮政编码 201101)

(1) 网址：www.guji.com.cn

(2) E-mail：guji1@guji.com.cn

(3) 易文网网址：www.ewen.co

上海天地海设计印刷有限公司印刷

开本 787×1092　1/16　印张 83.5　插页 6　字数 1,403,000
2023 年 1 月第 1 版　2023 年 1 月第 1 次印刷

印数：1—2,100

ISBN 978-7-5732-0482-0

B·1281　定价：298.00 元

如有质量问题,请与承印公司联系

目　录

中编　非兽形的崇高对象和人形的天人媒介

序

　　这本书极大地满足了本人对上古世界的好奇心,也激发起进一步探索的强烈愿望。

　　创造那些瑰丽神奇的青铜和玉石宝物的年代,已经离我们三四千年远了。这些宝物在自己的生命历程中,虽曾有过灿烂与辉煌,然终被深埋于历史的尘土中而不为人知,其后又因着偶然的机会不断被挖掘出土,重见天光,吸引世人的注意,引发世人的好奇心而急欲解读之。人们想要知道,它们为什么要这样造型,它们的构图方式为什么那么奇特? 那些制作这些器物的古人,有着怎样的精神世界?

　　自宋代金石学诞生以迄于今,对它们进行了解和解读的努力可谓千年不绝,一代又一代的睿智之士,怀揣着极大的热情,前赴后继,殚精竭虑,苦求答案。现代考古学出现后,这种对历史本源和古人精神世界的求索更甚于前,且使用上了各种科学方法和手段。千年求索的成果不可谓不丰,奈何那些创造这些宝物的人们,已经邈远难稽;而与他们精神世界的理解和沟通,则更像是在浓密的暗夜中前行;是故,对那些青铜器的分析,对其主人们精神世界的理解,虽然众说纷纭,著作充栋,可管窥真相的真知灼见亦屡被提出,然而,总体来说,终不免有雾里看花的迷茫、盲人摸象的局限和难中肯綮的失望。直到读了这本书,始有茅塞顿开而豁然开朗之感,恰似晨光照进暗夜,使上古先民精神世界的历史轮廓显明如晨。而且,需要说明的是,本书脱胎自 2016 年出版的《天神与天地之道:巫觋信仰与传统思想渊源》一书,2016 年以后,作者对相关问题的思考更加深入,所以此次修订在内容上颇多补充和更新,特别是上编第五、七、八章以及中编第二至四章,内容皆有大幅更新和补充,且新增了中编第一章,所以,因此所勾勒的历史轮廓也更加清晰和全面。

诚如作者所言,这本书的主旨是透视中国青铜时代精神文化的源与流。不同于学界此前将郑洛地区的二里头文化、二里岗文化视为中国青铜时代早期的标杆,本书以作者在其著作《夏商周:从神话到史实》一书中所论述的史实作为背景,并进一步加强或细化其论述和论证,认为早期中国青铜文化发展的主流实为长江中游地区的石家河文化、后石家河文化和盘龙城文化,后石家河文化可能为文献中所称的三苗和夏王国时代,盘龙城文化则对应着汤商王国时期(因其建国王为成汤而得名;又因其主要在楚地,故又可称为"楚商",与同样以地方命名的"殷商"相对应;同时,因殷商习惯上被称为"晚商",则此商又可称为"早商")。后来殷人南下打败汤商,吸收并合并了汤商的谱系和文化,并自称为"商",是为"殷商"。书中以充分的事实说明,殷商是一个多元及整体化的上古帝国,具有系统的祭礼结构和信仰体系。这一体系奠基于长江流域特别是长江中游新石器至青铜时代早期源远流长的稻作农耕文化及猎民文化,先在汤商时期形成和成熟,后在殷商时期再吸收、消化而同化了多元的声音和因素,并被加以整合、整体化。周总体上是从此一文化基础成长起来的,不过,自西周中晚期开始刻意强调其与殷商的区分,而使文化面貌发生变化,逐渐获得新的意义。总体而言,商文明宗教体系的历史涵盖千余年甚至近两千年的历史,直至秦汉才失传。所以,这本书实际上是以两商信仰体系作为探索的主轴和承前启后的关键环节:一方面,将两商文明视为多元的上古信仰总体化的"终点",另一方面,又将其视为后期传统形成的"出发点"。

本书分上、中、下三编。上编通过礼器和文献,主要探索上古神秘的神兽形象,包括当时最为重要的三种神兽龙、虎、凤的造型、意义及演变过程。中编主要探讨非兽形的"天"、"帝"和"祖"的形象、内涵及其表达方式,以及巫师的身份及相关礼仪。可以说,上编和中编勾画了上古巫觋信仰的主要图景。下编主要探索商代无形体的信仰对象和相关概念,包括天地、四方、五色、神明等,侧重于讨论这些对象和概念在商时代巫觋信仰体系中的内涵、意义,以及相关的祭礼活动、具象表达方式,还有此后在西周特别是春秋战国轴心时代所经历的哲理化过程,其中包括对于后世中国哲学颇为关键的几个概念,如易、道等。

长期以来,人们对中国夏商周时代青铜器、玉器以及其他礼器的造型和纹饰迷惑不解。这一类形象一般以夔纹或饕餮纹最为常见,容庚、张光直等诸多前辈学者都曾进行专门分类和研究。近来学界往往以"兽面纹"来命名。本书作者在收集分析此类纹饰形象及其变体之后,发现它们其实都有着"双"嘴口的结构。作者又发现,这种造型其实就是殷商甲骨文里"神"字的形象来源,所以,当时的夔纹或饕餮纹,准确地说,应该是当时的"神纹"。这种形象象征着"死"(被神吞食)与"永生"(被神吐出而再生并获得神性),是古人精神信仰的重点。

这种双嘴口结构和意义表达方式其实与人类学家经常讨论的"通过仪式"(又称生命礼仪、过渡仪式,即 Rites of Passage)非常吻合。"通过仪式"由盖涅普最先提出,后来通过象征人类学家维克多·特纳的提倡而广为人知,它广泛存在于人类社会的各种生命礼仪之中。此类仪式有三个阶段,即与过去状态分离(separation),中间过渡状态(transition)和重新进入全新状态(reintegration)。在本书揭示的天神信仰中,这三个阶段分别被造型为被神嘴吞进(分离)、在神肚与神合为一体(过渡),从神口吐出而臻神化(经再生而永生)。可以说,此种观察和理解,突显作者在纷繁复杂而扑朔迷离的中国青铜时代诸多礼器造型和纹饰中切中肯綮,非常精准地抓住了上古精神文化的深层结构,从而找到了开启上古精神文化殿堂的钥匙。

在此基础上,书中进一步描绘了商代人心目中的天神形象:天神神能的重点在于"神降"(吐泄甘露),以实现天地之交、上下关联、万物之死生。但是负责上下相联的神,不能只下降,亦须上升。自上而下的神降意味着盈生,而自下而上的神升即意味着死亡而再生。天神负责一切万物死生循环,并赋予人以神格化的奥秘形象,通过祂可以衍生"神人";商王一方面是自己祖先的后裔,同时也是由龙形神母所衍生的"神子",所以拥有超越性能力,而能获得天神的保祐。这也是后世将神龙作为帝王的象征的文化源头。

需要特别说明的是,在历史过程中,名称、形象和内在含义这三者并不总是同步演化、相伴共生,因此容易导致误解。"神"与"龙"这两个名词的能指与所指就曾因历史语言及精神文化的演化而相互纠缠,并发生多次转换。在两商人心目中,"神"与"龙"所指并不尽相同。按照作者研究,在商人看来当时所有礼器造型上出现的夔龙纹、饕餮纹和云雷纹等,都是双嘴口结构的"神纹",是他们心目中管理死生的"天神"。而甲骨金文中的"龍"字字形却为单首单口,是头上带"辛"形("辛"为十干之一,故此字还暗示着商王室对十干的崇拜)的虫王形象,一般用作人名、地名或族徽,这很可能代表着早商王室宗族的神祕始祖对象(图腾标志)。

但是,在后来的发展中,"神"和"龙"两个字的所指和能指发生了混合、借用和转移。"神"的原初概念包含自然界与人生的死生,是非常具体的崇拜对象;后来在历史上却有非常大的发展,"神"字的涵义不断膨胀,从一开始仅止于描述夔龙的形体,跨越到描述一切神妙的过程和超自然力量。在这一演变过程中,虽然"神"字字形变化不大,至今仍可追溯本源,但其具象表达方式在西周以后逐渐被抽象化和神祕化:从西周中晚期开始,随着双嘴夔龙天神信仰减弱,夔纹开始几何化(窃曲纹);春秋中晚期又演变成高度几何化的蟠螭纹,甚至变成为完全几何化的蟠虺纹,成为一种纯粹的装饰性纹样;另一方面夔龙被人格化,衍生出雌雄之别,逐渐远离双嘴龙的形象。经过这些变化,最终使"神"字、天神之本义与具象化的双嘴龙形象几乎脱离了关系。

也就是说,"神"字的本义在历史语言的演化中,逐渐从一种非常具体的崇拜对象(神兽天神),演变成为一种概念化的类称,用于泛指一切超自然的、神祕的力量和崇拜对象。这一方面使得"神"字与其原本所指代的夔龙形象脱钩,也促使夔龙形象获得新的名称,即转用"龍"字来表达和命名自身(这种转用具有共同的语义基础,即"神"和"龍"之本义皆蕴含有生命来源之意,只不过前者寓意所有生命来源,而后者仅寓意商王族来源)。同时,夔龙的形象也在改变,衍生出单嘴龙的形象(商文明中的"龍"原本就是指单嘴龙),并将其原有的部分神性意义赋予到单嘴龙身上。比如,在民间信仰中,单嘴龙成为管水的神(吐水原本是商文明中作为神兽天神的双嘴夔龙的神能表现之一),以及作为天子象征(在商文明中,王被认为是神兽天神之子,即神子)。

所以,在今天的语文中所讨论的"龙"的起源与演变,若放在商周及以前的语境中,所指应为"天神"这种神兽信仰崇拜的起源与流变。作者研究表明,此类形象可谓源远流长,内生于长江中游稻作文明的土壤中。其形象源头最早或许可追溯到距今8 200—7 000年前的长江中游皂市下层文化,其后在距今约7 000—5 500年前的汤家岗文化、大溪文化一直可见其踪,在距今5 500—5 000年前的屈家岭-崧泽时代扩展到长江下游,在距今约4 400—3 650年前的后石家河文化玉器上可见到此种形象趋于定型,最终由商王国(距今约3 650—3 250年前)将其上升为国家宗教主祀大神,并随商文明影响力的扩展而传播到广大范围内,由此奠定中国上古农耕文明共同信仰的基础。

在系统论述夔龙天神信仰的基础上,书中进一步描述和展示虎、凤和其他各种神兽形象在商时代的结构和内在意涵,以及它们与相关神秘符号的关系,并结合祈卜仪式、颜色等等非直接叙述的形象语言的分析,为我们描绘了商文明系统而完整的宇宙图景：天中有帝，先王等祖先在祂左右；天空四方有四凤，在天上负责中与方的相合；天上另有神龙负责降甘露，从天上通过吞吐实现上下之交，而地面之下水中有乌龟，能感受天意而参加上下之交；作为神灵雨的甘露自天降于地，而太阳从地下升于天，构成上下神明之交；此外，地上中央有王，负责使中央与四方相合，并共同供明德祭天；同时，人王从地的中央通达天中的帝。作者在书中还细致讨论了东周以来哲理化、思想化所造成的上古信仰与后世认识之间出现的认知裂痕、思想鸿沟以及传承的脉络，具体如讨论"易"与"道"观念的演变，"神明"概念的复杂演变过程以及古人颜色概念的变化等。

　　本书堪称鸿篇巨制，但却大而不乱，清晰有序，前呼后应，逻辑严密。全书贯穿一条上古精神文化发展的主线，即从信仰到思想，再从思想到信仰的发展历程。作者擅于结构分析，特别是在讨论两商精神文化时，紧扣各种表象背后在深层结构上的一致性，直视问题的本质、关键和核心，力求对商人的精神世界作全景图式的描写和整合式的观察与分析。一般来说，结构分析倾向于忘记或忽略历史过程，本书却将二者进行完美的结合。书中表达的上古精神世界远不是静止的和平面的，而是不断在历史的长河中流淌和演进。作者用很多篇幅讲述了两商精神文化如何逐渐在其早期的土壤，特别是在长江中游早期文化的土壤中形成，到了西周又如何变化，而后在春秋战国至秦汉时代又如何被哲理化和迷信化。所以，这本书充分展示了在上古史领域历史人类学研究方法的深度与魅力。我们从书中所看到的，是一条流淌了二千余年的人类精神文化的全景图式历史长河。这是中国传统文化的根源所在。鉴古方知今，了解根源无疑有助于我们理解自身文化。比如，读了这本书之后，就让本人对众多文化传统顿生恍然大悟之感叹，这种兴奋既源于好奇心被满足，亦因求知得真解而深感痛快！

　　这还是一本精雕细刻之作。那些汇聚到两千年历史长河中的无数支流，沿途的沟壑弯曲、风浪暗流等等，无不需要作者做细致的观察和了解。这使作者既需要有宏大气魄登高望远而俯览全局，又需要拿起绣花针做入微观察和细致描画。正是受益于这种兼顾全局和细节的精确把握和掌控，使作者对很多大家平时已经司空见惯的器物造型、思想概念和文化现象，能够做出独到的观察和理解，读来不由令人称奇，击节赞赏！如三星堆出土神树底座上有一条神龙，树上有九只鸟，作者这样描述："在这扶桑树枝上有九只小鸟休息，好像第十只飞走了，正翱翔在明亮的天空，剩下的九只将轮流代替它。这里的十鸟象征十日，树上九鸟代表九日，另一只为当值之日,飞翔于天空,而不见于树……神树下有一条张开口的龙,把龙的形象也合为一体。笔者假设,这种构图意味着第十鸟晚上回来时,先进入龙口,黑夜死亡在龙的身体里,直到翌日天明另一只鸟起飞时,神龙吐它再生而坐在扶桑树枝上。这种构图形象而完整地表达了甲骨文所记载的丧礼中神与日的关系。"此类有趣而精准观察的例子还很多。

这本书生动诠释了作者历来提倡的历史复原与侦探之法。作者一贯主张,所有的历史复原,无论个案分析还是宏观观察,都应贯彻通考的方法,即搜罗和穷尽所有相关史料和证据之后做整体观察、分析和思考。本书通读下来,我们不免惊叹于其搜罗资料之齐全,证据之多样:诸如自然科学研究成果,青铜器、玉器等精美礼器以及汉画等实物和图像,还有诸多其他考古材料和研究成果,记录和反映不同时代人之思想的甲骨金文和楚简,以及传世文献和人类学、民族学、民俗学资料等等,无不在作者搜寻的视野范围之内。

作者一贯认为,一切历史复原研究皆应以史料为基础。复原研究的出发点始于全面地搜集资料,循着资料给出的线索,从中提炼研究主题,还原事实,给出答案。对史料、证据的尊重也意味着研究者在事实面前要抱持开放心态,不能用任何理论、预设或成见来代替事实,不用理论、常识、范式或其他"第三者"来代替史料,而要直接与史料沟通。不但要依史料之不同而有针对性地采取不同的研究方法,研究主题亦应从史料出发加以确定,也就是说,并非研究者所有想做的题目立即就能做。合适而可行的研究主题和方案是在分析史料、梳理证据的基础上产生的。某个主题在当下是否真正具有研究价值,复原能走多远,研究目标应该设定到哪个层面,皆建基于对资料的全面收集、梳理和理解。

历史复原一定要先从坚固的事实出发,以坚固事实为基础进行总体复原与推论。就此而言,上古史基本框架无疑只有从考古资料、自然科学研究成果等一手史料和直接证据搭建,而不能首先就从二手的传世文献入手,造成主证和辅证颠倒。对于一手史料,作者亲身躬行这样的主张:研究者要尽可能地直接晤对实物和历史现场,多观摩实物,多实地踏查考古遗址,以增强对这些遗存和环境的感受和把握。对于文献,作者认为,文献所反映的上古记忆经历了口传与文本化的漫长过程,混杂了很多不同时代的观念与认识。清楚了解文献的形成过程,分辨其中的史料碎片来自何时何地何种情境是至关重要的。但文献形成过程极难单纯凭借对其自身的考据而彻底厘清。一般情况下,只有在用一手史料搭建的古史框架成形以后,回头再透过文献中的史料碎片,或透过对文献记载所做的结构性分析,往往才有可能使我们看出文献所载的史料碎片包含有来自何种上古文化的历史记忆,进而将其用于丰富由一手史料复原的古史框架,重建多彩和个性化的历史血肉之躯。基于前述认识,作者认为,在历史复原中,所有史料皆有其价值和意义,通考极具必要性,但研究者必须要明了不同史料的可信度、效力及边界,明其所能和不能,不要派错了用场。

读者不难发现,本书严格遵循上述原则。开篇伊始,即由考古资料入手;其立论皆奠基于一手史料;当从一手史料看通以后,回头再看文献,发现文献中原本混杂的线团也变得清晰起来,其中某些线索甚至可以起到补证作用。比如,书中首先对商周礼器上大量存在的夔龙纹作结构分析,发现其皆具有双嘴口的母题,在此基础上引用《吕氏春秋·先识》所录"周鼎著饕餮,有首无身,食人未咽,害及其身,以言报更也",并结合甲金文字分析,在此基础上所阐发的意义就水到渠成,非常自然。后面又结合上古信仰的衍化,补充论述在商人心目中的"神",何以到了战国秦汉时代变成为人们心目中贪食无厌的"饕餮",从而使整体论述变得立体、充实而生动。又如,在《夏商周:从神话到史实》一书中,也首先通过对考古和自然科学研究成果的梳理和分析,建立起独到的古史框架,回头再看文献中有关大禹治水的传说,以及屈原作品的描述,发现其中此前被隐藏了的线索。

不过,所有史料,既令是一手史料,也不能盲从,也需要分析和甄别。自然科学、科技考古史料大多是从特定场景和目标出发,用特定手段得到,都具有某种局限性、前提条件和适用范围,而且很多认识经常互相龃龉,需要在了解其原理之后才能明了其意涵,才能用于历史复原。作者对古气候学、第四纪环境科学成果的整合与运用,皆充满此类智慧。又如,在复原殷周历史时,甲骨金文固然可以看作一手史料,但它们都是在特定社会背景下出现的,原本并非历史文本,故其所反映的史实残缺而不完整,局限性亦大。同样地,虽然考古遗存是古人无意中留下来的,现今考古发现的遗迹和遗物,一般情况下不会带有古人刻意为后世留下来的假貌,是故为直接接触古人生活的途径,是我们复原上古历史的主证材料。但是,就像所有田野学科那样,考古材料的真实性还是会受到田野一线人员工作能力、认识水平和诚实与否的困扰。发掘人员有意或无意的误判,记录或报告编写者的偏好,或出于某种动机而故意捏造或选择性记录的情况,都有可能发生。就此而言,虽然可以相信考古资料大部分为真,但也不能完全排除非真的可能性;特别是当考古记录明显不符合基本的人性或一般社会生活逻辑时，就不能不慎重而多加思考。书中对西水坡蚌塑龙年代的分析，还有对所谓石峁城址的独特见解，都表现了作者此种透过表象洞察真相的非凡能力。

历史是具体而生动的，因时、因地而异。作者强调，历史复原首先一定要采用复原对象所属时空的史料，其余都只能用来做一些参考和辅证；文献所代表的时空，首先属于其撰写者的时空，而不是其所表达的时空。本书就践行了这样一种谨慎的历史方法：一切历史复原都需要在有明晰的时间、空间的前提下进行。因此，读者在阅读本书时，建议对书中随处可见的史学思维多加留意，留心不同内容之时空场景等前提，以及针对不同时期而分别使用的不同术语和概念。比如，作者绝不用春秋战国哲理化时代才出现的"阴阳"、"气"、"五行"、"太一"这一类概念去描述殷周时期相关信仰，而尽量采用时人的说法或相对中性的、一般性的学术概念，尽力避免产生不当套用与简单归类。又如，本书涉及的历史时空，虽以商文明为主体，但同时上溯至新石器中晚期，下及秦汉甚至更晚，涵盖了二三千年间诸多不同历史主体的精神文化及其流变。以作为本书论述重点之一的"神龙"信仰为例，从早期农耕文化观察到昆虫羽化再生现象而加以崇拜，到商文明中社会共通的崇拜对象——天神，再到汉代作为四神之一的青龙，最后演变成为我们现今熟悉的龙神，其外在形象和内在意义都在不断衍化更新；这背后不仅仅是"神龙"信仰本身的演化，还包含着"神"这种观念、不同时代的信仰与思想观念的结构性演化。为准确理解和把握这种现象，不但要"表里分合"，"寻找主轴、追求掌握母题"，还要像作者所说的那样，"既知其母，又知其子；既知其子，复守其母"，从源流间反复观察和细细斟酌，方能品尝和准确理解其间的精妙意味。这绝不是可以用简单的几句话就可以讲清楚的动态的历史过程。

诚如一些读者所指出的，这是一本立体而非单线叙述的思想史著作。这与作者大力倡导并践行整体性研究有重大关系。当代以学术分工为主的研究模式，往往只能摸索到诸多历史的碎片，从事学术的专业研究者正逐渐失去全面统筹问题和综合研究的能力。但是，所有人文社会科学所欲探究和理解的是人类社会这个整体，而不是某个器官或碎片。就历史研究而言，人类历史是一条长流不息的大河，而不仅是由那些零碎的片断（即所谓的专业知识）构成的。对中国上古史研究而言，现如今如果一味强调局部解剖和分析，而不做整体性研究，不进行范式更新，已经不太会增加新的知识。不过，在当下社会中，还存在着一些非专业的整体研究者,虽然怀抱极大热情,却往往缺乏必要的专业知识和技能,缺少科学方法论的自觉,仅仅以简单粗暴和想当然的方式,天马行空而在臆想中轻易建构宏大历史叙事,执念于一端,忽略或抽离了具体历史时空的复杂性、多样性,这亦是极要不得的。

所以,古史复原不能再以学科为本位而画地为牢,要超越学科,以问题为中心尝试整体性复原和重建。另一方面,古史复原虽然少不了想象,但也不能臆想,需要从观察事实开始,从基本史实出发。作者认为,"当一个研究者找出问题后,最关键的是怎样透过看似单一孤立的表象,尝试去了解背后的原因。在了解的过程中,会不断产生新的问题。当问题不同之时,我们也需要搭配不同的学科、方法和知识来解题。当研究者懂得对症下药,而不是头痛医头、脚痛医脚时,才有可能接近问题背后隐含的意义。"正是贯彻执行问题导引下的通考方法,进行跨学科的整合研究,才有本书长时段宏观立体的厚度,以及短时段糅合系统结构与细节描写的深度。

历史复原如同破案,好的侦探并非要等到罪犯亲口承认时才算破案,其对证据的搜集能力和理解能力、对人性的洞见及对人类行为规律的了解,还有强大的逻辑推理能力,都是优秀侦探应该具备的品质。在实际的历史复原中,即令我们搜集完所有证据,谨慎辨析所有史料后,我们还是会发现,摆在我们面前的,还仅是一堆历史碎片而已。它们或互相印证,也经常相互矛盾或冲突,还经常有史料不足、证据不足的情况,该怎么办?历史复原研究的场景很像考古学家拼陶片。拼陶片需要技巧,需要分类,需要耐心,需要找准茬口,需要对陶器整体形状有认识,这意味着要加强我们对历史整体性、各种历史逻辑和各种复原技巧的认识。

近几十年间,历史学界有执念于细节考据的学风。扎实的考据确是在为历史复原做添砖加瓦的工作,于学有益焉,作者亦深得其味并身体力行,但却并不止步于此。因其深知,若总是就事论事地言说一些碎片化的证据,一味拒绝通过在细致观察和严密推理下进行整合与还原,或天真地期待材料有朝一日会丰富到让历史不证自明,这种态度虽然看起来谨慎而客观,却难以达到破案的目标,也背离了历史复原的目标和初心。考古人都了解,拼陶片时,只要一件器物从底到口沿都能接上,一般就能修复整件器物。整体性历史复原研究亦如此。如同修复者看到并了解了器物整体结构后就可以将残缺部分用石膏补全一样,研究者若已然能够从诸多史实线索中分辨和把握到历史主体的整体性架构,那么他也就具有了对史料的裂隙和残缺部分进行适当补足和还原的强大能力;这也使研究者炼就火眼金睛,能够在经常矛盾和龃龉的碎片化史料和证据中找寻到更全面的事实真相。可以说,作者对于中国上古历史与文明的所有论述,包括本书在内,都已经融合为一个整体,分别从不同角度反映了作者对上古史整体复原所做的努力。那些在一般人看来似乎不相关的史料和碎片,在作者眼中却经常能很好地构成相互支撑和印证的关系。所以,本书虽然在诸多方面远远超出前人所见和所说,但绝非作者天马行空,故意标新立异,而都是整体思考背景下所做的具体陈述或推论;这与那种并非基于事实,而单纯依靠现代创作者以今推古,仅凭有限知识对古代做大胆想象、推论或论述的情况,显然有着云泥之别,绝不可等而视之。也因此,若欲品味作者整体论述之精妙,最好的方法是通读作者各种著作,从整体观之,尝得整体意味。

在拼陶片时,我们会尽量把出土于不同单位的陶片分开来,先按单位、按层位来拼。如前所述,做历史复原时,我们也需要有明晰的时间和空间的框架,要把属于不同时代的史料碎片分好类,放到它们原本的时代脉络、空间脉络里,切忌无理由地穿越。当然,作为一个历史复原者,日常的工作就是穿越各种历史时空。但要记住,任何史料,只有当能放入特定时空脉络下呈现时,才会显现历史复原的价值和意义。

古人已然是今人的他者,我们如何才能进入那个古代的他者世界?

首先,要尽量放下自我,至少在研究时需要这样做。如果没有高度的历史自觉,我们的求真之路往往会被我们自身的偏见、学科的偏见、时代的偏见、地域和文化的偏见、认识论的偏见所遮蔽。正因为如此,作者强调"白纸法",并再三呼吁,不要动辄以今释古,动辄以当前的规范和习见去一厢情愿地、片面地、玄想式地诠释古人。这样做不会给我们带来新知识,只会过早赶走我们对历史的好奇心,过早封闭我们求知的欲望。是的,研究者难免会有自身立场、视角或工作基础,存在预设研究范式的可能性。白纸法旨在提醒历史侦探们,要经常反思并了解此类先入为主的预设对自身研究可能形成的遮蔽,并尝试从多方面观察和思考,用方法上的科学性与过程上的自觉性,去做纠偏去蔽的工作。

作者经常表达,"我没有观点","不许仅从一条材料说任何话","自行不取名",言下之意在于,所有观察和理解均须以多重事实和证据为基础,让史料自己表达,不要言过其实,超出事实的范围。好的历史侦探,总是怀揣着对历史的好奇心,努力让自己回到历史的语境中,去观察、发现和思考,还原历史真相;但也要警惕,不要让好奇心超出史料与证据所能支持的范围之外。及时明其所止，也是优秀侦探必备的品质。

其次，要贴近他者。上古的历史主体千千万，他们原本存在于各种不同的历史时空和文化背景下，就像我们一样曾经也有过鲜活的人生，各有属于自己的舞台和基础、技术和能力、条件和现实、挑战与适应、欲望和理想。虽然我们未必能完全了解这些，但至少我们应该像人类学家所提倡的主位研究法那样，尽力放下时代所加诸我们身上的种种限制，通过人类共通的同情心、同理性，倾我们的全力去贴近和倾听他们，去贴近我们的研究主体而达致对古代他者的理解。作者曾自言其在这方面的优势：其早年学习并做过演员，做演员要通过自己了解他者，而表达他者。她曾说："所以我做历史，我觉得我也没有离开演员这个行业。"

支撑本书宏大历史论述的证据材料之多样，涉及学科之广泛，其所复原的以商文明为中心的、包括先秦秦汉在内的、二千多年内中国历史主流的精神文化画卷之连贯性与完整性，皆令人惊叹！可以说，这是本人所见过的对商文明精神世界做出的最具系统性，也最令人信服的解说之一。唯因如此，虽然学界早已呼吁和鼓励跨学科、跨领域的整体性研究，提倡围绕学术问题开展研究，但迄今实际成效却并不显著，原因就在于原创的、跨学科的、科学的整体性研究，何其艰难！当今学科分工和研究细化，使各种专业知识日积月累而爆炸；哪怕是跟踪一个很小的专业领域，就足以使一个研究者不堪重负。是故，若非具备超人般的能力和智慧，加上丰富的知识、经验和阅历，还有无比的勤奋与专注，又怎么可能融会贯通考古、先秦秦汉历史、古气候与古环境、古天文学、历史文献、出土文献、古文字、民族学、民俗学、图像学、艺术史、思想史、经学，甚至中国哲学……等等那么多专门领域的知识而探得要领，得见全貌？作者跨越欧亚、丰富而曲折的人生阅历，从小养成的多元文化视角，力求看透事物本质的独立求真精神，智慧、勤奋且专注的专业精神，超强的学习能力及丰富多元的知识背景，无疑在本研究中发挥了极重要的作用，相信读者可以从她的文字中感受到。

故也可知，这绝不是一本容易写作的书。记得刚拿到《天神与天地之道》的二校时，静云感叹道："如果我不写《仁与命：孔子原旨与儒家经典形成》，早晚会有别人这样分析而写出来；如果我不写《夏商周：从神话到史实》，过一段时间也一定会有另一个人写得出来，因为这种史实隐藏不了很久。但是《天神与天地之道》，除了我之外，恐怕很难会有人再写这样的书。"在她看来，这绝不是骄傲，而只是很可惜的事,因为这意味着这本书涉及太多的主题与领域,能与之完整沟通的对象会变少。

这本书并不容易读。但作者努力的目标之一,是让其变得并不那么难读。说不容易,是因为这是个讲求快读、轻读、读图、读短文、浅尝辄止的时代,也因为书中涉及的知识背景和所运用的资料,远远超出任何一个单一学科,而当前我们的学术工作却仍以各种专业为限,所以本书所论超出了很多人的专业范围;还因为书中的论述框架远远超出了当前教科书中的话语体系。说并不难,是因为只要能够精读,保持开放的心态去了解书中的论述逻辑和整体系统,书中清晰的条理就可以引导读者跟着作者的思路一路往前走。如果对其中某些论证材料不够熟悉或不感兴趣,尽可以跳过去,直接看看前面的导语以及后面的小结或结语,这样仍然可以将相关论述连贯起来。作者曾经在中山大学和中正大学开设相关课程,每次都引起学生们的极大兴趣。所以,无论专业研究者,还是业余爱好者,只要是对先秦历史和考古,对中国思想文化的源与流,对三代礼器与上古信仰主题感兴趣,如果能够静下心来,慢读、精读此书,应该都能够从中找到有价值的东西或感兴趣的话题;相信读者们在阅读本书后,对中国上古精神文化渊源的理解或许会更上层楼,甚至发现一个完全不同的上古世界;这时若再去博物馆,那些此前感到神秘难解的青铜器和玉器,会变得鲜活起来。

此外,本书和作者另一本书《夏商周:从神话到史实》以及《时空之旅:文明摇篮追踪》、《蓝色革命》等论著,系统地反映了作者及其团队对中国自新石器革命到青铜时代的历史进行复原和重建的研究成果,较为全面地勾勒了作者对中国文明起源与演进历程的认识。如果说《夏商周:从神话到史实》提供重新认识中国青铜时代大历史的框架和骨架,本书则重建和描写出这段历史的血肉之躯。比如,本书进一步论证:以神纹为代表的反映中国青铜时代精神文化面貌的纹饰和造型,主要酝酿和来源于长江中下游文化互动的土壤中,特别是长江中游地区;后世祖先牌位的原型最先见于屈家岭——石家河文化;"天命玄鸟,降而生商"神话中的玄鸟实为鸷鸟,其与包括盘龙城在内的鄂东南一带习见的老鹰崇拜相呼应;长江中游的炼铜技术是本土成长起来的,在炼铜过程中发明了硬陶,等等。若是能将这些论著一起通看,则不难发现,其所勾画的中国上古文明起源与演进的历史图景,其实已清晰可见。

吾生也有涯,而知也无涯。正是怀抱着对中国历史文化的真挚热爱,旺盛的好奇心和强烈的求知欲,作者的求学生涯,从了解汉代开始,一路往前追索,经商周而到达文明起源时代,最后溯及新石器革命,在万年时空脉络中探寻中华文明的源与流,不同生活方式的融合与演化,并将之视为自己的使命与责任。她经常感慨生命之有限,而研究却无穷尽之时,故以单纯求知为乐,以虽千万人吾往矣的精神践行学者之本分。本书的研究和写作,见证了作者迄今使用中文研究和写作的全部历程,是作者用自身生命发出的一束光,但愿能照亮笼罩在上古历史迷雾中的一小段路。

郭立新

2016 年 3 月 6 日

2021 年 5 月 6 日改

写于中山大学康乐园寓所

摘　要

　　中国传统思想奠基于战国时代的百家争鸣,而战国思想的背景,不仅代表当时社会思想,更可溯及夏商周乃至更早时代的天地与人生观念,滥觞于中国先民多元的巫觋文化信仰中。"巫觋文化"或称为"萨满教",不过法国汉学家沙畹曾经提出,"saman"(萨满)的词源来自秦始皇时期传奇巫师的名字:羡门(或羡门高)。其在两汉时期成为通天通地超级巫师的代号。因此"萨满教"的定义就源自中国巫觋文化。远在战国思想家将上古信仰"哲理化"之前,古人对天地的认识就已有长久的渊源与非常深厚的基础。古人常用神祕形象来形容其对天地的观念,这并不意味着古人不理解自然界,而是因为这些形象结构本身就是古人了解宇宙的方法。同样,战国时期的人用哲理辩论来探讨宇宙的本质,未必意味着他们比前人更加了解宇宙的规律,这只是表明他们把前人的"形象语言"转变成另一种"思想语言"。

　　本书的目的为透视中国青铜时代的精神文化。此研究的基础是本人关于当时多元历史地图的探讨,以及对不同地区社会、文化、国家、文明及其关系的了解。这一基础涵盖一组多样的历史难题,如笔者此前所认识到的:中国最古老的长江中游楚系大文明及其历史阶段;从距今五千年前以来长江中游先民经过漫长的探索掌握青铜技术的过程,以及他们对神奇的冶炼产生的信仰与崇拜;硬陶与原始瓷器技术的发展及其对精神文化的作用;楚系文明在夏商之际的变迁;以盘龙城文化为代表的商(或称为楚商、汤商、早商)所组成的信仰体系,其内在意义、多元的源流以及与该信仰相配的礼仪活动,其赋予特定礼器以特定的神秘作用,等等。还有:

楚商时期其他族群与国家的信仰,其源流和内在意义,包括对吴城、三星堆等南方国家文化的讨论,同时也涵盖北方辽河流域、渭河流域、草原地带以及其他文化的脉络;楚商文明与其他文明互相影响的脉络;殷商时期跨文明"帝国宗教"的形成;两商之间的传承与失传的关系;商文明信仰在两周时期以及更晚期社会中的演化;信仰的哲理化及迷信化,等等,都是本书探讨的核心问题。

本书研究成果,是作者多年知识累积的结果,从最早对汉代资料进行分析开始,经过不断溯源研究,一路走到青铜时代以前的文化;再从远古的角度回头看战国秦汉文化的现象才得以看清;同时也可以看到商文明在这一漫长历史过程中的核心作用。早商时代在丰厚肥沃的文化土壤上建构了大王国信仰体系,并广泛影响到整个长江流域以及江河中原广大地区范围内的文化面貌,甚至影响到华北地区;在此基础上殷商进一步将不同族群的信仰整体化,而形成上古大帝国宗教。所以,两商文明一方面是多元的上古信仰总体化的"终点",另一方面也是后期传统形成的"出发点"。

商文明之信仰所展现出来的并不是零散的残片,而是完整的宇宙图景:天中有帝,先王等祖先在他左右;天空四方有四凤,在天上负责中央与四方的相合;天上另有龙负责降甘露,从天上通过吞吐(是一种神兽的神祕动作)来实现上下之交,而地面之下水中有乌龟,能感受天意而参与上下之交;作为神灵雨的甘露自天降于地,而太阳从地下升于天,构成上下神明之交;此外,地上中央有王,负责使中央与四方相合,并共同供明德祭天;同时,人王从地的中央通达天中的帝。

这种信仰在当时文化中采用了与今天不同的语言来表达:即用神兽形象、神祕符号、祈卜仪式、颜色等非直接叙述的形象语言。所以,对我们来说,无论是观察礼器或阅读甲骨文,都是解读当时文化密码的方法,但是由于文化的系统性,不同语言所表达的内在观念是一致的。

本书分为三大部分。上编通过礼器和文献的分析,来探索上古神兽崇拜,包括龙、虎、凤等神兽信仰及其在历史上的演化。中编着重于探讨商人非兽形的崇高对象如"天"和"帝"、"祖",以及人形的天人媒介"巫师"等信仰的渊源脉络及信仰要旨。下编旨在探索商代无形体的信仰对象和相关概念,包括天地、四方、五色、神明以及若干易学和道家文化的关键概念在上古的信仰基础及其哲理化过程。

上编前五章着重讨论龙的形象,证明中国崇拜龙神的大文化传统滥觞于上古农民对昆虫幼虫的崇拜。农人耕地时可观察到地里很多昆虫有着独特的羽化神能。在大自然中,只有昆虫能自体化为鸟形,亦只有昆虫能暂死(变蛹)而再生升天。因此古人将昆虫神化,成为龙的形象与崇拜的最初来源。中国境内至少有两个地区可以作为昆虫崇拜的发祥地:东北辽西与长江中游平原地区。前者循着历史长河汇入中国多元文明大水系中;后者形成头尾两端各有嘴的夔龙的形象,并在青铜时代中国多元文明大水系中成为主流。

夔龙神纹滥觞于新石器时代长江中下游互动衍生的大文化体系中,而成形于长江中游青铜时代文化中,即石家河文明晚期至盘龙城兴起之际。在中国青铜文化的发展中,先是经历了传说中被称为"大洪水期"的后石家河文明前段(三苗朝代),然后经过所谓治水时代的更新,即后石家河文明后段(夏),直至盘龙城(汤商)文明的兴起,其间经济、政治、文化、社会生活皆大幅更新,并产生新的庞大国家的文明,而对夔兽神龙的崇拜成为该新文明信仰的基础和中轴。在商周时代的多元精神文化中,双嘴神龙信仰具有崇高、主导、跨文化的作用。正因为如此,从还属于夏时代的盘龙城一期到春秋战国时期,几乎所有的礼器造型,皆奠基于双嘴神龙母题,甚至在其他神兽造型上也都有夔神纹,就好像古代传世文献所记载,虫为一切生物的元素。

在殷商时期随着"帝国宗教艺术"的兴盛,以双嘴夔龙母题基本图案作为基础,衍生出各种双龙交缠造型,包括各种饕餮图案。在所有的构图上,龙的头嘴、尾嘴都是打开的,并且,在构图上一定有成双的嘴:在历史发展中,夔龙饕餮的形貌趋于多样化并涵盖了很多其他神兽的特征,但始终保留"双"和"口"的核心重点。这是因为"双"的观念的本质为死和生,而"口"是死生的进出口,双嘴夔龙、饕餮的主要神能就是以吞吐管理死生:神龙从天上吐下甘露,养育群生;在地上吞杀群生,使他们升天归源。双嘴龙的神祕符号,不仅成为商周多样的"宗教艺术"造型的母题,同时也成为汉字"神"字的雏形。所以,依据当时社会的观念,可以将所有双嘴夔龙纹及其变体,统一称为"神纹",因为当时神的唯一形象就是双嘴龙或夔龙,也只有双嘴龙或夔龙才符合当时"神"的概念。

甲骨文材料也包含了商文明有关"神"的信仰的内容:天神神能的重点在于"神降"(吐泄甘露),以实现天地之交、上下关联、万物之生。但是负责上下相联的神,不能只下降,亦须上升。自上而下的神降意味着盈生,而自下而上的神升即意味着死亡而再生。神龙负责万物的死生循环,并赋予人以神格化的奥秘形象,通过他可以衍生"神人";商王一方面是自己祖先的后裔,同时也是由龙形神母所衍生的"神子",所以拥有超越性能力,而能获得神龙的保佑。

双嘴龙母题在将近两千年的时间中,一直被用在珍贵礼器和随葬品上。从殷商时期起,神兽样貌从原先相对单纯变得丰富多元,空中、陆上、水边和水里活动的动物,都出现在礼器上。中国文化显然相当多元,蕴含很多原本是地方性的独特的信仰观点,但这种"多元"似一条由许多大小溪河组成的大水系。对于这一水系的形成,殷商王族扮演了非常关键的角色。殷商王族本身是一个多元的团体,原本没有很固定的信仰体系,所以有条件成立跨文化区域的上古帝国,接纳一切崇拜,并将其融化进自身的宗教体系中。因此,殷商时期虽有许多不同的国家、城邦和族群,但在高层文化中已形成了宽阔地域范围内共通的精神文化。崇尚神龙的主流文化,不仅影响各地,同时也吸纳了其他族群对别种神兽的崇拜,在想象力的激荡下,创造出各种混合的神奇造型,为此后西周和其他诸国沿袭之。

在这一体系中,神龙一直保留独特的地位:神龙是一个跨越族群的天地联络者、死生管理者,而并不是某族的"图腾",所以各代、各族的王都与神龙形象有关系。依笔者浅见,关于中国神龙信仰的讨论,有一种常见的误解:将龙视为"图腾"。在新石器时代对神龙的崇拜或包含有始祖的元素,其中时代最晚的可能在遥远的东北红山文化,还存有自我认同为神龙后裔的族群;但是在商文明及其所衍生的中国大文明中,龙的形象完全没有作图腾的含义。传世神话中同时保留神龙创生与凤鸟创生两种神祕创生的信仰,从中明显可见二者的核心差异:前者表达普世的生死、升天与再生信仰,并不带有某族群衍生或特权的意义;而鸟生信仰却带有具体宗族繁衍的概念。由于夔神信仰并不含图腾的成分,所以没有特定族群将"神"字用作族徽,而凤、雀等鸟类或牛、豕、虎、鱼、鼋等神兽的形象,则在某种程度上蕴含着神祕祖先的观念。这表明神龙夔兽在商文明的信仰中有特殊地位,不宜与其他神兽混为一谈。现代普遍视龙为中国人的图腾,实际上误解了其信仰原本的意义。

在此需要说明,在商周文字中,除了滥觞于双嘴夔龙形象的"神"字,另有单头的"龙"字,仅限于用作商王族某一贵族的族徽;所以"龙"字的形象是包含有图腾意义的,但是在先秦时代,并非单首龙而是双嘴夔龙才是礼器上所造型的大家普遍的崇拜对象;中华文明的龙也并非是某一商贵族的龙形祖先,而是各地共同崇拜的双嘴夔龙,或笔者所称的"神龙",这既是"神"字的象形起源也是"神"观念的滥觞。

商文明的众多神兽之间存在等级关系,而在这种等级关系中,夔神的地位无比崇高且具有普世性。与夔神等级相近的神兽,只有凤和虎,但后二者已没有普世性的作用,其他动物的崇拜意义更加受到限制,基本上只拥有各种辅助性的机能。

古人对鸟类的崇拜应该最古老,无疑也相当多元,不同的族群认为天上的鸟是他们的始祖,故用作族徽;或者把星辰日月视为各种天鸟,以鸟类象征天象。因此,古人使用各种鸟形象的频率高。

至于老虎的形象,其使用范围较明确:与表达政权力量有直接的关系,经常用作王室独特的崇拜对象和保护神,或作为统治者武力的象征。虽然老虎崇拜源自江南和东北游猎族群各不相同的上古信仰,但是无论是华南或华北,对老虎的崇拜有一个共同的重点:即一方面包含神兽通天信仰,同时也离不开大权威和巨大威力的概念。在某种程度上,虎表达崇高王位的存在。因此,崇拜老虎的传统形成时代较晚,虎是王国时代王权兴起的标志性神兽,大致相当于前国家文化时代,在距今6 000—5 500年间的大巴山地带可以发现崇拜老虎为大权威的现象;日积月累而使老虎成为类似于王室图腾的信仰。在殷商帝国,老虎被视为保护王室和国家的神兽。接续历史的脉络,发祥地不同的拜虎文化在互相影响、混合的过程中,因为都涉及高层集权、神圣的王位信仰,最终导致殷商时期"神虎帝国"的形成。

虽然早商统治者族群并不是以老虎为始祖,但虎方、卢方等南方大型古国网络主要应该是被拜虎族群统治;到了晚商,从东北南下的殷商王族也属于拜虎的族团。殷商对虎神的崇拜,还涉及四方边缘概念,即老虎被视为守护国境的神兽。至于崇拜鸟类的信仰,其涵盖不同的鸟类和不同的族群,其中也包括早商统治者族群。换言之,殷商王族是混杂多元的集团,没有明确的图腾,但以老虎为保护神,而早商的王室却是以玄鸟为图腾始祖。

纯粹从词汇对照可以发现,玄鸟与天凤的意思相同:"玄"字象征天,所以玄鸟就是天鸟,同时甲骨文里"鸟"与"凤"两个字混用,所以"玄鸟"与"天凤"是同义词。从石家河文化及后石家河文化早段已可见以老鹰造型作为始祖崇拜的礼器。早商这种礼器较为普遍,并有很多老鹰在台上的造型。商代青铜器、玉器上的凤绝大多数似为鸷鸟的造型,据此推知,神话中的玄鸟始祖实为老鹰,老鹰也是天凤的最初形象。玄鸟信仰并不符合殷商王室视老虎为保护神的信仰,但却可以代表长江中游先楚文化脉络里的汤商。从玄鸟生商的神话可以发现商王族的龙凤创生信仰,甲骨文中与"商"字一样从"辛"的"鳳"字和"龍"字(单首龙)恰好就是表达该信仰的两个字。从甲骨文和早商礼器来看,被上层贵族视为始祖的鸟是老鹰,但同时也有对鹤、鹭等水鸟崇拜的痕迹,此外还有很多大大小小的族群把不同的鸟类当作自己的始祖,视为本族图腾,用于本族族徽。

除了将鸟类视为始祖的神祕形象之外,商代人还认为,昊天充满龙形和鸟形的禽兽,其中以神龙与天凤为主要形象。祂们是群体的崇拜对象,祂们的神能很全面,从负责招来风雨、雷电、霓虹、霞彩,升华到管理一切上与下、中央与四方的关系,将昊天的生命力降到大地、传到四土、盈地养生,又吞噬、刜落万生,依此负责万物之死生周还,同时还隐含着更加幽祕的占星术、巫觋文化的形象。

在汉代有四灵(青龙、朱雀、白虎、玄武)、黄道四宫、四方、四时、四季等形象与观念,其形成时代应该不早于春秋,在此之前,它们皆以四凤的形象来表达。对四凤的崇拜涉及二分二至天象和农耕季节的重要性,所以四凤是很重要的求年对象。所以,商代凤的信仰涵盖老鹰这一生命鸟的形象以及对黄道星辰等天体即天象的崇拜,此外四方天凤也是管理天界气流风向的神禽。

在商代信仰中,神和凤分别负责“上下”和“四方”的天上空间,而老虎是地上或山上之四方四缘的保护神。在此空间里还有一个颇为重要的点:即独一无二的四方之“中”。在商文明信仰中,在人世,两商王朝的“中”是神格化的“王位”;而在天上除了群龙、群鸟神兽之外,还有居于“中”的独一之“帝”,即永居于天中的崇高对象。龙和凤都在天帝手下,众凤可以说是天帝所派的“方官”,而众神可以说是天帝所派的“司命”,两者皆聆听帝令而从之。在此信仰中,几乎所有的崇拜对象,包括自然众神和祖先都是群体性的众神、众祖,只有上帝才是天上独一无二的崇高对象。

商文明“帝”的信仰应源自对北极天中的崇拜,而“帝”的字形也具体、充分地表达了其本义,不仅具体描绘了当时北极天中周围的天空概况,也保存了当时巫师推断北极天中位置的方法。这不仅符合商周信仰的内容,也符合当时重视天文观测的情境。从“帝”字的形构、用义来看,也和商代实际的天文状态相一致。

甲骨文中极为常见的祭法是用“方”的礼仪祭祀帝以及用帝(禘)祭的礼仪祭祀方,皆涉及中与方的互补关系。这种中帝与四方的关系表达了商文明的核心观念:虽然天在上,地在下,但万事万物并不是由天来独自主宰,天地互补交合才最重要;同理,虽然中有独主,但中与方之互补相合才是关键,所以不仅是四方来朝拜中帝,中帝也恭敬四方。并且,帝与方的关系不仅仅是表达空间关系,同时也涉及天上黄道四宫的星辰旋转,以及与其相关联的时间、季节的循环周转。除了崇拜居于天中的主宰上帝之外,商文明也崇拜无具象化的"昊天",崇拜昊天的内容也牵涉到农耕週年的"天时"旋转。

上帝的神能除了作宇宙原理之外,也直接象征和表达商王的神圣权力。帝永居于天中,所以位于地之中央的王是直接呼应上帝的,甚至可以代表上帝。所以地上之王既受上帝的支持,亦被其考验而受惩罚。并且,在地上之王为地中,王所关注的要点一样牵涉到中与方的空间观念:保护或破坏作为国家中央的都邑王城,或被授权保祐国家领土之边疆。在地上中位而立的王也取象于天帝,巡四方而恭敬于国家边缘。

换言之,商王室与上帝的关系密切,在位的王祈求天帝的授权和保祐,且死后升天永居于帝的左右,而构成天帝周围的"紫宫"(即相当于汉代以来宇宙观中的天上五宫之中宫的星星)。不过,汤商贵族的自我意识并非单纯一元,而是一种多元的天生信仰。其中玄鸟降卵是一种始祖从天上落地的形象,而扶桑十日的信仰,又从另一个角度描述汤商统治者是一个神圣的族团,而非单一宗族。在汤商王室信仰中,先王取法于日,死后入龙口而再生、升天。

商王族所借用的"十日"日干系统源远流长,滥觞于长江中游新石器和国家起源时代,与扶桑十日信仰有直接关系,且蕴含着几条线索。其中,从信仰层面包括了祖先崇拜、再生信仰、丧葬文化等多个方面。第一,先是从崇拜掌握太阳历历法的英雄,升华为太阳日象本身就是农耕文明始祖的信仰;第二,是对桑蚕羽化升天的信仰(包括双嘴的桑虫夒龙和蚕蛾);第三是丧礼与桑树之间有深远的关系。在历史层面,基于纺丝及相关的养蚕业的发展,反映出屈家岭文化新兴邦国共同的日祖信仰,以及几个邦国合并形成联盟制国家的起源。换言之,扶桑十日不只是美丽的神话故事,其背后还表达了政治上的盟会神权规定和庙法。约 5 500 年前兴起的几个邦国,其统治者都认为自己的始祖是太阳,并在建立联合城邦制的国家时,借用十日始祖形象表达永恒的盟约关系,以十日盟约为庙法建立了各个邦国统治者之间的平等盟约:犹如十日轮流在天上值班,十日氏族大贵族也轮流管理联盟制国家。

在长江中游地区,自新石器时代早中期以来始见太阳农历崇拜的脉络,逐渐形成了日鹰和日祖两种族群信仰的体系,且并存发展到青铜时代。其中,在日祖传统脉络里,先在新石器时代出现带日历纹的祖形礼器,以象征最初掌握太阳农历的巫师,他们在该文化中被视为掌握超越性智慧的英雄,也是该文化自我创造的始祖。

接着,到了屈家岭国家兴起时,这种崇拜有所升华,邦国的贵族统治者之始祖被视为太阳。在屈家岭文化国家祭坛上出现日祖偶像,其形状由祖、日和圭三个部分组成,以象征新兴邦国的统治者直接继承了日,是太阳的后裔。日祖偶像的下部有时候单独出现,其形状即是当时已出现的"且"(祖)字的象形来源。

可是,当时兴起的邦国不只有一家,不只是在一个城邦的祭坛上出土了日祖偶像。在新兴的邦国联盟的国家宗教体系中,便出现十大贵族为十日祖后裔的认同。基于这种共同的文化背景,数家邦国创造了十日庙法,通过十日神权制度,强化和巩固了当时独立平等的十日统治者贵族轮流值日,轮流在联盟国家做主的政治形态。同时,因为纺丝起源,原本在祖形礼器上的日历纹饰,被改用在精致的纺丝纺轮上,而十日始祖概念与产丝的桑树连接,产生了扶桑神树十日信仰。由于蚕虫似有头尾双嘴形态,吃桑树叶后成蛹而羽化,养蚕业再度影响了双嘴夔龙天神形象的发展与初步成型;此外,因与太阳及太阳农历相结合,在扶桑神话中,用圆形的白色蚕茧譬喻日象,当时栖于桑树上的白色蚕蛾,乃是十日的形象,白蛾从白茧羽化而飞翔,乃象征太阳升天,又将十日信仰从政权制度层面衍伸成为十日(氏)大贵族的丧葬礼仪。

到了石家河文化时,虽然邦国之间已不平等,日祖偶像逐渐不再被使用,但联盟国家依然采取选举—禅让制度,即由各家大贵族们推选出下一位统治者,联盟国家的统治之位不能由上一位统治者的子孙私相继承。不过其后又经历了夏时代父死子继的集权统治制度,因此而创造出后羿射日的新神权庙法,试图毁弃十日(氏)大贵族的政权。但是由于十日贵族团体仍有一定的政治势力,故此后又为商王国所借用和依靠:成汤出于政治笼络目的,又复兴了十日神权,以此为基础建立了整套王室宗庙之法,并与其自身信仰的日鹰玄鸟的始祖形象相结合。因此而将日象的形象从原来的蚕蛾变成老鹰,这一套做法又实际影响到三星堆神树的造型(在商之后的先秦文化中,又变形为金鸦,即三足乌)。又因该信仰中以蚕喻日被以鹰喻日所取代,致使桑蚕的信仰内涵趋于衰微,早期多见的玉蚕造型渐被玉蝉造型所取代。

在祖先的崇拜脉络之中,商文明青铜器上还可见"明纹",其亦可溯源至长江中游的日历纹。另外还有一种礼器:玉祖。玉祖礼器也是源自长江流域石家河、后石家河文化中,此乃后来祖先牌位的前身。在商时代有在王级玉祖上书写祖先日名庙号的传统。中编第三章条疏各类考古、文献和文字线索,溯源太阳农历、纺丝纺轮、祖形礼器、天凤玄鸟、日鹰、夔龙、蚕蛾、祖先、日祖等崇拜对象和形象特征以及它们之间互补相成的意涵，探索彼此间成套的关联性，复原太阳崇拜与始祖崇拜之渊源流变与社会文化背景。

由于拜日信仰与祖先崇拜有关系，且祖先是一种群体的崇拜对象，故日也成为群体的崇拜对象。在这种信仰中，日并没有崇高的统治权威，因为他们是十日，十个平等的兄弟。这种形象更符合联盟制城邦古国的协调体系，兄弟轮值做主。可是在十日兄弟之上另有崇高的独一无二的上帝居于天中，似乎是多国联盟与帝国至上权威同时并存。因此，在商文明的崇拜先王的信仰中，乘日升天的先王在天中的周围会合而宾于帝。从十日到其与上帝崇拜并存，或许反映的是社会政权的演变趋势，即从由诸多地方政权组成的联盟邦国发展到中央集权的单一中心王国。

在商文明的造型中，除了神兽之外，还出现人面像。笔者认为，神兽吞噬人头所反映的是献巫之礼的观念，人头像被用来形容那些被送升于天而宾于神并为同族人求得保祐的巫师，让他作为人与神之间的联络者，所以，这是巫师升天再生图。

商时代献巫礼俗以斩首作为神杀的方式，是故在造型上，神兽一定从头部咬噬巫师，或在神兽的牙齿间单独塑造巫头。笔者认为，这些构图与用斩首祭法献人的礼仪互存因应关系，表达的是同一系统的文化观点。这种观点的关键之处或许在于，古人认为头部即人的"天"，独有升天的神能。这一观念，或许接近于战国秦汉时期人们所认为的，死者靈魂分为升天的魂与下地的魄。

商文明信仰蕴含了几个层面的形象：神兽、天象、时间、空间、人生，这些形象在上与下、中与方的关联当中，构成一个大的系统。神龙吞吐、虎食人、十日从扶桑升降，在商文明信仰中，从不同角度、用不同的形象，表达同一件事情：生命轮回的循环以及升天、再生的理想。自然界的十日，以及人间的巫觋为天地之间的联络者，这套信仰基本上是在长江中游汤商国家文明成形，同时已有多元的因素，蕴含了长江流域平原农耕社会与山地猎战族群的理想，并且在多元的基础上，重点凸显汤商贵族的族群信仰。

我们在理解古人的时候需要不断修正自己习惯的逻辑。神话化的神祕思考方式允许将不同的现象和说明合为一体且不相矛盾。在当时人的脑海里有不同的层次存在，所以将自己视为人格性祖先的后裔、老鹰的后裔、十日的后裔或者由神龙重新创生的神人等，在神话化的神祕观念中，并不产生矛盾。在他们的理解中，所有的现象，包括人生，各有不同的观察和认识角度，所以从这些不同的角度来看，由人所生、由鹰虎所生、由龙所吞吐或乘日自生，都成立而不相抵触，且构成一个完整的信仰体系。这是上古文明观念的普遍特征。

古代信仰观念中同时包含有多种角度的看法，这种情况当然部分地源自多种文化的混合，但不仅仅如此，因为这也符合上古文明中人们常有的思考方式。就是因为这种思考方式，偶像化的龙与龟和抽象、不可偶像化的神降与明升的观念，都同时存在而无矛盾。直至战国时代后这两者始有矛盾，前者在神祕信仰中逐步民间化而改变其义，后者成为诸子百家所探讨的哲学命题。

下篇讨论诸多抽象概念，一方面阐明战国百家所争鸣的命题，实际上都源自上古信仰的脉络；另一方面发现，信仰中的抽象概念与偶像崇拜毫无矛盾，两者表达同一脉络的文化观念。

上古信仰中有很多形象和偶像，其中不少是神兽的形状，能组成很多造型。但与此同时，已形成了一套不可造型或造型不具象的概念。惯于形象思考是上古观念的特点，但这并不排除使用概念范畴的思考方式，这两种思考方式互补相成。所以商文明既塑造了很多龙的具象造型，以描绘天神的存在，又同时使用抽象化的"神纹"，将龙的形象符号化成"神"字图形，刻在礼器上，以表达其神圣的作用；这均属于呈现神的不同方式。此外，一方面塑造龙和龟相对的造型，用来表达从上者降、从下者升以相交的概念；另一方面也使用抽象化的"明纹"，将"囧"（日、明）字形的符号刻在礼器的高处，以表达祭礼通天的目的；还创造抽象的"神明纹"，用来表达通天目标与天恩和顺，并以此强调天地之交。又比如，通过精彩的神话，描述水下鳖形的鲧产生虫龙形的禹，以通达天上，鲧禹父子既是人格英雄，也是象征下界与上界的神兽；同时还用祭礼活动表达"神"与"明"相辅的目标，从安排祭礼的时间，到所用祭牲的颜色或种类等方面，都是在用不同的象征语言表达信仰的重点。

这种语言中有造型形象、刻纹符号、字形、制作礼器和择定牺牲的颜色、祭礼的时刻、采用的祭法，以及其他我们已难以厘清的做法。另外，从甲骨卜辞可见商王经常向先王祈求对具体事务的支持，同时也会祈祷抽象的"下上"，向无名的对象祈求引导，这些祈祷与祭礼并不抵触，而是从各种不同的角度呈现立体的观念，并构成一套虽有变化但仍可以看出其连贯性的信仰和祭礼体系。

上古信仰和先秦思想的宇宙观以及对造化规律的理解一脉相承，其观念的很多特色总体上可以用当时的"神明"概念来理解和表达。在先秦观念中，"神明"是以两个相对范畴组成的复合词,以此表达天地之交、天地之间的媒介。其"神"的范畴涵盖来自天的恒星神光和天所降神靈雨水质的神气,其"明"的范畴涵盖出自地的日月火质的明形,神与明互补相辅才能生育万物。天地不交,则无生机;有神明之交,天地之间便有了生机,所以"神明"所反映的实际是古人的"生机"概念,天地万物化生皆奠基于神明、由神明来决定,但绝不能因此而认为神明是个大神。"神明"之结合表达天地"合德"的状态,天地合德才有万物之生机。

上古信仰并不是寄命于天或寄命于地,而是追求天地之合、与其志同,与天地"神明之德"相配。先秦宇宙观其实是以神明观念为基础的,并且因为古人认为人生与社会皆取法于大自然,所以无论是在自然、人生或社会生活中,"神"与"明"均是上下互不可缺的范畴。神明观从大自然扩展到社会,乃成为礼制与孝道的神明观,其观念的滥觞亦可见于商周信仰礼仪中。从西周以来,礼制"神明"观取法于自然"神明"观,且其目的是:社会取法天地,保持像天地一样永久的生机。礼制神明观强调:配天地神明之德,以追求家族世世昌盛之生机,并将此概念从家族扩展到跨血缘关系的社会与国家。从战国到两汉,礼学仍沿着西周礼制取象于天地的做法,模仿天地"和德"的规范,追求天与天下的沟通以及国家的调和与稳定。

商周时期人们通过各种礼仪表达他们的神明观,并追求天地之合、通天达神而获得天恩保祐。例如在当时象征天的幽与象征地的黄两种颜色之间,另加白色以象征地的产物有升天的能力,作为地与天之间"明"的媒介。因此,古人采用白毛与幽(青)毛的牺牲以祈祷升天的成功,如达到死者升天(为此而普遍以白色为丧色)或祭礼到达天界的目的;或者采用白毛与黄毛的牺牲以象征死者从黄土中白日升天或乘日升天。到了汉代以后,"黄白"一词专门表达升天之术,特指神仙方术。

在上古信仰的基础上,形成了哲学化的"神明"概念,并很快跨越了其天降神、地出明的本义,而进一步衍生出很多哲学理论。礼制神明观在儒家礼学中得以发展,自然神明观则被易学与道家着重讨论。战国早中期思想家的讨论,还是接近于原始神明观的意旨,但是随着抽象概念的演化,战国晚期所讨论的神明观,其内涵越来越丰富,远超其本义。不过,到了汉代,百家思想已然萎缩,而上古信仰中关于"神明"的本义已被忘记。

除了表达天地各种关系、符合《周易》思想雏形的信仰之外,商文明中也有"道"的信仰,形容来源不明的"導",一种崇高的指南,能够引导商王选择准确除灾的正道,另外,出行之前商王也祈祷能掌握"导"的指南。老子提出掌握"道"的目标,应源自古人所祈求的掌握"上导"的思想背景,只是在商代信仰中,根本不描述"道"的内在,也不探讨"导道"的来源。而自老子以来,"上导"信仰被哲理化以后,思想家就开始热烈地讨论"道"义,并探讨导道的来源与实质。在这一讨论下,道家历来提出过不同的看法,在战国中期郭店楚简老子语录中,将"道"视为天地万物之间的"昏"即相合规律,由此"道"概念与"天地神明"概念结合于共同的脉络里。

其实,通过一步一步地分析我们发现:商文明以来的信仰重点在于均衡相配。商文明并不是崇拜独一无二的大神的文明,一切神力都需与其他神力搭配才行。包括独一无二的帝,也必须祭拜其周围的四方;独一无二的"中"的权力并不具有独一的极端性和主宰性,只能通过与"方"的搭配,才获得其重要性。天浩大,但是没有决定生命的权力,只有天与地相配才重要,并且如果天的神力过大,就需要多祈祷,用各种神祕方式控制天并加强地的力量。天地相符、相合,才是万事成功的条件。这种均衡相配并不意味着恒定均衡,而是指相对力量弹性机动、互相胜败,但总体还是产生互不可胜的均衡相配的理想,这才是死生、衰兴不绝的循环。这种信仰从各种祭礼活动中都可以看到。

例如殷墟甲骨卜辞中屡次出现"下上若,授我祐"祈祷套语,请求上下授"祐"。商王祈祷"下上若"的重点不在笼括祭祀上下所有的神祇,而在于祈求天地交互,以上下共同授祐,来保障王事的成功。甲骨文又载"呼神耤于明",即表达神降明升之相对性以及相辅作用,进行此礼仪之地称为"明",恰恰相对于卜辞所呼祈的"神";在神祕的占卜记录里,很多细节并非偶然和无意义,所以我们可以合理地推论,此处之"明",大约是指某种空间概念,同时也指太阳初升的时段,借助太阳升起之力与天相交通,带去人间的祈求;并且在当时人们的观念中,天神地明相辅才有"生机",所以亦保证有受年。甲骨文另有很多使用不同颜色牺牲的记录,其中的幽与黄相对,显示了殷人以幽、黄牺牲来象征天地相配的神力,追求天地平衡相合的状态。《易·坤》"龙战于野,其血玄黄"用形象的语言表达天地相配之状,而殷商在祭礼中,以皮毛幽黄色的牺牲的血来体现这一形象。

从这些祭法可见:"相配"是商文明信仰的崇高理想。同时,两极之间所产生的"和"是中国文化传统思想的核心所在。虽然从殷商以来经过多次集权帝国时代,但多元的中国文明始终没有放弃上古文明观念的基础,即"和"的均衡概念;

虽然历代帝国张扬天子的崇高地位,但君臣"合德"的理想一直被看作是社会思想的重点。

必有"下"才能有"上",如果不重视"下","上"也无价值,上下不合,根本无生机。必有"四方"才能有"中",以四方的价值确定中央的价值;各有其权,各有其责,中与方相合才是稳定的空间。必有子才能有父,重视子才能重视父的地位,互相各有其责任。必有臣民才能有君,重视臣民才能重视君的地位,君臣互相各有其职责,君臣一德才能有稳定的国。这是从自然到社会一套完整的观念,在先商时期已可见其滥觞,所以它非常古老、非常深刻,而一直未曾被完全打败。也正因为有如此意识,过度集权的秦朝和新朝不能长久。当然,汉武帝集权的程度并不弱于秦,但他还是必须得保持上下平和的包装,采用很多非直接的政治手段,这就是文化基础的需求:直接极端的统治不能成功,一定要达成上下之合的中庸。

虽然迄今所能看到的较完整的资料只是从殷商才开始,我们却不能依此以为上下相合的概念源自殷商。殷商只是中国最早尝试建立帝国的王朝,强调的是一元概念,所以上下平衡与相合的观念不可能是殷商所创造,而是孕育于早商或更早的长江中游上古文明的深厚土壤中。此一基础在礼仪中留下痕迹,直到战国时期进一步成为百家讨论的重点。

在中国传统思想中,《易》和道的传统似乎最源远流长,滥觞于先商时期的精神文化中,二者是下编讨论的重点。至于早期儒家和法家,因为他们的视角多集中于社会问题,所以更适合用来讨论当时的社会背景,即便如此,还是蕴含了一些源自上古的观念。

巫觋文化信仰不仅有思想化的演变,同时也经历了民间迷信化的过程。在巫觋社会中,是极少数的人物观察自然现象,了解天象地兆,确定历法、祭礼,同时负责推算、占卜,解决社会所关注的问题。对自然界没有累积足够的知识和经验者,不能承担作巫师的责任。这些经验也在代际间秘密传承,在社会内对其他人形成一种神祕感。

但是,随着社会的发展,慢慢地,除了巫师以外,有越来越多的人掌握了这方面的知识。其中一些人重新思考这些巫觋的知识,寻找事件更深入的起源和因果关系,这就是后来所称的"文人"。文人们进一步将巫觋知识发展为一套思想系统,同时将信仰转化成"哲学"。除了文人的思想系统之外,另一群人则让巫觋知识变成"民间习俗"并加以传播。这些人未必了解仪式、规定和禁忌的来源及核心理由,但他们模仿一些古代巫师的做法,形成简化、朴素化的上古信仰模拟版本。这种"版本"在已经过观念哲理化的社会中,显然被视为是民间的迷信。但在我们做巫觋文化溯源的研究当中,绝不能将上古先民深入的信仰视为迷信,而是应该建立正确的认知:在上古社会中,巫师的活动事实上是人类认知宇宙和生命之崇高精神的方式。

绪论　厘清时空范围以及认识古人
精神文化的方法要点

一、传统思想与民间迷信皆衍生自上古信仰

中国传统思想奠基于春秋战国时代的百家争鸣。战国时期的思想论辩，逐步形成几个不同的主流派别。在两千余年的思想演化中，每个时代的学者都希望能溯及本源。然而战国晚期以来，各家追求将本门多种流传的文献版本统一及标准化，接着秦帝国统一文字，而后两汉以帝国化的儒学名义推行正统化思想，以上诸因素，使得先秦的思想渐渐被忘记。是故，后世的追本溯源，均难以跨越秦汉思想史的鸿沟。

近年来出土的战国竹简文本，对中国思想溯源研究，提供了一手资料，让我们看到战国时期更加丰富多元的观念，并考虑更原始的源泉。进一步思考传统思想的形成与渊源，除需要了解出土的先秦文本之外，更要思考它们的背景。战国思想的背景，不仅包涵当时的社会情况、文人所遇到的实际问题，同时也涉及文化观念，如流行的论辩题目、当时文人的思考模式等。倘若战国文人跨越了前人的思考模式，其思想也会保留此一跨越的痕迹。简言之，战国时期的思想上可溯于两周时期的天地与人生观念，或滥觞于更早的夏商甚至更早期的文化——亦即中国多元先民的巫觋信仰中。

学者们通常说，战国思想家将上古的天地与人生观念"哲理化"。然而，早在"哲理化"、"思想化"之前，古人对天地的认识已非常扎实。只是在观察自然规律

时,古人并不探究其原理,而是视之为神祕、崇高的对象。古人常用神祕形象来形容其对天地的认识,这些神祕形象构成了上古的宇宙观,同时也成为被崇拜的对象。这并不是因为古人不理解自然界,才将之神格化,而是因为这些形象结构本身就是古人了解宇宙的方法。战国时期的人用哲理辩论来探讨宇宙的本质,也不是因为他们比前人更加了解宇宙的规律,而是因为他们把前人的"形象语言"转变成另一种"思想语言"。

哲理化前后的天地观,还有一项关键性的差异。古人依其观察,把宇宙规律视为形象化的结构,视为可观察的存在。他们观察、了解、崇拜并采用这套结构,而不加质疑,更不会产生辩论。巫师是古代负责沟通宇宙的智者,基本上可以视为远古的科学家,他们掌握了数学、天文学、地理学、医学等知识,而且不断从事研究,但这些"科学知识"是不会被讨论的。根据其对天地和人生的认识,古人设定了一些配合自然规律的行为与神祕禁忌。在当时的文化中,这些行为和禁忌并不需要多作解释。换言之,上古对天地和人生的认识,是一种建立在观察与智识基础上的"信仰",一种被神格化且固定不变的宇宙图像。如果将其视为古人的"迷信",就无法理解古人对宇宙的认知方式。认知宇宙可以有各种方法,但都有其限制,现代人的科学方法,在许多方面可能超越了古人,但是因为过度细化,在某些方面或许反而不如他们观察得清楚。

战国时期的思想家,仍要面对天地和人生的难题,而且他们的出发点仍旧是自远古留传下来的知识及神祕形象。他们开始对上古信仰的性质表达怀疑,并寻找论据,进行辩论。

巫觋文化信仰不仅有思想化的演变,同时也经历了民间迷信化的过程。在巫觋社会中,是极少数的人物观察自然现象,了解天象地兆,确定历法、祭礼,并同时负责推算、占卜、解决社会所关注的问题。对自然界没有累积足够知识和经验者,不能承担作巫师的责任。这些经验也在代际间秘密传承,在社会内对其他人形成一种神祕感。但是随着社会的发展,慢慢的除了巫师以外有越来越多的人掌握了这方面的知识。其中一些人将这些巫觋的知识重新思考,寻找事件更深入的起源和因果关系,这就是后来所称的"文人"。文人们进一步将巫觋知识发展为一套思想系统,同时将信仰转化成"哲学"。除了文人的思想系统之外,另一群人则让巫觋知识变成"民间习俗"并加以传播。这些人未必了解仪式、规定和禁忌的来源及核心理由,但他们模仿一些古代巫师的做法,形成简化、朴素的上古信仰模拟版本。这种"版本"在已经过观念哲理化的社会中,显然被视为民间的迷信。但在我们做巫觋文化溯源的研究当中,绝不能将上古深入的信仰视为迷信,而是应该建立正确的认知:在上古社会中,巫师的活动事实上是人类认知宇宙和生命之崇高精神的方式。

当我们留意古今观念的关联时,便容易发现很多尚未完全断裂的原始巫觋文化观念,一脉相承地影响中华文明传统的形成。上古巫觋信仰并未消失,而是经过数次理性化、道教化、佛教化等接连不断的介入与混杂,演变成为中华文明的传统。本书藉由出土及传世史料,企图勾勒上古信仰的原貌,及其在历史上的思想化和迷信化的演变。

我们必须了解,古代信仰的哲理化并非一蹴而就,它是一个漫长的过程。上古信仰经历漫长的发展,塑造了传统的思想脉络。在这一发展的长河中,每个阶段都有不同的社会认知与文化面貌。此外,发展过程中不同文化互有往来交流,这些都构成传统思想形成的关键因素。

中国领土广大,地形多变,气候不一。在远古时期,这些不同的环境条件造就了不同的生活方式,以及不同的文化观念。不同文明在历史中川流交错,彼此清浊汇聚、生态杂处。有些文明消逝在洪流里,但其文化成分却仍在新的文明中延续。这些古代文明如同众多音质独特、却又各自独立的乐器,直至青铜时代伊始,才逐步融合成为中华文明的交响曲。

此一过程到了殷商之后尤其明显,殷商文明属于多元文化的集合体,既是远古巫觋文明的末流,又是中华文明之滥觞,许多观念、制度、礼仪都奠基于此时,而殷商社会的信仰状况更已见诸文字记录,并可在春秋战国时期找到其思想化、哲理化的痕迹。

对中国青铜时代信仰之结构过程的研究,涉及对相关历史背景的认识以及对不同资料、方法和视角的处理,下面拟就这几个基本问题略作说明以奠定全书的背景。首先我们需要厘清时空范围,了解该地域的关键特点以及历史演化脉络,同时从观察具体社会文化的微观角度,以及从宏观人类历史的角度,来定义商文明的位置;其次,我们需要厘清认识古人精神文化的方法所在。

二、时空范围：重新确定"中原"地理概念的本义

中国疆域辽阔，有多样的环境地貌。水土环境影响了人们的生存之道，也造就了不同的人类文化。虽然随着时代推演，这些文化融合成多元的中华文明，但在探讨上古社会信仰时，仍应分别追溯不同的文化。因为，同时期的文化虽有深浅不同的互动，彼此亦有若干相似之处，但若未考虑地理环境、生活方式、移动路线等造成文化分隔的基本原则，或未经过严谨的考古分析之前，不同文化实不宜混为一谈。至于时代与形态互异的石器与金属器文化，若无充分证据，不能随意推论其间的继承关系（图I）。

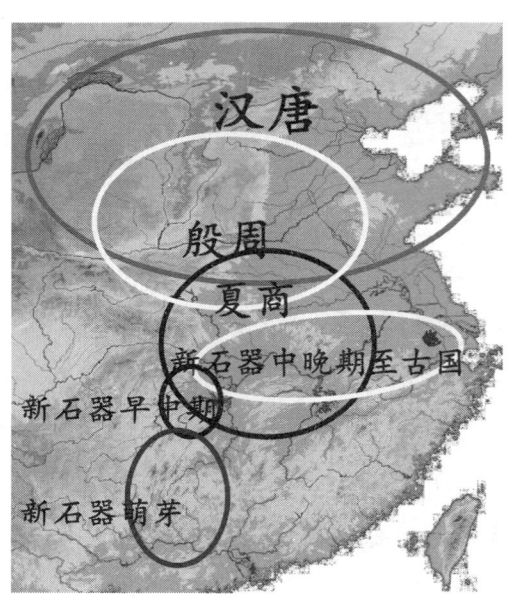

图I 不同历史时代的核心地区。

本研究的空间范围以重新厘清的青铜时代"中原地区"为主，但也包含与中原关系密切的周围地区；本研究的时间范围，上及该文化先商时代甚至新石器时代的源流，也下及春秋战国至秦汉时代，以观察其流变和去向。

前面所说的中原空间范畴，有别于一般研究中所用之"中原"概念。《诗·小雅·小宛》曰："中原有菽，庶民采之。"司马相如《喻巴蜀檄》曰："肝脑涂中原，膏液润野草。"①可见早期文献中"中原"的意思是宽广空旷而宜于农耕的肥沃大坪。但若仔细探究今日常用的"中原"概念，即会发现其意思不符合最基本的地理事实。现在的"中原"概念，经常涵盖河南、陕西和山西之南部——即周文明之核心地区，

①　（汉）毛公传，郑玄笺，（唐）孔颖达等正义：《毛诗正义》，《十三经注疏》，台北：新文丰出版公司，2001年，页1151。（汉）司马迁撰，[日]泷川资言会注考证：《史记会注考证》，台北：大安出版社，1998年，页1222。

这明显是违背自然地貌的一种政治性地理概念,因为此区域代表从东汉到北宋这些统一大国的中心区而已。但从自然地理的角度来看,这一"中原"命名似有不妥。因为该地区包含了平原、山脉与峡谷,呈现出一种支离破碎的地貌。

对殷周以来的混合文明来说,自然地理的边界并不那么重要,但对早期文明来说,这个边界却是很重要的。透过研究这些地理条件的异同,便可藉以表达采取不同生活方式的族群的活动范围:如住在肥沃平地的农耕文化之发展区,山林游猎族群的活动区,以及几种虽然选择了定居或半定居的生活方式,但却将农耕视为次要的中间地区,其生活可能是以驯养、渔猎或石器制造为主要的经济基础。此外,华北还有宽大的草原:草原此一特殊的地理条件,导致了多族群的互相融合,且多次威胁到农耕文明国家。而且,亚洲草原恰恰是古代很多军用技术的发明区,同时是游牧和游战生活方式的发祥地。

若从自然地理的边界来探讨,则"中原"这个概念应有另一种属于自然地理条件的理解:即"中心的平原地带"。在中国地图上,这个地区应该是以大巴山和幕阜山及大别山为东、西界的宽阔平原地,北缘到黄河南岸,而南边则经汉江下游涵盖鄂豫平原,又过汉江延伸到鄂湘江汉、澧阳和洞庭平原,在这广大地域内形成一个宽阔平坦的农耕地区。并且,因豫南地区及大别山间有许多谷地,其范围从南阳盆地和鄂东北平原很容易跨越大别山,到达淮颍平原、信阳、驻马店、许昌,到达黄河南岸的郑州。若由自然地理的观察角度来看,只有这个位处其间的宽阔平原,才能被称为"中原"(见图Ⅱ,本书所称之"中原"或"江河中原",除非另加说明,皆指上述区域)。而且我们从自然地理的角度可以观察到:汉江下游是此一宽广农耕区域的中心,其中大的连续性的平原只有长江中游平原;该地从早期文化一脉相承地发展至商文明。因此,循着地理和文化面貌确定研究范围,应该重新确定文化中心和边缘的关系。

三、重新确定商文明的中心和边缘的地望

大溪文化从长江中游向北发展,接着,具有国家性质的屈家岭文化也从长江中游向北开拓了随州走廊与南襄盆地,其影响及于整个江河中原;石家河文化与后石

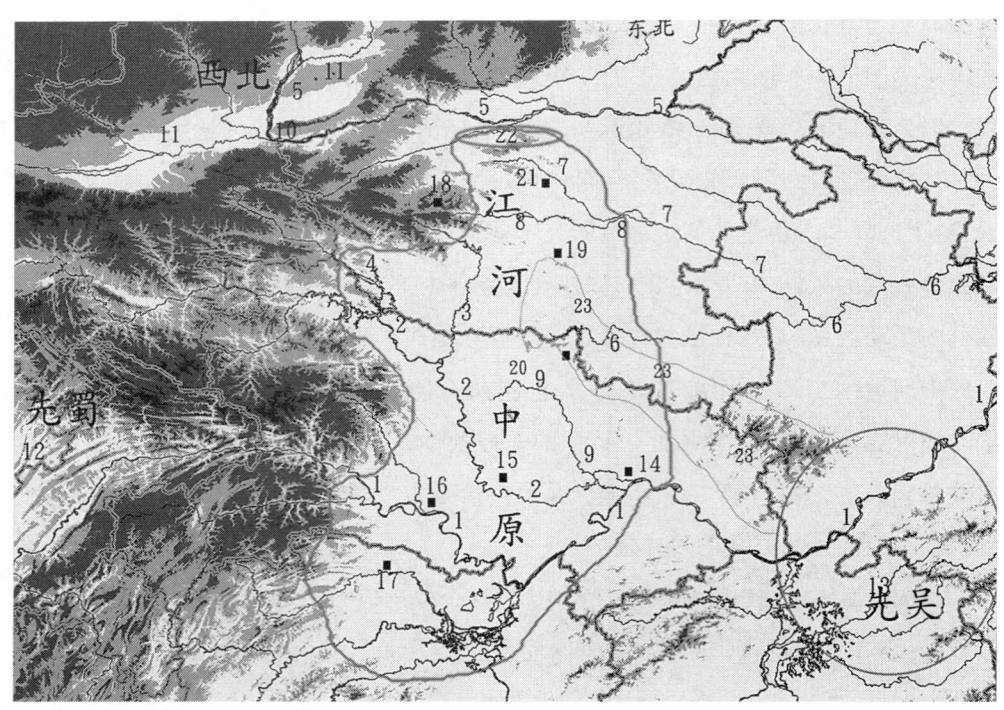

图 II 江河中原：1. 长江；2. 汉水；3. 唐白河；4. 丹江、淅川；5. 黄河；6. 淮河；7. 颍河；8. 沙河；9. 涢水；
10. 中条山、三门峡；11. 渭、汾平原；12. 成都平原；13. 先吴文化范围；14. 盘龙城；15. 石家河；16. 荆
南寺；17. 城头山；18. 王城岗；19. 驻马店杨庄；20. 汉北西花园、庙台子等遗址；21. 禹州瓦店城址；
22. 郑偃地区；23. 大别山地区。

家河文化继续扩展其国家社会的范围,并主导其他地区文明化的过程,这也反过来
对其自身产生影响。经过几千年的文明演进,发祥于长江中游的盘龙城文化—商
文明越发强大。这些都显示了长江中游文化的强势。只有到了殷商,原本在草原
森林交界地带活动的北方族群南下到黄河下游北岸活动,形成新的中心,自此以后
黄河流域才摆脱边缘地位。从文化的角度来说,黄河流域文化在很多方面传承了
以江汉地区为中心的农耕大文明的脉络。在殷周时代,"江河中原"文化脉络大量
扩散到黄河、渭河、汾河流域,河北、山东,以及许多其他地区。由于殷周政权中心
靠近黄河,其凭借黄河在战略上的地理优势以及作为资源贸易要道的特点,将原来
属于农耕文明北界的地区发展成为中央,中央和边缘的关系至此产生变化[1]。因
此,在历史上"中原"概念有了变化,从自然地理所指的中间农耕平原(以澧水为
南、以黄河为北、以江汉为中),变化成以殷周王畿为中心的殷周军权的影响区域,

---

[1] 此问题之详细论述请参郭静云：《夏商周：从神话到史实》,上海：上海古籍出版社,2013 年。

爰至汉唐帝国更加确定了帝国的"中原"概念,并影响后世对"中原"的认识。

从考古文化及历史脉络讲起,由于学界希望用二里头和二里岗文化表达夏商之区分,牵强附会于两者之间的差异,但是从现有的考古资料可以发现,这两者其实是一脉相承的同一文化体系,二里头即是盘龙城文化二至四期的嵩山类型,二里岗为盘龙城文化四至六期的地方类型。对这问题笔者已作过详细讨论,不再重复①。重点是考古资料表明:二里头和二里岗不宜分为"夏"和"商",二里头年代测定也很晚(以公元前 1735 年为上限,建城年代甚至晚到公元前 1600 年左右②),与夏之年代不符,且二里头、二里岗并非农作文明的中心。故笔者认为两者皆应视为"盘龙城文化"③。由于郑洛地区是大文化区域的北界,颇有地方特色,可视为盘龙城文化"郑洛类型"或"嵩山类型"。由于本书主题为精神文化之探讨,其皆由高级礼器所表达,包括青铜器、硬陶和原始瓷器,而在这方面,郑洛地区恰好没有特殊的贡献,故不牵涉类型的区分。

从历史的角度来说,二里头、二里岗、盘龙城,都代表商文明,是殷商(或屈原所谓"殷宗")在殷墟建都之前的"商"文明(但不宜视为一个统一的大国)。本书亦以"早商"、"汤商"或"楚商"称之,以别于其后的殷商上古帝国。汤商文明不仅是殷商所吸收文化的主要来源,也是殷商王室所伪装继承的王朝(作为外来的族群,他们强调自己传承汤商的正统性),因此,虽然殷商文明涵盖的文化面貌很杂,又对汤商的精神文化有所枉屈,但殷商强调自己是汤商的正统继承者,因此其文化中汤商的成分为主流,此外殷商并没有创造新的深刻的精神文化,所以其文化均以汤商为基础。因此,本书在叙述汤商和殷商共有的现象和概念时,采用了"商"、"两商"或"商文明"这一泛指称谓,但这并不表示笔者认为文化上有传承关系的汤商和殷商在政治上也属于同一王朝,详见下文说明。

既然本研究以商为中心,在讨论商文明所继承的脉络时,最大的焦点就是以农耕的中原地区为中心的文明。新石器时代晚期至青铜时期,中国各地可见丰富的

① 请参郭静云:《夏商周:从神话到史实》。

② 张雪莲、仇士华、蔡莲珍、薄官成、王金霞、钟建:《新砦—二里头—二里岗文化考古年代序列的建立与完善》,《考古》,2007 年第 8 期,页 2、74—89。〔日〕大贯静夫:《夏商周与 C14 测年》,中国考古网,2014/01/15,http://www.kaogu.cn/html/cn/xueshudongtai/zhongwaijiaoliu/youpengziyuanfa/2014/0115/45019.html。湖北省文物考古研究所编著:《盘龙城:1963—1994 年考古发掘报告》,北京:文物出版社,2001 年,页 2—22、449—450。

③ 相关的论述参邱诗萤:《汉北青铜文化之兴:从石家河到盘龙城》,台湾中正大学历史系硕士学位论文,2015 年。

礼器造型,但"江河中原"地区的礼器和相关信仰具有较一贯的发展脉络,以及在空间上的扩展。殷商帝国宗教在吸收各地文化影响的同时,主要还是以"江河中原"(即汤商政权的领土和影响地)文明的形象脉络为基础创造出了折衷的综合性形象。但因殷商文明打破了自然农耕的疆界,亦吸收"江河中原"之外的其他文化因素——尤其是北方文化的因素,所以我们必须厘清组成殷商精神文化的不同文化之间的关系。是故,本书研究范围虽然以"江河中原"为主,但也部分涵盖这一地区以北的黄河、渭河、辽河流域,以南的湘赣地区,以东的海岱地区,以西的巴蜀之区。

此外,既然我们的讨论,亦有涉及礼器的形状和古文字之间的关联,我们更加需要遵守谨慎的原则。自新石器晚期至青铜时期,中国有不止一种古字出现,笔者对殷周文字的源头曾经作过一些讨论①,但我们却不能探索其与甲骨文之间的发展历史,只能从礼器发展的脉络来观察,并得出某些结论:如判断衍生出"神"字符号的纹饰,乃是属于中原脉络的礼器上的特有纹饰符号。因此,本研究基本上仅局限在这个脉络中进行讨论。只有在思考中原地区青铜文明信仰的根源、对其他区域的影响,以及描述殷周以来的信仰演化及扩展时,才采用不同地区的文物资料,并谨慎地论证他们与中原文明的关系。

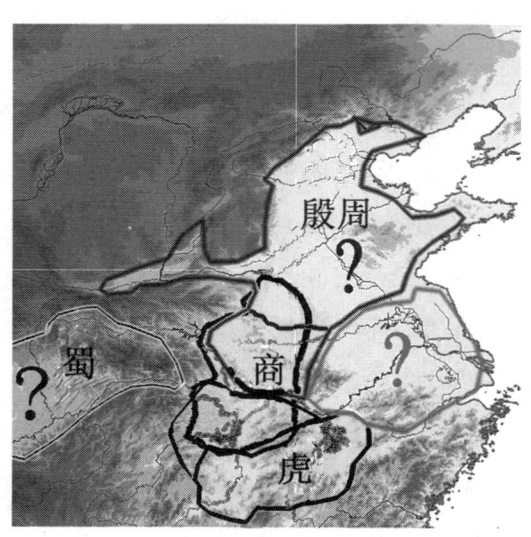

图 III 商周历史地图。

四、中国上古文明的历史脉络

笔者经过多年搜集、对照考古、文献以及其他学科所提供的资料,对中国上古

① 详参郭静云:《夏商周:从神话到史实》,页282—324。

史,尤其是"商文明"的历史得出新的理解,此研究成果详见拙著《夏商周:从神话到史实》一书。因为对精神文化的理解离不开对历史背景的认识,在讨论古人信仰之前,下面拟简略描述笔者对上古史基本框架的认识。

目前已知的中国青铜文明主要有三。第一是长江流域,这里拥有当时文明化、国家化程度最高的农耕文明,殷商之前已成为先蜀、先楚、先吴、先越等国家文明的基础,其中以先楚文明所在空间最为宽阔、丰腴,国家化程度也最高(不宜以熊氏王朝的楚来理解其更早的历史阶段)。从地理与考古情况来看,很多颛顼、尧舜和夏禹的故事较符合长江中游的环境。第二是东北西辽河流域,该文明自红山文化以来即为纯熟独特的文明,到了青铜时代夏家店下层文化,因与草原交界,明显具有以军权治理社会的特点,在历史上为殷商集权最关键之基础。第三是黄河上中游齐家、西城驿、四坝等青铜文化,西北地区游战族群流动率很高,文明化、国家化的过程直至商周才明显,但最后成为周与秦政权的发祥地,并掌握了较大的政治权力。

这三地各有金属矿床,所以各依靠其本土矿床发展青铜文明,矿料的差异性影响到各地早期青铜技术的差异。在这三区中,只有长江中游表现出独立自创的青铜文明的发展。① 长江中游的矿床最丰富,肥沃的土地也成为文明发展理想的条件。此地区幅员最宽广,是稻作文化的故乡,上、中、下游均成为不同文明的发源地。从距今五千多年以来,长江文明的社会分化、国家化过程很明确。笔者分析考古资料,认为长江流域文明的形成和孕育,相当于蜀、楚、吴、越的文明起源,其中楚文明从新石器文化的萌芽时代到战国秦汉,其间发展一脉相承,并无中断。

因长江流域金属矿的位置在先楚与先吴之间,导致楚、吴成为发展最快最丰富的青铜文明。相比较而言,在殷商之前,长江中游、汉水流域的先楚文明,是空间最广、人口密度与国家化程度最高的文明,很多早期的神话似乎都源自楚地——长江中游地区。按照考古所得,长江中游地区是稻作的发祥地,自旧石器晚期以来,至新石器时代,其文化发展一脉相承至青铜时代,从未断绝:从十里岗文化(大约距今11 700—9 700 年)、彭头山文化(大约距今 9 800—7 800 年)到皂市下层文化(大约距今 8 200—7 000 年)、汤家岗文化(大约距今 7 000—6 000 年)、大溪文化(大约

---

① 郭静云、邱诗萤、范梓浩、郭立新、陶洋:《中国冶炼技术本土起源说:从长江中游冶炼遗存直接证据谈起之一》,《南方文物》,2018 年第 3 期,页 17—31;郭静云、邱诗萤、范梓浩、郭立新:《中国冶炼技术本土起源说:从长江中游冶炼遗存直接证据谈起之二》,《南方文物》,2019 年第 3 期,页 41—55;郭静云、邱诗萤、郭立新:《石家河文化:东亚自创的青铜文明之一》,《南方文物》,2019 年第 4 期,页 67—82;郭静云、邱诗萤、郭立新:《石家河文化:东亚自创的青铜文明之二》,《南方文物》,2020 年第 3 期,页 69—90。

距今 6 300—5 500 年)、油子岭文化(大约距今 5 800—5 500 年)、屈家岭文化(大约距今 5 500—4 800 年)、石家河文化(大约距今 5 000—4 300 年)、后石家河文化(大约距今 4 300—3 700 年),最后发展到盘龙城文化(距今 3 700—3 250 年)①。该地区一直致力于发展稻作农业生活方式,从大溪到屈家岭、石家河时期相继进入铜石并用时代和青铜时代,出现了以云梦泽和江、汉、澧诸水为枢纽的连城邦国和交换贸易网络,从而开启了东亚最早的文明化进程,其情形与两河流域的苏美尔或尼罗河流域的古埃及相似,年代亦相同。

先楚文明从长江中游、江汉平原逐步向北开拓至黄汉平原,并到达黄河南岸。这一过程在屈家岭时代已开始。先楚人北上时,培育出适应黄汉地区较寒冷、干燥气候的稻作。距今 5 000 年左右,江河之间的中原文明已达高度同化之状况。考古揭示,屈家岭、石家河文明东到鄂东、大别山东侧,西到大巴山、巫山山脉,南到江湘,北到黄河南岸。换言之,综合考古、环境和地质资料,可见江河中原文明并不可能发展自黄河流域;长江中游地区,特别是汉水东游平原的文明,才是黄汉平原文明化的发祥地。并且,屈家岭、石家河、后石家河文明应该相当于传世历史神话中的十日轮值、颛顼、尧舜、三苗以及禹夏统治的历史阶段,即屈原在描述他的祖国——楚——的历史时所说的颛顼、尧舜时代和夏王朝②。顾颉刚先生曾经透过对文献资料的详细通读和考证,证明禹是源自南方民族亦即楚文化传说中的历史英雄③;考古研究成果表明:在石家河时代,位于汉水北岸偏西边的天门石家河古城规模很大,或许恰好是颛顼、尧舜、三苗及夏王室统治中心所在之地,或亦曾经作过夏王国的都城④。

文献记载表达,三苗应该是尧舜时代之后、夏禹之前的王室朝代,考古研究成果也恰好补正此传说。依笔者的考证,所谓三苗,是原本活动于湘西、鄂西的猎民⑤,可

① 郭伟民:《新石器时代澧阳平原与汉东地区的文化和社会》,北京:文物出版社,2010 年,页 16—37;陈铁梅、R.E.M.Hedges:《彭头山等遗址陶片和我国最早水稻遗存的加速器质谱 14C 测年》,《文物》,1994 年第 3 期,页 88—94;郭静云、郭立新:《"蓝色革命":新石器生活方式的发生机制及指标问题》,《中国农史》,2019 年第 4—5 期,页 3—18、3—14。不同遗址的年代比较,显示文化之间经常有较长的过渡时段,部分遗址已有很多新文化的因素,但另一部分遗址的遗物继续保留早期文化的面貌,因此早晚的文化间自然有两种文化互相重叠的时段。

② 郭静云、郭立新:《中国洪水与治水故事》,《史林》,2020 年第 4 期,页 56—68。

③ 顾颉刚:《古史辨》,上海:上海古籍出版社,1981 年,第一册·中编·四二《讨论古史答刘胡二先生》,(三)《禹的来源在何处》,页 118—127。

④ 郭立新、郭静云:《夏是哪国王朝——历史英雄大禹的文化属性暨原乡》,《广西民族大学学报(哲学社会科学版)》,2021 年第 3 期。

⑤ 郭静云:《夏商周:从神话到史实》,页 108。

以宽泛地将其视为高庙文化体系的后裔。从大溪时期以来,愈来愈多地见到山区与平原族群之间的分工及交易。鄂西山地族群不仅提供狩猎产品,也大量制造石器、制盐,并将这些产品与江汉平原地区的农民进行交易,但是由于他们本身是从猎民生活与文化发展而来,故而崇拜老虎为始祖并将其视为掌握超越性力量及权威的神兽。后石家河文化前段(约距今4 300—4 000年)在石家河城址肖家屋脊、谭家岭高等级瓮棺墓里出土了很多虎形的玉器和带獠牙面像,荆州枣林岗和钟祥六合、湖南澧县孙家岗也曾出土过同样的礼器,依笔者浅见,这都代表文献所载三苗统治的阶段(长江中游崇拜老虎的族群属性将在上编之第七章进一步讨论)。《竹书纪年》载:"三苗将亡,天雨血,夏有冰,地坼及泉,青龙生于庙,日夜出,昼日不出。"《墨子·非攻下》亦有相似的记录:"昔者三苗大乱,天命殛之。日妖宵出,雨血三朝,龙生于庙,犬哭乎市,夏冰,地坼及泉,五谷变化,民乃大振。高阳乃命玄宫,禹亲把天之瑞令,以征有苗。"①

　　仔细阅读文献所载,从其神话性的叙述可以钩沉出一些讯息。第一,三苗之治可能不稳定,出现异常气候,各种势力互斗频繁。第二,三苗之治是以"天命"结束,这一"天命"之事经过口传而入文献。《禹时钩命决》曰"星累累若贯珠,炳炳如连璧"②,描述大约两千年才能发生一次的超级紧密的五星贯珠现象,通过历史天文计算程式可知发生这次"天命"的日期为公元前1953年阳历2月24日③;这很难是偶然或巧合,这一天文指标确实可能保留了禹夏王室取代三苗王室的时间。第三,文献在神祕的描绘之间或许暗示一些当时气候与社会的激烈波动:不停地下雨,地下水位上升,天气变冷而使夏水的水面上在冬天可见一层薄冰("夏冰"的意思应该不是夏天有冰,而是指在名为夏水的汉江下游河面有冰冻的现象),粮食收获及品质变差,老百姓也因此动乱。第四,据此传说"禹亲把天之瑞令,以征有苗"的事情由楚文明的始祖高阳加持而保祐,说明这都属于楚大文明的历史;夏禹显然不可能是外地人,更不可能是没有面对大洪水经验的北方人,对江汉地形和气候不熟悉的人显然没有能力组织适当的治水工程而阻滞洪水。

　　也就是说,在约公元前2400—2000年间的洪水频繁暴发的时代中,曾经有来

---

① 方诗铭、王修龄撰:《古本竹书纪年辑证》,上海:上海古籍出版社,2005年,页68—69。(战国宋)墨翟著,(清)孙诒让间诂,孙启治点校:《墨子间诂》,北京:中华书局,2001年,页146。

② (宋)李昉撰:《太平御览》,北京:中华书局,1960年,第一册,第一部,卷七,页34。

③ 郭静云:《亲仁与天命:从〈缁衣〉看先秦儒学转化成"经"》,台北:万卷楼图书,2010年,页287—291。

自湘鄂西部山区（大巴山—巫山—武陵山脉）的三苗族团掌握了江汉平原地区的政权。继而在约公元前 2000—1700 年间，汉水下游为夏王国都城所在之地。可是文献也记载，大禹之后夏王国并不稳定。考古证据也表明，当时在长江中游的楚文明体系中，曾经屡次发生过国家结构的演变，古代几个大城的神权中心势力变弱，作为中央的天门石家河势力也衰落。而最终位处其东邻并更靠近汉口和铜矿山的地区，出现更大的中央集权政体，其可能就是以武汉附近的盘龙城为代表。天门石家河没落而武汉盘龙城文化兴起的考古资料，或许正是夏朝兄弟内乱及汤克夏故事中所隐藏的"事实"，即盘龙城文化应该相当于传世历史神话中所载汤商王朝的历史阶段。

进一步对照资料及循着历史思考，笔者了解到：考古与文献中商史资料存在众多矛盾的原因，是因为这些资料隐藏着两个不同历史阶段与王朝合并的情况，是后世都城在安阳殷墟的统治者的王朝（屈原将之称为"殷宗"），打败前世中央靠近汉口的"汤商"之后，有意地强调自己始终生活在中原的本土性以及传承的正统性。

换言之，所谓"商"文明，应分为汤商和殷商，这是两个来源不同的朝代。汤商又可谓之"早商"、"江河中原之商"、"南商"、"楚商"等，是屈原所录的楚这个大文明中的"汤商"朝代阶段。盘龙城文化所代表的，就是殷宗占领中原之前的"楚商文明"，这是一个由长江中游自身文化发展而来的本土古国，其诸多文化因素在被殷商征服后融入殷商文化的脉络里①。

汤商的核心位置在江汉地带，但其所代表的文化涵盖整个江河之间的"中原"地区，其影响力的北界到达郑州、洛阳，所以二里头、二里岗也属该文化的脉络，后者是先楚文明的北界城邦，而非中央。因其位于南方农作区的北界，是抵抗北方族群对江河中原强攻的前线，故具有战略上的重要性，也因此而获得长江中游的资源。

西北地区，黄河上、中游文化的国家化程度最低，虽然有本地的青铜文化，但因族群的流动率很高或其他因素，直至殷商末期和西周时，其影响力和权威才表现出来。殷商之前西北、东北族群都经常来中原掠夺，殷商建都前最关键的战线是在黄

---

① 此地除盘龙城之外，周围亦有甚多遗址，包括铜鼓山城、云梦城等城址，但发掘不足，所以目前还不能更准确地判定楚商政权中央的位置，所以暂定以已有发掘基础的盘龙城遗址为其代表。

河南游(郑洛地区),因华北族群对中原的强攻,郑偃城邦成为非常重要的边界区,也是南北贸易、行军路线常常经过之处。

东北夏家店下层文化是另一系青铜文明,它在殷商之前掌握了辽冀平原。因地处较狭窄的辽冀地区,由于经济和交易发展、人口增加等因素,便促使东北先民产生开拓新地的需求。所以殷商之前,黄河下游成为北南文明的战线。

直至公元前14世纪以降,北方族群来到殷墟建都,又过了几十年,于公元前1300年南下打败盘龙城而自立为"商",并且逐步将"南商"的故事与自己的家谱合并,以此强调"殷宗"政权的正统性,以及对本土政权的传承。自此,原本存在于江汉流域的古老文明,湮没于后世对历史传说的诠释之中。

从地理关系来说,汤商文明的范围以江河中原为核心,是庞大的以稻作农耕为基础的文明。殷商的都城在江河中原的东北角落,但经过多次战争以及与其他民族交流,形成跨地区的文化共同性,其在很多方面是以中原汤商文化为基础的。尤其是汤商文明(包括郑州、偃师一带被鉴定为"二里头文化"、"二里岗文化"的诸文化)的礼器所表达的信仰,明显被殷商传承,成为殷周系统的宗教观念之基础。

殷商文明以多元及整体化的上古帝国文明面貌出现,此乃是新的历史阶段。原有的诸国汇入早期整体化的上古帝国。殷商在各地文明的基础上,形成了一个新制度的集权大国。这个同样自称为"商"的政权,统一了系统化的祭礼结构,又融合了各地信仰、文化。殷商时期,虽然很多地区仍保留其独特的文化及信仰,但上古帝国的上层文化呈现出广泛的一致性以及深刻的同化,在极为宽广的地域、跨国家的文化中,我们都可以发现同类的礼器、相近的祭礼方式等等。在殷商周围的国家,也深受殷商庞大文明的影响,这成为将来跨国多元文化间彼此同化的基础。

殷商上层贵族的精神文化颇为系统,所以应该定义为上古帝国宗教体系。这一体系先在汤商时期形成和成熟,后在殷商时期再吸收、消化而同化了多元的声音和因素,并被加以整合、整体化而形成庞大体系;周代继续传承,西周后半叶才开始变化并逐渐获得新的意义。不过总体而言,商文明宗教体系的历史涵盖千余年甚至近两千年的历史,直至秦汉才失传。

基于上述历史背景的观察与分析,本书将着重于礼器造型、甲骨金文以及后期神话的记录,通过现有出土文物资料与后期神话的交叉比对,重新解读两商信仰的要点。

五、由世界人类历史的脉络探寻商文化之信仰

人类文化十分多元且分类众多，但总离不开两个要点：地球的自然条件和人类的本质。由此可推论，其间必然拥有某些共同的脉络，以及通用的基本规律。从世界历史的脉络中，我们可以看出几项规律，并依靠这些规律，更加客观地思考商文明的精神文化意义。

在此，我们应该认清：无论多大范围的研究，皆奠基于对许多细节的认识，且离不开个别小地区对象的实据来佐证，由此方可脱离那种看似宏观、实际上却远离现实状况的空泛理论，实际聚焦于生活、人群、社会之间的互动；同时，无论多么小范围的研究，亦皆离不开大脉络的背景、生活以及人类、社会生存的一些核心规律。如用显微镜深入观察每一细胞，用望远镜观察星系的关系，就这样在宏观和微观之间，我们方才能够更进一步了解人、社会、地区、时代之间的关联性，才能观察在历史演化中的社会与人生。

是故，虽然本书研究框架离不开以上所述之范畴，但在探索商文明的信仰时，将广泛参考欧、亚、非、美、澳等地区的巫觋文化，以及结构人类学和宗教学对早期信仰的研究成果，作为对照①，同时将并行采用中国上古信仰考证以及文化比较两种方法。

六、跨学科领域的历史考证方法

我们若仅以单一方法进行研究，犹如仅从一个角度观察事物，成果将相当有

---

① 　如弗雷泽（James G. Frazer，1854—1941）、普罗普（Vladimir Y. Propp，1895—1970）、列维·斯特劳斯（Claude Lévi-Strauss，1908—2009）等早期文化研究学派学者的著作。

限,且可能造成不同角度之间的矛盾。本书关于上古信仰的考证包含对考古文物、传世神话、古文字等多重证据进行互相参照和补证研究。上古信仰经过数度分合、思想化、形式化、怀疑、否定、重新承受、重新认知的演化过程,从而奠定大中国传统之基础。只有一条一条地搜集不同时代的资料,并循着演化之路线,才可以厘清历代观念的演变。通过不同时代资料的详细对照、研究,从近看远,从远看近;从源头观察不同时代的发展结果,而从不同时代的思想回到其源头。这才是跨学科并将史料置于历史脉络的研究方法。

(一) 分歧的学科无法达到洞察事情的目标

随着现今学科日趋分化,从事学术的研究者也逐渐失去了全面统筹问题和综合研究的能力。学科划分细化,问题研究的专门化,都导致一些研究出现了一叶障目的情况,非但没有增加每一门学科的精确性,反而成为作茧自缚的举措。专门化学科的路越走越窄,专业研究者在自己的树洞中不敢走出森林,因此众多不知树木的外行仅凭感觉解释整个森林。也就是说,学科之间互不相接而使彼此间不知对方之目标,学者们放弃了历史研究必须有的完整的问题意识,所以,那些对所有学科皆不知悉的人反而出来随意诠释历史。

然而考古学、器物学、文献学、古文字、历史地理与第四纪研究等专业学科,实际上并不是独立、彼此互不相干的学科,反而都是研究历史的方法,皆是重要的研究"工具"。但是在过度区分学科的现状下,每一门独立的学科,都只能在自己的专业范围内对其研究的问题加以描述,往往没法深入到问题的核心,遑论探索问题背后存在的意义。

值得庆幸的是,当代学术界已经察觉到一些端倪。为了避免坐井观天,学术界日益提倡跨学科跨领域的整合式研究,倡导围绕学术问题开展研究的做法。事实上,一切学术研究的伊始,皆始于脑海里形成的问题和疑虑,而且并非仅仅了解问题后就可以结束。当一个研究者找出问题后,最关键的是怎样透过看似单一孤立的表象,尝试去了解背后的原因。在了解的过程中,会不断产生新的问题。当问题不同之时,我们也需要搭配不同的学科、方法和知识来解题。当研究者懂得对症下药,而不是头痛医头、脚痛医脚时,才有可能接近问题背后隐含的意义。因此,学科只是我们研究问题的方法、工具,或者比喻为解决问题的钥匙,而不是由一些毫不相关的学术领域组成的。如果害怕接触非自己专业学科的研究方法，就无法期待能得到精彩的研究成果。

学界经常讨论的"考古与历史如何相配"的问题，其实，这一问题的表述本身就是有误的，其含义应该是"考古学与文献学如何相配"，从而将之汇入人类社会的历史海洋。而这完全是研究方法学的问题。

（二）对文献的解读：文献学所提供的史学"工具"

首先，历史文献并不等于历史事实，而是一种很复杂的史料，被隐藏的往往比被彰显的更多；包括曾经发生过的事情、被记录时的情况、记录者的目标和读者的期待等等很多因素，都会影响到历史文献的最终面貌。文献只是侦探小说的序言，或是一份密码文件。我们应如何解读此侦探小说？我们应如何解码？如果没有传世文献之外的史料，厘清史实的可能性并不高。

所以，如果用文献研究先秦历史，我们应该采取以下角度：一切叙述先秦历史的文献，都应该归类于"神话"。但是，我们将上古文献定义为"神话"的意思，不宜从负面的角度去理解，这并不代表我们要质疑文献完全不可靠；并不意味着这些文献源于古人架空的幻想；而是表达其文献的类型及其特殊的形象语言。诸如苏美尔的吉尔伽美什，希腊的特洛伊战争，犹太的约瑟、大卫王、摩西等，它们都属于神话类型的文献记载，但在各文明中却被视为历史，这些历史神话在一定程度上奠基于史实，并反映出史实。

在世界文明的发展过程中，经过口耳传承后才被记录下来的古史，早已变成"神话化的历史概念"，且在经由漫长时间的演变后，最终成为"历史化的神话"。这代表了文化中对古史神祕化、神圣化的理解，即一种超越性的"神史"理想。这一类"神史"充满形象，并经常用不同的形象表达相同事件，从不同形象的角度表达观念和理想。

解析神话与创造神话，追求史实与神话化史实，这是世界各地历史观念中两种并存的趋势，中国显然也不例外。像黄帝、颛顼、蚩尤、尧舜、禹汤、文武等故事，也是在传世过程中创造出来的神话，并非单纯的历史记载。传世文献中描述的夏商周是三个异族朝代：成汤克夏，武王克商，其三代的兴衰情况都很相似，这显然是一种神话化的历史结构。在更晚期的历史记载中，我们都可以找到这类神话性结构。又如周幽王与"褒姒不好笑"的故事,我们能明白这故事具有浓厚的神话色彩,并非纯粹的历史记载。在世界其他文明中,我们也能找到相同结构的"不笑公主"的故事,同样也有与"烽火戏诸侯"相似的历史记载。

实际上中国历史文献中记录的上古史,大多都具有典型的神话结构。所以,我们在研究这类历史文献记载时,需要使用结构文献学的研究方法,来了解历史故事所蕴藏的要点及其中的各种成分,一步一步地找到隐藏的历史线索,解开历史之谜。解读历史文献的难度就在于此。

例如,现存文献中所载的许多商周时期或更早的传说,都是东周以来才见载于文字,而战国、秦、汉的文人们,依据这些口传及零散的记录,欲通古今之变,了解早期历史脉络,以此编纂史书,成一家之言。因此,早期的史书,如《竹书纪年》《史记》等等,都有其根据,也在一定程度上反映了古代的实况。但文献阐释的第一步在于理解撰述者的立场、角度,甚至创作目的。那些记录下来的文献,既然是源于某族群的主观历史,就必定会依据其立场角度而有所隐藏,不可能完全反映客观事实。同时,经过历代口耳相传,故事也层累地形成变化,被赋予新的功能或意义。故事的记录者必定会根据自己的背景和理解来记录历史故事,从而使迄今所见的历史故事无不深刻地打上不同时代记录者的烙印。因此这些故事在成书时的形貌就带有强烈的时代色彩,不可避免地成为历史神话,而非历史事实。写故事的人和听故事的人都把自己的喜好和评价有意无意地加了进来。所以,在使用历史文献进行研究时,我们要考虑故事的形成、传世以及定型成文字的背景。

历史的神话还存在一项关键性的变量。这突出表现在文明与国家对国族的形成、成长、胜败的不同理解所派生的自我意识。例如,随着大一统王朝的出现,统治者为了稳固政权,需要配套发展出一统"天下"的意识形态。在"天下观"支配下,以一元史观编纂的历史文献和一元历史叙事便成为主流。但是,虽然经过层层的意识形态加工,历史文献中仍然包含着一些未被扫除干净的蛛丝马迹,只要掌握正确的方法,我们仍可以从中窥知其多元性的本源。

人们一般将历史文献与神话记载作区分,但实际上无论是有历史记载形貌的还是描写神奇怪兽的文献,都属于神话类。在历史神话中,其历史的蛛丝马迹隐藏在由不同时代层叠起来的浓厚"神史"概念背后;而神奇故事,除了超越性的色彩外,一样也蕴含着历史成分。如中国神史的语言,经常使用神兽形象来发声,圣王英雄皆有神兽的表现,这足以表明,在中国上古精神文化中,神兽崇拜占有关键性的地位,并导致历史神话与神奇怪兽的故事更难以区分。

神话的形塑过程是个谜,这个谜底很难再现,因为在形成现有文献所记载的样貌之前,个别族群的信仰、对天地万物的认识以及部分英雄的形象,早已融合成难以分离的线团;随着贵族的通婚、个别族群的融合,神话形象相互混杂或合并。例如在时代早于文献所记载之神话的殷商文明中,在礼器上可见很多混合的造型:龙首、虎目、牛角、四肢鹰爪、马尾、猪鼻等。这些超越性的怪物,实际上表现了不同宗族崇拜对象的结合,这是诸多不同来源之元素合为一体的神奇形象。

神奇故事跟历史神话一样并非凭空而来,对研究者而言,所有的文献其实就是一种密码,各种上古多元文化的元素,则被一并隐藏在这些密码之中。倘若完全没有文献之外的资料,我们就只能经由文献之间的对照,以及整体人类学的考虑,尝试解读这些密码,这就是文献学方法的基本功。但是,另有礼器等实物资料,用形象的方式记载信仰。解读礼器又是另一种器物学及符号学的基本功。但若礼器脱离其原本的位置和作用,又缺乏背景脉络,譬如一些传世器物,则其历史时空背景难以厘清,而又使研究者如同清代经学、考据学家般,不免彷徨难定。对此,近百年来考古学的发展,揭示大量时空背景清楚的、一手的、直接的遗存和证据,开始为研究者提供新的线索途径,提供一串钥匙,让我们得以重新思考早期历史和精神文化的原貌。

(三)考古学的"工具"

从中国考古学诞生开始,文献与考古资料就成了我们研究历史的两条"腿"。但是对于上古历史与社会研究而言,这两条"腿"的支撑力量并不相同,考古这条"腿"会显得更粗大有力。由于考古资料是地下资料,是最真实的第一手史料,因此从史学角度来说,考古出土的"残砖败瓦"比后人编载的故事有更高价值。但是那些"残砖败瓦"并不是那么好读的,地下的这部无字天书,也让不少历史研究者望而却步。在这部无字天书中,镌刻着古老文明的昔日荣光及当时的生计模式,隐含复杂的社会网络关系、社会组织与社会结构,还寄托了古人灿烂的精神文化、无尽的欲望、神祕的信仰和隐秘的仪式。但是,我们怎样才能从这些零散、腐烂的破碎材料中复原曾经鲜活、辉煌的古代社会呢?

碍于许多现实的因素,考古所出土的资料很难解读,而考古发掘现场的面貌,往往只是土中散乱的骨骸和陶片,仅少数遗址才有完整的大型器物和难以辨识的建筑痕迹出土。那么,研究者该如何依靠这些残物和资料去了解昔日的生活、古社会里人与人之间的关系、当时社会的阶层结构和社会活动、经济与权力的发展核心、精神文化及古人的欲望信仰和礼仪、社会理想和价值观等问题呢?

首先,我们必须厘清几个概念:将史学研究人类社会、古人生活与想法的目标,与考古所能提供的资料作对照,从而分辨其间的异同;通过对考古遗存的各种分析,我们可以探索出古代的生产技术;经过对各地遗址进行长期发掘、研究,则可以推论该技术的来源及被采用的范围。例如,大约距今 6 000 年前,在大地域范围里,随处可见一些经常被使用的工具(如石斧、石锛等)和陶器(如鼎、豆等),显然其统一化的程度相当高。由此,我们是否可以推测,采用这些技术的地区,都属于拥有同一物质和精神的文化呢? 这显然是不可能的,因为采用这些技术的地区范围,显然是可以大于某一文化的影响区域。

让我们进一步来看,若在大框架中忽略很多细节,从新石器晚期以来,幕阜山以西的长江上中游地区,以大溪、屈家岭文化大体系为主流;太湖以东的长江下游地区,以马家浜、崧泽文化大体系为主流;两地区中间,或可视为以薛家岗大体系为主流。依此,我们是否可以推测当时的长江流域就仅仅是三个大族群的生活范围,或更甚者,将之推论为三个大国存在的证明? 显然并非如此,因为生产技术、考古文化以及族群、语言、政权,这是不同层面的问题,因此,我们若仅从考古文化和遗物来加以思考,则难以直接实现古代社会生活的复原,必须采用更细致的研究方法,将考古材料和多种不同史料互相对照,方能得出相对可靠的研究成果。

(四) 考古与文献之外的史料

除了以文献及考古两套"工具"、"柄靶"探寻线索之外,研究者还需要更加了解地域环境所产生的生活方式、各地区之间的关系等。因为文化、国家的肇始,就是在这些"关联"中产生的:人与大自然之间的关联、人与人之间的关联、族群之间的关联、地区与空间的关联、生活方式的内在关联以及不同生活方式之间的关系、时代的转变关联,等等。这些关联即是人类历史的脉络,产生每一个人、家族、团体及社会生活,如果仅广泛地观察表面上假定为主流的文化,是无法从中理解其遗址之间的关系,也无法探究族群和政权问题的。所以,我们必须注意到此中的微小异同处,以及其他不能从考古依据中看到的直接因素。

若仅以单一方法进行研究,犹如仅从一个角度观察事物,成果将相当有限,且会造成不同角度之间的矛盾。故信仰考证必须包含对考古文物、传世神话、古文字、生活环境、人类本质等等多重知识和资料依据的参照研究。

以上所述,即本书所遵守的,使用不同领域的观点和方法研究人类历史问题的原则。

七、本书结构及相关说明

本书内容虽然部分涵盖整个"三代"①的巫觋信仰,并涉及更早的源头和更晚的遗迹,但仍以商文明为中心。一方面,以商文明为"终点"来观察具有神祕象征意义之造型的形成;另一方面,又以商文明为"出发点",来观察巫觋信仰在两周时期的演化,以及在春秋战国时期被思想化、哲理化的过程。

本书分为三大部分:

上编为"昊天充满神兽:商文明祈天的信仰结构",旨在探索上古的天神形象,包括将神兽视为天神的崇拜现象、神兽形象的形成和流传、神兽所掌握的自然界和生命范围、神兽对人的影响、神兽与巫师的关系等,主要涉及龙、虎、凤三种神兽形象,神兽崇拜来源与流变,以及表现在文物和礼仪记录里的信仰内容。

中编为"非兽形的崇高对象和人形的天人媒介",探索昊天和其他非动物形状的"帝"与"祖"等崇高对象;分析相关的崇拜和祭礼、礼器和祈祷占卜文字记录。接着又讨论神界和人界之间的联络者即巫师的身份和角色。

上编和中编探讨的基础资料乃礼器造型和甲骨金文记录,并以后期神话作补正,以观察信仰的演变。两商信仰中有祖先和自然神两种形象不同的崇拜对象,但自殷商末期以来,两者已有混淆的趋势。这些趋势涵盖了自然神的人格化,以及祖

---

① 笔者用"三代"一词只是为了表达相当于夏商周的历史时期,并无当时中国地域内有三个相续朝代的意思。

先与天神概念互相混合的双向过程。上述主题构成了上编和中编的焦点。

下编为"从天神到天地之道：易与道观念的先迹"，旨在探索商代无形体的信仰对象和相关概念，其昭示商文明信仰中除了具体形象之外也有抽象概念。这一部分着重于探究先秦的"天地"与"四方"观念以及相关祭礼传统，包括若干《易》概念的起源及其哲理化的过程，如"乾"、"坤"、"泰"、"否"、"天地之德"、"神明"等，有些讨论涉及上古的颜色观念及"五色"概念之形成。此外，还讨论了道家形成之前的"道"的观念及其哲理化的过程。

此外，需要特别说明的是，由于汉字是象形文字，字形往往对意义的表达有关键作用。个别简体字由于合并或简化，使其字形难以表达古人信仰或思想的要点，为寻求准确表达，对这些字，笔者仍采用繁体字形、古字或异体字。如"神靈"、"靈验"、"神祕"、"雷電"、"保祐"、"禦祭"、"導"、"隻（獲）"等。相关的说明如下：

简体的"灵"字把原本"靈"字的象形意义改成与本义相反。"靈"系昊天用神靈雨所表达的灵验，变成从"火"的写法，就完全失去其义。在讨论古代信仰的脉络中，我们不能用讹化本义的简体字，因此全书均用"靈"字。

"電"字是从"申"、从"雨"的会意字，表达雷电是"神靈雨"，是天神从天上所吐的水火暴雨，是天神的自然表现。简体字删除偏旁"雨"字以后，其字形就不能表达该字义了。因此在讨论古代信仰的时候，我们一定要用正体的"電"字。

简体字将"祂"、"牠"都写成"它"字。但"它"是无靈性的它，而"祂"和"牠"都是有靈性的。"祂"字的"示"字偏旁表达祭祀之主，在小篆中被用作被祭祀对象的指义符号，所以"祂"是神，是崇高对象的指称，神是绝对有靈性的，所以"祂"字与"它"字的差异很大。"牠"字也是指称有靈性的神兽或牺牲等动物，与无靈性的"它"不能混用。因此，本书使用"它"、"祂"、"牠"三个字时有所区分。

"祐"字，其从"示"，本用来指称来自崇高对象（如祖先或自然神）的保祐。而现在中文通用"保佑"，此"佑"字从"人"，显然失去了"祐"字的意义。因此，在表达上述意义时，本书一般使用"祐"字。"祕"字同理，其本来是表达崇高的神祕性，故在表达此意义时，本书使用从"示"的字形。

再者，"道"和"導"过去完全是同一个字，简体字写成"导"已完全失去其意义，如果讨论"道"字的本义以及"道"观念的渊源，不可用简化的"导"字，繁体的"導"才能准确表达其义。

此外，古有"禦"，为除灾之祭法，不能用"御"字表达，"禦"和"御"两个字的意义不同。再如，甲骨文中有"隻"字，为形容用手获鸟的"获"字之本字，显然不能以简体的"只"字来取代。

在书中，"龙"字一般情况下仍写作简体字"龙"，只有部分地方使用"龍"字。具体说来，当在讨论其作为商王族的图腾符号时，需要使用繁体字"龍"。因为在这种情况下，需要特别指出其时的"龍"是头戴"辛"形冠的单首龙，是商王室的族徽和图腾之一，以便将其与作为大众公共崇拜对象的双嘴神龙相区分。同时"龍"字中的"辛"部首，还具有另一种族群标识意义：即"辛"部是在表达其为十干之"辛"日，也就是说，该字还间接表明商王族是来自十日族群中的辛日族。此处若用简体字"龙"，则完全表达不出这种意思来。

书中使用"鳳"字，也是为了方便考证该字的原型与意义，因为"鳳"的繁体字形与古字一样，有连续性。简体字"凤"则表达不出这种连续性意味。

书中使用"週"字是为了与周朝的"周"相区分。现在简体字将此二字合一，但在古字中它们的意思是不同的。

上编
昊天充满神兽：商文明祈天的信仰结构

导论：神兽崇拜及古代文明的精神

——兼论研究方法的要点

一、形象与概念

今人所知的天空,是由约四分之三的氮气、四分之一的氧气所组成的大气层,其中亦含有少量稀有气体、杂质以及动物所排放出的二氧化碳。简言之,天空乃是气化物质,而大地由沙、泥、土、石等物质组成,河潭则有水以及各种杂质矿物。

但对古人而言,天空、土石、水域各界都是充满神兽的神祕世界。现代人虽然知道鸟类、昆虫、蝙蝠在天空中翱翔,却绝不会把这些动物视同于天空,也不会以虫、鸟的行为来解释气象。而在古人的精神世界中,却以为天空就是神兽的世界,一切气象都是神兽的表现:飘云,是具有靈性的神物在空中曼舞;而风吹云散,则是另一种神物的能力。云彩,是天界的活动;而雷电暴雨,是因为神兽正在吐火、泄水。

张光直先生曾提出:"商人相信大自然的现象都有靈性的观点,但其靈不必有任何偶像化后的样貌。"[①]循此看法,即商人认为自然的云雨现象,本身就具有靈性。但我们若观察商人的礼器,便可知此说尚不够准确,因为两商信仰中充满了神兽崇拜,礼器上常有夔龙在云层中的纹饰,表示夔龙即管理甘露的天神。虽然汉代思想中已有非偶像化的"神气"概念,然而在民间仪式中,仍继续举着神龙的造型

---

① 张光直:《中国创世神话之分析与古史研究》,台北:"中研院"民族学研究所,1959年,页56—57。

游行、舞雩祈雨。笔者认为，这些民间仪式以及后世思想家的神气化生概念，皆滥觞于商代信仰，前者保留了礼仪的形象，后者则使古代信仰哲理化。

我们可以从商周礼器的纹饰、甲骨金文的记录，以及后期神话文献等各方面资料中，观察到当时人们对昊天神兽的崇拜现象。这些龙、凤、虎等神兽，皆被视为天神，它们不仅是气象的管理者，也是古人神祕精神观念的象征。

笔者搜集了许多关于中原及相连地区的青铜文化礼器资料，发现其纹饰都指向共同的创作母题。此一创作母题一直延续到殷周文明，一方面塑造出变化万千的形象，一方面则更加写实地显示出其内藏的神祕意义。后世的研究者从中能了解，古代信仰的重点基本上是围绕着"双嘴夔龙"的核心形象而展开。直至两周时期，礼器纹饰的演变亦显示出信仰上所产生的变化。若我们将礼器纹饰的创作母题，拿来与传世神话作对照并加以解读，则可以更加厘清纹饰中内含的隐义，并了解这些传世神话的上古根源，也更能明白这些双嘴夔龙在先民信仰概念中建构出来的神祕力量，以及信仰的内容和演化脉络。

此外，代表信仰的纹饰母题也衍生出了几种器形的构图以及饰带上的神祕符号，将这些神祕符号与古文字相比，使研究者得以探求某些古字象形意义的来源，例如甲骨文的"神"字，就是从双嘴夔龙所构成的神祕符号演化而来。因此笔者认为，中华的神灵观念，应是源自上古对双嘴夔龙的崇拜，甲骨卜辞和青铜器铭文也可从旁补证中华巫觋信仰中对双嘴夔龙崇拜的关键性。此种崇拜应滥觞于新石器晚期的农耕文明中，直至青铜时代的后石家河文化（三苗与夏的统治时期）以及盘龙城文化所代表的商文明，已能明显看出一贯的脉络，此一崇拜影响了商周信仰的整体发展进程。换言之，礼器造型、古字符号、甲骨金文的记录、神话记载，都彰显出同一个神祕母题。因此，我们根据这些研究资料，即可推知上古巫觋信仰的重点，以及中华文明神灵观念的渊源。

在文明起源的探讨中，神灵观念一向居于问题的核心，然而学术界对于先民神灵观并没有一致的看法。本书今拟尝试探讨此问题。以下将更进一步明确地说明，上编所采用的对上古信仰考证方法的要点。

二、上古信仰考证方法

（一）观察礼器纹饰的观点和解读方法简述

大凡有关信仰的探索，当时的创作无疑是最可靠而客观的史料，故本书先由礼器纹饰的分析着手。探讨艺术起源的人类学家一般皆认为，器物上的纹饰大都是当时信仰的神祕表现，在当时社会中的作用，与后期的"艺术"不同，所以不应该以"艺术"称之。我们更不宜将礼器的纹饰视为毫无意义、仅为装饰所用的花纹，而应尽量从其形状的演化，来考证古人信仰的背景、崇拜对象的形象和礼仪内容。在此，笔者采用符号学与历史学两种相辅相成的方法：一方面，将礼器上的纹饰视为古人与祭祀对象的沟通符号；另一方面，则探讨关于神祕符号变成纹饰母题后宗教美术的新兴发展，和这些发展使其原始形貌产生许多变化的情况。

这里首先需要说明的是，在艺术起源和符号学的领域中，有如下共同看法：每种信仰产生自己的造型艺术，其形状都可追溯自某种基础的范型（canon）与广泛的母题（motif），这都是教义信条的表现，在不同时空的宗教美术中均有此类现象。商周礼器的纹饰也有明确的母题与造型典范。但在此范型内，创造者有许多表达方法，关键母题也有很多种变形的处理方式。

在不同文化的艺术中，关于信仰的造型，一般会经过三个发展阶段：早期的造型较抽象，反映出当时的宗教艺术仅限于刻画线条的象征，以此促进神祕仪式的进行，故而仅以简单抽象的方式表达信仰的重点，极少刻画多余的细节[1]，这也导致不属于同一文明的人们看不懂图画的涵义。之后，这些象征发展出宗教美术的母题与范型，且到了第二个阶段，在典型的基础上逐渐添加了细部的形状，发展出具

---

[1]　例如许多古代文明所见的神母造型，最早多只强调隆起的肚子。相关的问题在学术界探讨甚多，如巴黎符号学派、捷克穆卡洛夫斯基（Jan Mukařovsky，1891—1975）、苏联普罗普和尤里·洛特曼（Yuri M. Lotman，1922—1993）等20世纪的符号学家均对此有研究。其中心理学家如维果斯基（Lev S. Vigotskiy，1896—1934）等人，则藉由儿童创作来探讨它。

象写实的形貌。这些趋向于"具象写实"的造型,并不是古人所见到自然界的现象,只是更细节性地描绘了古人对神灵的幻想。正因如此,跟随造型典范的发展,我们即可回溯符号的原始本义,掌握该文明观念之核心所在。当进入第三阶段时,纹饰化的趋势往往又回归到抽象的形状,然而这时的抽象化并非单纯的教义符号,往往掺杂了不同来源的细节,成为即将丧失原义的变形纹饰,创作者的目的已经不是表达信仰,而更多是艺术的美感。

这三个阶段基本上符合世界各地原始信仰的共通发展原则。早期的信仰带有强烈的神祕色彩,只有极少数人能掌握与神灵的沟通,而同一族群信仰中,形容神灵的符号也避免为外人所知悉。循着信仰的扩展,艺匠们配合礼仪的需求,创造出许多精致的礼器,而公开崇拜仪式的神祕性也较前期为弱,这也导致信仰的普遍化以及通俗化的趋势,神祕概念发展至后来,也会影响到寻常人家中的器具造型。这种成熟的社会宗教,与早期信仰有传承关系,其崇高伟大的造型同样与早期神祕符号一脉相承,两者的教义都依然指涉同样的崇拜对象。但到了第三阶段,纹饰化的造型则基本符合信仰衰退的现象,此时信仰只作为美术的题材,未必带有浓厚的宗教意义。

以上的描述虽然简略,但类似的模式却经常出现于各种文化的艺术发展进程中。此外,笔者必须强调,特定文化的礼器范型通常并不复杂,且着重于表达信仰的关键核心,因此,我们必须从礼器的发展来追溯原始符号的意义,并在其渐渐发展的步履中,持续关注一贯的核心母题,据此以窥探其信仰的基础。

如果透过此种探索所得的结论确实可信,则在传世记录、民间传说中,我们应可发现相应的例证,同时,古代文学也有助于确认造型艺术的母题。

(二)神话研究的观点和解读方法简述

当解读传世记载时,必须使用历史考证方法来辨析其中不同时代的痕迹,一则神话,往往既存有上古观念的原貌,也包括后来的演变,以及记录者本身时代的观点和角度。

这里要说明的是,民间神话源自巫觋(或谓"萨满")信仰与神祕仪式,原始神话中包含不许凡人窥知的秘密,因此在原始宗教里,只有参与萨满跳神礼等仪式的人,才有资格听闻这些故事,但这些听闻神话故事、参与信仰仪式者,则必须凛于神威而不得将这些神圣的秘密加以宣扬、公开，更不得书写记载。直至相关信仰已不复存在之时，巫觋的后代或后来的文人才将之记录下来成为古代传说，或在文学作品中采用其故事形象作为创作题材，因此，记录者与原始信仰者的角度显然时常会有所不同。上古时期的崇拜对象，在传说中常常转变成凶恶的魑魅魍魉、夔魖耗神，且成为人们要克服的对象，以排除原始的"迷信"，如张衡《二京赋》曰："残夔魖与罔象，殪野仲而歼游光。"①但从研究者角度，若要了解古人的观念，我们不能从"前人迷信"的定义来看，要脱离后人的评价框架。

世界上所有的神话故事，几乎皆是由并非属于此一信仰之众所传载，并掺入了反对古代迷信的用意，因此在研究民间创作时，我们便需通过不同信仰者的观点来加以复原、考证人们已经不再持守的神话宇宙观。在这一方面，俄罗斯民间创作研究者普罗普先生在神话研究领域中开创了伟大传统②，众多学者也多采用普罗普先生对神话故事的解读方法③，但在中国的巫觋文化研究中却极少参考这一方法④。依笔者浅见，虽然普罗普先生对中国的先民信仰并不熟悉，但中国考古资料却可以证明且充实他的许多论点。故笔者亦借用普罗普先生研究神话的方法，以及他对萨满文化的阐述，来印证中国先民礼器纹饰所呈现的信仰背景。

（三）礼器纹饰与古字象形意义的相关性

由于汉字来源都是象形符号，大部分迄今仍是象形文字，通过这些文字，我们可以观察其符号和字义的演化。具崇拜意义的形象也会影响字形的构成，尤其是

① （汉）张衡著，张震泽校注：《张衡诗文集校注》，上海：上海古籍出版社，1986 年，页 103—105。

② 普罗普先生主要有两本专著：В.Я.Пропп. *Исторические корни Волшебной Сказки*. Л.：ЛГУ，1986，或看英文译本：Propp, Vladimir. *Theory and history of folklore*，中文译本：［俄］弗拉基米尔·雅可夫列维奇·普罗普著，贾放译：《神奇故事的历史根源》。В.Я.Пропп. *Морфология "волшебной" сказки*. М.：Лабиринт，1998，或看英文译本：Propp, Vladimir. *Morphology of the folktale*. University of Texas Press，1968；中文译本：弗拉基米尔·雅可夫列维奇·普罗普：《故事形态学》，北京：中华书局，2006 年。

③ 包括李福清：《从神话到鬼话》，台中：晨星出版社，1998 年；或台湾学者如徐照华：《第二届通俗文学与雅正文学研讨会纪要》，《汉学研究通讯》，第十九卷第二期，1989 年 5 月。台湾清华大学胡万川教授在他的著作中也运用普罗普的方法，如胡万川：《真实与想象：神话传说探微》，新竹清华大学出版社，2004 年。胡万川：《民间文学的理论与实际》，新竹清华大学出版社，2004 年。研究台湾文学的研究生也用提及普罗普的方法，如王钊芬：《"周成过台湾"故事的形成及演变》，硕士学位论文，台北：东吴大学中国文学研究所，1994 年。王钊芬：《周成过台湾的传述》，台北：里仁书局，2007 年。

④ 赖素玫的硕博士学位论文中，也提及普罗普的方法，但并没有将六朝和唐代神话与上古信仰结合讨论。参赖素玫：《解释的有效性：六朝志怪小说梦故事研究》，硕士学位论文，台中：中兴大学中国文学系，2001 年；赖素玫：《唐代梦故事研究》，博士学位论文，高雄：高雄师范大学国文学系，2007 年。

表达信仰的形象,应该与礼器的神祕纹饰会有同源的关系。

关于汉字的象形意义,必须依当时的史料才能提出假设。其中,礼器的纹饰符号应是最直接的证据。本书在礼器纹饰和字形对照方面,发现了一些具体的相关性。因此笔者不揣鄙陋,以礼器、神话、古文字等资料,从各方面考证商周文明的神靈观。

(四)采用自然界的知识

古人的信仰奠基于他们的生活经验,以及其所观察到的自然界情况。今日关于自然历史的研究,有助于我们回溯古人当时的生存情况,亦可使学者尽量从古人的经验角度来厘清古文明所创造的形象。

综上,上编将主要通过对与三代信仰有关的礼器造型纹饰的观察、分析和解读,结合甲骨金文记录,并以后期神话作补正,观察上古人们祈天信仰结构的演变。共分八章,依崇拜对象的不同,依次对龙、虎、凤等天上神兽进行考证。其中,对夔龙神形象与意义的论述是上编立论的出发点和重点,下面拟通过夔龙神之自然原型、礼器纹饰造型类型与母题、历史溯源、卜辞记录等方面,全方位探讨这一上古信仰中的核心形象所隐含的秘密。

第一章　中国上古文明神龙

形象之来源

中国传统的天神中,最关键的神兽形象显然是龙。龙的神话很多,自古以来有关龙的探讨也不胜枚举。笔者比较各上古文化中拥有的相似龙形的神兽信仰,藉此发现中国龙形象的特殊性及其自然来源;又从时间发展脉络,重新观察上古龙的造型,从中建立新的思考架构,将零散的资料系统化,以发掘其在文化、礼俗、信仰中的隐义。

被视为天神的古代神兽,涉及许多衍生出来的形象、概念、礼仪、文物,以及后期的民间神话等。因此,笔者拟逐一厘清其形象的发展脉络。笔者以为,此一工作将有助于还原上古文明的精神世界,也有助于了解中华神靈观念的渊源。

一、神龙的自然性或虚幻性

龙常被视为是中国文化的象征。自新石器末期以来,不断出现许多外观为龙形的礼器,或是雕刻着龙纹图样的礼器。自有汉字文献记录以来,关于龙的形象、多元性和无所不包的神祕能力,即不断在各种神祕记录、神话故事、哲学理论、诗词、散文、史学和文化研究著作里被反复论述。在中国传统的神兽中,除了龙以外,亦存在着凤凰、老虎、乌龟、乌鸦、兔、鹿、马等大自然中的实有动物形象,可是龙的形象似乎完全出自神奇的想象。

　　讨论神龙形象的论文甚多,其中很多人认为,龙是一种综合性的形象。例如庞
烬先生认为:"龙是古人对一些爬行动物和哺乳动物以及某些自然现象模糊集合而
产生的一种神物。"他主张"龙"的外观造型涵盖了鳄、蛇、蜥蜴、马、牛、猪、狗、鱼、
云、闪电等形象①。这种说法虽可成立,但其分析的对象却是后期的龙形象。确
实,我们现在所熟知的龙显然是多元集合的形象,但这并不是在短期内形成的。在
人类漫长的历史中,文化、信仰都会随着生活形态的不同而改变,这些神祕形象也
会不断产生新的神祕功能;或因文化交流,出现不同崇拜对象的相互融合。但简而
言之,早期龙的形状并没有那么复杂多元。

　　作为文化及神话研究者,我们知道人类所有的想象都有着最初的现实根源。
人类信仰的一切形象,都源于可被观察的自然现象,这些受人类崇拜的形象并非来
自虚幻,而是自然现象被神化的结果。人们观察大自然中的一切现象,思考其规
律,进而创造出所崇拜之神祕对象的面貌及"神能"(即神祕、神圣或任何超越性的
功能、效能或能力)。龙的形象亦不例外,必定有其可观察的自然基础,这也是学者
们所以论之不休的原因。以下,笔者将透过前人的研究成果,讨论各种主要假设的
优缺点,尝试藉此厘清神龙来源的问题。在探讨内容上,虽着重于中国文化资料
(以红山文化和夏、商、周文化为主),但龙的崇拜并非仅中国先民独有,故本书将
另采其他上古文明的相关资料作为对照②。

　　关于初期龙的形象的讨论虽多,但其说法基本上可归纳为五种形象的假设:
鳄、蛇、天文、恐龙、昆虫,本章节即拟由这些假设切入,探索龙的本质。

二、鳄鼍的假设

　　濮阳西水坡 M45 墓属于"中华第一龙"。因在本墓的蚌壳龙虎构图中,龙较近

---

① 庞烬:《龙的习俗》,台北:文津出版社,1990 年,页 1—21。

② 笔者对此问题曾经发表文章,参郭静云:《史前信仰中神龙形象来源刍议》,《中原文物》,2010 年第 3
期,页 23—33。今乃重新补充资料而作全文的修正,以对一贯之问题进行更深入的探讨。

似于鳄鼍的形貌(图一：1)，因此最近有学者认为，中国龙的形状来源就是鳄鼍①，是在鳄的现实形象上做了艺术提炼②。

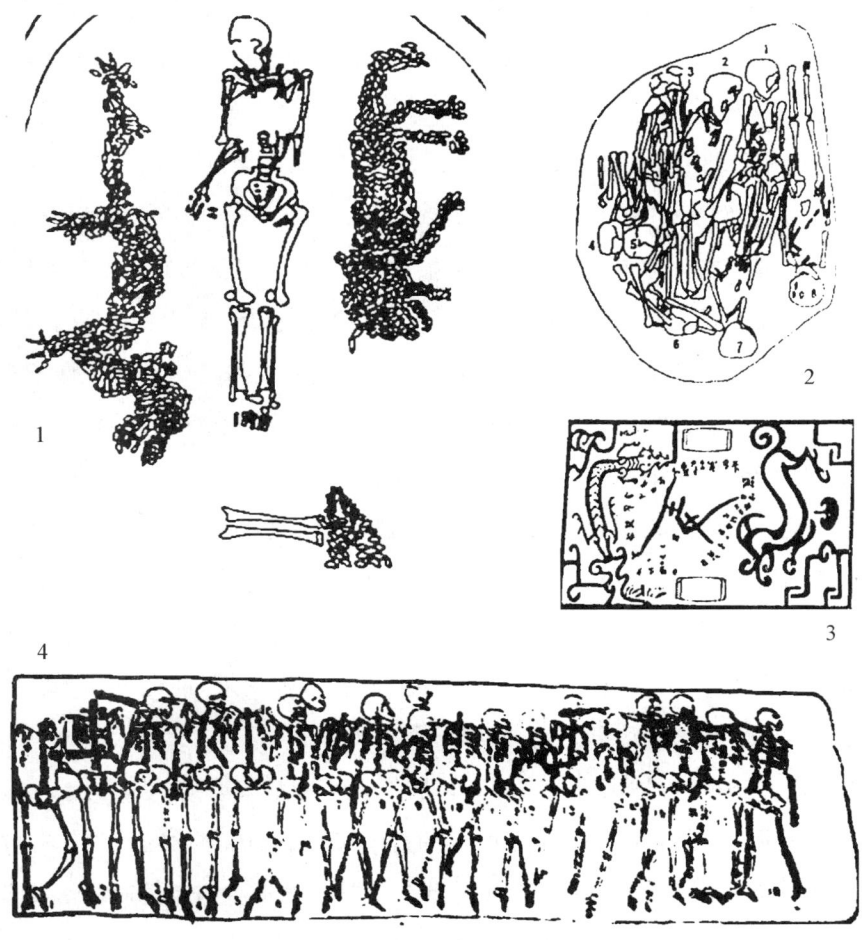

图一　1. 濮阳县西水坡 M45 墓龙虎构图；2. 濮阳县西水坡 M50 人骨坑；3. 曾侯乙墓的木漆衣箱盖图；4. 濮阳县西水坡 M175 人骨坑。

　　在世界其他古文明中，确实常有崇拜鳄鼍的礼俗，如在古代南美洲、东南亚(包括古越南)、澳洲、非洲的一些文明中，鳄鼍有时化为克托尼俄斯(khthonios)水龙，或被当作保护河川的水王；祭祀这些神兽时通常必须使用活人献祭，如古埃及保护尼罗河的索贝克(Sebek)即为一例。不过观察这些崇拜鳄鼍文明的鳄龙形象，不难

①　参王大有：《中华龙种文化》，北京：中国社会出版社，2000 年，页 34—36、45—108、139—158。

②　冯时：《龙的来源——一个古老文化现象的考古学观察》，《濮阳职业技术学院学报》，2011 年第 5 期，页 4。

发现他们主要是掌管水界的水王，本身无飞天的能力，在其礼俗及神话中，也找不到其飞天的情节，更未见到以鳄鼍来形容天象。由此观之，这些古代文明所见的鳄龙崇拜，与中国的神龙崇拜相左。中国龙与河川的关系往往是次要的，作为天神、具有飞天的能力，才是其神力的关键所在，此外，中国龙也被当作各种天象的形象，如雷电、星星等。

以此看来，将中国龙视为鳄鼍化身的想法，实在大有问题。如果鳄鼍化身的龙，是在信仰的发展过程中获得升天的能力，那么升天也不可能是他唯一的神能，而是鳄鼍与其他飞行神兽形象融合的结果，这依然不能代表龙的原始形象来源。

学者们都认同，西水坡的龙有"马头、鹿角、蛇身、鱼尾、鹰爪特征"[1]，所以这种形象难以视为原始的龙形，这更似经过长期演化而形成的晚期形象。详细观察西水坡墓的发掘资料，笔者认为这个遗址的背景断定可能有疑问。按照常理推论，老虎的自然生活范围是山林，鳄鼍则为南方的江海。能够认识老虎和鳄鼍的族群，其生活范围也必须符合它们在自然界的活动范围，但濮阳离崇拜鳄鼍或老虎的族群的活动范围很远，在新石器时代的濮阳地区，不曾见过这些族群留下的文化痕迹。而周围其他新石器遗址亦未见类似的龙虎造型，因此笔者认为这两种形象无法归纳为某一个文化下的共同认知，二者来源不同，只有在后期，经过不同族群的亲密交往，龙虎两个神兽的崇拜才会合并在一个大文明中。

直言之，当时考古学家对墓口的开口层位判断恐不甚准确。因为这是 20 世纪 80 年代的发掘，考古学家并未作过严谨的科学测试，仅用富含老死碳的蚌壳测碳十四年龄并以地层中所见陶片来判定年代。但蚌壳的碳十四年龄对厘清墓葬的年代没有参考价值[2]，而这些散见的陶片却都不属于该墓的随葬品，况且受到几千年来的农耕，以及金提河河床、水库的影响，早已造成当地的地层交错。遗址中可见自新石器晚期至东周时期的陶片和墓葬，部分遗物、墓葬和人骨坑的地层分布、意义及其间的关系亦尚未厘清，如 M50 和 M78 人骨坑[3]等，皆可作为此一散乱情况的

---

① 王大有：《中华龙种文化》，页 52。

② 郭立新、郭静云：《上古国家与文明研究中年代学方法的反思》，《南方文物》，2016 年第 4 期，页 17—31。

③ 参孙德萱、丁清贤、赵连生、张相梅：《濮阳西水坡遗址试掘简报》，《中原文物》，1988 年第 1 期，页 3—8、24、103。丁清贤、孙德萱、赵连生、张相梅：《从濮阳蚌壳龙虎墓的发现谈仰韶文化的社会性质》，《中原文物》，1988 年第 1 期，页 45—48、53。濮阳市文物管理委员会、濮阳市博物馆、濮阳市文物工作队、孙德萱、丁清贤、赵连生、张相梅：《河南濮阳西水坡遗址发掘简报》，《文物》，1988 年第 3 期，页 3—8。丁清贤、张相梅：《1988 年河南濮阳西水坡遗址发掘简报》，《考古》，1989 年第 12 期，页 3—12、99—100。

证明。孙其刚先生曾经提出西水坡发掘简
报混乱有误的情况①，但笔者认为状况远不
只"混乱有误"而已，而是有着更根本的、对
出土遗存年代的误判。

图二　新石器时代末期的龙虎：1. 牛河梁遗
址出土的红山文化虫龙；2. 辽东后洼
遗址出土的石刻老虎造型。

　　从龙虎的造型来说，新石器时代晚期、
铜石并用和青铜时代，龙的造型很简单，如
辽西红山文化的小龙即可证（图二：1；十
二：1、2；十七：8—10），长江中游凌家滩文
化或属于青铜时代的石家河文化的玉龙也类似（图三〇七：1；三〇八：3）②；老虎
的造型则见于辽东后洼文化（图二：2）③，以及长江中游凌家滩和石家河文化（图
九四：4—6；二一〇）④等。辽河流域和长江流域都
离濮阳很远，出土物都是虎面造型，与西水坡的虎形
完全不同。此地对虎神的崇拜起于殷周，西水坡所
见老虎的造型，根据其形状，也不早于殷周。并且在
商周时常可见双虎或双龙相对立的构图，却未见有龙
虎相对立的构图。龙虎成双构图均见于春秋晚期之
后，直至汉代才成为普遍现象（图三，另参图六七；一
五六：1—3）⑤。

图三　四川江北县龙溪乡
东汉墓画像石。

　　有一些见过发掘现场的前辈学者认为，西水坡
的龙虎形象只是发掘者看到散碎的蚌壳后臆想出来
的，并无实物，但未亲历发掘现场的笔者不能做出这
种武断的否定。不过在不否定西水坡龙虎形象的基

①　孙其刚：《对濮阳蚌塑龙虎墓的几点看法》，《中国历史博物馆馆刊》，2000 年第 1 期，页 14—21。

②　安徽省文物考古研究所编：《凌家滩玉器》，北京：文物出版社，2000 年，页 11、48—53、56—58、93。荆
州博物馆编著：《石家河文化玉器》，北京：文物出版社，2008 年，页 96、97，图 64、65。

③　许玉林、傅仁义、王传普：《辽宁东沟县后洼遗址发掘概要》，《文物》，1989 年第 12 期，页 1—22，图版
叁：5。

④　安徽省文物考古研究所编：《凌家滩玉器》，页 59—60，图 57—59。荆州博物馆编著：《石家河文化玉
器》，页 78—95，图 50—63。

⑤　如参临沂市博物馆编：《临沂汉画像石》，济南：山东美术出版社，2002 年，页 88，图 149。俞伟超主
编：《中国画像石全集》，济南：山东美术出版社，郑州：河南美术出版社，2000 年，册 7《四川汉画像石》，
页 49、18，图五九。龚廷万、龚玉、戴嘉陵编著：《巴蜀汉代画像集》，北京：文物出版社，1998 年，图 287。

础上，依笔者浅见，西水坡龙虎墓的年代不可能早于东周时期，比对该遗址的东周墓和 M175 人骨祭祀坑的断代来看，此说应属可信（图一：4）①。龙虎墓可能与这些墓坑相关，只是因为墓葬挖得较深，打破了新石器晚期的地层（加上农耕和水库的因素）而已。冯时先生在探讨西水坡墓的随葬结构时，也指出它与战国早期曾侯乙墓的木漆衣箱盖的图案（图一：3）非常相似②。

直言之，西水坡龙虎墓的形象，确实难以被归入新石器时代的文化脉络，却恰好符合东周甚至战国时期的背景。该墓的虎、龙形状难以归入新石器时代，只能出现在殷商之后，且从龙虎相对来看，时间可能在战国和东汉之间，是与曾侯乙墓龙虎图形象和意义一致的古物。是故，笔者在讨论早期龙的形状时，便不拟采用西水坡的资料。

三、蛇 的 假 设

龙的身体逶迤而蛇盘，因此最普遍的看法，就是以为龙的形象源自奇蛇。例如，闻一多先生即因为伏羲女娲是人身蛇尾的偶像，主张龙为蛇说。杨新先生也依伏羲女娲形象推论："龙是后被神化了的蛇的基础上发展而来的。"③但伏羲女娲形象的形成很晚，他们的"蛇尾"也可以称为"龙尾"，未必是自然蛇特征，这都不能代表最初的龙形。杨青先生也认为，龙是蟒蛇、蝮虺、巴蛇、蚺蛇的形状，牵涉到螣蛇和苍龙天象④，但他用的资料如明代的《本草纲目》，用这些时代很晚的材料讨论这一问题并不妥当。历来对龙的民间解说甚多，却多半不依照时间脉络，而是从当时的形象及神话理解之。

龙的形象根源为蛇的解说，无法解决一项基本的问题：自然界的蛇不会飞，只

---

① 丁清贤、张相梅：《1988 年河南濮阳西水坡遗址发掘简报》，页 10—12、100。

② 参见冯时：《河南濮阳西水坡 45 号墓的天文学研究》，《文物》，1990 年第 3 期，页 54—62、71。冯时：《天文考古学与上古宇宙观》，《濮阳职业技术学院学报》，2010 年第 23 卷第 4 期，页 1—11。

③ 王大有：《中华龙种文化》，页 36—44。杨新、李毅华、徐乃湘主编：《龙的艺术》，香港：商务印书馆香港分馆，1988 年，页 11—12。

④ 杨青：《龙的原型与地蚕生态文化——与孙机先生〈蜷体玉龙〉原型商榷》，《楚雄师范学院学报》，2002 年第 1 期，页 54—58、62。

能蠕动爬行,龙却在天上飞扬为神。蠕动与飞翔是两种相反的活动形态,如果将龙当作蛇的变形,则我们就必须解释:何以不具备飞这项龙最关键神能的蛇,竟会衍生出飞蛇的想象?

若观察其他古文明崇拜的蛇形象,不难发现,这些拜蛇的民族并不认为蛇有飞行的能力,也不把蛇当作天上的神。在诸多上古文明中,最明显的拜蛇文明应属古埃及。自早王国(约公元前32—前28世纪)时期以来,眼镜蛇瓦吉特(Wadjet)即为下埃及(尼罗河的下游,即北埃及)的象征。上埃及(尼罗河的上游,即南埃及)的象征是秃鹫涅赫贝特(Nekhbet)。蛇与鹫代表下与上的相对。中国也有以龙凤相对的传统,但龙、凤皆翱翔于天空,古埃及的眼镜蛇却从不被认为有飞行能力。上下埃及统一后,蛇头秃鹫即成为护祐法老神权的象征,不过却是被当作两种神圣动物合为一体的图案,而非单独的一只神禽。即使在古埃及的神话里,秃鹫和眼镜蛇也都独自出现,并各自拥有神能。在法老的光荣名号中,包含有涅赫贝特与瓦吉特两个独立的字: (图四:1)。

图四 古埃及新王国图画:1.涅赫贝特(秃鹫)与瓦吉特(眼镜蛇)两个古埃及字;2—3.崇拜雷奈努泰特(地母);4.雷奈努泰特(地母)养法老。

除了代表下埃及之外,蛇的神能都与"地"或"地下"有关。古埃及信仰中的蛇一直居住在地下,不曾涉足天空。吉蛇赐福丰年,保护尼罗河在山中的水源;凶蛇则在夜间吞噬太阳,意图杀死日神拉(Ra)。在古埃及的多元信仰中,眼镜蛇有几个名号,并是几个神的化身:包括瓦吉特、雷奈努泰特(Renenutet)、萨它(Sa-ta,地之子)、魅恒它(Mehen-ta,圈地者)。其中地母雷奈努泰特为丰饶之神,也是供养法老的地神(图四:4)。在古埃及各种神庙和坟墓的墙上,常常可见到祭祀此一眼镜蛇神的图案(图四:2、3)。此外,养育万物的尼罗河,其山中水泉源头的保护神同样是蛇神(图五:1)。大气之神舒(Shu)和大湿之神泰芙努特(Tefnut)的儿子——大地之神盖布(Geb)有时也会被画作一个拥有蛇头人身的男人(图五:2)。凶残的蛇神阿佩普(Apop)则是企图灭绝一切生物的地下之王,它阻止太阳神从地下升天、养育万生。因此每当夜冥经过蛇身时,拉神的分身或其侍从,都必须割去蛇神阿佩普的头以击败它(图六)。

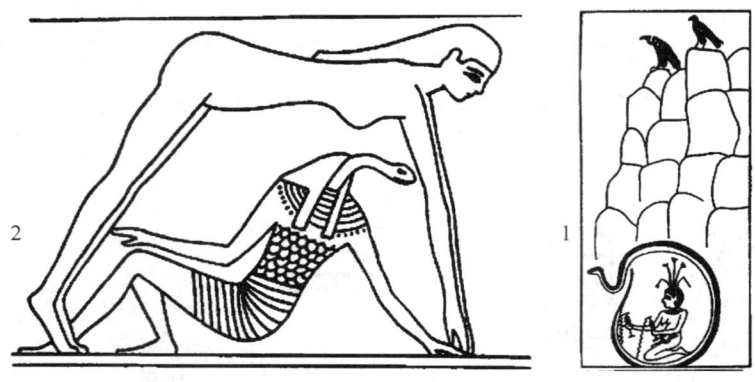

图五　古埃及新王国图画:1.眼镜蛇尼罗河神;2.长蛇头的盖布(大地神)。

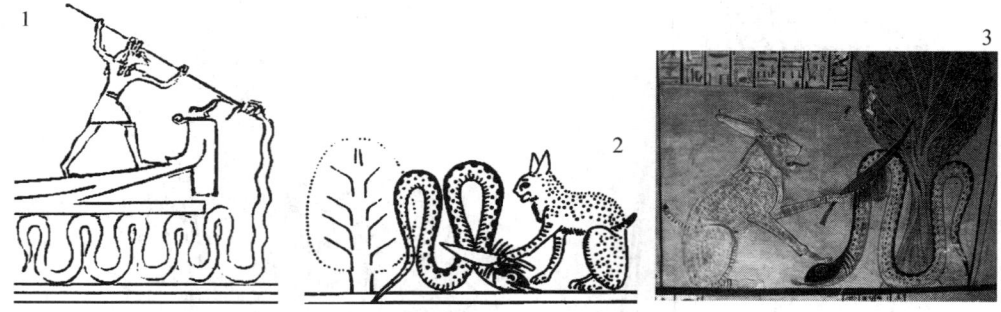

图六　日神拉杀败冥神阿佩普:1.日神拉的侍从赛特(Seth)割蛇神阿佩普的头,源自21王朝(公元前11—10世纪)贵族墓出土的亡灵书(藏于开罗古埃及历史博物馆);2.日神拉化身为猫割阿佩普的头,源自18—19王朝之际(公元前14世纪)Hu-nefer贵族墓出土的亡灵书(藏于大英博物馆);3.日神拉化身为兔子割阿佩普的头,源自20王朝拉美西斯三世或四世时代(公元前12世纪)Inher-kha贵族墓出土的亡灵书(藏于开罗古埃及及历史博物馆)。

由此可知,在古埃及的蛇神崇拜中,蛇这种在地面爬行的动物,被尊崇为地神而非天神,在生物形态上并没有矛盾。此外,希伯来文化也有地下的蛇神,不论是在犹太教、基督教或伊斯兰教中,蛇都象征着克托尼俄斯(土中)的魔力(图七:1)。在此类信仰中,蠕动于地者没有飞翔的能力,因为蛇、鸟不属同类。然而,中国龙自古至今都是不蠕地而飞天的,在其造型中,龙在云中几乎是固定的构图(如图七:2)。因此我们可以明确地说,中国龙既不似古埃及的蛇,也不像《圣经旧约》中的蛇。

图七　1.塔纳赫(旧约圣经)中克托尼俄斯蛇的形象(据奥伯利·比亚兹莱版画);2.明代汪肇《起蛟图》局部,龙于雷云中。

在接受基督教、伊斯兰教或佛教之前,欧亚北部民族所传承的民间神话故事中,常常提及飞龙。这些有翅膀,或无翅但能飞的神龙,可能与中国龙的来源较相近。虽然在后期的发展中,这些奇龙吸收了一些希伯来圣经《塔纳赫》(旧约)的地下魔蛇概念,但其原本为"飞龙",如斯拉夫民间故事的飞龙(图八)即为一例,因此无涉于古埃及文化。

空中神龙与地下神蛇、魔蛇在形象和信仰观念上有相当显著的差异,我们很难将这两者视为同一种动物。虽然上述对照仍不足以完全否定中国龙与蛇类动物的关系,但蛇的崇拜不同于龙的崇拜却是显而易见的。第一,崇拜蛇的文明,其蛇神造型写实,形态来源也相当明确;龙的奇异造型却不像自然爬行动物。第二,崇拜蛇的文明未曾把蛇当作天神,蛇的神能仅限于地和地下界;而龙——尤其中国

图八　斯拉夫民间故事神龙的形象。

龙——却总是以巡天之姿现世。

　　民俗学家普罗普曾对各文明的神龙崇拜进行细致的考究,创造了对神话的系统性解读方法,并取得几项重要成就,其中也针对神龙本身进行了讨论①。然而普罗普对中国先民信仰并不熟悉,他推论所有的龙都由蛇形演化而来,能飞的龙只是蛇和鸟合为一体的形象。可是在中国传统中,龙与凤是独立而相对的飞天神兽,看不出有蛇鸟的合体概念。

　　对照上古文化信仰可以发现,自古埃及至闪米特文明②,都存在着神蛇的信仰,但这些蛇都是克托尼俄斯的神物,代表地下界,从不升天也不飞翔,这种信仰符合蛇的自然本质。

　　然而中国的龙完全不同,它被视作天神且加以崇拜,既不符合蛇的本质,又和其他古文明崇拜的蛇神形象大异其趣。因此我们可以推断,古埃及蛇与中国龙的形象和神能俱不相同,形象来源应该也不一样,两者不能混为一谈。无论从形状或神能来看,中国龙都不像古埃及和闪米特信仰中的蛇。由此判断,或许中国龙的形象来源与古埃及等其他文明不同,并非出自蛇的变形。

①　原版为俄文,参 В.Я.Пропп. *Исторические корни Волшебной Сказки*, cc.298 – 359.

②　即出自埃及犹太人的文化,以《塔纳赫》,或谓之《希伯来圣经》(旧约)的犹太教主要经籍为代表。

四、天文假设

19世纪末、20世纪伊始,学者们即对天龙与天象的关系争论不休。例如德国学者提出了神龙的形象源自天文的假设①。主张此假设的学者们认为,"龙的形象源出星象,而并非取自现实生活中存在的某种走兽飞禽"②。这类理论一直很热门,并有几个分歧的学派。有些学者将龙视为恒星的结构,例如东方苍龙七宿的形象③,或是天皇太一的形象④。另一派学者们认为,天龙代表月亮不明的部分⑤。此外日龙理论也很热门,不少学者将龙当作日神⑥,其中有些认为龙的造型与日蚀相关⑦,如阿尔金先生用日蚀和月蚀的週期,来解释青藏高原东北部出土西周铜镜的双蛇图(图九)便

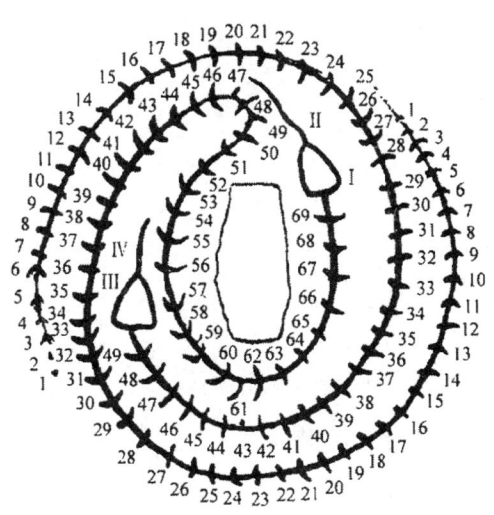

图九　西周时期甘肃铜镜被视为日蚀和月蚀图。

---

① L.Frobenius. *Das Zeitalter des Sonnengottes*. Berlin: G. Reimer, 1904. E.Siecke. *Drachenkämpfe Mythol*. Bd. 1. Leipzig, 1907.

② 冯时:《龙的来源——一个古老文化现象的考古学观察》,页4。

③ 王大有:《中华龙种文化》,页54—82、109—134。杨青:《龙的原型与地蚕生态文化——与孙机先生〈蜷体玉龙〉原型商榷》。此说目前仍流行于年轻学者间,例如:原来:《商前期青铜鼎器兽面纹之动物属性论证》,《屏东教育大学学报》,2006年第24期,页555—571。

④ 王大有:《中华龙种文化》,页166—188。

⑤ 该理论创始于 E.Siecke. *Drachenkämpfe Mythol*。

⑥ 如 L.Frobenius. *Das Zeitalter des Sonnengottes*。

⑦ 将龙的造型联想为日蚀,主要是新西伯利亚学派之看法,参 В.Е.Ларичев.《Календари "страны стерегущих золото скифов"》, *Сибирь в панораме тысячелетий*. Новосибирск, 1998, . т.1, сс.319－330. В.Е.Ларичев.《Великое зеркало》, *Проблемы археологии, этнографии, антропологии Сибири и сопредельных территорий*. Новосибирск, 1998. . т.IV. сс.270－275. В.Е.Ларичев; С.А.Комиссаров.《Драконический Мир, Драконическое Время (к проблеме семантики свернутого кольцом хищника)》, Отв. ред. Алкин, С.В.. *История и культура Востока Азии* (Материалы международной научной конференции г. Новосибирск, 9－11 декабря 2002 г.), Новосибирск. *Институт археологии и этнографии СО РАН*, 2002, т.1, сс.181－193.

是一例①。

　　依笔者浅见,虽然龙与天象有关,但星辰的分布自然而散漫,不可能是龙的形象来源。人类将数颗恒星连接起来,想象星空中有各种图画。然而在想象之前,人们的脑海中必然已有某种形象根据,才能在星辰的排列结构上投射出图像。各文明的天文图像都不一样,投射出来的星座也各不相同。换言之,星座图像是人类观察及想象的结果,而非客观存在的现象,所以人们将散漫的星星结合而画成龙形并非龙的形象起源。人们是将已知的事物形貌投射为星座,而非反过来把星座当作未知事物的形象依据。虽然神龙与天象确有关系(如东宫苍龙),但以星象作为龙的起源并不恰当。

五、恐龙假设

　　恐龙假设最早由德国学者和作家威廉·波尔施(Wilhelm Bölsche,1861—1939)所提出②。虽然恐龙早在人类起源以前即已灭绝,人类不可能见到活生生的恐龙。但持此论者认为,古人在土中看到恐龙骨架,便依此衍化出神龙的形象(图一○)。尽管恐龙假设颇为牵强,不过还是有部分学者认同此说。

　　对此,普罗普教授提出了十分充分的反驳证据。他搜集了历来各种神龙造型,分析出稍似恐龙的大型复杂龙图,发现其出现的时间相当晚近。龙的形象经过几千年的演化,且蕴合、补充了日益多元的形象元素,才成为现在所见的复杂模样。早期的龙神造型很简单、形态很小,且丝毫不像恐龙③。

　　中国神龙的形貌发展也符合普罗普的观察。如明代的龙(图一一;七:2)与恐龙的骨架比起来,感觉有相似之处,但是明代的龙是几千年下来龙的形象不断发展

---

①　С.В.Алкин.《Небесные змеи на зеркале из Ганьсу》. *Гуманитарные науки в Сибири.* Новосибирск,1999,No3,c.79-83;阿尔金:《关于长城地带青铜时代居民天文历法的第一批考古资料》,《边疆考古研究》,2002年第1辑,页214—217。

②　W.Bölsche. *Drachenen Sage und Naturwissenschaft.* Stuttgart,1921.

③　В.Я.Пропп. *Исторические корни Волшебной Сказки*, c.306.

图一〇　恐龙假设。

的结果。早期中国龙的形象既小又简单，我们可以看看公元前3300—2800年的凌家滩玉龙（图三〇七：1、2）；公元前2800—2300年的红山文化的玉龙（图二：1；一二：1、2）以及良渚文化的玉龙（图一二：7、8）；公元前2400—2000年的后石家河文化玉龙（图三〇八：2、3），以及陶寺文化陶器上的龙形画图（图一二：3）；或殷商时期青铜器上的夔龙造型（图一二：4）、商的玉龙（图一二：5、6）等。参照杨新、李毅华、徐乃湘

图一一　明代补子，团龙云中。

先生所编之历代龙纹演示图①,显而易见的,这些早期的龙形,不仅尺寸小,形状也自然、不奇怪,显然不像恐龙。且单纯以形状来说,红山和殷商的龙也不像蛇。

图一二　　1—2. 红山文化玉龙;3. 陶寺文化陶器上的龙图;4. 殷商青铜器上的夔龙;5. 殷墟妇好墓出土的玉龙;6. 震旦艺术博物馆收藏殷商玉龙;7. 桐乡普安桥良渚墓出土的玉龙(M28:8);8. 余杭瑶山良渚祭台1号墓出土的龙首纹玉镯(M1:30)。

那么,究竟是哪一种动物,能使古代的中国人如此关注,并进而形成历时久远、广泛的崇拜传统呢?

六、昆虫假设

(一)昆虫假设的源出

此说由西伯利亚考古学家阿尔金先生所提出。阿尔金先生在研究过红山文化中所谓的"玉猪龙"后,推论红山玉龙形象和猪没有关系,而是源自古人对幼虫的

---

① 杨新、李毅华、徐乃湘主编:《龙的艺术》,页212—213。

观察。阿尔金教授与昆虫学家合作,确认了这些玦形玉龙实际上是模仿自叶蜂(Tenthredinoidea)、金龟子科的甲虫(Scarabaeidae)等类昆虫的幼虫。他更进一步推测,殷商玉龙形貌来源应该也如此(图一三:1)①。

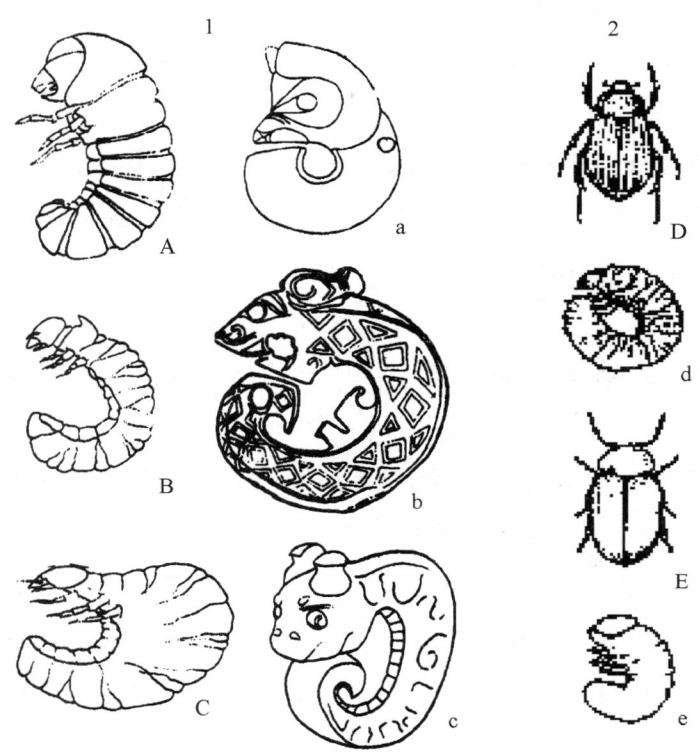

图一三　　1. 阿尔金先生的对照图:A　叶蜂科的幼虫,a　红山文化玉龙;B—C　金龟子科的幼虫,b—c　殷墟妇好墓出土的玉龙。2. 孙机先生的昆虫图:D　金龟子,d　蛴螬(金龟子幼虫);E　豆象,e　蛴螬(豆象幼虫)。

孙机先生利用文献资料,完整地说明了龙与昆虫幼虫的关系(图一三:2):

《史记·封禅书》:"黄帝得土德,黄龙、地螾见。"《五帝本纪》:轩辕"有土德之瑞,故号黄帝"。《索隐》:"炎帝火,黄帝土代之,即黄龙,地螾见是也。"……螾又指躯体盘旋宛曲之虫。这样,它与《封禅书》里说的"黄龙"就互相靠近了。因为《说文·虫部》说:"螭,若龙而黄,北方谓地蝼。"蝼也是黄帝的祥瑞。《吕氏春秋·应同篇》:"凡帝王之将兴也,天必先见祥乎下民。黄帝之时,天

① С.В.Алкин. "Энтомологическая идентификация хуншаньских нефритов (постановка проблемы)." III годовая итоговая сессия Института археологии и этнографии СО РАН. Новосибирск:Наука, 1995, сс.14－16。阿尔金:《红山文化软玉的昆虫学鉴证》,《北方文物》,1997年第3期,页28—29。

先见大蟥、大蝼。"……由于它是上天见示之祥，故又不妨称作天蝼。《尔雅·释虫》、《大戴礼记·夏小正》、《方言》……又说明天楼即螺蟠……亦作蛴蟠。古代将多种类似甲虫的昆虫之幼虫都叫蛴蟠，但主要指金龟子的幼虫。它生活在土壤中，因而从生活习惯性说可以叫它地蝼；从神话的角度说，又可称之为天蝼。……《论衡·无形篇》："蛴蟠化为复育，复育转而为蝉。"蝉的幼虫亦名蛴蟠……①

笔者以为阿尔金和孙机先生的发现实属重要的突破，不仅有助于了解红山文化的信仰，也为中国神龙的来源提供了总体的解释。在下文中，笔者将提出几项证据，再次论证神龙源于昆虫的可能性。

（二）昆虫与农耕生活的关系

现代都市人接触到昆虫的机会、种类都很有限，对于常见的蟑螂、蝇、蚊等昆虫，显然不会给予太多重视，更遑论将其神格化为崇拜对象。然而对长期生活在农村的居民来说，各类昆虫是其日常经验中不可或缺的一部分。成长于农村的幼童们举着捕虫网在草地上奔跑，自然而然地学习了辨识、捕捉、观察、搜集周遭环境里的许多昆虫，又或者将虫养在笼里，记录它们的生命历程。《诗·召南·草虫》曰："喓喓草虫，趯趯阜螽。"②此诗描绘了对农业、草甸生活的观察，昆虫对农民们的重要性是超过野兽的，农村居民对昆虫的认识也远较其他飞禽走兽来得丰富。农民不会轻视小昆虫，也从不忽略他们的存在。

从事森林狩猎、草原牧业、农耕等不同的族群，其接触的动物不同。猎人的生活与野兽为伍，自旧石器时代以来，猎人观察野兽，研究牠们的习性，崇拜野兽的能力。但农民的生活离野兽较远，从耕稼至稸谷的一切农事，都不乏小虫存在。其间或许会有野兽（如野猪）侵入田园村落，但只会受农民的讨厌，农民从不崇拜偶尔破坏林边农田的野猪；昆虫日复一日对农耕的影响绝对超过野兽。昆虫对农业的影响有正反两面。其好处主要是关键性的"虫媒"——传播花粉以帮助结果；"虫丝"——大约是长江中游油子岭文化的中国先民最早用蚕丝纺织，

---

① 孙机：《蜷体玉龙》，《文物》，2001 年第 3 期，页 70—71。

② （汉）毛公传，郑玄笺，（唐）孔颖达等正义：《毛诗正义》，页 133。

屈家岭—石家河文化蚕丝业应该已经发达，并扩展到其他地区。此外，农人们同时也知道"虫妖"，如《礼记·月令》曰："季冬行秋令，则白露蚤降，介虫为妖"①；或谓之"虫灾"，文献中有提及几种昆虫造成的虫灾，如《穀梁传·隐公五年》言："螟，虫灾也，甚则月，不甚则时。"《穀梁传·桓公五年》又言："螽，虫灾也，甚则月，不甚则时"②；又有危害特别大的"蝗灾"，如《礼记·月令》曰："（孟夏）行春令，则蝗虫为灾"；《汉书·五行志下之上》载："厥风微而温，生虫蝗，害五谷。"③都是昆虫造成的凶事。

　　阿尔金先生提及的叶蜂与金龟甲虫对农业也有相当重要的影响。叶蜂（或谓锯蜂）对植物的伤害很大，这类昆虫吃植物的叶和苗，雌性成虫能像锯子般把叶部组织锯开，拉伸叶皮，做出囊型的疙瘩（虫瘿）来产卵。幼虫既吃光叶肉，又会吃苗心，化蛹前还会卷叶作蛹壳④。金龟子则居住在肥土或粪中，所以不仅是耕地的农人接触这种甲虫，从事畜牧业的人也认识它们。

　　若只讨论红山粗壮的块形玉龙和昆虫的关系，阿尔金先生的对照图形即可充分说明。可是红山文化不只有这种粗壮的所谓"猪龙"，也有其他龙形的玉器。红山之外，中原、江南都有自己的龙。龙的崇拜象征农耕文化的重点，因为农人的生活里充满着甲虫、蛾、蝶、蝇、蜂等昆虫，遍及天上地下。身处农耕文化的人们熟识各类昆虫，很自然会关注昆虫而赋予其神化造型。我们知道，中国先民会用珍贵的玉料制作蚕、蝉等幼虫和成虫的造型，如后石家河三苗和夏以及盘龙城商时代的玉蚕（图一四：7—10、15；一六：7；二六六：3、5）、殷和西周时期的蝉和各种幼虫形的玉器（图一四：11—14）。虢国孟姞墓出土了很典型的蛴螬形的玉玦龙（M2006：

---

① 《礼记注疏》，《十三经注疏》，台北：新文丰出版公司，2001年，页885。

② （晋）范宁注，（唐）杨士勋疏：《春秋穀梁传注疏》，《十三经注疏》，台北：新文丰出版公司，2001年，页54、90。

③ （汉）郑玄注，（唐）孔颖达等正义：《礼记注疏》，页775；（汉）班固撰，（唐）颜师古注：《汉书》，台北：商务印书馆，1988年，页361。

④ 螟蛾与叶蜂皆吃苗心，都可称为"螟"。文献中常提及各类昆虫所造的灾害，如《管子·七臣七主》有"苴多螣螟，山多虫螟"语；《诗·小雅·小宛》则谓："螟蛉有子，蜾蠃负之"；《诗·小雅·大田》："去其螟螣，及其蟊贼"，毛传："食心曰螟，食叶曰螣"；《春秋·隐公五年·九月》曰："螟"，杜预注："虫食苗心者为灾，故书"；《吕氏春秋·仲春纪》："行夏令，则国乃大旱，暖气早来，虫螟为害"；《后汉书·仲长统传》："虫螟食稼，水旱为灾，此皆戚宦之臣所致然也。"参汤孝纯注译：《新译管子读本》，台北：三民书局，1995年，页662。（汉）毛公传，郑玄笺，（唐）孔颖达等正义：《毛诗正义》，页1151、1307。（晋）杜预注，（唐）孔颖达等正义：《春秋左传正义》，《十三经注疏》，台北：新文丰出版公司，2001年，页133。（秦）吕不韦著，林品石注译：《吕氏春秋今注今译》，台北：台湾商务印书馆，1985年，页38。（刘宋）范晔撰，（唐）李贤等注，（晋）司马彪补志：《后汉书》，台北：乐天出版社，1974年，页1657。

78,图一四：13）；虢国梁姬夫人的手链是用各种幼虫的造型来组合的（图一四：14）。因此龙的造型来源若属于同一系列的神化昆虫形象也不令人感到意外。

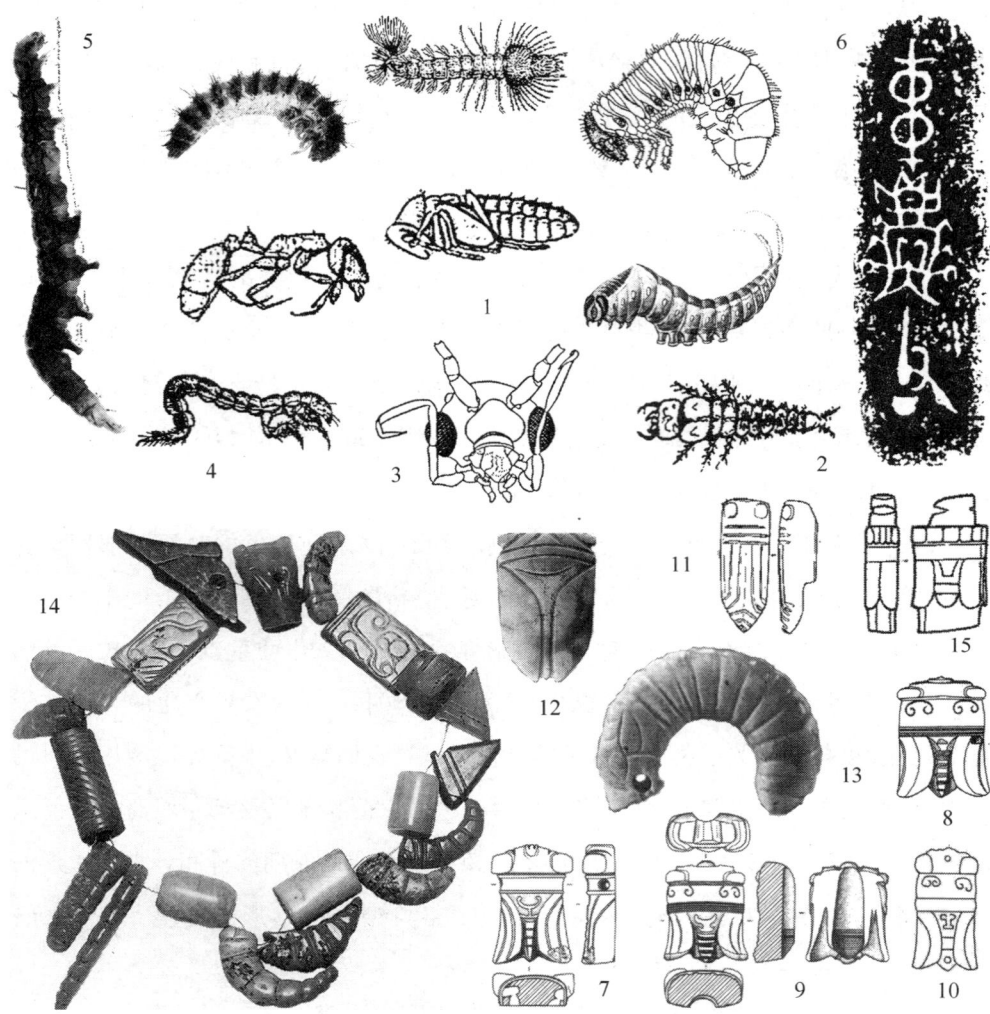

图一四　1. 自然界多种小龙；2. 头角尾刺的幼虫；3. 蝴蝶的头部；4. 蜻蜓幼虫；5. 毛虫吐出虫丝悬垂在空中；6. 商代晚期串 🐛 父丁卣铭文；7—10. 天门石家河肖家屋脊出土三苗时期的玉蚕：7. W71：2；8. W6：8；9. W6：12；10. 天门石家河罗家柏岭出土三苗时期的玉蚕 T27（3）：4；11. 妇好墓出土的玉蝉；12. 殷墟出土的玉蝉；13. 西周时期虢国孟姑墓（M2006）出土的玉虫龙；14. 西周时期虢国虢季的梁姬夫人墓（M2012）出土的玉手链；15. 盘龙城 PLWM4：12 出土的玉蚕形器。

如果我们观看古人所面对的虫族，可以发现很多"小龙"（如图一四：1）。蛇无爪，而龙和昆虫有爪；蛇无角，而商周的龙和大部分昆虫则有头角（图一四：2）。若细察蝴蝶的头部（图一四：3），可以见到颇为奇怪的龙头。而蜻蜓（dragonfly）幼虫（图一四：4）的外形，根本就是商周青铜器上的一条夔龙！

换而言之，龙的形象不仅和大自然里的虫类颇有相似之处，且又源自熟悉、关注昆虫的农耕文化。然而若仅只是相似和熟悉，还不足以让我们确认古人的崇拜来源，关键的是昆虫拥有龙的核心神能，亦即能够羽化。在这方面，大自然中体型硕大的动物不如能千变万化的小虫那么神灵，使人们不仅崇拜，还继而将它们神化。

（三）羽化、升天而再生的理想

龙的形象是爬虫之体，但具备飞行能力。在大自然里，只有昆虫可以从土里飞向天空，自爬虫化为鸟飞之态。农民每天观察这些"小龙"，早已发现虫龙暂死变蛹、再生羽化，及至蜕为鸟蝶的生命历程。古人知道虫龙有羽化及升天的能力，面对这些身形虽小却具备伟大神能可以蜕变（羽化）的动物，自然而然地产生敬畏之情。

自古以来，龙的信仰就和再生羽化之理想有关。在中国传统里，神龙是将圣人接往天界的引介者。司马迁在《史记·封禅书》中描述了黄帝骑龙升天的故事："黄帝采首山铜，铸鼎于荆山下。鼎既成，有龙垂胡髯下迎黄帝。黄帝上骑，群臣后宫从上者七十余人，龙乃上去。……百姓仰望黄帝既上天……"[1]自古以来，龙就是仙圣的象征。这种信仰自新石器时代开始，就一直存在于中华文明之中，汉代以后甚至融入中国佛教，使佛教的罗汉也如同仙圣一般乘龙游天，如明代佚名《白描罗汉》（图一五）便是此种形象的融合呈现。

其实在大自然中，未羽化的幼虫亦可腾空如飞。笔者经常见到毛虫吐出虫丝，悬垂在空中的样子。因虫丝极细，非细察不能得见，这些小虫悬空迎风摇动，感觉上就是小龙在天上飞舞的样子（图一四：5）。在商周青铜器上可见有昆虫形的族徽（图一四：6），说明某一家族将昆虫视为崇高始祖，而自己为昆虫的后裔。古代文献里也曾提及能飞的孑孓，其名为"蜎"，与蠕虫相对。《鬼谷子·揣篇》、《论衡·齐世》、《抱朴子·仁明》都说："蜎飞，蠕动。"[2]"蜎"可通假作"翾"字[3]，不仅是因为读音相同，其意义也相近。

---

[1]　（汉）司马迁撰，［日］泷川资言会注考证：《史记会注考证》，页498。

[2]　（战国魏）王诩著，陶弘景注：《鬼谷子》，台北：广文书局，1975年，页35。（汉）王充撰，萧登福校注：《新编论衡》，台北：台湾古籍出版有限公司，2000年，页1632。（东晋）葛洪注，李中华注释：《新译抱朴子》，台北：三民书局，1996年，页427。

[3]　参见高亨：《古字通假会典》，济南：齐鲁书社，1997年，页170。

图一五　明代佚名《白描罗汉》图。

　　古人崇敬的许多形象确非来自虚幻空想，而是详细观察、神化大自然的结果。若将龙当作蛇的变形，则难以解释其为何具有关键性的升天神能。崇拜蛇的文明从来不把蛇当作天上之神，如同古埃及的蛇神不会飞天一样。然若将龙的原形理解为神化的昆虫，则龙与天的关系就明晰无疑了。

　　前文中我们对照了古埃及与中国先民的信仰，发现了龙与蛇之间形象的分歧。而透过先民对昆虫观察之细微的理解之后，笔者认为：与其模拟作古埃及的蛇，中国的龙在实际上可能更接近古埃及信仰中的另一种崇拜对象——金龟蜣螂（Scarabaeus sacer）甲虫。这种甲虫住在土穴中，将粪便作成粪丸（或谓"蜣丸"）带到地穴里作食物，其卵则产在粪或尸体内。幼虫在尸体中成长，继而飞天。古埃及的金龟蜣螂，其字为"🪲"，其名读为"Hepri"，"Hepri"的字义可译为"势能"，表达太阳和死人再生而升天的势能。古埃及人以黄金、宝石制造了很多作为护符使用的 Hepri 雕像。而 Hepri 更重要的功能则表现在丧葬信仰上，古埃及人会在木乃伊的心口放上这种圣甲虫雕像，棺木的胸部位置也经常作成金龟展翅的图案。这表示死者将倚赖神虫自在自生的能力，以达于永生的境界，用古埃及文来说，即"成为 Hepri"。

　　据红山考古发掘出的文物，龙形玉器同样被放在死人的胸部上。尽管古埃及信仰与红山信仰的关联性甚微，可是笔者认为二者在此处的信仰却是相同的，目的都是祈求神虫的保佑，希望藉由学习昆虫的羽化，使死去之人获得再生的能力。阿尔金教授认为，殷墟妇好墓出土的玉龙具有某些特征，是金龟幼虫所独有的①。这项观察颇值得关注。或许正是金龟幼虫蛰居于尸体里，以腐肉为食，继而羽化升天，才使古人相信飞出来的甲虫会将死者的灵魂带到天上。

《庄子·庚桑楚》有一句话："唯虫能虫，唯虫能天。"将虫的能力和天作了联结。而成玄英对这句话的解释，则具体地提到金龟蜣螂，其谓："鸟飞兽走，能虫也；蛛网蜣丸，能天也。"②此语虽然历来有不同的诠释，但最基本的一点，是"虫"与"天"之间有不容忽略的关系。在《大戴礼记·易本命》中，以虫为天灵的概念则更加明显："有羽之虫三百六十，而凤凰为之长；有毛之虫三百六十，而麒麟为之长；有甲之虫三百六十，而神龟为之长；有鳞之虫三百六十，而蛟龙为之长；裸之虫三百六十，而圣人为之长。"③凤凰、麒麟、神龟、蛟龙，都是具有天神性质的神圣动物。《礼记·礼运》云："何谓四灵？麟、凤、龟、龙谓之四灵。"④他们的地位相当于圣人。根据前文《易本命》的叙述，四灵和圣人的基础都称为"虫"。汉代人的这种概念确实相当有趣，而其基础则应该根源于更古老的尚虫信仰。

人们早已发现昆虫崇拜在中华文明中的关键性⑤，蝉、蚕、螽，都是神化的生物。中国对龙的崇拜也有同样的来源，只不过远古文明没有直接明示其崇拜对象，而是用隐祕的形象表达精神信仰。

况且，远古文明对虫的崇拜，随着时间推移而被逐渐扩增、神化，这个历史过程大约涵盖了两种趋势。其一，在多元文化的融合过程中，中华文明吸纳了各民族对于虎、羊、鹿等神兽的崇拜，使得神龙的面貌受到影响，脱离原始简单的形貌，蕴含了几个不同民族的核心信仰特征，从早期容易被辨认出来的虫龙形状，逐渐演变成大自然里不存在的神兽形象。其二，出于对龙伟大的羽化神能之崇拜，古人制作的龙形也愈趋庞大。所以现代人以为崇拜龙与崇拜虫的来源有异，这是历来演化和多元化所造成的误解。

如果进一步和古埃及的 Hepri 作对照，Hepri 的造型也曾在历史过程中发生了类似的演化。一方面，虽有很多用作护身符的小型 Hepri 佩饰，但同时也有如卡纳

---

① 阿尔金：《红山文化软玉的昆虫学鉴证》，页 28。

② （战国宋）庄周著，王叔岷校：《庄子校诠》，台北："中研院"历史语言研究所，1988 年，页 911—912。

③ （汉）戴德撰，（清）王聘珍解诂：《大戴礼记解诂》，北京：中华书局，1983 年，页 259—260。

④ 参（汉）郑玄注，（唐）孔颖达等正义：《礼记注疏》，页 1091。

⑤ 如参孟昭连：《中国虫文化》，天津：天津人民出版社，1993 年。

克（Karnak）神庙中 Hepri 甲虫雕像的巨大造型存在（图一六：1）。此外，Hepri 的面貌除了写实的金龟甲虫之外，也逐渐吸收了隼①（被古埃及人视为太阳神）、牛（天神）、秃鹫（神母，保祐法老神权）等神兽特征的形貌。Hepri 的崇拜被人格化后，甚至产生了人身甲虫面的造型。在古埃及圣书体文字中，Hepri 或简单写为" ![glyph] "，或繁化写为：" ![glyph] "（图一六：2、3）此词的右半部分是用来指出人格神的限定符，表达出 Hepri 也属一种人格神之意。

图一六　1. 卡纳克神庙巨大蜣螂像；2. 古埃及金龟蜣螂"Hepri"字；3. 繁化写的"Hepri"字；4. 法老名中，下埃及和上埃及的象征；5. 金龟蜣螂乘日之古埃及新王国宝石雕；6. 红山文化玉龙；7. 天门石家河肖家屋脊出土的玉蚕 AT1321（1）：1。

　　笔者认为，世界上有两种影响深远的昆虫崇拜，即古埃及的 Hepri 和中国的龙。这两种崇拜的起源与发展并无关联，但其观念却颇有相似之处。两者原本是同一种动物，只是中国造型为尚未羽化的幼虫的形状，而古埃及造型为羽化成功的成虫（图一六：5、6）。

（四）昆虫崇拜与萨满文化

　　在萨满教的仪式中，昆虫的形象多具有关键性的作用。例如在贝加尔湖布里

_____

① 早期汉字文献中亦有关于"隼"的描述。如《易·解卦》曰："公用射隼于高墉之上，获之，无不利。"孔颖达疏："隼者，贪残之鸟，鹯鹞之属。"参（魏）王弼，（晋）韩康伯注，（唐）孔颖达等正义：《周易正义》，《十三经注疏》，台北：新文丰出版公司，2001 年，页 344。

亚特族的巫师跳神礼中,跳神者会被视作黄蜂的化身;埃文人则将蜻蜓视为协助巫师之昆虫。在整个欧亚的萨满文化中,蜻蜓是一种相当受到重视的昆虫,它既居水亦飞天,这也是神龙的特征。此外,北亚雅库特民族亦有昆虫崇拜;在美洲,蜂、蜻、雀蛾等夜蛾都是原住民的传统崇拜对象。古罗马人受到古埃及的影响,也佩带甲虫形的护身符。

其实古埃及人不仅崇拜金龟子,也崇拜蜜蜂。在法老的光荣名号中,蜜蜂是下埃及的象征之一,上埃及则以莎草为象征,二者合写作"⚘"(图一六：4)。同时,下埃及也将蜜蜂当作神母,只是这方面的研究仍嫌不足。印度教中也有昆虫形象,如 Chandi 女神可变身为花中的昆虫。在俄罗斯民间传统中,亦祈求瓢虫飞升天上,赐予吗哪类食物(即神从天降赐的食物),这种灵动的神通形象或许也是上古信仰的遗迹。

阿尔金先生在西伯利亚的萨满文化中搜集了许多相关例证[1]。他发现："关于昆虫和幼虫的概念能够同人的精神和肉体联系起来,在古代的中国人、突厥人、芬兰—乌戈尔人、特别是通古斯—满族(奥罗奇、那乃、尼夫赫)以及爱奴人那里都能见到。"[2]

阿尔金先生认为昆虫的形象与胚胎有关[3],虽然笔者较关注于再生信仰,但也认为此说并非毫无根据。《诗·国风·周南》："螽斯羽,揖揖兮。宜尔子孙,蛰蛰兮。"[4]显见昆虫在中华文化中确能象征胚胎。中国先民对蚕的崇拜涵盖羽化、蚕茧天丝、蚕母生育三种概念。后石家河玉器中多见玉蚕造型(图一四：7—10;二六六：3、5);在红山玉器里,既有蚕母的造型,也在墓葬内死者的手掌中发现了蚕蛹(图一七：1)。盘龙城楚商文化也继续制造玉蚕(图一四：15);西周晚期虢国墓同样有很多蚕形(图一七：2;一四：14)和其他虫形玉器出土,这些玉器都很写实地模仿自然界的幼虫(图一七：3、6;一四：13、14)。虢国墓的蚕形和虫形玉器被排作

---

① С.В.Алкин. "Археологические свидетельства о существовании культа насекомых в неолите Северо-Восточной Азии." Якутский государственный университет им. М.К. Амосова, Отв. ред. Алексеев, А.Н. *Древние культуры Северо-Востока Азии. Астроархеология. Палеоинформатика.* Новосибирск：Наука, 2003，cc.134 – 143.

② 阿尔金：《红山文化软玉的昆虫学鉴证》,页 29。

③ С. В. Алкин. " Архетип зародыша в азиатской мифологии." *Архетипические образы в мировой культуре.* СПб.：Государственный Эрмитаж，1998. cc.53 – 56.

④ ［日］竹添光鸿撰：《毛诗会笺》,台北：华国出版社,1975 年,页 75。

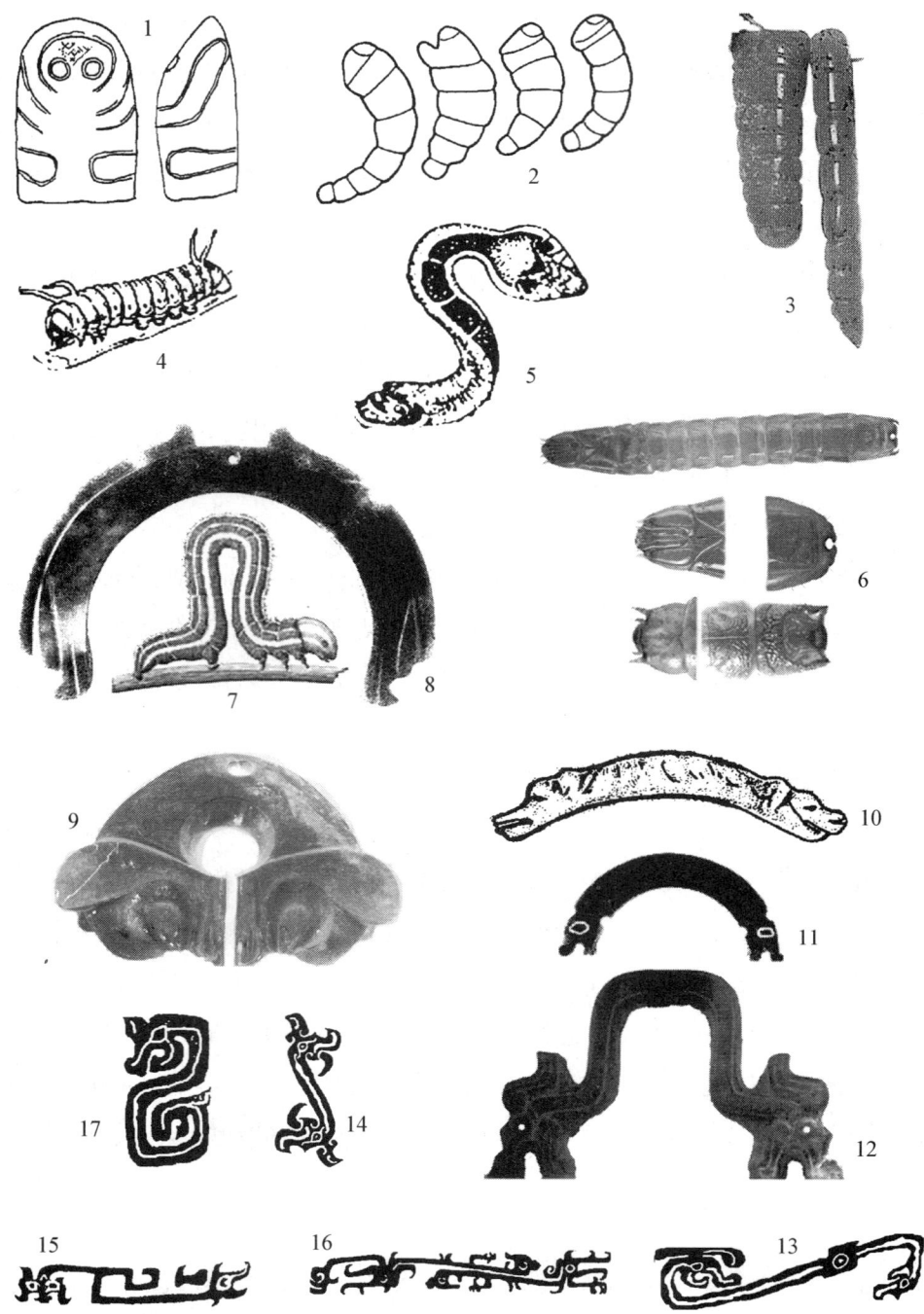

图一七　1. 红山出土玉质蚕蛹；2—3. 虢国墓死者身体上的虫形玉链；4—7. 头嘴尾犬齿的幼虫；8—10. 红山出土的双首玉龙；11. 西周虢国墓出土的双首玉龙璜；12. 新郑市博物馆收藏春秋时期双首龙形的编钟钟耳；13. 北京故宫收藏西周中期趩觿的口沿双首龙纹；14. 西周虢国墓出土的梁姬罐盖上的双首龙图；15. 台北故宫收藏的殷商末期亞丑簋上的双首龙图；16. 上海博物馆收藏殷商时期的父丁卣提梁上的双首龙图；17. 北京故宫收藏的杜伯盨器盖上的尾刺龙图。

连珠,放在死者的身体上。换言之,玉蚕自新石器末期以来就一直是重要的陪葬品,这个传统沿至清代仍然存在。就蚕的形象而言,胚胎生育的象征还是次要的,羽化再生才是其核心概念。纵使喻为胚胎,其要旨也非寻常的子孙生育,而是死者的神妙再生,或英雄的神生,亦即"玄胎",或内丹学中所谓之"仙胎"。

其他古文明对龙的崇拜,也涵盖了再生与神生的概念。比如在玛雅的神祕典礼中,神龙代表娘肚,而典礼时通过神龙娘肚的过程即被视为神圣的再生,也就是英雄超人的衍生①。有关龙神生的信仰,下文还有进一步的探讨。

蝉也是中国自古以来的重要神虫。蝉生于树上,居于土中,以树根为食,几年后蝉蜕升天。因此玉蝉常作成琀,放在死者口里,期待藉其力而升天。在红山文化中,蝉、蚕、龙都是相类似的造型,代表的应该是同一系列的昆虫崇拜。然而在后期的发展中,蚕与蝉等昆虫保留了具体原形,而龙则先是涵盖了一切昆虫的形象,而后又另外掺入他种神兽的特征,成为另一种神奇莫测的形貌。

阿尔金先生认为,朝鲜新罗王冠的形状,也揭示了古朝鲜人的萨满信仰中,深植着神化幼虫的信仰。新罗王冠金树枝上的软玉垂饰(在日本的神话学和考古学中称为勾玉、曲玉),就是蜷曲成 C 形的幼虫雕像②。若中国龙源自先民的巫觋(或谓萨满)文化,则从东亚地区其他萨满文化的昆虫崇拜中,或许能找到与其相互继承、影响的关系。

换言之,昆虫在不同的萨满文化中都是颇为重要的崇拜对象,其代表羽化再生、神妙变形,以及胚胎的多生发育等三种互相关联的概念。中国龙的起源应属于同类的崇拜对象,只是后期的龙已逐步地从早期巫觋文化里的小虫升华,而产生了后来的神龙信仰。

(五) 双嘴的形状

大自然中的幼虫还有一个特征:许多幼虫在尾巴上有带犬齿的假头或尾刺,

---

① L.Frobenius. *Das Zeitalter des Sonnengottes*, s.67. В. Я. Пропп. *Исторические корни Волшебной Сказки*, с.353.

② С. В. Алкин. "Семантика золотых силласких корон (подвески когок как воплощение идеи рождения)". *Major Issues in History of Korean Culture. Proceedings of the 3d International Conference on Korean Studies.* Moscow, Publishing Center of Institute of Asian and African Studies, Moscow State University, 1997.

如黄蜂、蜻蜓、很多蝶蛾（包括桑蛾）、甲虫等，都有很明显的尾刺。其前可见头嘴，后可见尾犬齿；而另一种幼虫则有头嘴和尾嘴（图一七：4—7）。

　　这种双嘴的形状恰可见于中国神龙的造型上。自然界里的幼虫尾巴上有犬齿，与红山出土双头龙的造型相似，有些红山玉器造型非常写实地重现了幼虫的身体特征（图一七：8—10）。在商周礼器上也随处可见头尾双嘴龙，或双头夔龙（图一七：11—16 等），或尾端简化为尾刺（图一七：17）等神龙的造型。三代礼器上频繁出现这些张开嘴的双首龙、双尾龙、尾刺龙、成对夔龙、双龙饕餮等，都是双嘴龙的变形体。头尾双嘴龙的崇拜乃中国先民的巫觋信仰核心。在古人的信仰中，双嘴夔龙的身体似乎是个神圣的通道，神死与神生，都通过龙体而发生。下文将深入探讨双嘴夔龙信仰的问题。

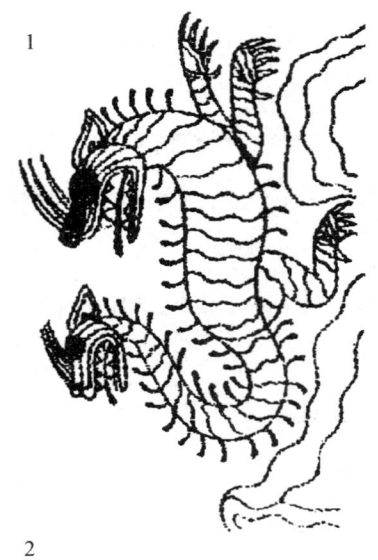

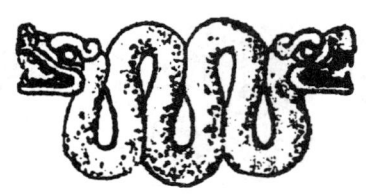

图一八　1. 美洲阿兹特克文化的 Aigos 神；2. 秘鲁的崇拜神。

普罗普先生早已发现，许多古文化的原始神龙形貌恰为双嘴龙，其前嘴是在头上而后嘴是在尾巴上，尾上的嘴巴或有尾刺，或有尾首的形状。在意义上，头尾两嘴即代表着一条神祕的孔道，经过神龙身体的人或物因而与神结合，获得了神性①。例如美洲阿兹特克文化的 Aigos 神也是首尾两头的虫龙（图一八：1），秘鲁文化的崇拜对象亦与此相类似（图一八：2）。

宋代诗人张耒（1054—1114）在研究民间传说时发现："黄州有小蛇，头尾相类，因谓两头蛇。"当黄州的人们向他揭示所谓"两头蛇"时，张耒见到的是一条仅在尾巴上有圆形"婉转"的小虫蛇②。此一描述与商周器物所见的尾刺龙相符，显见在大自然中确实有"两头蛇"存在，犹如前述的黄蜂、蜻蜓和它们的同科昆虫。亦即，古代的农民们观察昆虫，并随其头尾双嘴的幼虫形体特征，创造出双嘴龙的神祕概念。

①　В.Я.Пропп. *Исторические корни Волшебной Сказки*, cc.326，327，344.

②　（宋）张耒：《张太史明道杂志》，收于《历代笔记小说集成》，石家庄：河北教育出版社，1995 年，页25 上。

七、昆虫假设与夏禹神话

从古文字的角度来说，"龙"、"虫"读音相近。同时，笔者也发现在先秦两汉文献中有几个能够旁证虫与龙等同的线索。如《楚辞·远游》曰："玄螭虫象并出进兮，形蟉虬而逶蛇。"王逸注："象，罔象也。"朱熹集注："象，《国语》所谓'水之怪龙罔象'也。"①虫象即是罔象怪龙，这是直接将龙称作虫的例证。除了文献外，一些器物名号也可作为旁证，如古钟柄旁悬环上的饰纹均有蟠龙形状（图一七：12），而其名为"虫旋"②。

孙机先生已说明了文献中的龙与幼虫的关系，且揭示黄帝的黄龙为幼虫之化身③。然笔者以为，最足以明确旁证幼虫等同于神龙的资料，当属夏禹神话，以及夏禹的名号。神话中，禹父鲧被祝融杀后化为神兽，入羽渊，三岁不腐，而自鲧腹生禹。《天问》曰："焉有虬龙，负熊以游？"④显然"熊"不会是居于森林的野兽，而是

---

① （楚）屈原著，（宋）洪兴祖补注：《楚辞补注》，台北：大安出版社，2004年，页263—264。（宋）朱熹集注：《楚辞集注》，台北：艺文印书馆，1987年，页111—112。

② 朱熹《读机仲景仁别后诗语因及〈诗传纲目〉复用前韵》："只今断简窥蠹蚀，似向追蠡看虫旋。始知古人有妙处，未遽秦谷随飞烟。"参（宋）朱熹撰，（清）朱玉辑：《朱子文集大全类编》，收入《四库全书存目丛书·集部第16册》，台南：庄严文化事业有限公司，1997年，页540。

此处，笔者根据推测，拟提出第三种源自文字书体的例证。杜甫《湘夫人祠》诗云："虫书玉佩藓，燕舞翠帷尘。"仇兆鳌注之曰："虫蚀如字书。"然根据汉代文献，"虫书"的本意并非如此。许慎《说文解字·叙》云："是时，秦烧灭经书，涤除旧典。大发吏卒，兴戍役。官狱职务繁，初有隶书，以趣约易，而古文由此绝矣。自尔秦书有八体：一曰大篆，二曰小篆，三曰刻符，四曰虫书，五曰摹印，六曰署书，七曰殳书，八曰隶书。"可知"虫书"是秦朝的八种书体之一。王莽时将八体简为六体，《汉书·艺文志》曰："六体者：古文、奇字、篆书、隶书、缪篆、虫书。"颜师古注："虫书，谓为虫鸟之形，所以书幡信也。"许慎《说文解字·叙》述新莽六体时亦云："六曰鸟虫书，所以书幡信也。"段玉裁注之曰："幡，当作旛，书旛，谓书旗帜；书信，谓书符节。"可见，早期文献并不将"虫书"解释为虫蚀的形象。况且鸟虫书在春秋战国时期早已有之，大多见于兵器和钟镈上，或用于符信、旗帜，以鸟虫书题表王臣官号。笔者猜测，兵器和旗帜的象征意义乃是对权势的掌握或授权。而鸟虫为一切自然生物，凤龙则代表一切灵物。此书既以动物的雏形组成笔画，或许也同时含有凤龙等神秘的内涵，代表凤、龙等灵物为天地间飞翔、蠕动者，一切生物之长的意思。参（唐）杜甫撰，（清）仇兆鳌注：《杜诗详注》，台北：汉京文化，1984年，页1955。（汉）许慎著，（清）段玉裁注：《说文解字》，台北：艺文印书馆，1966年，页765—766、769。（汉）班固撰，（唐）颜师古注：《汉书》，北京：中华书局，1962年，页1721—1722。

③ 孙机：《蜷体玉龙》，页69—76。

④ 参（楚）屈原著，（宋）洪兴祖：《楚辞补注》，页136。

生活在水渊中的神兽,或被视为三足鳖①,或《山海经·海内经》郭璞注引《开筮》云:"鲧死三岁不腐,剖之以吴刀,化为黄龙。"②将之视为黄龙,而黄龙就是"蛟蟥"昆虫的幼虫(详参孙机先生的考证)。袁珂认为,既然夏禹本身是龙,于是鲧化为黄龙应是神话的原始面貌,鲧龙生禹时,把他的神力传给他的儿子③。将鲧一定视为龙形的看法未必准确,该神话应该有不同的版本口耳流传,但至于禹的形貌,夏禹在神话中一直被描绘为虬龙,即无角小龙。而关于"禹"字,《说文》谓:"禹,虫也"④,直接将虬龙等同于虫。

从"禹"字的字形发展来看,殷商祖辛禹方鼎、祖辛禹罍写作"𩥄"⑤,西周禹鼎⑥、叔向父禹簋⑦则写作"𧄍",春秋晚期齐灵公叔尸钟写为从"土"的"𧄍"⑧,都是从"虫"的字形。冯时先生研究字形发展的趋势后认为:既然"萬"字在殷商时写作"𧅙",而西周时作"𧅙";"禽"(擒)字殷商时作"𤤨"或"𤤨",而西周时写作"𧄍";所以,殷周金文的"𧄍"和"𩥄"(禹)字应发展自殷商甲骨文的"𧄍"和"𤤨"(虫)字。换言之,殷商时"禹"和"虫"应为同一个字⑨。笔者认为,冯氏的观察颇为明晰,逻辑和论点也相当准确。"禹"字的本义和夏禹被视为虬、龙子的信仰恰好相应,这也证明了,龙与虫不仅是读音相近的字体,其字义亦有同源关系。

冯时先生进一步探索了禹父的"能"字,《说文》曰:"能,熊属。足似鹿。从肉,㠯声。能兽坚中,故称贤能;而强壮,称能杰也。"⑩虽然许慎描绘的是既非鳖亦非

① (唐)陆德明所作《左传释文》谓:"熊一作能,三足鳖也"。《尔雅·释鱼》:"鳖三足,能。"张衡《东京赋》曰:"王鮪岫居,能鳖三趾。"参(晋)杜预注,(唐)孔颖达等正义:《春秋左传正义》,页1972。(晋)郭璞注,(宋)邢昺疏:《尔雅注疏》,《十三经注疏》,台北:新文丰出版公司,2001年,页573。(汉)张衡著,张震泽校注:《张衡诗文集校注》,页103—105。

② (西晋)郭璞注,袁珂点校:《山海经校注》,上海:上海古籍出版社,1980年,页472—475。

③ 袁珂:《中国古代神话》,北京:中华书局,1960年,页211—213。

④ (汉)许慎著,(清)段玉裁注:《说文解字注》,页746下。

⑤ 中国社会科学院考古研究所编,王世民主编:《殷周金文集成·修订增补本》,北京:中华书局,2007年(后引简作《集成》),器号2111、9806,两件出土自山东济南市长清区归德镇小屯村兴复河北岸墓葬,现藏于山东省博物馆。

⑥ 《集成》器号2833,陕西扶风县法门镇任家村出土,现藏于中国国家博物馆。

⑦ 《集成》器号4242,现藏于上海博物馆。

⑧ 《集成》器号276、285,大宋宣和五年出土自山东淄博市临淄区齐都镇西关村,现在藏处不明。

⑨ 冯时:《中国古代的天文与人文》,北京:中国社会科学出版社,2006年,页142。

⑩ (汉)许慎著,(清)段玉裁注:《说文解字注》,页484上。

龙的第三种神兽,但也同时提供了"㠯"为"能"字声符的基础线索。后来"㠯"在"能"字中简化为"厶",这在古文字里很常见。冯时先生搜集关于禹母的资料后又发现,文献中描述的禹母神话,谓其姓为"姒"。西周金文中,"姒"亦作"始"、"似"、"姐",此字在殷商甲骨文上,都没有从"女"的偏旁,也就是说,"姒"字在甲骨文里写作"㠯"或"厶"。以此可见,"能"与"姒"的古代本字同为"㠯"①。"㠯"(𠃚)字自古以来与"巳"(𠂤)混同,其形近,其音同,而"巳"(𠂤)字又是虫形。

由以上论述可证,夏禹为虬龙之貌,名则为虫,故龙、虫同义。此外冯时先生对禹父和禹母的研究,也使我们进一步思考,禹父和禹母的名号或许仍与虫有关,甚至可以推论,当夏禹神格化时,其母也传说有虫龙的神性。

殷商青铜器中串🐛父丁卣的族徽向来被学界误视为鸟形②,倘若仔细观察此"鸟",可发现其有六足(图一四:6),正是昆虫的形状(与图一四:2对比),因此本器应属于以昆虫为族徽的家族。

八、结　语

笔者认为,人类信仰的一切形象都可以在自然现象中找到依据,受崇拜的形象并非来自虚幻,而是自然现象被神化后的结果。

本章从学界对中国龙形象的五项假设——鳄鼍、蛇、天文、恐龙、昆虫切入,试图了解龙的起源。对照其他上古文明的信仰可以发现,世界文明中有崇拜鳄鼍的礼俗,但其范围是作克托尼俄斯水龙的形象,或保护河川,或为恶性的怪物,在世界文明中亦有以鳄鼍为水王,需要以活人献祭的例子。鳄鼍本身无飞天的能力,在其礼俗及神话中也无飞天的故事,更未见有以鳄鼍来形容天象的状况。中国龙与河川的关系往往是次要的,飞天才是其关键的神能所在,同时也是雷电、星辰等各种天象的形象。认为中

---

① 冯时:《中国古代的天文与人文》,页150—151。另外,裴骃《史记集解》引苏林之说,注《史记·天官书》曰:"能音台。"此说又使"能"和"始"(姒)的本字产生了关系。

② 《集成》器号5068,藏处不明。

国龙乃是由鳄鼍变形而来的推论,既无道理,又无远古文物的佐证,故我们仍难以接受。

自古埃及以来的闪米特文明,都有神奇的蛇的信仰,但这些蛇皆为克托尼俄斯的神物,代表着地下界,也从不升天飞翔,这种形态符合自然蛇的本质。然而中国龙完全不同,龙为天神,既不符合自然蛇的本质,又不似其他古文明所崇拜的蛇神形象。因此我们可以推断,古埃及蛇与中国龙不能混为一谈,不仅所信仰的形象和神能不同,形象来源应该也不相同。

从天象假设来说,虽然龙与天象有关系(如东宫苍龙),但龙的形象来源不可能是天象。星辰分布自然散漫,连接几颗星而画成的星图,是人们将大自然所观察到的现象投射星空后的结果。是故,以天象为龙的形象来源并不妥当。而恐龙说则早已为普罗普教授所否定,其所持的否定论据无可置疑。早期的龙形既小又简单,大型而复杂的龙图则是经过几千年的演化才形成的,中国神龙之形象发展亦是如此。

透过各方面的分析探讨,笔者以为龙的形象来源应为昆虫。龙的崇拜既源自农耕文化,而昆虫对农耕生活影响极深,古文献中也常提及昆虫对稻谷之影响。农人观察昆虫,发现其有羽化现象。在大自然中,只有昆虫能够从爬虫形态经历完全变态,化为可以飞行的成虫;亦只有昆虫能暂死(成蛹)而再生羽化升天。因此古人将昆虫神化,形成了龙的形象与崇拜起源。从文化比较来说,在亚非、美洲等不同地区的萨满信仰中,昆虫之形象均具有关键性作用,也都和变形羽化的神能相关。依循中国与古埃及等古文明的对照,笔者认为,中国龙并不类同于古埃及的蛇神,而更近似于古埃及人对金龟蜣螂甲虫(Hepri)的崇拜。世界上有两种影响深远的昆虫崇拜,即古埃及的 Hepri 和中国的神龙。这两者的起源与发展并无关联,但其观念有相似之处。

本文将中国龙的古代造型与自然幼虫作对照,发现许多幼虫尾巴上都有带犬齿的假头或尾刺。这种双嘴的形状恰好符合古代中国龙的造型特征,尤其是商周礼器上随处可见的双嘴龙造型。头尾双嘴的形体是幼虫的特征,农人观察昆虫,而依其自然形体创造出神祕概念。神龙的双嘴形状,正足以旁证龙的形象源于昆虫的见解。

考古资料与古代文献都显示了中国先民有尚虫信仰。在神话的传统里,夏禹形貌为虬龙,其名为虫,故龙、虫义同。夏禹的故事和"禹"的名号,也表达了幼虫与神龙的同等性。

此外,上述研究还阐明:东北辽西与长江中下游两个地域,虽有各自独立的文化发展过程,但这两种不同地域的精神文化中,都有着崇拜虫龙的信仰。源自红山文化的龙与源自长江中下游的龙应有各自独特的起源,其中后者的文明创造了禹虬神话,而红山玉龙的形象在东北地区也有其独立的文化意义,但二者核心意义却是相近的,它们在历史的演化中被合并而塑造出属于中国神龙信仰的伟大文明。

在历史发展中,神龙的信仰逐步远离原始的观点,并且,虫龙的形象逐渐蕴含了其他各地崇拜对象的特征,形成混合多元的形貌。下文将讨论青铜时代许多神龙造型的构图,解析其间的演化关联。从早、晚期的造型对照,可以看出青铜早期的虫形,到了商周之后被复杂化了,变成了神奇龙兽的形象,但依然保留了最原始形象的根源。如偃师二里头遗址发现的几件陶质三虫甑(图一九:1)[1]和六虫透底器(图一九:2)[2],与河南南乐县宋耿治村出土东汉延熹三年(160年)的六龙石砚的构图互相呼应(图一九:3)[3]。

图一九　1. 中国社会科学院考古研究所二里头考古工作站收藏的三虫陶甑;
2. 偃师博物馆收藏的二里头时期的陶质六虫透底器;3. 河南濮阳南
乐县宋耿治村出土东汉延熹三年(160年)的六龙石砚。

---

①　中国社会科学院考古研究所二里头考古工作站藏,据笔者自摄照片。

②　偃师博物馆收藏,据笔者自摄照片。

③　河南博物院收藏,据笔者自摄照片。

第二章　商文明双嘴龙"天神"
信仰索隐

前一章讨论龙的形象来源,较多使用红山文化的玉器为据,也提及长江中游凌家滩、后石家河文化的玉器,汾河下游陶寺文化的陶器,以及商周文化青铜器和玉器的造型数例;在神话资料方面,我们使用夏禹的神话。虽然这些文化不同,但都出现了虫龙崇拜的痕迹。因此笔者认为,殷周文明龙的形象应该奠基于前述几种传统之上,长江中游和东北地区的文明传统影响了殷周时期龙的造型,使之呈现出多种外观。同时笔者发现,在多元的龙形中,商文明也有自己独特的崇拜神龙的传统。

一般地,中国上古文明中最主要、最常见的纹饰被认为是通常所称的"云雷纹"、"夔纹"、"饕餮纹"、"兽面纹"、"兽纹"等。学术界有很多有关"兽面纹"或"云雷纹"分类的著作,但依笔者浅见其大部分乃依今人的视角、仅从外观差异来分类。这种以外观形状进行的分类可以帮忙断代与分期,但无助于理解纹饰本身的意义。

本章思想的要点是:商文明礼器上的纹饰,因代表同时期的大文明,所以源自一套核心信仰及神秘观念,故应该奠基于表达该信仰的母题。因此本文首先对照各种外观形状不同的纹饰,探索其共同的母题,进而着重于对该母题的形象结构及其背后的信仰隐义进行探讨。从实物图像资料分析,解读了纹饰结构的雏形;接着依靠丰富多元的礼器造型图,一步一步阐述早期形象的发展和多样化,并对照着各种变形的构图,厘清所有礼器始终不变的重点形象。透过这样的对照分析,我们才可以脱离现代人的视野和背景而回到商周时代,试图从古人的角度了解礼器形象的核心母题所在。所以本章第一节的目的是对礼器的纹饰结构加以详细分析。

在了解古人创作的核心形象的基础上,本章进而探寻上古巫觋文化中双嘴龙信仰的内在逻辑与隐含的意义。我们对上古信仰有几种习惯性的认识,如祖先崇拜、自然崇拜、萨满教等。这些定义标签虽然无误，但实际上不能让我们真正了解古人的思维。他们为什么崇拜祖先？怎么崇拜？从什么角度了解祖先的神性？他们如何看大自然？现代人手里有战国秦汉的文献，这导致我们经常过度采用战国秦汉人的思维模式去解释商周。商周虽然缺乏完整的文献，但是有很多非文字资料足以表达自己。商周巫觋文化，从大类型当然可以归类为"萨满教"，但是这种归类不能帮助我们实在地了解商周人怎么思考问题。世界上古史有无数"萨满教文化"，在这种文化结构里，商周独特的信仰是什么？礼器的造型如何能表明此信仰？礼器的母题涉及哪一套信仰？这都是将在本章第二节加以详细讨论。

再进一步思考，既然纹饰和信仰是文化中分不开的"表"和"里"，这信仰有明确可见的形象，而殷周所用的文字也奠基于形象，是带有象形意义的文字，难道商周文字的象形意义与商周信仰所用的形象无关？商周人用什么字表达纹饰的核心母题、信仰的核心形象？这是本章第三节的核心问题。

一、礼器纹饰通用的母题考

本节将论述，考古界所用"云雷纹"或"兽面纹"的指称，不符合古代创造者的原意，但文献中的"夔龙"和"饕餮"的名称有其所代表的古代意义。如果更加准确表达商周礼器的纹饰形象，一切变形形状涵盖了同一种母题：双嘴龙。我们首先将从分析双嘴龙纹最基本的母题样式入手。然后，了解古人是如何在该母题的基础上，用几种范型的组合形式，创造了不同的主纹构图。不过，商周礼器所有的主纹，都充满了阴刻线纹，这些线纹颇有规律性，由多次重复少数同样的符号组成。所以，我们将进一步需要解析这些符号，以了解其与主纹母题的关系。在此基础上，进而探讨双嘴龙母题在历史上的发展，及其后衍化发展的各种形象。

（一）母题涵义考证

在汤商文化（或谓早商、盘龙城）的礼器上，常见如下饰带：

①、②、③、④、⑤（图二〇至二四，另参图二五至二七等）。

图二〇　盘龙城李家嘴二号墓出土三、四期的铜甗（PLZM2：45）。

---

①　盘龙城李家嘴二号墓出土三、四期的铜甗饰带 PLZM2：45，湖北省文物考古研究所编著：《盘龙城：1963—1994 年考古发掘报告》，页 174，图一一五、彩版一六。

②　二里头遗址出土陶簋的饰带，中国社会科学院考古研究所二里头考古工作站藏，据笔者自摄照片。

③　上海博物馆收藏一对早期铜鼎的饰带，据笔者自摄照片。

④　盘龙城李家嘴四或五期的铜鬲饰带 PLZM1：4，湖北省文物考古研究所编著：《盘龙城：1963—1994 年考古发掘报告》，页 202，图一三七、彩版二五：2。

⑤　郑邑出土铜鼎的饰带，河南省考古所收藏，据笔者自摄照片。

阴夔纹 阳夔纹

双龙交口的部分 双嘴龙符号 双龙交口的部分

阴纹 阳纹

图二一 二里头出土四期硬陶簋的饰带分析。

图二二　上海博物馆收藏汤商早期圆鼎饰带的分析。

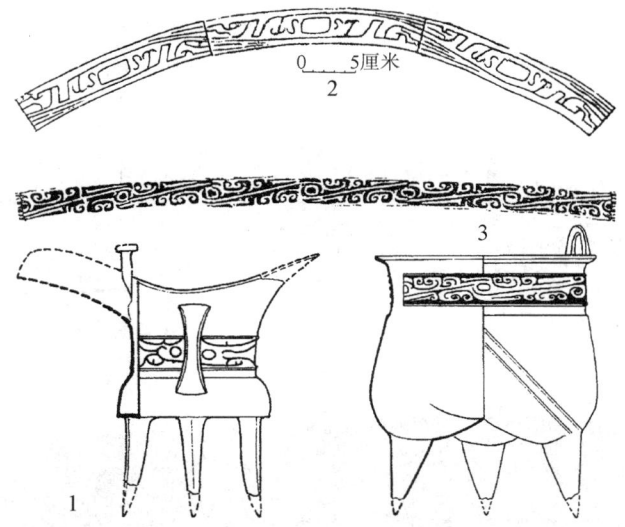

图二三　盘龙城早中期带神纹的青铜器：1. 杨家湾出土盘龙城三期的铜爵（PYWM6：1）；2. 楼子湾出土盘龙城四期的铜鬲饰带；3. 李家嘴一号墓出土盘龙城四、五期的铜鬲（PLZM1：4）。

其基础的图案是：　　　　　、　　　　　、　　　　　、　　　　　、　　　　　。此种图案常连续交缠围绕着容器的口沿。在文物目录中，此纹饰或称为"云雷纹"①，或谓"饕餮纹"②，又谓之"兽面纹"③。但这些定义都不是经过全盘考证后得出的，证据也不充分。例如有些学者认为，上述纹饰似乎是《说文解字》中篆文"𩂳"（雷）字的"回"（云）偏旁，因此将它看作"云雷纹"，然而这些都是后期的篆文字体，目前的商周文字中皆未出现过，故不能作为证据。至于"饕餮纹"和"兽纹"、"兽面纹"的定义或许无误，但因未经过详细考证，仍属存疑。下面本书试图从该纹饰的发展历程，客观地考察其所象征的观念。

在青铜器上千年的发展过程中，此种饰带一再出现。殷墟多数青铜器上有如下饰带：　　　　　④、　　　　　⑤。其中的

---

① 如陈佩芬：《夏商周青铜器研究》，上海：上海古籍出版社，2004 年，夏商篇，页 2—5。

② 中国社会科学院考古研究所：《二里头陶器集粹》，北京：中国社会科学出版社，1995 年。杨春棠：《河南出土陶瓷》，香港：香港大学美术博物馆，1997 年，等等。

③ 叶万松、李德方：《偃师二里头遗址兽纹铜牌考识》，《考古与文物》，2001 年第 5 期，页 40—48。叶万松、李德方先生同时武断地反对用"饕餮"的名称。

④ 殷墟出土，台北"中研院"历史语言研究所收藏（下文简称"史语所"）R2058，参李济、万家保：《古器物研究专刊》，第五本《殷虚出土伍拾叁件青铜容器之研究》，李济总编辑，石璋如、高去寻编辑：《中国考古报告集·新编》，台北："中研院"历史语言研究所，1972 年，页 67—68，插图三十六：10、图版贰伍、伍肆：11。

⑤ 洛阳博物馆收藏子甲父己鼎，据笔者自摄照片。

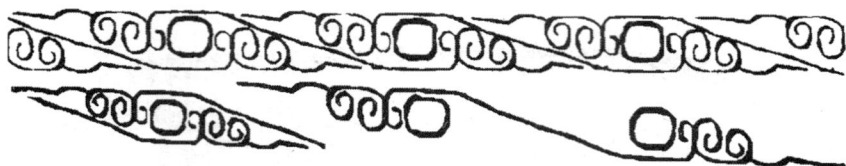

双龙交口的部分   双嘴龙符号

双嘴双爪夔龙符号

图二四　郑州出土汤商早期圆鼎饰带的分析。

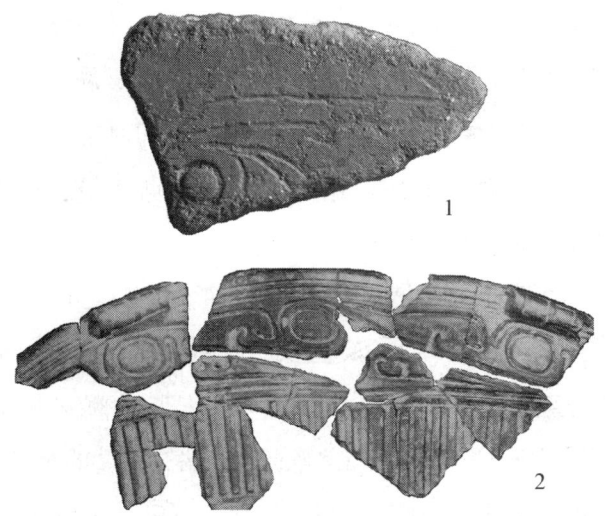

图二五　带夔纹的硬陶片：1. 湖北黄石阳新县大路铺遗址出土；2. 偃师二里头四期出土。

图二六　盘龙城李家嘴一号墓出土四、五期的铜斝（PLZM1∶19）。

图二七　江汉地区出土盘龙城文化四、五期的铜斝。

等基础图案,与上述汤商礼器上的纹饰,在构成上有明显的关联,该纹饰组成的核心单元相同。周代常见的饰带也明显保留了此形式,如 ①,战国时期也出现: ②、 ③等纹饰。从中我们不难看出,殷墟常见的 等纹饰所组成的单元,其形状与上述纹饰的单元也互有相关。

进一步作图案的分析,上述汤商时期的饰带,也可以分成以下几个纹饰的核心单元: 、 、 、 ,其与殷商 、 等饰带的单元相同,并与殷商常见的 ④、 ⑤、 ⑥、 ⑦等头尾两端有首嘴的神龙造型彼此相关。由此可知,早期的图案应也是双嘴龙的象征,而从 至 的发展过程,乃是此种双嘴龙的造型演化及明显化(图二八至三一等)。

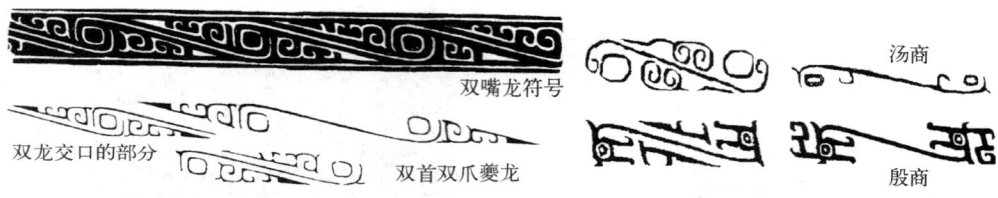

双嘴龙符号

双龙交口的部分　　双首双爪夔龙

汤商

殷商

图二八　殷墟出土史语所收藏 R2058 饰带的分析。　　图二九　两商双嘴夔龙形状分析。

总而言之,这些商周的饰带均可定义为连续交缠的双嘴龙。此象形图案在礼器上延绵千余年,绝非偶然,应属某种核心信仰的表现。此种纹饰,从盘龙城三期

---

① 西周昭王时期令盘足纹,上海博物馆收藏。陈佩芬:《夏商周青铜器研究》,西周篇,页208—209,图二八五。

② 战国时期的壶通用的饰带单元,参蔡庆良:《商至西周铜器与玉器纹饰分期研究》,博士研究生学位论文,北京:北京大学考古系,2002年。

③ 战国时期的壶通用的饰带单元,如参战国前期燕乐渔猎攻战图壶,北京故宫博物院收藏(下文简称"北京故宫")。故宫博物院编:《故宫青铜器》,北京:紫禁城出版社,1999年,页282—283,图281。

④ 殷商竹斿卣提梁纹饰,上海博物馆收藏。陈佩芬:《夏商周青铜器研究》,夏商篇,页320—322,图一五六。

⑤ 殷商 召卣提梁纹饰,台北故宫博物院收藏(下文简称"台北故宫"),陈芳妹:《商周青铜酒器》,台北故宫博物院,1989年,页146—147,图版肆叁。

⑥ 商周之际辋伯诶卣提梁纹饰,北京保利艺术博物馆收藏。保利艺术博物馆编:《保利藏金(续)》,广州:岭南美术出版社,2001年,页128—135。

⑦ 商周之际凤纹卣提梁纹饰,上海博物馆收藏。陈佩芬:《夏商周青铜器研究》,西周篇,页180—181,图二七一。

图三〇　殷商时期夔纹饰带：1. 殷墟出土、史语所收藏的 R2078；2. 上海博物馆收藏的斜角杯口沿纹；3. 北京保利艺术博物馆收藏的铜簋圈足纹；4. 上海博物馆收藏的齐妇鬲饰带；5. 上海博物馆收藏的竹斿卣提梁饰；6. 北京保利艺术博物馆收藏的㸚伯誃卣提梁饰；7. 台北故宫收藏的 㣭 召卣。

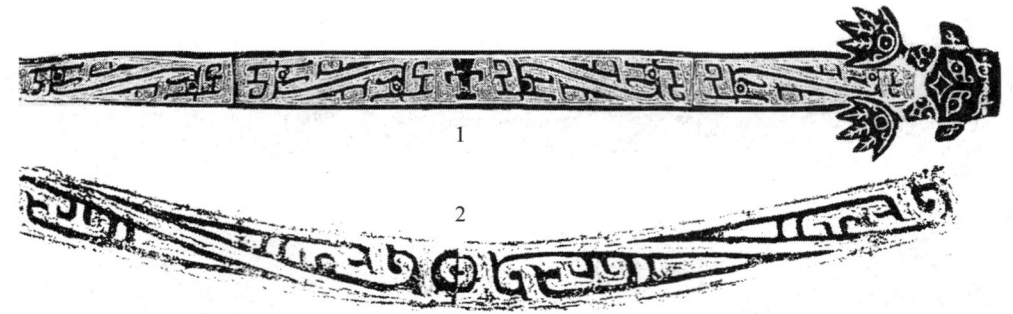

图三一   西周时期夔纹饰带：1. 上海博物馆收藏的凤纹卣提梁饰（早期）；
2. 上海博物馆收藏的斜角盆（中期）。

（大约始于公元前 1620 年）以来，青铜器上已有出现（图二三：1）①，盘龙城文化硬陶上也有更早的遗迹。到了盘龙城四、五期（约公元前 1550—1420 年），带这种饰带的礼器已广泛传播，先西见于长江上游三星堆文明，东见于赣江流域吴城文明以及长江下游马桥文化，后北见于郑州、洛阳地区（下文称作"郑洛"）；在盘龙城六期时（约公元前 1420—1300 年），已见于更遥远的河北及黄土高原地带。之后也成为新兴的殷商文明的礼器纹饰。据此来看，双嘴龙的崇拜应可溯源于汤商文化兴起阶段。这种纹饰造型，顺着商文明的影响力，从长江中游较快速而广泛地扩展到其他文化区域。

在汤商精神文化中，双嘴龙具有某种神祕作用，故其形状简略而近于信仰符号。但在两商社会发展时，巫觋文化的玄祕性渐渐转弱，故从殷商文化时期以来，单纯代表信仰的符号便开始朝向宗教美术发展，创作者得以在符号骨架上添加更加丰富的形状。经此过程，神祕符号逐渐变成具象的造型，越来越清楚地表达了古人崇拜的对象——双嘴神龙。神龙崇拜造就了殷周神龙艺术的兴盛，因此在了解此信仰前，本书拟仔细观察双嘴龙图案的发展，包括其变和不变的特征。

（二）双嘴龙母题几种固定的构图

双嘴龙母题，是商周几乎所有图案的基础形象，是古代创作者眼中最理想的

---

① 　湖北省文物考古研究所编著：《盘龙城：1963—1994 年考古发掘报告》，页 222，图一五九：5、6，PYWM6：1。

造型目的。在此基础上,古人创造很多变形图案。这些繁杂多样的造型,实际上都可以归纳为双首龙和尾刺龙两大类。无论双首龙还是尾刺龙,都在造型上奠基于几种固定而相近的构图。这些构图既见于青铜礼器上的主纹,又可见于独立的玉器造型。

1. 双首龙

商周礼器造型中的双首龙形状可分成以下四种范型:

(1)弯形的双首双爪夔龙

依上述分析,我们可以得知,在殷商礼器中,最基础的神龙形状是弯形的双首双爪夔龙。双首夔龙的两个首在头尾两端上,而且每一首搭配一条夔爪,如 ▨▨▨ 即为一例。此种双首夔龙的构图源自早商文化(从盘龙城二、三期起),只是早期更多有抽象的形状,如 ▨▨▨ 、▨▨▨ 、▨▨▨ 等,但其与殷墟至西周初期的 ▨▨▨ 、▨▨▨ 等形状的意思无疑相同:都是一条弯形的双首双爪的神龙(图二〇至三一:1)。

从西周中期以后,此种神龙图案有了新变化,出现两条一首一爪的神龙接尾构图,如:▨▨▨ [1]、▨▨▨ 、▨▨▨ 等(图三一:2;三二)。依传统说法,一首一爪的神龙称为夔龙,故此种周代以后的饰带可谓"弯形的成对夔龙接尾饰带"。马承源先生曾否定古代有"夔一足"信仰,认为:"实际上一足的动物是双足动物的侧面写形。"[2]然而,传世文献中却记录了夔龙一足的神魖,如《说文·攵部》:"夔,神魖也。如龙,一足。"《山海经·大荒东经》:"东海中有流波山,入海七千里。其上有兽,状如牛,苍身而无角,一足,出入水则必风雨,其光如日月,其声如

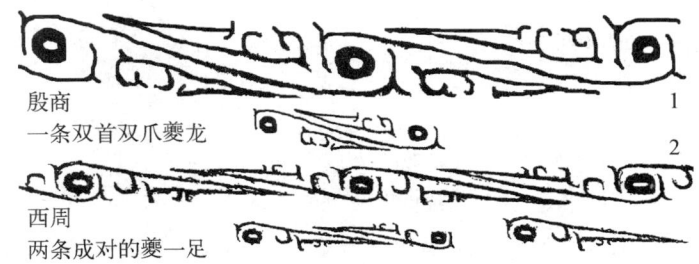

殷商
一条双首双爪夔龙　　　　　　　　　　　　　　　　　　　　1

西周　　　　　　　　　　　　　　　　　　　　　　　　　　　2
两条成对的夔一足

图三二　从一条双首双爪夔龙到两条成对的夔一足:1.洛阳博物馆收藏殷商子甲父己鼎的饰带;2.上海博物馆收藏西周昭王时期的令盘足纹。

① 西周中晚期楚公豪钟:《集成》器号42,现藏于日本京都泉屋博古馆。

② 马承源:《中国青铜器》,台北:南天书局,1991年,页324。

雷,其名曰夔。"①商周礼器上夔龙图案极常见,应不只是双足动物的侧面写形。

除名称问题外,更重要的关键点在于,古人从不创作单条夔龙图,今所见都是成对夔龙图。夔纹的发展脉络使我们得知,成对夔龙构图的来源即双首双爪的龙图。虽然现有文献还无法证明商周时期将此种双首双爪的龙称为"夔",然而为了特别区分有爪和无爪的双首龙,以下笔者仍以"双首夔龙"名号来指称双首双爪的神龙构图。

双首夔龙是最基础的核心形象。但在商周的演化过程中,双首龙的形象有过很多变形的构图,尤其是西周中期以来有构图变形纹饰化的趋势:如有些龙形失去夔爪,有些反而多次重复它,或者龙的头、尾抽象化到难以辨识等等。如果把这数种变形的构图慢慢解读、仔细观察和分析,依然可以发现其离不开"双首夔龙"母题的范畴,并且一切形状有规律,容易归纳为几种典范的类型。

(2)弯形的双首龙

无夔爪的弯形双首龙出现较晚,多见于西周以后的礼器上,如西周中期师趛鬲的口沿纹上: （图三三:1)②、西周晚期虢国墓出土的梁姬罐盖上 （图三七:1)③等造型。在两周的发展中,双首龙形象有了相当多样的形貌,例如西周宣王时期颂壶,其造型为数条双首龙围绕器身(图三四)④,此种方壶造型常见于西周晚期东周早期,晋国、郑国等诸国都可见之,曾侯斨方壶纹也是如此⑤。曾侯乙墓出土的皮马甲上也有类似的构图。西周晚期东周早期的铜匜器形,常有弯转尾首的神兽形状,如春秋塞公湆父铜匜(图三五:1)⑥,其他列国的铜匜形状亦略雷同,都属当时常见的器形。战国时期的铜敦足也经常制作成小型的双首龙。西汉时期南越王墓出土的双头龙金带钩的结构,实际上与湆父铜匜也相同(图三五:2),都是弯形的双首龙。

① (汉)许慎著,(清)段玉裁注:《说文解字注》,页233下。(西晋)郭璞注,郭郛注证:《山海经注证》,北京:中国社会科学出版社,2004年,页791—793。

② 北京故宫收藏,故宫博物院:《故宫青铜器》,页160,图146。

③ 虢国博物馆收藏,河南省文物考古研究所,姜涛、王龙正、乔斌编:《三门峡虢国女贵族墓出土玉器精粹》,台北:众志美术出版社,2002年,页16—17。

④ 台北故宫收藏,陈芳妹:《商周青铜酒器》,页166—169,图版伍叁。

⑤ 山西省考古所收藏,河南博物院编著:《群雄逐鹿:两周中原列国文物瑰宝》,郑州:大象出版社,2003年,页124—125。

⑥ 湖北省博物馆收藏,湖北省博物馆编:《图说楚文化:恢诡谲怪惊彩绝艳》,武汉:湖北美术出版社,2005年,页147。

图三三　1. 北京故宫收藏西周中期的师趛鬲；2. 新郑博物馆收藏郑国方壶的饰带。

图三四　台北故宫收藏西周宣王时期的颂壶。

图三五　1. 湖北省博物馆收藏的春秋塞公㳉父铜匜；2. 南越王墓出土的双头龙金带钩；
　　　　3. 西周金文"神"字。

从师趛鬲的口沿纹饰，可以进一步理解西周晚期和春秋时期常见的方壶纹饰，如梁其盉盖纹：（图四二：2）①；郑国方壶饰带所组成的单元为（图三三：2）②，其与师趛鬲的双首龙相似，但两首简化，呈现了纹饰化的趋势。

（3）璜块形的双首龙

除了弯形的双首龙之外，礼器上另常见璜形的双首龙，如西周虢国墓出土的双首龙纹玉璜 ③，或春秋时期编钟的钟耳 ④（图一七：11、12）等；而在周铜器的提梁，也经常制作成璜形的双首龙。

汉代墓中依然可见璜形双嘴龙的造型，如西汉晚期南阳唐河县针织厂画像石墓顶版龙图（图三六：1）⑤；东汉时期山东沂水县韩家曲画像石上层的璜形龙（图

①　上海博物馆收藏，陈佩芬：《夏商周青铜器研究》，西周篇，页510—513，图四○○。

②　新郑博物馆收藏，据笔者自摄照片。

③　虢国博物馆收藏，河南省文物考古研究所，姜涛、王龙正、乔斌编：《三门峡虢国女贵族墓出土玉器精粹》，页59，图六。

④　新郑市博物馆收藏，据笔者自摄照片。

⑤　现藏于河南省南阳汉画馆。参俞伟超主编：《中国画像石全集》，册6《河南汉画像石》，页8、15，图二一。

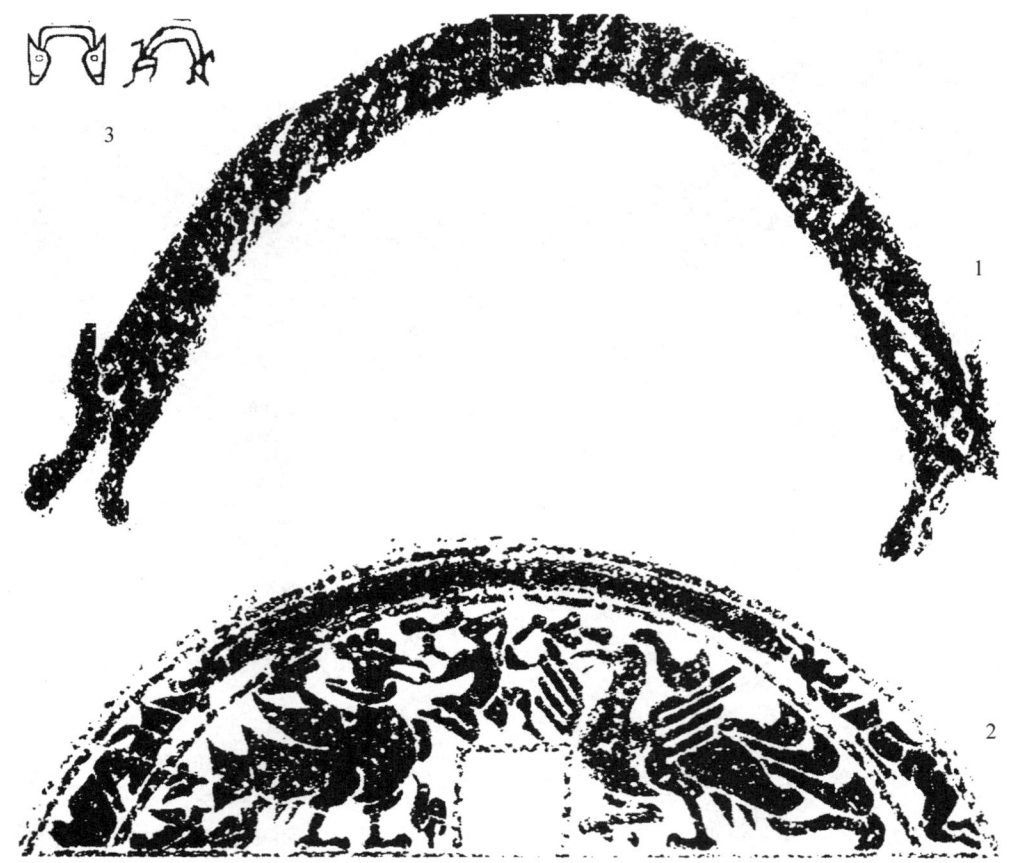

图三六　1. 西汉晚期南阳唐河县针织厂画像石墓顶版上的龙图；2. 东汉时期山东沂水县韩家曲画像石上层的璜形龙图；3. 甲骨文"虹"字。

三六：2）等石刻皆为例证①。

　　璜形的双首龙与玦形接近，如西周晚期芮国铜盉 （图三七：2）②，这种形状与上述西周中期师趛鬲、晚期梁其盨、郑国方壶的构图相近，只是弯形的龙身转成块形的构图。

　　（4）双首的蟠龙

　　在殷墟时期青铜水盘的蟠龙构图上，蟠龙尾都有小的夔头突出，其上还可见到微小的夔爪：此种形式类似夔龙头形的尾刺，如保利艺术博物收藏蟠龙纹盘（图三

---

① 　现藏于沂水县博物馆。参俞伟超主编：《中国画像石全集》，册3《山东汉画像石》，页26、62—63，图七六。

② 　陕西省考古研究院、震旦艺术博物馆编，孙秉君、蔡庆良合著：《芮国金玉选粹——陕西韩城春秋宝藏》，西安：三秦出版社，2007年，页234—237，图88。

八：1）①，或台北故宫收藏蟠龙纹盘（图三八：2）②等。可推断蟠龙也属双首夔龙类型的崇拜对象。

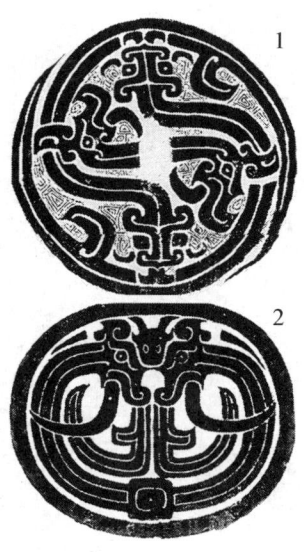

图三七　1. 西周晚期虢国墓出土的梁姬罐盖；2. 陕西韩城出土西周晚期的芮国铜盉。

在台北故宫收藏的殷墟末期亚丑簋上，有如下弯形双首一爪的夔龙图：（图三八：3）③。仔细察看此一图案不难发现，龙的两首与青铜盘的蟠龙两首的特征相符，可以说，亚丑簋的图案系伸直的蟠龙造型，而蟠龙则是双嘴神龙的典型构图之一。晋侯墓地 31 号墓的铜盉上的龙纹也是头尾双首蟠龙的结构（图三九），虢国墓地 2001 号墓铜盉上也有着相同的蟠龙图（图四〇：1）④，这是西周中晚期东周早期典型、各地常见的器形与纹饰。到了战国时期，礼器创作者发挥想象，创造出有尾刺的抽象蟠龙图，如秭归斑鸠岗出土的楚国嵌地几何蟠龙纹铜敦，顶部有四方对称的构图，仔细看其纹饰组成的单元为：，此即符号化的蟠龙之图案，所以我们回过头来观察嵌地几何云纹铜敦顶上的图案，便可发现是四条纹饰化蟠龙的构图（图四〇：2）⑤。

湖北襄樊孔湾镇陶家洼子 1 号战国墓所出土铜豆和铜敦的纹饰构图，亦蕴涵了上述几个母题：圆形器盖以三个双体龙形的器耳来分成三段，每段的侧纹是双龙面对立，而中间有菱形图，圆形的盖顶有类似于上斑鸠岗铜敦几何形的蟠龙图，但在符号化蟠龙图的位置上还有三条龙，而在三龙图外，则有一圈成对夔纹饰带，此饰带共有六个抽象成对的夔龙图（图四一）⑥。这就是战国时期将商代神祕图案纹饰化的构图，此类型构图的每一部分，皆源自商文化之传承。

①　保利艺术博物馆编：《保利藏金（续）》，页 86—87。

②　陈芳妹：《故宫商代青铜礼器图录》，台北故宫博物院，1998 年，页 466—489，器号 78。

③　陈芳妹：《故宫商代青铜礼器图录》，页 582—585，器号 100。

④　河南省文物考古研究所、三门峡市文物工作队编著：《三门峡虢国墓》，北京：文物出版社，1999 年，页 67—68，图六〇—六一。

⑤　湖北博物馆收藏，据笔者自摄照片。

⑥　藏于宜城市博物馆，据笔者自摄照片，另参宜城市博物馆编：《楚风汉韵——宜城地区出土楚汉文物陈列》，北京：文物出版社，2011 年，页 42、43。

图三八　殷商蟠龙构图：1. 保利艺术博物收藏的青铜盘底纹；2. 台北故宫收藏的青铜盘底纹；3. 台北故宫
　　　　收藏亞丑簋足的饰带。

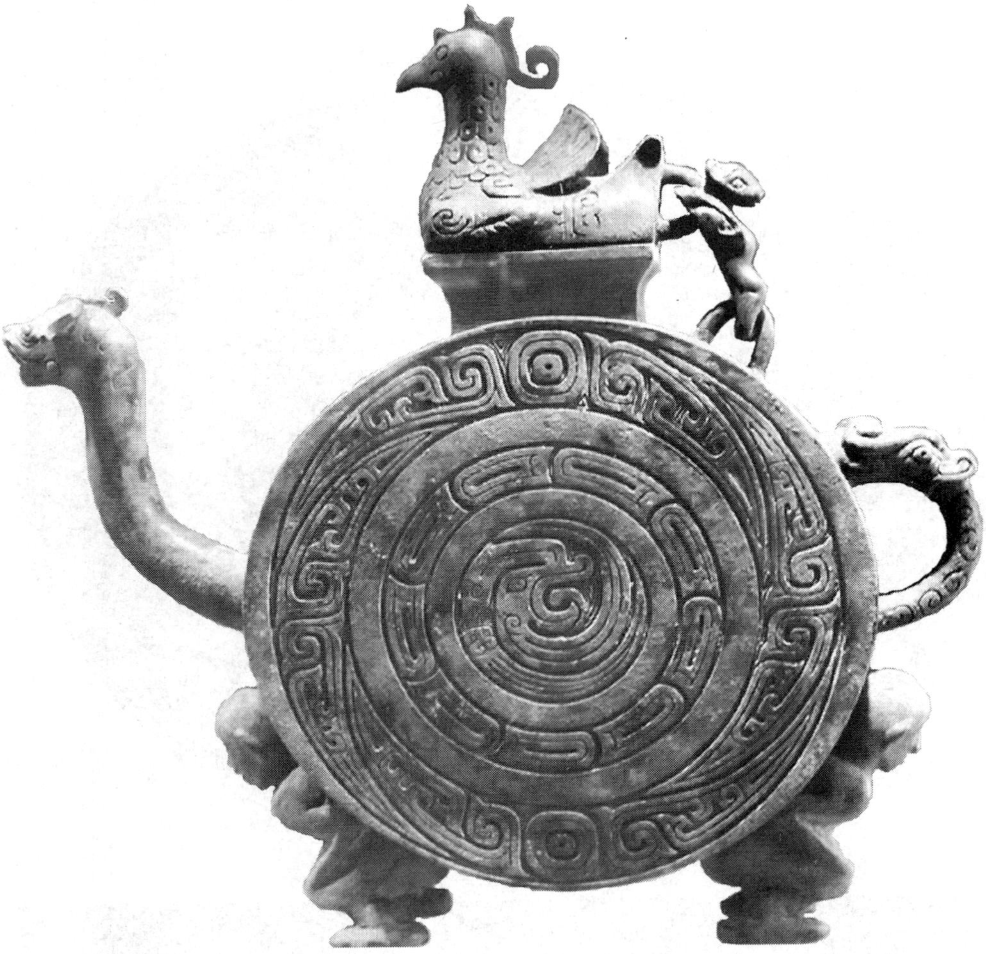

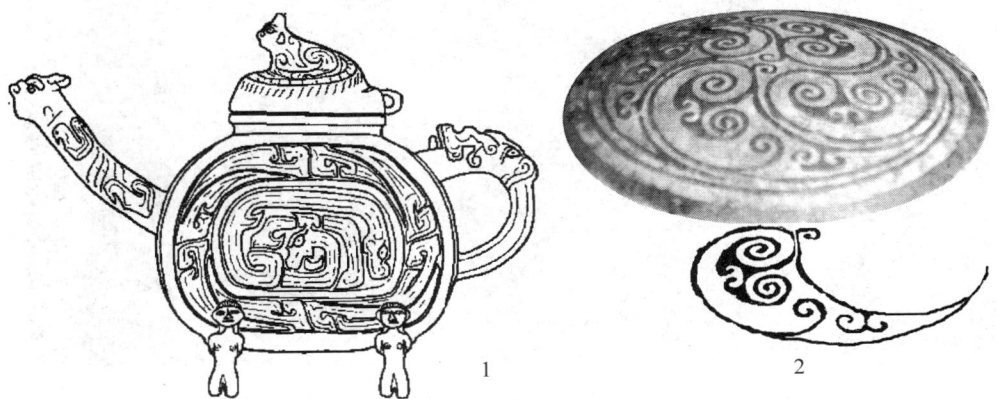

图三九　晋侯墓地31号墓出土的铜盉。

1　　2

图四〇　春秋战国蟠龙构图：1. 虢国墓出土的铜盉；2. 秭归斑鸠岗出土的楚国嵌地几何蟠龙纹铜敦的顶部图案。

图四一　湖北襄樊孔湾镇陶家洼子 1 号战国墓出土铜豆的纹饰构图。

2. 尾刺龙

（1）尾刺龙与双首龙的关系

由于双嘴龙的第二首是生长在尾巴上，故可以视为尾刺。以上我们所探讨的蟠龙构图实际上涵盖了双首龙、夔龙一爪、尾刺龙三种样式。然而商周礼器上也有较单纯的尾刺龙造型，其中包含弯形的与勾块形的两种。

宋代张耒在研究当时的民间传说时发现："黄州有小蛇，头尾相类，因谓两头蛇"，实际上，民间所谓"两头蛇"在尾巴上仅有圆形的"婉转"[1]。此种描述与商周器物所见的尾刺龙恰巧相同。殷商已出现很多尾刺龙造型，其与双嘴龙造型实际上有相同的渊源。根据其他民族的萨满文化资料，普罗普的发现与宋代学者一样：尾首的形象实际上是从尾刺变化而来的，乃是象征尾巴具有"咬"的功能[2]。尾刺龙形象较近似于自然界真实存在的动物，在大自然中，许多幼虫的尾巴上另有一假头与犬齿，并可咬，甚至会有毒（细参前文），故在此基础上，古人乃想象出头尾双首龙的形象。

若进一步将尾刺与尾首的构图拿来比较，则可以发现：尾刺无耳目，但有孔口，也就是说，尾刺龙与双首龙在头尾两端同样都有嘴口。因此，虽然尾刺龙尚不能完全等同于双首龙，但其二者都是双嘴龙神；况且所有图案都设计成神龙张开嘴口的状态，龙的头嘴、尾嘴都是打开的。由此推论，神龙构图之重心，便是在于强调龙的双嘴，或许在古代信仰中，神龙的重点即其嘴口，因此打开的嘴口也就成为神龙造型的必要特征了。

由此一线索，让我们得以推论：前述双嘴龙交缠饰带中之圆圈，应该不是我们从现代人的角度所以为的眼睛，而是象征着双嘴龙的双嘴口 ⟨image⟩、⟨image⟩，这即是神龙信仰的具体表现。

较单纯的尾刺龙造型，大多见于西周之后的礼器上。观察它固定的构图方式，就容易发现其形状与双首龙的形状结构颇为相近，可分为弯形、璜形或勾块形、夔形三种。

（2）弯形的尾刺龙

在商周礼器上，尾刺龙与双首龙同样有弯形的造型，如西周杜伯盨器盖的图案 ⟨image⟩

① 参见（宋）张耒：《张太史明道杂志》，页 25 上。

② В.Я.Пропп. *Исторические корни Волшебной Сказки*, cc.326,327,344.

（图六二：1）①；甘肃灵台县白草坡出土的圆鼎饕餮饰带 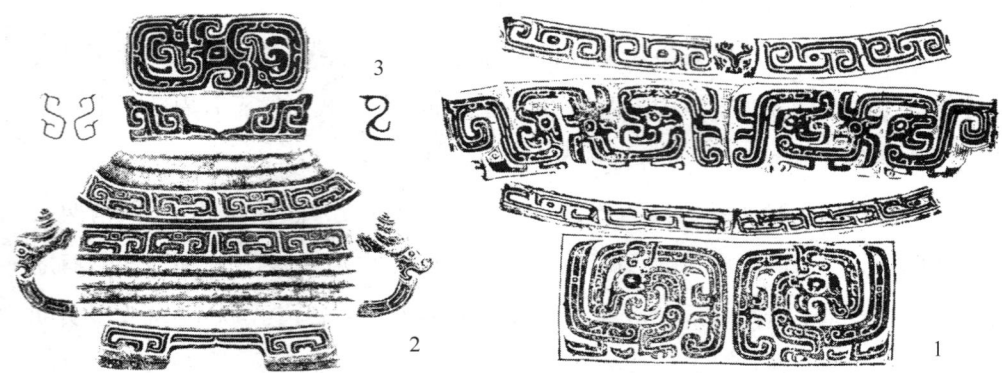（图四三：1）②等。

图四二　1. 北京和台北故宫各藏一件西周时期的追簋；2. 上海博物馆收藏西周时期的梁其盉盖；3. 杜伯盉铭文的"神"字。

从师趛鬲的口沿的、郑国方壶的（图三三：2）等构图，我们也得以了解西周晚期颂壶（图三四）、曾中斿父壶（图四三：3）③、伯多父壶盖（图四三：2）④等许多方壶的纹饰的由来，它们只是进一步将弯形双首龙的图案纹饰化了，其双首的部分简化成尾刺的形状。这些纹饰化的造型，显示出礼器图案除了信仰的意义，已具艺术造型的涵义，制造礼器的人以艺术的观点重新诠释古老的母题，并塑造出多种变形的异构。

梁其盉盖纹还有如下简化的龙图：（图四二：2），这与杜伯盉盖的尾刺龙是同一个结构，但它不仅是尾首简化成尾刺，头部也简化成首刺的形状。关键在于，在纹饰化的构图中，周代艺匠必定会保留头尾可咬的信仰重点。

（3）璜形和勾珏形的尾刺龙

勾珏形的尾刺龙，既出现于青铜器上，又常见于殷周玉器的造型，如妇好墓或其他殷周墓的玉珏，大部分有尾刺龙的形状（图四四：1、2）⑤。璜形与珏形的结构接近，基本上可以视为同一类型（图四四：3）。

① 北京故宫收藏，故宫博物院编：《故宫青铜器》，页208，图167。

② 甘肃省博物馆收藏，据笔者自摄照片。

③ 湖北省博物馆收藏，据笔者自摄照片。

④ 陕西扶风县云塘村出土，周原博物馆收藏，据笔者自摄照片。

⑤ 参杨伯达主编：《中国玉器全集》，石家庄：河北美术出版社，2005年，页159，图一〇〇、一〇一。常庆林：《殷商玉器收藏与研究》，北京：蓝天出版社，2004年，页35，图L1-0。

图四三　西周青铜器双龙抽象化的构图：1. 甘肃灵台县白草坡出土、甘肃省博物馆收藏的圆鼎饕餮饰带；2. 陕西扶风县云塘村出土、周原博物馆收藏的伯多父壶盖；3. 湖北省博物馆收藏的曾中斿父壶饰带。

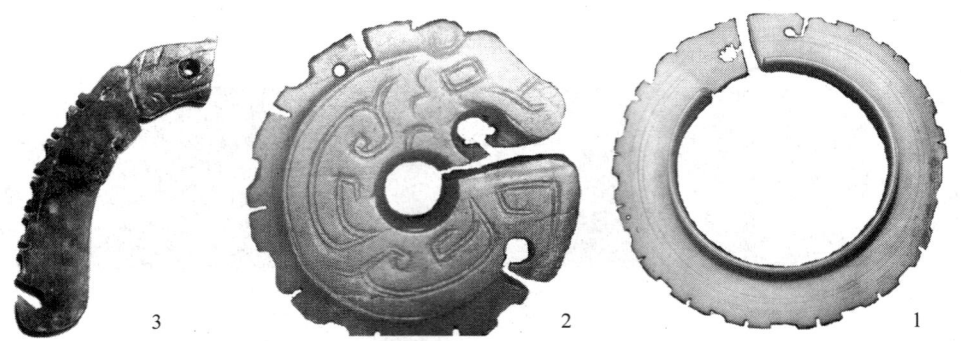

图四四　1—2.妇好墓出土尾刺龙形的玉玦；3.常庆林收藏殷商尾次龙形玉璜。

（4）夔形的尾刺龙

礼器上的双首双爪的神龙类型，足以证明一首一爪的夔龙形象也与双嘴龙崇拜有密切关联。两商的饰带虽然都保留着双首双爪夔龙的形貌，但从中也可以分辨出一首一爪的夔龙单元，如 ⟨纹饰⟩ 、⟨纹饰⟩ 、⟨纹饰⟩ 、⟨纹饰⟩ 、⟨纹饰⟩ 、⟨纹饰⟩ 、⟨纹饰⟩ 、⟨纹饰⟩ 、⟨纹饰⟩ 等。此类组成纹饰的单元衍生了西周中期以后的一首一爪的夔龙符号，如 ⟨纹饰⟩ 、⟨纹饰⟩ 等（图四五）。由此可见，夔龙一足构图之起源可以上溯至盘龙城早期文化，而夔一足的形象直到西周中期才形成。

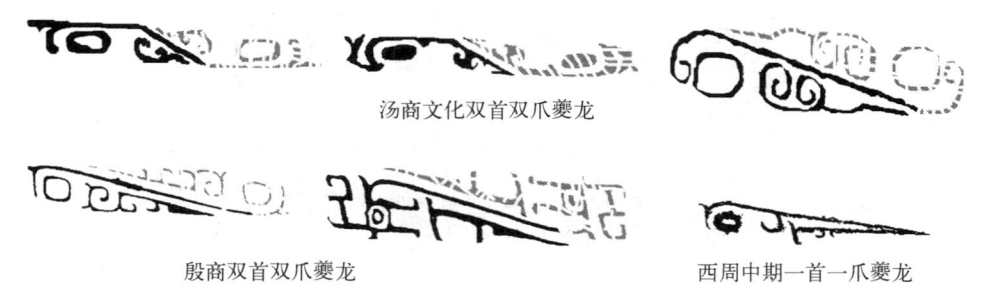

汤商文化双首双爪夔龙

殷商双首双爪夔龙　　　　　　　　　西周中期一首一爪夔龙

图四五　从双首双爪的夔龙到成对双夔的构图演变。

若我们仔细地观察一首一爪的夔龙范例，则可发现这也是一种尾刺之龙，只是尾刺不在背后而转往肚下，故其形状近于龙爪 ⟨纹饰⟩ 、⟨纹饰⟩ 。况且夔龙的头部 ⟨纹饰⟩ 、⟨纹饰⟩ 与足部 ⟨纹饰⟩ 、⟨纹饰⟩ 的形状相同，皆有张开的嘴，因此单条一首一爪的夔龙也可视为双嘴龙的变形。

伯多父盨器盖同样有着如下的纹饰： ⟨纹饰⟩ （图四六）[①]，与上述所论纹饰化

① 陕西扶风县云塘村出土，周原博物馆收藏，据笔者自摄照片。

的尾刺龙的构图一致,只是将弯形的结构改成夔形,尾刺连接夔爪。梁其盨器盖饰带也完全相同(图四二:2),都应视为夔形的尾刺龙。

图四六　陕西扶风县云塘村出土、周原博物馆收藏的伯多父盨器、盖饰带。

3. 小结

商周礼器造型形成了弯形、璜形、玦形、蟠形等几种双首龙形状。龙的夔爪有时会变形或简略,保留龙身两端有首。既然龙首以嘴口为关键,所以双首龙常把尾端的首简化成仅保留嘴口(即尾刺),以变成尾刺龙。尾刺龙的造型也有弯形、璜形、玦形等构图。在西周的一些礼器中,也有头首简略为刺形的例子,显示出首嘴和刺嘴实为同义。商周夔龙的夔爪,也带有口嘴的形状,因此我们从夔龙的造型可以看出嘴、刺、爪能咬才是重点所在。

世界各地的神话与民间故事经常提及神龙一类怪物,可知远古时代,各地的萨满文化大多有过崇拜神龙的传统,其中当然也包括了双首龙的形象。中华文明的神龙信仰之涵义,与其他地方萨满文化的神龙信仰基本相似。然而,在其他民族相关信仰的造型中,却不见将龙的尾刺作成夔足的结构。夔龙的形象是中华文明本土神龙形象的特色,牵涉到其对神龙崇拜赋予的独特意义。

(三)礼器上的阴刻线纹和印纹饰带

商周礼器的造型,不仅有主纹的图案构图,还包含很多印纹和阴刻线纹。后者似用阴线细刻的蜘蛛网,在青铜器主纹上构造抽象花纹。这些抽象的花纹结构是以多次重复的几种符号性单元组成的。同样的由阴线构成的蜘蛛网状纹饰通见于商周玉器上。虽然这些符号会通过拉长、缩短、卷圆、转勾等手法构成不同的变体,但其基本形状总是保持不变。

除了阴刻线纹之外,单元相同的印纹,还以环绕足部、口沿或其他局部的小细饰带,来搭配青铜器主纹。此类印纹饰带也出现在硬陶和原始瓷器上,一些硬陶礼器甚至全身都布满这种纹饰。带这种纹饰的器皿往往属于珍贵礼器(普通的陶器和其他用具上则很少出现这样的印纹)。

从时间脉络来看,从盘龙城一、二期(大约相当于夏商之际)直至殷周时期,一切礼器上的阴刻线纹和印纹饰带,都由弯形、璜形(或双勾形)或夒形三种同类的符号组成的。

1. 弯形

从盘龙城文化早期(大约公元前 1800/1700—1550 年间)以来,江河中原硬陶礼器上均有这种符号,如鄂西宜昌杨家嘴遗址印纹硬陶片[1]、鄂东阳新大路铺遗址印纹硬陶片[2]、偃师二里头遗址三期陶质敛口罐饰带 [3](图四七:4—5、7、10)以及其他从鄂豫遗址出土盘龙城文化早期的硬陶 、、(图四七:1—3、6—9)[4]。

汤商(盘龙城文化)中后段(大约公元前 1550—1300 年间)时,继续使用这种符号,其普遍出现在硬陶和青铜礼器上,如盘龙城李家嘴一号墓出土之四、五期的铜瓿足纹单元为 ;杨家湾六期铜鬲的饰带单元为 ;杨家湾七期铜鬲的饰带单元为 等(图四八:1—4)[5]。从中我们能够发现,弯形的符号逐渐明显表达头尾有刺的弯形双嘴龙符号,如 (图四九:2)[6]、(图四九:3)[7],以及其他简化的(图四九:1)或复杂化的(图四八:6)弯形结构。

在殷周青铜礼器上弯形纹饰符号依然作饕餮上的线纹,如参子父癸瓿 (图五〇:7)[8]等。此外,弯形单元饰带亦相当常见,如殷商时期 簋口沿、足沿同

① 李天元、祝恒富:《湖北宜昌杨家嘴遗址发掘简报》,《江汉考古》,1994 年第 1 期,图十二。

② 阳新博物馆提供资料,该遗址出土了很多神纹硬陶。

③ 中国社会科学院考古研究所二里头工作队收藏,据笔者自摄照片。

④ 长江水利委员会编著:《宜昌路家河——长江三峡考古发掘报告》,北京:科学出版社,2002 年,页 23—27,图十三至十七。马继贤、卢德佩:《宜昌中堡岛新石器时代遗址》,《考古学报》,1987 年第 1 期,页 45—97、132—139。湖北省文物考古研究所、杨权喜:《1985—1986 年三峡坝区三斗坪遗址发掘简报》,国家文物局三峡工程文物保护领导小组湖北工作站编:《三峡考古之发现(二)》,页 477—496,图 11。李天元、祝恒富:《湖北宜昌杨家嘴遗址发掘简报》图十二。偃师出土的硬陶由中国社会科学院考古研究所二里头工作队收藏,据笔者自摄照片。

⑤ 湖北省文物考古研究所编著:《盘龙城:1963—1994 年考古发掘报告》,页 190,图一八二:3;页 257,图一八七;页 290,图二一三;页 426,图三一二。

⑥ 上海博物馆收藏的铜瓿,参陈佩芬:《夏商周青铜器研究》,夏商篇,页 42—43,图二〇。

⑦ 北京故宫收藏的方壶,参故宫博物院编:《故宫青铜器》,35,图 6。

⑧ 台北故宫收藏,参陈芳妹:《商周青铜酒器》,页 80—81,图版十。

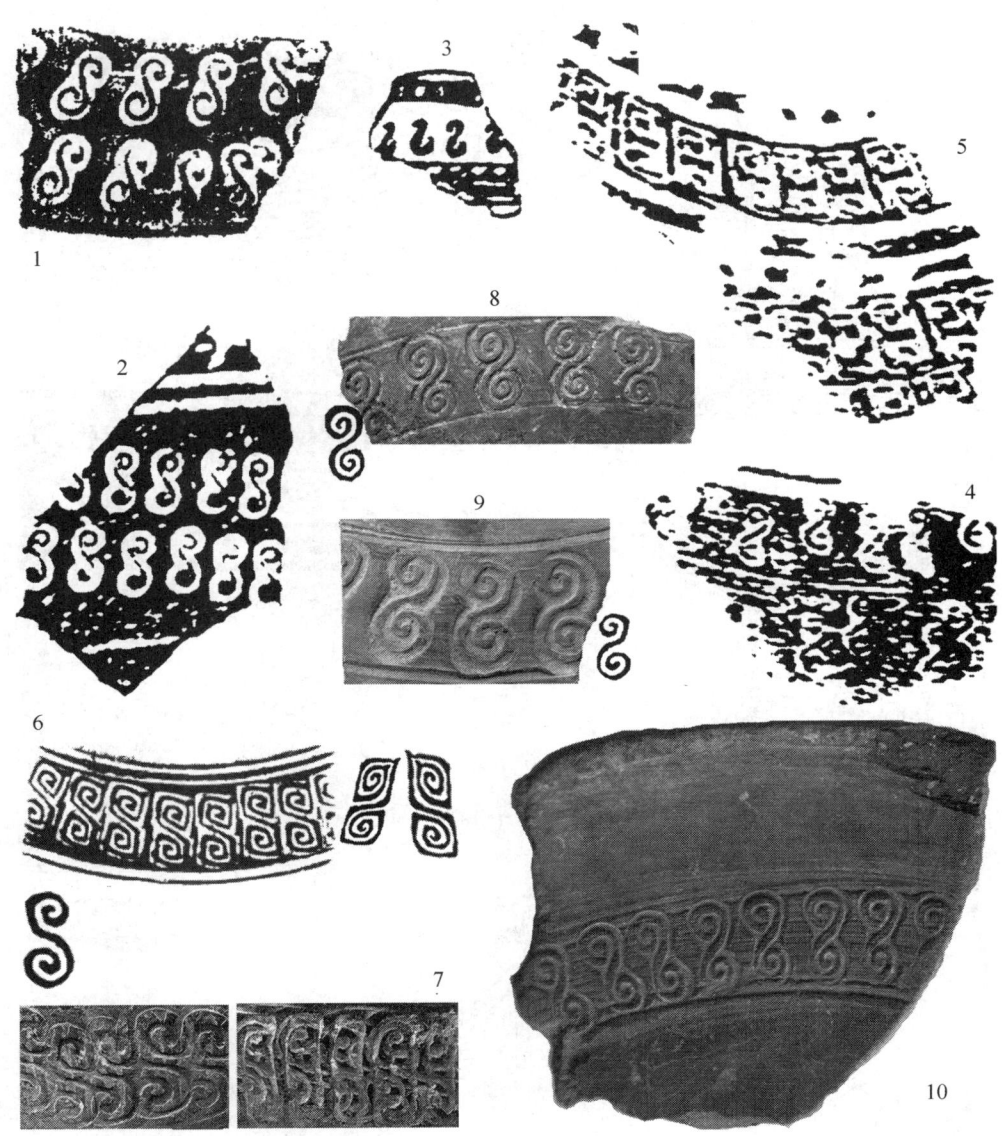

图四七　带弯形神纹的硬陶片：1.宜昌路家河遗址出土；2.宜昌中堡岛遗址出土；3.宜昌三斗坪遗址出土；4—5.宜昌杨家嘴遗址出土；6.偃师二里头出土的三期陶质敛口罐饰带；7.偃师二里头出土的三期陶质高领尊的饰带；8—9.偃师二里头出土的三期陶片；10.湖北黄石阳新县大路铺遗址出土。

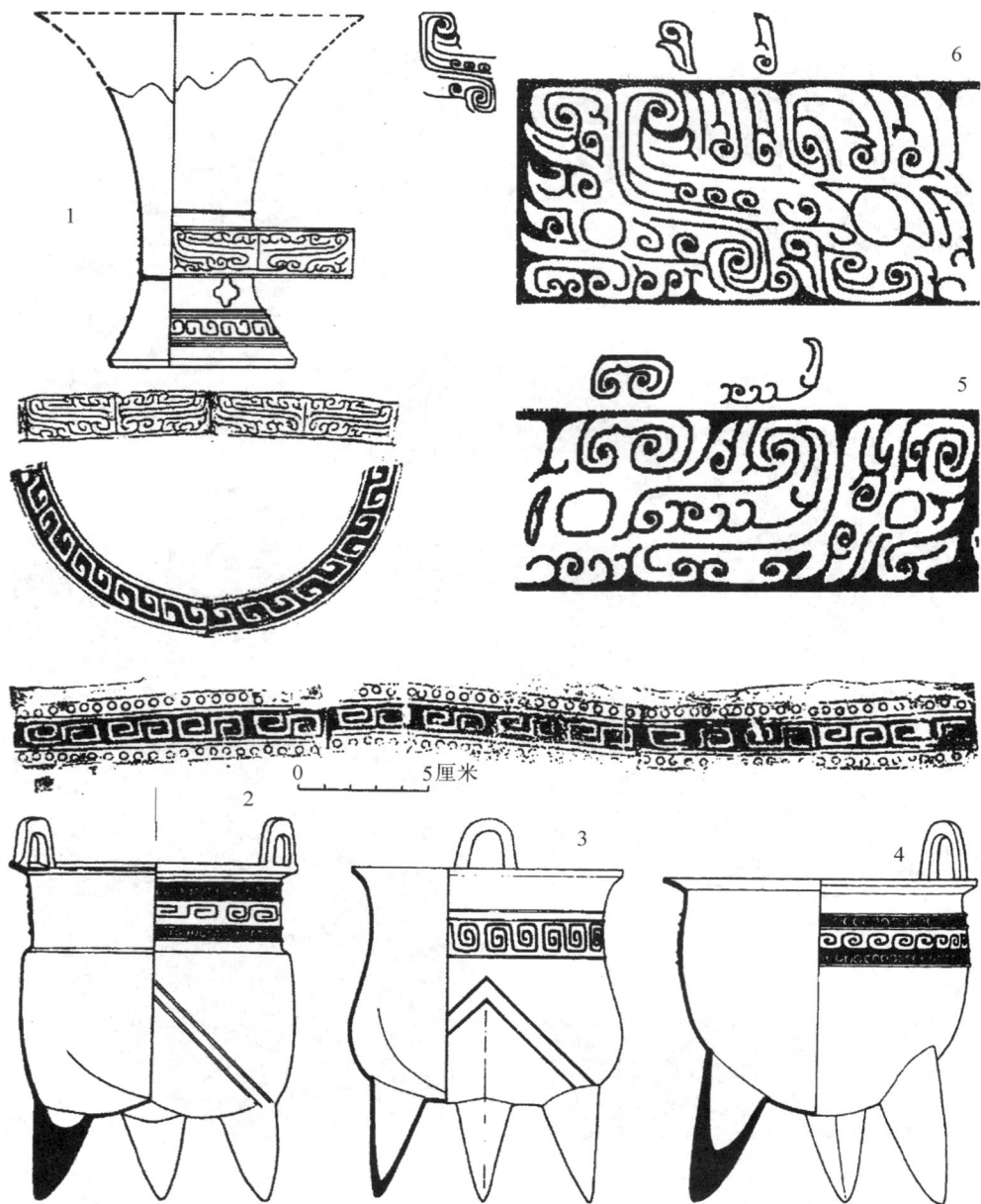

图四八　带弯形神纹的汤商青铜器：1. 李家嘴一号墓出土盘龙城四、五期的铜觚（PLZM1：21）；2. 杨家湾
出土盘龙城六期的铜鬲和其饰带；3. 杨家湾盘龙城七期的铜鬲；4. 盘龙城七期的铜鼎；5—6. 李
家嘴出土盘龙城五期铜簋纹饰的符号分析（PLZM1：8 和 5）。

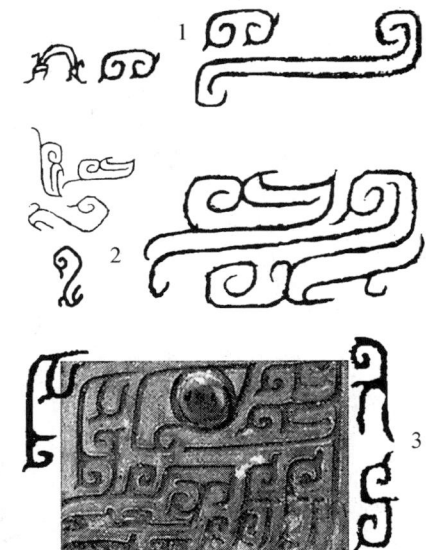

纹（图五〇：1）①、肥遗型觯形器足纹、羽纹肥遗型纹瓺形器足纹、重盖活颈扁条提梁卣形器颈纹、史语所收藏的罍形器腰纹（图五〇：2—5）②，以及其他形状礼器的常见的纹饰（图五〇：6）③等，都是弯形符号构成的饰带。

这些弯形纹饰单元，与上述弯形双嘴龙的图案毫无差别，它们都是简略化、符号化的弯形双嘴龙而已。

2. 璜形或双勾形

璜形及成对勾形的符号在早商前段至殷周时期均可见，如湖北江陵荆南寺遗址的硬陶纹饰（图五一：1）④，偃师二里头从三期以来出土的硬陶片上的纹饰

图四九　1—2.上海博物馆收藏两件盘龙城文化的铜觚纹饰符号分析；3.北京故宫收藏盘龙城文化的方壶纹饰符号分析。

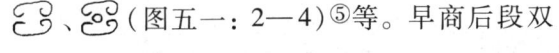（图五一：2—4）⑤等。早商后段双勾形的符号在有些礼器上已发展成勾形或璜形的双首龙符号，如〓（图四八：5）⑥、〓（图四九：1）⑦、〓（图五一：5）⑧等。

到了殷周时期，这种符号基本不变，都是符号化的璜形双首龙，与弯形和夔形符号一起构成礼器图案上的线纹，如〓觚（图五一：6）⑨等礼器。晚至两周时期，这

① 台北故宫收藏，参陈芳妹：《商周青铜粢盛器特展图录》，台北故宫博物院，1985年，页198—199，图版一五。

② 史语所收藏，参李济、万家保：《古器物研究专刊》，第五本《殷虚出土伍拾叁件青铜容器之研究》，李济总编辑，石璋如、高去寻编辑：《中国考古报告集·新编》，R2076，页58—59、104，插图三十六：5，图版陆、伍贰：8；R1075，页72—73、104，插图三十六：7，图版叁捌、伍伍：11；R2057，页66、104，插图三十六：8，图版壹玖、伍肆：7；R1071，页80—81、104，插图三十六：6，图版肆叁、伍柒：3。

③ 陈芳妹：《故宫商代青铜礼器图录》，页440—441，器号73。

④ 荆州地区博物馆、北京大学考古系、王宏：《湖北江陵荆南寺遗址第一、二次发掘简报》，《考古》，1989年第8期，页684，图七。

⑤ 中国社会科学院考古研究所二里头工作队收藏，据笔者自摄照片。

⑥ 湖北省文物考古研究所编著：《盘龙城：1963—1994年考古发掘报告》，页197，图一三三。

⑦ 上海博物馆收藏的铜觚，参陈佩芬：《夏商周青铜器研究》，夏商篇，页40—41，图一九。

⑧ 上海博物馆收藏的铜斝，参陈佩芬：《夏商周青铜器研究》，夏商篇，页86—87，图三九。

⑨ 上海博物馆收藏，参陈佩芬：《夏商周青铜器研究》，夏商篇，页212—213，图一〇三。

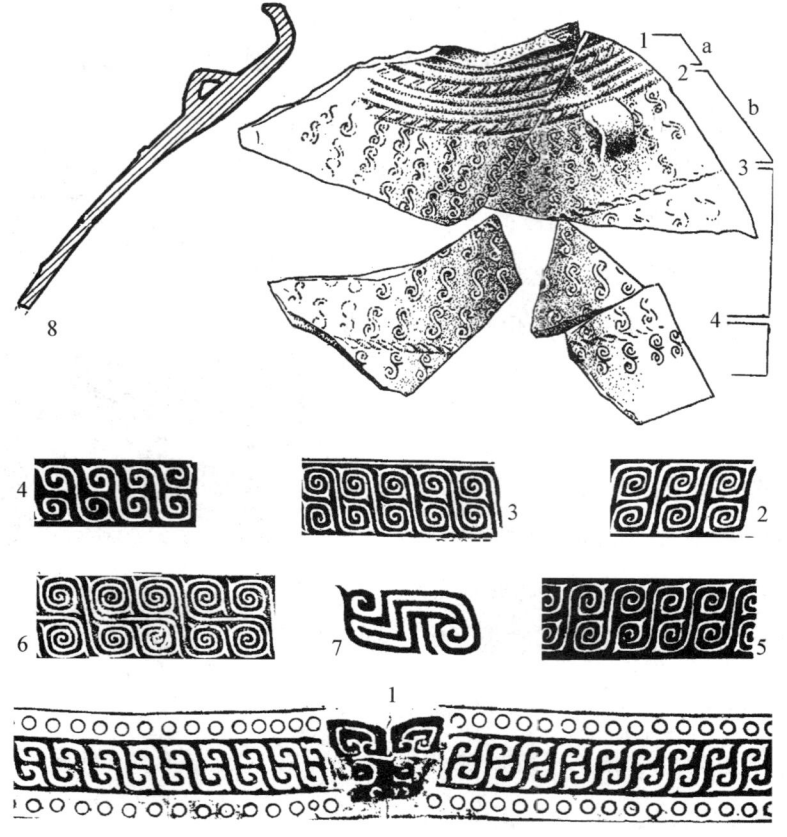

图五〇　殷商时期神纹饰带：1. 台北故宫收藏殷墟时期的 🗲 篮口沿纹；2. 殷墟出土、史语所收藏的羽纹肥遗型纹瓿形器的足纹 R2057；3. 殷墟出土肥遗型觯形器的足纹 R1075；4. 殷墟出土、史语所收藏的重盖活颈扁条提梁卣形器的颈纹 R1071；5. 殷墟出土、史语所收藏的罍形器的腰纹 R2076；6. 台北故宫收藏的神纹篮口沿纹；7. 台北故宫收藏的子父癸觚上的纹饰符号；8. 殷墟 1001 大墓神纹原始瓷器。

种线纹依然可见，如山西曲沃北赵出土晋侯墓铜鸟尊的翅纹（图五一：7）①等，可见其影响之长远。

3. 夔一爪及成对夔形

夔形符号直至汤商后段才在较多文物上出现，目前发现时代最早的出土文物上的夔纹符号，见于荆南寺遗址的硬陶片上（图五二：1）②，二里岗硬陶片上也发现相同的构图（图五二：2）③。二里头四期绿松石龙面的结构也以成对的 ◖◗、

---

① 北京大学考古文博院、山西省考古研究所，商彤流、孙庆伟、李夏廷、马教河：《天马—曲村遗址北赵晋侯墓地第六次发掘》，《文物》，2001 年第 8 期，页 10、图一四。

② 荆州地区博物馆、北京大学考古系，王宏：《湖北江陵荆南寺遗址第一、二次发掘简报》，页 684，图七。

③ 中国科学院考古研究所编：《郑州二里岗》，北京：科学出版社，1959 年，图叁一。

图五一 商周时期璜形或双勾形的神纹：1. 湖北江陵荆南寺遗址出土的硬陶片；2—4. 二里头出土的三期的硬陶片；5. 上海博物馆收藏盘龙城文化铜斝的纹饰；6. 上海博物馆收藏殷商时期的 🔲 觚纹饰；7. 山西曲沃北赵春秋时期晋侯墓铜鸟尊的翅纹。

夔纹组成（图五二：3）①。在汤商的青铜器上，一爪夔龙和成对夔龙符号也甚多，如 🔳、🔳、🔳（图五一：5）、🔳（图四八：5）、🔳、🔳、🔳（图四九：3）、🔳、🔳（图四八：6）②、🔳、🔳（图五二：5）③、🔳（图五二：6）④、🔳（图五二：4）⑤。若有一首一爪夔龙纹饰，在对

---

① 中国社会科学院考古研究所收藏，据笔者自摄照片。

② 湖北省文物考古研究所编著：《盘龙城：1963—1994 年考古发掘报告》，页 203，图一三八：1。

③ 北京故宫收藏的圆鼎，参故宫博物院编：《故宫青铜器》，页 40，图 11。

④ 上海博物馆收藏的铜觚，参陈佩芬：《夏商周青铜器研究》，夏商篇，页 44—45，图二〇（二）。

⑤ 上海博物馆收藏的扁足鼎，参陈佩芬：《夏商周青铜器研究》，夏商篇，页 20—21，图八。

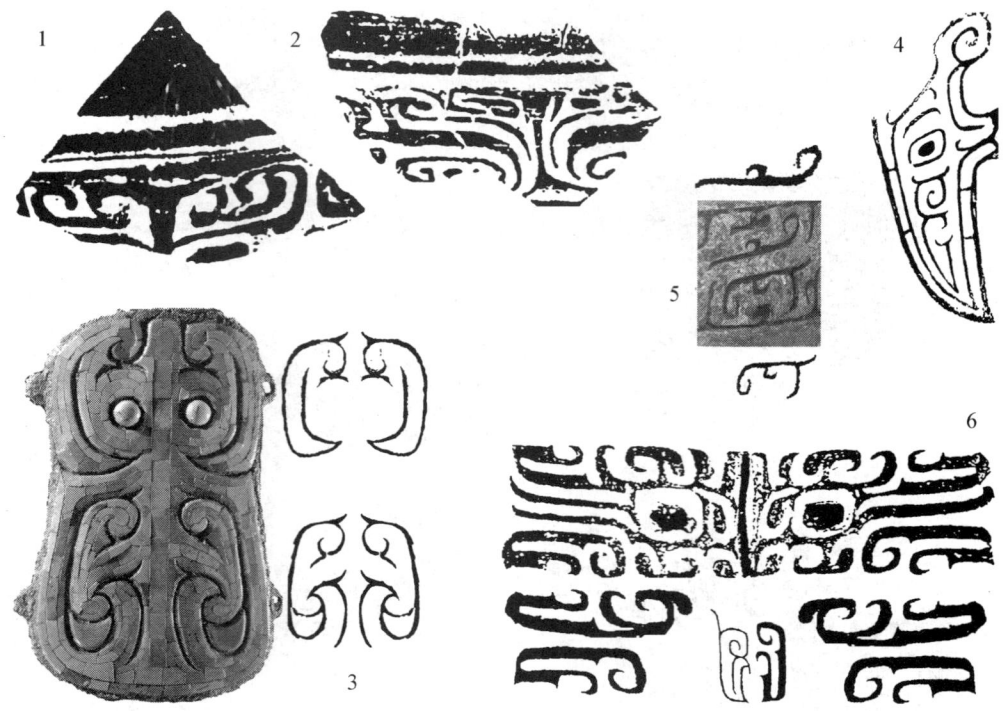

图五二　汤商时期夔纹符号：1.湖北江陵荆南寺遗址出土的硬陶片；2.二里岗遗址出土的硬陶片；3.二里头遗址出土的三、四期绿松石龙面的纹饰分析；4.上海博物馆收藏的扁足鼎足纹；5.北京故宫收藏圆鼎阴刻线纹局部分析（M4∶5）；6.上海博物馆收藏的铜觚纹饰。

称的位置一定会有同样的夔龙对立，构成成双的夔龙构图。

　　至殷墟和西周时期，弯形、璜形、夔形三种双嘴龙符号在礼器上继续用作抽象线纹的蜘蛛网，且大部分阴刻线纹都可归类为这三种，它们同时被使用在礼器上，构成变形幽祕的双嘴龙纹。如狀觚的线纹含数种变形的夔纹符号（图五三∶1）①，正鼎三种符号（图五三∶2）②，圆壶夔纹（图五三∶4）③。殷周青铜器最常见的线纹就是璜形和夔形双嘴龙符号，而殷商饕餮纹刻纹符号的结构基本上也呈现了一种典型化，即眉、角以璜形双嘴龙纹表现，鼻以夔纹造型表现。

　　商周青铜器都有这类纹饰，玉质、陶质的礼器上也都有着属于神龙符号的阴刻纹，如殷墟妇好墓和其他殷商墓的玉器（如图一二∶5、6；四四∶2；五四；一二二④

---

① 　上海博物馆收藏，参陈佩芬：《夏商周青铜器研究》，夏商篇，页216—217，图一〇五。

② 　北京故宫收藏，参故宫博物院编：《故宫青铜器》，页50，图21。

③ 　上海博物馆收藏，参陈佩芬：《夏商周青铜器研究》，夏商篇，页300—301，图一四七。

④ 　杨伯达主编：《中国玉器全集》，页125，图八五。

图五三 殷商时期夔纹符号：1. 上海博物馆收藏的犹觚纹饰；2. 北京故宫收藏的正鼎足纹；3. 殷周青铜器上夔形和璜形的阴刻线纹；4. 上海博物馆收藏圆壶的阴刻线纹。

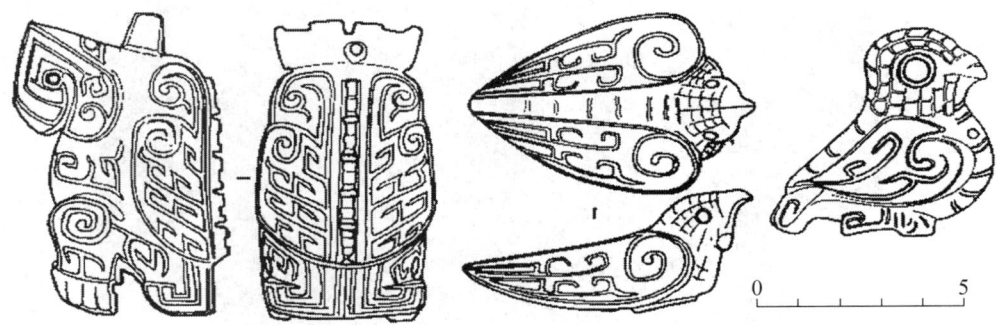

图五四 妇好墓出土的身上带夔纹的玉鸟。

等），都可见到神龙符号的刻纹。蔡庆良先生发现，商代玉器和铜器所有纹饰的基础型都是如下符号：（图形符号）、（图形符号）、（图形符号）；（图形符号）；（图形符号）、（图形符号）；（图形符号）、（图形符号）[①]。目前这些符号一般被称为"云雷纹"，但依前文我们所做的研考，可判断前三图应是夔龙符号，第四图是夔龙嘴部，第五和第六图则象征了夔龙尾刺或夔爪之头，后二者乃是璜形的双首龙符号，与"云"或"雷"的篆文应无关系，故不宜称之为云雷纹。

但我们不可忽视了蔡庆良先生的关键贡献：他发现所有青铜器的扉棱皆以相类的夔龙符号来创作（图五五：1、2）。殷商末期和西周时期的一些礼器，更明确地显示

① 蔡庆良：《商至西周铜器与玉器纹饰分期研究》。

扉棱是神龙的变形符号,如厉王时期克镈的扉棱是纠结的弯形龙(图五五:3)①。陕西眉县杨家村窖藏出土的西周宣王时期编镈的扉棱是以两条龙组成的(图五六)。

图五五　1. 殷商礼器扉棱;2. 安阳出土的一件独立的扉棱单元;3. 天津博物馆收藏西周厉王时期的克镈。

4. 小结

据上所述,可见,无论是弯形、璜形或夔形,它们都属双嘴夔龙的变形,这种纹饰符号在商周的礼器上大量出现,这种现象,说明了双嘴夔龙形象是商周精神文化的核心所在,且被泛用于神祕的祭祀之礼中。但在商周礼器上,还有其他龙的构图,如双龙并立、一首双尾龙、饕餮等,这些构图是否与双嘴夔龙的母题毫无关系?

①　天津博物馆收藏,据笔者自摄照片。

图五六　宝鸡眉县杨家村窖藏出土的西周晚期的编镈。

或者在某种程度上,也可以归纳在同一信仰、同一祭礼的脉络中? 为了更充分地了解这个问题,我们需要进一步对照礼器上所有的纹饰构图,以尝试厘清礼器所隐现的精神文化。

(四) 双嘴龙形象的发展及变体

前文讨论双嘴龙母题,已提及子甲父己鼎等殷商礼器上普遍的 ⬡⬡⬡⬡ 饰带与令盘足纹等西周中期以来的普遍的 ⬡⬡⬡⬡ 饰带似乎相同,但却有一个颇关键的差异:前者是一身双首爪的双嘴龙形状,而后者是两身各一首一爪的夔龙结构,相对配合以构成双首双爪的形体。在历史过程中,双嘴龙母题的纹样,不仅发展出成对夔龙的构图,而且通过不同的结合方式,衍生出数种变体,但其都可以归纳为"一条双嘴龙"(双首一身)、"双尾龙"(双身一首)、"两条成对龙"(双龙)、"饕餮"四大范型。殷周时期礼器上的图案,无不见这一类构图。

1. 双嘴龙与双龙构图

笔者对照很多礼器资料,进行纹饰分类,得出的结果如下:从双嘴龙衍生的双龙构图,均可分为双夔交嘴、双夔交尾、成双蟠龙、双龙互咬尾部等形式。

(1) 双龙构图与双嘴龙母题的关系

马承源先生认为两首龙纹"可能是两条斜角龙纹连为一体而成了两头龙,这主要是图案的变形现象"[1]。王政先生对此提出批评,认为马承源先生没有注意到古代双首龙的信仰[2]。

笔者的论述恰巧和马先生的推测相反,我们由出土文物中的双首龙图案发展史的断代可知,两条斜角龙纹实系双嘴龙的变形。两商的 等双嘴龙图,显示了双首龙母题的图案,一直持续在礼器上出现。到了西周中期以后,才衍生出成对的双龙饰带,如 等。其中特别值得注意的是,现今出土的古代礼器上,几乎从未发现过单一的夔龙图案,夔龙图案必定是两条成对的。两条一首一爪的夔龙对偶合起来共有双首双爪,且由历史发展可知,成对夔龙构图来自双嘴夔龙构图,且保留了双首双爪不可分的结构。

这些造型有几种不同的形式,并且有些造型重复地强调"成双"概念,如殷墟时期的 父丁卣提梁饰带的神龙 (图五七)[3],既是成对构图,每一条龙也有头尾双首的形式,同时每一条龙的头尾两首皆配有夔足。在晋侯墓玉牌上,对偶夔龙也以双首夔龙排列(图五八)[4]。这类构图常见于殷周各种礼器上,但是单首的成对夔龙亦足以构成双嘴夔龙神的形象。

① 马承源:《中国青铜器》,页326。

② 王政:《战国前考古学文化谱系与类型的艺术美学研究》,合肥:安徽大学出版社,2006年,页34—55。

③ 上海博物馆收藏,参陈佩芬:《夏商周青铜器研究》,夏商篇,页323—325,图一五七。

④ 张尉主编:《新见古玉珍赏》,上海:上海古籍出版社,2004年,页70,图85。

图五七　上海博物馆收藏殷墟时期 𦝼 父丁卣。

图五八　晋侯墓出土的玉牌。

图五九　春秋时期
芮国金饰。

青铜礼器上有数种双龙造型。大部分是一足夔龙或其变形的夔龙对偶排列，既有抽象符号化的成对夔龙，又有较详细的写实造型。其构图可分为双夔交嘴、双夔交尾、变形蟠龙对偶、双夔互相咬尾，以及其他双龙合为一体的变形构图。这些构图皆源自中原青铜时代早期的精神信仰，到了殷周时期出现多样性发展，而在春秋战国秦汉时各有后续的演化。

郑国方壶的 🔲、颂壶的 🔲、曾中斿父壶的 🔲，也是结构相同的变形图案。在前文中笔者已将这些图案与师𬭼簋 🔲（图三三；三四）之间的关系作一梳理与连结，将之释为弯形双嘴龙的异构。

春秋时期芮国金饰中也有相同的结构，龙的形状很明确，嘴口张开，头上有典型的龙角 🔲，以夔爪连接另一条方向相反的龙。不过，这两条龙也可以合并视为一条双嘴龙：这类构图是将早期的饰带复杂化，夔爪成为龙身，而龙身后的一勾，则是从龙尾变成的夔爪（图五九）[1]。将这类构图解释为双首龙或双龙，实无矛盾。两周时期的变形构图虽可作不同的解读，但都离不开双嘴夔龙的母题。

（2）双夔交嘴

双夔交嘴的构图，源自早商的夔纹符号：在双嘴龙交缠饰带中，我们可以注意到两条双嘴龙交接的部分，即圆圈周围的结构，如早商前段盘龙城二、三、四期的

----

[1]　陕西省考古研究院、震旦艺术博物馆编，孙秉君、蔡庆良合著：《芮国金玉选粹——陕西韩城春秋宝藏》，页180—181，图66。

、 、 、 、 ；早
商后段盘龙城四、五、六期的 、 、 、 ；殷商
的 、 ；西周的 ，等等（图六〇：2）。
盘龙城四期完整的夔纹经常如 （图二〇）、 （图二
六），即以双夔交嘴为中心。殷墟郭家庄出土的小方鼎上，因器物极小，仅有双龙交
缠饰带的一段，此一段恰巧是双夔龙交嘴的结构 （图六〇：1）①，与
子甲父己鼎等殷商礼器饰带的中部完全相同 （图三二：1）。

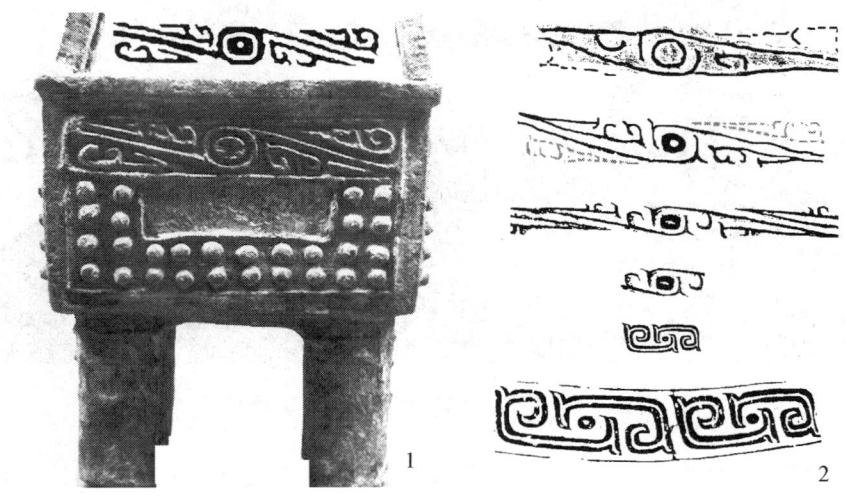

图六〇　1. 殷墟郭家庄出土的小方鼎；2. 成对尾剌龙交口构图的发展。

殷墟时期昷簋圆足饰带单元为 （图六一）②，其构图的左右部分是
夔龙的身体，如上述饰带 中，夔身一往上、一往下，爪、尾相背，而双嘴
相对。所以这种图案的意思和结构，与其他双夔交嘴图雷同，殷墟小屯出土了数件

图六一　上海博物馆收藏殷墟时期昷簋的足纹。

---

① 安阳殷墟遗址博物馆收藏，据笔者自摄照片。
② 上海博物馆收藏，参陈佩芬：《夏商周青铜器研究》，夏商篇，页152—153，图七二。

饰带相类似的青铜器①，可见这种双夔交嘴的图样，在殷商时期属于常见的纹饰。台北故宫所收藏的西周早期龙纹簋的口沿纹是双尾龙图，器座部分可见双夔交嘴的符号 **⊏⌐○⌐⊐**（图七六：2）。

根据夔龙的双口交错部分 **⌒○⌐**，我们也可以推论杜伯盨器盖（图六二：1）、追簋（图四二：1）②等西周青铜器常见饰带的基础单元为 **⌒○○**，上述的图形，都是抽象符号化的成对尾刺龙对偶排列。

图六二　1. 北京故宫收藏西周时期的杜伯盨盖；2. 金文"神"字。

除了抽象化、纹饰化、符号化的成对夔龙交头构图之外，殷周礼器上又有许多细部造型和具象表现龙的饰带，其均可归类为低首、仰首、回首等两条夔龙相立的构图。最普遍的低首形状如殷商时期门祖丁簋足纹（图六三：1）③，**⊓** 父癸簋足纹 **⌒⌐▱⌐⌐**（图六三：2）④，戊箙卣（图六三：3）⑤，西周时期从簋足纹（图八五）⑥，等等。仰首的形状如殷商时期竹斿卣的饕餮纹（图六三：4），西周早期夔纹方器的 **⌒⌐▱⌐⌐⌐⌐**（器盖上五层饰带皆相同）⑦，川鼎或网鼎的足

① 参史语所发掘 R1089、R1090、R2069、R2070、R2074、R2076 等，参李济、万家保：《古器物研究专刊》，第五本《殷虚出土伍拾叁件青铜容器之研究》，页 102，插图三十四：10—16。

② 北京和台北故宫各藏一件，参故宫博物院编：《故宫青铜器》，页 170—171，图 157。陈芳妹：《商周青铜粢盛器特展图录》，页 314—315，图 70。

③ 台北故宫收藏，参陈芳妹：《商周青铜粢盛器特展图录》，页 194—195，图 13。

④ 台北故宫收藏，参陈芳妹：《商周青铜粢盛器特展图录》，页 232—233，图 31。

⑤ 上海博物馆收藏，参陈佩芬：《夏商周青铜器研究》，夏商篇，页 317—319，图一五五。

⑥ 上海博物馆收藏，参陈佩芬：《夏商周青铜器研究》，西周篇，页 76—77，图二二七。

⑦ 北京故宫收藏，参故宫博物院编：《故宫青铜器》，页 142，图 124。

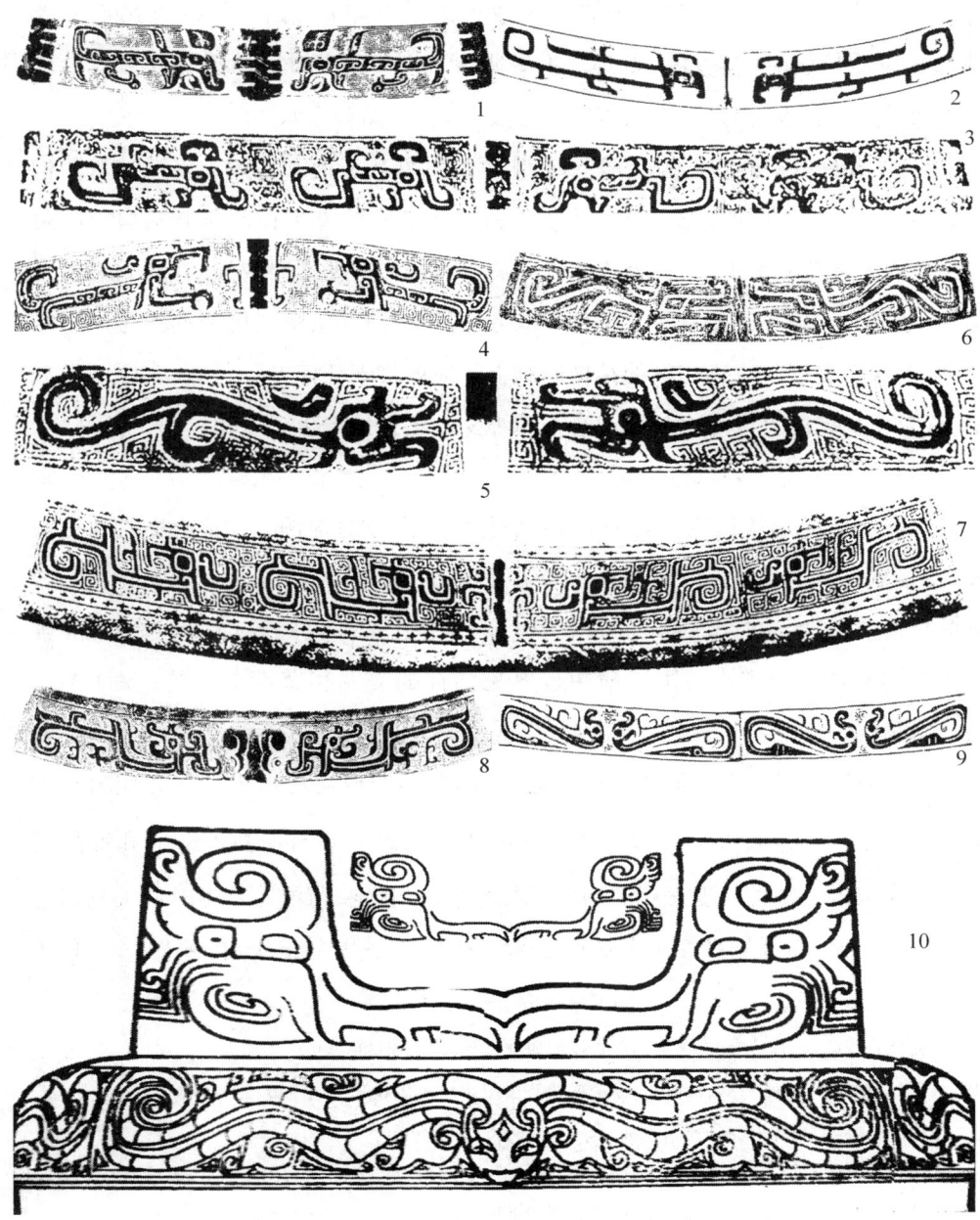

图六三　成对夔龙构图：1.台北故宫收藏殷商时期门祖丁簋的足纹；2.台北故宫收藏殷商时期 𓄿 父癸簋的足纹；3.上海博物馆收藏殷商时期戌箙卣成对夔龙饰带；4.上海博物馆收藏殷商时期竹斿卣的饕餮纹；5.上海博物馆收藏西周早期川鼎的足纹；6.台北故宫收藏西周早期乳丁夔纹簋的足纹；7.上海博物馆收藏殷商时期戈父丁簋的足纹；8.上海博物馆收藏西周早期作册嗌卣的腰纹；9.台北故宫收藏西周早期舟簋的口沿纹；10.西周早期琉璃河出土围方鼎盖的刻纹。

纹(图六三：5)①与乳丁夔纹簋足纹(图六三：6)②也相同。回头的形状如殷商时期戈父丁簋(图六三：7)③，作册嗌卣腰纹(图六三：8)④；西周早期舟簋口沿纹 〔图案〕(图六三：9)⑤，等等。上海博物馆收藏殷商时期的饕餮纹簋口沿纹则是仰头成双龙纹，而足纹是双夔回头的成双龙纹(图一〇六：1)⑥。

双夔交嘴的构图出现最早，殷商时期已常见，并且殷商和西周大多数的双夔构图是面相对、头相交的形态。这反映了上古夔龙信仰的重点在其张开嘴口。因此双龙交嘴才是奠基的形状，其他构图都大约直到西周中期才出现，并且从它们出现起，双龙图的意思亦开始有变化。例如双龙交尾图，虽然头嘴与尾刺的意思原来相同，所以双龙交尾与双夔交嘴的结构原则上不应该带来任何差异，但在实际的发展中，从双龙交尾图可以看出信仰观念与精神文化已开始产生了变化。

（3）双夔交尾：来源与演变

双夔交尾的形状最直接源自早商时代夔纹符号的构图，一条夔龙的身体被分开，呈现如同令盘纹、斜角纹盆的纹饰等构图(图三二：2；三一：2)；西周毛公方鼎口沿纹 〔图案〕(图六四：3)⑦、楚公家钟枚间纹饰 〔图案〕，等等许多礼器有这种饰带。虢国玉璜中也可见同样的夔龙相背而交尾的构图(图六四：1)⑧。

详细描绘龙形的交尾构图同样常见，如西周早期琉璃河出土的围方鼎盖刻纹 〔图案〕(图六三：10)⑨即为一例，另在其他礼器上亦出现多种写实和变形构图。周代玉器上常见双夔交尾的构图，虢国、弪国、晋国、芮国等两周时期大墓出土的玉玦和玉璜，亦可见双首龙或双龙交尾的刻文，如虢国墓玉玦(图六四：5)⑩，芮

①　上海博物馆收藏，参陈佩芬：《夏商周青铜器研究》，西周篇，页38—41，图二〇九、二一〇。

②　台北故宫收藏，参陈芳妹：《商周青铜粢盛器特展图录》，页230—231，图30。

③　陈佩芬：《夏商周青铜器研究》，夏商篇，页165—167，图七九。

④　上海博物馆收藏，参陈佩芬：《夏商周青铜器研究》，西周篇，页173—175，图二六八。

⑤　台北故宫收藏，参陈芳妹：《商周青铜粢盛器特展图录》，页284—285，图56。

⑥　陈佩芬：《夏商周青铜器研究》，夏商篇，页179—180，图八六。

⑦　上海博物馆收藏，参陈佩芬：《夏商周青铜器研究》，西周篇，页260—261，图三〇六。

⑧　河南省文物考古研究所，姜涛、王龙正、乔斌编：《三门峡虢国女贵族墓出土器精粹》，页58，图五。

⑨　北京首都博物馆收藏，参首都博物馆书库编辑委员会：《燕地青铜艺术精品展》，北京：北京出版社，2005年，页14—15。

⑩　河南省文物考古研究所，姜涛、王龙正、乔斌编：《三门峡虢国女贵族墓出土玉器精粹》，页79—80。

图六四　1.西周晚期虢国墓出土的玉璜；2.西周中晚期芮国墓出土的玉璜；3.上海博物馆收藏西周毛公方鼎的口沿纹；4.西周中晚期芮国墓出土的玉玦；5.西周晚期虢国墓出土的玉玦；6.殷墟1001号墓木器遗迹。

国玉玦和玉璜（图六四：4、2）①。

　　殷墟 1001 号大墓残缺墓葬里有已腐烂木器的痕迹，可以看出两条龙交尾构

图六五　西汉早期马王堆一号墓和三号墓出土的帛画。

①　陕西省考古研究院、震旦艺术博物馆编，孙秉君、蔡庆良合著：《芮国金玉选粹——陕西韩城春秋宝藏》，页 132—137、68—69。

图,同时他们两头亦合并(图六四:6)①。双夔交尾构图到了西周晚期,开始有两种发展趋势。有的造型失去夔足,如从晋侯斯壶盖的双夔造型可以抽出以下无足的双龙构图: 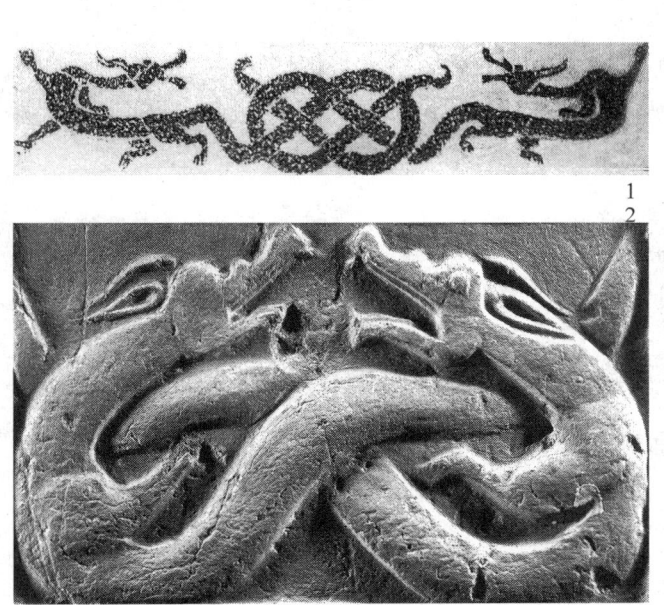（图七三:1)②。侯斯壶盖的图案较特别,它仍是双夔结构,其异同之处下文再细谈。无夔足的双龙交尾构图亦可见于马王堆一号墓帛画上。

　　然在马王堆三号墓帛画构图上,两条龙另外各长出一头,其形状相当于头形的夔爪(图六五)③。所以马王堆帛画上的图案,即是自殷周所见双夔交尾的结构。汉代各地画像石中,双龙交尾是常见的图案,如西汉晚期南阳唐河电厂墓、东汉四川新津宝子山崖画像石(图六六:1、2)④等,几乎所有的汉墓都有双龙交尾图。上述宝子山崖画像石的图案就与芮国铜盉器上的图案一致(图三七:2)。

图六六　1. 南阳唐河电厂墓出土西汉晚期的画像石;
　　　　2. 四川新津宝子山崖出土东汉时期的画像石。

①　梁思永未完稿,高去寻辑补,李济总编辑:《侯家庄·第二本·1001 号大墓:安阳侯家庄殷代墓地》,《中国考古报告集之三》,台北:"中研院"历史语言研究所,1962 年,页 57。

②　山西省考古所收藏,参河南博物院编著:《群雄逐鹿:两周中原列国文物瑰宝》,页 124—125。

③　两件藏于湖南博物馆。湖南省博物馆、湖南省文物考古研究所编:《长沙马王堆二、三号汉墓》,北京:文物出版社,2004 年,第一卷《田野考古发掘报告》,图三一。

④　现藏于河南省南阳汉画馆,参南阳汉画馆编著,韩玉祥、李陈广主编:《南阳汉代画像石墓》,郑州:河南美术出版社,1998 年,页 67,图八。四川省博物馆编:《四川省博物馆》,北京:文物出版社;东京都:讲谈社,1992 年,图 105。

在东汉墓中,明显可见一个演化趋势:双龙交尾图常常改成龙虎交尾图,如山东沂南县画像石(图六七)①。龙虎图案最早见于曾侯乙墓(图一:3),因此该造型可推测源自先秦,但早期这类龙虎图案还不常见,且在构图上,龙虎关系没有密切到构成交身的图案。但是汉代以后龙虎交身成为普遍,甚至比双龙更加常见。从这些造型比较我们可以观察,汉代所用的形象,虽从商周已经过了多次的演化,却依然保留上古渊源。

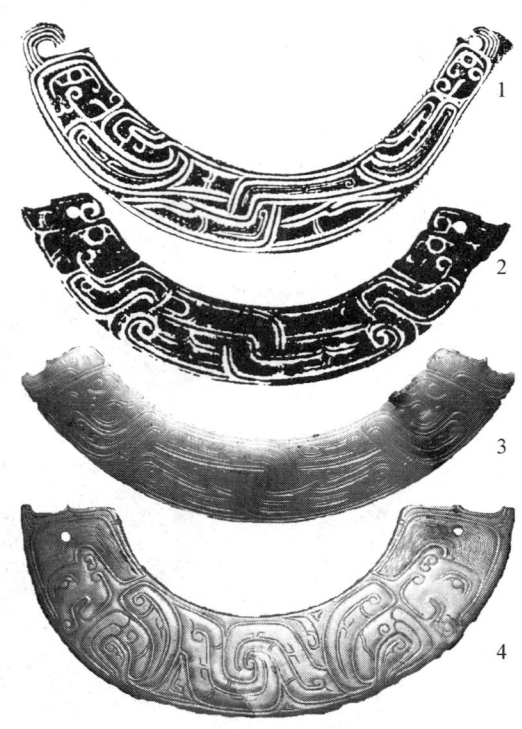

图六七　山东沂南县出
　　　　土东汉时期的
　　　　画像石。

图六八　1. 西周晚期晋侯 M31 墓出土的玉璜;
　　　　2. 西周晚期晋侯 M113 墓出土的玉璜;
　　　　3. 北京故宫收藏西周晚期的玉璜;
　　　　4. 养德堂收藏的西周晚期的玉璜。

　　第二个演化趋势,则是夔龙人格化的过程。西周晚期以来双龙交尾的玉璜构图(图六四:1)开始向人面龙身交尾的构图发展,如晋侯墓 M31 和 M113 出土的玉璜(图六八:1、2)②,北京故宫也收藏有同样的玉璜(图六八:3)③。私人养德堂藏

①　现藏于山东省临沂市博物馆,参临沂市博物馆编:《临沂汉画像石》,页88,图149。

②　北京大学考古文博学院、山西省考古研究所,商彤流、孙庆伟、李夏廷、马教河:《天马—曲村遗址北赵晋侯墓地第六次发掘》,页19,图三四:2。张尉主编:《新见古玉真赏》,页72,图87。

③　杨伯达主编:《中国玉器全集》,页211、图一九一、一九二。

的西周晚期玉璜更明显地刻画了人面龙身对立的构图（图六八：4）①。

这种人格化的趋势，应有两种缘由：其一，可能是以长江文明影响为基础；其二，是精神文化内在的演变、人格英雄的角色提升的因素。

据长江流域良渚、后石家河、三星堆的礼器来看，似乎都是以人格神为最高神，作为崇拜对象。商文明虽然是在此基础上发展的，但却选择以神龙为主轴的宗教信仰，人格神的造型变少。不过，后石家河文化神人面象在商周遗址中一直有出现，如殷墟小屯331号墓出土玉人面像，明显保留源自后石家河玉器的特征，因此被视为后石家河文化体系的玉雕②，该面像上有带扉棱的夔型冠（图六九：3），这也是后石家河玉器的特征。春秋早期黄君孟夫妇墓出土的人首龙身形玉牌，应该归类为玦形的龙，玉上的刻纹也是夔纹，但其头部是后石家河类型的面像（图六九：4，黄君孟夫妇墓的玉器与后石家河文化的传承关系很明显，参图六九：1、2、5，且在学界早已被论及③）。

图六九　1. 石家河晚期肖家屋脊玉作坊出土的人面像；2. 石家河晚期枣林岗出土的人面像；3. 殷墟小屯发现石家河系统的玉器神人头像；4—5. 春秋早期黄君孟夫妇墓出土的玉牌。

夔纹确实源自长江流域先商文化，而经常搭配人格神的造型（此问题下文第五章将详细讨论）。

① 邓淑苹：《群玉别藏》，台北故宫博物院，1995年，页118—119，图34。

② 荆州博物馆编著：《石家河文化玉器》，页17。

③ 河南信阳地区文管会、光山县文管会，欧潭生：《春秋早期黄君孟夫妇墓发掘报告》，《考古》，1984年第4期，图版伍：1、3。林继来：《论春秋黄君孟夫妇墓出土玉器》，《考古与文物》，2001年第6期，页71—74、57。荆州博物馆编著：《石家河文化玉器》，页8；郭静云、郭立新：《从石家河玉质礼器看殷商玉器渊源》，《河南大学学报》，58（1），2018年第1期，页2—8。

笔者认为,传承后石家河三苗与夏文明的商文明,选择饕餮夔神作为主要的崇拜对象和国家宗教的共同母题,而不选择神人面像,或许是因为神人面像带有宗族的始祖意义,而商王室的目的是建立跨宗族的国家宗教。在先商的崇拜对象中,只有虫龙天神不带有任何宗族的意义,神龙是源自农耕文明社会大众的升天欲望,因此容易被大家接受,适合作为统一的国家信仰。此外,商文明少用神人面像的原因,还牵涉到该偶像与三苗统治者的关系,且牵涉到夏商崇拜天象的宗教改革等,相关问题不止一种,笔者日后拟另文探讨。不过虽然汤商国家的官方信仰着重于夔神,却并不等于其他崇拜对象因此而被忘记,祂们只是没有被纳入商的宗教及礼仪体系。尤其是到了殷商时期,逐步形成了跨文化区域的文明,农耕平原、狩猎山区、游战草原的生活方式愈来愈混合,不同文化的形象互补借用,融合了这些不同精神文化的图样也就渐渐产生。直至西周中晚期,除了各地文化融合的趋势加剧外,另可见信仰观念人格化的过程,夔龙与人形相结合的造型,在出土文物的数量上,逐渐增多(图六八);不过主要出现在玉器上,青铜器的纹饰基本上还是保留无人形的神兽图案。换言之,人形的崇拜对象并非西周晚期才开始出现,但是夔龙神本身原本并无人形,这属于是新出现的信仰文化,代表时代性的转变。

换言之,夔龙的人格化与不同文化的交流同化有关系,但同时应该考虑当时整体社会文化的发展:商周信仰基本上从神兽向人格神崇拜发展,包括兽形的神靈与圣祖英雄进行联合以蕴含人貌的趋势越来越明显。

人类文化的复杂演进过程,下文再加强讨论,这些复杂因素,均使得商周夔龙逐步产生人格神性质。成对夔龙交尾人格化的结果,是汉代各地画像石中,常见人面龙身交尾的图案,即是由早期的夔龙造型发展至羲和主日常羲主月的构图,如参西汉中晚期南阳唐河县湖阳镇画像石墓的石刻(图七〇:1)[1],以及从东汉以来最常见的伏羲女娲的构图,如:山东西张官庄的石刻(图七〇:2)[2]、嘉祥武氏祠的石刻(图七一)[3]、四川郫县一号石棺(图七二:1)[4]、合江县四号石棺(图七二:2)[5],

---

① 现藏于河南省南阳汉画馆。参俞伟超主编:《中国画像石全集》,册6,页11、21,图三〇。

② 现藏于山东省临沂市博物馆,参临沂市博物馆编:《临沂汉画像石》,页31,图45。

③ 孙青松、贺福顺主编:《嘉祥汉代武氏墓群石刻》,香港:香港唯美出版公司,2004年,页54,图46。

④ 现藏于四川省博物馆。参俞伟超主编:《中国画像石全集》,册7,页40、99,图一二七。

⑤ 现藏于四川省合江县文物管理所。参俞伟超主编:《中国画像石全集》,册7,页57、146,图一八〇。

等等。伏羲女娲和殷墟木器上的构图（图六四：6）比较，可以感觉到同一个传统在长期历史演化中的内在意义。

简而言之，在商、周、秦、汉变形繁多的造型中，均可见以双龙结构为基础，双龙确为古代艺术中的主流母题，而单条龙造型极为罕见。或许对古人而言，仅有双嘴形体或成对的神龙，才能构成独立的图案，因此可知成对的神龙实为一个不可分的崇拜对象。

再进一步可以发现：早期双龙之间极少有形貌上的差异，形貌有别的双龙图案始见于西周晚期以后的礼器上。这显示出原始双龙的"双"并不是指雌雄分别——因为双龙形象的原型并非配偶，而是一条双嘴龙。换言之，双龙崇拜对象源自一条双嘴夔神。然在殷商晚期至西周的造型中，双嘴夔神的身体被切开，以形成双龙交尾构图。此后，双龙间才逐渐出现差异。古代信仰中，龙是

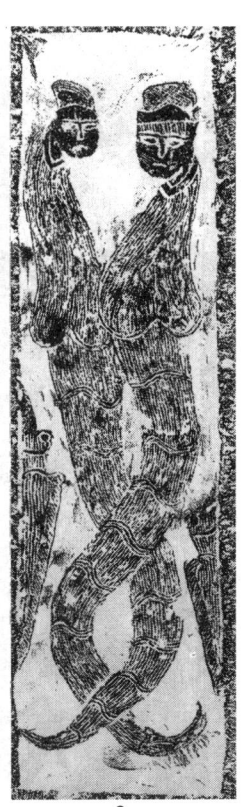

图七〇　1. 南阳唐河县湖阳镇墓出土西汉中晚期的画像石；2. 山东西张官庄墓出土东汉时期的画像石。

无性别之神，但分化后，双龙开始被视为雌、雄对偶。同时，因春秋战国时期有将崇拜对象人格化的趋势，遂演变为伏羲女娲之类的信仰形象。在信仰的观念意义上，上古双嘴夔神与伏羲女娲的对偶并不相似，但两者间却有传承关系。

图七一　山东嘉祥东汉时期的武氏祠画像石。

（4）成双的蟠龙结构

交嘴和交尾之外，西周晚期以来另出现了两条蟠龙交身的构图，以造成双嘴龙

图七二　1.四川郫县出土一号石棺上的画像石;2.四川合江县出土四号石棺上的画像石。

对偶,如颂壶盖 ![] (图七三:2)、晋侯方壶盖 ![] (图七三:3)①等。两条勾形龙交身,其中一条正面的龙首,相当于蟠龙的大首,另一条龙首为侧面,相当于蟠龙的尾首。晋侯𬱟壶盖的构图在此基础上更作了纹饰化处理,尾首和头首各成为一条勾龙 ![] (图七三:1)。西周晚期以后的造型,均可见当时艺匠如何以多种变形来重新表现传统的母题。

图七三　西周晚期成对蟠龙交身:1.晋侯𬱟壶盖;2.颂壶盖纹;3.晋侯方壶盖纹。

秦朝咸阳宫殿空心砖的图案(图七四)②与这种构图也有传承关系,也是两条神龙互相咬尾,但整体的图案结构与成双蟠龙相同。

(5) 双龙互咬尾部

西周昭穆王以来,另有出现双龙互咬尾部的环形构图。如芮国金饰和玉环(图

① 北京大学考古系、山西省考古研究所、李夏廷、张奎:《天马—曲村遗址北赵晋侯墓地第四次发掘》,《文物》,1994年第8期,页6,图七。

② 秦咸阳宫遗址博物馆收藏,据笔者自摄照片。

图七四 秦朝咸阳宫殿空心砖。

七五：1、2）①等。

（6）其他结构的双龙图

上述几种类型之外，还有许多双龙图的变形结构，显示当时艺术家的创作想象，尤其是西周晚期以来，不断地出现双龙母题的新结构。如师趛鬲器身的造型（图三三：1），其图案与芮国铜盉的器身图案（图三七：2）关系很明显，但芮国铜盉的构图是块形双首龙构图，而师趛鬲器身是双龙构图。这种双龙构图常见于西周的铜鬲上，如参仲相父鬲的器纹（图七五：3）②。

繁杂变形的双龙构图，最早出现在玉器上，殷商时期的玉器已出现变形的创作方式，不再限于单纯地制造礼器，明显有艺术品的作用。如妇好墓鸟负龙玉牌，鸟背上有一条龙，腹肚下藏有另一条龙，两尾虽并合，但腹上的龙眼，显示这确实是两条不同的龙（图七五：4）③。这些艺术化的造型，无论如何变形、繁杂，均保留了"双"的概念。

（7）小结

分析商周礼器纹饰，商周的连续交缠双嘴龙饰带，在历史上衍生出各种双龙交缠造型。双龙构图有弯形、璜形、块形、蟠形等，双龙对立或交缠的方式有交尾、交头、头嘴互相咬尾、交缠双首龙身，以及其他变形构图。交尾和交头构图明显衍生自早期双嘴龙饰带，既然某些图案将龙首简化成刺嘴，交尾和交头的构图往往并不能清楚区分。交缠双首龙身的构图明显衍生自蟠龙构图。在历史发展中，这些构

---

① 陕西省考古研究院、震旦艺术博物馆编，孙秉君、蔡庆良合著：《芮国金玉选粹——陕西韩城春秋宝藏》，页172—179、44—45。

② 上海博物馆收藏，参陈佩芬：《夏商周青铜器研究》，西周篇，页266—269，图三〇九。

③ 杨伯达主编：《中国玉器全集》，页148，图六三。

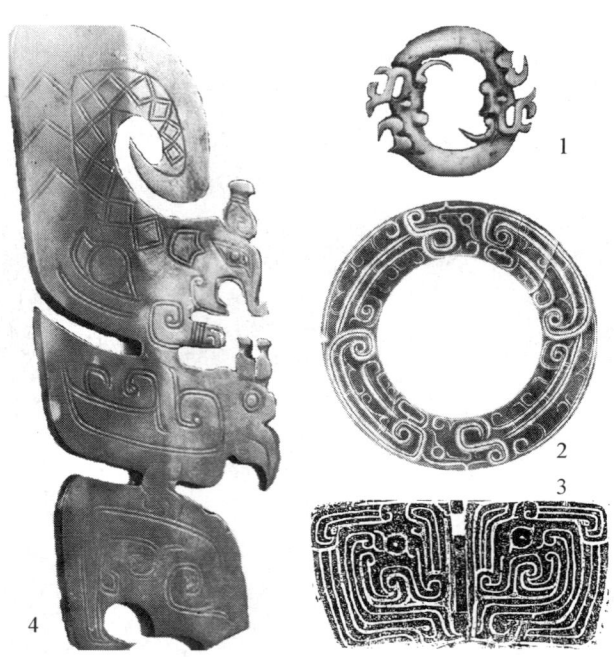

图七五　　1. 春秋时期芮国金饰；2. 春秋时期芮国玉环；3. 上海博物馆收藏西周时期仲柟父鬲的器纹；4. 殷墟妇好墓出土鸟负龙玉牌。

图出现各种分化、混合的状况。许多变形图案显示，从殷商以来，龙神的造型除信仰和仪式意义之外，还有艺术创作的含义，古代创作者在含有神祕意义的典型形象上，塑造了多种变化繁复而精美的构图。

这些构图离不开双嘴龙神的典型，或许对古人而言，仅有双嘴形体的神龙才能构成独立图案，否则就必须成对，成对神龙是一个不可分割的崇拜神。"双"的概念可见于所有的造型中，甚至有时候会被重复：本身既是双嘴龙，也有双重夔爪的相对，又与相同的另一条成双。

世界各地的神话与民间故事经常提及神龙怪物，可知远古时代各地的萨满文化大多有过崇拜神龙的传统。然而，在欧亚地区继承萨满信仰的民间创作中，曾出现三、四、五、六、七、九、十二等不同数量的多头妖龙[1]，但在中华文化中，始终保留了"双"的概念，神龙若非双首，便需成对。这一"双"概念应具有崇拜的内在意义。

不过，双龙神形象在西周晚期以后又衍生出新的意义。早期双龙之间极少有

---

① 例如在俄罗斯民间创作中，龙常有六、九、十二个首。参见神话集：А.Н. Афанасьев. *Народные русские сказки.* Подгот. текста，предисл. и примеч. В.Я.Проппа. М.，1957.

形貌上的差异,形貌有别的双龙图案始见于西周晚期以后的礼器上;而且对形状差异的理解,开始转向原本所没有的雌雄之别,显示出部分观念已经消失、信仰出现转折。双龙形象的原型并非配偶,而是一条双嘴龙,没有雌雄对偶问题,明显与西周以后的雌雄双龙形象有所不同。殷周双龙构图与中原青铜早期文化中的双嘴龙形象显然有继承关系,双龙的结构即代表双嘴之神,后来才逐渐演变出雌雄对偶的双龙信仰。古老信仰并不区分龙的性别,他是无性别或可谓"跨性别"的崇高神,但随着历史的发展及与不同文化交相融合,相互影响,两条龙逐渐开始被视为雌龙与雄龙的对偶。毋宁可谓,双嘴龙发展出双龙时,上古信仰中发生了犹如"一生二"的情况,只不过两条龙依然构成同一个完整的崇拜神。礼器造型清晰地表达双龙形象的源流和演变过程,此种演变不仅有外形的演化,也反映出信仰的不同。这一转折,双龙交尾的构图乃向雌雄双龙发展;同时因崇拜神的人格化趋势,产生了龙身人头的形貌;最后就形成了伏羲女娲的构图。在信仰的观念意义上,上古双嘴夔神与伏羲女娲的对偶并不相似,然而两者间却有传承关系,这种传承关系包含外表与内涵不同步的演变。

2. 双首龙与双尾龙:两种构图的关系

双龙交首构图的左右两半如果离得较远,自然是清楚的两条夔龙形体。然而两条龙若拉近,乃至结合,则我们获得另一种商周礼器上的图案,即双尾龙,如妇好墓出土的司夒母大方壶: ( )①、殷周际时期的铜方彝: ( )②、新乡博物馆收藏的饕餮纹方罍;西周早期燕国围方鼎盖(图六三:10)、斿父癸壶盖同纹(图七六:1)③、龙纹簋(图七六:2)④等。部分西周礼器的造型没有两侧夔足,如作册大方鼎(图七七)⑤、陕西岐山礼村出土的王方鼎⑥等。河南上蔡县田庄也有出土相似的方鼎,任常中、王伟、夏志峰几位先

① 藏于安阳殷墟遗址博物馆,参李付强等编:《殷墟》,北京:中国对外翻译出版社,2008年,页110,图59。

② 吴山:《中国历代装饰纹样》,上海:人民美术出版社,1988年,第一册,页315。

③ 上海博物馆收藏,参马承源:《中国青铜器》,上海:上海古籍出版社,1988年,页348。

④ 台北故宫收藏,陈芳妹:《商周青铜粢盛器特展图录》,页212,图21。

⑤ 现藏于美国华盛顿弗里尔美术博物馆(Freer Gallery of Art and Arthur M. Sackler Gallery, Washington, D. C., USA)、美国诺福克赫米地基金会(汇编)(The Hermitage Foundation Museum, Norfolk, Virginia, USA)、台北故宫。John A. Pope. *The Freer Chinese Bronzes*. Catalog. Vol.1. Washington:Smithsonian Institution, 1967, pp.190–195。

⑥ 陕西省考古研究所、陕西省文物管理委员会、陕西省博物馆编:《陕西出土商周青铜器》,北京:文物出版社,1979年,第一册,页119。王方鼎与作册大方鼎的形状相同。

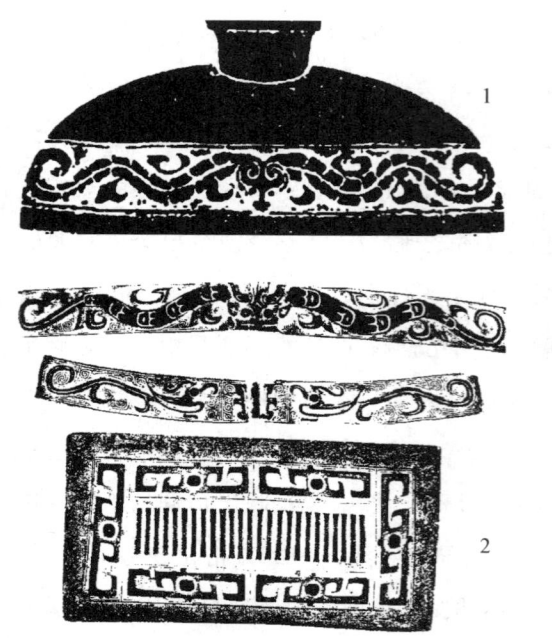

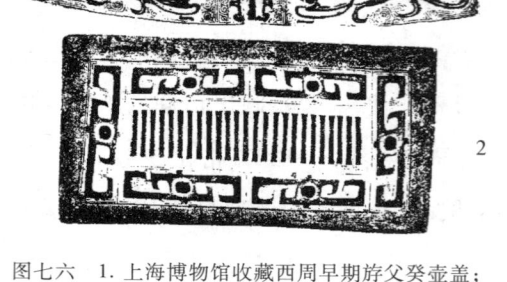

图七六　1. 上海博物馆收藏西周早期疛父癸壶盖；
　　　　2. 台北故宫收藏西周早期龙纹簋的器纹。

图七七　西周早期作册大方鼎。

生将此图案称为"二龙共首纹"①，此定义相当准确。在二里头硬陶片上已见有双尾龙图　　　　　（图七八：1）②，说明该构图已见于早商时期的礼器上。

　　在一般礼器上，连续双嘴龙符号围绕着口沿、圈足、盖边，故一首双尾或双首一身的形状也连绵转换而不可分割。西周晚期方壶、曾侯乙墓皮马甲上的连续神龙图，围绕着整个器物，恰恰也是双首一身、一首双尾的接续结构。直至战国时代的玉器，亦可见双尾神龙的结构（图七八：2）。双首龙和双尾龙形象意义有何关系呢？我们不妨这样思考：既然龙的尾、首皆有嘴，故首和尾都能咬，所以双尾和双首的意义实为相关。

　　上述双夔交头图案　　　　　（图六一），其实也可视为一头双尾夔神。在许多类似的饰带上，夔尾和夔爪重复，似两对成双的夔龙交嘴，如殷商晚期铜觯的腰纹（图七九：1）③、殷墟出土中柱旋龙盂形器的足纹和口沿纹（图七九：2）④，都

①　河南省博物馆编：《馆藏青铜器选》，香港：香港摄影艺术出版社，年份不详，图46。

②　马承源：《中国青铜器》，页85。

③　上海博物馆收藏，参陈佩芬：《夏商周青铜器研究》，夏商篇，页252—253，图一二三。

④　参李济、万家保：《古器物研究专刊》，第五本《殷虚出土伍拾叁件青铜容器之研究》，图版壹零；伍叁：5a，b；页102，插图三十四：10—16。

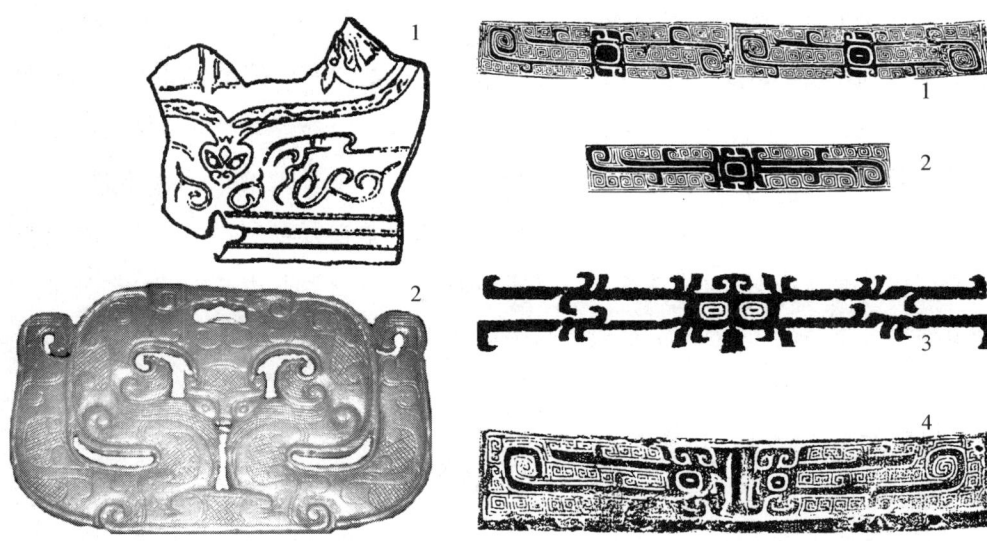

图七八　1. 二里头出土的陶片；2. 上海博物
　　　　馆收藏战国时期双尾龙玉佩。

图七九　1. 上海博物馆收藏殷商晚期铜觯的腰纹；2. 殷
　　　　墟出土中柱旋龙盂形器的足纹和口沿纹；3. 殷
　　　　墟出土白陶罐的口沿纹；4. 台北故宫收藏殷商
　　　　时期铜簋的足纹。

是这样的构图。

　　学界通常将双尾龙和饕餮视为相近的类型①。殷墟白陶罐口沿属典型的饕餮
纹 （图七九：3）②，但也像是四尾的夔龙，是青铜器上常见的饕餮
构图，又如台北故宫收藏的殷商铜簋的足纹（图七九：4）③。比较其与双夔交头的
抽象构图，成对夔龙交口恰如陶罐纹饰的一半。这其实是因为，饕餮纹本来就是成
对夔龙交嘴的变形图案！

　　3. 饕餮纹与双嘴龙母题的关系

　　商周礼器有另一类著名的纹饰——饕餮纹，实际上它正是由一对夔龙组成的
神物。

　　有些学者认为商代饕餮纹是来自青铜早期后石家河及龙山文化的神面纹④，

① University of London（ed.）. *The Problem of Meaning in Early Chinese Ritual Bronzes*. London：University of London，1990，pp.169－170.

② 吴山：《中国历代装饰纹祥》，第一册，页385。

③ 台北故宫收藏，陈芳妹：《商周青铜粱盛器特展图录》，页170，图1。

④ 藏于台北故宫的玉圭刻纹，参邓淑苹：《再论神祖面纹玉器》，《东亚玉器》，香港：香港中文大学，1998
年，页45—60。因山东两城镇龙山文化遗址出土了相近的玉圭，两者被定为山东龙山文化的礼器，但或许
将其视为石家河大文明的脉络往山东的传播影响更加妥当。荆州博物馆编著：《石家河文化玉器》，页19，
图二一。

也有学者认为是良渚文化的遗产①。虽然笔者不否认文化交流互补影响的关系，然而连接到良渚的跨越文化的解释，在考古学上显然是有疑问的。饕餮纹起源于江河中原地区的青铜文明中，与良渚的时空范围有一定的距离。良渚文化在地理范围属长江下游，从地域来看，与江河中原相隔，中间有高山，生活环境有所不同；在时代上，良渚与早商有约五六百年的差距；社会发展阶段以及普遍使用的器物材质皆不相同。从构图来看，饕餮纹与良渚神面的结构完全不同，简单地说，良渚神纹的造型为全身的人形，且手提似双目的圆圈（图八○：2。良渚神纹的意义笔者将另文探讨），而商代饕餮则由双龙组成。

饕餮纹起源的地理范围虽然与石家河文化的分布范围大体重合，盘龙城文化传承石家河的关系亦不存疑，但它们却分别属于不同的历史阶段；况且从石家河、后石家河文化内在的脉络来看，既有神面像，亦有夔纹的原型，这两种形象各有其神秘意义：始祖神面与夔龙天神是不同类型的崇拜对象，两者之间的关系复杂。重点是无论怎么看，饕餮纹和后石家河神面的图案根本不相似：后石家河玉器上的面像，虽然有些夔型的纹饰，但这主要还是某种神人的面像（图八○：1；六九；一三七；二一八；二一九；二二三）；而商代饕餮并无人形，是以双条夔龙组成的（图八一）②。这些形象不同的构图实不宜混为一谈。

再观察商文明的饕餮纹，其形象未含人形，皆以夔龙神兽形象为基础。如张光直先生所称之夔纹，其实

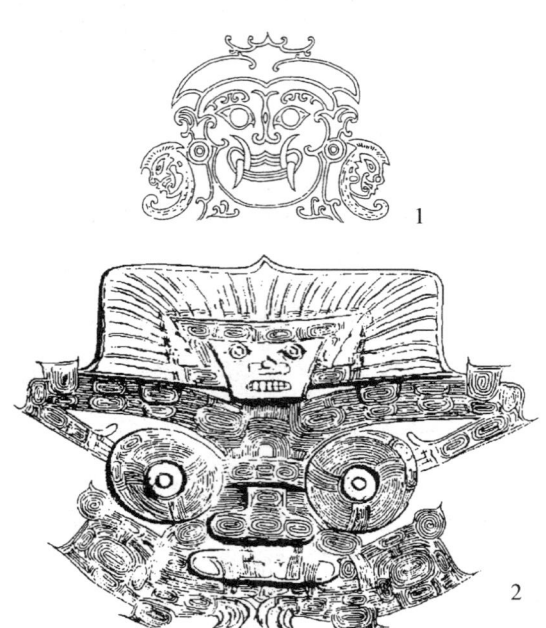

图八○　1. 石家河、盘龙城文化的神面纹（据台北故宫收藏的玉圭）；2. 良渚玉器上的刻纹。

---

① 如林巳奈夫：《所謂饕餮紋表現的是甚麼》，《日本考古研究者・中國考古學研究論文集》，東京：東方書店出版社，1990 年，頁 162—183；Li Xueqin. "Liangzhu culture and the Shang dynasty Taotie motif", in University of London（ed.）. *The Problem of Meaning in Early Chinese Ritual Bronzes*, pp.56-66.

② 参史语所收藏的青铜礼器，参李济、万家保：《古器物研究专刊》，第五本《殷虚出土伍拾叁件青铜容器之研究》，页 98—99，插图三十、三十一。

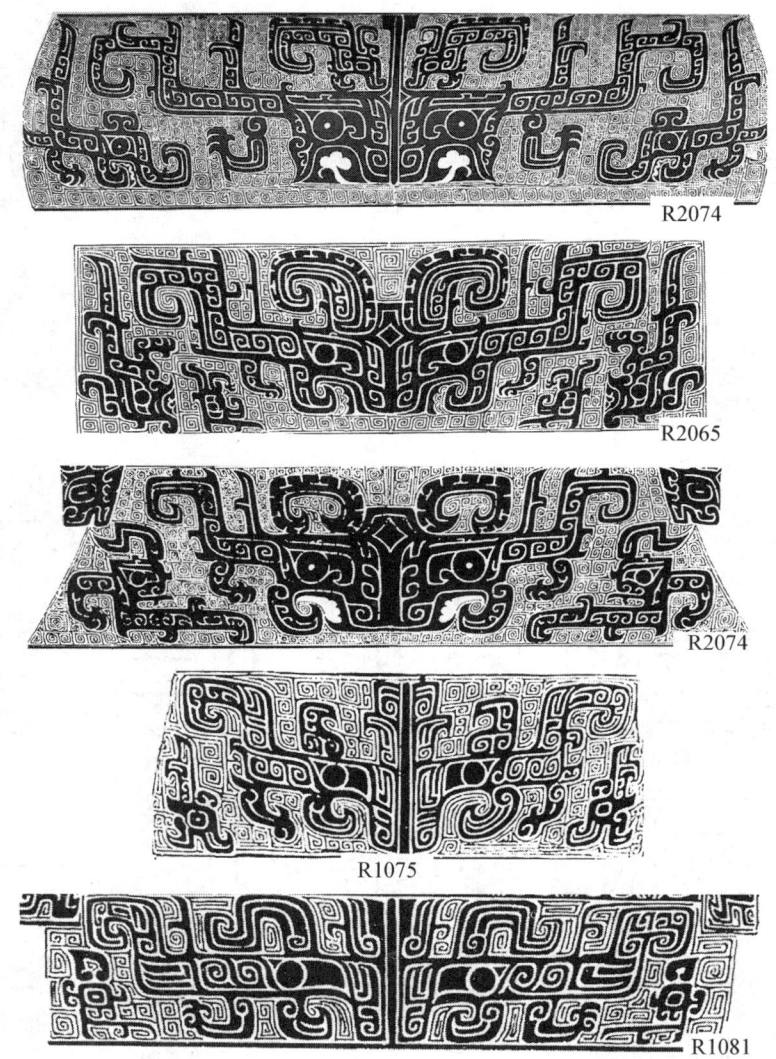

图八一　史语所收藏礼器上的饕餮纹。

是饕餮纹的半段；所以饕餮（或他所称之"兽头连身图"）只是两条夔龙相对立的构图；而他所谓"兽头纹"，也只是简略化的两条夔龙相对立的构图而已（图八二）①。

　　最近许多学者放弃"饕餮"一词，而选择用"兽面"作名称②。对此笔者有两项反驳意见。其一，"饕餮"一词是先秦人对商周礼器纹饰的命名，虽然出现在战国时期的文献中，但战国人与商周的距离远比我们接近得多，我们不宜轻视、否定古人

① 张光直：《商周青铜器与铭文的综合研究》，台北："中研院"历史语言研究所，1973 年，页 134—153。

② 例如最近出版的岳洪彬先生的博士论文强调"兽面"此一定义。参见岳洪彬：《殷墟青铜礼器研究》，北京：中国社会科学出版社，2006 年。

兽头连身　　　　　　　　　　　　　夔龙图

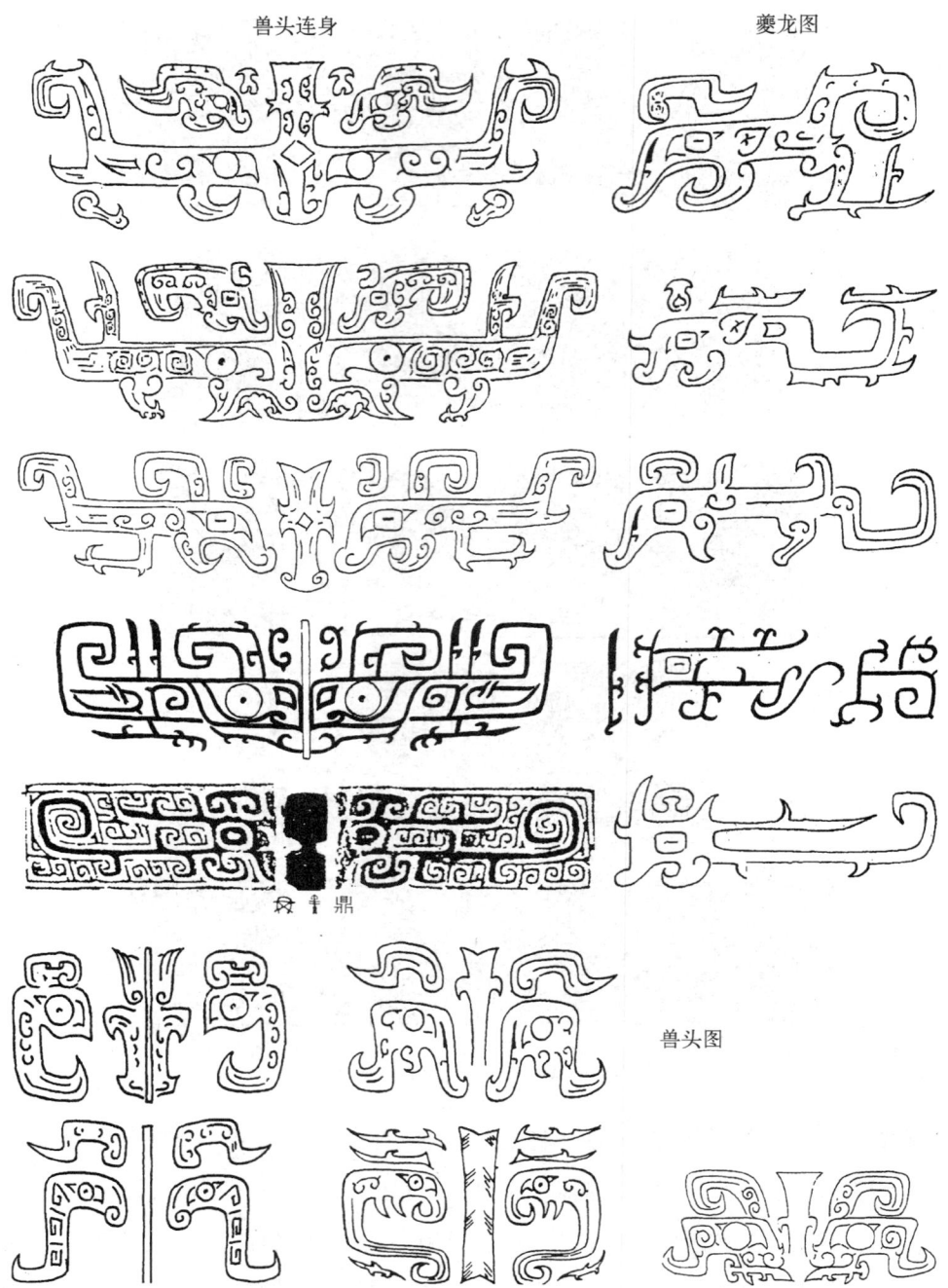

兽头图

图八二　据张光直先生分类的夔龙图和兽头图的类型。

的用语。其二,笔者搜集所有的商代铜器资料,确认饕餮纹都不是"兽面",而是成对的夔龙图案,且在成对的龙构图中,饕餮都是二龙对首、交首和共首的结构。虽然殷周时期饕餮构图的异化相当丰富,但其核心还是离不开此结构。

　　学者们屡屡重新判定饕餮纹的类型,但既然饕餮纹与成对夔龙交首的图案无异,其构图也不外乎低首、仰首、回首等相对构图。

　　最常见的饕餮纹构图是两条夔龙张口低首对立,这也是殷商时期典型的构图,如现在史语所收藏的羊头贯鼻壶形器 （图八一：R2074）[1];上海博物馆收藏的 鼎（图八三：1）[2]、戈鼎（图一一三）[3]、乳钉纹簋（图八四：1）[4]、爵 （图八四：3）[5];台北故宫收藏的融尊（图八三：2）[6]、铜簋（图七九：4）等（另参图六三：1—3）,大多数殷商时期的青铜器上。这些饕餮之半身,即相当于礼器上的夔龙,又相当于殷商玉器常见的夔龙造型（图八四：2）[7]。扁足 鼎以及其他殷商扁足圆鼎饕餮的半身,则相当于夔形的扁足（图八六）[8]。

图八三　殷商时期的饕餮纹:1.上海博物馆收藏的 鼎;2.台北故宫收藏的融尊。

① 史语所收藏,参李济、万家保:《古器物研究专刊》,第五本《殷虚出土伍拾叁件青铜容器之研究》,页76—78;98,插图三〇:1;图版叁贰;伍伍:5a,b。

② 上海博物馆收藏,参陈佩芬:《夏商周青铜器研究》,夏商篇,页126—127,图五九。

③ 上海博物馆收藏,参陈佩芬:《夏商周青铜器研究》,夏商篇,页116—117,图五四。

④ 上海博物馆收藏,参陈佩芬:《夏商周青铜器研究》,夏商篇,页162—163,图七七。

⑤ 上海博物馆收藏,参陈佩芬:《夏商周青铜器研究》,夏商篇,页186—187,图九〇。

⑥ 台北故宫收藏,参陈芳妹:《故宫商代青铜礼器图录》,页340—343,器号五五。

⑦ 震旦艺术博物馆收藏,据该馆提供的照片。

⑧ 北京故宫收藏,参故宫博物院编:《故宫青铜器》,页111,图86。

图八四　1.上海博物馆收藏殷商时期乳钉纹簋的足纹;2.震旦艺术博物馆收
藏殷商时期的玉龙;3.上海博物馆收藏殷商时期 ⌇⌇ 爵的器纹。

图八五　上海博物馆收藏西周早期的从簋。

图八六　北京故宫收藏殷商时期的扁足
〔図〕鼎。

在青铜觚上张口低首的成对夔龙,因器形狭窄,有数种变形的狭窄结构,如龙
尾下转〔図〕,或以嘴竖立的构图〔図〕,如侯家庄1400墓铜觚(图八七:3)[1];亚
丑觚、龙纹觚(图八七:1、2)[2]等。

另一类则是双龙张嘴仰首相对,如殷商时期竹斿卣;西周早期夔纹方器、川鼎、
网鼎、乳丁夔纹簋的构图〔図〕(图六三:4—6);团龙纹簋[3]等。上

---

[1]　参李济:《古器物研究专刊》,第一本《殷虚出土青铜觚形器之研究》,李济总编辑,石璋如、高去寻编辑:《中国考古报告集·新编》,台北:"中研院"历史语言研究所,1964年,页74,插图二十。

[2]　上海博物馆收藏,参陈佩芬:《夏商周青铜器研究》,夏商篇,页230—231,图一一二;242—243,图一一八。

[3]　北京故宫收藏,参故宫博物院编:《故宫青铜器》,页137,图119。

图八七　殷商时期的饕餮纹：1. 上海博物馆收藏的亚丑瓿；2. 上海博物馆收藏的龙纹瓿；3. 殷墟侯家庄1400墓出土、史语所收藏的铜瓿 R1034。

海博物馆收藏几件殷商时期的三层饕餮纹铜簋，足部为 ⸢⸣⸢⸣⸢⸣⸢⸣、腰部为双夔低首饕餮纹，而口沿部为双夔仰首饕餮纹（图八八；八九：1）①。

回头的双夔也是饕餮纹的构图之一（图六三：7—9）。羍鼎腰纹是典型的两条夔龙张口低首对立的饕餮纹，而口沿纹是双夔回头的饕餮纹（图八九：2）②。

图八八　上海博物馆收藏殷商时期的三层饕餮纹铜簋。

图八九　1. 上海博物馆收藏殷商时期的三层饕餮纹铜簋；2. 上海博物馆收藏殷商时期的羍鼎。

① 上海博物馆收藏，参陈佩芬：《夏商周青铜器研究》，夏商篇，页154—155，图七三；页157—158，图七五。

② 上海博物馆收藏，参陈佩芬：《夏商周青铜器研究》，夏商篇，页98—99，图四五。

　笔者从各博物馆与考古资料中搜集了数百个相关例子，大部分的器物皆可归类为这几种常见的图案；即使有部分特例，也不离成双神兽的母题特征。殷商时期的射女鼎造型则融合了这两种：它的饕餮纹由两对相立的双嘴夔龙构成，双龙的两个大头构成前后正面的双龙低首饕餮纹，而双龙的小型尾首则构成侧面的双龙仰首饕餮纹（图九〇）①。妇好墓出土中型圆鼎的饕餮结构也相同②。

图九〇　殷商时期的射女鼎（上海博物馆和台北故宫各藏一件）。

从饕餮的结构来看，如果将其视为兽面纹，无法回答最基本的问题：何以兽面没有下颚的部分，而以鼻子为最下部？此即由于这不是一只兽的面像，而是两条夔龙的侧面对立图，其鼻相对或者合并，而两个张口的下颚分列左右。所以饕餮与成对夔纹并无不同，或可用河南博物院学者的定义，称为"二龙共首纹"。李济早已指出饕餮为"动物面，自鼻分左右两对称的半面，每半面为一侧面动物纹视景。"③另有许多学者将饕餮视为双兽结构④。这种看法无疑是准确的。而且由于饕餮纹也是双嘴龙纹的变形，纵使盘龙城早中期饕餮构图尚未见于礼器上，然而由以上所探讨

① 上海博物馆和台北故宫各藏一件，参陈佩芬：《夏商周青铜器研究》，夏商篇，页104—105，图四八。陈芳妹：《故宫商代青铜礼器图录》，页176—179，器号14。

② 李付强等编：《殷墟》，页74，图07。

③ 李济：《古器物研究专刊》，第三本《殷墟出土青铜斝形器之研究》，李济总编辑，石璋如、高去寻编辑：《中国考古报告集·新编》，台北："中研院"历史语言研究所，1968年，pt.XI.

④ 参 J.Rawson. "Late Shang bronze desing：Meaning and purpose" in University of London（ed.）. *The Problem of Meaning in Early Chinese Ritual Bronzes.* University of London，1990，pp.67－95.刘敦愿：《论青铜器动物纹饰的对称法则问题》，《故宫文物月刊》，1995年第145期，页32—49。E.Childs-Johnson. "The Ghost Head Mask and Metamorphic Shang Imagery." *Early China*，Vol.XX，July 1996。原来：《商前期青铜鼎器兽面纹之动物属性论证》等。

的从双嘴龙到双龙的发展,我们可以推论,饕餮双龙构图与盘龙城早商的双嘴夔龙交缠饰带确有传衍关系。考古学界对二里头硬陶纹饰所用的"饕餮纹"一词的分类,是有客观资料支持的。既然饕餮造型始终离不开成双夔龙母题,也就不应称为兽面纹。

饕餮纹的大部分是以两条夔龙组成的,但有些龙鬣也以小龙表示,如殷商时期 ![glyph] 父丁鼎(图九一)①以及许多殷商的饕餮纹(图八一;八二)。或者两条主龙左右另有两条竖立的夔龙。也就是说,饕餮是以一对、两对、三对等神龙所组成的神兽,

图九一　上海博物馆收藏殷商时期 ![glyph] 父丁鼎的饕餮纹。

且固守"成双"的特点。最形似神面纹的饕餮见于殷周方彝上,但仔细观察,可见这种"神面"是以四、六、八条夔龙组成的神貌。如殷墟小屯出土的方彝 R2067,上层有低首成对夔龙,下层则有以四条夔龙组成的神图,其中两条相当于龙鬣,另外两条左右竖立,即相当于龙尾的夔首,其嘴部的线条,相当于典型饕餮的双夔张嘴的形状,左右的小钩象征两夔的下唇及颔部(图九二:1)②。竹宫父戊方彝上层有仰首成对夔龙,下层则有被解体的饕餮纹,上面左右两条小夔作龙鬣,下面左右有简化的夔爪,嘴巴也是以两条张嘴夔龙合并组成(图九二:2)③。由此可见,饕餮纹与其他成对龙纹类型一样,都揭示"双"的核心概念。

在殷周礼器上的饕餮纹中,有较少见省略了双龙的身体的构图,不过,此种省略图案左右均有两条竖立的夔龙,每一条夔龙的下颚也在合并的鼻子左右。如河南博物院收藏的殷墟时期的息鼎④、妇好墓出土的夔足方鼎和亞鱼鼎⑤、洛阳博物馆收藏的西周方鼎(图九三:1)⑥、上海博物馆收藏的西周早期铜卣⑦,等等。在台

---

① 上海博物馆收藏,参陈佩芬:《夏商周青铜器研究》,夏商篇,页120—121,图五六。

② 参李济、万家保:《古器物研究专刊》,第五本《殷虚出土伍拾叁件青铜容器之研究》,页63—64;97,插图二十九:2;图板壹肆、伍肆:2。

③ 上海博物馆收藏,参陈佩芬:《夏商周青铜器研究》,夏商篇,页328—329,图一五九。

④ 河南省博物馆编:《馆藏青铜器选》,图26。

⑤ 李付强等编:《殷墟》,页71,图02;页84,图19。

⑥ 据笔者自摄照片。

⑦ 陈佩芬:《夏商周青铜器研究》,西周篇,页182—183,图二七二。

图九二　殷商方彝饕餮纹：1. 史语所收藏 R2067；2. 上海博物馆收藏的竹宣父戊方彝。

北故宫收藏西周早期的铜簋上，足纹是典型的低首对立的成双夔龙，而腰纹是龙身简化的饕餮，左右以两个夔纹符号象征夔足和夔尾（图九三：2）①，其他一些礼器亦可见这类"兽面化"的造型（图一四九；一五八至一六一：1—3 等），但这却属于

———————

① 台北故宫收藏，参陈芳妹：《商周青铜粢盛器特展图录》，页 240—241，图 35。

图九三　1.洛阳博物馆收藏的西周方鼎；2.台北故宫收藏西周早期的铜簋。

变形兽面与饕餮互补的造型，而并非饕餮形象的基础图案。

　　此外，从意义上来说，夔龙身体被简化和象征化，而头部被特意刻画并放大，此一现象代表饕餮崇拜对象的重点就在其张开的口。饕餮纹与其他成对龙纹类型同样揭示"双"和"口"两个核心观念。换言之，除了双嘴龙纹或双夔纹之外，饕餮纹也是成双夔龙图案。据发展历程可知，双龙是自双嘴龙演变而成的崇拜对象，故本身并非是两个神，而仅是一个神。此神既为双龙，亦可谓"饕餮"，两者虽名异而实同。

　　4. 饕餮构图多样化的脉络

　　根据笔者所搜集的各类饕餮纹，发现商周饕餮纹都是成对夔龙图。但当夔龙饕餮成为殷商礼器的主要母题后，饕餮纹必然受到多元族群信仰影响，并出现两种演化趋势。第一是双龙的头部巨大化，而身体被简化及符号化。这个现象在某种程度上显示饕餮的神能在于其头部的开口。

　　第二是在龙形的基础上,开始融合牛、羊、象、凤、虎、鹿、猪、犀等各种动物形态。殷商文明系继承数种原始文化而成,但这些被吸纳的要素并未分散,而是被融合于主流信仰体系之内。由青铜器纹饰来看,这一信仰体系的主要成分还是中原成对夔龙的结构。但随着文明的扩展,神龙崇拜逐渐涵盖了周围其他民族的神兽崇拜。这种变化表现在殷商饕餮的多样性:虽然饕餮的基本构图一直出现于商周礼器上,但其神兽的种类变得多元。

　　殷商饕餮所蕴含的神兽形象,笔者将于下文中继续探讨,在针对饕餮纹的研究上,笔者必须强调:殷商文明的神兽崇拜虽然变得多元化了,但信仰制度却明显与之前一致,一切神兽在其造型上必然符合共同的结构:即双嘴夔龙饕餮。此种现象说明殷商帝国统合了许多各地原有的信仰与崇拜对象,从而组成由多元化为一体的礼器形象。这种礼器形象,不但在外观上组合了不同信仰之核心形象,更从其信仰内容的精神意义来加以统合。因此当我们观察殷商礼器时,可以发现殷商礼器上的雕刻或形象,所指涉的母题都是非常清楚的,一切变形、奇异的造型,都环绕着多元信仰的核心——"双嘴夔龙"的母题加以发挥,故这类纹饰最能代表当时由不同文化综合而成的新精神文化的状况。

　　依笔者浅见,殷商信仰的融合过程近似于多元国家"宗教"的形成。甲骨卜辞和礼器造型所表现出来的信仰颇具系统性,早已不是原始先民的信仰模式,而接近于以巫觋信仰为宗教的国家。因此,双嘴夔龙成为上古大国精深文化的要点,也成为殷商王国正统宗教的极重要的崇拜对象。

(五)总结

　　由上述可见,从盘龙城文化早期以来,商周礼器充满了弯形、璜形、夔形三种双嘴龙变形图案;礼器的纹饰也可以归类为弯形、璜形、玦形、蟠形等双首夔龙;尾刺龙、双尾龙、双龙饕餮也属同一母题衍生的构图。或许这些图案各有不同涵义,却都演绎自同样的"双嘴龙"母题。这种母题也可以称之为"饕餮",所以将早期抽象纹饰命名为"饕餮"无误,"饕餮纹"和"兽纹"并不矛盾,饕餮这种神兽即是双嘴夔龙天神的表现,但若直接将饕餮纹称为"兽纹",则该定义遗失了商周文化中关于该神兽的独特含意。

殷商以来,因文明的多元化,出现许多不同的神兽造型,但也都依照着饕餮纹的构图原则,以成双的夔龙配合组成。这说明双嘴龙形象牵涉中国先民信仰之核心,在历史发展过程中成为殷商宗教的核心所在。不应将饕餮纹笼统称为兽面纹,而应思考"饕餮"一词真正的涵义。

二、巫觋文化双嘴龙饕餮信仰

前文分析饕餮纹,可见其虽然丰富多样,却有几个基本的特征:第一是成双的夔龙结构;第二是头部特别重要,以致在后人的记忆中只见头而忽略身体的存在;第三是口一定张开;第四是在双头之间有凸出的鼻形。若想理解夔龙饕餮的信仰意义,必须从这四种特征着手分析。

(一)饕餮纹中成对夔龙间鼻形的意思

观察饕餮纹的结构,我们可注意到两条夔纹之间突显出来的鼻形。鼻形的凸出能够表达什么意思? 对此问题,笔者乃参考古代文明与鼻形相关的信仰,推论如下:

1. 甲骨文以鼻为象形意义的"自"字

甲骨文中鼻的象形字乃是"自"字。在甲骨文中,"自"字的意思范围如下:

甲、鼻:

　　贞:有疾自,隹(唯)有蛊?

　　贞:有疾自,不隹(唯)有蛊?　　　　　　　　　　　　　　《合集》11506①

《说文解字·自部·自》言:"自,鼻也,象鼻形。"②表达"鼻"为"自"字的本义。

乙、自从:

　　壬寅卜,㱿贞:兴方以羌用,自上甲至下乙?　　　　　　　《合集》270

---

① 中国社会科学院历史研究所编,郭沫若主编:《甲骨文合集》,北京:中华书局,1982年(后引简作《合集》)。

② (汉)许慎著,(清)段玉裁注:《说文解字注》,页136。

贞：〔兴〕方以羌自上甲用至下乙？

……諨用自〔上甲〕至下乙？   《合集》271

贞：勿諨自上甲至下乙？   《合集》419

辛酉卜，贞：自今五日雨？   《合集》1086

九日，辛未大采，各云自北〔下略〕   《合集》21021

先秦文献中也有类似的用法，如《孟子·公孙丑下》："自天子达于庶人。"[1]

在商代之后"自从"发展出"缘故"、"由于"等用义，如《易·需》："象曰：'需于泥，灾在外也。自我致寇，敬慎不败也。'"朱熹注："自，由也。"[2]同时也发展出"始"、"自来"、"自出"、"原本"之义，如《韩非子·心度》："法者，王之本也；刑者，爱之自也。"松皋圆《韩非子纂闻》云："谓爱民之道，自此生也自……山曰：'自，宜作首。'"[3]都是与"自从"相关的涵义。

丙、商王的自称：

王自纮？   《合集》5239、5240、5244—5246、6234、6394、39854

贞：叀（惟）王自往西？   《合集》6928

己未卜，争贞：勿隹（唯）王自从望乘呼……   《合集》7528—7530

……河珏，叀（惟）王自正？ 十月   《合集》24951

庚戌，叀（惟）王自正（征）刀方？   《合集》33035、33036

乙未卜彀贞勿隹（唯）王自正（征）𩫖？

贞：我勿伐𩫖？   《合集》33928

先秦文献中也有类似的用意，如《诗·小雅·节南山》："不自为政，卒劳百姓。"[4]我们必须特别注意，在原始社会中，这类独一的自称是与庶民相对的，仅限于表达"王的自我"。不具神权身份者不能使用第一人称代名词，唯有神圣权力的国王才是独一的"自我"，而且被视为天王的体现[5]。

---

① （汉）赵岐注，（宋）孙奭疏：《孟子注疏》，《十三经注疏》，台北：新文丰出版公司，2001 年，页 193。

② 参（魏）王弼、（晋）韩康伯注，（唐）孔颖达等正义：《周易正义》，页 1366。

③ 参（战国韩）韩非著，陈启天校释：《增订韩非子校释》，台北：台湾商务印书馆，1969 年，页 813—814。

④ 〔日〕竹添光鸿撰：《毛诗会笺》，册六，卷十二，页五一六。

⑤ 细参陈炜湛：《甲骨文所见第一人称代词辨析》，陈炜湛著：《甲骨文论集》，上海：上海古籍出版社，2003 年，页 77—82。郭静云：《论中西古代个人像艺术及其观念》，《考古学报》，2007 年第 3 期，页 275—280。

　　既然,在"自"字的意义中,鼻子系该字象形义所反映的本义,所以"自从"、"自来"、"缘故"、"原始"与王的"自我"都是衍生出来的涵义。据此可以推论,王"自我"的本义出于鼻子的形象,并含有"本始"之义。依笔者浅见,"自"字的这种意义表达了颇为关键的文化观点。呼吸,是表示人活着的重要生物性指标,故呼吸器官自然被当作人活着的标志:生命实始自呼吸。正因为如此,故古人一方面以鼻指出王的自我,另一方面又将鼻子视为一切事物的开始。从后世的用法来看,"自然"观念或许也源自古代"自"的概念。"自然"观念与"天然"有异,表达了非从天而来,而是从自己而来,以自己呼吸的元气体现由我亲自呼吸的生活。

　　不过,商代"自"的涵义不限于表达这类生物概念或者呼气观。对古人而言,"自"并非指所有生物的自我,而是唯一之天子的自我。因此,古代"皇"字就是从"自"。《说文解字·王部·皇》言:"皇,大也,从自、王。自,始也。始王者,三皇。大君也。自,读若鼻,今俗以作始生子为鼻子是。"①

　　仔细参照甲骨文的"𦥑"、"𦥻"字形,可见有两个明显的鼻孔;至于上面三竖画的意义何在,将于下文再论。

　　2. 文化信仰中"自"与天皇观念的结合

　　观察古代礼器形状,可以发现,河姆渡、良渚、大溪、石家河、龙山文化礼器上常见三叉形的上盖,如河姆渡陶钵上的刻纹(图九四:1)②、良渚墓葬中放在头部的玉器的典型形状(图九四:3)、良渚璧和琮上的符号(图九四:2)③、后石家河虎面饰④和玉圭刻纹⑤(图九四:4—7)等。基本上,笔者赞成冯时先生的意见,这些三叉形的上盖应为天盖的象征⑥。然而,上述几个例子的时代文化属性与商周不同,不能直接用来解释商代观念。可是在商周礼器上,也常见有类似的上盖,且其正好与鼻形结合(比较图九四:7—9)。或许可以认为,上盖符号从新石器时代中晚期起,便存在于长江流域文化中,它表达与天上的关系,如收纳天上的神秘精华、旨命、恩惠等,这种思想奠基了一个大的文化背景,并影响到后期商周文明的

---

① (汉)许慎著,(清)段玉裁注:《说文解字注》页 9 下—10 上。

② 河姆渡遗址出土,现藏于浙江省博物馆。

③ 良渚遗址出土,现藏于浙江省博物馆。

④ 荆州博物馆编著:《石家河文化玉器》,页 79—80,图 51;页 94,图 62。

⑤ 据台北故宫收藏,参邓淑苹:《再论神祖面纹玉器》,页 49,图 6.2:7;页 46,图 6.1:8。

⑥ 冯时:《中国天文考古学》,北京:社会科学文献出版社,2001 年。

精神文化①；而从商周时期再经过千余年的演化，继续见于汉代神祕造型中，如马王堆帛画双龙上的天盖形状亦如此（图六五）。在这一大文化脉络中，商文明提出了独特的观念：把天盖与生物吸收天之气的呼吸器官作连接。

图九四　天盖符号图：1. 河姆渡陶钵；2. 良渚玉质头饰；3. 良渚神祕符号；4. 荆门六合出土的后石家河玉虎面饰；5. 襄汾陶寺出土的玉虎面饰；6—7. 台北故宫收藏后石家河—盘龙城时期玉圭的刻纹；8. 春秋晚期曾侯乙墓出土铜镬鼎的饕餮纹及其鼻形符号；9. 殷商饕餮纹鼻形神杖；10. 良渚文化玉翼形器。

---

① 关于天盖思想的起源、演进与文化内涵，涉及一个庞大的主题，此处受主题和篇幅限制，笔者拟日后另以专文论述。

鼻形与天盖形状的结合,恰好符合"自"字的结构。商代玉质兽面除了两个角之外,中间也常有某种竖形,如殷墟墓葬出土兽面形饰(图九五:1—3)①。妇好墓出土的玉匙上的蝉纹也有此种构图,其中间有鼻嘴,往上有抽象的两翼与中尾,此一结构,似后石家河玉刻构图,又像甲骨文的"𝍌"或金文的"𝍌"(自)字形(图九五:4)②。这种结构与良渚的典型玉器颇为相似(图九四:10)③。江汉地区青铜时代早期后石家河玉器中有这种形状,并且其传播的范围甚广,如青铜时代早期山西襄汾陶寺遗址第 22 墓,也出土了后石家河的兽面玉饰(图九四:6)④。种种现象表明,在当时的长江流域,前商文化的传播范围相当广。根据这些情况,可以推测长江文化体系与殷商的天盖形状,或许有某种文化交流及传承关系,使"天盖"成为古代通用的观念。

其实,殷商人对"自"形的崇拜,以青铜器上的饕餮纹最明显。由上所列的青铜器纹饰可见,饕餮构图的中心都有凸形的鼻子,在两条夔龙间形成大鼻状,并常以扉棱作为强调(图九四:8)。值得注意的是台北故宫收藏的亚丑方彝的彝盖耳上的符号(图九六:1)。此处通常有龙首纹或明纹(明纹的定义,详见下编第三章),但亞丑方彝盖耳上却以"自"字形符号(◠◡)来代替。且此符号刻在礼器最高的地方,以表达其崇高的意义。在其他商周时期的器盖耳上,亦常见龙鼻的造型,如山西出土西周早期的方彝盖(图九六:2)等。

直至东周时期,仍可见双龙与大鼻形的构图。如曾侯乙铜镬鼎饰带,即为典型的双龙饕餮构图,在双龙间有独立的鼻形令牌形状,鼻下两个圆圈应是象征鼻孔,全图符合殷商时的饕餮鼻形(图九四:9)⑤。殷商时期的饕餮结构也常见有独立于夔龙外的鼻形(图五七;六三;七六:2;八二;八五;八八;八九:2;九二;九三:2;一〇六:1;一四二;一四五:1;一四六;一六二;二一七:2;二三三:4 等)。

对照"自"的字形、字义以及礼器构图,笔者推论"𝍌"(𝍌、𝍌、𝍌、𝍌、𝍌、

---

① 藏于中国社会科学院考古研究所殷墟博物馆,参中国社会科学院考古研究所编著:《安阳殷墟出土玉器》,北京:科学出版社,2005 年,页 36、37。杨伯达主编:《中国玉器全集》,页 153,图七九。

② 杨伯达主编:《中国玉器全集》,页 142,图五一。

③ 所谓"叉形器",依笔者浅见应名为"翼形器",是奠基于钱塘江、长江下游的传统形状,即盖形状的意思,笔者拟另文专门探讨。

④ 解希恭主编:《襄汾陶寺遗址研究》,北京:科学出版社,2007 年,彩图 IIM22:135。宋建忠:《龙现中国:陶寺考古与华夏文明之根》,太原:山西人民出版社,2006 年,页 61、99。

⑤ 藏于湖北省博物馆,据笔者自摄照片。

图九五　1—3. 殷墟墓葬出土的兽面形饰；4. 殷墟妇好墓出土的玉匙。　　图九六　1. 台北故宫收藏殷商时期的亞丑方彝盖；2. 山西出土西周早期的方彝盖；3. 信阳罗山天湖商周墓里出土的铜鼎铭文。

（ 、 ）为呼吸器官的形状，加上天盖之类的象征，表达源头的概念。古代的"皇"字形可以补证此一观点。殷商皇爵铭文的"皇"字作" "①，与饕餮纹的大鼻形状颇为相似，与西周早期蠃尊作" "②结构相同。另有殷商时期的皇鬲作" "③、皇戈卣及皇戈尊作" "④、亚夐皇麿卣作" "⑤、皇戈及皇钺作" "⑥，为从五

<hr>

① 《集成》器号 7732，现藏于河南新乡市博物馆。

② 《集成》器号 5908，现藏于北京故宫。

③ 《集成》器号 443，藏处不明。

④ 《集成》器号 4869、5582，藏处不明。

⑤ 《集成》器号 5100，江西遂川县泉江镇洪门村出土，现藏于江西省遂川县博物馆。

⑥ 《集成》器号 10670，河南安阳出土，藏于中国国家博物馆；《集成》器号 11724，现藏于北京故宫。

竖异体字。信阳罗山天湖商周墓里出土了很多青铜器，铭文上有"🜲"字，应也读为"皇"的意思，如十二号墓铜爵铭文为"皇己"、八号墓铜爵铭文为"辛皇"，而铜觚铭文为"乙皇"、六号墓铜鼎铭文为"皇父乙"；二十八号墓有一件铜鼎铭文为"父辛皇"（图九六：3），而另两件鼎和爵只有"皇"一个字①。从上述例子可见，"自"字即是"皇"字之本字。

西周早期作册大方鼎②、小臣逋鼎③、史兽鼎④、召器⑤、皇鼎⑥皆作"皇"；耳侯戟簋作"皇"⑦、伯梄簋作"皇"⑧、作册矢令簋作"皇"⑨。此外西周早中期的敔鼎作"皇"⑩、农簋作"皇"⑪；西周中晚期多数铭文作"皇"字形。春秋早期秦公簋作"皇"⑫、春秋晚期齐鲍氏孙□钟作"皇"⑬；徐王义楚觯等铭文作"皇"⑭。战国早期齐陈曼簠⑮、陈侯因𦙠錞⑯皆作"皇"。《说文》小篆的"皇"形从"自"，亦反映了"自"与"皇"字的联系。

上述分析启发我们，像鼻形的"自"字不仅用以表达天子的自我，也涉及皇天的源头，所以礼器上的饕餮纹鼻形可能是用来强调饕餮神与天皇的连接。

① 河南省信阳地区文管会、河南省罗山县文化馆、欧潭生：《罗山天湖商周墓地》，《考古学报》，1986 年第 2 期，页 173，图二二：1—16、20。

② 《集成》器号 2758—2761，河南洛阳市邙山马坡出土，现藏于美国华盛顿弗里尔美术博物馆、台北故宫、美国诺福克赫美地基金会（汇编）。

③ 《集成》器号 2581，现藏于北京清华大学图书馆。

④ 《集成》器号 2778，现藏于台北故宫。

⑤ 《集成》器号 10360，现藏于中国国家博物馆。

⑥ 北京保利艺术博物馆收藏，参保利艺术博物馆编：《保利藏金》，广州：岭南美术出版社，1999 年，页 55—56。

⑦ 《集成》器号 3826，藏处不明。

⑧ 《集成》器号 4073，藏处不明。

⑨ 《集成》器号 4300—4301，河南洛阳西工区邙山镇马坡村出土，现藏于法国巴黎基美博物馆（Musée National des Arts Asiatiques Guimet, Paris, France）。

⑩ 《集成》器号 2063，藏处不明。

⑪ 《集成》器号 3575，现藏于台北故宫。

⑫ 《集成》器号 4315，出土甘肃礼县红河乡西垂村王家东台，现藏于中国国家博物馆。

⑬ 《集成》器号 142，藏处不明。

⑭ 《集成》器号 6513，清光绪戊子（1888 年）出土自江西樟树市义城镇临泉村，现藏于台北故宫。

⑮ 《集成》器号 4595，现藏于台北故宫。

⑯ 《集成》器号 4649，藏处不明。

（二）饕餮大头张开嘴口：神龙食人信仰

至于饕餮大头和张开口的形象，二者应该相关：头部大是因为头部为夔龙饕餮关键部位，头部重要就是因为头上有嘴口。就是因为嘴口最为关键，造型上头部常简化成尾刺。那龙口有何种神能？龙口吞食的意思是什么？下文展开讨论。

1. 饕餮食人的记录本义

《吕氏春秋·先识》曰：

> 周鼎著饕餮，有首无身，食人未咽，害及其身，以言报更也①。

文献虽说饕餮有首无身，但现今考古出土所见实物大多仍有身躯，若无身，则亦有代表双夔身体的符号存在。尽管如此，吕不韦的定义仍有代表性，因为饕餮的重点确实在头部的嘴口，此种强调或许与传说中饕餮"食人"的说法有关，吕氏之言所触及的是神龙饕餮纹的信仰背景，给予我们极重要的线索。学者针对其他萨满文化的研究成果，正好也发现神龙食人之信仰普遍存在。

2. 世界古文明神话中的"双嘴龙食人"母题

从 19 世纪到 20 世纪初，西方人类学家积极寻找当时仍存在的萨满社会，研究萨满文化遗产。学者发现，在欧亚、非、美、澳的萨满信仰中，均可见到相似的神兽崇拜，其中，神龙乃是农耕文化信仰中常见的神兽，且在各文明的民间创作中，均保留了此类信仰的遗踪。关于此一问题，普罗普先生在《神话的历史根源》一书中曾进行细致的研究，发现世界各地的原始神龙形貌恰为双嘴龙，其前嘴在头上、后嘴在尾巴上，或有尾刺、尾首的形状。其意义在于，头尾两嘴使神龙的身体似为一条神祕孔道，经过神龙身体的人或物，因与神结合而获得了神性②。

19 世纪的太平洋、美澳地区原住民尚保留以下的成年仪式：男孩子必须通过龙身的象征物，以变成真正的大人。澳洲原住民实行成年仪式时，在干涸的河道放上巨大的木块，以作成龙口。男孩好像被龙吞咽入口，经过某种神祕过程后，被龙吐出再生为男人③。在新几内亚进行同样的仪式时，需修筑前后双口的龙形房屋，

---

① （秦）吕不韦著，林品石注译：《吕氏春秋今注今译》，页 461。

② В.Я.Пропп. *Исторические корни Волшебной Сказки*, cc.298－359.

③ A.R.Radcliff-Brown. "The rainbow-serpent myth in South-East Australia." *Oceania*, 1930, vol.I, N.3, p.344.

使之形似巴尔龙（Barlum）的肚子①。人类学家发现，许多南洋民族都保有在仪式中构筑造型如鲸鱼大口之物，并从其中穿越而过的传统，以此表示被神兽前嘴吞纳，再由后口吐出的过程②。

欧亚、美非、太平洋地区的神话让我们了解，此种仪式背后所代表的信仰内涵。在盛行巫觋文化的社会中，能吞吐人、物的神兽，被视为无所不能的大神，而被神吃掉的人、物，则与神合为一体，透过这样的过程，获得超凡的才能与智慧，包括神奇的狩猎本领③，培育芋头、甘草等农作物的知识④，或是掌握如何使用火、制造陶器等技术⑤。在萨满文化中，巫师也常被视为是经由神的吞咽、吐出而产生的神人。巫师被神龙吞纳后，藉此与神结合，而获得他的神圣特质，故能通天、听懂鸟语鱼话、掌握各种神能⑥，凡人经过此种神化的过程，则可以成为巫师、上帝代言人、大酋等。

被神兽吞吐而神格化的信仰，并非仅残存于散见的民间创作里，即使如犹太教《塔纳赫》（即希伯来《圣经》，同时为基督教《旧约》）亦可见其蛛丝马迹，古希腊神话也有其遗迹。《塔纳赫·先知书·约拿书》记载，耶和华让鲸鱼吞咽乔纳（הַיּוֹן），并吐在尼尼微，后来乔纳在尼尼微代神宣告，而使大众信服。这个故事描述乔纳经过鲸鱼肚腹之后，成为上帝的代言人，其中便保留了古老的"人与神兽合一"的观念。在民间神话中，所罗门王被神魃吞吐，藉此获得他的智慧⑦。古希腊神话中，克罗讷斯（Κρονος）也曾吞吐其子，让他们获得神的质性。

在神话记载中，能够经过吞吐而将被吞吐的人、物赋予神性的神，并不一定局

①　H.Schurtz. *Altersklassen und Männerbünde*. Berlin：G. Reimer, 1902, s.224.

②　L.Frobenius. *Die Weltanschauung der Naturvölker*. Weimar：E. Felber, 1898, s.198.

③　F.Boas. *Indianische Sagen von der Nord-Pazifischen Küste Amerikas*. Berlin：Verlag von Gebrüder Borntraeger, 1895, s.81.

④　J.Meier. "Mythen und Sagen der Admiralitate-Insulaner." *Anthropos*, 1907 – 1909, vol.II – IV, s.653.

⑤　H.Nevermann. *Admiralitätsinseln: Ergebnisse der Südsee-Expedition 1908 – 1910. Ethnographie: A Melanesien*, Bd.3. Hamburg：Hrsg. von G. Thilenius, 1934, s.369.

⑥　J.G. Hahn. *Griechische Und Albanesische Märchen*. München, Berlin：G. Müller, 1918, Bd. 1, s. 23；*Долганский фольклор*. Вступ. статья, тексты и пер. А. А. Попова［Л.］, 1937, c.101；L. Frobenius. *Das Zeitalter des Sonnengottes*, s.113；A.L. Kroeber. "Gross venter myths and tales." *Anthropological Papers*. New York：American Museum of Natural History, 1907, vol.I, pt. III, p,328；*Kalevala the land of heroes translated from the original finnish*. Tr. by W.F.Kirby London & Toronto：J.M.Dent & Sons ltd.；New York：E.P.Dutton & Co., 1915 – 1923, XVII；P.Elkin. "The rainbow-serpent myth in North-West Australia." *Oceania*, 1930, vol. I, N.3.

⑦　А.Н. Веселовский. "Славянские сказания о Соломоне и Китоврасе." Веселовский, А. Н. *Собрание сочинений*. Пг., 1921, т.VIII, вып.1, c.136.

限于龙,如鲸鱼、鳄鱼、鳗鱼、鲨鱼、龟鳖、虎、狼、熊、鹰等常见的神兽也有此能力,不过神龙故事却是最主要常见的部分。因而学界将这一母题称为"神龙吞吐母题"。

由龙所吞咽的人物,经神格化的过程而成为英雄、巫师、上帝代言人、大酋等,或者也可经龙身吐出到天界而获得再生。因吞而死,又因吐而再生,此种信仰是上述神话和仪式的基础。许多神话中,被怪物吞食的英雄,会在怪物的肚子里见到逝世的祖先①。而塔塔尔族的民间故事中:仙女让英雄经过她父母的龙肚而到达天堂②。在有些神话中,不是从龙口而是由龙尾达到相同功能,例如在古希腊神话中,怪物刻耳拍洛斯(Κερβερος)用尾巴咬了英雄赫拉克勒斯(Ηρακλῆς),以此让赫拉克勒斯能进入世外世界。刻耳拍洛斯原名即是德拉古(Δρακων, dragon),即相当于中文"龙"一词③。这恰好表达龙首嘴和龙尾刺(尾嘴)的功能一致,符合原始信仰中可见的首尾双口龙形象。

3. 中华文明神话中"龙食人"母题的痕迹

(1)神兽吞吐其子的形象

在中国文献中,除了《吕氏春秋》之外,梁朝任昉《述异记·鬼母》也描述有怪物噬吞的形象:"南海小虞山中,有鬼母,能产天下鬼。一产千鬼,朝产之,暮食之。今苍梧有鬼姑神是也,虎头、龙足、蟒目、蛟眉。"④这种神兽生而食杀的形象,与古希腊克罗讷斯的故事在后世的发展一致。后人只关注克罗讷斯吞噬其子的形象,因克罗讷斯神等同于柯罗诺斯(Χρονος)时间神,以其噬子的故事,形容时间乃是不动的,会吞杀一切所生。但其神话原意并非如此,而是指通过神腹获得神能的过程。

任昉所载鬼母食子的形象,即为当时民间故事中所含有的上古信仰遗迹,鬼母的外貌也形似商周饕餮的龙虎合体。从这个故事在南朝流传时的寓意,我们可以看出吞吐其子的鬼母在当时已不是上古信仰中的吉祥之物。这里我们必须特别注意信仰演化之重点:上古巫觋文化对神兽的崇拜,包含以人牲祭祀神兽的传统;被

---

① А.Н. Афанасьев. *Народные русские сказки*. т. 1 – 3; В. Я. Пропп. *Исторические корни Волшебной Сказки*, сс.309 – 311; *Белуджские сказки*. Собраны И.И.Зарубиным. Л., 1932, с.125.

② *Сказки и легенды татар Крыма*. Зап. текста К.У.Усеинова. Симферополь, 1936, с.169.

③ E.Küster, *Die Schlange in der griechischen Kunst und Religion*. Gießen: A. Töpelmann, 1913, s.90; *Greek mythology*. Introduction by Fritz Graf. English tr Th.Marier. Baltimore: Johns Hopkins University Press, 1996.

④ (梁)任昉:《述异记》,《百子全书》32,台北:黎明文化,1996年,页10107。

神兽吞噬而吐出,相当于死而后生的过程,神兽吐出之后的复活,描述了一种现实外的生命。战国之后的社会已不再愿意杀死活人以祭祀神明,也不再视献人牲为吉祥之事。所以在后人所记录的神话中,这些古神或者变成恶鬼,或者完全丧失透过吞噬而将人化为神的神能。以下笔者将对照神话与商周礼器纹饰,阐明此一现象。

（2）被神兽吞吐以升天

在中国传统中,神龙能够将圣人接往天界。如《史记·孝武本纪》和《史记·封禅书》皆曰:"黄帝采首山铜,铸鼎荆山下。鼎既成,有龙垂胡下迎黄帝。黄帝上骑,群臣后宫从上龙七十余人,乃上去。……百姓仰望黄帝既上天……"文献中"乘龙"一句譬喻成仙,或表达成为神人的状态,亦如《楚辞·九歌·大司命》曰:"乘龙兮辚辚,高驼兮冲天。"①《东观汉记·冯异传》言:"我梦乘龙上天,觉寤,心中动悸。"②从黄帝乘龙升天的故事以来,"乘龙"一词在中国传统中被用来作为帝王死去的讳称代词。

黄帝骑龙升天的故事,实际上保留了上古宗教的隐义:神人被神兽吞吐以升天的信仰。因此黄帝必须通过龙,才能升天而在天上得以再生成为圣人。冯异在梦里也乘龙升天;大司命虽本身为神人,但他也需要乘着神龙才能冲天。这都是商文明中神龙崇拜的遗留。只不过战国以后人们已放弃初始的吞咽观念,转由骑乘接引取代了吞噬再生。此即因为巫觋文化没落后,人们已不愿意被怪物吃掉,也不继续以人牲献祭,但却也不敢完全放弃对神兽的崇拜。普罗普教授就曾指出,欧亚民间故事中均可见同类变化③。与此同时,中国神话也同样表现出这种发展趋势。

4. 神食人信仰与献人祭神传统的关联

黄帝骑龙升天信仰的源头也牵涉上古"神杀"的仪式。在各地上古文明的精神文化中,曾经都有过神杀大酋国王的礼俗。一些上古社会认为,大酋是大神的实体,他的身体健康可以保障国家无祸,他的男性(或女性)势力保障农牧丰产,他的身体力气能够保障国家武力。若国王变老、生病、衰弱,将对全国造成巨大风险。因此必须杀死面临变老的大酋。

百余年前,弗雷泽搜集萨满族群所留下的君王仪式、各地民族学家的相关叙述

---

① （楚）屈原著,（宋）洪兴祖补注:《楚辞补注》,页101。

② （东汉）刘珍等撰,吴树平校注:《东观汉记校注》,郑州:中州古籍出版社,1987年,页313。

③ В.Я.Пропп. *Исторические корни Волшебной Сказки*, с.320.

记录,对照上古文献中杀死国王的礼俗记载,发现萨满文化特别害怕大酋国王自然死亡,认为大酋的自然衰弱和死亡代表他的灵魂也跟着衰弱和死亡,这会导致族群的灵魂衰弱或国家灭亡。但如果按时进行神杀,则可以让大酋灵魂再生于另一年轻人的身体中,而保持永生①。所以在上古巫觋文化中,神杀与永生是不可分解的神祕概念。黄帝与神龙合体时已获得永生,但在战国的先进思想中,巫觋信仰的"恐怖性"几乎已被扫除,所以在司马迁的记录中才会转变成骑龙升天的故事。

俄罗斯民间故事中经常描绘:龙魕突然来到某地,要求人们按时奉献处女以供食用,否则便造成大祸;在不少人牺牲后,英雄现身杀了龙,让人们重获自由的生活。普罗普研究发现,神话中的恐怖怪兽,即是早期人们所崇拜的生命神。萨满制度被毁灭后,新的权力制度要求取消萨满仪式,人们也逐渐克服原始信仰,并在克服过程中,将原来赐命的神兽变成被英雄驱逐出境的怪物。"神龙的性质游移于二者间,然而这并非表达出两种不同的龙形象,而只是显示了龙信仰发展的不同阶段。"②

后世放弃神吃人的信仰重点,是因为其与上古以人祭神的传统有关。如《水经注·河伯娶妻》所载的著名故事即为一例证:

> 战国之世,俗巫为河伯取妇,祭于此陌。魏文侯时,西门豹为邺令,约诸三老曰:为河伯娶妇,幸来告知,吾欲送女。皆曰:诺。至时,三老、廷掾,赋敛百姓,取钱百万。巫觋行里中,有好女者,祝当为河伯妇。以钱三万聘女,沐浴脂粉如嫁状。豹往会之,三老、巫、掾与民咸集赴观。巫妪年七十,从十女弟子。豹呼妇视之,以为非妙,令巫妪入报河伯,投巫于河中。有顷,曰:"何久也?"又令三弟子及三老入白,并投于河。豹磬折曰:"三老不来,奈何?"复欲使廷掾、豪长趣之,皆叩头流血,乞不为河伯取妇。③

可见战国时,此种上古仪式还在实行,可是文人们已努力对抗这种"上古文盲"所施行的祭礼。

《楚辞·九歌·河伯》有言:"与女游兮九河,冲风起兮水横波。乘水车兮荷盖,驾两龙兮骖螭。"④这说明了中国古代信仰中河伯与河龙形象是相互结合的。

---

① J.G..Frazer. *The Golden Bough: a study in magic and religion*. London:MacMillan,1925,pp.272–289,300–302.

② В.Я.Пропп. *Исторические корни Волшебной Сказки*,с.313(笔者译文).

③ (魏)郦道元:《水经注》,北京:华夏出版社,2006,页221。

④ (楚)屈原著,(宋)洪兴祖补注:《楚辞补注》,页110。

长沙子弹库楚墓出土帛画所描绘情形,与屈原诗中所述完全相同,乘龙游河,上垂荷盖,下有鱼陪游,即是河伯乘龙游河图(图九七)①。该造型与汉墓石刻表现出来的河伯的样子亦非常接近。

图九七　长沙子弹库楚墓出土
河伯乘龙游河帛画。

　　中国先民应也曾有龙食人的信仰,且牵涉到古代普遍的用人祭神的传统。由商代考古发现可知,商王将大量黎庶当作祭品,以铜钺砍断殉葬者的头,且铜钺上常常装饰两个龙首张口的图案或他种龙图,如郑州市人民公园出土的殷商时期铜钺,左右就有两个龙首(图九八:1)②。笔者推论,这代表以人祭神时,斩首的动作可解释为神杀的过程。或许商人相信人牢、陪葬的殉人实非一般的死亡,而是被神吃掉,所以能羽化、具有神性。

　　殷商礼器除了成双神龙之外,常见成双神虎或各种龙虎合身的形状,这显示在殷商信仰中,神虎应有同样的作用。妇好墓铜钺上的纹饰,表示当铜钺断头时,一对虎形神兽也同时吞噬了人头,具有神杀和神格化两种意思在内(图九八:2)。在司母戊方鼎的鼎耳上也有同样的图案(图九八:3),张光直先生释为"双虎食人"③。上述资料说明此乃神兽食人以助其升天的信仰。类似的还有琉璃河黄土坡村253号墓出土的堇鼎之鼎耳造型为双龙(图九八:4)④。

　　因饕餮神都是以成对的神兽表现,故在神兽混合的殷商文化中,双龙或双虎食人构图亦可以称之为饕餮食人图案。除了殷商信仰体系之外,与早商和殷商同时存在的虎国(吴城)文明、三星堆文明以及其他独特文明,皆有接受商的神龙形象,与其自身崇拜的神兽构成精彩的合体造型。如传自宁乡出土的虎食人卣应属于虎

① 此画图笔者在博士论文中考证为河伯乘龙游河图,并于1993年单独发表在《古楚国的文化现象:中国绘画来源》文章中,参 Городецкая, О. "Культурный феномен древнего Чу: Истоки китайской живописи." *Восток*. М.: Наука, 1993, № 1, сс.62－71.

② 现藏于河南博物院,参河南省博物馆编:《馆藏青铜器选》,图44。

③ 张光直:《商文明》,沈阳:辽宁教育出版社,2002年,页195。

④ M253:12,现藏于北京首都博物馆。

图九八　1. 郑州市人民公园出土的殷商时期的铜钺;2. 殷墟妇好墓出土的铜钺;3. 司母戊方
　　　　鼎的鼎耳;4. 琉璃河出土堇鼎的鼎耳。

国大礼器,器物主体则为龙虎合一、正在吞噬生人的饕餮(图一九二;二二六：1);
安徽阜南、三星堆两地出土的龙虎尊可能是三星堆或古代卢国的礼器,其构图的意
义也相同(图一四七;一四八;二一二;二二六：2—3)。有关这些虽非龙形但能构
成饕餮构图的神兽,笔者将于后续章节中再作详细的讨论。

　　不同文明中,以人献祭的神兽各有不同的兽身,例如在古代克里特文化中,每
年需祭献处女的神是弥诺陶洛斯怪牛(Μινῶταυρος)。虽然神兽形貌不一,但相关
的典礼与信仰皆相近。普罗普曾以民族生活条件来解释选择神兽的种类①,这种
看法应属准确。

　　既然龙是昆虫的变形,对龙的崇拜里应源自农耕文明,生活靠近森林的狩猎族

① В.Я.Пропп. *Исторические корни Волшебной Сказки*, с.318.

群则经常崇拜狼、熊、虎等神兽。龙、虎是殷商文明最重要的神兽，但在早商青铜器上未见神虎造型，可见龙这一崇拜原型应奠基于中原农耕的生活中，是平原农耕居民崇拜的要角。爰至殷商时期，狩猎、战争和农耕的崇拜被总体化、相互融合，故在饕餮的构图上常见以老虎取代夔龙的形象，这些问题笔者会于下文再深入讨论。重点是：这些铜钺明显表达了神杀和用人牲的神祕祭礼的内在意义：铜钺斩首时，被神杀的人，即被成对神兽的双嘴吞噬。

在此必须说明，在神杀的信仰中选择牺牲的方法比较复杂，根据祭祀制度，被牺牲的人牲不是由人来决定，而是由神的指令决定。祭祀中采用两种人牲：战俘与自己的居民，而通常如果用战俘作为牺牲品，一次被献杀人的数量较多，如甲骨文有用几百个羌人来祀神的记载①。但用人祭神的传统并不是从战争产生的，而是先有此种信仰才致使以人祭神。古文明中人们相信神会要求生血，因此需用良好的人牲供奉，如前文中我们提到了最美的处女要送给河伯。弗雷泽在《金枝：巫术与宗教之研究》一书上，记录了众多萨满文化以王子祭神的仪式。许多族群认为，自然死（尤其是病死）对永生有损害，只有在战场或祭祀场被杀死的人，才能保存自己的崇高生命而升天。因为自然死亡的人已将生命力量消耗殆尽，故不能升天，有些族群迄今仍保留这种信仰的痕迹②。例如殷墟西北冈祭祀坑发现楚科奇人种的骨骸③，而在楚科奇人的信仰中恰好认为，在战争或祭礼中被杀死才属"善死"，老死或病死属"恶死"，这种观念在楚科奇人的民间信仰中迄今未亡。无独有偶，甲骨文资料亦告诉我们，在殷商信仰中，人牲被当作"巫"④。因此，除了战俘之外，常有社会地位很高的人被献给自然神或祖妣⑤。中华上古文明中"巫"和"献巫"的信仰以及被饕餮吞食之人的身份问题，将在下文中编第四章详细探讨。

古希腊神史中，颇具代表性的是伊菲革涅亚（Ἰφιγένεια）的故事：伊菲革涅亚是特洛伊战争中希腊军队元帅的女儿；特洛伊战争前，阿尔忒弥斯（Ἄρτεμις）猎神

---

①　如参《合集》295、299 等。

②　J.G.Frazer. *The Golden Bough: a study in magic and religion*, pp.289－293.

③　有关殷商王族与楚科奇人的关系参 Coon C.S. *The story of man: from the first human to primitive culture and beyond*. N.Y.: Alfred A. Knopf, 1954, pp.326－337. 杨希枚：《河南安阳殷墟墓葬中人体骨骼的整理与研究》，《"中研院"历史语言研究所集刊》，卷四十二，1970 年第 2 期，页 231—266。

④　周凤五：《说巫》，《台大中文学报》，1989 年第 3 期，页 269—291。

⑤　В.Я.Пропп. *Исторические корни Волшебной Сказки*, с.318.

要求以伊菲革涅亚的生命为祭。在古希腊神史的描述中,伊菲革涅亚知道此事之后,决定为国族而把自己的生命献出。她认为这乃是她的义务①。此处提及伊菲革涅亚的故事,是为了说明此种信仰绝非可以用"无知愚行"来简单视之,其背后具有深意。从古人的立场而言,为神牺牲生命被视为极高的贡献,不论是贵族、将军、平民,或是人牲,都不会怀疑神杀的必要性与崇高目的。因此人牲用自己的生命保护家族、族国,保证丰年、胜战,同时亦相信,虽然他们不能成为独一的神人,却能因此圣行而升天,所以神杀系一种升天成圣的途径。当以大量战俘献神时,战俘虽不见得有相同信仰,但祭祀者也会强调这是神的旨意,而非人的决定。从甲骨刻辞可见,在进行肉祭前,皆会祈卜:受祀者是否接受祭礼? 这一祭礼能否帮助人们获得自然神或祖先的保祐? 能否在血祭中获得圣人的恩泽或指引②?

一旦社会中大多数人不再有神杀信仰,人牲传统便会中断,其社会形态必然消失。而原本要求人牲的神,在后期的民间信仰中即变成夔魖,即所谓的恶鬼厉神,比如扬雄在《甘泉赋》中所言:"捎夔魖而抶猖狂。"李善注引孟康说:"魖,耗鬼也。"③由于上述原因,商周礼器上所见的夔神在汉代文学中已被转化变形成为恶鬼。如吕不韦确实描写了饕餮吞咽的特殊神能,却给予完全负面的论述,认为饕餮食人乃是凶残之事。

《左传·文公十八年》同样批判饕餮:

> 缙云氏有不才子,贪于饮食,冒于货贿,侵欲崇侈,不可盈厌,聚敛积实,不知纪极,不分孤寡,不恤穷匮,天下之民以比三凶,谓之饕餮。舜臣尧,宾于四门,流四凶族,浑敦、穷奇、梼杌、饕餮,投诸四裔,以御螭魅。

杜预注:"贪财为饕,贪食为餮。"④何以后人如此强调饕餮的贪吃贪欲? 这还是涉及上古信仰的遗产与民间记忆。上古的崇拜神需要多种祭品:如贝、玉、金、牢、人等,春秋之后的社会观念逐渐认为,这样的信仰过度残酷且不合于"礼"。同时,后世黄帝骑龙升天的神话已取代了龙吞咽人的神杀观点,人们逐步忘记神龙饕餮原

---

① Euripides. *Iphigeneia at Aulis*, Cambridge, Mass.: Harvard University Press, 1978.

② 相关的卜辞研究参郭静云:《甲骨文用辞及福祐辞》,《甲骨文与殷商史》第七辑,上海:上海古籍出版社,2017 年,页 137—175;郭静云:《甲骨文"㝵"、"冗"、"㲋"字考》,《甲骨文与殷商史》第三辑,上海:上海古籍出版社,2013 年,页 197—221。

③ (梁)昭明太子撰,(梁)萧统编,张启成、徐达等译注:《昭明文选》,台北:台湾古籍出版有限公司,2001 年,卷七,第一册,页 366—368。

④ (晋)杜预注,(唐)孔颖达等正义:《春秋左传正义》,页 923—924。

是以吞吐方法达成沟通上下、牵连生死的神兽。张衡《东京赋》曰："进明德而崇业,涤饕餮之贪欲。"①其意为强调汉帝靠明德治理天下,涤除以饕餮代表的贪欲,这段文字彰显了后人对于饕餮贪婪形象的论断。

欧亚各文化发展至某种历史阶段时,不约而同地开始批判神兽崇拜。中国文化在战国时期应也经过了这样一个批判的历程,但在汉代以后又有了新的转折:涤除了龙食人的信仰,但却继续崇拜神龙;既保留部分上古信仰,同时融入新观念,"旧瓶装新酒",这可能是中华文明的重要特色。

综上所述,我们可知所谓"西方龙"和"中国龙"并不是毫不相干的观念。只是不同文明对于上古的神兽形象,保留了不同的记忆。在上古信仰中,神兽是吉祥保祐的象征;与此同时,神兽也需要人牲,但这是有助于再生的神杀;所以,在上古信仰中神兽的吉祥性和神兽吞噬人的形象并不相抵触。但在没有"神杀"信仰的后人眼中,这两点便是互相矛盾的了。许多文明因对血腥祭礼的记忆,从而害怕古代曾经受崇拜过的神兽,因此便在民间故事中将其保留为嗜血凶残的恶龙形象。中华文明虽曾一时有这种趋势,但最后却反而选择保留祭拜吉祥神兽的记忆,而忘记他嗜血的恶性,仅仅改变了祭祀时的仪式,保留了原本的崇拜对象,只是"修正"他,让他符合后人精神文化的需求。或许正因如此,在中国后期的民间信仰中,才不再使用夔龙或双首龙的形象,而改为崇拜形状有些不同的单首龙,以与吃人的夔龙作区分。

其他文明在其记忆中则保留了恐怖的血祭,将神兽当作血腥物,放弃古代信仰。中华文明却只改变了崇拜的礼仪和原意,依旧视神兽为吉祥,继承了古代信仰。我们在溯源的研究中,应该结合这几个角度——上古的夔龙或饕餮既血腥又吉祥,"神杀"离不开"神圣再生"概念,神兽的吞与吐是一个不可分割的程序,透过这个程序表达了人与神相结合而日臻神化的过程。

5. 双口的升天通道:透过与神兽结合,臻于神化而成为"神人"的信仰

在巫觋文化中,人物神化的信仰似乎也不仅局限于死者升天的作用。神龙的形象经常用于萨满的跳神礼中,藉以显示萨满就是神子,亦是"神人"。人如何能成为神人或神子呢? 首要条件必须先进入神肚,而后从神身再生。大酋领国王通常也被视为神人,在所罗门王的民间神话中,他被神魑吞吐,而获得他的智慧。前

---

① (汉)张衡著,张震泽校注:《张衡诗文集校注》,页137—141。

文已提及夏禹诞生的故事,也隐含这类信仰在其中。

（1）周代礼器上的神人形象

在古代礼器造型上,常见类似神兽吐出已被神格化的人,而且,在此构图上最常见的神兽仍然是夔龙,但因这在先民信仰中属于神祕知识的范畴,因此这类明确的造型出现得较晚,只有到了信仰之神祕性已然弱化的西周晚期以来才能见到。如晋侯墓地81号墓所出土的玉器中,有双首龙吞吐人物的造型,玉人手亦有龙的形貌,表达此人已合于神,获得神质而成为"神人"（图九九:1）①。暂集轩收藏中也有类似的玉佩（图九九:2）②。依笔者浅见,此图案即是周代"神人"、"神祖"、"文神人"观念的视觉表现。此类吞吐人物的神兽正好是双嘴的夔龙。上文已经提及,无论是单一条双首的夔龙、成对单首的夔龙、成对夔龙还是饕餮,都是双嘴龙神的变形,所以在铜钺上常见的两个开口的龙头或饕餮,与晋侯墓玉器上的双嘴夔龙吞吐神人都有着密切的关联。晋侯墓地63号墓出土了一件商代的玉佩,其图纹近似于一个人骑于龙之上的形象（图九九:3）。在人的腰部上的龙,亦指出了此人的神性,只是没有像81号墓的玉器那么直接表达龙与人合为一体的神祕意义。

图九九　1. 晋侯墓地81号墓出土的玉佩;2. 暂集轩收藏的玉佩;
3. 晋侯墓地63号墓出土的神人骑龙玉佩。

① 北京大学考古系、山西省考古研究所:《天马—曲村遗址北赵晋侯墓地第二次发掘》,页4—28,页25、图三四;页28,图四〇:4。

② 邓淑苹:《群玉别藏》,页122—123,图36。

　　在山西出土的一件西周早期匜鼎，其盖上的构图很有意思：两条龙呈环状交身，从头转出来的身体躲在第二条龙的尾巴之圆勾下，且在围绕鼎盖之圈过半后，龙尾覆盖另一条龙的身体，亦构成一个圆勾形，在双龙交身的位置则各有个跪坐祈祷的人（图一〇〇）。这两位跪坐的祈祷者坐在双龙交错之处，以此构图来表现此人的神圣身份，无疑是神人、神巫或是圣的造型。山西大同下深井北魏墓中所发掘的鎏金镂空牌饰，也可见到神仙在两条双嘴夔龙之中的纹饰（图一〇一）①，说明在魏晋时代，将双嘴龙与神仙结合的信仰仍然存在。

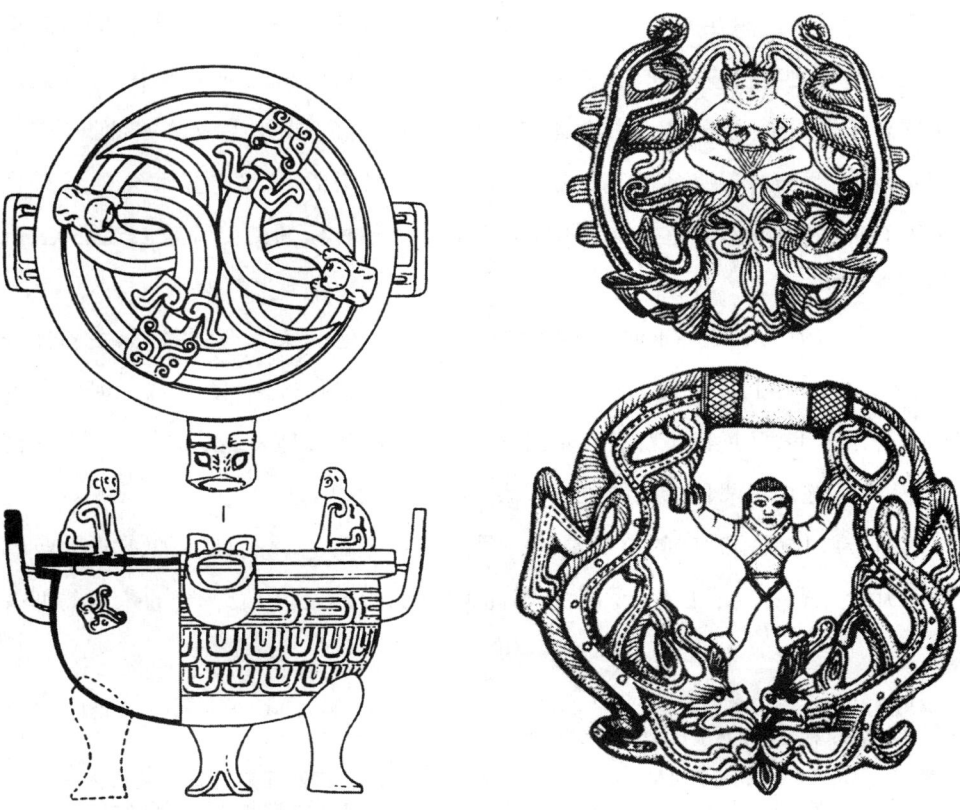

图一〇〇　山西出土西周早期的匜鼎。　　　图一〇一　山西大同下深井北魏墓出土的
　　　　　　　　　　　　　　　　　　　　　　　　　　　　两件鎏金镂空牌饰。

（2）战国以来神龙饕餮的形象与其他臻神化通道联合

　　在观察跨时代的传承关系时，我们同时也可以观察出传统的演化以及不同传统的混合。战国以来的文明已不采用被龙吞吐以神格化的信仰，而改之以乘龙、骑

---

① 山西省大同市考古研究所：《山西大同下深井北魏墓发掘简报》，《文物》，2004 年第 6 期，页 29—34。
山西省大同市考古研究所：《大同湖东北魏一号墓》，《文物》，2004 年第 12 期，页 26—34。

龙的形象。此外,在春秋战国的楚文化中,神龙与玉璧之象征意义合并,形成了新的神祕形象。在长江下游的良渚文化中,玉璧象征再生的神祕奥义。玉璧的形象可能取象于象征死与再生循环的织丝纺轮①,该信仰影响了整个长江流域而汇入商周文明。晚楚的精神文化和造型艺术更进一步将璧的形象与神龙的形象合并,塑造出许多精美玉佩、漆器、帛画等艺术品的构图。如战国早中期熊家冢墓出土的玉佩,其中有很多便是以双龙联合于璧为主题(图一○二:1—2)。熊家冢墓玉器中,有一件仙人站在龙尾的造型,详细看造型的细节,在人形胸部上有玉璧,而两只手怀着玉璧并将之举在胸前,并提着玉璧而站在龙尾上,两种成仙的象征同时表达这个人像造型之身份应系仙人(图一○三)②。西汉初期马王堆帛画中,两条龙之交也联合于璧(图六五);马王堆朱地彩绘棺足挡绘饰的构图,意义亦是相同(图一○四:1)③。西汉初期谢家桥墓的漆翣构图中,有双龙交尾、双连璧地图纹,此外在头部另有加羽兽面像;在这个构图中,结合采用了三种信仰的传统来表达羽化、升天的意思(图一○四:2)④。

荆州院墙湾战国楚墓玉佩上,描绘着一位神人,他的头上有璧,两只手各抓一条龙,每条龙的背上又各有天鸟(图一○二:4)⑤。这种构图,既符合江河中原的双嘴龙神人信仰,又近似于源自良渚的玉璧,以天神和天鸟来表达神人的造型(图一○二:3),这是用两种传统的方法来表达神人的意思。

太原金胜村战国时期的赵卿墓地一号墓所出土的一件高柄香炉⑥,它的纹饰包含了几个主题:器足上有十六只姿态优美的鹤,排列三行,最下行的八只鹤仰头

---

① 赵柏熹、郭静云:《从新石器时代到国家时代长江中游礼器所见"四方"观念刍议》,《人文论丛》,2019年第二辑,北京:社会科学出版社,2015年,页128—141。

② 都藏于荆州博物馆,据笔者自摄照片。另参荆州博物馆,彭军、王家政、王莉、金陵、王明钦、杨开勇、丁家元、赵晓斌:《湖北荆州熊家冢墓地2006~2007年发掘简报》,《文物》,2009年第4期,页1、4—25,图六、三七:5、三八:5。

③ 湖南省博物馆、湖南省文物考古研究所:《长沙马王堆一号汉墓》,北京:文物出版社,1973年,图二四。

④ 荆州博物馆,王明钦、彭军、王家政、王莉、金陵、杨开勇:《湖北荆州谢家桥一号汉墓发掘简报》,《文物》,2009年第4期,页26—42,图十三。

⑤ 藏于荆州博物馆,据笔者自摄照片。另参荆州博物馆,田勇、赵晓斌:《湖北荆州院墙湾一号楚墓》,《文物》,2008年第4期,页1、4—23。

⑥ 赵卿墓地的时代被定为春秋晚期,可是出土的部分器物明显不早于战国中期。据《左传·定公十三年》,晋卿赵氏活动在春秋晚期。根据这两条线索,笔者认为,赵卿墓地的年代上限在战国早期,下限则在战国中期,而一号墓的年代应该偏晚。此外,山西博物院视该器物为酒器,称"高柄小方壶",依笔者浅见,这种看法恐怕是有误的,该器物的形状不能被用作酒器,而应是个人用的小香炉。

图一〇二 1—2. 战国早中期熊家冢墓出土的玉佩；3. 良渚文化天神双鸟玉佩；4. 荆州院墙湾战国楚墓出土的玉佩。

图一○三　战国早中期熊家冢墓出土的玉佩。

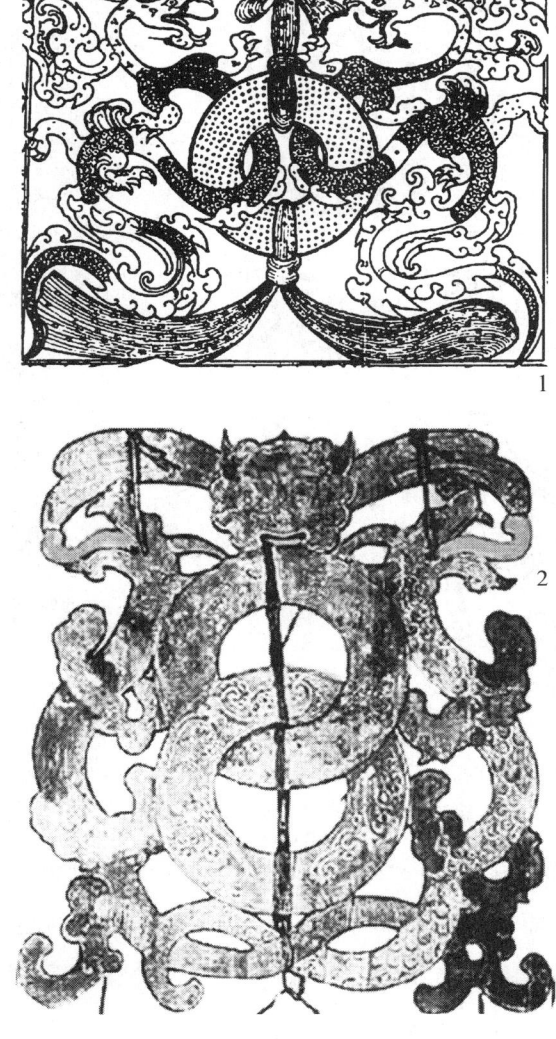

图一〇四　1. 马王堆西汉墓出土的朱地彩绘棺足挡绘饰；
　　　　　2. 谢家桥西汉墓出土的漆匜。

往上看,中间与最上方的两行,则各有四只头往前看的鹤,其中最上行的鹤腿间有双虫交错身图;器身有双连璧和四面八方图,器盖上则有两条龙(图一〇五)。从香炉的纹饰来看,涵盖了几个传统和概念:天鹤形象、双连璧、双龙,以及四、八方向观。在四方的结构上用三种形象表达升天的意思,并在其纹饰的等级上,以双龙代表最高位。

随着时间推移,文明会演化,会出现具有新的神祕意义的象徵物,如南越王墓右夫人的玉佩中,一件含有玦形双首龙的形状,在他们之间则有花蒂形的对象(图

图一〇五　太原金胜村战国时期赵卿大墓出土的高柄香炉。

一〇六：2），这就是文明演化中新形象与旧范型相配的例子。到了魏晋时期，神龙的神生之象征，与莲花神生的印度信仰合并。由此可见，神龙的形象从上古信仰经过汉代的演化之后，又在更新的历史阶段里，与佛教文化结合产生了新的意象，如山东地区出土的北魏时期佛像（图一〇七；一〇八）①。在佛的左右有两条龙，各吐出神气，由龙所吐出来的神气变成莲花而生菩萨，这就是典型的龙神生图。在印度佛教里，龙是凶恶的克托尼俄斯魔鬼形象，不可能与佛像共存。但佛教传入中国，与中国本土龙形结合后，两者并无矛盾。在中国人的观念中没有对花的崇拜，所以莲花神生的形象难以直接消化，但如果莲花是由神龙吐出神气而成，这种形象更容易被理解和吸收，因此才会产生龙吐神气，而气变化为莲花，再生菩萨的形象。但此形象的深远根源在新石器及商周巫觋文化中。

此外，类似南越王墓双首龙花蒂的结构亦可见于近代寺庙屋顶上，如双龙与莲花、双龙与金刚，或双龙与葫芦等结构（图一〇六：3—4），在这些结构中，花、金刚、葫芦等象征性的对象，取代了饕餮构图的鼻形令牌（参图三〇：5—7；三一：1；三

———————————

① 台北震旦艺术博物馆收藏并提供图片。

图一〇六　1. 上海博物馆收藏殷商时期饕餮纹簋的口沿纹和足纹；2. 南越王墓出土的右夫人组玉佩；
　　　　　3—4. 近代寺庙屋顶上"饕餮"构图：3. 广东梅县灵光寺大雄宝殿的屋顶；4. 广东梅县道观的
　　　　　屋顶。

八：3；六三：4；七六：2；八二；八五；八八；八九；九二；九三；九四：9；一〇六：1
等）。由此，我们可以观察到，神龙信仰及其神祕形象被逐渐并入于中国的其他文
化之中，且继续留存，获得了新的活力。

6. 小结

总而言之，由商周礼器造型推论，双嘴夔龙、双虎、饕餮吞吐神人都在表达神杀
与神生的信仰，神吞以杀，神吐以生，故吞吐为神的主要机能，使人"神格化"，让常
人得以升天或再生为"神人"。在信仰后期的发展中，虽然蕴含了许多其他文化观
念，但还是没有放弃通过龙而升天的神话信仰，这个现象说明了这类信仰的基础很
深，被中华文明许多族群接受，成为多元中华文明共同的重点。通过神龙升天信
仰，表达神龙管理死亡以及死后的过程，但通过龙所发生的死亡，实际上只是永生
之开始，神龙既杀又生，提供永生而衍养崇高之生命。因此神龙杀生、死生信仰牵
连着衍养生命的神能。

图一〇七　山东地区出土、震旦艺术博物馆收藏北魏时期的佛像。

图一〇八 山东地区出土、震旦艺术博物馆收藏北魏时期的佛像。

（三）神龙衍养信仰

1. 生养万物的神灵雨

在各地萨满文化信仰中，神龙不仅吞吐人物，同时吞吐各种有神格的事物，其中又以水火为主角。在各地民间故事中，神龙出现时常伴有起火、涨水的现象，火灾、水灾皆由龙所导致，但人们所必要的雨水也由他所赐。

天上神龙吞吐水火的信仰应与自然暴雨现象息息相关。不同文化因为地理气候条件不同，会强调神兽的某一机能，例如埃及地区极少下雨，且在古埃及文明中，并未有神龙吞吐闪电雨露的描述，神鳄吞吐太阳才是其主要信仰。而中国文化则不同，从未见有龙吃日的神话，却强调夔龙兴风吐雨的信仰。郭郛先生认为"夔"是鳄鱼的古名[1]，但上文已经讨论过，中国夔的来源与鳄鱼无关。埃及和中国两大古文明所崇拜的神兽不同，古埃及拜鳄从地下吐日，而中国拜龙则从天上吐雨。

又如俄罗斯森林地区，闪电年年造成火灾，而民间故事便认为龙既是火王，也是水王，同时强调龙能以神火烧灭全国[2]。江河中原不常因缺雨而造成火灾（旱灾是非农耕文明所在的黄河上中游等华北地区的常见现象），雷电造成火灾的风险不大。因此，在中国古老的农耕文化中，则认为雷雨善祥，系丰收的吉兆，又是天意的表现，而自天龙吐泄而出的甘露亦具神性，为生命玄胎；至于龙所吐发的闪电等天火也具有同样的神格。

殷墟卜辞记载舞雩祈雨，藉以请求天神协助，使祈求之事成功。同时青铜器上的纹饰亦均将神龙置于云气中，神龙显然是天神，盘旋于天空，管理生养万物的天气雨露，饕餮纹饰也经常表现龙口正在吐火的形象（如参图六三：1；八一至八三；八八；九十；九一；九三；一一三等）。《左传·桓公二年》在描绘帝王服饰时也曾提及："火龙黼黻，昭其文也。"[3]这或许反映出民间传说还保留有火龙的形象。

---

[1] （西晋）郭璞注，郭郛注证：《山海经注证》，页792。

[2] А.Н.Афанасьев. *Народные русские сказки*，No.125等。

[3] （晋）杜预注，（唐）孔颖达等正义：《春秋左传正义》，页210；针对"火龙黼黻"四个字文意不详，然不影响笔者的解读。另外参见屈万里先生对此问题的探讨，屈万里：《书佣论学集》，台北：台湾开明书局，1980年。

俄罗斯民间创作中,当神龙飞行时,全身各处皆会喷吐大火;而当居于水中大山的神龙行动时,会使大水高涨①。这些描述与《山海经·大荒东经》对"夔"的描述相当类似:"东海中有流波山,入海七千里。其上有兽,状如牛,苍身而无角,一足,出入水则必风雨,其光如日月,其声如雷,其名曰夔。"虽然在上文中夔如牛,不过《山海经·海内东经》另有记载:"雷泽中有雷神,龙身而人头,鼓其腹。"②这段记载说明了所谓的"雷兽"依然还是龙形。

汉代人已不接受由贪虐的怪物来管理水或火等象征神圣的现象,恰与其他文化的英雄克龙神话相似。例如在《梨俱吠陀》中(Rigveda)Ⅳ－17 描述弗栗多(Vritra)蛇龙形的魔怪吞咽河水而不给人们使用,故因陀罗(Indra)神帝杀了弗栗多而解放河水以涵养大地③。在犹太教的耶和华也有相类的形象,他降服所有的埃及怪物,成为亲自发电降雨的神帝。

《山海经·大荒东经》曰:"……其名曰夔。黄帝得之,以其皮为鼓,橛以雷兽之骨,声闻五百里,以威天下。"④其中描述了黄帝杀死夔,并剥夺其神权的故事,显示出战国秦汉时期中国的神话中,也有英雄克服神兽而自己掌握其神能以代之的趋势。不过中国文明在经历过这些趋势之后,却又回到祈神求雨的祭仪,并没有完全舍弃以神龙管理雨露的信仰。在建筑的屋顶上、民间舞雩祈雨的仪式中,龙形的天神造型仍然被保留了下来,近代佛寺或道观屋顶上的双龙造型与商周成对夔纹依然十分相似(参图一〇六:3、4)。

2. 神圣的食物

古人认为神龙体内的东西具有神性。礼器造型也足以表达此种信仰,台北故宫收藏的双龙纹簋的器形,铜簋的器腹即是双龙的肚腹,因此所盛的粮食就成了具有神格的圣粮(图一〇九)⑤。礼器所盛的饮食是用来供养祖先的,必须具有通天达神的性质,此器的造型恰如谷粟被双龙吞咽,故适合献祭。

---

① А.Н.Афанасьев. *Народные русские сказки*, № 562；271；206；136；132；155.

② (西晋)郭璞注,郭郛注证:《山海经注证》,页735—736。《淮南子·地形训》:"雷泽有神,龙身人头,鼓其腹而熙。"也阐明暴雨是由夔龙所造成的现象。《周易·随卦》亦云:"象曰:泽中有雷。"(汉)刘安编,何宁撰:《淮南子集释》,北京:中华书局,1998年,页363。(魏)王弼,(晋)韩康伯注,(唐)孔颖达等正义:《周易正义》,页179。

③ В.Я.Пропп. *Исторические корни Волшебной Сказки*, с.336.

④ (西晋)郭璞注,郭郛注证:《山海经注证》,页791—793。

⑤ 陈芳妹:《商周青铜粢盛器特展图录》,页204—205,图18。

图一〇九　台北故宫收藏的双龙纹簋。

　　弗里尔画廊收藏的殷墟时期铜盉,其外形为两条龙从左右两边含着盉嘴,而吐泄出盉中的鬯酒。此种造型即意味着由双龙吐泄的甘液,成为琼浆玉液的神泉(图一一〇)①。

图一一〇　美国弗里尔画廊收藏殷墟时期的铜盉。

　　其实,所有祭品都须经过神化过程,才能够通天达神。因此商代仪式中的祭品,包括饮食、财物、牲人等,都必须让双口的神龙吞咽,以接送升天。

---

① 中国青铜器全集编辑委员会:《中国青铜器全集》,北京:文物出版社,1997年,册3(商3),页68、148—149,图版一四七、一四八。

（四）总结

由上述礼器与神话的比较可以推论,在商周的巫觋文明信仰中,神龙应有双重的机能:从天上吐下甘露,养育群生;在地上吞杀群生,使他们升天归源。这应是"双"真正的观念本质——并非雌与雄,而是生和死。若再更进一步假设,神龙的嘴,既象征吐泄神精的生殖器,亦象征吐生神卵的母肚阴道,故在原始的神龙信仰中,雌雄机能并无区别,这才是超越凡性的神性。

礼器上的双嘴龙、尾刺龙、双尾龙、双龙、夔龙、饕餮等造型皆为吞吐万物的神龙,然而,我们在出土文献中却未见双嘴龙、夔龙、饕餮这些词汇。古人究竟如何称呼此种颇为关键的崇拜对象?下文中,笔者将依赖古文字分析提出推测:对古人而言,双嘴龙即是原始的"神"字所指称的对象。

三、"神"字之象形意义

（一）"神"字象形意义原考

《说文·示部》曰:"神,天神,引出万物者也,从示、申。"将"神"字定义为天上的神灵。许慎将"神"视为从"示"、"申"的会意字,然而清代说文学家,如朱镜蓉、段玉裁,皆不了解何以"申"能作义符,因而改许慎的原文作"从示申声"[1]。限定了"申"仅有声符作用,而未带任何实质涵义。许慎在《说文·申部》又云:"'申,神也'。神不可通。"[2]

然而从商代几个本来不从"示"的字在后期语文中写成从"示"的脉络来看,其均指被祭祀的对象。古文中"示"字是取象于祖先牌位形状的象形字,除了本义

---

① （汉）许慎著,（清）朱骏声、朱镜蓉通训:《说文通训定声》,北京:中华书局,1998 年,页 634。（汉）许慎著,（清）段玉裁注:《说文解字注》,页 3 上。

② （汉）许慎著,（清）段玉裁注:《说文解字注》,页 31 下。

"庙主",也用作"祭"义,则"社"、"祖"、"禩"、"神"字的构成,表达了"土"、"且"、"鬼"、"申"皆是祭祀对象。有些从"示"的会意字早在商代即已形成,如《合集》3210 已有"禩"字。战国时期,从"示"的"禩"字被普遍使用,但后来人们或许不想对鬼使用祭祀对象的尊称,故逐步弃用"禩"字。从"示"的"神"字最早出现在西周早期宁簋盖铭文上,"𥛠"①字用以表达对天上百神的信仰,与《说文》将"神"定义为"天神"是一致的。凡从"示"的字体,均可视为对被祭祀对象之尊称,而"土"、"且"、"鬼"、"申"才是重要的义符。甲骨文中"土"字确实用作"社"即土地神的意思,而"且"是"祖"的本字。对古人来说,"申"也是受祭对象,故可作从"示"的字体。根据古文字从"示"的组合字结构逻辑,"神"字的"申"应是"神"字最关键的义符,表达其崇拜对象的范畴。

《说文·虫部》云:"籀文虹从申。申,電也。"②纵使许慎对"申"字最重要的定义还是"神","申"作为"電"属次要用义,但从清代以降,学者多接受"申,電也"的说法,且将其视为本义,据此便认为甲骨文的"申"字像天上電闪之形;同时学界均不接受"申,神也"的定义,而采用同音假借来否定许慎将"申"解为"神"之说法。

有些古文字专家支持郭沫若先生的观点,认为"申"的本义就是干支,并认为,因"申"与"神"是同音字,故周人将"申"假借为"神"③。但李孝定等学者提出相反的看法,认为是干支"申"自"神"取音假借,而"神"系"電"形。李孝定先生认为,在古人心目中,万物(包括電雨)皆含有神格,且"申"与"神"又属同音字,故许慎也说"申,神也",不过"申"的本义非"神",仅是"電"的本字④。同时,李孝定先生和其他学者怀疑,是否周人因音韵的关系才将"電"假借为"神",而进一步思考"電"与"神"之间的关联性。对此,姚孝遂先生曾提出:"由于古代的人们对于'電'这种自然现象感到神秘,以为这是由'神'所主宰,或者是'神'的化身,因是假借义。"后来在文字及社会思想的发展下,"申久假不归,专用作干支字,另加上'示'作'神',加上'雨'作'電'"⑤。当代说文学专家也曾提出过"電"、"神"两义之间具有关联

① 《集成》器号 4021—4022,现藏于中国国家博物馆。
② (汉)许慎著,(清)段玉裁注:《说文解字注》,页 763 下。
③ 郭沫若:《释干支》,郭沫若:《甲骨文字研究》,北京:科学出版社,2002 年,页 30。
④ 李孝定:《甲骨文字集释》,台北:"中研院"历史语言研究所,2004 年,页 4385—4390。
⑤ 姚孝遂:《再论古汉字的性质》,《古文字研究》第十七辑,北京:中华书局,1989 年,页 317。

性之看法,将闪电视为神存在的依据①。

不过大多数学者认为,"申"、"神"、"电"的象形意义是自然闪电现象,这一说法几乎成为古文字学界的"定论"。可是笔者观察很多自然电形,无法看出其与"𝄜"、"𝄜"字的相似之处,反而商周的礼器双嘴夔龙造型,与"𝄜"、"𝄜"字毫无差别。

(二)金文"申"字

根据金文资料,在西周杜伯盨盖上的弯龙造型图案,与商周金文的"申"字几乎没有差别:𝄜 𝄜 𝄜(左:西周晚期杜伯盨器盖图案;中:西周晚期的大克鼎铭文②;右:杜伯盨铭文③;图四二;六二)。由此推论,"𝄜"、"𝄜"、"𝄜"(申)字并不是闪电符号,而是上下各有一嘴的弯形双嘴夔龙符号,而双嘴龙信仰与"神"观念有密切的关系。许慎言"申,电也",表达"电"字也是"申"的衍生字。从文字学方法来说,单凭许慎所指的次要字义,不宜据以断定其象形意义;从宗教学角度来说,电是神的表现之一,而不是神的意思来自电的神祕性。由于神龙的机能表现在吞吐中,故龙的双口是他最具意义的特征,因此在"𝄜"字的结构中,省略耳眼等次要的部分,上下两个龙首简化成最具意义的开口象征。这种理解,不仅有同时代的图像可为依据,也与礼器所显示的双嘴龙神信仰乃至神话和民间传统所保留的神龙崇拜相符合。

(三)甲骨文"神"字

金文中的"申"通常用作"神"义,而其结构和双嘴龙相仿佛。甲骨的"申"字写作"𝄜",虽然与金文接近,但在目前所见的卜辞中,"𝄜"仅作为干支的"申",对此罗振玉的见解实为精确,他指出:"𝄜"仅作干支而无神义④。在殷商时期的金

---

① 如参王进祥、岳喜平:《说文解字今述》,台北:说文出版社,2003 年,页 76。李恩江、贾玉民:《说文解字译述》,郑州:中原农民出版社,2000 年,页 7。

② 《集成》器号 2836,陕西扶风县法门镇任家村出土,现藏于上海博物馆。

③ 《集成》器号 4448—4452,陕西省澄城县与韩城县之交界处出土,现藏于上海博物馆、北京故宫。

④ 罗振玉:《殷虚书契考释》,北京:北京图书馆出版社,2000 年,卷中,页四、五。

文上，如葡亞罍角①、亞鱼鼎②、作册般鼋③；殷商晚期或西周早期宰椃角④等，“申”同样仅作干支。虽然在《合集》27164 三期甲骨文上有一例，可让我们以为“”字不仅用作干支，其卜辞曰：“乙亥卜，王先攸？丙卜，岁禋？兹用”。然仍难以肯定此“”用作“神”义，或“丙申”补字等其他意思，因为卜辞简略且难以理解，又或许是写错字。除了这个卜骨之外，未见类似的用例。此外，夏渌先生认为，在“牛于母癸申侑”、“翌于丁申”等卜词中，“申”字用作“神”⑤。但笔者以为，此仍应用作干支，因为商人不将祖先称为“神”。换言之，笔者认为，夏渌教授的见解仍可存疑，甲骨文中“申”字还是未见有用作“神”义的。

不过，甲骨文中另有一个相似的“”字体，以及前文所探讨早商的双嘴龙符号，皆可推想原始的“神”字写法可能是“”。如果将双嘴龙的符号转换个方向：，其特征恰如、、。至于甲骨文的“”字，乃是与“”字同音的干支“申”字，但在部分西周铭文中，“”字的圆圈被省略，而形成用作“神”义的“申”字，依此发生与用作干支的“申”字两字同形的情况。

简言之，透过字形与符号之分析，笔者推测早期的双嘴龙神祕符号在历史发展下，一边继续作为礼器上的纹饰，一边则用作字形，甲骨文的“”字，可能就是来自双嘴龙符号的“神”字雏形。

再看看“神”字与“龍”(龙)字的关系。甲骨文“龍”写作“”、“”、“”、“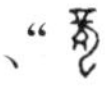”，商代金文龍爵作“”⑥；子龍壶作“”⑦、龍爵作“”⑧、龍鼎作“”⑨，龍

---

① 《集成》器号 9102，现藏于美国华盛顿弗里尔美术博物馆。

② 钟柏生、陈昭容、黄铭崇、袁国华编：《新收殷周青铜器铭文暨器影汇编》，台北：艺文印书馆，2006 年(后引简作《新汇编》)，器号 140，现藏于中国社会科学院考古研究所安阳工作站。

③ 《新汇编》器号 1553，现藏于中国国家博物馆。

④ 《集成》器号 9105，现藏于日本京都泉屋博古馆。

⑤ 夏渌：《卜辞中的天、神、命》，《武汉大学学报》，1980 年第二期，页 81—86。

⑥ 《集成》器号 7532，藏处不明。

⑦ 《集成》器号 9485，现藏于英国某地。

⑧ 《集成》器号 8223，藏处不明。

⑨ 《集成》器号 1119，藏处不明。

器字形与龍鼎相同,只是左右相反①;西周早期的龍爵作"🐲"②、"🐉"③,似乎皆用作族名或族徽。在早期的铭文中,唯西周早期正作龍母尊的"龍"字不是用作族徽,其写法作"🐲",比族徽的"龍"更加抽象④。这些字都是单首之龙,与"🐍"或"🐍"字有明显的相似之处,龍鼎和龍器的"龙"形嘴里还带有圆圈,与"🐍"字相类,但却有两种差异:第一是"龍"字只在一端有嘴或完整的头形,尾端无头无嘴,"神"字则两端都有象征化的嘴;第二是部分"龍"字体有象宝冠形的"辛",既作声符亦指出与商王室的关系,也就是说,"龍"字也用作汤商王族某些宗族的族徽,而"神"字的字形和字义,却都不关联到任何贵族。

从甲骨金文来看,"龍"字大多数用作人名、地名、国名、族名或族徽。但另有几条可见"🐲"与"🐍"字的意思也有相关性,例如以下两组相似的句型:

1. 🐲亡其雨?　　　　　　　　　　　　　　　　　　《合集》13002

　　兹🐍其雨?　　　　　　　　　　　　　　　　　《合集》13407、13408

2. 帝令🐲?　　　　　　　　　　　　　　　　　　《合集》14167

　　帝其令🐍?　　　　　　　　　　　　　　　　《合集》14127—14131

可知两者功能有时相近。此外甲骨文所见"神妇"和《合集》21803 出现的祭祀对象"龙母"或许也有相关性,可是后者的意思只能限于指商王族的神母。笔者推断,"神"是头尾皆有嘴口的神龙,其本字是表达夒神崇拜的神祕符号。甲骨文中,"龍"的字形与"神"字一样仅有嘴、无眼耳,不过在金文上用作族徽的"龍"字造型完整而有眼耳,可见在"龍"的形状上嘴口也属于关键部分;"龍"与"神"二字的字形之主要差异在于"神"是双口,而"龍"是单首单口,并且头上还有"辛"型的冠,指示其与商王室的关系。就字义而言,"龍"字在甲骨金文中的用义确实大多与汤商王室某一宗族有关,而"神"字则都是与天神有关的用义。

甲骨文"🐍"字的用义范围相当符合先秦文献中的"神"字,可说"🐍"即是"神"

---

① 《集成》器号 10486,藏处不明。

② 《集成》器号 7533,现藏于上海博物馆。

③ 《集成》器号 7534,藏处不明。

④ 《集成》器号 5809,现藏于台北故宫。

的本字,具有鬼神之"神"、人们祈求雨露的天神、神气神瑞等涵义①。关于此点,下文将继续阐明。另由礼器的纹饰可知,该字与双嘴龙神信仰确实有关系。

如何能够理解"🐍"字的确切象形意义?假如"🐍"字中的"🐍"是形容双嘴龙或双首双爪夔龙的形体,那"🐍"字的上下两个圆圈的意义为何呢?

1. 首先就字形来分析,如《合集》13414 🐍、3945 🐍等等,皆可推论"🐍"字的双圆可能是两个"口"字。此外,甲骨文中另有从两口的字体:🐍。纵使其两口间的 S 形曲折上没有像"🐍"一样的支线,但由卜辞的用例可知该字与"🐍"字相同:

　　　……🐍耤才(在)名(明),受(有)年?

　　　……🐍弗其受屮(有)年?

　　　乙卯卜,㱿……　　　　　　　　　　　　　　　　　　《合集》9503

　　　己卯卜,㱿贞,不呼🐍耤于明,享不? 酒　　　　　　　　《合集》9505

　　　贞:呼🐍耤于明?　　　　　　　　　　　　　　　　　　《合集》14

这两个同时期的卜辞所记载的是一件事情,所提的问题和所指的地点、时间、巫师名号皆相同。前者曰"🐍耤",而后者云"🐍耤",两者应是同一个字。

依此可得知,"🐍"的圆圈应与"🐍"或"🐍"同样用于形容神的双口。在殷墟花园庄东地发现的 159 与 336 卜甲上也有"🐍"字,或许在目前所发现的古文字资料中,这是最早的"神"字②。其实在学术界早有将"🐍"、"🐍"、"🐍"视为同一字的看法,如于省吾先生认为这三者皆是"雷"字的异体;郭沫若先生则认为,"🐍"、"🐍"、"🐍"都是"申"字③。笔者同意前人所言这三字皆为同一字,只不过根据上文推论,应可阐明它原本其实是个"神"字。

---

① 此问题笔者曾有探讨,郭静云:《甲骨文中"神"字的雏型及其用义》,《古文字研究》第 26 辑,北京:中华书局,2006 年,页 95—100。但后来的研究更进一步修正了原来的理解,参下文详细对有"神"字甲骨卜辞的考释。

② 中国社会科学院考古研究所编著:《殷墟花园庄东地甲骨》,昆明:云南人民出版社,2003 年(后引作《花东》),卜甲号 159、336。

③ 于省吾:《释雷》,于省吾:《殷契骈枝三编》,台北:艺文出版社,1943 年,页 2;郭沫若:《甲骨文字研究》,页 30。依汤余惠先生的见解,这是同一字,简式用为干支,繁式则用为"電",参汤余惠:《略论战国文字形体研究中的几个问题》,《古文字研究》第十五辑,北京,中华书局,1986 年,页 60—61。

2. 若从字形的发展来讨论此问题，并非所有西周铭文上的"神"字都写作"申"，另外仍有不少写从双口的文例，如西周晚期此鼎与此簋皆言：

> 用乍(作)朕皇考癸公障(尊)鼎，用亯(享)孝于文神①。

将"神"写作 ⿱, ⿰。西周晚期疐史 ⿰ 壶言：

> 先神皇且(祖)②。

将"神"写作 ⿰。在西周铭文中，共发现七例作为"神"的"申"字，其中四例不从双"口"，其余三例从双"口"，故从数量看，两者应是同时通用。若从用作"神"的时间来看，不从"口"的"申"都没有比从"口"的"畾"字更早。从双"口"的字形应隶定作"畾"。由于商代语文中"畾"才是"神"字雏形，所以笔者推论，周代"畾"与用作"神"的"申"具有古今字的关系。

罗振玉将甲骨文的"⿰"(畾)字视为"電"③，叶玉森视为"霆"④，郭沫若视为"虹"⑤，董作宾视为"霞"⑥，陈梦家视为"隋"⑦，于省吾视为"雷"⑧。以下，笔者将礼器纹饰与字形加以排列，可知甲骨文的"⿰"(畾)字，既类似双嘴龙符号，也和金文的"神"字相当接近：

早商双嘴龙符号：⿰、⿰、⿰、⿰；

殷周双嘴龙造型：⿰、⿰、⿰、⿰；

西周金文"神"字之例：⿰、⿰、⿰、⿰、⿰。

据上述的纹饰和字形，甲骨文的 ⿰、⿰、⿰、⿰、⿰、⿰、⿰ 字体应该就是"神"，写法从"申"和双"口"。

直至战国西汉时，"畾"古字依然存在，且增加了"示"字偏旁，如上海博物馆藏

---

① 《集成》2821—2823、4303—4310，现藏于岐山县博物馆、陕西历史博物馆。
② 《集成》9718，现藏于蓝田县博物馆。
③ 罗振玉：《殷虚书契考释三种》，北京：中华书局，2006年，页394。
④ 中国社会科学院考古研究所编：《甲骨文编》，北京：中华书局，1965年，页453。
⑤ 郭沫若：《卜辞通纂》，北京：北京图书馆出版社，2000年，页86，421片释文。
⑥ 董作宾：《殷历谱》，台北："中研院"历史语言研究所，1992年，下篇，卷9，页47下。
⑦ 陈梦家：《殷虚卜辞综述》，北京：中华书局，2008年，243—244。
⑧ 于省吾：《殷契骈枝三编》，页2。

竹简《竞建内之》第 7 简的"神"字写作""①,《曹沫之陈》第 63 简作""②；《恒先》第 4 简、《容成氏》第 40 简、《柬大王泊旱》第 6 简、《三德》第 2 与第 4 简、新蔡葛陵墓甲二第 40 简和马王堆帛书,皆将之写作""③。"神"的"申"部上下有"口"字偏旁。

依据上文所列资料,可见除了礼器纹饰揭示出神龙的两个口具有关键的神祕作用外,古文字也显示出"神"的古字是从双"口"的。由礼器与文字互补参证可明了,古代的神灵观念应该滥觞于巫觋文化信仰对双嘴龙天神的崇拜。商代人视祖先、上帝、地社、河、凤、岳等为不同神灵,祂们原本都不称为"神"；原始的"神"义也不像战国以后那么宽泛,而只限于双嘴龙形的天神。只是后来在西周文化中,认为祖先已经过神的吞吐,故获得与神同样的神格,因此在铭文上开始对祖先用"神祖"、"神人"、"文神"等说法,但还未曾用单一的"神"字来指称之。"神"作为一切神灵之通称,应该是汉代以后的用法。

双嘴龙信仰,既是神灵观念的源头,亦是"神"字原来的象形本义。甲骨文""字是从双首双爪夔龙形体造字,并强调夔龙的双口；此两口应与双嘴信仰相关,并以此作为""字的关键义符；其"申"部形容夔龙之身,故也为义符,但同时发展成声符,并借音形成干支"申"字。故依鄙见,应将""字视为会义兼形声字。

就干支的"申"字来说,在目前所发现的卜辞中,未见有""(神)与"申"混用的文例。然而周人不仅持续采用从双"口"的""字,也同时在部分字体上省略""字的"口",以形成用作"神"义的"申"字,从而才发生""(神)与"申"字的混用情况。既然这两字开始被混用,西周晚期以降,从"口"的"神"字影响了干支的"申"字,使其有时也写从双"口",这种写法大多数见于楚系文字中。如曾仲大父蠚簋、毛嗀簋等铭文的"申"字写作""④。这些是同源分化的两形两义字

---

① 马承源主编:《上海博物馆藏战国楚竹书(五)》,上海:上海古籍出版社,2005 年,页 24。

② 马承源主编:《上海博物馆藏战国楚竹书(四)》,上海:上海古籍出版社,2004 年,页 154。

③ 马承源主编:《上海博物馆藏战国楚竹书(三)》,上海:上海古籍出版社,2003 年,页 109。马承源主编:《上海博物馆藏战国楚竹书(二)》,上海:上海古籍出版社,2002 年,页 132。马承源主编:《上海博物馆藏战国楚竹书(四)》,页 50。马承源主编:《上海博物馆藏战国楚竹书(五)》,页 128、130。张新俊、张胜波:《新蔡葛陵楚简文字编》,成都:巴蜀书社,2008 年,页 8。何琳仪:《战国古文字字典》,北京:中华书局,2004 年,页 1120。

④ 《集成》器号 4203—4204,湖北随州市曾都区均川镇熊家老湾村出土,现藏于湖北省博物馆、襄樊市博物馆；《集成》器号 4028,藏处不明。

后来又混用的状况。春秋晚期苏国的宽儿鼎作"⌇"①，曾国曾子原彝簠依然从双"口"的写法，作"⌇"②，战国早期的楚子腆簠亦将地支"申"字写成"⌇"③。在春秋战国竹简中，如九店楚墓简、曾侯乙墓简、新蔡葛陵简、包山楚墓简、望山楚墓简、楚上博《容成氏》等简牍上，从双"口"的"⌇"（申）字颇为常见④。此外在简文中从"申"的字体如"绅"，曾侯简、望山简、天策简皆作"⌇"，包山简作"⌇"。"繀"（绅）字，曾侯简写作"⌇"；"坤"，包山简写作"⌇"⑤，这些"申"都写从双"口"。

（四）"神"、"電"、"雷"三字之间的关系

卜辞中的"⌇"、"⌇"、"⌇"、"⌇"、"⌇"过去总被释为"雷"字。如于省吾先生认为，不论是从点、从圆、从"口"、从"田"，都是"雷"字的异体：增加点的目的，是区别"雷"字和干支的"申"字；从"田"者是"雷"，但"田"非义符而是声符，从点、从圆者字义相同，皆形容雨滴⑥。汤余惠先生虽然释本字为"電"，但也认为五种字形皆为同一字，简式用于干支，繁式则用为"電"：第二至第五字形，皆指商人向電雷占卜祈祷，后来周人加"雨"为"電"；而第一型的"申"字即是从其他字形简化出来的，西周人皆用作干支"申"⑦。韩国李旼姈女史又将之理论化，提出各类从圆、点的字形，均不为别字⑧。

但是笔者认为，对甲骨卜辞和青铜铭文用义发展的分析、先秦古籍中的相关用例、《说文解字》的定义等，皆使我们得到如下推论：简形体的是"申"字，从"口"和

①　《集成》器号 2722，现藏于台北故宫。

②　《集成》器号 4573，湖北随州市曾都区南郊街道义地岗村鲢鱼嘴出土，现藏于湖北省博物馆。

③　《集成》器号 4575—4577，现藏于美国堪萨斯市纳尔逊美术陈列馆（Nelson-Atkins Museum of Art, Kansas City, Missouri, USA）。

④　何琳仪：《战国古文字字典》，页 1119；武汉大学中国古代简帛字形资料库 http://www.bsm-whu.org/zxcl/。

⑤　滕壬生：《楚系简帛文字编（增订本）》，武汉：湖北教育出版社，2008 年，页 1089—1090、1157。

⑥　于省吾：《殷契骈枝三编》，页 2。于省吾主编，姚孝遂按语编撰：《甲骨文字诂林》，北京：中华书局，1999 年（后引简作《甲林》），页 1172—1178。

⑦　汤余惠：《略论战国文字形体研究中的几个问题》，页 60—61。

⑧　李旼姈：《甲骨文例研究》，台北：台湾古籍出版有限公司，2002 年，页 38—39。

快写成从圆圈的都是"神"字,从点形的"雨滴"的是"電"字,而从"田"的是"雷"和"坤"两个字的本字(二字的关系细参下编第二章)。甲骨金文中,"神"、"電"、"雷/坤"是三个不同的字:

	神	電	雷/坤（均作地名）
殷商	从申、口会意兼形声字：𤴐 《花东》159 、、、、、、 《合集》9503、13408、13414、14、14128、14129、21797 等	从申、雨滴会意兼形声字：屮 、、 《合集》13414、13419、21021	从申、田会意字（雷），或者会意兼形声字（坤）： 、 地名 《合集》24364、24367
两周	此鼎 此簋 趩史 壶 杜伯盨 大克鼎 作册嗌卣① 爯公盨②	番生簋盖③	雷甗④ 师旂鼎⑤ 盠驹尊⑥ 楚公逆钟⑦ 、洹子孟姜壶⑧
战国汉代	、上海博物馆楚简 楚简及马王堆帛书	马王堆帛书 说文解字	包山简、上博简 说文解字

由此表可知:

"𤴐"系"神"古字,都用于"神"义。

"屮"系"電"本字,字义为雷电暴雨现象,均用于"電"或"神"义。依笔者浅

---

① 《集成》器号 5427,现藏于上海博物馆。

② 或名幽公盨:《新汇编》,器号 1607,现藏于北京保利艺术博物馆。

③ 《集成》器号 4326,现藏于美国堪萨斯市纳尔逊美术陈列馆。

④ 《集成》器号 876,藏处不明。

⑤ 《集成》器号 2809,现藏于北京故宫。

⑥ 《集成》器号 6011—6012,陕西眉县李家村窖藏出土,器现藏于中国国家博物馆,盖藏于陕西历史博物馆。

⑦ 《集成》器号 106,宋政和三年(1113 年)出土自湖北省武昌太平湖所进古钟;赵明诚《古器物铭》云:获于鄂州嘉鱼县,藏处不明。

⑧ 《集成》器号 9729—9730,现藏于上海博物馆、中国国家博物馆。

见，"𓃢"字的象形义系夔龙喷吐雨滴，与神龙吐火泄水的信仰相关。"神"与"電"字的读音相同，意义相关，但用处却不完全相同，且各有发展源流。

"𤳳"才是"雷"的古字，但其本义非指雷声，而是《尚书》、《史记》、《山海经》等古籍所见的"雷夏"、"雷泽"、"渔雷泽"之圣地"雷"，在西周晚期楚公逆镈铭文上才借作钟声。"𤳳"字的结构应与《花东》53所出现的从双"木"的"𣏾"（柛）字相同，柛是指神树，而"𤳳"系圣地，故为从申、田的会意字，或者会意兼形声字。笔者推知，原本"𤳳"字的读音应不是"雷"（lei），而是与"神"、"電"、"柛"字一样从"申"得声，这可能就是"坤"字的本字，对此问题下编第二章加以讨论。

四、结语：礼器、神话、古字中的"神"义来源

我们研究的目的是与已消亡的上古文明建立一条沟通渠道，以了解古人的观念及思维方式，了解他们的信仰内容，试图从当时人的角度观察自然界和人生。但是为了达到此目的，我们首先需要详细地观察古人所创造的形象，细致地分析，厘清规律以及核心之要点。

本章藉由礼器造型、传世神话，以及出土文献，推论商周文明巫觋信仰的核心乃是头尾双嘴神龙的崇拜。在商周时代的多元精神文化中，双嘴神龙信仰具有崇高、主导、跨文化的作用。正因为如此，从盘龙城二、三期到春秋战国时期，几乎所有的礼器造型皆奠基于双嘴神龙母题上。从该母题图案的演化来说，早期均保留神祕符号的形状，双嘴龙的形象还不明确，在硬陶和青铜礼器上构成连续交缠的神祕饰带。在早商文化中，双嘴龙肯定有很重要的神祕作用，故其形状近乎信仰符号，并出现在最宝贵的礼器上。

随着商代社会发展，巫觋文化的玄祕性或已渐渐转弱，单纯代表信仰的符号开始朝向宗教美术发展，创作者得以在符号骨架上添加更加丰富的形状。经此过程，神祕符号逐渐变成具象的造型，越来越清楚地表达了古人崇拜的对象——双嘴神龙。

双嘴神龙是商周礼器通用的主纹,对祂的崇拜导致了殷商时期"宗教艺术"的兴盛。依照宗教艺术的发展规律,在双嘴神龙母题上形成了几样固定的范型构图:弯形双首双爪的夔龙,无爪的弯形双首龙,璜形或勾珠形、蟠形等几种双首龙形状。既然龙首以嘴口为关键,所以双首龙常把尾端的首简化成仅保留嘴口(即尾刺),以变成弯形、璜形、珠形等尾刺龙的形状。在一些礼器中,也有头首简略为刺形的例子,显示出首嘴和刺嘴实为同义,都表达能咬、吞噬的嘴口。此外,商周夔龙的夔爪,也带有口嘴的形状,因此我们从夔龙的造型可以看出,嘴、刺、爪能咬才是重点所在。

若进一步将尾刺、尾首和夔爪的形貌拿来比较,则可以发现:尾刺无耳目,但有孔口,也就是说,尾刺龙与双首龙在头尾两端同样都有嘴口。因此,虽然尾刺龙尚不能完全等同于双首龙,但二者都是双嘴龙;况且所有图案都设计成神龙张开嘴口的状态,龙的头嘴、尾嘴都是打开的。由此推论,神龙构图之重心在于强调龙的双嘴,或许在古代信仰中,神龙的重点即其嘴口,因此打开的嘴口也就成为神龙造型的必要特征了。

更加细致地观察商周礼器,主纹之外,还应该注意到颇为重要的符号性的印纹和阴刻线纹,后者在礼器上细刻成阴线的蜘蛛网,并通见于商周玉器上。透过对这些纹路的分析,发现其都是由弯形、璜形(或双勾形)、成对夔形三种双嘴神龙符号组成。这使我们更加确知商周信仰中双嘴神龙无上的重要性。

这种发现产生一个问题:在商周礼器上,还有其他龙的构图,如双龙并立、一首双尾龙、饕餮等,这些构图与双嘴夔龙母题的关系如何? 进一步的分析阐明,早商时期双嘴龙的基本图案,实际上不仅衍生出各种双龙交缠造型,其他双龙并立、一首双尾龙、饕餮等图案也是以双嘴龙为基础的。

商周礼器所有的造型构图,都离不开双嘴神龙的范型,或许对古人而言,仅有双嘴形体的神龙才能构成独立图案,否则就必须成对,成对神龙是一个不可分割的崇高神。"双"的概念可见于所有的造型中,有时候甚至会不断重复:本身既是双嘴龙,也有双重夔爪的相对,又与相同的另一只成双造型。

世界各地的神话与民间故事经常提及神龙怪物,可知远古时代各地的萨满文化大多有崇拜神龙的传统。然而,在欧亚地区继承萨满信仰的民间创作中,曾出现三、四、五、六、七、九、十二等不同数量的多头妖龙,唯在中华文化中,始终保留了"双"的概念,神龙若非双首,便需成对,这一"双"的概念应具有崇拜的内在意义。

不过成对的双龙形象,因其原型是一条双嘴龙,没有雌雄对偶问题。古老信仰并不区分龙的性别,他是无性别或可谓"跨性别"的崇高神。此外,除了不涉及性别的"双"概念之外,神兽张开嘴口是商周所有造型的特征。据此可知,他们崇拜的对象一定是两端张开口的神兽。殷商以来,在殷商、吴城、三星堆等文明中,因很多文化的混合,夒龙饕餮的形貌多样化,但始终保留"双"和"口"的核心重点。此外,在饕餮形的双龙造型结构上,特别强调双龙之间的带天盖的鼻形,以表达饕餮通达天皇的地位,或本身有代表天皇的神能。

了解商周信仰造型之核心所在,我们才可以接近了解古人思想的目标。在上述基础上,笔者进一步采用人类学、神话等资料,以复原商周精神文化。资料的对照使我们推论,双嘴夒龙、饕餮的主要神能是通过吞吐,以管理死生。

礼器上有直接造型饕餮吞吐神人,这都在表达神杀与神生的信仰。神吞以杀,神吐以生,故吞吐为神的主要机能,由此使人"神格化",让常人得以升天或再生为"神人"。在这种信仰发展的后期,虽然蕴含了许多其他文化观念,但还是没有放弃通过龙而升天的神话信仰,这个现象说明这类信仰的基础很深,被中华文明许多族群接受,成为多元的中华文明之共同焦点。通过神龙升天的信仰,表达神龙管理死亡以及死后的过程,但通过龙所发生的死亡,实际上只是永生之开始,神龙既杀又生,提供永生而衍养崇高之生命。因此神龙杀生、死生信仰牵连着衍养生命的神能。

在商文明的巫觋文明信仰中,神龙应有双重的机能:从天上吐下甘露,养育群生;在地上吞杀群生,使他们升天归源。这应是"双"真正的观念本质——并非雌与雄,而是生和死。若再更进一步假设,神龙的嘴,既象征吐泄神精的生殖器,亦象征吐生神卵的母肚阴道,故在原始的神龙信仰中,雌雄机能并无区别,这才是超越凡性的神性。(只有到西周晚期以后又衍生出新的意义,开始转向原本所没有的雌雄之别,同时因崇拜神的人格化趋势,产生了龙身人头的形貌;最后随着时间的推移,以及与不同文化交相融合,相互影响,就形成了伏羲女娲的构图。在信仰的观念意义上,上古双嘴夒神与伏羲女娲的对偶并不相似,然而两者之间却有"旧瓶装新酒"的传承关系。)

笔者认为,上文研究最关键的结果是阐明:盘龙城早商时期双嘴龙的神祕符号,不仅是多样的商周"宗教艺术"造型的母题,同时也为汉字"神"字的雏形。由此可知,"神"字取象于双嘴龙,双嘴神龙的形象即是商文明"神"的概念。两端各有嘴口,以构成神祕的通天神化管道,通过吞吐以管理死生。这一崇高的崇拜对象,古人以"神"字指称。神从天上吐泄生命,也就是所谓的玄胎,并以此衍养群生;嗣后,神亦吞食生物并通过自己的身体使其升天归源,这两种过程皆是通过吞吐而成,故神的两口具有神祕作用。无论从双嘴龙形象所蕴含的象征意义,还是依据当时社会的命名,皆可以将所有双嘴龙纹及其变体统一称为"神纹"。

第三章 天上龙神的神能：
甲骨卜辞考释

第二章谈到夔神纹的形象与"神"字的象形意义有直接的关系，考证了甲骨文中的"神"字。本章将在此发现的基础上，重新解读与之相关的甲骨文记录，进一步了解在商人心目中神的群体形象特征和各种神能表现，以及"神"与"龙"在信仰脉络中的异同和演化过程。此类观察无疑有助于了解甲骨卜辞的神祕语言、传世神话的形象、古代礼器造型的特点，进而更深入地理解古人对自然界的看法，明白自然界在古人眼目中"神化"的形貌、自然现象之靈性的表现；更可进一步探讨自然现象之靈性与人类的关系、人身的神化以及神人信仰的形成。

在殷商之前的观念中，神即是夔龙神兽，系天与地、天与人之间的联络者，采用最原始的肉体生理的吞吐方式，来管理天地间的死生、造化过程。而到了汉代观念中，"神"已变成非肉体的、无所不及、无所不包的精靈观念。在这两种相异的观念之间，有近两千年的演化历史，此演化历史的脉络，乃是精神文化的变迁轨道，上古大文明的没落以及古典文明的兴起。时至今日，透过考古发掘提供的一手资料，我们得以逐步明晰上古信仰与礼仪的要点，亦可以观察上古时代与战国以后的古典时代精神文化的异同，明了其所传承及其间断续的关键环节。

一、殷商众神的类别及百神观念的多元性

　　"百神"在汉代之后的语境中，可涵盖一切神祕现象和崇拜对象。如《史记·司马相如传》曰："挈三神之欢，缺王道之仪，群臣恧焉。"司马贞《索隐》引如淳曰："谓地祇、天神、山岳也。"《汉书·扬雄传上》又言："感动天地，逆厘三神。"①

　　在汉代以后的记录中，也经常出现"地神"、"土神"、"土地神"、"社神"等用语，如《左传·昭公二十九年》曰："土正曰后土。"孔颖达疏引刘炫曰："天子祭地，祭大地之神也。……唯有祭后土者亦是土神。"可知《左传》本无"神"字，而后人却在注疏中使用"神"字②。同样，《礼记·郊特牲》亦曰："社祭土而主阴气也。"孔颖达也使用"神"的概念来解释，其谓："此一节总论社神之义。"《礼记·月令》曰："妨神农之事也。"郑玄注："土神称曰神农者，以其主于稼穑。"晋代干宝《搜神记》言："我当为此土地神，以福尔下民。"③然而，先秦时，土地的神靈并未被称为"神"。甲骨文中，代表土地的崇拜对象名为"土"，即"社"的本字。甲骨文有百余条祭土的记录④。传世文献中也保留了以"土"（即"社"）为崇拜对象的用法，如《公羊传·僖公三十一年》："天子祭天，诸侯祭土。"何休注："土谓社也。诸侯所祭，莫重于社。"⑤甲骨文中，从来不将"社"称之为"神"。

　　"山神"、"岳神"概念亦常见于汉代以后的语言中。如《后汉书·西南夷·莋都夷传》："画山神海靈奇禽异兽。"⑥但在甲骨文中，祭祀岳的甲骨刻辞超过三百

---

① （汉）司马迁撰，[日]泷川资言会注考证：《史记会注考证》，页1231；（汉）班固撰，（唐）颜师古注：《汉书》，页3530。

② （晋）杜预注，（唐）孔颖达等正义：《春秋左传正义》，页2376、2382。

③ （汉）郑玄注，（唐）孔颖达疏：《礼记注疏》，页1221；799。（东晋）干宝著，黄涤明译注：《搜神记》，台北：台湾书房出版有限公司，2007年，页157。

④ 姚孝遂主编：《殷墟甲骨刻辞类纂》，北京：中华书局，1998年（后引简作《类纂》），页463—465。

⑤ （汉）何休注，（唐）徐彦疏：《春秋公羊传注疏》，《十三经注疏》，台北：新文丰出版公司，2001年，页483—484。

⑥ （刘宋）范晔撰：《后汉书》，西安：三秦出版社，2004年，页1473。

条,管理山岳的崇拜对象均称为"岳",从不用"神"字①。《书·尧典》孔安国《传》、《国语·周语下》所载的神话中,也提到四岳为"羲和之四子,分掌四岳之诸侯。"②"共之从孙四岳佐之",韦昭注:"共,共工也。……四岳,官名主岳之祭。"③虽然甲骨刻辞中没提到四岳,但"岳"靈却与神话中的四方岳靈可能有若干关系。

汉代以后,"河神"、"江神"、"海神"也成为普遍的用语。如晋代常璩《华阳国志·蜀志六》:"作三石人立水中,与江神要水:竭不至足,盛不没肩。"《史记·秦始皇本纪》:"始皇梦与海神战。"④虽然《左传·僖公二十八年》亦载有"梦河神"⑤,但笔者怀疑应出自汉后的文字修编。甲骨文中有被称为"河"、"洹"、"水"、"大水"等崇拜对象,但从不加上"神"字。李孝定先生指出:"卜辞河、岳为实有之山川。在古人心目中,名山大川各有神祇主之。"⑥由卜辞可知,土、水、河、岳、神等在殷商时期是不同类型的崇拜对象。

《山海经》载有甚多神兽怪物,但只提祂们的名号,未见"水神"、"火神"、"木神"等用词;而西晋时代人郭璞却都用"神"的概念来解释。如《海外南经》:"南方祝融兽身人面,乘两龙。"郭璞注:"火神也。"《海外东经》:"东方勾芒,鸟身人面。"郭璞注:"木神也,方面素服。"⑦至晋代《搜神记》言:"我树神黄祖也。"⑧已直接使用"树神"一词。

东汉班固《二都赋》:"山靈护野,属禦方神。"李善注:"方神,四方之神也。"甲骨文中有东、南、西三方祭祀⑨,祷祀对象中也有东母、西母⑩,但没有"东神"、"南

① 《类纂》,页467—473。

② (汉)孔安国传,(唐)孔颖达等正义:《尚书正义》,《十三经注疏》,台北:新文丰出版公司,2001年,页65。

③ (战国周)左丘明撰,(吴)韦昭注:《国语》,《四部刊要·史部·杂史类·事实之属》,台北:汉京文化事业有限公司,1983年,页104—105。

④ (晋)常璩撰,任乃强校注:《华阳国志校补图注》,上海:上海古籍出版社,1987,页133。(汉)司马迁撰,[日]泷川资言会注考证:《史记会注考证》,页121。

⑤ (晋)杜预注,(唐)孔颖达等正义:《春秋左传正义》,页713。

⑥ 李孝定:《甲骨文字集释》,页2940。

⑦ (西晋)郭璞注,袁珂校注:《山海经校注》,台北:里仁书局,1995年,页106。

⑧ (东晋)干宝著,黄涤明译注:《搜神记》,页606。

⑨ 关于三方概念参下文或郭静云:《夏商神龙祐王的信仰以及圣王神子观念》,《殷都学刊》,2008年第1期,页1—11。郭静云:《幽玄之谜:商周时期表达青色的字汇与其意义的演化》,《历史研究》,2010年第2期,页4—24。

⑩ 见于《合集》14335—14345卜辞中。另参宋镇豪:《夏商社会生活史》,北京:中国社会科学出版社,2005年,页788—789。

神"、"西神"这种表达方式。可见在商文明中，"方"和"神"是不同的崇拜对象，在祭礼中祭"方"与祈"神"毫无关系。

《说文·示部》曰："神，天神也。"①指明"神"的范围仅限于天。据笔者考证，甲骨文中的"神"字写从双"口"的"𤰇"、"𤲃"（𤰇）。若删去"口"部，即借为干支的"𤰔"（申）字。两周秦汉，都可见从"口"的"𤰇"为"神"字。从西周时起，无"口"的"申"亦开始用来表示"神"，而从"口"的"𤰇"也被用作干支的"申"字，造成两字混用的现象。至于从"示"的"神"字，最早见于西周早期宁簋盖的铭文上，但甲骨文一期《合集》3210 中，已见有从"示"的"禩"字，不排除从"示"的"神"字写法也可能源自殷商。"示"字偏旁只是用于强调"申"、"鬼"都是被祭祀的对象。

甲骨金文中的"𤰇"、"𤲃"（𤰇）和"𤰔"（申）字，其象形义是双嘴夔龙形的天神。商周青铜器中有𤰔、𤰇、𤲃等纹饰，即该字的雏形。"𤰇"字双"口"用以强调双嘴夔龙张开的两口。礼器上张口的夔龙、饕餮、蟠龙等图形，都是双嘴夔龙的变形。所以双嘴夔龙可视为商人对神的崇拜关键，但他们却不能代表大自然中的一切神众。甲骨文的"神"字，乃单指天上双嘴龙形的自然神。

前文已从礼器纹饰和神话来探讨夔龙天文的信仰内容，既然已确定"神"字的特性、意义指涉与此信仰的关系，那么接下来笔者将以甲骨文的记录，探讨殷商自然天神的信仰，并尝试厘清天上不同崇拜对象之间的关系②。

二、甲骨金文中的天上百神祭祀对象

商周文献出土局限，保存零散③，而且，其所使用的祈卜文字是一种神祕的密

---

① 　（汉）许慎著，（清）段玉裁注：《说文解字注》，页 3 上。

② 　笔者对此问题曾经有发表文章，参郭静云：《殷商自然天神的崇拜》，中国社会科学院考古研究所编：《殷墟与商文化——殷墟科学发掘 80 周年纪念文集》，北京：科学出版社，2011 年，页 520—548。今重新补充资料，对全文进行修正。

③ 　如《合集》13416"□亥〔卜〕，㱿〔贞〕：神……"、《合集》15288"丁卯……神𠃵……"、《合集》15287"……神……"等完全残缺，无法理解其意思。

码,研究者很难掌握古人的概念。但循着其蛛丝马迹,还是可以发现一些规律。首先要强调的是,古代"神"的概念绝非某种独一的崇高对象。在古人的想象中,天上充满龙形的百神,"神"概念乃系群体的多灵"百神"信仰。"⿱" (神)字最早出现在殷商早期的《花东》卜辞中,其言:

> 癸未卜:今月六日□于生月,又(侑)至肖(南)?
>
> 子骨(占)曰:其又(祐)至神?月夏。
>
> 癸未卜:亡其至肖(南)? 　　　　　　　　　　　　　　　《花东》159
>
> 甲寅卜:已卯,子其学商,丁永?
>
> 子骨(占)曰:其又(祐)神,艰?用。子尻。 　　　　　　《花东》336

在这两条卜辞中记载,一位称为"子"的大贵族为尚未成王的殷王武丁占卜而问:若到南方,能否获得天神保祐?并为此事祈祷神保祐。卜辞中有指出去南方的目标与"子学商"有关系,此处动词"学"的用义不甚清楚,或许指正面从商王国受学,或许反而表达用军队的政教来"教训"敌国,向位于殷墟以南的商王国(即以盘龙城为中心的"汤商")发出军权政令。由于花东卜辞的年代相当于殷王武丁尚未打败商王国的时候,而古代"学"与"教"二字不分,所以上述两种理解都可从,难以选定。不过,我们的重点是,在卜问至南的问题时,子来所祈之"神"为某种神祕对象,而由卜祝祈祷以除去艰险。

在韩国所藏的武丁时期残片卜辞中,可见有"告神"祭祀的记录,其中神为受崇拜的对象。其曰:

> ……卜贞:告神,于河? 　　　　　　　　　　　　　　《合集》13413①

大部分祭祀神的卜辞残缺,从中可以指出以下三条:

> ……⿱牛于神? 小告 　　　　　　　　　　　　　　《合集》19360
>
> 贞:神,沚,于鹊? 　　　　　　　　　　　　　　　《合集》13410
>
> ……⿰……呼子族先……息神? 　　　　　　　　　　《合集》14922

"息"字在甲骨文中经常作连接词,如"暨"、"与"、"及"等,但也有用作祭名。因据《说文》"息"是从"目"、"隶"省,鲁实先推论,"息"作祭祀之词用,乃假借为"肆"的可能②。

---

① 参梁东淑:《韩国所藏甲骨文简介》,《中国古文字学研究会第16届年会》,2006年11月,页5(手稿)。

② 鲁实先:《殷契新诠》,台北:黎明文化,2003年,页8—12。

虽然学界看法相左①，但在这里"叒神"乃祭神之义。

夏渌先生认为，在《合集》27164上"申"字或许表达"神"义②：

乙亥卜，王先钦，丙卜，岁踀（乃）申？兹用。　　　　　　　《合集》27164

夏渌先生的见解可能有道理，但关于辞义的思路却理得不甚清楚。只有在这一片康丁时期的卜骨上，才可见到无双口的"⻌"可能并非用作干支的"申"字解，而是用作"神"字之义。

青铜器铭文虽以用于祭祀祖先为主，但也有几条祭祀天上百神的记录：

宁庫（肇）谋乍（作）乙考障（尊）叚（簋）。其用各百神，用妥（绥）多福。世孙子宝。　　　　　　　　　　　　　　　　　　西周早期宁簋盖

……敢乍（作）文人大宝龚（协）龢钟，用追孝蠚（敦）祀，邵各乐大神，大神其陟降严祜，龑（业）妥（绥）厚多福……　　　　　　　　　西周中期瘨钟

乍（作）且（祖）考叚（簋），其蠚（敦）祀大神，大神妥（绥）多福。

西周中期瘨簋③

敢对鶜（扬）天子休，用乍（作）乐（厥）皇文考父辛宝齍彝，其万无强（疆），用各大神。　　　　　　　　　　　　　　　　西周中期任鼎④

虽然西周时期的语言与殷商不同，将"神"字另解，开始作为对祖先的指称，但在上述几条铭文中，"百神"概念与"皇文考父"有别，可能与甲骨文一样，指自然界的天上众神，升天的祖先居于天上，与众神和大神共享天界。甲骨文"告神"与金文"各百神"的意思相同，都是以天上的无名众神作为崇拜对象；铭文所用的"大神"一词，并非指独一的大神，而就是天界"百神"的尊称，如《周礼·春官·肆师》所载："类告上帝，封大神，祭兵于山川。"

在古人眼中一切自然现象皆由天上众神管理，众神据此而使自身获得靈性。因此管理与土地有关的自然现象的神靈称为"土"（社），管理山岳的神靈称为"岳"，管理河溪的各有其名，而与天有关的许多自然现象由双嘴夒龙形的"百神"所管理。当

---

① 参《甲林》，页566—569。

② 参夏渌：《卜辞中的天、神、命》，页81—86。

③ 瘨钟和瘨簋：《集成》器号247—250、4170—4177，陕西省扶风县法门寺庄白村1号窖藏出土，现藏于陕西省宝鸡周原博物馆。

④ 《新汇编》器号1554，现藏于中国国家博物馆。

然天上还有其他崇拜对象,但原本只有双嘴夔龙形的才叫作"神"。并且,与其他天靈相比,双嘴夔龙形的天神才可成为"大神",其管理死生的神能才是无比伟大。

三、双嘴龙神的神能

甲骨文关于"神"字的资料较零散,所能了解和掌握的意思往往有限,但复原零散资料,却能归纳一些规律和信仰脉络:在殷商甲骨文中,双嘴龙神是一群昊天上的大神,他们主要的神能为实现上下天地之交、管理万物之死生、衍生及保祐超越凡性的酋王。

(一) 神涎赋吉

笔者在甲骨文中发现一条武丁时代的卜辞,所描绘天神的动作,恰好符合夔龙的形象,即《合集》21181 记载:

　　　己亥卜,王贞:神不次?……

甲骨文"𦥑"("次",或写作"𦥑")字是"涎"字的象形古字,描绘人张开口而吐出唾液。于省吾先生将此字考释为"涎"是准确的①。在甲骨文中,"涎"字的用义很特别,"洹涎"②、"来水涎"③等卜辞,证明该字与涎水的关系,但与此同时,在甲骨文亦有祖先涎之记录,如武丁时期"来丁酉父乙涎?"④等卜辞,并且,涎赐乃是吉祥的征兆。虽然甲骨文"神涎"记录发现得少,却使笔者考虑其或许是直接描绘了夔神信仰的神祕形象:神吐涎以赋生,由神所吐出的水滴乃生命甘露。"神涎"有可能是广泛地表达出天神赋生的意思。也许有可能在国家或个人情况艰困时,商王

---

① 于省吾:《释次、盗》,于省吾:《甲骨文字释林》,北京:中华书局,1979 年,页 382—387。

② 如《合集》8317 等。

③ 如《合集》10156 等。

④ 如《合集》19946 等。

会亲自求神来赐予天恩,亲自占卜祈求卜骨上显示征兆的靈验。

(二) 鬼神之相击

在卜辞中,商王经常祈祷神的出现,如在武丁时期的卜甲上,有王祈卜驱鬼而呼神的记录。据此可见,殷商已有鬼、神相互对立的观念:

王固(占)曰:佳(唯)甲兹鬼? 佳(唯)介,四日,甲子,充雨,神。

辛酉卜,贞:自今五日雨? 二告

壬戌神不雨?　　　　　　　　　　　　　　　　　　　　　《合集》1086

在刻辞中,验辞皆与卜辞相关,用以回答王的提问。此处王问的是有关鬼的卜问,答案显然也与鬼相关,而该卜辞的靈验则恰好指涉神,因此可见在殷商时期的信仰中,已形成了鬼神有关联性的概念。

事实上,各时代的人们都很担心鬼神之别不明,如《远游》有云:"因气变遂曾举兮,忽神奔而鬼怪。"《九思·哀岁》又云:"神光兮颎颎,鬼火兮荧荧。"①青铜器铭文中也可见到鬼神对立的概念,如战国早期陈肪簠盖:"龚盦(寅)魂神。"②巫师的责任在于帮助君主获得神的协助、扫除鬼物的迫害,所以鬼神因素之区别,乃是巫师关键的职务之一。这处卜辞,正可反映出商代人对于区别鬼神因素的重视。

不过在殷商文明中,鬼神因素之别,可能带有一种后来已失去的意味:"鬼"从"人"(或从跪人"卩",或从"女"),其字义亦从人,是他族祖先的概念,包括敌对族群的祖先,而"神"则是纯粹的自然天神形象。因此,商代的人们呼神驱鬼,乃是为了祈祷天神保护我族,不让他族的祖先有害于我族,并相信我族是被天神选择的,能够获得崇高天神的支持。

在该卜辞上,武丁商王占卜鬼气的日期是甲子前四日,即辛酉日。巫师为了回答王的祈卜,乃卜问"自今五日雨?"即从今日辛酉起,最近五天内是否下雨? 又问:"壬戌神不雨?"即今日辛酉祈卜明日壬戌,天神是否会降下雨露? 到了甲子日确有降雨,据此巫师认定:鬼气已被消灭,并确定有神降临。

据《合集》1086占卜的过程和其验辞可知,商代巫师以甲子是否降雨来确定鬼

---

① （楚）屈原著,（宋）洪兴祖补注:《楚辞补注》,页249、543。

② 《集成》器号4190,现藏于台北故宫。

气是否已被排除、神是否已降临？从商代以来，中华文化中形成了"天降神"的概念，这并不是特指某种抽象的神祕表现，而是源于云霓、雷电、雨露等自然现象。此一观念从商代一直保持到汉代，亦可见于传世文献，如《九歌·山鬼》曰："杳冥冥兮羌昼晦，东风飘兮神灵雨。"雨就是神灵的表征。

其实"霝"、"靈"（灵）字的古文初义即是"神灵雨"。《淮南子·览冥训》曰："昔者，师旷奏白雪之音，而神物为之下降，风雨暴至。""神物"下降的凭证即是"风雨暴至"。《论衡·龙虚》曰："天地之间，恍惚无形，寒暑风雨之气乃之谓神。"①可谓一语破的。这些资料都说明了所谓"降神"，实际即是降云霓、雷电、雨露等。

《合集》13406 残片的记录亦与之相类：

> 癸巳卜，古贞：雨？神。十月。

即叙述了巫师卜雨，从而获得降神灵验的情形。

（三）天地之间自然生育的神能

1. 管理雨露

商代巫师以卜雨来祈祷神的出现，这是因为在商代人的心目中，环回巡游于天空的夔龙天神的责任之一便是管理雨露，以生育万物。既然如此，在甲骨文中自然有祈神求雨的相关记录：

> 乙巳〔卜〕，宁贞：兹神其〔雨〕？吉。　　　　　　　　《合集》13407
>
> 王固曰：雨亡……
>
> 庚子卜，贞：兹神其雨？　　　　　　　　　　　　　《合集》13408
>
> ……神其……　　　　　　　　　　　　　　　　　　《合集》13409
>
> ……神其，叀（惟）……　　　　　　　　　　　　　《合集》27699

其谓：王因缺少雨露而占雨，巫师为之呼神祈求雨露。最后求雨成功，故载曰："吉"。

在传世神话中，有雷公、电母、雨师三种管理气象的神灵，西汉马王堆三号墓太一将行图上，绘有人形的雷公、雨师二神②。但殷商时管理气象的神灵并非人形，

---

① （楚）屈原著，（宋）洪兴祖补注：《楚辞补注》，页 115。（汉）刘安编，何宁撰：《淮南子集释》，页 443。（汉）王充撰，黄晖撰校释，刘盼遂集解：《论衡校释附刘盼遂集解》，北京：中华书局，1990 年，页 285。

② 傅举有、陈松长：《马王堆汉墓文物》，长沙：湖南出版社，1992 年，图版 35。

而是礼器上所见的巡天龙神，且没有司掌雷、雨的分别，两者皆由神兼管。

2. 神来于春田，降养育万生的神精甘露

既有"神降临、以其甘露养育万物"的信仰，在卜甲上也有呼神来降的占辞，巫师呼求神从天而降，以助耕王田，并祈求天降"神靈雨"，以祈丰年：

贞：呼神耤于明？

王固曰：吉。 《合集》14

……日，呼，佳（唯）神？ 《合集》19657

丙子卜，呼……耤受年？ 《合集》9506

乙卯卜，殻……

……神耤才（在）名（明），受坐（有）年？

……神弗其受坐（有）年？ 《合集》9503

……耤〔于〕名（明）？ 《合集》9502

己卯卜，殻贞：不神耤于名（明），享不酒？

……贞：不呼……凶（咎）？ 《合集》9505

贞：令我耤，受坐（有）年？　二告

……其受年？ 《合集》9507

告攸侯耤？ 《合集》9511

卜辞中除有"呼神耤"外，还有"令我耤"，"我"即指王。卜辞描述王在春天时的耤田礼上，祈求天神来助，降甘露于农田。

《礼记·祭义》描述王耤田礼曰："是故，昔者，天子为藉千亩，冕而朱纮，躬秉耒。诸侯为藉百亩，冕而青纮，躬秉耒，以事天地、山川、社稷、先古，以为醴酪齐盛，于是乎取之，敬之至也。"①古代的王被视为天子，是由天帝派遣来治理人间者，故王并非以人力耤田，而是以天力耤田，以保丰年。诸侯也参加耤田礼，耤田百亩。所以卜辞云："令我耤，受有年？"又云"侯耤"。藉由龟甲呼请神耤，意即祈求降下养育万物的甘露，请神龙降下吉雨、春雨，养育黍稷生长。该礼仪中提及"明"为时段或地名，应有特殊意义，涉及天地之交"神明"概念，此问题我们将在下编第三章再作专门讨论。

《合集》14912载：

───────────────

① （汉）郑玄注，（唐）孔颖达疏：《礼记注疏》，页2045。

  ……令得以王族，比咢（蜀）载王事？六月

  ……王亘于西？六月

  ……示壬宰（牢），屮（有）一牛？

  ……乙，神，屮（有）♦岁？七月

记录下来的祭祀语言神秘难懂，尤其是刻辞保存不全，所以我们只能从对照中试图看出些许脉络。在该卜甲上可能记录着商王六月在西边的政权事务，另有祭祀祖先之事，而七月则祈祷神对岁收丰盈的保佑。

  有一些带"神"字的甲骨只剩下碎片，无法得知其祈卜的目的，如《合集》19638等卜甲碎片只保留了一个"神"字。但其中有一些带"神"字的碎片，还是能够提供部分资料，有助于让我们了解"神"的涵义，其他则过于简略，如《合集》13411 只用一词呼神："□酉卜：神？"

  《合集》1626 言：

  〔甲申〕卜，宁贞：乙酉，黍，神，酚？

  〔甲申〕卜，宁〔贞：〕……乙酉……祖乙，神，翌日？

卜辞中也有求黍、呼神并且祭祀祖乙先王的记录。《合集》13414 并不是碎片，但其上的刻辞却不成词句：先独刻"黍"字，其下又独刻三次"神"字。推究其刻字意思，应与"呼神养黍"的概念相同。《合集》13412 卜甲碎片，正面只保留了一个"神"字，反面有一个"来"字。在部分卜甲上正反面的记录是互相呼应的，但这却不是一定的，因此卜甲的碎片仍难以分析。但假如在该卜甲严格采用正反相对的规律，甲骨文"来"是以熟禾为象形，也许该卜甲也有呼神求谷的作用。

  神降于地并生养万物，乃是古代信仰的核心概念，此种"神降以化生"的概念在汉代经籍中都可见到。不过在后期的思想中，"神"的概念已逐渐脱离了神龙的形象，而变成抽象的"神气"概念。《礼记·祭法》谓："子曰：'气也者，神之盛也'。"[1]其将"神"视为"气"的概念。根据《礼记》，气为神之盛，是故神物也被视作气的形态，可谓之"神气"。《礼记·孔子闲居》另曰："地载神气，神气风霆，风霆流形，庶物露生，无非教也。"[2]用"神气"概念来描述春天神降的信仰，"神气"从天而降后，充满大地，并养育万物。

---

① （汉）郑玄注，（唐）孔颖达疏：《礼记注疏》，页 2037。

② （汉）郑玄注，（唐）孔颖达疏：《礼记注疏》，页 2150。

陈梦家先生乃将甲骨文的"神"字解释为云气成霞的现象①。张光直先生也曾提出："商人相信大自然的现象都有灵性的观点，但其灵不必有任何偶像化后的样貌。"②循此看法，即殷人认为自然云雨现象本身就具有灵性。但若观察商人的礼器，可知此说尚不够准确。殷商信仰中充满了神兽崇拜，礼器上常有夔龙在云层中的纹饰，这即是管理甘露的天神。虽然汉代已有非偶像化的"神气"概念，然民间仪式中仍继续以神龙造型游行，舞雩祈雨。笔者认为，这些民间仪式以及后世思想家的神气化生概念，皆滥觞于商代信仰中，前者保留了礼仪的形象，后者则哲理化了古代信仰。

3. 神和電

（1）神降水火，春雷吉象

甲骨文中除了"電"（神）之外，还有数个写法从"申"的字。其一是加上四点的"𤱿"，罗振玉以为："電古文作'𤰔'。此从'𤰔'（申），象電形，四点象雨点。雨与電相将也。"③虽然"𤰔"不象電形，但四点应该确实象雨滴，从雨滴的"𤱿"（申）系"電"的古字，表达雷电暴雨的现象；从西周时起，雨滴被改写成"雨"字偏旁，形成了"電"（電）字。笔者认为，罗振玉的四点像雨点的理解无误，但是"𤰔"字偏旁显然不是电形，而是双嘴夔龙形。"𤱿"字的象形意义应系夔龙喷吐雨滴，这与神龙吐火泄水的信仰有关。

在各地萨满文化中，神龙现身时常会伴随起火、升水等现象，可酿成水、火灾情。神龙吞吐水火信仰应与自然界的暴雨现象息息相关。不同文化因为地理气候条件不同，会特别强调神兽的某项超越凡性的高强神能。例如埃及地区极少下雨，故在古埃及文明中，并未有神龙吞吐闪电雨露的描述，神鳄从地上吞吐太阳才是其主要信仰。在中国文化中"龙食日"的形象并非主流，仅见于三星堆神树的造型上（图二六六：1，详见下文中编第三章的讨论），相关的神话根本未留下来，但在信仰中却强调夔龙在天上具有造成暴雨的能力。又如在俄罗斯森林地区，每年都有闪电引起的火灾，而龙在其民间故事中既是火王，也是水王，并具有以神火烧灭全国

---

① 陈梦家：《殷虚卜辞综述》，页243—244。
② 张光直：《中国创世神话之分析与古史研究》，页56—57。
③ 罗振玉：《殷虚书契考释三种》，页394。

的能力。闪电造成的火灾在江河中原地区并不常见,在古老农耕文化中,认为天龙吐泄而出的甘露带有神性,为生命之缘,或称为玄胎,雷雨不仅是丰收的吉兆,也是天意的表现;至于龙所吐发的闪电、天火也具有同样的神格。商人似乎没有敬畏雷电的观念,对古人而言,雷电是夔龙所吐的天火神光,而非夔龙神灵本身。雷雨现象并含火水,两者都是生命不可或缺、互补达成均衡的要素。若天不降下雷火、神灵雨,则地不生。天既以暴雨祐命,春雷自然成为吉祥的神圣征兆。

甲骨文中的"電"字常与"神"字用义相关,如《合集》13417载曰:

乙丑……生一月……其雨?

七日壬申電。

乙〔亥……其〕雨?

辛巳雨,壬午亦雨。

残片上有两个问辞、两个验辞,虽然卜辞不全,但比对问辞和验辞可知,卜问的时间是乙日、丙日(壬申前七日是丙寅),并在辛日和壬日获得灵验。在乙丑日卜雨的原因是因为"生一月",可见这是祈求春雷的卜辞,所以虽然乙丑第七日辛未无记录(或残缺),但丙寅第七日壬申有雷电暴雨,乃是吉祥征兆的灵验;乙亥、丙子再卜问,灵验记录辛巳、壬午都有雨。春雨是影响秋季丰歉的重要因素,所以在此卜甲上有两旬在固定的日期求雨的记录。

上引卜辞的意思与"呼神降"接近,只是未提及神,而直接陈述气象。这可能是古人在春季呼神求雨的同时,也采用不同的祭礼迎春,以追求丰年。《合集》13417的"虫"字是指气象,但在古人眼中,雷电暴雨本有神圣征兆的意思,巫师追求瑞雨、祝福新岁,以获得神符吉兆。无雷电暴雨时,龙形的众神仍然不断地巡游于天空。一旦出现天声、神光、雨露等现象,就代表神降下了天恩,殷商"⿱⿰⿰虫"字就是形容神降的吉象。

殷墟卜辞记载了舞雩祈雨的仪式,藉以请求天神协助,使祝祷之事成功。而其青铜器纹饰亦均将神龙置于云气之中,显示神龙即是天神,盘旋于天空,并管理生养万物的天气雨露,饕餮纹饰也经常在龙口处加上火纹,以强调其吐火的形象(参图六三:1;八一至八三;八八;九十;九一;九三;一一三等)。《山海经·大荒东经》描述神夔出现时,全身各处皆会喷吐光辉,而使大水高涨:"东海中有流波山,入海七千里。其上有兽,状如牛,苍身而无角,一足,出入水则必风雨,其光如日月,其声如雷，其名曰夔。"虽然此处谓夔形如牛，不过《山海经·海内东经》、《淮南子·墬形》都说明了所谓的"雷兽"或"雷神"仍带有龙形①。

姚孝遂先生认为："由于古代的人们对于'電'这种自然现象感到神祕，以为这是由'神'所主宰，或者是'神'的化身。"②笔者同意此说，神与電的关系，正是神祕的被崇拜对象及其所主宰的自然现象。雷電暴雨不仅是天上夔龙神所喷吐的火水，也是天神可视可听的表现，所以"電"字始终从"申"。而《说文·申不》云："電，申也。"当代说文学家也曾提出过"電"、"神"两义之间具有关联的看法，将闪電视为神物存在的依据③。

"神"与"電"两字读音相同，意义相关，但用义却不完全相同，且有各自的源流发展。"▨"的象形意义是双嘴龙夔神，而"▨"则是夔龙天神所喷吐的甘露。在西周时期的语文中，将"▨"字的雨滴改成"雨"字偏旁，形成沿用至今的"電"字。而"▨"字则开始省略双口，形成指涉"神"义的"申"字；且"申"字在铭文中未见有用作"電"的文例。这也证明了纵使"神"、"電"两字相关，但仍是两个不同的字体，各有不同的发展脉络。

（2）電和神、雨和靈：自然神符靈验的表现

依笔者浅见，甲骨文"▨"和"▨"、"▨"、"▨"字的关系，与"▨"和"▨"、"▨"、"▨"字的关系颇为相似。学者们早已发现"▨"和"▨"字之间的相似性，因为这两个字均和气象有若干关系。叶玉森先生将"▨"字释为"電"④，沈建华先生则将"▨"字与"▨"字区分开来，而将"▨"字释为"電"⑤。"▨"字显然不会是"電"，而"▨"字据李孝定先生和徐中舒先生的考证，与"▨"字同为"霝"（靈）的雏形⑥。学界都赞同将"▨"释为"靈"。至于

---

① （西晋）郭璞注，郭郛注证：《山海经注证》，页735—736。（汉）刘安编，何宁撰：《淮南子集释》，页363。

② 姚孝遂：《再论古汉字的性质》，页317。李孝定先生也曾指出，"神"与"电"之间的关系，应不止有音韵的关系而已，参李孝定：《甲骨文字集释》，页4385—4390。

③ 王进祥、岳喜平：《说文解字今述》，页76。李恩江、贾玉民：《说文解字译疏》，页7。

④ 中国社会科学院考古研究所编：《甲骨文编》，页453。

⑤ 沈建华：《甲骨文释文二则》，《古文字研究》第六辑，北京：中华书局，1984年，页207—209。

⑥ 李孝定：《甲骨文字集释》，页3441—3444。徐中舒：《怎样考释古文字》，国际古文字学研讨会论文集编辑委员会编：《古文字学论集·初编》，香港：中文大学出版社、吴多泰中国语文研究中心，1983年，页17。

"⿳" 字则看法不一。沈建华先生释为"雹"的见解有其根据,但"⿰" 字的双"口"常作圆形符号,所以"⿳"和"⿳"的口形或圆形符号也未必需要严格区分。笔者认为,从雨滴和双口的字形应该是"霝"(靈)的本字,而从圆圈的字形应是殷商时的"霝"(靈)之简化字,不过因简化型字在卜辞中文例不多,故此处暂不讨论其与"⿳"如何区分的问题。

"⿰"、"⿰"与"⿱"、"⿳"这两对字形反映出相同的概念:写从雨滴之"⿱"字用来指落雨现象,而写从雨滴之"⿰"字用来指雷电暴雨现象;写从口形或圆形之"⿳"、"⿳"、"⿱"均系"靈"字,写从口形或从圆形之"⿰"、"⿰"则系"神"字。不过对古人而言,自然现象始终离不开其神靈性,慈雨甘霖是由天神喷吐的靈气之具象,以其反映出天的靈验;雷电暴雨也是天神兴奋时喷火吐水的神圣征兆,都是天界向地与人发言的具象。是故在甲骨文中,"雨"和"霝"、"雹"和"神"的意义相差不远。

《合集》11501+11726 组显示,"雹"对商人而言有神圣征兆及神符的意思:

> ……大采,烙云自北,西单雹……采日,鶉星。三月①。

在上午"大采"时,云自北而来,然后在西单发生了雷电暴雨。

为了了解该卜辞中的隐义,我们需要先解释,这次在何处出现"屮"天符?卜辞中所提及的"西单"并不是某个普通地区。学界均同意饶宗颐和于省吾先生将甲骨文的"单"字释为"墠"和"坛"的本字,其义用来指祭祀之所②。而晏炎吾先生另认为"单"与"亶"完全不必区分,而是两个互换的声符;甲骨文的"单"字同时可以连接于"庐",以此字表示众地点③。这种理解与释为"壇"不相抵触,以庐表示坛位,在坛进行社会、国家祭礼活动,这都合乎对当时社会生活的理解④。

虽然传世文献将"单"和"亶"作区分⑤,并且根据汉代祭法,在泰山顶上建坛,

---

① 蔡哲茂:《甲骨缀合集》,台北:乐学书局,1999 年,第 83 组。蔡哲茂先生将星名隶作"鷄",冯时先生改作"鶉",应是准确的。冯时:《中国天文考古学》,页 152。

② 《甲林》,页 3069—3080。

③ 晏炎吾:《释"单"》,《华中师院学报》,1983 年第 1 期,页 136—137。

④ 《逸周书·王会》曰:"成周之会,墠上张赤帝阴羽,天子南面立,绖无繁露,朝服八十物,搢珽。"参黄怀信、张懋镕、田旭东撰:《逸周书汇校集注》,上海:上海古籍出版社,2007 年,页 796—799。

⑤ 如《礼记·祭法》云:"是故王立七庙,一坛一墠",郑玄注曰:"封土曰坛,除地曰墠"。参(汉)郑玄注,(唐)孔颖达疏:《礼记注疏》,页 2000—2001。

祭祀天，即谓之"封"，而在泰山脚下之梁父山建禅祭地，即谓之"禅"（《史记·封禅书》、《管子·地数》、张衡《二京赋》都有这种描述①）；但是根据《说文》的定义："禅"并非祭地，而是"祭天"之义，清代段玉裁已颇清楚地讨论"墠"、"壇"、"禅"、"襢"的关系不可分别，都指天文台②，天文台显然也是祭天之所。

甲骨卜辞中载，有東、南、西三单③，另有"王单"④或可视为北单的别称。殷商金文中有"南单"⑤、"西单"⑥、"北单"⑦的记录。这都是指离王城不远的四处地方，据甲骨文，这些都是商王进行占卜、祭祀岳或其他未指出的对象、求雨、求年之地。《合集》18938 载"贞：西单火？"学界均视为对大火星的观察。所以卜辞所载和说文专家们的看法一致，甲骨文中的"單"字即"墠"和"禅"、"襢"，意指王城附

---

① 如张衡《东京赋》叙述了汉光武帝将京都东移之事，有相关的记载："是以论其迁邑易京，则同规乎殷盘；改奢即俭，则合美乎斯干；登封降禅，则齐德乎黄轩。"参（汉）张衡著，张震泽校注：《张衡诗文集校注》，页156。

② （汉）许慎著，（清）段玉裁注：《说文解字注》，页7下。

③ 东单参《合集》893、36475；《屯南》4325 等。南单参《合集》34220、6473、28116；《屯南》4362；《英》274 等。西单参《合集》9572、9583、18938 等。

④ 参《屯南》2658。

⑤ 殷商时期的南单觚（《集成》器号 7014，现藏于上海博物馆）、南单蕲觚（《集成》器号 7191，现藏于丹麦哥本哈根美术博物馆　Kunstindustri museum, Copenhagen, Denmark）、殷周之际南单母癸甗（《新汇编》器号 1440，现藏于上海博物馆）等。

⑥ 殷商时期的西单光父乙鼎（《集成》器号 2001，藏处不明）、西单只簋（《集成》器号 3243，藏处不明）、西单册父丁卣（《集成》器号 5156，现藏于美国纽约侯希兰氏处）、西单匿觯（《集成》器号 6364，现藏于美国纽约杜克氏）、西单匿爵（《集成》器号 8808，现藏于北京故宫）、西单父乙觯（《集成》器 6384，安阳出土，现藏于北京故宫）、西单父丁觯（《集成》器号 6396，藏处不明）、西单觚（《集成》器号 7015，现藏于美国纽约塞克勒氏　Arthur M. Sackler Collection, New York, USA）、西单觚（《集成》器号 7016，现藏于美国纽约明肯郝夫氏）、西单光觚（《集成》器号 7192，藏处不明）、西单己觚（《集成》器号 7193，藏处不明）、西单 🐦 觚（《集成》器 7194，现藏于北京故宫）、西单爵（《集成》器 8257—8258，现藏于日本东京国立博物馆）、西单爵（《集成》器 8259，安阳出土，现藏于美国波特兰美术博物馆　Portland Art Museum, Portland, Oregon, USA）、西单父丙爵（《集成》器号 8884，藏处不明）、西单斝（《集成》器号 9200，现藏于中国国家博物馆）、西单父丁斝（《集成》器号 9230，藏处不明）、口西单爵（《新汇编》器号 1508，现藏于山东博物馆）等。

⑦ 北单铙（《集成》器号 388—390，现藏于史语所）、北单戈鼎（《集成》器号 1747—1750，现藏于日本奈良宁乐美术馆、美国旧金山亚洲艺术博物馆布伦戴奇藏品（B60B46）（Avery Brundage Collection, Asian Art Museum of San Francisco, San Francisco, California, USA）、北京故宫）、北单从鼎（《集成》器号 2173，现藏于北京故宫）、北单簋（《集成》器号 3120，藏处不明）、北单戈簋（《集成》器号 3239，安阳殷墟武官大墓陪葬墓出土，现藏于中国国家博物馆）、北单戈觚（《集成》器号 7195，安阳殷墟武官大墓陪葬墓出土，现藏于中国国家博物馆）、北单戈爵（《集成》器号 8806，安阳殷墟武官大墓陪葬墓出土，现藏于中国国家博物馆）、戈册父辛簋（《集成》器号 3717，藏处不明）、北单觯（《集成》器号 6188，藏处不明）、北单觚（《集成》器号 7017，安阳出土，藏处不明）、北单爵（《集成》器号 8178，现藏于北京故宫）、北单戈爵（《集成》器号 8807，藏处不明）、北单戈父丁盉（《集成》器号 9389，藏处不明）、北单戈壶（《集成》器号 9508，安阳出土，现藏于日本东京出光美术馆）、北单戈方彝（《集成》器号 9868，现藏于美国纽约塞克勒氏）、北单戈盘（《集成》器号 10047，现藏于北京故宫）、北单矛（《集成》器号 11445—11446，现藏于中国国家博物馆）、北单父乙簋（《新汇编》器号 1942，藏处不明）等。

近的祭天所①，也是观察天象之地。依笔者浅见，商代四单是汉代四方"郊坛"的来源。所以《合集》9572 记载："庚辰〔卜〕，囗贞：翌癸未屍西单田，受虫（有）年？十三月。"即在年底来西单求来岁的年收，这与汉代的郊祀之礼有所呼应。

商王在单上行求天之礼，祭天之所亦是观察天象之所，也就是占星之台。是故，《合集》11501+11726 组所记载在祭禮上的雷电，不仅是单纯的自然现象，更是天神降恩的证明。甲骨文《合集》137、594、《屯南》2658 有载，单上曾发生因鬼作祟造成的灾祸；而《合集》11501+11726 组则相反，在单上看到了天神降下的神符。笔者认为，此一卜辞所言与《诗·鄘风·定之方中》颇为相近：

> ……卜云其吉，终然允臧。靈雨既零，命彼倌人，星言夙驾，说于桑田……②

这两处记载中，巫师均曾卜云，而出现神靈雨的吉兆，且星象也显示其占问之靈验。卜辞与诗文表现出共同的精神文化来源，记载共同的神祕形象。

《书·舜典》曰："慎徽五典，五典克从；纳于百揆，百揆时叙；宾于四门，四门穆穆；纳于大麓，烈风雷雨弗迷。帝曰：'格汝舜！询事考言，乃言底可绩，三载，汝陟帝位。'舜让于德，弗嗣。"孔安国传："风雨……明舜之德合于天。"《史记·五帝本纪》亦曰："舜入于大麓，烈风雷雨不迷，尧乃知舜之足授天下。"③在这些神话描述中，天是以暴雨显示其命。也就是说这些天所降下的雷电暴雨，都是昊天诏命和天神赐恩的方法。是故，雷电暴雨本身不但是神迹，同时也具有神符天兆的涵义。

《合集》13419 载曰：

> ……卜，贞：今己亥電不，佳（唯）……

其卜问今日是否有暴雨？

《合集》13415 另：

> ……贞：神不，佳（唯）囚（咎）？

两者卜辞的内容相似，但一用"電"，一用"神"字。在这两条卜辞中，"電"与"神"都用作动词。

在传世文献中亦有"神"字作动词的文例，如《史记·龟策列传序》曰："略闻夏

---

① 另有部分卜辞过于残缺不明，如《合集》3271、8713、13568、22035、35350、28870、30276。

② （汉）毛公传，郑玄笺，（唐）孔颖达等正义：《毛诗正义》，页 327—329。

③ （汉）孔安国传，（唐）孔颖达等正义：《尚书正义》，页 83—84；（汉）司马迁撰，[日]泷川资言会注考证：《史记会注考证》，页 32。

殷欲卜者，乃取蓍龟，已则弃去之，以为龟藏则不灵，蓍久则不神。"①"神"作为动词，有实现、灵验的意思，故近于"灵"字；而大自然的灵验经常需要依靠电、雨来获得证明，所以"灵"与"神"的意思皆可涵盖电和雨的自然现象，而强调其为神圣征兆、神符的作用。

4. 神和虹

古人相信昊天充满了双嘴龙形的天神，礼器纹饰分析已阐明，双嘴龙的构图有弯形、夔形、璜形三种。弯形双嘴龙的形体相当于" $\mathcal{B}$ "（神）字，而 $\overline{GD}$ 、$\overline{ED}$ 等璜形的双嘴龙符号以及 ，、 等璜形双嘴龙的造型，则相当于甲骨文的" "、" "字形，即"虹"字的雏形（参图一七：11、12；三六；三七：2；四九：1；五一；一一五：2、3 等）。

从字体角度来看，弯形的双嘴龙形象衍生出"神"、"电"和其他从"申"的字体。璜形的双嘴龙形象则衍生出甲骨文"虹"字的雏形。《说文》曰：" （蚋），籀文虹从申。"②可见在文字发展中，" "字的双首龙形象转为" "（申）形并不是偶然的巧合，因为"申"一开始也是双嘴龙符号。以" "字形代替" "的字形，也证明了弯形与璜形双嘴龙互有关联。只是因为"虹"读音不从"申"，故从"申"的写法在历史上便消失了；但是从"虫"的新字，又是把"虹"字的意思联系到虫龙形的天神。

关于虹的龙形，晁福林先生也发现甲骨文"虹"与"龙"两个字的关系，并指出："'龙'为一首，而'虹'则有两首。"③实际上，古人对霓虹神气的崇拜，与双嘴龙的崇拜关系颇为密切，霓虹与双嘴龙概念的连接，由两方面可见：其一，在古代礼器上，除了弯形的双首龙之外，另常见璜形的双首龙；其二，从字体角度来看，弯形的双嘴龙形象衍生出了甲骨文的"神"、"电"等字体，同时璜形的双嘴龙形象则衍生了甲骨文中"蚋"（虹）字的雏形。

卜辞有"虹"的记录如次：

王固曰：业（有）祟？八日庚戌业（有）各云自东，冒母，昃亦业（有）出虹

---

① （汉）司马迁撰，[日]泷川资言会注考证：《史记会注考证》，页 1306。

② （汉）许慎著，（清）段玉裁注：《说文解字注》，页 673 下。

③ 晁福林：《说殷卜辞中的"虹"》，《殷都学刊》，2006 年第 1 期，页 1—4。

自北，饮于河？　　　　　　　　　　　　　　　　　　　《合集》10405、10406

　王固曰……

　允有设，明屮（有）……云……昃亦屮（有）设，屮（有）出虹自北……于河？
在十二月。　　　　　　　　　　　　　　　　　　　　　《合集》13442、10406

　庚寅卜，古贞：虹重（惟）年？

　庚寅卜，古贞：虹不重（惟）年？　　　　　　　　　　《合集》13443

　……九日辛亥旦，大雨自东，少……虹西……　　　　　《合集》21025

可见拜虹跟云雨、祭河、求年有关，所以与"神"字的用义范围相差不远。

　　从传世文献角度而言，霓虹与雷电暴雨都是天神的表征。东晋王嘉《拾遗记·春皇庖犠》曰："神母游其上，有青虹绕神母，久而方灭，即觉有娠，历十二年而生庖犠。"[1]描绘了神母在霓虹出现后，生出人面龙身形貌的伏羲圣人。在欧亚和太平洋地区常见虹龙信仰，其传说中均有能在虹桥下穿过去者，将掌握神能而成为超越人性的英雄之记载[2]。这种形象与被神吞吐雷同，也表达经过神的身体，而成为等同于神的神人或巫师。

　　《史记·封禅书》言："神气，成五采。"[3]即使商人尚未有"气"的概念，但霓虹对商人而言是天神的彩华，本身即为双嘴夔龙的化身。所以"神"与"虹"的形象差异只是相当于弯形和璜形双嘴龙造型的差异，但在意义上，"虹"与"电"比较近，两者表达神龙出来而可以见到的现象。神龙化身为五彩虹，以表达丰年的吉兆；神吐火泄水，以雷电暴雨迎春。同时甲骨文记录和传世文献都表明在古人信仰中，霓虹与雷电暴雨，不仅是天象的意思，更加是崇高昊天的神兆，是一种"神降"的表现。神降以保障丰年，神降以指出圣王的天德，神降以表现出祈祷获得吉祥的靈验。换言之，所能看到的"来神"、"神降"的形象，都隐含神符吉兆的天意。

（四）神符信仰

　　除以上所述，殷墟尚发现了几件甲骨，其上之"神"字有作动词的用法，与传世

---

① （东晋）王嘉：《拾遗记》卷一，页一，《中国野史集成·续编》，成都：巴蜀书社，2000 年，第一册，页 642。

② 参 A. R. Radcliff-Brown. "The rainbow-serpent myth in South-East Australia"；Elkin，P. "The rainbow-serpent myth in North-West Australia".

③ （汉）司马迁撰，[日] 泷川资言会注考证：《史记会注考证》，页 492。

文献所保留"著久则不神"的意义接近,如《合集》13696 载：

> 贞：出（有）疾,骨,隹（唯）蛊？二告
>
> 贞：疾,骨,不隹（唯）蛊？二告
>
> 贞：盗神？
>
> 不其神？

王有疾病,因此占卜祈祷以除害治病。在同一卜甲上有祈问吉祥神符的出现。这两种记录可能有所关联。

在各种王的祭礼活动中也会提及神,如《合集》27223 载：

> 贞：于……
>
> 贞：三宰？
>
> 贞：五宰？
>
> 癸酉卜,鼓贞：其ナ（侑）小乙,神,祭于祖乙？
>
> 贞：叙燮？

祭祀祖乙和小乙时,又祈祷神符。殷商甲骨文中祭祀先王的记录几乎是最多的,但其中却只有极少数提及神,并且,因为此例在殷墟早晚期的甲骨文中都有,因此不能只将之视为某时代的祭礼习俗而已,必须思考是否在甲骨文中提及神,可能对祭礼的内容带有特殊意义。

天神能够在不同的情况表现其神兆。同时从"神"作动词的文例,亦可以看出语言文字的独立发展。夒神饕餮信仰产生了"神"字之后,循着语文进一步发展的脉络,"神"字的意思也得以扩展,赋予神格化的动作也可用"神"字来表达。

我们还可以从另一个角度讨论"神"字作动词的用义：天神在天地之间管理死生规律,从昊天吐灌甘露以化生,并有助于天地之交,作死生、天地之间的媒介。占卜获得神符、神兆,实际上也是一种天人之间的媒介。因此,"神"为动词的用义相当符合本字的内在意义,也符合商代关于"神"的信仰。

（五）神龙祐王与圣王神子的信仰

1. 天神对王事的授权和保祐

礼器资料和甲骨文献都揭示出,在商文明信仰中,属于自然神兽的夒龙天神,其神能并不仅限于自然界而已,同时也助祐于人死后升天。换言之,天神不仅在自

然界调节死生节奏,以作天地之间的媒介,同时也在人界负责死生规律。

不过,王的身份与凡人不同,所以不仅是升天的先王与神龙有关联性,对在位王室的保祐,亦是天神的神能之一。甲骨文中记载着商王祈求天神的指导、支持、护祐,如《合集》19521 曰:

> 贞:兹神不若?

这是商王武丁祈祷天神授权护祐王事。

在甲骨文中,“若”字意指来自上面的支持,并带有选定授权的意味,支持并赐予其和善及顺祥,陈梦家先生将“若”解释作“诺”和“允诺”,应也可从①。先秦两汉文献中,也保留了“若”字的此种用义。如《国语·晋语二》:“夫晋国之乱,吾谁使先若二公子而立之,以为朝夕之急。”其“若”字即指选择授权的意思。《左传·宣公三年》:“故民入川泽山林,不逢不若,魑魅罔两,莫能逢之。”《商君书·慎法》:“外不能战,内不能守,虽尧为主不能以不臣谐所谓不若之国。”则指和善而顺祥的意思。《楚辞·天问》:“何献蒸肉之膏,而后帝不若?”和《汉书·礼乐志》:“神若宥之,传世无疆。”②则是最接近于卜辞中“若”义的文例。在卜辞中,能予“若”者乃为崇高对象,如祖先、上帝、天地等,而受若者经常是王,或有少数侯可受王的“若”(授权)③。神、祖、帝“若”,即授权商王行事,包括出兵征伐,举行大礼,或是各种政权或礼仪的活动。

《合集》15289 也属武丁时期,虽是碎片,却保留了“神若”的残辞。祖庚时期《合集》23805 记录王祭祀丁日,并祈祷丁日有神符而降若授权:

> 丙申卜,□贞:于祖乙钔(禦),其𢓊若?八月。
>
> 贞:今日亡,来艰?
>
> 丙寅卜,𡧊贞:卜,竹曰:其出(侑)于丁,宰;王曰;弜神,翌丁卯羍若?
>
> 八月。

《合集》41754(《英藏》2525)④上记录商王占卜军事,并提及神:

---

① 参陈梦家:《殷虚卜辞综述》,页 567。

② (战国周)左丘明撰,(吴)韦昭注:《国语》,页 309。(晋)杜预注,(唐)孔颖达等正义:《春秋左传正义》,页 956。(战国卫)商鞅撰,贺凌虚注译:《商君书今注今译》,台北:商务印书馆,1985 年,页 187。(楚)屈原著,洪兴祖补注:《楚辞补注》,页 142。(汉)班固撰,(唐)颜师古注:《汉书》,页 1055。

③ 详参郭静云:《甲骨文“下上若”祈祷占辞与天地相交观念》,《周易研究》,2007 年第 1 期,页 8—9。

④ 艾兰、李学勤、齐文心:《英国所藏甲骨集》,北京:中华书局,1985 年(后引简称《英藏》)。

　　　　癸巳卜，在罳，神，莫商亯（禀）道，贞：王旬亡囚（咎），隹（唯）来征人方？

《合集》8474"贞：……或，神……"占卜的内容可能也涉及军事，但因卜辞残缺，也许实际上尚有其他意思。

　　据上可见，在商代信仰中，神不只是负责自然现象，也能够授权王行事。可惜资料散迭，致使现代学者研究时，经常无法理解卜辞中天神所允诺的事项为何。

　　2. 神人信仰与帝王观念

　　天神除了管理天地之间的死生规律之外，也能够专助于王事，这是因为上古先民相信，大巫魁酋或立国圣王都不是由人所生的凡人，而是由神龙所生的神人。神子圣王因从神龙母体中获得了超俗智慧，故能通天通地，成为大巫、国王，开明地治理天下、管制黎庶。此观念自上古流传至近代，因此中国的帝王观念与神龙信仰的关系十分密切①。

　　中国青铜时代虽然已经是历史长久的国家型社会，但精神信仰还是以巫觋文化为基础，人们相信神龙可以与人合为一体，通过特定的人选（即巫师）表达神意，凡人亦能通过巫师获得上天的帮助、护祐。早期文化中，成为神兽特定人选的身份皆系巫师，但在国家文明的发展下，神权与政权开始分歧。早期农耕古国应是典型农耕文明的祭司神权制国家。在先商的历史中，这种神权或庙权国家的存在，应该相当于油子岭和屈家岭文化；从考古资料观察石家河时代的国家性质，已不可能只是靠庙权来管理。到了石家河晚期，政权与神权之间的斗争应已到达很激烈的程度，政权势力的兴起使神、庙的权威衰退，虽然夏禹征服三苗而宣布上帝神权的复辟，但据文献所留下的蛛丝马迹可知，夏王国依靠王室政权制度立国。至汤商国家起来时，我们应该可以说这已经是势力很强的完整的政权大国。到了殷商统治时代，国家力量更加跨越了原始文化的地域范围，蕴含了许多族群，一方面，可见有军权的兴盛，另一方面，在贵族精神文化方面，联合了百族的崇拜对象，所以殷商王家之制度已完全不能以神权作为基础。

　　尽管殷商王族是以征战为主要生活方式的族群，其宗族内最早的政治制度，或许可能是军事民主制，与农耕族群的神权不相同；可是，殷商帝国属于多元社会，各族的崇拜对象、生活方式、甚至语言都不相同，不可能以精神文化为基础来统一、治

---

① 笔者对此问题曾经发表相关文章，参郭静云：《夏商神龙祐王的信仰以及圣王神子观念》。今重新补充资料而作全文的修正，作为笔者对此一贯之大问题所作探讨的一部分。

理全国。因此,在殷商帝国中,祭司、巫觋的身份虽然依旧重要,但已不在政治上占有很高地位。从甲骨卜辞中,我们可以清楚发现:殷商王室治理各地的方式也以军权为上。从甲骨卜辞的结构,我们又可以发现,巫师的身份已次于王、侯、伯或其他统治者:专职从事祈祭、确定占卜结果的"贞人",其地位大概等于殷商王宫中的"巫官",当然在殷周社会中"巫官"还是影响力很高的贵族。

既然社会中最高的身份是王,殷商也发展出对军权王位的崇拜,将强大的国家兵力与神授的君权结合。巫师的身份逐步降低,仅止于作为巫官,或是王室、侯室里的祭司,而王位则被当时殷商王族所定的宗教解释为具有神圣意义。在殷商文献中,王位虽然还没有被称为"天子",但殷商文明深受夔龙天神信仰的影响,因此用"神子"概念来表达王的神性。而周代以降的中国帝王为"天子"、"圣王"的观念亦始于此。甚至到了汉代以后,夔神信仰虽然涤除了龙食人的概念,但人们依旧崇拜神龙,并将上古信仰融入新的观念,继续使用在帝国宗教、帝王概念中。

在古代精神文化及信仰中,人与神的结合均有三种相关的涵义。第一种是古人相信,祖先经历了被天神吞入和吐在天上的过程,于是获得与神同样的神格,升天成为"祖",而获得由西周铭文所定义的"神人"的性质。第二种是在成仙信仰中,仙人与神龙的来往乃是一种典型概念,前文已提及,从上古到明清都可见到仙人与龙的合图,只是,在上古的图案中,都是双嘴夔龙的造型,且表达了吞吐的过程。到了中古时,却已改作仙人乘龙或仙人靠双龙的构图(参图九九:3至一〇一;一五)。虽然文化逐步忘记古代信仰的确切意义,却始终保留其核心标志"龙"。前文所引战国以来的文献,亦由乘骑接引取代吞噬来表达升天与神化的形象。人与神结合的第三种涵义乃圣王的出现。著名的黄帝骑龙升天故事,实际上涵盖了这三个涵义,既是死后祖先升天,亦是成仙信仰,又是"圣王"概念,这三种概念都与神龙信仰有关。

其实,在巫觋文化中,人物神化的信仰并不仅局限于死后升天。因此,不只是黄帝神祖才能获得与神龙合为一体的神格化性质,即使仍在位的王,也被视为"神子"。试问,何故从汉到清的帝国时代天子宝座和礼服上都有龙图(图一一一)?此外,由于皇宫关联着天界,登入皇宫的阶梯被视为通天之道,于是自古以来,这一通天道上也都会雕刻云龙纹(图一一二)。由此可见,帝王文化之内容保留了上古根源。在巫觋文化中,"神死"表达死者升天的意思,而"神生"概念既表达死者再生,又指涉神圣英雄的出生。

图一一一　台北故宫收藏的明宪宗坐像。

图一一二   北京紫禁城皇宫阶梯通天道。

经由神龙的身体通道而从神肚所生的人物,掌握了超凡的才能和神智,由此成为通天达地的大巫、大酋、首领或国王。换言之,中华先民对双嘴夔龙的崇拜,实际上也是中国"帝王"观念之滥觞,"天子"概念源自更古老的"神子"信仰,而"神子"即由夔龙天神所生。虽然自殷墟以降,中国领土十分广大,文化多元,古代的不同族群有着不同的神兽崇拜,虎、鸟等神兽皆曾被当作是王的保祐者,但对夔龙天神的崇拜,依然还是一切神兽信仰的基础,帝王与神龙的亲系概念,从殷商前跨越了时空,而为全中国几千年的核心观念之一。甲骨文中也有卜辞,可能表达视王为神之子的信仰。

3. 甲骨文"神妇又子"的卜辞考证

殷王祖庚、祖甲时期甲骨文二期的卜辞中有如下祈卜记载:

癸酉余卜,贞:🐍(神)帚(妇)又子?　　　　　　　　　　《合集》21796、21797

这条卜辞一般被解释为商王占卜其配偶是否能生儿子。这条卜辞确实类似于甲骨文常见的"妇某有子"的求生子记录,但详细对照后,我们却可以发现细节上的差异。

如在武丁时期屡次出现如下记刻辞:

帚(妇)好屮子?　　　　　　　　　　　　　《合集》40386、13926—13930

帚(妇)妌屮子?　　　　　　　　　　　　　　　　《合集》13931、13932

帚(妇)媟屮子?　　　　　　　　　　　　　　　　　　　　《合集》13933

帚(妇)良屮子?　　　　　　　　　　　　　　　　　　　　《合集》13936

殷王武丁时代的甲骨文一期使用两种"屮"与"又",两者为同音字,但意思却有分歧,其中"屮"用以表达有没有的"有"和"侑"祭法的意思,而"又"则用作"又"和"祐"的意思。所以,上述卜辞的"屮子"应该读为"有子"。妇好是武丁的配偶,所以学界将上述卜辞视之为求子的卜辞是毋庸置疑的。

祖庚时期少数还用"屮"字,但已开始将上述四种意思都以"又"字来表达,祖甲以后,甲骨文不再用"屮"字。因此考释祖庚、祖甲时期甲骨二期以后卜辞的意思,必须从这四种字义来思考。提及"神妇"《合集》21796、21797可能是祖庚时期的卜骨,虽然当时还有少数用"屮"字,但我们从其"又子"一句,既可理解为怀孕有儿子,亦可理解为保祐子(在殷商文字中"子"字是殷王家属的指称,未必是表达小儿子的涵义),还有可能是用侑祭法来祭祀某位"子"。

在二期的甲骨文中"妇某又子"的卜辞几乎不见,"妇"和"子"同时出现的卜辞

通常与妇生产无关,如《合集》21793:

> 乙巳卜,贞:帚(妇)妥,子,亡若?
>
> 辛亥子卜,贞:帚(妇)妥,子曰:𢆶(获)若?
>
> 乙卯子卜,贞:其蚩若?

妇和子经常有参加王室的礼仪、战事,同时指出妇和子并不是表达母子的关系。

一、二期的卜辞亦有类似如下记录:

> 辛丑卜,旁贞:屮于帚(妇)一牛? 　　　　　　　　　　　《合集》2830

在这里的"屮"读为"有"是不妥的,应读为"侑"。而在此卜辞中所述之"妇"为祭祀对象,这也应无疑问。

"神妇又子"的卜辞与许多指涉商王配偶的卜辞有着编词上的不同。殷商编词通常先指出人的地位后指其名,所以都是子某、妇某,这与提及侯、伯的词法并不相干,某侯或某伯是指某地方或国家的侯伯,前面的字并不是其人名。而妇好的"好"、妇妥的"妥"、妇嫄的"嫄"等都是指她们的名号,妇的名号放在"妇"字之后。假如神妇也是王的配偶,何故她例外?

宋镇豪先生在甲骨文配偶表上列出了几十位称为"妇某"的配偶,但在此表上所列极少数"某妇"的文例实际上都存疑①。例如《合集》2797、21787、21799 等数次出现了妇鼓配偶,而《合集》13943 一条残缺的卜辞言:"……贞:令鼓,帚(妇)……"文句不全,断句不详,恐怕从这一条残文探不出"鼓妇"反文可以作妇名。

"妇"字之后亦不一定有她的名字,例如《合集》32896、32897 载:

> 丁未,贞:王其令望乘,帚(妇),其告于祖乙,一牛父丁一……
>
> 　　　　　　　　　　　　　　　　　　　　　　　　　　《合集》32896
>
> 丁未,贞:王其令望乘,帚(妇),其告于祖乙? 　　　　《合集》32897

文句的结构很明确,同时有提及望乘将军和妇,而并没有某妇名字称为"望乘",这是一位大将军。尚在世的商王配偶一定被称为"妇某",而不是"某妇"②。

《合集》21659 和 9478 才有"某妇"的结构,《合集》21659 言:

> 己未卜,贞:申尹歸(归)?
>
> 钘(禦)舟帚(妇)?

---

① 宋镇豪:《夏商社会生活史》,页 226—228。

② 从《合集》20505 的卜辞来看:"庚戌,王令伐旅妇。五月。"意思不甚清楚,但似乎也不是对于在世王之配偶的记载。此外,便再也没有"妇"字之后不放名字的甲骨文例。

　　弓歸(归)?

　　已丑子卜,贞: 🌼 歸(归)?

　　贞: 至嬴?

卜辞的内容是对出行归途的占卜而求除灾,乃是为了在归途的水路不发生灾祸才占卜。在此祈卜的过程中,用"钔"祭法来祭祀舟妇,求她除灾。"钔"为"禦"的本字,《说文》曰:"禦,祀也。"①"禦"祭法有祓除的意思,商人经常在出游时进行禦祭②。"禦舟妇"的意思即是祭祷船舟的保护神,以祓除水路上的灾祸。《合集》9478也载:

　　壬申卜,贞: 钔(禦)𠂤(师)般帚(妇)?

师般妇也不是在世王的配偶,而是祭祀对象。

　　换言之,在甲骨文中,关于"妇某"的记载很多,应该大多数皆为在世王之配偶,按照甲骨文之词例,先放总称,后放具体人的名字。而"某妇"的记载极少,且似乎都不是在世商王的配偶指称,而是某一母神的名号。"神妇又子"亦属于这类少见的文例,其很有可能并非是在记载"有子"的事情,人们不可能占卜母神生孩子的事情,所以应该理解为祈祷"祐子"的情形。

　　"神妇又子"卜辞指出祈卜的人言"癸酉余卜",前文已讨论"余"字只能作王的自我代称,所以这是王卜辞。那么,王祈祷受祐的"子"究竟是谁呢?《合集》41495有载:

　　叀(惟)小宰,王受又(祐)?

　　叀(惟)未王受又(祐)?

　　其又(祐)子?

　　㲋宗竟兄癸牢,王受又(祐)?

　　……竟……

在这卜骨上,王进行祭礼并祈祷自身获得保祐,其中卜问:"其又子?"应是将自己称为"子"而求祐。在"神妇又子"卜辞上亦如此。这类商王将自我称为"子"的例子,不仅出现在少数几条卜辞上,甲骨文、金文上亦多见这样的文例,如《合集》6653、151皆有如下记录:

---

① (汉)许慎著,(清)段玉裁注:《说文解字注》,页7上。

② 有关"钔"字的意思范围参郭静云:《"虏"与"禦":论二字在商周语文中的涵义以及其在战国汉代时期的关系》,《语言文字与教学的多元对话》,台中:东海大学中文系,2009年,页343—357。

　　贞：祖丁若小子？

　　贞：祖丁弗若小子？

祖丁乃商王的祖先，祖丁的"小子"是谁？显然这是指在位的殷王，祈祷求"若"的意思与祈祐的意思接近。

　　甲骨文中，"若"字是表达崇高授权之意义。能"若"的主体都是上帝、天地、祖先等被崇拜对象，而受若者经常是王。"祖丁若小子"卜辞的意思乃祖丁先王授权于其"小子"。商王才能自称为商王祖的"小子"，其他后裔都不许用此自称，该卜辞祈祷祖丁授权给在位的殷王武丁。这一点可以从西周铭文加以补证，金文中有数次出现王自称为先王的"小子"：

　　　　王曰："……叀（惟）余小子肇（肇）盄（淑）先王德……"　　　　　　铄鼎①

　　　　佳（唯）皇上帝百神，保余小子。　　　　　　　　　　　　　　　　　　默钟②

前文已提及"余"字只能作王的自我代称，"余小子"只能由王所言③，由此推知，在上述卜辞中，"神妇祐子"之"子"乃求祐者的自称，即商王。

　　据此可以推论，"神妇祐子"问辞的意义，可能是在于商王将自己当作神妇的儿子，而祈求神妇保祐他的儿子，即祐护商王自身。

　　过去已有冯时先生提出此处"又子"，可能并不是孕育儿子的意思，而要读为"祐子"，是祈祷护祐的卜辞。上述分析乃是针对冯时先生的见解补充了一些证据。不过由于冯时先生将"𩫖"字误读作"電"，于是"𩫖帚"误读为"電妇"而释为"電母"，认为在该祈卜刻辞中，商王"其祈電母祐护之"④。但是"𩫖帚"读为"電母"的见解，无论从文字来说，还是从神话来说，都是必须存疑的；读为"神妇"，理解为"神母"的意思应毋庸置疑。

　　就从文字而言，首先，前文已经阐明，在甲骨文中，"電"字是从"申"从四点雨滴的"𥄢"（笔者隶定作"申"），其象形意义系夔龙喷吐雨滴之情境，与神龙吐火泄水的信仰相关。而从双口的"𩫖"字（笔者隶定作"龗"），则在甲骨、金、简、帛文，

①　《集成》器号2830，陕西扶风强家村窖藏出土，现藏于陕西历史博物馆。传统定为西周中期，笔者根据铭文内容视为厉王共和时代，强家村窖藏出土器物从西周中期到厉王共和时期都有。相关讨论参郭静云：《夏商周：从神话到史实》，页430—433。

②　西周厉王时代，别名：宗周钟：《集成》器号260，现藏于台北故宫。

③　另参胡厚宣、胡振宇：《殷商史》，上海：上海人民出版社，2003年，页90—99。

④　冯时：《中国古代天文与人文》，页90。

都用作"神"，并未见过用作"電"的例子。虽然"神"与"電"字的读音相同，意义相关，但用处却不完全相同，且有各自的源流发展。

就从神话来说，则"電母"一词在文献中很晚才出现，如苏东坡《次韵章传道喜雨》中"常山山神信英烈，撝驾雷公诃電母"之句①。战国两汉文献中只有雷公，未见電母的记载，而且根本不见某人祈求電母的祐护，文献中虽有"雷公"或"雷神"，祈祷雷公祐护的祭礼也未见于文献中。

不过，汉代文献中恰好有"神母"一词，指远古帝王之母。对此，清代王琦注唐李贺《瑶华乐》"江澄海净神母颜"时也曾指出："神母，即王母也。"②根据上述分析，笔者认为，"神妇祐子"的"神妇"可能即是"神母"，表达圣王之母的信仰，另外从字形可知，生出圣王的神母就是双嘴夔龙。卜辞中，商王自称为神母之子，而祈祷神母的祐护。根据"神妇祐子"卜辞可以推知，传世的神母神话故事之渊源，应也源自先民信仰中认为神龙赐予凡人神格化的理想。

4."神母"信仰与双嘴夔龙形象之关系

神话故事常表达圣王是"龙子"，而且因为他是龙子，所以本身具有龙的神格。下文将说明，由于语义的演化，后世神话所称之"龙"可归入上古之"神"的序列，所谓"龙子"，即是"神子"。因此，传世神话中的形象，可以证明远古有王由神或神龙所生的信仰，"神妇祐子"祈祷的记录乃这些神话的渊源。神话中王为龙子的故事相当普遍，例如，前文已讨论过夏禹的诞生，恰好显示出这类信仰。其他传世文献中也可见圣王的亲母为"神母"的信仰，而且"神母"之形象与神龙亦相互连接。

《史记》与《汉书》都昭示出少昊西王之身为白蛇的母亲，被称为"神母"。《史记·高祖本纪》言：

> 高祖被酒，夜径泽中，令一人行前。行前者还报曰："前有大蛇当径，愿还。"高祖醉，曰："壮士行，何畏！"乃前，拔剑击斩蛇。蛇遂分为两，径开。行数里，醉，因卧。后人来至蛇所，有一老妪夜哭。人问何哭，妪曰："人杀吾子，故哭之。"人曰："妪子何为见杀？"妪曰："吾，白帝子也，化为蛇，当道，今为赤帝子斩之，故哭。"人乃以妪为不诚，欲告之，妪因忽不见③。

---

① （宋）苏东坡撰，（清）王文诰辑注：《苏轼诗集》，北京：中华书局，1982年，卷十三，页623。

② （唐）李贺撰，（明）曾益、（清）王琦、姚文燮注，（清）方世文举批：《李贺诗注》，杨家骆主编：《中国文学名著》第六集，台北：世界书局，1991年，页147。

③ （汉）司马迁撰，［日］泷川资言会注考证：《史记会注考证》，页156—157。

《汉书·叙传》注明：

> 唐据火德，而汉绍之，始起沛泽，则神母夜号，以章赤帝之符。
>
> ……
>
> 皇矣汉祖，纂尧之绪，实天生德，聪明神武。秦人不纲，罔漏于楚，爰兹发迹，断蛇奋旅。神母告符，朱旗乃举，粤蹈秦郊，婴来稽首。革命创制，三章是纪，应天顺民，五星同晷①。

《乐府诗集·汉宗庙乐舞辞·武德舞》亦云：

> 明明我祖，天集休明。
>
> 神母夜哭，彤云昼兴。
>
> 笾豆有践，管钥斯登。
>
> 孝孙致告，神其降灵②。

《拾遗记·春皇庖犧》将伏羲之母也称为"神母"：

> 神母游其上，有青虹绕神母，久而方灭，即觉有娠，历十二年而生庖犧③。

　　在部分神话中，夏禹从黄龙诞生，神母白蛇乃是少昊之母，虹绕神母生庖犧，这些故事都表达了神龙产生圣王的远古信仰：神龙为"王母"，而王为神龙的儿子。霓虹围绕的神母诞生了人面龙身的伏羲圣王；同样，被描述为黄龙的鲧生出虬龙夏禹，只是在神话演变过程中，鲧的形象开始被解释为夏禹之神父。但这种父亲躬行生子的差异，实际上仅仅反映神话在口传中所产生的演变。

　　普罗普在探讨各地萨满文化中神龙的本质时，曾提出："神龙的本质乃为母之因素，是因为娘肚生万物的表现，然而我们亦不能忽略，神龙是神母之体，出自神龙娘肚之过程或可视为再生，或可视为英雄超人的出生。……可是龙也能被视作男性祖先，到晚期阶段也成为生殖器的象征，父亲的因素……"④这或许也可以解释，信仰的变迁如何衍生出在夏禹神话中鲧成为禹父亲。不过，鲧与禹的例子比较特殊，因为鲧也是历史英雄，其身份来源是尧舜时代水庙的主祭司⑤，所以神话中夏禹与鲧的连接应该带有其他与父母之性别不相干的意思。

---

① （汉）班固撰，（唐）颜师古注：《汉书》，页4208、4236。

② （宋）郭茂倩编撰：《乐府诗集》，台北：里仁书局，1981年，页176。

③ （东晋）王嘉：《拾遗记》卷一，页一。

④ В.Я.Пропп. *Исторические корни Волшебной Сказки*, с.355（笔者的译文）。

⑤ 郭静云、郭立新：《中国洪水与治水故事》，页56—68。

同时，从双嘴神龙的母题来看，在中国上古信仰中，"神生"的观念并不意味着性别概念，"神"实系超越性别限制的理想形态。是故，原始双龙的"双"义，也并不凸显雌雄分别的意味——因为双龙形象的原型并非配偶，而是一条双嘴夔龙。（商周双龙构图与之前双嘴夔龙形象明显有继承关系，双龙的结构即代表双嘴之神，后来才逐渐演变出雌雄对偶的双龙信仰。）

总而言之，神龙生王、神龙祐王、王为神龙之子而本身具有神龙的本质，这一信仰的体系乃是中华先民的关键信仰之一。只有由神龙所生的神子，才能坐上王位；圣王神子从其母体获得了超俗的智慧，故能通天达地，成为大巫、国王，贤明地治理天下、管理黎庶。

（六）余语

前段是从礼器纹饰及神话探索夔龙天神的信仰，本段则考证出"神"字后，再从甲骨卜辞来补充探讨上古夔龙天神的概念。"神"是一个群体性的崇拜对象，系天上百神信仰，古人相信天上的雷电暴雨乃是由夔龙所管理，故而求神祈雨。同时，古人也认为神能驱鬼，因此祈求以神灵之雨扫除鬼气。

在上古巫觋信仰中，龙形的神兽天神运行于天空，吞吐水火，管理万物死生，且产下大巫圣王。古人相信大巫魁酋或立国圣王，都不是由人所生的凡人，而是由神所生的神人。是故，形成了王系"神子"（周代才改作"天子"），是一种由神龙、天神所生养，并将保祐自己儿子——王的观念。

在此我们必须理解，在殷商总体的信仰及宗教中，王为神子的概念与王为先王之子孙的事实并不相抵触。因此，商王祭祀祷告于祖先的同时，也呼告天神求祐。同理，周王将自己当作先王小子的同时，也被称为"天子"。在古人眼中，自然界既有灵性并充满神兽，又与人生关联密切，因此众神也管理人在天地之间的生命，且特别关注拥有超越性品质的大巫、魁酋、国王以及升天的祖先。循着这种逻辑，西周时期便与殷商不同，于语言中开始将"神"字另作为对祖先的指称，如"文神"①、"文神人"②、

①　如参西周中期瘨钟（《集成》器号 246、255，陕西扶风县法门寺庄白村 1 号窖藏出土（H1：64、62），现藏于陕西省宝鸡周原博物馆）；西周晚期此鼎、此簋等铭文。

②　如参西周中期邢叔采钟铭文：《集成》器号 356—357，陕西长安县沣西张家坡 163 号墓出土，现藏于中国社会科学院考古研究所。

"皇神祖"①、"先神皇祖"②等。虽然殷商时尚未有对祖先、圣王采用"神人"概念，但这种变化却有其内在逻辑与脉络。

四、其他龙形神兽

（一）神和龙

上述卜辞内容、礼器造型和神话传统，皆显示对神龙的崇拜乃是中国上古先民主要的文化核心。然而，商代人在此一信仰中却不使用"🐉"（龍）字，而用"🐉"（神）字表达龙形的神兽。"龍"字在卜辞中大多用作地名、邑名、人名或"龍方"国名：

□□卜，㱿贞：乎龍田于……　　　　　　　　　　　　　　《合集》8593、10558

贞：王重（惟）龍方伐？

王勿隹（唯）龍方伐？　　　　　　　　　　　　　　　　《合集》6476、6583

贞：龍方以羌，自上甲，王用至于下乙，若？　　　　　《合集》271

隹（唯）兹邑龍，不若？　　　　　　　　　　　　　　《合集》7861

这表明，在殷商多元的文化观念中，龙可能是多种的地方的神兽之一（类似虫王形象），所以有某族以其为名，可能作地方的崇拜对象，但却不是广泛的天神概念。"龍"与"神"字形的差异亦很明确：前者仅有一首，后者是头尾双首的龙。单首的"🐉"（龍）字还有似与"🐦"（鳳）字头上一样的"辛"字形冠，这种神兽头冠的意思，还需要系统地思考。

不过，在少数的文例中，"龙"似乎表达某种状态：

贞：龍亡不若，不羍羌？　　　　　　　　　　　　　　《合集》506

---

① 如参西周晚期杜伯盨铭文。

② 如参西周晚期𧽯史 𤪡 壶铭文。

　　　　　贞：龍亡，囚（各）？　　　　　　　　　　　　　　　　　《合集》6664

上述卜辞记载祈祷龙授权。甚至也有一些将"龙"连接到降雨的现象：

　　　　　壬寅卜，芳贞：若兹不雨，帝隹（唯）兹邑龙，不若。二月。

　　　　　王固曰：帝隹（唯）兹邑龙，不若？　　　　　　　　　　　《合集》94

　　　　　乙未卜，龙亡其雨？　　　　　　　　　　　　　　　　　　《合集》13002

该卜辞中的"龍"字是否与"神"字的意思接近，或者依然是指涉地名而已？因这类文例过少，故此问题难以回答。

　　此外，与祈祷"神妇"约莫同时，在甲骨文二期另有记载对"龍母"的崇拜：

　　　　　戊辰卜，衍贞：酌卢豕至豕龙母？　　　　　　　　　　　《合集》21804

　　　　　庚子子卜，重（惟）小牢钟（禦）龙母？

　　　　　辛丑子卜，贞：用小牢龙母？　　　　　　　　　　　　　《合集》21805

西周早期正作龙母尊的铭文也有"龙母"一词，曰：

　　　　　乍（作）龙母彝。呰（正）。《集成》5809

"龙母"无疑是祭祀对象，但西周人却从未在卜辞中直接提及祈求祐王之事，"龙母"的神祕形象和身份皆为不详，有待更多资料。在其他西周铭文中出现的少数"龙"字都作人名。

（二）申（神）和云（祀）

　　从甲骨文的字形来看，在古代信仰中还有一类龙形的神兽，即与"神"、"虹"不同的云神，这一点不仅从字形，亦从卜辞的内容、礼器纹饰、神话都可见到。

1. 舞雩祈雨

　　既然天神夔龙管理雨露，甲骨文自然会有祈神求雨的相关记录。然卜辞中除了祈"𧴦"（神）求雨，另有祈"𠂤"（云）求雨的刻辞：

　　　　　贞：兹云其雨？

　　　　　贞：不其受年？　　　　　　　　　　　　　　　　　　　《合集》13385

　　　　　□酉卜，古贞：兹云……　　　　　　　　　　　　　　　《合集》13384

　　　　　庚寅〔卜〕，贞：兹云其雨？　　　　　　　　　　　　　《合集》13386

　　　　　贞：兹云其雨？

……庚……彭……　　　　　　　　　　　　　　　　《合集》13387①

贞：兹云……

……雨　　　　　　　　　　　　　　　　　　　　《合集》13388

贞：兹朱（困）云其雨？

贞：兹朱（困）云不其雨？　　　　　　　　　　　　《合集》13390

……兹云其……　　　　　　　　　　　　　　　　《合集》13391 甲

贞：兹云其又降其雨？　　　　　　　　　　　　　《合集》13391 乙

……贞：兹云征（徙）雨？　　　　　　　　　　　　《合集》13392

……兹云雨

不其雨　　　　　　　　　　　　　　　　　　　《合集》13393

癸……古贞：兹云其雨？　　　　　　　　　　　　《合集》13649

贞：今兹云雨？　　　　　　　　　　　　　　　　《合集》17072

各云不其雨？允不启。

云其雨？不雨。　　　　　　　　　　　　　　　　《合集》21022

　　有些学者认为上述卜辞中的"云"，仅指一块自然界中的飘云而已，其占卜"就是这块云，有这样的一块云，会下雨吧？"②但笔者不赞成这样的解读。据甲骨文可知，"云"在商人的观念中是一种崇拜对象，同时也是神灵。

　　商人向云献祭牲，也用燎、彭等祭法祭祀云，卜辞谓：

己丑卜，争贞：亦呼雀燎于云，犬？

贞：勿呼雀燎于云，犬？　　　　　　　　　　　　《合集》1051

乙卯卜，㲉〔贞〕：……燎于云……　　　　　　　《合集》13400

① 虽然自罗振玉以降的很多学者，都将"彭"字读作"酒"，但"彭"在甲骨文中其实是一种肉祭，且彭祭是以祭牲作为祭品，而非以酒为祭。如《合集》454载曰："贞：彭，用彘于妣巳？"等，相同的文例颇多（参《类纂》，页1044—1045。）。因此，现在多数学者都不将"彭"字释作"酒"，而保留原字作为祭名，或依郭沫若先生释之为"槱"（郭沫若：《卜辞通纂》，页167下，第778片释文）。《周礼·春官·大宗伯》曰："以槱燎祀司中司命"，《说文》"槱"字或写作从"示"的"禉"，释为"柴祭天神也"。〔（汉）郑玄注，（唐）贾公彦疏：《周礼注疏》，《十三经注疏》，台北：新文丰出版公司，2001年，页733；（汉）许慎著，（清）段玉裁注：《说文解字注》，页269下—270上〕从"乡"和从"示"的字，可互作异体字，所以笔者认为郭沫若先生的说法较为可信。另许敬参先生释之为"酬"（《甲林》，页2704），亦可从。《诗·小雅·楚茨》："为宾为客，献酬交错。"郑玄笺："主人又自饮酌宾曰酬。"〔（汉）毛公传，郑玄笺，（唐）孔颖达等正义：《毛诗正义》，页1257—1258〕古代血祭中，向神、祖请食敬酒，都包含了合饮、合食、互请的活动。换言之，虽然"彭"祭牵涉用酒，但是"彭"绝非"酒"字。

② 温少峰、袁庭栋：《殷墟卜辞研究·科学技术篇》，成都：四川省社会科学院出版社，1983年，页136—138。

……燎……云一羊？	《合集》13402
……燎于云,不雨？	《合集》21083
燎于云,雨？不雨。	《屯南》770①
贞：燎于三云？	《合集》13401
己卯卜,燎豕四云？	《合集》40866
叀（惟）岳先,酌,廼（乃）酌五云,又（有）雨？大吉。	
……五云……酌？	《屯南》651
癸酉卜,又燎于六云六豕,卯羊六？	
癸酉卜,又燎于六云五豕,卯五羊？	《合集》33273
癸酉卜,又燎于六云五豕,卯五羊？	《屯南》1062
……六云……其雨？	《合集》13404

甲骨文中,祭祀云和祈云求雨的记录很多,祈神的记录反而较少。观其脉络,或许商人仅在年初等特殊情况下才求神降下春雷,其他时节则祈求云。

2. 云的神性

殷商信仰中,云、神都属于掌雨司电的气象神灵。在战国时期有了"气"的概念,所以云、神都属昊天之"气"的脉络,这在上博楚简《恒先》中最为明显："气訢神才云云相生。"②静云案："訢"即楚简"信"字。先秦"信"用于主动式的动词,表达明确和明晰的表现,且表里如一,外表毫不隐藏内在性质;同时"信"的状态很精确,有不可误差的规律,犹如日月周年一样,是故马王堆帛书《黄帝四经·经法·论》曰："日信出信入。"又言："信者,天之期也。"③据此,"气信"的意思是表达"气"从"无"的状态生起,达到很明显且规律无差的状态。"才"字,整理者读为"哉"④,非也。《恒先》之"哉"写"𢦏",而此"才"即用其本义"在"字,无须通假。"气信,神在"是描述藉由气存在的明显化,而衍生出万物的神魂。

《庄子·在宥》曰："解心释神,莫然无魂。万物云云,各复其根。"唐代成玄英

① 中国社会科学院考古研究所编：《小屯南地甲骨》,北京：中华书局,1980—1983 年（后引简作《屯南》）。

② 马承源主编：《上海博物馆藏战国楚竹书（三）》,页 109。

③ 参郭静云：《仁与命：孔子原旨与儒家经典形成》,杭州：浙江大学出版社,2022 年。

④ 李零：《恒先》,《上海博物馆藏战国楚竹书（三）》,页 292。

疏:"云云,众多也。"《老子》王弼本亦有:"夫物芸芸,各复归其根"的记载①。据此,《恒先》的整理者乃将上句也释为"芸芸相生"②,但笔者不赞成此说。首先,万物相生之事,于《恒先》的后句中作过描述③,而此句乃论及"神"。因此"云云"可能与万物的魂魄相生有关。《庄子》的这一句话恰好也论及"神"与"魂",据《恒先》所言,天"气"中的神气,乃万物神魂所生的要素,而老庄的"万物云云,各复其根"则指万物之神魂归于天,亦即"气"之根源。源自天界的神气乃是生物之"魂"的素材,因此万物死之后,魂魄亦犹如云气各自升天,是谓"复其根"。《九歌·湘夫人》提及亡夫的灵魂时,也用"云"象作为譬喻,谓其"灵之来兮如云"④。换言之,《恒先》和《庄子》此处,"云"都用作"魂"的本字。

马王堆帛书《老子》则提供了更多资料以证明"云"的神性。在其甲、乙本中,"夫物"皆写作"天物"。甲本将"云"写从雨从云的"雲",而乙本则作从"示"的"祣",其谓:"天物祣祣,各复归于其根。"⑤天物归于其根,亦即归于天的意思。比较"電"、"神"、"雲"、"祣"四字,可知"電"、"雲"只指涉带有神性的气象现象,"神"、"祣"则指与该气象有关的神灵。古文"示"字偏旁多用来表达被祭祀的对象。"祣"字从"示"、"云",恰如"神"字从"示"、"申"一样,用于强调"云"即为人们所祭拜的天神。在古人的信仰中,天上云彩与万物神魂的性质相同,都是气态的"天物",因此"云"与"魂"不仅是同音字,而且本来即同属一字,尤其从"示"字的写法,明显揭示了老庄的重点既不在描述万物之丛生,也非谈论自然的云雾,而是为了说明万物之中的神气,即是"魂"。《恒先》说:"气信神在,魂魄相生",表达"气"产生万物之"魂",而《老子》则谓生死之后,万物之魂各复归于天上的根源⑥。

古人有拜云的信仰,这在学界中并无疑问。《楚辞》中即数次颂扬飘云之神,如

① （战国宋）庄周著,王叔岷校:《庄子校诠》,页397、402。高明校注:《帛书老子校注》,北京:中华书局,1996年,页298—301。

② 李零:《恒先》,《上海博物馆藏战国楚竹书(三)》,页292。

③ 笔者赞成《恒先》1-2-4-3简的排序。参[美]顾史考:《上博竹书〈恒先〉简序调整一则》,简帛研究网,2004/05/08,http://www.jianbo.org/admin3/list.asp?id=1185;郭静云:《〈恒先〉补考二则》,简帛网2011/03/07,http://www.bsm.org.cn/show_article.php?id=1409.

④ （楚）屈原著,（宋）洪兴祖补注:《楚辞补注》,页97。

⑤ 高明校注:《帛书老子校注》,页298—301。

⑥ 参郭静云:《阅读〈恒先〉》,简帛研究网,2008/07/25,http://jianbo.sdu.edu.cn/admin3/2008/guojingyun006.htm;郭静云:《〈恒先〉补考二则》。

《离骚》："帅云霓而来禦。"《九歌·大司命》："广开兮天门，纷吾乘兮玄云，令飘风兮先驱，使涷雨兮洒尘。"《九歌·云中君》："灵皇皇兮既降，飙远举兮云中。"①不过殷商之时，不会有人格神形貌的云中君信仰。那么，古人所祭拜的云究竟是何种形象？

3. 释"云"

甲骨文"云"字写从"二"（上）、"δ"②。"δ"即"δ"（或作"δ"、"δ"、"δ"）字，在象形上取小龙之形，所以"云"与"申"的字形同出于龙形。此说最早由唐兰先生提出，他认为"δ"就是龙虫之类的象形，"似古人以此为龙兴云"③。

今日学界对"δ"的字形共有四种解释。其一，释为龙虫类的象形字，但在具体考释上又可分作四种：其一如唐兰、陈梦家释作"蜦"④；陈邦怀释作"蜎"，又通假作"损"，用以补证自己的释读⑤；蔡哲茂进一步提出"δ"为"蜦"、"δ"为"蜎"的区别⑥；另外，夏渌认为此字和"虹"的信仰有关⑦。其二则释为纯粹的抽象回环，如董作宾认为该字"象周匝循环之形"⑧。徐中舒赞同之，谓此字"象回环之形"⑨。其三则王襄释其为"勺"或"勹"⑩，于省吾亦采用此说⑪。其四则因"δ"字用以表达"旬"的意思，故王国维认为该字须定为"旬"，然未解释其字形⑫。

依笔者浅见，上述学者们的看法并不相抵触，且可从之对古人的信仰观念作一些更深入的探讨。除了夒龙天神，或许古人认为天上亦有许多幼小的天祇虫龙。"蜦"即蚯蚓，每当降雨时，蚯蚓即自土壤中大量窜出，若释"δ"为"蜦"，则古人或

---

① （楚）屈原著，（宋）洪兴祖补注：《楚辞补注》，页 40、98、83。

② 蔡哲茂：《甲骨文考释两则》，《第三届中国文字学国际学术研讨会论文集》，台北：辅仁大学出版社，1992 年，页 27—52。

③ 王懿荣旧藏，唐兰释：《天壤阁甲骨文存并考释》，北京：北京图书馆出版社，2000 年，页 40—41。

④ 王懿荣旧藏，唐兰释：《天壤阁甲骨文存并考释》，页 41；陈梦家：《殷虚卜辞综述》，页 295。

⑤ 《甲林》，页 1772。

⑥ 蔡哲茂：《甲骨文考释两则》，页 36。

⑦ 夏渌：《学习古文字散集》，《古文字研究》第一辑，北京：中华书局，1979 年，页 148—151。

⑧ 董作宾：《卜辞中所见之殷历》，"中研院"历史语言研究所编著：《安阳发掘报告》，台北：南天书局，1978 年，页 493。

⑨ 徐中舒编著：《甲骨文字典》，成都：四川辞书出版社，1988 年，页 1016。

⑩ 王襄：《天象》，载王襄《簠室殷契征文》，天津：天津博物院，1925 年，页一下。

⑪ 于省吾：《释勹》，载于省吾《甲骨文字释林》，台北：大通书局，1981 年，页 374—375。

⑫ 王国维：《释旬》，载王国维《观堂集林》，台北：世界书局，1961 年，页 285。

许自蟥虫联想到天上的小虫龙而景仰之,并将其视为云兽加以崇拜。况且"蟥"是"蚯",或许无角幼龙"虬"的信仰也源于此。《离骚》云:"驷玉虬以乘鹥兮,溘埃风余上征。"王逸注:"有角曰龙,无角曰虬。"《说文》亦曰:"龙无角者。"①

不过笔者认为,陈邦怀先生释之为"蜎"和"损",应是最准确者,且此说也未否定其与"虬"的连接。上古文中,"蜎"、"损"、"旬"、"云"都是同音字。"蜎"字本是指蝶蛾的幼虫,亦是龙的形象(前文已论及龙从幼虫衍生的说法)。

《诗·豳风·东山》:"蜎蜎者蠋,烝在桑野。"毛传:"蜎蜎,蠋貌,桑虫也。"蜎在古代神话中是能飞翔的孑孓,与只能爬行的蠕虫相反。《鬼谷子·揣》、《论衡·齐世》、《抱朴子·仁明》都保留了"蜎飞,蠕动"的说法②。再者,"蜎"字可通假为"翾",指翾翾轻飞的意思;同时也可以通假为"环",表达循环运转的形貌③。据上所述,我们可论断,甲骨文"ㄅ"(云)字是从"二"(上)、"ㄟ"(蜎)的会意兼形声字,其字形乃形容在天上飞翔循环的神祕幼虫,亦即幼龙。"ㄅ"字的"ㄟ"部既像勾龙之形,亦指飞翔之貌,同时也作为声符;而"二"部则用以强调云在天上的位置。至于将"ㄟ"释作"勾"或"勹"的说法,也可能是形容云龙的勾形,在本质上与前说并不冲突。

《易·乾》曰:"云从龙,风从虎。"④在商代信仰中,风是从凤而非从虎,但云确实从龙。从殷商青铜器的纹饰中可以看到神与祟的形状,其中较为凸显的主纹是喷火吐水的成对夔龙神,而低平的刻纹则是很多盘旋着、屈曲无角的幼龙,可称为"蟠虬纹",这就是"蜎飞"的造型(图一一三,另参图三〇:5—7;三一:1;三七:1;五七;六一;六三;七九;八一;八三;八七至九三;一一〇等)。蜎飞、回环,包围着夔龙神。文献中载有"丰隆乘云"的神话,《离骚》曰:"吾令丰隆乘云兮,求宓妃之所在。"《淮南子·天文》:"季春三月,丰隆乃出,以将其雨。"高诱注:"丰隆,雷也。"⑤丰隆是状声词,在神话中是掌管暴雨的神名。据卜辞可知,商代人认为管理

①　(楚)屈原著,(宋)洪兴祖补注:《楚辞补注》,页35。(汉)许慎著,(清)段玉裁注:《说文解字注》,页670上。

②　(战国魏)王禅原作,萧登福导读:《鬼谷子》,台北:金枫出版社,1997年,页76。(汉)王充撰,黄晖撰校释,刘盼遂集解:《论衡校释附刘盼遂集解》,页804。(东晋)葛洪著,杨明照校笺:《抱朴子外篇校笺》,北京:中华书局,2008年,页221。《论衡》本"飞"作"蚩"。

③　高亨:《古字通假会典》,页170、169。

④　(魏)王弼、(晋)韩康伯注,(唐)孔颖达等正义:《周易正义》,页43—44。

⑤　(楚)屈原著,(宋)洪兴祖补注:《楚辞补注》,页43。(汉)刘安编,何宁撰:《淮南子集释》,页231。

暴雨、护祐丰年者就是"神"，其为双嘴龙形，所以，丰隆就是降下隆厚大恩的丰龙。在青铜礼器的纹饰上，丰隆就是乘云游天的龙神。云云蜎虹围绕着夔神运行不已，因此在商人的信仰中，"神"是群体的天神，而"祏"则是次于神的勾龙群体。

图一一三　夔神饕餮在云中（上海博物馆收藏的戈鼎）。

《合集》13418有连着刻"云神"两个字，可惜这是一个碎片，没有留下完整的文句。

4. 卜云（祏）不限于求丰年甘露

甲骨文中有崇拜三云、四云、五云、六云的记录，然其应指不同颜色或形状的云，而文献中只保留了五云的天象。如《周礼·春官·保章氏》曰："以五云之物，辨吉凶、水旱降、丰荒之祲象。"郑玄注引郑司农云："以二至二分观云色，青为虫，白为丧，赤为兵荒，黑为水，黄为丰。"[1]我们很难考证郑司农的描述与殷商五云的形象是否相同。

根据卜辞，"云"是指司雨的神灵。不仅如此，商人在战事之前也会卜云：

贞：兹云其俄？

贞：兹云其俄？　　　　　　　　　　　　　　　　　　　　　《合集》13389

戊寅卜，巫又（祐）伐？

己卯卜，燎豕四云？　　　　　　　　　　　　　　　　　　　《合集》40866

又据《史记·天官书》的记载，到了汉代时，仍以云气预测战争胜败，其谓："稍云精白者，其将悍，其士怯。其大根而前绝远者，当战。青白，其前低者，战胜；其前赤而仰者，战不胜"[2]。

---

① （汉）郑玄注，（唐）贾公彦疏：《周礼注疏》，页1130、1135。

② （汉）司马迁撰，［日］泷川资言会注考证：《史记会注考证》，页74。

换言之,祈云与祈神的目标,并不限于祈雨、春電或驱鬼,还会有其他崇高的功能。

五、结 语

商人认为,昊天充满龙形神兽,龙形的天神负责管理天地之间水的流动,雨、露、雷、電皆被视为神迹。偌大的天神群体内部也有等级关系,其中地位最高的主神,乃是弯形的双嘴夔龙。双嘴夔龙虽然是主神,但并非独一,他们是群体大神。他们经常从天上喷吐甘露以表现其衍养大地的神能,偶尔作璜形的霓虹出现在天上,以五彩神桥连接天地。此外,昊天充满勾形的小云虫"ʒ"(蜎),这些云虫是与双嘴大龙不同的小虬,满天飘浮,大型的神龙突显在他们之中。小云的神能也是降雨露,但云龙的神能却不如神龙那么伟大,大神降下的才是养生的"神靈雨"。

神龙在自然界的神能,有一个核心要点:将天的神精降到地,使大地盈满生命的精华,使万物萌芽。天神之神能的重点,并不是循环于天空中,而在于"神降",以实现天地之交,万物之生。郭店楚墓出土的《老子·甲》第十九简言:"天地相会也,以逾甘露。"传世版本第三十二章言:"天地相合,以降甘露。"①都表达"降甘露"是天地相合的具体表现和主要方式。在商文明的信仰中,降甘露是"神降"的现象,由双嘴夔龙负责,所以神负责上下沟通,上下关联。

但是负责上下相连的神,不能只下降,亦得上升。自上而下的神降意味着盈生,而自下而上的神升即意味着死亡和再生。生者在地,而死者在天。大地生物都蕴含着天卵,所以都是"天物",也都该死后由天神接引,"复归于其根"。天神接引的方式,表现为以其所吞纳而带回天上。所以神龙以管水火来连接上下,负责一切万物的死生循环。

不过,他还有一个特殊神能:赋予人神格化之奥祕形象,通过他可以衍生"神

---

① 荆门市博物馆编著:《郭店楚墓竹简·老子甲》,北京:文物出版社,2002 年,页 19。高明校注:《帛书老子校注》,页 398。

人"。商王，一方面是自己祖先的后裔，但同时是由龙形神母所衍生的"神子"，所以拥有超越性能力，而能获得神龙的保祐。

此外，若从历史的角度来看，"神"与"龙"的关系因曾相互纠缠、混杂而颇为复杂。"神"与"龙"之形象、内涵以及字符各自遵循了不同的演化轨迹，而致后人混淆不清。在殷商时代，"神"字的本义指天神，其具体形象就是双嘴龙；而"龙"字的本义则可能是指"辛"形带冠的虫王，并为商王室宗族的神祕始祖对象。但是，在后来的发展中，"神"和"龙"两个字的所指和能指发生了混合、借用和转移。由于"神"的概念包含自然界与人生的死生，在历史上有非常大的发展，"神"字的涵义也不断膨胀，从一开始仅止于描述夔龙的形体，跨越到描述一切神妙的过程。在这一演变过程中，虽然"神"这个字变化不大，至今仍可追溯本源，但其具象表达方式在西周以后逐渐被抽象化和神祕化，继而被人格化，而逐渐远离双嘴龙的形象，最终使"神"字、天神之本义与具象化的双嘴龙形象完全脱离关系。另一方面，逐渐远离神之本义的双嘴龙神形象回归本源，与"龙"字所指混合，衍生出单嘴龙的形象，并将其原有的神性意义赋予到单嘴龙身上，从而成就后世汉语文献所见"龙"字的形象和意义。

"神"字与"龙"字在历史语言中的演变，相关字汇或分或合的关系及含义的演变昭示：考证与"神"相关的字汇，特别是以"神"为义符的字汇的演变历史，亦可从侧面揭示神义与形象的历史变迁。

第四章　先秦从"申"诸字:"神"义扩展的脉络

一、从神祕图案到文字符号的变义

天上的夔龙形象不仅是产生甲骨金文"神"字的雏形,甲骨文"虹"字也是夔龙的变形,"云"字则形容天上的飞虫幼龙,这些都是商代人所祭拜的天神。同时,夔龙形象加上雨滴,便成了"電"字的雏形,这一字形描绘出神龙所吐泄的雨露形象,以指出雷电雨水所带有的神靈性质。

夔龙图案成为字体后,进入了文字发展的新脉络,并开始被用作义符,以表达这些自然现象在古人心目中的神祕性。商代信仰认为,所有经过夔龙身体的自然现象,皆能获得神性,而这种信仰也影响了字体的形成,甲骨金文中,有几个写从夔龙身体("申")的字。而在这些字中,最重要的显然便是从双"口"的"龟",亦即"神"的古字,这个字直接描绘双嘴夔龙神的两个口,强调其"吞"与"吐"的功能,从而成为其他众多从"申"部之字的"始祖"。本字删去"口"形后,即借为干支的"x"(申)字。此外,描绘夔龙身体("申")处在雨滴之中的"x",即是"電"的古字,表现出雷电暴雨的自然现象。这三个甲骨文字在上文已详细论及。但还有另外几个字,虽然也将"神"或"申"用作义符,但却并非代表天神之义,反而是藉此来表达其现象之神祕性。其中有从双"木"的"x"(棽),可视为"柛"的古字,以及从"川"的"x"(灥,或隶作"沖"),从"皿"的"x"(盅),从双"田"的"x"(畾,或隶作"𦥔"),以及从"止"或"彳"的"𦥔"(𣥺)或"𢓡"(禔)。此外,在西周金文中的"𩃬"(神)字,另亦衍生出新的"寿"字。这些从"神"和"申"的字汇,后来也影响着"神"义脉络的扩展。

二、柛、𣱵、𡎆

《花东》53 载:

　　戉卜:以酚𣗘柛? 一

　　戉卜:其𣗘柛? 一

其中"柛"字代表受祭祀者,在此文本中的文字整理者之理解也是如此①。"柛"应指古代的神木信仰。

《合集》14357 载:

　　庚午卜,旁贞:今⋯⋯牧示𣱵⋯⋯

虽然卜辞残缺,但"牧"应为牧者的官名,而"示"字则用作动词,表达"祭祀"的意思。"牧示𣱵"是指牧人祭祀𣱵,𣱵系被崇拜的对象,反映了神川的信仰。

"𡎆"字卜辞残缺,用义不明。

至于"𩃬"(𦥔)字,在甲骨文中均用作地名。

三、释"𦥔"

从"𦥔"字的发展脉络来看,这应是"雷"的本字,通过另一个线索还可以发现,该字是"坤"字的本字。该字从申、田并释为"坤"的问题,将在本书下编第二章中

---

① 《花东》,页 1582。

探索,而在这里先厘清该字与后期"雷"字的关系。虽然读作"雷"确实可从,但此字在商周时期却并未用于表达雷电的"雷",反而是作为地名使用,后又用作人名。由于当时的人名经常用于表示此人的家乡所在,因此虽然该字后来被用作人名,但或许仍是从地名发展而来。甲骨卜辞载曰:

　　……卜,行〔贞〕:今夕亡〔田(咎)〕? 才(在)正月才(在)𪄳〔卜〕。

　　……才(在)𪄳……　　　　　　　　　　　　　　　　《合集》24364

　　壬午卜,行贞:今夕亡田(咎)? 才(在)正〔月〕才(在)丘𪄳卜。

　　癸未卜,行贞:今夕亡田(咎)? 才(在)正月才(在)丘𪄳卜。

　　　　　　　　　　　　　　　　　　　　　　　　　《合集》24367①

"丘𪄳"和"𪄳"是在正月、新的一年开始时,商王占卜及祈祷亡咎的地方。笔者认为,这并非一般地名,而是在古籍、神话中可见的,带有"雷"字的地名。依照古籍记载,名称中含"雷"字的地方,通常都具有一些神祕性,其例如下:

　　第一,《史记·五帝本纪》曰:"黄帝居轩辕之丘,而娶于西陵之女,是为嫘祖。嫘祖为黄帝正妃,生二子。"《索隐》引皇甫谧云:"一曰雷祖。……次妃方雷氏女。……皇甫谧以青阳为少昊,乃方雷氏所生。"《山海经·海内经》亦云:"黄帝妻雷祖。"②其意即指黄帝的正妃乃是出生于雷地。

　　第二,谓尧帝冢墓在雷县。张守节《史记正义》引《括地志》曰:"尧陵在濮州雷泽县西三里。……雷泽县本汉城阳县也。"③郭璞注《山海经·海内东经》云:"今城阳有尧冢靈台。雷泽在北也。河图曰:'大迹在雷泽,华胥履之而生伏羲。'"④可知古籍中记载的雷泽,不仅是传说中的尧冢所在之地,也是伏羲的出生地。

　　第三是关于舜帝的传说。有说舜姓姚,故乡在雷泽。《括地志》曰:"舜姚姓。……去虞三十里有姚丘,即舜所生也。……生姚丘。姚墟在濮州雷泽县东十三里。《孝经援神契》云舜生于姚墟。"当然,我们很难知道卜辞中的雷丘与传说中的雷泽县姚丘有多少实际的关系,但是文献中的雷地确实具有研究者无法忽视的神祕色彩。《史记·五帝本纪》曰:"舜耕历山,渔雷泽。"裴骃《史记集解》引郑玄

---

① 卜𪄳的卜词出土率不高,除了上述两条卜骨之外,还有《合集》22335 中的碎片,仅保留了一个"𪄳"字。

② (汉)司马迁撰,[日]泷川资言会注考证:《史记会注考证》,页 22。(西晋)郭璞注,郭郛注证:《山海经注证》,页 896。

③ (汉)司马迁撰,[日]泷川资言会注考证:《史记会注考证》,页 29。

④ (西晋)郭璞注,郭郛注证:《山海经注证》,页 735。

曰："雷夏，兖州泽，今属济阴。"《尚书·禹贡》亦言："济河惟兖州，九河既道，雷夏既泽，灉、沮会同。桑土既蚕，是降丘宅土。"《史记·夏本纪》则重复了这段话。孔安国《传》曰："雷夏，泽名。"孔颖达《正义》："雷泽在济阴城阳县西北。"①关于历山，《括地志》言："蒲州河东县雷首山，一名中条山，亦名历山……此山西起雷首山，东至吴阪，凡十一名，随州县分之。历山南有舜井。"关于雷夏泽，其又言曰："雷夏泽在濮州雷泽县郭外西北。山海经云雷泽有雷神，龙身人头，鼓其腹则雷也。"显然，《括地志》将舜帝的出生地联系到雷神的居所。《淮南子·坠形》也说："雷泽有神，龙身人头，鼓其腹而熙。"《周易·随卦》《象》则云："泽中有雷，随。"郭郛先生曾对古籍中所记载数个不同的以雷为名之地进行过探索，发现它们背后都有神话故事②。

此外，神话中除了雷泽之外，还有"雷渊"、"雷泉"等水名，如《楚辞·招魂》云："西方之害，流沙千里些；旋入雷渊，靡散而不可止些。"《文选》版本即作"雷泉"③。

从文献对这几个雷地的记载来看，笔者认为卜辞里所提到的"畾"和"丘畾"应非普通的地名，更何况，商王会在新年的正月时分于雷地进行占卜，并特别在卜辞中强调其占卜的地点，也不可能是纯粹出于偶然，因此，"丘畾"在殷商神祕观念中应是颇为重要的靈丘，"畾"（雷）的概念就像是"圣地"一般，并且，这样的概念从殷商以来便一直存在，汉代以后的文明亦将之传承下来。故邵雍才在《观物吟（月窟天根诗）》中云："地逢雷处见天根。"④在甲骨卜辞中，于具有特殊意义的畾处进行占卜，与祈求昊天纶音的信仰是一致的。或许古人认为，畾是天神经常降临之处，故文献中也保留了神降居于雷泽的信仰。

"畾"字在甲骨文中都作地名用。殷末周初的金文中，另有以"畾"作人名或氏姓的例子，这也与传世的记载一致，据说黄帝正妃的姓氏即是"雷"。西周早期畾甗（雷甗）的器主名号，亦写从四"田"之"𤲞"（应隶作"𤳉"）。西周早中期的师旗鼎则将"𤳉"字写作"𓂃"，用作人名。在西周早中期形状为马形的盠驹尊铭文中，

① （汉）孔安国传，（唐）孔颖达等正义：《尚书正义》，210—212。（汉）司马迁撰，[日] 泷川资言会注考证：《史记会注考证》，页38。

② （汉）司马迁撰，[日] 泷川资言会注考证：《史记会注考证》，页30。（汉）刘安编，何宁撰：《淮南子集释》，页363。（魏）王弼、（晋）韩康伯注，（唐）孔颖达等正义：《周易正义》，页179。（西晋）郭璞注，郭郛注证：《山海经注证》，页735—736。

③ （楚）屈原著，（宋）洪兴祖补注：《楚辞补注》，页316。

④ （宋）邵雍：《击壤集》，台北：广文书局，1988年，卷二十二，页码残缺。

该字写作从"雨"的"🐾"、"🐾"，却用指地名。铭文谓："勇雷骓子"，意指霝地出产的良马。根据我们对霝地的所知，或许可以考虑是否有如下的可能性：霝地之马在古人心目中具有神马的形象。春秋晚期洹子孟姜壶写作"🐾"、"🐾"，这应是齐侯亲属的氏姓。

只是，"🐾"字在西周晚期的《楚公逆镈》铭文中不用作地名、人名，也不用作雷雨之"雷"，而是用来作逆镈的形容词，其可理解为雷声之镈。不过因"🐾"字未见用作自然雷雨之意，所以这样的理解恐怕是出自后世的解读，尚不足以作为阐明当时人之观念的证据。

《山海经·大荒东经》曰："东海中有流波山，入海七千里。其上有兽，状如牛，苍身而无角，一足，出入水则必风雨，其光如日月，其声如雷，其名曰夔。黄帝得之，以其皮为鼓，橛以雷兽之骨，声闻五百里，以威天下。"这段文字描述了"雷鼓"从雷泽兽而来的神话情节。而文献里的"雷鼓"则是殷祭等重大祭礼中所用的乐器，如《周礼·地官·鼓人》曰："以雷鼓鼓神祀。"郑玄注："雷鼓，八面鼓也。神祀，祀天神也。"《周礼·春官·大司乐》又曰："霝鼓霝鼗，孤竹之管，云和之琴瑟，《云门》之舞。冬日至，于地上之圜丘奏之。"①换而言之，这里所谓"雷鼓"或"雷镈"的"雷"字，或非单纯地描述鼓音高大，而是指其具有通天达神的神圣能力。正因雷鼓有神祕的来源，是用雷泽神兽的皮制造的，所以在祭天祭神时，雷鼓具有崇高的神能。铭文中的"雷镈"，其意指应亦类同。

此外，金文中的"🐾"字亦借指罍礼器②，作此义时，或可写作从"皿"的"盠"③、从"金"的"鑸"④。但这属假借，与本文的论述无关。纵观之，迄今仍未见有先秦出土文献将"🐾"字用作雷电的意思。

楚简中的"雷"字写法已不从"申"，而写作从"雨"的"靁"（靁）或从"雨"、"土"

---

① （西晋）郭璞注，郭郛注证：《山海经注证》，页 791。（汉）郑玄注，（唐）贾公彦疏：《周礼注疏》，页 511—512；928。

② 西周早期的陵罍：《集成》器号 9816，别名：陵父日乙罍，陕西扶风县法门寺庄白村 1 号窖藏出土，现藏于扶风县博物馆。中父乙罍：《集成》器号 9815，藏处不明。中期的对罍：《集成》器号 9826，陕西凤翔县田家庄镇劝读村出土，现藏于凤翔县博物馆。洎禦事罍：《集成》器号 9824—9825，现藏于北京故宫；战国早期的邳伯缶：《集成》器号 10006—10007，山东省枣庄市峄城区出土，现藏于山东省博物馆。

③ 西周早期的乃孙罍：《集成》器号 9823，现藏于北京故宫。中期的季姇貯罍：《集成》器号 9827，现藏于中国国家博物馆。

④ 西周晚期的函皇父鼎、函皇父簋、函皇父盘：《集成》器号 2745、4141—4143、10164，皆出自陕西扶风县法门镇康家村窖藏，现藏于陕西历史博物馆，一件函皇父簋另藏于日本奈良天理参考馆。

的""(霝)。在包山简中,"畾"和"霝"的写法分得很清楚。不从"土"的"畾"乃是用以表达雷鼓的意思(第 174—175 简),而从"土"的"霝"字则作为地名使用(第 85 简)①。上博简《容成氏》第 13 简言:"昔〔者〕銮(舜)静(耕)于礜(鬲)丘,旬(陶)于河宾(滨),鱼(渔)于霝泽,孝羡(养)父母,以善其新(亲),乃及邦子。"②这段文字讲述舜渔于雷泽的事情,而用了从"土"的"霝"字。该字亦应是"垒"的古字。

基本上,"畾"或"畾"字在先秦的甲骨、金、简文中多指地名和人名,晚期才转义为礼器。不过在卜辞和神话中,"畾"并不是普通的地名,而是一种类似于神圣地区的信仰。从观察字义的发展和神话记载可知:古代的"電"字,广泛表达了雷电暴雨的形象,而"雷"字原本并没有雷声的意思。在甲骨文中,"丘畾"应是类似""(土)字象形意义的垒堆、土坆的形状,亦即"垒"地之意。

雷神的名号,或许并不是源自雷电,而是居于雷地的神(雷公与河伯的名号相类,即指雷地之公、雷地之神),不过,因为雷神能主宰雷电暴雨,因此"雷"字遂从雷神的居地转义为雷声。而根据神话,在雷泽确实可以听到天的旨意,听到天语。

古代的"畾"字写从"申",与""(神)、""(電)、"柛"、"裍"、"湛"等字在结构上均属会意字,"申"形的不同偏旁,象征了此字所链接的不同崇拜对象或神祕、神圣的现象,"田"字偏旁则表达此字与田、土的关系,亦即圣地的概念。

四、释"逊"

"逊"字在卜辞上的字形为""和"",因甲骨文""系"神"字的雏形,因此应该隶定为"徦"和"逴",或简写为"徦"和"畐";并且,既然"彳"和"止"偏旁在文字发展过程中融合,而成为"辵"偏旁,故""亦可以直接隶为"逊"或简写为"逊",而""则只是常见的省文结构。

---

① 刘信芳:《包山楚简解诂》,台北:艺文印书馆,2001 年,页 82、198。

② 马承源主编:《上海博物馆藏战国楚竹书(二)》,页 259。

但目前的甲骨学界仍然持续采用郭沫若的看法,将此字隶为"遄",释读为"祷",而将"畐"理解为"寿"、"祷"的声符①。前文已阐明,在金文的"寿"字里,将"🐍"视为"畐"作声符是有误的,因为这其实是"神"字的偏旁,用来作为义符,所以"得"并非"祷"字。

带有该字的卜辞如下:

> 甲戌卜,翌日乙王其寻,卢白(伯)……不雨? 大吉。
>
> 〔乙〕亥卜,叀(惟)祖丁彡日,迣,又(有)正? 吉。
>
> 叀(惟)父甲彡日,迣,又(有)正?　　　　　　　　　《合集》27041
>
> 壬辰贞:上甲,迣?　　　　　　　　　　　　　　　《合集》27073
>
> 甲子卜,何贞:翌乙丑其又(侑)大乙,叀(惟)🐟飙,迣?
>
> □酉卜,何〔贞〕:……其又(侑)……　　　　　　　《合集》27088
>
> 叀(惟)小乙日,迣,王受〔又(祐)〕?
>
> ……迣……又(侑)大乙?　　　　　　　　　　　　《合集》27094
>
> 癸……
>
> 叀(惟)祖乙彡日,迣?
>
> ……蓳……　　　　　　　　　　　　　　　　　　《合集》27197
>
> 贞:叀(惟)……又(侑)𠂤……遰(迣)?　　　　　　《合集》30499
>
> 庚子卜,……
>
> 〔贞〕叀(惟)又(侑)□〔彡〕日,迣,〔王〕受又(祐)?　《合集》30640
>
> 叀(惟)乙未酌,王受又(祐)?
>
> 叀(惟)乙巳酌,迣?　　　　　　　　　　　　　　《合集》30811

以上所列目前发现带有"迣"字的卜辞,大多数出现在康丁时代的卜辞中,但在武丁时代亦出现过残缺的一条:

> 贞:祖辛不我蛊?
>
> 贞:祖辛蛊我?
>
> 贞:🐍率,以冤𠦪?
>
> ……迣……尹……　　　　　　　　　　　　　　　《合集》95

---

① 《甲林》,页2262。

由此可见,"遄"字的字义与祭祖有关,在乡日的祭礼中,王"遄"祖先而求祐。因此该字的意义与郭沫若所提出的、读为"祷"的理解相近,但从此字本身来看,读为"祷"却不可从。

在郭店楚简《缁衣》篇里的第 19 和第 39 简,以及上海博物馆藏的楚简《缁衣》篇里第 10 和第 20 简上,亦出现过此字,写法为"🈂",用作《尚书》里的《君陈》篇名,即作为"陈"字的异构①。《礼记·缁衣》唐代陆德明释文:"陈,亦作古'陠'字。"《说文·阜部》:"🈂(陳),宛丘也。舜后妫满之所封。从阜、从木,申声。🈂(陠),古文陈。"段玉裁注:"按:古文从申不从木。"②从此可见,楚简的"🈂"乃"陠"的异构,将"阜"部以"辵"部取代。

依此,我们可以进一步推论,"遄"(或隶为"迪")字应可以作"速"字的古文或异构字来解。"🈂"(埭)、"🈂"(速)字亦出现在甲骨文中,但卜辞都残缺到无法理解其字义的程度,如武丁时代有"……卜钔(禦)……埭……"(《合集》15109)、"……商埭……"(《合集》15110);武乙、文丁时代则有"……小臣……🈂"。

两周金文中,亦有"🈂"即"速"字,出现在西周早期荣仲鼎③以及春秋早期叔家父簋④铭文上。前者曰:

> 王乍(作)荣中(仲)宫,在十月又二月生霸(魄)吉庚寅,子加(嘉)荣中(仲)珥(扬)珚一、牲大牢。己子(巳),荣中(仲)速内(芮)白(伯)、猷(胡)侯子,子赐白金昀(钧),用乍(作)父丁鼏彝。事。

后者载:

> 弔(叔)家父乍(作)中(仲)姬匡,用成(盛)旛(稻)汥(梁),用速先后者(诸)𢏚(兄),用旛(祈)釁(眉)考无强(疆),𢝰(慎)德不亡(忘),孙子之𢃊(贶)。

在这些铭文中"速"字都读为"速"。此释读无误,"束"与"东"字形近,古时经常被混用。可是《说文》曰:"速,疾也。"⑤从铭文内容来看,"速"不能有"疾"的意思,甲

---

① 荆门市博物馆编著:《郭店楚墓竹简·缁衣》,北京:文物出版社,2002 年,页 19、39。马承源主编:《上海博物馆藏战国楚竹书(一)》,上海:上海古籍出版社,2001 年,页 184—185、195。

② (汉)郑玄注,(唐)孔颖达等正义:《礼记注疏》,页 2322。(汉)许慎著,(清)段玉裁注:《说文解字》,页 735 下。

③ 《新汇编》器号 1567,现藏于北京保利艺术博物馆。

④ 《集成》器号 4615,藏处不明。

⑤ (汉)许慎著,(清)段玉裁注:《说文解字》,页 71 上。

骨文"迊"字,亦非此义,那么,我们该如何解决此一奥秘呢?

对于"速"字的用义,传世文献提供了某些线索,《诗·小雅·伐木》曰:"既有肥羜,以速诸父。"郑玄笺:"速,召也。"①可见其诗语与叔家父簠铭文"用速先后诸兄"之句雷同;郑玄注将其释为"召"相当地准确,同时也彰显了其意偏近于"召魂"祈祷之义。张衡《思玄赋》言:"速烛龙令执炬兮,过钟山而中休。"萧统注:"速,征也。"②被"速"的均是崇高及神祕的对象。荣仲鼎"速"字亦用在祭礼中,被召请的芮伯和酅侯子应有极高的身份,从"速"字的用义来看,甚至可以推知,他们不是两位活人,而是先祖的身份。

回到甲骨文带"迊"字的卜辞这部分,笔者的推论是:"迊"(迊)与"速"字的关系,近似于"陣"和"陳",乃系同一字的不同结构,因此,"迊"(迊)的意思即是"召"。从卜辞的内容来看,这种金文中"速"的意义,也相当符合卜辞中祭祀祖先和招其灵魂的礼仪。因此甲骨文的"迊"(迊)应就是后来"速"的本字或异构。

从"神"和"止"或"辵"的结构或用来表达"神来"的招魂目标;至于从"东"的写法,笔者提出假设如下:在商文明丧葬信仰中,东西方向的葬式,表达了大自然由生而死、由死而再生的循环运行,因此采用这样的葬式,意即向东方祈求生命,向西方祈求死而再生于东。自然界中日落于西之后,隔天日依旧会再出于东,秋死之后会再有春生,此规律在殷商信仰中同时更牵连着人死之后会有再生的想法。因此甲骨文中才会有求生于东、求死于西之后而再生于东的祈祷记录③。因此祖先招魂之礼是向东方祈祷,故"速"字从"東"。然而此"東"字却被许慎误解为从"木"、从"日",可是古文字的字形和异体字的结构却证明了:"東"字不从日,而在文字发展过程中,因读音的关系,"東"被看作从"木"、"申"的结构。殷商时期"速"与"迊"两字可能不仅是同义、亦是同音字,同时"迊"(迊)从"神"的结构则象征着祭礼的神性,因此两字是通用的。依照笔者浅见,古代的"速"与"速"反而不是同一字,只是因为字形相似,才发生了两字合并的情况。

---

① （汉）毛公传,郑玄笺,（唐）孔颖达等正义:《毛诗正义》,页900。

② （梁）萧统编,（唐）李善注:《文选》,上海:上海古籍出版社,1986年,页668。

③ 对此问题的讨论参宋镇豪:《甲骨文"出日"、"入日"考》,《出土文献研究》第1辑,北京:文物出版社,1985年,页33—40。宋镇豪:《夏商社会生活史》,页771—789。郭静云:《殷商王族祭日与祖妣日名索隐》,《甲骨文与殷商史》新二辑,上海:上海古籍出版社,2011年,页47—76。

五、释"寿"

此外,在周代时也出现了从"申"部的新字体:"![字]"(耇),即金文中的"寿"字。《说文·老部》曰:"耇,久也,从老省,丂声。"① 在目前所见的青铜铭文上,"寿"字的出现率甚高,共出现六百余次,其字形主要有以下五种:

(一)从"耂"、"![偏旁]"、"口"的"![字]"②、"![字]"③ 等字。此字通用于西周早中期以后。春秋晚期筥叔之仲子平钟,其中有几枚铭文写作"![字]"④,又有一枚的铭文写作"![字]"⑤,将"![偏旁]"偏旁写成"![偏旁]"。西周末期以降还有以"曰"取代"口"偏旁的"![字]"⑥、"![字]"⑦ 字形。春秋晚期王子午鼎的"![字]"字形将"口"、"曰"两个偏旁并用⑧。

(二)从"耂"、"![偏旁]"、"又"的"![字]"⑨、"![字]"⑩ 等字,见于西周早中期以后。西周晚期椃其簋的"![字]"字,将"![偏旁]"偏旁写成"![偏旁]"⑪。在西周晚期的两件伯梁其盨铭文中,有一件写从"又"的"![字]",另一件的铭文则写无"口"、"又"偏旁的"![字]"⑫。

---

① （汉）许慎著,（清）段玉裁注:《说文解字注》,页398下。

② 以西周早中期静叔鼎为例:《集成》器号2537,藏处不明。

③ 以西周晚期夐孟姜匜为例:《集成》器号10240,现藏于上海博物馆。

④ 《集成》器号172—179,山东省莒南县大店镇2号墓出土,现藏于山东省文物考古研究所。

⑤ 《集成》器号180,山东省莒南县大店镇2号墓出土,现藏于山东省文物考古研究所。

⑥ 以西周晚期交君子![字]簋为例:《集成》器号4565,现藏于中国国家博物馆。

⑦ 以春秋早期王孙寿甗为例:《集成》器号946,藏处不明。

⑧ 《集成》器号2811、《新汇编》器号444—449,河南淅川县下寺墓葬乙M2出土,现藏于河南省文物研究所、河南博物院。

⑨ 以西周早中期毛公旅鼎为例:《集成》器号2724,现为上海博物馆收藏。

⑩ 以春秋早期曹伯狄簋盖为例:《集成》器号4019,山东省出土,现藏于天津博物馆。

⑪ 《集成》器号3873,陕西宝鸡市陈仓区贾村镇上官村出土,现藏于宝鸡青铜器博物院。

⑫ 《集成》器号4446—4447,陕西扶风县法门镇任家村出土,现藏于上海博物馆。

（三）从"耂"、"🖐"、"口"、"又"的"🖎"①、"🖎"②、"🖎"③等字，见于西周中期以后。西周晚期四件小克鼎的铭文写作从"口"、"又"的"🖎"④，而三件则作从双"又"的"🖎"异体字⑤。

（四）从"耂"、"🖐"无"口"、"又"偏旁的"🖎"⑥、"🖎"⑦、"🖎"⑧、"🖎"⑨、"🖎"、"🖎"⑩、"🖎"⑪等字。通用于西周早期以后。

（五）无"耂"偏旁，只从"🖐"、"口"的"🖎"字形，或从"🖐"、"口"、"又"的"🖎"字形。这两种无"耂"偏旁字形，出现在殷周之际和西周初期的铭文上，如殷周之际的无寿瓠⑫、无寿甗⑬，西周初期不寿簋⑭，都将"寿"字写作"🖎"。西周中期的室叔簋也保留了不从"耂"的"🖎"写法⑮，但在西周后半叶，这种情况已属罕见。西周中期的豆闭簋同时有"🖎"和"🖎"两种"寿"字的写法⑯。殷周之际的寿

---

① 以西周中期耳尊为例：《集成》器号 6007，现藏于北京故宫。

② 以西周中期㽙簋为例：《集成》器号 3700—3701，藏处不明。

③ 以春秋早期鄁子子奠白鬲为例：《集成》器号 742，现藏于北京故宫。

④ 《集成》器号 2796、2798、2799、2801，清光绪十六年（1890 年）出土自陕西扶风县法门寺任家村，现藏于上海博物馆、北京故宫、日本京都藤井有邻馆、日本东京书道博物馆（汇编）。

⑤ 《集成》器号 2797、2800、2802，清光绪十六年出土自陕西扶风县法门寺任家村，现藏于日本兵库县黑川古文化研究所、天津博物馆、南京大学考古教研室。

⑥ 以西周早期遣盉为例：《集成》器号 9433，现为美国纽约塞克勒氏收藏。

⑦ 以西周早期沈子它簋盖为例：《集成》器号 4330，河南洛阳出土，现藏于比利时布鲁塞尔皇家艺术博物馆（综览，塞克勒）（Musees Royaux des Beaux-Arts, Bruxelles, Belgian）。

⑧ 字形文例从西周中晚期毳簋（《集成》器号 3931—3934，河南省洛阳出土，现藏于北京故宫、台北故宫）；毳匜（《集成》器号 10247，现藏于北京故宫）。毳盘（《集成》器号 10119，现藏于上海博物馆）；毳盉（《集成》器号 9442，藏处不明）。

⑨ 以春秋早期伯其父麎簋为例：《集成》器号 4581，藏处不明。

⑩ 两字从春秋早期祝叔簋：《集成》器号 4560，藏处不明。

⑪ 以春秋晚期乐子簋为例，4618，现藏于上海博物馆。

⑫ 《新汇编》，器号 1065，山东桓台县田庄镇田庄村出土，现藏于山东省济阳市博物馆。

⑬ 《集成》器号 904，藏处不明。

⑭ 《集成》器号 4060，现藏于北京故宫。

⑮ 《新汇编》，器号 1957，藏处不明。

⑯ 《集成》器号 4276，陕西西安出土，现藏于北京故宫。

器、眉寿作彝鼎将之写作"𖣠"①,本字形目前所见最晚的文例,乃西周中晚期卫鼎铭文的"𖣠"字②。

第一种字形属最常见的"寿"字写法,不仅是在青铜器铭上,楚简上也通用此字形,如包山楚简第 68 简作"𖣠"③,上博楚简《采风曲目》第 1 简、《平王问郑寿》第 1 至 4 简;《九店楚简》第 45、46 简;《新蔡葛陵楚简》的"寿"字,其字形皆为相同④。第四种字形出现次数仅次于第一种。这两种字形在青铜器铭文中各有几百个文例,而其他字形的出现率则较低⑤。

分析以上字形,第四种从"耂"("老"省)、从"𖣠"、"𖣠"。过去罗振玉先生认为,"𖣠"字应是《说文》中"畴"字的声符,也是"畴"字的省文。循此将"𖣠"隶为"畴",但因这种释读不符合卜辞的意涵,故释为"祷"⑥。多数学者们读之为"畴",也将"𖣠"视为"𖣠"结构中的声符⑦,表达"dhru"上古音(Karlgren code 1090)⑧。

上述文例证明,从《花东》卜辞以来,"𖣠"、"𖣠"、"𖣠"、"𖣠"即是"鼄"(神)字的写法,所以第四种字形是从"老"省、"神",因"神"与"申"在两周文字可互用,且"鼄"在春秋战国文字中可作干支的"申"字使用,第四种字形也可隶为"畨"。第一种字形是从"老"省、"鼄"(神)、"口",或"鼄"(神)省写为"申",构成从"老"省、"申"、"口"的字形,如春秋晚期筥叔之仲子平钟的"寿"字。第二种是从"老"省、"鼄"(神)、"又",或"鼄"(神)省写为"申",构成从"老"省、"申"、"又"的字形,如西周晚期槃其簋的"寿"字。第三种则从"老"省、"鼄"(神)、"口"、"又"。

---

① 《集成》器号 10558,藏处不明;《集成》器号 1989,现藏于北京故宫。

② 《集成》器号 2831,现藏于岐山县博物馆。

③ 张光裕主编,袁国华合编:《包山楚简文字编》,台北:艺文印书馆,1992 年,页 780。

④ 马承源主编:《上海博物馆藏战国楚竹书(四)》,页 17。马承源主编:《上海博物馆藏战国楚竹书(六)》,上海:上海古籍出版社,2007 年,页 77—80。湖北省文物考古研究所,北京大学中文系编:《九店楚简》,北京:中华书局,2000 年,页 13—14。张新俊、张胜波:《新蔡葛陵楚简文字编》,页 157。

⑤ 参华东师范大学中国文字研究与应用中心编:《金文引得》,南宁:广西教育出版社,2001—2002 年,殷商西周卷,页 271—275;春秋战国卷,页 120—122。

⑥ 罗振玉:《殷虚书契考释》,卷中,页八上、四、五;《甲林》,页 1176—1177。

⑦ 古文字诂林编纂委员会编纂:《古文字诂林》,上海:上海教育出版社,1999—2005 年(后引简作《诂林》),册 7,页 651—654。

⑧ S.Starostin(project leader). Database query to Chinese characters. *The Tower of Babel*. http://starling.rinet.ru/cgi-bin/query.cgi?root=config&morpho=0&basename=\data\china\bigchina。

在这些字形的结构中，"𩂳"（神）或"申"是不可能作为声符的，反而适于作为义符使用。其义便在于天神吐生而神化万物，以赐予寿命，所以"神格化"与"寿"的信仰可以说是一体的两面，周人的"寿"观应也是从神的信仰衍生出来。凡物经神龙吞吐后，就能神格化而获得神寿，从此一角度来看，我们便可以理解，何以"神"字亦影响了后续发展出的"寿"字之来源和脉络，就是因为"神"字义和"寿"字义具有潜在的关联性。

笔者从"寿"的发展脉络思考本字的结构，认为"寿"字是在殷周之际从"𩂳"（神）字衍生出来的字体，上述第五种字形才是其初期的字形。由此可见，在殷周之际的青铜器铭文上，如无寿觚和无寿甗将"寿"字写作从"𩂳"（神）、"口"，而不从"耂"的"𢖷"字。西周早期不寿簋的"寿"字字形亦同。西周中期室叔簋也保留了不从"耂"的写法，而豆闭簋同时用"𩃁"和"𢖷"两种"寿"字的写法。然而在西周后半叶及春秋战国的铭文中，却未见不从"耂"的"𢖷"（寿）字。至于在晚期的文字中，则只有包山简六个"寿"字中有两个无"耂"字偏旁：第 26 简写从"申"、"曰"的"𢖷"，第 94 简写从"𩂳"（神）、"曰"的"𩃁"①。

除了"𢖷"字形之外，在殷周之际的铭文中另有无"耂"字偏旁，从"𩂳"（神）、"口"、"又"的"寿"字字形。如寿器、眉寿作彝鼎将之写作"𢖷"。这种字形目前皆未见于西周中期以后的铭文中，最晚的文例是西周中晚期卫鼎，铭文中三个"寿"字都写作"𢖷"。《说文》将其释为古文的"畴"字②，但从西周铭文可知，这原本应是"寿"字的古文。

从上述发展脉络来看，"𢖷"和"𢖷"不可能是"𩃁"、"𩃁"字的省文，反而是较其时代更早的字形。据此，笔者认为：最初的"寿"字应是从"神"、"口"的形声字，"口"才是"寿"古字的声符，而"神"则是它的义符。另加"又"偏旁的字形，可能是以"又"来表达获得保祐的意思（甲骨文中都是用"又"字表达"祐"义）。

从西周早中期的遣盉等铭文以来，另有从"𩂳"（神）、"耂"的结构，这是周人所造的另一种"寿"字，即从"老"、"神"的结构。依笔者理解，"𩃁"字应视为会意兼形声

①　张光裕主编，袁国华合编：《包山楚简文字编》，页 109、759、794。

②　（汉）许慎著，（清）段玉裁注：《说文解字注》，页 58 下。

字。从"老"、"考"涵义来说，可为"寿"字的义符，同时"老"（上古音 rhū?，Karlgren code 1055 a-d）、"考"（上古音 khū?，Karlgren code 1041 d-i）与"寿"（上古音 d(h)u?，Karlgren code 1090 g-j）声近音同，所以"耂"也可用作"寿"字的声符。而"🐍"（神）便只能有义符的作用。

在西周时期文字的发展中，从"口"得声和从"耂"得声的两种"寿"字结构逐渐被合并，形成了金简文最常见、载于《说文》的"𦓃"字。这是在历史中逐步形成的双义符双声符结构，"耂"（老）偏旁有义、声符两种作用，而在"𦓃"偏旁中，🐍（神）是义符，"口"才是其声符。

总体来说，"寿"字是殷周之际从"神"字衍生的字体，并于两周时期成为常用字。而"寿"字最关键的义符乃是"🐍"（神），以表达天神所能赐予的寿命。

六、余论："神"义扩展的脉络

信仰和语言的演化，在文明发展中是两条互补但不相重复的脉络。夔神饕餮信仰在商文明中占有极为重要的地位。但在随后先秦信仰的演化中，却随着人们放弃使用人牲祭祀双嘴夔神的祭仪，逐步失去了原始信仰中"吞"、"吐"一切、并将被吞吐之物神格化的神圣性质。甚至，夔神和饕餮在战国、秦汉的文献中经常被形容为恶鬼，如前文所引的《左传》、《吕氏春秋》、《说文》、《甘泉赋》、《二京赋》等文献，都有相关的记录。

然而，原本像夔龙之形的"神"字并没有因此被放弃、遗忘，反倒在语言中超越了原有的象形意义，甚至逐渐脱离和降雨、夔龙等的关联。

在殷商文字中，"神"字除了用于本义之外，已被作为其他字的义符，来表达各种现象的神祕性，此时"神"的字义已有扩展。

不过，"神"与"祖"在殷商文字中依然是两种不同的概念，因为"祖"和"神"是两类不同的崇拜对象，祖先从来不能称之为"神"，笔者在上文中所阐述的殷商之"神"，只是夔龙形的天神。然而自西周中晚期以来，"神"字开始被用来指称天上的祖先。如邢叔、采钟称祖先为"文神人";此鼎、此簋、瘋钟称其为"文神";杜伯盨称祖先为"皇神祖";馘史𫘝壶则称其为"先神皇祖"。这种用词的逻辑十分清楚:祖先已通过神祕过程升天,并获得与天神结合的性质,故虽然没有成为"神",但却成为通过神格化的过程进行再生的"神人"。

这种新的用词对"神"的字义造成很大的改变。可见西周以来,"神"字的确已脱离了天上神兽的观念,改指人形的崇拜对象,甚至当时的人已经不知此字原始的象形意义为何了。甲骨文中的"神"与"祖"不可混淆,但到了西周中晚期,两者间已无太大的区别。如此一来,"神"字便逐渐成为表达所有崇高神祕对象的用字。

进一步思考,我们可以发现,"神"字在周时期开始有从"示"的写法,或许不只是因为"示"字偏旁是被祭祀对象的指示而已,更隐藏着"神"意义的演化,即从仅指天神的范围扩大到涵盖天上的祖先。"示"字的本义是祖先牌位,但夔龙的天神信仰与祖先无关,故殷商时期未见写从"示"的"神"字,反而因为"鬼"的意义是指他族的祖先,甲骨文中有从"示"的"槐"字。到了西周,"神"意义已涵盖了升天且神格化的祖先"文神人",因而出现少数从"示"字偏旁的"神"字。同时,"示"字的本义,也发展到综合性表达被祭祀对象之意思,所以到了汉代,从"示"的"神"字已完全取代了不从"示"的字形;由于汉代文化排斥对鬼的崇拜,"鬼"字失去了"示"字偏旁。(在目前所见的楚简上,"鬼"依然从"示"的"𥛉",但《说文》里已固定不从"示"的"鬼",并将"槐"定为"古文"。)

此外,殷周之际,"神"的信仰进一步衍生出了"寿"的新观念,在某程度上与神的人格化趋势有所关联。商文明的信仰传统,乃是通过神杀的方式,以期获得天上的神性之新生,即通过神杀手段避开自然生物必经的死亡过程,进而得到由神所产生的永生。从"寿"观念的形成,我们可以发现:为神所吞吐、杀亡、死而再生的信仰,被家族、寿命的信仰取代了。

这种演变隐含着非常重要的人类对死生、老少理解的变化:早期社会中比怕死更加怕老,认为在战争、狩猎或祭礼中被杀死才属"善死",老死或病死属于很糟糕的"恶死"。老死病死者将变得永远脆弱无力,身强力壮时期被杀者,反而能在永生中保留身强力壮。所以,早期社会观念中"寿"并不被视为理想美德。这种观念在很多巫觋文化仪式中可以观察到,下文会专门讨论商文化中与其相关的遗迹。但是从殷周交接之际出现"寿"字的事情,无疑可知,当时社会已脱离"善死"的观念,不再怕老弱,反而把"老"视为被神保祐的依据。同时,这一变化还表明,人们对于神杀而再生的信仰在减弱,逐渐将不朽社会建构的目标从彼世转向此生。

早期商代的"神"信仰,乃是以神杀避开老死的不祥。周代的人们祈祷以掌握齐眉之寿,并寄望祖先能保祐子孙永享寿年,使"寿"字既从"神"亦从"老",古代思想传统中将老年视为德性的观念,实滥觞于此。因此,从"神"到"寿"观念的形成,显示出上古信仰的核心已发生变化。

如此一来,虽然战国、秦、汉时还能看到"神"字从口的写法;但神龙吞吐的形象,在整个文明中却已被遗忘。同时,虽然许慎将"神"依然定义为"天神",但实际上,在汉代语言中,"神"字的涵义已极其广泛、无所不包,"神"字被用于指涉一切神圣的现象。在语言的发展中,许多字从广义变成狭义,但有些字词却反而从狭隘字义发展成广泛的常用字,"神"字即是如此。此字从早期能具体指出乃是代表双嘴夔龙天神的专属名词,到后来却发展成无所不及的神祕观念,且至今三千五百余年来,仍然持续地被使用着。

第五章　商文明神纹来源之谜

　　第二至四章的分析让我们得以了解商人以何为神以及神的构成与神能。这些研究使我们肯定,礼器上普遍可见之双嘴夔龙神纹的意义,乃涉及商文明"神"的概念。双嘴夔龙崇拜的重要性可见于四个方面:礼器上的神纹、传世神话、"神"字的字形,以"神"为义符组成相关字汇。尚需究明的一个问题是,商文明"神"的形象和观念已非常成熟,并非萌芽阶段;那这种成熟的"神"的形象和信仰从何而来?当然,我们很难期待找到殷商之前的"神"字,甚至如果发现早期有类似的字形符号,由于殷商之前没有完整文字的遗迹,所以从早期的零散文字的字形无法探索其字体的意义。不过因为"神"字的字形与礼器上的神纹是同一个形象和观念,溯源研究的核心问题在于了解神纹始见于何处。即从神纹在礼器上的出现,试图厘清什么时候、什么地区的人们开始崇拜双嘴龙。本章试就这一问题,依据目前所能见到的出土资料展开讨论。

一、多元商文明中神纹的属性问题

　　前文已讨论过,殷商宗教中系统而多样的神祕造型,都奠基于共同的双嘴夔龙母题。同时,商文明的双嘴夔龙神信仰母题,除了这些变形、繁复的纹饰之外,也衍生出甲骨文的"𦎫"(神)字,成为"神"观念之渊源。前文所观察的双嘴夔龙母题,实乃源自盘龙城文化早期之硬陶神纹,其中也包括二里头遗址二期晚段至四期零星发现的陶片,以及该遗址四期晚段出土的一件双嘴夔龙神纹构图特别清晰而完整的陶簋(图二一)。

在此要说明所谓"二里头文化"的属性问题。根据目前所有的资料来看,在二里头遗址所能看到的文化分布,并不仅限于郑州、洛阳地区,更普及到江河之间的宽阔地域,而二里头遗址所处的嵩山地区实际上是该大文化区域的北角。① 考古资料均阐明,江汉地区石家河、后石家河、盘龙城这一脉相承的文化体系,才是所谓"二里头文化"和"二里岗文化"的源头,应该将其结合而重新命名为"盘龙城文化"②。这种命名变化与实际资料更相符合,同时也能方便地体现出二里头遗址本身所具有的独特价值,即将其作为盘龙城文化早期在嵩山地区的类型,显示其地方文化面貌;其中也包括在二里头遗址发现的这一件很精彩的有双嘴夔神纹饰带的硬陶簋。

双嘴夔神纹所代表的是一种逐渐网罗了全中国各地族群,并深远影响到后世的精神文化。从早商以来,在许多地方的礼器上都有着双嘴夔纹或饕餮纹,而且不仅仅是在商王国的遗址中有发现,其他诸国也用之。这种纹饰的普遍性说明,双嘴龙夔神在当时已经是属于"大家的",即跨族、跨国的崇拜对象。直至春秋战国时代甚至到汉代,在礼器上都还保留着双嘴夔龙信仰的余迹。难道这种庞大而几乎网罗天下的传统,真像过去所以为的那样,滥觞于偃师二里头出土的几件硬陶? 不过,由于在考古发掘历史中,带这种纹饰的碎片和器物最初是发现在二里头遗址;所以在我们的认识中,对早期神纹的探索,其实同样也离不开确定二里头文化的发祥地这一根本性的历史难题。也就是说,虽然逐渐累积的考古资料从整体上表明,神纹礼器普遍出土在江汉地区,该地区才是所谓"二里头文化"和"二里岗文化"的发祥地;但由于在纯粹代表考古发掘早晚的认识当中,人们往往还是在潜意识中或习惯性地以二里头、二里岗文化为中心。而且因为二里头遗址确实出土了神纹硬陶片这样的硬证据;因此,为梳理和厘清神纹和相关信仰的历史脉络,下面将专门讨论二里头遗址的文化成分问题,现在姑且回到目前习用的"二里头文化"概念中。

---

① 参郭静云:《夏商周: 从神话到史实》。

② 邱诗萤:《汉北青铜文化之兴: 从石家河到盘龙城》。

　　我们回到这种讨论方法,是为了与学界讨论二里头文化的主题接轨,之后再从不带任何预设的角度,一切从资料出发,重新探讨硬陶和青铜器神纹的发祥地和文化属性。不过,若采取这种方法,即从学界流行的、奠基于周秦汉唐时期意识形态的、以洛阳为中央的概念出发,则在讨论神纹来源的问题上,我们从一开始会发现几种疑问。

　　第一,偃师二里头二、三期之前,在该地区更早的考古文化遗址中,从未见过类似的神秘纹饰;甚至到了二里头三、四期,在二里头宫殿发现的纹饰数量还是相当少,更何况在宫殿之外的周边遗址中,没有出土带神纹的硬陶或青铜礼器,不带神纹的硬陶或青铜礼器在二里头城外也未见过。

　　第二,考古学界早已证明:硬陶器物并非二里头本土制造,二里头遗址所发现硬陶器物,都是外来的,而且来自长江流域①。也就是说,二里头出土的带神纹饰带的陶簋并非本土制造,不仅在二里头时代,在整个商周时代的黄河流域,硬陶都属于非本土制造的宝贵礼器。如果将有双嘴夔龙饰带的陶簋与一般二里头陶器做比较,则明显可见这是非本土风格的宝物。

　　第三,嵩山地区文明肇始的时代相当晚,既未见到相对完整的文明化进程,亦未见到早期城邦之间的传承关系。所以,二里头时代并不属于“文明起源”的时代,二里头城也是在整个江河中原文明进程中相当晚的时段,才被建造起来;其宫城和遗址都不大,存在的时间也很短,建城之前此处的聚落也很小,该聚落的历史也只有不长的一二百年而已。而神龙信仰与神纹在商代文明的总体信仰中占有主导地位,它们在两商时期曾深入影响了长江、赣江、湘江、汉江、淮河、黄河甚至辽河等东亚诸河流域的青铜文明的形成。所以,若从考古发现来看,恐怕不能说这一影响力庞大的信仰源自文化深度不厚的黄河流域,更不能说它就是从没有一脉相承发展脉络的二里头、郑洛地区发源的。二里头这一出现时代晚、存在时间短的小城,只能定位于诸城之一,根本达不到文化源头的高度。

　　李之龙先生认为,近几十年来,二里头宫殿遗址发掘的成果,显示出:“二里头文化于文明化进程中所取最高成果并非二三十年前学术界普遍持有的‘最早国家论’或‘最初文明实体论’,而是处在比这更高一步的文明进程阶段。”②李之龙先生

---

① 许宏:《最早的中国》,北京:科学出版社,2009 年,页 202。

② 李之龙:《对“中国文明史二里头起始论”的质疑》,《华夏考古》,2009 年第 4 期,页 88。

所提出的"不是最早国家"的论点相当准确,在二里头遗址宫城兴建的时代,中国境内有数种文明早已上升到很高的青铜文明及国家化进程的成熟阶段。所以,我们不能说二里头这样的相当晚期的小城邦,就足以代表当时诸国文明发展的程度。在二里头文化之前或与其同时,中国各地已有邦国出现,包括比偃师二里头规模更大、时代更早的,以及文明化、国家化程度最高的云梦泽联合城邦国家。学者们讨论得较多的是关于陶寺和良渚文明化的表现,韩建业先生甚至认为,成熟的二里头古国奠基于陶寺和良渚等早期文明的基础上①。然而,这种看法,一方面可能过于简单化了中国青铜文明的形成和交往过程;另一方面将相隔遥远的地区混为一谈,是从后期"大中国"概念来讨论青铜时代的文明。无论是在地理方面,还是在年代或文化内涵方面,二里头跟长江下游前国家时代的良渚文化,或汾河下游盆地区域性的陶寺小城邦,都没有传承关系。

就东亚文明化进程而言,从新石器末期以来至青铜时代,中国各地陆续建立众多城市及邦国。但其中最早开拓的地带是长江流域,以长江中游大溪、油子岭、屈家岭、石家河为主导的文明进程发祥于洞庭平原,而兴盛于广阔的长江中游大平原中。接着,文明化的过程逐步扩展到长江下游的崧泽、凌家滩、良渚等文化;赣江流域的拾年山、樊城堆及吴城文化;长江上游的宝墩及三星堆文化等,总体表现均为逐步走向文明化。长江流域文明化和国家形成的历史,以长江中游为代表,有6 000多年的历史。其他地区只有到公元前第三千纪中期才进入文明化过程,其文明史的起点至早只在4 500年前。可见,各地邦国的产生,都比长江中游文明晚至少1 500年。再过了两三百年,到了公元前第三千纪晚期,在中国历史地图上才出现了很多城市和小邦国,包括长江上游的宝墩文化群城、山东龙山文化群城、东北夏家店下层文化群城以及黄河流域陶寺、新砦、王城岗等等。4 300—4 000年之前的时段很重要,这是全中国各地走向国家化的时代;而长江中游在此时之前早已经历了从二十几个小邦国到大型联盟国家的数次重组的经验。在进入后石家河文化的历史阶段后,又一次经历了大型国家重组的事件,这是该地国家文明的大规模转折。在这一历史转折时代,虽然有很多城市被废弃或重建,但在长江中游却仍有不少城市,从大溪、屈家岭或石家河时代一直存在到商周(楚国)时代;同时,大部分长江中游的商代城市建立在石家河、后石

---

① 韩建业:《良渚、陶寺与二里头——早期中国文明的演进之路》,《考古》,2010年第11期,页71—78、113。

家河时代遗址之上。这意味着,在该区域明显构成了一代接一代,长达几百、几千年的传承线。①

至于长江中游以外的古国,则甚至到商时代,很多邦国还不成体系。以二里头遗址所在的嵩山地区为例,在二里头之前,存在最久的新砦城邦也只有二三百年的历史而已;其他如更早一些的王城岗城邦,存在时间不到一百年。新砦城废弃时,嵩山地区并没有其他城存在,如二里头遗址最早开始定居的时间,大致相当于新砦城已废弃的时间,而二里头建城是在新砦城废弃一百多年之后才开始的;二里头文化与新砦文化并无直接传承关系。所以该地区并没有形成如长江中游所见一代接一代的文明传承体系,更不用说只突然兴盛了几十年的二里头城邦,不过是该地区昙花一现的匆匆过客而已。② 这种情况与长江中游非常不同。虽然郑洛地区在后来的汉唐帝国历史中占据中央的地位,但这并不代表该地区早期历史亦如此重要。包括在所谓“二里头”时代,二里头遗址及周边地区聚落的规模、各方面的发展程度和影响力相对都不高,只是那个时代众多小城邦之一,在许多方面依赖长江中游并受其影响。故二里头遗址虽然重要,却不能代表先商或早商文明,或更不能作为整个中国青铜文明的代表。

也就是说,虽然二里头遗址出土有神纹礼器,包括这一件双嘴夔龙饰带陶簋,但其并非在二里头遗址制造。考古资料不支持将二里头视为该传统的发祥地。

先商时代,虽然不同文化间的相互交通往来已很普遍,但像殷商这样将不同地域范围纳入一个统一联合的上古帝国的局面尚未形成。因此,各地虽有贵族来往和器物流动,却尚未达到普遍通婚和走向跨国同化的程度。可是与此同时,甚至在比二里头更早之时,已不仅有许多城邦而已,而且在某些地区已存在由很多城邦组成的大规模联盟体系,或更密切的联合城邦的国家结构。这首先就是长江中游以盘龙城为中心的商国文明体系,其次是赣湘流域虎国文明体系,长江上游三星堆文明体系,以及目前研究尚不足的汉中、皖南、太湖、淮河流域、东北等政治体;并且,商王国之外的其他国家和国家联盟,也明显与商王国有来往,参与以商王国为中心的交往贸易网络,是该体系的成员③。

---

① 郭立新、郭静云:《中国最早城市体系研究》,《南方文物》,2021 年第 1、2 期,2022 年第 3 期。

② 郭立新、郭静云:《中国最早城市体系研究》。

③ 郭立新、郭静云:《盘龙城国家的兴衰暨同时代的历史地图——考古年代学的探索》,《盘龙城与长江文明国际学术研讨会论文集》,科学出版社,2016 年,页 211—241。

　　张光直先生曾指出,青铜时代国家的形成:"其发展不但是平行的,而且是相互冲击、相互刺激而彼此促长的。"①实际上,这样的传承、交易、合作与竞争的关联网络,早在公元前第四千纪末的长江中游平原就已经出现,当时、成立了许多相对独立的小型政体,还有一些通过同族或异族联盟建立的中、大型国家;公元前第三千纪初,云梦泽联合城邦王国体系到达庞大的规模,整个社会处于兴盛时代。接着,到了公元前第三千纪后半叶,在原有的云梦泽联合城邦国家大型网络的历史背景之下,进入新兴统治势力重新描绘历史地图的时代;当时云梦泽联合城邦国家至少经历了两次大幅度的转变,统治政体经历了几次分散又重建的过程。之后,到了公元前第二千纪中期偏早,在长江中游又重新组成了力量更强、影响力更广的王国,这应该就是以盘龙城为中心的商王国。

　　当时商王国占据着中国南方农耕区诸多政体构成的交往网络的中心或枢纽角色②。就在商王国势力增强而致力于掌握庞大势力时,在其北部方向的郑洛地区出现了二里头城邦和偃师城邦,他们是以商王国为中心的交往网络的组成部分,代表了商王国在黄河地带的边缘势力。更晚一些时候,在偃师东部,力量更强大的郑州城邦也发展起来,这标志着当时郑洛地区的国家势力经历了重大改组和重建:黄河流域原有的二里头和偃师城邦都已衰落,而新兴的郑州城邦的势力表现得相当强势。虽然如此,郑州城邦存在的时间,也只有一百多年,而其兴盛的时间则短暂的不到一百年。二里头、偃师、郑州等郑洛三城的历史意义很独特,其位处于南方农耕文化和北方游牧、游战文化之间的边界区,这里是商文明的边缘,是位于不同文化区交接地带的城邦③,绝不能将其视为早期中国唯一的核心。

　　虽然商时代的政治历史地图是一项超极重要的研究课题,但并不是本书讨论的要点,是故无法在此详述其情。为了追索本书信仰研究的目标,下文拟换一个角度,不再总体讨论二里头文化类型及其发祥地等大历史问题,而尝试纯粹透过对神纹硬陶发祥地的探究,以推知夔神崇拜之滥觞。并且,既然位于黄河流域的二里头遗址出土了这一件精彩的硬陶簋,我们也不妨就从黄河流域讲起,在各地寻找夔龙

---

① 张光直:《中国青铜时代》,北京:三联书店,1983 年,页 47。

② 郭立新、郭静云:《盘龙城国家的兴衰暨同时代的历史地图——考古年代学的探索》。

③ 参郭静云:《夏商周:从神话到史实》。

天神形象的源头。

二、黄河流域新石器时代文化的纹饰结构

目前的考古研究显示,新石器时代的华北地区并未见有刻纹或印纹图案的陶器出土。而在黄河上中游地区文化遗址中出土的陶器,则以彩陶纹饰为主,至于河南之黄河南游的裴李岗、仰韶、庙底沟等文化的陶器,主要是红陶及彩陶,带纹饰的陶器未见用刻纹或戳印纹装饰,目前所见皆以彩画纹为主①。并且,在黄河流域的新石器时代彩陶上,均未见有类似双嘴夔纹母题的纹样,离偃师二里头距离较近的庙底沟文化纹饰中,也完全没有相似的形状(图一一四:1)②。渭河流域半坡文化的纹饰结构亦为完全不同的造型(图一一四:2)③。而广泛影响西北地区的马家窑彩陶,虽有如 ⟨⟨图案⟩⟩ 之类造型的纹饰④,但这是连续性的螺形弯线,并未出现如二里头出土的硬陶簋那样的 ⟨⟨图案⟩⟩ 一类的结构元素,且形成了复杂的三方、四方、六方向构图(图一一四:3)。甘肃及陕西马家窑包括半山、马厂彩陶纹饰都表现出这种趋势⑤,这与商文明的纹饰之间,并不像是具有传承关系。也就是说,黄河流域本地找不出夔纹的源头,这种信仰和文化大传统并非源自黄河流域。

---

① 中国社会科学院考古研究所二里头工作队、杜金鹏:《偃师二里头遗址发现仰韶文化遗存》,《考古》,1985 年第 3 期,页 193—196、289。

② 苏秉琦:《关于仰韶文化的若干问题》,《考古学报》,1965 年第 1 期,页 51—82。另参严文明:《论庙底沟仰韶文化的分期》,《考古学报》,1965 年第 2 期,页 49—78、184—187。

③ 中国科学院考古研究所、陕西省西安半坡博物馆编:《西安半坡》,北京:文物出版社,1963 年,页 175—177,图一二四至一二六。

④ 石兴邦:《有关马家窑文化的一些问题》,《考古》,1962 年第 6 期,页 318—329。

⑤ 谢端琚:《马家窑文化诸类型及其相关的问题》,《考古与文物》,1985 年第 1 期。严文明:《甘肃彩陶的源流》,《文物》,1978 年第 10 期,页 62—76。另参王海东:《马家窑彩陶鉴识》,兰州:甘肃人民美术出版社,2004 年。

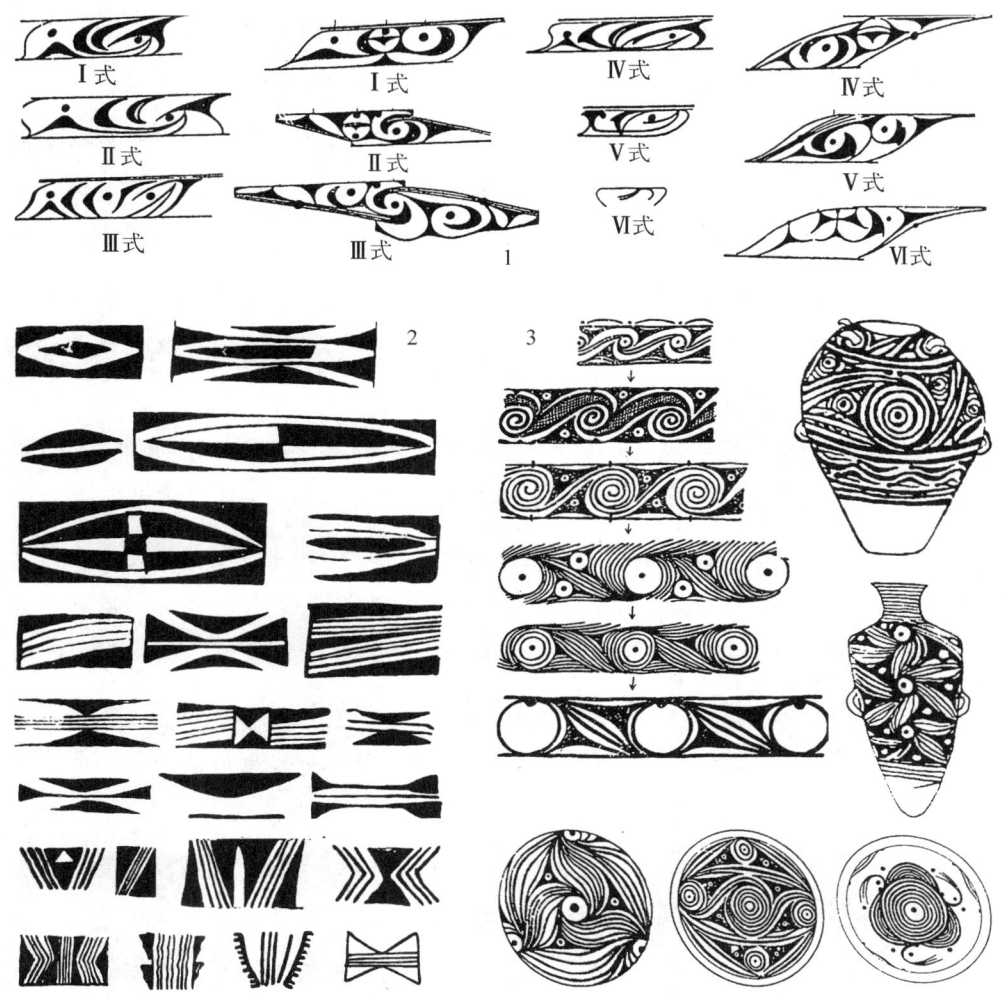

图一一四 1.庙底沟陶纹(据苏秉琦先生的分析);2.半坡陶纹(据发掘报告的分析);3.马家窑陶纹结构（据石兴邦、谢端琚、严文明先生的分析）。

三、长江下游文明与二里头的纹饰对照

另一方面,从彩纹、刻纹、戳印纹技术的分布来看,从新石器时代以来,刻纹及戳印纹源自长江中下游地区,包含皂市下层、千家坪、汤家岗、高庙、薛家岗、河姆渡、崧泽、良渚、马桥等文化。

许宏先生认为二里头硬陶器的图纹来自南方,并具体指出与二里头同时期或起源时代略早的长江三角洲的马桥文化,即为二里头硬陶神纹的产地:

> 二里头文化中存在少量的印纹硬陶和原始瓷,这类器物及其制造技术与南方的印纹陶有密切的关系,是学术界所普遍认同的。……对硬陶与原始瓷成分分析结果表明,二里头文化这类器物胎土中氧化硅(硅)含量较高,氧化铝含量较低,与我国南方硬陶、原始瓷的组成特征相同,而且其组成特点与浙江、上海和江苏的硬陶及部分原始瓷胎比较接近。因此,二里头文化硬陶和原始瓷的产地在南方的可能性较大。

> 二里头文化的几何纹大多装饰在上述精制陶器、硬陶和原始瓷上,数量极少,主要见于二里头遗址。其中最典型性的纹样是云雷纹,它最早出现于南方地区。江苏金坛三星村出土的一件陶豆(约距今 5 500 年前)上就有采用凿刻制法作的云雷纹。良渚文化陶器也有刻制的云雷纹……以印制方法制作的云雷纹陶器出现于二里头时代以前江南地区的多处遗址中;稍后,在与二里头文化大体同时的马桥文化中十分流行。因此,有学者认为南方应是云雷纹的原生地,二里头文化的云雷纹以及其他一些文化要素是在南方文化的影响下产生的。

> 二里文化早期墓葬中出土的鸭形壶,在江浙地区有较多的发现,曾出于上海马桥和浙江长兴上莘桥等遗址,这类造型的陶器很可能源于江南地区。相比之下,二里头文化的鸭形壶极为罕见,应是从南方输入的产品或仿制品①。

许宏先生对比二里头与马桥黑灰陶及硬陶纹饰后,发现这两者无疑是相同的(图一一五:1)②。但这是否代表着文化传播的来源及方向,乃是由马桥直接向郑洛地区的二里头传播? 我们尚需要进一步思考此一问题。

许宏先生所称的"云雷纹",即前文所考证为"神纹"的弯形、璜玦或双勾形,以及夔形等三种变形纹饰(参图四七至五四)③,也就是商周所常见的双嘴夔龙或成

① 许宏:《最早的中国》,页 202—205。

② 许宏:《最早的中国》,页 204。

③ 杨国忠:《1981 年偃师二里头遗址墓葬发掘简报》,《考古》,1984 年第 1 期,页 37—40、99—100,图五、图版二。方酉生:《河南偃师二里头遗址发掘简报》,《考古》,1965 年第 5 期,页 215—224、3—7,图九、图版叁。李文杰、张居中:《渑池县郑窑遗址二里头文化制陶工艺研究》,《华夏考古》,1998 年第 2 期,页 83,图 12。中国社会科学院考古研究所编著:《偃师二里头:1959 年—1978 年考古发掘报告》,北京:中国大百科全书出版社,1999 年,页 48,图 22,页 95、96,图 51、52,页 198、201,图 124—127,页 301—303,图 198—200,页 357,图 250,页 374,图 262 等。

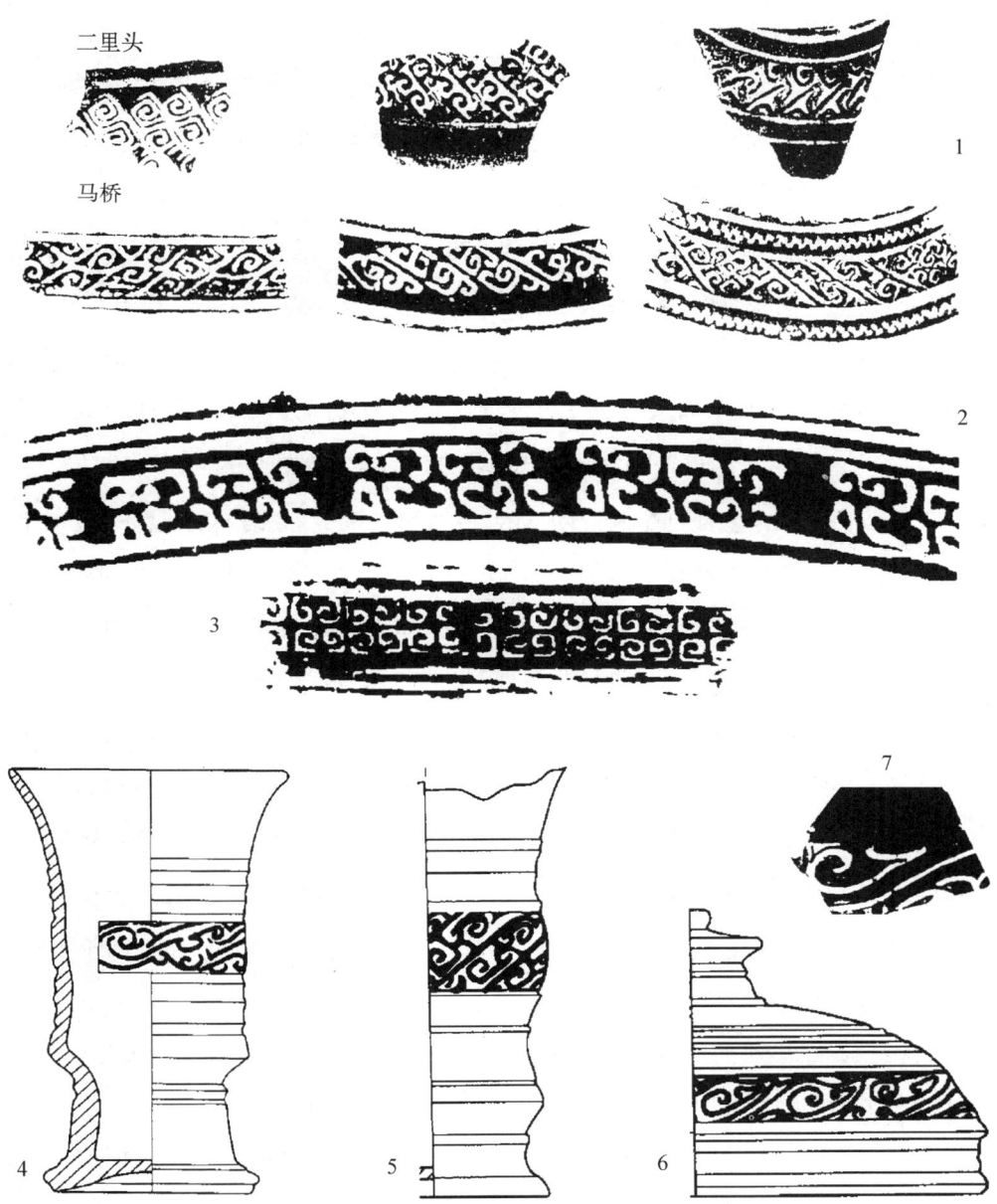

图一一五　1. 二里头和马桥陶纹对照(据许宏教授分析);2. 马桥陶豆的纹饰;3. 马桥陶鸭形器的纹饰;
4—5. 马桥两把黑灰陶觯;6. 马桥黑灰陶的器盖;7. 二里头带夔纹陶片。

对夔龙的结构,乃是商文明的深层精神文化所在。

若我们观察马桥遗址出土的泥质黑灰陶器纹饰①,如陶簋、陶豆、陶瓯、鸭形

①　上海市文物管理委员会主编,宋建、袁靖、洪雪晴、何继英、周丽娟等编著:《马桥 1993—1997 年发掘报告》,上海:上海书画出版社,2002 年,页 125、198、200—203、208、178、180、181、184、185、223、231,图一四六、二〇三、二〇五至二〇七、二一〇、一八八至一九〇、一九三、一九四、二二三、二二九等。

器、器盖上的纹饰,即可发现其常常以上述三种神纹符号组成。其中有相当于盘龙城早期及二里头的成对勾形 ⑤⑤ 纹饰(图一一五:2、3),这种纹饰结构的陶器,在马桥文化遗址中普遍出现;而不成对的双勾形纹(⑤)出现率也很高,其与整个商文明通见的、包括在二里头遗址也出现过的 ⑤ 雷同。马桥豆足上常见的弯形螺线 ⑤ 、⑤ 元素的饰带,与整个商文明通见的、包括在二里头遗址出现过的弯形夔纹结构也雷同。弯形、夔形的纹饰在马桥泥质黑灰陶及硬陶礼器上也相当普遍,如陶觯饰带(图一一五:4、5)。在马桥的礼器上,我们经常可以见到 ⑤ 、⑤ (图一一五:6)等元素,与整个商文明通见的、包括在二里头遗址也出现过的 ⑤ 元素一样(图一一五:7)①,并且,此一结构与 ⑤ 夔纹元素(参图五二)亦十分雷同。

虽然我们并不能就此判定马桥陶器的刻纹,与二里头三、四期的硬陶以及整个商文明的礼器纹饰完全相同,但其结构确实十分接近,且有部分几乎完全相同。假如二里头文化三、四期时确实吸收了东南神祕纹饰的元素,也必定是先经过自己的理解消化,才可能进一步加以发展,但其基础的符号及结构仍然是相当接近的,因此,我们应该考虑这两者之间,是否有着传承及传播关系?

马桥文化距今约 3 900—3 200 年。许宏先生认为,考古地层位于马桥之下的良渚文化(距今约 4 800—4 300 年),也有着相同的刻纹: ⑤⑤ 、 ⑤⑤ ,但据笔者对良渚纹饰的分析,笔者并不完全赞成此一见解。首先马桥文化并非直接继承良渚,中间隔着钱山漾文化和广富林文化的几百年时间,而这两个文化并未出土过与良渚或马桥类似的纹饰。不过主要的原因在于良渚玉器的刻纹与马桥、盘龙城、二里头的陶器刻纹有所不同。良渚文化最具代表性的螺弯形纹饰,可见于上海福泉山遗址 101 号墓陶豆;65 号墓双鼻壶和陶鼎;74、128 号墓双鼻壶;苏州草鞋山遗址 198 号墓双鼻壶等礼器上,这些器物上的纹饰都有着双螺形结构(图一一六:1—3);草鞋山 198 号墓、浙江海盐县龙潭港遗址 28 号墓亦出土了结构相似的陶鼎②。

---

① 中国社会科学院考古研究所编著:《偃师二里头:1959 年—1978 年考古发掘报告》,页 198,图 124:7。

② 上海市文物管理委员会、黄宣佩主编:《福泉山——新石器时代遗址发掘报告》,北京:文物出版社,2000 年,页 104,图七二;页 112,图七六;页 100,图七〇。汪遵国:《苏州草鞋山良渚文化墓葬》,《东方文明之光——良渚文化发现 60 周年纪念文集(1936—1996)》,海口:海南国际新闻出版中心,1996 年。浙江省文物考古研究所、海盐县博物馆、孙国平、李林:《浙江海盐县龙潭港良渚文化墓地》,《考古》,2001 年 10 月,页 36,图一一。另参 Rawson, Jessica. *Chinese Jade: From the Neolithic to the Qing*. London: British Museum, 2002, p.139, fig.1.

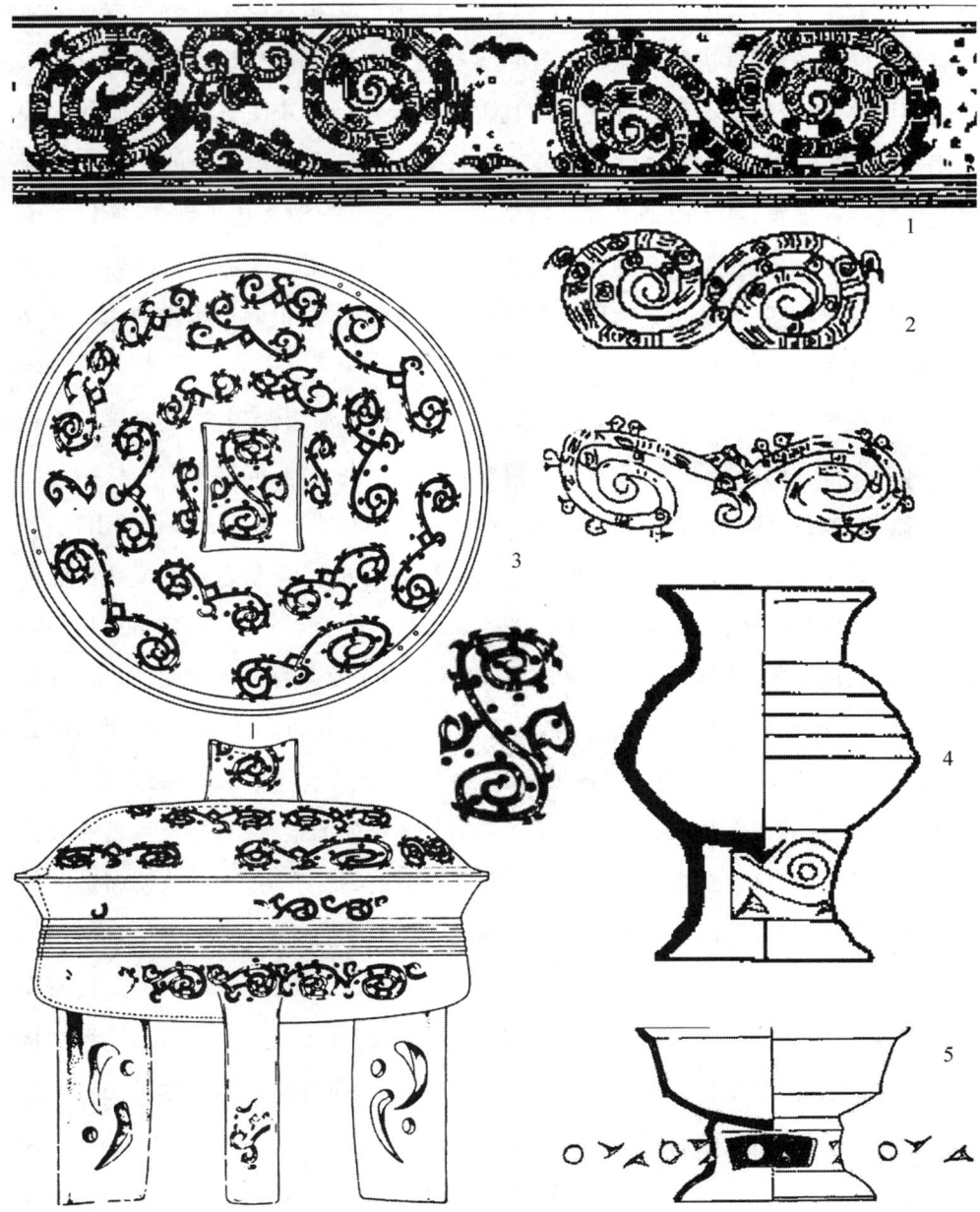

图一一六　1. 福泉山遗址 101 号墓出土良渚陶豆的饰带；2. 福泉山遗址 65 号墓出土良渚双鼻壶的图案；
　　　　　3. 福泉山遗址 65 号墓出土良渚文化的陶鼎；4. 福泉山遗址出土崧泽时期的陶壶；5. 崧泽遗址
　　　　　59 号墓出土的陶豆。

　　虽然这些造型与商文明的纹饰结构相似，但在这些图案上，皆刻画了许多鸟
头，所以它们应属于河姆渡、良渚文化的天鸟崇拜。这并不是商文明的双嘴龙信
仰。而马桥文化的这种纹饰更像神纹，也未见鸟崇拜的迹象。虽然福泉山 65 号墓

鼎盖上的图案,几乎与甲骨金文的"ᘓ"(神)字相同,但这种形状相似的关系不能以意义相同来解释,里边所隐藏的文化因素较复杂:应包括当时已存在的跨区域的夔神形象,以及良渚本身崇拜的小型鸟群的形象。后者才代表长江下游的精神文化(此问题不在这次研究的范围内,日后另文探讨);而在福泉山的礼器上出现很明确的夔神图案,这反而是一种独特现象,并非长江下游文化所创造,所以可能是基于某一种外来因素,此问题我们需要详细探索。即便是这些良渚礼器上偶尔可见到的夔形构图,可能在某种程度上影响了马桥的纹饰,但夔形构图的内在涵义不可能等同于良渚的鸟纹。

依笔者浅见,良渚文化之天空鸟纹的内涵乃是源自河姆渡的信仰,其玉器上最常见到的螺形和同心圆形纹,亦常见于河姆渡的礼器上,并且同样是与鸟纹结合的形式,因此最有可能涉及天空和天体的崇拜。在良渚礼器上神字形符号的出现,与该文化的鸟纹无关,而是经过复杂的文化关系被良渚吸收,但从自己的文化内涵消化,所以本身除了良渚本地文化所赋予的含义之外,还隐藏另一种非良渚所用的意思。文化交流形象、外形和内在意义的吸收影响,多是复杂且零散发生的。接受外形结构的,未必代表内在意义的吸收,因此需要特别注意到系统的母题,而那些难以掌握和了解其系统性的例子则需要小心采用。良渚文化可以看出系统的纹饰是鸟纹,零星出现的在螺线上有很多鸟头而形似神字形的图案,或只是从别地吸收的外形。而且,良渚这些众多鸟头纹饰的形状、出现在器物上的规律都与马桥的刻纹不一致,更不宜将其等同于二里头和商文明的神纹。

不过,在福泉山礼器上出现的神纹结构也并非是偶然而不成体系的。良渚陶器还有另一种刻纹,即陶鼎足上的双圆双勾结构 ᔪ (图一一六:3)。这种结构虽然更加抽象,但其规律与盘龙城、二里头的 ⬭⬭ 、 ⬭⬭ 单元基本上是一致的,而且相似的结构也可见于马桥陶器上。

这种结构的纹饰,更早被发现于崧泽文化(距今约 5 700—4 800 年)的镂孔纹上 ◉ (图一一七:3)[1]、◉ (图一一六:4)[2]。大凡崧泽陶器上的双圆双三角形的镂孔,几乎都形成这种元素的纹样饰带,最普遍的例子出现在豆足上(图一

---

[1]　江苏宁镇笤庙遗址豆把的镂孔纹。参魏正瑾:《宁镇地区新石器时代文化的特点与分期》,《考古》,1983 年第 9 期,页 822—828,图二:13。

[2]　福泉山遗址崧泽时期陶壶足纹。参上海市文物管理委员会、黄宣佩主编:《福泉山——新石器时代遗址发掘报告》,页 36,图二九:13、图版十三:3。

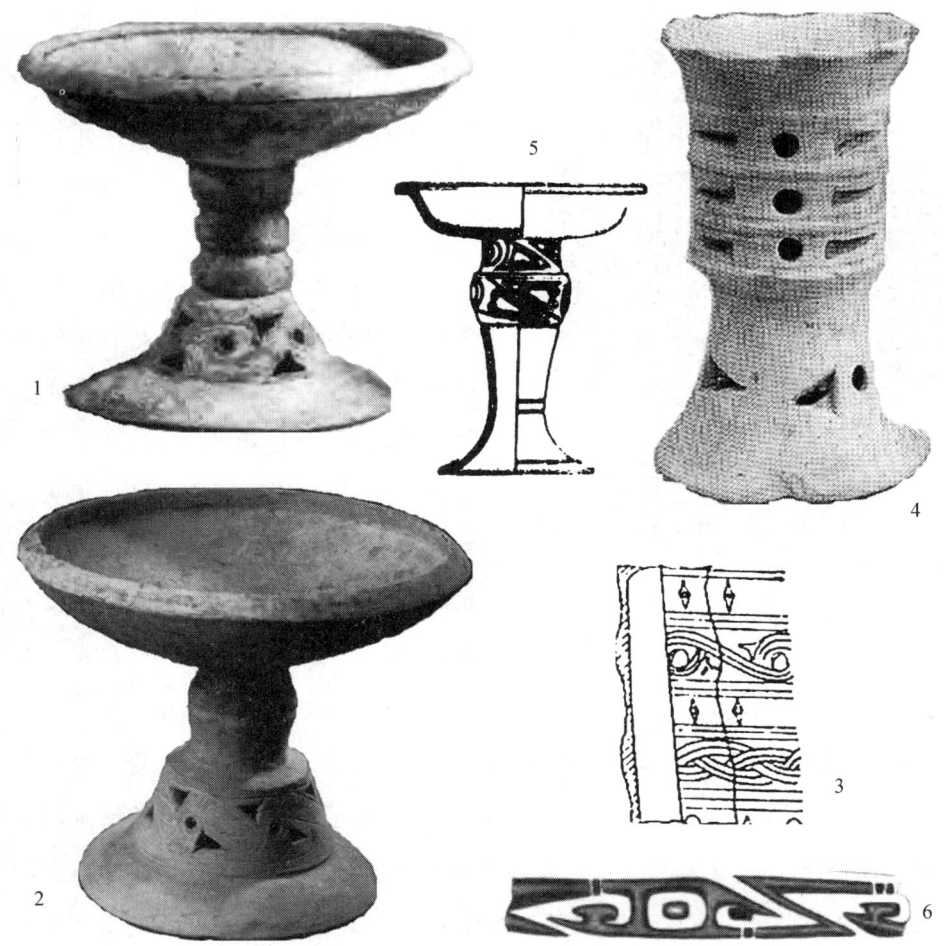

图一一七　1. 崧泽遗址 95 号墓出土的陶豆；2. 桐乡市博物馆收藏崧泽文化的陶豆；3. 江苏宁镇咎
庙遗址出土镂孔纹的豆把；4. 浙江湖州出土的崧泽文化的陶杯；5. 郑州洛达庙遗址出
土二里头文化的陶豆；6. 夏家店下层大甸子遗址 713、806 等号墓陶出土的纹饰带。

一六：5①；一一七：1②；一一七：2③）。到了崧泽晚期，不仅是在器足上，就连少数
礼器的腰部也出现了这种纹饰（图一一七：4④；一一八⑤）。该纹也曾出现在良渚

① 崧泽遗址 59 号墓。参上海市文物管理委员会，黄宣佩、张明华主编：《崧泽——新石器时代遗址发掘
报告》，北京：文物出版社，1986 年，页 57，图四四：7。

② 崧泽遗址 95 号墓。同样见于崧泽遗址 91 号墓；33 号墓；42 号墓；52 号墓；74 号墓；88 号墓。参上海
市文物管理委员会，黄宣佩、张明华主编：《崧泽——新石器时代遗址发掘报告》，图版二九：4；页 20，图一
五；页 21，图一六；页 23，图一八；彩版七：1；图版二六：1；图版二九：3；页 48—57，图三八至四四等。

③ 桐乡市博物馆收藏。

④ 出土于浙江湖州。

⑤ 出土于青浦区大盈镇寺前村，参孙维昌：《上海青浦寺前村和果园村遗址试掘》，《南方文物》，1998 年
第 1 期，页 25—37；页 33，图七：17。

图一一八　上海青浦区大盈镇寺前村
遗址出土的陶壶。

陶器的器足上，与出现在器物上面的鸟纹可能具有相对关系，至少除了少数陶质礼器之外，夔形纹在器物上下部位都能见到（图一一六：3；一一八），更常见的纹饰安排是其位置都在鸟纹之下。

　　这种明显形成于崧泽文化的双圆双三角形的纹饰，与盘龙城文化青铜器上的阴刻线纹和硬陶上的刻纹或戳印纹结构颇为接近，包括郑洛地区出土的硬陶纹饰亦如此，如郑州洛达庙遗址二里头文化晚期的豆足刻纹：◎◁◯、◎◁◯，与崧泽许多豆足的镂孔纹结构几乎没有差别，同时也与整个商文明的成对夔纹结构相同（图一一七：5）①。

　　通过观察江南礼器的刻纹，笔者得出如下结论：良渚文化本身并非单一的一元文化，其组成基础有河姆渡、崧泽、凌家滩以及其他文化因素。虽然河姆渡文化的形成比崧泽还早，但崧泽文化在长江下游并没有取代河姆渡，反而是这两者同时对良渚产生影响，此外，来自凌家滩的影响也相当明确。此三种文化的发祥地并不相同，河姆渡发展自浙东钱塘江流域南岸沿海地带，崧泽则发展自太湖平原、长江下游至三角洲地区，在太湖平原取代了马家浜文化。但在宁绍平原的遗址中，河姆渡文化层之上，并没有夹崧泽文化层，而是有目前被称为"河姆渡文化三、四期"的一种较独特的文化②。在太湖流域、长江下游至三角洲等地，良渚文化的地层下都有崧泽文化的遗存，而钱塘江以南的情况并非如此。此外，来自凌家滩文化的影响，在良渚时期则是直接从皖南平原下到太湖以东的平原地带。因此我们可以推论：良渚文化虽是直接承袭于河姆渡拜鸟的信仰，但却也包含有凌家滩和崧泽文化的基础在内。例如良渚文化中常见的天空鸟纹未见于崧泽文化，一看便知是源自河姆渡的信仰，但良渚豆足和鼎足上的镂孔纹饰，则是源自崧泽；而良渚所承袭

①　河南省文物研究所：《郑州洛达庙遗址发掘报告》，《华夏考古》，1989 年第 4 期，页 48—77，图一〇。

②　浙江省文物考古研究所，《河姆渡——新石器时代遗址考古发掘报告》，北京：文物出版社，2003 年。

的文化，并不仅限于上述三种文化，还包含了从其他诸如长江中下游薛家岗、屈家岭、石家河等文化吸收的成分。综上，良渚文化最接近而直接的源头存在于河姆渡、凌家滩和崧泽文化中，我们所关注的双圆双勾之纹，其最有可能的来源，可能是崧泽。

值得我们注意的是，螺线鸟纹与双圆双勾纹在礼器上所设计、置放的位置通常是不相同的。前者被发现在器盖和器身上，后者则见于器足上，只有少数位于器身上。依照笔者的推论，这或许代表其纹饰的意义范围不同，倘若螺线鸟纹代表天空，那么低下处的双圆双勾纹便应非天空的表现，而是指涉另一种信仰的隐义，有可能就是夔神龙的形象所象征的升天的意义。

也就是说，良渚双圆双勾纹饰，与夔纹结构一致，其在器物上的位置也符合夔龙信仰升天的意思：通过双圆即双口，生物灵魂回归于天，而天的精华也降地养生。但是这种信仰意义似乎不是良渚文化内在所有，所以在良渚的礼器上，这种意思表现得不完整而居次要位置。并且，从纹饰发展脉络可知，这种文化因素是良渚文化从崧泽文化传承而来，却并没有向接续其后的钱山漾文化和广富林文化传承下去。可是，差不多到了早商时代，在长江下游马桥文化中，却又重新出现了夔纹，且不如盘龙城文化的夔纹刻画得那么精确，颇似模仿别人文化的外表而已。换句话说，无论对于良渚文化还是马桥文化，夔纹并不代表其自身内在而深入的精神文化意义；并且这两个文化虽然都出现了夔纹，但却互不相干，其间并无直接传承关系。因此可知，对于长江下游而言，夔纹应该是由外地传来，且不止一次而反复自外地传入到长江下游，影响了不同时代的考古文化的造型。既然在马桥时代影响力特别强的是位于长江中游的汤商文明，而且在汤商文明的信仰中，双嘴龙夔神占有主要角色；因此，我们不妨假设，盘龙城早商文明对马桥文化产生影响，因此而使夔纹传播到长江下游。当时汤商文明在长江流域不只是对马桥才形成这种影响，江西地区的吴城文化也可见到夔纹造型（参图一二七、一二八、一三四等），因此很容易就会顺着长江东进而进一步影响到马桥文化。

但是崧泽时代比汤商时代早 1 100—2 000 年，崧泽文化又是从何处接收到这种影响？所以，再进一步溯源，纹饰的区别涉及崧泽文化的形成。崧泽文化虽然在很多技术方面继承了源自钱塘江北岸长江下游本土形成的马家浜文化，但同时明确增加了新的成分，如从埋葬方式来看，马家浜葬法以头朝北的俯身葬为主流，在头上会有陶器覆盖；而崧泽葬法以头朝南的仰身葬为主流，随葬的陶器放在脚下。崧泽文化最早的遗址是常州圩墩，该文化的发祥地应是太湖北边至江边；崧泽文来源的区域是太湖以北和西北的区域,顺着长江和太湖平原向东和向东南。也就是说,在新石器晚期时,浙北地区的马家浜文化北传,而过了几百年后,在太湖北边兴起的崧泽文化南传,与马家浜文化混合并覆盖它。

换言之,崧泽文化发展的源头,除了马家浜的基础之外,还应与长江流域密切相关,对于长江下游地区而言,其明显带有外来的成分。马家浜文化未见类似崧泽的镂孔,这在崧泽文化是属于其自身的独特创作,或者有更早的外来渊源?从镂孔纹的结构来看,在目前考古资料中,崧泽之前或同时的文化中未发现这种纹饰有系统的结构,此为崧泽文化的贡献应毋庸置疑,但是这类纹饰零散可见于长江中游屈家岭、大溪甚至更早的皂市下层文化遗址中。一方面,考虑到长江中游地区是衍生汤商文明的地带,因此我们不妨假设,在汤商文明中双嘴夔龙是属于本土崇拜的天神;另一方面,崧泽文化确实有源自长江中游的文化因素,其中包括比马家浜文化更进步的稻田技术①;黑皮陶技术②;以及部分崧泽典型的陶器和石质礼器也见于更早时期的长江中游。依这些因素,我们不妨合理地假设崧泽所见似夔纹的饰带母题,似也源自长江中游更早时代的精神文化中。因此下文进一步分析长江中游早期文化造型。

四、长江中下游文化体系中神纹定型之前相关纹饰的演变

(一) 从皂市下层到屈家岭——崧泽寻找夔纹之蛛丝马迹

最早的镂孔纹发现于皂市下层文化中期胡家屋场遗址中(距今约7 800至7 200年),白陶低足豆、圈足盘经常作镂孔纹,其中一些恰恰与崧泽相似,罐耳的刻纹亦相类似(图一一九:1—3)③。但总体来说,其形状结构没有像崧泽那么有规

---

① 郭立新、郭静云:《早期稻田遗存的类型及其社会相关性》,《中国农史》,2016年第6期。

② 范梓浩:《长江中下游泥黑陶的起源与发展》,中山大学人类学系硕士论文,2015年。

③ 湖南省文物考古研究所、王文建、张春龙:《湖南临澧县胡家屋场新石器时代遗址》,《考古学报》,1993年第2期,页180,图九;页183,图一一;页199。

律,并且传承关系不明确。究其原因,第一是因为皂市下层文化中该纹饰还不构成系统,其信仰的基础不明显;第二是因为从皂市下层到崧泽之间很难追溯关联。皂市下层文化没落之后,长江中游地区的汤家岗文化、大溪文化早期罕见镂孔纹陶器,只是到大溪晚期向屈家岭文化发展阶段(前者年代为距今约6 300至5 500年,后者年代与崧泽大致相同,距今约5 500至4 800年),才又发现镂孔纹①。由于在崧泽陶器上只有到中晚期时才出现镂孔纹,因此这还是晚于大溪与屈家岭之交界时代。况且,汤家岗文化(距今约7 000至6 000年)直接传承皂市下层文化的白陶圈足盘,虽然没有镂孔纹,但却可见类似神纹的刻纹饰带(图一一九:4—6)②。郭伟民先生认为,以湖南、江西为中央的江南——岭北"南岭中心带是印纹硬陶和原始瓷器的起源地。虽然印纹硬陶最先的源头还没有找到确凿的线索,但我们有理由相信高庙文化——汤家岗文化的压印、模印、戳印纹风格和白陶工艺为后来的印纹硬陶的出现储备了必要的技术基础。"③这种观察有一定的道理,应是经过很多观察而得出

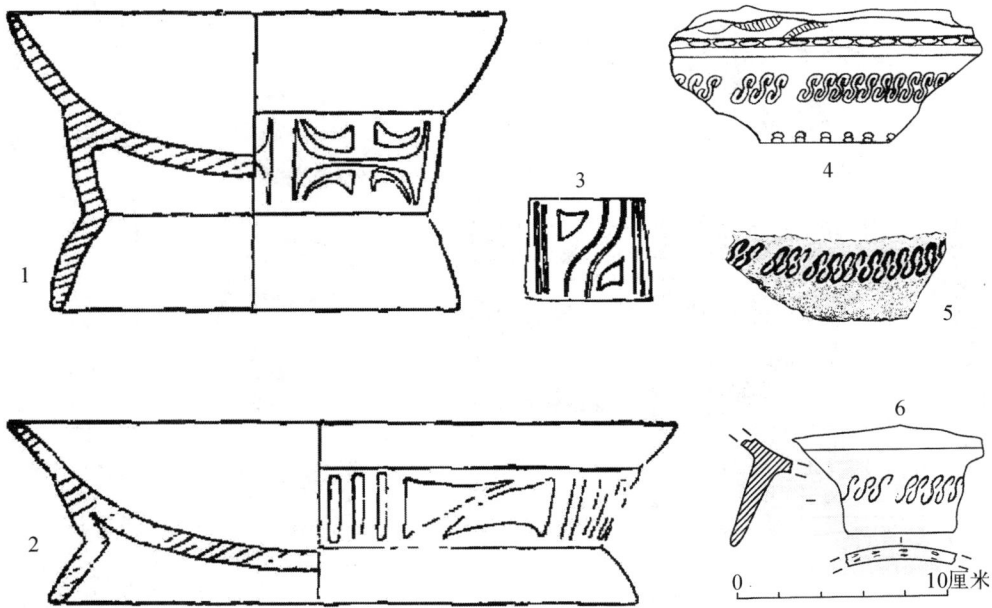

图一一九　1—3. 胡家屋场遗址出土皂市下层文化中期的镂孔纹陶器:1. 低足豆;2. 圆足盘;3. 罐耳;4—6. 汤家岗遗址白陶圈足盘的足纹饰带。

---

①　高中晓:《大溪文化陶器纹饰浅析》,《湖南考古辑刊》第3辑,1986年,页184—199。

②　湖南省文物考古研究所编著:《安乡汤家岗——新石器时代遗址发掘报告》,北京:科学出版社,2013年,页61,图四八,页79,图六四,页99,图八四等。

③　郭伟民:《南岭中心带史前文化现象考察》,《考古与文物》,2008年第5期,页17。

的结论,认为印纹硬陶技术在长江中游地区逐步形成。笔者同意此观点,但是印纹风格并不足以说明神纹精神文化的渊源,也并不能因此而理解为商文明中的神纹就滥觞于汤家岗,印纹技术与夔龙神信仰的结合,才是问题的核心所在。神纹起源问题包含很复杂的技术、形象与信仰萌生、传承、中断、中兴、变形与改义的多样过程。

　　皂市下层文化白陶礼器的镂孔纹和汤家岗文化白陶礼器的印纹之后,在大溪文化的彩陶纹也出现结构相似的图案,如三峡坝区三斗坪(图一二〇:1、2)、澧阳平原澧县梦溪三元宫(图一二〇:3)、安乡划城岗(图一二〇:4;一三六:2、3)、秭归柳林溪(图一三六:1)等遗址出土的彩陶纹饰。划城岗中期泥质黑陶朱绘纹中也有类似的螺形线(图一二〇:5、8)①。

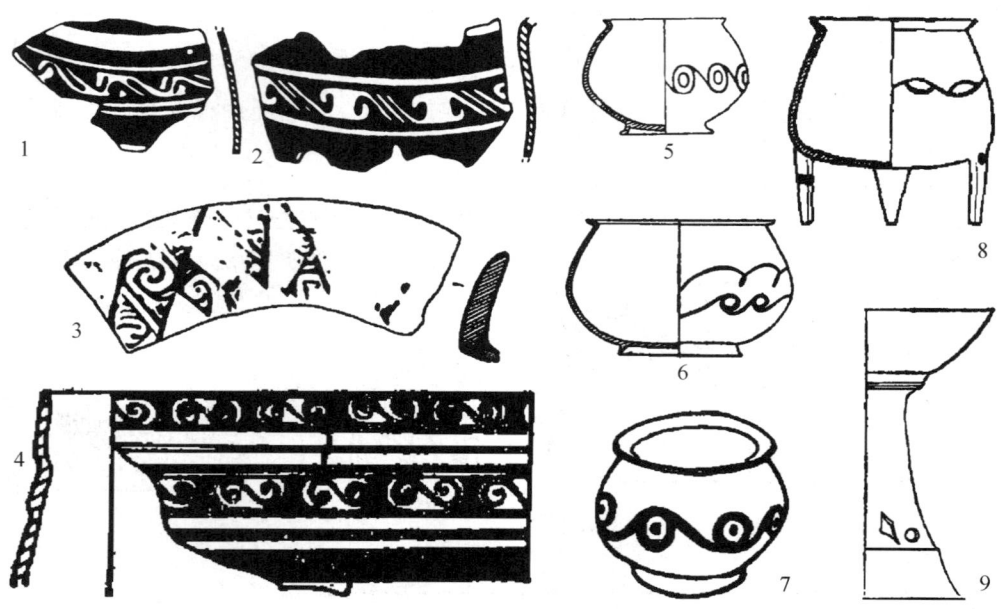

图一二〇　大溪文化晚期屈家岭文化早期的陶器:1—2. 三斗坪遗址出土的彩陶片;3. 澧县梦溪三元宫遗址出土的中期彩陶片;4—9. 划城岗遗址出土的陶器:4. 早一期的彩陶罐;5—6. 中一期88号墓出土的簋;7. 中一期63号墓出土的簋;8. 中一期88号墓出土的鼎;9. 中二期33号墓出土的豆。

　　崧泽文化的范围基本上在太湖以东,但在太湖以西同时代的南京北阴阳营、宁镇咎庙、江西湖口史家桥、靖安郑家坳等遗址中,亦出土了陶豆,其足部饰带则与崧

①　湖北省文物考古研究所、杨权喜:《1985—1986年三峡坝区三斗坪遗址发掘简报》,页484,图11。湖南省博物馆:《澧县梦溪三元宫遗址》,《考古学报》,1979年第4期,页468,图7。湖南省博物馆、何介钧:《安县划城岗新石器时代遗址》,《考古学报》,1983年第4期,页434,图一〇。国务院三峡工程建设委员会办公室、国家文物局编著:《秭归柳林溪》,北京:科学出版社,2003年,页32,图二五。高中晓:《大溪文化陶器纹饰浅析》,图三:3。何介钧:《洞庭湖区新石器时代文化》,《考古学报》,1986年第4期,页389,图三:3—4。

泽文化遗址所出土者完全相同,都是以双圆双勾的结构所组成(图一一七：3；一二一：2—4)①。长江中游屈家岭文化亦出现带有类似镂孔纹的陶器。虽然屈家岭陶豆足的镂孔纹大部分是单纯的圆形,但也有少数与崧泽相同(图一二○：9；一二一：1),并有些朱绘黑陶纹饰与马桥硬陶刻纹颇为接近(图一三六：4—7)②。此外,璜形结构或许可见于大溪、凌家滩、崧泽玉器上,尤其是凌家滩双首兽形玉璜,应该就是双嘴天神的造型,因此在凌家滩文化中亦可见神纹的源头之一(图二一○：1—3)。

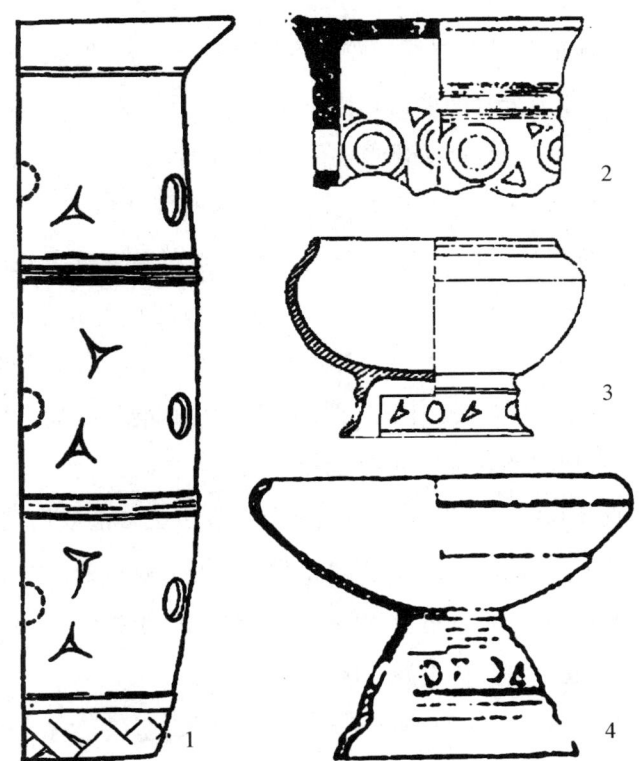

图一二一　长江中游镂孔饰带：1. 京山屈家岭出土晚期的瓶形器；2. 江西湖口史家桥遗址出土的豆柄；3—4. 江西靖安郑家坳遗址出土的陶豆。

---

① 赵青芳：《南京市北阴阳营第一、二次的发掘》,《考古学报》,1958年第1期,页7—23、133—148,图六。魏正瑾：《宁镇地区新石器时代文化的特点与分期》,页461,图四：8、11。杨赤宇：《江西湖口史家桥新石器时代遗址》,《南方文物》,1998年第2期,页23,图六：17。江西省文物工作队、靖安县博物馆、李家和：《江西靖安郑家坳新石器时代墓葬清理简报》,《东南文化》,1989年第4—5期合刊,页6、7,图七：6；图八：2等。

② 中国科学院考古研究所编：《京山屈家岭》,北京：科学出版社,1965年,页16—20,图一四；页61,图四八：10。

　　这些零散的资料使我们注意，有些纹饰似乎不断隐现、流传在长江中下游地带，这一带交流之古老的背景，造成自古以来当地的技术、观念和器物的互补影响。这些关系不可忽略，对此学界一直有热门的讨论，使学者们提出"长江中下游文化体系"概念①。但是在具体讨论某纹饰或信仰观点的发祥地上，我们总是会遇到几项困难：资料零散、区域文化具体的关系难以辨识、时代的跨度过大。因此我们无法很清楚地了解崧泽纹饰来源，只能考虑其形成的背景，似源自长江中游古文明，并涉及整个长江中下游文化体系内部的交往。

　　长江中下游文化的传播力相当高，往北影响整个江河中原、苏北鲁南以及淮河下游等地区。此影响的基础乃崧泽—屈家岭时代稻作北传的过程，与稻作传播的同时，很多技术与文化成分容易伴随着传播过去②。但是文化的传播与传承，总是有内在和外形两方面。某族群、文化吸收另一文化的时候，是仅仅从外观欣赏而模仿，或者是内心了解其观念而接受为自己的，这两种情况是很不一样的。屈家岭—崧泽时代镂孔纹的规律性，排除了将其视为偶然形状的可能性。长江中下游除崧泽文化区外，其他地区都发现类似的图案，但其数量发现在下游者相对较多。这种现象能有几种理解：一、在别地发现的器物实际上都是在崧泽制造的；二、在别地发现的只是模仿崧泽的礼器；三、因别地发掘不足才影响到我们将该纹饰视为崧泽的创作，而少量发现的地区实际上才是该纹饰的发祥地。虽然资料零散，各种理解都可用，但是，首先长江下游在崧泽文化之前并没有类似的纹饰结构，而长江中游在屈家岭文化之前却发现有更早的类似的纹饰结构；其次，崧泽文化在长江下游表现出从西往东的扩展方向，且包含一些源自长江中游的技术。是故，考虑上述因素，该纹饰可能还是起源自长江中游地区。

　　既然长江中下游确实是一个空间宽大的交往体系，所以很有可能崧泽镂孔纹与早期长江中游地区的纹饰在某种程度上有传承关系，尤其是崧泽文化之前，在长江下游未见这种纹饰，而在长江中游该纹饰结构却更早地零星出现。不过更难以判断的是，皂市下层、汤家岗文化的纹饰与大溪、屈家岭文化的纹饰的相似，是否表达观念的流传，或者只是形状相似而已。但是到了屈家岭—崧泽时代对该纹饰的系统化，应该代表了一个完整的发展阶段。在此阶段之后很完整的夔纹可见于后

---

① 韩建业：《试论跨湖桥文化的来源和对外影响——兼论新石器时代中期长江中下游地区间的文化交流》，《东南文化》，2010 年第 6 期，页 62—66。

② 参郭静云：《夏商周：从神话到史实》。

石家河文化早期的玉器上。

（二）后石家河玉器上夔神纹之兴起

　　虽然自大溪——屈家岭时代已可见类似神纹的造型,但完整成熟的夔纹结构,还是只有到了后石家河文化早期才明确出现于玉器上,如石家河城内谭家岭瓮棺墓出土了獠牙神人面像,前额上隐刻典型的双夔纹;澧县孙家岗出土的玉龙和玉凤背上有夔形扉棱;夔形扉棱见于其他众多后石家河礼器上(参图一二二、六九、九四、二一八、二一九、二四三、二四八)。因为在长江中游的土壤中很多材质保存不了,包括漆木器(只有在阴湘城常年地下水环境中出土了一件屈家岭早期的漆木祖,图二六二：21①)、象牙(只有零星发现的碎片和间接资料)、小型铜器(在屈家岭、石家河祭祀区出土很多整体锈坏的铜块)②、丝、布(只会有间接资料)等,这些材质都不会保存下来;因此,我们只能推想在后石家河时代开始制造带夔神纹的玉器之前,这种神祕图案或许早已在石家河时代用其他材质造型,因保存问题才导致从屈家岭到后石家河之间存有资料缺环。不过,从后石家河到后来的盘龙城,夔神图案并没有变化而明显有直接传承关系。

　　若将商周礼器与后石家河文化玉器相比,容易发现二者很多主题造型和细节是一致的,纹饰与造型等方面均极为相似,其中商礼器的夔纹、夔形扉棱以及神兽造型都与后石家河一致;这些相似性说明二者乃同出于一源,后石家河文化应该就是商文化最重要和最直接的源头③。

　　总之,直接和间接的资料对照让我们看出,夔龙形象应源自长江流域农耕平原地区的精神文化中,而完全成型于后石家河文化早期或之前的时代。

（三）总结

　　在长江中游农耕平原地带,从皂市下层文化起,一直可见似为神纹的纹饰结构;

---

① 张绪球：《屈家岭文化》,北京：文化出版社,2004 年,页 146—155,图二六。

② 郭静云、邱诗萤、范梓浩、郭立新、陶洋：《中国冶炼技术本土起源说：从长江中游冶炼遗存直接证据谈起之一》;郭静云、郭立新：《邓家湾屈家岭文化祭坛上的冶炼遗迹考辨》,《南方文物》,2020 年第 6 期,页 82—86。

③ 郭静云、郭立新：《从石家河玉质礼器看殷商玉器渊源》。

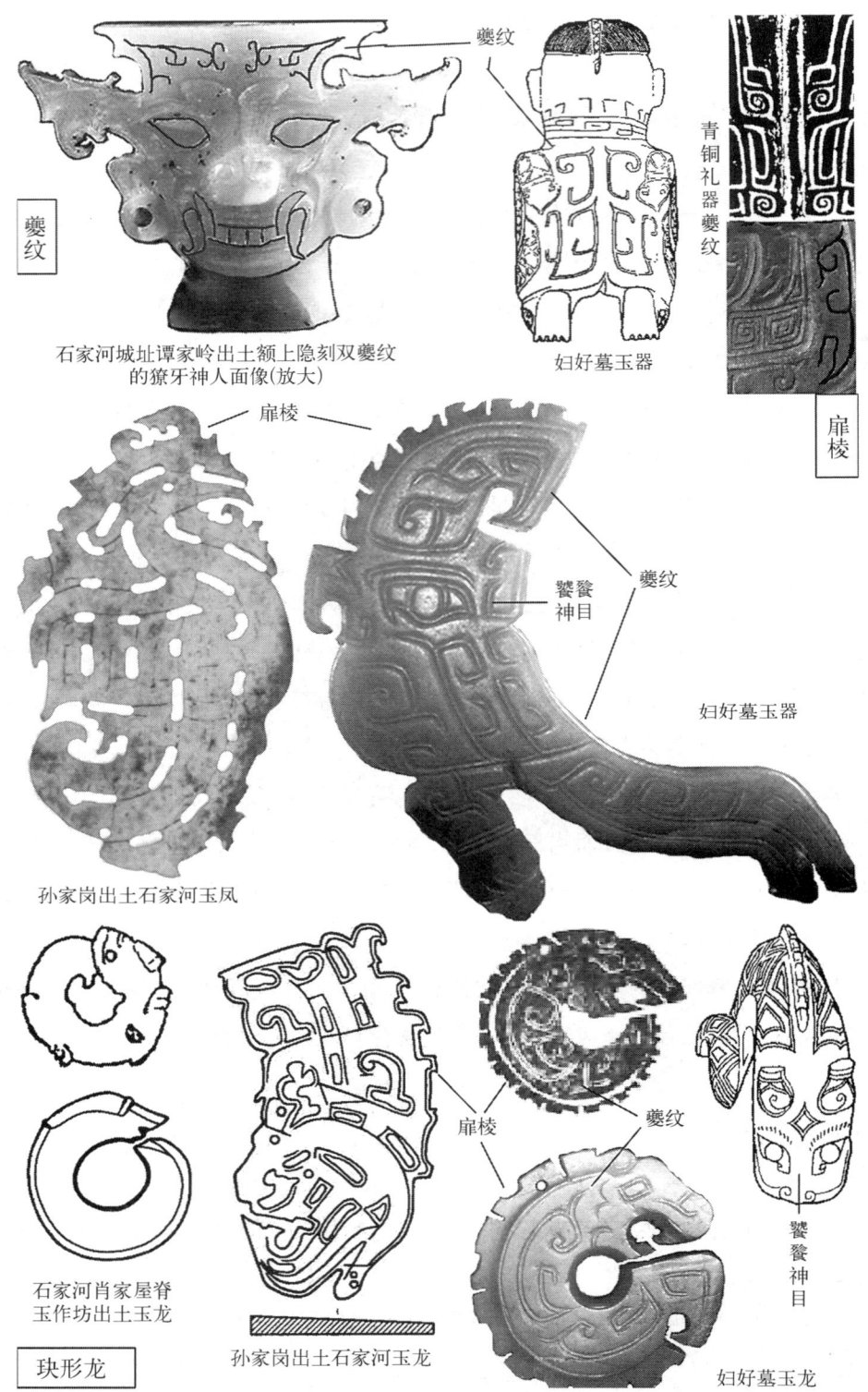

夔纹

青铜礼器夔纹

扉棱

夔纹

饕餮神目

妇好墓玉器

石家河城址谭家岭出土额上隐刻双夔纹
的獠牙神人面像(放大)

妇好墓玉器

扉棱

孙家岗出土石家河玉凤

夔纹

扉棱

夔纹

饕餮神目

石家河肖家屋脊
玉作坊出土玉龙

玦形龙

孙家岗出土石家河玉龙

妇好墓玉龙

图一二二　后石家河与殷商妇好墓出土玉器之对比

汤家岗文化和大溪文化一直有像夔形、弯形、璜形的纹样图案;直至屈家岭时期夔纹结构可见于整个长江中下游的陶质礼器上;而到了后石家河早期,夔纹普遍出现于长江中游的玉器上,并且藉由后石家河文化玉器的广泛传播而见于长江上中下游、淮河流域、黄河上中下游、海岱地区,甚至到达东北地区(参图六九、九四、一二四、一三七、一四四、二一九、二二三、二二五、二四一、二四三、二四八)。最后,到了盘龙城时代,夔纹普遍出现而成为商文明最具代表性的神祕纹样。

虽然这类图案在新石器中期可能已出现,但若依目前所了解的资料,我们却仍不能画出一条一脉相承的发展线,也不能简单地肯定皂市下层、汤家岗、大溪文化的像神纹的图案就是商文明神纹的滥觞;只能说,这种可能性确实存在而且比较高,但也不能完全排除仅仅只是外表的相似性。可是,甚至到了屈家岭时代,已明显可见其纹饰结构已趋于系统化,双嘴龙夔神的母题已经突显出来。但是,因为无法确定该纹样在屈家岭——崧泽时代的信仰意义;我们也只能讨论几种发展关系的可能性,暂且不能下定论。

接着从屈家岭——崧泽的镂孔纹回到盘龙城、二里头夔神印纹的问题,虽然其结构确实与崧泽、良渚镂孔纹相似,但恐怕这种资料还是不足以证明他们之间有直接传承关系。虽然笔者主张这种双圆双勾纹与二里头夔龙神极为相似,但首先因为目前研究资料还不足,其次因时代相差较远,我们不能以商文明的信仰和形象来解释屈家岭——崧泽时代的礼器纹饰。在两千年的信仰与形象传承中,内涵必定发生过多次变化。总之,虽然根据考古资料,双嘴夔神这一崇拜对象最有可能发源自长江中游新石器时代,而在屈家岭早期国家时代已基本成型,但是因为很多资料残缺,神纹滥觞与传承的问题尚待进行更多发掘、研究,以进一步厘清其关联性。

我们可以进一步观察:无论是在崧泽——良渚或大溪——屈家岭或在其他出现该纹饰的文化中,夔形的纹饰还不是当时最关键信仰所在之图案,甚至在后石家河文化中,虽然普遍有夔纹,但不能说夔龙天神是主要的崇拜对象和当时的国家宗教母题。但是到了盘龙城早期——二里头时代,所有礼器的纹饰都离不开夔神纹这种母题。因此讨论神纹及其信仰观念的兴盛问题,还是离不开商文明的形成。神纹堪称最具代表性的商文明的信仰和国家宗教之符号。

从很多方面可以看到,商文明及其信仰观念,衍生于长江中游文化体系的土壤中。但是现在主流的语境,就好像是位于郑洛地区的存在时间很短的小城二里头代表大文化体系的中心。这种观点显然不合理,笔者曾经从各方面系统地反驳①;而上文在神纹来源的问题上又有说明长江中游文明的主导性。不过,神纹礼器还是有出土在二里头以及其他长江中游以外的遗址中。因此下文拟针对神纹流传路线进行探究,尝试从区域之间的地理关系和文化交流的角度,观察郑洛地区与长江流域的关系,以及二里头文化中存在的来自长江流域的因素之属性问题。

五、长江流域与郑洛地区的关系

(一) 二里头与马桥,两种文化之间的桥梁问题

从许宏先生关于偃师二里头出土硬陶与上海马桥陶纹之关系的论述讲起,若讨论这种假设,就更应厘清其关联之处,以及尝试连接这两个文化之间可能的交流途径。从纯粹自然地理的角度来看,由于淮河下游到上游的路线历来不通顺②,这条通道原则上必须要经过长江及汉水等支流,才能到达嵩山地带。

当时的文化交流显然相当普遍且范围广泛,在郑洛地区二里头文化的陶器上,我们可以发现少数来自长江下游三角洲类型的陶器器型,如洛阳伊川二里头文化墓葬曾出土良渚类型的黑陶盉③,另外瓠、鬶这种器型确实最初源自长江下游,学界还讨论过的其他例子:如曹峻先生比较了马桥与二里头陶器,指出这两类陶器之间有许多相同的器型④,然而所有这些器型却也经常出现于当时长江中游江汉地区的文化遗存之中。从地理关系来看,长江流域文化与器物的造型样式,如要往二里头方向产生流动及文化传播,大部分均需经过江汉地区,由是可知,二里头与

---

① 参郭静云:《夏商周:从神话到史实》。

② 参郭静云:《夏商周:从神话到史实》。

③ 河南省文物考古研究所、袁广阔:《河南伊川县南寨二里头文化墓葬发掘简报》,《考古》,1996 年第 12 期,页 36—43、100—101。

④ 曹峻:《试论马桥文化与中原夏商文化的关系》,《中原文物》,2006 年第 2 期,页 40—45。曹峻:《试谈马桥文化的泥质红褐印纹陶》,《南方文物》,2010 年第 1 期,页 26、59、76—80。

江汉地区的关系是最直接且密切的。而其与长江下游的关系却是间接的。

至于被许宏先生视为从马桥运到二里头的鸭形器，这种器型实际上早已出现于石家河遗址中。陈钰和曹峻先生将各地的鸭形器都视为源于马桥文化①，此一观点恐怕是有误的。因为石家河的鸭形器，比马桥还早了几百年，且石家河与二里头的鸭形器都有三小足，而马桥的鸭形器却只有一个圆形底座，石家河和二里头鸭形器皆有尾巴，而马桥则无（图一二三）②。石家河鸭形容器的尺寸较小，但就其形状而言，我们毫无疑问可以判定：二里头鸭形器源自石家河。这类鸟型器物最早见于太湖流域，应该视为崧泽文化创造的，从此经由本地文化的传承脉络被马桥文化继承，但在此之外，更早已传播到长江中游，而从长江中游又顺着汉水的支流传播到郑洛地区。

因此讨论神纹硬陶的问题，无论其是直接从长江中游或是从远方的下游运到郑洛地区，在这些关系中，江汉地区都是路线上必经的中间站。

（二）文化交流格局中江汉地区之中心环节

1. 陶器类型：来源与吸收

从文化面貌来说，考古学界发现偃师二里头的许多石器（如钺、斧、锛等）以及陶器（如豆、鼎、盉、鬶、大型罐、缸、坩埚、瓮、器盖等）的形状与长江流域一致，并且这些器型都在长江流域出现得很早③。有的器型早期可见于江汉地区石家河文化，甚至见于更早的大溪、屈家岭文化中。笔者曾经做过石家河、盘龙城和二里头

① 陈钰：《试论马桥文化鸭形壶的来源与传播》，《南方文物》，2011 年第 4 期，页 81—87、66。曹峻：《马桥文化再认识》，《考古》，2010 年第 11 期，页 58—70。

② 上海市文物管理委员会主编，宋建、袁靖、洪雪晴、何继英、周丽娟等编著：《马桥 1993—1997 年发掘报告》，彩版七、图版四九至五一；页 216—223，图二一七至二二三。许宏：《最早的中国》，页 204。湖北省文物考古研究所、北京大学考古学系石家河考古队、湖北省荆州博物馆编著：《邓家湾——天门石家河考古发掘报告之二》，北京：文物出版社，2003 年，页 173，图一四三、图版三五。

③ 中国社会科学院考古研究所二里头工作队：《河南偃师二里头早商宫殿遗址发掘简报》，《考古》，1972 年第 4 期，页 234—248、278—281。方酉生：《河南偃师二里头遗址发掘简报》，图六、七、八。赵芝荃、郑光：《河南偃师二里头二号宫殿遗址》，《考古》，1983 年第 3 期，页 206—216、289—291。曹桂岑、杨肇清、翟继才、王明瑞、樊温泉：《郾城郝家台遗址的发掘》，《华夏考古》，1992 年第 3 期，页 62—91。方孝廉：《洛阳东马沟二里头类型墓葬》，《考古》，1978 年第 1 期，页 18—22。河南省文物研究所：《郑州洛达庙遗址发掘报告》，图一〇、一二、一七。杨清：《河南郾城郝家台遗址出土的陶瓶和陶鬶》，《华夏考古》，1991 年第 2 期，页 109—110、64。中国社会科学院考古研究所编著：《偃师二里头：1959 年—1978 年考古发掘报告》。中国社会科学院考古研究所二里头工作队，许宏、赵海涛、陈国梁：《河南偃师市二里头遗址 4 号夯土基址发掘简报》，《考古》，2004 年第 11 期，页 14—22 等。另参郭静云：《夏商周：从神话到史实》，图四〇至四七。

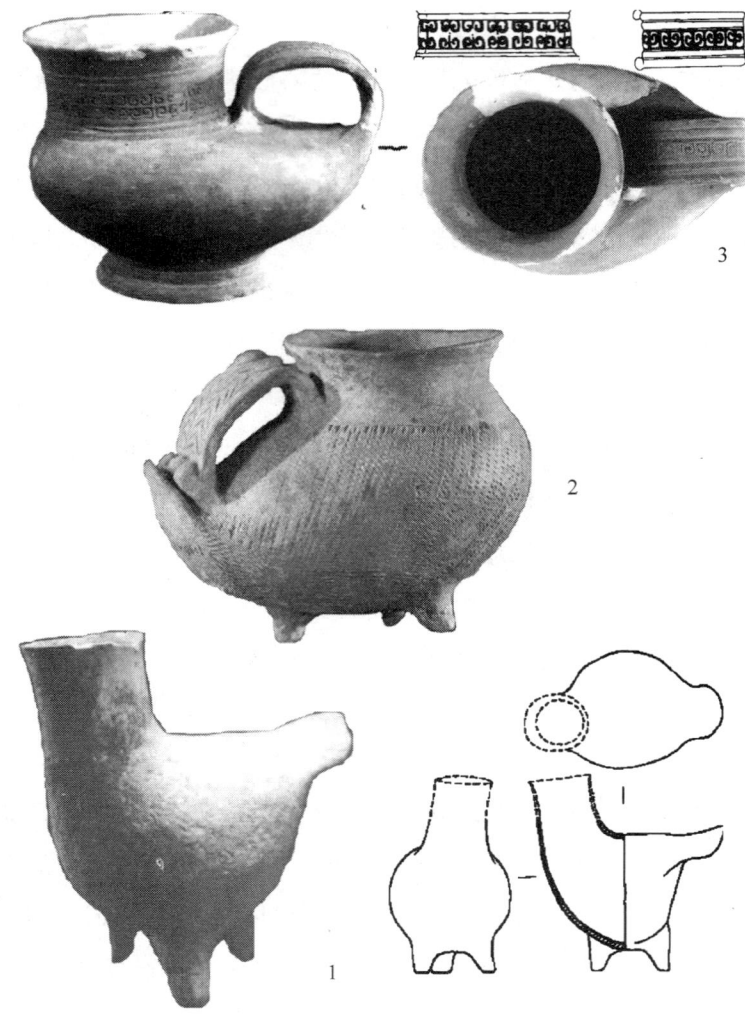

图一二三　1. 石家河邓家湾出土的鸭形器；2. 二里头出土的鸭形器；
3. 马桥出土的鸭形器。

陶器的对照，很多器形无差①。若从陶器纹饰的角度来看，二里头陶质礼器上的周

索状堆纹，同时也可见于鄂豫地区同期遗址中②，这种纹饰最早出现在屈家岭文化

---

① 参郭静云：《夏商周：从神话到史实》，图四十至四七。进一步的对照参邱诗萤：《汉北青铜文化之兴：从石家河到盘龙城》。另，学界一般认为郑洛二里头陶器类型源自新砦类型，新砦类型实可归入石家河文化晚期（或称之为后石家河文化）体系中。

② 参洛阳市文物工作队编：《洛阳皂角树：1992—1993 年洛阳皂角树二里头文化聚落遗址发掘报告》，北京：科学出版社，2002 年，页 49—52，图三三、三四。考古研究所洛阳发掘队：《1958 洛阳东干沟遗址发掘简报》，《考古》，1959 年第 10 期，页 537—540、589—590，图七：1。湖北省文物考古研究所编著：《盘龙城：1963—1994 年考古发掘报告》，彩图七、图版二八：3、三三：3、一○七、一一五、一一九、一二二等。北京大学考古学系、驻马店市文物保护管理所编著：《驻马店杨庄——中全新世淮河上游的文化遗存与环境信息》，北京：科学出版社，1998 年，页 112—174，七一至一一五。

的陶器上,后来被石家河文化传承。此外,二里头文化的豆、鬶以及器盖的形状,也多出现在此前的屈家岭、石家河文化中(图一二四：1—5)①。

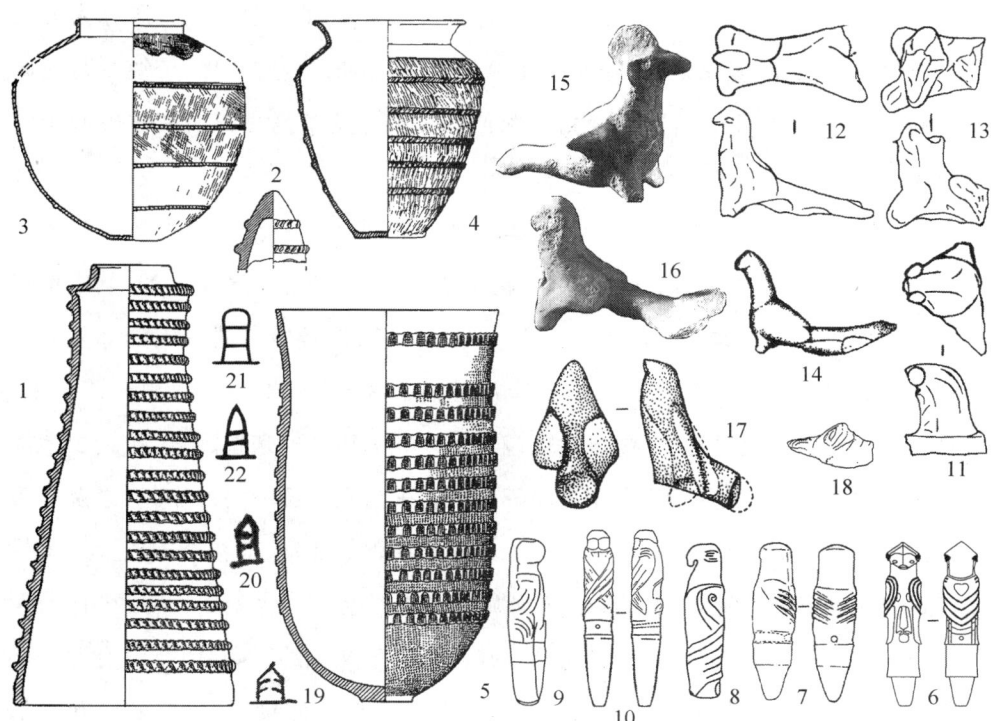

图一二四　1.邓家湾祭祀区出土屈家岭时期的筒形偶像;2.屈家岭文化器盖;3.石家河文化周索状堆纹陶壶;4.二里头出土的周索状堆纹陶壶;5.王家嘴出土盘龙城三期的周索状堆纹陶缸;6—10.后石家河玉立鹰;6.石家河遗址出土的;7.禹州瓦店出土的后石家河玉立鹰;8—9.陕北神木石峁遗址埋藏的后石家河玉立鹰;10.殷墟妇好墓出土的后石家河玉立鹰;11—17.石家河文化陶鸟;11—13.河南汝州李楼遗址出土;14.石家河肖家屋脊遗址出土;15—16.石家河邓家湾遗址出土;17.河南驻马店杨庄一期出土;18.偃师二里头遗址出土的鸟头;19—22.古文字中的"祖"字。

此外,石家河尚出土了很多小陶龟,二里头和郑州遗址也有几件陶龟被发现(如图三〇八：1;三〇九：1);同时,石家河文化还大量出土陶塑小羊、鸟、狗;二里头也有几件类似的文物出土(一二四：11—18)②。成套资料都显示,我们不可否

① 参湖北省荆州博物馆、湖北省文物考古研究所石家河考古队、北京大学考古学系编著:《肖家屋脊——天门石家河考古发掘报告之一》,北京：文物出版社,1999年。湖北省文物考古研究所、北京大学考古学系石家河考古队、湖北省荆州博物馆编著:《邓家湾——天门石家河考古发掘报告之二》。

② 湖北省文物考古研究所、北京大学考古学系石家河考古队、湖北省荆州博物馆编著:《邓家湾——天门石家河考古发掘报告之二》,页173,图一四三;页225—227,图一七九、一八〇;页185—224,图一五一至一七八。中国社会科学院考古研究所编著:《偃师二里头：1959年—1978年考古发掘报告》,页238,图151;页332,图221。河南省文物考古研究所郑州工作站、杨育彬、郭培育、曾晓敏:《近年来郑州商代遗址发掘收获》,《中原文物》,1984年第1期,页11—18、101—102,图版二：5。

认的是：石家河文化和后石家河文化对所谓二里头文化的影响很大，但这种影响并非直接，与石家河及后石家河文化中心地带相同的盘龙城文化，才是后石家河文化的直接传承者，尤其是长江中游有不少遗址在盘龙城文化地层下叠压石家河及后石家河文化遗存；因此，与盘龙城文化早段同时代的二里头文化，是经由盘龙城文化的中介作用，才受到石家河及后石家河的影响。这乃是盘龙城文化中心带的关键作用。

2. 在何地传承谱系中产生了所谓"二里头文化"？

江汉本土从石家河文化到盘龙城文化早期的发展，乃是一脉相承的，其中新成分往往不如由过去之本土文化所流传下来的成分多，而且所有的新成分都是从大溪到屈家岭、从屈家岭到石家河、从石家河到后石家河，一步一步累积而传下来。这是文化内在的演化过程，其中显然也包含一些周围地区外来的因素，包括山地族群文化的汇入、长江下游一些文化现象等。从石家河到后石家河的变化，以及从后石家河到盘龙城的变化都很深，但这首先是政权组织的变迁，却在新的成分中未见来自黄河流域等北方地区的因素。盘龙城文化与石家河文化相比，新出文化因素大部分源自自身发展的脉络，少量受到长江流域其他文化的影响，但却没有源自二里头者①。偃师二里头的文化面貌总体与盘龙城二至四期接近，且前者内含不如后者丰富。此外，二里头发展的年代也比盘龙城略晚，二里头四期或与盘龙城四期共存过，但二里头四期的内涵远不如盘龙城四期②。

此外，二里头、二里岗之前，郑洛地区文化遗存并不丰富，谈不上本地有独立的长期发展的脉络，甚至与之前的新砦文化也没有很明显的传承关系；而长江中游从旧、新石器之际就有定居文化的传承。大部分盘龙城文化遗址，在其文化层之下还叠压有很深的早期文化层，即一般在屈家岭文化或大溪文化时已有聚落，少数甚至更早就已被开拓，成为稳定的农耕社区③。所以，盘龙城文化成长于深厚的本土文化土壤中。下面我们可以从这一个角度观察几个出土神纹礼器的盘龙城文化遗址。

若以长江岸边荆州荆南寺遗址为例，观察江汉地区从新石器晚期到相当于东周的楚文明发展历程，则可发现其第六层为典型的大溪文化向屈家岭文化发展的

---

① 参邱诗萤：《汉北青铜文化之兴：从石家河到盘龙城》。

② 郭立新、郭静云：《盘龙城国家的兴衰暨同时代的历史地图——考古年代学的探索》，页211—241。

③ 参邱诗萤：《汉北青铜文化之兴：从石家河到盘龙城》，页19—35。

阶段,第五层相当于石家河文化。第四层前期文化与盘龙城文化早期——二里头的年代一致,所出石器、陶器是典型的盘龙城文化早期器型,与二里头三、四期也几乎没有差别;陶器上有夔形及璜形的神纹(图五一;五二:1;一三〇:2、10),这样的纹饰通见于江汉地区同时代遗址中;也有周索状堆纹的陶器出土,其中一件周索状堆纹陶尊上饰有眼形符号①。在偃师二里头遗址的周索状堆纹陶尊上,也有完全相同的符号(图一二六:1、2)②。既然荆南寺遗址的农耕聚落的存在并没有中断,那么它的青铜时代文化,与同地区的新石器文化之间,必然具有一脉相承的传承关系。其第四层后期与黄陂盘龙城四期——郑州二里岗文化一致,第三、二层为殷周时代的楚国,第一层已到秦后。

宜昌中堡岛遗址第十一至第五层为大溪文化,第四层为屈家岭、石家河文化;第三层则是典型的盘龙城早期——二里头文化,其硬陶片上带有神纹(图四七:2)③。白狮湾遗址的地层从大溪延续到商周,中间没有发生文化断绝的痕迹④。秭归柳林溪遗址下层的大溪、屈家岭文化,发现了石制的人形偶像,其上层则发展到盘龙城早期——二里头的文化阶段,再往上则有商周、秦汉、六朝、宋的遗迹⑤。大多数江汉地区的遗址都属类似的情况,这显示文化间不断相承发展。鄂东南情况亦如此,阳新县大路铺遗址发现了目前时代最早的石家河时期的铜矿采冶遗迹,其中还有少量屈家岭文化的遗物,而其上的盘龙城文化地层中,也发现有很多神纹硬陶和原始瓷器(图四七:10)⑥。这一专业性质的采矿、冶炼遗址,从石家河文化起,连续使用到春秋战国时代的楚国,且在冶炼技术方面明显可见近三千年的传承关系。⑦

由上述情况可知,在现代学术界经常被称为江汉地区的"二里头文化",实际上是从屈家岭、石家河文化一脉相承发展而来,因此较合理的方式,是依本地盘龙

---

① 荆州地区博物馆、北京大学考古系,王宏:《湖北江陵荆南寺遗址第一、二次发掘简报》,页684,图七:11。另参荆州博物馆主编:《荆州荆南寺》,北京:文物出版社,2009年。

② 二里头考古队藏81ⅢT22(3),据笔者自摄照片。

③ 马继贤、卢德佩:《宜昌中堡岛新石器时代遗址》,页45—97、132—139。

④ 湖北省文物考古研究所、杨权喜:《长江三峡工程坝区白狮湾遗址发掘简报》,《江汉考古》1999年第1期,页1—10。

⑤ 国务院三峡工程建设委员会办公室、国家文物局编著:《秭归柳林溪》。

⑥ 湖北省文物考古研究所、湖北省黄石市博物馆、湖北省阳新县博物馆:《阳新大路铺》,北京:文物出版社,2013年;潘莉莉:《阳新大路铺遗址早期遗存的复原与分期》,中山大学人类学系硕士学位论文,2018年。

⑦ 郭静云、邱诗萤、郭立新:《石家河文化:东亚自创的青铜文明之二》。

城大城址将其命名为盘龙城文化早期。盘龙城考古文化代表汤商王国的物质文化面貌。就考古研究成果可知，江汉地区从大溪、油子岭、屈家岭文化以来存有国家社会，江汉地区的文化传衍关系相当密切，几乎可视为一个大文明共同的发展区。

从地理关系来看，新石器末期大溪文化至青铜时代早期的屈家岭——石家河文化这一文化共同体的范围，逐渐从长江中游，跨越江汉地区，又顺着汉水支流，经南阳盆地，北连淮河上游及黄河下游西部。屈家岭文化已扩展至豫南和豫西，甚至到达豫中，郑洛地区因此而成为屈家岭——石家河文化向北开拓的北界①。根据近几十年的考古发掘，与二里头遗址大约同时且类似的文化，范围跨越洞庭湖、澧阳平原、江汉平原、鄂西、鄂东、豫南、豫西地区，南到洞庭湖、澧水，北到黄河，西北到秦岭、大巴山脉，西到巫山、武陵山脉，东到幕阜山、鄂东南及赣西北，东北到大别山的东侧、淮颍平原。也就是说，现在学界经常指称的"二里头"文化的分布范围与石家河、后石家河文化的分布范围大体雷同，从石家河、后石家河文化衍生的脉络也很清楚，而其主体就是从石家河及后石家河直接传下来的盘龙城文化。

当时不同文化间的来往范围可能更广，例如晋南陶寺曾出土长江中游后石家河文化的玉器（图九四：5），但所谓"二里头文化"与陶寺、东下冯文化的差异性是较大的，虽然东下冯遗址亦曾出土过神纹硬陶，但其数量更少，时代也偏晚，明显是由外地运来的礼器，而非本土文化所既有。许多通见于江汉至黄河的陶器特征，在晋南等地区已变得少见②。故学界虽然认同"二里头文化"对东下冯文化的影响，但此影响并未达到同化的程度③。晋南与江河中原之间有太行山，来往路线有限，所以晋南的早期青铜文化未进入江河中原主流文化范围。同样，所谓"二里头文化"与豫北地区也有来往，但是两者仍有较大的差异。靠近太行山的辉卫文化，因漳河的地理环境不利农耕，在当时属偏僻地区，文化不盛④。至于豫东及鲁西地区的岳石文化，透过黄、淮流域，也与江河中原发生过交流关系，并出现了某些器物的流

---

① 罗彬柯：《略论河南发现的屈家岭文化——兼述中原与周围地区原始文化的交流问题》，《中原文物》，1983 年第 3 期，页 13—20。郭静云：《夏商周：从神话到史实》，页 21—37。

② 李建忠：《龙现中国：陶寺考古与华夏文明之根》，页 99。秦小丽：《晋西南地区二里头文化到二里岗文化的陶器演变研究》，《考古》，2006 年第 2 期，页 56—72、2。另参郭静云：《夏商周：从神话到史实》，页 123—133。

③ 袁广阔：《二里头文化研究》，郑州大学博士学位论文，2005 年，页 80—81。

④ 秦小丽：《豫北地区二里头时代的地域间关系——以陶器资料分析为中心》，《华夏考古》，2008 年第 1 期，页 81—95。袁广阔：《二里头文化研究》，页 81—84。

动现象。但当时的豫东及鲁西地区,农耕条件比豫中、西还要差,且两地的生活方式也有不同,因此两地的文化内容差距也大,以岳石文化来解释二里头的外来因素①总是过于牵强。栾丰实先生所谓鲁西影响二里头的依据②,实际上都不属岳石文化的既有内容,而是长江流域文化往淮河中下游所传播的内容,故不能代表岳石文化的影响③。这是因为虽然长江流域文化体系一直有向淮河流域扩展的趋向,但是自屈家岭时代以来,淮河上游及小洪河、汝河、沙河、颍河等支流地区皆以江汉地区文化为基础;而淮河中下游和豫东南地区文化包含较复杂的文化因素,与西部一直不同。

直至盘龙城时代,依然可见这种情况,因此郑洛地区二里头的文化面貌与豫南及江汉地区最近,与豫东、豫北、晋南的关系比较远。由此可知,共同文化地理范围在屈家岭、石家河、后石家河、盘龙城时代基本一致,这都是以江汉地区为中心的文化区,是以长江中游国家文明为主导的跨族、跨国的大文化体。

3. 二里头人的食谱结构的特殊性

学者们大多认为青铜时代早中期以及所谓“早商时期”的郑洛和江汉地区,在文化类型上是一致的,因此论述所谓“二里头文化”的南方遗址,可见于豫南信阳、南阳方城、淅川;陕西商州;湖北枣阳、襄阳、丹江口、郧县、随县、黄陂(盘龙城)、钟祥、荆州、江陵、沙市、宜昌、宜都、秭归;湖南岳阳等地区。向桃初先生将这些遗址分成豫陕鄂交界、江汉、鄂西三区④。这些地区其实都以盘龙城为中心和文化的发祥地,在盘龙城早期时均有文化面貌接近的聚落。

据笔者观察,在气候暖化时郑洛与江汉的地理环境接近,因此源自屈家岭、石家河、后石家河早段的文化的共同性是自然而然的。南北温度及湿度显然是有差异的,但土质肥沃,没有自然阻隔,可以洞庭诸水系为南界,以黄河为北界,以汉水、丹江流域为中轴,构成一个大型文化的发展空间。湘北、江汉、豫南、豫西、豫中地区的生活条件基本上也大体相似,皆属土质良好的农耕地区,有许多南北向河流,交通很方便,具有文化的同化条件。

不过,夏商时期(后石家河文化后段、盘龙城文化)气候波浪形地趋于寒冷(先是在夏时代经历了数百年的干冷化,在商初相对转暖一些,到了殷商又再度干冷

---

① 朱君孝、李清临:《二里头晚期外来陶器因素试析》,《考古学报》,2007 年第 3 期,页 295—312。

② 栾丰实:《二里头遗址中的东方文化因素》,《华夏考古》,2006 年第 3 期,页 46—53。

③ 袁广阔:《二里头文化研究》,页 84—85。

④ 向桃初:《二里头文化向南方的传播》,《考古》,2011 年第 10 期,页 47—61、111。

化),造成郑洛地区与江汉地区的条件落差,因此在江汉地区仍保留君臣都能吃稻谷的生活,而在郑洛地区只有贵族才能吃到稻谷,那里平民老百姓的食物与贵族不一致。如以二里头宫殿城址为例,二里头一至四期种子浮选结果表明栽培禾本植物中,粟和黍的数量为 14 382 粒(12 376 粟粒+2 006 黍粒),而水稻的数量为 14 705 粒;粟黍占 49.44%(粟占 42.55%,而黍占 6.89%),而水稻则占 50.56%;但是,该遗址二里岗时期的数据相反:粟和黍的数量为 1 749 粒(1 507 粟粒+242 黍粒),而水稻的数量仅为 63 粒,粟黍占 96.52%(粟占 83.17%,而黍占 13.35%),水稻只占 3.48%。对照当时气候情况,以及如新砦、二里头、二里岗时期大城之外的其他遗址,二里头遗址二里头文化时期浮选样品中出土水稻遗存的绝对数量和出土概率的统计数据实属异常。该遗址中出土的水稻绝对不是本地农作物,而是从南方运进来。赵志军和刘昶先生认为,二里头宫殿从当时的水稻种植区域征集大量稻谷,满足都城居民的粮食消费,由此造成了浮选结果中水稻比重异常①。

　　同时,二里头人骨的碳氮同位素分析表明,所有小型墓葬的墓主,醣类来源以粟、黍为主,占 88%,但剩下 12% 也并非水稻醣类食物,而是采集的甜根类,其中一位 2002VM6 属于二里头、二里岗时期之际的儿童,其骨样显示,在他的食谱中,应该都是采集甜根之类作为醣类来源,小米类的比重低。附近伊川南斋二里头文化遗址,采集醣类食物的比重更高,占 20%,也不符合二里头遗址中水稻的占比数据②。这种资料对照产生很大疑问:伊川南斋遗址的人们不吃水稻,土中也基本上没有发现水稻遗存,所以情况正常;而二里头宫殿遗址浮选结果却表明水稻数量很高,占到一半以上,可是普通二里头人日常食谱中并没有水稻,所以情况异常。这或许表达采样的问题:发掘者用小墓里的人骨做碳氮同位素分析,分析结果表达二里头贫民没有吃水稻的机会,或许是因为在二里头稻米原本就是贵族食物。为了厘清此问题,还需要另外检测大墓人骨。但是在长江流域环境中,此问题根本不存在,农产品丰富,所有的粮食都不缺、鱼和肉也多,贵族和贫民的主要食物来源都是稻谷。

　　4. 金属料与冶金技术的来源

　　除了食物来源丰富之外,江汉地区掌握当时最关键的铜、锡、铅以及其他矿料

---

① 赵志军、刘昶:《偃师二里头遗址浮选结果的分析和讨论》,《农业考古》,2019 年第 6 期,页 7—20。

② 中国社会科学院考古研究所编著:《二里头(1999~2006)》,北京:文物出版社,2014 年,页 1286—1288。

资源,而郑洛地区没有方便开采的铜矿资源。考古学界将江河中原大范围内与二里头文化同时期的遗存,都称为"二里头文化"①,虽然这种称谓不符合考古事实,从学者们用这种定义,显见郑洛与江汉地区二里头时期文化的共同性十分明显②。笔者也赞成这种看法。不过,目前最近流行的说法是:"二里头文化湖北类型"表达偃师二里头文化由黄河向南发展的结果③。这种说法违背了基本事实,所以笔者无法赞同,江河中原共同文化面貌不可能是在资源贫穷的偃师二里头形成而影响资源丰富的江汉之地。明显可见,该文化的丰饶与核心之区并不在其北界郑洛,而在其中央江汉,更可具体指出,这是幕阜山矿区以西、江汉之水汇聚之要地。从历史地理脉络讲起,在郑洛地区青铜时代早期,确实早不过比二里头略早的新砦文化,也就是公元前第三千纪末、第二千纪初,黄河流域青铜文化是外来的,并非本土

---

① 河南省博物馆、长江流域规划办公室、文物考古队河南分队:《河南淅川下王岗遗址的试掘》,《文物》,1972 年第 10 期,页 6—15、28、16—19。曹桂岑、马全:《河南淮阳平粮台龙山文化城址试掘简报》,《文物》,1983 年第 3 期,页 21—36、99。河南省文物研究所、长江流域规划办公室考古队河南分队编:《淅川下王岗》,北京:文物出版社,1989 年。常怀颖:《淅川下王岗龙山至二里头时期陶器群初探》,《四川文物》,2005 年第 2 期,页 30—38。杨权喜:《关于鄂西六处新石器时代晚期遗存的探讨》,《考古》,2001 年第 5 期,页 40—47。湖北省文物考古研究所、杨权喜:《荆门叉堰冲新石器时代遗址第二次发掘简报》,《江汉考古》,2006 年第 1 期,页 3—20。湖北省文物考古研究所编著:《盘龙城:1963—1994 年考古发掘报告》;武汉市博物馆、湖北省文物考古研究所、黄陂县文物管理所、李桃元、许志斌:《1997—1998 年盘龙城发掘简报》,《江汉考古》,1998 年第 3 期,页 34—48。武汉大学历系考古教研室、襄樊市博物馆、随州市博物馆编:《西花园与庙台子:田野考古发掘报告》,武昌:武汉大学出版社,1993 年。襄樊市文物普查办公室、叶植:《襄樊市文物史迹普查实录》,北京:今日中国出版社,1995 年。襄石复线襄樊考古队、王先福:《湖北襄阳法龙王树岗遗址二里头文化灰坑清理简报》,《江汉考古》,2002 年第 4 期,页 44—50。荆州市博物馆、钟祥市博物馆、郑中华:《钟祥乱葬岗夏文化遗存清理简报》,《江汉考古》,2001 年第 3 期,页 38—43。湖北省文物考古研究所、杨权喜:《湖北秭归大沙坝遗址发掘报告》,《考学报古》,2005 年第 3 期,页 347—380、391—396。国务院三峡工程建设委员会办公室、国家文物局编著:《秭归柳林溪》。宜昌市博物馆、卢德佩:《三峡库区长府沱遗址试掘简报》,《江汉考古》,1995 年第 4 期,页 13—17。荆州地区博物馆、北京大学考古系、王宏:《湖北江陵荆南寺遗址第一、二次发掘简报》,页 679—692、698、769—770。卢德佩、马继贤:《湖北宜昌白庙遗址试掘简报》,《考古》1983 年第 5 期,页 415—419、483。湖北省文物考古研究所、孟华平、胡文春:《湖北宜昌白庙遗址 1993 年发掘简报》,《江汉考古》1994 年第 1 期,页 22—34。卢德佩:《鄂西发现的古文化遗存》,《考古》,1986 年第 1 期,页 15、16—21。湖北省文物考古研究所:《1985—1986 年宜昌白庙遗址发掘简报》,《江汉考古》,1996 年第 3 期,页 1—12、54。湖北省文物考古研究所、王军、王鲁茂、杨林:《湖北秭归朝天嘴遗址发掘简报》,《文物》,1989 年第 2 期,页 41—51。孟华平、胡文春、周国平:《湖北宜昌鹿角包遗址发掘简报》,《考古》,2002 年第 7 期,页 30—36。湖北省文物考古研究所、孟华平、张成明、黄文新、曾令斌:《湖北省天门市龙嘴遗址 2005 年发掘简报》,《江汉考古》,2008 年第 4 期,页 3—13、30、131—136 等许多发掘结果。

② 何驽:《荆南寺遗址夏商时期遗存分析》,《考古学研究(二)》,北京:科学出版社,1994 年,页 78—100。张万高:《江陵荆南寺夏商遗存文化因素简析》,《江汉考古》增刊二。林春:《宜昌地区长江沿岸夏商时期的一支新文化类型》,《江汉考古》,1984 年第 2 期,页 22、29—38。高应勤:《鄂西夏商时期文化遗存试析》,《文物》,1992 年第 3 期。罗二虎:《论鄂西地区的夏商时期文化》,《东南文化》,1994 年第 1 期,页 42—51。袁广阔:《二里头文化研究》,页 77—79、85—88。李丽娜:《试析湖北盘龙城遗址第一至三期文化遗存的年代和性质》,《江汉考古》,2008 年第 1 期,页 74—81、109。

③ 笪浩波:《湖北商时期古文化区分探索》,《江汉考古》增刊二。陈贤一:《江汉地区的商文化》,《中国考古学会第二次年会论文集》,北京:文物出版社,1982 年,页 161—171。王宏:《试论长江中游地区夏商周时的文化与族属》。

发展;而对长江中游来说,冶炼技术是其自创发明的:从公元前第五千纪末、第四千纪初的大溪文化就已经认识并开始使用铜料,屈家岭时代已普遍炼铜,这比二里头、盘龙城或相当于后石家河文化晚段的新砦时代要早得多。屈家岭、石家河文化时期东亚其他地区都没有同等程度的冶铜技术,所以,可以说当时长江中游地区的冶铜技术是垄断性的,而且,难能可贵的是,很多线索表明,石家河文化的冶炼技术被本地后世文化全面传承下来。盘龙城商文化的冶炼技术就是以石家河时代众多伟大的技术突破和成就为基础,而得到更进一步发展的。①

长江中游不仅有铜器铸造业,还存在全程的开采、冶炼、铸造生产线。长江中游的金属矿开采业在石家河时期已走向专业化,到了石家河文化中期,除了开采铜料的遗址之外,还开始出现开采铅和锡的遗址。经过专业铜匠们几百年的探索、试验,接续石家河及后石家河文化的盘龙城文化所出青铜器亦属于铜铅锡合金,其三元合金比例与同时代二里头、二里岗等黄河流域遗址所出铜器相比较,更为稳定,且按其比例制造出的青铜器耐锈蚀,硬度和抗拉度宜于制造锋刃器。安阳殷墟出土的冶炼和铸造场所的资料表明,时代比盘龙城更晚的殷墟,其铜铅锡合金配比反而不如时代早的武汉盘龙城稳定。②

长江中游盘龙城第三期出土了大型器物,而在黄河中游地区同时期的二里头文化二、三期(1700—1550 BC)只发现三件铜器残片和一件铜锥,四件合金铸造技术不同,说明铜器来源复杂。然而从二里头遗址第四期起至二里岗文化(黄河中游郑州-偃师地区,1550—1300 BCE),冶金技术及矿料来源开始与同时期的江汉地区盘龙城遗址一致,自此以后,黄河流域青铜文化才真正步入兴盛时期③。

据上述分析可见,技术水平较高的陶器、铜器和高营养的粮食(水稻)等,都属于长江中游地区的产品,黄汉平原是受到长江中游尤其是江汉地区的主导影响而发展。

5. 江汉地区主导的文化共同体

江汉与黄汉文化的亲密性其实有更加深远的历史背景,并且一直以江汉为中

---

① 郭静云、邱诗萤、郭立新:《石家河文化:东亚自创的青铜文明》,《南方文物》,2018 年第 4 期;2019 年第 3 期。

② 郭静云、邱诗萤、范梓浩、郭立新、陶洋:《中国冶炼技术本土起源说:从长江中游冶炼遗存直接证据谈起》;郭静云、邱诗萤、郭立新:《石家河文化:东亚自创的青铜文明》。

③ 湖北省文物考古研究所:《盘龙城:一九六三年——一九九四年考古发掘报告》,北京:文物出版社,2001 年,页 530、532;李清临、朱君孝:《二里头文化研究的新视角———从青铜器的铅同位素比值看二里头四期的文化性质》,《江汉考古》,2007 年第 4 期,页 21、67—71;郭静云:《夏商周:从神话到史实》,页 82、145;邱诗萤:《浅论盘龙城灰烬沟遗迹》,《南方文物》,2016 年第 4 期,页 32—39。

心地带。洞庭、江汉、豫南、豫西、郑洛地区的居民,从新石器晚期以来即关系密切。河南地区遗址中,曾出现过大溪、屈家岭、石家河文化的遗物。例如,豫南淅川下王岗遗址中,在所谓"二里头文化"的地层之下,还存在着石家河及屈家岭类型的文化,但只有在屈家岭地层之下,才可见河南仰韶类型的遗物①。豫中驻马店遗址的情况亦如此②。

新石器晚期以来,江汉地区的文化逐步往北扩展到黄河南岸。青铜时代江汉地区所谓"龙山时期"文化,与郑洛地区所谓"龙山时期"的文化基本上是一致的。原名为"湖北龙山文化"者后改称为石家河文化,不久又从中细分出后石家河文化,但从绝对年代来看,其实只有后石家河文化才与山东龙山文化年代大体相当。与其相同的豫西地区文化原名为"河南龙山文化",后称为"王湾三期文化",其与后石家河文化的相似度很高。大概以豫中为界,南方是后石家河文化发展区,北方是深受后石家河文化影响的王湾三期文化③。仅漯河、驻马店以东的河南东部龙山文化才与后石家河文化有较明显的差异,但是其中长江中游文化因素依然很深④。

在江汉地区石家河青铜文化早期基础上衍生出的中国青铜文明,并不是自郑洛地区二里头类型南传而来,偃师二里头、洛阳皂角树等遗址⑤,并非这一共同的青铜文明的中心,而是它的北界。是故,了解郑洛地区二里头与长江中游的关系恰好要倒过来。

有关江汉地区盘龙城文化的起源(或过去所谓"二里头"类型文化),学界曾提出许多不同的看法。例如杨权喜先生认为,这是黄河二里头南下而深受本土"龙山时期"(后石家河文化)的影响⑥;拓古先生赞成江汉本土传承的说法,但却否定了

---

① 河南省博物馆、长江流域规划办公室、文物考古队河南分队:《河南淅川下王岗遗址的试掘》,页6—15、16—19、28。长江流域规划办公室、考古队河南分队:《河南淅川黄楝树遗址发掘报告》,《华夏考古》,1990年第3期,页1—69。

② 北京大学考古学系、驻马店市文物保护管理所编著:《驻马店杨庄——中全新世淮河上游的文化遗存与环境信息》。

③ 刘鑫:《王湾三期文化年代及生业研究》,中山大学人类学系硕士学位论文,广州,2019年。

④ 孙广清:《河南境内的大汶口文化和屈家岭文化》,《中原文物》,2000年第2期,页22—28;刘亚楠:《禹会村址的文化来源及性质分析》,中山大学人类学系硕士学位论文,广州,2020年。

⑤ 参张国柱:《河南偃师二里头遗址发现龙山文化早期遗存》,《考古》,1982年第5期,页460—462、565。方酉生、孙德萱、赵连生:《河南汤阴白营龙山文化遗址》,《考古》,1980年第3期,页193—202、289。河南省社院河洛文化研究所、河南省巩义市文物保护管理所:《洛汭地带河南龙山与二里头文化遗存调查》,《中原文物》,1994年第1期,页80—90。

⑥ 杨权喜:《江汉夏代文化探讨》,《中国文物报》,1998年第59期。

江汉地区的青铜文化与二里头之间的密切关系①；向桃初先生反而认为，江汉地区的文化面貌与二里头同类，且并非由后石家河文化传承而来②。

近来，考古界将河南淅川、驻马店、汝州、禹州等地区的青铜早期文化，统称为"湖北石家河类型"③。王宏、卢德佩等学者们早已提出：江汉青铜文化乃承自石家河④，中间并未出现文化断绝的现象。无论是江汉地区的盘龙城文化或郑洛地区的所谓"二里头文化"，源自屈家岭、石家河的因素都很明显，其中包含了农作技术、石器、骨器及许多陶器的形制、冶铜技术等⑤。

就人口和遗址密度而言，江汉地区从新石器以来，一直可见人口和土地利用大肆扩展的进程，其遗址的密度很高，这是肇因于人口的成长，并激发其往外发展的需求⑥。新石器晚期至青铜时代，大溪、屈家岭、石家河都是本地区几个内容十分丰富的文化。近20年来，考古学界在江汉地区的发掘，证明本地区在距今6 000至5 500年前，也就是在大溪文化至屈家岭文化的发展时，便已渐渐进入文明阶段，并且开始建城，之后联合城邦性质的国家不断地发展，其政权体系也走向统一。在这一大历史脉络中兴起影响力特别庞大的盘龙城文化；盘龙城文化的中心区依然是在长江中游，江汉地带。⑦这种人口繁多的社会文化，已不容易消失，况且，郑洛地区并没有足以消灭它的能力，反而这代表着它扩展到黄河的势力。

6. 盘龙城文化：跨区域的时代中心

在宽大的江河中游地带传承后石家河文化的青铜文明，当然可大略区分为几种地方类型，但全都属于"盘龙城大文化"体系，其早期阶段在郑洛地区的类型就

---

① 拓古：《二里头文化时期的江汉地区》，《江汉考古》，2002年第1期，页86—87。

② 向桃初：《二里头文化向南方的传播》，页58。

③ 参河南省博物馆、长江流域规划办公室、文物考古队河南分队：《河南淅川下王岗遗址的试掘》。长江流域规划办公室、考古队河南分队：《河南淅川黄楝树遗址发掘报告》。刘昶、方燕明：《河南禹州瓦店遗址出土植物遗存分析》，《南方文物》，2010年第4期，页47、55—64。王育茜、张萍、靳桂云、靳松安：《河南淅川沟湾遗址2007年度植物浮选结果与分析》，《四川文物》，2011年第2期，页80—92。吴耀利、陈星灿：《河南汝州李楼遗址的发掘》，《考古学报》1994年第1期，页63—96。北京大学考古学系、驻马店市文物保护管理所编著：《驻马店杨庄——中全新世淮河上游的文化遗存与环境信息》。

④ 王宏：《论长江中游地区夏商周时的文化与文化变迁》。卢德佩：《三峡库区秭归长府沱遗址试掘简报》，《三峡考古之发现（二）》，武汉：湖北科学技术出版社，2000年。

⑤ 相关讨论参郭静云：《夏商周：从神话到史实》，页80—87。

⑥ 郭立新：《长江中游初期社会复杂化研究（4300B.C.—2000B.C）》，上海：上海古籍出版社，2005年，页89—94。

⑦ 郭立新、郭静云：《中国最早城市体系研究》。

是二里头文化;学者们已多次讨论其从石家河文化传承的因素也很高①。由此一现象可知,石家河文明并没有衰亡,而是直接发展为盘龙城青铜文明。因该文化的发祥地不在偃师二里头,若以该时期江汉地区最具代表性的遗址命名,宜称为"盘龙城文化"。盘龙城文化的早期阶段在郑洛地区可称为"盘龙城文化二里头类型"。

发掘者将盘龙城遗存分为七期,其中第一期包含有石家河文化因素,笔者认为应该视为前盘龙城时代聚落的遗迹,如果加强发掘研究,从盘龙城一期的遗迹或可以探索到石家河文化和后石家河文化向盘龙城文化的发展阶段。此外,还有不少后石家河后期的遗址,有待考古发掘与研究的加强,才能够探索到夏文明以及商文明的衍生。

透过碳十四数据以及对相关信息的还原,可以大体勾画出一个基于碳十四测年数据的盘龙城文化各期的基本年代框架:盘龙城二期绝对年代约在公元前十八世纪末至公元前十七世纪下半叶;郑洛地区盘龙城文化二期的年代大体相当于二里头二期前后,上限或可早至二里头一期,下限或晚至二里头三期偏早阶段。盘龙城三、四期绝对年代大约为公元前十七世纪下半叶至公元前十五世纪早期;在郑洛地区,二里头二、三、四期至二里岗下层一期的年代大体相当于盘龙城文化三、四期。盘龙城五期绝对年代约为公元前十五世纪中期,在郑洛地区,盘龙城文化五期的年代大体相当于二里岗下层。盘龙城六期绝对年代为公元前十五世纪晚期至公元前十四世纪末;在郑洛地区盘龙城文化六期的年代大体相当于二里岗上层和殷墟一期。盘龙城七期的绝对年代大约相当于公元前十三世纪;盘龙城文化七期的器物风格与殷墟二期相似,可以将其视为殷商文明大体系在江汉地区的表现。从文化属性来说,盘龙城一期应该属于后石家河或石家河文化(发掘不足);盘龙城二至六期都属于盘龙城文化,绝对年代从公元前十八世纪至公元前十四世纪末;盘龙城第七期则属于殷商文化②。盘龙城文化转变成殷商文化的交界是《殷武》所载殷王武丁向南"伐楚"的事件(该事件可能发生于公元前1300年前后)。由此可见,二里头、二里岗文化的演变完全符合盘龙城文化脉络,这也显明共同大文化体

---

① 王宏:《试论长江中游地区夏商周时的文化与族属》,《江汉考古》增刊三。王宏:《论长江中游地区夏商周时的文化与文化变迁》,《考古学研究(五)》,北京:科学出版社,2003年。杨权喜:《湖北商文化与商朝南土》,湖北省文物考古研究所编:《奋发荆楚·探索文明——湖北省文物考古研究论文集》,武汉:湖北科学技术出版社,2000年,页117—121。

② 郭立新、郭静云:《盘龙城国家的兴衰暨同时代的历史地图——考古年代学的探索》。

系的存在。①

　　虽然最早发现的盘龙城内城和宫殿建成时代偏晚,可能修建于盘龙城四期,与二里头的宫城大致同时修建。但据考古学家分析与观察,盘龙城的宫殿并非全新落成,而是原址重建,在其之前也曾有宫殿建筑②,只是该遗迹迄今未曾挖到生土。郑洛地区二里头、偃师和郑州三城发掘较为充足与全面,但盘龙城遗址的发掘及研究非常不足。

　　尽管迄今盘龙城遗址的发掘面积远少于郑洛地区二里头和郑偃两城,但其出土的青铜器,硬陶和原始瓷、玉器,黄金器等当时的贵重物品,无论种类、数量还是质量上,都远超二里头和郑偃。2013 年重新开启发掘前,盘龙城出土的青铜器总数已达 400 余件,是迄今所知出土早商青铜器数量最多的地区;其中《盘龙城》考古发掘报告收录 351 件,另有大约四五十件分别收藏于湖北省文物考古研究所、武汉市博物馆、武汉市文物商店、盘龙城遗址博物馆、黄陂区文物管理所等③。这还不算早年出土或被盗挖的青铜器。据当地老人回忆,20 世纪 40 年代,大雨过后人们提篮子到李家嘴湖滨捡取青铜箭镞之类,有时一捡就是半个篮子④。原来生活在盘龙城周边的农民曾不断发现玉器和青铜器。此外,上海博物馆和其他博物馆收藏的大部分所谓夏代和早商青铜,很可能源于盘龙城(如鬲形圆腹斝等)。2013年重新启动发掘后,短期内就陆续出土青铜器、黄金器、玉器、绿松石器等精致贵重遗物。对比之下,全面发掘的二里头发掘出土青铜器 104 件(大多数是小型器件),并且这是包括二里头遗址二里岗地层⑤,而河南境内所谓早商铜器也只有 150 余件⑥。郑洛地区城址之外其他二里岗期城址,青铜器也不多见,而长江中游地区盘龙城文化遗址多有出土铜器者。所以,这种现象也足以令人深思,盘龙城对青铜文化发展重要性,无疑远超出了现在学界所讨论的仅仅是"早商南土"的定位,而应是中国青铜技术的重要源头之一。

---

① 郭立新、郭静云:《盘龙城国家的兴衰暨同时代的历史地图——考古年代学的探索》。有关盘龙城文化的探讨参郭静云:《夏商周:从神话到史实》,页 57—122。

② 杜金鹏:《盘龙城商代宫殿基址讨论》,《考古学报》,2005 年第 2 期,页 175。

③ 李桃元、何昌义、张汉军编著:《盘龙城青铜文化》,武汉:湖北美术出版社,2002 年,页 35。

④ 刘森淼:《盘龙城外缘带状夯土遗迹的初步认识》,《武汉城市之根——商代盘龙城与武汉城市发展研讨会文集》,武汉:武汉出版社 2002 年,页 193。

⑤ 中国社会科学院考古研究所编著:《中国考古学·夏商卷》,北京:中国社会科学出版社,2003 年,页 109。

⑥ 李桃元、何昌义、张汉军编著:《盘龙城青铜文化》,页 41。

　　所以,自新石器晚期以来,一直到盘龙城文化,长江中游文化是整个江河中原地区主导的文化。新石器晚期、铜石并用时代稻作农业北传,导致屈家岭文化成为江河中原地区不同族群文化的基础,接着青铜早期的石家河文化继续影响江河之间的中原。又在这基础上便形成了原名为"二里头"的文化,即是盘龙城文化早期,包括其在黄河的北方类型,该文化的发祥地,显然不是江河中原北界的郑洛地区,而依然是长江中游的江汉地区。

　　江汉地区的上古文明对整个江河中原地区产生主导作用,同时,长江下游、上游以及其他南方文化的因素,都在江汉地区混合而互相影响;而这些彼此间隔遥远的地域文化,也都受到长江中游文化的影响;或经由长江中游文化的媒介作用而在彼此间产生间接的影响。因此,从新石器晚期至青铜时代早中期,长江中游江汉地区,从新石器以来是多种文化之间交流传播的中心环节。而到了盘龙城时代,位于几千年以来的文明之中心区的汤商文明,处于当时发达区域之间的中心区,因此自然构建了以商为核心的、以贵重物品为主的远程交换体系。位于北部的郑洛地区的二里头、偃师、郑州,位于南部的吴城、筑卫城、牛城、炭河里城,位于西部的三星堆等,还有位于东部的江淮诸文化,江浙一带的马桥文化,以及东北方向的海岱及环渤海地区都是这一交换体系的参与者。在当时历史地图上,以盘龙城文化为代表的商文明扮演着主导角色。①

(三) 江汉、郑洛、成都: 地区间的三角关系

　　学者们已注意到二里头与广汉三星堆文化之间,应具有相当程度的来往或传承关系以及交互影响作用,但因二里头唯一中心论的影响,大多数学者都认为,偃师二里头文化向成都平原地区传播②,甚至认为"夏人"从偃师地区南下,再经过三峡西迁,但却无法解释这种向西南迁徙的动机和背景③。笔者认为,这些关系只有从以江汉为中心环节去理解才不会造成很多解释不了的问题。

---

① 　郭立新、郭静云:《盘龙城国家的兴衰暨同时代的历史地图——考古年代学的探索》。

② 　杜金鹏:《三星堆文化与二里头文化的关系及相关问题》,《四川文物》,1995 年第 1 期,页 3—9。江章华:《十二桥文化与周邻文化的关系》,《成都文物》,1998 年第 1 期。张天恩:《巴蜀文化与中原文化的关系试探》,《考古与文物》,1998 年第 5 期,页 68—77。黄剑华:《三星堆文明与中原文明的关系》,《中原文物》,2001 年第 4 期,页 51—59。

③ 　向桃初:《三星堆文化的形成与夏人西迁》,《江汉考古》,2005 年第 1 期,页 60—67。

　　如果我们仔细研究郑洛与成都平原地区的文化传播,则可以发现其中皆隐含有江汉地区文化的影子。长江中游发现屈家岭至石家河时代的二十余座古城构成的联合城邦国家,笔者称之为"云梦泽苏美尔"①,并认为颛顼、尧舜、三苗和夏的历史发生于此。成都平原也发现了八座与后石家河文化同时的城,应也构成联合城邦结构,学界以其中最大的城址宝墩,将之命名为"宝墩文化"。宝墩文化为本土自行发展而成的文化,同时也可见其与鄂西后石家河文化有密切往来②。可见从国家化进程来说,长江中游的江汉地区绝对占有先机,到了后石家河、盘龙城早期时代,长江上游也进入联合城邦国家阶段。这种情况当时在郑洛地区还未发生,可见郑洛地区的发展无疑在长江中上游之后。所以,当时尚没有那么发达的郑洛政权,难以大量影响早已高度发达、文明化程度甚高的国家。

　　在盘龙城早期时代,成都平原的三星堆二期继承自宝墩文化③。但与此同时,我们依然可以发现,郑洛、江汉、成都平原的文化中,拥有许多共同主题,因此造成遗址中经常存有一些相类似的陶、玉、铜质礼器④。由是,我们可以推论:在青铜时代,此三地不同的族群、文化与社会机体一直有些来往、交易的关系,甚或在某些时段中处于斗争、协盟或通婚的状态。

　　就陶器形制来看,三地陶鬶的形状十分接近,其中最具代表性的是石家河细高形瘦袋足陶鬶,与长江下游的良渚陶鬶略有不同(图一二五)。并且有些特殊代表性的器物,恰好同时出现在江汉、成都与郑洛地区,如带有眼形符号饰周索状堆纹的陶尊,见于江汉荆南寺遗址⑤与约莫同时期的三星堆二期⑥和偃师二里头⑦(图一二六:1、2)。鄂西路家河二期硬陶上,也出现了眼形符号(图一二六:3)⑧。

---

① 郭静云:《夏商周:从神话到史实》。

② 王毅、孙华:《宝墩村文化的初步认识》,《考古》,1999年第8期,页63—70。孙智彬:《中坝文化与宝墩文化辨》,《中华文化论坛》,2005年第3期,页5—16。郭静云:《夏商周:从神话到史实》,页38—80。

③ 刘新生:《三星堆出土陶器研究》,《四川文物》,1994年2期,页29—33。

④ 徐学书:《蜀国早期青铜文化年代的再探讨》,《成都文物》,1994年第4期。高应勤、卢德佩:《长江西陵峡至川东夏商时期文化初析》,《巴蜀历史、民族、考古文化》,成都:巴蜀书社,1991年。邓伯清:《四川新凡县水观音遗址试掘简报》,《考古》,1959年第8期,页404—410、453。李昭和、翁善良、张肖马、江章华、刘钊、周科华:《成都十二桥商代建筑遗址第一期发掘简报》,《文物》,1987年第12期,页1—23、37、99—101。

⑤ 荆州地区博物馆、北京大学考古系,王宏:《湖北江陵荆南寺遗址第一、二次发掘简报》,页684,图七:11。另参荆州博物馆主编:《荆州荆南寺》。

⑥ 王毅、张擎:《三星堆文化研究》,《四川文物》,1999年第3期,页19,图五。

⑦ 二里头考古队藏81ⅢT22(3),据笔者自摄照片。

⑧ 长江水利委员会编著:《宜昌路家河——长江三峡考古发掘报告》,页24,图十四。

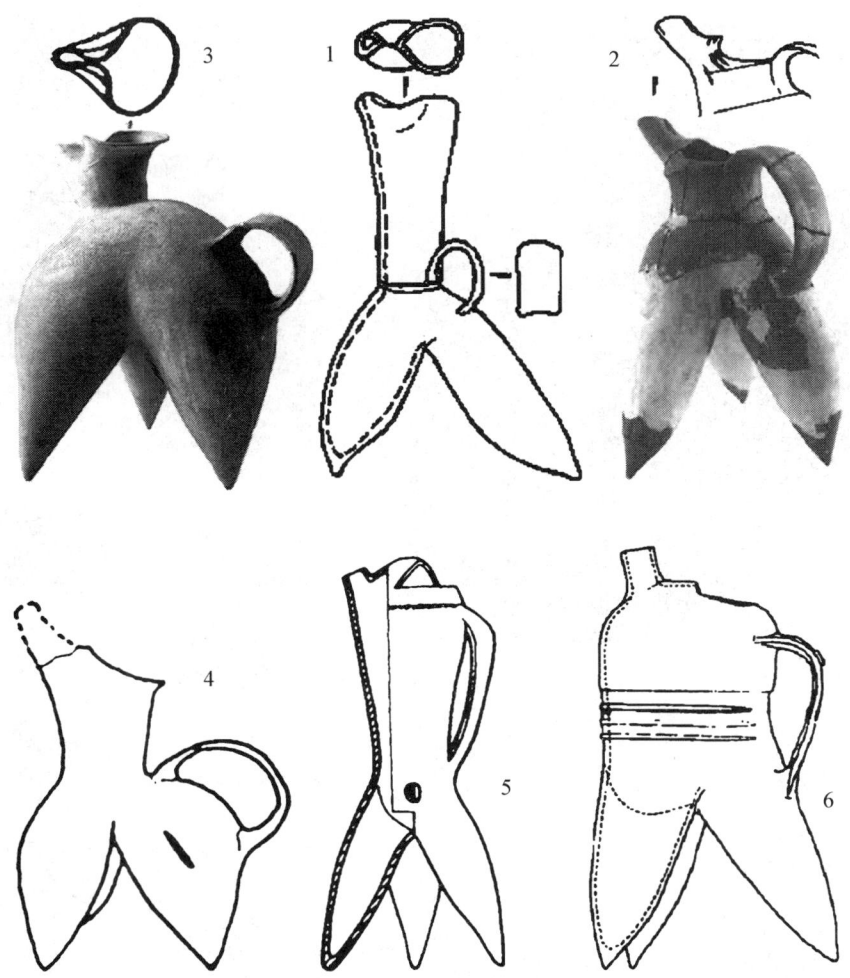

图一二五　袋足陶鬶、盉：1. 石家河文化陶鬶；2. 石家河文化晚期袋足陶盉；3. 良渚文化陶鬶；4. 苏北花厅遗址出土的良渚文化陶鬶；5. 三星堆带袋陶盉；6. 二里头二、三期出土的袋足陶盉。

　　当笔者思考此三地的眼睛符号之共同来源时，注意到新石器中晚期，豫中贾湖遗址上层出土的带刻纹龟甲，其刻纹恰好是眼睛形状（图一二六：4）[1]。虽然因为两者之间时代相隔很远，我们难以讨论其间的关系，但这些地区仍属相同的地理范围，在早期便已有资源、技术、器物的流动。例如，在贾湖遗址同一层中，曾发现了三件绿松石的配饰[2]，其原料为豫西南、鄂西北的矿物。而贾湖的稻作技术，则与长

---

① 河南省文物研究所，冯沂、张居中：《河南舞阳贾湖新石器时代遗址第二至六次发掘简报》，《文物》，1989 年第 1 期，页 1—14、47、97—100，图二九。

② 河南省文物研究所，冯沂、张居中：《河南舞阳贾湖新石器时代遗址第二至六次发掘简报》，图二七。

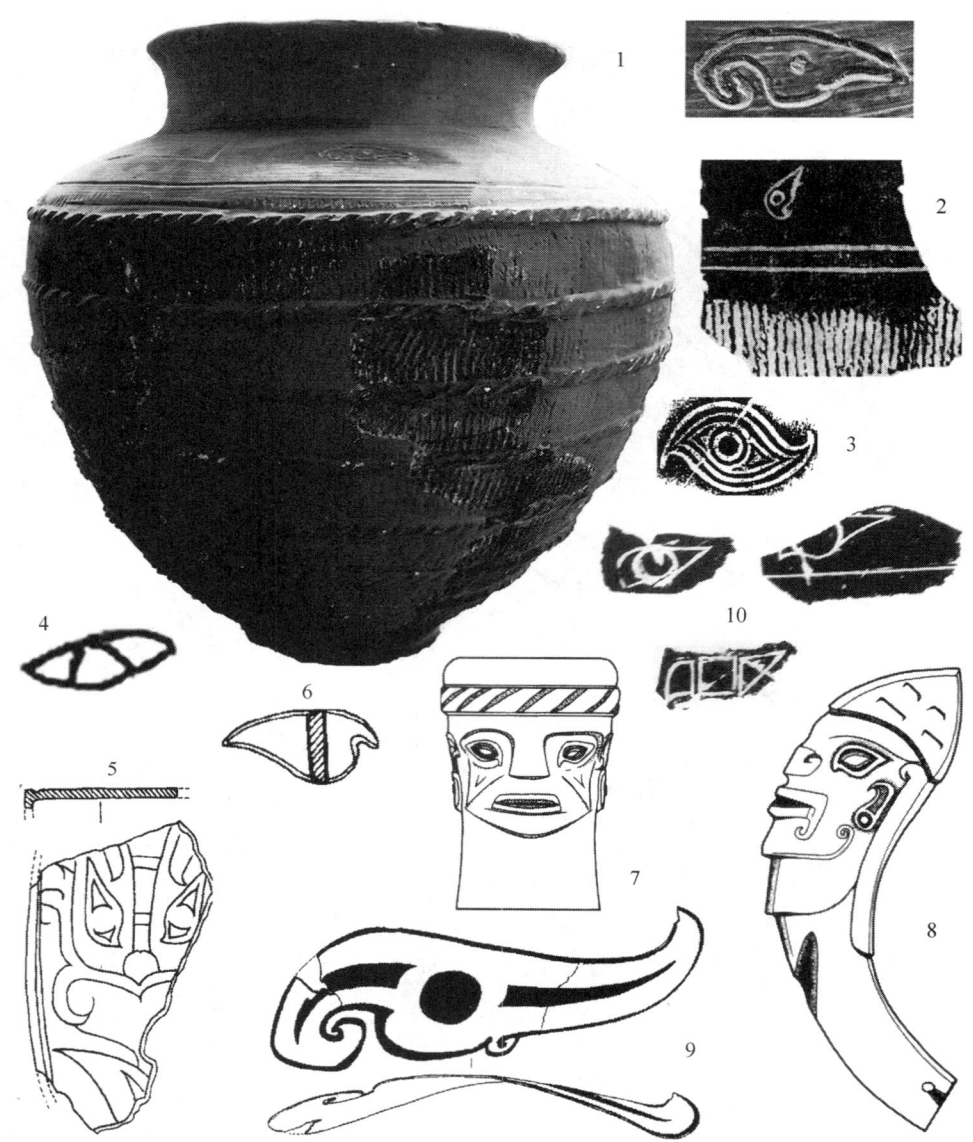

图一二六 1.二里头遗址出土带眼形符号的硬陶尊;2.江陵荆南寺遗址出土带眼形符号的硬陶片; 3.路家河遗址出土二期硬陶上的眼形符号;4.豫中贾湖遗址出土龟甲上的眼睛符号;5.新 砦二期器盖上的龙面图;6.二里头出土的绿松石眼形器;7—8.石家河文化玉质神人头像; 9.金沙遗址出土的铜眼睛形器;10.汉中地区商时期宝山文化眼纹陶片。

江中游澧阳及洞庭平原彭头山、皂市下层向江北影响有关①,据科学分析显示,贾

① 河南省文物考古研究所编著:《舞阳贾湖》,北京:科学出版社,1999年,页340—381、532。中国科学 技术大学科技史与科技考古系、河南省文物考古研究所、武阳县博物馆,张居中、潘伟彬:《河南舞阳贾湖 遗址2001年春发掘简报》,《华夏考古》,2002年第2期,页20—23。张居中、王象坤:《贾湖与彭头山稻作 文化比较研究》,《农业考古》,1998年第1期,页108—117。杨肇清:《河南舞阳贾湖遗址生产工具的初步 研究》,《农业考古》,1998年第1期,页118—123。

湖农作均属于南方文明的技术系统①。此外，贾湖遗址中许多遗物和情况，与豫南淅川下王岗早期文化一致②。这或许说明豫中地区与豫西南、鄂西早已有密切的关系；笔者认为，贾湖文化是在新石器中期短暂的暖期时，出现最早的长江中游技术和生活方式影响河南地区的事件，虽然当时没有长期的发展，这种例子却代表农耕文化扩展的趋势和方向。此问题还需要专门探究。

晚于豫中贾湖遗址三千余年的江汉地区后石家河文化玉面像，其眼睛形状，与青铜早期豫、鄂、川三地的眼睛符号完全一样（图一二六：7—8）③。在殷墟小屯发现的玉人头像，也被学界认为是后石家河文化系统的遗产，其眼睛形状亦是如此（图六九：3）④。新砦二期器盖上龙面眼形亦复如是（图一二六：5）⑤。而在偃师二里头遗址出土的两件绿松石眼形饰，其形状也是相同的（图一二六：6）⑥。同时期汉中宝山文化也出土了很多眼纹陶片（一二六：10）。最后是金沙遗址，出土了25件大型眼睛形铜器，长度从17到26.3厘米都有，形状与本符号完全相同（图一二六：9）⑦。这个线索也值得我们思考：或许此一现象便象征着郑洛、江汉、成都平原这块三角形地区自青铜时代早期以来已有较强的文化传播及相互影响关系。

此外，学者们也发现，此类眼睛的形状，恰好与商文明中饕餮的眼睛形状相同⑧。此条线索颇为关键，能够补证饕餮构图的基础逐步形成于长江中游精神文化之中，且在后石家河高等贵族的信仰中"饕餮神目"的形象已完全成型。⑨ 荆南寺硬陶饕餮形的神纹，亦指向同样的来源，其与二里岗陶器饕餮纹饰十分近似（参图五二：1—2），只是长江中游地区是创造者，而黄河中游地区是受影响者。

如果从玉器来探索，二里头的石器、玉器亦可以显示出这种以江汉为中心点的三

① 中国社会科学院考古研究所、考古科技实验研究中心，王增林：《尉迟寺遗址的植物硅酸体分析与史前农业经济特点》，《农业考古》，1998 年第 1 期，页 412。

② 张居中：《试论贾湖类型的特征及与周围文化的关系》，《文物》，1989 年第 1 期，页 18—20。

③ 湖北省荆州博物馆、湖北省文物考古研究所石家河考古队、北京大学考古学系编著：《肖家屋脊——天门石家河考古发掘报告之一》，第一册，页 316，图二五一。

④ 荆州博物馆编著：《石家河文化玉器》，页 17。

⑤ 顾万发：《试论新砦陶器盖上的饕餮纹》，《华夏考古》，2000 年第 4 期，页 76—82。

⑥ 中国社会科学院考古研究所编著：《偃师二里头：1959 年—1978 年考古发掘报告》，页 258，图 169：7、8。

⑦ 成都市文物考古研究所，朱章义、王方、张擎：《成都金沙遗址 I 区"梅苑"地点发掘一期简报》，《文物》，2004 年第 4 期，页 17、23，图五七；页 24、25，图六二。

⑧ 中国社会科学院考古研究所编著：《偃师二里头：1959 年—1978 年考古发掘报告》，页 258。

⑨ 邱诗萤、郭静云：《饕餮神目与华南虎崇拜——饕餮神目形象意义及来源》，《民族艺术》，2021 年第 1 期。

地关系。江汉地区从大溪文化以来可见制造玉器的传统。其实从新石器晚期以来，当时整个长江中下游都属于精彩辉煌的玉器文化体系。其中，玉钺、玉铲、玉璋、璇玑等在大传统中很重要的玉器，早期见于大溪、屈家岭文化中（图一二七：1—5）①。其

图一二七　1. 松滋桂花村出土大溪文化斜刃微弧璋；2. 高庙上层大溪文化层出土的玉钺（M27：1）；3. 保康穆林头屈家岭晚期墓地出土的玉铲（M33：1）；4. 保康穆林头屈家岭晚期墓地出土的玉璇玑（M26：29）；5. 天门石家河城出土的玉璇玑；6. 孙家岗墓地出土的玉面像；7. 罗家柏岭出土的玉鹰；8—10. 谭家岭后石家河三苗王瓮棺墓出土的玉器：8. 玉鹰牌（W8：34）；9. 玉面饰（W9：50）；10. 玉虎座双鹰（W8：13）。

① 湖南省文物考古研究所：《湖南洪江市高庙新石器时代遗址》，《考古》，2006 年第 7 期，页 9—15、99—100；湖北省文物考古研究所、保康县博物馆、笪浩波：《湖北保康穆林头遗址 2017 年第一次发掘》，《江汉考古》，2019 年第 1 期，页 49—54；邓淑苹：《也谈华西系统的玉器（二）》，《故宫文物月刊》，第十一卷第六期，1993 年，页 60—71。

中在南阳黄山遗址还发现了属于屈家岭文化的大型玉石器专业生产作坊①。到了青铜时代在石家河遗址群中的罗家柏岭发现制造玉器的作坊，证明高水平玉工技术的本土性②。

后石家河玉器制造技术远高于其他玉器文化，器型细小精致，刻得很细，普遍采用阳起减地技法以及弯曲线条细阴刻技法，红山、凌家滩、良渚等其他玉器文化的玉器所用的技术不可能达到这种效果。牟永抗先生认为当时人只能使用金属砣才能制造这种效果，细线条刻纹也不可能用绳砂磨出来，需要用金属钻；并且，这不可能是硬度不足的红铜器，而是青铜的合金材料。罗家柏岭玉器制作坊应该已采用小型的青铜工具，该地点曾经发现过五块铜片，可能是玉器作坊的工具残件。这种玉器加工技术被后来的早商文明所继承，日后又被殷商传承③。

后石家河文化玉器的传播范围颇广：山东龙山文化、西北陶寺文化、陕北石峁文化和甘肃齐家文化、河南新砦和二里头文化遗址都可见。在本土直接继承后石家河文化的盘龙城文化、三星堆文化、吴城文化，大部分形状复杂的玉器源自后石家河文化，且玉器造型特别大而精美，技术高超；其他器形，源自时代更早的长江中下游文化体系④。殷周墓葬里也经常出土后石家河或模仿后石家河形状的玉器。至于郑洛地区，二里头之前很少出现玉器，在二里头遗址中出土的玉器数量不多，且皆出自后期的墓葬里，其形状都见于更早的长江中游遗址中，如玉圭（有时候称为"玉戈"）、璧戚，此外还有玉祖（所谓"玉柄形器"）、玉铲、多孔刀等⑤。笔者对这些器形的来源曾作过一些分析，可以证明：最早的玉圭见于长江中游地区凌家滩

---

① 马俊才：《河南南阳黄山遗址》，《大众考古》，2020 年第 12 期，页 12—15。

② 湖北省文物考古研究所、中国社会科学院考古研究所、张云鹏、王劲：《湖北石家河罗家柏岭新石器时代遗址》，《考古学报》，1994 年第 2 期，页 191—229。

③ 郭静云、郭立新：《从石家河玉质礼器看殷商玉器渊源》，页 2—3。

④ 郭静云：《夏商周：从神话到史实》，页 134—141。

⑤ 参中国社会科学院考古研究所二里头工作队：《河南偃师二里头遗址三、八区发掘简报》，《考古》，1975 年第 5 期，页 294、302—309、328—329，图四。偃师县文物馆：《二里头遗址出土的铜器和玉器》，《考古》，1978 年第 4 期，页 27，图版壹贰。杨国忠、刘忠伏：《1980 年秋河南偃师二里头遗址发掘简报》，《考古》，1983 年第 3 期，页 199—205、219，图一〇、图版壹。中国社会科学院考古研究所编著：《偃师二里头：1959 年—1978 年考古发掘报告》，页 249—251，图 161—163；页 168，图 257；页 342，图 238；图版 112、118、119、125。许宏：《二里头遗址文化分期再检讨——以出土铜、玉礼器的墓葬为中心》，《南方文物》，2010 年第 3 期，页 44—52。湖北省荆州博物馆、湖北省文物考古研究所石家河考古队、北京大学考古学系编著：《肖家屋脊——天门石家河考古发掘报告之一》，页 331，图二六一。荆州博物馆编著：《石家河文化玉器》，页 110—122、167、168，图 74—86、140、141。戴应新：《神木石峁龙山文化玉器探索（二）》，《故宫文物月刊》，十一卷第六期（总 126 期），1993 年，页 46—61。顾问、张松林：《二里头遗址所出玉器"扉牙"内涵研究——并新论圭、璋之别问题》，《殷都学刊》，2003 年第 3 期，页 22—32。

遗址中，而迄今所知最大的玉圭发现于盘龙城遗址中；玉铲、多孔刀都是长江中下游凌家滩、屈家岭、石家河、良渚时代常见的礼器；笔者对牙璋的来源分析，指出鄂西、湘西山地为其发祥地；小型的玉圭曾出土于石家河文化遗址中，而在山东日照龙山遗址出土的玉圭，亦有许多学者认为其图案最可能源自石家河文化（参图九四：4—6）[1]；而玉祖实际上是石家河人、盘龙城人所用的祖先牌位，这种代表长江中游文化精神信仰的器型亦见于其后殷商文化；至于二里头遗址出土的玉祖，其都源自后石家河[2]，下文中编第三章将进一步探讨。此外，玉圭和牙璋亦多见于成都平原地区的三星堆文化遗址中，成为三星堆文化的代表性物品[3]。以上或可佐证这三地之间，确实可能有所关联：成都平原与郑洛地区之间的文化传播，皆以江汉地区为中心环节，且以江汉地区为技术、文化的发祥地。

后石家河玉器的影响力非常大，又同时往北、向西、向东传播。譬如，西北掠夺族群遗址中亦发现很多后石家河玉器；在长江上游的文化之中，后石家河器型持续存在很长时间，成为三星堆文化的标志向东传播到山东龙山；向北传播到达黄河中游。殷墟也有许多源自后石家河文化的玉器，最有名的例子，便是后石家河类型的玉凤发现在殷墟妇好墓里；其余如与后石家河类似玉祖，以及其他许多殷周时期遗址出土的最精致的玉器，其玉刻技术和艺术，皆明显可见源自后石家河玉器的痕迹（如图六九；一二三；图二一八；二一九；二二三；二四一、二五八：1—3；二六二等）。

二里头的玉器形状皆可见于南方，但南方却拥有许多二里头不曾出土过的玉器形制。至于在二里头出土的绿松石铜牌（图五二：3；一三五：1、3）[4]，其构图与新砦二期器盖上的龙面图十分接近（图一二六：5）；在三星堆同时代的地层中，也

---

① 荆州博物馆编著：《石家河文化玉器》，页 19。王劲：《石家河文化玉器与江汉文明》，何介钧主编：《长江中游史前文化暨第二届亚洲文明学术讨论会论文集》，长沙：岳麓书社，1996 年。邓淑苹：《也谈华西系统的玉器（六）——饰有弦纹的玉器》，《故宫文物月刊》，第十一卷第十期，1994 年，页 82—91。［日］林巳奈夫著，杨美莉译：《中国古玉研究》，台北：艺术图书公司，1997 年，页 232—243。

② 详细讨论参郭静云：《夏商周：从神话到史实》，页 134—141、302—306；郭静云、郭立新：《从石家河玉质礼器看殷商玉器渊源》；江美英：《二里头出土神祖面纹柄形器研究》，《艺术与设计期刊》第 1 期，页 21—36。

③ 高大伦：《广汉三星堆遗址出土玉石器的初步考察》，《考古与文物》，1994 年第 2 期，页 82—86。敖天照：《三星堆玉石器再研究》，《四川文物》，2003 年第 2 期，页 39—45；郭静云：《牙璋起源刍议——兼谈陕北玉器之谜》，《三峡大学学报》，2014 年第 5 期，页 10—16。

④ 杨国忠：《1981 年偃师二里头遗址墓葬发掘简报》，图五、图版二。叶万松、李德方：《偃师二里头遗址兽纹铜牌考识》，页 40—48。

曾出现了同类铜牌（图一三五：4、5）①；江汉地区迄今虽未发现早于或与其同时的器物，但作为此类器物主要原料的绿松石，却仅产于该地区的西部山地；大溪、屈家岭、石家河和盘龙城文化遗址多次发现过绿松石雕刻和装饰品，盘龙城也出过绿松石黄金龙像（图一三五：6）；此外，陶寺遗址中曾发现玉骨绿松石组合器物，在学界均被归纳为后石家河的遗物；后石家河玉器、绿松石器亦曾出现在更远的陕北遗址中。是故，虽然绿松石铜牌目前只发现在二里头和三星堆，但从间接的资料来看，欠缺的中心环节应该在汉江后石家河——盘龙城地带。

若我们依旧用"二里头的文化传播"来解释这些现象，恐怕将会出现以下几点疑问：第一，从地理的脉络思考，与其认为文化的传播可能是从远北角落通过汉水、长江而发生影响，我们还不如思考：是否从某文明中心之地，同时传往北、西方向的可能性较大？第二，学界早已发现，石家河文明对早期三星堆文明的演进影响很大②。第三，两湖与渝川之间的关系颇为古老，在新石器晚期时，大溪文化已跨至峡江地区，因此重庆巫山大溪遗址的文化类型，被考古界归属到长江中游大文化体系。第四，时间的脉络和地理的关系，都使我们否定其来源为郑洛地区文化所创建的可能。第五，若我们非得推论郑洛地区具有庞大的影响力不可的话，则必须解释其基础和势力来源。但资料却显示：郑洛地区各族群文化的基础较薄弱，难以产生强权势力③。

但是如果我们接受以江汉地区和江汉文化为中心环节，则不仅能脱开以上疑虑，且能解决其他文化关系的问题。古代礼器造型的意义解读，一直有一种关键性的困难，即判断礼器的文化属性。中国在所谓"三代"时期有数种不同的文明，其各自的生活环境、背景、经验、语言、观念应有差异。但尽管如此，礼器造型虽然有地方特色，但是很多规律却相近，交往密切。这说明到殷周时期，上层文化来往的程度高，这包含了信仰观念的互相影响以及形象的互相借用，并且加上当时交换、

---

① 四川省文物考古研究所三星堆工作站、广汉市文物管理所，陈德安、敖天照：《三星堆遗址真武仓包包祭祀坑调查简报》，《四川考古报告集》，北京：文物出版社，1998年，图三。

② 卢德佩：《试论鄂西夏商时期古文化》，《四川文物》，1993年第2期，页3—9。杨华：《从鄂西考古发现谈巴文化的起源》，《考古与文物》，1995年第1期，页30—43。杨华：《鄂西地区与成都平原夏商时期巴蜀文化陶器的研究》，《湖北省考古学会论文选集》，《江汉考古》增刊三，1998年。罗二虎：《论鄂西地区的夏商时期文化》，《南方文物》，1996年第1期，页75—80。湖北省文物考古研究所、杨权喜：《三峡地区史前文化初论》，《南方文物》，1996年第1期，页75—80。湖北省文物考古研究所、杨权喜：《湖北秭归大沙坝遗址发掘报告》。裴士京、陈震：《三星堆青铜头像和石家河玉面人像——从三星堆青铜头像看三星堆文化的来源》，《成都大学学报》，2011年第1期，页41—43。

③ 对此问题更进一步的讨论，参郭静云：《夏商周：从神话到史实》。

掠夺等原因,使得礼器的流动性也相当高;在制造技术方面,也有不断地互相学习的关系;掌握集权的大都市的形成和出现,更又引起技术人才的流动等。因此,虽然在殷周时期的地图上有很多独立的国家,文化面貌并没有统一,但地方的异同问题并不那么容易辨认。首先我们必须得承认共同的特点,从此基础上才可以做更进一步的研究,细致分析地方特点,并特别注意到器物的流动(出土地点未必代表制作地点)。

就各地礼器的共同性而言,首先就是夔龙神纹恰好在各地都有出现。从现有的资料来看,黄河中游文化体系和三星堆文化体系似距离最远,来往路线最曲折。但仔细观察容易发现,二里头、二里岗与三星堆礼器的形象有极多相似之处,因此到这个时代长江流域与黄河流域文明间的属性更难以区分。除了经济来往、原料交易(玉料、绿松石、铜料)以及各种高技术的器物流传外,商与三星堆文明在礼器造型上也有通用的母题,显示两者精神文化上的关系。在黄河中游地区,从二里头到西周,礼器上的纹饰符号都以盘龙城商文明为基础,可以归为三类符号:弯形、璜玦形和夔形的双嘴龙,而在绝对为三星堆本地类型的礼器上,同样可见这三种夔神纹符号(图一二八:1)①。许多三星堆出土的铜鸟身上的神祕符号,与殷周通见铜质、玉质鸟的造型雷同,都属夔神纹的变形,如三星堆出土铜鸟(图一二八:2)②和妇好墓出土玉鸟(图五四、一二二)。三星堆铜殿、铜树③属当地文化的特殊礼器,但其也有与商文明雷同的符号纹饰,如铜树足部和铜殿顶部的夔神纹、铜殿顶部的明纹饰带,是商文明礼器常见的饰带,在铜斝和铜爵两柱的菌形柱顶上几乎都会出现(图一二九:1—3)④。甚至三星堆铜人座的纹饰,也是双嘴夔龙神纹符号的变形(图一二九:4)⑤;若看三星堆铜面的鼻形,也容易发现其与商文明通用的礼器上的夔形扉棱形状亦相同(图一二八:3)⑥。

---

① 参四川省文物考古研究所编:《三星堆祭祀坑》,北京:文物出版社,1999年,页328,图一八二;页347,拓片三三、三四。

② 四川省文物考古研究所编:《三星堆祭祀坑》,页334,图一八四。

③ 四川省文物考古研究所编:《三星堆祭祀坑》,页234,图一三一;图版八二。

④ 有关"明纹"定义下文再专门讨论。

⑤ 四川省文物管理委员会、四川省文物考古研究所、广汉市文化局文馆所,二陈:《广汉三星堆遗址二号祭祀坑发掘简报》,《文物》,1989年第5期,页5,图七。四川省文物考古研究所编:《三星堆祭祀坑》,页162,图八二。

⑥ 四川省文物考古研究所编:《三星堆祭祀坑》,页197,图一一〇。

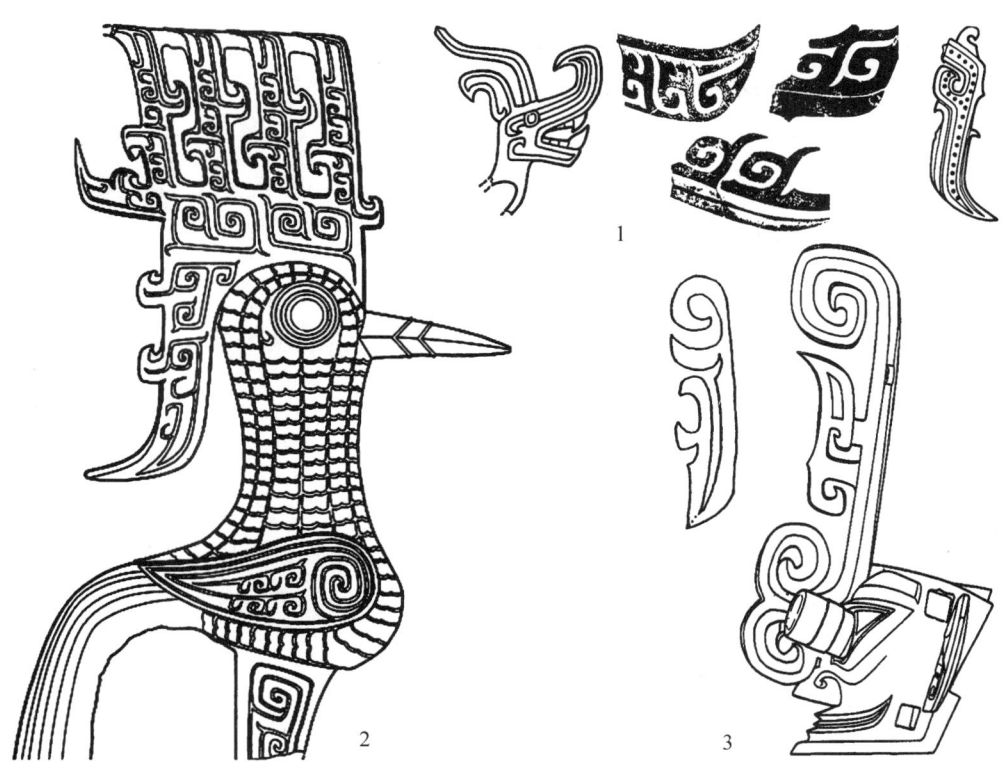

图一二八 1.三星堆礼器上的夔神符号;2.三星堆祭祀坑出土的铜鸟;3.三星堆铜面具。

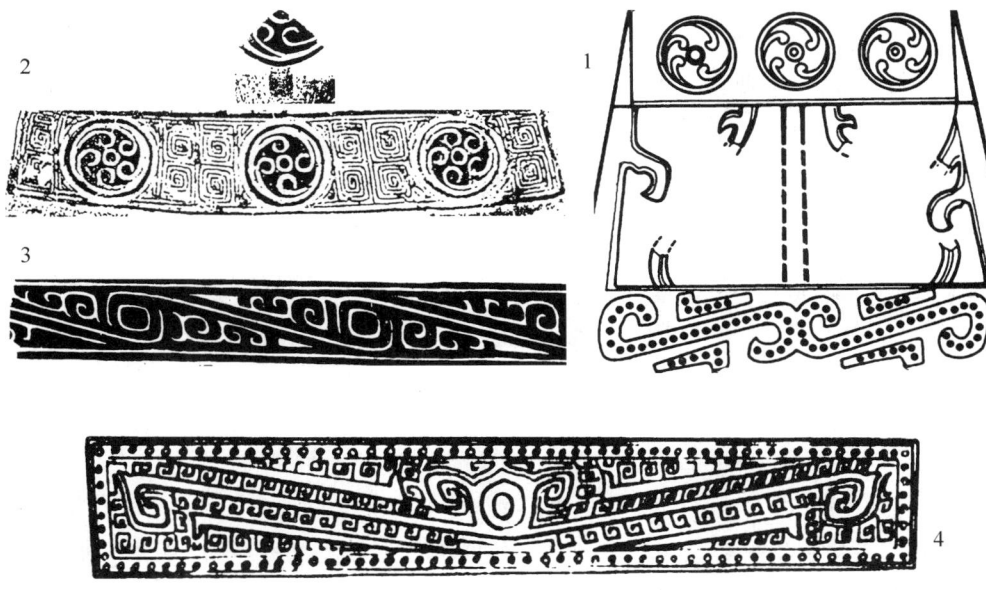

图一二九 1.三星堆铜殿顶部;2.上海博物馆收藏殷商时期铜觯上的明纹;3.殷墟 R2058 瓿形器的饰带;
4.三星堆铜人座上的饰带。

三星堆面像的夔形鼻子很独特，但是如果思考其意义，可以发现其与饕餮鼻形令牌的演化是一样的。亞丑方彝盖钮上的符号是"自"（鼻子）；而山西出土的方彝盖的构图也突出肉厚的龙鼻，但作完整鼻子往上的龙头造型（参图九六）。这些造型均让我们理解：与天上有关联的呼吸器官以及在天中升降管理死生的夔，两者属于同一观念的不同形象，三星堆的礼器只是更加突出此意思，可见江河中原与成都平原两地的信仰观念是一致的。

从礼器造型可见，商文明与三星堆文明信仰，虽有各自的独特性，但也有共同的概念，并以共同母题为基础。该母题均源自长江中游青铜时代早期甚至可能更早的新石器文化中。如果将现在流行的"二里头文化"改名为"盘龙城文化早段"，以指出该文化的发祥地，则两地信仰的关系会变得容易理解。盘龙城文化基于后石家河文化，大约距今 3 700 年以来在长江中游形成，而在历史上成为商文明发祥地和历史地理的中央，并在空间上深入影响到整个江河之间的中原地区（郑洛地区二里头、二里岗文化乃分别属于盘龙城文化早、晚时段的北方类型），其影响力进一步北越黄河，到达晋南、殷墟、河北等地。同时顺着长江流域，盘龙城文化礼器的母题，东传到吴城（先吴文明），甚至马桥，西传到三星堆（先蜀文明）。长江中游地区与长江下游的关系可以溯源至新石器中晚期，两者是互相影响的以稻作为基础的文明体系；长江上游则从新石器晚期以来逐渐吸收、消化中游文化的影响，在此基础上，最后于青铜时代孕育了本土国家文化。

因此，长江中游地区在青铜时代，作为古文化地理区的"江河中原"，在长江下游、长江上游、华南、华北几大古文化区之间，扮演文化传播、交流的中心环节，使得在宽阔的空间和地理区域出现相近的器形和纹饰等文化的成分。

（四）江河中原之神纹硬陶的主要产地

二里头遗址出土的少量硬陶上的神纹，常见于江汉地区同时期和更早的陶器上。如宜昌县路家河、中堡岛、杨家嘴、三斗坪、鹿角包（图四七：1—5；一三〇：1）；江陵荆南寺（图一三〇：2）；秭归大沙坝（图一三〇：3）；三峡库区长府沱（图一三〇：4—5）；鄂东南大路铺（图二五：1；四七：10）；武汉盘龙城，及其他遗址皆出土弯形神纹硬陶；江河中原北部驻马店杨庄三期（图一三〇：6）、洛阳皂角树和渑池县郑窑相当二里头三、四期（图一三〇：7—9）、偃师二里头三、四期（图四七：

图一三〇 江河中原盘龙城二、三期带弯形神纹的陶片：1. 湖北宜昌遗址出土；2. 荆南寺遗址出土；3. 秭归大沙坝遗址出土；4—5. 三峡库区长府沱遗址出土；6. 驻马店遗址三期出土；7. 洛阳皂角树遗址出土；8—9. 渑池县郑窑遗址出土；10—12. 江河中原盘龙城二、三期带璜形神纹的陶片：10. 荆南寺遗址出土；11. 汝州李楼遗址二期出土的纺伦；12. 驻马店遗址三期出土。

6—9）等遗址亦有发现有同样的神纹陶片。盘龙城文化二、三期以来发现很多带弯形神纹的礼器（如图四八）。荆南寺璜形成对神纹（图一三〇：10；五一：1）与汝州李楼二期纺轮的神纹完全相同（图一三〇：11）；驻马店杨庄三期（图一三〇：12）、偃师二里头三、四期（图五一：2—4）等鄂豫遗址的璜形成对神纹的结构也相类似。成对夔纹硬陶在荆南寺、二里头、二里岗遗址也有发现（图五二：1—2；二一）①。可见江汉地区的硬陶纹饰，与郑洛地区完全没有差别，并且发现的范围及数量还要

① 荆州地区博物馆、北京大学考古系，王宏：《湖北江陵荆南寺遗址第一、二次发掘简报》，页684，图七。湖北省文物考古研究所，王军、王鲁茂、杨林：《湖北秭归朝天嘴遗址发掘简报》。孟华平、胡文春、周国平：《湖北宜昌鹿角包遗址发掘简报》，图六。李天元、祝恒富：《湖北宜昌杨家嘴遗址发掘简报》，图一二。中国科学院考古研究所编：《郑州二里岗》，图叁一。

大。江汉地区很多遗址被长江历来暴发的洪水破坏严重,尤其是盘龙城以及汉口周围地区因被水冲刷特别严重且发掘面积小而严重不足;相比之下,郑洛地区没有洪水的痕迹,发掘也较充分;尽管如此,发现神纹硬陶的比例还是在江汉地区为多。

因此对江河中原大文明体系来说,江汉地区是神纹硬陶和神纹青铜器的主要产地,是文化集中及传播的中心。因此在长江流域创造的神纹硬陶和神纹青铜器,无疑只能从江汉传到郑洛。并且,神纹母题更早时在长江中游后石家河文化已成型,又明显可溯源至屈家岭、崧泽等长江中下游大文化体系;而神纹母题最早的发祥地可能还是洞庭平原,其文化属性隐现于孕育了长江中游稻作农耕文明的皂市下层、汤家岗和大溪文化的发展脉络中。

六、商文明之神纹载体:青铜和硬陶技术的衍生

(一)长江中下游三个区域

前文已详细推论,神纹的前身是双圆双勾结构所组成的镂孔纹,且此纹饰虽然会有些皂市下层文化的影子,不过似在屈家岭——崧泽文化大体系才定型,所以,我们可以广泛地以长江中下游精神文化为源头,但以长江中游为核心区域。

不过从各地遗址中出现神纹硬陶来分析,我们还是应该注意三个地区:长江下游崧泽、良渚与马桥文化所在地,长江中游屈家岭、石家河与盘龙城文化所在地,二区之间樊城堆与吴城文化所在地。

从长江下游讲起,依上海广富林遗址来看,其第一阶段属良渚晚期,在该地层有典型的似崧泽镂孔纹的细泥质黑衣灰陶圆足盘(M30:3,图一三一:1),而第三阶段则已出现印神纹的硬陶(H124:5,图一三一:2)[1],属于广富林文化,不过,两者是否有传承的关系,实依然存疑。广富林第一阶段的器物以良渚风格为主(图一

---

[1]　上海博物馆考古研究部、宋建、周丽娟、翟杨:《上海松江区广富林遗址 2001—2005 年发掘简报》,《考古》,2008 年第 8 期,页 7—8,图九:6;页 13—14,图一九:2。

三一：3、5）；第二阶段的器物较杂,有典型的良渚风格的鱼鳍形足鼎（图一三一：6）,被定义为钱山漾文化。在第一阶段所见陶鬶均为良渚类型（图一三一：3）,在第二阶段另出现近似石家河类型的鬶（图一三一：4）。长江下游地区自然环境不稳定,导致文化断断续续发展,文化高峰期与低潮交替出现,外来影响与本土消化、新创建的因素经常难以区分,其中外来的影响主要是来自太湖以西,包括源自长江中游地带。考虑到崧泽文化时期镂孔纹饰似乎有夔形的规律,且在马桥阶段神纹硬陶特别多且发达,所以,笔者以为,长江下游文化对神纹的形成应有所贡献,但是恐怕并非是在本地从崧泽文化直接传到马桥文化,而是马桥文化从盘龙城文化受到第二波神纹的影响。观察马桥文化的神纹结构,其并无确定规范,不像有深入内在的文化意义,反而像是对外来影响之模仿。

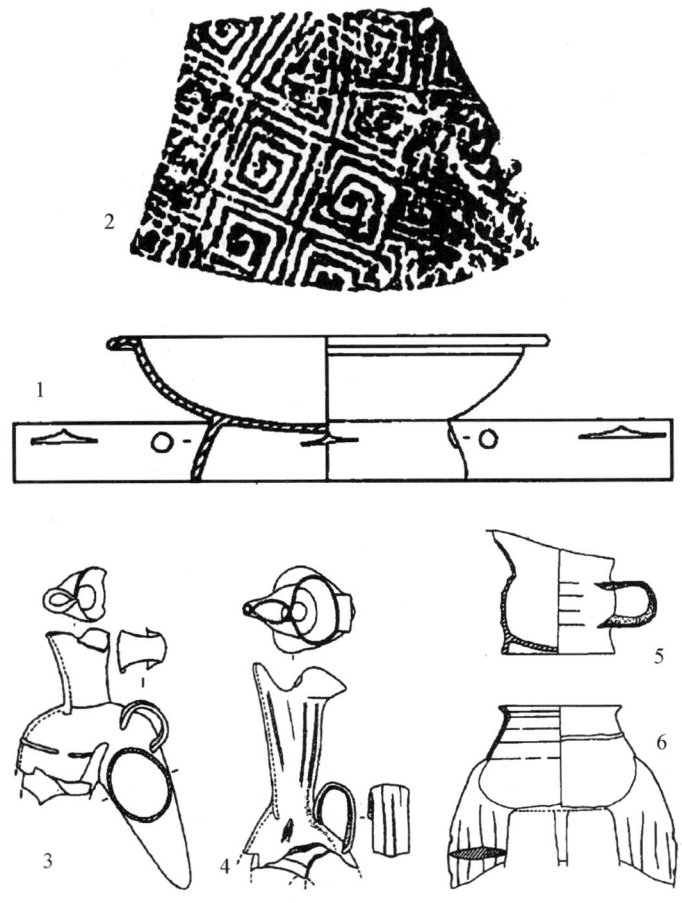

图一三一　广富林文化陶器：1.一期圈足盘；2.三期印纹硬陶片；3.一期良渚类型的鬶；4.二期石家河类型的鬶；5.一期良渚类型的盉；6.二期良渚类型鱼鳍形足鼎。

在长江中游地区,早在皂市下层、汤家岗、大溪、屈家岭文化就有零散出现的似为神纹的图案,包括既有镂孔纹、戳印纹,亦有彩绘纹,又有与商文明神纹技术一样的印纹(参图一一九至一二一:1;一三六:1—4),是否神纹母题源于此?在此问题中,还有一个颇为关键的角色,即长江中、下游之间的薛家岗、樊城堆、郑家坳等极少被研究的江西和皖南地区的文化。在江西湖口县史家桥、靖安县郑家坳、永丰县尹家坪、清江县筑卫城、樊城堆等遗址中,在时代偏早的地层中有双圆双勾结构所组成的镂孔纹(图一二一:2—4)①,偏晚的地层则有很多几何印纹硬陶,其中以所谓"S"形戳印纹,即弯形或双勾形的神纹硬陶为主(如图一三二:1—4等)②。

换言之,在长江中下游大文化体系中,可能有三个大文化区的传统影响了神纹的衍生。到了后石家河文化,玉器上已可见完全成型的夔神纹,这类玉器广泛传播到中国各地。不过商文明的夔神纹,虽仍然见于玉器上,却以青铜礼器及新创的硬陶为其主要载体。前文已从各方面论述:神纹硬陶和神纹青铜器所隐藏的信仰意义,均源自长江中游的先进文明;但是,制作青铜器和硬陶的技术来源是此问题的另一面,硬陶技术和硬陶上的神纹未必同源,所以还需要从另一个角度思考此问题,即考虑神纹之宝贵载体的来源。因此下文拟从技术角度分析上述三个地区的贡献。

(二)中国冶炼技术起源与发展之地

1.冶炼技术源自长江中游

从安阳殷墟发掘以来,学界对中国上古青铜文化的探讨,主要集中于黄河流域的遗址,如二里头、二里岗、殷墟等,以这些遗址作为中国上古青铜文化的代表。顺着这个观点思考,目前学界的主流观点认为,上述黄河流域遗址是中国青铜文化发展的中心,因此,厘清其技术的来源,便可以确知中国青铜文化的来源。上述遗址

---

① 如参江西省文物工作队、靖安县博物馆,李家和:《江西靖安郑家坳新石器时代墓葬清理简报》,页6、7,图七:6,图八:2等。

② 同上,图四。江西省文物管理委员会、杨厚礼:《江西清江营盘里遗址发掘报告》,《考古》,1962年第4期,页4—7、172—181。饶惠元:《江西清江的新石器时代遗址》,《考古学报》,1956年第2期,页56,图六。江西省文物工作队、石钟山文管所,刘诗中、杨赤宇:《湖口县下石钟山遗址调查记》,《江西历史文物》,1985年第1期,页19。另参刘诗中、李家和:《江西新余市拾年山遗址》,《考古学报》,1991年第3期,页285—323、389—394,图二二:3。江西省文物考古研究所、厦门大学人类学系、广丰县文物管理所,徐长青、翁松龄、李家和:《江西广丰社山头遗址发掘》,《东南文化》,1993年第4期,页9—35。江西省文物考古研究所、厦门大学人类学系、广丰县文物管理所,徐长青、庄景辉、李家和、唐杏煌:《江西广丰社山头遗址第三次发掘》,《南方文物》,1997年第1期,页1—22。

的青铜技术已经很成熟,却没有发现早期冶炼的遗存,况且黄河流域并无易采的矿脉,不可能自行发展出青铜文化,因此,黄河流域青铜技术由外地传入,近来逐渐成为共识。这基本上是很难反驳的事实,但关键问题在于,青铜技术的来源、创造和传承这一技术的族群,以及创造者的文化属性。这些问题迄今并未获得充分证据和答案,相关研究仍存在着很多矛盾。

在讨论初期的冶金现象时,西方学界的讨论主要集中于如下几点:1. 人们对铜矿有认识,周围地区有矿料,或者有相关的贸易网络;2. 已掌握的技术足以制造高温炼炉,以及有足够技术可以制造金属器;3. 本地有工匠或者有外来工匠熟悉铜料,对金属的属性拥有足够的知识;4. 社会富裕程度和组织体系发达到能够供养和支撑这些工匠,并且社会中已形成对金属品的需求,包括生活上、技术上,或社会精神文化方面的需求。在前国家或国家社会中,冶铸行业发展得较快且全面,因为能够满足不同的需求,包括日用器物、豪华物品、权力象征器物,以及用于整个社会共同参与的大型仪式的器物。①

关于西亚、北非冶炼起源的研究,这些问题均属于讨论基础,但在讨论中国青铜时代的萌生时,却经常被忽略。

如果从上述几个指标思考,第一个条件有两个方面需要注意:首先,周围有很多容易发现和使用的铜料;同时,人群长期定居或长期活动于铜矿区,才会对本地资源熟悉。中国符合这两个条件的地区首先是长江中游。因为长江中游区域,从湖北、湖南到江西、安徽,其山区有多种金属富矿区;并且,长江中下游新石器时代定居遗址密度相当高,平原周围的山脉及河流往往是人们互相来往、传播信息、运输货物的通道,形成了"长江中下游文化体系"。在这个基础上,该地的资源早已开拓,并且在平原定居的人们对周围山区资源相当熟悉;那些离矿区较远的人群,经过以长江为主干的交换体系也能获得资源和技术。

第二个条件,长江中游自公元前第五千纪晚期大溪文化始,已发明高温烧造的轮制陶器,并出现同穴式和横穴式陶窑技术,说明人们已掌握保持炉内稳定温度和气氛的技术,早于其他地区数百年。

---

① Linduff K. M., Mei J. Metallurgy in Ancient Eastern Asia: Retrospect and Prospects. Journal of World Prehistory, Sept. 2009, 22(3), pp.265-281; Linduff K.M. *Mining, Metallurgy, and Trade: Introduction*. Bryan Hanks, Katheryn Linduff (ets.). Social Complexity in Prehistoric Eurasia: Monuments, Metals, and Mobility. Cambrige Unversity Press, 2009, pp.107-114.

　　大溪文化也符合第三个条件：既然大溪文化陶工技术高，而周围有丰富矿源，这些工匠有足够能力和需求亲自了解和试验矿物，并于矿物之中发现和认识铜料。并且大溪三期遗存中已可见冶炼痕迹。

　　至于第四个条件，长江中游社会富裕。大溪文化之前的汤家岗文化的稻作技术，已相当稳定及发达，社会可以养活各种手工业者。在此基础上，大溪文化的建筑、制陶、木雕、石雕技术也快速发展，出现玉器、绿松石等豪华物品。同时从聚落及墓葬的安排可以看出社会等级化，开始出现跨聚落的祭祀区等前国家社会所具有的以共同神权为特征的组织结构。直至公元前第四千纪中期，大溪四期、油子岭及屈家岭文化早期并存时期，长江中游已有很多邦国，并形成联合城邦的国家体系，政权模式及文化面貌的统一性很高。换言之，长江中游最早进入国家文明阶段，社会富裕，可以支持许多手工业发展；而且在这一国家周围的山区有种类丰富的金属资源。在油子岭、屈家岭遗址中，已多见铜料和炼铜的遗迹。

　　从上述成套条件来看，大溪、油子岭、屈家岭文化完全拥有自行发明冶炼技术的条件。在上述条件下，如果不发展冶炼，才会很奇怪。不过大溪三期以来已有直接的资料证明炼铜的存在。

　　为什么几十万年以来传承并使用石器的人们，开始求取孔雀石以炼铜？这是一个漫长的发展和演变过程。古人在了解铸造大型器物的技术和坚硬合金的配比方法之前，作为原创者，他们长期处于摸索、试验的状态中。纯铜虽然软于石料，在加工石器、骨器时可能没有多少优势，但铜的韧度比石料高很多，用铜加工木材的效率远胜于石器，且耐用性强；另外，如果需要作精细的加工或雕刻，没有比铜锥、錾、钻更好的选择，甚至有些效果只能用小铜器才做得到。另外，因为金属光亮的性质，所以在很多古文明中发现过用铜作的小型装饰品，并会因此产生精神文化方面的需求（Sacred Consumption）。屈家岭、石家河文化的先民在祭坛安排冶炼，冶炼工具（坩埚、炼缸）同时也被用作礼器，炼炉废弃时会举行埋藏仪式，这都说明炼铜技术与精神文化关联密切。

　　但是，既然铜矿石已明显受先民重视，为什么大溪、油子岭、屈家岭文化的遗址迄今仍未记录发现完整的铜器？迄今只有发现石家河时期的少量铜器的记录，而且这些铜器已经是用青铜合金铸造的具有较成熟技术的青铜器。在此之前，似乎只发现残器、废料和矿料，未见成型的产品。

　　笔者认为，出现这种情况的原因，涉及客观及主观两个方面。客观原因在于早期的铜器只是细小的锥针或装饰品,如果不特别加以注意,它们的存在很容易被忽略而难以被发现。尤其是长江中游的土壤多为重质黏土,或酸性土壤,地下水位反复涨落,且地表有持续的耕作活动,如此环境实在不利于保存铜器。加之早期的金属器很小,易被彻底锈蚀。小型锥针掉于泥土里本就难以找到,何况发掘时藏于坚硬泥土中,且已是严重锈蚀污黑的小铜屑。其实我们特别需要留意的是,世界公认已为青铜时代的安德罗诺沃文化,很多遗址虽经冶金考古认定有冶炼遗迹,但并未发现过铜器产品。

就主观原因来说,在以黄河为中心的正统史观中,长江流域多年以来被视为落后的边缘地区。虽然 20 世纪长江流域考古发现和研究已表明这里存在过发达的上古文明,但是,迄今屈家岭文化甚至石家河文化仍被定义为"新石器时代文化",所以发掘时并不特别留意找到金属器的可能性,若不仔细筛土或特别留意,细小的铜器也就难以发现。在此情况下,若偶尔有难得的发现,发掘者也多怀疑自己将地层认错,而偏向于否定有铜器出土的事实。

尽管如此,我们在湖北考察时,仍从几位曾经亲手在屈家岭文化地层中找到小铜器的发掘者处了解到,这种事情并非偶然。针对零散发现的铜钩、铜钻和器型不明的碎铜片等小件,目前只在考古界内部进行过数次讨论。因为受中国炼铜技术是"从西北地区外来"的教条所框限,虽然在屈家岭文化地层中零星见过小型铜器,但是,很可惜的是,迄今没有作任何鉴定和记录;又因预先将其文化定为"新石器时代",而担心发掘成果不被考古界所接受,最终不敢公布新发现。不过,因为屈家岭文化遗址曾经出土过小型铜器,1980—1990 年代担任石家河遗址发掘领队的严文明和张绪球二位先生,都将屈家岭文化视为典型的铜石并用时代。[①] 笔者经过对资料的系统分析后发现,大溪文化基本符合国际上对铜石并用时代的定义,而屈家岭文化已是早期国家文明,其时正快速地从铜石并用时代发展到青铜时代。屈家岭遗址出土残缺的铜器,直接表明石家河文化已为成熟的青铜时代。

除了遗址发现铜料这些直接的证据之外,我们还可以看到其他系统的证据,证明屈家岭文化已不是最初认识铜料的阶段。例如,学者们在研究中亚、西亚、欧洲

---

① 严文明:《中国史前文化的统一性与多样性》,《文物》,1987 年第 3 期,页 38—50;张绪球,《屈家岭文化》,页 17;郭静云:《夏商周:从神话到史实》,页 47—49。

地区时发现,对铜料已有足够的认识之后,人们才将部分生产移到矿区,并开始发展区域性的专业化生产。到了青铜时代,冶炼行业才开始出现靠近矿脉的趋势①,肇启开采、加工及冶炼金属料的专业采冶加工区。从此角度观察东亚地区,我们可以看到,屈家岭时代鄂东南幕阜山矿区已被开拓和开始有人定居。如湖北阳新县大路铺遗址,根据发掘报告共有十个文化地层,其中第十、九两层遗物的年代相当于屈家岭文化晚期及石家河文化早期,八、七两层则属石家河文化中晚期,也许持续到后石家河文化。第十层已发现炼缸的残片,而第八层则发现专业化开采铜料的痕迹。② 我们在阳新地区考察时发现,大路铺附近另有其他类似遗址,文化层很多,是横跨屈家岭、石家河文化至春秋战国时期的,长期使用的矿工专业活动据点。

换言之,从大溪、屈家岭时期以来,长江中游平原地区的居民经常进入附近的矿山区,甚至开始在矿山区定居。鄂湘赣交接的铜矿山区域的自然条件,都不符合农耕定居的要求,这里原本应该是游猎生活区,难以留下定居或半定居遗存。只有某一经济方面的好处才能使人定居,从后期的发展可知:这一经济优势就是铜矿。

在幕阜山矿区发现的石家河文化中晚期以来的冶炼遗存已经很多,说明该地区已全面进入青铜技术专业化时代,并从石家河文化一脉相承地发展到商王国时代。

黄河流域及华北地区迄今并未见到冶炼技术从无到有、从原始到复杂的完整发展过程。黄河流域青铜技术是外来的,此乃世界学界常识;长江下游、上游、淮河、辽河和其他地区,也没有原创冶炼起源的情形。但是原来认为整个东亚地区是从西亚吸收和学习青铜技术的,而笔者曾另文提出并证明,中国青铜技术是全面自本土起源的,但不是源自黄河流域,而是长江中游上古大文明对中国文明的重大贡献。长江中游最初的冶炼技术,包括最早认识的矿物及发明的冶炼方法,均与古埃及早期冶炼技术接近,时代也差不多;开始时用孔雀石通过还原法从铜料中提取铜,后来用氧化铜与硫化铜搭配着冶炼。在冶炼的发展过程中,长江中游不仅发明了独特的范铸技术,也在公元前第三千纪发明了锡铜以及锡铅铜三元合金技术,奠定了高度发达的商青铜文明的基础。

---

① Grigoriev S. *Metallurgical production in northern Eurasia in the Bronze Age.* Archaeopress publishing LTD, 2015, pp.84.

② 潘莉莉:《阳新大路铺遗址的复原与分期——从屈家岭到后石家河》,中山大学人类学系硕士论文,2018 年。

2. 石家河文化是东亚自创的青铜文明

长江中游考古显明：从大溪文化冶炼起源伊始，屈家岭文化冶铜技术日益稳定并普遍化，到了石家河文化则进入创新及专业化过程。石家河文化冶炼技术呈现出以下十项特征：

第一，在幕阜山及其周围矿区开采氧化铜矿（孔雀石），以及开始搭配使用硫化铜，并在矿区安排专业性聚落。

第二，大量使用陶胎加厚的夹粗砂小底炼缸，其设法使其能够在缸内密封的条件下，通过缸内烧炭到达 1 100℃以上；炼缸技术是东亚地区自行发明的，与古埃及冶炼氧化铜的功能和目的一致，但具体操作方法有所不同，表达出东亚地区的独特原创性。

第三，在石家河文化冶炼遗存中，除了炼缸片之外，还可以发现各种相关的石质、陶质、木质工具，用来打碎矿石、洗选矿、研磨矿料粉、鼓风、锻造、铸造、加工铜器等等。

第四，发现很多冶炼场伴出大量炭末、烧土以及灰烬坑。在里边经常发现夹粗砂的厚重陶片，偶尔被记录到发现有炼渣，包括青铜炼渣和采用硫化铜料的炼渣。可惜的是，由于发掘者认定这是"新石器文化"遗存，在发掘过程中，有多少人会发现炼渣而不将其误认为烧土块？

第五，冶铜需求和规模增加，发展固定式的熔铜炉，以及长条形龙窑式炼铜装置。

第六，发现少量铸造的小型铜器，资料显示，石家河人已开始熔铜并用铜液铸造。

第七，从上述现象中，我们推论其时有范铸技术（包括石范和陶范），今后发掘中要多注意有此用途的遗物。

第八，出现青铜合金质地的炼渣和小型青铜器，证明此时期已从红铜文化发展到青铜文化。石家河文化的冶炼专家所发明及不断改良的技术，不仅成为后来商之青铜文明的基础，也更广泛地影响到全中国各地区青铜技术的产生。所以，东亚炼铜技术实来自大溪、屈家岭文化和石家河文化先民的突破。

第九，将冶炼上升到精神层面，在祭坛上进行冶炼的礼仪，与之相关的还有祭坛设置与安排（如摆放套缸）、社会活动、信仰及习俗等。对屈家岭文化晚期、石家河文化甚至盘龙城文化的人而言，炼缸不仅是冶铜工具，亦成为他们精神文化的核心所在。屈家岭、石家河人经常在祭台上进行冶炼,这是整个社会举行的大型集体活动;发明炼缸后,其也成为表达精神文化的核心器物之一。在精神文化中,炼缸的内部被视为全新生命产生之处,因此炼缸内部空间充满神秘意义。石家河文化的祭坛上安排有套缸,并且每一个缸的空间都相对封闭;石家河人还随葬炼缸或用炼缸做瓮棺,寓意转化与永生。

第十,矿业、冶铜业的专业化,冶铸技术深入矿区,在矿山边安排专业化聚落。这都说明,石家河人们不仅从地表采集氧化铜料,还开始专业性地开采。在矿区定居的工匠聚落为石家河文化冶铜技术的创新和突破做出了重大贡献。

石家河时期东亚其他地区都没有同等程度的冶铜技术,所以,可以说当时长江中游地区的冶铜技术被垄断,而且,难能可贵的是,这些线索表明,石家河文化的冶炼技术,全面被本地的后世文化传承下来,盘龙城商文化的冶炼技术就是以石家河时代众多伟大的技术突破和成就为基础,而得到更进一步发展的。过去对这个时代和这个地区的认识远远不够,并在"中国青铜文明外来"的理论下,低估了长江中游本土文化的创造力。①

3. 中国冶金技术发展历史的独特性

不过,从西亚冶铜历史的经验观察中国冶铜历史,容易产生一种疑问:既然距今 6 000 年已明显有冶铜的活动,何以没有快速发展,直至后石家河甚至盘龙城时代用铜的比重都还不算高? 笔者认为,这个现象反而更加证明冶铜是本土起源与本土发展的,而非受外面的影响,正因为如此,而使中国冶炼技术的发展是全面基于自身文化的情况和需求:首先,长江中游地区的经济结构并不产生对金属器的大量需求:在黏土地里进行稻作和开挖灌溉沟渠等事情,金属器与石器相比,并无优势;而在制造浮水工具时,铜器并没有比用磨制石锛更方便。在建筑方面,建造木竹结构的黏土、烧土及烧砖质地建筑,也不见得有必要使用金属器。比如,与尼罗河流域的情况相比:那边没有建筑木材,黏土资源也有限,但周围有很多建筑石料;至少从这种情况,就已能较容易地理解国家起源时对金属工具的需求。而在长江中游并没有具备特殊用途的硬木或石料,直至明清时代还在用竹木结构的烧砖建筑,资源丰富,建造方便,也不一定要用到金属工具。在精神文化方面,长江中游

---

① 细参郭静云、邱诗萤、范梓浩、郭立新:《中国冶炼技术本土起源说:从长江中游冶炼遗存直接证据谈起》;郭静云、邱诗萤、郭立新:《石家河文化:东亚自创的青铜文明》。

用陶质、漆木质等礼器,从小型到大型都有,但若用软玉或绿松石,则重视其材质本身,仅仅是磨光而已,直到后石家河文化之前,都没有产生做玉雕的兴趣,所以在这方面对铜器的需求度也不高。

西亚地区和草原地带,铸造青铜器最关键的目的是战争;在其社会生活和精神文化中,战争文化特别重要,甚至在西亚和草原人所制造的珍宝中,有战胜图案和兵器性质的珍宝占很高比例;经常爆发的战争才是促进冶铜技术发展的关键需求和目标。而那时长江中游的人们玩铜料,就犹如后来唐朝人,虽然发明了火药却只是用来作烟花一样。这是因为,长江中游在自身很长久的文明发展历程中,并没有致力于发展战争技术。其实,在大溪、屈家岭、石家河文化遗址中,很难发现兵器和战争的痕迹。长江中游大平原宽阔,环境良好的空间足够宽大,这种自然条件使其居民能够避免很多冲突和互斗,稻作文明不断地向外拓展开荒,发展合作、协商、贸易。直至后石家河文化都没有见到战争爆发的痕迹。

也就是说,因为没有多少战争经验,所以长江中游原创的冶炼技术没有走向用来制造兵器的路途,在日常生活中也没有产生出对大型坚硬青铜工具的需求。正因为这众多因素,虽然大溪人已开始炼铜,却并没有特别想办法将铜器做得更坚固耐用;他们不像古埃及人那样,专门挑选含有杂质砷的铜料冶炼以便能制造较硬的铜器工具,使其能够凿石头和石板以建造石构建筑。在长江中游文化内在脉络中,既没有这类需求,也没有这种可能性:在紧邻长江中游文明核心区域的幕阜山大矿区西部,很少有砷黝铜矿等含有杂质砷的铜矿。砷黝铜矿不算罕见,但不是成片出现,而只是形成零星矿脉。因为附近矿区的自然情况,以及文化内在对铜的需求低,使得长江中游地区冶铜发展过程,并没有经历过如同古埃及和西亚地区所见到的那种"纯铜→砷铜→锡铜"三个阶段,而是经过长期使用纯铜的阶段后,大约在石家河文化中期自创发明锡铜。①

既然经济上没有大力发展冶铜的内在需求,何以长江中游的人发现铜料之后并没有放弃冶铜技术,而是一直在冶铜,逐渐增加铜的用量并更新其技术?从大溪三期青山遗址出土的石范可知,他们主要是用铜制造小型工具,如铜钻、铜针等,正好是使用铜料最为优势的功能。用这些铜质工具,他们可以做细致的雕刻、钻孔、

---

① 郭静云、邱诗萤、范梓浩、郭立新、陶洋:《中国冶炼技术本土起源说:从长江中游冶炼遗存直接证据谈起之一》,页58—59。

缝布等。此外,他们可能还制作铜线和铜饰品。最令人遗憾的是,在长江中游的土壤中这些小型器物几无保存的可能性,因此在屈家岭——石家河文化遗址中,虽然在土中常见铜锈颗粒,却难知其原形,甚至有更多细小铜器早已土壤化。

另一种保存和推动冶铜技术发展的动力来自当时的仪式性需求。在屈家岭——石家河文化中,炼铜本身已深入到精神文化中,将冶铜活动植入到社会共同的祭礼文化、丧葬礼仪和相关信仰,以及表达神庙神权的仪式等方面。如屈家岭文化晚期至石家河文化早期时,会在整个社会公共的国家祭祀场举办实际冶炼的展演活动,作为整个社会公共仪式的一部分。当时人们在年节週期的特定时间,来到国家特有的祭祀场所,一起欣赏磨碎的石头经过火的淬炼,转化成明亮坚固之金。这种转化在当时社会精神文化中,应具有很深入的内在含意,可能涉及社会和人生之理想形态和终极关怀,具有某种社会建构的终极意义。[1]

石家河人们制造粗厚的大型陶缸的最初动机与冶炼需求有关,是冶炼技术发展的直接产物。但是在石家河文化早期,没使用过的完整炼缸在祭台上排列组成套缸。炼缸的排列方式,与当时社会最重要的通过仪式中(rites de passage,如生命仪礼,如成年礼、神婚、神生、週年死生、就位等等)那种繁复造化的意境类同。犹如从矿石冶炼铜或熔铜再铸的情况,套缸的每一环节均具有经冶炼而促使重生的机能,将炼缸重重相扣,组成重重造化途径,全面表达原本有限的万物,经过繁复造化、生生不息而转化成明亮坚固的永生。因此,丧葬礼仪中,为祈求死者永生,也从炼铜取象和寓意。破碎的石头转化成新的泛着金色光芒的铜块,此形象也自然会隐喻着死者融化其腐烂的肉体,而后重新铸造永生的形体,因此炼缸不仅摆于公共祭祀场所,也放在墓里,甚至直接用来作瓮棺。公共祭祀场所的冶炼活动及与之相关的精神象征,到了石家河文化中晚期,其重要性却慢慢下降。不过,在家族丧葬礼仪中,炼缸仍扮演一定角色,以其寓意再生的内涵而用作瓮棺或随葬品,此种习俗一直传承到盘龙城商文明,直至殷周时期才慢慢消失。[2] 且这种丧葬礼在商文明中又有进一步的发展,详见下编第三、四章。[3]

---

[1]　郭静云、郭立新:《邓家湾屈家岭文化祭坛上的冶炼遗迹考辨》,《南方文物》,2020 年第 6 期;郭静云、邱诗萤、郭立新:《石家河文化:东亚自创的青铜文明之二》;郭静云、郭立新、范梓浩:《考古侦探》,新竹:交通大学出版社,2018 年。

[2]　郭静云、郭立新:《生命的本源与再生:从石家河到盘龙城丧葬礼仪中的祖先牌位、明器与陶缸》,《纪念石家遗址考古发掘 60 周年学术研讨会论文集》,科学出版社,2019 年,页 231—254。

[3]　郭静云、邱诗萤、郭立新:《石家河文化:东亚自创的青铜文明之二》,页 74—77。

屈家岭、石家河文化的人们崇拜炼铜，因为这是一项自该社会内部衍生出来的新突破，是他们自己发现经过融化可以创造出一种全新的坚固物质。在石家河城西郊印信台大型建筑的台面上放大块铜，应该是在当时的国家神庙中，在神坛上放金亮的一块铜，不作任何工具或礼器用途，而是将炼好的铜块当成完备的崇拜对象，从视觉上显明经过消灭而再现，表达经过熔化而转变成明亮坚固之体的理想。

4. 后石家河时代以来中国冶金历史的转折与创新

长江中游社会长久和平发展及扩展地理范围，经历了几次挑战和转折，积累了很多建设灌溉、修建城壕、克服洪水等方面的经验。但是到石家河文化晚期，当时有几种负面的因素汇集在一起：一方面，人口经过几千年扩展，已到达当时的承载极限；另一方面，出现气候异常，长江经常爆发大洪水，影响农田和粮食收获；而且洪水不仅影响农耕平原，也冲击到西部巴山、巫山和武陵山脉一带山地人的活动和生计，原本长期与平原人贸易的山地人开始经常下到平原掠夺，造成战事愈来愈多。最终，山地人占领了长江中游平原农耕区的大国家，成为统治者而占据石家河国家的大都城，建立以山地人为统治者的新朝代，此即文献中所称的"三苗朝代"[①]。这时候在长江中游平原地区遗址中开始出现猎器、兵器；其中明显可见的现象是，在后石家河文化时期的遗存中，经常可见制作精致的镞之类的武器。

自后石家河时代爆发战争以来，外来掠夺者开始一波又一波地出现在江河中原的周边地区。由于在此之前，石家河铜匠已发明铜锡铅三元合金技术，因新时代的需求，又快速增加了配方试验和铸造大型青铜器的试验，造成冶铸技术质变，孕育了材料创新的大革命。但是，虽然当时的战争经验进一步推动技术更新，但总体来说，长江中游还是以稻作和贸易为基础的文明，并没有转变成为战争文明。大禹征服三苗，在新的历史阶段上，重新恢复灌溉系统和农耕国家社会关系，[②]而快速发展的冶铸技术依然被用在精神文化中。以盘龙城为中心的庞大商文明铸造大量精致的青铜礼器，也制造大型青铜工具，却依然很少铸造青铜兵器。

① 郭静云、郭立新：《中国洪水与治水故事》，页56—68；郭立新、郭静云：《夏处何境——大禹治水的背景分析》，《广西民族大学学报》，2021年第1期，页145—155。

② 郭立新、郭静云：《夏处何境——大禹治水的背景分析》；郭立新、郭静云：《从古环境与考古资料论夏禹治水地望》，《广西民族大学学报》，2021年第2期；郭立新、郭静云：《夏是哪国王朝——历史英雄大禹的文化属性暨原乡》。

所以,对比之下,西亚青铜文明与东亚青铜文明的核心差异是其制造青铜器的目的和功能不同。西亚以战争的需求为主,东亚以精神文化的需求为主。草原游战族群炼铜主要也是为了制造兵器,因此,从草原南下的殷人,那么容易打败伟大的商文明。

5. 小结

总而言之,长江中游自创青铜技术,并且主要将青铜技术用于精神文化方面,这也代表了长江中游古楚文明的重点要素。由此可知,不仅是青铜礼器上的神纹,制造青铜礼器的技术和文化精神,也都源自长江中游。

在这方面,不仅是黄河流域的发展次于长江中游,长江下游冶炼技术也是到了马桥文化才可见。通观良渚文化玉器,虽然部分纹路可能是用铜钻做出来的,但是良渚文化没有冶炼技术,或许是从长江中游地区获得铜质工具。至于江西地区文化群,此地在商时代有冶铜技术极高的兴盛的虎国文明。笔者的研究也不排除,在年代相当于石家河的拾年山文化,以及相当于后石家河文化的樊城堆文化阶段,该地可能已有冶炼活动,但相关资料不甚明确。该地区技术与文明的发展还是落在长江中游之后,且深受长江中游文明的影响。也就是说,在上述三个区域中,在整个长江流域,甚至整个中国范围内,冶炼技术从起源到能制造大型礼器,全程都发生在长江中游。

除了青铜器外,商文明之神纹的另一种载体是硬陶,因此下文探讨硬陶技术的来源。

（三）陶瓷技术新兴：青铜文化的"副产品"

硬陶和原始瓷器的衍生,是陶瓷研究的关键问题之一。长江下游最早出现的硬陶是在钱山漾和广富林文化阶段,数量比例不超过 1%,并且发掘者提出这些印纹硬陶没有商文明硬陶那么硬[1],年代依笔者重新校正应为距今 4 100—4 000 年间[2]。

---

[1]　上海博物馆考古研究部、宋建、周丽娟、翟杨:《上海松江区广富林遗址 2001—2005 年发掘简报》,页 3—21、97—98、2;王清刚:《2012 年度上海广富林遗址山东大学发掘区发掘报告》,山东大学硕士学位论文,2013 年,页 25—26,图十八: 4、7、8;页 75,图六十二: 4;页 106;页 115—116。

[2]　宋建、周丽娟、陈杰:《上海松江区广富林遗址 1999~2000 年发掘简报》,《考古》,2002 年第 10 期,页 47;陈杰:《广富林文化初论》,《南方文物》,2006 年第 4 期,页 53—63。

长江中游地区则从石家河文化晚期、后石家河文化早期之际（距今约4 400—4 200年间）始，鄂东南地区出现了少量硬陶，如大冶蟹子地下层等遗迹①，一直到盘龙城时代各阶段均可见到硬陶技术的发展。从此年代对照来看，鄂东南地区的硬陶比长江下游广富林文化出现早，技术也更加进步，因此，硬陶技术最有可能是源自长江中游地区。

不过，江西地区也有很多遗址有硬陶出土，其年代比吴城文化还早一些，可能相当于盘龙城文化一、二期或者后石家河文化时代；但是，因没有做过更细的分析和测年，早晚的关系不清楚，所以难以具体判断。学界对于江西几何印纹硬陶的年代的看法并不一致，最晚者认为不早于春秋时代②；最早者认为，早期硬陶的年代符合所谓薛家岗晚期或樊城堆文化。笔者初步搜集资料推论认为，这两种极端的看法都可存疑。赣江流域樊城堆文化的年代大致相当于江河中原的后石家河文化时代，但是只有在樊城堆文化最晚的阶段才开始发现硬陶。如以拾年山遗址为例，第2层出土主要是吴城文化一期的遗物，其中也包括小型青铜器和硬陶，但另外还有一些一般只会在后石家河文化地层中出土的器物；第3a层是樊城堆文化层，但是也有极少量的硬陶片。拾年山遗址樊城堆文化层的年代上限为距今4 300年，第3a和第2层的交界年代不明，不过因为这是代表樊城堆文化与吴城文化交界的年代，所以大体可以判断为距今3 700年前后③。根据拾年山遗址的资料，赣江中游地区出现硬陶的年代处于樊城堆文化向吴城文化转变之际，这大致相当于后石家河文化晚段或后石家河向盘龙城文化转变之际。而长江中游地区在后石家河文化早段时，在好几个遗址就已经同时出现硬陶，其年代应该略早于赣江流域的例子。

不过，由于江西地区测年数据比两湖还少，所以不能纯粹依靠数据比较，以解决硬陶出现时代早晚的问题。因此我们必须回到重点：烧制硬陶需要很高的窑温，超出日常烧制陶器的范围，烧制硬陶背后的动机到底是什么？为什么青铜时代长江中游的人们会发明硬陶技术？对此，笔者有一个推论：硬陶技术发明离不开炼铜技术的发展，在掌握铸铜技术之际，人们亦学会控制高温度的陶窑，同时创造了硬陶

---

① 参湖北省文物考古研究所、黄石市博物馆、罗运兵、曲毅、陈斌、陶洋、杨胜：《湖北大冶蟹子地遗址2009年发掘报告》，《江汉考古》，2010年第4期，页39—40，图一九：12—19；唐丽雅、罗运兵、陶洋、赵志军：《湖北省大冶市蟹子地遗址炭化植物遗存研究》，《第四纪研究》，2004年第1期，页97—105。

② 彭明瀚：《吴城文化》，北京：文物出版社，2005年，页2—9。

③ 沈江：《拾年山遗址研究——兼谈拾年山与樊城堆文化的关系》，中山大学硕士论文，2016年。

技术。后石家河早期出现的硬陶,恰好主要分布于鄂东南邻近大冶铜矿的地区。

笔者认为,由于太湖地区没有铜矿,不是最早发展铸铜技术的区域,所以硬陶技术也不可能是良渚文化、广富林文化的创造,测年分析也表明,广富林文化硬陶比石家河文化的同类器时代要晚。至于江西地区,一方面是金属矿料和瓷石特别丰富的地带,另一方面也是硬陶发现最多的区域,但其社会发展的时代较晚,基本上是从其西边文明化程度很高的石家河文明受到启发,而开始定居社会生活,并走向国家化的发展历程。虽然吴城文化虎国青铜器可能是全中国最精彩的青铜器之一,但其兴盛年代却晚于长江中游的盘龙城商国。其实江西西北部的矿区最初是由石家河、盘龙城文化人开拓的[①];吴城文化人是跟着石家河、盘龙城而大规模发展青铜和硬陶技术的,其起点高,发展快,但却不是该技术的原创者。

进一步思考硬陶与铸铜技术发展的关系,由于制造硬陶需要的温度比炼铜还高,硬陶应该不是冶炼技术尚处于摇篮时代的发明,而是铸造青铜器已到较高技术水平的指标。在石家河文化之前,人们主要从地面采集铜矿石运到城内进行加工和冶炼。幕阜山地区虽然从大溪文化已开始有小规模的定居点,但直到进入石家河文化中期以后,因青铜行业扩展及革新带来大量新的需求,使该地区逐渐成为冶铜行业的专业发展区。当时应该已形成专业工匠群,他们在幕阜山地区不停地考察、试验,寻找改良炼铜技术的方法,认识铜、锡、铅等不同金属,试验 Cu-Sn-Pb 三元合金的合适配比(阳新大路铺遗址出土了后石家河人的试验标本)。同时,工匠们也发现了石英、长石具有催化剂、助熔剂的功能,经过多次试验而选择用长石、瓷石、泥与草等材料来制作耐高温的炉壁,同时也不断改良陶范的材质。石家河时期建造炼炉的材料配方为商周所继承,如在殷墟孝民屯遗址发现的炼炉炉壁成分,与幕阜山区石家河文化的炉壁是一致的。也正是从炉壁瓷化现象观察到硬陶制作方法,从而在无意中开启了另一场新的材料技术革命:在此情况下,一种全新的人工材质被发明,这就是硬陶及原始瓷器。

也就是说,6 000 年前开始炼铜的长江中游的人们,在几百年时间内已稳定掌握铸铜技术,自然会找出办法铸造更大的器物,经过很多试验,发明了大型铸铜炉和大型陶范。后石家河文化时,幕阜山矿区的专业工匠们有目的地对青铜合金进

---

① 饶华松、徐长青:《从荞麦岭遗址看盘龙城类型商文化对赣北地区的影响》,《盘龙城与长江文明国际学术研讨会论文集》,北京:科学出版社,2016 年,页 242—251。

行改良,并希望能制作更加坚固的大型青铜器。而那些寻找大型陶范以及建造陶质炼炉技术的人,在此过程中顺便也发明了最高级的陶器——硬陶。

田海峰曾经讨论硬陶和原始瓷之所以能够出现,是由于青铜冶炼需要在1 100℃高温的情况下进行,原本烧陶的窑炉不足以加温至1 100℃,因此必须改造原本的窑炉为竖炉,使之可以兼具通风和鼓风的作用,使其能够得以加温至1 100℃以上;而在冶铸过程中为使炉壁、坩埚和陶范能够耐铜液高温,需要特意选择能制造原始瓷和硬陶的黏土材料,因此在烧制青铜器过程中,会无意中制造出原始瓷和硬陶,从而发现原始瓷和硬陶的制法。他认为,在炼铜的过程中,炼炉自然瓷化而成为夹砂硬陶,此乃硬陶和原始瓷器技术的滥觞。他说:"原始青瓷经过在青铜冶炼的'母体'中的'孕育',一旦'分娩'出来,就逐渐表现出其顽强的独立性和旺盛的生命力。"①换言之,硬陶是铸铜技术发展的副产品,从原本单纯为提高冶炼技术而摸索到瓷化炼炉、陶范,再到进一步发现瓷化现象而用高级陶土做试验,最终创造出高级的精致硬陶;得到社会欣赏而开始用作宝贵的礼器以及高级贵族的用具。

但是光有高温度烧窑仍不足以保证瓷化的发生,如果继续用一般的陶土,只会发生过烧膨胀和流化的情况。石家河文化陶窑温度已相当高,虽然平时控制在900℃左右,但有时候会超过1 000℃,而发生烧流变形情况(如图一三三:5)②。为了能发生瓷化的效果,首先需要耐热的适合作熔铜工具的材料。炼缸因为富含石英砂,因此耐热。固定式的熔铜炉的发展,也是因为石家河文化的工匠摸索到了配出良好炉壁材料的诀窍。

幕阜山冶炼矿区零星发现过熔铜炉(如图一三三:13—15)③,可惜的是,其中只有极少数遗存做过炉壁材料的测试,如阳新大路铺遗址第8层(属于石家河文化中晚期)发现了一块炉壁残块,呈胶结状,深灰色,孔隙明显,显微镜下观察其成分为石英、长石(即 SiO_2 以及 Al_2O_3 的原料,图一三三:16),另有黏质 Fe_2O_3 的泥土、炭屑、植物纤维等,其中 SiO_2 的比例最高,但并没有渗入铜渣④。炉壁的成分显示

---

① 田海峰:《试谈商周青铜冶炼和原始青瓷起源的关系》,《景德镇陶瓷》,1984年总第26期,页82—86。

② 湖北省文物考古研究所、北京大学考古学系石家河考古队、湖北省荆州博物馆编著:《邓家湾——天门石家河考古发掘报告之二》,页438—441。

③ 湖北省文物考古研究所、北京科技大学冶金与材料史研究所、大冶市博物馆大冶鄂王城保护站:《湖北大冶市香炉山遗址调查简报》,《江汉考古》,2015年第2期,第35—36页。

④ 湖北省文物考古研究所、湖北省黄石市博物馆、湖北省阳新县博物馆:《阳新大路铺》,页864—865。

其矿物配方系长期试验的成果，若只在炉内涂抹富 Fe_2O_3 的陶土则往往达不到想要得到的耐火效果。熔铜炉壁最关键的成分是 SiO_2 和 Al_2O_3，即用青膏泥、磨碎的石英及长石经高温而获得玻璃化的陶胎。二氧化硅熔化温度高于 1 700℃，因此很硬且耐热，是适合制造熔铜炉壁、炼缸及陶范的材质。

商代熔铜炉壁的成分结构和配方比例与石家河文化的炉壁一致。学者们曾对殷墟孝民屯遗址的炉壁、陶范、硬陶和高温烧制之泥质灰陶的化学成分进行比较，显示灰陶的 SiO_2 比例最高在 70% 以下，而炉壁的比例在 71%—75% 之间，陶范及硬陶则达到 75%—76%[①]。鉴定结果更加证明，陶范和硬陶在选材上存在技术上的关系，这种玻璃化或谓"瓷化"程度最高的材料的发明，最初源自因铸造技术发展而产生的耐高温材料的寻求。换句话说，硬陶或原始瓷的发明确实与大型熔炉的出现有因果关系，同时与试验搭配原料而制造陶范有关系。大型熔铜炉的出现又与大型青铜容器的制作密切相关，同时陶范是铸造大型青铜器的工具，是故熔铜炉、陶范、硬陶的发明，三者互补相关，都是同一事件驱动下的重大发明和创新。

笔者认为，后石家河文化的冶炼专家当初并没有考虑要发明精美的硬陶，他们只是在寻找矿物加强铸造技术，当时试验的目标包含改良炼炉和陶范。但是冶铸行业与制陶行业互补促进。也就是说，烧制温度约 11 000—1 200℃ 的硬陶，之所以最早出现于幕阜山蟹子地、大路铺、尧家岭等遗址（距今 4 300—4 000 年，图一三二：1—4、6—12），是因为这些遗址首先是专业化的冶铸据点，代表并见证了当时最先进冶铸技术的曲折探索过程，而硬陶只不过是冶炼技术进步和发展的副产品之一。用来做硬陶的材料，若富含石英粗砂则适合作粗厚的炉壁或陶范，若不夹粗砂，只用磨粉的长石及青膏泥，因为一样富含二氧化硅，同样可以耐一千度以上的高温烧，并变得清脆坚硬而敲击声响亮，比软陶更好用。尧家岭遗址既发现夹砂硬陶（图一三二：4），也发现泥质硬陶，敲击胎体，有铿锵的响声（图一三二：1—3）。

由于汉代以来形成以黄河为主轴、郑洛为中央的正统历史概念，影响到我们迄今对长江流域古文明的认识，导致研究不足、考古资料超级零散，也缺乏最基本的测年数据和系统的发掘资料。因此从目前资料来看，我们只能宽泛地描绘硬陶技

① 周文丽、刘煜、岳占伟：《安阳殷墟孝民屯出土两类熔铜器具的科学研究》，《南方文物》，2015 年第 1 期，页 48—57。

图一三二　江西地区出土之相当于盘龙城时期的带神纹硬陶片：1—2. 湖口县下石钟山遗址出土；3. 新余市拾年山遗址出土；4. 清江地区出土；5. 德安米粮铺黄牛岭遗址出土；6—9. 德安米粮铺猪山龙遗址出土；10—11. 德安蚌壳山遗址出土；12. 德安陈家墩遗址出土；13. 德安、永修界牌岭遗址出土；14—16. 九江神墩遗址出土；17—18. 小张家遗址出土（吴城文化一期）；19—22. 吴城遗址出土（吴城文化一期）。

术的发祥地为湘东北鄂东南以及周边与铸铜有关的专业化遗址，年代大约从公元前 24 世纪起，相关的试验有可能会早到公元前 26—25 世纪。湘鄂赣交界区是中国境内最早发展铸铜技术和文化的区域，其硬陶技术的共同特征也很多，在青铜时代早期同属一个共同的大文化体系。

近年对鄂湘赣古矿冶遗址的考察，使笔者获得进一步的理解。首先，鄂东南、湘东北、赣西北文化面貌一致，在铜石并用时代是文化互有来往的区域；鄂东南长江北岸如武穴鼓山等遗址[1]，鄂东南长江南岸黄石地区的屈家岭文化遗迹，如牛头山、红卫铁矿上罗村、鲶鱼墩等大冶铜矿区经常有零散发现的屈家岭时代的遗存[2]，说明距今 5 000 年前在铜矿区已有定居聚落。比屈家岭文化更早的还有湘东北平江县虹桥镇的汤家嘴遗址、赣西北宜丰县花桥遗址等。铜矿区的自然条件不符合稻作要求，原本只能有游猎生活，只有在发现某一经济的好处之后，才能使人定居，从后期的发展可知这一经济优势就是铜矿，湘鄂赣三省交界区一直依靠矿业而发展。长江中游人们从大溪文化开始认识铜，在石家河时代依靠湘鄂赣矿区的矿料进入青铜时代，这是由于石家河时期裸露于地表的矿石已不足以采集，而对铜料的需求却越来越大，所以必须得开始开采。由此矿业、铸铜业都走向专业化，在此背景下此地也开始发明硬陶技术。

也就是说，从屈家岭——石家河文化早期开始，人们到矿区定居而采集露天散见的铜矿石，并逐步发展到开采埋藏的铜矿石；与此同时在铜矿区开始出现硬陶，这揭示出石家河文化人进一步试验、发展铸铜与陶窑的技术。目前所见最早的硬陶，都出自鄂东南幕阜山古矿冶遗址中，时间约从公元前第 24—23 世纪起。而目前最早的属于典型商文明的带神纹硬陶，也发现在鄂东南附近之盘龙城遗址一期的遗物中，盘龙城一期年代跨度很大，对上限的研究不足，可能相当于石家河、后石家河两个阶段，而下限或在公元前第 18 世纪。[3]

江西地区诸遗址中，硬陶的出土率均非常高，但基本上出自较后期的文化层中。其中，南昌青云谱遗址出现了多种泥质陶器，硬陶片不算少[4]；瑞昌县良田寺遗址很多器物似传自良渚文化，并有印纹软陶和印纹硬陶[5]。这两处遗址可能代

---

① 湖北省京九铁路考古队、湖北省文物考古研究所：《武穴鼓山——新石器时代墓地发掘报告》，北京：科学出版社，2001 年；卢佳：《北阴阳营、薛家岗、鼓山史前文化关系之研究》，南京师范大学硕士学位论文，2008 年。

② 黄石市文物考古研究所和黄石市博物馆所搜集的资料。

③ 湖北省文物考古研究所编著：《盘龙城：1963—1994 年考古发掘报告》，页 80—83。

④ 江西省文物管理委员会、郭远谓、陈柏泉：《江西南昌青云谱遗址调查》，《考古》，1961 年第 10 期，页 12—14、3。

⑤ 瑞昌博物馆、刘礼纯：《江西瑞昌县良田寺遗址调查》，《考古》，1987 年第 1 期，页 1—4。

表硬陶技术的早期阶段。瑞昌螺石口遗址年代被视为与前两处相近,但发现的硬陶片已经很多①。江西地区临川②,南昌莲塘③,万年④,德安县米粮铺猪山龙、黄牛岭(图一三二:5—9)⑤、蚌壳山(图一三二:10、11)⑥、陈家墩(图一三二:12)⑦,永修县界牌岭(图一三二:13)⑧,九江县神墩(图一三二:14—16)⑨等遗址的几何印纹硬陶很多,吴城遗址出现的神纹硬陶亦甚多(图一三二:19—22)⑩。

　　吴城文化和盘龙城文化一样都是硬陶技术发达。虽然有部分学者从以河南为文化发祥地的前提出发,把吴城的年代晚推到殷周;但更多学者同意,将吴城文化早期与盘龙城对照才较合理,不过吴城兴盛的时代略晚于盘龙城⑪。由于当时文明化程度最高的区域是两湖,冶铜技术也最早发展于此,开采业也是从湘鄂向江西发展。从现有的资料基本上可以看到,人们从西往东开拓金属矿。鄂东南有石家

① 刘礼纯:《江西瑞昌县大路口、螺石口遗址调查》,《考古》,1993 年第 7 期,页 654—655。

② 临川县文物管理所、程应林、彭适凡、李家和:《江西临川新石器时代遗址调查简报》,《考古》,1964 年第 4 期,页 169—175。

③ 江西省文物管理委员会、陈柏泉、胡义慈:《南昌莲塘新石器遗址调查》,《考古》,1963 年第 1 期,页 12—14、3。

④ 江西省文物管理委员会、刘玲、陈文华:《一九六一年江西万年遗址的调查和墓葬清理》,《考古》,1962 年第 4 期,页 167—170、3;江西省文物管理委员会、郭远谓:《一九六二年江西万年新石器遗址墓葬的调查与试掘》,《考古》,1963 年第 12 期,页 637—640、648、3—4。

⑤ 江西省文物考古研究所、德安县博物馆、刘诗中、李家和、李荣华:《江西德安米粮铺遗址发掘简报》,《南方文物》,1993 年第 2 期,页 1—18,图十。

⑥ 江西省文物考古研究所、德安县博物馆、张文江:《江西德安蚌壳山遗址发掘简报》,《南方文物》,1994 年第 3 期,页 24—29。

⑦ 江西省文物考古研究所、德安县博物馆、于少先、李荣华、白坚、熊海清:《江西德安县陈家墩遗址发掘简报》,《南方文物》,1995 年第 2 期,页 30—49;江西省文物考古研究所、德安县博物馆、徐长青、余志忠、杨明:《江西德安县陈家墩遗址第二次发掘简报》,《东方文化》,2000 年第 9 期,页 14—24,图五。

⑧ 李家和、杨后礼:《南昌、永修、宁都发现的三处商周遗址》,《江西历史文物》,1981 年第 3 期,图二、三、四;邱文彬、魏华东、余志忠:《江西德安、永修界牌岭商周遗址调查》,《南方文物》,1993 年第 2 期,页 19—25,图 3。

⑨ 翁松龄、李家和、曹柯平:《江西九江县马回岭遗址调查》,《东南文物》,1991 年第 6 期,页 170—174,图三、四;江西省文物工作队、九江县文物管理所、李家和、刘诗中、曹柯平:《九江神墩遗址发掘简报》,《江西历史文物》,1987 年第 2 期,页 1—19,图十八、二十。

⑩ 彭适凡、李家和:《江西清江吴城商代遗址发掘简报》,《文物》,1975 年第 7 期,页 51—71、104,图五;李荣华:《江西都昌小张家商代遗址发掘简报》,《南方文物》,1999 年第 3 期,页 88—104,图一七;黄英豪、刘建:《万载县商周遗址的调查》,《江西历史文物》,1986 年第 2 期,图三、四;江西省博物馆、清江县博物馆、许智范、李家和:《江西青江吴城商代遗址第四次发掘的主要收获》,《文物资料丛刊(2)》,北京:文物出版社,1978 年,页 1—13;江西省文物工作队吴城考古工作站、厦门大学人类学系八四级考古专业、清江县博物馆、周广明、吴诗池、李家和:《清江吴城遗址第六次发掘的主要收获》,《江西历史文物》,1987 年第 2 期,页 20—31 等。

⑪ 郭立新、郭静云:《盘龙城国家的兴衰暨同时代的历史地图——考古年代学的探索》。

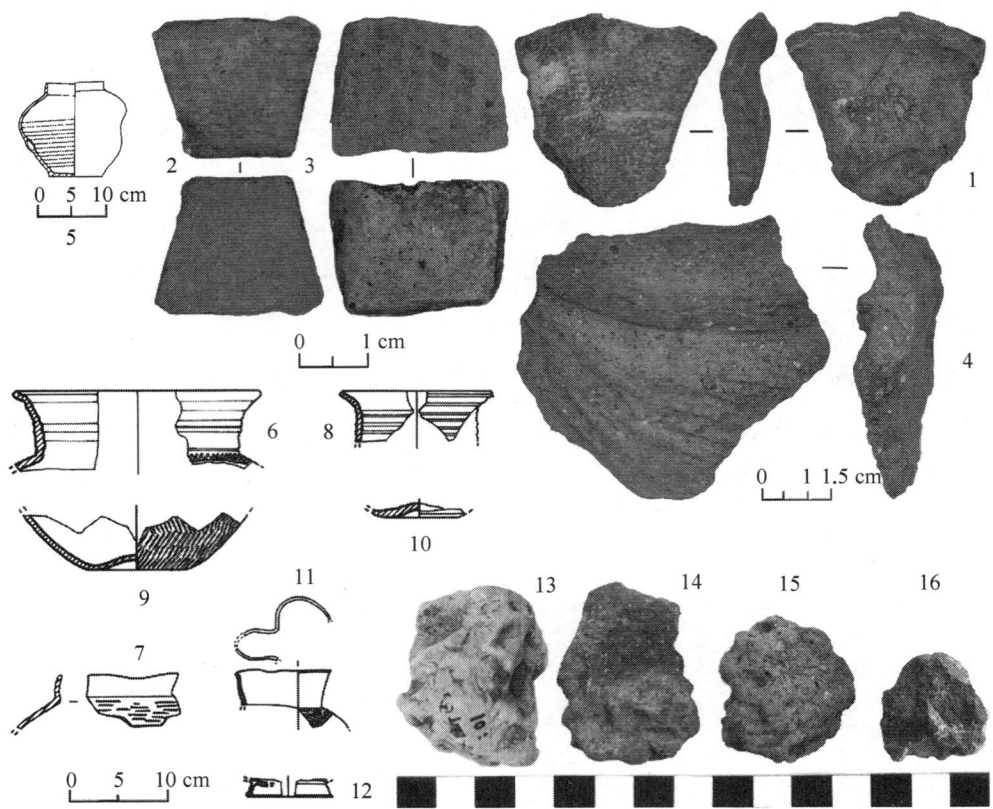

图一三三　1—12. 后石家河文化硬陶：1—3. 尧家岭泥质硬陶片；4. 尧家岭夹砂硬陶片；5. 肖家屋脊陶罐 H68：89；6—11. 蟹子地出土：6. H16：5；7. T21316：13；8. T19314：28；9. T17306：33；10. T313204：10；11. T31204：27；12. 大路铺 03ET2406⑦：59；13—15. 大冶香炉山炉壁标本；16. 大路铺出土炉壁块 03ET25078：11。

河时期的开采遗迹，而赣西北采冶矿料的遗存时代都偏晚，大约始于公元前 16 世纪早中期，即盘龙城三期，一直延续到盘龙城第七期。

比如，近年在江西九江发现的荞麦岭遗址。荞麦岭遗址的文化面貌很明显地符合盘龙城文化，笔者同意发掘者的看法，荞麦岭遗址早期年代应到盘龙城三期或略早①。笔者认为，荞麦岭遗址的发现非常重要，能帮助我们了解，在吴城文化（虎国文明）的人北上占领幕阜山江西矿区之前，盘龙城文化（商文明）先民曾南下发现、开采和利用此地多种金属矿，是盘龙城直接掌控的势力范围。商人南下的重要动力在于到此寻找、开拓新的锡矿区。所以，荞麦岭遗址的发现还给我们指出，商文明所用部分锡料可能源于此。又如，以江西瑞昌铜岭古矿为例，该遗址最早的碳

————————

① 饶华松、徐长青：《从荞麦岭遗址看盘龙城类型商文化对赣北地区的影响》。

十四数据绝对年代大约为公元前 1500 年,绝对年代落于盘龙城四期①。这时硬陶制品已很多,硬陶技术已很高。不过,铜岭开采的历史较长,后期硬陶与吴城有相似之处,这已经是吴城兴盛的时代,所以盘龙城和吴城两边的人曾在早晚不同阶段利用过此矿区。

若进一步将盘龙城与吴城文化进行比较可知,从盘龙城文化三期以来,这一掌握铜矿的楚商王国已经成型,其权力和影响力在当时已很广,成为多国之间的枢纽和权威。而吴城文化兴起的年代比盘龙城偏晚一些,大约相当于盘龙城四期,但快速到达极高的水平,这种快速掌握青铜技术的情况,是学习、吸收外来技术的指标,即从盘龙城楚商文化学习,并配合自己的需求而快速发展;他们也学到硬陶技术,且依赖着自身原本就有的优质瓷石土资源,更进一步将硬陶技术发展到极高水平。

接下来历史发生大变化:大约在公元前 1300 年前后,楚商遭受到北方占领者的打击和毁坏,盘龙城被殷商王室占领,而吴文化群城(当时应自称为虎国)并没有被毁坏,其地理位置偏远而使其避过殷商军队的攻击,所以吴(虎)的贵族仍得以保留其独立性而延续到更晚时期(殷商至西周早期)。同时江西地区瓷石矿源特别丰富,使后来江西硬陶的生产量高于其他地方。

换言之,硬陶的发明是铸铜技术的副产品,是夏商之前古楚文明原创发明的新技术,发明者就是那些在鄂湘赣铜矿区居住并不断进行试验的工匠。硬陶技术在楚文明之夏、商王朝继续发展,且随着冶炼技术的兴盛,商人进而开拓江西地区的金属矿,从而使硬陶技术也往东发展。所以从硬陶发明、发展与兴盛时代来说,该技术发明于鄂东南,发展时到达赣西北,兴盛时到达赣中,此后在赣中地区硬陶的发展没有中断过,所以殷周时期江西地区的硬陶和原始瓷器发现非常多。

至于马桥文化,在盘龙城五、六期——吴城文化时代,长江中下游都有硬陶技术,其中马桥文化墓葬发现硬陶最多,可是马桥发现青铜器少,所以硬陶是其主要的礼器。而盘龙城和吴城遗址的墓葬随葬品以青铜器为主,以硬陶为辅;所以,相对而言,硬陶在数量和完整性方面显得不如马桥,但实际上出现的年代更早,分布地域范围也比马桥更为广阔。在盘龙城之外,江汉地区同时期遗址的地层中均普遍发现有硬陶,不过发掘较为零散,器物也大多不如马桥所出土的那样完整。江西

---

① 参刘诗中、卢本珊:《江西铜岭铜矿遗址的发掘与研究》,《考古学报》,1998 年第 4 期,页 469—470;郭立新、郭静云:《盘龙城国家的兴衰暨同时代的历史地图——考古年代学的探索》。

地区的发掘资料更加零散和欠缺。这种情况可能使人误以为硬陶技术源自马桥，但实际上长江下游的马桥文化只是吸收鄂赣地区的技术并加以发展而已。

七、商文明国家宗教的核心主题

（一）夔龙天神何以成为主要崇拜对象，而神纹成为主要的礼器图案？

据上可知，选择夔龙天神作为自己国家精神文化基础的商文明，其各方面均源自长江中游本土文明。象征夔龙天神的神纹以及神纹的三种载体——高技术的雕刻玉器、青铜礼器和硬陶礼器，都起源于长江中游，大约在屈家岭至后石家河文化阶段已基本成型，但只有到了商王国才被选择成为最重要的信仰之核心，或谓作为商王国国家宗教的基础。

神祕的信仰及表达该信仰之形象的形成，总表现为一种复杂的波状隐现的过程。前文有指出皂市下层、汤家岗、大溪、屈家岭和崧泽等几个阶段，应该涉及该纹饰和信仰的母题一步一步地形成，且在形成过程中这些文化的关系，并非仅仅是简单的创造者和吸收者或沿袭者，而是经过屡次兴衰、重获新意然后又启动下一阶段。虽然崧泽之镂孔纹结构很明晰，其与双口双爪的夔龙相似，但若仅依此因素的话，我们仍不能简单地以为商文明的神纹及其信仰，便完全是从此脉络沿袭而来，形象与内涵相一致而同步发展。

杨建芳先生全面搜集古代陶器、玉器上的螺线纹饰，发现其主要分布在良渚、龙山、石家河以及商文化的礼器上，而认为其源自吴越先民对蛇的崇拜[①]。但是，以笔者浅见，首先，看不出长江流域有那么广大的对爬行动物崇拜的传统；其次，良渚的螺线纹上有很多鸟头，这是崇拜鸟的形象，足以直接否定拜蛇的假设；再次，前文已论述，螺线纹的形象和意义会有很多，以良渚为例，螺线鸟头纹与双圆双勾纹

---

① 杨建芳：《云雷纹的起源、演变与传播——兼论中国古代南方的蛇崇拜》，《文物》，2012 年第 3 期，页31—40、86。

出现在器物不同的部位,所代表的意思亦不同,所以不宜将其归类于某一种信仰。尽管如此,杨建芳先生却也看出了两个要点:第一是将经常被称为"云雷纹"者,解释为是属于龙的崇拜范畴,虽然他将其误解为蛇龙的原形(前文第一章的讨论已阐明,龙的崇拜源自自然昆虫,而不是蛇),但他从其中看出龙的形象,这是准确的;第二是将该纹饰的发祥地溯源至长江流域早期青铜文化。

在长江流域几个大文明彼此沟通的过程和背景下,大部分观念和形象皆是通过互补来往而形成。因此不宜将青铜时代礼器上神纹的出现完全视为滥觞于某种单一文化之中。唯因如此,商时期夔龙天神成为跨文明的崇拜对象,神纹也不仅仅见于商文明之中。

更进一步来说,后石家河文化之前,该纹饰的渊源可见于长江流域各地文化中,这或许说明,在长江流域各个文化几千年的互动中,对夔龙天神的崇拜已有跨族群和跨文化的影响力。或许正因为如此,为了对国家社会实施跨族群跨地域的重组,商文明选择夔龙天神这种在广大地域范围内皆有深厚信仰基础的形象。夔神龙天神形象早已汇集了不同文化的观念和形象,因此不代表某个具体的高等贵族的信仰,反而属于大家共同信仰和崇拜的背景。所以,在后石家河文化已成型的形象与意义的基础上,商文明重新将其结构化而升格并固定为主流信条。

前文第二章讨论夔神纹,主要代表的是江河中原盘龙城商文明的信仰大体系。但是盘龙城商王国以西的三星堆、以东南的虎国的礼器,都充满夔神纹(参图一二八;一二九;一三四)。笔者认为殷商在北方建国之前,长江流域已有先吴、先楚和先蜀三个发达的大国体系,此外还有其他中小型国家存在,其中先楚即相当于传说及《楚辞》中汤商的朝代。[①] 夔神纹的普遍性表明,到了后石家河与盘龙城交界之际,长江流域已形成范围宽大的具有共同基础、跨国的信仰体系,并且其已经深入影响到江北地区(包括受不同程度影响的汉黄及黄淮地区),江河中原文化即是以这一信仰体系为基础孕育而成。

商文明双嘴夔龙天神信仰已经不是那种早期社会信仰,它已经是国家宗教。因此它之所以遍在于各种礼器上,正是基于统治阶层的有意选择。笔者认为,商王室选择夔龙天神作为自己信仰的基础,恰好是因为那时候夔龙形象已不限于跟任何特定族群发生联结,没有被视为任何宗族的始祖。双嘴夔神不同于单首龙的形

①　相关的讨论参郭静云:《夏商周:从神话到史实》。

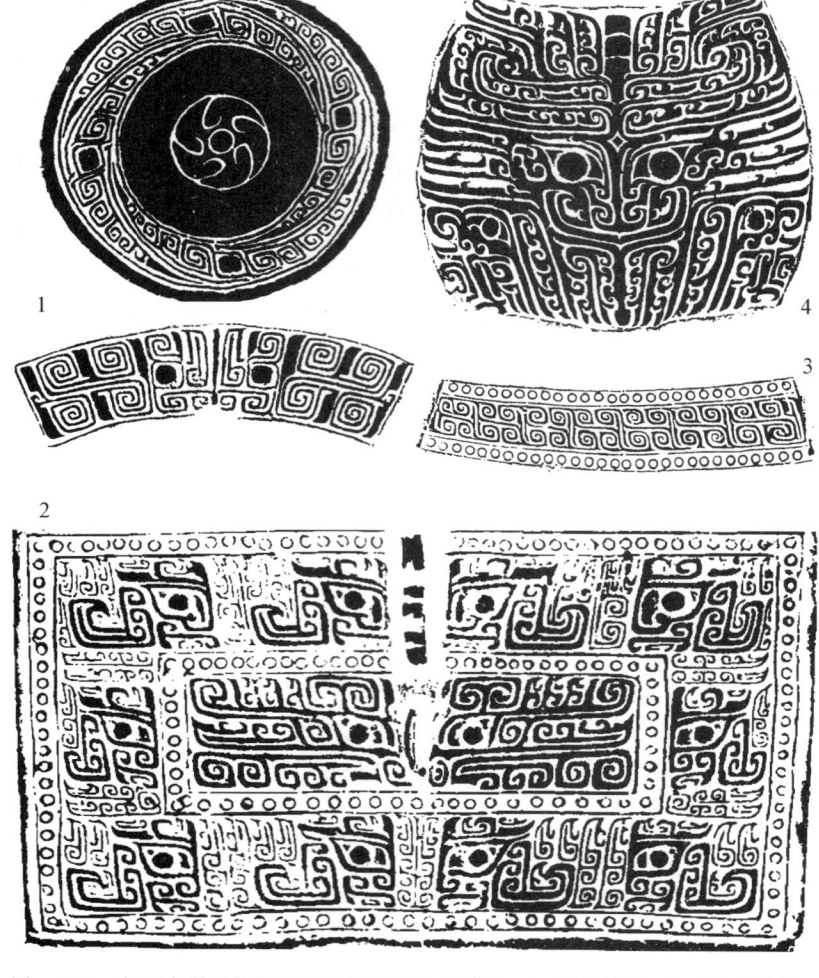

图一三四　新干大洋洲祭祀坑出土青铜器上的神纹：1. 铜豆（标本 42，"神明纹"）；
2. 方鼎（标本 12）；3. 小鬲腰部饰带（标本 35）；4. 三足提梁卣（标本 49）。

象，单首的龙是商周文字中较罕见的"龍"族名的象形，而双嘴夔龙是没有作族名
意义的"神"字的象形。商时代，并无任何宗族将"神"字用作其族名、人名或地名，
"神"字符号也从不用作族徽；这可能是在表达，"神"字所指涉的夔龙天神并非某
一宗族的祖先，而是大家共同的天神。

　　商文明采用这种国家神，可能是基于以下跨国的意识形态：土地是可以划分
为不同领土或区域的，相应地，地上就可以有很多地主、社主和国家，他们各有其地
方的崇拜对象和神祕保护者，包括该领土主人的崇高皇祖；但天不可以像土地那样
划分界限，天是大家共同的天，如同未分划前的土地，相应地，夔龙天神也是大家共
通的崇拜对象，没有以天空的部位标识和区分崇拜者的意思。商王室选择这种"大

家的信仰"用作国家宗教,无疑有助于商王国扩展自己的影响力,甚至肇造各地各国上层贵族的大联盟体系。

这一大体系,首先在经济方面奠基于以盘龙城为中心的诸国交易体系而成;其次,因各种经济活动的关系也形成了贵族之间的多种来往体系;而公认的信仰成为跨国交往体系中在观念上互相认同的基础。这一体系在盘龙城四、五期时应该最为稳定,因此当时盘龙城文化的传播力量以及周围文化对其吸收率最高,形成或建构了广大地域范围内的高等级文化(或贵族精英文化)。此时蜀、吴文化也深受神纹母题的影响。但如果把盘龙城文化体系中带神纹的器物与蜀、吴文化中带神纹的器物做比较,则可以发现前者神纹很规范,而后两者则含有很多不规范的形状。这应该能够说明,与神纹相关的夔神龙信仰是楚商文化的核心信仰,而蜀、吴文化虽然也吸收夔神龙的信仰,但对它并没有看得那么严谨,所以夔神龙的造型较为自由而不太受信条的限制。同时,因郑洛地区自身文化基础不深,则更是直接采用盘龙城礼器的形貌;甚至有较大的可能性是,郑洛三城就是盘龙城商贵族所建的边缘城邦。

也就是说,在整个江河中原地区,双嘴夔龙天神是主要崇拜对象。而对有自身信仰的吴、蜀文明,夔神虽被认同但并非最高的神。其实,如果通观后石家河玉器,可知夔纹虽然通见于不同器物上,却并非当时的主要崇拜对象,其地位并不如后石家河玉器所造型的虎、獠牙神人面像、老鹰等。在良渚文化中,夔神图案的位置也低于本土崇拜的小鸟。而在屈家岭——崧泽文化中,虽有夔神纹,但显然不属于当时主要崇拜之神的造型。这些例子都说明,在商时代之前,对夔神的崇拜早已在意识形态上没有象征社会高层或高贵地位的含义,反而只是代表了一种通用的文化信仰背景。商王室就刻意选择这种不代表任一高等贵族,而是通用于平民大众的崇拜对象,将其升华为国家宗教的核心对象。笔者认为,这种选择乃基于很明显的政治目标:依靠大家都认同的夔神信仰,组织、纠合庞大国家的联盟。

在商时代文字中,我们还会发现另一种做法,即那些原本应该是崇拜老鹰鸟生的王室宗族,同时也认同龙形的始祖,但并非是将大家公认的双首"神"龙说成是王室的崇高始祖,而仅仅是将单首"龍"认为始祖。在甲骨金文"龍"字的头上有"辛"形的冠,"辛"部除了有声符的作用外,还与商王族始祖存在关联,即十日信仰中的"辛"日,详细讨论参本书中编第三章。这种始祖龙,在商王室贵族观念中或许还是在象征神话中的始祖帝喾。若是,则该字形与龙形帝喾派玄鸟天凤诞而生商的神话有关,对该问题的讨论详见下文第八章。在此笔者只想指出,玄鸟或鸴鸟生的信仰与龙形的崇高皇祖信仰的结合,或许可以反映出,在通过共同信仰的夒神建立起来的联盟国家的宗教体系中,与商先王相关者具有独特的地位。

直至盘龙城六期,草原下来了战争族群;又过了数十年,他们打败了盘龙城楚商王国。在影响力庞大的商王国宗教的基础上,殷商上古帝国把楚商的精神文化体系加以吸收、合并、同化并传播到更加偏远的地区,使之成为一套在更广大范围内共享的"宗教"。当然,与此同时,各地可能仍保留有独特的地方信仰,但是保存较好的礼器所代表的往往是当地已同化的上层文化,因而呈现出广泛的一致性,故而在极为宽广的地域内的跨国家的文化中,我们都可以发现,同类的礼器和有共同纹饰的母题。

(二) 跨国崇拜对象的跨国名号来源

发现神纹源自长江中游深入的精神文化,并与长江中下游大体系内的文化交流有关系,使我们得以重新思考:长江中游所出土的早期文字符号中,经常出现近似甲骨文"神"字的符号,其与礼器上的神纹、甲骨上的"神"字完全相同,或许并非出于偶然。

在各地新石器文化遗存中出土的一些陶器上有神祕符号,但其中绝大部分仅仅是作为神祕符号在使用,并无象形文字的特征,与文字起源的问题并不相干。新石器时代晚期至青铜时代早期,都还属于前文字时代,虽然在这个时代的考古发现中,在许多遗址中也发现过陶文(主要是刻文)或玉器上的刻文符号,这些符号依然与文字无关。我们看不出在这些符号之间,是否确实有一脉相承的关系。在现有的考古资料中,带有前文字特征的符号,仅出现于长江中游和江淮平原两处,主要有安徽双墩遗址以及湖北大溪文化所出刻文①。这两种文化中所发现的刻画符号,似乎已有早期文字系统的特征,可能为最早的文字之遗迹。是故,学者们对于皖淮蚌埠地区的双墩,以及长江中游大溪——屈家岭遗址中出土的刻画符号,才会如此关注。

---

① 有关文字起源和发展的规律以及前文字时代刻文符号的问题,参郭静云:《夏商周:从神话到史实》里的专门讨论。

双墩遗址因其层位似洪水带来的二次堆积,是以其碳十四测年数据不足为凭,以致真实年代难以厘清;经过类型学的判断,笔者认为,其上限约为距今 6 000 年,下限则可能到达距今 5 000 年左右。其文字虽然还保留着原始图案的样貌,但却已有将单体符号构成组合符号的情况,这显然可以被视为早期前文字的标记①。但是其文化属性不清楚,双墩前文字符号也没有传下来。同时,双墩前文字符号也与我们的话题不相干,首先是因为该地区与夔神纹没有关系,其次是因为在双墩前文字符号中,并没有发现类似"神"字的字体。

类似于"神"字形的符号仅发现于长江中游地区大溪——屈家岭遗址出土的字形中,这恰好位于夔神纹发展的核心之地。大溪文化前文字符号发现于江汉、汉水中下游、鄂西和鄂北、湘西和湘北以及豫南地区,都出现在大溪至屈家岭文化遗址中。其中三峡地区出现得最多。由于大溪文字符号最早在宜昌杨家湾遗址发现,故被称为"杨家湾文字",年代约当距今 6 000 至 5 300 年间,相当于大溪文化三、四期至屈家岭文化早期。在目前可见的所有早期文字中,杨家湾文字的出土范围最广,符号的数量和类型可能也是最多的,符号抽象化的程度亦最高,并且有不少学者认为:这些符号与殷商甲骨文字的构成规律一致,可能有传承关系,可能就是殷商文字的渊源。②

此外,笔者亦发现:二里头和陶寺所见陶文符号,皆早已出现在杨家湾的字形之中。此外,江西赣江中游吴城陶器上出土的少量文字记录的部分字形,与杨家湾的字形相似率颇高,同时其与甲骨文的字形一致。当然,我们无从得知这些相似的

---

① 安徽省文物考古研究所、安徽省蚌埠市博物馆、阚绪杭、周群:《安徽蚌埠双墩新石器时代遗址发掘》,《考古学报》,2007 年第 1 期,页 97—138;徐大立:《蚌埠双墩新石器遗址陶器刻画初论》,《文物研究》第五辑,合肥:黄山书社,1989 年,页 246—258;徐大立:《谈蚌埠双墩遗址器底刻画符号所反映养蚕业》,《文物研究》第十二辑,合肥:黄山书社,1999 年,页 33—35;徐大立:《蚌埠双墩发现新石器时代蚕形刻画》,《中国文物报》第 18 期,1988 年 5 月 6 日;唐兰:《关于江西吴城文化遗址与文字的初步探索》,《文物》,1975 年第 7 期,页 72—76;黄英豪、刘建:《万载县商周遗址的调查》,图一;王业友:《安徽屯溪发现的先秦刻画文字或符号刍议》,《东南文化》,1991 年第 2 期,页 128—130;余盛华、王上海、白坚:《玉山双明地区考古调查与试掘》,《南方文物》,1994 年第 3 期,页 8—23,图四。

② 宜昌地区博物馆、余秀翠、王劲:《宜昌县杨家湾新石器时代遗址》,《江汉考古》,1984 年第 4 期,页 27—37;余秀翠:《宜昌杨家湾在新石器时代陶器上发现刻画符号》,《考古》,1987 年第 8 期,页 763—764、733;余秀翠:《宜昌杨家湾遗址的彩陶和陶文介绍》,《史前研究》,1986 年第 3—4 合刊;国务院三峡工程建设委员会办公室、国家文物局编著:《秭归柳林溪》,页 82、118—127,图六五、九四至一〇三;湖北省文物考古研究所、随州市博物馆编著:《随州金鸡岭》,北京:科学出版社,2011 年,页 49、166、209—210、图版五二;余秀翠:《杨家湾遗址发现的陶文剖析》,《江汉考古》,1994 年第 1 期,页 105—108;陈发喜:《符号文字发展轨迹探微——杨家湾遗址与半坡遗址符号文字之比较》,《湖北民族学院学报》,2002 年第 3 期,页 69—71、116;龚丹:《鄂西地区柳林溪和杨家湾遗址出土的刻画符号研究》,《武汉文博》,2006 年第 3 期,页 19—23;贾汉清:《论江汉地区二例相关的史前陶文》,《江汉考古》,2003 年第 2 期,页 31—36、22。

字形,其字义是否也相同?抑或是互不相干?甚至是否可能就是被时代最晚的殷商文明所借用的长江流域字形?笔者认为以上皆有可能。然则,就算字形相近或可能相同,长江中游、赣江中游和安阳殷墟这三个地方的语言却未必相同。依照笔者推论,大溪至屈家岭时代的杨家湾文字,所记录者极有可能是那些被归类到先楚文化的族群的语言。在此要说明的是:楚地文明化、国家化的时代很早,从大溪晚期起此种发展便已然开始;但此为殷周之前的先楚古国体系,不宜将之等同于西周以降的熊氏楚国;因为从大溪文化以降,此地贵族、宗室和王室屡经变化。不过,本地农耕居民仍大体保持同一种语言和文化的传承。如何阐明此地自大溪文化以来的早期先楚前文字,及其对青铜时代商、吴等国家的文字,以及对殷商文字的影响,乃是中国上古文明史研究的关键难题之一。①

只不过针对安阳殷墟所发现的甲骨文,我们却有成套的间接证据,帮助证明甲骨文所用的文字体系源自长江中游:

第一,甲骨文属于很成熟的文字,但是安阳殷墟是新的都城,该地此前只有比殷墟略早一点的藁城台西村遗址发现过标记符号而已(不是文字)。因此,甲骨文所用的文字,对于殷都而言,无疑是属于外来的,来自哪里才是问题的核心所在。

第二,为了厘清文字的来源,首先得了解使用这种文字的人的身份。殷墟甲骨刻辞是给殷王和其他出来占卜的高等贵族刻写的,但做文字记录的人不是殷王室的人,而是那些用甲骨占卜的巫师。其实,在甲骨上刻写文字,并非占卜程序本身所必须有的行为,而是因为从殷王武丁开始对巫师提出了新的要求,命令巫师将占卜内容和结果刻写在龟甲上,从而留下文字记录。只是因为如此,在殷商之前的卜甲上没有任何记录。但是由于殷商王族在安阳定居之前是一种非固定的游战团体,不可能是他们从草原带来的成熟文字。所以,殷王所用巫师是用巫师自己的语言和文字在甲骨上保留记录。

也就是说,殷墟文字非安阳本土起源,将文字带来此处的人应该是用龟甲占卜的巫师。因此第三种间接的证据就是用龟甲占卜方法的来源。观察最早一批甲骨文——花东卜辞,其用来占卜的为中国花龟。② 这是一种栖息于亚热带、热带的动物,自然活动于长江以南,今天的栖息地甚至为福建、台湾、广东、广西、海南等更南

---

① 对此问题之探讨,参郭静云:《夏商周:从神话到史实》,页282—324。

② 叶祥奎、刘一曼:《河南安阳殷墟花园庄东地出土的龟甲研究》,《考古》,2001年第8期,第87—88页。

部的地方。因此这种卜法的形成不可能在长江流域以北。

第四，除了占卜载体之外，在甲骨文记录中，经常会出现北方所没有的自然现象。比如，古气候学研究表明，殷商至周初乃全新世晚期一次持续时间颇久的小冰期①，气候干冷，位处于温带的黄河流域不可能见到亚热带动物。但是，在甲骨文所用的语文中，却常有表达这些动物的字词，这也间接说明该语文的源头应是在南方。

第五，在殷商之前，长江流域的人确实有用长江与江南的花龟进行占卜的例子，占卜方法与后来殷墟所见一致。这在从两湖到江苏的长江流域都有零星发现，并且在盘龙城还发现有用水牛肩胛骨做占卜载体的情况。什么样的人会在盘龙城，即位于长江中游的商都用花龟和水牛两种长江流域的动物进行占卜？ 显然只会是本地人。所以用这两种动物占卜的卜法，应该就是盘龙城本地的，巫师应该也是本地人。这种问答很简单。但是，什么样的人会在殷商新都，用来自长江流域的花龟，采用见于长江流域的占卜方法，给外来的强势的军权统治者（武丁）占卜？ 应该就是那些原本就熟悉这种载体和占卜方法的南方巫师，因为殷王武丁占领了盘龙城，有一些盘龙城本地或周围区域的巫师开始为武丁服务。楚吴地区的巫师，直至秦汉时代依然很有名，传世文献中都有记录，秦汉帝王均曾专门寻找来自楚或吴的巫师为其占卜。给殷商王武丁占卜的巫师在甲骨文上被称为"贞人"，其身份应该只可能是南方人。只有到了殷商中晚期，由于占卜文化大规模扩展，所以那时应该也有其他地区的巫师，包括甲骨文所载来自周的贞人，但这种方法的源头却在长江流域。尤其是在殷商势力很大的武丁时代，占卜载体是以花龟甲为主；而当武丁之后殷商势力在南方萎缩的时候，占卜载体改以牛肩胛骨为主。由于没有生物学的证据，不清楚这些牛骨是南方的水牛或北方的黄牛，但这种变化使我们推想当时获得南方的龟甲变得困难，或者也可以考虑他们因此而改用黄牛的可能性。与此同时，这时候所用的巫师已经未必都是来自楚吴之地，但是甲骨文所用的语文却没变，说明这种语文早已在殷商之前，已有一定的普遍性。

第六，其实在殷商之前，与甲骨文基本相同的字体另见于汤商时代的吴城遗址；此外，在良渚、马桥、南荡文化等几个年代相当于石家河、盘龙城文化的长江下

---

① Кузьмина Е. Е. *Предыстория Великого шелкового пути: Диалог культур Европа — Азия.* Москва：КомКнига, 2010, cc. 14 - 25；郭静云：《夏商周：从神话到史实》，页268—269；布雷特·辛斯基著，蓝勇、刘建、钟春来、严奇岩译：《气候变迁和中国历史》，《中国历史地理论丛》，2003年第2期，页54。

游的文化遗址中,也零星出土了陶文,除了标记符号之外,也有几条成句的文字,其字形表现出跨区域的一致性,既像甲骨文,也像所谓"杨家湾文字"。笔者认为,文明化最早也最发达的是长江中游的楚文明,到了石家河及后石家河时代,该文明直接影响了长江流域其他地区走向文明化。与古楚文明关系密切的古吴文明,为贸易和其他交往的方便,很有可能借用古楚文明的文字来记录自己的语言。使用该语文的地理范围可能也到达长江下游及淮河流域。这样一来,在盘龙城时代,以商王国为核心和枢纽的诸国网络,应该基本上是以采用商的文字为主流的。也就是说,长江中游文明所创造的文字,在殷商之前已经成为跨国、跨语言的记录体系。因此,在殷周时期,该文字系统能够较容易地扩展到足以表达黄河流域各种语言的程度,最终成为后来秦汉大帝国跨语言的文字体系,后续接着容纳其他更远地方的语言。[①] 在这一扩展过程中,长江中游夏商王国的文字,被用作殷商帝国的官方文字,其实是最终影响并决定了其文字在东亚的地位,即成为该地区主流文字系统:其背后一方面是依靠长江古文明的生产及贸易势力所奠定的基础,另一方面也依靠殷周秦汉唐的军权势力所做的强势推广。

第七,这两种势力结合的起点,就在于源自长江中游的巫师"贞人"用长江流域的载体和占卜方法给源自草原的大王占卜后,大王提出要求,将占卜内容记录下来。贞人能用何种语文做记录? 由于殷商王族的族群成分混杂,人种不一,并没有久远的自身历史,显然也没有自己的文字;于是,贞人应该就是用自己的语文做记录。他的语文应该就是长江中游的夏商文字。

第八,从记录文字的特点观察,甲骨资料显明,虽然"贞人"本来没有在占卜后刻字的习惯,但还是对文字很熟悉,并习惯用毛笔写字。因此,他在龟甲上用毛笔写字,但由于殷商王希望痕迹不消失,就把原本用毛笔写的字,改用刀来雕刻。

第九,从字形本身来分析,不仅是贞人写字的方式告诉我们,甲骨文源自此前已有很长历史的毛笔字,而且从字的笔画与构形分析,可知在殷商文字的字形中,有很多弧形、圆形笔画,说明这些字在造字之初就已有方便于书写而不是契刻的特点。

第十,在甲骨文之前,人们习惯在何种载体上写字? 甲骨文一期就有一个象形

---

① 相关资料汉论述细参郭静云:《夏商周:从神话到史实》,页 282—324;郭静云、郭立新、范梓浩主编:《考古侦探》,页 432—445。

字："❀"（册）字。该字告诉我们这种载体就是竹简或木简，其中竹子的材质既光滑亦便于作简，所以用竹作简，以木材作牍。"册"字的字形就是形象地表现一捆竹简。但是，不论是竹简或木牍，都不能保存得很久，上面的墨水痕迹也不好保存。迄今在楚地考古中所发现的战国以来的竹简中，有很多已没有墨水痕迹。因此，即使发现时代更早的竹条残片，也很难确定它原来就是用于写字的载体。换言之，甲骨资料告诉我们，甲骨文之前，人们长期在竹简上用毛笔写字，但是这类资料极难保留下来。

第十一，在何处人们长期用毛笔在竹简上写字？上述线索告诉我们，这应该就是在长江流域竹林很多的地区。在竹简上写字是很古老的楚文化的做法。上述分析使我们推论，所谓"简文"可能源自楚地古文明之屈家岭国家起源之时。①

第十二，再回头思考大溪文化时期的前文字现象。所谓"杨家湾文字"大量出现在有意破碎的精致的泥质黑陶碗的底部，此外只是偶尔出现在其他零星陶片上，这应该是在配合一种祭法。到了人们不再用破碎陶器的祭礼时，大溪陶文也跟着消失。可是，大溪文化从属性来看是典型的前国家文化，前国家文化时出现前文字，也是一种很自然的事情。大溪以来，长江中游的文明化进程很成功地发展到国家的产生，并未中断，又从小国到大国，发展得很稳定。难道在前国家文化已出现前文字之后，文明化进程很明显，而文字却被放弃？这显然不可能。那么，这样的话要问：屈家岭、石家河、后石家河、盘龙城的文字在哪里？甲骨文的资料已告诉我们，从屈家岭到盘龙城这两千多年，人们习惯在竹简这类难以保留的载体上写字。因此在考古发现中，极难发现甲骨金文之前的文字记录。若从传世文献来思考，在殷商之前的文字中，很有可能曾经存在过尧帝和舜帝的"典"，或类似当时的庙权规定及法典记录，但其内容已不可知。传世文献不可能保留尧舜时代的实际内容，但却使用《尧典》《舜典》这种名号。这或许反映出其包含有古老的文化记忆：也就是说，过去存在尧舜的"典"这件事情，被继续流传下来，被用于强调其权威性，因此晚期合编的文献依然保留这种命名。

总之，所谓"杨家湾文字"很有可能就是汉字形成的初始阶段，即汉字的前文字阶段。

---

① 间接资料表明，屈家岭时代也有纺丝起源，所以新兴的丝绸也有可能成为写字的载体，在丝帛上可能只是写重要的神庙记录。因此屈家岭文化可能不仅是楚简，也是简帛的起源地。

在本书有关信仰复原的研究过程中,促使笔者特别注意到杨家湾符号的原因,乃是因为其中的某些符号,如"〄"、"〆"。这两个符号便非常肖似于甲骨文中的"䰠"(神)和"申"两个字,前者是强调双口,后者则不强调双口,但二者似都是基于双嘴夔神的形象,或属于同一个字的雏形。尽管如此,笔者却不建议将杨家湾文字与甲骨文字做直接的关联,以相似的甲骨文字去解读杨家湾文字之义。这是因为,迄今发现的大溪、屈家岭文字严重不足,在资料严重缺漏,且没有被系统解读的情况下,我们尚不能推论相似字形之字在意义上的关联性。但是背后整个历史脉络,却足以告诉我们,二者之间存在着渊源关系。尤其需要注意的是,大约在杨家湾文字出现的同时,双首双爪夔龙之图案在屈家岭——崧泽陶器上已初步定型,该图案与杨家湾文字中所见该字字形一致。所以不能排除上述杨家湾的字形与商周"神"的字形在某种程度上有传承关系,而且在大溪——屈家岭的文化背景中,也同样是作双嘴虫龙的象形字。当然,当时的字义应该不会包含有表达共享大信仰体系的意思,而只是指某种相对狭义的意思。不过,假如这就是"神"字的最初的雏形,不排除大溪的"神"形符号也是表达夔神信仰的源头。若是,则屈家岭——崧泽时代的人造型夔龙神纹时,已经将祂称为"〆"(神)。之后,后石家河和盘龙城商国人、樊城堆和吴城虎国人、良渚和马桥人,因用共同的文字体系,自古以来都将双嘴夔龙命名为"神"。当然,不同时代、不同地带所用"神"字的具体含义,应有所不同。

八、夏家店下层文化的影响问题

学界除了发现郑洛和江汉文化的一致性之外,也对二里头的精神信仰文化与东北夏家店下层文化间的关系进行过一些探讨。杜金鹏先生提出:二里头遗址出土的铜牌和夏家店下层文化的陶鬲纹饰之间有相似之处(图一三五:1、2),并认为这是二里头对东北夏家店的影响①。另有不少人认为:青铜时代的中原和殷墟文

①　杜金鹏:《试论夏家店下层文化中的二里头文化因素》,《华夏考古》,1995 年第 3 期,页 40、57—62。

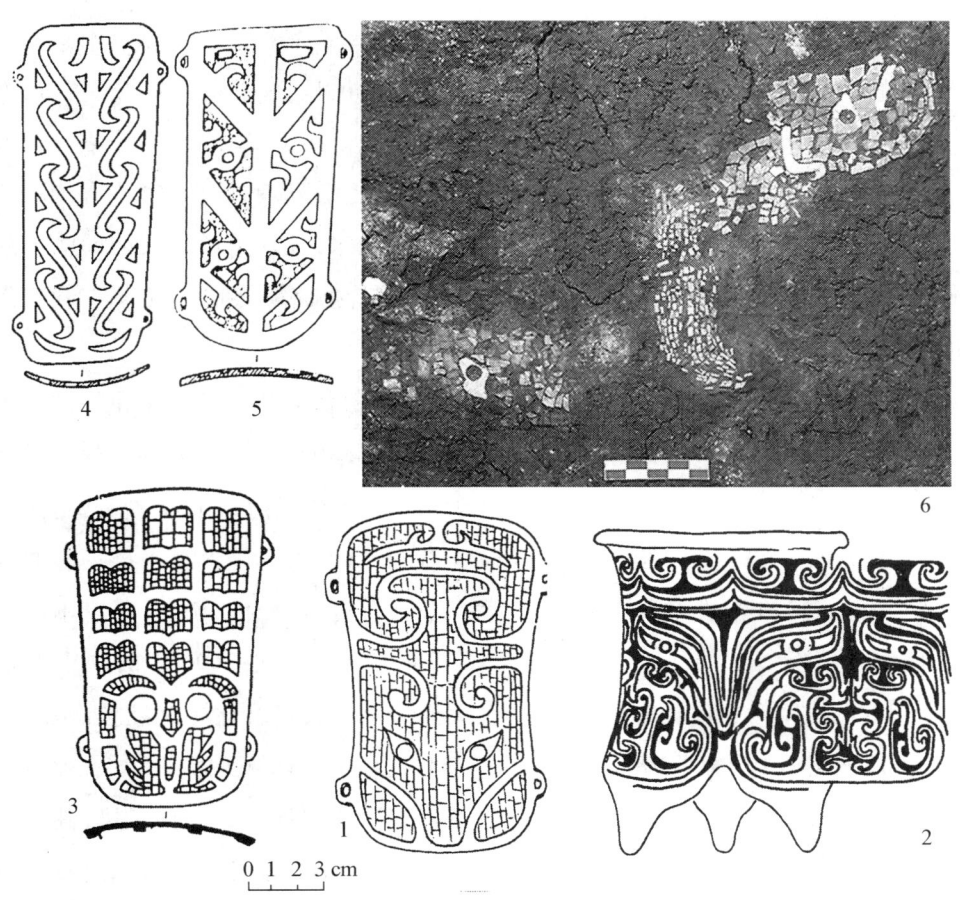

图一三五　　1—2. 杜金鹏先生对照二里头文化铜牌（M11：75）和夏家店下层文化陶鬲的纹饰；3. 二里
头遗址出土的铜牌（M57：4）；4—5. 三星堆遗址真武仓包包祭祀坑出土的铜牌；6. 盘龙城
出土绿松石黄金龙。

明，其纹饰结构可能受到夏家店下层影响①。学者们所提供的例证很明确，综观夏
家店出土的彩陶纹样，类似夔纹及饕餮纹的结构相当多②，部分彩纹与二里头铜牌
确实有些相似。但若将之进一步对照，则可以发现：这些图案皆不是夏家店独特
的创作。很多图案实际上代表了多元文化互相影响的结果，因此其纹饰母题便难
以归类。由是，我们可以推知：夏家店的彩陶图案，很有可能并非出于东北本土文
化独特的创作。

① 参刘观民、徐光冀：《夏家店下层文化彩陶纹饰》，《庆祝苏秉琦考古五十五年论文集》，北京：文物出
版社，1989 年，页 227—234。白雅力克：《夏家店下层文化彩陶纹饰与商代青铜器纹饰研究》，《大家》，
2010 年第 20 期，页 87—88。

② 中国社会科学院考古研究所编著：《大甸子——夏家店下层文化遗址与墓葬发掘报告》，北京：科学出
版社，1998 年，页 97、105—140、200—205，图五一、五四至七五、九〇至九五；彩版一至十八、二一至二四。

在皖西南基墩遗址中,发现于红山文化所见的三联璧①;凌家滩遗址发现的玦龙与红山文化玦龙很像(图三〇七:1;二:1;一二:1、2),又发现有双连璧等,此外凌家滩与红山文化玉人的形状使学者们讨论西辽河与长江文化之间存在着一些遥远而不深的来往关系②。在后石家河文化玉器中,也曾发现过与凌家滩有传承关系的玦龙(图三〇八:3)③,并且从后石家河时代以来,长江中游大文明的响声陆陆续续传到长城地带,东北与长江流域之间的文化传播路线,到了盘龙城时代变得更明显。

学者们讨论东北与长江流域古文化的关系,一般认为是凌家滩文化受到红山文化的影响,但笔者认为,文化影响的主要方向应该是相反的。首先从年代的脉络来说,根据碳十四测年数据的分析,凌家滩大墓年代为公元前3000年左右(可能的范围在公元前3300年至2800年间),虽然在后来的测年中包含有略早一些的数据,但公元前3300年以降的这种断代,才完全符合类型学对照研究,所以不应存疑。至于红山文化的年代,虽然牛河梁积石冢墓有公元前3000年的碳十四数据④,但这与类型学断代相左。例如,牛河梁遗址发现良渚文化中晚期黑陶器,其制造年代不应早于公元前2800年—2300年间,遗址中也有与夏家店下层文化交界的遗存,年代为公元前2300年—2200年;而且牛河梁遗址出土一件玉凤,其小部位的加工技术相当于后石家河文化。笔者认为,这是由于牛河梁积石冢之石为石灰岩,其所含死老碳对碳样造成污染以致测出来的年代偏老。实际上,采取红山文化晚期陶片进行热释光测年,年代大体落在公元前2500年—1900年间,其中牛河梁女神庙红烧土热释光年代为公元前2250年(中位数)。⑤ 考虑到热释光测年的误差,笔者认为,牛河梁遗址红山文化年代落在公元前3000年—2200年间,其兴盛时代应该在公元前2500年左右。换言之,红山玉器年代晚于凌家滩。

---

① 田名利:《略论皖西南地区的新石器时代玉器》,《江汉考古》,2002年第1期,页58—66。

② 安徽省文物考古研究所编:《凌家滩玉器》,页11、48—53、56—58、93。张明华:《凌家滩、牛河梁抚胸玉立人说明了什么?》,《中国文物报》,2005年3月18日。内蒙古自治区文物考古研究所编著:《白音长汗——新石器时代遗址发掘报告》,北京:科学出版社,2004年,页133,图一〇七:1;页306,图二三九:1;页308,图二四〇:1。

③ 荆州博物馆编著:《石家河文化玉器》,页96,图64。

④ 辽宁省文物考古研究所:《牛河梁红山文化遗址发掘报告(1983—2003年度)》,北京:文物出版社,2012年。

⑤ 李延祥、朱延平、贾海新、韩汝玢、宝文博、陈铁梅:《辽西地区早期冶铜技术》,《广西民族学院学报(自然科学版)》,2004年2期,页13。

　　东北地区自新石器时代以来有相对稳定的本土文化存在,逐渐发展到走向文明的红山文化。红山文化的出现首先是奠基于厚重的本土基础,同时,自新石器时代晚期以来,它经过渤海湾而与长江流域(主要是下游)之间存在某些联系。在红山文化时代,这些联系虽不甚密切,但却有明显增加的趋势,这里可以发现来自长江流域的陶器,南方的贝壳,或出现南方禽兽造型的玉器(如参图三〇六:1),包括上述玉凤和玉人像出现在红山文化脉络中,都是独特的例子。红山玉器中所谓"马蹄形玉箍器"的制造方法类似于良渚文化制造玉琮的方法,需要用到空心钻具,如东北并不生长的竹竿。因此可以考虑红山玉工不仅受到南方传来的技术的影响,也直接接受了从南方来的治玉工具。玦形龙这种器形,在长江流域凌家滩文化、良渚文化、石家河文化都可见到;长江流域造型玦龙的年代,既有比红山文化早者,也有与红山文化同时及比红山文化晚者。因此判断,红山文化玦形龙形象有受到来自长江流域的启发,当然其也结合自身文化脉络,而创造出具有独特形貌的玦形龙。不过,就其形象意义而言,却是与长江流域相一致,即都是在造型虫龙崇拜对象;但在此基础上,红山文化创造了自己的信仰内涵和使用礼器的规律。

　　由此可见,红山文化时,东北地区已初步进入东亚多种文明互补交流的网络中。到了夏家店下层时代,东亚多种文明愈来愈表现出共同的发展脉络,关系愈来愈紧密。在整个东亚地区,长江中游文明比其他地方稳定得多,故在其发展过程中内在意义和外形表现始终没有分离,始终能保留一脉相承的演化,保持内在意义与外貌造型的一致性。而在新石器时代相对稳定的东北地区,到了红山文化晚期却失去继续发展的可能性,此时该地遭到北方草原族群的攻击,致使红山文化衰落。此后经过几次变迁而形成了夏家店下层文化所代表的国家文明。夏家店下层文明形成的背景,缘于北方草原族群南下,选择此地作为定居据点。夏家店下层文化大量发展专业化生产和长途贸易,通过西北方向与蒙古草原来往,东北方向与东北平原及森林地带族群来往,向南则经过渤海湾及河北平原北部,发展与黄河、淮河、长江流域的贸易。通过贸易的来往,零星吸收了源自江河中原、长江中下游、黄河、淮河流域等地的文化因素。与此同时,已到达鼎盛期的商文明,影响已扩展到渤海湾(以刘家河遗址为例,详参下文中编第四章)。这样一来,在夏家店下层文化晚期,通过燕山东麓的贸易路线,已与商文明有直接的来往。

　　在此背景之下,夏家店下层文化彩陶纹饰中,容易见到源自长江流域的母题。如某些夏家店下层彩陶图案单元,早已见于长江中游文化大体系中。甚至在长江

中游本土可溯源至大溪文化的彩陶,如湖北三峡坝区三斗坪、湖南安乡划城岗遗址
所见大溪晚期陶质礼器的图案(图一二〇:1—4;一三六:1、2),就与很多夏家店
彩陶十分类似(图一三六:11)①。

同时,夏家店彩陶的很多饰带构图与马桥刻纹构图相类似(图一三六:
5—10)②,甚至有似乎直接源自崧泽夔形的图案(图一一七:6)③。顾问先生也发
现大甸子彩陶的母题与长江流域、山东、二里头文化具有共同性,从他对图案的
分析,可看到源自崧泽的母题④。但是与马桥类似的饰带构图造型(图一三六:
3—4),亦可见于屈家岭朱绘黑陶上,所以这恐怕不能视为马桥或夏家店下层文
化的创作,而应该归类为长江中下游大文化体系的形象,被较年轻的夏家店下层
文化吸收。

同时,夏家店陶器上的弯曲线条,有时构成了半人半兽神面的结构,在此结构
中,我们可明确看出后石家河特殊的神面母题,此母题在山东龙山、东北夏家店以
及三星堆皆具有不同的演化结果,各自形成独特的形象,但这些形象亦确实都具有
后石家河的共同特征(图一三七)⑤。此外,大甸子 827 号墓出土的陶罐纹饰结构,
与日本京都泉屋博古馆所收藏铜鼓上的神人蹲坐图像十分相近(图一三八),有关
后者,余文、彭适凡、刘慧中等学者,都将之视为商时吴城范围的礼器⑥。这种看法
应该无误。彭适凡先生还认为:铜鼓神人蹲坐图像和良渚玉器上的神徽之间,可
能有密切关系⑦,笔者亦同意此说。

---

① 中国社会科学院考古研究所编著:《大甸子——夏家店下层文化遗址与墓葬发掘报告》,页 97,图
五一。

② 中国社会科学院考古研究所编著:《大甸子——夏家店下层文化遗址与墓葬发掘报告》,页 114,图五
九。上海市文物管理委员会主编,宋建、袁靖、洪雪晴、何继英、周丽娟等编著:《马桥 1993—1997 年发掘
报告》,页 125、162、206,图一四五:3;一七六:3;二〇九。

③ 中国社会科学院考古研究所编著:《大甸子——夏家店下层文化遗址与墓葬发掘报告》,页 124,图
六五。

④ 顾问:《大甸子墓地陶器上的"特殊彩绘"》,《古代文明》第 7 卷,北京:文物出版社,2008 年,页 72—
108。

⑤ 中国社会科学院考古研究所编著:《大甸子——夏家店下层文化遗址与墓葬发掘报告》,页 105、107,
图五四:1;五五:1。荆州博物馆编著:《石家河文化玉器》,页 19、26—29,图一九、图 1—3。四川省文物
考古研究所编:《三星堆祭祀坑》,页 175—205。

⑥ 中国社会科学院考古研究所编著:《大甸子——夏家店下层文化遗址与墓葬发掘报告》,页 107,图五
五:9。参余文:《从新干商墓的青铜双面人神器谈起》,《中国文物报》第 14 期,1991 年 4 月 28 日。彭适
凡:《一件诡秘怪谲的商代神人兽面铜头像》,《南方文物》,1997 年第 1 期,页 49—51、57。刘慧中:《新干
青铜器群双面神人头像释义》,《南方文物》,2003 年第 1 期,页 26—29。

⑦ 彭适凡、刘林、詹开逊:《江西新干大洋洲商墓发掘简报》,《文物》,1991 年第 10 期,页 1—26、97—103。

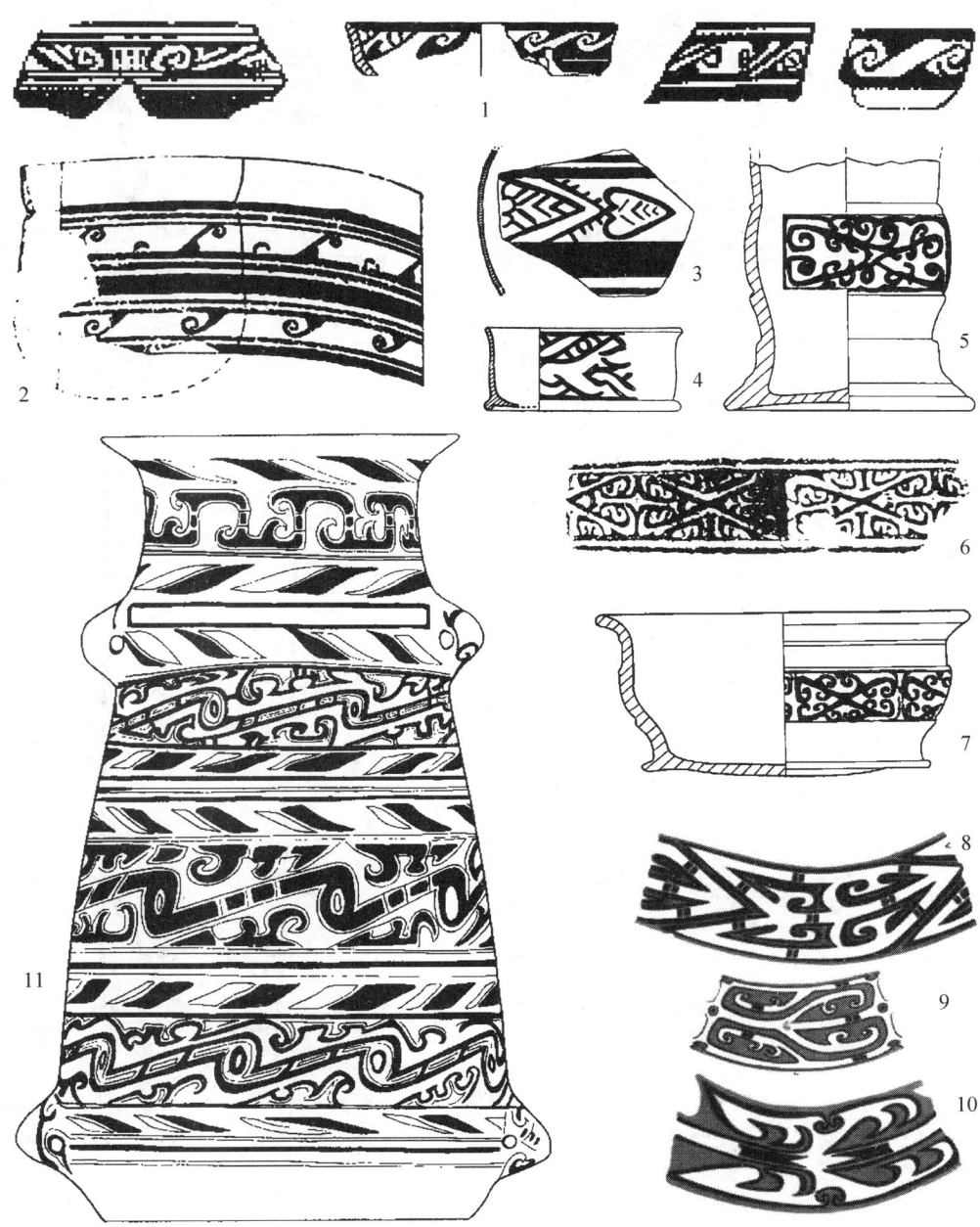

图一三六　1. 秭归柳林溪遗址大溪文化晚期的神纹彩陶片；2. 划城岗遗址出土大溪文化晚期的彩陶罐；3. 划城岗遗址出土大溪文化晚期的陶片纹饰；4. 京山屈家岭遗址出土早期的朱绘黑陶；5. 马桥遗址出土的陶觯；6. 马桥遗址出土的黑陶饰带；7. 马桥遗址出土的小盆；8. 夏家店下层大甸子遗址 1201 号墓出土的陶纹饰带；9. 夏家店下层大甸子遗址 866 号墓出土的陶纹饰带；10. 夏家店下层大甸子遗址 1150 号墓出土的陶纹饰带；11. 夏家店下层大甸子遗址 1115 号墓出土的陶罐。

图一三七　1. 石家河人头像；2. 山东两城镇出土的玉圭；3. 三星堆出土的神面具；4. 夏家
店下层大甸子遗址 761 号墓出土的陶鬲纹饰；5. 夏家店下层大甸子遗址 371
号墓出土的陶罐纹饰。

　　从新石器晚期以来，现今中国境内的几个大文化区之间，已有某种程度的关联，且不仅导致技术和器形的互相学习、交换，亦经常涉及精神观念的交流与影响，故而产生了这些所属地区不同、但却具有同样特色的同类神祕纹饰。夏家店下层文化通过沿海、黄淮等交流路线，吸收并消化了源自东南、西南的各种形象，并在此基础上形塑出具有本土特色的彩陶礼器。夏家店彩陶有很独特的面貌和构图逻辑，但这并不代表其形成的过程中，完全没有掺入外来的形象和观念。

夏家店下层文化所见的纹饰相当精彩，因此学者们经常讨论其奇妙的构图及线条，并提出各种解读的方法，却从不怀疑夏家店下层文化的纹饰，是否真是基于其内在的信仰①？若是将这些构图详细对照分析，很难发现其纹饰母题具有一贯性，反之却可见将各种形象和母题结合而成的独特外在风格。所以，依笔者观察，夏家店下层的纹饰，乃是一种折衷的综合性造型，混合了许多不同文化的元素，并非为反映其族群社会内在信仰的造型，并非基于其内在的精神文化和信仰，而是在青铜时期因多元文化相互影响而形成；况且纯粹从外界吸收影响，模仿各种文化纹饰的形貌，在他们的基础上创造出来的造型并不具新的意义，而只是有独特新奇的美感而已。

此外，东北文明是殷商文明的关键成分之一，在殷墟的文化因素中，源自东北的成分往往占优势，因此，虽然夏家店

图一三八　1. 夏家店下层大甸子遗址 827 号墓出土的陶罐纹饰；2. 日本京都泉屋博古馆收藏的殷商时期神人蹲坐图像铜鼓。

的图案与殷商相似，但这并不代表殷商文明就是源自夏家店下层。殷商文明也同样是从那些影响了夏家店下层的基础文明中发展而来，因此这两处所出土的器物形象，有很多共同之处。但是殷商文明在此基础上创造系统的"宗教艺术"，所以保留了大传统；而夏家店下层的艺术之所以没有发挥太大的影响力，就是因为其本身并非基于一个明确的信仰，因而显得母题繁杂，这是一种独特风格的艺术，而不是系统的信仰表现。在青铜时代，艺术风格的影响力和传播力，往往不如具有内在

---

① 陆思贤：《夏家店下层文化两幅彩绘陶文释义》，《文物春秋》，2001 年第 4 期，页 1—7。陆思贤：《夏家店下层文化彩绘陶器纹饰研究》，《内蒙古文物考古》，2002 年第 1 期，页 49—71。崔岩勤：《夏家店下层文化彩陶简析》，《赤峰学院学报（汉文哲学社会科学版）》，2009 年第 10 期，页 1—3。席永杰、王惠德等著：《西辽河流域早期青铜文化》，呼和浩特：内蒙古人民出版社，2007 年，页 148—158。

意义和观念及明确信仰母题的造型。

其实,夏家店下层文化与红山文化最关键的差异也在于此。红山文化有很明确的信仰结构,所有的礼器都基于共同的主题;虽然有外来的因素,但是经过深入内在的消化,成为自己精神文化的一部分。而夏家店下层文化只有独特的"风格",即可辨认的"外在"与"外观",但其"内在"不深,造型来源的精神文化繁杂多元。这说明,虽然夏家店下层文化的国家建立在红山文化的社会基础上,但外来元素的成分相当高,一边包括源自草原的成分,一边包括源自南方文明的成分。但这并不是吸收南方精神文化的现象,夏家店下层的人只不过是以变形的方式模仿南方的礼器纹饰,而非接受南方的信仰崇拜。

虽然在东北古代文明的文化中,尚可见比殷商更早将不同信仰合并为一体的美感趋势,殷商文化虽在某方面承袭了此一潮流,并将不同信仰的神祕教义化作为礼器的表现母题,但其将多元母题加以艺术化的做法,却与东北夏家店下层文化所采取的方法有所不同。殷商不但统合了更多各地原有的信仰、崇拜对象,从而组成由多元化为一体的礼器形象,更加以结合其信仰内容的精神意义。因此,当我们观察殷商礼器时可以发现:殷商礼器的形象、所指涉的母题都非常清楚,其上一切变形或是奇异的造型,都是基于多元信仰的核心母题,故能代表国家综合而成的精神文化。并且,上述分析使笔者大胆推论:无论是汤商还是殷商,其所采用的核心母题,都产生于长江流域的大文化体系中,象征和表达了当时影响力最大的信仰,并通用作为此信仰核心形象的神祕符号。

九、结 语

综上所述,我们可推论:商文明的神纹,应有极古老的源头,它滥觞于长江中下游大文化体系中,其形成大概经过以下几个阶段:

第一阶段是在新石器中期皂市下层文化(公元前 6000—5000 年左右),其礼器上已出现类似后期神纹的结构。在皂市下层文化之前,新石器早期的彭头山文化(公元前 7800—5800 年左右)所用高级陶质礼器,是有丰富镂孔纹和印纹的"支座"型崇拜偶像；而皂市下层文化高级陶质礼器则是圈足盘。这两种文化的礼器几乎均未见于墓葬，其应该都是社会进行共同祭祀的礼器。不过，这两种文化的礼器有一个关键的差异：彭头山文化的崇拜偶像不是盛器，其信仰意义还需要进一步研究；而圈足盘是盛器，用来盛陈享祭，盛某种食物以献给祭祀对象。所以从这两种器物的比较，我们可以观察社会礼仪的演化：在祭礼过程中陈享食物的做法，以及将食物用于祭祀崇拜对象之习俗的发展。这标志着当时食物充足，还可以告诉我们，当时人们将食物礼品奉献上升给神或祖，表现出人界与神界之间上祭和降祐的某种升降关系，这种做法及观念后来成为一直不变的祭神祈祐的礼仪。与这种观念相呼应的是，皂市下层文化用于祭神的礼器的圈足上出现了似夔神纹结构的图案，出现的位置恰好在后来亦通见于屈家岭和崧泽文化。可是，皂市下层文化这种纹饰的典范化程度还不高，因此我们还很难认定其意义是否与后期的夔神纹有必然的关联。皂市下层文化之后，汤家岗文化（公元前5000—4000年间）陶器上的戳印纹、大溪文化（公元前4300—3600年间）陶器上的彩绘纹中，都可见到类似母题结构的图案，但是其意义还是很难认定。郭伟民先生认为，汤家岗文化戳印纹就是商文明硬陶戳印纹的源头，这从技术方面肯定无疑问，但从意义方面而言，目前只能考虑这种可能性，但资料尚不足以确定此说。

　　不过到了长江中游屈家岭文化、长江下游崧泽文化存在的时代（公元前3600—2800年间），在整个长江中下游地区都可见到已规范化的双首双爪夔龙神纹结构，主要出现在陶质豆和盘的圈足上的镂孔纹，其双圆双勾的镂孔形状显明，这无疑就是夔神纹的前身。与此同时，长江中下游也开始出现虫龙形玉器，其中就有双首虫龙形玉器（如凌家滩文化玉璜）。在继承崧泽和凌家滩文化的良渚文化（公元前2800—2300年间）的礼器上，这些造型依然存在；同时反映虫龙形崇拜的玉器造型开始大量出现在东北地区，成为红山文化（公元前3000—2200年间）精神文化的要点。不过，虽然揭示拜龙习俗的考古证据充足，陶器上夔神纹的结构也与后来商文明一致，但其信仰的内在意义却可能与商文明有所不同。其中最关键的差异在于，无论是屈家岭、崧泽、凌家滩或良渚文化，在其信仰体系中，夔龙形象均起附属补充作用，但不是最高的崇拜对象；在石家河文化（公元前3100—2300年间）礼器上甚至很难看出夔龙天神的崇拜。直至到了石家河文化向后石家河文化（公元前2300—1700年间）的转变时期，完全成型的夔龙神纹立刻出现在玉雕上，经常细致地刻在精致的玉器上，这时的夔纹已与商文明完全相同。这种情况，就好像在后石家河时代,人们重新恢复了在石家河时代国家层面不够重视的古老崇拜对象。正是这种复兴,使这一崇拜对象最终被商王室选定为最重要的天神。

后石家河文化完善并具备了以下五种互为依赖、相伴共生的条件:夔神纹样;高超技术的用青铜铊具加工的玉器;配方精准的青铜合金与制造大型陶范的技术,即已具备了铸造大型青铜礼器的能力;硬陶技术;统一的大型王国政治实体。在青铜文化发展的历程中,从后石家河晚段(夏)至盘龙城(商)的历史变迁中,经济、政权、文化、社会生活皆大幅更新,并产生新的大势力。在此基础上,代表先楚文明的汤商王国,将夔龙天神升华为国家宗教,且由于商文明的影响力广大,夔龙天神崇拜对象顺着国家势力而网罗天下。以盘龙城为中心的江河中原的商王国势力,其精神文化与国家宗教并非凭空而来,而是源远流长,上可溯源自长江流域稻作起源时代的精神内核,并蕴含着跨区域的农耕文化,随着历史时空的推移而互补相成的过程。

换言之,商文明通用的神纹母题,同时也表征着长江中游和下游文明通过互动而形成的共同信仰和形象表达方式这样一种共同的地域文化背景。从迄今所知考古资料来看,这一过程可能包括长江中游新石器中晚期皂市下层文化的镂孔纹、汤家岗文化的白陶戳印纹图案和技术,以及铜石并用时代大溪文化的彩陶母题,且在屈家岭、崧泽两个文化时代,夔形镂孔纹母题超出长江中游范围,扩展到整个长江中下游地带。因此,屈家岭——崧泽时代有规律的双圆双勾镂孔饰带,应是夔纹发展历程中地域扩展及形象规范的关键中心环节。长江中游青铜文化继承了在漫长过程中形成的价值观念及相关形象,当然还包括积淀下来的技术成就;所以,到最后,后石家河时代,玉器上的夔纹、创新的青铜技术和新发明的硬陶技术,与代表夔神纹宗教范型的神纹大系统进行重新组合。后石家河及盘龙城文化的神纹,与屈家岭及崧泽文化的镂孔纹带结构一致,该纹饰结构亦可见于皂市下层、汤家岗、大溪文化陶器的镂孔纹、印纹、刻纹、彩纹等。这样经过在复杂时空关系中的多元文化交流互动,经过长江中游和下游文化的融会贯通,方始成为长江流域同类大文明信仰的基础。

后石家河文化在历史上的影响力,从后石家河玉器向外流传可见到:向西到达成都平原并影响三星堆文化的形成;向北到达嵩山新砦、汾河陶寺、黄河石峁和齐家文化遗址;东北到达西辽河红山晚期和夏家店下层文化;向东到达山东龙山、长江三角洲广富林等文化、赣江樊城堆文化并影响了吴城文化的形成;后石家河文物又见于岭南及南海地区。不过在后石家河文化的信仰中,夔龙并非唯一的天神;在后石家河玉器造型上,夔龙只是一种附加的刻纹,是在主体造型中起辅助作用。但是我们可以从后石家河玉器上观察到一个要点:无论是虎形器、鸟形器、神人面,都会出现夔神纹。在这些器物中,神面像是在形容具有崇高地位的贵族的始祖。老虎、老鹰造型,也都带有当时某一宗族(指依血缘认同的社会集团及其分支体系)对自己神圣源头的认识(图腾崇拜)。原本属于不同宗族的"图腾",不太可能成为跨越族群的共同的"图腾",而受他族的认同和崇拜。但在几家高等贵族的图腾造型上,却有附加夔神纹。这说明,夔神在当时已经是一种跨族群的共同的崇拜对象。因此,在成汤重组社会,建立新政权、建立容纳众多高等宗族与其领土王国时,并不是将自己王室家族的始祖升华为国家极高的崇拜对象,而是选择了能够跨族、跨国的共同的崇拜对象——夔龙,将其上升为国家主祀的天神。

商王国的建国王成汤,实现了这种宗教改革,还有一种政治意义:从后石家河的礼器可得知,当时似有两种最强势的贵族集团:即崇拜老虎和崇拜老鹰这两种图腾者,此外还有其他集团,商之前应该有很多权力斗争,这种情况可能被记录在关于夏时代贵族互斗的传说中。商王家应是属于崇拜老鹰的集团。尽管如此,成汤建立国家宗教结构时,并没有选择将自己族团的鸷鸟升华为崇高对象,反而选择背后已没有某个具体贵族势力的夔神;因此避免了任何宗教冲突,且坚定了一种稳固的,大家都认可的体系。用此宗教改革,建国王成汤,一方面奠定了自己的商王国信仰的基础;另一方面也奠定了以商王国为核心和枢纽的跨国之间互相认同和交往网络的基础,增加了国际来往的亲密性,也极大提升了自己国家的影响力。这样一来,商文明的主祀天神信仰及其具象标志——"神纹",也从长江中游传往其他地区,包括往黄河流域传播。

在长江流域中,代表先楚文明汤商国家的盘龙城文化,代表先吴文明的虎国吴城文化,都大量用神纹作礼器。但是,因地理位置的关系,只有盘龙城早商文化,才有能力将此信仰传统传播到江河中原以及江汉上游。随着商国家文明的影响力增长及其与外地关系的扩展,夔神纹成为各地通用的形态和表达信仰崇拜的关键所在。所以,透过盘龙城时期江汉及郑洛地区的例子,我们可以观察到新的大文明是如何形成,以及新兴礼器是如何反映与承载新的信仰体系。

同时,吴城、三星堆、夏家店下层、马桥文化所见本土制造的神纹礼器,皆显示出此一信仰和形象,已成为理解当时中国大地跨文明因素的要点。其中有些文明,因原本早已吸收夔龙天神信仰，所以其纹饰造型与其内在意义互不分离而相一致，与本身信仰合为一体；但有些外来族群如东北夏家店下层文化人，并没有吸收相关信仰，仅只是从外观上模仿制作类似的纹饰结构。所以，由于各地对于神纹及相关信仰消化和吸收的程度，还有传承情况皆不一致，使得各地所见神纹既有相似之处，亦有相异之处。

虽然商文明的神纹源远流长，但只有在盘龙城文化阶段（即楚商），方才成为表达固定而崇高的信条的典范母题。楚文明的商王国选定了大家自古以来很熟悉的夔神，以此建构了完整的跨族信仰体系，导致其他地区也都很容易地接受祂。由此在信仰方面，楚商王国已成为天下中心大国，成为大家的信仰中心。在神龙信仰与神纹典范化之前，楚文明已经发明并高度发展青铜、硬陶以及用青铜砣具玉雕等技术，因此神纹成为青铜、硬陶、玉器、金器等高级礼器上通见的纹饰母题。早期蜀、吴的发展，基本上是学习楚文明所发明的青铜和硬陶技术，同时也吸收楚的精神文化要素，并在独特的发展历程中，既创造了各自的文化面貌，亦创造了跨国别的大型文明，以及跨国别高等贵族共通的精英文化。

从文字的角度来说，双嘴夔龙的名号，自古以来可能就是"神"。大溪晚期前文字中所出现的字符，与后来甲骨金文的"神"字具有相同字形，这可能就是取象于双嘴夔龙造型的"神"这个象形字的雏形。由于商时代长江中游的文字体系，已经成为跨国、跨地方语言的记录系统；所以，在接受该信仰形象的各个地方，夔龙天神都应该被称为"神"。

第六章　殷商帝国多元的宗教：
非龙形的通天兽

一、从信仰到宗教

　　前文集中讨论神龙崇拜的大脉络，推论夔神纹的发祥地在长江中游，所以夔神的信仰应滥觞于此，并且长江中游大溪文字所见类似甲骨文"神"字的符号，有可能为甲骨文"神"字的雏形。当然，因为早期资料过于零散，大溪文字的源头只能作可能的假设。但是无疑的是，完整的夔神信仰是长江中游早商（汤商）精神文化核心所在，甚至在后石家河（三苗、夏）成型，在屈家岭甚至更早时代已有其痕迹。不过，自上古到汤商，神纹很抽象，如果没有殷商更明确化的造型，我们恐怕依然不会了解它。只有在殷商礼器上的纹饰更加详细、具象化时，我们才能看到崇拜对象的完整形貌，并获得甲骨文的支持。因此在商文明上古信仰的探索中，殷商资料是最关键的环节。

　　不过，早商文明已可见不同族群信仰的结合情况，这可从以下几点看出。第一，前文论述阐明，夔神崇拜代表的是长江流域平地农耕文化；虽然长江流域各区域的具体文化面貌各有差异，却通用夔龙崇拜。例如，除了前文论述的长江中游地区外，长江上游成都平原的三星堆先蜀文明亦将夔神崇拜植入其精神文化；虽然它将夔神与所吸收的其他信仰合并，形成了自身独特的文化面貌，但是，夔神形象还是表现得很明显；吴城文化也吸收对夔龙的崇拜，并与自身的信仰相结合；长江下游崧泽、良渚、马桥诸文化也受到夔神崇拜的影响。第二，主要发展于农耕平原地带的早商文化，除了本身的夔龙形象之外，亦蕴含了源自山地的猛兽崇拜，这从两湖地区的礼器造型即可看到：平地先民崇拜的夔龙、山地先民崇拜的老虎、各种神化的鸟类，在早商文明中都已颇为突出；此外，对水牛的崇拜也从早商时期其他区域的礼器上可以看到。

不过，在早商时代，几种信仰脉络还没有结合成不可分离的线团：也就是说，虽然三星堆、吴城接受了商文明的崇拜对象，但是商文明却并没有接受周围其他国家的信仰，在盘龙城的礼器上，基本上只有夔神形象才能构成饕餮结构。换言之，早商时期的饕餮就是夔神，基本上没有蕴含其他神兽。

到了殷商上古帝国跨地域文化形成之际，器物的流动和信仰之融合更趋混合与同化，夔龙、饕餮的形貌也逐渐涵盖不同动物的特征，以逐步组成完全超越自然界的神奇形象。这是因为殷商文化比汤商更加多元，而不仅仅是以汤商为基础；作为外来统治者，其自身文化认同并不深厚，所以殷人占领者，从外观欣赏且乐意混合不同的形象。上古帝国构成的网络联合了许多不同的古国和族群，有效促进域内不同地区上层文化信仰及礼仪的整合，所以越来越多出现不同崇拜对象混合的造型。

在此基础上，殷周时期，诸文明所崇拜的神兽中，除了龙、虎、凤、牛之外，尚有猪、羊、象、食蚁兽、犀牛、鸮、鱼、龟、鹿、马、貘等各种天上、水里和地上活动的动物。这些动物既然出现在礼器上，我们应该将它们理解为神兽。它们的崇拜来源、意义及其神能，或互不相同，但却共同呈现了商周大文明体系的面貌。这些神兽崇拜不可能晚到殷商时期才突然大量涌现，应该有其更早的、源于不同时期和不同地域文化的源头，故需要进一步研究。

殷商王族本身是一个多元的团体，原本没有很固定的信仰体系，所以有条件成立跨文化区域的上古帝国，接纳一切崇拜，并将其融化进自身的宗教体系之中。所以，出现在殷商礼器上的神兽造型十分多元，这些多元的样貌组合成了各种变形、奇异的形状。这种情况本身可视为殷商文化统合多元族群信仰的证据；不过，重点在于，殷商文明不仅仅是统合了许多不同地区原有的信仰和崇拜对象，并将这些多元的形象转化为一体的礼器形象，同时，对各种信仰的内容和精神文化意义也进行糅合、融化而一体化。所以，当我们观察殷商礼器时可以发现，殷商礼器的形象，所指涉的母题并不复杂，而且都非常清楚，其上一切变形、奇异的造型，都基于多元信仰的核心母题，因此能够代表整个跨地跨国的庞大文明体系，展现由出众多族群综合而成的精神文化。殷商甲骨卜辞和礼器造型所表现出来的信仰是颇具系统性的，早已不是原始先民的信仰模式，而接近以巫觋信仰为基础构成的跨国上层宗教的情况。是故，依笔者浅见，殷商信仰的结合过程近似于多元帝国"宗教"的形成。

正因为如此，礼器的造型表现出如下特点：崇拜的神兽虽然很多样，但崇拜的意义和观念却并不零散，而是自成体系，不同的神兽有不同的造型典范和出现规律，神兽之间有等级关系，虽然不排除有典范之外的造型，但我们还是可以看出某些规律而作初步的分类。

二、能组成饕餮结构的崇高神兽

笔者所搜集的各类饕餮纹，都以成对龙图为基础。但在其成为殷商礼器的主要母题后，饕餮纹也受到多元族群信仰的影响，为此龙本身的形状变大而吸收不同动物的形貌，使得饕餮神的结构里可以植入不同的神兽。尽管如此，并不是所有的神兽都能够组成饕餮神。在饕餮结构里，基本上只能出现三种动物：龙、凤、虎。

（一）双凤饕餮夔神

殷商时期对凤的崇拜似乎融入了夔龙信仰的脉络里。所以殷墟时期常见成双凤纹，可等同于成对夔纹，都属于饕餮的变形。这类造型极多，如殷墟西北岗出土的觯形器 R1075、卣形器 R1072、四分形顶面盖 R1101（图一三九；一四〇）[1]；殷商时期 𠦪𤔲 父丁卣（图五七）、舟辛方鼎（图一四二）、殷周之际的凤纹卣（图一四一）[2]等。双凤构图中也有鼻形神杖，说明其为典型的饕餮纹，甚至每一只凤也有一只极似夔爪的足。上海博物馆收藏小子省壶，盖纹上有双凤饕餮饰带，而器纹上有双龙饕餮饰带（图一四三）[3]。殷墟武丁时期花园庄东地 54 号墓出土的玉刀上有

---

[1] 史语所收藏，参李济、万家保：《古器物研究专刊》，第五本《殷虚出土伍拾叁件青铜容器之研究》，页72—73、78—79、84—85、101，插图三十三：5—10，图版叁捌、肆壹、伍壹，伍伍：11；伍柒：1；伍玖：4。

[2] 上海博物馆收藏，参陈佩芬：《夏商周青铜器研究》，夏商篇，页 136—137，图六四；西周篇，页 180—181，图二七一。

[3] 陈佩芬：《夏商周青铜器研究》，夏商编，页 151（器号一五〇）。

图一三九　殷墟西北岗出土的觯形器 R1075。

图一四〇　1.殷墟西北岗出土的卣形器 R1072；2.殷墟西北岗出土的四分形顶面盖 R1101。

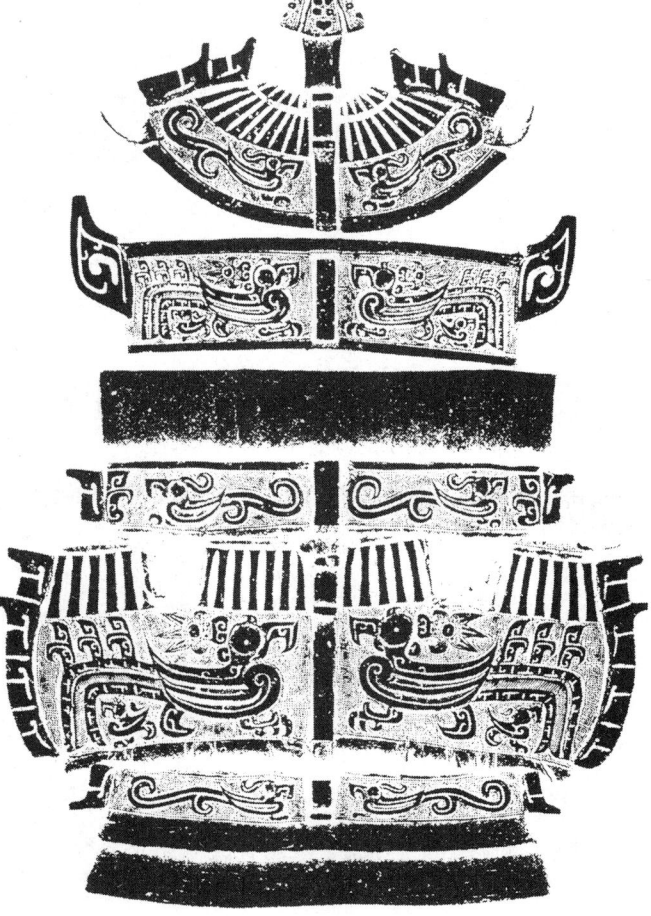

图一四一　上海博物馆收藏殷周之际的凤纹卣。

图一四二　上海博物馆收藏殷商时期的舟辛方鼎。　　图一四三　殷商时期小子省壶盖上和器身上的饰带。

凤与夔合为一体的刻纹,嘴、爪像凤,而尾巴像夔龙,另外,刀边上还有一层夔型的扉棱(图一四四);妇好墓出土的玉凤,身上也充满夔纹,羽冠上也有夔形的扉棱(图一二三)。上述几件礼器,或藏于各地博物馆,而出处不明,或从殷墟大墓出土。但是殷墟大墓出土的很多精彩礼器并非在殷墟铸造。尤其是殷墟一、二期还没有安排铸造坊,殷人经过战争以及其他国际交往将很多珍宝带到殷都,尤其是殷王武丁战事特别多,并通过交易、通婚等关系,从殷商势力范围之外的很多国家获得珍宝。可是,对照盘龙城的礼器可知,上述双凤饕餮造型的礼器来源不是盘龙城。花园东地 54 号墓出土了很多精彩礼器,其风格较像江西或湖南地区出土的青铜器和玉器,即这很可能是来自虎国的礼器;妇好墓也出土了很多文化属性为吴城虎国、三星堆等殷人并未打败的国家的礼器。换言之,殷墟出土的和各地博物馆收藏的双凤饕餮纹的青铜,其原制造处经常不明,但应该不是源自盘龙城文化所代表的商王国。

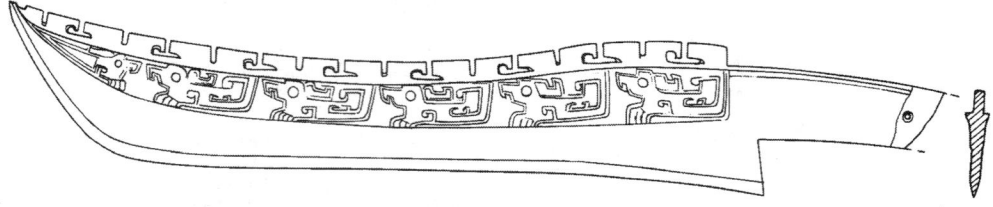

图一四四　殷墟武丁时期花园庄东地 54 号墓出土的玉刀。

西周早期,双凤饕餮纹依然很常见,如鄂叔簋器(图一四五:1)[1]等。双凤饕餮饰带在商周礼器中很常见,并且龙、凤饕餮经常出现在同一件礼器上。洛阳博物馆收藏的一件北窑庞家沟西周墓出土的铜觯,两面有成双夔龙饕餮,同时每一条夔龙的

―――――――

[1]　上海博物馆收藏,参陈佩芬:《夏商周青铜器研究》,西周篇,页 73—75,图二二六。

尾巴都变成鸟图,构成类似双凤饕餮纹(图一四五：2)①。台北故宫收藏的殷商时期牺首纹圆口方尊的构图也很相似,一双角为双龙饕餮,另一双角则为双凤饕餮②。

图一四五　1. 上海博物馆收藏西周早期的鄂叔簋；2. 北窑庞家沟西周墓出土、洛阳博物馆收藏铜觯双夔凤饕餮的腰纹。

　　从簋器纹是大凤饕餮,中间有夔纹鼻形令牌,而器座为两条夔龙饕餮(图八五)③。这种簋在西周早期颇为常见,如上海博物馆收藏的四件卷体兽纹簋,宝鸡西周早期墓以及叶家山曾国早期墓也曾出土类似的铜簋。另外,上海博物馆收藏一件凤纹饕餮簋,器纹也是双凤饕餮,而中间有鼻形令牌,同时簋座上的双龙饕餮,已很像双虎的结构(图一四六：1)；陕西省岐山县青化镇丁童村出土的西周早期外叔鼎的耳上的构图为双虎饕餮,其中间也有鼻形令牌(图一四六：2)。双凤饕餮在殷周一直常见,而双虎饕餮的结构则在殷商时期颇为常见,西周时期双虎饕餮造型似已变少,不过现有资料断代和统计不足,是否确有此变化趋势,还需要进一步确认和研究。

（二）双虎饕餮夒神

　　双虎饕餮结构可见于前文所提殷墟妇好墓铜钺、司母戊方鼎的鼎耳等殷商著名礼器上(图九八：2、3)；此外,湖南醴陵狮形山出土,现藏于湖南省博物馆的青铜象尊

---

① 据笔者自摄照片。

② 参陈芳妹：《故宫商代青铜礼器图录》,页320—327,器号52。

③ 参陈佩芬：《夏商周青铜器研究》,西周篇,页76—77,图二二七；页88—93,图二三三。

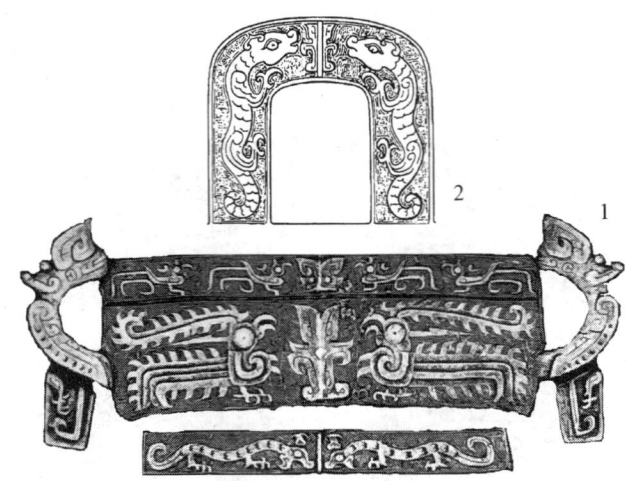

图一四六　1. 上海博物馆收藏西周早期的凤纹铜篇；2. 陕西岐山县青化
镇丁童村出土的西周早期外叔鼎的鼎耳。

（图一九六）、殷商武丁时期出自殷墟花园庄东地 54 号墓的牛尊（图二○三）、安阳五官村 1001 号墓出土的右方盉（图二○六）等礼器，在器物上两侧均有立虎的刻纹，组成双虎饕餮结构。这些礼器的风格基本上相当于江西、湖南地区的虎国文明。

　　三星堆祭祀坑出土的龙虎尊肩上的纹饰是"二龙共首"，而器身的构图则为"二虎共首"，足纹乃典型的双龙饕餮纹（图一四七；一四八；二二六：3）①；安徽阜南

图一四七　三星堆祭祀坑出土的龙虎尊。

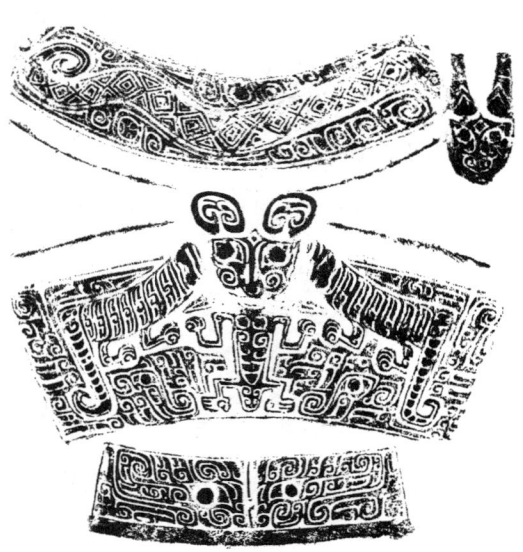

图一四八　三星堆祭祀坑出土龙虎尊的拓片。

① 四川省文物考古研究所编：《三星堆祭祀坑》，页 35—36。

所见铜尊的结构也与此相同（图二一二；二二六：2）①。"二龙共首"和"二虎共首"均为饕餮神造型，并且关键之处在于，这些构图都保留了饕餮的核心与重点：即神兽均成对而口嘴张开。所以这些造型皆是以共同的神兽信仰为基础；从饕餮纹具体的形貌，可以归纳出成对张口夔龙的母题。

西周康王时期㢤𫘦方鼎的耳上各有一对立体耸角小龙（图一四九）②，而山东寿张县梁山出土的太保方鼎的耳上则各有一对立体老虎（图一五○），可见龙和虎无论在礼器造型还是在神能上，都是可以互相取代的神兽。

图一四九　㢤𫘦方鼎。

---

① 葛界屏：《安徽阜南发现殷商时代的青铜器》，《文物》，1959年第1期，页2。

② 中国青铜器全集编辑委员会：《中国青铜器全集》，册5（西周1），图七。现藏于美国旧金山亚洲艺术博物馆，布伦戴奇藏品（B60B954）。

图一五〇　山东寿张县梁山出土、天津博物馆收藏西周康王时期太保方鼎。

（三）凤虎夒的扉棱

在饕餮结构里，基本上只出现龙、凤、虎三种等级最高的通天神兽，同时也只有这三种神兽才能用作礼器的扉棱。前文已阐明，礼器扉棱实为抽象的夒龙，甚至有些扉棱的龙形还表现得很完整，如克镈（图五五）等。宝鸡眉县杨家村窖藏出土的西周晚期的编镈之扉棱皆以两条龙组成，镈耳有双凤，但每只凤的尾巴有一个张开口的龙头（图五六）。反观诸多有大扉棱的礼器可发现，除了夒神之外，凤、虎亦可作为扉棱出现。如湖南石门出土高领卣的扉棱全部作成鸟型（图一五一）；上海博物馆藏殷商时期四虎铜镈的扉棱，两边皆以二虎组成（图一五二），相似的铜镈有一件出土自湖南藏于湖南省博物馆（图二二二：2），还有一件出土自曾国早期叶家山墓地（藏于随州博物馆），说明其在西周成康时期或略早时仍在制造。另有一件残器藏于弗利尔赛克勒美术馆，还有一件藏于日本泉屋博古馆①，各地博物馆亦多有收藏，说明这是曾经大量铸造的虎国之器。

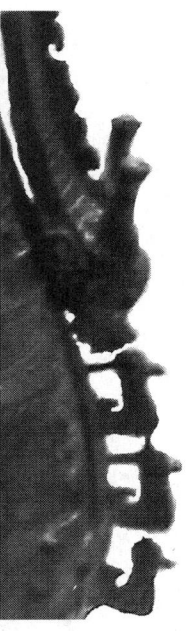

图一五一 湖南石门出土高领卣的扉棱。

（四）三神形象的混合及演变

三种等级最高的神兽，在历史的演变中越来越可见他们结合为一体的趋势。例如，西周晚期晋侯方壶盖纹是成对蟠龙交身（图七三：2、3），而在山东莒县西大庄西周墓出土的钩件纹饰上，每条蟠龙的尾首变形成鸟首（图一五三：1）；同时西大庄西周墓出土的軎辖上，有单条夬形夒龙纹以及典型的双首双爪的弯形夒龙

---

① 泉屋博古館：《泉屋博古：中國古銅器編》，京都：株式会社便利堂，2002 年，頁 139、218—219，圖 162。

图一五二　上海博物馆收藏的四虎铜镈。

图一五三　1. 山东莒县西大庄西周墓出土的钩件；2. 山东莒县西大庄西周墓出土的軎辖；3. 荆州马山一号
楚墓出土的夹纻胎漆盘。

（图一五三：2）①。

　　战国时期的楚文化艺术，又继续发展了凤凰饕餮的母题，而创造出许多变形的构图。例如荆州马山一号楚墓出土夹纻胎漆盘，盘内底纹由四条双头龙凤合体神兽组成。这四条凤的形状与弯形的龙身无异，但是头部却近似于鸟类：（图一五三：3）②。

　　在汉代画像石中，亦常见各种异形构图，但皆符合双凤饕餮结构，如四川东汉墓石函的石刻：新津宝子山崖墓的双凤（图一五四）。可见远古的母题，虽然经过

―――――――――――

① 莒县博物馆，刘云涛、夏兆礼、张开学、王健：《山东莒县西大庄西周墓葬》，《考古》，1999 年第 7 期，页38—45、97—98。

② 藏于荆州博物馆，据笔者自摄照片。

图一五四　四川新津宝子山崖东汉墓的双凤石函的石刻。

屡次变化,但在近两千年的时光中,依然一直被先民用在珍贵礼器和随葬品上。

战国以来,凤龙合体、虎龙合体的造型渐趋普遍,如西汉初期南越王墓出土的如意形龙虎头八节铁芯玉带钩上就是同类的双首动物,其中一大首为龙,小首为虎(图一五五:1)。自商代以来,成双的神龙为礼器纹饰的主要母题,成双天凤和成双老虎为由此母题衍生出来的构图。战国时期曾侯乙墓里出土了最早的龙虎两个神兽

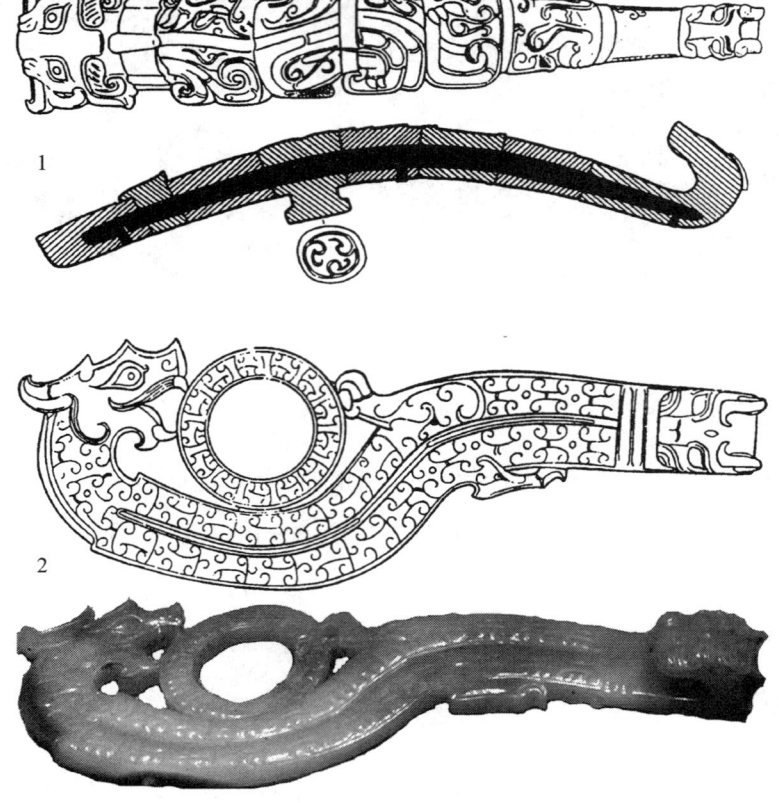

图一五五　南越王墓出土如意形的玉金器:1. 如意形的龙虎头八节铁芯玉带钩;
2. 如意形的龙虎并体玉带钩。

组合成双的构图,意为天文图,表达星宫:东宫青龙与西宫白虎(图一:3)。不过,先秦时期龙虎成双的构图仍然颇为罕见,自西汉起方慢慢增加,其中亦有些带翅膀的;到了东汉的画像石墓里,成对的翼龙翼虎已成为必备的题材之一。龙虎相对的构图常见于墓门、墓柱,或组成西王母龙虎座等(图一五六:4、5)①。战国以来,双首兽或

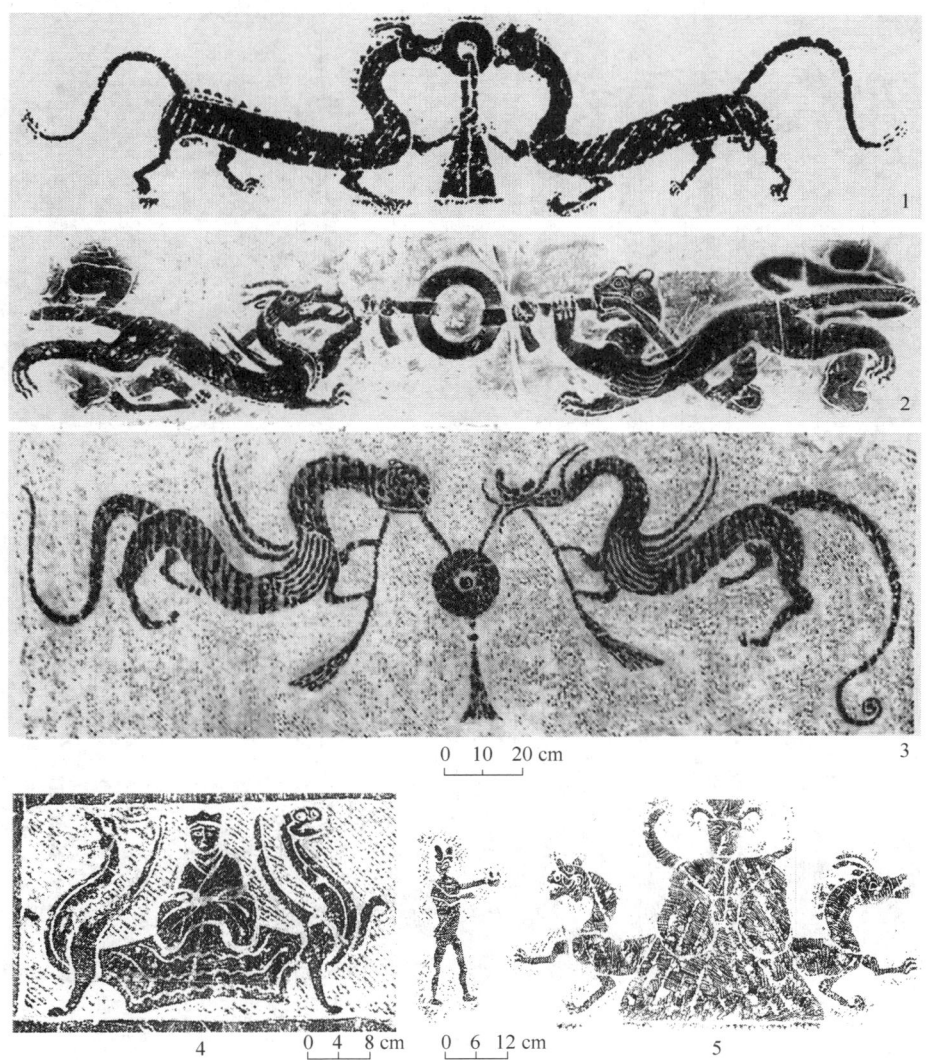

图一五六　四川东汉墓画像石龙虎图:1—3. 龙虎戏璧构图:1. 合江出土张家沟崖墓石棺石刻;2. 合江出土石室墓石刻;3. 新津出土三号石棺石刻;4—5. 西王母在龙虎座构图:4. 四川南溪城郊长顺城出土东汉二号石棺(局部);5. 四川合江张家沟东汉崖墓一号石棺。

① 　胡新立:《山东邹城市卧虎山汉画像石墓》,《考古》,1999 年第 6 期,页 44;胡新立著:《邹城汉画像石》,北京:文物出版社,2008 年,页 8;龚廷万、龚玉、戴嘉陵编著:《巴蜀汉代画像集》,北京:文物出版社,1998 年,页 286—289;胡华强著:《神木大保当——汉代城址与墓葬考古报告》,北京:科学出版社,2001 年,页 96、54;李林:《陕西绥德县延家岔二号画像石墓》,《考古》,1990 年第 2 期,页 178。

双兽构图也常以璧作为一个连接，如南越王墓出土了一件如意形龙虎并体玉带钩，其结构是龙虎合为一体的双首夔龙，虎的右脚为龙的夔爪，而夔爪和龙嘴间有玉璧（图一五五：2）。在东汉画像石中，亦常见符合双神兽饕餮的结构，并经常用玉璧作连接，如龙虎戏璧（图一五六：1—3）、双凤戏璧（图一五七：1）等。东汉时的玉璧和钱币，其象征意义已相同，所以在德阳墓的石刻上为双凤戏币图案（图一五七：2）①。

图一五七　1. 广汉墓出土双凤戏璧；2. 广汉墓出土双凤戏币；3. 四川绵阳石室墓双鹿戏璧的石刻。

神龙、天凤和老虎是中国古老传统中最高级的神兽，三者崇拜都蕴含着死者升天的理想，三者的重要性在礼器上有两种特殊表现：只有这三者，才可以构成饕餮纹；只有这三者才会用在扉棱的结构中。到了战国秦汉这三者依然被保留其最高

①　参俞伟超主编：《中国画像石全集》，册7，页62、160—161，图一九七。龚延万、龚玉、戴嘉陵编著：《巴蜀汉代画像集》，图287、328、330。

的地位。当时，春秋战国时期的人，接触斯基泰人从西亚带来的翼狮、狮鹫形象，之后，少量从外观模仿异域风味的形貌，并尝试将其与自己的文化形象相结合，将其纳入自身崇拜体系中。因中国文化自远古以来视龙、虎、凤为等级最高的神兽。这三种神兽中，只有凤才有翅膀，龙、虎不需要翅膀就能通天。为强调其崇高的天神地位，原本无翅膀的龙和虎的造型，也做出带翼的形象。所以，翅膀开始出现在神龙、神虎的背上，除了少量的例外，有翼造型基本上限于本来就是先秦文化中地位等级最高的神兽：龙和虎，甚至将翅膀作为其地位高的象征之一。这样，外来的翼兽，与中国本土对龙、虎的崇拜结合起来。翼龙、翼虎形象在战国时期就已经形成，在汉代漆器、金器、锦丝、玉器、石刻上都可见，以翅膀象征神兽的高等级。汉代画像石中出现的翼龙和翼虎有自身特点，并且两者经常并存。不过因为在古代信仰中，龙、虎不依靠翅膀就能飞天，所以汉墓构图中，翼龙、翼虎的造型（图一五六：2—4）跟无翅膀的龙虎（图一五六：1、5）常常并存，外来的翼兽形象只是有时候被用来强调它是本土最高级的神兽而已。①

　　除了龙、凤、虎之外，汉代画像石砖还有双龟结构，如汉武帝茂陵画像砖（图三〇九：2）。在商文化中龟被视为有灵性的动物，因此用龟甲追求灵验，而甲骨文的"灵"字有从龟形的写法"𩆜"（𩆜）。西周宣王时期逨盉造型蕴含了龙、虎、凤、龟的四种形象：器身两边各有盘龙的刻纹，凤形的器盖用虎形的耳与器身联合；同时全铜盉的形状是一只乌龟，盉身为圆形带甲的龟身、盉流为龟脖和张开口的龟头，而四足按照真实乌龟的特点两者往前、两者往后，足爪准确模仿龟足爪，同时其四足爪之上各有龙头，盉鋬上也有龙头。所以，虽然从原则上可以确定，西周晚期的逨盉是龙、凤、虎、龟四神合为一体的造型，但是并不能因此而以为"四神"观念已经形成，商周时期龟的造型并未见饕餮结构，其造型规律与龙、凤、虎均不相同，并未出现将此四种神兽同等并列的结构。只是到了汉代，以"四神"表征时空的观念被固定，龙、虎、凤（雀）、龟（玄武）成为同类的神兽，经常见于同样的构图里，形象虽仍在，但已经不是原来商周的意义了。

　　此外，《礼记·礼运》曰："何谓四灵？麟、凤、龟、龙谓之四灵。"②麒麟即是神

① 郭静云、王鸿洋：《从西亚到东亚：翼兽形象之原义及本土化》，《民族艺术》，2019年第3期，页118—133；郭静云：《从历史"世界化"的过程思考中国翼兽的萌生》，《民族艺术》，2020年第3期，页38—53；郭静云、王鸿洋：《汉代有翼仙兽：从多样形象到新创典范》，《宗教学研究》，2020年第2期，页244—252。
② （汉）郑玄注，（唐）孔颖达等正义：《礼记注疏》，页1091。

鹿。在秦代瓦当上,未见玄武造型,但是常见虎、凤、龙、鹿,证明鹿(麒麟)曾经为四神之一;东汉画像石亦有双鹿的结构,如四川绵阳石室墓有双鹿戏璧图案(图一五七:3)①等。不过这种鹿形的"饕餮"在商文明的礼器造型中极为罕见,比如殷墟 1004 号大墓的方鼎造型,几乎将饕餮纹变成鹿首(图一五八),但在鹿首之左右也还可见到双龙和双凤结构,这是以双龙、双凤和鹿首组成的饕餮神;鹿方鼎足上亦各有鹿首,左右由双夔搭配,强调鹿的神性。神鹿的崇拜来源应该牵涉到南、北不同族群信仰的组合,需要单独作详细研究,包括鹿方鼎这一独特礼器的来源,也需要进一步了解。

图一五八　殷墟 1004 号大墓的鹿方鼎。　　　　图一五九　殷墟 1004 号大墓的牛方鼎。

至于殷墟 1004 号大墓牛方鼎的造型,其实是典型的水牛角的双夔饕餮(图一五九)②,而并非以牛为饕餮神的构图。事实上,似水牛角的龙是较为常见的(如图

---

① 参龚延万、龚玉、戴嘉陵编著:《巴蜀汉代画像集》,图 256。

② 梁思永未完稿,高去寻辑补,李济总编辑:《侯家庄·第五本·1004 号大墓:安阳侯家庄殷代墓地》,《中国考古报告集之三》,台北:"中研院"历史语言研究所,1970 年,页 131—133,图版壹壹贰—壹壹柒;页126—131,图版壹零陆—壹壹壹。

三七：1；七六：2；九三：1；一三四：4；一九八等）。

三、饕餮与兽面之结合——兼谈神牛形象

虽然前文系统地否定将饕餮称为兽面纹，但有些礼器确实有兽面搭配饕餮的结构，鹿方鼎即是其中之一。另外在有些礼器上可以见到，类似以牛取代或搭配饕餮的造型，例如亚虎相父乙卣，只有在器足上才有典型的饕餮纹，器物的上饰带明显为虎头，只有鼻形的令牌和头下两条夔龙下颌，才指出该虎头与饕餮的关系；虎头上有夔纹符号，此外左右各有一条夔，这一对夔与虎头共同组成一个变形的饕餮神，亚虎相父乙卣的铭文中也有"🐅"（虎）的族徽。但在该器物的腰部和盖上另有一条完整的水牛，只有鼻形的令牌和头下两条夔龙下颌，才将它连接为饕餮，左右没有夔龙的造型，而有全身牛的造型；牛蹄造型很清晰，全身和头部上有夔纹，象征它也是神（图一六〇）①。

殷商时期扁壶的纹饰与之接近：其足部有神纹饰带，上半纹饰是带两夔下颌和鼻形令牌的虎头，而下半是带两夔下颌和鼻形令牌的牛头，但左右两半各以成对夔龙搭配组成一个构图（图一六一：1）。有些殷商时期瓢的腰纹上，亦可以看到神云中的牛头（图一六一：2）②。殷商时期白石雕刻有不少带神纹的牛象（图一六一：4—5）③。新干祭祀坑出土的虎头胄及殷商头盔均有虎头形貌（图二二八），而商代铙纹经常是牛头（图一六一：3），说明在殷商时期的礼器造型上，饕餮之外还有些可以定义为兽面纹的造型，并且在商文明中水牛的形象也已被神格化了。

有关水牛崇拜的来源、文化属性和信仰重点，却难以厘清（在各地仅发现极少数零散文物，如安徽薛家岗文化的一件陶质牛头，图一六一：6④，年代不确定）。依

---

① 现藏于美国亚洲协会美术馆（亚协）（Asia Society Galleries, New York, USA），《集成》器号5147。

② 现藏于上海博物馆，参陈佩芬：《夏商周青铜器研究》，夏商篇，页304—305，图一四九；页214—215，图一〇四。

③ 中国社会科学院考古研究所编著：《殷墟妇好墓》，北京：文物出版社，1980年，页157，图八二：3、7。

④ 阚绪杭：《望江汪洋庙新石器时代遗址》，《考古学报》，1986年第1期，页12。

图一六〇　美国亚洲协会艺术博物馆收藏的殷商亞虎相父乙卣。

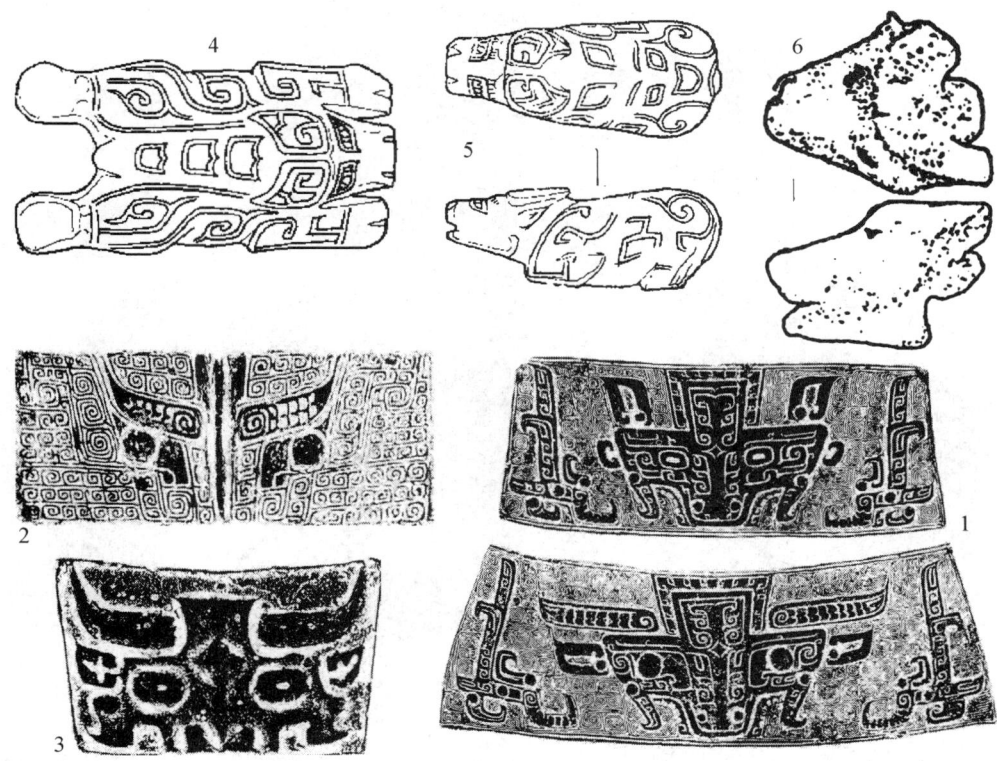

图一六一　1.上海博物馆收藏殷商时期的水牛纹扁壶；2.上海博物馆收藏殷商时期的水牛纹瓿；3.上海博物馆收藏殷商时期的水牛纹中铙；4—5.殷墟妇好墓出土的白石立雕牛；6.安徽安庆市望江县汪洋庙遗址出土的薛家岗文化陶质牛头。

笔者初步观察，长江上游地带牛的图案似乎较多，在三星堆铜尊，铜罍上常见牛头的造型；到了三星堆之后的十二桥文化甚至发现一件双牛饕餮构图的礼器，即成都平原彭县竹瓦街出土的牛纹铜罍。此遗址出土的礼器风格很特殊，很多是在模仿我们将于下文所讨论之汉江下游鄂国的器形，但牛的造型未见于鄂国，按目前的资料只能视为本地特有造型。牛纹铜罍器上有两只完整的牛在器耳上合头，形成一首双身结构，神似一首双身的双尾龙构图，而在盖上两只牛侧身置于鼻形皇杖之左右，形成双牛饕餮的构图（图一六二）。依笔者浅见，竹瓦街的礼器从外形模仿饕餮的结构，但对饕餮信仰的意义已不甚理解，所以才塑造了这样的图案。这问题牵连着竹瓦街铜器的文化属性和族群来源等很多非常有意思，但一时难以解决的问题。

从族群的角度思考，商周时期以"牛"为族徽的青铜器极为罕见。牛方鼎即为其中之一，其族徽是完整的一条牛，这与其他几件牛族徽的礼器不同，后者仅有牛

图一六二　彭县竹瓦街遗址出土西周中期的牛纹铜罍。

头"🐂"的族徽,如殷商时期的牛鼎①、牛簋②、牛卣③,或仅简单用"牛"字作为族
名,如西周早期的牛册达爵(族徽字为"🐂")④、牛作旅彝尊⑤等。在几万件青铜
器中,这种以牛为族徽的例子为数极少,但有牛头纹饰或在饕餮的构图上有牛特征
的礼器却相当多。

　　依笔者浅见,牛与饕餮亲近的情况或许与以下两个现象背后存在着共同的文
化逻辑,饕餮神的主要神能是作天地、死生之间的联络者,而在殷商文化中牛恰好
有这种作用:首先,牛被视为极好的向神祭献的宝贵牺牲;其次,殷商文明特别选
择牛骨作占卜载体,用于与上界联系并显示上界的答案。目前我们虽然能观察到
牛与神之间的亲密关系,但仍不足以解释何以古人特别选择牛为高级的牺牲和卜

①　如现藏于北京故宫,以及美国费城宾州大学考古与人类学博物馆(University of Pennsylvania Museum of
Archeology and Anthropology, Philadelphia, Pennsylvania, USA)。

②　现藏于美国旧金山亚洲艺术博物馆,布伦戴奇藏品(B60B33)。

③　现藏于美国纽约杜克氏处;Christie's New York Catalogue, Fine Chinese Archaic Bronzes, Ceramics and
Works of Art, 2002.09.20, lot 234.

④　《集成》器号9079,藏处不明。

⑤　现藏于北京故宫。

骨？对牛的崇拜来源于何地？对牛的崇拜是否有来自西方文明的因素？是经过曲折的路线从印度到达西南地区长江上游地带，或经过草原通道从西亚到东亚，或者这是两个途径大约同时带来的影响？有牛族徽之礼器的出土来源均不明，只有一件相当特殊的西周兵器，即出自甘肃灵台县白草坡遗址的牛纹銎戟，上阑有白种人的头，援脊上有牛头造型，内刻有可视为族徽的牛头（图一六三）。但是这件銎戟的牛形象肯定不能代表所有的牛的造型来源，依笔者浅见，应该考虑不同来源的集合情况。

图一六三　甘肃灵台县白草坡遗址出土的西周牛纹銎戟。

还有一个尚未厘清的问题：在商周文化中水牛与黄牛的区分。礼器上的造型大部分似南方的水牛，而用来占卜的牛骨则因测量不足而无法判定属于水牛还是黄牛。这一切还需要进一步研究。

四、“神象”：虫龙之外的夔形鼻皇

总体来说，虽然殷商时期神兽崇拜文化多元繁杂，但还是可以看出，在许多神兽之间，只有龙、凤、虎才是饕餮主神，只有他们才有能力作死生、天地之间的连接，所以在神兽的等级中才属于崇高的神能最完整的神兽。尽管如此，商文明精神文化中，还有一些其他形象和信仰作用特殊的神兽，从礼器上可以部分了解其形象之隐义。在这一类神兽中，除了鹿和牛之外，还常突显出大象的形象。在商周少数礼器上会用大象部分地组成饕餮和扉棱。

从文化属性来说，带有大象形貌的饕餮可能属于长江上游的西南地区，并自此往北影响到宝鸡地区。根据风格来判定，可能时代最早的象纹可见于友尊（或谓之九象尊)以及四象觚(图一六四;一六五)①,这两件器物均被视为属于殷商时期,收藏于北京故宫,出处不明。其大象形状完全相同,应该是同一个地方制造的,都作全身侧面的造型,张开口,身上有夔纹。但是没有饕餮的成双结构。

图一六四　北京故宫收藏殷商时期的友尊(九象尊)。　　图一六五　殷商九象尊和四象觚的大象造型。

可是湖南宁乡师古寨和月山铺出土的三件铜铙上,有成双大象的构图,似为以成双大象组成的饕餮(图一六六:1)②。马强先生将友尊和大铙的造型视为同一类型③,但依笔者浅见,有无成对结构非常重要,应该视为不同的类型。殷墟出土的方彝,足上也有相对的大象图案,这两种构图虽然很像,但从大象的造型来看,大铙上的象自然活泼,而方彝上象的造型颇为奇怪,制造者似乎未见过这种动物,仅是凭间接知识模仿象的造型而已(图一六六:2)。该方彝同时在器身下半段和器盖各有大头的双夔饕餮,器身上半段则有双凤饕餮结构。

西周中晚期的楚公家钟可能继承了湖南铜铙的造型,在隧上两栾之角,各有神兽,在三件传世的楚公家钟上有刻相同的夔纹化的凤凰(图一六七:1),而在另一件传世的楚公家钟上则刻夔纹化的大象(图一六七:2)。

① 杜乃松:《记九象尊与四蛇方甌》,《文物》,1973 年第 12 期,页 62—63、78,图版陆:1。

② 湖南省博物馆、周世荣:《湖南省博物馆新发现的几件铜器》,《文物》,1966 年第 4 期,页 1—6、60。盛定国、王自明:《宁乡月山铺发现商代大铜铙》,《文物》,1986 年第 2 期,页 44—45。

③ 马强:《商周象纹青铜器初探》,《中原文物》,2010 年第 5 期,页 57—65。

图一六六　1. 宁乡月山铺出土商代大铜铙上的成对象纹；2. 殷墟出土方彝足上的双象饕餮纹。

图一六七　日本京都泉屋博古馆收藏西周中晚期的楚公𪔂钟。

　　象纹的青铜器较多见于西周早期,如洛阳西工区邙山镇马坡村出土的一对西周早期的士上卣,腰部和器盖各有成对大象饕餮,大象的身体以纹饰化的夔纹符号组成,表现其为神的等级,此外器身、盖各有一带状互相回头的夔龙,提梁和两面的中间有突出来的羊头(图一六八:1)①,双夔饰带的形状与殷商时期小子省壶器身上的夔纹相同(图一四三下)。同样在洛阳马坡村出土的士上尊腰纹与士上卣相同(图一六八:2),其他部分都以同形的夔组成的。西周早期的僪簋,器、盖的纹饰以夔纹和明纹为主②,而器座上有成对大象饕餮,与士上卣、士上尊上的形状基本相同(图一六九),应该是同一地方甚至有可能是同一作坊制造的。就器型和铭文判断,这是西周昭王时期的礼器;这些礼器的南方风格应该与昭王南征荆楚有关系。此外,北京房山县琉璃河黄土坡村209号墓出土的西周早期伯作乙公簋,器、盖也有与上述几件相同的成对象纹,四足作成象鼻的形状,两耳则为鸟型(图一七〇)。日本奈良国立博物馆收藏的西周早期铜簋,口沿和足上有夔龙饰带,这些夔龙的上唇特长,带有尾刺的构形,同时也似象鼻(图一七六:4)③;上海博物馆收藏的从簋和奈良国立博物馆收藏同时期的铜簋,器纹上各有卷体的成对神凤,它们的上唇形状也似象鼻(图八五)。

　　殷商晚期羊子山鄂国青铜器扉棱以象鼻组成,例如鄂国铜卣,器、盖前后面各有象面,其鼻成为扉棱,盖上侧面的扉棱是代象鼻的夔龙,而器上侧面的扉棱是一只凤;象面带着夔形的羊角,另突出来的几个象面也带同样的夔角,将龙、羊、凤、象综合为一种神奇的形状(图一七二;一七三)④。鄂尊前后的扉棱是象鼻,侧面是变形的凤,另外在下层有老虎的造型(图一七一)。鄂侯方彝的造型相近,多用夔纹,有明纹,其象头纹也有夔形的象鼻、夔形的羊角,另有竖立的双夔,有的盖上不是象面而是双鸟,其侧面的扉棱似夔形和凤形,其中部分也似象鼻口(图一七四;一七五)⑤。叶家山成康时期的曾侯墓里,亦曾发现一对鄂国风格的铜罍。

①　一件藏于日本神户白鹤美术馆,一件在美国哈佛大学福格美术博物馆(Fogg Art Museum, Cambridge, Massachusetts, USA)。

②　"明纹"的意思在本书中编再细谈。

③　奈良国立博物館:《奈良国立博物館藏品図版目録:中国古代青銅器编》,奈良:奈良国立博物館,2005年,頁72、75、137—138,図161、167。

④　现藏于随州市博物馆,参随州市博物馆编:《随州出土文物精粹》,北京:文物出版社,2009年,页30—31,图35。

⑤　随州博物馆收藏,据笔者自摄照片。

图一六八　洛阳西工区邙山镇马坡村出土、日本神户白鹤美术馆收藏西周早期的青铜器：
1. 士上卣；2. 士上尊的腰部。

图一六九　辽宁省博物馆收藏西周早期的倗簋。

图一七〇　北京房山县琉璃河黄土坡村 209 号墓出土的伯作乙公簋。

　　在青铜器上极少有以""作为族名或族徽来用，其中两件象觚和象爵源自安阳市薛家庄墓葬①，但该地恐怕不能代表该器物的制作源地，其他象爵②、象祖辛鼎③、象祖辛尊④完全没有出处记录。这些器物在为数众多的商周青铜器中属于极少数的例子，难以代表崇拜大象的大传统。商代是否有崇拜大象的独特传统，或者它的形象只是用于表达某些神祕的意义？

①　M3：26、27，现藏于考古研究所安阳工作站。

②　现藏于德国科隆东亚艺术博物馆（Museum für Ostasiatische Kunst Köln，Germany），或现藏于安阳市博物馆。

③　《集成》器号 1512，藏处不明。

④　现藏于中国国家博物馆。

图一七一　随州安居羊子山出土、随州博物馆收藏的鄂国铜尊。

图一七二　随州安居羊子山出土、随州博物馆收藏的鄂国铜卣(正面)。

图一七三　随州安居羊子山出土、随州博物馆收藏的鄂国铜卣(侧面)。

图一七四　随州安居羊子山出土、随州博物馆收藏的鄂侯方彝（正面）。

图一七五　随州安居羊子山出土、随州博物馆收藏的鄂侯方彝（侧面）。

依笔者浅见，以上所列的造型给我们了解大象神性的意义提供钥匙，象鼻造型其实就是大型的夔。如果我们看三星堆的青铜人面像，其长大的鼻子既是夔亦是象鼻（图一二八：3）。象鼻形象能涵盖两个重点：夔神和鼻皇的意思。古人不是从一开始就崇拜大象，而是因为观察到大象的鼻子又大又长，形似长龙，且又能作鼻形的令牌；正因为大象有此夔形大鼻，所以才被古人转借为崇高神性的象征。

西周时期夔形的象鼻见于几件宝鸡出土的礼器上，如石鼓山三号墓出土了西周早期的方座簋，器座四方各有互相背立的大凤，凤羽以夔纹造型，而凤鼻作成象鼻，这是凤、夔、象合为一体的新形象，并且以大夔形的象鼻，强调凤的崇高神性（图一七六：1）。眉县马家镇杨家村出土天盂的四耳作成带夔形象鼻之象首（图一七六：2）。盠方尊的两耳，虽然没有保留象首，但象鼻形状明显，象鼻上刻夔纹（图一七六：3）。河北邢台市葛家庄西周墓出土西周早期象首龙虎纹钺（图一七七）[1]，与宝鸡竹园沟十三号墓出土弓鱼国人虎銎钺的结构接近（图二九八）[2]，并且大象的形象在宝鸡地区的西周早期遗址中常见，故可以考虑葛家庄出土的銎钺有可能来自弓鱼国或附近的地区。上海博物馆收藏西周早中期的象首兽纹钺有人头象鼻神奇造型，其身体似乎为人身，无脚而有似鸟头的尾巴，这也似是源自西南地区多元文化脉络的造型（图一七八）。西周厉王默簋的两耳，其象鼻往下卷，并从下面伸出龙头，而象头上则另有龙头（图一七九）。

依笔者浅见，这些礼器一方面证明象鼻是巨型化的夔龙和皇鼻的象征，另一方面从地理关系暗示：以象鼻为夔的做法源于江汉上游和成都平原的文化脉络。三星堆文化中的礼器造型巨大，所以笔者假设，在该文化中或许用巨大的象来扮演小型虫龙的角色。

五、构成饕餮局部形象的神兽

殷商以来，无论是夔龙还是凤、虎饕餮，其局部造型经常蕴含其他动物的特征，

---

① 现藏于河北省文物研究所。

② 卢连成、胡智生：《宝鸡弓鱼国墓地》，北京：文物出版社，1988年，页72，图六〇。

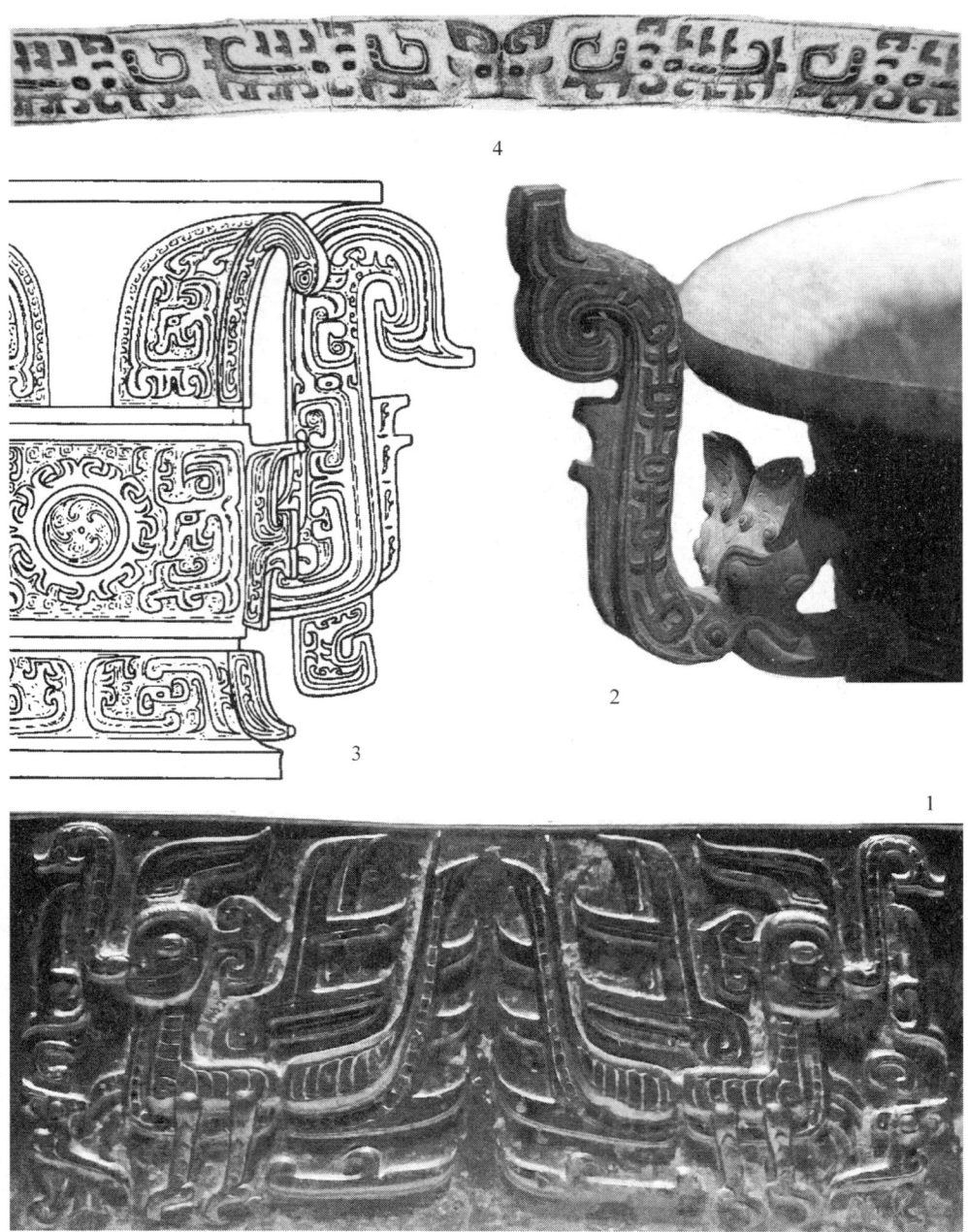

图一七六　1.石鼓山3号墓出土方座簋的器座；2.陕西眉县马家镇杨家村出土天盂的器耳；3.陕西眉县马家镇李村窖藏出土的西周中期的盠方尊；4.奈良国立博物馆收藏西周早期铜簋的口沿纹。

图一七七　河北邢台市葛家庄西周早期墓出土的象首龙虎纹钺。

图一七八　上海博物馆藏西周早期的象首兽
　　　　　纹钺。

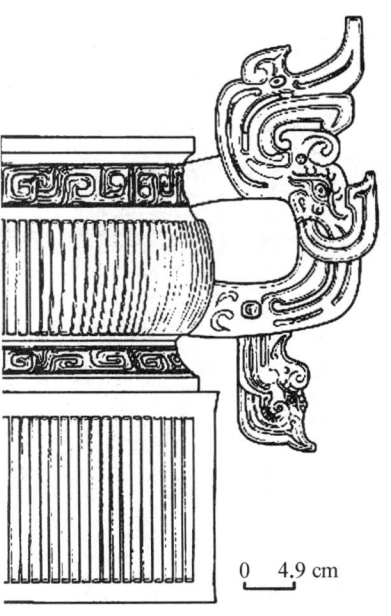

0　　4.9 cm

图一七九　陕西扶风县法门镇齐村窖出
　　　　　土、扶风县博物馆收藏的西
　　　　　周厉王㝬簋。

图一八〇　殷商青铜器龙角与幼虫角的比较。

如上述带象鼻的双凤(图一七六：1)等。最常见的模式是,将各种动物特征集合在龙的身上,如龙带着鸟爪或虎爪等,又常见夔爪有鸡距(如图八三;九一;一一三等)。此外龙角也有几种。龙角本身自然传承了毛毛虫角的形状(图一八〇),但是殷商时期龙的造型经常带有水牛角(如图三七：1;七六：2;九三：1;一三四：4;一九八等)或羊角(如图八一;九六：2;一〇〇等),以及常有以虎耳形象取代龙角的造型(如图八八;八九;九十等)。

饕餮的基本构图一直可见于商周礼器上,神兽种类虽然非常多元,但亦有规律,除了常见的龙、凤天神之外,似乎只有老虎才有特殊地位,以此三者构成饕餮的基本形式。其他神兽中,水牛经常会混合于饕餮中,大象表达夔和鼻的转义形象,羊角亦见有结合于夔龙饕餮的形象,其他神兽或其局部则较少出现于饕餮形象之中。不过这几类神兽,已足以将龙的形象逐步变成大自然所没有的——将虫、凤、虎、牛或羊等因素混合为一体的神兽。

六、神兽头像

除了饕餮主要结构之外,在礼器上经常还有各种小型动物的单独的小型头像。商周墓和车马坑里亦常见独立制造的兽面具,一般作为马饰之用。此外,兽头常作器耳或提梁的接头,或独立于礼器之无特殊功能的位置,如在饕餮之上的中位和方形礼器的角上。这些兽头在大部分礼器上限于龙头、虎头、凤头三种主要神兽,以及牛、羊两种牺牲，其他则罕见。龙头显然最为普遍（图一八一：1；另参图一四七；一五一；一七二；一七五；二一二；一九九等）；老虎头出现的频率也高（图一八一：2；另参图五〇：1；五七；八八；八九：1；一〇六：1；一四六：1等）；鸟则一般以全身造型出现（如图一七〇；一七四；一八四：2；二〇〇；二二〇等）。三星堆的尊，肩上均有牛头或羊头的造型，这种构图亦传到湖南、江西、殷墟等地。牛头的出现率颇高（图一八二①；一六〇等）。西周早期弜伯双耳四方座簋的双耳造型是老虎从背后咬牛额（图一八三），这件器物很独特，这种猫科猛兽咬食草动物的主题，是典型的西亚古文明的主题；其出现可能与殷周之际马商与马政的发展有关系，通过马商贸易的路线和草原族群的桥梁，远地文化形象开始传入华西。②

图一八一　1. 上海博物馆收藏竹斿卣的口沿纹；2. 河南平顶山新华区薛庄镇
　　　　北滍村 M242 墓出土的柞伯簋。

羊头的出现率也不低，如上海博物馆所收藏的一对四羊乳钉瓿，其肩上有四个羊头，之间则有四个扉棱形的鸟，足部的饕餮含着虎面特征（图一八四：2），这类羊头造型较常见（图一八四：1；一六八：1等）③。

其他动物的兽首形装饰便属罕见。大象的头像应源自西南地区文化传统（图一七〇至一七八），其中殷末时鄂国礼器创造出象首或象鼻、象牙与夔纹、羊角混合的奇特造型；亞醜方尊全身的纹饰是典型的夔纹，肩上四角有象头，中间有怪角之龙（图一八五）。另外，湖南常宁县出土的豕首方尊，亦属罕见的造型：肩上四方有

① 陈佩芬：《夏商周青铜器研究》，夏商篇，页 345—346、280—285、288—289、353—354，图一六七、一三七至一三九、一四一、一七〇。

② 郭静云：《从历史"世界化"的过程思考中国翼兽的萌生》，页 38—53。

③ 陈佩芬：《夏商周青铜器研究》，夏商篇，页 370—373、350—352，图一六〇、一六一、一六九。

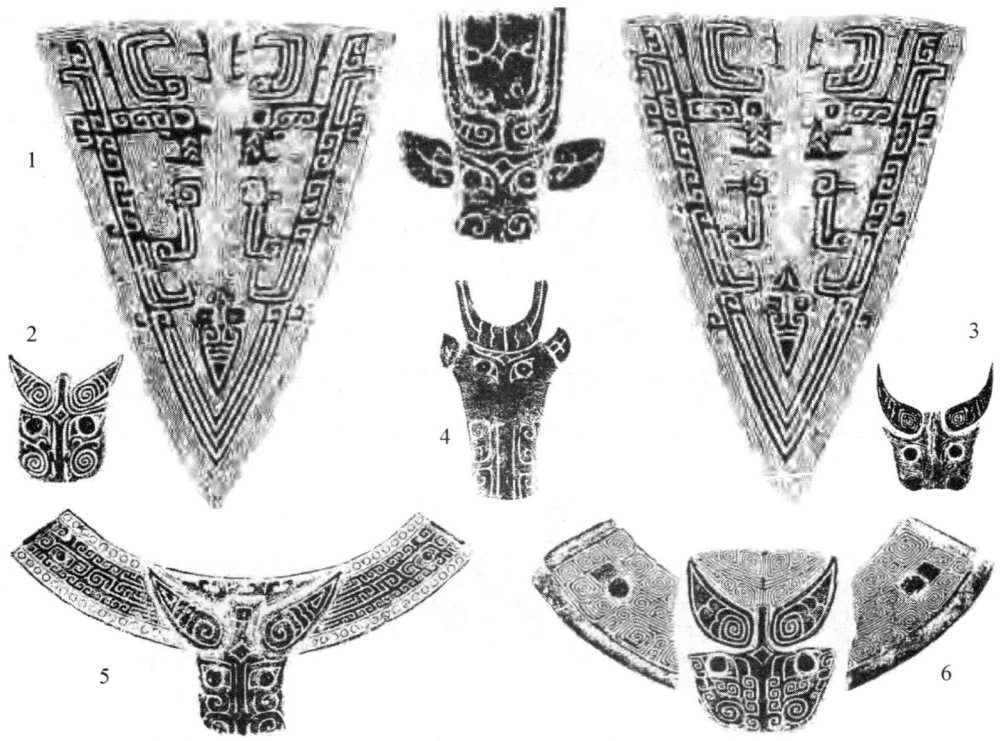

图一八二　殷商牛头像礼器：1. 牛首罍的上半纹；2. 牛首尊肩上的牛头；3. 牛首尊肩上的牛头；4. 牛首盉
　　　　　的耳纹；5. ⋔ 尊肩上纹；6. 牛首尊肩上纹。

图一八三　宝鸡青铜器博物院收藏西周早期的强伯双耳四方座簋。

图一八四　1. 上海博物馆收藏殷商时期方罍的肩纹；2. 上海博物馆收藏殷商
　　　　　时期四羊乳钉瓿的肩纹。

图一八五　台北故宫收藏的亞醜方尊。

小猪头,而四角上则有带猪嘴、鸟翅的小龙头(图一八六)①。安阳出土殷商末期的四祀邲其卣的提梁有犀牛头,在少数的礼器上亦可见貘头、蟾蜍等。

图一八六　湖南常宁县出土豕首方尊的肩部。

七、立体的神兽造型

商文明尤其是殷商时代,龙在许多人的眼中已失去原来的幼虫形象,而蕴含有很多其他动物的特点,因此而使饕餮造型折衷化了。殷商时期高级礼器中有不少双首龙形的觥蕴含着其他各种动物的特点,以虎、凤、牛、羊为主,少数也有鹿和象的特点(图一八七)。妇好墓出土的铜觥的构图将器、盖联合成一个铜像,前面有坐着的老虎,后面有老鹰,身上有夔纹(图一八八:1)②;示贮觥的构图相近,但老虎带着龙角和牛耳,老鹰带着羊角(图一八八:2)③。

除了这种由神祕双兽组成的礼器之外,还有较写实的独立制作的立体禽兽造型,早商时期已可见之,如在吴城、三星堆文化里出现独立的鸟和虎的造型(图一八九至一九二;一二八:2;二〇八;二〇九;二一一:1、2等)。在这些神兽的身体上,经常可见有神祕低刻的阴纹,都以夔神纹符号组成。不过也可以发现一些差异:吴城文

① 现藏于湖南省博物馆,同样的一件现藏于日本泉屋博古馆,参泉屋博古館:《泉屋博古:中國古銅器編》,頁60、199,图69。

② 中国社会科学院考古研究所编著:《殷墟妇好墓》,页63,图四二。

③ 《西清砚谱》32.3,或参史语所殷周金文暨青铜器资料库 http://db1n.sinica.edu.tw/textdb/test/bronze/img_main_filepool0.php?brNum=09256&uriId=09256L1。

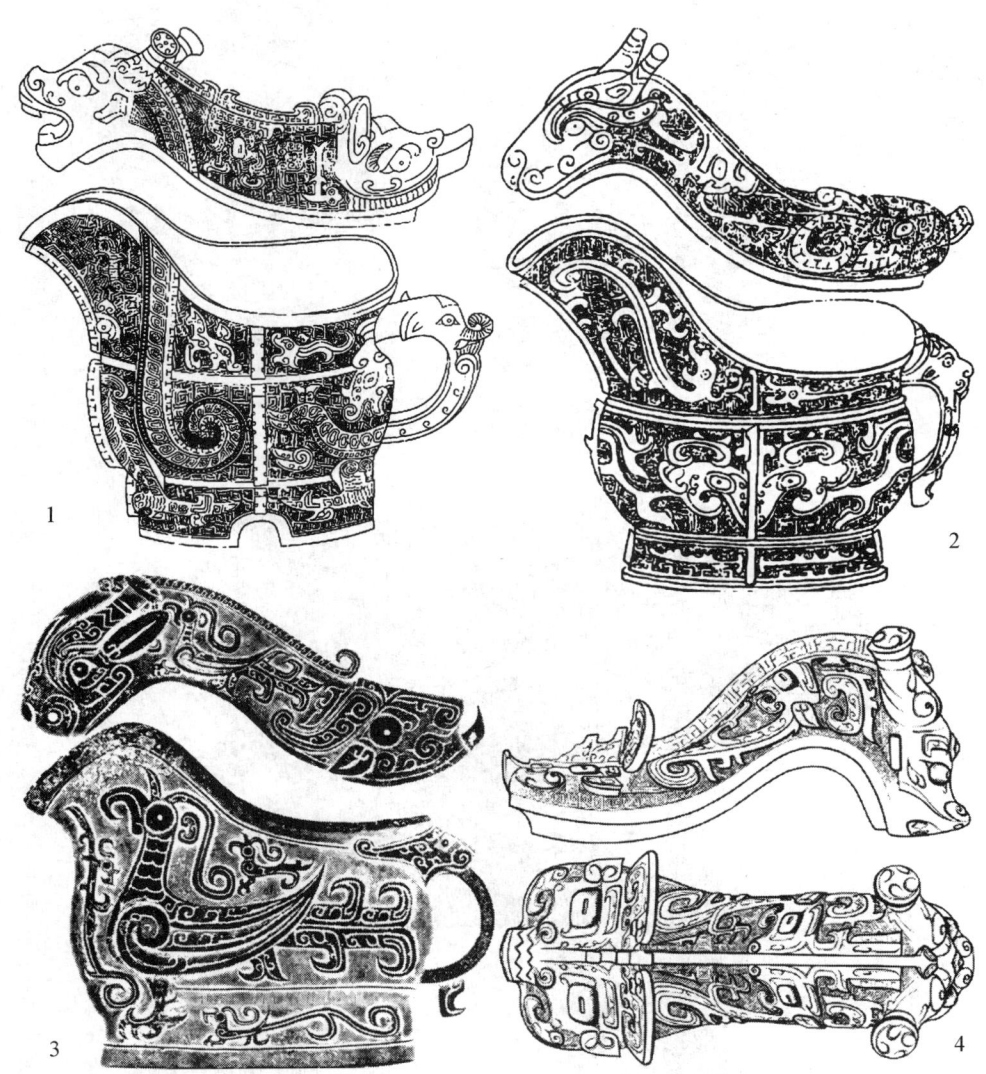

图一八七　殷商觥：1. 冉蛭觥；2. 檗父乙觥；3. 上海博物馆收藏的兴父乙觥；
4. 陕西省扶风县法门镇上康村出土的犾驭觥盖。

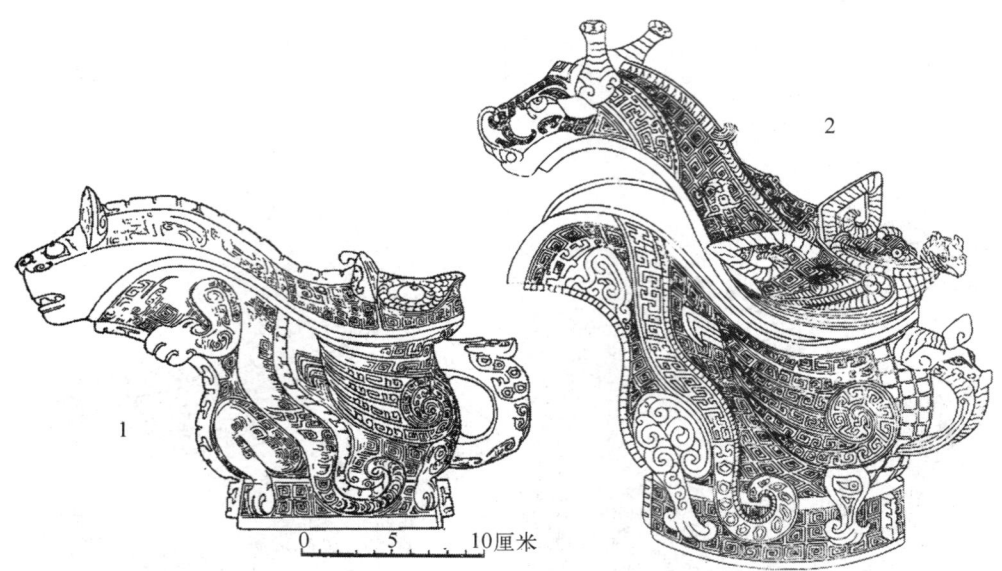

图一八八　殷商觥：1.妇好觥；2.示贮觥。

图一八九　新干祭祀坑出土的扁圆虎足鼎（标本14）。

图一九〇　三星堆铜鸟。

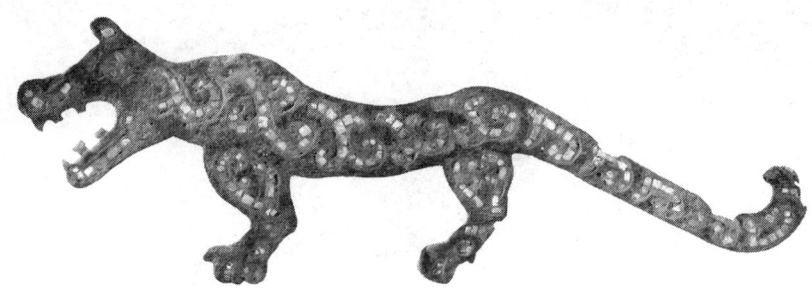

图一九一　三星堆一号祭祀坑出土的嵌绿松石铜虎。

图一九二　据传自宁乡出土殷商时期的虎食人卣。

化的立体神兽都在身上有夔纹,而三星堆则经常没有。这反映出吴城文化更深入吸收夔神纹;而三星堆在文化交流和同化过程中,吸收和消化夔神纹母题的程度略低。

殷商时期立体神兽的造型依然多见于南方,其他地区虽有出土但大多也呈现出南方风格。尤其是湖南地区年代大约从盘龙城第六期至殷商时期的青铜器中,立体的神兽出现最多,造型精致、灵活并显示出特殊的艺术风格。依笔者观察,湖南地区出土的礼器均有三个主要的特征:第一,礼器形状自由多变,常出现以某动物为主体的立体造型;第二,技术高超,多大型礼器,器身有颇为精致的凸出浮雕;第三,立体动物身上的纹饰,都以成对的龙、凤和虎组成。笔者推论,这些礼器代表了湖南的本土制造,并可以从其风格特征来判断一些在别的地方出土的礼器,包括有不少殷墟出土的青铜器原本应该是在湖南制造的。

湖南湘潭县出土的现藏于湖南省博物馆殷商时期的铜豕尊,四腿以成对夔龙为图案,全身也有许多夔纹符号(图二一六:5;二二〇:1)[①]。湖南地区著名的礼器之一,是据传自宁乡出土的两件殷商时期虎食人卣,现分藏于巴黎色努施奇博物馆(Paris, Musée Cernuschi)和日本京都泉屋博古馆;整个器形如神虎,但虎身有许多左右成对的夔龙以及双首夔龙(图一九二;二二六:1)[②]。野猪和老虎身上的夔纹强调牠是神,负责死生、下上之联通,由牠吞噬的人经过神杀而升天。虎食人卣的构图同时蕴含甚多其他神兽的造型:提梁上有四条相对的夔龙,而提梁的两端为两个象首,老虎的尾巴亦似象鼻,在其之上有带牛角的饕餮,盖耳则做成公鹿的形状。

大象造型应是南方礼器的特征,目前仅一件象尊有出土资料,系出自湖南醴陵狮形山,现藏于湖南博物馆,其余在国内外博物馆所收藏的几件礼器,则因造型风格相同,可判断应属于同一地方来源,依笔者浅见,应属湖南地区的礼器无误。在美国华盛顿弗瑞尔艺廊收藏的青铜象尊,象身上夔龙在云层中(图一九三)。新乡市博物馆收藏的白陶大象的腮颊上,以神纹符号强调崇拜对象的神性(图一九四)[③];妇好墓出土的雕刻象的风格与前者相同,身上有成对夔纹,依笔者浅见,这是南方石工制造器物(图一九五)[④]。湖南博物馆的象尊身上的纹饰特别丰富,侧

[①]　中国青铜器全集编辑委员会:《中国青铜器全集》,册3(商3),页39,图版一三五。

[②]　李学勤、艾兰:《欧洲所藏中国青铜器遗珠》,北京:文化出版社,1995年,图40、页323—324。中国青铜器全集编辑委员会:《中国青铜器全集》,册4(商4),图一五二、页42。

[③]　据笔者自摄照片。

[④]　中国社会科学院考古研究所编著:《殷墟妇好墓》,页157,图八二:2。

上左右有几条成对的夔龙,屁股上有两组饕餮,前足上左右各有站着的老虎,象鼻
上也卧着一只老虎,耳后有两只凤,这种造型已经不仅用夔龙的造型,而同时用龙、
虎、凤三种神兽,以强调大象的神性(图一九六)。

图一九三　美国华盛顿弗瑞尔艺廊
收藏的青铜象尊。

图一九四　新乡博物馆收藏殷墟时期的白陶大象。

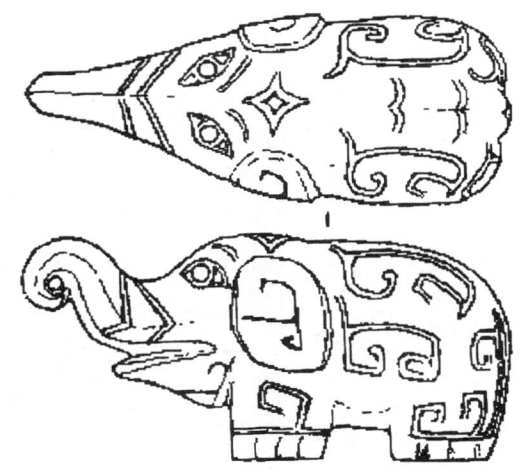

图一九五　妇好墓出土的石刻象（标本 551）。

图一九六　湖南醴陵狮形山出土、湖南省博物馆收藏的青铜象尊。

图一九七　大英博物馆收藏的双羊尊。

图一九八 日本根津美术馆收藏的双羊尊。

　　神兽结合首先在殷商之前的吴城、三星堆文化出现,这些国家因接受很多商文明的形象,同时与自己的文化形象相结合,从而创造出复杂、独特的造型。接着殷商时期神兽结合,且明显形成了祂们之间的等级关系,凤与虎升华到与夔龙几乎同等的高位,因此在动物型的尊上同时出现成对夔、成对凤或老虎,也就是强调该动物也是神兽。例如,湖南宁乡出土的著名的四羊方尊,羊的身体上既有夔纹亦有凤,另外羊之间有立体的四个龙首(图一九九)。日本藤田美术馆藏的凤纹羊觥,亦是风格相同的礼器,羊身两侧各有凤凰,周围有很多低刻的夔纹和云纹,盖上有夔和鸟(图二〇〇)。

图一九九　湖南宁乡出土、湖南省博物馆收藏的四羊方尊。

图二○○　藤田美术馆收藏殷商时期的凤纹羊觥。

　　大英博物馆收藏的双羊尊,羊肩胛上有夔纹,双羊间的杯以龙头为造型(图一九七)。日本根津美术馆收藏的双羊尊结构相近(图一九八)。依笔者浅见,这两件双羊尊曾经不仅是源自湖南地区同一家青铜器作坊,而且是成对的礼器:英国收藏的双羊尊稍微大一点,下颚有羊胡显示这是公羊;日本收藏的稍微小一点,无胡,是母羊;公羊尊杯上龙的角是似为"且"(祖)字形的典型龙角形状,而母羊尊杯上龙的角是牛角,母羊的眼睛以及其尊杯上龙的眼睛原来有镶嵌(可能用绿松石或其他材料镶嵌),母羊角上也有公羊没有的母性符号刻纹;不过,公母两羊身上都有夔龙造型和神纹符号的刻纹。

　　殷商时期的铜工、石工已可以视为宗教艺术家,他们所创造的神兽造型,不仅充满成对夔龙的刻纹,亦蕴含着其他神兽,构成奇异变形的形象,如妇好墓出土司母辛羊形四足觥,前头造型为写实的羊,尾端为鸟型,后两足是羊后腿和鸟爪的混合,羊身上有鸟翼,羊背上另有一条龙(图二○一)[1]。在此我们不应忘记,武丁时

––––––––––––––––

[1]　中国社会科学院考古研究所编著:《殷墟妇好墓》,页61,图四○。

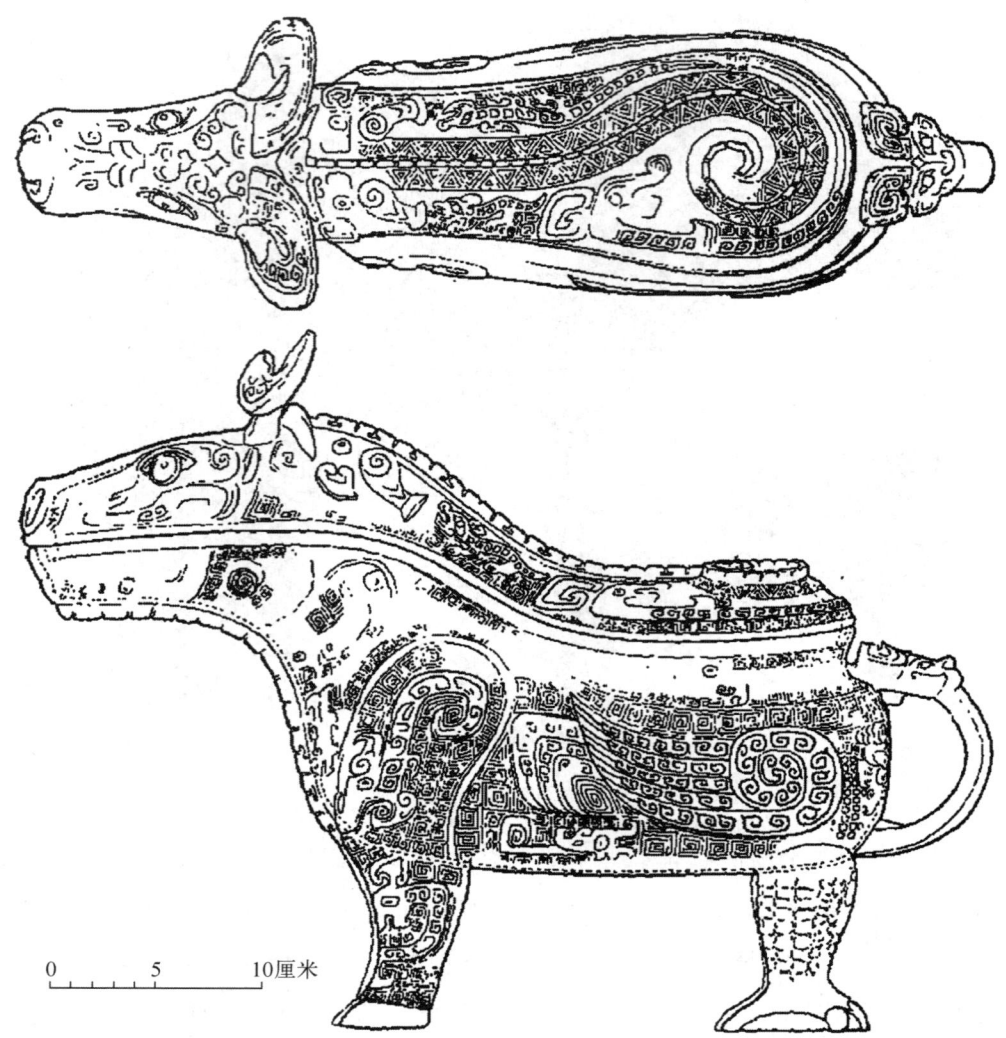

0   5   10厘米

图二〇一   妇好墓出土的司母辛羊形四足觥。

代殷墟还没有开始铸造青铜器,武丁时代大墓出土的青铜器是外来的。而其中不少明显源自江西、湖南地区,具有明显的湖南铸造的精彩的青铜器风格,是殷商自南方取得的宝物。它们铸造的时间应该比武丁时代略早,有可能是在盘龙城五、六期的时候。

殷商打败了盘龙城后,盘龙城风格的青铜器容易得到,甚至有些盘龙城的工匠服务于殷人。而成都平原三星堆、江西吴城、湖南仍在殷人势力范围之外,因此这些东西对他们来说稀有而珍贵,需要经过复杂的长途交易才能到达殷墟,所以只有王室才可以使用和拥有。是故只有在殷商王级墓里才有那么多三星堆、吴城和湖南风格的铜器。这并不是因为这些礼器随处可见，反而是因为其少见，而被殷商贵族视为珍稀宝物。就因为这样，很多江南地区的礼器出自殷墟。①

　　湖南衡阳市郊包家台子出土的水牛尊（或谓之牺觥），其身左右各有大凤和小夔，盖上有立体的小虎，作为盖耳②。上海博物馆收藏的牛尊与其极为相似，所以有些学者认为这两尊原本为一对（图二○二），甚至是在同一作坊铸造的，水牛是南方动物，其风格相近于商时湖南地区。2014 年陕西岐山县京当乡凤雏村的西周中期墓里又出土了殷商早时期的牺觥形状、尺寸和纹饰与前两件相差无几。另一件牺觥，虽然出自殷墟武丁时期的花园庄东地 54 号墓，但其造型属湖南风格，身上两边各有老虎，颡上左右各有凤，鼻上左右和眉上各有夔龙（图二○三）③。出自陕西省岐山县贺家村西周中期的牺觥传承了盘龙城晚期或殷商早期湖南地区同类器的形状，盖上有立体的小虎作为盖耳，但身上的刻纹是西周类型的抽象夔纹（图二○四）。可见，这种湖南风格的礼器循着汉江和秦岭古道传到关中地区，促成了先周及周初宝鸡、周原地区的多元青铜风格。陕西岐山县京当乡凤雏村的西周中期墓里曾出土殷商时期的牺觥。④ 类似风格又见于晋侯墓出土的西周早期的孔雀尊（孔雀尊在较短的孔雀翎之下，鸟膘变形为大象头，而象鼻另似鸟尾下垂，这些均为南方动物形象，图二五八：4）。

　　此外，南北不同地区零散出土的鸮卣也是一种特殊造型，应代表某一制造坊和地区的风格，但青铜器的流动率高，造成出土地点多样，需要更深入的研究和测验，才能够确定商周时期青铜器不同制作坊的特征。殷墟西北岗出土的鸮尊 R1074⑤，鸮的身体左右边有几双成对的夔龙纹，其中翅膀以蟠龙造型（图二○五：1）；殷墟大理石的礼器中也有几件相似的造型（图二○五：2）。美国华盛顿阿瑟·塞克勒美术馆（Arthur M.Sackler Gallery, USA, Washington）收藏的幼鸮形亚兽铜尊，翅膀也为蟠形的夔龙造型；河南博物院收藏的鸮卣，器身也是由若干成对的夔龙组成⑥。其

①　郭静云、郭立新、范梓浩主编：《考古侦探》。

②　中国青铜器全集编辑委员会：《中国青铜器全集》，册 4（商 4），页 85—86、26，图八七、八八。

③　陈佩芬：《夏商周青铜器研究》，夏商篇，页 336—337，图一六三。刘一曼：《殷墟新出牛尊小议——兼论衡阳出土的牺尊》，《考古》，2009 年第 4 期，页 52—57。

④　郭静云：《从历史"世界化"的过程思考中国翼兽的萌生》，页 38—53。

⑤　史语所收藏，李济、万家保：《古器物研究专刊》，第五本《殷虚出土伍拾叁件青铜容器之研究》，页 83—84；图版肆玖；伍玖：2。

⑥　中国青铜器全集编辑委员会：《中国青铜器全集》，册 4（商 4），页 39；图版一三六；页 43；图版一五三。

图二〇二 上海博物馆收藏的牛尊(牺觥)。

图二〇三　殷墟武丁时期花园庄东地 54 号墓出土的牛尊（牺觥）。

图二〇四　陕西省岐山县贺家村出土西周中期的牛尊（牺觥）。

他如妇好鸮尊等，许多鸮形礼器的构图都表达了同样的意思①。我们一方面可以考虑，鸮尊或许与东北红山文化的鸮崇拜有传承关系，不过同时湖南地区也出土过几件双头鸮尊，两件现藏于湖南博物院，同类的两件藏于日本京都泉屋博古馆和上海博物馆（图三一二；三一三）②。所以其文化属性迄今仍不清楚，需要进一步研究。

安阳五官村 1001 墓出土的左方盉、中方盉器耳为龙化的虎神造型，而右方盉器耳为龙化的鸮造型（图二〇六）③。美国纽约大都会艺术博物馆（Metropolitan Museum of Art，New York，USA）收藏的铜觚，器身前有鸮头，翅膀以双夔造型，口沿也有成对夔龙，而后有成对立虎，器耳又以鸮身来造型④。将夔龙、虎、鸮的崇拜结合为一个总体的构图，是象征将多元融合为一体的大文明的造型。

①　李付强等编：《殷墟》，页 120，图 72。中国青铜器全集编辑委员会：《中国青铜器全集》，图版一三六至一三八、一四三。

②　陈佩芬：《夏商周青铜器研究》，夏商篇，页 312—314，图一五三。

③　皆藏于日本根津美术馆，中国青铜器全集编辑委员会：《中国青铜器全集》，册 3（商 3），页 65—66，图版一四一至一四三。

④　中国青铜器全集编辑委员会：《中国青铜器全集》册 3（商 3），页 72，图版一五八、一五九。

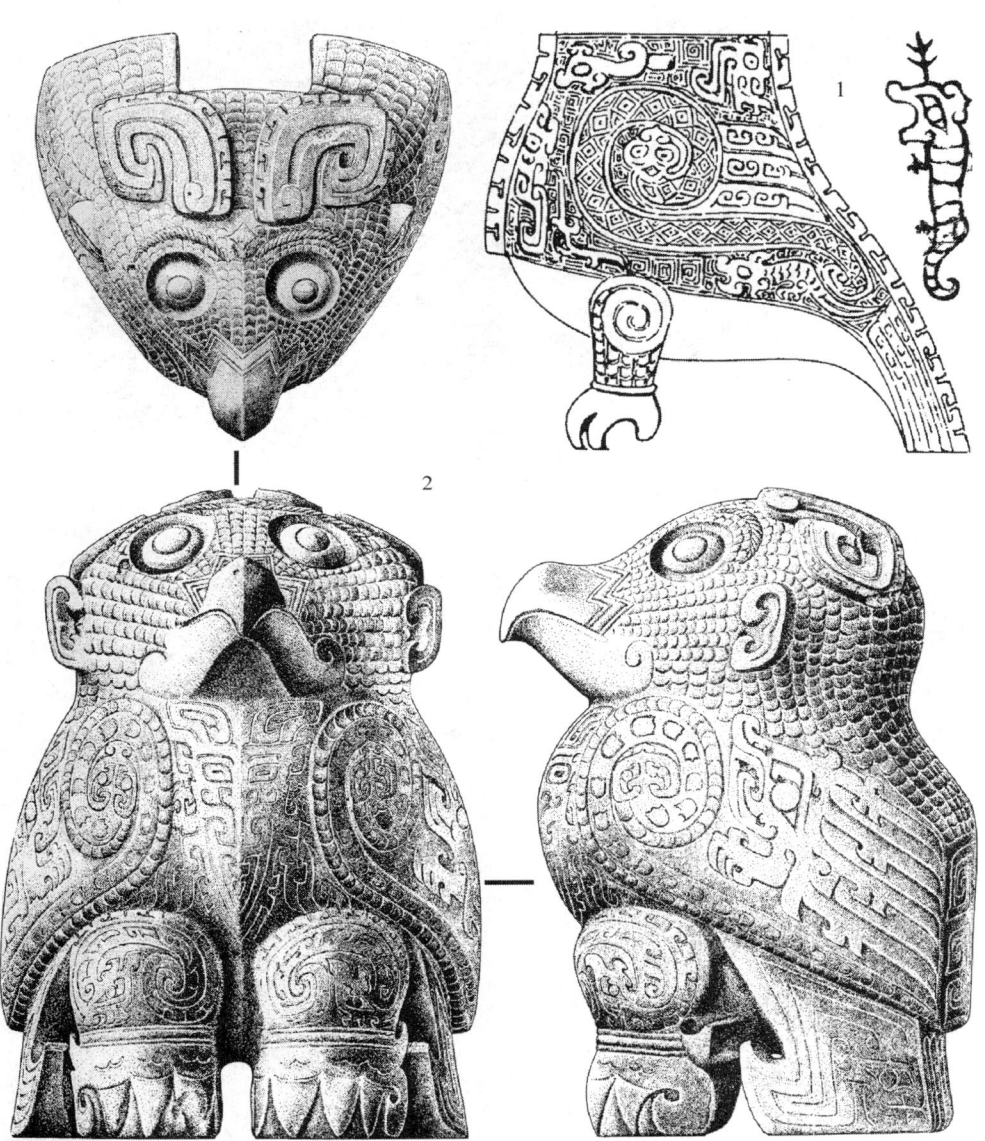

图二〇五 1. 殷墟西北岗出土的鸮尊 R1074；2. 殷墟的大理石鸮型礼器。

图二〇六　安阳五官村 1001 墓出土的右方盉。

　　立体动物造型还有犀牛①、貘②等野兽。两周时期另出现马尊、鸟尊等,并且很多器形已影响到华北地区,如晋国等地区。宝鸡石鼓山二号墓出土了一件混合的神兽尊,其身体蕴含龙、鸟、鹿、虎的特征,身上的刻纹以抽象化的夔纹为主。不过,到了两周,神兽尊的造型明显失去典范的规律,说明其神祕的本源意义已经淡化薄弱,而纹饰化的趋势则不断加强。

八、作礼器底纹的神兽

　　以上所叙述的神兽都与人类一样属于温血的恒温动物,是住在地上或能飞到

---

①　如清道光时在山东省梁山县马营乡吴垓村梁山下出土的殷商末小臣艅犀尊,现藏于美国旧金山亚洲艺术博物馆布伦戴奇藏品,中国青铜器全集编辑委员会:《中国青铜器全集》,册 4(商 4),页 131、38,图一三四,但犀尊的风格与湖南野兽形尊有区别,身上没有任何刻纹。

②　貘尊目前只见于西周早期强国(如宝鸡茹家庄 2 号墓出土的强伯尊)以及晋国的礼器中。殷商兽尊的传统如何在西周时被晋国吸收,是学术界经常论及的问题,但目前尚无确定的结论。

天上的禽兽。可是在商文明的神兽造型和神祕族徽中，亦有生活在水里或水陆两栖的冷血变温动物。这些动物造型一般出现在器底纹饰上。

在器物身体底部纹饰上，最常见的是夔纹和云纹；与其相比，鸟纹的出现率少得多，但仍属于较常见之列。这些都是天上的动物或现象，基本可以说明在商文明的观念中，礼器的身体所表达的是天上的空间。可是在有些礼器上，另可见到水中或水边的动物纹样，如鱼、蟾蜍、蛙黾、龟等。这些动物纹样造型多位于盘底，其中龟纹常被用作器底的图案。这种处理方法，意在象征位处下方的水界空间。龟和鱼的造型在南北礼器上都可见，如燕南刘家河和江南吴城的青铜器，都有这些纹饰（图二〇七：2—6）①，所以需要进行更深入的研究，方能理解其文化属性和往来关系。

鱼纹一般为数条鱼的造型，或是以数条鱼构成的饰带为造型。龟纹的造型，则一般仅装饰一只，均见于器物底面的中心，其龟背上通常会有"明"的符号、夔纹或其他龙形的图案。罗山天湖商墓出土铜卣上的龟纹，龟甲上有六个似钻凿痕迹的圆圈（图二〇七：4）。牵丁尊上的龟图非常有意思，其龟的周边有两条互咬尾巴的虫龙，而在龟背上也有一条嘴尾相咬的卷龙（图二〇七：1）②，可惜的是，该器物来源不明。依笔者浅见，从龟鳖造型可以看出神龙与龟有内在关系，可能正是因为这些关系，在后期文化发展中便形成了龙龟合为一体的玄武形象。这些问题笔者拟在下编第四章第六节专门讨论。

龟形的族徽发现不多，迄今所知时代最早的一个出现于北京刘家河出土的殷商之前的龟形铭鼎上③，时代最晚的一个出现于西周早期甘肃省灵台县白草坡1号墓龟父丁爵上④。此外，还可见于被视为西周早期的龟父丙鼎⑤，以及其他殷商时期的礼器之上，如安阳出土的龟爵⑥和十几件弔龟族的礼器。后者有五件出土于安

---

① 袁进京、张先得：《北京市平谷献发现商代墓葬》，《文物》，1977年第11期，页1—8。江西省博物馆、上海博物馆合编：《长江中游青铜王国：江西新干出土青铜艺术》，香港：两木出版社，1994年，页34，图24。

② 《集成》器号5550，出处与藏处不明。

③ 《集成》器号1130，北京市平谷区刘家店镇刘家店村出土，现藏于北京市文物工作队。

④ 《集成》器号8459，甘肃省灵台县白草坡1号墓出土，现藏于甘肃省博物馆。

⑤ 《集成》器号1569，藏处不明。

⑥ 《集成》器号7535，藏处不明。

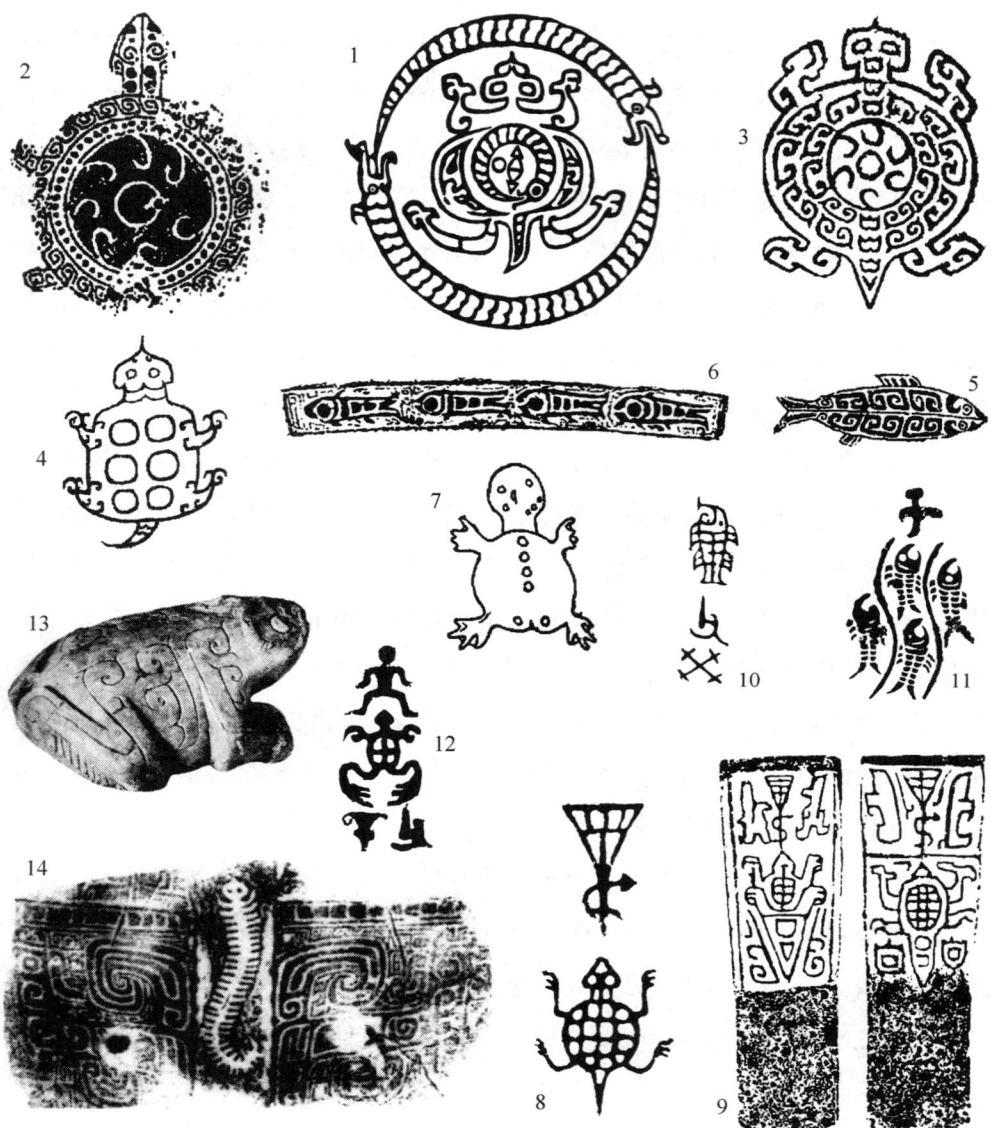

图二〇七　商周礼器上冷血动物的造型和族徽：1. 牟丁尊铭文上的龙龟纹；2. 刘家河遗址青铜器上的龟纹；3. 新干祭祀坑铜盘上的龟纹；4. 罗山天湖商墓出土铜卣上的底纹；5. 刘家河遗址青铜器上的鱼纹；6. 新干祭祀坑铜鼎上的鱼纹饰带；7. 刘家河遗址出土的蟾蜍型铜泡；8. 殷商时期弔龟鼎的铭文；9. 殷商时期弔龟斧的铭文（两边）；10. 辽宁省喀左县海岛营子村马厂沟小转山子出土鱼父癸簋的铭文；11. 殷墟小屯 18 号墓出土子渔尊的铭文（M18：13）；12. 据传陕西省岐山县出土黾父辛尊的铭文；13. 殷墟 1001 号大墓出土的白石蟾蜍；14. 殷商时期脊爵蜈蚣形的铭文。

阳(如图二〇七：8、9)①，其余出处不明②，风格也不一致。其中弔龟觯形状非常特殊，其身上的饕餮变成一只神鸮③，与其他同族徽器物的形状明显不同，其制造地点应该不一，族群来源及属性亦难以探索。从早期史料来看，对龟鳖的崇拜并非一元，东北红山和长江流域应有不同的崇拜龟鳖的信仰，所以商周时期应有不同传统的集合情况，这一问题还需要作系统的研究。

蟾蜍或蛙黾的造型在商代礼器上并不多见(图二〇七：7、13)，相关研究亦不足。不过在青铜器族徽中，有黾或从"大"、"黾"的"黿"(　)黾族徽的礼器相当多，前者如黾作父辛甗④、黾父丁鼎、黾爵⑤等，后者包括在各地流传的几十件⑥，可见这原本是一个大的家族，遗憾的是几乎都没有出处记录。只有一件黿父□爵发掘自安阳梅园庄村南的殷商墓里⑦；据传黿父辛尊出自陕西岐山县(图二〇七：

---

① 如两件弔龟鼎(《集成》器号1468—1469，现藏于北京故宫)；弔龟戈(《集成》器号10862，藏处不明)；两件弔龟斧(《集成》器号11781—11782，现藏于英国塞利格曼)。

② 弔龟簋(《集成》器号3116，现藏于英国伦敦不列颠博物馆　British Museum，London，UK)；弔龟父丙簋(《集成》器号3426—3427，藏处不明)；弔龟瓿(《集成》器号7058—7060，现藏于辽宁省博物馆、中国国家博物馆、北京故宫)；弔龟祖癸瓿(《集成》器号1728，现藏于美国魏格氏)；弔龟爵(《集成》器号8224—8428，现藏于台北故宫)；弔龟斝(《集成》器号9193，藏处不明)；弔龟瓶(《集成》器号9951，藏处不明)。

③ 《集成》器号6182，现为美国旧金山亚洲艺术博物馆布伦戴奇藏品。

④ 《集成》器号845，出处不明，现藏于美国波士顿美术博物馆(Museum of Fine Arts，Boston，Massachusetts，USA)。

⑤ 《集成》器号1583—1584、7536，出处与藏处不明。

⑥ 如黿簋《集成》器号2985，现藏于台北故宫；黿鼎《集成》器号1131—1132，现藏于北京故宫；黿卣《集成》器号4760—4761，现藏于北京故宫和中国国家博物馆(盖)；黿盉《集成》器号9310，现藏于台北故宫；黿戈《集成》器号10654，现藏于旅顺博物馆；黿父乙鼎《集成》器号1154—1159，现藏于浙江省博物馆、天津博物馆、日本东京国立博物馆；黿父乙簋《集成》3155，现藏于北京故宫；黿父乙卣《集成》器号4922—4924，现藏于台北故宫；黿父乙尊《集成》器号5623，现藏于台北故宫；黿父乙觯《集成》器号6244—6245，现藏于北京故宫、台北故宫；黿父乙斝《集成》器号9209，现藏于上海博物馆；黿父乙觚《集成》器号9267，现藏于美国纽约塞克勒氏；黿父乙盉《集成》器号9342，现藏于北京故宫；黿祖乙盘《集成》器号10040，现藏于美国圣地亚哥美术博物馆(塞克勒)(San Diego Museum of Art，USA)；黿父癸鼎《集成》器号1682—1684，现藏于北京故宫和台北故宫；黿妇鼎《集成》器号1711，现为美国旧金山亚洲艺术博物馆布伦戴奇藏品；黿妇于未鼎《集成》器号1905，现藏于澳洲墨尔本买亚氏(汇编·澳铜选)；黿作父戊鼎《集成》器号2013，现藏于上海博物馆；黿父戊角《集成》器号8518，现藏于上海博物馆；黿父戊盉《集成》器号9354，现藏于北京故宫；黿父庚爵《集成》器号8788—8589，现藏于北京故宫和上海博物馆；黿父辛卣《集成》器号4978，现藏于北京故宫；黿甗《集成》器号764、黿瓿《集成》器号6681、黿爵《集成》器号7428、黿斝《集成》器号9134、黿作妇姑甗《集成》器号891、黿作妇姑鼎《集成》器号2137—2138、黿父乙瓿《集成》器号7095—7096、黿祖乙尊《集成》器号5598、黿父己觯《集成》器号6289、黿父乙爵《集成》器号8395、黿父丁簋《集成》器号3179、黿祖乙器《集成》器号10516、黿父丁尊《集成》器号5636、黿献祖丁瓿《集成》器号7213、黿父癸卣《集成》器号4993、黿父癸尊《集成》器号5678、黿父癸瓿《集成》器号7153、黿父癸爵《集成》器号8693、黿父癸盉《集成》器号9279、黿父癸盉《集成》器号9359、黿父戊簋《集成》器号3187、黿父戊卣《集成》器号4950、黿母庚爵《集成》器号8740、黿作彳角《集成》器号9042、黿贝爵《集成》器号9050—9051，藏处皆不明。

⑦ M92：2，《新汇编》器号168，现藏于河南省安阳市文物工作站。

12) ①；黿作从彝尊据传出自河南孟津县②、黿祖乙角据传出自河南不明之处③。所以，以蟾蜍、蛙龟作为族徽的族群来源不明，虽然在新石器时代西北彩陶上或许可以看到神祕化的蟾蜍造型，但是现有资料不允许我们作这种跨时空、跨文化的连接。此外，东北殷商前刘家河遗址亦出土蟾蜍型的铜泡（如图二〇七：7）④；殷墟还有白石质蟾蜍造型（如图二〇七：13）⑤。所以，这一问题或包含着多元文明组合的隐祕线索。

殷周鱼形族徽特别多，按照笔者对《集成》的统计，鱼形的族徽出现在百余件青铜器上，不过大部分也没有发掘出处，少数有发掘出土地点者零星分散在不同地方，包括辽宁喀左县（如图二〇七：10）⑥，北京琉璃河，河北易县，河南安阳殷墟（如图二〇七：11）⑦、洛阳、鹤壁和南阳，山东省青州，陕西岐山县和凤翔县，湖北随州安居乡羊子山⑧等地。我们讨论上古信仰，多注意到羽化升天理想，这确实是传统中最重要的以天界为永生界的信仰；但与此相对的是，水构成了另一世界，传统中亦保留有对水界的崇拜，包括甲骨文中祭祀河的记载，传世文献河图洛书神祕概念等。

三峡地区一些屈家岭文化墓葬有随葬草鱼的腰坑⑨。放在墓葬腰坑的东西一般是最宝贵的，为什么会在腰坑里放一条鱼？有没有可能这些人认为，鱼能够帮助死者渡过死亡之河，移到另一世界？红山文化玉器中发现很多鱼的造型，半坡文化双头鱼的造型也是鱼类崇拜的痕迹。这些文化大多零散，在历史上没有形成大系统和传统，所以很难作系统的研究，但它们融化于多元的商文明，在商周礼器上留下鱼的造型以及鱼形的族徽。

----

① 《集成》器号 5655，现藏于北京故宫。

② 《集成》器号 5766，现藏于加拿大多伦多皇家安大略博物馆（Royal Ontario Museum, Toronto, Canada）。

③ 《集成》器号 8396，藏处不明。

④ 张先得、王武钰、郁金城：《北京平谷刘家河遗址调查》，《北京文物与考古》，1992 年第 3 期，图一：1。

⑤ 梁思永未完稿，高去寻辑补，李济总编辑：《侯家庄·第二本·1001 号大墓：安阳侯家庄殷代墓地》，图版玖肆。

⑥ 鱼父癸簋：《集成》器号 3216，现藏于辽宁省博物馆。

⑦ 如子渔尊：《集成》器号 5542，河南省安阳市小屯村 18 号墓出土，现藏于中国社会科学院考古研究所安阳工作站。它从形状来看近乎一些湖南地区出土的礼器，尊肩上有四个猪鼻羊角的兽头。

⑧ 如鱼父乙爵：《集成》器号 3161、8403，湖北省随州市曾都区安居镇羊子山村出土，现藏于随州市博物馆。

⑨ 宜昌博物馆：《三峡地区发现原始社会腰坑墓葬》，《江汉考古》，1999 年第 1 期，页 43。

商代文化已非单一来源，而是网罗、继承了数种原始文化而成，但这些由各方吸纳而来的要素，并非零散出现于各个文化的片段，而是被系统地整合于主流信仰体系之内。但在同化过程中，具体地方的、族群的崇拜还在，虽然在官方的青铜器上仅占次要地位，但仍会出现。在族徽中，有羊、牛、鹿（极罕见）、狗、猪、马、各种鸟类、虎、象、鱼、龟、鼋等，除各种动物之外，有时候甚至会出现更加奇怪的形象，如蜈蚣（图二〇七：14）[1]或形状不清楚的昆虫（图一四：6）。

九、结　语

在商文明神兽中可以看到在空中、陆上、水边和水里等不同区域栖息的动物。尽管文化面貌如此多元，双嘴龙的母题，在将近两千年的时间中，一直被采用在珍贵礼器和随葬品上。这是因为其他神兽崇拜的意义包涵某个地方的宗族对自己神秘来源的认同，也就是说，包涵有图腾的神圣含义；而夔龙天神形象，是从长江流域新石器稻作文化的土壤中孕育出来的。而且在社会文明化的萌芽时代，夔龙天神就已经成为跨族、跨地域的崇拜对象。即使祂最初曾经是某个具体宗族的图腾，但也必须得承认，至迟在文明起源时代，祂就已远远超出其起源的特定地域的含义。所以，商文明选择"大家"的天神，作为自己国家宗教的主要崇拜对象。在商王国信仰中，夔神并不是商王族的图腾，而是跨族的大家共同的神。虽然商王族也有自己宗族的神兽始祖（此问题详见上编第八章），但却没有用该始祖形象作为国家宗教的要点，因此，即使是在商王国中心盘龙城，也很少发现夔龙之外的造型。商周时期，夔龙天神就像天一样是大家共有的神，是天下万世的崇拜对象。

不过，比商王国兴起略晚而曾经同时存在的吴城、三星堆等文明，虽然在商文明的影响下，接受了没宗族限制的夔龙天神，但在同时他们另外都还有只属于自身的非龙型的神兽。因此，吴城、三星堆等文明开始制造混合的神兽形象，把自己的崇拜对象与夔龙合为一体。

---

[1]　殷商时期的脊爵：《集成》器号 7567，出处和藏处不明。

到了殷商时期,青铜器等珍贵器物的流动范围变得很大,神兽样貌也变得更加丰富多元。如果从殷商自我宣布为传承了商的脉络的角度来看,更加容易发现这种多元化的差异。盘龙城的礼器形象基本上只是夔龙造型;而殷商王反而特别欣赏吴城等地礼器多元的风格,从而发展出更加多元而丰富的殷商风格。这说明原本崇尚神龙的主流商文化,在殷商这个来自草原的统治者的时代,也吸纳了其他族群对别种神兽的崇拜,在想象力的激荡下,各地创造出各种混合的神奇造型。

在这些造型里,我们可以看到源自江河中原农耕文明的夔龙,合并了来源不同的鸮和鹰以及其他鸟类,包括长江流域的凤鸟的形状,以及山地的老虎等。殷墟出土的这些多种风格的礼器,部分是从外地带来的,部分是在本地铸造的;同时并用来源不同的礼器也表明,殷商文明的信仰已不甚严谨,因其在商文明信仰的基础上,同时还吸收了地域很宽、生活方式多元的不同文化的信仰,并将其合并为一体的宗教。常出现的羊头造型,可能反映出牧业的发展。水牛造型或许与牛耕稻作的发展有关。大象、野猪、家猪、犀牛、食蚁兽、貘等也代表其他文化成分和意义。水栖和两栖的动物,在此体系里亦有自己的用武之地,涉及一些信仰之特点,如用于表达水界空间。当然我们容易发现,这里面南方动物比较多,不过也有北方神兽造型。

殷周时期绝大部分礼器铸造处与出土处不同,且铸造处与工匠来源经常不一致。所以,很多礼器的国别实际上是很难探讨的。当时,来自不同地区、文化的崇拜对象,都在殷墟时期的礼器里被结合成虽具多元性但仍有统一规律的神奇造型。殷商时期华夏大地上有许多不同的国家、城邦和族群,但在高层文化中已形成了宽大地域范围内共通的精神文化。

殷商时期以混合性的造型取代早商较独特崇拜对象的造型,这涉及革命性的信仰变动。崇拜独特对象的文明,不会随意混用外族的崇拜对象。将几种崇拜对象合为一体的现象,代表数个古国在合并的同时,亦有意联合各自的信仰、同化各地的崇拜对象。其次,这也显示上古信仰及神权的弱化。兼容多元且开始进行整体化的国家统治者,似乎并不强迫各地接受其王族原有的信仰,反而认同分布于自己国家各地的信仰,并将不同地区的礼仪及崇拜合并成同一信仰制度。

此外,从上述初步分类,我们已可看出,殷商文明的神兽之间确有等级关系。在这等级关系中,夔神的地位无比崇高。夔神能够通天和管理死生,因此在信仰中负责实现先民们对于死后重生、神化的期望。神象实则为夔神和鼻皇具有浓厚地方特色的转借形象。与夔神等级相近的神兽，只有凤和虎，其他动物基本上只拥有各种辅助性的机能。如牛和羊是驯养的家畜和上等牺牲，能帮助祈祷通神天，但本身不能引导升天之路。当然，这种描述过于宽泛，对每一种神兽的崇拜来源及其意义，还需要作更仔细的研究。

虎和凤的形象，既组成饕餮纹，亦有立体的禽兽尊，还作为扉棱，以及作为小纹饰局部地出现，如兽头的饰件等。由于殷周信仰的发展已达致"宗教"的整体性，采用多元而整体化的文明形象，所以龙、虎、凤三类神兽经常会出现在同一件礼器上。凤和虎有时候可以取代神龙，同时，在殷商文明宗教里，凤和虎亦有源自其信仰的特殊神能。鉴于龙、凤、虎乃殷周礼器上最关键的神兽，而对其他神兽的崇拜往往无法与这三者相比，有关龙的崇拜前文已述，下文拟着重讨论虎和凤崇拜的渊源和意义，并试图了解在商、吴、蜀和殷周信仰中，这三类神兽之间存在何种关系，以及它们各自的形象来源及神能又有何不同。

第七章　老虎帝国

　　笔者搜集两商时期老虎造型时发现，虽然其出现的数量不如龙和凤那么普遍，但是造型老虎的礼器大部分级别很高，为高等贵族所用。同时从老虎造型以及甲骨文记载可以看出老虎崇拜的多元性，是不同文化沟通、互相影响甚至集合的结果。基于以上这两个原因，即跨国的多元性和王级的地位，笔者搜集、观察殷商老虎资料而获得了"老虎帝国"的印象。

　　在不同国家形态中，帝国指跨越族群、文化、语言、经济条件和自然区域的庞大国家结构。帝国文化经常奠基于几个独立的文明，容纳许多大小不同的古国和不同族群文化的精神面貌。同时，帝国居民亦通常涵盖了各种不同的宗族与人群，其中，帝国的统治者本身虽然经常来源于某单一族群，但为了保持国家存在，而努力成为一个跨族、跨国的王室。不过更加常见的是：帝国统治者本身并非单一族群，而是依共同的生活方式而形成的多元的族团，在扩展领土、接触新族群、占据新区域的过程中，统治者和贵族集团扩展其多元性，在原来很多族群的基础上出现新兴族类共同体。

　　帝国信仰亦有各种不同的含义层面：一方面，原来的文化区和族群保留自己崇拜的重点；另一方面，各种不同信仰逐步融合成为社会不同阶层的共同信仰，即跨族源的统治者的崇拜和信仰，甚至因为帝国统治者族团的多元性，参与该族团的宗族已几乎放弃原有的信仰，或原本就没有深入定形的信仰存在，故而能在多元的基础上重新建构"帝国宗教"体系，发展出所谓"官方信仰"、意识形态和仪式活动；同时各地仍会保留区域文化和宗族信仰。但是，由于能保存长久的宝贵材料较多集中在"官方"手里，所以迄今留下的殷商礼器，大部分代表的是跨区域的上层贵族的"官方信仰"，或更准确地说，是"帝国宗教"。

　　过去,我们习惯于在讨论虎的概念时,将其视为象征"西方"的神兽(白虎形象),其实这种观念形成时代很晚,反映的是秦汉帝国意识形态以及政治中央区域所在。若仅仅将老虎当作西方的象征,并不足以代表上古文明崇拜神虎之多元性和其多元意义。后世白虎形象所蕴含的从上古信仰传承与保留下来的观念还包括:神虎是掌握政权者的信仰,也是崇高权力和强大武力的表现。

　　实际上,上古崇拜老虎的精神信仰之来源并不是单一的,而且在龙、虎、凤等神兽中,只有虎与国家文明起源有着直接的关系。在今天的江西、湖南、重庆、四川等地区曾出现过数个将虎崇拜为神王的国家,其中尤以虎国势力最大,一度影响了整个中国青铜文明。东北地区也曾有过几个崇拜老虎的国家,影响了殷周文化。虎的神能包括:做王权的保护神,保护国家边疆;帮助大巫和先王升天,玄冥之中虎眼能使亡者升天的路明亮;吞吃魍魉、饿鬼而保护先王在地下的墓室。

　　世界各地自古以来有崇拜猫科猛兽,将其视为崇高权力象征的现象。如古埃及和古西亚诸国,将狮子看作最高等级的神兽、神王和国家保护神;在高加索和美洲古文明中,豹代表国家权力;而在东亚,老虎曾被视为国家力量的象征。老虎形像与内涵的演化,代表着整个天下政权的结合过程,反映与隐喻了大一统中国的形成过程。如果说西方古文明是以狮子象征神王世界,东方古文明则是以老虎象征神王世界。

　　所以,本文拟采用考古、甲骨金文和传世文献资料,历史地理、人类学以及礼器考证等方法,以殷商为中心时代,来探索老虎形象在殷商文明中所扮演的角色,并拟观察拜虎信仰的几个源头、发祥地及其信仰要点,并接续历史的脉络,来观察各个拜虎文化互相影响、混合的过程,以及殷商时期"神虎帝国"的形成。

　　不过,一切帝国的存在皆有兴衰,神虎帝国经过商周秦的阶段,亦逐步消退,至汉代以来,老虎形象已不被当作崇高权力的象征,而它的神能范围也因此变得狭窄。因此,本文后段拟初步探索殷商之后老虎信仰的整体性演化。

一、虎形礼器：崇拜神虎的发祥地及信仰要点

　　从礼器观察,笔者推论:古人崇拜老虎的文化发祥地可能有三个:长江上游西

岭、长江中游江南山脉、东北山脉。这三个地区原本皆各自有独特的虎崇拜传统，但由于族群交流和文化传播，而在历史上发生混合、互补及演化的现象。

（一）长江上游对虎神的崇拜

西南地区对老虎的崇拜，源自对华南虎（学名 Panthera tigris amoyensis）的认识，或者与先民在西南山岭接触的印度支那虎（学名 Panthera tigris corbetti）有关。前者在巴山经常出没，常为巴山猎民主要的信仰对象；后者可能也从西南边到达长江上游成都平原的西南山麓（期待考古界对西南地区出土虎骨进一步的研究成果，能够使将来的学者更加准确地回答本地区老虎的属类）。中国西南与华南地区的先民，因在山林中狩猎而常遇到老虎，所以较其他无老虎栖息地区的先民，更加了解这种野兽具有人类无法比拟的力量，进而对这种令人畏惧的力量产生崇拜。从三星堆出土的虎形器，可以看出其崇拜信仰具有独特的传统。三星堆代表性的虎神礼器为铜虎形器（图二〇八：1）①、金虎牌（图二〇八：2）②、数件嵌绿松石铜虎牌（图一九一；二〇八：4）③、陶虎（图二〇八：3）④、石虎（图二〇八：5；二〇九：1）等⑤。从这些器物来看，西南地区对老虎的崇拜似有其本土来源，而非由其他外来族群之文化传来，但其信仰的重点却难以考证，我们仅能期待考古学界进一步对三星堆文化遗址进行更多发掘，或许将来会有崭新发现，以阐明此一问题。

郑州二里岗一号灰坑发现泥质灰陶老虎像，造型给我们一种奇怪的感觉，它缺乏老虎一般都会有的特征，制造者似乎在模仿其所见过的造型，但本身对老虎这种动物并不熟悉（图二〇九：2）⑥。笔者推想，也许郑州所出为平原居民模仿别人的信仰礼器，但却对动物本身不熟悉，所以造型得有点奇怪。而且从形状来看，这种

---

① 四川省文物考古研究所编：《三星堆祭祀坑》，页 33、35、38，图二二；图版七：3。

② 四川省文物考古研究所编：《三星堆祭祀坑》，页 60—62，图三四：3；图版一五：3。

③ 三星堆和金沙遗址各有发现几件，如参李忠义主编：《三星堆传奇》，台北：太平洋文化基金会，1999 年，页 106，图 59。

④ 广汉地区遗址发现几件时代与形状不同的陶虎，参三星堆博物馆资料。

⑤ 三星堆和金沙遗址各有发现几件时代与形状不同的石虎，参三星堆博物馆资料，或成都市文物考古研究所、北京大学考古文博学院：《金沙淘珍——成都市金沙村遗址出土文物》，北京：文物出版社，2002 年，页 182—187。

⑥ 河南省文化局文物工作队编著：《郑州二里岗》，图贰拾：2。

图二〇八　三星堆出土的虎形礼器：1.一号祭祀坑出土的铜虎形器；2.一号祭祀坑出土的金虎牌；3.陶虎；4.嵌绿松石铜虎牌；5.石虎。

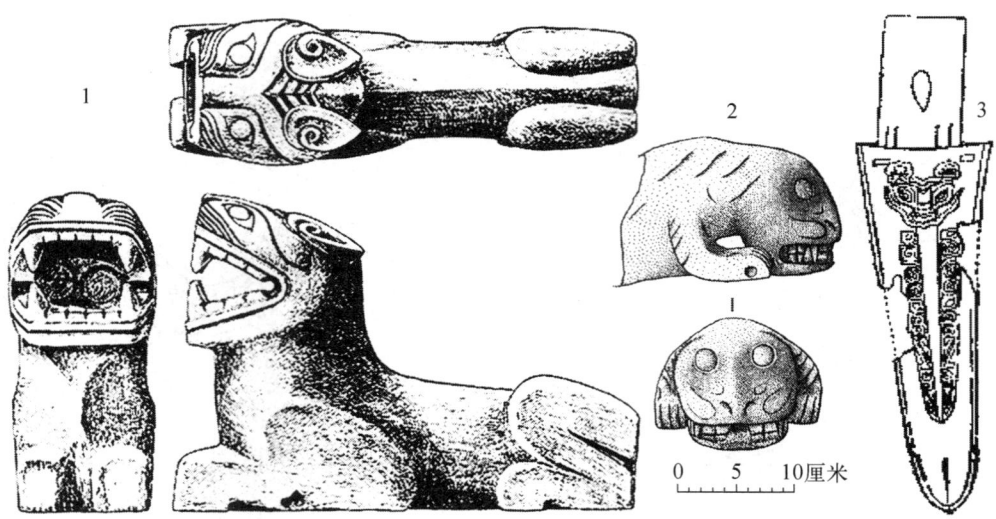

图二〇九   1. 金沙遗址出土的石虎；2. 郑州二里岗一号灰坑出土的泥质灰陶虎像；3. 西南地区殷末时代的
虎纹铜戈。

构图、形象更似长江上游三星堆文化。如果笔者印象无误，当时三星堆的影响如何越过秦岭到达郑州？第五章在讨论盘龙城早期时指出，在成都平原、江汉与郑洛地区之间存在技术与文化方面的关系，不过当时几乎所有的影响都源自中间的江汉地区。到了二里岗上层时期，虽然江汉盘龙城文化依然有主导作用，但同时也可见三星堆和吴城本身的器物流动，如二里岗上层窖藏出土的青铜器不仅有盘龙城文化类型，同时也可见吴城和三星堆的青铜礼器，由此可以发现当时各地交流和器物流动的增加①。因此该陶虎并不是唯一的三星堆文化对郑洛地区有过影响的例子，这是一个将来需要详细研究的历史问题。

另外，三星堆祭祀坑出土了龙虎尊，与其差异微小的龙虎尊也在安徽朱寨镇出土（图一四七；一四八；二一二）。笔者认为该器物的文化属性较复杂，虽然从器型来看应该是属于三星堆的礼器，但是其纹饰母题及形状应受到江南文化很深的影响，因此从信仰的角度探讨，笔者不在本段讨论龙虎尊，而将其视为代表江南地区崇拜老虎的礼器。

到了殷商末期，西南地区所崇拜的老虎造型，开始有了新的关联性。早期出土的虎形象都见于三星堆祭祀坑附近出的礼器，迄今未见战争用的兵器出土，因此，其老虎造型的意义与战争是难以连接的。可是，从殷末以来，江汉上游地区开始大

① 郭立新、郭静云：《盘龙城国家的兴衰暨同时代的历史地图——考古年代学的探索》。

量出现虎纹兵器,这使我们可以得知:殷末的巴文化,即已将老虎当作是军队威猛的象征了(图二〇九:3)。在巴文明中,向来强调老虎作为一种猛兽的强大力量①。或许,将老虎当作是威猛军队的象征,在某种程度上来说,就是源自巴山文明。但我们从早期资料却看不出此一规律,因此笔者推测:西周时期的西南虎神形象,可能被新的族群采用,而这新族群的精神文明中,似乎不仅含有西南地区本土的成分,更包含了来自西岭山脉的游猎以及北方的游战族群成分;或是在新族群历史的发展中,过去对老虎的崇拜虽获得复兴,但上古时所信仰的神祕观念却逐渐没落,反而发展为武力的象征。关于此一问题,我们将留待下文再行讨论。

(二)江南对虎神的崇拜

在长江中游江南山脉中,过去常有老虎出没。在古代,华南虎的生活范围是从南岭到湘鄂西的山岭,以武陵山脉、巴山为主,最北至秦岭东南的山林。华南类型的虎形礼器的年代早于长江上游,如凌家滩双首虎玉器(图二一〇:1—3)②、后石家河玉器虎头礼器和奔虎像(图二一〇:4—9;九四:4—6)③;也有与长江上游三星堆同时期的,如:新干大洋洲祭祀坑所出的青铜器,如扁圆龙足虎鼎(图二一一:1;一八九)、伏鸟双尾虎(图二一一:2)、虎首戈(图二一一:3)④等;三星堆和安徽阜南县朱寨镇遗址发现的铜尊亦属华南虎类型(图一四七;一四八;二一二)⑤。这些礼器,都揭示了江南先民对虎的崇敬,这应是源自他们生活中接触华南虎的经验而产生的信仰。

笔者推论:江南文明中对神虎的崇拜,源自巴山、武陵山脉、雪峰山脉、罗霄山脉、武夷山脉和南岭脚下,且在中国境内属于发源最早的拜虎传统,其发展到达江南平原地区,影响长江中游大文明的信仰。凌家滩、后石家河已属十分成熟的社会与文化,都曾出现虎头的礼器,这使得笔者推测:长江以南、南岭以北的江南岭北

---

① 刘瑛:《巴蜀兵器及其纹饰符号》,《文物资料丛刊》第7辑,页13—23。李绍明:《三星堆出土青铜虎形牌饰——兼论巴蜀虎形器物》,《西南民族大学学报(人文社科版)》,2008年第3期,页88—89。吴怡:《试析巴蜀青铜器上的虎图像》,《四川文物》,1991年第3期,页22—27。李明斌:《巴蜀铜兵器上虎纹与巴族》,《四川文物》,1992年第2期,页24—26。白九江:《巴蜀虎形纹饰与虎崇拜》,《巴渝文化》第4辑,1999年。

② 安徽省文物考古研究所编:《凌家滩玉器》,页59—60,图57—59。

③ 荆州博物馆编著:《石家河文化玉器》,页50—95,图78—63。

④ 江西省博物馆、上海博物馆合编:《长江中游青铜王国:江西新干出土青铜艺术》,图版6—9、38、40。

⑤ 四川省文物考古研究所编:《三星堆祭祀坑》,页35—36。

图二一○　长江中游早期玉虎像：1—3.凌家滩遗址出土的玉器：1.双头虎形玉璜（87M7：26）；2.虎头
残玉璜（87M15：109）；3.虎头的残器（87 含征：3）；4—9.后石家河文化：4.石家河肖家屋
脊出土的玉质虎头（W6：16）；5.荆州枣林岗墓地出土的绿松石虎头；6.谭家岭瓮棺 W9 出土
的奔虎像；7.谭家岭瓮棺 W9 出土的虎头像（W9：10）；8.孙家岗墓地出土的虎首（M87：6）；
9.孙家岗墓地出土的虎首配饰（M71：2）。

地区崇拜虎形象的传统，可能拥有比凌家滩、石家河更早的来源。

　　若从现有的早期文化遗物来看，目前我们所能观察到的线索还十分零散且不够明确。但经过直接和间接资料的结合与印证，确实可以看到：武陵山脉、雪峰山脉、罗霄山脉、武夷山脉和南岭山地先民对华南虎的崇拜，是中国境内最早出现和形成的老虎崇拜，其影响范围很广。这种信仰后来发展到达长江中下游平原地区，深刻影响了长江中游大文明的信仰结构，其中就包括商代的拜虎信仰，同时还影响了江汉上游的三星堆文化、巴文化，最终成为春秋战国时期的楚文化以及两汉帝国精神文化的要素之一。

图二一一　新干祭祀坑出土的虎形礼器：1. 扁圆虎足鼎(标本 16)；2. 伏鸟双尾虎；3. 虎首戈。

图二一二　安徽阜南县朱寨镇出土的龙虎尊。

（三）中国东北对老虎的崇拜

源自东北地区对老虎的崇拜，直至殷商时期才明显。而从虎的种类来说，殷商王族既然不是从江南起源的拜虎族群，其崇拜对象也理应不是华南虎，而是他们见过的另外一种老虎，即东北虎。东北虎的种类，属于老虎种类中最凶猛的阿穆尔虎（Panthera tigris altaica，或谓乌苏里虎、满洲虎）。中国东北自新石器时代以来，虽在西辽河流域有发达的农耕文化，但其中却未见有对虎崇拜的遗迹。这是由于东北农耕文化的活动地域，和东北虎的生存区尚有一些距离、并不相交，且因辽河平原与东北山脉生活条件不一致，接触机会不多。若再往北到阿穆尔河（即黑龙江河）流域，当地民族在传统中都有拜虎信仰存在，因为这里就是东北虎的原生地。生物学家认为锡霍特山脉是老虎的故乡，从此地开始，它们顺着沿海山脉南下到长白山，或入兴安岭，再到窝集，并继续一路南下到朝鲜半岛和辽东。

古代崇拜东北虎的地区，主要是通古斯地区，包括古高丽族、赫哲族、乌德盖族、乌尔奇、涅吉达尔族等通古斯民族，都将老虎视为自己的始祖。在通古斯的神话和萨满仪式中，老虎必定是地位崇高的神兽[1]。早期黑龙江流域的气候并不适合农耕的发展，当地人民必须靠狩猎和渔猎维生，生活周遭就属老虎最为强壮凶猛，因此人们才会神化、崇拜这种食肉动物。

在华北地区，目前发现最早的老虎造型，是新石器时代辽东后洼遗址的石刻（公元前 3500 年左右，图二：2）[2]。而在现代中国的边界一带，黑龙江、乌苏里江沿岸，发现了很多岩画，其年代涵盖自中石器到中世纪时代近万年的时间。在新石器时代岩画中，已可见有东北虎的神化造型[3]。

（四）总结

在亚洲古文明中，猫科食肉动物经常受到人们的崇拜。尤其是在从事狩猎、游

---

[1]　Е.В. Шаньшина. *Мифология претворения у тунгусоязычных народов юга Дальнего Востока России. Опыт мифологической реконструкции и общего анализа.* Владивосток: Дальнаука, 2000.

[2]　许玉林、傅仁义、王传普：《辽宁东沟县后洼遗址发掘概要》，页 1—22，图版叁：5。

[3]　А.П.Окладников. *Петроглифы Нижнего Амура.* Л.：Наука, 1971；汪玢玲：《中国虎文化研究》，长春：东北师范大学出版社，1998 年，页 27—35。

战的民族中,狮、豹、虎通常被视为拥有人类无法超越的力量,或者被当作是最高权力的象征。至于崇拜其中哪一种动物,就取决于该民族的活动地域中,有哪些猫科的猛兽存在。如生活在安那托利亚和高加索的人,自新石器晚期以来就崇拜豹。活动于北非地区者崇拜狮子,而活动于东亚地区者崇拜老虎。其中,中国东北是崇拜东北虎族群的发祥地;而中国西南是华南虎的舞台。上述长江上游与江南地区对虎神的崇拜,可能属于同源,却为不同的发展分支。下面笔者将对华南老虎崇拜的来源与信仰内容提出若干刍议。

二、华南虎的崇拜来源和信仰内容

(一)华南地区崇拜虎的滥觞

1. 平原农民与山麓猎民精神文化的交流

我们首先应该考虑:对老虎崇拜的来源,不可能溯源于平地农耕的生活经验,而应该源自游猎族群的生活经验。因此可以推论,在长江中游农耕文明的遗址中,到了后石家河早期开始出现老虎的造型,应该涉及周围山麓猎民文化的理想及形象。笔者认为,华南崇拜老虎的源头,应该隐藏于新石器时代活动在长江以南山脉的族群文化中。

在五岭山脉的猎民文化中,华南虎无疑有一定的位置。在南岭地带新石器时代猎民的据点中,总会发现虎骨,说明他们有接触过老虎,可能曾经也打败过老虎。但是,我们只能通过古人自己所创造的礼器造型,才可以探索其精神文化,才有机会了解老虎是否为新石器猎民的崇拜对象。

江汉上游的考古资料过于稀薄,对三星堆老虎形象来源的研究根本无法做。至于长江中游山丘地带,发掘资料虽然也稀薄、零散,但却比上游丰富一些,从迄今已发现新石器时代游猎族群留下的蛛丝马迹,或许可以复原他们的一些活动,并且其精神文化中已熄灭的火花,通过多次反射后仍然在商周以后的文化中继续闪烁,忽明忽暗地扩散光芒……所以下文不揣昧漏,分析现有的资料,对于石家河文化老虎形象的来源提出刍议。

很多虎形玉器出现在后石家河文化早期,其所在的位置是长江中游大平原,但是从地理关系来看,石家河文化中心区域虽然是大平原,但其边缘从西、南、东三方围绕山脉。这些山脉里已发现不少猎民活动的痕迹,其中最早的是湘西高庙文化猎民。高庙文化代表性的遗物是刻纹白陶,其复杂的刻纹使我们看到:新石器时代不仅是农耕定居的生活才创造文化,非定居或半定居游猎族群也有很精深的精神文化。

1991 年在湖南怀化洪江市沅江边的台地上,第一次发掘了高庙贝丘遗址①。由于在该遗址发现了祭祀场,出土很多精致的白陶礼器碎片,引起学界很大兴趣和关注。该祭祀场内发现了为数不少的兽骨,这代表着当时此地附近山岭应居住着上古猎人族群,而他们曾在此丘陵台地上举行过祭祀活动。此后陆续又发现一些同类型的遗址和遗物。对此,目前学界概以"高庙文化"名之。

高庙文化出现的背景是,在大约 8 000 年以前,随着温暖湿润的全新世暖期的到来,一些原本穴居的猎民群体逐渐离开经常变得潮湿的石灰岩洞,在林边、水边安排新的据点,依然过着采集渔猎生活,在水边形成贝丘遗址,在山麓亦偶尔可见他们的临时营地的遗址。他们可能会做临时性的竹棚或其他不易留下考古痕迹的棚屋。距今 7 800 年至 4 000 年前,在珠江、湘江、沅江流域,到处都可见此类贝丘遗址或营地遗址。其中在湖南地区的猎民据点中,经常会发现老虎骨头。湖南新石器猎民文化的内涵还有待更多更深入的研究,相关的发掘也只是从二十世纪末才开始。所以目前仍只能做初步判断和思考。下文拟经过对上古猎民文化遗物的分析,观察他们的精神文化,据此尝试寻找华南地区老虎崇拜的萌芽。

2. 高庙文化现象与年代框架

从二十世纪末以来,湖南中、西、南部的丘陵和山地皆发现数处类似于高庙文化的遗址,包括桂阳千家坪、长沙南托大塘、洪江高庙、泸溪下湾、辰溪征溪口和松溪口贝丘遗址等。其中经过类型学对照,可知千家坪和大塘属于同一类型。千家坪和大塘皆位于湘江流域,位于相当开阔的河谷盆地上。千家坪遗址中发现了壕沟、房屋和墓葬等定居或半定居设施,表现出与高庙不同的另一种半定居或定居生活方式和类型②。

---

① 湖南省文物考古研究所、贺刚、向开旺:《湖南黔阳县高庙遗址发掘简报》,《文物》,2000 年第 4 期,页 4—23。

② 尹检顺:《湖南桂阳千家坪新石器时代遗址考古发掘简报》,《湖南考古辑刊》第 15 集,2021 年,页 1—36。

而下湾、征溪口和松溪口等遗址都分布于沅江流域,都属于贝丘类型的遗址,皆位于小河溪汇入沅江的小盆地边沿的高岸台地上;这些遗址都是人们临时聚集并举行祭祀的场所,其中没有房屋或小聚落存在。

也就是说,虽然千家坪、高庙以及其他湘沅中上游的新石器时代遗址均被归类为"高庙文化",但是笔者认为湘江与沅江流域的遗址有一种关键的差异:前者在一个时段表现出半定居的生活策略,甚至还有安排环濠聚落的迹象;后者却属于贝丘遗址,目前只发现了人们聚会祭祀的场所。因此,笔者倾向于认为,这是精神文化虽然相近但生活内容却有着本质区别的两种族群。湘江流域盆地环境中的千家坪文化聚落的年代早于沅江流域贝丘遗址,但其存在的时间相对较短,在其晚期阶段曾与沅江流域贝丘遗址并存几百年之后崩溃,而沅江流域贝丘遗址所代表的文化却仍然继续存在了很长时间。

就年代而言,千家坪遗址最早,其年代上限可能相当于洞庭平原皂市下层文化中期。征溪口和松溪口遗址的年代最晚,相当于平原地区的大溪文化时期。高庙遗址下层年代相当于皂市下层文化晚期至汤家岗文化,上层年代大致相当于大溪至屈家岭文化时期。

高庙下层文化的年代,据发掘简报,其上限为距今7 400年[①],之后还有检测时间更早的标本,使得发掘者提出"八千余年前的高庙文化"[②]这一说法。可是高庙遗址所在之地,地下水环境中富含碳酸钙等物质,影响其年代测定的准确性,这导致高庙遗址绝对年代难以确定。不过,经过与平原地区的比较,可以大致探讨其相对年代框架。

从距今8 500年前开始,全球经历了二三百年的短暂的干冷化时段。影响所及,沼泽变干,野生稻分布区变小,这促使人们挖沟以发明最原始的水田设施。同时,践行定居稻作生活的人群,从澧阳平原向东扩展,开拓了地势更低的洞庭平原东部,并在约距今8 200年前形成了"皂市下层文化",其中典型例子便是岳阳华容县的坟山堡遗址[③]。距今8 000年前,水位又经历一波快速上升,皂市下层文化从

---

① 湖南省文物考古研究所、贺刚、向开旺:《湖南黔阳县高庙遗址发掘简报》,《文物》,2000年第4期,页4—23;贺刚:《高庙遗址的发掘与相关问题的初步研究》,《湖南省博物馆馆刊》,2005年第2期,页113—124、图版页;湖南省文物考古研究所:《湖南洪江市高庙新石器时代遗址》,页9—15、99—100。

② 贺刚:《湘西史前遗存与中国古史传说》,岳麓书社,2013年。

③ 岳阳市文物工作队、钱粮湖农场文管会、何钦法、罗仁林:《钱粮湖坟山堡新石器时代遗址试掘报告》,《湖南考古辑刊》第6集,1994年,页17—33。

洞庭平原东部转进到西部,另有部分人群往南溯湘江而上。同时,南岭低地岩洞变得更加潮湿,所以在南岭活动的渔猎人群离开了原本栖身的岩洞,到低山区活动和游猎,并且受到皂市下层文化的影响。他们在邻近水边的台地安排据点,在水里捕捞鱼、虾、螺,采集陆生与水生植物,采集野生稻。这就是湘江中上游春陵江流域千家坪文化形成的背景。

笔者认为,千家坪文化应是在深受坟山堡等洞庭平原东侧人群的影响之下而形成的,之后又继续受到洞庭平原西部即澧阳平原皂市下层文化的影响。尹检顺先生的对照研究表明①,千家坪遗址一期遗存相当于皂市下层文化坟山堡遗址二期(约距今 7 800—7 500 年间)。此时在南岭地带活动的人群已有渔业和用野生稻酿米酒的习惯;他们制造陶器,却还没有定居,不挖环濠,不安排聚落,只是在更加温暖化的世界中,趋向于缩小游猎区的范围,长期活动于同一个地方,施行半定居的生活方式。后来在千家坪文化二期时(约距今 7 500—6 800 年间),在野生稻丛生长茂盛的盆地边缘高处安排聚落,从事渔猎、采集和粗放的稻作。

分布在洞庭平原最西边一角的石门皂市遗址位于澧水支流渫水旁边,这是一处狭小的山间盆地。遗址所在位置地势很低,在渫水汛期时常会被淹没,不适合安排稳定的定居聚落。该遗址发掘到的考古遗存也并不像一个聚落,更像是渔猎族群粗放栽培水稻的临时据点。遗址中发现大量野兽残骨的堆积层,显示这些先民不仅依靠捕鱼和种稻生活,亦极依靠山麓狩猎,这两种生计的比重应该相当,或有可能狩猎占的比例还要高。② 所以该遗址与其同时期洞庭、澧阳平原的皂市下层文化遗址不同,它所显示的是一群猎民下到山间河谷渔猎、射鸟,并跟着澧阳平原的邻居们学习采集水稻和栽培水稻丛,并没有脱离原来的游猎生活。笔者赞同尹检顺先生的判断,皂市下层文化遗存较晚于其他地区,约从距今 7 400 年起③;总体上约距今 7 400—6 800 年间,这是一个短暂的干燥期,所以皂市遗址的先民能够将其据点安排在盆地低处。

在渫水两岸堆积有很厚的白膏泥层,这是制造白陶的原料,在水位低的时候能

① 参尹检顺:《湖南桂阳千家坪新石器时代遗址考古发掘简报》,页 1—36。

② 湖南省博物馆、金则恭、贺刚:《湖南石门县皂市下层新石器遗存》,《考古》,1986 年第 1 期,页 8、10—11。

③ 尹检顺:《浅析湖南洞庭湖地区皂市下层文化的分期及其文化属性》,《长江中游史前文化暨第二届亚洲文明学术讨论会论文集》,长沙:岳麓书社,1996 年,页 105—125。

较方便地开采。笔者认为，类似于皂市遗址的族群，应该就是将平原族群发明的白陶技术传播给山区游猎者（如高庙文化）的中介者，是洞庭平原居民与武陵山脉游猎族群之间的另一桥梁。循着武陵山脉逶迤连绵的走廊，季节性的游动渔猎和水稻采集的生活模式，向南传播到沅江流域，影响了高庙文化族群。也就是说，洞庭平原的稻作、环濠聚落与更进步的制陶技术，顺着湘江传到湘江上游，影响了千家坪文化的形成；之后在千家坪文化及洞庭平原西部皂市下层文化的影响之下，沅江中上游的游猎族群，发展出了高庙文化。所以，高庙文化的年代上限，很可能相当于皂市下层遗址的皂市下层文化遗存，以及千家坪遗址二期，即从约距今7400年起。

此外，由于猎民具有高度游动性的特征，类似于高庙的猎民文化，还在五岭山脉及其南北广泛传播，甚至其影响范围到达了江浙和岭南。在江浙地区的河姆渡、马家浜文化遗址，以及广东地区的咸头岭、大湾文化诸遗址中，均可见到高庙风格的器物，这也可作为该文化断代的依据之一。太湖及钱塘江流域接受高庙文化传播的文化地层的年代，落在距今6800—5600年之间；而在珠江三角洲则落在距今6700—4300年之间。所以，综合判断，高庙文化贝丘遗址的年代，上限应落在公元前第六千纪晚期，而其下限可能到达公元前第三千纪。而这三千年内武陵山脉的山麓猎民应该有崇拜老虎的信仰，这些族群季节性地聚集祭祀，在山间留下据点和祭祀场地，并经过平原与山地人群来往，而使神虎形象流播于长江流域大地。虽然千家坪与高庙文化生活方式有所不同，但这些族群的精神文化和礼器性质却大体相同。因此下文不区分湘、沅两江流域，依照学界最流行的命名，统称为"高庙文化"大体系。

3. 高庙文化刻纹白陶礼器之谜

高庙文化代表性的礼器是刻纹和戳印纹白陶。高庙文化陶质礼器很多，除了最有名的白陶，另有制作红陶等，其纹饰都很丰富。从制陶技术而言，这种陶器最早见于彭头山文化末期、皂市下层文化早期，年代约从距今8200年前开始。

虽然有一些学者因皂市下层的白陶出土数量不多，所以推论刻纹白陶技术和其所有的纹饰母题都为分布于湖南山麓地区之高庙文化的创作①。依笔者浅见，这种看法明显存疑。首先我们应该了解：某种技术或传统广泛发展的地区未必就是其发祥地，所以不能以出土数量多少确定来源；第二，八十垱和坟山堡白陶陶土

---

① 参贺刚、陈利文：《高庙文化及其对外传播与影响》，《南方文物》，2007年第2期，页51—60、92。

与该遗址中埋藏较深的土质相同①，因此可以确认这是本地制作的器物。虽然在湖南不同地方都可以发现少量高岭土，因此白陶可能会有很多个制造地区，但白陶材料埋在长期被淹过的平原低洼地，而不是在山区。洞庭平原有大片的白膏泥，澧阳平原低洼地也呈片状而多见，溇水边白膏泥矿也堆积在靠近澧阳平原的下游盆地。第三，白陶技术也是彭头山、皂市下层农耕文化的创作。

探讨湘、沅地区猎民文化之戳印纹白陶器礼器的来源，应区分以下三条虽然相关但却又有不同的线索：相关陶质的发明；戳印纹技法的来源；图案纹饰所包含的信仰意义。笔者的研究表明，这三者并非是湘、沅地区猎民文化的创作。综合自然矿源、制陶技术与考古资料，可以证明：白陶在距今 8 500—8 200 年前发祥自洞庭平原之东部地区，接着传到洞庭平原西部以及湘江中上游；之后，一边溯湘江而上，留下诸如大塘、千家坪等遗存；另一边经过澧水上游蜿蜒的山谷，流传到武陵山脉之高庙文化区，并进而流传到五岭山脉、珠江下游和太湖流域等地区。就戳印纹的方法来说，其也发祥于洞庭平原农耕文化中，最早见于彭头山文化，当时被施加于红陶及白陶上。也就是说，虽然山地猎民刻纹白陶礼器多，但是其最早的遗物还是源自平地农民的遗址中。因此，高庙文化白陶礼器的形成，反映了洞庭平原新兴农民与湘、沅上中游猎民之间的交流。不过，农耕文化之戳印纹、刻纹图样，反而不如猎民文化那般复杂。

白陶上的刻纹和戳印纹留下的蛛丝马迹，是农耕和游猎族群的观念、形象、技术、用途等彼此交换与融合的结果，通过对刻纹的解读，我们或许可以观察到那个时代平原与山区文化互动与演进的过程。而且戳印纹和刻纹白陶礼器被山地高庙文化广泛吸收之后，才成为南岭游猎族群两千年持续采用的礼器，并配合山地人精神文化的需求，用白陶来表达自己的信仰，或创造山地与平原两种形象混合的构图。

高庙文化白陶的刻纹非常复杂，大部分构图难以理解，不过在有些构图上可以看到山麓、山林、源泉、山间瀑布的风景，例如早期千家坪遗址陶器上的刻纹（图二一三：1、2），晚期松溪口贝丘遗址陶器上的刻纹（图二一三：3—5）②，均可以看到湖南中、南部的典型地貌——错综复杂的山地丘陵与河谷，表现出本地先民对周围

---

① 尹检顺：《湖南史前白陶初论》，见郭伟民主编：《湖南省文物考古研究所建所三十周年纪念文集》，北京：科学出版社，2016 年，页 170—184。

② 湖南省文物考古研究所、吴顺东、贺刚：《湖南辰溪县松溪口贝丘遗址发掘简报》，页 10—11，图九：5，图十：5。

图二一三　1.千家坪遗址出土的白陶残片刻纹；2.千家坪遗址出土的白陶罐高领刻纹；3.松溪口遗址出土的白陶豆；4.松溪口遗址出土的白陶罐口部；5.松溪口遗址出土的白陶盘上双野猪刻纹；6.河姆渡一期神猪刻纹长方钵；7.河姆渡一期陶猪；8.江苏邳县刘林新石器晚期遗址出土的雕刻野猪獠牙。

环境的观察与形容。在桂阳千家坪遗址的刻纹陶上,这类"风景"图甚多。自然条件和文化遗物,都显示了狩猎族群的活动情况。

白陶礼器上的刻纹,除了山水"风景图"之外,还有各种复杂的含有神祕意义的抽象纹和几何纹,大部分难以辨识,只有三种图形比较清楚:鸟头、獠牙以及八角星图。就这三种图形而言,笔者认为其意义和来源不同:八角星图无疑是源自农耕文化,是山上猎民模仿平原地区皂市下层和汤家岗文化的图形①;鸟头的造型恐怕也不能单纯代表高庙文化独特的创作,而牵连着宽阔地域内的远古文化背景及其演化的多样性②;至于獠牙图应代表游猎族群的某类崇拜对象,是可以代表千家坪、高庙文化的重点图案之一。笔者推论,高庙獠牙图或许可以视为老虎造型的最早的前身,经过几次内容与外形的演变后,高庙獠牙图发展成为石家河、后石家河、商王国、虎国、三星堆文明礼器上的獠牙虎口纹样。此一过程曲折复杂,下文拟一步一步分析,首先拟了解高庙文化中獠牙图的隐义。

4. 高庙文化獠牙图考

高庙文化獠牙图或可以大致分为三种:一对獠牙(图二一四:1、4、5),成对的四根獠牙(图二一四:2、3、9),几根獠牙构成抽象的构图(没有似口的形状,如图二一四:6、7)。过了几千年后,后石家河国家文明制造带獠牙的神人面像礼器(图一三七:1;二一八;二一九;二二三:3—5)。后石家河神人面像的獠牙与高庙的獠牙有否传承关系?其内在意义是否一致?这是我们需要了解的核心问题。

其实,这种獠牙的象征图,在长江流域各地礼器上颇为常见。如在良渚的神圣造型上,有一个共通特点:在神人像的腿间有两对獠牙,这与高庙礼器上的獠牙图相当雷同(图八○:2)。古代长江乃是一个精神文化的传播通道,促使有獠牙形象的信仰与良渚的天神造型信仰互相连接,并形成由多元文化要素构成的大神形貌。有关良渚崇拜对象之形象分析,以及相关信仰的内容,因超出了这次研究主题,笔者拟另文讨论,其涉及多种文化互动的过程以及长江中上游与下游的互相传播。但是后石家河文化与高庙所在位置接近,通过山麓大溪文化隐现传承脉络的痕迹,可以推论后石家河文化的獠牙图与高庙文化獠牙图,不仅有若干文化记忆的关系,而有着直接传承的脉络。此外,后石家河的神人面獠牙与虎头的造型同时出现,使

① 相关的讨论参郭静云、郭立新:《从新石器刻纹白陶和八角星图看平原与山地文化的关系》,《东南文化》,2014 年第 4 期,页 6—15。

② 日后笔者拟另文专门讨论此问题。

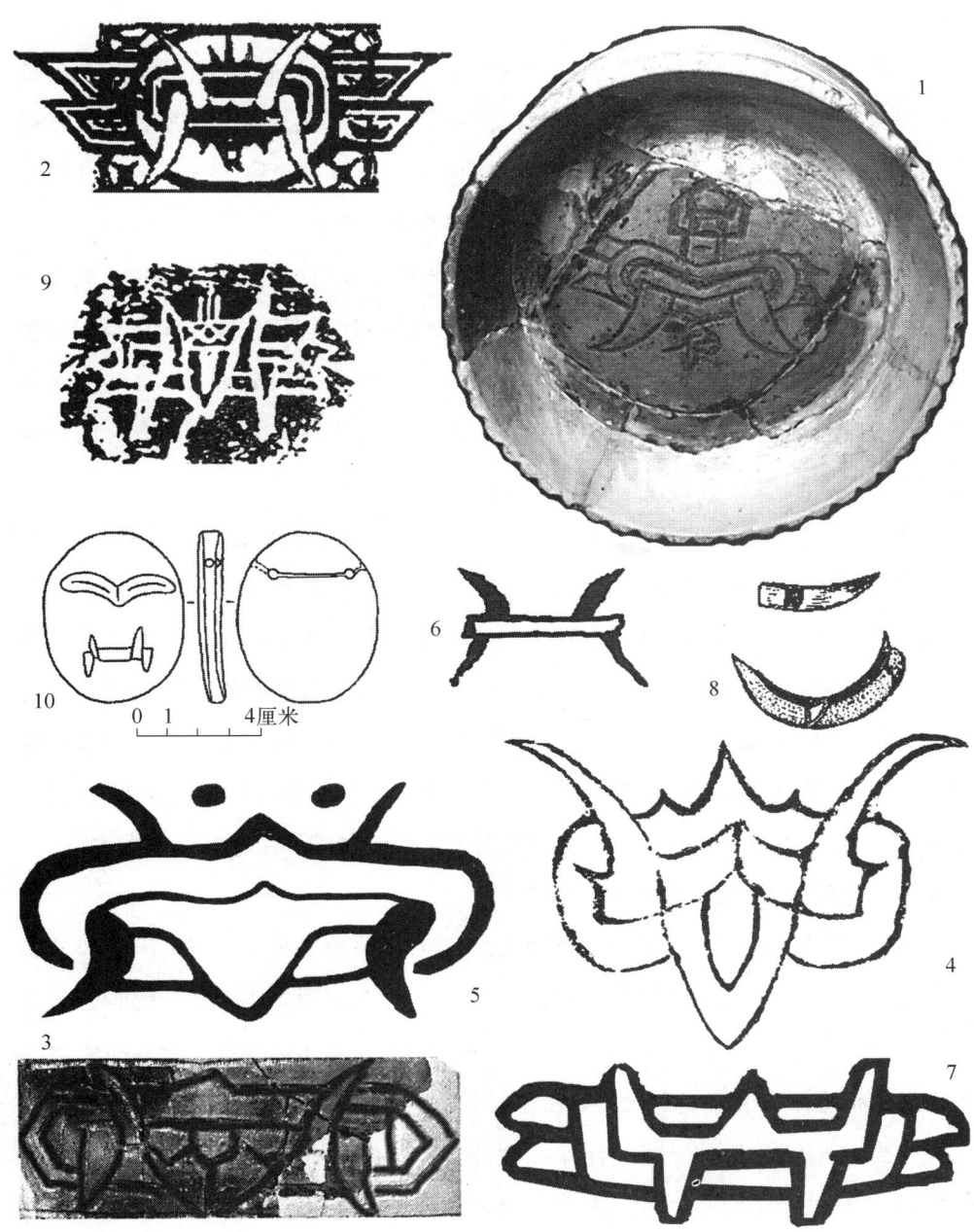

图二一四　1—3. 高庙遗址出土的白陶礼器的纹饰：1. 簋；2. 罐高领的刻纹；3. 钵的刻纹；4—7. 千家坪遗址出土的白陶礼器的纹饰：4. 高领罐刻纹；5. 圈足盘刻纹；6. 陶片盘刻纹；7. 圈足碗刻纹；8. 高庙遗址出土的野猪獠牙；9. 长沙南托大塘出土圈足器底獠牙刻纹；10. 白音长汗遗址二期 AT27②探方出土的叶蜡石镶嵌蚌壳獠牙面像。

我们推想带獠牙神人面可能隐藏了老虎崇拜的涵义。这样的话,高庙獠牙图是否象征老虎呢?

笔者仔细思考此问题后认为,獠牙图是湘江、沅江上中游新石器猎民创造的神徽。獠牙神徽代表着一套比较复杂的信仰和形象结构。关于獠牙图所代表的野兽原型,我们只能肯定地说,獠牙图并没有取象于狗或狼等犬科动物。至于其他猛兽,无论是野猪、老虎或熊,都不能完全肯定或排除。笔者认为,若要了解獠牙图的原型,必须先厘清该信仰的内容,此问题笔者将另文专门探讨。不过湘江、沅江上中游猎民信仰本身,与该信仰及相关形象的扩散是两个问题。信仰本身与其形象的本义,应该是由湘江上游千家坪文化先民基于平原农民和山麓猎民之间的文化交流而创造的。而该信仰及其形象的扩散,则又是循着高庙文化游猎族群的广泛活动而到达各地的。

依循该信仰的原义,笔者认为獠牙神徽与华南虎的崇高形象确有关系。可是,似乎没有发现当时老虎崇拜的直接证据。虽然千家坪、高庙等遗址皆有被发掘者辨识为虎骨的骨头[1],但却没有象后来大溪文化和三星堆文化那样以虎牙作法器的用法(外在表现是虎牙上有穿孔,可以系绳佩戴),所以看不出当时老虎骨头是否有祭祀作用。因此獠牙神徽与崇拜老虎的关系尚未有明确证据。很有可能在当时的仪式中,老虎所代表的力量被认为是神秘的,甚至需要用某种禁忌加以保护。不过,由于此问题涉及对新石器中期千家坪文化的详细研究,超出了本书主题,为避免本书枝蔓过多,笔者另文探讨此问题。

不过,依循形象的传播脉络,我们可以明确看到另一种形象:在高庙遗址下层出土的兽骨中,较为突出的是野猪和鹿,而且野猪骨头被用作祭祀的作用是很明的,或表明当时存在对野猪的崇拜,或许可以说明獠牙图亦包含有此意。高庙遗址发现过野猪獠牙(图二一四: 8),并在下层祭祀坑中发现过完整的猪头骨,以及几具男性头骨与鹿角、野猪下颚骨合葬[2],埋葬猪头的祭祀坑与獠牙图具有内在的关联性,况且从选择下颚骨也可以看出大獠牙的重要性。野猪的强大獠牙或许影响到人们把野猪特别用作祭牲。高庙遗址没有虎牙法器,却有野猪獠牙法器。笔者假设,在高庙文化的信仰中,野猪獠牙有可能被用作暗喻崇拜对象的取代物和法

---

[1]　感谢湖南考古研究所提供相关资料,详细考古报告待刊。

[2]　湖南省文物考古研究所、贺刚、向开旺:《湖南黔阳县高庙遗址发掘简报》,页6。

器。从各地民族志和习俗来看,野猪獠牙其实是很普遍的猎民社会习用的法器。这样,千家坪那种具有内在而独特信仰意义的獠牙猛兽嘴神徽形象,在发展到高庙下层时,已被转义为一种猎民的普遍信仰。在该信仰中,鹿角和野猪獠牙有两种共同之处:第一是都属猎获的荣誉(家猪的犬齿很小,没有凸出的长獠牙),第二是都属于男性力量的特征(母鹿无角,母猪的獠牙很短),在思考这种埋葬的内在含义时,我们一定要注意这两点。

野猪是早期猎人的主要狩猎对象,也是其主要的崇拜对象。猎人们佩戴野猪獠牙,或在陶器上刻印獠牙,作为其男性力量或勇气的象征。使用野猪獠牙的礼仪,一方面影响到相关信仰内容的融合;另一方面又影响到千家坪、高庙少部分礼器上的獠牙神徽,使它们被造型得越来越像野猪嘴。在图案的晚期和文化扩散阶段,这类例子愈来愈多。在观察野猪的形态后可得知,这些高庙文化礼器上的獠牙图形状,最近似于野猪的獠牙。大部分野猪只有下颚的犬齿为两根凸出很长的獠牙,有些长度超过30厘米,而上颚犬齿比下颚的小几倍,因此描绘一对獠牙的图案可能只强调最凸出的一对獠牙。不过,由于上颚犬齿也有一对小獠牙,所以亦可见四牙相对的构图。在前述两种构图的基础上,高庙人进一步抽象化而形成了几种象征性的獠牙嘴口典范图案,将其用在刻纹白陶及红陶上。高庙文化下层时代最晚的松溪口遗址出土的白陶盘虽然残缺,但基本图案还是可以了解:构图分三层,上层可见有一行山岭,下层刻纹的意义不甚明朗,但似乎为抽象化的泽地草叶之类的花纹,中层无疑是表现地面。在地面上有两个野兽搏斗,它们的形象基本上是很写实地描绘野猪,只是突出地刻画了獠牙(图二一三:5)[1]。在立冬到大寒间的交尾期,为了求偶,公野猪之间猛烈搏斗是普遍现象,这期间也是进行狩猎的主要季节。以笔者浅见,松溪口白陶盘外壁的刻纹即是描绘交尾期公猪搏斗的情景。

高庙文化猎民实行以狩猎为主的生活。狩猎野猪与崇拜野猪分别代表了猎民的现实生活与精神文化,其特质与石家河国家文明相差甚远。所以高庙与后石家河獠牙图的关系并不单纯,其图形或有传承关系,但其图形含义可能已经过了多次变化。但是,在讨论这种变化的发生之前,我们需要先初步了解崇拜野猪的猎民文化。

---

[1]　湖南省文物考古研究所、吴顺东、贺刚:《湖南辰溪县松溪口贝丘遗址发掘简报》,页11,图十:1。

（二）崇拜野猪的遗迹：根源和传演

1. 野猪在东亚猎民生活中的若干规律

中国学界习惯性认为新石器遗址猪骨出土说明人们已普遍驯化了野猪，并将所有稻作、粟作或农耕相当薄弱的文化遗迹中的猪骨，都毫无疑问地认定为家猪。其他国家的考古界在这方面较保守，采用更细节的包含遗传学的分析来检定。例如日本弥生时代吉野里古国遗址研究者认为，虽然已有相当规模的稻作、蚕业、冶铁业，猎野猪的狩猎活动在该文化中仍保留相当重要的经济作用，所发现的猪骨经检定为野猪。① 吉野里古国的年代相当于两汉，何故当时猎野猪的生计仍颇为关键，而未见养家猪的经济？是因为农耕的定居生计策略并不一定与养家畜相搭配，猎民在吸收农作的同时仍经常会保留原有的狩猎生活，而不是同时也接受养畜。如果同时学习两种生产技术，这只会导致两方面都不成功，尤其是在狩猎方便、猎物充足的区域，人们不需要在吸收发展农业时，同时也着急发展养畜业。更进一步来说，着重发展农作文化的人们，并没有同时驯化猪，这是两种不同、互斥的生活方式（对此问题笔者日后将专门讨论）。是故，在研究中国考古资料时，我们也需要采用更细致的分析，从不同的角度观察与思考猎猪和养猪的区分。

从生物遗传学研究发现，有两波驯化猪的活动，第一次是在距今 7 500 年前后，但其没有完全成功而中断了，第二次则直至距今 5 500 年以后才实现，并稳定地传承下去。② 笔者搜集中国各地出土的猪骨资料作观察亦如此：距今 7 500 年前虽有驯化野猪的企图，但在新石器晚期以前还是狩猎野猪较为普遍，而畜养猪的活动少③。

笔者对比资料并进行分析后，同意生物学的研究成果：驯化野猪是一件很难的事情，到了新石器末期青铜时期之际才成功，并且，在有些文化驯化猪的同时，更多的文化主要仍是猎野猪，而并不养畜。首先，要注意到遗址中经常出土不能被驯

① 此据日本吉野里遗址博物馆的研究资料。

② Loukas Barton, Seth D. Newsome, Fa-Hu Chen, Hui Wang, Thomas P. Guilderson, Robert L. Bettinger. "Agricultural origins and the isotopic identity of domestication in northern China." *Proceedings of the National Academy of Sciences of the United States of America*. 2009, vol.106(14), pp.5523 – 5528。

③ 此问题笔者拟日后再另文作详细的论述。

化的鹿科动物的骨、角，这说明狩猎生计依然普遍。虽然新石器时代养猪的社会遗迹中也有猎获的野兽骨，且以鹿为主；但是在养猪的社会中，鹿骨与猪骨的比例并不相等，猪骨的数量往往超过鹿骨，并且猪颚骨不带獠牙。而在狩猎文化遗迹中，鹿的骨、角数量多，与猪骨的比例相近，并且普遍出现野猪獠牙和用獠牙制造的工具和礼器。从这一基本的指标来看，新石器时代尝试驯化野猪的社会并不多。

总体来说，养家畜是长期定居的生活策略。新石器时代更多人群以狩猎、渔猎维生。大部分猎民平时捕猎小动物，如果自然条件允许则捕鱼、采集可知的植物，但同时也进行群体性的大猎，在大型动物中鹿科和猪科为主要狩猎目标和对象。整个新石器时代中国各地都发现有很多鹿骨和猪骨的遗址，这就是游猎族群的生活据点，其遗址从未见有蓄养牲畜长期生活的痕迹。养畜和狩猎为主的生活方式差异较大，从考古资料可以看出，在晚期国家社会里，养畜为普遍生计，与作为贵族游戏的狩猎活动并存；但在新石器社会中，还没有出现这类多种生活方式"共生"的文化，所以定居养畜与游猎维生这两种聚落的遗迹是可以区分的。獠牙的出土基本上可以作为猎获野公猪的指标；在同一坑里出现鹿和猪的骨头，也能说明其两者来源相同：即猎获鹿和猪的大猎。这种大猎并不是随意安排，其有季节性的规律；同时这是大量肉食的来源。平时则捕鱼、猎小动物（鼠类、兔类等）、采集或少量农作。狩猎获得鹿、猪的比例大约相等。

这种以狩猎鹿、猪为主的猎民遗址发现在湘西、皖北[①]、山东、辽宁、内蒙、豫鄂、陕陇的许多丘陵、森林地带。猎民族群的生活不甚固定，其中有些完全不安排聚落（尤其是在南方），有些虽然会有聚落，但却过半定居的生活，采用季节性迁移或女守屋男游猎等生活方式。

南方地带游猎文化的遗迹，主要发现在湖南的山区和丘陵地区。虽然已发现这些猎民的据点、祭祀之区，但迄今没有发现早期聚落，可以推断，游猎族群顺着季节的循环，冬天南迁，夏天北返，因此可以不需要安排长期的房屋。并且因为这样的流动性生活，从长江中下游到珠江下游、沿海地带，都可以发现共同的文化背景。不过在目前发现的猎民遗址中，很多没有精神文化遗迹，有可能表明这些猎民社会未必都有对野猪特别珍重的情况。但从高庙文化体系可以看出，游猎族群的精神

---

① 安徽省文物考古研究所、贾庆元：《安徽濉溪石山子新石器时代遗址》，《考古》，1992 年第 3 期，页193—203；安徽省文物考古研究所、韩立刚：《安徽濉溪县石山子遗址动物鉴定与研究》，《考古》，1992 年第 3 期，页 253—262、293—294。

生活相当深入,他们创造过精彩的文化,也留下了崇拜野猪的明显痕迹。

同样,华北地区半定居的猎民也发展出几种相当发达的文化,亦明显可见对野猪的崇拜,并将獠牙作为重要的象征。所以下文拟论述华南、华北几种相当发达的猎民文化,从而进行比较,进一步了解新石器时代各地狩猎族群的精神文化的异同,以及高庙文化在其中的独特性。

2. 新石器中晚期长江流域

长江中下游新石器中晚期到青铜时代早期,一直存在农耕聚落与游猎族群两种生活方式,农耕和猎民之间的关系越来越多,包含互相学习、分工、交易以及斗争,狩猎族群经常攻击、掠夺富有的农耕地区,而农耕社会必须面对克服他们(文献中所留下的三苗、九黎传说即表达这两种生活策略的历史对抗)。除了湘西地带高庙文化游猎族群的遗迹之外,鄂西宜昌杨家湾大溪文化遗址中也大量出土野猪獠牙和猪骨[1]。前文已讨论杨家湾遗址发现很多祭祀用的陶器,器底上有前文字符号,表明该遗址原来应该是祈祭场所。在这里进行祈祷的人们,或许应该先猎获野猪,野猪獠牙在祈祷礼仪中有某种神祕作用。

杨家湾之东,钟祥六合遗址是一处高出周围十几米的岗地。该遗址墓葬的年代从屈家岭文化早期起,其中屈家岭文化早期的一座墓里随葬猪下颚骨,屈家岭文化晚期的瓮棺葬也有随葬猪下颚骨者。简报里没有指出兽骨是家猪或野猪、公或母,所以随葬的意义难以确定[2],但值得注意的是:屈家岭时代与高庙一致,依然选择猪的下颚作为关键的部位。七里河遗址中的石家河文化遗存依然可见随葬猪的下颚骨,其见于两座二次合葬墓里(76M19 和 76M1),各随葬两猪下颚骨,同时也随葬鹿骨,这使笔者考虑随葬的猪下颚骨属于野猪。此外,78M21 是一座侧身向北,下肢略屈的成年男子单人一次葬墓,墓主独缺一颗人头,该墓是七里河遗址墓葬中随葬猪头最多的,有两具带上、下颚的猪头骨放在墓主的头部位置北侧,即在他实际缺失的头部的面前[3]。埋葬缺头的人是用人祭祀神的遗迹(该礼仪的意思下文再专门讨论)。在祈祭礼仪中,人牲有神与人之间的媒介作用,人牲与猪头合

---

① 宜昌地区博物馆,余秀翠、王劲:《宜昌县杨家湾新石器时代遗址》,页 36。

② 荆州地区博物馆,钟祥县博物馆,张绪球、何德珍、王运新、王宏、朱江松、刘昌银、孟世和、柳勇、熊学斌、周文、代修正、王福英、肖玉军:《钟祥六合遗址》,《江汉考古》,1987 年第 2 期,页 1—31、101—102、106—107。

③ 湖北省博物馆、武大考古专业、房县文化馆,王劲、林邦存:《房县七里河遗址发掘的主要收获》,《江汉考古》,1984 年第 3 期,页 1—12。

葬,应该表达在神与人之间的联络中猪有特殊作用(应该是野猪)。这与高庙遗址所见到的几具人牲头骨与野猪下颚骨合葬,应该属于同一个大文化脉络的传承。

鄂东山丘地带遗址也发现随葬野猪下颚的习俗,其中年代相当于屈家岭文化晚期、石家河早期的黄冈螺蛳山遗址(距今5 000—4 600年)①,发现两座女性墓和一座墓主性别不明的墓葬大量随葬野猪下颚。最有意思的是8号墓,墓主是约38岁的女性,随葬品很丰富,包含陶器、石质装饰品、龟鳖甲版、鱼骨等,并有三具带獠牙的野猪下颚骨以及一件殉人的下颚骨②。螺蛳山遗址的社会应该依然从事渔猎生活方式,并且将人牲和野猪的骨头放在一起,是表达一套完整的祭礼的遗迹。

位于长江下游茅山边小丘陵地带的南京北阴阳营遗址,以及在其南的高淳石臼湖南边的薛城遗址,从墓葬的状况来看,似乎也是以渔猎为主要生活方式的社会遗迹。薛城遗址的陶器较为独特,玉器简略地模仿良渚刻纹;北阴阳营陶器有几种风格,部分是江淮地区通见的器形,部分像石家河礼器,另有带四、八角星纹泥质灰陶的形状,玉器也是模仿良渚刻纹的玉璜和玦③。从这些遗物可以判断这些墓葬的年代与螺蛳山相近(未作碳十四测年)。遗址中出土的兽骨以水生动物为主,此外薛城遗址出土少量猪骨,北阴阳营则猪和鹿都有,也见少量牛和狗骨,基本上似为渔猎活动的遗迹。北阴阳营文化薛城遗址墓里都随葬野猪獠牙或下颚,其中有出土带刻纹的野猪獠牙,更加证明其有礼器的作用。

太湖以东农耕地区也有早期渔猎文化的遗迹,如苏州吴县阳澄湖南岸草鞋山遗址崧泽文化层之下一层(第十层,距今约6 400—5 800年),发现很多鹿和野猪的骨头、野猪獠牙④。因为自然土壤的原因太湖平原稻作农耕的形成较晚⑤,草鞋山

---

① 螺蛳山发掘者依据出土器物类型将其相对年代断为大溪晚期至屈家岭早期,但唯一的碳十四年代却落在屈家岭晚期至石家河早期交接之际;参湖北省黄冈地区博物馆、吴晓松:《湖北黄冈螺蛳山遗址墓葬》,《考古学报》,1987年第3期;中国社会科学院考古研究所编:《中国考古学中碳十四年代数据集1965—1991》,北京:文物出版社,1991年,页196。

② 湖北省黄冈地区博物馆、吴晓松:《湖北黄冈螺蛳山遗址墓葬》,《考古学报》,1987年第3期,页339—358、399—406。

③ 南京市文物局、南京市博物馆、高淳县文管所,周裕兴、王志高、张金喜:《江苏高淳县薛城新石器时代遗址发掘简报》,《考古》,2000年第5期,页1—20、97—101。南京博物院:《北阴阳营——新石器时代及商周时期遗址发掘报告》,北京:文物出版社,1993年,页56—60、87,图二八、三〇、四九;页74,图三九、四〇;页85—86;页23—28、77—78,图六至一一、四三。

④ 南京博物院:《江苏吴县草鞋山遗址》,《文物资料丛刊(3)》,北京:北京文物出版社,1980年,页15—24。

⑤ 相关讨论详见郭静云、郭立新:《论稻作萌生与成熟的时空问题》,《中国农史》,2014年第5期,页3—13;第6期,页3—13。

遗址的第十层应该是早期采集渔猎族群活动的遗迹。不过,在农耕生活稳定后,遗址中依然可见野兽骨,一方面代表渔猎活动的传承,另一方面显示农耕社会与周围渔猎族群的互动。

江苏海安青墩遗址下层文化也是渔猎社会遗迹较多,包括鱼骨、鹿骨等,用鹿骨和鹿角制造的工具,用野猪獠牙制造的牙镞和完整的野猪獠牙等,墓葬里也有随葬的野猪獠牙,碳化稻谷不多。及至于中上层墓葬和遗迹,已表现出典型稻作文化的面貌,与崧泽、良渚文化一致①。

海安青墩遗址虽然位于江北,但陶器器型既似于江南崧泽,亦与江南北阴阳营相似。但从时间与文化交流关系来说,这两种关联所表达的来源不一致。据碳十四测年,青墩遗址下层的年代(距今 6 200—5 700 年),早于崧泽文化,中下层则与崧泽、良渚同时②。新石器晚期崧泽文化向北发展到江淮地区,长江两岸形成了稻作文化大体系;与此同时在稻作大区域的边缘,存在着很多渔猎族群,与农耕社会处于多样的来往关系中。例如,位于苏州之北常熟市钱底巷崧泽文化遗址,出土很多鹿骨、鹿角、牛骨、猪骨、猪牙,其中猎获野兽为主③,是农耕生活与狩猎生活互动的遗迹。但野兽骨、角、牙在农耕文化的墓葬里一般不作为随葬礼器,亦未见野猪獠牙的随葬,显示野猪的形象在农耕文化中没有崇高神祕的意义。农耕文化墓里虽然会有随葬家猪的墓葬(如草鞋山遗址第六层崧泽文化 96 号成年男性墓随葬了两个家猪下颚骨等),但这样的墓很少见,不代表系统的文化,也没有用獠牙作礼器的习俗。所以,只有在渔猎族群文化中才可以看出野猪的特殊意义。

稻作大农耕区域周围渔猎族群文化的遗迹,迄今没有系统的研究,除了湘西高庙体系之外,一般只有零散的遗迹,文化范围与规模皆不详。不过可以看到:鄂西、鄂东山麓地区都有猎民崇拜野猪的遗迹;向东以来黄冈螺蛳山、南京北阴阳营也可以看到类似现象;北阴阳营文化与农耕的崧泽文化来往密切,但同时也显示其有猎民的精神文化以及对野猪的崇拜。

长江下游稻作地带的北部边缘之苏北、皖北地区,也有与农耕文化来往颇密切的猎民社会,他们的主要狩猎对象依然是鹿科和野猪,其中野猪才是厉害的对手,

---

① 南京博物院、纪仲庆:《江苏海安青墩遗址》,《考古学报》,1983 年第 2 期,页 147—190、275—282。

② 中国社会科学院考古研究所编:《中国考古学中碳十四年代数据集 1965—1991》,页 104—105。

③ 南京大学历史系考古专业、常熟博物馆、宋建、戴宁汝、吴慧虞:《江苏常熟钱底巷遗址发掘报告》,《考古学报》,1996 年第 4 期,页 473—513、544—551。

所以在狩猎社会的精神文化中依然保留野猪的形象。如新石器晚期苏北遗址的男性墓里发现有野猪獠牙①，其中邳县刘林遗址出土用野猪獠牙刻成猪头的小礼器（图二一三：8）②。新石器中期的钱塘江流域，河姆渡人一方面有猎鹿与野猪的活动，并用野猪獠牙制造锥形器，同时也制造猪形状的礼器，这些造型还蕴含有深入的神性意义（图二一三：6、7）③。与上述资料比较容易产生疑问：河姆渡文化有无驯化野猪的策略，如带来小野猪，养几个月到一年后杀了吃的措施。

不过崇拜野猪以及对野猪獠牙的特殊重视，不仅是长江流域的特点，从新石器中期以来各地均可以发现相类似的遗迹。从我们现代人的角度来看，猪科动物是最不被视为具有神秘性的家畜。甚至在古代祭礼中，从周以来猪明显已属于次要祭牲，其价值往往不如牛或羊，根本不见把猪当作崇拜对象。但是考古资料显示，新石器中晚期时代人类崇拜猪的痕迹很明显，不过对象不是家猪而是野猪。

3. 新石器时代华北猎民生活的若干规律以及野猪的重要性

前文叙述了长江流域新石器时代猎野猪及崇拜野猪的痕迹。同时期华北地区的聚落也有狩猎野猪的痕迹，如东北辽西兴隆洼和赵宝沟文化都是猎民文化，前者有崇拜野猪的痕迹，后者以崇拜鹿为多，但也有崇拜野猪的礼器。兴隆洼文化年代框架很长，根据几个遗址的碳十四测年，早期距今约 8 000—7 400 年，中期距今约 7 400—6 700 年，晚期距今约 6 700—6 000 年；赵宝沟文化的年代约相当于兴隆洼文化中晚期④；两种文化发展成红山文化的年代界限不甚明确。兴隆洼文化早期是该文化的兴盛的时期。其中，查海遗址考古遗存表现出最早尝试驯化野猪的生活措

---

① 江苏省文物工作队，尹焕章、张正祥：《江苏邳县刘林新石器时代遗址第一次发掘》，《考古学报》，1962 年第 1 期，页89—90，图九：13。南京博物馆，尹焕章、张正祥、纪仲庆：《江苏邳县四户镇大墩子遗址探掘报告》，《考古学报》，1964 年第 2 期，页22，图 10；页24，图 18 左上下；图版陆：6（墓号 4、40、38、32）。

② 南京博物院，尹焕章、袁颖、纪仲庆：《江苏邳县刘林新石器时代遗址第二次发掘》，《考古学报》，1965 年第 2 期，页29—30，图二二：13。

③ 浙江省文物考古研究所：《河姆渡——新石器时代遗址考古发掘报告》，页110—111，图六六：8、9；页282；页54，图三三：7；页67，图四一：1。

④ 中国社会科学院考古研究所内蒙古工作队，杨虎、朱延平：《内蒙古敖汉旗兴隆洼遗址发掘简报》，《考古》，1985 年第 10 期，页865—874、961—962。中国社会科学院考古研究所内蒙古工作队，杨虎、刘国祥：《内蒙古敖汉旗兴隆洼聚落遗址 1992 年发掘简报》，《考古》，1997 年第 1 期，页1—26、52、97—101。中国社会科学院考古研究所内蒙古工作队、敖汉旗博物馆，杨虎、刘国祥、邵国田：《内蒙古敖汉旗兴隆沟新石器时代遗址调查》，《考古》，2000 年第 9 期，页30—48。中国社会科学院考古研究所内蒙古第一工作队，刘国祥、贾笑冰、赵明辉、田广林、邵国田：《内蒙古赤峰市兴隆沟聚落遗址 2002～2003 年的发掘》，《考古》，2004 年第 7 期，页3—8、97—98、2。内蒙古自治区文物考古研究所编著：《白音长汗：新石器时代遗址发掘报告》。中国社会科学院考古研究所编著：《敖汉赵宝沟——新石器时代聚落》，北京：中国大百科全书出版社，1997 年。中国社会科学院考古研究所编：《中国考古学中碳十四年代资料集 1965—1991》，页56—58。

施,所以遗址中发现的猪骨占73%,但却没有獠牙(幼猪拔掉犬齿是驯化野猪的
必要条件之一)。不过,查海所代表的兴隆洼文化早期存在的时间并不久(距今
约7 800—7 500年),其因气候变冷而灭绝,驯化野猪的活动亦由此中断①。兴
隆洼文化因为一直从事有策略而系统的狩猎生计,在很难安排生产的环境中,却
能适应气候波动,长期存在而演化缓慢。兴隆洼遗址中期(距今约7 400—7 000
年)的墓里发现野猪獠牙礼器(图二一五);而白音长汗遗址在同时期文化层里
出土了叶蜡石镶嵌蚌壳獠牙面像(图二一四:10)。这都显示东北猎民对野猪的
崇拜。

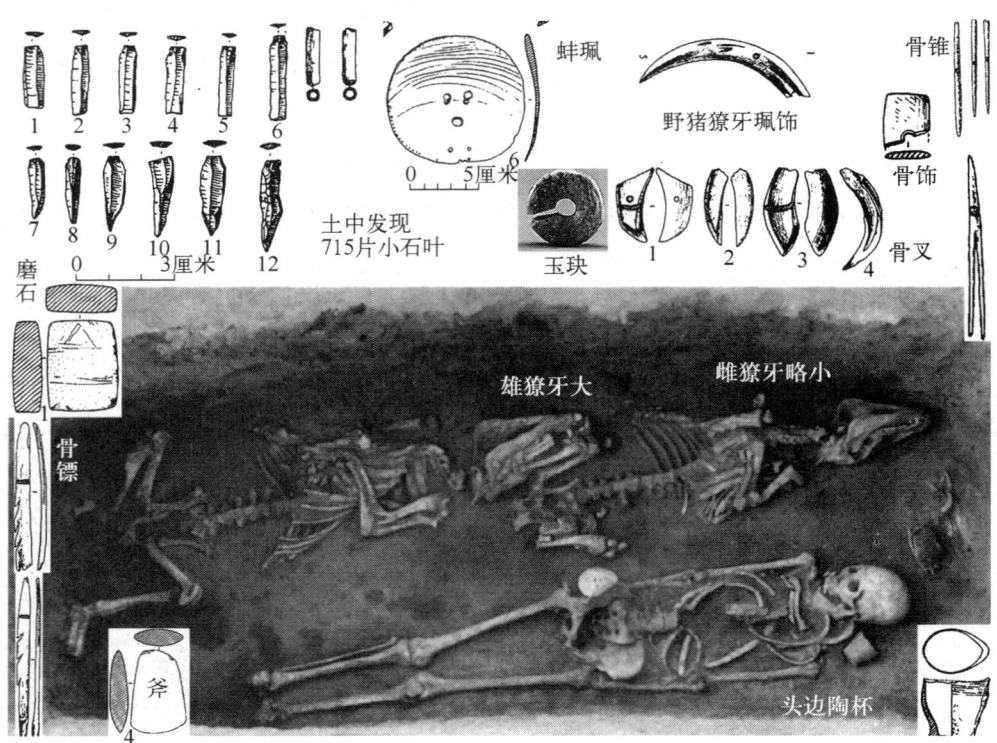

图二一五　兴隆洼遗址随葬一对野猪的巫师大墓(M118)。

到了距今5 000多年前,在西辽河流域有发展程度相当高的红山文化,但在
红山文化早期遗址中也发现少量野猪獠牙的礼器②,说明崇拜野猪的猎民的精
神文化延续至红山时代早期。与其同时或更晚的年代里,辽宁沿海地带一直是

①　辽宁省文物考古研究所编著:《查海新石器时代聚落遗址发掘报告》,北京:文物出版社2012年。有
关查海文化兴衰笔者日后另文再讨论。
②　内蒙古自治区文物考古研究所编著:《白音长汗:新石器时代遗址发掘报告》,页471,图三六八:2。

千年不变的游猎族群的活动区①，发现很多野兽骨，包括几种鹿科、棕熊、老虎、野猪等，新石器晚期的东北猎民用野猪獠牙制造刮削器，但表达精神文化的遗物并不多②。

河北武安磁山遗址的年代与兴隆洼文化早期相同，即距今 7 900—7 500 年的温暖期，遗址中发现几件野猪獠牙、猪牙和猪骨制造的工具等，并有祭祀野猪及以野猪作祭牲的遗迹③。学者们认为，磁山人到晚期时已从纯粹猎猪逐渐开始发展到初步饲养幼猪的阶段④；这种可能性当然存在，但是磁山文化与兴隆洼文化一样，在距今 7 500 年发生的快速冷化、干燥化时灭绝，因此没有足够的时间和机会成功驯化野猪。也就是说，虽然有少量社会企图驯化猪，但狩猎野猪的生活方式在华南、华北都仍为主流，这些猎民崇拜野猪，把野猪獠牙用作礼器的情况也普遍存在。

甘肃天水地区时代相当于磁山文化晚期的大地湾一期遗存，墓葬里有随葬猪的下颚，可惜报告提供的资料尚不足以判断猪的类型和随葬它的意义，但从同时期豫陕地区考古文化发展的情况，以及时代更晚的陕陇地区文化情况来比较，笔者认为，大地湾人随葬的猪骨也是猎获的野猪⑤。

比其时代略晚，但文化面貌很接近的渭河流域白家遗址（距今 7 300—6 300 年），也发现了野猪獠牙制作的钻等尖状器，随葬下颚和獠牙；白家遗址兽骨以猪和鹿科为主（各占出土兽骨的三分之一，其他各种动物包括小型动物占三分之一）⑥，

---

① 辽宁小珠山文化下中层的碳十四数据在距今 5 000 至 4 000 年间，参中国社会科学院考古研究所编：《中国考古学中碳十四年代数据集 1965—1991》，页 69—70。

② 辽宁省文物考古研究所、大连市文物管理委员会、庄河市文物管理办公室、许玉林、苏小幸、王嗣洲、孙德源：《大连市北吴屯新石器时代遗址》，《考古学报》1994 年第 3 期，页 353—354，图一一：22；页 367，图二〇：9、10。

③ 河北省文物管理处、邯郸市文物保管所、孙德海、刘勇、陈光唐：《河北武安磁山遗址》，《考古学报》，1981 年第 3 期，页 303—338、407—414。乐庆森：《磁山遗址灰坑性质辨析》，《古今农业》，1992 年第 2 期，页 27—30。卜工：《磁山祭祀遗址及相关问题》，《文物》，1987 年第 11 期，页 43—47。王仁湘：《新石器时代葬猪的宗教意义——原始宗教文化遗存探讨札记》，《文物》，1981 年第 2 期，页 79—85。

④ 周本雄：《河北武安磁山遗址的动物骨骸》，《考古学报》，1981 年第 3 期，页 339—347、415—416。袁靖：《中国新石器时代家畜起源的问题》，《文物》，2001 年第 5 期，页 51—58。

⑤ 甘肃省博物馆文物工作队、张朋川、郎树德：《甘肃秦安大地湾遗址 1978 至 1982 年发掘的主要收获》，《文物》1983 年第 11 期，页 21—30。甘肃省文物考古研究所、赵建龙：《甘肃秦安县大地湾遗址仰韶文化早期聚落发掘简报》，《考古》，2003 年第 6 期，页 499—511、577—579、582。甘肃省文物考古研究所：《秦安大地湾——新石器时代遗址发掘报告》，北京：文物出版社，2006 年，页 857—895。

⑥ 中国社会科学院考古研究所编著：《临潼白家村》，成都：巴蜀书社，1994 年，页 127；页 27、25，图十八；页 49、123—126。

这是狩猎生活的遗迹,可见野猪为关键的狩猎对象。河南裴李岗文化山区类型中山寨遗址的年代也大致相同,出土的兽骨也是以猪和鹿为主,应该与白家遗址是同一类的生活方式①。

距今 6 800 年左右,渭河流域又出现一个新石器文化——著名的半坡文化。在半坡精神文化中,野猪依然是一种重要的崇拜对象。

4. 新石器中晚期渭河流域渔猎粟作文化对野猪的崇拜

华北崇拜野猪的痕迹可见于渭河流域半定居文化中,即著名的北首岭、半坡文化体系(虽然北首岭遗址中有人类更早活动的遗迹,但半定居文化体系的形成略晚,其年代为距今 6 700—5 900 年)②。从考古遗迹可以发现该社会具有三个基本特点。第一,渭河流域新石器文化虽然发展粟作,但还是以肉食为主,生活方式以渔猎为主、以粟作为辅,这主要是因为农作不够发达,粟、黍农作物的产量较低,加上渭河流域气候不允许一年有超过一次的收获,所以远不能满足人们对食物的需求。依笔者浅见,渭河流域先民以鱼、肉食为主,而粟作的主要目的是酿酒(该文化典型器小口陶壶、小口尖底瓶等陶器就是用来装宝贵的酒),在村落共同活动、祈祷、祭祀时用来喝,但是主要食物来源还是依靠森林、河流的渔、猎和采集;并且,此处属于河流水网贫乏的地带,渔业比重也偏低,秦岭山麓游猎的比重较高。第二,笔者推论,考古所发现北首岭和半坡先民长期用半地穴式房屋,从其结构来看,应该主要是用于寒冷季节居住,用于过冬③,而夏天更多采用半流动的生活方式,季节性的迁移、游猎,或许会用树枝在地面建筑临时的房屋。第三,男女生活方式不同,故村落中安排女性公房和男性公房,所有的合葬墓都是同性合葬;这社会中狩猎属于是男人的活,采集和少量的农作等应属于女人的活,这种情况在墓葬里有所反映。

作为这种生活方式代表性遗存的半坡遗址中,发现不少野猪獠牙,部分有穿孔说明原来用作佩件;用于埋葬的猪骨主要是下颚(这与高庙文化强调下颚带獠牙的意思应该是一致的),但是大部分下颚破碎,有些保留獠牙,但同时可见獠牙被拔的

---

① 中国社会科学院考古所河南一队,郑乃武、梁中合、田富强:《河南汝州中山寨遗址》,《考古学报》,1991 年第 1 期,页 57—89、129—136。

② 中国社会科学院考古研究所编:《中国考古学中碳十四年代数据集 1965—1991》,页 251—262。

③ 半坡遗址发现的地面式的房屋时代偏晚,可能代表更加稳定的定居,为四季都用的房屋,不过也不能排除其以过冬的作用为主,该问题还需要进一步研究。

情况（半坡遗址发掘报告认为都是家猪，但是除了少量幼猪的下颚之外，大部分是有獠牙或有獠牙被拔的痕迹，这实为野猪的指标）①。

北首岭遗址兽骨研究也显示，野猪和鹿科动物的数量最多，是渭河流域的猎民主要的狩猎对象。同时北首岭男性墓（包括男性单人葬和男性合葬墓）经常发现随葬野猪獠牙（如77M1、77M6、77M10乙等），这些獠牙有被磨的痕迹，应是佩戴在衣服上的饰品。北首岭遗址77M17号墓的资料非常重要，墓主为成年男性，骨骼保存完整，为仰卧直肢状，唯身躯无头；随葬品丰富，身上有席子覆盖的痕迹，在缺头的位置上有皮毛的灰痕，其上有带黑彩符号的尖底陶器。笔者认为，77M17号墓是高级巫师的墓葬，墓主是曾经有聚落首领身份的巫师，到了规定的年龄，在献巫之礼中被杀死、送回天，并隆重埋葬和受祭祀，这么做是为使他能作聚落人与崇拜神之间的联络者。献巫之礼，后文中编第四章将专门讨论，在这里笔者拟强调的是：巫师尸体的腰部旁边有野猪獠牙，这直接表明野猪獠牙有崇高象征意义，是神猎大巫的佩件②。

陕南汉水上游地区汉中西乡何家湾遗址中，虽然很多工具、用具与半坡很接近，但出现獠牙的情况有些差异。何家湾遗址的半坡类型早中期（距今6 500—6 000年）墓葬里出现随葬野猪獠牙者并不限于男性墓，反而常见于女性墓里，如M8的墓主是35岁左右的男性、M130是30岁左右的男性，M16是20岁左右的女性，M7是15岁左右的女性，都出现野猪獠牙；M17是性别不明的3—5岁小孩，手握野猪獠牙。从这种情况可以推论，秦岭地带汉水上游猎民社会没有像渭河流域那样严格区分男女生活方式，而是男女都作猎兵。这或许是因为秦岭与渭河流域自然条件不同，没有粟作的条件，故没有可以分为女性之活的非狩猎之事。男女之活不区分相当符合山岭地带的社会生活特点，前文已有描述大别山黄冈螺蛳山遗址，发现仪式性随葬野猪下颚的墓主也是女性，这应该代表与何家湾遗址类似的社会情况。至于随葬獠牙的问题，死者手握野猪獠牙无疑显示其神祕作用，应该是在追求死后获得超越性的力量。何家湾遗址也出土了不少野

①　笔者采用半坡遗址博物馆的展览资料，其中只有少量在发掘报告中被提及，中国科学院考古研究所、陕西省西安半坡博物馆编：《西安半坡》，页194—195，图版壹陆三、壹陆柒、壹玖陆：3；页257—258，图版壹玖伍：2、3。

②　中国社会科学院考古研究所：《宝鸡北首岭》，北京：文物出版社，1983年，页83—91、112、146—147；以及北首岭遗址博物馆资料。

猪獠牙,但已经看不出其作随葬品的规律,可能经过文化的变迁,野猪獠牙获得其他仪式性作用①。

上述渭河流域及汉水上游文化的年代与湘西高庙文化上层遗存的时代相近,但这些同时存在的山麓文化面貌各不相同,看不出彼此有关联,不过共同的生活方式导致地带不同的猎民都产生了对野猪无畏性与坚强獠牙的崇敬,从而自行创造神化獠牙的传统。

5. 海岱地区的文化特点

同类传统在各地时代早晚不同的渔猎社会中也可见,如以山东地区与北首岭年代基本相同的北辛文化(距今6 800—6 100年)②为例。藤县北辛遗址发现用野猪牙制作的刮削器等工具,同时也发现与渭河流域同样地以獠牙作神祕佩件的习俗;此外,51号坑里发现两个猪头,14号坑里发现六只猪的下颚骨被集中放在一堆,在这堆猪下颚骨之上,有石板覆盖,或许可以考虑仪式性的埋葬③。不过,海岱地区对野猪獠牙的珍重没有像渭河流域那么明显,野猪獠牙不仅作礼器佩件,同时也用作工具,并大量发现獐牙工具和礼器④。不过,祭用野猪、墓葬随葬野猪下颚骨或单独拔出獠牙的礼仪也相当流行,并且与渭河流域一致,这都是男性墓的随葬品,男性墓也有随葬用野猪獠牙作的牙镰,显示山东猎民当时也是与渭河流域类似的性别分工的社会⑤。大汶口遗址北辛文化层的情况类似,兽骨以猎获的猪和鹿为主,男性墓经常随葬野猪獠牙制造的牙镰,而女性没有⑥。到了大汶口时期,有些遗址继续把野猪獠牙制造的刮削器用于男性墓随葬⑦。

---

① 陕西省考古研究所、陕西省安康水电站库区考古队:《陕南考古报告集》,西安:三秦出版社,1994年,页54、60—62、77、81、83、85、104、105、145—147、171—178,图三二:3;图三四:3;图四四;图五〇;图五一;图六五:4、5;图九四:3。中国社会科学院考古研究所编:《中国考古学中碳十四年代数据集1965—1991》,页253—254。

② 中国社会科学院考古研究所编:《中国考古学中碳十四年代数据集1965—1991》,页133—134。

③ 中国社会科学院考古研究所山东队、山东省滕县博物馆,吴汝祚、万树瀛:《山东滕县北辛遗址发掘报告》,《考古学报》,1984年第2期,页172,图八:25;页173,图十:21、24、25;页162。

④ 中国社会科学院考古研究所山东工作队、胡秉华:《山东汶上县东贾柏村新石器时代遗址发掘简报》,《考古》,1993年第6期,页483。中国社会科学院考古研究所编著:《山东王因——新石器时代遗址发掘报告》,北京:科学出版社,2000年,页44、67。

⑤ 宋艳波:《海岱地区新石器时代的动物考古学研究》,山东大学博士学位论文2012年,页104—105。

⑥ 山东省文物考古研究所:《大汶口续集——大汶口遗址第二、三次发掘报告》,北京:科学出版社,1997年,页32、61—64、70。

⑦ 昌潍地区文物管理组、诸城县博物馆,杜在忠:《山东诸城呈子遗址发掘报告》,《考古学报》,1980年第3期,页346。

　　用野猪獠牙制造工具是长江下游、华东、海岱地区长期的做法,如牙刮削器、牙镞、牙锥、牙凿、牙刀等,除了野猪獠牙之外,同时也有用獐牙制造的例子①。用野猪獠牙作刮削器等工具的制造法,沿着海边北传到辽东地区。但是在没有獐的东北地带,都是采用野猪獠牙制造。

　　在山东、皖北地区的新石器晚期,从大汶口时代以来,非实用而仅起礼仪作用的野猪獠牙饰变得少但仍可见(图二一六:1),同时增加具礼仪作用的獐牙佩件(如王因遗址 M174、2659 等都随葬獐牙)。当时只有在少数墓里会随葬带獠牙的野幼猪下颚骨(如王因 M2201,图二一六:2),至于类似高庙文化的獠牙造型,或类似渭河流域的高级巫师墓里随葬野猪獠牙礼器的情况,则根本未见到。所以,华东地区新石器晚期以来,野猪的形象应该没有很深的信仰意义,但是猎民文化的遗传还是存在。王因 M2384、2371 有发现猪门齿或肢骨,而王因 M2363 随葬猪的门齿和犬齿獠牙,从形状来看,这似为野猪与驯化家猪转变的阶段。上述几座墓都属于王因遗址晚期(距今 5 300—5 100 年),这即为野猪普遍已驯化的时代,但是古代猎民文化的尾巴还没有完全消失,故墓葬有时候可见獠牙或带獠牙的下颚②。

　　大汶口遗址早期大墓虽然可见随葬很多猪头的习俗,但是以幼猪和母猪为主,很少有凸出的獠牙,也没有单独发现野猪獠牙,这些猪头应该都是家猪,并且男女墓都会有,所以这也没有原来狩猎社会精神文化的涵义③。此时代之后,各地大墓经常可以发现随葬家猪,这只是祭祀死者、供养死者的意思,而不是表达对猪的祭拜。

　　6. 青铜时代野猪形象的传演

　　总体来说,在不同地区或早或晚的时代,养家猪的生计逐步取代猎获野猪的生计,猪的驯化和家猪的普遍化,均使人们对猪的神祕和威严崇拜感觉逐渐下降。时代越晚的造型越单纯,如到了青铜时代早期,石家河遗址出土的众多小型陶制动物中,其中也有家猪造型,与其他动物相比较,并没有特殊的重要性,只是众

---

① 山东省文物考古研究所,吴诗池、吴文祺:《茌平尚庄新石器时代遗址》,《考古学报》,1985 年第 4 期,页 483 等。

② 中国社会科学院考古研究所编著:《山东王因——新石器时代遗址发掘报告》,页 298、337—387;页 143—144;页 167,图一三三;页 177,图一四九;页 180,图一五三;页 181—182,图一五四、一五六。

③ 山东省文物管理处、济南市博物馆:《大汶口——新石器时代墓葬发掘报告》,北京:文物出版社,1974 年,页 5—19、105,晚期的墓中獐牙礼器反而多(页 103),但这与我们讨论的问题无关。

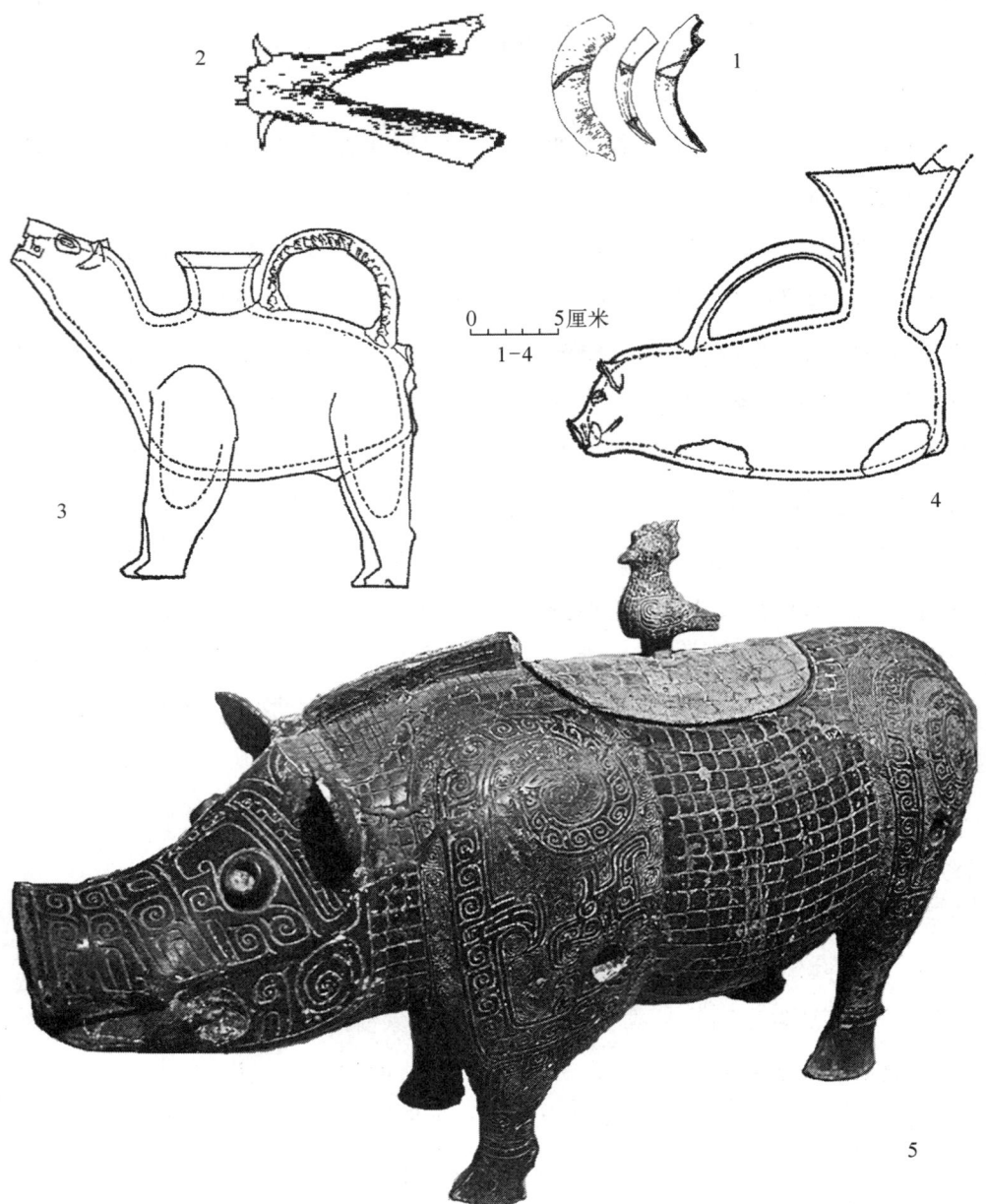

图二一六　1. 王因遗址出土大汶口早期文化的野猪獠牙礼器；2. 王因 2201 号墓随葬的猪下颚；3—4. 三里河遗址 267 和 111 号墓出土的狗形陶鬶和公猪形陶鬶；5. 湖南湘潭县出土、湖南省博物馆收藏殷商时期的铜豕尊。

生之一①。

虽然在农耕社会中，猪的形象早已失去了神祕性，但是因为狩猎文化没有完全衰落，青铜时代仍零散可见野猪獠牙的礼器，在礼仪中亦偶见野猪形象的重要性。例如，西北齐家文化也存在随葬猪下颚骨的习俗。甘肃武威皇娘娘台遗址的墓葬，除了 52 号墓随葬七具幼猪下颚骨，其他墓葬的下颚骨都属成年公猪，有露出的獠牙，由此可见这是野猪，也有发现獠牙作配饰者②。永靖秦魏家遗址的墓葬里，随葬的猪下颚骨很有规律：都是带獠牙的成年公猪下颚，大部分放在人骨脚部上面的墓口填土内③，此规律显示带獠牙的下颚在丧礼中有固定的作用，或许是起神祕护墓的作用。考古资料显示：齐家文化的人们生活时用公猪獠牙作护身符，而死后把带獠牙的颚骨用作护墓的随葬品，所以墓里也有獠牙佩件，均放在死者的胸部上④。

皖北与海岱地区也可以看到青铜早期时崇拜公猪的遗迹，但同时也明显可见文化内容的变迁。例如，皖北蒙城县尉迟寺遗址下层相当于大汶口文化晚期和龙山文化（距今 4 600—3 700 年），男性墓里出现獠牙佩件也是以獐牙为主（如 M67、147、126、136、141、171、192 等），野猪獠牙为少数，但还是偶尔会出现。尉迟寺遗址下层出现几个单独埋葬一只兽的坑，其中少数为狗、大多数为猪。观察猪坑的骨骼，只有 S5 和 S7 的猪有獠牙，或可以考虑是野猪，其余的应该是家猪或是母猪（在这一点笔者与袁靖、陈亮先生的看法一致，少数野猪獠牙器的发现也补正两种猪的存在）⑤。尉迟寺的社会与上述刘林社会一样，已经有相当复杂多元的生活，包含养畜、狩猎、农作、交易等生计活动。在他们的生活中野猪狩猎已没有关键作

① 湖北省荆州博物馆、湖北省文物考古研究所石家河考古队、北京大学考古学系编著：《肖家屋脊——天门石家河考古发掘报告之一》，页 217，图一六六。湖北省文物考古研究所、北京大学考古学系石家河考古队、湖北省荆州博物馆编著：《邓家湾——天门石家河考古发掘报告之二》，页 195，图一五八等。

② 甘肃省博物馆、魏怀珩：《武威皇娘娘台遗址第四次发掘》，《考古学报》，1978 年第 4 期，页 425—431、441。

③ 中国科学院考古研究所甘肃工作队、谢端琚：《甘肃永靖秦魏家齐家文化墓地》，《考古学报》，1975 年第 2 期，页 62—68、87。

④ 中国科学院考古研究所甘肃工作队：《甘肃永靖大河庄遗址发掘报告》，《考古学报》，1974 年第 2 期，页 42、54，图二八：5、6。

⑤ 中国社会科学院考古研究所编著：《蒙城尉迟寺——皖北新石器时代聚落遗存的发掘与研究》，北京：科学出版社，2001 年，页 322；页 188、202、203、208、209、211、213，图 147、149、155、157、159、162；页 107—112，图 87：2、88；页 192、424—425。有关农作物，下层地层中的稻谷很少，粟谷偏多，上层稻谷数量增加（页 314—316）。

用,狩猎目标多为无法饲养的鹿科,但不排除偶尔猎野猪,并把它的獠牙视为猎获的荣誉。

山东胶县三里河遗址,M279 是老年男性大墓(定为大汶口文化二期,测年校正后为距今 3 871±187 年),在二层台上发现穿孔的野猪带獠牙之下颚;此外,三里河遗址大墓中出现很多猪的下颚,有些墓随葬几件猪的下颚,如 223 号男性墓随葬四件(定为龙山文化二期,测年校正后为距今 3 638±130 年),216 号儿童墓更随葬九件猪下颚骨(定为大汶口文化二期,测年校正后为距今 3 725±130 年)①。可惜的是,发掘报告里没有说明是野猪或家猪,是带獠牙的公猪或无獠牙的母猪。其实在当时海岱大墓里,虽然随葬的可能是家猪,但从祭法可以看出,仍部分保留原来用野猪的含意:有时候可以发现祭祀地位高的男人固定祭用公猪,随葬公猪头部或下颚。如曲阜西夏侯龙山时代遗址中,随葬品非常丰富的三座男性大墓里各葬一具公猪头②。根据牙齿可知这是家猪,可是笔者认为选择公猪还有其古老的象征意义,表达勇敢无畏的男性力量。莒县大朱家村随葬猪下颚骨的情况和观念应该也类似③。

三里河遗址出土的两件兽形鬶,其一为狗形,其二为猪形(图二一六:3—4),造型的风格一致(猪形鬶的四足残缺)④。狗和猪是三里河人养的两种家畜,从这种搭配来看,猪应该是描绘家猪,形状也像家猪,但露出的獠牙显示这是公猪。依笔者浅见,造型或随葬都选择有獠牙的公猪是源自上古猎民的传统。

皖北及山东从大汶口到龙山时期的墓里常见死者手握獐牙,偶尔以公猪獠牙取代獐牙,这显示不能被驯养的獐的价值被看得较高。华东地区獐牙的礼器相当普遍,但同时在不少例子中,死者手握的獠牙是猪牙(或两手分别握獐牙、猪牙,如泗水尹家城 145 号墓等)。当然较多用的是野猪獠牙,但是有可能也偶尔会以家养

① 中国社会科学院考古研究所编著:《胶县三里河》,北京:文物出版社,1988 年,页 128—129,图 270,图版一四:2—3;页 119—143。

② 中国科学院考古研究所山东队,高广仁、任式楠:《山东曲阜西夏候遗址第一次发掘报告》,《考古学报》,1964 年第 2 期,页 62—64,图四、六、七。

③ 山东省文物考古研究所、莒县博物馆,何德亮:《莒县大朱家村大汶口文化墓葬》,《考古学报》,1991 年第 2 期,页 167—206、265—272。陵阳河和坑头遗址大墓的情况可能如此,但据报告的线图看不出公猪的特征,报告里也未说明随葬的下颚属公猪或母猪,所以无法作判断。山东省考古所、山东省博物馆、莒县博物馆、王树明:《山东莒县陵阳河大汶口文化墓葬发掘简报》,《史前研究》,1987 年第 3 期,页 62—82。山东省文物考古研究所、莒县博物馆,常兴照、苏兆庆:《山东莒县坑头遗址》,《考古》,1988 年第 12 期,页 1057—1071、1153—1154。

④ 中国社会科学院考古研究所编著:《胶县三里河》,页 55,图三一。

公猪獠牙取代。这显示在文化中公猪獠牙在某程度上仍然保留有神祕意义,獠牙的神祕功能旨在强化死者,帮助他克服死亡而到达强势再生①。不过同时在更多的墓葬里,随葬的猪头或下颚骨、猪蹄、脊椎等,则应该是送葬祭礼的遗迹,带有安灵奉养死者的目的,这在丧葬礼仪中与手握獠牙的意思有所区分②。

青铜时代,华东与西北地区相似的习俗并没有传承或传播关系,但有着共同的人类文化背景:猎民对野猪无畏性与坚硬獠牙的崇敬。虽然早期猎民社会已消散,但远古人类生活的某些基质仍然留传,而使后人自己已然不知为何要选择公猪下颚作仪式象征,为何要用公猪獠牙作刀、刮削器或护身符之类的佩件。直至青铜时代晚期,在一些遗址中依然可以发现先民珍惜野猪獠牙的情况,如四川金沙遗址祭祀坑中,除了数百根象牙之外,也埋葬数千颗野猪獠牙以及数千只鹿角,显示这三种都属于给狩猎者带来无上荣耀的宝贵礼器。只不过,由于青铜时代社会已经多元化,野猪的象征已不再作为唯一的信仰关键,而是将其融化到了新兴族群多元的生活之中。

而且,在"融化"的同时,各地皆可见獠牙的象征价值基本上弱化了,甚至完全被忘记。因为文化记忆衰退,在一些青铜时代的遗址中,虽然大量随葬猪的下颚骨,但不像本地新石器时代猎民有严格区分、仅限用于男性墓葬。如三里河229号女性墓随葬一件猪的下颚骨;210和222号女性墓各随葬三件猪的下颚等③;有些遗址的墓葬不限于随葬公猪,甚至可能随葬母猪下颚比较多,或随葬尚未长出獠牙的幼猪,或在送葬祭礼中对公母猪不加区分。这些情况的发生,是因为在当时文化中,人们已没有常常观察野猪的经验,所以把野公猪视为勇敢无畏榜样的概念已经消失了,粗壮尖锐的獠牙已经不再是英勇无畏的象征,人们只是习惯性地随葬下颚骨,已经不关注家养猪、母猪下颚没有獠牙或獠牙很小的情况。齐家文化永靖大河庄遗址部分墓把猪的下颚以羊的下颚取代④,这一方面表达了本

---

① 山东大学历史系考古教研室编:《泗水尹家城》,北京:文物出版社,1990年,页14—16,图六、七。

② 杨子范:《山东宁阳县堡头遗址清理简报》,《文物》,1959年第10期,页61—64、78。山东省博物馆,王思礼、蒋英炬:《山东滕县岗上村新石器时代墓葬试掘报告》,《考古》,1963年第7期,页351—361、6—10。山东省文物考古研究所,吴诗池、吴文祺:《茌平尚庄新石器时代遗址》,页465—505、547—554。潍坊市艺术馆、潍坊市寒亭区图书馆,曹远启、杨传德:《山东潍县狮子行遗址发掘简报》,《考古》,1984年第8期,页673—688、768—771等。

③ 中国社会科学院考古研究所编著:《胶县三里河》,页119—143。

④ 中国科学院考古研究所甘肃工作队:《甘肃永靖大河庄遗址发掘报告》,页42。

地当时气候变化下养羊游牧生活方式已然形成的情况，另一方面也在表达使用祭牲的变化。

可是猎野猪的文化在青铜时代并没有完全消失，甚至在新兴的国家结构里获得新的活力：成为军事贵族的主要娱乐活动。当然，在诸多丰富的随葬品中，却已看不出野猪獠牙的特殊意义，这是因为狩猎活动已不再作为组织该社会的基础，多元的因素塑造了多种生计策略，构成了社会的复杂面貌。

不过与此同时，殷商青铜礼器显示，当时还有几个大家族的族徽从“豕”，如豙()①，殷商末期或殷周之际还出现了左右扣两匹马的豙人族徽騳②；此外有豭()③、亞豕④、

① 如几件藏处和出处不明的豙鼎(《集成》器号1113—1115)和现藏于清华大学图书馆的豙鼎(《集成》器号1116、11828)、豙父丁鼎(《集成》器号1582，现藏于台北故宫)、豙妣辛簋(《集成》器号3223，藏处不明)、豙父丁尊(《集成》器号5637—5638，藏处不明)、豙觚(《集成》器号6648—6649，现藏于北京故宫)、豙父乙觚(《集成》器号7091，藏处不明)、豙爵(《集成》器号7429—7431，现藏于北京故宫、加拿大多伦多皇家安大略博物馆)、甗豙爵(《集成》器号8283，现藏于美国匹兹堡大学美术系 Department of Fine Arts, University of Pittsburgh, Pittsburgh, Pennsylvania, USA)、豙父丁爵(《集成》器号8451，河南洛阳出土，现藏于广州市博物馆)、豙父甲斝(《集成》器号9204，藏处不明)、豙父乙觥(《集成》器号9272，现藏于德国科隆东亚艺术博物馆)、豙器(《集成》器号10483，藏处不明)、豙戈(《集成》器号10655，现藏于上海博物馆)、豙刀(《集成》器号11804，藏处不明)、乙爵(《新汇编》器号627，河南省罗山县蟒张公社天湖大队出土M44：7，现藏于河南省罗山县文化馆)等。其中只有豙父丁爵(《集成》器号8451)有出土自河南洛阳的记录，其他出处皆不明。

② 如騳父辛鼎(《集成》器号1889，现藏于台北故宫)、騳父丁簋(《集成》器号3311，藏处不明)、騳簋(《集成》器号3458—3459，现藏于台北故宫)、騳父丁卣和騳父丁尊(《集成》器号5062、5737，安徽省颍上县王岗镇郑家湾村出土，现藏于颍上县文化局文物工作组)、騳父丁卣(《集成》器号5063，现藏于日本奈良宁乐美术馆)、騳父乙尊(《集成》器号5729，现藏于上海博物馆)、騳父辛尊(《集成》器号5803，现藏于北京故宫)、騳父己觯(《集成》器号6408，藏处不明)、亞次騳斝(《集成》器号9234，现藏于荷兰某氏)、騳父乙罍(《集成》器号9796—9797，河南省安阳市殷都区北蒙街道殷墟西区出土，现藏于日本奈良宁乐美术馆)、騳父丁方彝(《集成》器号9872，藏处不明)、騳父丁卣(《新汇编》器号273，河南安阳殷墟出土，现藏于河南省安阳市博物馆)等，西周早期依然可见騳族徽的青铜器，如辨簋(《集成》器号3714—3716，河南洛阳出土，现藏于台北故宫)、屯作兄辛卣(《集成》器号5337，现藏于美国底特律美术馆 Detroit Institute of Arts, Detroit, Michigan, USA)、作父丁尊(《集成》器号5898，现藏于美国纽约费利浦斯氏)、屯尊(《集成》器号5932，现藏于美国哈佛大学福格美术博物馆)、屯鼎(《集成》器号2509—2510，现藏于台北故宫)等。其中只有两件豙马父丁罍和豙马父丁卣(《集成》器号9797、《新汇编》器号273)有出土字安阳殷墟的记录；另两件豙马父丁尊和豙马父丁卣(《集成》器号5062、5637)出土自安徽省颍上县王岗镇郑家湾村，其他出处皆不明。

③ 如豭父辛鼎(《集成》器号1644，藏处不明)、豭簋(《集成》器号2970、现藏于上海博物馆)、豭觚(《集成》器号6650，现藏于上海博物馆日本东京出光美术馆)、豭爵(《集成》器号7521、7527，藏处不明)、豭爵(《集成》器号7528，现藏于台北故宫)、豭父丁爵(《集成》器号8464，藏处不明)、豭(《集成》器号8563，藏处不明)，出处皆不明。

④ 只见四件，如亞豕鼎(《集成》器号1401，现藏于北京故宫)；安阳市出土的亞豕爵(《集成》器号7802，现藏于北京故宫)、亞豕父甲爵(《集成》器号8850，现藏于加拿大多伦多皇家安大略博物馆)和亞豕方彝(《集成》器号9851，现藏于美国纽约塞克勒氏)。

犴（）和彛①、鼄册②、豕巫③、鼄④、彘⑤等族徽，这都是公野猪的形状。其中鼄册的族徽为""，上面有一双饕餮的眼睛，而豕巫的族徽为""被误认为豕癸，这应该是指某族巫师就是野猪，巫觋活动的神力由野猪所主导、赐命，社会中的巫师仍离不开与野猪连接的信仰。

　　虽然这些遗迹仍零散存在，但总体而言，在商周时期各地文化发展与同化过程中，猪作祭牲的价值被普遍贬低，商周礼器上出现的猪的造型也很少，湖南常宁县出土的豕首方尊，属罕见的造型：肩上四方有小猪头，而四角上则有带猪嘴鸟翅的小龙头（图一八六）。商周时期野猪造型的礼器迄今仅发现一件，即湖南湘潭县出土的大约殷商时期的铜豕尊（图二一六：5；二二〇：1）⑥，也因此凸显出其宝贵之处。此外，只有时代更晚的极少数几件文物，如山西曲沃出土的西周早期晋仲卫父盉上的野猪造型，其器身形状、纹饰与铜豕尊的野猪形象雷同，但是尺寸很小，并非整个独立的铜尊；盉身则有两层双凤饕餮纹，而仅有盉盖上的盖耳为猪的造型，并且没有造型獠牙（应是母猪或幼猪，图二一七：2）⑦。晋国高层贵族墓里出土的两周礼器中，很多都带有南方风格，该铜盉以及晋侯113号墓出土的猪尊，皆应与湘潭县的豕尊具有传承关系。113号墓出土猪尊的獠牙小，而且从整个形状来看是家养的公猪，而不是野猪。此外，商周时期另有几件礼器是家猪的造型

① 如彛父辛鼎（《集成》器号1645，藏处不明）、齐彛父癸觯（《集成》器号6423，藏处不明）、彛瓠（《集成》器号6651，现藏于北京故宫），出处皆不明。

② 在殷商晚期西周早期时，鼄宗族有作册的官职，鼄册族的一套高级的礼器甚多，如鼄册鼎（《集成》器号1373—1376，现藏于上海博物馆、北京故宫、英国牛津雅士莫里博物馆　Ashmolean Museum of Art and Archaeology, Oxford, UK）、鼄父丁鼎（《集成》器号1600，现藏于上海博物馆）、鼄父丁鼎（《集成》器号1856，藏处不明）、鼄册簋（《集成》器号3108，现藏于英国牛津雅士莫里博物馆）、鼄父丁册簋（《集成》器号3320，现藏于法国巴黎赛尔诺什博物馆）、鼄册宄父丁簋（《集成》器号3604，河南洛阳出土，现藏于北京故宫）、鼄册卣（《集成》器号4871，现藏于美国旧金山亚洲艺术博物馆布伦戴奇藏品）、鼄册祖丁卣（《集成》器号5045—5046，藏处不明）、鼄册尊（《集成》器号5573，现藏于上海博物馆）、鼄册父丁觯（《集成》器号6390，现藏于北京故宫）、鼄爵（《集成》器号7500，现藏于上海博物馆）、鼄册斝（《集成》器号9199，现藏于北京故宫）、鼄册父丁盉（《集成》器号9377，现藏于北京故宫）、鼄册盘（《集成》器号10030，藏处不明）、鼄戈（《集成》器号10678，现藏于史语所）、鼄父丁鼎（《新汇编》器号1813，现藏于比利时布鲁塞尔皇家艺术与历史博物馆）、鼄父丁爵（《新汇编》器号1825，现藏于英国格拉斯哥博物馆美术馆：巴莱尔氏藏品　University of Glasgow, UK）。除了据传出土自洛阳的鼄册宄父丁簋，其余礼器的出处皆不明。

③ 《集成》器号4841，出处和藏处皆不明。

④ 如鼄卣：《集成》器号4789，现藏于北京故宫。

⑤ 如彘爵：《集成》器号8222，藏处不明。

⑥ 湖南省博物馆收藏，据笔者自摄照片。

⑦ 山西省博物馆收藏，据笔者自摄照片。

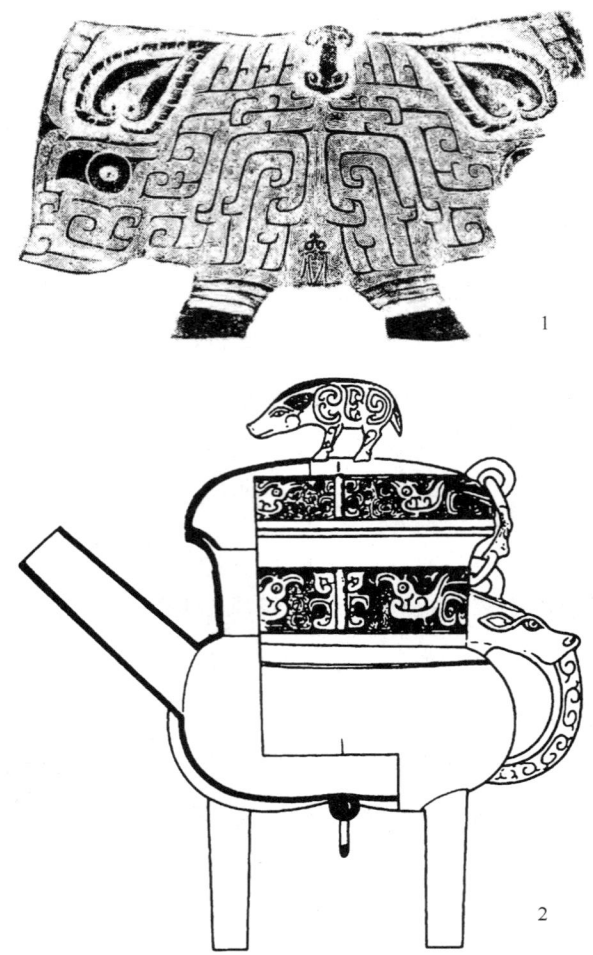

图二一七　1. 上海博物馆收藏殷商时期的双首豕卣；
2. 山西曲沃出土西周早期晋仲卫父盉的线图。

（图二一七：1）①，但总体来说，这种器型实属罕见。

7. 人类历史所留下的崇拜野猪的痕迹

其实，在世界各地可见，野猪的形象从猎民文化融入战争文化，例如米诺斯文化的军兵戴野猪獠牙作的盔。从游战族群到军权社会，野猪一直被视为勇敢无畏的象征。毁灭罗马的日耳曼人在男婴儿摇篮上挂野猪獠牙，以象征其长大后成为英勇的人，此后的中世纪时，野猪被几家欧洲军事贵族用作族徽。在中国，西周以后家族族徽习俗衰落，带有兽形、人形或各种抽象形状的族徽被弃用，含有野猪的族徽也同时不见，但是欧洲、日本等不同的文化中，贵族族徽一直流行，其中可见野

①　以上海博物馆收藏双首豕卣为例，陈佩芬：《夏商周青铜器研究》，夏商篇，页315—316。

猪的形象仍相当受重视。

换句话说,不仅是古代文明,中世纪或近现代社会都有野猪崇拜,把野猪勇敢无畏的个性当作兵士的理想。同时,在狩猎文化中,人们把野猪獠牙视为荣誉的象征,作为高级纪念品。猎业国家的猎业公会有时候会进行猎获物比赛和展览,猎人用野猪的獠牙参加比赛,猎获獠牙最大的野猪的猎人将获得奖励,得奖者继续参加国际狩猎博览会(如 EXPO Hunting 等)。

此外,有些少数民族文化迄今保留野猪獠牙的神祕作用。例如,中国西南纳西族的巫师(东巴),在仪式中手拿着野猪獠牙,根据现代纳西族东巴的解释,野猪獠牙能够增加他和先人沟通的能力。这种理解与新石器时代死者手握野猪獠牙的葬式是一致的:北首岭 77M17 号巫师墓葬随葬野猪獠牙,其出土在尸体的腰部旁边,或许原来就被握在墓主手里。野猪的崇高象征意义,从新石器时代直至最近仍保留在巫觋文化中,而其最初源自猎民的生活。野猪既是狩猎对象也是勇敢无畏的神猎者的象征,并且对一些族群而言可能带有图腾含义,所以出现在商代族徽上,表达崇高始祖或大巫与野猪的关系密切。

此外,野猪的神祕形象特别强调公猪的獠牙,这也是自古至今一贯可见的重点。因为如此,祭用猪下颚的习俗甚至到最近还可见于乡下:过节或送葬时村里的人一起吃猪,而将下颚骨挂在门外,虽然已不理解何故要挂下颚骨,但仍继续遵从远古习俗。

8. 小结

综上所述,对新石器时代的猎民来说,野猪既是主要的狩猎对象,又是勇敢无畏性格的理想和象征,以及猎人的崇拜对象和崇高榜样。虽然不同族群在不同的礼仪中表达对野猪的尊敬重视,但其有些共同之处:以野猪獠牙作为主要的神祕象征。笔者认为,选择獠牙为宝贵礼器有两个原因:第一是因为獠牙为野猪的自然兵器,野猪用獠牙互斗而决定力量最强的雄性,亦用獠牙攻击人,与猎人互斗,并经常会伤害或杀死人,所以掌握野猪的獠牙就等于是掌握它的力量和无畏的英雄勇气。第二是因为獠牙是公猪的特征,因此可以作神祕祖先的象征。这两种意思我们基本上可见于各地崇拜野猪的传统里。

故古人用猪獠牙作为礼器、巫师佩件和神祕的随葬品;除了拔掉的獠牙,也会随葬带獠牙的下颚或猪头,长江、淮河、汉水、渭河、西辽河、滏阳河流域、海岱地区都有类似的遗迹,其年代大部分是在新石器时代中晚期,部分延到青铜时代。在有些地区,时代早晚不同的族群拜野猪的习俗并没有传承关系;但在有些地带或许可以考虑文化传承关系,例如,鄂西七里河的考古遗存显示石家河时期猎民文化中,猪头的作用与新石器中晚期的高庙文化一致:人牲头骨或身体与野猪下颚骨或头骨合葬。在祈祭礼仪中用人牲作巫,即承担神与人之间的媒介作用,而人牲与猪头合葬,应该表达神与人之间的联络,公的野猪因獠牙强大而具有特殊作用。这一大文化脉络忽明忽暗的散光,迄今见于中国西南纳西族的巫觋礼仪中。

换言之,华南地区高庙文化对野猪的崇拜并不独特,是常见的猎民信仰和礼仪。但是高庙文化却有一个关键的创作:除了野猪骨仪式性的作用之外,还创造抽象的獠牙构图。高庙刻纹白陶的獠牙图,虽然源自野猪的形象,但经神祕抽象化以后加以传播,而在后期文化中获得新的理解和意义。

(三) 从野猪到老虎:獠牙图的传承和意思演变

湖南山丘自上古以来便系先民狩猎活动之区,从此地区的发掘成果来看,自新石器时代中期便已有崇拜野猪的习俗,并在高庙文化陶质礼器上,出现野猪的造型,在该地带遗物中野猪形象的造型直至商周依然可见,但明显变得稀弱了。

与此同时,高庙文化创造出野猪獠牙符号性的构图,此构图超越了高庙文化本身的信仰意义,而在广泛时空中流传,到了青铜时代普遍见于长江流域文化中。前文已说,甚至长江下游良渚神的造型上也可见獠牙的影像(图八〇:1),但是最明确的獠牙图出现在长江中游的礼器上,首先是后石家河古国文明亦出土了带獠牙的神人面像礼器(图一三七:1;一二二;二一九:5、6),传承石家河文化的盘龙城文化(商国)和吴城文化(虎国)也有带獠牙的神面礼器(图二四一:3;二六二:10;二一九:4)。循着后石家河文化的影响力而逐渐扩展,使得这种造型从长江上游到山东都历历可见,如很多学者认为:日照龙山遗址出土玉圭的刻纹来源,与后石家河有关;而台北故宫收藏的带神面纹玉圭,也是渊源自后石家河文明的礼器之一(图八〇:1)①;国内外世界各地博物馆多收藏有源自后石家河的獠牙玉人面像(图二一八)②。

① 参荆州博物馆编著:《石家河文化玉器》,页 19。王劲:《石家河文化玉器与江汉文明》。邓淑苹:《也谈华西系统的玉器(六)——饰有弦纹的玉器》,页 82—91。[日]林巳奈夫著、杨美莉译:《中国古玉研究》,页 232—243。杜金鹏:《石家河文化玉雕神像浅说》,《江汉考古》,1993 年第 3 期,页 51—59。

② 杜金鹏:《略论新干商墓玉、铜神像的几个问题》,《南方文物》,1992 年第 2 期,页 49—54、19。邓淑苹:《新石器时代神祖面纹研究》。杨晶、蒋卫东执行主编:《玉魂国魄——中国古代玉器与传统文化学术讨论会文集(五)》,杭州:浙江古籍出版社,2012 年,页 230—274。

图二一八　各地收藏的獠牙神面玉像：1. 藏于上海博物馆；2. 藏于伦敦大英博物馆；3. 美国史密森宁研究院收藏；4. 加州收藏鸟冠獠牙神人像；5. 河南省文物商店收藏头上坐鸟的獠牙神面像；6. 藏于美国哈佛大学福格博物馆；7. 藏于香港傅忠漠；8. 藏于美国旧金山亚洲美术馆；9. 藏于芝加哥艺术学院。

　　同时，考古学者在两商时期的吴城文化遗址中，亦发现了同类的獠牙人面像（图二一九：4）①，各地商周墓里多次出土过同类玉面像（图二一九：1—3），陕西岐山贺家村殷末周初遗址四号车马坑中也发现带獠牙的铜面具（图二七七：4）②。

————————————

①　江西省博物馆、上海博物馆合编：《长江中游青铜王国：江西新干出土青铜艺术》，图85。

②　陕西周原考古队、陈全方：《陕西岐山贺家村西周墓发掘报告》，《文物资料丛刊》第八辑，北京：文物出版社，1983年，页77—94。

图二一九　各地出土的獠牙神面玉像：1. 晋侯墓出土鹰冠獠牙神面像；2. 长安张家坡西周墓出土；3. 陕西岐山凤雏出土；4. 新干祭祀坑出土；5. 肖家屋脊出土神人像（W6：17）；6. 孙家岗墓地出土的獠牙神面像（M149：1）。

贺家村一号墓出土的铜斝与吴城青铜器风格接近①,证明贺家村遗址的器物有部分来自南方。这都显示该传统源自长江中游并在历史上很有影响力。

不过,如果我们将自高庙以降所传之獠牙图,都视为对野猪崇拜的脉络,那么将会产生一个新的问题:既然如此,为何在同一时期中,却不见大量神豕形的礼器出土? 到了青铜时代,野猪造型的礼器迄今仅发现一件,即湖南湘潭县出土的大约殷商时期的铜豕尊(图二一六:5;二二○:1),以及仿它的西周早期晋仲卫父盉、晋侯113号墓出土的猪尊等。前文也讨论野猪形的族徽,但其出现率很低,往往不如獠牙图具普遍性和重要性。

图二二○　1.湘潭县出土殷商时期铜豕尊的线图;2.新干祭祀坑出土伏鸟双尾铜虎的线图。

换言之,江南山丘自上古以来便系先民狩猎活动之区,从此地区的发掘成果来看,自新石器时代早中期便已有崇拜野猪的习俗,其遗迹至商周依然可见,但明显变得稀弱,没有留下大传统。同时我们亦可以发现,江南山丘同时也是自上古以来

① 现藏于陕西历史博物馆。

崇拜猛虎族群的活动地区。笔者经过不同礼器的相互对照,注意到两件时代相同的礼器,其构图基本上相同:即江西新干祭祀坑出土的属吴城文化的伏鸟双尾虎,以及湘潭县出土的铜豕尊,两者之间相似性极高。这两件礼器身上皆有夔纹、背盖上伏鸟、两耳竖立、四肢粗壮、尾下垂,且獠牙外露(图二二〇)。

也就是说,随着猪的驯化和家猪的普遍饲养,人们对野猪的崇拜逐渐消失。不过,獠牙神徽并没有随着野猪崇拜的消失而消失,反而被进一步抽象化,获得更加广泛的传播。这是因为,在后期文化中,獠牙神徽被赋予了新的意义,其中最主要的新义,就是对该图的理解,从野猪变成了虎口獠牙;猎人们从崇拜野猪,转变为崇拜山林之王老虎,并造型它。

在长江中游湘赣地区,老虎形的礼器出现数量颇多,造型风格都十分接近,如在江西地区所见约殷商时期的青铜礼器(图二一一),湖南发现的虎食人卣(图一九二;二二六:1)、虎纹铜钺(图二二二:1)、四虎铜镈(图二二二:2)等。上海博物馆也收藏了形状相似的四虎铜镈(图一五二)。曾在山东寿张县梁山出土的西周康王时期太保方鼎的风格比较特殊,器耳以双虎组成,似乎受吴城的影响(图一五〇)。弗瑞尔艺廊收藏的虎尊獠牙往外凸出、出处不明,但从形状来看,应该是长江中游殷商时期的礼器(图二二一:1);京都泉屋博古馆收藏虎鸮觥的来源应该也与之接近,是殷商时期湖南地区风格的礼器(图二二一:2)。殷墟妇好墓出土的铜钺并非在殷墟铸造,其造型为双虎吞噬人头,而双虎之脚下明显有饕餮张开的嘴,嘴里突出两个独立的矛头,即是两根獠牙(图九八:2);造型双龙的铜钺也有类似的结构,从左右两侧的龙头,凸显出两个尖锐的獠牙,这是虎的特征与龙的形象结合的构图(图九八:1)。荆州江北农场出土的西周早期虎尊,属于进一步混合折衷风格造型,虽然保留了商代江南虎形器的特点:长开口、獠牙外露而立,但同时把獠牙猛虎的脚做成了马蹄的形状(图二二一:3)。

湘潭县出土豕尊的造型,相当符合该地区虎形器的文化传统脉络。据此我们可以得到如下推论:古代对野猪的崇拜和对老虎的崇拜,在文化发展的过程中互相结合在一起;在礼器的传承演化中,老虎作为崇拜对象普遍取代对野猪的崇拜。但是,我们又该如何理解此种现象呢?

笔者推论:不再崇拜野猪的主要原因,是因为猪的驯化使得人们对野猪之类肉食的依赖度下降,所以在人们的心目中,野猪作为必须狩猎、搏斗的对象,以及其所有的恐怖敌兽形象消退了。同时,老虎作为山林主宰的形象则更加地被凸显出来。

图二二一 1. 弗瑞尔艺廊收藏殷商时期的虎尊;2. 京都泉屋博古馆收藏殷商时期的虎鸮觥;3. 荆州市江北农场出土、荆州博物馆收藏西周早期的虎尊。

图二二二　1. 湖南省博物馆收藏的虎纹铜钺；2. 湖南省邵东县毛荷殿乡民安村出土、湖南省博物馆收藏的
　　　　　一对四虎铜镈。

到了新石器晚期，山区猎民基本上也脱离了游猎的生活方式，到处可见将驯养动物
作为获取肉食主要来源的策略，而狩猎则相对地次要化了。我们从两湖山丘地带
遗址的情况可知，这里的人群已基本上开始半定居，出现遗址和墓葬区。

长江中游山地猎民，一方面，一群群一波波下到平地，开拓新的农田与聚落，接
受农耕生活方式；另一方面，配合经济需求的演化，在山间停留，开采山地资源并发
展区域之间的贸易。从后面这种经济活动来说，长江中游东侧山脉北段（幕阜山和
九岭山等）富含各种金属矿和相关资源，随着大溪时代以来长江中游冶炼技术的萌
生与发展，湖南岳阳，湖北黄石、咸宁，江西九江、宜春等地区陆陆续续开始出现主
要为获取矿物资源而位于山地的半定居和定居遗址，如汤家嘴、车轱山、童家、牛头
山、上罗村、鲶鱼墩、观音山、花桥等等，该区域逐渐转变成为冶金矿业生产中的专
业采治区。大约与此同时，已初步走向国家化的澧阳洞庭平原的稻作文明向北开

拓江汉及汉北平原。这些最早向北挺进的开拓者,最初应该包括了北上的洞庭平原农民,或许还有从武陵山地下来的山地人群。因此在大溪时代,平原与西部山区的来往既和平又密切。鄂西、湘西、巴渝山地人从事狩猎及驯养、渔业并专业化生产石器(该地发现过石器制作坊),同时开始开采玉石、绿松石等宝贵石料。大溪文化平原地区所出土的玉器、绿松石等是经过与山地人交换而获得;此外该地区很重要的矿料是盐巴。新石器晚期大溪时代山丘中出现很多遗址,与平原居民交易的痕迹很明显。已定居或半定居的猎民,虽然依旧以狩猎为生,但其对生计的重要性却逐步退化,驯养和贸易的比重愈来愈增加。依靠贸易的活动本身反而强化了统治者获得权威性的"掌握"领土、资源、权力之意;在遗址上能看出,精致的陶器和猎获主要用在大的祭祀典礼或是具有政权意义的活动里;而日常的食物中大量出现平原地区产品如稻谷等粮食。

对当时出去狩猎的人们而言,老虎并非因作为肉食来源成为狩猎对象,其中潜藏更多意义,老虎本身亦是崇高万能的狩猎者,同时也是猎人们在山林地带间的竞争对手和威胁对象。老虎还是古人从事狩猎、接触自然界时,所认识的最强猛兽,因此而神化了它。也因为这个缘故,江南山地的猎人崇拜老虎并追求学习、获得它的崇高力量,以超越老虎而确认自己的崇高权威。并且,崇拜老虎的信仰还具有一种关键意义:老虎是森林主宰、山地之王,能够与老虎合为一体的人,即是崇高的巫师,自己便能够成为自然界的神王,在山顶上、也就是最高的境界上,掌握崇高生命的权力。

上述时代与观念的变化演变到后来,使得对野猪的崇拜往往次于对老虎的崇拜,也因此,獠牙的造型逐步开始被理解为"虎口"。(今日所谓之"犬齿",在传统中通常被称为"虎牙"。)从诸多礼器的造型,我们可以看出,在山地猎民的心目中,虎口的形象更近似于某些农耕先民所强调的"龙嘴",成为一种概念性的神化通道。

到了石家河文化末期至后石家时代初期,频繁发生气候异常事件,年年暴发的洪水①影响并堵塞三峡地区狩猎及贸易路线,使那些原本不易生活的区域更难维生;因此严重影响了那些原本在大巴山、巫山一带活动的人群的生计。笔者认为,当时三峡峡区内的盐业可能由此崩溃,长江中游居民被迫改变盐业贸易对象,这使赣中以及峡区西部忠县一带盐业迅速发展起来。与此同时,原本在巫山和大巴山

---

① 郭立新、郭静云:《夏处何境——大禹治水的背景分析》。

一带活动的人群大量外迁,当然也不排除仍有一些人继续留在山地,继续游猎和半定居生活,这其中又有部分人同时也在汉中和其他盆地开垦一些稻田。在那些下山的人群中,最关键的是那些向东下到长江中游平原的族群,以他们为基础形成的势力占领石家河农耕文明大国,取得了大平原地区国家的统治权,建立文献谓之"三苗"的朝代。此外,还有一批人群到达成都平原,以自身文化为基础,同时也接受少量来自川西山地的因素,建立了宝墩——三星堆——金沙国家文明。在此背景下,长江中游及成都平原都出现崇拜老虎的贵族势力;从这种历史背景来思考,后石家河、三星堆、虎国以及山地巴人崇拜神虎的信仰应该同源,都滥觞于大溪时代武陵山、大巴山脉山地狩猎族群的精神文化中,而这些人群所在区域及生活方式又传承自被称为"高庙文化"的族群。

后石家河文化出土的部分神面像中的獠牙,已不太像野猪獠牙,其露出的牙齿比起过去更加接近虎口的形状。可见当时的野猪崇拜应已失去了其重要性,取而代之的是对老虎的崇拜更加兴盛。在自大溪以来的山地与平原的交换网络中,山地贵族原本就扮演了珍贵玉料采掘者和开发者的角色,所以其文化背景使其对玉石器更为珍重与喜爱。当他们占领平地大文明而成为统治者时,就拥有了更高超的技术手段,并可以运用大型国家的组织能力和丰富资源,来制作他们喜爱的精美玉器,以反映其信仰与礼仪。这就是长江中游后石家河玉器突然兴盛的原因。所以,平原地带的后石家河文化突然出现了很多玉器,且其中虎头像和獠牙人面像的造型图特别多(图九四:4、5;一三七:1;二一〇:4—9;二一八;二一九)。美国史密森尼美术馆收藏的石家河玉璋下面有典型的石家河虎头造型,而上面有獠牙神人面像(图二二三:3)。依笔者浅见,该礼器证明了獠牙面像与神虎崇拜的关系。震旦艺术博物馆和美国史密森尼研究院收藏的神人面像的头冠上有一对虎目(图二二三:4、5)。石家河城址谭家岭瓮棺出土了结构相近的玉器,其中一件虎头之上只有相同的天冠,獠牙面像被省略(图二二三:1),另一件则上部的獠牙面像被头上有三叉角的面像取代(图二二三:2),这种三叉面像带有通天的意思(对三叉形器的讨论详见中编第四章)。

(四) 虎牙形象的文化属性问题

据上可知,这或许可以视为:作为山地族群的高庙文化后裔中的某支,从山地

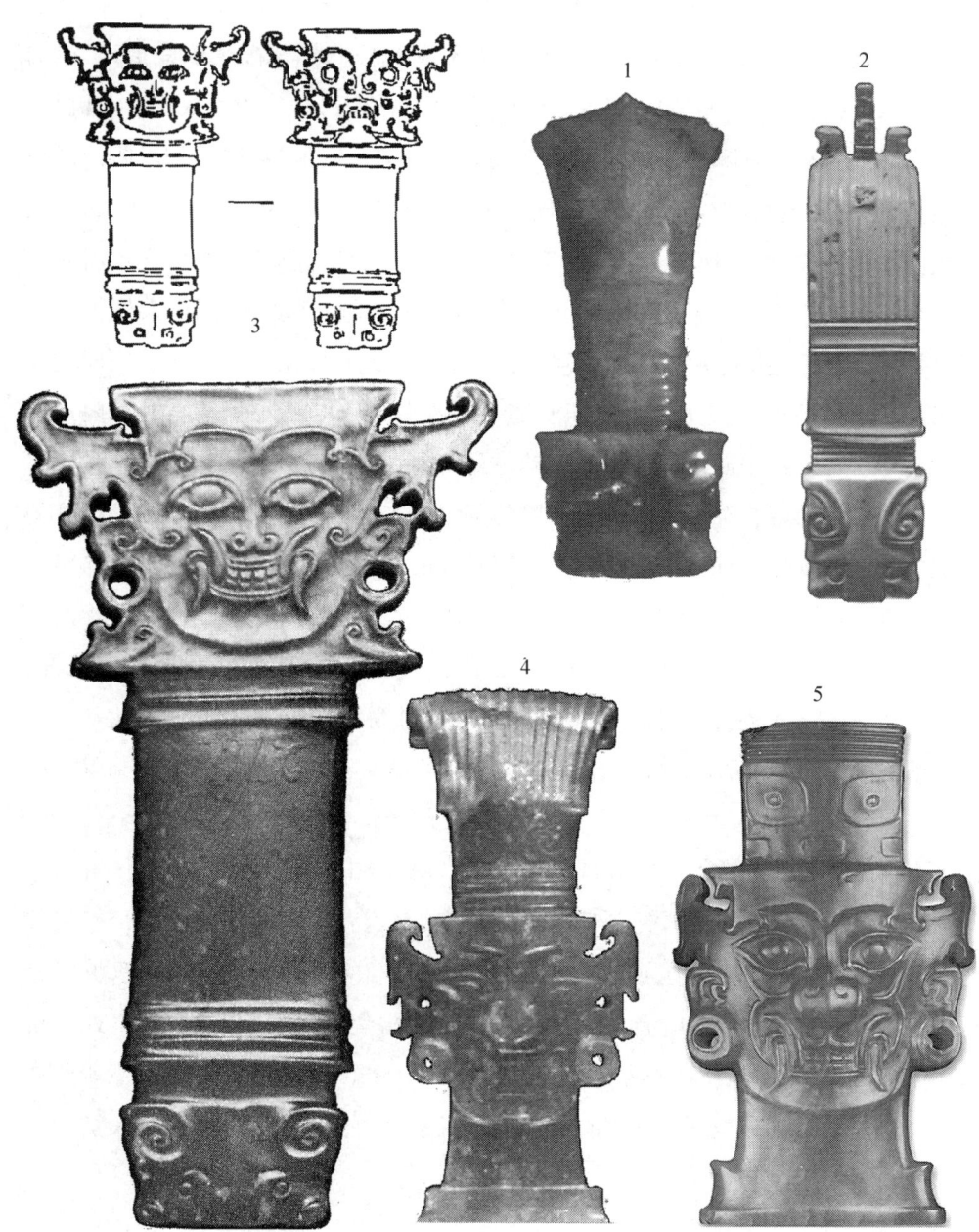

图二二三　后石家河神虎与神人合为一体的玉器：1—2. 石家河城谭家岭瓮棺墓 W9 出土神虎天冠；3. 美国史密森尼-马恩省美术馆收藏虎神人玉璋；4. 美国史密森尼研究院收藏虎目天冠神人面像；5. 震旦艺术博物馆收藏虎目冠神人面像。

而下至长江中游平原,并可能取得了一定能影响平地的地位。学界常从黄河为历史发祥地的角度出发来讨论和归类长江中游的族群。学者们经常以"三苗"来解释石家河文明,认为其后被北方的尧舜禹集团毁灭①;张绪球先生依此推论,视屈家岭石家河社会为"军事民主制"②。但从考古资料来看,这一当时最发达、规模最大的农耕文明,不可能是"军事民主制",而屈家岭文化应是神权古国,以庙的系统为最高机构,并逐渐向石家河文化王国发展。自然条件和考古资料与文献的描述比较使笔者推论,江汉地区才是尧舜禹之地,而三苗应该是指平地农耕文明所面对的山地流动的族群③。尧舜禹集团与三苗集团之间开展互动的背景,大体折射了当时长江中游低地平原稻作农耕定居生活方式与山地丘陵游猎生活方式之间的文化景观。这样的观察,远比将尧舜禹集团与三苗集团之间的互动,想象为相隔遥远的黄河中游与长江中游之间族群的互动,更切合当时的实际情况。

传世文献中所载有关三苗的史料零散,很多是汉代以后编写,但是成书最早的传世文献中的描述或许可以连接到石家河时代的情况,例如《书·舜典》曰:"窜三苗于三危。"《书·禹贡》又言:"三危既宅,三苗丕叙。"据马公所述,"三危"为西裔之山。《史记·五帝本纪》据此再补:"迁三苗于三危,以变西戎。"④依笔者浅见,这或许表达了当时情况:三苗就是活动于鄂西、湘西山脉的游猎族群,依据其生活地区与生活方式的传承关系,三苗应是高庙文化猎民的后裔(当然未必有直接的血缘上的关系)。他们一方面与大溪、屈家岭、石家河文化的居民有分工、交易关系,另一方面,到了石家河时代则经常下来掠夺低地的富有农民。《书·舜典》和《史记·五帝本纪》又载:"分北三苗。"泷川资言考证:"北如字,又为背。邹诞生音步代反。愚按三苗有生熟之别,或既从化,或犹抗命,所以分处之。"⑤这种理解应该准确,并符合历史的过程:鄂西、湘西、巴渝山区游猎族群从游猎生活发展到游商,与平地农耕文明密切合作,用山地所产石器、盐、玉、绿松石、山珍果品、狩猎产品与平原所产粮食、陶器进行交换,甚至部分人群有可能融入石家河社会之中,而掌握一定的权力。

---

① 如郑若葵:《长江中游地区史前农业文化与古苗蛮文化关系》,《华夏考古》,2000年第2期,页74—80。

② 张绪球:《屈家岭文化古城的发现和初步研究》,《考古》,1994年第7期,页634。

③ 郭静云:《夏商周:从神话到史实》。

④ 曾运乾正读:《尚书正读》,台北:华正书局,1983年,页21—22、71。(汉)司马迁撰,[日]泷川资言会注考证:《史记会注考证》,页29。

⑤ 曾运乾正读:《尚书正读》,页27。(汉)司马迁撰,[日]泷川资言会注考证:《史记会注考证》,页33。

　　其实学者们经常用的所谓"尧舜禹集团"指称不甚准确,因为夏禹时代比尧舜时代晚几百年,其间的宗族关系存疑。《史记》所编正统英雄神史,把不同的历史英雄合为一家,把大禹描述为舜的臣属。这是世界各地正统古史通见的修辞方法。但若从另一个角度思考,如果大禹臣于舜,为什么文献没有描述他如何传承舜帝?又假如大禹直接统治在舜之后,为什么他继位的时候天下混乱,需要"征三苗"而重新建国?尧、舜、禹都是正面的大英雄,舜帝统治所留下的天下不应该像大禹所接受的那么混乱。据文献记录,舜帝时代虽然常常需要加强治水,但却仍能控制住,没有造成农田荒芜、社会崩溃,而大禹却面临洪水灾难,治水成功而成为大英雄。如何理解此间矛盾?

　　依照当时族群互动大背景,所谓"三苗"是低地农耕社会对周围一些山地猎民的泛称。相应地,农民与猎民的互动,既有和平共处,亦有战争与征伐。由于和平交易属于日常生活,不属于大事,所以很少会被列入传说中。古代人只会记载国家大事,因此文献也多次提到所谓"三苗之乱",应该是指曾有数个生活在农耕国家周围的山地猎民族群,多次下山侵扰农耕社会,甚至一度占领和夺取了农耕国家政权,造成农耕社会系统性混乱。根据文献,大禹有两个大贡献:第一是治水,第二是征服三苗并建立夏国。文献中零碎地提及,三苗曾构成长期的威胁。尧舜都面对三苗的攻击,多次"窜三苗",但却没办法彻底打败他们。导致最后三苗还是成为统治者,称为"王",以致禹时还得继续面对三苗。也就是说,在尧舜统治和新兴的夏禹国家之间,还曾存在过三苗施政的时代。①

　　本书在绪论中已引《竹书纪年》和《墨子》所留下的记录,暗示在夏禹王室统治之前,有三苗统治的朝代,从当时农耕社会混乱的状况以及王级墓玉器的形状来看,三苗朝代相当于后石家河文化早期,即距今约 4 300/4 200—4 000 年间,而"禹征服三苗"及夏时代相当于后石家河晚段,大概距今 4 000—3 700 年间。这些源自西山而崇拜老虎的统治者,在受平原定居生活文化影响的同时,也以自身的精神文化影响了石家河文化尧舜文明。所以在后石家河文化玉器上开始出现虎头像和獠牙神人面像的礼器。如 2015 年石家河谭家岭发现四座瓮棺墓,共出土 242 件玉器,其中老虎的造型特别多,尤其是其中一座出土 64 件玉器的较大的瓮棺墓,其大

---

① 郭立新、郭静云:《夏处何境——大禹治水的背景分析》;郭静云、郭立新:《中国洪水与治水故事:范型神话或历史传说》。

部分的玉器是老虎形状（图一二三；二一〇：6、7；二二三：1、2 等），它可能是三苗朝代很高级的贵族墓，甚至有可能是三苗王级墓。

（五）虎口的象征意义

如前文所述，所谓"三苗"，即从武陵山、大巴山下到江汉洞庭平原管理国家的族群，除了向东下到石家河，也向西下到成都平原建立宝墩联合城邦国家。几百年后，此处在三星堆礼器上出现很多老虎造型。由于宝墩、三星堆的贵族主要来源于巫山、大巴山，因此，宝墩、三星堆的贵族有着源自巫山、大巴山的文化背景，而在三星堆祭祀坑中同样也发现了老虎獠牙（图二二四：3）。

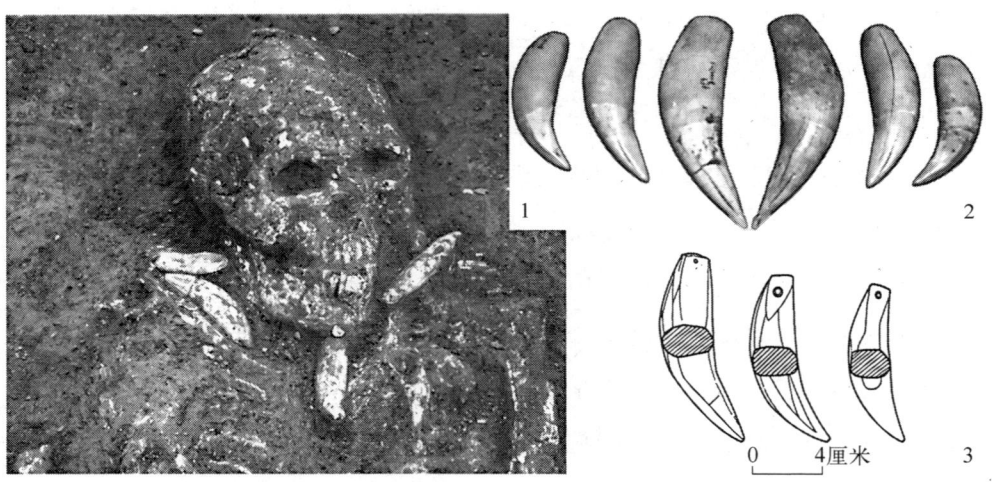

图二二四　1. 大溪文化巫山大水田遗址 M232 局部；2. 巫山大溪遗址随葬的虎牙；3. 三星堆二号祭祀坑出土的虎牙饰。

至于后石家河"三苗"文化的走向，笔者推论，在夏王国应该会驱逐拜虎的贵族（征服三苗），因此在承续夏王国的盘龙城商文化礼器上，老虎的形象并不多见。但是，在商王国以南的赣中和湘中地区，与商王国同时代的吴城文化即虎国却有很多高等贵族仍然将老虎视为崇高神兽加以膜拜。所以，在吴城文化的礼器上，我们依然可见到这种獠牙面像，除了前文所提的玉面像外，吴城文化铜面像的牙齿形状亦如此（图二七〇：1）[1]。吴城文化新干大洋洲祭祀坑中，出土了獠牙铜钺。大体

---

① 江西省博物馆、上海博物馆合编：《长江中游青铜王国：江西新干出土青铜艺术》，图 20。

上说,商文明最常见的铜钺造型是龙张开口,或双龙、双虎饕餮的构图(图九八:1—2),以表达用钺斩首时,饕餮吞噬人牲,接受神杀祭礼,而将祭牲送回天上之意。但新干祭祀坑出土的铜钺却仅露齿咧嘴,并无饕餮的结构(图二三三:1)[1]。依笔者浅见,新干铜钺的獠牙即是虎口,尤其是其牙齿形状与新干出土铜虎的牙齿相同,在吴城文化信仰中,此"虎口"便象征了虎神吞噬人牲的信仰。

在战国、汉代的文献中,"虎口"譬喻极危险的境遇,如《战国策·齐策三》曰:"今秦四塞之国,譬若虎口,而君入之,则臣不知君所出矣。"《史记·叔孙通传》载:"通曰:'公不知也,我几不脱于虎口!'乃亡去。"[2]但对崇拜神虎的古人而言,被神兽吞食的人经过此一神祕过程,便可获得他的神力及保护。李学勤先生推断:"吞食象征自我与具有神性的动物的合一。……虎食人或龙食人意味着人与神性的龙、虎的合一,这不失为一种可能的解释。"[3]此说法无疑是准确的。中国青铜文明对夔龙饕餮或对神虎的崇拜,都是以龙口或虎口的吞食——神化功能为信仰核心。

老虎吞噬人头的图案亦可在弗瑞尔艺廊收藏的玉长刀上见到。该玉刀被视为相当于石家河时期的遗物,但可惜没有发掘资料,因此我们不清楚它的断代和出处。依笔者浅见,虽然其刻纹技术与风格,确实是符合后石家河时代风格,但是早期未见那么明显的虎食人造型,所以笔者考虑此玉长刀的制造年代可能较晚,或相当于两商时代,为当时赣湘地区虎国的礼器(图二二五[4],虎国的问题后文再详细讨论)。

图二二五　虎食人玉刀,虎国礼器。

---

[1]　江西省博物馆、上海博物馆合编:《长江中游青铜王国:江西新干出土青铜艺术》,图52。

[2]　(汉)刘向集录,范祥雍笺证,范邦瑾协校:《战国策笺证》,上海:上海古籍出版社,2006年,页589。(汉)司马迁撰,[日]泷川资言会注考证:《史记会注考证》,页1085。

[3]　李学勤:《试论虎食人卣》,四川大学博物馆、中国古代铜鼓研究学会编:《南方民族考古》第一辑,成都:四川大学出版社,1987年,页43。

[4]　[日]林巳奈夫著,杨美莉译:《中国古玉研究》,页234。

　　大约在早商晚期至殷商时代,南方文明对虎神崇拜的造型刻画,已很明显地描绘出虎神吞噬人类的核心信仰传统。在此脉络中除了弗瑞尔艺廊收藏的玉长刀之外,还有湖南宁乡出土的两件虎食人卣,其上的神虎造型也是露出虎牙、啃咬人头之状,安徽阜南县朱寨镇和三星堆出土的龙虎尊造型,其蕴含之意也相同(图二二六:1—3)。本信仰的范围包含西南之雪峰、武陵、大巴山脉,又跨到东南之罗霄山脉,南到五岭山脉。依笔者浅见,这或许都传承自江南山岭一带对老虎的崇拜信仰,并同时将虎神的形貌与平原地带龙形饕餮的形象连接起来。

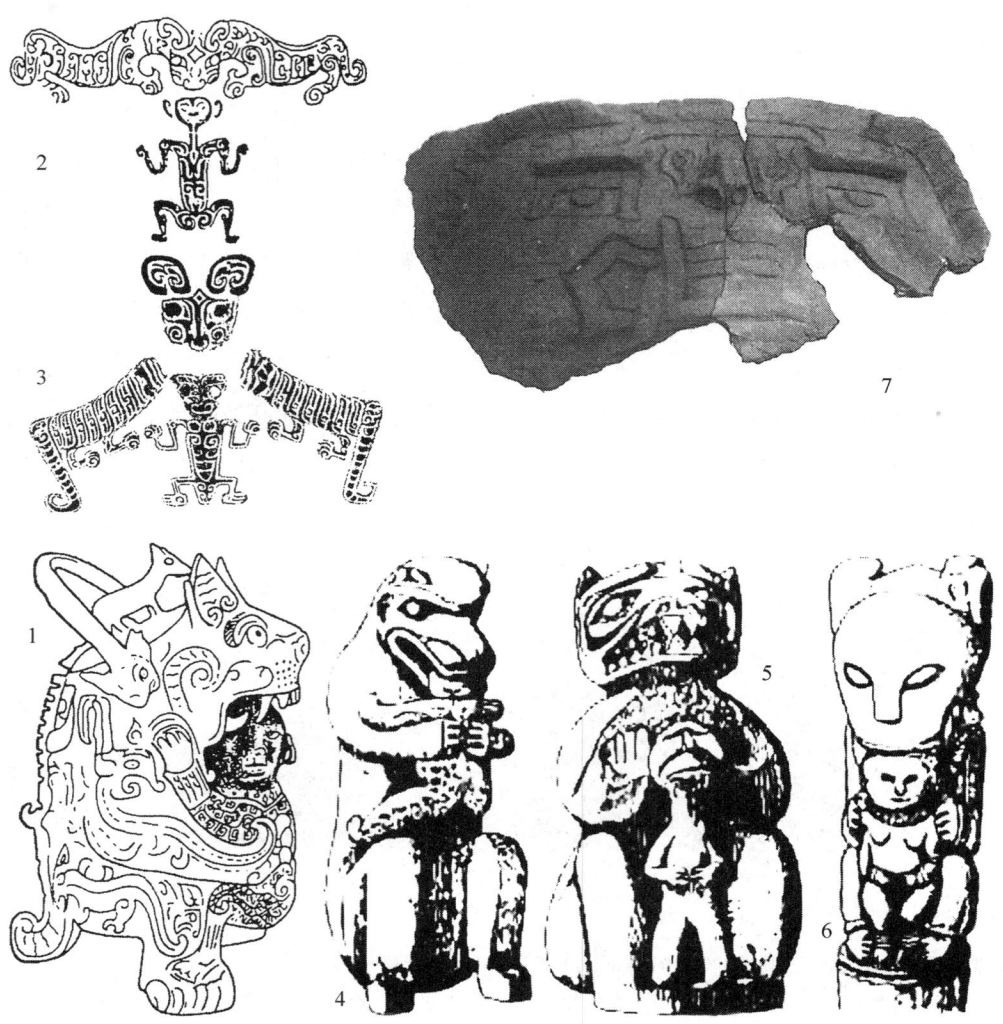

图二二六　1. 日本京都泉屋博古馆虎食人卣的刻纹;2. 安徽阜南龙虎尊的虎食人刻纹;3. 三星堆龙虎尊的虎食人刻纹;4—5. 西北美洲原住民(阿留申人或爱斯基摩人)虎食人的萨满雕刻;6. 印度尼西亚苏门答腊岛巴塔克人的短剑象牙柄端上的虎食人雕刻;7. 南美洲秘鲁库比斯尼克文化(Cupisnique culture,BC1500—1100)獠牙神面。

  大洋洲祭祀坑出土虎头胄(图二二八∶1),在某种程度上可以与虎纹玉长刀、虎食人卣、龙虎尊的构图进行比较。从形状来看,如果在头上佩戴它,会挡住佩戴者的视线,所以该胄不能作军用头盔,只有礼仪的作用∶佩戴虎头胄的人,就像被老虎咬头的人,与龙虎尊或虎食人玉长刀的形象一致。

  经更细致地观察我们可以发现,所有神虎的造型都含有夔纹的部分,虎食人卣神虎的全身有成对夔龙的造型;龙虎尊也充满夔纹;虎食人玉长刀的神虎背上也有夔形的扉棱;大洋洲虎头胄在虎眼上有夔纹,由此可以观察主流的农耕文明的影响(照考古类型名为盘龙城文化,如说到国家和朝代即为楚大历史的商朝)。崇拜老虎的贵族应该起源自山地猎民,一方面保留对老虎的崇拜,同时在老虎的形象上蕴含了神龙的特征,以神龙的特征来强调老虎的神性。

  在南方礼器中,饕餮形的"二虎共首"或夔纹虎神,都表现出正在吞噬人或咬断人头的形象。一直以来,学界对于虎食人构图的象征意义讨论不辍,张光直先生认为∶人头放在猛兽嘴里,并不等于被吃;猛兽只是抱人,而这人的身份可能是巫师,猛兽抱着他嘘气放风,可帮助巫师通天①。但这种观点恐不符合古人对猛兽的认识,如果人头在老虎的牙齿之间,岂能有不被咬杀的可能性?但这种咬杀在当时信仰观念中,带有进入永生境界的神祕入口的意味。

  福莱瑟先生(Douglas Fraser)将虎食人卣联系到西北美洲原住民(阿留申人[aleut]或爱斯基摩人[eskimos])的萨满雕刻(图二二六∶4、5),以及印度尼西亚苏门答腊[Sumatera]巴塔克[Batak]人的短剑象牙柄端的雕刻(图二二六∶6)②。被神兽吞食的人经过此神祕过程,便可获得祂的神力及保护。从礼器的结构来看,美洲和印度尼西亚的偶像,有可能便是源自江南的巫觋文化。可见东亚文明形象的碎片,通过复杂的传播路线到达美洲。前文已提及史前秘鲁的双嘴龙形象;南美洲秘鲁库比斯尼克文化(Cupisnique culture,BC 1500—1100)也有獠牙神面(图二二六∶7),北美、南美都有出现中国五岭山脉地带的文化形象。因此,本书所探索的

---

① 张光直∶《中国青铜时代》,页333。另参施劲松∶《论带虎食人母题的商周青铜器》,《考古》,1998年第3期,页56—63。卢昉∶《论商代及西周"人虎母题"青铜器的内涵及流变》,西北大学硕士学位论文,2006年等。

② Douglas Fraser. "Early Chinese artistic influences in Melanesia?" *Early Chinese art and its possible influence in the Pacific basin: a symposium arranged by the Department of Art History and Archaeology.* Columbia University, New York City, August 21 - 25, 1967, edited by Noel Barnard in collaboration with Douglas Fraser. New York∶ Intercultural Arts Press, 1972, v.Ⅲ, pp.631 - 654, ills.14 - 16.

巫觋文化,在时空上皆有很大的影响力。

(六)小结

华南文明中对神虎的崇拜,源自武陵山脉、巫山和大巴山、雪峰山脉、九岭山、罗霄山脉脚下的先民,且在中国境内属于发源最早的拜虎传统,其发展到达江南平原地区,影响长江中游大文明的信仰。长江中游凌家滩、石家河已属十分成熟的社会与文化,都曾出现虎头的礼器,是崇拜老虎的明显的证据。在此之前,华南猎民崇拜野猪文化的习俗创造了带有神祕形象的礼器,而这些形象转换成崇拜老虎的象征,进而影响到拜虎礼器的形状。

崇拜老虎取代崇拜野猪的过程源远流长,或可溯源到新石器末期至青铜时代早期的社会转型这一大的历史背景。此时山区猎民也开始脱离游猎的生活方式,开始半定居,从事驯养、渔猎、矿业以及加工各种玉石料的专业化活动。大溪时代很多山地丘陵遗址亦出现专业化生产,与平原居民进行交易。虽然狩猎活动依然不少,但对生计的重要性却逐步退化,这一类活动本身反而强化了统治者获得权威性的掌握“领土”、资源、权力之意。在这种生活中,老虎的形象并非因作为肉食来源而成为狩猎对象,其中潜藏更多意义:老虎本身是崇高万能的狩猎者,同时也是猎人们在山林地带的竞争对手和威胁对象;老虎还是在古人从事狩猎、接触自然界时,所认识的最强猛兽,因此而神化它。也因为这个缘故,江南山地的猎人崇拜老虎并追求学习、获得它的崇高力量,以超越老虎而确认自己的崇高权威。并且,崇拜老虎的信仰还具有一种关键意义:老虎是森林主宰、山地之王,能够与老虎合为一体的人,即是崇高的巫师,自己便能够成为自然界的神王,在山顶上、也就是最高的境界上,掌握崇高生命的权力。

上述时代与观念的变化,演变到后来,使得对野猪的崇拜往往次于对老虎的崇拜,也因此,獠牙的造型逐步开始被理解为“虎口”。从诸多礼器的造型,我们可以看出,在山地猎民的心目中,虎口的形象更近似于某些农耕先民所强调的“龙嘴”,成为一种概念性的神化通道。后石家河文化出土的部分神面像中的獠牙,其露出的牙齿比起过去更加接近虎口的形状。后石家河崇拜老虎的文化影响了后续国家文化的精神。大约在两商时代,南方文明对虎神崇拜的造型刻画,已很明显地描绘出虎神吞噬人类的核心信仰传统。

三、殷商王族对虎神的崇拜

在殷商时期,老虎也成为殷商王族的保护神。但殷墟所在的黄河下游、河北平原地区,并非老虎自然栖息的活跃区,此地并非老虎的自然生活范围,此地居民从未见过老虎,因此既无拜虎信仰,本地礼器在殷商之前亦未见有老虎的造型。因此,在河南、河北的平原地区,崇拜老虎的遗迹只可能是外来信仰的象征。直至殷墟建立大商顶邑起,王墓中却突然出现虎神造型,并且只出现在王家礼器上,其他贵族墓里则几乎没见过老虎的造型,而王陵中虎形器占很大的比例,表示其信仰仅与王族有关,因此,殷墟中的老虎信仰,显然是殷商王族所独有的特殊崇拜对象。殷墟统治者对老虎的崇拜究竟真是源自江南? 抑或另有自己的独立来源呢? 种种考古发掘的迹象显示,殷商王族本身不可能是源自江南地区的族群,因此,我们可以提出两种假设:第一,殷商王族在某原因之下,可能吸收了江南的拜虎传统;第二,殷商王族或许早有自己独特的拜虎传统,并将其带至黄河下游、河北平原地区。

从考古研究可知:殷墟二期与江南、西南地区发生交流,从此之后,殷墟文化中的南方成分便开始明显。但我们不禁要提出疑问:自远地掠夺或交换而来的礼器,难道可以在短时间内便立刻成为一个族群的精神文化核心之器? 也许在古文明发展的过程中,有可能发生与下述类似的情况:胜利者侵占战争对象的守护神,并将其改造为给自己的主神服务的次级神。然而,殷商的老虎造型状况却并非如此,似乎与王族的关系非常密切,仅出现在王墓里,显然是被视为殷王永宫的保卫、升天的护祐。殷商王族是否有可能在武丁时代才吸收了南方拜虎传统,并立即接受此一信仰、将其视为崇高的神兽? 高西省先生曾提出:神虎作为殷商贵族崇拜的吉祥物,是人们所依赖的靈物①,这种观察相当准确。因此,笔者不认为这有可能是外族,甚至是被打败者的崇拜对象。而在生活中未曾见过老虎的族群,也应该不可能突然在没有虎兽的地区,就贸然将遥远陌生的对象当作宗族信仰的靈物来崇拜,所以,一方面拜虎应该不

---

① 　高西省:《论西周时期人兽母题青铜器》,《中原文物》,2002 年第 1 期,页 50—51。

是安阳和中原地带早前本土文化的传统（前文已讨论西水坡遗址的年代问题），另一方面，来自东北的殷商王族应不是从未见过老虎，而只是到了安阳才突然开始将老虎拜为王级保护神。殷商王族在来安阳之前的生活经验中应该已有老虎，即东北虎。

此外，江南的老虎造型与殷商有所不同。殷墟的虎神形象独特，是保佑王族永生的靈物，如殷商王墓的门口发现的，以大理石制造的跪虎像，便是虎神信仰中具代表性的殷商礼器，虎神保护着商王的地下宫殿（图二二七：1）①。高西省和施劲松先生都曾对江南与殷墟的虎神造型进行对照分析，两人结论一致，认为长江流域自吴城至三星堆的拜虎传统系出同源，但与殷墟并不相同②。笔者基本上赞成上述看法，殷墟出现的老虎造型，或在技术、形貌上受到了一些南方的影响，但从所选的形象来看，殷商王族对老虎的崇拜，很难推断是来自江南。

高西省先生认为，神虎为殷商上层贵族崇拜的吉祥物，是人们所依赖的靈物，商人文化中虎造型和南方兽图的出现情况并不一致，并无凶猛残暴的兽性面貌，商代虎人图是神靈的象征，在神圣的礼器上，被神兽怀抱者一定是身份很高的圣王。③ 殷王大墓里老虎造型确实很多，这些造型并不强调其恐怖凶猛残暴的兽性面貌，但同时明显有保护殷商王以及王墓永宫的作用。其中双虎头的王轿表明老虎为专门的王级神兽（图二三〇：1）；而上述跪虎像的造型相当特殊，似为人格化的老虎形象（图二二七：1）。妇好墓出土玉虎头鸮身像的造型也特殊（图二二七：2）④，虽然小，似乎也有护身作用。殷墟大墓里虎形木器的遗痕应也是保护永宫的礼器（图二三〇）⑤，而并不像江南那样强调虎食人的神能。

不过与此同时，殷商的老虎造型也有受南方影响的特征。首先盘龙城文化夔纹也见于殷商老虎造型之上，如殷墟所见白石或玉作的小老虎身上有夔纹，这不能代表殷王本身的传统，而是盘龙城文化的神龙。江南虎国拜虎的文明也曾经受到

① 梁思永未完稿，高去寻辑补，李济总编辑：《侯家庄·第二本·1001号大墓：安阳侯家庄殷代墓地》，图版柒壹、柒贰。

② 高西省：《论西周时期人兽母题青铜器》，页47—55。施劲松：《长江流域青铜器研究》，北京：文物出版社，2003年，页303—312。

③ 高西省：《论西周时期人兽母题青铜器》，页47—55。

④ 梁思永未完稿，高去寻辑补，李济总编辑：《侯家庄·第二本·1001号大墓：安阳侯家庄殷代墓地》，页92。中国社会科学院考古研究所编著：《殷墟妇好墓》，彩版二七：1。

⑤ 梁思永未完稿，高去寻辑补，李济总编辑：《侯家庄·第二本·1001号大墓：安阳侯家庄殷代墓地》，页65、60。梁思永未完稿，高去寻辑补，李济总编辑：《侯家庄·第二本·1003号大墓：安阳侯家庄殷代墓地》，《中国考古报告集之三》，台北："中研院"历史语言研究所，1967年，页31。

图二二七　1. 西北冈王陵 1001 号大墓翻葬坑大理石虎神像;2. 殷墟妇好墓出土玉虎头鸮身像。

盘龙城文化神龙形象的影响,但是虎国与殷商所选老虎的形状有所不同,后者不强调獠牙,形象较温和(图二二九:2—4)①。甚至有很大的可能性是,王陵所出的虎形器,或是在虎国、三星堆造型,或由南方工匠在殷墟创作,但是这些器物的形象,还是能够代表与南方贵族不同的殷商王族的审美取向。殷墟出土的器物,均表现出多元混合的风格,如白石双头虎身上亦有很多小夔,背上有四条大夔龙,但整个造型特殊并且很大,这是殷商上古帝国在多元文明的基础上创造的新的帝王等级的礼器(图二二九:1)。②

① 中国社会科学院考古研究所编著:《殷墟妇好墓》,页 157,图八二:6、8。

② 梁思永未完稿,高去寻辑补,李济总编辑:《侯家庄·第二本·1001 号大墓:安阳侯家庄殷代墓地》,图版捌叁。

　　殷商军队戴虎面头盔(图二二八:2),象征保护王室的老虎神军的概念,通过这种连接,老虎已获得人格化的理解。

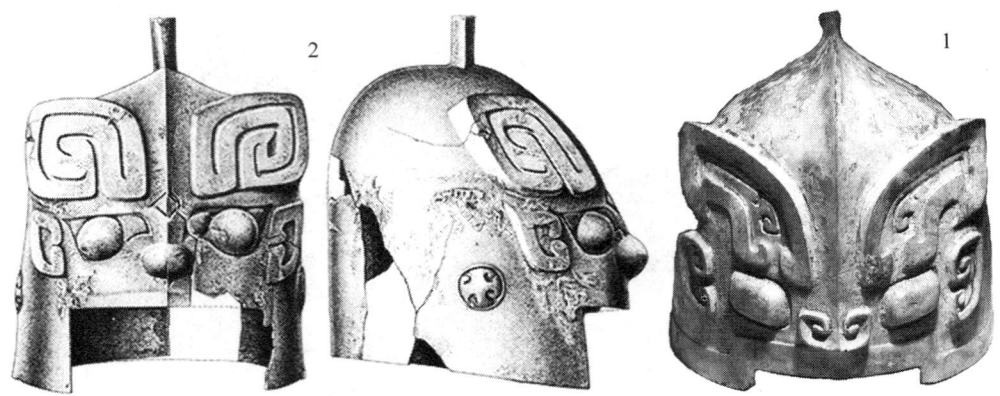

图二二八　1.新干祭祀坑出土的虎头胄;2.西北冈1004号大型王墓出土的似虎头形貌的铜头盔。

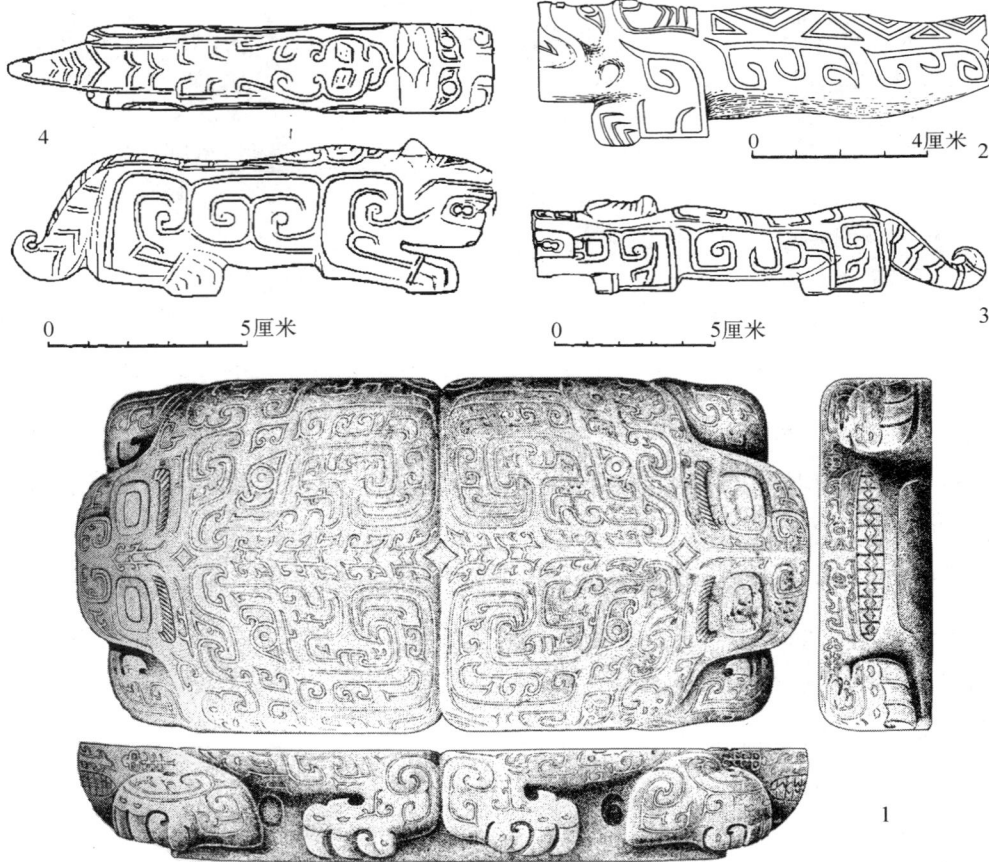

图二二九　殷墟出土的神虎石雕:1.1001大墓白石双头虎;2.1001大墓白石虎像;3—4.妇好墓玉虎。

综上,殷墟的虎神造型与华南文化中的虎造型比较起来,的确有一些不同的特点,表明两者可能源自不同的崇拜神虎的文化。不过与此同时,在殷墟高级贵族、王室墓葬中,虽然没有实际出现过神虎咬掉人头的构图,也没有虎头或虎口面像的造型,但却也有和江南拜虎涵义相同的造型,如妇好墓出土的铜钺、司母戊方鼎上的鼎耳(图九八:2、3)。这些造型可能受到南方虎神饕餮信仰的影响(铜钺或许就是在南方铸造后带过来的,而司母戊方鼎的造型则是在模仿该铜钺的构图):有成双的神虎对立,而且在其两兽嘴之间亦常有人头形象出现。

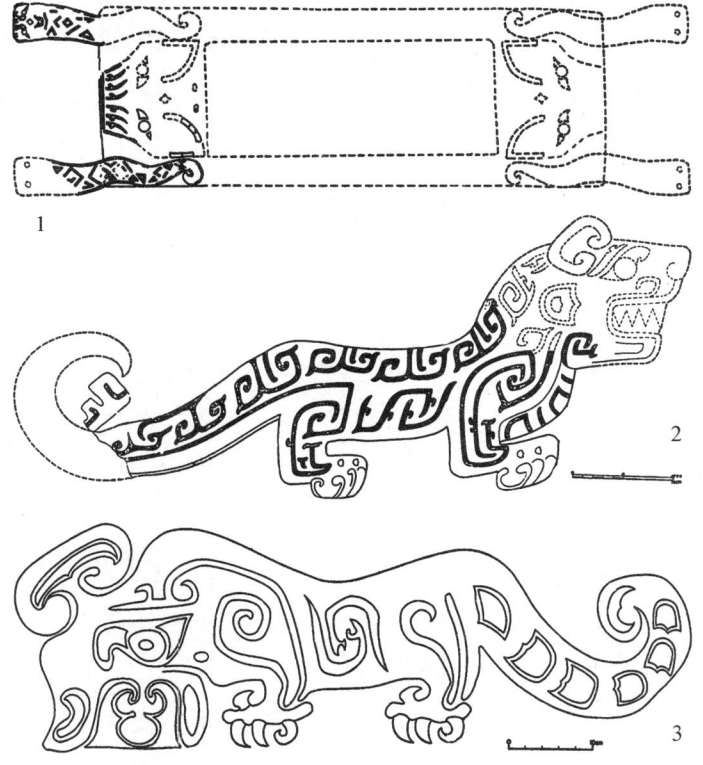

图二三〇 殷墟出土虎形木器的遗痕:1—2.1001大墓;3.1003大墓。

由此可见,殷商时期的中央文化在早商文明神龙崇拜的基础上,亦结合了两种拜虎的信仰:第一是源自东北猎民文化,将虎视为保护王的神武,应该属于殷商王族本身就有的精神文化的一部分;第二是部分吸收消化江南山脉先民的神虎信仰,导致殷商王族礼器上也有虎食人的形象。但虽然"虎食人"的神圣意义也存在,北方的造型却有异:老虎都有饕餮对称的构图,被老虎吃的人并不造出形体,只保留被吞的头部。据此,我们可以推论,华南和东北地区,虽然各自拥有独特的崇拜神虎信仰,但在殷商帝国中两种信仰逐渐趋近,南方工匠根据殷王的要求调整形象。而在后期观念中,南北信仰的成分已难以区分。

但是在殷商时期南北老虎形象的意义还是明显不同:从造型来看,南方的老虎的神能与神龙基本一致,是食人的神兽,通过被他吞掉,人也获得崇高神性和升天的能力;北方的老虎更多是保护王权的神武。南北虎头胄比较,更加直接能揭示出此核心差异。大洋洲祭祀坑出土虎头胄不能作军用头盔,是升天仪式的礼器,人在佩戴虎头胄时,可以象征老虎咬人头的形象(图二二八:1);而殷商虎头胄,虽然取象于此,但是胄的前壁有较高的切口,所以不会挡住视线,完全符合其作高级军官的头盔之用(图二二八:2),符合其以老虎保护王室神军的概念。

探讨殷商王级信仰的资料,除了造型之外,亦有甲骨金文的记载,因此,我们应该使用甲骨文和金文的史料,更进一步探索殷商文明对老虎的认识究竟是什么,以及崇拜老虎的现象究竟涉及哪些文化观念?

四、提及老虎的殷商文献考:用意、观念及文化属性

欲讨论殷商文明关于老虎的观念,除了礼器之外,甲骨文也是重要资料。殷商甲骨文虽然大部分代表着殷商王族的活动记录,但从甲骨卜辞所提及有关老虎的叙述中,还是可以看出其文化多元的面貌。

在甲骨文中,"虎"字的出现率颇高。虽然很多卜辞是残缺或意义不明的,但基本上可以被归为两大类:狩猎或向老虎等神兽咒祷,以借其神力;被用作地名、国名、人名和官名。

(一)猎虎卜辞考释

1. 殷王猎虎记录

殷商猎虎的记录中,如果与鹿、麋、兔等常见动物比较,猎获虎的比例占极少数。仅有极少数的狩猎卜辞提及老虎,且若记录捕获老虎,亦极少发生狩获超过一

只虎的情况,如下文引《合集》10408,上面记载狩获40只鹿、159条麋、164只狐、15头野猪、20只兔子的成绩,但在这么多猎物中,却只有一只老虎。不过,虽然如此,各代殷王却都留有猎虎的记录。大部分相关卜辞虽残缺,我们从中还是可以注意到,只有在商王所举行的庞大田猎活动中,才可能在卜辞中提及老虎,可见狩获老虎是不常见的重大事件。

武丁猎虎卜辞如下:

己卯卜,王逐虎?

弗𢦏(擒)?　　　　　　　　　　　　　　　　　　　　　　《合集》10221

……王贞:勿疋在妊虎获?　　　　　　　　　　　　　　　《合集》20706

甲申……王其……𢦏(擒)……虎二……　　　　　　　　《合集》10214

翌辛……王……才(在)……虎……　　　　　　　　　　　《合集》10215

……王田……虎……□……　　　　　　　　　　　　　　《合集》10220①

……日……戰(狩)㐂,允:隻(获)虎二,倗㞢(有)炭岁,友若。

丁丑〔卜〕……翌戊〔寅〕……戰(狩)……㞢(有)㞢(侑)……

……戰(狩)旂,允……亡灾……其……　　　　　　　　　《合集》10196

……隻(获)虎……　　　　　　　　　　　　　　《合集》10203、10204

……射……暨……

……隹(唯)获虎?　　　　　　　　　　　　　　　　　　　《合集》10205

① "□"字在古文字学界均同意释为"兕",但笔者从三方面不能接受这种释读:第一,"□"字的字形并不似犀牛或野水牛,反而较像是兔之类、具有两只长耳的动物,且其头部与"□"(兔)有相似之处,与有角动物的象形方向反而不一致;第二,殷商普遍出现猎□的记录,但殷商贵族其时活动的地区仅局限在北方,并非犀牛或水牛出现、活动的地域,虽然有少数记载提到可能会前往南方去狩猎,但频率并不高(如猎获象的记录很少),不能达到如甲骨文记载中猎获□的普遍程度,殷商贵族大多数还是在附近的太行山森林打猎,在此地区根本不可能猎到犀牛或水牛;第三,甲骨文中常载"射□"(如《合集》10419、10421、10422、20721、20731、24391、28391、28392、28400—28404、28406、28407、28409、33373、37384、37385、37396等),犀牛或水牛皮都很厚很硬,很难以射的方法捕杀成功;第四,犀牛这种动物的习性为单独活动,不可能在同一个地方出现很多头,因此亦不可能一次狩猎获得两三只以上的犀牛,而甲骨文中的记录,却经常是一次便获得十几头□(如《合集》10408、33375、37363、37376、37411、40125等)、二十几头□(如《合集》36501等),甚至有一次获得四十头□的记录(参《合集》37375),此外,根据甲骨文中的记录,一次捕获六七头□的情况,则是稀松平常之事。依笔者浅见,□当然不是"兔"字,可能是比兔子还要大一些的动物,但也不可能是犀牛或水牛,这种动物可以射杀,所以并不是特别大,该字释为"兕"绝不可从。或许可以假设为已经灭绝的麑这种古代的狩猎对象,但因笔者无法确证这究竟是何种动物,故只能在文中保留原文的字形。

    ……獸（狩）……虎一……鹿……   《合集》10213

    癸亥卜，虎……九月

    其冤执？   《合集》20708

    辛巳卜，自贞：甫往，兔、虎、鹿不其……二告   《合集》20715

    □巳卜……甫獸（狩）……隻（获）鹿、虎，十……   《合集》20752

商王武丁和其雀族的亲属占卜是否狩获老虎：

    壬午卜，宾贞：羋（擒）隻（获）虎？   《合集》10199

    獸（狩）隻（获）虎一、豕……屮（有）六……   《合集》10200

    己未卜，雀隻（获）虎，弗隻（获）？ 一月在而   《合集》10201

    己未卜，雀隻（获）虎，弗隻（获）？ 一月 二告

    庚〔申卜，〕王隻（获）□□逐弗……

    辛酉卜，王隻（获）不隻（获）？ 二告

    壬戌〔卜，〕王……

    癸〔亥卜，〕王……亡……   《合集》10202

康丁、武乙、文武丁时期也有王猎虎的卜辞：

    叀（惟）壬逐……亡灾？

    辛王其……牢虎，亡灾？

    王来自牢，迺逐辰鹿，亡灾？   《屯南》3599

    ……田，崇，牢虎，亡灾？   《屯南》4140

    王其呼戈羋（擒）……

    叀（惟）鼓，崇，（擒）擒虎？

    辛酉卜，王其田，叀（惟）省虎比丁十夸录……

    ……卜，叀（惟）牢虎……奴，亡灾？   《合集》33378

    丙午卜，戊王其田……

    ……隻（获）有虎？   《合集》28301

    ……卜，犬虎……羋（擒）狐……吉用。   《合集》28323

    ……亡灾，羋（擒）虎？   《合集》28844

    ……乙，虎，隻（获）……

    ……若……   《屯南》3055

帝乙、帝辛的田猎活动特别庞大，狩获野兽的数量难以想象：

上编 第七章 老虎帝国 461

戊戌王卜，贞：田鸡，往来，亡灾，王骨（占）曰：吉，兹钔（禦）隻（获）狐。

辛丑王卜，贞：田舋，往来，亡灾，王骨（占）曰：吉。

壬寅王卜，贞：田毚，往来，亡灾，王骨（占）曰：吉。

戊申卜，贞：田騺，往来，亡灾，王骨（占）曰：吉，兹钔（禦）隻（获）🦌

六、狐……

壬子卜，贞：田牢，往来，亡灾，王骨（占）曰：吉，兹钔（禦）隻（获）🦌一、虎一、狐七。

乙卯王卜，贞：田舋，往来，亡灾，王骨（占）曰：吉。

戊午卜，贞：王田朱，往来，亡灾，王骨（占）曰：吉，兹钔（禦）隻（获）🦌十、虎一、狐一。

辛酉卜，贞：王田舋，往来，亡灾，王骨（占）曰：吉。　　　　《合集》37363

壬辰卜……亡灾……虎一、狐十？

壬寅卜，贞：王田牢，往来，亡灾，王骨（占）曰：吉，兹钔（禦）隻（获）虎一、狐六。

壬子卜，贞：王田舋，往来，亡灾，王骨（占）曰：吉。　　　　《合集》37362

戊申〔卜〕，贞：王田，亡灾……兹钔（禦）〔隻（获）〕虎三。　《合集》37366

己亥卜，贞：王田于囗麓，往来，亡灾，隻（获）麋四、虎三、麑二。

　　　　　　　　　　　　　　　　　　　　　　　　　　　　《合集》37463

……王隻（获）……十、虎……　　　　　　　　　　　　　　《合集》37369

……北……隻（获）……虎一？

……隻（获）……鹿一？　　　　　　　　　　　　　　　　　《合集》37370

……北……获……虎一？　　　　　　　　　　　　　　　　　《合集》37371

庚申……贞……虎？

羋（擒）兹隻（获）🦌四十、鹿二、狐一。　　　　　　　　　　《合集》37375

据此可见，各代都曾发生过殷王在庞大的狩猎活动中猎获老虎之事。

2. 殷王焚擒猎虎

在武丁时代的田猎活动中，有甲骨卜辞所记录的"焚擒"之猎：

翌戊午焚羋（擒）？　二告

戊午卜，殻贞：我兽（狩）敏羋（擒）之日兽（狩），允：羋（擒）隻（获）虎一、

鹿四十、狐百六十四、麋百五十九，⿱⿱⿰（某字）出（有）友三⿰……　　　　《合集》10198

　　翌癸卯勿焚？

　　翌癸卯其焚□羋（擒），癸卯允：焚隻（获）获□□、⿰（某字）十一、豕十五、虎□、兔廿。

　　贞：于甲辰？

　　勿于甲？

　　于甲辰焚？

　　……焚？　　　　　　　　　　　　　　　　　　　　　　　　　　《合集》10408

传世文献中，亦有描述古代焚林而猎的情况，如《春秋·桓公·七年》经曰：

　　七年，春，二月，己亥，焚咸丘。（无传。焚，火田也。咸丘，鲁地。高平钜野县南有咸亭。讥尽物，故书。焚，扶云反。）［疏］注：“焚火”至“故书”。《正义》曰：咸丘，地名。以火焚地，明为田猎，故知焚是火田也。不言搜狩者，以火田非搜狩之法，而直书其焚，以讥其尽物也。《释例》曰：“咸丘，鲁地，非搜狩常处，经不言搜狩，但称‘焚咸丘’言火田尽物，非搜狩之义。”是言火田非狩法，故不书狩。狩既非法，虽得地，亦讥。不复讥其失地，地咸丘，知地亦非也。《礼记·王制》云：“昆虫未蛰，不以火田。”则是已蛰得火田也。又《尔雅·释天》云：“火田为狩。”似法得火田，而讥其焚者，说《尔雅》者李巡、孙炎皆云“放火烧草，守其下风”。《周礼·罗氏》“蜡，则作罗襦”，郑云：“襦，细密之罗。此时蛰者毕矣，可以罗罔围取禽也。今俗放火张罗，其遗教。”然则彼火田者，直焚其一丛一聚，罗守下风，非谓焚其一泽也。礼，天子不合围，诸侯不掩群。尚不尽取一群，岂容并焚一泽？知其讥尽物，故书也。沈氏以《周礼》仲春火弊，谓夏之仲春，今周之二月，乃夏之季冬，故讥其尽物，义亦通也①。

其他传世文献也有相关的记录：

　　焚林而田，偷取多兽，后必无兽；以诈遇民，偷取一时，后必无复。

　　　　　　　　　　　　　　　　　　　　　　　　　　　　《韩非子·难一》

　　钻燧取火，构木为台，焚林而田，竭泽而渔。　　　《淮南子·本经》②

①　（周）左丘明传，（晋）杜预注，（唐）孔颖达正义，浦卫忠等整理，胡遂等审定：《春秋左传正义》，北京：北京大学出版社，1999年，页185。

②　（汉）刘向集录，范祥雍笺证，范邦瑾协校：《战国策笺证》，页840。（汉）刘安编，何宁撰：《淮南子集释》，页558。

甲骨卜辞证明了殷商贵族确实有烧毁树林以猎取野兽的习惯，且从内容来看，当时统治者们并不担心焚林而猎的举动会耗尽领土资源。焚林猎法亦是较容易捕获老虎的方式，但即使采用了焚擒的猎法，殷王依旧无法狩获太多老虎。

《合集》20709 曰：

庚辰卜，爇，比𤔔、�，虎？

"爇"字甲骨文作"�"，从字形的象形结构来看，该字与"焚"是同义字，有些学者将之视为"焚"的异体字①。如果了解该字的意义无误，《合集》20709 所载或许亦是焚林猎虎的记录。

除了"焚擒"之外，甲骨文中也有王进行狩猎而"光擒"的记载，甲骨文"光"从"火"，或许与"焚擒"的意思接近，在庞大的王田狩猎活动中，一共猎获了 127 条麂，但只有两条老虎：

甲午卜，不其毕（擒）？二月。二告

甲午〔卜〕，翌……

乙未卜，贞：弗其毕（擒）？二告

乙未卜，今日王戰（狩）光毕（擒），允：虎二②、�一、鹿廿一、豕二、麂百廿七、虎二、兔廿三、雉廿七，十一月。

……允：……豕……廿……麇…… 　　　　　　　《合集》10197

这次焚林获得两只公虎和两只母虎，这是在殷商时代跟狩猎有关的卜辞中，获虎数量最多的记录。

焚林狩猎，代表了与本土没有渊源关系的占领者、殖民者的态度，也是一种古代流动、游战族群所进行的活动。在甲骨文中，相关记载目前只见于武丁时代，也就是殷商王室不停对外战争而扩张领土的时段。他们在新掌握的殖民地上进行大规模的田猎，并不顾忌是否会耗尽本土资源。而在殷商之后的历史上，虽然也曾一时出现过统治者举行焚擒活动，但却不如之前频繁。

（二）猎虎的神秘意义

前文所引卜辞中的获虎记录，不应视为简单的狩猎活动，而是既具有国家意

---

① 《甲林》，页 3363—3365。

② "�"字乃指母虎，该卜辞里专用以公虎作区分。

义,又涉及某些信仰的活动。尤其是罕见的狩虎记录中,其卜辞内容经常包含有祈祷的意味。从下列资料可以看出,在与狩猎有关的祭礼活动里,老虎可以作祈祷对象或带有某种难以解读的神祕意思。

1. 虎为受祭祀者和祭牲的作用

各种狩猎的祭祀出现在不同时代的卜辞中,其中当然也有向老虎进行祭礼活动的记录,如用"叙"祭法来祭祀老虎:

其叙?

乙未卜,其叙虎,陟于祖甲?

乙未卜,其叙虎,于父甲 (符号)?

……卜其……于……羊一牛……〔兹〕用?　　　　　　　　《合集》27339

……祖乙宁……虎叙……兹〔用〕　　　　　　　　　　《合集》32552

"叙"是田猎之前的祭法①,森林主宰者老虎猎神乃为祭祀对象②。

甲骨文中,除了"虎"字之外,还有字形为虎头的" (符号) "(虍)字,虽然出现很少,但似乎也作与田猎有关的祭祀对象,如《合集》10948载:

呼子商比薅,屮(有)鹿?

勿钔(禦)……

勿于虍?

勿疾殇?

贞……鹿?

……屮……姒……

在有些卜辞上,祭祀神虎的活动未必限于田猎的目的,有些意思较复杂的卜辞,显示为不同情况下与虎有关的祈祷③。

在上述卜辞中,老虎被视为祭祀对象,但在其他某些卜辞中,老虎似乎是被作祭牲来使用:

丁亥卜,穌……甲虎于祖乙,正?　　　　　　　　　　《合集》1606

---

① 《甲林》,页1718—1721。

② 《合集》10447、19485的卜辞虽然残缺,但却可以判断,这里应该也在叙述狩猎前祭虎的活动:"……虎卯……睪……一月"。

③ 如参《合集》5933:"……徣灾……虎奉?"或《合集》20710:"甲……燎于 (符号) (符号) 冕虎?"

丙午卜，争贞：……白虎……隹（唯）丁，取……二月。

甲子卜，争贞：求年，于夔燎六牛①？

……争贞：钔（禦）于……于祖丁……十、牛十……酚……　　《合集》10067

癸酉卜，古贞：呼伲取虎于敉（牧）㘭（禀）？　　　　　　　《合集》11003

戊午，钔（禦）虎于妣乙，重（惟）𤰔（卢）豕？

戊午，重（惟）𤰔（卢）靐妣乙？

重（惟）豕妣乙？

重（惟）豕？　　　　　　　　　　　　　　　　　　　　　《合集》22065

这些卜辞记录祭祀祖妣的活动，而虎为祭牲。实际上，将虎用作祭牲的卜辞极少，狩获老虎而祭用它，一定是罕见的事情，也是一场很伟大的祭祀活动。

《合集》37848（即《怀藏》1915②）是非常特殊的一条卜辞，因为其刻在老虎的腿骨上：

辛酉王田鸡麓，隻（获），在十月，重（惟）王三祀翌日。

商王帝辛在十月时于山麓狩猎，获得特大的老虎，用它的骨头记载了祭祀先王的大祭礼活动。虽然卜辞上没有提到，但可以推知在这次祭祀先王的活动里，被狩获的"大𤖼虎"应被用作牺牲。

---

① "求年"、"求禾"两个词汇皆出现在超过100片的卜骨上，参《类纂》，页523—524、530—531。对甲骨文"米"字的隶定方法，目前解释不一。此字罗振玉隶为"求"，参罗振玉：《殷虚书契考释三种》，页189。郭沫若则隶为"奉"，而将"朱"字隶为"求"，并数次强调其说。其论述可参《甲林》，页1474、1483—1484。后来唐兰否定将"朱"隶为"求"的释读，并证明"朱"系"祢"，即"祟"字，参见唐兰：《殷虚文字记》，北京：中华书局，1981年，页30—32。目前学界多从唐兰之说，将"朱"释为"祟"，不过仍倾向保留将"米"隶定"奉"字，并将此字释为"求"。惟吴其昌先生赞同罗振玉原说，认为"米"即"求"字，参见吴其昌：《殷虚书契解诂》，武汉：武汉大学出版社，2008年，页352—353。笔者赞同罗振玉、吴其昌先生的释读。依据字义、字形分析，"米"应即"求"字，在甲骨文中都用以表达"求"义。在金文中，西周早期的季盨尊有"用米福"一语，即"用求福"（《集成》器号5940，陕西扶风县法门镇刘家村丰姬墓出土，现藏于陕西历史博物馆），与西周中期君夫簋盖的"朱"为同一字（《集成》器号4178，现藏于天津博物馆）；西周晚期杜伯盨有"用米寿"语，亦即"用求寿"。楚国包山简第63简的"求"字写作"耂"，与甲骨"米"、金文"米"为同一字形，亦与《说文》小篆"求"字形相近。参见张光裕主编、袁国华合编：《包山楚简文字编》，页778。参见（汉）许慎著，（清）段玉裁注：《说文解字注》，页398上。另外，甲骨文的奏字写作"𤻪"，为从"求"、"収"的会意兼形声结构，亦为其旁证。董莲池先生也认为"米"字最早释为"求"的观点相当合理，参董莲池：《"奉"字释祷说的几点疑惑》，《古文字研究》第二十七辑，北京：中华书局，2008年，页117—121。

② Royal ontario Museum, Hsü Chin-hsiung. *Oracle Bones from the White and Other Collections*. Toronto：Royal Ontario Museum，1979（《怀特氏等收藏甲骨文集》后引简称《怀藏》）。

　　老虎的神祕作用，并不局限于被当作预备狩猎的被祭祀品，或者是在祭祀活动中最高等级的牺牲而已，老虎的形象出现在巫觋文化中各种神祕活动里，显示出它的崇高地位。

　　2. 殷王暴虎及田猎祝法

　　在传世文献中有描述勇士脱衣露体、赤手空拳和老虎搏斗，并以神祕之术来祝法厌虎的形象，如《诗·郑风·大叔于田》曰："大叔于田，乘乘马，执辔如组，两骖如舞。叔在薮，火烈具举，襢裼暴虎，献于公所，将叔无狃，戒其伤女。"毛传云："暴虎，空手以搏之。"[1]张衡《西京赋》载："吞刀吐火，云雾杳冥。画地成川，流渭通泾。东海黄公，赤刀粤祝。冀厌白虎，卒不能救。"萧统注："祝，音沟。东海有能赤刀禹步，以越人祝法厌虎者，号黄公。又于观前为之。"李善注曰："《西京杂记》曰：'东海黄公，立兴云雾。'《汉官典职》曰：'正旦作乐，漱水成雾。'《楚辞》曰：'杳冥兮昼晦。'《西京杂记》曰：'东海黄公，坐成山河。'又曰：'淮南王好方士，方士画地成河。'又曰：'东海人黄公，少时能幻，制蛇禦虎，常佩赤金刀。及衰老，饮酒过度，有白虎见于东海，黄公以赤刀往厌之，术不行，遂为虎所食。'故云不能救也。皆伪作之也。"[2]

　　甲骨文中曾出现"𧆞"（虣）字，裘锡圭先生将之释为"虣"无疑准确[3]，而"虣"和"暴"在文献中是通假字，此二字间可能有着古、今字的关系。在武丁时代的甲骨文中，已可看到以神祕祝法"暴虎"的记录，应是表达与狩猎有关的祭礼活动：

> 壬辰卜，争贞：其虣（虣＝暴）隻（获）？九月
>
> 壬辰卜，争贞：其虣（虣＝暴）弗其隻（获）？二告　　　　　　《合集》5516
>
> ……祀……用？
>
> ……淩虎……虣（虣＝暴）……　　　　　　　　　　　　　　《合集》10206
>
> ……日王往虣（虣＝暴）虎？允：亡灾。
>
> ……雍车马……京？　　　　　　　　　　　　　　　　　　《合集》11450

由于相关记录残缺，所以我们难以掌握更细微的原意，但这两条残缺的卜辞却是十分珍贵的史料，可证明汉代文献所记载的神话，即源自不晚于殷商时期的田猎祝法。

　　有些含"虣"字的卜辞意思不明，如《合集》697 曰："贞：呼比虣侯？"似乎作侯

---

① （汉）毛公传，郑玄笺，（唐）孔颖达等正义：《毛诗正义》，页 452。

② （梁）萧统编，（唐）李善注：《文选》，页 77。

③ 裘锡圭：《说玄衣朱襮——兼释甲骨文虣字》，《文物》，1976 年第 12 期，页 75—76。《甲林》，页 1624—1627。

国的国名,但资料不足,所以难以理解。裴锡圭先生将甲骨文的"⿰氵虎"字亦视为从"水"、"虎"的"㶚"结构①,有"⿰氵虎"字的卜辞如下:

壬寅卜才(在)瞀(曹),贞:王步于⿰氵虎,亡灾?

甲辰卜才(在)□,贞:王步〔于〕□,亡灾?

〔戊〕申卜才(在)□,贞:王〔步〕于帅东□来,亡灾?　　　　《合集》36828

才(在)⿰氵虎……步于……灾?　　　　《合集》36955

可见,《合集》697 的"虎"字是一个地名或侯国名,如果将其视作"㶚"的隶法亦无误。《合集》697 武丁时代卜辞里的"虎"字与帝乙、帝辛时代卜辞里的"㶚"字所指的地区相同,而且早期"虎虎"的"虎"字与指地名的"虎"未区分,至晚期则以"水"偏旁来区分之。传世神话中,祝法暴虎的勇士被称为"居于东海之人",显然是将暴虎的田猎祝法与某地方的文化作连接,所以甲骨文有"虎"、"㶚"作地名的字,可以视为与传世神话的情形相类。不过,要将"⿰氵虎"字的隶定为"㶚"还是有点存疑,于省吾准确地指出,"虎"部上"形体与'戈'不类,姑存疑"②,或应隶从"犬"者,此问题还需要进一步思考。

　　甲骨文中,除了"虎"字之外,"虦"和"敚"字亦被视为该字的异构③。"虦"字从字形来看,其与"虎"字的连接可以成立;从用义来看,"虦"只有一次被发现在康丁时代卜辞里:《合集》27887 曰:"……小臣虦?"这是否表达小臣暴虎,或是小臣有其他的神祕动作? 或者有可能这是小臣之名。所以"虦"字的意思不详。至于"⿰戈攴"(敚)字,也只有一次出现在康丁时代的卜辞中,如《合集》30998 曰:"……王其敚,鼎……"卜辞残缺,意思不详。此外,西周早期亦有一次出现了"⿰⿱戈攴"(敚)字,敚爵有录:"敚乍(作)匕(妣)癸蚳"④,明显将"敚"用作人名或族名,照字形来看这无疑是同一字,但金文与甲骨文"敚"字意义上的关系又不清楚,恐怕与"虎"字无关。不过对"虦"、"敚"字的讨论,毫不影响"虎"字本身的意义以及裴锡圭先生所发现的重点:甲骨卜辞里已可见暴虎等田猎祭礼和祝法。

---

① 裴锡圭:《说玄衣朱襮——兼释甲骨文虦字》,页 76。

② 《甲林》,页 1630。

③ 裴锡圭:《说玄衣朱襮——兼释甲骨文虦字》,页 75。

④ 《集成》器号 9024,别名为敚父癸爵,陕西凤翔县丁家河出土,现藏于宝鸡青铜器博物院。

3.“虎”之咎征

除了上述猎虎、祭虎、祝虎的卜辞以外,还有许多提及“虎”之卜辞,但意思都非常难懂。在这些卜辞里,虎既不是狩猎对象或祭牲,也不像是崇拜对象;在商代占卜祭礼的神祕语言中,虎的形象似乎可以指涉为某种状态,然而细观其卜辞内容,又难以判断这究竟是吉祥还是凶虐的征兆。

如商王武丁梦到虎的尸体而卜问:

　　□丑卜,贞:王梦虫(有)丼(瘗)大虎,佳(唯)……

　　〔王〕固(占)曰:□羊(祥?)　　　　　　　　　　　《合集》17392

　　……梦大虎,佳(唯)……　　　　　　　　　　　　　《合集》17456

只看卜辞的话,我们无法判断或理解,在当时观念中这种梦被视为涉及何种意义。但我们应该可以确认的是:梦虎,尤其是梦死虎,在商巫觋文明中具有某种神祕的象征意义。

又如在武丁时期对牙齿疾病的占卜中,又独立地出现一个写得很大的“虎”字:

　　甲子卜,㱿贞:疾役不祉(徙)?

　　贞:疾役其祉(徙)? 二告

　　甲子卜,宇贞:乍(作)虫(侑)于姒甲,正?

　　……虫(侑)……甲,宰? 用。

　　収……虫(侑)于……

　　虫(有)疾齿,佳(唯)蛊? 小告。

　　不佳(唯)蛊?

　　虎?　　　　　　　　　　　　　　　　　　　　　　《合集》13658

学界对“祉”字的看法颇不一致,有将之视为“徙”字的简写字,因此不予另外区分、直接读作“徙”者,也有认为应读作“延”者,第二种读法目前在学术界获得较多共识①;但从字形及其发展脉络来看,“祉”明显近乎“徙”,接着参考大部分卜辞的内容,我们依然可以考虑是否应将之读为“徙”才准确。例如,卜辞在此是否为占卜延续齿疾,或是占卜疾齿徙痛?原则上这两种解读皆可通,但祈祷疾齿徙痛的合理性却较高。而在这些祈祷巫医占术的刻辞中,除了提及蛊之外,亦有单独一字、而未造出整句地出现“虎”字。此虎应与巫医之术有某种关联,但其意却是今日的我

―――――――――――

① 《甲林》,页 2230—2236。

们所难以理解的。

在下列卜辞中,商王武丁的马竟被以"虎"字来形容某种状态:

丁巳卜,史贞:呼任肉虎亞? 十月　　　　　　　　　　　　《合集》10917

贞:我马有虎,佳祸?

贞:我马有虎,不佳〔祸〕?　　　　　　　　　　　　　　　《合集》11018

对此,王宇信先生的释辞是:"这里商代武丁贞问:我的马群里出现了老虎,造成了祸害吧? 又从反面问:我的马群里窜来了老虎,没有造成祸害吧?"[1]这种解释虽然尝试用理性观念来解读极为神祕的卜辞,但其真正的涵义恐怕并非仅从字面上理性解释便可得其精髓,而应推测这可能是一种隐晦的神祕语言,用某种"虎"的形象以表达内在意义。但由于不知殷商贵族乃是用老虎的形象来象征何种情况,因此我们目前尚无法精准掌握这段卜辞的真正内涵。

在武丁时代卜辞里有如下记录:

贞:重(惟)虎? 九月。　　　　　　　　　　　　　　　　《合集》9169

贞:屮(有)虎?

贞:亡其虎?　　　　　　　　　　　　　　　　　　　　　　《合集》671

丁巳卜,贞:虎,其屮(有)囧(咎)?　　　　　　　　　　　　《合集》16496

贞:虎亡,屮(有)囧(咎)?　　　　　　　　　　　　　　　　《合集》16523

□卜,贞:□虎亡,囧(咎)?　　　　　　　　　　　　　　　　《合集》16524

戊申卜,殼贞:其有虎?

戊申卜,殼贞:亡其虎?

癸〔丑卜〕,殼贞:翌甲寅帝其令雨?

癸丑卜,殼贞:翌甲寅帝□令雨?　　　　　　　　　　　　　《合集》14149

丁卯享见……雨虎……　　　　　　　　　　　　　　　　　《合集》17668

从这些占卜记录中,明显可见"虎"乃是在形容某种特殊的状态。卜辞中祈问"有虎"或"亡虎"的问题,但并未显示究竟是以"有虎"或"亡虎"为哪种象征,而《合集》14149 的占卜卜辞,究竟"有虎"、"亡虎"与对着"帝"祈祷令雨的关系如何? 这些都是难以回答的问题。

在武丁以后的卜辞中,也出现有"虎"字,但其意义却神祕不明,似乎指涉某一

---

① 王宇信:《商代的马和养马业》,《中国史研究》,1980 年第 1 期,页 104。

状态,或意味着某种吉兆或咎征的出现:

　　……贞……亡囚(咎)?

　　〔癸〕酉,贞:〔旬〕亡囚(咎),王兹虎?

　　癸未,贞:旬亡囚(咎)?

　　癸巳,贞:旬亡囚(咎),王兹虎?

　　癸卯,贞:旬亡囚(咎)?

　　癸丑,贞:旬亡囚(咎)?

　　亥,贞:旬亡囚(咎)?　　　　　　　　　　　　　《合集》34865

　　己卯〔卜,旅〕贞:□□□其……

　　己卯卜,旅贞:又(有)由,虎其□用?　　　　　　《合集》23690

　　乙酉卜,……贞:其……祟虎?　　　　　　　　　《合集》23698

　　卜辞的涵义之艰涩难懂,可能是先民有意为之,使其信仰中的神祕之处难以被外人看懂,尤因卜辞本身并不完整,因此更加妨碍我们理解。但从我们的研究立场来看,目前仅可以掌握的重点是,商巫觋文化中"虎"的代表意义,并不仅限于专指此种猛兽,反而另带有其他深奥而神祕的象征意义。

　　不过,并不是所有祭虎的记录皆不可理解,从以下卜辞来看,殷王祭祀神虎的活动,除了猎获以及上述难以解读的意思之外,经常还会有一种颇关键的目的:防守国境。

(三) 从田猎到防守

　　《合集》28031 载:

　　弜……

　　其以虎冒,戍?

　　弜以?

　　丙子卜,今日王其呼〔戍?〕……

"冒"(▨)字在甲骨文中可用作动词,指某种狩猎手段。"戍"字则用来表达某种防守的行为,卜辞中都作军力组织戍守的意思①(在此与传世文献的意思基本上是

---

① 《甲林》,页 2345—2346。

接近的①）。卜辞中，或许就是在描述如何在边区进行防守之礼仪。可惜，因卜辞残缺，目前我们仍对卜辞整体所欲表达之意思不甚清楚。在这一套与"防守"相关的卜辞中，虎亦可能被当作祭牲，用在保护边疆的祭礼中。《合集》29716亦言："……呼戍……矢虎……在正月。"王呼戍士矢虎，其所描述的事情应该与《合集》28031的记录相类。

安阳民间收藏祖甲时期的卜骨载：

> 癸酉卜，即贞：犬告曰：又（有）虎。其令戍得戰（狩），隻（获）？
>
> 贞：弗隻（获）？十一月。
>
> 贞：重（惟）今日令得往，戰（狩）？十一月。
>
> 贞：于翌甲戌？
>
> 贞：于翌乙亥？
>
> 贞：于翌丙子？
>
> 贞：于翌丁丑②？

刘源先生认为，卜辞中描写了负责狩猎活动的犬人告知王，老虎出现在太行山麓上；但同时他亦认同：卜辞所提的"戍得"，是一支以"得"为名的族所组成的戍卫队伍。戍人基本上都带有防守国境的意思，然而，殷商国的王畿边境显然不限于大邑商之城，不仅到太行山麓，而且比那要远。如果是含四土、又含侯国的国境，就更加远得多。另外，卜辞接着又占卜了四天后的情况，刘源先生认为："商王祖甲反复卜问何日命令戍得猎虎，似乎有意拖延，对于猎虎一事并无急切的心情。"③但笔者理解并非如此，老虎应该是出现在殷国的北疆地区，并对本地造成了伤害及连续性的风险，所以派遣戍人猎它，这北疆应靠近燕山的南麓，因此需要几天时间才能到达此地。

有些卜辞有记载"获虎"和"遘虎"两个概念：

> 壬午卜，菁（遘）虎？
>
> 其获虎？　　　　　　　　　　　　　　　　　　　　　　《合集》20707

---

① 《诗·王风·扬之水》："扬之水，不流东薪，彼其之子，不与我戍申。"毛传："戍，守也。"《诗·小雅·采薇》："我戍未定，靡使归聘。"毛传："我防守于北狄，未得止息，无所归问，言所以忧。"参（汉）毛公传，郑玄笺，（唐）孔颖达等正义：《毛诗正义》，页415、919。

② 焦智勤：《殷墟甲骨拾遗·续六》。宋镇豪主编：《甲骨文与殷商史》新二辑，上海：上海古籍出版社，2011年，页260、274。

③ 刘源：《读一版新见出组田猎卜辞》，《殷都学刊》，2013年第1期，页13—16。

　　　　弜……

　　　　遘有虎？

　　　　弗毕（擒）？

　　　　王其……亡灾？　　　　　　　　　　　　　　　　　《合集》28300

这两种概念之关系如何厘清？甲骨文"遘"字经常用于表达遇到不好的情形，但"获虎"则无疑是件好事。殷王占卜的意思是希望能遘虎而获之，或是表达田猎前不欲遘虎？依笔者浅见，其背后的意思与前套卜辞相近：殷商的军旅在丘陵或山麓之区"遘虎"，这对这队人属于遘难，造成活动的风险，所以想"擒虎"、"获虎"，且祈卜对王的亡灾。

　　以上所引派遣戍伍猎虎的卜辞，或许可以阐明一些猎虎与防守国境的关联性。殷商以北确实是老虎的活动地区，但笔者认为，老虎和戍边的关联性并不限于这种现实的意思，而包含东北山地先民和殷商贵族的信仰观念。所以，对此问题需要做更进一步的研究。

（四）试释"虎凸"

　　在提及虎的卜辞中，常见一组"虎凸"两字结合之语。"凸"字从"凡"、"夕"，所以饶宗颐先生将之释为"夙"，但因该字在卜辞里作动词用，因此建议应将其读为"宿"①。但卜辞里的"夙"字写作"㞢"，与《说文》作"㦱"一致，因此于省吾先生否定此说法，不过依然认为："虎"是指某人，而"凸"是某种与师旅有关的动作②。然而，卜辞里只见"虎凸"而已，假若"虎"是人名，那么卜辞若仅只为了表达此人因战事出差，而有了外宿或早出等动作的话，何故该动作只限于此人可使用？因此"虎凸"这一组卜辞有必要重新加以通读。

　　《合集》21387 载：

　　　　丁丑卜，王叀（惟）豖羊用帝（禘）虎？十月

　　　　丁丑卜，王勿帝（禘）虎？十月

---

① 饶宗颐：《殷代贞卜人物通考》，香港：香港大学，1959 年，页 685。

② 《甲林》，页 1123。

〔丁〕丑卜，王贞：□日雨？

……卜，王……

辛卯卜，自（师）自今辛卯至于乙未，虎不？十月

……乙未，虎不其？允不。

丁酉卜，自（师）自丁酉至于辛丑，虎不……

丁酉卜，自（师）自丁酉至于辛丑，虎不其？允：不。

丁巳卜，自（师）自丁至于辛酉，虎不？十一月

丁巳卜，自（师）自丁至于辛酉，虎不其？允□

十月，商王武丁用豕和羊，以"禘"祭法来祭祀"虎"。后几条的卜辞则占问了从某天到某天之间，关于"自"的问题。"自"乃甲骨文"师"字，常用作名词，以表达军旅和师氏的军官，也有作为动词，以表达进军、出兵征伐之事的用法①。在该卜辞里，"师"明显有作为动词的句法，此如《周礼·春官·肆师》所言："凡师甸用牲于社、宗，则为位。"贾公彦疏："师，谓出师征伐。"②上述卜辞若是在占卜出兵时，便会祈问虎""否。

据笔者的甲骨文通考，商代以"帝"（禘）"禘"祭祀的对象有"方"③、"东"、"南"、"西"、"北"四方④、四方"凤"和"鸟"⑤以及"巫"⑥，只有殷末才出现"帝伐自上甲"⑦的记录。笔者认为应读为"谛伐自上甲"，对此问题，后面中编第二章中有详细讨论。陈梦家先生认为："巫作象四方之形。"⑧"禘巫"的卜辞有提及"北巫"⑨、"东巫"⑩者，巫者亦能宁四方之凤⑪，这可以证明"禘巫"的活动与禘祭方

①　《甲林》，页3036—3042。

②　（汉）郑玄注，（唐）贾公彦疏：《周礼注疏》，页810、819。

③　参《合集》32112等。

④　参《合集》721、14294、14295、10976、14312、14313、14323、14332、21084、21089、30474、34145、34153、34154、34156、34157、40489。《怀藏》1565、1574、1708等。

⑤　参《合集》14294、14295、14360等。

⑥　参《合集》5662、32012、33159、33291、34155、34157、34158。《屯南》804等。

⑦　参《合集》32063、34050等。

⑧　陈梦家：《殷虚卜辞综述》，页577—579。

⑨　参《合集》34157。

⑩　参《合集》5662。

⑪　周凤五：《说巫》，页269—291。

向，以及所谓的"方"、"凤"，皆不例外地涉及从中拜方的祭礼活动。因此可见，以"禘"的祭法来祭祀的对象，都与四方有关系①。

因此，我们可以推论："禘虎"的记录应该也与"方"的概念有着某种关联。依笔者浅见：此一关联应可以从"央"和"方"的相对意义来思考，商王从居于中央大邑的角度来祭祀方虎且派遣师旅。从央方的相对意义来看，这些记录似乎牵涉到为了守护国境所举行的祈祷，"方"的涵义也在于表现商国的四土界线、境域、边境，因此，"禘虎"的祭祀活动，便近似于祭祀边疆神的意思。前文所引《合集》28031 和 29716 卜辞可能描述在边区进行防守之礼而拜虎的活动，而上述《合集》21387，如果从这种角度来解读，看起来也十分通顺，因此可将禘虎和派师的意义结合起来，都与祈祷边疆神和防守境域活动有关。从自然的环境来看，殷商的四土之境有山脉，为狩猎区以及自然界中的老虎活动之区，而由于老虎的凶猛，使得古人将其视为象征战争的神兽，因此虎为边境神的信仰符合商文明对老虎的认识。

在上述卜辞中，"虎□"之"虎"与"禘虎"之"虎"并非不同的两回事，应皆指涉守护边境的虎神崇拜。笔者假设："□"字的读音从"凡"，而"凡"的古音相当于"蒙"，因此"□"或许是"蒙"和"朦"字的古字。《书·洪范》："乃命卜筮，曰雨，曰霁，曰蒙。"孔传："蒙，阴闇。"《易·明夷》："内文明而外柔顺，以蒙大难。"《春秋左传·僖公二十四年》："上下相蒙。"杜预注："蒙，欺也。"②也就是说，"蒙"（朦）字的意思是微明不清楚、蒙混、迷惘。但从卜辞的内容，我们可以推论出："虎□"是指不好的情形。虎不朦才是吉祥灵验的情况。因此，商王在卜辞中祈祷：守护边境之神虎不宜蒙混、迷惘，求其稳定以保护王室之畿疆及属土。

武丁时代的卜辞中出现不少"虎□（朦）"，但都是残缺不全的，只有在上述的《合集》21387 上，剩下的部分比较大，卜辞记录也比较多，可以了解其关联性。而从这份材料我们可以看出，这与其他残缺卜甲上的记录原本是相同的：

　　　　丁丑卜，王贞：虎□（朦）？　　　　　　　　　　　　　《合集》21385

　　　　丙寅卜，自（师），虎不其□（朦），今月……

---

① 对禘祭的涵义，在下文第九章中将进一步探讨。

② （汉）孔安国传，（唐）孔颖达等正义：《尚书正义》，页465。（魏）王弼、（晋）韩康伯注，（唐）孔颖达等正义：《周易正义》，页311—312。（晋）杜预注，（唐）孔颖达等正义：《春秋左传正义》，页656。

丁卯卜，自（师），虎屮（朦），今月……

〔庚〕午卜，自（师），虎其屮（朦），今月不……

辛未卜，自（师），虎屮（朦），今月……

……虎……　　　　　　　　　　　　　　　　　　　　《合集》21388

……虎不其屮（朦）？

……卜……虎……屮（朦）……允……　　　　　　　　《合集》21389

……虎……不……六日壬午屮（朦）？　　　　　　　　《合集》21390

戊寅卜……虎不屮（朦）今月……二告？　　　　　　　《合集》21391

癸卯……王曰沚……其……余呼征不？九月

丁巳九月

……唐……少夙臣……十丼（殪）……

癸亥卜，令师，虎今月？允：罗二旬，壬午屮（朦）？　　《合集》21386

丙寅……今月虎不其屮（朦）……屮（朦）执……

……用……九月　　　　　　　　　　　　《合集》40820（英藏1779）

辛卯卜，王……呼虎？

……十一月。　　　　　　　　　　　　　　　　　　《合集》20713

丁巳卜，王呼疋虎……

□未卜，王……亦屮（朦）……屮（朦）？　　　《合集》40821（英藏1780）

这些残缺的卜辞造成学界的几个误解。第一，因为"屮"被以为是指夜宿的意思，因此卜辞里的"今☽"便被读为"今夕"，但若详细观之，则可发现占卜的内容皆是问及有关某期间内虎屮（朦）否的问题？此期间或从固定的某天、到某天的第几天，或是某旬、某月，如《合集》40820中是问有关九月的问题，所以卜辞所问并非今夕，而是在问今月。甲骨文里"夕"和"月"字形混用，容易造成误解。第二，因在西周晚期的青铜铭文上，出现了"师虎"，即人名为虎的军官①，而卜辞里的"虎"亦为人名，所以将甲骨文并列的"师"与"虎"二字，误读为"师虎"，认为是类似的军官官名。但从《合集》21387较详细的记录中，我们可以了解到，在这里"师"用作动词，

---

① 师虎簋《集成》器号4316，现藏于上海博物馆。

应表达护疆的师旅,而虎乃是守护王畿国疆的神兽。

此外,对卜辞误解的原因,出自武丁时期虎朦的卜辞与康丁、武乙、文武丁时期犬师导猎的卜辞混淆。犬师导王狩猎的卜辞如下:

王其田于……叀(惟)犬师匕罕(擒),亡灾? 兹用

王其田,叀(惟)车成犬匕罕(擒),亡灾?

……犬……兹用

弜夙?　　　　　　　　　　　　　　　　　　　　　《合集》27915

戊,王弜其悔?

……犬师……亡灾,導王?　　　　　　　　　　　　　《合集》28679

庚戌卜,王其从犬师,叀(惟)辛,亡灾?

王其从犬师,叀(惟)辛?

叀(惟)壬,亡灾?　　　　　　　　　　　　　　　　　《英藏》2326

弜正其母?

其比犬师,亡灾,王導

……雨?

……不雨? 吉。　　　　　　　　　　　　　　　　　　《合集》32983

这些记录与上述虎朦的记录比较,确实是互不相关。

所以,卜辞的考证使我们得知,老虎除了在礼器上作保护殷王王墓的神兽,另外也被当作边疆神来崇拜,以神祕方式保护王畿国境。这两种观念可能有内在的关联①。

从此亦可见,在殷商上层文化中,虎的形象已与禁卫军有关系,从殷商禁卫军头盔上的虎纹可见此一概念,西北冈1004号大型王墓出土的许多虎头形貌的铜头盔(图二二八:2)②更是明显。

甲骨文中有"𥎞"是"盾"字初文,写从"虎":

小臣墙比,伐罕(擒)危美人廿人四……人五、百七十𥎞、百……车二、丙

---

① 可以解读有"虎"字的刻辞之外,还有很多过于残散,不知其义,如《合集》939、2074、3304、3305、3306、4262、8204、8657、10207—10212、10216—10219、17849、18311、19365、19721、20697、20711、20712、21392、21769、22158、26007、26841、28302、32984、33612、40741(《英藏》864)等。

② 梁思永未完稿,高去寻辑补,李济总编辑:《侯家庄·第五本·1004号大墓:安阳侯家庄殷代墓地》,图版壹壹捌至壹贰捌。

　　干（盾）百八十三、函五十、矢……白（伯？）戝于大……用,鴨白（伯）印……于
祖乙用,美于祖丁,僅日京昜……　　　　　　　　　　　　　　　《合集》36481
　　　　□亥卜,王令……兒方、**干**（盾）……　　　　　　　　　《合集》20397

从文字的象形意思,军备表达老虎的形象为兵士的保护。

　　从此可见,老虎为军力的象征,可能是源自殷商国家的崇拜对象,但其表达的
意义并不是猛兽的侵略之意,而是"保护",即从先王永宫保卫神,到作王城的卫
军、国境的保卫神,老虎都是殷商王室的崇高护祐者①。

（五）总结

　　殷商礼器显示,老虎是殷商王级神兽,殷王用虎形轿,近卫军用虎面头盔,王墓
也是用老虎作保护地下宫殿的神兽,而其他殷商贵族却很少能够用得到虎形的礼
器。同时,从甲骨文来看,涉及老虎之处,包含从高级贵族田猎到护卫王室、国家防
守等,其中涉及各种相关的神祕祝法、吉征或咎征,但基本上离不开与狩猎或战斗
相关的范围。老虎自然就是猛兽中的猎王,随着游猎族群发展成游战族群,老虎的
形象也因此而演化为超越性力量的神武象征,甲骨文所表达的意思就如此。甲骨
文的记录,因为基本上都发现在殷商王畿,所以表达殷商王族观念,其与殷商王专
用礼器的意思是一致的。

　　但是崇拜老虎之信仰不仅为王族所有,还涉及当时其他各地族群。卜辞很难
直接描述非殷商贵族的精神文化,但从零星分散的记录,还是可以看出一些信息。
其中值得注意的是以老虎为地名、族名或国名的记录。它们的时空分布、与殷商的
关系,都显示颇为多元的历史图景。从这个问题切入,下文拟讨论殷周时期拜虎族
群的多元性。

---

① 此外,甲骨文中,还有从"虎"的"**冖**"（虝）字。胡厚宣先生认为,该字表达勇士作战时用猛兽皮作为
伪装。有"虝"字的卜辞曰:"甲戌卜,虝,隻（获）？甲戌卜,豗虝,印？"于省吾先生认为,"虝"字在此用作
动词,胡厚宣先生对其意思推论:"豗这个武将,凡是参加虐战,经常身着虎皮为伪装,以威吓敌人,这就是
所谓虝。"（《甲林》,页 1630—1631。胡厚宣:《甲骨文虝字说》,胡厚宣等著:《甲骨探史录》,北京:三联
书店,1982 年,页 36—68。）不过从卜辞来说,"虝"字的用意并不清楚,也未必需要释为动词,视为地名或
被抑制族的族名都可以。"虎"字和从"虎"的字其实经常有这种作用。

五、地名和族名中的老虎形象

讨论甲骨文作地名、族名、人名的字汇时，基本不会把它们视为有内在意义的字汇。但实际上这些字汇中却隐藏着内在的文化密码，虽然很难但颇值得解读。笔者分析殷商甲骨金文从"虎"、"虍"的地名、族名字汇，发现它们与商代老虎的形象意义相差不远。透过这些地名、族名，可以更加立体地看出当时精神文化中的老虎形象，并且进一步了解南北老虎的区分问题。

笔者通读含有从"虎"、"虍"地名的甲骨刻辞，发现几个规律：

（一）这些地名均是商王猎区。殷商贵族田猎地区很多，地名亦多不同，但却可以看到，甲骨文一切从"虎"、"虍"的地名，似乎都与田猎有关。依笔者浅见，从这些关联或许可以看出一个脉络：老虎既是崇高的狩获，亦是狩猎的神主、被祭祀对象，或是猎区的地主。老虎是山区最强的猛兽，以狩猎维生，本身捕猎大型或比它更大的动物，其单独猎兽外，杀死猎物的技术尤为精准。老虎是山区的猎主，因此以虎为名的地区自然是猎区。

（二）这些地名同时亦作族名。古代地名和本地地主之名一般是同一个名称，古人以自己的活动范围命名自己或其他人，如果知道本地人的自称，则以他们的自称来命名本地区。在此，我们不宜混淆宗族或族群的自称，与他者对某群人的命名。被他者定义的某种人，是以生活方式或范围来指称，例如殷人所命名为从"羊"的"羌"，是西北、东北各种族群，从殷商人的角度来看，他们的生活方式是同一类型，所以归纳于同一种族类，且没有一个固定的羌地。但是从"虎"、"虍"的族名很多，并都与地名相同，这就是在殷商时期活动在某地区具体的族群，且与殷商王族有亲密的来往；这些族群应该就是活动在山地的古代猎人，而老虎作为狩猎能力最强的猛兽，成为本地区猎人的崇拜对象，并且是他们的象征性动物。因此，老虎作为狩猎活动的崇高象征、猎神形象，以及用含有虎形的字体作猎区地名和猎人族群的名称、族徽，这些均可以视为同一个脉络。

（三）从"虎"、"虍"名号的族群。这些族群似乎活动在殷商王国边疆的山区,而殷商王国边疆的一些山区(如西南的秦岭、巴山和东北的兴安岭、长白山和燕山等)恰好是老虎的自然生活之地,从"虎"、"虍"的地区亦是戍卫军旅防守之地带。

下文通过从"虎"、"虍"的地名和族名,拟更进一步地分析、厘清老虎形象在殷商文明的涵义。

(一) 写法从"虎"、"虍"的猎地和猎地的族群

1. 虎头人身的地名和此地带的地主

甲骨文所提及田猎区域的地名中,另有从"虍"、"人"的"𤡔"(虎)字,卜辞曰:

戊子卜,𠂤贞:令犬征(徙)族坚(圣)田于虎? 《合集》9479

……涉獣(狩)于虎? 《合集》10949

因《合集》8409 曰:"……虎……方,其涉河东沘,其……",有些学者认为,"虎"是武丁时期的方国①,但在该卜甲片上"虎"与"方"字之间缺一两个字,不宜连读而视为方国之名。

"虎"字之外,甲骨文中另有从双"虎"的"𤢌"(麒),虽然卜辞都残缺,但其似乎亦是商王进行田猎的地名:

……令弜獣(狩)麒? 《合集》20762

贞:旬亡田(咎),在麒? 《合集》33130

……于麒? 二告 《合集》8205

……贞……弜……𠂤……在麒? 《合集》33131

己……王……麒,呼…… 《合集》4485

在甲骨文中"𤟂"(灪)字,也是王田猎时所渡的水流,《屯南》2116 曰:"王其涉东狱,田,三录,灪?"记载了从双"虎"和从双"犬"的水名②。

"虎"字以及其他从"虎"、"虍"的字体,除了作猎区之地名之外,亦有作人名或族徽的作用:

---

① 钟柏生:《殷商卜辞地理论丛》,台北:艺文印书馆,1989 年,页 222。

② 甲骨文还有"𤞚"(泸、浝)从"虍"的地名,但只出现两次,《合集》6131:"……𣆘贞:王往次于泸(浝)?"和《合集》32333:"囗丑,贞:于泸(浝)?"此地所相关的事件不明。

　　　　贞：重虎从髟，奴出（侑）示三……　　　　　　　　　　《合集》4593

　　　　己丑卜，殼贞：在裴，虎隻（获）……　　　　　　　　　《合集》10977

这应该是虎地的人，以祖地为名①。在这基础上，我们可以更进一步思考虎头人身族名所表达的内在文化意义。

　　甲骨文"虎"应可以归纳为一系列从人形、从兽形的字体，如从"羊"的"𦍒"（羌）、"𦍠"（姜）、"𦎧"（美）；从细角山羊的"𦉈"（莧）；从"豕"的"𧰲"（豪）等。依笔者浅见，这些字体既可以理解为族徽，亦能表达他者对某人种的指称，如"羌"字不是某宗族的自我自称，而应该是殷人用于广泛地笼括一切养羊游牧的族群；但是"美"字更似乎指出具体的地区和宗族，不过这是否是本宗族的自称还是殷人对他们的命名，还是难以确定。"豪"在甲骨文中是与殷王亲近的人，经常被命令做事②，所以他的名称应该是被自己认同的，而不是互相不熟悉的他称，尤其是在殷商铭文上，"豪"是常见的族徽。"莧"在甲骨文的文例极少，如《合集》150载"贞：雍刍于莧？"似乎作被祭祀对象。

　　至于虎头人身的"虎"字，近似于指涉一个比较具体的地方，至少是个范围不宽的地域，又像是指具体的人或是人群，但却未见有族徽的作用。所以还是难以判断是自称或他称，究竟是不是殷人较笼统地使用此字以表达以狩猎维生的山地人，同时亦指出这些人的活动范围呢？这问题还需要进一步思考。此外，在甲骨文中，除了"虎"字之外，还有几个虎头人身的字体，如从"虍"、"大"的"虎"（虎，见在《合集》18319）；从"虎"、"女"的"婋"（婋，见在《合集》11405）；从"虍"、"女"的"虙"（虙，见在《怀藏》1509），这几个虎头人身的字体都出现在碎片上，因资料不足，它们的用意和之间的关系难以考证。《合集》21423还有从虎头和跪人的字体，恰似王墓门口大理石跪虎形象（图二二七：1）。虽然具体用意不详，但这些虎头人身字体和结构，可能都源自与老虎有关系的族群，以及他们的精神文化所产生的形象。

　　单纯从"虍"、从"人"的字形结构，或许类似于"羌"字源自他称，但是其他从"虎"、"虍"的字体，如"𧇛"、"𧆨"、"𧇀"、"𧇎"、"𧈄"、"𧇺"、"𧇍"等，几乎都

────────────

① 　此外还有残缺及意思不明的几条，如《合集》26007："……出……翌丁……叡……虎？"《屯南》4330："丁亥贞：今秋王令众戬，乍虎？"《合集》14367和《屯南》1100："……虎……"等。

② 　参《类纂》，页105—106。

是具体族群的自称和他们的发祥地或活动地域的地名①。这些字体,似更可能是族群本身对自己族地的命名,同时也是他们对祖地之称。殷商后半时代,王经常到这些地区来田猎,同时,这些也是殷周时期的族名,相关记录见下文。

2. 从"虍"、"占"(歺)的猎田和族群

甲骨文中有几个从虍、歺的地名,其中简单从虍、歺的"虘"(虢)出现最少:

　　重(惟)商方步立于大乙戋羌方?

　　虘……大乙……　　　　　　　　　　　　　　　　　　　《合集》27982

　　戊辰……高虘……迋往来……

　　……在虔……步……望,亡灾?　　　　　　　　　　　　《合集》36755

在此"虘"与"虔"可能都是地名,但资料残缺,意思不明。

从双虍、歺的"虤"(麤)字,则很明确是商王猎区的地名:

　　王其田麤,湄日,不遘(遘)〔雨〕?

　　其遘(遘)雨?　　　　　　　　　　　　　　　　　　　《屯南》1021

此外还有写从"火"的"虞"(虞)及"爨"(爨)字,也是商王猎区的地名,卜辞曰:

　　辛卯卜,王重(惟)虞鹿逐,亡灾?

　　……毕(擒)?　　　　　　　　　　　　　　　　　　　《合集》28349

　　壬午卜,王其田虞,湄……

　　……〔亡〕灾,毕(擒)?　　　　　　　　　　　　　　《合集》29296

　　重(惟)今比,湄日亡……

　　丁亥卜,戊王其田,重(惟)虞毕(擒)?

　　……雍?　　　　　　　　　　　　　　　　　　　　　《合集》29297

　　丁卯……

　　其遘大雨?

　　戊王其田虞,不遘小雨?

　　……虞?　　　　　　　　　　　　　　　　　　　　　《合集》29298

---

① 甲骨文中还有一些从"虎"、"虍"的字,用意完全不清楚,如从"虎"、"耳"的"虦"(魃)字。《合集》18035 载:"贞……魃……不佳(唯)囚(咎)?"西周早期大盂鼎上"闻"字写成"龇",或许是从简化的"虎"形的字体(《集成》器号 2837,陕西岐山县京当乡礼村出土,现藏于中国国家博物馆)。如此,甲骨文的"虦"或亦是"闻"字的义符,其"虍"之偏旁并不表义,只是作声符而已。

……翌日戊王其田虞……　　　　　　　　　　　　　　《合集》29299

弜……

王叀（惟）田，省，亡灾，不雨？

王獸（狩），亡灾，不雨？

叀（惟）宿田，亡灾，不雨？

叀（惟）虞田，亡灾，不雨？　　　　　　　　　　　　《合集》29300

于来辛〔卯〕王迺田虞，亡灾？ 吉。　　　　　　　　《合集》29301

不罕（擒）？

于壬辰，王迺田虞，亡灾？

……罕（擒）？

……湄日，亡灾，罕（擒）？　　　　　　　　　　　　《合集》29302

……王迺田虞，亡灾？　　　　　　　　　　　　　　《合集》29303

庚午卜，王田虞，其……　　　　　　　　　　　　　《合集》29304

……田虞……亡灾？　　　　　　　　　　　　　　　《合集》29305

……叀（惟）虞，湄……　　　　　　　　　　　　　《合集》29306

……虞，叀（惟）……未，亡灾？　　　　　　　　　　《合集》29307

……虞……宿亡……　　　　　　　　　　　　　　　《合集》28133

于焱，罕（擒）？

于虞，罕（擒）？　　　　　　　　　　　　　　　　《合集》29309

虞，亡灾？　　　　　　　　　　　　　　　　　　　《合集》29311

戊王其田虞斝，亡灾？

于旦，亡灾？　　　　　　　　　　　　　　　　　　《合集》29373

……其田，叀（惟）虞……　　　　　　　　　　　　《合集》33566

……其田虞？

辛未，亡灾？

弜宿？　　　　　　　　　　　　　　　　　　　　　《合集》33567

……翌日戊王其田虞，刚于河，王受又（祐）？　　　　《屯南》626

王于辛田虞……亡灾？

……亡灾？

吉。

大吉。 《屯南》2741

丙戌……

……虞……灾？ 《屯南》2762

辛未卜，翌日壬王其田虞，亡灾，才（在）呈卜，毕（擒）？大吉。兹用。

《屯南》3156

其受于虞，王弗悔？

……受…… 《屯南》4281

叀（惟）田省，亡灾？

其獸（狩），亡灾？

叀（惟）虞田，亡灾？

叀（惟）兇田，亡灾？

……灾？

叀（惟）……其…… 《英》2321

戊申王卜，贞：田敦往来，亡灾，王固曰：吉。

壬子王卜，贞：田夒往来，亡灾，王固曰：吉，隻（获）鹿十。

……王…… 《合集》37403

壬王弜夒田，亡……

叀（惟）戊省夒田，亡灾，不雨？ 《合集》29308

……田湄日亡灾毕（擒）？大吉。

弜至于夒？

壬王其田蒺，亡灾？ 《合集》29312

……王其……夒，亡灾？ 《合集》33565

□寅卜，贞……日戊王……夒，不遘大雨？ 《英》2567

弗夒……隻（获）？ 《屯南》24

从"虎"、"歹"的地名都是猎区，只有一次出现在夒地祭礼活动的记录：

……東岜王受又（祐）？

……夒禾于河？吉。 《屯南》50

此外都是田猎卜辞。

甲骨文中从"虎"、"歹"的还有从"口"的" 虘 "（虘）及" 虖 "（虖）两种字形，于省吾先生认为，其与不从“虍”的“𠂤”、“㫃”字是同一字，应释为“列”，用以“并”的意思①，但是含“𢊁”、“𪏰”字的卜辞既少又残缺，所以其义不详。《合集》29309言：“于羙，擒？于虞，擒？”此乃占卜不同地区狩猎是否成功。这两个地名结构相同：下面从“火”，上面从兽，并且因为“羙”字的上部是从“羌”，可以推论“虞”字上部的“虐”不仅是地名，亦是在本地区活动族团的名号，“𢊁”、“𪏰”字应也是与本族团和地域有某关系。

西周早期的铭文，提供资料让我们旁证，“虐”字确实有族名的意思，又献簋铭文言：“楕白(伯)令氒(厥)臣……”②；叔僔觯言：“叔僔作檀公宝彝”③；薔簋则提及活的檀侯和檀仲祖先④。可见“”(楕)或“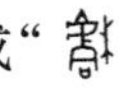”(檀)是西周早期的国，该字从“虐”、“木”，所以其地望应与上述从“虐”的地区属于同一地带范围，最有可能的是：“虐”范围的族群建国而命名为“楕”，并与周建立关系而成为侯国。“楕”国的问题下文再讨论。

3. 从“虎”、“田”之“”(虪)的猎田和族群

甲骨卜辞中另有载虪地：

翌日戊王叀(惟)虪田，湄日，亡灾？	《合集》29321
□寅卜：王其比虪犬……壬湄日，亡灾，導〔王〕？	《合集》27899
王其田虪，毕(擒)？	《合集》29319
□午卜：王叀(惟)虪鹿射，亡灾？	《屯南》3207
叀(惟)虪豕射，亡灾，毕(擒)？	《合集》33363
叀(惟)虪田，亡灾？	《合集》26900、29320
贞：弜田虪，其悔？	《合集》29323
弜射虪鹿，其悔？	《合集》28350
弜田虪，其……	《合集》29322
……虪，其悔？	《合集》31260

甲骨文中，“虪”只见有猎区的意思，但在殷周之际的金文中另有作族名，如叔虪

① 《甲林》，页1638、1639。

② 《集成》器号4205，河北省涿鹿县出土，藏处不明。

③ 《集成》器号6486，现藏于上海博物馆。

④ 《新汇编》器号1891，现藏于香港思源堂。

尊①,殷王田猎的虤地,也是虤族的族地,本族自我称呼是虎形的族徽。

4. 从"虎"、"而"之"𩑡"(虤)地的猎田

商王康丁在虤地射𩑡兽:

王其射虤𩑡,毕(擒),亡灾? 大吉。

……毕(擒)虤𩑡? 　　　　　　　　　　　　　　　　　　　　　　《合集》28402

王叀(惟)𩑡先……

𩑡先射,其若?

弜先?

王叀(惟)虤𩑡,先射,亡灾?

弜虤𩑡,先射,其若? 　　　　　　　　　　　　　　　　　　　　　　《合集》28407

王叀(惟)辛未射虤𩑡,亡灾? 　　　　　　　　　　　　　　　　　　　　《合集》28404

王其射虤…… 　　　　　　　　　　　　　　　　　　　　　　　　　　《合集》28405

王迺射虤𩑡,亡灾? 　　　　　　　　　　　　　　　　　　　　　　　　《合集》28406

王叀(惟)襄……往射征(徒)……虤……

其……虤…… 　　　　　　　　　　　　　　　　　　　　　　　　　　《合集》29356

叀(惟)戊射虤𩑡,亡灾? 　　　　　　　　　　　　　　　　　　　　　　《合集》28403

其射虤𩑡,不冓(遘)大雨? 　　　　　　　　　　　　　　　　　　　　　《屯南》1032

……牢……射虤…… 　　　　　　　　　　　　　　　　　　　　　　　　《合集》29266

在现有的资料中尚未见"虤"字作族徽,但既然其他虎形的地名都同时有族名的作用,笔者推想"虤"字应该亦不例外。

甲骨金文中,除了从"虎"、"虍"的地名和难以考证的族名之外,还有从"虎"、"虍"的社会团体和政权结构,其涵盖属性也颇为多元:既有殷商王族族团的虎族,亦有殷商侯国的虎侯,又有虎名或从"虍"名的殷周境外的国家。笔者依然以为,族名或国名与老虎有关系,表达该族群或社会对自己的认识,并涉及崇拜习俗和精神文化。了解这些族群的发祥地和国家的地望,有助于理解老虎信仰多元的发祥地和内在意义。因此下文拟进一步讨论,殷商时期含虎名的社会团体和政权结构之地。

---

① 《集成》器号 5857,藏处不明。

（二）殷商贵族含"虎"名的社会团体和政权

在殷商文献资料中,出现了三种虎名的社会团体:殷商王族的族群之一为"虎族";殷商诸侯中有"虎侯",所以有虎侯国;殷商之外还有几个虎名的国家,与殷商处于敌对或联盟的关系。因此可见,殷商时期崇拜老虎的族群甚多,属性不同,亦显示中国神虎来源之多元性。对这些族群和国家加以详细地研究,能使我们立体地看到当时虎神的文化面貌。

1. "虎族"的属性

甲骨文中的"族"是指以军旅组织的势力,是臣属于殷商王族的部族、军事贵族。据殷商甲骨文反映,在殷商贵族中有一族以"虎"为族号,这说明"虎族"曾经归属为殷商王族所组成的族团参与者之一。相关的记录可见于一些卜甲的反面上,如《合集》9273 言"虎入百"等。这些"某入"的记录均写在卜甲的反面,与卜辞的内容没有直接的关系,代表了族团参加该礼仪的贡纳。如甲骨文有"豕入"①、"匿入"②、"宁入"③、"鼓入"④、"般入"⑤、"唐入"⑥、"壴入"⑦、"子商入"⑧、"并入"⑨、"毕入"⑩、"昌入"⑪、"宁入"⑫、"奠入"⑬、"牧入"⑭、"逆入"⑮、"竹入"⑯、"忌

---

① 《合集》9275、9274 等。
② 《合集》3521、9250 等。
③ 《合集》635、9249、12921、371、698、1036、8310、10151、17409、5480、671、2498、10964 等。
④ 《合集》14128、9255、9256、14207、9259、9260、9252、9254、1878、14577、9253、419 等。
⑤ 《合集》6478、9504 等。
⑥ 《合集》892、7440、9811、9269 等。
⑦ 《合集》7852 等。
⑧ 《合集》9218、9217 等。
⑨ 《合集》9247、17085 等。
⑩ 《合集》9224 等。
⑪ 《合集》9223 等。
⑫ 《合集》9319 等。
⑬ 《合集》151、1351、3216、110、13390、2415、5096 等。
⑭ 《合集》14149 等。
⑮ 《合集》270 等。
⑯ 《合集》902 等。

入"①等,分别记录了不同的宗族、族团参与祭礼,并因此提供的贡纳数量。虎族、凤族和小鸟的雀族等均属于这一类族的共同体,说明以虎为宗族符号的族曾经归属为殷商王族的族团之一。

武丁时代相关的卜辞载曰:

乙亥卜,令虎追方? 　　　　　　　　　　　　　　　　　　《合集》20463

王令虎族的军队出兵追击方国之军。又载:

贞:今〔🝰(时)?〕□比🝰(仓)侯,虎伐兊方,受屮(有)又(祐)?

　　　　　　　　　　　　　　　　　　　　　　　　　　　　《合集》6553

贞:今🝰(时)□比🝰(仓)侯,虎伐兊方,受屮(有)又(祐)?

贞勿比🝰(仓)侯? 　　　　　　　　　　　　　　　　　　《合集》6554

因此虎族军队便跟着仓侯出兵伐兊国。

在殷周青铜器上有几次出现过虎族徽,如安阳出土的殷商时期虎戈(图二三一:1)②、虎爵③、虎簋(图二三一:2)④等,这些器物的器主,很有可能属于殷商虎族的成员。西周早期依然可见以虎为族徽的礼器,如虎重父辛鼎⑤、虎父庚鼎⑥、虎簋⑦(图二三一:6—8)等,可能属于虎族或虎侯后裔的礼器。另外,在殷商礼器中还出现有双虎的族徽,如车觥戈(图二三一:5)⑧,其双虎的形状与殷商单虎的族徽相同。

在现有甲骨上,有些族名颇为常见,但虎族只有一次出现在武丁时代的甲骨上。因为甲骨出土的偶然性,故现有的资料不能显示完整情况。虎族记录的罕见是否是因为资料欠缺?或者虎族本来不属于殷王族群的核心支族?此问题需要进一步探索。

---

① 《合集》9261—9265 等。

② 《集成》器号 10860,河南省安阳出土,现藏于北京故宫。

③ 《集成》器号 7508,现藏于辽宁省博物馆。

④ 《集成》器号 2978,藏处不明。

⑤ 《集成》器号 1885,现藏于北京故宫。

⑥ 《集成》器号 1629,藏处不明。

⑦ 《集成》器号 2974—2977,陕西扶风县法门镇法门村出土,现藏于日本热海 MoA 美术馆、日本神奈川箱根美术馆、上海博物馆。

⑧ 《新汇编》器号 1489,现藏于山西省博物馆。

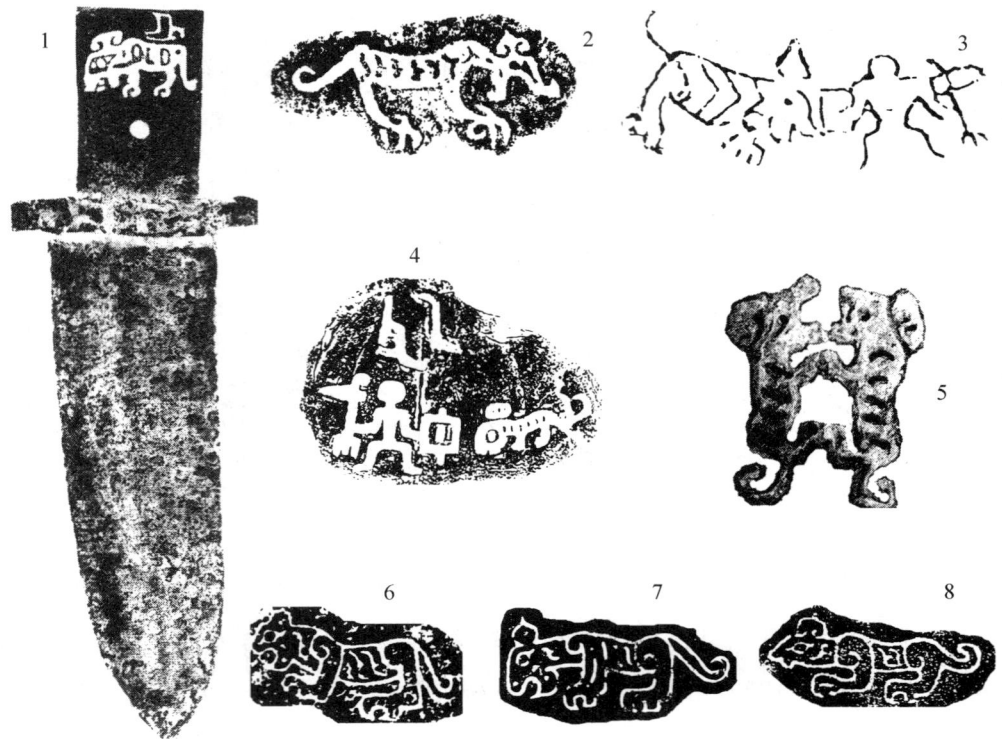

图二三一 金文上虎形族徽：1. 安阳出土的殷商时期的虎戈；2. 殷商虎簋的族徽；3. 殷商时期戍虎觚的族徽；4. 殷商时期霰虎父乙觚的铭文；5. 车觥戈的族徽；6—8. 西周早期虎簋的族徽。

2.“侯虎”的身份问题

除了以“虎”为族名之外，甲骨文还出现过一位以虎为名的人，学界假设他是“侯虎”。在殷商封建制度里，“侯”必定是王室亲属，那么侯虎也必属其中之一。不过卜辞残缺，只见于《合集》3304、3305 碎片上，未见“侯”字，而“虎”字的字形写实，作“𧆞”，明确绘出有条纹的猛兽。

甲骨文常见殷王派侯出兵，令侯做事，侯告王某祭礼活动等。甲骨文中一般不提及侯国之国名，只是偶尔在“侯”之前提及侯国名，如《合集》20074 有提及周侯；《合集》36416、36525 有畐侯；《合集》40621 有杞侯；《合集》39704 有髟侯；《合集》39702 有崔侯；《屯南》781 有蔡侯；《合集》5760、32982、36484 有攸侯等。另外在甲骨文《合集》6812、6813、32966、《屯南》2238 有“犬侯”；《合集》36344 有“象侯”；《合集》13925 有“兔侯”，这应该也是指以兽命名的殷商军团和军营侯国。

不过与此同时，武丁时代《合集》3295—3303、3306 和 4620 有提及一位“侯豹”，“豹”字作象形“𧳣”、“𧳒”、“𧳑”。《合集》3297：

> 戊戌卜，㱿貞：王曰："侯豹，盐余不棘其合，以乃史歸（歸）？"

> 己亥卜，㱿鼎（貞）：王曰："侯豹，余其馘（得）女史，受？"

王问侯豹，是否从史地给殷王带来女子？其他记录也相关。在这里"豹"是侯名，不是侯国之名，与甲骨文"妇某"、"子某"的文法相同。侯豹的名字或许表达其宗族的归属，犹如"女史"是指史地或史国的女子，但这不是指殷商军团建立的豹侯国。

假如《合集》3304、3305 有提及侯虎，这也不是虎国之侯。传世文献有载：

> 西伯阴行善，诸侯皆来决平。……明年，伐犬戎。明年，伐密须。明年，败耆国。……明年，伐邘。明年，伐崇侯虎。　　　　　　　　　《史记·周本纪》

> 崇侯虎曰："周伯昌行仁义而善谋，太子发勇敢而不疑，中子旦恭俭而知时。……及未成，请图之。"屈商乃拘文王于羑里。　　　《淮南子·道应训》①

可见，在传世文献上，侯虎也不是指虎国之侯。跟商周同时，确实存在一个虎国，但这不是附属殷商的侯国，而是另一个与商周不相干的庞大势力。下文将专门探讨。

3. 其他从虎的殷商族群：虏、虞、虓、𧆛、𧇠、𧇄及戕虎者……

（1）甲骨文《英藏》133 出现"虏"字，用意不明。殷商时期亚隋鼎②有从"虏"的族徽，偏旁似为"虏"的字形，但是"虏"族团似不为参加殷商王族的族团，而"虏"族徽含有所谓"亞"字形族团符号，这基本上可以指出其为殷商王族族团的属性③。

（2）甲骨文中另有从"帝"、"虍"的"𧇄"（虞）字：

> 辛□卜，重（惟）兴虞？　　　　　　　　　　　　　　　《屯南》218

> 其旁虞亳土燎，重（惟）羊？　　　　　　　　　　　　《合集》28111

"虞"似乎是殷商国家一处城名，资料极少，难有更进一步的了解。

（3）商代族徽中有" "（虙）符号，古文字学界解释为"草"字头的"莸"。

依笔者浅见，这种解释有误，从"艹"、"虎"的字是大师小子伯莸父鼎的" "字，

可能与" "、"蘆"字有亲近的关系，而"虙"字的形状更似虎头有剐箭的图案。甲骨文中《合集》8203 曰："己卯卜：畞（刚）虎？"甲骨文"刚"字的意思是用刀断网④，即

---

① （西汉）司马迁著，（刘宋）裴骃集解，（唐）司马贞索隐，（唐）张守节正义，《新校本史记三家注并附编二种》，台北：鼎文书局，1981 年，页 117—118；（西汉）刘安等著，刘文典集解：《淮南鸿烈集解》，北京：中华书局，1989 年，卷 12，页 400—401。

② 《集成》器号 1421—1422，现藏于台北故宫。

③ 有关所谓"亞"字形族团符号的讨论参郭静云：《夏商周：从神话到史实》，页 168—170。

④ 《甲林》，页 2836—2838。

狩猎的动作，"虓"应该就是描述猎虎成功的事情，以剟箭虎头杀虎是狩猎技术最好的表现：不伤而杀，并且不破虎皮。所以，这族徽符号应该表达善于征服老虎的巧智英雄，此乃猎民观念中的理想所在。

从这种解释可见，原本隶为"虤"的"（虎头剟箭图案）"字，实际上也是虎头剟箭的图案，该族徽发现在侯家庄西北岗 1885 号大墓出土的鸮型尊上（图二〇五：1）①，可能是殷商高等贵族的符号之一。"虎"形的族徽亦见于殷商贵族的礼器上，如虎父乙爵②、亞虎相父乙卣（图一六〇）等。虎族的祖先用日名庙号，并且部分采用所谓"亞"字形族团符号，所以射箭刺虎头乃克服老虎的英雄之符号，应是殷商王族族团的族徽之一。

（4）前文已提及斁爵"斁"族名，斁爵所提及的先母是妣癸且有日名符号，所以斁应是殷商大贵族的成员。殷商金文中还有几个从"斁"的族名，如亞斁父乙鼎③，"亞"字族团符号表达殷商王族族团的属性。簸亞罍角的器主符号为"（符号）"（从"虎"、从四"口"），而斁隐马鼎的器主符号则从"罍"、"攴"的"（符号）"④。斁、斁、斁、罍几家都是殷商王族族团的成员，可能之间有更亲近的关系。

殷商青铜器出现了几件以"姊虎"或"戍虎"为族徽的青铜器，如姊虎父乙觚（图二三一：4）⑤、戍虎觚（图二三一：3）⑥和出土自殷墟大司空村的戍虎斧⑦，应该也属于殷商高级贵族的礼器。

4. 西周虎名的传承

至西周中期以后，虎形族徽已不再见，同时"虎"字成为已不带有族名意义的人名，如西周中期滕虎簋⑧、西周晚期召伯器物⑨，其器主人名都为"虎"。西周晚

---

①　《集成》器号 5477，河南省安阳市侯家庄西北岗 1885 号墓（M1885：R001074）出土，现藏于史语所。

②　《集成》器号 8397，现藏于北京故宫。

③　《集成》器号 1820，现藏于北京故宫。

④　《集成》器号 2594，藏处不明。

⑤　《集成》器号 7223，藏处不明。

⑥　《集成》器号 7035，现藏于美国普林斯顿大学美术博物馆卡特藏器（C. D. and D. Carter Collection, The Princeton University Art Museum, Princeton, New Jersey, USA）。

⑦　《集成》器号 11783，河南省安阳市殷都区北蒙街道大司空村出土，现藏于加拿大多伦多皇家安大略博物馆。

⑧　《集成》器号 3828—3832，现藏于北京故宫。

⑨　参珋生簋（《集成》器号 4292—4293，现藏于美国耶鲁大学艺术陈列馆［塞克勒 1990, Yale University Art Gallery, New Haven, Connecticut, USA］、中国国家博物馆）、召伯虎盨（《新汇编》器号 374，河南省洛阳市西工区邙山镇出土，现藏于洛阳博物馆）。

期以来,以虎命名的人物已普遍出现①。双虎的族徽到西周中期似亦作人名来
用②。在西周早期的青铜器上,另有见几个从"虎"的族名或人名,如从"鬼"、"虎"
之"魖"③。西周中期还可以见到从"虎"的族徽,如仲馦盨④上的族徽为"鼄",这些
宗族的属性都不明。另外,从西周中期以来,从"虎"的字体也发展作人名,如西周
中期量侯的名号为从"虎"、"才"、"尉"⑤,晚期纪侯名为从"虎"、"卜"的"虓"⑥,
这其中有多少保留原本族名的意思已难以探索。

5. 小结

这些虎名是否在某程度上带有族名之义,而以虎为名的人属于虎族的后裔?
此外,我们也不能排除,以虎为名的人物或许是虎国贵族的后裔。因笔者认为,以
下所论及的"虎方"是南方之国,而采用族徽的习俗应属北方的传统,尤其为殷商
族团普遍所用,故依笔者浅见,虎形的族徽不应该代表虎方,更有可能是代表殷商
的虎族或虎侯(这两者或是同一族)。但是严格来说,我们还是不能完全排除虎形
的族徽与虎方的关系。

在商周时期,有很多商周以外的古国,与商周处于不同的关系之中,其中应该
不仅有中、小型国邦,也有非商周系统的大型国家存在。依笔者浅见,甲骨金文中
所见的"虎方"和"盧方"两国,应属于影响力较大的政权,但因在历史上失传,导致
我们现在难以确定其领土所在之处。因为这两国的国名皆与老虎有关系,下文拟
从出土文献和遗物重新探讨这两国的地望,对他们所在的位置提出最有可能的空
间范围。

---

① 如叔虎父鼎(《集成》器号2343,陕西西安市长安区出土,藏处不明)、许姬鬲(《集成》器号575,藏处不
明)、埶虎鼎(《集成》器号2437,河南平顶山市滍阳镇薛庄乡北砖瓦厂出土,现藏于平顶山市文物管理委员
会)、羌仲虎簋(《集成》器号4578,现藏于北京故宫)、吴虎鼎(《新汇编》器号709,陕西西安市黑河大桥出
土,现藏于陕西省长安县文管会)、虎叔簋(《新汇编》1611,现藏于北京保利艺术博物馆)、师虎簋、虎簋盖
(别名:卅年虎簋盖;《新汇编》器号644,陕西丹凤县凤冠区西河乡山沟村出土,现藏于陕西历史博物馆。
很多学者将师虎簋和虎簋盖视为穆王时期的器物,但依笔者浅见,它们更有可能是宣王元年的礼器,而虎
簋盖应是厉王三十年的礼器,参郭静云:《夏商周:从神话到史实》,页403—435)等。

② 如叔鼄簋(《集成》器号3552—3554,现藏于北京故宫);即簋铭文亦有提及 虓 (鼄)名的人物(《集
成》器号4250,陕西扶风县南阳镇强家村出土,现藏于陕西历史博物馆)。

③ 参作册魖卣:《集成》器号5432,现藏于北京故宫。

④ 《集成》器号4399,现藏于北京故宫。

⑤ 参量侯簋:《集成》器号3908,藏处不明。

⑥ 参己侯虓钟:《集成》器号14,山东寿光市纪台镇纪王村纪侯台出土,现藏于日本京都泉屋博古馆。

六、老虎帝国政治地理：与商周并存之崇拜虎神诸国

（一）何谓"方国"

　　甲骨文中多见用"某方"一词指称殷商本土外的势力。学界经常讨论"方国"政治意义，如苏秉琦先生认为中国国家形态是从"古国"、"方国"发展到"帝国"的模式，其中夏商周三国被定义为"方国"阶段①。林沄先生用"方国"概念讨论殷商国家形态的结构时认为，商代国家组织形式的本质是"方国联盟"，直至春秋时代所谓的"争霸"也是类似的性质②。但若单纯从甲骨文中的用义来看，"方"有表达"外"的意思，从殷商王国的角度记载"某方"，这是从殷商王国的角度指出某一"外国"；该"方国"有自己的统治者，被称为"方伯"，其与殷王并无臣属关系。江俊伟对资料的分析也显明，甲骨文"某方"实际上是独立于殷商的"外国"，不宜据此讨论殷商的国家形态；与殷商敌对的"方国"，这是殷商政权无法控制的区域，也是殷商武力征伐，希望合并为臣属范围的空间③。因此，将"方国"定义为文明发展的阶段基本不符合该字的字义；殷商时期并没有"方国联盟"之类的组织，"某方"只是殷商王国对其他国家的指称。

　　在殷商王占卜资料中出现很多"方"，包括下文要探讨的"虎方"、"盧方"等。如果保留其用"方"字的国名，这意味着我们选择以殷商作为中央的政治地理角度。但是，"夏商周"这种一元模式是秦汉所建构的"帝国历史"，夏、商与周这三个国家确实是其所处时代具有很大影响力的国家，但同时也还有其他有影响力的大国；并且，夏、商与周这三个国家所在的空间并不一致：夏商以长江中游为中央，而殷周以黄河中下游为中央。空间不一致，王室不同，关系不相承，所以根本不可能

---

①　苏秉琦：《中国文明起源新探》，北京：三联书店，1999 年，页 132—145。

②　林沄：《甲骨文中的商代方国联盟》，《古文字研究》第 6 辑，北京：中华书局，1981 年，页 91—92。

③　江俊伟：《殷商政治空间及其主要统治结构》，台湾中正大学历史系博士论文，嘉义：2019 年，页 12—31。

用作固定的历史地理的"中央"角度。

因此,在讨论商周时期实际多国并存的历史地图时,为了避免无意中把某一国家认定为"中",我们不宜跟甲骨文一样,把殷商之外的任何国家称为"方"。甲骨文是殷王室的文字,殷商王室在甲骨文中自称为"商",而其他国家称为"某方";其中,"方"只是表达这是非殷商势力的国家,处在殷商国境之外,而"方"字之前的某字,就是表达该国的名称。是故,我们从这些以殷商为中央的记录中,删除"方"字,而从多元的角度,直接用不同国家所自称的国名。

（二）虎国之地望考

有关虎国的记录最早出现在武丁晚期的卜辞里,即与殷商虎族和虎侯的记录年代相近,但"虎方"是指殷商王国疆域之外的另一国家,提及虎方的卜辞如下:

> □□卜,争贞:彳伐,衣于……辣王? 十一月。
>
> ……贞:令望乘暨瞂途虎方? 十一月。
>
> ……瞂其途虎方,告于大甲? 十一月。
>
> ……瞂其途虎方,告于丁? 十一月。
>
> ……瞂其途虎方,告于祖乙? 十一月。
>
> ……虎方? 十一月。　　　　　　　　　　　　《合集》6667

笔者不认同有些学者将"途"字宜读为"除"[1],所以卜辞的意思是:十一月,王令望乘暨瞂行到虎国。这应该是有关一次军事旅行的记录,占卜了军事的胜败,并祈求祖先支持保祐、卜问可否出兵。

有关虎国地望问题,学界一致认为其位于殷商边疆以南,但具体的看法却有分歧。其中,丁山、岛邦男、钟柏生先生认为这是淮南地区的古国,或是周代所谓的淮夷之国[2];孙亚冰和林欢先生则认为:"虎方在今汉水以北,安陆、京山以南的地区。"[3]彭明瀚先生认为:"虎方的地望定在长江以南、南岭以北、鄱阳湖—赣江流域

---

① 参郭静云:《由商周文字论"道"的本义》,《甲骨文与殷商史》新一辑,北京:线装书局,2009 年,页203—226。

② 丁山:《殷商氏族方国志》,台北:大通书局,1971 年,页 150。[日] 岛邦男著,濮茅左、顾伟良译:《殷墟卜辞研究》,上海:上海古籍出版社,2006 年,页 804。钟柏生:《殷商卜辞地理论丛》,页 223。

③ 孙亚冰、林欢:《商代地理与方国》。宋镇豪主编:《商代史》卷十,北京:中国社会科学出版社,2010年,页 436。

以西、洞庭湖—湘江流域以东……吴城文化和费家河类型商文化便是虎方的考古学文化。"①而吴志刚先生则更确定地将之连接到吴城文化："虎形象作为装饰艺术母题是吴城文化一个显著的特点,除显然有某种特殊含义的伏鸟双尾虎外,新干大洋洲祭祀坑出土有虎形象的鼎达 13 件之多。吴城也出土过 8 件卧虎耳圆腹鼎。这在其他考古文化中都是少有的现象。能在重要礼器'鼎'上广泛饰虎,显然虎的形象对吴城文化的族群有特殊意义。"②

甲骨文中有关虎国的记载仅见于武丁时代《合集》6667 卜骨上。不过,北宋重和戊戌岁时(1118 年)在湖北安州孝感县曾出土了西周早期的中方鼎,在其铭文中亦有提到"虎方",其文言曰:

　　佳(唯)王令南宫伐反虎方之年,王令中先省南或(国)③。

中方鼎的年代,马承源视为昭王时期④,此断代基本上无误。武丁时代甲骨文将"虎方"的"虎"字写成"𤝈",而中方鼎铭文将"虎方"的"虎"字写成"𧆝"。虽然陈梦家先生提出字形有所差异,"与西周金文南宫中鼎'伐反虎方'之虎不同"⑤,但学界均不认为此细微的差异牵涉到古国之别。

无论是武丁卜辞或中方鼎的铭文,都显示虎国的位置在商、周国家以南。西周铭文以"某方"指称的例子很少,除了虎方之外,另有一例是鬼方⑥,然而这二国都见于商的甲骨文中,应该是西周时期沿用商时代的指称,所以这是存在时间较久的国家,"虎国"应该是该国的自称。

孙亚冰和林欢先生认为,既然中方鼎出土在孝感,那么虎方的位置应离孝感不远,或在随州羊子山附近,不可能有到湘江、赣江之远⑦。但这种理论较为薄弱,因在孝感出土铭文上的记录,未必就只能表达其地望就在出土地点很近的情况,甲骨金文显示,殷周时期战争实际发生的距离未必那么近。因此,当时攻击汉北地区的

① 彭明瀚:《商代虎方文化初探》,《中国史研究》,1995 年第 3 期,页 101—108。

② 吴志刚:《吴城文化族属源流考辨》,《四川文物》,2011 年第 1 期,页 50—58。

③ 《集成》器号 2751,藏处不明。

④ 马承源主编:《商周青铜器铭文选》(后引简称《铭文选》),北京:文物出版社,1986—1990 年,器号 107。

⑤ 陈梦家:《殷虚卜辞综述》,页 290。

⑥ 如西周早期小盂鼎有"�(鬼)方子"(《集成》器号 2839,藏处不明);春秋早期梁伯戈有"鬼方蛮(蛮)"(《集成》器号 11346,现藏于北京故宫)。

⑦ 孙亚冰、林欢:《商代地理与方国》,页 434—437。

周室贵族,可能有意图往外扩展自己的影响或掌握一些江南资源,亦有可能是当时的商周政权面对南方势力往北扩展,故而不得不采取某些防守措施。铭文说"伐反"的用意,可能代表在周昭王征伐南国的背景下,汉北及淮河地带正是南北势力的战线,南方政权往北扩展势力,而周南伐,要巩固自己的南疆。

从空间的关系来看,从汉北地区到洞庭湖和鄱阳地区的距离相同、路途便利,因此彭明瀚先生所提出的范围,符合中方鼎的出土情况。在武丁晚期,殷宗的领土范围应该最宽,依笔者浅见可能以汉江为西南境。位置接近汉口的盘龙城宫殿区,在第六、七期之间出现毁灭的痕迹,恰好相当于武丁时代,很可能与《诗·商颂·殷武》所言"挞彼殷武,奋伐荆楚"有关[①]。而且,盘龙城被毁灭后,第七期恰好出现了很多北方的兵器等遗物,有可能与北来的殷人有关。是故,笔者认为,武丁晚期殷人掌握的领土到达汉口,盘龙城七期在此处可能存在殷王武丁的军营和侯国据点,而虎国地理位置在此之南,是为江南。

根据目前考古资料,我们可以提出两个假设:第一是虎国位于湘江流域,曾经在岳阳、长沙宁乡、邵东县出土的青铜器(包括虎食人卣、虎纹铜钺、四虎铜镈等,如图一九二、二二二等)属于虎国的礼器。第二是虎国位于赣江流域,吴城文化即是原称为"虎"的古国网络。虎形的大礼器,实可以视为古国命名为"虎"的指标。宁乡虎食人卣揭示了虎神为当时当地身份极高的神兽。荆州江北农场出土的西周早期虎尊(图二二一:3)也可以视为同一文化脉络的礼器,出土的地理范围也相符。虽然在吴城文化遗址出土的虎形礼器可以表达一个系统(图二一一等),但湖南零散出土的虎形器不比江西少或差。

此外,笔者认为,虎国此一国家文明的发祥地究竟在何方的问题,可能离不开早期华南地区拜虎信仰的发祥地。从大溪文化时代以来,虎形的礼器普遍出现在两湖地区,并且,考古资料显示其来源乃位于湖南山林地带以高庙文化的后裔为代表;不过与此同时,凌家滩的虎形礼器亦说明了一件事:神虎的形象早已跨过了罗霄山脉,而从雪峰山脉、大巴山、武陵山脉、南岭扩大到怀玉山、潜山山脉等范围广大的江南地区。因此,虽然从原始的发祥地来看,湖南似乎较为符合虎国所在之地的条件,但到了青铜时代早期,江西地区一样符合这个条件。所以我们不能武断地认定虎国就是位于这两地的其中之一,而仅能期待更多商周时期的地下资料出土,

①　(汉)毛公传,郑玄笺,(唐)孔颖达等正义:《毛诗正义》,页2216—2217。

好让我们能更进一步地了解商周时代江南地区、不属商周的古国文明。

从吴城地望来说，新干离汉口距离较远，但顺着赣江，新干到九江之间的地区，可能都属于是古吴城文化网络。另外，汉口和吴城地区之间恰好有颇为关键的金属矿，对殷室和周室来说，为了获得一些金属原料无疑值得发动战争。从殷周发动战争的目的来看，往洞庭湖湘江的战争，可能多有一些中方鼎所录"反伐"的意义，即掌握汉口核心据点，以及获得其他一些资源。往鄱阳湖赣江的战争，虽不大可能涉及"反伐"，但有获得金属原料的关键动机。换言之，从目前资料来看，洞庭湖湘江和鄱阳湖赣江，两地都有可能是虎国所在之地。

我们还可以采用一些古文字的线索，但此条线索依然仅能指出湖南和江西两个地方，而不能帮我们在两者之间做出选择。

此外，在古文字中，"吴"、"虞"两个字混用，一方面我们可以考虑，"虞"字即是从"吴"、"虍"，而"吴"和"虍"又是同音字，所以从古文字的角度来说，这三字的关系颇密切，或能补证支持虎方为吴城的假设。"吴"和"虞"互相假借使用，在传世和出土文献中，都属于常见的情况，如西周中期同簋①、免簠②、西周晚期四十二和四十三年逨鼎、逨盘、逨钟③、吴王姬鼎④，都把"虞"写成"吴"；春秋时期吴国的吴王夫差盉，也将"吴"字当"虞"来用⑤，郭店楚简《唐虞之道》也数次将虞舜的"虞"字写成"吴"字⑥；传世文献中的文例也极多⑦。

在殷商和西周早期铭文中，曾发现数件吴主的器物均用"吴"字，如殷商时期吴鼎⑧、吴父癸鼎⑨；西周早期吴盉⑩、吴盘⑪等，此外，班簋铭文有提"王令吴白

---

① 《集成》器号 4270—4271，现藏于北京故宫。

② 《集成》器号 4626，藏处不明。

③ 《新汇编》器号 745—757、772—774，现藏于宝鸡青铜器博物院、陕西省眉县文化馆、陕西历史博物馆和中国国家博物馆。

④ 《新汇编》器号 1757，现藏于陕西省西安市文物中心。

⑤ 《新汇编》器号 1475，现藏于上海博物馆。

⑥ 荆门市博物馆编著：《郭店楚墓竹简·唐虞之道》，北京：文物出版社，2002 年，页 1。

⑦ 传世文献则参高亨：《古字通假会典》，页 853。

⑧ 《集成》器号 996—997，现藏于北京故宫。

⑨ 《新汇编》器号 1936，藏处不明。

⑩ 《集成》器号 9407，藏处不明。

⑪ 《集成》器号 10066，藏处不明。

（伯）"的事情①。至于虞主的青铜器，则最突显的是西周早期虞侯夨簋，其铭文先提"王令虞侯夨"，之后虞侯夨"乍（作）虞公父丁障彝"②。该铭文表达，虞是周的诸侯国，同时虞侯的祖先也是本地首领虞公。虞侯夨簋出土于江苏镇江丹徒区大港街道的赵魏村烟墩，此地点位于长江的南岸，并非位于前文所提及的地理范围里，反而更加偏东北，但此地自新石器晚期以来就属于长江中游和下游文化交界之区，也是吴国文化的东北角。铭文中以虞自称的侯，表达他认同和周王室的同盟及封建关系，但资料没有阐明虞侯世家的背景，且早期虞侯国的范围又不甚清楚，因此我们也不能肯定，虞侯夨簋出土的地点能代表其侯国的地望，所以一切资料仅供讨论，不能定论。

春秋早期的者减编钟铭文上，吴王毕轸的"吴"字写为从"虍"的"虙"，铭文载："工虙王皮難之子"③。春秋晚期的攻吴季生匜、攻吴王姑发诸樊之弟剑、攻吴王叔钺此邻剑、攻吴王姑发邲之子剑、夫跌申鼎、攻吴矛、攻吴大叔盘、攻吴王之孙盂、攻吴王姑发诸樊戈、攻吴大叔矛、工吴大叔戈、攻吴王姑发皮难剑等青铜器铭文，均将"吴"写作"虞"；而攻吴王剑、攻吴大子姑发胥反剑写作"虙"（⿱虍鼻）。另有作"鄦"者，如鄦左库戈、鄦戈等④，都是用从"虍"的字形。

传世文献也有可供思考的线索，如《史记·吴太伯世家》言：

> 吴太伯，太伯弟仲雍，皆周太王之子，而王季历之兄也。季历贤，而有圣子昌，太王欲立季历以及昌，于是太佰、仲雍二人乃奔荆蛮，文身断发，示不可用，以避季历。季历果立，是为王季，而昌为文王。太伯之奔荆蛮，自号句吴。荆蛮义之，从而归之千余家，立为吴太伯。……是时周武王克殷，求太伯、仲雍之后，得周章。周章已君吴，因而封之。乃封周章弟虞仲于周之北故夏虚，是为虞仲，列为诸侯。……自太伯作吴，五世而武王克殷，封其后为二：其

---

① 《集成》器号4341，现藏于首都博物馆。在西周封建制度里，"伯"属于周国官制系统的爵位，但在殷商时期，"伯"反而代表着非殷商王室宗族的土著首领。在西周早期的铭文中，这两种可能性皆有之：吴伯或许是王室所派遣，并由周王分封到吴地以统领吴地军队的将军；但也可能是吴地原有的统治者，由于接受和周室的联盟，因此周王拥有号令他的权力。同时，班簋铭文所载与周王有关系的"吴伯"，则未必是吴城本地的贵族。这些问题牵涉到难以解决的同名情况。不过，这几件青铜器的出土地点虽然不明，但班簋的器型确实接近于南方的器物。

② 《集成》器号4320，现藏于中国国家博物馆。

③ 《铭文选》，页363。

④ 郭静云：《仁与命：孔子原旨与儒家经典形成》。

一虞,在中国;其一吴,在夷蛮。十二世而晋灭中国之虞。中国之虞灭二世,而夷蛮之吴兴①。

司马迁记载的传说,或许与虞侯矢簋的铭文所表达的事情相关,即显示出西周中期周和吴的关系;或在古代吴城的北疆上,周王室建设了吴(虞)侯国,以南、北之"虞"的分别,画上了周室影响范围的南北之线;又或者,春秋时期晋吴之间的关系,即奠基于此背景之上。

不过,传世文献的记录也使我们怀疑:不只有一个古国以虞为国名,且年代早晚之间有许多变数。后期传世文献载有西虞、东虞等数国。如《管子·小匡》曰:"西服流沙、西虞,而秦戎始从。……桓公曰:'呈乘车之会三,兵车之会六,九合诸侯,一匡天下,北至于孤竹、山戎、秽貉、拘秦夏。西至流沙、西虞。南至吴、越、巴、牂柯、牁、不庾、雕题、黑齿,荆夷之国。莫违寡人之命,而中国卑我。昔三代之受命者,其异于此乎?'"尹知章注:"西虞,国名。"②《穆天子传》言:"十虞:东虞曰兔台,西虞曰栎丘,南虞曰□富丘,北虞曰相其,禦虞曰□来,十虞所。……天子命之为柙而畜之东虞,是为虎牢。('虞'张耘先生改作'虢')"③东、南、西、北虞地的记录似乎表示国疆的概念。以上材料使笔者推想一个问题:此与护疆的虎神信仰是否有关系?文献记载零散,涵盖许多时间上的变量,所以该问题难以回答。在后来的文献中,也出现很多同名的地名,以及从"虎"的"虢"与"虞"的混淆等,这些问题更造成了许多地望无法辨认的情况。

"虎"和"虞"的关联性,同时亦可成为支持虎国为湘江流域的假设之原因,是在传世文献中,"虞"为舜帝的朝号,而舜又被称为湘君,指涉湘江的地域范围。虽然后期对传世文献的诠释经常把舜的活动地解释成河南、山西地区,但笔者认为,这样的情况隐藏着后期神话遭到人为修改,以及涉及殷周以来统治中心位于黄河流域的因素,并更加表达东汉以来以洛阳为天下中心的意识形态,所以记载过去历史时便把殷周以来的统治中心连接到记录者的国家中心。从文献中所透露出的,少数和正统历史不相符的痕迹,包括舜为湘君的说法也在内,可能都恰好保留原来的传说意义。

① (汉)司马迁撰,[日]泷川资言会注考证:《史记会注考证》,页523—524。

② (春秋齐)管仲、黎翔凤撰,梁运华整理:《管子校注》,北京:中华书局,2006年,页425—426。

③ 张耘点校:《山海经·穆天子传》,长沙:岳麓书社,2006年,页232—237。

　　《史记·秦始皇本纪》曰:"三十七年十月癸丑,始皇出游……行至云梦,望祀虞舜于九疑山。"《正义》引《括地志》云:"九疑山在永州唐兴县东南一百里。皇览冢墓记云舜冢在零陵郡营浦县九疑山。"①《汉书》亦描述武帝在元封五年"望祀虞舜于九巀"②。湖南永州宁远县迄今被传为舜陵之地。这也是将虞舜之地连接到湘江流域的痕迹。此线索及直接将湘江流域称为"虞"之地,在讨论虎国的源地亦值得参考。

　　换言之,所有的资料都给我们指向湘江、赣江的地域,但不能让我们选择其中之一为最有可能的范围。《春秋左传·哀公·四年》载:"夏。楚人既克夷虎,乃谋北方。"李学勤先生认为,"夷虎"即是商周虎国先民;根据《春秋左传·哀公·四年》这一条文献所言,虎国之地不在荆楚之北③。虎国为湖南、江西地区的国家可能性很大,只是可惜没有资料能够提供绝对的答案。

　　有关长江中游青铜文化遗址,学界视之为独立邦国,并各有其文化特色,如张玉石先生认为,湖北盘龙城,江西吴城、新干,湖南湘鄂地区宁乡、岳阳等遗址,各有自身的产生和发展历史,同时与中原文明交往亲密。在这三个江南文明中,湘鄂地区代表荆楚早期文明④。也有学者们将这三者看作荆楚文明的三个发展阶段。如傅聚良先生认为盘龙城、吴城、宁乡遗址具有传承关系,可代表荆楚文化的形成与发展⑤。从虎国的古国来思考"荆楚文明"的问题说,可能存在一些多元和演化的情形,以及北楚、南楚的区分等问题。就空间而言,代表北楚文化的盘龙城、云梦、孝感、岳阳地区青铜时代早期城址的时代最早,殷商时期盘龙城被灭掉,并且盘龙城文化中老虎形象的礼器很少,虽然可以代表南楚的宁乡炭河里城址中有许多青铜器与盘龙城应有传承关系,但虎食人卣和其他几件该地所出的早期铜器风格明显不同。吴城文化的年代应该在相当于盘龙城四期以后到殷商,礼器的风格相当独特,对老虎的崇拜也和宁乡一致。所以这三个文化关系有同有异,需要更多出土资料,才能厘清其间关系。

① 　(汉)司马迁撰,[日]泷川资言会注考证:《史记会注考证》,页30—33。

② 　(汉)班固撰,(唐)颜师古注:《汉书》,页196。

③ 　李学勤:《史密簋铭所记西周重要事实考》,《中国社会科学院研究生院学报》,1991年第2期,页5—9。

④ 　张玉石:《中国南方青铜器及中原商王朝与南方的关系》,《南方文物》,1994年第2期,页1—7。

⑤ 　傅聚良:《盘龙城、新干和宁乡——商代荆楚青铜文化的三个阶段》,《中原文物》,2004年第1期,页40—45。

不过依笔者浅见，现有的虎神崇拜线索、甲骨金文的记录、传世文献中零散的痕迹，均可以支持彭明瀚先生的看法：虎国的地望应在长江以南、南岭以北、鄱阳湖—赣江流域以西、洞庭湖—湘江流域以东，可能也是湖南地区的古国或古城文明的网络，或者是吴城文明的总称、虎国的国名（有可能在历史上曾被改成虪国成虞国），或表达"虪"、"虞"和"吴"字的关系，又或者涉及虞舜的神话。湖南地区有关虞舜的传说极多，可以作为用来间接地补正虎国其源在湖南地区的参考，然而却难以确定实际位置。再进一步思考，虎国未必只是一个小国而已，虎国可能是一个相对殷或周的大型的南方古国网络：华北以殷周，江南以虎国，而湘江和赣江流域的古城都是虎国此网络下之属国。

并且从零散考古资料可以推论：整个广大的江南地区崇拜老虎的传统，乃是源自蜿蜒逶迤的江南山脉中古老游猎族群的精神文化。本传统的发祥地范围，是从巫山、巴山、武陵山到罗霄山，或许亦到达武夷山脉，时代则是从新石器时代晚期开始，便可见其逐渐形成。到了青铜时代早期，崇拜老虎的族群与屈家岭、石家河的国家精神文化互补影响；而到了石家河与后石家河之际，拜虎的江南山地族群下到平原，猎民亦成为后石家河国家网络统治体系的组成部分，虽然传说中"夏禹征服三苗"，但并没有彻底赶走他们，部分"三苗"族群被同化于长江中游大文明中。到了商周时期，在长江中游的江南地区，或许也曾存在着此一族团的力量，并以湖南、江西为主要的活动范围，甚至从其北界进入湖北、江苏、安徽。而这个古国网络，在商周甲骨金文中被称为"虎方"。从时间的脉络来看，赣江流域的虎国遗迹偏早，从拾年山、樊城堆文化起（前者年代与石家河文化同时，后者年代相当于后石家河）一路到吴城文化发现很多城邦；湘江流域的虎国遗迹偏晚，推测其时代大体相当于从后石家河时代的岱子坪、罗家冲到商周时代的炭河里，由于发掘很零星，所以迄今其脉络不清楚。两者交界大约在盘龙城五、六期到殷墟三期。或许可以推论，大约在殷墟三期时，盘龙城衰落，而虎国的古国网络经历过政变，不过因为资料太少只能作假设性的判断。参与虎国网络的古国统治者，应该来自赣湘山地，从游猎的生活方式，逐步发展出稻作、盐业、石器和玉器加工业、铸铜业，并学习制造青铜兵器，因此藉以维持其统治者身份。

虎国网络应该是吴国的前身，但是春秋时代楚吴之间一西一东的地理关系应该是漫长历史演化的结果，而早商时期楚和吴（即汤商和虎）的地理关系为楚商在北，而虎在南，这一情况从赣北与赣中的文化差异可以看到。早商时期赣西北铜矿由盘龙城文化掌握,赣西北属于是楚商的舞台(前文第五章在讨论神纹的发祥地时已谈及此问题),而赣中为虎(吴)之古国集团的舞台。从吴城文化的发展来说,笔者认为它基于约两千年一脉相承的发展,从拾年山文化起,部分游猎族群下到赣中平原定居,发展稻作①,以及其他定居的生计。从拾年山文化下层开始,赣中地区一脉相承地发展,经过樊城堆文化而进入吴城文化阶段。

该地区的发展基于何种经济优势?笔者赞同周广明和李昆二位先生所提出的假设,赣中地区的盐矿为本地经济兴盛之基础。赣中地区盐矿的开采条件便利,而李昆教授视为晒盐工具的高三足盘属樊城堆文化、吴城文化特有且常见的器物,最早可以追溯到拾山年文化二期,本地最早的定居文化,时代约从距今 5 000 年起,而距今 4 500 年以后高三足盘的型式定型并普遍出现②;但这一观点值得非常详细的研究。除了说明早期吴国经济生活之外,它能够帮我们理解为何吴城文化群城的性质似军城,就是因为它们不是农耕合作而形成的联合城邦古国,而是贸易竞争的结果;又能够说明为何吴城文化有那么多兵器,这是因为地下盐矿原料贸易的竞争,造成发展兵器的需求,此乃春秋时代吴国所造一流兵器的源头。此外盐业经济能够帮助我们理解,为何离铜矿较远的赣中平原,能够掌握那么多铜料,制造那么多精美的青铜器,这应该是因为早期吴与楚之间盐铜贸易的缘故:赣西北铜矿最初由楚文明中的商朝掌握,而经过盐铜贸易的发展,吴城文化也能大量获得铜料,制造礼器和兵器。

吴城文化的兴盛先见于赣江西岸,这应该也反映出,吴城文化中虎国贵族之所以兴起,是因为他们与盘龙城文化的商王国有盐铜贸易关系,由此而使赣江西岸的人们能够掌握更好的贸易路线。但是经济扩展、竞争激烈,导致部分贵族已没有生活空间,只能开拓赣江东岸的盐矿,因此赣江东岸的遗迹,如牛头城、新干大洋洲祭祀坑均比赣江西岸的吴城晚。同时,虎国贵族尽力向北扩展,大约到了盘龙城五、六期,开始自己开采金属料。殷商时期楚商的势力被毁灭,这自然影响到与楚商有贸易关系的一方的势力,掌握与楚商王国贸易的虎国贵族,在盘龙城的贵族战败时

① 刘诗中、李家和:《江西新余拾年山遗址原始农业遗存》,《农业考古》,1989 年第 2 期,页 126—130、154。发掘简报没有反映稻谷的类型,但是参与发掘的专家有口头表达,认为这是旱稻,此问题很关键,需要进一步的研究。

② 江西省文物考古研究所、厦门大学人类学系、新余市博物馆、刘诗中、李家和:《江西新余市拾年山遗址》,页 285—323、389—394。刘诗中:《拾年山遗存文化分析》,《南方文物》,1992 年第 3 期,页 52—59。徐长青:《拾年山遗址的分期及相关问题研究》,《南方文物》,1996 年第 2 期,页 49—55。

应该也变弱,而同时新的贵族变强。这种历史的变迁还需要非常详细的研究,才能够了解,目前以上所述只是研究问题而已,并不属研究成果。

最后一个有关虎国空间演化的问题,应该也基于盐矿和铜矿经济以及影响力最大的楚商被殷商攻击并打败的历史。殷商王室打败楚商以后不能像楚商一样直接掌握铜矿,其原因在于,只有建都在铜矿附近的王国才能直接掌握铜矿。但是,如果殷商王室居于盘龙城,他们很快就会失去其主要的政权基础:即用马车战争的能力。因此殷商王族自然选择通过侯国的军队掌握铜矿,而自己仍然建都于安阳。所以,盘龙城七期的贵族应该与殷商有联盟或当诸侯国的关系。但是通过此般间接控制,并不能安全而稳定地掌握经济价值极高的金属矿。因此我们可以发现,殷商时期虎国发展有更加兴盛的趋势。

首先从铜岭古矿遗址来看,这已不像时代更早的荞麦岭古矿遗址那样,纯粹为盘龙城文化的遗迹,很多器物反而与吴城接近,这应该表明有一部分虎国的贵族往北发展而占领金属矿。其次,殷商时期楚商的势力弱,所以湘中也能直接获得更多铜料而快速发展势力。因为这一系列的变化,盐铜国际贸易的重要性也下降,可能有部分虎国贵族放弃参加掌握盐矿的竞争,而往湘中发展,同时可能有部分盘龙城的贵族和技术人员也往南迁移,湘中地区的青铜文化由此而迅速崛起。从现有的零散资料大致复原出的虎国历史可能如此,希望两湖与江西将来有进一步的详细发掘,能够提供更完整的资料以填补历史的空白。

不过据上所述,甲骨文中不仅有虎国这一江南之国,同时也有以"虎"命名的族名和侯名,并且都出现在武丁晚期的卜辞中。这三者之间有什么关系? 一个可能性是三者同源:殷商时虎国是殷商以南的大国,殷商政权与虎国有各种来往,不仅是战争而已,如有些虎国的贵族可能是自愿来殷商,结亲并加入殷商王族的族团。这种可能性可以奠基于南北政权的复杂关系,其初步联合及同化的趋势:武丁时期的殷墟王级遗址中出现大量虎国风格的器物(如妇好墓为例),是该趋势的表现。

但是相反的,殷商文明老虎的形象并非一元:既有华南虎,亦有东北虎;虎国之虎无疑代表南方文化,而殷商王族族团的虎族可能是东北方猎人的系统。殷商文明中老虎形象的来源既有南亦有北,殷商以虎为名的族群因此可能源自南和北不同区域,与殷商王族关系亲密的虎族则代表东北山区的猎人来源,华北殷周政权所攻击的虎国以与其不同的文化表现,呈现了华南古文明的脉络。

（三）盧国的地望及其与殷商的关系

1. 殷商文字中有关盧国的记录

甲骨文中，除了虎国之外，还有几个国名从虎的国家。其中记录比较多的有盧国。甲骨文中有两个字，一是写从虎头的"𧆐"，另一是无虎头的"𤝗"，两个都作国名，故在古文字学界均视为同一"盧"字和同一国。但这两个字出现年代不同，"𤝗"字多见于武丁时代，除了作国名之外，另作祭名。从虎头的"𧆐"（盧）国只见于康丁时代卜辞中，武乙时代以来出现盧这个人，可能是盧国君或盧君的亲属、后裔。于省吾先生已指出，"𤝗"和"𧆐"两字的用法有别①，笔者亦认为不宜将其视为同一字和同一个国，因此下文拟只讨论从"虍"的"𧆐"国的记录。

虽然甲骨文中，"盧方"只见于在康丁以后的卜辞中，但武丁时代无疑已有此国。最早有关盧国的记录见于武丁时代，即在妇好墓玉戈上的铭文："盧方剐入戈五"②，意思是盧方进贡五件戈，从此可以推知，盧国之君早期已有向殷商王室纳贡的行为。到了殷商后半叶，殷室与盧国的关系应有进一步发展，所以甲骨卜辞上多见相关的记录。

在康丁卜辞中有如下记录曰：

> 甲戌卜，翌日乙王其𨙒（寻），盧白（伯）……不雨？大吉。
>
> 〔乙〕亥卜，車（惟）祖丁彡日，迨又（有）正？吉。
>
> 車（惟）父甲彡日，迨，又（有）正？　　　　　　　　　《合集》27041

"迨"在前文已考释为"速"，代表招魂的意思。商王在日祭礼中，招请祖先之灵魂，并在此前占卜与盧伯有关的问题。为了厘清该卜辞提及盧伯的意思，我们先需要理解"寻"字在甲骨文的意义。

2. 释"𨙒"（寻）

甲骨文"𨙒"字，于省吾先生隶为"𨙒"，视为祭名，但于省吾先生没有为此作进一步的释读。严一萍先生则认为，甲骨文"𨙒"字应读为"揖"，而屈万里先生读为

---

① 于省吾：《释𤝗、𧆐》，载《甲骨文字释林》，页30—33。
② 中国社会科学院考古研究所编著：《殷墟妇好墓》，页131。

"度"、"渡",诸家看法相当不一致①。不过,最早由唐兰先生将该字释为"寻",即两手叉开的长度单位②,此释读被大多数学者所认同,笔者亦认为此释读是准确的;然此释读只能说明"⊅"字的字形,但是卜辞中的"⊅"字却不用作量词,而是用作动词。因为"寻"字经常出现在祭祀辞中,学界均被视之为祭名,只不过动作"寻"在祭礼中的确切意义,才是核心问题所在。

曹定云先生推知,"寻"字代表祭祀中杀牲礼的动作③。很多学者因此认为在《合集》27041 所描述祭礼活动系商王杀卢伯当作牺牲来用④。但是笔者怀疑这种读法的准确性:虽然难以排除商王打败方国后以其君为祭牲的可能性,但若将"寻"字释为杀人牲的意思,其他卜辞便难以读通。例如,除了几次出现的"寻某方伯"卜辞外,另有类似《合集》28205、33230"其寻告秋"或《合集》27804"其寻方?"等记录,"寻"字之后没有指出牺牲。依笔者理解,"寻方"和"寻方伯"的意思应该相近,而"寻方"不可能指把整个方国当作牺牲的意思,因此"寻"字在甲骨文的用义,必须重新思考。

曹定云先生将"寻"释为祭用的依据,乃《春秋左传·庄公·二十八年》所言:"先君以是舞也,习戎备也。今令尹不寻诸仇雠而于未亡人之侧,不亦异乎!"杜预注:"寻,用也。"杨伯峻注:"谓不用之于仇敌而用之于我侧。"⑤"寻诸仇雠"在此的意思,并不是祭用诸仇雠,而是说将戎备用于他们。所以,虽然杜预将"寻"训为"用",但从原文来看,这种"用"的意思,并不符合用牲的解释。

笔者阅读《左传》进一步地发现,"寻"作为"用"的意思,经常意味着重新动用的情况。如《春秋左传·哀公·十二年》有言:"今吾子曰:'必寻盟。'若可寻也,亦可寒也。"杜预注:"寻,重也。寒,歇也。"孔颖达疏引郑玄《仪礼》注云:"寻,温也……则诸言寻盟者,皆以前盟已寒,更温之使热。温旧即是重义,故以寻为重。"⑥依笔者浅见,这种解读可能更加符合卜辞的意思。卢国最早出现在武丁时代之后,直至

---

① 《甲林》,页 970—974。

② 王懿荣旧藏,唐兰释:《天壤阁甲骨文存并考释》,页 42—43。

③ 曹定云:《殷代的"卢方"——从殷墟妇好墓玉戈铭文论及灵台白草坡"潶白"墓》,《社会科学战线》,1982 年第 2 期,页 123。

④ 如张懋镕:《卢方、虎方考》,《文博》,1992 年第 2 期,页 10。孙亚冰、林欢:《商代地理与方国》,页 446 等。

⑤ 杨伯峻编:《春秋左传注(修订本)》,北京:中华书局,2006 年,页 241。

⑥ (晋)杜预注,(唐)孔颖达等正义:《春秋左传正义》,页 2641。

康丁时代没有记录,而《合集》27041或许记载了商与卢重温旧盟的事情。

凡其他有"寻"字的卜辞,无论是重温、重新开始、再启动、恢复、重新动用之用义,皆符合甲骨文"寻"字的文例;其中更有涉及重温盟约、重新起兵再攻击敌方、再次进行祈祷祭祀等几种用义。

《合集》773载曰:"贞:寻钾(禦)妣庚,酓,五🐛?"即重新用除灾的"钾"祭法祭拜先母妣庚。《合集》12546载曰:

> 丙寅,允:雨。四月
>
> 贞:寻酚河燎三牛、沈三牛、卯……
>
> ……允:雨。

即四月下雨,在此重新进行酚祭,燎烧三牛、又沉三牛给河。甲骨文中提及重新祭祀某对象的卜辞亦甚多,即寻燎、寻侑、寻禦等记录:

> 壬戌卜,旁贞:寻燎于岳?
>
> 贞:沈十牛? 　　　　　　　　　　　　　　　　　《合集》14474
>
> 辛〔丑〕贞〔寻〕燎〔于〕河?
>
> 辛丑,贞:寻燎于岳,雨? 　　　　　　　　　　　　《合集》34200
>
> ……寻侑……于妣己? 　　　　　　　　　　　　　《合集》39637

这类的刻辞甚多,不再录。

《合集》33230曰:

> 壬子,贞:苪米禘秋?
>
> 弜苪米禘秋?
>
> 壬〔子,贞:〕其寻告秋?
>
> 弜告秋,于上甲?

送米而用禘礼仪祭告秋,又问需否再次重复进行祭礼?

《合集》28244曰:

> 其求年于方,受年?
>
> 于方雨,兮寻求年?

于方祈求年收,下雨后,重新来祈求。甲骨文中这类求禾、求年而重新再求的记录甚多:

> 其寻求年,示在丧田,又(有)……

……雨？	《合集》28250
己巳卜，其寻求……又（有）大雨？	《合集》30047
癸丑，贞：寻求禾于河？	《合集》33286
庚午，贞：寻求禾于河？	《合集》33287
于河，寻求？	《合集》30430

这类的刻辞甚多，不再录。

　　除了重新祭祀之外，另有记录重新进行某活动的卜辞，卜问需否重新作或恢复某事情，如重新攻击某城。《合集》7074 载：

　　　　贞：呼比奠取怀畏畐三邑？

　　　　贞：翌甲申不其易日？

　　　　贞：翌甲申易日？

　　　　翌丙戌寻？

　　　　贞：翌……

战争时拟打败占领三邑，有碰到不晴之天影响战事，故来占卜旸日，且占问过两天重新启动战事的问题。

　　《合集》7076 载：

　　　　甲寅卜，争贞：曰雀来复？

　　　　贞：勿曰雀来复？

　　　　贞：寻？

　　　　曰雀勿伐？　二告

　　　　曰雀伐？

　　　　雀戋函？

　　　　贞弗戋？

　　　　雀弗其戋？

　　　　其先雀戋？

　　　　雀克入函邑？

　　　　雀弗其克入？

殷商族团的雀族攻击函邦，卜辞有问雀来战争否、需否重新起兵、雀族军队能否毁灭函军、能否占领函国之城而进入函邑？ 在这里"寻"是指重新起戈用兵的意思。

《合集》27805 载：

> 丁卯,王其寻牢偅,其宿?
>
> 弜宿,其悔? 吉。
>
> 大吉。

卜问重用牢地的行宫和祭所的问题。大部分卜问重新进行某事情的卜辞非常简略,不叙述事情,只是卜问恢复它吉不吉的问题：

> 乙王弜寻,其悔?
>
> ……王弜寻,其悔?　　　　　　　　　　　　　　《合集》28749
>
> 甲……
>
> 弜丁卯寻,其悔,亡灾?　　　　　　　　　　　　《合集》28750
>
> 于九月酲寻,又(有)正? 大吉。　　　　　　　　　《合集》31062

这类的卜辞甚多,不再录。

　　在占卜恢复某事情的刻辞中,亦有占卜重温盟约的问题,如《合集》27807 载："翌日乙王其寻盂?"即商拟温盟与盂国。《合集》28086 载：

> 壬戌卜,王其寻二方伯? 大吉。
>
> 弜寻?
>
> 王其寻二方伯,于师辟?
>
> 于南门寻?

商王于南门举行盟会,事前占卜与两个方国重温盟约,是否对商能有顺利、吉祥的作用。《合集》28087 又曰：

> 辛未……贞:今日……蕰田……
>
> 贞:王其寻戵(?)方伯,智于之若?

卜问对与戵(?)方伯温盟的事情,有否崇高对象的授权?

3. 殷与卢合盟的历史

　　从"寻"字在文献和甲骨卜辞的用义来看,可以推论武丁时期殷与卢曾经有关系,卢伯贡玉器给妇好,而在康丁时期,殷与卢寻盟,重温亲密的关系,此后卢地和卢人出现在殷王的记录里。

　　武乙、文丁时代的卜辞在翌日、彡日祭礼商王祖先的活动中,亦有数次提及"卢"：

> ……卢,彡毛自上甲?　　　　　　　　　　　　《合集》32350
>
> ……卜,卢,翌日毛翌……彭?　　　　　　　　　《屯南》496

　　　　　甲午卜……

　　　庚辰卜,盧,翌日甲申?　　　　　　　　　　　　　　　　　《合集》34680

　　　　弜酌?

　　　　庚申卜,盧,翌酌甲子?

　　　　……允……　　　　　　　　　　　　　　　　　　　　　　《合集》34681

　　　　庚申卜,盧,翌日甲子酌?　　　　　　　　　　　　　　　　《屯南》2482

　　　　癸……乙……

　　　　……盧,翌日甲申?　　　　　　　　　　　　　　　　　　　《屯南》3328

　　　庚寅卜,盧,彡甲午?　　　　　　　　　　　　　　　　　　　《屯南》4027

在这些卜辞中,"盧"字之后没有提及"伯"或"方",所以可能有别的意思,但是因为与《合集》27041 同样记录"彡"的祭法,或许依然与盧地有关,尤其是武乙、文丁时代在残缺的卜辞中依然出现"盧方"一词,如《合集》33185—33188 等,说明当时殷商依然关注盧方的存在①。

　　康丁至文丁时代的盧人应该是盧方国君或盧君的后裔,他依然参加祭礼活动,与商王有密切关系:

　　　　贞:王异……盧……于……

　　　　……其小臣……　　　　　　　　　　　　　　　　　　　　《合集》27880

　　　　弜其悔?

　　　　其呼盧钔(禦),史(使)雷射,有正?

　　　　……其……　　　　　　　　　　　　　　　　　　　　　　《合集》32969

　　　甲子,贞:盧……在大乙……　　　　　　　　　　　　　　　《屯南》2910

所以资料总体上表达的历史如下:在武丁时代的记录中,盧国之君向殷商王室纳贡,此后有一段时间未见盧国的记录,两国之间的关系应该断了。到了殷商后半叶,商与盧寻盟后殷室与盧方的关系有进一步的发展,因为盧君又参加殷商之礼,因此可以推论其与殷室有同亲关系。

　　4. 盧国地望考

　　关于盧方地望,学界有不同的看法,如曹定云先生认为盧方是西北戎之国②,

────────────

① 帝乙时代亦有一条卜辞提及"盧",即《合集》38763:"……戈……盧……"但残片只保留了两个字而已,意思不明。

② 曹定云:《殷代的"盧方"——从殷墟妇好墓玉戈铭文论及灵台白草坡"潶白"墓》,页 121—127。

张懋镕先生认定为河南卢氏县①。但其他学者都认为是鄂西和鄂西北低山地区的南戎之国。《书·牧誓》曰："嗟！我友邦冢君……及庸、蜀、羌、髳、微、卢、彭、濮人。"孔颖达疏："此八国者，皆西南夷也。"②《春秋左传·桓公·十三年》曰："罗与卢戎两军之。"而《春秋左传·文公·十六年》描述楚伐庸从卢地进，据此清代刘文淇将卢的地望视为襄阳之西南③。饶宗颐先生强调"卢之与荆，必有密切关系。"④据《左传》卢人是经常流动征战的戎人，在桓公十三年（公元前699年）攻击过楚，但据《国语·周语》，周襄王十三年（公元前639年）卢已被楚合并⑤。蒙文通先生通过文献对照提出，卢国之东南在襄汉之区襄阳南漳县，西北可能到十堰竹山和陕西安康之地⑥。孙亚冰和林欢先生从出土资料加以补证此说⑦。本地域范围产玉，从新石器晚期以来便是玉料来源的关键地区之一，并且，此地范围内的先民从很早就开始制造兵器形状的玉器，因此妇好墓玉戈的铭文所载"卢方向殷进贡五件玉戈"之事，或许可以旁证卢国之地望位于鄂西北山脉的假设。

1986年就在此地范围内的陕西省安康市汉滨区老君乡付庙村出土了西周晚期史密簋。史密簋铭文有言：

> 佳（唯）十又一月，王令师俗、史密曰："东征敆南尸（夷）、嘘（卢）、虎，会杞（杞）尸（夷）、舟尸（夷），雚不坠，广伐东或（国）。"齐𠂤（师）族土（徒）□人，乃执啚（鄙）宽亚。师俗率齐𠂤（师）□人□□伐长必，史密父率族人厘白（伯）、𣓧、届周伐长必，获百人。对𩁹（扬）天子休，用乍（作）朕文考乙白（伯）障（尊）段（簋），子子孙孙其永宝用⑧。

史密簋出土的地点亦符合学界对卢国地望的考证。史密簋铭文中，虎和卢一起出现，被称为南夷之国。铭文中讨论了到东国、齐师族、东征，因此王辉先生认为，南夷与淮南夷的意思相同，是指湖北之东道及江苏一带⑨，然而大部分学者依然视之

① 张懋镕：《卢方、虎方考》，页19—22。

② （汉）孔安国传，（唐）孔颖达等正义：《尚书正义》，页419—422。

③ （清）刘文淇：《春秋左氏传旧注疏证》，北京：科学出版社，1959年，页119、580。

④ 饶宗颐：《妇好墓铜器玉器所见氏姓方国小考》，《古文字研究》第十二辑，1985年，页299—307。

⑤ 张懋镕：《卢方、虎方考》，页19—22。

⑥ 蒙文通：《中国古代民族迁徙考》，《禹贡》七卷，1937年，6—7合期，页33—34。

⑦ 孙亚冰、林欢：《商代地理与方国》，页444—446。

⑧ 《新汇编》器号636，藏处不明，在民间流传。

⑨ 王辉：《史密簋释文考地》，《人文杂志》，1991年第4期，页98—103。

为西南之国,乃位于鄂西靠山襄樊之区①。从目前的资料来说,西南之国的说法较可信。但蒙文通先生早已指出:此地在历史上会有变化。文献所表达的虎、卢似乎为南戎族团,这种族类常会在符合其生活方式的范围里迁徙,也会因不断地战争而屡次重新建都,因此年代早和晚的虎、卢便有所不同(类似殷末和周代鄂国所在位置不同,或汉代之后的吴、越、齐、魏等国家与先秦同名国家之不同)。

在殷周之际的青铜器上,曾出现一位隫贵族的名号,如殷商时代的亞隫鼎,或西周早期隫簋②,但却都无明确的出土资料,只知道有一件战国时期的卢氏戈出土在安徽阜阳而已③。史密簋与卢氏戈的出土地点,恰好符合学者所讨论的卢国最西和最东的地望,可能涉及不同时代卢人的活动范围,其范围在虎方以北,从皖南到陕南,含潜山、大别山和巴山秦岭之南的江北之地;卢国的都邑,以鄂西为主,在时代上也确有迁徙。

在康丁卜辞中还有如下记录:

　　……卢伯〔栾〕其征(徙),呼飨? 吉。　　　　　　　　　　　　《合集》28095

　　……卅,卢伯〔栾〕……王導? 大吉。　　　　　　　　　　　　《屯南》667

第一条是商王似乎在呼卢伯飨会,第二条则是王主导或指示进行某事情,所以可见当时卢伯与殷商王室的关系相当密切。有关"〔栾〕"字,于省吾释为"潫",认为是卢伯的名号④。从字形来说,该字右部与《说文》的"巢"(巢)字接近;金文中,西周早期的繇侯鼎⑤和西周中期的陇貯簋⑥、班簋都有"栾"字,皆用作国名或人名,字形也近。不过从上述字形亦可以考虑将该字视为"潫"字的可能。于省吾推论"〔栾〕"是卢伯之名,从文句结构来看,于省吾的假设似乎可以成立,但这种用法较适合于文献所见,甲骨文中极少这么用,或许可以考虑"〔栾〕"指水名的可能性。有关"征"

---

① 相关讨论参张懋镕、赵荣、邹东涛:《安康出土的史密簋及其意义》,《文物》,1989 年第 7 期,页 64—71,42。沈长云:《由史密簋铭文论及西周时期的华夷之辨》,《河北师院学报》,1994 年第 3 期,页 23—28。李学勤:《史密簋铭所记西周重要事实考》。张懋镕:《卢方、虎方考》等。

② 《集成》器号 3465,藏处不明,铭文曰:"隫乍(作)宝隣彝"。

③ 韩自强、冯耀堂:《安徽阜阳地区出土的战国时期铭文兵器》,《东南文化》,1991 年第 2 期,页 258—259。

④ 于省吾:《释潫》,载《甲骨文字释林》,页 419—420。另参《甲林》,页 1280。

⑤ 《集成》器号 2457,现藏于考古研究所西安研究室。

⑥ 别名:子鼓鼏簋:《集成》器号 4047,藏出不明。

字,前文已指出,从字形和用义笔者赞成将之读为"徙",因此可以考虑卜辞有记录卢伯在 ⟨巢 水移动迁徙之事,但记录不全所以难以考证。

"⟨巢"字读为"漅"或为"溧",在传世文献中都有二者的古地名,"溧"系鄂北有溧河,漅乃安徽卢江之地。《春秋·文公·十二年》曰:"夏,楚人围巢。"杜预注:"巢,吴楚间小国。卢江六县东有居巢城。"①可见,在此"漅"和"卢"两个地名出现在一起。据西周早期繇侯鼎和西周中期班簋的铭文来看,殷周时期已有巢国,安徽省寿县丘家花园出土的战国中期鄂君启车节上便提及了居巢城②。

(四)虎与卢:两国地理关系

南方的虎国、卢国似乎是国祚长久、影响力很大的权威国家,从殷王武丁时期到西周中晚期,都有关于虎国、卢国的记录,可见在武丁时期以前,已有这两个国家的存在。他们所在空间较宽广:虎国的范围应该可以视为江南的湘江、赣江流域,此地的青铜器技术远远超越了其他地区;卢国则应是位于江北一带(江汉或部分跨到江淮)。

所以从线索看来,卢国地望确实和虎国地望一样具有几条支线,两国的西、东范围可能相近,只不过是虎人掌握卢人之南的地带。目前所有的资料对照只能确定以下几点:(一)虎与卢都属长江流域的古国,其中虎国应位于江南,而卢国位于江北地区;(二)两湖的低山可能是虎人和卢人在两商时期的主要活动地带,但有部分虎、卢族团的人可能东徙,并到达江西赣江、安徽江淮地带、苏皖交界地区;(三)从资料来看,虎、卢族团的发祥地,应该是长江中游山脉,其平民在盆地种稻和渔猎,而贵族主要以狩猎、战争、资源交易维生,而不是固定居地的农耕,所以其生活范围较广,依据时代早晚在不同地区建立自己的城邦。(四)殷周时期的虎、卢族群是南方势力较强的族团,虽然本身属于南戎,但同时统治长江流域、江南山脉之间的农耕地区,即代表当时长江中游附近地区较强大的政权。

---

① (晋)杜预注,(唐)孔颖达等正义:《春秋左传正义》,页854—855。
② 《集成》器号2110—2112,现藏于中国国家博物馆、安徽省博物馆。

（五）虘国地望考与虘族的属性

　　殷商时期还有其他以虎形为名的古国,如甲骨文中有"𩥉"（虘）、"𪊴、𪋿"（虘）、"𦍓"（𧥤）、"𦳋、𦲷"（蘆）四个字形,都作方国之名。在甲骨学界这四个字不区分,都视为同一"方国"之名,可是如果详细观察不同时代的卜辞,可以发现这四个字在用途方面有些差异。在武丁中期的卜辞中,"虘"字作地名,未见作国名或族名,如《合集》7908 曰:"……在虘? 十二月"《合集》7910 亦载:"……王乙丑……一月在虘?"殷王武丁在虘地进行活动,说明此地在殷商国家所能影响的范围里,可惜卜辞太少并残缺,在虘地的活动不可知。《合集》20364 又言:"乙巳卜,巫由滹?""滹"可能是"虘"地的河流,滹河与巫师有某关系。同时,武丁中期另有两条残缺的卜辞,记载伐、杀灭虘的事情,如《合集》7011:"贞:伐……虘……";《合集》7012:"……虘……戋? 贞:羌其……"。在这里"虘"明显表示某个与武丁敌对族团的名号,该族团类似羌人,只是羌人是与羊有关的族团,而虘人的名号却涉及老虎。

　　依笔者浅见,武丁时代还不能讨论"虘"国邦之形成,"虘"、"滹"、"虘"三字的关系是:前者为地名,中者是此地的水名,后者则是在此地生活的族群。"虘"应是在殷商王国的边疆,所以殷商王国面对这些必须克服的族群,最后将虘地划为殷商的影响地,在虘地进行一些活动①。

　　直至康丁时期才出现"虘方"的记录,可见此时虘地的虘人已建立了国邦,使殷商王国努力征伐、追求毁灭虘方:

……戋征虘方!	《合集》27992
贞:王其……虘方……用五……不……	《合集》27993
……虘方……	《合集》27994
叀（惟）又……𤔲,戋虘方……戌?	《屯南》3637
……庸,戋虘方,不雉众? 吉。	《屯南》3655

有些卜辞记录比较复杂的关系,又提到其他国家:

---

①　《合集》7909 另有不成句的"虘"字,这是目前所见唯一的武丁时代卜辞从"虍"、"且"字的文例,其他都属于康丁以后时代的记录。

叀（惟）马██？

叀（惟）小臣，口？

叀（惟）小臣，叡？ 　　　　　　　　　　　　　　　　《合集》27889

弜壴呼王，其悔？

叀（惟）可白██呼聂绊方、叡方、纞方？

弜██呼？ 　　　　　　　　　　　　　　　　　　　《合集》27990

叀（惟）散（嫩）用洣洣（？），于之若，戋叡方，不雔众？

戌从爭叡方，戌？

……戋叡方？ 　　　　　　　　　　　　　　　　　《合集》27996

从《合集》27996 记录能看，伐、戋叡方的事情牵连着戌守商王国边境的问题，所以叡国的位置应在商的边境。这类记录屡次出现：

戌弗及叡方？

戌及叡方戋？

戌甲，伐戋叡方，祆？

弗戋？

戌及祆于又襄？

……襄？ 　　　　　　　　　　　　　　　　　　《合集》27995

戊申……

于翌日己酚？

戌及虘方？

弗及？

兹（系）方、██、虘方作██？ 　　　　　　　　　　《合集》27997

在这一时代，虘地已离不开此地方国的意思，所以"虘"字已成为"叡"的省文。

《合集》30286 言：

癸丑卜，彝在厅，在叡门尢？

叡门可能指叡国的城门，但另有一个可能是商王国将自己领土与叡国之间的边疆称呼为"叡门"。

帝乙、帝辛的时候，殷与叡的关系已有变化，叡国似乎已成为殷王国半附庸的国家：

　　乙丑王卜,贞:今田(占)巫九备,余亡障循,告侯田册叝方、羌方、羞方、庚
方,余其比侯田,曲戈四封方?　　　　　　　　　　　　　　　《合集》36528

　　己酉王卜,贞:余征三封方,叀(惟)𢓨令邑,弗悔,不亡……在大邑商?
王固曰:大吉,在九月遘上甲……五牛?

　　叀(惟)叝令　　　　　　　　　　　　　　　　　　　　　《合集》36530

　　……卜在蟒贞:……蔽方,余从……王固曰:大吉。　　　《合集》36965

　　乙亥王卜,……暨蘆方,敦……妥余一人……自上下示叝……告于……

　　　　　　　　　　　　　　　　　　　　　　　　　　　　　《合集》36966

　　……贞王其……叝方……用五……不……　　　　　　　　《合集》36967

　　乙卯王卜在麻,帅贞:余其敦蔽,叀(惟)十月,戊申戋?王固曰:吉,在八月。

　　　　　　　　　　　　　　　　　　　　　　　　　　　　　《英藏》2523

有关叝这个国家,学者们提出了不同的想法。杨树达先生认为,叝国即是《诗·
大雅·皇矣》所提及“密人不恭,敢距大邦,侵阮徂共”的徂国,郑玄笺:“阮也、徂
也、共也三国犯周,而文王伐之,密须之人,乃敢距其义兵,违正道,是不直也。”①
但未进一步考证其地望②,此说法既难以证明亦难以否定。陈梦家、孙亚冰和林欢
先生都认为叝国在殷国之西③,岛邦男先生则认为是在殷国之东④,此两种说法的
根据都较弱。

　　丁山先生依靠传世文献将“叝”与“鄌”连接,认为“叝”即是鄌,淮北沛郡之别
名⑤;陈邦怀先生的说法亦相同⑥。从传世文献角度来看,此说法好像可以自圆其
说,但是殷周到西汉的文字变化相当大,从春秋以来的“叝”字基本上已成为拼音
字,用义为连词“且”,所以也可能只是用作声符而已。

　　林沄先生从殷周出土文献着手讨论,获得的结论完全不同:他将西周晚期史
墙盘⑦“恐狄虘髟,伐夷童”与北京房山区琉璃河黄土坡村出土西周早期的太保盉、

①　(汉)毛公传,郑玄笺,(唐)孔颖达等正义:《毛诗正义》,页1570。

②　杨树达:《释叝方》,《积微居甲文说》,北京:中国科学院出版社,1954年,卷下,页45—46。

③　陈梦家:《殷虚卜辞综述》,页298。孙亚冰、林欢:《商代地理与方国》,页275—278。

④　[日]岛邦男著,濮茅左、顾伟良译:《殷墟卜辞研究》,页415—416。

⑤　丁山:《叝夷考》,《“中研院”历史语言研究所集刊》第2本4分,1932年,页419—422。

⑥　陈邦怀:《殷虚书契考释小笺》,页3。

⑦　《集成》器号10175,陕西扶风县法门寺庄白村1号窖藏(H1:5)出土,现藏于陕西省周原博物馆。

太保罍①"令克侯于匽（燕），使羌、狸、叡、雩、駭、髟"之句作了对照，以确定殷周之际叡国地望在燕国之东北②。依此可以推知，叡人族群来自兴安岭山脉，因此他们建国时，立都在燕国之东北。

甲骨文表达殷商因戍守国境而征伐叡人，恰好符合地理的关系，这一点也旁证林沄先生的判断：叡人从山脉下的渤海攻击大商之境。西周初年侯军被派遣到燕，组织叡、狸、羌等三个东北方国的联盟军队，共同平定髟人的侵扰。不过，西周早期大保簋载："王伐录子耵（听），叡雫（厥）反。"③西周早期小臣謎簋铭文又言："叡东尸（夷）大反。"④两者皆显示出叡人重新反抗周政权，攻击周的东土。从将周原当作是中央的角度来看，叡人是东夷，即是东北夷，同时亦不能排除西周时期的这些山地人，从兴安岭迁移到燕山，再从燕山到渤海一路南下到达山东的可能性。

山东省费县出土了一套殷周之际的叡族铜器⑤，虽然就总体而言，带有该族名的青铜器出土地点颇为零散，不能代表本族最初的活动区域，但在山东出土的这一套叡族铜器，极有可能代表叡族的某旁支，从渤海进黄河迁徙南下至较远地区的情况。大保簋出土的地点亦是山东省梁山县，小臣謎簋出土在河南之东北浚县，三个地点相距不远，皆符合这条路线。因此可以假设，西周早期叡族的主要活动区在燕山东北，但黄河下游汇入渤海地带的地区同样也是叡族活动范围，他们反抗周的政权，因此而使厝需要特别派遣侯军去克制叡族使其不入黄河流域之地。

直至西周中期，录尊⑥和录卣⑦各言："叡、淮尸（夷）敢伐内国。"马承源《铭文选》对铭文中通见的"叡"字，都视为叹词，此恐怕不妥。在该铭文的记录里，叡与淮夷两族来攻击周。叡与淮夷两族群一起出现，完全是两件相隔不近之地方的事情：叡从东北来攻击周，淮夷从东南来攻击周，共同造成对周东边的风险。或者另

---

① 《新汇编》器号 1367、1368，现藏于北京市文物研究所。

② 林沄：《释史墙盘铭文中的"逖虘髟"》。林沄：《林沄学术文集》，北京：中国大百科全书出版社，1998年，页 174—183。

③ 《集成》符号 4140，山东省梁山县马营乡吴垓村梁山下出土，现藏于美国华盛顿弗里尔美术馆。

④ 《集成》符号 4238—4239，曾自河南省浚县出土，现藏于台北故宫。

⑤ 冀叡甗、鼎、簋、豆、卣、尊、斝、觚、爵、罜、盉、罍、角、残片，《集成》器号为 796、1380、3112、4652、4877—4879、5556、6187、6918—6919、8167—8168、9176、9327、9770、8169，《新汇编》1177—1178、1179，部分现藏于北京市文物工作队，部分在北京市文物研究所，后三件现藏于临沂市费县。

⑥ 《集成》器号 5419，现藏于台北故宫。

⑦ 《集成》器号 5420，现藏于美国普林斯顿大学美术博物馆塞克勒氏藏品（The Sackler Collections at Princeton University Art Museum, Princeton, New Jersey, USA）。

有可能,西周中期时有叔族的某旁支,确实南下到淮河的北岸,即丁山先生的论述确实可以代表西周中晚期的情况,淮北商丘永城的郡确实为叔人晚期所建立的城邦。这些问题我们可能没办法回答,殷周历史实际上一片空白,地区之间的关系,族群流动、分合、兴衰,都是难以掌握的,只能从零散的资料观察,并思考资料所隐显之昔日生活①。

西周青铜器上亦有数次出现"𤔲"、"𤕝"、"𤕫"作族名或人名的情况,出土的地点颇为零散,且大部分器物无出土资料,所以我们只能观察叔人在西周的存在,无法探索他们是否保留团体的活动,或是已被周同化的叔族后裔情况如何。例如,陕西扶风县出土西周早期的叔爵②和虘簋③,西安市出土西周中期大师虘簋④,又有出处不明的大师虘豆⑤,这都可能代表虘族的某一家归入于周,成为周国的将军⑥。

西周晚期另有出现"叔"作地名之用,如夨盠言:"援夺叔行道"⑦,其地望已不可考。散氏盘载:"叔眔鼙陕以西",这一记录实际上只是增加混淆,好像叔地在陕西散国的边上。其实笔者考察散氏盘的造型、刻纹饰的手法以及铭文的内容后认为,这无疑不是西周的原件,而是清代人的仿古品(或许按照老古玩界传言是由清代阮元设计铸造,或是阿林保本人为了嘉庆50岁寿礼而订做,冒充古董赠送给天子),所以散氏盘的铭文不能当作西周时期的资料来用。

在西周中期生史簋铭文上,"叔"字又获得新义,铭文曰:"用事乎(厥)叔日丁,

---

① 另外难以确定的问题是帝乙、帝辛时代卜辞中出现"𤔲"、"蒦"、"蔽"三种国名,这三种写法是否完全没有意义之别,或者带有一些意义上的差异?西周铭文出现一位蒦的伯君(大师小子伯蒦父鼎:《集成》器号2580,现藏于上海博物馆),"蒦"字的写法为 𤕻 与"蒦"字的 蒦 写法近,是否同一国的记录,或者"蒦"与"蒦"无关联?这都是难以捉摸理解的历史之谜。

② 《集成》器号895,陕西扶风县法门镇刘家村丰姬墓出土,现藏于陕西省文物管理委员会。

③ 《集成》器号3520,陕西扶风县刘家村墓葬出土,现藏于陕西历史博物馆。

④ 《集成》器号4251—4252,陕西西安出土,现藏于北京故宫、上海博物馆。

⑤ 《集成》器号4692,出处和藏处皆不明。

⑥ 其他器主为叔人的青铜器还有西周早期的叔戊觥爵(《集成》器号8331—8332,河南洛阳出土,现藏于北京故宫)、叔𣄰卣(《集成》器号5373,藏处不明)、叔尊(《集成》器号5899,现藏于上海博物馆)、叔瓶(《集成》器号7294—7295,现藏于台北故宫)、叔作父辛壶(《集成》器号9577,现藏于上海博物馆);西周中期的虘钟(《集成》器号88—91,现藏于日本京都泉屋博古馆、北京故宫、北京大学塞克勒博物馆(燕园聚珍)(Arthur M. Sackler Museum of Art and Archeology at Peking University,China)、叔钟(《集成》器号92,现藏于日本京都泉屋博古馆)、仲叔父簋(《集成》器号4102—4103,现藏于北京故宫、上海博物馆);西周晚期的叔吝妊簋(《集成》器号3785,藏处不明)、鲁士商叔簋(《集成》器号4110—4111,现藏于北京故宫)、鲁士商叔匜(《集成》器号10187,现藏于旅顺博物馆)、伯桃虘簋(《集成》器号4092—4094,现藏于辽宁省博物馆、首都博物馆)等。

⑦ 《集成》器号4469,曾自河南开封出土,藏处不明。

用事屖（厥）考日戊。"①从文句的互文结构可看，"敊"字似乎用作"祖"的意思，春秋时亦有相同的例子，如春秋晚期莒叔之仲子平钟的铭文。但在春秋战国文字中，更普遍的情况是"敊"字只是连词"且"的意思罢了，所以到了传世文献时代，该字作族群的本义恐已被忘记。是故，晚编的传世文献难以提供准确的线索，而林沄先生采用殷末周初的资料来探讨敊方地望，才较为可靠、能令人信用。

林沄先生将出土及传世文献对照与东北考古结合，作了系统的考证，获得成果应该不存疑，解决了几项关键的问题：证明了敊人族群原本是来自兴安岭山脉的猎民，是故，他们中有些国邦建在燕国之东北。从地理关系来看，兴安岭、长白山脉一路通到锡霍特山脉，皆是同一生活范围，也恰好是东北虎的发祥地。山地猎民的流动率高，东北到锡霍特山、西南到燕山，都是他们的活动范围，此地域更有几条水路交通命脉：黑龙江、松花江、乌苏里江等，其中包含了很多支流，以及从日本海到渤海的沿海路线。所以东北山脉地带可以说是一个大的生活区域。

自古至今，此地都是通古斯人种的活动范围。据17世纪人类学的研究，此地由通古斯人所掌握，其中有以下几种：（1）通古斯河的通古斯人，住在中西伯利亚叶尼塞河流域；（2）犬通古斯人，住在东西伯利亚勒拿河、阿尔丹河流域，他们是驾犬车并崇拜狗的猎人，经常出现与狗合葬，以及在送葬仪式中吃狗肉的丧礼；（3）鹿通古斯人，住在黑龙江之北岸，他们是驾鹿车、并从猎鹿逐步发展到驯养鹿之生活方式的人；（4）马通古斯人，他们会骑马，住在后贝加尔湖畔、黑龙江下游、松花江、乌苏里江流域。

20世纪人类学研究显示，通古斯人的祖先在距今4 000—3 000年前，已在中国的东北地区活动，并与中原地区有来往。所谓"马通古斯人"原本应该是草原族群，在黑龙江和蒙古草原活动，部分养马的草原族群到了黑龙江下游的森林地带后，与本地古亚细亚（Palaeo-Asiatic）猎民同化，其中部分人群开始以驾鹿取代驾马的技术②。同时，学者们发现，在通古斯的神话和萨满仪式中，老虎都是地位崇高的神兽③，这均属对通古斯人认识的常识。

---

① 《集成》器号4100—4101，陕西扶风县黄堆乡4号墓葬（M4：6、7）出土，现藏于陕西宝鸡周原博物馆。

② Максимов, А.Н. "Происхождение оленеводства." *Ученые записки РАНИОН*, т. VI, 1928, cc.3 – 37; Shirokogoroff, S（史禄国）. *The Social organization of the Northern Tungus.* Shanghai, 1929.

③ Е.В. Шаньшина. *Мифология претворения у тунгусоязычных народов юга Дальнего Востока России. Опыт мифологической реконструкции и общего анализа.*

更详细的研究显示：（1）崇拜老虎的通古斯人是源自偏南地区，即黑龙江及其支流流域，而活动在勒拿河、阿尔丹河流域的通古斯人则崇拜别的动物。（2）黑龙江下游的通古斯人不仅崇拜老虎，更将之视为自己的祖先，把自己当作老虎这一神祕祖先的后裔，也就是说，具有典型的以老虎为图腾的概念。（3）这些崇拜老虎的通古斯人的活动范围北到鄂霍次克海边，南到松花江、乌苏里江。但他们并不能被视为一个民族，他们之间分合关系较复杂。（4）从语言的异同可以分为两组：住在黑龙江下游至入海口、滨海省（哈巴罗夫斯克边疆区）、锡霍特山脉的奥罗奇人和尼夫赫人（吉利亚克人），以及住在黑龙江、滨海省、锡霍特山脉、长白山脉的赫哲族。但这两种民族中，有部分族群认为自己的祖先是棕熊，而其余的族群则将自己视为老虎的后裔①。

叡人的族名恰好是虎头之祖："🐯"字形直接表达以虎为祖的意思。依笔者浅见，甲骨文"🐯"的记录，可以旁证人类学家对古通古斯人的起源和早期活动的假设，包括史禄国先生所提出的，早期古通古斯人与中原有密切来往的想法②。殷商时他们攻击商国之边境，西周时与周或燕联盟，共同征伐髟人，但此后又继续攻击周的东北地，或者再南下至黄河下游，并从东边攻击周国的属地。

（六）樆和樜的族群属性、活动范围和古国地望

殷商末期，甲骨金文中又出现了几个以虎为自称的古国，其中似以樆和樜两古国最相近于叡的领土所在之地带，并可推测樆建国之地或曾是商王的猎区③。

1. 樆国的历史考

前文已论及甲骨文中多次出现从"🐯"（虍）的几种字形，都是指商王狩猎之地，或作地名以及本地活动猎人的族号，未见有邦国的意义。直至西周早期，铭文提供新的线索，从"虍"的"樆"或"樜"字不仅作地名和族名，更另作国名。有"口"

①　Золотарев, А. *Пережитки тотемизма у народов Сибири.* Лен.: Издательство Института народов Севера, 1933.

②　Shirokogoroff, S. *The Social organization of the Northern Tungus.*

③　笔者不赞成有些学者将"樆"、"樜"释为"楷"，参中国社会科学院考古研究所编：《殷周金文集成释文》，香港：香港中文大学中国文化研究所，2001 年，器号 542、2045、2179、2704、2729、3362、3915、4039、4205、4429、6486、9553、10120，或《新汇编》器号 1669、1891，所以不采用此释读。

偏旁的"㝐"（檔）和无"口"偏旁的"㝐"（梧）字不应区分,皆指同一族国。从梧族的铭文可以看出该族国在西周时期的存在以及与周关系的演化。

梧叔㝐父鼎的铭文曰:"梧叔㝐父乍（作）鼎。"①只表达有一位梧族的人制造了礼器。从梧叔㝐父鼎的形状看似为北方的礼器,特别相似于内蒙古自治区翁牛特旗巴嘎塔拉苏木哈日敖包村出土的夏家店下层晚期的宁章甗,但其本身没有出土记录,出处不明,所以制造地方和文化属性难以判断。

吹鼎铭文曰:"吹鼎乍（作）梧妊障彝"②,受祭祀者是梧妊妣考。而时代相近的西周早期歔歔鼎的铭文,记载了梧人的身份及官位:

> 佳（唯）二月初吉庚寅,才（在）宗周,梧中（仲）赏㝐（厥）歔歔述（逐）毛（旄）两、马匹,对扬尹休,用乍（作）己公宝障彝③。

梧仲是一位尹长,属周王室的宰官,在周都城进行赏赐仪式。歔歔鼎来源不明,但依笔者浅见,梧仲应该朝觐才到宗周,梧仲在周大国的网络里,接受了地方尹长的身份,在朝觐周王之后,梧仲赏赐自己手下贵族。

献簋更加明确地记录这种意思:

> 佳（唯）九月既朢（望）庚寅,梧白（伯）于遘王休,亡尤。餴（朕）辟天子,梧白（伯）令㝐（厥）臣献金、车,对餴（朕）辟休,乍（作）餴（朕）文考光父乙,十枻（世）不諲（忘）,献身才（在）毕公家,受天子休。

首先铭文中梧被称为"伯",据此可推知他是某小国的统治者,所以已能肯定梧国的存在。同时梧国属于周国网络的政治区,梧伯在九月庚寅日到中央朝见周天子,觐礼顺利成功,因此梧伯代表天子赏赐予自己的臣献,而给他一辆车和一块铜料制造本礼器用。这些礼物应是由周王先赐给梧伯,所以献是对周天子表示感谢。献制造祭祀自己祖先的礼器时强调,他本身应属于毕公的亲戚,但是在毕公的家里他的地位可能不高,所以为臣于梧伯。或许就是因为毕公家与周王室的亲密性,献在梧伯与周王室的关系中扮演重要的角色④。

---

① 《集成》器号 542,现藏于洛阳博物馆。

② 《集成》器号 2179,藏处不明。

③ 《集成》器号 2729,现为美国旧金山亚洲艺术博物馆布伦戴奇藏品（B60B954）。

④ 此外,西周早期旗鼎里似乎有提及"梧兄",但铭文的意思不清楚。马承源不认为旗鼎铭文提及"梧兄",他解释的意思似乎与献簋有所不同,但却依然不甚明白,所以这里不讨论。参《集成》器号 2704,陕西眉县杨家村窖藏出土,现藏于陕西历史博物馆,《铭文选》器号 114。

　　献簋的铭文很特殊,极少有赏赐者为两个人的记录。在几乎所有记载赏赐的铭文叙述中,都是被王或侯赏赐之后,器主针对赏赐者表示承诺和感谢,然后制造祭祀祖先的礼器。但献簋则表达具体赏赐者是楷伯,被感谢者却是周天子。笔者认为,其隐现西周前半叶不同地区间权威贵族的关系,以及周这个大型国家网络的形成和运作。另外,我们可以发现,虽然献说自己属毕公之家属,但他的礼器却被发现在离毕公封地很远的地方,即在燕山南脚下,河北涿鹿县。这一点也会让我们思考楷伯之国的地望,可能是偏东北的与叔相近的小国。

　　叔趞觯铭文载:"叔趞作楷公宝彝。"将楷祖先称之为"公"以表达楷为古国的概念。菁簋铭文载:"……楷侯斁(厘)菁马四匹、臣一家、贝五朋。菁䰈(扬)侯休用乍(作)楷中(仲)好宝。"在周的大国网络里,楷国的地位似乎有提升,已获得侯的身份,统治、赏赐不需要依靠周王的名义,以本身的名义去进行即可。铭文既有描述在位楷侯的事情,亦有提及楷仲祖先。

　　楷(楷)国的生命比叔(虞)的国家长,西周中期楷侯簋盖记载:"楷侯乍(作)姜氏宝鬻彝,方事姜氏,乍(作)宝叚(簋),用永,皇方身,用乍(作)文母楷妊宝叚(簋),方其日受宝。"①铭文一方面表达楷国侯族崇拜对象之传承,与西周早期的吹鼎一样,在铭文中提出祭祀楷妊妣考,另一方面还有祭祀姜氏,则表达当时楷与姜氏有通亲的关系。姜氏与周的姬氏有亲属关系,或许可以推论:就是通过姜氏,楷人与姬氏发生血缘关系。楷侯簋盖出土的地点与献簋很近,也是在燕山南脚河北保定市出土。

　　西周中期楷侯壶的铭文载:"楷侯乍(作)肇(旅)彝。"②同时楷仲鼎③和楷仲簋④的铭文各载:"楷中(仲)乍(作)肇(旅)彝。"当时楷(楷)国的统治者应该依然是同一个族,最高地位者有侯的身份,其他家属有中等身份或完全不表达其身份,如楷尊的铭文载:"楷乍(作)昰(得)宝彝,其万年用。"⑤我们只能知道这是一位楷侯族室的家属成员。

　　到了西周晚期,楷人只是出现在被崇拜祖先中:

---

① 西周中期:《集成》器号4139,河北保定市出土,现藏于日本东京书道博物馆。
② 西周中期:《集成》器号9553,藏处不明。
③ 西周中期:《集成》器号2045,藏处不明。
④ 西周中期:《集成》器号3363,现藏于上海博物馆。
⑤ 《新汇编》器号1669,现藏于台北故宫。

师趞乍（作）榯姬旅鎬（盨），子孙其万年永宝用。　　　　师趞盨①

周緐生乍（作）榯娟（妘）媿剩（媵）段（簋）。　　　　周緐生簋②、周緐生盘③

据此可以判断，到了西周晚期，榯国可能已亡，榯族后裔可能散到各地，但保留了对自己祖先的崇拜。

有助于讨论榯国地望的资料不多，因为大部分榯国青铜器没有出处记录，只有献簋与檴侯簋盖两件才知道出土地点，且都是燕山地区④。但同时从古文字的角度来说，从"木"、"虎"或"虍"字体，即从"虘"的"櫨"、从"膚"的"榯"、"檴"和从"虎"的"橪"，在古文字学界都被视为有亲密关联；同时"\[膚\]"（膚）与"\[虘\]"（虘）亦被视为相近的字体，而"\[榯\]"（榯）被视为"櫨"字的异构⑤。这些想法应有些道理，同时我们应该考虑，字体的相近离不开其所表达意思的相近。

据此可以初步推论，"榯"与"虘"地、族群和国家之间的关联性，所以榯国青铜器在燕山出土，可能符合表达本国的地域所在。至于"橪"，从资料判断，橪族的活动应该亦在东北，相关记录最早出现在帝乙或帝辛的时代，后来橪族在"榯"、"叔"古国附近亦建立了小国。

2. 橪国的历史考

在帝乙、帝辛时期的甲骨文中，《合集》36755 有记载："戊辰……高膚……逤往来……？……在橪……步……望，无灾？"可见"膚"与"橪"是两个相关的地名，其中"膚"及其他从"膚"字类是商王狩猎的地名，但"橪"地的记录极少且似乎与狩猎无关。《合集》24256 曰："庚午卜，王在橪卜？"在祖庚、祖甲时代卜辞中，"橪"是一处商王占卜的地点。该记录之外，目前只有一个帝乙、帝辛时期的残片而已⑥，因资料极少，难以探讨。

不过，王襄、李孝定、饶宗颐等学者都将从"木"、"虍"的"橪"字与金文中从

---

① 《集成》器号 4429，现藏于苏州市博物馆。

② 《集成》器号 3915，藏处不明。

③ 《集成》器号 10120，现藏于台北故宫。

④ 此外，周緐生盘源自沈阳故宫旧藏，或许也表达了发现地点。

⑤ 周法高主编：《金文诂林》，香港：中文大学出版社，1974—1975 年，第五卷，页 396—397，第六卷，页 149—154。另参汉语大字典编纂委员会编：《汉语大字典》（后引简称《大字典》），武汉：湖北辞书出版社、成都：四川辞书出版社，1986—1990 年，页 1231、1278—1279、2822、2827。

⑥ 即《合集》36773 曰："丙……橪……往……"，意思完全不明。

"木"、"虎"的"🌳"、"🐅"（虦）和"🐅"（榹）字作连接①。这种连接相当准确，"虙"、"虦"、"榹"即是同一字的异构而已。该字在甲骨文中只作地名，而在殷末周初的金文中，它作器主的族名，如榹父辛觚②、榹父辛爵③、榹父辛觚④等礼器，都记录了对榹族祖先的崇拜，但因这些礼器只有三字的铭文，出处亦不明，所以我们只能知道：榹族的祖先与殷商王族一样用日名庙号，这几件礼器所记录的祖先是以辛为日名⑤，说明他跟殷王室属于同一宗族。宰虦角的铭文较长，其言曰：

> 庚申，王才（在）齍（阑），王各，宰虦从（从），易（赐）贝五朋，用乍（作）父丁障彝。才（在）六月，隹（唯）王廿祀，翌又五。

马承源先生认为，这是帝辛后主时代的礼器⑥，此断代基本可从。铭文叙述庚申那天殷王到了阑地，并有一位虦宰官随从着王而被赏赐，因此虦宰制作祭祀自己祖先父丁的礼器，这件事情发生于殷王第二十祀祭、第五翌祭的时段。

甲骨文中还有从"虦"从"女"的"嬎"（嬎）字，是一个祈祷对象，出现在康丁时期的卜辞中：

> 其求年于嬎，鼎……吉。　　　　　　　　　　　　　　　　《合集》28264

> 其求年于嬎，叀今日彫，又（有）雨？　　　　　　　　　　《合集》28265

"嬎"可能是虦地、虦族的崇拜对象，卜辞所录似乎是向神母祈求丰年之事。

资料缺乏，所以不能作充分的研究，只能从零散的资料推知，榹族可能是殷商王族族团的某旁支，所以榹族祖先用日名庙号；榹地应含有平原地带，所以本地崇拜对象能负责年收之事，且没有殷王在虙地狩猎的记录。但同时，榹族可能亦有山林的生活经验，且此山林是老虎的活动区，这是由榹族的族号所表达的。依笔者浅见，榹地最有可能是辽河平原与东北山脉的交错带，或是河北平原靠燕山的地区。

西周早期旟嗣土榹簋铭文曰："旟嗣（司）土榹乍（作）宝障殷（簋）"⑦，讲的是

---

① 《甲林》，页1646。

② 《集成》器号7146，现藏于北京故宫。

③ 《集成》器号8637，藏处不明。

④ 《集成》器号7150，现藏于美国杜克氏。《集成》命名为榹父辛觚，但笔者认为左边偏旁不是"未"，而是多树枝的"木"字偏旁。

⑤ 有关日名庙号系统参郭静云：《殷商王族祭日与祖妣日名索隐》。

⑥ 《铭文选》器号7。

⑦ 《集成》器号3671，藏处不明。

槬人作司土的官位。同时西周早期"槬"字已从族名发展作伯国之名,伯槬簋铭文曰:

> 白(伯)槬乍(作)乒(厥)充室宝殷(簋),用追考(孝)于乒(厥)皇考,唯用襕(祈)求万年,孙孙孙子子永宝。

"槬"是伯国的国君,据此可知,西周早期有槬族所在的领土被视为国。此国直至西周晚期依然可见。伯龙虘簋铭文曰:

> 白(伯)龙虘肇(肇)乍(作)皇考刺(烈)公障殷(簋),用亯(享)用孝,万年霣(眉)寿,晙才(在)立(位),子子孙孙永宝①。

伯龙虘簋的出土地点不明,但有些线索有助于推知器物来源和龙(槬)国的地望范围。有一件伯龙虘簋于 1979 年被河北东北角的通县物资回收公司回收,此件后到北京首都博物馆,另一件则被辽宁省博物馆收藏。上述这些地点都指出燕山南北之范围。此外,龙国伯君的名号是虘,可能表示龙与虘的关系:叞国在西周晚期时已不见,但龙与叞可能是有相近来源的族群,而叞族的后裔则作为龙国的上层贵族。

(七) 叞、槶、槬三族及三国空间的关系

从叞(虘)、槶(槶)、龙(槬)三族及三国的比较,笔者推论,叞(虘)族在殷商之前已在兴安岭、长白山脉流动,殷商时从山脉下燕山、渤海攻击大商之境,所以殷商才会戍守国境而征伐叞人,直至西周早期,他们在燕国之东北建立了古国,与周处于不同的关系:既曾组织联盟军队,亦经常南下攻击周的东方领土。膚(槶、槶)族的来源应与叞(虘)族相近,但是由于从"膚"的地名都是商王狩猎地带,此地不应该像兴安岭、长白山离殷墟那么远。依笔者浅见,此应为燕山地带(亦可能为太行山之东北区,但此地没有发现槶的礼器)。西周早期的槶人建立古国,与周有所来往②。虡、龙(槬)族的来源应该也与叞(虘)族相近,但是槬参与了殷商上层贵族的族团,属于殷商王族的族群之一,所以槬族的祖先用的是属于殷商王族丧葬文化的日名庙号,且宰槬角记载槬人是商王的宰官。因为加入了殷商王族的族团,所以槬

———————————

① 《集成》器号 4091—4094,现藏于辽宁省博物馆、首都博物馆。

② 战国早期隓侯髭逆簋(《集成》器号 4521,现藏于旅顺博物馆)隓侯名为"髭",应是"髟"字的繁形,而同时学界将"隓"字释为"槶"的异构,如果该释读准确,或许可以参考林沄先生的《释史墙盘铭文中的"逖虘髟"》之文,从中看出东北族群的同化过程。

族跟着殷商王族南下,并从山上迁徙至山脚下的平原地区,虽然保留猎人的信仰和自我认同,却也学习了农耕的生活。

《合集》36755 有"高膚"之语,或许显示出膚(楷)族所居的山有非常高耸的地貌,同时该卜骨上另有"在虍"之语,或许表达相对意思:前者可能在山上,而后者则在山麓之下,两者相隔的距离应是不远。楷地应位于燕山南北平原地带,即辽河流域或河北的北部平原,西周早期楷人就在此地建立了伯君之国,并与叔人通亲,但有关楷国与周的关系,铭文上没有多加交代。(依笔者浅见,既然西周时河北的北部是燕国的领土,且楷国与周的来往不多,楷国地望为辽河流域的可能性较高)。

(八) 虍与嚜族团的活动范围

《合集》4593 载曰:"贞:重虍从髟,奴业(侑)示三⋯⋯"提及髟人,即东北山地族群的人物[1],与虍人记录在一起,因此"𣏾"(虍)可能也是对东北山地人的指称,卜辞载曰虍族之人从着髟族的人。

《合集》8207 另曰:"贞:重(惟)王自虍凶(臽=陷),皿?"该卜辞的意思不清楚,但同时期的卜辞中,另出现从"虍"、"皿"(血?)的"嚜"(嚜)族群,是武丁殷王征伐对象:

> 庚申卜,殼贞:伐嚜 𢆉,戋?　　　　　　　　　　　　《合集》6877

> ⋯⋯伐嚜 𢆉,〔戋〕　　　　　　　　　　　　　　《合集》6880

"虍"与"嚜"可能是同一族或两个亲近族群的关系。

"嚜"字从"人",而另有从"大"的异构,写从"虍"、"皿"(血?),似乎指出同一族群:

> 贞:王伐嚜 𢆉,戋?　　　　　　　　　　　　　　《合集》6878

> 贞:王伐嚜〔𢆉〕,戋?　　　　　　　　　　　　《合集》6879

孙海波认为可能是方国[2],但从卜辞内容无法看出政权的成分,所以有可能这是与武丁有敌对关系的某族团,或被武丁完全毁灭,或一次战争后便不再碰到。

---

[1]　参林沄:《释史墙盘铭文中的"逖虘髟"》。

[2]　《甲林》,页 2662。

（九）神虎帝国之"地理"：南北传统的成分

本文前段从礼器的形状和传承，观察到华南偏西南和东北两个崇拜老虎大传统，其中东北的传统似乎由殷商王族所吸收；后段则对以虎为名的地区、宗族、国家进行分析，亦获得同样的结论：部分虎族和虎国属华南偏西南地区，部分属东北地区，且来源自东北地区的一些虎族似乎参与了殷商王族的族团。

进一步将南方与北方的虎族比较，或许可以看出一些区别。南方的虎国、卢国似乎是国祚长久、影响力大的权威国家，从武丁时期到西周中晚期都有虎国、卢国的记录，可见武丁之前已有这两国。他们所在的空间应该比较宽广：虎国的范围应该可以视为湘江、赣江流域，此地青铜器技术远远超越了其他地区；卢国应是江北（江汉、江淮）一带。而东北地区的虎族是零散的族团，应是将老虎视为始祖的猎人族团，直至殷末都没有建立过国家。东北的叔、膚（榗、橹）、龙是殷商王国北边的族群，依据时代早晚建立过续存不久的小国；其中，叔族经常攻击殷周的东北境，而殷和周反伐他们；而虎（嵮）族亦是武丁时代殷人要征伐的对象，似乎没有建国。

此外，殷商的"虎族"应是殷商王国本身的贵族、王室的亲属。青铜器上发现的虎形的族徽，如"虎"、"麟"、"虎"、"戏虎"可能是他们的符号，参与殷商王族的虎族应该是来源自东北的族群。包括西周早期建立小国的龙族，在殷商时期应该也属王族的亲属。这几个族群的发祥地在东北山脉地带，可能属于古通古斯族群。甲骨金文资料或许可以旁证 20 世纪前半叶的人类学家有关古通古斯人和商周来往的假设。

换言之，虽然南方的崇拜老虎的族群早已掌握国家政权，如虎国和卢国的政权存在几百年，而东北的虎族只有临时建过小国，甚至有的并没有建国。但是因为他们部分参与殷商王族，所以成为北方拜虎的一大势力。

殷墟王陵大墓的资料显示，在殷商王族精神文化中，老虎是关键的神兽，是殷商王族的保护神。殷墟虎形的礼器明显地集中在王级的墓葬里（图二二七至二三〇），显示在殷墟所居的其他族并没有特别对老虎进行崇拜，这只属于王族的特征。

上述研究使我们推论，殷商王族对老虎的崇拜或源自东北猎民的精神文化。同时 Florence Waterbury 先生曾依据神话记载及殷商礼器与通古斯信仰、仪式对照，认为殷人文化的北方成分很高，或是古通古斯人种。此外，他们的传统中应该另有一些来自西方以及长江华南的成分①。赵尺子先生从语言学的角度,认为殷商语言乃是源于阿尔泰语系②,阿尔泰语系的族群范围相当于古通古斯人种的活动范围。从民族学的角度来看,殷周文献中零散的遗迹亦显示,东北拜虎族群的活动,或许可以视为古通古斯人种。他们与殷周的关系不限于战争,还包含联盟与同化,殷商王族应也有东北猎民族群的成分。

我们还可以思考一个线索,人类学家对通古斯人崇拜的研究显示,他们对老虎的崇拜与对棕熊的崇拜并存,殷墟亦有发现几件熊的造型。最早熊的造型出现在东北红山文化玉器上③,以及牛河梁神庙中出土的熊下颚骨,两者可能都与殷墟出土的熊形象一样,代表东北古通古斯人生活环境和信仰的影响(图二三二)。

总体可见,所有的资料都显示出,对老虎的崇拜、将老虎认同为崇高始祖等信仰,来自南和北两个不同来源,可是都涉及上古崇高权力而代表统治者的信仰。到了殷商时期,南北的交流愈来愈频繁,导致拜虎的传统互相影响,因此逐步整体化,最后形成了一个原本多元但最终被同化的大传统。

七、多元与整体化

(一) 从礼器的造型看南北对老虎崇拜的合并同化

在殷商时期,不同文明背景的人组成了一个联盟帝国,促进了彼此间的文化及信仰的同化。虽然地方文化特色依然被保留了下来,但人们和器物的流动,导致文化区域的区分变得不如以往明确,而且来源不同却相近的文化观念,亦因此失去了一部分原有的独特性,并混合其他文化中的神祕形象,甚至几乎与之同化。当然,这种过程首先涉及上层贵族的交流,各国王室间不断交易、战争,以及互相学习、模仿、联盟、通

---

① F.Waterbury. *Early Chinese symbols and literature: vestiges and speculations, with particular reference to the ritual bronzes of the Shang dynasty*. N.Y.: E. Weyhe, 1942, pp.10 - 13, 139.

② 赵尺子:《蒙汉语文比较学举隅》,台北:中国边疆语文研究会,1969 年,页 354—358。

③ 柳冬青:《红山文化》,页 37。

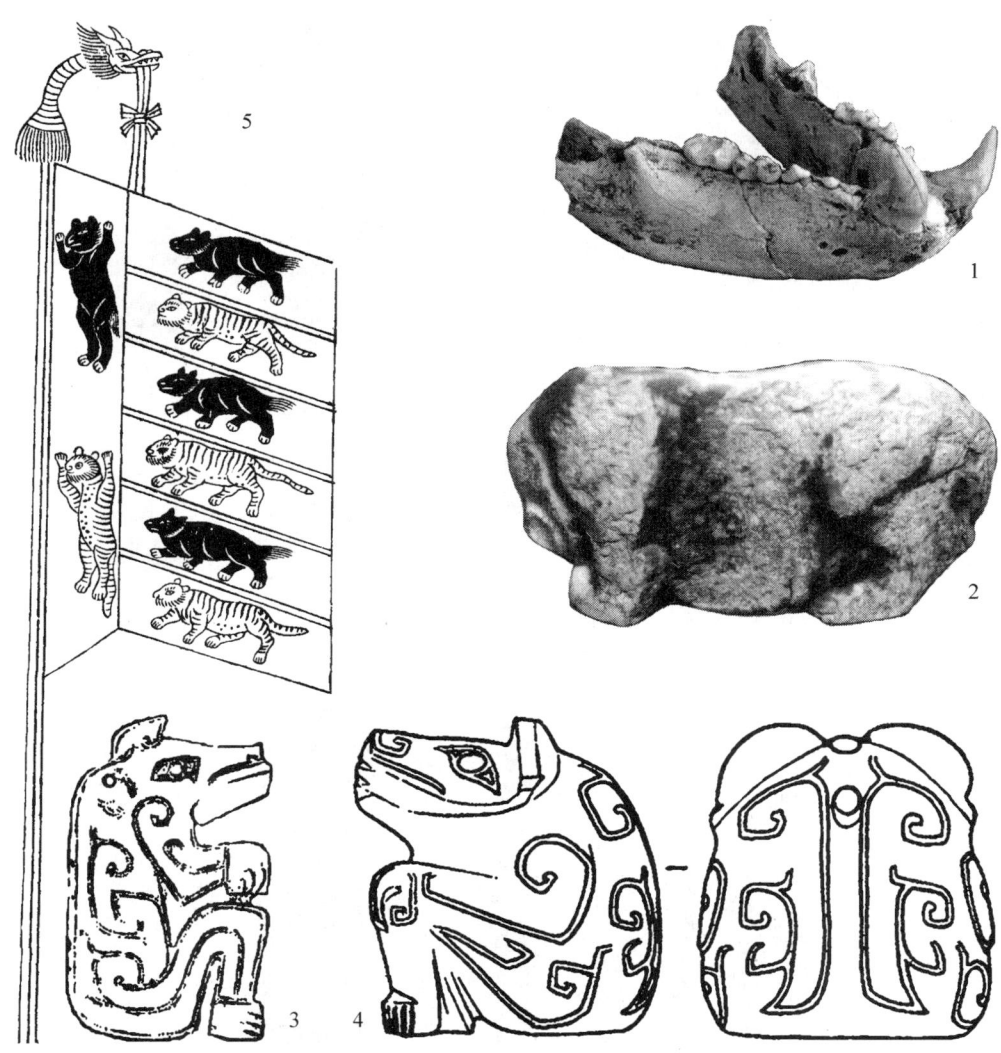

图二三二 1. 牛河梁神庙出土的熊下颚骨；2. 红山文化玉熊；3—4. 殷墟妇好墓出土的玉坐熊像；5.《三礼图》中熊虎旗的形状。

婚,逐渐形成了跨地域的上层贵族文化。与此同时,反映普通人日常生活的地方文化可能仍各有鲜明的地方特色,而与上层文化明显不同;但因军权贵族手里所掌握的资源,超越了社会其他阶层,大部分青铜器、玉器等宝贵礼器则表达了这一上层文化观念和信仰,因此这些高级礼器所表现出来的同化程度要远远高于日用陶器等。

混合造型最早出现在离中央较为偏远的地区,如山东苏埠屯出土了两件神面铜钺(图二三三: 2—3)①,同样的铜钺也藏于柏林东亚艺术博物馆中(Berlin, Museum

---

① 《文物》编辑部:《无产阶级文化大革命期间出土文物展览简介》,《文物》,1972 年第 1 期,页 90,图二二。山东省博物馆:《山东益都苏埠屯第一号奴隶殉葬墓》,《文物》,1972 年第 8 期,页 29,图二八。

图二三三　1. 新干祭祀坑出土的獠牙铜钺；2—3. 山东苏埠屯出土的两件神面铜钺；
　　　　　4. 史语所收藏的 R1077 方彝饕餮纹。

für Ostasiatische Kunst)①。黄川田修先生对苏埠屯遗址的分析证明,其年代相当于殷末周初,可以视为齐国的建国时期。苏埠屯遗址甚至有可能是齐太公或其继任者的墓②。齐侯墓出土的两件铜钺,钺刃上的图案与中原饕餮并不完全相同。中

————————————

①　李学勤、艾兰:《欧洲所藏中国青铜器遗珠》,图 60,页 330、彩图 4。

②　［日］黄川田修著,蓝秋霞译,许宏校:《齐国始封地考——山东苏埠屯遗址的性质》,《文物春秋》,2005 年第 4 期,页 69—78。

原饕餮是以成双夔神组成的神兽,甚至就算是形似兽面的饕餮,依然会以成双夔龙的模式组成,如史语所收藏的方彝(图二三三:4;另参图九二)可见一斑①。然而苏埠屯钺的造型与中原饕餮虽然亦含有某些相同的特征,如鼻形是典型的**饕餮神鼻**②,但其他部分却都不相同。据笔者的理解,苏埠屯神面钺应属于一种混合造型。从龙山文化以降,山东地区早已吸收了后石家河神面的形象,同时,本地信仰也受到**饕餮**形象的影响,因此组合而形成了新的形象。新干祭祀坑出土的铜钺露齿咧嘴(图二三三:1),与苏埠屯钺相近,甚至可以考虑这些礼器的制造地区是相关的。苏埠屯遗址另出现有人面造型,与新干的面像依然属于同类(图二七〇:1、5),因此杜金鹏先生曾提出山东龙山神面与新干神面具有相同的文化基础③。苏埠屯钺的形象涵盖多元文明的因素,其中明显地受到了江南吴城文化的影响,但在其基础上,又另外形成了具有新意义的混合形象。

像这类具有崭新意义的新形象,更常见于周以后的时代,老虎、其他神兽、人格神的奇貌逐步混合,形成了一种难以分解的形象。这些文化结合、逐步同化的过程,从新石器以来一直可见,但到了殷商时期,同化范围更加扩大,同化过程也加快了脚步。

(二) 西岭老虎军队威猛的象征

在南北虎神信仰逐渐融合、同化的同时,在殷末时期的华西地区,又形成了另外一种虎神的形象。根据现有的资料,本形象并非一元,而是奠基于西岭巴人的先民信仰、虎国文化、殷周国家崇拜,并且受到北方草原边缘地带的信仰崇拜的影响,经由各种族群的流动与融合以及虎神形象流传而产生。从殷末以来,大巴山、汉中和广汉地区开始出现虎纹兵器。大巴山地区出土了年代最早的崇拜老虎文化的遗物;在巴人游猎文化中,一直强调老虎身为猛兽的强大武力意象,同时,在江南虎国、中原殷商和草原地区,亦可见到赋予老虎形象军事意义的趋势。

高西省先生认为:"商代人兽母题宗教涵义到西周时期已明显发生变化,即由

① "中研院"历史语言研究所收藏,参李济、万家保:《古器物研究专刊》,第五本《殷虚出土伍拾叁件青铜容器之研究》,页63—64、97、插图二十九:1,图版壹伍,伍肆:1。

② 有关神鼻的形象参郭静云:《论中西古代个人像艺术及其观念》,页267—294。

③ 杜金鹏:《略论新干商墓玉、铜神像的几个问题》,页49—54、19。

图二三四　1. 上海博物馆收藏西周早期
的龙钺；2. 甘肃灵台县白草
坡遗址出土的西周虎钺。

完全宗教涵义转为一种较为单一的军队威猛的象征。"①这种转变，实际上从殷商时期已可见到，而在周文化中，则有可能部分源自秦岭和江南山脉猎民的崇拜，同时也受到了东北、西北流动的游战族群南下的影响。至少在资料上，我们一方面可以看到极为丰富的巴蜀虎纹兵器传统（图二○九：3）②，另一方面虎戈形状早已出现在吴城文化里（图二一一：3），赣湘、巴蜀、汉中地带都有虎戈、虎矛、虎钺等青铜兵器；又可见到甘肃以及草原地区西周早期虎纹兵器的兴盛，如参甘肃灵台县白草坡遗址西周虎钺（图二三四：2）③等，但其形状与上海博物馆收藏西周早期龙钺相近（图二三四：1）。弗瑞尔艺廊收藏形状相同的铜钺则有鸟头，所以不是专门表达老虎军事化的器物。

不过从殷墟起老虎形象的"军事化"确实可见，并且该因素也并非一元，在此现象中，巴人文化应为核心环节之一，但并没有确定作用，其更早的源头可溯及殷商老虎神武、保护王室与国家的信仰中。直至西周以来，军事化的老虎造型更多出现在华西地区，其关键原因可能在于西周中央所在之地，一边向北通到黄土高原与草原地带，另一边紧依着秦岭，并且，汉江流域的岭间古道对周原而言，是关键的经济和政权之命脉路线。通过渭河、黄河中上游南下，草原地带游战

①　高西省：《论西周时期人兽母题青铜器》，页54。

②　刘瑛：《巴蜀兵器及其纹饰符号》。吴怡：《试析巴蜀青铜器上的虎图像》。李明斌：《巴蜀铜兵器上虎纹与巴族》。白九江：《巴蜀虎形纹饰与虎崇拜》。刘渝：《巴蜀文化青铜兵器的虎图形初步研究》，四川大学历史文化学院硕士论文，2004年。刘渝：《巴蜀兵器虎图形性质新说》，《重庆工学院学报》，2007年第8期，页94—98等。

③　俄军主编：《甘肃省博物馆》，西安：三秦出版社，2006年，页85。

族群的影响进入此地,而在秦岭间的古道上,形成巴人的文化面貌。后者如西周早期弤国人虎鋬钺,是形象非常特殊的礼用兵器:其身上有变形的龙虎纹,又有人头像,可是整体构图与殷商铜钺不同,人头像也不似被神兽噬吞的人牲,反而像主宰神兽的神武造型(图二九八)①。

从殷商成形的军权帝国社会观念,在西周成王、康王时期进一步兴起。在华南和江汉上游老虎原本被当作助于升天的神兽,或是巫师所依赖的靈物,殷商时期该信仰虽然还在,但更突出老虎为神武、王室权威保护神的作用,愈来愈少有古国能继续保留其原本的神权制度。所以,在新的制度和观念的冲击下,死生神兽的信仰观念逐步消退,而老虎形象开始普遍被当作是勇武良军的象征。

不仅仅是兵器,文献对此亦有所反映,如《诗·鲁颂·泮水》曰:"明明鲁侯,克明其德。既作泮宫,淮夷攸服。矫矫虎臣,在泮献馘。淑问如皋陶,在泮献囚。"②在西周晚期的铭文中亦出现了"虎臣"一词,是指特别接近天子的武官,如无叀鼎载曰:"官嗣(司)穆王遺側虎臣。"③虎簋盖载曰:"且(祖)考事先王,嗣(司)虎臣。"④戥鼎载曰:"率虎臣育淮夷。"⑤师袁簋载曰:"左右虎臣,正(征)淮尸(夷)。"⑥师克盨也言:"左右虎臣。"匐簋⑦、师酉簋⑧也提及"虎臣"武官。毛公鼎连用"师氏"和"虎臣"两个官名⑨;与其相同的《书·顾命》也言:"乃同召太保奭、芮伯、彤伯、毕公、卫侯、毛公、师氏、虎臣、百尹、禦事。"孔传:"虎臣,虎贲氏。"⑩

"虎贲氏"官名并未出现在铭文中,但据《尚书》的记载,其意思与"虎臣"类似,指精锐的武士,取义如虎之奔走逐兽,《书·牧誓》序曰:"武王戎车三百两,虎贲三

---

① 卢连成、胡智生:《宝鸡弤国墓地》,页72,图六〇。周伟:《中国兵器史稿》,天津:百花文艺出版社,2006年,图版二十五:1。

② (汉)毛公传,郑玄笺,(唐)孔颖达等正义:《毛诗正义》,页2127。

③ 《集成》器号2814,现藏于镇江市博物馆。

④ 《新汇编》器号633,陕西丹凤凤冠区西河乡山沟村出土,现藏于陕西历史博物馆。传统定为西周中期,笔者根据铭文内容视为厉王时代。相关讨论参同上注。台北私人收藏虎簋盖的铭文与其基本相同,《新汇编》器号1874。

⑤ 《集成》器号2824,陕西扶风县法门寺庄白村墓葬出土,现藏于扶风县博物馆。

⑥ 《集成》器号4313—4314,现藏于上海博物馆、美国堪萨斯市纳尔逊美术陈列馆。

⑦ 《集成》器号4321,陕西蓝田县安村乡寺坡村出土,现藏于蓝田县文物管理委员会。

⑧ 《集成》器号4288—4299,现藏于北京故宫、中国国家博物馆。

⑨ 《集成》器号2841,道光末年陕西岐山县出土,现藏于台北故宫。

⑩ (汉)孔安国传,(唐)孔颖达等正义:《尚书正义》,页730—731。

百人,与受战于牧野,作牧誓。"孔传:"勇士称也。若虎贲兽,言其猛也。皆百夫长。"《书·立政》也言:"用咸戒于王曰:'王左右常伯、常任、准人、缀衣、虎贲。'"孔传:"缀衣,掌衣服;虎贲,以武力事王。皆左右近臣,宜得其人。"①《孟子·尽心下》曰:"武王之伐殷也,革车三百两,虎贲三千人。"赵岐注:"虎贲,武士为小臣者也。"②《战国策·楚策一》载:"楚王曰:'秦地半天下,兵敌四国,被山带河,四塞以为固。虎贲之士百余万,车千乘,骑万匹,粟如丘山。……'"鲍彪云:"《汉官仪》虎贲戴鹖冠,属中廊将。"吴师道云:"《牧誓·注》:'若虎贲兽,言其猛也。'《周礼》有虎贲氏。非始汉。"③按《周礼·夏官》所载,虎贲氏,即王的侍从卫士,是担负侍卫国君及保卫王宫、王门之责的武官,其言曰:"虎贲氏下大夫二人,中士十有二人,府二人,史八人,胥八十人,虎士八百人。……虎贲氏掌先后王,而趋以卒伍,军旅会同,亦如之。舍则守王闲,王在国,则守王宫,国有大故,则守王门,大丧亦如之。及葬,从遣车而哭,适四方使,则从士大夫。若道路不通,有征事,则奉书以使于四方。"④《国语·鲁语下》又言:"天子有虎贲,习武训也;诸侯有旅贲,禦灾害也;大夫有贰车,备承事也;士有倍乘,告奔走也。"韦昭注:"虎贲,掌先后王而趋以卒伍,舍则守王闲,王在国则守宫门,所以习武教也。"⑤

此外,《周礼·春官·司常》曰:"熊虎为旗。"《周礼·考工记·輈人》描述它曰:"熊旗六斿,以象伐也。"郑玄注云:"熊虎为旗,师都之所建。伐属白虎宿,与参连体而六星。"孙诒让正义:"熊旗者,举熊以晐虎。"⑥《三礼图》有其复原(图二三二:5)⑦。汉代在军旗上涂画熊、虎的图样,以鼓舞士气,并在增收军赋时,师都建旗,而乡遂出收军赋,象其守猛、莫敢犯之。由以上看来,将老虎当作勇猛、进取的象征,乃是从西周以来才成为普遍概念,但从虎纹兵器的线索来看,其溯源则可早至殷商时代。(至于熊的形象,其作为军队力量象征的开始出现得很晚,基本上至汉代才可见,故不能推到商周文明,其来源的因素则需要另

---

① (汉)孔安国传,(唐)孔颖达等正义:《尚书正义》,页417、690。

② (汉)赵岐注,(宋)孙奭疏:《孟子注疏》,页606。

③ (汉)刘向集录,范祥雍笺证,范邦瑾协校:《战国策笺证》,页793、796。

④ (汉)郑玄注,(唐)贾公彦疏:《周礼注疏》,页1190、1325。

⑤ (战国周)左丘明撰,(吴)韦昭注:《国语》,页195—196。

⑥ (汉)郑玄注,(唐)贾公彦疏:《周礼注疏》,页1173、1726、1741。(清)孙诒让著,中华书局点校:《周礼正义》。陆费逵总勘:《四部备要》,台北:中华书局,1965年,卷七十七,页三十七。

⑦ (宋)聂崇义集注:《三礼图》,上海:同文书局石印,卷九,页三。

外讨论。)

西周老虎的形象,牵连到西周国家文明之形成,及其与其他周围国家和族团关系的研究。在西周文明中,同时存在着周原本土和外来文化的因素,呈现复杂多元的情况,因此我们只能从初步观察中指出其大致的脉络。对此,笔者推论如下:

若从先周文化所涵盖的范围来看,其与中原地区的交流关系,往往还不如与西南和草原族群来往密切,这表现在:其一,通过诸如陈仓古道和褒斜古道之类的山间通道,受到江汉上游及广汉地区的影响。(对此处文化发展的影响十分深刻,目前的先周与西周早期的考古,已充分证明了这一点。例如位于陈仓古道上的弓弓国,与三星堆文明的关系十分密切。通过这些关系,三星堆的文化形象和技术对先周文明有重要影响。)第二,经过黄河中游或渭河上游与草原族群交流频繁。在此来往的交通路线上,逐渐演变发展出依靠"虎军"武力的政权。第三,殷商帝国两百余年的影响亦不能忽略,殷商军队戴着虎面头盔,而到远地战争。

因此,西周文明对老虎崇拜,奠基于殷商的基础,并同时蕴含了草原新族群的武力象征以及秦岭巴文化的新兴精神。这乃相当符合先周和西周前期文化组成而兴盛的脉络。但若从秦岭巴文化的精神信仰内涵来说,其与三星堆相当不同:三星堆祭祀坑周围迄今没有发现战争用的兵器,但在巴文化几乎所有的遗址中,兵器数量都是占优势的。中华文明自上古以来,信仰精神源自华南,战争技术则源自华北,且草原一带相当流行象征战争的虎型器,其来源应该源自不同文化间的交流、吸收、同化,以及时代的变迁。此外,黄河上中游是草原民族与汾河、渭水流域的来往线,其交流范围可到达中原和西岭,经过长期战争和贸易交通,草原族群吸收了南方的信仰文化,其中便包括了虎神崇拜;另一方面,从河套到东北蒙古草原的路线,可达东北森林区、锡霍特山脉等东北老虎与崇拜虎神的发祥地,这条路线亦是草原族群频繁流动的范围。因此,西周以来的老虎崇拜,便与崇拜武力保护神的文化信仰来源混合。

在历史发展过程中,掌握华西地区的政权,如西周、巴、秦,皆使用老虎作为军队威猛的象征,或许也因为如此,到了战国时期,老虎便被认定为西方之神兽。然而,因为时代越晚,各地族群的来往便越显频繁而广远,各种文化因素交融在一起,多元而复杂,所以"虎军"和"西方白虎"文化确切的形成情况,是我们目前所难以追踪掌握的,拟另文再进一步探讨此问题。

八、传世神话中神虎以及"虎口"的功能演变

　　在进一步的历史演变中,神虎信仰经过变化获得新意义。一方面,猎虎的形象直至汉代依然保留了崇高的意思,表达超越性的神力、圣贤英雄的理想,猎虎图常见于汉代画像石,虽然猎法有所不同(如骑马猎虎等,图二三五),但是获虎依然是猎军之崇高目的。画像石常见英雄与老虎近身肉搏的构图(图二三六:1),也有暴虎、驯虎的图案(图二三六:2—4;二三七)。但同时,从战国以后人的角度来看,被老虎吞食之事,已完全失去了过去信仰观念中通过虎神吞噬而再生的概念,因此在礼器上神祕虎口的象征图早早消失了,那些将老虎视为自己始祖的族群亦被同化了,只有在山上的族群还保留着虎祖的图腾信仰,如东北通古斯"狄夷"或西南廪君"蛮夷"(其后人今被称为"土家族")等,但他们在远地生活,不能长期影响中华文明的精神。自战国以来,文明观念中已没有视老虎为生死管理者的信仰,老虎的形象随着日积月累而完全改变其本意,并失去了崇高的决定死生者的重要性。

图二三五　骑马猎虎图:南阳卧龙区草店东汉墓的画像石。

　　一方面,老虎的形象现实化为勇猛军队的象征,在这方面已几乎不带有神祕意义。另一方面,老虎"升天了",与龙相对着开始作西方天空的象征:原来是山上的神兽,经过将其"龙化",进一步成为与神龙对立的天上神兽。直至汉代,神虎的形象又有了变化:汉代画像石开始出现翼虎的形象,这可能是受到中亚翼狮的影响。

图二三六　汉代南阳画像石人胜虎图：1. 唐河电厂西汉晚期画像石墓的前室南壁东门门楣上猎虎图；2. 方城东关东汉画像石墓的门楣右上石版上英雄拽虎尾图；3. 方城城关东汉画像石墓的东门下门楣英雄暴双虎图；4. 唐河县针织厂西汉晚期画像石墓的南主室南壁石版驯虎图。

图二三七　南阳唐河县王莽时期冯君孺人墓的北阁室北壁画像石版上驯虎图。

汉画上的翼虎经常杀魍魅，禁止邪魔进入墓室（图二三八：1）[1]。汉代画像石老虎图像之意义，另文再补充讨论。

在汉代以来的文献和所谓"民间信仰"中，驱邪成为老虎主要的神能和责任。老虎又成为门神。《论衡·订鬼》引《山海经》曰："沧海之中，有度朔之山，上有大桃木，其屈蟠三千里，其枝间东北曰鬼门，万鬼所出入也。上有二神人，一曰神荼，一曰郁垒，主阅领万鬼。恶害之鬼，执以苇索而以食虎。于是黄帝乃作礼以时驱之，立大桃人，门户画神荼、郁垒与虎，悬苇索以禦凶魅。"[2]东汉张衡《东京赋》描述东汉驱鬼表演："度朔作梗，守以郁垒。神荼副焉，对操索苇。目察区陬，司执遗鬼。京室密清，罔有不韪。"三国吴薛综注："东海中度朔山有二神，一曰神荼，二曰郁垒，领众鬼之恶害者，执以苇索而用食虎。察，观也。区陬，隅缝之闲也。司，主也。谓于度朔山主执遗余之鬼也。"唐代礼善注："风俗通曰：黄帝书，上古时有神荼、郁垒昆弟二人，性能执鬼。度朔山上有桃树，下常简阅百鬼，鬼无道理者，神荼与郁垒，持以苇索，执以饲虎。是故县官常以腊祭夕，饰桃人垂苇索，画虎于门，以禦凶也。毛诗传曰：'梗，病也。谓为人作梗病者。'"[3]

① 俞伟超主编：《中国画像石全集》，册6，图一一一、二四、四五、五一、四一、一〇、九；郭静云、王鸿洋：《从西亚到东亚：翼兽形象之原义及本土化》，页118—133；郭静云、王鸿洋：《汉代有翼仙兽：从多样形象到新创典范》，页244—252。

② （汉）王充撰，萧登福校注：《新编论衡》，页1939。

③ （梁）萧统编，（唐）李善注：《文选》，页124。

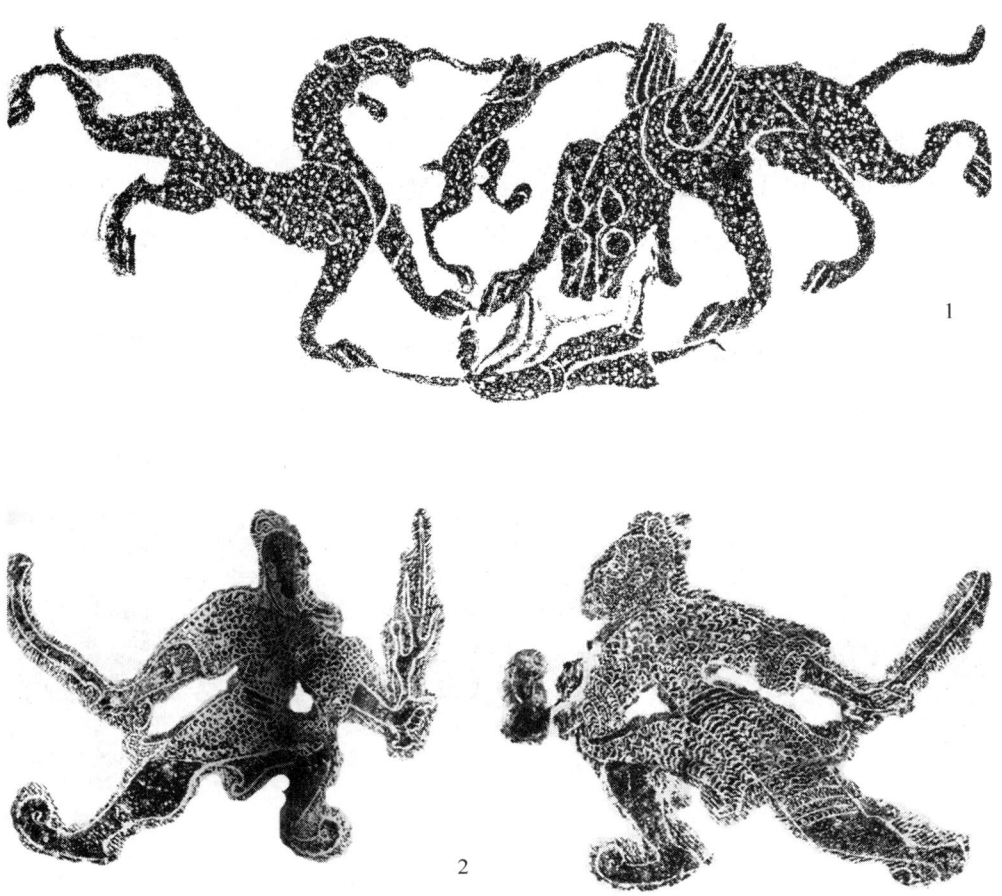

图二三八　1. 南阳唐河县针织厂西汉晚期画像石墓的南主室南壁石版翼虎杀魍魅图；2. 山东曲阜窑瓦头村东安汉里西汉元帝至成帝时期画像石椁上的南壁外板神荼和郁垒图北下的石版。

　　神荼、郁垒两神之图已见于汉代画像石里（图二三八：2）①。"虎口"从原来的再生、神化通道变成吞纳而杀除万鬼的坑口。刘源先生认为，殷商时期对老虎的崇拜，与战国秦汉时代的食鬼、强梁意思一致②。这种说法在某程度上来说是准确的，殷商的老虎同时也是保护商王墓室的神兽，但在殷商的上古帝国宗教中，神虎地位颇高，是帝王所依靠的靈物，可护祐先王靈宫、王室政权，以及作为国家领土的保卫神。陕西岐山贺家村四号车马坑出土的虎形獠牙面具，应该系马头上佩戴（二七七：4），被用作马车的保护符。

　　但到了汉代，虎的地位却已降到被当作民间信仰中的强梁。早期的虎食人图，

①　俞伟超主编：《中国画像石全集》，册1，《山东汉画像石》，图一一六。

②　刘源：《试论上古宗教艺术中的"强良"主题》，《中原文化研究》，2013年第2期，页33—38。

是崇高神祕的升天途径之象形化图样,而虎口噬魌魖图却只仅含有驱邪的意义罢了。在汉代以后的文化中,老虎形象的作用亦基本如此:在天上为白虎和十二辰中寅的形象,并负责驱鬼护门。这种信仰一直保留在文化的脉络中。并且,老虎作为一种驱邪保护王的神兽形象,并不是所谓关键的"官方"或王室概念,反而朴素化了,并融合了许多庞杂的形象。南宋金处士十王图轴上描绘地下虎神吃罪鬼,是一位虎头人身驱邪的神,围着火赶可鄙的瘦鬼(图二四〇)①。

我们还可以发现一种远程跨时空关系:与贺家村车马坑面具的形状非常接近的面像,经过远程历史的传播到达奈良时代的日本,成为最常见的"鬼瓦"的形象,用来避邪以保护寺庙、城堡建筑(图二三九)。奈良时代的人们应该已经不考虑

图二三九　日本奈良时期的鬼瓦:1. 山代乡北新造院来美废寺出土;2—3. 奈良乡大安寺出土。

图二四〇　(南宋)金处士十王图轴之五局部:虎神吃罪鬼(纽约大都会博物馆藏)。

---

① 上海博物馆编:《翰墨荟萃:细读美国藏中国五代宋元书画珍品》,北京:北京大学出版社,2012年,图183。

"鬼瓦"与老虎吃鬼信仰的关系,但是模仿自古以来的獠牙面像用作护符。至于中国,唐代以来门神的造型均有獠牙,全身站立或局部挂面具在宫庙门外负责驱邪;甚至迄今傩戏里采用的面具中很多也有獠牙。这些造型形象复杂,野猪或老虎的特征并不明显,但是最早由湘西高庙文化所造型的獠牙构图,作为独特的象征而自古至今一直被沿用。这些形象在新石器时代表达野猪的勇气和力量,青铜时代则形容虎口的通天神祕管道,到周汉以后其象征内涵变得复杂多元,主要被用作辟邪护符,以期达到吞除魑魅恶鬼的目的,甚至到了其他文明,又被"装新酒",表达那些文明的内在含义(图二七三;二七四;二二六:7)。

九、结　语

老虎崇拜本是源自西南和东北游猎族群的不同上古信仰,但却在殷周文明中混合、同化,一方面受到平地先民神龙信仰的影响,而形成类似双虎饕餮的神祕构图,以及各种神虎咬噬人头的形象,另一方面,虎亦成为护祐统治者的神兽、具备压倒性威力的大国军权之象征,是颇为关键的王室信仰礼仪形象。不过,随着神兽崇拜的没落,人们越来越多地以抽象概念而非造型艺术表达社会观念,对老虎的崇拜亦失去其重要性。

依笔者浅见,无论是华南或华北,对老虎的崇拜有一个共同的重点:虽然也含有神兽通天信仰,但同时离不开大权威和武力的概念,也在某种程度上表达崇高王权的存在。南方武陵山脉、巫山山脉、大巴山脉自大溪文化起成为崇拜华南虎的发祥地,后来石家河时代国家文明出现,而神虎成为王室权力的象征,虎口既是人们升天神化的神祕通道,虎亦表达王的神圣权力。北方在殷商时期将老虎作为保护王室和国家的神兽来崇拜。

所以,崇拜老虎的传统形成较晚。老虎是从国家起源时代到王国时代权威极高的大神兽,而对虫龙和鸟类的崇拜则源自更古老的文化层面,是原本不牵涉到权威概念的羽化、飞天和永生的理想化的象征。

礼器纹饰、传世神话、甲骨卜辞皆揭示,在殷商帝国中,老虎是王室的保护神以及军力、军权的象征。从王陵的遗迹来看,殷商上层贵族对老虎的崇拜超越了商文明整体对神龙的崇拜。但是神虎的形象总是牵扯着帝王的权威。殷墟 1001 大墓出土的帝王虎轿乃明确表达此概念(图二三〇：1)。但是神圣的王位却不能代表商文明精神文化的核心所在。老虎神能加强王权和神武力量,但是古人另有更高的天权和天恩概念。龙形的神、云巡旋于昊天,灌降甘露以表现天恩之养万生,龙则吞噬万生以表现神杀的天权,总体实现死生循环。所以可以说,在商文明中老虎是王权神,而神龙是天权神。在殷商帝国文化中,老虎依靠权力可以代替龙实现神杀,但它本质上是与王权紧密联系的,在整体文化信仰中不能取代天神的崇高性。

第八章　商文明信仰中天凤的神能

在商文明信仰中大部分天上众神为龙形（老虎虽然有保护帝王的崇高神能，但在战国之前，虎神并没有被视为天上的神兽），不过龙形的神兽也并不独占天空，在多元文明中还有另一种动物自然就被视为天上的神兽，此即凤和其他鸟类。鸟形的天神也是中国信仰的关键之一，它的重要性可见于以下三个角度：第一，商周礼器纹饰常见凤的造型，并且除双龙饕餮之外，双凤饕餮造型亦很常见；第二，甲骨文中也有很多崇拜凤的记录；第三，从神话而言，龙类神生与鸟类神生的故事，皆颇为流行，包括最著名的玄鸟神话。虽然甲骨文显示玄鸟神话与殷商王族始祖的关系尚需存疑，或是从借用自其他上古族群信仰而窜入商史中，或是因为商王室的神史实际上合并了至少两个王室的神史传说，所以就产生这种歧异。但无论如何，在整体商时代文明传统中，鸟类神生概念，虽然次于龙类神生，但也很明显。

据殷商甲骨文来看，在商文明的信仰中，天上主要有三种兽形的自然神：神、云、凤，都属天上的神灵。古人认为昊天充满神兽，其中双嘴夔龙的神力特别强大，是颇为关键的生命天神，但云、凤亦各有其作用。前文已考证，云也属龙形的天兽，是神能近乎夔神但地位略次之的小虬龙，但凤则无龙形。那么，在商人信仰中，这无龙形神兽的神能如何？下文拟初步探讨。

一、玄鸟神话刍议

（一）玄鸟不是殷商始祖的信仰

　　前文已详细讨论商文明夔龙神生的信仰，但与此同时另外保留有凤生信仰的神话，即"玄鸟致贻"的传说。《楚辞·天问》："简狄在台，喾何宜？玄鸟致贻，女何喜？"《诗·商颂·玄鸟》："天命玄鸟，降而生商，宅殷土芒芒，古帝命武汤，正域彼四方。"①因"玄鸟"形象，学界经常用"商族图腾"概念来解释凤鸾崇拜②，但通过对资料的严谨研究，使很多学者非常怀疑此假设能否成立。因为在殷商王族祈祷占卜记录中，完全没有鸟生信仰的痕迹，据此即足以否定这是殷商王室的信仰。对此问题，宋镇豪先生早已作充分论述③。

　　在殷商带铭文的青铜器中，有一件出处不明的亞矣鸡妇罍④，铭文有"𓆙"族徽符号。在殷商文字中"𓎟"是"午"和"幺"的同形字，因此该字释为"午鸟"或"玄鸟"都可以。我们读传世的历史一直会想到玄鸟的故事，所以该字才读为"玄鸟"合文，但实际上殷商时期"玄"字并不常见，而将"𓎟"字读为"午"的文例才普遍，因此将亞矣鸡妇罍的

亞矣鸡妇罍铭文

铭文释为殷商时期崇拜玄鸟的痕迹并不妥。不过无论如何释读，假如殷商时期玄鸟形象牵涉到统治者的始祖概念，不可能只有一件并非王墓出土的礼器才有此符号。宋镇豪先生指出，将该铭文视为殷商王族崇拜玄鸟图腾的证据恐怕过于牵强⑤。

---

① （战国楚）屈原著，陈子展撰述，杜月村、范祥雍校：《楚辞直解》，南京：江苏古籍出版社，1988 年，页143。（汉）毛公传，郑玄笺，（唐）孔颖达等正义：《毛诗正义》，页 2191。

② 于省吾：《略论图腾与宗教起源和夏商图腾》，《历史研究》，1959 年第 11 期，页 60—69。胡厚宣、胡振宇：《殷商史》，页 126—148。

③ 宋镇豪：《夏商社会生活史》，页 789—791。

④ 《集成》器号 9794，现藏于日本兵库县黑川古文化研究所。

⑤ 宋镇豪：《夏商社会生活史》，页 789—791。

从该铭文我们只能作如下考虑：当时有某族以"午鸟"或"玄鸟"为族徽，而此族中的某位女性当为殷商族团某人的配偶，所以"午鸟"或"玄鸟"妇的族名写在殷商族团"亚"字符号中。殷商王族对祖先的崇拜不含玄鸟信仰，殷商王墓神龙之外最常见的保护兽是老虎。亚昃鸹妇罍出土来源不明，导致其宗族的来源难以探索。何故到了战国及汉代，出现玄鸟商族的神话记录？对这一问题需要做更进一步研究。

（二）鸟生信仰与汤商文化的关系

首先需要承认：早期商史的传说，本来就含有许多矛盾，似乎是不同宗族的神史被合并的结果，而这些宗族都曾经是商文明网络中某古国的统治者。早商已吞并许多早期古国，并将其影响从江汉地区扩展到黄河的南岸、长江上游和赣江的西岸；殷宗因吞并更多古国和遥远地区的族群，而使商文明变得更加多元，从而诞生上古帝国。但由于安阳位置偏北，殷宗并不能对长江以南的虎国和巴山以西的三星堆产生大的直接影响，其影响力的范围反而是向北扩展到整个华北地区，并西到关中，东到海岱。在上古帝国宗教中，各地崇拜对象被同等对待，这便进一步影响到后期神话中的混合情况①。

玄鸟的故事其实是汤商族群的始祖信仰，而非殷商族群所有。所以从殷商甲骨金文和王墓的随葬品，一点也看不出玄鸟有何特殊高位。但与此同时，殷商王族凭借军事上的胜利，打败汤商王朝，获得其统治权力，并攫取、剽窃汤商这个古老国家的神史。因此而使南北族群的历史和神话蛛丝交织，混合在一起：一方面神话中记载了殷商的相土乘马的故事，同时有玄鸟和汤克夏等汤商的故事。

在甲骨文中又可见王亥的崇拜，其"亥"字写从鸟的"夋"，卜辞曰：

　　……王其燎上甲、父夋？　　　　　　　　　　　　　　　　《合集》24975

　　其告于高祖王夋，三牛？　　　　　　　　　　　　　　　　《合集》30447

　　辛巳卜，贞王夋、上甲，即于河？　　　　　　　　　　　　《合集》34294

　　辛巳卜，贞：王夋、上甲，即宗于河？

　　辛巳卜，贞：来辛卯酚河十年，卯十牢，王夋燎十牛，卯十牢，上甲燎十牛，

卯十牢？　　　　　　　　　　　　　　　　　　　　　　　　《屯南》1116

---

① 　这些问题笔者曾有初步探讨，参郭静云：《夏商周：从神话到史实》。

这就是玄鸟后裔的先公形象，并与《山海经》所言："有人曰王亥，两手操鸟"的形象一致，这些问题学界已充分地讨论①。甲骨文所见王亥的形象，即是殷商篡权者所继承的汤商信仰的蛛丝马迹。

玄鸟神话故事的来源还有另一方面可以考虑：首先它源自屈原《天问》，这应该代表先楚之商朝的历史，故不宜用殷墟王陵的资料来对照，而应该在长江流域（可能是中游）寻其根源。神话中虽有保留但殷商甲骨文却未曾见到的天鸟神生概念，或可从汤商与殷商的差异中得到理解：殷宗王室是源自北方草原森林交界地带的族团，本身对老虎的崇拜较为明显；而屈原所描述的先楚历史中的汤商朝代，则是在长江中游的文化土壤中孕育成长起来的大王国。虽然从早商的青铜礼器上，我们依然看不出玄鸟崇拜的遗迹，但是长江流域的大文化背景应大体引发了这一信仰。

虽然玄鸟神话并未表达出鸟为始祖的观念，他只是崇高祖先喾派遣的使者，但这种叙述可能反映了原本有的鸟生信仰。人类学界认为，上古许多族群将鸟类视为自己宗族的始祖，在信仰的演变过程中将其逐渐人格化，而导致在这些神兽之上另出现一位更高的独一无二的神圣始祖，即该神话中的"喾"。所以就社会观念及信仰的演化逻辑而言，以"喾"为始祖的神话应该比鸟生信仰晚出。

也就是说，玄鸟故事隐藏一段史实：上古存在一种生命鸟信仰，某个活动在长江中游的族群认为，其生命本源为自鸟所降的生命卵，这种鸟是他们的天上始祖，所以他们崇拜这种鸟类，向它求生。同时，上古信仰中的玄鸟，既然能赐生，应该也有收回生命的能力。既然人生来自天，死也归回于天上，一切祖先死后归回于天并能见到赐予生命的玄鸟。可是没有资料直接表达，哪一族群把哪一种鸟类视为生命玄鸟加以崇拜。

有些学者认为，玄鸟是燕的形象，其崇拜来源涉及东北燕山之地，而把燕子视为"商族图腾"②。但笔者认为，说玄鸟即为燕子的联想并无一手资料的支持；神话中的"玄"仅仅是"天"的概念，"玄鸟"即天鸟，是鸟形的天神（关于"玄"与"天"关系的论述详见下编第四章）；此外，先秦尤其是商时代的礼器中并无燕子的造型，礼器上的凤鸟一点也不像燕子。既然我们认为，玄鸟故事滥觞于早商族群的精神文

---

① 如陈梦家：《殷虚卜辞综述》，页404；朱彦民：《商族的起源、迁徙与发展》，页93—100，北京：商务印书馆，2007年。

② 朱彦民：《商族的起源、迁徙与发展》，页100—122。

化中,所以玄鸟的资料或许更适合在石家河、盘龙城文化的脉络里寻找。

(三) 从石家河到盘龙城鸟形礼器的演化看玄鸟形象

如果从早商的资料来看,盘龙城青铜器上,很难找到鸟的造型;不过,笔者特别留意到一种立鹰形的玉器,学界一般称为"玉鹰纹笄"①。但是观其形状,恐怕很难作笄来使用,并且这种立鹰型玉器基本上不是出自女性墓中(图二四一)。笔者注意到玉鹰形状与玉祖形器相近(图二六一、二六二),且两者都属同一文化脉络中的礼器:即皆出自后石家河文化和盘龙城文化,这两个文化属于笔者所认为的三苗、禹夏和汤商的历史脉络;并且二者在器形下部皆有尖角或小孔,这是为便于插立在小祭坛台上作祭拜。玉祖形器实际上就是小型的祖先牌位,是从后石家河至两商通用的有关祖先崇拜的随葬品(笔者将该礼器称为"祖形器",下文中编第三章再讨论)。立鹰形器经常搭配祖形器,形状亦较相似,故笔者推论立鹰形器在功能上也属祖先崇拜用器,且涉及崇高始祖信仰。

进一步观察夏商文化的鹰形礼器,石家河、后石家河、盘龙城都发现有陶鹰头像(图二四二:1、2)和玉立鹰像(图二四一:1—3)。笔者注意到一些规律:在目前所见资料中未发现石家河文化的陶立鹰像,而盘龙城文化陶立鹰像特别多,且主要集积在鄂东南地区,如阳新大路铺遗址出土很多件,其形状与玉立鹰像相同:一端有勾形嘴;在一些保存较好的器物上,还可以在嘴端两侧看到小眼睛;另一端做成似榫头的形状(图二四二:3)②。据此可以推断,在鄂东南地区,并不仅仅只有最高级的贵族才用立鹰形状的礼器,这是一种能够代表该地区精神文化的礼器。

以笔者浅见,传世文献所表达夏商发展的地理空间关系是夏在西而商在东,正好符合石家河与盘龙城两个都城的地理关系(这里要说明,石家河群城遗址,尚没有发掘出夏时代的城址,夏都的位置尚不明了,笔者只是侧面判断,其应位于古称为夏的汉水下游,在盘龙城以东)。而且盘龙城文化的发祥和兴盛都离不开鄂东南、湘东北的矿区;根据已出版的中国文物地图分省图统计,商遗址的密度最高的地区是盘龙城以南的岳阳。盘龙城文化与后石家河文化的传承关系非常密切,但

①　参邓淑苹:《新石器时代神祖面纹研究》,页 264—266。

②　该陶立鹰没有载入发掘报告,感谢阳新博物馆提供资料。这些器物在发掘报告中用得很少,并都被归入把手、器錾,但笔者在阳新博物馆目睹实物后了解到上述细节。

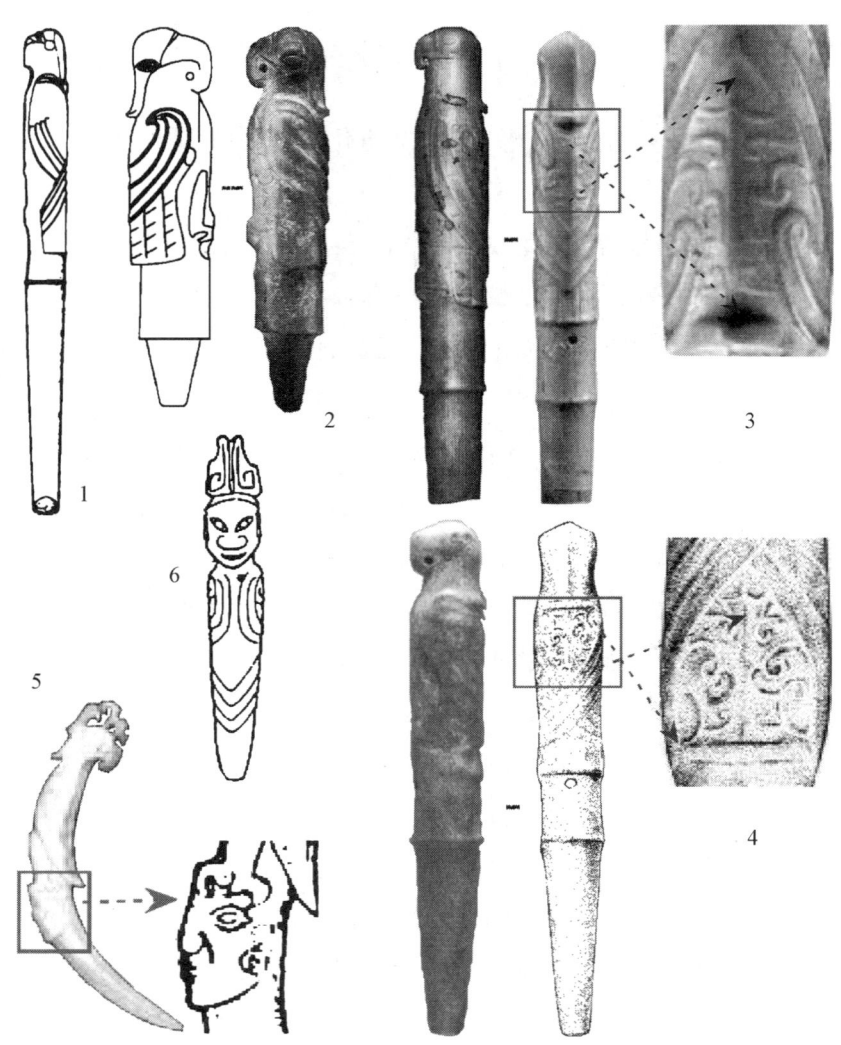

图二四一　石家河与盘龙城文化玉鹰神祖像：1—2. 石家河遗址出土；3. 武汉黄陂盘龙城出土（局部
　　　　　线图据邓淑苹 2012）；4. 殷墟小屯 331 号墓出土（局部线图据邓淑苹 2012）；5. 瑞典远东博物
　　　　　馆收藏（局部线图据邓淑苹 2012）；6. 甘肃灵台县白草坡西周早期遗址出土（局部线图据邓淑
　　　　　苹 2012）。

有几种器物和技术代表盘龙城文化的新兴，如斝、爵、鬲等器类以及硬陶技术，而这
些器型和硬陶技术，恰好都最早见于后石家河文化，也多见于鄂东南、湘东北地区
的遗址后石家河文化的地层中（图二四二：7—11；一三三）。鄂东南、湘东北幕阜
山地区商遗址的密度特别高，并且笔者所做田野考察表明该地区民间传说中仍有
与商王国有关的传说故事。况且，鄂东南地区崇拜老鹰的习俗应该源自湘江流域
的新石器时代中期的猎民文化，具体应该是千家坪、高庙文化的传衍（此问题笔者
将另文探讨）。依靠考古资料提供的线索，从某个角度可以说：汤商国家的起源所

依靠的就是鄂东南地区,所以商文化的
一些特征也源自鄂东南。对老鹰的崇
拜和立鹰礼器应该也是商文化族群的
主要特征,后石家河文化肖家屋脊、枣
林岗、孙家岗等遗址发现的立鹰应该代
表汤商先祖在三苗和夏代的活动。后
石家河文化是青铜文化,铜料的重要性
不可低估,因此鄂东南族群当时应已获
得重要地位,所以作为鄂东南族群崇拜
对象的礼器自然在石家河文化、后石家
河文化并不罕见(图二四一:1—2)。
而到了早商时,随着商人往东开拓矿
山,陶立鹰也出土在鄂东南地区(图二
四二:3)和赣西北地区如九江荞麦岭
遗址(图二四二:4)①;再沿着楚商与南
方虎国关系发展的线索,不难理解,吴
城遗址二期也发现有两件陶立鹰(图二
四二:5)②。

　　笔者认为,立鹰和其他老鹰的造
型,主要代表的是盘龙城的楚商国家。
另一方面,当时出现了一个以长江中游
盘龙城为核心,包括长江上游、中游和
下游,远及黄河流域二里头、二里岗诸
邑的,以上层贵族为主体且不断开拓新
地、建立城邦而发展远程交换和贸易的
体系。在此区域内各地上层人物在精
神文化的交流与影响,及以铜料、青铜

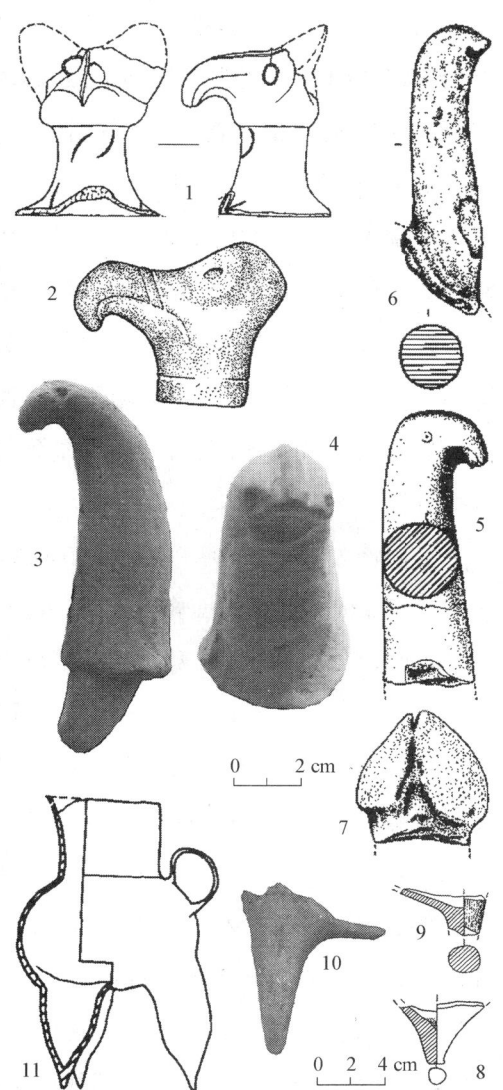

0　　2 cm

0　2　4 cm

图二四二　1.石家河城址肖家屋脊出土的陶鹰头
盖;2.盘龙城出土的陶鹰头盖;3.阳新
大路铺遗址出土的陶立鹰像;4.九江荞
麦岭遗址出土残缺的陶立鹰像;5—6.吴
城遗址二期出土的陶立鹰像;7.吴城遗
址二期出土的陶祖;8—9.随州金鸡岭遗
址出土的石家河晚期鬲足;10.尧家岭遗
址出土的后石家河硬陶鬲足;11.石家河
城址肖家屋脊出土的陶斝。

① 感谢江西考古所提供资料。

② 江西省文物考古研究所、樟树市博物馆编著:《吴城——1973—2002年考古发掘报告》,北京:科学出
版社,2005年,页330,图一九二:1、3。

器、玉器、硬陶和原始瓷器等为代表的贵重物品的交换与交易,也已很普遍。① 所以,实际上出土老鹰礼器的空间范围,远远超出盘龙城文化的直接控制区,从长江上游到沿海地区,都有老鹰礼器的出土(图二四一至二四四)。

此外,笔者还需要强调的是,玉立鹰是代表盘龙城汤商文化的礼器,但这并不等于说这一类器物出现的最早年代只能是盘龙城早商时代,在此之前的后石家河文化出土玉立鹰,这与笔者的假设并不矛盾。盘龙城兴盛之前,在后石家河三苗统治及夏王国的兴盛时代,盘龙城贵族的先辈也是江汉联城邦国网络的重要参与者之一,很可能主要活动于鄂东南,因此在前一时代已有一定的影响力。但从造型的细微差异,我们可以观察到,从石家河到盘龙城时代,老鹰重要性显著提升。

在楚商文化的玉立鹰中,部分有戴天盖之臣形目獠牙神人面像的刻纹,这些面像与后石家河獠牙神人面像相同,笔者赞成邓淑苹先生将此刻纹称为"神祖面"②。可是,前文已谈到在后石家河玉器上,这种神祖面像獠牙形象来自老虎(图八〇:1;一三七:1;二一八;二一九;二二三等),是湘西、鄂西山地猎民后裔在其礼器上表达其信仰的遗迹。他们把獠牙虎口视为神祕的再生通道,故对老虎的崇拜亦包含有神祕始祖的认同概念。因此獠牙面像所表达的是神虎人格化后的人形祖先,这样便构形为人形的神祖面像。从后石家河时代的礼器可以很清楚地发现:禽兽中只有老虎才有特别突出的地位。虎头像特别多,部分带有天盖(参图九四:4—6),并明显联系到神祖的崇拜。盘龙城时期,这种带特殊饰刻纹的玉立鹰与普通立鹰或其他鸟形玉器同时并存,但在此之前的后石家河时期的立鹰尚未见神祖面像的隐刻纹,且上头不戴有天盖(图二四一:1、2)。山东两城镇出土玉圭上有戴天盖的神面像但却没有鹰纹。仔细观察两城镇出土玉圭(图一三七:2),其与后石家河戴天盖虎头像造型一致,并未超出后石家河文化玉器主题与风格的大脉络。

不过,上海博物馆、天津艺术博物馆和美国弗利尔画廊收藏的几件玉圭,在其两面都有老鹰和獠牙面像的造型。台北故宫收藏的玉圭,不仅两面有獠牙面像和立鹰图,在老鹰的身体上还有戴天盖的神祖面像(图八〇:1;二四三:2)。

---

① 郭立新、郭静云:《盘龙城国家的兴衰暨同时代的历史地图——考古年代学的探索》。
② 邓淑苹:《新石器时代神祖面纹研究》,页257—258。

通过对立鹰像演化过程的比较，笔者认为这些礼器都不属于后石家河文化（即三苗或夏时代），而属于盘龙城文化即汤商时代。此外，外传于欧美日博物馆的玉质礼器，有很多老鹰在台上的造型，依笔者浅见，这些都属于盘龙城文化的玉器（图二四三：1、3）。

图二四三　盘龙城文化鹰纹神祖像的玉器：1. 芝加哥艺术研究所收藏盘龙城文化的鹰纹玉璜；2. 台北故宫收藏石家河、盘龙城文化玉圭上的鹰纹神祖像；3. 吉美亚洲艺术博物馆收藏的玉环；4. 北京故宫收藏的玉牌。

　　林继来和马金花先生发现，山西曲沃县羊舌村晋侯大墓出土玉神面像的头盖具有老鹰的形状（图二一九：1）。晋侯墓出土獠牙面像的头盖虽与石家河天盖一致，但的确是更加复杂且发展成头上有张开翅膀的鸟形象；河南文物商店收藏的獠牙神面像在头上有更明显的卧鸟（图二一八：4、5）。林继来和马金花先生认为："虎和鹰都是威猛的动物，两者都为石家河文化先民崇拜的对象。①"但笔者认为，老虎是湘西、鄂西山区族群（或可视为三苗猎民）的崇拜对象，深入影响石家河文化晚期和后石家河，成为夏王国之前强势贵族的指标；而老鹰是鄂东南山区族群（或可视为九黎猎民）的崇拜对象，在后石家河时期鄂东南猎民对平原地区的影响尚未像盘龙城时代那么深远，故或应将老鹰的形象视为汤商贵族及其先民的指标。然则上述两件玉面像应不是后石家河文化的玉器，而是盘龙城文化的遗物，换言之，不是源自三苗或禹夏时代，而是源自汤商的礼器形状。

　　也就是说，獠牙面像源自崇拜老虎，把老虎视为始祖的西域山区的族群文化，但是在历史上，文化与政权势力互补影响，在獠牙面像上也出现老鹰的形象。同时，在盘龙城出土的立鹰形器上，在立鹰收合的双翅之间隐藏神面像的刻纹（图二四一：3），殷墟早期墓葬也有同样的礼器出现（图二四一：4）。华盛顿塞克勒博物馆收藏立鹰也有同样的隐刻，被断代为石家河时代，但笔者认为这是盘龙城时代的遗物②。也就是说，老鹰与神祕始祖信仰明显结合为一体，神鹰成为神祖的象征，应属于汤商的故事。笔者认为，这类器物所表现的就是玄鸟始祖的造型。以玄鸟为始祖的族群，在尧舜、三苗、夏的朝代已存在，在早商时期这一族群可能已掌握更大的权威，但其时已忘记神面像与老虎的关系，而只是用来表达和象征始祖，所以这种獠牙面像亦出现在祖形器上（图二六二：10）。

　　鹰祖形象变得重要，并不意味着虎祖形象变得不重要。与盘龙城同时的吴城文化对老虎的崇拜很明显，崇拜虎的族群可能成为虎国网络的高层贵族；而汤商统治者的信仰中，老鹰（玄鸟）占有更重要的位置。直至殷周时期，立鹰玄鸟的始祖像进一步发展成人头鹰羽的始祖像，如甘肃灵台县白草坡西周早期遗址所出土的遗器（图二四一：6），菲尔德自然史博物馆亦发现同样的器形③。

---

① 　林继来、马金花：《论晋南曲沃羊舌村出土的史前玉神面》，《考古与文物》，2009年第2期，页56—65。

② 　［美］江伊莉、［美］古方：《玉器时代：美国博物馆藏中国早期玉器》，北京：科学出版社，2009年，页142—143。

③ 　［美］江伊莉、［美］古方：《玉器时代：美国博物馆藏中国早期玉器》，页141。

瑞典远东博物馆收藏玉器与后石家河、盘龙城的立鹰相似，只是头上戴凤冠，而其鹰爪下有人头（图二四一：5，凤冠来源下文再讨论）。这种"鹰攫人首"纹另见于很多博物馆收藏的玉器上，如北京故宫（图二四三：4）、上海博物馆、天津艺术博物馆都有这种构图的刻纹玉器。因都没有出土资料，对其年代和文化属性看法不一，不过大多数学者认为这是石家河文化或山东龙山文化的遗物①。笔者推论，这更有可能属于早商盘龙城文化的玉器，但可能比老鹰在台上的构图时代稍晚。由于对盘龙城的发掘、研究非常不足，很多没有经过科学发掘而出土的遗物流传于私人手里，需要更多出土资料，并从各方面加强研究，才能用更肯定的口气说话。

换言之，后石家河、盘龙城文化的玉鹰像，依笔者浅见，这就是玄鸟的造型，玄鸟神生的信仰应该是汤商族群的精神文化，老鹰才是古代生命之鸟，象征生命的源头，因此而成为汤商王室的天命之鸟。目前所见资料虽然零散，但仍基本上可以看出这一信仰的脉络和发展轨迹。所以当时玉立鹰应该都属于汤商贵族的礼器，表达汤商王室对自己家族源头的认识，或标志着鄂东南人对于自身（家族或族群）生命本源的信仰与崇拜的兴起。

据上所述，"天命玄鸟，降而生商"的信仰，虽然并不符合殷商王室的信仰脉络，但却可以代表长江中游先楚文化脉络下的汤商文化。从礼器造型可以推论，当时玄鸟即是鹰类的神禽，所以盘龙城文化的立鹰形器与祖形器有相同的神祖面刻纹，且玉器中出现很多老鹰在台上的造型。当然，同时期吴城文化、三星堆也可见神鹰的造型（图二四四），这应该不是商王族的特有的崇拜对象；但是笔者推论：与祖形器形状相近的、下部有插入台上的尖榫头、部分甚至带神祖面的立鹰象，应该就是商王族的玄鸟。

（四）从古人经验的角度再思鸷鸟形象

一切信仰源自古人的生活经验。人在天地之间生活，与自然界认识、沟通，受到自然环境、规律和禽兽的影响，经过观察选择要点，包括经过长期的经验而在禽兽中选择符合超越性能力的理想对象，并加以神格化。如果我们尝试从古人的角

---

① 潘守永、雷虹霁：《"鹰攫人首"玉佩与中国早期神像模式问题》，《民族艺术》，2001 年第 1 期，页126—142。

图二四四　1. 三星堆出土的青铜大鹰头；2. 吴城出土的青铜器盖。

度来观察不同鸟类的生活方式，容易发现老鹰等鸷鸟比其他鸟类可能更符合作为
生命之鸟而加以崇拜。鸷鸟不群，独坐在台上，飞高且快，超越其他鸟类，并且有杀
死的能力。在上古信仰中，能杀死者经常被视为能创生者，而创生者才能杀死。

在世界古文明中，老鹰、隼、兀鹫、鸢、鹞（雀鹰）确实常被崇拜为生命鸟。例如
在时空离殷商遥远的新石器时代南安那托利亚地区加泰土丘（Çatal Hüyük）的文
化。在加泰土丘的壁画上，可见有巨大兀鹫吞噬人头的图案，被噬断的人头呈上升
状态，而躯体则往下掉。可见加泰土丘的兀鹫与商、虎、殷等东亚国家的龙虎饕餮

实行同类的"神杀"。在另一幅图上，巨大的兀鹫之间有女性，女性腹中有子，所以加泰土丘的兀鹫也如同东亚龙虎饕餮一样可以实行"神生"。虽然时空遥远，两种文明既无关联又不相似，但其信仰中的神兽管理死生的神祕过程却惊人一致（图二四五；二四六；二九四）①。

图二四五　新石器中晚期南安那托利亚地区加泰土丘文化的壁画。

世界各上古文明中对鹰鹫的崇拜相当普遍。除了上述加泰土丘文化将兀鹫崇拜为管理生死的生命鸟，还有古埃及法老被视为太阳隼荷鲁斯的表现：在这世界上太阳隼为最高的神，并且他本身代表"复活"再生概念。此外，古埃及另有崇拜白兀鹫涅赫贝特神母的信仰（图二四七），藏族天葬传统的意思亦雷同：让秃鹫吃人肉以将死人送到天上。

天命玄鸟原本可能属于这种信仰的脉络，笔者进一步分析后认为，天命玄鸟形象与神虎形象一样源自湘、沅流域先民崇拜老鹰的信仰（图二六五：31、32），只是后期的故事流传改变了其本意，因而失去巫觋文化中生命神禽的形象，也便失去巫觋文化中创生与灭生能力不可分的观念（有关天凤信仰之源头，笔者另文加以探讨）。因此在传世文献记载和晚期的实物造型上，玄鸟形象已完全不像拥有超越性力量的恐怖鹫鸟，后人的研究也根本不考虑玄鸟可能是一种恐怖的鸟种。

① 　James Mellaart. *Çatal Hüyük: a Neolithic Town in Anatolia*. London：Thames & Hudson，1967，pp.82－83，102－103，169 ill.8，45－49；James Mellaart，Belkis Balpinar and Udo Hirsch. *The Goddess from Anatolia*. Milan：Eskenazi，1989，v.1，pl XI：1 et all；Marla Mallett. "A Weaver's View of the Çatal Hüyük Controversy." *Oriental Rug Review*. Vol. 10，No. 6，August/September 1990；Marla Mallett. "An Updated View of the Çatal Hüyük Controversy." *Oriental Rug Review*. Vol. 13，No. 2，December/January 1993；Marija Gimbutas. *The Civilization of the Goddess. The World of Old Europe*. San Francisco：Harper，1991，ill. 7－26.2，7－26.3.

图二四六　新石器中晚期南安那托利亚地区加泰土丘文化的壁画。

图二四七　古埃及十九王朝妮菲塔莉大王后墓室的壁画上白兀鹫涅赫贝特神母造型。

二、崇拜鸟类的多元性与商文明天凤形象的规律化

几乎所有的文明都崇拜鸟类,但从鸟的不同形貌可知,其背后所象征的意义并不相同。在中国新石器和青铜时代早期文化中有不少鸟类的神祕造型,如东北红山文化的玉鸮;东南河姆渡及良渚文化普遍用的鸟纹和鸟形符号,均以小鸟为主(如参图九四:1、2);江南山地高庙文化的神鸟刻纹;后石家河文化的鹤凤(图二五八:1—3)和其他鸟类;后石家河、盘龙城和三星堆文化的鹰类以及其他鸟类(如参图二四一至二四四:1;一二八:2;一九〇)等;虎国(吴城文化)也有鸟类造型,近似于良渚文化的小型鸟类(图二二一)以及近似于盘龙城、三星堆的鹰类(图二四四:2)都可见。长江流域崇拜鸟类的文化相当古老且丰富,商周文明拜鸟的传统在很多方面是从该区域继承的。

然而在商周文明礼器中,神龙造型才是礼器纹饰最普遍的基础,甚至在早商的青铜礼器上几乎未见神龙之外的图案。直至殷商时期,鸟类的纹饰才重新常见,并融入夔龙神纹大传统的脉络中,创造出很多双鸟的饕餮构图。因此殷商礼器上的凤鸾构图与新石器时代玉器的鸟类形象已相去较远,代表多元文明之精神文化发展到一个新的阶段。上文已论述过,夔神与凤鸾是殷商礼器上最常见的纹饰,虽然大部分饕餮纹饰都以两条变形的夔龙组成,但也常见有双凤饕餮纹的例子(如参图五六;八五;一三九至一四六;一七六:1;一八七:3;一八八;一九九至二〇二;二〇六等)。

根据普罗普先生对萨满仪式和民间神话的研究,在继承萨满文化的民间创作中,凤鸾一般出现在神龙的位置上,而取代神龙的机能,甚至可以说,龙变形成凤乃是萨满信仰晚期的关键之一①。从甲骨文中并无玄鸟而有龙母和神母崇拜的纪录,似可以理解为,普罗普的推论在中国也能够成立:早期甲骨文的龙母被后期神话中的天命玄鸟取代。但是,详细观察中国上古信仰的遗迹,却似乎没有这种以鸟

---

① 　В.Я.Пропп. Исторические корни Волшебной Сказки, cc.300、326－327、334.

取代龙的趋势。从新石器时代以来,中国各地对龙和对鸟的崇拜都有,但代表不同的文化,不同地方的龙形和鸟类也都不同:东北红山文化崇拜玦龙和鸮,长江下游河姆渡、良渚崇拜小型的鸟,而长江中上游从早期崇拜小鸟演变到崇拜老鹰;长江流域对鸟类的崇拜可以溯源至新石器早期彭头山文化,而对龙的崇拜在新石器时代反而不明显,但到青铜时代早期却形成了崇拜夔龙的大文明。自此以来,在商文明中,礼器的纹饰和甲骨文都明确地显示出,神人、巫师、大酋领国王,都由神龙或神妇龙母所生;凤凰的造型,从此也伴随着夔纹的结构。

从这些资料来看,在中国信仰中,凤并没有取代神龙,只是在殷商文明多元化时,不同族群崇拜对象相互融合,导致龙凤结合,而并非单一族群独特信仰的发展。同时可以看到,商之前有几种独特崇拜鸟类的传统:良渚、石家河、红山等不同文化的鸟不宜混为一谈,其造型构图亦颇为多样。但是自商文明以来,神鸟造型受到夔神形象的深刻影响,鸟图上均有夔纹,鸟的造型规律化为双鸟饕餮结构,此乃殷商所发生的信仰同化及形象典范化的现象。

不过,我们从青铜器双凤饕餮造型中可以明确看出鸷鸟造型,构成饕餮的双凤无疑是老鹰之类的鸷鸟(图八五;一四〇——一四六;二〇一;二〇二等),所以这并非多元的某一种鸟,而是比较具体的鸷鸟形象。所以中国青铜时代也明显可见崇拜鸷鸟的信仰。笔者认为,生命玄鸟也不可能是一种一般性的鸟,而就是江南山地常见的老鹰。立鸟祖象,应该是以一种很直接和形象的方式来表达生命鸟的象征,此外,其形象应与双凤饕餮相关。

这种假设会产生一种疑问:如果双凤饕餮中的凤鸟就是玄鸟,何故这种造型没有出现在盘龙城?笔者理解,原因在于商文明中,玄鸟是王族的神祖,而夔神饕餮是不限于某个宗族的天、地联络者,是大家共同的管理万物死、生的天神。因此,在商自身的系统的信仰中,老鹰与夔龙的神能和崇拜意义是有明确区分的,所以很少能见到用双凤饕餮的造型取代双夔饕餮。但在接受商文化影响的其他文明中,神兽信仰之区分并不如商文明那么严谨,是故反而见到多件双夔、双虎、双凤饕餮以及多种混合的造型。

前文是凭造型将"玄鸟"与礼器上的凤鸷鸟做连接。可是,在讨论中国青铜时代时,甲骨金文也是一种不能忽略的资料。虽然汤商王国文字没有保留下来,但是殷商文字却记载了很多源自商文明信仰的内容。可是,甲骨金文中既未见"玄鸟"纪录,也未见"鹰"字,金文中有"雁"字,可能就是"鹰"的本字,但均用作人名或国名。在甲骨文中,有崇高神能受崇拜的鸟被称为"凤"。那么,甲骨文的"凤"与"玄鸟"的关系如何?

三、从出土及传世文献思考玄鸟形象

(一) 甲骨文"凤"字的字形之谜

甲骨文有两种"凤"字的写法,其一较为常见的有从"鸟"(或"隹")和"辛"的"𩾏"(鳶);从"鸟"(或"隹")和"凡"的"𪆐"(鳳);以及从"辛"、"凡"的"𪀴"(鷟)的。另外有些"鸟"字的卜辞更适合读为"鳳"。例如,甲骨文数次出现"禘鳳"记录,而《合集》14360、《英藏》1225 等载"禘鸟"的祭礼,应该视为意思相同的事情。

我们首先可以纯粹从词汇对照发现,由于"鸟"与"凤"两个字混用,"玄鸟"或许可以理解为"天凤";而"玄"字即是象征天的意思(相关问题参下编第四章探讨),所以"玄鸟"就是"天鸟"或"天凤"的同义词。笔者认为,"凤"字的结构确实隐含了其与商王室的关系。有关从"辛"的"𩾏"字学界均认为这是"凤"的象形字而已,头上有冠,但笔者认为该"冠"应该是"辛"字偏旁,所以"𩾏"字可以视为从"辛"得声的形声字。但是按照我们对上古音的认识,"辛"("真"部字,上古音为"sin")和"凡"("侵"部字,上古音为"b(h)rəm")不能作互相取代的声符,并且"凤"应该也是"侵"部字,上古音为"b(h)rəm"。何以另有从"辛"的写法?

依笔者浅见,首先,我们对上古音的掌握往往不足以作完整的复原。第二,商时肯定有同一词不同读音的现象。第三,从"凡"、"辛"的"鷟"字形在甲骨文中出现较晚,并且其"辛"字偏旁有时候误写成"业"(如《合集》30259 作"𪀴"等),而早期均有"𩾏"(鳶)和"𪆐"(凤)两个字。据此可以推论,"鷟"字形的出现,或许能表达上层贵族语言的演化,故另加"凡"字偏旁作声符,以指出"凤"字的音已与"辛"字不同;或者"鷟"字形的出现会指涉,早期两个字和它们各自的用义范围合并的现象。语言的变化难以预测,所以按照现有的资料,既不能确定"辛"与"凡"

读音之异同，又不能以它们的差异来否定"𨐗"字的写法从"辛"。

甲骨文另有从"辛"的字，按照对上古音的认识，其读音应该与"辛"不同，即"𨐋"（商）字（"阳"部字，上古音为"taŋ"）。依笔者浅见，这一现象可能不单纯表达读音的问题，还隐现一些深藏的信仰的含意。王晖先生发现："先商时期的帝喾、河、岳、王亥等先公的祭日一般为辛日，正好印证古文献中所说的帝喾开始的先商为'高辛氏'时代。"①这些隐迹应该源自早商统治者之宗族始祖，到了殷商甲骨文时代，由于政变和外来族群占领政权的原因，导致从甲骨文资料中无法探索更多早商贵族的故事，包括凤与商的关系亦难以确认，但笔者认为，这还是最有根据的推论。从古文字来看，先秦基本上未见"鹰"字。西周早期以来的青铜器铭文上出现用作人名的字写为"𩿎"②、"𩿯"③、"𩾇"④，可视为"雁"、"雁"或"鴈"字，意思也不指涉鹰鸟。在不同时代历史语言的变化中，会用不同的字表达同一件事，所以我们不必特别追索"鹰"或"鸷"、"鵰"、"鸢"、"鷙"、"鹞"等字的来源，它们都是以"鸟"为基础，"鳶"（凤）和（鸟）原本混用，完全有可能在殷商时期"鳶"字所指涉的鸟类即是以鸷鸟为主，甚至从上古音的角度来说，"凤"prəm 与"鹰"ʔəŋ 读音也相近。若从这一角度，将"凤"字理解为老鹰的形象，同时祂就是玄鸟，因而"商"与"凤"有相同的"辛"字头的隐义，依此或许可以解通。这或许暗示着王晖先生所言不虚，即汤商始祖信仰还蕴含了辛日为先公之日，是故，"商"字自当从"辛"，而鸟头上的"辛"亦是用来指出它是商王室的玄鸟始祖的。

以笔者浅见，"𨐗"字形、"𨐋"字形与"高辛氏"的传说应该有共同的根源，均源自长江中游的文化精神，代表石家河——盘龙城早期联合城邦网络中某一古国的神圣历史传说。不过因为甲骨卜辞所载，已不是该宗族占卜、祈祷和祭礼活动的

① 王晖：《古史传说时代新探》，北京：科学出版社，2009 年，页 148—149。

② 雁公鼎，《集成》器号 2153—2154，现藏于美国哥伦比亚大学塞克勒藏品 1990（The Sackler Collections at Columbia University, New York, USA）。

③ 雁公方鼎，《集成》器号 2150—2151，现藏于北京故宫。

④ 雁叔鼎，《集成》器号 2172，藏处不明。另有河南平顶山市滍阳镇西门外墓葬里四件雁史的青铜器：雁史鼎和雁史簋（M229：1、2，《新汇编》器号 54 和《集成》器号 3442，两者现藏于河南博物院）、雁史爵和雁史觯（M229：3、4，《集成》器号 9048 和 6469，两者现藏于平顶山市文物管理委员会）；江西省余干县黄金埠镇出土的雁监甗（《集成》器号 883，现藏于江西省博物馆）；出处地点皆不明的夋戒鼎（《新汇编》器号 1454，现藏于上海博物馆）、雁公簋（《集成》器号 3477—3478，现藏于北京故宫）、雁公卣（《集成》器号 5177 和 5220，后者现藏于台北故宫）、雁公尊（《集成》器号 5841，山东师范大学历史系）、雁公觯（《集成》器号 6174）、雁𣪘鼎（《集成》器号 1975）。

资料,这些原始的信仰在甲骨文里无法看到。在甲骨上留字的殖民者对这一套信仰并不知悉。甲骨文和传世文献(尤其是源自楚的传世文献)所留下记录的差异性,即隐含着长江流域早商与北来殷商王朝之分隔。

(二) 传世神话中帝喾派玄鸟的形象特点

从传世的玄鸟神话故事来看,在被记录的时候其内容已并非表达原始"鸟生"信仰,而是发生很大的变化,其意思已不表达鸟为始祖的概念,他是崇高始祖帝喾的使者,即在原来的"鸟生"信仰上另出现一位更高的独一无二的形象。如前所述,"喾"的始祖信仰应该比玄鸟生的信仰形成得晚,但具体的时代现在难以考证,以笔者浅见,商王国时期已经有在鸟生信仰之上的高辛氏帝喾父系始祖信仰。

进一步思考,屈原所提喾的形象并不清楚。从《史记·五帝本纪》的描述我们会习惯性地把他当作一位人格化的始祖,但是我们没有更早的资料,探索到战国时期楚文化中喾的形象如何,更加无法知道此时喾的形象相当于商文明的何种信仰对象。

不过从先楚文化的脉络思考,龙、凤的形象同时存在,在后石家河文化玉器上特别明显(如参图一二二;二四一:1、2;二五八;三〇八:2、3),并且商代对龙形神兽的崇拜明显超越对老鹰的崇拜,甲骨文中王也被称为神龙之小子,而神话传统逐渐把所有的圣王龙形化了。据此可以推论,在当时,喾的形象或许接近于龙形。

此外,长沙子弹库楚墓出土了两幅画。虽然学界均认为这是人物像,即是墓主像,可是在多元的先秦文化中尚未有个人像艺术,尤其是墓主像是一种特殊的传统,不可能零散凭空而出现,在没有深入的传统及相关信仰背景下,古人不会造墓主像。先秦中国根本不见这种传统,在墓里仅有墓俑作侍,而无墓主的形体[1]。因此子弹库楚墓中的两幅画不是人像,而是战国时期普遍可见的人形神像,其中之一

---

[1]　对此问题笔者曾经作过专题研究,中国墓主像的来源乃是本人硕士论文的题目:Городецкая, О.М. *Зарождение портрета в Китае.* Ленинград, 1989(《中国个人像艺术的来源》,苏联美术院附设绘画、雕塑及建筑大学艺术理论及历史系,硕士论文,圣彼得堡,1989 年),亦曾将发表几篇文章:Городецкая, О.М. "Культурный феномен древнего Чу. Истоки китайской фигурной живописи"(《楚国文化现象,中国人物画来源》,《东方》,1993 年第 1 期,页 62—71)。郭静云:《秦始皇陶俑:墓俑或功臣肖像?》,《中山大学学报》,2008 年第 1 期,页 65—78。郭静云:《论"肖像"艺术的主题——试探跨越文化之定义》,《意象》,第 3 期,北京:北京大学出版社,2009 年,页 135—176。

图二四八　长沙子弹库楚墓出土
"简狄在台"帛画。

在前文已提及，依据《九歌》可以毫无疑问地认定为河伯（图九七）。另一幅的主题则没有那么明显（图二四八），不过笔者推论，本幅画乃喾与鸟跳舞而简狄在台接受天凤赐卵的意思，凤凰旁边的夔龙就是喾的形象。《吕氏春秋·古乐》言："帝喾乃令人抃或鼓鼙，击钟磬，吹苓展管篪。因令凤鸟、天翟舞之。帝喾大喜，乃以康帝德。"①也就是说，在战国时期的图画上，玄鸟的形象似已不是具有超越性力量的鸷鸟，而以姿态优美的舞者形象示人，这种新形象代表了战国以来对天凤形状的演化与典型化；同时帝喾形象不是龙而是夔龙，在商代并不视为始祖神兽。可见，战国时期夔龙神生与天凤诞生的意思已完全合为一体，不再区分，并且从神话来看天凤本身已不被看作是始祖，他只是崇高始祖喾的陪伴者及派遣者。

但是，如果从战国时期的神话意涵回到商时代的形象意义，笔者认为帝喾虽然不是夔神形象，但应该就是龙的形象。从这个角度我们可以思考，"龙"字在甲骨金文中的写法，一贯从"辛"，如"𤞤"、"𤰞"、"𤯍"、"𤱷"、"𤲮"、"𤳂"、"𤳼"、"𤴥"，"辛"部迄今仍在"龍"字的结构中。所以，"龍"、"鳳"、"商"、"宰"都是从"辛"，这应该不只是声符关系，还表达对商王族高辛氏的认同。"宰"应该是商时代才出现的字，其字形应该表达商王宫内的宰官。龙这个神兽是"辛"部的，应是高辛氏的图腾。由此，或许可以旁证，帝喾亦有作神兽龙的形象表现。帝喾为龙形，而玄鸟就是凤；商代凤的形象就是老鹰，而帝喾龙则是单首的带"辛"冠的龙，而不是双嘴夔龙天神。

---

① （秦）吕不韦著，林品石注译：《吕氏春秋今注今译》，页138。

四、龙凤神兽与图腾信仰的关系

(一) 神生与鸟生、龙生之别

依笔者浅见,关于中国神龙信仰的讨论,有一种常见的误解:将龙视为"图腾",如在新石器时代一些文化对龙的崇拜或许还有纪念始祖的元素,其时单首龙与双嘴夔神有区分,但是商文明的夔龙是一个跨越族群的天地联络者、死生管理者。虽然甲骨文记录有王为神龙小子的观念,后期神话仍保留有圣王乘龙或由神龙所生的观念,但这也是跨宗族的圣王神子的信仰,所以各代、各族的王都与神龙形象有关系,龙并不是某族的"图腾"。

成双的夔龙形象都不涉及族别,从不用作族名、人名、国名或族徽,成双夔龙图案或符号仅出现在戈、矛、钺的铭文上,所以与钺上的双夔构图(如图九八:1)一样表达神杀的意思,如参天戈①或亇戈②、交戈③、徽戈④、夐戈⑤、万戈⑥、弔戈⑦、宁戈⑧、隹戈⑨、伐虒戈和伐虒钺⑩(图二四九)等甚多殷商时期的神圣兵器上。双夔间的符号是族徽,这些族徽出现在其他青铜器上,大部分不在双夔之间的结构里;这里的双夔并不是构成族徽的一个部分,而是另外被加上去以表达该兵器的神圣

① 《集成》器号10630,现藏于北京故宫。

② 《集成》器号10632—10634,安阳出土,现藏于法国巴黎埃德加·古特曼氏(安阳遗宝)、中国国家博物馆。

③ 《集成》器号10637,藏处不明。

④ 《集成》器号10649—10650,现藏于北京故宫、中国国家博物馆。

⑤ 《集成》器号10685,现藏于北京故宫。

⑥ 《集成》器号10698—10700,安阳出土,现藏于中国国家博物馆、法国巴黎基美博物馆。

⑦ 《集成》器号10702—10706,安阳出土,现藏于北京故宫、山西博物院。

⑧ 《集成》器号10716,现藏于北京故宫。

⑨ 《集成》器号10749,现藏于北京故宫。

⑩ 《集成》器号10872—10873、11753,安阳出土,现藏于旅顺博物馆、上海博物馆、美国纳尔逊美术陈列馆。

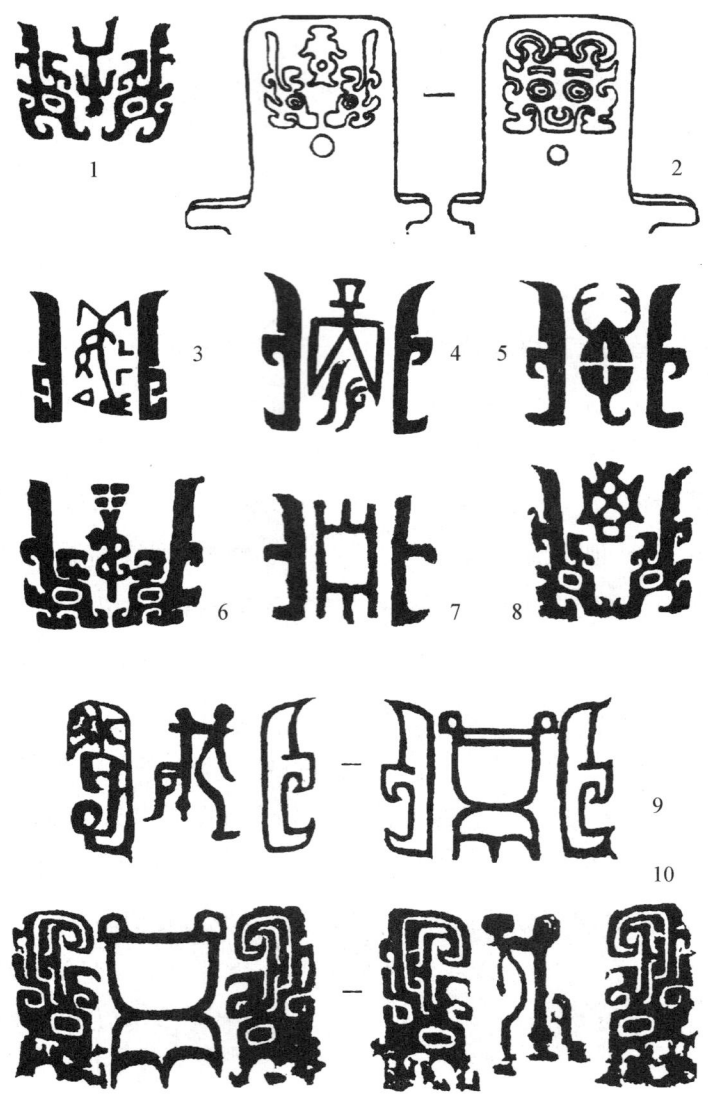

图二四九　铜戈、钺上双夔间的族徽：1. 屰戈；2. 交戈；3. 徴戈；4. 覭戈；
5. 万戈；6. 弔戈；7. 宁戈；8. 亜戈；9. 伐甗戈；10. 伐甗钺。

性。巫觋信仰中神杀和被神杀的意思相同，所以位于双夔之中者，即是被神吞噬的
祭牲，同时也是掌握神力的巫师。族徽在双夔之间，这样的结构既表达其有护族符
的作用，又意味着持有该兵器者掌握神圣的伐权。

　　从此可见，夔神是跨宗族、族群的神祕力量，夔神形象的出现阐明，社会发展已
超越了宗族小国的历史阶段，所以能提出跨族普世的理想。虽然双嘴夔龙的形象
源远流长，但在早商时代之前还没有形成统一系统的概念及范型，这是商文明新历
史阶段的创作。从夔神纹的形成来看，信仰的普世化在早商时期已基本上形成，先

楚、先吴、先蜀、先越皆接受此信仰作为自身文化的基础,并将其影响扩展到黄河以北先民的精神文化中。这种精神文化的普世化趋势,对殷商上古帝国的成功提供了良好的土壤。

但在这普世性的信仰之内,各族、各团体继续崇拜其地方众神、家族保护神、事业保护神、土地保护神等。其中有单嘴龙形的图案被用作地名和族名。前文已说明商周文明中单嘴的"龍"与双嘴的"神"意思不同。单嘴龙是地名、人名、国名,其中可能涉及族祖的信仰,其形状有两种:较多见弯形的如前文所提的龍爵、𠂤龍爵、子龍壶、龍鼎、龍器;罕见自咬其尾的如龍觚" "①。

有关在甲骨文中被称为"龍方"的国家的地望,学界看法不一致,由于资料也残缺,所以其宗族属性难以探索。不过笔者思路与其他人有所不同,认为龍国常被视为位于殷墟之西北②这一说法并无根据。笔者浅见如下:有关"龍方"的纪录,最早出现在武丁时代,都是记述殷王武丁伐龍国的事情,之后殷王武丁有一位配偶叫妇龍;最大的可能性是,这就是在记述殷王族征伐楚商王族的大事。双嘴龙是汤商王国主要的崇拜对象,单嘴龙是汤商王族帝喾始祖,所有国家礼器都造型神龙;因此自称为"商"的殷宗篡位者,完全有可能用"龍方"指称原来的汤商王国,殷宗武丁也娶了妇龍即汤商公主,以坚强自己继承汤商的正统性。从上古崇拜夔神的脉络来看,中国文明中的神龙创生信仰,可能就是从这些远古以夔龙为祖先崇拜的宗族衍生而来。可是到了汤商时代,双嘴夔龙早已不是图腾信仰,当时将龙凤帝喾玄鸟崇拜当作宗祖的汤商王族,为与夔龙天神作区分,而塑造出单首龙这一形象,号之为帝喾,作为祖先崇拜的神兽形貌。

神话中同时保留神龙创生与凤鸟创生两种神祕创生的信仰,但通过对商代礼器和甲骨金文的分析(详见本章第四节),使我们理解神生与凤生的核心差异在于:前者表达普世的生死、升天与再生信仰,并不带有特定族群衍生或特权的意义;而鸟生信仰却带有具体宗族繁衍的概念。其中包括玄鸟生的信仰,也比神龙生信仰古老,所以表达较具体的文化属性:即代表居于长江中游而建立商国的宗族,

① 《集成》器号6906,藏处不明;上海博物馆收藏子龙爵的"龙"字亦同,《集成》器号8100。

② 参陈梦家:《殷虚卜辞综述》,页283;饶宗颐:《殷代贞卜人物通考》,页704;郑杰祥:《商代地理概论》,郑州:中州古籍出版社,1994年,页316—317、266;彭邦炯:《卜辞所见龙人与相关国族研究》,《殷都学刊》,1996年第4期;蔡运章:《卜辞中的龙方》,《甲骨金文与古史研究》,郑州:中州古籍出版社,2010年;孙亚冰、林欢:《商代地理与方国》,页289等。

而神龙生的信仰反映的是新时代超越地域、族群和文化的神生神杀观念。远古时代的图腾神兽信仰多样，其中大部分对象，因不出现在高级礼器上而未留下痕迹。但是古人对鸟类的崇拜是一个非常大的传统，难以完全消失。前文第七章有讨论虎形族徽和虎生信仰；但是鸟生信仰比虎生信仰还要古老，虽然玄鸟神话中具体说到王族的诞生，但是从各种神鸟的造型来看，其溯源都早于老虎且未必指涉统治者的权力。虎形的族名和族徽虽然较多，但基本上都属于手里掌握政权的宗族，这是源自游猎生活的善于战争的族群。而鸟类的族名和族徽并非如此，其形状很多，属于各种大大小小的宗族的始祖符号。所以殷周时期很多贵族的族徽中有以不同鸟类为族号者。对大部分以鸟类为族名的族群而言，无法探索其宗族的居住与活动范围。

换言之，夔神信仰并不含图腾的成分，所以没有某族将"神"字用作族徽，但汇入饕餮构图的牛、象、羊①、豕等动物，都出现在族徽里，所以对它们的崇拜涉及不同族群的图腾信仰，鸟类的崇拜也部分牵连着当时族群的图腾信仰，并且很多大小贫富不同的族群都认为，自己的始祖是一只天鸟。

可惜的是，很少有资料可以让我们探索远古鸟生信仰的内容；但是到了殷商时期，在青铜器上出现众多鸟形族徽，表明自认为天鸟后裔的宗族众多。其中也有超大型宗族：比如，商王族就是其中一个典型例子。商王族有关自身诞生的信仰多元，包含了不同的神秘角度，但其中帝喾派玄鸟龙凤生的故事即是基于天鸟诞生的远古信仰。

（二）众多鸟类族徽中商王凤族的"玄鸟"

商周时期有不少族群认为他们的始祖是某种鸟，所以其族徽的鸟形各异，对研究者来说，判断同族或异族的关系不甚容易。

---

① 牛、象形的族徽前文已提及，豕形的族徽下文再讨论，至于"羊"的族徽乃见于羊鼎、羊瓿、羊爵、羊器（《集成》器号 1105—1106、6656—6657、7511—7513、10408，现藏于苏州市博物馆、上海博物馆、河南新乡市博物馆、中国国家博物馆、藏处不明等）；𡤦鼎、𡤦瓿、𡤦爵（殷墟出土：《集成》器号 1107—1109、6658、7514—7515，现藏于上海博物馆、法国巴黎基美博物馆、日本东京出光美术馆、考古研究所安阳工作站、北京故宫）；羍鼎、弓羍鼎、弓羍父丁（西安市长安区出土：《集成》器号 1141、1441、1859，现藏于美国明尼阿波里斯艺术研究所暨陈皮斯柏氏藏品［Minneapolis Institute of Arts, Minneapolis, Minnesota, USA］）；羍丁鼎、弓羍父己鼎、羍卣、弓羍父辛爵、羍器（《集成》器号 1289、18765、4758、9019、10511—10512，藏处不明）；羍瓿、羍爵、弓羍爵（《集成》器号 6740、8216—8218、8821，现藏于北京故宫、辽宁博物馆、上海博物馆）；㹤鼎、㹤父瓿（安阳市出土：《集成》器号 1463、7210，现藏于上海博物馆）；羊父庚鼎（《集成》器号 1627，现藏于美国纽约塞克勒氏 1990）；子羊父丁鼎（《集成》器号 1850，藏处不明）；羊父辛觯（《集成》器号 6315，藏处不明）；羊己瓿（《集成》器号 6835，藏处不明）等（记录不全）；另有许多羌、姜、养（羖即羊牧）、宰（羊牢）族的礼器。

1. 多元的鸟族

殷商时期以鸟类为族徽的青铜器很多，但有出处资料者很少，且经常同一族徽的器物来源不同，所以虽然有少数几件器物知道出土地点，但因器物流动性高，依然很难理解这些宗族所在地点。青铜器上的族徽图案各有差异，应该是不同家族的礼器。如山东省沂水县柴山乡信家庄出土的鸟戈，其族徽字形为" "①，而另一件鸟戈出处不明，其鸟形族徽似为以夒符号塑造的" "②，两者应不属同一族。鸟父癸鼎族徽字形为" "③；鸟父癸尊族徽字形为" "，尊上的纹饰是饰带较凸出的双夒饕餮纹④；鸟爵字形为" "⑤；戈夶鸟爵字形为" "⑥；鸟父癸爵族徽字形为" "⑦；鸟父癸爵族徽字形为" "⑧；鸟罜族徽字形为" "⑨；鸟父辛盘族徽字形为" "（图二五〇：1）⑩。还有鸟父乙觚、鸟爵等族徽字形不同的殷商礼器⑪。也有一些器物，族徽字形完全相同，无疑属同一族的符号。例如，曾自陕西麟游县九成宫镇后坪村四岭山窖藏出土的鸟父辛觯、自西安市出土的鸟簋、出处不明的鸟爵、两件鸟觚和另一件鸟觚的族徽字形皆为" "⑫；前两个出处地点使我们推论该宗族的活动区域在关中平原附近。殷商鸟簋和鸟爵的族徽字形皆为" "，但两者出处不明⑬。山东滕州前掌大村 301、308、309、312 号商墓青铜器上的族徽为" "⑭。

---

① 《新汇编》器号 1031，现藏于山东省沂水县博物馆。

② 《集成》器号 10711，现藏于湖南省博物馆。

③ 《集成》器号 1685，现藏于北京故宫。

④ 《集成》器号 5677，现藏于上海博物馆。

⑤ 《集成》器号 7570，藏处不明。

⑥ 《集成》器号 8248，藏处不明。

⑦ 《集成》器号 8694，藏处不明。

⑧ 《集成》器号 8695，现藏于台北故宫。

⑨ 《集成》器号 9135，藏处不明。

⑩ 《集成》器号 10044，藏处不明。

⑪ 如《集成》器号 7088，现藏于北京故宫；7571，藏处不明。

⑫ 《新汇编》844、《集成》器号 2979、7569、6675、6672，现藏于现藏于陕西省麟游县博物馆、北京故宫、上海博物馆、北京故宫、藏处不明。

⑬ 《集成》器号 2980、7572，藏处不明。

⑭ 滕州市博物馆、李鲁滕：《藤州前掌大村南墓地发掘报告（1998—2001）》，山东省文物考古研究所编：《海岱考古》第三辑，北京：科学出版社，2010 年，页 338，图九五。

图二五〇　殷周鸟形族徽：1. 鸟父辛盘族徽；2. 信阳罗山县蟒张公社出土的亞鸟觚；3. 亞鸟爵；4. 西周初期的亞鸟斅尊的腰纹和铭文；5. 斅祖癸鬲；6. 亞斅父丁鬲与盉；7. 亞鴌父乙；8. 作册大鼎；9. 鵙己祖癸觚；10. 冉斝父乙鼎；11. 安阳市小屯村 18 号墓出土的鸟举觚。

安阳郭家庄东南一号墓出土的鸟嬧簋和鸟嬧母鼎，族徽字形为""，但到了西周早期这样的字形出现在鸟簋铭文上，从作族徽发展到作人名①。

　　西周铭文中鸟形族徽依然可见，如西周早期的鸟壬侴鼎族徽字形为""、斈小仲敊方鼎族徽字形为""②；西周中期巫鸟尊族徽字形为""、柜伯鼎或自名谓鸟宝鼎的族徽字形为""、尚觯的鸟形族徽的字形为""③。这些器物上的鸟形符号都不一致，器物的出处皆不明，造型都比较简单，应都不属于地位特别高、特别富有的贵族。

　　有些鸟形族徽外框有"亞"字形，表明本族归类于"亞"大族团，即与殷商王族

---

① M1：16、24，现藏于河南省安阳市文物工作站；《新汇编》器号 170、172；《集成》器号 3712，藏处不明。

② 《集成》器号 2176、2528，现藏于岐山县博物馆、台北故宫。

③ 《集成》器号 5586、2460、6466，现藏于日本京都泉屋博古馆、台北故宫、藏处不明。

有某种亲属关系,如亞鸟父甲鼎的族徽为"〔图〕"①;殷商时期豫南信阳罗山县蟒张公社天湖大队十一号墓出土的亞鸟觚(M11:4、5)和出处不明的亞鸟爵、西周初期的亞鸟效尊等。亞鸟效尊的纹饰是以夔神头部的饕餮和左右一对凤鸟组成的。这四种亞鸟族徽不同,器主之间应没有亲属关系(图二五〇:2—4)②。

另有一些凤族徽包含"宁"字形,指出本族归类于"宁"的族团,即规模比带"亞"符号小的也属殷商王族的团体,如殷商时期斝祖癸鬲(图二五〇:5)③。亞斝从父丁鬲以水牛形的饕餮三足造型,是殷末周初常见的形状,它的铭文与亞斝父丁盉的铭文完全相同,后者在盖下和器外耳下各有同铭,这种铭文布置在殷商时期罕见,所以可考虑这两件是器主相同的西周礼器。同时有"宁"和"亞"两个大族团符号,可能显示本家族含两个大族团的血统,"亞"字框架里"斝"族徽字形为"〔图〕"(图二五〇:6)④。

在鸟形的族徽中,鸟头上有"戈"符号的属殷商时期的专业军士所有,发现很多以"鳶"为符号的礼器,如两件形状很接近但却不成对的鳶圆鼎,其纹饰是典型的夔龙饕餮,其一族徽字形为"〔图〕",其二族徽字形为"〔图〕"⑤,为同一家、时代相同的礼器。曾经出自安阳的鳶罍和鳶爵⑥、出自洛阳的鳶觯⑦,以及甚多出处不明的鳶簋、鳶卣等器物,族徽字形为"〔图〕"⑧;鳶勺、鳶觚族徽字形为"〔图〕"⑨;鳶父辛簋、鳶祖辛卣族徽字形为"〔图〕"⑩;鳶铙、鳶父丁觚、鳶方彝、鳶旅女簋等许多青铜器,都以"鳶"为族徽⑪;这些器物应该是属于中等贵族的礼器,形状、纹饰都很典型。

---

① 《集成》器号1817,藏处不明。

② 现藏于河南省罗山县文化馆:《新汇编器号》610—611;现藏于北京故宫:《集成》器号7809;《集成》器号5943,藏处不明。

③ 《集成》器号496,现藏于北京故宫。

④ 《集成》器号539、9403,现藏于瑞典斯德哥尔摩远东古物馆(Östasiatiska Museet〔Museum of Far Eastern Antiquities〕, Stockholm, Sweden)、北京故宫。

⑤ 《集成》器号1123、1124,现藏于美国哈佛大学福格美术博物馆、美国华盛顿西雅图美术博物馆(Seattle Art Museum, Seattle, Washington, USA)。

⑥ 《集成》器号9747、7573—7574,现藏于美国纽约纳尔逊美术陈列馆(布恰德藏品)、上海博物馆。

⑦ 《集成》器号6072,藏处不明。

⑧ 《集成》器号2981、4787,现藏于美国哈佛大学福格美术博物馆、美国华盛顿弗里尔美术博物馆。

⑨ 《集成》器号9905,藏处不明;《集成》器号6676—6678,现藏于上海博物馆、北京故宫。

⑩ 《集成》器号3201、4897,现藏于北京故宫。

⑪ 《集成》器号359、7118,藏处不明《集成》器号9836,现藏于瑞典斯德哥尔摩远东古物馆(韦森氏藏品);《集成》器号3227,现藏于北京故宫。

"鳶"字除了见于铭文,亦出现在甲骨文里,但似乎写从"隹"的""字。在甲骨文中表达狩猎对象,如《合集》5739、5740 记载"贞:呼多射,获?""不其呼多射,获?"说明"鳶"应该是一种具体的鸟类,可能就是鸢(老鹰类),该贵族应该以鸢为始祖的信仰,其发祥地难以判断。

殷商时期另一大贵族的鸟形族徽是"",其族徽字形是从"丙"的"鴋"。不过殷商时代"鴋"族徽的器物一般属于中等、形状和纹饰均典型的青铜器,出处都不明,如鴋父乙卣、鴋父丁瓿、鴋癸爵、鴋父乙爵、鴋父乙爵、妻鴋父癸爵、鴋䍐等①。鱻父乙簋铭文用双"鴋"面对立的族徽""②。""大贵族的一个分族,从殷末起获得作册的官职,即负责王室祭礼、宣命及其他相关的活动。同时鱻孿父辛尊的族徽符号表明"鴋册"族的支族参与了"宁"这一大族团③。这一家族的族徽字形在西周早期只见写从"鴋"、"册",以表达他们的作册的官职,其礼器等级很高,如洛阳西工区邙山镇马坡村出土的矢令尊、矢令方彝、作册矢令簋,族徽字形为""④;作册大鼎(图二五〇:8)、令盘、觯等礼器族徽字形为""。

在殷商礼器上从"丙"、"鸟"的"鴋"族徽的鸟形与上述的""并不相同,如辽宁省喀左县山湾子村窖藏出土的串鴋父丁卣的族徽字形为"";而亞鴋父乙簋在"亞"字框架内的族徽字形为""(图二五〇:7)⑤。这两个家族与""族的关系不明。

殷商鸟族徽中另有从"冉"的字形,如子鱻君鼎族徽字形为"";鱻弓形器族徽字形为""⑥。安阳市出土的鱻父丁鼎、鱻父己觯,字形为"",鸟翅上有夒符号,用来表达祂是神兽⑦。这些族徽与其他从"鸟"、从"冉"的字是否有关系难以

① 《集成》器号 4928、7119,藏处不明;8069,现藏于中国国家博物馆;《集成》器号 8399、8413,现藏于北京故宫;《集成》器号 8968,藏处不明;《集成》器号 9136,现藏于中国国家博物馆。

② 《集成》器号 3153,现藏于北京故宫。

③ 《集成》器号 5805,现藏于美国旧金山亚洲艺术博物馆布伦戴奇藏品。

④ 《集成》器号 6016、9901、4301,现藏于台北故宫、美国华盛顿弗里尔美术博物馆(塞克勒氏)、法国巴黎基美博物馆。

⑤ 《集成》器号 5069,现藏于辽宁省博物馆;《集成》器号 3300,藏处不明。

⑥ 《集成》器号 1910,现藏于上海博物馆;《集成》器号 11869,藏处不明。

⑦ 《集成》器号 1586,现藏于中国国家博物馆;《集成》器号 6288,藏处不明。

确定。直至西周以降,铭文上凤字已极罕见,战国晚期十六年喜令戈器主名是从
"鸟"、"臼"的"鹠"字,但这已不带有族徽的含义①。学界将"鼍"族徽有时候与
"鼐"族徽混淆,虽然"丙"与"冉"的字形相似,但这应该是两个不相干的家族符号。
殷商时期的冉鼌父乙鼎的族徽也带"冉"字,但与"鼍"族的不相同,作" 冈 鼐 "
(图二五〇:10)②,应不是同一族。

殷商其他从"鸟"的族徽甚多,如安阳市小屯村18号墓出土的鸟举觚的族徽从
" 丼 "(图二五〇:11)③。" 丼 "字(笔者考释为"举"④)是殷商常见的族徽符号,
如殷墟西区907墓出土的举鼎、举卣、举日辛爵、亞辛举残铜器、举锛;殷墟西区93
墓出土的两件亞罩尊;殷墟西区152墓出土的举罐⑤;周原出土的举父乙簋、举父
乙甗⑥;以及传世的亞举�父丁角、亞举罩父乙簋⑦、亞举罩父甲鼎、举父癸鼎、亞举
父癸簋和亞举父癸鼎、亞举且乙父己卣⑧。甲骨文中也有妇举商王配偶⑨。"鸟举"
应是"举"族的分族。

此外殷商鸟形族徽还有从"且"(祖)的"鸼"——鸼己祖觚(图二五〇:9);从"卯"
的 丮 ——鼎爵;从"凵"的 ⿰ "鲁"——鲁父戊簋。西周早期有从"攴"的"鶩"——鶩
分父甲觯⑩。

西周中晚期的伯遟父鼎和吴买鼎,铭文上将自己称为"鶨鼎"或"鶨贞鼎"(字
形为" 鶨 "),可能这也是原先为族徽的字体⑪。西周中晚期以来,贵族已放弃用族

① 《集成》器号11351,现藏于北京故宫。

② 《集成》器号1831,现藏于广州市博物馆。

③ 《集成》器号7056,河南省安阳市小屯村18号墓出土(M18:16),现藏中国社会科学院考古研究所安
阳工作站。

④ 参郭静云:《甲骨、金、简文" 丼 "字的通考》,《古文字研究》二十七辑,北京:中华书局,2008年,页
135—140。

⑤ 《集成》器号1098、4783、8800、10476、11790、5911、5949、9983,现皆藏于中国社会科学院考古研究所
安阳工作站。

⑥ 《集成》器号3149,现藏于渭南县图书馆;《集成》器号809,现藏于凤翔县雍城文管所。

⑦ 《集成》器号9008,现藏于美国旧金山亚洲艺术博物馆布伦戴奇藏品;《集成》器号3419,现藏于台北
故宫。

⑧ 《集成》器号1998、1687、3339、1892、5199,藏处皆不明。

⑨ 《合集》2795、2796、13962。

⑩ 《集成》器号7079、8221、3188、6372,藏处皆不明。

⑪ 《集成》器号2195,现藏于北京大学塞克勒博物馆;《集成》器号2452,藏处不明。

徽,但一些祖先名字可能仍保留有原来族徽的字体,其中也有鸟形的祖名,如西周晚期叔鄂父簋将鄂国祖先称为"鶒姬";西周晚期幻伯佳壶的铭文将本身称为"鶏宝壶";妇鸼觚和周觜盨也用鸟形的祖名①。春秋时期的陈伯元匜将父考命名为"鶊",而春秋晚期的几件鹏戈和战国晚期两件鷸戈的鸟名②,已不清楚属祖名或人名。

综上,鸟类自新石器时代以来就是各地文化的崇拜对象,成为很多宗族自我承认的始祖,而作为族徽来用。不过,对鸟类的崇拜同时也汇入到商文明夒神饕餮宗教系统中,形成礼器上的双鸟饕餮构图;并且在一些鸟形族徽中,翅膀上有夒纹。

鸟形族徽众多,绝大部分难以确认族属关系。但是,鸟族徽中也有商王族的"凤"以及甲骨文所见的雀族的族徽,二者需要专门探讨。

2. 雀族的小鸟和凤族的老鹰

据殷商甲骨文反映,在殷商贵族中有一族以"凤"为族号,又有以"雀"为族号者。这说明至少有以鸟为宗族符号的两族曾经归属为殷商王族的族团之一。相关的记录可见于一些卜甲的反面上,如《合集》9245 言:"凤入百";《合集》言:"凤入十";《合集》9244 言:"凤入……"等。"雀入"的记录更多,如《合集》9774 言:"雀入龟五百";《合集》1051 言:"雀入三";《合集》10865 言:"雀入五";《合集》8459 言:"雀入十";《合集》190 和 6928 言:"雀入卅";《合集》9241、14130、14364 言:"雀入百";《合集》14209、14210、14395 言:"雀入百五十";更多的记录言:"雀入二五十"③;或不提及数字:"雀入"④。其中"雀"另可读为"小鸟",而"凤"根据其形象和意义应就是玄鸟老鹰。

从甲骨文族名记录中,我们亦可以看到,殷商的神兽崇拜与宗族概念之间,也有某种程度的关系。族名中没有神龙出现,是因为神龙的信仰不带有"图腾"概念,而"凤"、"雀"、"豕"、"虎"等以指涉神兽神禽之字眼作为族名或宗族符号的神兽神禽形象,也在某种程度上蕴含着神祕祖先的观念。在以鸟形为族徽的族中有

---

① 《集成》器号 4056—4058,现藏于中国国家博物馆、上海博物馆、英国牛津雅士莫里博物馆;《集成》器号 1200,现藏于襄樊市博物馆;7287、4380,藏处不明。

② 《集成》器号 10267,现藏于台北故宫;《集成》器号 10818,现藏于辽宁省博物馆;《集成》器号 11651,现藏于吉林大学历史系陈列室(上段)、山东省博物馆(下段);《集成》器号 11073,现藏于旅顺博物馆;《集成》器号 11302—11303、11652—11653,藏处不明。

③ 《合集》768、1100、1531、1868、2791、2399、3201、5298、5995、9233—9239、9775、9791、9810、10937、12163、12487、13333、13675、14929、14951 等。

④ 《合集》585、9240、9242、9243、16418 等。

大鸟"凤"和小鸟"雀",可是在神兽中神龙夔兽从来没有被用作族名或族徽符号。这表明神龙夔兽在商文明的信仰中有特殊地位,并不是某一族的崇拜来源或自我认定意义,故神龙夔兽不宜与其他神兽合为一谈。

甲骨文中,"凤"字亦有作地名,如《合集》36841载:"辛酉王卜,才(在)孁,贞:今日步于□,亡灾? 癸亥王卜,才(在)凤,贞:步于危,亡灾?""孁"和"凤"是两个地名,卜辞表达殷商王准备离开此地往另一地方走。《合集》20769载:"甲辰卜,乙其蓺,屮(有)峀才(在)凤叩小凤征(徙),鸮?"在凤地,似乎要求本地族酋小凤迁徙。小凤应该是另一不加入殷商族团的贵族,他们原来的生活区域名为凤,殷商军队或许准备占领凤族之国而赶走原来的国主。依笔者浅见,这些鸟名、凤名的贵族基本上代表长江流域的文化脉络,小凤之地应也靠近南方,受到殷人的攻击。依笔者判断,很有可能,写从"辛"的凤族与写从"辛"的龙族一样,都是指被殷人打败的楚商王族的成员。而与小凤不同的小鸟之雀族是早已加入殷商族团的族群。

甲骨文雀族的记录年代大部分属于武丁时代,当时应该是很有影响力的一族。但在青铜器上迄今未发现雀族的符号,只在河南鹤壁市淇滨区庞村镇庞村西周早期的墓里出土了一件铜卣,盖内有"亞鸟"的族徽,而器内"亞鸟"写从"小"的"亞雀",两个鸟形一致,或可以视为雀族的遗物,但出土地点是否和该族所在地点一致,还不能确定。这件铜卣的铭文很有意思,"亞雀"族徽和"鱼"族徽被同时使用(图二五一:1)①。

这类将两种象征族属的祖先与禽兽标识合并的例子在殷周金文中还有它例,如殷商时期鼎的铭文在亞字形族徽结构里有凤和鱼两个字(图二五一:2)②,该族徽的凤鸟

图二五一　殷周族徽铭文:1. 亞雀渔父己卣;2. 亞鸞鼎;3. 鸞爵;4. 鸞卣。

---

① 《集成》器号5162,现藏于河南博物院。

② 《集成》器号1741,藏处不明。

头上有辛形冠,但鸟类不明,象未长羽毛的雏鸟。几件殷商时期铭文在凤鸟形族徽足尾之间有小猪的图案,或当时是以两族同化而又形成新族徽,如黍爵、黍卣(图二五一:3、4)等。两兽合在一起的族字在西周早期依然存在,如告田祖乙簋的器主是犧侯①,鸟头上有虎头——🦌。

笔者对黍爵、黍卣的区分,是按照鸟头有"辛"字形的皇冠,能与甲骨文的"🦚"对应,只是卣族徽的"辛"部残缺;就鸟的种类来看,钩喙、钩爪,这无疑是鸷鸟。依这种指标,也将亞黍鼎的鸟类认为"凤"。安阳殷都区铁西街道高楼庄村南一号墓出土的殷商凤娀叔觯的"凤"写作"🦅",亦与甲骨文一致②。

但这种比较明确的造型少,更多是近似鸟冠,但无"辛"形,都不能视为"凤"。所以下面几件器物的族徽只能定为某一种鸟类,但不宜称为凤。如妇鸟瓿的族徽字形为"🐦";鸟父乙鬲的族徽字形为"🐦"③。鸟祖尊和鸟祖甲卣的族徽字形为"🐦",应是同一家族的礼器;鸟父甲卣的族徽字形为"🐦",并在翅上更明显有夒符号④,用来表达祂是神兽。鸟瓿的族徽字形为"🐦";鸟父乙母告田卣的族徽字形为"🐦";鸟瓿的字形为"🐦";甘肃省庆阳县温泉西庄韩家滩村墓葬出土鸟祖癸角的族徽字形为"🐦"⑤;安阳北关区洹北街道郭家湾村出土的𝄞羿卣和出处不明的鸟形铭鼎,两件族徽字形同为"🐦"⑥等。上述族徽中的很多鸟类是鸷鸟,将鸷鸟视为神祖的宗族应该不止一个,但其中只有高辛氏的商宗族才是天凤玄鸟的宗族,商王族的高飞的玄鸟老鹰才被称为凤。

殷商之前,在东亚文明中,族徽符号并不流行,或许因为如此,楚商凤族也少刻族徽。

换言之,鸟类自新石器时代以来就是各地文化的崇拜对象,其后一方面汇入商

---

① 《集成》器号 3711,现藏于上海博物馆。

② M1:4,《新汇编》器号 160,现藏于河南省安阳市文物工作站。

③ 《集成》器号 6870,藏处不明;《集成》器号 476,现藏于首都师范大学历史博物馆。

④ 《集成》器号 5514,现藏于美国明尼阿波里斯艺术研究所寄陈皮斯柏氏藏品;《集成》器号 4889、4902,藏处不明。

⑤ 《集成》器号 6674,现藏于美国圣路易市美术博物馆(Saint Louis Art Museum, St. Louis, Missouri, USA);《集成》器号 5347、6673,藏处不明;《集成》器号 8363,现藏于庆阳地区博物馆。

⑥ 《集成》器号 5017,现藏于加拿大多伦多皇家安大略博物馆;《集成》器号 1120—1121,藏处不明。

文明夔神饕餮宗教系统,以及龙凤高辛始祖的楚商王宗室,另一方面仍然保留诸多原始含义而被很多宗族认作始祖象征。不过除了族徽之外,有关鸟类的记录大量出现在甲骨卜辞上,其中很多只是狩猎对象,有些用作族名或地名,或被当作祭祀对象,也还有其他意义的记录。相关资料很多,因此在日后需要专门作详细的研究,以厘清商文化中鸟类的形象。不过在众多鸟类中,尤其突出的是凤的形象,其在甲骨文中直接涉及天象以及四方与帝的沟通。天神与天凤似乎掌握着两种互补的神能。因此下面笔者拟仅透过对甲骨文中有关"凤"记录的分析,进一步了解神类与凤类天神的关系和神能差别。

五、甲骨卜辞中凤鸟的多元意义

为了更全面地分析甲骨文与鸟类的有关记载,需要系统地考证所有写从"鸟"、"隹"形字体的用义,以掌握其发展脉络。但是,对鸟类的崇拜毕竟是源自新石器文化,这种全面的研究必然牵涉到许多商文明如何从新石器时代传衍而来的问题,笔者拟日后专门进行此研究,这里仅限于讨论甲骨文所表达商文明中"凤"的形象和神能。

前文已论述,凤的形象应该与早商王族有关系。不过,我们手里只有殷商贵族有关凤鸟的记录,所以下文拟使用甲骨文史料,进一步探索殷商文明对凤鸟的认识,如早商所传承的凤鸟之意义,以及其崇拜凤鸟的现象究竟涉及了哪些文化观念。

(一) 殷人猎兽、擒鸟

从甲骨文可以看到,在殷商时期人的心目中,神龙的形象已完全升华了,超越了自然界动物的形象,应该已很少有人保留对龙源自昆虫形象的认识。因神龙与自然动物无关联,所以甲骨文里没有猎神或猎龙的记录。至于其他神兽,无论其地位高低,都有被猎获的记录。如,甲骨文中鸟类常为商王羽猎对象,如《合集》4725:"辛未卜,鸣隻(攫=获)井鸟?"《合集》37367:"丁亥卜,贞:王田,曹往来,亡灾?

擒隻百三十八,象二,雉五。"

其中《合集》10514记载:

庚戌卜,𢎥隻(获),网雉,隻(获)八。

庚戌卜,毌隻(获),网雉,隻(获)十五。

甲寅卜,呼鸣网雉,隻(获),丙辰凤,隻(获)五。

之夕凤?

……隹(唯)……

甲戌卜,𪘚征,𢆡(擒)?隻(获)六十八。

甲戌卜,𪘚征,不其𢆡(擒)?十一月

启入?

卜辞应该在描述射鸟、网雉之事,此处如何理解"凤"字的意思?有些学者认为"凤"字表达风的意思。但是笔者怀疑这种解读。照卜辞的句法,其中的"凤"似乎也是羽猎对象。前文已提及甲骨文中"鸟"与"凤"字可以混用,因此凤为射猎对象不是不可能,如猎获的可能是鸳鸟。不过详细阅读《合集》10514的文句,或许这样理解会较清楚:甲寅这一天张罗猎雉,有获;过两天即丙辰日,有老鹰飞来,网获五只。所以,此处将凤理解为老鹰很通顺。或者我们不妨考虑另一种意思的可能性:在"呼鸣网雉,获,丙辰凤,获五"一句里,鸣和凤或指两族的称号,参加王猎时,鸣来擒雉,而凤在丙辰日则擒获五只雉。甲骨卜辞记录简略,其内容允许有不同的理解。

但是在战国至汉代的造型中,猎凤的主题被神秘化,成为天界上具有超越性的仙人之羽猎。汉代羽猎赋中常有描绘王猎凤、猎擒神兽的,并且在描述狩猎的文章中常以神兽形容天子羽猎对象,如司马相如《上林赋》、扬雄《羽猎赋》、张衡《羽猎赋》、张衡《西京赋》等。春秋战国青铜器、漆器以及汉代画像石都有擒凤图或羽人擒凤图,如曾侯乙墓漆绘衣箱盖上的弋射鸟图:在神树上有神奇的鸟,树下猎人英雄弋射(图二五四),如《列子·汤问》所言:"蒲且子之弋,弱矢纤缴,射乘风而振之,连双鸧于青云也。"张衡《西京赋》在描述天子羽猎也说:"登豫章,简矰红。蒲且发,弋高鸿。挂白鹄,联飞龙。磻不特絓,往必加双。"[1]战国时期青铜器出现全

---

[1] (战国周)列御寇著,杨伯峻集释:《列子集释》,北京:中华书局,1979年,页172。(汉)张衡著,张震泽校注:《张衡诗文集校注》,页73。

新的纹饰：在器物上可以观察到一大片猎获神奇禽兽的武场。在有些青铜器上，这大武场分三层：下层是在水上和水边捕鱼，中层为在陆地猎野兽，上层为向天空射鸟。这些猎图，到了汉代成为汉墓画像石普遍的主题之一。例如，四川新津宝子山崖东汉墓石函上描绘两大凤之间站英雄而射翟雉（图一五二）；山东邹城出土的东汉画像石板上，有一对神兽交脖而构成仙树，仙树上有三位羽人养大凤，而树下有两位猎人往上射箭（图二五三）①；安徽淮北出土的东汉画像石板上，刻画两棵不同的树、十几只不同的鸟，大树顶上刻画有大凤，树下有人往上射箭（图二五四）②。这些图均表达羽猎文化的神祕意义。

图二五二　曾侯乙墓漆绘衣箱盖上的弋射鸟图。

---

① 邹城西南大故乡村出土，现藏于邹城孟庙，参俞伟超主编：《中国画像石全集》，册2《山东汉画像石》，页25、65，图七三。

② 安徽淮北市北山乡出土，现藏于北山中学，参俞伟超主编：《中国画像石全集》，册4《江苏、安徽、浙江汉画像石》，页66、151，图一九六。

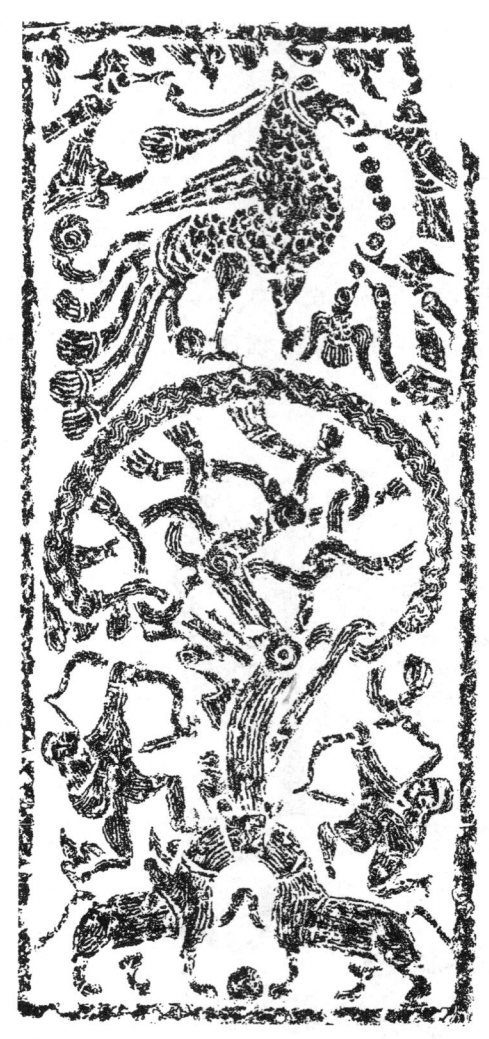

图二五三　山东邹城西南大故乡村出土东汉画像石的羽人凤鸟仙树图。

当然我们所能看到的射擒凤鸟的造型，以及文献中猎获神奇禽兽的记载都比较晚，但是在巫觋文化中，信仰明确化的时代所代表的恰恰是信仰没落的阶段。换言之，春秋晚期以来开始出现神奇羽猎的造型，并不是因为文化中才刚形成了神猎形象，反而是因为神猎文化已经普及与世俗化，所以才有很多描绘。很多甲骨卜辞中有卜问、祈祷商王田猎的问题，并提及猎前和猎后的相关祭礼，这与汉赋的描述一致。所以王的羽猎并不是一种日常活动，在崇拜神兽的社会中，王猎兽擒鸟也属于一种深具神祕意义的事情。虽然《合集》10514 提及猎凤，可能有比较简单的解释，但这不排除卜辞中也会包含神秘意义。

再进一步来看，该卜甲在记录擒雉同时，也占卜征伐蠚地，表达这些羽猎卜辞另外与商王军事活动有某种程度的关系，以揭示出占卜更深层的涵义。在后期文献的时代，羽猎也是一种武备仪式，这一点在汉赋里描述得很清楚。商代王室贵族以战争为主要生活方式，所以王室羽猎活动应该也有多层次的意义，包含对军事的加强、驱鬼除祟、祭神享祖，以及确定商王的崇高势力。

在传世文献中这些形象还有更多新的理解，例如《吕氏春秋》所描述陪帝喾跳舞的凤鸟与天翟，既是鸟类天神，又被理解为朝臣官员。《左传·昭公十七年》保留有关鸟类族的记录："我高祖少皞挚之立也，凤鸟适至，故纪于鸟，为鸟师而鸟名。凤鸟氏历正也……五雉为五工正……"杜预注："凤鸟知天时，故以名历正之官。"①

_____

① （晋）杜预注，（唐）孔颖达等正义：《春秋左传正义》，页2156。

图二五四　安徽淮北市北山乡出土东汉画像石的射鸟图。

照此记录,凤鸟、翟雉已都人格化而属于氏族。这就是很多研究者已提到过的信仰历史化的现象,并带有神兽人格化的意味。因为自上古以来,神兽与族群的关系颇密切,所以有时候很难判断文字记录的确切意思。但是使神祖概念脱离神兽,并将天神人格化的情况,所代表的应该是西周晚期以后的新变化。所以在讨论不同时代的史料时,我们必须特别留意该史料的时代背景。

《合集》5659 的记录也给我们提供类似的谜语,其言曰:"□□卜,巫,纗三⋯⋯凤一?"卜辞残缺,意思不详,但"巫"是被祭祀对象,反映四方土神概念①。按照句法,"纗"和"凤"似乎是配享给巫的祭牲。因此孙海波先生认为"纗"字或许读如从"羊"的"羘"(牲)字②,这种想法基本可以成立,这样"凤"也应指鸟类的牺牲。但

①　参周凤五:《说巫》,页 269—291。
②　《甲林》,页 1549。

该卜辞中不是用"鞋"字,而用"继"字。甲骨文中,"凤"和"绊"都有表达某族的意思。"继"字从"绊",可能也是指"绊"族。这样的话,该条卜辞是说有三位继族和一位凤族的人被用作牺牲。但以上仅为猜测。

虽然该刻辞的意义不能确定,但可知,在此"凤"字不能读作"风"。笔者认为,虽然甲骨文阐明吹风与凤鸟的形象有关系,但是,不仅在上述两条卜辞,在所有的卜辞里都不能将"凤"简单读为"风",而需要重新梳理其意义。下面从卜辞的不同内容,试图了解殷商祈卜文化中"凤"的形象。

(二) 凤羽旋风:对传统理解的疑虑

在商周礼器纹饰中,凤是一种神圣的鸟皇,甲骨文中"凤"字的意义显然也相同。不过与此同时,在甲骨文中"凤"与"风"好像是同一个字,所以很多学者将"凤"只是看作"风"的假借字[1]。但依笔者浅见,这种看法不合乎商代人的观念,在他们心目中昊天充满神兽,一切天象是由神兽所造成、管理的现象。这种看法王襄先生早已提出[2],不容置疑。既然有关凤鸟的记录容易让人们了解其吹风的含意,但这只能说明凤鸟是管理风的天兽,并不宜依此将"凤"通假为"风"。

甲骨文中经常颇为简略地卜问"凤?"或"不凤?"

> 甲申卜,㱿贞:翌乙酉其凤?
>
> 翌乙酉不其凤?　　　　　　　　　　　　　　　　　《合集》13333
>
> 戊戌卜,永贞:今日其夕凤?
>
> 贞:今日不夕凤?　　　　　　　　　　　　　　　　《合集》13338
>
> 己丑卜,旁贞:雨?庚寅,凤?　　　　　　　　　　《合集》13330
>
> 壬辰,允不雨。凤。　　　　　　　　　　　　　　　《合集》12921
>
> 丙午卜,亘贞:今日凤凹(咎)?　　　　　　　　　《合集》13369
>
> 凤不隹(唯)凹(咎)?　　　　　　　　　　　　　《合集》13370
>
> 贞:其凤?
>
> 贞:不凤?　　　　　　　　　　　　　　　　　　　《合集》13373

---

① 《甲林》,页 1706—1714。

② 《甲林》,页 1706。

癸未卜，殻贞：今日不凤？十二月。　《合集》13344

辛未卜，今日王涉，不凤？　《合集》20273

贞：弗凤？　《合集》24369①

这类卜辞非常多，从中不可知卜问风的原因。但有些卜辞详细一点，另提及祭礼活动，如求年、猎获等：

湄日……

其凤？

求于河年，又（有）雨？……雨　《合集》28259

王叀（惟）田湄……

翌日壬王其田，不凤？　《合集》28553

庚申卜，我受黍年？

〔庚申〕卜，我〔不〕其受黍年？十二月

庚申卜，黍，受年？

庚申卜，勿〔受〕黍〔年〕？

癸酉卜，乙亥不凤？

乙亥其凤？　《合集》10020

有些卜问"有凤"、"亡凤"、"来凤"、"亡来凤"等卜法，如《合集》775载"贞：亡来凤？二告于父甲？于父辛？"在上述卜辞里"凤"字所表达的意思可能是自然现象，也有可能是风。但是，即使如此，我们还是不可用"风"字取代"凤"。

在战国时代以后的理解中，风是一种气流，这种观念的出现，首先必须得有"气"观念的形成，才能以气流来解释风。商周时期"气"的观念尚未形成，对商文明人而言，风的来源是天上凤鸟旋转羽毛的现象。凤会有大有小，大凤的记录显然为多：

其又（有）大凤？　《合集》30332、30225

隹（唯）小凤？　《合集》34483

辛未卜，王贞：今辛未大凤，不隹（唯）𡆥（咎）？　《合集》21019

乙卯卜，翌丁巳其大凤？　《合集》21012

---

①《合集》13331、13332、13334、13335、13339—13341、13345—13352、13355、16809、20419、21018、24934、24935、28641、28552、28677、30251—30256、34033、34035、34040、34483也有类似的记录。

　　　丁酉卜，大凤？　　　　　　　　　　　　　　　　　　　　《合集》30229

　　　乙巳其大凤？　吉。　　　　　　　　　　　　　　　　　　《合集》30230①

《合集》22381 载有"大鸟"一词，与"大凤"的意思应该相同，"凤"只是一种位格高大的神祕天鸟，所以商时"鸟"字也会被借来表达"凤"的意思。

　　《合集》27459 出现"兄凤"合文。其卜辞曰："癸亥卜，狄贞：又（有）大兄凤？癸亥卜，狄贞：今日亡大兄凤？"这条会更加提醒我们："凤"并不是简单的气象，而是有神兽形体的对象，它甚至也会涵盖一些人格性的特质。

　　进一步的分析，其实使笔者越来越怀疑凤与风必然性的关系。

（三）遘风或遘鹰？

　　　王其田，遘大凤？　大吉。　　　　　　　　　　　　　　　《合集》28554

　　　翌日辛王其田，不菁（遘）大凤？　　　　　　　　　　　　《合集》28555

　　　辛卯……

　　　今日辛王其田，不菁（遘）大凤？　大吉。

　　　……凤……

　　　弜田其雨？

　　　壬弜田，其雨？　　　　　　　　　　　　　　　　　　　　《合集》28556

　　　癸未卜，翌日乙王其田，不凤？　大吉。兹用。

　　　王弐田，湄日，不遘大凤？　大吉。

　　　……燓……王其悔？　吉。

　　　王叀（惟）燓田湄日亡戋（灾）罕（擒）？　　　　　　　　　《合集》29234

　　　壬寅卜，贞：今日王其田，叀（唯）不遘大凤？

　　　其遘大凤？

　　　其遘大凤？

　　　乙卯卜，贞〔今日〕王田寁，不遘大凤？

　　　〔其〕遘大凤？　　　　　　　　　　　　　　　　　　　　《合集》38186

---

① 《合集》13367、20757、30226—30338。《屯南》4459。天理大學、天理教道友社共编：《天理大學附属参考館甲骨文字》，東京：天理教道友社，1987 年（后引简作《天理》），编号 435。

在出去狩猎前占卜是否遘大凤的问题,这种祈卜仪式隐藏什么问题? 大部分学者认为,一切很简单,商王出门要了解天气情况。我们看传世的《易》、出土的《日书》或包山简,知道这些记载都很难懂,通过形象来表达的语言往往隐藏多重神祕意义。为什么学界普遍以为甲骨占卜的意义很单纯?

我们可以从不同的角度考虑"遘大凤"的意义,并获得很多推论。因为卜辞里常见"遘雨",将"遘凤"理解为风的意思似乎也合理。但是进一步思考,却会有疑问。首先从狩猎的技术来说,下雨对狩猎的成功有关键作用,下毛雨时森林有很多落雨滴的声音,使动物听不到猎人靠近的声音;同时,毛雨使森林里的树木草藓菌菇发出香味,也使动物闻不到猎人靠近的气味。这是现在的猎人都知道的常识,古文献中亦有表达毛雨时天子羽猎的记载。但是风对狩猎的影响不同,风的方向才重要,如果田猎前要确认来风能否有助于野兽从远处嗅到猎人靠近森林的味道,就首先需要卜问风的方向。但如果占卜风而不问它方向和其他特点,占卜就不知是何意思。另外,"遘雨"的记录在殷商早晚卜辞里都有,但"遘凤"的记录在康丁后才开始出现,难道只是早期关心下雨,康丁之后才开始关心吹风? 更合理的判断为,这是一种神祕祭礼,在这时候才开始用甲骨祈卜而被记载。

除了上述涉及狩猎的卜辞之外,大部分"遘凤"的记录都很简略,不表达其背后意义,如只是问"其遘大凤?"[1],或者只有两条正问和反问的记录:"其遘大凤?""不遘大凤?"[2]《合集》28972、29108 和《屯南》619 记载遘大凤或遘小凤的问题:"其遘大凤?""其遘小凤?"《合集》只是问小凤:"其遘小凤?"如果理解为"风",小风对狩猎基本无影响,风的方向才有一些作用。

在甲骨文猎辞中,除了"遘雨"、"遘凤"之外,另有出现"遘虎"的记录,其中在《合集》20757 卜辞中,风与虎同时出现在神祕记录中:

> 己亥卜,不雨,狩,双印?
>
> 庚子卜,狩双,不……日?
>
> 庚子卜,步不……步鬼?

---

[1]　如参《合集》30231—30252、30270、37604、38179、38186—38190。《屯南》258、546、588、2195、2257、2395、2987、3613、4375。松丸道雄编:《東京大學東洋文化研究所藏甲骨文字》,東京:東京大學東洋文化研究所,1983 年(后引简作《东京》),编号 891。《怀藏》1417。《天理》550。胡厚宣编集:《苏德美日所见甲骨集》,成都:四川辞书出版社,1988 年(后引简称《苏德美日》),编号 297 等。

[2]　如参《合集》28557—28560、28997、29174、29175、29236、29282、30242 等。

　　　　庚子卜,丁于……步,不征(徙)?

　　　　庚子卜,不菁(遘)大凤,于狩玑?

　　　　……于辛丑,狩玑,步征(徙),取。小告

　　　　辛丑卜……狩,玑其菁(遘)虎……九月

　　　　辛丑卜,狩,玑其……

　　　　庚戌卜,今日狩,不其印?十月。

卜辞中同时出现遘大凤和遘虎的记录,另有步鬼等神祕记录,不像是碰到大凤的
问题。

　　进一步分析"遘"字在甲骨文的用义,除了"遘雨"不应该带有负面意思之外,
其他文例似乎都带有遘敌的意味,如遘某方或某敌对的族群:

　　　　贞:甫弗其菁(遘)舌方?　　　　　　　　　　　　　　　　　《合集》6169

　　　　丁巳卜,匡其见方,弗菁(遘)?

　　　　丁巳卜,翌戊其征不?

　　　　……弗其菁(遘)羌?　　　　　　　　　　　　　　　《合集》6600、6601

　　　　庚申卜,方?其征,今日不征?　　　　　　　　　　　　　《合集》20413

　　　　戌重(惟)义行,用,遘糙方,又(有)戋(灾)?

　　　　弜用,义行,弗遘方□戋(灾)?　　　　　　　　　　　　　《合集》27979

　　　　壬戌卜,狄贞:其遘方?

　　　　壬戌卜,贞:不遘方?　　　　　　　　　　　　　　　　《合集》28011

"遘方"的卜辞从武丁到康丁时期可见,康丁之后未见,但康丁以后另外出现遘祖
先的祭祀记录,殷末时期较多见:

　　　　才(在)四月菁(遘)示癸,彡?　　　　　　　　　　　　　《合集》26486

　　　　才(在)二月遘祖乙,彡,隹(唯)九祀?　　　　　　　　　《合集》37852

　　　　才(在)正月。遘小甲,彡,夕,隹(唯)九祀?　　　　　　《合集》37855

　　　　王固曰:大吉,〔才(在)〕九月遘祖辛,鼐?　　　　　　《合集》38243

神祕遘祖先与遘敌人的意思明显不同。在祖先崇拜文化中,与祖先神祕沟通当然
是指祭祀那一位祖先的祭礼,而在上述卜辞上具体涉及先王周祭祀之传统,在特定
的祭日崇拜特定的祖先的规律。"遘"字的意思发展为表达祭礼的神祕沟通,而遘
敌、遘患的意思变弱,应该涉及历史语言的变化。

　　"遘凤"记录在康丁时代比较多,康丁之后也有,不过有部分卜辞表达不遘凤

为大吉,所以遘凤应该是不好的事情(只是不吹大风不足以说狩猎大吉)。依笔者浅见,"遘凤"与"遘虎"的意思有关联:老虎和老鹰都是古代猎人的狩猎竞争对手,并且碰到老虎的概率,远比碰到老鹰低得多,恰好相当于卜辞里出现"遘凤"和"遘虎"的相对比例。

为这假设可以提出几个间接依据:第一,从猎人的生活经验来说,老鹰确实经常伴随狩猎,快速抓走被猎人击伤的动物,大鹰甚至直接会来斗争而伤猎人,所以在狩猎中不遘大风为大吉之事。第二,在汉代以后文化中,凤的形象似乎变为孔雀、翟雉等野鸡类的大美鸟,但这些鸟只是好看而已,所以符合晚期文化表达皇后之美,但野鸡鸟飞得不高不远,是最容易猎获的鸟,如果作神能崇高的对象,恐怕不符。在青铜器上的双凤可以组成饕餮神,像龙和虎一样拥有神杀的能力,难道古人观察到野鸡而想到神杀? 此外,在世界文明中极少有对鸡类的崇拜,虽然欣赏,但是因为它们飞不高也不远,难以形成神祕感,各地文明均在形容鸡的形象时,往往表达它不聪明,只是外观美丽而已。

我们仔细看商周青铜器双凤饕餮的造型,其嘴、爪明显是鹰类造型! 只是凤头上的长毛似鸡冠,但其形象意思未必与野鸡有关,尤其是在"凤"字上有"辛"字的字形,涉及其他信仰隐义。商文明有不同鸟类的造型,但若看饕餮构图里的凤,其嘴与爪是隼、鸢、鹰、鵟、鹫、鹞、鹛等食肉鸷鸟类。虽然这些鸟大部分没有头冠,但是鹗、白兀鹫、胡兀鹫、食猿雕、白肩雕、黑鹰、黑鸢等头上的羽毛在毰毸时,头背似乎起光环或冠子;蛇鹫、高冠鹰雕、银雕头上有高冠,所以有头冠并不仅仅是鸡类的特征。除双凤饕餮之外,石家河、盘龙城、殷商都有玉鹰造型,鹰头上亦有长羽鬣的形状(图二四一至二四三),三星堆、吴城的铜鹰头部的造型亦雷同(图二四四)。前文讨论石家河和盘龙城文化中老鹰造型的意义,认为他就是衍生商的玄鸟形象。

《屯南》4349 另载:"己亥卜,庚子有大征(徙),不凤?"卜辞似乎表达在庚子一天有大的迁徙,后问不凤的问题。当然有移动的时候最好不是逆风,但是该卜辞不问凤的方向。在大迁徙时,因劳累而碰到老鹰,比吹风严重得多。殷墟地点既不在草原靠近沙漠,又不在海边,西边太行山脉挡住西风,东边离海够远且有泰山山脉保护,此地大风基本上不会造成很大的威胁,所以如果在卜辞里"凤"的意思涉及避开风险的问题,恐不宜理解为"凤",而理解为凤鹰比较合理。《合集》13337 也载:"贞:今日其征(徙),凤?"《合集》24863:"贞:今夕不其征(徙),凤?"《合集》

图二五五　山东临沂白庄出土，临沂市博物馆收藏的东汉画像石。

20486："辛亥卜，方至，不至……告，征（徙）凤？"似乎是在战争的过程中卜问军队迁徙的问题。军兵不怕风，但确实会很怕老鹰，老鹰、兀鹫经常感觉到血味而来军营，跟着军事飞转，受伤的人、马，都容易成为他们的猎获，尤其是在军营迁徙的路上，特别要小心鹰鹫。

这些鹫鸟都是飞得高、远、快的鸟类，强壮、聪明，并能杀人、吃人肉，这才成为很多族群的崇拜对象。对鹰类的认识基于狩猎，在狩猎时不遭老鹰是值得祈祷的事情。老鹰本身是很强的天猎者，既对狩猎者造成很大的风险，亦是狩猎中的竞争对手。

到汉代，画像石上出现了很多狩猎图，其中不只是人猎禽兽，也有老鹰猎小鸟、兔子、鹿或其他动物。山东临沂白庄出土的东汉画像石板上，上一层有半人半兽形的狩猎壮士；在他脚下有一只鹰踏在兔子的背上，兔子呈现抬头呻吟状，鹰正用利喙啄兔子的脖子；下层有一只水边的鸟用嘴解结子，它头背长的羽鬣似为白鹭、苍鹭、三色鹭所有，也似为一些青铜器上的凤所有（图二五五）①。前文已讨论，凤的形象主要源自对老鹰生命鸟的崇拜，但也涵盖了对水边鸟类的崇拜，包括鹭、鹤等，所以这是以老鹰为基础的多元的天鸟神禽群体。

换言之，卜辞中遭凤的卜辞，或许更适合理解为对狩猎时不遭鹰的祈祷。与军事有关的占卜可能也是祈求不遭鹰类的鹫鸟。不过甲骨文所表达的"凤"的概念，不能简单用一个意思通读，这是一个很复杂的信仰概念。

---

① 俞伟超主编：《中国画像石全集》，册3，页10、27，图三〇。

（四）占卜撒凤的隐义

《合集》13363 载：

乙丑,贞：夕？

乙丑卜,贞：夕？

丙寅卜,贞：夕？

丁卯卜,贞：夕,之雨？

癸酉……

丁丑……

己卯卜,贞：夕？

癸未卜,贞：夕？

庚寅,大叟（撒）,凤？

癸巳,贞：夕？

癸巳……

甲午卜,贞：夕？

癸卯,夕？

癸亥……

占卜记录似乎为每天问晚上的情况,但其中一条卜问"大叟（撒）凤？""叟"字于省吾先生认为"撒",又将"凤"绝对释为"风","撒"依语音假借为"骤",也就是急骤大风的意思①。

从意义来说,骤风的经验是北京、蒙古等地带才多,殷墟有太行山脉挡住骤风,东边也离海较远,且有泰山脉可以挡住海风,中国境内安阳属于年均风速较低的区域之一。所以殷人的活动范围基本上都是远离大风常发生的地方,何以不仅有"大风",而甚至"大骤风"也有多次被占卜②？李孝定先生认为,"叟"不宜读为"骤",从"又"或从"十、又"的写法应不牵涉到字别,所以"叟"和"取"应该是同一字③。

---

① 于省吾：《殷契骈枝三编》,第三编,页3。

② 《合集》137、367、1166、13359—13366、17947。《英藏》1096、1097 亦有同类的记录。

③ 李孝定：《甲骨文字集释》,页3579。

理论上本人同意李孝定先生的看法，这一解释比解释为"骤"更有根据，但是"大取风"的意思很难理解，所以学界均采用于省吾先生的说法。

有"叟凤"记录的卜辞经常同时提到"夕"，除了上述《合集》13363 全部占卜夕的问题之外，《合集》137、367、13362 载："甲辰，大叟，凤，之夕 ＠……"《合集》和《英藏》1096 有"夕叟凤"的记录。《左传·昭公二十年》曰："宾将撖"，杜预注："撖，行夜。"① 因此笔者认为，"叟"字应读如字为"撖"，卜辞所录的意思可能是在巡夜时卜问一个目前难以解读的形象。从上述卜辞看不出来巡夜时见到凤的吉凶。

（五）宁凤祈礼考

甲骨文中有相当神秘的卜辞，祈卜"宁凤"，学界一般以"安宁风"的意思来理解它。但详细对读卜辞，对此理解会产生疑问。

1. 释"宁"

首先，甲骨文"宁"字无疑是表达某祭礼活动。例如《合集》1475 载：

　　贞：屮（侑）于大甲？

　　屮（侑）于祖〔乙〕？

　　勿于 ♀ 宁？

可见"宁"是一种祭法，不宜用现代的字义去理解它。

进一步，从"宁"字不同的文例分析，可以发现，虽然有几次出现"宁雨"的记录，但并不能简单理解为安宁大雨，如《合集》34088 载："己未，贞：重（惟）元示又（有） ⺈ 岁？己未卜，宁雨，于土？"在岁祭礼中，祈祷宁雨和祭祀土。甲骨文中"岁"，是指祭祀社稷、祖考之法，该卜辞与《墨子·明鬼下》所云的意思相同："岁于社者考，以延年寿。"孙诒让间诂："'社者'当为'祖若'。岁于祖若考，言荐岁事于祖及考也。"郭沫若先生依此推论："此与卜辞可互证也。祭名曰岁者，殆因岁举行一次而然。"② 其说毋庸置疑。换言之，岁是与收年有关的大祭礼活动，而收年离不开神靈雨的养生，难道感谢收年的祭礼中要求昊天不降雨露？从现代语言来读，

① （晋）杜预注，（唐）孔颖达等正义：《春秋左传正义》，页 2205。

② （战国宋）墨翟著，张纯一编：《墨子集解》，成都：成都古籍书店，1988 年，页 212。郭沫若：《释岁》，郭沫若著作编辑出版委员会：《郭沫若全集·考古编》卷一，北京：科学出版社，1982 年，页 150。

"宁雨"似乎是请求雨停,但这是否符合当时祈祷的意思,还需要进一步思考。

《合集》14482载:"〔癸酉〕卜,贞:宁雨,〔于〕岳,叀(惟)……"《合集》32992载:"〔丁〕丑,贞:其宁雨,于方?"宁雨的记录搭配祭祀岳和方的活动,应有一定的相关性。《合集》21115载:"癸巳,巫宁土、河、岳?"巫师用宁祭法祭祀土(社)、河、岳,这种"宁"显然不能理解为使宁停不表现自己的意思。《合集》34229曰:

> 丙戌卜,岳不蚩?
>
> 丙戌卜,岳其蚩?
>
> 丁亥卜,宁岳燎牢?
>
> 丁亥卜,弜宁岳?

岳是自然界崇拜对象,近乎山灵形象。丙戌那一天在山上可能发生灾害,所以第二天丁亥祈卜宁岳,而用牢进行祭祀。这些"宁"字出现的例子,都不符合"停宁"之意,而具有"安宁"、"保护"的意思。所以,"宁"这个动词并不是针对灾祸表达停止动作,而是在表达一种对被保护对象施加的保护动作。前面几个文例,即是在表达安宁和保护土(社)、河、岳,以及对滋养年收的神灵雨进行保宁的祭礼。雨跟土、河、岳一样,不是被排除的对象,而是被保护对象。

传世先秦文献中,"宁"字虽然不表达祭礼的意思,但却可以被用来参考。《书·大禹谟》曰:"野无遗贤,万邦咸宁。"孔安国传:"贤才在位,天下安宁。"《诗·周南·葛覃》曰:"归宁父母。……归宁父母。"《左传·庄公二十七年》曰:"冬,杞伯姬来,归宁也。"杜预注:"宁,问父母安否。"《逸周书·尝麦》曰:"保宁尔国,克戒尔服。"①这"宁"作为动词表达保护安宁和善的状态,这并不意味着停宁。从这种用意我们可以考虑,宁的祭礼可能是在于祈求和善,如和善吉祥的甘雨;祈祷崇拜对象宁灵,并保宁王室、万事和顺、一切安定。如《合集》11006曰:

> 丙戌卜,㱿贞:翌丁亥我獸(狩),宁?
>
> 贞:翌丁亥勿獸(狩),宁?

丁亥时商王准备狩猎,而祈求和顺。

《合集》36421载:"辛巳卜,贞:王其宁,小臣台,叀(惟)亡灾,商余令,王弗每(悔)?"很明显追求保宁商王。《合集》24991有如下记录:

---

① (汉)孔安国传,(唐)孔颖达等正义:《尚书正义》,页134—135。(汉)毛公传,郑玄笺,(唐)孔颖达等正义:《毛诗正义》,页73、76。(晋)杜预注,(唐)孔颖达等正义:《春秋左传正义》,页443。黄怀信、张懋镕、田旭东撰:《逸周书汇校集注》,页743。

　　　　贞：重（惟）鬼？

　　　　贞：今夕王宁？

卜问鬼的出现，而祈祷今夕保宁商王，不受鬼的伤害。《合集》26157—26175、26730 都有"贞：今夕王宁？"的记录，在晚上很多无名之鬼、魑魅出现时，需要特别加强保宁王。《合集》36480 载"丁丑卜，贞：王今夕宁？戊寅卜，贞：王今夕宁？己卯卜，贞：王今夕宁？"是每天祈祷保护王在晚上安宁无祸。所以这种祈祷的意思与先秦传世文献"宁"字的含意相比较。

　　《英藏》2529 载：

　　　　癸巳〔卜〕，〔贞〕……天邑〔商〕……

　　　　壬戌卜，贞才（在）狱，天邑商公宫衣，兹夕亡畎（猌），宁？

在保护王都祈礼中，祈祷无咎而问安否。

　　但与此同时，部分卜辞里被宁的对象似乎表达负面状态，如《屯南》493："……宁疾，于四方？"《屯南》1059："壬辰卜，其宁疾，于四方，皁三羌，又九犬？"宁疾的意思可能就是安宁肇造疾病的大神、鬼和无名魑魅，祭祀四方以祈祷扫除疾病。当然我们的解读或许有误，只能作一种假设而已。

　　"宁疾"之外，甲骨文中还有"宁龝"纪录，学界均理解为"停宁龝"，认为这是除蝗灾的祭祀。但是，对"龝"用的"宁"、"禘"等祭法不是表达除灾意义，所以"龝"未必有蝗灾的涵义。"宁龝"可以更加广义地视为祈求秋季安宁、作物丰收的祭祀礼仪。为了理解此问题，我们需要厘清"龝"字的意思。

　　2. 甲骨文"宁龝"考

　　甲骨文中数次见"宁龝"之祈祷。对这些卜辞的意思，学界基本上将其视为排除蝗灾的祭礼，不过也有些不同的看法，包括"龝"、"龝"是否符合蝗虫的形象，都有疑问。"龝"（龝）字，释为"龝"（龝）（籀文"秋"字）应无误①，但同时"龝"亦似龟，所以也可释为《说文》的"龝"（龝）本字，"灼龟不兆"的意思②，所以学界对该字的解释说法甚多③，需要再进一步研究。假如我们考虑，"龝"字既作"龝"（龝＝

────────────

① （汉）许慎著，（清）段玉裁注：《说文解字注》，页 327 上。

② 《大字典》，页 4810。

③ 《甲林》，页 1829—1836。

穊＝秋）字的省文，同时又能表达蝗灾的意思，则"宁䖴"卜辞或许可以循此而理解为停宁蝗灾之意。但这种理解却产生其他的疑问。例如，蝗虫吃的是嫩苗，而不是吃谷，虽然夏秋都可能发生蝗灾，但一般从晚春一开始就会爆发，夏季最严重，却为什么只在秋季祈祷停宁蝗灾？蝗灾与秋季的到来没有必然联系，若将秋季求禾理解为停止蝗灾，颇令人困惑。是故，笔者以为，甲骨文"宁䖴"一词需要重新作考证。

（1）甲骨文"䖴"字义考

甲骨文"䖴"（䖴）"䖵"（䖴）应该是《说文》"穊"（穊）字的原文，即"秋"字的古字。甲骨学界一般认为该字有两种意思：一是指秋季，二是表达蝗灾的意思，并认为其字形乃蝗之象形字①。对字形的理解总是最困难的事情，因此首先从字义去探索。

从用义来看，卜辞中"䖴"字为崇拜和祈祷对象，如：

壬子卜，宁：勿燎于䖴？　　　　　　　　　　　　　　　《合集》14364

辛巳卜，其燎于䖴？燎即。　　　　　　　　　　　　　　《合集》33348

庚〔午〕……告䖴，于〔河〕？〔庚〕午，〔于〕岳，告䖴？　　《合集》33229

《合集》28206、28207、33230 等几件卜骨皆有类似"其告䖴，上甲二牛？"的纪录。就上述卜辞可见殷人用燎祭法祭祀䖴，若䖴为蝗虫，难道会是祭祀蝗虫这种农耕者的天敌，而且把它跟河、岳排在一起？所以，前例中，将其理解为祭祀秋季以求禾的意思，似更贴切。

《合集》33281 载：

辛卯，贞：于夕令，方帝？

丁酉，贞：䖴（秋）隹？

其隹䖴（秋）？

甲辰卜，其求禾于河？

甲辰卜，于岳求禾？

在方祭上帝的同时，求河、岳保祐收禾丰䐃。在此祭礼活动里，还有祈祷䖴，从整个祭礼的内容来看，"䖴"无疑应当是指收禾季节——秋。

① 《甲林》，页 1829—1836。

"隽蠿"、"蠿隽"的意思不清楚,含有"隽"字的卜骨均残缺,用义不明,殷周金文中该字均用作族徽而已。学界均认为,"隽"和"雧"是同一字,表达聚众的意思①。但是这两个字在卜辞中的用义并不一致,"雧"字无疑用作动词,与"众人"构成一个句子,确实应该表达聚众的意思,并且在出现"雧"字的卜骨里,从未见提及"蠿"(秋)②。"隽"字在部分卜辞中,无疑用作地名③,这与其作族徽的意义一致;包含该字的甲骨中,有件残缺不明④,其余如上所述:"隽蠿"、"蠿隽"或"告蠿隽"、"大隽"、"蠿大隽"⑤。以笔者浅见,"隽"字更适于被视为表达祀秋的祭礼活动,所以,郭沫若先生将其释为"祭名"应是准确的⑥。《合集》33281 即记录在求禾的同时用隽祭祭祀秋季。

甲骨文中,"蠿"与"方"、"巫"、"凤"、"岳"、"虎"一样可以受禘祭,甲骨文有数次出现迎米并用禘礼仪来祭告蠿(秋):

　　　壬子,贞:屰(逆)米帝(禘)蠿(秋)?

　　　弜(勿)屰(逆)米帝(禘)蠿(秋)?

　　　壬〔子,贞:〕其寻告蠿(秋)?

　　　弜(勿)告蠿(秋),于上甲?　　　　　　　　　　　　　《合集》33230

　　　壬□,贞:屰(逆)米,帝(禘)蠿(秋)?

　　　弜(勿)屰(逆)米,帝(禘)蠿(秋)?　　　　　　　　　《合集》33231

　　　贞:帝(禘)蠿(秋),于 🀥,于土?　　　　　　　　　《合集》14773

　　　其寻告蠿(秋)?　　　　　　　　　　　　　　　　　《合集》28205

"屰"(逆)在甲骨文中有迎受、预祝的意思。上述记载显示预收米谷前用禘的祭法来祭祀秋。禘祭秋的同时,也祭祀当地的社稷。所以禘秋的祭礼也是一种农耕秋年之礼。

至于禘祭与四方的关系,受禘祭的对象一般是四方,另有巫、凤等,都是带有四方意思的对象。为什么秋也是被禘祭的对象? 首先是因为禘祭四方概念,离不开

①　《甲林》,页 1723—1725。

②　如参《合集》31994、31995;《英藏》2431;《屯南》1132、1544;《怀藏》1643 等。

③　如参《合集》26883、26888、26992;《屯南》2185、1008 等。

④　如参《合集》21926、21927;《屯南》3108 等。

⑤　如参《合集》13404、32363、33226、33227、33232、34348;《屯南》263、1035 等。

⑥　郭沫若,《殷契粹编》,北京:北京图书馆出版社,2000 年,页 352。

禘祭四季的意思,就是因为如此,禘祭四方或方祭中帝涉及求年的目的。上帝是天中,而四时表现为四方之凤围绕着天中循环。天上黄道四宫星星之循环,在天地之间变成四季的循环,而循着四季在地上的植物有出萌芽、长茎叶、秀穗、结果、枯萎、死亡、又出萌芽之循环。而在四季之中,秋季既是结果之季,亦是死亡之初,同时因有结果而孕育着来年之萌芽。所以禘秋的意思,应该涉及整个死生週期的重点。

（2）"宁𪊨"：保护收割庄稼

《合集》32028 记载在丁卯、辛未和乙亥三天的占卜,先祭祀所有的祖先,后多次求禾,而最后祈祷宁𪊨(秋)：

> 丁卯,贞：䄆以𪊨,其用自上甲,禓至于父丁?
>
> 丁卯,贞：䄆以𪊨,于父丁?
>
> 辛未,贞：于河求禾?
>
> 辛未,贞：求禾高祖,河,于辛巳酚燎?
>
> 辛未,贞：求禾于河,燎三牢,沈三牛,宜牢?
>
> 辛未,贞：求禾于岳?
>
> 辛未,贞：求禾于高祖,燎五十牛?
>
> 辛未,贞：其求禾于高祖?
>
> 乙亥卜,其宁𪊨(秋),于𡙡?

就卜辞内容明显可见,"𪊨"即是秋季,"宁秋"不能理解为停宁蝗灾,而是保宁秋季以求禾的意思。

零散的"宁𪊨"纪录亦见于其他卜骨上：

> □□,贞：其宁𪊨,来辛卯酚? 　　　　　　　　　　　　　　　　《合集》33233
>
> 庚辰,贞：其宁𪊨于□? 　　　　　　　　　　　　　　　　　　　《合集》33234
>
> 癸酉,〔贞：〕其宁𪊨
>
> ……辛巳酚? 兹用。 　　　　　　　　　　　　　　　　　　　　《屯南》861

《屯南》913、930、1171、1538 等卜骨亦有残缺的"宁𪊨"纪录。

"宁𪊨"卜辞的意思在学界经常被理解为排除蝗灾的祭礼,若这种理解成立,则显然会排除将"𪊨"字理解为秋,与其他肯定可以将"𪊨"字理解为秋的文例相悖。蝗灾从晚春到中秋都会发生,尤其是夏中蝗虫处于大幼虫群体状态时最严重,蝗虫吃禾苗、绿草叶,而不是禾谷,秋季求禾时祈祷停止蝗灾已经没有意义了。笔者认为，若是将"宁秋"的意思理解如前文所列"宁土"、"宁岳"更恰当，即不是祈求停止蝗灾，而是保宁秋天和顺、祈祷秋季安宁无灾的意思，所以上述《合集》32028 上祈祷"宁秋"是搭配求禾的祭礼活动。

《屯南》930 载：

> 贞：其宁䖨，于帝，五𦍋（丰）臣于日，告？

"丰"、"𦍋"常被误认为"玉"字，此问题在学界经常有讨论，但尚未形成共同的理解。其中有些学者假设其与"𢆶"、"𦍌"有关，即《说文》"𡚽"（丰）字。《说文·生部》曰："丰，艸盛丰丰也。"或许它也是"𦳊"字的雏形①（与甲骨文的"𡙉"［丰］的意思略不同）。《诗·郑风·丰》："子之丰兮，俟我乎巷兮。"《毛传》："丰，丰满也。"②"五丰"可能是秋季丰收的意思。"宁秋，于帝"的意思即是祭祀上帝，祈祷秋季和顺，这是对丰收的保证。

不过无论如何，从上述系统的分析可见：宁的祭礼包含保宁、祈求和顺无灾的意思。其中包括"宁秋"。䖨（秋）字并未见用作负面的意思。在此基础上，我们可以尝试再思考甲骨文"𧏾"字的象形意义。

（3）"𧏾"字的象形意义考

唐兰先生认为"𧏾"字似龟属，而郭沫若先生提出其象𧒒，解释为："一只蝗虫，有触足，有翼，有股足，一只蝗虫的各部分都具备了。"学界均同意这种理解，并在解读甲骨文时经常指其有带来蝗虫、蝗灾的意思③。但是前文分析并未发现"𧏾"有负面的用法，以蝗灾的形象来形容秋季的做法也令人难以理解。

不过，笔者亦赞同，该字在字形上确实可见两对前足和一对跳跃式后脚，亦有一对翅膀，这些都属于直翅目昆虫的特征。不过，若单纯从字的形状来看，这应该不是蝗虫，而是同属于直翅目的另一种昆虫——螽斯。"𧏾"字形特别强调头上有一对长长的弯曲的触角，这是蝗虫没有的特征，蝗虫是短触角的直翅目昆虫；而螽斯的特征之一是头上普遍有长触角向后卷。蝗虫后腿也没有螽斯后腿那么细长。

---

① （汉）许慎著，（清）段玉裁注：《说文解字注》，页 274 上、208 下。

② （汉）毛公传、郑玄笺、（唐）孔颖达等正义：《毛诗正义》，页 489。

③ 《甲林》，页 1829—1836。

"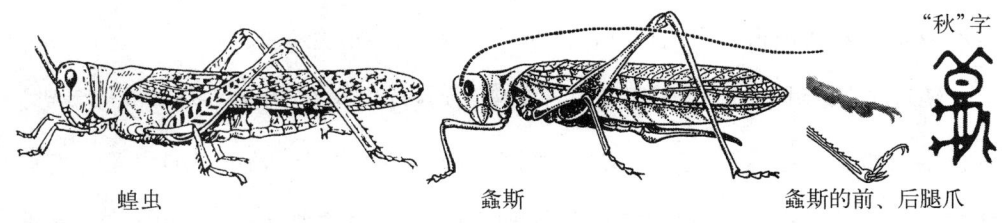"字前足上的小爪,长腿爪末端的分叉(蝗虫六个足的爪不是这种构造),向后卷的触角,这些细节特征都与螽斯(蝈蝈)相吻合。

蝗虫　　　　　　　　　螽斯　　　　　　螽斯的前、后腿爪

图二五六　甲骨文"秋"字的象形意义。

　　现代城市人可能感觉不到蝗虫与螽斯之间的差异,但对古代农民来说它们差异很大。前者对农作物有大破坏,后者因为食量不大也没有群居模式,基本上不会损毁农作物。或许如果某一年螽斯繁殖特别多,到处飞,由于它们形状像蝗虫,所以古人们会考虑这是否为不好的迹象,如《合集》14157 所言:"庚戌卜,贞:有叕(庶)蠹,隹(唯)帝令伇?""伇"字被视为一种损害之义①,或许人们因为看到螽斯众多就卜问,这是否是由帝所命灾祸的迹象?但该卜辞恰好没有提及秋季和求禾的事情。本人小时候在农村曾经遇到过这种情况:有一年螽斯众多,从 8 月起(阴历孟秋月),晚上家里开灯时,窗外玻璃上爬满大大的绿色蝈蝈。在那一年的秋天,我们这些小孩子的心里也有一种出于迷信的恐惧感,螽斯实在太多,到处都是,但实际上它们没有带来任何灾祸。因为螽斯不像嘴馋的蝗虫,螽斯纷飞对农作物不会有很大损害。

　　进一步思考,不仅从字形,从螽斯的生活週期以及文化意义,也可以发现螽斯形象与秋季和丰收的关系。螽斯生命週期为一年,幼虫晚春生,春夏时经过 4—6 次蜕皮,大概在夏中时第三次蜕皮后,开始有小翼,但还不能飞,此时只能发出较弱的鸣叫声。立秋时螽斯成虫,完整地羽化,其雄虫开始用多种音节大声鸣叫,因此,可以将螽斯响鸣视为入秋标志。整个秋季是螽斯成虫最活跃的季节,这也是它们的交尾期。

　　螽斯外形像蝗,但也有一些明显的差异。这些差异在朱熹《诗集传》表达得很清楚:"螽斯,蝗属。长而青,长角长股,能以股相切而作声,一生九十九子。"

　　《诗·周南·螽斯》云:

　　　　螽斯羽诜诜兮,宜尔子孙振振兮。

———————————

① 《甲林》,页 183—184。

　　　　螽斯羽薨薨兮,宜尔子孙绳绳兮。

　　　　螽斯羽揖揖兮,宜尔子孙蛰蛰兮。①

螽斯不仅是自然界秋季的声音,在传统文化中亦被视为多子孙的象征。是故,古"秋"字以螽斯为象形。古人用其形象祈求丰收,年年生生不息。

　　通过对"宁"和"𩆜"两个字在甲骨文中的通考,以及对"宁𩆜"祭祀辞的分析,获得结论如下:"𩆜"字,是甲骨文的"秋"字,意指收割季节,无负面的含意。笔者认为"秋"字的象形意义取自螽斯(而不是蝗虫)。因为螽斯立秋时羽化成虫,此时音调多样,大声鸣叫,从时间上可作入秋标志。整个秋季都可以听到它们的音乐,晚秋就没了。同时螽斯多子的形象,在文化中亦表达对生生不息的祝福。这些都与祭秋祈年的意境相合,故被用为"秋"字的象形。至于"宁"字,在甲骨文有安宁、保宁的意思,指对某对象的保护与和顺,未见用作停宁、排除之意。在此基础上我们再来思考甲骨文"宁凤"的记录。

　　从此基础上我们再来思考甲骨文"宁凤"的记录。

　　3. 宁凤礼仪与方位概念的关系

　　刘源先生梳理有宁典礼的卜辞,发现其与四方概念关系密切,都属于"殷代祭祀四方襀除灾疫的典礼"。传世文献有很多祭祀四方以祛除灾祸的祭典记录,如《春秋左传·昭公十八年》:"七月,郑子产为火故,大为社,祓襀于四方,振除火灾,礼也。"刘源先生认为,这类祀典的渊源"是殷王室'宁于四方'以祛除灾祸之礼仪"②。这种观察是准确的,只是从甲骨文来看,殷商时期的"宁"礼仪不仅是被襀也是巡察四方,祈求保护。

　　前文已提及宁岳、宁土的卜辞,甲骨文有四土祈祷对象(如《合集》21091曰:"求四土"),所以"宁土"也带来方向空间概念。卜辞中也有直接表达"宁方"、"宁于四方"祈祷目的:

乙未卜,其宁方,羝一、牛一?	《合集》322022
……宁方叀(惟)皀盗翌〔用〕?	《屯南》2380
己丑,〔贞〕:其宁于四〔方〕?	《合集》32006
丁未,贞:告其〔出〕,于河,五牢?	

────────────

① (宋)朱熹集注:《诗集传》,北京:中华书局,1958年,页4。

② 刘源:《周承殷制的新证据及其启示》,陈光宇主编:《商文明会议论文集》,待刊。

庚戌卜,宁于四方,其五犬? 　　　　　　　　　　　　　　《合集》34144

同时甲骨文中有以下记录:

□□卜,其宁凤方,重(惟)……大吉。 　　　　　　　　　　《合集》30258

癸未卜,其宁,凤,于方,有雨?

重(惟)甲其宁,凤?

重(惟)乙宁? 　　　　　　　　　　　　　　　　　　　《合集》30260

丙辰卜,于土,宁凤?

……土,宁凤?

王求雨,于土? 　　　　　　　　　　　　　　　　　　《合集》32301

曰:唯宁凤,于四方,三犬、三麂,既吉,兹卜用? 　　　　　《周公》①

一般认为,卜辞意思是停宁大风灾害。前文已述,殷墟这地方少风,不见得会刮有破坏力的飓风。如果解释为停宁由鸟类造成的灾害,也恐怕不符合实际。所以"凤"应该不是被安宁、停宁的对象,而是宁方典礼信仰的形象,即四方神兽的概念。《合集》30257曰:"其宁,呼大凤?"鸟类在天空飞向四方,所以能巡游四方,巡察四方之吉凶,并传达祈祷之礼,故而呼之。

在宁的祈礼中,凤既是受祭祀者,如《合集》34137载:"甲戌,贞:其宁,凤,三羊、三犬、三豕?"《合集》34139指出方向:"癸亥卜,于南宁凤,豕一?〔癸〕亥卜,〔于〕北宁〔凤,豕〕一?"祈祷南与北保宁的祭礼中,用一只猪祭祀这两方和祭祀凤,以求其传保宁之礼,使其到达被祈求保宁的对象。

有几件卜骨记载了宁的祭礼与凤、巫的关系:

癸酉卜,巫宁凤? 　　　　　　　　　　　　　　　　　　《合集》33077

辛酉卜,宁凤巫,九豕? 　　　　　　　　　　　　　　　《合集》34138

戊子卜,宁凤北巫,一豕? 　　　　　　　　　　　　　　《合集》34140

巫师进行宁方之祭礼,宁凤与宁方的意思基本一致,凤是帮助巫师保宁四方的神禽。巫师概念本身带有四方的意思,而凤是巡游四方的神禽。笔者认为,即使在其他不提及方的"宁凤"卜辞中②,依然有保宁四方的祈祷目的。因凤是四方神,故

---

①　周公庙考古队:《岐山周公庙遗址去年出土大量西周甲骨材料》,《中国文物报》,2009年2月20日。

②　如《合集》13372:"癸卯卜,穷贞:宁凤?"《屯南》3787:"乙丑,贞其宁凤?"《屯南》2772:"辛巳卜,今日宁凤?"《怀藏》249:"……□辰〔卜〕,彀贞:我宁凤?"《合集》34152:"弜宁凤?"《合集》30259:"其宁凤伊……?……凤伊奭一小牢?"《合集》34151:"乙丑贞:宁凤于伊奭?"等。

其被祈祷巡察吉凶而保宁。

笔者推论,凤的形象虽然与老鹰、鹫、鹃之类的鸟有关系,但它的形象意义并不单纯,而是隐含了一些复杂概念,可能牵涉到神祕的权力,以及自然的与神权的中央、四方概念。凤鸟在商文明信仰中似乎有四方联络者的作用,一方面可为从四方飞来的对手;另一方面为中央所要掌握的权力,而被用为四方派遣者。很多卜辞简略并残缺①,但是四方风的概念,确实在卜辞里很明确地出现。一般被学界视为四方风的概念,若更深入地思考,其意思可能没那么简单。所以我们需要继续考证祈卜记录的原义。

正是因为凤是四方神禽,甲骨文中才有用"禘"的祭法祭祀凤的记录。

(六) 殷人禘禴凤的记录

甲骨文中凤鸟是被祭祀对象,且祭拜凤鸟的祭礼活动是"禘",其中部分卜辞不用"凤"字,而用"鸟"字,显示在当时"凤"与"鸟"的形象并没有很大的差异:

帝(禘)凤,九犬?	《合集》21080
辛未卜:帝(禘)凤,不用? 雨。	《合集》34150、《屯南》2161
……一豕……	
贞:帝(禘)鸟,三羊、三豕、三犬?	
丁巳卜,贞:帝(禘)鸟?	
……勿……七月。	《合集》14360
真:方帝? 七月	
……贞:帝(禘)鸟,一羊、〔一豕〕、一犬?	《英藏》1225

前文已说明,商代"帝"(禘)的祭礼活动含有从"中"祭祀"方"的概念,所以禘凤祭礼已经在表达凤是一种方位神的概念。

凤为四方神的概念在学界早已获公认,甲骨文资料直接表明这一点,如《合集》14294 记录四方风的神名,曰:

---

① 有"凤"字的残缺卜辞甚多,如《合集》432、10131、10372、10743、10937、12907、12986、13049、13105、13218、13336、13342、13343、13350、13368、13371、13374—13382、13874、14519、14984、16628、18343、19769、20959、21015、21844、22030、22442、24859、28673、30133、30261—30265、30807、34033—34037、35727、37527。《英藏》39、1100、1099。《屯南》823、1007、1054、1250、1392、1745、3153、3154、3271。《东京》325—327。《怀藏》247、248。《天理》532、533、558 等。

东方曰析，凤曰瞀？

南方曰□，凤曰髟①？

西方曰朿，凤曰彝？

〔北方曰〕勹，凤曰𠬝？

学界有关四方凤的讨论甚多，相关研究已有充分的成果②，并阐明这并不是简单的四个方向的概念，同时涉及四季运转、春秋规律、二分二至等完整的时空概念③。尽管如此，学者们还是以“风”的概念来讨论。这恐怕需要修正：这不是四方风或二分二至的风，而是四方、四时、四季之神禽形象。

图二五七　四方鸟图：1. 河姆渡四期泥质灰陶豆的盘内刻纹；2. 草鞋山 198 号墓出土良渚陶鼎盖上的刻纹；3. 广富林二号墓出土陶鼎盖上的刻纹；4. 金沙遗址出土的四方凤金饰；5. 陕西凤翔县范家寨乡北干河村出土的秦国铜泡。

甲骨文确实表达商文明将凤崇拜为四方神禽。在现今能看到的资料中，殷商之前似乎只有长江下游文化，才长期存在四方鸟神的信仰，从河姆渡晚期（距今 5 300 年左右）起，到良渚、广富林都有相关的造型（图二五七：1—3）④。其他地区图案不那么明显，不过殷末时长江上

① 学界经常将此字释为“光”，但其字形为“□”，与“光”（□）有所不同。《合集》666、667、4555—4561、6986、6987、7571、11446，《花东》267、6、333、481 也出现了“□”字形，学者们提出过不同的看法，但依笔者浅见，林沄先生将该字考释为“髟”可能最准确，参林沄：《林沄学术文集》，页 174—183。

② 参见胡厚宣：《释殷代求年于四方和四方风的祭祀》，《复旦学报》，1956 年第 1 期，页 49—86。杨树达：《甲骨文中四方风名与神名》，《积微居甲文说》，页 79—80。陈梦家：《殷虚卜辞综述》，页 241、589。冯时：《中国天文考古学》，页 167—186。李学勤：《申论四方风名卜甲》，载《中国古代文明研究》，上海：华东师范大学出版社，2005 年，页 28—32。宋镇豪：《夏商社会生活史》，页 798—806 等。

③ 魏慈德先生曾完整地搜集相关学者的看法，参魏慈德：《中国古代风神崇拜》，台北：台湾古籍出版有限公司，2002 年，页 53—112。

④ 浙江省文物考古研究所：《河姆渡——新石器时代遗址考古发掘报告》，页 343—344，图二三三：7。汪遵国：《苏州草鞋山良渚文化墓葬》，图七：1。上海市文物保管委员会、孙维昌、姜泉生：《上海市松江县广富林新石器时代遗址试探》，《考古》，1962 年第 9 期，图五：4。

游金沙遗址也出现四方凤金饰(图二五七：4，一般认为这四只凤围绕着太阳飞[1]，但这种理解显然不妥，在四方凤之中只有虚无的太一，关于此信仰的脉络日后再讨论)。尽管如此，但却很难将甲骨文鸟形四方神信仰看作与长江下游直接相关，所以该信仰的形成问题还需要更进一步研究。前文另有讨论，虎在某程度上也含有方神的意思，但依笔者浅见这两种意思完全不同。虎是边疆、国境或王畿之保卫者，而凤应该是中和方之间的联络者，从"中"到"方"巡飞天空，传播"中"之令或传达祈求。

从一些卜辞可以看到，帝与凤是同时受祭祀的对象：

> ……于帝，事凤，二犬？　　　　　　　　　　　　　《合集》14225、《东京》1144

> 燎帝，事凤，一牛？二告。　　　　　　　　　　　　　《合集》14226

同时祭祀上帝和凤，肯定牵涉到中与方的概念，但这是天上的中与方，应该是一种天空的崇拜。凤在上帝之四方，可能就是因为如此，凤的崇拜涉及四季概念并有求年作用。

（七）四方、四时、四季的羽绒形象和占星术求年之祭

《合集》14295 进一步显示四方之凤的崇拜与求年有关系，卜辞曰：

> 辛亥卜，内贞：今一月帝令雨，四日甲寅夕〔雨〕？

> 辛亥卜，内贞：今一月〔帝〕不其令雨？

> 辛亥卜，内贞：帝（禘）于北方曰伏，凤曰殴，求〔年〕？

> 辛亥卜，内贞：帝（禘）于南方曰嫩，凤尸，求年？

> 贞：帝（禘）于东方曰析，凤曰劦，求年？

> 贞：帝（禘）于西方曰彝，凤曰丰，求年？

> 贞：豕，其出（侑），不若？一月。

> 豕，其出（侑），不若？一月。

> 癸〔丑卜〕，内贞：□□亡，不若？

《合集》30393 的记录不同，但一样牵涉到求年，登小山而用豚祭祀凤求年，祈求养

---

① 成都市文物考古研究所、北京大学考古文博学院：《金沙淘珍——成都市金沙村遗址出土文物》，页29—31。

生的神灵雨：

> 其求年上山，叴（登）于小山，襪豚①？
>
> 上山暨叴（登）叀（惟）小宰（牢），又（有）大雨？
>
> 棘凤叀（惟）豚，又（有）大雨？
>
> ……雨？

求年、祈雨的对象难道是天上吹的风？祈求风吹来云雨在我们现代思维看来似乎不矛盾，但在上古人的思想中，从来没有见到祈祷吹风来雨的念头。吹风对秋收作用多大？大风损害农产，但大风并非农耕地区的常态，之后很晚近的时代在人类开拓荒地时，才遇到需要面对飓风的问题，小风吹吹不养不害，影响不大，何以祈风求年？

　　这是因为《山海经·大荒》有载："名曰折丹，东方曰折，来风曰俊，处东极以出入风"；"有人名曰鵷，北方曰鵷，来之风曰狻，是处东极隅以止日月，使无相闲出没，司其短长"（东经）；"有神名曰因因乎，南方曰因乎，夸风曰乎民，处南极以出入风"（南经）；"有人名曰石夷，〔西方曰夷，〕来风曰韦，处西北隅以司日月之长短"（西经）②。依笔者浅见，近几十年以传世文献为主、为正，来修改出土文献的做法，已对出土文献中不甚理解的情形造成影响。实际上，出土文献才是一手资料，而传世的版本是晚期后人所编。难道《山海经》比甲骨卜辞更能代表上古巫觋信仰？信仰处于不断演化过程中，《山海经》成书时四方凤信仰已发生变化，而形成了四个不同神兽配四方的"四神"概念，因此可能发生"凤"为"风"的假借和意思变化③。但商文明中的"四神"即是四凤，商代甲骨文和礼器都显示其以神兽崇拜为主的信仰，而并不是以抽象之风、气为崇拜对象。

---

① 有关"襪"字的考证参郭静云：《甲骨文"𣥠"、"𦫵"、"𣲵"字考》，页197—221。

② （西晋）郭璞注，袁珂校注：《山海经校注》，页348—349、358、370—371、391。

③ 笔者曾经讨论楚简与传世版本"假借字"的关系："简本与经本的用字差异，常被视为简本的笔误或通假用字，但此说违背了文本的时间顺序与逻辑。较合理的做法，应该是从简本的原字来考证原始的本意，以图掌握先秦正本的历史价值。简本与经本字体之间虽然会有假借的关系，但如果我们把出土文献所用的字体一律视为传世文献中字体的假借字，则完全违反了两者的时间顺序与传承关系。即使简本和经本用字的假借可以成立，在判读上也应该是反过来，优先以早期文本为本字，将后期文本视为假借才是。当然简本也会用一些假借字，更不能排除早期版本出现假借或错字，反倒由后期的版本保留了更完整的原始面貌，不过这类情况总是较为罕见。以时间来说，战国时期的版本，应更接近先秦思想家创作的原始文本，而汉代的抄本又比战国晚得多。理论上，抄本越晚，它与原本的差距就越大。因此以后期经本的字体为本字，以简本字体为假借的机会并不大。"参郭静云：《亲仁与天命：从〈缁衣〉看先秦儒学转化成"经"》，页3。如果讨论甲骨卜辞与传世文献的关系，更加是如此。

袁珂先生发现《山海经》这段与《书·尧典》有互相响应："（尧）分命羲仲,宅嵎夷,曰旸谷……厥民析,鸟兽孳尾;申命羲叔,宅南交……厥民因,鸟兽希革;分命和仲,宅西,曰昧谷……厥民夷,鸟兽毛毨;申命和叔,宅朔方,曰幽都……厥民隩,鸟兽氄毛。"[1]这段文本没有提及风,但有人格化的四方神。《书·尧典》成文年代不会比《山海经》晚,两书都在已失去原来四方风信仰的背景下成文,用不同的新形象描述古信仰。

按照原真的(authentic)甲骨卜辞版本,在天中上帝之四方有四方风,他既是上帝派出的使者,巡察四方而带来保祐,亦是崇拜四方的对象,还作为季节神而成为求年对象。上文已说明,从原始农耕文明的角度,求年是通过祈雨而不是祈风来进行的。祈雨的对象是天上的神兽（龙）或天象（星）等崇高对象,这才符合古代巫觋、占星术文化。笔者推论,四方风居于中天的帝之四边,故也是天象四方星辰的形象。故禘风和禘鸟之礼或许也有祭拜天体星辰的意思。

前文已提及《合集》11501+11726 的记录:"……大采,烙云自北,西单電……采日,鶌星? 三月。"似乎《诗·鄘风·定之方中》所言:"……卜云其吉,终然允臧。靈雨既零,命彼倌人,星言夙驾,说于桑田……"天象与天气的关系颇为密切。卜骨所录的鶌星是一种鸟星。

甲骨文中有数次出现鸟星记录,且均与天气有关联:

丙申卜,𢁜贞: 来乙巳酚下乙,王固曰: 酚隹(唯)有祟,其有啙? 乙巳酚,明雨,伐,既雨,咸伐,亦雨,攺卯鸟星? 　　　《合集》11497、11498、11499

……霁,庚子蓺鸟星? 七月 　　　《合集》11500

巫觋、占星术按照星星来确定季节和天气变化。以鸟的形象了解天体是古代最自然的思维,例如良渚文化礼器纹饰有很多小鸟（图一一六:1—3）,都是天界的星星。笔者推论,四方风可能是二分二至的大星概念,汉代以青龙、朱雀、白虎、玄武等四神表达天空方向和四方星星,而商文明是以四凤的形象表达。

甲骨文中还有一套非常难懂的卜辞,记载"中立亡凤"的占文:

……丙子其立中,亡凤? 八月。

……亡凤易日? 　　　《合集》7369

〔癸（?）〕酉卜,旁贞: 翌丙子其……立中? 允亡凤。

---

① （西晋）郭璞注,袁珂校注:《山海经校注》,页349。

〔癸未(?)卜〕亘贞：翌丁亥易日，丙戌霝，〔丁〕亥宜于磬……　　《合集》7370

〔丙?〕子其立中亡凤？

……中，亡凤易日　　　　　　　　　　　　　　　　　　　《合集》7371

癸卯卜，争，贞翌乙亥……

癸卯卜，争，贞翌丙子……

癸卯卜，争贞：翌乙〔亥立〕中，亡凤？丙子立中？允亡〔凤〕。

其虫(有)凤？

亡凤？　　　　　　　　　　　　　　　　　　　　　　　《合集》13357

其虫(有)凤？

亡凤？　　　　　　　　　　　　　　　　　　　　　　　《合集》13356

贞：翌丙子其虫(有)凤？　　　　　　　　　　　　　　　《合集》13354

……〔易〕日亡凤，之日宜，雨？　　　　　　　　　　　《合集》13358

壬寅卜，雨，癸日雨，亡凤……

不雨。〔癸〕……　　　　　　　　　　　　　　　　　　　《合集》29908

□□〔卜，争〕贞：翌丙子其立……

□□〔卜〕，争贞：翌丙子其立〔中〕……凤丙子立中，亡凤易日？允……

《英藏》680

甲骨文中"易日"均被理解为天气变晴的意思，为什么这与亡凤有关系？不再吹风并不是天晴的条件，风既可以驱散积雨云，也可以吹来积雨云，造成降雨。所以理解为"风"恐有疑问。

卜辞里特别强调"立中"，所以"凤"应该带有"方"的意思，并且因为占卜日，所以卜辞内容与天象有关。笔者推论，"立中"的意思与"立圭"接近，是确立天象方位的标定点，而"凤"这天象情况或星星的状态与太阳有关系，在它消失时，太阳出来。在占星术里，依观察星象占卜季节的气候、雨量和日照的适当、天气和善、年收顺利。将这些卜辞视为占星术的记录比视为祈求停风的意思可能更加合理，风与日的关系不大，并且殷墟气候难有大风，而立中恰恰是进行占星术的第一步。前文推论，商代四凤与汉代四神的意思相近，即黄道四宫之星。如果此假设无误，有关立中亡凤易日的卜辞里，风就不是指某颗具体的星，而是指黄道，即天上的日道。以日道的恒星占卜日的问题，是占星术最基本并合理的卜法。

甲骨文中还有以下记载：

　　贞：今夕雨。之夕<u>夙</u>(啓)，凤？　　　　　　　　　　　　《合集》13351

　　甲子卜，翌乙〔丑〕<u>夙</u>(啓)？乙〔丑〕凤？

　　乙丑卜，翌丙寅<u>夙</u>(啓)？丙〔寅凤〕？　　　　　　　　　《合集》13383

甲骨文"<u>夙</u>"、"<u>夙</u>"字在学界均读为"啓"，按照《说文》，"啓"字的意思是昼晴，但卜辞里大部分是用作"夕啓"，所以其字义有所不同①。依笔者浅见，夕晴首先是占星的必要条件，所以巫师祈祷夕晴而进一步按照黄道凤的情况来预测重要的事情。

　　换言之，殷商对凤的崇拜是占星术中颇重要的活动，四方凤的意思很广，总体表达昊天四个方位，所以涵盖多重意义：黄道四宫的天象、天上鸟类巡天查四方、对四方传达天恩和保祐。

（八）凤凰与风伯之关系

　　不过，以上所说并不否定凤同时有作风神。既然它们负责四方，以及四方与中的连接，那么它们也负责不同方向的风，只是不能将作风神视为凤的唯一神能，更加不宜将"凤"字通读为"风"。

　　战国时期出现人格化的风伯风神，《楚辞·远游》描述风伯形象如下："风伯为余先驱兮，氛埃辟而清凉。凤皇翼其承旗兮，遇蓐收乎西皇。揽彗星以为旍兮，举斗柄以为麾。叛陆离其上下兮，游惊雾之流波。"②按这种由下往上描述的路线，凤凰还在风伯之上，星星之界自然是在风之上。甲骨文中的四凤，形象意义比风神更高级，是位于风之上的天象，但与此同时它们应该也可以管理风。

　　《师旷禽经》提供另一线索，其曰："风翔则风。"晋代张华注："风禽，鸢类，越人谓之风伯，飞翔则天大风。"③也就是说可以引起大风的鸟，是一种鸷鸟、老鹰之类的鸟。这与我们前文讨论甲骨文"凤"为鹰类神鸟的意思一致。

---

① 《甲林》，页 2077—2383。

② （战国楚）屈原著，陈子展撰述，杜月村、范祥雍校：《楚辞直解》，页 262—263。

③ （周）师旷撰，（晋）张华注：《师旷禽经》，北京：中华书局，1991 年，页 9。

六、神与凤的神能之别与互补关系

从殷商史料来看,在当时观念中神与凤构成一个完整的空间观,并表达空间之间的关联。神、凤都是巡回于天空中,但两者范围之别很清楚:有关神则可以引用癲钟铭文里的语词表达,"天神陟降",通过陟降连接天地、死生;凤则负责"中"与"方"的关联,这是两种有互补、相辅神能的天神。他们的神能分别可以用"上下分合"、"中方分合"两个概念来表达,"上下合"、"中方合"为吉,"上下分"、"中方分"为凶。(图二六〇)

(一) 神凤来护王事

神凤的神能均与上下中方有关,但这不仅仅涉及四季循环及管理保祐自然界的化生,祈祷神凤的卜辞不仅限于祈雨、保祐四土及收年的祈求;此外,针对国家大事,商王也会求神凤来临、保祐,如武丁甲骨刻辞中有记载,预备出兵时祈求神、凤来临:

> 王固曰:凤其出,其隹(唯)丁,丁不出,其有疾?
> 王固曰:戬(戛)出,重(惟)庚,先戬(戛)至?
> 戊寅卜,彀贞:沚戬(戛)其来?
> 戊寅卜,彀贞:神凤其来?
> 贞:沚戬(戛)不其来?
> 神凤不其来?　　　　　　　　　　　　　　　　　《合集》3945
> 王固曰:凤其出,其重(惟)丁,丁不出,其屮(有)疾,弗其凡?
> 王固曰:戬(戛)出,重(惟)庚,其先戬(戛)至?
> 戊寅卜,彀贞:沚戬(戛)其来?
> 戊寅卜,彀贞:神其来?
> 贞:戬(戛)不其来?

　　贞：神不其来？　　　　　　　　　　　　　　　　　　《合集》3946

　　王固曰：凤其出,其隹（唯）丁,丁不出,其有疾？

　　王固曰：凤其出,重（惟）庚,其先戠（戛）至？

　　戊寅卜,㱿贞：沚戛（戛）其来？

　　戊寅卜,㱿贞：神凤其来？

　　贞：凤不其来？

　　沚戠（戛）不其来？　　　　　　　　　　　　　　　　　《合集》3947

在卜辞中同时提问沚戛和神凤来否。沚戛是武丁时期一位有雄厚实力的方国首领。武丁曾经发动庞大的军力征服他。然而在武丁成功灭了沚戛的方国后,沚戛以其领土归顺于商王国,而商王国又将之保留为沚戛的封地,沚戛便逐步成为与武丁关系亲密的武官、将军。占卜沚戛来否,将牵涉到武丁的军事战略①。

　　上述卜辞中在问及沚戛来否的同时,又问神凤来否。有些学者认为"神凤"构词与"沚戛"相同,后一字指人名,前一字应指其乡名。然而卜辞中没有单问"沚"这个地名,只提到"沚戛"或"戛"。而"神"、"凤"各有独立的卜问,所以这绝对是两个不同的对象。这三片卜甲的刻辞虽然非常接近,但通过这些细微的差异比对,可以排除这常见的误解。

　　另有大部分学者认为这是两个各自独立的人名,但若如此,这两人的名称实在过于巧合！尤其在其他卜辞中并没有这两个人名,更何况这两人还必须与沚戛的战事有关系。从金文线索可知,"凤"字能作人名或族徽,但"神"字从无此用义。

　　依照笔者浅见,上述卜辞应蕴含着两层涵义。一方面卜问与实际军事策略相关的问题：沚戛是否来朝？征服方国是否成功？另一方面则卜问有没有吉祥的神凤降临的迹象：这次军事能否获得天神与四方神的支持保祐——也就是神是否会前来以神力襄助国家的部队？凤或许以顺风表达其来意,而神或许以祥雨表达吉兆,但也许他们应该有别的幽祕意义。商王的巫师便是这般在卜辞中祈求天的协助,祈祷天上神、凤出现,以显示天上的保祐。

　　另有些学者认为,商代的"神"可以同等于雷公（兼含雨师）②,而凤即是风伯。但实际对照显示几项关键的差异：商文明的神凤是一个群体对象,是龙凤众神兽,

---

① 有关沚戛的研究很多,如韩江苏：《甲骨文中的沚戛》,郭旭东主编：《殷商文明论集》,北京：科学出版社,2008 年,页 125—137。

② 方辉：《说"雷"及雷神》,《南方文物》,2010 年第 2 期,页 67—72。

而战国时期的雷公、风伯则是两位个体的人格神；战国时期雷公风伯的神能均限于打雷吹风，而商文明中神凤的神能包含一切上下中方的关系。虽然神龙和凤的信仰可能也衍生出了人格形的雷公、风伯，但后者只能代表原来信仰的一小部分，总体上二者差异极大，不宜混为一谈。所以在卜辞里祈求出来的神和凤，并不能等同为雷公与风伯。

在商代信仰中，神与凤是两种天兽，其造型被大量使用在商代的礼器上，都是商代人所崇拜的天上的群体对象。众神负责将天的生命力降至地并回归于天，包括引起暴雨，以传达天意；而众凤负责中与方的关系，带着天的生命力往来于中央与四方之间，包括以四方风驱使云的作用；另一方面，如果说众神代表了一种普世性和超越性的力量，众凤则将这种超越性的能力传播到具体的时空中，使这种力量连接到具体的地方和人群，前文所述神不能作族徽，而凤鸟则普遍被用作族徽，或与这种观念有一些间接的关系。当然，在商代人的眼目中，他们的神能绝对不会简单到可以用一句话来表达，所以他们在天上具体的活动、具体关系有时候很难厘清。

（二）神凤在天上互动，自然界万物化生

《合集》21021 载：

……大采日，各云自北，霄，重（惟）午雨不征（徙），隹（唯）毋……

癸亥卜，贞：旬一月，戾雨自东，九日辛未大采，各云自北，神征（徙），大凤自西戋云率雨，毋蓕日……

从字面来看，该卜辞记载颇似气象记录，尤其是第一条，或许用于占卜云、霄、暴雨。不过同时也可见，这是在描绘云、神、凤三种天靈在天上巡转的场面（尤其是第二条）：云来自北方，也许被神所驱使，也许反过来云流促进神的推徙；而大凤来自西，戋云而率领群雨，以挡住太阳。甲骨学界经常以单纯的天气叙述来解读该卜辞，但依笔者浅见，这种阅读方法失去最基本的认识：这不是直接说话的神祕占卜语言，恐怕比《周易》还幽祕难懂，刻辞所用的形象蕴含着多层面的意义。这是一场新年一月在天上发生的神兽互动，应该既有天气的表现，亦有天象占星术的含义，还有对新年吉凶占卜的意思和祈祷目的。

在这一天上的场景中，有龙形的神、云、鸟形的凤三种能力相辅的神靈和群雨团队：云始终在天上不下降，需神之推徙才能启动春雷出来，使神靈之雨丰盈

大地,养育万生,而凤率领群雨来到四方盈四土。可惜,卜辞残缺,使得大日的作用不清楚。

在出土的甲骨刻辞中,有几片记载“凤自北”、“凤自西”的刻辞:

戊……各云自……凤神,夕已……　《英藏》1852

甲申□雨,大霎,〔庚〕寅殸(啓),〔辛〕卯大凤自北,以……

……大凤自北……入日……六……　《合集》21010

□酉卜,□贞:……二月。

……采各云自…征(徙)大凤自西,剌……毋……　《合集》21011

二月

丙子,隹(唯)大凤? 允雨自北,以凤……

隹戊雨,戊寅不雨?

衎曰:征(徙)雨,〔小〕采,兮日雂不〔雨〕,庚戌雨,雂征(徙)? □月

丁未卜,翌日戾雨,小采雨,东……　《合集》21013

戊午其雨?

庚午日征(徙)凤自北,夕……　《合集》21014

……大凤自北?

癸亥卜,贞:旬? 二月。

乙丑夕雨?

丁卯明雨?

戊小采日雨,□凤?

己明殸(啓)?　《合集》21016

卜辞残缺,很难看出完整的规律,似都在春季一、二月占卜,所以可能与春季求年有关系。卜辞中的“雂”,学界一般循着于省吾先生的意见视为“阴”的假借字①。但笔者怀疑,在巫觋文化脉络里,雂徙可能是指某形象,是以鸟形了解和表达天象的意思。卜辞中的“雨”应该也有几个层面的含义:有时候只是简单地指雨露,有时候指被率领的“雨队”,有时候又是雨师信仰的雏形。此问题下文再进一步讨论。

简言之,天凤的神能中,起风仅仅只是较小的一部分;天凤的神能系统地包含一切中与方之间的关联、连接、媒介和传达作用。神负责上下关联,凤负责中方关

① 《甲林》,页1700—1701。

联,神与凤的神能可以互补相成。

七、玄鸟与天凤：商之后天凤形象的演变脉络

　　总之,青铜时代礼器造型、甲骨卜辞,都能够证明"凤"是力量很大的鸷鸟;从出土资料与传世神话对照可推知,老鹰天凤就是商王族的"玄鸟"。也就是说,在商人的认识中,天凤玄鸟的形象是老鹰之类的鸷鸟。但是观察战国时代资料,战国时代凤的形象并不像鸷鸟。如长沙子弹库楚墓出土的简狄在台帛画上,凤鸟的形状并非老鹰类,而是水鸟,战国时期楚国鸟的造型均是像鹤之类的水鸟(图二五八:5—8)。吕依庭分析楚凤的形状而提出:"其身体特征更接近白鹤或白头鹤这种仅头部有花纹的鹤";而具体说到简狄在台的帛画上,"天凤的形象非常明确,颈部有特殊的纹饰,接近丹顶鹤、白枕鹤或灰鹤的身体特征;但此外,简狄在台图的凤鸟鸟爪其实不是水鸟的爪,而是猛禽的鸟爪,在早商时期,凤鸟的形象是鹰,这反映的是楚文化仍保留着古老的文化记忆。"[1]

　　从后石家河、盘龙城的鹰和子弹库楚墓帛画凤的关系思考,这可能是不同时代玄鸟的形象;纯粹从词汇对照,"玄鸟"就是"天凤"。子弹库帛画上的凤,既不是商代的"鹰",亦不是雉或其他野鸡类,从它的爪、脖子和整体形状来看,这是带鸷鸟钩爪的鹤或鹭的形状。这种水边猎鱼、虾的鸟类,也是自古以来为人们所关注。石家河玉器中孙家岗出土的凤即是朱鹭的形状(图二五八:1;一二三),罗家柏岭的凤可能也是朱鹭或鹤(图二五八:2)。朱鹭、鹤、鹳是很强的鸟类,可以飞得很快又很高,鹭、鹤、鹳都见于先秦文献中,如《易·中孚》有"鸣鹤在阴,其子和之"的形象,表达内在具有德性,不徇于外,但自任其真,一种至德至诚的理想[2]。鹤、鹭和鹳都见于《诗》中,其中鹭的意思偏世俗,表达官方社会、迎客等,而鹤带有珍贵神圣的内在意义。如《诗·小雅·鹤鸣》云:"鹤鸣于九皋,声闻于天。鱼在于渚,或潜

---

[1]　吕依庭:《战国时期楚文化虎座飞鹤与虎座鹤架鼓研究》,中正大学历史研究所硕士论文,2021年,页125。

[2]　(魏)王弼,(晋)韩康伯注,(唐)孔颖达等正义:《周易正义》,页498—499。

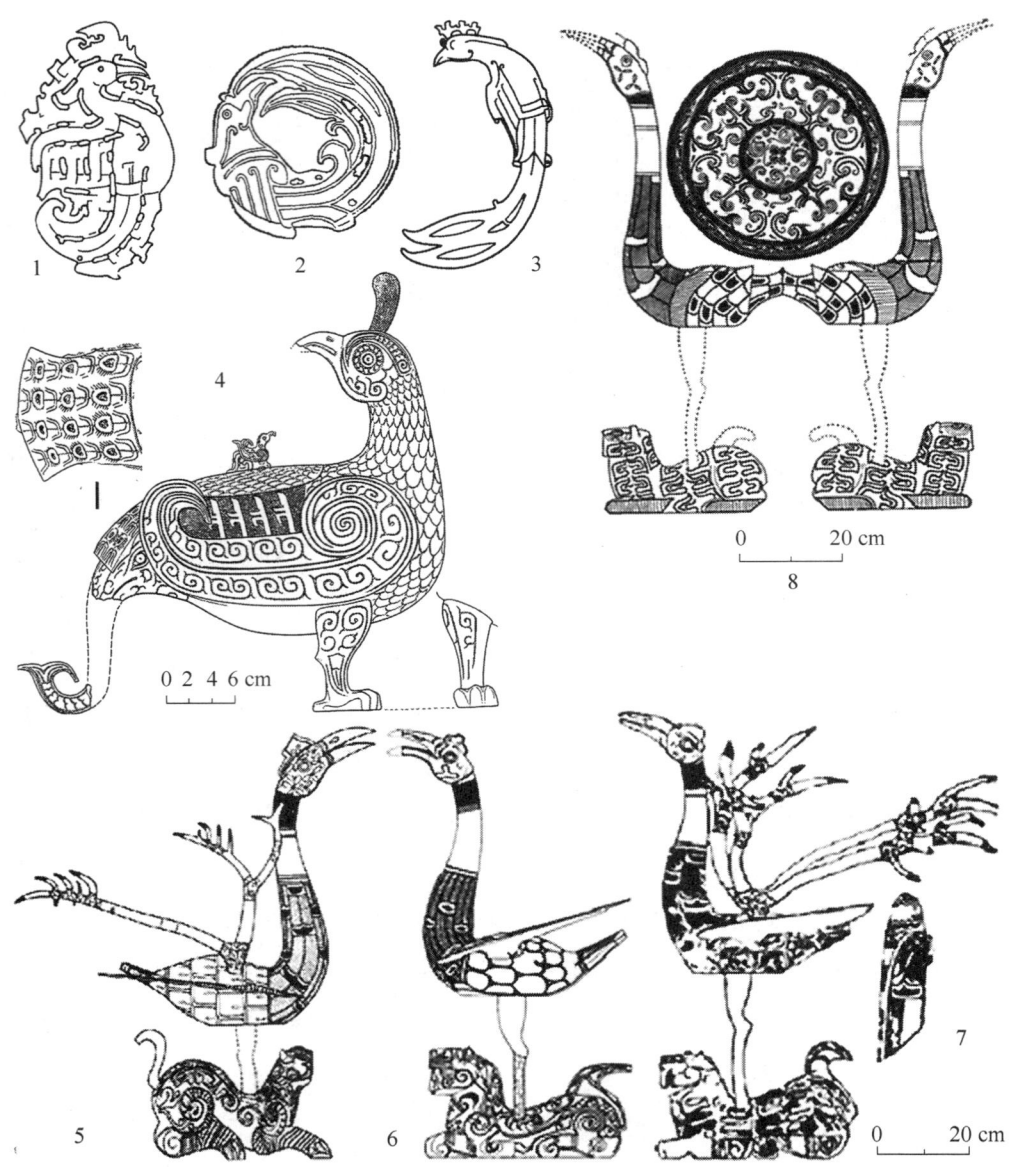

图二五八　1—3. 石家河文化玉凤：1. 孙家岗出土；2. 罗家柏岭玉质作坊出土；3. 妇好墓出土；4—7. 战国时期楚墓凤形漆器：4. 晋侯墓孔雀尊（M114：210）；5. 天星观二号墓虎座飞鹤；6. 江陵九店 M526 楚墓虎座飞鹤；7. 李家台 M4 楚墓虎座飞鹤；8. 江陵雨台山 M354 虎座鹤架鼓。

在渊。乐彼之园，爱有树檀，其下维谷。他山之石，可以攻玉。"①鹤栖息在水边，高飞于天，水界天界连通，以圣贤为譬喻，以山中宝玉为譬喻。

　　妇好墓出土玉凤与罗家柏岭的凤相似，但头上有冠（图二五八：3），同样的冠

---

① （汉）毛公传，郑玄笺，（唐）孔颖达等正义：《毛诗正义》，页 1038。

见于瑞典远东博物馆收藏的立鹰上(图二四一：5)。从形状来看,妇好墓出土玉凤似为冠鹤。据古动物学研究,冠鹤的发祥地在美洲,后来到亚洲生活,最后才到非洲(现在基本上只见于非洲)。冠鹤栖息于泽地,常见于稻田之边。长江中游的文化本身多元,也包含对不同鸟类的崇拜。子弹库楚墓帛画的鹤凤,可能不仅代表玄鸟形象的演化,同时也传承了本地原有的对鹤的崇拜,并且鹤为仙鸟的信仰可能也有源自上古的根源,只是在先秦语文中,较少用"鹤"字专门突出这种鸟类,而基本上以"凤"字来涵盖一切神鸟的形象。汉代以前的文献中未见"鹤"字,同样也未见"鹰"字,只通见"凤"字(其实"凤"与"鹰"的古音颇近)。早期的凤可能较多受汤商文化崇拜始祖玄鸟的影响,故老鹰的形象为多。而后期巫觋文化没落时,在人们的理想中,凤的形象变得更近乎鹤。所以商文明以鹰凤为主,而战国时期以鹤凤为主,玄鸟形象也跟着变,子弹库楚墓帛画即为一例。

从这一发展脉络可以推论：老鹰(玄鸟),同时应该也是天凤形象主要的来源,但是从造型来看,殷周的凤已经跨越了单一种鸟类的基础。资料使我们推知,凤的形象最早源自老鹰,是狩猎族群的崇拜对象;在漫长的发展过程下,涵盖了一些水边啄鱼鸟的特征。虽然到最后,凤失去其定生死的神能,又与翟雉、孔雀形象混合,表达美丽端庄的皇后形象,但商文明中的凤无性别,是与夔龙等级相近的生命鸷禽。

虽然孔雀之类的造型,在殷周之际已看得到(图二五八：4),但凤的形象为翟雉的理解应该很晚才发生,至少战国秦汉还没有出现这样的情况。雉类的造型不多,其等级属于次要。这一点从器物造型和文献都能看出,如《楚辞·九辩》："凫雁皆唼夫粱藻兮,凤愈飘翔而高举。"[1]这句话明显描述的都是水鸟,凫雁栖息很低,而凤高飞、高居,这凤难道是比雁飞得更低的雉？显然不是,但这样的描述却符合鹤的自然表现：在水鸟间,鹤才是翅膀很强、飞行高远的大水鸟。

更进一步说,开始将凤与翟雉作连接,所代表的是凤崇拜的没落时段。汉代对凤的描述仍符合鹤的形象,文献中凤与鹤同样被当作至德的象征,如《论语·微子》曰："凤兮凤兮,何德之衰也。"何晏注："比孔子于凤鸟,凤鸟为待圣君乃见,非孔子周行求合,故曰衰。"邢昺疏："知孔子有圣德,故比孔子于凤。"[2]此处显然不是将孔子与野鸡相类比,而是体现了传统文化中对鹤的慎敬,与《易·中孚》以鹤的

---

① 　(楚)屈原著,(宋)洪兴祖补注：《楚辞补注》,页294。

② 　(魏)何晏等注,(宋)邢昺疏：《论语注疏》,"十三经注疏",台北：新文丰出版公司,2001年,页409。

形象表达至德的意思一致,是把鹤的形象升华、神格化而同时伦理化为象征圣德的凤。总之,老鹰(玄鸟)应该也是商文化中的凤形象;不过,到战国时期对鸷鸟的崇拜已基本上没落,玄鸟和凤的形象也跟着变形为更符合这个时代所强调的圣贤德性形象的鹤。直至汉以后凤的形象才又再变而为象征美丽皇后的雉鸟。

八、结 语

就龙、虎、凤这三种商文化中等级最高的神兽来说,其来源和意义各不相同。其中,崇拜鸟类的信仰应该最古老,古代相信人来自天,天鸟降生命之卵而有生。鸟生信仰来源多元,涵盖不同的鸟类和不同的族群,其中也包括早商统治者族群。从早商礼器来看,被上层贵族视为始祖的神鸟主要是老鹰,生命玄鸟应是老鹰。但古代也有崇拜鹤、鹭等水鸟的痕迹,此外还有很多大大小小的族群把不同的鸟类当作自己的始祖。对老虎的崇拜虽非一元,分别代表华南农耕和东北山地狩猎族群的理想,但来源不同的老虎总是被当作王室的保护神。虽然早商统治者族群并不是以老虎为始祖的信仰者,但虎国、盧国等南方古国网络应该主要是被拜虎族群统治;到了晚商,东北下来的殷商王族也属于拜虎族团。而崇拜鸟类的族群多样,包括一般的族群和高等贵族,后者包括崇拜老鹰天凤玄鸟的楚商王族。至于对神龙的崇拜则完全不牵涉到宗族之别,自视为老虎后裔的王族和自视为老鹰后裔的王族,都同时崇拜神龙;所以,神龙才是跨越地域和族群的多元文明共同的天神信仰对象。

商文明已形成很复杂的天空形象及概念,首先商代人认为,昊天充满龙形和鸟形的神禽神兽。他们是群体的崇拜对象,他们的神能很全面,从负责招来风雨、雷电、霓虹、霞彩,升华到管理一切上下、中方关系,将昊天的生命力降到大地,传到四土,盈地养生,又吞噬、制落万生,依此负责万物之死生周还,同时隐含着更加幽祕的占星术、巫觋文化的形象。

龙形的神兽乃甲骨文中"神"字所表达,"虹"字亦是"神"字的异构,都是双嘴龙之死生天神形象,另有小龙形的"云"。云兽小,仅居在天上,巡旋天空,神兽陟降,以生杀。

鸟形的神兽乃以"鸟"和"凤"字表达,"鸟"字较罕见,且几次出现在与"凤"字同样的卜辞上,所以二字在甲骨文中混用。不过在鸟类崇拜的脉络中,天鸟的形象里较突出的是老鹰的形象。在商文化中老鹰应该是一种生命鸟形象,但它也是能够杀生的恐怖对象,所以商代人既崇拜老鹰又怕遇到它。

虽然龙神与凤神都有创生的神能,但二者的差异在于:龙生表达的是超越性的、普世性的生死、升天与再生信仰,并不带有某族群衍生或特权的意义,反映的是超越族群和地域的大型混合文明的信仰,所以从不用来作族徽;凤生信仰却带有具体宗族的概念,历史上不同时代和地区的族群将不同鸟类造型作为本宗族的族徽、图腾符号,这是一种可以在时间或空间上被具体化的生命力量。

从早商玉器造型可以看出,老鹰即天凤,也是神话中的玄鸟始祖。"天命玄鸟,降而生商"的信仰,虽然并不符合殷商王室的崇拜,但可以代表长江中游楚大文明脉络里的汤商。当时玄鸟即是鹰类的神禽,所以盘龙城文化的立鹰器与祖形器皆有相同的神祖面刻纹,且玉器出现很多老鹰在台上的造型。

其实如果我们考虑不同鸟类的生活方式,容易发现老鹰等鸷鸟比其他鸟类可能更符合崇拜为生命鸟。首先鸷鸟不群,独坐在台上,飞高且快,超越其他鸟类,并且他们有杀死的能力。在上古信仰中能杀死者经常被视为能创生者,创生者才能杀死。因此,在世界很多古文明中,老鹰、鹫、鸢、雕等鸷鸟被崇拜为生命鸟。

纯粹从词汇对照,我们可以进一步发现,"凤"与"鹰"同音,在造型上青铜器双凤饕餮纹都是双鹰。商文明中凤与鹰的关系表现得很明显。玄鸟与天凤的意思相同:"玄"字象征天的意思,所以玄鸟就是天鸟,同时甲骨文里"鸟"与"凤"混用,所以"玄鸟"就是"天凤"。

不过甲骨文中"凤"的意思不限于表达老鹰的形象,同时也可见相对于"中"的"四凤"概念,其在商代占星术里相当于后代的"四神"概念。换言之,汉代有青龙赤雀白虎玄武黄道四宫、四方、四时、四季形象,其形成时代应该不早于春秋,在此之前,这些观念皆以四凤的形象表达。对四凤的崇拜涉及二分二至天象和农耕季节的重要性,所以四凤是很重要的求年对象。换言之,商代凤的信仰涵盖老鹰生命鸟的形象以及对黄道星星等天体即天象崇拜,此外四方天凤也是真正的管理风之神禽。

在商代信仰中,神和凤构成"上下、四方"的天上空间观念,而老虎是地上或山上四方四缘的保护神；四凤造型的萌芽从新石器晚期已零散地出现，而老虎为边缘保护神的信仰，虽然在殷商甲骨文上已可见，但在礼器上四虎的构图目前最早只见于春秋战国时期秦国的铜泡上（图二五七：5）。

在上与下的四方空间里还有一个颇为重要的点：即独一无二的"中"。在商文明信仰中，地中为王位，而在天上除了群龙、群鸟神兽之外，还有独一的"帝"，即永居于天中的崇高对象。龙、凤都在天帝手下，众凤可以说是天帝所派的"方官"，而众神可以说是天帝所派的"司命"，两者聆听帝令而从之。所以只有厘清上帝的形象与神能后，我们才可以理解商文明信仰中的天空。

总论：商文明的神圣宇宙

一、多元神兽之结合

在气候、生活环境多样的中国大地上，曾经有过很多不同的人群，观察不同的情景，认识不同的草木、禽兽，选择不同的生计，所以依靠不同的经验创造不同的形象。在这些形象中有很多不同的鸟，不同的族群都会认为，飞在天空的鸟是崇高的生物，所以神祕化牠们。有些族群同时也崇拜水下的鱼或乌龟。山麓猎民则崇拜野猪、老虎、鹿等。也有崇拜牛、熊、青蛙或蟾蜍者。此外，中国境内的族群中也有崇拜昆虫者，这就是崇拜龙神的大文化的滥觞。这一切信仰在殷商宗教里构成很完整的等级体系。这一完整结构的形成是一个经历了成百上千年的漫长过程。

透过各方面的分析探讨，笔者得出结论如下：夔龙"神"是被商文明选择为跨族群的大型王国之国家宗教信仰的核心形象。神龙最初的形象来源应为昆虫。这种崇拜源自农耕文化，而昆虫对农耕生活影响极深，古文献中也常提及昆虫对稑谷的影响。农人耕地时观察地里的昆虫，发现其独特的羽化现象。在大自然中，只有昆虫能从爬虫完全变态为可以飞行的成虫，亦只有昆虫能暂死（变蛹）而再生。因此古人将昆虫神化，形成了龙的形象与崇拜起源。考古资料与古代文献都显示了中国先民有尚虫信仰。在神话的传统里，夏禹形貌为虬龙，其名为虫，故龙、虫义同。夏禹的故事和"禹"的名号，也表达了幼虫与神龙的关联性。

并不是只有某一个族群崇拜昆虫而做出幼虫的神祕造型，中国境内至少有两个地区应该视为昆虫崇拜的发祥地：东北辽西地区与江河中原地区，后来辽河流域的文化作为支流汇入中国文化大水系的主流中。

江河中原的虫龙并不是普通的虫龙，袖是头尾两端各有嘴的夔龙（这也是自然界一些昆虫幼虫的特点之一）。夔龙形象的诞生地域应该是长江中游，滥觞于长江中游新石器时代稻作文化中，或可溯源至距今七八千年前，到了距今五六千年前其早期的造型结构初步系统化，而其夔龙崇拜的地理范围扩展到整个长江中下游地带。到了距今大约 4 500 年前，夔龙形象多见于陶质、玉质而后是铜质的礼器上。夔龙形象刚出现的时候并不是主流的崇拜对象，甚至到后石家河时代，从当时的造型来看，老鹰、老虎的形象比夔龙更伟大、重要；当时并不能预料，过了几百年后夔龙崇拜将成为青铜时代中国多元文明水系的主流。

就夔龙纹的古老的源头来说，这一流布甚广并成为主流的文化并非凭空而来，其成分要素必然来自更早的根源，且亦可能涉及文化、时代互补相成的过程。在此过程中，在长江中游大溪彩陶纹饰和刻文符号中，或许可以看到该形象初步定型；长江中游屈家岭和长江下游崧泽文化双圆双勾的规律性的镂孔饰带，应该也是关键的中心环节；此外，时代更早的新石器中期的皂市下层文化的镂孔纹，以及汤家岗文化的白陶刻纹和戳印纹，或许也是夔龙神纹产生的土壤和萌芽状态。但是只有后石家河玉器上的夔纹和新发明的硬陶上的印纹，才代表夔龙神纹宗教范型已成形了。换言之，夔龙神纹滥觞于长江中下游各文化互动衍生的大文化体系中，而成形于长江中游青铜时代，即石家河至盘龙城兴起之际。

长江中游青铜文化继承了在漫长过程中形成的形象以及积淀下来的技术成就。不过就信仰的衍生来说，在文明的变迁中，经常发生原有信仰弱化，而必须重塑精神文明的情况。在这种时候，原本次要或者在原来的信仰废墟基址上重新创造的新信仰，哪怕一开始只有少数人提出，但已足以影响新文明的起源。世界上其他许多古代文明，也有同样的情况发生。而在中国青铜文化的发展中，大洪水时代晚期（尧舜）及后石家河前段（三苗）至大洪水后的后石家河后段（夏）及盘龙城（商）文明的变迁中，经济、政治、文化、社会生活皆大幅更新，并产生新的文明，而夔龙的崇拜成为该新文明信仰的基础和中轴。

就考古文化而言，盘龙城所代表的江河中原青铜文化，成为新阶段历史进程的指标，也标志着新的精神文化的兴起。就以达到国家化程度的文明来说，既然后石家河文化为三苗和夏的统治，而盘龙城文化是早商（或汤商）大文明，可以说它们源远流长,滥觞于长江流域的新石器文化中。成形于早期国家文明的夔龙神纹以及由它所表达的信仰,到了早商时期已成为主流,且不仅作为商的核心信仰,也广泛影响江河中原乃至长江流域广大范围内的青铜时代文化,包括东边的吴城、西边的三星堆以及北边的郑洛(二里头、二里岗),且到了早商和殷商之际,其影响力跨越黄河,到达黄河以北地区。笔者认为,商王国有意选择夔神为国家宗教的核心形象,是因为在长期发展过程中,夔龙形象早已超越了某单一的宗族信仰,而成为大家的天神。这样,通过宗教信仰,商文明能更加扩展和发挥自己的影响力。

在商周时代多元精神文化中,双嘴神龙信仰具有崇高的、跨文化的主导作用。正因为如此,从盘龙城一期到春秋战国时期,几乎所有的礼器造型,皆奠基于双嘴神龙母题上。甚至在其他神兽造型上也都有夔龙神纹,用来强调其他神兽的神性,就好像古代文献所记载,虫为一切生物的元素,如《大戴礼记·易本命》言:"有羽之虫三百六十,而凤皇为之长;有毛之虫三百六十,而麒麟为之长;有甲之虫三百六十,而神龟为之长;有鳞之虫三百六十,而蛟龙为之长;倮之虫三百六十,而圣人为之长。"

不过汤商时代的夔龙神纹很抽象,是弯形、璜形(或双勾形)和夔形三种符号性的图案,如果没有殷商时更明确化的造型,我们恐怕依然不会了解它。到殷商时期,礼器上的纹饰趋向详细、具象化,神祕符号开始朝着表意更形象和具体的宗教美术方向发展,这才使我们得以看出崇拜对象的完整形貌——双嘴夔龙。

双嘴夔龙是商周礼器通用的主纹,对祂的崇拜创造了殷商"宗教艺术"的兴盛。并且以早商时期双嘴龙的基本图案为基础,衍生出各种双龙交缠造型,如二龙并立、一首双尾、饕餮等图案。所有图案都设计成神龙张开嘴口的状态,龙的头部和尾部的嘴都是打开的。由此推论,神龙构图之重心,在于强调龙的双嘴。或许,在古代信仰中,神龙的重点即其嘴口,因此打开的嘴口也就成为神龙造型的必要特征。此外,仅有双嘴形体的夔龙才能构成独立图案,否则就必须成对,成对神龙是一个不可分割的崇拜对象,这一"双"的概念应具有崇拜的内在意义。殷商以来,因很多文化的混合,夔龙饕餮的形貌多样化,吸收了很多其他神兽的局部元素,但始终保留"双"和"口"的核心重点。

借由礼器造型、传世神话以及出土文献互补对照,我们发现头尾双嘴神龙崇拜的意义:双嘴夔龙、饕餮的主要神能是以吞吐管理死生。神龙从天上吐下甘露,养育群生;在地上吞杀群生,使他们升天归源。这应是"双"的观念,其本质是生和死。礼器上有些图案直接造型为饕餮吞吐神人,其意都是在表达神杀与神生的信仰,夔龙吞以杀,夔龙吐以生,故吞吐为祂的主要机能;并且祂神杀在地上后,回归天而再神生,由此使被神杀的人"神格化",即让常人得以升天或再生为"神人"。

双嘴龙的神祕符号,不仅成为多元的商周"宗教艺术"造型的母题,其形象也是汉字"神"字的雏形,且该字形或可溯源至大溪、屈家岭早期文字中。由此可知,"神"字象形意义即是双嘴龙,双嘴神龙的形象即是商文明"神"的概念。祂两端各有嘴口,以构成神祕的通天神化管道,通过吞吐以管理死生。这一崇高的崇拜对象,古人以"神"字指称。所以,依据当时社会的命名,可以将所有双嘴夔龙纹及其变体,统一称为"神纹"。

天上的夔龙神的形象不只成为甲骨金文"神"字的雏形,甲骨文"虹"字也是夔龙的变形,"云"字则形容天上飞翔的幼龙,这些都是商代人所祭拜的天神。同时,夔龙形象加上雨滴,便成了"電"字的雏形,这一字形描绘出神龙所吐泄的雨露形象,以指出雷电和雨水所带有的神灵性质。

甲骨文证据补充说明了商文明"神"信仰的内容:天神之神能的重点,并不是循环在天空中,而在于"神降"(吐泄甘露),以实现天地之交、上下关连、万物之生。但是负责上下相连的神,不能只下降,亦得上升。自上而下的神降意味着盈生,而自下而上的神升即意味着死亡而再生。生者在地,而死者在天,所以神龙以管水火来连接上下,负责万物死生循环。不过,祂还有一个特殊神能:赋予人神格化之奥祕形象,通过他可以衍生"神人"。商王,一方面是自己祖先的后裔,同时又是由龙形神母所衍生的"神子",所以拥有超越性能力,而能获得神龙的保祐。

如果没有殷商时期明确化的夔龙神的造型,又没有殷商出现的甲骨文纪录,则我们很难把早期图案符号、神龙的形象和"神"字的象形意义和其他用义合在一起而了解古代"神"的本义。因此在商文明上古信仰的探索中,殷商资料是最关键的环节。

商代"神"信仰限于天上的夔神。祂以喷吐神灵雨来排除鬼气、养育万物、赐予丰年、保祐军事的成功、表现神符吉瑞。夔神喷火吐水时,大自然中则发生养育万物的雷电暴雨,所以"電"字的形象即描绘夔神喷吐甘露。昊天中,夔神左右还有许多无角的小龙盘旋围绕着,其名为"蜎"或"云"。古人祈求神或云降下甘露,而来自神灵的甘露不仅能够供养大地、生长谷物,也有助于军事活动。但随着历史的演进,神兽崇拜逐渐弱化,而"神"、"云"、"虹"等字也逐渐脱离其原义。"云"、

"虹"纯粹用以指涉自然中云气、霓气，而"神"的字义则得以扩展，最终成为所有神祕、神圣性观念的表达字，此后，"神"脱离了夔龙的形象。

在这种信仰的发展过程中，虽然蕴含并吸纳了许多其他文化观念，但还是没有放弃通过龙来升天的神话信仰，这个现象说明这类信仰的基础很深，被中华文明许多族群接受，最终成为多元一体的中华文明共同的焦点。通过神龙升天信仰，表达神龙管理死亡以及死后的过程；但是，通过龙所发生的死亡，实际上只是永生之开始，神龙既杀又生，提供永生而衍养崇高之生命。因此神龙杀生和再生信仰牵连着衍养生命的神能。

虽然早商时代，基本上只有夔神形象才能构成饕餮结构，但同时亦可见不同族群信仰结合的情况，这可以从以下几点看出：第一，夔神崇拜代表的是长江流域平原农耕文化；虽然长江流域各区域的具体文化面貌各有差异，却通用夔龙崇拜。例如，除了长江中游地区外，长江上游成都平原的三星堆先蜀文明亦将夔神崇拜植入其精神文化；虽然它将夔神与所吸收的其他信仰合并，形成了自身独特的文化面貌，但是，夔神形象还是表现得很明显。第二，主要发展于农耕平原地带的早商文化，除了本身的夔龙形象之外，亦蕴含了源自山地的对猛兽或鸷鸟的崇拜，如源自长江流域的凤鸟崇拜，在早商文明中已颇为突出；再如吴城文化，同时崇拜平地先民的夔龙和山地先民的老虎；湖南地区亦有类似的情形；此外，对水牛的崇拜也见于早商时期的三星堆礼器。

到了殷商上古帝国跨地域文化兴盛之际，器物的流动和信仰之融合更趋多元，夔龙、饕餮的形貌也越来越多地涵盖不同动物的特征，以逐步组成完全超越自然界动物形象的神奇形象。这是因为殷商文化比汤商更加多元，不仅仅是以汤商为基础，殷商上古帝国构成的网络联合了更多来自不同生态区域和地域文化的古国和族群，有效促进不同地区之间上层文化信仰的整合，所以越来越多地出现不同崇拜对象混合的造型。

双嘴龙母题在将近两千年的时间中一直被采用在珍贵礼器和随葬品上。可是，从殷商时期起，神兽样貌从原先相对单纯变得丰富多元，空中、陆上、水边和水里栖息的动物，都出现在礼器上。崇尚神龙的主流文化，吸纳了其他族群对别种神兽的崇拜，在想象力的激荡下，创造出各种混合的神奇造型。

吴城虎国、三星堆、殷商帝国、鄂国等众多国家所塑造的混合形象，实际上表达了革命性的信仰变动。崇拜独特对象的文明，不会随意混用外族的崇拜对象。将几种崇拜对象合为一体的现象,代表数个古国在合并的同时,亦有意联合各自的信仰,等同和同化各地的崇拜对象。其次,这也显示上古信仰及神权的弱化。兼容多元信仰且开始构筑统一信仰体系的国家统治者,似乎并不强迫各地接受其王族原有的信仰,反而认同分布于自己国家各地的信仰,并将不同地区的礼仪及崇拜合并成同一信仰制度。

观察神兽崇拜的信仰,笔者获得一种印象:中国文化显然多元,蕴含很多原来地方性的独特的信仰观点,但这种"多元"似一个由许多大小溪河组成的大水系,所以在每一地方的溪流中都可以喝到水系内流传的口感,并且此水系不封闭,不断有新的溪流汇入,互补混合。在殷周时期,器物的流动很普遍,文明的混合性也很大,导致本土的礼器概念模糊,所以各种神兽形象的源流已难以分辨清楚。不过,在殷商时期的中国地图上,虽有许多不同的国家、城邦和族群,但在高层文化中已形成了宽大地域范围内共通的精神文化。

殷商王族本身是一个多元的团体,原本没有很固定的信仰体系,所以有条件成立跨文化区域的上古帝国,接纳一切崇拜,并将其融化进自身的宗教体系中。所以,出现在殷商时期礼器上的神兽造型十分多元,这些多元的样貌组合成了各种变形、奇异的形状。这种情况本身可视为殷商文化统合多元族群信仰的证据。不过,重点在于:殷商文明不仅仅是统合了许多地区原有的信仰和崇拜对象,并将这些多元的形象转化为一体的礼器形象,它还糅合了这些信仰的内容和精神文化意义。所以,当我们观察殷商礼器时可以发现,殷商礼器的形象所指涉的母题并不复杂,而且都非常清楚,它的一切变形、奇异的造型,都基于多元信仰的核心母题,因此能够代表整个跨区域的庞大文明体系,展现出众多族群综合而成的精神文化。殷商甲骨卜辞和礼器造型所表现出来的信仰是颇具系统性的,早已不是原始先民的信仰模式,而接近以巫觋信仰为基础的跨国的上层宗教。是故,依笔者浅见,殷商信仰的结合过程近似于多元帝国"宗教"的形成,而礼器的造型已可称为"宗教艺术"。

进一步说,帝国信仰有各种不同的含义层面:一方面,原来的文化区和族群仍保留各自崇拜的重点;另一方面,各种不同信仰逐步融合,形成社会不同阶层的共同信仰,即跨族源的统治者的崇拜和信仰。甚至,因为帝国统治者族团的多元性,参与该族团的宗族已几乎放弃原有的信仰,或原本就没有深入定形的信仰存在,故而能在多元的基础上重新建构"帝国宗教"体系,发展出所谓"官方信仰"、意识形态和仪式活动;同时各地仍会保留区域文化和宗族信仰。但是,由于能保存长久的宝贵材料较多集中在"官方"手里,所以迄今留下的殷商礼器,大部分代表的是跨区域的上层贵族的"官方信仰",或可将其更准确地定义为"帝国宗教"。

在殷商宗教艺术造型上,可以看出神兽的崇拜并不混杂,而且神兽之间有等级关系。在这等级关系中,夒神的地位无比崇高;与夒神等级相近的神兽,只有凤和虎。其他动物基本上只拥有各种辅助性的机能,其中神象实则为具有浓厚地方特色的夒神和鼻皇的转借形象;牛和羊是驯养的家畜和上等牺牲,能帮助祈祷者达通神天,但本身不能引导升天之路。此外,龟鳖、鱼类、鸟类、鹿、马、貘、犀牛等被神化的水、陆、空中的动物,各有其等级,而在殷商时代的造型中,构成系统的形象结构。

由于殷周信仰的发展已达致"宗教"的整体性,采用多元而整体化的文明形象,所以龙、虎、凤三类最高级的神兽经常会出现在同一件礼器上。凤和虎有时候可以取代神龙,同时,在商文明宗教里,凤和虎亦有源自其信仰的特殊神能。

过去,我们习惯于在讨论虎的概念时,将其视为象征"西方"的神兽(白虎形象),其实这种四方四神观念形成时代很晚,反映的是秦汉帝国意识形态以及政治上的中央区域所在。若仅仅将老虎当作西方的象征,并不足以代表上古文明崇拜神虎之多元意义。后世白虎形象所蕴含的从上古信仰传承下来的观念还包括:神虎是掌握政权者的信仰对象,也是崇高权力和强大武力的象征。

老虎崇拜源自上古江南和东北游猎族群的不同信仰,并且除了作为高位神之外,老虎似乎也可作崇高祖先,类似王室图腾的信仰。经过长期历史演化,而在南方形成了几个大的崇拜老虎的国家网络,其中南方的虎国、卢国似乎是国祚长久、影响力大的强大国家,从武丁时期到西周中晚期都有虎国、卢国的纪录,可见武丁之前已有这两国。它们所在的空间应该比较宽广:虎国的范围或包括湘江、赣江流域,此地青铜器技术远远超越了其他地区;卢国应在江北(江汉、江淮)一带。东北地区的虎族是零散的族团,应是将老虎视为始祖的猎人族团,直至殷末都没有建立过国家。东北的叔、膚、龏是殷商王国北边的族群,建立过存续不久的小国;其中,叔族经常攻击殷周的东北境,而殷和周反击他们;而虍(噱)族亦是武丁时代殷人需要面对和征伐的对象,但似乎并没有建国。不过与此同时,殷商有"虎族",应是殷商王国本身的贵族、王室的亲属。老虎在殷商帝国被视为保护王室和国家的神兽。从甲骨文来看,殷商对虎神的崇拜,还涉及四方边缘概念,老虎被视为保护国境的神兽。

　　无论是华南或华北,对老虎的崇拜有一个共同的重点:虽然也含有神兽通天信仰,但同时离不开大权威和巨大威力的概念,在某种程度上表达崇高王位的存在。南方地区在早期国家出现的背景下,神虎逐渐成为王室权力的象征和崇拜对象,人们既通过虎口的神秘通道升天神化,虎亦表达王位的神圣权力。所以崇拜老虎的传统形成时代较晚(在南方曾经取代山麓猎民拜野猪的信仰),是国家时代王权兴起的标志性神兽;而在此之前,对虫龙和鸟类的崇拜源自更古老的文化层面,是原本不牵涉权威概念的羽化、飞天和永生等人生理想信仰化的结果。接续历史的脉络,发祥地不同的拜虎文化在互相影响、混合的过程中,因为都涉及神圣的王位信仰,最终导致殷商时期"神虎帝国"的形成。

　　但是神圣的王位却不能代表商文明精神文化的核心所在。老虎神能加强王权,但是古人另有更高的天权和天恩概念。龙形的神、云巡旋昊天、灌降甘露以表现天恩之养万生;龙吞噬万生,以表现神杀的天权,总体实现死生循环。所以可以说,在商文明中老虎是王权神,而神龙是天权神,在殷商帝国文化中,老虎依靠权力可以代替龙实现神杀,但祂却与王权紧密联系,在整体文化信仰中不能取代夔龙天神的崇高性。

　　在商文明信仰中天上众神大部分为龙形,可是,多元文明中还有另一种被视为在天上活动的神兽,即凤和其他鸟类。鸟形的天神也是中国信仰的关键之一,它的重要性表现在以下三个角度:第一,殷周礼器纹饰常见凤的造型,并且双龙饕餮之外,双凤饕餮造型亦常见;第二,甲骨文中也有很多崇拜凤的纪录;第三,从神话而言,龙类神生与鸟类神生的故事,皆颇为流行,包括最著名的玄鸟神话。

　　就夔龙神、虎、凤这三种商文化中等级最高的神兽来说,其来源和意义各不相同。其中,只有对神龙的崇拜完全不牵涉地域和宗族之别,自视为老虎后裔的王族和自视为老鹰后裔的王族,都同时崇拜神龙;所以,神龙才是跨地域跨族群的多元文明中共同的天神和信仰对象。对老虎的崇拜虽非一元,分别代表华南和东北山地狩猎族群的理想,但来源不同的老虎总是被当作王室的保护神。虽然早商统治者族群并不是以老虎为始祖的信仰者,但虎国、卢国等南方大型古国网络主要应该是被拜虎族群统治;到了晚商,东北下来的殷商王族也属于拜虎的族团。崇拜鸟类的信仰应该最古老,古代先民相信生命来自天,天鸟降生命之卵而有生。鸟生信仰来源多元,涵盖不同的鸟类和不同的族群,其中也包括早商统治者族群。从早商礼器来看,被上层贵族视为始祖的神鸟主要是老鹰,但同时也有鹤、鹭等水鸟崇拜的痕迹，此外还有很多大大小小的族群把不同的鸟类当作自己的始祖。

依照笔者的考证，鸟形的神兽在甲骨文中以"鸟"和"凤"两个字表达，"鸟"字较罕见，且有几次与"凤"字出现在内容相同的卜辞中，所以二字在甲骨文中混用。并且从"凤"字的脉络和礼器的造型来看，其未必仅仅指涉某种具体的鸟，而是表达较宽泛的天鸟概念。不过在此脉络中，天鸟的形象里较突出的是老鹰的形象。从早商玉器造型可以看出，老鹰即天凤，也是神话中的玄鸟始祖。"天命玄鸟，降而生商"的信仰，虽然并不符合殷商王室的崇拜，但却可以代表长江中游先楚文化脉络里的汤商。当时玄鸟即是鹰类的神禽，所以盘龙城文化的立鹰器与祖形器皆有相同的神祖面刻纹，且玉器上出现很多老鹰在台上的造型。

其实如果我们考虑不同鸟类的生活方式，容易发现老鹰等鸷鸟可能比其他鸟类更适合被崇拜为生命鸟。首先鸷鸟不群，独坐在台上，飞得高且快，超越其他鸟类，并且它们有杀生的能力（所以殷商时代人既崇拜老鹰又怕遇到它）。在上古信仰中能杀生者经常被视为能创生者，创生者才能杀生。因此，在世界很多古文明中，老鹰、鹭、鸢、雕等鸷鸟被崇拜为生命鸟。我们进一步纯粹从词汇对照可以发现，商文明中凤与鹰的关系。玄鸟与天凤的意思相同："玄"字有天的意思，所以玄鸟就是天鸟，同时甲骨文里"鸟"与"凤"混用，所以"玄鸟"就是"天凤"。

玄鸟天凤的故事其实就是汤商族群的始祖信仰，而非殷商族群所有。甲骨文的"凤"字写法从"辛"，用以标示它就是高辛氏帝喾的"玄鸟"。同时，甲骨文单首的"龙"字也从"辛"，以表达其为帝喾的神兽。笔者认为，这两个字与商王族"龙凤生"的宗族始祖信仰有直接关系，而甲骨文所见的"龙方"实际上就是殷人对汤商王族所代表的中心大国的指称。

从甲骨文和饕餮造型，容易发现神龙与天凤关系密切，并且两者都有创生的神能，但二者的差异在于：龙生信仰表达的是超越性的、普世性的生死、升天与再生信仰，并不带有某族群衍生或特权的意义，反映的是超越族群和地域的大型混合文明的信仰，所以从不用来作族徽；凤（鸟）生信仰却带有具体宗族的概念，历史上不同时代和地区的族群将不同鸟类造型作为本宗族的族徽、图腾符号，这是一种可以在时间或空间上被具体化的生命力量。

商文明已形成很复杂的天空形象及概念。首先，商代人认为，昊天充满龙形和鸟形的禽兽。祂们是群体的崇拜对象，祂们的神能很全面，从负责招来风雨、雷电、霓虹、霞彩，升华到管理一切上下、中方关系，将昊天的生命力降到大地、传到四土、盈地养生,又吞噬、制落万生,依此负责万物之死生循环,同时隐含着更加幽祕的占星术、巫觋文化的形象。

甲骨文中"凤"的意思不限于表达老鹰的形象,同时也可见相对于"中"的"四凤"概念,其在商代占星术里相当于后代的"四神"概念。换言之,汉代有青龙、赤雀、白虎、玄武这黄道四宫、四方、四时、四季形象,其形成时代应该不早于春秋,在此之前,这些观念皆以四凤的形象表达。对四凤的崇拜涉及二分二至天象和农耕季节的重要性,所以四凤是很重要的求年对象。所以,商代凤的信仰涵盖老鹰生命鸟的形象以及对黄道、星星等天象的崇拜,此外四方天凤也是管理风的神禽。在商代信仰中,神和凤分别构成"上下"和"四方"的天上空间观念,而老虎则是地上或山上四方四缘的保护神。

二、世界上古信仰的脉络刍议

如果从外形来比较不同的形象,我们经常会被误导,因为在不同的文化,外观相似的形象未必代表同一种意思;而有时候形貌毫无关系的形象,内在却蕴含着相似的观念。以中国和埃及龙神为例,两者来源、信仰皆相异。但是如果将中国虫龙与古埃及金龟蜣螂甲虫的崇拜进行比较,则可以发现祂们之间有很多相似之处。

这种甲虫住在土穴中,将粪便作成粪丸(或谓"蜣丸")带到地穴里作食物,其卵就产在粪或尸体内。幼虫在尸体中成长,继而飞天。古埃及的金龟蜣螂,其字为"𓆣",其名读为"hepri","hepri"的字义可译为"势能",表达太阳和死人再生而升天的势能。古埃及人以黄金、宝石制造了很多作为护符使用的hepri雕像。而hepri更重要的功能则表现在丧葬信仰上,古埃及人会在木乃伊的心口放上这种圣甲虫雕像,棺木的胸部位置也经常作成金龟展翅的图案。这表示死者将倚赖神虫自在自生的能力,以达于永生的境界,用古埃及文来说,即是"成为hepri"。出土资料还显示,红山文化中龙形玉器同样被放在死人的胸部上。尽管古埃及信仰与红山信仰的关联性甚微,可是笔者认为二者在此处的信仰却是相同的,目的都是祈求神虫的保祐,希望借由学习昆虫的羽化,使死去之人获得再生的能力。

如果进一步对照,hepri 的造型也曾在历史过程中发生类似的演化。一方面,虽有很多用作护身符的小型 hepri 佩饰,但同时也有如卡纳克(Karnak)神庙中 hepri 甲虫雕像那样的巨大造型存在。此外,hepri 的面貌除了写实的金龟甲虫之外,也逐渐吸收了隼(被古埃及人视为太阳神)、牛(天神)、秃鹫(神母,保祐法老神权)等神兽的特征。hepri 的崇拜被人格化后,甚至产生了人身甲虫面的造型。

笔者认为,世界上有两种影响深远的昆虫崇拜,即古埃及的 hepri 和中国的龙。这两种崇拜的起源与发展并无关联,但其内在观念却颇有相似之处。

在萨满教的仪式中,昆虫的形象多具有关键性的作用。例如在贝加尔湖布里亚特族的巫师跳神礼中,跳神者会被视作黄蜂的化身;埃文人则将蜻蜓视为协助巫师之昆虫。在整个欧亚的萨满文化中,蜻蜓是一种相当受到重视的昆虫,它既居水亦飞天,这也是神龙的特征。此外,北亚雅库特民族亦有昆虫崇拜;在美洲,蜂、蜻、雀蛾等都是原住民的传统崇拜对象。古罗马人受到古埃及的影响,也佩带甲虫形的护身符。

其实古埃及人不仅崇拜金龟子,也崇拜蜜蜂。在法老的光荣名号中,蜜蜂是下埃及的象征之一,上埃及的象征则是莎草,二者合写作"🐝"。同时,下埃及也将蜜蜂当作神母,只是这方面的研究仍嫌不足。印度教中也有昆虫形象,如 Chandi 女神可变身为花中的昆虫。在俄罗斯民间传统中,祈求瓢虫飞升天上,赐予吗哪之类的食物(即神从天降赐的食物),这种灵动的神通形象或许也是上古信仰的遗迹。

另外,许多古文化的原始神龙形貌恰为双嘴龙,其前嘴是在头上而后嘴是在尾巴上,尾上的嘴巴或有尾刺,或有尾首的形状。头尾两嘴即代表着一条神祕的孔道,经过神龙身体的人或物因而与神结合,获得了神性。古希腊、古美洲都有这种形象的遗迹。

鸷鸟崇拜也是很多文化的重要元素。可以说世界上古文明中对鹰鹫的崇拜相当普遍。例如古埃及法老被视为太阳隼荷鲁斯的化身,在这世界上太阳隼为最高的神,并且祂本身代表"复活"再生概念;此外,古埃及另有崇拜白兀鹫涅赫贝特神母的信仰;藏族天葬传统的意思亦雷同:让秃鹫吃人肉以将死人送到天上。在世界古文明中,老鹰、兀鹫、鸢、鹞(雀鹰)确实常被崇拜为生命鸟。例如在时空上离殷商遥远的新石器时代南安那托利亚地区加泰土丘的文化。在加泰土丘的壁画上,我们可见有巨大兀鹫吞噬人头的图案,被噬断的人头呈上升状态,而躯体则往下掉。可见加泰土丘的兀鹫与殷商龙虎饕餮实行同类的"神杀"。在另一个图上,巨大兀鹫之间有女性,女性身中有子,所以加泰土丘的兀鹫也如同殷商龙虎饕餮一样可以实行"神生"。虽然时空遥远,两种文明既无关联又不相似,但其信仰中的神兽管理死生的神祕过程却惊人一致。

　　上述跨文明的信仰形象的相似性,并非代表上古文明之间的交流。人类都在天地之间生存,都有相近的观察和相近的欲望,因此会塑造出相近的精神文明形象。

三、商文明神兽信仰演化趋势

　　商文明的神兽信仰,在历史上有不同的发展。例如龙混合其他神兽的特色后,远离其最初的幼虫衍生形象。但与此同时,古人继续崇拜蝉、蚕等昆虫,神龙的形象原来与它们属于同一脉络,但是成为大天神之后,越来越伟大,已不把原来的小虫认为亲父。

　　两商信仰中充满了神兽崇拜,礼器上常有夔龙在云层中的纹饰,这即是管理甘露的天神。昊天充满神兽的观念,完整地代表青铜时代的历史阶段,又符合商文明的精神文化。但到了春秋战国时,可以发现气化概念开始取代神兽的形象,而管理气象的神开始具有人格化的特质。不过,虽然汉代已有非偶像化的"神气"概念,然而民间仪式中仍继续以神龙造型游行,舞雩祈雨。笔者认为,这些民间仪式以及后世思想家的神气化生概念,皆滥觞于商代信仰中,前者保留了礼仪的形象,后者则哲理化了古代信仰。

　　中国文明始终不放弃龙的形象,但其意义越来越与其原初本义不相干。汉代之后人们继续祈龙求雨;玉器、画像石,都表达新生的龙的形象;在佛寺、道观的屋顶上,民间舞雩祈雨的仪式中,龙形的天神造型仍然被保留了下来,其中部分构图与商周成对夔纹依然十分相似。另一方面,信仰意义的演化在神龙形象的演变脉络中亦留下痕迹。战国以来已不采用人被龙吞吐以神格化的信仰,改之以乘龙、骑龙的形象来取代。同时把双龙(商文化饕餮)的造型与其他表达再生的形象合并,例如玉璧、天鸟、獠牙虎口,甚至佛教的莲花、金刚或葫芦等。所以信仰和其所采用的形象是两个核心问题,不同的信仰会重新认识远古形象的意义并沿用之。

此外,信仰和语言的演化,在文明发展中也是两条互补但不相重复的脉络。夔神饕餮信仰在商文明中占有极为重要的地位。但在随后先秦信仰的演化中,却随着人们放弃使用人牲祭祀双嘴夔神的祭仪,而逐步失去了原始信仰中"吞"、"吐"一切,并将被吞吐之物神格化的神圣性质,甚至,夔神和饕餮在战国、秦汉的文献中经常被形容为恶鬼。虽然如此,原本象夔龙之形的"神"字并没有因此被放弃、遗忘,反倒在语言中超越了原有的象形意义,甚至逐渐脱离和降雨、夔龙等的关联。

"神"与"龙"两个字的相互纠缠的关系可以清楚地显示其演变过程。"神"与"龙"之形象、内涵以及字符各自遵循了不同的演化轨迹,而致后人混淆不清。在商代,"神"字的本义指天神,其具体形象就是双嘴龙;而"龙"字的本义则可能是指头上有辛形冠的虫王。但是,在后来的发展中,"神"和"龙"两个字的所指和能指发生了混合、借用和转移。由于"神"的概念涉及自然界与人的死生,在历史上有非常大的发展,"神"字的涵义也不断膨胀,从一开始仅止于描述夔龙的形体,跨越到描述一切神妙过程和超越性力量。在这一演变过程中,虽然"神"这个字变化不大,至今仍可追溯本源,但其具象性的表达方式在西周以后逐渐被抽象化和神祕化,继而被人格化,逐渐远离双嘴龙的形象,最终使"神"字、天神之本义与具象化的双嘴龙形象完全脱离关系。另一方面,逐渐远离神之本义的双嘴龙神形象回归本源,与"龙"字所指混合,衍生出单嘴龙的形象,并将其原有的部分神性意义赋予到单嘴龙身上;同时因为将单首龙视为始祖的宗族(应是自我认同为帝喾高辛氏后裔的楚商王族)从历史舞台上消失,从而成就后世汉语文献所见"龙"字的形象和意义。

晚期的龙是多元混合的神兽,同时殷商崇拜的很多其他神兽不再被崇拜,或在观念中由正面的善神变成负面的恶鬼(老鹰和鸮是此类最具代表性的例子)。有些神兽只在某些时代中受崇拜,如麒麟、辟邪,以及佛教到来后的狮子。不过基本上在汉代以后的文化中,除了龙之外,只有老虎、从老鹰变成野鸡的凤、乌龟,从上古以来一直被视为高等级神兽,最后形成"四神"概念,取代商文明的"四凤"。

从凤的形象演化来说,在战国时期的图画上,玄鸟天凤的形象似已不是具有超越性力量的鸷鸟。子弹库帛画上的凤,从它的爪、脖子和整体形状来看,是鹤或鹭的形状。这些水边猎鱼、虾的鸟类,也是自古以来为人们所关注的,石家河玉器中孙家岗出土的凤即是朱鹭的形状,罗家柏岭的凤可能也是朱鹭或鹤,其中鹤具有神圣的内在意义。鹤栖息在水边,又在天上高飞,连通水界天界,故以圣贤为譬喻,以山中宝玉为譬喻。对水鸟和鸷鸟的崇拜,都源自上古,但是到了战国时期,对水鸟的崇拜基本上取代对鸷鸟的崇拜,并相应地影响到凤的造型形貌。而到汉代以后或更晚一些时候,凤的形象再次为之一变。其时将凤理解为翟雉,凤的形象似乎变为孔雀、翟雉等羽毛美丽的大型鸟类,所以符合晚期文化以凤来表达皇后之美的做法。

老虎的形象与相关崇拜,殷商之后也发生变化。从殷商开始萌芽而在殷末周初成形的军权帝国社会观念兴起以后,已少有古国能继续保留其原本的神权制度。所以,在新的制度和观念中,原本将老虎当作帮助亡灵升天的神兽、保护先王或被巫师依赖的灵物等古王国的观念逐步消退,而老虎形象便开始普遍被当作勇武军队的象征。这不仅仅反映在兵器上,文献对此亦有所反映。

西周时老虎的形象,牵连到西周国家文明之形成,及其与周围国家和族团关系的研究。在西周文明中,同时存在着周原本土和外来文化的因素,呈现复杂多元的情况,因此我们只能从初步观察中指出大致的脉络。对此,笔者推论如下:

在新石器时代,宝鸡地区的彩陶文明,北与甘肃马家窑文化有来往,南则通过陈仓古道和褒斜古道,与汉江流域的大溪文化发生关系。同时,虽然渭河汇流入黄河,水路交通便利,但早期渭河东游的居住条件不良,三门峡和黄河中下游的资源贫瘠,因此宝鸡先民前往河南西北角发展的情况并不多见。直至青铜时代早期,因气候变动、北方族群掠夺以及其他今日难以掌握的原因,使得渭河流域的彩陶文化没落,先民或往其他地区流动,导致青铜时代早期周原地区的聚落遗址极少,根本不见古城遗址,直至将近殷商时期,周原遗址的数量才开始逐步增加。若我们从青铜时代的先周文化覆盖范围来看,其与中原地区的交流,往往还不如与西南和草原族群来往得频繁;其一,先周文化是通过诸如陈仓古道和褒斜古道之类的山间通道,受到江汉上游及广汉地区的影响。(它们对周文化的影响十分深刻,目前的先周与西周早期的考古,已充分证明了这一点。例如位于陈仓古道上的弪国,与三星堆文明的关系十分密切。通过这些关系,三星堆的文化形象和技术对先周文明有强烈影响。)其二,经过黄河中游与草原族群交流频繁。在以上交通路线上,逐渐演变发展出依靠"虎军"武力的政权。

因此,西周文明对老虎的崇拜,极可能是传承自秦岭巴文化,而此相当符合先周和西周前期文化的脉络。但若从西周文化本身的精神信仰内涵来说，其与三星堆相当不同：三星堆祭祀坑周围迄今没有发现战争用的兵器，但在西周几乎所有的遗址中，兵器在数量上都是占优势的。中华文明自上古以来，信仰精神源自华南，战争技术则源自华北，且草原一带相当流行象征战争的虎型器，其应该源自不同文化间的交流、吸收、同化，以及青铜时代的变迁。此外，黄河上中游是草原民族与汾河、渭水流域的来往线，其交流范围可到达中原和西岭，经过长期战争和贸易，草原族群吸收了南方的信仰文化，其中便包括了虎神崇拜；另一方面，从河套到东北蒙古草原的路线，可达东北森林区、锡霍特山脉等东北虎神崇拜的发祥地，这条路线亦是草原族群频繁流动的范围。因此，西周以来的老虎崇拜，便与崇拜武力保护神的文化信仰相混合。

在历史发展过程中，控制华西地区的政权，如西周、巴蜀、秦汉等，皆使用老虎作为军队威猛的象征，或许也因为如此，到了战国时期，老虎便被认定为西方之神兽。然而，时代越晚，各地族群的来往便越显频繁而广远，各种文化因素交融在一起，多元而复杂，所以"虎军"和"西方白虎"文化形成之确切情形，是我们目前所难以追踪掌握的。

在进一步的历史演变中，神虎信仰经过变化，获得新意义。一方面，猎虎的形象直至汉代依然保留了崇高的意义，表达超越性的神力、圣贤英雄的理想；另一方面，将老虎视为自己始祖的族群亦被同化了，只有在山上的一些族群还保留虎祖的图腾信仰；再者，到了汉代，神虎的形象又有了变化：汉代画像石开始出现翼虎的形象，这可能受到中亚翼狮的影响。汉画上的翼虎经常被描绘为消灭魍魅、禁止邪魔进入墓室的神兽；此外在汉代以来的文献和所谓"民间信仰"中，驱邪成为老虎主要的神能和责任，老虎还成为门神，而在天上为西方之主，是白虎和十二辰中寅的形象。

换言之，上古文化形象并非完全消失，但已然零散，而失去其本义；唯有部分文化形象和文化碎片以不同的方式重新参与到新时代信仰与思想建构的脉络中。

商文明的信仰世界与传统思想渊源

中编 非兽形的崇高对象和人形的天人媒介

郭静云　著

中编

非兽形的崇高对象和人形的

天人媒介

导论：从神兽到天体和人
——宗教形象的多样性

　　本书上编着重于探讨商文明的神兽世界。礼器资料、甲骨文、神话均表明，神兽是中国青铜时代的信仰要点。但是这些崇拜对象并非是从青铜时代才开始被崇拜的，在中国多元的新石器时代历史地图上，可以发现龙和其他虫类、凤和其他鸟类、野猪、老虎、水牛、大象、鹿、花龟、鱼类等神兽崇拜。它们充当的角色包括：自然神主；族群始祖；人界与天界联络者。

　　但是中国青铜时代并非一个只崇拜神兽的时代。当时人心中，天空、山岳、河流都有兽形与非兽形的神祕表象。非兽形的表象应该可以分为山水、天体、人形与无形貌的神祕对象。而且不同形貌的形象互相交错：同一种信仰既有神兽的表现，亦有人形表现，又会涉及天体。例如，在祖先崇拜脉络中，一方面有饕餮神兽吞吐以送亡灵升天的信仰，有兽形始祖图腾；另一方面还有人形祖先、神人；同时还有天体祖先。这些不同的形象并不相抵触，而是代表信仰的不同角度。天界与人界之间的媒介，其形象都一样，包括神兽升降信仰、人形巫师的身份、天体升降现象。

　　这些不同形象模式累积起来，共同表达文化长久发展而不断绝的情况。人类崇拜禽兽的信仰最古老。因此只有上古原生文明在国家型社会中依然会保留崇拜神兽的信仰。例如，对昆虫及其衍生出的神龙，或对禽类的崇拜，都可溯源至新石器时代中期；崇拜野猪或鹿的信仰源自同时期猎民的仪式；同时，崇拜天体的现象与新石器中期以来农耕文明历法的形成有关；老虎或老鹰崇拜的形成时代略晚，涉及前国家时期大政治势力的形成；而人格神的出现也源自前国家时代；抽象化、概念化的无形态的崇拜对象出现得最晚，是成熟国家的信仰现象。很多社会到了国家阶段，基本放弃了古代神兽崇拜，这是因为，在国家形成时，社会、族群发生重大变化,导致过去的信仰被视为是失败的,而重新形成国家宗教。

但是商文明国家宗教蕴含上述所有的信仰层面,这表现出其社会虽然经过了很多转化,却一直没有对前一代失望,所以没有抛弃前一代的崇拜对象。商文明国家宗教蕴含了农耕文化的虫龙形象,以及农耕文化对与历法有关的天体的崇拜;同时还蕴含了山地猎民的鸷鸟形象,将龙凤双祖的结合视为王室的始祖;同时又崇拜人形的祖先,并有人格神与天体神合成的形象;商文明之人形巫师另外还与神兽结合;此外,还有对特定材质(如玉、铜等)的崇拜。可见,商文明崇拜对象起源的时代不一,涉及从新石器早中期到青铜时代这一漫长的时段;商文明崇拜对象的发祥地也不一,包括肥沃农耕地带、山麓森林区等等。但是,重点在于,在商文明国家宗教中,不仅有神兽,非禽兽形象的崇拜对象也参与其中,包括信仰观点、形象、信条以及与之相配的礼仪体系。

因此下文拟着重于讨论非兽形的崇拜对象。其中很多自然界的崇拜对象,如河、岳、土等,由于资料过于零星而难以探索。因此下文只能集中在主要的几项,主要是天、帝、祖、巫以及相关的信仰要点。

第一章　商文明崇拜昊天的内涵

上编论及商文明的天界是由众神龙、众凤、众云等神兽构成的世界，天象以神兽组成。可是与此同时，商文明也还有"天"这种崇拜对象。学界在讨论天的观念时，习惯性认为，商人拜帝而周人拜天。但若详细阅读甲骨金文资料，容易发现，殷商甲骨文有崇拜天的纪录，而周铭文也有崇拜上帝的纪录。"天"和"帝"是商周时期不同的崇拜对象，不宜混为一谈；"天"为广大昊天，而"帝"为天中主宰。天界与天中是两个虽有关联但不可互相取代的形象，在历史上也并没有发生过以"天"取代"帝"的事情。

由于天界之"天"这种观念，除了在礼器上有"天盖"的造型形象（图九四）之外，没有其他可对照的造型，因此我们只能从甲骨文来探索商文明崇拜高尚的天界的情况。

一、甲骨文"天"字的字形和字义考

（一）甲骨文两个似读为"天"的字体

甲骨文中，目前被学界释为"天"字者，明显可区分的两种写法是：其一是从"上"、"大"之"天"，其二是在"大"或"天"之上有"口"形，武丁时期写作"昊"，而帝乙、帝辛时期简写作"⼤"。

在文字发展过程中,经常发生以一个字为本字,其后产生几个读音相同或用义相近的字;但是,另外也常见意思相关的几个字合并成一个字的例子。关于第一种情况,在古文字学界讨论过很多,但是针对第二种情况关注不足,如果发现后期某一个字有两种字形,常常只是将其当作一个字的不同写法,而很少考虑到过去这两种字形的字义的异同问题。可是,如果过去这两种字形的用义不同,我们就需要将其定为两个独立的字;虽然由于读音相同且用义相关,在后期文字发展过程中它们被合并为一个字,但过去却并非同一个字。

例如,下编第五章将讨论古代"百"与"𦣻"是两个用义不同的字,前者指示头部,后者用于"首领"的意思,但后来却合并成"首"字。下文在中编第二章将讨论甲骨文中"帝"字本义为上帝,却在殷商时期衍生出从"上"的"帝"字用来指上帝,而无"上"部的"帝"字改用作"禘祭"的涵义。笔者在另文还有讨论过现代所谓"率"字,同时涵盖了先秦两个字的字义,即限用于"率从"等被动意思的"率"字以及用于"率领"等主动意思的"達"字等①。

换言之,在此要强调的是,当发现某一个字有不同的写法时,需要加以考证,不同的写法是否代表着古代存在不同的字。详细分析可知,在甲骨文中这两种字形的用义不同,虽然此二者的字义后来都合并到同一个"天"字的意义范围内,但是在殷商时期,这却是两个不同的字。

(二) 从"上"之"⼤"字的用义考

1. 昊天祭祀对象,拜天而祈祷除灾

甲骨文中,从"上"的"天"字,都用于指祭祀对象,应该就是昊天的意思。通看其用法,可以探索出该字的意义范围。首先,甲骨文可见祭天和祈天的纪录:

　　乙巳于天。　　　　　　　　　　　　　　　　　　《合集》22094,字形为"⼤"

　　叀(惟)⽩犬于天。　　　　　　　　　　　　　　《合集》22454,字形为"⼤"

---

① 郭静云,《先秦"率"与"達"两个字用义之区分》,*The Journal of Chinese Character Studies*. Vol.27(12.2),2020 年 8 月,pp.1 – 21。

戊［午卜］天。

辛酉卜天。　　　　　　　　　　　　　　　《合集》22453，字形为"㆕"

有"天"字的记录都很简略，甲骨也经常残缺，不过从中无疑可见，从"上"的"天"是指受祭祀者或占卜对象。

《屯南》643"天"字的字形依然作从"上"的"㆕"，卜辞的内容不甚明朗：

壬子，贞：丌亡戠？

贞：丌㞢（有）戠？

贞：天丌，羚（牧），鬲。不用？

《屯南》643 还出现"天丌"一词，或可读为"天示"，或可读为"天丌"、"天俎"，即分别指居于天界的皇祖和祭祀升天对象时盛祭品的底座。

甲骨文有几次记录了在禦祭时，人们用某一种祭法祭祀天：

叀（惟）钏（禦），新牛于天。　　　　　　　《屯南》2241，字形为"㐁"

钏（禦）于天。　　　　　　　　　　　　　《合集》22431，字形为"㐁"

癸四卜，［钏（禦）］于天……直……

钏（禦）于天，直帝令……

甲午卜，㞢（有）囚（咎）？

甲午㝨，亡囚（咎）。八月？　　　　　　　《合集》22103，字形为"㐁"

叀（惠）穧，钏（禦），量于天庚？允曲。　　《合集》22097，字形为"㐁"

"禦"是为除灾而求护祐之祭祀，上述祭祀辞记载，为被除不祥之事，人们祭拜天。

2. 岁祭拜天

从另外一些甲骨卜辞可知，祭拜天的活动与週年岁既有关：

癸卯卜量。

天，钏（禦），量？十一月。

丙午，歺卜，㞢（侑）岁，于父丁，羊？　　《合集》22093，字形为"㐁"

丙辰卜，岁于祖己，牛？入己。

……于天……　　　　　　　　　　　　　《合集》22055，字形为"㐁"

　　　　己亥卜，屮（侑）岁于天，庚子用*冈*豕？　　　　　《合集》22077，字形为"*禾*"

岁祭是农耕周年的祭祀，用来感谢年收和祈祷年年丰收，如《墨子·明鬼下》："岁
于社者考，以延年寿。"①在岁祭时祭祀祖先，又祭祀天。《合集》22093 载在岁年祭
祀活动时，用除灾"禦"祭法祭四天。《合集》22077 记载，在己亥这天进行岁祭，崇
拜天，并祈问在隔天庚子日要不要祭送一种产于特定地方的猪（*冈*豕）②。

　　笔者认为，《合集》22093 龟甲的特殊记录，或许透露了，商文明中祭拜天的意
义，以及拜天与总结周年之岁祭的关系。

　　3. 週年测量"天时"

　　《合集》22093 很特殊，除了上述几条卜辞之外，整个龟甲刻了几套有顺序的干
支表。胡厚宣先生将干支表视为刻字练习③，虽然学界接受了这种说明，不过这种
理解恐怕需存疑。龟甲既是远地带来的宝贵物品，又是一种有靈性的神秘载体，很
难想象在那个时代，会仅仅为了练习刻字，就任意消耗掉一个被视为具有神圣意义
的宝贵龟甲。假如这是已经用过的龟甲，这依然是蕴含神秘沟通的依据。殷墟考
古表明，凡用过的甲骨是需要通过仪式进行埋藏的。很难想象卜问祭祀天之事的
《合集》22093 会被用作练习耗材，也不能理解，如果是"练习"，何故在龟甲上只刻
了干支而已？

　　详细观察《合集》22093 卜甲，除干支之外，在右下部另刻有祭祀父丁的卜辞：
"丙午夕卜：有岁于父丁，羊"；右上部则刻："天禦量？十一月"，右中部又刻了"癸
卯卜量"。"量"字在甲骨文中的意思不甚清楚，《合集》19822"令雀令量"似用作
族名；但《合集》18507"我量"似用作动词；该字由于出现很少，难以考证。但是从
该卜甲上刻干支表或许可以获得以下理解：尽管干支之后未载卜辞，但在神圣的
乞靈龟甲上刻干支表或与占求昊天除灾保护有关，在祈天活动中，这些天数表可
能具有神秘的象数意义或作用。虽然今人已难以理解这些作用究竟为何，但很难
相信这会是毫无意义的刻字练习，笔者推测这或许就是"天数之表"，即这种祭天

---

①　清代孙诒让说："社者，当为祖若。岁于祖若考，言荐岁事于祖及考也。"参王焕镳编：《墨子集诂》，上
海：上海古籍出版社，2005 年，页 779。另参见郭沫若《释岁》："祭名曰岁者，殆因岁举行一次而然。"郭沫
若：《甲骨文字研究》，北京：中国科学院考古研究所，1962 年，页 131—150。

②　"*冈*"字经常被释为"盧"，但是该字与从"虍"（虎头）的"盧"字不是同一个字，它们被用来指代不同
的国家（参上编第七章），因此笔者保留该字原形。

③　胡厚宣：《武丁时五种记事刻辞考》，《甲骨学商史论丛·初集》，台北：大通书局，1972—1973 年，页
467—614。

与历数有关。古代占星术用天的方位测量历，透过量天时测定历数，因此在週年岁祭时，人们祭拜天。

从先秦文献可得知，"天"之义，除了崇高之"天"外，古代还有"天时"概念，也就是说"天"被用于表达时间的流动。文献有载：

上律天时，下袭水土。　　　　　　　　　　　　　　　　《礼记·中庸》

天生时，而地生财。　　　　　　　　　　　　　　　　　《礼记·礼运》

时乃天道。　　　　　　　　　　　　　　　　　　　　　《尚书·大禹谟》

均显示了"天时"的概念。在大自然中，天的运动规律，乃以干支更替、昼夜轮流、二分二至运转而被度量。此外，在天圆观念上，时间乃由天星循转之速度而被度量。这些都是时间的范畴，故天以时为本。对此，朱子于《孟子集注》有云："天时，谓时日支干。"①

上述《合集》22097也用了动词"量"这个字："叀（惠）䑛，钔（禦），量于天庚？允曲。"该祭祀辞的崇拜对象是"天庚"。严一萍先生认为"天庚"要读为祖先"天庚"②。甲骨文祭祀辞中数百次出现大庚、大乙、大丁、大甲、大戊等祖先庙号，未见用"天"字取代"大"字者，虽然《史记·殷本纪》将成汤大乙称为天乙，但在甲骨文中未见其例，不能用晚一千多年的用法作早期字义的证据。甲骨文中分别只有一次出现"天庚"和"天戊"二词，都是指被祭祀对象，但都不是出现在祭祀祖先的排列中。甲骨文所载祭祀先王的规律说明，在当时信仰和礼仪背景中，"天庚"、"天戊"应该不是指先王庙号。

所以"天庚"应该是指某一种具有天性质的、非人格化的崇拜对象。笔者认为这应该就是崇拜"天时"的记录。根据以天干十日划分天界的历法，天庚之历数相当于秋分，即作物收获的天时。而《合集》22054有载"天戊"一词：

辛……天……牢？

天戊，五牢。？

《合集》22054"天"之字形依然作从"上"之"𠘧"。"戊"是天干十日的第五位，象征中央，"天戊"是指天顶、天中，也是表达夏至的天位。《合集》22054记载用五牢

---

① 郭静云：《〈郭店楚简·太一生水〉与〈上海博物馆竹简·恒先〉中造化三元概念》，武汉大学简帛研究中心主编：《简帛》第二期，上海：上海古籍出版社，2007年，页167—192。

② 严一萍：《释天》，《中国文字》第五册，台北：台湾大学，1961年9月，页474—475。

祭祀天顶的祭祀辞,这可能与祭祀夏至有关系。

是故,笔者推论,祭天的卜辞与祭祀"天时"、确定历法的信仰有关。

4. 天与帝可能是两个相关的崇拜对象

上述《合集》22054 记载用五牢祭祀天顶或夏至的天位。而《合集》30388 有载:

> 叀(惟)五鼓,上帝若王,又=(有祐)?

上帝若王,是指上帝允诺、授权于王(详参下编第一章)。《合集》30388 记载殷商王祈祷上帝委任、允诺及保祐;在该卜辞中提到五鼓,可能是一种奏乐祈祷上帝的祭礼。《合集》30388 的"上帝"与《合集》22054"天戉"是两种祈祷对象,但二者都有天中高位,上帝是天中主宰,而天戉是指天顶位和日在天顶的时段。祈祷上帝使用五鼓,而祈祷天戉使用五牢。资料颇为零星,神秘仪式的规律性意义难以厘清,但我们不妨观察,对"帝"和"天戉"两个天中对象,都使用了"五"之数。考虑到仪式中采用的象数的作用,用"五"之数或许并非出自偶然,而是显示出某一种与天中有关的神秘象数观念。

在《合集》14197 上有载"帝弗若",而另一条卜辞提及"天",可惜残缺,只剩下"……天弗……"两个字,推测这原本是"天弗若"一句,字形写从"上"的"👤"。也就是说,在古代信仰中,帝和天应该是相关的崇拜对象。

5. 小结

甲骨文的"👤"与周文字中的"天"、"天"是同一个字,用来表达天界或昊天祭祀对象。在甲骨文中崇拜天含有除灾祈祷作用,与总结週年的岁祭有关,并牵涉到崇拜"天时"和确定历数。

学界经常从传世文献出发认为,在金文中常见用"大令"、"大命"表达后期的"天命"概念,可以直接读为"天命";依此,常见的论述认为,古文字中"大"与"天"混用。

但是,通观甲骨文,"大"与"👤"两个字并不混用,在同类的祭祀辞中,从未见用"大"字取代"天"字。姚孝遂先生虽然没有否定"天"与"大"字混用的可能性,但却指出这两个字在甲骨文中"还是有严格的区分"[1]。而笔者研究亦表明,并无"大"与"天"混用的例子。

---

[1] 《甲林》,页 213—214。

"大"字在甲骨文出现上千次,用义包括人名、地名、祭祀对象、先王庙名(如大甲、大乙、大示、大宗等)、大吉、大星、大食的时间、大战、大猎、大雨、壮大的牺牲、某种大型祭礼,还有指太子等等。这些用义也都与"天"字不相混。因此在甲骨文中,"大"与"天"二字混用的假设不能成立。

(三) 从"口"形之"𠒆"、"𠓺"字的用义考

1. 头顶"天灵"

至于"𠒆"字,就字形和字义来看,其与周文字中的"𠓜"、"𝟙"不宜混为一谈,该字的用义如下:

庚辰〔卜〕,王弗疒(疾)朕天?　　　　　《合集》20975,字形为"𠒆"

……贞:于……朕天?　　　　　　　　《合集》17985,字形为"𠒆"

就用义可见,"𠒆"字并非指天界,而是指王的头顶。于省吾先生提出,"𠒆"字的"口"部是古"丁"字偏旁,故推测该字为"顶"字的初文①。笔者同意于省吾先生的见解,不过同时要考虑,在相术中,人的头为天,脚为地,头的顶部称为"天灵",而头顶部的骨头称为"天灵盖"。《易·睽卦》言:"其人天且劓,无初有终。"孔颖达疏:"黥额为天,截鼻为劓。"②甲骨文的"𠒆"字就是指这种意思,上述卜辞是占卜殷王头顶痛的事情。同样地,从未见甲骨文用"大"字指代天灵盖的例子。

2. "天邑商"

只有在一种例子中,可见到"大"与"天"字似乎互相换用,即殷都的名称。武丁和祖庚时期的甲骨文有"大邑"一词,都用来指殷都③;而帝乙、帝辛时期改称作"大邑商",见于《合集》36482、36511、36507、36530卜骨上。殷人用"大邑"指称自己的王国都城,因为自己的国家被命名为"商",所以"大邑商"就是他们的"大邑"。而同时期《合集》36535、36541—36544以及《英藏》2529皆载"天邑商"的称谓。"大邑商"与"天邑商"皆为都城别名。其中,"大邑商"恰好与周昭王时期𠭯尊所载

---

① 《甲林》,页212。

② (魏)王弼、(晋)韩康伯注,(唐)孔颖达等正义:《周易正义》,页327—328。

③ 参《英藏》1105;《合集》6783、13513、32176、33129、33240、33241、33242;《屯南》3194等。

"隹（惟）球（武）王既克大邑商，则廷告于天"的用词相同；而"天邑商"恰好与《尚书·多士》"予一人惟听用德，肆予敢求尔于天邑商"[①]的用词相同。因"大邑商"与"天邑商"所指是同一个都城，学界均认为这就是"大"与"天"两个字混用的例子。[②] 或许"天邑商"的名称是用来升华自己都城的地位。这基本上是殷商晚期王室的风气：当时有将先王称为"帝"，而将都城称为"天邑"者。

可是，甲骨文"天邑商"大部分都用于"天邑商公宫衣"记录中，并无特殊的"天界"之义，进一步参照甲骨文"天邑商"之"天"字的字形可知，《合集》36535 作"🚶"、《合集》36541 作"🚶"、《合集》36542 作"🚶"、《合集》36543 作"🚶"、《合集》36544 作"🚶"、《英藏》2529 作"🚶"，都是用从"口"形（即从"丁"）的字。在甲骨文的脉络中，此字与表达昊天的"🚶"字并不相同；而与表达王头顶天灵的"🚶"字相似，只是中间少了一横，可判为殷末时将"🚶"字省写的字形。

在殷末时期，用于"天邑商"的"🚶"字，不但字形少了一横，意义亦从表达人的头顶衍申至表达顶位的都城。因此"天邑"一词在甲骨文中所表达的意思和观念与后期"天邑"、"天都"恐有所不同：应该并非如后来那样用于指代天界，并非用于表达"天邑"的崇高性，或将都城譬喻为天王之城，而是依然用"顶"义来表达都城处于全国的顶位，喻指都城位居政权的顶端，如同王之天灵那样。在殷末文字的语境中，"天邑"类似于全国之"天灵盖"。

此外笔者推论，在殷商末期的文字中，或许应将该字上部的"丁"部理解为其同形之"口"（祊）部，即城墙的象形字。据屈万里先生考证，"丁"与"祊"在古代为同形字，学界均赞同此说[③]。笔者也赞成屈万里先生的看法，且认为"丁"与"祊"应为原本无关系的字体，是不具意义关联性的同形关系；并因同形关系，容易发生两形被混淆的情况。笔者假设殷商帝乙、帝辛时期就曾发生过，原本从"丁"的"🚶"字被误解为从"口"（祊）。若"🚶"字理解为从"口"者，则"🚶"与"🚶"二字产生关系。"🚶"（邑）即是从"口"（祊）从"🚶"（卩）的会意字，表达守护、袚除有城墙的空

① （汉）孔安国传，（唐）孔颖达等正义：《尚书正义》，页 630。

② 江俊伟：《殷商政治空间及其主要统治结构》，中正大学历史系博士论文，嘉义，2019 年，页 41—51。

③ 屈万里：《殷虚文字甲编考释》，台北：联经出版社，1984 年，页 3。

间,且此空间有礼制上的权威性;而从"囗"(祊)从"大"的会意字"👤"即是都城高大的意思。因此"👤👤"(天邑)一词在甲骨文中很合理、通顺。

所以,虽然"大邑商"与"天邑商"两个名称所指的是同一个都城,其表达的内涵其实有差,不宜依这个例子做出"大"和"天"混用的推论。"大邑"表达殷都为大城的意思,而"天(👤)邑"却是在指出都城具有顶级的权威,或应读为"顶邑"更加准确。"大邑"与"顶邑"(天邑)并不是在同一个名称中,将两个字混用的情况,而是分别具有不同涵义的两个名称。

(四) 总结

据上可知,在甲骨文中实际上有两个字,其字形和字义区分得很明显:其一是从"大"、"上"的"👤"字,用于指称昊天这一祭祀对象,并涉及週年历数和"天时"的意思。其二是从"大"、"囗"之"👤"字,或许应将其理解为上部从"丁"的字形。该字并非指称天界,而是指王的头顶,或谓之"天灵"。它或是"顶"字的古字。该字也用来表达殷都的顶级权威性。

在文字发展过程中,经常有这样的情况:从一个字分化出几个字,或者,意思相关的几个字合并成一个字。"👤"和"👤"后来合并成"天"字,同时也发展出"顶"、"颠"等字。

二、"大命"之"大"字也并非用来表达"天"

前文显明,在殷商文字中,"天"字虽然写从"大",但两个字并不混用。学界常常讨论"大"与"天"两个字的混用的情况,发生在周文字中的"大令"一词。因为一般从传世文献出发,将"天命"的"天",习惯性地视为广大而无具象的"昊天",同时在金文中常见用"大令"、"大命"表达"天命"概念;依此,常见的论述认为,古文字中"大"与"天"混用,所以"大令(命)"可以直接读为"天命"。但是,这种逻辑违背了历史:虽然"天"字自甲骨文以来一直存在,但是"天命"一词的出现,却晚于"大令"和"大命"。晚期被称为"天命"者,早期却不用"天"字,而称之为"大令"。如果"大令"之"大"原本就用于指"天",何故不直接写作"天命"?是故,或许更合理的判断是,从"大令"到"天命"用词的演变,这种历史语言现象实际上表征着这一观念在内涵上的演变。

而上述对甲骨资料的分析证明,既然"大"与"天"两个字的用义有明显区分,在殷商语文中"大"字不会用作"天"的意思,"天"字也不用作"大"的意思。另一方面,在殷商语文中,"令"字的涵义则总是在表达一个具体的主体发令,如武丁时期甲骨文中有几次出现"王大令"的记录,如参《合集》2、3、5、5034 以及《花东》416,表明其发令者为"王"。也就是说,殷商时期能够发令者皆是具有崇高权威的授权者,且都有具体所指的发令者,而不是笼统所指的天界或抽象的"昊天"。在这种语文背景下,"大"字用作本义,是形容词而非名词,形容发出的"令"伟大、宏大,而并非指称发令者。

既然"大令"的"大"用其本义作形容词,就没有理由认为,在殷商人心目中,发"大令"者是后期所理解的抽象的昊天。通过青铜器铭文对照得知,能发大令者实际上就是当时人心目中的天中主宰——上帝。西周铭文记载上帝发令,赐命建新王国——周:

> 　　上下帝无冬(终)令于有周。　　　　　　　　　　　　荣作周公簋
>
> 　　上帝降懿德大雺(屏),匍(敷)有四方,匐受万邦。　　　　　　癞钟
>
> 　　上帝降懿德大雺(屏),匍(敷)有上下,迨(会)受万邦……上帝司燕,尤保
>
> 受(授)天子竈令……　　　　　　　　　　　　　　　　　　史墙盘

根据西周人的观念,"大(天)令(命)"是源自上帝。

学者们讨论"天"和"帝"两个对象的关系,经常将二者视为被崇拜的神,如张桂光先生认为:"尊帝与尊天是殷、周两族的不同信仰……到西周末即已逐渐发展为天、帝观念的合一。"[1]朱凤瀚先生一样认为,殷人拜帝,而周人拜天,指殷、周两族有不同的神,"天与上帝是两种既有同一性又有差别的人格化的天神"。[2] 这种

---

[1]　张桂光:《殷周"帝""天"观考索》,《华南师范大学学报》,1984 年第 2 期,页 105—108。

[2]　朱凤瀚:《商周时期的天神崇拜》,《中国社会科学》,1993 年第 4 期,页 208。

643 中编 第一章 商文明崇拜昊天的内涵

观念实际上是基于后期传世文献所强调的殷周之别而建构出来的。但是出土资料已全面证明，殷和周的王室属于同一族群①。并且铭文很清楚地表达，"大（天）令（命）"就是"帝令"。另一些学者认为，"帝"只是"天"的别称，一神异名。如邓佩玲认为，在史墙盘和㝨簋的铭文中，"'上帝'之称亦即'天'之代称"。② 这种理解相当不妥。上帝是很具体的崇拜对象，甲骨文、金文、楚简、传世文献，都表达过崇拜上帝天主。而"天"只是指天界，并不限于指出天界上某个具体的帝、神或祖。

从文献表达的"天"之义明显可见，其并不是独立的崇拜神，尤其不是所谓的"人格神"，而是指崇高的天界。上帝、百神、祖先皆居于天，皆从天赐吉或降凶。上帝是很具体的崇拜对象，上帝的信仰意义在下文第二章加以探讨。

而"天"只是指天界，并不限于指出天界上某个具体的帝、神或祖。上述铭文所提及的上帝，就是崇高上帝天宰。上帝是居于天中的天地主宰，帝令源自天；所以，由上帝从天中发出的"大令"亦可简称为"天令"；在周王国政治信仰中，"大令"、"天令"实际上都是"帝令"的同义词。无论在记录中是否有"帝"字，意思并无差异。居于天中的上帝天宰发出大令给周王，以赏天恩、赐昊天壹德，以授其权威而作居于天下之中的主宰、管理四方、统治万邦；上帝大令既含恩德，亦含崇高的委任，使王承担庞大的地上中位之责任。

直至春秋时期，在齐国和秦国礼器的铭文上，仍明显表达"天命"是由帝所令，如齐灵公的叔尸钟、叔尸镈："又（有）敢才（在）帝所，尃受天命。"秦公簋："才（在）帝之坏，严嶭（恭）夤天命。"战国时期郭店《缁衣》第十七章引用《君奭》曰："昔在上帝割田，观文王德，其集大令于厥身。"发大令者，就是上帝，祂在分配领土时观察文王有德性，所以给文王降大令。上博《柬大王泊旱》第11简也载："帝牺（将）命之攸。"都表达发命（令）者是天中主宰上帝。传世文献中相关的记录众多，参前文上编第九章的论述。出土、传世文献所表达的观念都一致。③

在西周铭文上，"大令"一词表达周王的君权是被上帝授予的。由此，受大令之大王体现上帝之恩威。"帝令"、"帝降大令"简称"大令"，古人用"大"字只是表达这是一种特别伟大、高大的"令"。"大令"源自天，是天中上帝之赐命，后来此词又

---

① 郭静云：《殷周王家关系研究》，《考古与文物》，2013 年第 2 期，页 53—68；郭静云：《夏商周：从神话到史实》，页 355—396。

② 邓佩玲：《天命、鬼神与祝祷——东周金文嘏辞探论》，页 41。

③ 参郭静云：《仁与命：孔子原旨与儒家经典形成》。

逐渐演绎为用“天命”一词来表达。

三、结语

《说文·一部》言:“天,颠也。至高无上。从一、大。”①从许慎的定义,且与甲骨文对照可知,他所描述的实际上是甲骨文的“”字,但其字形结构并非从“一”而是从“丁”。甲骨文的“丁”字写如“口”,而后来简化成一横,如甲骨文的“正”字写作“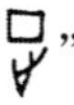”,是从“丁”、“止”的结构,而后来其“丁”部简化成“正”上面的一横。“”与“天”字的关系亦如此。

在甲骨文中该字非指天界,而是指王的头顶,一方面可视为“顶”或“颠”字的本字,另一方面可谓之“天靁”。该字也用作“天邑商”的城名,表达殷墟是具有顶级权威的都城,在这种用义中,或许是将“丁”偏旁误解为“口”(祊)偏旁了,两个偏旁同形,但后者恰好形容城的外墙。

不过,在甲骨文中还有另一个用来表达天界以及崇高昊天的字。该字是从“上”从“大”的“”,用于指祭祀对象,应该就是昊天的意思,通看其用法,可以发现该字意义范围涉及週年历数,崇高昊天管理“天时”,天界以“天时”作为分时依据。

总之,在甲骨文中被释为“天”字者,当时实际上是两个字,二者字形结构和字义皆不相同。但其中只有从“上”者,才表达天界。

此外,对甲骨金文的资料分析显明,在殷周文字中,“大”与“天”两个字并不混用,包括在西周铭文“大令”一词中,“大”字的意思并非用来表达“天”。“大令”并不是表达源自昊天的授权。广大而无具象化的“昊天”概念并非先秦政治信仰和观念之要素。先秦有天地观,此即万物化生的时空宇宙,但是天地相辅的“天”是与“地”相配,而非与国家的政权相配。

通过铭文考证可知,在周王国政治信仰中,能够发出“大令”的崇高对象只有

---

① (汉)许慎著,(清)段玉裁注:《说文解字注》,页1。

上帝。上帝是居于天中的天地主宰,帝令源自天;所以,由上帝从天中发出的"大令"后来开始简称为"天命",但不宜由此而将西周铭文所用"大令"一词解释为崇高昊天赐命的思想。不是"大"与"天"两个字混用,而是历来概念的演变,从早期所用上帝"大令"到后期形成"天命"概念的过程,蕴含着文化意义的演化。

在汉代概念中,能发出"天命"委任权的"昊天"概念是指相对于"全天下"的、无所不包的"天上"。在先秦时代,在还没有一元史的概念时,对受令者身份的理解非如后世一元史所描述的那样,即全天下之主接受全天之"命"。所以这时的"昊天"概念在有些用义上的确是取代了"上帝",不过,这种情况只有到了汉帝国才发生。

在商文明中,从"上"之字形所表达的"昊天"概念并无政治含义。虽然帝、祖先和神兽皆位于天,在天界管理天时、季节与历数,但天却并未与商王发生直接关系,天并没有表现出政治性的权威。不过,居于天中的上帝,却是商文明宗教中至高无上的大权威,代表中央权威或合法性的最初来源。

第二章 非兽形的"天帝"

一、"上帝百神"观念：上帝在天上的位置

（一）群体的神、祖和独一的上帝信仰

据殷商甲骨文来看，在商文明的信仰中，天上众多龙形和鸟形的神兽都属于群体的崇拜对象，负责天与地、中与方之间的交往和化生。与此同时，天上还有一位非兽形的最高崇拜对象：上帝。在殷商信仰中，几乎所有崇拜对象，包括自然众神和祖先都是群体的众神、众祖的信仰，只有上帝才是天上独一无二的崇高对象。

秦汉思想中虽有配合五行观念的五帝形象，但一直要到汉代前后，五帝的概念才算真正完备；对商周人而言，帝是无所不及、无所不包，且独一无二的崇高对象。因此不能以五帝概念理解商文明的上帝信仰。

此外，传世文献中常用"帝"字描述帝喾、帝尧、帝舜等圣王，故曾经被误解为崇高始祖信仰（尤其是在 20 世纪上半叶欧美学界的讨论常见此定义）。但是，对甲骨文的解读无疑否定帝的身份为崇高祖先。只是从殷商晚期开始，先王也被称为"帝"，以强调上帝代理者的身份，依此可见殷商末期的帝逐渐朝向人格神变化的趋势，但帝的信仰并不具备人的形体，更加没有祖先的涵义。在商人的信仰中，上帝不属于祖先，而属于崇高的自然神，但与"神"、"云"、"凤"等天神不同，上帝并无神兽的形状。

在商代信仰中，天上神兽的神能涵盖了养育众生的靈雨、死生的规律，以及升天、再生、羽化、授权、保祐王命等。但是，一切此类天神，皆低于上帝。掌握生死流

动的神兽,皆顺从帝的命令,是受命的派遣者——"天帝之臣属"①,亦即周厉王《兽钟》铭文所谓上帝周围的百神。

关于帝所居的位置,学界均有共同的认识:首先,"帝"无疑是天神,故谓之"上帝"。"上"在甲骨文中常指昊天的"上界",故"上帝"即为"天帝"②。至殷商祖庚时代起,可能开始用"帝"字作为王的谥号,如参以下文例:

> 贞:其光(嫩)③? 帝甲告,其呂(弘),二牛?　　　　　　　《合集》41214
>
> 贞:其自帝甲又逆?　　　　　　　　　　　　　　　　　　《合集》27437
>
> 甲戌卜王曰,贞:勿告于帝丁,不兹(系)?　　　　　　　　《合集》24982
>
> 乙卯卜,其又(侑)岁于帝丁,一牢?　　　　　　　　　　　《合集》27272

这些文例还不甚清楚,帝丁、帝甲的意思或许会有其他解释,但帝乙、帝辛时代祭祀文武帝考王的活动已无疑用"帝"字指代先王④。传世文献明显保留此用法,如《大戴礼记·诰志》:"天子崩,步于四川,代于四山,卒葬曰帝。"⑤《合集》38230曰:"……帝宗,正,王受又又(有祐)?"胡厚宣先生认为"帝宗"就是"天宗",是昊天崇高对象⑥。但依笔者浅见,甲骨文里"宗"字不超越其表达宗庙的本义,帝辛时期先王称为"帝",某帝宗只是指某先王的宗庙。该卜辞残缺,无法知道在哪位先王宗庙进行哪次占卜,且目前只有在此卜骨上才出现"帝宗"一词。

虽然殷末已有用"帝"指称先王的用义,但这并不意味着"帝"与"祖"的信仰合并。这种用义只显示了"王"的概念在殷末已演化,其时王已上升为上帝在人界的代表,这种变化牵涉到对王位的崇拜程度在上升(但未必表明在当时社会中也有这种上升概念,或许这只是王室在有意识地强化它),但也没有上升到上帝降临的程度;上帝依然保留了原来的"天"之义,并且,"祖"根本不能表达"帝"观念的本义。

商人经常进行敬告上帝的祭礼,用牺牲或人牲祭享上帝,如:

---

① 姚孝遂、肖丁:《小屯南地甲骨考释》,北京:中华书局,1985年,页77—78。

② 冯时总结陈梦家和其他学者之说云:"卜辞中广泛存在的'下上'或'上下'称谓,其意即指天地,而卜辞'上帝'的本义也就是天帝。"冯时:《中国古代的天文与人文》,页67。

③ "光"字在甲骨文中有"吉善"之义,参郭静云:《亲仁与天命:从〈缁衣〉看先秦儒学转化成"经"》,页27—35。

④ 如参《合集》35356、36168—36178、36421等。

⑤ (汉)戴德撰,(清)王聘珍解诂:《大戴礼记解诂》,《四部刊要·经部·三礼类》,台北:汉京文化事业有限公司,2004年,页183。

⑥ 胡厚宣:《殷卜辞中的上帝和王帝上》,《历史研究》,1959年第9期,页47。

丁卯卜，其又（侑）于帝……   《屯南》1147

帝，献三牛？   《合集》874

……帝三羌？   《合集》495

贞：翌丁酉勿酌帝？   《合集》15703

祭祀上帝的记录有用"告"、"侑"、"岁"、"酌"、"钔"等各种祭祀之词，也有用不同的祭法。以上卜辞记录用三牛或用三位羌人祭祀上帝的礼仪。这类只记录对上帝的祭祀活动，而不另外提出祈祷内容者相当多①。

《合集》22073 记载同一天祭祀先王和上帝：

己丑卜，岁父丁戌狃？

己丑卜，钔于帝廿少牢；己丑，余至狂、羊？

享给上帝牺牲的数量几倍于先王，显示上帝的地位比商王祖妣高得多。《合集》905也曰："癸亥卜，彀贞：于心上甲二牛，又（侑）帝伐十……十羷……月。"在同一个礼仪中，既祭祀上甲，又祭祀上帝，而享给上甲的祭牲，其数量不如享给上帝的多。

另外甲骨文有很多上帝令神令凤的记录，证明他的地位在一切天神之上。众神和众祖之间只有上帝才独一无二。

甲骨文中上帝是崇高天神，并有无上的权力，对此学界看法一致。当时尚未有五方"五帝"的概念，只有独一无二的最高的"帝"。康王时期的周公簋记载："上下帝无终。"②这处记载揭示了"帝"不仅治理天上，且能完整地掌握天地间的一切，无所不及、无所不包，但其所居之位置无疑在天上③。

永居于天上的天帝神能很多，他几乎能管理所有的事情，学者们已充分讨论了卜辞所记载上帝的神能④，但是为了了解其形象和信仰的内在意义，笔者还是拟重新分析甲骨文资料，并试图从商文明人们的经验中了解帝的形象。帝既无兽形又无人形，但商代信仰仍未超出形象文化体系，所以帝一定是一个有形象的崇拜对象，不可能是完全抽象的概念。下文拟从甲骨文的记录厘清上帝在天上的位置和

---

① 如《合集》14251、14686、15967、15971、30298、32443、32946、34147—34149、40486 等。

② 《集成》器号 4241，现藏于英国伦敦大不列颠博物馆。

③ 胡厚宣：《殷卜辞中的上帝和王帝》（上），页 23—53，载《历史研究》，1959 年第 10 期，页 89—111。徐义华：《商代的帝与一神教的起源》，《南方文物》，2012 年第 2 期，页 126—141。有些人认为，上帝并非至上神，而只是众神之一，如陈儒茵：《殷墟卜辞所见之自然神信仰研究》，台湾师范大学国文学系硕士论文，2011 年，但这种论述基本违背了所有的资料。

④ 胡厚宣：《殷卜辞中的上帝和王帝》（上），页 23—53。

形象,并从崇拜、祈祷上帝的规律,寻找其信仰的脉络及核心要点,而在此基础上,进一步分析帝与百神及其他主体或对象的关系。

(二)"方帝"与"帝方"祭礼的信仰意义

1."方帝"

甲骨卜辞经常出现"方帝"一词,大部分资料只有"方帝"、"勿方帝"的简略刻辞①,其余基本上只限于指出祭品而已,没有记录更多祈祷的意义:

贞:方帝,一羌、二犬,卯一牛?

贞:勿方帝?　二告　　　　　　　　　　　　　　　　　《合集》418

……方帝,三羌?　　　　　　　　　　　　　　　　　　《合集》405

方帝,羌,卯牛?

勿方帝?　　　　　　　　　　　　　　　　　　　　　　《合集》478

□□卜,争〔贞:〕翌乙亥,方帝,十犬?　　　　　　　　《合集》14298

……今丁酉夕改十犬,方帝?　　　　　　　　　　　　　《合集》14299

己亥卜,贞:方帝,一豕一犬二羊?　二月　　　　　　　《合集》14301

〔壬〕申卜,贞:方帝宁,敓(摧)?　九月

贞:勿方帝?　　　　　　　　　　　　　　　　　　　　《合集》14370

丙戌卜,贞:叀(惟)犬,屮(侑),豕,帝?

贞:方帝?　　　　　　　　　　　　　《合集》15983;《英藏》1226 等

方帝一牛?　　　　　　　　　　　　　　　　　　　　《苏德美日》189

这些卜辞在学界引起辩论,有些学者认为这是用禘祭祭祀方神的文句,即"方帝"与"禘方"无别,即"帝"为动词,而"方"为名词,表达被祭祀对象②。但是其他学者认为,在这些文句里"方"应该是动词,"'方帝'可能就是按'方'的方式进行帝祭"的意思(这样的祭祀实际上就是对各方进行祭祀)③。

---

① 《合集》264、456、505、2334、14302—14304、14307—14310、14370、14470、33309、34159、34615、34991、40487 等。

② 胡厚宣:《释殷代求年于四方和四方风的祭祀》,页 78—79。[日]岛邦男著,濮茅左、顾伟良译:《殷墟卜辞研究》,页 20。

③ 沈培:《殷墟甲骨卜辞语序研究》,台北:文津出版社,1992 年,页 72—75。

　　陈梦家先生认为,"方帝"是祭祀四方之帝,即认为五帝概念在殷商已形成①,对此斋木哲郎先生提出反驳意见:"可是,按照这种理解,帝就被置于四方之域,丧失了其居于中央地位的性质,也割裂了殷与帝的关系(反过来说,殷把至上神帝赋予从属国的外方族,则使他们拥有了最大的绝对权威)。"②笔者赞同斋木哲郎先生的观点,殷商之帝观念,应该与汉代四方帝、五帝概念不相干,仅限于关联到殷商中央王室的权位。

　　郭旭东先生认为:"'方帝'卜辞理解为殷人方祭帝神的记录完全释然可通。"③也就是说,"方"是一种祭法,在此应该表达方对永居于中的帝的祭礼活动。依笔者浅见,这种理解应该准确。并且在卜辞里可以发现从方祭祀中帝的祭礼经常与祭祀四方相搭配,如《合集》14030载:"贞:方帝,卯一牛,屮(侑)南?"这种"中"和"方"互相搭配的祭礼强调的是"中"和"方"互补互依而不分的关联性。

　　除了"方帝"之外,卜辞上常见"巫帝"祭礼活动。"巫"的信仰也带有四方的意思,甲骨文常见东南西北四种"巫"的记录。陈梦家先生认为:"巫作 ✛ 象四方之形",所以"巫"的信仰涉及四方概念④;范毓周先生甚至认为"巫"就是"方"字的异构⑤。依笔者浅见,"方帝"和"巫帝"两种祭礼应有所不同,但是基本意思却一致,即从"方巫"的角度祭祀中帝:

　　　　甲子卜,巫帝?　　　　　　　　　　　　　　　　《合集》34158

　　　　乙酉卜,巫帝,犬?　　　　　　　　　　　　《合集》34160＝40399

　　　　甲子〔卜〕,巫帝……　　　　　　　　　　　　　《合集》33159

　　　　庚……巫帝,二犬?　　　　　　　　　　　　　　《合集》21076

　　　　……巫帝,一犬?　　　　　　　　　　　　　　　《合集》21074

　　　　……帝,三犬?　　　　　　　　　　　　　　　　《合集》21077

　　　　庚戌卜:巫帝,一羊、一豕?　　　　　　　　　　《合集》33291

　　　　癸酉,巫帝才(在)汉?　　　　　　　　　　　　　《屯南》4566

　　在上述卜辞中"方"字无疑用作动词,表达祭祀上帝的一种祭礼。

---

① 　陈梦家:《殷虚卜辞综述》,页578。

② 　[日]斋木哲郎著,马志冰译:《方帝考补》,《殷都学刊》,1990年第4期,页17。

③ 　郭旭东:《卜辞与殷礼研究》,陕西师范大学博士学位论文,2010年。

④ 　陈梦家:《殷虚卜辞综述》,页577—579。

⑤ 　范毓周:《殷墟卜辞中的"✛"与"✛帝"》,《南方文物》,1994年第2期,页115—119、114。

2. "帝方"

甲骨文中,除了"方帝"、"巫帝"之外,常见相反的"帝方"、"帝巫"记录:

帝方,五十豕于□? 　　　　　　　　　　　　　　　　　　　　《合集》11221

贞:帝方? 　　　　　　　　　　　　　　　　　　　《合集》14296、14297

甲寅卜,其帝方,一羝、一牛、九犬? 　　　　　　　　　　　　　　《合集》32112

帝于巫? 　　　　　　　　　　　　　　　　　　　　　　　　　　《合集》32012

癸亥,贞:今日小帝巫,犰一、犬一? 　　　　　　　　　　　　　　《合集》34155

在上述卜辞中"帝"字无疑用作动词,表达帝祭礼活动,而方和巫是被祭祀对象。

3. "帝"字作名词和动词之区分

笔者搜集甲骨文"帝"字的资料,发现其字形变化恰好相当于本字作名词和动词之区分。《说文·丄部》曰:"帝,谛也。王天下之号。从 二,朿声。帝,古文诸丄字皆从一,篆文皆从 二。二,古文上字。①"许慎的定义有若干与商代观念不符之处,并有内在矛盾。第一是"谛"字是汉代语文中才有,不能以后期的字汇解释古老的字的意思。第二,对许慎而言"帝"主要是王天下之号,但商周时上帝是主宰天地的崇高天主。第三,从字形来说,既然"帝"的古文许慎定为"帝"(帝),其写法不从"上",所以本字的义符不可能是"上"。第四,从"上"的"帝"(帝)字和不从"上"的"帝"(帝)字,两形都源自甲骨文的"帝"和"帝",但是从"上"的字形却出现较晚,在武丁时期的卜辞中,"帝"字都没有上面一横,且在"帝"之前不用"上"字,只有《合集》10166 有"上帝"一词,而大约从祖庚时代以后才开始出现从"上"的"帝"字。所以合理的判断是从"上"的"帝"字起源自"上帝"合文,之后逐渐发展出从"上"的会意字,但与此同时不从"上"的字形也继续存在。

经过进一步对照,笔者发现,从"上"的字形出现在用"帝"表达的先王谥号中,最早见于祖庚或祖甲时期②,到了康丁时期从"上"的字形通用作名词指称上帝③,极少

① (汉)许慎撰,臧克和、王平校订:《说文解字新订》,北京:中华书局,2002 年,页 2—3。

② 参《合集》24900、24978—24982、26090、27437、41214 等。帝辛时期文武帝的"帝"亦如此,如参《合集》35356、36168—36178、36421、38230。还可参四祀卲其卣(《集成》器号 5413,现藏于北京故宫)、馭鼎(《新汇编》器号 1566,现藏于北京保利艺术博物馆)以及西周早期的庚姬卣和庚姬尊(《集成》器号 5404、5997,现藏于陕西省宝鸡周原博物馆)、盂鼎(《新汇编》器号 1244—1245,现藏于湖北省黄冈市博物馆)、师眉簋(《集成》器号 4097,现藏于上海博物馆)、西周晚期师訇簋(《集成》器号 4342,藏处不明)等。

③ 如参《合集》30298、30388—30391 等。

数没有"上"字偏旁的"帝"字用作名词①,以后所有甲骨金文材料中作名词的"帝"都写从"上"字偏旁②;《合集》24979 和 30388 甚至在写从"上"的"帝"字前另加了"上"字,重新构成"上帝"一词,帝辛时期二祀𢍰其卣的"上帝"亦如此③。至于没有"上"字偏旁的"帝"字形,其基本上都用作动词表达祭法,康丁以后几乎没有例外,未见从"上"的字形有动词的作用。表达上帝和先王的"帝"和表达祭法的"帝"在字形上已分成两字。

"帝"字作动词在传世文献中有两种字形:"禘"和"谛"。"帝"(禘)者,据传世文献记载,是一种大型的祭礼活动,《尔雅·释天》曰:"禘,大祭也。"宋代邢昺疏曰:

> "禘,大祭也"者,经传之文称禘非一,其义各殊。《论语》云"禘自既灌",及《春秋》"禘于太庙",谓宗庙之祭也。《丧服小记》云"王者禘其所自出也",及《大传》云"礼,不王不禘",谓祭感生之帝于南郊也。《祭法》云"周人禘喾而郊稷",谓祭昊天于圜丘也。以此比余处,为大祭总得称禘。宗庙谓之禘者,禘,谛也,言使昭穆之次审谛而不乱也。祭天谓之禘者,亦言使典礼审谛也。郭云"五年一大祭"者,出《礼纬》文。知非祭天之禘者,以此文下云"绎,又祭也",为宗庙之祭,知此亦宗庙之祭者④。

清代郝懿行《义疏》又曰:

> 禘者,《说文》云:"谛,祭也",引《周礼》曰:"五岁一禘",本《礼纬》文也。《公羊·文二年传》:"五年而再殷祭"。何休注以为:"五年,禘也"。按禘之名,古多异说。有时祭之禘:则《王制》云"春曰礿,夏曰禘",《祭义》云:"春禘秋尝",郑注以为殷礼也。有殷祭之禘:则《诗序》云:"雝,禘大祖也",郑笺:"禘,大祭也。大于四方而小于祫。"又有郊祭之禘:亦《诗序》云:"《长发》,大禘也",郑笺:"大禘,郊祭天也。"《祭法》云:"有虞氏禘黄帝而郊喾",郑注:"此禘谓祭昊天于圜丘也。"⑤

若仅根据传世文献判读,那么其中所提供的线索不但自相矛盾,而且并不一致,或

---

① 如《合集》30386、30387、34353 属于例外,没有"上"字偏旁,但卜辞里用作名词。

② 到了西周已不再出现不从"上"的"帝"字,如天亡簋(别名:大丰簋,《集成》器号 4261,清道光年间陕西省岐山出土,现藏于国家博物馆)等。也就是说,从商晚期以后,不再用无"上"偏旁的"帝"字,所以许慎认为"上"字偏旁才是"帝"字的义符。

③ 《集成》器号 5412,现藏于北京故宫。

④ (晋)郭璞注,(宋)邢昺疏:《尔雅注疏》,页 334。

⑤ (清)郝懿行撰:《尔雅郭注义疏》,《续修四库全书·经部·小学类》第 187 册,上海:上海古籍出版社,1995—2002 年,页 553—554。

谓这是五年一次的祭法,或谓每夏、每春的季节祭法;又或言祭祀天,或言祭祀祖的活动。据此可见,到了汉代后,禘祭的确切意义已不明晰。虽然宋代邢昺试图以"禘"、"谛"两字意义的区分,解释上述矛盾,但古代却不存在这两个字的差异,尤其是卜辞中,这是同一个"帝"字。

分析甲骨文"帝"字用作动词的文例,可以发现其分为两种,第一种卜辞很少,而祭祀对象恰恰是先王:

贞:帝(谛)于王亥?　　　　　　　　　　　　　　　《合集》14748

癸未卜,又(侑)岁,牛于下乙?

癸未卜,叀(惟)羊于下乙?

癸未卜,帝(谛)下乙?　　　　　　　　　　　　　　《合集》22088

乙酉卜,帝(谛)伐自上甲?用　　　　　　　　　　　《合集》32063

□亥卜,帝(谛)伐自上甲?用　　　　　　　　　　　《合集》34050

这是否为五年一次的祭祀先王大礼的萌芽?显然这问题难以回答。不过有意思的是,出土资料却在某程度补证了关于邢昺的假设。周时有写从"口"的"啻"或"𣅀"字形,从西周起用以表达祭祀先王的活动,如:

……用牲啻(谛)周王、武王、成王……　　　　　　西周早期小盂鼎

王啻(谛),用牡于大室,啻(谛)卲(昭)王。　　　西周中期穆王剌鼎①

王才(在)荼京,啻(谛)于瑂(昭)王。　　　　　　西周中期穆王鲜簋②

公啻(谛)酌辛公祀。　　　　　　　　　　　　　　西周中期繁卣③

用啻(谛)于乃考　　　　　　　　　　　　　　　　西周晚期大簋

孝于朕皇且(祖)啻考　　　　　　　　　　　　　　西周晚期買簋

包山简望山简等楚简也续用从"口"的"啻"字形,应都是"谛"字的本字。

然而从甲骨文的线索来看,被以"禘"来祭祀的对象并不是祖先,而是自然神,且除了《合集》14531所载"帝于河?"④其他都明显表达中和四方的关系,其数量也

---

① 《集成》器号2776,现藏于广州市博物馆。

② 《集成》器号1066,现藏于伦敦埃斯肯纳齐行(欧遗)。

③ 《集成》器号5430,现藏于上海博物馆。

④ 还有几条难以分类,如《合集》368:"贞:帝于条?勿帝于条?"《合集》14686:"帝于罟?勿帝?"或者如《合集》371、475、905、15980、15976—15979、32190、32874,《苏德美日》190,《东京》15,《屯南》804、3664等,卜辞过于简略或因残缺意思不明,但无疑的是"帝"字是用作动词表达祭礼,但祭礼对象不明。

很多。据此,也许我们可以推论:甲骨文罕见祭祀祖先的"帝"祭,即西周以来的
"禘"祭和传世文献的"禘"祭(以"言"取代"口",乃是字形发展过程中极为常见的
演化),其数量不多或许因为禘先王的祭礼是几年一次才进行(按照传世文献是五
年一次);而卜辞上常见的"帝方"、"帝巫"应读为"禘方"、"禘巫"等是季节性的禘
祭,是自然神崇拜的祭礼。

　　表达禘祭之"帝"字出现很多,可见这是经常实行的祭礼。除用"帝方"一词之
外,更常直接用方向;"帝巫"之外也用某方向之巫:

贞:帝(禘)于东,埋 𥄕 豕,燎三宰,卯黄牟(牛)?	《合集》14313
……王,帝(禘)东,羊一,咙一犬? 三月	《合集》21087
帝(禘)东犬?	《合集》21088
帝(禘)于南,犬?	《合集》14323
甲辰卜,自:帝(禘)于东? 九月	《合集》21084
戊寅卜,九犬帝(禘)于西? 二月	《合集》21089
帝(禘)于西,十牛?	
屮(侑)于西,十牛?	《英藏》86
帝(禘)于北,二犬,卯……	《合集》14332
戴于西南,帝(禘),𢔁卯?	
勿戴西南?	《合集》721①
癸亥卜,帝(禘)东?	
癸亥卜,帝(禘)西?	
癸亥卜,帝(禘)南?	
癸亥卜,帝(禘)北?	《合集》34154②
帝(禘)东巫?	《合集》5662
辛亥卜? 小帝(禘)北巫?	《合集》34157

禘祭的活动皆不例外地涉及从中恭保方的关系,"禘"礼中的被祭祀对象,都与四
方或四疆有关系。传世文献表达禘祭有季节性的意思,可惜从甲骨卜辞很难看出:

---

① 甲骨文"戴"字是祭名,表达祭法,参《甲林》,页 2420—2421。

② 《合集》14325、14327、14328、15950、34145、34153、39560;《英藏》1227、1228;《怀藏》1565、1574 等也
有同样的记录。

进行禘祭的月份几乎没有被记录,少数有表达二月、三月和九月,或许带有春秋的含意,但却资料不足,无法判断。

就字的发展而言,虽然"帝"字常用作动词表达祭祀之义,但绝不宜以为,作动词的"帝"字是本字,而作为最高崇拜对象的"帝"是"假借字"。显然是相反,"帝"的字形隐藏某种神祕形象,而动词的"帝"才是衍生出来的用义。也就是说,甲骨文的"帝"字显然以上帝为本义,但也涵盖"谛"和"禘"作三字的本字,到了殷商中期,为了名词和动词之区分,用作名词时加了"上"字偏旁,祭礼动词继续用"帝"字表达,而上帝则用"帝"字表达,同时又发展出以先王为帝的用义。但是,无论是指上帝、先王帝或禘祭,都离不开帝为"中"的本义。

(三)总结:天中的崇拜对象

从帝与方的关系,我们无疑可以判定:帝的位置在中,并且以方来祭祀中帝和以禘来祭祀四方,两种意思是相互关联的,如《合集》34074 记载在巫祭帝的同时也禘祭南方:

丁酉卜,巫帝?

丁酉卜,娿帝(禘)南?

依笔者浅见,这种中帝与方的关系,表达了商文明的核心观念:虽然天在上,地在下,但世间万事并不是由天独自主宰,而是需要天地互补交会,这才是重要的;同理,虽然中有独主,但中与方之互补相合才属关键,所以不仅是四方来拜中帝,中帝也恭敬四方。

不过,我们不能忽略:帝与方的关系不仅仅是中与方而已,帝既在中又在天上,所以常常令雨。帝令雨的卜辞甚多,下文再加以讨论。上帝所在的位置是天中,所以他从天中令四方凤(图二六〇):

贞:翌癸卯,帝其令凤?

翌癸卯,帝不令凤?夕星(雾?) 《合集》672

……翌己其令凤不?十月。 《合集》21320

同时四方凤也是受禘祭的对象(对此前文已有讨论)[1]。《英藏》1225 载:"真:方

---

[1] 参《合集》14294、14295、14360、21080、34150;《屯南》2161;《英藏》1225 等。

帝？七月……贞：帝（禘）鸟，一羊、[一豕]、一犬？"以方的祭法祭祀上帝，而同时用禘祭来祭祀天鸟。这也是表达天上的中与方互不分开的关系。天上的中与方已不仅是空间概念，同时还带有时间的概念。前文已讨论四方风与四季、黄道四宫的关系，天的四方之中，自然是天中以及四季旋转的主宰者。上帝不动而位于四凤之中，就如金沙遗址金器上四凤所环绕的中部空虚（图二五七：4）。

这位天中的对象何故以"帝"字表达？"帝"字的本义和象形意义不可能来自动词，其所表达的应该是商文明信仰中"上帝"的形象。笔者认为，古代人如何看崇拜对象的形象与他们表达该对象的字体之间隐含有某种关系，所以对字形的解读和对信仰的了解是不能分开的。

二、天中观念及形象："帝"字的象形意义

字汇的形体源自象形，原始符号化的图案。其中表达信仰的字体，是以符号描绘信仰之核心所在。我们不能以为，这些精神文化中最重要的字汇是源自假借，或有其他偶然的普通的来源。上文有释解"神"字符号的密码，已探索到"神"信仰之核心根源，并从"神"的信仰内容来观察此神祕符号的演化过程。同理，如果厘清"帝"信仰的涵义，则能理解"帝"字所隐含的神祕符号密码。符号的涵义与信仰的隐义必然相符，甲骨文所录上帝的神能源自他在商人眼目里的形象，而此形象即"帝"字的象形意义。因此笔者首先参考学界对"帝"的字形的看法。

（一）前人对"帝"字字形的解释及其矛盾

许慎说，帝从"上"，"朿"声，学者们却发现从"上"的"帝"字字形，实源自甲骨文、金文中的"上帝"二字合文，"帝"的原初字形并不从"上"，而写作"帝"，所以许慎的说法无法解释"帝"字的原始构造。事实上，在未悉甲骨文之前，南宋郑樵早已提出了第二种假设。他认为"帝"字的结构是象形字，其于《六书略·象形·

正生·卅木之形》中指出："帝，象华蒂之形。"①此说极富创见，也广受古文字专家的推崇。

例如，因"釆"字上部有三角形构造，清代吴大澂更据以推论"▽"是"帝"字的简写，其言："周窻鼎作鼎，聊敦作釆，敔狄钟作釆，皆▽之繁文，惟▽、▼二字最古最简。蒂落而成果，即草木之所由生，枝叶之所有发，生物之始。""▼己且丁父癸鼎，诸侯不祖天子。此器独于祖父上加'▼'字，其为'帝'字无疑如花之有蒂，果之所自出也。②"王国维、王襄、郭沫若均从此说，且在观念上更明确地与女性生殖器发生联系。循此，乃逐渐发展成目前广为学界详悉、认同的"定论"③。研究信仰、思想者，亦多采此"定论"，并据人类学的通论，将古人的宇宙观、天地万物的生成观等加以理论化④。

只不过，上述说法仍充满疑问。第一，从字形来看，我们很难将"釆"视作植物的象形，而且也没有根据可以证明"釆"字的初文是三角形。第二，从甲骨文的用义来看，"帝"不是地上生育的崇拜，而是位在天上的崇高信仰对象，目前尚未发现殷人崇拜神花的证据，礼器上亦未见花的造型，更遑论信仰一朵犹如神母生降万物的天上神圣花朵。第三，先秦的帝王均是男性，从"帝"后来成为先王尊称的字义发展脉络来看，既然未见有将帝王当作神花或神母的例子，那么将"帝"字附会为花蒂或神母，显然也失之牵强。

因为花蕊果蒂与"帝"字的用义毕竟难以相配，学者们乃另作推测，以花蕊代表仰韶文化的"帝"概念，只是到了殷商时代，"帝"字才隐没了原有的花蒂本义⑤。无论仰韶文化是否有花蕊崇拜，殷商文化与仰韶或其他新石器文化之间，恐怕都没有那么直接的关联性，更不能以仰韶文化来解释甲骨文字的形成问题。

依笔者浅见，郑樵将上帝视为花蕊，非常符合南宋人对大自然的理解和审美，应可代表南宋人的观点。但若以为殷商人的理解亦如此，则必须先证明殷人有崇

---

① （南宋）郑樵著：《六书略》，台北：艺文印书馆，1976年，页8。

② （清）吴大澂著：《字说》，台北：学海出版社，1998年，页1—2。（清）吴大澂撰：《说文古籀补》，《石刻史料新编》第四辑子书类，台北：新文丰出版公司，2006年，页237。

③ 冯时先生近日亦针对此一问题进行过相关论述。参冯时：《中国古代的天文与人文》，页69—71。

④ 如参见张荣明：《中国文化的帝与宇宙生成原型》，《天津师大学报》，1997年第4期，页36—43。姜广辉：《中国经学思想史》，北京：中国社会科学出版社，2003年，页71—76。

⑤ 参刘翔：《中国传统价值观诠释学》，上海：上海三联书店，1996年，页11。

拜花的倾向,且认为天上有一朵能够生杀万物的神花。可是无论在殷商甲骨文或礼器的纹饰上,都找不到与花有关的信仰痕迹,传世的神话记载中亦无此类说法。可知在殷商人的信仰中,上帝的形象应与花无关,故"帝"字不可能源于花蒂之形。

综言之,我们可以肯定在甲骨文出现时,"帝"字的本义应与花蒂无涉,故"花蒂说"根本不足采信。是故,许多学者对此持保留意见,认为"帝"字的象形意义迄今不明,如姚孝遂言:"帝字究竟何所取象,仍然待考。"①是故,很多学者在论述中略过了字形的问题,纯粹讨论"帝"在卜辞中的涵义②。不过笔者认为,甲骨卜辞给我们足够的线索,可以了解"帝"的信仰之核心,我们应该从商文明中"帝"的信仰隐义去思考"帝"字的象形意义③。

(二)从"上帝"的自然居处思考"帝"字的形象来源

从甲骨文可知,由帝所赐命的吉祥凶灾皆来自天上,故帝居于天;又无疑的是帝居于天之中央。空间和时间週期观念里会有四方、八方、十二辰、二十四季等,但只有一个中央,就是因为他代表天中,所以帝是崇高的独一无二的信仰对象。在商周信仰里,居于天中之帝被尊为天地之主、四时之本。如果在自然界里探求其位置,则天中必然相当于北辰。

自新石器时代以来,所有的古代农耕文明都有观察星辰并将之神格化的倾向。中国先民对恒星的崇拜亦源远流长,自新石器时代的文化信仰传衍而来。在许多流传至今的神话传说中,仍保留了公元前三千余年时的天象状况④。有些人认为,古人无法了解星辰的移动规律,更没有计算北极位置的能力,故不可能有"天中"的概念。仿佛"天极"概念是生活在高科技社会里的现代人所独有的专利! 这样

---

① 参《甲林》,页1086。

② 如陈梦家:《殷虚卜辞综述》,北京:科学出版社,1956年,页562—572。宋镇豪:《夏商社会生活史》,页758—762等。

③ 对此问题笔者已有讨论,参郭静云:《殷商的上帝信仰与"帝"字字形新解》,《南方文物》,2010年第2期,页63—67。今日再补充资料重新作探究。

④ 例如,牵牛星和织女星曾在约公元前30世纪互换位置。在公元前3500年前,牵牛在前,织女在后,而且二者不断地靠近,之后有一段时间两颗星在同一横线上同时匹对着走,这就是在实际天文中发生过的牵牛、织女在一起的时段。之后两颗星互换位置,变为织女在前,而牵牛在后,而大约从公元前28世纪后明显开始分离,并且越行越远,这一现象在学界早已有过论述,如冯时《中国天文考古学》,页274—275。其他尚有不少类似的例子,说明在那些流传已久的故事中包含了五千年前的人观察天文的经验,此处不赘述。

的说法不仅过于低估古人的思考能力,同时也把基本的天文知识看得太复杂。事实上,计算北极并不困难,也不需要高深的科技或复杂的仪器。在观察天象时,最容易发现的是,所有恒星皆围绕着同一定点运行。也就是说,所有恒星的运行路径都呈圆形,故而《大戴礼记·曾子天圆》载"天道曰圆"①。其中,又只有天圆的中央独一不动。是故,"天圆"和"天中"乃中国先民自古即加以关注的自然现象,也是非常古老的崇拜对象和信仰重点。

甲骨金文的记载向我们揭示"天中"信仰与"上帝"崇拜在殷商文化中是彼此结合的。商周的"帝"是独一无二的崇拜对象,上帝从不可企及的独特高位来管理一切上与下、中央与四方间的万有万象。上帝居于崇高天中,向四方派遣四凤、降雨露、号令一切天象。在商周时期,帝是独一无二的崇高本体,具有绝对独一的身份。当时尚未有"五方""五帝"的概念,只有居于天地之中的崇高的"帝",完整地掌握天地间的一切,无所不及,无所不包,故可谓天地之主、天地之始、宇宙之中。

《史记·天官书》有言:

> 中宫天极星,其一明者,太一常居也。(司马贞《索隐》:"案《春秋合诚图》
> 云:'紫微,大帝室,太一之精也。'"张守节《史记正义》:"太一,天帝之别名也。")②

亦即,"帝"星是天上中宫唯一的一颗明星,这颗星虽然从来没有准确出现在北极的位置,但在夏商时它在天上的位置离北极最近,在历史舞台上自公元前 2000 年以来活动的族群,都有对帝星的观察(β UMi,阿拉伯文:Kochab),在广大空间中把它用作指路的明星,并当作将星。中国传世文献亦说明:在古人的信仰中,"太一"与"大帝"实为异名同义,二者皆用以指称天中北辰。不仅是中国先民,其他的古文明对北极天中也都有所认识,并有崇拜天中的倾向。但是,将北辰视为崇高上帝,应属中华文明的独特之处。

从史料来看,假设商代人崇拜天中北辰,并视之为上帝,完全可以解释得通,也不会产生矛盾的说法。据此申论,或许"帝"字的象形意义与其本义相同,都是指当时占星术中,巫师观察所见的天中。为了了解"釆"形的来源,此处有必要对古代的天文观测方式进行一些推理。

因地球运行产生的变化,从地面上观察到的两极(北极或南极)并非永恒的定

---

① 参(汉)戴德撰,高明注译:《大戴礼记今注今译》,台北:商务印书馆,1984 年,页 216。

② (汉)司马迁撰,[日]泷川资言会注考证:《史记会注考证》,页 457。

点,而是处于极慢的旋转状态中,即所谓的"径动"(precession)。在北半球所观察的北极这一点(或在南半球所观察的南极),在天上运行一圈是 25 776 年,因此目前所见的北极情况与殷商时期并不相同。仰赖现代天文学的技术,使我们得以推算殷商时期的天空概况。

　　　　　　　　　三代时,北极天中完全没有可见的星星(这种情形相当于金沙遗址所出器上四凤围绕中央空虚的形象,图二五七:4),但离北极最近的一颗星即"帝"星。在帝星两侧,约相等距离的位置上有太子星(左)和庶子星(右),这三颗星在天上排成一条直

太子　帝　庶子

北极 ○ 无星

线,其中帝星最亮,庶子星最暗,都是人类肉眼可见的天体。其与北极的相对位置,请看示意图。这三颗可以连成直线的星辰,围绕着空洞无星的北极点旋转,它们在二分二至的相对位置,亦如示意图:

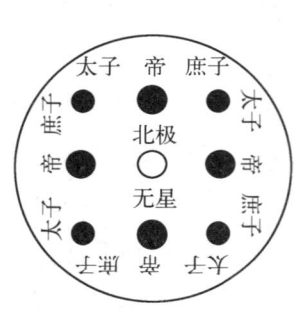 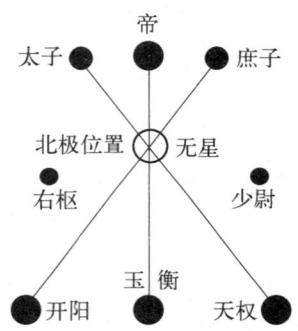

　　在北极另一侧有北斗柄上的天权、玉衡、开阳三星,与太子、帝、庶子三星相对而立,只是离北极稍远,且其间的相互距离也稍长。如果从帝星到玉衡星画一条直线,将发现北极的位置就在这条线上;若在太子与天权、庶子与开阳之间也各画一条直线,则三条线的交会处,恰好正落在北极点上。除了这六颗星,在北极的左右另可见到两颗较小的星星:右枢星和少尉星。此外的其他星体均太小太暗,若不借助天文仪器,单凭肉眼实难以察觉。总结前述,夏商时期,人们所能观察到的北极周遭情况大致应如图二五九:1。

　　班大为先生很早已发现"帝"字的字形符合夏商天中天文图的情况,他经过另一种研究获得了同样的星图结果。① 笔者曾请教了几位天文学专家,他们一致认

① David W. Pankenier. A Brief History of Beiji 北極(Northern Culmen), with an Excursus on the Origin of the Character di 帝. *Journal of the American Oriental Society*, Vol. 124, No. 2 (Apr.-Jun., 2004), pp.211-236.

为,在商时如果要正确标示出北极的位置,可用骨、竹、树枝等简单的材料,制作一种"帝"字形的小仪器。太子、帝、庶子三星一线,可以用一横条作标示,在操作上也便于连接其他直线。再用三根较长的直条接在横条上,分别表示太子—天权、帝星—玉衡、庶子—开阳三条直线。因天权、玉衡、开阳的相对位置不完全是在一条直线上,这三星不易连接;而必须在中央另外作一横条,用以固定仪器。假若以这具简易的"帝"形小仪器向天空对照,端点的横条可以连接太子、帝、庶子三星,中央的横条经右枢、少尉两星校准后,可以使直条的另一端分别对应天权、玉衡、开阳,那么三根直条的交会之处显然就是北极天中的位置(这个观察法可参图二五九:2)。由于当时北极附近只有这些可观测的星体,若想知道北极的位置,古人只能采用这种既容易又不失准确的方法。可惜,因"帝"形的仪器只由几根竹竿或树枝组成,不易保存,所以难以在考古发掘中被发现。

依据现代天文学的计算,可知这种藉由连接六颗星以求得北极位置的方法,在公元前 20 世纪是最为准确的,往后误差渐大;不过直至公元前 15 世纪,仍只有累积三度的落差,单凭肉眼实难以察觉,故此法也仍旧有其功效。据此可以推论,"帝"字的形成在公元前 20 世纪左右。但是,公元前 20 世纪时,已有很多族群频繁互动,除了早期农耕文化区外,其他地域已开始形成邦国,包括普遍留下崇拜帝星痕迹的草原地带。由于"帝"字首见于甲骨文,而甲骨文使用者是来源多元的殷商贵族,故真正创造其字的族群难以判断。

除了"帝"的字形之外,卜辞中另有"帝"字形,用义相同,同样可以将其字形视为北极星图。冯时先生认为,"帝"(或"帝")字的中间构型,是用来强调"中央"的意思[1]。此说亦值得参考,因为这个字的结构应该确实是用来强调崇高的"天中"位置。

若作进一步推论,殷商时期的"帝"乃指涉北极天中与崇高的崇拜对象。同时,也可以指出,在"帝"的结构里,最明亮亦最近于北极的是"帝星"。在整个"帝"的结构中,"帝星"虽离北极点最近,可是仍处于不停运动的状态。或许古人把帝星的运动视为帝对四方的祭拜,以证明"中"与"方"的关系不只是中央独裁,更是互动、互补、相成而交通。帝星的运动,被古人视为帝(禘)于四方的自然表现,也就是说

---

[1]　冯时:《中国古代的天文与人文》,页 25—37、71。

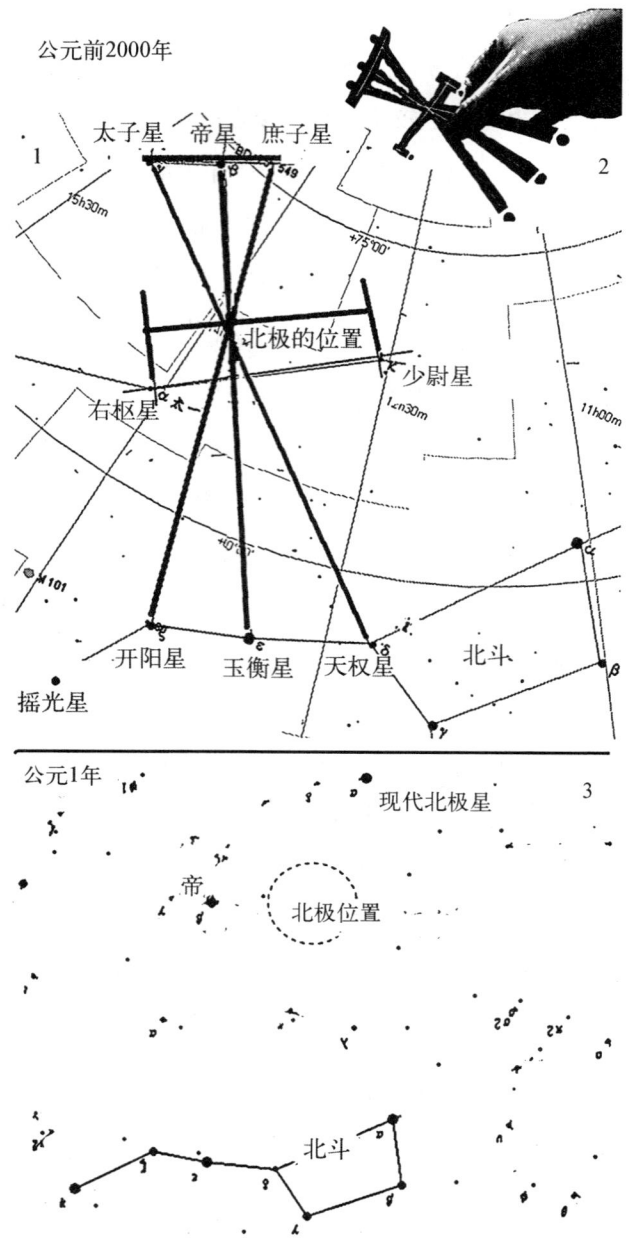

图二五九 1. 夏商时期"帝"字形的北极天象；2. 推测的夏商时计算北极的仪
器和方式；3. 西汉晚期的北极天象。

"帝星"运转的位置，也涉及了中与方的协同而引起四时的运转（参上面的示意
图）。由此可见"帝"字作为名词和动词的密切关联性。从下文对上帝神能的分
析，更加会显示出"帝"作为崇高的信仰对象与"帝"（禘）动作之间的密切关联。

据上推论，殷商的"帝"应源自对北极的崇拜，而"帝"的字形也具体、充分地表达了其本义,不仅具体描绘了当时北极周围的天空概况,也保存了当时巫师推断北极位置的方法。以上说法虽然仍属假设,但这个假设不仅符合商周人的信仰概况和当时重视天文观测的情境,从"帝"字的形构、用义来看,也和殷商时期的实际天文状态相一致。

三、商代上帝的信仰内容

在甲骨卜辞中,"帝"字的出现率很高,在目前所见的甲骨文中,"帝"字出现近乎七百次[①]。虽然对此问题学术界已累积极多讨论,鄙陋愚见难有大的新义,但在上述认识的基础上,拟重新分辨提及上帝的卜辞,以厘清其信仰的脉络。

（一）季节运转与年岁收获

商王在收年后进行"岁"的祭礼,并敬享侑饮上帝,而祈求润养土地的天泽甘霈:

　　辛亥卜,侑岁于帝,牢?　　　　　　　　　　　　　　　　《合集》22075

　　王又(有)岁于帝,五臣正,佳(唯)亡雨?

　　……又(侑)于帝,五臣,又(有)大雨?　　　　　　　　　《合集》30391

"岁"则指祭社稷与祖考之祭法,《墨子·明鬼下》保留了"岁"字原义,其云:"岁于社者考,以延年寿",孙诒让间诂:"'社者'当为'祖若'。岁于祖若考,言荐岁事于祖及考也"[②]。郭沫若先生从甲骨卜辞与传世文献的互补考证得出结论:"此与卜辞

---

① 显然其中很多有残缺或过于简略,意思不明,如《合集》217、862、940、2204、2273、2580、3311、3504、3506、3671、3672、3721、4409、8097、8330、8451、8649、9919、10001、10939、11552、11553、11842、11921、14194、14224、14177、14181、14183、14186、14192、14220、14223、14224、14229—14256、14312、14353、14432、15951—15975、1598—15983、15985、16703、17073、17252、17718、17991、19157、19243、21079、21175、21990、22035、22044、22246、22247、22450、22495、24900、24978、24979、26090、27438、27439、27972、30296、30362、30389、30590—30592、31061、33086、34146、34148、34149、34482、35221、35720、39429、41341、41450,《屯南》930、1147、4524,《英藏》12、354、1137、1143、1223、1224、1751、2347,《怀藏》80—84、104、897、1708,《东京》14、16、989,《天理》1、2。

② 参(战国宋)墨翟著,张纯一编:《墨子集解》,页212。

可互证也。祭名曰岁者,殆因岁举行一次而然。"[1]

商人求年时也经常会祈祷上帝:

丙申卜,㱿贞:我受年?

贞:我〔不〕其受年?

帝罘,三牛?

四牛?　　　　　　　　　　　　　　　　　　　　《合集》974

□□卜,贞:众乍(作)耤不㠱?

□□卜,贞:肇丁,帝,十牢?

〔不〕其〔受〕年?　　　　　　　　　　　　　　　《合集》8

……㱿〔贞:〕……上甲……勿黍,不雨,帝受我年? 二月　《合集》9731

这些卜辞或在祈卜求年时祭祀上帝,或直接祈问:上帝赐授年禾给商王与否,所表达的是商王的年收,涉及全国收获的意思。

上帝既能助于年收,亦能害年,所以以下卜辞有言:

王固曰:不隹(唯)帝蚩,隹(唯)由?

贞:隹(唯)帝蚩我年? 二月

贞:不隹(唯)帝蚩我年? 二告　　　　　　　　　《合集》10124

贞:受年?

辛卯卜,㱿贞:帝其莫(艰)我? 三月　　　　　　《合集》10172

……甯(寝)于𨸏乃帝……受年?　　　　　　　　《合集》13572

甲寅,帝蚩?　　　　　　　　　　　　　　　　　《合集》21946

□寅〔卜,贞〕:帝弗蚩年?　　　　　　　　　　　《怀藏》85

上帝能为难商王造成收年不足。"蚩"字在卜辞中表达由神、祖所降的灾疾,裘锡圭先生释为"害"的古文[2],或可解释为"躅",有踩踏、严重伤害的意思,在后来的文字中没有对应的字,但它的意思就是如此。卜辞祈问,上帝是否危害商王国家的年收。《合集》14157另言:"庚戌卜,贞:有㞍(庶)龝(秋),隹(唯)帝令伇?""伇"字应视为一种灾祸之义[3],也就是在秋季收获时,由帝从天上所降的损害。

---

①　参郭沫若著作编辑出版委员会:《郭沫若全集·考古编》卷一,页150。

②　裘锡圭:《释"蚩"》,国际中国古文字学研讨会:《古文字学论集·初编》,香港:中文大学出版社、吴多泰中国语文研究中心,1983年,页217—227。

③　《甲林》,页183—184。

　　《英藏》2286 载:"戊戌卜,其求年,巫帝?"显示方帝的祭礼也与求禾有直接的关系,上面所讨论"方帝"、"帝(禘)方"和"巫帝"、"帝(禘)巫"之礼,最有可能也涉及求年之目标。

　　进一步对照资料可以发现,在进行"方帝"和"巫帝"的祭礼时,经常同时有祭祀土或岳,如:

　　　　□□〔卜〕,亘贞:燎土,方帝?　　　　　　　　　　　　　　《合集》14305

　　　　……燎于土,方帝?　　　　　　　　　　　　　　　　　　　《合集》14306

　　　　戊申卜,㱿贞:方帝,燎于土,光……?　　　　　　　　　　《合集》1140

　　　　燎于土,宰,方帝? 二告　　　　　　　　　　　　　　　　《合集》11018

　　　　〔庚〕午卜:方帝三豕又犬,卯于土,宰,求雨?

　　　　庚午卜:求雨于岳?

　　　　……雨?　　　　　　　　　　　　　　　　　　《合集》12855;《天理》15

　　　　贞:方帝,廼酚岳?

　　　　勿方帝?

　　　　贞:自今庚申至于甲子雨?　　　　　　　　　　　　　　　《合集》14470

　　　　壬午卜,燎土,徙,巫帝?　　　　　　　　　　　　　　　　《合集》21075

　　　　乙丑卜,丙寅奏岳、燎土、雨?

　　　　壬午卜,巫帝? 巫帝,一犬、一豕?

　　　　壬午卜,燎土?

　　　　燎土?　　　　　　　　　　　　　　　　　　　　　　　　《合集》21078

依笔者浅见,方帝或巫帝和燎土的搭配祭礼涵盖三种意思:第一,祭天主和地主;第二,祭祀天和地以求年收;第三,"土"的概念在表达土地、领土和地方之社稷的同时,已含有四方概念,在殷商地理观念中有中(或罕见称为"中土"①)和"四土"②。《合集》36975 载:

　　　　己巳王卜,贞:〔今〕岁商受〔年〕。王固曰:吉?

　　　　东土受年?

　　　　南土受年? 吉。

---

① 《合集》21090。

② 《合集》21091、33272 等。

西土受年？ 吉。

北土受年？ 吉。

卜辞上同时出现四土的文例不多，但单独有"东土"①、"南土"②、"西土"③、"北土"④
的求年记录很多。所以在方帝或巫帝的同时有燎土祭礼，含有强调某方祭祀帝的
目的是祈祷支持方土的盈养的意思，所以含有至上至中与下方生育关系的观念。

至于拜岳的记录，虽然甲骨文中还没有五岳观念，但山岳自然为农土的边境，因
此岳也带有四疆之义，故可作被禘祭的对象，如《东京》1143 载："丙辰卜，㕚贞：帝
（禘）于岳？"（这与《合集》21387 载禘虎的意思同理）。在上述《合集》12655、21078
等卜辞中，方帝、燎土而同时祭岳求雨，所以这描述了完整的求年活动：从土地的
边方祭祀至中上天，祭祀山岳以求雨露，又燎祭地方之土祈祷它顺利孕育众禾。

《合集》33281 载：

辛卯，贞：于夕令，方帝？

丁酉，贞：蠢（秋）隽？

其隽蠢（秋）？

甲辰卜，其求禾于河？

甲辰卜，于岳求禾？

与方祭上帝同时，求河、求岳保祐收禾丰腴。在此祭礼活动里，还有祈祷蠢（秋）。

"隽秋"、"秋隽"的意思不清楚，含有"隽"字的卜骨均残缺，用义不明，殷周金文
中该字均用作族徽而已。学界均认为，"隽"和"雧"是同一字，表达聚众的意思⑤。但
是这两个字在卜辞中的用义并不一致，"雧"字无疑用作动词，与"众人"构一句，确
实应该表达聚众的意思，并在"雧"字的卜骨里从未见提及"蠢"（秋）⑥。"隽"字则
在部分卜辞无疑用为地名⑦，这与其作族徽的意义一致，其中几件残缺不明⑧，其余

---

① 《合集》7084、7308、8735、8736、9733—9736、18503、40889 等。

② 《合集》8748、8749、9737—9739、19946、20576、20627、24429；《怀藏》896 等。

③ 《合集》6357、7082、8774—8777、9740—9744、10186、1797、20628、40091；《屯南》1049；《东京》130 等。

④ 《合集》8791、8792、9745、9747—9749、9752、10185、33049、33050、33205、40044；《屯南》1066 等。

⑤ 《甲林》，页 1723—1725。

⑥ 如参《合集》31994、31995；《英藏》2431；《屯南》1132、1544；《怀藏》1643 等。

⑦ 如参《合集》26883、26888、26992；《屯南》2185、1008 等。

⑧ 如参《合集》21926、21927；《屯南》3108 等。

是如上者"隽秋"、"秋隽"或"告秋隽"、"大隽"、"秋大隽"①,依笔者浅见,更适合被视为祭祀秋的祭礼活动,郭沫若先生释为"祭名"应是准确的②。

甲骨文中,"龜"(秋)与"方"、"巫"、"凤"、"岳"、"虎"一样可以受禘祭:

壬□,贞:屰米,帝(禘)龜(秋)?

弜屰米,帝(禘)龜(秋)?　　　　　　　　　　　　　　《合集》33231

壬□,贞:其寻告龜(秋)?

弜告龜(秋)于上甲?

壬子贞:屰米,帝(禘)龜(秋)?

弜屰米,帝(禘)龜(秋)?　　　　　　　　　　　　　　《合集》33230

贞:帝(禘)龜(秋),于 𤈷 ,于土?　　　　　　　　　　《合集》14773

"屰"(逆)在甲骨文中有迎受、预祝的意思之意思。上述记载,预收米谷前用禘的祭法来祭祀秋。禘祭秋的同时,也祭祀地区的社稷。所以禘秋的祭礼也是一种农耕秋年之礼。

前文一直强调禘祭与四方的关系,为什么秋也是被禘祭的对象? 首先是因为禘祭四方概念离不开禘祭四季的意思,秋是四季之一,所以也属于四方概念脉络。就是因为如此,禘祭四方或方祭中帝涉及求年的目的,而秋是收年季节。上帝是天中,而四时表现为四方之凤围绕着天中循环。天上黄道四宫星辰之循环,在天地之间变成四季的循环,而循着四季在地上有出萌芽、长茎叶、秀穗、结果、枯萎、死亡、又出萌芽……

上帝在天中主宰四方、四时、四季的规律,而为崇高的週年和死生之主。在四季之中,秋季既是结果之季,亦是死亡之初,同时因有结果而孕育着来年之萌芽。所以禘秋的意思涉及整个死生週期的重点。

在四方的方向上,秋季相当于西,所以"禘于秋"在某程度上相当于"禘于西",但依笔者浅见,禘秋祭礼与禘四方之西的祭礼有所不同,特别强调西方既有死亡亦有再生的种子。《合集》14345 曰:"贞:于西母,酓帝? 用。"记载同时祭祀西母和帝的活动。宋镇豪先生发现,甲骨文有"出日"、"入日"之礼,并且其与东母、西母崇拜有关联,这种迎日、送日之礼并不是每天日出日落的迎送,而是在二分之时进

---

① 如参《合集》13404、32363、33226、33227、33232、34348;《屯南》263、1035 等。

② 郭沫若:《殷契粹编》,北京:北京图书馆出版社,2000 年,页 352。

行的迎生与送生之礼。日出日落、春分秋分、东方西方,都表达大自然由生而死、由死而再生的循环运行。向东方祈求生命,向西方祈求死而再生,这正是迎送日礼和崇拜东母西母的重点①。同时祭祀西母和上帝以及禘祭秋,这些祈祭应在表达同一个信仰体系。

(二)生死之崇高原理

饶宗颐先生在讨论商代天帝观时,便提出:"自然界在气象上的变化和农作物的丰歉,都可由帝的命令来决定。"②但这种理解不甚准确,上帝为天地之崇高的中央,因此天地万物之生皆以其为源头,但并非始终被上帝决定和管理。天中上帝是天地之中,生死之因,週年规律的源头。依笔者浅见,这种观念到了战国时期被哲理化而由郭店楚墓《太一》所表达:太一是"岁"时规律的源头,时间和季节循环之中,因有其中,天地万物不被管制而自由、自欲化生③。这种观念应源自上古信仰:古人一方面把帝崇拜为极高的对象,同时并不认为万事都由他管。帝的核心作用是保证基础的规律,因此甲骨文中有那么多卜辞表达帝与方的结构,且此外并没有更具体的祈求目标。

《合集》14228 曰:

> 贞:帝官?
>
> 帝不官?

"帝官"的记录引起学者辩论,不过最近较多人接受读为"馆",取舍宿的意思,将"帝官"理解为"上帝降于朝"④。但依笔者浅见此理解不妥,甲骨文"官"字出现不多,但用法不一致,如《合集》22045 曰:"戊戌卜,虫(侑)岁,父戊牛一,官用?"笔者假设,这是表达一种祭法,或许"官用"需要用《周礼》的文例去解读,《周礼·春

① 宋镇豪:《夏商社会生活史》,页 783—789。

② 饶宗颐:《天神观与道德思想》,《"中央研究院"历史语言研究所集刊》第四十九本,1978 年 12 月,页 78。

③ 相关讨论参郭静云:《〈郭店楚简·太一生水〉与〈上海博物馆竹简·恒先〉中造化三元概念》,武汉大学简帛研究中心主编:《简帛》第二期,2007 年,上海:上海古籍出版社,页 167—192。郭静云:《郭店出土〈太一〉:社会归于自然天地之道(再论老子丙组〈太一〉书文的结构)》,《中国出土资料研究》第 13 号,东京:東京大學中國出土資料學會,2009 年,页 41—61。郭静云:《郭店楚简〈太一〉四时与四季概念》,《文史哲》,2009 年第 5 期,页 20—26。笔者日后拟对此信仰与思想脉络进行更加全面、系统的论述。

④ 《甲林》,页 3051—3053。

官·司巫》曰:"祭祀,则共匰主及道布及蒩馆。"郑玄注:"蒩之言藉也,祭食有当藉者,馆所以承蒩,谓若今筐也。"①而"帝官"意思可能接近于《礼记·礼运》所言:"是故夫礼,必本于大一,分而为天地,转而为阴阳,变而为四时,列而为鬼神,其降曰命,其官于天也。"郑玄注:"官,犹法也,此圣人所以法于天也。"孔颖达疏:"言圣人所以下为教命者,皆是取法于天也。"《荀子·天论》:"天地官而万物役矣。"②将之理解为导、管、作主、作法的意思更合理。

不过从该卜辞另可见,上帝或可管或可不管,并不是所有的事情都要求出自天帝。独一无二的天帝是确定的原理,而具体的事情留给众神众祖管理。不过除了上述作自然界的原理之外,在商代的信仰中,上帝神能另有直接涉及表达商王的神圣权力,因此上帝经常管王事。但如果进一步分析上帝对王的祐害内容,可以发现,这其中也隐含着一些特殊规律。

四、上帝与商王

(一)帝若王授祐

卜辞记载商王祈卜,上帝"若"或"弗若",是否允诺、授权于王③:

辛丑卜,㱿贞:帝若王?

贞:帝弗若王? 《合集》14198

己未〔卜〕,囗,贞:旨千,若于帝又(祐)?

贞:〔旨〕千不?〔允〕若于帝。 《合集》14199

王固曰:吉,帝若?

---

① (汉)郑玄注,(唐)贾公彦疏:《周礼注疏》,页1105—1107。

② (汉)郑玄注,(唐)孔颖达疏:《礼记注疏》,页1098。(战国赵)荀况撰,(清)王先谦集解:《荀子集解》,台北:华正书局,1991年,页207。

③ 《英藏》1286载:"贞:帝示,若,令我奏祀?四月。"在此应该不是祈求上帝,而是祈求先王帝的授权以进行大週期的祀祭。

　　　　帝若？二告　　　　　　　　　　　　　　　　　　　　　《合集》7075

　　　　其帝若？　　　　　　　　　　　　　　　　　　　　　　《合集》34353

　　　　帝若？

　　　　帝弗若？　　　　　　　　　　　　　　　　《合集》14193—14197、19710

商王又祈求上帝的保祐：

　　　　重（惟）五鼓□，上帝若王……又（有）又（祐）？　　　　《合集》30388

　　　　帝受（授）我又（祐）？　　　　　　　　　　　　　　　《合集》14671

　　　　贞：帝不我其受（授）又（祐）？　　　　　　　　《英藏》1134、1135

　　　　壬寅卜，㱿贞：帝弗左（佐）王？　　　　　　　　　　　《英藏》1136

　　　　贞：帝不我其受又（祐）？　　　　　　　　　《合集》14190、14191

《合集》30390 另记载祷王除悔时，求帝保护，而进行袚除之祭："弜乎介帝，子钔（禦）史，王其悔？"这都表达商王与上帝有直接的关系。

　　　　因作为天上的神灵，上帝管理天象，所以也会影响日蚀、月蚀的发生，如《合集》21073 载：

　　　　庚午卜，重（惟）斧称，呼，帝降食，受又（祐）？

　　　　庚午……呼……令……食……？

卜辞虽残缺，但从甲骨文"食"字的意思范围来看，应该是占卜日蚀或月蚀所带来的影响。古代日蚀、月蚀均被视为灾祸的象征。而在这一占卜中，"蚀"有帝崇天降的问题，又求抵抗这一灾害的保祐。

　　　　上文已有讨论，上帝能伤害年收，这些卜辞的意思，也是在于祈祷停止伤害，祈问需要用哪种方式才能求到帝恩。所以占卜害年的卜辞其实隐含着求生的意思。上帝有崇高赐生的能力，以四季的规律维持天地万物死生之本，同时商王祈祷上帝使配偶怀孕、祈求王子降生以及对其生命的保护：

　　　　丙子卜，古贞：帝令佳（唯）蝇（孕？）？

　　　　贞：帝弗令佳（唯）蝇（孕？）？　二　告　　　　　　　《合集》14161

　　　　……帝弗保……　　　　　　　　　　　　　　　　　　《合集》14189

帝令孕，即赐予生命。祈祷上帝赐命，表达上帝不仅在自然界作崇高生命之主，商王也有资格向他求子，以保障国家权力的传承。

（二）帝怒王降艰令咎

　　上帝确实并不是那么绝对支持商王，除了授权保祐之外，同时也会降艰、降祸等，能伤害国家的岁年、毁灭王都，等等。帝有很多伤害王的方式，并有很多原因，理解这些原因，才可以掌握祸源，除祸回福，因此甲骨文中经常占卜上帝艰王、咎王的事情。如《合集》902 言：

　　　　王固曰：……隹（唯）……尧

　　　　贞：不隹（唯）帝尧（咎）①王？

卜辞祈问，上帝是否讨厌王？在这里"咎"的意思似如传世文献《书·西伯戡黎序》所言："殷始咎周。"孔传："咎，恶。"②

　　《合集》14222 言：

　　　　〔王固〕曰：吉……肇余……

　　　　贞：不隹（唯）下上肇③王疾？二告

　　　　……余……

　　　　……帝肇王疾？

　　　　己卯卜，穷……

　　　　贞：隹（唯）帝肇王疾？二告

　　　　……曰：吉……肇余……

王求治病时，占卜该疾病的肇端在哪里，是不是由天地众霝或上帝所造成？

　　商王常问，上帝是否为难我：

　　　　贞：不雨，帝隹（唯）莫（艰）我？　　　　　　　　　　　《合集》10164

---

①　"尧"字，从字形来看是"咎"初文（对此学界看法一致，参《甲林》，页 834—935）。但从文献尤其是传世《周易》占卜模式的记录来看，"尧"字的用意与"咎"不同。而甲骨文的"囚"字的用意，恰好与《周易》的"咎"完全相同。是故，学界将"囚"也视为"咎"（参《甲林》，页 2158—4172）。"尧"、"咎"两字的关系，应该是在历史发展过程中，合并成一个字，但在甲骨文的文句中，二者用法不同，但无疑的是，其意义基本相同，均表达灾祸不吉的情况。

②　（汉）孔安国传，（唐）孔颖达等正义：《尚书正义》，页 384。

③　关于"𢦏"字的解释有二：胡厚宣先生将此字隶定作"戎"而解释为"相助"的意思（如《诗·小雅·常棣》："每有良朋，烝也无戎。"朱熹集传："戎，助也。"其义为相助治病）。参胡厚宣：《甲骨文合集释文》第二册，第 14222 片。另丁山先生则认为该字是从"户"从"戈"，即是"戔"字，金文写作"肇"，为"肇"字的古代异体字。多数学者如李孝定、于省吾先生均同样释作"肇"，参见《甲林》，页 2312—2314。本文采丁山先生之说。

王固曰：亞不莫（艰）我？

庚戌卜，争贞：不雨，帝隹（唯）不我莫（艰）？　　　　　　　《合集》10165

〔王固〕曰：帝□莫（艰）我？　　　　　　　　　　　　　　《合集》10169

王固曰：吉？

贞：帝不我莫（艰）？　　　　　　　　　　　　　　　　　　《合集》10173

王固曰：吉？

贞：帝其莫（艰）？小告

不告黾？

己酉卜，亘贞：帝不我莫（艰）？　　　　　　　　　　　　　《合集》10174

戊寅〔卜〕，亘贞：帝其莫（艰）我？　　　　　　　　　　　　《英藏》723

……帝不我莫（艰）？　　　　　　　　　　　　　　　　　　《合集》10175

贞：帝其乍（作）我捽（尊）？　　　　　　　　　　　　　　　《合集》14184

饶宗颐先生曾提出："帝是负有保护和破坏二方面的职能的。"[1]的确如此。商代"祖"的崇拜，是认为祖先一定会保护其后裔，祖先的行为都是吉善，极少可能伤害子孙。而上帝与祖先不同，有时降福，有时降祸。

　　陈梦家先生对照甲骨文中的动词，发现帝令生、降祸是用两个不同动词来表达的，记载"帝降祸"、"帝降难"等恐怖情形不会用"令"字。帝令，则赋生[2]。许多卜辞符合这种分类，但却也有帝令灾害，同时也有帝降福祐。

　　例如以下要讨论帝令雨、令神、令凤等后文将讨论的卜辞都有福祐的意义，但与此同时，帝所令的事情对王或有咎殃的风险：

贞：不隹（唯）帝令乍（作）我囚（咎）？

……帝令？　　　　　　　　　　　　　　　　　　　　　　《合集》6746

贞：方戋正，隹（唯）帝令乍（作）我囚（咎）？三月　　　　　《英藏》1133

其他"帝作王咎"、"帝作我咎"的卜辞也不少，并不一定都用"令"字来表达由帝所造成的咎殃，部分卜辞只用中性的"作"字：

……宁……帝乍（作）王囚（咎）？　　　　　　　　　　　　《合集》12312

……帝其乍（作）王囚（咎）？二告　　　　　　　　　　　　《合集》14182

---

[1]　饶宗颐：《天神观与道德思想》，页78。

[2]　陈梦家：《殷虚卜辞综述》，页562—565。

……帝,又(有)囧(咎)　　　　　　　　　　　　　　《合集》30590

或有几条用"降"字:

……卯丁帝其降囧(咎),其判?

贞:卯帝弗其降囧(咎)? 十月　　　　　　　　《合集》14176

戊申□,己帝其降囧(咎)?　　　　　　　　　《合集》14178

"帝降咎"之句,与《书·大禹谟》所录相合:"民弃不保,天降之咎。"孔安国注:"言民叛天灾之。"孔颖达疏:"天降之殃咎。"①甲骨文中,"令咎"、"降咎"、"作咎"卜辞在武丁时期都有出现,所以用这三字的差异不能代表早晚语言的变化,也难以看出用这三字是否带有一些祭礼的差异。

《合集》14159 言:"□辰卜,方贞:隹(唯)帝令蚩?""蚩"也是表达负面的状态,类似踩踏、伤害的意思,亦可用"令"字表达。前文所引《合集》14157 另有"帝令伙"的用法,都是由上帝所令灾祸、损害的意思。

至于"降"字,"帝降"一词确实常有负面之义,上帝造成商王的艰难。"帝降艰"、"帝降大艰"、"帝降我艰"乃是很常见的卜辞:

□□卜,争贞:……上帝……降…… 囏(艰)?　　　《合集》10166

贞:帝不降大囏(艰)? 九月　　　　　　　　《合集》10167

庚戌卜,贞:帝其降囏(艰)?　　　　　　　《合集》10168

……降我囏(艰)? 十二月　　　　　　　　《合集》10170

戊申卜,争贞:帝其降我囏(艰)? 一月 二告

戊申卜,争贞:帝不我降囏(艰)?　　　　　《合集》10171

前文有列数条卜辞将"艰"字直接用作动词,不另加"降"字,所以未必用"降"字来表达上帝对王所造就的艰难,而这两种卜骨的时代相同,所以不牵涉到历史语言的变化。

上帝经常有降摧于商王:

贞:帝不隹(唯)降敁(摧)?

贞:□帝隹(唯)降敁(摧)?　　　　　　　　《合集》14171

贞:帝不降敁(摧)?　　　　　　　　　　　《合集》14172

……帝其降敁(摧)?　　　　　　　　　　　《合集》14173

壬申〔卜〕,□贞:帝□〔降〕敁(摧)?　　　《合集》14174

---

① (汉)孔安国传,(唐)孔颖达等正义:《尚书正义》,页 151—153。

贞：帝其……我敔（摧）？　　　　　　　　　　　　　《合集》14175

……帝不降摧？　　　　　　　　　　　　　　　　　　《合集》40394

……帝不……降敔（摧）？　　　　　　　　　　　　　《英藏》1142

在现有的卜辞中，摧、大摧仅见由上帝造成。

　　虽然大部分由上帝所"降"的情况，表达艰窘，但与此同时，"帝降永"和"帝降若"也是甲骨文中所见的表达方式。《屯南》723载：

　　　　……来岁帝其降永？才（在）祖乙宗，十月卜。

　　　　……帝不降永？

甲骨文"永"字应作福祐解，其与金文"永保"的意思接近①。甲骨文中，求若、求祐、求永的卜辞相似，具有互应关系。上述这条卜辞中，记载了来冬时在祖乙宗庙祈祷，求上帝对来岁赐予稳定的保祐。

　　至于"帝降若"的卜辞，如下：

　　　　……王比望乘伐下危，受业（有）□（祐）？

　　　　……勿比望乘伐下危，弗……？

　　　　……我其巳㝬乍（作），帝降若？

　　　　……我勿巳㝬乍（作），帝降不若？　　　　　　《合集》6497

　　　　□□卜，㱿贞：王比望乘伐下危，受祐？

　　　　……贞：王勿比望乘伐下危，不受祐？

　　　　□□卜，㱿贞：我其巳㝬乍（作），帝降若？

　　　　……㱿贞：我勿巳㝬乍（作），帝降不若？　　　《合集》6498

武丁要往西南出兵，征伐下危方国，要派望乘将军指挥战役，而祈卜上帝是否授权给商王，纵容商占领下危之土。

　　征伐而求"帝降若"，求上帝允诺授权的卜辞，仅见于征伐下危的例子，而征伐其他方国时，则求上帝授祐，或不向上帝祈祷。但这未必是代表有某种特殊意义，或许只是因为甲骨文留存的偶然性而已。

　　由上可见，上帝"令"经常表达吉祥赋生之意，但也有上帝下令而对人们有凶恶的影响；上帝"降"是经常表达降祸、降艰，但少数也有上帝降祥征，给王降授权等。所以陈梦家所提出的两个动词的区分并非严格，到了西周另可见"上帝降懿

---

① 《花东》，页1559。

德"①的说法,显示"降"字完全发展成无评价的中性意义。《合集》17177 非常残缺,但保留了一条"贞□帝令降……"卜辞,两个字连在一起用,"令降",即"降令"的意思,从崇高天位降其高令。因此"降"字也未必表达负面意思。因此不指出事由或残缺用"降"字的卜辞,可能表达由帝所降的灾祸,但也有可能只是降下高令的意思,无法理判断由帝所降现象的吉凶②。帝令的现象有时候完全没有吉凶之别,如《合集》014223:"隹(唯)帝臣令出?"只是表达崇高对象的命令③。

　　换言之,上帝对王的态度,既会保祐支持,亦能愤怒而破坏王事,所以这是一种相对的关系。但是还有一个问题非常重要:上帝是否插手祐害所有的王事,或者向上帝祈祷的事情有某种明显的范围?这问题我们需要进一步探讨。

(三) 在哪方面上帝经常祐艰商王?

　　广泛来看容易以为上帝管事非常广,简直是无所不及,但详细地分析却可以发现一些规律:绝大部分上帝所管的王室之事仅限于两种意思:建筑都邑以及出兵扩张国家领土。

　　1. 建邑:国家的中央政权

　　在"帝若"卜辞中,常见祈祷上帝允诺、授权建邑,且佐助保护此城邑:

　　　　王固曰:帝隹(唯)兹邑宠不若?

　　　　壬寅卜,宁贞:若兹不雨帝隹(唯)兹邑宠不若? 二月　　　　　《合集》94

　　　　贞:王乍(作)邑,帝若? 八月

　　　　贞:勿乍(作)邑,帝若?

　　　　戊辰卜,争贞:其雨?

　　　　贞:不雨?

　　　　庚午卜,内贞:王勿乍(作)邑吉,兹帝若?

　　　　庚午卜,内贞王乍(作)邑,帝若? 八月 二告

　　　　庚午卜,内屯呼步? 八月　　　　　　　　　　　　　　《合集》14201

① 如陕西省扶风县法门寺庄白村 1 号窖藏出土(H1:8、5)西周中期的㿗钟和史墙盘。
② 参《合集》14179、14180、30386、30387 等。
③ 另有很多部分残缺的甲骨,提及帝令某,但其意不详,如《合集》6928、7061、14160—14169、14320、40447;《英藏》1140、1239、2086;《怀藏》897 等。

贞：王乍（作）邑，帝若？ 　　　　　　　　　　　　　《合集》14203

……贞：王乍（作）邑，帝若？ 　　　　　　　　　　《合集》14204

壬子卜，争贞：我其乍（作）邑，帝弗佐若？ 三月

癸丑卜，争贞：勿乍（作）邑，帝若？

癸丑卜，争贞：我宅兹邑大宾，帝若？ 三月

癸丑卜，争贞：帝弗若？ 二告 　　　　　　　　　　《合集》14206

癸丑卜，□贞：我乍（作）邑，帝弗佐若？ 二告

癸丑卜，□贞：勿作邑……若？ 二告 　　　　　　《合集》14207

当然与此同时，上帝也害破城邑。如上文所举例之上帝降摧，这类卜辞将常会描述上帝摧破城邑的意思：

癸巳卜，宾：帝□其既入邑敭（摧）？ 二告 　　　　《合集》9733

贞：隹（唯）帝〔降〕兹〔邑〕敭（摧）？ 　　　　《英藏》374

上帝对王邑降咎：

……雨帝异……降兹邑囧（咎）？ 　　　　　　　　《合集》40395

……帝……兹邑囧（咎）？ 　　　　　　　　　　　《合集》40396

□帝异降兹邑囧（咎）？ 　　　　　　　　　　　　《英藏》1141

上帝使城邑终没、灰灭：

丙辰卜，㱿贞：帝隹（唯）其终兹邑？

贞：帝弗终兹邑？

贞：帝隹（唯）其终兹邑？

贞：帝弗终兹邑？

翌庚申戫于黄奭？

贞：我舞雨？

雀入百五十？ 　　　　　　　　　　　　　《合集》14209、14210

《合集》14209 和 14210 两件卜甲完全相同，并且，上帝终邑占卜，似乎与祭祀黄奭和舞雩祈雨有某种神祕关系。

上帝愤怒而成为邑灭的孽根祸胎：

戊戌卜：争贞：帝祑兹邑？ 二告

贞：帝弗祑兹邑？ 二告

王……有来孽……屧？ 　　　　　　　　　　　　《合集》14211

　　　　辛卯卜，㱿〔贞〕：帝孳兹邑？　　　　　　　　　　　　　《合集》14212

　　　　戊寅卜，宁贞：帝……

　　　　贞：帝弗孳兹〔邑〕？　　　　　　　　　　　　　　　　《合集》14216

　　　　……其……帝弗孳……　　　　　　　　　　　　　　　《合集》14217

　　　　……帝孳……　　　　　　　　　　　　　　　　　《合集》14218①

"孳"在甲骨文中也是表达一种灾咎，或许与战灭有关。

　　《合集》14200 记录商王祈祷上帝"若"于唐邑，授权王到达唐邑：

　　　　丁卯卜，争贞：王作邑，帝若我比之唐？

　　　　……邑帝弗若？二告

而《合集》14208 记载上帝大令造成唐邑的灾咎：

　　　　贞：帝孳唐邑？

　　　　贞：帝弗孳唐邑？

　　　　贞：……取以……

　　　　勿……弘令？二告

其他卜辞表达上帝对城邑的态度和职能，也是保护或破坏城邑②。

　　为什么那么多卜辞记录上帝与商邑的关系？"𗀁"字的结构从"𗀁"（"禦"的省文）、从"囗"，其象形意义应该是即被被除的城邦，这是城邦最关键的作用：一开始作为社会公用的保卫设施和保护区，在社会不断向国家发展的背景下，被一步一步增加政权的功用。在殷商上古帝国的政治地理观念中，"邑"或"兹邑"成为大地空间安排的中央（殷商晚期被称为"大邑商"）。帝永居于天中，所以地上的中央直接呼应上帝，而居于中央的王在地上代表上帝，所以既受上帝的支持，亦被他考验、受惩罚。

　　2. 出兵：国家的四方领土

　　同时，只有存在四方才能有中央，所以天上中央禘祭四方，而在地上天帝不仅管建中邑，也赠赐领土给商：

　　　　贞：帝不我其畀土方，祐？　　　　　　　　　　　　　　《合集》40033

　　　　……帝畀……　　　　　　　　　　　　　　　　《合集》14221 = 15937

---

① 　《合集》14170、14202、14205、40397、21027；《英藏》1108；《怀藏》83 等卜辞残缺，只能看出帝与邑的关联性，具体的意思不明。

② 　如《合集》40396、14213—14215、14217—14219。

甲戌〔卜, 贞：〕勿帝, 犬三？

贞：勿畀？ 十二月　　　　　　　　　　　　　　　　　　　　《合集》15984

或者破坏王事, 不给他授权、令其丧失王位, 如《书·洪范》："帝乃震怒, 不畀洪范九畴, 彝伦攸斁。鲧则殛死, 禹乃嗣兴。天乃锡禹洪范九畴, 彝伦攸叙。"①这其实表达帝拒绝授权、不畀万邦领土, 而后授权给另一圣王。

这种上帝畀矜邦国四方领土的概念, 在西周铭文表达得更完整：西周中晚期史墙盘铭文言"上帝降懿德大甹（屏）, 匍（抚）有上下, 迨（会）受万邦。"癲钟亦言："上帝降懿德大甹（屏）, 匍（抚）有四方, 匋（会）受万邦。"上帝赐命天德保佑, 以授权给周王四方, 会受诸国。可见, 虽然王朝有变, 但这种帝畀赐领土万邦的概念, 从殷到周直至传世文献中均可见。

对商王室来说, 因其目的为保持大规模的国家, 令周围小国服从, 军事乃极为重要的事情。占卜军事的甲骨文非常多, 其中也有向上帝求授权、保佑军事。这类卜辞在武丁时代最多。如武丁征伐工方前占卜：

……贞：舌方出 帝不隹（唯）……

……🈺贞：舌方出帝…… 小告　　　　　　　　　　　　　　《合集》6093

辛亥卜, 㱿贞：伐舌方帝受（授）□（祐）？

……贞：帝不其……？　　　　　　　　　　　　　　　　　　《合集》6270

辛亥卜, 㱿贞：伐舌方, 帝受（授）□（祐）？

贞：帝不我其受（授）又（祐）？　　　　　　　　　　　　　　《合集》6271

贞：勿伐舌, 帝不我其受祐？　　　　　　　　　　　　　　　《合集》6272

……伐舌方, 帝受我又（祐）？　　　　　　　　　　　　　　《合集》6273

□□卜, 亘贞：……帝〔尊〕舌〔方〕……　　　　　　　　　　《合集》8551

在准备征伐🖋方、🈳方、尭方等方国时, 商王祈祷帝的授权和保佑：

贞：王叀（惟）沚戛比伐🖋（印？）方, 帝受我又（祐）？

王勿隹（唯）沚戛比伐🖋（印？）方, 帝不我其受（授）又（祐）？ 二告

　　　　　　　　　　　　　　　　　　　　　　　　　　　　《合集》6473

贞：王比戛伐🖋（印？）, 帝受（授）又（祐）？

---

①　（汉）孔安国传,（唐）孔颖达等正义：《尚书正义》, 页442。

　　　　　贞：王勿比戛伐 🖋 (印?)？　　　　　　　　　　　　　　《合集》6474

　　　……争贞：今 🖋 (时?)王伐 🈳 方受……

　　　……伐 🖋 (党)方帝受我……　　　　　　　　　　　　　　《合集》6542

　　　……午卜,㱿贞：王伐党,帝受我又(祐)？　一月

　　壬寅卜,争贞：今 🖋 (时?)王伐 🈳 方受(有)㞢又(祐)？　十三月　《合集》6543

　　　……王伐党,帝……　　　　　　　　　　　　　　　　　　《合集》6549

　　甲辰卜,争贞：我伐马方,帝受我又(祐)一月　　　　　　　《合集》6664

　　王徝(德)方,帝算(尊)王①？

　　　　贞：帝弗其……？　　　　　　　　　　　　　　　　　《合集》6734

　　　……徝(德)方,帝算……　　　　　　　　　　　　　　　《合集》6735

　　　　贞：帝弗其算(尊)王？　　　　　　　　　　　　　　《合集》14188

　　　……今 🖋 (时?)王徝(德)方帝……我又(祐)？　　　　　《合集》6736

　　□午卜,㱿贞：今 🖋 (时?)王徝(德)方,帝受我……？　　　《合集》6737

　　己丑卜,㱿贞：帝作伐？　　　　　　　　　　　　　　　　《合集》14185

　　王固曰：吉,帝其〔受〕余又(祐)？

　　丙辰卜,争贞：沚戛启,王比,帝若,受我又(祐)？　二告

　　　　贞：沚戛启,王勿比,帝弗若,不我其受又(祐)？　八月　二告　《合集》7440

　　　　贞：王崒(尊),戛,帝若？　二告

　　　　贞：王勿从戛,帝若？

　　　　贞：戛称册,王崒(尊),帝若？　　　　　　　　　　　《合集》7407

商王确认及保护他的政权,祈祷上帝的目的基本上限于这两种：建设保护都城；保障边疆,使领土不缩小,这也是国家最关键的问题。

(四) 天中上帝发出"大令"以指定万邦之中位

1. 殷商文字中的"帝令王"："帝令"概念的衍生

　　殷商文字中未见"命"字,而用"令"表达上帝或殷王的公命和崇高的委任。甲

---

① "⺁"、"徝"("徝")字通常释为"循",但"循"字从"盾",甲骨文作"🖋",而"徝"字从"目",系"德"字的雏形,表达走路时眼睛专注于正确的方向,或在祭礼中祭司准确地把握了祈祷的对象。

骨文中基本上只有王和帝才能出令。陈梦家先生对照甲骨文中的动词,发现帝令生、降祸是用两个不同动词来表达的,记载"帝降祸"、"帝降难"等恐怖情形不会用"令"字。帝令,则赋生①。虽然前文已阐明,甲骨文也偶有帝令灾害或帝降福祐的记录,但许多卜辞大体符合这种分类,即"令"总是表达正面崇高的命令、赐命、授权、赋生。在甲骨文中,"帝令"的卜辞相对少,共见三十余个例子,如下文所论述主要是帝令凤、帝令神、帝令雨,少数有帝令某种灾祸,或帝令孕即赐予生命。

殷商文字中未见用"帝令"来表达委任统治权之意(犹如西周铭文所见的"大令")。虽然如此,笔者却不认同学界普遍的说法,即认为"天命"概念乃周文化所创造。文献中记载大禹受天命,且从该传说中透露的细节来看,这不像是后人向前倒推而虚构的历史想象。笔者推论,甲骨文中未见"大令"的原因,或许是因为在殷商历史与正统思想的背景中,建都于安阳的盘庚,并不被视为受天命者,他们反而强调从上甲传承的王室。同时在殷商统治的语境中,也无意强调原本是由成汤受命,推翻了夏王室的政权。

换言之,由于受"大令"(天命)者一定是建国之王,所以在政权变更时,用"大令"概念表达建立新王朝的崇高合法性。可是,殷商王族这种外来的殖民统治者②,不可能依照几百年前成汤败夏而"受令"的事情,来证明自己政权的崇高合法性;作为占领者的殷王武丁,在占领商王国的中心(很可能是盘龙城)后所采取的策略,反而不是宣布建立新的王国,而是把自己宣布为商王室正统的传承者,将殷墟命名为大邑商,以此方式强调殷商上古帝国政权的正统性。由于盘庚或武丁都不被称为"受令"者,而成汤并非在安阳殷墟"受令";是故,在殷商王室所留下的记录中(甲骨金文),没有提及"受令"的记录。

2. 西周上帝"大令"之"天命"概念

在周王室政变成功,推翻殷政权后,他们反而极力否定与殷商王室的同源关系。在应属西周昭、穆王时期的荣作周公簋③的铭文上,"令"字被用来表达委任崇

---

① 陈梦家:《殷虚卜辞综述》,东京都:大安株式会社,1964年,页562—565。

② 郭静云:《夏商周:从神话到史实》。

③ 马承源将之视为康王时期的器物,但是对照也属邢国的臣谏簋,二者器形相同,铭文的内容也接近,年代应该也相同。后者被陈昭蓉先生断代为西周中期(参《金文资料库》),所以荣作周公簋的时代不应早到康王时期。此外,周昭王时期的麦方尊记载周王派侯到邢国,在殷商邢国的基础上建立以周为宗主的邢侯国。由此可判断荣作周公簋和臣谏簋的制造年代应晚于麦方尊,也就是不早于穆王时期。另外,荣作周公簋铭文出现内史官名,所以年代应该不早于恭王时期。

高统治权的意思：上帝发令，赐命建新王国周。铭文载曰：

> 佳（惟）三月，王令燹（荣）眔内史曰：萁（割）井（邢）侯服，易（赐）臣三
> 品：州人、重人、膏（墉）人。拜頜（稽）首，鲁天子宻（导）乐（厥）瀕福，克奔走。
> 上下帝无冬（终）令于有周。追考（孝），对不敢象，邵（昭）朕（朕）福盟（盟），
> 朕（朕）臣天子，用典王令，乍（作）周公彝。

在荣作周公彝的铭文上既有"王令"，亦有"帝令"。在此"王令"的意思表达王委任统治的意思，周王给邢侯分臣属，授予政权；而上下帝（天地之帝）赐命无终之帝令，委任统治权给周，令周王国管理天下万邦。器主孝行参加盟约，当周天子的臣属，因而作周公彝。可见，在这里直接用"帝令"表达"大令"（天命）的意思，荣作周公彝的铭文继续使用殷商时期的"帝令"概念。

从荣作周公彝的铭文可见，帝令与王令相关，周王因掌握源自天中帝令的势力，才有权力位于天下之中，体现上帝权威而亲自发令，授权给其他诸国君主。周王受帝令委任而统治万邦，周王又将帝令之恩分配给忠臣，授权其统治部分领土，管理邦国之事和臣民百姓。

西周中晚期虽然已较少出现"帝令"一词，但在铭文上却依然有记载，"大（天）令（命）"是源自上帝。"帝令"概念依然可见于西周晚期的青铜器铭文上，如西周孝王时期的瘋钟和史墙盘，厉王的猷簋，宣王时期的逨盘有差不多相同的记录：

> 曰：古文王，初鳌穌于政，上帝降懿德大甹（屏），匐（敷）有四方，匀受万
> 邦。雩（粤）武王既戈殷。   瘋钟
> 曰：古文王，初敕（鳌）穌于政，上帝降懿德大甹（屏），匐（敷）有上下，迨
> （会）受万邦……上帝司燮，尤保受（授）天子穋令……   史墙盘
> ……用康惠朕（朕）皇文剌（烈）且（祖）考，其各前文人，其瀕才（在）帝廷
> 陟降，醽圉（绍）皇□［天］大鲁令，用齘保我家。……   猷簋
> 文王、武王达殷，膺受天鲁令，匐（敷）有四方，并宅乐（厥）董（勤）疆土，用
> 配上帝。   逨盘

上述铭文所提及的上帝，就是崇高上帝天宰。这几条铭文所表达的意思，与单伯昊生钟、番生簋盖、师克盨、四十二年逨鼎、四十三年逨鼎、师訇簋等其他西周晚期记载"受天命"的铭文对照，均可见其表现同一种典范的概念，即"天命"就是来自上帝的大令。虽然在其他铭文中没有"上帝"两个字，但在当时的文化背景中，大家都知道，大令源自上帝。所以，无论在记录中是否有"帝"字，意思并无差异。居于

天中的上帝天宰发出大令给周王,以赏天恩、赐昊天壹德,以授权威而作居于天下之中的主宰、管理四方、统治万邦;上帝大令既含恩德,亦是崇高的委任,使王承担庞大的中位责任。

直至春秋时期,在齐国和秦国礼器的铭文上,仍明显表达"天命"是由帝所令:

> 尸典其先旧及其高祖,虩虩成唐(汤),又(有)敢才(在)帝所,尃受天命。
>
> 齐靈公的叔尸钟、叔尸镈

> 秦(秦)公曰:不(丕)显朕(朕)皇且(祖)受天命,鼐宅禹(寓)责,十又二公才(在)帝之坏,严斁(恭)夤天命,保䰞(业)乓(厥)秦(秦),虩事緐(蛮)夏,余虽小子,穆穆帅秉明德,剌剌趑趑,迈(万)民是敕。
>
> 秦公簋

齐靈公将商成汤视为高祖,而记载他从上帝那里受天命。春秋早期秦公簋的铭文表达:秦国十二公的传承统治,都由上帝所分配,秦公夤畏遵守上帝的天命,在上帝之命下保护秦国政权,他的行为都是帝意的表现。可见,基本观念没变,只是换成描述以秦为中心的天下而已。

3. 楚简及先秦传世文献中"上帝降天命"的记录

上海博物馆楚简《容成氏》第 14 简载:"子无(尧)南面,坴(舜)北面。"尧在位体现上帝意志,因此南面。青铜器铭文上普遍记载臣属北向于体现上帝的大王,在传世文献上普遍表达圣王南面。朝觐礼中,王一定南面,这前后的原因就在于,王是上帝(或太一)的代表。①

郭店《缁衣》第十七章引用《君奭》曰:"昔在上帝割田,观文王德,其集大令于厥身。"发大令者,就是上帝,在分配领土时观察文王有德性,所以给文王降大令。②上博《柬大王泊旱》、《彭祖》亦言:

> 帝牺(将)命之攸。　　　　　　　　　　　　《柬大王泊旱》第 11 简

> 句是(氏)嫛(执)心不忘,受命羕(永)长。臣可埶(势)可行,而鏊(趣)于朕身,而詘(谧)于帝棠(常)。　　　　　　　　　　　《彭祖》第 1 简

都表达发命(令)者是天中主宰上帝。

传世文献中相关的记录众多:

> 文王在上、于昭于天。周虽旧邦、其命维新。有周不显、帝命不时。……

---

① 郭静云:《〈郭店楚简·太一生水〉与〈上海博物馆竹简·恒先〉中造化三元概念》,页 167—192。

② 参郭静云:《仁与命:孔子原旨与儒家经典形成》,外篇题四之贰,第十七章之(五)。

穆穆文王、于缉熙敬止。假哉天命、有商孙子。商之孙子、其丽不亿。上帝既
命、侯于周服。　　　　　　　　　　　　　　　　　　　《诗·大雅·文王》

天命玄鸟、降而生商、宅殷土芒芒。古帝命武汤、正域彼四方。

《诗·商颂·玄鸟》

思文后稷、克配彼天、立我烝民、莫匪尔极。贻我来牟、帝命率育。无此疆
尔界、陈常于时夏。　　　　　　　　　　　　　　　　　《诗·周颂·思文》

不敢替上帝命。天休于宁王,兴我小邦周。　　　　　　《上书·大诰》

王曰:"嗟尔众! 予言若敢顾天命,予来致上帝之威命明罚……"上帝曰:
"……遂趣集之于上帝,天王其有命尔,百姓献民其有缀芳,夫自敬其有斯天命,
不令尔百姓无告……助天永休于我西土,尔百姓其亦有安处在彼,宜在天命,弗
反侧兴乱,予保奭其介有斯勿用天命,若朕言在周。'曰'商百姓无罪。朕命在
周……"王曰:"……上帝命我小国曰:革商国……"　　　《逸周书·商誓解》

《史记·夏本纪》将"天命"和"帝命"通用,意思相同。可见,出土、传世文献所表达
的观念都一致。

4. 授帝令者必有圣王的身份

上帝降命的对象只能是位于天下之中的大王;这一点,无论青铜器铭文、简帛还
是传世文献的记载都一致;包括在神秘占卜、祈祷和巫觋日书的记录中,依然可见
这种规律。如参九店 56 号楚墓简日书第 38—39 简提及上帝向大禹降命的意义:

凡五卯,不可己(以)㑆(做)大事;帝己(以)命嗌(益)凄壐之火,午不可
己(以)樀=(树木)。

日书内容载五卯的某一天上帝曾经发命给大禹以降火,因此这一天不宜种树。第
43 简又录上帝向另一位神格化的武彊先王发命:

敢告□緰之子武彊:"佘(尔)居㠆(复)山之酖,不周之埜(野),帝胃(谓)
佘(尔)无事,命佘(尔)司兵死者……"

武彊这位上古英雄的故事没有保留在传世文献中。但是就九店楚简所载,武彊是
古代百君之王。马王堆帛书、《汉书·封禅书》以及南朝齐地方文书上,都出现神
格化的武夷王("夷"是"彊"字的声符,有用作"彊"之省文)。武彊原来如大禹一
样,是一位楚国的英雄先祖,但随着时光流逝,其形象渐渐从文化记忆里遗失,只是
在后期零散的信仰中留下模糊的影子,历史的本相却被忘记。九店楚简此处载上
帝委任武彊管理兵死的饿鬼,使其不害活人。接下来又记载武彊从各君受享,以养

这些死兵之魂①。这里被称为武彊者实应为庙主,该庙负责安宁曾经死于此处的军兵之魂。神格化的庙主武彊王有资格受帝命(令),大禹在战国时期也被神格化,所以,这是两种相类的对象。

也就是说,不是每一位贵族的始祖,都曾有受帝令之资格。由于帝居于天中,故只有能位于地中者,才能受帝令。曾经受帝令者,一定是圣王,或者换句话说:某人因幸受帝令,所以能位于天下之中而成为圣王。

5. 小结

综上所述,"天命"概念源远流长,滥觞于商之前的信仰中。"天命"的本义是指天中主宰上帝发出"大令"。上帝位于天中,以其令选定位于地中的大王;大王受帝令获得委任统治权,以体现上帝治国。上帝令圣王建国,这种赋予建立国家崇高意义的信仰的形成年代,应该不晚于夏王国建国时代,或甚至更早,但是迄今留下的间接资料,尚不足以使我们理解西周以前此信仰的要点。

上帝发"大令"的概念可能源自某一个具体的国家(很可能是夏王国);由于此国家在历史上的影响力大,后续的商、周、秦、齐等大型王国的统治者,都在各自国家的政治体系中使用建国之王"受令"(命)的概念,坚信大令是由上帝所发。至于那些将自己国家认同为大国附属的附庸国,则记载其宗主国的建国之王受大令,如邢侯国认同周受大令的资格。而战国时期蔡、曾这样的国家却记载楚王有受命资格,曾侯与编钟还专门用"楚命"一词。此外,还有并不认为自己是由上帝授权的国家,但还是有"令"的概念,在其记录中,发令的主体则同样也不是抽象的昊天,而是该国统治者的上祖。

在西周铭文上,"大令"一词表达周王的君权是被上帝授予的。由此,受大令之大王体现上帝。"帝令"、"帝降大令"简称"大令",古人用"大"字只是表达这是一种特别伟大、高大的"令"。"大令"源自天,是天中上帝之赐命,后来此词又逐渐演绎为用"天命"一词来表达。只有到殷周政治信仰没落时,在汉代以来的传统中,才将"天命"一词理解为抽象的昊天之命。是故,先秦文字中,"大"与"天"两个字并不混用,这是后期用词及概念的变化导致研究者误解。

通过铭文考证可知,在周王国政治信仰中,发出"大令"的崇高对象是上帝。上帝是居于天中的天地主宰,帝令源自天;所以,由上帝从天中发出的"大令"后来开

---

① 《九店简》,页11—13、50、102—106。

始简称为"天命",但由此不宜将西周铭文所用"大令"一词解释为崇高昊天赐命的思想。不是"大"与"天"两个字混用,而是历来概念的演变,从早期有上帝"大令"到后期形成"天命"概念,这一过程蕴含着文化意义的演化。

在汉代概念中,能发出"天命"委任权的"昊天"概念是指相对于"全天下"的无所不包的"天上"。在先秦还没有一元史的概念时,对受令者身份的理解非如后世一元史所描述的那样,即全天下之主接受全天之"命"。所以"昊天"概念在有些用义上的确是取代了"上帝"对象,但这个情况只有到了汉帝国才发生。

这种变化的意思,除了商文明信仰没落而政权范围定义为"全天下"的意识形态兴起之外,或许还因为帝星的位置有变化。夏王国时代位于离天中最近位置的帝星,汉代时已偏移接近三十度(图二五九:3)。

(五) 大王体现上帝概念的衍生

殷末之前,"帝"仅限于指称居于天中的主宰者,而居于大地中的商王自然与上帝有直接的联系。在这要说明的是:虽然商周没有天下概念,但是大地的结构概念是以自己国家为中,王城为中央,王城周围的空间以四方安排,如殷商时,领土结构有四单、四土、四方以及属土之外的其他方国和荒地。所以居于天中的上帝位置,在地上相当于王城,王城之主宰死后升天而居于上帝左右。在这基础上,殷末时,"帝"字也开始被用作商王的谥称。

在殷商甲骨文里,王的身份还没有高到绝对作上帝分身的地位。王不同等于帝,但王与帝的关系直接而密切。以上所引西周铭文也是表达同样的理念。宣王时期逨盘也表达国家的中央与四方的主宰,在天界用配上帝。[①] 循此理念,在古代礼仪中,逐渐形成人王是上帝天皇在人间的化身的理念。《论语·卫灵公》曰:"无为而治者,其舜也与? 夫何为哉? 恭己正南面而已矣。"[②]这句话的意思表达统治者仿效北极,所以圣王正南面而无为不动的概念。这样的概念源自上古的北极天皇崇拜,天子正南面,所体现的正是天帝的状态。

---

① 参见陕西省考古研究所、宝鸡市考古工作队、杨家村联合考古队、眉县文化馆:《陕西眉县杨家村西周青铜器窖藏发掘简报》,《文物》,2003 年第 6 期,页 4—42。裘锡圭:《读逨器铭文札记三则》,《文物》,2003 年第 6 期,页 74—77。刘怀君、辛怡华、刘东:《逨盘铭文试释》,《文物》,2003 年第 6 期,页 90—93。

② (魏)何晏等注,(宋)邢昺疏:《论语注疏》,页 346。

直至春秋时期此一基本观念没变。前引春秋中期秦公簋铭表达秦公蠫在上帝之命下保护秦国政权,他的行为都是帝意的表现。只有战国以后,且在秦国的政治文化中,王的身份才开始同等于上帝。商鞅量明文曰:"廿六年,皇帝尽并兼天下诸侯,黔首大安,立号为皇帝,乃诏丞相状绾,灋(法)度量则不壹歉疑者,皆明壹之。"①秦始皇更进一步命令自己称为"帝",此时已丧失过去千余年的观念和礼仪②。

(六)总结

帝的信仰是崇拜天中为天地万物与国家运行的原理,在大自然里,帝的中央位置保证四方相合、天地空间不分散;四季运转、天时不乱;万物死生与土地生育规律。四季正常,大地生育才能有结果,年岁有收获,人们才有足够食物,因此祈祷天地经常隐含着收年目的。

上帝为天地的原理,所以他既高于人王,亦高于人祖(含王祖),他是天地之源头,是一切现象的出发点;但与此同时,祭祀上帝的商王,能够直接荣得帝的命令,这是因为帝的中位与商王的中位是直接关联的。帝既能保祐王,亦能惩处王。上帝的权力对国家政权的作用,依然离不开中与方相合的概念,因此在国家大事中,建筑王城、保护王城以及保障国家领土,均是商王祈祷上帝的内容。

出土和传世文献都表明:在商周时代,上帝被尊为崇高的天主,向王发大令。上帝位于天中,王被视为位于中心权威大国之中;根据殷周政治信仰,上帝与王之间的授权关系乃是王国存在的基础。上帝发大令,以固定"万邦"之中,以及建立上和下两个中心之间的主权中轴。获得上帝大令委任统治权的王,在礼仪上南面,以表达他体现上帝的中位。上帝和王分别居于上面的天和下面的地的中位。上帝赐大令,以封建多福,封建大国为王。上帝以大令委任王发令统治四方和万邦,建立中央王国。立于四方和万邦之中位者,作为天中上帝在地上的代表,被尊称为王,并从其中央王位号令诸侯,拥有统治侯国的权。这一类"王令"的意思最接近"帝令"。也就是说,天子之令最初源自上帝,而王与王臣之间的关系取法于上帝和王的关系,由此形成了与"帝令"相配的"王令",上帝既授权又保祐天子之令的有效性。

---

① 《集成》器号 10372,现藏于上海博物馆。

② 对此问题的讨论参郭静云:《秦始皇帝称号研究》,《历史文物》,2005 年第 2 期,页 78—83。

　　如果用现代的语言表达,帝是最高的神;但是在商文化中,"帝"与"神"不是同一个概念,帝是既非人形亦非兽形的"天中",而"神"是龙形的神兽天神。上帝独一无二,故高于众祖,也高于众神,丕显光明的祖先敬崇上帝,配位于其左右。神与凤两种神兽亦居于天,皆遵从帝的命令,这一点在甲骨文中表达得很清楚。但是上帝"天中"与天上神兽信仰的关系,还是需要更进一步思考。

五、上帝与天上神兽的关系

　　因为甲骨文中较多出现"帝令雨"的记录,学界认为"帝令神"、"帝令凤""帝令羽"都仅指雷、风、雪气象。但是这样的理解恐怕过于简单化甚至误解了甲骨文的神祕意义,需要重新阅读分析卜辞所言。

（一）帝令神和帝令龙

　　"令"是表达委任巨大的权力和责任。甲骨文"帝令神"的记载如下:

　　　贞:帝其及今十三月令神?

　　　……帝其于生一月令神? 二告　　　　　　　　　　　　　《合集》14127

　　　癸未卜,争贞:生一月帝其弘令神?

　　　贞:生一月帝不其弘令神?

　　　贞:不其雨?　　　　　　　　　　　　　　　　　　　　《合集》14128

　　　……帝其令神?　　　　　　　　　　　　　　　　　　　《合集》14130

　　　……令神……　　　　　　　　　　　　　　　　　　　　《合集》14131

生一月时,祈祷上帝"令神"。这肯定不是一个大的活动。如何理解帝令神的意思? 很多学者以为该卜辞要读作"帝令雷"或"帝令電",但前文已从所有的方面证明,该字是"神"字。帝令神的祈祷或许在缺雨时,祈求上帝下令,委任神龙天神,使其喷吐甘霖,在"帝不其弘令神"的反问下,又用小字刻写"不其雨?",显示弘令的目的在于养育万生的神靈雨。

　　除了令神之外,也有帝令龙的记录,如《合集》14167:"帝……令龙?"下文有讨论《合集》14153 占卜帝令雨,也提及"龙"。又有《合集》14227 记录,用燎祭法祭祀上帝而提及"云":

> 贞:燎于帝,云?

> 贞:及今十三月雨?

> 贞:……于?

这些卜辞应该都表达帝与天上龙形神兽的关系,商王祭祀上帝以祈求获得来云、神降,将天恩降给祭祀者。当然只有商王才有资格直接要求上帝,非王的卜辞里应该不会有这种祈祷礼仪。

　　不过,下列卜辞显示,"帝令神"的意思可能不是在获得雨露,《合集》14129 曰[1]:

> 王固曰:帝隹(唯)今二月令神,其隹(唯)丙不令羽,隹(唯)庚其吉? 吉。

> 王固曰:吉! 其神?

> 贞:弗其今二月神?

> 贞:帝不其令□?

> 壬申卜,古贞:帝令雨?

> 贞:及今二月神?

这次王卜求:二月上帝是否令神,又令羽? 令羽的意思下文再讨论,在此我们的重点是,在下一句里"神"字作动词使用,应该理解为表达上帝的动作:"帝其神?"《合集》21174 也言:"午贞:不帝神……午〔贞〕:神,帝其……"

　　前文提到"神"字用作动词的文例,并以传世文献阐述"神"这个动词,是用以表达"使其靈验、提供神符"的意思。传世文献中又有"帝神"的文例,如《晏子春秋·谏上十二》曰:"上帝神,则不可欺;上帝不神,祝亦无益。"[2]上帝作"神"的动作,经常会伴随有一些自然现象发生,但信仰的重点,乃是强调上帝显现、靈验。《合集》14156 也有帝靈的记录:

> 丁丑卜,争贞:不靈,帝隹(唯)其……?

> 丁丑卜,争贞:不靈,帝不其……?

商王祈求上帝表现自己,让人知道天意。如何使上帝露面? 这未必是下雨或其他

---

① 董作宾编:《小屯·第二本·殷虚文字·丙编》,台北:"中研院"历史语言研究所,1957 年(后引简作《丙编》),页 65、66。

② (战国周)晏婴撰,王更生校注:《新编晏子春秋》,台北:台湾古籍出版有限公司,2001 年,页 60。

容易看到的气象,占星术的卜法和获得灵验的原则不能用日常朴实的观念去解释。

（二）帝令凤和帝令羽

前文已讨论帝令凤的意思涉及中与四方的关联。上述《合集》14129 有帝令羽的记录,而《合集》5452 还有如下记录:

乙丑卜,𠂤贞:令羽暨凤以束聿,比罜(蜀)载事(使)？ 七月

有关"羽"（𦏹）字学者们解读不同,大部分学者读为"雪"①。《说文》"雪"字作"䨮",从"雨"、"彗",而"彗"字的古文写为"𥬲"（篲）,即写从"羽"。从此对照来看,"羽"和"彗"或许有古今字的关系,所以甲骨文的"𩇯"（霸）或许可以读为"雪"。但是《说文》也有"霸"字,释为水的声音②,甲骨文"𩇯"的用义不清楚,或似作为族名和地名③,或似为受祭祀者④,或完全无法判断其义⑤,也看不出有雪的意思,不过因留下材料太少,所以原则上也不能排除"羽"为声符作"霸"的省文或初文。

可是,如果将"𦏹"字读为"雪",我们可能会遇到一些季节上的矛盾。传统认为殷代正月相当于从冬至后起的丑月,或以冬至为年头。部分用"𦏹"字的卜辞符合可以下雪的季节,如以上所引《合集》14129:"帝隹(唯)今二月令神,其隹(唯)丙不令羽……"或以下几条:

中日羽？ 一月。	《合集》21026
王固曰:羽？ 二告	
贞:今三月帝不其令雨？ 二告	《合集》14135
己酉卜,贞:亞从,屮(有)羽？ 三月。	《合集》13426⑥
贞:亡其羽？ 十二月	《合集》13438
□□卜贞……兹三月……羽？	《合集》13427

---

① 《甲林》,页 1849—1852。

② （汉）许慎著,（清）段玉裁注:《说文解字注》,页 572。

③ 《合集》9365 等。

④ 《英藏》2251、2366。

⑤ 《合集》21023、21024、29214、32392、34039;《屯南》769 等。

⑥ 《合集》13420—13430、13437、13439、14521 都有类似的记录,但大部分不提及月份。

……羽？十月 《合集》13428

《合集》3266录：

己卯卜，贞：今夕小子㞢（侑）羽？

贞：翌庚〔辰〕小子㞢（侑）羽？五月

……小子㞢（侑）羽？

从时间来看，五月在中原平地很难会下雪，再仔细看，从文句的结构已可见，“小子㞢羽”之语不能读为“小子有雪”，这应该是祭祀之记录，“㞢”字宜读为“侑”，而“羽”是某种被祭祀对象，但不是下雪的气象①。

甲骨上另有几条求“羽”受年：

乙巳卜，㱿贞：羽，受年？ 《合集》9789

乙巳卜，亘贞：羽，不其受年？二告 二告 《合集》9790

……于羽，受年？ 《合集》9780

从这些记录看，不排除羽是能够管雪的：冬天的雪保护土，预防寒风伤害土层，以免对春天的萌芽有不良影响。但是无论他能否管雪，这个字不可能是指雪的气象。

《英藏》564载：“辛丑卜，宾贞：叀（惟）羽令以戈人伐𢀛方，𢦏？十三月。”从时间来看，有闰月年的十三月是可以下雪，但从内容来看，这完全不像气象的卜辞。这一条以及《屯南》3797：“辛巳卜，贞：王叀（惟）羽令以朿尹？”与上述《合集》5452的语言表达相类似，都不像气象的卜辞，尤其是《合集》5452提及七月，是夏至的时间，难道夏季会下雪？其他卜骨也有五月、七月的记录：

贞：勿羽？五月

……勿令？ 《合集》40770

癸丑卜，宾贞：令羽，郭以黄执𢦔？七月 《合集》553

但五月甚至七月下雪是在中原平地不可发生的自然现象。

总体来看，资料不支持将“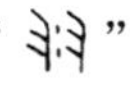”字读为“雪”，该字可能是某种被祭祀的对象，不过可惜的是，大部分卜辞难以理解②。重点在于，《合集》5452所载七月“令羽暨

① 《合集》698、709、10875、34056、120、210、32000中，羽也似乎是被祈祷或被祭祀者。

② 如《合集》409、862、3171、3253、3317、4449、7163、7188、8235、8282、8961、9690、13431—13436、13413、16460、19116、19338、21781、21782、26380、23803、24937、28197、32917—32920、34038、40769；《屯南》1099、3035、3353、4044；《东京》171；《怀藏》958；《英藏》485等。

凤以束"中,"羽"不是"雪","凤"不是"风"。

温少峰和袁庭栋先生认为,甲骨文"彳彳"作祭祀对象,可能表达对彗星的祭祀记录①。这样"令羽暨凤以束"的意思指涉两种天体。说到具体的彗星,现有资料既不足以证明,亦不足以否定。彗星(应指经常见的哈雷彗星)每75—76年回到太阳,而"凤"应该主要指四方凤,及位在太阳的黄道,所以互有一些关系,故我们可以保留理解为彗星的可能性。

不过同时还可以考虑"彳彳"字的本义,即读为"羽"的本字。文献中"羽"字能代称一切有羽毛的飞禽类。如《周礼·冬官·梓人》曰:"天下之大兽五:脂者、膏者、赢者、羽者、鳞者。"郑玄注:"羽,鸟属。"张衡《西京赋》也言:"乃有迅羽轻足",以表达迅飞的鸟类和迅跑的兽类②。卜甲上所载祈祷羽鸟类与凤鸟的记录,或许涉及战事。

这些神祕记录的意思不清楚,不知羽凤是指哪些对象,他们应该做什么;或许这是天上有靈性的众鸟,或更有可能以鸟类形容星星,以凤为主导的黄道大星,而羽者是其他类型的星星。既是星星,求星受年,乃占星术常有之举③。

不过,在《合集》5452也不能排除这是两位关键人物的可能性,在有些卜辞上,"羽"字可以理解为族名、人名或地名;羽和凤两者即是殷商的族名之一。该卜辞或许记载,羽和凤这两族军队跟从蜀族军队参加某种政治活动。所以可能的理解不止一种,然而只能存疑,这在甲骨文研究是常见的情形。

虽然在后期的语言中,鸟与凤的差异很大,但是在甲骨文中,"鸟"字与"凤"字并不区分,用义相同,都是指四凤天鸟崇拜对象,所以"羽"字表达多种小的鸟类,也符合天上多星的形象。这种假设应该还是可以成立。

(三) 思考"帝令雨"卜辞的隐义

1. "帝令雨"卜辞的规律考

卜辞也常见"帝令雨"的记录,这是否为普通的求雨的意思,或带有更深入的意

---

① 温少峰、袁庭栋:《殷墟卜辞研究·科学技术篇》,页62—64。

② (汉)郑玄注,(唐)贾公彦疏:《周礼注疏》,页1810—1812。(汉)张衡著,张震泽校注:《张衡诗文集校注》,页68。

③ 如《合集》5717、7064、21245、31579、32565;《东京》1241等。

味?《合集》10976 载①:

> 己巳卜,争……(6)
>
> 辛未卜,争贞:生八月帝令多雨?(8)
>
> 贞:生八月帝不其令多雨?(8)
>
> 壬寅卜,争贞:叀(惟)……令,比?二告(39)
>
> 己未卜,内贞:周甾擒?(56)
>
> 己未卜,内贞:……甾……(56)
>
> 贞:……呼犬,✠省比南?
>
> 勿呼雀?帝(禘)于西。
>
> 勿……雀買?
>
> 壬戌卜,殻贞:呼多犬网鹿于麓?八月。(59)
>
> 壬戌卜,殻贞:取豕呼网鹿于麓。
>
> 戊寅……内呼雀買?(15)
>
> 戊子卜……(25)
>
> 丁酉雨至于甲寅旬有八日,九月。(34—51)

为了厘清该卜甲记录,我们用数字标出干支。从卜甲所载的日期可知,壬戌(59)日在八月,甲寅(51)日则在九月。因为这样的关系,计算干支,两日必须间隔 52天,故壬戌日只能在八月初,甲寅日只能在九月底。以此推断,祈卜"生八月帝令多雨"的辛未日(8)不可能晚于壬戌日,只能比壬戌日早 51 天。因此,该卜辞是非常早的预先占卜八月的雨露情形(大约六月中旬),如果正月在冬至,而八月相当于秋季开始,而六月中近乎夏至。从时间的间隔来看,我们应可断定卜甲上的整个占卜过程:首先,巫师最迟在六月望月左右,已卜问八月时的下雨状况;其次,从后续的卜辞内容可知,之所以要提早预测雨露,或许与商王八九月的狩猎有关。此外,在夏秋之间有进行禘于西的祭礼。总体可见,这张卜甲的记录不能过于简单地看作只是祈雨而已,这次祈雨隐含着很深的内在意义。

《合集》14295 记载禘祭四方凤以求年,同时也记录一月帝令雨:

> 辛亥卜,内:贞今一月〔帝〕不其令雨?
>
> 辛亥卜,内:贞今一月帝令雨?四日甲寅夕〔雨〕。

① 笔者在此省略四条没有时间记录的卜辞。

依笔者浅见,这两段有关联:在年初重新确定四季原理以求丰年,上帝降甘露不仅是在养大地,同时也证明自己的出现,是以崇高天主的身份对来年表示肯定。

在其他卜甲上,也有在正年一月时占卜帝令雨以求年的记录:

勿ㄓ(侑)于祖丁?

贞:帝令雨,弗其正年?

帝令雨,正年?

贞:求年于岳?

……令,求年……　　　　　　　　　　　　　　　　　　　　《合集》10139

……帝令雨,正〔年〕?　　　　　　　　　　　　　　　　　《合集》14141

但也有每个月份占卜令雨的问题:

王固曰:……

贞:今一月帝令雨?　　　　　　　　　　　　　　　　　　《合集》14132

……今一月帝其……　　　　　　　　　　　　　　　　　　《合集》14133

……今二月帝不〔其〕令雨? 二告　　　　　　　　　　　　《合集》14134

贞:今二月帝不其令雨? 二告　　　　　　　　　　　　　　《合集》14135

己丑卜,古贞:翌庚寅帝其……

王固曰:其隹(唯)丙……

丙申卜,亘贞:今二月多雨?　　　　　　　　　　　　　　《合集》12511

……㕚贞:今三月帝令多雨?　　　　　　　　　　　　　　《合集》14136

……三月帝……雨?　　　　　　　　　　　　　　　　　　《合集》14137

戊子卜,㱿贞:帝及四月令雨?

贞帝:弗其及四月令雨?

王固曰:丁雨不重(惟)辛旬丁酉允雨。　　　　　　　　　《合集》14138

□子卜,宕〔贞〕:帝其及……　　　　　　　　　　　　　《合集》14139

戊〔戌卜〕,王贞:生十一月,帝雨? 二旬又六日……　　　《合集》21081

……十一月……帝令多雨?　　　　　　　　　　　　　　　《合集》14140

丙寅卜,争贞:今十一月帝令雨? 二告

贞:今十一月帝不其令雨? 二告　　　　　　　　　　　　《合集》5658

也有卜问某特定的一天,帝令否雨:

王固曰:帝其令………

来乙未帝其令雨？二告

来乙未帝不令雨？ 《合集》14147

癸〔丑卜〕,㲋贞：翌甲寅帝其令雨？

癸丑卜,㲋贞：翌甲寅帝〔其〕令雨？ 《合集》14149

贞：翌丁亥帝其令雨？ 《合集》14150

……庚寅帝不令雨？ 《合集》14146

……帝隹（唯）癸其雨？ 《合集》14154

癸丑卜,古贞：今日帝不其…… 《合集》14155

……㲋……翌乙卯帝其令雨 《英藏》1139

或占卜几天内帝是否令雨：

壬子卜,争贞：自今至〔于〕丙辰帝〔令〕雨？ 《合集》12852

〔丙?〕戌卜,争 贞自今至于庚寅帝令……

……自今至于庚寅帝不其令雨？ 《合集》14148

〔贞：〕自今至〔于〕庚寅帝不其令雨？ 《合集》14151

《合集》900 的卜辞清楚地表达,这特定的时间是因为王要耤田：

丁酉卜,㲋贞：我受甫耤才（在）姐,年？三月。

丁酉卜,㲋贞：我弗其受甫耤才（在）姐,〔年〕？

〔丁〕酉卜,宁贞：姐受年？

贞：姐弗其受年？

自今庚子〔至〕于甲辰帝今雨？

至甲辰帝不其令雨？

前文已讨论卜辞中的"呼神耤"和"我耤"的意思,"我"即指商王,描述王在春天时耤田之礼,即《礼记·祭义》所言："天子为藉千亩。"古代信仰中,王是由天帝派遣来治理人间者,故王以天力耤田,以保丰年,与此同时祈帝降雨,以表现天意。所以王向帝祈祷令雨是有特殊意义的,并搭配特殊的国家礼仪。

武丁时期的卜辞出现上帝令雨的记录较多,之后几乎不见。在这些年代差不多同时的武丁卜辞中,有的零碎、简略地问帝令雨,所以很难看出规律①,但大部分却似有某种内在规律。其中《合集》14153 每一天占卜翌日帝是否令雨：

---

① 如参《合集》14142—14145、14152；《英藏》125、1138。

丙寅卜,〔翌丁〕卯帝其令雨?

丙寅卜,〔翌丁〕卯帝不〔其令〕雨?允……

……翌……帝其……

……翌……不……

丁卯卜,㱿:翌戊辰帝其令……

丁卯卜,㱿:翌戊辰帝不令雨,戊辰允雾。

戊〔辰〕卜,㱿〔翌〕己巳帝〔其〕令雨?

戊辰卜,㱿:翌己巳帝不令雨?二告

己巳……

己……

己巳帝允令雨至于庚。

辛未卜:翌壬帝其雨

〔辛〕未卜:翌壬帝〔不〕雨?壬晕。

壬申卜:翌癸帝其令雨?二告

壬申卜,㱿:翌癸帝不令雨?

甲戌卜,㱿:翌乙亥帝其令雨?

甲戌卜,㱿:翌乙亥帝不令雨?

乙亥卜,㱿:翌丙子帝其令雨?

乙亥卜,㱿:翌丙子帝不令雨?

丙子卜,㱿:翌丁丑帝其令雨?

龙?

依笔者浅见,或许当时发生干旱,所以每天祈雨,且不是用甲骨文通见的祈雨方法(简单问"雨、不雨",直接祈求雨本身,不呼吁其他神祕对象),而是直接祈求最高的上帝天主。有意思的是,《合集》14153除了每天求帝之外,另有提到龙。或许当时干旱情况很严重,所以巫师尽量集中一切神能,祈祷养生甘露。

时代差不多相同的《合集》14638同样记录每天占卜翌日的令雨,但是祈祷对象是河:

贞:翌甲戌河其令〔雨〕?

贞:翌甲戌河不令雨?

祈河求雨的例子目前只有这一件,所以其可能隐含着当时同时用多种祭法的痕迹。

产生这种情况的原因我们已经不能知道①。

2. 思考信仰的层面及演化

从帝令雨的卜辞内容以及其他商文明信仰的要点，我们可以考虑以下几个方面：

（1）神兽与巫，上帝与王

第一，上帝令雨与神龙管雨在当时的信仰中并不抵触，而代表信仰的不同层面。神龙天神是巫觋文化的基础，而帝是在一切神兽之上的至上至中的崇高之主。所有巫师都能与神兽沟通祈祷，但只有王才有资格恭拜帝而祈祷帝，只有从国中之王位才可以联络到天中之帝位。同时，上帝和神兽的关系可以与商王和巫觋的关系相比拟：巫觋在跳神时与神兽联合，甚至变成神兽，神兽通过巫师表现自己，而王被视为帝的表现；上帝在天中，其周围昊天充满众神，天上的神兽可作天帝的使者，凤巡四方，神降于地；而巫觋会作王的巫官、祭司，负责占卜和庙礼。平时不需要由王亲自出来命令，也不需要直接求于帝，但在关键时刻一定要王出面，方可求于帝。

（2）神兽和天象，雨水和雨师

第二，甲骨文中"雨"可能本身含有几个层面的意思。首先是雨水，但是在祈雨者的观念中，雨水是养育万物的神靈雨。同时甲骨文中的雨也会被用作祭祀对象，被看作是一种赐雨的神靈或神力，这或许可以视为雨师信仰的源头。但是，在战国楚帛画里，雨师有奇人的形貌，而早期的雨师信仰绝对不是人形。一方面雨师的神能由神、云、虹等龙形的神兽负责，另一方面我们可以考虑星象崇拜。前文已论及《合集》11501+11726 所描述的占卜来自北方的彩云，在西堳观天台发生雷電，而巫师依靠星象天光来追索天意。

古代巫人在观察天时，了解到恒星与降雨之密切联系。此联系首先在于恒星旋环与四季循流之关联，但不仅如此；古代巫师掌握得到以恒星神光预测天气之方法，故认为，恒星管理云气，并能排云、关闭月和日，以此揭露天意神旨。在对天象作进一步观察时，古巫也发现，天上有具体的星座专门负责多雨季节。例如，按照汉代人的定义，毕宿本身会"掩兔"和"捕鸟"，该"兔"即是月，而"鸟"就是日。月进

---

① 还有《合集》11921 言："庚戌卜，争贞：不其雨，帝异（潩）？"可能也是一种表达"帝令雨"之卜辞。《淮南子·览冥训》曰："潦水不泄，瀿瀷极望，旬月不雨，则涸而枯泽，受瀷而无源者。"参（汉）刘安编，何宁撰：《淮南子集释》，页 216。

入毕宿时,立刻开始下雨,故毕宿另被称为"雨师"①。我们不能以为,对毕宿的观察至汉代才有,这些观察一定源自文献之前文化的知识,只是以兔譬月和以鸟譬日的出现年代较晚而已。

不仅是中国巫师发现毕宿与云雨的关系,古希腊天文学家也指出此客观现象。毕宿在希腊的名称是雅德斯(Υαδες)女神。Υαδες 词义就是"霖雨",古希腊人相信雨滴乃雅德斯女神之眼泪。笔者在卜辞中也发现对毕宿的记录。虽然在卜辞中不以"毕",而用"率"字指出毕宿,但有具体的线索能够证明,商代所用的"率"字如何在后来改成"毕"字②。

(3)雨师天象与甲骨文"率"字的象形意义

根据《说文》的定义,"率"字的本义为捕禽兽的猎网。从甲骨文"⦚"字字形和用义来看,其本义确实可能源自狩猎文化。关于"⦚"字的"⦚"偏旁,学者们都认为可能是猎网,但关于点形符号的来源则从未解释过。笔者从古代狩猎文化得到启发,以为"⦚"字的点形符号或指雨滴。在甲骨文中,以四点形容雨滴的情况并不鲜见,如"电"字的甲骨文写作从"申"和从四点雨滴的"⦚"等。"⦚"字从雨滴的意思,应该是指涉狩猎季节的天气,或狩猎成功的天气条件。

《说文·率部》曰:"率,毕也。"甲骨文也有"毕"字,写作"⦚",隶定为"⦚",释为"⦚"(毕),或释为"禽"(擒),该字是长柄捕鸟网的形状。《说文·⦚部》曰:"毕,田网也。"段玉裁注:"指田猎之网也。"③而郑慧生先生注意到"⦚"的字形不仅像长柄的鸟网,也完全符合天上的毕宿之形④。笔者认为,郑慧生先生的观点是准确的。由于该字形为长柄鸟网,其字义为"擒"。一般认为毕宿的宿名,是来源于其分布形状像古代田猎用的毕网,并未考虑到毕宿在古代田猎文化中的关键作用。

毕宿在天上的位置与含大火星的心宿相对。公元前 3050 年左右,太阳在秋分

① "掩兔"和"捕鸟"分别是《尔雅》和《说文》对"毕"的定义,而郑玄注《周礼·春官·大宗伯》将毕宿称为"雨师",参(汉)许慎著,(清)段玉裁注:《说文解字注》,页 158 上;(汉)郑玄注,(唐)贾公彦疏:《周礼注疏》,页 736。

② 参郭静云:《甲骨文"⦚"、"⦚"、"⦚"字考》,页 197—221。

③ (汉)许慎著,(清)段玉裁注:《说文解字注》,页 158 上。

④ 郑慧生:《释⦚》,《殷都学刊》,1996 年第 1 期,页 1—4、10;另载郑慧生:《甲骨卜辞研究》,开封:河南大学出版社,1998 年,页 235—243。

时位在心宿，而春分时则位在毕宿，所以秋分时看不到心宿大火星，而春分时看不到毕宿。可以最完整观察大火星的时间是春分，这时大火星在天上到达最高的顶位；而可以最完整观察毕宿的时间是秋分，这时毕宿位于天上最高的顶位。殷商时，因天体相对位置的变化，亦即径动（precession）的原因，能最完整观察毕宿的时段已移至寒露季节，到汉代则又移至霜降甚至立冬季节。

古代占星者发现，天上毕宿专司多雨的季节。毕宿整夜在天时，若月亮经过毕宿，则会立刻开始下雨，故毕宿另外有一个名字叫"雨师"。《周礼·春官·大宗伯》曰："以槱燎祀司中、司命、飌师、雨师。"郑玄注："雨师，毕也。"①

据甲骨资料推论，"率"字与毕宿具有密切的关系，"𡿧"字的点形符号即是毕宿雨师所掌控的雨滴。传世文献中"毕"字的天文意义，也显示"毕"与"率"的关系：

> 月离于毕，俾滂沱矣。　《诗·小雅·渐渐之石》，毛公传："月离阴星则雨。"
>
> 东有启明，西有长庚，有捄天毕，载施之行。　《诗·小雅·大东》，毛公传："毕，所以掩兔也。"朱熹《诗经集传》："天毕，毕星也，状如掩兔之毕。"
>
> 浊谓之毕。　《尔雅·释天》，郭璞注："掩兔之毕，或呼为浊，因星形以名。"
>
> 率，捕鸟毕也。　　　　　　　　　　　　　　　　　　《说文·率部》②

从汉代人的角度观察：月可视为天上的"兔"，而日则被视为天上的"鸟"。"毕"与"率"两个字则分别被定义为掩兔网和捕鸟网。在秋雨纷纷之季，月亮过毕宿，这或许譬喻着，是天毕雨师（掩兔天网）掩住天兔（月亮）；同时也意味着天率（捕鸟天网）捕住天鸟（太阳），这就是进入捕猎季节的征兆。当然这种形象关系应该在汉代文化才有，而并非商时期的文化意义。可是，下文将阐明，毕宿跟秋冬雨季的关系，以及秋冬雨季与狩猎季节的关系，在狩猎文化中均客观存在，是故甲骨文中"𡿧"字从网形、从雨滴，这两种意涵具有内在关联性。

在甲骨文猎辞中，经常有卜雨的问题。从缺乏实际的狩猎经验的人来看，商王应该是不希望在森林狩猎时碰到下雨，所以才要在田猎前卜雨。然而猎人都知道，下雨时，森林中的空气充满各种香味，进入林中，人、狗的气味也传播得较慢，猎人可以更

---

① （汉）郑玄注，（唐）贾公彦疏：《周礼注疏》，页733、736。

② （汉）毛公传，郑玄笺，（唐）孔颖达等正义：《毛诗正义》，页1446、1216—1217。（宋）朱熹：《诗集传》，页148；（晋）郭璞注、（宋）邢昺疏：《尔雅注疏》，页323；（汉）许慎著，（清）段玉裁注：《说文解字注》，页663上。

接近野兽,而不会被猎物闻到。同时,雨中的森林充满各种声音,野兽比较听不出人和狗接近的声音。而且禽鸟被雨淋时,飞得也比较慢,或者根本飞不起来。所以,猎人在狩猎时,只是不希望有大雨,反而会将晚秋时节的绵绵细雨视为狩猎的吉兆。

据汉代文献可知,毕宿在最高的顶位时,正是天子的狩猎季节。春夏时节是禽兽交尾、繁殖和饲育时期,所以在《周礼》记载的狩猎文化中,在秋分前不许打猎,秋末冬初才为传统的狩猎季节。而雨师是保祐田猎的天神。张衡《羽猎赋》言:

> 皇上感天之惨烈,思太暤之观虞。虞人表林鹿而廓莱薮,翦荆梓而夷榛株。于是凤凰献历,太仆驾具,蚩尤先驱,雨师清路,山灵护陈,方神跸御。①

张衡的《西京赋》则以立冬的风景开始,其描述天子的羽猎言:

> 于是孟冬作阴,寒风肃杀。雨雪飘飘,冰霜惨烈。百卉具零,刚虫搏挚。尔乃振天维,衍地络。

接着张衡描述天子驾六马"雕轸",前方挂有几种天象之旗。在这些旌旗之首,有"天毕前驱",张震泽先生依三国东吴时期的薛综的说法而注曰:"天毕,星名,即毕宿,形如田网,有长柄。王者法而作之,绘天毕星于旗,载于前驱之车上。"②

天毕,除了被称为雨师之外,另又被称为"天网",如班固《幽通赋》曰:"观天网之纮覆兮,实棐谌而相训。"又被称为"罕车",如扬雄《羽猎赋》曰:"及至罕车飞扬,武骑聿皇。"吕向注:"罕车,猎车也。星宿名。毕宿的别名。"《史记·天官书》也说:"毕曰罕车,为边兵,主弋猎。"张守节正义:"毕八星,曰罕车。"③

总之,毕宿天网不仅形似长柄猎网,更是代表古代田猎收获的指标星座。第一,毕宿出现在天顶的时候,正是田猎开始的季节。虽然我们手里只有汉代文献所描述的毕宿和秋雨季以及狩猎季的关系,但殷商时毕宿在顶的时期正好是在秋分后的寒露、霜降时段,亦符合田猎文化规定。笔者认为,毕宿与猎季的关系,早在殷商田猎文化中即已建立。第二,毕宿率领秋季细雨,以协助猎获。第三,以天毕作首领旌旗,象征天子田猎游行。第四,猎车载有天毕旌旗,毕宿本身也被称为"罕车"。是故,毕宿从各方面来说,都可谓为田猎率领者。笔者认为,"毕"与"率"之间的关系,恰好体现上述田猎文化的背景。所以甲骨文"率"字也作动词,为"狩猎"之义。

---

① （汉）张衡著,张震泽校注:《张衡诗文集校注》,页263。

② （汉）张衡著,张震泽校注:《张衡诗文集校注》,页61—65。

③ （梁）萧统编,张启成、徐达等译注:《昭明文选》,页843、479—460;（汉）司马迁撰,（日）泷川龟太郎会注考证:《史记会注考证》,页462。

换言之,甲骨文的"⁞⁞⁞⁞"字源自天网雨师概念的象形和具象。天网雨师不仅率领秋雨,也率领秋季田猎。因此"帝令雨"的意思明显不是那么简单,不仅是帝,雨也含有崇拜对象的涵义。学者们认为,甲骨文中人们崇拜的"火"应该是大火星,不排除"雨"是雨师毕宿。尤其是从"帝令雨"一句中所用动词"令"思考,"令"的本义并非命令,而是授权委任管理、委任统治任务。"帝令王"是向王委任授权统治大国;"帝令神"是授权神龙管理上下天地交往;"帝令凤"是指授权四方风传达帝意。因此,"帝令雨"的意思应该是授权天上雨师,委任群雨出来养活大地。

就是因为甲骨文"雨"字涵盖雨水和赐雨水的对象(或可称为"雨师"),所以只有少数祈雨的卜辞求神、云或帝,大部分祈雨的卜辞,并不提及其他对象,而直接向雨祈求降雨露。可以合理推断:在占星术文化里,赐雨水的对象涉及星象;如果雨师是天象,它自然受令于居于北极天中的上帝。所以"帝令雨"可能涵盖两种意思:上帝亲自赐命雨水,以及上帝从天中命令雨师(天象)降雨。

这一问题还牵涉到两套对雨形象的信仰体系的结合:神兽崇拜和雨师天象崇拜。我们应该理解:在巫觋文化观念中,这两套形象并不相抵触,这是从不同的角度观察同一件事情。就是因为如此,神兽形象那么容易与天象结合,从四方风逐步发展到其他兽形的星星之形象。

(4)黄帝杀夔,帝令雨

不过,商王不通过神龙,而直接求帝降雨,可能还表达了国家政权与社会发展的一个阶段。普罗普先生研究神龙崇拜兴盛与灭亡的问题时发现:当文明进入大国历史阶段时,信仰也会产生革命性的变化,例如龙管理雨露的权力,会被独一无二的人格神取代。在固定的社会形态中,从事定居农业与畜牧的人们,都希望能排除多元、难以掌握的自然因素,排除神兽怪物的任性放肆。如同社会体系中有独一无二的王位,人们也倾向选定某位神帝亲自管理所有现象。在这种背景下,神话中便开始出现神帝或英雄杀死龙、进而剥夺其神能的故事。例如在《梨俱吠陀》(Rigveda)Ⅳ-17中,描述了龙形的弗栗多(Vritra)魔怪吞咽河水,使人们无水可用,故因陀罗神帝乃杀死弗栗多,并放水灌养大地①。犹太教的耶和华也有相类似的形象,他降服所有的埃及怪物,成为亲自发电降雨的神帝。

在中国神话中也可以发现同样的趋势,《山海经·大荒东经》恰好描述了黄帝

_____

① В.Я.Пропп. *Исторические корни Волшебной Сказки*, с.336.

杀夔并剥夺其神权的故事:"黄帝得之,以其皮为鼓,橛以雷兽之骨,声闻五百里,以威天下。"①甲骨文中帝令雨的卜辞,可能也显示在殷商上层阶级的信仰中,已出现崇拜上帝而压抑神兽地位的倾向。虽然上帝的身份还不是人格神,但对他的崇拜涉及王位的中心权威,所以可以考虑其时已出现这种观念的萌芽。

不过,虽然从殷商以降,在上层阶级的观念中,神兽的权威已有逐渐受限的趋势,但在民间信仰中仍保留着向神龙求祷降雨的传统。这样的信仰从上古巫觋文化、经过周秦汉,进而影响汉之后的道教祭礼,甚至流传到现今。

(四) 总结:殷商时代上帝与自然界的神祕结构

在殷商的信仰中,除了神兽众神之外,天上还有非兽形的、独一无二的上帝。从上帝与神兽的关系来看,可以发现成熟王国在信仰上的阶层差异。神兽崇拜是多元巫觋文化的形象,而上帝是源自天象崇拜而形成崇高权威的观念。

先秦有两种政权改易的方式,其一是"禅",即选才而让之,是早期国家非集权的联盟管治方式;其二谓之"传"或"继",即自父至子的家族传承,是排他性的王位集权。《孟子·万章上》载:"孔子曰:'唐、虞禅,夏后、殷、周继。'"②据郭店《唐虞之道》一文可知,先秦学者曾讨论过"禅"的美好:"汤(唐)吴(虞)之道,禅而不传。尧舜之王,利天下而弗利也。禅而不传,圣之盛也。"③以上帝为独一无二崇高宗教神主的社会,是在宗教层面反映出社会集权的结构。对"帝"字之天文学角度的分析告诉我们,天中的天文结构在公元前 2000 年就已符合"帝"字形结构;同时文献描述夏王国采取王室一家集权的制度。这两种现象互补相成,使我们理解,以上帝为主宰的宗教体系在夏商王国已兴盛。

直至甲骨文资料所反映的殷商时期,正好是巫师和国王身份开始出现明显区分的时代。巫师的身份被降低,而王则有上升为上帝的趋势。从甲骨文可知,掌握军事的王室统御王国,而巫师、祭司就成了为王提供服务的臣官角色。从甲骨文的记载中,可以发现帝与神兽的关系也有相类似的倾向。

---

① (西晋)郭璞注,郭郛注证:《山海经注证》,页 791—793。

② (汉)赵岐注,(宋)孙奭疏:《孟子注疏》,页 413。

③ 荆门市博物馆编著:《郭店楚墓竹简·唐虞之道》,页 1—2。

上帝令凤以管理四方四季的规律,令神以表现自己的帝意和帝恩。天帝不会亲自管小事,他是宇宙的原点和永恒静止的中央,是天地间上与下、中与方结合互动的原理,是死生之本。同时,商王的集权取法于上帝,帝与王有直接的关联,唯有王才可以直接向帝祈求雨水。

因为王与上帝有直接的关联,王死后升天而配位于帝之左右(图二六〇)。

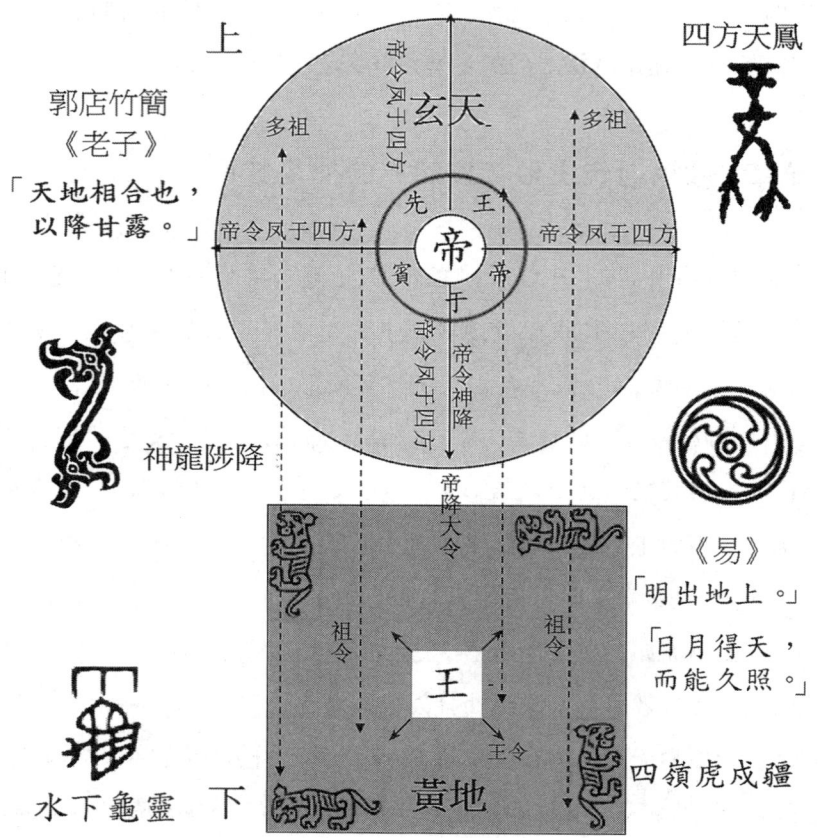

图二六〇　商文明宇宙与国家之对应关系示意图。

六、祖先宾于帝的概念

关于帝、祖关系,宋镇豪先生分析如下:

　　夏商时帝与人王无血统关系,先王与帝所处不在一个层面,帝在天界最上层,先王处在中层天地间。《尚书·微子》即有云:"殷其弗或乱正四方,我祖底遂陈于上。""陈于上"与"宾于帝"均有下上层位相异的含义,这反映了殷人宗教信仰观念中的宇宙世界。西周以降王自命为上帝之子而称"天子",人王位置上升,观念是有代变的①。

笔者认为宋先生的理解完全准确,其将"帝"归纳为自然崇拜毋庸置疑,帝是天地宇宙之主,并没有作商王始祖的意味。一切先王包括始祖的身份,都在帝之下。不过与此同时,先王升天而位于帝左右,自然天神都不如先王离上帝那么近。

　　笔者曾经详细讨论考王"宾于帝"的意思,即指殷王历经死亡、升天而宾见上帝。《逸周书·太子晋解》曰:"王子曰:'吾后三年将上宾于帝所,汝慎无言,□将及汝。'师旷归,未及三年,告死者至。"②而《合集》35931言"乙巳卜,贞:王宾于帝,事无尤?"意思一致。

　　西周铭文也表达了先王的位置在上帝左右:

　　　　先王其严才(在)帝左右。　　　　　　　　西周晚期敄狄钟③

　　　　前文人,其濒才(在)帝廷陟降。　　　　　西周厉王㝬簋④

西周早期天亡簋言:"衣祀于王不(丕)显考文王,事喜上帝。"而战国晚期中山王䝅壶也言:"以乡(飨)上帝,以祀先王。"⑤依然表达上帝与先王在天上的关联性。

　　《合集》2637曰:"己卯卜,宁贞:佳(唯)帝取妇好?"在这里帝不可能是指商王,而是天上的上帝,上帝取(娶)妇好的意思应该也表示妇好死后升天回到天帝左右。

　　笔者进一步推论,由于商王升天涉及宾于帝的概念,所以盘龙城大墓头朝北者居多,殷商的王冢也都是头朝北,亦即上帝北辰所在的方向。所以上帝与先王的关系隐含着天体关联的信仰。

①　宋镇豪:《夏商社会生活史》,页762。

②　黄怀信、张懋镕、田旭东撰:《逸周书汇校集注》,页1032。

③　《集成》器号49,藏处不明。

④　《集成》器号4317,出土自陕西扶风县齐村窖藏,现藏于扶风县博物馆。

⑤　《集成》器号9735,出土自河北平山县中山王墓(西库XK:15),现藏于河北省文物研究所。

七、结 语

商文明"帝"的信仰应源自对北极天中的崇拜,而"帝"的字形也具体、充分地表达了其本义,不仅具体描绘了当时北极天中周围的天空概况,也保存了当时巫师推断北极天中位置的方法。本文假设不仅符合商周信仰的内容,也符合当时重视天文观测的情境,并且从"帝"字的形构、用义来看,也和商时实际的天文状态相一致。就字的发展而言,甲骨文最早的"帝"字是当时测量北极天中位置的仪器图,并没有"上"字偏旁,其字义涵盖"上帝"以及"谛"和"禘"所表达的两种祭法,而作三字的本字;到了殷商中期,为了对名词和动词之"帝"作区分,在表达名词的字体上另再加了"上"字偏旁,便形成了"帝"字,而作为祭礼的动词继续用"帝"字表达。

但是,无论是作名词还是作动词,都离不开帝为"天中"的本意。秦汉思想中虽有配合五行观念的五方之帝的形象,但此概念一直要到汉代前后才算真正完备;但对商周而言,帝是独一无二的崇高的天中。

甲骨文极为常见的祭法是用"方"的礼仪祭祀帝以及用禘祭的礼仪祭祀方,皆涉及中与方的互补关系。在"禘"的祭法里,所祭祀的对象包含四方、巫、凤等,都与四方或四疆有关系。以方来祭祀中帝和以禘来祭祀四方,两种意思是相互关联的。依笔者浅见,这种中帝与方的关系表达了商文明的核心观念:虽然天在上,地在下,但万事一切并不是由天来独权主宰,天地互补交合才重要;同理,虽然中有独主,但中与方互补相合才是关键,所以不仅是四方来朝拜中帝,中帝也恭敬四方。并且,帝与方的关系不仅仅是表达空间关系,同时也涉及天上黄道四宫的星星旋转,以及与其相关的时间季节的循环周转。上帝不动而位于四凤之中,而四凤就如金沙遗址所出金器图像所表达的那样,环绕着中间的空虚飞翔。循着四宫星星在天上的转动而有四季循环,相应的,在地上有出萌芽、长茎叶、秀穗、结果、枯萎、死亡、又出萌芽的生命循环。上帝在永恒静止的天中主宰四方、四时、四季的规律,是主宰週年死生的至上至中的崇高之主。

古人一方面把帝崇拜为至高的对象,同时并不认为万事都该由他管理。独一无二的天帝是确定的原理,而具体的事情留给众神众祖管理。不过除了作宇宙原理之外,上帝的神能也直接象征和表达商王的神圣权力。帝永居于天中,所以位于地之中央的王是直接呼应上帝的,甚至可以代表上帝,因为上帝授权委任统治,王才能获得其王位。所以地上之王既受上帝的支持,亦被他考验、受罪孽。并且,在地上之王为地中,其所关注的要点一样牵涉到中与方的空间观念:上帝保护或破坏作为国家中央的都邑王城,或授权保祐国家领土之边疆。

总而言之,祖先、自然神兽、天帝三种崇拜对象的关系,在殷商信仰中构成一个系统:众神、众祖和独一无二至上至中至高的天帝。祖先通过神兽吞吐以升天,与此同时他们乘日而宾于帝。这三种观念并不相抵触:神兽管理自然界一切上与下、中与方、死与生的关系,同时顺从帝令。基本上,我们可以推论,天上神兽的信仰源自古国之前时代的巫觋文化;而独一无二的帝崇拜,则涉及大王国意识形态,并与大酋领国王的身份认同相呼应。同时,上帝、祖先和部分神兽形象涉及天象崇拜。这一切信仰在殷商宗教里构成很完整的等级体系。

第三章　先王的形象

一、上帝"大令"、世家"祖令"与"祖先联盟"之礼制体系

在古文明中，神兽崇拜代表重要且具有最古老基础的信仰；而崇拜自然现象、天界和天体是高层文化的精神信仰。在此之外，祖先崇拜则一直是古代信仰之核心。祖先保祐后裔，在人世宗族与神界及上帝之间作联络者；祖先既是生命本源亦是往生后升天的欲望。后裔向祖先祈祷和承诺生生不息，祈祷授予社会地位，并承诺维持祖先所委任的任务，不懈其位，保祐后代。祖先崇拜虽然基于最基本的生命本源意识，但在国家化时代已然涉及很多方面，包括社会组织和政治制度。在商周文化中，宗庙已成为国家礼制的中心之所，国家内部各宗族的祖先崇拜礼仪也被视为整个国家存在的神祕保障。

例如，前文有探讨"帝令"之天命概念。但是在中国多元的历史地图上，只有少数王室张扬始祖受帝令，其中包括周、秦、齐、楚等大国王室。除此之外，更多的君主，或者不认为自己有资格直接从上帝处受命，而以中心大国的王令——如周令、楚令作为统治授权的基础；或者本来就不崇拜上帝，而认为自己的权力直接源自祖先，是上祖委任统治权以确定后裔所拥有高位的合法性。

西周早期沈子它簋盖上留下了这样的铭文：

> 它曰："拜頴（稽）首，敢取邵（昭）告，朕（朕）吾考令乃鵬沈子乍（作）緻于周公宗，陟二公，不敢不緶。休同公，克成妥（绥）吾考，吕（以）于显显受令"……

沈子所受的"令"源自他自己的祖先（吾考），因受祖先的"令"，才有权在周公宗庙

办礼。祖先在天,所以祖先发令也源自天,但这不是无疆的昊天,而是天上的具体对象,只不过不是上帝而是上祖。

虽然沈子它认为,他受"令"的天恩是源自祖先,由自己家族的祖先授权,但同时并不否定周王室至上的权威。他仍到周公宗庙朝觐,以此向周表达忠诚及从属关系。西汉时也仍然保留这种认识:只有中央大王才能联络到上帝,如《说苑·办物》有言:

> 是故天子祠上帝,公侯祠百神。①

此处表达只有具天子身份的王才有资格祭祀上帝,上帝只会听到天子的祈祷;诸侯所祭祀的百神应该是指文神祖先。该文所记载当然主要是在描述单一中心的汉帝国的规定。但是,这种观念与"帝令"概念有关系。即诸侯将自己国家认同为周或楚的附属国,且认同自己的身份是在被称为天子者或王者之下;这意味着认同自己不从天受令,而是从王受令,不是由天直接分配领土和委任授权,而是依靠王令建立公侯国;这种等级的统治者,除了认同王令之外,同时也会认同是从上祖受令。沈子它簋盖的铭文与后来《说苑》所表达的意思一致。

其实,通看青铜器铭文可知,商周时期"帝令"与"祖令"概念互补搭配。青铜器铭文有表达始祖曾受上帝大令,由此上祖的后裔向祖先承诺保持国家安全,昼夜秉德,继续承担上帝降给上祖的责任。也就是说,先由上帝指定宗族之间的等级关系,将中央大国的权力委任给某一宗族,如郭店简《缁衣》引《君奭》所载:"昔在上帝割田,观文王德,其集大令于厥身。"上帝在分配领土的时候观察所有的人,发现文王有德性,所以给文王降大令,委任文王成为中央之主;由此文王的后裔通过其祖也获得统治权。

先秦时用"受庆"概念表达继承先祖所受大令的意思。楚简《缁衣》第七章的引文提及周成王而谓之"一人有庆"。《礼记·月令》有曰:"命相布德和令,行庆施惠,下及兆民。"②先王受命,王子受庆,"庆"即继承先王的天命,因此有承续天命而将天恩传达给万民的责任。③ 在青铜器铭文上经常可见,在位的诸王、诸侯向祖先报告自己昼夜不懈于位,管理国家,保护宗庙,持续承担祖先曾经承担过的任务。

---

① (汉)刘向著,卢元骏、陈贻钰注译:《说苑今注今译》,台北:台湾商务印书馆,1988 年,页 638。

② (汉)郑玄注,(唐)孔颖达疏:《礼记注疏》,页 718。

③ 郭静云:《仁与命:孔子原旨与儒家经典形成》。

这就是体现祖先、从祖先"受庆"或"祖令"概念搭配上帝"大令"的信仰。

不过,在其他表达从皇祖受令的青铜器铭文上,未必同时也提到周。既然依靠崇高的"祖令"来统治,那就不需再搭配与周王国的附庸关系,才能统治自己的国家。"祖令"概念的提出,原则上排斥"王令"概念。皇祖赐命以委任子孙有国,是直接且充分的上下关系。如春秋齐侯鎛镈也载:

> 用求丂(考)命弥生。

齐侯祈求祖先发命,以弥补、盈满家族的性命、生机。在这里,"命"字的意思相当于陈梦家先生解释的,甲骨文中"令"字带有的赋生的涵义。

上海博物馆收藏楚简《竞建内之》第2—4简亦曰:

> 昔先君蔡,既祭安(焉)命行先王之灋(法)……高宗命仪峦……①

蔡国的先君命后裔遵从先王之法规。这也是一种祖命的记录。

由此可见,后来形成的"天命"概念的意思,其实未必只限于上帝所发出的"帝令",也包括天上祖先之"祖令"。某些统治者认同源自天上的祖令,而非上帝大令,不一定是因为这个国家地位低,使得统治者没有资格与上帝直接沟通,而是因为这些国家根本就不认同上帝大令信仰,不崇拜上帝,而是崇拜上祖,将上祖视为最高的崇拜对象。因此,在多样化的上古世界中,不会有单一的解释。

可是,只依靠"祖令"的统治系统相当薄弱。宗族众多,各有其上祖,另一族没有道理臣服于别族祖先授权的权威。因此商周礼制并非以王室上祖为共同的崇拜对象,而是以多个宗族祖先构成的联盟为基础。多族祖先的联盟在信仰方面加强了诸国联盟关系。前文所引沈子它簋盖的铭文和《说苑》都有表达那些没有收到帝令者的后裔,一边依靠受大令者后裔的"王令",另一边依靠自己祖先的"祖令"。

也就是说,沈子它或《说苑》所提的公侯,都不具有"受庆"者的身份,他们的祖先没有受过上帝大令,何以在他们的观念中"受王令"和"受祖令"密切相关?这就是礼制中"祖先联盟"信仰的具体表现。上帝降大令,选定人世间的大王,再通过王的委任统治或受托人的再委任,通过这种层层委任关系而确定了各宗族之间的等级体系。大王受命者,在过世及升天后,"宾于帝",永远位处于帝之左右;而其他宗族的祖先在天上的位置,就像在朝觐礼中根据委任关系和等级而排出的位置。公侯祖先位处上帝与先王之左右,国家内部不同贵族的祖先之间的等级体系,在意

---

① 马承源主编:《上海博物馆藏战国楚竹书(五)》,页169—170。

识形态的层面,加强和巩固了整体联盟国家的结构;因此公侯祖先向其后裔发出"祖令"的目标与"王令"是一致的,都起到在社会中不断加强和坚固上帝大令的作用。相关宗庙之礼的一些要点,拟在下编第三章进一步探讨。

二、"祖"与"土"观念之相连

西周所见复杂的国家授权结构,主轴是从"上帝大令"(自天中的"上中"到地中的"下中"),到"王令"(自地中到各个地方),并以"祖令"(自上面天空中的各个方位到地上相对应的各个地方)加强和坚固之(图二六〇)。但是这种结构的形成过程源远流长,肇基于以共同祖先的意识作为组织社会和结群之基础的观念,且同时蕴含着将共同祖先的血缘关系与特定地区联结稳固的地缘关系结合起来合而为一的观念。只有在相对长期而稳定的宗族关系历史地图上,才会形成这种以多祖的宗庙代表的各地联盟。是故,这种宗族和区域联合的礼制概念不可能是在西周才形成;且因宗周所在的关中地区,之前并无稳固的宗族居于其土的情况;所以该政治文化的源头,也不可能是由"周人"所凭空创造。

礼制制度非周所创造,而是源自商的问题,最近学界普遍有讨论[1];礼制体系所组合的观念成分,应源自更古老的先商的国家文化中。宗族与区域的关系在殷商甲骨文中明确可见。首先甲骨文所见很多人名与地名相同,人名表达某人的地方来源,以族名、国名或地名作为人名,如妇邢、妇周、妇龍,都表达来自特定国家的殷王配偶;如沚夏是沚国君民;此外,上编第七、八章已讨论很多族名、人名、国名相同的情形,人名从族名,族名从地名等,甲骨金文有很多类似的名称。

不过笔者认为,我们有更强烈的证据能够表达,象征地区(或社区)这种意思的象形与象征宗祖的象形具有直接的关联。这种关系从"且"(祖)和"土"(社)两个字的相似性可以看出:古文字中的"且"(祖)字写作"🜚"、"🜚"、"🜚"、"🜚",而"土"(社)字写作"🜚"、"🜚"、"🜚"、"🜚",二者形象明确而非常接近。这两

---

[1]　郭静云:《夏商周:从神话到史实》,页355—396。

个字都是用于表达崇拜对象,其中,"且"(祖)是指父系祖先,代表生命来源;而"土"是指"社",即地方土神、社公,即衍生之地。郭沫若先生曾经假设"且"(祖)和"土"为牡器之象形①。笔者认为,这种假设甚有道理,不过,这种形状同时应该也是在形容崇拜祖先和土神的祭坛或偶像。古代崇拜土神的礼仪、礼器或偶像的情形不是很清楚,信仰脉络目前还是难以复原。但是祖形的偶像从新石器早中期以来在各地均多见,其形状为"且",应形容男性生殖器,但在各地崇拜礼仪上的意义未必相同。新石器不同文化中所见的"且"形器,是否象征男性力气、男性祖先,是否衍生为象征土的社公或其他信仰,此问题还待更多发现与研究。下文仅拟聚焦于商文明的祖形器,以探讨其脉络来源和信仰意义。

三、商文明祖形器的线索

(一)"玉主"祖先牌位

安阳后岗殷商贵族三号墓出土了几件特殊的玉器,一般称为"柄形器",在其上皆留下了朱书,写着"祖庚"、"祖甲"、"祖丙"、"父辛"、"父癸"等祖先庙名②。之前曾发现过殷商武丁时期的毛笔字,这间接表明,禹夏及汤商时期虽然不在骨甲刻字,但早已用毛笔在简牍等易腐的载体上写字。③ 笔者赞成刘钊先生的假设,认为该朱书极有可能是了解柄形器用途之线索,而其意义是作为祖先的"石主",也就是宗庙里的牌位。由此出发,刘钊先生更进一步假设:所谓"柄形器"的形状,符合甲骨文所见字形,便是表达被祭祀的祖先牌位形象(图二六一:3—10)④。该字

---

① 郭沫若:《甲骨文字研究》,页11。

② 中国社会科学院考古研究所安阳队、徐广德:《1991年安阳后冈殷墓的发掘》,《考古》,1993年第10期,页898—899,图三六:14—21。

③ 相关讨论参郭静云:《夏商周:从神话到史实》,上编余论一《语言与文字:试论殷商文字之发源与形成》,页315—321。

④ 刘钊:《安阳后岗殷墓所出"柄形饰"用途考》,《考古》,1995年第7期,页623—625、605。

在甲骨文中写成"丄",既可释为"主"的古字,亦可释为"示"或"且"(祖)的异体字。其实,这些所谓的"柄形器",最早见于后石家河文化玉器中,后来在盘龙城、二里头、二里岗等处经常作为随葬品出现,亦见于洹北城、殷墟和两周时代的墓。

后石家河文化中的玉祖的形状一般为长条形,其中一端两侧略内凹,做成所谓"柄"状,器上有多种细致的刻纹。后来慢慢形成了一种无刻纹的典型器,上头镶有一块圆形的绿松石(绿松石可能会因年久而剥落,故部分玉祖上常有圆形的缺块),盘龙城、二里头、二里岗和殷墓中的玉祖,均继承了此一特点(图二六一:11—15;二六二:11)。

学界对所谓"玉柄形器"的看法众多:没有特殊意义的装饰品①;圭类瑞器②;牙璋的亚种③;表达身份的玉笏④或玉节⑤;酒祭用的瓒柄⑥;祖先牌位⑦等。由于朱书痕迹难以保存,所以这一难得的朱书礼器表明,源自石家河文化的"柄形器",其实就是"玉祖"或"玉主"牌位。在商文明的玉祖上面写着商王族祖先的庙名,即祖先日名。

(二)祖形礼器和相关信仰的衍生

新石器时代长江中游彭头山文化、皂市下层文化、高庙文化、城背溪文化、大溪文化;长江下游河姆渡文化;华北地区磁山文化等等,都有出土祖形陶器(图二六一:31—35)。不过考虑这些文化的性质,如高庙、城背溪,基本上是生活不固定的

---

① 张长寿:《西周的玉柄形器——1983~86年沣西发掘资料之九》,《考古》,1994年第6期,页551—555。

② 张剑:《商周柄形玉器(玉圭)考》,《三代文明研究(一)》,北京:科学出版社,1999年,页399—411;石荣传:《再议考古出土的玉柄形器》,《四川文物》,2010年第3期,页22—30。

③ 李喜娥:《玉柄形器与玉璋关系研究》,《四川文物》,2015年第1期,页41—45。

④ 谢尧亭:《〈士丧礼〉、〈既夕礼〉的考古学举例》,《山西省考古学会论文集(四)》,太原:山西人民出版社,2006年,页131。

⑤ 魏继印:《玉柄形器功能新识》,《考古与文物》,2013年第1期,页38—44。

⑥ 李学勤:《〈周礼〉玉器与先秦礼玉的源流——说裸玉》,邓聪主编:《东亚玉器》,香港中文大学中国考古艺术研究中心,1998年,中册,页35;柳志青:《玉柄形器是酒器柄、是餐刀、是裸圭》,《浙江国土资源》,2005年第9期,页55—57;李小燕、井中伟:《玉柄形器名"瓒"说——辅证内史亳同与〈尚书·顾命〉"同瑁"问题》,《考古与文物》,2012年第3期,页34—53;严志斌:《小臣艅玉柄形器诠释》,《江汉考古》,2015年第4期,页93—104。

⑦ 刘钊:《安阳后岗殷墓所出"柄形饰"用途考》;尤仁德:《古代玉器通论》,北京:紫禁城出版社,2002年,页97—99;叶舒宪:《玉人像、玉柄形器与祖灵牌位——华夏祖神偶像源流的大传统新认识》,《民族艺术》,2013年第3期,页23—28、49。

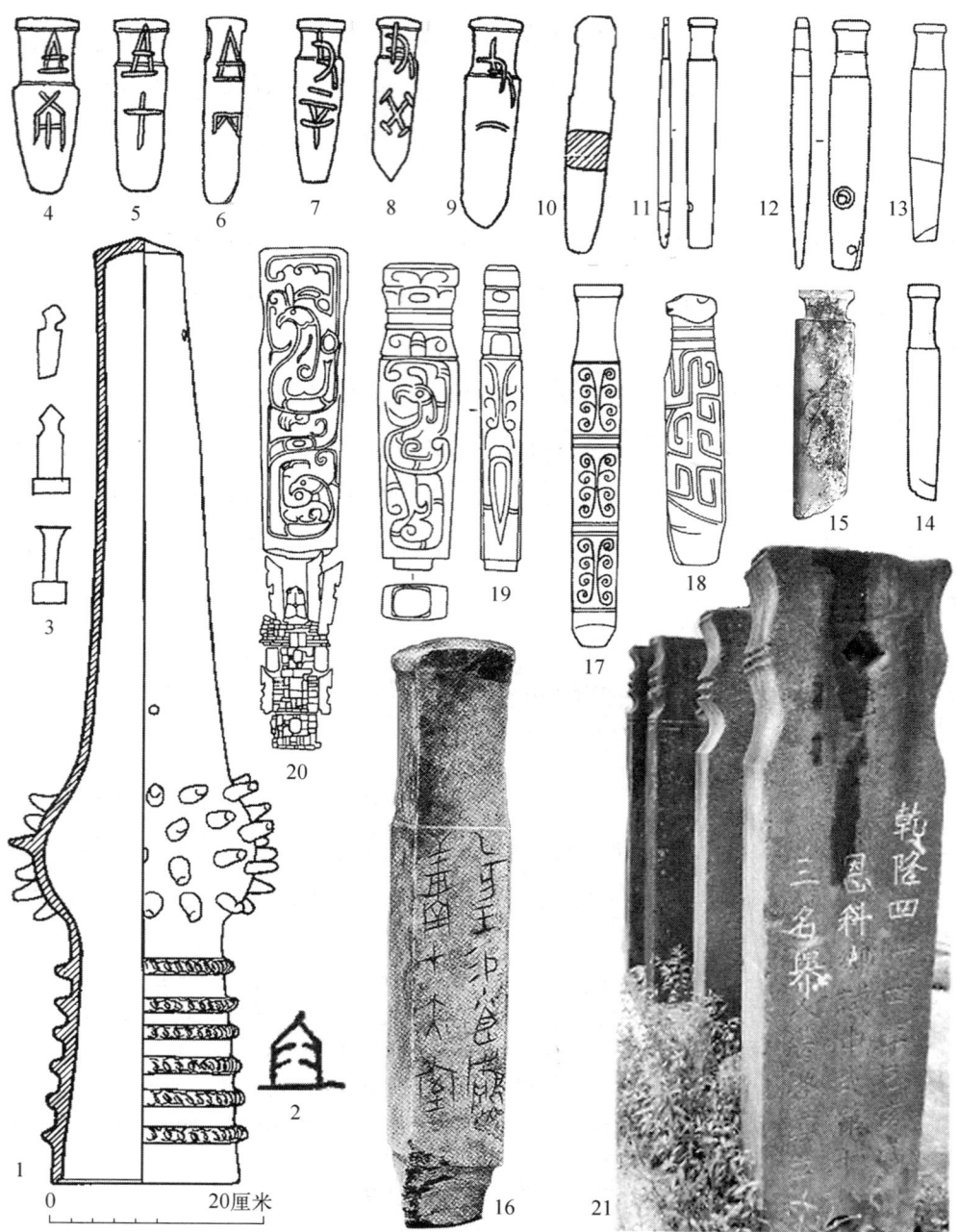

图二六一　1. 邓家湾祭祀区出土的屈家岭陶祖偶像；2. 杨家湾文字中的"祖"字；3. 太平洋社会群岛祖庙
石表的形状（摘自《考古》1995 年第 7 期）；4—10. 后岗殷墓出土的玉祖（摘自《考古》1993 年第
10 期和 1995 年第 7 期）；11. 偃师二里头出土盘龙城类型的玉祖；12—14. 李家嘴出土盘龙城
四期的柄形器；15. 陕北神木石峁遗址埋藏的盘龙城类型玉祖；16. 殷墟出土小臣族带铭文的玉
祖（瓒）；17. 西周长子口 1 号墓出土的加刻纹的玉祖；18. 殷墟郭家庄 160 号墓出土的加刻纹的
玉祖；19. 虢国墓出土的玉瓒；20. 茹家庄出土的玉瓒；21. 平江县哲寮村旗杆石。

游猎群体；河姆渡、磁山，虽然有定居策略，但生活明显不稳定；彭头山文化虽然是稳定稻作定居生活，但是这种新石器早期的文化，还没足够时间形成固定的生活文化记忆，对独特的自我和宗族祖先形成认同。因此，笔者认为，上述文化所用牡器形状礼器，其形状皆直接表达其信仰意义，即是生殖器崇拜，表达生生不息的男性力量，扩散宗族的男精以扩展群体等等这样一套精神观念。不过，这是一套源自旧石器时代文化精神的观念，还不是后来所发展出来的祖先崇拜。

但在长江中游平原长期定居及不断开创新生活的背景下，牡器形状的礼器已有新的意义：象征人们所祭祀的祖先，即本地生命根源。各种文化在塑造与生命来源有关的形象时，其侧重点往往有所不同，但其基础都是神母与神祖两种主题。长江中游文明亦如此。但若将神母与神祖的信仰做比较，可知，前者是类似于女娲这种，很广泛地象征人类衍生的崇高神母，而后者则是在表达特定宗族所认同的始祖来源。也就是说，崇拜母的信仰意义就在于崇拜生命；而崇拜祖的信仰，则不是笼统地表达整个人类生命的源头，而是对宗族社群表达自我认同并与其他宗族作区分，因此深具组织社会的作用。① 并且，在长江流域这种长期定居的农耕社会中，宗族的祖先概念与宗族所居的领土密切相关。

笔者认为，具有浓厚社会意义的祖先崇拜，从屈家岭文化早期国家社会的考古遗存可以看得很清楚。所谓屈家岭文化"陶祖"，即是屈家岭祭祀区出土之大型套筒形偶像，正是因为这类器物符合甲骨文"且"（祖）字形，而被学界称为"陶祖"②。屈家岭文化城址祭坛上巨大陶祖礼器有基本型和组合型。殷商文字中的"祖"字与屈家岭基本型的陶祖完全相同。组合型是在基本型的基础上，上面另加很高的顶部。郭沫若先生将"且"（祖）字的象形意义释为生殖器，其说可从③；但笔者认为，"祖"字不是直接从牡器取象，而是象征屈家岭早期国家祭坛上巨型陶祖的象形字。仔细观察屈家岭文化祭坛上的巨型陶祖，其身上都有周索纹，这种纹饰的特殊意义难以厘清，或许巨型陶祖原本是用其他材质制造而用绳子固定使其能够立稳，改用陶制后仍保留粗厚的绳子的形象作造型；在巨型陶祖上周索纹也依然会便于用绳子系稳而不滑，使偶像稳定立住。至于周索纹有无信仰意义，此问题难解，

---

① 　郭静云、郭立新：《中国洪水与治水故事》。

② 　张绪球：《长江中游新石器时代文化概论》，武汉：湖北科学出版社，1992 年，页 224；张绪球：《屈家岭文化》，页 207—215；郭立新：《解读邓家湾》，页 48。

③ 　郭沫若：《释祖妣》，见郭沫若著：《甲骨文字研究》，页 10。

但重点在于,甲骨文"且"(祖)字的字形特征恰好与其形状相同(其内部二横似周索纹)。因此"祖"字的象形意义不仅是牡器,同时也是在很具体地形容国家产生时代的屈家岭文化祭坛上的陶祖礼器。并且,虽然屈家岭文化礼器与殷周文字的年代相距遥远,我们还是有足够直接的证据表明二者之间的关联。这是因为甲骨金文中"Ω"、"Ω"、"Ω"、"且"、"Ω"等作为"且"(祖)的字形,早就出现在大溪文化和屈家岭文化的文字之中(公元前 3500 年前后)。已有很多资料显明,这种文字最有可能是汉字的源头①;所以,大溪、屈家岭文字中的"Ω"、"Ω"字,应该就是甲骨文中"且"(祖)字的来源,并且该字与屈家岭文化的陶祖有直接的对应关系,都是在表达对崇高始祖的崇拜(图一二四:1、19、20;二六一:1、2)。

有关屈家岭巨型陶祖礼器的信仰意义,郭立新先生认为,就历史发展、社会及文化的演变来说,屈家岭时代"祖"的概念并不是小家族的祖先,而是社会共同体公共性的始祖。② 依笔者浅见,这种观察相当准确。在国家起源时,对本族男性力量的崇拜演化成为共同始祖的信仰,同时也产生了象征国家社会共同体之始祖的巨型礼器,以及取象于该礼器的"Ω"(祖)这种象形字。几家小祖联合祭祀大祖的现象在城头山大溪二期时代的祭坛上已可以看到③;长江中游出现"Ω"(祖)这种象形字的年代大致相当于大溪三、四期至屈家岭文化初期之际。屈家岭时代的大型偶像所表达的是,以城为聚落群中心的人们(这是那个时代最大也最为关键的社会结群单位),自我认同为是由一个共同始祖的后裔所组成的共同体。

但是随着人口扩展,区域之间来往增加,整个社会财富增加并分化。由于国家性质的社会生活已成为习惯而稳定下来,国家规模从邦国扩展到联合城邦体系,又发展到以石家河大城作为该联合体共同的大都。于是,以往国家起源时代那种以聚落或邦国作为社会共同体的理念的重要性趋于弱化;在此种邦国共同体内部的各个社会分支,还有贵族的重要性以及贵族联盟的理念,则逐步升起。因此,共同始祖的理念逐步消退,石家河文化早期的祭坛上不再出现巨型陶祖偶像。这一现象并不是同一种器物外形上的发展,而是社会内在演化的反映:即这个人口大量

---

① 郭静云:《夏商周:从神话到史实》,页 292—306。

② 郭立新:《解读邓家湾》,《江汉考古》,2009 年第 3 期,页 45—57。

③ 范梓浩:《东亚最早城址的兴起与原因初探》,中国古代史暨宗教史研究生论文发表会,台湾中正大学,2021 年。

扩展的社会,已经不能单纯依靠共同祖先这样的信仰或概念来组织和管理;同时社会发展和共同体内部强化贵族地位的现象,均导致群体认同进一步分解成较小的宗族团体。一方面,存在贵族分解、分层和财权竞争;另一方面,在非单一族团的地主势力的历史地图上,只有各地地主贵族的联盟,才是国家存在的基础。因此,在石家河祭坛上开始普遍出现表达跨宗族信仰的礼器,如套缸、铜料等。这种现象揭示出,在国家公共祭坛上举行的共同祭祀仪式已被赋予新的意义,即不再在公共祭祀活动中强调大家共同的祖先,而是强调冶炼所内在包含的神秘转化这种共同体验,以此象征将生命转化成明亮永生境界的终极的理想①。

不过,与此同时或略晚,在石家河祭坛和祭祀坑中开始大量出现小型红陶杯、小型陶祖和神母抱祖陶塑(图二六一:6—9)。前者是各家各人都可以使用的、作为炼缸替代物的礼器,或特别强调炼缸底部象征的礼器,在精神文化中是象征着神秘再生转化能力的容器,作为家族或个人日常祈祷,或带到祭坛和神庙参加公众祈祷和社会大型仪式的法器或道具。也就是说,红陶杯是各家祈祷死后永生的礼器,而陶祖及神母抱祖是各家祭祀其神秘源头的礼器。

至于石家河文化出土的很多出现在祭坛上的小型陶祖,其中包括神母抱祖的小陶塑,这应该是国内不分等次的各家族一起祈祷生殖的遗迹,但这已经不是崇拜伟大的共同始祖的活动,而是组成国家的各个宗族(既包括有大势力的地主贵族,也包括比较穷的宗族),一起祈求生生不息(包括土地、家畜和子孙的生殖),也通过个体宗族的生命力量来保持国家的生命力量。石家河文化内部众多家族的人,都在祭礼活动中,带上神母与宗祖的象征礼器参加祭礼。这种礼器虽然小,但其形状都相同,若放在一起则能表征着已经相当多元的云梦泽联盟城邦国家内部的各个家族合为一体。石家河人祭祀场所所用的小型祖与屈家岭人所祭拜的巨型祖,当属于同一脉络的礼器;但在石家河时代发生宗教改革,从而使人们以体积较小的神"主"牌位取代巨大的陶祖偶像。②

但在长江中游石家河文明这种宗族分化的社会中,每一家都采用同一形状的陶祖,这种情况产生新的问题:如果各家陶祖礼器形制相同,如何互相区分? 笔者假设,石家河人到大规模生产典范化的神母抱祖陶塑的作坊购买礼器之后,在神母

---

① 郭静云、邱诗萤、郭立新:《石家河文化:东亚自创的青铜文明之二》,页74—55。

② 郭静云、郭立新:《生命的本源与再生:从石家河到盘龙城丧葬仪礼中的祖先牌位、明器与陶缸》,页231—254。

背上或陶祖上,会用毛笔写自己家族的名字。前文上编第五章已论述,考古资料虽然间接却明确表明,屈家岭、石家河时代主要是用毛笔写字,且写在不好保存的载体上,这就造成了殷商之前的文字都没有保存下来。也就因为如此,在石家河庙里的陶祖礼器上,已看不出各个家族的标志,但从这种礼器的意义判断,其用处应该如此。并且,石家河祭坛上的小型陶祖,在屈家岭巨型陶祖与后石家河及商文明的玉祖之间,补充了中间的衔接环节。

(三) 从石家河至商玉主牌位礼器的定型

与石家河文化陶祖类似的、很写实的小型生殖器陶祖,到了商时代,在商国及虎国遗址中依然可见,如吴城出土的陶祖(图二四二:7);鄂东南阳新县大路铺遗址出土的盘龙城文化的陶祖(图二六二:20)①等。但总体发展的脉络是,先从全社会共同的活动逐步变成为参与组织国家的各个家族的活动;因此而可见代表性礼器从大型器物变成为小型;再进一步,则从共同的祭坛下到个别家庭成员的墓里,以祈求其在信仰上象征祖先,并含有"生殖"或"新生"的意义;这是依靠祭祀祖先,保障宗族兴盛不衰。在祭坛或庙里的共同祈祷中,年年使用的是同样的小型陶祖,而宝贵的玉祖则被用于宗墓中。这样,到了后石家河时,共同祭坛上的小型陶祖也不再出现,而放在墓中的玉主牌位则开始多见。

后石家河文化玉主(玉祖)有两种类型:磨光素面和带有很多雕刻纹的。笔者假设,前者应该直接传承自石家河陶祖礼器,不带刻纹的素面一样是用来写祖名的地方;后者的出现或是因为后石家河文化早段三苗统治者对文字不重视,遂采用刻纹表达其信仰要点。盘龙城文化玉祖大部分为磨光而不带刻文,可能也是由于在上面书写祖先名号的缘故。这一类素面玉祖,虽然上面曾经也一样用毛笔写字,但因其作用与原来的石家河文化神母抱祖礼器不同(玉祖是用于丧礼随葬,而不是带到国家祭坛上),所以玉祖上的标志内容应该也有所不同:不是宗族名,而是具体祖先的谥名,就如同安阳出土的带朱书的那几件一样。

在多种后石家河文化玉祖中,突显出带神祖面的刻纹。其中芝加哥艺术博物馆所收藏的后石家河玉祖的刻纹为獠牙,已将玉祖、獠牙神面以及对老虎的崇拜结

---

① 该器物未载入发掘报告,笔者在阳新县博物馆见到实物,感谢阳新县博物馆提供资料。

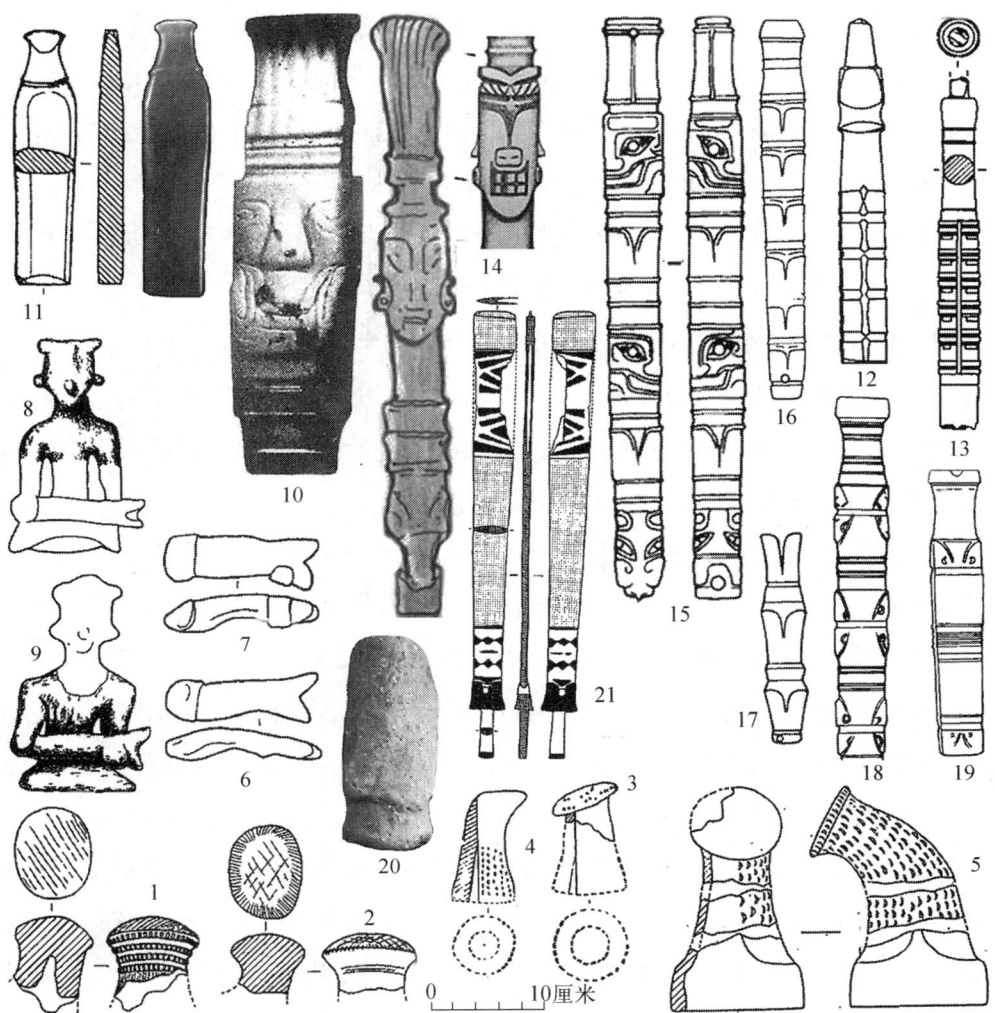

图二六二　1. 彭头山遗址出土的彭头山文化的陶祖;2. 八十垱遗址出土的彭头山文化的陶祖;3—4. 胡家屋场遗址出土的皂市下层文化的陶祖;5. 坟山堡遗址出土的皂市下层文化的陶祖;6—7. 石家河城邓家湾出土的陶祖;8—9. 石家河城邓家湾出土的神母抱祖陶塑;10. 芝加哥艺术所收藏的后石家河类型獠牙玉祖;11—13. 肖家屋脊遗址出土的石家河玉祖;14. 二里头三区一号墓出土的玉祖;15. 二里头出土石家河类型的玉祖;16—17. 殷墟妇好墓出土石家河类型玉祖;5—7. 李家嘴出土盘龙城四期的柄形器;8. 偃师二里头出土盘龙城类型的玉祖;9. 陕北神木石峁遗址埋藏的盘龙城类型玉祖;10. 芝加哥艺术所收藏的石家河类型獠牙玉祖;11—17. 后岗殷墓出土的玉祖(摘自《考古》,1993 年第 10 期和 1995 年第 7 期);18. 太平洋社会群岛祖庙石表的形状(摘自《考古》,1995 年第 7 期);19. 大司空村 23 号墓出土的玉祖;18. 新干祭祀坑出土的玉祖;20. 阳新大路铺遗址出土盘龙城类型的陶祖;21. 阴湘城出土屈家岭早期漆木祖。

合到一整套信仰的脉络里(图二六一:10)。以笔者浅见,带獠牙的玉祖,除了表达宗族的祖先牌位,还有表征社会共同崇拜对象或大酋领国王始祖形象之意,所以,可能是属于等级极高的贵族的礼器,甚或可以考虑这是王级的礼器。二里头宫城内出土过几件典型的盘龙城文化的玉祖,此外还出土了两件后石家河文化带神面纹和虎头纹的玉祖,这应该就是后石家河文化王族的玉祖,被辗转流传到北方的遗址中(图二六二:14、15)①。这种带獠牙的祖形器并不是很多(可能就是因为属于王族的器物),在整体上较富裕的后石家河时期社会中,各种玉祖形器相当多;不过,同时也还有陶祖,应该是较贫穷的家族所用的礼器。

同时,前文论及后石家河及盘龙城时代立鹰形器,其经常搭配祖形器,形状亦较相似,部分盘龙城文化的玉鹰背上还带有阴刻的獠牙(图二四一:3、4)。由于盘龙城文化以来的玉祖形器已未见带有任何刻纹;獠牙或神面刻纹并不在玉祖上,而是被刻在鹰背上;所以笔者推论立鹰形器在功能上也属于祖先崇拜用器。这种变化显示,在盘龙城时期玉祖礼器已不再作为高等级贵族之始祖的象征,反而是立鹰礼器的造型才与其时王族的崇高始祖信仰有直接关联。

总而言之,肇自后石家河早期的立鹰型礼器,至盘龙城文化时期发展成为高阶贵族(或王级贵族)中象征其始祖的崇高礼器;与此同时,一般的祖形器仍然被用作象征家族祖先牌位的礼器。因此,后石家河、盘龙城文化玉祖形器,实际上是迄今所知最早的祖先牌位,后石家河时期可能只有最高的贵族才用,上面带有很多刻纹,其中部分涉及始祖的崇拜。但到了盘龙城时代,用祖形器的礼仪普遍化,成为很多贵族家族的祖先崇拜用具。为祖先立牌位的传统,其源头即在于此。

笔者进一步推想,盘龙城时期不再做带刻纹的玉祖或许暗示如下变化:即利用玉祖的平面书写祖名已成为当时的惯例。殷墟早期墓里所发现的朱书玉祖所代表的习俗,最有可能是直接源自盘龙城所代表的汤商的丧礼,这一线索或许可以表达这种文化现象的根源,即在早商时期已经形成在牌位上书写祖先庙名的做法。虽然笔者在前面假设过,石家河祭坛上的小型陶祖上也曾经有毛笔字,但石家河时期所写的可能只是参加礼仪的族名,而到了盘龙城时期,则应该是书写具体的祖先庙号。唯因如此,只有玉祖才可以视为祖先牌位,而陶祖原有的功能较多,所以不宜将商代之前的陶祖视为祖先牌位。不过,玉祖牌位形状被确定后,后世再根据家族的财力,或用玉质的祖先牌位,或改用陶质、木质等其他材料。

尤仁德先生曾经提出,所谓"柄形器"(玉祖),就其形状和墓中出土部位而言,应该是商人纪念祖灵用的玉制灵牌,即《说文解字》中所说的"祐,宗庙主也"。叶舒宪先生亦补充,祖灵牌位"始于先夏时代(石家河文化)的玉柄形器礼制,经过整

① 江美英:《二里头雕纹柄形器探研》,《艺术与设计期刊》第一期,页21—36。

个商代的因袭和传承,到西周时期仍然基本不变地流行于墓葬方式中,看不出有丝毫衰微的迹象"①。笔者也赞同这种看法,后石家河时期所出现的这种小型祖形器,在历史上虽经过多次变化,但仍然得以传承且在后来数千年的中国文化传统中以祖先牌位的形式传承至今。它们早期被安放在墓里,作为始祖的象征而有助于死者回归到始祖处(生命源头);至后期,被安放于宗庙祠堂,成为宗庙礼器。也就是说,祖先牌位最早可溯源至石家河及后石家河文化中,历经盘龙城商王国文明、殷商帝国以及周王国而延续至今,已有四千多年的历史。在历来重视祖先崇拜的中国传统文化中,这一作为祖先崇拜重要象征物的礼器的历史渊源亦足以表达,以屈家岭、石家河、后石家河与盘龙城等文化为代表的长江中游地区,确为中华文明最重要的源头。

(四) 殷周时期玉主牌位的功能演变

虽然祖先牌位自后石家河文化以来,迄今一直在用。但是具体地看,后石家河和商代所用的玉主礼器,到了殷周时期在功能上有了新的变化。学者们所提出的玉祖有"璋瓒"作用的假设,在殷商时期资料中确有明显的证据。如殷墟出土的属于小臣族的玉祖上有铭文,直接将其称为"瓒";西周青铜器铭文中亦常见王赐璋瓒的纪录②。但是,仔细观察小臣的玉祖,则不难发现其与典型的盘龙城文化器型有一处不同:在其下面好像有另外加工的痕迹,以便把下端做细,此举或许就是为了使它能像李学勤先生所说的那样用作瓒柄③。对此笔者赞同叶舒宪先生的看法:所谓"柄形器",其原本的形状并不符合用作裸玉,"瓒"是殷周以来把夏商玉祖加以改造而赋予新意的礼器。

殷周时期的墓里玉祖颇为常见,大体存在以下四种情况。第一,有数件后石家河类型玉祖见于殷墟王级贵族墓里,它们应该不是殷商时期制造的,而是前期后石家河文化流传下来的遗物(图二六二:16、17);后石家河玉祖还向南流入吴城文化,在江西新干大洋洲祭祀坑中也有发现(图二六二:18)。第二,有些属于典型的

---

① 叶舒宪:《玉人像、玉柄形器与祖灵牌位——华夏祖神偶像源流的大传统新认识》,页27。
② 严志斌:《小臣𤩽玉柄形器诠释》,页93—104。
③ 李学勤:《〈周礼〉玉器与先秦礼玉的源流——说裸玉》,页35;李小燕、井中伟:《玉柄形器名"瓒"说——辅证内史亳同与〈尚书·顾命〉"同瑁"问题》,页34—53。

盘龙城文化玉祖,其所代表的是玉祖牌位传统的继承和发展,南北不同地区都可见到,或许在磨光的玉上原来也曾写有祖先庙号,只是因后来字迹磨灭,今已不可见。第三,有些在典型的盘龙城文化玉祖上另加刻纹(图二六一:16—18;二六二:19),其所反映的应该是新族群不满意玉祖过于简单的形状,希望增加玉器的美感。第四,有些保留与玉祖相似的形状,但其他方面更改得比较多,成为具有新作用的礼器(图二六一:19、20)。①

不过殷周以来多样化的造型并不否定玉祖的原型和最初的作用,典型的磨光的玉祖在殷周时期仍一直被继续用于丧葬礼仪中。所以,祖先牌位的传统源自后石家河文化,这些礼器表明,后石家河文化对于了解夏商文化崇拜祖先的礼仪具有非常重要的意义,并有助于我们从更宽广的视野中理解夏商文化源头及其时空关系。在后石家河及盘龙城早商文化中,玉祖的典型形状即已确定。

笔者在幕阜山汨罗江地区考察时发现,本地旗杆石的形状很特殊。旗杆石是古代经科举应试而考中功名者在祠堂前所竖,以此彰显身份,光宗耀祖,昭示世人,激励后辈。幕阜山地区旗杆石的形状与典型的盘龙城商文化的祖形器相似。商文明与幕阜山地区关系很深,以汤商王国为代表的青铜大文明因幕阜山地区丰富的金属矿藏而变得兴盛。本地区直至明清时代在祠堂前所竖立的功名碑仍然采用商代祖形器的形状,虽然其间的具体传承过程和缘由已无法考证,但显然可将其视为古声传响到今的例子(图二六一:21)。

笔者曾从玉器制造技术、形状与纹饰等维度证明,后石家河文化是两商玉质礼器文化最重要和直接的源头。② 而玉祖的例子,则更具体而清楚地说明了这一传承脉络。这一类器物衍生自长江中游国家文化中,经过可以具体观察到的演化脉络传承到殷周及以后。其始见于后石家河文化,其时可能只有最高的贵族才用,上面带有很多刻纹,其中部分涉及始祖的崇拜,是迄今所知最早的祖先牌位。为祖先立牌位的传统,源头就在于此。到了盘龙城时代,使用祖形器的礼仪普遍化,它成为很多贵族家族崇拜祖先的用具,而且很可能形成了在牌位上书写祖先庙名的传统。至于殷墟后岗殷商墓出土的祖形玉器,其上所写祖先庙名,具体呈现了肇始于汤商王国且被殷商所继承的王族日名和宗庙之法。

---

① 商周玉祖之搜集参曹楠:《三代时期出土柄形玉器研究》,《考古学报》,2008 年第 2 期,页 141—174、273—276。

② 郭静云、郭立新:《从石家河玉质礼器看殷商玉器渊源》。

商王室宗庙的週祭祀制度以及商王室使用日名为名的神秘规则,一直广受学界注目,且已有过许多深入讨论。然时至今日,学者间仍有极大的观点差异,引证根据也各不相同,甚而互相矛盾。因此,下文拟从各种角度再次探讨商文明日名的问题,试图解决不同观点间的矛盾,希望能进一步厘清殷商王族的十日信仰,并对其妣祖日名的神秘系统有更深入的了解。[1]

四、日辰系统与日名索隐

(一) 日与辰:天象与宗族信仰

日辰系统是中华文明形成初期的关键问题之一,其本身又分"十日"和"十二辰"两大部分。汉代以后的文献分别将其称为天干和地支,但是先秦及秦汉资料和相关研究表明,子、丑、寅、卯、辰、巳、午、未、申、酉、戌、亥"十二支",都是天数,表达天的週期,所以郭沫若先生提出用"十二辰"这种名称才符合这些十二天数纪时日的意义。

1. 十二辰的意义和来源问题

据郭沫若考证,"古人之于十二辰,大抵均解释为黄道周天之十二分划"[2]。又言:"由上各项资料以推测,其事之显而易见者可得数端:一、十二辰乃固定于黄道周天之一环带,与天体脱离;二、后进者乃十二等分,每辰各三十度;三、十二辰以子、丑、寅、卯之顺序由东而西(即由右而左),与日月五星之运行相反,故古用岁星纪年时,有太阴太岁之虚说以为调刻。由此三事可知,中国古代之十二辰实无殊于西方之十二宫。"[3]

黄道系日月行星的运行路径,其中太阳在黄道上每年周巡一圈;是故,计算黄

---

① 本文原载于郭静云:《殷商王族祭日与祖妣日名索隐》,页 47—76。

② 郭沫若:《释支干》,页 233。

③ 郭沫若:《释支干》,页 241—242。

道分段的历法属于阳历。唯一客观的分法,是依太阳在黄道上的二分(春分、秋分)点,将黄道分成两段,相当于气候上的寒、热两个时段。这种"二分"概念在远古时期的中国原始社会就已有之。接着有四时概念(二分二至),以太阳的二分二至之处,将黄道分成四段,形成"四宫",相当于气候上的四季分法:太阳位于冬至点,处黄道北宫中心,北宫时段相当于冬季;太阳在春分点,处黄道东宫中心,东宫时段相当于春季;太阳在夏至点,处黄道南宫中心,南宫时段相当于夏季;太阳在秋分点,处黄道西宫中心,西宫时段相当于秋季。黄道四宫各占圆心的 90 度角。阳历的分年方法以四时、黄道四宫和地上四季为基础,因为是基于客观的自然规律,所以即使在互不相干的文明中,也可以各自形成同样的概念。[1]

　　然而由四宫和四季再向下细分的方法,就缺乏如此客观的依据了。在世界各地可见到不同的分法,例如将四宫各分成二段(比如将东宫分成春分之前的 45 度和春分之后的 45 度等);或各分成三段(比如以夏至为中心的 30 度和前 30 度、后 30 度共同构成南宫)。前一种分法,即是中国传统二分二至(春分、秋分、夏至、冬至)和四立(立春、立夏、立秋、立冬)农耕阳历,反映在源自皂市下层文化八角星图和八卦的结构中。而后一种分法即为从古闪族直至全西方文明都采用的黄道十二宫,以及中国的十二辰概念。此外又有分为六段者,中国的二十四节气阳历结构属之。有分成七段者,印度和中国的二十八宿(将四宫各分成七宿)系统属之。二十八宿系统同样由"分"或"至"四点为中心,但前后各有三个时段。或者又有分成十八段者,如中国在二十四节气之下又细分为七十二候的阳历结构。

　　在西方文明中,以十二宫概念为主流。而无论是欧洲、亚洲的文明,所有的黄道十二宫系统都源自古闪族文明。在古闪族文明中,黄道分成十二宫是基于对太岁的崇拜,太岁巡行黄道一周为期十二年,正好一年居一宫。

　　郭沫若先生曾经详实地探讨过干支系统,其中有些假设恐怕难以成立,但有些假设值得关注,如他所提出的中国十二辰可能源自闪族文明的巴比伦黄道十二宫系统,上古时期经过各文明的辗转交流才传到中国,可见古代东、西亚之间早已出现彼此往来、互相影响的情况[2]。

　　郭沫若先生提出了很多依据,来证明十二辰源自巴比伦的看法。笔者曾经用

---

[1]　古埃及在这方面较为特殊,因为当地的农业取决于尼罗河的週期,所以仅分为三季。但这是个例外情况,其余文明普遍采用二分或四时的分法。

[2]　郭沫若:《释支干》,页 242—284。

其他资料另有阐明,大约在汤商和殷商交界时代,逐步可以看出西亚和东亚之间的讯息来往,到了殷周时期因马政、马商的发展,亚洲草原地带成为一个各地文明互相交流的通道。[①] 从当时世界历史的背景思考,在相当于两商的时期,是由加喜特王朝统治巴比伦。加喜特是源自草原的驯马族群;殷商王族在下到安阳之前,在他们的发祥地及周遭也可以接触到众多类似于加喜特人的族群。他们彼此间竞争同时也互相影响,互相学习驯马及制造马车的技术。所以,当时通过草原上这一类流动的马商及马贼族群,巴比伦的很多知识和文化形象被传到草原,其中可能就包括十二宫星象崇拜。因此十二辰外来的可能性的确是存在的。如果来源如此,殷商王族就扮演着非常关键的联络者及促进者的作用,殷人在草原活动并进入中原,成为中原先民与中亚及巴比伦文明之间的桥梁。殷墟出土的高加索人种骨骼,确也指涉了殷人在草原的活动。

只不过,假如十二辰由殷商王族吸收而带来,何以没有同时吸收古代闪族崇拜太岁的传统? 太岁崇拜是汉代以后才进入中国的。另外,我们也不能完全排除中国境内的古代文明,能够自行创造出类似十二辰的历法结构。因为将黄道分为十二段的方法,并非必须藉助太岁崇拜。若从东南西北的四宫结构来看,太阳经过黄道各宫的时间差不多,都相当于月亮盈缺三次。所以在阴历的基础上套用阳历的週期,也恰好是黄道每宫分为三辰,一个週期分为十二辰。这种分法同样有明显的客观性,未必只有一个民族能自行发现。中国的十二辰、二十四节、七十二候,都是发展自同一个概念基础。其中,在中国农耕历法中,二十四节可能是中心分法,这是因为其建立在二分二至四立的八分法上,将八分与月亮的週期相连接,各时段分为三;所以,将天空黄道划分为十二辰的分法,通过二十四节与更古老的八分法相接。十二辰这个概念,在原初时或许受到一些外部因素的影响,但对中国农耕文明来说,其实并不陌生,甚至可能和原有的历法概念形成共振,发展出后来种种更为细致的历法。

也就是说,如果中国原创的十二辰与巴比伦黄道十二宫的意思相同,则我们不能说十二辰系统是在西亚对草原的影响到达东亚后,才传入中国的纪日系统。在中国新石器早中期稻作农耕文明的历法中,其实早已厘清了黄道分段与週年、週月的关系。将週年天上的日道(黄道)划分为十二辰的方法,只需要配合观察十二月

---

① 郭静云:《夏商周:从神话到史实》,页228—252;郭静云:《从历史"世界化"的过程思考中国翼兽的萌生》,页38—53。

的週期,就可以在不同文化中各自独立寻求而得到。那种到了后期才发生的、不同地区间同一类天文划分方法发生交流与互补影响的情况,则有助于加强和精进这种划分方法及相关细节。由于我们无法获得能解决此问题的翔实资料,所以目前仍无法切实说明殷商之前的夏商时期是否采用了十二辰。若未采用,则可以将十二辰理解为西来的文化因素;但若殷商之前早已有采用十二辰纪年,则无疑是在说,十二辰是中国本土起源的。基于当前资料和证据,笔者倾向于认为,黄道十二辰的分法与二十四节气、七十二候等其他分法,均有本土起源的浓厚基础,曾与其他划分方法并存;由于十二为月数,十二分法最初的含义,应该是最古老的农业太阳历与月数相搭配,以建立阴阳历。后来当以十二宫计天数这种源自西亚的方法经草原而进入中国后,与本土原有的十二分法共同起作用,推动十二辰成为日后中国纪历的主流方法。

　　2. 日干时间计算法以及日辰干支相配的意义

　　针对十日被用作时间的记录,王国维和郭沫若提出了相当准确的观察。他们认为古代有两种分月的历法,一是甲骨文所见"月行三分制为旬",一是"月行四分制为'初吉'、为'既生霸'、为'既望'、为'既死霸'。四分就大抵为七日。故《周易》曰:'反复其道,七日来复。'"郭沫若先生认为,这两种月行分法应出自不同族群的惯用历制,其中月行三分源自商文化,而月行四分则出自周人所有。[1]

　　月行三分是商文明所有,毋庸置疑,但是否源自商文明且没有更早的来源,这却难知。不过因为日名谥号代表商王族的祖先,是故以十日为旬,也代表着这个族群的传统历制。然而,就月行四分是出自周人这一观点,笔者认为仍有待商榷。实际上,周代经常混用上述三分、四分两种历法,因此其铭文上常有"九月初吉戊戌"[2]或"九月既死霸丁丑"[3]等两种系统并呈的记日方式。就此观之,周时代应是糅合了两种既有的历法,而非创造了一种新的历法。至于月行四分的起源,则必须上推到古老的月历概念,其族群属性已难知。从另一方面来说,原来所谓"夏历"应该早已组合了不同族群的月历和日历,商周历法又以夏历为基础,这种组合性的历法系统也表明了周代在文化来源上的多元性。

---

[1]　郭沫若:《释支干》,页168。

[2]　文例来源:西周早中期不寿簋,《集成》器号4060,现藏于北京故宫博物院。另参中国社会科学院考古研究所编:《殷周金文集成释文》,香港:中文大学中国文化研究所,2001年。

[3]　文例来源:昭王时期的作册夨令簋,《集成》器号4300,现藏于法国吉梅博物馆。

有关日辰干支搭配之时间计算法,郭沫若先生曾指出,从十日的角度来看,日辰相配只是将原本的十日系统加以扩展,以避免在计算日期时出现过度重复的状况①。然从十二辰的角度来看,日辰系统将计算年度的十二进制转用在日期的计算上,不过这种转用同样也有天文学上的象征意涵。十二辰代表黄道上的恒星结构,其运行方向与太阳相反,永远处于相对关联的位置。因此,日辰的天数能代表两种天道对行的结构。是故,日辰的神秘意义,实建基于对天体规律的深厚知识。

也就是说,时日轮流升降,进入黄道十二辰之恒星中,这一形象塑造了占卜祈祷所用的日期计算法,象征太阳与恒星之交错关系。同时黄道分为十二辰的分法,又蕴含着月数;十为日数、十二为反映到恒星的月数;因此,日辰也可以表达神秘的日月交错关系。这种高明且具完整概念性的日辰结构,不大可能是基于殷商时期外来的知识碎片。因此,十日、十二辰应都基于本土起源,或许是在商文明塑造完成;又有可能这种神秘的日辰週期计算和记录时间的方法,在早于商文明的时代已形成。但是因为其中"十日"信仰代表商王族对自身来源的认同,并蕴含崇拜先王公之义,是故日辰计算法在商王国是特别重要的。

3. 十日名号为商王族的标志

不过从各方面来看,十日系统并非与十二辰分不开,其各有自己的意义,经常独立出现,并且在商文明精神文化中,十日之名明显比十二辰重要。这一点从卜辞中可以看到:甲骨文中常见以十日为旬的祈祷规律,以及根据日干占卜的问题;在纪日中,目前所知最早的花东卜辞有只指明日干而省略辰的刻辞,这直接表明,相比日干,十二辰是较次要的。此外,甲骨文中关于祭祀先王的记载,皆是用十日之名作为先王的宗庙谥号。学者们还发现,从成汤大乙以来的商王室所用日名颇为系统,乃基于深刻的精神文化。所以,我们可以说根据可靠的甲骨文资料,这应该是代表了从成汤建国以来的商王族的传统。

关于十日的初义,郭沫若先生认为:"甲乙本为十位次数之名。"②但是在甲骨文中,一、二次数词与甲、乙次数词并存,且其用途范围并不相同:一、二次数词用作一般数字的意思,而甲、乙系统被用作祖先的祭日名,具有一系列神秘的象征意义。是故,不宜将十日仅仅诠释为一、二这样的计数系统。

---

① 郭沫若:《释支干》,页325—326。

② 郭沫若:《释支干》,页191。

　　既然十日之名被用作商先王的宗庙谥号，说明日干应代表了商王室的精神文化，而不是那种地域很广的跨族群的通用概念。虽然迄今仍有不少学者认为夏朝王族也采用日辰系统，但目前除了战国以后的神话性记载外，尚未见到夏王公用日名的纪录。针对《史记》中所载夏有孔甲、履癸等王公以日为名的说法，郭沫若先生早有反论，认为夏王的日名可能是出自后人的臆测。[①] 迄今我们手头仍没有一手资料可以讨论夏王室是否用日名的问题，日名与夏王族关系的话题，自然也只能免论。不过，既然日名与商王族关联紧密，自当重点讨论。关于日干，王晖先生有一项颇具关键性的发现，他指出日干系统实涉及商人对自己神秘本源的看法，并反映在商王族的祖先崇拜上，属于相当深入的信仰层次。[②] 据此，甚至可说十日系统是商王大族独有的标志，是其在本族与他族间的一种明确的区别方式。而这种区别，也正象征着商王大族的神秘属性。

　　既然以日名作为谥号是汤商王族的传统；据之推断，以十日为旬应该也是该宗族的传统历制。至于该传统的来源，以及跟其他商王国所继承和联盟的贵族的关系，迄今仍缺乏资料以具体厘清此问题。但是无疑的是：不论是谥法还是日旬记法，十日的出现和运用都突显出其属于商统治者本身内在之深层文化属性。

　　4. 谥名仅用十日，不用十二辰

　　两商时期的先王谥号一定包含日名，根据日名来确定祭日。但马承源先生发现在两周铭文中，不仅用十日为谥，也有以十二辰为名的情况[③]。笔者透过检索金文资料，发现用十二辰作人名时，都是指生人。如西周早期伯申鼎[④]、子戌鼎[⑤]、士上卣（史寅）[⑥]、士上尊（史寅）[⑦]、士上盉（史寅）[⑧]；西周中期辰簋盖[⑨]、卯簋盖[⑩]、师

① 郭沫若：《释支干》，页 192。

② 王晖：《殷商十干氏族研究》，《中国史研究》，2003 年第 3 期，页 27—42。

③ 马承源：《关于商周贵族使用日干称谓问题的探讨》，《王国维学术研究论集（二）》，上海：华东师范大学出版社，1987 年，页 22。

④ 《集成》器号 2039，藏处不明。

⑤ 《集成》器号 2271，现藏于北京故宫博物院。

⑥ 《集成》器号 5421—5422，洛阳出土，现藏于日本神户白鹤美术馆、Fogg Art Museum, Cambridge, Massachusetts, USA。

⑦ 《集成》器号 5999，现藏于日本神户白鹤美术馆。

⑧ 《集成》器号 9454，现藏于 Freer Gallery of Art and Arthur M. Sackler Gallery, Washington, D.C., USA。

⑨ 《集成》器号 3734，现藏于 Arthur M. Sackler Collection, USA。

⑩ 《集成》器号 4327，藏处不明。

酉簋①；春秋王子申盏盂②；春秋中期宋庄公之孙趞亥鼎③；春秋晚期陈卯戈④、邓子午鼎⑤、王子午鼎⑥、蔡侯申鼎⑦、蔡侯申簠⑧、簵大史申鼎⑨；战国早期陈侯午簋⑩；战国晚期三十三年大梁工师丑戈⑪、越国䣄陵君王子申豆⑫。在殷商青铜器上也曾出现过辰字，因只有单字，无法判别其字义，但学界大都视之为器主的名号，很少见到将辰字当作祭祀对象谥号的例子。

只有西周环沽簋曰："作父卯宝殷（簋）。"⑬这是目前所仅见的、以辰字"卯"为谥号的器物。但此物来源不明，可能出自当时殷商周边民族的仿作，或是后世仿刻的铭文，或此处"卯"字非指时辰。无论如何，都尚待进一步的查考。

从前文显明之十二辰与月亮的关系来分析，辰字根本不能用做靈名。中国源自上古传统的丧葬文化有颇为重要的"魂魄"概念，其中"魂"的意思在上编第二章已被提及，是指回归天空如云永旋于天，而"明亮白色的魄"⑭并不永生，且在天亮的时候必须下地灭亡。"魄"字在西周铭文上常见，用于记录月亮週期，如"既生魄"、"既死魄"等时间记录，只是"魄"字由"霸"字来表达，如寓鼎、作册大鼎等西周早期铭文都载"月既生霸"，而竞簋、小臣守簋等西周早期铭文都载"月既死霸"⑮。这种记录自西周早期直至春秋时期的铭文都可见。并且"霸"字在甲骨文已可见，其意思在后来改用"魄"字来表达。传世文献中亦多见"既生魄"、"既死

---

① 《集成》器号 4288—4291，现藏于北京故宫博物院、中国国家博物馆。

② 《集成》器号 4643，藏处不明。

③ 《集成》器号 2588，藏处不明。

④ 《集成》器号 11034，藏处不明。

⑤ 《集成》器号 2235，现藏于武汉市文物商店。

⑥ 《集成》器号 2811，现藏于河南省文物研究所。

⑦ 《集成》器号 2215—2226，现藏于安徽省博物馆。

⑧ 《集成》器号 3592—3599，现藏于安徽省博物馆。

⑨ 《集成》器号 2732，现藏于南京大学。

⑩ 《集成》器号 4145，现藏于台北故宫博物院。

⑪ 《集成》器号 11330，现藏于衡阳市博物馆。

⑫ 《集成》器号 4694—4695，现藏于南京博物院。此外，以"子"为名的器物很多，但因难以确定其字义，故暂不作讨论。

⑬ 《集成》器号 3623，现藏于北京故宫博物院。

⑭ 余英时：《东汉生死观》，上海：上海古籍出版社，2005 年，页 134。

⑮ 中国社会科学院考古研究所、王世民主编：《殷周金文集成》（修订增补本），北京：中华书局，2007年，器号 2756—2761、4134—4135、4179—4181、2753。

魄"的纪录。由此可见魂魄之"魄"的意思,乃是从"月"取象,表达月亮盈缺的必然性,魄是不可升天永生的,在天明时必须回入土中。是故,我们可以看到此信仰背后,其所具有的深刻而幽祕的隐义涉及月亮的形象。从当时丧葬文化的视角看来,人一旦死亡,由其魄所表达的如同月令之盈缺般的生命元素(属性、周期与过程)也同时死亡,而在次日晨旦"魂"乘日轮再生之际,魄必须下于土中。所以,如同月亮一般皎洁明亮且不断盈缺变换的魄,将随着人生命的终结而中止,它是不备于永生的。因此与月有关的十二辰都不可用作在明日升天而获得永生的靈魂名号。

质言之,商王室谥号确实带有日期的意思,可是只用十日作为祖先日名,并不用十二辰。这更加证明,十日对商王族而言具有颇为关键的神秘作用,足以体现出商王族本身的宗族认同和内在文化精神。

5. 小结

日辰系统中同时含有两种成分:"十日"和"十二辰"。前者直接代表了商王族对其自身来源的认同;至于十二辰,这是搭配时日的天界黄道的月数。从甲骨卜辞的结构来看,既然卜问明显是以旬为单位,同时也只有日干被用作宗庙谥号,故可推知,在商文明的概念中,是以十日为首要,十二辰为次要的搭配系统。依笔者的理解,此乃因十日为商王室宗族自身深刻的精神文化的缘故,而十二辰只不过是不涉及宗族精神文化的客观天数。

在商文化中,以十日为一旬的时间计算系统,以甲、乙、丙、丁等十日作为庙名谥号,包含有神秘意义的十日一旬这种时段,一起组成了一套深层的信仰文化。甲骨文出土以来,学者们已从祭祀先王的卜辞中发现了一项明确的规律:祭祖的日期与受祭者的日名相同。对此,王国维最早提出他的观察:"殷之祭先,率以其所名之日祭之,祭名甲者用甲日,祭名乙者用乙日,此卜辞之通例也。"[1]由此可见,在祭祀先公、先王的系统中,日名具有颇为关键的神秘作用。然而,先王的祭名究竟是如何选定的?尽管学者们在这个问题上多有论辩,但迄今未能取得共识,还衍生出各种南辕北辙、矛盾纷呈的说法来。下文中,笔者将从几个造成诸说矛盾的症结点出发,试着进一步探究、厘清这项神秘传统的内在逻辑。

---

[1] (清)王国维撰:《观堂集林》,台北:世界书局,1964 年,卷 9 页 7。

（二）学界关于商贵族使用日名意义的论辩

1. 生日或死日

在汉代以来的文献中,曾有殷商王室以生日为名的记载,如《白虎通·姓名·论名》曰:"殷以生日名字何? 殷家质,故直以生日名子也。"①《史记·殷本纪》之司马贞《索隐》则同时以生日说与庙主说并存,其谓:"皇甫谧云:'微字上甲,其母以甲日生故也。'商家生子,以日为名,盖自微始。谯周以为死称庙主曰'甲'也……谯周云:'夏、殷之礼,生称王,死称庙主,皆以帝名配之。天亦帝也,殷人尊汤,故曰天乙。'"②据生日说,十日是用作生人的名字,但庙主说却认为是用作死者的谥名,二者似乎彼此矛盾。因此,董作宾先生乃提出自己的分析,其谓:"成汤以来,以日干为名,当是死日,非生日"③,其后更进一步补充论证:"如果甲乙等是生人的名,自然以生日为标准,比较合理,若生前不用甲乙,死后才用甲乙作神主之名,又在甲乙日祭祀,则把甲乙说为以死之日为标准,更觉恰切。"④不过,阅读甲骨文可以看到,主要是商先王先公祖妣才用日名;不过也有例外的例子,如花东卜辞所提出的丁,无疑是活着的且尚未即位作王的青年武丁。该情况导致问题更加复杂。

陈梦家先生认为:"生日死日都是无根据的推测。"⑤笔者赞同陈先生的部分看法,若生人有日名,也未必是依生日而定;死日说确实也没有根据,庙名也未必依死日而定。尤其在传世文献中明确地记载殷后主帝辛(日名为辛)于甲子日自焚⑥,正是庙名与死日不一致的典型例子,也是一再被学者们引用的反证。马承源先生更进一步质疑:"《殷本纪》中,商王纣或受称帝辛,纣子禄父称武庚,如果辛和

---

① （汉）班固撰,（清）陈立疏证:《白虎通疏证》,北京:中华书局,1997 年,页 408。《易乾凿度》《帝王世纪》都有日名为生日之说,这些说法均为学界详悉,数次被引用。

② （汉）司马迁撰,[日] 泷川龟太郎会注考证:《史记会注考证》,页 49—50。

③ 董作宾:《甲骨文断代研究例》,《庆祝蔡元培六十五岁论文集》,北平:国立"中研院"历史语言研究所,1933 年,页 326。

④ 董作宾:《论商人以十日为名》,《大陆杂志》,卷 2 第 3 期,1951 年,页 7。

⑤ 陈梦家:《殷虚卜辞综述》,页 404。

⑥ 如《殷本纪》:"甲子,纣兵败。纣走入,登鹿台,衣其宝玉衣,赴火而死。"（汉）司马迁撰,[日] 泷川龟太郎会注考证:《史记会注考证》,页 57。

庚是死后选定的庙号,就很难解释,因纣是自杀以后又被武王砍头的,怎么还会立庙呢?"①虽然我们不能武断地以为,在当时的社会中不能为帝辛、武庚立庙,但因总体的思考,死日的说法却难以成立。

据上可见,死日说法有直接的反证,至于生日说,虽然甲骨文没有肯定的证据,却也没有否定的证据。所以我们不能武断地否定生日说。虽然不能将汉代文献当作殷商文化的证据,但汉朝人毕竟离殷商传统较近,在没有更充分的证据前,不宜断然轻视之。他们的说法尽管未必准确,但仍有值得进一步思考、探究之处。尤其甲骨文中仍有不少生人拥有日名的文例②。因此在下文中,笔者将进一步讨论生日与日名的关系。

2. 社会中的分组标志

陈梦家先生否定董作宾死日说后,以週祭祀的结构顺序来解释先王日名,其谓:"作为庙号主要部分的天干,表示及位、死亡和致祭的次序,而及位次序是依长幼之序而定的。"日名与殷商週祭祀传统有关,已毋庸置疑。不过陈梦家的解释依然无法说明日名的选择标准。③ 马承源先生曾透过文献统计,表示"看不出长幼次序对日干选择起甚么作用"④。因而陈梦家的说法并未受到学界的广泛认同。

张光直先生依靠青铜器铭文所记载的祖先名号,对生日、死日、次序说提出了相当有力的质疑。他发现铭文中,偶数(乙、丁、己、辛、癸)日名的妣祖,占了全部祭祀对象总数的百分之八十六。张光直认为:"青铜器里以十日为名的材料,也有生日说的有力反证。"⑤其又言:"生日、死日,都非商王本人所能控制的。次序说亦同……亦非任何人所能任意先后的。"接下来,张光直先生以夫妇族属的分组来解释日名的规律,认为殷人日名与周人昭穆制度的来源相类⑥。

十九年后,朱凤瀚先生用《商周金文集成》作了相同的统计,也同样获得偶数常

① 马承源:《关于商周贵族使用日干称谓问题的探讨》,页 19—41。

② 关于甲骨金文中生人以日名为名的例子,曹定云先生已搜集了非常多的资料。参见曹定云:《论商人庙号及其相关的问题》,中国社会科学院考古研究所编:《新世纪的中国考古学——王仲舒先生八十华诞纪念论文集》,北京:科学出版社,2005 年,页 269—303。

③ 陈梦家:《殷虚卜辞综述》,页 401—482。

④ 马承源:《关于商周贵族使用日干称谓问题的探讨》,页 19—41。

⑤ 张光直:《谈王亥与伊尹的祭日并再论殷商王制》,《"中研院"民族学研究集刊》,1973 年第 35 期,页 111—127。

⑥ 张光直:《商王庙号新考》,《"中研院"民族学研究集刊》,1963 年第 15 期,页 65—95。

用、单数罕用的结果。最后,朱凤瀚先生推论这应与嫡庶制度有关①,不过因没有可靠的证据,此说仍然没能在学界形成公论。

王晖先生发现:"先商时期的帝喾、河、岳、王亥等先公的祭日一般为辛日,正好印证古文献中所说的帝喾开始的先商为'高辛氏'时代,商代的历代商王均是高辛氏之后,却以十干来命名其庙号,便认为是十干部族的共主,擅占所有十干之日,选择来作为商王的庙号;伊尹(黄尹)祭日往往选丁日,殷墟卜辞中也常常称伊尹为'尹丁'、'尹丁人',表明伊尹为丁族;另外据殷墟卜辞,🧨应为庚族,戜可能是甲族;此外,商铜器铭文有丙族、己族,还有癸族、乙族及丁族组成的师旅,并由乙族受旗担任师旅指挥的任务,等等。这些都说明商代及先商时期存在着以十干命名的部族。"②此一见解虽为张光直的说法提供了相当有力的佐证,但却带来另一个难以解决的问题:如果商王族都属辛氏,何故从上甲以来的商王都采用不同的日名,而不是共同以辛日为日名和祭祀之日? 此外,张懋镕先生已经详细地评论过张光直的说法,已清楚地阐明其说不能成立的原因。③

3. 占卜选日

李学勤先生曾评论陈梦家先生的见解,并根据甲骨文资料推断,"殷人日名乃是死后选定的"。如下列卜辞:

〔癸〕未〔卜〕,〔□贞:旬〕亡祸? 己丑小豞丼,八月。

〔丁亥卜〕,□贞:其有〔来〕艰? 二日己〔丑〕小豞丼,八月。

〔己丑〕卜,大贞:作丧小豞?

〔己丑〕卜,大贞:作胿小豞,亡栙?

贞:其栙?

庚寅〔卜〕,□贞:王□□小豞……?

丙申卜,出贞:作小豞日,重癸? 八月。

丁酉卜……小豞老(考),八月。

丁酉卜,大贞:小豞老(考),惟丁叶?

贞:不〔惟〕丁〔叶〕?

---

① 朱凤瀚:《金文日名统计与商代晚期商人日名制》,《中原文物》,1990 年第 3 期,页 72—77。

② 王晖:《古史传说时代新探》,页 148—149。

③ 张懋镕:《商代日名研究的再检讨》,《古文字与青铜器论集》,北京:科学出版社,2002 年,页 232—234。

李学勤释读曰："小死于八月己丑,当日卜作丧,丙申卜作其名为癸,丁酉卜老(考,宫庙初成之祭)。"①但马承源不接受这样的解读,他认为:"这条解释为贞问八月之癸日小的卜辞,似乎难于肯定为小死后择癸日以为其庙号。"②然李学勤又用另一条卜辞补证其说:

> 乙巳卜,其示帝?
>
> 乙巳卜,帝日,叀丁?
>
> 叀乙?又日?
>
> 叀辛?又日?　　　　　　　　　　　　　　　　（以上正面）
>
> 乙巳卜,其示?
>
> 弜?
>
> 乙巳卜,其示?
>
> 弜?
>
> 乙巳卜,帝日,叀丁?　　　　　　　　（以上反面）　《库》985+1106

李学勤将之释读为:"是武乙为康丁选择日名。乙、辛卜下均记'有日'故定康丁日名为丁。"又补释云:"这是给刚才死去的王选择日名的卜辞。商人常以甲、乙、丙等日干为名,如汤日名为大乙,纣日名为帝辛。日名只在死后应定,且与祭日有关,但它是如何确定的,某一人为甚么名为甲而不名为乙、丙……等,自汉代以来即有种种推测。有人主张按生日决定,有人认为按死日决定,也有人提出依兄弟次序,议论纷纭,莫衷一是。……依次卜问丁、乙、辛三个日名,在乙、辛两辞下附记'又日',应该是确定日名为丁。这说明日名不是依生日、死日、次序等固定不变,而是在死后选定,为我们理解日名习俗提供了新的线索……"③美国吉德炜(David N. Keightley)先生则认为这是康丁为廪辛卜选日名,因为"史记中廪辛是被称为帝廪辛。此称法支持干名与死去的商王以及'帝'之称号的关联,是正如卜辞所暗示的"④。不过重点都是

---

① 李学勤:《评陈梦家殷墟卜辞综述》,《考古学报》,1957 年第 3 期,页 123。

② 马承源:《关于商周贵族使用日干称谓问题的探讨》,页 25—26。

③ 李学勤:《评陈梦家殷墟卜辞综述》,页 123;李学勤:《论美澳收藏的几件商周文物》,《文物》,1979 第 12 期,页 73。曹定云先生提出《库》985+1106 不是真正的卜骨,而是仿刻,但这不影响对占辞的理解。此外,曹定云先生认为,李学勤将"又"字读为"有"是不对的,应读为"又",此说可从。参见曹定云:《论商人庙号及其相关的问题》,页 291—293。

④ 吉德炜:《中国古代的吉日与庙号》,《殷墟博物苑苑刊》创刊号,北京:中国社会科学出版社,1989 年,页 21。

继位者为考王卜选日名。

　　此外,张懋镕先生也发现了另一篇占卜先妣日名的记录:

　　　　辛亥卜,贞:王宾武丁奭妣辛奭,亡咎?

　　　　癸丑卜,贞:王宾武丁奭妣癸奭,亡咎?　　　　　　　　　　　　　《前》1,17,4

　　　　辛巳卜,贞:王宾武丁奭妣辛奭,亡咎?

　　　　癸未卜,贞:王宾武丁奭妣癸奭,亡咎?

　　　　戊子卜,贞:王宾武丁奭妣戊奭,亡咎?　　　　　《后·上》4.7+4.8+4.9①

　　死后占卜选择日名庙号的说法看似相当合理,可是先前学者们发现谥号集中于偶数的问题仍无法解决,这一点使很多人连带地怀疑起卜选说是否能够成立。如张光直先生即认为,卜选应该与生日、死日同样都具有偶然性。② 但鄙见认为这种反驳并不妥当,因为卜选必定具有神秘目的以及慎重缜密的计划,结果并非完全出自偶然。占卜前,巫师必须有所预备,以排除过程中的不良因素。完整的占卜,实际上涵盖了人选、巫算、卜验等三个步骤,因而必定带有操作者的意识性因素。杨希枚先生以为:"卜选祭日说虽可解释商王庙号的起源,却显然还不能说明商王族祖孙同称的现象,尤其王族成员间异名的现象。"③可谓一语中的。

　　李学勤先生提出日名卜选说时,没有特别指出卜选过程中的限制因素。事实上,前引的卜辞并未以整个十日为单位,进行广泛地卜选;而是仅针对三个挑选过的日名(丁、乙、辛)作卜问的动作。又甚或单单卜问其中的一日(癸),获得认定后即不再占卜。易言之,巫师在占卜前已经过某种推算,先提出几个最吉祥的日名谥号,而后才行占卜,灵验顺吉则定,灵验不吉则再作选择。

　　巫师占卜前必须预先推算庙名的理由,可能涉及许多现实因素、神秘禁忌、礼仪的必要性等。死者生时的日名,或汉代文献里所提到的生日,或许也是选择庙名时的考虑之一,却不是绝对的条件。此外,杨树达和张光直发现的先王、先妣异名规律④,可能也是选择日名时的重要参考因素;尤其张光直提出的夫妇分组规律,

---

① 张懋镕:《商代日名研究的再检讨》,页236。

② 张光直:《商王庙号新考》,页69。

③ 杨希枚:《论商王庙号问题兼论同名和异名制及商周卜俗》,《殷墟博物苑苑刊》创刊号,北京:中国社会科学出版社,1989年,页13。

④ 杨树达:《耐林廎甲文说》,《杨树达文集》之五,上海:上海古籍出版社,1986年;张光直:《商王庙号新考》,页65—95。

或许也会影响妣祖日名的选择,但这应该不会是选定日名的唯一因素。

张懋镕先生进一步研究卜选日名的相关礼仪,他根据商人週祭祀制度,归纳出在巫师占卜前的筛选日名原则①。其中有祖妣异名、父子异名、母子同名(小乙之前)或母子异名(小乙之后)、兄弟异名、偶数优先等条件。另外杨希枚先生也发现了祖孙同名的现象②。因这些条件的限制,导致实际上可进行卜选的日名范围已变窄,这也使得同一家族之内,未必所有人的日名都能完全符合这些条件,故常出现以单日为日名者,兄弟同名者亦有之。只不过商王祭号具有独一无二的重要性,所以商王日名基本上能符合一切条件。另外,张懋镕先生用《易》中的吉日概念,来解释为何辛、丁、癸最常用于商王日名。总体而言,对李学勤的看法作了完整的补充。吉德炜先生认为,"商王后的庙号,并不像商王的庙号是与吉日属于同一个系统,而是根据另一套制度来决定的。"③可是按张懋镕先生解释,王后庙号仍以吉日为优先,只是受夫妇不同号制度影响,造成王后庙号为次要的考虑,较难得到吉日庙号。

不过,针对学者们所发现的父子异名、兄弟异名规律,马承源、曹定云都提出了反驳意见④。而最有力的反证是河北出土的商三句兵铭文(图二六三)。这三件礼戈铭文如下:

> 大且(祖)日己、且(祖)日丁、且(祖)日乙、且(祖)日庚、且(祖)日丁、且(祖)日己、且(祖)日己。
> 　　　　　　　　　　　　　　　　　　　　　　　《集成》11401

> 且(祖)日乙、大父日癸、大父日癸、中父日癸、父日癸、父日辛、父日乙。
> 　　　　　　　　　　　　　　　　　　　　　　　《集成》11403

> 大兄日乙、兄日戊、兄日壬、兄日癸、兄日癸、兄日丙。　　《集成》11392⑤

礼戈记录的祖先排序出现了同类同名的状况。然依笔者浅见,这还不足以否定商王週祭祀的日名选择原则。首先,因为商王週祭祀是国朝典礼,执规必然坚固,至

---

①　关于周祭制度的详细研究,参见常玉芝:《商代周祭制度》,北京:中国社会科学出版社,1987年。另见于岛邦男撰,温天河、李寿林译,杨家骆主编:《殷墟卜辞研究》;董作宾:《殷历谱》;冯时:《天文学的萌芽期》;薄树人编:《中国天文学史》,台北:文津出版社,1996年。

②　杨希枚:《论商王庙号问题兼论同名和异名制及商周卜俗》,页15。

③　吉德炜:《中国古代的吉日与庙号》,页20。

④　马承源:《关于商周贵族使用日干称谓问题的探讨》,页19—41;曹定云:《论商人庙号及其相关的问题》,页269—303。

⑤　以上三件现均藏于辽宁省博物馆。

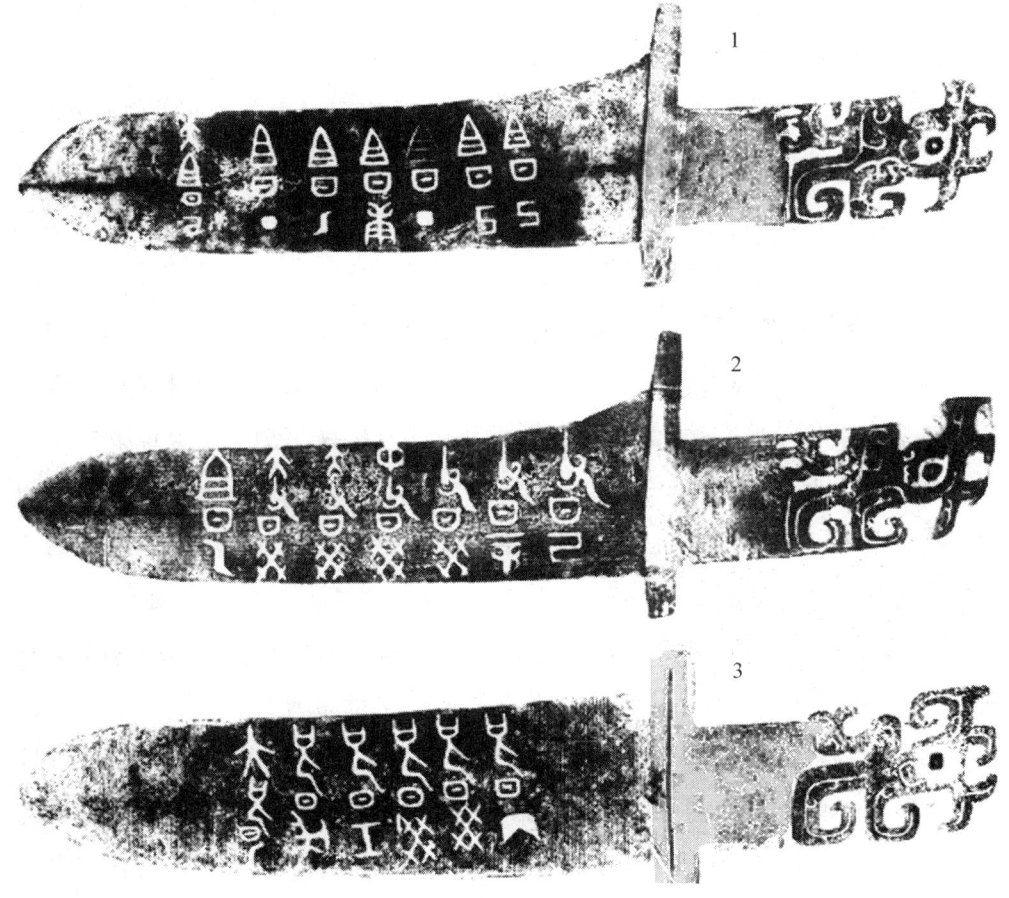

图二六三　1.《集成》1401 铭文；2.《集成》1403 铭文；3.《集成》11392 铭文。

于地方贵族是否遵守父子异名、兄弟异名原则，实际上并不那么严格。第二，我们不知道这三件礼戈所属的家族规模如何，如果是枝叶众多的大族，其祖先成员里包含了堂兄、堂弟的纪录，那么同名未必就违背了选择日名的规定。第三，若同一辈份有十位以上的兄弟，则完全无法避免同名的情况。笔者认为，这三句铭文关键之处，在于直接用"日"字来指出祖先的日名，证明日名庙号确实与日有关。当然，此"日"字未必指日期，或许也可以理解为太阳（这能表达什么意思，文后将再进一步讨论）。

　　井上聪先生认为，以日名为庙号，应是指涉亡者的葬日[①]。他发现在文献记载中，十日又被分成刚柔两种。《礼记·曲礼》曰："外事以刚日，内事以柔日。"孔颖

———————————

① ［日］井上聪：《商代庙号新论》，《中原文物》，1990 年第 2 期，页 54—60。

达疏："外事,郊外之事也。刚,奇日也,十日有五奇五偶,甲、丙、戊、庚、壬,五奇为刚也,外事刚义,故用刚日也。"①井上先生接着又考诸《春秋》经、传,以作为刚日、柔日概念的补证。其"统计《春秋》经、传里出现的有关日子,总数有 300 例,包括贵族的死亡、会盟、战争、祭祀、自然现象等的日子。在这些记录之中,发现祭祀和丧葬的日子都选择阴日②(柔日)。因为祭祀和丧葬都属于'内事'活动,所以这完全符合《礼记》所谓'外事以刚日,内事以柔日'的原则。"③井上据此认为,殷商已有内事以柔日的习俗,死亡后选择在柔日埋葬,庙号则依循埋葬日期,以乙、丁、己、辛、癸为优势。文献中也曾记载,有时安排在柔日的葬礼,"由于碰到下雨或其他特殊的原因",只能改到刚日④。这方面,井上先生的研究十分精致,论述也极具说服力。

杨希枚先生依《礼记》和《左传》记载,又注意到刚柔日之间另有"同旬近日"和"不同旬远日"制度。不过刚柔远近并不具有决定性,而是与卜选吉凶有互补的关系,据文献,"卜日不仅有刚柔远近之别,且可卜近日不吉而改卜远日,如是,不难想见,如卜刚不吉,也当可改卜柔日;反之亦然。这就是说内外事之卜,原则上虽有刚柔和远近的选择,但如卜而不及,也非不可弃原则,而另选卜日"。⑤

另外,张懋镕先生也提出:"商代庙号……与葬日关系密切。……所谓卜选日名,就是卜选葬日。"⑥杨希枚、井上聪、张懋镕的研究,均补证李学勤卜选日名的说法。这四位学者的研究成果都有其根据,且能自圆其说,但还是有学者提出反对意见,显见卜选说仍未能完全解决所有疑问。

4. 死后卜选与生人已有日名的矛盾

死后卜选的想法确实有一项关键性的弱点。李学勤虽言"日名只在死后选定",同时也有死后卜问祭名的卜辞作印证;然而甲骨金文中却有不少生人以日为名,此一状况与卜选说之间有很大的矛盾,使得学者们必须提出其他与死亡无关的日名假设。

---

① （汉）郑玄注,（唐）孔颖达疏:《礼记注疏》,页 149。

② 此处,笔者不赞成直接以"阴"的概念解读"柔"。虽然"阴阳"自秦汉以来已成为通用的概念模式,但先秦时未必会用"阴阳"结构来安排相关概念。换言之,未必所有成双复合的概念都是"阴阳"结构。

③ 井上聪:《商代庙号新论》,页 55—56。

④ 井上聪:《商代庙号新论》,页 57—58。

⑤ 杨希枚:《论商王庙号问题兼论同名和异名制及商周卜俗》,页 12。

⑥ 张懋镕:《商代日名研究的再检讨》,页 238。

马承源先生认为："一、商周贵族日干之称是生称,即每一人生前都有其日干。日干不是死后选择的,死后在干名上加以大祖、祖、妣、大父、中父、大兄、兄等称谓而成为庙主或庙号。二、商周贵族男子所称的日干实为冠礼中所授之字,而女子的日干乃是许嫁之字。冠礼在前,嫁礼在后,故男女一般不同字。"①但此说并无文献可资证明,因而也未被学界接受。

曹定云先生认为,日名"根源是殷周时代宗族制度",表达兄弟的出生顺序。亦即甲、乙用作人名时,其意思犹如近人以老大、老二作为排行。可是在此一论证当中,学者过度采用宋代之后的资料。在这千年之间,日辰系统不仅经过了数次变化,其象征意义也完全不同,从古代的日辰变成了后世的天干地支。是以此说仍有疑问。②

曹定云先生虽然也同意《库》985+1106卜辞的内容为卜选葬日,并提供了一些补证;但他完全否定葬日等同于日名的观点。针对该卜辞,其解释如下:"不是武乙为其死去之康丁选择'日名'的刻辞。葬日(始虞)确定在'丁'与康丁日名为'丁'是性质截然不同的两回事,不可混为一谈。"③康丁的日名和葬日确实都是"丁",若以二者没有关联,纯属偶然相同作解释,恐怕缺少说服力。

总之,十日被广泛地应用在生人日名、日名庙号、葬日、遇祭祀、宗族关系上,这些元素看似彼此重合,却又找不到足够的关联性,造成学者们在理解日名本义时的困境。以下笔者将针对此难题提出一些初步的观点,以供参考。

五、十日系统的文化属性

日名在中华文化中是一项颇具历史性的概念,其意义也随着多方面用法的不同,而产生了许多的可能性。就研究方法而言,我们在探讨日名问题时,应该先针

---

① 马承源:《关于商周贵族使用日干称谓问题的探讨》,页41。
② 曹定云:《论商人庙号及其相关的问题》,页269—303。
③ 曹定云:《论商人庙号及其相关的问题》,页295。

对资料的性质作合理的区分,不宜将一切混为一谈。

(一) 商宗与殷宗

笔者曾经假设,日辰系统有两个文化来源,十二辰是西来的概念,十日则代表殷人深层的文化精神。以十日为一旬的时间计算系统、以十日作为人名,都是源自殷商的文化内涵,十日系统是殷人十日信仰的表征[①]。但进一步思考使笔者改变了自己的看法:十二辰,应该是中国境内二分二至、八方和十二月系统进行结合拢一的结果;而十日,应源自长江中游汤商文化的体系,被殷商王族吸收、模仿,以强调自己的本土性和政权的正统性。

从上述分析可见,十日丧礼深刻古老,建基于长达数百年的族群自我认同的历史法统。至于殷商王族,他们在安阳定居之前,不断地流动,是族群成分不固定的团体,甚至在上甲或成汤时代该团体存在的可能性都很低。商文明的丧礼古老复杂、源自商代以前本地社会演化而形成的深厚传统,这表明该系统的丧礼奠基于长期定居的古文明之贵族的信仰。是以这种信仰应该是属于汤商统治者的信仰,后由自我宣布为商王继承者的殷王族所吸收。外来侵占者殷人模仿原来统治者的祖先崇拜礼仪,而假装自己是正统的汤商先王的后裔。这种情形,与占领古埃及的草原乘马族群希克索斯人,煞费苦心地将自己伪装成正统的古埃及法老一模一样(图二六四)。

图二六四　吉萨博物馆收藏古埃及希克索斯法老石像。

笔者认为,十日祖先升天的形象以及祭礼来源,都是殷商篡权者继承的汤商信仰的蛛丝马迹。并且殷商篡权者特别强调继承丧礼,以便让臣属都接受,且承认他们是汤商王国的合法继承者而非篡权者。笔者猜想,殷王武丁或许曾经以通婚的方式与汤商

---

① 郭静云:《夏商周:从神话到史实》,上编附录二,《殷商王族祭日与祖妣日名索隐》,页325—354。

结亲,故而对汤商礼仪颇为熟悉,并因其姻亲身份而获得"合法"继承汤商的理由,以强调他们的传承性。当然史料中对此没有痕迹加以表达,但从殷商统治和集权的方式来看,这一套做法恰好是他们用来构成其集权政治基础的惯用手段。(如是,或许可以推想,上编第八章所提及的武丁配偶妇龍,很可能就是汤商王女)

简言之,十日庙名是从成汤定法然后经几百年传承下来的系统,而不是族群混杂多元且不固定的游战族群——殷商王族在盘庚以后才带来的。只不过,由于他们是用武力推翻汤商王国的篡权者,出于政治考量而有意吸收和模仿十日宗庙之法。正因为殷宗宣布自己为商宗的正统继承者,又因为殷人本身并没有深入的丧葬文化,所以殷宗会借鉴而延续商王宗庙之礼,包括对先王考妣的週祭祀和日名庙号等制度。不过同时,从武丁伊始,殷人也开始偶尔用日名称呼在世的大人物,此问题还需要单独研究。

(二)宗族日名庙号与外族生人用日名的区别

鄙见以为,生人日名与亡人日名可能有所关联,却不能当作同一件事看待。这个问题必须从"谥号"概念的起源谈起。

马承源先生认为,"谥号之起甚晚,春秋之前无谥号。……西周的文王、武王都是生时的王名"[1],此说恐难成立。文王生时称为西伯昌;武王在未建国前名为姬发,建国之后称王,死后才定谥名为武王。商王宗庙祭礼离不开日名系统,即足以证明先王日名确实有谥号的作用。屈万里先生曾提到谥法滥觞于殷代[2],其根据是没有早于甲骨文的谥法资料。但是,用日名的谥法制度明显在成汤已定型,说明日名谥法应代表殷之前的商王室丧礼。

商王的谥号,除了日名之外,通常还加上了大、小、祖、父等字,其中也有不少带意义的谥号,如戈甲、羌甲、嗷甲、盘庚等。自盘庚以及可能还属于汤商宗的小辛、小乙之后,武丁篡位,殷王谥号的用字已经与后来的周代谥法雷同,武丁、康丁、文武丁所用的"武"、"文"、"康"字,都可见于周王谥名。

---

① 马承源:《关于商周贵族使用日干称谓问题的探讨》,页30。
② 屈万里:《谥法滥觞于殷代论》,《"中研院"历史语言研究所集刊》,1948 年第 13 期,页 219—226。

商先公、先王表						殷先王表	
1	高辛（帝喾）	13	报丁	25	中丁	37	武丁
2	契	14	示壬（主壬）	26	卜壬	38	祖己
3	昭明	15	示癸（主癸）	27	戋甲（河亶甲）	39	祖庚
4	相土	16	大乙、成、咸（成汤）	28	祖乙	40	祖甲
5	昌若	17	大丁	29	祖辛	41	父辛（廪辛）
6	曹圉	18	大甲	30	羌甲（沃甲）	42	庚丁
7	季、冥	19	卜丙	31	祖丁	43	武乙
8	夒、亥（王亥）	20	南壬（中壬）	32	南庚	44	文武丁（太丁）
9	亘（王恒）	21	大庚	33	嚎甲（阳甲、虎甲）	45	父乙（帝乙）
10	上甲（微）	22	小甲	34	殷庚	46	帝辛
11	报乙	23	大戊	35	小辛	47	武庚
12	报丙	24	雍己	36	小乙		

杨希枚先生认为，西周谥名起源有如下几个阶段：庙号源于祭日，不过"祭日已经卜定，而发现与某一或某些先王同庙号的干名，而必须有所区分时，始有区别词考虑，由是而有上大中小类的区别词。……这个附加区别词的措施当然更纯是人为的。"除了上大中小之外，殷商庙号另含示、祖、父等区别词。"由于各类区别词性质的不同，其命名的原因也显然不一。也需要祭日卜定后而再决定的。"然而时间越久，历世商王逐渐用完上、大、中、下、示、祖、父等区别词，"则同干名庙号的将历久而混淆难辨"。故另产生一种区别词，这些词与"商王个人性情或方国地望有关。"这些"区别词"就成为西周谥法之基础。[①]

张懋镕先生认为，周人不再用日名为谥号[②]，但这种看法不甚准确。在西周早中期的铭文中，包括王家在内，上层贵族采用日名的情况依旧如故，据河南平顶山应国八号墓出土的西周早期应公鼎可知，武王日名为"丁"，其铭文曰：

　　　　应公乍（作）障（尊）彝肇鼎，珷帝日丁子子孙孙永宝。[③]

---

① 杨希枚：《论商王庙号问题兼论同名和异名制及商周卜俗》，页16—17。

② 张懋镕：《周人不用日名说》，《历史研究》，1993年第5期，页173—177。

③ 姜涛、王龙正、王胜利、廖佳行、冯陆平、娄金山、王同绪、鲁红卫、杨青龙、陈英、陈素英：《河南平顶山应国墓地八号墓发掘简报》，《华夏考古》，2007年第01期，页45—46。

不同的是,周王家至少到昭、穆两王之后不再沿用週祭祀制度,所以取日名为谥号的丧礼也逐渐消失,这两个现象应该是彼此相关的。是故,后来周王谥号只用美称,日名则被省略。虽然西周早中期仍有很多姬姓贵族以日名为谥,但随着王家丧礼的变化,贵族也逐步放弃称祖妣日名的礼俗,西周中期以日名称祖妣的铭文已变少,直至西周晚期已几不见之。

屈万里先生的统计显示,殷王家属的生名与死后庙名不同,他们都有生时本名和死后日名,"日干之号,出于子孙所称,而非父母所名"。其又言"日干之号,乃但见于后世之子孙卜祀之辞,生前则绝无此称……日干之号皆后人所追命矣"。[①] 另外,从花东卜辞可以发现武丁生时也称为丁,这虽然显示生名与庙名有时会相同,但仍不能否定两者间有明确的区分。

当然我们也不能否定,在生时即以日名为名,可能会影响到死后谥名的选择,甚至生时所用的日名会成为死后谥号的优先选择。但这恐怕只是殷商王室这一外族偶尔使用的手段。因为对殷商人而言,日名的内在意义并非其本身所固有,所以其对日名文化意义的理解也没有那么深刻,因而开始出现活人用日名的做法。李学勤先生曾经证明,日名只在死后才定[②],同时也有死后卜问祭名的卜辞作印证;然而甲骨金文中却有不少生人以日为名,此一状况与死后卜选说之间有很大的矛盾,使得学者们必须提出其他与死亡无关的日名假设。

根据秦始皇弃用谥法以前的丧礼,必须在人死后才能为其选择宗庙谥号。谥名是祭祀时所用的"神名",并不等同于生人的"人名",这两者是不同层次的概念,不可等同视之。

在商周文化中,谥名庙号是很特殊、重要的概念,涉及王族对祖先崇拜的深厚信仰。在此信仰体系中,谥号并不像生人的名字那样单纯,而是靈魂在天上的名号,或可称之为"先靈庙名"。只不过殷周时期用作庙名的字汇,并未被禁用作生者的人名。如周代时的"康"、"靈"、"文"、"武"、"昭"等字,不仅用作谥号,也同时出现在生人的名称中。殷商文献中,亦没有禁用日名作为生人名称的现象。但是笔者假设,此现象所反映的是作为外来族群的殷周王室,并未严谨地执行本地信仰,对其内在意义重视不足,但却因为政治需求,要利用其为自己政权目标服务而

---

① 屈万里:《谥法滥觞于殷代论》,页 220、221。

② 李学勤:《评陈梦家殷墟卜辞综述》,《考古学报》,1957 年第 3 期,页 119—129;李学勤:《论美澳收藏的几件商周文物》,《文物》,1979 年第 12 期,页 72—76。

在表面上遵从之。

　　笔者推想,汤商文化中应该不可能用日干作生人名字,而殷商武丁毕竟是外来的北方游战族群统治者,靠军力占领而统治古代文明区域,虽然接受了本地文化传统,但却没有对此传统足够熟悉而谨慎应用,所以在花东卜辞里,活的武丁已被命名为丁。进一步可以考虑,在武丁大王首次建立集权的早期帝国体系里,将自我命名为"丁",选择此吉祥的日名,以强调自己作为王而具有超越性的能力,这在中国历史上可能是最早的将王位神格化的事件,即将王等同于神祖。这一做法,类似于一千多年后,秦嬴政自称为"皇帝",当时这两个字原本只用于指称天上的始祖或天帝。换言之,笔者假设,将日名开始用作生人名的情况,或许暗示了,这是新来的族群借用古老传统而留下的痕迹。

　　殷人在生时使用日名应无规律,或许就如司马迁所述那样,殷人以生日为孩子取名。因为生人日名缺乏规范性,可有可无;生于吉日尤其顺利出生者喜用日名,但生于不吉日者当然也可以选择不用,甚至自行采用生日前后的吉日为名,以请求吉日的保佑。如果生人有吉祥日名,死后仍必须经过巫师的卜选,卜问是否同样乘其生日之日,以升天再生。若卜问吉顺,生名才可以继续被用作谥号;若结果并不吉顺,也只能改用其他日名。重点在于,殷人用生人日名是根本不符合礼仪和用日名文化的本义,是一种外族为建立对自己王权的崇拜而破坏本地固有的丧葬文化的现象。

　　强势的武丁乘驾马战车征战四方而引起天下各国大乱,也影响到商文明精神文化的衰退,包括制造和使用礼器的规律被破坏,神秘占卜的内容开始被记录,用日名的规定失去其严谨性。可是,在殷宗王武丁之前,日名是灵魂名而不是人名,决定死者的灵魂日名庙号前,必须经过神秘的过程,不会在未经巫师卜选的情况下,直接以生名为庙号。这个神秘过程的必要性,牵涉到祭礼背后的神秘意义。如果谥名的选定有误,造成后来的祭礼不能通天达神,也将使祖先与后裔间的神秘联系无法平顺。

　　简言之,尽管出现生人日名,但该现象并不影响我们讨论日名谥号乃死后卜选之名。生人日名应是另外一种现象,是外族不合礼而用之,不宜混为一谈、一概而论。两商时,先王谥号一定含有日名,以指出祭日。虽然马承源提出两周铭文中,不仅以十日为名,还有以十二辰为名的情况①;但笔者检视金文资料,发现以十二

────────────────

① 　马承源:《关于商周贵族使用日干称谓问题的探讨》,页22。

辰作为人名时,都是指器主,而非受到礼拜的祖先,所以并无谥号的作用;从十二辰的天象意义看,也不可能用作永生靈魂之名号。商王室谥号带有日期的意思,只能用十日为名,绝不会以十二辰为名。若用作生人名号则正好相反,生人日名是殷商以来破坏丧礼的特殊例子,而生人辰名则多见而经常被使用。

（三）不同受祀者的十日祭名

前引王晖先生发现,殷商崇拜的嚳、河、岳、王亥、伊尹等神祖,其祭日亦有日名上的规律,其谓:"商人认为代代相传的商王室贵族均是十日之子,商王的众日之父是高祖帝嚳。"[①]此一论述相当清楚明晰。商王族源自十氏部族结构,或相当于十组师旅,并以十日命名。

然而,我们要注意的是王晖引用的卜辞,都是祭祀嚳、河、岳、王亥、伊尹之类的神祖,而非週祭祀中所祭拜的王室祖先。笔者推测,在商王级贵族信仰中,十日先祖并非具体的祖父母,而是传说中在远古时期治理天下的神智英雄,这些英雄可能被视为"日之子",具有超凡的神奇本质。而自上甲以降的历代考妣,才是商王朝在血缘上的祖先。其实,虽然商王族的信仰也有其独特的内涵,但从结构而言,与其类似的信仰结构在各地的古文明(如苏美尔、希腊、印度等)中已屡见不鲜。在这些例子里,多是先有理想中的神祖统治大地,后来才由当下大王朝的始祖继承了神定的王位。王晖先生观察到的祭祀结构,使我们可以推测商的信仰体系亦属同一类型。也就是将原初的神祖视为前朝,而由当今的王室传承统治。圣王与人王两个朝代虽具有某种神秘的承续关系,但自上甲以后的祖妣,其神性还是不及前朝神王。所以商王祭拜上甲以前的神祖的方式,与上甲以后的祖妣有所不同。

据此可进一步推知,王晖先生所阐明的系统,实与李学勤、张懋镕、井上聪所论述的不同,但两者间仍有关联性。或许商王室贵族认为王家妣祖在升天以后,将归入天上的前朝十氏部族之一,又或排列于前朝十位日子所统帅的十氏师旅中。至于归属于哪一个氏族或师旅,则与其死后的日名谥号有关。商王家人死后卜选日名,正是为了决定妣祖在天上的位置和归属。

虽然在现实政治生活中,商王族掌握着最高权威,他们却仍然宣布自己是十日

---

① 　王晖:《商周文化比较研究》,页 27;王晖:《古史传说时代新探》,页 133—150。

族团之一"高辛氏"的后裔。这反映出,作为非常古老的传统,十日传说仍然具有深远的影响力。从该传统还可推知,在更早时期,曾经存在过类似于"十族兄弟"的政权制度:即在联盟制城邦国家的组织结构中,各个城邦的贵族均为平等的"兄弟",按照制度轮流"值日",轮流主宰联邦,负责发起和组织国家联盟会议,安排并管理联盟内部的公共事务以及彼此间的合作事宜。

在实际的历史演化中,这种平等的兄弟宗族轮流值班做主的理想制度,显然会慢慢地演变成兄弟之间的权势争夺,最后由较强势的宗族掌握高位,此即联盟制城邦国家向王国发展的道路。汤商无疑已是王权国家,但是却仍然在意识形态中有意保留了自我为多元族团的认识,以此强调商王国具有自古传承的正统性,只不过此时这种观念仅见于丧礼而已。并且,正是因为在这种观念中,"兄弟"被视为是属于不同族的、同等级的城邦主宰者,因此在汤商丧礼中特别出现了"兄弟异名"的规定,也就是说,同辈兄弟的日名庙号不能相同。根据甲骨文周祭祀记录可见,此规律是从成汤这个开国国王开始固定下来的。

换言之,未立商国之前以及上甲之前的高辛氏的神祖都以"辛"为日名,自上甲以后就用十日庙名,以表达跨族的政权理念。不过,自上甲以降的先公王,也有三种选择日名的规律(详参"商先公、先王表"和"殷先王表")。第一是成汤之前的先公,与成汤之后的先王规律不同,但造成其中差异的原因比较清楚。有关上甲至示癸这几位上祖,学界都赞成王国维的说法,其谓:"商人以日为名乃成汤以后之事,其先世诸公……即用十日之次序以追名之。"陈梦家也说:"这种说法对于自上甲至示癸,是可能的,而对于大乙以后先王则不能适用。"[①]也就是说,从成汤大乙以降,先王日名的规律并不是照着十日次序来决定的,而是基于张懋镕和井上聪所发现的规律。这可能是因为成汤大乙之后商人一致采用占卜选择祭日,固定举行周祭祀,因此为后人所熟知;而成汤大乙之前的先公日名因年久湮灭,导致后世祭师必须往前推补。这也能够间接证明,汤商王国确实由成汤建立,传世文献保留了史实的残迹。

第二个用日名的变化发生于武丁篡位时:首先,开始出现生人日名,就好像活的神人一样;其次,日名之外经常另加荣誉名号,如武、文等,之后先秦诸国及汉代都沿用之;再次,殷末先王庙号加"帝",这种庙名在殷之后也零星在用。如河南平顶山应

---

① (清)王国维撰:《观堂集林》,卷 9 页 13;陈梦家:《殷虚卜辞综述》,页 404。

国遗址西周中晚期八号墓中出土了应公鼎,武王被称为"斌帝日丁",王号与晚殷"文武帝乙"相类,显示西周早期的周王与殷商末期的殷王庙名结构相同。① 张懋镕先生注意到,西周时使用日名的家族,限于姬周上层贵族。② 这是因为殷周王家是同一家的王室,庙号一直都有传承关系。只不过,随着週祭祀衰退,几百年间皆未见用"帝"字作谥号庙名;直至汉帝国又重新恢复了这种用法且在帝王丧礼中固定下来。

总之,虽然十日週祭祀记录最早仅见于殷商甲骨文,但是资料均表明,十日庙名是从成汤定制,然后经过几百年传承的系统,并不是由安阳殷宗所带来。不同受祀者之十日祭名的变化表征以下四个阶段:

第一,未建立商王国之前,即上甲之前的高辛氏的神祖,都以"辛"为日名。

第二,自上甲至示癸,这几位先世诸公"用十日之次序以追名之"。这种规律"对于自上甲至示癸,是可能的,而对于大乙以后先王则不能适用"。

第三,从成汤大乙以降,先王日名的规律并不是照着十日次序来决定的,而是建立了卜选日名的传统和週祭祀制度;可能还确立了在巫师占卜之前筛选日名的原则,如祖妣异名、父子异名、母子同名、兄弟异名、偶数优先等。③ 也就是说,在现实生活与政权组织中,原本属于"高辛氏"的商王族此时已掌握最高的权威,但在意识形态里却仍继续认同自己是十日后裔的族团,并将王族视为十日族团全体的代表。因此在成汤大乙之后,一致采用占卜选择祭日且固定举行週祭祀的方法,因此该方法为后人所熟知;而成汤大乙之前的先公日名因年久湮灭,导致后世祭师必须往前推补而被迫采用依序补记的方式。

第四,从历史脉络可知,成汤大乙以降、迄于小乙的历代商王日名系统是最严谨的,采用了一贯的礼仪规定④;但小乙之后又出现新的情况:如出现母子异名的新规定。又如,日名谥号之外经常另加荣誉名号,如武、文等字;此后先秦诸国及汉代都跟着使用此类文字。此外,因小乙之后武丁篡位,从其伊始,殷人开始偶尔用日名称呼在世的大人物;在当时的语境中,出现生人日名就好比神人活在世间一

---

① 姜涛、王龙正、王胜利、廖佳行、冯陆平、娄金山、王同绪、鲁红卫、杨青龙、陈英、陈素英:《河南平顶山应国墓地八号墓发掘简报》,《华夏考古》,2007 年第 01 期,页 45—46。

② 张懋镕:《再论"周人不用日名说"》,《文博》,2009 年第 3 期,页 27—29。

③ 常玉芝:《商代周祭制度》。另见于岛邦男撰,温天河、李寿林译,杨家骆主编:《殷墟卜辞研究》;董作宾:《殷历谱》;冯时:《天文学的萌芽期》;张懋镕:《商代日名研究的再检讨》,页 232—234。

④ 张懋镕:《商代日名研究的再检讨》;(日)井上聪:《商代庙号新论》,页 54—60。

样。殷末时,开始在先王谥名庙号中加"帝"字;在已放弃日名之后,包含"帝"字的谥号在春秋列国偶见零星采用,而最后传到秦汉帝国,被固定而成为主流用法。至于日名与十日葬法,到了西周晚期已湮没于历史长河中。

由此可以肯定,日名丧礼制度正是成汤建国之时所建立的,正是成汤将十日体系确定为国家宗庙之丧礼典范。在商代王级贵族的信仰中,十日先祖并非具体的祖妣,而是传说中在远古时期治理天下的神智英雄,这些英雄可能被视为"日之子",具有超凡的神奇本质。或许商王室贵族认为王家祖妣在升天以后,将归入天上的前朝十日(氏)部族之一,又或班列于前朝十位日子所统帅的十氏师旅中。至于归属于哪一个氏族或师旅,则与其死后的日名谥号有关。商王家人死后卜选日名,正是为了决定祖妣在天上的位置和归属。

综上所述,成汤大乙以降、小乙以前的祖先日名的系统最为严谨,遵循了一贯的礼仪规定,张懋镕和井上聪已经指出其与丧事有关。笔者亦赞同此说。下文中,笔者拟进一步厘清这项传统的信仰基础,以加深对商文化的理解。

六、日象在丧礼文化中的隐义

除了王晖以日球本义来讨论日名外,多数学者均将"日"字解释为日期或氏名等转义。然而,所有的转义都是由本义出发的,必先有本义,转义才得以产生。文化中的神秘传统和信仰均发源自远古时期,并涉及文化本身极为深刻的内在蕴涵,故字词转义的深度往往不足以表达信仰的深刻性。因此当我们在讨论殷商日名时,不宜径自忽略"日"字本义在其中的作用,即其非指氏族、日期,而是指日轮本身。

宋镇豪先生研究殷人对日的崇拜,曾指出拜日与丧葬信仰间的关系①,王晖先生的研究正可为其补证。十日谥名无疑是丧礼中的一部分,且决定了丧祭的准则,因此商的週祭祀的日名,应与日球崇拜有关,也应与丧礼本身的某些神秘观念有所牵连。

---

① 参见宋镇豪:《甲骨文"出日"、"入日"考》,《出土文献研究》第 1 辑,北京: 文物出版社,1985 年,页33—40;宋镇豪:《夏商社会生活史》,页 771—789。

（一）甲骨文所见之拜日观念

宋镇豪先生钻研日神崇拜的问题，认为"日神的权能不见得很大"①。其实除了埃及之外，日神在各上古文明中都不是唯一崇高的信仰对象，虽然广受崇祀，却不被视为最高神。在中华文明中，"十日"的概念已足以反映出日神的次要性。最高神总是独一无二的，但"十日"概念却显示商王家对自己多元来源的认同，所以将日神也当作群体神靈，但并非至高的信仰对象。虽然并非至高无二的信仰对象，但是日象在商文明信仰中确实有其重要的神秘作用。

关于日神崇拜的意义，宋镇豪先生曾作详细讨论，发现其除了能够造成吉凶的自然现象外，最主要的神能是绝天地通，因此可作为下上界的媒介。所以拜日信仰的内在意义"约略有两类，一类是日蚀等变化现象发生的非常时际举行，另一类与观察太阳运行以'敬授人时'的祭礼相关"。② 就第一类来说，与日相关的自然现象除了日蚀、月蚀之外，还有因为欠缺日力造成的寒湿，和日力过盛造成的热燥。不过我们可以发现，寒湿、热燥虽然是农耕文明经常面对的自然现象，但甲骨文并不常因为这些问题而直接向日求祷，气候的变化不被当作太阳的独特神能。

就第二类来说，甲骨文中可以见到迎日和送日所用的卜辞：

□□□，〔酻〕出〔入日〕，岁三牛。兹用。

癸□□，其卯入日，岁上甲二牛。

出入日，岁卯多牛。〔不用〕。　　　　　　　　　　　　　《屯南》2615③

癸未贞，甲申酻出入日，岁三牛。兹用。

癸未贞，其卯出入日，岁三牛。兹用。

出入日，岁卯〔多牛〕。不用。　　　　　　　　　　　　　《屯南》890④

……出入日，岁三牛。　　　　　　　　　　　　　　　　《合集》32119

宋镇豪先生对这些卜辞做了翔实的研究，发现它们并非单纯对日出日落的祭祀，而

① 　如宋镇豪：《夏商社会生活史》，页776。

② 　如宋镇豪：《夏商社会生活史》，页780。

③ 　参见中国社会科学院考古研究所编：《小屯南地甲骨》（后引简作《屯南》），北京：中华书局，1980—1983年。

④ 　《屯南》2615与《屯南》890两片为同套卜骨。

有更深入的内在意义。他说:"商代的祭出入日,不是每天礼拜日出日落,当有其比较固定的行事日期,通常行之于春秋季相关月份或春分秋分的以天象定中气的前后日子……"①所以,迎送日卜辞应与"日于南"、"南日告"、"日至,亡其至南,出"②卜辞有密切的关联性。

"日南至"表达冬至的意思,是因为冬至时的日出点、日落点位置最偏南方;二分时,日出、落则在正东、正西。《尚书·尧典》有言:"寅宾出日,平秩东作。……寅饯纳日,平秩西成。"③迎送日卜辞所表达的观点亦应相同。迎日并非迎接日出而已,更是在春分时节欢迎日暖前来协助大地生养,利于各种生产;送日也不是单纯地送别日落,同时还具有在收获后送别日暖,祈求再来的意涵。宋镇豪先生在传世文献中也发现,先秦以来即有在二分时进行迎日、送日之礼,这与殷商"出日入日祭礼,是有继承关系的"。④

既然在迎日、送日之礼中,日出发生在正东方向,而日落发生在正西方向,所以二分之礼与正东西向相关。据此,宋镇豪先生推论:"商代出入日的祭礼,寓意于太阳东出西落的周日视运动观测。这种重视东西轴线的方位观,很容易使人联想到甲骨文中两位带有自然神性的东母和西母。"⑤陈梦家、王晖及多数学者都认为东母是指日神,而西母则是月神⑥。宋镇豪不同意此说,笔者也认为这样的理解将导致一些基本概念的混淆。

中华文明显然有"日月"相对的概念,其于汉代丧葬绘画和画像石上表现得最为明显(如参图二六五:30),然而"日月"概念是单日单月的相对,与商文明的十日概念绝不相同(否则,就该有相对于十日的十月概念)。甲骨文从未在迎送日礼中提及月象,显然这不是对"日月"的崇拜,而是纯粹对日的崇拜。是故,商王族"十日"崇拜和中华其他族群或其他时代的"日月"崇拜概念不宜混为一谈。

日人赤冢忠先生将东母和西母的崇拜与日出日落作连接⑦,这种理解应是较

---

① 如宋镇豪:《夏商社会生活史》,页783。

② 见于《合集》12742、20072;中国社会科学院考古研究所编著:《殷墟花园庄东地甲骨》(后引简作《花东》),昆明:云南人民出版社,2003年,页290。

③ (汉)孔安国传,(唐)孔颖达等正义:《尚书正义》,页48—49。

④ 宋镇豪:《夏商社会生活史》,页784。

⑤ 见于《合集》14335—14345卜辞中,参见宋镇豪:《夏商社会生活史》,页788。

⑥ 陈梦家:《殷虚卜辞综述》,页574;王晖:《古史传说时代新探》,页149—150。

⑦ 赤塚忠:《中國古代の宗教と文化——殷王朝の祭祀》,東京:角川書局,1977年,页188、444。

为准确的。然而,东母和西母仍然不是单纯职司太阳出入的女神,她们的神能更大。商代人祈求东西母护祐,并祈求生命和再生。她们应该与汉代人崇拜的东王公、西王母神能接近,甚至会有一些传承关系,可是在殷商时期还没有公母之别,二者均被崇拜为母神。

宋镇豪先生将迎日、送日之礼与东母、西母崇拜作连接,显然是完全合理的。日出落、春分秋分、东西方向,都表达大自然由生而死、由死而再生的循环运行。向东方祈求生命,向西方祈求死而再生,这正是迎送日礼和崇拜东西母的重点,《合集》20637 直接用"共生于东"的概念表达其信仰的核心:

> 己巳卜,王贞:呼弜共生于东。四月

宋镇豪先生论证:"'共生于东',犹言拜求生命于东方。"所以"东母、西母为商人心目中的司生死之神,分居东、西方而掌管人间的生死"。①

质言之,日出日落的自然运行规律,牵连着自然年中的春生秋死,两者与正东西方向结合,因此东母是求生神,而崇拜西母则意味着祈求死后再生而不绝。因此在殷人信仰中,太阳运行不仅关乎"敬授人时",还牵连着自然死生的规律。

以此一认识作为基础,我们较容易进行下一步的推论,亦即商人将日出日落的死生规律,发展推衍到人的生死观念上。迎送日礼的背后,除了隐含日落之后再有日出,秋死之后再有春生的规律现象,还牵涉到商人信仰中,人死之后会有再生的想法。是故,在商文明丧葬信仰和丧礼中,日象当然具有颇为关键性的作用,即牵涉到再生的欲望。商文明礼器上描绘太阳升天的"明纹"很突出,出现在固定礼仪的礼器部位上(图二九九至三○四),均表达祈求升天的意思,对此问题的探讨参下编第三章。

在甲骨文中还有如下祭祀辞:

> 甲子卜,用翌入乙?　　　　　　　　　　　　　　　　　《合集》22065
>
> 入乙,用?　　　　　　　　　　　　　　　　　　　　　《合集》22092

日干为十个太阳的名号,所以这两条与宋镇豪先生所论"于入日"的意思相同,只是以日名指涉日象。在殷商占卜文化中,"用"字是表达卜问、确认占卜结果和祈祷的成功,且带有作福祐辞的意思。② 这两条简略刻辞的意思是祭拜明天的乙日。

甲骨文中另外还有记载向日干祭祷福祐:

---

① 参见宋镇豪:《夏商社会生活史》,页789。
② 详参郭静云:《甲骨文用辞及福祐辞》,页137—175。

> 戊子卜,于来戊用,羌?
>
> 叀今戊用?   《合集》22045
>
> 叀今癸用?   《合集》22276
>
> 乙卯卜,翌午用?   《合集》22094
>
> 戊子卜,有⚒岁于父戊,用今戊?
>
> 戊子卜,叀今戊用?   《合集》22046
>
> 辛,用?   《合集》22091
>
> 庚,用?   《合集》22195

"于来戊"的意思,应是在日出前用羌人祭迎今日上升、名为"戊"的太阳。这与"于出日"、"于入日"的卜辞关系也密切。殷人在某些情况下,会崇拜某些特定日期的太阳,只是不用"于出日",而改用"于来日"的说法。在《合集》22045 的纪录中,戊子时从大地升起的戊日为崇拜对象。《合集》22046 载岁祭于父戊,而同时问"今戊用"。笔者推论,这可能也是祭祷名为"戊"的太阳。

总之,崇拜某日象时,同时也祭祀以其为名的神祖。据此可见,商王室的祖先崇拜与十日崇拜的相关性。或许,商人认为,这些先祖所乘的日轮,不仅能在第一次祭礼中协助亡靈升天;而且在之后每一轮当值之日日出时,能够协助开通宗庙祭祀通达天庭之道,以及充当在世后裔与在天之祖之间的中介靈媒。

(二) 日象和日名在丧葬信仰中的作用

张衡《冢赋》曰:

> 幽墓既美,鬼神既宁,降之以福,于之以平。如春之卉,如日之升。[1]

依笔者浅见,《冢赋》所述的形象并非出自辞赋家的随兴诗意,而应基于深层的文化内在,其渊源则滥觞于殷商的信仰体系中。古人认为,人死后埋葬,如日之升天,又如新春再生。如前引的三句兵铭文所言:"大兄日乙、兄日戊"、"大祖日己、祖日丁"、"大父日癸、中父日癸、父日癸"(图二六三)等,其中的"日"字未必用以表达日期,更可能是升天后的神祖、父、兄本身已经与日合体了,所以能从地下随日轮升天。

在祖先日名前加"日"字,亦可见于其他殷商青铜器铭文:

---

[1] (汉) 张衡著,张震泽校注:《张衡诗文集校注》,页 253。

覃日乙、受日辛、共日甲。 亚覃尊《集成》5949①

木工册乍(作)母日甲障(尊)彝。 木工册作母日甲簋《集成》3666

日乙。 亚日乙鼎《集成》1703②

用乍(作)辟日乙障(尊)彝。 □橐妇觚《集成》7312③

郱(赫)中(仲)子日乙。 郱仲子日乙簋《集成》3449④

述乍(作)兄日乙宝障(尊)彝飤(饲)。 述卣、述尊《集成》5336;5934⑤

陵乍(作)父日乙宝齍(罍)。 陵罍《集成》9816⑥

鮴乍(作)文父日丁宝障(尊)旅彝。 鮴卣《集成》5362

鮴乍(作)文父日丁。 鮴尊;鮴簋《集成》5877;3606⑦

商用乍(作)文辟日丁宝障(尊)彝 庚姬卣;庚姬尊《集成》5404;5997⑧

乍作彝,央🐾日戊。 央🐾鼎《集成》2124⑨

兄日庚。 亚登兄日庚觚《集成》7271⑩

厚乍(作)兄日辛宝彝。 厚簋《集成》3665⑪

剌乍(作)兄日辛尊彝。 剌作兄日辛卣《集成》5338⑫

姬乍乑(作厥)姑日辛障(尊)彝。 姬鼎《集成》2333⑬

闈乍生易(作皇阳)日辛障(尊)彝。 闈卣《集成》5322⑭

玡乍(作)兄日壬宝障(尊)彝。 玡尊;玡卣《集成》5933;5339

---

① 现藏于考古研究所安阳工作站。

② 以上两件藏处皆不明。

③ 别名:麋妇觚,现藏于大连旅顺博物馆。

④ 藏处不明。

⑤ 现藏于日本东京某氏处;日本奈良天理参考馆。

⑥ 别名:陵父日乙罍,现藏于扶风县博物馆。

⑦ 以上三件藏处皆不明。

⑧ 别名:商卣、商尊,现藏于陕西省宝鸡周原博物馆。

⑨ 别名:央日戊鼎,藏处不明。

⑩ 现藏于北京故宫博物院。

⑪ 别名:戈厚作兄日辛簋,藏处不明。

⑫ 现藏于日本东京出光美术馆。

⑬ 现藏于旅顺博物馆。

⑭ 现藏于陕西省宝鸡周原博物馆。

珂兄日壬。　　　　　　　　　　　　　　　　　　　　珂觯《集成》6429①

妇闦乍(作)文姑日癸障(尊)彝。

　　　　　　　　妇闦甗;妇闦鼎;妇闦卣;妇闦爵;妇闦斝;妇闦罍盖《集成》

　　　　　　　　922;2403;5349;5350;9092;9093;9246;9247;9820②

妇乍(作)日癸障(尊)彝。　　　　　　　　　　妇簋《集成》3687③

日癸。　　　　　　　　　　　　　　　　　　　日癸罍《集成》9779④

帝母日辛障(尊)。　　　　　　　　　　　盂鼎《新汇编》1244—1245⑤

母嫜日辛。　　　母嫜日辛簋;母嫜日辛觚:母嫜日辛卣;母嫜日辛方彝;

　　　　　　　　　　　　　　　母嫜日辛尊《新汇编》1787—1793⑥

《合集》27875 也载:

贞:叀(惟)辛?

贞:其中?

贞:启神大甲日?

……日……

笔者推论,《合集》27875 也有选日名的纪录,似乎是廪辛给祖甲选名(如果成立,这就是难得的殷王廪辛的甲骨)。根据卜辞纪录,最先应是想为王考选择辛日作为日名,但最后却有神兆指出王考需乘甲日升天,而同日的祖先大甲先王将会来辅助,保祐后裔顺利地升天。

《合集》23614 曰:

己丑卜,出贞:神日其丁牢?

虽然该卜辞的隐义不明,但也许与王考升天的信仰有若干关系。

到了西周时期,青铜铭文上依然常见以日某为祖名,表达乘日信仰与日名丧礼

---

① 以上三件藏处皆不明。

② 现藏于日本大阪江口治郎氏;上海博物馆;日本东京书道博物馆;美国华盛顿弗里尔美术博物馆;日本东京出光美术馆;南京市博物馆;广东省博物馆。

③ 现藏于上海博物馆。

④ 现藏于日本京都泉屋博古馆。

⑤ 1996 年出土自湖北省蕲春达城新屋塆西周铜器窖藏,现藏于湖北省黄冈市博物馆。其铭文以商代末期的传统称谓"帝"指称王。

⑥ 现藏于日本东京出光美术馆。

亦是西周姬姓贵族的文化之核心。西周早期的铭文中这类的记录颇多：

<blockquote>

用乍(作)朕(朕)考日甲宝。　　　　　　　　小臣传簋《集成》4206①

旗用乍(作)文父日乙宝障(尊)彝。　　　　　　旗鼎《集成》2670②

隈中(仲)孝乍(作)父日乙障(尊)段(簋)。　　隈仲孝簋《集成》3918③

翏乍(作)北子柞段(簋)，用遗乒且(厥祖)父日乙。

翏簋《集成》3993；3994④

中(仲)子乍(作)日乙障(尊)彝。　　　　　　仲子尊《集成》5909⑤

能匋用乍(作)文父日乙宝障(尊)彝。　　　　能匋尊《集成》5984⑥

中(仲)辛父乍(作)朕皇且(祖)日丁、皇考日癸障(尊)段(簋)。

仲辛父簋《集成》4114⑦

用事乒(厥)叔(祖)日丁，用事乒(厥)考日戊。　生史簋《集成》4100；4101⑧

乍(作)长宝障(尊)彝日戊。　　　　　　　　作长鼎《集成》2348

咏乍(作)瓯障(尊)彝日戊　　　　　　　　　咏尊《集成》5887⑨

乍(作)文考日己宝障(尊)宗彝。

天日己尊；天日己觥；天日己方彝　　　《集成》05980；9302；9891⑩

周岁乍(作)公日己障(尊)壶，其用喜(享)于宗。

周岁壶《集成》9690；9691⑪

且(祖)日庚，乃孙乍(作)宝段(簋)，用□喜(享)孝。

祖日庚簋《集成》3991；3992⑫

</blockquote>

---

① 别名：师田父敦，藏处不明。

② 现藏于日本奈良国立博物馆(浅原)。

③ 现藏于北京故宫博物院。

④ 现藏于荆州地区博物馆。

⑤ 别名：仲子作日乙尊，藏处不明。

⑥ 现藏于北京故宫博物院。

⑦ 藏处不明。

⑧ 现藏于陕西省宝鸡周原博物馆。

⑨ 以上两件藏处皆不明，别名：长日戊鼎；咏作日戊尊。

⑩ 别名：文考日己方尊；文考日己觥；文考日己方彝，现皆藏于陕西省历史博物馆。

⑪ 现藏于台北故宫博物院(器)、上海崇源拍卖公司(2005，器与盖)。

⑫ 现藏于上海博物馆。

舀乍（智作）文考日庚宝尊器。　　　　　　　　智尊《集成》5931①

臭乍（作）日辛陴（尊）宝毁（簋）。　　　　　　簋《集成》3909②

壴（彭）生作（作）兄日辛宝陴（尊）彝。　　　彭生鼎《集成》2483③

甗（许）中（仲）越乍（作）氒（厥）文考宝陴（尊）彝日辛。

许仲卣《集成》5369④

文考日癸。　　　　　　　　　　　　　　　　壴卣《集成》5401

胖（薛）乍（作）日癸公宝陴（尊）彝　　　　薛尊《集成》5928⑤

对乍（作）文考日癸宝陴（尊）�− （罍）。　　对罍《集成》9826⑥

乍（作）中子日乙宝陴（尊）彝。　　作中子日乙卣《新汇编》1913⑦

日为父癸。　　　　　　　　　　日为父癸爵《新汇编》1189⑧

母日庚。　　　　　　　　　　　母日庚鼎《新汇编》0806⑨

到了西周中期"日某"的宗名仍然可见，但数量已相当少，如：

用乍（作）文考日乙宝陴（尊）彝。　　　　　稽卣《集成》5411

用乍（作）文考日丁宝彝。　　　　　　　　　匡卣《集成》5423⑩

用乍朕（作朕）文考日丁陴（尊）盘。　　　走马休盘《集成》10170⑪

其用夙夜享孝于氒（厥）文且（祖）乙公，于文妣（妣）日戊。𢆶鼎《集成》2789⑫

用乍（作）文考日己宝鼎。　　　　　大夫始鼎《集成》2792⑬

---

① 别名：舀尊，现藏于陕西省宝鸡周原博物馆。

② 别名：臭簋，现藏于考古研究所西安研究室。

③ 别名：壴生鼎，现藏于英国伦敦大英博物馆。

④ 别名：甗仲卣，现藏于上海博物馆。

⑤ 别名：胖乍日癸尊，以上两件藏处皆不明。

⑥ 现藏于凤翔县博物馆。

⑦ 现藏于英国伦敦某氏处。

⑧ 现藏于河北省邢台市文物管理处。

⑨ 现藏于陕西省铜川市文化馆。

⑩ 以上两件藏处皆不明。

⑪ 现藏于南京博物院。

⑫ 别名：𢆶方鼎，现藏于扶风县博物馆。

⑬ 别名：大矢始鼎，藏处不明。

用夙夜明亯(享)于卲白(伯)日庚。　伯姜鼎《集成》2791①

对扬文母福剌(烈),用乍(作)文母日庚宝障段(簋)。　𢦚簋《集成》4322

用乍(作)文母日庚宝障(尊)䵼(鼎)彝。　𢦚鼎(甲)《集成》2824②

害宮乍(作)朕文考日辛宝段(簋)。　害宮簋《集成》3996③

史𨠄敏乍(作)兄日癸旅宝障(尊)彝。　史𨠄敏尊《新汇编》323④

用夙夜追孝于朕文且(祖)日己、朕文考日庚。　𤔲甗《新汇编》701⑤

乍(作)用休辛嚣日□弔(叔)。　辛嚣簋《新汇编》1148⑥

𩦎乍(作)朕且(祖)日辛朕考日丁障(尊)彝。　𩦎方彝《新汇编》1845⑦

用乍(作)且(祖)日乙障(尊)彝。　老簋《新汇编》1875⑧

到了西周晚期,以"日"字指出祖先日名者,更为稀罕,如:

用乍(作)䏏(朕)剌(烈)考日庚障(尊)段(簋)。　师虎簋《集成》4316⑨

□乍母日丁。　无名卣《新汇编》913⑩

西周晚期之后,虽然继续以十干为宗名,但可能已不再与日象信仰有所联系了,故"日"字并不用于宗名中。可是旦霞乘日升天、乘日游历的神秘形象早已深植中国文化。因此自古以来,送魂、安魂、祭魂仪式都在朝霞中进行。

换言之,笔者认为商文明对日的崇拜,应包含了死者再生的信仰,他们相信死人进入地中后,将在朝霞时乘日升天。从而文化中便有了"乘日游历"的形象,表达超生后的逍遥境界。如《庄子·徐无鬼》曰:"若乘日之车而游于襄城之野。"唐代成玄英述:"乘日遨游,以此安居,而逍遥处世。"⑪。宋代王安石有《乘日》诗曰:

---

① 现藏于西安市文物保护考古所。

② 别名:𢦚方鼎,以上两件皆藏于扶风县博物馆。

③ 藏处不明。

④ 现藏于河南省洛阳市文物工作队。

⑤ 现藏于中国社会科学院考古研究所。

⑥ 现藏于山东省龙口市博物馆。

⑦ 现藏于德国柏林东亚艺术博物馆。

⑧ 现藏于台北某氏处。

⑨ 现藏于上海博物馆。很多学者将师虎簋视为穆王时期的器物,依笔者浅见,它更有可能是宣王元年的礼器,参郭静云:《商周文献中历史观念形成脉络考》,《历史人类学研究》,2010年第2期,页1—86。

⑩ 现藏于山西省考古研究所。

⑪ (战国宋)庄周撰,王叔岷校:《庄子校诠》,页934。

"乘日塞垣入。"①只是后人所谈的"乘日"形象,早已失去原有的丧葬信仰内涵。在商人的心目中,"乘日"就是亡灵升天的途径。

在商文明信仰中,共有十日轮流升降于天地之间,十日各有其名字,称为甲、乙、丙、丁、戊、己、庚、辛、壬、癸。因此,死者所乘之日名,就成为死者的日名。如前所述,张懋镕、井上聪先生已经证明了日名谥号与葬日有关,但笔者拟对此一研究成果作进一步的修正:在商人的信仰中,日名并非指葬日,而是指死者升天之日。商王室祖妣过世后,通过占卜仪式选定其日庙,并根据此一占卜的结果,在死者所配的十日之一的前一天举办葬礼。也就是说,下葬的次日即为卜选的升天之日,这一天旦霞时分,商王室的死者乘当值之日球升天。该日之名,同时也就成为该王或王家成员的日名庙号,此日亦成为他的祭日。在这一信仰的基础上,商王室建立了十日宗庙,以及按照十日一旬来安排的週祭祀制度。

学者们引用的传世文献,也可以作为旁证。井上聪以"柔日"概念阐述选择日名谥号偏用偶数的规律;《仪礼·士虞礼》曰:"始虞,用柔日。"②据而可知,用柔日的重点不在葬,而在虞,亦即在于出殡下葬后的虞祭。《礼记·檀弓下》说:"有司以几筵舍奠于墓左,反,日中而虞。"汉代刘熙《释名·释丧制》指出:"既葬,还祭于殡宫曰虞。谓虞乐安神,使还此也。"③《仪礼》详细地描述了汉代士丧礼的标准流程,根据《士丧礼》《既夕礼》《士虞礼》的记载,既夕是虞祭前两天的晚上,既夕后的夙兴则是虞祭前一天,当天须陈明器、备车、书遣于策、柩车出门,夜间不能睡,以便在日出前送殡下葬,等到葬毕日出后,白日始虞。④

可见,汉代丧礼还保留着源自殷商的习俗。而虞祭的神秘隐义,就在虞送死者乘日升天,在祭祀死者的同时,也祭祀与死者一起升天的十日之一。后来,当这位死者乘之升天的日球升起时,也就是应该祭祀这位死者的时候,是故祭灵之礼都安排在日出时段。而商王在祭祀先王的同时,也会祭祀祂所乘的日,以及与祂同日升天的一切祖先。所有在甲日升天的祖先,都与命名为甲的日轮合体。此一汉代的祭法标准,应该同样源自于商。

---

① （宋）王安石撰:《王临川全集》,杨家骆主编:《中国文学名著》第三集,台北:世界书局,1988 年,页76。

② （汉）郑玄注,（唐）贾公彦疏:《仪礼注疏》,页1407。

③ （汉）郑玄注,（唐）孔颖达疏:《礼记注疏》,页149;（汉）刘熙撰:《释名》,《丛书集成初编》,北京:中华书局,1985 年,页135。

④ （汉）郑玄注,（唐）贾公彦疏:《仪礼注疏》,页1119—1430。

宋镇豪先生已经发现,商人相信日可以绝天地通,故能作为上下两界的媒介。此一媒介作用不仅在大自然中一再实现,也可以协助死靈从地中到达天界。或许商人认为这些先祖所乘的日轮,不仅能在第一次祭礼中协助死靈升天,在往后的每次日出之时,也都能协助开通宗庙祭礼的达天之道,以及在世后裔与祖先沟通的祭道。因为信仰日的作用,祭祖都在日出时段进行。在西周早中期,十日庙号传统依然存在;而到了西周晚期之后,虽然已不再用十日宗庙名和相关丧礼,且霞时分乘日升天、乘日游历的神秘形象却早已深植于中国文化之中。因此,自古以来,送魂、安魂、祭魂仪式都在旦霞时分进行。

至于商文明十日信仰体系的来源,以笔者浅见,用十日一旬计日的起源,应早于商时代,或许十日一旬曾经有过某种现在难以厘清的意义。在商文明中,十日一旬含有祭拜先王的崇高意义,该传统在商之前的时代中就应该有某种根源。家喻户晓的"扶桑十日"传世神话或许可以提供另一种观察角度。笔者认为,十日先王与桑树上的十日形象之间存在深刻的关系。

(三)十日源自扶桑?

《山海经》、《楚辞》、《庄子》、《淮南子》等文献都保留了"十日"神话。《山海经·海外东经》载曰:

> 下有汤谷。汤谷上有扶桑,十日所浴,在黑齿北。居水中,有大木,九日居下枝,一日居上枝。

按这种说法,桑树是十日栖息之所。不过,文献中的十日神话还有其他版本,如《山海经·大荒南经》载:

> 东南海之外,甘水之闲,有羲和之国。有女子名曰羲和,方日浴于甘渊。羲和者,帝俊之妻,生十日。[①]

第一条记录描绘了十日聚于神圣的桑树,根据祂们的崇高规律而升降。第二条纪录可能反映出十日神话的演变,将十日描述为十个兄弟,有共同的"日母"羲和,而且羲和为商王室崇高神祖帝喾(帝俊,高辛)的配偶。因此或许可以假设,第二条恰好是记录商王国神庙十日信仰的神话。此问题笔者将在下文进一步讨论,这些

---

① (晋)郭璞注,袁珂点校:《山海经校注》,页 260、381。

讨论的核心,其实早已被郭沫若先生提出:商文明十日一旬的纪日法与这些神话中的十日形象应同出一源①。

日人藤田豊八先生认为,古印度婆罗门教的文献中有"十二日叠出,烧尽大地"的记载,与中国文献所见的"十日并出"、"焦火不息"很相似,因此中国的十日概念很可能发源于印度②。但此说有几个不合理之处。首先,印度婆罗门教的形成时间或相当于殷商末年,或比殷商晚几百年。因此,把无疑为把殷商之前就已形成的神话,看成是起源于婆罗门教,犯了历史顺序颠倒的错误。第二,"叠出"和"并出"所表达的意思并不相同,"十二日叠出,烧尽大地"是指太阳连续十二日都异常焦热,导致大地被烧尽。而"并出"的意思,则是天上同时出现了十个太阳。太阳连出十二日是完全正常的自然现象,但十日并出却是完全异常的、自然界不可能实际发生的现象。凭此亦可推知所谓十日并出,其所指很可能并非自然现象,而是在指涉某种社会现象,是一种社会隐喻或象征性表达。第三,"十"和"十二"的数字涵义也不同。十二是各文明普遍使用的天数,这是基于客观的天象週期;而"十"这个数字并没有天象週期中的客观必要性,所以或许是基于某一种还有待考证的文化观念,暂作阙疑③。

最后,最明显的差异是,只有在中国古文明的土壤中,才会形成十日坐在桑树上的形象,同时将桑树上的十日崇拜为统治者的始祖;因为只有中国古文明才诞生和培育了高度发达的桑蚕文化。所以,扶桑十日不只是美丽的神话故事,其背后应有深厚的社会寓意,包括政治上的贵族盟会,神权规定和庙法,以及丧礼宗庙法等,在某种历史语境中,很可能是将丧礼、桑树和太阳结合为一个神权大传统。

(四) 桑树与丧礼

从出土文献的考证可知,丧礼与扶桑神树之间存在深远关系。这也使我们思考古文字中,"丧"与"桑"两个字之间存在着的某种深入的共同的信仰根源。

---

① 郭沫若:《释支干》,页 166—168。

② (日)藤田豊八著,何健民译:《中国南海古代交通丛考》,上海:商务印书馆,1936 年,页 501。

③ 有关十日概念的来源,一般解释为人有十指,故推衍天有十日,如宋镇豪:《夏商社会生活史》,页 775。这种理解既不可肯定亦不可否定,仅能阙疑而已。

　　学界一般认为，甲骨文"🌿"（丧，繁体字保留从"口"的写法为"喪"）字从
"🌱"（桑）得声，不知何故写从几个"口"①。笔者通读有"🌱"和"🌿"字的卜辞，
进一步认为将这二字视为同源字或许更合适，甚至在部分用义上可以混用。如
"🌿"字常作地名，殷商晚期的甲骨文常见"丧田"一词②，虽然"田"字经常用于表
达商王田猎，但是"丧田"并非出现在狩猎卜辞中。殷商晚期经常有占卜商王到丧
田巡省，再补充问顺利否的纪录：

王其省丧田，湄日亡戋（灾）？

弜□〔省〕丧田，其雨？　　　　　　　　　　　　　　　　　　《合集》28971

今日□〔王〕其省丧田？　　　　　　　　　　　　　　　　　　《合集》28972

戊午卜：今日戊王叀（惟）丧田……　　　　　　　　　　　　　《合集》28975

□□卜：王叀（惟）丧田省，亡戋（灾）？　大吉。　　　　　　　《合集》28978

王〔叀（惟）〕丧田省，亡戋（灾）？　　　　　　　　　　　　　《合集》28976

叀（惟）丧田省，亡戋（灾）？

　　《合集》28981—28987、28341、28997、28999；《屯南》249、619、621、2257

王叀（惟）丧田省，亡灾？　不雨？　　　　　　　　　　　　　《合集》28979

叀（惟）丧田省，遘雨？　吉　　　　　　　　　　　　　　　　《合集》28992

叀（惟）丧田省，不雨。

弜省丧田，其雨。　　　　　　　　　　　　《合集》28993、29002、29003

叀（惟）丧田省，湄日亡戋（灾）？　　　　　　　　　《合集》28996、29155

叀（惟）丧田省？　　　　　　　　　　　　　　　　　　　　　《合集》28994

叀（惟）丧田省？　大吉　　　　　　　　　　　　　　《合集》28995、29000

其寻求年？王才（在）丧田，又（祐）……　　　　　　　　　　《合集》28250

乙亥王卜，贞：田丧，往来亡灾？

王固曰：吉？　　　　　　　　　　　　　　　　　　　　　　　《合集》37365

乙酉卜，贞王田丧，往来亡灾？　　　　　　　　　　　　　　　《合集》37367

上述卜辞都是由王出来说明"丧田"的重要性，卜问除灾，又问雨露，并载求年的

---

① 于省吾：《甲骨文字释林》，页75—77。

② 《合集》28250、28341、28971—29004、29155、30044；《屯南》249、335、357、619、621、1469、2192、2257、
2679、4457。

事,《屯南》335 还有载丧田收年的事情。笔者认为,"丧田"就是"桑田"。殷商有些南方的侯国(如鄂国等)是会有桑田,而殷王特别亲自来巡省,以表达重视。

"王惟丧田省,亡灾",或"王其田丧,亡灾",或"王其田丧,往来亡灾"等类似卜辞在殷商晚期很多①。其中《合集》29363 录:"辛未卜,何贞:王往田桑,〔亡〕灾?"《合集》37494 录:"壬子卜,贞〔王〕田桑,往来亡灾? 王固曰:吉?"将"🌿"(丧)写成"🌿"(桑),很明显这只是"🌿"的省文而已,在此这两个字不必区分,应该同样是指出某地区有桑田②。

作为省文的"🌿"(桑)字的出现率低(迄今发现十几条文例,都限作地名而已),而完整的"🌿"(丧)字的出现率高(迄今发现四百余条)。"桑"字只有作地名或桑田,而"丧"字,除了作地名或桑田之外,另常见于如下卜辞中:"贞:我其丧众人?"(以《合集》50 为例)"丧众"或"丧人"、"丧众人"等记录在殷商一直可见③。在这里,"丧"很明显是用作动词,少数卜辞还具体指出被丧的是哪种人,如《合集》21153 曰:"丁亥卜,余弗其丧羌?"或《合集》97"丧舌",即敌对的国家"舌方"。

学界对甲骨文中作动词的"丧"的用义看法很明确,即表达主动的灭亡、杀死,或被动的丧亡、丧失等。"丧众"、"丧人"、"丧羌"表达主动杀死的意思。而表达被动丧失,则如《合集》21037 所录:"戊戌卜,贞:丁未疾,目不丧明? 其丧明?"目丧明的意思可能与现代语言中的"丧明"相同。另如《合集》20576 未指出被丧的对象,而指出地点范围:"戊午卜,贞:弜不丧才(在)南土,囚(咎),告史(使)?"《合集》20576 其他卜辞的意思,都是表达对南土不咎的祈祷,"丧"字应该也是作被动式的词来用。《合集》2807 和 2808"翌壬子丧妇鼠"的意思会有两种理解。《合集》8:"□□卜,贞:众乍(作)耤,不丧……"残缺,意思不甚清楚,大致上应该是祈祷众人的耕作不要被破坏。

笔者推论,"丧"与"桑"的关系并非同音假借字,"桑"应该就是象形字,即桑树

①　《合集》33530、33536、33540—33543、33546—33554、33560、37365、37367、37369、37448、37397、37310、37489、37498、37511、37572—37589、37609、37642、37660、37665、37682、37709、37710、37746、37661、37663、37692、37734、37750、37783、41825;《屯南》660、2344;《英藏》2540、2546、2550;《东京》933 等。

②　用作地名时,写成省略的"桑"的例子另见于《合集》940、6959、29362、35435、35584、36738、36916、37562;《英藏》395 等。

③　《合集》50—65、1080—1085、22151、22537、27972、31998—32004、32286、39481、41455;《屯南》31080;《怀藏》1639 等。

的象形;而"丧"应理解为从"桑"和数"口"的会意字,其形象隐含着十日在扶桑树上升降的形象。商文明的十日丧名,已经表达了扶桑的形象在丧礼中的作用,就是因为如此,才说明"丧"与"桑"是同源字,二者以桑树为义符。至于"桑"字何以写从"口"的问题,依笔者浅见,此问题或许需要回到"神"的信仰脉络中去理解。甲骨文的"神"字源自双嘴龙的形象,其写从"口"以表达被神吞吐的过程。"神"字和"丧"字的"口"形象,与玉祖上的獠牙口的意思也是一致的,都可以归属到同一文化信仰的脉络里。

　　"神"字一般写从双口,准确地表达出由神口充当的死生通道,此信仰之形象表达的重点在于"双"的概念。尽管如此,《合集》13413 却将"神"写成从三"口"的"ξ"。这是因为"口"的神祕隐意为生死之间通道的入口或出口,并且入、出的意思不区分(不从"口"的"举"仅限于作地名,不能表达丧亡的意思,出现率也很低)。甲骨文中作动词的"丧"字,既有写从双口的"桑"①,亦有作从三口的"桑"②,还有作从四口的"桑"③、五口的"桑"④等。统计"丧"字在甲骨文字形的比例,最多者为从四"口"的写法,大概占 70% 左右;从三口的则大概占 20% 左右;从两口的则大概占 10% 左右;从五口的则不到 2%。金文中的"丧"字则只见从四口的;在楚简上也是从四口为主,另有从两口的。由此推论,从四个"口"的写法是该字的本字,从四和二都是表达"双"和成对的意思,犹如青铜器上的饕餮造型一样。至于从三口的写法,应该视为从四口的省字。出现从三口的"丧"和"神"字形的原因,是因为文字在使用中已不是严谨表达其象形意思。礼器造型有神祕作用,所以在文化内部不会造型不符合信仰的构图,但文字功能与礼器不同,字形是否准确表达了形象意义,并不会影响到纪事和阅读,因此出现无口和三口的"神"字,也出现三口的"丧"字。

　　不过,回到"丧"字的出现,就其象形意义来说,这些口既是死亡世界的入口,同时亡者又从这些口生出而获得新生。日之轮值,每天即为一个死生週期,早晨东升而生,傍晚西落而亡。十日亦同样需借助借神口,化死为生。这一过程若借用形

① 如《合集》8、56—59、63、65、1080、1085、32286 等。

② 如《合集》50、51、54、55、64、97、1081—1084、4564、2808、32002、32004 等。

③ 如《合集》53、2807、22537、31998、32001;《屯南》31080;《怀藏》1639 等。

④ 如《合集》52、61、62、27972 等。

象来表达,即出桑和入桑,故"丧"字从"桑"。亡者亦如日,随着轮值的十日之一出桑而升天,只是亡者乘日升天之后,不再下地而永生于天界。

是故,商王週祭礼所表达的是,考王乘日升天,回到他在天上的日庙(十庙之一);从此以后,每当轮到他所在的日升天时,他的后代商王会祭祀他。

(五)总结

综上,週年日历、升天理想、王室祖先崇拜,以及政权组织,皆在商王国融合为一体,构成一个完整的信仰体系。十日一旬是以十个日球为单位的循环,由甲至癸等日名就是十个日球的名称。这两者间的变换必定涉及了商王家的信仰根基,颇有再进一步探究的价值。在丧礼中日象意义取象于日出、日落现象。甲骨文显明,送日、迎日祭礼,一方面是在春分时迎接温暖而养活万生的太阳,秋分时送走太阳而祈祷它在新春再生;另一方面是送死者降地,并祈祷和迎接死者靈魂在日出时乘日升天。

商王族十日谥名与十日崇拜密切相关,前者涉及丧礼,而后者应该涉及拜日信仰以及"十日"这种崇拜对象、信仰体系和古代庙法。日名的本义即日球的名号,只不过在商文明中,将日球名号转而用作先王谥号。

不仅仅是从神话中才能看到桑树形象,前文引古文字资料也表明,甲骨文"𣛙"字既用于表达桑田,亦用作动词,表达丧亡、丧失、丧灭之义。"丧"字从"桑"的情况表明,在创造该字的文化中认为,亡者如日,亡靈依随轮值的十日之一出桑而升天,只是当值日球会再西落于地下,而亡者乘日升天之后,不再下地而永生于天界。

从商文明的丧礼信仰中可窥知的是,十日祖先和十日一旬计日方法的起源,应早于商时代。关于此传统的来源,以及跟商王国所继承和联盟的其他贵族的关系,迄今仍非常缺乏研究。综合各种证据判断,这种信仰应奠基于早期联盟制城邦国家,并以长江中游楚商文明为发祥地。下面拟通过文献所载神话以及考古资料,对此问题提出一些刍议和论证。这个问题一方面涉及拜日信仰,另一方面涉及祖先崇拜,重点在于这两种信仰是如何交织在一起的。

既然商王族十日谥名与十个日神崇拜有关系,则可将其与扶桑十日神话作对照。扶桑十日神话的来源及文化属性,也与十日丧礼有关。因此,只有在了解扶桑十日神话来源后,方可进一步厘清十日丧葬信仰的滥觞。是故,笔者将从这个角度切入,探索日名谥号传统的滥觞。

七、探索扶桑十日形象结构的文化寓意

(一) 扶桑十日神话源自长江流域先楚文明

根据目前所知的资料,十日一旬的时间概念,可能是商文明的,商之前的情况不可知。甚至严格来说,它在殷商时期甲骨文中才见到。殷商王族是从哪里沿袭此观念的? 我们应该思考:难道北方草原来的民族会崇拜扶桑? 这些神话无疑是源自南方文明,长江流域很早就养蚕、纺丝等。如下文所论证的,笔者根据纺轮的变化推论,长江中游在大溪、屈家岭时代可能已经养蚕、纺丝,到了石家河时代直接和间接的证据则更多。

所以,十日神话的来源问题,其实并不复杂,相关神话多出现在南方的文献中:

> 暾将出兮东方,照吾槛兮扶桑。 屈原《九歌·东君》

> 魂兮归来! 东方不可以托些? 长人千仞,惟魂是索些? 十日代出,流金铄石些。 屈原《招魂》

> 羿焉彃日? 屈原《天问》

> 逮至尧之时,十日并出,焦禾稼,杀草木,而民无所食。猰貐、凿齿、九婴、大风、封豨、修蛇皆为民害。尧乃使羿诛凿齿于畴华之野,杀九婴于凶水之上,缴大风于青丘之泽,上射十日而下杀猰貐,断修蛇于洞庭,禽封豨于桑林。万民皆喜,置尧以为天子。 《淮南子·本经》①

可见,扶桑十日神话主要见于《楚辞》诗意的形象中,最后一例《淮南子》又载羿射

---

① (战国楚)屈原著,陈子展撰述,杜月村、范祥雍校:《楚辞直解》,页 103—106、335、133;何宁撰:《淮南子集释》,页 574—577。

十日,实际是在表达放弃十日信仰和十日一旬记日法(详参下文)。由上可见,这些主要是南方文献。从该神话中提及的自然生长于南方的桑树形象思考,它也应是源自南方,很可能是长江流域的形象,从衍生到兴盛,又被放弃,都是长江流域的文化脉络。

笔者认为,在商人的信仰中,犹如上引《九歌·东君》所形容的那样,日神从扶桑升天与先人魂灵出来是同时发生的,之所以有这种观念,也应是奠基于此种信仰。上引《招魂》更直接表达此义。在商人的信仰中,日神从扶桑升天与先人魂灵出来是同时发生的。鉴于该信仰有完整的系统,肯定滥觞于同一个文化区,并且这一定是有养蚕业的文化区。古人从对桑树以及在桑树上生活的蚕蛾幼虫的观察与了解中,既形成十日从扶桑轮流升天之信仰,亦形成蚕母多生和准备羽化的形象,还表达高阶层死者的灵魂乘日升天的信仰。是故,扶桑神话从创造伊始就与丧礼直接相关。

从空间关系分析,这一套形象的发祥地应该就是在长江流域之楚地。从石家河时代以来,该地不但可零星见到蚕虫、蚕蛹、蚕蛾(桑母)造型(图一四:7—10、15;一六:7;二六六:3、5),还可窥知当时形成了死者灵魂乘日升天的信仰。就时间脉络而言,虽然王室十日宗庙系统出自商王室,但却并非是从商时代才开始创造日象与丧礼的关系。通过资料分析,笔者获得如下启示:日象与祖先崇拜的关系非常古老;可将十日信仰的产生和演化分为四个阶段,这些阶段各亦蕴含着不同的庙权规定:

第一,扶桑十日神话的滥觞时期;

第二,扶桑十日神话成型阶段,其反映的是当时的神庙政权和精英文化;

第三,羿射日神话所代表的放弃十日崇拜的庙权规定;

第四,成汤复兴十日庙法,建立商王室十日丧礼。

为便于厘清创造该神话的社会寓意,下文将先从第二个阶段讲起;之后在了解其信仰内涵的基础上,再进一步探索该信仰形成和流变的历程。

(二) 十日庙权之文化属性与隐义考

1. 扶桑十日庙权形成于楚地屈家岭文化早期国家阶段

观察古楚文明之扶桑十日神话,一方面其所代表的是联合城邦性质的国家形式,另一方面,其形象还表达养桑蚕纺丝业的存在。该神话无疑与桑蚕纺丝业有关系,这样才会选择既不高也不壮的桑树作为神树。通观楚地诸文化,笔者以为,只有屈家岭文化(大约公元前 3600—2800 年)符合前述两项条件。十日联盟政体很像是正处于国家起源阶段的屈家岭文化的神权盟约庙法。了解"十日神权"的核心问题在于厘清对日象的崇拜是否与当时权势贵族的始祖崇拜有关系。权势贵族的始祖形象是否包含有以日为祖(下文简称"日祖")的观念? 这类日祖的原型如何? 何故出现十日形象? 古人是如何想象出十日在扶桑上的?

考古或神话虽然没有提供说明此难题的直接资料,但细究之下可发现不少线索。我们首先可以判断:扶桑是桑树,所以首先应该与养蚕业、纺丝技术的起源有关系。长江中游从大溪文化伊始(公元前 4300—3600 年)出现精细的纺轮,而屈家岭文化普遍多见,或标志着该文化在用麻线纺织之外,开始发展丝织物。丝绸这种材料难以保存,尤其是在长江中游的肥沃黏土中。尽管如此,考古资料却能够显明屈家岭文化纺丝业的存在。在稻作农业向北传的背景下,屈家岭——石家河文化扩展到河南,豫中地区亦深受长江中游影响,在所谓"仰韶晚期"地层中开始多见屈家岭文化遗物。[①] 在河南荥阳青台与汪沟两个遗址中发现的婴儿瓮棺葬与屈家岭——石家河文化葬法基本一致,其年代为公元前 3300—2900 年间,与屈家岭文化正好同时。这两个遗址的瓮棺葬具也包括陶缸以及典型屈家岭风格的细泥质黑陶。但与长江中游不同的是,在瓮棺内有保存下来的用于包裹婴儿尸体的布料残迹,其中大部分是麻线纺织物,但也出现少量丝帛的残迹。[②]

笔者认为,这两个遗址的发现,能够间接证明屈家岭纺丝业的起源。这些遗址本土陶器主要是仰韶风格的红陶,泥质黑陶明显属于外来的器物,不妨推论包裹亡婴的丝绸也是外来的。根据零星的资料,纺丝业的痕迹见于长江流域。[③] 日积月累,纺丝后来成为楚地诸国大规模的产业。虽然最早的遗物发现在河南,但这些遗址明显有屈家岭文化的因素。笔者认为,这只是因为长江中游保存环境非常不佳,

---

① 罗彬柯:《略论河南发现的屈家岭文化——兼述中原与周围地区原始文化的交流问题》,页 13—20;孙广清:《河南境内的大汶口文化和屈家岭文化》,页 22—28;郭静云:《夏商周:从神话到史实》,页 21—37。

② 郑州市文物工作队、张松林、赵清:《青台仰韶文化遗址 1981 年上半年发掘简报》,《中原文物》,1987年第 1 期,页 1—7;郑州市文物考古研究、张松林:《荥阳青台遗址出土纺织物的报告》,《中原文物》,1999年第 3 期,页 4—9;记者桂娟、李文哲:《郑州考古实证 5000 多年前中国先民已育蚕制丝》,新华网,2019年 12 月 5 日,http://www.xinhuanet.com/culture/2019-12/05/c_1125309480.htm。

③ 夏鼐:《我国古代蚕、桑、丝、绸的历史》,《考古》,1972 年 2 期,页 12—27。

我们才只是在边缘地区偶尔发现实际上是在长江中游生产的丝帛。纺丝起源、发展与专业化,都在同一地带发生;而丝绸与丧礼的关系曾是楚文化的要点之一,其也应该是源自屈家岭文化。

屈家岭文化以来,纺轮小型化,还出现制作精致的彩陶纺轮,其纹路有很明确的规律性,比如,常见"四分纹"①或四方纹②。四分纹的意思就是四季纹。四季与相关的四方概念是在农耕文化中产生的,由春秋二分日出日落的地点决定东与西两个方向,然后测量与之相对的午天和午夜方向,以定南北。换言之,四方的概念在空间方位上具有绝对的固定性,它是由週年四季的时间来决定的。之所以由时间决定空间四方的方位安排,是因为在农耕文化中,对时空认识的核心要义不仅仅是表达方位,更关键的是表达基于二分二至的太阳历。通过观测日影和太阳位置以定春分、夏至、秋分、冬至,以此为基础建立的历法属于太阳历;但这也是为顺应农时而做出来的,是农耕生活的基础,所以也应称为"农历"。是故,下文合并称之为"太阳农历"。前文已述,"四分"或者"四方"就是週年四时,二分二至是将太阳公转一週的时间划分为四,这是太阳历最基本的週年划分方法,故也可从意义层面将四分纹(或二分、八分等倍数)称为"日历纹"。

屈家岭文化选择精致的纺轮作为表达年岁四时的旋转载体,石家河文化时期这种传统继续发展。从纺织工具与历法的关系推论,屈家岭——石家河时代,对太阳农历的崇拜与纺织业之间发生关系,当时的纺织业最有可能就是从大溪——屈家岭文化时期萌生的纺丝业;纺丝的发展又离不开种桑养蚕。因此,屈家岭文化带日历纹的纺丝纺轮的出现,或许隐喻其时已出现扶桑十日神话。我们能进一步观察到,在屈家岭文化时期,同时出现以下五项互补相配的现象,它们或许都与扶桑十日的形象相关:

第一,屈家岭文化最有可能是楚地纺丝和养蚕业的滥觞所在。

第二,陶纺轮这种器物在屈家岭之前早已存在,但只有到了大溪三、四期——屈家岭时代才出现适合用来纺丝的细小纺轮,并且这种纺轮除了做工具外,还用作随葬礼器,后者都带四分彩纹,即如前所述象征太阳农历图案的纺轮。赵伯熹分析

① 刘德银:《论江汉地区新石器时代出土的陶纺轮》,《湖北省考古学会论文选集(二)》,湖北省考古学会主编,江汉考古编辑部,1991 年,页 36—43;张绪球:《简论油子岭文化遗存的分期与特征》,《纪念石家河遗址考古发掘 60 年学术研讨会论文集》,湖北省文物考古研究所,2015 年,页 127—148。

② 赵柏熹、郭静云:《从新石器时代到国家时代长江中游礼器所见"四方"观念刍议》,页 128—141。

屈家岭、石家河纺轮上四方纹的发展,发现其可分为静态的四方纹(图二六五:1—8)与旋转动态的四方纹(图二六五:9—16,后者偶尔出现非四分的结构,图二六五:10),并且由于纺轮在使用时旋转,所以静态的纹饰在使用时实际上也表现出旋转动态的形象。① 到了石家河文化和后石家河文化早期,日历纹纺轮偶尔还会出现在樊城堆文化遗址中,以及崧泽——良渚文化遗址中(图二六五:35、36)。②

第三,纺丝的纺轮上有象征太阳农历的"日历纹",而同时养丝蚕必需的桑树在神话中被描述为太阳树,二者之间似乎存有关联。带日历纹的纺丝纺轮和栖于扶桑树上的太阳,这明显是两个互补搭配的形象。那么,在当时人眼里,带日历纹的纺轮旋转,究竟是象征何种形象?答案似乎就是象征日。

第四,除了用作纺织工具外,彩陶纺轮还是重要的随葬礼器。屈家岭——石家河文化的葬俗包括将带日历纹的纺轮放在墓中。据此可以合理地判断,墓中放日历纹纺轮也指涉祈祷再生,如同朝霞时刻随日球升天。可见这一套观念还蕴含着一种意思:升天与再生。既然日历纹形象与丧葬文化相关,说明在屈家岭精神文化中日历纹形象与祖先崇拜也相关;诚如下文论述的,屈家岭——石家河文化精英认为,他们的祖先取象于日,在夜间埋入土中之后,会循着朝霞依随日球升天。

第五,前文已述,十日神话不只是美丽的神话故事而已,其背后折射和表达的是政治上的盟会规定和庙法,它用十日形象来表达统治者之间的盟约。何以从甲到癸十个日象能够代表贵族统治者宗室?最合理的判断是:这是因为古人认为,日即是其祖先(原因详后),十日祖先结盟的神话传说旨在表达,这十个邦国的统治者后裔也处于固定的平等合作关系中,轮流管理联盟国家的领土和事务。从这一角度分析,屈家岭文化正当国家起源之际,当时在古云梦——洞庭地区周边兴起了十几个邦国,如城头山、鸡叫城、城河城、青河城、走马岭、鸡鸣城、阴湘城、马家垸、荆家城、笑城、陶家湖城、龙嘴、屈家岭、邓家湾和谭家岭等,并且很明显这些邦国通过结盟的方式组成了联盟制国家。也就是说,屈家岭文化的国家社会形态,恰好符合前文所述十日神话折射出来的政权制度和意识形态。

---

① 赵柏熹、郭静云:《从新石器时代到国家时代长江中游礼器所见"四方"观念刍议》。

② 江西省文物工作队、清江县博物馆、中山大学人类学系、李家和:《清江樊城堆遗址发掘简报》,《考古与文物》,1989 年第 2 期,页 20—40;江西省文物考古研究所、宜春地区文物博物事业管理所、靖安县博物馆:《靖安郑家坳墓地第二次发掘》,《考古与文物》,1994 年第 2 期,页 12—26;郭静云、郭立新、范梓浩等:《考古侦探》,页 305—312。

图二六五　1—16. 纺丝彩陶纺轮：1—8. 静态四方纹之彩陶纺轮；9—16. 旋转纹之彩陶纺轮；屈家岭文化
彩陶纺轮：1—4. 邓家湾 AT307⑥：14、T31④：13；谭家岭ⅣT2211⑥B：10；罗家柏岭 T10⑦：
6；9—12. 邓家湾 AT307⑤：9、T5⑦：1；谭家岭ⅢH9：2；罗家柏岭 T11⑤：1；石家河文化彩陶纺
轮：5—8. 邓家湾 T34③：21、AT3⑤：88、T34③：3；罗家柏岭 T11④A：2；13—16. 邓家湾 AT104⑦
a：17、AT104⑦b：5；谭家岭ⅡK17：31；罗家柏岭 T7⑤：13；17；坟山堡器盖：3. T9H13(上)：8；
18—19. 澧县八十垱陶祖：18、M8：21；19、T4319：23；20—22. 柳林溪陶祖礼器顶面四分纹：
20、T1015⑥：18；21. T0915⑨：50；22、T0915⑧：168；23—24、关庙山彩陶碗底：23. T51⑤A：
436；24、T59⑤B：91；25、青铜器上的明纹图案；26、甲骨文"日"字；27—29. 蚕虫。30. 南阳唐河
县湖阳镇西汉墓画像石上的羲和主日、常羲主月图案；31—32. 千家坪白、红陶日鹰纹：31. M41：
1 盘底纹；32. T2G1②：84 高领罐肩纹；33. 凌家滩 29 号墓出土的玉日鹰；34. 屈家岭遗址祭坛
出土的"四耳器"；35. 崧泽文化晚期绰墩遗址出土的日历纹彩陶纺轮；36. 樊城堆遗址出土樊城堆
文化模仿石家河文化日历纹纺轮；37. 崧泽遗址出土的良渚文化时期陶壶和器底纹；38. 汤家岗
遗址 43 号墓出土白陶圈足盘底的八角星图；39. 山东枣庄小山出土汉景帝时代二号墓石椁南
侧西版图案。

　　屈家岭文化建立邦国联盟的必要性,奠基于长江中游平原稻作农业对于大规模的水利工程的需求。长江中游尤其是古云梦泽地带的灌溉农业需要各地合作,才能治理长江、汉江及湖区的大水。而且很关键的是,在东亚各地国家起源的历史中,除了屈家岭文化之外,其他地方并没有这种"十族兄弟"联合城邦制的早期国家形态。其他地区国家化的过程有其他因素和历史脉络;而且长江中游平原早期国家的政体形态,也在屈家岭文化之后,从继起的石家河文化开始出现以石家河大城为最高等级中心的情况,说明"十族兄弟"的关系已不平等,表现出走向集权的趋势。① 虽然如此,石家河文化国家结构还是保留了非集权的联盟管治模式,只是联盟国家统治者由大贵族盟会来选定。笔者认为,就是这种政权模式在文献中用"禅"概念表达。如《孟子·万章上》载:"孔子曰:'唐、虞禅,夏后、殷、周继。'"②就是因为几家大贵族轮流统治联盟,而阻滞单一家族掌握权力,所以传说中描述了尧舜禅让等故事。

　　是故,从上述五种现象观察,屈家岭文化似乎最有可能是扶桑十日神话起源之地。而且我们还可以通过屈家岭和商文明丧礼的对照,进一步观察此二者之间的关联性。

　　2. 屈家岭文化与商文明丧礼形象的关联性

　　首先,从商文明最重要的夔龙神纹讲起,该纹饰起源于长江中游,而且经历过几次转变。其中可以发现,在公元前第四千纪中期的屈家岭时代,该纹饰在长江中下游广大地区初步系统化。之后,到了公元前第三千纪中晚期,在后石家河文化中,夔龙神纹的结构已变得与商文明完全相同。就此而言,在夔龙神纹的起源与成型之路上,屈家岭文化有着明显的贡献。(此问题下文还将进一步阐释。)

　　其次,从纺轮的形状和纹饰讲起。商时代礼器上除了夔龙神纹之外,还常见形容太阳升天的"明纹"(图二六五:25;二九九;三〇一、三〇二),其基本形状为"⊛",该形状与四方日历纹的纺轮很像,同时与表达日球升天时段的"明"字也很象。"明"字在甲骨文中写作"⊞"、"⊞))"、"⊚)",其中从四分之"⊞"部的写法颇为常见,可以推论"⊞"就是"明"的本字。该字与甲骨文的"田"、"畺"(田)

① 郭立新、郭静云:《中国最早城市体系研究(一)》,《南方文物》,2021 年第 1 期,页 35—42。
② (汉)赵岐注,(宋)孙奭疏:《孟子注疏》,页 413。

在字形上略有差异。对此问题的详细讨论参下编第三章。也就是说,"明"字的"日"部常作四分结构,并且"明"的本字无"月"部(对明纹及象征意义的考证,详参下编第三章第三节)。由此可见,商时代文字和青铜器上的明纹资料,可以补证屈家岭——石家河时期的纺丝纺轮与日球之间具有隐喻与象征关系。

第三,如前所述,屈家岭——石家河文化日历纹纺轮被用作随葬品,以表达死者亡灵依随日球而在朝旦再生升天的信仰。而商文明青铜器上的明纹,也一样是在表达朝旦随日球升天①(参下编第三章论述)。前文已论述商代拜日信仰与祈祷死生、再生有关;屈家岭、石家河带日历纹的纺轮也被放在墓中。从这些现象可以合理判断,墓中放日历纹的纺轮也指涉祈祷再生,如同朝霞时刻随日球升天。可见这一套观念还蕴含着一种意思:升天与再生。

第四,虽然商王室只是一个宗族,但在其丧礼中却表现得好像他们是十个太阳宗族的联合后代一样。这其实也是在遥相呼应屈家岭时代的政权结构,是屈家岭十日族团经过长时期演变后在意识形态上的残留痕迹。

总之,上述几项资料所表达的意思是一致的:屈家岭日历纹纺轮随葬品、商文明大墓中带明纹的"明器"、古文字中的线索等,都隐现了对太阳和太阳农历的崇拜,及其与丧葬文化的关系。但古人为何选择将日象与桑树及纺轮做连结?虽说纺轮为圆形且能旋转,形态与日球相似,但也有其他轮形工具,何故不选其他?而且纺轮这种器物早已有之,在长江中游地区,九千多年前以来就已普遍多见,但此前却未见使用纺轮来表达其精神文化的现象。同时,四方、八方历法的纹饰大概从八千多年前就已开始出现,但却没有做在纺轮上;何故只有到了屈家岭时代,那些小巧细致的彩绘纺轮才成为日历纹的载体?因此,若单凭其圆轮形状,恐怕尚不足以说明,古人为何会做出这种选择?笔者认为,纺丝纺轮本身就足以提供解答此问题的线索,其指涉着养蚕纺丝业的发展,并牵涉到蚕的形象。

3. 崇拜桑蚕的礼器造型及其意义

具体言之,纺丝起源还推动了另一种关键信仰的发展:对桑蚕的崇拜。所以我们需要从这种角度加以探索。上编第一章已经讨论昆虫羽化和古人崇拜昆虫的脉络,其中包括金龟子科的甲虫、蚕、蝉等。文献及考古资料皆表明,最初是在农耕

---

① 郭静云:《铸造永生容器:夏商丧礼的一个角度》,《经国序民:"礼学与中国传统文化"国际学术研讨会论文集》,武汉:武汉大学出版社,2021 年,页 82—89。

文化中,以甲虫的幼虫为原型而衍生了双嘴夔龙神的形象。夔龙神形象经过几千年的传承,愈来愈改变其原貌,而汇集其他神兽的特征,但一直没有失去该信仰之要点:即羽化再生和升天的理想。在此脉络中,对蚕的崇拜出现得较晚,其与桑蚕纺丝业的兴起有关。再晚一些,大概在商周之前的某个时候,又出现了对蝉的崇拜。

换言之,屈家岭文化开始选择纺丝纺轮作礼器,与当时发展纺丝和养蚕业有直接的关系。蚕的羽化可以用来象征死者灵魂升天,这是基于很古老的稻作文明对昆虫崇拜的脉络所做的合理推断。同时,屈家岭文化还将昆虫羽化的形象与太阳升天的形象相结合。

此外,我们还可以考虑,如前文上编第五章所述,在出现养蚕业的大溪三、四期和屈家岭文化的精神观念中,双嘴夔龙神纹已经发展到初步定型的阶段:当时在长江中下游从屈家岭文化到崧泽文化的分布范围中,都出现了结构相同的双嘴双爪的夔龙神镂孔纹。所以,可合理推断,这种现象涉及对某种新的昆虫的崇拜,而此种昆虫有可能就是蚕虫。观察蚕虫可知,其幼虫身体前后有两套足:一套在头边,另一套在虫体中段偏尾部;蚕虫的尾部也有象嘴牙的部位,头部和尾部都有虫角(图二六五:27—29)。据此可知,蚕虫的自然形状就是一种典型的双嘴夔龙。并且蚕虫若从叶子降下,立刻吐丝,用细丝悬在空中摇晃,不会落地,所以也符合文献所载飞翔的天虫的形象。从上判断,纺丝与养蚕业的发展,对夔龙天神形象的定型与崇拜意义的发展有过重要影响。蚕虫应该也是夔龙天神形象在自然界的重要原型之一。

这种分析还使我们进一步理解,在扶桑十日神话形成的时代,除了夔神信仰再度兴起之外,还可以从扶桑神话本身看出,当时形成了将太阳视为昆虫的神祕形象。古人能观察到何种动物常坐在桑树上,而从桑树飞翔?这显然是蚕蛾。在桑树上生养的桑虫——蚕,用丝线包裹自己而结束生命(成蛹),之后破茧而出,白色蚕蛾飞翔于天(已驯化的蚕蛾基本上已不能飞,只交尾和排卵)。从虫到黄白色的蛹,又从蛹到白色飞蛾(图二六六:4),给人超越死生的感觉,也是明亮的日球形象。换言之,古人或用白色蚕茧和蚕蛾譬喻太阳,或认为飞出的白蛾身上带着太阳升天(图一四:7—10、15;一六:7;二六六:3、5)。也就是说,在扶桑神树上栖息的太阳,原本应该取象于蚕茧或蚕蛾,这才符合自然界的情况。这种信仰与古埃及崇拜金龟甲虫的观念颇为相似(图一六:5)。

虽然迄今没有发现屈家岭——石家河文化的蚕蛹和蚕蛾造型,这可能涉及材质与保存环境，很多材质没办法保存得久，尤其是在长江中游这种水土环境中，不过，在后石家河文化墓葬里，恰好发现很多玉蚕蛾。就当时玉器数量来说，玉蚕蛾的数量和占比都是最多的（图一四：7—10、15；一六：7；二六六：3、5），虎形玉器次之。由于汉代丧礼用玉蝉，学界习惯性地把后石家河的玉蚕也误称为蝉。但是，若从生物特征比较，蚕蛾属鳞翅目，其翅膀短，大体与身体等长；又因翅膀柔软而使其在将翅膀内收时，整体外形略呈弧形而尾端外翘；相比之下，蝉为半翅目，其翅膀比身体长一倍，翼薄、透明且质地硬，在收翅时，整体外形轮廓硬朗，翅尖尖锐。蝉也从无象后石家河玉蚕那种向外翻开翅膀的动作。后石家河玉蚕蛾的一般造型为坐姿且收拢翅膀，但偶尔也有张开翅膀飞翔而使其卵形身体毕现的造型（图二六六：5）；有些还明显刻出蝶蛾一类昆虫才有的卷喙（图一四：7；二六六：3）。

玉蚕造型到了早商时期已罕见，目前只发现过不完整的造型，或者蚕形杖首（图一四：15）；殷周以后愈来愈多见的是玉蝉的造型（图一四：11、12）。殷周以来，尤其是汉代玉蝉很多，其形状也明显与后石家河玉蚕蛾不同（比较图一四：7—10、15 和 11、12）。当然，后石家河玉蚕蛾的造型也已经是经过艺术化的混合形象，但是重点在于，这无疑是蚕蛾而不是蝉。后石家河文化王级墓（如谭家岭出土众多玉器的四个瓮棺墓、肖家屋脊瓮棺墓 W6 等）中出土的众多玉蚕蛾，给我们提供了很直接的拜蚕蛾信仰的资料。

据上述资料提供的线索，我们可以进一步探索，古人重视丝绸应该是基于精神文化尤其是再生羽化信仰。蚕蛹大概有半个月时间呆在由丝构成的茧中，获得羽化能力；之后破茧而出，羽化飞升。这说明蚕丝是一种很神祕的物质，古人或以为，若用丝包裹死者，能够帮助死者获得如同蚕一般羽化的能力。这或许就是丧礼中要用丝包裹死者的原因。同时可以思考，在养蚕业中，不让白蛾子出来，是因为蛾子出来之前，它会用一种溶解物质使丝茧破洞；所以为了避免丝线断破，就要想办法使大部分丝茧不出蛾。也就是说，人杀蚕蛹之后夺取它的羽化能力，而用它的丝线则是为了追求让自己羽化。总之，桑树、蚕、纺轮、丝绸、日、日历，这一组成套的形象在屈家岭——石家河文明中，一起表征和构成了"如日升天"的信仰。并且从后世商王室的丧礼中还可了解到，该信仰还牵涉到祖先崇拜。

由于带日历纹的纺轮或玉蚕蛾经常出现在墓里，而蚕虫羽化也是一种典型的求再生的形象，说明该信仰从一开始就与丧葬文化有关。丧葬文化及再生信仰与祖先的形象相关但未必相同。换言之，如果文化中存在乘日升天信仰，并不代表就能肯定地说,在该文化中"祖"的形象也被视为太阳。前文论述已显明,商文明的祖先日名直接把"祖"和"日"两个形象结合在一起。那么,祖先与日的关系是否只从商开始? 或者有更早的源头? 为了厘清该问题,还得进一步做溯源研究,探索太阳崇拜与祖先崇拜之间关系的来源。

(三)从日与祖到日祖庙权:十日观念的渊源考

1. 新石器时代崇拜太阳农历与崇拜始祖的关系

前文我们已讨论了屈家岭彩绘日历纹纺轮的意义,在追溯二分二至与四立这种太阳农历结构的源头时,我们首先要关注洞庭平原八十垱遗址出土的陶祖礼器,其顶部有四分纹(约公元前6500年,图二六五:18、19),以及坟山堡遗址出土的白陶碗①,其底部有八角星图(约公元前5800—5600年,图二六五:17)。

四分纹、八角星图传播与影响的范围广阔,时间长久。其中,坟山堡八角星图代表了一个很大传统的发端②。该纹饰在长江中游的发展脉络中一直可见到。在新石器中晚期仍仅见于长江中游,主要是洞庭湖平原的皂市下层、汤家岗文化。而从约公元前3500年起,四方纹和八角星图成为各地通见的纹饰,见于长江中下游油子岭文化、屈家岭文化、石家河文化、凌家滩文化、樊城堆文化、崧泽文化和良渚文化的陶器和玉器上,接着一路传到山东和东北,并传承到殷周、汉代,最后,所谓《周易》八卦、河图洛书其实也属于这一深远传统所衍生的概念图式。③ 从此脉络可得知,日历纹在历史上早已超越了塑造它的文化,经过几千年的传承而成为中国文明的指标之一。不过在新石器时代,我们可梳理出数条日历纹发展的脉络。

(1)器底四分和八角星日历纹

器底日历纹的年代很早,源自洞庭湖平原的皂市下层文化(公元前6200—5000年),坟山堡白陶碗是目前所知在此脉络中最早的例子;接着发展于汤家岗文化(公元前5000—4000年)。其中,汤家岗文化的八角星图经常造型在圈足盘底上(如图二六五:38),周围山区猎民如高庙文化对此也有一些模仿(如图二一三:

---

① 该器在原报告中被称为器盖,经仔细观察实为碗。参见岳阳市文物工作队、钱粮湖农场文管会、何钦法、罗仁林:《钱粮湖坟山堡新石器时代遗址试掘报告》,页17—33。

② 郭静云、郭立新:《从新石器时代刻纹白陶和八角星图看平原与山地文化的关系》,页76—85。

③ 郭静云、郭立新、范梓浩等:《考古侦探》,页305—312。

5）；大溪——油子岭文化（后者约公元前3800—3500年）也将四方纹做在圈足碗底上。只不过汤家岗文化是用白陶刻文和戳印文，而大溪——油子岭则用彩陶纹（图二六五：23、24）。其中，关庙山遗址出土的一些大溪文化彩陶碗底的构图，里面是四方纹而外面用十二分纹（图二六五：24），或可以假设这是表征阴阳历的纹饰。

日历纹在器底的分布，应该是在表达太阳农历为万物生存的基础。底上的"日历纹"（八角星）从长江中游扩展到长江下游崧泽、良渚文化（图二六五：37）。并且，在长江下游器底八角星纹与纺轮八角星纹并存（图二六五：35、36）。而在长江中游地区，自屈家岭文化出现带日历纹的彩绘纺轮后，器底上作日历纹的传统反而消失了。但是，这不一定意味着在长江中游平原，纺轮礼器的出现与器底日历纹的消失有直接关联。笔者认为，器底日历纹在大溪——油子岭文化的出现是为着与一种祭法相搭配：即在祭礼中故意破碎陶器且用其底部的祭法。该祭法在大溪文化颇为流行，但由于在屈家岭时代不再使用，所以，此时在陶器底部上就很少刻画有神秘意义的日历纹图案。

从器底有日历纹的造型虽可看出其对太阳历法的崇拜，从中也可了解屈家岭纺轮上的日历纹的部分特色，但却仍看不出日历纹与祖先崇拜之间到底有何种关系。

（2）日鹰崇拜对象

第二条发展脉络可见于湘江上游千家坪遗址的造型上。千家坪遗址出土的戳印纹白陶和红陶礼器上，普遍有身上或翅膀上带二分二至四分纹的老鹰图案（图二六五：31、32），发掘者将其理解为日鹰[①]，这是相当准确的。湘南日鹰崇拜的来源还需要进一步探索，其信仰是否包含有祖先崇拜的意味也不甚清楚。不过零星资料显示，日鹰信仰至少传承到了相当于屈家岭文化的时代，且在长江中下游应有较广的影响。例如，凌家滩29号大墓出现玉制老鹰，身上带八角星纹（图二六五：33）[②]；千家坪和凌家滩两种造型外貌虽异，但结构与母题却是一致的（老鹰展开的双翅上皆带有隐喻猛兽的獠牙图，或直接将双翼变形为兽），可知千家坪的文化观念有继续传衍；中间虽有资料缺环，但晚了近两千年的凌家滩文化，却表现了起源于千家坪的文化内涵。

———————————

① 尹检顺：《湖南桂阳千家坪新石器时代遗址考古发掘简报》，《湖南考古集刊》第15集，页1—36，图版一至十三。

② 安徽省文物考古研究所：《凌家滩——田野考古发掘报告之一》，北京：文物出版社，2006年，页248—249。

不过,这些资料也没有直接表达千家坪先民是否将日鹰崇拜为自己族团的始祖。所以,在这种脉络中,我们还是看不出日与祖及其与丧葬文化的关联。

(3) 日历纹祖形礼器

其实,在比日鹰纹更早,也比器底八角星纹略早的彭头山文化(约公元前7800—5800年)晚期时,日历纹就已出现在该文化陶祖礼器上(图二六五:18、19)。虽然彭头山文化出土的大部分陶祖的信仰意义已难以厘清,但在部分陶祖的顶面上就已明显可见四分纹,其与后来陶轮所谓"四分纹"的图案相同(图二六五:3、5等)①。所以,很显然日历纹礼器源自已驯化水稻的彭头山文化,并且长江中游新石器早期的礼器资料表明,祖先与太阳的关系有着比商时代早很久的源头。

如本章第三节所述,长江中游新石器时代的陶祖都是牡器形状的礼器,在彭头山文化、皂市下层文化、高庙文化、城背溪文化和大溪文化均可见。此外,长江下游河姆渡文化、华北地区磁山文化等,也都有祖形陶器。观察上述文化的性质,可发现如高庙、城背溪者,基本上是生活不固定的游猎群体;河姆渡、磁山等虽已有定居策略,但其定居生活不如长江中游稳定,尤其是华北地区新石器中期聚落存在的时间很短。至于彭头山文化,虽然定居策略稳定,聚落安排也有规律,但是他们的新生活还没有积累足够的定居聚落的文化记忆,尚未形成宗族祖先信仰脉络。所以前述一套源自旧石器文化精神的观念,在新石器猎民群体文化中的变化不大。当时应该也还没有形成后期那种宗族祖先崇拜。祖先认同的形成过程源远流长,肇基于长期定居生活,一代接一代不断绝地传衍,还有社群共同祖先的文化记忆,以及依靠本土宗族的社会组织。因此,甚至针对稳定定居的彭头山文化,也还是不宜采用"祖先崇拜"这种概念,祖先崇拜是从彭头山文化以后才逐渐发展起来的观念。转为定居生活的彭头山文化的祖形礼器,除了基于这些远古的观念之外,可能还包含对共同英雄的新认同,以及坚固和扩展自己族团的领土等概念。在长江中游平原人群长期定居且不断开创新生活的背景下,牡器形状的礼器逐渐获得了新的意义:即被用来象征人们所祭祀的祖先,标示本地群体的根源。神祖崇拜的背后,并非是在笼统地表达始祖来源,而是具体的宗族社群在借此表达自我认同,并以此与其他群体作区分。所以神祖崇拜还具有作为社会纽带组织社会的作用。②

---

① 赵柏熹、郭静云:《从新石器时代到国家时代长江中游礼器所见"四方"观念刍议》,页128—141。

② 郭静云、郭立新:《中国洪水与治水故事》,页56—68。

共同祖先的意识是组织社会、进行结群的重要基础观念。

　　在长期定居的长江流域农耕社会中,宗族社群的祖先概念还与其所居住的领土观念密切相关。基于共同祖先的意识形态的社会,往往同时也离不开对自己聚落的认同。作为人们结群和社会组织的基础原则,往往同时将彼此共祖的血缘关系,与大家共同生活的稳固的地缘关系合二为一,使血缘认同与地缘认同融合。这种情况在后世殷商甲骨文从"且"(祖)和"土"(社)两个字的字形,以及族名与地名不区分等角度,皆明确可见①。

　　总之,虽然迄今并不能清楚地分辨出古代崇拜土神的礼仪、礼器或偶像,相关信仰脉络也难以复原;不过,如前所述,从新石器早中期以来,祖形偶像却在各地均多见,其形状亦为"且",应是在形容男性生殖;虽然这些牡器皆奠基于旧石器时代的生殖崇拜,但进入新石器时代以来,由于各地人群定居生活稳定程度和生计方式大不相同,牡器背后的礼仪及信仰意义在各地应也有所不同。牡器是否用来象征男性力量或男性祖先? 是否衍生为象征土的社公或还有其他信仰意义? 这些都需要结合其所在文化和社会生活的整体背景来思考。

　　回头看,我们应如何理解彭头山文化将祖的形象与太阳农历相结合的现象?其实很清楚:彭头山文化是始创稻作技术的完善的农耕文化,与同时代甚至更晚时期其他地区新石器文化相比,彭头山文化都堪称奇迹。这是一个很难得的、在新石器早期就已几乎完全放弃狩猎,而"制作为历"的全定居的农业社会。这种在新石器时代早期就放弃狩猎的社会在世界史上极为罕见,而东亚地区目前也只知有彭头山文化。② "制作为历"的农耕生活建基于严谨的历法,因此在精神文化中掌握和确定历法的人或大巫,被视为大英雄,犹如《周髀算经》卷下所谓:"古者包牺、神农制作为历,度元之始。"③确定四分太阳历法的人(很可能也是大巫师),在该社会内部被视为创造该社会生活的大英雄,也容易被塑造为共同的始祖英雄。因有这种独特的生活方式,以及社会的自我认同以及精神信仰,所以在象征社会英雄势力(祖)的礼器顶面上,出现了被认为是神祖英雄所精通的日历纹,这是迄今所见最早的日(日历纹)与祖(陶祖礼器)相结合的例子。

──────────

① 郭沫若:《甲骨文字研究》,页11。

② 郭静云、郭立新:《神农神话源于何处的文化记忆?》,《中国农史》,2020年第6期,页3—23;2021年第1期,页3—12。

③ 闻人军译注:《周髀算经译注》,上海古籍出版社,2012年,页153。

从彭头山时代以来,陶祖礼器各地均多见,不过在长江中游高庙等山地文化的陶祖上,却未见到有日历纹;长江中游以外华北磁山文化或东南河姆渡文化等陶祖礼器上,也都未见日历纹。由此可知,这种纹饰明显只是反映长江中游稳定发展的农耕社会对其始祖英雄的认同。

到了大溪时代,带日历纹的陶祖已很普遍,如宜昌柳林溪祭祀遗址出土了一千多件日历纹陶祖(图二六五：20—22)①,其结构和图案愈来愈像其后接续发展出来的带日纹的纺轮。也就是说,在该文化脉络中,从新石器文化以来日历纹只见于器底和陶祖礼器上,被用于表达农耕社会的"土"和"祖"概念。这说明始祖信仰很早就已经跟日象有关系了。当然这并不意味着新石器时代已有十日祖先信仰,但是这些证据已足以让我们理解,商文明的丧礼是在很深厚的历史文化土壤中形成的。它最初源自新石器稻作文化的始祖英雄观念,其英雄力量的重点并不像猎民那样是要制服猛兽,而是在于为顺应农时和农耕週期而掌握太阳历法的崇高智慧。

2. 屈家岭文化日祖信仰的成型

前文已有说明,到了屈家岭文化早期国家社会阶段,长江中游平原地带不再制作小型日历纹陶祖,却在城址或中心大聚落的祭坛上出现大型偶像——即象征城邦国家公共始祖的"陶祖",而日历纹则改作在陶轮上。

前文已有论述,甲骨文"且"(祖)字的字形与屈家岭文化这种巨型陶祖有直接的对应关系。并且从各类考古资料的时代背景来看,"且"(祖)字的起源与屈家岭陶祖礼器出现的时代大体同时。所以,该字应该就是取象于屈家岭文化城市公共祭坛上的巨型陶祖礼器,原本应该是象征同一个社会共同体的崇高始祖。当时诸多屈家岭城市公共祭坛上,必然有象征该社会认同的共同始祖,这到底是何种形象？分析屈家岭陶祖的结构,其有基本型(图一二四：1)和组合型(二六一：1)两种。其中,基本型就是这种大型的祖,其与"且"(祖)字的字形完全相同;而组合型则是在基本型的基础上,上面另加很高的顶部。进一步分析组合型陶祖的结构,其在祖之上加有锥形顶的圆筒柱;或者加一种表面带棘刺而中空的圆球,再在其上加有锥形顶的圆筒柱;或者以四方喇叭口的"四耳器"部件取代圆球(图二六五：34)。从整体文化背景思考,这种取代了带日历纹的小型陶祖的巨型陶祖,应该具有同样的意义脉络,并没有脱离崇拜日的含义。鉴于此,对于屈家岭邦国祭坛上的

———————————

① 国务院三峡工程建设委员会办公室、国家文物局编著：《秭归柳林溪》。

组合型陶祖,笔者有如下理解:其基础为祖;中间的带棘刺的圆球象征光芒四射的太阳;上部圆锥形柱即为用于测日影的日圭;而四方喇叭形口的四耳器无疑有象征二分二至、四时、四方的意思,即表达四分的太阳历法。此外,我们可以考虑,在屈家岭文化,在当时的长江中下游地区,玉质的日圭已经是一种跨文化的礼器。所以,屈家岭文化"国家大祖"的造型,是将祖的形状与日圭作连接,而在其中间造型日球本身。

换言之,屈家岭之前的小型陶祖礼器顶面上带日历纹,但没有造型太阳本身;而屈家岭巨型陶祖的造型直接将祖与日的形象合为一体,或可将这种国家大祖称为"日祖偶像"。迄今在屈家岭、石家河、阴湘城、走马岭等多个早期城邦国家的遗址中,都发现了屈家岭文化的日祖偶像。这是因为,屈家岭文化并非单一集权的国家,当时存在跨邦国联盟体系的势力结构。而在该结构内,每一邦国皆认同自己独有的邦国社会共同始祖,所以每个邦国都有自己的日祖,彼此间并不相同,且可能还有不同的名称。多个邦国联盟,轮流值日做主,这就是十日十祖信仰的来源,十日之名或许也同样来自于不同城邦日祖之名。

栖息在被视为生命之树的扶桑树上的十日,组成崇高上祖的联盟,诸国统治者皆取象于各自的日祖,并在十个日祖被譬喻为具有兄弟般平等亲密关系的基础上,建立起犹如扶桑生命树般神圣而稳定的联盟国家。或许恰是因为该联盟制国家起源于透过十日血盟兄弟而结合为一体的神权城邦国家,是故表达联盟之核心观念的"盟"字,就写从"皿"(血)、"日"(囧、明),这是一个会意兼双声的字:"𥂗"(盟)、"𥅆"(盟=盟)。其"皿"和"日"两部,一方面都是作阳部的"皿"、"明"声符,另一方面是在表达这是日祖兄弟之盟,十日高祖的血约血书。"盟"的字义就是十日血书的崇高庙法,作为十日后裔的联邦诸国统治者,须实现其十日高祖的血书承诺。

据此可见,植桑养蚕业、初步系统化的双嘴双爪的夔龙神纹、将带日历纹的纺丝纺轮用作随葬品、国家祭坛上的日祖偶像,这些彼此相关,且具有精神文化内在逻辑一致性的现象,同时出现于早期国家化时代,属于屈家岭文化的创造。这些创作系统地表达了对蚕羽化的崇拜、乘日升天的信仰、扶桑十日以及十日宗族的始祖信仰。在这成套的信仰中,以太阳农历为基础的农耕文明、联合城邦制的国家社会结构、拥有大势力的宗族始祖观念、整个社会的丧葬文化,以及崇高的羽化和再生理想,屈家岭社会与精神文化的多个维度和多个层面,都相互连接而嵌套于这个原生文明、初创国家的原创宗教之中。

(四)十日神话在夏商的流变

1. 羿射日以中断十日势力的历史寓意

了解扶桑十日信仰有源自上古的来源后,进一步产生以下问题:何故该文明后来又产生羿射九日这种传说? 这种传说无疑是在表达十日信仰已被放弃的意思,也间接表达:扶桑十日神话曾经具有很重要的社会意义,因此在其不适应后来的社会现实,尤其是统治者的需要时,才需要特别或有意地创造出否定十日的新说,以便抵消其威力。

学界有关羿射日神话意义的讨论很多,包括历法改革、抗旱灾的祈祷、成仙巫术等说法[①]。若单纯从历法来看,十日一旬的计数方法本身并无农耕历法的含义,这只是一种不可观测的纪日习俗而已。因此若有历法改革,根本用不着去刻意否定十日计数传统。正是因为如此,自古至今以十日计旬的传统,虽然已经历了多次历法改革却仍没有被放弃。至于干旱的说法,基本上不太符合楚地长江中游平原的气候。该地虽然偶尔会发生干旱,却不至于有那么深远的影响以致产生信仰改革。至于升天等说法,由于信仰中没有表达射日如何能帮助升天,所以也只不过是学者们的推测而已,并没有相关证据。

此外,还有很多学者推论,羿射日神话蕴含着某一种社会寓意,表达政治势力之间的斗争。相关的说法有好几种,如假设为尧舜时那些“部落”竞争对手、“东夷族团”、长子和幼子祭法等等。[②] 虽然这些具体的说法恐怕难以成立,但从政权势力的角度讨论射九日的神话意义,总体上应该是准确的。只不过,不宜用“部落”等原始社会形态去探讨该神话,那些还停留在“部落”阶段的社会难以保留长久传世而不失的传说。

换言之,笔者赞同羿射日神话的寓意涉及集权制度取代以十日为始祖图腾的贵族联盟势力,反映政权从多个主体的联盟向单一中心的集权的转变。所以,该神

---

① 细参赵红:《二十世纪以来羿神话研究综述》,《太原大学学报》,2009 年第 10 卷第 3 期,页 41—47。

② 细参赵红:《二十世纪以来羿神话研究综述》,《太原大学学报》,2009 年第 10 卷第 3 期,页 41—47。

话的出现,就是因为追求集权的大势力拥有者,需要抑制其他同等级贵族来争权。因此除了用武力和经济上的手段进行压迫和排挤外,也采用神庙改革的方式,通过建构羿射日这样的新神话,宣布十日制之恶,其势力已经被清除,现在只有一个拥有无限权力的太阳。所以,通过这个新创的神话,从根本上否定十日轮值这种传统政治结构的合法性,达到从意识形态层面清除其影响的效果。

前文论述屈家岭文化国家初兴时期的社会信仰将太阳认同为新兴邦国的共同始祖。但屈家岭文化采取的是联合城邦制结构、权力和主体皆为多元的国家政体。十日宗族这种信仰,以神话化、结构化的方式固定了多元而平等的多个主体或势力之间稳定的合作关系。但是历史不像神话那么理想,在多元的势力之间,不仅仅有合作,同时也存在竞争,存在夺利夺权。这种情况若用神庙的语体来表达,就是时有"废时乱日"的发生。当政治联盟体制被抛弃而更为集权的王国体制兴起时,集权国家因面临老贵族利用传统进行抵抗的危险,就有强烈的动机希望废弃十日信仰。

有关羿射九日的时代,根据《淮南子》所载的神话,其发生在尧时代。但是文献中却另有一些记载,表达后羿是夏朝太康时代的英雄,《左传》襄公四年载:"昔有夏之方衰也,后羿自鉏迁于穷石,因夏民以代夏政,恃其射也……"。《尚书·五子之歌》:"太康失邦,昆弟五人须于洛汭,作《五子之歌》。太康尸位,以逸豫灭厥德,黎民咸贰,乃盘游无度,畋于有洛之表,十旬弗反。有穷后羿因民弗忍……"《尚书·胤征》:"(夏仲康时)羲和湎淫,废时乱日。"①学者们经常认为,射日的羿与夏太康时代的后羿并非同一个人,但是江达智先生注意到,夏太康时代的后羿也与拜日的改革有关系,十日并立与羲和乱日、嫦娥奔月所表达的意思密切相关,并且也表达后羿善射的功劳。因此他指出:"本来'后羿射日'与'嫦娥奔月'的神话,是以夏初太康失国为其历史背景的。"并认为,这些文献隐示在夏时代发生的"历法改革"的"真实历史"②。

笔者认为,江达智先生的考证准确,羿射九日的神话应该就是在夏时代出现的。可是依笔者对该神话意义的理解,其重点不是在表达历法改革。虽然羲和与嫦娥这一对儿,实际上所表达的是日月相配的阴阳合历的形象,而文献中"羲和湎

---

① (周)左丘明传,(晋)杜预注,(唐)孔颖达正义,浦卫忠等整理,胡遂等审定:《春秋左传正义》,页230;(汉)孔安国传,(唐)孔颖达等正义:《尚书正义》,页211、216。

② 江达智:《曲径通幽:换个角度看中国历史》,新北:博扬文化事业有限公司,2021年,页37—54。

淫"与"嫦娥奔月"是在表达太阳管理历法的"独权"降落,而月亮管理历法的"势力"变强。但是,以十日为一旬,既不影响太阳历法,亦毫不影响阴阳合历的形成。太阳农历是以二分二至来定的,而不是以"十日"为基础。因此射九日这种神话形象并非是在表达历法改革,而是在"太康失国"的历史背景下,表达了深厚的政治含义和相关的庙法改革。

文献中有关夏的记载,均表达大禹之后国家不稳定,很多大贵族和大势力互相争斗,如发生"太康失国","后羿代夏"、"寒浞政变"等事件。这或许就是传说中"十日并出"所隐喻和表达的政治现实。在这种背景下,射杀九日而保留一日的神话,就是在用神庙的规定来表达集权的目标。但是,倘若这是以夏时代为历史背景的神话,却为何在故事中表达羿是在尧时代射九日,而不是直接表达他在夏时代射九日?

这种问题其实不难厘清。神权社会的规定总是会借用昔日英雄的权威,这是一种托古言今的叙事策略。如果直接宣布:"从今日起废弃十日大贵族的图腾,不再崇拜十个太阳,太阳只是一个而已";那么,这种强硬的手段,只会引起社会抗议。只有经过反复证明,才可以尝试实现信仰和礼仪的改革。换言之,虽然在该神话中提及这是尧时代的故事,实际上它与尧时代毫无关系。这只是夏王国在政治分裂之时,为追求集权而创造出来的射九日的神话。并且,为了增加说服力,将射日的事情安排在当时就被认为是历史大英雄而具有崇高地位的黄金时代的统治者——尧的时代。同理,由于羿射日并非历史事件,后羿和羿是否为同一个人的问题,根本不值得讨论。因为这是一种神奇巧妙的射手形象,射日的事情并没有真实发生过,但是射日的故事应该就是在夏王国时期创造的。

观察这种时间关系,还会产生另一个问题:既然考古资料表明十日神权庙法属于屈家岭时代,比属于后石家河文化晚段(公元前2000—1700年)的夏王国早一千多年,而早在石家河文化时期,日祖偶像就已不见于邦国祭坛。当时石家河大城兴起,另外出现其他大中小型城邦,各个邦国统治者的权力已明显不平等。何故到了夏王国才发生集权势力对十日(氏)势族的神权斗争?

笔者认为,此问题涉及长江中游传统社会的特色。夏时代特别需要借用尧时代的典故,才能提出新的制度,最终却还是没有成功,这使得商汤要想办法笼络和依靠十日(氏)的势力。换言之,长江中游稻作社会是一个依靠稳定的传统来生存和运作的社会,在历来的变化中一贯地追求保持原状。所以在石家河时代,虽然在实际上，当时联盟内部诸成员之间已不再平等，但却仍然没有在制度层面上建立单一集权的王国。这一点我们或许可以用《孟子》所载"唐、虞禅，夏后、殷、周继"①之言来补证。虽然孔孟认为，"禅"或"继"二者的意义一致，但郭店楚墓出土的《唐虞之道》一文却明确表达，先秦学者曾讨论过"禅"的美好：

> 汤（唐）吴（虞）之道，禅而不传。尧舜之王，利天下而弗利也。禅而不传，圣之盛也。②

即"禅"与"继"是有本质区别的。这种记录或许有助于理解，在石家河时代还是会由几家大贵族轮流统治联盟，努力阻滞单一家族掌握最高权力而建立单一王室继承制度。传说中尧禅让舜的故事，就反映了这一点。同时从考古资料也可以获得补证：在屈家岭——石家河时代的遗址中，很少发现兵器，表明这个大型社会长久没有爆发战争，没有发生过严重的内部势力竞争和争权夺利的冲突。

也就是说，虽然石家河文化祭坛上的主题发生变化，反映了神庙改革的内容，跨城邦的神权形象变得更重要；但在政权结构中，却并没有改变联盟内部由各邦国贵族轮流统治的政治结构。直至后石家河文化早段（公元前 2300—2000 年）三苗山地人下山占领平原国家的政权，这才破坏了这个传统社会的权力结构。大禹打败三苗，恢复灌溉和农耕国家社会。③ 因此老贵族也期待恢复自己的势力。可是，夏王国要建立新的王朝继承制度，这乃引起夏王室与老贵族以及不同老贵族之间的斗争，造成夏初政权不稳。

在信仰方面，这种势力改革，除了反映在射日的传说，还反映在对上帝的崇拜上。崇拜独一无二的天中的观念，应溯源至石家河时代（此问题日后将另文探索），可是在夏王国之前，天中的形象应该还没有涉及崇高集权的意义。可是到了夏时代，重新建构了以"帝"为名的天中大神主。前文中编第二章对"帝"字的天文学的分析告诉我们，在公元前 2000 年，天中的天文结构正好符合"帝"的字形结构，因此上帝崇拜应该也是源自夏王国。以上帝为独一无二的崇高宗教神主的社会，实际上是在宗教层面反映出当时社会集权的趋势和结构。文献恰好同时也描述了夏王国采取王室一家集权的制度。这两种现象互补相成，足以使我们理解，以上帝

---

① （汉）赵岐注，（宋）孙奭疏：《孟子注疏》，页 413。

② 荆门市博物馆编著：《郭店楚墓竹简·唐虞之道》，页 1—2。

③ 郭静云、郭立新：《中国洪水与治水故事：范型神话或历史传说》；郭立新、郭静云：《夏处何境——大禹治水背景分析》，页 145—155。

为主宰的宗教体系在夏商王国已然兴盛。而且依夏王国的一贯做法,在建立王室一家集权的同时,要彻底而极端地抑制其他作为竞争对手的大贵族,即要射九日而仅留一日。

总之,射日故事代表有政权目的性的庙法改革,即为追求政治集权而强制进行拜日革命:强行废弃对扶桑十日的崇拜,先从十日改为一日,但这种改革因为内部斗争激烈,似乎只导致日庙混乱,即文献所言"废时乱日";通过文献碎片中的密码可以假设,这次改革同时也包含有加强月庙势力的情况,因此文献记载了从扶桑十日崇拜改成对日月的崇拜,或许可以假设,"羲和主日,常羲主月"(图二六五:30)①,这种形象最初的来源即在于此。也许在抑制太阳与强调月亮的势力时,夏时代又创造了十二辰月数;以至于在后来的商王国意识形态中,十二辰与十日融合,成为日辰计日结构。

此外,十日与丧礼的关系,在羿射日的形象中也得以保留和传承,如汉画上的羿射日形象,似依然与丧葬信仰有关(图二六五:39)②,但其具体的信仰意义已难以厘清。资料往往不足以复原神话所隐藏的很多事情,包括具体的规定、祭司和贵族势力的活动等,这些都已不可知。不过,重点在于,这种宗教改革背后,应有明确的政权目标:即射日的故事隐寓着权力斗争,包含有集权势力抑制其他贵族势力的目标。

2. 十日神话被放弃后却又复原于商的寓意

上文从政治斗争的角度解读羿射日神话,在商王十日丧礼系统中也可以获得补证。虽然商已是集权王国,但商王室在意识形态里却仍然认同自己是十日后裔的多元贵族集团,这样就巧妙地融合了更早时代的邦国统治者的政权(被譬喻为十日的大贵族)。也就是说,屈家岭文化诸城邦建立时,"十族兄弟"在联盟制城邦国家的组织结构中,犹如十日轮流值日而依次轮流主宰联邦。到了石家河文化,虽然各邦国贵族已并不平等,但至少在形式或制度上并没有放弃联盟结构。到了后石家河文化早期,山地族群三苗占领者破坏了传统的联盟国家结构。到了后石家河文化晚期,虽然新建的夏王国逐出了三苗统治者,但却保留了三苗所建立的单一王室统治的政权制度,并为了加强统一国家的王权,进一步通过庙法改革废弃对十日

---

① 南阳地区文物工作队、唐河县文化馆:《唐河县湖阳镇汉画像石墓清理简报》,《中原文物》,1985 第 3 期,页 8—13。

② 燕生东、徐加军:《山东枣庄小山西汉画像石墓》,《文物》,1997 年第 12 期,页 34—43。

的崇拜。所以,商王室其实仅是在丧礼中重新恢复十日社会的传统信仰。

虽然根据传说,在商之前羿已射杀九日,当时羲和、嫦娥这一对日月形象似乎已取代扶桑十日信仰和联盟庙法,但是商王室依然用十日丧礼,先王用日名,十日宗庙并没有被废弃。从此背景可以理解,商王室推翻夏王室的政权后,重新建立大王权威,进而宣布,商王国政权体系并无意抑制老贵族的权利,反而是自己出来代表和保证所有势力的利益;一方面认同自己为辛日之族后裔的商,另一方面又在国家宗庙法规中宣布,自己是代表多元的十日后裔联合的王室,他们整体地代表了十日族团,在意识形态中有意保留了十日的多元性,加强了自我为多元族团代表的认识。

据此可以推测,夏王国所想采取的政治宗教改革,并没有完全成功。众多贵族并不接受一日独裁而统一集权的庙法,十日传说在社会传统中仍有深厚的土壤和生命力。在此情况下,新兴的商王国政权采取了保守的政治策略。他们一方面崇拜上帝,将其作为崇高对象,建立上帝对王直接授权的信仰;但在另一方面,却又主动恢复十日宗庙,不过却又将其统归于王室,由王室作十日的整体代表。此举达到了既笼络人心,同时又防止被他者分权的目标,同时还可以依靠这一古老传统与域外大国结盟,携手共建新的联盟国家体系。

从其他资料可得知,商王室贵族也并非那种很纯粹的、单纯依靠日图腾信仰的老贵族,他们同时还崇拜老鹰为始祖。鉴于成汤王室原本是崇拜老鹰玄鸟的族团,所以扶桑十日原本应该不是汤商王族固有的文化精神。扶桑十日是代表长江中游平原老贵族的自我认同,所以从十日宗庙法还可以看出,商王室在取代夏王国建立自身政权时,还联盟了农耕老贵族。《越绝书》曰:"汤行仁义,敬鬼神,天下皆一心归之。当是时,荆伯未从也,汤于是乃饰牺牛以事荆伯,乃委其诚心。"王国维认为这是记载商伐荆楚之事。[1] 但此文并非记载征伐之事,反而表达商汤是在用礼仪调和结盟,达成联盟关系以统一国家。商王成汤组成的联盟体系也包含了当时荆这个贵族势力,后者当是长江中游邦国体系之中的邦国之一。[2]

前文已推论,湘东北、鄂东南地区应该是汤商王族集团的发祥地。但是在统治以长江中游平原地区为中心的稻作农耕文明时,汤商王族并没有特别强调自身对

---

[1] 方诗铭、王修龄撰:《古本竹书纪年辑证》,页 222。

[2] 郭静云:《夏商周:从神话到史实》,页 103—104。

鸷鸟的自我认同,反而是选择了长江流域人民原本共同持有的夔龙神信仰作为建立国家宗教信仰体系的基础。他们用这种方式建立了"大家"认同的大国宗教,从而建立起统合与治理大型王国的共同意识形态基础。此外,将王室鸷鸟生信仰与"辛"族的龙生信仰相搭配。在建立王室宗庙的丧礼时,开国之王成汤又将本族团的玄鸟天凤与十日信仰相搭配,宣布自己的王室完整地代表了原来的各家统治者,十个兄弟均被合并于汤商王室。这样一来,扶桑神话也成为国家宗庙与王室政权的神祕基础。

也就是说,虽然扶桑十日原本可能并非商王族的核心信仰,但商的统治者却系统地安排十日宗庙的政治系统,利用社会文化传统建构起对自身统治有利的神话形象。这种高明的政治策略,很可能就来自成汤这个伟大的政治家的创造。让很多人自远古以来就认同的古老传统,在屡被破坏后又重新振兴,直接影响到各地贵族对商王室的支持,进一步使商王国产生巨大的影响力。由于有这种精神文化背景,商王室的统治获得极大成功。

总之,扶桑十日、羿射日和十日丧礼,不仅是漂亮的神话而已,背后都涉及不同时代的不同政治手段。由于当时的政治离不开庙权,所以政治改革都是基于神法,都是用神祕的语言和祭祀制度来表达。就政治层面而言,扶桑神话反映出,在国家初兴之际,以太阳为始祖的多个邦国统治者通过联盟结合成为国家,并由这些邦国轮流主宰国家政权。射日神话则反映出,夏王国集权势力企图抑制老贵族的势力。而商王室的十日丧礼制,则反映出成汤通过笼络人心而统一国家的高明策略。

(五) 总结

商文明先王丧礼的源头是基于以下文化过程:公元前 6 000 年左右,当时就已出现在祖形礼器上造型表达太阳农历週期的纹饰的情况,即象征二分二至的四方、四时纹样,或可称为"日历纹"。这是在将宗族的男性英雄力量与自然界及农耕生死週期作连接。与此同时,也有众多猎民族群仍在使用无日历纹的陶祖,其礼器形状与日历纹陶祖大体相同,但崇拜的意涵不以太阳农历为基础。定居在自己领土的农耕文明,对英雄力量的认识和表达的重点,是强调其力量并不在于克服神兽,而在于厘清历法这种万物生命週期的主轴;这种英雄应该有能力与太阳进行直接联络。在礼仪中,巫师可与太阳沟通,或代表太阳来说话。

使用日历纹的陶祖这一礼器传统,直至约公元前 3 500 年的国家起源时代还存在。并且因为当时已有很多共同文化背景的社会组织,彼此间相互来往,再加上当时可能已出现多日观念,不同社会组织会分别以不同的日名来称呼彼此。当长江中游出现几个小型国家时,这些日族就成为数个邦国的统治者。在这个时候,原来那些确定历法和安排耕作的英雄形象,已不足以组织大型社会;所以,在这些新兴的国家中,统治者宣称自己是直接从太阳获得授权的。因此,小型日历纹陶祖礼器不再使用,与此同时在城邦国家的公共祭坛上开始出现巨大的陶祖。这些大陶祖被用来象征各个城邦国家自己的公共祖先,衍生出多功能的伟大始祖信仰,这种伟大始祖就是日。日祖偶像礼器的完整结构为三个部分:下部为大型的"且"(祖);中部为带光芒的太阳;上部为测日影的日圭(图二六一:1)。有时候只限于做出下面的"且"部的偶像,(如图一二四:1),或者只做下祖与上圭结合的偶像;或者用四方喇叭口的"四耳器"部件取代放射光芒的圆球(图二六五:34)。日祖偶像作为崇拜对象,被使用于这些新兴邦国的民众共同参与的大型公共崇拜仪式中。在屈家岭文化同时兴起的数个邦国中,并非只有其中一个才立日祖于祭坛上。所以这些文化相近的亲邻邦国的统治者,建立了"十日联盟",即邦国联盟。生活在神树上的十日,轮流升天以使大地明亮;作为十日后裔的邦国统治者也取象于此,轮流出来负责安排或主持盟会,协调和安排联合城邦国家内共同的事务。

日祖礼器的出现并不意味着日历纹就不再使用。日历纹并未消失,而是出现在细致小巧的纺轮上。这些彩陶纺轮礼器的出现标志着:祖先升天的信仰及日历崇拜,与刚创造和兴起的一项新兴技术——纺丝发生连接。顺着纺丝技术又带来了新的信仰形象——扶桑和蚕蛾,这使得十个日祖的信仰与桑树及白色桑蛾的形象发生连接。扶桑十日神话应当就是源于此,并且该神话从一开始就与丧礼有关,所以"丧"字写从"桑"。当时对扶桑十日神树的想像,显然是用桑树上常有的蚕来具像地表达太阳栖于树上。或许当时人们是把蚕吐丝而做出来的近圆型的白色蚕茧譬喻为小日球,但其关注的重点可能还是在于从茧中飞出来的白色蚕蛾,实现了羽化和再生理想。蚕蛾飞翔不久后,又回到桑树上产卵,启动新的生命週期。这样,桑树、丧礼、蚕虫和蚕蛾、带日历纹的纺丝纺轮与日祖偶像,这成套的礼器和形象观念,皆表达了祖先崇拜与太阳崇拜的互相关联,互为隐喻而合成为一体。此外,屈家岭时代初步定型的夒神纹,应该也是取象于桑蚕虫。

其时零星出现的夔纹造型,可能就是从桑蚕虫的幼虫取象。此外,我们不知道屈家岭——石家河时期是否有制造蚕蛾型的礼器,或许是用难以保存的材质,故没能流传下来。但是到了约公元前2 300年以后,精致的玉质蚕蛾造型多见于王级大墓中,在这些玉器上夔神纹也多见。与此同时,在纺丝业规模扩展并走向专业化后,便不再用纺轮作礼器。虽然不再制造日历纹纺轮,但在这些礼器消失后不久,商王成汤建立了以扶桑十日为祖先的商王族丧礼制度;而与此同时,在青铜器上出现了同样象征太阳升天的"明纹",商文明青铜器上"明纹"的纹样结构与屈家岭——石家河纺轮上的日历纹很接近(图二九九)。

上述发展,虽然一脉相承,却经历过几次中断。如石家河时代国家规模扩展,城邦之间出现等级关系,而天门石家河城可能成为都市,日祖礼器不再被用在国家祭坛上,但是政权却依然基于日祖后裔家族——大贵族世家的联盟制度和庙法。到了夏王国,集权势力想强制性地废弃、压抑以扶桑十日为始祖的大贵族势力。或许因为如此,从此以后象征扶桑十日的蚕蛾造型也被禁用,以致后来被遗忘,而采用与太阳无关的蝉取代蚕。但是,虽然发生了"羿射十日"这样的庙法改革,十日信仰却又被商的开国之王成汤恢复,于是十日一旬的时间计算系统仍能保留至今。

我们从成汤建立的新兴的商王国宗教的立场中可以发现,除了天凤玄鸟之外,他的宗教体系所用的其他重要成分,如日和神龙,都历史悠久,且有深厚的信仰基础,而且不再被某个特定大贵族所独占和拥有,而是依靠贵族联盟;同时这些信仰也被很多中下层人所共同信仰与认同。它们如十日宗族概念一样,明显早已经不被最高层贵族采用。但成汤却选择这种很古老的,包括中下层神权贵族仍保留的传统,将之用于国家宗庙,用以表达商王族是多种宗族的代表,具有广泛深厚的群众基础。同理,成汤也刻意选择当时并非有王级身份的夔龙形象。当时的夔神龙作为崇拜对象,并非某个大贵族所独有的崇高图腾,而是大家都认同的天神信仰。商王成汤选择这种古老形象,用作全国的宗教崇拜对象。并且,根据前文分析,十日信仰源自桑蚕业与祖先崇拜的结合,而夔神形象的成型也与桑蚕虫的形象有关系。这种商国家宗教体系,应该就是由成汤这位伟大的政治家及其祭司创立。这也正是汤商王国虽然不使用武力,但依然能够在当时就成为天下的大势力,并在历史上留下深刻印痕,使商文明成为此后中华文明精神文化主流来源的原因。

八、日祖、龙凤祖与神生：三种信仰的结合

前文已表明,祖先十日的丧葬文化具有深厚的文化意义,形成于屈家岭文化国家起源时代,后由成汤在长江大文明的基础上建立十日宗庙之礼。但是,从神秘形象的角度思考,既然商文明重新振兴了十日信仰,却为何在商时代未见有大量蚕蛾造型的器物?

接着思考,上编第八章详细讨论了汤商王室的玄鸟天凤信仰,从礼器造型可以推论,当时玄鸟即是鹰类的神禽;用古文字和礼器对照,"玄鸟"就是"天凤"的意思,商时代的凤就是鹰。先王日祖与汤商王室的玄鸟天凤信仰之间又有何种关系?

如果通过桑虫与桑蛾日象还能够看出双嘴夔龙神与扶桑十日的神祕关系,则玄鸟与十日两种形象似无关联。在此我们不禁产生疑问:在商王族的始祖信仰中,到底是龙凤生,还是日生?

此外,商文明国家宗教的主要形象是双嘴夔龙天神,而在王室的信仰及崇拜先王层面,则是单首龙形的帝喾派遣玄鸟天凤(鹰)而衍生商王族。由于神生、鸟生与日生都属于商这个文明的信仰,因此下文拟集中思考这三种形象之间的关系。

(一)三星堆出土的扶桑神树造型索隐

三星堆二号祭祀坑出土了两个完整的神树,此外还有第三个神树的碎块,最近由三星堆博物馆复原。学界经常假设这种神树与扶桑神话有关系。在三星堆扶桑树枝上有九只小鸟休息,第十只好像飞走了,正翱翔着而使天空明亮,剩下的九只将轮流代替它(图二六六)。这里的十鸟象征十日,树上九鸟代表九日;另一只为当值之日,飞翔于天空而不见于树。观察鸟的造型,其强壮的钩喙,可见其无疑是鸷鸟。三星堆神树礼器以及汤商十日丧礼(或谓"桑礼"),这两种形象或有同源异流的关系;然则,前者不用原本的桑蛾形象,而以鸷鸟来表达日象,或许更加能够突显汤商十日与玄鸟形象的亲密性及其内在文化逻辑的一致性。

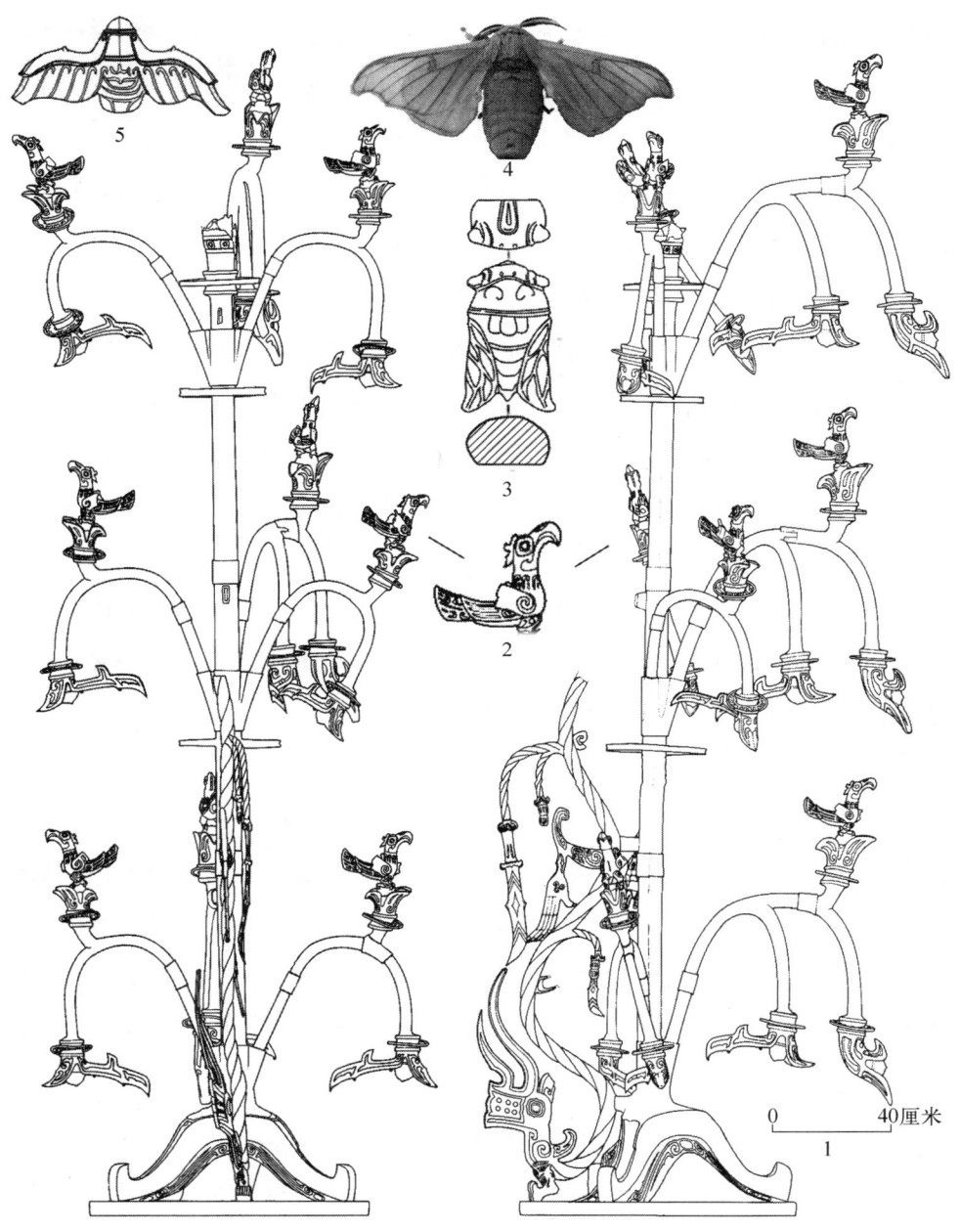

图二六六　1. 三星堆二号祭祀坑出土的铜质扶桑神树；2. 三星堆扶桑日鹰；3. 澧县孙家岗出土夏时代的玉蚕；4. 蚕蛾；5. 天门石家河肖家屋脊出土三苗时期的飞蛾蚕母（W6∶7）。

　　用汤商十日丧葬信仰来解读三星堆神树，好像存在一个问题：代表汤商的盘龙城与三星堆无疑是两个不同的国家，他们是不同的族群。实际上，表面上颇为独特的三星堆文化，其实奠基于长江中游的影响，与盘龙城文化拥有共同的文化背景。这一文化体系在长江中游由石家河、后石家河与盘龙城以及鄂湘渝山脉地带的族群创造,然后被三星堆文化吸收及消化,并特别强调其中某些形象而塑造出巨大造型。三星堆面具的雏形见于比它早近千年的后石家河文化早段的玉器上(本书中编第四章将加以讨论),三星堆鸷鸟造型也源自后石家河(在上编第八章已有论及),其特殊的眼睛造型也源自长江中游山地族群的信仰①。三星堆的青铜器亦通用神纹和明纹,但是神纹结构经常不像盘龙城那么规则,有些仅有从外形模仿的特征(此问题在上编第五章已有论及)。

商王室谥名传统揭示:扶桑十日属于长江中游商王室的核心信仰,但是三星堆贵族依然吸收扶桑十日的形象而将其视觉化,创造了颇令后人惊奇的造型。这是因为当时石家河、后石家河、盘龙城诸文化,即尧舜和禹汤夏商国家文化对周围文化有主导作用。这种情况类似于苏美尔深入影响到表面上看似独特的周围国家信仰体系,夏商也深入影响到当时蜀人先民的国家文化。

另一方面,从三星堆礼器可见拜虎和拜鹰的成套信仰。也就是说,无论有无商文明的影响,三星堆人自己也崇拜老鹰,商、蜀都有这种神禽形象,商、蜀文化也都有同样的源自石家河及后石家河的源头。因此,这些国家文明中精英文化的信仰体系相当接近。

此外,观察三星堆神树造型,我们可以进一步发现,神树下有一条张开嘴的龙。也就是说,神树造型除了表现扶桑十日神与日鹰的关系之外,还把夒龙神的形象也整合了进来。神树根须中的夒龙张开口,说明这就是通过吞和吐管理死生的神龙形象。所以,笔者假设,这种构图意味着第十日之鸟晚上回来时,先进入龙口,即黑夜时在龙的身体里死亡,到了早晨另一只鸟起飞时,神龙吐出牠,使牠再生而坐在扶桑树枝上。

总之,三星堆神树同时蕴含扶桑、凤和龙三种形象。商文明的宗教还建基于颇为关键的龙生或神生信仰。万物包括人乘神龙升天,以及先王乘日升天,这两种形象在商文明的宗教里具有相辅相成的关系。夒龙天神通过吞吐管理死生,包括送人升天,这种信仰与十日信仰并无矛盾。在商时期,神龙形象早已没有宗族之别而成为大家普遍信仰之神,因此多元的商王国选择神龙作为国家宗教的关键形象。但是与这种"大家的"、共同的神龙天界信仰同时共存的,是各族自身的信仰,其中

① 邱诗萤、郭静云:《饕餮神目与华南虎崇拜——饕餮神目形象意义和来源》,《民族艺术》,2021年第1期,页60—68。

就包括各种图腾崇拜。

也就是说,商王族一方面有自身传统的帝喾玄鸟神话,其中就包含了龙凤始祖图腾;另一方面在其丧礼中又可见到"日升"及"日生"信仰,将十日视为商王家的祖先。由此可见,三星堆扶桑神树的造型蕴含着商文明信仰的三大要素:扶桑十日、天命玄鸟、神龙吞吐。

不过,三星堆扶桑神树的造型会产生一种疑问:用鸷鸟表达扶桑树上的日神,这与商王族有关玄鸟神生的自我认同相吻合,也与三星堆崇拜鸷鸟的信仰相吻合;但是,从另一个角度思考,桑树与鸷鸟是两个自然属性不相吻合的形象。为何会形成老鹰坐在桑树的形象?

(二) 日生与凤生;桑蚕负日与凤负日

就神生、日生、凤生三种形象之间的关系思考,"神生"是关乎天地万物造化的死生信仰,不包含某一个具体宗族的始祖或图腾概念,因为神龙是大家共同的通天媒介;"日生"是源自长江中游平原地区数家古老贵族的信仰和自我认同,包含这些大世家的再生信仰和祖先崇拜;而"凤生"则是另一些大贵族有关生命来源、图腾始祖和回归于天的信仰。其中,最著名的"凤生"信仰,就是楚商王族的玄鸟天鹰;三星堆应该也有些大贵族把鸷鸟作为自己的图腾加以崇拜。

三星堆扶桑神树的主题,传承了源自屈家岭文化的"日祖"信仰。但是,就自然状况而言,老鹰不会坐在桑树上。最早开始用桑树表达太阳升天形象的人,不可能用鸷鸟来形容这些太阳。原本被神格化的形象应该是蚕虫、蚕蛹和蚕蛾。桑蚕所结白茧挂在桑树上,白蛾坐在桑树上,用来象征栖息于扶桑的白日。而从圆形白茧起飞的桑蛾,被用来象征白日升天。假如扶桑形象原本就是代表商王族的内在的信仰,就不会发生与其不相搭配的老鹰立于桑树上的形象。正是因为扶桑十日信仰是长江中游平原地区农耕老贵族的精神文化,而商王族和三星堆统治者的宗族应该是发祥于长江中游地区的山麓地带,他们崇拜老鹰等鸷鸟。因此,三星堆神庙设施中的扶桑十鸟形象,表明当时已存在着不同文化混合及原生神话演变的情况。一方面是扶桑十日,另一方面是老鹰图腾,即天命玄鸟。其中老鹰崇拜明显源自商王室和三星堆大贵族的图腾崇拜,当时已被特意安排,将其与长江中游平原古已有之的扶桑十日即日祖信仰相结合。

　　不过进一步思考,前文上编第七、八章的分析表明,商王国和虎王国文明及其高等贵族分别继承了后石家河文化早段三苗贵族崇拜老虎和老鹰的信仰。在文献中,被称为"三苗"和"九黎"之类的族团的贵族,发祥于长江中游丘陵、低山、山麓地带,他们的精神文化其实可溯源至新石器中期湘、沅上游地区的猎民精神文化。其中就包括湘江中、上游的千家坪类型和沅江上游的高庙文化,这些山地猎民文化皆有崇拜老鹰的信仰。而且千家坪、高庙文化的礼器表明,他们崇拜老鹰的内容,正好就是拜日信仰(此问题笔者另一本书将详细论述)。

　　山地猎民文化从皂市下层——汤家岗文化吸收了日历纹,但是在使用上有明显的不同。首先,中心与八方结构在猎民的礼器上较少见到,四分构图更像是表达太阳一天的週期,而不是年岁历法。其次,与农耕文化不同的是,千家坪和高庙人造型日历纹的部位常是罐领、罐肩,而不是像平原农民那样施于碗盘底部;其形状有时候也不像平原农民那样严格对称和持平中正,而是有意将四分纹的尖和角斜指向角落。其三,猎民文化的陶器刻纹中,出现了相当写实的太阳图案。其四,千家坪等陶器图案上存在大量日象拟禽化的情况,据此塑造日鹰形象,这一点与农耕文化有很大不同。千家坪遗址戳印纹白陶、红陶上,明显可见翅膀上带日历纹的鸷鸟(图二六五:31、32)。这是历史上最早的日凤形象,或可称为"日鹰"。安徽凌家滩出土的玉日鹰造型则表明,这类始见于千家坪文化的日鹰形象,后来继续传衍于长江流域各族群之间(图二六五,33)。因此,太阳与鸷鸟相结合,并非是商时代才创造的形象。

　　也就是说,长江中游自古以来存在日鹰(凤)和扶桑十日两种不同的信仰传统并都有流传下来,二者代表长江中游这一个大区域内不同族群和社会的信仰观念。据此,我们不妨假设,源自新石器中期的日鹰形象,到了青铜时代并没有被完全放弃,有一些族群依然将太阳视为鸷鸟。虽然他们是十日国家联盟之外的族群,但也都活动于长江中游这一大区域范围之内。正因为如此,商代很顺利地将日鹰与十日两种形象结合在一起。而且,既然商王室既有日祖的崇拜,亦有玄鸟生商的信仰,于是我们不妨合理推断,商王室之天凤玄鸟信仰,其实就是源自新石器时代山地猎民文化的日鹰崇拜。

　　况且,虽然日鹰形象原本与扶桑十日蚕蛾的形象并不相同且外观差别甚大,但是,这两种信仰却一样包含了太阳始祖的认同意义,于是商文明将这两种信仰,嫁接和混搭,故意合为一体。笔者认为,成汤宗庙制度将日鹰崇拜与扶桑十日相结合,一方面反映了如前文所述之统一王国政权的目标,另一方面反映出在商时代之前，太阳早已没有了极致崇高的地位。这是因为：

首先，在长江流域多个族群的精神文化中，拜日信仰与祖先崇拜有着直接关系；既然如前所述，祖先是一种群体的崇拜对象，那么太阳自然也就成为群体的崇拜对象：此即产生"十日"概念和庙法的文化背景。

其次，神庙记录的遗存表明，夏王朝宗教改革，不仅是"射十日"，同时也限制羲和负日的神权，加强"嫦娥奔月"和日月互辅均衡的庙法。

其三，在商代之前，已产生了至高而集权的、独一无二的崇拜对象——天中上帝。循着这种宗教等级关系，在商文明崇拜先王的信仰中，乘日升天的先王会集合在天中上帝的周围，即"宾于帝"。换言之，在商王族本身的信仰中，天凤玄鸟老鹰才是其自身认同的祖先。由于商王室将日鹰玄鸟始祖形象与十日宗庙规定相结合，是以十日形象也不再做成蚕蛾的样子，而是改成为鸷鸟（凤）。从此以后，蚕蛾造型逐渐消失，之后在玉器和青铜器上普遍造型的是与日象不相关的蝉。在众多昆虫中，蝉形象的兴起，或许是因为，原本"蚕"同时具有象征日以及在丧礼中表达羽化再生的功能。夏时代出于射日并集权的考量，为避免其引发人们对于"十日"象征的记忆，而故意选择发音相同且同样具有羽化再生能力的昆虫"蝉"替代之。这样做，既回避了其对日的象征，同时也仍在丧礼中保留了羽化再生的意涵。

综上可见，三星堆神树所表现出来的是商时代的扶桑神话。当时对祖先和日象的崇拜，已经牵涉到商王室宗庙之礼，以及为政权统合目的而刻意强调的精神信仰。商时代将扶桑十日与天凤崇拜合在一起后，又开创了将太阳视为禽类形象的新传统。日积月累，崇拜老鹰的信仰也趋于没落，天凤形象愈来愈多取象于鹤，同时在春秋战国的楚文化中出现了太阳金乌（三足乌）形象，该形象应该就是从商之日鸟形象演化而来（图二六五：30）。

早期的日鹰和晚期的金乌之间的演化关系不甚明朗。就鸟种的特点或许可以作如下假设：

其一，崇拜老鹰为始祖图腾的宗族逐渐离开了历史舞台，同时，已经不依靠狩猎谋生的人类与鸷鸟的接触愈来愈少，因此崇拜鹰隼的信仰愈来愈薄弱。

其二，鹰隼的习性是杀死猎获的动物，湘、沅地区上古人们崇拜的老鹰不吃尸体；而乌鸦是食腐禽类，不狩猎而吃尸体，包括人的尸体；墓园常见的鸟不是老鹰，而是乌鸦。既然在丧礼的形象中，死者如日升天，于是墓园之鸟也成为日的象征来源。所以，老鹰是猎民文化记忆中的日鸟，是属于山地人的日鸟形象；而乌鸦是平原大社会之日鸟。在更晚时期,在那些进入到国家阶段的社会中,人们常常经历战争,在战场上乌鸦群集而啄食尸体,成为人们记忆中非常深刻的场景;是故,人们可能想象,乌鸦吃尸体以将亡灵送回天界。

其三,在禽类中,乌鸦是最聪明且最长寿者之一。

不过,前面这些假设,只是依靠对鸟类的认识和文化逻辑推理。迄今所获得的直接史料不足,所以,日鸟形象转化的问题还是难以厘清。

总之,商文明将日生和凤生信仰,通过嫁接和混搭,故意合为一体。但是,商文明宗教总体上还基于颇为关键的龙生或神生信仰。万生皆乘神龙升天的信仰,以及先王乘日升天的信仰,这两种形象在商文明宗教里,亦具相配关系。所以,三星堆神树同时蕴含有扶桑、凤、龙三种形象。下文将用甲骨文资料,补充探讨日生与神生的关系。

(三) 日与神

本书上编第一至五章已详细讨论,夔龙天神通过吞吐管理死生,包括送人升天。这种信仰与十日信仰并无矛盾。在商时期神龙形象早已没有宗族之别,因此多元的商王国选择神龙作为国家宗教的中心形象。但是与这种"大家的"神龙天界观念同时,各族另有自身信仰体系,因此会另外还有虎生、鸟生等信仰。至于商王族,他们一方面有帝喾玄鸟的龙凤祖先,另一方面在丧礼中可见有"日升"及"日生"信仰,十日是商王家的祖先。并且,从甲骨文和礼器资料可知,在当时精神文化中,这些信仰具有相配成套的关系。

例如,有些卜辞还表达考王乘日升天,同时与天神夔龙具有关系。这些文例,下文拟着重讨论。

1. 卜辞中神龙与王考、妣考的关系

虽然殷商甲骨文中,大部分有"神"字的卜辞表达自然界的神能,却也有一些卜辞涉及王的保佑或表达天神与先王的神祕关系。如配合酓日、彡日等週祭祀的祭礼时,也有祈求神符的纪录:

戊午〔卜〕贞:来甲□神,彡,上甲出(侑)……　　　　　　　　《合集》1183

庚子卜,争贞:酓,其酌于祖辛,神出(有)𠂤,岁上甲?　　《合集》1654

甲骨文中关于週祭祀的纪录也十分常见,但其中却只有少数提及"神"。虽然其中带有的特殊意义难以考证,但我们从下列卜辞来看,或许能够提出若干假设。《合集》27875 载:

> 癸亥卜,彭贞:其又(侑)于丁、妣己在十月,又二小臣冏(咎)立?
>
> 贞:重(惟)辛?
>
> 贞:其中?
>
> 贞:启神大甲日。
>
> 贞:王放(旅)不遘?
>
> ……日……

前文已论述在甲骨文中有商王或其家属死后占卜选择日名庙号之礼俗,《合集》27875 的记录内容亦如此。

　　笔者推论,《合集》27875 也有选日名的纪录,似乎是父辛给祖甲选名。根据卜辞纪录,最先应是想为王考选择辛日作为日名,最后却有灵验指出,由神安排王考需乘甲日升天,同日的祖先大甲先王将会来辅助、保祐后裔顺利地升天。

　　《合集》339 载在甲日祭祀相当于乙日的祖先,而祈求在翌日获得吉祥的神符:

> 甲子卜,〔宁贞:〕神,翌日,〔屮(侑)〕于祖乙?
>
> 贞:勿神,翌日,屮(侑)祖乙?

"翌日"一词有表达週祭祀的活动。在某些祭祀辞上,有配合週祭祀而另外祈求神符的情况。但与此同时,"翌日"一词乃是表达对明天的祈祷,也就是说,在卜辞中甲日所占卜的内容,涉及了乙日的事情。该卜辞的内容正好表达乙日祭祀祖乙的事情,所以"翌日"要理解为明天的意思。同一卜甲上又载丙日祭于丁的事情:

> 丙寅卜,宁贞:翌丁卯屮(侑)于丁?
>
> 贞:勿屮(侑)于丁? 五月。
>
> ……
>
> 丁未卜,宁贞:今日屮(侑)于丁。六月。
>
> ……
>
> 丁巳卜,宁贞:今日屮(侑)于丁,以牛。六月。
>
> 贞:屮(侑)于丁一牛。七月。
>
> ……
>
> 甲子卜,〔宁贞:〕神,翌日,〔屮(侑)〕于祖乙?

贞：勿神，翌日，屮（侑）祖乙？

辛未卜，亍贞：王往寻不？亡災。

……

该卜甲是殷王武丁时期早段，记录从五月到七月祭祀丁的事情，可是并不表达丁是哪一位祖先。这种广泛祭祀丁日的事情与生时自称为丁的殷王武丁有关系。至于祖乙，是与小乙同日名的祖先，而且学者发现，甲骨文中小乙也经常被称为祖乙①，该卜甲应该也是。笔者假设：《合集》339 的记录可能与祭祀小乙升天有关系。为使武丁顺利就位，每一旬都祭祀丁日：从丙寅和丁卯到丙辰和丁巳；在该祭祀完整60 天的週期结束后，又向亡王小乙祈祷神瑞。这样哀悼完成，之后殷王武丁出巡。对这种理解，笔者在下文中还将补充证据。在此重点是阐明亡王升天礼仪，不仅涉及扶桑十日信仰，也包含商文明的"神"义。

《合集》15290 是卜甲的残片，只保留几个字：

……屮（侑）于……神……翌……

对照《合集》339，其内容应该相同，并且从字形判断也属宾组卜辞，所以甚至有可能是同一卜甲的碎片。

乘日升天应属商王室信仰，而乘神龙升天乃商王室所统治的大国文明的重点信仰。在王室祖先崇拜的祭礼中，商王族一般仅用自己的丧礼，可能只是因为甲骨文并没有详细记录完整的礼仪过程。在以夔龙天神为宗教要点的商文明中，祖先升天肯定离不开夔神，所以形成了乘日与神龙形象合并的信仰观念。而且在商文明的精神文化中，死者通过神龙再生与王考乘日升天的信仰并不相抵触，这也是多元宗教合并汇入商文明之例证。神龙与明日相配的观念，另外明显可见于商文明的礼器和其他甲骨文记录上，这种相配概念最终成为先秦"神明"概念的基础（此问题将在下编第三章详细讨论）。

《合集》23614 曰。

己丑卜，出贞：神日其𠂤丁牢？

"神"与"日"字并立。虽然该卜辞的隐义不明，但也许与王考升天的信仰有若干关系。

---

① 如参黄国辉：《历组卜辞所见亲属称谓考》，《出土文献研究视野与方法》第七辑，台北：政治大学中国文学系，2020 年，页 157—186。

观察三星堆扶桑神树造型，其根部的神龙张开口，西日落下而入龙口，经过他的身体重新获得在晨霞再生的神力。这种构图形象而完整地表达了甲骨文所记载的丧礼中神与日的关系。

2. 龙吞日的母题：古中国与古埃及的信仰异同

前文对拜日信仰的探讨使我们进一步发现，其内容与崇拜日的古埃及文明有一些相似之处。首先，古埃及日神雷（Ra）与中国十日皆有昆虫和鸷鸟的表现，并且其鸷鸟的形象皆牵涉到王权：古埃及的日虫是金龟甲虫，而中国的日虫是蚕蛾（图十六：5、7）；古埃及的日鸟是隼，同时也是在位法老的形象，而中国日鸟是鹰，同时也是王室始祖形象。

此外，中国甲骨文记载神与日的关系，而三星堆扶桑神树的根上有一条神龙，似乎每晚吞噬太阳玄鸟。在发现这些形象后，我们再回头思考中国与埃及信仰的异同。在古埃及信仰中，凶蛇阿佩普（Apop）在夜间吞噬日神拉（Ra），意图杀死他，不让太阳再出来。普罗普先生曾经搜集有很多蛇、鳄鱼等地下或水下恶神吞噬日的传说，除了古埃及之外，印度吠陀（因陀罗神帝杀弗栗多恶龙而解放它吞噬的太阳）、太平洋农耕部落（如帛琉群岛的日晚上居于海边大树上，而鳄鱼等着吃它）、俄罗斯的民间故事中都有龙形的怪物吞噬日的遗迹，并且普罗普先生强调，这一信仰痕迹都代表农耕社会的观念，对渔猎族群不重要①。在这样的背景下，商文化中龙与日的关系有什么特点？首先我们应该承认，中国神龙的信仰可以归属到人类文明共同的脉络里。除了神龙吞吐水、火、人和其他万物之外，也有吞吐太阳的信仰，这一切吞吐的动作形容死亡与再生的循环。这一套信仰在很多古代农耕文明都有，但这一共同性就到此为止；如果更详细地比较古埃及和古中国两个大传统，则可知其为小同大异，中国拜日信仰与古埃及拜日的信仰之间存在以下几项关键的差异：

（1）独一崇高神日与十日的差异

在古埃及的信仰中，日是独一无二的崇高神，西日落地时有欧西里斯（Osiris）亡王的形象。同时古埃及欧西里斯信仰的重点，不在于死亡而在复活的神能，东日升天的形象是欧西里斯亲子荷鲁斯（Horus）隼鸟，所以死日与再生日有父子关系，与此同时，欧西里斯生荷鲁斯有形容自我再生的意思，所以最终这是一个不可分的崇高对象——雷日神。而扶桑十日信仰往往没有崇高的独一无二的大神的意思，

---

① В.Я.Пропп. *Исторические корни Волшебной Сказки*, cc. 314 – 326、346 – 358.

它们是平等的兄弟,轮流在天上值守。

只不过,甚至在这种差异中,也有相同的一项。中国十日概念源自以日为始祖的邦国统治者联盟体系;而在古埃及国家宗教中,也认为日神欧西里斯的尸体曾经被分为十四块,每一块相当于组成古埃及联合国家的邦国。由此可见,虽然形象不同,基础的含义却是相通的。

（2）明暗互斗与自然死生通道观念

在古埃及,太阳被蛇吞噬后,每当夜冥经过蛇身时,为了获得再生,需经过明与暗的大战斗,如化身为羊首人体,为猫或兔子,以击败凶残的阿佩普蛇（图六）,凶残的阿佩普蛇神则是企图灭绝一切生物的地下之王,阻止太阳神从地下升天、养育万生,所以只有战胜阿佩普才能重生。而在中国,扶桑根部的龙,并不是日鸟的战斗对象,这是自然必要的再生、神化通道,神龙不是灭绝万生的神兽,反而是提供羽化、再生通道者。

（3）地下蛇与天生龙的差异

另外,古埃及的地下蛇阿佩普与古中国神龙的形象差得很远。阿佩普蛇就是地下神兽、地下之王,从不升天;而神龙则来自天,是从天而降的神的形象。神降是为了赋生,也为了协助地生的太阳升天。十日生于地上而升天,神龙生于天上而降地,这两种互补的过程在古人观念中被视为天地相交的根源。这观念在后期哲理化过程中,到战国时期形成了"神明"的思想概念。对此问题本书下编第三章将进行详细讨论。

（4）与权力的关系不同

从上述诸点,可以进一步看出日神的权威有异。古埃及的日神是最高权威,也直接涉及法老的权力,入地的西日是欧西里斯——前代法老的表现,一切前代法老合在他的身体中,同时每位前代法老可以代表他的全身,而作世外之界的在位者。至于在天上的日,他是当时在位的法老,而且所有前后的法老都是一个"体"。商文明有十庙概念,先公、先王以十庙来区分,十庙都是日庙,但是未见先王或在位的王代表日的观念。先王取法于日,死后入龙口而再生、升天,但未见其代表日来统治。"日"本身也没有崇高统治的权威,因为他们是十日,十个平等的兄弟。这种形象更符合表达联合城邦古国的协调体系,即有兄弟轮值作主。这种信仰在屈家岭邦国联盟时代是主流。可是发展到后来,当国家走向集权时,在十日兄弟之上另有崇高的独一无二的太一或上帝天中,似乎是多国联盟与帝国至上权威在宗教体系中并存。

中国各地文化中,在屈家岭文化之后,不再见到把日当作至上崇拜对象的情况;汤商十日系统,应该是源自兄弟多国联盟而协调统治,但在此基础上越来越凸显出另一位崇高对象:神祕不明的天中上帝。崇拜至高独一性的上帝,在石家河时代已有留下痕迹,而在殷商官方观念中特别明显。天上十日之庙都在帝之下,而地上在位之王可以直接连接到帝。从这个角度来看,殷商帝国的意识形态中,在位王的权威似会超越他的祖先。所以商文明也发展出至高的独一的权威概念,但却并非用日的形象来形容它。

(四)总结:充满祖、神、凤、日的商先王之天界

据前文论述,祖、双嘴神龙、日象、玄鸟凤、辛氏单首龍、扶桑生命树,这些神祕形象都结合于商王国家宗庙丧礼中。此外,其实铜、玉、丝等神圣材质,在丧葬文化中,也有特殊作用。相关问题前文已有所讨论,下编第三章,还会有所补充。

但是,无论是祖、神、凤、日等,都属于群体性的崇拜对象。在商文化中还有一个至高的、独一无二的崇拜对象:此即为上帝。商王因上帝授权而统治。因此,先王祖与上帝必然有密切关系。

笔者认为,前文论述的先王乘日升天后,对他举行虞祭礼,该虞祭除了送升天的意思之外,应该还有另一项神秘意义:即不仅是送先王乘日升天,也是协助其升天之后能顺利地朝见日父,也就是"宾于帝"。甲骨文中的宾于帝卜辞,与虞祭有相当密切的关系。

九、先王入地,经神龙吞吐后,乘日玄鸟而升天"宾于帝"

(一)小乙宾于帝

武丁甲骨中《合集》1402是一片闻名于海内外学界的重要卜甲。笔者认为,在这片完整的卜甲中,在右上角表达乙日祭祀小乙的主题,此外全龟甲只卜问了小乙

宾于帝的相关问题(图二六七)。依照卜辞的对列关系,其顺序应读如下:

甲辰卜,㱿贞:翌乙巳㞢(侑)于父乙,宰用。

贞:咸(成)宾于帝。

贞:大甲宾于咸(成)。

贞:咸(成)不宾于帝。

贞:大甲不宾于咸(成)。

甲辰卜,㱿贞:下乙宾于[咸(成)]。

贞:下乙不宾于咸(成)。

贞:大[甲]宾于帝。

贞:大甲不宾于帝。

贞:下乙[宾]于帝。

贞:下乙不宾于帝。

古代"咸"与"成"常常混用,很多学者已对此进行过讨论。此处"咸"字应读作"成",即指成汤。这是武丁时代的卜甲,"父乙"是指小乙,他也被称为"下乙",因为武丁时他才刚升天不久,在祖先的排序中属于最下阶。占卜的时间是甲日,但祭祀父乙的时间却是在翌乙日。确定占卜内容的祭师名为㱿,卜甲中的一切卜辞都与同一次祭礼活动有关。因此,乙日祭祀小乙,应与宾于帝的占卜有关。据此可知,占卜内容定然都涉及祭祀小乙这件事,而占卜的最终目的则是确知"下乙宾于帝"。

此方卜甲非常著名,尤其学者们已屡次讨论过"宾于帝"的意思,就是指宾见上帝、敬拜上帝,而列位于帝以下。《说文》曰:"宾,所敬也";《逸周书·度邑》则谓:"下不宾在高祖,维天不嘉,于降来省",孙诒让为之作注云:"朕不得宾于高祖,言不得配祀也。"①但根据前文可知,此处"宾于帝"一语,所指应该有更确切的涵义,是在指:殷王历经死亡、升天而宾见上帝的整个过程。

《逸周书·太子晋解》曰:

王子曰:"吾后三年将上宾于帝所,汝慎无言,□将及汝。"师旷归,未及三年,告死者至。②

① (汉)许慎著,(清)段玉裁注:《说文解字注》,页281上;黄怀信、张懋镕、田旭东撰:《逸周书汇校集注》,页477。

② 黄怀信、张懋镕、田旭东撰:《逸周书汇校集注》,页1032。

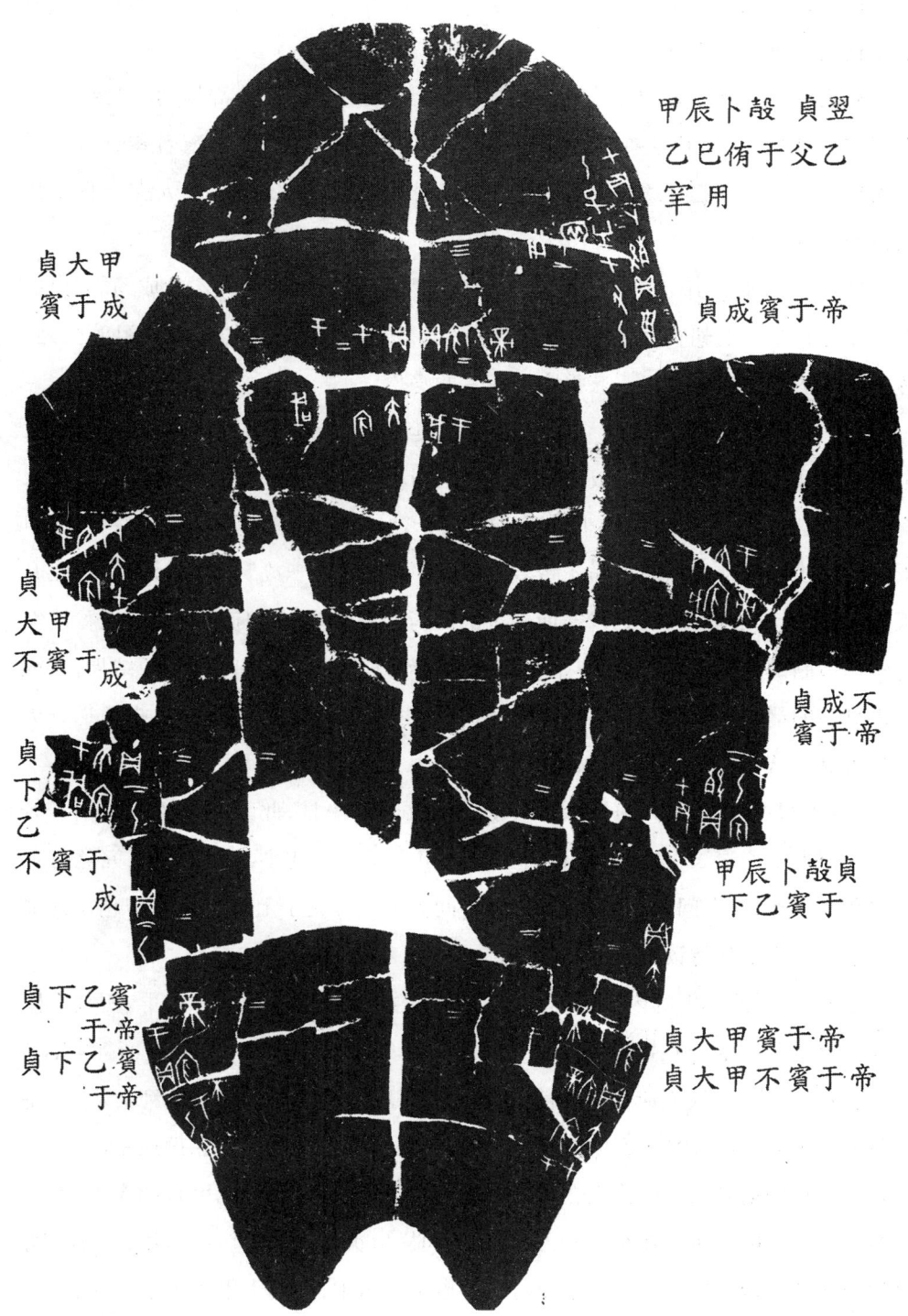

甲辰卜殻 貞翌
乙巳侑于父乙
宰 用

貞大甲
賓于成

貞成賓于帝

貞
大甲
不賓于成

貞成
不賓于帝

貞
下
乙
不賓于成

甲辰卜殻貞
下乙賓于

貞下乙賓
于帝
貞下乙賓
于帝

貞大甲賓于帝
貞大甲不賓于帝

图二六七　《合集》1402卜辞。

据此推知，"下乙宾于帝"并非纯粹叙述祖先与帝的关系。而这方龟甲则是单纯为下乙丧礼中所用的卜甲。

据此卜甲内容可知，下乙第一次进帝所时，应为乙巳日。卜辞提到的"翌乙巳"即指在乙巳之日，考王将乘乙日升天宾于帝，正式以"小乙"这个灵名和身份接受后人祭祀。下乙在乙日透过同一日名的大乙来宾于帝，正反映了殷人在十日及亡灵信仰上的联系。

另外，卜甲显示小乙升天时也曾宾于成。"成"是指日名为大乙的成汤。可见，既然小乙是第一次朝宾上帝，所以他不能直接与帝相对，必须先进入先祖的队列，透过先祖的中介后才能真正获得宾于帝者的身份。

故卜辞里先提"成宾于帝"，而后问下乙宾于成；直到这两个事情结合完成了，最后下乙才能自行宾于帝。成汤大乙的日名与下乙相同。卜甲并未提问成汤是否宾于帝，因为成汤死后早已宾于帝了。但是为了完整地进行小乙送灵的祭礼，卜甲上必须一步一步地确认前王宾于帝者的身份。"下乙宾于成"的意思是，小乙在升天的过程中，朝宾前王大乙成汤，而后进入同为乙祖的队列。何以协助下乙首次宾于帝的最高的祖先是大乙，而非报乙？笔者推想这或许也是当时卜选的结果，又或取得日名的严谨规律仅自大乙后才形成，所以由大乙送小乙升天，比由报乙送升天更加可靠。这也会有其他我们很难理解的原因。

《合集》1402占卜的时间是甲辰，正是乙巳的前一日，此时下乙还没有乘日升天。在占卜下乙宾于帝的同时，也占卜了大甲宾于帝。此事与小乙升天究竟有什么关系？另外，又卜问大甲宾于大乙，却不问大甲是否宾于上甲。这些跨越排列关系的卜问究竟如何解读？

笔者推论，该卜甲的内容确实是小乙丧礼的记录。商丧礼与《仪礼》所载大同小异。根据《仪礼》，在虞祭当天的日出之前必须先进行埋葬，然从殷商"西死东生"的概念来看，商代人应该会在前一天日落前送殡下葬，求西母接引死者，并准备死后的再生。甲辰应是小乙的葬日，送葬时必须祈求落地的甲日保护地中的考王，并转由乙日协助升天。商代人在祈求甲日护佑的同时，也会祭祀甲日的先王，并向甲名的先王求助。所以在小乙升天时，大甲同样肩负着重要的协助作用，使小乙得以顺利地宾于帝。而卜辞里也必须对这件事进行占卜，强调大甲宾于帝者的身份。

残缺的《合集》1401卜甲也载了这件事情（图一四九：2），两件龟甲应是同时占卜所用，其谓：

　　　　　贞：大甲不宾于咸（成）？

其实，大甲逝世后，早已宾于帝了，但这次朝宾上帝并非他本身升天之事，而是涉及
协助小乙升天。因此必须请大甲在宾于帝者的身份之外，与大乙联系宾于大乙。
在这场宾于帝的祭礼中，最重要的祖先一定是以乙为名的，所以在甲日协助的祖
先，地位不能高于大乙，只有排位其下者才能宾于大乙。因此请求协助的对象不会
是上甲，而是大甲。又或大甲和大乙是同一“大”示宗庙的祖先，在大示中，大甲次
于大乙。卜甲上记录着大乙与大甲两位先王，如何迎接新亡的后裔小乙，并协助小
乙位列于天中，宾于上帝左右。

　　考王宾于帝的事情非常重要，卜甲上记载着巫师为此进行了数次占卜，以求获
得上天响应。

　　以笔者浅见，除了上述两件卜甲纪录之外，《合集》1657 也与小乙的丧礼有关
（图二六八）。《合集》1657 的卜辞结构与《合集》1402 相同，通甲刻有小乙宾于祖
乙的事：

　　　　　王固（占）宾隹（唯）易日。

　　　　　王固（占）曰：父乙宾于〔且（祖）乙〕。

　　　　　丙寅卜，贞：父乙于祖乙？

　　　　　贞：父乙宾于且（祖）乙？

　　　　　贞：父乙不宾于且（祖）乙？

　　　　　贞：父乙不宾于且（祖）乙？

　　　　　……宾于且（祖）乙？

　　　　　贞：父乙不宾于且（祖）乙？

　　　　　贞：父乙宾于且（祖）乙？

该卜甲没有“宾于帝”的卜辞，只占卜“宾于祖乙”的问题。可见宾于祖乙是在乙日
之后，丙寅日发生的事情，占卜的时间在《合集》1402 后两旬。我们对商的丧礼有
许多不明之处。笔者推论，在考王逝世后有固定的时间进行安靈的祭礼，此一祭礼
也包含占卜考王朝宾其他同一日象队列的前辈。《合集》1657 已没有“宾于帝”的
卜辞，这应该能说明，小乙已经升天而朝宾上帝了，这是虞祭之后的祭祀活动。

　　《合集》1657 占卜的时间产生一些疑问，何以不在乙日进行？笔者推想这会有
两种解释。其一，可能在具体原因不详的情况下，本应在乙丑日举行的祭礼被移至
丙寅日。但更有可能的是考王丧期时，每一天都必须进行相关的祭礼，所以乙日的

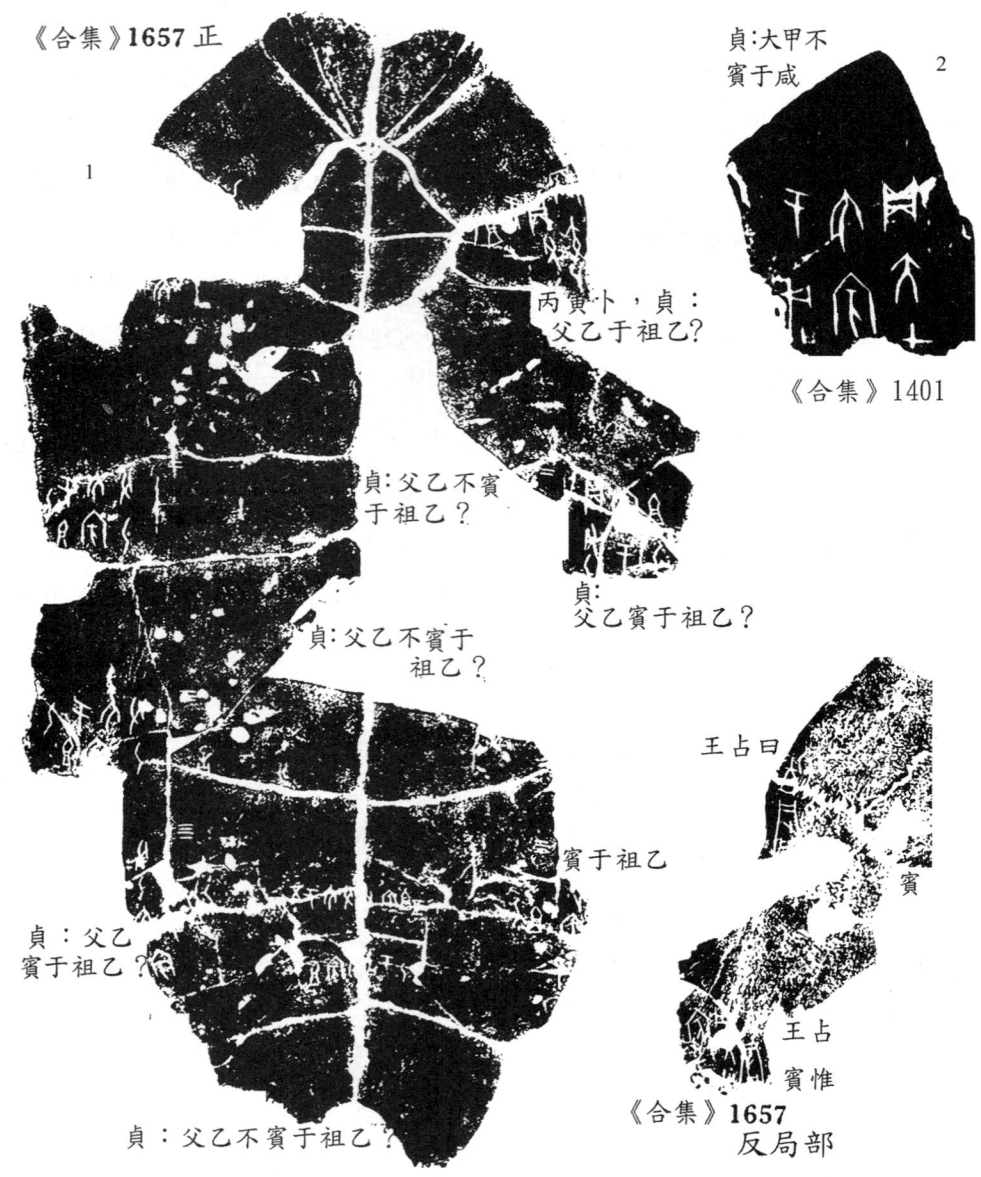

《合集》1657 正

1

贞:大甲不
賓于咸

2

丙寅卜，贞：
父乙于祖乙？

《合集》1401

贞:父乙不賓
于祖乙？

贞:
父乙賓于祖乙？

贞:父乙不賓于
祖乙？

王占曰

賓于祖乙

賓

贞:父乙
賓于祖乙？

王占

賓惟

《合集》1657
反局部

贞：父乙不賓于祖乙？

图二六八　1.《合集》1657 卜辞；2.《合集》1401 卜辞。

考王在他的丧期中，不仅在乙日才受到祭祀。若然，则丙午或丙辰日时，可能都有
进行宾于祖乙的占礼，只是目前没有发现相关的卜甲。

（二）小乙宾于帝，武丁即位之谜

　　笔者认为前文所引《合集》339 记录，也是表达小乙丧期和武丁即位及首次出

巡的过程。根据《合集》1402 和《合集》339 可以推论：甲辰是小乙埋葬日，乙巳升天日进行虞祭。之后两旬看不到相关记录。直至过两旬丙寅日，《合集》1657 另载小乙丧期卜辞，而《合集》339 开始载祭祀丁日的内容："丙寅卜，宁贞：翌丁卯侑于丁？ 贞：勿侑于丁？ 五月。"据《合集》339 知道，丙寅和丁卯日是在五月，下面又载过五十天的丁巳日是在六、七月之间；说明小乙埋葬及升天日是在四月发生过。在《合集》339 上记载，从五月丁卯以来直至六、七月间的丁巳，每一丁日"侑于丁"；而丁巳之后，过七天的甲子和乙丑两日又载祭祀小乙，且卜问其神瑞："甲子卜，宁贞：神，翌日，侑于祖乙？ 贞：勿神，翌日，侑祖乙？"而之后七月的辛未日占卜新王出来可能要巡国其国而祈祷无灾。后面在该卜甲上有载甲寅、乙卯的祭礼活动，但祭祀对象已不明。

　　从这些卜辞对照或许可以判断，小乙埋葬后，过两旬开始占卜对即位新王的保祐，之后过 60 天似乎两王权利的交接期结束，考王降神瑞而新王出巡。汉代丧礼丧期问题很重要，也是在礼学经常讨论的问题。汉代三年丧期有分几个阶段，似乎以三为单位，但很多资料却不甚明晰①。更不用说商时代残缺卜甲的资料。

　　观察上述似载小乙下葬和武丁即位的卜甲，最多只会提供一个具体的案例，凭之不能讨论任何规律。尤其是武丁本身是一位特殊的篡位王，不仅是两商、花东卜辞资料也表明小乙的太子并不是武丁，小乙和武丁之间是否有实际的血缘关系也是个问题。不妨假设小辛、小乙两位是汤商王室的最后两位王，被武丁打败或战俘，而最终自我宣布为商王的武丁，在仪式上表达从小乙传位，因而做这些符合商宗庙礼的"小乙宾于帝"的虞祭。

（三）总结

　　简言之，笔者认为在先王丧礼中卜选先王的日名，就是选择他升天的日期。选定后，在前一天进行送殡下葬，并祈求落地的西日护祐地中的先王，以备第二天乘东日升天。考王所属日名的日神升天时，考王也会随之升天，并第一次宾于帝。《合集》1402 的卜辞正好记录了小乙被埋葬后，准备送其升天的祭礼。可知，小乙

---

①　徐乾学撰：《读礼通考》，光绪七年四月江苏书局刊版；杨树达撰，王子今导读：《汉代婚丧礼俗考》，上海：上海古籍出版社，2000 年，页 156—176。

葬日是甲辰,而升天宾于帝、进行虞祭则在乙巳日。

在此之后,甲骨文中却未见考王宾于帝的虞祭记录。外来的殷宗势力在武丁之后已经达不到汤商古文明的核心领土,而他们所吸收的信仰体系也还不完整。或许正因为如此,武丁时代的随葬礼器也最高级,而甲骨文记录最丰富。我们对商丧礼所知不多,文献资料也不足,主要是武丁时代的甲骨文。不过我们或可推测,考王宾于帝的刻辞即是表达考王被埋葬后,旦霞乘日升天而朝宾上帝,亦即送灵升天的纪录。笔者进一步推论,由于王升天涉及宾于帝的概念,所以商王冢都是头朝北向,亦即上帝北辰所在的方向。

殷商人每年都会有数次占卜降雨、易日等自然情况,伐征方国、祭祀神祖也是每年都有之事;至于王疾病、配偶生子,每个王都可能经历过好几次。所以上类卜辞被发现较多。但卜选灵名或占卜祈祷宾于帝,则是每一王在生命中只会发生一次的大事。因此目前发现卜选灵名或占卜祈祷宾于帝的纪录相当少。只有小乙宾于帝有较完整的纪录。若希望进一步了解其中细节,就唯有寄望日后的发掘工作能找到更多相关记录了。

十、结 语

祖先崇拜一直是古代信仰之核心。祖先保祐后裔,在人世宗族与神界上帝之间作联络者;祖先既是生命本源,亦寄寓人们死后升天的欲望。后裔向祖先祈祷和承诺生生不息,祈求祖先授予社会地位,并承诺完成祖先所委任的任务,不懈其位,保祐后代。祖先崇拜涉及很多方面,包括死生信仰、生命週期、农耕历法、术数、社会组织、礼制和政治制度。至于关于王位的崇高授权,除了"帝令"之天命概念,亦存有"祖令"之天命概念。

商文明墓葬中出土的很多玉器中,有一种器型应称为"祖形器"(发掘报告经常称之为"柄形器")。这一类玉器始见于后石家河文化,其时可能只有最高等贵族才用。上面带有很多刻纹,其中部分涉及始祖崇拜,这是迄今所知最早的祖先牌位。到了盘龙城时代,使用祖形器的礼仪普遍化,成为很多贵族家族的祖先崇拜用具,而且当时很可能已在牌位上书写祖先的庙名。为祖先立牌位的传统,其源头即在于此。

长江中游祖形礼器演变脉络可溯源至新石器早中期彭头山文化——皂市下层文化。祖形礼器既是牡器形状礼器,直接表达生生不息的理想。并且在长江中游平原长期定居的农耕国家文明之观念中,象征本地生命根源的观念,与宗族的祖先概念及宗族所居领土皆密切相关。是故,"且"(祖)和"土"两个字的写法接近。

具有浓厚社会意义的祖先崇拜,从屈家岭文化早期城邦国家相关考古遗存中,已可以看得很清楚。所谓屈家岭文化的"陶祖"是屈家岭文化城邦公共祭祀区出土的大型套筒形偶像。其完整的结构由三部分构成:最下面是粗壮圆筒形且表面满饰一圈圈周索纹的"祖";中间是圆球形且表面带诸多刺突以象征太阳四射光芒的"日球",最上面是较细长带尖锥顶的"日圭"。部分偶像只有祖和日圭两部分,或者在中间用四通结构(类似于四分)替代日球。甲骨文的"祖"字应该就是取象于前述屈家岭早期城邦国家公共祭坛上巨型陶祖的象形字。因此"祖"字的象形意义不仅是牡器,同时也是在很具体地形容国家产生时代的屈家岭文化祭坛上的陶祖礼器。

屈家岭巨型陶祖礼器的出现表明,在国家起源时代,对本族男性力量的崇拜已演化成为对社群共同始祖的崇拜。但是,随着人口扩展,区域之间来往增加,以及社会整体财富增加并分化,进而发展到以石家河大城作为该联盟国家共同的大都。在此背景下,社会共同始祖的理念逐步消退。石家河文化早期的祭坛上不再出现巨型陶祖偶像,但继续使用小型陶祖,并在墓葬中使用玉祖牌位。到了盘龙城文化商文明阶段,使用祖形器的礼仪更加普遍,而且在牌位上书写祖先庙名。这种文物具体地呈现出汤商王国先公先王日名之宗庙法。

从先祖妣日名系统发展出细致、复杂的以一旬为元素的遇祭祀系统。"殷代遇祭祀遇的长度是指用祭、壹、脅、乡、翌五种祭法遍祀先王和直系先妣一遇的时间,按照卜辞自身的命名,使用祭、壹、脅三种祭法的祭祀週期称为'脅日',我们叫它'脅祀季',使用乡、翌两种祭法的祭祀週期分别称为'乡日'和'翌日',我们叫它'乡祀季'和'翌祀季'。这三个週期的总长就是一祀。"[①]商代以及西周早期贵族

① 冯时:《天文学的萌芽期》,页39。关于週祭祀制度的详细研究,参见常玉芝:《商代周祭制度》。另见于岛邦男撰,温天河、李寿林译,杨家骆主编:《殷墟卜辞研究》;董作宾:《殷历谱》等。

宗庙活动以十日为週期来安排;而王室的国家祭祀制度,在十日循环的基础上,建立用五种祭法为大週期的国家祭礼活动。

古代所用日辰时间计算法(后称为干支),是十日和十二辰相配的结构,其中十二辰是符合月数分为十二段的恒星之间的日道(黄道),而十日是源自上古的"十日"形象。笔者认为,十日系统所表达的,不仅是十天一旬的时间週期而已,而是象征十个太阳轮流升降于天地之间,以此作为天地之间的沟通媒介。在商文化信仰中,东、西方象征着掌管大自然死生规律的奥秘:在春分之时向东举行迎日礼,欢迎日暖、祈求生机降临;在秋分之时向西举行送日礼,送别日暖,并祈求死后再生。此一信仰结构不仅涉及大自然的生灭循环,同时也推及人的生命历程,希望死亡后可以再生的观念。是故,对十日的崇拜,其实与丧礼有密切的关系。宋镇豪先生研究甲骨文中对日的崇拜,早已指出此理解①。十日谥名决定了丧祭的准则,因此週祭祀的日名,与商人的日球崇拜观念有牵连。

张衡《冢赋》曰:"幽墓既美,鬼神既宁,降之以福,于之以平。如春之卉,如日之升。"②依笔者浅见,《冢赋》所述的形象并非出自辞赋家的随兴诗意,而根基于深层的内在文化逻辑,其渊源滥觞于商代信仰体系中。古人认为,人死后埋葬,如日之升天,又如新春再生。因此商和西周早中期的铭文所录"日甲"、"日乙"等祖先名号,其中的"日"字未必是用来表达日期,更可能是升天后的神祖、父、兄本身已经与日合体,所以能从地下随日轮升天。因为共有十日轮流升降于天地之间,十日各有其名,所以死者所乘之日名,就成为死者的日名。

换言之,笔者认为商王家对日的崇拜,应包含了死者再生的信仰,他们相信死人进入地中后,将在朝霞时乘日升天。这一旦霞乘日升天、乘日游历的神祕形象,早已深植中国文化。因此自古以来,送魂、安魂、祭魂仪式都在朝霞中进行。

《仪礼》详细地描述了汉代士丧礼的标准流程,根据《士丧礼》、《既夕礼》、《士虞礼》的记载,既夕是虞祭前两天的晚上,既夕后的夙兴则是虞祭前一天,当天须陈明器、备车、书遣于策、柩车出门,夜间不能睡,以便在日出前送殡下葬,等到葬毕日出后,白日始虞。③ 可见,汉代丧礼的理想还保留着源自商代的习俗。而虞祭的神

---

① 参见宋镇豪:《甲骨文"出日"、"入日"考》,页33—40;宋镇豪:《夏商社会生活史》,页771—789。

② (汉)张衡著,张震泽校注:《张衡诗文集校注》,页253。

③ (汉)郑玄注,(唐)贾公彦疏:《仪礼注疏》,《十三经注疏》,台北:新文丰出版公司,2001年,页1119—1430。

祕隐义,就在虞送死者乘日升天,在祭祀死者的同时,也祭祀与死者一起升天的轮值的十日之一。后来,当这位死者乘之升天的日球升起之时,即为祭祀这位死者之际,是故祭靈之礼都安排在日出时段。此一汉代的祭法标准,应该源自商文明。而商代在祭祀先王的同时,也会祭祀祂所乘的日,以及与祂同日升天的一切祖先。所有在甲日升天的祖先,都与命名为甲的日轮合体。

商代人相信日可以绝地天通,故能作为下上界的媒介。此一媒介作用不仅在大自然中一再实现,也可以协助死靈从地中到达天界。或许商人认为这些先祖所乘的日轮,不仅能在第一次祭礼中协助死靈升天;在往后的每次日出之时,也都能协助开通宗庙祭礼的达天之道,以及在世后裔与祖先沟通的道路。

笔者进一步认为,商代为先王举行虞祭还有另一项神祕意义。不仅是送先王乘日升天,也是协助其升天之后能顺利地朝见日父,亦即"宾于帝"。甲骨文中的宾于帝卜辞,都与虞祭有相当密切的关系。

总而言之,商代王族祖先崇拜的要点,是认为人死犹如太阳西落而没入地中,夜晚过后,将再生于东方,并乘日升天。日名谥号代表死者乘之升天的日名,故可以说,日名谥号即指亡者升天之日,日干靈名并非表达亡王入土之日,而是表达其靈魂随日升天的日期。此后,亡王升天的日干也成为祭祀他的日干。在丧礼中卜选先王的日名,就是选择他升天的日期。选定后,在前一天送殡下葬,并祈求落地的西日护祐地中的先王,以备第二天乘东日升天。考王所属日名的日神升天时,考王也会随之升天,并第一次宾于帝,列于天中上帝左右。所以先祖妣的日名谥号也代表其第一次宾于帝的日期。甲骨文占卜某王宾于帝,且表达在此过程中,先前已在天上的先王提供帮助。这不只是抽象的信仰记载而已,更是对这位先王丧礼的具体记录。

商王族十日丧礼是一种有政治意义的宗教,可能是由成汤建立。这种礼仪结合了很古老的巫觋信仰:巫师英雄因能够掌握历法,所以获得社会认同。这种以巫师英雄为权威的众多社会,早已汇入大溪、屈家岭、石家河、后石家河时代的国家结构之中。因此在先商时期,十日崇拜并不代表至高权威,反而代表兄弟联盟、跨族的中下层的势力。汤商的宗庙礼旨在表达,新兴的商王国势力并不是单一族群的集权,而是继承、结合和尊敬各族的"十日"。虽然商王室内部自我认同起源自十日之一的"辛"族,但从成汤建立宗庙之法起,就承认自己是在作"大家"的宗族的代表,即商王室代表了十日所有部族。

　　商王族借用的"十日"日干系统源远流长,滥觞于长江中游新石器和国家起源时代,且蕴含着几条线索。第一条线索是长江中游对太阳农历的崇拜,与其相关的是农耕文明的始祖英雄观念,以及带日历纹的祖形礼器。第二条线索是相应的日祖礼器的演变。第三条是新兴城邦国家共同的崇高日祖的信仰,和依靠数个邦国宗祖日庙盟约形成的神权庙法,以及由其组成的联盟制国家的起源。第四是随纺丝和养蚕业发展而产生的扶桑神树形象,且该形象与新兴的联盟国家神庙制度相关联,从而形成扶桑十日的盟约庙法。第五条线索是日历纹纺轮作为随葬品,以及商代青铜器上的明纹形象,皆用来强调死者获得如太阳般由地升天的能力。第六,是从桑蚕生命周期受启发而塑造的羽化再生升天信仰,它影响到夔龙形象的定型,及以桑蛾隐喻日象。还有第七条线索,是根据古文字发展,"神"字取象自幼虫,而"丧"字取象自桑树,并且"神"字已见于大溪文化晚期、屈家岭文化文字中,这反映出丧礼观念的形成与蚕业的关系。这七条线索在屈家岭文化相结合而创造了扶桑十日十族宗祖这种信仰。也就是说,十日神话不只是美丽的神话故事而已,其背后表达了政治上的盟会规定和神权庙法,它是在用十日形象表达统治者之间的盟约,并与其他深厚的精神文化内涵相配套。

　　不过在屈家岭文化之后,十日形象还有进一步的演变。其中,第八条线索是,自后石家河文化以来,可见到国家政权变迁达到集权制度定型的阶段,同时发生了宗教改革,以及超越日族的至高无二的"帝"崇拜对象的兴起;并且在集权势力与老贵族争斗的背景下,出现了羿射日的新神话以及相应的庙权改革。第九条线索则是,与长江中游平原地区日历纹陶祖礼器起源大约同时或略晚的时候,在湘中及湘南地区则有日鹰信仰起源,该信仰后来传于长江中下游地带,且与桑蛾十日形象长期并存,最终共同影响了商文明。第十条线索是以十日为图腾的贵族,和以日鹰为图腾的贵族,分别代表两个大传统的势力,联合成为商王国政权的基础。在此历史背景之下,出现了三星堆神树将十日塑造为十鹰的形象。

　　从第一条线索而言,长江中游于公元前7 000—6 000年已在祖形礼器上出现造型为太阳农历周期的纹饰,即象征二分二至的四方、四时纹,或可称为"日历纹",这样便将宗族的男性英雄力量与自然界及农耕生死周期作了连接。虽然众多猎民族群也用陶祖,其礼器形状亦大体相同,但上面无日历纹,所以其崇拜并不以太阳农历为基础。长期定居在自己领土的农耕文明,对其英雄力量的认识和表达的重点,已不像猎民那样强调对神兽的克服,而是在于厘清历法这种万物生命周期的智慧。这种英雄的智慧体现于对太阳运行的了解,被想像成其与太阳有直接的联络;而在礼仪中,巫师能够与太阳沟通,或代表太阳来说话。所以,带日历纹的陶祖礼器是在表达,最初掌握太阳农历的巫师,在该文化中被视为掌握了超越性智慧的英雄,也是该文化自我认同的始祖。带日历纹的陶祖从彭头山文化开始出现,直至国家起源时代的大溪文化,表现得愈来愈有规律。

接着就第二条线索而言,使用日历纹的陶祖这一礼器传统继续演变,到了屈家岭文化国家起源的时代,即约公元前 3 500 年时,在长江中游平原稻作农耕区各地兴起的城市公共祭坛上,开始用巨型陶祖象征所在城邦社会共同的始祖。这些礼器的造型也相应成为"祖"字的象形来源。从历史背景来说,当长江中游出现多个崇拜日的小型城邦国家时,这些日族也相应成为这些邦国的统治者。同时以往那些确定历法和安排耕作的英雄形象,已不足以组织大型社会;所以,这些新兴的国家开始宣称自己是直接从太阳获得授权。因此,小型日历纹陶祖礼器不再使用,与此同时却在城市公共祭坛上出现巨型陶祖,用来象征城邦的公共祖先,因此而衍生出多功能的伟大始祖信仰。这种伟大的始祖就是日。屈家岭文化巨型日祖偶像的形状有两种:基本型和组合型。基本型就是带周索纹的祖形器,同时也是"且"(祖)字的象形来源;组合型的结构分为三个部分:下部为"且"(祖);中部为带光芒的日球;上部为日圭。所以,该巨型陶祖应称为"日祖偶像"。这种造型象征着新兴邦国的统治者直接继承太阳,是太阳的后裔。日祖偶像作为崇拜对象,被用于这些新兴国家的民众共同参与的大型公共崇拜仪式中。

从第三条线索而言,屈家岭文化有很多有着共同文化背景的社会组织,彼此间相互来往,再加上当时可能已出现"多日"观念,不同社会组织会分别以不同的日名来称呼彼此。并且,当时兴起的邦国并不只有一个,不只是在一个城邦的祭坛上出土了日祖偶像。当时同时兴起的数个邦国,皆立日祖于祭坛上。所以这些文化相近的亲邻邦国的统治者,建立了"十日联盟",即邦国联盟,组成为一个共同的联盟国家。生活在神树上的十日,轮流升天以使大地明亮。作为十日后裔的邦国统治者也取象于此,轮流出来负责安排或主持盟会,协调联盟国家内部其他共同事务。也就是说,在屈家岭文化新兴的邦国联盟的国家宗教体系中,便形成了以当时各城邦大贵族为十日祖后裔的认识,以及平等的十日兄弟轮流值班做主的意识形态。"十日"信仰就源于此。

从第四条线索而言,日祖传统的发展涉及屈家岭文化时代纺丝与相关的养蚕业的发展。就是因为纺丝的产生，十日形象才能与桑树连接，以创造扶桑十日这样优美的神话。扶桑十日并非历法概念，而与诸国统治者的祖先概念有关。

从第五条线索而言，日祖礼器的出现并不意味着日历纹就不再用了。大溪时代最为流行的带日历纹的小型陶祖礼器，虽然到了屈家岭时代的国家文化中已变得颇为罕见，但同样的或类似的日历纹却开始出现在精致小巧的陶纺轮上。也就是说，日历纹陶祖分别被大型日祖偶像及带日历纹的彩陶纺轮所传承和取代。其中，大型日祖为祭坛上的礼器；而日历纹纺轮则常被用作随葬品。这些彩陶纺轮礼器的出现标志着祖先升天的信仰及日历崇拜，与刚创造的新技术——纺丝发生连接。同时，日历纹礼器进入丧葬文化，所以不仅与祖先崇拜有密切关系，同时也象征死者的再生。并且在石家河文化祭坛上，当时已不见日祖时，日历纹纺轮依然用作随葬品。最后，与陶纺轮形状相近、意义相同的图案，成为商时代青铜器上的明纹，其所象征的意义也相同：死后如日下地，而在新的一天旦霞时分又如日（或乘日）升天。彩绘日历纹纺轮礼器，一方面跟种桑养蚕业有关系，另一方面其纹饰又以日历纹为主，所以这是表现扶桑十日神话的另一种礼器。

从第六条和第七条线索而言，在将彩绘日历纹纺轮的出现看成是扶桑十日神话产生的指标的同时，由于太阳所栖之扶桑树与升天信仰及丧葬文化有密切关系，所以"丧"字也写从"桑"。顺着纺丝技术又带来了新的信仰形象——扶桑和对蚕蛾的崇拜。在古人信仰中，桑蚕羽化，既象征太阳升天，亦表达死者升天的理想，而将十个日祖的信仰与桑树及白色桑蛾形象作连接。扶桑十日神话应当就是源于此，并且当时对扶桑十日神树的想像，显然是用桑树上常有的蚕来具像地表现太阳栖于树上。或许当时人们是把蚕吐丝结成的近圆型的白色蚕茧譬喻为小日球，但其关注的重点可能还是在于从茧中飞出来的白色蚕蛾实现羽化而再生。蚕蛾飞翔不久后，又会到桑树上产卵，启动新的生命週期。这样，桑树、丧礼、蚕虫和蚕蛾、带日历纹的纺丝纺轮与日祖偶像，这些成套的礼器皆表达将祖先崇拜与太阳崇拜互相结合而成为一体的意思。此外，在屈家岭时代初步定型的夒神纹，应该也是取象于桑虫。

也就是说，从社会层面，扶桑十日神话背后隐约可见农耕国家起源、邦国之间联盟约定，以及庙权制度；同时也反映出桑蚕业及纺丝业的发展。而从信仰层面来看，扶桑十日信仰包括了祖先崇拜、再生信仰、丧葬文化等多个方面。第一，先是从掌握太阳历法的英雄，升华为太阳日象本身就是农耕文明始祖的信仰；第二，是桑蚕羽化升天的信仰(包括双嘴的桑虫夔龙和蚕蛾);第三是丧礼与桑树之间有深远的关系。有关第三方面,"丧"与"桑"两个字之间的关系,同样根源于这种深远的信仰。

换言之,丧葬文化与太阳即太阳农历相结合,都与扶桑神树的形象相关,桑树上挂着的白色圆形蚕茧被譬喻为日象,而坐在桑树上的白色蚕蛾,乃是十日的形象,白蛾从白茧羽化而飞翔,乃象征太阳升天。虽然我们不知道屈家岭——石家河时期是否有蚕蛾造型,或许是用难以保存的材质制作,故没能流传下来。但是到了约公元前2 300年以后,精致的玉质蚕蛾造型多见于王级大墓中,在这些玉器上夔神纹也多见。在后石家河高等贵族墓中,玉祖形器、鹰祖以及玉蚕蛾,都是当时高等贵族丧葬文化的表现,其中玉蚕是王级墓里最常见的礼器种类。并且,在蚕蛾成虫之外,由于蚕的幼虫似有头尾双嘴形态,吃桑树叶后成蛹而羽化,养蚕业再度影响了双嘴夔龙天神形象的发展与初步成型(在此前的双嘴夔龙天神形象的滥觞期,还受到过其他昆虫形态的影响)。

上述七条线索在屈家岭文化相结合而最终创造出扶桑十日、十族宗祖这种信仰。也就是说,十日神话背后表达盟会规定和庙法,十日形象表达统治者的盟约。十日并非历法概念,而与诸国统治者的十日祖先概念相关。十日也与古埃及神话中欧西里斯身体被分成十四块类似,只是在古埃及信仰中这是单一太阳的身体被解体的故事。而在中华文明中这是独立的十个太阳联合而结成联盟,在联盟内部分别作独立平等的十家贵族的始祖。

不过从第八条线索来说,上述发展,虽可说一脉相承,但却也并非直线发展,而是历经兴衰起落。如大约公元前3 000年以来,石家河时代国家规模扩展,各个城邦之间出现等次关系,而天门石家河城可能成为最大的中心都市。随着社会规模快速扩展,联盟国家的共同的信仰,逐渐超越了单个城邦共同始祖的意识的重要性,作为其象征物的巨型陶祖也逐渐不再使用。但是十日贵族统治者的观念却一直保留在石家河、后石家河文化的国家中,成为颇为深入的社会传统认识。因此,可能只有到了三苗山地人占领该平原农耕国家的政权时,高等贵族联盟的制度才被破坏。接着,夏王国为了统一国家力量,追求抑制贵族势力和有分离倾向的集权者,改革庙法制度而提出了羿射日的说法,企图独尊一日而毁其他九日。夏王国集权势力想强制性地废弃、压抑以扶桑十日为始祖的大贵族势力。或许因为如此,从此以后象征扶桑十日的蚕蛾造型也被禁用,以致后来被遗忘,而采用与太阳无关的蝉取代蚕。当时在众多昆虫中选择蝉的原因,或许是因为蝉与蚕为同音词。在后来的文化传承中,蝉的造型虽保留了蚕蛾羽化再生的含义,却不再包含有对日的象征意义。此外,由于拜日信仰与老贵族的祖先崇拜有直接关系(祖先是一种群体的崇拜对象,太阳也就成为群体的崇拜对象),在统一政权的国家宗教中,十日兄弟之上已另外兴起了崇高的独一无二的天中上帝,这也使群体性的拜日信仰失去政治上的重要性。因此,在商文明的崇拜先王的信仰中,乘日升天的先王会合在天中周围而宾于帝。

但从第九条线索来说,若回到新石器时代,应该有一些族群曾经将太阳拜为独一无二的崇高神。在平原农耕文明区由十日贵族建立联盟国家的同时,周围应该还有其他族群继续保持太阳天凤或日鹰的崇拜传统。因此到了商代,日鹰成为商王室所认同的玄鸟天凤。不过,当新石器时代翅膀上带日历四分纹的老鹰,在商文明中变成"四方凤"信仰时,在其上还有天中上帝;由上帝来确定日鹰的四季周期。这种差异所包含的现实与政治含义在于,在新石器时代太阳历法本身就是崇高的对象;而在高度集权的国家中,管理一切的天中上帝才是至高主宰,日鹰也只是上帝之下承担具体分工神能的崇拜对象。在这种以天中上帝为独一无二、地位至高的信仰对象的宗教体系中,原本为单一的日鹰或日凤造型,演变成群体性的四方凤的形象。这种变化并非自商文明才发生,在比商时代早至少1 500年的时候,在长江中下游礼器上已可见四凤的形象。不过在商文明中,四方凤或日鹰的形象除了作太阳农历的崇拜对象,另还涉及对先王的崇拜。一方面,四方凤(鹰)是太阳的形象;另一方面,它也是商王室的始祖玄鸟。这两个方面在商先王宗庙制度中有直接的反映:商先王宗庙就是日庙,而商先王死后的祭名就是十日庙号。

也就是说,第十条线索表明,虽然可能在夏王国曾发生了"羿射十日"这样的改革,但十日信仰却又被商的开国之王成汤恢复,于是仍能保留至今。虽然商王国无疑已是确定了血缘继承制度的大型王国,但商的开国之王成汤,却并非是通过强制手段建立宗族集权,相反,他为着笼络和依靠各地贵族联盟,主动建立以商王室作为十日后裔的宗庙之法。这是成汤作为有智慧的政治家所用到的高明政治手段。

源自长江中游古文明的祖形器、日历纹、扶桑十日神话与蚕幼虫信仰,都是后来成汤建立商王室宗庙礼仪时的历史文化素材。虽然在石家河文化时期,纺丝业规模扩展并走向专业化,但已不再用纺轮作礼器。虽然不再制造日历纹纺轮,但在这些礼器消失后不久,商王成汤建立了以扶桑十日为祖先的商王族丧礼制度,同时在青铜器上出现了同样象征太阳升天而且纹样结构与日历纹纺轮类似的"明纹"。除此之外,商王族还崇拜老鹰玄鸟,视其为祖先图腾;玄鸟与扶桑十日形象相结合,因此商时代所造型的扶桑,在其树枝上看不到蚕蛾,取而代之的是代表日祖的老鹰。

总之,商文明信仰蕴含了几个层面的形象:神兽、天象、时间、空间、人生,这些形象在上与下、中与方的关联当中,构成一个大的系统。如神龙吞吐、虎食人、十日从扶桑升降、上帝赐命与降祸等,商文明信仰从不同角度,用不同的形象,表达同一件事情:生命的轮回循环以及升天、再生的理想。这一套信仰基本上是在长江中游汤商国家文明中成形,其时已然蕴含了多元的因素,蕴含了长江流域平地农耕社会与山地猎战族群的理想,并且在多元的基础上,重点凸显了汤商贵族自身的信仰。

汤商贵族的自我意识是一种多元的天生信仰。其中玄鸟天风降卵是一种始祖从天上落地的形象,并且经前文的分析表明,天风的形象与日有关系。而扶桑十日的信仰,又从另一个角度表达汤商统治者来自一个神圣的十日族团,而非单一宗族。这两者都与族群来源的神话有关。同时商王还可做上帝在地上的代表,而先王都宾于帝,居于上帝左右。

此外,如果考虑长江中游与上游的关系,可以假设,三星堆神树礼器的形象,或许正好描绘了扶桑的信仰。三星堆的扶桑结合了扶桑神树,玄鸟老鹰以及神龙形象:神树下有一条张开嘴的龙。这种构图意味着,日落时太阳鸟先进入龙口,在夜中死亡与龙合身,而早晨再生坐在空出的树枝上。这种形象完整地表达了丧礼中神与日相辅配套的关系。

不过,从历史发展的脉络来看,神龙的形象不断扩展,拥有管理一切死生造化的神能,而玄鸟始祖信仰已成为历史,其形象被性质不同的凤取代,如朱雀、三足金乌,且后者都不再含有王室始祖的含义。至于扶桑十日的信仰和形象,虽然在汤商王室的丧礼中得到具体实践,并进一步被殷商王族吸收,从而成为后世崇拜先王的重大国家礼仪的雏形,但是,商王朝的政治观念中更强调上帝,以表达独一崇高的神权。西周中期以后扶桑十日丧礼衰落,羿射九日神话重新流行,十日形象淹没在历史长河里,而上帝崇拜在汉帝国及后来的帝国时代依然重要。

第四章　商代礼器人面寻钥

前文先着重讨论兽形的礼器,分析商文明崇拜神兽的信仰,接着转到造型抽象或没有造型的帝和祖。不过,除此以外,商文明还有不少人面像的造型。这些人面像在商代信仰结构里到底描绘哪种形象? 表达什么观念?

一、学界对商周面像意义的探讨

学者们经常对商周面像和面具寻找的统括的解释,如李锦山、李光雨以及赵丛苍先生认为,面具曾被广泛用于狩猎、战争、巫术、驱傩、镇宅、镇墓、祭祀、丧葬、戏剧、舞蹈等各个方面的活动中①。理论上,我们可以同意这种观点,但在中国青铜文化中,除三星堆以外,人面造型或面具并不常见。概言之,巫觋文化中的跳神礼、驱傩、祈神、安靈等祭礼,都有特定的服佩和法器,包括各种隐藏巫师常人面貌的法器;但具体来说,这无助于理解每种礼器的神祕作用。每种文化的面具都有具体的神祕含义,各有特色,难以相互解明。

柴晓明先生将大部分面饰看作盾饰,或与兵器有关的作用②。商周时的兽面有

① 李锦山、李光雨:《中国古代面具研究》,济南:山东大学出版社,1994 年,页 21—80。赵丛苍主编,西北大学文博学院、陕西省文物局编:《城洋青铜器》,北京:科学出版社,2006 年,页 292—293。

② 柴晓明:《论商周时期的青铜面饰》,《考古》,1992 年第 12 期,页 1111—1121。

作马冠和军帽造型者,如殷墟 1004 大墓所出土的虎首铜盔等①,以及各地常见的许多小型兽面铜泡,应是礼服或军服的配件。然而人面似无威吓敌人的作用,若用在兵器上,只能视为某种信仰作用,而不是专配兵器的装饰。在相关资料不足的情况下,我们无法将个案视为通案。西周以来,扁茎短剑上已可见人面图,但这不是人面最初的作用。短剑上图案的意思,本文将于稍后再作讨论。

李锦山、李光雨、顾朴光、宋新潮先生均认为,商周面具基本上是巫师佩戴在头上的法器,用于各种祭礼、降神舞蹈、驱魔、送亡等,又用于战争以及与战争有关的祭礼中。宋新潮和王丹认为,其中大都有覆盖死者面部的作用,并以文献中的"魌头"来解释所有商周面像。宋新潮先生引用了大量其他地区的资料作理论探讨,但中国的本地资料却显得不足②。商周所见的人面造型中,许多并不适合佩戴,况且巫师佩戴的面具应有神奇形象,以隐藏巫师的面貌、展现其神奇的能力。然而河北和殷墟墓中出土的多为常人面具,岂能用作跳神礼、驱傩或魌头?

因此顾朴光认为,常人的面像不是神祕表现,这些面具或是用以代替殉人③。虽然春秋以来形成了以俑代替殉人的传统④,但恐难以溯至商代。商代使用大量殉人,没有以造型取代之。此外,中国的墓俑传统是以陶体、木体取代人体,且一定是全身的造型,所以面具不合乎墓俑的作用。

刘士莪、黄尚明和笪浩波先生把商周面具视为行使巫术的法器,在神礼中作为神与人的沟通媒介⑤。这种说法虽无误,但却有点模糊,毕竟面具在各地的祭礼中可能会有不同的作用。学者们都认为中国面具文化源自新石器时代,若论及世界,更可推至旧石器时代⑥,但具体而言,不同青铜文化的面具应各有不同的来源。学

---

① 梁思永未完稿,高去寻辑补,李济总编辑:《侯家庄·第五本·1004 号大墓:安阳侯家庄殷代墓地》,页 141—145、图版壹壹捌至壹叁肆。

② 李锦山、李光雨:《中国古代面具研究》,页 61、138—139、171—172。顾朴光:《面具与丧葬礼俗》,《贵州民族学院学报》,1997 年第 4 期,页 20—25。顾朴光:《贵州少数民族面具文化研究》,《贵州民族学院学报》,2000 年第 2 期,页 1—5。宋新潮:《商代青铜面具小考》,《考古与文物》,1991 年第 6 期,页 70—74。王丹:《北京平谷刘家河商代墓葬研究》,首都师范大学硕士学位论文,2008 年 5 月,页 28—33。

③ 顾朴光:《面具的界定和分类》,《贵州民族学院学报》,1994 年第 2 期,页 70—74。顾朴光:《中国面具文化略论》,《贵州民族学院学报》,1996 年第 3 期,页 42—49。

④ 参郭静云:《秦始皇陶俑:墓俑或功臣肖像?》,页 65—78。

⑤ 刘士莪、黄尚明:《商周面具初探》,《考古与文物》,1993 年第 6 期,页 70—74。黄尚明、笪浩波:《关于商代青铜面具的几个问题》,《江汉考古》,2007 年第 4 期,页 47—52。

⑥ 郭净:《中国面具文化》,上海:上海人民出版社,1992 年。李锦山、李光雨:《中国古代面具研究》;陈莺、陈逸民:《神秘的面具》,天津:百花文艺出版社,2004 年。

者们提出三星堆面像源自石家河文化,江南面像源自良渚文化,河北面像源自北福地文化等。此外,甘肃天水柴家坪、永昌鸳鸯池,陕西合阳关家营、华县柳子镇、半坡、宝鸡北首岭、安康柳家河,拉萨曲贡,浙江河姆渡,重庆巫山大溪;辽西兴隆洼和赵宝沟;辽东后洼等新石器文化遗址,也各出土了陶质或石质的人面像①。但是这些文化在青铜时代的传承问题,目前仍不甚清楚。

西周文化的混合性已非常高,礼器原本的意义也被混合。观察后期的巫觋文明可知,巫师常用神奇的礼服、礼冠、隐藏面貌的面具,以进行跳神礼、占卜、驱傩等礼仪,面具也可以威吓敌人,使恶鬼恐惧,以及表现巫师神能、神职身份等。以兽面作马冠的神祕作用也较容易理解,即以神格化的良马进行狩猎和战争,威吓野兽或敌人。可是殷商和西周前期也发现了不具神奇形象的面具,其在信仰礼仪中的意义和作用更难理解。

二、商时期的人面图像类型

商时期各地出土的面像不少,形状各有异同。在讨论面像的意思之前,需要在文化的地图上,划出各文化区域的范围。同时,在不同区域文化交流中使得多元文化形成,所以不能绝对地划分不同文化的边界。尤其是在殷周时期,器物的流动很普遍,文明的混合性也很大,导致本土礼器背后的概念和意义模糊。许多现象的源流已难以掌握,文化传播的方向及路线也难以厘清,这给我们的研究增加了困难。

商时期,人面礼器在三星堆以外的地区虽然没有那么多,可是各地还是有不同的人面造型出土。赵丛苍先生认为,商代的面像和面具应该分成中原与巴蜀两大系统,三星堆以外的面像,基本上可以归纳为"中原大系统"②。然笔者搜集早商到西周时期的人面造型,认为应该分成三星堆、长江中游及江南、汉中及周原的神奇

---

① 李锦山、李光雨:《中国古代面具研究》,页7—8。浙江省文物考古研究所:《河姆渡——新石器时代遗址考古发掘报告》,下册,图版四八:1。许玉林、傅仁义、王传普:《辽宁东沟县后洼遗址发掘概要》,页1—22。

② 赵丛苍主编,西北大学文博学院、陕西省文物局编:《城洋青铜器》,页290—291。

面像，以及散见于殷墟、东北和江南接近常人的面像等四种类型。

（一）三星堆类型

三星堆人面有数种形状，其中有半人半兽的面貌（图一三七：3；二六九：3），也有神奇变形的人面（图二六九：1、2、5），其尺寸都超过自然人面数倍①。学界经常将三星堆人像和面像称为巫师的造像，但这些神奇的造型更似崇拜对象本身，而不是人们与崇拜对象间的联络者（巫）。在巫觋文明中，巫师为人与崇拜对象之间的联络者，所以才能佩戴崇拜对象的造型。故而有些人认为，三星堆面具就是巫师在祭礼中所佩戴的面具，用以扮演崇拜对象②。但巫师不大可能在头上佩戴那么庞大的面具。又有一说，三星堆出土的是扮尸者佩戴的特制面具，但礼器尺寸巨大，难以视为死者或尸祝所佩戴的面具；若释为《仪礼》或《礼记》所载的祭尸佩件或刍灵面具③，可能性更低，难道儒家所推扬的刍灵丧道源自三星堆文化？另一种看法，是把三星堆面像视为大神的造型，从而探讨蜀人崇高信仰的意义④。依笔者浅见，三星堆的神奇人形确实代表某种崇拜对象，它们最有可能在祭神礼仪中被高高竖立，附置于木质或其他不易保存的材料表面，犹如三星堆铜像佩戴黄金面具一样；偶像在祭礼中代表崇拜对象，而巫师则是在旁行神礼的联络者。

学者们比较石家河玉面与三星堆造型（图二六九：4、5），对三星堆人形礼器的起源提出了有说服力的线索。裘士京和陈震先生考察三星堆崇拜对象的来源，发现三星堆头像与长江中游石家河文化玉制人面像具有很多相似或共同之处⑤。石家河玉面尺寸小，但如果放大来看，则很容易发现三星堆造型源自石家河文化（图六九：1、2；一三七：1 等）。

---

① 四川省文物考古研究所编：《三星堆祭祀坑》，页 175—205。

② 赵丛苍主编，西北大学文博学院、陕西省文物局编：《城洋青铜器》，页 292。林向：《三星堆假面考》，《寻根》，2000 年第 6 期，页 20—27。

③ 庞永臣：《面具、神器及其他——三星堆文明中的郊祀之礼》，《文史杂志》，2001 年第 4 期，页 16—20。赵丛苍主编，西北大学文博学院、陕西省文物局编：《城洋青铜器》，页 292。庞永臣先生将三星堆面具解释为刍灵的面具，但目前无法证明三星堆或殷商已有刍灵文化的存在，应该是周代以来才开始以刍灵取代殉人，参庞永臣：《三星堆青铜人面像之我见》，《文史杂志》，1997 年第 6 期，页 22—24；赵丛苍主编，西北大学文博学院、陕西省文物局编：《城洋青铜器》，页 292。

④ 如参范小平：《论三星堆纵目的青铜面像》，《四川文物》，1998 年第 1 期，页 21—27。王政：《三星堆青铜面具与眼睛巫术》，《淮北煤炭师范学院学报》，2002 年第 6 期，页 64—66。

⑤ 裘士京、陈震：《三星堆青铜头像和石家河玉面人像——从三星堆青铜头像看三星堆文化的来源》。

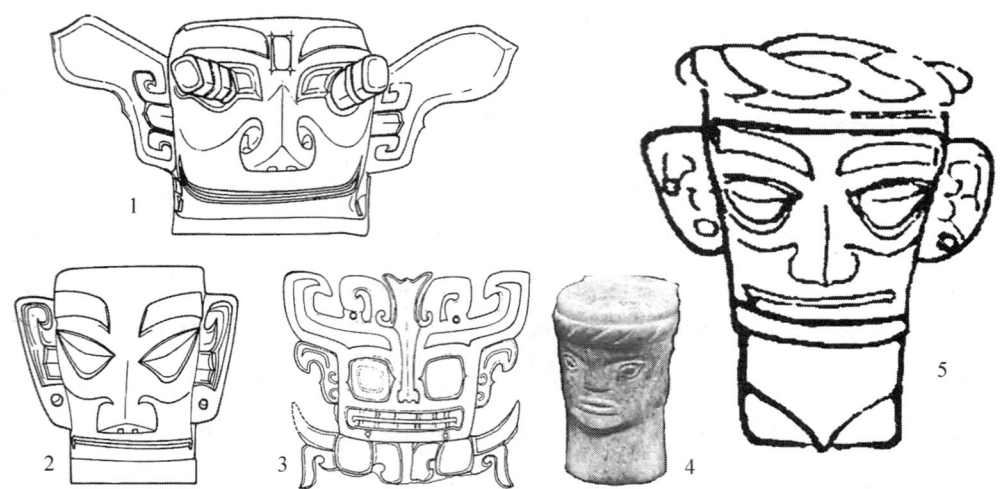

图二六九　1—3. 三星堆祭祀坑出土的青铜面具；4—5. 石家河与三星堆面像对照（据《成都大学学报》，2011 年第 1 期）。

（二）江南类型

青铜时代，长江中下游的面像尺寸亦倾向巨大，比人的面孔大上数倍，同时也有神奇的特征，但与三星堆的形象不同。江西新干祭祀坑出土的面像有长角（图二七〇：1）[1]。余文、彭适凡、刘慧中等学者，视之与日本京都泉屋博古馆收藏铜鼓上的神人蹲坐图像（图一三八：2）相近，应为同一类崇拜对象[2]，其说应无误。彭适凡先生认为铜鼓神人蹲坐图像和良渚玉器上的神徽有密切关系[3]（图八〇：2）。笔者同意此说，不过由于良渚应该是直接从山林猎民的礼器模仿了不含人面的獠牙构图，故其神的獠牙阴刻不凸出，且被隐藏在神人两腿之间，而铜鼓上的神人却已无獠牙。獠牙不是良渚本土的传统，铜鼓上的神人形象最接近良渚神，所以在他的造型上獠牙被删除是非常自然的事情，况且铜鼓的年代比新干面像可能还晚一些，其时獠牙形象的影响力已变弱。新干玉器与良渚之间存在某种传承关系，而凌家滩和良渚文化对江南青铜文明的影响，应该进一步详细研究。

---

① 江西省博物馆、上海博物馆合编：《长江中游青铜王国：江西新干出土青铜艺术》，图 20。

② 参余文：《从新干商墓的青铜双面人神器谈起》。彭适凡：《一件诡祕怪谲的商代神人兽面铜头像》，页 49—51、57。刘慧中：《新干青铜器群双面神人头像释义》，页 26—29。

③ 彭适凡、刘林、詹开逊：《江西新干大洋洲商墓发掘简报》，页 1—26、97—103。

图二七〇　1. 江西新干祭祀坑出土的青铜面像；2. 新干祭祀坑出土的铜戈柄；3. 广东曲江石峡上层遗址出
土的西周剑；4. 华盛顿弗瑞尔艺廊收藏的玉祖；5. 山东苏埠屯出土车軏的浮纹；6. 殷墟出土、上
海博物馆收藏的人面纹弓。

　　同时，可以看到铜鼓上神人左右和头上有夔形的神纹，新干祭祀坑出土面像的
角上则有璜形的神纹，两者脉络一致，但神纹并非良渚文化所有；所以这两件青铜
器的传统，包括源自盘龙城商文明的基础。进一步观察新干面像，其口里有獠牙，
虽然与石家河面像的獠牙有所不同，但却似为后者獠牙纹饰化的变形；由于盘龙城
遗址迄今只出土过兽形的面具①，所以新干獠牙面像的礼器表明，赣江地区的虎国
文化并不是经过盘龙城的媒介，而是直接从石家河大文化体系吸收崇拜老虎及虎
口面象的造型，同时从盘龙城文化另外吸收夔神的刻文，以塑造自己独特的形象。
　　广东曲江石峡遗址上层出土的西周剑，上面也有与新干铜像相类似的卷角的

①　湖北省博物馆：《盘龙城商代二里岗期的青铜器》，《文物》，1976 年第 2 期，图 25。

人面徽章(图二七〇：3)①。香港大屿山东湾所出残短剑，也有同样的面徽，孙华先生早已提出这些短剑图属新干类型②。另有新干出土的铜戈，柄上有双人首的图案，各有四角③，或许与有角人面像所代表的崇拜对象有某种关系(图二七〇：2)；但同时其形状有点类似于花东卜辞中的"🙂"(首)字，其意义还需要进一步思考。

　　山东苏埠屯出土车軎的浮纹(图二七〇：5)④与新干铜像相同，应该属于同一系列器物流动和文化传播的遗物，但是时代偏晚(黄川田修先生对苏埠屯遗址的分析证明：其年代相当于殷末周初⑤)。杜金鹏先生曾提出山东龙山神面与新干神面具有相同的文化基础⑥。不过，现在很难判断，苏埠屯所出礼器的制造地点是否都属于本地，所以我们仅能指出其关联性而已。据传源自殷墟，现藏于上海博物馆的人面纹弓⑦，面相的形状与新干有角面像接近，但口中已完全没有牙齿露出(图二七〇：6)，且很难判断该器物的制造地点，故仅只能假设其与新干面像的形象即虎国文化有传承关系。华盛顿弗瑞尔艺廊收藏的铜卣盖(图一一〇)，也有两角，但角的形状不同，是典型的龙角，其形象来源是否与新干神面有关系还需要商榷。不过这些面像都没有人佩戴的作用，其巨大的造型，以及新干面像下面的提把、铜鼓上的全身造型等似乎表明，其所代表的是本地崇拜对象，它们在祭礼中有着神祕的作用。

　　为思考新干面像形状的意义，笔者搜集长江流域早期的人形造型，目前发现的资料极少，出土背景等信息不足。迄今只能大体指出，头上有竖立角的造型，零散见于长江中游大约大溪、屈家岭时代前后的遗址中，如秭归柳林溪遗址出土了石制的人偶，其头上有两个锋刃形的角(图二七一：2)⑧。战国曾侯乙墓漆棺上的神圣守卫头上也有竖形的双角(图二七一：3)。澧阳平原优周岗遗址出土可能属于大

---

① 黄展岳：《论两广出土的先秦青铜器》，《考古学报》，1986 年第 4 期，页 409—434。

② 孙华：《关于新干洋洲大墓的几个问题》，《文物》，1993 年第 7 号，页 19—26。

③ 江西省博物馆、上海博物馆合编：《长江中游青铜王国：江西新干出土青铜艺术》，图 41。李健民：《论新干商代大墓出土的青铜戈、矛及其相关问题》，《考古》，2001 年第 5 期，页 60—69。

④ 参夏名采、刘华国：《山东青州市苏埠屯墓群出土的青铜器》，《考古》，1996 年第 5 期，页 21—28、97—98。

⑤ ［日］黄川田修著，蓝秋霞译，许宏校：《齐国始封地考——山东苏埠屯遗址的性质》，页 69—78。

⑥ 杜金鹏：《略论新干商墓玉、铜神像的几个问题》，页 49—54、19。

⑦ 《中国青铜器全集》编辑委员会：《中国青铜器全集》，册 3(商 3)，图二一二至二一三、页 95。

⑧ 国务院三峡工程建设委员会办公室、国家文物局编著：《秭归柳林溪》，页 30，图二四：8。

图二七一　1.峡江地区东门头遗址采集的屈家岭、石家河之际的通天石刻碑；2.秭归柳林溪遗址出土的石人偶像；3.曾侯乙墓漆棺羽人像；4—5.马王堆三号墓"太一将行"帛画图（局部）。

溪时期或略晚的木构三角之面像（图二七二：3）①。石家河城址谭家岭瓮棺出土的虎头玉佩在另一端还有类似的三叉角的面像（图二七二：4）②。三星堆二号祭

①　湖南文物考古所的发掘资料发表在考古所的网站上，http://www.hnkgs.com/show_news.aspx?id=781。

②　此为笔者在考古现场所绘，仅从正面简略描绘其形状。

祀坑出土残缺的铜人像，其冠为独角兽的头，还有高起的独角和双耳。上述礼器有结构相似的三叉角（图二七二：1）①。西汉马王堆三号墓出土的"太一将行"帛画图，图上太一神身旁随行的神人头上，有一个或三个竖立的锋刃形角，似为竖立的天线从头顶伸出来（图二七一：4、5）。当然由于资料尚有阙遗，笔者不敢在此妄自讨论这两种造型之间的关系。不过在不讨论直接关系的条件下，我们还是可以思考头顶上的竖角。

秭归东门头遗址采集的石刻碑在无明确证据的情况下被定为城背溪文化。笔者对石刻碑上星图进行分析，假设其年代不早于距今 5 000 年，应将之视为屈家岭、石家河之际的礼器。石刻上有一个全身人形，头上有一条似为天线的竖角（图二七一：1），其上连到天体，一般视之为太阳，但笔者认为这是一颗在历法中很关键的恒星的图案，神人左右另有四颗亮度较低的星星，一起组成某星座。有关该星座的考证，笔者拟日后另文再论述阐明，这里只想强调这一造型提供的一个线索：头顶上的竖线可能表达通天的意思，所以历来出现在神人的头顶上。

再进一步对照资料可以发现，长江流域自新石器中晚期以来，向上三叉形结构的天盖构图，通见于长江中下游的礼器上（图八〇；九四；一三七；二一八；二一九），并广泛影响到长江上游三星堆（图一三七；图二七二：1），又影响殷商以及更后期的造型（图九五；二一八；二一九）。头顶的通天线应是跨文化的观念和形象，而向上三叉形天盖结构是长江流域有着具体文化来源的典范形象，因其溯源自新石器时代，此问题超出了我们讨论的重点，笔者拟另文再进行详细的溯源研究，本次观察仍以商时代为中心。基本可以看出，天盖、天线的意思是多元混合的结果，所以各地造型经常超越典范。仔细看新干面像和铜鼓神人蹲坐像的构图，其头上的角确实保留三部的结构，上述优周岗遗址的木质面像、石家河谭家岭出土的虎头玉佩、马王堆"太一将行"图的神人头角都分三部（图二七二：3、4；二七一：5）；但是，上述殷商人面纹弓、殷末车軎浮纹、西周剑柄、曾侯乙墓漆棺神圣守卫等，均只有双角造型（图二七〇：5、6、3；二七一：3）。

弗瑞尔艺廊收藏的玉祖，上面有类似于山东出土殷末车軎的浮雕双角面像（图二七〇：1），但是这件玉祖没有出土资料，时代大约定为商；玉祖从石家河一直用

① 四川省文物考古研究所编：《三星堆祭祀坑》，页 162—169，图八四、图版五九：2；郭静云，《从历史"世界化"的过程思考中国翼兽的萌生》。

到殷商,所以很难作更确切的定义。玉祖上的图案应该与始祖观念有关。芝加哥艺术所收藏的玉祖上有獠牙面像图(图二六二:10),而前文已阐明獠牙面像与带角面像的关联性,所以这两件玉祖形象的意思应该相近。可惜的是,这两件器物都没有出处资料,无法确认带特殊刻纹玉祖的来源。有关三角和双角的问题,或许两者的意思原本有所不同,或者是由于制作者已不知悉三叉形天盖的确切含义,而将中间的角省略。但这两种造型,都是在表达神人与昊天之间通过联络线而通天的形象,昊天崇高太一的形象亦如此。

虽然三叉形天盖形状自新石器中期以降,直至汉代以后依然可见,但其意义肯定已经过数度再理解与再诠释,但是都有涉及崇高天盖,部分有表达与天中太一的连接。此问题笔者将日后详细论述。

西汉早期南越王墓漆木屏风上有青铜鎏金双面像(图二七二:5)①,它的结构其实基于带天盖的面像:鼻上的中线高耸,而其左右两线,虽然带有变形的意味,但却依然在上面构成三叉形的天盖结构,与新干面像或铜鼓上神人蹲坐像的构图相同。同时面像左右另有突出的弯线,与曾侯乙墓棺上神圣守卫头上侧边的角线造型相似。这些相似恐怕已不能视为偶然性,南越传承和消化了很多战国时期楚国的技术和形象,在一定的程度上可以视为同一文化的大脉络,而春秋战国的楚文化与商周长江流域文化的传承关系应也毋庸置疑。南越王宫的瓦上(图二七二:7)②,另可见双角的人面造型,既然出现在同一时代、同一文化里,可以考虑双角与三叉天盖的构图,可能各有其意,虽然相关但亦有些差异性。

南越带天盖的面像,另见于墓门上和墓主棺材之青铜鎏金铺首衔环上(图二七二:6)③。两汉各地墓门、墓棺上的铺首结构均是带天盖的面像(图二七二:2)④;汉代画像石砖上也常见天盖面像形的铺首造型(图二七三、二七四)⑤。汉代带天盖面像经常出现于以下两种地方:

---

① 西汉南越王博物馆编:《西汉南越王博物馆珍品图录》,北京:文物出版社,2007 年,页 66—67。

② 西汉南越王博物馆资料。

③ 藏于西汉南越王博物馆。

④ 以台北故宫收藏青铜鎏金铺首为例。

⑤ 张新强、陈广编著:《南阳汉画早期拓片选集》,郑州:中州古籍出版社,1993 年,封面图。洛阳古墓博物馆、黄明兰编著:《洛阳汉画像砖》,郑州:河南美术出版社,1986 年,页 154。李林、康兰英、赵力光编著:《陕北汉代画像石》,西安:陕西人民出版社,1995 年,图 625。徐州市博物馆编:《徐州汉画像石》,南京:江苏美术出版社,1985 年,图 108。高文、高成刚编著:《中国画像石棺艺术》,太原:山西人民出版社,1996 年,页 2。

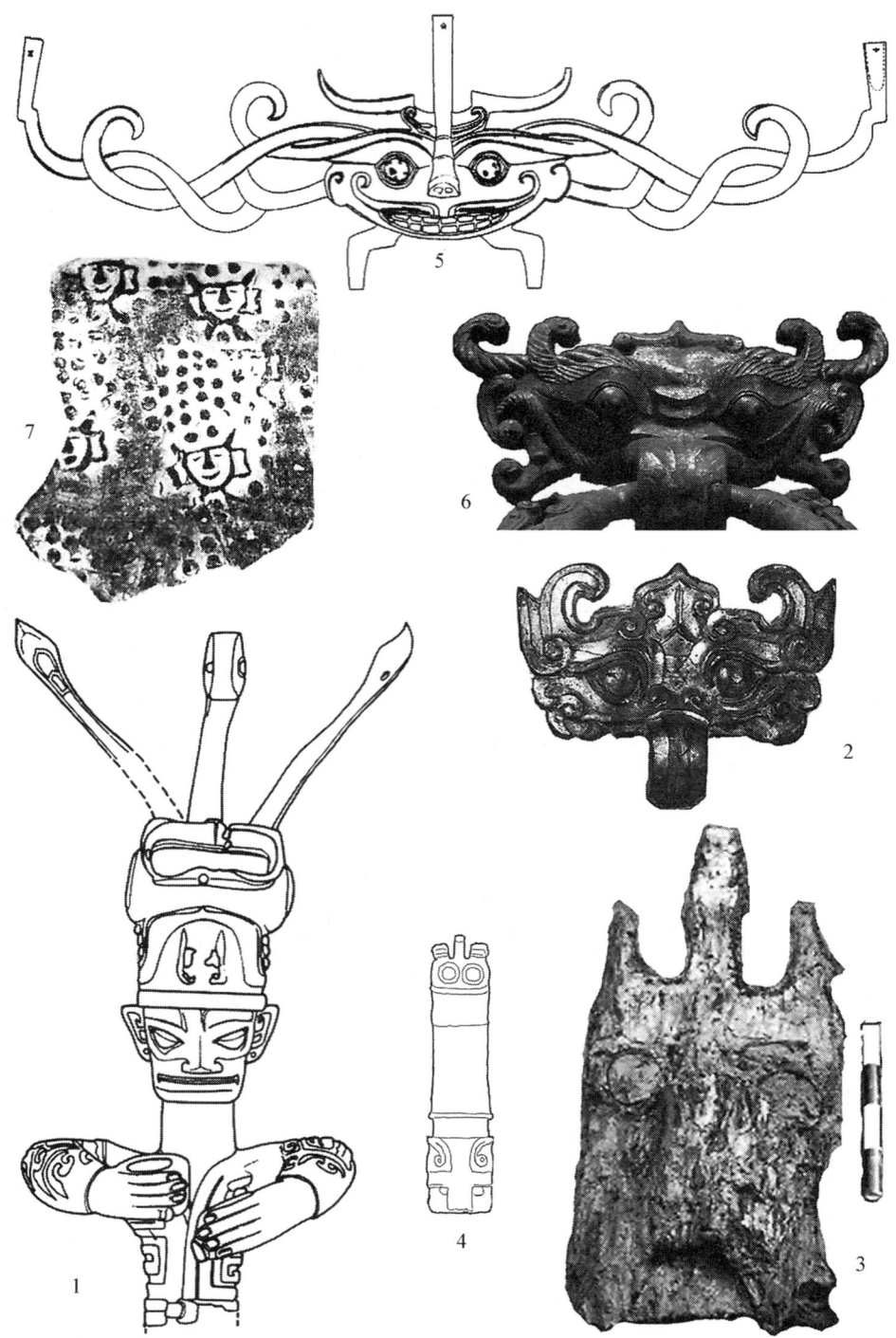

图二七二　1. 三星堆二号祭祀坑出土残缺的铜人像；2. 台北故宫收藏西汉青铜鎏金铺首；3. 优周岗遗
址出土的木构面像；4. 石家河城址谭家岭瓮棺出土的虎头带三叉角面像的玉佩；5—7. 南
越遗物：5. 漆木屏风上有青铜鎏金双面像；6. 墓主棺铺首衔环；7. 王宫的瓦片。

其一，放在墓门或神祕门户作铺首，在画像石中最常见。带天盖的铺首造型经常搭配天界或神祕的形象，如在南阳画像石上常见由天像或羽人的造型搭配带天盖的铺首造型；徐州铜山县白集汉墓画像石雕刻的铺首周围有很多神奇优美的天鸟（图二七四：1）；其他地区最常见的是以天上黄道四灵形象来搭配带天盖的铺首。从这些构图可见，所谓"铺首"实际上是标出人界与神界之间的边界和入口，其内涵与早期獠牙虎口面像造型一脉相承，石家河文化的獠牙面像都有戴天盖，而汉代铺首也经常凸出獠牙，如陕北子洲县淮宁湾出土的东汉墓门左扇上刻的铺首獠牙与石家河文化的面像完全一样（图二七三：3），这类例子很多。

其二，常见所谓"铺首"放置于最高处或在最高处做造型，如在南越王墓屏风的上面；又如谢家桥西汉墓丧葬漆奁画图，在两壁交接之处亦可见带三叉天盖的獠牙神面（图一〇四：2）；四川芦山县沫东镇先锋村出土的王晖墓石棺上，有"铺首"刻在棺盖上（图二七四：2）。

由此可见，汉代时带天盖的面像（即所谓"铺首"），既作崇高神像，亦标出死者升天的入口，因此其作用与前文所讨论后石家河文化的玉面像一致，并且笔者特别要强调，汉墓"铺首"形象是源自南方的楚吴之地。而新干祭祀坑的面像、三星堆二号祭祀坑的带三叉冠神人像、神人蹲坐铜鼓的图像，皆为后石家河与汉时代之间历史长河的桥梁，显示了此形象在商时代长江中上下游地带的发展环节，而优周岗出土的面像显示该形象在长江中游更早时代就已形成。至于铜鼓上的神人蹲坐图像还表明，在其所处时代，长江中下游文化的因素已加以混合，在长江流域广大区域内形成了混合的崇高神形象，并在后期历史中影响了全中国。

在湖南中西部平原和山脉交界位置的沅江流域，其两汉墓里出土了很多滑石

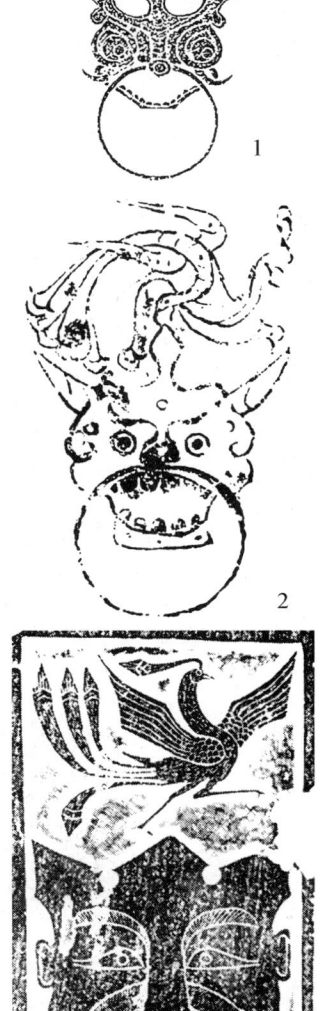

图二七三　1. 南阳画像石墓铺首造型；2. 洛阳画像砖铺首造型；3. 陕北子洲县淮宁湾出土的东汉墓门左扇。

图二七四　1. 徐州铜山县白集汉墓画像石；2. 四川芦山县沫东镇先锋村出土的王晖石棺盖。

面具,如怀化溆浦县马田坪西汉墓(图二七五：1—6)或常德南坪乡西汉墓(图二七五：7)和东汉墓(图二七五：8)等,面具一般高 20 余厘米,大小正适合人戴在脸上,但是只有部分面具在眼中有小孔,所以实际作用还是不清楚①。怀化博物馆专家假设,这些面具文化源自高庙、大溪和石家河文化,并在汉代之后影响传统戏剧面具的形状②。这种假设在资料上确实可以看到,但是汉代以前还可以看出带天盖露獠牙之面像意义的传承脉络。只是到了汉代以后,由于社会观念发生巨大转变,上古信仰的内涵和原因已完全被遗忘。所以在汉以后的文化中,虽然可以看到

① 常德市博物馆和怀化市博物馆收藏,据笔者自摄照片。
② 怀化市博物馆长期展览的资料。

类似的形状(包括日本的鬼瓦亦来源于此,图二三九),但其内在意义已完全淹没于历史长河中。不过,东南亚和美洲考古资料,使我们一度发现,这些形象远地传播的奇特现象(图二七五:9),显示长江流域跨时空的文化精神对外所具有的深广影响力。

图二七五　湖南沅江流域出土的两汉滑石面具:1—6.怀化溆浦县马田坪西汉墓;7.常德南坪乡西汉墓;8.常德南坪乡东汉墓;9.秘鲁库比斯尼克(Cupisnique)文化公元前第一千纪的石杯。

回到商周时代思考,实际上当时已经可以发现,在不同文化交往时,已有模仿外形而不知其意的现象,所以对面像的类型有时候难以清晰判断。例如,在河南中部的平顶山西周应国84号墓出土八件面具,也是人面、兽面和神奇形象的组合。

其中四件有近似双角的发型，或许是出于新干类型的外来文化的影响（图二七六：1），另四件则无（图二七六：2）。这八件的尺寸为15.7×16.3厘米和15×17.1厘米，足以覆盖面孔，五官距离位置也和人的面孔相符，眼睛和鼻孔都有镂孔，上下唇间连一道纵梁，应是系绳之用，耳朵有备于系绳的镂孔①，应是便于佩戴的设计，或有扮尸者佩戴的作用；但是考虑到在一座单人大墓内就发现有八件，这一可能性只能存疑。黄尚明先生认为，平顶山墓的人面形象受到了陕南文化的影响②。考虑到平顶山墓的面具时代较晚，受文化混合及演化的影响，不排除这种可能性。

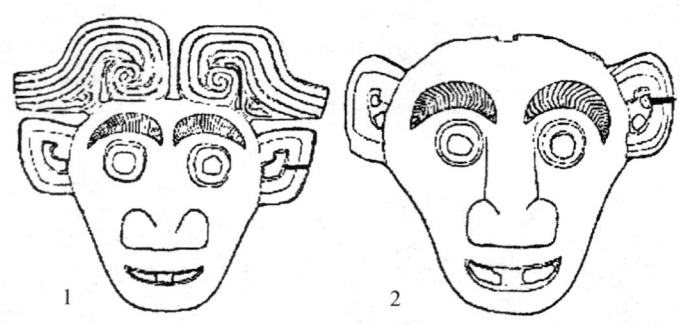

图二七六　河南平顶山西周应国 84 号墓出土的面具。

总之，关于江南类型面像的讨论，我们要强调的重点是：这都不属于人像，而是带有人形的崇高神，部分蕴含神兽的特征，经常强调獠牙和天盖或通天线。这一崇拜滥觞于新石器中晚期长江流域的文化之中，其后一脉相传至商周，并影响战国、两汉文化形象。在传承过程中虽然其基本的外在形式结构大体得到保留，但其隐含的信仰本意却可能早已几经变迁而需要进一步探究。

（三）汉中及周原类型

汉水上游的汉中盆地，在商周时候形成了很独特的青铜文化，很多礼器与其他地区基本不同，或许可以将其理解为巴人文化的中心地带。其中汉中地区有出土的殷周之际的面具，近似咧嘴露齿的凶猛猴人，也可视为人面和兽面或神奇形象的构合。汉中所出土的大部分面具，其尺寸和镂孔都符合人的佩戴需求，如陕西城固

①　王龙正、夏麦陵、王宏伟、姜涛、王胜利、牛清彬、娄金山、冯陆平、张水木：《平顶山应国墓地八十四号墓发掘简报》，《文物》1998 年第 9 期，页 16。

②　黄尚明：《青铜面具再探》，《襄樊学院学报》，2002 年第 6 期，页 74。

苏村小冢出土 23 件青铜面具，长宽尺寸都在 16 厘米左右，足以覆盖人面，眼睛、鼻孔都有镂孔，也符合人面的位置、距离，耳朵也有可系绳的镂孔（图二七七：1），或许，此即巫师在神礼中佩戴的面具①。

不过，西周前期北京琉璃河 1193 号大墓出土了五件铜面，发掘报告称为"兽面"，但其形象与城固的完全相同，这可能代表器物的流动，或商周之际的文化传播。长宽尺寸 21×22.3 厘米，同样适于佩戴，前额、下颚、耳朵各有两个小孔，也可以缀缚在脸上（图二七七：2）②。

此外，汉中也有尺寸大于人脸和小于人脸的面具，如西安老牛坡 41 号墓发现三件形象与城固相同的面具，但长宽尺寸只有 6×7.8 厘米（图二七七：3）③。因其发现于墓主的头部附近，并有目、鼻、耳孔，王丹认为它被用来覆盖死者的头部④。但据其尺寸观察，这是不可能的。也许其原本应该是被钉在某件器物或系在偶像之上。

类似风格的面具也影响到周原关中地区，不过基本上使用作马匹在礼仪场合佩戴的头饰，如岐山贺家村四号车马坑出土的獠牙面具应属江南类来源，但制造时代为殷末或周初，其长宽尺寸 35×37.8 厘米（图二七七：4），眼、鼻、露齿间都无孔，但四角和在眉毛上各有小穿孔，应是用以钉在某器物上，可能用作马的佩件，陈全方先生认为它有某种防御作用⑤。但是贺家村一号墓另发现无獠牙的小型面具，外直径 13.5 厘米，内直径 11 厘米，有上下二钮，应备于穿绳之用（图二七七：5），戴应新先生认为这是盾上的装饰⑥。赵丛苍先生将之与殷商墓出土的圆形和兽面形铜泡作联系，视之为铜盾的装饰⑦。成东先生将商周铜面都称为"盾饰"，将两个贺家村出土的大、小面具都视为盾上的装饰，认为这种装饰是用于嵌入、钉住或缀缚在盾的中心，并有威吓敌人的作用⑧。

------

① 赵丛苍主编，西北大学文博学院、陕西省文物局编：《城洋青铜器》，页 88—96。

② 中国社会科学院考古研究所、北京市文物研究所琉璃河考古队：《北京琉璃河 1193 号大墓发掘简报》，《考古》，1990 年第 1 期，页 29—30、38，图版叁：2—3。

③ 西北大学历史系考古专业、刘士莪、宋新潮：《西安老牛坡商代墓地的发掘》，《文物》，1988 年第 6 期，页 1—22。刘士莪：《西安老牛坡商代墓地初探》，《文物》，1988 年第 6 期，页 23—27。

④ 王丹：《北京平谷刘家河商代墓葬研究》，页 29。

⑤ 陕西周原考古队、陈全方：《陕西岐山贺家村西周墓发掘报告》，页 77—94。

⑥ 戴应新：《陕西岐山贺家村西周墓葬》，《考古》，1976 年第 1 期，页 31—38、67—70。

⑦ 赵丛苍主编，西北大学文博学院、陕西省文物局编：《城洋青铜器》，页 289。

⑧ 成东：《先秦时期的盾》，《考古》，1989 年第 1 期，页 71—80。

图二七七　殷末周初的青铜面具：1. 陕西城固苏村小冢出土；2. 北京琉璃河 1193 号大墓出土；3. 西安老牛坡 41 号墓出土；4. 陕西岐山贺家村四号车马坑出土的虎形獠牙面具；5. 陕西岐山贺家村一号墓出土的无獠牙的面具；6—7. 斯德哥尔摩远东古物博物馆收藏的面具。

参考殷商墓所出土的圆形铜泡，侯家庄 1001 号大墓出土者，直径尺寸小的约 2.5 厘米，大的达 9.35 厘米①；侯家庄 1004 号大墓只有两件直径 3.55 和 4.56 厘米的铜泡，以及一件直径 3 厘米的金泡②；郭家庄 M52 车马坑出土三件直径分别为 7.2、4.7、1.7 厘米的铜泡③；郭家庄 6 号墓中出土的 119 件小铜泡，直径从 2.2 到 5.5 厘米④；琉璃河商周之际遗址 52 号墓出土六件，直径从 14 到 14.3 厘米⑤；琉璃河 1193 号墓出土了很多直径 10 至 18 厘米的铜泡⑥，等等。无论是圆形或兽面形，尺寸小的铜泡恐怕不可能有盾饰的作用，尤其是殷墟出土的黄金泡，应是用在礼器或在礼服上。

此外，侯家庄 1001 号大墓 R4565（径 9.3 厘米）和 R4566（径 6.02 厘米），以及琉璃河 1193 号墓的铜泡，在形状上接近贺家村的小型面具，虽有不同，但或许有所关联。至于贺家村的大型面具，则与铜泡形状差异更大，两种器物应不相干。不过贺家村的大型面具既然出土于车马坑中，或许可用作兵器的某个部分，但具体作用仍不清楚。商周车马坑中，经常出现兽面形的马冠，可是贺家村大型面具的形状与马冠不同，其小孔的安排无法系缚在马头上，可能另有某种护身符之类的作用。

是故，柴晓明先生关于商周人面饰原来都用作铜盾的说法⑦，恐怕难以成立。柴晓明先生又严格区分盾饰和祭祀作用，孙勐先生早已对此提出很合理的质疑，在兵器或马器上的作用，与其在宗教祭礼中的作用并不相抵触⑧。

斯德哥尔摩远东古物博物馆（Stockholm，Museum of Far East Antiquities）藏有两

---

① 梁思永未完稿，高去寻辑补，李济总编辑：《侯家庄·第二本·1001 号大墓：安阳侯家庄殷代墓地》，上册，页 321—324，下册，图版贰伍壹至贰伍贰。

② 梁思永未完稿，高去寻辑补，李济总编辑：《侯家庄·第五本·1004 号大墓：安阳侯家庄殷代墓地》，上册，页 158—159，图版壹参捌至壹叁玖。

③ 中国社会科学院考古研究所安阳工作队，杨锡璋、刘一曼：《安阳郭家庄西南的殷代车马坑》，《考古》，1988 年第 10 期，页 887—889。

④ 安阳市文物工作队，孟宪武、李贵昌：《河南安阳郭庄村北发现一座殷墓》，《考古》，1991 年第 10 期，页 906、907。

⑤ 中国科学院考古研究所、北京市文物管理处、房山县文教局琉璃河考古工作队：《北京附近发现的西周奴隶殉葬墓》，《考古》，1974 年第 5 期，图 14。

⑥ 中国社会科学院考古研究所、北京市文物研究所琉璃河考古队：《北京琉璃河 1193 号大墓发掘简报》，页 29、26，图五：17、18。

⑦ 柴晓明：《论商周时期的青铜面饰》。

⑧ 孙勐：《浅析刘家河商墓中出土的青铜人面形饰》，《文物春秋》，2007 年第 4 期，页 17。

件小的铜面像,尺寸分别为7.1×6.8厘米和直径4.8厘米(图二七七:7、6)[1],与贺家村小型面像颇为相似,原本应有相同的作用。

汉中面具造型鼻眼的形状,与新干面像相同,虎国人与巴人文化有一定的来往关系,但汉中的面具没有獠牙和天盖,不像是至上崇拜对象的造型;汉中及周原地区的面像接近,应该是在表达巴人文化对周人的影响,虽然面像尺寸不同,但从结构来看,都符合作为面具而在礼仪情境中佩戴。此外,其年代比江南面像晚,迄今也看不出其滥觞于远古的脉络。所以,殷末、西周早期出现的这些面具,可能是用于祭礼,或作马夫、步兵的护身符,并非用作崇拜对象。

(四) 河北及殷墟出土的面具

1. 常人面像类型

殷墟以及河北地区,发现有另一种没有神奇形貌的人面。其中安阳侯家庄西北岗1400号大墓的面具,虽然长宽尺寸为21.9(不带额顶上的悬挂圆鼻)×16.3(不带耳或23.5带耳)厘米,适于人类佩戴,但根据造型和发掘情况可知,它显然不会有这种作用。其目、鼻、口处皆无孔,背面还有钉子,发掘时,反面凹处有朽木质的痕迹,说明面具被钉在木制的器物或偶像上。(图二七八;二八三:2)[2]。

图二七八　安阳侯家庄西北岗1400号大墓出土的青铜面具。

安阳王裕口村东南出土了人面陶范,与1400号墓面具的造型非常相似,但头顶没有悬耳,尺寸较小,为11.8×8厘米(图二七九:4)[3]。陈志达先生认为此面具可能没有独立作用,反而像是日本收藏的殷商铜盘,

① 李学勤、艾兰:《欧洲所藏中国青铜器遗珠》,图76、页335。

② 梁思永遗著,高去寻辑补,石璋如校补,石璋如编:《侯家庄·第九本·1129、1400、1443号大墓:河南安阳侯家庄殷代墓地》,《中国考古报告集之三》,台北:"中研院"历史语言研究所,1996年,页75—76,R1116,图版伍叁至伍陆。

③ 魏树勋:《安阳出土的人头范》,《考古》,1959年第5期,页262。

有三个人面形的小足,或许是铸自此陶范的铜件,原本也用作盘足或其他礼器上的佩件①。最近几年殷墟又出土了几件更小的陶面像和面具,其中可能有一些也是用作某种礼器或礼服上的佩件(图二九三:1—3),具体的作用还需要进一步思考。

　　殷墟之前无神奇特征的青铜面具,发现于河北刘家河遗址中(属于夏家店下层文化末期阶段的小国家),长宽尺寸 10×10.5 厘米(图二七九:1)②。黄尚明先生将刘家河文化的面具视为琉璃河文化面具的来源③,这种看法是合理的。我们同

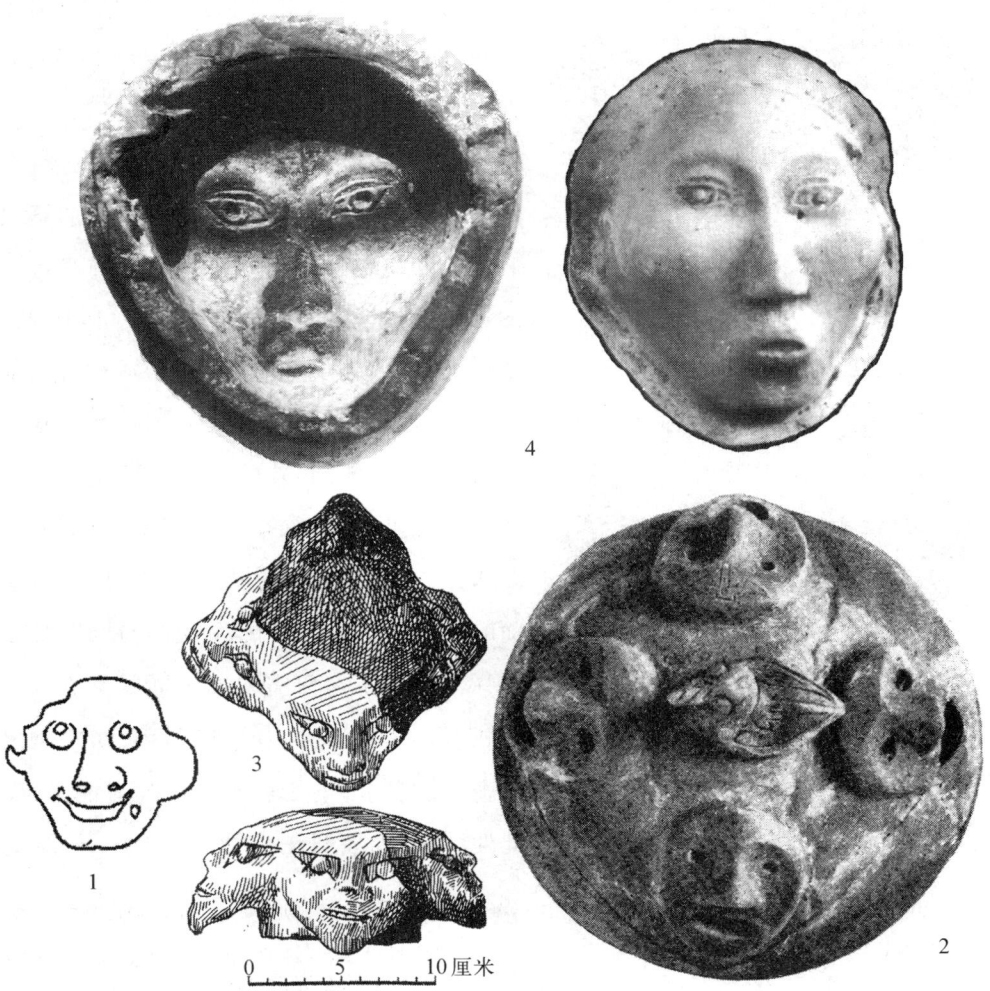

图二七九　1. 河北刘家河遗址出土的青铜面具;2. 安阳后岗出土的四面陶壶盖;3. 河北藁城台西下层出土的四面器盖;4. 安阳王裕口村东南出土的人面陶范。

① 陈志达:《殷墟陶范及其相关的问题》,《考古》,1986 年第 3 期,页 269—277。

② 袁进京、张先得:《北京市平谷县发现商代墓葬》,页 1—8。

③ 黄尚明:《青铜面具再探》,页 74。

时也可以看到,刘家河面具与殷墟面具之间的关系。安阳后岗出土陶壶盖上的四方人面,是与刘家河完全相同的人面造型(图二七九:2)①。郑振香先生曾提出:后岗陶壶盖"人面的形象与平谷刘家河出土的铜人面饰形象极相似。"②殷墟出土的小陶面形状也相近。此外,据对1400号墓所出大面具的人类学研究,有假设这

图二八〇　1. 琉璃河 1193 号大墓出土的青铜面具;2. 阿姆斯特丹王氏博物馆收藏的殷周时期的青铜面具。

种面孔应属东北亚人种③。不过河北藁城台西比殷墟一期早的下层也出土了四面器盖,应该视为同一个文化的器形,但面形与前者不同(图二七九:3)④,可能需要考虑多元人种与文化的因素。

如果观察殷墟青铜面具的前后发展,殷墟之前还是以冀北刘家河为代表,而殷墟之后此地也发现有形状颇接近的无神奇特征的青铜面具,即西周前期琉璃河 1193 号大墓出土了四件铜面,都没有兽面或神奇的部分,只有目鼻四孔,长宽尺寸 18.5×17.6 厘米,适合人佩戴,此外前额和下颚左右共有四个小孔,也适于缀在面上(图二八〇:1;二八三:3)⑤。盖山林先生认为,琉璃河铜面的作用是覆盖死者的脸⑥。若是,则难以解释一个墓主为何需要四个面具。所以笔者认为,虽然这些面具可以佩戴,却不是出自丧礼的需求,不是用于覆盖死者的脸部。此外,阿姆斯特丹王氏博物馆(Amsterdam,

① 中国社会科学院考古研究所:《1971 年安阳后岗发掘简报》,《考古》,1972 年第 3 期,页 21、图版叁:3。

② 郑振香:《商文化与北方地区古文化的关系》,《北京建城 3040 年暨燕文明国际学术研讨会会议专辑》(北京:燕山出版社,1997 年),引自王丹:《北京平谷刘家河商代墓葬研究》,页 32—33。

③ 梁思永遗著,高去寻辑补,石璋如校补,石璋如编:《侯家庄·第九本·1129、1400、1443 号大墓:河南安阳侯家庄殷代墓地》,页 75—76。

④ 河北省文物研究所:《藁城台西商代遗址》,北京:文物出版社,1985 年,图四〇:13;图版三四:3。

⑤ 中国社会科学院考古研究所、北京市文物研究所琉璃河考古队:《北京琉璃河 1193 号大墓发掘简报》,页 29—30,图九:2;图版叁:1。

⑥ 盖山林:《契丹面具功能的新认识》,《北方文物》,1995 年第 1 期,页 35—39、26。

Rijksmuseum）收藏的殷周时期青铜面具，既像刘家河的形象，又与琉璃河造型相似，尺寸与琉璃河也近，为 16.5×17.5 厘米（图二八〇：2）①，推测其源自河北平原殷商文化中。

刘家河、殷墟 1400 号大墓、琉璃河和阿姆斯特丹的面具，除了无神奇的写实性的形状以外，还有几个共同的特征：首先都出自王级的墓里；第二，除刘家河之外都在鼻嘴之间刻出人中，但刘家河和殷墟没有用作被佩戴的面具，殷王墓所出应曾经被钉在木制的器物或偶像上，而后两者可能在某种仪式中由王或等同王身份的人佩戴。按照现有的资料大体可以推论，这种面具文化最早见于刘家河王级墓中。殷周时期河北地带仍保留用这类面具的习俗，但与此同时，与其相关的仪式经过了几次演变。因此为了了解该文化源头，需要厘清刘家河国家文化属性。

2. 常人形的面具来源问题

孙勐先生认为，刘家河面具文化源自本土新石器中期河北易县北福地遗址的文化中②。北福地遗址确实出土了十几件陶制的面像，以及陶制容器上的面具，其中部分尺寸与成人面部相同，另一部分约小一倍，双目有镂孔，额头和双颊有小穿孔，似乎用于缀缚（图二八一：1—5）。发掘者推论这是巫师的装扮器物③，但是可见，部分面像根本没有作独立的器物，而构成陶制容器的刻纹（图二八一：6、7）。从年代来看，这些面具都出自北福地一期的房子及灰坑中，年代测试为距今约7 000 年，是新石器中期的遗物，北福地遗址的二、三期已不见这种面像，所以北福地一期的面像没有被继承。我们另可以注意到距今 6 800 年的赵宝沟文化陶面具，其中最大的尺寸为 5.1×4.5 厘米，只能作护身符使用，不能在脸部佩戴（图二八一：8、9）④。距今约 6 400—5 600 年的内蒙古敖汉旗榆树山遗址也有面像礼器，也都不能作巫师佩戴的面具（图二八一：10）⑤。新石器时代赵宝沟、北福地和青铜时代

---

① 李学勤、艾兰：《欧洲所藏中国青铜器遗珠》，图 77—78，页 335—336。

② 孙勐：《浅析刘家河商墓中出土的青铜人面形饰》，页 16。

③ 河北省文物研究所、段宏振：《河北易县北福地史前遗址的发掘》，《考古》，2005 年第 7 期，页 7—8、97，图版壹：3。河北省文物研究所、保定市文物管理处、易县文物保管所、段宏振：《河北易县北福地新石器时代遗址发掘简报》，《文物》，2006 年第 9 期，页 10—13、18，图十五、三十。河北省文物考古研究所、段宏振主编：《北福地——易水流域史前遗址》，北京：文物出版社，2007 年，页 110—134。

④ 中国社会科学院考古研究所内蒙古工作队、刘晋祥、朱延平：《内蒙古敖汉旗赵宝沟一号遗址发掘简报》，《考古》，1988 年第 1 期，页 1—6、97。

⑤ 杨虎、林秀贞：《内蒙古敖汉旗榆树山、西梁遗址出土遗物综述》，《北方文物》，2009 年第 2 期，页 13—21。

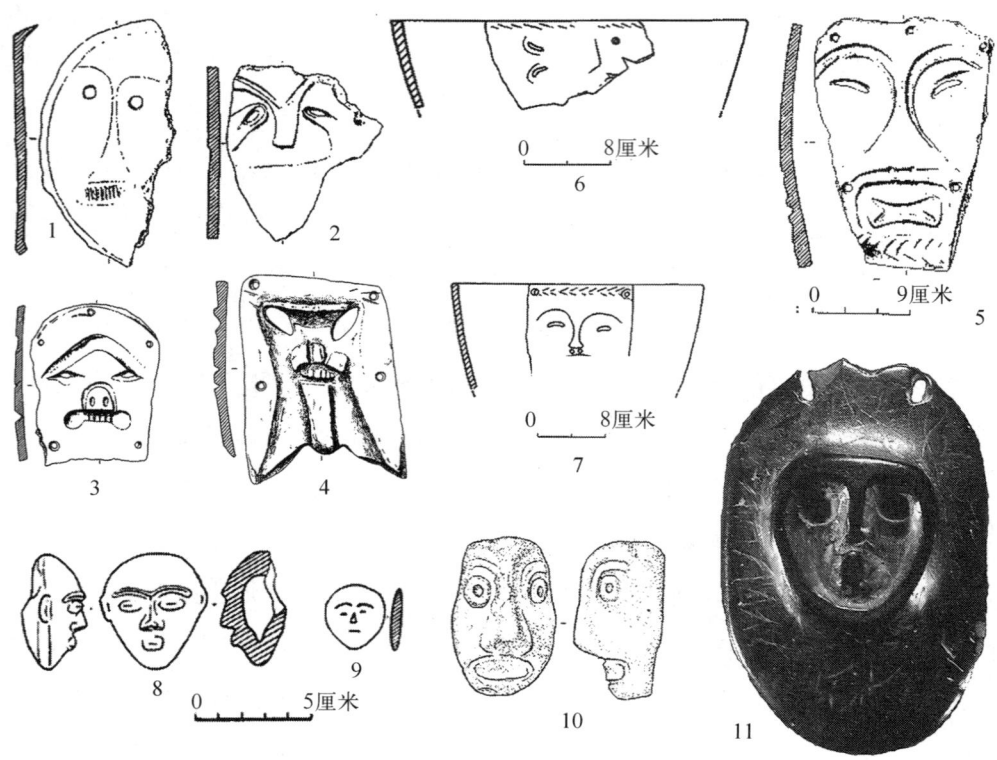

图二八一　新石器时代面像：1—7. 河北易县北福地遗址出土；8—9. 辽西赵宝沟遗址出土；10. 辽西榆树山遗址出土；11. 巫山大溪遗址出土黑玉人面护身符。

夏家店下层、殷周，都是不同族群的文化，并没有一直传下去，所以殷周的面具与他们没有跨时代的传承关系，尤其是在族群流动频繁的地带，根本不能依靠本土资料来探索文化渊源。

新石器时代各地有出土小型的面像，但这些资料过于零散，如巫山大溪遗址发现另一种形状的黑玉面像（图二八一：11），只能了解其有护身符的作用，确切意义和传承关系不明。依笔者浅见，除了上述讨论带天盖露獠牙的江南类型的面像之外，其他类型都谈不上有源自新石器时代文化的根源。

从现代人的角度看来很适合农耕定居生活的河北平原，实际上是到了殷周时期，才有稳定的平原地貌而适合定居。在此之前该地区基本上是渤海边上的沼泽带，深受黄河泛滥的影响以及太行山、燕山水系入海泛滥的影响。只有在靠太行山东麓与燕山南麓一侧的丘陵地带上，才有幅度小的稳定地形区。因为如此，河北地区磁山、北福地等新石器文化都没有长期稳定传承下来的脉络；直至青铜时代，仍难以从河北地区零星的遗址看出完整的体系。因此，在刘家河大墓所在之地并没有本土传统的基础。

不过，大约在殷商之前一百多年的光景，这一带突然出现一群文化相近的遗址，从南向北包括安阳洹北、藁城区台西、邯郸市磁县下七垣、北京平谷刘家河等。这些遗址的年代大致相当于盘龙城五、六期，二里岗下层二期和上层，至晚到殷墟一期。其中，洹北宫殿区的墓葬里发现有商文明的玉祖（殷人后来打败并烧毁了此城，占领殷墟，而建立都邑）；台西则发现了与盘龙城六期和吴城二期相同的楚式陶鬲、大口陶尊和陶缸等长江中游的典型器物；下七垣遗址发现了卜甲①。用来占卜的长尾花龟这种动物的自然栖息地基本上是以长江流域为北界，居然在河北出现用这种龟甲占卜的遗存，显然是有来自南方的人群到达此地开拓了新的荒原，这些人到达这里或许是为了在这里安排贸易据点，贸易对象或许包括东北夏家店下层文化的那些国家。该问题还需要详细研究。

在这一批从南到北一线串的遗址中，刘家河最靠北，正好位处燕山南侧山前地带，向北经燕山间的通道即通向东北。在刘家河发现的墓葬的规格特别高。墓葬性质与规格与盘龙城商王国的大墓相同。为二层台土坑墓，头向北，但是墓葬北部被破坏，随葬品堆积在南部和南部二层台上。随葬品包括青铜器、黄金器、玉器、绿松石器和陶器。黄金器与夏家店下层文化遗址的发现相同（图二八二：21、22）；而绿松石则显示这是从长江中游鄂西北而来（图二八二：20，在当时应该要排除绿松石源自中亚或北纬 67 度的雅库特地带矿源的可能性）。至于青铜器，大部分为盘龙城风格，如圆鼎、盉、鬲、圈足卣的形状均与盘龙城三、四、五期的器形很接近（图二八二：1—6、9—10、13—15）；斝的形状与盘龙城和吴城相近；三足卣也与吴城二期接近（图二八二：11、12）；而三羊罍与吴城文化完全相同（图二八二：7、8）。刘家河大墓还有出土了两件铜方鼎，方鼎是吴城虎国顶级青铜器的典型代表；该墓出土的盘底纹饰也与虎国所出土的一致（图二〇七）。由此可见，刘家河大墓中出土的青铜器具有浓厚的商和虎文明的色彩。此外，对刘家河大墓青铜合金成分的研究也阐明，除了铜锡铅之外，还有含有锑②；盘龙城文化冶炼遗址也有发现过含锑的炼渣，但是锑矿地点位于湘中，这里在当时属于虎国范围。③ 刘家河面像也含有

① 详参郭静云：《夏商周：从神话到史实》，页 269—270、171—176。

② 北京市文物管理处、袁进京、张先得：《北京市平谷县发现商代墓葬》，页 4。

③ 郭静云、邱诗萤、郭立新：《石家河文化：东亚自创的青铜文明之一》，页 72、74。

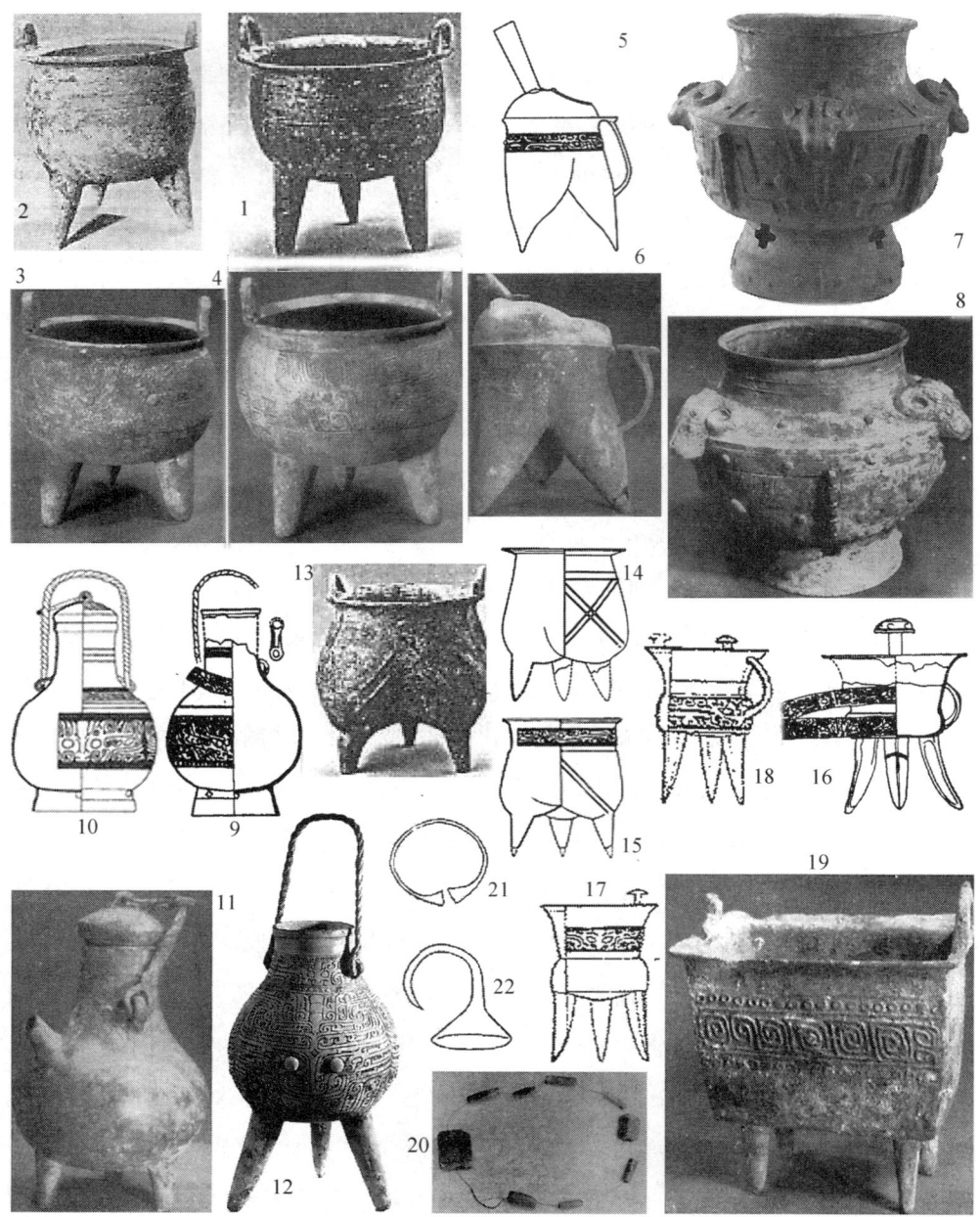

图二八二　刘家河王级大墓青铜器对照：1. 盘龙城五期圆鼎；2—4. 刘家河圆鼎；5. 盘龙城四期盉；6. 刘家河盉；7. 大洋洲三羊罍；8. 刘家河三羊罍；9. 刘家河圈足卣；10. 盘龙城五期圈足卣；11. 刘家河三足卣；12. 大洋洲三足卣；13. 刘家河鬲；14. 盘龙城三期鬲；15. 盘龙城五期鬲；16. 刘家河斝；17. 盘龙城四期斝；18. 盘龙城五期斝；19. 刘家河方鼎；20. 刘家河绿松石珠；21. 黄金臂钏；22. 黄金喇叭形耳环。

少量含着锑料,但是成分不高。

这种线索使我们考虑,由于河北地区当时还没有本土传统,而刘家河大墓和随葬品表现出与长江中游的亲密关系,周围其他同时期的遗址也出土了很多南方的器物;所以,刘家河所出土的凡人面像,虽然出土在河北,但是该造型的意思不一定是代表华北地区,甚至有可能是基于长江以南文化的精神。

(五) 总结

如果将三星堆、江南、汉中、河北平原及殷墟四种类型的面像进行比较,容易发现:前三者都带有神奇形状,所以不能视为"人面",如三星堆、江南的面像很明显是在表达某种至上的崇拜对象。长江流域人形崇拜对象的研究,越出本书范围,因此下文不再讨论。汉中面具,因时代较晚,可能蕴含着不同文化的因素,故难以掌握其义,但无疑的是它也不属"人面",而是某种人兽混合的神奇形象。只有第四种类型,即出土在河北平原及殷墟类型中的面像,才是真正的"人面",并且也恰好能代表殷商文化。不过由于殷商文化本身多元,因此源头不详,该问题的厘清涉及对刘家河遗址性质的认识。该墓葬结构与规格相当于盘龙城商国家的高级贵族墓,而随葬品包括很多源自盘龙城及吴城文化的器物,少量可能源自夏家店下层文化。

下文拟着重讨论该类型中的人面造型。并且,常人形象还见于一件青铜器:大禾人面方鼎。该器虽然出自湖南而非河北及殷墟,但在商周青铜器中,这是最大的人面像礼器。

三、大禾人面方鼎之谜

(一) 从河北到湖南或从湖南到河北?

长沙宁乡出土的大禾方鼎,四壁外有浮雕人面,是商周青铜礼器中唯一以人面造型的礼器(图二八三∶1;二八四),这不像殷商礼器,但又未见于长江流域其他地

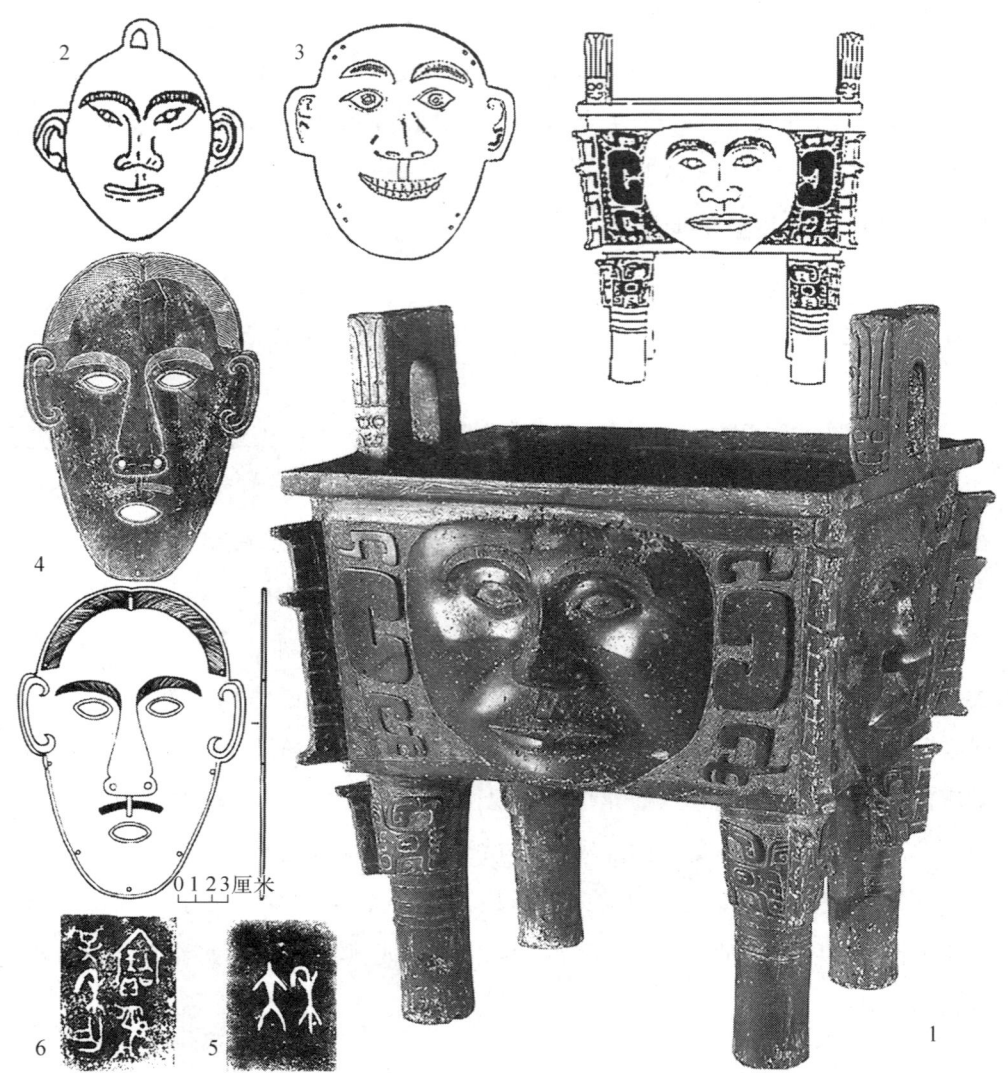

图二八三　1. 大禾方鼎；2. 西北岗 1400 号大墓出土的青铜面具；3. 琉璃河 1193 号大墓出土的青铜面具；
4. 荆州秦家山二号墓出土的战国时期覆面；5—6. 大禾方鼎铭文。

区，且其"大禾"族徽亦未见于其他器物上，因此这件铜鼎的文化属性遂成一大疑
问。熊传新先生将这件人面纹方鼎归入湖南地区出土的"中原类型"青铜器，因为
人面纹方鼎在形制上与殷墟出土的牛方鼎、鹿方鼎相近。[①] 但是殷墟青铜器本身
来源很杂，牛方鼎、鹿方鼎的制造地点难以确定，笔者也不认为大禾方鼎与前两者
有特别相似之处（图一五八；一五九）。学界的看法也不一致，如顾朴光先生认为，

───────────────

① 熊传新：《湖南商周青铜器的发现与研究》，《湖南省博物馆开馆三十年暨马王堆汉墓发掘十五周年纪
念文集》，长沙：湖南省博物馆，1986 年，页 97。

禾方鼎四壁人面图像与殷墟侯家庄面具颇为相似(图二八三：2),所以可以归类为北方的礼器①。但黄曲先生的看法相反,认为大禾鼎的面具与殷墟侯家庄面具形状不同,而将其定为偏向本土的南北风格"混合型"礼器②。

　　若单就形状而言,首先方鼎这种器形,基本上是属于湖南、江西虎国文化的高等级的器物。至于其鼎壁上的面像形状,笔者赞成大禾方鼎的面像与殷墟侯家庄面具相似的说法。黄曲先生作此反驳的区分,是因为大禾方鼎的面图近方形,而侯家庄面具近圆形,但这是由于随器物形状和版面而定的方形构图,因方鼎两壁宽度不同,面形也就有所不同(图二八四)。若详细对照大禾方鼎和侯家庄面具的每一部分,很容易发现两者没有差别。而且除了目、眉、鼻、唇、耳形状相同外,只有大禾方鼎、安阳面具和琉璃河面具,才会特别强调鼻梁下接上唇的凹沟,即相术中称之为"人中"的部分(图二八三：1—3;二八〇：1)。(阿姆斯特丹王氏博物馆收藏的面具也刻有"人中"小沟,图二八〇：2。)这一造型特点,可视为安阳、宁乡、琉璃河三处出土面具的共同特征,并需要思考这三者之间存在关联性的内涵所在:三者形象一致,其隐含的信仰意义应该也相同。

图二八四　大禾方鼎两侧的面像。

　　所以,如果单从面像形状来看,大禾方鼎的面图的确是符合华北出土的那几件,但既然如此,何故在殷墟没有出现类似的方鼎?为什么殷墟、刘家河和玻璃河只有独立的面像,而在湖南却将这种面像铸于方鼎上?从年代判断,有族徽铭文的

①　顾朴光:《广西西林出土西汉青铜面具考》,《民族艺术》,1994 年第 4 期,页 180—181。

②　黄曲:《湘江下游商代"混合型"青铜器问题之我见》,《江汉考古》,2001 年第 3 期,页 53。

大禾方鼎的年代,应该不早于殷墟,所以殷墟面具与大禾方鼎的年代大致接近,而琉璃河比较晚;刘家河小面具的年代最早,但其来源并非本土。因此,虽然这种器形在华北地区发现较多,我们却不能排除其文化来源自江南。

　　除了大禾方鼎之外,还有一件同样的面像出土于楚地,但其年代更晚,即湖北荆州秦家山战国中期二号墓,在死者的头部上发现玉面具用作覆面,尺寸为20×13.9厘米,四周有八个小圆孔缝缀于用丝织品制成的面罩上(图二八三:4)。发掘者认为,秦家山缀玉覆面的传统溯源自汉中、刘家河和玻璃河青铜面具上①,但笔者不同意这种连接,汉中面具同一墓发现有好几件,不是用作死者覆面,从形状来看也非常人的面孔,而是半人半兽的形象。发掘者另认为,因为楚地迄今未发现这种覆面,认为这可能是中原来的风格,但中原迄今也没有发现同样的覆面,上述汉中或平顶山面具的作用和形状都与秦家山不同。从形状来看这覆面完全符合殷墟、宁乡、琉璃河所发现的面像(图二八三)的特征,整个形状、五官、眉毛的造型和人中都一致,虽然前文讨论这种面具均在河北及殷墟出土文物的脉络中,但发现的地点从河北到湖南数量极少,所以文化脉络难以掌握,源头不详,源自湖南的可能性不低,而这种面具的作用则在历史上应该经历了一些变化。

　　笔者推论:大禾方鼎和侯家庄面具的形象,在当时已形成跨地域关联网络的社会中,代表某种至高贵族公用的信仰,在具体的造型上会带有某些地方特色,但内在信仰意义应是一致的。再进一步思考,既然殷商王墓随葬器物包含有跨文化的多元上古帝国的精神,其中南方的成分相当突出,夏家店下层的高等贵族也受到长江流域文化的影响,所以虽然出土在北方较多,但不能排除其内在信仰源自南方的古文明。琉璃河1193号大墓也是至高贵族的大墓,传承夏家店与殷商的传统。只有到战国时期,才自然发生至上贵族传统被下层模仿和采用的情形,而恰好发生在长江中游的颇古老的楚文化中,所以秦家山二号墓的墓主身份应该不是来自最高层,但是按照发掘者分析,与其他同时期墓葬相比,秦家山二号墓的级别还是略为偏高②。

　　换言之,资料不允许我们单纯从出土地点来决定这些面具和面像的文化属性;所以我们试图从其造型意义的分析讲起。因为发现大禾方鼎、侯家庄面具、琉璃河

---

①　荆州博物馆、王明钦:《湖北荆州谢家桥一号汉墓发掘简报》,页26—42。

②　荆州博物馆、王明钦:《湖北荆州谢家桥一号汉墓发掘简报》,页26。

面具和秦家山覆面有若干关系，故讨论其信仰意义时，应一并关联考察，同时严格从历史文化的区分，思考大禾方鼎和侯家庄面具在殷商时期意义。

（二）常人面像造型释意

1. 学界关于大禾方鼎的面像讨论

有关大禾人面方鼎的信仰意义，过去有不少学者认为，人面只是异形的饕餮纹①。但有些学者不同意此说，如李学勤先生将四壁人面图案联系到黄帝四面说②。高至喜先生认为这是蚩尤伐除妖魔的形貌，或是民间傩面信仰的表现；据他的见解，当时的人可能将蚩尤作成写实的人面造型，直至汉代才开始出现神奇的想象③。熊建华先生则视之为祝融的面像④。但是这些想法都无根据，并不能找到造型蚩尤、祝融或黄帝的传统。

因铭文有"大禾"二字，张光远先生认为，这是粮政官的图案，为当时当地的农耕文明象征⑤。李茜和吴卫先生又认为："大禾方鼎……器壁的人面纹饰极有可能是古代的农神——后稷。"⑥"大禾"两字与农耕的关系毋庸置疑，但这不足以将大禾的四面视为后稷。张圣福和顾朴光先生反而认为，大禾方鼎的人面并非崇拜对象，其与侯家庄面具都是殉葬奴隶的形象⑦。不过，在宝贵方鼎作奴隶的造型，制造奴隶的面像作偶像，显然是不可能的事情。

这一类型的面具没有神奇形象，所以可以认定这不是神的形象，而是人的面容，但具有某种神祕作用。为了了解其涵义，必须在礼器的脉络中观察其造型上的特点。

2. 眉毛与人中特征所隐含的意义

大禾方鼎、侯家庄面具、琉璃河面具和秦家山覆面，都刻出鼻嘴之间的"人

---

① 孙作云：《说商代"人面方鼎"即饕餮纹鼎》，《中原文物》，1980 年第 1 期，页 20—24。

② 李学勤主编：《中国美术全集·工艺美术编·青铜器》，北京：文物出版社，1990 年，上卷，前言。

③ 高至喜：《人面纹方鼎》，载罗宗真、秦浩主编：《中华文物鉴赏》，南京：江苏教育出版社，1990 年，页 3。

④ 熊建华：《人面纹方鼎装饰主题的南方文化因素》，载《湖南省博物馆文集》第四辑，1998 年。

⑤ 张光远：《湖南商代晚期人面纹方鼎族徽考》，载吉林大学古文字研究室编：《于省吾教授百年诞辰纪念文集》，长春：吉林大学出版社，1996 年，页 68—75。

⑥ 李茜、吴卫：《大禾人面纹方鼎的文化意蕴》，《艺术百家》，2010 年第 7 期，页 176。

⑦ 张圣福：《中华国宝·艺术珍宝分册》，南京：江苏少年儿童出版社，1988 年，页 22。顾朴光：《广西西林出土西汉青铜面具考》，页 180—181。

中"，按照后期的相术，这种形状的"人中"代表长寿良命。文献中关于相术的资料，从战国晚期均可见①，所以笔者认为秦家山覆面"人中"的象征意义应该与相术有关系。虽说出现在文献中的神秘观念应有比这些文献更早的来源，但我们还是无法知道，这些观念是否来自殷商或更早时代，从而了解商代人在面上强调"人中"，是否有其特殊意义。

我们再进一步思考：如果"人中"代表长寿良命，又为什么要在死者覆面上加以强调？以笔者推论，这可能隐藏着前文所讨论的神寿观念的来源。早期社会中比怕死更加怕老，认为在战争、狩猎或祭礼中被杀死才属"善死"，老死或病死属于很糟糕的"恶死"。老死病死者将变得永远脆弱无力，身强力壮时期被杀者，反而能在永生中保留身强力壮。所以，早期社会观念中"寿"并不被视为理想美德，只有到殷周交接之际才出现了"寿"字和眉寿美德。这一变化还表明，人们对于神杀而再生的信仰在减弱，逐渐将不朽社会建构的目标从彼世转向此生。

但是从这一线索往回溯，我们可以推想：晚期象征人生眉寿美德的形象，在观念发展的前期阶段，或许象征再生的和顺。所以笔者推论：大禾方鼎、侯家庄和琉璃河铜面、秦家山玉覆面上眉毛和人中的刻纹，是需要特别注意的具有信仰意义的象征表现形式。

3. 面像与饕餮的关系

施劲松先生注意到大禾方鼎的面像外"有几字形角和兽足，这一特征与妇好墓铜器上的省略躯干的分解神兽纹相同，因而这种人面纹应是从殷墟的兽面纹演化而来的。上海博物馆所收藏的一件出自殷墟的人面纹弓形器和山东苏埠屯出土的一件商代车軎饰上也有类似的头上几字形角的人面纹。"②

笔者认为，施劲松先生对兽角兽爪的观察颇为关键，但他的对照解释不甚准确。上海博物馆的弓形器和苏埠屯的车軎的人面纹（图二七〇：5、6），与大禾方鼎不是同一类型，弓形器和车軎饰上有双角人面造型，与新干头像的形象接近，应该归类于江南地区人面造型类。大禾方鼎的人面浮雕颇高，而分解兽纹则用半浮雕低纹，在其他所有分解神兽纹中，都没有这种层次差异。笔者认为这种造型表现，兽角兽爪不是人面的一部分。人面

① 细参郭静云：《秦始皇陶俑：墓俑或功臣肖像？》。

② 施劲松：《长江流域青铜器研究》，页134。

额头左右有类似龙角的符号：![符号]，而下颚左右有明显的夔爪：![符号]（图二八四）。所以大禾方鼎的人面处于两条夔龙之间，而两条对立的夔龙即是饕餮。所以大禾方鼎四壁图案即饕餮纹，但不是人面形的饕餮，而是饕餮食人首的形象。

前文已详细地分析讨论商周饕餮纹：其结构很明显，两条夔龙侧面开口，其两首间经常有飞棱以及刻画的鼻形的权杖（如参图八一至九四：8、9；一○六：1；一一三；一三九至一四二；一四五；一四六，等等）。商代文化已非单一来源，随着文明的扩展，神龙崇拜涵盖了其他族群的神兽崇拜，龙、凤、虎是殷商时期三种组成饕餮的神兽，然而神龙仍为神兽信仰的基础，且固守着成双与开口的特征。少数礼器如妇好墓出土双虎食人铜钺、司母戊方鼎耳上的图案（图九八：2、3）等明确表达出信仰的内容：即在饕餮双兽长开的嘴间造型出被饕餮吞噬的人首，以表达"神杀"信仰。

迄今所见此类构图最早发现于郑邑出土的陶片上（图二八五：3）①。该陶片的年代应该与郑邑青铜器窖藏的年代大致相合，这是汤商大文化体系扩展最广的时代。当时形成以盘龙城为中央、以上层贵族为主体的交换体系，虎国的赣湘上层文化、先蜀的三星堆上层文化以及郑洛古国的上层文化，都是这一体系的成员。② 当时长江流域的礼器因此频见于郑邑，甚至到达更遥远的河北地区。是故，郑邑出土的这一陶片应该不是代表本地信仰和祭礼，而代表当时上层祭礼文化的融合情况。况且，该陶片的技术是硬陶，这基本上足以指出这是来自长江流域礼器的残片。整理者误称为"虎噬人"，但陶片上的神兽明显是龙。

神龙纹包括双龙开口露齿，乃殷商铜钺通见的图案；两条神龙或虎对称竖立开口，也是殷商鼎耳常见的图案，大禾方鼎耳亦然（图九八；二八五：1、2）。从图案的对照容易理解：饕餮开口其间夹一人头或不夹人头的构图，其意思完全相同。

换言之，大禾方鼎在鼎耳上的双龙对称开口，即与司母戊方鼎耳上双虎吞噬人头的意思相同，这是更常见的隐藏被吞噬者的构图；而大禾方鼎壁上的四面，凸出地造型在半浮雕的双龙爪和角之间，即是突显出被吞噬者，而仅仅用象征的方式表达饕餮的存在；大禾方鼎的人面即是被饕餮神杀的人。

大禾方鼎的造型反映的是饕餮神杀的信仰，据此我们可以否定其构图源自北

① 河南省文物研究所编著：《郑州商城：1953—1985 年考古发掘报告》，北京：文物出版社，2001 年，页270、图一六三、彩版六：1。

② 郭立新、郭静云：《盘龙城国家的兴衰暨同时代的历史地图——考古年代学的探索》。

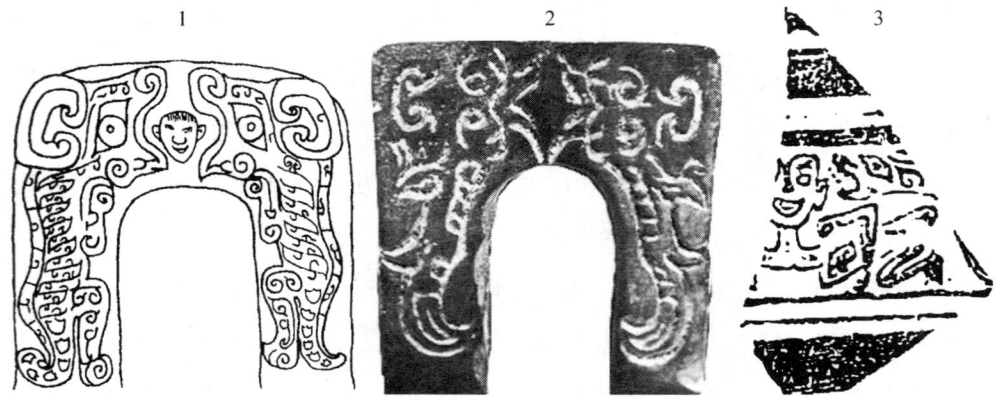

图二八五   1. 司母戊方鼎耳上的图;2. 大禾方鼎的鼎耳;3. 郑邑出土的陶片。

方的精神文化,反而可以证明其源于长江中游先楚文化中的夔龙饕餮信仰。并且应该考虑以下因果关系:北方殷商和南方虎方的贵族吸收盘龙城汤商的信仰,并在造型上更明显地表达它"神杀"的神祕意义,恰似西边的三星堆将扶桑十日信仰的形象塑造得更加明显。若从盘龙城信仰的发祥地来看,这些原本都属于"边缘文化",因为这些信仰是从外面吸收而来,所以其神祕感并不深入,故而更容易作意思明显化的造型。也多亏他们明显化的造型,才使我们得以理解原本的信仰隐义。

四、被饕餮吞噬者的身份考

(一)"神杀"信仰与"巫"的形象

有关被饕餮吞噬的人的身份,顾朴光先生认为,龙虎所吞的人头是奴隶被斩首的表现方式,殷商面具以及大禾鼎人面都是奴隶①。徐良高先生推论,神龙或神虎砍噬的人头应指常用作祭牲的羌戎族人,用以祈祷战胜②。高西省先生对此提出反驳道,神虎为殷商贵族崇拜的吉祥物,是人们所依赖的灵物,商代和周代人兽图

① 顾朴光:《广西西林出土西汉青铜面具考》,页 180—181。
② 徐良高:《商周青铜器人兽母题纹饰考释》,《考古》,1991 年第 5 期,页 442—447、404。

的出现情况并不一致,商代虎人图是神灵的象征,从各方面来看,与虎合一的人不可能是异族。在神圣的礼器上,被神兽怀抱者也不可能是奴隶。学者们讨论神兽吞人首的造型,发现只有身份极高的人物才会有这种图案的礼器随葬,所以这种礼器的价值极高,不可能是奴隶造型①。方鼎也是价值特高的随葬品,只有地位极高的死者才能以之随葬②。高级贵族所随葬的尊崇礼器,不大可能以被瞧不起的异族或奴隶为图案。在此,为了解殷商头像的作用,首先得厘清神兽吞人的涵义,以及被吞噬者的身份为何?

前文已详细讨论,学者们常将神兽吞人视为神兽与人合一的信仰表现,或表达巫师通天的过程;同时,其他学者将双神吞人头图视为用人祭神的象征。这些观点,实际上都有可以肯定之处:饕餮食人信仰,一方面表示巫师通天的灵魂,同时也是以人牲祭祀神、祖的神礼。不过有些人怀疑,吞噬是一种猛恶的表现,尤其出现在斩首礼器上,安能是巫师? 但是出土与传世资料对照表明,神杀的神祕性涉及升天、神格化以及人与天沟通的超越性能力。

前文已论及在巫觋文化中,神龙的形象经常用于萨满跳神礼,藉以显示萨满就是神子,亦是"神人",大酋领国王通常也被视为"神人",被神魖吞吐后获得他崇高的智慧和权力。所以对双嘴夔龙的崇拜,实际上与"帝王"观念密切关联,周人的"天子"概念源自更古老的"神子"信仰,而"神子"即是"龙子"。甲骨文与传世文献均有保留此信仰的痕迹。同时,"神杀"礼更加完整地表达了巫师的身份。巫师在古代社会中是人与神的联络者,他有责任安神傩鬼、祈雨祷日,保障农产丰腴、猎获、战胜。在面临困境时,群众会要求巫师本人升天直接与神祖沟通,这类献巫祭礼在古代文明中相当普遍。经过神杀的巫师,会藉由神兽的协助通天达神,为自己的族群求得保祐。而真正的大巫则有足够的能力回到人间。

裘锡圭先生在研究商代焚人祈雨的礼俗时,特别注意到:

> 在上古时代,由于宗教上或习俗上的需求,地位比较高的人也可以成为牺牲品。商代大墓的殉葬者,有一些备有相当丰富的随葬品,生前显然是颇有地位的。根据传说商汤自己就差一点成了求雨的牺牲。……其事见于《墨子·兼爱》、《吕氏春秋·顺民》、《尸子》(汪继培辑本《君治》篇)、《商书大传》

---

① 高西省:《论西周时期人兽母题青铜器》,页 50—51。
② 杨宝成、刘森淼:《商周方鼎初论》,《考古》,1991 年第 6 期,页 533—545。

（《左传·襄十年》正义引）、《淮南子》（《文选》卷十五《思玄赋》李善注所引佚文及《主术》、《修务》篇）以及《帝王世纪》（徐宗元辑本《殷商第三》）等书①。

为何在神话中商汤自愿被焚而牺牲自己？因为在当时的信仰中王和巫的观念尚未区分，早商时期王需要依靠国庙来主宰，同时王亦被视为最高的巫，只是与尧舜时期不同的是：国庙系统里最高位的传承人不再是被选举出来的（传统谓之"禅"），而是被继承的（传统谓之"传"）②。商汤既是大酋领国王，亦为国庙中责任最重、位置最高的大巫师，所以在发生过大的灾祸时，就可能被献给神，通过升天、去到天上排解自己国家的艰难。

《左传·僖公二十一年》曰："夏，大旱。公欲焚巫尪。"杜预注曰："巫尪，女巫也。主祈祷请雨者。"③裘锡圭先生在甲骨文中发现很多焚人祈雨的记录，也有刻辞直接提及焚女巫作为祭牲。裘锡圭先生将用人祈雨祭礼的祭法，通释为"焚尪"④。

周凤五先生分析甲骨文中有关"巫"的卜辞，得到如下结论："巫"在祭礼中被用作人牲，而同时为受祭祀者：

> 综合以上所述，我们对于殷代巫的角色身份可以有下列基本认识：第一，殷代的巫可以被用为人牲，虽然《尚书·君奭》记殷王大戊的贤臣有"巫咸"，祖乙的贤臣有"巫贤"，其地位似乎很崇高。但《墨子·兼爱》、《吕氏春秋·顺民》等都记载商汤时连年大旱，汤曾准备把自己当作牺牲，焚身求雨的故事。可见为求雨或其他目的，用巫为牲，甚至用王为牲都是可能的，而王实际上往往也就是最高级的巫。第二，殷代的巫可以是被祭祀的对象，很可能这正是被用为人牲而灵验的结果。至于其祭法，则有帝（禘），有小帝（禘）；所用牲有犬，有豕⑤。

在甲骨文所表达"巫"的信仰中，巫师经过神杀，其灵魂乘龙升天，宾于天神求祐，

---

① 裘锡圭：《说卜辞的焚巫尪与作土龙》，载裘锡圭：《古文字论集》，北京：中华书局，1992 年，页 216—226。

② "禅"与"传"（或"继"）是先秦时两种政权改易的方式，郭店楚简《唐虞之道》曰："唐虞之道，禅而不传。"《孟子·万章上》曰："唐、虞禅，夏后、殷、周继。"参荆门市博物馆编著：《郭店楚墓竹简·唐虞之道》，页 1—2。（汉）赵岐注，（宋）孙奭疏：《孟子注疏》，页 413。

③ （晋）杜预注，（唐）孔颖达等正义：《春秋左传正义》，页 625。

④ 裘锡圭：《古文字论集》，页 216—226。

⑤ 周凤五：《说巫》，页 269—291。

承担人与神之间的联络者,故殷人以禘祭来祈祷巫师在升天路上无碍,顺利通达,吉祥成功,协助神赐保佑。甲骨卜辞正是殷商文明中存有巫师神杀礼的旁证。同时,用"禘"的祭法表明,巫在帝之四方,可能高于地上的四方,但低于天上四凤,所以能作天与地、天与人之间的媒介。

但与此同时甲骨文中有很多记载表明,殷商也大量用非我族的战俘献给神,这两种作法似存在些矛盾:前者表达神杀的崇高神祕性,绝对不是每个人都会被神杀;后者却把神杀的意思扭曲,巫师被神杀升天是协助祖国获得天恩,敌族的战俘难道会有这种作用? 此问题隐藏着不同文化的混合和历史的演化。

(二) 殷商以前人牲斩首礼之遗迹

1. 长江流域

在殷商之前,新石器、青铜时期的长江流域遗存中,已发现将人牲斩首祭祀的传统。迄今发现的最早的无躯人头骨埋葬个案见于长江中游地区湖南高庙祭祀遗址中,几具男性头骨与鹿角、野猪下额骨合葬于祭祀坑中,其年代距今 7 000 年左右①。目前我们对该时代的文化脉络尚不大清楚,相较而言,高庙祭祀坑似为狩猎仪式的遗存,但因为发掘及研究不足,目前仍难以提出更成熟的推论。

其实,不仅在长江流域,在渭河流域与高庙文化时代大约相同的北首岭遗址也发现随葬品很丰富的无头骨成年男人的墓葬②,依笔者理解,此为献巫的墓葬,可能与高庙文化的仪式接近。但是,新石器中晚期猎民献巫的资料极少,目前只有前述高庙和北首岭两处个案,所以很难作系统的分析。江汉地区的资料虽然也颇为零散,但至少同一区域发现了几个遗迹,所以学术界对其已有初步讨论。此外,如在淮河上游贾湖遗址晚期(距今 7 700—7 500 年)的遗存中,发现几座随葬品丰富并随葬巫师法器的墓,其墓主为被砍头非自然死亡的壮年男人③。因此献巫斩首礼或许可以溯源至新石器中期。

不过,只有从新石器时代末期、青铜时代早期以来,我们才能看到一些人牲文

---

① 湖南省文物考古研究所、贺刚、向开旺:《湖南黔阳县高庙遗址发掘简报》,页 4—23。

② 中国社会科学院考古研究所:《宝鸡北首岭》,页 84—85。

③ 河南省文物考古研究所编著:《舞阳贾湖》,页 656—701。

化的规律，并且除了献巫之外，亦开始出现有殉葬者的墓，显示人牲的两种作用：第一，最为古老的是整体社会献巫的活动，社会特选自己的成员赠送给神以祈祷对整体社会的保佑；第二，在已有君臣关系的国家化社会中，在高等贵族逝世之后，使某人陪他下葬升天及在永生中作他的伴侣。

在大溪文化晚期仅有第一种斩首礼，如中堡岛遗址发现的一座大溪晚期墓，坑里有七具被斩首的人骨架。杨华先生认为，这可能与聚落之间的战争或冲突有关①。但笔者以为，这应该是一种仪式性的埋葬，源于上古时以人祀神的传统。同时期的桂花树遗址中也发现一座四人墓，尸体被肢解，头部被斩断而分开放置②。直至石家河时代，上述两种意义的斩首礼都可见，如石家河邓家湾 32 号墓的墓主，是个 10 岁男孩，随葬品十分丰富，墓中还有一位遭到斩首的殉葬者，其枕上有三角形的豁口③。房县七里河石家河遗址发现两座具有土台阶的半穴居式房屋 76H40和 76H10，里边遗留的文物很丰富，且有几具无身躯的人类颅骨放在台阶下的正中央；另发现一座 78Y1 陶窑（或炼炉？），火口放置一具人类颅骨，火门外也有一颗，空间里还置有一根肱骨；此外，还有 76M1 号墓，是以一具人头骨殉葬的 10 人合葬墓；76M19 号墓合葬有 7 位成年男性，其中一位无头骨；78M19 号墓独葬着一位无头骨的男性④。肖家屋遗址也发现三座屈家岭二期无头人骨的墓葬（即 19、21、33号墓），皆有相当丰富的随葬品⑤。

郭立新先生将这些死于非命后埋葬的人，都视为在战争中被杀的敌方俘虏或猎头遗存⑥，然而，我们从上述情况看起来，明显可发现是仪式性埋葬，且具有祈求神明庇佑的作用。将人头放在窑炉里，象征着保护窑坊的意义，在七里河发掘出来的两座房屋可能便是祭堂，其中所放置的头骨也含有同样的神祕意义。不作殉葬者而专门献给神的人牲，可能具有巫师的身份，这在学术界中早已从各方面被论

① 杨华：《三峡新石器时代埋葬习俗考古与同时期人类社会发展历史》，《四川三峡学院学报》，1999 年第 2 期，页10—18。

② 湖北省荆州地区博物馆：《湖北松滋县桂花树新石器时代遗址》，《考古》，1976 年第 3 期，页 187—196、160、216—218。

③ 石河考古队：《湖北省石河遗址群 1987 年发掘简报》，《文物》，1990 年第 8 期，页 1—16。

④ 湖北省博物馆、武大考古专业、房县文化馆、王劲、林邦存：《房县七里河遗址发掘的主要收获》，页1—12。

⑤ 湖北省荆州博物馆、湖北省文物考古研究所石家河考古队、北京大学考古学系编著：《肖家屋脊——天门石家河考古发掘报告之一》，页 63，图四二。

⑥ 郭立新：《长江中游地区初期社会复杂化研究(4300B.C—2000B.C)》，页 157—161。

证，并且因上列的证据相当充分，在学术界均获得共识。

若是杀掉在战争中所俘虏的敌人以献祭，虽然不无可能，但是敌方的人头不会具有保护我方的作用。古代建城、建坊或准备进行重要大事之前，常以巫师贡献祈祷来被灾攘祸。石家河无头者的墓葬有随葬品。在上古文明中，丧礼属于神祕的精神文化，有助于族人神祕永生。所以，这些被斩首以献祭于神的人，并非俘虏和外人，而应是身份地位高的灵媒和巫师，只有通过他们，才能将祈求上达于天神，求得天神祐助。

孙其刚先生搜集各地零散出土的无身躯的头骨或无头骨身躯的埋葬案例，并加以研究，发现新石器、青铜时代各地都有这种现象，包括河姆渡、良渚、半坡、大汶口、齐家等，不过笔者不赞同以"猎头"的习俗解释这些神祕的墓葬①。"猎头"活动是晚期的狩猎民族所有，如太平洋原住民等，这绝不是农耕大文明的传统，严文明先生早已指出这一点②。

比起渔猎社会，农耕社会更加需要团结不可分的观念，共同管理灌溉，面对水灾、火灾、虫灾等自然灾害。农耕文明中普遍存在着的共同的神婚以及血祭活动，都有巩固社会团体的作用。在实行神婚礼的社会中，所有的孩子都不属于父母自家所有，而是社会共同所有，所以用小女孩或少女祭献给水神，或者将青年男子当作共享农田、塘坝、建筑、作坊之人牲，献给保护神等，都是由社会共同决定而实行，以共同的精和共杀的血巩固其团结性。

虽然，从各地零散发掘之独头或无头埋葬之例，目前尚难以看出完整的信仰，但笔者假设，如果将仪式性埋葬之墓葬形式，与礼器造型互为参照，从其关联性中，或许我们可以推论出，使用人牲并加以斩首祀神的信仰活动，在江河农耕文明已得到了系统性的发展。

2. 西辽河流域夏家店下层文化

邯郸涧沟村夏家店下层时期所发现的房基内有四具头骨，是被斩首而死，之后又经剥除头皮；而同一地点的上层，也发现了身首分离的五人男女墓葬③。同样

---

① 孙其刚：《考古所见缺头习俗的民族学考查》，《中国历史博物馆馆刊》，1998 年第 2 期，页 84—96。

② 严文明：《涧沟的头盖杯和剥头皮风俗》，载严文明：《史前考古论集》，北京：中国社会科学出版社，1998 年，页 335。

③ 北京大学、河北省文化局邯郸考古发掘队：《1957 年邯郸发掘简报》，《考古》，1959 年第 10 期，页 531—536、588。

的,灰坑和陶窑里也发现了几具被斩首的男、女头骨,年龄为青年或中年,部分有剥皮的痕迹。可见夏家店下层先殷文化也曾有人牲斩首祭神的礼俗。严文明先生认为,剥皮可能是用来作饮器的指标性行为①,可是剥皮与作头骨杯并不具有必然性关联,虽是经过剥皮的头骨,但其作用也可能有所不同,况且斩首祭礼不可能仅是以作头骨杯为目的,而是具有更深入的精神意义。笔者对头骨饮器的考证认为,该文化的起源偏晚,在殷商之前的时代难以被论证②。

学者针对殷墟中所发现的甗里人头,做过科学检测,发现这颗人头曾被煮过。可惜学界对涧沟头骨未作这种检测,因此我们尚无法判断出确切的情况如何,但笔者推测,涧沟头骨与殷墟头骨的用法或许相同。

以人献祭,并将头骨埋在房基下,这是许多古文明都有的传统,用意是希望得到神对建筑的保佑、被除灾厄。但在不同的文明中,这些礼俗又有所不同,新石器时代中期南安那托利亚地区加泰土丘文化是将婴儿献祭后才建造房子,并将婴儿的尸体埋在房基下③;古乔治亚文明将最好的青年兵活活砌死在堡垒的城墙里,以保障堡垒不被外敌攻破。河北平原夏家店下层文化的人们,用青年头骨作奉献给神的祭礼,亦应是求神明保佑房舍。这与石家河人用头骨护祐窑坊和祭堂的传统是极为相似的。

夏家店下层文化与石家河文化用人牲献祭的传统虽然大同小异,可是这"小异"却具有关键性的意义:夏家店未见有如石家河那样埋葬无头的骨架并用珍贵器物随葬的情况发生,这种差异表示出人牲的地位有所不同。石家河的上古农耕文明有浓厚的巫师祭献信仰,被献的人牲被视为社会与神之间的联络者,意即虽然将其当作献给神的牲礼,但被献祭者本身亦成为崇拜的对象。这种信仰到了殷商时代尚未消失,因此甲骨文的"巫"意指高地位的人牲,同时也是被祭祀的对象。然而,殷商中央用人祭祀的礼仪却是遵循着夏家店下层文化的传统:对巫师的尊敬和景仰已开始下降。

3. 草原地带:以石峁遗址为例

陕北神木石峁遗址的发掘资料尚未完整公布,其地层、年代、分期、遗址布局、

① 严文明:《史前考古论集》,页234—338。

② 参郭静云:《夏商周:从神话到史实》,页192—193。

③ James Mellaart. *Çatal Hüyük. A Neolithic Town in Anatolia*.

各部分之间的关系还难以确定,但基本可知这是文化混杂的遗址,既包含本地长居的农耕和渔猎族群的聚落,也包含有数波来自草原的流动的游战族群。这种生活方式不同的族群的"共生"现象,在距今 4 000 余年前的南草原地带(即欧亚大草原南缘)颇为普遍,从铜石并用时代的阿凡纳谢沃文化(Afanasievo)直至青铜时代的安德罗诺沃(Andronovo)文化都有,形成了以米努辛斯克盆地为中心发展起来的大文化体系。

这种"共生"现象起因于游战生活方式的形成。由于气候变冷,在亚洲大草原地带,原本在南缘就很脆弱的少量农耕衰退,采集狩猎者赖以维生的食物资源亦变少,一些原本以游猎为主兼少量农耕的族群转变为以掠夺维生,努力发展战争技术而成为专门的游战族群。游战族群逐渐发展出军力政权,以游战掠夺或远程贸易营生。他们在历史上发展青铜兵器技术,并逐渐掌握用驯马的交通技术。

我们不能以为游战族群只是不停地流动,不定居更不会建城。正好相反,他们因以战争维生,一定需要有掠夺后回来的保护区,也在活动范围中需要建筑几个据点。换言之,他们的生活方式是部分流动,同时亦有定居点或根据地。所以,在从里海到渤海及日本海的广大区域内,在亚洲草原丘陵地带出现了非常多的大、中、小型城池,它们均属于为军城,作为掠夺、游战族群的城邦和堡垒[①]。这类族团甚多,但是他们自己不耕地,不养猪、鸡等,不生产定居生活族群的产物,所以其日常所需严重依赖农耕和畜牧的定居聚落,尤其是在建城时,需要与本地原居的农耕或放牧族群建立"共生"关系。

在此要说明的是,这种"游战"族团未必有血缘关系,往往是依据某种势力或凭首领感召而混杂组合为一群,群体分合变化纷繁。从青铜早期以来,这类族群组团结合很多,他们不仅依靠掠夺农耕或牧业生产者维生,彼此之间也互相竞争,不断互斗和战争。尤其是在选择栖息地点方面,每一游战族团都会尽可能占据有利之处。

这种"有利之处"有几个指标,其中最关键的有二:1. 便于建堡垒的破碎地形(陡峭山丘与山谷),包括能用作远望塔的地点;2. 周围一定有定居的以农耕和养家畜为生的聚落,能提供部分食物来源。因为当时掠夺族群不少,所以本地农耕聚

---

① 　郭静云:《透过亚洲草原看石峁城址》,《中国文物报》2014 年 1 月 17 日。

落也必须接受这种共生关系,以免被众多游战族群不断轮番地抢劫,专养一群强人以保护自己,或许还可以从固定庇护人的强大与获胜中获得额外收益。

石峁所在地点和其他一切条件都完全符合游战族团栖息所需,甚至可以说是一处理想的选择。其地点恰好在鄂尔多斯草原与黄土高原交界带,南下掠夺路线于此开始,当时生态条件比现在好,故周边亦有农耕、畜牧和渔猎聚落存在,山上可狩猎野兽,因破碎地形而形成的诸多陡深沟壁等自然障碍成为修建坚固堡垒的自然基础,使工程量大大减少,坚固堡垒的修建成为保护自身安全并存放战利品的据点。因此当时这应该是很多族群都希望掌握的地点,应该有很多不同的族群早晚占据过石峁军城,屡屡沿袭使用且不断地补建(这从石峁群城的建墙技术不同且明显可见多次补建的痕迹可以看出)。所以它并不是一个大族群的大聚落,而是很多族群在某段时间内掌握,互相纷斗或被竞争驱赶的中转站和据点。

简言之,在青铜时代,亚洲草原南部与山丘交界之地构成了一个大的文化体系,这是一个定居与流动、农耕与游战"共生"的地带,是游战生活方式的发祥地。石峁遗址的地点恰好在鄂尔多斯草原与黄土高原破碎的蚀沟梁峁地形交界之区,是族群流动、互斗和掠夺并存放战利品最频繁的地带。游战生活方式的发展到了殷周时期,逐渐转换为以远程贸易为主。黄河水系从北往南而来的部分会有游战族群短期的据点,但是到了后期随着贸易的发展,成为草原与殷周贸易的连接地带(如马匹贸易),从事远程贸易的族群与本地农耕、畜牧居民"共生"(以陕北清涧县的李家崖、辛庄遗址为例);而黄河水系"几"字形的上段北游是游战族群常用的栖息地带(以神木县石峁群城为例)。也就是说,在共生社会中掌握权力的族群,在不同的地带和历史阶段中,或是以远程贸易为生计的贵族,或是以战争掠夺为生计的贵族。

石峁遗址已发现几个人头骨坑,其中一个坑埋葬几十具人头骨。石峁人头骨坑的意涵与农耕文化明显不相同,这是不同游战族团之间斗争的遗迹,这些坑虽也有祭礼的内涵,但明显是战争文化的仪式,其中被献的人是敌对族群的战俘。

献祭本国的巫师、王或王子与献祭敌族战俘的意思完全不同,所以长江流域与草原地带的人牲斩首礼,虽然外观遗迹相似,内在涵义却完全不同。依笔者浅见,石峁人头骨坑或许是中国境内迄今所见最早的军事虐待和杀俘遗迹,也是殷墟人头骨坑的先驱前奏。

石峁遗址的头骨与殷墟还有一种关联:其中明显有不少白种人,比殷墟的比例可能还高,笔者也认为,石峁遗址在偏晚期的地层很可能会发现比殷墟略早的游战族群用马的遗迹。也就是说,不仅是战俘头骨坑的现象,还有石峁遗址的其他特点,均使笔者推论,相当于早商时期在河套周围流动的族团与后来南迁至安阳的族团,虽然没有直接的传承关系,但其族团类型基本相近。不过,殷商族团在安阳定居后,更加深入地吸收了江河古文明内在的观念以及外在的祭法和礼制。

4. 小结:殷商帝国人牲斩首礼的多元性

殷墟甲骨文记载了献巫、拜巫的神祕之礼,但从考古来看,祭祀坑出现的人数颇多,并无随葬品。因此可知,殷商斩首礼应该属于对人牲尊重度并不高的信仰脉络,并且已处于巫师的信仰开始变得薄弱的阶段。殷墟殉葬人数也很多,部分可能是配偶、侍从等家属身份,同时也用战俘祭祀祖先。在这一发展阶段,斩首礼虽然已可完全确定其存在,但同时也失去了部分神祕性,因为大量杀死战俘来献祭,在宗教意义上比杀死巫师并加以崇拜的信仰,其神祕性确实要低得多。

殷商新贵族来源于与石峁城主同类的游战族群,但与此同时他们强调自己是农耕大文明的正统继承者。这种双面性也在殷商献人牲的礼仪中有所反映。一方面,甲骨文和礼器继续表达,献人斩首属于献巫的神祕之礼;另一方面他们的人骨坑和用战俘的卜辞,符合早期草原游战族群献战俘的军礼;同时,殷商王族大量扩展献人的规模,而且使它变成统治者军权的表现。

因此基本上可以说,献战俘的习俗源自草原游战族群的生活方式,非定居的族群不需要长期用战俘作奴隶,所以被抓住的敌人,男人一般被杀死,而女人保留作配偶。至于献巫的传统,其起源时代远比献战俘早,且滥觞于定居文化的脉络里,而在定居社会国家化的时期,形成了完整的礼仪。在这类礼仪中每一形象和步骤,都有特殊的象征意义,但是由于神祕仪式很少留下痕迹,所以我们很难详细了解其仪式流程。例如,虽然饕餮造型甚多,但只有极少数礼器在饕餮嘴里造型人头,从而给我们提供宝贵的解读钥匙。

礼器上大部分人头造型很小,没有细节刻纹,所以大禾方鼎、侯家庄和琉璃河面具的每一细节都重要而不应忽略,包括眉毛与人中的刻纹所隐藏的面相意义,但这不是按照晚期的相面术象征长寿,而是在"长寿"之前的观念里,隐示巫师再生通天的能力。从这一角度来看,巫师面孔造型文化信仰的根源应该还是长江中游远古文明体系。下文拟从巫师神杀的造型,进一步分析此信仰的细节。

五、神杀巫礼的特点

（一）神杀造型的规律

　　笔者搜集各种神兽吞噬人的造型，发现所有形象基本上可以分为两种类型：其一是造型出巫师的整个身体，而神兽从头部咬噬他；其二是饕餮双嘴张开，其间仅有巫首，并不表现其身体。

　　1. 神兽从头咬巫

　　从时间脉络来看，第一种造型出现得比较早，并且源自长江中游崇拜神虎的脉络中，如有名的虎食人玉刀（图二二五），该器虎口从颈部吞噬人首，与后期一律从头顶吞噬的方向相反，似表明此时这类构图尚未定型化。其后出现的虎食人卣、安徽阜南和三星堆的龙虎尊（图一四七；一四八；一九二；二一二；二二六），都属于这一文化系统的礼器，前文对此已有论及。除了虎噬人头构图之外，夔龙从头部咬噬人的构图亦常见，如殷周玉器上所出现的此类构图（图二八六：1①；九九：1、2）。在青铜器上也可见之，如弗瑞尔艺廊收藏殷商时期三足觚，后两足有人形，在这两足上的器身各有一条夔龙，衪的头朝下，张开口而吞噬足上的人头（图二八六：2）②，虽然只表现一条夔吞人头，但其出现在两足上，两两相对，强调和重复此图，以形成对称构图。

　　弗瑞尔艺廊收藏一把铜刀，刀背上两边各有夔龙从头部吞噬人，仔细看这人的形体，他张开的嘴中有獠牙，而在他屁股下还有老虎张开口露出獠牙（图二八七）③。这种构图含有几种意思：这位带獠牙的人肯定不是一般的巫师，而是始祖圣人，是至高至上的人与神之间的联络者，也是与神虎合为一体的神人；在他的屁股下神虎

① 李学勤：《试论虎食人卣》，页41，图1。

② John A. Pope. *The Freer Chinese Bronzes.* Catalog. Vol.1, pp.254—261, fig.34—36；pl.45.

③ 张光直：《中国青铜时代》，页320，图二十：1。

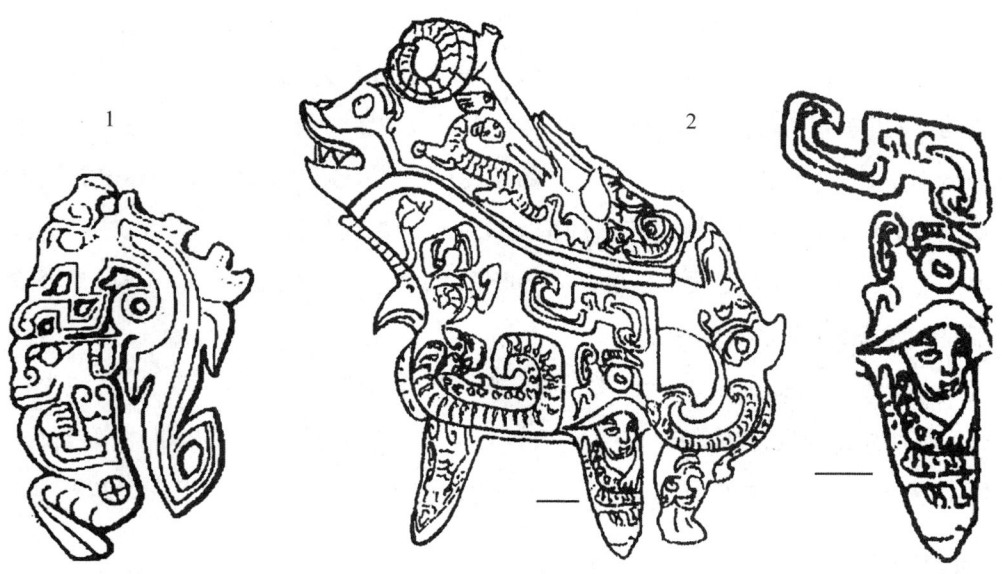

图二八六　1.殷商夔食人玉器；2.弗瑞尔艺廊收藏殷商时期三足觚。

开口，而他张开獠牙口，构成神祕通道；与此同时，天上的神龙也咬他的头，使他藉此而与天神沟通。所以，该造型形象地展示了至上靈媒与神沟通的完整通道。同样，虽然前述大部分器物都没有出处，但从文化脉络判断，保留巫师身体的造型，应该都属于长江中游，并且很可能是在长江以南制造的礼器。尽管在此刀上噬人首的神兽是龙，但从造型的风格来看，笔者以为，这应该是虎国文化体系的礼器，在虎国的造型中不仅有老虎，夔龙亦为常见的神兽。虎国实际上也是一种多元的文明，其礼器的造型总体传承长江中游文化脉络的多元信仰，并依自己的美感将其重新视觉化，使信仰的形象凸显得更加丰满和立体。

2. 神兽吞噬巫头

省略巫师身躯的造型的起源应该较晚，目前最早见于郑邑的陶片上（图二八五：3），但因残缺，完整的构图实际上还是不清楚。此类造型较多出土

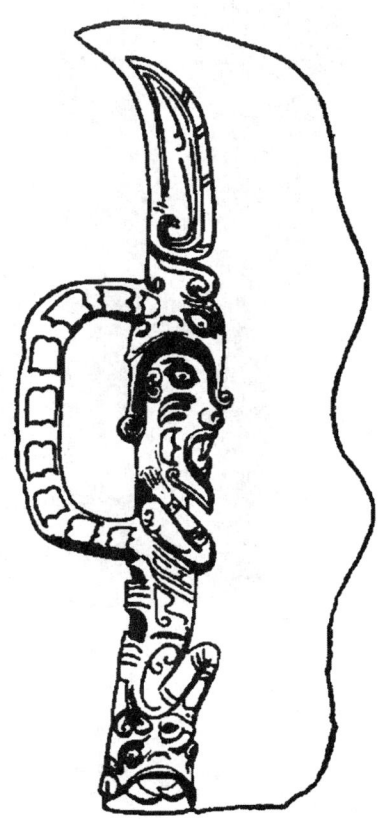

图二八七　弗瑞尔艺廊收藏的夔食神人铜刀。

自长江以北的中原、殷墟,可是大部分依然没有出处信息,所以很难作肯定的判断。

上海博物馆有一件神龙食人首车軎,龙首有双面的龙虎形象造型,以保留成双的构图;正面的龙角似为虎耳,而在虎鼻左右另放两个牛角;在反面上,虎头所吞噬的已不是人头,而是龙头,且其有夔形的象鼻(此象鼻不仅有纹饰作用亦带有技术功能,图二八八)①。依笔者浅见,此构图可能代表西周早期宝鸡地区的折衷风格。大英博物馆和伦敦苏富比行(London, Sotheby's)各收藏一件龙食人首车軎,其形状都是大同小异(图二八九至二九一)②。

上海博物馆另有一件虎食白人首的车軎,其年代应在殷周之际(图二九二:1)③。西周早期周原扶风召陈遗址出土了两件蚌雕人头像形礼器,置于木柄上供举行仪式之用;其一号头像的头顶有刻"巫"字,显示这就是"巫"的头像(图二九二:2、3)④。据

图二八八　上海博物馆收藏西周早期的神龙食人首车軎。

① 陈佩芬:《夏商周青铜器研究》,西周篇,页222—223,图二九三。

② 李学勤、艾兰:《欧洲所藏中国青铜器遗珠》,图105,页344—345;图附录一:2、页376—377。

③ 陈佩芬:《夏商周青铜器研究》,西周篇,页220—221,图二九二。

④ 陈全方:《周原与周文化》,上海:上海人民出版社,1988年,图版20。尹盛平:《西周蚌雕人头像种族探索》,《文物》,1986年第1期,页46—49。

图二八九　大英博物馆收藏西周早期的神龙食人首车軎。

图二九〇　伦敦苏富比行收藏西周早期的神龙食人首车軎。

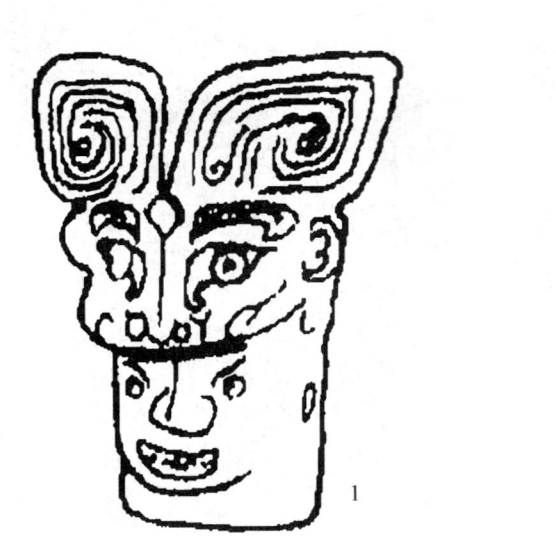

图二九一   1. 大英博物馆神龙食人首车軑的正面线图；2. 苏富比行神龙食人首车軑的侧面线图。

上所述,我们可以看到殷商及西周早期,周原和黄河中游地带有用白种人作巫的习俗。

没有身躯的单头的献巫造型,其时代偏晚,在观念上也可以发现其时巫师身份在下降,整个献巫文化逐渐发生变迁：巫头部不带有任何神奇形状,已没有像弗瑞尔铜刀献巫组合那样被吞噬的造型,并且可以用非本族的白种人作巫。这都是巫觋信仰、文化逐步没落的遗迹。

3. 单头的造型

被神兽吞头的人都是"巫",但在造型上经常省略巫头,仅保留双首饕餮对称张开口的图案,包括大禾方鼎在内,在鼎耳上双龙张开口而对立。在当时文化中,有头或无头的图案,都应被理解为意思相同的神杀造型。

在殷商文化中噬食人头的神兽以龙虎为主。在殷商礼器上,龙虎开口对立图常见于方鼎耳上,龙虎开口的两首也是铜钺常见刻纹,猛兽的口齿间未必塑有人头,可是没有人头的构图也隐含着神兽吞巫的神祕意旨,尤其是铜钺恰好是实行神杀的礼器,钺上的图案表达崇高的神杀权威。据此笔者进一步推论,没有神兽而只有单独人头的造型,也可能源自同一母题,代表巫的出现,如扶风出土人头像形礼器直接用字指出这是巫的象征(图二九二：2、3)。安阳出土的人面簋上的小图,可能也隐含着"巫"的形象(图二九三：4)①；在安阳出土盘底上亦有近似巫头

①   齐泰定：《安阳出土的几件商代青铜器》,《考古》,1964 年第 11 期,页 591。

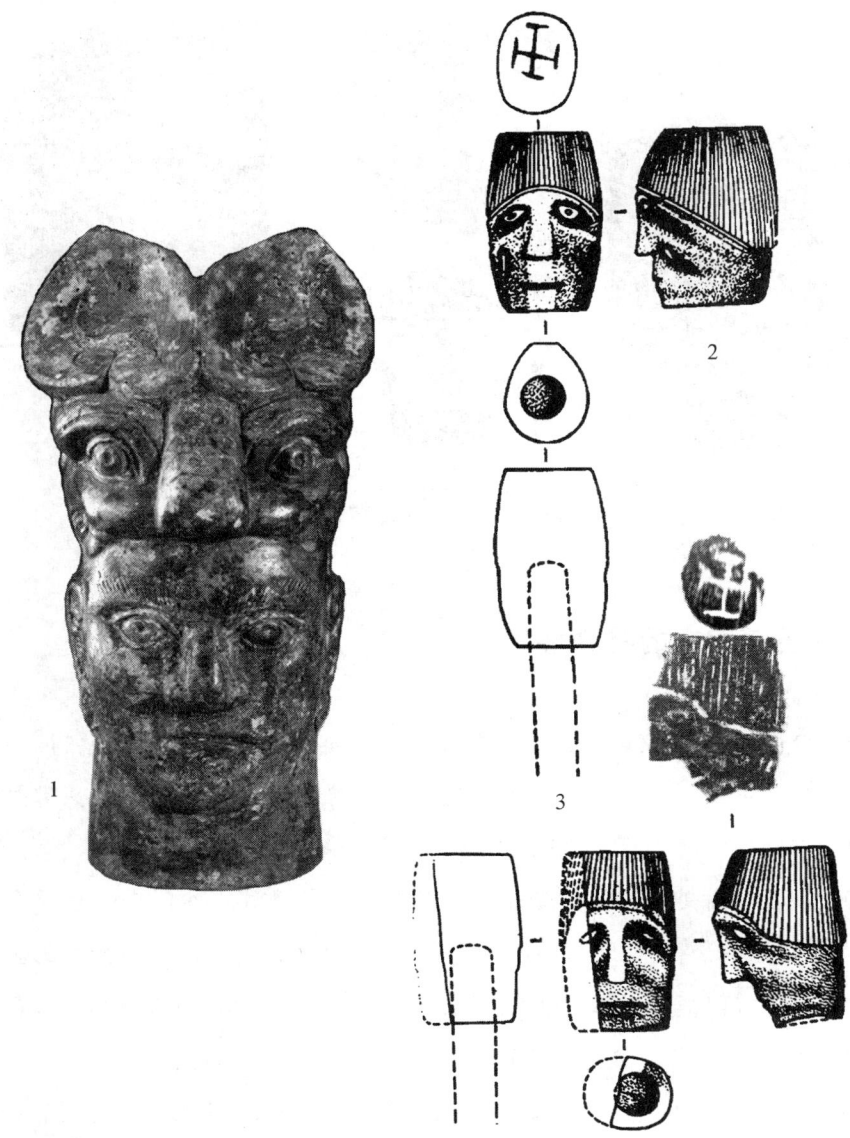

图二九二 1. 上海博物馆收藏殷周之际虎食白人首车軏；2—3. 两件周原扶风召陈遗址出土西周早期的蚌雕白人头。

的符号：①。其实学界都赞成，独立的人面图或面具与妇好墓铜钺双虎口中的人头有意义上的关系，所以殷墟出土的小型人陶面像和玉面像与献巫信仰有关（图二九三：1—3）②。

---

① 《集成》10014，现藏于中国国家博物馆。

② 中国社会科学院考古研究所安阳工作队和台湾"中研院"史语所陈列馆提供图片。

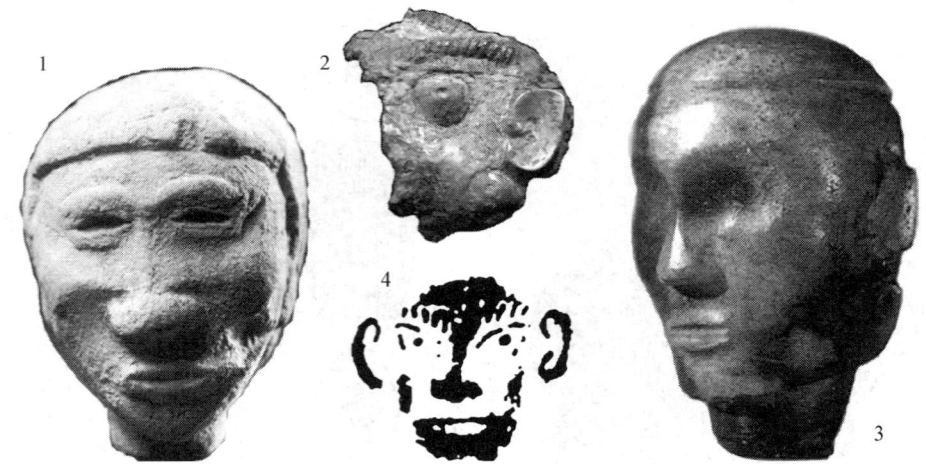

图二九三　安阳出土的人头像：1. 中国社会科学院考古研究所安阳工作队收藏的陶像；
2. 史语所收藏的陶像；3. 玉像；4. 铜簋内壁上的人头符号。

（二）神兽噬巫首的特殊意义

前文已论及，殷商文明各地的神兽噬巫造型都有一种共同的特点：神兽只噬
巫头。时代较早源自南方的礼器中，可见到全身的造型，但神兽还是从头部吞噬巫
者。时代较晚的殷周造型，则完全没有塑造巫的身体，只保留头部。依笔者浅见，
这一特点反映出商文明是以斩首方式献巫为祭。我们对此种礼法的来源不甚清
楚，但可以肯定的是，商文明墓中的殉人和祭祀坑中的人牲，都是被斩首的。礼器
上的造型也正好仅塑造头部。也就是说，商文明的斩首献巫之礼，应和神兽吞巫头
的造型有密切关系，而这或许牵涉到古人将头部连接于天的观念。

《说文》曰："天，颠也。至高无上。从一大。……大，从人形。"①前文中编第一
章已阐明，甲骨文中，"𠆢"、"𠅃"与"𠆣"是两个不同的字，后者才是昊天的意思，
且用来表达天的年岁历法週期；而前者是"顶"字的本字，表达人头顶天靈之处。
尽管如此，两个字却有亲密关系，而在早期信仰中，头顶天靈是人通天之点。在
古代相人术的概念中，将头视为人之天，这也影响到后来的思想传统、人物画甚
至美学理论等。如《淮南子·精神训》曰："故头之圆也象天，足之方也象地。"②

① （汉）许慎著，（清）段玉裁注：《说文解字注》，页 1、492。

② （汉）刘安编，何宁撰：《淮南子集释》，页 507。

乃以人格描绘宇宙观念，而且从人头来解释天。《山海经·海外西经》亦将直接斩首的状况称为"刑天"："刑天与帝争神，帝断其首，葬之常羊之山。乃以乳为目，以脐为口，操干戚以舞。"郭璞注："是为无首之民。"袁珂注："'刑天'盖即断首之意。"①

　　换言之，笔者推断，礼器上龙虎吞巫头的造型与斩首献礼以共同的文化观念和信仰为基础，或许涉及古人观念中人头与天的关联性。

　　在时空离殷商遥远的加泰土丘的文化中，实际上也采用断头丧礼，将死者的头和躯干分开埋葬，头部葬在牛头的祭坛下，以祈神牛护祐，追求再生。此文化也有在头骨上添加一层陶土以塑造面像的传统，人们相信这种神祕礼器可以容纳再生的生命力。而在加泰土丘的壁画上，常见巨大兀鹫吞噬人头的图案，被噬断的人头呈上升状态，而躯体则往下掉；同时，加泰土丘文化中的兀鹫也如同商的饕餮，有神杀和神生互不可缺的神能。这两种时空遥远的神兽，都以噬断头颅的方式助人升天，而且在这两个不相关的文明中，神兽噬断头的图案与斩首礼都是并存的（图二四五；二四六；二九四）②。

　　直至 19 世纪末、20 世纪初，仍有些族群进行人牲斩首礼。如笔者外祖母的祖父，人类学家及传教士 N.N.Blinov 曾在乌德穆尔特人中生活，从事语言文化研究与传教工作。他与乌德穆尔特人有很亲密的交往，得以详细了解其村社的团体生活、信仰和仪式。在固定的週期内，每个乌德穆尔特村社都需要以人牲祭祀上神，他们或从外面购买、捕捉，或在自己人中抽签、挑选，取得符合巫师要求的男人作为人牲。其祭法是让人牲站立，系缚在树干或柱边，先在其腹股沟打一个伤口，让他的血滴进盆里，血滴尽后将其断头，将头放在水源处。乌德穆尔特人认为泉水可以因此获得治病的神能。同时在他们的祈祷中，也提及噬食人头的形象③。乌德穆尔特人的发祥地可能是阿尔泰，但他们的信仰未必与商人有传承关系。不同族群的萨满教，都可能有人牲斩首礼和野兽噬头的形象。

　　小头像的出土情况多种多样，但在青铜时代的中国都隐示巫师之"天靈"。古人似乎把小面像在不同的情况中当护身符用。巫所在的空间，既在地与天之间，亦

---

① （西晋）郭璞注，袁珂校注：《山海经校注》，页 214。

② James Mellaart. *Çatal Hüyük. A Neolithic Town in Anatolia.*

③ Николай Блиновъ. *Языческій культъ вотяковъ.* Вятка：Губернская Типография，1898，сc.29，82－91.

图二九四　加泰土丘生命兀鹫与殷商双虎龙饕餮比较：1—2. 加泰土丘壁画；3. 妇好墓铜钺刻纹；4. 欧西里斯（Osiris）法老再生礼——躺在狮子床上；5. 殷墟 1001 大墓双头虎灵轿。

在方与中之间，他是在中间为国人祈祷之人。所以古人佩带巫像，以保护自己；或把巫像放在墓里，以保护死者的永生。巫像均小型，可以在身上佩带，但是少数例子中也有很大的巫像，如上述宁乡大禾方鼎或殷墟 1400 号王墓的面具，这种造型肯定不是王个人的护身符，而是被用于某种王级仪式。另外，结合"人中"等相术观念，我们发现，最早的刘家河面像，并无眉毛造型和人中造型，其他河北、殷墟的面像也没有，只有在殷商大王墓中的面像才可见此特征。所以，虽然无神奇特征的人面造型都见于河北、殷墟，但是，与大禾方鼎有相同特殊意义的只有殷商大墓中的一件。大禾方鼎和侯家庄面具，两者无疑是身份最高的王级礼器，而在殷商上古帝国时代，高层贵族信仰已不能单纯用地方观念去理解；这些跨地域的、尺寸较大且强调人中的面像，与其他巫师面像比，应有不完全相同的更高的神能。殷商时期，在什么样的仪式中需要使用那么大的献巫面像，又是为何种仪式制造殷墟王墓或琉璃河王墓那样的常人形"天灵"面具？

六、王墓大型面具之谜

据上所述,神兽吞人首图案代表神杀、送巫觋升天之礼。大禾方鼎图案也表现出这种礼仪,或许这正是因献巫之礼的需求而专门制作的。可是大禾方鼎与其他双兽吞人头的造型有一项关键差异。在这种造型中,神兽通常比人头大,这表示神兽的崇高权威性与巫师作联络者的次要地位。可是大禾方鼎的人面图案过于突出,又强调眉毛和人中,而神兽被简略成两个低刻符号。因此,笔者认为献巫传统虽可提供关键线索,但还不足以完全解释大禾方鼎的造型。同理,殷墟和琉璃河面具,也应该不是通常的献巫作用,而是当时在某种特殊献巫礼仪中采用的礼器。

讨论殷商面像的学者们发现,只有身份极高的贵族才会陪葬人形面具,所以这种礼器的价值极高,为身份崇高者的礼器,可视为国君的标志物①。笔者参照考古资料得出一种印象,这些面具确实只出现在国王墓中,可作为统治者身份的标志物。所以笔者推论,面具的具体作用是,用于国王的神杀之礼中,即用作代替国王的偶像,是神杀礼仪中需要被仪式性杀死的国王的替身。

在各地上古文明的精神文化中,都曾经有过神杀大酋国王的礼俗。上古社会认为,王是大神的实体,他的身体健康保障国家无祸,他的男性(或女性)生殖力保障农牧丰产,他的身体力气保障国家武力。若国王变老、生病、衰弱,将使全国面临巨大风险。因此必须杀死变老的大酋。

百余年前,人类学家、民族学家弗雷泽搜集萨满族群所留下的有关仪式、各地民族学家的相关叙述记录,对照上古文献中杀死国王的礼俗记载。他发现萨满文化中特别害怕大酋国王自然死亡,认为这会导致国家灭亡,因此按时进行神杀,以让大酋灵魂再生于另一年轻人的身体中。古人认为,大酋的灵魂应该永远居住在年轻力强的身体中,才不会失去势力,邦国也不会衰落。有些古文明规定国王在位统治的

---

① 黄尚明:《青铜面具再探》,页75。黄尚明、笪浩波:《关于商代青铜面具的几个问题》,页50—51。柴晓明:《论商周时期的青铜面饰》,页1119。

期限,期满后杀死国王。如南印度的上古文明,即以岁星週期来决定王的在位期限,新王即位 12 年后就会被杀死;地中海上古文明则限制国王只能在位 8 年①。

学者们发现距今 4 500 年左右,在中国古国形成时期也可以发现统治者 30 岁左右被杀死的情况。这种传统可能见于部分良渚文化社会群体,最明显的例子是在苏北新沂花厅古国的墓葬里,随葬品及殉葬人最多的大墓,墓主都是 30 岁左右的男人②。黄象洪先生认为这就是"法老不老的现象"③。

不过古代大文明早已不再真正地杀死国王,但礼仪性杀死的行为并没有消失。古埃及法老从 30 岁以后,在固定的时间得经过"Heb Sed"再生之礼,礼仪中先有神杀的祕戏,而后经过很多阶段,表演再生的过程,此过程包括佩带兽尾跑步,以重新与神兽合一,重新获得神力而再生。有关古埃及"Heb Sed"再生之礼资料甚多,无疑与远古神杀国王的仪式有关。

有些文明以献王子取代杀王的礼俗,最显著的例子即古希腊国王杀死长子献给神的传统。古闪族的大酋国王,在国家有危险的情况下,会杀死亲子献给恶鬼,以赎自己和民众的生命④。在腓尼基文献以及《塔纳赫》中,都可以看到相关的描述。

古巴比伦王位有一年的限制,每一年王都要升天见神,重新获得神的肯定,为了不必每年杀死统治者,在过年的五天时间中乃设立临时王,五天后临时王在民众面前被杀。这些临时王一开始应该是由良民甚至王的亲戚担任,但后来改成死刑犯。这五天内,临时王既可像真正的王一样发布命令,还可以与王后、妃妾过夜,后来若生子,也被视为王子,同样有继承权。弗雷泽发现在柬埔寨、泰国以及北非和中亚部分国家中,直至 19 世纪都还保留了选择临时王的传统,不过已经改用特殊的下台表演取代杀王的礼俗。有些文明,如闪族、波斯等,不定时地在国家危险的情况下选出临时王,以隐藏真王、拯救国家,等真王回来后,临时王即被用来献祭⑤。

我们没有找到直接描述中国古文明杀王礼俗的资料。但是,在中国,王也被视

① J.G.Frazer. *The Golden Bough: a Study in Magic and Religion*, pp.272 – 289、300 – 302.

② 南京博物院编著:《花厅——新石器时代墓地发掘报告》,北京:文物出版社,2003 年。

③ 黄象洪:《花厅遗址 1987 年发掘墓葬出土人骨的鉴定报告》,《文物》,1990 年第 2 期,页 27—29、37。黄象洪:《新沂花厅遗址人殉现象的鉴定和认识》,《东方文明之光——良渚文化发现 60 周年纪念文集(1936—1996)》,海口:海南国际新闻出版中心,1996 年。

④ J.G.Frazer. *The Golden Bough: a Study in Magic and Religion*, pp.296 – 299.

⑤ J.G.Frazer. *The Golden Bough: a Study in Magic and Religion*, pp.287 – 295.

为丰收、战胜、国民长寿多子、天下无灾的负责人。王的健康、生殖能力，都极为关键。此外，殷商文明有很强的週期概念，崇拜先王的祭礼照干支週期来安排[1]，这导致特殊祭礼时间概念的形成[2]。中国文明也有临时用某人作王的分身，以隐藏真王的情况。虽然目前还没有发现描述以献分身代替献王礼俗的记录，但这些礼俗本身处于演化过程中，在两周时期献巫的礼俗就逐渐消失了，制造面具的传统亦恰好在此时消失。古代一切大文明都经历过杀王与神王再生礼仪，也存在某种取代实际杀王的礼俗。在殷商的同时代，其他大文明正好都有神王再生信仰和礼俗，难道只有中国是一个例外？

再与古埃及的资料进行比较：在法老再生礼的过程中，其中就包含法老躺在狮子床上，以象征法老从狮子的身体再生（图二九四：4）。而殷墟王陵出土有双头虎靈轿（图二九四：5）。考虑到古埃及崇拜狮子与中国古文明崇拜老虎的含义及相关的文物，它们很可能是基于相似观念而造型。殷王坐在虎靈轿上以获得再生。我们可以假设，殷王不只是死后坐在虎靈轿，而在位时也在固定的週期内，通过王坐于虎靈轿上的礼仪而表达政权势力的再生。而且这种礼仪可能从虎国文明传到殷商。从众多礼器的造型来看，殷商面像与神兽吞巫的造型相关。这些面具和造型又与斩首祭法有关，所以面像与献巫之礼密切相关。按照发掘情况，面像都发现在国王墓中，所以只有直接与国王有关的特殊献巫礼中才用面具。从面具的形状来看，部分会佩戴在人的脸上，可是部分面具有被钉或被系缚的痕迹，殷墟 1400 号大墓的面具背后还有朽木质的痕迹，似曾被钉在一个木制的偶像上。据此，殷商文明体系中，各国的再生礼或许会有所不同，有些邦国可能真用人牲代替王断头，佩戴面具象征王头升天；有些邦国则用偶像，或许在杀偶像的同时也以人牲殉葬，不过这些都大同小异：在神王再生礼中，用某偶像或某人当巫，经过断头神杀礼，使王再获得神力。可惜，目前资料不足以提出更具体的复原假设。

很多王墓里并没有发现面具，这可能是因为王中途死亡，没有经过再生礼，或者再生礼偶像使用陶、木制造，没有被保存下来。庞永臣先生曾提出乌靈面具的假设[3]，

---

[1]　常玉芝：《商代周祭制度》。

[2]　郭静云：《由商周文献试论历史时间观念之形成》，《台湾师大历史学报》第 42 期，2009 年 12 月，页 1—19。

[3]　庞永臣：《面具、神器及其他——三星堆文明中的郊祀之礼》。庞永臣：《三星堆青铜人面像之我见》。

若从春秋以来的刍灵概念观之,这种假设不能成立。可是,刍灵文化的起源并不明晰,其或许正是起源于殷商时期以刍灵的斩首来代替生人斩首的习俗。

刘家河遗址发现了五件同样的面具,琉璃河王墓也有几件铜面。或许是同一个国王经过数次再生礼。刘家河的面具在王墓随葬,即可作他五次升天再回地的神祕证据。不过,刘家河大墓的面具较小,没有强调人中等相术特征,或许是因为墓主的地位还是不如殷王、燕王以及大禾方鼎的器主。

以上诚然只是一种假设,可是参照发掘情况,以及其他意义相关的礼器、斩头献巫文化的整体脉络、狮子床与虎灵轿的互应等,笔者认为国王再生礼最符合殷商面像的一切特点。殷商文明应有以再生礼保持国王神权的观念。在此信仰及礼俗的脉络中,大禾方鼎是一件非常关键的礼器,它以大小比例突显出被噬吞的大巫,这很可能是专门为了再生礼而制造的国王礼器。

七、殷周时期巫面像作用的演化

在历史长河中,献巫的传统,从神祕的至高大巫献祭自身的信仰,逐步发展到以地位低的人取代大巫或王。同时可以看到,献巫的目的也从农耕祈雨、求年、被除各种灾祸等,逐步发展到祈求战胜、保护领土等关键的国家政事。殷墟发现的小面像,人们普遍当护身符来用,通过巫觋向神祖寻求保护,其中越来越常见的作用是与战事有关。如殷商马具里,衔左右两边玉镳作成巫面像,除了技术作用之外,也有依赖巫师保护马车的意味(图二九五)[1]。这种作用与西周早期神食人首车軎造型作用接近,并与周代兵器上的人面纹一致。

直至西周早期,这类人面小图仍常见于兵器上。老牛坡出土的铜钺,在钺刃上刻有三件人头扁茎短剑(图二九六:1)[2],这样的纹饰揭示当时的人头短剑必有某

---

[1]　殷墟 164 号墓马具复原图,“中研院”史语所陈列馆提供资料。第二件玉镳来源参[美]江伊莉、[美]古方:《玉器时代:美国博物馆藏中国早期玉器》,页 145,该书作者认为这是新石器至二里头时代的遗物,但笔者认为,这件高 2.2 厘米的小人面是作殷墟马车的玉镳之用。

[2]　西北大学历史系考古专业、刘士莪、宋新潮:《西安老牛坡商代墓地的发掘》,图一七:6。

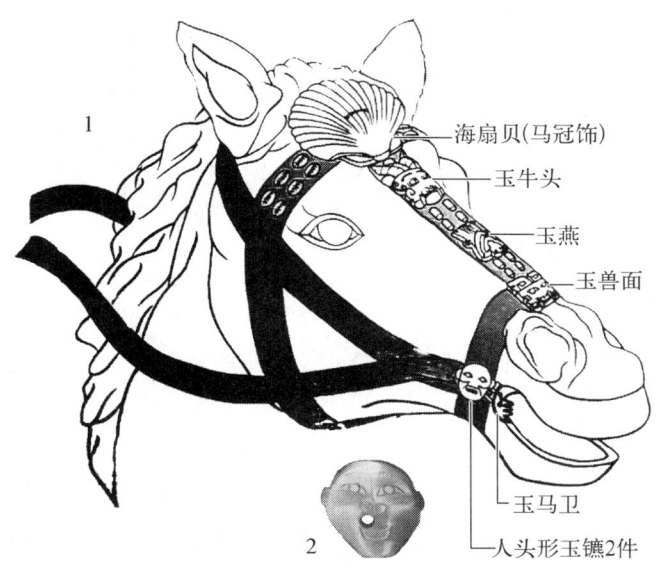

1 ——海扇贝(马冠饰)

——玉牛头

——玉燕

——玉兽面

——玉马卫

2 ——人头形玉镳2件

图二九五　　1. 殷墟 164 号墓马具复原图；2. 芝加哥艺术研究院收藏的护马玉巫。

种特殊意义。在不同地方的西周遗址中,都发现有人面扁茎短剑,如西周早期扶风齐镇遗址(图二九六：2),前几年岐山县西周早中期墓里也出现同样的短剑①。再如西周中期江苏仪征破山口遗址(图二九六：3)、西周晚期长沙金井遗址(图二九六：4)等。北京故宫也藏有两件西周时期的人面扁茎短剑(图二九六：5、6)。关于这种短剑的形状来源,有学者认为是出自陕南或周原地区②。兵器的流动率高,文化属性最难确定,不过基本上可以认定人面扁茎短剑是从周原往南方传播的。

学者们都认为,兵器上的人面图与龙虎口齿间的人头有传承关系,这也是无疑的。从这种传承关系可以推论,短剑上的人面图表示受到神巫保护。短剑是佩戴在身边的兵器,用在最危险的近身搏斗中。古人在短剑上刻有象征巫的形象,意在将这件兵器当作人与神之间的联络者,并用来护身。

可是并不是所有西周兵器上的人头造型都有这种意义。甘肃灵台县白草坡的西周銎戟似乎就是异族的兵器,其信仰观念与中原不同,人面也较像伊朗人种,其形象来源可能来自西北草原族群中(图一六三)。此外,西周晚期以来,人的造型愈来愈多,已未必都有那么深入的宗教涵义。

① 现藏于岐山周原考古工作站。

② 钟少异：《略论人面纹扁茎铜短剑》,《考古与文物》,1994 年第 1 期,页 61—63。高西省：《西周扁茎人面纹铜短剑初论》,《文博》,1997 年第 2 期,页 19—23。

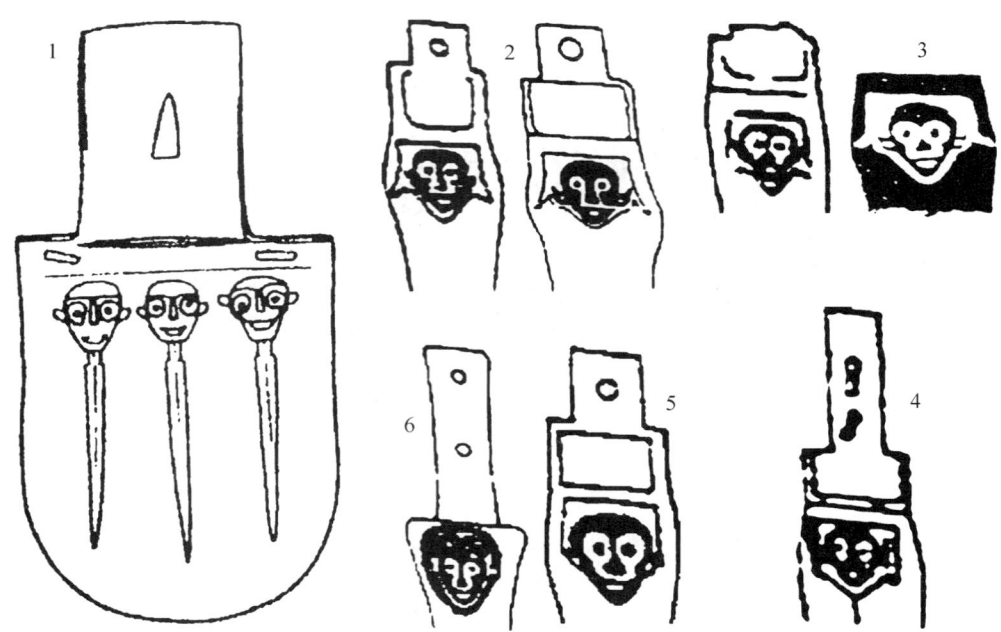

图二九六　1. 西安老牛坡遗址出土的铜钺；2. 扶风齐镇遗址出土的西周早期人面扁茎短剑；3. 江苏仪征破山口遗址出土的西周中期人面扁茎短剑；4. 长沙金井遗址出土的西周晚期人面扁茎短剑；5—6. 北京故宫收藏西周时期的人面扁茎短剑。

　　在商周礼器中，还有特殊形象的造型，难以归入上述脉络，如山东苏埠屯神面铜钺和宝鸡强国銮钺的造型。时空相近的文化常有互相混合而成的新造型，其多元的发展脉络经常难以辨识。这些空间相近而不断来往的古代文化，虽各自有其特殊的观念，但彼此互相影响演化。笔者拟从这个角度思考商周之际苏埠屯神面铜钺和强国銮钺的造型。

图二九七　柏林东亚艺术博物馆收藏的神面铜钺。

　　苏埠屯出土的两件神面铜钺（图二三三：2—3），前文已有讨论（同样的铜钺也藏于柏林东亚艺术博物馆，图二九七）。据笔者的理解，这种神面钺应视为混合性的造型，蕴含饕餮纹和新干类型露齿铜钺和面像的形象（图二三三：1；二七○：1）。当时的山东地区，一方面偏僻，同时又可见各种文化混淆的情形。在这种文化不固定的地区里，人们在不同传统的影响下创造新的形象。

宝鸡竹园沟十三号墓出土强国人虎銎钺(图二九八：1)①,既有变形的龙虎纹,又有人头像。可是整体构图与殷商铜钺不同,人头像也不似被神兽噬吞的巫牲,反而像主宰神兽的大巫造型。伦敦也收藏有同类銎钺(图二九八：2)②。在三星堆神像中,人形大神的权威也超越了龙虎神兽,这与其他很多地区爱塑造大型神兽,而罕造小型人物的情况不同。但依此却不能以为,强国人虎銎钺的形象受到三星堆文化的影响,是形象来源混合而观念创新的礼器。河北邢台出土了西周早期同类銎钺,但以大象头取代人头(图一七七)。

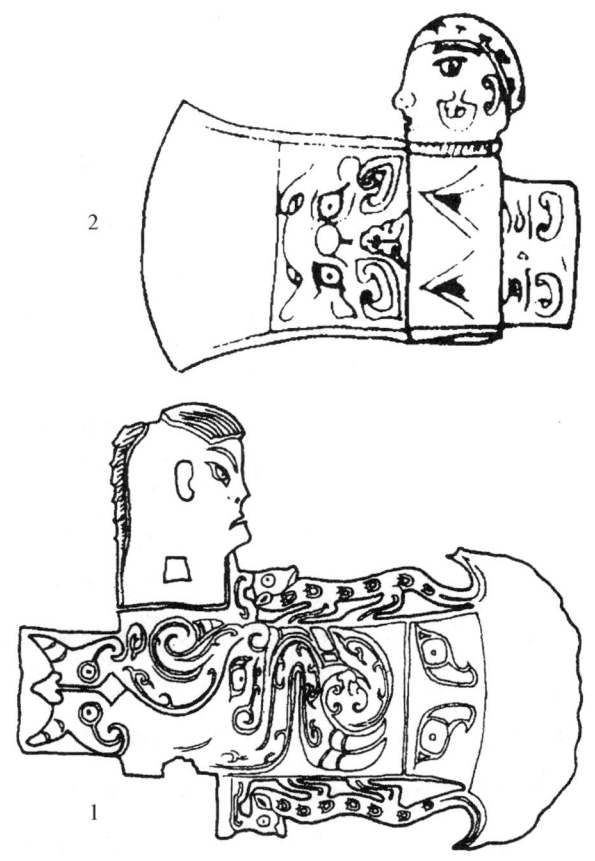

图二九八　人虎銎钺：1. 宝鸡竹园沟十三号墓出土的强国人
虎銎钺；2. 伦敦收藏的人虎銎钺。

从殷商帝国以来,多元文化的混合度很高,同时整个文明社会变迁,塑造了很多新的形象,因考古资料有限,这些形象的来源难以分辨。不过我们还是可以指

①　卢连成、胡智生：《宝鸡强国墓地》,页72,图六〇。
②　周伟：《中国兵器史稿》,图版二十五：1。

出,巫头像的作用存在军事化的趋势：在马具、礼器或随身佩戴的兵器上,巫头有军人护身符和求战胜的作用。

八、结 语

　　总而言之,上文经过对商周时期面像的分析,将其分为四种类型,暂定为三星堆、江南、汉中及周原、河北及殷墟四种类型。但出土地点不足以作为器物来源的认定条件,所以江南类型的器物亦可见于山东甚至殷墟的遗址中,河北琉璃河西周墓中也同时出现了本土以及汉中类型的面具,所暂定义为"河北及殷墟"的类型或许实际上也源自长江流域。不过大致上还是可以分出这四种面像的类型。

　　在这四种面像中,前三者都不应该被看作是人面,而是半人形的神奇崇拜对象,源自这三个地区共同的文化脉络,所以需要另外做关于其信仰的分析；只有最后者的面像和面具没有神奇特征,而作常人的造型。这些面具与商文明信仰中神兽吞噬人头的形象相关。经过礼器和甲骨文文献对照,我们可以了解,神兽吞噬人头所反映的是献巫之礼的观念,头像被用来形容被送升天宾于神,为同族人求保祐的巫师,让他作为人与神之间的联络者,所以,这是巫师升天再生图。

　　不过在殷商帝国时,我们另需要考虑高级贵族之跨越地域文化的脉络,从不同角度的分析使我们得知,殷商常人面像的精神文化源自长江中游汤商文化,而两种活动在汤商边缘地区的文化,将神祕信仰的隐义明显化：其一是北方的殷商及早期的燕国集团,其二是南方的虎国集团,在这方面,河北、殷墟与湖南高等贵族或有若干关系。大禾人面方鼎虽然出土自长沙地区,但与殷墟出土的铜面相似,这可能恰好代表特殊的帝王文化跨越地域局限而进行沟通和互补的情况。在殷墟国王大墓中发现的青铜面像,或许是被用于国王再生礼仪中。使用时,面具被钉在偶像上,被用作王的分身,经过偶像断头礼的祕戏,象征国王升天后重新获得神的力量再生。殷商时期其他类型的神奇面具的作用,需要另外再思考研究。比殷商早的河北刘家河墓,以及比之晚的琉璃河国王墓,也出土了作用相同的面具。

　　大禾方鼎的图案是双夔吞噬巫首的构图,但特别强调联络者的形象。方鼎均出自国王的墓里,在礼器中也有特殊价值,大禾方鼎应该也是专属国王的随葬礼器。笔者推论,大禾方鼎的图案不是普通献巫礼的形象,而是专门为国王再生礼塑造的礼器。目前这只是一个假设,尚无足够资料可提出更明确的证据。

笔者进而认为,殷王面具、大禾方鼎和琉璃河面具强调眉毛和人中,具有相面术的涵义,象征顺利升天而再生的途径。

商时代献巫礼俗以斩首作为神杀的方式,是故在造型上,神兽一定从头部咬噬巫师,或在神兽的牙齿间单独造型巫头。笔者认为,这些构图与用斩首祭法献人的礼仪相互呼应,表达的是同一系统的文化观点。这种观点的关键之处或许在于,古人认为头部即人的"天",独有升天的神能。这一观念的意思,或许接近于战国秦汉时期人们所认为的,死者靈魂分为升天的魂与下地的魄。

献巫文化源远流长,直至殷周以后方逐步失去原来的神祕性。献巫的信仰在以武力为政权基础的族群中流行,也被更多用于战争和军事情境,他们通常以战俘取代巫;同时由于巫师有通神的功能而将其头部造型刻于兵器之上,作为护身符,以求得巫和神的护祐。

总论：商文明的信仰结构

一、神兽、祖先与天体：三种形象综合的宗教

在殷商信仰中，祖先、自然神兽、天体三类崇拜对象并非零散不相干，而是构成一个宗教系统：龙形众神充满天空，众凤安排在天的四方，众虎守护地的四方，独一无二至上至中的上帝居于天中；十日轮流升落，以十日安排的众祖，通过神兽吞吐，乘日自地下升天而宾于帝、居于帝之左右，此外还有其他神兽各有其神能。这些形象并不相抵触，商人一方面认为，神兽管理自然界一切上与下、中与方、死与生的关系；同时认为一切顺从帝令。升天为夔龙的神能或日的能力，在商文明观念中只是对同一个问题不同角度的观察而已：日球以时刻和路径都整齐规律的方式，逐日行走于天道周圈，完成升降于天地的轮回；夔龙神在天地间的升落则不时受时刻和路径的限制，祂响应众生祈求，通过吞咽吐纳以化生或再生世间万物，助其升降于天地之间。

从社会不同阶段创造不同的信仰来说，我们可以推论，天上神兽的信仰源自古国之前时代的巫觋文化；十日平等的兄弟可能有早期联盟古国的背景；而独一无二的帝崇拜，则涉及大王国意识形态，并与大酋领国王的身份认同相呼应。同时，上帝、祖先和部分神兽形象与天象有关，有表达当时天地宇宙观念的意图。

在商农耕文明的信仰中，有崇高的昊天祭祀对象，此信仰涉及週年历数和"天时"的意思。学界经常认为拜天信仰源自周文化，但这种看法与资料相左，旋转天时的昊天是大自然死生与季节週行的基础。可是，在政治信仰中，古人并非认为是

昊天在赐"天命"给大王,商周等先秦文献一贯地表达了"上帝大令"的概念,即并非是自然的天,而是作为天中主宰的帝委任统治权给人王,决定君臣关系。从殷周"上帝大令"到汉代"天命"的用词变化,蕴含着文化意义的演化,故不宜简单地以流溯源,不宜从后期的文化新意来诠释殷周时期的字义和字体之间的关系。

至于昊天形象,在商文明信仰中,神和风分别构成"上下和四方"的天上空间观念,而老虎是地上或山上四方四缘的保护神。在此空间里还有一个颇为重要的点:即独一无二的四方之"中"。在商文明信仰中,在人世,两商王朝的"中"是神格化的"王位";而在天上除了群龙、群鸟等神兽之外,还有居于"中"的独一之"帝",即永居于天中的崇高对象。龙和凤都在天帝手下,众凤可以说是天帝所派的"方官",而众神可以说是天帝所派的"司命",两者皆聆听帝令而从之。

据殷商甲骨文来看,在商文明的信仰中,天上主要有众多龙形和鸟形的神兽,都属群体的崇拜对象,负责天与地、中与方之间的交往和化生。与此同时,天上还有一位非兽形的最高崇拜对象:上帝。在殷商信仰中,几乎所有的崇拜对象,包括自然众神和祖先都是群体的众神、众祖的信仰,只有上帝才是天上独一无二的崇高对象。在商人的信仰中,上帝不属于祖先,而属于崇高的自然神,但与"神"、"云"、"凤"等天神不同,上帝并无神兽的形状。

商文明"帝"的信仰应源自对北极天中的崇拜,而"帝"的字形也具体、充分地表达了其本义,不仅具体描绘了当时北极天中周围的天空概况,也保存了当时巫师推断北极天中位置的方法。这不仅符合商周信仰的内容,也符合当时重视天文观测的情境,并且从"帝"字的形构、用义来看,也和商时实际的天文状态相一致。

"帝"字或作名词指上帝,或作动词指从"中"祭拜"方"的"禘"祭法。因此"帝"字的意思,无论是作名词还是作动词,都离不开帝为"中"的本意。甲骨文极为常见的祭法是用"方"的礼仪祭祀帝以及用禘祭的礼仪祭祀方,皆涉及中与方的互补关系。在"禘"的祭法里,所祭祀的对象包含四方、巫、风等,都与四方或四疆有关系。以方来祭祀中帝和以禘来祭祀四方,两种意思是相互关联的。

以笔者浅见,这种中帝与四方的关系表达了商文明的核心观念:虽然天在上,而地在下,但万事万物并不是由天来独自主宰,天地互补交合才重要;同理,虽然中有独主,但中与方之互补相合才是关键,所以不仅是四方来朝拜中帝,中帝也恭敬于四方。并且,帝与方的关系不仅仅是表达空间关系,同时也涉及天上黄道四宫的星星旋转,以及与其相关联的时间季节的循环周转。上帝不动而位于四凤之中,此一图景正是金沙遗址所出金器图像所要表达的内涵：四凤环绕着中间的虚空飞翔，中间的虚空即代表永恒静止而不动的天中——帝。四宫星星在天上围绕天中之帝循环转动而有四季循环，相应地，在地上有出萌芽、长茎叶、秀穗、结果、枯萎、死亡、又出萌芽的生命循环。上帝在永恒静止的天中主宰四方、四时、四季的规律，是主宰週年死生的至上至中的崇高之主。

古人一方面把帝崇拜为至高的对象，同时并不认为万事都由祂管。独一无二的天帝是确定的原理，而具体的事情留给众神众祖管理。不过除了作宇宙原理之外，上帝的神能也直接象征和表达商王的神圣权力。帝永居于天中，所以位于地之中央的王是直接呼应上帝的，甚至可以代表上帝。所以地上之王既受上帝的支持，亦被他考验、惩罚。位处地之中的王对天之中的帝的祈求，一样牵涉到中与方的空间观念：如祈求天帝保护或不要破坏作为国家中央的都邑王城，或保祐国家领土之边疆。国家的政权也直接源自上帝，上帝降"大令"，以委任统治权。商周上帝大令信仰乃是秦汉"天命"概念的渊源。

在历史演变的过程中，虽然汉代文献继续将帝描述为北极神，但与此同时，秦汉思想中出现配合五行观念的五帝形象，因此失去其独一无二性。此外，传世文献中因用"帝"字描述帝喾、帝尧、帝舜等圣王，而曾经被误解为崇高始祖信仰（尤其是在二十世纪前半叶欧美学界的讨论常见此定义）。但是，对甲骨文的解读无疑否定了将帝的身份视为崇高祖先的看法。尽管从殷商晚期开始，先王也被称为"帝"，以强调上帝代理者的身份。依此可见，在殷商末期，帝有逐渐向人格神变化的趋势，但在实际上，其时帝的信仰并不具备人的形体，更加没有祖先的涵义。

汤商贵族的自我意识是一种多元的天生信仰。其中玄鸟降卵是一种始祖从上天落地的形象，并且前文的分析表明，鸟的形象与天体有关系。其中扶桑十日的信仰，从另一个角度描述汤商统治者是一个神圣的族团，而非单一宗族。这两者都与族群来源的神话有关。扶桑十日神话起初的来源应该没有准确的"十"的概念，而只是形容多日轮流从神树上升天的形象，只有在汤商时期才确定了十族太阳的概念并在丧礼中具体应用。

在汤商王室信仰中，先王取法于日，死后入龙口而再生、升天，商先王十日庙名则指出先王乘日升天的日干名号。但是，日并没有崇高的统治权威，因为他们是十日，十个平等的兄弟。这种形象更符合表达联合城邦古国的协调体系，兄弟轮值作主。可是在十日兄弟之上另有崇高的独一无二的上帝天中，似乎是多国联盟与帝国至上权威同时并存。因此从十日到其与上帝崇拜并存，或许反映的是社会政权的发展趋势。

考证扶桑十日神话渊源时，我们发现其与养蚕纺丝业的发展有关系，并且白色蚕蛾的羽化现象被转用做太阳升天的譬喻。这种信仰源自屈家岭文化国家起源的时代背景，屈家岭诸城祭坛上出土大型日祖偶像，各个城邦的统治者贵族，建立起将各城日祖联盟为十日族团这种意识形态，表达各城邦平等，各家贵族轮流值管全国之庙法规定，并且在精神文化方面，将十日与桑蚕崇拜相连接，创造了扶桑十日的优美形象。

扶桑十日不只是美丽的神话故事，其背后还表达政治上的盟会神权规定和庙法。约6 000年前兴起的几个邦国统治者，各家都认为自己的始祖是太阳。过了几百年，这些邦国建立联合城邦制的国家时，借用十日始祖形象表达永恒的盟约关系，以十日盟约为庙法建立数家邦国统治者的平等盟约：犹如十日轮流在天上值班，十日氏族大贵族也轮流管理联盟。

扶桑十日神话滥觞于长江中游平原地区，该地区自新石器早期以后始见太阳农历崇拜的脉络，逐渐形成了日鹰和日祖两种族群信仰的体系，且并存发展到青铜时代。其中，日祖传统从崇拜掌握历法的始祖英雄开始，到了屈家岭联合城邦制的国家兴起时，邦国大贵族统治者进一步自认始祖为太阳。这些邦国统治者都自我认同为太阳的后裔，在城市祭坛上设立日祖偶像。基于这种共同的文化背景，当时同时兴起的数家邦国在组织联合城邦时，创造了十日庙法。通过十日神权制度，强化和巩固了当时独立平等的十日统治者贵族轮流值日，轮流在联盟国家做主的政治现实。并且因同时有桑蚕纺丝业的兴起，而另外创造了扶桑形象，白色蚕蛾的羽化现象被转用做太阳升天的譬喻，因而使十日信仰从政权制度层面衍伸成为十日（氏）大贵族的丧葬礼仪。

到了石家河文化时，虽然邦国之间已不平等，但该联盟国家依然采取禅选制度，即大贵族们共同选定下一位统治者，联盟国家的统治之位不能父死子继。不过其后又因经历了夏时代父死子继的集权统治制度，而创造出羿射日的新神权庙法，试图毁弃十日（氏）大贵族的政权。这种宗教改革，虽然没有完全成功，却使玉质的桑蚕蛾的造型愈来愈少见于墓葬中，且被与崇拜日象无关但名称同音的玉蝉造型取代。

十日贵族团体在夏时代还保留一定的政治势力，他们也成为商王国所依靠的对象。因此,成汤出于政治笼络之目的,在庙法制度里复兴了十日神权,以此为基础建立了整套王室宗庙之法,并与其自身信仰的日鹰始祖形象相结合。也正因为如此,商王室以鸷鸟取代蚕蛾来象征太阳。这一套做法又实际影响到三星堆神树的造型。在三星堆神树扶桑树枝上有九只小鸟在休息,好像第十只飞走了,正翱翔在明亮的天空,剩下的九只将轮流代替它。这里的十鸟象征十日,树上九鸟代表九日;另一只为当值之日,飞翔于天空,而不见于树。三星堆神树礼器以及汤商十日丧礼(或谓"桑礼"),这两种形象或有同源异流的关系;然则,其以鸟表达日象的观念,或许也能够更加突显汤商十日丧礼与玄鸟形象的亲密性和内在文化逻辑的一致性。

此外,三星堆神树下有一条张开口的龙,把龙的形象也合为一体。笔者假设,这种构图意味着第十只鸟晚上回来时,先进入龙口,死亡在龙的身体里。直到翌日天明另一只鸟起飞时,神龙吐它再生而坐在扶桑树枝上。这种构图形象而完整地表达了甲骨文所记载的丧礼中神与日的关系。我们不需要怀疑为什么汤商信仰由三星堆礼器表达得最清楚。三星堆文化早已受到石家河文化的影响,因此以盘龙城为中央和以三星堆为中央的国家之宗教理应有很多共同点。

不过,从历史发展的脉络来看,神龙的形象不断扩展而使其获得管理一切死生造化的神能,玄鸟始祖信仰淹没在历史长河里,而扶桑十日的信仰和形象在汤商王室的丧礼中得到具体实践,并进一步被殷商王族吸收,从而成为后世崇拜先王的国家礼仪的雏形。与此同时殷商政治更加强调上帝,以表达独一崇高的神权。

在商文明的造型中,除了神兽之外,还出现人形面像,这些面像也代表商文明系统的某一部分。商周所见的面像可分为三星堆、江南、汉中及周原、河北及殷墟四种类型。但出土地点不等于器物来源的地点,所以江南类型的器物亦可见于山东甚至殷墟的遗址中,河北琉璃河西周墓中也同时出现了本土以及汉中类型的面具。不过大致上还是可以分出这四种面像的形式。

在这四种面像中,前三者都不应该被看作是人面,而是半人形的神奇崇拜对象,源自这三个地区共同的文化脉络中,所以需要另外做关于其信仰的分析。只有河北及殷墟类型的面像和面具没有神奇特征,而作常人的造型。这些面具与殷商神兽吞噬人头图案相关。经过将礼器和甲骨文对照,我们可以了解,神兽吞噬人头所反映的是献巫之礼的观念,头像被用来形容升天宾于神,为同族人求得保祐的巫师,让他作为人与神之间的联络者,所以,这是巫师升天再生图。

不过在殷商帝国时,我们另需要考虑高级贵族之跨越地域的文化脉络。大禾人面方鼎虽然出土自长沙地区,但与殷墟出土的铜面相似,这可能恰好代表特殊的帝王文化跨越地域局限而进行沟通和互补的情况。殷墟国王大墓中发现的青铜面像,或许是被用于国王再生礼仪中。使用时,面具被钉在偶像上,被用作王的分身,经过偶像断头礼的祕戏,象征国王升天后重新获得神的力量而再生。殷商时期其他类型的神奇面具的作用,需要另外再思考研究。比殷商早的河北刘家河墓,以及比之晚的琉璃河国王墓,也出土了作用应该相同的面具。虽然出土在华北,但是这种传统悠久的信仰造型,最有可能还是源自楚地。

大禾方鼎的图案是双夒吞噬巫首的构图,但特别强调联络者的形象。方鼎均出自国王的墓里,在礼器中也有特殊价值,大禾方鼎应该也是专属国王的随葬礼器。笔者推论,大禾方鼎的图案不是普通献巫礼的形象,而是专门为国王再生礼塑造的礼器。目前这只是一个假设,尚无足够资料可提出更明确的证据。况且,笔者认为,殷王面具、大禾方鼎和琉璃河面具强调眉毛和人中,具有相面术的涵义,象征顺利升天而再生的途径。

商时代献巫礼俗以斩首作为神杀的方式,是故在造型上,神兽一定从头部咬噬巫师,或在神兽的牙齿间单独造型巫头。笔者认为,这些构图与用斩首祭法献人的礼仪存在呼应关系,表达的是同一系统的文化观点。这种观点的关键之处或许在于,古人认为头部即人的"天",独有升天的神能。这一观念的意思,或许接近于战国秦汉时期人们所认为的,死者灵魂分为升天的魂与下地的魄。

献巫文化源远流长,直至殷周以后方逐步失去原来的神祕性,献巫的信仰在以武力为政权基础的族群中流行,也被更多用于战争和军事情境,他们通常以战俘取代巫;同时由于巫师有通神的功能而将巫师头部造型刻于兵器之上,作为护身符,以求得巫和神的护祐。

商文明信仰蕴含了几个层面的形象:神兽、天象、时间、空间、人生,这些形象在上与下、中与方的关联当中,构成一个大的系统。神龙吞吐、虎食人、十日从扶桑升降,在商文明信仰中,从不同角度、用不同的形象,表达同一件事情:生命轮回的循环以及升天、再生的理想。自然界的十日,以及人间的巫觋为天地之间的联络者,这套信仰基本上是在长江中游汤商国家文明成形,同时已有多元的因素,蕴含了长江流域平地农耕社会与山地猎战族群的理想,并且在多元的基础上,重点凸显汤商贵族的族群信仰。

　　玄鸟天凤的故事其实是汤商族群始祖信仰,而非殷商族群所有。所以从殷商甲骨金文和王墓的随葬品,一点也看不出玄鸟有何特殊地位。但与此同时,殷商王族凭借军事上的胜利,打败汤商王朝,获得其统治权力,并攫取、剽窃汤商这个古老国家的神史。因此而使南北族群的历史和神话如蛛丝交织、混合在一起:一方面神话中记载了殷商的相土乘马的故事,同时有玄鸟和汤克夏等汤商的故事。

　　殷商篡权者特别强调继承丧礼,以让臣属都接受、承认他们是继承者而不是篡权者。笔者猜想,武丁或他的前辈,或许曾经以通婚的方式与汤商结亲,故而对汤商礼仪颇为熟悉,并因此而获得“合法”的理由来强调他们的传承性。当然史料中没有留下相关的痕迹,但从殷商统治和集权的方式来看,这恰好是他们常用来构成集权政治的基础的做法。

　　汤商文化里从没有用日干作生人的名字。但是殷商武丁毕竟是外来的北族野蛮人,占领而统治古代文明区域,虽然接受了本地文化传统,但却没有对此传统足够熟悉而谨慎,所以花东卜辞里,活的武丁已被命名为丁。进一步可以考虑,武丁大王首次建立集权的早期帝国体系,自我命名为“丁”,选择此吉祥的日名,以强调自己作王有超越性的能力来源,这在中国历史上可能是最早的王位的神格化事件,将王等同于神祖。这一做法,类似于一千多年后秦嬴政自称为“皇帝”,当时这两个字原来只用来指称天上的始祖或天帝。换言之,笔者假设,日名始用作生人名的情况,或许暗示,这是新来的族群借用古老传统而留下的痕迹。

　　这一套信仰系统,从我们现代人的角度看起来很复杂,似乎有内在矛盾,但是在古代人的观念中并不产生矛盾。古代信仰是多层面的,而形象互相代替或合并的情况并不相抵触。这种多层面性有几种因素:首先,多元社会合并不同的形象和观念;其次,早晚形成的观念继续并存,互相不否定;此外,不同的观察,不同的认识,从不同的角度解释同一种现象,如恒星负责雨露或神龙负责雨露,神祖、玄鸟或日为祖先等。这是上古文明观念的普遍特色。但是,自西周中期以来,祖先崇拜不再用十日庙名,说明有该信仰和自我认同的宗族从历史舞台上已消失。但是西死东生的概念始终留存在传统文化的脉络里,崇拜祖先的祭礼始终安排在早晨,配合日出传送祭礼。至于献巫师升天的信仰,大约在战国以来随着巫觋文化的没落而趋向衰微。相关祭礼已不再用,常人形状的面像也不再制造。而源自长江流域的戴天盖的神祕面具,到了汉代演变成为墓门铺首,日后甚至影响了戏剧面具(特别是类似于傩戏的剧种)的造型。

二、世界上古信仰的脉络刍议

顺着上编，此处将继续比较中国神龙和古埃及信仰，我们还会发现其他内在的相似性。甲骨文记载神与日的关系，而三星堆扶桑神树的根上有一条神龙，似乎每晚吞噬太阳玄鸟，这些形象使我们反思中国与埃及信仰的异同。首先，在古埃及传统中，日的形象与金龟甲虫、隼鹫鸟相关；而在古中国传统中，日的形象与蚕蛾、老鹰鸷鸟相关。可见，这是两种相类的动物。其次，在古埃及信仰中凶蛇阿佩普（Apop）在夜间吞噬日神拉（Ra），意图杀死祂，不让太阳再出来；而三星堆扶桑造型则是日落入龙口的形象。普罗普先生曾经搜集很多蛇、鳄鱼等地下或水下恶神吞噬日的传说，除了古埃及之外，印度吠陀（因陀罗神帝杀弗栗多恶龙而解放它吞噬的太阳）、太平洋农耕部落传说（如帛琉群岛人认为"日"晚上居于海边大树上，而鳄鱼等着吃它）、俄罗斯民间故事，都有龙形的怪物吞噬日的遗迹。在这样背景下，商文化的龙与日的关系有什么特点？如果更详细比较古埃及和古中国两个大传统，的确是小同大异，以下提出中国拜日信仰与古埃及拜日信仰之间所存在的几项关键的差异：

第一，独一崇高神日与十日的差异。

在古埃及的信仰中，日是独一无二的崇高神，西日落地的形象是冥王欧西里斯（Osiris）。同时古埃及欧西里斯信仰的重点，不在于死亡而在复活的神能。东日升天的形象是欧西里斯亲子荷鲁斯（Horus）隼鸟，所以死日与再生日有父子关系，与此同时，欧西里斯生荷鲁斯，包含自我再生的意思，所以最终这是一个不可分的崇高对象——日神拉。扶桑十日信仰往往没有崇高的独一无二的大神，它们是平等的兄弟，轮流在天上值守。

只不过甚至在这种差异中，也有相同的一项。中国十日概念源自以日为始祖的邦国统治者联盟体系；而古埃及国家宗教认为，日神欧西里斯的尸体曾经被分为十四块，每一块相当于组成古埃及联合国家的邦国。可见形象虽不同，基础的含义却是相通的。

第二，与世俗权力的关系不同。

从上述的不同，可以进一步看出日神的权威有异。古埃及的拉神是最高权威，也直接涉及法老的权力，入地的西日是欧西里斯——前代法老的表现，一切前代法老合在他的身体中，同时每位前代法老都可以代表它的全身，而作世外界的在位者。至于在天上的日，它是当时在位的法老，而且所有前后的法老都是一个"体"。商文明有十庙概念，先公、先王以十庙来区分，十庙都是日庙，但是未见先王或在位的王代表日的观念。先王取法于日，死后入龙口而再生、升天，但未见代表日来统治。"日"本身也没有统治的崇高权威，是因为他们是十日，十个平等的兄弟。这种形象更适合表达联合城邦古国的协调体系，兄弟轮值作主。可是在十日兄弟之上另有崇高的独一无二的上帝天中，似乎是多国联盟与帝国至上权威同时并存。中国各地文化中，从未见把日当作至上崇拜对象。汤商十日系统，应该源自兄弟多国联盟的协调统治，但在此基础上越来越凸显出另一位崇高对象：神秘不明的天中上帝。上帝至高的独一性在石家河晚期已露端倪，而在殷商官方观念中特别明显。天上十日之庙都在帝之下，而地上在位之王可以直接连接到帝。从这个角度来看，殷商帝国意识形态中，在位王的权威似会超越他的祖先。所以商文明也发展出至高的独一的权威概念，但却并非用日的形象来形容它。

第三，明暗互斗与自然死生通道观念。

在古埃及，太阳被蛇吞噬后，每当夜冥时经过蛇身时，为了获得再生，需经过明与暗的大战斗，如化身为羊首人体，或猫，或兔子，以击败阿佩普蛇神，凶残的阿佩普蛇神则是企图灭绝一切生物的地下之王，阻止太阳神从地下升天、养育万生，所以只有取胜于阿佩普才能有生。而在中国，扶桑树根部的龙，并不是日鸟的战斗对象，反而是提供羽化、再生通道者。

第四，地下蛇与天生龙的差异。

古埃及的地下蛇神阿佩普与古中国神龙的形象差得很远。阿佩普就是地下神兽，地下之王，从不升天；而神龙则来自天，是从天而降的神的形象。神降是为了赋生，也为了协助地生的太阳升天。十日生于地上而升天，神龙生于天上而降，这两种互补的过程在古人观念中被视为天地相交的根源。这一观念在后期哲理化过程中，到战国时期形成了"神明"观念。

中国神龙的信仰可以归属到人类文明共同的脉络里。除了神龙吞吐水、火、人和其他万生之外，也有其吞吐太阳的信仰，这一切吞吐的动作形容死与生的循环。

这一套信仰在很多古代农耕文明都有，但这一共同性仅此而已，每一具体文化的观念各自不同。

此外，许多萨满文化都特别害怕大酋国王的自然死亡，认为这会导致国家灭亡，因此按时进行神杀，以让大酋灵魂再生于另一年轻人的身体中。古人认为，大酋的灵魂应该永远居住在年轻力健的身体中，才不会失去势力，邦国也不会衰落。有些古文明规定国王在位统治的期限，期满后杀死国王。如南印度的上古文明，即以岁星週期来决定王的在位时间，新王即位 12 年后就会被杀死；地中海上古文明则限制国王只能在位 8 年。

学者们发现，距今 4 500 年左右，中国古国形成时期也有统治者 30 岁左右被杀死的情况。这种传统可见于部分良渚文化的社会群体，最明显的例子是在苏北新沂花厅古国的墓葬里，随葬品及殉葬人最多的大墓，墓主都是 30 岁的男人。黄象洪先生很有说服力地提出，这似乎是"法老不老的现象"。

不过古代大文明早已不再真正地杀死国王，但礼仪性杀死的行为并没有消失。古埃及法老从 30 岁以后，在固定的时间得经过"Heb Sed"再生之礼，礼仪中先有神杀的祕戏，而后经过很多阶段，表演再生的过程，此过程包括佩带兽尾跑步，以重新与神兽合一，重新获得神力而再生。有关古埃及"Heb Sed"再生之礼资料甚多，无疑与远古神杀国王的仪式有关。

有些文明以献祭王子取代杀王的礼俗，最显著的例子即古希腊杀死长子献给神的传统。古闪族的大酋国王，在国家有危险的情况下，会杀死亲子献给恶鬼，以赎自己和民众的生命。在腓尼基文献以及《塔纳赫》中，都可以看到相关的描述。

古巴比伦王位有一年的限制，每一年王要升天见神，重新获得神的肯定，为了不必每年杀死统治者，在过年的五天时间中乃设立临时王，五天后临时王在民众面前被杀。这些临时王一开始应该是由良民担任，甚至是王的亲戚，但后来改成死刑犯。这五天内，临时王既可像真正的王一样发布命令，还可以与王后、妃妾过夜，后来若生子，也被视为王子，同样有继承权。弗雷泽发现在柬埔寨、泰国等国家中，直至 19 世纪都还保留了选择临时王的传统，不过已经改用特殊的下台表演取代杀王的礼俗。有些文明，如闪族、波斯等，不定时地在国家危险的情况下选出临时王，以隐藏真王、拯救国家，等真王回来后，临时王即被用来献祭。

在中国，王也被视为丰收、战胜、国民长寿多子、天下无灾的负责人。王的健康、生殖能力，都极为关键。此外，殷商文明有很强的週期概念，崇拜先王的祭礼照干支週期来安排,这导致特殊祭礼时间概念的形成。并且,殷商所见常人面具,似乎也是以献分身代替献王礼俗的遗迹。

单头面像和面具以及神兽吞巫头的造型,均与商文明的斩首献巫之礼有关,而这种祭法或许牵涉到古人将头部连接于天的观念。在时空离殷商遥远的加泰土丘的文化中,实际上也采用断头丧礼,将死者的头和躯干分开埋葬,头部葬在牛头的祭坛下,以祈神牛护祐,追求再生。此文化也有在头骨上添加一层陶土以塑造面像的传统,人们相信这种神祕礼器可以容纳再生的生命力。而在加泰土丘的壁画上,常见巨大兀鹫吞噬人头的图案,被噬断的人头呈上升状态,而躯体则往下掉;同时,加泰土丘文化中的兀鹫也如同商的饕餮,有神杀和神生互不可缺的神能。这两种时空相隔遥远的神兽,都以噬断头颅的方式助人升天,而且在这两个不相关的文明中,神兽噬断头图案与斩首礼都是并存的。

其实,比较中西古代文明中生命神兽的崇拜,容易发现所谓"西方龙"和"中国龙"并不是毫不相干的观念。只是不同文明对上古的神兽形象,保留了不同的记忆。在上古信仰中,神兽是保祐吉祥的;与此同时,神兽也需要人牲,但这是有助于再生的神杀;所以,在上古信仰中神兽的吉祥性和神兽吞噬人的形象并不相抵触。但在没有"神杀"信仰的后人眼中,这两点便是互相矛盾的了。许多文明因对血腥祭礼的记忆,从而害怕古代曾经受过崇拜的神兽,因此便在民间故事中保留了嗜血凶残的恶龙形象。中华文明虽曾一时有这种趋势,但最后却反而选择保留祭拜吉祥神兽的记忆,而忘记牠嗜血的恶性,仅仅改变了祭祀时的仪式,保留了原本的崇拜对象,只是"修正"牠,让牠符合后人精神文化的需求。或许正因如此,在中国后期的民间信仰中,才不再使用夔龙或双首龙的形象,而改为崇拜形状有些不同的单首龙,以与吃人的夔龙作区分。

我们在溯源的研究中,应该结合这两个角度——上古的夔龙或饕餮既血腥又吉祥,"神杀"离不开"神圣再生"概念,神兽的吞与吐是一个不可分割的程序,上古时代的人们透过这个程序表达了人与神相结合而臻于神化的过程。

商文明的信仰世界与传统思想渊源

下编 从天神到天地之道：易与道观念的先迹

郭静云 著

下编

从天神到天地之道：易与道观念的先迹

导论：从形象到概念

　　上、中篇讨论商文明形象化的宇宙观念，天上充满神兽，天象背后隐藏很多神兽活动。虽然这是形象化的观念，却已构成完整的体系。这体系一方面表达了成熟完整的概念，同时又把不同神兽和形象安排在立体的空间里，明显突出"中"、"上"、"下"、"四方"、"上中"（天中）、"上方"（天方）、"下中"（国中王位）、"下方"（地方：四土、四方之地）。与这些空间单位相关的神灵，对应着各种上与下、中与方的关系，并构成众神的等级关系。

　　这种信仰的系统性，可见于商周礼器上：不同地区、不同风格的礼器却有共同的母题。这种系统性反映出，商时不同地区、不同大小的国家的贵族来往密切，已形成了跨地域的观念，相互补充、影响和认同。同时，这还表明当时形象化的信仰观念已发展成为完整的宇宙观和明确的信仰意图。所以商文明的信仰，虽然依旧采用神祕的形象，但已奠基于系统的思想，且这种思想的基础已达至相当高级的层面，而具有超越的抽象性。商文明的思想，成为后来中国大传统思想中颇为关键深入的渊源和基础。

　　在商文明所留下的资料中，礼器和甲骨卜辞均直接表达精神文化，但两者都不是容易阅读的叙述性文字，需通过各方面比较和考证，才可以探索出它们所隐含的意义，即便如此也往往还会有很多细节难以掌握。有形象的部分，可以看到形象，但未必能看懂其隐义。但是，虽然商文明的形象背后已有抽象概念，但它们未必都用可造型的具象形象来表达。也就是说，不是所有的观念都能够直接从礼器的形象考证出来，而甲骨卜辞或许会留下相关的痕迹。

　　但是甲骨文不是叙述性文字，而是幽祕性颇深的简略词句，甚至连当时的普通人都难以理解，只有巫师贞人熟悉占卜文化的脉络，掌握甲骨刻辞幽祕形象的简略语言。所以我们阅读甲骨文是一种黑暗中的探祕过程,绝不能采用简单的解读方式,不能忘记这是占卜文字。

传世经籍中,却有一本书,在类型上与甲骨文接近,这就是《易》。经学传统中,将《易》当作表达思想的古籍,这显然无误,但其爻辞、卦辞与甲骨文一样是记载占卜成果的文字。卜骨和卜筮是不同的占卜方法,但是无论什么卜法,占卜语言的特点都相近:用不明晰不直接的形象来表达,允许有数种解读的可能性等。但是占卜的语言不能从"迷信"的角度来解读,甲骨文和《易》都在其深层系统地表达了古人对天地与人生规律的认识。从这一角度来说,甲骨文是最早的思想记录。但是,当时的社会思想还没有到达自我反思、哲理化的时代,所以甲骨文没有说明、解释自己内在意义的记录,只留下了简略不明的殷商国家精神文化与祭礼的原始痕迹。虽然甲骨文记录最早只是出现在殷商,但笔者认为,这些观念并不是殷商王族所带来或创造的,卜甲也是殷商传承自长江流域早商国家文明的传统,甲骨文记录只是明确化了原来不被记录的观念。

如果能够解读部分甲骨刻辞的规律,我们就可以进入商文明中人的思想方式,厘清一些观念,从中钩沉出中国大传统中一些重要思想观念之滥觞;并且,再进一步了解古代仪式规律所内隐的基础概念,以更加厘清礼器的作用和造型的特点。

第一章 甲骨文祈卜"下上若"的
隐义与天地之交概念

一、资料分类及训释

（一）"下上"祈祷卜辞的分类

在殷墟甲骨占辞中屡次出现"下上"祈祷对象，均用于以下情形。

1. 武丁时代奏舞之礼卜问"下上若"或"下上弗若"：

　　　己卯卜，㱿贞：业（有）奏徝（德），下上若？

　　　己卯卜，㱿贞：业（有）奏德，下上弗若？二告。　　　　　　　　《合集》7239

2. 商王武丁祈求治病，而卜问疾病的来源：

　　　贞：不隹（唯）下上肇王疾？

　　　贞：隹（唯）帝肇王疾？

　　　……帝肇王疾？

　　　……曰：吉……肇余……　　　　　　　　　　　　　　　　　　《合集》14222

3. 最常见的例子是，商王武丁准备征伐土方、舌方、下危、多屯等方国，出兵前祈求"下上"之赞许，卜甲上刻出"下上若"或"下上弗若"等祈祷套语：

　　　贞：王戬多屯不若，佐于下上？

　　　贞：王戬多屯不佐，若于下上？　　　　　　　　　　　　　　　《合集》809

贞：今时王勿作，从望乘伐下危，下上弗若，不我其受又（祐）？

《合集》6505、6506、8498；《英》587、588

贞：王重（惟）望……下上若，受我又（祐）？　　　　《合集》7532、7533

己巳卜，㱿贞：勿〔妇〕好呼，从沚馘伐□方，下上若，受我又（祐）？

《合集》7502

贞：今时王重（惟）馘从伐土方，下上若，受我又（祐）？《合集》6418、6428

……沚馘称册晢舌方……，其辈卒王从，下上若，受我又（祐）？

《合集》6161、6160、3958①

贞：王勿逆伐舌方，下上弗若，不我其受又（祐）？《合集》6201—6204、6222

贞：王正（征）舌方，下上若，受我又（祐）？

贞：勿正（征）舌方，弗下上若，不我其受又（祐）？《合集》6317—6319、6322

己卯卜，㱿贞：舌方出王自正（征），下上若，受我又（祐）？　　《合集》6098

贞：勿佳（唯）王正（征）伐舌方，下上弗若，不我其受又（祐）？

《合集》6207、6220、6221；《东京》356

贞：勿佳（唯）王正（征）舌方，下上弗若，不我其受又（祐）？

《合集》6314—6316

庚申卜，㱿贞：王勿正（征）舌方，下上弗若，不我其受又（祐）？　二告。

《合集》6320、6321②

4. 武丁之后几乎未见"下上"之语，只有康丁时代的一片卜骨有意思不详之录：

癸亥卜，彭贞：其酓彡，王下上亡左。　　　　　　　　《合集》27107

可见，除了最后一条，其余的祈祷"下上"的卜辞都属武丁的祈卜，且绝大部分用"下上若，受（授）我祐"祈祷套语。因此厘清此语的本旨，有助于理解祈祷下上者之意义范围。

（二）"若"与"授我祐"的训释

1. 释"若"

上篇已训释，甲骨文中"若"字作为动词有主动式和被动式两种用法。"若"字

---

① 另于《合集》7428、14261—14266；《英藏》553 等也有相似之记载。

② 另有一些文句残缺但都无疑是"下上若授我祐"的卜辞，如《合集》6326、7342、8577、14267—14269、14373，《天理》192 等。

为主动式动词时,乃指上面选定授权者,支持并赐予其和善及顺祥,此即陈梦家先生所解释为"诺"、"允诺"的意思,传世文献均保留有此意思①。在卜辞中,能予"若"者乃限于四种对象:(一)最多文例指出"帝",如上篇内已讨论"王作邑,帝若"②,王出兵而问"帝若"③,或无指称具体事情而祈祷"帝若"、"上帝若王"④;(二)其次为"下上"者;(三)文例较少为"祖",如"祖乙若王"、"祖丁若小子?"等⑤;(四)文例中,最少有"王",如《合集》30326"王若授祐"等。

此外,"若"字也能作为被动式动词,换言之,除了自上位者授权赐予和善之意外,甲骨文中也出现,下位者"若于"上位者的用例,这样的卜辞,除了若于下上者,另有记录王顺从上帝,如《合集》14199"若于帝祐";或王顺从祖先,如《合集》808、3255。在这里"若于下乙"或"若于父乙"应用指武丁顺从小乙。此种作为被动式动词的用法,在先秦两汉文献中也有被继承的文例,如《书·说命中》:"明王奉若天道,建邦设都。"《穀梁传·庄公元年》:"不若于道者,天绝之也。"范宁注云:"若,顺。"⑥

换言之,甲骨文中"若"字一定与帝、祖、王等三种崇高的对象相关。不过,除了帝、祖、王之外,卜甲上也大量出现"下上若"或"若于下上"等祷告。由此可见,"下上若"或"若于下上"这一类祈祷套辞,所表达的乃是商代信仰中某种以"下上"为核心概念的信仰,其中"下上"是与上帝、祖先同等的对象,但既非祖先,也非上帝。

2. 释"授我祐"——兼探甲骨文中"自我"的用词和概念

再进一步分析,在"下上若"套语之后均有随言"授我祐",祈祷对王事的支持保祐。甲骨文资料又显示出,除了"下上"之外,另有上帝和先王才能够"授我祐"。

---

① 如《国语·晋语二》:"夫晋国之乱,吾谁使先若夫二公子而立之,以为朝夕之急。"就指选择授权之意。《左传·宣公三年》:"故民入川泽山林,不逢不若,魑魅罔两,莫能逢之。"《商君书·慎法》:"外不能战,内不能守,虽尧为主,不能以不臣诸所谓不若之国。"就指和善而顺祥。《楚辞·天问》:"何献蒸肉之膏,而后帝不若?"《汉书·礼乐志》:"神若宥之,传世无疆。"最接近于卜辞中所用的"若"义。参(战国周)左丘明撰,(吴)韦昭注:《国语》,页309;(晋)杜预注,(唐)孔颖达等正义:《春秋左传正义》,页956;(战国卫)商鞅撰,贺凌虚注译:《商君书今注今译》,页187;(楚)屈原著,洪兴祖补注:《楚辞补注》,页142;(汉)班固撰,(唐)颜师古注:《汉书》,页1055。

② 如《合集》94、14200—14207等。

③ 如《合集》7407等。

④ 如《合集》7075、30388等。

⑤ 参《合集》151、6653、13603等。

⑥ (汉)孔安国传,(唐)孔颖达等正义:《尚书正义》,页171。(晋)范宁注,(唐)杨士勋疏:《春秋穀梁传注疏》,页120。

这一祈祷套语中,有关键的"我"的意思。

在殷商历史阶段中,庶人的自我概念尚未形成。即使是当时所谓的"余一人"亦仅是指王的身份。陈炜湛先生专门讨论了甲骨文"朕"、"余"、"我"等第一人称代词,并指出,虽然卜辞中"余"、"我"可厇为贞人名字或表达地名,但若用为第一人称代词,则都用作王的自称,可见将"余"、"我"用为贞人名与"作为第一人称代词、时王自称之余有别,不相混淆"①。甲骨卜辞中,王的自称有"𦥯"(自)、"𠦪"(𠦪、朕)"余"(余)和"我"(我)。有关"自"字,上编已有详细讨论,不再重复。至于后三者,其涵义分为如下三种:

(1)"朕"

关于"朕"字的字形,李孝定先生循着叶玉森推知:"象两手奉器衅舟之形,故引申之兆璺意谓朕。"②对比而言,这种解释很有说服力。这种自我称呼将王介绍为祭主,这是商王关键的身份作用,用"朕"字的卜辞,不占卜出兵征伐的事情,而涉及被除祈祷或崇拜祭礼③。西周以来在青铜器铭文上,"朕"字在宗庙礼仪上通常作贵族祭主的自我自称,而祖先庙主铭文中祭主称为"朕高祖"或"朕考"、"朕文考"等。直至秦始皇帝决定"天子自称曰'朕'",此后才专门用作帝王的自称。

(2)"余"

甲骨卜辞中"余一人"为王的自称,对比胡厚宣先生已有充分讨论④;然而对甲骨文"余"(余)字的象形意义,学术界仍没有共同看法。叶玉森认为"余"字的上面接近于"口"的写法,故推论以手指口为余⑤。虽然西周金文所见的"𦣞"字,才是从"口"、"五"声的语音字,对"余"字的这种解释恐不妥当,因此学术界不接受叶玉森先生的见解。姚孝遂先生认为此字仅有语音假借的源流⑥,可是这种假借的解释恐怕也有不足,因为对此字本形的源流并没有提出任何解释,不知其本义如何。

闻一多先生假设,以"荼"(或作"瑹")字释"余"字的本义,这一见解相当可取⑦。

① 陈炜湛:《甲骨文所见第一人称代词辨析》,页77—82。

② 李孝定编述:《甲骨文字集释》,页2768。

③ 陈炜湛:《甲骨文所见第一人称代词辨析》,页77—78。

④ 胡厚宣:《释"余一人"》,《历史研究》,1957年第1期,页75—78。

⑤ 叶玉森:《说契》,北平:富晋书社,1929年,页3。

⑥ 《甲林》,页1931。

⑦ 闻家骅著:《古典新义》,台北:九思出版社,1978年,页559—562。

《说文·八部》："余,语之舒也。"《礼记·玉藻》："天子搢珽,方正于天下也;诸侯荼,前诎后直,让于天子也。"《荀子·大略》："天子御珽,诸侯御荼,大夫服笏,礼也。"杨倞注:"荼,古舒字。玉之上圆下方者也。"①由这些文例可见,"余"、"荼"、"珎"为圭属玉器,即权柄的象征。这个意义也正好可以用作王的自称,只是在周礼中"珎"字已不指王柄,而象征诸侯的权力。

陈炜湛先生亦揭示,"余"字均出现于祭祀祈祷的卜辞中,而"我"见于征伐授祐的卜辞中②。换言之,"余"与"我"的本义皆强调带有独一的权位之义,并且各自表达王的两种最关键的权利与责任:定时立圭、定朔,以确正历法,掌握天时的规律(余);伐权,包括国内确定罪人、违背忠诚者,以及在国边之外征伐非臣属之国和族群,以扩展领土(我)。

(3)"我"

其中"我"字写作"𢦏",为武器的象形。依此可推知,商代"我"字不应理解为一般的自谓,而是指掌有攻伐大权者之自我,且"我"用字的特点即在强调"我"为举钺攻伐者。林沄先生在深入探讨"𢦏"字的象形时,推论其应是商代钺之象征③。同时考古证据明确显示,铜钺乃商王之标志物,"王"字可能也是从钺之形。商代之"我"字实强调商王之征伐权力。卜辞经常出现"授我祐"祈祷套文,且其重点即在上面(如上帝或祖先)赐命权力,包括伐权,因此祈受祐的卜辞常常用以祈求胜利、保护王权。甚至在占卜出兵之事问辞中,"𢦏"字既可以释为"我",也可以直接用作"钺"。

(4)小结

受到上面的保祐者必定是高权位者,具体来说,只有商王才具有祈求,而且受上帝、祖先或下上保祐的资格。由此可见,在商人信仰中,"下上"能够保证商王政权,王事成功。甲骨文资料又显示出,除了"下上"之外,只有上帝和先王才能够"授我祐"。此亦能证明,商代信仰中,"下上"、祖先、上帝乃三种不同却等级接近之核心概念。

---

① (汉)许慎著,(清)段玉裁注:《说文解字注》,页49下。(汉)郑玄注,(唐)孔颖达疏:《礼记注疏》,页1366。(战国赵)荀况撰,(清)王先谦集解:《荀子集解》,页322。

② 陈炜湛:《甲骨文所见第一人称代词辨析》,页78—79。

③ 林沄:《说戚、我》,《古文字研究》第十七辑,1989年,页202—205。

二、何谓"下上"？

（一）商代"下上"概念与西周"上下帝"概念之区分

　　殷商"下上"信仰引起了学术界辩论，郭沫若先生推论，因古人有上下相对概念，故在殷商信仰中，可能不仅有上帝，而且也有"下帝"①。不过，到目前为止，在考古和文献中尚未发现有任何针对"下帝"存在的遗迹。

　　上编已阐明，商文明的"帝"是独一无二之崇拜对象，他从不可升的独特的至高至中至上之位，来保证一切上与下、中与方之间的过程。因此只有"上帝"而没有与其相对之"下帝"，包括将先王开始称为"帝"的时候，以此只是表达先王是居于上帝左右者，但并没有将先王当作与上帝相配的下帝。即使后来在西周铭文中出现"上下帝"，如周公彝"上下帝无终，令于有周"，据笔者理解，这也不能解释为上下二帝。"上下帝"应用已揭示，"帝"不仅治理天上，而且完整地掌握天地一切，就是所谓天地之主、天地之始等。对商周人而言，帝旨无所不及，且无所不包；帝的身份不可能分成上与下二帝，他只能是独一无二之崇高至上对象。至于五帝概念，是接近于汉代才得以形成的，但甚至到有"五帝"概念时，依然没有"下帝"形象的出现。此外，西周虽然偶尔有"上下帝"，从未见"下上帝"的记载。故从所有的角度来看，甲骨文中的"下上"一词既不能解释为下、上二帝，亦无法与西周铭文中"上下帝"的意思相连接。

　　另外，胡厚宣先生认为，"下上"之"上"指上帝，而"下"或指地祇百神②。然而，此一假设也难以成立：上述资料足以证明，"帝"与"下上"为不同的祈求保祐对象，因此"下上"不能包括"帝"。

---

① 参见郭沫若著作编辑出版委员会：《郭沫若全集·历史编》卷一，北京：文学出版社，1982 年，页 31。

② 胡厚宣：《殷代之天神崇拜》，《甲骨学商史论丛·初集》，台北：大通书局，1972—1973 年，第一册，页 295。

（二）"下上"与逆祀之礼

　　萧良琼先生推论，"下上"是指先王所进行的逆祀和顺祀，"只是下从哪位先王开始，上溯到哪位先王为止没有列出"①。甲骨中无疑有逆祀的记录为证，然而这不足以证明"下上"即指逆祀和顺祀。萧良琼先生的假设有以下三项不足：

　　第一，绝大部分"下上若"卜辞是武丁时代的，但目前所发现的逆祀记录之年代都是武丁之后，且在武丁时代的卜辞中，常见一套相反的文例，均描述自上至下的顺序：

　　　　贞：疋〔来〕羌用自成、大丁、〔大〕甲、大庚、下乙？　　　　　　　《合集》213

　　　　壬寅卜，夐贞：兴方以羌，用自上甲至下乙？　　　　　　　　　《合集》270

　　　　贞：〔兴〕方以羌，自上甲用至于下乙，若？

　　　　……酓用自〔上甲〕至于下乙？　　　　　　　　　　　　　　　《合集》271

　　　　贞：勿酓自上甲至下乙？　　　　　　　　　　　　　　　　　《合集》419

　　　　求于上甲、咸（成）、大丁、大甲、下乙？　　　　　　　　　　　《合集》6947

在此父乙和下乙都指前王小乙②，《合集》213 和 6947 从上甲到小乙按顺祀指出几位被祭祀的先王，而《合集》270、271、419 则记载"自上甲至下乙"为祭祀对象，描述从最先到最后顺着祭祀所有的先王之礼（或不排除这是针对两位最先和最后的祖先之祭礼），无论如何这里的次序都是顺位祭祀（谓之"顺祀"）。换言之，武丁时代未见有逆祀的传统，而"下上若"卜辞是武丁时代，释为逆祀并不合理。

　　第二，无论是逆祀或顺祀，祖先崇拜会有提及祭品或祭牲，而针对"下上"从未见用任何祭品。笔者强调，"下上若，授我祐"并非祭祀之记录。甲骨文资料描述许多贡祀祖先之祭法，但却未见贡牢于"下上"。商贵族仅追求下上护祐授权，但根本不进行祭养"下上"之礼。在上述情况下，"下上"难以解释作祖先的统称。

　　第三，萧良琼先生论证其说法时所用的卜辞，不仅在时代上不合，其记录的内

---

① 萧良琼：《"下、上"考辨》，《于省吾教授百年诞辰纪念文集》，长春：吉林大学出版社，1996 年，页17—20。

② 胡厚宣和陈炜湛先生认为下乙非指小乙，而指祖乙，但武丁时代小乙的重要性毫无疑问，因此大多数学者均认为，当时"小乙"、"父乙"、"下乙"都指小乙一人，而非祖乙。在后期占辞中，没有发现以"下"字特别指代最后一位祖先之文例，这是武丁时期的表达方式，与此同时也有称为小乙之例，如《合集》383、2169、2170、2171 等。

容也与"下上若"差得远,这些帝乙、帝辛时代的卜辞的用法和意义与武丁时代向"下上"的祈祷相当不同:

> 求其上自祖乙?
>
> 求其下自小乙?
>
> 求其上?
>
> 求其下?　　　　　　　　　　　　　　　　　　　　　　《合集》32616

在此先指出"祖乙"和"小乙"祖先名号,并且"下"、"上"分开用,并不联成"下上"一词。后两句"求其上"、"求其下",只是简化重复旁边所刻的完整文句。所以祭祀的对象很清楚。武丁时期的"下上若"前后不提及任何祖先,反而用抽象的"下上"一词。

总而言之,文句结构、内容和时代遥远的卜辞,不能用来讨论武丁祈祷下上若卜辞的意思,萧良琼先生的假设是完全不能被考虑的。

(三)商代"下上"与秦汉"上下神祇"之别

陈梦家先生对"下上"没有提出较明确的解释,但他的理解接近"上下神祇"的统称①。以笔者考证,"地祇"以及"上下神祇"词汇是至战国晚期或汉代才形成的,而且秦汉"神祇"的用义与商文化"下上"的用义完全不同。由商王卜辞"下上"记载与秦汉"神祇"记载的比较可见:商贵族并没有用牢或他种方法来祭祀"下上";而秦汉"神祇"反而是人们所祭祀而奉献之对象,如:

> 告无辜于上下神祇。　　　　　　　　　　　　　　　　《尚书·汤诰》
>
> 今殷民,乃攘窃神祇之牺牷牲用,以容将食无灾。　　　　《尚书·微子》
>
> 祷祠于上下神示。　　　　　　　　　　　　　　《周礼·春官·小宗伯》
>
> 侮灭神祇不祀。　　　　　　　　　　　　　　　　　《逸周书·克殷》
>
> 外官不过九品,足以供给神祇而已。　　　　　　　　　《国语·周语中》
>
> 祷尔于上下神祇。　　　　　　　　　　　　　　　　《论语·述而》②

---

① 陈梦家:《殷虚卜辞综述》,页568。

② (汉)孔安国传,(唐)孔颖达等正义:《尚书正义》,页393、401。(汉)郑玄注,(唐)贾公彦疏:《周礼注疏》,页798。黄怀信、张懋镕、田旭东撰:《逸周书汇校集注》,页354。(周)左丘明撰,(吴)韦昭注:《国语》,页54。(魏)何晏等注,(宋)邢昺疏:《论语注疏》,页171。

汉代出土文献亦可证明此义,例如《三公之碑》载:"恭肃神祇,敬而不怠。"①

由此可知,秦汉"上下神祇"是指必须由人们祭养的上下众神,而商人将"下上"只是当作祈祷对象,而非当作祭祀对象。因此,甲骨文中的"下上"与秦汉"上下神祇"之间不能画等号。

（四）"下上"与"天地"

尽管"下上"与"上下神祇"信仰不全相同,但却能推论,甲骨文的"下上"为秦汉"上下神祇"之渊源,也就是说,"下上"之"上"接近"天上百神"信仰,而"下上"之"下"接近"地祇"信仰,只不过对商文化人而言,这不是对某类具体崇拜对象的统称,而是表达上下天地有靈性的观念。古人认为,自然世界中所有的现象都有靈性,有些可被指名,如单个的帝、河,或群体的社、神、岳、凤、云等,但此外也有许多不可被指名的上下众神。换言之,商文化人相信,除了他们所知道的崇拜对象之外,天地充满无数神祇;至于"下上"此词应非专指某种具体的可被指名的神靈,而是笼统描述天地间一切有靈性者,"下上"囊括所有被认知的和未被认知的一切上下神力。由于词义如此,故卜辞中显然不出现供牢于"上下"的记载;提及"下上若授我祐"时,商王是在祈祷上下一切神力的顺祥保佑。

进一步来说,卜辞中"上下"应与《楚辞·天问》所曰"上下未形,何由考之"意思相近,既指有靈性的"天地"本身,亦指上下神力,在此笔者赞成冯时先生将"下上"释为"天地"②。

学界经常讨论,商未有"天"的观念。但是这种理解恐怕有误:中编第一章已说明,殷商语言有用"天"字指出天界,以及管理年岁历法的昊天;而用"上"字形容不局限于天空的抽象上界。商文化不仅有抽象的"上界"观念,还有完整的"上下天地"概念,只是在此概念中不用"天"和"地"两个字,而用"上"和"下"两个字指称上界和下界。"上下"、"下上"即是商文化的关于"天地"宇宙的抽象观念,并且表达的用词,比"天地"的意义更加宽泛,更加抽象。

鉴于上述分析,将"下上"视为上下天地间的一切神力,是合理的解释。但此理

①　［日］永田英正:《漢代石刻集成》,京都:同朋舍,1994 年,册一,第 120 号。

②　冯时:《中国古代的天文与人文》,页 67。

解仍然无法解释一个问题：何以武丁时期甲骨文用"下上"而不用"上下"呢？

三、"下上"卜辞的演变脉络

（一）早期的"下上"与后续的"上下"

在古人信仰中最高的上神都居于天上，因此"上"好像应在"下"之前。其实，在殷商末期以后的发展中，已不见"下上"等写法：帝乙和帝辛时代甲骨文上，已不用"下上"套文，而用"上下"套文。如很多晚期卜骨有如下记录："自上下戠（祭）示，余授又又（有祐）？"①这些殷商晚期的刻辞的意思与上述希求"下上"若、祐的意思接近，但却用"上下"顺序。

铜器铭文中也只发现有"上下"一词：

> 古文王，初盭（戾）龢于政，上帝降懿德大甹，匍有上下，迨（合）受万邦。
>
> 史墙盘

> 粤朕立（位）虩（赫）许（戏）上下若否霉（于）四方。　　　　毛公鼎

虽然毛公鼎铭文中"上下若"的意义与希求"下上"若、祐的卜辞应基本相同，但也放弃用"下上"一词。传世文献中，只有《诗·邶风·燕燕》"燕燕于飞，下上其音"②，才有"下上"一词，但其意思不是上下天地，而是作动词表达燕子由下而上飞翔及其拍翼的声音，至于表达上下者，都不用"下上"之顺序。

在观察历代演化之下，我们能够确认：殷商早、中期未见"上下"，而通用"下上"复合词（均于"下上若"祈祷套文中）；殷商末期以降，反而未见"下上"，而通用"上下"复合词。换言之，在"天地"观念传衍中，先有"下上"，而后变为"上下"。

----

① 如《合集》36181、36344、36482、36507、36511、36514、36521、36532、36548、36747、36966；《怀藏》1871 等。

② （汉）毛公传，郑玄笺，（唐）孔颖达等正义：《毛诗正义》，页 213。

（二）字形的演变

虽然在古人信仰中，上者总是在前，但是在早期的"下上若，授我祐"套文上，古代巫师确实一定用"下上"，而没有作"上下"之文例，不过殷商末以降都用"上下"一词。在此种演变的同时也发生了字形演变：早期的"下"、"上"字都有稍微圆形的写法：其中写得最圆的为"⌒"，最平直的也为"三"①等对称的结构。直至商代晚期"上下"字形的四画都写得很直："三"②。

依笔者浅见，复合词中的字序以及字形这两种变化有相关性，但非表达意思转折，而仅仅揭示文字的发展。在汉字早期的发展过程中，除了字义之外，象形意义也颇为重要。在巫觋文化所用占卜的记载中，字形含有古人深层的观念，因此为了理解"下上"顺序，笔者建议细察其字形之形象。早期的"下上"二字确实都有相合的写法，因而构成互相交接闭合的图案，不仅是最圆形的"⌒"，甚至最平直的"三"字形也有此种特质，包括如果在"下"与"上"二字之中有隔离，其形象还是保留上下闭合的空间意味③。假如我们换次序而写作"上下"："三"、"三"，则明显可见其形象表达上下分开矣。

至于晚期的"三"（上下）字形，从这种写法已经看不出上下分开之象征，而且如果反过来写，"三"（下上）也表现不出上下和合协同之象征。这就说明，殷商末期文字系统已历经各方面的发展，同时巫觋文化已逐渐变弱，因此古人用字大多单就文字本身字义作运用，而越来越少顾及字词形体上的象形意义的协同。

---

① 此处以《合集》6201、6161 的写法为例。其他卜骨上的写法毫无差别。

② 此处以《合集》36181 的写法为例。其他卜骨或铜器上的写法毫无差别。

③ 《合集》808 有一个特殊的例子，"下上"是分开写的，可是相对的卜辞根本不提及"下上"，而祈祷"下乙"，该卜甲可能不是在我们所谈的传统之内。至于其他几十个刻辞，都相对地记载"下上"卜问，而都有相合的写法。关于《合集》808，蔡哲茂先生提出贞人误刻的假设："由于版本有四段卜辞，皆是对称，左边部分皆为肯定，右边皆为否定。因此'下乙'与'上下'对称，据文例可知，'下乙'之'乙'应为'上'，依对称原则，不应读作'下乙'，此处疑为贞人误刻。……《乙编》与《丙编》中常见到有祭祀下乙的辞例，贞人在刻本版的时候，在写'上下'时，误刻成'下乙'，属误刻例。"参蔡哲茂：《甲骨文释读辨误五则》，《第二十二届中国文字国际学术研讨会论文集》，台中：逢甲大学中国文学系，2011 年，页 138—139。不过因为《合集》808"上"字与"下"字分开写，笔者认为，这反而可能是"乙"字讹写成"上"字的文例。

四、"下者之在上，上者之在下"的隐义

（一）"⚌"象征意义

由上述推论，古人以"⚌"互相交接闭合的写法，来强调天地的神力相辅交合的作用。也就是说，商代"上下"观念之重点恰恰在于其下者在上而其上者在下的排位，甲骨文所用的"下上若，授我祐"祈祷套语之意义乃是在追求上下相交之目的。

其实在中国传统中，上下交通为核心观念。古人从观察大自然的现象而获得上下相辅的概念。在自然世界中，上赐雨露，下出生物。上下不交，万事不通，万物灭亡，也就是说，在两商人眼中，上下之交才保证王事顺祥，而能授祐。因此，两商时代并不是以牺牲等方式来祭贡"上下"，礼仪的重点根本不在于祭拜上下众神，而在追求天地相合。中国先民很早发现：独天不生，独地不生，下上相辅而保持生机。传世文献明显表达这一观念，如《穀梁传·庄公三年》曰："独阴不生，独阳不生，独天不生。"[1]

"⚌"二字的写法结构正好象征上下相交之义，因而卜辞中的"下上"一词让我们推论下上相交观念滥觞于早商或甚至先商精神文化观念中。在占卜仪式中，以"下上"次序，商王追求获得《易》所言"上下交，而其志同"的状态，上下志同而若王授祐，才被视为事物成功之唯一条件。

换言之，虽然古人之宇宙观从一开始就为"天地上下"观，而不为"地天下上"观，然而巫师把"下上"写法当作上下相交之符号。在文化经历各方面的演变之中，古人不继续用这种以字汇构成的符号，而到处用"上下"复合词，与此同时，商文化步入暮年时，似更强调以上为前位观念。尽管商末之后所强调的是"上"，但"上下"合同观念一直存在，未曾消失。商代末期以后的文化并没有失去"上下相交"概念，只是不以字形之安排来表达此意义。

---

[1]　（晋）范宁注，（唐）杨士勋疏：《春秋穀梁传注疏》，页239。

笔者此种推论是否过于大胆？难道会有客观的证据吗？鄙见以为，在传统脉络里实有很明显的证据，即有非常重要的以"下上"顺序表达"天地交"的例子，能表达中国大传统的核心所在。这就是《周易·泰卦》，恰恰用"下上"结构，以象征"天地交"的吉亨！

（二）"⚊"与"䷊"

䷊卦之乾天系"上"，但位在下；䷊卦之坤地系"下"，但位在上，恰恰与甲骨文的"⚊"相同。由《易》传统得知，此种"下上"的结构象征"泰"的状态，在"泰"的象征中，上位在下，故趋向上升；下位在上，故趋向下降；下上升降，上下交通。对此《经》曰：

> ䷊泰：小往大来，吉亨。《彖》曰：泰，小往大来吉亨，则是天地交，而万物通也。上下交，而其志同也。内阳而外阴，内健而外顺。内君子而外小人。君子道长，小人道消也。《象》曰：天地交，泰，后以财成天地之道，辅相天地之宜，以左右民[1]。

《易》的传统揭示"下上"顺序当作"吉亨"，而"上下"当作"不利君子贞"的观点。在《易》卦中"上下"即为否卦。

䷋卦之乾天系"上"，而位在上；䷋卦之坤地系"下"，而位在下，恰恰与甲骨文所不用的"⚌"相同！"否"卦的上者在上，而下者在下，故无以交而散离。对此《经》曰：

> ䷋否之匪人，不利君子贞。大往小来。《彖》曰：否之匪人，不利君子贞，大往小来，则是天地不交，而万物不通也。上下不交，而天下无邦也。内阴而外阳，内柔而外刚。内小人而外君子。小人道长，君子道消也。《象》曰：天地不交，否，君子以俭德辟难，不可荣以禄[2]。

由此可知，巫师不用"上下"的写法，是因为"⚌"的象征意义为"不利君子贞"。

显然这会引起学者疑问：以《周易》思想来解释甲骨文的内容，难道有根据吗？当然这只是鄙陋揣测，但这种推测既有合理性，亦有不少间接的证据：

---

[1]　（魏）王弼、（晋）韩康伯注，（唐）孔颖达等正义：《周易正义》，页136—143。
[2]　（魏）王弼、（晋）韩康伯注，（唐）孔颖达等正义：《周易正义》，页143—148。

1. 首先，《易》的观念非常古老，而不是周代才有基础。传世的记载也说明《易》的古老性，如《周礼·大卜》曰："掌三易之法：一曰连山，二曰归藏，三曰周易。其经卦皆八，其别皆六十有四。"郑玄注云："夏曰连山，殷曰归藏，周曰周易。"①无论何名，都是"易法"矣。

2. 在殷墟所发掘的龟甲上有数字卦②。虽然数字卦与爻卦不同，但却有相关。

3. 学者经常提出，在商代卜辞和《易》的爻辞中可以发现相关之处。笔者认为此问题值得专门研究。

4. 依鄙见，虽然古代占卜方法以及所用的象征来源多元，但相关的观念是相通的。例如《易》未成经前，在龟甲上和有些青铜器上刻数字卦，如台北故宫收藏西周早期的召卣上刻有 618611 数码，可理解为"节"卦的符号。此外，青铜器上还有四、五爻的卦，如北京故宫收藏西周早期的离鼎上有五爻的卦，应是"离"卦的符号③；殷末周初的两件甗上也有同样的符号④；另外周初的铜罍与铜卣上刻的四爻的卦，应是"颐"卦的符号⑤。不过无论用何种象征，上下天地神力相配的信仰一直都是中国古老的传统宇宙观的重点所在。

5. 汉字起源是象形文字，因而除了字面的用义之外，另有深入的象形意义；况且甲骨文系占辞，在巫觋仪式中，占辞的象征作用会有很浓厚的涵义。依鄙见，"下上若"卜辞能够显示，除了数字与爻卦之外，古人也用过字形来表达"上下交，而其志同"的目标。换句话说，商王祈求"下上若，授我祐"时，就是期望通过"〇"（下上）这一合体符号来达致"泰"的状态。因此不会刻互相分隔的"上下"符号。因后来文字世俗化，文字的外在形式符号本身获得独立承担表意功能的机会，逐渐远离表意象形符号而开始规范化和标准化；文字的用途渐广而不再只用作神祕的占卜象征，遂以爻卦等专门符号来代替以前所用的象征符号。换言之，随着文字逐渐脱离象形符号的作用，古人不再用字体，而用"泰"卦来表征此一观点。透过《易》卦，

① （汉）郑玄注，（唐）贾公彦疏：《周礼注疏》，页 1023—1025。

② 肖楠：《安阳殷墟发现〈易卦〉卜甲》，《考古》，1989 年第 1 期，页 66—70。

③ 故宫博物院编：《故宫青铜器》，页 126。

④ 段绍嘉：《介绍陕西省博物馆的几件青铜器》，《文物》，1963 年第 3 期，页 43—42。李发旺：《山西省翼城发现殷周铜器》，《文物》，1963 年第 4 期，页 51—52。另参见《集成》器号 773、772。

⑤ 中国科学院考古研究所编：《美帝国主义劫掠的我国殷周铜器集录》，北京：科学出版社，1962 年，A785R283；（宋）王黼等奉敕撰：《宣和博古图录》，明万历十六年（1588）泊如斋刊本，册9，页 16—17。另参见《集成》器号 9760。

中国后期文明继承了以上者在下、下者在上的结构来象征上下交易的观念。

6. 在天地神力相配的观念中，"泰"卦的意义颇为关键，而在表达"上下交"的状态时，恰恰采用以"下上"为象征；而千万不要发生"上下"，也就是"否"的情况。

（三）殷墟卜辞中的"下上"与"殷道"的《坤乾》

此外，在《易》的古老传统中，《归藏》的卦序也是"下上"序，"坤"（也就是"下"）位在前，故《坤乾易》即可谓"下上易"，而且《归藏》正好属于殷人的卜法①。

《礼记·礼运》曰："孔子曰：'我欲观夏道，是故之杞，而不足征也，吾得夏时焉。我欲观殷道，是故之宋，而不足征也，吾得坤乾焉。坤乾之义，夏时之等，吾以是观之。'"孔颖达正义："殷易以坤为首，故先坤后乾。"②此即是殷人的《归藏易》以纯《坤》为首焉。在湖北王家台正好发掘出土了载有秦代《归藏易》卦序的简册，此又证明逆序卦传统的存在③。

根据《礼记》所记载，《坤乾》（或《归藏》）具体来自殷人的卜法，如果我们相信《礼记》所言，则可以进一步推论，"泰"与"否"所保留的"下上"为吉，而"上下"为祸的象征就溯源于先商巫觋文化中。从这样的角度来看，或许"下上若，授我祐"不仅为常见的卜辞，更为商代主流观念的表现之一。象在《易》的传统传衍中，先有"坤乾"，而后变为"乾坤"，同样在"天地"观念传衍中，先有"下上"，而后变为"上下"焉。

五、结语

在殷墟甲骨占辞中屡次出现"下上若，授我祐"祈祷套语，请求上下护祐授权，

---

① （清）马国翰辑：《归藏》，载严灵峰编：《无求备斋易经集成》，台北：成文出版社，1976 年，册 185。

② （汉）郑玄注，（唐）孔颖达疏：《礼记注疏》，页 1035—1037。

③ 王辉：《王家台秦简〈归藏〉校释》，《江汉考古》，2003 年第 1 期，页 75—84。其实王家台的易卦引起了学术界热烈讨论，相关的论文甚多，在此不录。

然而未见贡牢于"下上"、祭养"下上"等祭祀之记录。由此推知"下上"应非指某具体的自然神或祖先,卜辞中"下上"一词与《楚辞·天问》所曰"上下未形,何由考之"意思相近,将充满百神百祇之"天地"当作祈祷对象。不过商王祈祷"下上若"的重点不在于拢括祭祀上下所有的神祇,而在于祈求天地交互,以上下共同授祐,来保障王事的成果。

在汉字早期的发展过程中,除了字义之外象形意义也颇为重要,因此在占卜仪式的记载中,字形会表达深层的观念。例如早期的"下上"写法明显构成互相交接闭合的图案,且若换次序作"上下",则明显可见上下互相分隔的图案。

甲骨文所用的"☲"("下上")与所不用的"☷"("上下")的差异,不仅使我们了解古代占卜深意,还可以看出,在殷墟时期《易》思想的滥觞。虽然当时《易》尚未成书,但在观念方面,商王所追求的即是䷊卦所象征的状态,他祈求"上下交,而其志同";在这样吉祥的条件之下,上下一切和顺,王事受到天地之祐护,万事成功。下上易通概念乃华夏文明思想之唯一关键,上述卜辞就是在表达此一核心概念。

《周易·泰卦》的结构正好用下上般的逆序来表达天地交通的重点,"泰卦"之乾天在下,故趋向上升;坤地在上,故趋向下降。下上升降,上下交通。除了《泰卦》之外,传说当作殷人易法的《归藏》,以其卦序也为《坤乾易》,或可谓"下上易"。《易》的思想源远流长,滥觞于先民占卜中,商代巫师虽然未用阴阳卦号,但在当时的卜法中已可发现相近的观念。可见,甲骨文所用的"下上若,授我祐"祈祷套语之意义就在商王祈求获得"泰"之状态:天地交而万事通,因而刻辞中采用下者在上而上者在下的排位。

第二章　从商周古文字思考"乾"、"坤"卦名索隐

在易学的诸多问题中,卦名本旨是讨论不休的关键问题之一。长沙马王堆帛书、阜阳双古堆、荆州王家台以及上海博物馆竹简等战国秦汉《易》的出土,又为卦序、卦名研究提供了不同的新资料,也在学界中引起广泛讨论。其中"乾"、"坤"卦名的异文是常被关注的焦点之一。笔者经过分析甲骨卜辞、金简文、传世文献的记载,从古文字的结构中推究"坤"字的形成,及其可能的寓意,并思考"乾"、"坤"两个卦名的相对意义,是否自殷周文化可以钩沉其隐义。

一、《易》"健"和"顺"卦名的关系

在《易》的不同文本中,坤卦的卦名或有写作"巛"、"川"。对此,经学界有两种相反的看法:一是认为"古坤作☷,此即转横画为巛",二则认为"坤"是正字,而"巛"、"川"是假借字①。从出土资料来看,马王堆帛书《周易》的坤卦卦名即写作"巛",而以"坤"为卦名的资料都较晚出,所以目前第一种看法在学界中占有优势。如张立文先生认为:"如果将巛或巛变为《易》中- -的符号,则成☷坤卦,故巛即为坤。"②

---

① 廖名春:《坤卦卦名探原——兼论八卦卦气说产生的时代》,《东南学术》,2000 年第 1 期,页 13—14。
② 张立文:《帛书周易注译》,郑州:中州古籍出版社,2008 年,页 235。

也就是将"巛"（或"巛"、"川"）与"坤"视为古、今字的关系。

《说卦》言："乾，健也。坤，顺也。"①"川"的上古音是 slun，既是"顺"的声符，也是其本字②。因之，廖名春先生提出了"巛，就是顺"③的说法。马王堆帛书乾卦的卦名为"键"，又恰与《说卦》所言相应。廖名春先生据此认为："《坤》卦本名为'顺（巛）'，作为阴阳相对的反对卦，《乾》、《坤》对举，一为柔顺，一为健刚，卦画相反，卦义也相反。"④

上述这些论点都很合理，《杂卦》也说："乾刚坤柔。"⑤然而，若"键"（健）、"川"（顺）二字都能完全表达䷀、䷁卦的旨意，又何须改称"乾"和"坤"？"健"与"乾"、"顺"与"坤"，都有语音上的关系，但学者们很少把"乾"、"坤"当作无意义的假借字。笔者也认为卦名必定具有深入的象征意义，不太可能只是单纯的假借。

二、"乾"和"坤"卦名的关系

（一）乾卦的卦名索隐

1. "上出为乾，下注为湿"

清代段玉裁认为："孔子释之曰：'健也。'健之义生于'上出'。上出为乾（干），下注为湿。故干与湿相对。"⑥从甲骨文以来，确实可见"上"与"湿"的相对文例。甲骨三期卜辞载有：

　　　　重（惟）湿□翌征（徙）□年？　　　　　　　　　　　　　《甲编》1516

---

① （魏）王弼、（晋）韩康伯注，（唐）孔颖达等正义：《周易正义》，页 677。

② "川"与"顺"两个字的高本汉编码都是 0462，参 Karlgren B. Grammata serica recensa；Starostin S.（project leader）. Database Query to Chinese Characters。

③ 廖名春：《坤卦卦名探原——兼论八卦卦气说产生的时代》，页 15。

④ 廖名春：《〈周易·乾〉卦新释》，《社会科学战线》，2008 年第 3 期，页 38。

⑤ （魏）王弼、（晋）韩康伯注，（唐）孔颖达等正义：《周易正义》，页 697。

⑥ （汉）许慎著，（清）段玉裁注：《说文解字注》，页 740 下。

重（惟）湿田盨征（徙）受年？大吉。

重（惟）上田盨征（徙）受年？ 　　　　　　　　　　　　　《屯南》715

乙未卜：今日乙其□用，林于湿田，又（祐）□〔正〕？

弜屯（春）其𣂏新和又（祐）正？吉。

重（惟）新和，屯（春）用，上田又（祐）正？吉。

重（惟） 　　　　　　　　　　　　　　　　　　　　　　《屯南》3004

笔者对上述卜辞考证如下：

2. 卜辞考证

（1）上述卜辞中所提及的地名"盨"，其字从"皿"、"旬"。饶宗颐先生认为是"郇"字的假借①。郇国的记录见于《诗·曹风·下泉》："四国有王，郇伯劳之。"毛传："郇伯，郇侯也。"郑玄笺："郇侯，文王之子。为州伯，有治诸侯之功。"②周朝时，郇国位于晋秦间，芮国南边。其地处在中条山与峨嵋岭、火焰山的山麓丘陵之间，黄河之东的平原，现属山西省临猗县西南。此地既为旱地，也没有高原之田，即使在商周时期，其气候也难以被称为湿田，故这一释读仍有问题。

西周晚期的多友鼎曾提及郇国，并将"郇"字写作"筍"（筍），其文载："癸未，戎伐筍（郇）、衣孚（卒俘），多友西追，甲申之唇（晨），博（搏）于郯，多友右（有）折首执讯，凡日（以）公交车折首二百又□又五人，执讯廿又三人，孚（俘）戎车百乘一十又七乘，衣（卒）匋（复）筍（郇）人孚（俘）。"③西周末期和春秋早期的伯筍父盨、郑伯筍父甗④、筍伯大父盨⑤、伯筍父鼎⑥、郑伯筍父鬲⑦、筍侯匜⑧，都属于郇国的礼器，其"郇"字写作"筍"，未见从"皿"的写法；况且，甲骨文中，"盨"字只有作地名，但却并没有指涉侯国或方国，也没有提及该地的"侯"或"伯"，"盨"地应属于殷商直接管辖的地区。我们目前很难确定盨地的空间，但知道此地既有丘陵式的"上

① 饶宗颐：《殷代贞卜人物通考》，页583。

② （汉）毛公传，郑玄笺，（唐）孔颖达等正义：《毛诗正义》，页458。

③ 《集成》器号2835，陕西西安市长安区斗门镇下泉村出土，现藏于陕西历史博物馆。

④ 《集成》器号4350、925，两件藏处不明。

⑤ 《集成》器号4422，现藏于上海博物馆。

⑥ 《集成》器号2513—2514，现藏于台北故宫。

⑦ 《集成》器号730，现藏于北京故宫。

⑧ 《集成》器号10232，山西闻喜县上郭村55号墓出土，现藏于山西博物院。

田",亦有湖泽低地的"湿田",如果试图进一步考证盅地的地望,应该考虑这种环境的因素。

（2）"林"字在甲骨文中多指涉方国,但此处用作动词,应指在森林中狩猎。

（3）"弓"为否词,即不要的意思①。

（4）甲骨文之"屯"字均借作"春"字。

（5）甲骨文之"𠬝"字从"口"、"禾",因此温少峰和袁庭栋先生将该字隶定作"和",可从。卜辞中有"和月"的说法,这里应指可食新禾的月份,亦即秋月②。

因之,该卜辞描述的应是:以新秋之禾与王所猎的获物来祈求明年之丰岁。

3. 释义

上述卜辞的重点,乃"上田"和"湿田"两地相对。如同《诗·邶风·简兮》谓:"山有榛,隰有苓。""湿"即从"土"的"隰"字异文,"湿"、"隰"在文献中用以表达低下的平川,如《书·禹贡》:"原隰厎绩,至于猪野。"孔安国传:"下湿曰隰。"③

简言之,"上下"相对与"上湿（隰）"或"干湿"相对,在先秦文献中是可互通的。"干湿"的"干"实际上是"乾"的简体字,正体字写成"乾",所以乾卦以"乾"命名。

郑吉雄先生在段玉裁的论点上再作诠释,其谓:"'上出'为太阳上升,指太阳曝晒万物,也使万物干燥,故与流水下注的'湿'字为相对。"④虽然"乾"的篆字从"日"（《说文小篆》作"𠦝"）,但籀文却写作从"星"的"𡄹"（𠦝）⑤。另外乾卦是太阳的象征,"乾"字的左下部亦近似"易"的古字,但我们仍无充足的证据说明可用太阳的形象来诠释其字义。尤其以"太阳"来通称"日",是东汉以后才出现的说法。况且,从"上/湿"的相对来说,日与水的组合并非乾坤,而是离坎卦的相对。《坎卦》曰:"水流而不盈,行险而不失其信……天险不可升野。地险,山川丘陵也。"《象》曰:"水洊至,习坎。"《离卦》曰:"离,丽也。日月丽于天。"《说卦》曰:"坎为水、为沟渎……离为火、为日、为电……"⑥可见,郑吉雄先生的推测并不合乎

① 裘锡圭:《说"弓"》,《古文字研究》第一辑,北京:中华书局,1979年,页121—124。

② 温少峰、袁庭栋:《殷墟卜辞研究·科学技术编》,页88—89。

③ （汉）毛公传,郑玄笺,（唐）孔颖达等正义:《毛诗正义》,页275。（汉）孔安国传,（唐）孔颖达等正义:《尚书正义》,页233。

④ 郑吉雄:《从〈太一生水〉试论〈乾·彖〉所记两种宇宙论》,《简帛》第二辑,2007年,页141。

⑤ （汉）许慎著,（清）段玉裁注:《说文解字注》,页740下。

⑥ （魏）王弼、（晋）韩康伯注,（唐）孔颖达等正义:《周易正义》,页261—263、270、682—683。

其所象征的意象。

　　事实上，笔者认为段玉裁的解释即已足够，实不必再多作诠释。将天地乾坤视为干湿的意思，有其一定的道理。《鹖冠子·度万》云：“地湿而火生焉，天燥而水生焉。”①坤地不生雨露而生火，然其本质为湿；乾天虽生雨露，但其本质为燥。是故，段玉裁将“乾”视为干燥之意，确有实据，因为这就是天的本质。

（二）推论坤卦的卦名本义

1.“坤”字释疑

　　学者们接受“乾”为干燥的说法，并循而将坤卦的“川”名解作湿地。可是，在坤卦被命名为“川”的文献中，乾卦反而被称作“健”，并未见有“乾”、“川”对称的例子。所以唯有从“坤”字作讨论，才可以厘清“乾”、“坤”相对的意义。

　　郑吉雄先生进一步推论“坤”字的本义，认为“坤”写为“川”“并不是‘假借’那么简单”，其虽与水象有关，但非指洼地的沼泽河流，而是指雨水“积云、闪电、下雨、流源纵横，而成大川”②。可是，雨露属天物，是由天所生的水象，不可能被视为坤的表意范畴。

　　据《易经》所载，雨露是坎震（水雷）“屯”卦的形象，其谓：“雷雨之动满盈。”又或震坎（雷水）“解”卦亦谓：“天地解，而雷雨作，雷雨作，而百果草木皆甲坼。”③此外，云雨也可以直接被视作乾卦的形象。《乾》曰：“时乘六龙，以御天也。云行雨施，天下平也。”《彖》曰：“大哉乾元，万物资始。乃统天，云行雨施，品物流形。”④《说卦》云：“乾，天也……坤，地也……”⑤云雨雷电由天所生而降于地，所以在乾坤的相对中，雷雨为乾的范畴，若强以之诠释“坤”义，实属不妥。郑吉雄先生的论述前提，是将“申”当作“電”，而视为“坤”字的义符，但前文已充分地考证“申”的本义并非雷电，“坤”的主要义符也不是“申”，而是“土”，至于“申”的偏旁作用则需再作思考。

---

① 陆佃注：《鹖冠子》，《百部丛书集成之一○·子汇》7，台北县板桥：艺文印书馆，1965年，页20。

② 郑吉雄：《从〈太一生水〉试论〈乾·彖〉所记两种宇宙论》，页150、143。

③ （魏）王弼、（晋）韩康伯注，（唐）孔颖达等正义：《周易正义》，页74、339。

④ （魏）王弼、（晋）韩康伯注，（唐）孔颖达等正义：《周易正义》，页50、27。

⑤ （魏）王弼、（晋）韩康伯注，（唐）孔颖达等正义：《周易正义》，页678。

廖名春先生认为:"《坤》卦本为《巛》卦,'坤'是后起的会意字,'坤'作为卦名当后起。"①"坤"字在战国时期的古玺中已常用作人名②,其出现绝不晚于简帛的《易》书,但直至阜阳汉简之前,尚未见有用作卦名的例子,因此目前还不能肯定先秦时期有无"坤"字卦名。此外,"申"的上古音为slən③,与"川"的古音slun虽有不同,但亦相去不远。尽管廖名春先生不认为"申"是"坤"的声符,但其仍具有作为"坤"字声符的合理性。只是在声符之外,"申"字或许也兼作义符,这尚需进一步探讨。

廖名春先生认为,"坤"的本义在于表达坤卦"土位在申"的方位概念④。此说有其道理,但也有不少疑问。许慎《说文》确实提及"土位在申也",但《易乾凿度》也说:"坤养于西南方,位在六月……坤位在未。"又言:"坤渐七月。"⑤这两说并无矛盾,坤的方位含六、七(未、申)二月的望月和七(申)月的生月,六月生后七日,日进入坤的范围,故坤位在六月、其位在未;七月生于坤的范围中,故坤渐七月。廖名春也认同此解,并释之曰:"这是由八卦对应十二地支未能周全一一相应造成的。"⑥但他认为"土位在申"才是准确的,而"土位在未"则属错误。但笔者认为这两种说法皆准确,并没有冲突。所以,"坤"字与"土位在申"的观念虽然有关,但还不能作为其本义的最终定论。

2. "坤"系先秦从"申"字族类的字体

笔者拟从"坤"的字形结构另作推论。甲骨金文中有不少从"申"的字汇,上编第三、四章已有详细讨论,从唯一关键的"𦥑"、"𦥯"(鼀),亦即"神"的古字。其他字都从其得义,如删去"口"形后,即借为地支的"𠃊"(申)字;二是从雨滴的"𦦢"(沖),即"電"的古字;从双"木"的"𣏟"(神),即"神"的古字;从"川"的"𣲙"(褫,或隶作"沖");从"皿"的"𥂁"(盨);从"止"或"彳"的"𨖈"(褪)或"𢔌"(徝),即"速"(速)字的古字;从双"田"的"𤱿"(鼀,或隶作"申"),即"雷"地名的古字;从"耂"的"𦒱""寿"字的古字。

① 廖名春:《〈周易·乾〉卦新释》,页38。

② 何琳仪:《战国古文字典》,1120。

③ 高本汉编码0385a-e。

④ 廖名春:《坤卦卦名探原——兼论八卦卦气说产生的时代》,页16—18。

⑤ (汉)郑玄注,(清)黄奭辑:《易乾凿度》,《黄氏逸书考》,第十二函,严一萍编:《丛书集成三编》,台北:艺文印书馆,1971年,页六。

⑥ 廖名春:《坤卦卦名探原——兼论八卦卦气说产生的时代》,页17。

古代的"畾"字写从"申",与"鬼"（神）、"申"（電）、"柛"、"禰"、"瓐"等字在结构上均属会意字，"申"形的不同偏旁，象征了此字所链接的不同崇拜对象或神祕、神圣的现象，"田"字偏旁则表达此字与田、土的关系，亦即圣地的概念。不过与此同时我们应该思考："神"、"申"、"柛"、"電"等字的读音亦从"鬼"（神）。"寿"字形成晚，以"鬼"（神）为义符，从"耂"（老、考）得声。在这字族结构里，"畾"字读为"雷"似乎存疑，此因既不从"神"亦不从"田"。何故在"神"、"申"、"柛"、"電"等"真"部字的字族里，只有一个，"畾"为微部字？是否殷商时甲骨文的"畾"已读如后期的"雷"，或者这是在后续文字演变过程中所发生的情况？

3. 推论"畾"与"坤"的关系

在甲骨文中，"丘畾"应是类似"𝛺"（土）字象形意义的垒堆、土丘的形状，亦即"壘"（垒）地之意。同时，从先秦古文及汉代以后的文字异体中，笔者发现许多从"土"的字都有从"田"的异文。其殷商以来的文例如下：

（1）"封"字是"土"、"田"互换最早的例子。殷末时，"封"字写从"田"的"𤰫"，其字例可见于眔封卣和封祖乙觯的铭文中①，战国晚期，"封"字在二十一年启封令㾗戈上的写法也相同②。战国中晚期，"封"字在中山王𪤾鼎和中山王𪤾方壶上写作从"𤯍"、"又"（寸）的"𪩘"（酆）③。而春秋鲁少司寇盘则将"封"字写作从"土"的"𡌋"（坲）④。商代"田"字大多指狩猎田，而"土"则泛指某地区、领土，或地方神（社）。但"田"的字义也包括在"土"的范围中，两者互换，其字义仍易于理解，尤其殷末后，"田"字也可用指某地区或领地，更接近"土"的字义。

（2）据《玉篇》，"域"字的古文写作从"田"的"畩"，西周中期的㲼簋也确有此字⑤。从"土"的字形通用较晚，可能是到了战国晚期才出现的字。

（3）据《说文》，"社"字古文从"木土"，写作"袿"，中山王𪤾鼎、上博简《鬼神之明》第2简背的"社"字写法即如此⑥。此外《玉篇·示部》亦有从"水土"的"社"

① 《集成》器号4880、6201，藏处皆不明。

② 《集成》器号11306，辽宁新金县后元台汉墓出土，现藏于旅顺博物馆。

③ 《集成》器号2840、9735，两者出土自河北平山县中山王𪤾墓（西库XK：1和XK：15），现藏于河北省文物研究所。

④ 《集成》器号10154，现藏于上海博物馆。

⑤ 《大字典》，页2545；《集成》器号4322，陕西扶风县法门寺庄白村墓葬出土，现藏于扶风县博物馆。

⑥ 马承源主编：《上海博物馆藏战国楚竹书（五）》，页153。

字异文"裢",而《川篇》、《四声篇海》、《字汇补》另有将"土"改作"田"的"禣"①。从"田"的"社"字出现较晚,不过"禣"字虽然尚未见于先秦出土文献中,但原则上仍可能源自战国或汉代。

（4）"壖"字在《说文》中写作从"田"的"畽";《玉篇》则载有"壖"、"堧"两个异体字②,同属"土"、"田"互换的写法。

（5）据《方言》所载,"場"（场）字有从"田"的"畼"字异文③。

（6）"疆"字据《玉篇》和《字汇补》,可另写作从"田"的"壃",或不从"弓"的"壇",亦为"田"、"土"互换的例子④。

（7）"町"字在《玉篇》和《集韵》中另有"畽"和"塖"的写法⑤。

（8）"壅"字据《玉篇》、《字汇》、《正子通》,又可写作"罋"⑥。

（9）《说文解字·阜部》:"陆,高平地。从㞢从坴,坴亦声,力竹切。"《字汇补·田部》:"畗,古陆字,见升庵外集。"⑦

（10）"塍"字可写作"塍"、"塖"、"畦"、"堘"、"畻"等,其"土"、"田"构造可互换⑧。

（11）"垺"字可写作"畉"⑨。

（12）关于"畿"字,《说文·田部》曰:"天子千里地。以逮近言之则言畿。从田几省声。"此字亦可作从"土"的"塣"⑩。

（13）"墥"字,《集韵》又作"疃"⑪。

（14）从"石"的"磽"（硗）字,另有从"土"的"墝"和从"田"的"疁"三种写法⑫。

---

① 《大字典》,页2399、2403;国语推行委员会:《异体字字典》（后引简称《异体》）,台北,2002年网络版,字号A02878。

② 《大字典》,页2549、2554、461。

③ 《大字典》,页2552;《异体》,字号A00788。

④ 《大字典》,页2553、491。

⑤ 《大字典》,页2545、4741。

⑥ 《大字典》,页2553。

⑦ 《异体》,字号A04424。

⑧ 《异体》,字号B00567。

⑨ 《大字典》,页2542—2543。

⑩ 《异体》,字号B02735。

⑪ 《异体》,字号C01813。

⑫ 《大字典》,页2455、485、2555。

（15）"圳"与"甽"也属同一字的异文。

笔者推测，"畾"与"坤"可能也属于类似的异体字关系。在战国文字中，"坤"与"畾"都常用作人名，也少见用作其他意思。从读音来说，"田"、"畾"在汉代以后成为很多字的声符，表示 lei 的读音，但古代"田"字读为 lhīn。是故，"畾"字读为"雷"的读音变得难以考定，但原本"畾"与"神"、"電"、"神"等同一系列字，可能都从"申"得声，所以"畾"原始的读音应该读如"坤"，如同"圳"与"甽"今日读音较远，但其上古音都是 kwīn ①。同理，在后续历史语言的发展中，才发生从"田"和从"土"字的分隔，并且因为"雷"字不从"申"得声，"雷"字亦失去了"申"字偏旁。

换言之，甲骨文的"畾"字古代读如"坤"，但后来因为方言或其他难以掌握的关系，才成为"坤"与"雷"两个字的本字。文献中，"畾"字被改写作"雷"，且都指与雷泽隰地相关的地名。如果"坤"与"畾"有异体字的关系，则"坤"字原本就有神圣隰地的意思，据此可见，"乾"、"坤"二字正好构成天干地湿的相对关系，即《鹖冠子》所言"地湿而火生焉，天燥而水生焉"，象征完整的天地宇宙，以及《易》经中自然现象彼此相对而互补的规律。

三、结语

据上所论，乾卦的卦名乃表达天的状态，即《鹖冠子》所言："天燥而水生焉。""天燥"即"天乾"，段玉裁以为："上出为乾，下注为湿。"甲骨卜辞和先秦传世文献均可为其补充。至于坤卦的卦名，本文以先秦出土及传世文献推论，"坤"与"畾"应有异体字关系，其表达一种圣地概念，"畾"字的本义指天神所降而圣人所居的雷泽隰地，所以"坤"字原本就有神圣隰地的意思，即《鹖冠子》所言："地湿而火生焉。"

---

① 高本汉编码 0479e。

第三章　天地之交与先秦"神明"之生机概念

一、两极相对与相合：自古以来传承的思想模式

从前两章的讨论可知,商周思想的重点在于"相配"、"相合"、"相交",无论天多么伟大,如果没有地与它相交,天即无所能。我们同时也可以看到,中国哲学的思想概念中,经常以两字组成的复合词来表示一组相对范畴,如"天地"、"阴阳"、"无有"等。从这两个现象比较,我们有理由认为,这些哲学思想概念的渊源,或可溯及商周时期。战国时期百家争鸣过程中,思想家之所以能够使用通用的思想范畴来辩论自然、人生和社会问题,即是因为大部分百家所使用的概念并非由其原创,而是从此前的观念传承衍化而来。在商周时期,这些观念构成信仰的基础,并决定礼仪的流程;而到了战国思想哲理化的时代,人们又开始热烈讨论这些观念,并辩论其要点及关联性。

虽然商周时期还没有使用后来成为秦汉时代思想基础的"阴阳"概念,来表达两极范畴的互补及相对关系,但是"下上"这一相对范畴的意思,不仅与"阴阳"同样表达两极相对的意思,也特别强调两极上下之交。"干湿"、"天地"、"阴阳"、"无有"等同类的以两极组成的概念,或早或晚都是在先秦时代开始使用,汉代之后虽历经演变,但其基本思想范畴仍为各家沿用。另一方面,也有些先秦哲学范畴及概念,在汉代之后文化中已不再使用其本义。依笔者浅见,此类突出之例即是"神明"概念。

在今人看来,"神明"即指神灵、神祇,如成语"敬若神明"、"举头三尺有神明"。但是,在许多先秦文献中,"神明"一词仅表示一种自然造化的过程,并不是作为某种祭祀对象而存在,也不表示神祇和鬼神的意义。"神明"二字直接合用大约始于春秋战国时期,这在传世文献与出土文献中皆多有所见。在先秦两汉思想范畴中,"神明"曾是颇为广泛使用的概念。熊铁基先生曾经发现:神明观念使用虽然很广,但其各种涵义"彼此间有一定联系,因而在文献中碰到神明一词,有时还不易分辨,既要逐一具体讨论,也可以综合考察"①。此观察相当准确。

先秦的"神明"非宗教用语,而是抽象思想的范畴。彭浩先生曾提出:"天、地所产生的'神明'也就具有阴、阳的属性。《春秋元命苞》注也以'神明,犹阴阳也,相推相移'来说明'神明'也有类似阴阳的功用及分别。"②换言之,"神明"也是用两个字组成的复合词来表示一组相对及相合的范畴。

笔者搜集归纳先秦时期有关"神明"一词的资料,得到这样一种印象,即"神明"一词的出现与中国先民的天地观有密切的关系。古人认为,日、月、星三辰中,日和月皆出于地而落于地,属于"地"的范畴;而列星恒际玄天,属于"天"的范畴。神气降自天,明形出自地,"神"和"明"相接,成为天地交感的媒介,万物由此而化生。日久天长,便结晶出"神明"的哲学概念。如果我们用两个字来揭示"神明"一词的本质的话,那它就是"生机"。

但在西汉以降的造神运动中,"神明"一词逐渐被赋予神圣、神仙的意义,并以此观念广泛解释先秦典籍,以致先秦时期"神明"一词的本义暧昧不明。下文的目标即在于博考先秦古籍及出土文献,钩沉先秦思想中"神明"之本义,并观察此概念内涵的演变过程。

---

① 熊铁基:《对"神明"的历史考察——兼论〈太一生水〉的道家性质》,《郭店楚简国际学术研讨会论文集》,武汉:湖北人民出版社,2000年,页533—537。

② 彭浩:《一种新的宇宙生成理论——读〈太一生水〉》,《郭店楚简国际学术研讨会论文集》,页538—541。

二、先秦诸子说"神明"的要点

（一）"神明"与"天地"关系密切

先秦两汉时期的文献中,每提及"神明",其意思都有一个共同之处:各家"神明"概念都与"天地"有关;"天地/神明"可谓当时普遍的思想模式。比如:

阴阳合德,而刚柔有体,以体天地之撰,以通神明之德。　　　　《系辞》

孔子曰:非礼无以节事天地之神明也……内以治宗庙之礼,足以配天地之神明。　　　　　　　　　　　　　　　　　　　　　《礼记·哀公问》

事天地之神明。　　　　　　　　　　　　　　　　　　　《礼记·表记》

礼乐侦天地之情,达神明之德。　　　　　　　　　　　　《礼记·乐纪》

礼乐顺天地之诚,达神明之德。　　　　　　　　　　　　《史记·乐书》

天地之动静,神明为之纪。　　　　　　　《黄帝内经·五运行大论》

道德,天地之神明也。　　　　　　　　　　　《老子指归·道生一》

德在天地,神明休集。　　　　　　　　　　　《春秋繁露·正贯》

天地神明之心。　　　　　　　　　　　　　　《春秋繁露·郊语》①

《汉书》也数次提到"顺(象、感)天地,通神玥"之类的套文,如《汉书·律历志》言"象八卦,宓戏氏之所以顺天地,通神明,类万物之情也"。《汉书·礼乐志》言"象天地而制礼乐,所以通神明,立人伦,正情忹,节万事者也",和"故乐者,圣人之所以感天地,通神明,安万民,成性类者也"。《汉书·郊祀志》也将神明与天地分不开,"天地明察,神明章矣"。《汉书·扬雄传》又言"周于天地,赞于神明"②。

---

① （魏）王弼、（晋）韩康伯注,（唐）孔颖达等正义:《周易正义》,页616—617。（汉）郑玄注,（唐）孔颖达疏:《礼记注疏》,页2115—2123、2299、1716。（汉）司马迁撰,[日]泷川资言会注考证:《史记会注考证》,页425。（清）张隐庵:《黄帝内经素问集注》,北京:学苑出版社,2002年,页62。（汉）严遵著,王德友点校:《老子指归》,北京:中华书局,1994年,页47。（汉）董仲舒:《春秋繁露》,台北:中国子学名著集成编印基金会,1978年,页48、346。

② （汉）班固撰,（唐）颜师古注:《汉书》,页961、1027、1039、1189、3581。

在东汉石碑铭文中,光和四年(181A.D.)《三公之碑》记载:"天有九部,地有八〔柱〕,天地通精,神明列序。"①

这些话在不同时代和语境里,各有其确切的含义,下文再加以讨论,但重点都一致:神明观离不开天地观,这是天地的范畴。并且,由上述例证可知,"天地/神明"概念并不限于某一学派或短期时段的思想,而是先秦两汉诸子各家所用的范畴。

但是,到了唐宋文人的眼里,"神明"是指不可测、不可闻的神祕之物,且认为,神明是由纯天生造的,这显系因历史语言的变迁而误解其原义,并影响到对古书的理解。例如,《鹖冠子·泰鸿》曰:"天受藻华,以为神明之根者也。地受时,以为万物之原者也。"宋代陆佃注《鹖冠子》注曰:"天受道之英华,以生神明。"但在先秦及汉代文献中,皆强调神明并非由纯天所生,而是不可分的天地造化范畴,所以,陆佃注是否与先秦思想的整体语境有矛盾?吴世拱先生从句法的角度认为:因为由地所受的"时"是天之时,所以"藻华,地之藻华也。言天受地之藻华,为神明之根也"②。这段文字依然表达,神明是天地之交的产物,万物也是天地之交的产物,不过以造化顺序而言,先有神明后有万物。《鹖冠子》与其他先秦文献一样,并没有将神明局限于天,在《鹖冠子·王鈇》里清楚地说明:"神明者,下究而上际。"③

在战国竹简中,郭店出土的《太一》直接表达:"神明者,天地之所生也。"④所以在战国思想中,神明无疑是天地相合而产生的对象或状态。通读先秦传世文献,则容易发现,这不是《太一》作者或道家独有的观念,而是当时所有文人的认识。

(二)"神明"非天地之"神祇"

在最近对"神明"本旨的讨论中,不少学者提出了"神明"与"天地"之间存在关系的问题。这种关系背后的本质才是问题的关键所在。许多学者受到唐宋语文中"神明"含义的影响,并遵从唐宋文人对先秦文献所用"神明"的解读,而提出神明二字是用来形容天地的有靈性,这是一种不可表达的神妙能力。如庞朴先生认为,

① 〔日〕永田英正:《漢代石刻集成》,册一,第120号。
② (战国楚)佚名撰,黄怀信校注:《鹖冠子校注》,北京,中华书局,2014年,页238。
③ (战国楚)佚名撰,黄怀信校注:《鹖冠子校注》,页167。
④ 荆门市博物馆编著:《郭店楚墓竹简·太一生水、鲁穆公问子思》,北京:文物出版社,2002年,页6。

神明是"天地的神妙功能"。刘信芳先生亦同意此解释①。艾兰教授的见解也与此类似:"神、明……使宇宙的天、地以及人类的魂、魄充满了活力。"②邢文先生进一步将其明确化,认为:"'神明'指的只能是神祇。"③冯时先生则以现代"神明"词意,而将"神明"视为造物者,并将其与楚帛书中的伏羲、女娲形象相结合④。

　　将神明视为造物者恐有不妥。造物者信仰应该在于其本身能够创造天地,而神明反而由天地所生。如果"神明"表达天地的某种神妙功能,那么这种功能到底有何种意义或能力? 为什么要用"神"与"明"两个字来表达? 这些问题还需要进一步阐明。如果定义为"神祇",这也会产生很多疑虑。首先,"神祇"是指天神与地祇的集合,所以"神明"的"明"应读为"地祇",但所有的文献中都没有"明"字有表达"地祇"的含义。第二,无论是传世或出土文献中,"神明"都与"神祇"的意义范围相距遥远。在古籍中,神祇泛指人们必须祭祀的上下众神对象,如:

告无辜于上下神祇。　　　　　　　　　　　　　　　　《尚书·汤诰》

今殷民,乃攘窃神祇之牺牷牲用。　　　　　　　　　　《尚书·微子》

殷末孙受德,迷先成汤之明,侮灭神祇不祀。　　　　　《逸周书·克殷》

外官不过九品,足以供给神祇而已。　　　　　　　　　《国语·周语中》

祷尔于上下神祇。　　　　　　　　　　　　　　　　《论语·述而》⑤

对此,下编第一章已有所论及。但见不到祭祀神明的记录,以上所列古籍说"神明"的记录,与所说"神祇"完全不同。

　　出土文献中东汉之前只有关于神明的记录,而尚未见到有关神祇的记录。可是在东汉末期墓碑铭文中,既有神祇亦有神明的记录。这些资料非常珍贵,因为在这里,这两个范畴的用义并不涉及历代观念之演变,而只是单纯显示共时之用义。在排除了因时空所产生的词义转换之后,我们便能清楚地辨别这两组范畴之异同,

---

① 庞朴:《宇宙生成新说——漫说郭店楚简之二》,《寻根》,1999 年第 2 期,页 6。刘信芳:《〈太一生水〉与〈曾子天圆〉的宇宙论问题》,庞朴等著:《古墓新知》,台北:台湾古籍出版有限公司,2002 年,页 15—17。

② 艾兰:《太一、水、郭店〈老子〉》,《郭店楚简国际学术研讨会论文集》,武汉:湖北人民出版社,2000 年,页 524—532。

③ 邢文:《论郭店〈老子〉与今本〈老子〉不属一系——楚简〈太一生水〉及其意义》,载姜广辉主编:《中国哲学》第 20 辑《郭店楚简研究》,沈阳:辽宁教育出版社,1999 年,页 165—186。

④ 冯时:《古代天文学》,台北:台湾古籍出版有限公司,2001 年,页 80。

⑤ (汉)孔安国传,(唐)孔颖达等正义:《尚书正义》,页 393、401。黄怀信、张懋镕、田旭东撰:《逸周书汇校集注》,页 354。(周)左丘明撰,(吴)韦昭注:《国语》,页 54。(魏)何晏等注,(宋)邢昺疏:《论语注疏》,页 171。

况且有些汉碑同时有这两种概念。如上引《三公之碑》"天有九部,地有八〔柱〕,天地通精,神明列序",这明显是表达易传思想的记录,其中"九部"、"八柱"、"天地"、"神明",都是宇宙观的范畴,但同一石碑另有载"恭肃神祇,敬而不怠"①,其所谓之"神祇"则指受到祭祀的众神。

在《武梁祠堂题字》的第一石三层上,神明与神祇两种概念均出现在先后两句话中,从而更明显地表达出二者的差异:"曾子质孝,以通神明。贯感神祇,著号来方。后世凯式,俾□幭纲。谗言三至,慈母投杼。"这句话乃祠堂之祷辞,高文先生曾将其联系到《孝经·感应》:"宗庙致敬,鬼神著矣。孝悌之至,通于神明,光于四海,无所不通。"②这种连接相当准确。在这句话里,"鬼神"和"神明"明显不同,所以"神明"的概念不牵涉到鬼神的存在;而"贯感神祇,著号来方"与"宗庙致敬,鬼神著矣"反而接近,因所谓"神祇"或"鬼神",乃属同一类概念,都是指人不可测的幽渺的对象。而所谓"神明",则是指宇宙观中的思想范畴。

据《孝经》子孙至善为孝无所不及,故能通达神明。在汉代墓石铭文中,该"孝悌之至,通于神明"文句成为常见的套语,如元兴元年(105A.D.)《幽州书佐秦君石阙》另刻:"孝弟之至,通于神明,子孙奉祠,欣肃慎焉。"③孝能通达神明的意思,并不在于升达祖先靈前,而有更深入的宇宙观,即表达孝的崇高的作用,足堪与天地搭配(对此问题下文再深入讨论,在此只想强调"神明"与"神祇"完全不同)。

不过仅仅从"孝悌之至,通于神明,光于四海,无所不通"之句,我们即可看到,在古人眼中,"孝"的重要性并不限于安宁鬼神,而是从保持祖与孙、神与人之间的牵连,升华到一切上下交流感通。在古代思想中,此交通被视为整个社会存在之生机。《孝经》所说的"神明"包含有从家族、社会到天地宇宙"无所不通"的理想。

黄怀信先生认为:"神明,五方神靈。"④但是,有些文献资料并不支持此说法,包括《孝经》的这一句所表达"通于神明,光于四海"的顺序,相当于"通于上下,光于四方",这种表达与其他文献的意思完全一致:"神明"绝不是"五方",而是指"上下",表达天地之间的某种关系;也不是天地上下的"神祇"和其他鬼神信仰,而属于某种天地观念范畴。

---

① 〔日〕永田英正:《漢代石刻集成》,册一,第120号。
② 高文:《汉碑集释》,开封:河南大学出版社,1997年,页116—126。
③ 〔日〕永田英正:《漢代石刻集成》,册一,第32号。
④ (战国楚)佚名撰,黄怀信校注:《鹖冠子校注》,页215。

其实,在古代许多文献中,"神明"概念只涉及天地自然造化过程,并不是作为某种祭祀对象而存在,并不表示神祇和鬼神的意义。只是在汉代以降的造神运动中,"神明"一词才逐渐被赋予神圣、神仙的意义,后人以此观念广泛解释先秦典籍,以至于后人对先秦时期"神明"的本来意义失去理解。

(三)神明为天与地之间的媒介:宇宙生机观念

古代思想家论及"神明"时,用不着描述隐祕不可知的"天地的神妙功能",只需要指出其具体功能,如郭店楚墓《太一》云:"天地复相辅也,是以成神明。"①此句明确地表达出这样的观念:"神明"就是天地相辅而造成的情形,因此可以说"神明"体现了天地相辅。所谓"天地相辅",是指天与地之间互相辅助与交通。也就是说,先有天和地,然后天和地开始交通,于是就有了"神明"。由于"神明"源自天地相辅交通,故神明本身所表达的也正好是"天地相辅"或"天地之交"。

在古人的天地观中,不是只要有了天地就会自动产生万物,天地之间的交通至关重要。关于天地之交的重要性,《礼记·月令》云:"天气下降,地气上腾,天地和同,草木萌动。"《周易·否卦》之《象》传曰:"否……天地不交,而万物不通也。"《周易·泰卦》之《象》传曰:"泰……天地交,而万物通也。"《象》传曰:"天地交,泰,后以财成天地之道,辅相天地之宜。"②前文曾几次引用过这些文献以表达商周观念的传承脉络,可见"神明"观念也同出于同样的思想脉络,并加以哲理化而形成的概念范畴。

《太一》指出,天地相辅之道,是由"神明"所实现。对古人而言,"神明"一词并不用于强调天地功能神妙之不可知,而是一种严谨明确的概念,表达天地之交。天地之交是万物造化的原则。因此笔者浅见,若以两个字来表达"神明"的本质,则应是"生机"一词。天地不交,则无生机;有神明之交,天地之间便有了生机。是故,许多论及自然造化的文献,均重复"神明接"等套文,如《淮南子·泰族》曰:"神明接,阴阳和,而万物生矣。"③《文子·精诚》、《通玄真经·精诚》皆重复此文。

---

① 荆门市博物馆编著:《郭店楚墓竹简·太一生水、鲁穆公问子思》,页1—2。

② (汉)郑玄注,(唐)孔颖达疏:《礼记注疏》,页723。(魏)王弼、(晋)韩康伯注,(唐)孔颖达等正义:《周易正义》,页136—148。

③ (汉)刘安编,何宁撰:《淮南子集释》,页1380。

"神明接"乃是万物生长的不二条件。《黄帝内经·阴阳应象大论》:"清阳上天,浊阴归地,是故天地之动静,神明为之纲纪,故能以生长收藏,终而复始。"清代张隐庵注:"神明者,生五气化五行者也。"①即从养生学的角度也表达此种观念:"神明"负责安排天地与万物的死生规律,所以谓之"生机"。

简言之,"神明"的本义是指天与地之间的交通过程,进而衍化为天地之间最重要的媒介,成为天地之间的气化主宰者,成为造物"生机"之源。这才是古人"神明"观念的真正内涵。

(四)"神明之德"概念:阴阳未分之体乃是"神明"

古籍中提及"神明"时,最常见的概念乃"天地神明之德"概念。笔者搜集归纳有关"神明"的资料,得到这样一种印象,即"神明"一词的出现不仅与中国先民的天地观有密切的关联,而且具体牵涉到天地万物之"德"的概念。古人认为,天地万物之死生运行皆源自"德",皆由神明安排,但"神明"并不具备造物主身份,而是天地合德概念。孔颖达疏《系辞下》确切解释《易传》传统中的"神明"本旨曰:"万物变化,或生或成,是神明之德。"②《鹖冠子·王鈇》曰:"万物与天地,总与神明体正之道。"③

本章前所引《易》、《礼记》、《史记》、《春秋繁露》等文献,其实都用"神明之德"概念。在百家争鸣中,"神明"一词专用于表达天地之德,"神明"作天地之间的媒介,故能聚积天地之德而为万物之生机。

我们讨论"神明"概念时发现,它同样也是由两极组成的思想范畴,表达天与地两德的相对、相合概念。从秦汉以来,因为阴阳五行概念成为国家意识形态,这类两极相对与相合概念,均用统括性的阴阳概念来表达。但是详细看文献资料,"神明"与"阴阳"同时出现,说明这两个对词有意义和功能上的区分,二者之间的异同和关系,实乃古代自然哲学的关键问题。

郭店《太一》在描述岁年之产生时,有很明显地是在表达"神明"和"阴阳"关系

---

① (清)张隐庵注:《黄帝内经素问集注》,页561。

② (魏)王弼、(晋)韩康伯注,(唐)孔颖达等正义:《周易正义》,页616—617。

③ (战国楚)佚名撰,黄怀信校注:《鹖冠子校注》,页172。

的语句："神明复相辅也,是以成阴阳……阴阳者,神明之所生也;神明者,天地之所生也。"①其实,在先秦古籍中,在神明和阴阳相对连用时,皆表达出在万事、万物造化中,阴阳次于神明。如《淮南子》等很多文献有曰"神明接,阴阳和",在顺序上都是神明在前,阴阳在后。

《太一》在描述岁年规律的产生时,将神明解释为天地所生,体现天与地相辅者;而阴阳为下一阶段,体现神与明之相辅者。据此可以理解为,神明乃是指阴阳尚未区分的状态。前文所引《系辞》曰"阴阳合德,而刚柔有体,以体天地之撰,以通神明之德"一句,所描述的其实正是从阴阳合其德返回到神明之德的原初状态。这样的描述,包含有"阴阳未分"的定义。在先秦人的观念中,这种概念下应有一整套具体呈现的形象。现代人因遗忘其具象表现,而使这一概念显得过于抽象。

进一步分析易学思想,可发现神明与阴阳之别似属于"德"与"体"之分。《易乾凿度》:"阴阳之体定,神明之德通,而万物各以其类成矣。"②表达天地之间的神明是"德",或可以说神明是天地合其德的现象,而阴阳在此基础上分定形体。换言之,神明系天地分合其"德"之过程,也是未分定各"体"的状态;而阴阳两仪,则分合天地之现象与形体。既然神明的涵义为"德",尚未有形体的区分,所以"神明"可以说是一种"宇宙一体"的状态。

清代黄奭对"神明之德"的定义如下:"乾坤为天地,离坎为日月,巽震为雷风,艮兑为山泽,此皆神明之德也。"③换言之,神明之德是一种相配相对的现象。或者可以说:天与地、时辰旋形的夜与昼、天上的雨与风、地上的山与泽,诸如此类现象之不可分的关联与合德,就属于"相配神明之德",协龢、相合为神明之"德",通过神与明之相合,天与地得一,而构成一体性的"天地"宇宙。

（五）总结

据上可见,先秦"神明"观是宇宙论概念,指天地之交、天地合德的状态。天地之交乃万物造化的原则,"神明"的作用即在于其为天地之交的媒介。因此若用一

---

① 荆门市博物馆编著:《郭店楚墓竹简·太一生水、鲁穆公问子思》,页 2、6。

② （汉）郑玄注,（清）黄奭辑:《易乾凿度》,页七。

③ （汉）郑玄注,（清）黄奭辑:《易乾凿度》,页六。

词来表达"神明"的本质,则应是"生机"一词。天地不交,则无生机;有神明之交,天地之间便有了生机。

　　不过以上所述,是高度抽象的哲学概念。但在一切哲学概念的基础上,都有人们所观察过的现象以及生活中所获得的经验。在上古认知宇宙的阶段中,人们在自己的生活和经验基础上创造文化形象,一步一步构成完整的信仰和礼仪的结构。直至上古信仰没落时,信仰中的观念才有可能被讨论,人们亦开始用简略抽象的词汇来表达具体的形象和图景。早期的思想家,对概念赖以产生的背景和其原本对应的形象还有所了解,只是信仰观念被哲理化后,概念的抽象化过程才使其越来越脱离原始的形象。随着社会生活、思想与文化的演变,思想家讨论的内容和角度也随之变化,所以过去的概念常常获得新的意义。

　　我们读古籍,有些文句虽然可以分析、理解,但往往还是会留下一种不完全看懂的感觉。像"神明相配天地之德"之语,在理论上似可以理解,但实际上还是不知所云:如何相配天地之德? 这到底表达什么动作、什么现象?"天德"是什么?"地德"又是什么? 在后续的经学和现代思想史研究中,在两千年的屡次解释中,不断从概念到概念,总离不开纯理论的周圈。但所有纯粹的理论,总应有其具体的、可以看得到、摸得到的现实根源。只有溯源探索到其根源,才可以真正了解理论之所言。

　　笔者认为,战国时期"神明"是各家通用的普遍概念。这一概念源远流长,滥觞于春秋战国人的共同历史背景,即商周文化观念。"神明"观念应该源自商周,因此下文拟从甲骨金文中找其根源,以试图了解神与明交接的具体形象。

三、自然神明观：从信仰到哲学

　　先秦诸子的"神明"概念,被用于讨论各种自然现象和人生、社会的问题。所以先秦两汉哲学中,我们可以发现有自然神明观、礼制和孝道的神明观、道家神明观、认知学神明观、养生学神明观、儒教和道教人格化的神明观等。这都是因为不同的时代、学派、思想家,在不同的问题上都采用"天地相交"、"天地合德"的概念。"神明"的本义为自然天地交互的过程,因此自然神明观是这一概念的源头。下面先从自然神明观讲起。

自然神明观的探究包括神降自天、明升自地与神明之合等三个问题的本义考证。

（一）"神"降自天

1. 商文明"天神陟降"的形象观念

商文明关于"神"的信仰已在上编充分讨论过。在商文明中神的形象是一条夔龙，两端各有嘴口，以构成神祕的通天神化管道。双嘴的神龙通过吞吐管理死生，这一崇高的崇拜对象，古人以"神"字指称。神从天上吐泄生命，也就是所谓的玄胎，并以此衍养群生；嗣后，神亦吞食生物并通过自己的身体使其升天归源，这两种过程皆是通过吞吐而成，故神的两口具有神祕作用。所以，甲骨文中"神"字就是一条双嘴龙的象形，以此彰显其死生天神之神能。

有关神的功能，可以引用癲钟铭文里的语词表达，即"天神陟降"，通过陟降连接天地、管理死生；"上下分合"，"上下合"为吉，而"上下分"为凶（图二六〇）。换言之，在商代巫觋文明信仰中，神龙应有双重的机能：从天上吐下甘露、吐水火、吐吉祥的雷雨，使大地盈满生命的精华，以养育群生；在地上吞杀群生，使他们升天归源。因此神龙以管水火来连接上下，负责一切万物死生循环，所以神的作用可以理解为从天的立场实现"天地之交"的机能。故商文明观念中，神已被视为负责天地相交。

2. 哲理化的"神降"概念

可见自上古以来，人们认为，"神"在自然界的神能，有一个核心要点：将天的神精降到地，使大地盈满生命的精华，使万物胚芽出来。天神之神能的重点，并不是循环在天空中，而在于"神降"，以实现天地之交，万物之生。《郭店老子甲》第十九简言："天地相会也，以逾甘露。"传世版本第三十二章言："天地相合，以降甘露。"①都表达"降甘露"是天地相合的具体表现和主要方式。在已放弃了双嘴龙信仰的战国时代，还是保留有降甘露即是"神降"的观念，认为上下相通，上下关联，

① 参荆门市博物馆编著：《郭店楚墓竹简·老子甲》，页19；马王堆汉墓出土帛书；高明校注：《帛书老子校注》，页398。

即是"神"的功能。

《系辞》有云："天生神物。"①《荀子·天论》："天职既立,天功既成,形具而神生。"也表达"天生神"的观念。不过,最关键的是:天虽然生神,但并不降于地。在这一点上,天与神的意义具有明显的不同。天本身不能降于地,若天降于地,将有大祸,宇宙将亡;但若天与地不交,万事、万物、时空也皆亡。为了保持天地之间的生机关联,天生造神灵而赐于地。天降灵露,以此进行天地之合。

在自然哲学中,所谓的"神"具体关联着养育万物的"神灵雨"。《淮南子·览冥训》中"神物为之下降,风雨暴至"②一句,其"神物"下降的凭证即是"风雨暴至";《论衡·龙虚篇》"天地之间,恍惚无形,寒暑风雨之气乃之谓神"③,可谓一语破的。这些材料都说明,在自然思想中,"天降神"即是降云霓、暴雨或甘露。

神降于地并生养万物,乃是古代信仰的核心观念,此种"神降以化生"的观念,在战国时代哲理化时放弃了夔龙的偶像,而形成了抽象的"神气"概念。但商周时期"气"的概念尚未形成,所以绝对不能用"气"的概念讨论商周天神信仰,商文明中的"神"只是一个神兽的世界,而非神气的世界。同时,在讨论战国时期"神气"概念时,亦不能用战国末期以后至两汉才流行的"气化论"。"气化论"认为天地万物都是由气所组成的,但是在此之前"气"只被视为属于天的范畴。如郭店《太一》第十简曰:"上,气也,而谓之天。"④天的要素被称为"气"。而《礼记》屡次把天之气称为"神气"。

《礼记·祭法》谓:"子曰:'气也者,神之盛也'。"在当时人的观念中,神物乃是气体性的现象,其自然的显露就是云气降雨。《礼记·乐记》也曰"气盛而化神",表达"天神"是气体的现象。气为神之盛,是故神物也被视作气的形态,可谓之"神气"。《礼记·孔子闲居》另曰:"地载神气,神气风霆,风霆流形,庶物露生,无非教也。"⑤用"神气"概念来描述春天神降以天地交合的现象,"神气"从天而降后,充满大地,并养育万物。

---

① （魏）王弼、（晋）韩康伯注,（唐）孔颖达等正义:《周易正义》,页594。帛书本文字相同,见邓球柏:《帛书周易校释(增订本)》,长沙:湖南人民出版社,1996年,页419。（战国赵）荀况撰,（清）王先谦集解:《荀子集解》,页206。

② （汉）刘安编,何宁撰:《淮南子集释》,页443。

③ （汉）王充撰,黄晖校释,刘盼遂集解:《论衡校释附刘盼遂集解》,页285。

④ 荆门市博物馆编著:《郭店楚墓竹简·太一生水、鲁穆公问子思》,页10。

⑤ （汉）郑玄注,（唐）孔颖达疏:《礼记注疏》,页2037、1709、2150。

　　"神"、"神物"、"神气"除了神靈雨以及其他由天所赐命的雷電水火、雨雪之润、霓虹之彩、冰雹、露滴之外，还含有表达一种天的范畴：即是恒星之"神光"。古人认为，日、月、星三辰中，日和月皆出于地而落于地，属于"地"的范畴；而列星恒际玄天，属于"天"的范畴。在日月二明不亮时，天上只有恒星之神光。

　　东汉荀爽在《周易荀氏注》曰："神以夜光。"①因为这句话，王博先生曾提出"以神为月"的假设②。虽然在汉代之后的语言中"夜光"一词可以理解为月亮，但是日月相对的形象，在汉代画像石之前基本未见，文献中也不把月亮称为"夜光"，而谓之"夜明"，《礼记·祭法》确认这一点曰："夜明，祭月也。"孔颖达疏云："夜明者，祭月坛名也。月明于夜，故谓其坛为夜明。"③

　　此一问题牵涉到"明"与"光"两字的本义不同。虽然在晚期的语言中"光明"一词使"光"与"明"二字的意思混淆，但对早期文献中的用义分析，可以了解"光"与"明"之差异性。由"明"所形容者，一定是明显、明亮的状态，而由"光"所形容者，经常是人不可测、不可见的"神光"、"靈光"或"内光"，如《楚辞·哀岁》曰："神光兮颎颎，鬼火兮荧荧。"《淮南子·俶真》云："外内无符而欲与物接，弊其玄光，而求知之于耳目。"高诱注："玄光，内明也，一曰：玄，天也。"④这两处"光"的意思颇为接近，是指玄天之神祕不可测的神光，高诱注虽然用"内明"一词，但内在的光明显然不可见。

　　此外《逸周书·皇门》曰："先王之靈光。"东汉张衡在《髑髅赋》里把不可见的神靈也称为"神光"⑤。这种用义应是从西周铭文传下来的，殷周铭文中"光"字常作祖名，或在西周晚期用来形容祖先靈光，如禹鼎载"敢对扬武公不（丕）显耿光，用乍（作）大宝鼎"；毛公鼎亦载"王若曰：'……亡不闬（覲）于文武耿光……'"。

　　也就是说，先秦文献中，"光"字均表达玄天的神光，或形容天上祖先靈魂之人眼不可见的神祕光耀，并未见其有表达明亮的状态。这一点从"明"与"光"两字的字形

---

①　（东汉）荀爽：《易言》，《黄氏逸书考》，第一函，严一萍编：《丛书集成三编》，台北：艺文印书馆，1971年，页69。

②　王博：《简帛思想》，台北：台湾古籍出版有限公司，2001年，页220。

③　（汉）郑玄注，（唐）孔颖达疏：《礼记注疏》，页1994—1995。

④　（楚）屈原著，（宋）洪兴祖补注：《楚辞补注》，页543。（汉）刘安编，何宁撰：《淮南子集释》，页146—147。

⑤　黄怀信、张懋镕、田旭东撰：《逸周书汇校集注》，页551。（汉）张衡著，张震泽校注：《张衡诗文集校注》，页248—249。

已可见，"明"字从甲骨文以来是"日"、"月"为"明"或少数是"囧"、"月"为"明"。而"光"字的雏形字是"	"，从一开始并不指明亮的状态，似为"鬼"之类的被祭祀对象。在甲骨文中的用义亦如此，作某种被祭祀对象。因此"光"并不明，而只是神祕的玄天之光。在天上只有恒星之光，才符合荀爽"神以夜光"的定义。就是因为古人以为，日、月、星三辰中，日和月皆出于地而落于地，属于"地"的范畴；而列星恒际玄天，属于"天"的范畴。恒际玄天的恒星，才有纯天的"神光"或"夜光"（而不是"夜明"）①。道教《洞真太上八素真经精耀三景妙诀》记载："日月之明……，星辰之精……"②依然将日月与恒星作区分。古代占星术通过列星位置和光芒的变化，占知人间年景与祸福，因而称之为神祕的"夜光"或"神光"，这也是昊天之精。

　　"神"作为天的范畴，与将其理解为"神气"或"神光"毫不相抵触。"神"义涵盖一切天的精华，包括天气与天象（"星辰之精"）。况且，古代巫师占星术，就在观察天文、恒星光芒之变化，去判断天气的情况。这一恒星与天气的关系，首先奠基于恒星旋环与四季循流之关联；但不仅仅如此：古代占星术早已掌握以天文来预测天气之方法，所以认为，昊天上发神光的恒星管理云气，并也发现天上有具体的星座专门负责多雨季节，故称之为"雨师"，这与天上龙兽管理云雨的信仰并无矛盾，此问题在前文已被讨论。

　　简言之，天精之光芒和天气之甘露，皆向下流，降于大地，以实行天地之交。这在先秦文人的思想中，便形成了昊天的"神德"或"天德"、"玄德"概念。其实在先秦文献中，"神"与"天"字在意思上颇为接近，在文献中所用的"神道"概指天道，"神天"概指天空，而"天界"就是"神界"。在此思想脉络中，易传、儒家、道家的看法都一致，故《易·观》《彖传》曰："观天之神道，而四时不忒，圣人以神道设教，而天下服矣。"与"天下"相对的"神道"即是"天道"，文献直接表达之。《书·多方》曰："克堪用德，惟典神天。"该神天就是纯天。《庄子·天道》亦云："莫神于天。"③

①　从此脉络里来判断，笔者认为，王逸注《天问》时所云"夜光，月也"，即是受汉代以后语言的影响，并非《楚辞》的原意。《楚辞·天问》曰："自明及晦，所行几里？夜光何德，死则又育？"参（楚）屈原著，（宋）洪兴祖补注：《楚辞补注》，页 127—128。在此"自明"应该指明日二明，而夜光是明之外的难以认知的神光，可能是遥远恒星之细光，并因为涉及死，可能也含有先人靈光的意思。

②　（东晋）撰人不详：《洞真太上八素真经精耀三景妙诀一卷》，《正统道藏·正乙部·通字号》，台北：新文丰出版公司，1985 年，册 56，页 466。

③　（魏）王弼、（晋）韩康伯注，（唐）孔颖达等正义：《周易正义》，页 195。（汉）孔安国传，（唐）孔颖达等正义：《尚书正义》，页 680。（战国宋）庄周著，（清）郭庆藩撰，王孝鱼点校：《庄子集释》，北京：中华书局，1985 年，页 465。

不过这并不是意味着"天"与"神"之间可以画等号,因"神"只是天所生、天所降的精华。在"天德"概念中,因为"天德"即为"神",所以也可以被称为"神德"。"天德"或"神德"的自然表现,乃自天向下流的恒星神光、甘露、霓虹、闪电、神灵雨。

但是负责上下相连的神,不能只下降,亦得归升。自上而下的神降意味着盈生,而自下而上的神归,即意味着死亡而再生。生者在地,而死者在天。大地的生物都蕴含着天卵,所以都是"天物",也都会死,死后由天神接引"复归于其根"。因此马王堆《老子》云:"天物祘祘(魂魂),各复归于其根。"这思想,与商文明信仰中,神龙吞噬以带走回归天的形象,在历史的演化中是一脉相承的。

(二)"明"出自地

1. 商文明"地明出入"的形象观念

(1) 甲骨文中"明"字的本义和字形考

在古人眼中,没有日月的天空,即所谓"纯天",是幽暗不明的;日和月是天地之间神圣的明火,给大地带来光明和温暖。古人造字,以日月为"明"。虽然根据《说文·朙部》:"朙,照也,从月囧。凡朙之属皆从朙。明,古文从日。"[①]将"明"的正体字视为从"囧"、"月"的"朙",但同时说古文的"明"从"日"。对"明"字的雏形之象形意义,学界有两种看法,其一由董作宾先生指出:"'明'字……左为窗之象形字,右为月,取义于夜间家内黑暗,惟有窗前月光射入,以会明意。"[②]第二由李孝定先生所表达的不同意见"董先生谓明从囧讹而为日",认为正好相反,是因为"日月丽天明之至也"[③]。

从甲骨文字形来看,从"囧"的字形出现很少,如《合集》21037:"戊戌卜,贞:丁未疾,目不丧朙? 其丧朙?"占卜疾病,眼睛失明的事情。另一片《合集》11708过于残缺,意思不清楚。从"日"的字形少数作地名[④],而大部分是表达时间,即"明"与"昃"是一反义词,"明"指太阳升天的时段,而"昃"指下午太阳落地的时段,这就

---

① (汉)许慎著,(清)段玉裁注:《说文解字注》,页314。

② 董作宾:《殷历谱》,上编卷一,页四。

③ 李孝定:《甲骨文字集释》,页2004、2268。

④ 如《合集》14。

是"明"字的本义。甲骨文常见"明雨"①或"明雾"②的记录，表达"明（晨）下雨"或"明（晨）有雾"的现象。《合集》102 曰："□□〔卜〕，贞：翌〔丁〕酻，只（获），丁明岁？一月。"《合集》15475 亦曰："贞：勿只（获），丁明岁？"应该记录丁日"明"（晨）进行岁祭之事。《合集》20190："甲申卜，自：王令匤人，日明旌（旋）于京？"今天王在匤人之地，卜问第二天太阳升天时是否旋归于京城③？

可见，甲骨文"明"字的象形意义为从日月，以日为主，以月为辅；"明"字在殷商时期的用义指太阳升天的时刻，对此甲骨学界的看法一致④，即是明晨（指太阳出来时明亮的早晨而非明天的早晨，下同），或早晨，接近于后期传世文献中"朝"的意思。因为其本义如此，王玉哲和其他一些学者认为，"朙"与"明"要区分释成两个字：既然《合集》21037 记载"丧朙"一词，意思最接近于后期的"明"字，所以"朙"才要读为"明"，而"明"本身要读为"朝"⑤。但依笔者浅见，这种看法恐怕牵强，虽然"朙"与"明"两个字的区分是有一定的道理，但二者最后合并而为现代"明"字的古文。故"明"不宜释为"朝"，甲骨文另有" 𣎍 "（朝）字，不必混淆。就"丧朙"的意思而言，其与日月明的"明"相差不远，"丧朙"就是看不到阳光，在没有阳光或月光发出明亮的情况下，人的眼睛本来也看不到的。眼睛失明，就是看不到日月，所以这是一种转义很近的用义。甲骨文的" 日月 "字就是许慎所言"朙"的古文，实际上二者是同时存在的字体，且最后秦汉时"朙"的正体字不再使用，而"明"字却沿用至今。该字的本义指大明升天的时段，即"明晨"，但在后来历史语言的发展中，其意思扩展而远远跨越了其原始本义，这是语言的演化中常见且自然发生的情形。

也就是说，"明"的意思最初取义于日或月出自地、光明升起的形象，因此，"明"字的写法从"日"和从"月"。虽然甲骨文还有从"田"的" 田月 "字，但从文例来看，《合集》13442 的叙述明显有表达"明"与"昃"时段的相对意思；《合集》12607 载" 田月 雨"，而《合集》16057 载" 田月 雾"，与"明"的字形用义相同；《合集》16131 言：

---

① 如《合集》6037、11497—11499、21016 等。

② 如《合集》721、6037、11506、13450、20717、20995；《英藏》1101 等。

③ 另有一些严重残缺而意思不详的卜辞，如《合集》2223、19606—19608、20256；《屯南》3259 等。

④ 《甲林》，页 1120—1121。

⑤ 《甲林》，页 1121、1348、1391—1393。

"王固曰：'其夕雨，夙◐（明）？'"即晚上下雨，明晨可否看到太阳升天①？因此，我们可以理解，在"⊞◗"（◐）字里的"⊞"偏旁，并不是"田"而是"日"的异体字。笔者认为，这可能就是"日"字的本字，而该字的象形意义就是长江中游礼器所见日历纹（细参中编第三章）。在曾侯乙墓 214 号竹简上，"盟"字写成"📿"（盌），上面亦从"⊞"，显然只能视为"日"或"囧"的异构，这种异构从甲骨文到竹简都可见到。

至于"🐷"（囧）字，在甲骨文中都作地名，所以没有直接资料表达其象形意思，但间接地来看，甲骨文"盟"字写从"日"的"盌"（🍶）、从"⊞"的"盌"（🏺），或从"囧"的"盌"（🏺），或简化成小圆，都在用义上毫无差别。《说文》将"囧"字解释为"开明"，与"明"同②。《玉篇·囧部》曰："囧，大明也。"《文选》所收江文通《杂体诗》三十首之《张廷尉杂述》云："囧囧秋月明，凭轩咏尧老。"李善注："《苍颉篇》曰：'囧，大明也。'"③关于"大明"，文献中有两种说法。其一是指太阳，如《易·乾》："云行雨施，品物流行，大明终始，六位时成。"李鼎祚《集解》引侯果曰："大明，日也。"《礼记·礼器》："大明生于东，月生于西。"郑玄注："大明，日也。"其二是指日月二明，如《管子·内业》："乃能戴大圜而履大方，鉴于大清，视于大明。"尹知章注"大明"："日、月也。"④

依笔者浅见，这两种意思是一致的，"明"就是日月，"囧"字的象形意思就是明，明中最明亮的大明就是日，"日"、"明"、"囧"的象形意义来源应该是同源的。甚至可以推论，"⊟、⊟"（日）字形似乎是"🐷"字形的简化体，从"大明"简化而具体化为"日"，同时加"月"字偏旁另创造象形意义相同的字。

换言之，甲骨文"明"字的象形意义从日月，以日大明为主，以月小明为辅，"明"字在殷商时期的用义指太阳升天的时段，并特别强调日自地升天的意思。

（2）商文明礼器上"明纹"的本义

笔者推论，"明"字的本义是日月升天，是故"明"的形象不是简单地图画日月，

---

① 另有《合集》8104 将"⊞◗"用作地名。《合集》18725 过于残缺而意思不清楚。

② （汉）许慎著，（清）段玉裁注：《说文解字注》，页 314 下。

③ 《大字典》，页 715。

④ （魏）王弼、（晋）韩康伯注，（唐）孔颖达等正义：《周易正义》，页 27。（汉）郑玄注，（唐）孔颖达疏：《礼记注疏》，页 1171。黎翔凤撰，梁运华整理：《管子校注》，页 939。

而是以日图形容"升天"的意思。且从上述有关古文字的讨论出发,可见"明"之义与"囧"字的关系,"囧"字最初的象形意义应该是日象大明。后来在语文的发展下,具体指出太阳时用"日"字,但这并不意味着囧即大明的形象消失,且大明形象的重点就是"明时",即太阳明亮升天的形象。

在两商时代的礼器上,常见一种纹饰,上编提及它时,称之为"明纹",但没有加以说明。明纹与神纹同样为跨区域的纹饰母题,在盘龙城(含郑州二里岗)、吴城、三星堆、殷墟都可见到(图一三四:1;一二九:1、2)。从盘龙城青铜器资料来看,明纹出现时代比神纹稍晚,神纹在盘龙城二、三、四期已普遍,而明纹好像只从四、五期才成为普遍的纹饰(此时间相当于郑洛地区二里头四期到二里岗下层,不过在郑洛及华北地区带明纹的礼器目前只有从二里岗上层以来方见),盘龙城五、六、七期带明纹的礼器仍一直在用(图二九九:1—6)①。

盘龙城时代的硬陶上出现明纹的例子极少,大部分是在青铜器上,但有一个特殊例子,即出现于二里岗上层灰坑中被特意打碎的硬陶的器底上(图二九九:7)②。这种在器底的明纹出现率不高,但一定有特殊意义。青铜器上亦出现过明纹在内底和外底的盘形器,如新干大洋洲铜豆的盘内外环有夔纹,而中心有明纹(图一三四:1)③;郑州向阳街窖藏出土的铜盂里,盘中有菌状中柱,其柱顶上有明纹(图二九九:8)④。用作盘之外底纹饰的明纹,大部分出现在乌龟的造型上,此图案的意义,下文将另行讨论。但这都是盘龙城以外的或盘龙城以后的礼器,在盘龙文化的中央区域,可见明纹先用作爵和斝的纹饰,其他周边的国家吸收明纹后,才开始用在别的器型和部位上。

在盘龙城早商文化里,明纹多出现在斝和爵之菌状柱顶上。反之,菌状柱顶基本上都有明纹;另有部分见于斝腹部。笔者认为,明纹出现在器物刻意升高之处,这恰恰表达"明"为升天的意思(较少见的器底的明纹,或许表达明自地出,而具有

① 湖北省文物考古研究所编著:《盘龙城:1963—1994 年考古发掘报告》,页 416,图三〇二;页 141,图八八;页 279,图二〇三。此外盘龙城出土的斝和大部分爵都有此纹,参中国社会科学院考古研究所河南第二工作队、赵芝荃、徐殿魁:《1983 年秋季河南偃师商城发掘简报》,《考古》1984 年第 10 期,页 872—879、961—963,图 4、5。陈佩芬:《夏商周青铜器研究》,夏商卷,页 46—47,图二一。

② 河南省文化局文物工作队编著:《郑州二里岗》,图叁拾:23;图版拾叁:25。

③ 江西省博物馆、上海博物馆合编:《长江中游青铜王国:江西新干出土青铜艺术》,页 35,图 28。

④ 河南省文物考古所、郑州市博物馆、杨育彬、于晓兴:《郑州新发现商代窖藏青铜器》,《文物》,1983 年第 3 期,页 49—59、97、101,图十七:2。

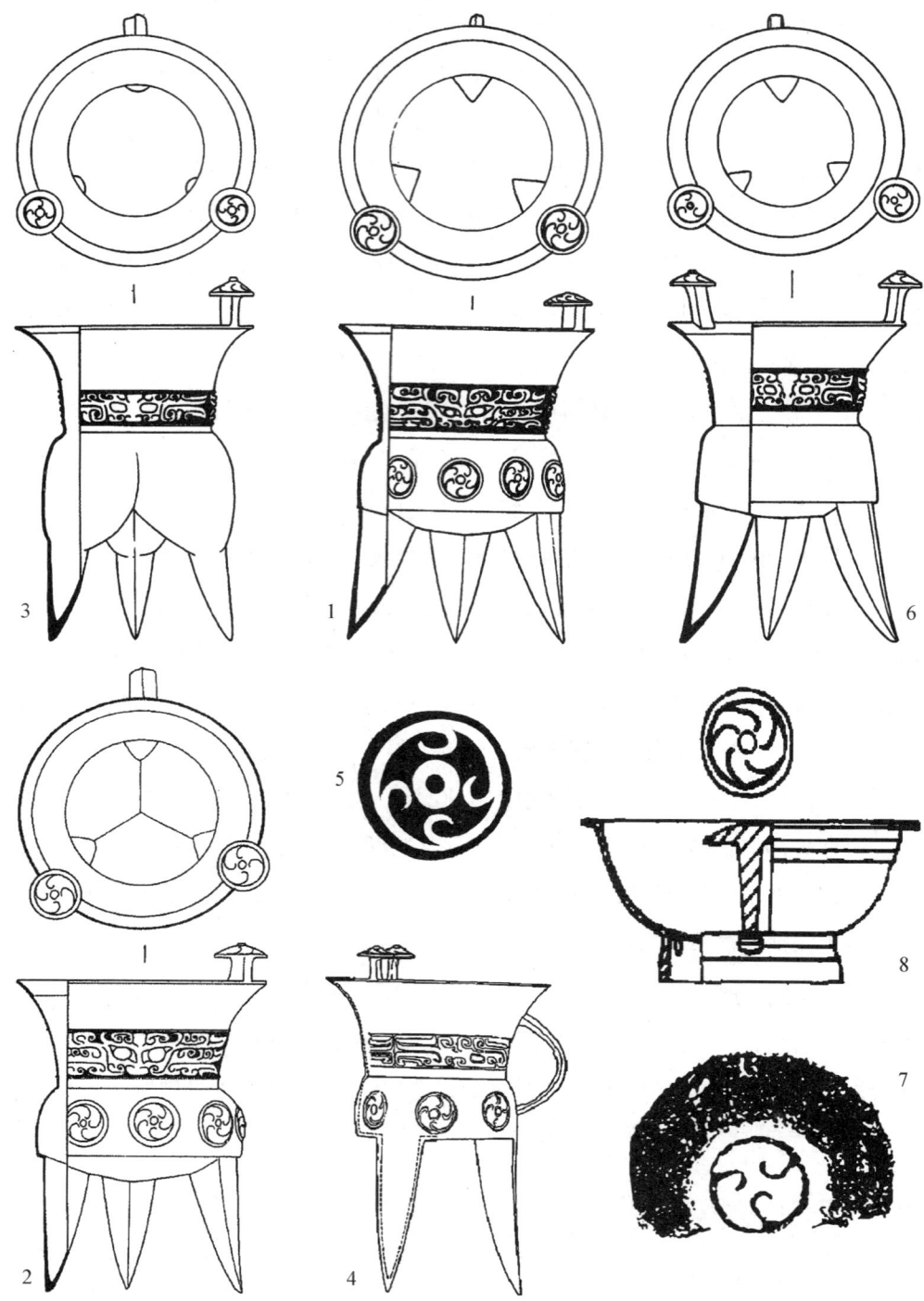

图二九九　盘龙城文化晚期带明纹的礼器：1. 盘龙城出土五期的弧腹斝(P：042)；2. 盘龙城李家嘴三号墓出土五期的铜斝(M3：1)；3. 盘龙城王家嘴一号墓出土六期的铜鬲形斝(M1：1)；4. 偃师城邑五号墓出土的铜斝(M1：5)；5. 上海博物馆收藏盘龙城文化铜斝菌状柱顶上的明纹；6. 盘龙城杨家湾十一号墓出土七期的铜斝(M11：29)；7. 郑州二里岗出土硬陶器底(T18：3)；8. 郑州向阳街窖藏出土菌状中柱铜盂(H1：6)。

升天的能力）。带明纹的器物都属礼器，所以被预备跟着死者升天，或用来升享给祖先。因此明纹是在表达，用该礼器的祭礼，具有如同太阳自地下升天的能力，故而将象征大明升天能力的纹饰，特别设置于礼器之向上或向外突出的部位上，且多见于祭礼意义最深刻的斝和爵上。

学界一般将这种纹饰称为"涡纹"①或"圆涡纹"②，这种定义源自日本文化对"⊛"纹饰的认识，日本最初可能从中国文化接受"⊛"、"⊛"纹饰，一旦移入便获得新意思，自飞鸟时代以来，一直将这种纹饰用于瓦当上，象征水涡以防止建筑被火烧。后来在讨论商代礼器时也用"涡纹"一词来指称相似的纹饰，并被中国学者所接受和沿用。但这种指称从根本上误解了该纹饰的本来意义。李朝远先生另外提出这种纹饰应为"火纹"，并将其解释为大火星或鹑火星崇拜③。依笔者浅见，这种解释亦不能成立。孟婷在其硕士论文中提出，所谓"涡纹"其实与"囧"字很像，而"囧"即是表达大明、太阳的意思。虽然孟婷后面提出的太阳崇拜概念不能成立，包括她用新石器时代一些纹饰与明纹作连接④，这都不妥当，但是将所谓"涡纹"释为"明纹"，将其与"囧"字和日象作连接，可以说是相当准确的观察。

也就是说，两商礼器上，不仅有神纹，亦有明纹，而且有神纹和明纹合在一起的构图（图一三四：1；三〇四：1）。汤商时期礼器上明纹的形状，绝大部分圆圈里有四勾，即将圆圈分成四段（如图二九九：2［菌状柱顶］—5等），较少数分成三段（如图二九九：6、7），另有较少量五勾形状（图二九九：1、2［腰部纹］、8）。殷商时期四勾的依然多，但多勾已然占优势，且在造型上似已不太讲究明纹的具体形状。笔者假设，四勾应该是最初的结构，并且与原来祖形礼器上的日历纹相关（图二六五，参中编第三章）。

不过在有些礼器上，明纹与宇宙中心天中图不宜混淆，如在三星堆铜殿顶部上各边有三个典型的四勾明纹图（图一二九：1）；而三星堆第二号祭祀坑铜罍盖上的纹饰结构，则是象征大的天空图案：在四方饕餮之间有大空虚的天中（图三〇〇），

---

① 孟婷：《商周青铜器上的涡纹研究》，吉林大学硕士学位论文，2009年。

② 张婷、刘斌：《浅析商周青铜器上的圆涡纹》，《四川文物》，2006年第5期，页68—71。

③ 李朝远：《青铜器火纹象征意义的原型及其转换》，《文艺理论研究》，1991年第5期，页73—79。陈佩芬：《夏商周青铜器研究》。

④ 孟婷：《商周青铜器上的涡纹研究》。

围着大空虚的天中,虽有与明纹形状相同的多勾纹环绕,但其所指的意义却与明纹不同,其描绘天中天帝、太一的构图,其意义与金沙遗址出土的金饰四方凤环绕天中的构图相近(图二五七:4),只是在天中之四方有饕餮纹(这种构图的来源与文化脉络笔者拟另文讨论)。

图三〇〇　三星堆二号祭祀坑出土的铜罍盖的纹饰。

就明纹的图案结构来说,笔者假设,三勾其实就是甲骨文习见的"囧"字字形,而四勾恰恰符合所谓从"⊞"的"囲)"(明)字。因为早商时期四勾形状是最常见的,可能恰恰表达当时"日"或"囧"的字形,"囲)"字的"⊞"并不是"田",而就是表达日象的符号,日纹成四的形状恰好符合自然界太阳的週期呈现为二分二至的旋回,这种字形基于深远的传统(参前文中编第三章有关日历纹发展的分析)。后来在纹饰上发展出五或更多勾形状的原因,或是因为纹饰形状的自由度往往比字形大,故无必要一定始终跟着某字形。同时也不排除,早期的字形会有异文,但在用文字扩展其形象与意义的过程中,逐渐被固定下来。

换言之,礼器上的神纹与商语文之"神"、"虹"、"电"等字密切相关,而明纹则与"日"、"囧"、"囲)"(朙、明)等字密切相关;前一组皆为象征天的范畴、由天所生的神精,而后一组则象征地的范畴、由地所生的明形。

（3）"明纹"与"日纹"之间的关系

从发掘非常不足的盘龙城遗址来看，还是可以发现国家通用的典礼。楚商的信仰礼仪很规范，每种礼器在礼仪上的作用较为固定，因此"⊛"明纹只出现在铜斝和铜爵上。但在规范化的明纹之外，盘龙城礼器上另可见圆纹和双同心圆纹"⊙"，而且这种纹饰的出现也有规律：基本上限于出现在鬲上，经常构成陶鬲肩上的饰带。目前这一类圆形纹最早见于盘龙城三期铜鬲上（图三○三：1，带明纹的礼器或许也源自盘龙城三期，只是目前因发掘不足，而未见到三期带明纹的礼器）。荆南寺出土时代相同的铜斝也有圆形纹饰带（图三○三：2）。总体来说，带圆形纹饰带的礼器基本上以陶鬲或铜鬲为主，并且该纹更多见于陶质礼器上。在盘龙城文化成熟阶段，器物、纹饰各有其等级，明纹均见于高等级礼器铜爵、铜斝上，所以本身应属于高等级的纹饰；而单圆形纹、双同心圆形纹饰带均见于夹沙灰陶或硬陶鬲上，所以该纹饰的等级明显低于明纹。

单圆纹在盘龙城四、五期的陶鬲上可零散见到（图三○三：3），但是从发展典范的趋势来看，双同心圆纹渐占优势，并且内圆较小，似为明纹省略勾而已，即从"⊛"省略到"⊙"。盘龙城四期至六期都有这种陶鬲（图三○三：4—8）[1]，周围其他盘龙城文化遗址也零零散散出现带⊙纹饰带的陶鬲，如武汉香炉山遗址（图三○三：16）等[2]。在北部，同样的鬲见于二里冈上层（图三○三：9）；向东，见于九江县荞麦岭；向西南，则见于荆南寺（图三○三：10—14），荆南寺也出土了一件带双同心圆饰带的甗（图三○三：15），但总体上这是鬲的纹饰[3]。

既然双同心圆纹饰有出现规律，它一定含有内在意义。笔者推论，"⊙"纹饰的意义与"⊛"纹饰有关系，甚至可以视为"次等的明纹"。正型的明纹是青铜斝爵的神祕纹饰，而简化版则是陶鬲的纹饰，等级不同但意思一致，"⊛"与"⊙"的差异就像正型的"⊗"（田、⊙、田等）字与简化的"⊙"（日）字的写法，都源自行于天空的日球形象。因此笔者推论，盘龙城文化的双同心圆纹饰相当于商代的"日"

---

[1]　湖北省文物考古研究所编著：《盘龙城：1963—1994 年考古发掘报告》，页 129，图七九：4；页 332，图二三六：7；页 412，图二九○：2；页 144；页 332，图二三六：8；页 237，图一七二：6；页 360。

[2]　香炉山考古队、黄锂：《湖北武汉市阳逻香炉山遗址考古发掘纪要》，《南方文物》，1993 年第 1 期，页 1—7、127。

[3]　荆州博物馆主编：《荆州荆南寺》，页 58，图六三；页 72—77。河南省文化局文物工作队编著：《郑州二里岗》，页 15。荞麦岭遗址的资料尚待江西考古所整理报告刊布。

图三〇一　上海博物馆收藏的殷商时期带明纹的礼器：1. ⊞ 鼎（口沿下）；2. 斝（口沿下和菌状柱顶）；3. 觚（器上部和盖）；4. 罍（肩部）；5. 宁罍盖。

字，所以或可称为"日纹"，在部分礼器上内圆较大，在另一部分，内圆小到几乎变成为一个圆点："⊙"。

　　盘龙城楚商国家被殷商毁灭后，在殷商的礼器上明纹用得很普遍，但日纹少

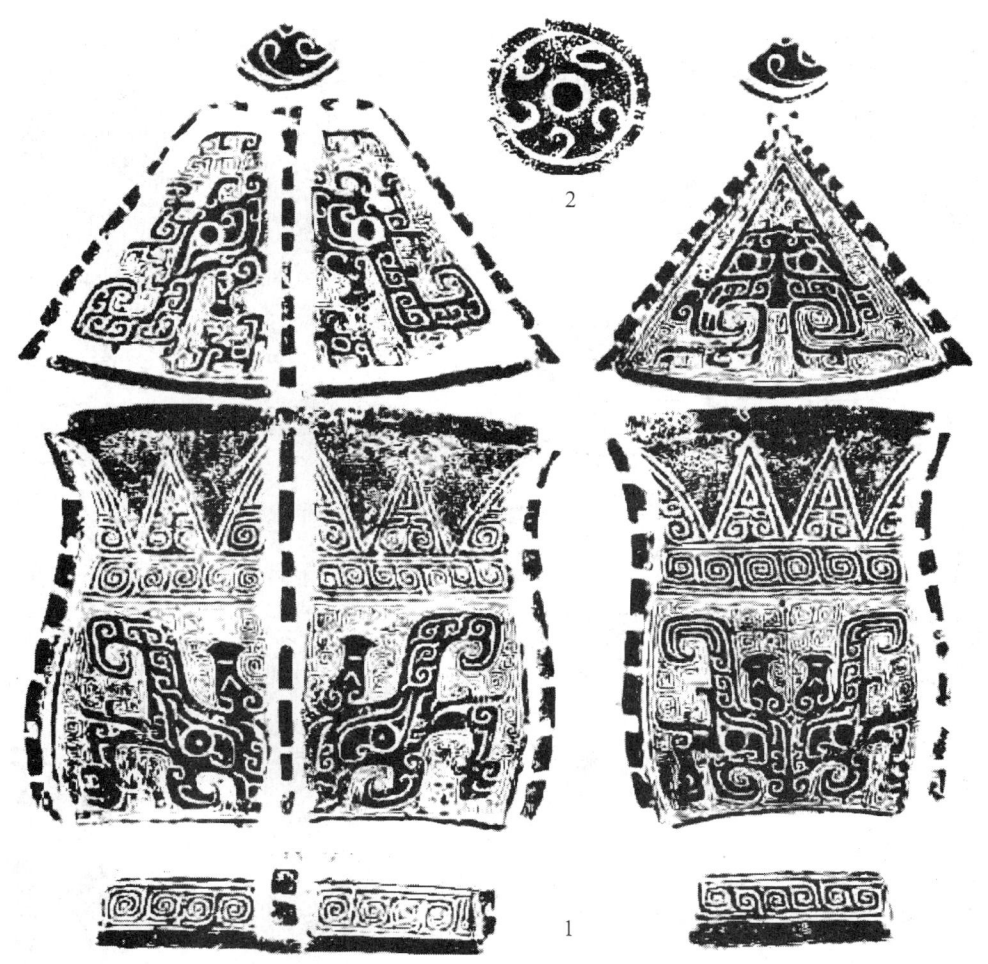

图三○二 上海博物馆收藏的殷商时期带明纹的礼器：1. 饮壶；2. 袋足盉盖耳。

见，也许是因为明纹从一开始就是青铜器纹饰，而日纹只是陶质礼器上的纹饰，北方的殷商多发展青铜礼器，而制陶技术普通，硬陶颇为罕见，故亦未见带日纹的礼器。但是，在南方的虎国（吴城文化），硬陶发展到很高的水平，带日纹的礼器也很常见。吴城二期（相当于盘龙城六期）硬陶鬲上常见日纹（图三○四：2），但也不限于硬陶鬲，硬陶豆上也常有两、三圈日纹饰带（图三○四：3）；吴城三期（相当殷商时期），日纹饰带成为硬陶上通用的纹饰，特别常见于器盖上（图三○四：4）①。吴城文化其他遗址，如牛头城等的出土物中，硬陶上的日纹也较普遍，鬲、豆、盆、罐上都有，尤其是在器盖上，几乎都有日纹。吴城文化是不是全面吸收了日纹的涵

① 江西省文物考古研究所、樟树市博物馆编著：《吴城——1973—2002 年考古发掘报告》，页 183—197、291—295、318—328。

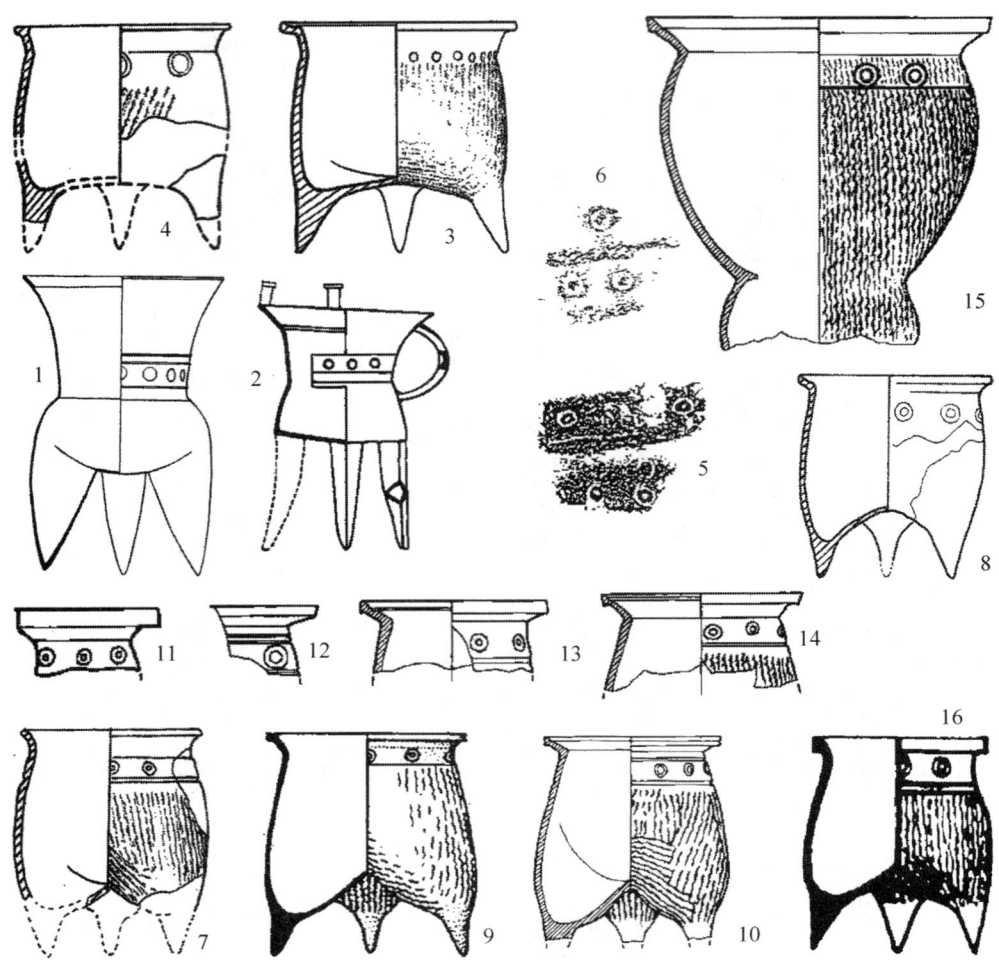

图三〇三　盘龙城文化礼器上的日纹：1. 盘龙城三期的铜鬲；2. 荆南寺出土盘龙城三期的铜斝；3. 盘龙城五期的陶鬲；4. 盘龙城五期的陶鬲；5. 盘龙城四期的陶片；6. 盘龙城六期的陶片；7. 盘龙城五期的隔鬲；8. 盘龙城六期的陶鬲；9. 二里岗上层出土的陶鬲；10—14. 荆南寺出土盘龙城五、六期的陶鬲；15. 荆南寺出土的陶甗。

义，或者只是习惯性用作器物的纹饰，这还需要进一步研究。笔者认为，日纹的形成与明纹有很明确的关系：青铜器上明纹的神祕意义，在于死者取象于日，死者入土后第二天获得再生及升天的能力，人们也祈祷能乘日升天；硬陶上的日纹则是明纹的简化版，在不同等级的礼器上表达相同的"明自地升天"的祈祷。商文化中"明"的形象为太阳升天，这种意思实际上迄今还保留在语言中。为什么"明天"的意思用"明"字来表达？就是因为明天是指太阳再生的时候，升天与再生自古以来是同一个概念。

　　明自地升天的信仰，不但见于殷商甲骨文和两商礼器，传世神话亦保留有此信仰的痕迹。

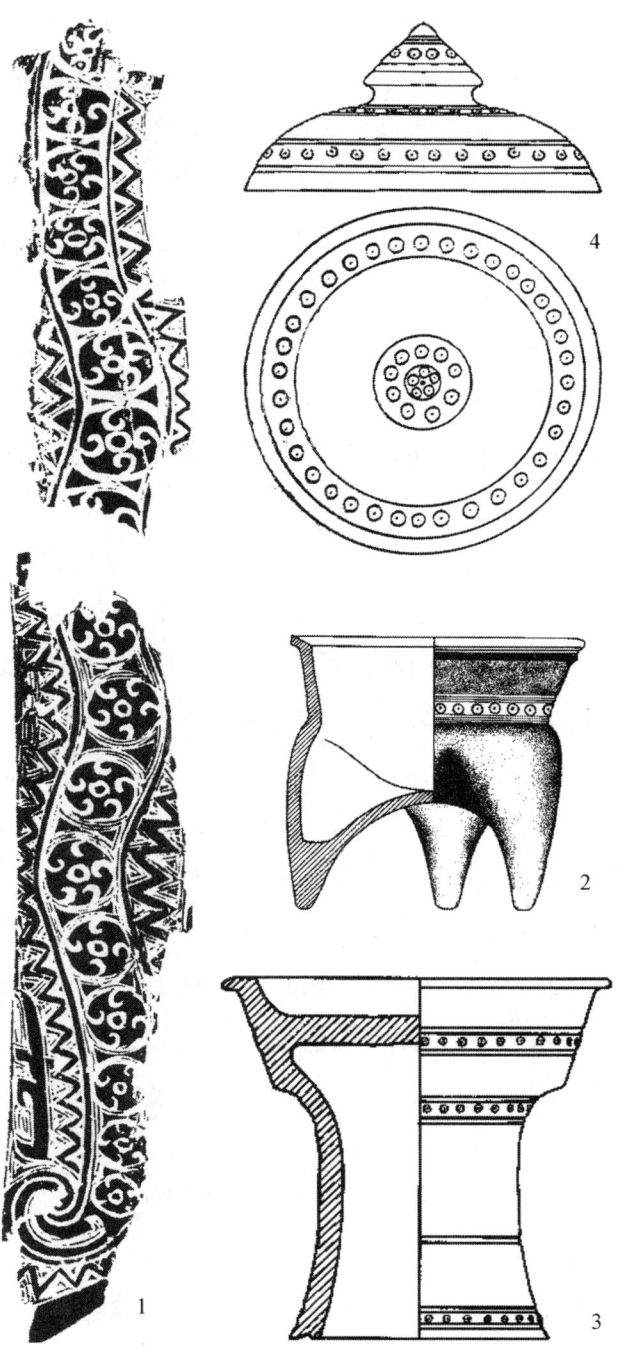

图三〇四　1. 殷墟 1001 王墓骨柶残片的神明图；2. 吴城二期带日
纹的陶鬲；3. 吴城二期带日纹的陶豆；4. 吴城三期硬
陶器盖上的日纹。

（4）神话中"明"出入地信仰的遗迹

其实，日月二明，在自然界即有按时轮流着升天而落地的机能，在古代神话中，大地乃是日月所出与所入之处，如《山海经·大荒东经》记录六山为"日月所出"（大言山、合虚山、明星山、鞠陵于天山、猗天苏门山、壑明俊疾山），而《山海经·大荒西经》则记录六山为"日月所入"（丰沮玉门山、龙山、日月山、鏖鏊巨山、常阳山、大荒山）。《楚辞·天问》另载："日月安属？列星安陈？出自汤谷，次于蒙汜。"表达日月二者出于汤谷之地，而入于蒙汜地，换言之，这也就是大地所出之"明"。

有关《山海经》与《楚辞》日出日落地明之别，明代杨慎补注指出，《山海经》少了第七个，即最著名的日月所出的汤古："七，盖合汤谷扶木而计也"。但袁珂先生跟着宋代朱熹和洪兴祖将汤谷指视为日出之地，而不是日月二明所出①。可是《山海经》所指都是山，而汤谷是山谷湿地，并且《楚辞》的句法结构足以阐明，"汤谷"即是"明谷"，是日和月二明为之出地，而以蒙汜为入地。

所以东、西十二山和谷、汜两地分别代表了两个不同的神话传统。此外还有扶桑神话。扶桑见于日出入的神话，并且十日从扶桑起飞也落到扶桑，所以汤谷和扶木应该是来源不同的信仰。但在这三种信仰中，十二山和谷、汜，同样认为日月出自地。这一现象在神和明相对的意义上，恰好构成互补相交的关系。在天地之交里，天的贡献是降神，而地的贡献是升明。但是负责下上相连的明，不能只上升，亦得归落，所以神话中或有相对的六和六座山，或有汤谷和蒙汜。

上古时代，当人们试图认识和理解宇宙自然现象时，将日和月看作是由地所产生的"明形"，日和月有按时轮流着升天的机能，这也就是大地所出之"明"。"明"的本义就是地的范畴升天，从地的角色来实行天地之交。直至战国时期此一"地明日月"观念仍然存在，先秦人仍然认为，日月不是天神，日月是由地所生。神气是昊天赐降给大地以交，而日月两个明形是大地供升给天而交。

2. 哲理化的"明出"概念

古籍也经常指出日与月合为明之观念，如《礼记·经解》："日月并明。"《礼记·中庸》："辟如四时之错行，如日月之代明。"《荀子·礼论》在探讨合乎礼的生

---

① （西晋）郭璞注，郭郛注证：《山海经注证》，页762—763。（楚）屈原著，（宋）洪兴祖补注：《楚辞补注》，页127—128。

机流程时便云："天地以合,日月以明。"《荀子·解蔽》又云："明参日月。"《国语·周语上》记载了崇拜"明神"之事情,韦昭注："明神,日月也"①。

易学传统更足以证明,"明参日月"实际上牵涉到非常深入的宇宙观。在此宇宙观里,"明"是以日月结合为一的思想范畴。例如,依据《易·乾卦》曰："夫大人者与天地合其德,与日月合其明。"②描述天地之合,乃合德(神明之德),而日月之合乃合为明。帛书《系辞》有曰："垂马(码)著明,莫大乎日月。"南唐徐锴在《系传通论》解释此句云："在天上莫明于日月,故于文日月为明。"《系辞》也曰："日往则月来,月往则日来,日月相推而明生焉。"③这更加说明,"明"是日月相推相辅而生的。《系辞》又曰："日月之道,上明者也。"④日和月的功能即是把明从地推升于天。《易·晋卦》之《象》特别强调明出自地上:"晋,进也。明出地上,顺而丽乎大明。"⑤

以上可知,从两商到两汉,主流思想认为,日月并不属"天体",而属由地所生的"明"。

(三) 神与明相辅的思想

1. 相对与相补

"地出明"概念源自日月出自地上的自然现象,这就是相对于天之"神德"的地之"明德"的概念之本。换言之,"明"表示日月可由地达天,这一自然现象就成为自然"明德"概念形成的依据。并且,相对于天所降的"神气",地升出日月明形。故《鹖冠子·度万》云:"天者神也,地者形也。"《黄帝内经·素问·阴阳应象大论》亦言:"天有精,地有形。"《系辞》亦曰:"在天成码,在地成形。"⑥这些问题,都属于

---

①　(汉)郑玄注,(唐)孔颖达疏:《礼记注疏》,页2109、2245。熊公哲:《荀子今注今译》,台北:台湾商务印书馆,1995年,页380、435。(战国周)左丘明撰,(三国)韦昭注:《国语》,北京:中华书局,1985年,页37。

②　(魏)王弼、(晋)韩康伯注,(唐)孔颖达等正义:《周易正义》,页53—54。

③　邓球柏:《帛书周易校释(增订本)》,页444。通行本《系辞下》第五章,文义也相同,见(魏)王弼、(晋)韩康伯注,(唐)孔颖达等正义:《周易正义》,页624—625。

④　邓球柏:《帛书周易校释(增订本)》,页419—444。《系辞上》第十章,通行本作:"县象著明,莫大乎日月。"《系辞下》第一章,通行本作:"日月之道,贞明者也。"孔颖达疏云:"言日月照临之道以贞正得一而为明也。"(魏)王弼、(晋)韩康伯注,(唐)孔颖达等正义:《周易正义》,页607—625。

⑤　(魏)王弼、(晋)韩康伯注,(唐)孔颖达等正义:《周易正义》,页305—306。

⑥　(战国楚)佚名撰,黄怀信校注:《鹖冠子校注》,页129。张隐庵:《黄帝内经素问集注》,页62。邓球柏:《帛书周易校释(增订本)》,页389—391,通行本作:"在天成象,在地成形。"见(魏)王弼、(晋)韩康伯注,(唐)孔颖达等正义:《周易正义》,页529。

自然哲学的神明观,下文再进一步分析。

在天地之交里,天的贡献是降神,而地的贡献是升明。但是负责上下相连的神,不能只下降,亦得归升;而负责下上相连的明,不能只上升,亦得归落。自上而下的神降意味着盈生,自下而上的神归,即意味着死亡而再生;而自下而上的明升意味着提供明亮温暖以养生,自上而下的明落,即意味着死亡而求再生。生者在地,而死者在天。神生者在地,死者在天;而明生者在天,死者在地,此乃最完整的天地相生相杀的宇宙观。

这一思想源自商文明,而在战国时期被哲理化,实为一脉相承的"天地神明"宇宙观的演化。因神降自天而明出自地,则神与明处于自然对立状态,故先秦两汉语言中,"神"与"明"是意思相对的两个字,组合成互补相对的范畴。对此《庄子·天下》有提问:"神何由降? 明何由出?"而《庄子·天道》有说明:"天尊,地卑,神明之位也。"东汉荀爽在《周易荀氏注》也解释:"神之在天,明之在地,神以夜光,明以昼照"①。

下文将进一步了解,"神"与"明"合成一体的观念之来源及其核心范围。

2. 商文明"神"与"明"相辅信仰的遗迹

《合集》21021 曰:"大凤自西制云率雨,毋[ins] 日。"好像是对天气的记录:从西边来了方凤,率领云雨,故见不到日。但是这一常见的自然情况,使人们思考天神、凤和云雨与日自然处于对立的状态。自然界中可以观察到的是,即使在明亮的白天,云雨也会闭塞太阳;但从此现象中,古人获得天地力量对立的观念:由天所降的水气神靈与地所出的火形明照,乃是两个相对立的范畴,既会相斗,亦在自然界中互不可缺,相辅养万生。

"神"字的形象和原始含义,是指天针对地的自然力量和功能;"明"字的形象和原始含义,则指地针对天的自然力量和功能。二者连接,构成了最初的自然"神明"观。

这种神明合体的形象,具象地呈现于纹饰上——神明纹。新干铜豆盘内的纹饰,外边有神纹,里边有明纹,就是一个完整的"神明纹"(图一三四:1)。殷墟1001 号王墓出土残缺骨柶的纹饰,是一条龙的身体,在他身上连着刻好几颗明纹

---

① （战国宋）庄周著,（清）郭庆藩撰,王孝鱼点校:《庄子集释》,页 1065、469。（东汉）荀爽:《易言》,页 69。

（图三〇四：1），这也应该定义为"神明纹"。当时"神明纹"的结构都是明在神之内，此形象恰似日月在天空中。

在甲骨刻辞里，其实也可以看到"神"与"明"关联的记录，即上编所讨论《合集》14、9502—9507："贞：呼神耤于明"、"……〔呼〕神耤才（在）名（明），受有年？"、"己卯卜，㱿贞：不神耤于名（明），享不潯？"、"贞：令我耤，受有年？"等卜辞。卜辞里"我"即指王，王者在耤田礼上，祈求神降，以保证丰年。《礼记·祭义》谓"是故昔者天子为藉千亩"，其祭祀之意义即在于呼天降神以助耕王田。

考虑到"神明"最初的本义，即是神降明升之相对性以及相辅作用，是故笔者推想，这些卜辞所记载的祭礼，有可能就有这样的含义：进行此礼仪之地称为"明"，恰恰相对于卜辞所呼祈的"神"。在神祕的占卜记录里，很多细节并非偶然和无意义，所以我们可以合理地推论，此处之"明"，大约指某种空间概念，同时也是当太阳升起的时段，借助太阳升起之力与天相交通，带去人间的祈求；并且在当时人们的观念中，天神地明相辅才有"生机"，所以亦保证有受年。《庄子·外物》曰："春雨日时，草木怒生"[1]，也表达同一个意思：同时既有春雨亦有日暖，草木才会蓬勃生长。这就是最初的"神明"生机观念。

卜辞中曰："呼神耤于明"或"耤于名"，实际上，在古文字中，用"明"和"名"的字形，其意思完全相同，是异体字的关系。《释名·释言语》言："名，明也，名实使分明也。"是从后期两字区分的语言环境来解释其关系，但在出土和传世文献中，却保留了很多将"明"字直接用"名"字取代的文例，表达明亮、明晰等意思，故清代朱骏声认为"名假借为明"是常见的情况[2]。而在古文字中这两个字形的混用完全普遍，所以马叙伦先生认为："'名'和'明'是一个字"[3]；李孝定先生也说："契文、金文'名'字均系'明'从'夕'。"[4]甲骨文中，"〗"（夕）和"〖"（月）普遍混用，"〗"字常作"〗"字的省文。甲骨文中，"〖〗"（名）字形出现很少，除了上述与"明"混用的文例之外，其余卜辞过于残缺[5]，视为表达地点的"明"的异体字应该无误。

也就是说，这几个龟甲刻辞，可能都保留求年、求生的"神明"仪式，一边呼神，

---

① （战国宋）庄周著，王叔岷校：《庄子校诠》，页 1076。

② 《大字典》，页 583。

③ 马叙伦：《中国文字之原流与研究方法之新倾向》，香港：龙门书店，1969 年，页 54。

④ 李孝定：《甲骨文字集释》，页 351。

⑤ 如《合集》5118、7075、7269、10407、19616、19617、32048；《屯南》668、2245。

一边追求神与明感通,如此天地之间便有生机。这是因为在古人的自然观中,既不是有了天就能有生,亦不是有了天地便会产生万物,而是天地之交才至关重要。天地之间以什么来相交通呢? 在古人那里,神降明升是天地之交的最重要的媒介和形式,由此便产生"神明"的观念。所以,从零散的资料间接表达出两商时期就已有神明观。

3. 从信仰到哲学

战国晚期至秦汉时期的中国哲学,可以说是阴阳气化哲学。但实际上阴阳二气的概念出现相当晚,在战国早中期及以前的哲学化时代,"神明"概念是中国人的天地观中的一个核心观念。这个观念的原始意义表示天地之间神降明升的相互交通,而这种观念被《易传》的作者所吸收,如《周易·泰卦》的《彖》传曰:"泰……天地交,而万物通也;上下交,而其志同也。"《象》传曰:"天地交,泰,后以财成天地之道,辅相天地之宜,以左右民。"这个观念也为《礼记·月令》所吸收:"天气下降,地气上腾,天地和同,草木萌动。"《礼记·中庸》亦言:"天之所覆,地之所载;日月所照,霜露所队。"这些话都旨在表述天地和同而生的观念,而此观念源自两商。古人在尚未有抽象的无所不包的"气"概念时,将天之"神气"下降与地上之日月升腾视为万物化育的生机。

从先秦两汉文献来看,讨论哲理化的"自然神明"概念,需要分成两个互补相关的形象:第一是神气与明形;第二是神光与明照。前者可以定义为自然"生育哲学",讨论天地万物造化循环和物质要素的相配;后者可以定义为"时间哲学",讨论更加基础性的天地万物化生的条件,即自然时间的週期循环规律。当然,万物造化循环与时间循环互不可分,因此神气与明形以及神光与明照,这两种相对意义只是同一概念的两面,代表两种观察之角度而已,但是为了立体地了解自然神明观,需要从这两个角度深入探究。

4. 神气与明形

> 鹖冠子曰:"天者神也,地者形也;地湿而火生焉,天燥而水生焉。法猛刑颇则神湿,神湿则天不生水;音故声倒则形燥,形燥则地不生火。水火不生,则阴阳无以成气,度量无以成制,五胜无以成埶,万物无以成类……"①

《鹖冠子》所描述万物化生的条件,完整地表达两项原始神明观的核心之处。第一

---

① (战国楚)佚名撰,黄怀信校注:《鹖冠子校注》,页129—132。

项,是神的物质和明的物质不同。《黄帝内经》:"天有精,地有形"同样表达天和地之精华的物质差异性。这是自然如此:天神云雨、霓虹、甘露都不会凝结成固定的形体(甚至少见的冰雹,临时凝结而到地就释身,消溶了;雪虽然覆盖大地,但本身无形体,结冰也只是跟着树木、建筑或地面的形状,自己无形),这都是气体或液体的精华、天的精气,气流一时会被凝结,但依然不是有形的现象;而地明则是日月两个固定的形体。天在进行神明之交时,往地降神气,而地在进行神明之交时,往天升明形。

自然神基本上是降不成形的神气,而自然明则往上不仅是发出明亮,同时本体也飞升天。因此"地成形"有两种意思:我们习惯用的由地塑造万物之形体,以及更基础性的是,在神明之交时,地也用"形"参加。从观察日出现象,可以令人联想到,"地出明"和"地成形"之概念是具有关联性的。所以《鹖冠子》的"天者神也,地者形也"也是神明观的表达语。

第二项,是对养万物而言,天地神明的相对意义,在于水火的搭配。自然"神"是养万物之甘露、神靈雨,而自然"明"是温暖万物之日火。因此,天的生物都是水性的精气,也就是所谓的"神"。至于日月二明,则其皆有凝结的火性的形体。

《鹖冠子》成书的时间较晚(大约战国时代),但其很精致地表达出神与明相合之必要性的重点所在:由天降神水质,如果天的力量强,而地不足,霖霆暴洒容易造成水灾;由地出明火质,如果地的力量强,而天不足,太阳干旱容易造成火灾。在这两种情况下,对生态的情况破坏厉害。就是因为如此,上古信仰并不是寄命于天或寄命于地,而追求天地之合,与其志同。前文所谈"下上若"即奠基于古人对自然的此类认识。又,前文所谈乾坤的关系亦如此,并更进一步思考上下水火关系的复杂性。所以笔者认为,先秦宇宙观是以神明观念为基础的。

5. 神光与明照:《太一》时间哲学的神明观

《系辞》有一句话:"在天成象,在地成形",它明显属于与《黄帝内经》:"天有精,地有形"、《鹖冠子》:"天者神也,地者形也"同一思想脉络。依照唐代的理解,唐人孔颖达疏:"'象'谓悬象,日月星辰也。'形'谓山川草木也。"[1]但是回到先秦思想和历史语言的环境中,这种诠释可能部分曲解了原意。由天所成的"象"能包含神光,但绝对不含日月,反而天象中有日蚀、月蚀,是使日月缺缩之凶事。《易·

---

[1]　(魏) 王弼、(晋) 韩康伯注,(唐) 孔颖达等正义:《周易正义》,页 530。

系辞上》亦言："天垂象，见吉凶。"这种"象"不是明亮的日月，而是神秘的天文，其中大部分是人眼完全不能看到的，只有通过卜甲或筮追求解通。《书·胤征》曰："羲和尸厥官，罔闻知，昏迷于天象，以干先王之诛。"孔安国注："闇错天象，言昏乱之甚。干，犯也。"孔颖达疏："此羲和昏暗迷错于天象，以犯先王之诛"[1]，也表达"天象"的意思并不是日月星辰，而是由天所发出的密码（马王堆帛书《系辞》的版本将"在天成象"写成"在天成码"）。而"地成形"就是发出日月，这两个形体有升天的能力，使冥天变明。

在神明观念里，"气形"或"光明"的相对意思基本相同，天的精华是不成形的，而地的精华离不开明显的形体，自然神只发出神光而不降于地，而自然明不仅是发出明亮，同时本体也升天。所以天和地参与神明之交的方式有所不同。

有关"光明"的相对意义，《周易荀氏注》云："神之在天，明之在地，神以夜光，明以昼照"。前文已论证，"神以夜光"涵盖两种意思：天上恒星光芒（并不是月亮"夜明"）以及看不见的神祕光、神靈光等，此概念源自古代占星术通过列星位置和光芒的变化，占知人间年景与祸福，在此"神"和"明"是表示恒星与日月的对置。恒星始终不变，居于天而不降于地；日月每日轮流着升降、处于不断的运动状态。在古人眼中，日力才是颇为关键，拜月亮的信仰在汉代之前还不明显，因此荀爽特别指出昼照之日，相对于夜光的恒星。由天发出恒星的"神光"，由地所上腾之日的"明照"，在自然天体的运行中，此二者之相通，遂成为岁代之基础。

这种"神"与"明"的关系在郭店楚墓竹简《太一》中有最清楚地描述，其文曰：

> 太一生水，水反补（辅）太一，是以成天，天反补（辅）太一，是以成堅（地）；天堅（地）〔复相辅〕也，是以成神明；神明复相补（辅）也，是以成阴阳；阴阳复相补（辅）也，是以成四时；四时复补（辅）也[2]，是以成凔然（热）；凔然（热）复相补（辅）也，是以成湿燥；湿燥复相补（辅）也，城（成）戗（岁）而止。

从文中的"成岁而止"一句看，《太一》是讨论"岁"的生成，或曰时间哲学的议题。《太一》的理论强调，时间为天地万物造化的中心环节，由此便阐述了颇精彩的时间哲学理论。

---

[1] （魏）王弼、（晋）韩康伯注，（唐）孔颖达等正义：《周易正义》，页594。（汉）孔安国传，（唐）孔颖达等正义：《尚书正义》，页272—276。

[2] 一般认为这一句缺略了"相"字，所以学者释文时常补作"四时复相辅也"。但笔者怀疑，天地、神明、阴阳等与四时不同，四时没有与前几者类似的双方相对并置的结构，因此原文没有"相"字是合理的。

在目前所留传的宇宙论中,除此之外好像未见这么明显地把时间当作造化基础的文章,因此学者均认为,《太一》的理论是很特殊的。但若进一步考察,则古人崇拜天即包含有祭时的意思。靠耕田稼穑为生的农人,自古以来最清楚地了解,春生秋死、终而复始的规律,此规律《太一》里有明晰地表达①。

在农耕文化观念中,年岁的规律可以说是农人一切生活行动的模式,因此"太一成岁"概念是农耕文化的命题。古人尚时观念来自农人生活,因此笔者认为,尚时的传统源远流长,滥觞于早期农耕文化观念中。不过在《太一》的理论中"岁"的概念应已不仅是指农功。农人观念中,先有对天象的崇拜和尚时信仰,经日积月累而后将这种传统信仰哲理化,从而衍生出高深的时间哲学思想;因论及岁月之"周而复始",而将其自然过程定义为造化之规律。换言之,"天道之运,周环无穷"之自然现象,在哲学思想中被视为天地与社会的生活规则和模式。

自古以来,天时的循环被当作万物死生之缘故和轨道,对此在古籍留下很多痕迹,并且儒家、道家及其他学派,都会使用时间哲学的概念②。换言之,时间哲学的概念系跨学派的思想,因此《太一》的价值远远超过他所属的老子思想的议题。《太一》作者精彩论述了以时为中心的天地造化观念。本观念源自初民农耕文化,所以在先秦时代成为各家思想之基础。

既然《太一》的生成论是描述岁之构成,于是其过程的每一阶段必须皆有时间的性质。中国古代习惯以有形之物来描绘非物体的现象③,所以《太一》中的水、天、地等,不宜直接看作某种物质性的东西,这是能够"反辅"、"复相辅"等过程性的事物。自然时间本身是夜昼四时,即是一种流转之过程,《太一》中的每一个阶段正好也描述流转之过程,同时各阶段之间的关系也并不是一个直线性的连续过程,而是一个流转反复的连续过程,所谓"反辅"、"复相辅"即是准确表达时间的迂曲运行,并且此种迂曲的连续正好揭示了中国文明对天时的理解,即所谓"周回运移,终则复始"④。成岁的理论必须得有实际天文的依据,亦牵涉着天气之气候状

---

① 笔者对《太一》的考证参郭静云:《郭店出土〈太一〉:社会归于自然天地之道(再论老子丙组〈太一〉书文的结构)》,页41—61;郭静云:《郭店楚简〈太一〉四时与四季概念》,页20—26;郭静云:《〈郭店楚简·太一生水〉与〈上海博物馆竹简·恒先〉中造化三元概念》,页167—192。日后拟另作详细的全文考证。

② 参郭静云:《郭店楚简〈太一〉四时与四季概念》,页20—26。

③ 古代阴阳家以"五行"配"五方"、"五色"、"五星"、"五靈"、"五脏"、"五帝"、"五德"等概念,也算此种思想模式。五行中的金、木、水、火、土,皆不是物质的现象,而是系统性的概念。

④ 如晋代姜岌《浑天论答难》等文例。

况;是故,为了理解《太一》所言,必须同时了解古人所观察的天文,以及关注当时当地週年天气的特点。

根据《太一》,"成岁"之过程经过了如下环节:太一→太一与水→太一与天→天与地→神与明→阴与阳→四时→滄与热→湿与澡→岁。从此过程的描述可见,前三环节是生成天地的过程,从天地到四时乃构成週年时间的规律,从四时到湿燥乃四季的天气规律之形成,其后才"成岁而止"。

观察成天地之前数句"太一生水,水反辅太一,是以成天,天反辅太一,是以成地",即太一、水、天之三元论的意指,笔者曾经作过考证,在此不再重复①。但有了天地之后下一个环节一定需要天地之交的神明产生:"天地复相辅也,是以成神明"。若从太一成岁之目的来看,则自然时间恰好以列星与日月的相对位置和运动来定的。自然时间以岁年週期为基础,而此週期实际上就是以列星和日月的相对位置和运动来定的。恒星居于天,恒星之天道恒常,其皆围着太一旋转,且每一日在天穹圆上走一周横圈。日月每天轮流着升降,处于不断的易动及变形状态,且每一天升降并走一周竖圈。因此可说,恒星和日月处于横纵回转之关系。日月每天纵贯恒星之道,且随着恒星本身旋转。日月通天的位置每天移动,且此移动有很明显地规律:太阳一天的移动为天道一圈的一度,一年为一圈。过了一年,太阳升天时,又回到一年前的位置,又走一年前的恒星之间的路线,此乃阳历规律。月亮走天道的速度比太阳快,其週期为一个月,太阳和十二月週期的搭配乃是阴阳历的规律。不过重点是,在自然世界中,恒星之"神光"与日月(尤其是日)"明照"之间的关联,即构成岁代之基础。

下一环节乃"神明复相辅也,是以成阴阳",即是表达前文所提"阴阳次于神明"、"神明是阴阳未分"的概念,阴阳乃为神与明"相辅"之产物。先秦思想家经常探讨"神明"与其他范畴之相关义,例如:"神明"与"易","神明"与"礼","神明"与"道"等。其中先秦两汉思想家也着重于探讨"神明"与"阴阳"的差异。前文已论证,神明与阴阳之别牵涉到"德"与"体"的分歧。如《乾凿度》曰:"阴阳之体定,神明之德通"颇清楚地阐明了此一观点:神明相配天地之德,而阴阳塑造形体。所以,神明不可分为各物之体,而是一体性的宇宙,且体现宇宙之"德"。

但上述易学传统里的讨论过于抽象,确切意思模糊,"阴阳"之范畴无所不包,

---

① 郭静云:《〈郭店楚简·太一生水〉与〈上海博物馆竹简·恒先〉中造化三元概念》,页167—192。

这造成文义不清楚的情况。但在《太一》的描述里"阴阳"不是作无所不及的基础性范畴，而只能作一种狭义的理解，其中"女男"、"雌雄"、"牝牡"等"阴阳"之用意根本不符合《太一》的内容，"阴阳"亦不能指涉寒暑或湿燥之对立，根据《太一》，寒暑沧热、湿燥，这都是阴阳所生的"四时"之产物。在本理论中，"阴阳"的涵义必须与成岁目的有关，并牵涉到生成"四时"的功能，因此依笔者浅见，在这里"阴阳"只能用来指月日和夜昼的意思。

　　在易学传统中，也有阴阳表达日月的意思，如《系辞》："阴阳之合肥（配）日月。"①是句以日月来表达阴阳之合和现象，并阐明阴阳合和之机能是在相配日月之"体"。在其他古书中，"阴"经常具体指称月亮，而"阳"即指太阳，例如：《诗·小雅·湛露》："湛湛露斯，匪阳不晞。"毛传云："阳，日也。"《楚辞·远游》："阳杲杲其未光兮，凌天地以径度。"《礼记·礼器》："大明生于东，月生于西，此阴阳之分。"《黄帝内经·素问·阴阳离合》和《黄帝内经·素问·六节藏象》两篇都记载："日为阳，月为阴。"《盐铁论·非鞅》也云："故利于彼者，必耗于此，犹阴阳之不并曜，昼夜之有长短也。"王利器校注云："阴阳指日月。"②在中国传统中，这种太阴为月，而太阳为日的用义，确实是大家一致的看法。同时在古籍中，夜昼之旋转循环也被视为"阴阳"之最基本的涵义，例如《礼记·祭义》："日出于东，月生于西，阴阳长短，终始相巡。"孔颖达疏云："阴谓夜也，阳谓昼也。夏则阳长而阴短，冬则阳短而阴长，是阴阳长短。"扬雄《太玄·玄攡》也曰："一昼一夜，阴阳分索。夜道极阴，昼道极阳。"③是故"阴阳"为月日、夜昼的解释完全符合"阴阳"之意义范围，并合乎《太一》的理论。

　　从"阴阳复相辅也，是以成四时"来看，更加可以确认，阴和阳就是指夕月和昼日（其实甲骨文里"夕"和"月"基本上是同一字），因为古代"四时"概念首先指涉自然二分二至的现象④，在大自然中二分二至是由夕月和昼日所确定的。二分时

①　通行本作："阴阳之义配日月"，意思相同。参见邓球柏：《帛书周易校释（增订本）》，页389—406。

②　［日］竹添光鸿撰：《毛诗会笺》，册五，页十。（楚）屈原著，（宋）洪兴祖补注：《楚辞补注》，页258。（汉）郑玄注，（唐）孔颖达疏：《礼记注疏》，页1171。张隐庵：《黄帝内经素问集注》，页69、89。（汉）桓宽撰，王利器校注：《盐铁论》，北京：中华书局，1996年，页94、100。郭沫若诗亦云："昼间的太阳，夜间的太阳。"

③　（汉）郑玄注，（唐）孔颖达疏：《礼记注疏》，页2036。（汉）扬雄撰，（宋）司马光集注，刘韶军点校：《太玄集注》，北京：中华书局，2005年，页185。

④　冯时先生曾证明，在古代历法中，"四时"之用意与"四季"不同，是指二分二至。冯时：《中国天文考古学》，页154—190。笔者认为，在《太一》的理论中，沧热、湿燥才表达四季之流动。参郭静云：《郭店楚简〈太一〉四时与四季概念》，页20—26。

夜昼时间相等,月日在天上道路相同,阴阳相衡。冬至时夜长、昼短,月亮在天上的路长,且能上升极高天顶之处;而日仅能升到低位,达不到天顶,日在天上的路短,故冬至为阴极之时。夏至时正好相反,夜短、昼长,月亮在天上的路短,达不到天顶,而日反而上升极高天顶之处,日在天上的路长,故夏至为阳极之时。换句话说,在成岁过程中,"阴阳"被用来具体构成"阴阳历"的结构。因此,在这里阴阳阶段显然有夕月和昼日的涵义。

所以从各方面来看,在《太一》中"阴阳相辅"概念主要是源自自然夕月和昼日之相辅;而"神明相辅"的结果,乃确定阴月和阳日之"体",并确定阴夕和阳昼的状态。在《太一》中,神明之阶段应是:阴阳尚未定月日之体、未分夜昼之光,此差异即是《逸周书·文传》所描述:"出一曰神明,出二曰分光。"①所谓"分光"之自然依据,就是地之明形分成月和日,而天之神光状态分成夕和昼。

笔者拟强调,阴阳不仅将"明"分成属阴之月和属阳之日,但同时将"神"分成阴神和阳神。其中,恒星的神光也可分成属阴质和属阳质的恒星:在恒星中,也有被视为阴阳相对,例如:织女和牵牛;或者毕宿有称为"阴星",而心宿的大火星相当于阳等等。因此神明所生的阴阳分光之阶段既区分"明",也涉及恒星神光的分别。此外,可以推测,天神分别成阴和阳的意义,同时也包含"象"和"气"之别。但笔者以为,核心的意义是:阴阳在地上将"明形"分成月和日,也在天上将"神光"分成夜和昼。换言之,在一体的时间流程中,阴阳为月日乃"地形"之分异,而阴阳为夜昼为"天时"之分异。这样的分异最为关键,同时也显示神明及宇宙之一体性。

古人认为,不仅神明是合二为一体的范畴,阴阳两仪也必须相配结合;"阴阳合"才是岁久之条件,故分光之后,"阴阳复相辅",而构成阴阳历,以此不亡,这也是在描述同样的意思并用同样的自然形象。《说文·易部》引《祕书说》云:"日月为易,象夲易(阴阳)也。"且用"易"概念来解释月日相辅之义②。

笔者拟强调,尽管"神之在天",但因为这是天地之交的产物,神降而被地吸收,所以"地载神气";尽管"明之在地",但因为这是天地之交的产物,明升而行于天中,而走天道。同理,尽管阴阳之"阴"接近于"神",而"阳"接近于"明",但阴阳二者均为神明之交的产物,所以二者既含于天神,亦含于地明。月和日是地物中的

---

① 黄怀信、张懋镕、田旭东撰:《逸周书汇校集注》,页250。

② (汉)许慎著,(清)段玉裁注:《说文解字注》,页414—415。

明形,即是阴阳之"体",属于是"明"的范畴。夜和昼是天时中的神光,即是阴阳之"分光",属于是"神"的范畴。从整体夜昼一天的过程而言:白天太阳时,恒星不可见,处于隐藏的状态;不可测的恒星和其所派出的云气代表阳中之阴;夜里太阴时,恒星可见,太阳落地,但太阴来代它,夜中反射明,以代表阴中之阳,这样便构成阴阳之合。所以神与明二者在天上和地下同时存在,升降以合;阴与阳二者也在上下都存在,分光与定体,上下以合。阴阳之合,回复而得一于整体性的神明生机,以此不亡。是故,"阴阳合"才是岁久之条件。

(四) 总结

依上述分析可知,古人在观照大自然之现象后,便获得了神明观念。根据《太一》的理论,神明指在岁代规律的形成时,为天地尚未有夜昼的阶段。在其阶段中,神为天的精华,包含尚未分形体的天象以及未分时段的天光;而明为地的精华,包含尚未分形体的日月之始胎明亮以及未分时段的地照。同时,《鹖冠子》亦很清楚地阐明,何以上古信仰并不是寄命于天或寄命于地,而追求天地之合;从生养的目的而言,天地神明的相对意义在于水火的搭配。自然之"神"是养万物之甘露、神灵雨,而自然之"明"是温暖万物之日火。因此,天的生物都是水性的精气,也就是所谓的"神";至于日月二明,则其皆有凝结的火性的形体。水火的力量互不可缺,如果不合则容易造成灾害,以亡生。

这些观念都源自商文明时代,在甲骨文和礼器上可见其痕迹,传世神话也保留之,而战国文献显示其观念的哲理化,而构成完整的宇宙论。《太一》之"天地复相辅也,是以成神明"之句,特别清楚地阐明"神明"系天地相辅之产物,其既是时间的根源,亦是水火物质的生养之基础,故应谓之"生机"。故在宇宙创生当中,神明乃为一关键性的阶段。然而迄今为止,学者对《太一》"神明"一词的理解皆相差一间,其原因在于中国汉代以后的文化变迁已使得古代"神明"的观念丧失殆尽。

在大自然中,天发出恒星之神光和降甘露神水盈地,而地出日月明火并送它走天道,以造天地之交,相配天地之德,万物便由此化生。"神明"之结合表达天地合德状态,天地合德才是万物之生机。同时,古人认为,人生与社会皆取法于大自然,所以无论是在自然、人生或社会生活中,"神"和"明"皆是上下互不可缺的范畴。从大自然到社会扩展其意义的神明观,乃成为礼制与孝道的神明观,其观念的滥觞亦可见于商周信仰礼仪中。

四、礼制及孝道的神明观：社会取象于大自然

（一）祖孙与君臣之交：家族与国家万年无疆的生机

在考察自然神明观当中，我们先用一些甲骨资料，推论神明观之渊源，后用战国时期的出土与传世文献，但中间没有用过两周的金文资料，这是因为青铜器铭文是宗庙文献，鲜见有表达对自然的信仰。但是在青铜器铭文的记录里，我们可以看到，祖先崇拜概念的信仰蕴含着神明观念，古代礼制社会以及宗庙的目标依然在于"相配神明之德"。

从商代到汉代，人们一直将"神"的要素视为有灵性之天精；然而从西周时期开始，"神"字又多出人格神的含义，即把升天的祖先也称为"神人"。从西周铭文明确可见，古人祭祀神祖时，还是冀求上天与下界的沟通。

笔者曾将西周铭文内容分为以下五类：1. 只有一个字，即器主的族徽或名号；2. 除族徽外，另有载器主的名号及其祭祀对象的谥号；3. 字数多的铭文最基本的内容是：王侯赐下重礼，而受礼者用之制造礼器，以祭祀本族祖先；4. 更详细的描述赏赐之礼与祭祖之礼；5. 在上述基础上加以叙述相关背景。从上述五种铭文分类来看，铭文的重点无疑都是领受天恩，进而制造明器以祭祀祖先。然而自殷末起，铭文上所见受王赏赐的原因，均是器主完成了王的某些命令①。

无论长短繁简，对商周人而言，祭祀祖先一直是铭文最重要的内容，而制造铜器的目的亦在于此。祭祀祖先外，描述器主本人如何在制造器物前受到王侯赏赐，则是铭文的第二个重点。其他内容更丰富的铭文，只是围绕着此主题描述更多的细节。较简略的铭文可能仅指出器主受赐的福祉，详细者则会详述受赐过程。西周中期，虽然铭文的句子逐渐增长、描述更多细节，但内容都只围绕在赏赐的礼节。到了西周中

---

① 详参郭静云：《夏商周：从神话到史实》，页403—417。

晚期,赏赐之礼已明显成为铭文的另一个主题,甚至描述赏赐的字句还多于祭祖。

　　表面上看,这些赏赐记载只是指出制造礼器的具体情况,似乎缺乏深切内涵。但回到商周先民的立场上,为何这些赏赐之事会成为青铜器铭文上传之不朽的主题? 这显然是个至关紧要的问题。在商周人的观念中,王被视为上帝在人间的表现者,殷商的王甚至可称作"帝",而周代的王则称为"天子"。因此,王所赏赐之物不仅有实际价值,更具有神圣、神祕的象征意义,亦即等同于崇高的"天恩"。既然接受了上帝或皇天赐予的神宝,领受天恩者自然必须告知祖先,同时谢祖承祐,将此等重器供奉"永宝",并祈求祖先继续保祐后代子孙。

　　商周人的家族观念相当浓厚,每位家人的成就都与祖先有关。天子赐恩的对象是家族,故必须上告祖先,一同分享此等荣耀。况且天子的赏赐本来就具有祭祀祖先和地方族社的性质。如《左传·昭公十五年》冬十二月,有言曰:"诸侯之封也,皆受明器于王室,以镇抚其社稷。"[1]由此可见此传统一直存在于春秋战国时期。国内一切家族对祖先的祭祀,都被视为关乎全国的大事;来自每一家族祖先的保祐,都有助于国家整体的永续与宁靖。虽然有时候赐命者并非王的身份,而是次一级的统治者,但他还是掌握了崇高的权威和治理国家的权力,依然具有神圣地位,所赐的礼品同样具备神圣的象征价值。

　　青铜明器上之铭文均有告神求福的作用,因其作用是告神与祈祷福寿,故主要"读者"是神祖;当礼器随葬后,也只有神祖才能阅读铭文内容。因此,青铜器铭文的写作目的并不是将国家大事垂于不朽,使后代尽知其详;而是祭告神祖、祈求保祐,藉以使家族所受之天恩能永垂不朽,让后代"永宝用"。西周中晚期以来,几乎所有的青铜器铭文皆有"子孙永宝用"的祷文,表达制造者在祖孙之间的中间角色。

　　换言之,青铜器虽是祭祖礼器,但其作用不仅与祖先有关,对后裔也有相当重要的意义,尤其通过"子孙永宝用"这句话而益形明显。在商周信仰中,这些宝贵的容器同时有双重作用,一方面祭享祖先(如用铜簋享谷、铜鼎享肉、铜爵享酒等),已实行"明德",另一方面则备用于容纳神祖所赐的"神德",以求其护祐子孙,并保障家族的绵延,宗庙礼器所载的"永宝用"铭文意即在此。所以刻在青铜器上的铭文永垂不朽的目的,是在于祈求对后裔的长久赐福,对自己家族的永生。

　　被赏赐者必须回报天恩、祭祀祖先,以求世代绵延不绝,后裔能永久受用天祐,以

---

① （晋）杜预注,（唐）孔颖达等正义:《春秋左传正义》,页 2129。

延长家族的存续,因此宗庙之礼的崇高目的,即在于保持家族社会的"生机"。在这种完整的信仰中,赏赐与祭祖彼此结合,成为"礼"的整体,两者均为"礼"中不可互缺的环节。并且在殷周社会中,祖孙之间的血缘关系逐步被推展为君臣间的礼仪制度。祖孙与君臣之间的交合必须相辅相通,从家族到国家,都必须与宇宙的节律相协和,进而达到社会整体的"万年无疆"。所以宗庙的孝道与国家的礼制互补相合,组成整体社会体系,且"孝"和"礼"的崇高目的依然在于保持国家社会的"生机"。

《礼记·礼运》记载:"是故夫礼,必本于大一,分而为天地,转而为阴阳,变而为四时。"①此观念明显源自《太一》的天地→神明→阴阳→四时的宇宙产生论,但中间失去了"神明"概念,并将自然界日月行动转化为四时的现象,转义用在"礼"的思想中。该文虽然没提及"神明",但还是可以归纳为礼制神明观,即社会取法于大自然的理念。

(二)祖先神德对后裔的保祐以及后裔对祖先秉持明德的承诺

1. 神德的表达字汇

西周铭文记录已足以阐明,宗庙之礼的目的在于追求保持神与人之间不可断的关联,以相配天地之德。在此,祖先的"德"相当于天德,而进行祭礼者的"德"相当于地德。先秦两汉文献中"神德"不仅指自然纯天之德,天上圣人亦能赐神德,如贾谊《惜誓》:"彼圣人之神德兮,远浊世而自藏。"《淮南子·原道》:"故机械之心藏于胸中,则纯白不粹,神德不全,在身者不知,何远之所能怀。"《淮南子·泰族》:"巧诈藏于胸中,则纯白不备,而神德不全矣。"

铭文中有关神祖"神德"概念的用词有好几个,如元德、正德、先王皇祖考之德、懿德等,都是表达其德有天的本质。

(1)元德

西周早期历方鼎用"元德"一词,其铭文曰:

> 历肇(肇)对元德,考(孝)盲(友)佳(唯)井(型),乍(作)宝障彝,其用凤夕鼄(享)。②

---

① (汉)郑玄注,(唐)孔颖达疏:《礼记注疏》,页1098。

② 《集成》器号2614,现藏于上海博物馆。

器主针对祖先的“元德”。“元德”即是天德,《书·酒诰》亦曰:“兹亦惟天若元德,永不忘在王家。”西周晚期番生簋盖载:“番生不敢弗帅井(型)皇且(祖)考不(丕)环(丕)元德。”始祖的“德”亦称为“元德”。

(2) 正德

圣王之德在铭文中另称之为“正德”,如西周早中期的大盂鼎曰:

今我隹(唯)即井(型)亩于玟(文)王正德,若玟(文)王令二三正。

西周晚期的逨钟亦言:“帅用乒(厥)先且(祖)考政(正)德。”①

(3) 先王、皇祖考之德

西周早期𣪕簋载:“叀王龏德谷(裕)天”②,表达王的德与天的直接关系。天亡簋亦载:

王祀于天室,降,天亡又(祐)王,衣祀于王不(丕)显考文王,事喜上帝,文王德在上。

《诗·大雅·文王》呼应其意思:“文王在上,于昭于天。”郑玄《笺》从东汉晚期人的角度解释:“其德者见于天”,但原本的意思应该是表示文王有天的本质,在天上怀有天德。《诗·大雅·文王》续言:“文王陟降,在帝左右。”毛公《传》解释:“文王升接天,下接人也。”这种说明恰好表达,先王神祖掌握神德的功能,把天的神德赐予给人们③。所以天亡簋所录在位的王,作为文王的后裔,祭祀文王和拜上帝是一套大礼,在此礼仪中,文王有天与人联络者的作用,其德在上,但能被赐予,这就是“神德”的功能。人生家族祖孙关系取象于大自然,因此,天上的祖先(西周铭文称为“文神人”),通过其德,把天恩赐予给在地的后裔,所以其德为“神德”。

西周中期蔡姞簋曰:

蔡姞乍(作)皇兄尹弔(叔)障䵼彝,尹弔(叔)用妥(绥)多福于皇考德尹、叀姬,用旛(祈)匄釁(眉)寿,绰绾永令(命),彌(弥)乒(厥)生,靁冬(终),其万年无强(疆),子子孙孙永宝用亯(享)④。

祈祷皇考德对家族、子孙永久的保护。西周晚期毛公鼎:“告余先王若德,用印(仰)卲(昭)皇天。”先王赐德而器主祭祀皇天,先王在天上,因此“先王若德”亦来

---

① 出土自陕西省眉县马家镇杨家村,现藏于陕西省眉县文化馆。

② 《集成》器号6014,出土自陕西宝鸡陈仓区贾村镇贾村,现藏于宝鸡青铜器博物院。

③ (汉)毛公传,郑玄笺,(唐)孔颖达等正义:《毛诗正义》,页1467。

④ 《集成》器号4198,出土自山东省蓬莱县,藏处不明。

自天,是天德或谓之"神德"。

（4）懿德

西周中晚期偏晚的铭文中,表达天德的用词,最多是用"懿德"。《玉篇·心部》曰:"懿,大也"。"大"也是表达"天"的字词,同时"元"、"懿"都是"一"（壹）概念的字汇,也是天为一的概念①。如史墙盘曰:"上帝降懿德大甹（屏）,匍（抚）有上下。"一件癖钟亦载:"古文王,初鏊龢于政,上帝降懿德大甹（屏）,匍（抚）有四方,匂受万邦。"②懿德大屏由上帝所降,是上帝天德、元德、一德的保佑。师訇鼎亦言:"皇辟懿德,用保王身",表达保佑王的生命者是先王皇辟始祖,一样用"懿德"（天一德）的概念。異仲觯载曰:"異中（仲）乍（作）佣生歓（饮）毂（壶）,匂三寿懿德,万年。"③单伯吴生钟亦载:"余小子肇（肇）帅井（型）朕（朕）皇且（祖）考懿德,用保奠。"④都表达祈祷获得皇高位祖先的"懿德"保佑,用来援持家族万年的长寿。

同时,单伯吴生钟也表达器主对皇祖考的传承,而作皇祖考懿德的"明型",以传其德给子孙。这与大盂鼎所曰:"井（型）窟于玫（文）王正德"的意思相同。《书·文侯之命》也有与单伯吴生钟接近的说法:"汝肇刑（型）文、武,用会绍乃辟,追孝于前文人。"孔安国传:"言汝今始法文、武之道矣,当用是道,合会继汝君以善,使追孝于前文德之人。汝君,平王自谓也。继先祖之志为孝。"⑤这都是表达西周传承权位制度中,在位的王作"明型"的概念。笔者认为,此制度也是以"神明"观为基础。

2."明型"概念

在位的王作先王之德、先王之命的"明型"概念,在西周晚期的铭文表达得很清楚,如毛公鼎曰:

女（汝）母（毋）弗帅用先王乍（作）明井（型）。

师虎簋亦载:

今余佳（唯）帅井（型）先王令（命）。

西周铭文中的"型",应该还不能理解为伦理方面的效法德行之义。"型先王命"主

---

① 张衡《东京赋》曰:"今舍纯懿而论爽德。"李善引《国语》注:"实有爽德。贾逵曰:爽,貳也。"（汉）张衡著,张震泽校注:《张衡诗文集校注》,页100—101。可见,"懿"与"爽"相当于壹与貳的相对,"懿德"即是"壹德"（天德）的本质。

② 《集成》器号251,出土自陕西扶风县法门寺庄白村1号窖藏（H1:8）,现藏于宝鸡周原博物馆。

③ 《集成》器号6511,现藏于上海博物馆。

④ 《集成》器号82,现藏于上海博物馆。

⑤ （汉）孔安国传,（唐）孔颖达等正义:《尚书正义》,页816。

要是表达周代信仰：先王受天命，继承王位者以其本身来体现先王所受之天命，继承王位，作圣王之"明型"，由此掌握统治天下的神圣权威，并传扬先王之天德。所以"明型"概念的本义是表达如何让先王所受的崇高天命继续支持继承先王之位的子孙（宗子）的权力。

西周晚期以来的铭文可见，"型"的概念范围不限于表达先王、侯与继位子孙之间的关系，还扩展到各种祖孙关联，所以上引单伯吴生钟、番生簋盖都记载针对自己的祖先，效法、型纳皇祖考的元德或懿德。

在西周末年的铭文上，可见"型"的概念从统治者继承先祖的意思，再进一步发展出道德性的涵义，西周末年牧簋的铭文最详细地揭示了当时"型"概念之演变：

> 王若曰："牧……令女（汝）辟百寮，有同吏，包乃多阑（乱），不用先王乍（作）井（型），亦多虐庶民……牧，女（汝）母（毋）敢□□先王乍（作）明井（型）……母（毋）敢不明不中不井（型），乃□政事……"①。

牧簋之"型"从祖孙关联又转义到君臣间的关系，且明显含有伦理的涵义。统治者"型"先王，而其臣民则"型"其君，由此圣王之德安宁天下。若臣属与庶民违背圣王之道，则天下多乱，必须重新依先王之"型"加以治理。

在此我们可以发现两项趋势：第一项趋势，乃人生家族祖孙关联的信仰和宗庙制度，取法于大自然上下关系的规律，而从家族宗庙制度，更进一步发展到国家君臣的关系，这趋势最后影响儒家"型"、"仁"概念的形成。换言之，这种"明型"的概念源流应是来自西周时代，商代或有其萌芽。而日积月累，在此基础上，儒家更进一步提出"臣型君"，即"君为民作榜样"的核心概念。若君效法朴实纯德，则民型其君之纯德、伦常。故《诗·大雅·文王》曰："仪刑文王，万邦作孚。"毛传言："刑，法；孚，信也。"②此句引用在《缁衣》中郑玄注解这段文字道："刑，法也。孚，信也。仪法文王之德而行之，则天下无不为信者也。"③。从郭店《缁衣》原本来看，其义从首章开始，一贯地论述王侯公伯的道德行为，并强调"君对民作榜样"的核心概念。先秦儒家由上下的亲密关联来讨论国家制度，准此，国君的行为乃是国民

---

① 《集成》器号4343。北宋时在陕西扶风县发现牧簋，现藏处不明。关于其断代，郭沫若和容庚视为恭王时期，马承源视为懿王时期，吴其昌视为孝王时期，王世民等视为西周中期偏晚当孝王、夷王前后之物，还有一些学者视为宣王时期。最近陕西出土逨鼎、逨盘等器物后，李学勤先生提出，牧簋铭文与逨鼎铭文对读，可补充证明牧簋应是宣王时期的器物。

② （汉）毛公传，郑玄笺，（唐）孔颖达等正义：《毛诗正义》，页1479。

③ （汉）郑玄注，（唐）孔颖达疏：《礼记注疏》，页2308。

的范例和表率。或可说,国民把国侯的德性当作"型范"。此观念,虽然到战国时期经过了很大的变化,却可溯源至西周王位传承制度的"明型"概念①。

第二项趋势,乃西周晚期对在位、在地的传承者采用"明型"概念,这是符合神明观念的"明者在地"、"明照神光"的信仰,强调作明型者(即在位、在地的传承者)以其效法祖宗的行为和礼仪来映照祖先的神光;由于祖先的神光不可直接呈现,唯有通过在世子孙作祖先的"明型"显现不灭。因此笔者认为,"明型"概念也应该归属于"神明观"的大脉络。"明型"概念最早用在王位传承制度里,以表达继承王位者是受天命者的"明型",故能继续实现天命;此概念的形成应不晚于"天命"概念的出现。在观念的扩展之下,"明型"概念跨越了作王权资格的证据,而泛用于表达父子、祖孙传承不可断绝的关系。

春秋列国统治者为表达自己权威的正统性,沿用原来只有周天子所用之受天命者的"明型"概念,如秦公铙载:

> 秦公曰:"不(丕)显朕皇且(祖)受天命,鼋有下国,十又二公不坠才(在)上,严龏夤天命,保𬴂(业)氒(厥)秦,虩事蛮(蛮)夏;'曰:'余虽小子,穆穆帅秉明德,睿𫫇明井(型),虔敬朕(朕)祀,吕(以)受多福。"②

秦公对受天命者的皇祖秉明德,并作他的明型,同时清楚地表达,其明型是皇祖所赐予多福的"容器"。犹如地载神气以生生不息,活人作祖先的明型以获得自家、自国的寿命。换言之,"明型"概念的重点在天地之合,以成生机。

上述铭文,除了"明型"之外,另用"明德"的概念。中国社会道德思想的"明德"概念,也是源自西周崇拜祖先的信仰以及宗庙之礼。

3. "明德"概念:从信仰到思想

西周晚期梁其钟铭文曰:

> 沴(梁)其肈(肇)帅井(型)皇且(祖)考,秉明德,虔夙夕。③

与单伯昊生钟的铭文所载:"肈(肇)帅井(型)朕(朕)皇且(祖)考懿德"几乎相同,但因多了一个"秉"动词,所以整个意思其实不同:单伯昊生祈求型纳皇祖考懿德的保祐,而梁其在传承皇祖考、作其明型的同时,承诺日夜不休秉持"明德"。

---

① 详参郭静云:《亲仁与天命:从〈缁衣〉看先秦儒学转化成"经"》,页43—46。

② 《集成》器号270,别名:秦铭勋钟、盘和钟、秦公钟,出处与藏处皆不明。

③ 《集成》器号187—192,出土自陕西省扶风县法门镇任家村,现藏于上海博物馆、南京博物院。

这种"秉明德"或"供明德"的承诺在西周晚期的铭文中常见于高级贵族的器物上：

> 余小子司联(朕)皇考,肈(肇)帅井(型)先文且(祖),共(供)明德,秉威义。

叔向父禹簋

> 乍(作)册封异(翼)井(型),秉明德,虔夙夕,恤周邦,保王身,谏薛(乂)四或(域)。

乍册封鬲①

作册封恭敬,作前人的明型,日夜不休秉持明德,同时慎重周的中央,保护王的生命,且协助管理周影响地之四域。作明型和秉持明德,都是器主针对天上"文神人"(即祖先)的承诺。

在西周时期的传世文献和金文中频繁出现"明德"概念。汉唐儒者将之解释为"至德"或"光明之德",这种解释不能说不对,但少了一些很重要的意思,失去其本义的核心所在。正确的理解应该是"光明而能通达于天之德"。这里最关键的是"明"的本义：即"明"不仅指地的产物,同时强调,地的产物有升天能力。《周易·晋卦》颇清楚地阐明,人昭"明德"之概念是倚傍日月自地升天之现象而形成的,《象》曰："明出地上,晋,君子以自昭明德。"②"明"出自地而升天,君子昭"明德"以能像日月一样通天。在地上万物当中,自然的明(日月)才能升天,换言之,自然"明"虽然由地所生,但日日升天而给天带来明亮。此一自然现象就成为"明德"概念形成的有力依据。

人们希望修明德以通达于天,因此"明德"亦成为人们理想的通天之德,受人尊崇之德和天所祐之德。在宗庙之礼,祖先的角色是降神德以祐子孙,而在世人的角色是针对祖先之祐秉持而供献明德。祖先神德的目的是到达子孙,以养育后裔之生;行宗庙礼者之供明德的目的是通天达神,保持天地祖孙联系不断,以维持和激发永久的生机。

虽然到了战国时期,学者专从伦理的角度来探讨古代文献中的"明德",其用意不甚清楚,如《尚书·君陈》曰："我闻曰：至治馨香,感于神明,黍稷非馨,明德惟馨"等③,但理论化的"明德"并未失去其能通天的意涵。儒者在礼制观念下标举

---

① 《新汇编》器号 1556—1557,现藏于中国国家博物馆,另参王冠英：《作册封鬲铭文考释》,《中国历史文物》,2002 年第 2 期,页 4—6。

② (魏)王弼、(晋)韩康伯注,(唐)孔颖达等正义：《周易正义》,页 305—306。

③ (汉)孔安国传,(唐)孔颖达等正义：《尚书正义》,页 724。

"孝"和"礼"的观念,亦在强调修明德以保障天人上下之交通。并且,儒家伦理特别追求"明明德",让自己的"明德"达成自然"明"的程度,故《大学》所言:"大学之道,在明明德"①之本义恰恰在于使人在地上的明德达致通天的能力和理想境界。

《礼记·礼器》云:"大明生于东,月生于西,此阴阳之分,夫妇之位也。"②显示明出自地的现象,不仅是影响明德概念的形成,而且在思想的发展中,影响其他礼制概念。不过尽管如此,宗庙礼仪的"明"概念最为深入。这牵涉到日出形象与商周丧礼的密切关系。上编第十章已讨论到死者乘日升天的信仰,在此之后,祭祀他的礼仪都在其日号的日出安排,以求升天之日将祭礼供献与祈求带上升天。日积月累,在此信仰的基础上便形成了"明德"概念。不过在两周铭文中,"供明德"还不是抽象的伦理概念,其具体表达人对祖先的恭敬。

据铭文可知,铭文中所谓"元德"、"懿德"等,是指人们所祈祷的天上"文神人"(祖先)对子孙降神德的保佑,而所谓"明德"是指由人们所秉执的往上之敬礼。宗庙礼仪中的"明德"概念,另牵连着后人所误解的"明器"概念的本义。

4."明器"概念的本义

(1)从文献的线索认识汉代的"明器"概念

汉语大辞典对"明器"作两种意义的区分:一是"专为随葬而制作的器物,一般用竹、木或陶土制成。"以《礼记·檀弓下》作例证:"其曰明器,神明之也。涂车刍灵,自古有之,明器之道也。"③二是古代诸侯受封时帝王所赐的礼器宝物,以上引《左传·昭公十五年》作例证:"诸侯之封也,皆受明器于王室,以镇抚其社稷。"杜预注:"谓明德之分器。"④但是依笔者浅见,这样的区分没有道理,杜预虽然是晋代学者,其时文化中已失去对"神明"和"明德"本义的认识,却对何谓"明器"的意思解释得非常准确,即"明德之分器",亦是藉此而通达上天之意。在西周铭文中常用"秉明德"或"供明德"一类套语,其意即是表达子孙歆享祖先在天之灵。前文已显示,"明德"概念源自宗庙之礼,因此诸侯在王室所受明器的作用是提供给诸侯,让其各自带回其宗庙而祭祀其祖先。

何以王室给诸侯提供祭祀诸侯祖先的明器?《左传》"以镇抚其社稷"这句话

---

① （宋）朱熹撰:《四书章句集注》,北京:中华书局,2007年,页3。

② （汉）郑玄注,（唐）孔颖达疏:《礼记注疏》,页1171。

③ （汉）郑玄注,（唐）孔颖达疏:《礼记注疏》,页441。

④ （晋）杜预注,（唐）孔颖达等正义:《春秋左传正义》,页2129。

清楚表达其背后的礼制基础：国内一切家族对祖先的祭祀，都被视为关乎全国的大事，来自每一家族祖先的保祐，都有助于国家整体的永续与宁靖；并且通过王室认同国内诸族的祖先，在崇高天的等级上组成了全国诸族的系统。该系统以王为中位，以上帝为天中；根据殷周崇拜先王的信仰，始祖以及其他祖先在上帝左右（从甲骨文到《大雅·文王》都表达此信仰），所以先王居于天中周围，并在人间与天中作联络者。同时，在此系统中，诸侯以及其他家族为四方。上编第九章所论述"禘于方"和"方于帝"之中与方互相恭敬，从自然上下中方合为一体的观念，发展成为国家礼制系统，所以王室提供给诸侯用于祭祀诸侯祖先的明器，取象于禘于方的自然祭礼。且因天子供明器给诸侯之礼取象于禘于方之礼，两者同样涉及祈祷来年的丰收，所以，诸侯受明器于王室之事，均在新春进行。

西周铭文所述，天子赏赐臣下，让他们制作其宗庙之器，或《左传》所载国王亲自来保证各地家族供献明器给祖先，两者所表达的意思是同一种礼制。此礼制的目标，乃通过天上诸族祖先与中央的关联，保证天下跨族群上古帝国的坚固性，即《左传》所言："以镇抚其社稷"，诸族领土的社稷镇抚，而归属于天子的天下；所以天子以这种方式顾全并同时保证全国领土年收丰腴，全国兴盛。因此供明德、献明器，不仅是各家宗庙之事，也是属于全国互相忠诚的大事，秉持明德由此而成为跨越家族的社会共同体事务。

西周铭文中赏赐者并非一定是王的身份，还有次一级的统治者。这类统治者同样掌握崇高的权威和治理国家的权力，依然通过联合其所统治的家族的宗庙体系，来坚固其领土，通过从崇高位置互相认同的意识形态，追求其联合性质的国家不分散。《礼记·檀弓》所言："其曰明器，神明之也"，也表达用明器进行神明之合的最终目标，以加强家族和全国生机之本。

《礼记·檀弓》对明器的讨论造成后人误解其意思，并且影响现代考古界对新石器时代以来随葬品的定义。因此，笔者认为需要再加强讨论"明器"所指的含意，以澄清当前考古界所用"明器"概念的真正内涵，修正其不当用法。

东汉时期有很强的以节省为礼的思潮，如张衡《东京赋》曰："苟有胸而无心，不能节之以礼，宜其陋今而荣古矣！由余以西戎孤臣，而悝缪公于宫室。"薛综注"苟，犹诚也。言宾诚信胸臆之所闻，而心不能以礼节度其可否也。言人不能以礼节度其事情者，固宜薄陋今日之事，而以此所闻古事为荣贵也。孤臣，谓孤陋之臣也。"李善注曰："《韩诗》曰：'鄙野之人，僻陋无心也。'《论语》曰：'不以礼节之。'

贾逵《国语》注曰:'节,制也。'夫尊古而卑今,学者之流也。《史记》曰:'由余本晋人,亡入西戎,相戎王,使来聘秦,观秦之强弱。穆公示以宫室,引之登三休之台。由余曰:"臣国土阶三尺,茅茨不翦,寡君犹谓作之者劳,居之者淫。此台若鬼为之,则神劳矣;使人为之,则人亦劳矣。"于是穆公大惭。'"①

同时,汉代政策一直努力克制殉葬的习俗,并且为了限制丧礼的侈靡和傲慢,特别强调人与神不同道,死者灵魂不需要象箸、玉杯、肉山脯林,甚至根本不需要实物,因此东汉时期编撰的《礼记·檀弓下》曰:"孔子谓:'为明器者,知丧道矣,备物而不可用也。'哀哉! 死者而用生者之器也。不殆于用殉乎哉! 其曰:'明器,神明之也。'涂车、刍灵,自古有之,明器之道。孔子谓:'为刍灵者善',谓:'为俑者不仁,不殆于用人乎哉?'"②这段恰好涵盖这两个问题,强调不用任何与殉人相似的葬物,而解释"明器"为简单的涂车和茅草作的刍灵。《礼记·檀弓上》以借用孔子的道德权威强调:"孔子曰:'之死而致死之,不仁而不可为也;之死而致生之,不知而不可为也。是故,竹不成用,瓦不成味,木不成斫,琴瑟张而不平,竽笙备而不和,有钟磬而无簨虡,其曰明器,神明之也。'"郑玄注:"言神明死者也。神明者,非人所知,故其器如此。"③不过王充提出这种讨论在逻辑上有矛盾,《论衡·薄葬》:"用偶人葬,恐后用生殉,用明器,独不为后用善器葬乎?"④可见这都是东汉时期的讨论命题。

同时从两汉贵族墓的情况可见,西汉墓里不实用的随葬品不多,反而随葬很多食物、衣物、生活用具、钱币、兵器、装饰品等,这从随葬品及从墓里的遣策均可见⑤,明器为非实用器的概念尚未形成。但是东汉时期墓内随葬品,很明显循着上述对"明器"的定义:出现很多陶质的楼阁模型、小型陶车等非实用器。

《礼记·檀弓上》贯彻地讨论"明器"和"祭器"之区分:"仲宪言于曾子曰:'夏后氏用明器,示民无知也;殷人用祭器,示民有知也;周人兼用之,示民疑也。'曾子曰:'其不然乎! 其不然乎! 夫明器,鬼器也;祭器,人器也;夫古之人,胡为而死其亲乎?'"孔颖达疏:"其言夏后氏所以别作明器送亡人者,言亡人无知,故以不堪用之器送之,表示其无知也……殷家不别作明器,而即用祭祀之器送亡人者,祭器堪

---

① （梁）萧统编,（唐）李善注:《文选》,页93—94。

② （汉）郑玄注,（唐）孔颖达疏:《礼记注疏》,页441。

③ （汉）郑玄注,（唐）孔颖达疏:《礼记注疏》,页362—363。

④ （汉）王充撰,黄晖校释,刘盼遂集解:《论衡校释附刘盼遂集解》,页966。

⑤ 参陈巧萱:《汉代丧葬简牍:礼俗与生活》,台湾中正大学历史研究所硕士学位论文,2013年。

为人用，以言亡者有知，与人同，故以有用之器送之，表示其有知也。"又曰："宋襄公葬其夫人，醯醢百瓮。曾子曰：'既曰明器矣，而又实之。'"郑玄注："言名之为明器，而与祭器皆实之，是乱鬼器与人器。"孔颖达疏："曾子不讥器之多，但讥其实为非也。言既曰神明之器，当虚也，故讥云：'而又实之'也。……《既夕礼》：'陈明器'后云：'无祭器。'"

可是回到周时期的情况，墓里随葬品和宗庙的祭祀器没有被区分，随葬用的礼器和祭祀祖先的礼器形状一致，青铜容器在祭礼活动里用来存粮食、肉食、水、酒等，就这些容器也见于墓里作随葬品。殷周丧礼中"明器"就是"祭器"。

据此可见，将非实用的随葬器物当作"明器"的仅仅是两汉的观念，甚至主要只是代表东汉时期，因此考古界对三代或甚至新石器时代的礼器，动辄采用此定义，恐有不妥。一方面，"明器"是很具体的概念，是指明德之器，不可将其用于没有"明德"和"明器"概念的时代；另一方面，这种"明器"与"祭器"之区分更加是东汉概念，只能用于描述汉代的墓葬。

（2）从早商到殷周"明器"概念演变

不过笔者认为，"明器"概念的出现与要求将"明器"做成非实用器，这两者所代表的是不同的历史阶段。"明器"概念的形成涉及"明"的本义：即具备于升天的能力，因此商周时期送葬礼器以及祭祀天上神祖的祭品就是"明器"。

盘龙城四、五期以来，铜斝、爵上开始出现"明纹"符号，这就是指出：这些礼器被用来作通天的"明器"。盘龙城即汤商（或谓楚商）文化时，明纹只见于斝和爵上（图二九九），吴城另见于豆的盘底上（图一三四：1），殷商时期明纹通见于各种礼器上（图一三九；三〇一；三〇二；三〇四：1）。在殷商祭祀祖先的礼器上普遍有明纹，表明这些具备升天功能的祭器就是"明器"；但是观察楚商的考古资料，笔者发现礼仪和礼器的神秘功能可以做更细致的区分。笔者推想，是否在楚商文明中，斝和爵有特殊的礼仪上的作用？这一假设，或许可以从邱诗萤所发现的长江中游毁器葬传统获得启发。

长江中游地区自新石器时代以来有在仪式中将容器打破的传统，并且用这些已破碎的废器残片作为随葬品。邱诗萤发现，盘龙城遗址出现很多有意破残的容器，并且随葬废器的传统应该源自屈家岭、石家河时代①。前文中编第三章有讨论

---

① 邱诗萤：《长江中游史前毁器葬》，《三峡大学学报（人文社会科学版）》，2014年第5期，页17—21。

到长江中游扶桑神话,日历纹祖形礼器,养蚕纺丝,以及玉蚕蛾信仰的脉络。在新石器时代,长江中游农民将掌握太阳农历视为巫师的权力,也是连接到始祖对象的中介。太阳农历是稻作农人们生活的基础,确定农耕历法者是该社会的英雄。这种观念渐渐使古人认为自己社会的英雄或始祖与太阳有关,将自己视为日象的后裔。所以,对日象的崇拜,包含了农耕历法、祖先崇拜、丧礼与再生信仰等诸多层面。到了屈家岭时代,对二分二至的日历和祖先崇拜,与新兴的纺丝技术相联系,从而形成了扶桑神话。与此同时,可能出现从"桑"的"丧"字,该字将日象和桑树合形于丧礼。

在屈家岭——石家河信仰中,因为日象与桑树相关,其信仰内容亦取象于养蚕。蚕的幼虫在变蛹前,会吐出丝线作成白色圆形的茧;成虫时,白色的蚕蛾碎坏丝茧,羽化而获得新的生命。一方面,先民们将桑树上的白蛾羽化飞升现象与朝日升天做神祕的譬喻性关联;另一方面,他们从自然羽化过程受到启发:不碎丝不能再生,为了羽化而获得新的生命,在此之前需要破坏宝贵的材料或容器。这些宝贵的材料包括丝绸、玉料、铜料(在贫穷的聚落可能是用模仿青铜器的陶器)。我们只能推想古人如何在丧礼中使用丝绸,或许可以参照战国时期的楚国大墓,不过,楚墓在葬礼中所碎毁的是玉料和铜料。碎器葬传统在后石家河遗址中明显可见,如孙家岗墓葬除了精致玉器之外,另有随葬破碎的白玉,碎块中包括鹰、祖以及难以辨识的碎块①。笔者认为,在后石家河人的信仰中,将宝贵的玉弄残破,就犹如蚕母破茧而出,获得羽化飞升的精神和动能。

直至商时代的盘龙城,除了玉料之外,多用锡料成分高的白铜制造明器。笔者重新对照盘龙城发掘报告中的残损青铜器,发现并不是所有的青铜礼器都会在随葬前被人为有意地破坏,其中可以发现明显的选择性,按照盘龙城报告的分期,所得观察结果如下:

盘龙城三期杨家湾六号墓出土残缺的铜爵和鬲形斝,都从上部残缺,已不能容纳任何东西,可以发现这是有意打破,有意使容器不再有"容纳"的作用,就像送葬者的尸体不再能容纳其靈魂,故要破反其包怀生命的作用,以便使其重新再生;这种已无容纳作用的"反包藏品",应该象征着解除靈魂原来所有的束缚和枷锁,以

---

① 湖南省文物考古研究所、澧县博物馆、赵亚锋、周华:《湖南澧县孙家岗遗址墓地 2016—2018 年发掘简报》,《考古》,2020 年第 6 期,页 53—76。

预备其重新获得新生。与爵和斝相对照的是,出于同一墓葬中的铜鬲,只有足部有点残缺,不影响其作为容器的作用,不像是有目的性的打破,这或许显示早商丧礼中爵和斝有特殊的神祕作用。

盘龙城四期王家嘴出土残斝,七号祭祀坑又出土了破残的铜爵和完整的铜觚;李家嘴二号大墓出土几件完整的铜鼎、尊、盉、斝,铜觚虽然口沿有点残缺,但不影响其作容器的作用,是否故意被弄残破还有待商榷,但是大部分铜爵是"反包藏"的破残随葬器;楼子湾四号墓出土了几件破残的铜爵和铜斝,还有一件锥足铜鼎似乎也是有意打破的,另一件铜鼎则完整,铜觚也都完整。

到了盘龙城五期,王家嘴七号祭祀坑出土了残斝;李家嘴一号墓出土完整和残缺的两种铜觚、铜爵和铜斝,但尊、盉、鼎、鬲、簋、盘都完整,只有一件尊和一件鼎有自然锈的残缺,不影响它们为容器的功能;杨家嘴出土了有意打破的"反包藏"的铜觚和铜爵,但是铜斝完整;楼子湾既有完整亦有"反包藏"的残缺爵、斝和觚,但残缺的反包藏的礼器却以斝为多,并且爵、斝、觚这三类之外的容器都完整。盘龙城六期王家嘴一号墓出土反包藏的残缺的觚、爵和斝,但鬲形斝是完整的;杨家湾觚、尊、鼎都完整,而爵和斝中反包藏残缺器和完整器的比例相当;楼子湾十号墓出土了残爵。在采集的盘龙城五、六期的礼器中,故意被弄破残、有反破容器现象的青铜器中,铜斝最多,其次为铜爵,第三为铜觚,而鼎和簋都完整。杨家湾七期只有几件铜斝为残破的反包藏器,其他器物都没有被弄破残[①]。

因为资料零散,很难作绝对的结论,但据初步的观察,似乎在有意弄破残的反包藏品中,铜斝和铜爵占绝对的优势,从盘龙城三期已可以看出此情况。从盘龙城五期以后,另外才开始出现被有意弄破残的铜觚,可是时代偏晚,数量也不如斝、爵多。至于其他器型,如鬲、鼎、尊、盘、簋等容器基本上都完整,未见有意弄破残,少数因锈而致残足等,但不影响它们作容器的作用。

据此可见,最常被故意弄破残的斝、爵,恰好也是最常带明纹的礼器。或许这一现象从两方面表达,斝、爵是最早的特选的"明器"。有意弄破残的痕迹,使我们推想,这些毁器先经过某群人共同参加的一种礼仪,之后才被随葬。该礼仪的内在意义,应该通过了解其形象的语言来解读。

[①]　湖北省文物考古研究所编著:《盘龙城:1963—1994 年考古发掘报告》,页 222、123、132、162—175、367—369、133、190—203、336—339、378—383、137—141、246—257、389、273—290 等。

死亡意味着生命的容器——活人的身体被打破,这一过程可以与明纹礼器被打碎互为隐喻,体现的都是反包藏;死后的永生需要有神祕塑造的新的形体。在面对同样的问题上,尼罗河流域的古文明塑造了很多取代身体的雕塑;但是从盘龙城的丧葬礼仪来看,江汉古文明的人们或许认为,永恒的形体塑造是一种颇神祕的、人不可见的过程,永恒生命的形体之形状人不可知,但是参加葬礼的人们需要预备塑造永生形体的材料,使死者获得长久不朽且有升天能力的新身。在楚商人的信仰礼仪中,这种材料即是明器,但并不是人们塑造的斝、爵就可以作永生的形体,这些明器只是预备塑造永生形体的材料,需要它们重新经过神祕铸造的、人不可知的明形。因此,人们预备的明器在丧礼中被破开弄残,但其残片都放在墓里,通过特定的祈祷礼仪,祈求为死者重新铸造长久不朽的永生形体。同时,明纹的指标,更加阐明永生形体应备于升天,强调此礼仪的目的是让死者升天永生。那青铜器的残片怎么样才能够变为永生形体的基础?古人对此问题的解决方案是,这些残片需要重新经过神祕的冶炼。

笔者认为,盘龙城墓里经常随葬未曾用过的火缸,在意义上与破残的明器有直接的关联。长江中游社会,从发现金属、发明冶炼技术以来,冶炼、铸造的过程都被视为神祕的创生过程。石家河早期祭坛上发现大块、中小块孔雀石,炼渣以及原型不明铜器的小残片①,这显示当时的社会正在对冶炼技术进行神祕化的建构,在社群共同的祭礼活动中,包含有与冶炼有关的仪式。同时,石家河贵族墓里开始随葬大火缸,这些夹粗石英砂的粗厚大火缸,即是石家河文化的缸式炼炉。冶炼时,细小破碎的铜矿料石头在缸内转化成新的泛着金色光芒的铜块,此形象也自然会隐喻着死者融化其腐烂的肉体,而后重新铸造其永生的形体。陈树祥和龚长根论述:"肖家屋脊遗址发现一座瓮棺中(w49)随葬了一块孔雀石,这暗示铜矿石与其他瓮棺随葬的玉器价值等同。"②实际上,这个例子表明孔雀石比玉器还宝贵。精美的玉器经常随葬数件,而未成形的孔雀石却只有一件。孔雀石贵重的原因在于,它可以如同冶炼过程一般,帮助死者熔炼成全新的形体而再生。因此,石家河文化中,炼缸既摆放于公共祭祀场所,也经常放置于墓里作随葬品,背后的观念与放孔

---

① 郭静云、邱诗萤、范梓浩、郭立新、陶洋:《中国冶炼技术本土起源说:从长江中游冶炼遗存直接证据谈起》,《南方文物》;郭静云、邱诗萤、郭立新:《石家河文化:东亚自创的青铜文明》。

② 陈树祥、龚长根:《湖北新石器时代遗址出土铜矿石与冶炼遗物初析——以鄂东南和鄂中地区为中心》,《湖北理工学院学报(人文社会科学版)》,2015 年 5 期,第 1—8 页。

雀石作随葬品相同。叶家庙城的大部分瓮棺葬,都用炼缸做瓮棺,这都是壁加厚的夹粗砂、形状典型的炼缸①,其用意也是借炼缸为死者熔铸全新而坚固的形体,使其获得再生和永生。

石家河文化的先民们不仅了解炼铜技术,而且将其神祕化,视作神奇的创生力量,因而也使其上升成为一种重要的社会隐喻和象征,在当时的信仰结构体系中举足轻重。屈家岭、石家河文化的人们崇拜炼铜,因为这是一项自该社会内部衍生出来的新突破,是他们自己发现经过融化可以重新创造出一种全新的坚固物质;正因为是他们自己原创发明和掌握了这种神秘技术,且只有极少数人才掌握这种能够变形变质、重新塑造型体的高级技术,且因其神奇和稀有,而在社会中被神祕化,成为信仰和崇拜活动中被不断模拟的神秘力量。②

在传承石家河文化的盘龙城商文明,墓中随葬冶炼用火缸的含义,就在于预备死者融化其腐烂的肉体,而重新铸造坚固不朽的永生形体。在当时先民的经验中,青铜材料最为坚固而长久不朽,因此最符合用于塑造永生形体。(青铜材料长久不坏不变的坚固性,则是长江中游先民自行摸索而了解到的伟大突破和发现,所以这一观念衍生自他们的独特文化中。)

在盘龙城(即汤商国家)精神文化里,这种葬礼获得进一步发展:被人为弄残破的明器是青铜器,这些残器象征着死者腐烂的肉体也必须先破残,而经过大火缸一般的神祕转化和冶炼之后重铸永生容器。肉身尸体与被弄破残的明器葬在一起,经过俗世中未用过的大火缸,合成为一体而冶炼、重铸为人不可知的新体,从土中再生并取象于日获得升天的神能。这应该是楚商文化丧葬礼的核心所在。是故,在楚商文化的丧葬礼中,被弄破残的明器和大火缸所代表的是一套神圣的礼仪规范,在这种规范的背后,还有一套深入的人生信仰作为基础。

(3)明纹与日纹;早商时代"明器"与"祭器"间的区别意义

至于前文所提到陶鬲上的日纹,它的意义与明纹有所不同。陶器不能被熔化重新铸造,所以日纹陶鬲不能象征死者的再生,并且墓中未见被弄破残的日纹陶鬲,但是明日的象征意义包含两种:第一是祈祷死者取向于日而从土中再生乘日升天;第二是祈祷人们的祭礼乘日通天达神。依笔者浅见,在楚商的丧礼中,带明

---

① 刘辉主编:《孝感叶家庙》,北京:科学出版社,2016年,第121—148页。

② 郭静云、邱诗萤、郭立新:《石家河文化:东亚自创的青铜文明之二》,页69—90。

纹的铜斝、铜爵的作用为第一;而带日纹的陶鬲的作用为第二。换言之,早期在楚商的丧礼中"明器"和"祭器"的确是有区分,但这一区分与汉代不同:前者是助于死者再生升天的礼器,而后者是给死者预备的具通天功能的祭品,可随着死者一道通天以备其用。带明纹的"明器"经常被人为弄破残,是为其具备再生的功能;而带日纹的祭器并不会被弄破残,这反而是保护祭品的盛器。殷周北方殖民者对古文明的丧礼不知悉,所以从考古资料可见,在实际的殷周丧礼中,礼器的区分不细致,所以对"明器"与"祭器"的不同并不清楚;到了汉代,对此概念又有了新的理解。

根据器物的被有意选择的情况可以进一步推论,在盘龙城三、四期丧礼文化中,斝、爵已被特别选择出来用作通天的"明器";到了盘龙城五、六期,开始直接用明纹象征这两种宝贵明器的特殊地位,同时也开始把铜瓿与作明器来用,但因为铜瓿上未见有明纹,有意被弄破残器的器物数量也偏少,铜瓿在丧礼中的地位可能次于爵和斝;到了盘龙城七期即殷商时期,人为弄残明器的礼仪埋没失传,并没有被殷商的新贵族吸收,因此遵从该礼仪的人越来越少,反包藏器的传统逐渐消失了。

从发掘非常不足的盘龙城遗址来看,还是可以发现国家通用的典礼,表明楚商的信仰礼仪已经很规范,每种礼器在礼仪上的作用较为固定,因此"⊚"明纹只出现在铜斝、铜爵上,而日纹基本上只出现在陶鬲上。值得注意的是,斝、爵、鬲都不属于石家河文化常见的器型,也没有像瓿自外地吸收[1];斝、爵、鬲在石家河末期才开始出现,在盘龙城文化才大量使用,盘龙城人似乎特别选择了以前的国家没有的、创新的器型,而定为自己的主要礼器。

(4)明纹与日纹从盘龙城文化的传播、传承以及其意义的淡化

从器型与纹饰搭配的角度来思考,虎国(吴城文化)礼器上的明纹不合乎礼仪,如出现在青铜豆的盘内(一三四:1)等,而日纹普遍作硬陶纹饰;郑州向阳街窖藏出土的铜盂,在盘中有菌状中柱,其顶上有明纹(图二九九:8),这也不合乎明纹的典范作用(从吴城、牛头城出土几件中柱陶盂,该器型或代表吴城文化,不排除郑州窖藏出土的铜盂原本是吴城工匠铸造)。

至于殷商国家,打败楚商而自称为商的外来殷宗,大量采用楚商的文化、技术和人才,所以两商文化传承关系毋庸置疑。殷商时,明纹依然通见于斝、爵之菌状

---

[1] 笔者赞同邱诗萤关于瓿的器型源自长江下游的看法。参邱诗萤:《汉北青铜文化之兴:从石家河到盘龙城》。

柱顶上,此外,在盘底和鼎、簋、鬲、盉、斝等器形的口沿下(如上海博物馆收藏的 ▥ 鼎、斝等,图三〇一:1、2①);觚、斝腰上(图一二九:2;三〇一:3②);罍、瓿等器物的肩部上(如上海博物馆收藏的铜罍,图三〇一:4③),都会出现明纹。这情况已不像早商固定在斝、爵菌状柱顶上必有的图案;在殷商很多器物的盖耳上,明纹亦成为最常见的图案(如觯盖、觚盖、罍盖、饮壶、袋足盉,图一三九:三〇一:3、5;三〇二④),与前文所讨论盖耳以龙鼻图的造型相比(图九六:1、2),明纹在盖耳上的出现率甚至更高。

依笔者浅见,虎国文化因基于自己一脉相承的发展脉络,很有选择性地吸收楚商的文化精神,如未曾经历过发明冶炼技术的艰难探索过程,故而不能深入吸收用铜器表达转化和再生的信仰,所以带明纹的青铜明器没有被吴城文化严谨采用,但却在同时,容易吸收太阳通天达神的概念,所以在吴城硬陶礼器上日纹饰带最为常见,且不只是出现在陶鬲上(图三〇四:2—4)。至于殷商,本来就是占领者,殷商国家文化以楚商为基础,但并未对楚商的礼仪有足够的了解。所以大量采用等级高的明纹,既求再生亦求祭礼通天。

虽然殷商时期用明纹的规范已不如楚商文化那么严格,但其核心意思没变,只是涵盖楚商的明纹和日纹的意思,合为一体性的"升天"概念,表达用该礼器祭祀通天,明纹通见于顶上和盖耳上,均属礼器之高处,以此强调"升天"。殷商时期,各地遗址出现很多带明纹礼器,往往不限于斝和爵,当时应该没有特别选择某种礼器来进行祈求通天之礼。既然它们具备升天的功能,当时的丧礼文化把所有用于祭祀祖先的礼器和随葬品皆视为通天之器,即是"明器"。后来在西周铭文上"明德"的用义,就是指祭祀天上的文神人(祖先)而供献"明器"。

按照周人观念,人能祈天求祐,但人的能力不足以掌握天意;可是,人有责任秉明德、供明器,从人的立场,通过此举促进上下互动。同时周王从其"中位"顾全,既承担保证天上与天下沟通的责任,亦承担中央与四方不分开的关系。因此,周王需要负责以联盟组成从中央到边缘的全国侯、伯、士等宗族、百家的家长,都秉明

---

① 陈佩芬:《夏商周青铜器研究》,夏商卷,页108—109,图五〇;页274—275,图一三四。

② 陈佩芬:《夏商周青铜器研究》,夏商卷,页252—253,图一二三。

③ 陈佩芬:《夏商周青铜器研究》,夏商卷,页345—346,图一六七。

④ 陈佩芬:《夏商周青铜器研究》,夏商卷,页347—348,图一六八;页308—309,图一五一;页353—354,图一七〇等。

德、供明器,通过全国各族宗庙之礼保持上下祖孙关系;其取法于禘方之礼,并从王的中位提供祭祀四方祖先的明器。

5. 小结

盘龙城楚商文明已有非常成熟而系统的丧礼,在此丧葬礼中,带明纹的铜斝和铜爵被用来作明器。在葬礼中明器被弄碎,以象征人生破碎,同时带明纹的残器也被视为塑造永生新体的材料,经过随葬的大火缸(炼缸)里的神祕转化和冶炼之后重铸永生的容器。亡者与明纹礼器之间具有一体相关性:容易腐烂的尸体与被损坏的难朽的青铜明器葬在一起,经过俗世中未用过的大火缸,合成为一体而冶炼、铸造人不可知、永恒不朽的新体;而青铜残器上的明纹更加显著表明永生形体备于升天。此乃最早的明器的意思。

同时盘龙城楚商文明也有固定的祭器,即带日纹的硬陶鬲。日纹的等级次于明纹,但是一样表达升天的祈求,只是不牵涉到死者转换铸造新体的丧礼部分,日纹在随葬品上指涉这些礼器预备跟着死者升天,同时使人们的祭礼通天达神。

继承盘龙城早商礼仪的殷商上古帝国,因涵盖很多并无此丧葬文化的贵族,所以很多礼仪上的细节被忽略掉。因此在殷周的丧礼中,并没有固定的丧葬明器和祭器,所有用来祭祀祖先的礼器,因为备于通天,故都视为明器而常常带明纹。在东汉丧礼中,"明器"和"祭器"又重新获得新义,与原本的意义完全不同。

从殷商时期礼器纹饰来看,既有神纹,亦有明纹,还有两个主题合为一体的神明纹,而从西周明纹来看,用明器祭祀祖先被视为"明德",因此文献中,明器被解释为"明德之分器"。也就是说,两周时祭祀祖先的祭器就是明器,不宜与汉代的概念混淆。根据两周丧礼观念,人供明德、铸造明器祭祀祖先;而同时祈求神德下来(以"元德"、"正德"、"懿德"、"皇祖之德"等词汇表达天上之德的概念),即祈求神祖之德发出作用,然为子孙带来生生不息的天恩。此乃周礼中的"神明德"概念。

(三) 神明之德:从宗庙之礼到社会伦理概念

礼制神明观念有赖于自然神明观的衍生和传承。礼制概念明显取象于大自然,在大自然中,神气、神光自天降,明形、明照自地升,以此天地得一而生机永久。因此,追求家族、国家生机永久的周人,一方面,以"孝"于天上的祖先之礼,来追求天恩神德,永续家族或国家的寿命,保护子孙或王国;另一方面,"秉明德",以供献神祖之礼,来追求上下之交,祖孙生机的连续永久不断。在西周思想中,这样的关联被视为家族社会生存之唯一条件。

从铭文对照可以看到,祈祷从天上赐予"元德"、"懿德"与人所承诺的"明德"是有关联的,如前引一件瘦钟曰:"上帝降懿德大弼(屏)",而其余四件则曰:

> 瘦曰:不(丕)显高且(祖)、亚且(祖)、文考,克明乒(厥)心,疋尹龠乒(厥)威义,用辟先王,瘦不敢弗帅且(祖)考,秉明德,围(勋)夙夕,左尹氏。皇王对瘦身枞(懋),易(赐)佩,敢乍(作)文人大宝秝龏(协)龢钟,用追孝匽祀,邵各乐大神,大神其陟降严祜,燮爨妥(绥)厚多福,其丰丰鑺,受余屯(纯)鲁,通录(禄)永令(命),賮(眉)寿需冬(终),瘦其万年永宝日鼓①。

器主对自己的祖先秉执明德,既然王对他有赏赐,他表达孝义来作乐神的编钟,以求眉寿、万年的保祐。

西周中期善鼎曰:"唬(呼)前文人,秉德共(恭)屯(纯)。"②西周中期伯戋鼎亦言:"隹(唯)用妥(绥)神裛,唬(呼)前文人,秉德共(恭)屯(纯),隹(唯)匄万年,子子孙孙永宝。"③器主所承诺的秉德,即是秉执明德,与此同时器主呼叫"前文人"(即祖先),祈祷从天上赐命万年长寿、永保子孙。呼"前文人"的意思,即是祈祷通过祖先获得天的神德,同时也秉执明德,以坚固上下、天地、祖孙之交。

西周宣王四十二年逑鼎、四十三年逑鼎更明显表达种互动的目标理念:"用亯(享)孝于前文人,其严在上,趩(翼)在下,穆穆秉明德。"④器主孝于"前文人",以天上前文人的天恩为生,同时秉执明德,回享给天上的祖先。

时代大体相同的大克鼎载:

> 天子明惪(德),顕孝斳于申(神)⑤。

清楚地表明西周礼制"明德"观念追孝达神通天之义。守持孝于神并修明德,以其

---

① 《集成》器号247—250,出土自陕西扶风县法门寺庄白村1号窖藏(H1:9、10、29、32),现藏于宝鸡周原博物馆。

② 《集成》器号2820,出土自西安长安区,现藏于法国巴黎赛尔诺什博物馆。

③ 《集成》器号4515,藏处不明。

④ 出土自陕西省眉县马家镇杨家村,现藏于宝鸡青铜器博物院。

⑤ 学界对大克鼎的断代颇有歧见,《集成》定为西周晚期,马承源《铭文选》则将之定为西周中叶孝王时期的器物,上海博物馆的断代亦如此,其他尚有许多学者视之为西周晚期的器物,其中许多人认为这是厉王时期的器物,而少数学者则认为是宣王时期。笔者赞成刘启益先生的意见,将之定为宣王时期的礼器。参郭静云:《夏商周:从神话到史实》,页411—412。

二者成立上下沟通,体形王位,确正天下之事,以保证祖国生机之本。周王从其"中位"顾全,因此有责任保证天上与天下之沟通,故既孝于神而亲自祈天神降,亦作明德的榜样而亲自关心天下供上明德。西周末期虢叔旅钟曰:"穆穆秉元明德"①,更加明确用"元明德"概念表达自天所降和自地所升两德之合的概念,"元明德"即是"神明德",秉执明德的目的和作用,就在于努力实现上下之交,相辅神明之德的生机,遵从神明之道。

在继承此一概念之下,战国文献中也有表达,先王圣人以天地祐启世人并遵从神明之道,如郭店《唐虞之道》第14—15简曰:

> 古者尧生为天子而又(有)天下,圣以堣(遇)命,惪(仁)以达昔(时),未尝堣(遇)□□,ₓᵥ并于大昔(时),神明均从,天堃(地)右(祐)之。从惪(仁)圣可与,昔(时)弗可秉歖(喜)②。

换言之,商周时期,虽然还没有形成哲学性的思想范畴和固定的用词,但已有神明观念的基础,并从大自然跨到社会来用,强调社会取象于自然天地,才能保持不灭的生机。神明接为一体,才能够保持万物及社会的生机之久,故神明之"和德"为"孝"和"礼"的理想目的。虽然到了战国时期,儒家、道家从不同的角度发展神明哲学思想,其中由人所秉的"德"或"明德"被儒家思想伦理化,而模糊化其本义;但儒家"孝"和"礼"的概念,依然遵从古代礼制概念,从宗庙讨论起,且采用神明观,强调"孝"和"礼"唯一的目的系相配神明之德,以其保障上下相通。

根据《礼记·哀公问》:

> 非礼无以节事天地之神明也,非礼无以辨君臣、上下、长幼之位也,非礼无以别男女、父子、兄弟之亲、昏姻、疏数之交也。君子以此之为尊敬然,然后以其所能教百姓③。

在经典的小戴《礼记》中,漏掉一个"明"字就剩下"非礼无以节事天地之神也"之句。但是后文有言君臣、上下、长幼、男女、父子、兄弟等相对范畴之相互交接的问题,所以"节事天地之神"似乎缺相对范畴。尤其是后文记载:

---

① 《集成》器号238—242,出土自西安长安区滦镇河迪村河壖,现藏于北京故宫、日本东京书道博物馆、上海博物馆。

② 荆门市博物馆编著:《郭店楚墓竹简·唐虞之道》,页14—15。

③ (汉)郑玄注,(唐)孔颖达疏:《礼记注疏》,页2115—2116。

孔子曰："天地不合，万物不生。大昏，万世之嗣也。君何谓已重焉!"孔子

遂有言曰："内以治宗庙之礼，足以配天地之神明。出以治直言之礼，足以立上

下之敬。"①

可见讨论的是上下相配的问题，依照万物化生的准则，采用以宗庙为基础的"礼"，相配上下关系，以到达相配天地神明的理想。所以，上一句的原文应该是"节事天地之神明"。盖因为后代编辑者对神明观念已经不甚理解，关于神的意思不分，才造成缺字和误解。可是《大戴礼记·哀公问于孔子》在此句里保留了"神明"两个字："非礼无以节事天地之神明也"②，这才是此段的本义。即是说："礼"的唯一功能，乃是使上下关系互补节制。

《哀公问》里所描述"礼"的功能，是从广泛到具体，从协龢上下、天地之神明，到互相节制祖孙、君臣、父子、夫妇等，都是同一个"节事神明"的准则，而相配神明之目的，乃遵从天地"大昏"之道。人间的"礼"如何能有协龢天与地之功能？祖先居于天，子孙居于地；子孙遵从宗庙之礼，按时祭祀、供明器以秉明德，祖先对此降其天恩神德，通过这一套宗庙之礼使祖与孙、神与人、前与后、死与生、天与地之间的关系不断，故保持"大昏"之生机。

（四）总结

《礼记》所描述的观念与西周铭文相同。虽然周时代的人不用神明范畴探讨社会的原则和哲学思想，但周时代宗庙之礼的理想，亦以保持天地交通为目标。所谓"配神明之德"，子孙与列祖在天之灵相沟通的活动，祖先与其子孙的关系，也如天地之神明关系一样。先祖之灵降福于子孙，而子孙"治宗庙"、"秉（供）明德"，以追孝于先。可见，此一"礼"因为以宗庙为出发点，故其功能与"孝"的功能一致，人们秉执明德而孝于神，故为了守持神明之德的"节事"、协龢，孝有颇关键的作用，即《孝经·感应》所曰："孝悌之至，通于神明，光于四海，无所不通。"

以上都能够说明，从西周以来，礼制"神明"观正是取法于自然"神明"观，且其目的是：社会学天地，保持像天地一样永久的生机。礼制神明观强调：配天地神明

---

① （汉）郑玄注，（唐）孔颖达疏：《礼记注疏》，页2119。

② （汉）戴德撰，（清）王聘珍解诂：《大戴礼记解诂》，页12。

之德,以追求家族世世昌盛之生机,并将此概念从家族的生机,扩展到跨血缘关系的社会及国家。从战国到两汉儒家礼学,仍沿着西周礼制取象于天地的作法,而模仿天地"和德"的规范,追求天与天下的沟通以及国家的调节和稳定。

换言之,自然神明与礼制神明观念同源,意义相同。古人从认识大自然,将"天降水质的神精"与"地出火质的明形"的关联,理解为天地万物之生机。依照此天地所提供的榜样,古人经此理解治理天下的理想。这一套商周观念之系统,可称为"哲学之前的神明观"。商周祭祀礼仪的很多特点,均符合"相配天地之神明"的目标。同时,战国时期哲学神明观,也滥觞于这一套哲学形成之前的上古信仰脉络中。因此,虽然神明观经过了很多时代的变化,哲理化时代又受到学派分歧的影响,但这都源自同一个系统的上古宇宙观。

商周"神明"观念有以下两层含义,一是自然神明观;二是礼制神明观。战国时期以上两种神明观皆有所继承和发展。自然神明观,被《易》和郭店道家的传统最完整地传承;而礼制神明观,则被儒家礼学传统最完整地传承。

此外,道家黄老学派对于上古自然神明观的扬弃与发展,尤其惹人注目。战国早中期道家的神明观,还是基础性的自然宇宙观,但战国中晚期道家神明观的发展,很明显改变其本义,而形成"神明为一"的观念。此观念应该由黄老学派所提出,而广泛影响了战国晚期不同学派的思想。因此,理解黄老神明观,才能厘清战国晚期很多思想家的讨论。下文拟着重理解黄老"神明为一"的神明观。

五、战国晚期至西汉道家黄老思想中"神明"观之演变

(一) 道家思想中"一"与"神明"概念之相关性

1. "道者,神明之原也"

马王堆出土《德道经》和传世《道德经》没有"神明"一词,但是郭店老子语录以及黄老学派的文献,都保留"神明"观。阅读战国晚期道家讨论神明的文献,笔者发现,其似乎经常表达与"道"所生的"一"有关联性。如传世《鬼谷子・本经

阴符》和马王堆出土《黄帝四经·经法·名理》皆言:"道者,神明之原也"①,表达"神明"是从"道"所生出来的产物。《庄子·齐物》"道通为一……物无成与毁,复通为一……劳神明为一……"②等文句之相关性,也是表达道、神明与"一"概念的关系。汉代之后人们已失去了对上古神明观之理解,故不知如何解释庄子这些话之间的关系,但从"神明"的本义来看,"劳神明为一"的意思比较清楚,即是表达神明之交而得到一体性的状态,通过神明为一体,天与地也能达到不可分的"天地"宇宙的状态。

同时《庄子·齐物》谓"道通为一",表达道的功能,即是通达"一"的状态。郭店《太一》第十简有曰:"道亦其忎(字)也,青昏其名"③。此一段落与前文所引《礼记·哀公问》:"天地不合,万物不生;大昏,万世之嗣也"相呼应。《礼记》中"昏"字用于表达天地之大婚,适足以解读《太一》中对"道"表现的定义,就是指天地之间的交合过程,天与地高洁、理想的交合④。"字"和"名"的意思相关而相反,"名"即是"明",前文已说明这两个字过去不分,所以"名"表达可见的表现,而"字"是指其符号、指称。《老子·甲》第二十一简曰:"未智(知)其名,芓(字)之曰道。"⑤而《老子·丙》(《太一》)则曰:"青昏其名",表达天地高洁的大昏。依笔者浅见,"道通为一"、"劳神明为一"和"青昏其名"的意思一致,皆指天地神明之交的过程,即是宇宙生机之本。这类生机之本在战国早中期的道家思想中被定为"道",但天地之交由神明作媒介,因此黄老学派表达:神明为"道"所生出来的唯一产物,即"道生一"的"一"。前所引《逸周书·文传》直接说:"出一曰神明"⑥。

笔者依此推论,在道家尤其是黄老学派中,神明被视为由道所生的"一"范畴,对此问题,下文再做一些补证。

---

① 马王堆汉墓出土帛书;另参陈鼓应注译:《黄帝四经今注今译》,台北:台湾商务印书馆,1995 年,页232;(战国魏)王禅原作,(汉)高诱注:《鬼谷子》,《子书二十八种》,台北:广文书局,1991 年,页5。

② (战国宋)庄周著,(清)郭庆藩撰,王孝鱼点校:《庄子集释》,页70。

③ 荆门市博物馆编著:《郭店楚墓竹简·太一生水、鲁穆公问子思》,页10。

④ 关于《太一》这句话的考证参郭静云:《〈郭店楚简·太一生水〉与〈上海博物馆竹简·恒先〉中造化三元概念》,页181—184。

⑤ 荆门市博物馆编著:《郭店楚墓竹简·老子甲》,页21。

⑥ 虽然《逸周书》不专属道家学派的典籍,其内容涵盖各种学派的观点,但其中道家思想占优势。因此笔者以为,我们可以采用该资料。

2. 道家"道生一,二生三,三生万物"的概念

（1）三生于一,而三合一为生：宇宙三元观

马王堆帛书《德经》曰：

> 道生一,一生二,二生三,三生万物；万物负阴而抱阳,中气以为和[1]。

此句呈现了先秦自然哲学之核心观点：虽然在宇宙之始先有"一",但"一"之原始却不足以创生万物,故此"一"必须分成"二"；所谓"二"乃"负"万物之"阴"与"抱"万物之"阳",这一段与《逸周书·文传》所言"出一曰神明,出二曰分光"是一致的,"分光"即是分阴阳。但老子接下来再说：阴阳二者亦不足以创造衍生万物,阴阳之间的气流造成"和",以此令阴阳两仪相辅而生育万物[2]。此种造化概念在先秦两汉文献中屡被论及,如《淮南子·天文》曰："道曰规始于一,一而不生,故分而为阴阳,阴阳合和而万物生。"《太平经·三者为一家阳火数五诀》亦言："无阳不生,无和不成,无阴不杀。此三者相须为一家,共成万二千物。"[3]

这些文献一致表达"三生万物"概念。先秦两汉自然哲学中,这种三元观被看作是造化法则。战国末期以后文献中,虽然关于三元之确切指涉有所不同,但均显示,其中二要素乃阴阳一组相对范畴,而第三者则为阴阳之间的"和"。上述文例颇清楚地阐明,"和"义不仅指阴阳相合,还是独立的范畴。故此一理论不宜谓之"二元论",而应谓之"三元论"。文献中对三元要素的定名有所不同,如郭店《太一》中的三元为太一、水、天；上海博物馆收藏竹书《恒》的三元为恒、或、气；传世《穀梁传》三元为阴、阳、天；但三者的功能和宇宙产生论的意思一致[4]。

既然三元中"阴"和"阳"二极构成相对之"二",而"和"为二极之间的相合,故三以二为基础,所以"二生三"。在二的基础之上,自然哲学特别突出二元之"交"为独立的范畴和过程,以塑造"和"为第三单元概念,故二元变成三元的概念。不是有了天和地或有了阴和阳便会产生万物,天地或阴阳之间的"交"、"和气"至关

---

[1]　马王堆汉墓出土帛书。见高明校注：《帛书老子校注》,页 29—31。传世的《道德经》版本作"冲气以为和",其余文字都相同。

[2]　在此需要说明,先秦时,阴阳尚不被视为足以交合之二气。在出土文献中尚未发现"二气"概念,"二气"一词最早出现于《周易·咸卦·象传》："咸,感也。柔上而刚下,二气感应以相与。"但此"二气"也不是单纯的阴和阳,而指兑卦与艮卦之气。

[3]　（汉）刘安编,何宁撰：《淮南子集释》,页 244。（汉）于吉撰,罗炽主编：《太平经注》,重庆：西南师范大学出版社,1996 年,页 1128。

[4]　有关"三元论"的详细分析参郭静云：《〈郭店楚简·太一生水〉与〈上海博物馆竹简·恒先〉中造化三元概念》,页 167—192。

重要,是故宇宙万物三元,"二生三,三生万物"的概念很清楚。

可是老子所描述的是从"一"开始,一、二、三到万物顺生的过程。此一"顺生"概念,对三元论另带来了一元论的意味:阴、阳、和三元都是从"一"顺生出来的;同时,先秦两汉文献均描述,所谓"三元"必须相合为"一"才有"生"。也就是说,"此三者相须为一家",才有造化过程,故三元观的重点还是"三为一体"的"生"的概念。

（2）"道"所生的"一",既非道亦非太一

总之,在道家思想中认为,"三"系化生的规范与方法,而"一"系三为一体的造化之本,三出自一,并需要合为一,才有生。在此必须说明的是,虽然宋代以后的文人经常认为"道"和"一"是一个概念①,但老子的"道生一"一句实际上足以证明,早期的道家思想将"道"和"一"是用作不同概念进行区分的。

另外,学术界有一种常见的理解,认为"一"和"太一"是同一个概念。这种诠释的源头乃《吕氏春秋·大乐》所言:"太一出两仪,两仪出阴阳。……万物所出,造于太一,化于阴阳。……道也者,至精也,不可为形,不可为名,强为之谓之太一。"②但这些话的历史背景是,准备统一天下前,先进行统一思想的活动,各学派和观念被合到一个大的体系里。实际上,战国道家同时有以太一为源头和以道为源头的宇宙观,笔者认为,前者以郭店《太一》等早期老子语录所代表,后者即所谓"正统"道家,由马王堆《德道经》和传世《道德经》所代表;黄老学派则混用此二者,表现在马王堆《黄帝四经》。因为这种混合,变造成将"道"、由道所生的"一"和"太一"混为一谈。

正统《五千言经》中没有太一的产生论,就是因为有"道生一"的产生论。整理正统《五千言经》的整理者,从老子语论中删除了太一的产生论,以"道生一"取代之,故《太一》前段的宇宙论不出现在正统道家的《五千言经》中,只保留《太一》后段的社会论（即所谓《老子丙》③）中。在《太一》理论中,太一的位置为绝对的源

---

①　例如宋代林希逸注云:"一者,道也。"《淮南子·天文》所言"道曰规始于一"在《宋书·律历志》里被改写作"道始于一",似乎"道"本身来自"一"的概念。现代学界有些专家认为"一"和"道"指同一个概念,如蒋锡昌言:"道始所生者'一','一'即'道'也。自其名而言之,谓之'道';自其数而言之,谓之'一'。"严灵峰提出:"一者,'道'之数。'得一'犹言得道也。"相关诠释参严灵峰:《老子达解》,台北:华正书局,1987年,页214;高明校注:《帛书老子校注》,页30—31;陈鼓应:《老子今注今译》,台北:台湾商务印书馆,2005年,页196—197等。

②　（秦）吕不韦著,林品石注译:《吕氏春秋今注今译》,页124—127。

③　有关所谓《老子丙》为《太一》的后段的论述参郭静云:《郭店出土〈太一〉:社会归于自然天地之道（再论老子丙组〈太一〉书文的结构）》,页41—61。

头,并不与道所生的"一"相对。从文献形成的先后年代而言,不是"太一"取代了"道",而是经本中的"道"取代了简本中的"太一";是因为以"道"为中心概念的经书,拒绝继续采用不以"道"为源头的太一宇宙产生论。

道所生的"一"与"太一"毫无关系,它们之间有以下关键的差异:

甲、先秦以降之文献中,"太一"是指神格化的天圆恒中,即北极,而道所生的"一"并没有限定于天圆之中位;

乙、在先秦宇宙演化论中,北极太一被看作天地源头,他能生天地、阴阳,却没有文献表达太一可以"分"为阴阳,而"一"可却分为二,换言之,太一为时空源头,而能分成阴、阳的"一"是另一种概念;

丙、在战国思想中,太一是形虚、无有、原始恒静的状态①,而道所生的"一"是无和有的"得一"、合为一体的状态,是如《庄子·德充符》所言:"死生为一条"②,《道德经》里也数次表达"无"和"有"合为一体乃是道的重要原则及作用。

陈鼓应先生认为,由"道"所生的"一"是指无有、天地、阴阳为一体的状态,而非指纯无之恒③。笔者也认为,《德道经》和《道德经》所言:"混而为一"和"万物得一以生"④的"一"并非"太一",恰与道所生的"一"是同一概念,此"一"之义指的是合为"一体"之化生。换言之,"得一"绝对不是指通达天一之恒无,而是指天地精华合和为一体的目标,所谓"得一"并非"得无",而是"得生"之原则。从这一角度来看,道家之"一"的概念应指排除杂性而回到原始的"一体"性的生机之本,天地、无有合和为"一"以生,而道所生的"一",就是此一造化原则、天地万物的生机。

(3)"三"以"得一"为"生":道家"得一"概念

《德道经》和《道德经》曰:

昔之得一者:天得一以清,地得一以宁;神得一以霝,浴(谷)得一以盈;
〔万物得一以生,〕侯王得一以为天下正⑤。

战国末期以后老子思想被奥祕化,导致对道家文献的理解过度抽象或根本难以理

---

① 有关战国时期太一思想参郭静云:《郭店出土〈太一〉:社会归于自然天地之道(再论老子丙组〈太一〉书文的结构)》,页41—61;郭静云:《郭店楚简〈太一〉四时与四季概念》,页20—26;郭静云:《〈郭店楚简·太一生水〉与〈上海博物馆竹简·恒先〉中造化三元概念》,页167—192 等。

② (战国宋)庄周著,(清)郭庆藩撰,王孝鱼点校:《庄子集释》,页205。

③ 陈鼓应:《老庄新论》,台北:五南图书出版公司,2006 年,页55。

④ 马王堆汉墓出土帛书;高明校注:《帛书老子校注》,页283、8—9。

⑤ 马王堆汉墓出土帛书;高明校注:《帛书老子校注》,页8—9。

解。但依笔者浅见，前文所言，是从自然界天地相辅"得一"概念，来讨论社会内相辅"得一"的关系。

天以何为清？ 地以何为宁？ 就是以交换雨润日明，互相"得一"而清宁：玄天获得由地所出的明日以清，而怀日火的燥地获得由天所降的玄润以宁。天上的神气与地上的百谷以何"得一"？ 就是其二者相合时，神降霖雨甘露，而百谷以此盈衍。这乃前引《礼记》所言："地载神气"、"天气下降，地气上腾，天地和同，草木萌动"、"天之所覆，地之所载"的意思一致。在这里"天"和"地"、"神"与"谷"即是两组相对范畴，其互补得一以生，创造万物化生的条件。此外，郭店《老子甲》与《道德经·三十二章》有曰："天地相合也，以降甘露。"①霖雨甘露即是天地相合的表现，相合而相辅养育万物。这一段文所描述乃赐予丰产的"谷雨"。

万物以何化生？ 万物生存之原则就在于蕴含天地精华，天地精华得一而构成天地万物之生机。在此之后，万物也循着此规律互补相成以化生。上海博物馆收藏的楚竹书《恒》描述，在万物化生的过程中，万物之魂魂相辅相生，且充斥于天地间。万物魂魂皆源自"恒"与"或"相交的"气"，故谓"同出"；但虽然"同出"，彼此形貌不同，故谓"异生"。万物魂魂相生，充满于天地之间，丧生而又复生。在此《恒》强调，天，地，以及天地之间的"恒"与"或"的状态，都无法滋生，而必须共生共存；既有恒，亦有或，故"恒"与"或"相交而自生出来的"气"，便是创始的生命；并不是"恒"生育，而是万物循环着互补相成，生而复生，每种生命、每种形状，皆求自复，"婚婚不宁，求其所生……求欲自复，复其所欲"。因为有复，所以生命能不废②。《老子》所言"万物得一以生"的意思与此一致，相辅相成，"得一"乃万物生机之本。《老子》用这些自然可见的例子，解释天下生机就在于侯王之间通顺的交往。

3. "道生一"即谓之"神明"

据上可知，老子讨论"得一"的观念，是在描述以相对范畴之相合以造成天地万物之"生机"。"得一"之意思恰恰是指交接为一体性的状态，以构成生机。在道家三元论中，阴、阳、和三元为一体才能生育万物。三元顺生自"一"，而同时只是透过结合为"一"，才构成万物之生机。依笔者浅见，"道生一"的"一"与二极合和而"得一"的"一"，才是同一个概念，皆指造化之本。在老子所呈现之"一生二、二

① 荆门市博物馆编著：《郭店楚墓竹简·老子甲》，页 19。另参马王堆汉墓出土帛书；高明校注：《帛书老子校注》，页 398。

② 郭静云：《〈恒先〉补考二则》。

生三、三生万物"的概念中,"一"并非用于指太一之恒无,而涵括生死、无有、天地、阴阳为一体的造化之本,或谓之"生机",同时也表达阴阳未分的状态。此观念不仅为道家所有,战国自然哲学思想,都将阴阳未分的状态视为天地万物生机之原本,前文以阐明,根据郭店《太一》以及《周易》、《淮南子》等文献,阴阳未分的状态亦被指称为"神明"。

先秦文献中经常描述,先有神明而后分歧出阴阳,同时阴阳之合是复归于神明的理想,以构成一体性的天地之生机。这一点是战国两汉跨越学派的自然哲学观念,而在道家思想中,另曰:"道者,神明之原也"①,表达"神明"是"道"的唯一产物,也就是说,由"道"所生的"一"系"神明"。《鹖冠子·泰鸿》记载:"泰一曰:'吾将告汝神明之极,天地人事三者复一。'"②天地人三才相合而复一,乃神明之理想,出一谓神明,而神明之交乃复原至得一。纵使正统老子不用"神明"范畴,但黄老学派将"道"与"神明"的范畴结合起来讨论,并将后者定义为由道所生的"一"。

(二)"神明"、"一"、"德":道家哲学概念之演化

笔者认为,"神明"与"一"概念之结合,是战国晚期以来道家黄老思想的观点,战国早中期的《太一》中还未见此概念。战国早期的《太一》认为,在宇宙产生时"神明者,天地之所生也"③,同时将宇宙之运行,上下青昏之规律定字为"道",所以"神明"与"道"的意思相近,但并没有直接描述这两个概念之间的关系;不过可以说,宇宙万物之道的规律取法于天地神明之榜样,同时,《太一》之"道"乃表达上下、天地、神明、阴阳相辅大昏的规律。到了战国晚期的《黄帝四经》和《鬼谷子》则认为:"道者,神明之原也",神明不是源自天地之交,而源自崇高"道"的准则。

又到了西汉,西汉道家思想继续思考神明的本质,并改变其概念。其中,西汉阴士严君平(严遵)对于"道生一"的"一"、"神明"和"德"等三个范畴的解释,引人注目。严遵在《老子指归》中将"一"概念解释为"德",而德者被视为"神明之母"。

---

① 马王堆汉墓出土帛书;陈鼓应注译:《黄帝四经今注今译》,页232;(战国魏)王禅原作,(汉)高诱注:《鬼谷子》,页5。

② (战国楚)佚名撰,黄怀信校注:《鹖冠子校注》,页218—219。

③ 荆门市博物馆编著:《郭店楚墓竹简·太一生水、鲁穆公问子思》,页6。

《老子指归·得一》曰：“故一者，万物之所导而变化之至要也，万方之准绳而百变之权量也。一，其名也；德，其号也。”①

前文已讨论：“神明”本身是天地合德概念，“神明之德”涵盖自天通地的“神德”以及自地通天的“明德”，上德与下德合为“一”，由此便形成庄子“劳神明为一”的概念。但严遵在神明之德之前，进一步提出抽象“德”概念。严遵之“德”既不是“上德”，也不是“下德”，亦非“上下德”（神明之德），其“德”概念位于“上下德”之前，形容上下未区分的抽象“德”概念。由此《老子指归·上德不德》确定如下天地造化规律：“天地所由，物类所以；道为之元，德为之始，神明为宗，太和为祖。”《老子指归·得一》也言：“一者，道之子，神明之母，太和之宗，天地之祖。”在这里不提及“德”是因为严遵以“一”概念代替“德”概念。

也就是说，根据严遵所言，“神明”由德所生，“德”是神明之源。先有“道”，“道”生“德”：（一）“德”分为“神”与“明”之“德”；（二）“太和”让“神”与“明”相辅和合；（三）由此衍生天地万物。《老子指归·道生一》另外加入“气”与“形”概念：“形因于气，气因于和，和因于神明，神明因于道德，道德因于自然。”

可以发现，战国早期的《太一》接近自然论，故将“神明”看作天地的产物，而战国末期宇宙论抽象化了，“神明”概念开始被视为天地之前的宇宙准则。这种现象表达了思想在历史中的演变以及增加哲理化的过程②。严遵接受黄老学派“神明”为“一”的观点，而进一步来区分抽象“德”与“神明之德”，将“德”定为前者，将“神明”定为后者。严遵的宇宙论结构，虽与《黄帝四经》不同，却有继承关系，于是能够间接地证明，当时道家正在讨论“神明”、“德”、“一”范畴之间的关系。

（三）战国晚期神明成为宇宙观建构的至上规范

1. 道家之内

据上可见，虽然《太一》属老子语录，《太一》所用的自然“神明”观，到了战国末期以后具有明显的差异，已远离原始的“天降神气”、“地出明形”观念，而赋予新的抽象哲学的涵义。这一变化有一个核心之处：神明已不被认为是天地所生的现

---

① （汉）严遵著，王德友点校：《老子指归》，页10。

② （汉）严遵著，王德友点校：《老子指归》，页3—9。

象,而在哲学性建构的宇宙观里被升华作唯一的范畴,被用来表达宇宙造化的至上规范。

这是因为战国晚期的哲学思潮,着重于寻找整体性的宇宙及社会准则。其中,除了"道"、"礼"、"阴阳"、"五行"等传统留下的中心概念,自上古以来被视为宇宙生机的"神明",也曾经被用作至上规范。已被视为至上规范、宇宙意图、造化之本的"神明",显然已不能位于天地之后,而开始被视为天地未分之整个宇宙之"一体"概念,以及天地万物化生的唯一准则。故并非如《太一》所言:"神明者,天地之所生也",而如《鹖冠子·王鈇》所言:"万物与天地,总与神明体正之道。"《鹖冠子·泰录》亦言:"天地阴阳之受命,取象于神明之效。"①在此天地已变成次于神明,且取象于神明之规范。换言之,在《鹖冠子》的思想中,"神明"已成为无所不及、无所不包的准则。

《淮南子·道应》所表达的神明观亦如此:"神明,四通并流,无所不及,上际于天,下蟠于地,化育万物而不可为象,俛仰之间而抚四海之外。"同时,《淮南子·原道》亦云:"道者,覆天载地,廓四方,柝八极,高不可际,深不可测,包裹天地,禀授无形。"②两种叙述实在难以区分,由此可见,在当时杂家所编的多元文献中,"神明"和"道"已同时被看作无所不及无所不包的一切,既在上又在下,既在内又在外,既在中又在四方,化育万物但本身无形而不为象。

《淮南子》对神明的定义,为何会认为神明不可为象? 依笔者浅见,这一问题应该作如下理解:西汉初期哲学家关于神明"不可为象"的说法,所意欲强调的几种观点,都传承自上古神明观,但已经过高级哲理及抽象化,是故,如果不知道神明观的背景,实难以理解。其一,神明既是上下四方无所不及的神光,也是上下四方无所不包之明照;其二,神明是整个宇宙无所不及的原则,表达各象大昏之过程;其三,神明既是天地万物造化之"生机",也是整个天地宇宙之"德"。是故,不能以任何形体局限神明,也不可将其具象化到某个体的形象(前文已讨论,易学观念中确定形体乃是次于神明之阴阳的功能)。此外,因神明是"道"唯一的产物,故天地所有的"象"与天地所有的"形"皆取象于神明而化生,因此神明绝对不可能被偶像化为某种固定的形象。总而言之,《淮南子》认为:整个宇宙所有的一切,既取象于神明,

---

① (战国楚)佚名撰,黄怀信校注:《鹖冠子校注》,页172、256。

② (汉)刘安编,何宁撰:《淮南子集释》,页892、2。

亦体现神明；因此神明本身，既不可能选择宇宙某个局部的范围作为其"象"，亦不可能有宇宙之外的"神明之象"；天地万物、时空万事之"一体"，才是"神明之象"。

2. 道家之外：对其他学派的影响

神明为宇宙至上规范的思潮，并不仅仅只是道家的观点，也影响到其他传统，其中在易学传统中亦很明显，如《说卦》曰：

> 昔者圣人之作易也，幽赞于神明而生蓍，参天两地而倚数，观变于阴阳而立卦①。

笔者认为，《说卦》表达圣人立卦的过程与《太一》描述成岁的过程相当接近。在"易"的观念上，易卦完整地表达出宇宙意图和死生旋还；根据易传哲学，易卦的系统等同于宇宙，因此卦爻之易，足以表达时空所能发生的状况。故而，从易学角度来看，生造宇宙和立卦是相当的。换言之，圣人所立的八卦源自天地、四时、八方之交的规律，且《太一》所谈的现象正好也从上下到四时四季组成要素，《易》的八卦以年岁周期为象，而六十四卦更细节地象征年岁循环的生机原则。《太一》所论是自然存在的时空结构，而《易》则为认知此时空结构中的万事变化，故两者相等。

战国认知论中的神明观，下文再专门讨论，在此笔者拟强调：《说卦》显示立卦的过程，且用与《太一》同样组成的要素，但是天地与神明之顺序互换位子，《太一》的神明源自天地，而《说卦》中神明为天地之前的崇高原则规范：

太一	太一→水→	天→地→	神与明→	阴与阳→	四时→沧热→湿燥→	岁
说卦	圣人→易→	神与明→	天与地→	阴与阳→	（八）卦→	（六十四）卦

据《太一》先有天地，而后天地之交产生神明；而据《说卦》则为先有神明统括性的准则，而后才有天地之发生。

3. 小结

这样的神明变位，表达出战国时期发生了关键性的思想演变：即神明已经不代表天地相辅之具体可见的机能，而被抽象化并位于天地之前。天地万物皆被视为取象于神明，出自神明，得一于神明，而通过神明之合回归到原始理想的状态。这种神明升华概念，多见于道和易的传统中。

在神明观念升华的同时，它也逐渐失去了大自然的依据，人们已不把"神明"

---

① （魏）王弼、（晋）韩康伯注，（唐）孔颖达等正义：《周易正义》，页665。

联想到天降神靈雨露、地出日月明形、神靈雨下来养地而明日升天温暖和明亮等自然现象,所以在观念上已没有一定需要用"神明"两个字才能够表达两极相对相辅概念的必要性,神明的本义对后人亦变得不清楚,同时与其他概念混合,包括道所生的"一"、"德"、"道"、"阴阳"等,这些概念在不同的学派与时代中,都作过无所不及、无所不包的"本体"概念。

但是战国末期西汉时,"神明"虽然已远离其本义,但还是有其确切意义范围,其意义还保留有与本义相关的内在逻辑,只是在新的思想环境里,人们开始重新解释神与明之间的关系。

（四）战国末期至西汉道家神明观中"神"与"明"的关系

1. 道家之内

依笔者浅见,战国末期至西汉道家神明观的新义,在马王堆《黄帝四经·经法·名理》中表达得较明晰:

> 道者,神明之原也。神明者,处于度之内而见于度之外者也。处于度之内者,不言而信;见于度之外者,言而不可易也。处于度之内者,表面不可移也;见于度之外者,动而不可化也。静而不移,动而不化,故曰神。神明者,见知之稽也①。

这一段文引起了学术界的辩论。陈鼓应先生认为:"本段论'神明',即论述道的神妙作用",不过同时,"神明"并不限于神妙的形态,而是"始终持久地发挥"、"始终不变"的"道的神妙作用。"②彭浩先生的说法相似:"'神明'于此似应理解为'道'的神妙的作用,是一种超自然的力量,处于万事、万物之中,不断地发挥着作用",而且"神明"本身具有神藏与明发双重的本质③。不过,王博先生否定此一看法,认为:"这里的'神明'一词,通常的解释是把它看作道的神妙作用,恐失之笼统……它不应是个神妙莫测的东西,因为它是认识的依据。"④依笔者浅见,无论是强调神明的神祕性或明显性,都不甚准确,都把"神明"看作单一意思的词来读,忽略其是

---

① 马王堆汉墓出土帛书;陈鼓应注译:《黄帝四经今注今译》,页232—237。
② 马王堆汉墓出土帛书;陈鼓应注译:《黄帝四经今注今译》,页236。
③ 彭浩:《一种新的宇宙生成理论——读〈太一生水〉》,页540。
④ 王博:《简帛思想》,页220。

以"神"和"明"两个相对范畴组成的复合词。"神明"之"神"有深微玄妙、莫见莫测、无形无动之意,而"神明"之"明"则为可认识"神"的依据、发挥"神"的行为和可见的形体等。而王博先生的见解只表达了"神明"之"明"的部分。

庞朴先生解释如下:"严格来说,'神'和'明'是两种客观存在。不过此所谓的'神',就在'明'中;此处的'明',是'神'的。而整个所谓的'神明',就其'神'而言,可以视为天地的功能;就其'明'而言,确乎有其自己的形体。"①笔者认为,这些话相当符合表达黄老学派对"神明"的新解释。许抗生先生的理解也与此相近:"无形莫测的精气(神),和精气显现出来的作用及现象(明)。"②换言之,"神明"有双重的本质,"神"系"处于度之内"之无形莫测的精气,而"明"系"见于度之外者"的精气之表露。

不过彭浩、庞朴、许抗生用此解释另想解决《太一》中的神明,是相当不妥的。在战国早中期的《太一》自然哲学中,"神"与"明"是上与下相交的相对范畴,各有自己自然可见的表现,上述理解绝对不适合《太一》所言,但却足以描述战国末期道家黄老学派的新神明观。

在黄老派思想中,"神"是指一切精神,而"明"是指一切现象。就从这种理解出发,道家思想逐步形成了"神明无所不及、无所不包"的概念。《逸周书·谥法》有云:"民无能名曰神",另云"照临四方曰明"③,而"神明"者,表达其二者的一体性。也就是说:神明既包含宇宙万物神祕之本和精,也涵盖宇宙万物一切显明的现象。因此并不奇怪的是,战国末期"神明"观念,既指弘扬宇宙造化的规范和原则,亦涵盖智通宇宙本末之方法。

由此可见,在黄老派思想中,"神明"涵义在于表达"神精"与"明照"、"内藏"与"外发"的相辅相对,内、外合二为一体的范畴,这就是清代林云铭在《庄子因》中所阐明的:"神者,明之藏。明者,神之发。"④或者可以说,"神"是万物、万事之精神,而"明"则是万物、万事之表现。

这种理解应该无误,但会产生另一个问题:我们无疑知道,神明之本义在于天

---

① 庞朴:《〈太一生水〉说》,姜广辉主编:《中国哲学》第 21 辑"郭店简与儒学研究",沈阳:辽宁教育出版社,2000 年,页 189—197。

② 许抗生:《初读〈太一生水〉》,《道家文化研究》第 17 辑郭店楚简专号",北京:三联书店,1999 年,页 312。

③ 黄怀信、张懋镕、田旭东撰:《逸周书汇校集注》,页 627、642—643。

④ (清)林云铭述:《庄子因》,台北:广文书局,1968 年,下册,卷 6,页 42。

地相辅,天神系由天所降的水精要素,地明系由地所升的火形要素。天地上下关联如何突然转变为各事物之内外关联? 此乃思想在历史中的演化所致。战国末期以来的思想中又形成了一种新兴观念:天生精气以构成万物的精神,地生物质以构成万物的形貌,且此形貌以内在的精神为生,而此精神通过外貌的形象才能显现出来。因此天之在内、地之在外,这样就形成"神明"为"内外"、"精形"的关系。

2. 道家之外:对其他学派的影响

《说卦》曰:"幽赞于神明而生蓍。"韩康伯注云:"幽,深也,赞,明也。"①可见,《说卦》的神明观也接近黄老思想:内深和外明的意思,因此其位置不需在天地之后,反而表达更根本更原始通用的原则。

从《说卦》的这一文例,我们可以发现,"神明"转义成内神与外明相对后,可以用别的字来表达,《说卦》的"幽赞"(幽明)即是在此观念上作为"神明"的同义词出现。《易·系辞上》也用"幽明"一词,言:"仰以观于天文,俯以察于地理,是故知幽明之故。"②此"幽明"的意思基本符合战国晚期"神明"的新义,所以也成为同义词。《史记·五帝本纪》曰:"顺天地之纪,幽明之占,死生之说,存亡之难。"③也很明显用"幽明"一词表达"神明"的范畴。此外,《淮南子·兵略》中"玄明"一词被用作"神明"的同义词④。

西汉神明观大部分遵从黄老派神藏明现、神精明形为一体的理论,但与此同时越来越脱离神明之本义。如《史记·乐书》曰:"礼乐顺天地之诚,达神明之德,降兴上下之神,而凝是(释)精粗之体,领父子君臣之节。"对此裴骃《集解》引郑玄注:"降,下也;兴,犹出也。"张守节《正义》加以解释:"天神下……地祇出,是降兴上下之神。"⑤天地之诚以及神明之德,既涵盖众神降、出之内在隐藏的现象,也涵括万物众体凝结、溶释之外在可见的过程。在司马迁的思想中,已没有神在上而明在下的观念,上下都有神降升,同时精粗之体轮旋着凝结而塑形、溶释而消化。此观念虽然从先秦神明观传承,但已远离神明之原义,其重点在于表达,神明之德既涉及

---

① (魏)王弼、(晋)韩康伯注,(唐)孔颖达等正义:《周易正义》,页665。

② (魏)王弼、(晋)韩康伯注,(唐)孔颖达等正义:《周易正义》,页545。帛书本基本相同,参邓球柏:《帛书周易校释(增订本)》,页399。

③ (汉)司马迁撰,[日]泷川资言会注考证:《史记会注考证》,页21。

④ (汉)刘安编,何宁撰:《淮南子集释》,页1087。

⑤ (汉)司马迁撰,[日]泷川资言会注考证:《史记会注考证》,页425。

神气流动,也牵连到形体造化。《史记·乐书》用"凝是"一词,笔者认为"是"字应读为"释"。马王堆墓帛书《黄帝四经·十大经·正乱》正好有这样假借的例子:"吾将遂是(释)其逆而僇其身。"①

《史记·乐书》所表达的意思,到东汉王充那里已被理论化了,《论衡·道虚》描述万物生死的过程,亦采用水凝和冰释的形象:"人之生,其犹水也。水凝而为冰,气积而为人。冰极一冬而释,人竟百岁而死。"同时《论衡·卜筮》也言"天地之气,在形体之中,神明是矣"②,最清楚地表达了汉代"神明"范畴即在于表达气与形之合,但与《鹖冠子·度万》"天者神也,地者形也"、《黄帝内经》"天有精,地有形"、《系辞》"在天成象,在地成形"等战国文献已不相同,精气不限于天而是属于天地之范畴,形体也不再仅限于地。

3. 小结

总而言之,黄老神明观,从上与下的相对相辅,演变为表达内藏外发的相对相辅。

从前面的发展来看,这演化与上古的形象恰好相反,商代礼器上所见的神明纹饰结构,是明在神之内,犹如日月在天空里(图一三四:1;三〇四:1)。但思想化的"神明"观,将天视为内心而将地视为外形,神与明互换相对位置。

从后续思想的发展来看,"神明"为内藏外发的新义,影响到后期思想,但在两汉以后的思想家,逐渐不再用"神明"一词来表达从上古神明观发展而来的思想。其中上述王充对气与形概念的思考,是很有代表性的神明观所衍生生命哲学。除了生命哲学之外,神明观也深入影响了中国哲学认知论的发展。依笔者浅见,中国最早的认知论,可能是道家所提出"既得其母,又知其子;既知其子,复守其母,没身不殆"③。在黄老学派思想中"神明"是"道"之"子",是故,也成为认知其母——道的依据。

(五)"知其子,复守其母":道家神明认知论

1. 道家之内

由上述分析可得知,在战国晚期道家思想中,一方面,神明生机被视为宇宙造

---

① 马王堆汉墓出土帛书;陈鼓应注译:《黄帝四经今注今译》,页312。

② (汉)王充撰,黄晖校释,刘盼遂集解:《论衡校释附刘盼遂集解》,页1000。

③ 马王堆汉墓出土帛书;高明校注:《帛书老子校注》,页74。本句,马王堆帛书本和传世版本相同。

化的规范、天地之"德"和宇宙意图,另一方面被作为认知"道"的依据与方法、无所不及的智慧理想。神明作为道所生的"一",如"道"之"子"能够完整地发挥"道",是故,道家思想便提出,通达神明就可以深刻了解天地时空所无和所有的过程,以掌握道。因此神明是认知"道"的方法和依据。是故,《黄帝四经·经法·名理》曰:"神明者,见知之稽也。"

这样的情形反映了道家的认识论角度:即在当时认为,万事的本原同时也是了解万事的依据。这就是老子所谓的:"既知其母,又知其子;既知其子,复守其母。""神明"是由道所产生的"一",故"神明"与"道"有所谓"母子"关系;因此透过道的"子"可以"复守其母"。在这样的观念下,"神明"既是意图,亦是"见知之稽",是认知"道"的依据及方法。西汉《老子指归·民不畏威》:"道德之旨,神明之务";《老子指归·至柔》:"道德至灵而神明宾"①等说法,皆为循着此思路,将"神明"视为道德之实际表露。

同时,沿着这一思路,"神明"发展成为"智慧"概念。《韩非子·喻老》"空窍者,神明之户牖也。耳目竭于声色,精神竭于外貌,故中无主。中无主则祸福虽如丘山无从识之,故曰:'不出于户,可以知天下;不窥于牖,可以知天道。'此言神明之不离其实也。"②其皆遵从神明认知论,并强调神明认知方法为不竭尽的"中",故其既保精神亦护耳目,不竭尽而积累,不离实而积累于神明之智慧。《淮南子·兵略》:"见人所不见,谓之明;知人所不知,谓之神。神明者,先胜者也。"③

2. 道家之外:对易学的影响

《易》的方法是通过爻卦,理解天地神明之德,而掌握万物之情况趋势,故马王堆帛书《系辞》曰:"引则观马(码)于天,府则观法于地……于是始作八卦,以达神明之德,以类万物之请(情)。"传世版本的意思亦同④。可见于易学的传统中,神明既然是表达天地之合德,以造化万物之生,所以为认知万物之事,需要理解神明之德,掌握万物化生的规律。因此,在易学中神明也是认知宇宙规律的方法,认知宇

---

① （汉）严遵著:《道德指归论》,《丛书集成初编》,北京:中华书局,1985年,页59下、12下。

② （战国韩）韩非著,陈奇猷校注:《韩非子新校注》,上海:上海古籍出版社,2009年,页453。

③ （汉）刘安编,何宁撰:《淮南子集释》,页1096。

④ 邓球柏:《帛书周易校释(增订本)》,页389—406。传世本作:"仰则观象于天,俯则观法于地……于是始作八卦,以通神明之德,以类万物之情。"意思相同。见（魏）王弼、（晋）韩康伯注,（唐）孔颖达等正义:《周易正义》,页611。

宙意图的依据。

从《说卦》"昔者圣人之作易也,幽赞于神明而生蓍"[1]的描述来看,圣人在了解宇宙造化本末原则,来设定深入而明晰认知宇宙的方法,首先确定了"易",然后集中在观照"神明"、追求了解"神明",通过了解神明而创造了"蓍"法。"蓍"法是"易"表现之基础,蕴含所有的"象"与"数"的易变性,而神明是宇宙唯一的准则。圣人在"幽赞神明"当中发明了解通天地万事的"蓍"法。是故,神明既是宇宙万事准则,亦是认知宇宙万事的标准。

《易乾凿度》亦言:"八卦之气终,则四正四维之分明,生长收藏之道备,阴阳之体定,神明之德通,而万物各以其类成矣。皆易之所包也,至矣哉,易之德也。"[2]神明之德通,才能了解万物之类别。换言之,不仅在道家思想中,易学思想里,"神明"也被视为是认知万物的关键依据。

(六) 总结

战国早期的道家思想接受上古自然神明观,而撰写精彩的《太一》宇宙论:"天地复相辅也,是以成神明";"神明者,天地之所生也"。不过,到了战国晚期,随着思想的发展,进一步抽象化,并在新历史环境中演化出几项新的趋势。

首先,在道家发展过程中,"道"的概念逐渐成为唯一的讨论要点,对天地万物社会的讨论,都离不开"道",其他思想范畴的重要性淡化,都通过"道"、从"道"义的角度来讨论,所以"神明"概念也更近乎并结合于"道","神明"作为天地范畴的意思淡化,更加强调"神明"源自"道"。是故"道者,神明之原也";"神明之极,天地人事三者复一";"出一曰神明";"劳神明为一",即"神明"基本上成为由"道"所生的"一"概念。其实,由于"神明"概念与"德"概念关系密切("神明之德"为各家所用的核心概念),于是"神明"被看作由"道"所生的"一"概念应有合理的思想基础。

其次,"神明"既然脱离了其天地之交的自然含意,其意思更加抽象化。在战国晚期思想总体化的气氛中,文人、思想家寻找无所不及无所不包的"本体"概念。神明既是天地之间的媒介,亦是天与地得一为一体性"天地"之榜样,又是"道"的

---

[1] （魏）王弼、（晋）韩康伯注,（唐）孔颖达等正义:《周易正义》,页 665。

[2] （汉）郑玄注,（清）黄奭辑:《易乾凿度》,页七。

精华,若无神明,则宇宙无法成为一体而化生,故在战国晚期宇宙论总体化的思潮中,"神明"被选作至上的本体。是故,"万物与天地,总与神明体正之道";"天地阴阳之受命,取象于神明之效";"神明,四通并流,无所不及,上际于天,下蟠于地,化育万物"等。

第三,"神明"从作上下天地媒介扩展含意以后,其"神"与"明"两个范畴的关系又有所变化。神之要素虽仍相关于天界,但不被视为位于自然世界的天上而降地,更多指涉位于万物之内心;明的要素,虽然仍相关于地界,但不被视为位于自然世界的下地而升,更多指涉位于万物之外状,强调明显可见的形体概念。是故"民无能名曰神",而"照临四方曰明";"神明者,处于度之内而见于度之外者也";"神者,明之藏;明者,神之发"等。

第四,战国晚期以来,思想的发展均有两种方向:宏观总体化和微观究物的观察,"神明"观念也同时经过这两种变化。在宏观化的思想中,"神明"成为天地宇宙的榜样、至上的本体;而在微观化的思想中,"神明"成为各物的内外结构。换言之微观化的思想认为:"神"系各物无形状、奥祕不可测的内精,在各物的形体内所积累天的精气;"明"系各物实际明显可见的现象、形貌,容纳天精的地质的形体。不过,因为内与外是互为表里,不可单独存在,故可谓神以明生气,明以神造形,而二者之相辅系万物生机之本。这两种宏观与微观的"神明"观并不矛盾,这种情况与当时无所不及无所不包的"气"概念相似,气既被视为宇宙的要素亦是各物的要素,同理,神明同时成为宇宙的生机以及各物化生的原则;神明既在各物形体之外,亦在各物之内;神即为天亦为内心,明既为地亦为形体,是故,"天者神也,地者形也"。

第五,在前哲学时代,古人以"明"来表达出自地而升天之理想,但道家将"明"用以表达外形、明体之涵义,故"明"义已不具备地物升天的能力,由此之故,"明德"概念失去其本义,致使后人不明其义。

第六,既然神明既在内亦在外,故其既能隐藏精神,同时亦能作了解奥祕内精的依据,由此而产生"神明认知论"以及"神明"为至高智慧的概念。

总而言之,道家神明观的作用全面包含宇宙论、人生论和认知论。以此神明观为基础的哲学结构,并不仅仅限于道家思想,也深入影响到战国晚期两汉哲学发展。其中,荀子亦受到神明观的影响,包括黄老学派神明观在荀子思想中亦有很明显的作用;而且,荀子在此基础上进一步提出了一个全新的"心知道"神明观。

六、心知道：荀子神明观

（一）战国晚期神明观大脉络中荀子神明观的共同性与独特性

　　荀子观点皆可清楚地纳入哲学结构中，其表达方法也一贯清楚。这当然是荀子哲学的优势，但这一优势同时也会造成人们对其观点的误解。换言之，荀子清楚的表达方式，通常让不同时代的人们感觉到，好像他的理论从字面已可理解，但并不包含任何内在性及价值根源性概念。然而，仅仅从字面来诠释，实际上会将荀子的思想简单化。

　　笔者的能力并不足以参与对荀子哲学的争议，本文只是想从思想史研究的立场，着重于对其思想范畴进行溯源，藉以避免从现代字义、辞义对古代典籍之误读。其实，如果现代人用现代习惯的字汇意义阅读古书，从而以为古书文义无疑问，这并不能说明对此古书之文义已经完全掌握。古人所用字汇往往牵涉着当时的特殊用意、概念，以及文化背景。因此，对于古代思想典籍所用的概念范畴，不能仅以现代观念来探讨，既要考证其时字词的用意，亦须考虑其时的文化背景。

　　对荀子采用"神明"的问题作一番考察，可作此一方面的代表性例子。在荀学研究中，"神明"一般被理解为精神或心思。笔者无意表达对此说之赞同或否定，重点是想指出，此类说法并不是严谨考证的结果，而是从后人的角度所作之解释。换言之，这是"思想"而不是"思想史"的解释方法，而荀子毕竟是历史人物，他的思想必然与战国晚期历史与思想背景密不可分。

　　在荀子思想中，神明是颇为慎重的范畴。《荀子·强国》曰："百姓贵之如帝，高之如天，亲之如父母，畏之如神明。"[1]有关"畏"字的意思，《论语·子罕》："后生可畏，焉知来者之不如今也。"《礼记·曲礼上》："贤者狎而敬之，畏而爱之。"郑玄

---

① （战国赵）荀况撰，（清）王先谦集解：《荀子集解》，页194。

注:"心服曰畏。"①所以"畏之如神明"之句的意思是,慎重如慎重神明、心服如心服神明、遵从如遵从神明,神明是无疑必须心服和遵从的。

仔细阅读《荀子》使用"神明"的文例足以理解,荀子的"神明"不可仅仅视为精神或心思概念,而确实含有更深入的观念。从这些文例读出三层涵义。其一,荀子的"神明"与天地关系密切,若能通于神明,则能合于天地,这与各家神明观的用法一致。其二,荀子的"神明"概念与"并一而不二"的概念也关系密切,若"并一而不二",则能"通于神明,参于天地",所以荀子的神明与道家"得一"概念颇为接近。纵使不能将荀子思想视为道家思想,但他部分思想深受道家影响,包括遵从道家黄老学派的"神明"观。其三,荀子的"神明"与"心"概念关系密切;荀子主张,心有"所谓壹",且为"神明之主";若"专心一志",则"通于神明,参于天地矣。"此乃荀子神明观的独特意义,荀子将道家的"神明"观用于儒家思想脉络中,并借鉴道家认识论方法,而将"神明"知"道"的功能囊橐于人心。这三项荀子的神明观,笔者拟在下文中加以讨论。

(二) 通于神明,参于天地

荀子循着思想大脉络将"神明"联系于"天地"应无疑问。从整个先秦思想的脉络来说,"通于神明,参于天地"不仅是荀子的观点,亦是先秦两汉普遍的思想模式。换言之,荀子的"神明"与"天地"的连接足以肯定,他的"神明"源自整个先秦"神明"观。

笔者认为,对于先秦"神明"本义之考证,可以间接地帮助我们得出这样的认识,即荀子的思想并非单纯人文思想,而是包含着宇宙观。《荀子·王制》有言:"水火有气而无生,草木有生而无知,禽兽有知而无义,人有气、有生、有知,亦且有义,故最为天下贵也。"②此处"最为天下贵"的人,并不是一个与天地毫无连接的主体,而就是自然天地与万物之化生。《荀子·性恶》另言:"今使涂之人伏术为学,专心一志,思索孰察,加日县久,积善而不息,则通于神明,参于天地矣。故圣人者,人之所积而致矣。"③在此荀子阐明,"人之所积而致"即是圣人"参于天地"的能力

---

① (魏)何晏等注,(宋)邢昺疏:《论语注疏》,页208。(汉)郑玄注,(唐)孔颖达疏:《礼记注疏》,页28。

② (战国赵)荀况撰,(清)王先谦集解:《荀子集解》,页104。

③ (战国赵)荀况撰,(清)王先谦集解:《荀子集解》,页296。

（"参,合也"①）。

刘又铭先生曾反驳台湾学术界的习惯理解说："荀子哲学中的天人关系,绝不是"天人相分"就可以简单概括的。儒家哲学中如果真的有完全的、积极的'天人相分'一系的话,整个中国哲学史的具体内涵,整个中国文化的走向和生态,恐怕都要不一样了。当代许多学者都将'天人合一'当作中国哲学、中国文化的基调,这就说明了儒家荀学一系的天人关系论从来就不是'天人相分'。"②荀子当然不会认为,人是与天无关的,他只是认为人事成败的责任不必归于天,此种观点也是孔子的观点。

不过依笔者浅见,荀子观点中,"天人合一"的一面,更准确地说,应该是"人参于天地",此即"三才"、"天地人相合"的宇宙观。根据"三才"宇宙观,人在天地间占居中位,由此可以呈现天地之合,而为微观宇宙。虽然荀子不多论及天地宇宙,但是他的人文思想离不开宇宙观。

《荀子·王制》曰："圣王之用也：上察于天,下错于地,塞备天地之间,加施万物之上,微而明,短而长,狭而广,神明博大以至约。故曰：一与一是为人者,谓之圣人。"唐代杨倞注："一与一动皆一也,是此也,以此为人者,则谓圣人也。"清代王先谦案："与读为举,上言以一行万物,是上之一也,丧祭朝聘师旅者事,皆所以一民,是下之一也,以上之一举下之一,故约一举一。"③这段文字很明显表达了荀子的"三才"观：首先,离不开天地宏观宇宙；第二,各种相对相反两端的相配、极致而相约的功能,是神明的功能；第三,通过神明上者与下者即一举一,相合而得一；第四,圣王的表现乃上下相举得一在人,采用天地通过神明得一的理想,转义而讨论圣王在社会里的中位。

（三）"并一而不二"

一举一,相合而得一,是荀子神明观的核心观点。《荀子·儒效》曰："并一而不二,则通于神明,参于天地矣。"④"神明"之本旨系天地合德状态,天地神明合德,由此能构成庄子的"神明为一"、鹖冠子的"神明之极,天地人事三者复一"、荀子的

---

① （战国赵）荀况撰,熊公哲注译：《荀子今注今译》,页140。

② 刘又铭：《荀子的哲学典范及其在后代的变迁转移》,云林科技大学汉学资料整理研究所编：《汉学研究集刊》第3期（2006年12月）,页33—54。

③ （战国赵）荀况撰,（清）王先谦集解：《荀子集解》,页105—106。

④ （战国赵）荀况撰,（清）王先谦集解：《荀子集解》,页91。

"并一而不二"的神明理想。此理想从"天降神,地出明"的本义已走了较长的抽象化路线,成为"四通并流,无所不及,上际于天,下蟠于地,化育万物"的"神明",所有的"神气"和"明形"联合为"一"体,而成为"死生之一条"。

"神明"与"天地"概念之连接,乃源自上古信仰而成为各家思想的关键所在;至于"神明"与"一"概念之连接,乃是道家所衍生的论点,更具体而言,是黄老学派思想的关键所在。于是笔者以为,荀子采用"神明"与"一"概念之连接,应是受到了黄老学派的影响。

但是荀子与黄老学派,虽然采用同样的思想范畴和观念,讨论的范围和目的却有差异。黄老的神明观着重于认知"道"的崇高目的,而荀子讨论君子之道、修育圣心的社会理想。如《荀子·劝学》曰:"积土成山,风雨兴焉;积水成渊,蛟龙生焉;积善成德,而神明自得,圣心备焉。……故君子结于一也。"①用神明的规律讨论君子之道,在于结于一而不二,同时圣心备用于容纳神明。荀子的神明观,奠基于当时天地观,循着黄老神明为一的定义,并离不开荀子本身讨论的核心命题:圣心和人心、"君子养心"以及"人心知道"的认知论。

(四)"心者,形之君也,而神明之主也"

《荀子·解蔽》曰:

> 人何以知道? 曰:心。心何以知? 曰:虚壹而静。心未尝不藏也,然而有所谓虚;心未尝不两也,然而有所谓壹;心未尝不动也,然而有所谓静。人生而有知,知而有志;志也者,藏也;然而有所谓虚;不以所已藏害所将受谓之虚。心生而有知,知而有异;异也者,同时兼知之;同时兼知之,两也;然而有所谓一;不以夫一害此一谓之壹。心卧则梦,偷则自行,使之则谋;故心未尝不动也;然而有所谓静;不以梦剧乱知谓之静。未得道而求道者,谓之虚壹而静。……心者,形之君也,而神明之主也,出令而无所受令。……类不可两也,故知者择一而壹焉②。

熊公哲先生解释:"心,是形体所奉以为出令之君,而亦神明智慧之主宰也。"③将

---

① (战国赵)荀况撰,(清)王先谦集解:《荀子集解》,页4。

② (战国赵)荀况撰,(清)王先谦集解:《荀子集解》,页163—166。

③ (战国赵)荀况撰,熊公哲注译:《荀子今注今译》,页438。

"神明"视为"智慧"概念显然无误。《荀子·议兵》亦言："谨行此六术、五权、三至，而处之以恭敬无圹，夫是之谓天下之将，则通于神明矣。"杨倞注："天下莫及之将。"①神明也是智慧理想。《淮南子·兵略》用"玄明"一词作"神明"的同义词，一样表达军事中至上的智慧："与玄明通，莫知其门。"②但为什么"神明"能用以表达崇高智慧，如果没有前面的论述就难以理解。神明为宇宙生机之本，因此通于神明就可以掌握宇宙与人生之崇高智慧，创造宇宙万物化生之准则，同时也就了解了宇宙万事的方法。此观念为战国晚期易学、道家思想所有，荀子也遵从此观念并将神明囊橐于人心。

在这一思路的发展之下，便形成"神明在人中"的概念，西汉时期用以表达崇高"智慧"的理想，包括黄老学派亦发展此概念，如《老子指归·生也柔弱》言："夫神明之在人也，得其所则不可去，失其所则不可存，威力所不能制，而智慧所不能然。"③然而，笔者以为，荀子的"神明"尚不足以解释为达到无所不及的"智慧"程度。荀子"心"之虚、壹、静，可以体现神明，善于积累"道"，于是可作为认知"道"的依据。这更接近于《黄帝四经》的论述。

若将《荀子·解蔽》与《黄帝四经·经法·名理》比较，我们可以发现以下相似之处：

1. 黄老派的"神明"内静，因此在外可动，但却不化；荀子的"心"也有内静，因此虽有心动，但还以心动不乱化。

2. 黄老派的"神明"系"见知之稽也"，即认知"道"的依据；荀子的"心"亦可让人知"道"，亦堪谓人知"道"的依据。

3. 黄老派的"神明"直接源自"道"，因此近于道生一之"一"的状态；荀子的"心"也是"一"的状态。此外，《荀子·正名》又云："心者，象道也。"也就是说，心效法"道"，此种观点也与黄老派的"神明"相近，"心"与"神明"同样是由"道"的本质存在的范畴，与"道"密切联系。只不过荀子补充说："心也者，道之工宰也。"杨倞注："工能成物，宰能主物，心之于道亦然也。"④就是说，"心"效法"道"之后，本身获得工宰"道"的能力。换言之，"心"一边源自"道"，一边能够主动修正其道，由

①　（战国赵）荀况撰，（清）王先谦集解：《荀子集解》，页184。

②　（汉）刘安编，何宁撰：《淮南子集释》，页1087。

③　（汉）严遵著，王德友点校：《老子指归》，页110。

④　（战国赵）荀况撰，（清）王先谦集解：《荀子集解》，页281。

此"心"与"道"有互补的关系。

换言之，在神明观的演变历史中，荀子应赞同与他同时代的《黄帝四经》的观点①，将"神明"看作"一者"，而将"道"视为神明之"母"。只不过，与《黄帝四经》不同，荀子将"神明"之"一"囊括于人心。

荀子神明观，一方面言："通于神明，参于天地矣"，将"神明"依然用于宏观宇宙的天地范畴；另一方面也称："心者，形之君也，而神明之主也"，将"神明"用于微观宇宙的"人"的范畴，且囊橐于人心。不过，荀子并未论及养生生机概念，其"心"显然不是肉体的器官，而是人之意识与道德概念，这应是毋庸置疑的。荀子提及心为"神明之主"是在讨论"人知道"的问题。"人何以知道？"就是因为人有"心"。换句话说，在荀子的认识论中，心被视为唯一的工具。既然人有"心"，于是人能知"道"。

《荀子·解蔽》设问："心何以知？"在此问题上，荀子强调"虚"、"壹"、"静"三种心的特质。其中"壹"概念正好与荀子"神明"概念有连接。关于"神明"概念，荀子言："神明自得，圣心备焉。……故君子结于一也"；"并一而不二，则通于神明"；"神明博大以至约。故曰：一与一是为人者，谓之圣人"；"专心一志……则通于神明"。关于"心"概念，荀子说："心未尝不两也，然而有所谓壹。……心生而有知，知而有异；异也者，同时兼知之；同时兼知之，两也；然而有所谓一；不以夫一害此一谓之壹……类不可两也，故知者择一而壹焉。"两种表达基本一致，荀子的"神明"和"心"概念，二者同样与"壹"概念有关系。一方面强调心系人之"壹"；另一方面表达心与神明之相关性。换言之，"心"的本质牵连到道所生的"一"，故能被作为了解"道"的依据、认知"道"的方法及主体。因人有心，故其始终有见知"道"的可能性；若排除杂念与集中于心，则能知"道"。

虽然在哲学思想中，"心"与"神明"之连接是由荀子首先所提出的概念，但是在战国晚期道家思想中，均认为"神明"是由"道"所生的范畴，荀子将"心"也解释为"道"所生的范畴，二者都近于"道生一"的"一"概念。是故，在荀子思想中，"心"与"神明"概念的连接并非凭空而来，而是具有深刻的思想来源。荀子的"神明"是黄老学派所推崇的认知"道"的依据。荀子就是在此基础上，进一步发展了

---

① 关于《黄帝四经》的断代，学术界看法均一致，认为其与《荀子》成书的年代基本相近。如见陈鼓应注译：《黄帝四经今注今译》，页29。

"心"的概念。何以"神明"或"心"能知"道"？此即由于"神明"或"心"概念都近于由"道"所生的"壹"概念。

（五）总结

荀子的"神明"观念，保留了天地观的出发点，但同时集中于微观宇宙——"人"的核心概念。换言之，荀子继承先秦各家所有的天地神明观念，并提出神明的生机在人中的观点，认为人中的神明藏在人的"心"中。同时，荀子对"神明"的定义近于黄老学派既将"神明"视为"道"的唯一产物，又看作知"道"的唯一依据。可是黄老学派以神明论及天地观，而荀子藉此来探讨儒家的"君子养心"之议题，认为"神明"和"一"概念都结合于人的"心"概念，由此创立以"心"知"道"的认识论。在荀子的观点中，"心"有"道生一"中"一"的本质，于是为"神明之主"，而善于容纳、表达以及修正"道"。人有心，由此能在身中积累神明，而能有认知"道"的本能。神明之心，既能隐秘地容纳"道"，亦能诚心地发挥"道"；既为"道"的产物，亦为知"道"之依据。是故，心乃"神明之主"，"专心一志"有非常关键的教化作用。

对于"神明"本义之考证，间接地帮助我们认同，荀子的思想并非单纯的人文思想，而包含着宇宙观。虽然荀子不多论及天地宇宙，但他的人文思想实际上离不开宇宙观，只是将"人"看作微观宇宙。正因为"人"系微观宇宙，则人心系"神明之主"。如果我们站在现代人的立场，忽略战国晚期"神明"概念所蕴含的宇宙观，则根本无法理解荀子对"心"的定义中实际具有的深刻内涵。

荀子的神明观，被宋明理学所继承。在历代演变之下，"心"为神明之定义，成为宋代理学思想中对人心的定语。例如朱熹注"孟子曰：'尽其心者，知其性也。'云：'心者，人之神明。'"朱熹在《朱子语类·性理二》亦言："乃心之神明升降之舍。"王阳明在《传习录》第九十五条亦言："心之神明，原是如此。"[1]后人常将"神明"解释为"精神"概念，与其原始的意思是有出入的。

至于"神明"与"天地"之连结，乃先秦时期的核心观点，这一观点被荀子所吸收。然而，东汉以后不再见到"神明"以其本义来用，以致神明作为天地媒介的观

---

① （宋）朱熹撰：《四书章句集注》，页349。

念,在西汉以后完全被忘记,后人甚至意识不到,"神明"原本是一个由两个复合词组成表达两极相对相辅的概念。

至于"神明"在人的观点,除荀子之外,养生学派也将"心"视为"神明出"的器官,然而养生学派的观点是在表达"神明"是人中的"生机",而荀子藉此"神明"观,来探讨认识论的伦理问题。虽然意思不同,但养生学和荀子思想都强调:"神明在人",由此而形成神明人格化的思想趋势。

七、神明人格化:从哲学到信仰

(一)养生学的"生机"概念

先秦思想中不仅是荀子讨论"神明"与"心"的关系,这同时也是古代养生学的重点。既然"神明"系生机概念,养生学也采用此概念,但同时养生学的重点是人生,所以借用宇宙生机概念来讨论人生的生机。养生学认为,人生的生机就在人的心里,故《黄帝内经·素问·灵兰祕典论》云:"心者,君主之官也,神明出焉。"[1]中国传统"人"的概念中,人本身既有天也有地,被视为"微观宇宙",此观念应该源自战国晚期,以前文所讨论荀子思想为其代表;同时,养生学把人的身体和生命规律,皆与天地的结构相比[2],即藉由"微观宇宙"的思维方式,来研究人的生理;并且将具体人生的生机囊橐于人心。《黄帝内经·素问·痿论》另言:"心主身之血脉。"[3]古代医学便将心脏视为生机所出的内脏,即是因为传统医学以血脉法为主,而心脏自然是血脉之主。

《黄帝内经》和《荀子》从不同的角度同样将"神明"理念容纳于人心,这样先秦

---

[1] (清)张隐庵:《黄帝内经素问集注》,页84。

[2] 关于《黄帝内经》成书年代,学界有不同看法,但马王堆出土之养生学文献以及其中"神明"之用义,启发了我们对战国末期"神明"概念的理解,当时"神明"已指人身的生机。依笔者浅见,《黄帝内经》的养生学理论基本上奠基于先秦。

[3] (清)张隐庵:《黄帝内经素问集注》,页386。

认知学和养生学,从不同的角度与目标出发,同样地将人中的"壹"定为"神明"。其中养生学强调人的"生机"概念、血脉之主,而荀子则强调人心了解与发挥"道"的能力。思想重点和目的不同,但采用的概念是一致的。

(二)"神明之在人"概念的发展

战国晚期以来,人的本质已成为哲学核心论题,当时整个文化越来越关注个体人生的问题、人性和人的价值;战国晚期两汉儒家、道家从不同的角度,都开始发展人道学的思想,并且"微观宇宙论"亦成为各家核心之观点。此一思想的发展,自然将天地神明联系到人生神明。天地大身中的神明负责宏观宇宙所有的关联,以坚固其生机;人身中的神明同样负责微观宇宙所有的关联,以坚固其生机。在当时天地与人生相关联的思想脉络下,自然引起各家借用神明观念来探讨人的本质,由此而产生神明人格化的概念。

在人道的讨论中,神明之人格化可能源自荀子人心知"道"的理论。在此基础上,西汉儒家董仲舒进而发展出宏观与微观宇宙的关联性。《春秋繁露·郊语》曰:"天地神明之心,与人事成败之真。"无论是人身或天地,"神明"概念皆被固定定义为"心",从天地到人事,皆由神明节制。《春秋繁露·重政》另曰:"人始生有大命,是其体也;有变命存其间者,其政也。政不齐,则人有忿怒之志,若将施危难之中,而时有随遭者,神明之所接,绝续之符也。"在此,董仲舒表达,将每一个人的生活由宇宙神明之接来节律,这种对神明的描述,显示西汉思想中,已有将宏观与微观宇宙相结合的概念①。

西汉道家思想,亦有神明囊橐于人的观念,故《老子指归·生也柔弱》曰:"夫神明之在人也。"②实际上将神明视为人的生机,以及神明为人的崇高智慧,将两个重点论述的角度联合为一个概念。此一"神明在人"的概念,战国末期才形成,进而影响了两汉人格化的神明观。

在此观念发展下,东汉王充将"神"与"明"又重新定义,前者为天地的精气,后者为天地之间的形体,故已不再牵涉到天地之交,而仅表达人在天地之间的本质。

---

① （清）苏舆著:《春秋繁露义证》,北京:中华书局,1992年,页397、149。

② （汉）严遵著,王德友点校:《老子指归》,页110。

故《论衡·卜筮》云："人怀天地之气。天地之气,在形体之中,神明是矣。"①此句清楚地表达了此一新的概念。

不过这种神明为人的概念没有成为主流。可能是因为汉代以后,人们失去对"神明"本义的认识,因此不理解为什么含"神"用词指涉人而不带有崇高神祕意思。汉代以后,如果讨论神明在人的论题,基本上解释为"精神"概念。其实从汉代以来,最多看到"神明"被用来指圣人的崇高智慧,或者表达成仙永生的信仰。

(三)"神明"为"圣"的本质

"神明"为圣的本质来源的观点,乃起始于从战国晚期神明认知论。如在儒家文献中,《荀子·劝学》所言:"积善成德,而神明自得,圣心备焉。"《荀子·王制》:"圣王之用也:上察于天,下错于地,塞备天地之间,加施万物之上,微而明,短而长,狭而广,神明博大以至约。故曰:一与一是为人者,谓之圣人。"《荀子·性恶》:"积善而不息,则通于神明,参于天地矣。故圣人者,人之所积而致矣。"②这基本上是在表达,通于神明是人之崇高智慧,是人的"圣性"。虽然荀子"心知道"的理论,并没有特别指出只有圣心才能知道,反而讨论修心为人的目的,但与此同时已经将"神明"解释为圣的崇高智慧。

在道家文献中,《庄子·天下》曰:

> 古之人其备乎!配神明,醇天地,育万物,和天下,泽及百姓,明于本数,系于末度,六通四辟,小大精粗,其运无乎不在。……判天地之美,析万物之理,察古人之全,寡能备于天地之美,称神明之容。是故内圣外王之道③。

"内圣外王之道"离不开天地神明相配的理想,圣王位于中,故相配天地神明以育万物,这是超越凡性的圣人能力。圣人有怀抱神明知"道"的智能,同时也处于天地之间的中位,所以能体现天地神明之德。就是透过这样的逻辑,汉代以来的思想把"神明"位格化于崇高圣人的理想,"圣"被视为"神明之容"。

神明的"圣"位于天地之间、随从造化之道、善于积累天地之德,天地之间的中

---

① (汉)王充撰,黄晖校释,刘盼遂集解:《论衡校释附刘盼遂集解》,页1000。

② (战国赵)荀况撰,(清)王先谦集解:《荀子集解》,页4、105—106、296。

③ (战国宋)庄周著,(清)郭庆藩撰,王孝鱼点校:《庄子集释》,页1067—1069。

位是以神明之协龢为本。战国晚期荀子思想强调"圣道"乃"人道",但是庄子和汉代"圣"的概念,反而更强调超越凡性的圣性。《庄子·德充符》曰:"圣人也……死生亦大矣,而不得与之变。"《庄子·大宗师》用:"不死不生"的形象表达圣人之道,圣之中位在生死之间,故圣不受死生变化的影响,而能完整地体现天地造化过程①。《庄子》的"圣"乃不受生亡遭劫的世外理想,也就是体现于《庄子·齐物论》所表达的"物无成与毁,复通为一"②的理想。是故,圣的本质可称为"神明"。

易学思想也描述,圣人善于积累神明之德而遵循天地之道,如《系辞》:"圣人以此齐戒,以神明其德夫。"③因此,圣人怀有无所不及的通于神明的智慧。西汉焦赣在《焦氏易林·豫·豫之无妄》也言:"黄帝神明,八子圣聪。"④

神明为人的本质,或神明为超越凡性的圣人本质,这两种思想在两汉时期皆可见。西汉时期正处于两种观点并存阶段,如西汉严遵,一方面在《老子指归·生也柔弱》曰:"夫神明之在人也";另一方面在《老子指归·言甚易知》云:"夫圣人之言,宗于自然,祖于神明"⑤,表达圣人所言源自神明。《说苑·政理》亦言:"圣人可与辨神明。"⑥

直至东汉时期,神明为人的本质由前引王充《论衡·卜筮》所强调,但越来越普遍的看法是,神明为超越性圣人的本质,圣人逐渐开始被称为"神明者",以表达其理想性:既体现道,亦能合德而中立。汉代以后依然可见圣人与神明概念的连接,但其意思已模糊不清,变成一个习用的套语而已,如《朱子语类·论语十六·子疾病》:"孔子素行合于神明"⑦等。

神明之人格化的过程首先牵连到汉代"人性"理想,古人企望将天地和德、阴阳未分、生机长久等理想都归纳于"人",但因为这种理想实在极高,逐渐形成超越凡性的理想人物的信仰。此信仰或者否定凡人的能力,而强调与凡人不同性的"圣

① （战国宋）庄周著,（清）郭庆藩撰,王孝鱼点校:《庄子集释》,页 188—189、252。

② （战国宋）庄周著,（清）郭庆藩撰,王孝鱼点校:《庄子集释》,页 70。

③ 邓球柏:《帛书周易校释（增订本）》,页 419。通行本文义也相同,见（魏）王弼、（晋）韩康伯注,（唐）孔颖达等正义:《周易正义》,页 590。

④ （汉）焦延寿撰,徐传武、胡真校点集注:《易林汇校集注》,上海:上海古籍出版社,2012 年,页 626。

⑤ （汉）严遵著:《道德真经指归》,《续修四库全书·子部·道家类》,上海:上海古籍出版社,1995—2002 年,页 141 下、131 下。

⑥ （汉）刘向著,卢元骏、陈贻钰注译:《说苑今注今译》,台北:台湾商务印书馆,1988 年,页 194。

⑦ （宋）朱熹撰,（宋）黎靖德编,王星贤点校:《朱子语类》,北京:中华书局,2007 年,页 903。

人",讨论超越性的"圣道"与俗性"人道"的差异;或者提出"修身"的方法,追求达成阴阳未分、死生一体、生机不断的原始状态。前者乃汉代以来正统儒家"圣人"的理想,而后者乃养生学和道教"成仙"的信仰。

(四)"神明而寿":成仙的方法

天地之神明相配上下、内外关联;人身之神明同样相配上下、内外关联。但是,人之生命短小,而天地神明之生机长久。因此古人提出了,位在天地之间的人,也能体现天长地久之神明生机,以获得天长地久的寿命。在养生学中,"神明"指人中的"常身"之本,为了培养常身,养生学又取象于自然神明,追求在人身中体现天地之交。

1. 阴阳合乃生神明

古代养生学倚赖自然神明阴阳未分状态的做法愈发明了:以合阴阳之法可以回到原始的神明状态。《黄帝内经》有数次解释阴阳聚集于神明,倚靠阴阳之上下流动,天地归顺神明之原则。如《黄帝内经·素问·阴阳应象大论》云:"黄帝曰:'阴阳者天地之道也,万物之纲纪也,变化之父母,生杀之本始,神明之府也。'……岐伯曰:'……清阳上天,浊阴归地,是故天地之动静,神明为之纲纪。'"《黄帝内经·素问·天元纪大论》也云:"夫五运阴阳者,天地之道也,万物之纲纪,变化之父母,生杀之本始,神明之府也,可不通乎。"[1]

养生之道的理论强调:人以合阴阳于神明之生机归于圣王之寿命。对此《黄帝内经·素问·移精变气论》曰:"夫色之变化以应四时之脉,此上帝之所贵,以合于神明也。所以远死而近生,生道以长,命曰圣王。"张隐庵注云:"此复言阴阳色脉之相合也……以合于神明,所以远死而近生,生到以长,是谓圣王。圣王者,上古之圣,能修齐养生之道,而亦归于真人。"[2]真人者,这即《庄子·田子方》所定义:

> 仲尼闻之曰:"古之真人,知者不得说,美人不得滥,盗人不得劫,伏戏、黄帝不得友。死生亦大矣,而无变乎己,况爵禄乎!若然者,其神经乎大山而无介,入乎渊泉而不濡,处卑细而不惫,充满天地,既以与人,己愈有。"[3]

---

[1] （清）张隐庵:《黄帝内经素问集注》,页41—42、62。

[2] （清）张隐庵:《黄帝内经素问集注》,页123。

[3] （战国宋）庄周著,（清）郭庆藩撰,王孝鱼点校:《庄子集释》,页727。

充满天地者,换句话说,可谓之神明者,体现、容纳天地长久的生机。

如何在身中合阴阳而归于神明生机的状态? 养生学详细地解释人生合阴阳之法。既然阴阳既是日月,又是水火,又是雌雄,可以通过雌雄之合,在身内培养神明生机的赤子。这种信仰的滥觞应不晚于战国时期,表达养生学理论与实践是一套完整的神明观,从天地回归到人生。

马王堆出土的竹木简书详细介绍合阴阳之法,并强调其最终的目标乃"稽于神明"、"通神明"、"生神明"。如马王堆《天下至道谈》言:

> 一动,耳目聪明。再动,声音彰。三动,皮革光。四动,脊骨强。五动,尻髀壮。六动,水道行。七动,至坚以强。八动,志骄以扬。九动,顺彼天英。十动,生神明。

十次合阴阳而生神明生机。此外,马王堆《天下至道谈》更具体地解释,如何合阴阳才能生神明:"呜呼慎哉,神明之事,在于所闭。审操玉闭,神明将至。""玉闭"的意思是,在男女合阴阳时不允许射精。这种禁忌有思辨抽象的基础:即是合阴阳,使阴和阳的精华累积在一个人形体中①。

养生学提出了超越生死局限的假设:第一,既然神明是阴阳未分的状态,重新合阴阳可以回归到原始神明的生机;第二,既然阴阳是指不同两极的状态,雌雄之合与月日之合,都是阴阳之合的方法,前者可以通后者,所以男女之合亦能生神明;第三,如果阴阳之精华相合在女人的身体中,则有生机的启动而赤子出生,所以自然生育对上述假设已提供了若干证据;第四,在此基础上进一步假设,如何控制心生命的生机之出现,而改善自己的生机;第五,因此提出"玉闭"的方法,以此把阴阳之精华羁于自己的生机,从而在自己的身体中生育神明之赤子。

在此养生学理论中,男女阴阳相合被视为取法于日月。就是说,女人的阴气有夕月的性质,而男人的阳气体现昼日。因此男女合与日月同样能构成岁代永流,即是合成整体性的"神明"生机。由此可见,养生信仰与时间哲学的概念具有关联,尤其是战国晚期道家和荀子神明观具有互相传承的关系。

2. 保精于体中则神明而寿

马王堆《黄帝十问》言:

> 黄帝问于天师曰:"万物何得而行? 草木何得而长? 日月何得而明?"天师

---

① 马王堆汉墓帛书整理小组编:《马王堆汉墓帛书》,北京:文物出版社,1974 年,第四册,页 163。

> 曰:"尔察天地之情,阴阳为正,万物失之而不继,得之而赢。食阴□(拟)阳,
> 稽于神明。……此谓复奇之方,通于神明。"天师之食神气之道。

这段文字含有养生学神明观的三种涵义。第一是,万物、日月、人,天地之间一切,
都以阴阳合为生,宏观宇宙与微观宇宙的规律一致;第二,阴阳之合"稽于神明",
以恢复一体性的生机状态;第三,恢复神明的状态有两种方面:其一是合阴阳,其
二是神气累积在形体中。这是因为神明一方面是阴阳不分的状态,同时,从战国晚
期神明的新义是神气在明形中,是故,恢复神明的方法是人的形体"食神气之道"。

马王堆《黄帝十问》续释:

> 黄帝问于曹熬曰:"民何失而死? 何得而生?"曹熬答曰:"……长生之稽,
> 侦用玉闭,玉闭时辟,神明来积。积必见章,玉闭坚精,……形气相葆,故曰:
> 壹至勿泻,耳目聪明;再至勿泻,音气高扬;三至勿泻,皮革有光;四至勿泻,脊
> 胠不伤;五至勿泻,尻髀能壮;六至勿泻,百脉通行;七至勿泻,终身失殃;八至
> 勿泻,可以寿长;九至勿泻,通于神明。"曹熬之接阴治神气之道。

"接阴治神气之道"是指通达神明第二个阶段:实现合阴阳,而把自己阳的精华不
外泻,与阴接合,而治在自己的身体中,以逐步达到长寿而通神明之生机[1]。

马王堆《合阴阳》云:

> 十动:始十,次二十、三十、四十、五十、六十、七十、八十、九十、百,出入而
> 毋泻。一动毋泻,耳目聪明,再而音声彰,三而皮革光,四而脊胁强,五而尻髀
> 壮,六而水道行,七而至坚以强,八而腠理光,九而通神明,十而为身常,此谓
> 十动。

可见大同小异。马王堆《合阴阳》继续解释到达神明状态的指标:

> 十已之征:一已,而清凉出。再已,而臭如燔骨。三已,而燥。四已,而
> 膏。五已,而芗。六已,而滑。七已,而迟。八已,而脂。九已,而胶。十已,而
> 胰。胰已复滑,清凉复出,是谓大卒。大卒之征,鼻汗,唇白,手足皆作,尻不傅
> 席,起而去,成死为薄。当此之时,中极气张,精神入藏,乃生神明。

"精神入藏"是指生机内心精气的要素已入其形体,由此结合而使形体亦得永生,
而神明生[2]。此所生的神明仍是宇宙生机,但在养生理想中,其藏于人体中,使人

---

[1]　马王堆汉墓帛书整理小组编:《马王堆汉墓帛书》,第四册,页145。

[2]　马王堆汉墓帛书整理小组编:《马王堆汉墓帛书》,第四册,页146。

身恒常化。

这种"食气之道"在其他非养生学的文献也留下遗迹,如《淮南子·坠形》、《大戴礼记·易本命》、《孔子家语·执辔》都记载:"食气者神明而寿;不食者不死而神。"①可见于西汉信仰中,"神者"与"神明者"是不同的本质:"神"是指无形体的神灵;而"神明"既有神气亦有明形,所以神明者食气,累积气在身体五脏中,全身怀包气,以长寿成仙。所以成仙可不是成神的意思,在战国两汉信仰中,两者明显有区分。

对此梁陶弘景在《养性延命录·教诫》中加以解释:

> 神明而寿,仙人、灵龟是也。不食者不死而神,直任喘息而无思虑。

神无体,不死不生,故不食,而不能经过造化之过程;而神明之寿者,体形天地之气互动旋流,以其自然随从天地造化之道,而保持永久的生机。神就是散无的精气,但人能够把神气保固于明形,以其体形神明之生机而获得与天地同长的寿命。故《养性延命录·服气疗病》另言:"神者,精也。保精则神明,神明则长生。"②

养生学提出以合阴阳于身体可以归于阴阳未分的神明状态,且由于神精保固于形体,则能达成天地同长的寿命、体形永久的生机。在历代演化之下,此一信仰成为道教仙人理想,认为既然仙人体现永久生机,则其神明而寿。

3. 神明台:汉帝国永生的生机

神明观从自然天地推到社会与国家,从天地到人生,又从人生推到国家之永恒生机的目标。在汉武帝的皇宫中,最高的建筑谓"神明台",在其顶上有承露盘,象征铜仙人舒掌,捧铜盘玉杯,以承天露。东汉班固《西都赋》曰:"神明郁其特起,遂偃蹇而上跻。"李善注云:"《汉书》曰'孝武立神明台。'"张衡《西京赋》亦言:"神明崛其特起……立修茎之仙掌,承云表之清露。屑琼蕊以朝飱,必性命之可度。"李善注云:"《汉书》曰:'孝武作柏梁、铜柱、承露仙人掌之属。'《三辅故事》曰:'武帝作铜露盘,承天露,和玉屑饮之,欲以求仙。'《楚辞》曰:'屑琼蕊以为粮。'"《三辅黄图·建章宫·神明台》亦曰:"神明台,武帝造,祭仙人处。上有承露盘。有铜仙人,舒掌捧铜盘玉杯,以承云表之露,以露和玉屑服之,以求仙道。"③

---

① (汉)刘安编,何宁撰:《淮南子集释》,页345。(汉)戴德撰,(清)王聘珍解诂:《大戴礼记解诂》,页259。杨朝明主编:《孔子家语通解——附出土资料与相关研究》,台北:万卷楼图书,2005年,页309。

② (南朝梁)陶弘景撰:《养性延命录》,《续修四库全书·子部·宗教类·1292》,上海:上海古籍出版社,1997年,页301上、309下。

③ (梁)萧统编,(唐)李善注:《文选》,页16—17、57、60。(汉)张衡著,张震泽校注:《张衡诗文集校注》,页39—41、45—47。何清谷校注:《三辅黄图校注》,西安:三秦出版社,1995年,页170。

　　已有数件此类玉杯传世或从汉代陵墓中出土,都表达"神明"永久生机的理想,"神明"之道为成仙的信仰(图三〇五)。长安皇宫神明台,既表达武帝本身求神明不死之方的信仰,亦象征帝国遵从神明之道,天地相配,上通天下达地以合,而掌握永恒的神明之生机,天地之合的中央就在此神明台上。

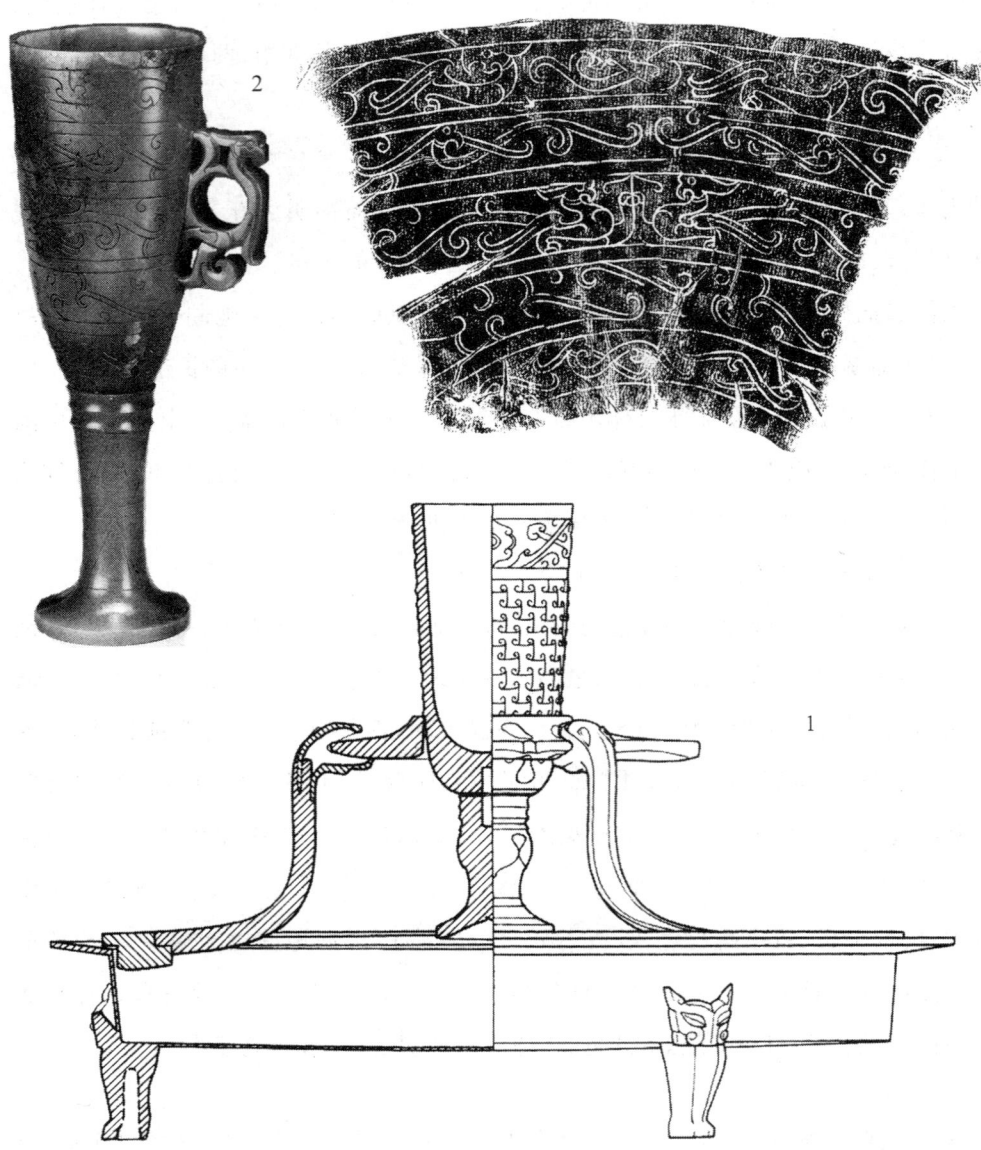

图三〇五　西汉承露盘玉杯:1. 南越王墓出土;2. 震旦艺术博物馆收藏。

（五）总结

人格神明的发展，是从人道观念，将人视为微观宇宙，认为人作为微观宇宙能掌握对天地规律的理解。从这一套如人道主义般的对凡人能力的认同，逐步发展到超越性人的理想。所以到了东汉时期，似乎只有王充才继续保留"人"为神明的观点，而整个社会思想的发展已走向神祕化的路途。其中部分思想家强调，神明为天智能，由圣人掌握，这种思路在汉代儒家、易学传统中皆较为普遍。圣人与凡人不同道，在"圣人"的理想驱使下将传说历史进行神话化及信仰化改造，宣称远古是英雄超人的时代。

另一部分思想家则从神明观中发展出成仙的理想。仙人永寿，在他的身体中能够容纳天地之德的生机，在其身中相合阴阳而得一，善于保养精气在其形体中而得以永生。此种思路，从养生学发展到汉代成为黄老思想以及道教的混合信仰，这超越性理想的基础还是自然神明观，但已远离于其客观可见的自然之本义。正因为如此，后人完全失去对神明观念本义的理解，"神明"一词的用意完全改变，致使后人误读先秦文献。

八、结语

重读古代许多文献，可以发现"神明"概念皆涉及天地自然造化之过程，并不是作为某种祭祀对象而存在，也不表示神祇和鬼神的意义。战国时期"神明"是各家通用的普遍概念，表明其源远流长，滥觞于春秋战国人的共同历史背景，即商周文化观念。只是在汉代以降的造神运动中，"神明"一词才逐渐被赋予神圣、神仙的意义，并以此观念广泛解释先秦典籍，导致后人对先秦时期"神明"的意义已失去理解。

在后续的经学和现代思想史的研究中，两千年来多次诠释这些概念，但也只是从概念到概念，离不开纯理论的周圈。但所有的纯理论，都有具体的可以看得到、摸得到的根源。如果能够溯源探索到其根源，才可以真正了解理论所言。

神明信仰首先始于古人对自然界的认识、分析和总结规律，并依照其对规律的理解而建构一套信仰。这一信仰相当系统，既见于甲骨文的记载亦表现在礼器上。从甲骨文所载的一些祈卜礼仪，可以看出相配神明的神祕目的。在礼器上，除了普遍可见的神纹（如图二〇至六四：七三至七九；八一至九三；一一三；一二八至一五三；一五八至一六二；一六四至二〇七；二一一；二一二；二一六：5；二一七；二二〇至二二二；二二五至二三〇；二三二：3、4至二三四；三〇〇至三〇二；三一一至三一三等），同时亦通见明纹（图二九九至三〇二；一二九：1、2；二〇七：1—3；三一〇：3—6等），还可以见到神与明相配的构图（图一三四：1；三〇四：1）等。

在日积月累的观察经验的基础上，人们开始探讨天地及万物生长的规律，并在此自然信仰的沃土上，衍生出自然哲学思想的"神明观"。根据自然哲学的神明观，天降水性的神气，地升火性的明形，二者交通得一，而成为宇宙生机之本。此一思想的痕迹在《周易》、《礼记》、《鹖冠子》等文献皆可见，但最清楚地表达在郭店《太一》中。

根据《太一》的理论，神明指在岁代规律形成时天地尚未有夜昼的阶段。在此阶段，神为天的精华，包含尚未分形体的天象以及未分时段的天光；而明为地的精华，包含尚未分形体的日月之明亮始胎以及未分时段的地照。这些观念都源自商文明时代，在甲骨文和礼器上可见其痕迹，至战国文献中，观念趋于哲理化而构成完整的宇宙论。《太一》之"天地复相辅也，是以成神明"之句，特别清楚地阐明"神明"系天地相辅之产物，是自然时间週期的根源，是万物生活的唯一条件，故应谓之"生机"。故在宇宙创生当中，神明乃为一关键性的阶段。

《鹖冠子》则很清楚地阐明，何以上古信仰并不是寄命于天或寄命于地，而追求天地之合：水火的力量互不可缺，如果不合则容易造成灾害，以亡生。对养生万物而言，天地神明的相对意义在于水火的搭配。所以除了恒星与日月的相配而造成时间规律之外，神与明相合亦有颇为重要的物质表现：由天所降的是神水质，如果天的力量强，而地不足，霖霪暴洒容易造成水灾；由地所出的是明火质，如果地的力量强，而天不足，太阳干旱容易造成火灾。在这两种情况下，对生态均破坏厉害。正因为如此，上古信仰并不是寄命于天或寄命于地，而是追求天地之合，与其志同。前文所谈下上若实乃奠基于古人对自然的认识；前文所谈乾坤的关系亦如此，并更进一步思考上下水火关系的复杂性。所以，笔者认为，前述宇宙观皆以神明观为基础。

将神明理解为恒星和日月,或为神灵雨和日月,两者并不矛盾,因为在古代占星术里认为,恒星神光是管理雨露的神气。在大自然中,天发出恒星之神光和降甘露神水盈地,而地出日月明火并送其行走于天道,以造天地之交,相配天地之德,万物便由此化生。"神明"结合所表达的是天地合德状态,天地合德乃万物生机之本。

在此之外,战国时期思想家还注意到:自然"神"是不成形体的养万物之甘露、神灵雨,而自然"明"是形体明确的温暖万物之日火。因此,天的生物都是水性的精气,也就是所谓的"神";至于日月二明,则其皆有凝结的火性的形体。是故,"神明"的观念另含有精气与形体相合的意味,此即《鹖冠子》和其他一些文献所言"天者神也,地者形也"。

换言之,神明观念滥觞于商代宇宙观及系统化的信仰中。虽然商人尚未探讨神明思想之问题,但由天所赐的恒星神光、雷电神光及神响、霓虹之神彩、云雨之神恩,皆被视为天所降的"神"的要素;并认为自天所降的"神"与自地所升的"明"(即每天上升的太阳)相对。在自然世界中,神灵雨与明"日"的相配,乃天地之间万物化生之基础和必要的条件。在思想发展下,《太一》着重于讨论恒星与日月之相辅,以及月岁规律的形成,而《鹖冠子》特别强调神与明为天之雨水与地之日火的相配。

由于"神明"是天地的交通过程,于是"神明"被视为天地之间最重要的媒介、天地之间的气化主宰者,是万物之"生机";天地不交,则无生机;有神明之交,天地之间便有了生机,由此产生"神明"观念。

同时,商周人还认为,人生与社会皆取法于大自然,所以无论是在自然、人生或社会生活中,"神""明"是上下互不可缺的范畴。在此前景下,神明信仰从大自然扩展到社会,形成了礼制与孝道的神明信仰,并在礼仪中遵从和实施之。

从西周以来,礼制"神明"观取法于自然"神明"观,其目的是:社会学天地以保持象天地般永久的生机。礼制神明观强调配天地神明之德,以追求家族世世昌盛之生机,并从家族的生机,扩展到跨血缘关系的社会和国家。其后从战国到两汉儒家礼学,仍沿袭西周礼制而取象于天地,模仿天地"和德"的规范,追求天与天下的沟通,以保持国家的稳定和生机。

虽然战国以前的人不用神明范畴探讨社会的原则和哲学思想,但周时代宗庙之礼的理想,体自保持天地交通之目标,即所谓"配神明之德",保持子孙与列祖在天之灵相互沟通;祖先与子孙的关系,也如天地之神明关系一样,先祖之神灵降福于子孙,而子孙"治宗庙"、"秉(供)明德",以追孝于先祖。此一"礼"因为以宗庙为出发点,故其功能与"孝"的功能一致,人们秉执明德而孝于神。孝对于保持神明之德的"节事"、协龢具有关键作用,此即《孝经·感应》所曰:"孝悌之至,通于神明,光于四海,无所不通。"

礼制神明观包含两种颇为重要的概念:"明德"和"明器"。"明德"指通天之德,具有通天达神的能力。在西周铭文上"明德"的用义指在祭祀天上的文神人(祖先)时供献"明器";此处"明器"的本义与东汉的"明器"概念差异很大,是指备用于通天的祭祀之器,商周礼器上常见的明纹图,即是用来强调祭祀通天的目的。

按照周人观念,人能祈天求祐,虽然人的能力尚不足以掌握天意;但人有责任秉明德、供明器,藉此从人的立场促进上下互动。同时周王从其"中位"顾全,而既承担保证天上与天下沟通的责任,亦负责中央与四方分不开的关系。因此,周王需要联合全国以秉明德、供明器,通过宗庙之礼保持上下祖孙关系,同时需要取法于上编所讨论的"禘方之礼",从王的中位提供祭祀四方祖先的明器。

总之,在商周信仰系统中,自然神明与礼制神明观念同源,意义相同。古人从认识大自然,将"天降水质的神精"与"地出火质的明形"之间的关联,理解为天地万物之生机。古人依照此种天地所提供的榜样,来理解生存规律,并提出治理天下的理想。这一套商周观念系统,可称为"哲学之前的神明观"。商周祭祀礼仪的很多特点,均体自"相配天地之神明"这一目标。战国时期的哲学神明观,虽然历经变化且受到学派分歧的影响,但都也滥觞于这一套共同的信仰脉络中。

一切哲学概念,往往都有人们所观察过的现象和生活中所获得的经验作为基础。在上古认知宇宙的阶段中,人们依靠自己生活和观察的经验上,创造文化形象,一步一步构成完整的信仰和礼仪的结构。直至上古信仰没落时,信仰中的观念开始被讨论,人们开始用简略的概念来表达先前那些具体的形象,从而开启哲理化的时代。早期的思想家,对那些概念所赖以形成的背景和形象,尚有所了解和记忆,但在信仰观念被哲理化之后的时代,随着概念的抽象化程度越来越高,概念也越来越脱离其原始的形象。另一方面,随着社会生活、思想与文化的演变,思想家们讨论的内容和角度也发生变化,而使过去的概念常被赋予新的意义。

神明概念的演变史即呈现了上述图景。无论自然神明观还是礼制神明观,到了战国时期皆有所继承和发展。礼制神明观被儒家礼学传统所传承,而自然神明观最完整的继承者则是《易》和郭店道家。战国早期的道家接受上古自然神明观,而撰写出精彩的《太一》宇宙论。在后来道家分歧时,正统《五千言》中神明观已不被用;但与此同时,道家黄老学派对于上古自然神明观的扬弃与发展,尤其惹人注目。战国早中期道家的神明观,基本上还以自然宇宙观为主,但到了战国中晚期,很明显改变了自然神明观的本义,形成了"神明为一"的观念。此观念最先可能由黄老学派提出,但广泛影响到战国晚期不同学派的思想。所以,只有理解黄老神明观,才能厘清很多战国晚期思想家的讨论。

总体来说,到了战国晚期,随着思想的演变,道家神明观进一步抽象化,并在新历史环境里演化出几项新的趋势。第一,在道家发展过程中,"道"的概念逐渐成为唯一的讨论要点,对天地万物社会的讨论,都离不开"道",所以"神明"概念也更近乎与结合于"道",并强调"神明"源自"道",即是"道"所生的"一"概念。第二,"神明"既然脱离了其天地之交的本义,其意义的演变,变得趋向于抽象化,成为思想家寻找的无所不及无所不包的"本体"概念。神明既是天地之间的媒介,亦是天与地得一为一体性"天地"之榜样,故曾一度被选作至上的本体概念之一。第三,"神明"的"神"与"明"两个范畴的关系发生了变化:神之要素,虽仍相关于天界,但不再被视为位于自然世界之天上而降地,而更多用于指涉位于万物之内心;明的要素,虽然仍相关于地界,但不再被视位于自然世界的下地而升,而更多用于指涉位于万物之外状,强调明显可见的形体概念。第四,战国晚期以来,思想的发展均有两种方向:宏观总体化和微观各物的观察,"神明"观念也同时经过这两种变化。在宏观化的思想中,"神明"成为天地宇宙的榜样、至上的本体;而在微观化的思想中,"神明"成为各物的内外结构。不过,由于内与外互为表里,不可单独存在,故可谓神以明生气,明以神造型,二者相辅而为万物生机之本。第五,道家将"明"用于表达外形、明体的涵义,故"明"义已不是地的产物,不具备升天的能力,是故,"明德"概念失去其本义。第六,既然神明既在内又在外,故其既能隐藏精神,同时亦能作了解奥祕内精的依据。

总而言之,道家神明观的作用全面包含宇宙论、人生论和认知论。并且,以此神明观为基础的哲学结构,不仅限于道家思想,还深入影响到战国晚期至两汉的哲学发展。其中,荀子虽然创造自己独特的神明观,但在其思想中有受到包括黄老学派神明观影响的明显痕迹;在此基础上,荀子又进一步提出一个新的"心知道"的神明观。

荀子的神明观有三层涵义。其一,是与天地关系密切,若能通于神明,则能合于天地,这与各家神明观的出发点是一致的。其二,与道家"得一"概念颇为接近。纵使荀子思想不能视为道家思想,但他部分思想深受道家影响,包括遵从道家中晚期的"神明"观。其三,荀子的"神明"与"心"概念关系密切;荀子主张,心有"所谓壹",且为"神明之主";若"专心一志",则"通于神明,参于天地矣。"这是荀子神明观的独特意义,荀子将道家的"神明"观用于儒家思想脉络中,讨论君子修心的理想。而且,道家认识论方法由荀子借鉴探讨,而将"神明"知"道"的功能囊橐于人心。

可见从荀子以来出现了神明人格化的趋势。这种观点的源头,是从人道观念将人视为微观宇宙,认为人作为微观宇宙能掌握对天地规律的理解。在人道理论里,"神明在人"的概念并无超越性的意思,是指凡人的本质和能力。但在逐步的发展中,反而变演成超人理想:即所谓"圣人"或"仙人"。

东汉时期似乎只有王充还保留有"人"为神明的观点,但整个社会思想的发展已走向神祕化的路途。其中部分思想家强调,神明为天智能,由圣人所掌握,这种思路在汉代儒家、易学等传统中较为普遍。圣人与凡人不同道,其时将传说时代进行神话化及信仰化改造,宣称远古是圣人英雄的时代。

另一部分思想家则从神明发展出成仙的理想。仙人永寿,在他的身体中能够容纳天地之德的生机,他在身中相合阴阳而得一,他善于保养精气在形体中以壮成永生。此种思路,从养生学发展到汉代黄老思想以及道教的混合信仰,其基础还是自然神明观,但已远离于其客观可见的自然之本义。正因为如此,后人对神明的理解完全失去其原初本义,"神明"一词的用意完全改变,而导致后人对先秦文献的误解。神明观经过多元化与人格化的演变之后,古代神明观就此终结。

第四章　从上下到五方：礼仪的色谱与"五色"概念之形成

一、上下和中方：礼仪中颜色的作用

前文阐明商文化信仰中含有很多抽象的宇宙观以及相关信仰和仪式。其中，上下相配是很多仪式的神祕目的。同时，中与方的相配，也是商周很多礼仪活动的神祕目的。这些礼仪经常有两种层面。第一是祭祀自然的活动，第二是作为宗庙礼仪整合社会阶层和群体之间的关系。在前一个层面上人们祈祷天地之交而与其志同。在第二个层面上，社会中王侯等上位者对下位者的"赏赐"，具有天的"神德"意义，而下位者对祖先的奉享，乃是"明德"。自上往下赏赐，与自下往上奉享，乃共同组成"礼"的整体性。中华古文明的礼仪制度带有相当浓厚的信仰色彩，以"赐下"与"享上"为节律，追求达成天地、祖孙、君臣等一切上下关系的和谐，乃至于宇宙、家族、族团和国家的万年无疆。所以"赐"、"享"乃是彼此互补，共同构成"礼"的两个互不可缺之环节。并且"礼"的整体性包含上下以及中和四方的关系。因此从中央的位置禘祭边缘，负责各属地享上祖先，这样通过社会礼仪将上下中方合为一体。

前文也已论及甲骨文"下上若"、"呼神于明"、"方帝"、"禘方"等祈礼，依笔者浅见，某些祭法其实隐含上下中方之交的象征，其中古人特别留意祭品的颜色对祭礼目的之关键作用。传世文献中如《周礼·春官·大宗伯》记载有关于玉器颜色分类与祭祀的方向："以玉作六器，以礼天地四方，以苍璧礼天，以黄琮礼地,以青圭礼东方,以赤璋礼南方,以白琥礼西方,以玄璜礼北方。皆有牲币,各放其器之色。"①虽然《周礼》的这段文字只符合秦汉礼仪的结构,但其基础意义在于以色谱来作为空间和方位的象征。这种做法源远流长,滥觞于早期国家的时代,并在商文化中已明显可见。

　　由先秦文化中的"五色"概念观之,颜色在古代实具有浓厚的象征意义。商代文明,虽然还没有形成完整的"五色"概念结构,但甲骨文中已有用以表达颜色的字汇,并出现在祭祀词中。学者们大多同意,在此一时期的语言中,表示颜色的字汇皆与信仰祭祀有关,尤其是这些字汇均出现在选择牺牲的卜辞里,显然具有特定、神祕的象征意义。

　　如《屯南》2363 卜辞载:

　　　　丁丑卜:妣庚史,叀(惟)黑牛? 其用佳(唯)?

　　　　叀(惟)羍?

　　　　叀(惟)幽牛?

　　　　叀(惟)黄牛? 大吉。

"黑"、"羍"、"幽"、"黄",都是颜色的表达字,在祭祀先妣妣庚时,巫师针对四种牺牲的皮毛颜色进行卜问选择。《屯南》139 亦载:

　　　　庚子卜,祖辛岁□? 吉。不用。

　　　　叀(惟)羍?

　　　　叀(惟)幽?

　　　　叀(惟)勺(犁)牛?

岁祭时卜问牺牲的颜色,是否需要用羍、幽或犁色皮毛的牺牲。《合集》29511:"三牛? 幽牛? 叀(惟)勺(犁)〔牛〕?"也是类似选择牛牲皮毛颜色的记录。

　　在《礼记·祭义》中同样保留了这种注重牺牲皮毛颜色的传统,其谓:"古者,天子诸侯必有养兽之官,及岁时,斋戒沐浴而躬朝之。牺牷祭牲,必于是取之,敬之至也。君召牛,纳而视之,择其毛而卜之,吉,然后养之。"②金祥恒先生指出,殷墟卜辞中对牺牲皮毛颜色的占卜,正如《礼记·祭义》所载③。

---

① （汉）郑玄注,（唐）贾公彦疏:《周礼注疏》,页 734。

② （汉）郑玄注,（唐）孔颖达等正义:《礼记注疏》,页 2046。

③ 参见金祥恒:《释赤与幽》,《中国文字》,1962 年,第八册,第四篇。

　　在商代祭礼中,牺牲皮毛的颜色应含有固定的象征意义。汪涛先生认为,其"可能跟每种颜色的象征意义有关"①。在甲骨文中,这些表色字汇多用于形容牺牲的皮毛,甚少用作它意(如人名、地名等)。可知颜色对商时代人而言,不仅是视觉感的表达,同时也显示出某一种祭礼中的神祕象征系统。是故,若欲研究商代的颜色观念,势必要从祭礼与信仰探索着手。

　　不过,我们首先需要简单讨论人眼对光谱结构的观察,以及人类对颜色定义的若干原则,然后从这一大的脉络出发,进一步了解甲骨金文所载颜色的规律,以及传统思想中"五色"概念的形成过程。

二、光谱规律与五色结构的客观性及普遍性

　　由于视觉的关系,人类所见的每一种颜色都离不开光谱结构,也无法单独形成概念;因此,无论文化中有多少种颜色概念或语汇,人们对各种颜色的掌握,只能透过"互补色"间的彼此对比而同时被指称出来。所谓"不知黑,焉知白乎!"即是其理。由此缘故,若欲探讨商周时期表达颜色的字汇所指涉的颜色范围,以及了解相关意涵和象征意义,就必须先对商周人观念中的光谱结构有概略的了解。即需要从整体结构着手,方能进一步厘清某些颜色的独特意义以及相配颜色的象征所在。

　　据现代光学知识可知,天地间的缤纷颜色源于人类主观的视觉感,而非自然界中的客观存在。尽管如此,颜色仍为人类接收外在信息的关键所在。以生理学角度观之,古人的眼力与今人无异,均可察觉到微小的色调变化及差异,但语言词汇往往不足以表达、区别如此多样性的色彩。只有在文化长期的发展下,人们才慢慢累积不同颜色的概念,甚至将其中细微的变化开始看作是有意义的差别。一般在文化和语言的发展中,时间越早,可供表达颜色的词汇就越少。这说明早期人对万物的颜色关注不足,在远古文化中对颜色的定义没有很高的需求,尤其是色调细微

---

① 　参见汪涛:《甲骨文中的颜色词及其分类》,载《第二届国际中国古文字学术研讨会论文集》,香港:香港中文大学中国语言及文学系,1993年,页173—190。另见 Wang Tao. "Color Terms in Shang oracle-bone inscriptions". *Bulletin of SOAS*, 1996, pp.63–101.

的差异根本不被关注。

　　美国学者柏林(Brent Berlin)及克义(Paul Kay)分析不同语言中用来指称颜色的词汇,他们的研究成果显示:在语言的发展中,各文化对色光的分类都出现了相同的规律。在第一阶段的词汇中,仅有深色和浅色的相对分别而已。所有颜色均依其深浅被归为"黑/白"两类。第二阶段,从原来的"白"与"黑"中分出"赤"色,其范围可广泛地涵盖一切粉、褐、橘、绛、红、赤、朱、紫、棕等色彩,亦包括由绀青色调成的紫色及黄红色光。到了第三阶段,再从原来白、赤、黑三色范围中分出相对的"黄/青"色。此时的"黄"乃指一切深浅橘、棕、黄色调;"青"则指一切深浅蓝、绿、苍、碧等色调。当"黄/青"被分出后,赤色的范围就缩限到较接近今人所理解的赤红色,但仍涵盖粉、褐等色彩。直至第四阶段,蓝、绿两色才会从青色的范围里被分别出来。至于表达紫、灰、粉等色调的语汇,其形成时间则更为晚近。这种由广泛到狭义的发展规律,在各种语言的表色词汇中均有迹可循①。

　　学者们发现,这些表色词汇的发展与人类的视觉感有相当密切的关系。就第一阶段而言,"白"与"黑"的概念必然是并肩而出的,唯有"黑/白"相对,人类才能藉之比较、辨识出深、浅色光的范围。就第二阶段而言,赤色是光谱中暖色系的极端,在人的生活中,其既是血色亦是火色,其色素、光亮度、浓度均强,无论与黑色或白色作对比,皆能构成色光相对的视觉感;因此,赤色能够独立分出,与黑、白共同形成早期较为鲜明的颜色概念。在第三阶段出现的青与黄,犹如早出的"黑/白"色一样具有对比效果,是一组需要相互对照才能产生的色彩概念。是故,青色也必定会与黄色相偕而出,不可能出现用以表示黄色概念的词汇已单独形成,却迟迟没有青色的情况。

　　我们可以从前述的语言研究中发现,在前三个阶段,已有五种基本的色彩概念出现。而先秦文化中的"五色"概念,同样指涉黑、白、赤、青、黄这五种基本色光,与柏林、克义的前三个阶段五色光系统说法相吻合。可见,"五色"确是古人分类色彩的基础。也因为人类对颜色的认识是以五色为本,纵使后世已发展出许多足以更精准地表达、区别色彩间细致差异的词汇,但仍离不开由这五色组成的基

---

① Brent Berlin and Paul Kay. *Basic Color Terms: Their Universality and Evolution*. Berkley: University of California Press, 1969. 此处必须注意的是,这项研究乃通过语言学的方法来分析自然语言词汇的形成过程,而不是对文字的分析。文字本身只是语言表达的一部分而已,尤其是很多历史长久而丰富的语言并没有形成自己的文字。但透过这些自然语言的语音、词汇结构等,同样能够显示出语言发展的过程。

本结构。

　　由于颜色观念会藉由不断地发展而日益丰富,周人所认知的光谱结构当然也较商代复杂。然本文既以探源为目的,笔者仍将从商代入手,逐步推论在商周时期的颜色表达词的变化,及其象征意义的演变。

三、从光谱结构看殷商卜辞中的颜色

(一) 第一阶段：白与黑

1. 殷商祭礼用白色牺牲

　　学者们早已发现,在所有祭牲里,白色祭牲在卜辞中最为常见,在祭礼、信仰中也占有特别明显的优势。朱桢先生整理卜辞时,亦曾专以出现"白"字的文例探讨殷商"白"的概念,他发现："白牛,明显是专用作祭祀祖先(先公先王)的牲品。……白豕为牲,祭法有'侑'、'禦'等,祭祀对象为商王直系祖先。……白羝之为祭牲,祭法不明,祭祀对象为先王或先王配偶。……白羌所见两辞皆是祭祀祖先配偶。……综观卜辞中常见的祭牲材料……白牲所祭多为直系祖先及其配偶,虽然'白羊'可能是用于祈雨之牲,但白牲还未见用于其他自然神、天神等神祇。"[1]汪涛先生亦指出："这些白色的祭品都是用来奉献祖先。而且'白牛'一类的重祭似乎都用于祭祀王亥、上甲、夒等'高祖'。"[2]

　　由于传世文献中屡次强调"殷人尚白"的概念[3],许多学者也因此对这个问题多有论述,并得出"'殷人尚白'不是一句空泛虚语"[4]的看法。此说源于白色在甲

---

① 朱桢：《"殷人尚白"问题试证》,《殷都学刊》,1995 年第 1 期,页 6—16。

② 汪涛：《甲骨文中的颜色词及其分类》,页 177。

③ 如《礼记·檀弓上》："夏后氏尚黑,大事敛用昏,戎事乘骊,牲用玄;殷人尚白,大事敛用日中,戎事乘翰,牲用白;周人尚赤,大事敛用日出,戎事乘骝,牲用骍。"见(汉)郑玄注,(唐)孔颖达等正义：《礼记注疏》,页 287。《吕氏春秋·应同》："及汤之时,天先见金刃生于水,汤曰：'金气胜,故其色尚白,其事则金。'"见(秦)吕不韦撰,尹仲容校释：《吕氏春秋校释》,台北：中华丛书编审委员会,1979 年,页 2—3。

④ 朱桢：《"殷人尚白"问题试证》,页 15。

骨卜辞中的突出地位。裘锡圭先生也曾详细地探讨过殷人重视白马的问题①；甲骨文中几次出现"白马"的记录，但都不似为用牺牲的记录②。

关于白牲之祭用，朱桢先生有言："白牲（毛色为白的祭牲）——'白牛'③、'白羊'④、'白豕'⑤（犬在卜辞中也为常用祭牲，但卜辞中未见'白犬'一词的出现）的利用，比其他毛色之牲或未标明毛色之牲更受重视，地位更显著。……祭祀直系先王祖先及其配偶，在商代是极隆重的祭祀典礼，以见其对祖先神祇的尊崇、恭敬。特以白牲祭之，这其中当有一定的传统崇尚观念在其中。从甲骨卜辞中的殷人祭祀重视白牲情况来看，《礼记·檀弓上》所记'殷人……牲用白'并非虚语。"⑥

甲骨文记录表明，祭祖时大多选用白牲毋庸置疑。但笔者认为，这不能直接推导出殷人或商人有全面性"尚白"信仰的结论，只能说明在当时的信仰中，白色为祭祀祖先的颜色，此法在周代亦然。战国晚期的阴阳五行学家言：商人尚白而周人尚赤。但实际上，白色的象征意义并未在周代礼数中衰落，反而一直留存在华人的传统文化中。笔者认为，用白牲之礼祭祖，与白色被当作丧色有关。

《周礼·春官·保章氏》言："以五云之物，辨吉凶、水旱降丰荒之祲象。"郑玄注："物，色也。视日旁云气之色。降，下也，知水旱所下之国。郑司农云：'以二至二分观云色，青为虫，白为丧，赤为兵荒，黑为水，黄为丰'。"⑦这段文字阐述三个现象：第一，关键的颜色有五；第二，五色的象征意义对占卜祈祭有颇为关键的涵义；第三，在五色中，白色固定为丧色。《史记·刺客列传》亦言："太子及宾客知其事者，皆白衣冠以送之。"⑧亦可见白色为丧色。依笔者浅见，这不仅代表汉代之礼的

---

①　裘锡圭：《从殷墟甲骨卜辞中看殷人对白马的重视》，《殷墟博物苑苑刊》创刊号，北京：中国社会科学出版社，1989 年，页 70—72。

②　《合集》945、9176、9177、10067、11038、11048 等。

③　如参《合集》1280、1423、1619、3393、11168、11169、14380、14724、17393、23165、27122、29504—29506、36991、39710；《屯南》231 等。另有"白牡"，如参《合集》22572、22905、26027；或"白牝"，如参《合集》7399、35363 等。

④　如参《合集》30022、30552、30719；《屯南》2623、2670 等。

⑤　如参《合集》903、995、1506、2051、10544、11220、15451、18307、19849、21201、21538、21543、21955、22046、27294、29545、29546、34462、39590；《英藏》79、1912、1891；《苏德美日》17；《屯南》3462 等。另有"白豕"，如参《合集》1524、19999 等。

⑥　朱桢：《"殷人尚白"问题试证》，页 10。

⑦　（汉）郑玄注，（唐）贾公彦疏：《周礼注疏》，页 1130、1135。

⑧　王利器主编：《史记注译》，西安：三秦出版社，1988 年，页 1954。

特点,此观念可溯源至很古老的商周之前的丧葬文化。

　　甲骨文中,很多祭祀祖先的刻辞根本不提及祭牲的颜色,但用白色的祭牲,绝大部分是在祭祀祖先之礼:

<table>
<tr><td>□□卜,㱿〔贞〕:翌□午出(侑)大甲,白牛,用?</td><td>《合集》1423</td></tr>
<tr><td>用白牛祖乙?</td><td>《合集》1619</td></tr>
<tr><td>辛酉卜,宁贞:燎于𣂪白牛? 二月。</td><td>《合集》14380</td></tr>
<tr><td>贞:出(侑)于王亥,叀三白牛?</td><td>《合集》14724</td></tr>
<tr><td>〔贞:〕……白牛,其用于毓祖乙戠?</td><td>《合集》23165</td></tr>
<tr><td>……聂漳牛大乙,白牛叀元……</td><td>《合集》27122</td></tr>
<tr><td>丙子卜,燎白羊、豕,父丁?</td><td>《屯南》2670</td></tr>
<tr><td>贞:出(侑)于祖乙十白豕?</td><td>《合集》1506</td></tr>
<tr><td>己未卜,出(侑)于祖庚三宰出(侑)白豕?</td><td>《合集》2051</td></tr>
<tr><td>辛未卜,贞:……燎于妣……用白豕?</td><td>《合集》15451</td></tr>
<tr><td>……父甲三白豕至……</td><td>《合集》21538</td></tr>
<tr><td>戊子卜,至巳钐父丁白豕?</td><td>《合集》22046</td></tr>
<tr><td>出(侑)祖丁白豕? 大吉。</td><td>《合集》27294</td></tr>
<tr><td>癸巳卜,贞:羌甲酚□白豕?</td><td>《合集》39590、《苏德美日》17</td></tr>
<tr><td>贞:出(侑)于父乙白豕,新南?</td><td>《英藏》79</td></tr>
<tr><td>戊寅卜,燎白豕卯牛于妣庚?</td><td>《英藏》1891</td></tr>
<tr><td>乙丑,其又(侑)𠱾岁于祖乙,白牡四?</td><td>《合集》22905</td></tr>
<tr><td>……大甲白牝?</td><td>《合集》7399</td></tr>
<tr><td>丙午卜,宁贞:出(侑)于祖乙,十白豕?</td><td>《合集》1524</td></tr>
</table>

虽然资料并不表达只有白色的牺牲才能用来祭祀祖先,但是我们却可以假设,白色与丧礼的关联性。

　　至于白色在信仰中究竟具有何种核心作用与象征意义,仍有深入讨论的必要。笔者认为,以白为丧色的观念,源自将日象与丧礼相关联的信仰,明日升天而送祖先乘日升天;因此桑蚕白茧、桑蚕白蛾既用来做日神之形象,亦象征丧礼中羽化的理想。在这种丧葬信仰之形象的基础上,商周人将白色视为"明色",以明日升天的概念来理解丧礼的象征。如果考虑颜色的自然光曜,白色才最符合表达"明"之义；同时，西周铭文中经常出现"囧黄（璜）"一词，指白色的玉璜，前文已讨论，"囧"、"日"、"明"为同一象形来源的字体。所以，白璜器物与"囧黄（璜）"记录的相对比，可以补证阐明白为"明"的象征意义。白色象征"明"的涵义，在殷商礼仪中有相当丰富的表现，此问题下文再加以探讨。

2. 殷商祭礼用黑色牺牲

除了白色祭牲外，黑色祭牲亦常见于卜辞文字。甲骨文中以"黑"字表示黑毛的牢牲，如"黑牛"①、"黑羊"②、"黑牡"③、"黑牝"④、"黑豕"⑤、"黑豖"⑥、"黑犬"⑦、"黑马"⑧等。

汪涛认为："黑色的祭牲用于求雨的祭祀。"⑨此说在卜辞中确实有文例可证，如《合集》30720 和《天理》549："黑羊，用？……大雨？"《合集》41401："黑羊，又（有）大雨。"但是《合集》30022、30552 祈雨而卜问祭用白羊或黑羊，说明白羊也符合祈雨的目的；同时卜辞中同样也有用黑牲祭祖的记录，如《合集》1142："叀（惟）黑牛？又（侑）于上甲七牡？"可知黑色的象征意义应不仅限于求雨之礼，黑、白两色皆涉及祈雨和丧礼的祭祀，所以这个问题仍需再作进一步的研究。唯可以明确的是，黑与白具有相关性，或有相对而相辅的作用。

3. 相配白与黑牺牲的祭礼

若通读卜辞，可发现在殷商信仰中，白与黑并非各自独立出现，而是具彼此相对的意涵。在求雨和祭祖的卜辞中，殷人常将白与黑牺牲搭配，卜问有没有大雨的问题，如：

> 叀（惟）豕？
>
> 叀（惟）白豕？
>
> 叀（惟）黑？
>
> 　　　　　　　　　　　　　　　　　　　　　　　《合集》29546

---

① 《合集》1142、20598、29516、31706；《花东》69、120、278、451；《怀藏》1407 等。

② 《合集》30022、30552、30720、41401；《天理》549 等。

③ 《花东》6、150、161、180、252、319、392、451、457、481 等。

④ 《花东》49、67、123、161、175、178、220、252、350、437 等。

⑤ 《合集》29546；《英藏》834；《花东》459 等。

⑥ 《合集》11238 等。

⑦ 《合集》29544 等。

⑧ 《合集》11048；《花东》179、239、386 等。

⑨ 汪涛：《甲骨文中的颜色词及其分类》，页 182。

求雨，叀（惟）黑羊用，又（有）大雨？

叀（惟）白羊，又（有）大雨？　　　　　　　　　　　　　　《合集》30022

弜用黑羊，亡雨？

叀（惟）白羊用于之，又（有）大雨？　　　　　《合集》30552、《屯南》2623

在《花东》278卜甲上的刻辞，记录了祭祀妣考时，使用白毛之牛和黑毛之豕的问题，其谓：

二牛？

戠弜又妣庚？

三牛？

叀（惟）小宰，白牝？

二牛、白豕？

五豕？

叀（惟）二黑牛？

二黑牛？

白一豕，又卯？

夕白豕、羓酚二牢？

叀（惟）二列（制）牢□白豕妣庚①？

三羊？

先施白牝宜黑二牛？

叀（惟）一白豕，又卯？

这类例证在殷商早晚期的卜辞中均可见②。

　　从字形而言，"⊖"（白）字的形象均被视为源自人脸面貌，或可视为"⅁"（皃＝貌）字的省文，而"⅄"（黑）字的形象均被视为源自后脑头发即黑头的形象。后期文献里亦有黑与白相对的用法，且两者和祭神有明确的关联，如《列子·说符》

----

①　卜辞中的"⅃"（列）字写从刀、彡，《说文》篆文中的"制"字则作"𣃧"（㓟），春秋王子午鼎铭文上，该字字形与《说文》相同。同时，许慎指出"制"的古字写成从"彡"的"𣃫"（栁）。可知"列"即"栁"的本字，亦是"制"字的甲骨文写法。《礼记·郊特牲》："诏祝于室，坐尸于堂"，郑玄注："主人亲制其肝"，孔颖达疏："制，割也。"由此可知，"列"（制）是指用刀分解牺牲之骨肉。殷商时，"列"为一种用牲的祭法。参郭静云：《释甲骨文"⅃"字》，《古文字研究》第二十八辑，北京：中华书局，2010年，页40—41。

②　如《花东》278、220、459等。

谓:"家无故黑牛生白犊,以问孔子。孔子曰:'此吉祥也,以荐上帝。'"①

总而言之,在甲骨文所载的祭法里,黑与白相对的结构相当明显,其于当时信仰中所具有的神祕作用和意义亦不言而喻。

(二) 第二阶段:"赤"字与赤色的表达字

1. 对"赤"字的疑虑

甲骨文"𤈦"(赤)字的写法是"大火",带"赤"字的卜辞差不多都残缺,意思不明②。不过王辉先生假设,"赤"的本义为火祭活动,象形意义表达焚人之礼③。从字的形象来看,这种假设值得考虑,《合集》15679:"贞:勿赤?""赤"字作动词,也符合王辉先生的假设。但资料不足,难以确定。

"赤"字也有作形容词,形容马的某种特点,如《合集》28195 曰:"乙未卜,暊贞:自(师)贮入赤駔,其𨔶,不肖? 吉"。师贮拱献赤马。在同时期的卜辞中有几条类似的记录:

乙未卜,暊贞:才(在)罕(宁)田,黄又赤马,其𨔶,不肖? 吉。

《合集》28196

癸丑卜,暊贞:十赤马,其𨔶,不肖? 《合集》29418④

汪涛认为上述卜辞乃求问"用来驾车马是否驯服"⑤。此解应该无误。唯有马的颜色最接近赤红色彩,"赤"字或许可以视为表示马的颜色。可是我们需要留意的是:这些卜辞并不讨论牺牲的颜色,所以与前文所录用白与黑的牺牲之礼并不相干。"赤"字也未见表达其他动物或器物的颜色,因此可能需要考虑其他理解。

其实,传世文献中亦载有赤红、枣红、赤身黑鬃尾的良马,其名为"骝"、"骓"或"骓骝"。《说文·马部》曰:"骝,赤马黑髦尾也。"⑥《毛诗·鲁颂·駉》有云:"駉

---

① (战国周)列御寇著,严北溟、严捷译注:《列子》,上海:上海古籍出版社,1986 年,页 210。

② 如参《合集》3313、10198、11701、33003 等。

③ 王辉:《殷人火祭说》,《古文字研究论文集》,《四川大学学报丛刊》,第十辑,1982 年 5 月,页 269—276。另载于王辉:《一粟集:王辉学术文存》,台北:艺文印书馆,2002 年,页 1—26。

④ 《合集》27720、27722 残缺,但应该也有同样的记录。

⑤ 汪涛:《甲骨文中的颜色词及其分类》,页 174。

⑥ (汉)许慎著,(清)段玉裁注:《说文解字注》,461 上。

駒牡马,在坰之野。薄言駒者,有驈有骆,有骝有雒,以车绎绎。思无斁,思马斯作。"毛公《传》:"青骊驎曰驈,白马黑鬣曰骆,赤身黑鬣曰骝,黑身白鬣曰雒。绎绎,善走也。"①《穆天子传·卷一》亦云:"天子之骏:赤骥、盗骊、白义、逾轮、山子、渠黄、华骝、绿耳。"郭璞注:"骏者,马之美称。赤骥,世所谓骐骥。华骝,色如华而赤,今名标赤者为枣骝。枣骝,赤也。"②

《穆天子传》又名《周王游行》,该书是否真为战国文献,或出自魏晋人伪造,长期以来皆无定论。但从最近大量出土的战国竹书内容观之,学界中抱持《穆天子传》非战国文献之看法者已经不多。笔者也认为《穆天子传》源自战国的可能性较大,只是经过魏晋时人的编修,以符合当时的历史语言。若然如此,则表示自先秦以来,即有骅骝是周穆王亮赤色骏马的传说。这和《史记·秦本纪》所载内容相近,其谓:"造父以善御幸于周缪王,得骥、温骊、骅骝、騄耳之驷,西巡狩,乐而忘归。徐偃王作乱,造父为缪王御,长驱归周,一日千里以救乱。"《集解》解释"骅骝"云:"郭璞曰:'色如华而赤。今名马骠赤者为枣骝。骝,马赤也。'"《荀子·性恶》亦言:"骅骝騹骥纤离绿耳,此皆古之良马也。"杨倞注:"皆周穆王八骏名。"③

其实"骝"或"骅罗"都是文献中常见的良马名称,未必和周穆王有关。如《庄子·秋水》也曰:"骐骥、骅骝,一日而驰千里。"④虽然这些良马在现今流传的传说神话中,都与周穆王有关,但依笔者浅见,赞美駠、骏的渊源应可追溯到殷商时代。目前在卜辞中仅见白、赤两种颜色的马,而白马与赤马也正是神话中最重要的神马。

在甲骨文中,尚未见有用赤马或其他赤色动物作祭牲的例子;传世文献中称赤色之马为"骝",乃单指驾车或供骑乘的马,亦非用作祭牲。所以将"赤"字视为殷商时期赤红色的表达字,可能并不妥;这更像是对良马的评价字,其与焚人之形象有何关系,依靠目前所见资料尚难以理解。

① （汉）毛公传,郑玄笺,（唐）孔颖达等正义:《毛诗正义》,页2111。

② （东晋）郭璞注:《穆天子传》,台北:广文书局,1981年,页7。《正字通·马部》引颜师古曰:"古曰骅骝,言色如花之赤也。"(卷12,亥集上,页21)参《异体》,字号B05855。

③ （汉）司马迁撰,［日］泷川资言会注考证:《史记会注考证》,页84。（战国赵）荀况撰,（清）王先谦集解:《荀子集解》,页80。

④ （战国宋）庄周著,王叔岷校诠:《庄子校诠》,页600。《三国演义》第十三回亦言:"飞骤骅骝,直取崔勇。"

2."牵"字所表达的颜色与相关礼仪的通考

（1）"牵"：甲骨文赤色的表达字

甲骨文中另有一"牵"字，循《说文》的线索，宋代徐铉新附："驿，马赤色也。"①而"驿"即今体字的"骍"字，《诗·鲁颂·駉》有言："有驿有骐，以车伾伾。"毛公传："赤黄曰驿。"孔颖达疏："驿为纯赤色，言赤黄者，谓赤而微黄。"②由上观之，"骍"字应与马有关。然"驿"、"骍"本来就从马，无怪乎其用以表达马的赤色。

同理《说文·土部》曰："埲，赤刚土也。"③可见，"牵"字确实表达赤色，如果从"马"，就表达马色，如果从"土"就表达土色，但"牵"字才是表达颜色的本字，其字形和字义，皆与马无涉，不宜视为固定于表达马的颜色。甲骨、金文、简文均有从"羊"、"牛"的"牵"字，却未见"驿"或"骍"字。由此观之，从"马"的字体可能出现较晚。"羊"和"辛"是可以互换的声符，"驿"和"骍"字的关系也证明这一点，所以"牵"字应相当古代字典中所见的"牶"字，《小尔雅·释古》曰："牶，朱也。"《玉篇·牛部》："牶，赤牛。亦作骍。"④

遍览传世文献，除了前引《鲁颂·駉》之外，"骍"字几乎都用来指称祭祀用的赤色公牛。如《诗·小雅·信南山》曰："祭以清酒，从以骍牡，享于祖考。"《礼记·祭法》曰："燔柴于泰坛，祭天也；瘗埋于泰圻，祭地也；用骍犊。"⑤我们可以推论，这些先秦版本已经佚失的文献，其原文应为"牵"字，而非"骍"字。传世文献先秦的版本中应该用不从"马"的"牵"或"牶"字，现行版本的"骍"字应是后人根据后期用字习惯而作的修改。

换言之，"驿"、"骍"是从"牵"晚期形成的字，用以指亮褐、赤微黄（牵）颜色的马，这与"埲"字的结构相同；而"牵"才是表达该颜色的字词，此颜色即是现在所谓较亮的黄牛种类的亮褐、赤微黄的颜色，故在卜辞中意指皮毛颜色纯亮的牺牲。

（2）"牵"为"牵犅"（骍刚）的牺牲

甲骨文中，带"牵"字刻辞也都不提及马，反而普遍表达牛牢的颜色：

① （汉）许慎撰，臧克和、王平校订：《说文解字新订》，页646。

② （汉）毛公传，郑玄笺，（唐）孔颖达等正义：《毛诗正义》，页2109—2110。

③ （汉）许慎著，（清）段玉裁注：《说文解字注》，页683下。

④ 《大字典》，页1811。

⑤ （汉）毛公传，郑玄笺，（唐）孔颖达等正义：《毛诗正义》，页1277。（汉）郑玄注，（唐）孔颖达等正义：《礼记注疏》，页1993。

……羊，新祖乙，其……毓……　　　　　　　　　　　《合集》32564

重（惟）羊？（惟）重羊？

其牢又一〔牛〕？兹〔用〕。

重（惟）羊。兹用。　　　　　　　　《合集》37310—37314、37326、37354

牢又一牛？吉。

重（惟）羊？吉。大吉。　　　　　　　　　　　　　　《屯南》694

其二牛？兹用。

重（惟）羊？兹用。　　　　　　　　　　　　　《合集》37319

其七牛？

重（惟）羊？　　　　　　　　　　　　　　　《合集》41797

丙午卜，贞：文武宗其牢？兹〔用〕。

重（惟）羊？　　　　　　　　　　　　　　　《合集》36158

丙子卜，〔贞：〕文武〔升〕其〔牢〕？兹〔用〕。

甲申卜，〔贞：〕武祖乙〔升祊〕，其〔牢〕？兹〔用〕。

重（惟）羊？

丙戌卜，贞：文武升其牢，重（惟）羊？

重（惟）羊？

〔甲〕□〔卜〕，贞：武〔祖乙升〕□（祊），其〔牢〕？

〔丙〕□〔卜〕，贞文〔武丁〕升□（祊）〔其牢〕？兹用。

重（惟）羊？兹用。

丙寅〔卜，贞：〕庚（康）〔钔（祖丁）祊〕，其牢，〔羊〕？

丙午卜，贞：庚（康）钔（祖丁）□（祊），其牢，羊？

〔丙〕□〔卜，〕贞：〔康丁祊〕，其〔牢〕，羊？用。　　　《合集》36003

〔甲〕□卜，贞：武乙□〔祊，其〕牢？重羊？

重（惟）羊？重（惟）羊？（惟）重羊？　　　　　《合集》36121

重（惟）羊？

重（惟）牛？　　　　　　　　　　　　　　　《合集》29515

牢？

重（惟）羊？　　　　　　　　　　　　《合集》29526、29527

二牢？

　　三牢？

　　叀（惟）犈？　　　　　　　　　　　　　　　　　《合集》29594、《天理》504

　　二牢？

　　叀（惟）犈？　　　　　　　　　　　　　　　　　《合集》33607、《屯南》162

从甲骨文用"犈"字可以看出的规律，"犈"乃非指驾车之马，甚至根本与马无关，而都是指涉牛的颜色，可以假设"犈牛"即是现在所谓黄牛之类，皮毛亮褐、赤微黄的颜色，自商时代以来多用作高级牺牲。

　　先秦传世文献中，常以"犈犅"（骍刚）一词指称赤色牺牛，如《礼记·明堂位》曰："周骍刚。"孔颖达疏："骍，赤色。刚，牡也。"《诗·鲁颂·閟宫》曰："周公皇祖，亦其福女。秋而载尝，夏而楅衡，白牡骍刚。牺尊将将，毛炰胾羹，笾豆大房。"毛传："白牡，周公牲也；骍刚，鲁公牲也。"《公羊传·文公十三年》："鲁祭周公，何以为牲？周公用白牡，鲁公用骍犅，群公不毛。"[1]再向前追溯，西周早中期铭文中亦见有"犈犅"一词，如大簋录：

　　王在郑穆大厤，易（赐）刍犈犅，曰："用禘（谛）于乃考。"[2]

两相对照，可知金文的"犈犅"与传世文献中的"骍犅"或"骍刚"应为同一语汇。

　　罗振玉先生认为，甲骨文中"犈"字就是传世文献中"骍犅"的意思[3]，这种理解应该准确。甲骨文中，如果用白、黑等表达颜色的字汇，均有指出祭牲之类，指白羊、白牛、白豕或白马；黑牛、黑羊、黑豕、黑犬或黑马等，但是"犈"字经常可以作名词来用，即表达"犈犅"（骍犅、骍刚）是赤褐色的公牛：

　　叀（惟）犈，王受又（有）又（祐）？　　　　　　　　　　《合集》27342

　　叀（惟）犈，王受又（祐）？　　　　　　　　　《合集》27575、《屯南》615

　　叀（惟）犈，王受年？　　　　　　　　　　　　　　　　《合集》28108

　　□□卜，□贞：……其沈于河，叀（惟）犈？　　　　　　　《合集》30436

　　丁丑卜，王其𠂤羊、犈于□，五牢？　　　　　　　　　　《合集》29512

　　叀（惟）犈，又（有）正？

---

[1]　（汉）郑玄注，（唐）孔颖达等正义：《礼记注疏》，页1454。（汉）毛公传，郑玄笺，（唐）孔颖达等正义：《毛诗正义》，页2144。（汉）何休注，（唐）徐彦疏：《春秋公羊传注疏》，页543—544。此处记载则显示出赤、白相对的概念；亦符合基本视觉感的对比。

[2]　《集成》器号4165，现藏于北京故宫。

[3]　罗振玉：《殷虚书契考释三种》，卷中，页26下。

　　　　　叀（惟）羍？叀（惟）……　　　　　　　　　　　　　　　　《合集》29522

　　　　　……贞：武乙升口（祊），叀（惟）羍？兹用。　　　　　　《东京》787

　　　　　叀（惟）牛？

　　　　　叀（惟）羊？

　　　　　叀（惟）羍？　　　　　　　　　　　　　　　　　　　　　《合集》29520

　　　　　叀（惟）羍？　　　　　　　　　《合集》26960、29522、30662、35375

　　　　　叀（惟）羍？兹用。

　　　　　叀（惟）羍？兹用。　　《合集》37308、37309、37316、37318、37324

《合集》41400曰："叀（惟）羍，又（有）大雨？叀（惟）黄牛，又（有）大雨？""黄"字后必须加"牛"字，而"羍"字已足以表达赤牛牺牲，不必另重复"牛"字。可知，"羍"不仅用于指称牛的颜色，亦可直接代称赤色牺牛。甲骨刻辞中，另有很多仅保留一条或几条"叀（惟）羍"之句的卜辞①。

　　《书·洛诰》曰："戊辰，王在新邑，烝，祭岁。文王騂牛一、武王騂牛一。"《礼记·郊特牲》言："牲用騂，尚赤也。"朱子也认为，騂犊之所以被视为理想祭牲，乃因"周人尚赤，牲用騂。"②但是上列的《鲁颂·閟宫》和《公羊传》表达周公用白牡，鲁公用騂牺，周公地位比鲁公高，所以在牺牲的等级中，白公牛比赤公牛高，难道在尚赤的文化中会如此？此外，据甲骨卜辞所揭示，赤牲在殷商时期就已被用于祭礼，并且使用率极高，卜辞中出现近400次，重视赤牛的风俗并非自周代才开始，而是源自更古老的信仰，绝不晚于殷商，虽然殷商早期出现不多，但康丁之后用"羍"为宝贵牺牲成为王级祭祀的大传统。卜辞中，岁祭、祭祀社稷和祖考、求王祐等祭礼活动中，都会用羍牛。不过甲骨文中用羍牛最多见于"口"（祊）祭法中。

　　（3）商王室宗庙用羍牺牲的"口"（祊）祭法

　　《合集》35975载：

　　　　　丙午卜，贞：庚（康）旺（祖丁）口（祊），其牢，羍？

　　　　　丙〔辰？〕卜，〔贞：〕〔祊，其〕牢，羍？兹〔用〕。

───────────

① 如《合集》29513、29514、29521、29525、37137、37315、37320—37323、37325、37327—37352、37355—37361、38237、38238、38733—38757、41782、41798；《屯南》158；《怀藏》1405、1699、1710、1711、1774、1788—1790；《英藏》2610；《东京》795、797；《天理》613；《苏德美日》398等，从卜骨残缺部分来看，其大部分与祊祭有关。

② （汉）孔安国传，（唐）孔颖达等正义：《尚书正义》，页618。（汉）郑玄注，（唐）孔颖达等正义：《礼记注疏》，页1232。慧丰学会编：《论语集说》，《汉文大系》，台北：新文丰出版公司，1978年，页40。

丙寅〔卜〕,〔贞:〕庚(康)釘(祖丁)〔祊,其牢〕,羊?

丙子卜,贞:庚(康)釘(祖丁)囗(祊),其牢,羊?

丙〔戌?〕卜,〔贞:〕庚(康)釘(祖丁)囗(祊),其牢,羊?

丙申卜,贞:庚(康)釘(祖丁)囗(祊),其牢,羊?兹用。

丙午卜,贞:庚(康)釘(祖丁)囗(祊),其牢,羊?

此处"釘"为"祖丁"合文,是把先王康丁称为康祖丁。"丁"字在甲骨文写作"囗",而在其下卜辞里接着有另一似乎"囗"(丁)似乎"丁"字的"囗"字。其他结构相同的卜辞有祭祀武祖乙、祖甲、母癸等,但是先王名后都有"囗"字,所以更加不能以"丁"字的重复解释之。

据屈万里先生考证,"丁"(囗)与"祊"(囗)古代为同形字,学界均赞同此说,故此处第二个字不是"丁"而是"祊"①。姚孝遂先生认为,"丁"与"祊"或能以大小来区分,或能视为通假关系②。笔者赞成屈万里先生的看法,"丁"与"祊"应为原本无关系的字体,是不带意义的同形关系。

传世文献中,"祊"字用来表达庙门以及在庙门内祭祀之意,如《国语·周语中》:曰:"今将大泯其宗祊。"韦昭注:"庙门谓之祊。"《诗·小雅·楚茨》:曰:"或肆或将,祝祭于祊。"毛公传:"祊,门内也。"从此本义出发,"祊"字转义为表达庙堂门外的祭礼活动,如《礼记·礼器》:"设祭于堂,为祊乎外。"郑玄注:"祊祭,明日之绎祭也。谓之祊者,于庙门之旁,因名焉。"③

传世文献与甲骨文对照给我们提供几个线索。第一,甲骨文"囗"字既是传世文献"祊"字的古字,同时应该也是《说文》的"囗"字,即表达城或庙的包围封闭保卫区。商文明城的结构有外城与内城,两者基本形状相同,内城在外城中,是最宝贵的部分,且以庙为核心单位。这是因为最早的城是以庙的保护区、公共大礼和权力中心为主,经过漫长发展后,城的作用和面积才扩展,而开始建筑外城。"囗"字的象形意义即是商文明之四方形的城,并强调城墙,依笔者浅见,此字应是以庙城、政权王城(商周所谓之"内城")取义。

甲骨文最具代表性的从"囗"之字乃"邑"(邑)字。"邑"字的下部为"卩"(卩),

---

① 屈万里:《殷虚文字甲编考释》,台北:联经出版社,1984年,页3。

② 《甲林》,页2095。

③ (周)左丘明撰,(吴)韦昭注:《国语》,页57、58。(汉)毛公传,郑玄笺,(唐)孔颖达等正义:《毛诗正义》,页1254。(汉)郑玄注,(唐)孔颖达等正义:《礼记注疏》,页1176。

据《说文》该字与守邦国、守门阙有关系①，并可以与"钔"（禦）字作连接，总体表达被除保护的意思②，而"𨹉"字的上部即是"口"，为城墙的图形，且这不是全角的大城，不包含市场、各种作坊和贵族的住房等，而是最宝贵的"内城"，即国庙、政权、国家礼仪的所在区。所以"𨹉"（邑）字是会意字，表达守护、被除有城墙的空间，且此城墙内的空间有礼制权威性的作用。

"口"字以城墙为象形意义，与此同时表达城门庙门之祭礼活动，即为"祊"的古字，"口"表达庙城，并强调城之外墙与门外的意思。根据郑玄所表达东汉的习俗，祊祭是庙门外第二天安排的绎祭，但上引《合集》35975 表达对日名为丁的先王在丙日安排祊祭。按照商代丧礼，大部分宗庙活动安排在祖先日号之日，也就是说在丁日该祭祀日名为丁的祖先，日丁宗庙活动亦排在丁日。而祊祭则很明显有规律性地安排在前一天，与郑玄所说正好相反：不是绎祭而是预祭。《合集》36003、35965、35973 等部分残缺，但也可以看出同样的规律结构：每一旬的丙日用羍牢祊祭康丁。帝乙、帝辛时期祊祭康丁的记录很多③，而《合集》35859 在不同的丙日轮流出现羍牢和祖丁。

除了丙日系祊祭康丁之外，殷商末期常见丙日系祊祭武丁④；丙日系祊祭祖丁⑤；甲日系祊祭武乙⑥；癸日系祊祭祖甲⑦等记录。经常在同一卜骨上祊祭不同的祖先，但这依然都是预祭的活动，如《合集》35837、35930 在不同的丙日进行对康丁和武丁的祊祭，在甲日进行对武乙的祊祭，而在癸日进行对祖甲的祊祭。在很多卜骨上甲日祊祭武乙，丙日祊祭康丁⑧；甲日祊祭武乙，而丙日祊祭武丁⑨；甲日祊

---

① （汉）许慎著，（清）段玉裁注：《说文解字注》，页 430 下。

② 有关"钔"字的考证参郭静云：《夏商周：从神话到史实》，页 455—458。

③ 如参《合集》35967—35970、35972—35984、35986—36001、36004—36007、36009—36012、36014—36022、36024；《英藏》2514 等，都记载在丙日用祊祭来祭祀康丁。

④ 如参《合集》35819—35821、35823—35827、35830、35832、35833、35835、35836、35838、35840、35843、35850、35845、35846、36130、36135—36147、35437、36131、36333、38233、38234、41738；《怀藏》1687 等。

⑤ 如参《合集》35438、37285、35439、35860；《天理》684 等。

⑥ 如参《合集》37317、36034—36036、36038、36042—36044、36046—36048、36050、36052—36055、36057、36058、36064—36069、36071、36072、36075、36102、36103、36112、36118、36121；《东京》784 等。

⑦ 如参《合集》35915—35920、35922—35929、35932、35934、35936—35938、35940—35942、35945、35947—35952 等。

⑧ 如参《合集》35966、35971、35985、36002、36008、36013、36033、36037、36040、36056、36062、36070、36080、36113、36101、36105、36106 等。

⑨ 如参《合集》35831、35844、36078、36082、36092、36098、36089、36100、36114 等。

祭武乙,而丙日祊祭祖丁①;癸日祊祭祖甲,而甲日祊祭武乙②;癸日祊祭祖甲,甲日
祊祭武乙,而丙日祊祭武丁③;癸日祊祭祖甲,而丙日祊祭武丁④等记录。在这些祊
祭中用的祭牲即是羊牢。

有些卜骨更明确表达"口"祭是指"宗口",即宗祊门边的祭礼活动,如在不同
的甲日祊祭武乙,载"甲某卜,贞:武乙宗口(祊)其牢?"⑤或在不同的甲日祊祭武
乙,而载"丙某卜,贞:文武丁宗口(祊)其牢?"⑥,等等。这些卜辞更明确地表明,
祊祭即是宗庙之门祭⑦。

（4）羊与羊、羊与黑、祖与妣、阳与阴:形象的关系与观念的演化

大部分祊祭的安排是关于先祖,关于先妣在卜辞里只见祊祭母癸,并且在用牺
牲方面可以看到规律:祊祭先祖都用羊牢,而祊祭先妣则用羊:

> 甲午〔卜〕,〔贞:〕武乙〔祊,其〕牢?
>
> 叀(惟)羊?
>
> 壬寅〔卜〕,〔贞:〕母癸〔祊,〕,叀(惟)羊?
>
> 〔甲〕辰卜,贞:武乙口(祊),其牢? 兹用。
>
> 叀(惟)羊? 兹用。　　　　　　　　　　　　　　　　　《合集》35436
>
> 癸口〔卜〕,贞:〔祖甲祊〕,其〔牢〕?
>
> 丙申〔卜〕,〔贞:〕武〔丁祊,其牢〕?
>
> 叀(惟)羊? 兹用。
>
> 壬戌卜,贞:母癸祊,叀(惟)羊?
>
> 癸卯卜,贞:祖甲口(祊),其牢? 兹用。
>
> 叀(惟)羊? 叀(惟)羊?　　　　　　　　　　　　　　　《合集》35935
>
> 壬口卜,贞:母癸口(祊),叀(惟)羊?

---

① 如参《合集》35842、35861、36108 等。

② 如参《合集》35939、35946、36032、36049、36063 等。

③ 如参《合集》35921、35818、35828、35829、35931 等。

④ 如参《合集》35822、35839、35847—35849、35943、35944、36032 等。

⑤ 如参《合集》36100、35930、36091—36099、38242、35931、36081—36088、36108、36076—36080、36149 等。

⑥ 如参《合集》36155、36094、36148—36157、36160 等。

⑦ 如《合集》38233、38234、35919、35929、35942、35945、35949、35950、36041、36045、36141、36161、38234—38236、38239—38241、38237、38238、41874 等有类似的记录。

重（惟）小宰？　　　　　　　　　　　　　　　　《合集》37295

所有祊祭母癸的记录都在壬日进行，且牺牲皆用羊①。

《诗·小雅·大田》曰："来方禋祀，以其骍黑，与其黍稷，以享以祀，以介景福。"毛公传："骍，牛也；黑，羊豕也。"郑玄笺云："成王之来，则又禋祀四方之神，祈报焉。"②据郑玄理解"方"字是指祭祀四方，但这应该是"祊"字的省文，与甲骨文中的"宗口"（宗祊）祭礼有传承关系。《大田》言祭用"骍黑"，毛公解释，前者指牛，后者为羊或豕。这种祭牲相配与甲骨文祊祭先祖与先妣一致。

《周礼·地官·牧人》曰："凡阳祀，用骍牲毛之；阴祀用，黝牲毛之。"③汉代"黝"也是黑色的表达字，所以据《周礼》表达骍色为阳，而黑色为阴。阴阳概念在殷商时尚未形成，但从对考父考母的祭牲安排，或许已可以看出此概念的原貌。卜辞里牢与羊相对，以此象征祖与妣的差异性，同时卜辞亦可见牢与黑字的相对意义。如《合集》20598、29516、29508各载："重（惟）黑牛？重牢？"《怀藏》1407也载"重（惟）黑牛？吉。吉。重（惟）牢？吉。兹用。"可见，卜辞中有两种相对记录：牢与羊以及牢与黑牛，第二种出现得很少，相关祭法的规律不清楚，但在传世文献中"羊"与"黑"两个形象被合并，与骍牛相对。

从此处《周礼》和卜辞所载，可观察到赤与黑相对的观念，此亦与前述基本色彩的视觉感相符。就自然赤色视觉而言，赤色是光谱中暖色系的极端，其色素、光亮度、浓度均强，无论与黑色或白色作对比，皆能构成色光相对的视觉感。但是在祭法中，牢与黑的相对形象罕见，牢与白的相对形象未见，说明在商文明信仰及礼仪中，赤色的象征意义不是完全模仿自然视觉而已，而是经过了一番观念上的解读。在甲骨文中，与牢最常见的相对颜色是勿（犁）。

（5）牢与犁：纯色、吉色与纯洁牺牲的概念

卜辞中经常有求问应用"牢牛"还是"犁牛"进行祭礼。这类卜问常见于祊祭刻辞中，同一个卜骨上提及被祭祀对象后，多次重刻"重（惟）牢？"、"重（惟）勿（犁）牛？"、"其牢又一牛？"等问题，如《合集》36032载：

---

① 《合集》36059、36330等也记录武乙和母癸；此外，《合集》36321丙日系祊祭康丁用羊牢，而壬日系祊祭母癸用羊；《合集》35858甲日系祊祭武乙，癸日系祊祭祖甲用羊牢，而壬日系祊祭母癸用羊；《合集》36090、35935癸日系祊祭祖甲，丙日系祊祭武丁用羊牢，而壬日系祊祭母癸用羊。《合集》35935、36320—36342、35436、38755亦载壬日系祊祭母癸，且用羊。

② （汉）毛公传，郑玄笺，（唐）孔颖达等正义：《毛诗正义》，页1312。

③ （汉）郑玄注，（唐）贾公彦疏：《周礼注疏》，页523。

癸丑〔卜〕,贞:祖甲〔祊〕其〔牢〕?

其牢又一牛? 其牢又一牛? 其牢又一牛?

叀(惟)勿(犁)牛? (惟)叀勿(犁)牛?

叀(惟)勿(犁)牛? 叀(惟)勿(犁)牛? 叀(惟)勿(犁)牛?

叀(惟)羊? 叀(惟)羊? 叀(惟)羊?

甲子卜,贞:武乙口(祊)其牢? 兹用。

叀(惟)羊?

叀(惟)勿(犁)牛?

其牢又一牛? 其牢又一牛?

叀(惟)小牢? 兹用。

丙寅卜,〔贞:〕武丁口(祊)其〔牢〕?

叀(惟)羊? 叀(惟)羊?

叀(惟)勿(犁)牛? 叀(惟)勿(犁)牛?

其牢又一牛?

叀(惟)小牢?

甲戌卜,贞:武乙口(祊)其牢?

叀(惟)羊? 叀(惟)羊? 叀(惟)羊?

叀(惟)勿(犁)牛? 叀(惟)勿(犁)牛? 叀(惟)勿(犁)牛?

其牢又一牛? 其牢又一牛? 其牢又一牛?

叀(惟)小牢?

〔癸酉〕卜,贞:〔祖甲祊〕其牢?

叀(惟)羊?

叀(惟)勿(犁)牛?

用宗庙门外的祊祭来祭祀祖甲、武乙和武丁,并多次问牢又一牛、羊或犁?

《合集》35931、35818 等卜甲记录亦相类,祊祭对象亦为祖甲、武乙和武丁:

叀(惟)羊? 兹〔用〕。

叀(惟)羊,叀勿(犁)牛? 兹用。

叀(惟)勿(犁)牛?

其牢又一牛?

丙子卜,贞:武丁〔祊〕其〔牢〕?

叀(惟)羊,叀(惟)勿(犁)牛?

其牢又一牛? 其牢又一牛? 兹用。

癸卯卜,〔贞:祖甲祊其牢?〕

叀(惟)羊?

叀(惟)羊,叀(惟)勿(犁)牛? 兹用。

叀(惟)勿(犁)牛?

其牢又一牛? 兹用。

□□〔卜〕,贞:□□□(祊)其〔牢〕?

叀(惟)羊?

甲辰卜,〔贞:武乙〕宗口(祊)〔其牢〕?

叀(惟)勿(犁)牛? 兹用。

其牢又一牛? 其牢又一牛?

癸巳卜,贞:祖甲口(祊)其牢?

叀(惟)羊? 叀(惟)羊?

叀(惟)勿(犁)牛? 叀(惟)勿(犁)牛? 兹用。

其牢又一牛?

甲午卜,贞:武乙宗口(祊)其牢?

丙申卜,贞:□丁口(祊)其牢?〔兹〕用。

叀(惟)羊?

叀(惟)勿(犁)牛?

其牢又一牛? 其牢又一牛? 兹用。　　　　　　　　　　《合集》35931

甲午〔卜〕,贞:武乙口(祊),其牢?

丙〔辰卜〕,〔贞:〕武乙〔祊,其〕牢?

癸亥卜,贞:祖甲祊,其牢?

甲子卜,贞:武乙口(祊),其牢? 兹用。

丙寅卜,贞:武丁口(祊),其牢?

癸酉卜,贞:〔祖甲祊〕,其牢?

叀(惟)羊? 叀(惟)羊? 叀(惟)羊? 兹用。

叀(惟)羊?

叀(惟)勿(犁)牛? 叀(惟)勿(犁)牛? 叀(惟)勿(犁)牛?

其牢又一牛？

叀（惟）勿（犁）牛？

其牢又一牛？又牛？其牢又一牛？兹用。

其牢又一牛？其牢又一牛？　　　　　　　　　　　　《合集》35818

《合集》35858除了袚祭先祖之外也袚祭先妣，所以，除了卜问羊或犁的祭牲，另有用羊：

乙丑〔卜〕，〔贞：〕武乙〔袚，其〕牢？

叀（惟）羊？

壬申〔卜〕，〔贞：〕母癸，叀羊？

甲戌卜，贞：武乙□（袚），其牢？兹用。

叀（惟）羊？叀（惟）羊？

癸未卜，贞：祖甲□（袚），其牢？兹用。

叀（惟）羊？兹用。

甲申卜，贞：武乙□（袚），其牢？

叀（惟）羊？叀（惟）羊？兹用。

其牢又一牛？

叀（惟）勿（犁）牛？叀（惟）勿（犁）牛？

叀（惟）勿（犁）牛？兹用。

虽然袚祭的记录中，卜问用羊或犁的问题并不罕见，但是绝大部分袚祭记录仅仅确认用羊，并不占卜用犁或其他颜色的牺牲。

不过，用羊或犁的问题零零散散地出现在其他祭礼中，如准备岁祭时卜问羊或犁：

父己岁，叀（惟）羊？

叀（惟）勿（犁）牛？　　　　　　　　　　　　　　《合集》27013

父甲岁，叀（惟）三牢

辛卯卜妣辛求，叀（惟）羊？

叀（惟）勿（犁）？　　　　　　　　　　　　　　　《合集》27441

父甲岁，叀（惟）羊？兹用。

叀（惟）勿（犁）牛？　　　　　　　　　　　　　　《合集》27443

妣辛岁，叀（惟）羊？吉。

> 叀（惟）勿（犁）？　　　　　　　　　　　　　　　　　《屯南》2710

商王祈祷受祐的卜辞，亦会卜问用羊或犁的问题：

> 三牢，王受祐？
>
> 叀（惟）羊？吉。
>
> 叀（惟）勿（犁）牛？　　　　　　　　　　　　　　　　《合集》29519
>
> 夕牢，王受又（祐）？吉。
>
> 牢又一牛，王受又（祐）？
>
> 叀（惟）羊，王受又（祐）？
>
> 叀（惟）勿（犁）牛，王受又（祐）？　　　　　　　　　　《合集》29614
>
> 叀（惟）羊，王受又（祐）？
>
> 叀（惟）勿（犁）牛，王受又（祐）？　　　　　　　　　　《屯南》2304

《合集》41421祈祷有正而问用羊或犁的问题："叀（惟）羊，又（有）正？叀（惟）勿（犁）牛，又（有）正？"《合集》27060祭祀上甲，也卜问用羊或犁的问题："祝上甲羊？叀（惟）勿（犁）牛？"另有些卜骨仅提出"叀（惟）羊？叀（惟）勿（犁）牛？"、"叀（惟）羊？叀（惟）勿（犁）？"等问题，与哪种活动关系不详①。

　　有关犁（犂）色，传世文献《书·泰誓中》曰："今商王受，力行无度，播弃犁老，昵比罪人。"宋代蔡沈集传："犁、黧通，黑而黄也。"《战国策·秦策一·苏秦始将连横》亦言："嬴縢履蹻，负书担橐，形容枯槁，面目犁黑，状有归色。"鲍彪改"犁"作"黧"②。可知，犁是一种色彩不纯近乎泥土之黑黄色。其实，合集《19849》载："叀（惟）之日祝用，成叙，岁祖乙二牢、勿（犁）牛、白豕，叙鼎三小宰？"表达犁与白的相配，故可以假设，犁色与黑色接近。但是甲骨文有"黑"色的字，前文已显示祭礼中黑与白有固定的相对意义。犁色与黑色应该是不同的形象和概念。

　　汉代扬雄《法言·修身》记载："或问：'犁牛之鞟与玄骍之鞟有以异乎？'曰：'同。''然则何以不犁也？'曰：'将致孝乎鬼神，不敢以其犁也。'"③更直接表达祭礼中用颜色的概念；说明犁色是指不纯洁的杂色，不纯净颜色的牛不能用作牺牲，玄、骍（羊＝赤）才是纯洁牺牲的颜色。也就是说，犁的颜色不纯，甚至不能作纯黑

---

①　如《合集》29495、29517、29518、37054、41790、37072、37130；《天理》616；《屯南》2644等。

②　（宋）蔡沈注，钱宋武、钱忠弼整理：《书集传》，南京：凤凰出版集团，2010年，页127。（汉）刘向集录，范祥雍笺证，范邦瑾协校：《战国策笺证》，页142、158。

③　（汉）扬雄撰，（清）汪荣宝义疏，陈仲夫点校：《法言义疏》，北京：中华书局，1997年，页99。

的颜色,而是脏色、杂色的概念。在卜辞中脏杂的犁色与纯洁的羍色构成相对意义。占卜时,巫师提问:用纯色羍牛或杂色犁牛? 这显然不意味着可以用脏杂的犁牛祭祀神祖,而表达对选择祭用牺牲的准备和占卜,通过此祈卜来确认牺牲的纯洁性。

《论语·雍也》有曰:"犁牛之子,骍(羍)且角。"《集解》何安曰:"犁杂文。骍赤也。角者角周正中牺牲。"①意为色彩杂乱的牛只,也能生出纯色美善的赤犊,可以作为良好的牺牲。可见,从甲骨文到传世文献,犁与羍均表达杂纯、脏净的相对。

先秦传世文献中另有"骍牺"一词,如《诗·鲁颂·閟宫》曰:"皇皇后帝,皇祖后稷,享以骍牺,是飨是宜,降福既多。"毛传:"骍,赤。牺,纯也。"郑玄笺:"其牲用赤牛纯色,与天子同也。"②郑玄注《周礼·地官·牧人》也言:"骍牲,赤色。毛之,取纯毛也。"③"骍牺"表达了纯净、理想牺牲的概念。

（6）王室宗庙的祊祭与国家盟会的关系

同时,晋侯马盟书中亦有"羍羲"④一词,就是《周礼》所用"骍牺"的本词,表达盟用纯色牺牲的纯净性以及象征协盟对象的诚心。《左传·襄公十年》又言:"王赖之,而赐之骍旄之盟。"杜预注:"骍旄,赤牛也。举骍旄者,言得重盟。"⑤表达盟会时举赤牛,以象征成功和重视。这与晋侯马盟书的"羍牺"或能作互补证明。

为什么重要盟约用红色的牛来象征? 笔者认为应与古代"盟"的涵义有关。古代盟约为血约,故"盟"字从"血",甲骨文甚至经常以"血"代盟⑥,如甲骨文"盟室"⑦在《英藏》2083 写成"血室";《合集》19923"盟彭"之祭,而《合集》22228、22229 写成"彭血"之祭等。盟祭即是血祭,以血表誓,证明自己的忠诚、血肉的相连、终生的承诺。同时"羍"色正好是血色。从而可以提出假设:"羍"色被视为纯色,是因为羍牛的外皮毛与内血的颜色相同。殷末在宗庙门外安排预祭活动而用羍牛,可能也带有社会内"盟"的涵义。

---

① （魏）何晏等注,（宋）邢昺疏:《论语注疏》,页 131。
② （汉）毛公传,郑玄笺,（唐）孔颖达等正义:《毛诗正义》,页 2144。
③ （汉）郑玄注,（唐）贾公彦疏:《周礼注疏》,页 523。
④ 张颔著:《侯马盟书》,太原:山西古籍出版社,2006 年,页 307。
⑤ （晋）杜预注,（唐）孔颖达等正义:《春秋左传正义》,页 1416—1418。
⑥ 针对以血为盟的相关问题,学界已有详细论述。参见《诂林》,册 6,页 515—517。
⑦ 《合集》13562、24942—24944;《英藏》2119、2083、2177 等。

　　按照贵族继嗣和宗庙祭礼制度，异族不能进入宗庙，所以商先王宗庙里的活动只有王族成员能参加，对此制度，《左传·僖公十年》曰："神不歆非类，民不祀非族。"《左传·僖公三十一年》也曰："鬼神非其族类，不歆其祀。"①或许就是因为此制度，在正式宗庙大礼前一天，殷商都安排有在门外进行的共同祭礼活动，让整个城内外以及远客等贵族，都能参加祭先王之礼，以证明和表达自己对王室的忠诚。因此这种宗祊礼可能带有社会之"盟"的承诺，达到坚固与整合社会的目标。

　　3. 小结：血色的牺牲

　　总而言之，殷商卜辞中的"牚"字系指牺牲的赤色。甲骨文和传世文献中的"牚"字既非马，又非羊、豕，而必定是牛。大自然中恰好既无赤羊、赤猪等畜类品种，依畜色而言，其意应指纯亮红褐、赤棕色调的黄牛类无疑。"牚"在祭礼中被视为牺牲纯洁性的象征，也是血色的象征，作为血色强调牺牲的纯洁性以及祭礼活动参与者心血的开放与忠诚。牚色作为纯的象征，与混杂犁色正好构成相反的意义。

　　殷商末期形成了固定的祊祭传统，即宗庙大礼前一天在庙外的祭祖之礼，在此礼仪中一定用牚牛（只有在祭祀先妣时才会用羊）。这种祊礼，因为安排在庙门之外，非王族的人也能来参加或观看，所以祊礼的涵义有祭祖以及强调社会关系血肉相连的双重目的。也就是说，王室宗庙祊祭与国家盟会的血祭可能是同时进行的活动。

　　"牚"字的字形从"羊"、从"牛"，是因为，"牚"字一定指涉牛，故"牛"为指出牺牲类别的义符，而"羊"首有作声符的作用。"羊"与"辛"古音同，所以后期的"牺"字，很明显地传承"牚"字，以"辛"取代"羊"，消除了对祭牲类别的误导，而纯粹发展为形声字结构。但是，甲骨文中很少有不带意义的声符，因此"羊"字偏旁或许也带有某种意义。依笔者浅见，尽管尚无定说，此处或可将"羊"部偏旁初步理解为"祥"，则"牚"字为会意兼形声字，表达"吉祥牺牲"的意思。

　　据上所述，甲骨文已有鲜明的赤色概念。虽然"赤"字少见于甲骨文中，且多指驾车用的良马，而非祭礼用的赤色祭牲；但当时"牚"字才是指称祭礼所用赤褐色牺牲的词汇。从字形结构来看，"赤"无疑从"火"，"牚"则可能与血色有关。若比较红牛与红马的颜色，或可说马的皮肤较偏向亮红火色，而牛皮近于红褐、枣红、血红色调。但笔者认为，甲骨文中"赤"、"牚"二字的区别，未必涉及颜色，也许应源

① （晋）杜预注，（唐）孔颖达等正义：《春秋左传正义》，页 566、740。

于两者的作用不同。早期"赤"的主要字义甚至不是用于表达颜色,而是指升于神的火祭,后来才转义为"赤马"。若"赤马"一词释为"火马",意味着"如火一般暴躁飞骤的骏马",是一种对良马的美称;而在表述祭牲类型的结构中,唯有羊色才能与祭礼中的白、黑相应。羊色即是血色,纯洁牺牲外皮的毛色相当于其身内的血肉的颜色。

在商文明的祭礼中,羊色代表光亮、吉祥的纯色,与脏杂的犁色相反。犁色虽然或许会近乎黑色,但却不是相对于白的黑色概念,而是相对于纯血色的混杂黑黄、泥灰等不干净颜色的概念,故犁色的动物不能作纯洁的牺牲。在古人眼中,犁与羊、黑与白,是两种在视觉上具有相对意义的形象,在礼仪中被用来象征相反的理念。

(三) 第三阶段:黄与青

1. 甲骨文中黄色的记录

甲骨文中"𡕢、𤯍"(黄)字出现率高,学界已统计到近 300 次,但其中大部分是指受祭祀的对象:黄尹和黄奭。祭祀黄尹的记录只见于武丁时代,祭法以侑为主,其次有酌、求、燎等,黄尹对商王会有伤害,造成祟、蛊、王脚疾痛等,祭祀他会用一到百牛[1];祭祀黄奭的记录较少,也是武丁时代才有,祭法为侑、燎、载等[2],并《合集》3506 曰:"戊戌卜,帝于黄奭,二犬? 帝黄奭,三犬?"在此"帝于黄奭"和"帝黄奭"的意思应该相同,只是缺刻"于"字。上编第九章已论及这类卜辞,推论该"帝"应读为"禘",指对祖先的禘祭。卜辞中黄奭对商王和善,并不造成困难,应该是对某祖先的崇拜。《合集》3505、6354、14918 另载"黄示",可能是王族的祖先或与黄奭属于同一脉络。至于黄尹的问题,学界没有共同的看法,不似传世文献中的任何对象。这些对象用"黄"字的意思也不清楚。

武丁时期出现几位以"黄"为名的人,如据《合集》15482 上的"黄"可能是殷商族团之一;《合集》22 提及某"黄丁人";《合集》9468 提及某"黄兵";《合集》4302、

---

[1]　如参《合集》411、563、595、767、811、902、916、939、945、970、971、1303、1631、1868、2970、3217、3255、3460—3498、4368、6000、6080、6083、6137、6142、6146、6147、6209、6431、6945、6946、7260、7865、8478、9856、9965、10079、10171、11804、12627、13153、13647、13682、14659、14746、15021、15048、17308、17408、19771、20096、23565—23567、39715;《东京》363;《英藏》1187、1188;《怀藏》899;《天理》58、59、155 等。

[2]　如参《合集》409、418、575、1051、2953、3506、9774、14209、14210、39718、39719 等。

7443、7982、8397 提到某黄被令或主动参加方国与商之间的互动①。

康丁、武乙时期有一位贞人名为黄②；卜辞里又出现"黄"、"黄林"等地名③；上引《合集》28196"黄又赤马"可能表达良马的颜色，但确切意思不清楚，因"又"字即是"有"字的写法，或许更准确为黄（人名）有赤马的意思④。换言之，"黄"字的意思范围不甚清楚，其本义和象形意义难以探讨。

只有在少数文例中，"黄"用于表达牺牲的颜色，并且对象都是牛：

丙辰卜，王，四牛，黄？	《合集》11072
……四牛，黄？	《合集》11073
叀（惟）黄牛？	《合集》29507、29509、36992—36999
……黄牛？	《合集》11165、11167、18274、36992
叀（惟）黄牛，又（有）正？	《合集》31178
乙卯，其黄牛正，王受又（有）又（祐）？	《合集》36350
……必黄牡爻？兹用。	《合集》41692
己丑卜，宁贞：……犬，卯十黄牛？	《英藏》1289
己亥卜，宁贞：不牛？示齐，黄？	《合集》14356

关于祭用的黄毛牺牲，汪涛先生认为："值得注意的是'黄'颜色的祭牲多用于四方之祭。"朱桢先生亦分析道："'黄牛'之为牲已可以看出是祭祀'东'、'西'、'南'、'北'四方神祇，或者说"黄牛"是正方位祭礼的专用牛牲。"⑤两位先生的说法乃基于下面所引的卜辞内容：

贞：帝（禘）于东，埋 𦥑 豕，燎三宰，卯黄牛。	《合集》14313
甲申卜，宁贞：燎于东，三豕、三羊、𦥑 犬，卯黄牛。	《合集》14314
燎东黄鹰？	《合集》5658
贞：燎〔于〕东，母□，黄〔牛〕？	《合集》14342

---

① 此外参《合集》553、748、917、2060、2245、3499—3503、4303、4304、5043、5044、5909、6121、7676、7875、9563、11584、12671、13742、13912、14022、14038、15202、15276、17095、18287、18819、18957、19939、19942、21099、22088、23568、40813、41012；《英藏》409、410、1190—1193；《东京》421；《苏德美日》M7 等。花东卜辞第 180 卜甲上，似有提及黄色玉璧之处，但意思却不明晰，解读或许有误，故本文不予讨论。

② 如参《合集》26662、26663、36484、36487、36496、36505、36823 等。

③ 如参《合集》36547、33167；《屯南》2182 等。

④ 《合集》28893、32783、32030；《屯南》2316；《怀藏》10—12、443、1521 等卜辞用"黄"字的意思也不清楚。

⑤ 汪涛：《甲骨文中的颜色词及其分类》，页 181。朱桢：《"殷人尚白"问题试证》，页 9。

贞：燎东西南,卯黄牛？

燎于东西,出(侑)伐,卯南,黄牛？　　　　　　《合集》14315

前文已讨论,帝(禘)是一种从中位往四方位的祭法,但从这些卜辞来看,所谓"四方之祭"的说法尚欠精准。因为,实际上卜辞只提及东、西、南三方的祭祀,并无北方。商周时期既有祭四方之礼,亦有祭三方之礼,所谓"三方"并不含北(有关古代三方之礼的问题,容后再加以讨论)。如果证明黄牛是禘祭四方的牺牲,则可以假设"黄"为中位象征的概念之萌芽,但既然目前只见祭祀三方,并且黄色的牺牲未必用在祭祀方位,而祭祀方位常常不用黄色的牺牲,故此假设还需要商榷。

2. 甲骨文无青色的问题

就基本的视觉感和表色词汇的发展规律而言,青与黄犹如黑与白,也是人类视觉中的"互补色",构成彼此间的色光相对。经由青与黄的相照,才能确定两者间的色域范围。因此,青与黄的颜色概念必然同时产生,不可能先独有黄色,却没有青色。但目前在甲骨文中,似未曾发现"青"字。周代金文虽有"青"字,却用作表达"静"的意思,而非用于表达颜色。

学者们讨论"五色"概念滥觞于商周文化时,曾屡次论及这种无"青"色记载的问题。例如,美国学者巴克斯特(W. Baxter)认为,殷人只有四色结构,"青"的概念是后来才被确定的;汪涛先生亦赞同此说[1]。但甲骨文中已有黄色是事实,据人类的视觉感来推论,殷人无"青"的说法实在于理难合。

尽管白、黑、羍(幸)、黄四色在祭礼中的作用与象征意义仍需细究,但缺乏青色更是殷商色彩概念中最大的问题。依鄙见,既然天地百彩皆源自这五种基本色调,而五色又只能依存于视觉和象征意义的联系中,若无青色,我们根本无法对其他颜色的视觉范围与象征意义作有效的探索;同时黄色概念的存在足以证明青色概念的形成。

3. 传世的文献中的青色牺牲

从基本的五色结构观之,商周出土文献中有关于黑、白、羍(幸)、黄四色牺牲的卜辞,却不见关于青牲的记载。然传世文献中,"青牛"、"青羊"反倒都是珍贵之牺牲,如《水经注·河水二》载："晖以所执榆鞭竖地,以青羊祈山神。"《隋书·礼仪

---

[1]　W. Baxter. "A look at the history of Chinese color terminology". *Journal of the Chinese Language Teachers Association*, vol. XVIII (1983), №2, pp. 1–25. 汪涛：《甲骨文中的颜色词及其分类》,页187。

志二》则谓古代于立春时节，有以青牛为象征，冀望保障年丰的习俗："立春前五日，于州大门外之东，造青土牛两头，耕夫犁具。立春，有司迎春于东郊，竖青幡于青牛之傍焉。"①牢祭之礼渊源长远，关注祭牲颜色的传统亦相当古老，不大可能在汉代以后才开始用青牲祭祀。

此外，青羊、青牛在神话中均属吉祥的牲畜。如《抱朴子·对俗》提及青色生物能有千岁之寿，其文曰："其中有物，或如青牛，或如青羊，或如青犬，或如青人，皆寿千岁。"在《列仙传》中，也常将青牛视为仙人坐骑，如："老子西游，关令尹喜望见有紫气浮关，而老子果乘青牛而过也。"《水经注·河水二》亦有类似记载："《神仙传》曰：'封君达，陇西人，服炼水银，年百岁，视之如年三十许，骑青牛，故号青牛道士。'"②魏晋南北朝的道教传统中，蕴含了许多来自上古巫觋文化的信仰及作法。虽然老子出关的神话形成较晚，但笔者推想，神话之所以强调青牛，应肇因于青色动物在巫觋信仰中特别受到重视。设若古代祭礼不重视青牲，则后期神话应该也不会特地选择青牛作为吉祥的象征。

汉代以降，祭礼及神话类的相关记载，经常提到青牲的神祕作用，这应该是出自上古夏商巫觋文化的遗存。若然，则青牲何以未见于殷商甲骨文中？

笔者认为，青色概念的形成，与"青"字的出现并非同一问题，不能相混而论。既然殷商时期未曾以红、朱、赤等字指称红色祭牲，而用"羍"字表达之；同理，极有可能商代采用其他字汇来指称青色的祭牲。换言之，尽管商周文献中，尚未见有用"青"字指称"青色"的文例，却不能据此认定，已知黄色的商周人没有青色的概念，这最多只能证明他们不用"青"这个字描述颜色而已。因此我们需要寻找殷周时期表达青色之义的究竟是何字？

在甲骨卜辞中，同样未见蓝、绿、苍、碧等字，习见的表色用字仅有黑、白、羍、黄，以及表示毛色混杂的犁色。此外，尚有"幽"色，同样被用来表达祭牲的颜色，因此我们必须厘清"幽"字所表达的颜色③。

---

① （北魏）郦道元著：《水经注》，页34。（唐）魏征等撰：《隋书》，北京：中华书局，1973年，页129—130。

② （东晋）葛洪撰，王明著：《抱朴子内篇校释》，北京：中华书局，1985年，页47。《史记·老子韩非列传》："于是老子乃著书上下篇，言道德之意五千余言而去，莫知其所终。"司马贞《索隐》引汉刘向《列仙传》："老子西游，关令尹喜望见有紫气浮关，而老子果乘青牛而过也。"参见（汉）司马迁撰，［日］泷川资言会注考证：《史记会注考证》，页833。（北魏）郦道元著：《水经注》，页30。

③ 有部分学者认为甲骨文中的"散"字也是用以表色的字汇，但其用法不同，卜辞中似乎作动词。另一些学者则持相反意见，笔者较同意后者。参李孝定：《甲骨文集释》，页333。所以甲骨文中仅有犁、白、黑、羍、黄、幽六字为表达祭牲之颜色。

四、殷商祭礼中"幽"色的色素与形象

（一）甲骨文幽色的色素考

目前出现"幽"字的卜辞,其内容皆涉及祭牲的颜色。无论早期或晚期甲骨卜辞,均可见到这类卜问是否使用幽色祭牲、使用幽牲是否受祐的记录,如:

　　辛卯卜,子陣宜,重(惟)幽麃,用?

　　辛卯卜,子陣宜,重(惟)……不用?　　　　　　　　　　　　　《花东》34

　　辛卯卜,子陣宜,重(惟)幽麃,用?　　　　　　　　　　　　　《花东》198

　　重(惟)幽牛?　　　　　　　　　　　　　　　　　　　　　　　《屯南》4420

　　幽牛?　　　　　　　　　　　　　　　　　　　《合集》29510、《怀藏》1410

　　□□卜,小乙卯,重(惟)幽牛,王受又(祐)? 吉。　　　　　　　《屯南》763

关于"幽"色,《礼记·玉藻》曰:"一命缊韨幽衡,再命赤韨幽衡。"郑玄注:"幽读为黝。"段玉裁注《说文》亦言:"幽为黝之假借。"郭沫若先生遂依此音读认为:"幽通黝,黑也。"此后多数学者亦将"幽"读为"黝",但此说仍有些疑点。首先,"幽"为古字,而"黝"则是汉代之后才出现的字汇。出现在早期文献中的"幽"字,不可能假借尚未出现的"黝"字。但反过来说,"黝"字却可能是从"幽"发展出来的新字词。郑玄注引郑司农云:"黝读为幽"[①],以"幽"为本字,"黝"为后期的假借字,或根本只是同声字而已,这才符合历史语言的演化顺序。

孙诒让先生曾详述"幽"和"黝"的关系,他指出古书都有"幽",而无"黝"字,"则幽黝古今字先后,郑皆以今字读古字"。依赖今字的涵义,是无法确定古字原义的。在历史语言的演化中,本字的原意未必和后期假借字或同声字完全相同。当然,后期的祭法概念也未必等同于早期的祭法概念。经过漫长的演化后,商代祭

---

① 　（汉）郑玄注,（唐）孔颖达等正义:《礼记注疏》,页 1395—1396。（汉）许慎著,（清）段玉裁注:《说文解字注》,页 158 下。郭沫若:《殷契粹编》,第 549 片考释。（汉）郑玄注,（唐）贾公彦疏:《周礼注疏》,页 523。

义与汉代祭义之间可能已经产生了许许多多的变化。《周礼·地官·牧人》曰："凡阳祀，用骍牲毛之；阴祀，用黝牲毛之；望祀，各以其方之色牲毛之。"郑司农注云："阳祀，春夏也。黝，读为幽。幽，黑也。"郑玄进一步解释："阳祀，祭天于南郊及宗庙"，又谓："阴祀，祭地于北郊及社稷也。"①这些记载虽然代表着两汉的祭法概念，也仅能证明"幽"色在东汉时被视为接近黑色，而无法据以确知殷商时期的"幽"字用义，以及幽色在殷商祭礼中的作用。尤其是在甲骨文中，我们既看不出骍色由《周礼》所提及的同类作用，也找不到"骍"、"幽"相对的文例。

如果幽色理解为黝色，则黝、黑二色甚难区分，尤其用以指称牲畜毛色时，两者几乎没有差异。对此，姚孝遂与肖丁先生曾提出疑问："卜辞有'黄牛'、'白牛'，均指毛色言之。尚有'黑牛'。'黑牛'与'幽牛'不知有何区分。"②并且甲骨文还有近乎黑色的犁色，表达脏杂的泥黄泥黑，怎么可能还会有第三个指出近黑色的字体？中国社科院考古所的花东卜辞整理者，亦曾怀疑郭沫若先生对"幽"字的定义，其言："幽，郭沫若谓通黝，黑。学术界都从之，但卜辞已有黑字表示颜色，故幽色与黑色可能存在一些差异。"③

《屯南》2363 卜辞载：

丁丑卜：姚庚史，重（惟）黑牛，其用隹（唯）？

重（惟）羊？

重（惟）幽牛？

重（惟）黄牛？大吉。④

在祭祀先姚姚庚时，巫师针对四种颜色的牺牲进行卜问选择，其中"黑"与"幽"明显分指不同颜色。《屯南》139 另言：

庚子卜，祖辛岁□？吉。不用。

重（惟）羊？

重（惟）幽？

① （清）孙诒让著，中华书局点校：《周礼正义》，册二，卷二十三，页 11。（汉）郑玄注，（唐）贾公彦疏：《周礼注疏》，页 523。

② 姚孝遂，肖丁：《小屯南地甲骨考释》，页 48。

③ 《花东》，册六，1572 页。

④ 《合集》41400 曰："重羊，又（有）大雨？重黄牛，又（有）大雨？"《合集》41401 曰："黑羊，又（有）大雨？"原本应该有类似的记录，卜问黑、羊、黄、幽等颜色，但是残缺不全。

　　　　重（惟）勿（犁）牛？

进行岁祭时,巫师卜问:是否以羊、幽、犁毛祭牲作祭祀之用? 由此可见,"幽"与纯黑不同,亦不属混杂泥黑的"犁"色。《合集》29511 也载幽色与犁色的问题:"三牛? 幽牛? 重（惟）勿（犁）〔牛〕?"

　　同时从甲骨卜辞可以看出,幽牛与黄牛相配的一系列记录,似乎这对颜色有互补关系:

　　　　重（惟）幽牛,屮（侑）,黄牛?　　　　　　　　　　　　　　《合集》14951

　　　　……幽牛……

　　　　……幽牛……黄……?　　　　　　　　　　　　　　　　　《合集》18275

　　　　……黄牛?

　　　　重（惟）幽牛? 吉。　　　　　　　　　　　　　　　　　　《合集》33606

　　　　重（惟）幽牛?

　　　　重（惟）黄牛? 大吉。　　　　　　　　　　　　　　　　　《屯南》2363

虽然很多卜辞残缺,姚孝遂先生早已发现幽牲与黄牲间的相对关系,其谓:"《乙》七一二〇'重幽牛屮黄牛','黄'与'幽'相对为言,谓黄色之牛,'黄牛'卜辞所习见。"[1]

　　依鄙见,在理解幽的字义时,其与黄相配的情况实属关键。就色彩而言,黄与青为相对色,在前文所提及表色词汇的发展脉络中,青与黄必定同时分出,用以表达两个相对的色光范围,其关系正如白与黑相对。在占卜祭牲的卜辞中,白与黑经常处于相对位置,幽与黄亦然。藉由甲骨卜辞,可以清楚地看出殷商语言中的色谱结构,除杂色外,共有五种纯色:白、黑、铧、幽、黄,而"幽"字正好填补了青色的空缺。

　　对此假设传世文献中流下不少证据,尤其是《诗》里有些文句直接表达"幽"字只能形容叶草的青色,如《小雅·何草不黄》云:"有芃者孤,率彼幽草。有栈之车,行彼周道。"《小雅·隰桑》亦云:"隰桑有阿、其叶有幽。既见君子,德音孔胶。"郑笺虽言:"幽,黑色也"[2],然上述文例均指叶草而发,与黝黑色光无关,故"幽"应指深浓幽青色调。《诗》中的"幽"字用法,足以旁证其本义为青色。

　　据上可见,从人类对色光的视觉感与光谱结构、甲骨卜辞的记录、传世文献等三方对照,可推断甲骨文中的"幽"字应即表达青色字义的古字。

――――――――――

[1]　《甲林》,页 2537。

[2]　(汉)毛公传,郑玄笺,(唐)孔颖达等正义:《毛诗正义》,页 1454—1456、1419。

（二）幽与玄：甲骨文与传世文献的线索

甲骨卜辞中，除习见的幽色祭牲外，尚有罕见的玄色祭牲，如《合集》33276 曰：

求禾于河，燎小宰，沈三牛，宜牢？

乙巳，贞：求禾于夒，三玄牛？

《说文》曰："玄，幽远也……象幽而入覆之也。"显见"玄"、"幽"二字具同义性，关于"幽"字的结构，《说文》又谓："幽，隐也，从山中丝，丝亦声。"林义光先生据"幽"的字形及其在金文中的用义，早已为许慎的说法提供明证，其曰："凡玄字疑本借幽之，遂与玄相混。"亦言："按：古作 𢆶 。8 古玄字。从山玄，从二玄，犹从二玄也。幽从二玄与奭从二百同意。"马叙伦、金祥恒赞同此说，其云："金器以幽为玄。"①

汪涛从甲骨文用字的情况来总结："甲骨文中有一条卜辞（《合集》33276）。这个'玄'字在这里似乎只是'幽'的简写。"②换言之，各项资料都显示了"幽"、"玄"二字关系亲密，其表色范围相同。甲骨文中极少见的"玄"字，确实可能源自"幽"的省文，故"玄"字应是从"幽"衍生而来的字汇。关于玄色，《说文》曰："黑而有赤色为玄。"③捃此，"玄牛"一般被视为黑毛之牛。然笔者认为，甲骨文中罕见、简写的"玄"与常见、繁写的"幽"，同样都用来指称青色。

《花东》286 卜甲上有一条卜辞，李学勤、朱歧祥、张玉金等学者释之如此："丙卜：叀（惟）刉（玄）圭禹（称）丁，亡耴（联）？"④若学者们释读无误，则"玄圭"一词已足以否定殷商"玄"字意指"黑"色的说法。目前殷商考古发掘资料已相当丰富，但迄今未曾发现任何一件黑色或黑红色之玉圭！反而在玉圭当中最常见的正是青圭，如龙山、二里头、三星堆、殷墟妇好墓等许多地方所出土之玉圭均属青圭。以此出土文物为旁证，商代"玄"字所表达的颜色应属青色的可能性较大。

---

① （汉）许慎著，（清）段玉裁注：《说文解字注》，页 159 下、158 下。林义光著：《文源》，卷三页三、卷十页九，载董莲池主编：《说文解字研究文献集成·现当代卷》，第 2 册，北京：作家出版社，2006 年，页 62、115。马叙伦：《说文解字六书疏证》，上海：上海书店，1985 年，卷八，页 10。金祥恒：《释赤与幽》。

② 汪涛：《甲骨文中的颜色词及其分类》，页 188。

③ （汉）许慎著，（清）段玉裁注：《说文解字注》，页 159 下。

④ 参李学勤：《从两条〈花东〉卜辞看殷礼》，《吉林师范大学学报》，2004 年第 3 期，页 1—2。朱歧祥：《殷墟花园庄东地甲骨校释》，台中：东海大学中文系，2006 年，页 551。张玉金：《殷墟甲骨文"吉"字研究》，《古文字研究》第二十八辑，北京：中华书局，2006 年，页 70—75。

其实，早有易学专家指出中国古代的"玄"字乃指青色①。研究中国服装的专家也发现，唐宋人经常以"青"字替代"玄"字②。况且《诗·小雅·何草不黄》有云："何草不黄，何日不行。何人不将，经营四方。何草不玄。何人不矜。哀我征夫，独为匪民。"郑玄笺："草生而出，至岁晚矣，何草而不黄乎？言草皆黄也。……始春之时，草芽孽者将生，必玄于此时也。"孔颖达《正义》："今至十月，何草而不黄乎？言草皆黄矣。…… 又至明年之春。言今何草不玄，言众草将生而皆玄之也。"③可见此诗以草色黄、玄形容时间，晚秋草木变黄，早春新芽则有玄色。郑笺虽言"玄，赤黑色"，但此解有违自然，春草新芽之颜色应是鲜青。《小雅·何草不黄》中同时也显示了玄与黄是相对的概念，此相当于甲骨文中的幽与黄相对，或色谱中青色与黄色相对，可谓异曲同工。

这类青与黄相对的文例，亦可见于其他诗句，如《诗·齐风·著》："充耳以素乎而……充耳以青乎而……充耳以黄乎而。"《小雅·苕之华》"苕之华，芸其黄矣……苕之华，其叶青青。"④这些均为以"青"字取代"幽"字的典例。

换言之，考察出土文物和文献等各种资料，皆有充足的证据可以证明"玄"即为"青"。"玄"乃从"幽"字衍生出来的字汇，是"幽"字的省文，殷商时期，"幽"、"玄"字义尚未分歧，故甲骨文中常见有"幽"字，罕见"玄"字，但两者均为同一个指称青色的字，西周时才分为两个字。

（三）殷商时期幽色的象征意义与"幽"字的结构

1. 幽黄与玄黄

综合上说，可得到如下结论：青与黄是光谱中永远相对的两个颜色；卜辞中的幽牲和黄牲亦为作用相对的两种祭牲；甲骨文中的"玄"乃自"幽"字衍生，其字意原本相同。循此，笔者推论殷商祭礼中的"幽/黄"相对意义可能与传世《礼》、《易》

① 1920—1930 年代苏联的易学研究者 U.K.Stchutskiy（Ю.Щуцкий，1897—1938），将《周易》之"玄"字译为"青"，参见 Щуцкий Ю.К. *Китайская классическая Книга перемен*. М.：Восточная литература РАН，1997.

② 参王宇清：《冕服文化永耀中华的特质与衍生》，台北：实践大学，2004 年，页 67。

③ （汉）毛公传，郑玄笺，（唐）孔颖达等正义：《毛诗正义》，页 1454—1456。

④ （汉）毛公传，郑玄笺，（唐）孔颖达等正义：《毛诗正义》，页 525—529、1450—1452。

中的"玄黄"概念相近，甚至幽黄祭牲之信仰极可能是"玄黄"概念的形成来源。

由传统象征意义观之，黄为地色，玄为天色，如《周礼·冬官·考工记》云："天谓之玄，地谓之黄……玄与黄相次也。"①既然商周以幽为玄，则可推知幽与黄相配正象征天与地的神力相配。

中华文明的天地观，着重于天地交合的概念。古人观察大自然，发现独天不生，独地不生的道理，惟天地相辅始为万物相生之基础、万事成功的条件。所以笔者推想，古代巫师以代表"天色"与"地色"的牺牲相配，祈求达成天地平等、相合的状态。此一针对卜辞内容的假设，理由与证据如下：（1）占卜牲色的象征乃基于深厚的信仰。（2）天与地神力相配是古代观念的核心所在，前文已详细讨论商代"下上若"、"神明"等天地相配的信仰与相关祭礼活动。（3）"黄"正好是地色，而天色属"幽"的表色范围，因此幽与黄相配乃天地相交的礼仪之一。

《庄子·天地》云："百年之木，破为牺樽，青黄而文之，其断在沟中。"成玄英疏："牺樽，刻作牺牛之形以为酒器，名曰牺樽也。"②牺樽是祭祀用的酒器，其以青、黄色彩修饰，可想见必有神妙的象征意义。笔者认为牺樽的青黄纹饰与牺牲的幽黄皮毛，在祭礼传统中应具相同寓意。成疏阐明牺樽的形状是取自牺牲，更可证明两者间的密切关系。青与黄相配在祭礼信仰中，象征青（幽）、黄牺牲所带有的天地神力的结合。

笔者进一步认为：卜辞中幽黄牺牲相配，或许和《易经》爻辞有关。《易·坤卦》爻辞曰："上六：龙战于野，其血玄黄。"《文言》："夫玄黄者，天地杂也，天玄而地黄。"③殷人曾在使用幽、黄祭牲的祭礼中，以幽牲与黄牲之血实现"血玄黄"的神祕形象。前文已讨论，古人不单独以天为崇拜的对象，天地相配才是万生的条件。若天过强而地力不足，天地之间容易造成水灾；若地过强而天力不足，天地之间容易造成火灾；两者都会出现生命灭亡的情况，所以天地相合、相当、相配、平衡才是唯一重要的。或许在每次祭礼前，巫师都必须进行卜问，了解天地神力平衡的状况：若天不足，则用幽牲之血加强天力；若地不足，则用黄牲之血加强地力；若上下都需要加强或保持平和，则用幽黄牲血相配其礼。

---

① （汉）郑玄注，（唐）贾公彦疏：《周礼注疏》，页1776。

② （战国宋）庄周著，王叔岷校诠：《庄子校诠》，页464。

③ （魏）王弼、（晋）韩康伯注，（唐）孔颖达等正义：《周易正义》，页66—72。

　　依鄙见,《易经》卦辞与爻辞的象征性语言,隐藏着巫觋文化中的神祕信仰,是上古占卜的象征、祭法中的象形语言。《周易》卦辞与爻辞中的各种形象,应源自周之前先民的天地观及其对天地的崇拜祭法(其源流甚至可能含有早到新石器时代农耕文化的天地观之滥觞)。因此《易》的"龙战于野,其血玄黄"的形象,与牺牲幽黄有源流关系。虽然古代的占卜方法和所用象征都相当多元,卜骨与占筮方法也各有其长远的传统,但源自同化程度相当高的商文明的卜骨、占筮的相关观念仍具有一致性,所以龟甲上与青铜器上的数字卦和爻之卦等,均被用作天地神力的象征。而甲骨卜辞与《易》爻辞的对读,确实有助于我们理解古代祭礼中的神祕涵义。

　　此外,在马王堆三号墓出土太一将行帛画的下面有青龙、黄龙一对①,依笔者浅见,这一构图的原义也与上论相同,这是太一中恒约束天地神力为均衡。

　　换言之,古代以"幽"为"玄",故"幽黄"与"玄黄"意义相同。这种配色模式涉及天地交合的观念,在汉代观念中,这也牵涉到五色五行的概念;但在殷商时期,应该仅是作为上下或天地交合这一核心概念的象征。

　　2. "上界"颜色的概念

　　若上论无误,幽黄相配在商代祭礼中确实涉及天地神力的神祕概念,则我们完全可以进一步推论:殷商时期的幽玄乃用于象征天色,与象征大地的黄色相对。然就商代观念而言,"天色"一词犹不甚精准,因为甲骨文中通常不以"天"字表达上天高界,故"天"字颇为罕见,仅狭义地用于表达管理历法之天,有一些学者甚至因此认为商代未有抽象的"天"和"天地"概念。但实际上,在表达此一概念时,商代不用"天"字,而用"上"字;"上界"是指天神们和祖先所居的崇高上界。前文下编第一章内已从各方面详细讨论:商代不仅有抽象的"上"概念,且有完整的"上下"宇宙观。卜辞中常见有"下上"及"上下"之词,应与《楚辞·天问》所谓"上下未形,何由考之?"②意思相近,既指具有靈性的"天地"本身,亦指源自"上下"的神祕力量。

　　商代语文中,"上"的涵义应比"天"更广阔,虽然甲骨文中的"上"字可以表达"天"的意思,但"上界"的形象远比"天界"更加抽象。何以说"幽"字为古人表达上界的颜色?现代人的生活经验异于古人,难以透过对字形结构的掌握,明了文字背后的观念象征和来源,需要一步一步作更深入的研究,才能回到当时的形象世界。

---

① 　现藏于湖南省博物馆。

② 　(楚)屈原等著,洪兴祖补注:《楚辞补注》,页124。

关于古代表色字汇的问题，汪涛先生认为"是从颜色的光亮度着眼，而不是色素本身。"汪涛先生还引用德国19世纪初冯哥德（J.W.von Goethe）先生之见解："古代表现方式所固有的可变性和不定性而产生的；特别是在早期阶段更多的是依赖感官生动印象。因为完完全全是想象中的印象，事物的特质于是被描绘得模糊不定。"①然笔者认为，若以此理解殷商文化中的表色字汇，实属不妥。因为当时所感知的色彩，既非"模糊不定"，亦非"想象中的印象"，也不是一种纯粹抽象的色素概念。商代或先商对颜色的界定，首先必取义于可观察的自然现象，抽取其意象，借义造字，再以该字反过来象征这个现象本身。因此，祭礼中所用礼器、祭品的颜色均带有深刻的信仰意涵。

从我们现代人的背景，有些用词的本义、来源难以解通，如对个人而言，"黄"字的字形之谜已颇难通解，但这并不是因为造字的原本概念模糊不定，而是因为现有的资料不足以使我们了解所以然。不过，经由对幽色的色彩范围的确定，及其与"上界"的关联，笔者将回过头来，针对"幽"字的象征意义进行探究。

3."幽"字字形论考

《说文》又谓："幽，隐也，从山中丝，丝亦声。"②但是商承祚先生提出，古代"幽"字似从"火"，至于从"山"的字形乃出自周人的误解，其认为："以火烛幽隐也。后世将形写误，许君遂有从山之训也。"③现代学界多同意此说，并成定见。然笔者必须提出质疑，周人直接上承商代文化，要否定周人对商代字形的理解，恐怕需要更多有力的证据。此外，若"幽"字从"火"，则这个字又何以能同时表达"不明"的意味？这实在难以理解。因此，笔者拟对甲骨、金文中的"幽"字字形重新考证。

甲骨文中的"山"字，可以写成：𝔐④、𝕎⑤、𝕎⑥、𝕎⑦、𝕎⑧、𝕎⑨、

①　汪涛：《甲骨文中的颜色词及其分类》，页183—184。

②　（汉）许慎著，（清）段玉裁注：《说文解字注》，页158下。

③　商承祚撰：《甲骨文字研究》，天津：天津古籍出版社，2008年，下篇，页602。

④　《合集》1050、5157、5431、5813、5949、6571、6822、7859、16205、20980、31984、32967、29920、30173、30329、34199、34205、34711、33233等。

⑤　《合集》16014、19626、21581、27753、34167、34030、40156、40306等。

⑥　《合集》5561、5562、34168等。

⑦　《合集》7966等。

⑧　《合集》96、1363、19293、19621、19623等。

⑨　《合集》30393、30454、30456等。

①、②；“幽”字则写成③、④、⑤、⑥；另外，“岳”字一般会写成“”。从字形观之，甲骨文“幽”字下部与“山”写法相同；而“岳”、“幽”二字的下半部并无任何不同。若“岳”字下部无疑为“山”，何以“幽”字的下半部不是“山”而是“火”？甲骨文的“火”字写法为“”，与一些“山”字的写法相近，容易造成混淆，然因此就认为古代“幽”字从“火”，理恐未顺，亦缺乏根据。金文“幽”字写作⑦、⑧、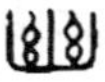⑨、⑩，而“山”字作⑪、⑫、⑬、⑭、⑮，同样也显示“幽”的写法确实从“山”⑯。这些字形可对照如下：

楷	甲骨文	金文	简文	说文小篆
山				
岳				
幽				
火	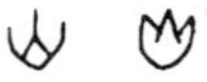			

① 《合集》30453 等。

② 《合集》7860、20271、21110 等。

③ 《花东》34、149、198 等。

④ 《花东》237 等。

⑤ 《合集》14951 等。

⑥ 《合集》18275、29510、28511、33606 等。

⑦ 西周早期盠司徒幽尊：《集成》器号 5917，现藏于北京故宫。

⑧ 西周中期师臾钟：《集成》器号 141，陕西扶风县强家村窖藏出土，现藏于陕西历史博物馆。

⑨ 西周晚期叔向父禹簋。

⑩ 西周晚期禹鼎。

⑪ 殷商山祖庚觚：《集成》器号 7081，藏处不明。

⑫ 西周早期启卣：《集成》器号 5410，山东黄县归城小刘庄出土，现藏于山东省博物馆。

⑬ 西周晚期䣄叔山父簋：《集成》器号 3800—3801，现藏于扶风县博物馆。

⑭ 西周晚期大克鼎。

⑮ 春秋早期訇虎簠：《集成》器号 4539，现藏于上海博物馆。

⑯ 金文“火”字甚罕见，写法也完全不同，如盟囗稣火爵（《集成》器号 9097，现藏于日本京都泉屋博古馆）将“火”写作“”，与简文作“”的写法相近。

由上表可知，"幽"字自古以来皆从"山"部。

传世文献中《小雅·斯干》云："秩秩斯干，幽幽南山。如竹苞矣，如松茂矣。"毛传虽有言："幽幽，深远也"①，然此处"幽"字并非纯粹表达"深远"的意思，亦有色彩的视觉。诗中描绘竹苞草木繁盛的山间有溪水流过，给人一种绿水、青山、蓝天的视觉意象，而在后期语言中，"青青"之词亦同样用以表达一片青远苍茫的景色。从文献中有"幽山"而无"幽火"的说法来看，可窥知"幽"与"火"无关，却与"山"有关。甲骨文中的"赤"字从"大火"，但"幽"字从"山"而不从"火"。

既然从"火"无据，谓其含有"以火烛幽隐"的意象也难以成立。因"幽"字始终都从"山"，其象形意义可能有二：其一，形容深远隐藏于山内；其二，表示通天的高山景色，包括山野林溪、天空云气间的各种色彩。由于山顶正是观天、祭天之处，故从山的字形都自然与"天色"有关。其实，《诗》中已屡次运用上述"幽"字涵义。比较其字形与在《诗》中的文意，笔者推测，或许"幽"字在殷商时期可以用来涵盖天色与山林之色两种概念。

前文已述及，语言中的颜色分类概念到了第三阶段，共有五种明显的色彩类别。此时各种蓝、绿色调尚未被区分开来，而被包含在广泛的青色概念里。所以青天、青色草木都属同一个色彩范围。在汉代以后，这个范围内的所有色彩都以"青"来概括；在商代，则均属于"幽"的表色范畴。

青色天空、青色林野融合成一片青的视觉感，亦即高山风景，也是"幽"字的象形义与本义。换言之，"幽"字取象于高山色彩，也表达高山色彩，包括山上林溪和昊天上界的视觉感。总观"幽"的字形与各种用义，笔者得到一种"神山"的印象，或许古代的"幽"字意象即近乎"神山"。因此"幽"可以象征崇高之意，并意味着天的本质，其色彩是从天青到天黝的各种"上界"色光变化。循之，笔者认为"幽"的字形即确切地源自"上界"的象形意义，其字义也足以完整地指涉属于上界的色彩。

4．"幽"字非仅作颜色的用义考

因"幽"的字义涉及崇高世界的诸多现象，故在甲骨金文中，"幽"字具有相当明显的神祕性，这在学界已屡屡论及。"幽"字未见有指称实际地名或人名的例子，却常指涉某些神祕处所或用作祖先谥号。如西周铭文中，数次出现以"幽"作

① （汉）毛公传，郑玄笺，（唐）孔颖达等正义：《毛诗正义》，页1056。

为祭祀对象的谥号：

寓对扬王休，用乍（作）幽尹宝障（尊）彝。　　　　　　　　　　　寓卣①

伯訾乍（作）文考幽中（仲）障（尊）殷（簋）。　　　　　　　　　　伯訾簋②

用乍（作）朕（朕）文考幽弔（叔）宝殷（簋）。　　　　　　　　　　即簋

朕（朕）剌（烈）且（祖）虢季、亮（宄）公、幽弔（叔）……　　　　师㝬钟

用乍（作）朕（朕）剌且（祖）幽中益姜宝匜（簋）殷（簋）。　　　　宰兽簋③

青幽高且（祖）才（在）攸（嫩）雷（灵）处。　　　　　　　　　　　史墙盘

緯（肆）武公亦弗叚塱（忘）朕（朕）圣且（祖）考幽大弔（叔）、懿弔（叔）。

　　　　　　　　　　　　　　　　　　　　　　　　　　　　　　　禹鼎

白（伯）嗣乍（作）白（伯）幽宝殷（簋）。　　　　　　　　　　　　伯嗣簋④

用乍（作）朕（朕）皇且（祖）幽大弔（叔）障（尊）殷（簋）。　　叔向父禹簋

亦我考幽白（伯）、幽姜令。　　　　　　　　　　　　　　　　　　瑚生簋

《逸周书·谥法》曰：“蚤孤陨有曰幽，雍遏不通曰幽，动静乱常曰幽。”⑤这个负面定义显然不能表达“幽”字的原始涵义。笔者推想，《逸周书》对“幽”谥的解释，实出自春秋战国时人对西周幽王的讽刺之意（讽刺幽王常见于《诗》序中），本来的“幽”谥应是表达祖先天位之意，尤其在史墙盘铭文上的“幽”为高祖谥号，而史墙的高祖当为昔日武王时代的功臣。因此，史墙盘上的“青幽高祖”似乎更足以阐明“青”与“幽”的密切关联。汪涛先生曾对于史墙盘此言提出如下想法：“虽然可以‘青’读作‘静’的通借字，可是‘青幽’两个颜色词并用，给人的视觉感官以一种森深静穆之感。”⑥笔者赞同“青幽”一词带有颜色感，但这应该不是单指森林浓绿而言，可能更有“天青神祕而不甚明”的意味。

　　依笔者浅见，“幽”被用作谥号，乃由于此字关乎昊天，可用来强调神祖升天，其灵幽玄。依此条资料观之，此观念从西周延续到唐宋，南朝宋代谢惠连《祭古冢

---

①　《集成》器号5381，现藏于上海博物馆。

②　《集成》器号3943，藏处不明。

③　《新汇编》器号663—664，现藏于陕西历史博物馆，另参罗西章：《宰兽簋铭略考》，《文物》，1998年第8期，页83—87。施谢捷：《宰兽簋铭补释》，《文物》，1998年第8期，页78—79。张懋镕：《宰兽簋王年试说》，《文博》2002年第1期，页32—35。

④　《集成》器号3784，现藏于北京故宫。

⑤　黄怀信、张懋镕、田旭东撰：《逸周书汇校集注》，页684—685。

⑥　汪涛：《甲骨文中的颜色词及其分类》，页187。

文》言："酒以两壶，牲以特豚，幽灵髣佛，歆我牺樽。"用"幽"字形容死者之神灵。唐代王维《过秦皇墓》将坟墓称为"幽宫"："古墓成苍岭，幽宫象紫台。"宋代欧阳修《贺九龙庙求雪有应》诗云："真宰调神化，幽灵应不言。"可能亦有上古信仰的根源，只是后人仅以"幽"字强调死者幽隐，而古人则用此字表达天的本质，并用以指出神祖居于天上神山之意①。可见，"幽"字象征上界，即使不用来表达颜色时，它依然与上界有关，例如用作天上神祖之谥号。

5. 白幽及黄白

（1）白幽之"大有"

前文已充分证明，玄幽颜色是指天色，而在殷商祭礼中幽色之物被用来象征昊天。"幽"与"黄"之相对即是象征上下、天地之相对。古人以幽和黄之相对来象征天地幽黄、天地玄黄之概念，用幽与黄色牺牲，以加强天地之相配，追求掌握《泰卦》所言"小往大来，吉亨"、"天地交，而万物通"等。幽黄牺牲的相配亦相当于《坤卦》的形象："龙战于野，其血玄黄"。

然而商文明祭礼的体系已非常发达、细致，所以并不仅限于一个形象，而就像《周易》一样，在一个总体性的"天地相交"概念的基础上，建立了一套关联体系。虽然商文明礼仪系统还未达《周易》形象那么细致分支的程度，但也已不是简单的结构，其祭礼、祭法甚多，形象丰富而互补相连。因此，虽然在用牺牲的礼仪中，较常见幽牛与黄牛相配，但与此同时在花东卜辞里有另一套资料显示在祭礼中有用幽牲与白牲相配：

> 甲寅，岁祖甲，白豕，祭岜一，又簋？
>
> 甲寅，岁白豕？一。
>
> 甲戌，岁祖甲，牢，幽荐，祖甲永子，用②？　　　　　　　　　《花东》149
>
> 甲戌，岁祖甲，牢，幽荐，白豕，祭二岜？
>
> 甲戌，岁祖甲，牢，幽荐，白豕，祭二岜？

---

① （清）严可均校辑：《全上古三代秦汉三国六朝文》，北京：中华书局，1958年，卷34，页1625。（唐）王维著，王福耀选注，刘逸生主编：《王维诗选》，广州：广东人民出版社，1986年，页87。（宋）欧阳修著：《欧阳修全集》，居士外集卷六，上海：国学整理社，1936年，页386。

② 笔者赞同花东卜辞的整理者对此一卜辞的解读："'祖甲永子'意为祖甲永远保祐子。"（《花东》，页1618）此种意思与青铜器铭文上的"子孙永宝"、"子孙永宝用"、"子孙永用"颇为相近，也就是希望祖孙之间的交接稳恒，祖先的"神德"永久保祐家族的子孙。参郭静云：《甲骨文用辞及福祐辞》，页55—92。对此问题下文也有补释。

　　　　乙亥,岁祖乙,牢,幽荐,白豕,祭二邑?

　　　　乙亥,岁祖乙,牢,幽荐,白豕,祭邑二?　　　　　　　　　　　《花东》237

虽然如此,我们却不能以为,幽表达黝黑的颜色。

　　前文已讨论白色的象征意义为"明色",以明升天的概念来表达祭礼通天、祭祀天神与天上的神祖。相关的证据如下:第一,西周铭文中经常出现"囧黄(璜)"一词,指出白色的玉璜,故白与囧在表达颜色时为同义词;第二,前文已讨论,从古文字象形意义来说,"囧"、"日"、"明"三个字为同一象形来源的字体,因此白为明的颜色,象征明的形象。殷商语文中,明乃太阳升天的时段,从而形成"明"为升天、通天的概念,此概念后来演化成"明德"(通天之德)、"明器"(具备通天达神能力的祭品)等。

　　在商代礼仪中"幽"为天色,而"白"为升天的颜色。白幽相配乃表达通天达神的理想。如果藉由易卦的概念,则乾坤之相配表达幽黄相配的形象,乾天坤地幽黄之合,乃由易卦中"泰"与"否"卦所表达,幽黄祭礼的目标应该是远离否而近乎泰的状态,而白幽祭礼的形象则为白日到达玄天。这一形象亦能藉由易卦的概念去理解。《易》中玄天和白日的相配由同人卦和大有卦来形容。前者形容太阳在天之下,未达天上,所以乾天在上而离日在下:☰☲。《易·同人》曰:

　　　　同人于野,亨,利涉大川,利君子贞。文明以健,中正而应,君子正也。……

　　上九:同人于郊,无悔。《象》曰:"同人于郊,志未得也。"[①]

而大有卦是得到上吉的吉祥之卦,形容太阳在天上,明上升而到达上位,所以乾天在下离日在上:☲☰。《易·大有》曰:

　　　　大有:元亨。……九三:公用亨于天子,小人弗克。……上九:自天祐之,吉无不利。《彖》曰:"大有,柔得尊位大中,而上下应之,曰大有。其德刚健而文明,应乎天而时行,是以元亨。"《象》曰:"火在天上,大有。君子以遏恶扬善,顺天休命。……大有上吉,自天祐也。"[②]

大有卦的《象》传准确表达了白幽的形象与祈祷目标:明火在天上,祭礼通天达神,因此"大有"自天上回降天祐。这种形象和白幽牺牲相配的祭礼,其实与前文所讨论的神明观念表现一致,其祭礼的目的都是追求祭祀与相关的祈祷犹如太阳一样

---

① (魏)王弼、(晋)韩康伯注,(唐)孔颖达等正义:《周易正义》,页149、154—155。

② (魏)王弼、(晋)韩康伯注,(唐)孔颖达等正义:《周易正义》,页156—162。

通天,因此进行祭礼者能获得昊天保祐的"大有"。

在先秦两汉的易学传统中,"神"是幽玄天的产物,故"神"的概念与"幽"、"玄"有关联,且与"明"相对,如前文所引《易·系辞上》:"仰以观于天文,俯以察于地理,是故知幽明之故。"韩康伯注:"幽明者,有形无形之象",将"幽明"概念与"在天成象,在地成形"概念作连接。这段文字均显示出"幽明"概念与"天地"相关,其中"幽"牵涉于"天",而"明"牵涉于"地"。《说卦》亦云:"昔者圣人之作易也,幽赞于神明而生蓍。"韩康伯注:"幽,深也,赞,明也。"①阐明了"幽明"与"神明"之相关性。从殷商祭礼来看,幽明的形象当时已可以归纳到神明观念的大脉络中。白日上升与幽天相合,以此古人祈祷幽天赐命保祐。

依鄙见,幽毛的牺牲与白毛的牺牲相配,其意义就在于以地明通天的"神明"理想,白色象征日月明出自地的概念,而幽色象征昊天上界,所以白幽相配与幽黄一样表达天地相合。但两者有所不同,"幽黄"或"玄黄"纯粹指涉上下天地之交、乾坤之相配,而"白幽"则进一步强调天地之交的方法以及祭礼的目标:出自地的"明"(或谓之"明德")通达昊天。

(2)黄白之"晋"

朱彦民先生另外发现卜辞中有"黄"与"白"相对:"羊在商代用作祭牲是很频繁的,数量也是很大的。不仅有普通的羊,还有经过特殊圈养的羊(宰)。但明确说明羊牲之毛色者,只有'白羊'与'黄羊',如:'惟白羊用?'(戬25.7);'惟白羊用之有大雨? 弜用黄羊,亡雨?'(宁1·23);'惟白羊,有大雨? 求雨,惟黄羊用,有大雨?'(粹786)。从所见的这几辞可知,'白羊'、'黄羊'之用祭,主要目的在于求雨,祭祀对象可能是负责天气的天神或某位神化了的职掌风雨的先王,祭法不明……是否可以断言'白羊'比'黄羊'更受重视或有什么特别的意义,由于材料太少,还不能肯定。"②

其实这问题,我们依然可以从天地幽黄概念去探讨。在幽天与黄地之间,白日明形被视作天地之交的媒介。从传世文献有很清楚地表达"黄白"的象征意义,如《史记·天官书》曰:"黄白,起地而上。"描述天体自地出而上,这与《晋卦》所言"明出地上"的意思相同,所以"黄白"色光搭配的形象恰恰象征"明出地

---

① (魏)王弼、(晋)韩康伯注,(唐)孔颖达等正义:《周易正义》,页545、665。

② 朱桢:《"殷人尚白"问题试证》,页9—10。

上"的概念。

晋卦的结构是坤土在下而离日在上,故谓:"明出地上":☷☲。《彖》传曰:"晋,进也。明出地上,顺而丽乎大明。"《象》传曰:"明出地上,晋。君子以自昭明德。以顺着明,自显之道。"①与晋卦相反的明夷卦的结构是坤土在上而离日在下:☲☷,"明夷,利艰贞。"对此《彖》传曰:"明入地中,明夷。"《象》传曰:"初登于天,照四国也。后入于地,失则也。"②祭礼的目的应该是避开"明夷,利艰贞",而加强"晋"的理想,祈祷从"明夷"的状态回到"晋"的状态。

古代巫觋文化中,"黄白"是神祕炼丹方术之用语,用以表达丹沙升华之过程,如汉代应劭《风俗通义·正失·淮南王安神仙》记载:

> 淮南王安,招致宾客方术之士数千人,作《鸿宝》、《苑祕》、枕中之书,铸成黄白,白日升天。……淮南王安,天资辨博,善为文辞,孝武以属诸父,甚尊之。招募方伎怪迂之人,述神仙黄白之事,财殚力屈,无能成获,乃谋叛逆,克皇帝玺,丞相、将军、大夫已下印,汉使符节、法冠。

虽然王利器先生校注"《汉书》本传注引张晏曰:'黄,黄金;白,白银也。'"然而从本文可见"黄白"是指成仙之方术,故表达神祕升天之理想,况且有直接说道"白日升天"。王利器先生校注引其他文献也阐明此观点:

> 《博物志·七》:"刘德治淮南王狱,得枕中鸿宝、苑祕书,及子向咸共奇之,信黄白之术可成,谓神仙之道可致,卒亦无验,乃以罹罪也。"《汉书·安本传》、《汉纪·十二》:"淮南王安好读书,招致宾客方术之士数千人,作内书二十一篇,外书甚众,中书八卷,言神仙黄白之事。"《论衡·道虚》:"儒书言淮南王学道,招会天下有道之人,倾一国之尊,下道术之士,并会淮南,奇方异术,莫不争出,王遂得道,举家升天,畜产皆仙,犬吠于天上,鸡鸣于云中。"葛洪《神仙传·四》:"淮南王笃好儒学,兼占候方术,作内书二十二篇,又中篇八章,言神仙黄白之事,名为鸿宝、万毕三章,论变化之道,凡十万言。"③

由此可知"黄白"之相配牵涉到升天信仰。

前文已探讨在商文明信仰中,日入地的形象与人界死者送葬的事情有关联。

---

① （魏）王弼、（晋）韩康伯注,（唐）孔颖达等正义:《周易正义》,页305—306。

② （魏）王弼、（晋）韩康伯注,（唐）孔颖达等正义:《周易正义》,页311、318。

③ （汉）应劭撰,王利器校注:《风俗通义校注》,北京:中华书局,1981年,页104—105。

日入地后祈祷第二天再生与乘日升天，即张衡《冢赋》所云：

幽墓既美，鬼神既宁，降之以福，于以之平。如春之卉，如日之升①。

这与前引应劭同样以"白日升天"来表达再生，表达死者犹如日进土中后，将自土中再生而升天。这种神祕形象应源自先民信仰中，死者的尸体进入黄土，但死者的靈魂被视为与天体相类，明亮白净而能自黄土升天。笔者假定，黄与白相配，使得这一形象获得象征意义，表达黄土与白亮的天体之相对，并意味着白亮的天体自土中升天的理想。依笔者浅见，"黄白"形象之来源，即是形容黄土之产物被升华而成"白"以获得升天的能力，这与"明出地上"概念依然相关联。

（3）小结

在商文明祭礼中，幽与黄象征天与地，幽与黄的相配合顺乃万物的化生条件。而在幽与黄之间另有白色象征地的产物有升天的能力，用作地与天之间的媒介。笔者认为古人用白牲祭祖与白衣作丧服的传统有同根关系，即古代"明"的形象。张衡《冢赋》"如日之升"之句表达了靈魂升天的过程与明日升天相同。祭祖的牺牲与礼器均有白的色光，此乃作"明"概念之象征，而"明"概念涉及升天之信仰。

是故，在商文明祭礼中除了幽与黄的牺牲相配之外，亦用黄与白、白与幽的颜色相配。"黄白"的意思，乃从黄土中白日升天，表达死者升天成仙的理想，以及晋卦的《象》传所曰："明出地上，晋，君子以自昭明德。""白幽"的意思，乃祭礼犹如白日通天达神，明火在天上，因此自天上回降天祐的"大有"，即大有卦的《象》传所曰："大有上吉，自天祐也。"由天所降的保佑神恩，是人们不能掌握管理的，人们所掌握的只是从地祭天之礼，并祈祷其礼能有如日升天的能力，因此白色实为人与天之间的媒介。

《合集》14331 的卜辞残缺，但似乎在表达幽、黄与白三种颜色相配：

……〔于〕东，🐕〔犬〕……

……西，🐕犬，燎白□、幽□？

……羊？卯〔黄牛〕……

《合集》14331 记录与《合集》14313 和 14314 相似，后两者也有残缺的部分，所以有可能也是记载这三色相配的礼仪。

换言之，"黄白"与"白幽"概念离不开"幽黄"概念，并表达"幽黄"之方法、阶段和媒介。

---

① （东汉）张衡著，张震泽校注：《张衡诗文集校注》，页 253。

五、关于殷商五色概念的总结

殷商语文中,被区分出来黑、白、羍(赤)、黄、幽(青)五种主要色素,另用"犁"字表达脏杂不纯的颜色。并且按照甲骨文的记录,这些颜色在祭法上有象征意义,商巫觋文化会特别强调选择用哪种颜色的牺牲,以表达祈祷的目标,用来加强、辅助或补充某种自然力量,追求祈祷成功。

其中"幽"字从高山神景获取其字的象形及其颜色范围,并用于象征"上界",周以后亦被用于表达所谓"玄天"的形象。"幽"的色素包含从树叶到天空的蓝绿色光。因此除了表达天蓝色外,"幽"在《诗》中一致用于表达草叶之绿色。因为商代"上界"概念涵盖高山与天空上的蓝绿景色。与"幽"色相配的"黄"色是指地色,象征地的本质,因此在祭礼中幽黄表达天地相配、天地志同、天地均衡作用的理想。周以后,从"幽"字衍生的"玄"字取代"幽"字,所以甲骨文中的"幽黄"概念,自周以后又变为"玄黄"概念并传承于后世。《易·坤》"龙战于野,其血玄黄"之句,是在用形象的语言表达天地相配。而殷商时期用幽黄牺牲作祭礼,是在用牺牲的毛色与血具体呈现这一形象,以求天地均衡相配福祐人间的理想。《易》中乾卦、坤卦、泰卦的形象均与商文明幽黄祭礼的目标相吻合。

在天地之间,"明"日出自地而通天,这一形象涵盖两层意思:第一是死者再生而乘日升天;第二是人们的祭礼通天达神以祈求天降保祐。在第一层意思中,"明"日出自地的形象,符合《易》中晋卦所表达的"明出地上,顺而丽乎大明"。此为后期"明德"、"明器"等概念的萌芽。体现在殷商祭礼中,用黄色与白色的牺牲相配,以象征白日出自黄土中。从此以后,"黄白"成为巫术的专用名词,表达"白日升天",再生于天以及成仙的理想。在第二层意思中,"明"日通达于天,乃符合《易》中大有卦所表达的"火在天上"、"大有上吉,自天祐也"。体现在殷商祭礼中,用白色与幽色的牺牲相配,以象征白日通达昊天。是故,除了幽黄祭礼之外,殷商巫师也进行黄白与白幽祭礼,将白色视为地与天之间沟通的媒介。

就是因为白色象征白日升天,从上古以来白色即成为丧色,旨在以白的象征意义送死者升天，以白的象征意义，来追求祭礼通天达神，使祭祀天上祖先的礼仪也升天到达祭祀对象。是故，丧礼中使用白色礼服，并且，古人经常用白色的牺牲和祭品来享祖。

与白色相对的黑色，也常见于祭礼中，祭祀祖先、祈雨时巫师会选择黑与白的牺牲。从色光与字形来看，"黑"为"白"的反义词，但黑与白色的牺牲相配祭礼的隐义，还需要进一步研究。

幽、黄、黑、白之外，甲骨文所记录用牺牲的祭礼中，还有祭用赤色的牺牲，但并不用从大火的"赤"字表达赤色，而用"羍"字指出牺牛的赤色（只能是牛）。在祭礼中，牺牲光亮的"羍"色被视为纯洁而吉祥的象征，与不明亮的脏杂的犂色光正好相反，其最初应该取义于纯血色的象征。殷末形成了固定的祊祭传统，即宗庙大礼前一天在庙门外举行的祭祖之礼，在此礼仪中一定用羍牛（只有在祭祀先妣时才会用羊）。这种祊礼，因为安排在庙门之外，非王族的人也能来参加或观看，所以祊礼的涵义包含了祭祖以及隐喻社会成员血肉相连的关系，以求社会整合等双重目的。换言之，祭用羍牛的祊祭包含国家盟会的活动，在春秋战国文献中也保留羍牛为盟会时祭用的牺牲。

在古人观念中，幽与黄、白与黑、羍与犂，是三对在视觉上固定的有相对意义的形象。其中犂色不是某种颜色，而是相对于纯血色的杂色，可能包含黑黄、泥灰等不干净颜色的概念，故犂色的动物不能用作纯洁的牺牲。

六、西周时期的"天色"概念及其相关形象

（一）玄黄

1. 传世文献玄天与天地玄黄概念

虽然在西周时期，"幽"字仍被用作天上祖先的谥号，但已不见于天地概念的表述中。而从"幽"衍生出来的"玄"字，则成为表达天色与天本质的主要字汇。因此，虽然"幽"和"玄"两个字迄今都在用，但在表达天的意思范围中，两者为同一字

的古今字体关系。举例来说,甲骨卜辞本是以幽黄相对,到了金文中,却已变成"玄黄"相对了。这一问题在前文已提出,如《周礼·冬官·考工记》所云:"天谓之玄,地谓之黄"、《易·坤》所云:"龙战于野,其血玄黄"、"夫玄黄者,天地杂也,天玄而地黄"等概念,都见于甲骨文所载用幽黄牺牲的祭礼中。

此外,《书·武成》描述武王伐殷,安宁天下成周而叙述:"既生魄,庶邦冢君暨百工,受命于周。王若曰:'……予小子既获仁人,敢祗承上帝,以遏乱略。华夏蛮貊,罔不率俾,恭天成命。肆予东征,绥厥士女。惟其士女,篚厥玄黄,昭我周王,天休震动,用附我大邑周。'"①东国士女奉迎武王,赠送装满丝帛的篚筐,以表示顺服周王。笔者以为,"篚厥玄黄"之句是形容完美的天地之礼。玄黄之礼器具备天地合顺之意,而在这里玄黄的篚筐是供天子来用的,象征天子天地相连的责任、天地志同而授权给大邑周。虽然《尚书·武成》是汉代编撰的文本,但其"玄黄"观念与商周文献一致。《诗·豳风·七月》曰:"七月鸣鵙,八月载绩。载玄载黄,我朱孔阳。为公子裳。"孔颖达《正义》:"玄黄之色,施于祭服。……《易·下系》云:'黄帝、尧、舜垂衣裳,盖取诸乾坤。'注云:'乾为天,坤为地,天色玄,地色黄,故玄以为衣,黄以为裳,象天在上,地在下。土记位于南方,南方故云用纁。'是祭服用玄衣纁裳之义。染色多矣,而特举玄黄,故传解其意,由祭服尊故也。"②礼器玄黄,礼服玄黄,这两种形象的象征概念明显相同。

2. 西周晚期铭文"玄黄吉金"概念

(1)铭文中表达金属颜色的用词

西周铭文中,玄与黄的相配均出现在形容金属料的时候,故学者们认为,这是对青铜器不同部位的描述,如马承源释曰:"镐色为玄而卢色为黄。"③或者认为,这是对不同金属料的定义,如汪涛先生认为玄与黄是指不同色彩的金属料,只是对其颜色不能判断是指哪种金属料④。但这两种说法都是没有实际证据的假设,所以此问题还需要进一步思考。

笔者通看甲骨金文发现一个规律:甲骨文和西周铭文中有提及"黄铸"、"羊

---

① (汉)孔安国传,(唐)孔颖达等正义:《尚书正义》,页430—431。

② (汉)毛公传,郑玄笺,(唐)孔颖达等正义:《毛诗正义》,页781—783。

③ 《铭文选》,页219。

④ 汪涛:《颜色与社会关系——西周金文中之证据》,《古文字与古代史国际学术研讨会论文集》,台北:"中研院"历史语言研究所,2008年12月,页15—20。

金"、"赤金"、"白金"等"金"的样类，而对玄黄金的描述，只出现在西周晚期的铭文中，并且特别强调"亦玄亦黄"。笔者假设，殷末周初"黄铸"、"羊金"和周铭文的"赤金"、"白金"的意思与西周晚期铭文中"亦玄亦黄"的意思不同，前者指金属料的类别，而后者是对金属料的美称，用象征性的颜色语言表达其金属的吉祥性。为阐明此问题，下文透过资料的区分，进一步说明这两种用义和概念的差异。

（2）甲骨金文"黄金"、"羊金"、"赤金"、"白金"的意思

《合集》29687 曰："丁亥卜，大〔贞〕：其铸黄 𠂤，乍（作）凡利，叀（惟）……"《英藏》25687 曰："王其铸黄 𠂤 奠血（盟），叀（惟）今日乙未利？"表达用黄色金属料铸作某器物进行盟祭。"𠂤"字的意思不详，古文字学界将之隶定为"吕"，然则可能的线索只有用《国语·周语下》"氏曰'有吕。'"韦昭注："吕之为言膂也。"①但此处用此义亦不通。唐兰先生假设这是一种铜饼之类的东西②，依笔者浅见，这种字形与大冶古矿冶遗址所发现的粗铜锭相似，其形状近乎圆饼。商周时期在矿区冶炼出的铜料，或许就是先铸成这种铜饼形状，然后运到各地铸造坊铸造成器。所以，"𠂤"字或许就是从其形状的象形字，就是唐兰先生所说的"铜饼"，但不是礼仪作用的饼，而是冶炼出来的圆饼形状的铜锭，这些铜饼从矿区运输到各地，这是直接可用于铸造器物的金属原料。

西周早期亢鼎曰："亚宾（傧）亢羊金二匀（钧）。亢对亚室（休），用乍（作）父己。"③亚族团的某位贵族赏赐亢，给他两块钧羊色的金属块：

此外从西周早中晚期以来，铭文有见"赤金"一词：

麦易（赐）赤金，用乍（作）鼎。　　　　　　　　　　西周早期麦方鼎④

王则畀柞白（伯）赤金十反（钣）……柞白（伯）用乍（作）周公宝尊彝。

　　　　　　　　　　　　　　　　　　　　　　　　西周早期柞伯簋⑤

丼（邢）弔（叔）易（赐）智赤金鋬（钧）。智受休□王。智用兹金乍（作）朕（朕）文考（考）弃（亢）白（伯）鬳牛鼎。　　　　　　西周中期智鼎⑥

---

① （周）左丘明撰，（吴）韦昭注：《国语》，页 104、107。

② 《甲林》，页 2099。

③ 《新汇编》器号 1439，现藏于上海博物馆。

④ 《集成》器号 2706，光绪丙申（1896 年）三月出土于浙江省永嘉县，现藏于浙江省博物馆。

⑤ 《新汇编》器号 76，河南平顶山市新华区薛庄镇北滍村应国墓地 M242 出土，现藏于河南博物院。

⑥ 《集成》器号 2838，陕西西安出土，藏处不明。

用赤金一勻(钧),用对扬王休,乍(作)宝殷(簋)。　　　西周中期智簋①

白(伯)雍(雍)父来自戯,蔑录暦,易(赐)赤金,对扬白(伯)休,用乍(作)
文且(祖)辛公宝鷰殷(簋)。　　　西周中期录簋②

中(仲)竞父易(赐)赤金,乜拜頔首,对扬竞父休,用乍(作)父乙宝旅彝。

西周中期乜尊③

赤金一勻(钧),甸敢对扬公休,用乍(作)宝障(尊)彝。　西周中期甸盂④

内(入)乡(享)赤金九万钧。楚公逆用自乍(作)鷸齐钖钟百屖(肆)。

西周晚期楚公逆钟⑤

可见铭文的描述是一致:器主被赏赐,受到赤金(或亢鼎说"羊金"),而用它铸造
本器物。智鼎特别明确地表达:"用兹金作朕文考亢伯鷔牛鼎"。因此该器物的铜
料就是谓"赤金"。

同时几件铭文提及"白金":

子赐白金昀(钧),用乍(作)父丁鷔彝。　　　　　西周早期荣仲鼎

王姜史(使)叔事于大僳(保),赏叔郁鬯、白金、赵(刍)牛,叔对大僳(保)
休,用乍(作)宝障(尊)彝。　　　　　　西周早期叔簋⑥

宫令宰仆易(赐)鄂(郢)白金十勻(钧)。　　　西周中晚期鄂钟⑦

春成侯中贷(府)白金铸铢(盂)。　　　　战国时期春成侯盂⑧

同样可见,白金就是铸造该器物的铜料,尤其是春成侯盂的铭文很明显表达出,该
铜盂是用白金铸造的。如何理解黄、羊、赤、白金的意思和它们之间的差异?

汪涛先生认为,铭文中称为"赤金"是指赤黄色的纯铜,至于"白金""传统的解
释是银,但考虑到早期银使用的罕见,金文里的'白金'也可能是指锡"⑨。金文中

---

① 《新汇编》器号1915,现藏于美国纽约首阳斋。

② 《集成》器号4122,现藏于日本京都泉屋博古馆。

③ 《集成》器号6008,现藏于上海博物馆。

④ 《新汇编》器号62,河南平顶山市新华区薛庄镇北滍村应国墓地M50出土,现藏于河南博物院。

⑤ 《新汇编》器号891—896,山西省天马—曲村遗址北赵晋侯墓地64号墓出土,现藏于山西博物院。

⑥ 《集成》器号4132—4133,现藏于北京故宫。

⑦ 《集成》器号48,藏处不明。

⑧ 《新汇编》器号1484,现藏于上海博物馆。

⑨ 汪涛:《颜色与社会关系——西周金文中之证据》,页2—3。

的“白金”当然不是指银，商周时白银尚未流行，而“金”字一般用于指铜，但视为锡料恐亦不妥。首先从铭文来看，器主用白金铸盉，难道是指铸造锡盉？或者器主用赤金铸造鼎，难道是指纯铜的鼎？无论是纯铜或纯锡的大礼器，都是做不出来的，显然也没见过，但是器主收到了赤金或白金就能作青铜器，说明两者是指已冶炼好的合金。

冶炼合金是专业技术，古代一般会先在矿区附近冶炼出合金，然后才运到青铜器制作坊、市场或宫廷，下一步在贵族或国家铸造青铜器的场所才铸造器物。如果被赏赐者只受纯铜，他还需要找锡或铅才能做礼器。因此这些黄金、羊金、赤金、白金都只能是指合金。商周青铜器均用三种合金：铅铜、锡铜、铅锡铜，铅铜或锡料很少的铅锡铜的颜色赤或赤黄，锡料稍微多一点的合金有黄色，锡铜或铅锡铜但锡料的成分超过 20%，其颜色偏白色。所以黄金、羊金与赤金的意思相同，是早晚不同时的指称无锡或锡少的合金，而白金是指锡多的合金。

殷墟大部分王级的青铜礼器的化学成分是铜、锡并加一些铅的合金（有时候不加铅）[1]，故属于白金。马承源先生认为：“加锡的目的不仅在于使液态青铜流动性好，成品光泽亦佳。……加锡的合金有较高的硬度和光亮的色泽。”[2]朱桢先生进一步探索到，首先从化学理论来说：“加锡不仅增加硬度，增加耐腐蚀性，而且也能使其发生色变，由铜的红、铅的黑而变成银白色，加锡越多，白色越亮。”先秦科技著作《考工记·㮚氏》中的记载亦可证明，青铜礼器的原貌是青白、黄白、灰白之色：“凡铸金之状，金（指铜）与锡，黑浊之气竭，黄白次之；黄白之气竭，青白次之；青白之气竭，青气次之，然后可铸也。”况且，“殷墟出土的部分青铜器由于某种原因而未被氧化尚保留原色而得到佐证，如：侯家庄第一〇〇五号大墓出土一青铜镜，由于有丝织物痕迹残存，知原来存放墓中时是用丝织物包裹着收藏的。所以虽然青铜镜的大部分已被铜绿所掩，但在边缘处尚留存一块平滑光亮的‘白铜色’面”[3]。朱桢先生经由文献、考古与化学技术的对照分析，发现殷周时期制造青铜器的主要合金是灰白铜。朱桢先生的此项发现非常重要，我们由此可获悉铭文所载的“白金”应指白铜。

---

[1]　申斌：《商代科学技术的精华——青铜冶铸业》，《全国商史学术讨论会论文集》，《殷都学刊》增刊，1985 年，页 427—438。

[2]　马承源主编：《中国青铜器》，页 18—19。

[3]　朱桢：《“殷人尚白”问题试证》，页 12；(汉) 郑玄注，(唐) 贾公彦疏：《周礼注疏》，页 1759—1760。

　　两商时代等级越高的青铜器,所用锡料越多,所以原来的颜色越白,这是白铜的丧色。该传统源远流长,因此商贵族应该是特别铸造白铜礼器(现在因为铜锈而变黑)。白铜礼器之外,殷商贵族也特别重视白陶和白石质的礼器(图一六一:4—5;一九四;一九五;二〇五:2;二二七:1;二二九等)。不过,到了殷商时期,殷墟铸造的青铜器缺锡料,已经没办法铸造白铜礼器。在西周历史发展过程中,因为高级贵族越来越多,而锡矿不多,锡铅铜合金里的锡料成分普遍降低,由此用赤金赏赐的记录较多,对白铜的特殊要求也低了。

　　(3)"其金孔吉,亦玄亦黄"

　　据上可见,黄金、羊金、赤金、白金,都是指铸造青铜器的铜料。但是西周晚期铭文中的"玄黄",则并不是描述被赐的铜料并准备用它铸造,而是在赞美已制造好的青铜礼器:

　　　　弭中(仲)乍(作)宝匜(簠),鼐(择)之金,鍨(镶)鋊镤炉,其䵍、其玄、其黄,用成(盛)秣旚(稻)糯沴(粱),用乡(飨)大正,音(歆)王宾,馂(馈)具旨飤(食),弭中(仲)受无强(疆)福,者(诸)友歔(饮)飤(食)具鉤(饱),弭中(仲)畀寿。

　　　　　　　　　　　　　　　　　　　　　　　　　　　　　　　弭仲簠①

　　　　白(伯)大师小子白(伯)公父乍(作)盨(簠),靯(择)之金,佳(唯)鑢佳卢(唯)炉,其金孔吉,亦玄亦黄,用成(盛)秅(糯)旚(稻)需(糯)粱。我用召卿事(士)、辟王,用召者(诸)老(考)、者(诸)兄,用旚(祈)匃(眉)寿、多福无强(疆)。其子子孙孙永宝用亯(享)。

　　　　　　　　　　　　　　　　　　　　　　　　　　　　　　　伯公父簠②

从上述铭文内容可知,器主赞美用以铸塑礼器的金料时,强调礼器"亦玄亦黄"。从色彩与文意观之,玄黄与金属的材质类型根本无关。伯公父簠言"其金孔吉",已直接表明其意旨乃以玄黄譬喻、说明礼器的本质。因为蕴含天地要素,所以谓之"其金孔吉"。唯有这类完美的礼器,才适合用以享神、祈福、期望"子孙永宝用"。

　　换言之,这两个铭文所表达的意思与西周晚期以来常见"用吉金作宝鼎"之类的铭文记载无差,只是以"玄黄"概念更加强调礼器通天达地的完美性。铭文所用的"玄黄"概念与传世文献中"玄黄"的意思一致,泛指天地的本质。

---

① 《集成》器号4627,陕西西安市临潼区骊山镇白鹿原出土,藏处不明。

② 《集成》器号4628,陕西扶风县黄堆乡云塘村2号窖藏出土,现藏于陕西周原博物馆。

（二）春秋钟、戈铭文"玄鏐"隐义考

　　春秋晚期描述吉金的用词又有变化,青铜编钟有见以下几种意思应该相近的文句:

　　　　鼀（邾）公牼睪（择）氒（厥）吉金玄鏐膚吕,自乍（作）龢鍾（钟）。

邾公牼钟①

　　　　鼀（邾）公华睪（择）氒（厥）吉金玄鏐赤镛,用铸氒（厥）龢钟。　　邾公华钟②

　　　　乍（作）为余钟玄鏐鏞铝。

邿黛钟③

　　　　自乍（作）铸游錬（钟）玄鏐鍋镛。

莒叔之仲子平钟

　　　　鈇鏽玄鏐锛铝,尸用钕（作）铸其宝钟,用言（享）于其皇祖、皇妣、皇母、皇考,用旗（祈）覺（眉）寿,命难老。

顯皇叔尸钟④

另有几件从字形应该属于吴国的器物上也有类似的记录,其中依然以乐器为主:

　　　　择其吉金玄鏐钝吕,自乍（作）隼（晋）鼓。

童鹿公叙鼓座⑤

　　　　余睪（择）氒（厥）吉金铉鏐鏞铝,自乍（作）钩鑃。

配儿钩鑃⑥

有些吴剑也有同类的铭文:

　　　　吉日壬午乍（作）为元用,玄鏐铺吕。

少虞剑⑦

虽然这种铭文基本上限于搭配乐器和少量的兵器,也有一个例外,如丁儿鼎盖载:"雁（应）侯之孙丁兒睪（择）其吉金玄鏐鏞铝,自乍（作）飤盨。"⑧

　　依笔者浅见,不能将上述表达视为铜料与技术的讨论。从配儿钩鑃用"铉"字来看,我们可以理解,这些字的"金"字偏旁只是表达这些铭文与青铜有关,"铉"还

---

① 《集成》149—152,现藏于北京故宫、南京博物院、上海博物馆。

② 《集成》245,现藏于中国国家博物馆。

③ 《集成》225—237,山西万荣县荣河镇庙前村后土祠出土,现藏于上海博物馆、台北故宫、英国伦敦不列颠博物馆。

④ 《集成》器号277,山东淄博市临淄区齐都镇西关村出土,藏处不明。

⑤ 《集成》器号429,安徽舒城县孔集九里墩墓葬出土,现藏于安徽省博物馆。

⑥ 《集成》器号426,浙江绍兴县湖塘街道永联村狗头山出土,现藏于浙江省博物馆。

⑦ 《新汇编》器号1712,现藏于河南省南阳市博物馆。

⑧ 《集成》器号11696—11698,山西武乡县大有乡李峪村出土,现藏于北京故宫、美国华盛顿弗里尔美术博物馆、法国巴黎基美博物馆。《新汇编》器号985,山西原平市刘家庄村塔岗梁台地出土,藏处不明。

是要读为"玄"，而童鹿公叙鼓座所用的"钝"应该读为"屯"（纯）。从这角度思考"镠"字是否一样该读为"翏"？"镠"字是汉代以来指黄金纯性的新字，未见它在早期有其他的用义。至于"翏"字，《庄子·齐物》曰："夫大块噫气，其名为风，是唯无作，作则万窍怒呺，而独不闻之翏翏乎？"陆德明释文："长风声也。"《说文·羽部》："翏，高飞也。"段玉裁注："羽毛新生丰满可以高飞也。"①值得注意的是这些文句差不多只出现在编钟乐器和兵器上，所以从这方面来看，应该也带有特殊意义。钟的目的是以自己的声音通天达神，钟的声音应该高飞于天空，需要特殊的铜料和铸铜技术才可以铸造好的钟镈，所以将"玄翏"理解为天上高飞与发声音，特别符合用作铜钟的赞美辞。高远天飞的铜戈，也符合表达理想戈戟的赞辞。是故，笔者认为"铉镠"、"玄翏"或"玄镠"，都应该读为"玄翏"的本义。

至于"膚吕"、"鏽铝"、"鍄鏽"、"锛铝"、"钝吕"、"赤鏽"等用词，我们不怀疑其意思应该相近甚至相同，但却很难确切理解。如果依然考虑"金"字偏旁只是表达这些话是用来描述青铜器的，则需要从"膚吕"两个字的意思入手。笔者假设，"膚"的意思或犹如《诗·小雅·六月》所言："薄伐玁狁，以奏膚公。"毛公传："膚，大；公，功也。"或《诗·豳风·狼跋》言："公孙硕膚，赤舄几几。"毛公传："膚，美也。"焦赣《易林·临之既济》亦有："阴阳变化，各得其宜，上下顺通，奏为膚功。"②而"吕"字与甲骨文的"ㅂ"字应该已无关联，或者字义的演化早已远离该字的象形意义，其意思可能犹如《庄子·列御寇》："如而夫者，一命而吕巨，再命而于车上舞，三命而名诸父。"陆德明释文："《方言》：'奘、吕，长也；东齐曰奘，宋鲁曰吕。'《说文》：'巨，大刚也。'亦通作巨。大也。"③甚至可以考虑，"铝"释为"吕巨"。

也就是说，"玄翏膚吕"（或"铉镠鏽铝"）的意思是赞美铜钟之声具有天高大功流长飞高的能力。"玄翏纯吕"（或"铉镠钝铝"）的意思大同小异，只是强调礼器的纯性。"玄翏奔吕"（或"铉镠锛铝"）也是大同小异，或强调钟铜声音的高飞、快而长；"玄翏尚膚"（或"铉镠鍄鏽"）或许强调对祈祷祭祀的奉承。"玄翏赤膚"（或"铉镠赤鏽"）的"赤"字，可能要理解如《周礼·秋官·序官》所言："赤友氏"郑玄注：

---

① （战国宋）庄周著，（清）郭庆藩撰，王孝鱼点校：《庄子集释》，页45—47。（汉）许慎著，（清）段玉裁注：《说文解字注》，页139下。

② （汉）毛公传，郑玄笺，（唐）孔颖达等正义：《毛诗正义》，页985、838—839。（汉）焦延寿撰，徐传武、胡真校点集注：《易林汇校集注》，页758。

③ （战国宋）庄周著，（清）郭庆藩撰，王孝鱼点校：《庄子集释》，页1056—1057。

"赤友犹言挢拔也。"①拔除的意思。钟的声音既高飞天空又拔除。这些都是同类的祈祷文。

另外各地出土的几件越国玄镠戈、玄镠戟，亦有"玄镠"②、"玄镠之用"③、"玄镠夫吕之用"④、"玄镠攱（扶）吕之用"⑤"玄膚之用"⑥、"玄夫赤用"⑦、"镠吕玄用"⑧、"玄镠赤膚之用"⑨、"玄镠膚吕乍（作）吉用"⑩、"玄扬之用"⑪等祈文。首先，笔者认为，"玄镠"亦能作"玄扬"的异文，这可以补证"镠"是指高飞的意思。另外，戈铭的线索显示"膚"（肤、夫）与"扶"字的通假关系。在此，"玄夫赤用"意思可以很顺地理解为佩戴戈者祈祷获得天的护持、挼扶和拔除，铜戈自然有兵器和护身的作用。

越国铜戈铭文，虽然与编钟铭文的文句相近，但在兵器和乐器上，这些话的意思会有些差异，并且可以考虑越国的字词的用义会不同。因此可以考虑，"膚"（肤、夫为"扶"）和"吕"字的用义都有所不同。《说文·吕部》曰："吕（吕），脊骨也，象形……"膂（膂），篆文吕，从肉，旅声。⑫将膂释为"吕"的异体字，"吕"应是"膂"的古字，表达脊骨的意思，转义为身体和体力，如《书·君牙》曰："今命尔予翼，作股肱心膂。"孔安国传："今命汝，为我辅翼股肱心体之臣。"孔颖达疏："膂，背也。"扬雄《太玄·勤》："太阴冻涸戁创于外，微阳邸冥膂力于内。"⑬也就是说，铜

①　（汉）郑玄注，（唐）贾公彦疏：《周礼注疏》，页1433、1448。

②　《集成》器号10910—10911，河北曲阳县出土，山西省出土，藏处皆不明。

③　《新汇编》器号741，陕西洛南县城关镇冀源村西石嘴战国墓出土，现藏于陕西历史博物馆。1878，高雄私人收藏。535—539，河南淅川县徐家岭楚墓HXXM10出土，现藏于河南省淅川县博物馆。

④　《集成》器号10970，藏处不明；《集成》器号11163，现藏于中国国家博物馆；《新汇编》器号1185，湖北省江陵县马山M6出土，现藏于湖南省博物馆；《新汇编》器号1901，香港私人收藏。

⑤　11136—11139，一件出土自湖南长沙市丝营170号墓，现藏于湖南省博物馆，其余藏于上海博物馆或藏处不明。

⑥　《新汇编》器号584，河南新郑市能庄村出土，现藏于河南博物院；975，山西忻州市解原乡上社村出土，现藏于山西省博物馆。

⑦　《集成》器号11091，河南汲县山彪镇1号墓M1：209出土，现藏于史语所。

⑧　《新汇编》器号1240，湖北襄樊市郊区余岗村团山土岗上M4：4出土，现藏于湖北省襄樊市博物馆。

⑨　《新汇编》器号1289，河北邢台市葛家庄墓葬M10：1出土，藏处不明。

⑩　《新汇编》器号1381，湖南常德德山战国墓出土，现藏于湖南省常德市文物处。

⑪　《新汇编》器号1879，高雄私人收藏。

⑫　（清）段玉裁注：《说文解字注》，页343上。

⑬　（汉）孔安国传，（唐）孔颖达等正义：《尚书正义》，页775—776。（汉）扬雄撰，（宋）司马光集注，刘韶军点校：《太玄集注》，页171。

戈的铭文记录祈祷天高飞以远达敌人,并同时给佩戴者搀扶体力的作用。

无论我们对这些铭文的理解准确与否,我们都可以看到,这些春秋时期的铭文仅向天祈祷,祈求玄天的护持,掌握玄天的能力等,并不像商周的甲骨金文强调天地玄黄的相配。从此或许可以推论商周礼仪的没落、信仰的弱化;但与此同时,天地相交概念被春秋战国的思想吸收了,原来是礼制的活动,在当时变成百家争鸣的话题,同时在信仰上反而用对独权昊天的崇拜逐渐取代对天地相合对象的崇拜,也因此而使追求天地玄黄均衡的礼仪亦逐渐弱化。

不过"玄镠戈"、"玄用戈"的形象,自然会使我们联想到字义相近,但实际很难理解的"玄武"概念。首先"玄武"两个字到底表达什么? 同时"玄武"是神兽的形象,其形象到底象征什么? 关于"玄武"及相关信仰的本义,我们需要作一些概念上的厘清。

(三) 玄武的信仰与形象

1. 玄武形象的源流何在?

玄武这一神兽不可能是汉代人凭空想象而成,应是源自早期巫觋文化所崇拜的神兽。玄武应该是由虫与龟合并为一体的崇拜对象,而此结构应该表达了特殊的天神信仰。"玄武"观念包含了深刻、内在的信仰内涵,其应有三个关键之处: 其一,在传世文献和在汉代墓葬结构里,玄武为北天守护神;其二,有表达"神王"或神王之祖的信仰;其三,含有"天祐"的信仰。

研究玄武形象者甚多,但是迄今未解决两个基础性的问题: 其一,玄武这种神兽形象所表达的意思为何;其二,何以将这种神兽称为"玄武"? 依笔者浅见,这两个基础的问题未解决的原因,是因为对玄武的研究都从汉代资料开始。这种做法原则上无误: 汉代之前未见玄武的造型。但是虽然如此,笔者认为龙龟合为一体的玄武形象和其名称,都源自商周甚或更早的精神文化。所以只有通过对早期资料的分析,才可以了解其义。虽然早期尚未形成固定的玄武构图,但是其形象的萌芽,却多有发现。因此下文拟从先商和商文明的礼器、神话等文献记载,来探讨玄武形象的萌芽;并从甲骨金文资料的分析,试图了解该用词的本义。

2. 先商各地虫龙与龟鳖崇拜并存的遗迹

从现有考古资料可以发现最早的是辽西的红山文化,同时有着对虫龙和龟鳖的崇拜。红山玉器中这两种神兽的造型极常见，都是作为陪葬的礼器（图二：1；一二：1、2），并且也有头尾双首的虫龙（图一七：9、10）①，双首的龟鳖造型出现较少，但是亦有一些。震旦艺术博物馆收藏着一件很特殊的龟龙纹弧形玉佩，其构图是龟鳖屁股上有幼齿甲虫的头嘴脸（图三○六：1）②。

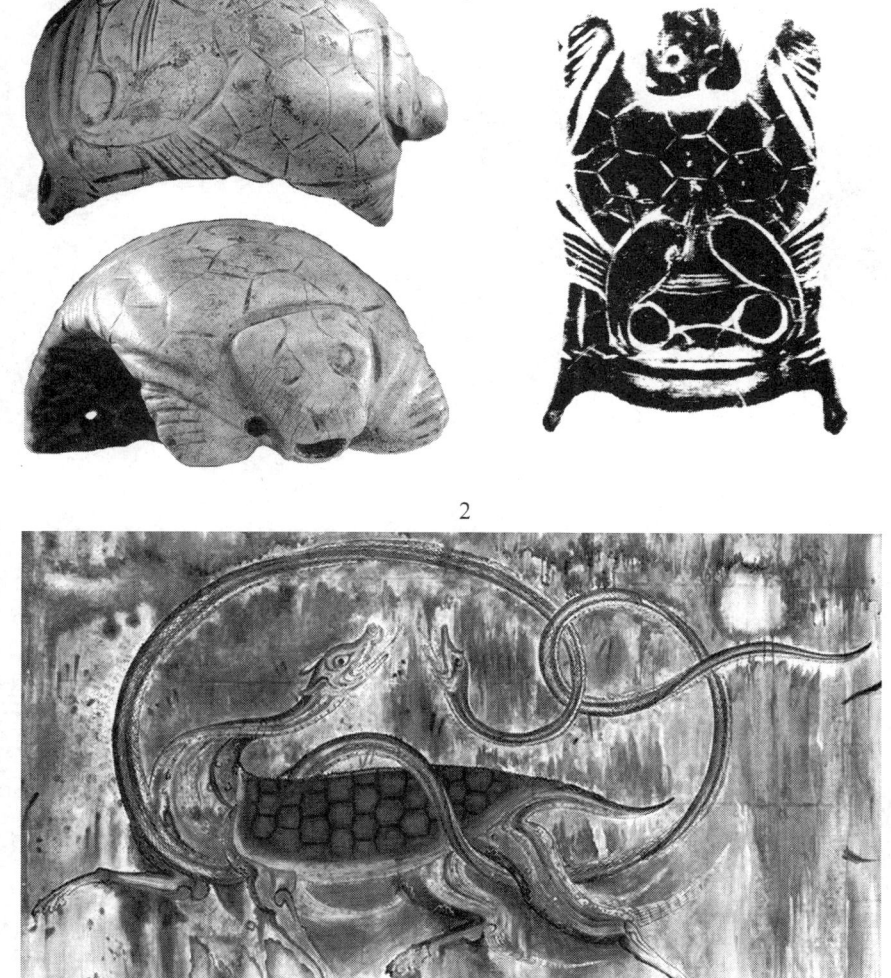

图三○六　1. 震旦艺术博物馆收藏的龟龙纹弧形玉佩；
　　　　　　2. 四神玄武高句丽古墓壁画。

---

① 震旦艺术博物馆收藏。

② 吴棠海：《红山玉器》，台北：震旦文教基金会，2005 年，页 122—123。

长江流域亦有同时崇拜虫龙和龟鳖的痕迹。首先在闻名的安徽含山凌家滩玉器中,四号墓出土玉龟,而九号及十六号墓各出土了玉龙(图三〇七)①。有关凌家滩和红山玉器是否表达南北来往的关系,学者们已有数次提出过讨论②。在相当于红山、良渚、凌家滩、石家河的时代,确实可以看到不同地域文化互相认识的趋势在增加,但目前考古资料的残缺,不允许我们具体地讨论文化区域交流的问题。

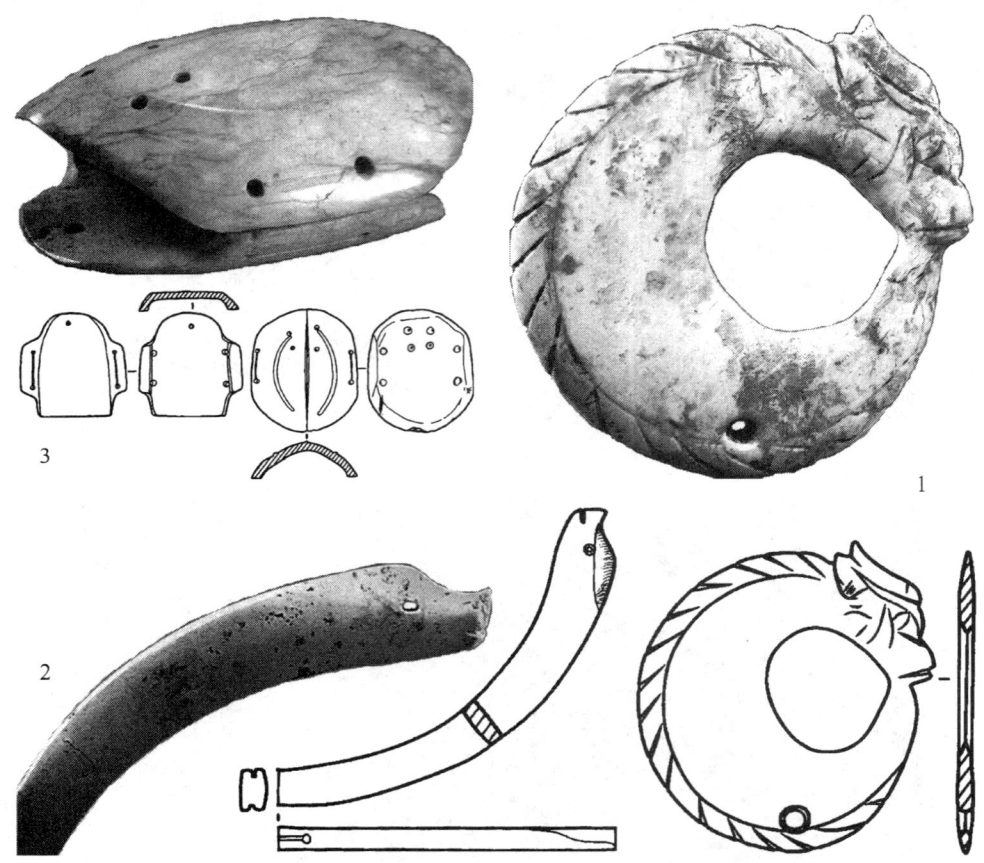

图三〇七　凌家滩玉器:1. 十六号墓出土的玉玦龙(98M16:2);2. 九号墓出土的龙凤璜(87M9:17,18局部);3. 四号墓出土的玉龟(87M4:35,29)。

石家河文化也同时出土虫龙和龟鳖造型,如肖家屋脊玉作坊出土了玉玦龙(图三〇八:2、3),孙家岗出土的玉龙背上还有夔形的扉棱(图一二二),应该可以归类

① 安徽省文物考古研究所:《凌家滩——田野考古发掘报告之一》,页49,图二八:3、4,图版二〇、二一;页100,图四六:2,图版七三:1—3;页197,图一五〇:4,图版一五七:2。

② 如参张明华:《凌家滩、牛河梁抚胸玉立人说明了什么》。

于早期的夔龙造型,而邓家湾祭坛中陶塑动物中也发现很多龟鳖(图三〇八：1)[1]。郑洛地区二里头、偃邑遗址也发现陶质的龟鳖,例如在二里头陶制的龟鳖形状上,都刻意地凸显了其阴门(或肛门)之孔(图三〇九：1)[2]。可能在某些区域的古人的信仰中,龟鳖的身体也被视为神圣的通道,从龟鳖肛门所出之事物皆具有神格,所生的人物乃为圣王。

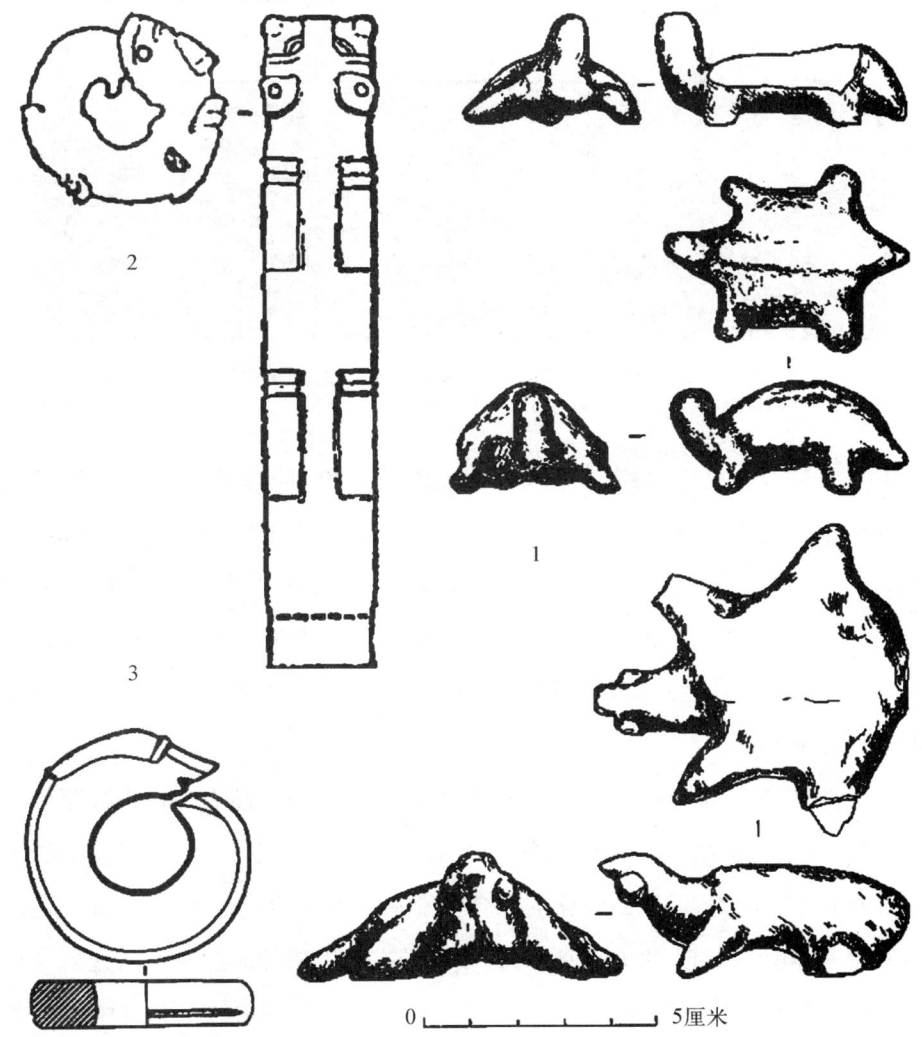

图三〇八　1.石家河邓家湾祭祀坛出土的陶龟;2—3.石家河肖家屋脊玉作坊出土的玉龙。

---

① 荆州博物馆编著：《石家河文化玉器》,页96、97,图64、65;湖北省文物考古研究所、北京大学考古学系石家河考古队、湖北省荆州博物馆编著：《邓家湾——天门石家河考古发掘报告之二》,页225、227,图一七九、一八〇。

② 中国社会科学院考古研究所二里头考古工作站藏,据笔者自摄照片。

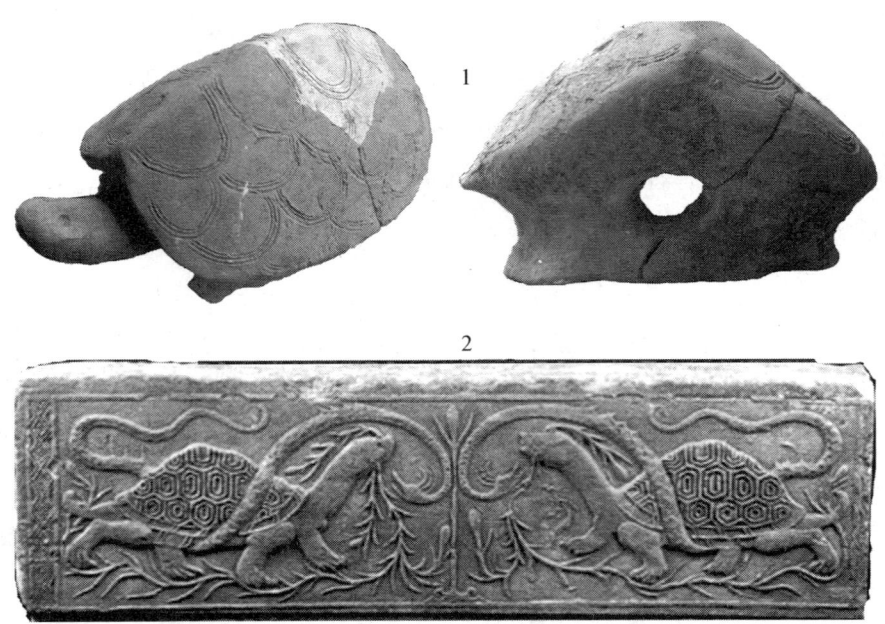

图三〇九　1. 中国社会科学院考古研究所二里头考古工作站收藏的陶质龟鳖;2. 汉武帝茂陵
　　　　　画像砖。

虫龙和龟鳖乃是先民所崇拜的两种关键的神兽,同时见于东北西辽河流域和长江中游新石器与青铜之际的文化中,但两者颇不相同。依笔者浅见,红山文化虫龙与乌龟的崇拜从一开始均没有直接关联,前者涉及升天信仰,后者为男性活力的象征。但是目前定为红山文化的玉器中有一件双头龟龙(图三〇六:1),显示红山文化也曾产生过龙龟关联的观念。红山文化中虫龙与龟鳖的神祕意义需要再单独讨论①。

至于长江中游,虫龙和龟鳖处于某种神祕关联中,两者都表达再生或超越性的衍生观念;并且在早期国家文化里中,可能涉及圣王的产生。在这方面,长江中游地区对龙和龟的崇拜,与红山文化的社会背景并不相同,因为红山文化显然还没达到国家化的程度,无论是虫龙或乌龟,都不会带有圣王信仰的意味。而先夏与夏文化即是由石家河文化所代表,上编第一章已论及有关夏禹的神生文献中留下了两种神话,即龙生和龟生,暗示这两种神兽有某方面的关系。由于资料很缺,与夏有关的神话的来源现在已难以考证。但从后期继承者商文化的礼器可以看得较清楚。从汤商晚期阶段以来(相当于盘龙城五六期),陆陆续续出现零散的资料,龙

──────────

① 　有关红山文化之信仰,笔者拟日后另作详细的考证,这里不细谈。

龟的崇拜愈来愈被连接在一起，前者已成为礼器造型的主要母题，后者则成为占卜传统的核心指标。从商文明龙与龟的造型，我们可以看出若干规律，从而推论龙龟合体形象所要表达的重点。

3. 商文明龙与龟造型的若干规律及其隐义考

神龙和龟鳖造型几乎同时出现在东北辽西、长江中游及中原地区，两者的意义有差异。殷商时期至少有着对虫龙和龟鳖的二元崇拜，可是从观念来说，长江中游的文化一脉相承没有中断，所以其传承的成分应该为主流。两商青铜器上龟鳖的形象和造型虽然没有神龙那么多，但还是可以看出若干规律。

龟鳖造型一般见于器物底面的中心上，如在盘、尊的内底或在盘、卣、尊等器物的外底上。内底龟纹如燕南刘家河和新干大洋洲盘内乌龟（图二〇七：2、3），此外殷商寝奁盘①、安阳出土的夆旅盘（图三一一：1）②、安阳出土的亚疑盘（图三一〇：1）③、北京故宫亦有一件同样的亚疑盘（图三一〇：2）④、安阳小屯 M232：R2073盘（图三一〇：4）⑤、陕西清涧县张家圪出土的龟鱼纹盘（图三一〇：5）⑥、京都泉屋博古馆藏的三牺首龟纹尊⑦等；外底龟纹如斸盘（图三一一：2）⑧、京都泉屋博古馆藏的戈双鸮卣（图三一二）⑨、罗山天湖商墓出土铜卣（图二〇七：4）、夆丁尊（其龟的周边有两条互咬尾巴的虫龙，而在龟背上也有一条卷龙，故以往曾被称为玄武尊，图二〇七：1）等。此外，极少数还有些不在器底作龟纹的礼器，如郑州白家庄二号墓出土的铜罍，在颈部上有龟纹（图三一〇：6）⑩；京都泉屋博古馆藏的饕餮龟纹壶的盖上有龟纹⑪。殷商时期除了在青铜器上作龟纹之外，也制造玉龟或白

①　美国旧金山亚洲艺术博物馆布伦戴奇藏品。

②　美国旧金山亚洲艺术博物馆布伦戴奇藏品（B60B1001）。

③　现藏于河南博物院。

④　《集成》器号 10021。

⑤　李济：《殷墟青铜器研究》，上海：上海人民出版社，2008 年，页 510。

⑥　陕西省考古研究所、陕西省文物管理委员会、陕西省博物馆：《陕西出土商周青铜器》，第一册，图版六三。

⑦　泉屋博古館：《泉屋博古：中国古銅器编》，页 61、199，图 70、插图 57。

⑧　出处藏处皆不明。

⑨　泉屋博古館：《泉屋博古：中国古銅器编》，页 74、203，图 88、插图 58。

⑩　河南文物工作队第一队：《郑州市白家庄商代墓葬发掘简报》，《文物参考资料》1955 年第 10 期，页24—42，图版十二。

⑪　泉屋博古館：《泉屋博古：中国古銅器编》，页 102、209—210，图 119、插图 61。

图三一〇　1. 安阳出土亚疑盘的内底背带钻凿纹的龟;2. 北京故宫收藏的亚疑盘在内底背带钻凿纹的龟
　　　　　（局部）;3. 北京故宫收藏的亚疑盘内底蟠龙（局部）;4. 安阳小屯 M232 出土 R2073 盘内底背
　　　　　带明纹的龟;5. 陕西清涧县张家坬出土龟鱼纹盘的内底背带明纹的龟;6. 郑州白家庄二号墓出
　　　　　土的铜罍颈部上背带明纹的龟（M2：1）。

石龟,如殷墟 1001 大墓出土白石龟（图三一一：3）①。

　　从出现在礼器上的部位来看,可见乌龟与蟠龙造型有时候可以互换,例如盘内
底最常见的造型是蟠龙,但前文显示有不少铜盘,内底造型有乌龟。北京故宫收藏
两件亚疑盘,一件内底有蟠龙,另一件内底有乌龟（图三一〇：2、3）。另一方面,外

————————————

① 　梁思永未完稿,高去寻辑补,李济总编辑:《侯家庄·第二本·1001 号大墓：安阳侯家庄殷代墓地》,
　图版九三。

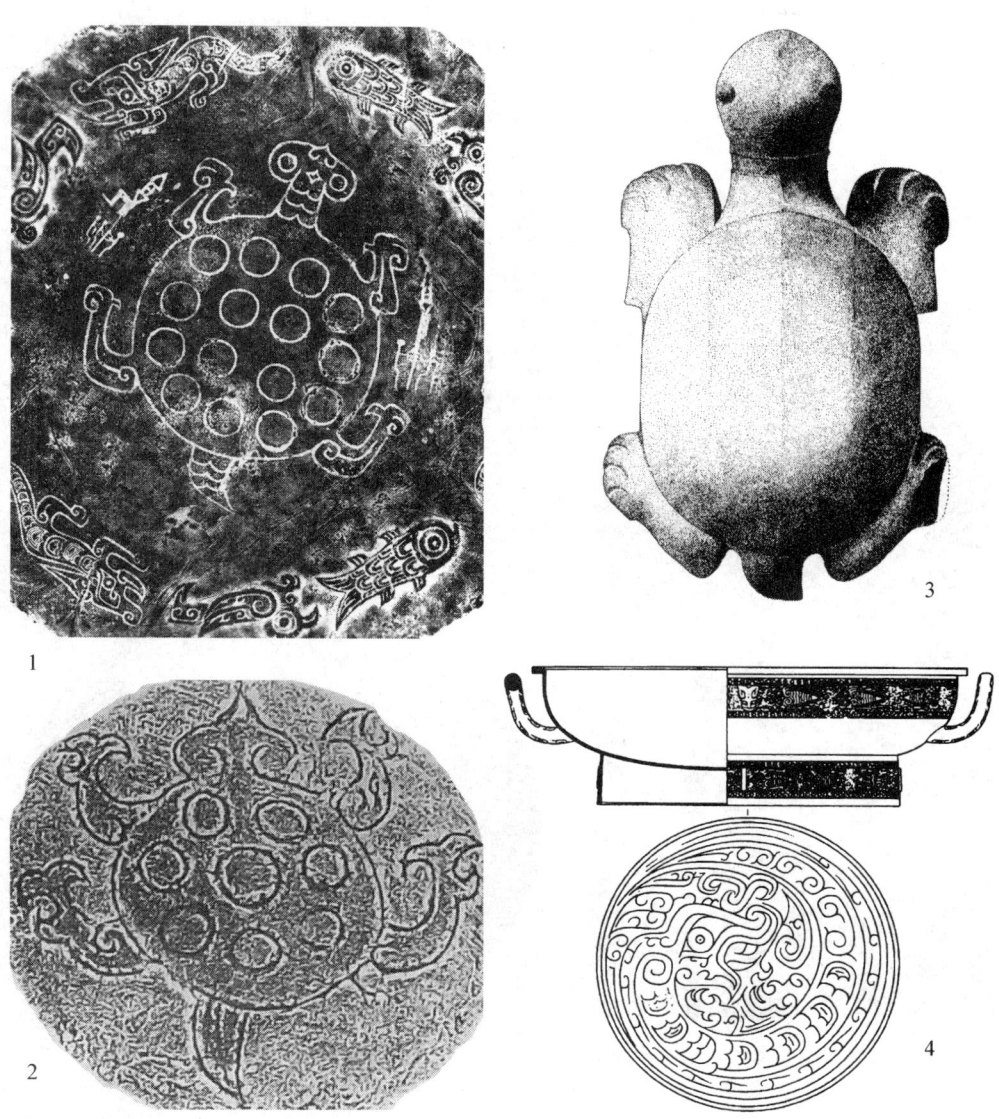

图三一一　1. 安阳出土夲旅盘的内底背带钻凿纹的龟；2. 龥盘外底背带钻凿纹的龟；3. 殷墟 1001 大墓出土白石龟；4. 山西天马一曲村遗址出土戈父辛盘外底蟠龙（M6081：2）。

底出现乌龟较多，但是戈父辛盘的外底却有蟠龙的造型（图三一一：4）①。京都泉屋博古馆收藏的戈双鸮卤底下有龟纹（图三一二），而上海博物馆收藏的戈双鸮卤底下有盘龙图（图三一三）②。从而可见，神龙与龟鳖的形象是相关联的。依笔者浅见，虽然龙龟的形象有相关性，但其两者崇拜的意思并不相同而有互补的关系。

────────────

① 山西省天马一曲村遗址出土，现藏于山西考古研究所。

② 陈佩芬：《夏商周青铜器研究》，夏商篇，页 312—314，图一五三。

图三一二　日本京都泉屋博古馆收藏的戈　　　图三一三　上海博物馆收藏的戈双鸮卣。
　　　　　双鸮卣。

　　从蟠龙身上的刻纹来看,其以夔纹为主。从乌龟背上刻纹来看,其均有两种:
似钻凿痕迹的圆圈,如罗山天湖商墓铜卣、亞疑盘、夆旅盘、嬴盘、寝奁盘、京都泉屋
博古博物馆的戈双鸮卣和饕餮龟纹壶等(如图二〇七:4;三一〇:1、2;三一一:1、
2;三一二);或明纹,如刘家河盘、新干大洋洲盘、小屯 M232:R2073 盘、张家坬出
土的龟鱼纹盘、白家庄二号墓的铜罍、京都泉屋博古馆藏的三牺首龟纹尊等(如图
二〇七:2、3;三一〇:4—6)。新干大洋洲、小屯 M1001 和 M232、泉屋博古馆藏的
三牺首龟纹尊的乌龟背上是明在夔纹中的构图,前文将这类构图被称为"神明纹"
(图二〇七:3;三一〇:4)。

　　笔者认为乌龟造型，可能牵连着用龟甲占卜的传统，龟甲上似钻凿痕迹的圆圈纹，直接指出此义。殷商时期，卜骨和卜甲传统分不出来，但其来源肯定不一。卜甲的传统最初的来源不明，但最早的遗迹发现于早商时期鄂西清江流域香炉石遗址①、江陵荆南寺遗址②、湘西永顺不二门遗址③；同时期的卜甲零散发现于安徽凤阳古堆桥遗址④，最东则在南京北阴阳营遗址也出土商代早期的卜甲⑤。上述发现都位处长江流域地区，西起巴山，东到太湖西边。考古发现零散，难作可靠的证据，但无疑问的是，卜用的乌龟的生活范围是长江流域，所以卜甲的传统应源于此。

　　依笔者浅见，用龟甲占卜隐含着一种特殊概念，乌龟是水里动物，属于地下生活，因此古人可能认为，就是地下靈魂可以通天获得靈验。甲骨文中"𪓟"（靁）字直接表达此概念。《合集》8996、8997 言："以龟靁"领取卜甲，追求获得靈验。《合集》9395 载："帚（妇）井（邢）乞靁自耳十五。"（据句法"耳"为地名。）武丁配偶妇邢从耳地带来十五件乞靈用的龟甲。《合集》1308 载"靁允"表达用乞靈龟甲获得靈验。《合集》31669、31670"习靁一卜？"准备用乞靈龟甲进行占卜。《合集》16012 言："受不靁？"《合集》16117"乙巳卜，宁贞：今夕骨不靁？贞：今夕骨其靁？"卜问这次占卜能否获得靈验⑥。

　　这类进行占卜之前的祈祷在楚简《总物流形》记载得较详细，叙述巫师或祭司在进行祭礼之前祈祷及承诺。在祈祷的过程中，祭司首先对自己表示怀疑，本身只是人为而已，对于"人是否能解通天地间的深意"表示疑虑，但是接着祈求能透过神祕的方法解通神意，且表达因为"五德之言"在于人，如果行为诚实、纯正，即能得到公正性；九州道间充斥着不同的学说，但若以诚实纯正自持，就能得到公正性；

① 王善才：《长阳香炉石遗址揭示出古代巴人早期文化类型》，《中国文物报》，1994 年 12 月 18 日。湖北省清江隔河岩考古队、王善才、张典维：《湖北清江香炉石遗址的发掘》，《文物》，1995 年第 9 期，页 4—28、1。王善才：《香炉后——我国早期巴文化遗址的发现与研究》，北京：科学出版社，2007 年。

② 荆州地区博物馆、北京大学考古系、王宏：《湖北江陵荆南寺遗址第一、二次发掘简报》，页 679—692、698、769—770。

③ 湖南省文物考古研究所、湘西自治州文物管理处：《湘西永顺不二门发掘报告》，《湖南考古 2002》，长沙：岳麓书社，2003 年，页 72—125。

④ 人民网，《凤阳首次发掘古堆桥商周遗址》，http://ah.people.com.cn/n/2012/1220/c227131 - 17891294.html。

⑤ 南京博物院：《北阴阳营——新石器时代及商周时期遗址发掘报告》，页 157。

⑥ 另有《合集》17668 等残缺卜骨亦出现"靁"字，但不能成句。

巫师必须承诺保持纯正、诚实,才能获得追求崇高的资格,亦即解通神祕的靈验;把这种道理讲完之后,祭司接着祈祷说:自己年纪已老,仍恭敬、纯正地从事卜龟,奉祀神;又再次提问:"自己只是一个人,身上带有鬼气①,神为何会愿意明示于神骨?"笔者认为,这些话有祈祷、净化的涵义,旨在避免占卜时,有鬼作祟干扰、欺骗,故祈求祛除自己身上的鬼气,迎请神靈降临②。在《思玄赋》中,东汉人张衡也表现出占卜时的神祕礼仪,并彰显自己对占卜的理解和感情。不具备占卜知识的读者根本无法理解《思玄赋》所描述的神祕形象。张衡用文艺化的风格,描绘卜卦的具体过程及其所得的靈验。然后说:"惧筮氏之长短兮,钻东龟以观祯……占既吉而无悔兮,简元辰而俶装。"③这些晚期的记录,实际上以细节化且文艺化的方式描绘商文明以来的卜甲礼仪。

从"𪚥"(龜)字的字形来看,其很明显地表达:乌龟追求并获得天的回应、天的表现、天恩之兆、天的甘露。春秋晚期齐靈公叔尸钟的"靈"字,在"龟"字偏旁之下加了"火"字偏旁:"𩆜",一方面更加细节化地描绘获得靈验的过程,是通过烧龟甲而后阅读裂痕的"卜文"(后被称为"兆"),但同时似乎把龟甲已简单当作占卜的工具,用乌龟活物作靈兽的信仰已弱化。商文明的人相信:地表之下水中的生物,能够与天沟通、吸引天水之上恩,这是乌龟神兽的神力,龟甲只是继续含存他的神性。应该就是这种观念,成为用龟甲祈求天恩、靈验的方法。青铜器上的乌龟造型位在器底,是表达乌龟在自然界生活的空间,包括盘因为是装水的礼器,如果盘底造型为水中的世界,乌龟在其中位。

从上述资料分析,笔者推论:商文明对乌龟的崇拜,奠基于下界动物具备通达上界而相合的理想,用龟甲占卜即是源自此概念。换言之,乌龟造型常被呈现在礼器的器底之上,或许是以此来表达礼器吸收上天的指令和保祐,其意思可能与用龟甲占卜、追求靈验有关系。同时我们可以看到,乌龟造型在甲上常见有明纹,即直接表达升天的意思。乌龟是底下、水界的神兽,其动物本身不能升天,但能够通达天义、吸收天恩,这就是地下水龟与天上神龙能互补相成的原因。

中山大学博雅学院孙竞超同学曾经提出假设,认为"玄武"形象即是龙龟为一

① 此处指人死后可能成为鬼,因此人的身上带有鬼气的成分。

② 郭静云:《〈总物流形〉第一章释诂——兼论其文章属性及战国末期道教的萌芽》,《语言文字与文学诠释的多元对话》,台中:东海大学,2011 年,页 107—154。

③ (汉)张衡著,张震泽校注:《张衡诗文集校注》,页 203—207。

体,而此形象所要表达的概念即是"神明"①。笔者认为这种假设相当有说服力。龙就是天神,他从天上赐雨露,以养地实现天地之交,而乌龟为地表下的水兽,能够通天义,获得灵验,藉其能力巫师能够祈雨、占卜、祈求天的保祐。是故,龟背有明纹的造型,表达通天以使天地之交的能力。神明概念在自然天象中以恒星与日月、神灵云雨和日的旱暑,来表达天地神明之相合。而在神兽的形象中龙与龟的相关性也是在表达天地神明之相合。

《鹖冠子》曰:"天燥而水生焉",在古人观念中,神兽中这种水生的天之神能由龙承担;《鹖冠子》曰:"地湿而火生焉",在古人观念中,居于地表下的神兽乌龟能够代表地下通天的能力,因此用龟甲问天,在龟甲上造型明纹。其实乌龟造型上,不仅有明纹,还可见完整的神明纹,表达其有天地旨意相合的能力。

我们现在可以更完整地了解商文明宇宙意图:天中有帝,先王等祖先在他左右,天空四方有四凤,在天上负责中与方的相合;天上另有龙负责降甘露从天上实现上下之交;地面之下水中有乌龟,能受天意,以参加上下之交;神灵雨之甘露降地,而太阳从地下升天,构成上下神明之交;另外地上中央有王,负责四土、四疆、地上四方与中的相合,并共同供明德以祭天,同时从地的中央,人王通达天中的帝(图二六〇)。

不过,乌龟崇拜文化范围较窄,在信仰中经常以神龙取代乌龟,神龙在很多方面吸收而涵盖了曾经可能被视为是乌龟的神能,可以降到地下而从地下管理死生:神龙吞吐日月和万生,以使日月和万生从土中再生。

日积月累,在古代信仰的演化下,天神虫龙和地明龟鳌相结合,两者的形象合并为一体,而衍生出所谓"玄武"的神奇形象。虽然完整的玄武造型一直要到西汉方始可见,属于四神图之一,如汉武帝茂陵画像砖(图三〇九:2)②或高句丽壁画(图三〇六:2)③,但其实此一形象早已有更久远的渊源,可溯源至商或夏商时代的精神文化中。

4. 神话中"玄武"与圣王的关系

我们从甲骨金文的资料无疑能说明,商文明信仰的重点为上下之交,且龙和龟

① 孙竟超:《上古信仰中的玄武形象新解》,中山大学博雅学院郭静云"上古信仰"课程报告,2012 年(未发表)。

② 李国新:《汉画像砖造型艺术》,开封:河南大学出版社,2010 年,页 18—19。

③ 《고구려벽화》(Koguryo kobun pyokhwa/高句丽壁画),2006 年(韩文),页 303。

是表达上下沟通的神兽。但是这两种形象,也同时出现在夏禹衍生的神话中。神话中新生的禹是拥有无边神力的虬龙,禹父鲧被祝融杀后化为神兽,入羽渊,三岁不腐,而自鲧腹生禹。神话中夏禹被视为虬龙,但对鲧的形貌,神话中却有两种说法。第一是根据《左传·昭公七年》的记录:"昔尧殛鲧于羽山,其神化为黄熊,以入于羽渊,实为夏郊,三代祀之。"首先,从历史地理的角度来说,江河中原地区古今都没有熊这种动物能生活之森林;其次,中原地区考古也显示出当地的情况:既无熊骨,亦无拜熊的礼器,从未见过熊的人们当然不可能创作熊的造型并崇拜它。况且,据《左传》的描述,"黄熊"生活在水渊中,也就是说,文献已说明了此"熊"绝非是居于森林的"熊",这是水生动物。《左传释文》云:"熊一作能,三足鳖也。"《尔雅·释鱼》也言:"鳖三足,能。"张衡《东京赋》也描述了此神兽:"王鲔岫居,能鳖三趾。"由此看来,"熊"或"能"(《广韵》奴来切,即读音为 nai)是指三足龟鳖。《史记·夏本纪》重复了《左传》所言①。

　　然而《山海经·海内经》郭璞注引《开筮》另云:"鲧死三岁不腐,剖之以吴刀,化为黄龙。"袁珂考证《开筮》应是《归藏·启筮》②,前文已论及《归藏》在经学传统中被视为殷人的易法③;前文也讨论甲骨文"下上若"为《归藏》概念的痕迹。袁珂先生认为,因夏禹本身是龙,故鲧化为黄龙是原始神话的面貌,鲧龙生禹时,把他的神力传给他的儿子④。但神话中没有这种必然性,龟鳖本身产生龙,这在神话中并不奇怪。

　　上编第一章已讨论过夏禹与龙虫的关系,在此不再重复,而着重于讨论龟能的形象与虫龙的关系:这两种神话流传的故事,恰好可以与礼器作连接。中国各地新石器晚期和青铜早期的先民同时有崇拜虫龙和龟鳖形的礼器,长江中游即见有这两种崇拜的痕迹。不过虽然从新石器晚期以来,各地龙和龟造型并存,但目前夏(石家河晚期)的考古资料尚不足以例证之,所以,有可能这是商代以来往前推的理解。

　　从神话来看,说及夏文化英雄的神话表达,夏圣王是由神龙或神鳖所生的神人,同时本身也有龙性,所以不能排除龙与龟的连接有更早的根源。但是因为神话

①　(晋)杜预注,(唐)孔颖达等正义:《春秋左传正义》,页 1972。(晋)郭璞注,(宋)邢昺疏:《尔雅注疏》,页 573。(汉)张衡著,张震泽校注:《张衡诗文集校注》,页 103—105。

②　(晋)郭璞注,袁珂点校:《山海经校注》,页 472—475。

③　(汉)郑玄注,(唐)贾公彦疏:《周礼注疏》,1023—1028。

④　袁珂:《中国古代神话》,页 211—213。

来源和成形过程不明,考古资料零星残缺,笔者不敢以为此概念在夏或更早时期已形成。"三足鳖黄能"和"黄龙"这两种传说,从上古流传到战国、汉代,便被后人所载,所以应该涵盖不同时代所积累的说法。

不过同时从新石器考古资料来看,人们对乌龟的崇拜应该不晚于对虫龙的崇拜。新石器中期的一些社会留下巫师采用龟甲作法器的遗迹(最具代表性的是舞阳贾湖的聚落,图一二六:4,系贾湖出土龟甲上的神祕符号),所以老鲧为龟而新生的禹为龙符合人们崇拜神兽形象的早晚关系。但重点是这些观察都跨越了地区与文化范围,曾经崇拜乌龟的贾湖社会灭绝,与崇拜神龙的商文明毫无传承关系。在同一文化体系的发展中还未见过早期崇拜乌龟,而后来几乎被神龙取代的现象。或许是资料不足才造成这样的缺环。

可是,考古资料足以表达成熟的商文明时期已有龙为天神、龟为地明的神兽,已在形象中构成龙和龟的互补关系。夏商文明皆奠基于长江中游先民文化的基础,所以不排除在商代已很明显的信仰,在夏代或更早已有其萌芽。我们还可以从颜色的象征意义考虑大禹父亲鲧的形象,无论是"黄能"或"黄龟",其颜色暗示表达它为下界的动物,神话也直接描述它藏在水下,"鲧"字也写从"鱼"字部首;但是此下界动物具备升天的能力,所以能生禹虬。鲧禹的神话或许隐含着,通过生产大禹虬龙,水下的鲧龟本身也通达上界,鲧和禹的关系其实在于下上相互交接,而这恰好是商或夏商文明的信仰重点。

从大禹的衍生故事,我们另可以发现,玄武的形象涉及圣王的衍生信仰。这种信仰在战国秦汉时代又有了新的演变,将玄武神兽与帝王崇拜密切连接在一起。

5. 殷周以来信仰中玄武与王位的神祕关系

玄武形象与圣王的崇拜源远流长,到战国秦汉时获得新义:即"玄武"在当时被定为北天之神,而在古代四方观念中,"北"是帝王所居的方位。

北为帝王所居的概念并非战国秦汉时才形成,无疑可溯源至商周信仰脉络。前文已指出,商周时期既有祭祀方之礼,亦有祭三方之礼。所谓"三方"并不包含北方,且在卜辞中可见,在祭祀三方时有用黄牛的记录。不过甲骨文中对三方之礼表达不足,直至西周早中期,铭文中有三方礼的记录,如大丰簋曰:"乙亥,王有大礼,王凡三方"。"三方"系东、南、西,王自北而"凡三方"。在古代仪式中天子南面,本身位于北而体现上帝北辰,所以"凡三方"。这在金文和传世文献中,都有相关记载,有助于理解该仪式的涵义。如《论语·卫灵公》云:"子曰:'无为而治者,其舜也与? 夫何为哉？恭己正南面而已矣。'"①北方既是帝王的位置，也是龟龙合体的玄武神的天位。由此可知，在四灵之中，"玄武"占有最高的天位，且与帝王思想密切关联。

从另外一个角度来说，在古代文献中，圣王有时亦被称为"神武"，如《易·系辞上》曰："古之聪明睿知，神武而不杀者夫。"孔颖达疏："夫《易》道深远，以吉凶祸福威服万物，故古之聪明睿知神武之君，谓伏牺等用此《易》道能威服天下，而不用刑杀而畏服之也。"《汉书·叙传下》记载："皇矣汉祖，纂尧之绪，实天生德，聪明神武。"②既然"神"与"玄"都相关于天，于是"神武"与"玄武"二词都可以解释为"天武"，由此也明显可见"神武"与"玄武"的相关性，且此二者皆可用于表达王位。甚至到清代康熙时，因为禁用"玄"字，而"玄"与"神"有相近的涵义，可以互相代替用，故将北京紫禁城的北门（玄武门）改名为"神武门"。

简言之，既从夏禹的诞生故事，亦从商代乌龟造型与蟠龙的关联性，均可以看出，玄武形象的萌芽源远流长，来自商甚或夏的精神文化。战国、汉代玄武为北神的信仰并非"玄武"的原始涵义，天地之合的神明观，才是天上神龙与地下明龟相合的本义。但是因为自有天帝北辰的信仰以来，"北天"牵涉到王位，所以"玄武"便特别表达与帝王的关联。

不过依笔者浅见，帝王崇拜并不是"玄武"信仰的核心所在，其形象不仅表达圣王的诞生与王位，更是在表达其离不开上古祈祷昊天保佑之礼。这问题涉及"玄武"一词所表达的概念。笔者发现，西周时期，"玄武"一词，其实与西周铭文所见"玄衣"一词有关联性。在神兽中形成的"玄武"形象，实际上与"玄衣"的形象有关联，这两种形象皆蕴含着很多内涵细节和祭礼形象。下文拟用文献资料着重探讨铭文中"玄衣"概念，并阐明"玄武"与"玄衣"两个词的关系，由此进一步理解周文化"玄衣"概念以及"玄武"形象之所隐。

（四）玄衣的形象与概念

1. 玄衣天盖：礼仪与观念

在讨论古代礼仪中的"天色"概念时，不能忽略在西周时期颇为重要的"玄衣"

---

① （魏）何晏等注，（宋）邢昺疏：《论语注疏》，页346。

② （魏）王弼、（晋）韩康伯注，（唐）孔颖达等正义：《周易正义》，页589。（汉）班固撰，（唐）颜师古注：《汉书》，页4236。

的形象及其象征意义。在古代礼数观念中，玄衣、玄衮、衣冠的涵义，并非仅仅指涉服装而已，而是蕴含了浓厚的信仰观念在内。铭文中常见"玄衣"或"玄衮"一词，皆表示周王赐命礼服，以将天的保祐转送臣子。

"玄衣"或"玄衮"一词，在西周中晚期的铭文中出现六十多次，春秋战国时期已不见，传世文献中相关的记录留下的也很少。例如虽然"玄"字在《三礼》中总共出现 115 次，但"玄衣"只见三次：《礼记·王制》曰："周人冕服而祭，玄衣而养老"（《礼记·内则》重复之）；《礼记·礼器》曰："天子龙衮，诸侯黼，大夫黻，士玄衣纁裳"；《周礼·夏官·方相氏》载："方相氏掌蒙熊皮，黄金四目，玄衣朱裳。"①而其他古籍中皆没有"玄衣"。"玄衮"一词在《三礼》根本不见，只有《诗·小雅·采菽》曰："采菽采菽，筐之筥之。君子来朝，何锡予之？虽无予之，路车乘马。又何予之，玄衮及黼"；以及《诗·大雅·韩奕》曰："玄衮赤舄、钩膺镂锡、鞹鞃浅幭、鞗革金厄。"②

传世文献中对"玄衣"和"玄衮"解释不一，对前者孔颖达疏认为"玄衣"和"缁衣"的意思相同："《仪礼》：'朝服缁布衣素裳。'缁则玄，故为玄衣素裳。"③上述研究足以证明孔颖达的疏有误。对于"玄衮"毛公传云："玄衮，卷龙也。"郑玄笺说明："玄衮，玄衣而画以卷龙也。"④同时《荀子·富国》曰："天子袾裷衣冕，诸侯玄裷衣冕。"杨倞注："'裷'与'衮'同，画龙于衣谓之衮。"⑤龙是与天有关，所以在战国秦汉所谓"玄衮"上或许有龙纹，但龙纹却不是形容词"玄"的本意。

金文中，只有西周早中期敔簋才有"衣"和"衮"之区分："王蔑敔历，易（赐）玄衣赤衮。"⑥之后看不出两者的差异在哪里，西周中期仅见"玄衣"一词，从西周晚期亦用"玄衮"，但其意思与玄衣之义毫无差异。

西周中期，除了同簋有"玄水"地名之外，其他有"玄"字的铭文都说及"玄衣"，是周王赏赐高官贵族的礼物：

　　　　王易（赐）赤🀀巿、玄衣𬘘屯（纯）、䜌（銮）旅（旗）。　　　　庚季鼎⑦

① （汉）郑玄注，（唐）孔颖达等正义：《礼记注疏》，页 666、1318、1135。（汉）郑玄注，（唐）贾公彦疏：《周礼注疏》，页 1330。
② （汉）毛公传，郑玄笺，（唐）孔颖达等正义：《毛诗正义》，页 1376、1871。
③ （汉）郑玄注，（唐）孔颖达等正义：《礼记注疏》，页 668。
④ （汉）毛公传，郑玄笺，（唐）孔颖达等正义：《毛诗正义》，页 1376。
⑤ （战国赵）荀况撰，（清）王先谦集解：《荀子集解》，页 115。
⑥ 《集成》器号 4166，现藏于瑞士玫茵堂。
⑦ 《集成》器号 2781，现藏于北京故宫。

王燗(俎)姜事(使)内史友员易(赐)彧玄衣朱襮(襟)袊(衿)。　彧方鼎①

王乎(呼)内史驹册命师奎父："易(赐)载市、冋(囧)黄(璜)、玄衣嵍屯(纯)、戈琱戚、旗,用嗣(嗣)乃父官友。"　　师奎父鼎②

内史尹册："易(赐)救玄衣嵍屯(纯)、旗四日,用大犕(备)于五邑宋(守)堰。"　　羖簋盖③

王乎(呼)命女(汝)赤市、朱黄(璜)、玄衣嵍屯(纯)、絲(銮)旅(旗)。　即簋

王乎(呼)乍(作)册尹册赐休："玄衣嵍屯(纯)、赤市朱黄(璜)、戈琱戚彤沙歍(厚)必(柲)、絲(銮)斻(旗)。"　　走马休盘④

西周晚期,除了上述赞美青铜礼器玄黄的铭文,其他用"玄"字也都指出"玄衣"或"玄衮",一样表达王的赏赐:

乎(呼)内史旁册命王臣:易(赐)女(汝)朱黄(璜)苯亲(衬)、玄衣嵍屯(纯)絲(銮)旗五日、戈画戚厚必(柲)彤沙,用事。　　王臣簋⑤

王乎(呼)入(内)史曰:"册令虎。"曰:"甗乃且(祖)考事先王,嗣(司)虎臣,今命女(汝)。"曰:"更(赓)乃且(祖)考,足师戏嗣(司)走马駇(驭)人,女(汝)毋赶不善于乃政。易(赐)女(汝)载市、幽黄(璜)、玄衣、淲屯(纯)、絲(銮)旗,五日,用事。"　　虎簋盖

王乎(呼)史鬶册令(命)无重,曰:"官嗣(嗣)穆王遗侧虎臣,易(赐)女(汝)玄衣嵍屯(纯)、戈琱戚歍(厚)必(柲)彤沙、攸(鋚)勒、絲(銮)旗。"　　无重鼎

王乎(呼)内史𥪝册:易(赐)趩玄衣屯(纯)嵍、赤市、朱黄(璜)、絲(銮)旗、攸(鋚)勒,用事。　　趩鼎⑥

王乎(呼)史减册易(赐)裘:玄衣嵍屯(纯)、赤市、朱黄(璜)、絲(銮)旅(旗)、攸(鋚)勒、戈琱戚歍(厚)必(柲)彤沙。　　裘鼎、裘盘⑦

---

① 《集成》器号2789,陕西扶风法门寺庄白村墓葬出土,现藏于扶风县博物馆。

② 《集成》器号2813,陕西关中地区出土,现藏于上海博物馆。

③ 《集成》器号4243,现藏于天津市文物管理处。

④ 《集成》器号10170,现藏于南京博物院。

⑤ 《集成》器号4268,陕西澄城南串业村墓葬出土,现藏于陕西历史博物馆。传统上定为西周中期器物,笔者根据铭文内容定为厉王时代。相关讨论参同上注。

⑥ 《集成》器号2815,现藏于中国国家博物馆。

⑦ 《集成》器号2819,藏处不明;10172,现藏于北京故宫。

王曰："山，令女（汝）官嗣（嗣）歆（饮）献人于晃，用乍（作）寙（宪）司贮（贾），母（毋）敢不善，易（赐）女（汝）玄衣黹屯（纯）、赤市、朱黄（璜）、緣（銮）旗。"

　　　　　　　　　　　　　　　　　　　　　　　　　　　　膳夫山鼎①

王乎（呼）史翏册令（命）此，曰："旅邑人、善（膳）夫，易（赐）女（汝）玄衣黹屯（纯）、赤市、朱黄（璜）、緣（銮）旅（旗）。"

　　　　　　　　　　　　　　　　　　　　　　　　　　　　此鼎、此簋

王曰："颂，令女（汝）官嗣（嗣）成周贮（贾）廿家，监嗣（嗣）新寤（造），贮（贾）用官禦，易（赐）女（汝）玄衣黹屯（纯）、赤市、朱黄（璜）、緣（銮）旗、攸（鉴）勒，用事。"

　　　　　　　　　　　　　　　　　　　　　　　颂鼎、颂簋、颂壶②

王乎（呼）内史尹氏册命师耤：易（赐）女（汝）玄衣黹屯（纯）、鉥市、金钪（璜）、赤舄、戈琱戒彤沙、攸（鉴）勒、緣（銮）旗五日，用事。　　弭伯师耤簋③

王册命害曰：易（赐）女（汝）㭸朱黄（璜）、玄衣黹屯（纯）、旗、攸（鉴）勒，易（赐）戈琱戒彤沙。

　　　　　　　　　　　　　　　　　　　　　　　　　　　　害簋④

王乎（呼）乍（作）册尹册令（命）㽈曰：更乃且（祖）考嗣（嗣）辅，载（载）易（赐）女（汝）载市素黄（璜）、緣（銮）旂，今余曾（增）乃令，易（赐）女（汝）玄衣黹屯（纯）、赤市朱黄（璜）、戈彤沙琱戒、旗五日，用事。　　辅师㽈簋⑤

王若曰："旬……易（赐）女（汝）玄衣黹屯（纯）、载市、同（囿）黄（璜）、戈琱戒厚必（柲）、彤沙、緣（銮）旗、攸（鉴）勒，用事。"　　　　旬簋

王乎（呼）尹册命师道，易（赐）女（汝）㭸朱亢（璜）、玄衣黹帅（纯），戈、嚞（琱）戒、歑（缑）㣶（柲）、彤景、旗五日，綪。

　　　　　　　　　　　　　　　　　　　　　　　　　　　　师道簋⑥

可见铭文的记录非常规范，王的赏赐是一套固定的礼物。西周晚期司工鼎，虽然残缺，但也可以看到同样的用义⑦。

　　西周晚期的铭文中，"玄衣"有时候写成"玄衮"或"玄衮衣"，意思无疑相同：

---

① 《集成》器号2825，陕西省扶风县北岐山某沟出土，现藏于陕西历史博物馆。

② 《集成》器号2827—2829，现藏于北京故宫、台北故宫、上海博物馆；4332—4339，现藏于美国堪萨斯市纳尔逊美术陈列馆、山东省博物馆、北京故宫、日本兵库县黑川古文化研究所（盖）、上海博物馆（盖）；9731、9732、《新汇编》1956，现藏于台北故宫。

③ 《集成》器号4257，陕西省蓝田县辋川镇新村出土，现藏于蓝田县文化馆。

④ 《集成》器号4258—4260，藏处不明。

⑤ 《集成》器号4286，陕西长安县兆元坡出土，现藏于中国国家博物馆。

⑥ 《新汇编》器号1394，内蒙古宁城县小黑石沟M9601出土，现藏于内蒙古宁城县博物馆。

⑦ 《集成》器号2501，陕西扶风太白公社长命寺大队早杨生产队窖藏出土，现藏于扶风县博物馆。

王曰："师龢，女（汝）克盡（畀）乃身，臣朕皇考穆穆王，用乃孔德琭（逊）屯（纯），乃用心引正乃辟安德，車（惟）余小子肈（肇）盄（淑）先王德，易（赐）女（汝）玄衮齟（黼）屯（纯）、赤市、朱横、絲（鸾）旗、大师金雁（膺）、攸（鋚）勒，用井（型）乃圣且（祖）考，陞（邻）明龄（令）辟前王，事余一人。"　　　师龢鼎①

王乎（呼）尹氏册令（命）𣆝曰：更乃且（祖）考乍（作）冢嗣土于成周八自（师），易（赐）女（汝）歫（秬）鬯一卣、玄衮衣、赤市、幽黄（璜）、赤舄、攸（鋚）勒、絲（鸾）旗，用事。　　　𣆝壶盖②

王乎（呼）史戊册令（命）吴：嗣（嗣）旄眔叔金，易（赐）歫（秬）鬯一卣、玄衮衣、赤舄、金车、桒圅（靷）、朱虢（鞹）靳（靳）、虎𠦴熏（纁）里、桒較（较）、画轉、金甬、马四匹、攸（鋚）勒。　　　吴方彝盖③

王命𥐟侯伯晨（晨）曰："𩁹（嗣）乃且（祖）考侯于𥐟，易（赐）女（汝）鬯（秬）鬯一卣、玄衮衣、幽夫、赤舄、驹车、画呻（绅）、轙（特）爻（较）、虎帏、𠦴衻里（里）幽、攸（鋚）勒、旅（旗）五旅（旗）、弖（彤弓）、钐（彤矢）、旅弓、旅矢、 戈、繛（皋）胄，用𩁹（夙）夜事，勿濾（废）朕令。"　　　伯晨鼎④

王若曰：蔡……易（赐）女（汝）玄衮衣、赤舄。　　　蔡簋⑤

王曰："逨，易（赐）女（汝）黿（秬鬯）一卣、玄衮衣、赤写、驹车、求較（较）、朱虢（鞹）、圅（靷）靳（靳）、虎𠦴、熏里、画轉、金甬（俑）、马四匹，攸勒。"　　　四十三年逨鼎⑥

可见在金文中，王赐玄衣的记录非常多，这可能是指某种礼服。前文已详细讨论过，在西周礼制观念中，由王所赐的礼物是有象征意义的。天子从他的中位，代表天而传达天恩，以坚固国家贵族间的关系。因此"玄衣"可不是一般礼服衣冠的形象，其有深入象征意义，"玄"象征天，所以"玄衣"即是"天衣"，其象征笼罩、搂抱、保护和保养天下的天盖。

———————————

① 传统上定为西周中期之物，笔者根据铭文内容定为厉王共和时代，参郭静云：《夏商周：从神话到史实》，页430—433。

② 《集成》器号9728，现藏于台北故宫。传统定为西周中期之物，笔者根据铭文内容定为厉王共和时代。相关讨论参同上注。

③ 《集成》器号9898，现藏于上海博物馆。传统定为西周中期之物，笔者根据铭文内容定为厉王共和时代。

④ 《集成》器号2816，藏处不明。笔者根据铭文内容认为这是厉王共和时代的礼器。

⑤ 《集成》器号4340，藏处不明。

⑥ 《新汇编》器号747—756，陕西眉县马家镇杨家村2003MYJ出土，现藏于宝鸡青铜器博物馆。

　　不过依笔者浅见，"玄衣"形象并不是滥觞于周，应溯源于更古老的精神文化。"玄"字与天的关系源自商文明的"幽色上界"概念；同时"衣"字是甲骨文中向天祈祷大祭礼的表达字。通过"玄"和"衣"两字的溯源研究，可以更明晰地理解"玄衣"之索隐。

　　在古代观念中，衣冠的涵义，并非简单地指涉着服装，而是带有浓厚的信仰观念，这从"玄"字的本义看得明晰。在甲骨文中"个"（衣）字不用作服装，而作祭祀之名。对此王国维先生的考证意见："衣为祭名，未见古书，潍县陈氏所藏大丰敦（簋）云：'王衣祀于丕显考文王。'案衣祀疑即殷祀，殷本月声，读与衣同……卜辞与大丰敦之衣，殆皆借为殷字，推卜辞为合祭之名。"①学界大都赞同王国维所言，将甲骨文中颇为常见的"自上甲衣至于多毓"②卜辞理解为殷祭的记录。根据《汉书·韦贤传》："毁庙之主，臧乎太祖，五年而再殷祭"③之文，"殷祭"是指祭祀祖先的大礼；而在甲骨文中恰好亦是如此，"衣"为祖先崇拜的祭名；因此王国维先生将"衣"释为"殷祭"确实有各方面的证据。

　　只不过鄙见以为，商代的"衣"直至战国、汉代才开始被称为"殷祭"。换句话说，并非商代将"殷"字通假作"衣"，而相反的是后人将"衣"通假作"殷"，"衣"才是表达该祭祀的本字，"衣"字的本义和象形意义隐含该祭祀的本义所在。笔者推论，其本义近乎祈祷神祕的宝盖，祈求祖先从昊天传下对子孙的保祐，衣祭大礼的目的为祈祷天祐，并广泛表达子孙对祖先协助支持的谢意，而又求祖先护祐子孙。

　　至于"玄衣"一词，则在西周铭文上出现数十次，都是周王赐予功臣玄衣的记录，所以"玄衣"是西周中晚期特用的某种礼仪官服。两千余年来不断有学者探讨玄衣的形状，但在探讨的过程中，却唯独欠缺对其宗教涵义的阐述。因为春秋以来不再出现赏赐"玄衣"的记录，所以其物质的形貌恐怕难以复原，但其象征意义却可理解。由于"玄"指涉着天，因而"玄衣"即是"天衣"，而此种礼服恰恰象征着昊天的保祐。据铭文可知，"玄衣"一定是由天子所赐命的礼服。依笔者浅见，天子赐命玄衣之礼，实际上象征着天子将天祐转达给功臣，天以玄衣的宝盖保护功臣的家族。这种礼仪涵盖宗教和政治意义：以天的保祐涵盖贵族，而表达从属于天并

①　王国维：《殷礼征文》，台北：台湾商务印书馆，1979 年，页 6。

②　《类纂》，页 721—723。

③　（汉）班固撰，（唐）颜师古注：《汉书》，页 3118。

以周为中央的国家结构,此即最早的"天下"概念的萌芽。赐命玄衣的周王即是《书·大禹谟》所言:"奄有四海,为天下君。"①

2. 玄衣与玄武的关系

《礼记·玉藻》曰:"缟冠玄武,子姓之冠也。"郑玄注:"玄武,冠卷也"②我们习惯地认识,"玄武"是指北天神兽,但此文显示,"玄武"一词,还指称着一种礼服;换言之,"玄武"也是一种"玄衣"。

同时纯粹从词义来看,"玄武"一词确实适合于表达"天祐"的本旨,且带有保护的意味。西周早期的麦方尊铭文曰:"王以侯内于寝,侯赐玄周(珝)戈。"③此玄周戈,是一种带有护身作用的、有玄天保祐的兵器。前文有讨论春秋铜戈"玄翏"、"玄扶"等祈文,也是祈祷天的护祐。翏吕玄用戈的铭文稍微改了用字的顺序,以更加强调此戈有飞天的能力并有作玄天护祐的作用。

此外,兵器上常见"元用"一词,除了前引少虡剑之外,很多春秋战国的戈、矛、剑亦有此祈文,如子孔戈曰:"子孔羉(择)乐(厥)吉金铸其元用"④;周王孙季鈃戈曰:"元武元用戈"⑤;攻敔王夫差剑:"攻敔王夫差自乍(作)其元用"⑥;攻吴王姑发诸樊之弟剑:"吉金匋曰其元用金(剑)"⑦;工瘚大子姑发胥反剑、攻吴王诸樊之子通剑:"自乍(作)元用"⑧;另参元用戈⑨、楚屈叔佗元用戈⑩、周王段元用戈⑪、邗王

---

① （汉）孔安国传,（唐）孔颖达等正义:《尚书正义》,页136。

② （汉）郑玄注,（唐）孔颖达等正义:《礼记注疏》,页1374。

③ 《集成》器号6015,藏处不明。

④ 《集成》器号11290,河南陕县后川2040号墓出土,现藏于中国国家博物馆。

⑤ 《集成》器号11309,湖北省随县城郊季氏梁墓葬出土,现藏于随州市博物馆。

⑥ 《集成》器号11636—11639,现藏于美国哈佛大学福格美术博物馆(汇编)、中国国家博物馆,河南辉县琉璃阁战国墓盗掘出土;现藏于辉县百泉文物保管所,湖北襄阳县蔡坡12号墓出土;现藏于湖北省博物馆。《新汇编》器号317,河南洛阳市中州中路北侧C1M3352:1出土,现藏于河南省洛阳市文物工作队。1116,山东邹县城关镇朱山庄村出土,现藏于山东省邹县文物保管所。1523、1551、1734、1868、1876、1895,现藏于山东省博物馆、天津市艺术博物馆、香港中文大学文物馆、台北古越阁、台湾私人收藏、香港私人收藏。

⑦ 《新汇编》器号988,山西榆社县城关村出土,现藏于山西省榆社县博物馆。

⑧ 《集成》器号11718,安徽淮南市蔡家岗赵家孤堆2号墓出土,现藏于安徽省博物馆。《新汇编》器号1111,山东新泰市周家庄东周墓地出土,现藏于山东省新泰市博物馆。

⑨ 《集成》器号10891,现藏于北京故宫。11013,甘肃灵台县景家庄周家坪1号墓(M1:26)出土,现藏于灵台县文化馆。《新汇编》器号318,河南洛阳市中州中路C1M3729:3出土,现藏于河南省洛阳市文物工作队。

⑩ 《集成》器号11198,现藏于湖北省博物馆。

⑪ 《集成》器号11212,河南汲县山彪镇1号墓(M1:161)出土,现藏于史语所。

是埶元用戈①、虎匄丘君元用戈②、徐王之子元用戈③、梁伯元用戈④、攻吴王姑发诸
樊元用戈⑤、秦子元用戈⑥、秦子元用矛⑦、越王大子元用矛⑧、攻吴元用矛⑨、攻吴
大叔元用矛⑩、吉为元用剑⑪、吴季子之子逞元用剑⑫、越王元用剑⑬、攻吴王叔钺此
邻元用剑⑭、攻吴王姑发郧之子元用剑⑮等。"元"也是表达"天"的字，"元用"也是
表达昊天保护的作用，所以这些兵器的铭文表达的意思与"玄衣"的意思在某种程
度上具有相似性。这是在内在意义上"玄衣"和"玄武"相互亲近。

除了这两种角度之外，还有直接的证据表达"玄衣"和"玄武"其实是同一个概
念：因为在古代文字中，"衣"和"卒"完全是同一字。甲骨文中，"衣"、"卒"的字形
根本不可区分，在"王田 仐 彡 岁 桴"等常见的田猎卜辞中⑯，"仐"（衣）字读作
"卒"义才好通，即："王田，卒逐，亡灾？"在青铜铭文中，西周早期庚嬴鼎"卒"字作
"仓"⑰、沈子它簋盖作"仐"；西周中期戏簋作"仐"、繁卣作"仓"⑱、鬶卣作
"仓"⑲；西周晚期多友鼎作"仓"；都与"衣"字在字形上不可区分，是以同一字表

---

① 《集成》器号11263，现藏于北京故宫；《新汇编》器号1638，香港私人收藏。
② 《集成》器号11265，河南辉县琉璃阁80号墓(M80：56)出土，现藏于史语所。
③ 《集成》器号11282，现藏于北京故宫。
④ 《集成》器号11346，现藏于北京故宫。
⑤ 《新汇编》器号1312，安徽六安市九里沟第一轮窑厂M41出土，藏处不明。
⑥ 《集成》器号11352、11353，现藏于北京故宫。《新汇编》器号1349、1350，甘肃礼县出土，现藏于澳门珍秦斋。
⑦ 《集成》器号11547，藏处不明。
⑧ 《集成》器号11544，现藏于上海博物馆。
⑨ 《新汇编》器号1263，江苏丹徒县大港乡背山顶墓葬M：79出土，现藏于南京博物院。
⑩ 《新汇编》器号1625，现藏于北京保利艺术博物馆。
⑪ 《集成》器号11586，陕西凤翔县八旗屯C区9号墓出土，现藏于凤翔雍城考古队。
⑫ 《集成》器号11640，藏处不明。
⑬ 《集成》器号11704，湖北江陵张家山墓葬出土，现藏于荆州博物馆。
⑭ 《新汇编》器号1188，湖北谷城县城关镇西约2公里的过山皮家洼出土，现藏于湖北省谷城博物馆。
⑮ 《新汇编》器号1241，湖北襄樊市襄北农场新生砖瓦场出土，现藏于湖北省博物馆。
⑯ 《类纂》，页720—721。
⑰ 《集成》器号2748，藏处不明。
⑱ 《集成》器号1543，现藏于上海博物馆。
⑲ 《新汇编》器号1452，现藏于上海博物馆。

达保护的意思，或以覆盖而保护，或用兵卒保护。只有到了春秋中晚期以后，这两种意思在字形上开始被区分，如春秋中晚期郝子姜首盘作“”①，因为当时“衣”的意思越来越多指衣服，所以为了两种意思的区分，在“衣”的基础上加了一个小横线，成为“卒”（卒）字形，战国时期□外卒铎作“”②、春成侯壶作“”③、梭里瘟戈作“”④等。但是战国时期燕王职矛铭文曰：“郾（燕）王职乍（作）黄（广）衣（卒）鈦”，将“卒”字依旧写为“衣”的字形⑤；燕王职戈铭文的字形也相同⑥。

换言之，商周时期“衣”和“卒”是同一字，春秋战国才开始区分，所以西周时期“玄衣”和“玄卒”从字形不可区分。与此同时，“卒”和“武”意义皆近，“卒”字的古音应该属“微”部字，而“武”应该是“鱼”部字，但是考虑商周是多种语言并存的时代，同义字的关系有时候比同音的关系重要。因此，从古文字的角度来说，“玄衣”、“玄卒”、“玄武”有很明显的关联。

我们发现上面两种观念的关联，但此关联隐含着什么样的信仰意义？笔者推论，战国秦汉文献所见的“玄武”，实际上溯源自商或夏商文明对神龙与神龟的崇拜。在古代信仰中，若将天上之神龙和地面之下水中之龟相结合，就可以构成“神明”的形象，龙龟之合象征天地之合，能表达昊天之保祐，包括对圣王和在位之圣王后裔的保祐。在位的王赐命玄衣，这象征着把天的保祐传给属国贵族，以坚固、护祐全国。

我们还可以考虑这一信仰和词汇概念的演化如下：商文明虽已用龙龟为相对的形象表达天地之合，但当时可能没有用“玄武”一词指称。到了周代“玄武”一词以“玄”字强调天的本质，并因“衣”和“卒”不区分，“玄衣”自然含有“玄卒”即“玄武”的隐义，所以“玄武”一词从周代“玄衣”一词衍生出来。但是在宗教等级中，玄武的形象概念高于玄衣的形象概念，玄武表达天地之相合且有保护王位的神祕功能，而玄衣是从王位传到各家的天恩的宝盖。

---

① 《新汇编》器号 1043，山东长清县仙人台 M5：46 出土，现藏于山东大学历史系。

② 《集成》器号 420，现藏于北京故宫。

③ 《集成》器号 9616，藏处不明。

④ 《集成》器号 11402，河北正定县出土，现藏于北京故宫。

⑤ 《集成》器号 11517—11518，现藏于北京故宫。

⑥ 《新汇编》器号 1582，山东济南市附近出土，藏处不明。1286，河北文安县出土，现藏于河北省廊坊市文物管理所。

进一步，笔者认为，西周时在国家社会礼仪中"玄衣"概念相对于"明器"概念，贵族通过王的中位收到象征天祐的玄衣，相对着从地享升通达天上神祖的明器。这种礼仪的体系使我们理解"玄明德"的意思，包含玄与明之德，即互补相生而循环之玄天的保祐和人们享祭的通天的理想。

（五）从上到天：周文化以"玄"取代"幽"的信仰演化

金文中，虽然一直存在幽色的概念，但在表达天的色光和要素时，"玄"字已经完全取代了"幽"字，并且形成了新的概念。殷商幽色的形象是天空、林野融合成一片上界的视觉感，或许古代的"幽"字意象即近乎"神山"，亦即《诗》所云："幽幽南山"。而玄色的意思更狭义地指出天。此变化奠基于商代有上下概念，而西周中期以来，"上下"演化成更具体的"天地"，循此也逐步形成很多新概念，如天子、天命、天道、天元、玄天、玄昊、玄子、玄道、玄元等。"玄"字一方面形容天色，同时可以全面地象征天。

是故，西周以来，"幽"字除了出现在祖先谥号之外，基本上不再用来表达天的意思。而从"幽"字简化衍生出来的"玄"字，则成为形容天的字。从文献资料来看，曾经从"幽"字衍生出来的"玄"字，实际上超越了"幽"而具有极高的神性。例如，在铭文上也有用"玄"作祖先谥号的文例，如殷末或周初的玄父癸爵的祭祀对象被称为玄父癸①。但《逸周书·谥法》已没有留下以玄为祖名的文例，同样亦不见于西周时期的铭文。可能是因为"玄"意思的崇高性，超越了能作某祖先名号的层面，只可作崇高昊天的象征。

西周以来"玄"字不仅指出天的颜色，也象征天的本质。同时，"黄"字继续用来表达地色和地的本质，所以从西周以来，形成以"玄黄"形容天地相对与相辅、相合的概念。甲骨文中"幽黄"与金文中"玄黄"涉及同一概念，即"天玄地黄"的概念，"幽黄"在殷商祭礼中表达天地交合，而"玄黄"在周代祭礼中表达天地交合。

西周铭文用"玄黄"之譬喻来形容青铜器的吉祥性，能够蕴含天与地的精华，所以"其金孔吉，亦玄亦黄"。此概念不宜与甲骨金文中所出现黄金、羍金、赤金、白金相混淆。黄金、羍金、赤金是指锡料偏少的铅铜，白金是指锡料偏多的锡铜，都

---

① 《集成》器号8719，藏处不明。

是指用来制造带此铭文礼器的合金原料。而"玄黄"是对礼器的赞美,表达其通天通地的神能,故极为吉祥,且完全适于用作神、人之间的联络媒介。据上引《诗·豳风·七月》所言,古代祭服同样被织染成玄黄之色,其用意亦同。

除了"玄黄"之外,西周铭文另有颇为关键的"玄衣"概念。金文中,王赐玄衣的记录非常多,这可能是指某种礼服,但其无疑带有崇高的象征意义。因为"玄"象征天,而"衣"字的本义是表达一种大祭礼,向祖先祈祷从昊天传下神祕宝盖,衣祭大礼的目的为获得天祐。是故,"玄衣"即是"天衣",其象征笼罩、搂抱、保护和保养天下的天盖。

依笔者浅见,天子赐命玄衣之礼,实际上象征着天子将天祐转达给功臣,天以玄衣保护功臣的家族。这种礼仪涵盖宗教和政治意义:以天的保祐涵盖贵族,而表达从属天的以周为中央的国家结构,即最早的"天下"概念的萌芽。赐命玄衣的周王即如《书·大禹谟》所言:"奄有四海,为天下君。"

春秋铭文中,不再见"玄衣"概念,但长见"玄用戈"、"元用戈"、"玄镠戈",乃是一种"玄武"的概念。前文分析确实发现"玄衣"与"玄武"的关联性,其词意和概念都是表达昊天的护祐,并且离不开对帝王的崇拜。

不过与此同时,"玄武"是龙龟合为一体的神兽名称,其名称可能出现较晚,符合春秋以后的概念。虽然完整的玄武神兽只见于汉代及以后,但笔者认为,龙龟合为一体的形象萌芽于商或夏商精神文化,商代礼器已明显可见神龙与龟的关联性。

从传世文献来看,"玄武"信仰应有三个关键之处:其一,在传世文献和在汉代墓葬结构里,玄武为北天守护神;其二,有表达"神王"或神王之祖的信仰;其三,含有"天祐"的信仰。但依笔者浅见,这都是"玄武"信仰后来的衍生意义而非其本义。

笔者推论:商文明对乌龟的崇拜,奠基于下界动物具备通达上界而相合的理想,用龟甲占卜即是源自此观念。换言之,乌龟造型常被呈现在礼器的器底之上,或许是以此来表达礼器吸收上天的指令和保祐,其意思可能与用龟甲占卜、追求靈验有关系。同时我们可以看到,乌龟造型在其甲上常见有明纹,即直接表达升天的意思。乌龟是底下、水界的神兽,虽然其本身不能升天,但能够通达天义、吸收天恩,故而地下水龟与天上神龙能互补相成。

这种互补相成,在概念上符合"神明"的旨意。龙就是天神,他从天上赐雨露,以养地实现天地之交。而乌龟是地表下的水兽,能够通天义,获得靈验,藉其能力巫师能够祈雨、占卜、祈求天的保祐。是故，龟背有明纹的造型，表达通天以使天地交合的能力。在自然天象中分别用恒星与日月、神灵云雨和日月来表达天地神明之交，而在神兽形象中透过龙与龟的相关性，同样也在表达天地神明的相合。

在古代信仰日积月累的演化下，天神虫龙和地明龟鳖之相合，两者的形象合并为一体，而衍生出所谓"玄武"的神奇形象，并从"玄武"的词义来看，该形象表达昊天的保祐。

以上所述西周以来"玄"义的范围，都离不开天义，从颜色概念来说，即指出天色。但是西周铭文依然出现"幽"字，并且除了作祖先谥号之外，也继续表达某颜色的色光。既然西周时期的"幽"色已不指涉天色，它的色彩范围又是指什么呢？

七、西周"幽"字的新义以及幽、朱、冋三色关系

金文中，幽、玄二字的意义范围确实已不相同。虽然金文亦常见"幽黄"一词，但其"黄"并非颜色，而是"璜"的本字①。有一些铭文中"璜"字以"亢"字假借表达，或如师酉鼎用"横"字，意思都一致，都指玉璜，而幽璜意指幽色玉璜之佩。在西周中晚期铭文上，常记有周王对器主的赏赐之礼，其中经常提及玉璜，而玉璜之颜色有三种，分述如下。

第一种是尹书赐命的"冋璜"，如前引西周中期师奎父鼎和西周晚期訇簋铭文，此外西周中晚期曶簋、免尊②、免卣③、七年趞曹鼎④、趠觯⑤、元年师旋簋⑥、鄘

① 关于"黄"字，郭沫若释为璜佩，参见郭沫若：《释黄》，郭沫若：《金文丛考》，北京：人民出版社，1954年，页180。然而唐兰先生认为此字应读为"衡"，参见唐兰：《唐兰先生论文集》，北京：紫禁城出版社，1995年，页86—93。依笔者浅见，衡佩也是用璜形玉器作成，只是在名号中强调"衡"的概念，所以唐、郭二位的辩论无涉于玉佩的形状，至于周代是否已有"衡"，恐难以证明，故此处暂读为"璜"即可。

② 《集成》器号6006，现藏于北京故宫。

③ 《集成》器号5418，藏处不明。

④ 《集成》器号2783，现藏于上海博物馆。

⑤ 《集成》器号6516，现藏于上海博物馆。

⑥ 《集成》器号4279—4282，陕西长安县沣西张家坡窖藏出土，现藏于陕西历史博物馆。

簋①等铭文上均可见之。毛公鼎和番生簋盖的铭文,用从"心"的字形作"悤黄",也是"冏璜"的异文。西周晚期申簋盖用"紊黄"一词②,"紊"字上古因为"ʔwen"与"冏"上古因为"kwreŋ?"读音接近,应也是形容冏色的玉璜。从大量出土文物来看,冏璜应是指白玉璜,此如安阳出土的几件殷商璜形玉龙,长安张家坡出土的西周双龙璜,虢国墓出土的双龙纹璜,北京故宫收藏的玉龙璜,养德堂收藏的人纹璜等等,都属铭文所称之"冏璜",只是因为长期埋于土中,稍微变色而失去原来的光泽。

　　第二种是尹书赐命的"朱璜",如前引的西周中期即簋、走马休盘和西周晚期王臣簋、趞鼎、寰鼎、寰盘此鼎、此簋、善夫山鼎、颂鼎、颂簋、颂壶、害簋、师𩵋鼎、师道簋等铭文,此外其可见于西周中期的师俞簋盖③、卫簋④、师酉簋、柞钟⑤、师颖簋⑥、殷簋⑦、趩簋⑧等。前文所引的辅师嫠簋铭文,同时提及"朱黄"和"素璜"。"素"字虽然在传世文献中表达无色或素白的色素,但在金文中基本上用来表达丝线,与"纟"字偏旁混用;不过同时"素"字与申簋盖中"紊"字的字形接近,或是异文,即也是表达白玉的黄佩。商周考古中,发现有许多紫褐、赤褐色的玉璜,如殷商时期安阳出土的玉璜,西周时期虢国墓的双龙璜、双凤璜、龙凤璜,西安市文物局收藏的鸟文璜,北京故宫收藏的双龙璜、夒纹璜,暂集轩收藏的龙凤纹璜等等,应即铭文所谓"朱璜"礼器长期在土中微变所致⑨。

　　第三种周王赐命的玉璜即"幽璜"。前所引西周晚期曶壶盖和虎簋盖,此外西周中晚期趩簋⑩、幽璜一词出现于下列西周中期的铭文上:盠方彝⑪、盠方尊(图一

---

① 《集成》器号4296—4297,陕西扶风县出土,藏处不明。

② 《集成》器号4267,现藏于镇江市博物馆。

③ 《集成》器号4277,藏处不明。

④ 《集成》器号4256,陕西岐山县京当乡董家村窖藏出土,现藏于岐山县博物馆。

⑤ 《集成》器号133—137,陕西扶风县齐家村窖藏出土,现藏于陕西历史博物馆。

⑥ 《集成》器号4312,藏处不明。

⑦ 《新汇编》器号840—841,陕西耀县丁家沟窖藏出土,现藏于陕西省铜川市博物馆。

⑧ 《集成》器号4202,藏处不明。

⑨ 在此要说明,西周铭文中"䍐"字已极少见,而常出现两个表达红色的字:源自殷商的"赤"字和西周中期以后才出现的"朱"字。两者之色素概念可能基本上无差,只是在西周中晚期铭文中分别来指称不同礼器的颜色,"赤"字用来指称"赤市"等礼服,而"朱"字用来指称玉璜佩。

⑩ 《集成》器号4266,现藏于日本东京书道博物馆。

⑪ 《集成》器号9899—9900,陕西眉县李家村窖藏出土,现藏于中国国家博物馆、陕西省历史博物馆。

七六：3）①、吕服余盘②、康鼎③、南宫柳鼎④、伊簋⑤、逨盘⑥、宰兽簋等。

西周铭文中的"幽黄"，学界均将之解释成黝璜。但考诸数量庞大的考古发掘，却未发现商周时代有任何以黝黑玉石制作的璜佩，而考古文物中最常见之玉璜，反而是用各种深浅色青玉制作的璜佩。如安阳曾出土数件殷商时期的青色玉璜，河南、山西、陕西、山东等地区出土了甚多西周时期的青玉璜佩，各省考古所和博物馆亦均有之，其颜色从浅碧到深青、青黄、青灰、青白、湖绿、暗绿等等，既有透明纯色的高级玉质，也有含杂色斑点或色沁的玉石，然都不属于黑玉。

根据上述线索，至少可以推知，商周时期以青玉最普遍，而黑玉非常罕见。尤其礼服的玉佩，以黑玉制造者极为少见⑦。我们很难想象，商周人会经常制作青璜，却从不留下文字记录，反倒是从不制作的黑璜屡屡出现在铭文上？比较出土文献与出土文物，可以发现"幽璜"其实就是指周王所赐命的青玉璜佩。藉由考察西周玉器，也为幽色即是青色提供了旁证。

传世的《诗》中，曾有数次提及青佩，如：

> 青青子衿，悠悠我心，纵我不往，子宁不嗣音。
>
> 青青子佩，悠悠我思，纵我不往，子宁不来。　　　　《郑风·子衿》
>
> 充耳以素乎而……充耳以青乎而……充耳以黄乎而。　　《齐风·著》⑧

至于黑佩，则不见于《诗》载。

巴克斯特先生认为，殷商时期"黑"色概念可涵盖蓝、绿⑨。但此说法显不可取。一方面，因为此时已经出现黄色，青色不可能仍旧混在黑色的概念里；另一方面，商周礼器中有很多青色物品，倘若古代用"黑"字表达青色，则铭文上应该会多次出现"黑黄"这个名词，可是在出土文献上从未见有黑色玉佩的相关记载。

---

① 《集成》器号6013、《新汇编》744。

② 《集成》器号10169，现藏于西安市文物管理委员会。

③ 《集成》器号2786，现藏于台北故宫。

④ 《集成》器号2805，陕西宝鸡陈仓区虢镇出土，现藏于中国国家博物馆。

⑤ 《集成》器号4287，现藏于日本奈良国立博物馆。

⑥ 《新汇编》器号757，陕西眉县马家镇杨家村2003MYJ：9出土，现藏于宝鸡青铜器博物院。

⑦ 目前所见的黑玉玉器有安阳小屯11号房出土的身黑头爪灰白玉鳖和安阳新安庄212：21墓出土的黑镞，然而这些都不是玉佩，笔者尚未见有其他黑色玉器。

⑧ （汉）毛公传，郑玄笺，（唐）孔颖达等正义：《毛诗正义》，页498—499、525—529。

⑨ W.Baxter. "A look at the history of Chinese color terminology".

　　在后来的传世文献里，"幽璜"一词被改作"玄璜"①，如《周礼·春官·大宗伯》中，有关于玉器颜色分类与祭祀方向的记载："以玉作六器，以礼天地四方，以苍璧礼天，以黄琮礼地，以青圭礼东方，以赤璋礼南方，以白琥礼西方，以玄璜礼北方。皆有牲币，各放其器之色。"②从此条文献资料来看，因为五方之礼中象征北方的颜色是黑色，故"玄"色应近似黝黑，但据《史记·封禅书》记载，祭拜北方之礼始于汉高祖："（高祖）二年，东击项籍而还入关，问：'故秦时上帝祠何帝也？'对曰：'四帝，有白、青、黄、赤帝之祠。'高祖曰：'吾闻天有五帝，而有四，何也？'莫知其说。于是高祖曰：'吾知之矣，乃待我而具五也。'乃立黑帝祠，命曰北畤。"③据司马迁所记，汉朝之前的四礼包含东、南、西、中，尚未有天子祭北之礼。

　　前文已阐明，周文化中有天子祭拜三方之礼：东、南、西，并且此礼已见于甲骨文。《文选》所收张衡《南都赋》保留了古代的三方观念，其谓："推淮引湍，三方是通"，李善注："三方，东、西及南也。"④故《周礼》之语，反映的其实是不同时代的概念。若纵观周、汉祭礼的内涵，其意义颇为复杂，但"礼北方"则完全是汉代以后的情况。关于幽玄字义发展为黝黑色的问题，下文将分节另述。此处必须先说明：将玄色、幽色视为黝黑，仅代表汉代以来的定义，与商周的情况有所不同。况且周代未曾有黝黑色的玉璜佩出土，故以"黝璜"解读"幽璜"，实与考古发现不符。

　　不过《周礼》所载，用玉璜祭祀各方神祇的祭礼，可能还是源自周代礼数。笔者推想，若周人确有用玉璜祭祀三方神祇之礼，则西周铭文常见幽、朱、冏三色玉璜，考古发现也有青、红、白三种常见颜色。若"幽"字代表"青"色，则幽、朱、冏恰好是东、南、西三方的象征颜色。我们或许可以从此种祭礼中，找到五方五色概念逐步形成的线索。周王将其种特定颜色的玉璜赏赐给臣属，是否具有表达方向的象征意义？再进一步推想，玉璜的器形为三分之一圆环，或许玉璜的器用与三方

---

① 关于"幽"与"玄"的关系，笔者以为：虽然铭文中"幽"与"玄"用法相同，但这并不足以否定"幽"与"玄"源于同一个字的说法。在礼仪和语言的发展和交互影响中，确定了"幽璜"与"玄衣"的用词典范。到了西周铭文中，"玄"仍保留了天色之意，而"幽"的字义则发生了异化。

② （汉）郑玄注，（唐）贾公彦疏：《周礼注疏》，页734。

③ （汉）司马迁撰，［日］泷川资言会注考证：《史记会注考证》，页490。

④ 关于三方祭不包含北方的问题，参见郭静云：《夏商神龙祐王的信仰以及圣王神子观念》。

祭礼有关？

在铭文中，除幽（青）、朱、同（白）三种璜佩外，西周晚期师毂簋上另有"金黄（璜）"一词①，弭伯师耤簋亦有"金钪（璜）"一词。西周末期的墓中亦发现有金黄色玉璜，如虢国墓金玉佩饰、晋侯墓人纹玉璜、天津艺术博物馆收藏的玉璜等，上引《诗·齐风·著》虽曾提及黄佩，然非黄璜。若西周晚期铭文上的"金黄"二字，确实意指金黄色璜佩，则刚好符合《史记·封禅书》所言的四方祭礼，亦即在东、南、西外，加上对中央的祭拜。

简言之，就铭文和商周玉器而论，极少见有青、白、朱色之外的玉佩②，其颜色恰好符合五行中东、南、西三方的颜色，笔者假设可能与三方礼有关，五行概念的颜色与方向的相配或源于此。这些对于使用璜佩的礼法问题，都有再进一步探讨、厘清的必要。

从此可见，甲骨卜辞中均以"幽黄"表达天地颜色相配之意。在后世的传统中，以天地代表色象征天地相辅的这层意思仍然被保留了下来，只是已不使用"幽"字，而改用"玄"字。同时因"黄"即为"璜"的本字，故"幽黄"开始用于表达周王所赐命的宝贵玉佩。由考古文物观之，商代璜佩非常流行，目前考古发掘出甚多刻工相当细致精彩的玉璜，如妇好墓出土之素白玉鱼形璜、淡青龙形璜、褐赤玉双鹦鹉形璜；其他地区尚有白、青、褐璜出土，如白玉龙形璜、青玉人面璜、白玉双鸟纹璜等。考诸西周时期，鱼形、龙形、龙纹、双龙纹、凤纹、鸟纹、丝纹等玉璜亦出土甚多，各种深浅色调的青碧、红褐、月白玉璜佩明显居于多数，其他尚有少数黄色玉佩；同时在铭文上也恰好多次出现幽、朱、同三种璜名，以及仅出现过两次金璜。换言之，参照考古与铭文资料，都揭示周人常用的三色玉佩应为幽青（包括各种淡青与深青之色调）、赤褐、同白无疑。本文假设这三色玉璜分别象征东、南、西三个方向，这显示了五行、五方、五色概念萌芽之初的状况。

---

① 《集成》器号4324—4325，现藏于上海博物馆。

② 师兑簋（《集成》器号4274，藏处不明）和师克盨（《集成》器号4467，陕西省扶风县出土，现藏于北京故宫。4468，现藏于陕西历史博物馆；《新汇编》1907，现美国圣路易斯市私人收藏）铭文上有"五黄"一词，可能只是说有五件玉璜，而不表达其颜色。

八、浅探战国后"幽"、"玄"、"青"的字义变化问题

西周时期,用来表色的字汇渐多,从"幽"、"玄"的发展可窥知,此时的颜色观念早已经过了第四阶段,青色的范畴分成了天苍与草绿。古代"幽"色象征上界,而取高山形象,相容天苍与山林青绿的意涵。天苍与木青在"幽"色范围里并未被区分,而是融合在高山景中,既象征天,亦指叶草、青玉。西周时表达天色的"玄"取代了"幽"字,这不仅是惯用字词的转换,也显示了"幽天"与"玄天"的概念有所不同。"幽"象征崇高神山的色彩;而"玄"则在字形上脱离了山林的形象,纯粹象征天空。同时"幽"字的涵义也出现了变化,周礼中的"幽"甚少指涉天空,多用作东方的象征颜色,亦即木青草绿之色。铭文所载的"幽璜",就是各种深浅色调的青玉璜。

再者,春秋战国时期已有"青"字出现。观念新鲜的"青"字,以生草的象形意义开始成为指称青色的字汇。"青"字的意象甚为清楚,故在表达东方草木之色时,"青"字又取代了"幽"字。"玄"和"青"分别取代了"幽"在两方面的字义,前者纯粹指天色,后者则指草木之色。但无论玄或青,两者都仅分割了幽的一部分字义,亦皆失去高山色光的意味。自此,两次遭取代的"幽"字,其字义也变得幽隐深远。

上文在解释原始青色的范围时,强调在语言中颜色辨识第三阶段中的青色包含一切蓝、绿、苍、碧色调,到了下一阶段,青色的范围才会被分成蓝与绿两种。这种过程符合在大自然中人们所观察到的色彩混合现象(高山上界蓝绿一片),也同时体现在古代的幽色观念里。虽然后来幽字已不再指涉青色,但继起的"青"、"苍"、"碧"等字汇均或多或少地保留了天蓝与草绿混合的色彩意义,甚至"青"从其指出生草叶的本义出发,逐渐几乎涵盖了原来"幽"字的意思范围。

就"青"字而言,《诗》用之表达叶草,如《诗·卫风·淇奥》云:"瞻彼淇奥,绿竹青青";《诗·小雅·苕之华》亦云:"苕之华,其叶青青。"①《庄子》则用之表达天

---

① (汉)毛公传,郑玄笺,(唐)孔颖达等正义:《毛诗正义》,页352、1450—1452。

色：如《庄子·逍遥游》云："背负青天……绝云气，负青天"；《庄子·田子方》亦云："夫至人者，上窥青天，下潜黄泉，挥斥八极，神气不变"；同时，《庄子·逍遥游》另云："天之苍苍，其正色邪？"①由此可补论文献之别：《诗》的记录较早，"青"用于其本义，《庄子》成书较晚，"青"字已涵盖一切原来"幽"字的意思范围。此外，"青"从先秦以来即用于表达山景的色彩，如《管子·地员》言："青山十六施"②，与原始的"幽"字范围相同。

若从"苍"字观之，传世的《诗》中，苍既可指草色亦可指天色：

蒹葭苍苍，白露为霜。	《秦风·蒹葭》
悠悠苍天，此何人哉？	《王风·黍离》
悠悠苍天，曷其有极！	《唐风·鸨羽》
彼苍者天，歼我良人。	《秦风·黄鸟》
苍天苍天，视彼骄人，矜此劳人。	《小雅·巷伯》
靡有旅力，以念穹苍。	《大雅·桑柔》③

从这些文例中均可窥见，后期文字确实保留了早期天和叶草、蓝和绿的混合意象。但这些都是新的字汇受到原来幽色视觉的影响而借用的结果。

不过，我们同时也可以从西周金文中发现，蓝和绿这两种色感已开始被分开表述。所以在语言中，古代混合形象概念和新的分隔的形象概念，两者一直并存，导致表达蓝绿青的用词不甚精确，其义都不好区分。

就"幽"字来说，先有"玄"字取代其苍蓝之义，后有"青"字取代其碧绿之义，"幽"本身就变得幽而不明。不过，战国以后"幽"从苍青到黝黑的指称变化，实际上不仅是因为两次字义被取代，也和其代表"上色"的本意有关。因"幽"以上界颜色为本义，所以不论是其本字，或后起的取代字如"玄"或"青"，都朝向"黝暗"的字义方向发展。

幽玄原本形容昊天，一方面，幽玄的表色范围涵盖由青天到冥天的一切天色变化；另一方面，昊天信仰的演化也反过来影响了幽玄的字义。古代上下幽黄、天地玄黄的概念，本应反映在青苍与黄棕色彩的相对上，不过基于对天的信仰与崇拜，

① （战国宋）庄周著，王叔岷校诠：《庄子校诠》，页 9、15、795、6。

② （齐）管仲撰，慧丰学会编：《管子纂诂》，《汉文大系》，台北：新文丰出版公司，1978 年，卷 19，页 4。

③ （汉）毛公传，郑玄笺，（唐）孔颖达等正义：《毛诗正义》，页 665、407、625、674、1190、1803。

在概念上仍意味着"纯天"。在古人的观念中,纯天是指没有日月的无明天空。

《太平御览·天部二》引《抱朴子》曰:"《宣夜说》云:'天无质,仰而瞻之。高远无极,眼眚睛极,苍苍然也。譬旁望远道黄山而皆青,俯察千仞之谷而黝黑。夫青冥色黑,非有体也。日月星象浮生空中,行止皆须气焉。故七曜或住或游,逆顺伏见无常,进退不同,由无所根系故各异也。故辰极常居其所,北斗不与众星西没焉。七曜皆东行,日日行一度,月行十三度,迟疾任性,若缀附天体,不得不尔也。'"①由此可知,"天"是指无日月星等明亮天体的虚空、青黑、幽冥。实际上,道教此种"天不明"的概念渊源长远,甚至在甲骨文中,就已经蕴含着崇拜上天与纯天无明的概念。(不过此晚期的概念,与前文所论述甲骨文中"白幽"的祭礼不宜混淆,两者所表达的观念不相关。)换言之,"幽"字逐渐朝向黝黑的字义发展,确实与"天不明"的概念有关。不过,幽青指涉的黝色与黑色仍有观念上的不同。从本字可知,"黑"为人发、物体的黑色,而"幽"则是玄天无明的观念和色彩。

"天无明"的概念,使得原本藉以表达天色的"玄"字,也循着"幽"的发展路线,出现"玄不明"的形象。正因如此,纯天无体无明的状态,在后人的观念中有愈来愈被强调的趋势。汉朝人进一步以为,无明天色出现在早晨月已落、日未出,或晚上日已落、月未出的时候,而大自然中,日出、日落的天色是蕴含了红色调的黑色。这导致了"玄"的字义被重新定义,据史料所载,此一观点在汉朝人的想象中已逐渐形成。《礼记·檀弓上》言:"夏后氏尚黑,大事敛用昏,戎事乘骊,牲用玄。"②将祭用玄牲之礼联系到日落天昏时刻,正好符合汉朝人的想象,但与商周的幽玄观念完全不同。古代的幽玄泛指天色,蕴含着从白青到黝青的一切天色变化,汉代的定义则不过是众多变化中之一而已。

至于从"生"的"青"字,取代"幽"字后,原先仅单纯地表达草木的青色,后来亦无可避免地受到"幽"字影响,开始被用作"天青"之意。从此,"青"字在文献中的意思变得相当广泛,涵盖由白至黑一切色调的蓝绿色光,还可以用来表示接近"黑"色的深色调和接近白色的浅色调,学界对此亦早有论述③。是故,后代"青"字所表达的颜色范围,其实应与古代的"幽"字相当近似,甚至在表达黑白的意思方

---

① (宋)李昉编:《太平御览》,第一册,第一部,卷七,页7。

② (汉)郑玄注,(唐)孔颖达等正义:《礼记注疏》,页287。

③ 如见清水茂:《说青》,香港中国语文学会编:《王力先生纪念论文集》,香港:三联书店香港分店,1987年,中文分册,页141—162。

面已跨越了它的范围。

九、结 语

在殷商祭礼中,牺牲的颜色具有神祕的核心作用。见诸甲骨卜辞的白、黑、羍（血红）、黄、幽（青）五种颜色,正是人类视觉最基本的五种色调,彼此组成圆满的光谱结构。前辈学者们对不同表色字汇的研究显示,这五色在各文明中都具有基础色调的地位,在各种不同语言的发展中,所有颜色均以这五色为基础。中国文明的特殊性,在于战国时期将此客观的现象理论化,而形成了系统性的"五色"概念。殷商时期虽然还没有将"五色"概念完整地理论化,但殷商的祭礼显然与此概念的渊源有关。而西周铭文所述"礼",则进一步显示了以五色配五方概念的形成轨迹。

古代五种颜色从大自然取得其象形意义,并在祭礼中包含浓厚的象征观念。从商文化以来,白色表达日月在天上的色光,并象征日月之"明"升天的理想,所以自古以来白色为丧色,表达死者升天,以及向祖先的祭礼通天达神的目的。黑色与白色相对,经常一起出现,古人占卜祭用白色或黑色的牺牲。但是因为资料不足,不能更深入了解黑色的象征意义。

在早期五色的表达词汇中,并没有"红"字,有"赤"字,但其时"赤"字尚未用作颜色的表达字。甲骨文中"羍"字表达的是血红的颜色。"羍"的象形意义是纯洁吉祥的牛,殷商将羍色,即纯血色的牛视为极纯洁的牺牲,且一定是牛,并与脏杂的犁色相对。甲骨文中用羍牛最多见于"口"（祊）祭法中。根据甲骨文所载,祊祭是祭祀先王大礼前一天,在宗庙门外安排的祭礼。按照殷商继嗣和宗庙祭礼制度,异族不能进入宗庙,所以殷商先王宗庙里的活动只有王族成员参加。或许就是因为此制度,在宗庙大礼正式进行的前一天,殷商都安排有门外的共同祭礼活动,让整个城内外以及远客等贵族,都能参加祭先王之礼,以证明或表达对王室的忠诚。因此这种宗祊礼可能带有社会之"盟"的承诺,达到坚固与整合社会的目标。

甲骨文"黄"字的象形意义不详,黄色的牛用在崇拜东南西三方之礼中。甲骨文中没有"青"字,而是用"幽"字来表达青色。由于汉代以降的各种文献,均将

"幽"解释为"黝",造成学者们误以为殷商时期的色谱结构似欠缺青色,而重复了两种黑色。然笔者考究出土和传世文献、考古文物,并以人类视觉颜色的基本规则为佐证,发现殷商时期的"幽"字实指青色,而非黑色。因此,殷商观念中的色谱仍属完整结构,并无重复、缺色之类的矛盾。

对资料的分析表明,幽色表达的是上界的色彩,涉及对"天"的崇拜,且意味着神山的形象。天色与高山杯溪之色混为一片,即构成了青的视觉感,故而"幽"的字形写从"山",象征上界以及上界所居的神祖。在巫觋文化的神祕仪式中,牺牲的颜色被用来象征自然现象的神力。卜辞中的幽与黄相对,不仅是因为黄和青在视觉中属相对色,也显示了殷人以幽、黄牺牲来象征天地相配的神力,追求天地均衡相合的状态。"玄"字是从"幽"简化出来的字体,与"幽"的本义相同,所以《坤卦》所云:"龙战于野,其血玄黄",与殷商用幽和黄色牺牲的意思一致。祭礼中藉由配合幽、黄牺牲的血,亦可以获得同样的神祕形象。

商文明祭礼中,幽与黄象征天与地,幽与黄的相配合顺乃万物的化生条件。但是甲骨文中,除了幽黄相配祭礼之外,另有黄白和白幽的相配祭礼。这是因为在幽与黄之间另有白色象征地的产物有升天的能力,以作地与天之间的媒介,此即古代"明"的形象。张横《冡赋》"如日之升"之句表达了靈魂升天的过程与"明"日升天相同。祭祖的牺牲与礼器均有白的色光,作"明"概念之象征,而"明"概念涉及升天之信仰。

是故,在商文明祭礼中,"黄白"相配祭礼的意思包括:白日从黄土中升天;死者升天成仙的理想;以及晋卦的《象》传所曰:"明出地上,晋,君子以自昭明德。"而从汉代的文献可见,"黄白"一词此时已指成仙方术,即是专门表达升天的用词。"白幽"的意思,乃祭礼犹如白日通天达神,明火在天上,因此自天上回降天祐的"大有",即大有卦的《象》传所曰:"大有上吉,自天祐也。"天所降的保祐神恩是人们所不能掌握管理的,人们所掌握的是从地祭天之礼,并祈祷其礼能有如日升天的能力,因此白色为人与天之间的媒介。

自西周起,一些颜色概念发生了变化。例如西周中期以来,"羍"字极少用,而"赤"字开始用来表达礼服的红色,如册命中周王经常赐予的,"赤市"、"赤寫"等;同时出现新字"朱",用来表达红色的玉佩;"赤"、"朱"的色素应该无差,只是在礼仪上被固定用来象征不同的礼品。

西周中期以来,"幽"的字义开始出现变化。首先,从"幽"衍生出来的"玄"字,取代了"幽"在天色部分的字义。从文字发展脉络来看，"玄"与"幽"原为同一字；两者字义直到周代才开始出现分歧，"玄"被用来指称昊天的颜色，于是"幽"的表意范围就被缩限为草木的青色。

金文中"玄"字不仅是指天色，且完整地象征天。此一变化奠基于商代有上下概念，而自西周中期以来，"上下"演化成更具体的"天地"，循此也逐步形成很多新概念，如天子、天命、天道、天元、玄天、玄昊、玄子、玄道、玄元等。"玄"字一方面形容天色，同时可以全面地象征天的本质。所以从西周以来，形成了以"玄黄"形容天地相对与相辅、相合的概念。

西周铭文用"玄黄"之譬喻来形容青铜器的吉祥性，能够蕴含天与地的精华，所以"其金孔吉，亦玄亦黄"。此概念不宜与甲骨金文中所出现黄金、羊金、赤金、白金来混淆，黄金、羊金、赤金是指铅铜，白金是指锡料偏多的锡铜，都是指用来制造带此铭文礼器的合金原料，而"玄黄"是对礼器的赞美，表达其通天通地的神能，故极为吉祥，且完全适于用作神、人之间的联络媒介。

除了"玄黄"之外，西周铭文另有颇为关键的"玄衣"概念。金文中，王赐玄衣之记录非常多，这可能是指某种礼服，但其无疑带有崇高的象征意义，因为"玄"象征天，而"衣"字的本义是表达一种大祭礼，向祖先祈祷从昊天传下神祕宝盖，衣祭大礼的目的为获得天祐；是故，"玄衣"即是"天衣"，其象征笼罩、搂抱、保护和保养天下的天盖。天子赐命玄衣之礼，实际上象征着天子将天祐转达给功臣，天以玄衣保护功臣的家族。这种礼仪涵盖宗教和政治意义：以天的保祐涵盖贵族，而表达从属天的以周为中央的国家结构，即最早的"天下"概念的萌芽。

春秋铭文中，不再见"玄衣"概念，但长见"玄用戈"、"元用戈"、"玄镠戈"，此乃是一种"玄武"的概念。从文字角度来看，"玄衣"与"玄武"词意相同，都是表达昊天的护祐，并且离不开对帝王的崇拜。不过与此同时，"玄武"是龙龟合为一体的神兽名称，其名称可能出现较晚，符合春秋以后的观念；虽然完整的玄武神兽始见于汉代，但笔者认为，龙龟合为一体的形象源自商或夏商精神文化，商代礼器已明显可见神龙与龟的关联性。

笔者推论：商文明对乌龟的崇拜，奠基于下界动物具备通达上界而相合的理想，用龟甲占卜即是源自此概念。乌龟造型常被呈现在礼器的器底之上，或许是以此来表达礼器吸收上天的指令和保祐，其意思可能与用龟甲占卜、追求靈验有关系。同时我们可以看到，乌龟造型在甲上常见有明纹，即直接表达升天的意思。乌龟是底下、水界的神兽,其动物本身不能升天,但能够通达天义、吸收天恩,这就是地下水龟与天上神龙能互补相成的原因。这种互补相成,在概念上符合"神明"的旨意。龙就是天神,他从天上赐雨露,以养地实现天地之交,而乌龟是地表下的水兽,能够通天义,获得灵验,藉他的能力巫师能祈雨、占卜、祈求天的保祐。是故,龟背有明纹的造型,表达其通天而使天地交合的能力。在自然天象中分别用恒星与日月、神灵云雨和日月来表达天地神明之交,而在神兽形象中则采用龙与龟的相关性,来表达天地神明之相合。神话传说中,也留下藏于地面下水里的乌龟产生虬龙的故事:鲧是乌龟,藏于水里而产生大禹虫龙,水下的鲧通过其子而达通天上。在古代信仰日积月累的演化下,天神虫龙和地明龟鳖之相合,两者的形象合并为一体,而衍生出所谓"玄武"的神奇形象,并从"玄武"的词义来看,该形象表达昊天的保祐。

换言之,西周以来"玄"义的范围,都离不开天。而"幽"义开始有变化,西周礼仪中,用"幽"字指出青色的璜佩。西周中晚期的铭文提及周王赐命玉璜,其颜色均有三种:"幽"(青)、朱和冏(白)。笔者假设此三色,恰好符合五行中东、南、西三方的颜色,典型的璜佩形状也是圆环的三分之一。笔者假设可能与三方礼有关,五行、五方、五色概念中颜色与方向的相配或源于此。

殷商幽色的范围涵盖蓝绿一切色调,西周以来,"玄"字在表达天蓝的范围取代了"幽",而"幽"字则开始用于表达东方木青之色。然而此一"木青"的意涵,再到了春秋战国,新造从"生"的"青"字,取代"幽"字表达林溪色彩部分的字义。因之,后世所用的"幽"字,就仅有表达神祕涵义的字义,而失去了表色的功能。不过"幽"字的本义,最后也影响到"青"字,将其意思范围宽阔,从专指叶草,扩展到甚至跨越了原来幽色的范围。

殷商祭礼中五种颜色(以及脏杂色第六种),皆取象于大自然而基于浓厚的精神文化,象征死生、离合等自然、人生与社会的意思,其中颇关键的为上下幽黄概念,以及白色作为上下的媒介;血色为纯洁牺牲的指标和社会血肉联盟的目标。从西周以来趋向于发展用颜色表达方位和季节的概念,以玄为天,以黄为地,以幽、朱、冏为东南西。据此可见,传统"五色"概念在传统思想中固定之前,早已经过了漫长的演化与形成过程。

第五章 "未知其名"：商周"道" 观念本义与演化

一、哲学时代与前哲学时代思想范畴的关系

（一）概念与其表达字汇的使用背景

在中国传统思想采用的诸多概念范畴中,有些是战国时期才创造的,且因为概念全新,语言中没有字汇可以完全符合表达它,所以战国思想家就创造了几个新字。在这方面最有代表性的例子是"悬"（仁）字。"悬"字由先秦儒家创造,是为了表达其新提出的社会理想：君民关系犹如父子一家之"亲",然此非家族血缘之"亲",而是心里思感的同一德性。先秦儒家理想中的"身心"为社会中心环节,是社会中一切上下关系脉络的主宰,以"悬"为运行机制的社会才能保留其理想中的亲密性,相互关系亦不致散乱①。

但是大部分百家用的概念仍是旧有的字汇,如"德"、"孝"、"命"、"型"等,各自有其意义脉络和用法传统。迄今很多学者以为,"道"字不出现在甲骨文中,但是没人怀疑两周金文有"道"字。尽管如此,在中国哲学界普遍认为,"道"概念从老子起,由老子所发明。但既然老子之前已有该字,不大可能老子无意

---

① 关于此问题笔者曾经作过详细讨论,参郭静云：《亲仁与天命：从〈缁衣〉看先秦儒学转化成"经"》,页179—185；或郭静云：《试论先秦儒家"悬"概念之来源与本意》,《孔子研究》,2010年第1期,页4—17。

识地选择某字汇，而偶然把它用以表达核心观念，道家开始用"道"字的本义必然奠基于道家之前用"道"字的背景。所以，不宜把《道德经》视为"道"概念的出发点。

在中国思想中，"道"是重要的核心概念之一，两千余年来，思想家们一直讨论"道"的本质。葛荣晋先生在总结"道"之探究传统时，从哲学的角度提出："'道'字虽然在古文献中已屡次借用，但是作为哲学范畴，则始于老子。"因为战国之前的思想属于哲理化之前的思想，从春秋末期才可以说有哲学时代开始，所以老子之前的"道"不属于"哲学概念"，这乃是毋庸置疑。但核心问题是：何以道家选择"道"这个字作为其思想的核心概念？葛荣晋先生根据许慎所言："譴（道），所行道也，从辵、𩠐（首），一达谓'道'。𢁢（𢻱），古文'道'从首、寸"，进一步推论："道的本义，是人行之路，具有一定方向的路，称之为道。引申为天和人所必须遵循的轨道或规律，通称为'道'。"①

这一理解在目前学术界占据主流，但笔者却认为仍有可以讨论的空间。虽然许慎的定义非常重要，然而《说文》撰写的时间比目前出土的郭店和马王堆《老子》的版本晚几百年，是道家已有至少五百余年历史的时代，所以《说文》的定义必然涵盖了老子之后的"道"字字义的发展，是故，并不能作为探讨"道"之本义的主要证据。

笔者以为，道家选择"道"字的原因，隐藏于道家之前该字原有的用意和观念中。据此，老子之前的"道"可能也涉及某种重要观念。为了了解这一问题，我们应该采用甲骨文与金文的资料，深究"道"的本义与发展。

（二）"道"字早期字形

关于先秦"道"字的字形，北周时代郭忠恕《汗简·辵部、行部》以及宋代夏竦《古文四声韵·上声·皓韵》搜集了如下四种写法：1. 从"辵"、"首"的"䢔"楷体为"道"；2. 从"首"、"寸"的"𢻱"楷体为"𢻱"；3. 从"行"、"首"的"衜"楷体为"衜"；4. 从"行"、"人"的"𠱛"楷体为"衍"。其中从"行"、"人"的"衍"

---

① 葛荣晋：《中国哲学范畴通论》，北京：首都师范大学出版社，2001年，页155。（汉）许慎著，（清）段玉裁注：《说文解字注》，页75下。

字是根据《古文四声韵》注明，出自古《老子》文本中，《汗简》另言此字出自古《尚书》中①。

因为这两本字典成书时代晚，在经学传统中多年不被重视。但是荆门郭店出土的竹书，对"衒"为"道"字的字形提供了充分的证据。李学勤先生曾指出："衒读为'道'在郭店简发现，充分证明《汗简》、《古文四声韵》的古文确实来自先秦简帛，为古文《尚书》、《老子》的可信增添了证据。"②裘锡圭先生过去虽然怀疑《汗简》与《古文四声韵》对"衒"字的记载，但是郭店楚简出土之后，亦指出："《汗简·卷上之一·行部》引《古文尚书》'道'字或作' 𣎵 '，《古文四声韵·上声·皓韵》'道'字引《古文尚书》同，又引《古老子》，或作' 𣎵 '，皆与简文'衒'字相合。"于是裘锡圭先生把简文的"衒"字定义为"道"字的异体字③。

从时间和空间两个脉络来看，春秋战国时期"衒"字，不仅见于楚简上，秦国石鼓上也有此种写法④，所以从"行"、"人"的"道"的写法，不能视为只是楚文的异体字，其他地区也用它。

凡观甲骨金文资料，虽然甲骨文中未见从"辵"、"首"的"道"字，但从"行"、"人"的"衒"字极为常见，金文则两种可见。据此推论："道"字源远流长，可远溯至商代文字中，这样的话，"衒"并不是"道"的异体字，而是"道"的古体字。换言之，在楚简上"衒"与"道"两个字形可能是为古今字的关系。虽然有些学者认为，商代与战国时期的"衒"不相干，这并不是同一字，但是对此看法没有提出过证据。无论是殷商、西周和春秋战国的"衒"的有什么关系，必须首先厘清"衒"字在甲骨文的用义，才可以理解该字在历史语言演化脉络中的含意。换言之，探讨"道"的本义和其最初概念的问题，离不开对商文字中"衒"字的详细认识，以及对其在两周文字演化脉络中的研究。

---

① 　（北周）郭忠恕撰，（清）郑珍笺正：《汗简笺正》，台北：艺文印书馆，1991 年，页 5。（宋）夏竦编：《古文四声韵》，北京：中华书局，1983 年，页 44。或参（北周）郭忠恕编，（宋）夏竦编，李零、刘新光整理：《汗简·古文四声韵》，北京：中华书局，1983 年，H 页 9、10、14、48；G 卷三，页 20a。

② 　李学勤：《说郭店"道"字》，中国社会科学院简帛研究中心编：《简帛研究》第三辑，南宁：广西教育出版社，1998 年，页 43。

③ 　裘锡圭：《以郭店〈老子〉为例谈谈古字的考释》，邢文编译：《郭店老子与太一生水》，北京：学苑出版社，2005 年，页 18。

④ 　现藏于北京故宫。

二、甲骨文"𧗠"字及其异体字的考释

（一）甲骨学界争鸣

在发现郭店楚简前，春秋石鼓上已出现了从"行"、"人"（衍）字体，由于对此字体有争议，很少有学者将这一文例当作充分的证据，将甲骨文中的"衍"字释为"道"字。但是最近新出土的楚简材料，可以使我们重新思考甲骨文从"人"、从"行"的字体。

在甲骨文中共有"𣲖"、"𧗠"、"𧗠"、"𣲖"、"𣲖"、"𣲖"等字形。这些字形虽有一些形上的差异，但它们在卜辞中的用法相同①，因此，笔者遵循以往学者的观点，把它们综合释为同一字。只不过对此字的释读，以往学者的看法恐怕需要调整。如罗振玉、王襄先生和李学勤先生将之读为"行"②；裘锡圭先生认为古代"衍"是"衍"字的异体③；严一萍先生将其与秦石鼓以及《汗简》作连接而读为"道"④；而孙海波先生认为，这些字与甲骨文的"𣲗"、"𣲗"是同一字，故读为"永"⑤。孙海波先生的看法目前为大部分学者采用，但是因为据卜辞中的用义，该字读为"永"并不妥当，意思不通，故学者们一般将它训解为"泳"、"咏"，或释作"辰"等动词⑥。例如刘钊先生认为："甲骨文'永'字形体基本可分为如下几式：A. 𣲗、𣲗；B. 𧗠、𧗠、𣲗；C. 𣲗；D. 𣲖、𣲖、𣲖；E. 𧗠"，不过都读为"永"字⑦。此外，由于卜辞中"𣲖"、"𧗠"、

---

① 参《类纂》，页 872—874。

② 王襄：《簠室殷契类纂》，页 8。李学勤：《说郭店"道"字》，页 40—43。

③ 裘锡圭：《释"衍"、"侃"》，《鲁实先先生学术讨论会论文集》，台北，台湾师范大学国文系所，1992 年，页 6—12。

④ 严一萍：《释𧗠》，《中国文字》第七册，台北：台湾大学文学院中国文学系，1962 年，页 1—7。

⑤ 孙海波：《甲骨文编》，北京：燕京大学哈佛燕京学社，1934 年，页 53、83、450。

⑥ 《甲林》，页 2263—2277。

⑦ 刘钊：《释"𣲗"、"𧗠"诸字兼谈甲骨文"降永"一辞》，《殷墟博物苑苑刊》（创刊号），北京：中国社会科学出版社，1989 年，页 169—174。

"彳"、"𢓊"、"𢓡"、"𢓝"字的用处皆同，多数学者皆把它们视为同一字，唯有曹定云先生将之分为意思不同的两组，认为"𥃩"、"彳"、"𢓝"是"𠂤"、"永"字的异体，故读为永、泳、咏、辰、派字的本字，而"彳"、"𢓊"、"𢓡"视为"道"的本字①。

可见学界存在多种看法，我们需要从字形和用义两个角度，对这些字体重新进行系统的探究、考证。

（二）"彳"与"永"之区分

1. 字形区分

甲骨文的"彳"与"永"二者字形虽然接近，但却有些细节的差异。"彳"字的写法明确从"行"、"人"；而"永"字的字形，是返"辰"的形状。《说文·永部》："永，长也，象水巠理之长。《诗》曰：'江之永矣。'……辰，水之衺流，别也，从反永。"②说明"永"字的字形是以反"辰"构成的，而不是从"行"、"人"的写法，甲骨文的"永"（永、辰）正好如此，对此问题，向无疑议③。例如罗振玉解释此字形时曾说："从'彳'象川之中流，旁岐↑象干流出旁枝。"④裘锡圭也指出："宾组卜辞的大多数'永'字都作'永'一类字形，'永'显然与人无关。"⑤在最近出土的殷墟花园庄东地卜辞中出现了很多"永"字，其写法是"永"，也显然不从"人"；至于"彳"字，则其明显从"人"。由此可见，从字形而言，甲骨文从"人"的"彳"、"𥃩"、"彳"、"𢓊"、"𢓡"、"𢓝"一组，与"永"、"永"、"辰"、"彳"、"永"（金文作"永"）一组，很难视为同一字。

2. 字义区分

（1）"永"字的用义考：甲骨文中"永用"福祐辞

如果从字义来看，则"彳"与"永"（永）两字之间，根本看不出有何关联。

---

① 曹定云：《释道、永兼论相关问题》，《考古》，1995 年第 11 期，页 1028—1035。

② （汉）许慎著，（清）段玉裁注：《说文解字注》，页 569—570。

③ 《甲林》，页 2269。

④ 罗振玉：《曰派》，罗振玉：《殷虚书契考释》，册下，页 402。

⑤ 裘锡圭：《释"衍"、"侃"》，页 10。

"𩂣"字在铜器铭文上出现了上千次,皆用作形容词,常见于"永宝"、"子孙永宝"、"子孙永宝用"、"子孙永用"等铭文的结尾语中。由此结语表达"永用"希望,也就是希望礼器这一神宝永久作祖孙之间的交接之器,祖先的"神德"永久保祐家族的子孙。

甲骨文的"𩃋"、"𩂣"字从字形来看,应即"永"字。然而武丁以来带"永"字的卜辞资料不足,其中有作族名,如《合集》18911:"永入十";或作人名,如《合集》23671:"辛未卜,行贞:其呼永行,又遣?"等①;或作武丁时代的贞人名,如《英藏》308:"辛亥卜,永贞:勿……"等②;或作地名,如《英藏》2562:"癸卯卜在永,𫝹贞:今日步于永,亡𤛪(灾)?"《合集》8288:"贞:才永?"等。此外字义不详,且大多残缺③,因此"𩃋"、"𩂣"(永)字的意思原本难以考证。

然而最近出土的属于小乙时代《花东》卜辞④,而提供了较完整的资料,可以考释"永"的意思。笔者赞同《花东》卜辞整理者的看法,《花东》之"永应作福祐解。"⑤其将甲骨文中的"𩃋"字用法与金文的"𩂣"作连接:

> 癸酉卜:祖甲永子,用?　　　　　　　　　　　　　　　　《花东》449

> 甲戌:岁祖甲牢、幽𪊨,祖甲永子,用?　　　　　　　　　　《花东》149

整理者对此一卜辞的解读为:"'祖甲永子'意为祖甲永远保祐子。"⑥此种意思与金文的"永宝"确实颇为相近。《花东》149卜甲上则另有如下记录:

> 己亥卜:子梦其见子玉□,至艰?

> 己亥卜:重今夕再玉□,若? 永用?

依笔者的理解,这是子作了恶梦,故卜问是否"至艰?",随后并祈求"若",希望"永

---

① 另参《合集》656、1076、5618、8658等。

② 另参《合集》113、178、390、522、555、1006、1285、1544、2422、2530、2629、3012、3037、3297、3333、3607、3608、3805、3886—3901、4197、4234、4268、4849、5666、5755、5760、5831、5834、6024、6058、6065、6068、6247、6792、6990、7149、7160、7245、7363、7364、8185、8233、8948、8970、9018、9227、9233、9611、9645、18664、9840、11854、12056、12342、12898、13226、13262、13338、13399、13504、14083、14620、15537、15649、15742、15935、16400、16401、16824、16825、16846、16868、16869、16892、16909、17080、17238、17563、17613、19310、39489;《英藏》78、126、199、200、309、493、636、1332、1337、1553、1555;《东京》111、999、1152;《天理》25、43、99;《苏德美日》178、193、219等。

③ 如《合集》623、1898、2235、3175、3273、5056、5867、6527、7121、7709、8933、9026、9449、9541、10845、12315、12537、15014、16360、16998、17440、17628、17697、11893、19607、21381、26905、39713、39798、41341;《屯南》873、1092、4197;《英藏》337、1352、2187;《东京》1006;《怀藏》1458等。

④ 笔者认为整理者曹定云的看法正据充分。曹定云:《殷墟花东H3卜辞中的"王"是小乙》,《古文字研究》第二十六辑,北京:中华书局,2006年,页8—18。

⑤ 《花东》,页1559。

⑥ 《花东》,页1618。

用”祖先之保祐。

在甲骨文的文法中，“若”字之后大多不会直接加上宾语。在大部分文句中，“若”后不再加字，如前文所讨论的“下上若”、“下上弗若”、“王作邑，帝若”、“王作邑，帝弗若”、“帝若”等用法。“若”字后如果加上宾语，则表达被“若”的对象，如“上帝若王”、“祖乙若王”、“祖丁若小子”等（卜辞中被若的对象基本上都是王）。从未有“若某现象”的用法，现象或东西可被令、被降、被授，但不可能被若。因此，“永”在这里既然不是人名，自然就不可读为宾语，故该句应断作“若，永用”。《花东》427亦有相同的记录，只是省略了“若”，仅保留了“永用”祷文：“戊寅卜：翌己子其见玉于皿？永用？”但其断句方式亦同。

此种“若，永用”的说法，在《花东》卜辞中出现次数颇多，如：

羌入，叀妾□用，若？永用？　《花东》84①

庚寅卜：子往于舞，永，若，用？　《花东》416②

乙酉卜：劮，妇好六人，若？永用？

乙未卜：子其入三弓，若？永用？　《花东》288

丙辰卜：子炎叀今日匄黍于妇，若？用？

丙辰卜：子炎其匄黍于妇，若？永用？　《花东》218

丁卯卜：子其入学，若？永用？　《花东》450

甲申：子其学羌，若？永用？　《花东》473

丁巳卜：子皿妨，若？永用？

庚申卜：子皿商，若？永用？

庚申卜：叀今庚皿商，若？永亡用？　《花东》87

甲仔卜：子戠弜舞，永？

甲仔卜：子其舞，永不用？　《花东》305

后两卜甲有卜辞中普遍用的正问与反问结构。《合集》1611亦言：“□□王卜：其若，兹永？”《合集》7186：“□□卜：□贞：永，若？”《苏德美日》：“贞：不永？”皆与上述《花东》卜辞的意思明确相同。

笔者认为这些卜辞都是占卜者在某种情况之中祈求“若”，并表达“永用”的希

① 此处，整理者也采同样的断句方式，参《花东》，页1593。

② “永，若，用”的意义与“若，永用”的意义相同。

望。当然,此种"永用"与金文不完全相同。在这里的"永"义或许应从其"水流长"的本义为解,也就是说,"永用"在这里是祈求能长久沿用来自上面的"若"。此种意义与《书·盘庚》的用法相当接近,其云:"天其永我命于兹新邑。"孔安国传:"言天其长我命于此新邑。"①或者换句活说:商王盘庚问天是否福祐建筑新的京都? 晋·束晳《补亡诗》也言:"物极其性,人永其寿。"②这都保留商时代"永"字作福祐字的本义。

在"永用"的结构中,"用"的显然不限于指涉"享用某祭品",而是作为祷文,祈求永长保祐的意思③。尤其很多提到"永用"的卜辞与祭祀无关。如:

　　　　丙申卜:子其往于敫? 永用?　　　　　　　　　　　　《花东》173

　　　　己卯,子见晴以玉丁? 永用?　　　　　　　　　　　　《花东》490

从这几条卜辞来看,更只能将"永用"断为一句无疑。《花东》卜辞的整理者对这两条资料的断句及理解,均与笔者相同④。

另外,从卜辞中亦可见"永用"与"永祐"的意思有关:

　　　　甲辰夕,岁祖乙黑牡一,重子祝,若,祖乙,永用,翌丁舌?　　《花东》6

　　　　乙丑卜:祐吉亏,子具侑其以入,若,永祐,扰德,用。　　《花东》333、481

前者言:祭祖乙,以黑牛为祭,求若,接着提及祭祀对象的名号,且祈求"永用"。后者则将"若,永用"祷文改作"若,永祐"。《花东》215 卜辞将"永用"简写作"永",意思亦相同:"壬申卜,子其以羌夐曶于妇,若,永?"以下几条卜辞,同样都是省略了求若的部分,仅保留了"永用"的期望:

　　　　庚戌卜:辛亥岁妣庚鷹、牡一,妣庚,永用?　　　　　　　《花东》132

　　　　庚辰卜:舌三妣庚,用牢、又牝,妣庚,永用?　　　　　　《花东》226

从这两条卜辞来说,"妣庚,永用"或"妣庚永,用"的断句都可通,但参照前述卜辞,则可能读为"永用"较准确⑤。

而下列卜辞则可证明独立的"永"与"永用"的用义相近,都是祈求福祐、延祐的意思:

---

① (汉)孔安国传,(唐)孔颖达等王义:《尚书正义》,页 338—339。

② (梁)萧统编,张启成、徐达等译注:《昭明文选》,页 1159。

③ 有关甲骨文"用"字的考证参郭静云:《甲骨文用辞及福祐辞》,页 55—92。

④ 《花东》,页 1626、1747。

⑤ 《合集》239:"丁丑卜,争贞来乙酉暂,用,永? 来羌,自元示? 五月。"将"永"和"用"倒过来写,意思可能接近。

丙午卜，子其入黄 🜚 于丁，永？　　　　　　　　　　　　　《花东》223

丙午卜，在？子其乎尹入璧于丁，永？　　　　　　　　　　《花东》196

己卜，家其又鱼，其屮丁，永？　　　　　　　　　　　　　《花东》236

己卜，其告季于丁，永？　　　　　　　　　　　　　　　　《花东》249

己卜，于丁，永用？　　　　　　　　　　　　　　　　　　《花东》238

壬卜，子其入□于丁，永？　　　　　　　　　　　　　　　《花东》229

这些卜辞记载祭丁之礼，并求"永"，下引亦同。在前几条卜辞上整理者的断句与笔者相同，而后两条与前面相同，因此不必合写成"丁永"①。《合集》1836 另载："贞：屮（侑）于祖丁？丁亥卜：永？"祭祀祖丁而祈祷永保祐。

《合集》2354 载："戊申妇臭示二，屯，永？"《合集》6855 另载："丁卯帚（妇）龚示一，屯一，永？"《合集》10199 也载："癸酉，妇𤲚示一屯？永？"《合集》17555："戊戌妇□示二屯，永"妇臭、妇龚、妇𤲚和名字未保留的商王武丁配偶，各自进行祭礼，而祈祷永保祐。

《花东》29 载："乙巳，岁祖乙白黑羲一，祐，重祖乙，永？"这一条与求若、求祐、求永的卜辞也相同，直接表达"祐"与"永"有互应关系。

《花东》296 另言："癸卯卜：其入瑂，永用？"《花东》234 也载："丙寅夕卜，子又音在宗，重永？丙寅夕卜，非永？"上述所有用"永"字的卜辞结构和意思相近，"永"字的意思也都相同，都用作福祐词，表达"延续不停的保祐"。

上述卜辞都属于小乙和武丁时代殷商早期卜辞，但殷商中和晚期依然存在"永"做福祐词的记录，如《合集》36484 曰："癸卯卜，黄贞：王旬亡𤴡（咎）？才（在）正月，王来正（征）人方，才（在）攸侯喜𣥏（廪）永？"祈祷在攸侯仓廪里有稳定而不竭尽的粮秣。

此外有几个卜骨刻有"帝降永"之祈祷：

甲寅卜，其禘方，一羲、一牛、九犬？

乙卯卜，不降永？　　　　　　　　　　　　　　　　　　　《合集》32112

……帝不降永？

……来岁帝其降永？在祖乙宗，十月卜。《屯南》723

……降永……

---

① 参《花东》，页 1648、1637、1654、1661、1656、1651。

　　……丁，岁五……   《屯南》3099

　　乙未〔卜〕：不〔降〕永

　　其降永？   《屯南》3594

"永"在这里是由上帝所降下的现象，由上帝所降的"永"也就是稳定的福祐、永恒保祐。

　　从甲骨文资料中，已足以显示甲骨文"永"字的涵义，确实可以与金文的"永宝用"（永保）作连接。所以，不仅从字形而言，从字义也可见，甲骨文的"𠂤"、"𠂤"是"永"的本字。

　　（2）"𠂤"字的用义考

　　至于甲骨文的"衍"字，则其用法与"永"字完全不同。在甲骨文中，"衍"字出现于下列卜辞中：

　　重（惟），父庚庸奏，王𠂤？   《合集》27310

　　……酓𬘡……王𠂤？   《合集》30809

　　……其□女比，用□我，王𠂤？   《合集》35362

《合集》28319 等几件卜骨也有残缺"……王𠂤？"记录。可见，在这里"衍"字用作动词，是指商王在铺奏等礼当中所进行的动作。在祭礼中王无疑是核心主导的身份，所以"衍"字所表达的王的动作必然与其主导身份有关。

　　《合集》27827 曰："辛未卜，睴贞：今日王𠂤？"今天商王是否作这动作。虽然动作的内容尚不清楚，但是可以肯定这是个动词，其用法与"永"字不同。从下一例卜辞我们可以发现，"衍"这一动作是有空间上的方向：

　　癸巳卜，兄贞：丁、辛吉，𠂤于并？   《英藏》1948、《合集》23439

　　……崇王遣并，十月，□吉，𠂤于并？   《合集》4387

　　丁卯王卜，〔贞〕：今日𠂤于□，才（在）四月，隹（唯）来正？《合集》36539

"并"是指一个地方，而"衍"字指出往这地方的某动作，似为表达商王出行走路的涵义，甚至可以理解为往固定方向的走路、行走的意思。是故，王襄先生和李学勤先生曾经建议将之读为"行"①。

――――――――――

① 　罗振玉：《曰行》，载《殷虚书契考释》，册下，页398。王襄：《簠室殷契类纂》，页8。李学勤：《说郭店"道"字》，页40—43。

　　然而绝大部分卜辞记录"⻊王"是反过来的顺序，这其实足以阐明读为"行"不妥。"⻊王"卜辞的内容如下：

王其田，重(惟)乙湄日，亡㘦(灾)，⻊王，毕(擒)？

于戊田，湄日亡㘦(灾)，⻊王？

于戊田，湄日亡㘦(灾)，⻊王，毕(擒)？　　　　　　　　《合集》28496

于閶麦麋，亡㘦(灾)，⻊王，毕(擒)？　　　　　　　　《屯南》815

□戌卜，翌……悔，毕(擒)，⻊王？　　　　　　　　　《合集》28842

戊王弜田，其悔？

重(惟)壬田弗悔，湄日，亡㘦(灾)，⻊王？吉。　　　　《合集》28712

重(惟)麦田，毕(擒)，亡㘦(灾)？吉。

重(惟)戈田微雉，弗悔，亡㘦(灾)，⻊王？吉。　　　　《屯南》4033

弜田，其悔？

重(惟)壬省田，亡㘦(灾)，⻊王？

重(惟)今日辛省田，弗悔？　　　　　　　　　　　　《屯南》4562

重(惟)敝，亡㘦(灾)，⻊王？

……省……⻊王？　　　　　　　　　　　　　　　　《合集》29406

辛未卜，王其田，重(惟)翌日壬，屯日，亡㘦(灾)，⻊王？吉。

王其田于刀，屯日，亡㘦(灾)，⻊王？大吉。　　　　　《屯南》2341

丙〔午〕卜，戊，王其田，昔日，亡㘦(灾)，⻊王？

弜往于〔田〕，其悔？

王重(惟)斿麋射，其悔，⻊王？

重(惟)猒田，弗悔，⻊王？　　　　　　　　　　　　《屯南》2542

于戊田，亡㘦(灾)，⻊王？

辛酉卜，翌日壬，王其田于湊，屯日，亡㘦(灾)？

重(惟)徝田，屯日，亡㘦，⻊王，弗悔？

……毕(擒)？　　　　　　　　　　　　　　　　　　《屯南》2851

辛卯卜，壬王其田，至于犬偅东，湄日亡㘦(灾)，⻊王？　《合集》29388

〔壬〕寅卜，王其比戉犬……壬，湄日无叀（灾），道王？　　　《合集》27899

其比犬臼（师），亡叀（灾），𧗿王？　　　　　　　　　　　　《合集》32983

……犬臼（师）……亡叀（灾），𧗿王？　　　　　　　　　　　《合集》28679

□寅卜，王辛焚鵜录，亡叀（灾），𧗿王？　　　　　　　　　　《合集》28800

……鵜〔录〕，亡叀（灾），𧗿王？　　　　　　　　　　　　　《合集》29361

王其田于宫，湄日，亡叀（灾），𧗿王？　　　　　　　　　　　《合集》29155

叀（惟）仉田，湄日，亡叀（灾），𧗿王，用？大吉。兹用。　《合集》29239 甲

……牢……田……，𧗿王？　　　　　　　　　　　　　　　　《合集》29264

叀（惟）亞叀□田省，征（徙）于向，亡叀（灾），𧗿王？　　　《合集》30122

田猎前商王祈祷"湄日，亡叀（灾）"以及"𧗿王"。所以一方面，"衍"字表达有空间方向的动作，同时有类似除灾求护祐的涵义。

　　除了在猎辞之外，"衍王"亦出现在战辞中。祈祷"衍王"卜辞的年代基本上在康丁之后，就像武丁商王出战前祈祷"下上若"，康丁以后的商王出去田猎或战争前祈祷"衍王"，如《屯南》1098曰："叀（惟）壬往，曾征，亡叀（灾），𧗿王？吉"。壬日王征伐曾，所以祈祷不要遇到由戈矛所造成的灾祸（甲骨文有从"水"和从"戈"的"灾"字，应分别表达自然和人为造成的灾祸），并祈祷"衍王"以追求吉祥的结果。

　　有些卜辞因为不全，从其本身不能判断因何种目标祈祷"衍王"：

……浸希（祟），又（侑）叕，屯日，亡叀（灾），𧗿王？　　　《屯南》2686

……悔，湄日，亡叀（灾），𧗿王？　　　　　　　　　　　　　《合集》28714

……〔湄〕日，亡叀（灾），𧗿王？　　　　　　　　　　　　　《合集》28726、30085

……𣥠王豐众，受……　　　　　　　　　　　　　　　　　　　《屯南》149

……叀（惟）亡叀（灾），𣥠王？大吉。　　　　　　　　　　　《屯南》786

……𧗿王？　　　　　　　　　　　　　　　　　　　　　　　　《合集》31899

由"衍王"卜辞可知，虽然"衍"义与出行有关，却不能解释为"行走"，但是非常符合理解为首领前導的意思。也就是说，"王衍"乃指，在祭祀的仪式时王为主導祭祀者，或在出行时王在前引導，"衍于并"的意思即是導路至并地；"衍王"乃指王祈求吉祥免祸的引導，以期望掌握正确的做事方法、获得安全的道路、大吉而成功。

对"[字]"字用义与"永"字不同的问题，裘锡圭先生曾指出，"[字]"与"[字]"不是同一字，"[字]"系"永"，而若"[字]""释为'永'、'泳'或'辰'、'派'，'[字]王'和'王[字]'，都难以讲通。"李学勤先生也曾指出，虽然"[字]"或"[字]"字的"左侧确与'辰'、'永'相似，但对校文例，读'辰'或'永'都不可通。"①虽然如此，在所有甲骨文工具书和资料库里，都将"[字]"与"[字]"统括归纳为"永"的古字。

实际上，在郭店竹简出土前约二十年，还没有将"[字]"（衍）读文"道"的充分证据时，严一萍先生已将甲骨文的"衍"字训为"道"字，并提出"道"本义为"导"：

> 卜辞[字]（行）、[字]二字，形义显别，决非一字。其作"[字]王"者，每在田猎卜辞"亡灾"之后。作"王[字]"者，皆与祭祀有关。就辞义观之，与"[字]王"似有别，故不得谓"[字]王"为"王[字]"之倒语也。余谓此"[字]"当读如礼学记"道而弗牵"之道。注："道，示之以道涂也。"正为卜辞"[字]王"的诂。是"[字]"即道，为"导"之本字也。田猎卜辞每向祖先神祇祈求"亡灾"、"弗悔"，今缀以"道王"成语，乃更进而祈求"示王以道涂"期以多获。辞十一"[字]王"后着一"罕"字，其义灼然可见。作"王[字]"者，辞义当是"王作前导"，明是王为主格，与"导王"之王作受格者绝不同②。

笔者以为，严一萍先生的解释毫无疑问，如果卜辞中的"[字]"读作"导"，这样才可以将各种卜辞的内容讲得清楚。现在郭店出土的战国文献更加证明了严一萍先生的洞见："衍"即是"道"。

3. 小结

由上述对甲骨资料的分析可知，将"[字]"释为"[字]"（或[字]）的异体字即"永"的本字并不妥当。无论是从字形或从字义来看，对于"衍"为"永"的释读，并没有周代铭文的支持，更缺少战国简文或先秦传世文献做佐证，故"[字]"与"[字]"（[字]、[字]、[字]）不是同一个字。

不过，虽然郭店出土的竹简无疑地显示，从"行"、"人"的字应读为"道"，然而迄今不少学者或依然将甲骨文的"[字]"读为"永"，或赞同裘锡圭先生的见解读为

---

① 裘锡圭：《释"衍"、"侃"》，页8。李学勤：《说郭店"道"字》，页41。

② 严一萍：《释[字]》，页736。

"衍",或跟着李学勤先生读为"行"。是故,我们必须得再列举资料说明,"𢓗"不仅非"永",也非"衍"或"行"的本字。

(三)"𢓗"与"行"之区分

　　李学勤先生考释"𢓗"、"𢓕"字时,郭店楚简已出土,尽管如此,他还是认为商代时"𢓗"还不是"道",而是"行"的异体字本字。在训诂有"衍"字的卜辞时,李学勤先生严格区分"王衍"与"衍王"两种用法,认为在"王衍"卜辞中,"衍"用作"行"义,表达"王出行"的意思,只不过并没有分析有"人"字偏旁的"衍"和无"人"字偏旁的"行"所表达出行的意思的异同。有关在"无灾,衍王"卜辞中的"衍"字,因为"行王"不可通,他认为在这里"衍"(行)字应用来表达"赐"义①。例证的文献为《周礼·夏官·罗氏》所言:"中春,罗春鸟献鸠,以养国老,行羽物。"郑玄注:"行谓赋赐。"②

　　笔者对此分析如下:

　　第一,从离殷商时代最接近的西周早中期铭文来看,寰鼎记载:"唯十又一月,师雝父省道至于𣊟,寰从。"③铭文上的"道至于𣊟"与甲骨卜辞中的"𢓕于并"涵义相近,所以甲骨文的"衍"与金文的"道"用义相同。貉子卣也有类似的记录:"王令士道归貉子鹿三。"④甲骨文的"衍"和金文的"道"同样将"道"字用作动词,描述有方向的行走,并表达前导之义。由此可知,"衍"字释作"道"有铭文的支持,故将"衍"直接释作"道"的古字相当合理。

　　第二,至于李学勤先生将"衍"作"行",训为"赐"的见解,则在《周礼》中用作"赐"义的"行"字之后放入直接语——"行羽物",表达赐予何物之义。但是"王"不是能赐予的物品,所以"王"不能作直接宾语来用;如果勉强视为省略"于"字的间接宾语(赐予王),则卜辞中"衍王"之句的句法与《周礼》不同,不能用为例证。是故,此种解读令人费解。换句话说,将"衍"作"行"训为"赐",并不符合《周礼》

① 李学勤:《说郭店"道"字》,页40—43。

② (汉)郑玄注,(唐)贾公彦疏:《周礼注疏》,页1305—1306。

③ 《集成》器号2721,山东龙口兰高镇归城曹家村出土,现藏于史语所。

④ 《集成》器号5409,现藏于美国明尼阿波里斯艺术研究所。

的用意,且更没有出土文献的支持。

(四)"彳亍"与"巛"之区分

裘锡圭先生认为甲骨文的"彳亍"或"彳亍"是"巛"（衍）的异体字①,但"巛"（衍）是从"彳"、从"水"（或从"川"）,而"彳亍"或"彳亍"都从"人"。所以,从字形来说"彳亍"与"衍"似乎很难关联。

若从用义来看,"巛"字在甲骨文一般作人名,出现在卜辞里以祭祀某个对象②；从有些卜辞可知,命名为巛的人是武丁晚年、祖庚祖甲时期的贞人或进行占卜的巫师③,此外有些残缺④或虽然完整但用义不清楚的卜辞中有"巛"（衍）字,其用法如下：

> 戊寅卜𩵋：我入,隹（唯）衍?
>
> 丙子𩵋卜：我亡衍才（在）来?
>
> 丙子𩵋卜：亡衍才（在）来?　　　　　　　　　　　　　《合集》21739
>
> 己丑,丁来于卫,衍?　　　　　　　　　　　　　　　《合集》21744

上述卜辞的意思不清楚,很难懂,但可以肯定的是,"巛"（衍）与"彳亍"两字的用处完全不同,不宜视为同一字。

因此,无论从字形或从字义来看,"衍"为"衍"的释读都存疑问。裘锡圭先生的看法首次在1992年发表,一年后郭店出土的竹简显示,战国时"彳亍"字用作"道"乃是毋庸置疑的。甲骨文的"彳亍"字与"彳亍"字形完全相同,用义也可通,所以楚简资料充分证明严一萍先生的释读："彳亍"就是"道"的古字。

由此可见,"彳亍"读为"永"、"衍"、"行"实际上都存疑,只有严一先生萍所提出

---

①　郭沫若认为,"巛"系"巡"字雏形,但甲骨文中,"巡"字似作"彳亍",故笔者赞同大多数学者（包括裘先生在内）的意见,将"巛"认定为"衍"（参裘锡圭：《释"衍"、"侃"》,页6—12）,但"衍"与"巛"不宜混为一字。

②　如参《合集》19967、20762、21096、21156、21221、21526、21607、21709等。

③　如参《合集》21567、21986、21615—21618、21633、21653、21635、21662、21684、21717、21720、21721、21725、21727、21732、21734、21804、21840、21850、40882、40884；《英藏》1897、1909；《天理》314等。

④　如参《合集》21580、21620、21621、21733、21735、22430；《东京》960；《怀藏》1669；《英藏》1896等。

的把"䠅"读为"道"（導）又有各方面资料上的支持。

（五）"䠅"与"㳽"的字形关系

由于甲骨文中"㳽"和"䠅"两个字形的用法完全相同，所以应该都是"道"之古字的异体字。其实无论如何解释该字的意义，学术界都认为，"䠅"与"㳽"是同一字，只有曹定云先生与大家不同，认为"䠅"（包括从"口"和从"止"的"䠅"、"䠅"）与"㳽"（包括从"口"的"㳽"）不是同一字，而分为两个字组，前者皆释为"道"，后者皆释为"𣲖"、"𣱟"、"𣲛"（永）的异体字，故读为永、泳、咏、辰、派字的意思。

曹定云先生把自己视为"永"的字形编于下列甲骨金文对照的表格上①：

甲骨文	𣱟《合》5618	𣲖《南》4197	䠅《合》27740 㳽《合》27827		䠅《合》27879 䠅《南》1013
金文	𣱟《集成》109	𣲖《集成》2816			䠅《集成》5877

从这一对照，实际上只能肯定甲骨文的"𣱟"、"𣲖"与金文的"𣱟"、"𣲖"是同一字，这乃毋庸置疑②，前文已考证，这都是"永"字，字形和用义一致。但是对甲骨文的"㳽"字，曹定云先生没有提供字形相同的金文资料，但是西周早期大保簋上却有与甲骨文完全相同的"㳽"字。铭文曰："王降征令于大保，大保克敬亡谴，王㳽大保。"可见，该字的用法与金文的"永"字完全不同，而且从意义上来说，读为"永"不太通。林义光先生认为，金文的"㳽"是"衍"或"侃"异体字③，虽然从文义来说，在这里读作"侃"意思可通，但是金文中的"侃"字写作"𠈌"，此写法与"㳽"

---

① 曹定云：《释道、永兼论相关问题》，页 1028—1035。

② "道"和"永"二字不混用，只有极罕见的一两个文例，因缺刻或错刻，"道"字的写法象"永"字的字形。换言之，从"䠅"、"𣲛"字形来说，这当然是与"䠅"、"㳽"用处不同的"永"字，只不过字形相似罢了，也有罕见的"𣲛"与"䠅"混用的例子，如《合集》27914＝29394："叀（惟）犬霰比，湄日，亡戈（灾），𣲖王？"另外，甲骨文"𣱟"字写法似为从"彳"、"人"结构（彳）或在卜骨上有缺刻、残缺，且因为古代"彳"与"行"不分，故"彳"可能也是"道"的省文。但同时其字形与"永"的写法颇近，或为"永"与"道"音字形接近而造成混淆缺刻的情况，如《合集》248 在进行祭祀礼仪时有提及"王𣱟"或"我𣱟"？从意义上读为"導"较通顺，但因卜辞过于简略，所以基本上难以确切解读。

③ 林义光：《文源》，林氏写印本，1920 年，卷 10，页 5。

字差异较远。应该与甲骨文一样是"道"（導）字，从大保簋铭文的文义来说，读作"導"更通顺：周王命令和指导大保做事情。

所以，金文与甲骨文的"𧗟"字，都是"𧗠"的异体字，即"道"的古字，用以表达其"導"的本义。该字形直至战国时期还可见，在楚简中上海博物馆收藏《中弓》篇第十六简亦有它，同样用作"導"，简文言曰"君宜（仪）𧗠（導）之至者。"整理者李朝远先生将该字亦释为"道"①。

从卜辞的内容来说，"𧗟"、"𧗠"、"𧗠"的用法完全相同。例如《合集》28496、28712、28714、29155、29388、《屯南》815、1098、2542、2686、2851、4562 在"亡灾，𧗟王"卜辞上用"𧗟"；而《合集》29239、29394、30085、《屯南》786、2341、4033 在同样的卜辞中用"𧗠"或"𧗟"；甚至《合集》29406 在一条卜辞中作"𧗟"，在相同的另一条中则作"𧗟"。曹定云先生也知道，这些字形用处相同，由此寻找"永"与"道"的某种共同的用义，但是这样的解释恐怕有点牵强，甲骨文的"𧗠"与"𪲝"的字形、字义都不同，难以视为同一字，而"𧗠"与"𧗟"的用处则完全相同，应确定为同一字。

从字的结构来看，"𧗟"或"𧗠"应该同样表达，人在可以选择不同方向的路口中，祈祷掌握指出吉祥路途的"導"。

至于从"口"的"𧗟"字，曹定云先生将释为"咏"字，但在铭文中该字作人名，因而无法确认其义，不宜用作例证资料。此外金文未见这种从"口"的字。但是甲骨文却有从"口"的"𧗟"、"𧗟"、"𧗟"字，又有从"止"的"𧗟"字，其用法与上三字的用法也没有任何差异，详见以下考证。

（六）从"口"的"𧗟"与从"止"的"𧗟"字

甲骨文从"行"、"人"、"口"的"𧗟"（哲）字的文例如下：

　　叀（惟）介弗悔，亡𢧄（灾），哲王？
　　叀（惟）宫豊省，弗悔，亡𢧄（灾），哲王？大吉。　　　　《合集》29185
　　王弜往于田，其悔？

翌日戊王其田，叀（惟）田，弗悔？

叀（惟）盐田，弗悔，亡戋（灾），兮王，毕（擒）？

叀（惟）田，亡戋（灾），兮王，毕（擒）？

叀（惟）盐，亡戋（灾），兮，毕（擒）？ 《合集》29273

丁亥卜，翌日戊王叀（惟）□田，湄日……大吉。

……田，亡灾，兮王，归毕？ 吉。 《屯南》699

庚申卜，王其省戈田，于辛屯日，亡戋（灾）？

于壬屯日，亡戋（灾），兮王？ 兹用。

……王其省戈田，于乙屯日，亡戋（灾），兮王？ 《屯南》1013

……田，湄日，亡戋（灾），兮王？ 《合集》28713

兮，又（有）戋（灾）？ 《合集》26888

□□卜，狄贞：……叀（惟）兮……逐……亡巛（灾）？ 《合集》27681

乙未卜，王叀（惟）齐……亡戋（灾）？ 吉。

〔乙〕未……射……亡戋（灾），兮王？ 《合集》29314

叀（惟）昚田，湄日，亡戋（灾），兮王？ 吉。 《合集》29347

兮王？ 《合集》27828

戊戌卜，贞：才（在）鸡，犬告鹿，王其比射，往来亡汁（灾）。王兮？

丁巳卜，贞：王蓥（麓）弉薯，往来汁（灾）。王兮？ 《合集》37439

可见，衍与兮用在同样的卜辞中，用法一致，甚至在同一个卜骨同样的两条卜辞上，一条用会用"衍"字，而另一条用"兮"。例如《屯南》1098载：

丙寅卜，王其田瀼，叀（惟）丁往，戊征……大吉。

叀（惟）戊往己征，亡戋（灾），兮王？ 大吉。

叀（惟）壬往曾征，亡戋（灾），衍王？ 吉。

王其田瀼，徝射大歎，亡戋（灾），兮王？ 吉。

王……宋……亡戋（灾），兮王？ 吉。

因此学术界都把这两个字形看作同一个字①。

就"兮"字的结构思考，不带"口"的""字是无声符的会意字，但是不带"口"

_____

① 《甲林》，页2263—2277。

的字形，因为"口"和"道"都是幽部字，所以"口"偏旁能有声符作用。不过，也可以推论，"𧗟"字的"口"不仅表达该字的读音，而同时也有义符作用；从此字形就可以理解，为什么"道"字另有说道的意思，这并不是假借的用义，而就是"道"字本义的范围。就是因为商代的"𧗟"、"𧗟"字本义是"导"，它从"口"的写法是带义的，即是"以言指导"、"导言"、"显露圣旨"的意思。

换言之，"𧗟"应是会意兼形声字，"口"为它的声符，同时其会意的意思表达"以言指导"的涵义。在楚简和传世文献中，《缁衣》最清楚地表达了此种涵义："君子道（导）人以言。"[1]从甲骨文"𧗟"字的字形可以推论，"道言"的"道"可能并不由假借而来；此即因为"以言指道"本来就在"道"义的范围中，而是从其"导"本义衍生出来。

除"𧗟"、"𧗟"以及从"口"的"𧗟"字形之外，甲骨文中另可见从"行"、"人"、"止"的"𧗟"（隶为"𧗟"）字形，如《屯南》667 曰："……三十，卢方白（伯）潢……王𧗟。大吉"而《合集》27878："乙巳卜，叀（惟）小臣𧗟（导），克又（有）𢦔（灾），𧗟？"从"口"从"止"在同一文句里出现。因为"止"字偏旁表达该字与走路有关，而甲骨文的"道"就是导路领走，再加"止"字偏旁是很自然的，不会另外增加新义。

（七）总结

据上述分析，"𧗟"应是"道"的本字，在上述文例中都用作动词"导"。所以，"道"字的源远流长，在甲骨文已有之，且其本义为"导"。甲骨文的"𧗟"、"𧗟"、"𧗟"、"𧗟"都是"道"（导）字，其中前三个字形是会意字，而从"口"的字形是会意兼形声字。至于甲骨文的"𧗟"、"𧗟"、"𧗟"是"永"字，与金文"永保用"的意思相近。

甲骨文的"道"字写法从"人"，此写法实际上没有消失，金文、战国简文，甚至汉代以后的古玺依然能看到。但与此同时，从西周以来开始采用今文从"首"的"道"字的写法。从"人"和从"首"的字体应有古今字关系，然而何以发生了此种演变？下文试图探讨自"𧗟"至"道"的演化过程，有何种原因与轨迹。

---

[1]　参见郭店出土的《缁衣》和上海博物馆收藏的《缁衣》第 16 章以及《礼记·缁衣》第 8 章，相关的分析参郭静云：《楚简〈缁衣〉的"谨言慎行"论——第十五至十六章的本意考》，《学术研究》，2013 年第 1 期，页 87—96。

三、从"衍"至"道"的演化及其隐义

（一）两周时期"道"的字形考

1. 从"行"、"人"的"衍"字

前文已提及西周铭文中"𣥂"字出现在西周早期大保簋的铭文上。此外，西周早期的仲爯簋言："中（仲）爯作又（祐）宝彝，用乡（响）王逆𣥂（導）。"①依笔者浅见，铭文中"逆導"的意思可能与"逆命"相似。《仪礼·聘礼》言："宰命司马戒众介，众介皆逆命不辞。"郑玄注："逆，犹受也。"也就是说，器主在礼器上记录，他谨受王之導，而针对王的指导，敬重表达荣誉而铸造祭祀祖父的礼器，以响应和张扬王之導。

西周铭文之后，在历代金石文中，春秋中期秦国仲滋鼎的铭文②以及在石鼓铭文上也出现从"行"、"人"（衍）的"道"字的原始写法。仲滋鼎铭文的"衍"，学界都读为"道"，没有反驳的意见。但针对石鼓文中"道"写作"衍"，虽然学术界根据《汗简》和《古文四声韵》所载，"道"古代作"衍"，已有充分的讨论和认同③，可是裘锡圭先生提出一项疑虑："石鼓中二'衍'字皆与阳部字为韵，恐仍当从一般说法是为'行'（hang）。"④此说法值得注意，但是前后出土文献，都显示"衍"确实是"道"的古字，是否在石鼓上该句有协押的？从文义来说来，读为"行"义又不通。是否该文例表达其他文献未留下来的方言读音？目前只能保留疑问，日后需再深入探究。无论怎么说，单有这一项疑问，无法否定在其他先秦文献中"衍"为"道"的事实。

这几件"道"写为"衍"之金石铭文的文例，即是从甲骨文到楚文之间的连接，

---

① 《集成》器号 3747，现藏于美国芝加哥美术馆（Art Institute of Chicago, Chicago, Illinois, USA）。

② 《新汇编》器号 632，陕西永寿县渠子乡永寿坊村出土，现藏于陕西省永寿县文化馆。

③ 如参李学勤：《说郭店"道"字》，页 43。

④ 裘锡圭：《释"衍"、"侃"》，页 10。

表明"衍"的古字一直存在。在郭店竹简中，除了《老子甲》之外，《忠信之道》、《性自命出》、《六德》、《语丛》都同时采用从"辵"、"首"的今字和从"行"、"人"的古字。在郭店楚简上共有125次出现"道"字，其中37次是古字"𢓊"，其余皆为今字"道"，而且从用义来看，"衍"与"道"两种写法难以区分。由此可知，"衍"字不仅是在古《老子》中所见，在战国竹书中也是常见的"道"的写法。

后来，在历代古玺上，自汉至清，都可见从"人"的衍（道），如"龙山道人"、"张氏安道"等等古玺，都将"道"写作"衍"①。是故，传统文化中，一直保留对"道"古字的记忆。不过与此同时，从西周早期以来，另外开始出现数种新的写法，其中一些写法只存在很短的时段，或只是某个地方的异文，没有在历史上传下来；而有些写法导致形成现今的"道"和"导"两个字。

2. 西周早期从"辵"（或"彳"）、"舟"的"逌"（或"徜"）字形考

西周早期有几件青铜器有"用响王逆导"之句，其中前引仲再簋的"导"字与甲骨文完全相同。但同时另出现五件，在此文句上用"逌"或省略的"徜"字形：

　　　　白（伯）者父作宝毁（簋），用乡（响）王逆逌（导）　　　　　　　伯者父簋②

　　　　令敢辰（扬）皇王宝用作丁公宝毁（簋），用障（尊）史（事）于皇宗，用乡（响）王逆逌（导）……。　　　　　　　　　　　　　　　　作册矢令簋

　　　　乍（作）册麦易（赐）金于辟侯，麦扬，用乍（作）宝障彝，用兩（响）侯逆逌（导）。　　　　　　　　　　　　　　　　　　　　　　　　　麦方尊

　　　　白（伯）窊（密）父乍（作）旅贞（鼎），用乡（响）王逆徜（导）事（使）人。伯密父鼎③

　　　　圮乍（作）宝毁（簋），用乡（响）王逆徜（导）事。　　　　　　　　圮簋④

马承源认为"逌"是"受"的假借字⑤，由于古代"受"字写从"舟"，故此释读相当有根据，但是"受"字从未写从"彳"或"征"（辵），一定从"爪"、"又"，是"受"字必有的义符。因此如为"受"恐怕存疑。

"彳"或"征"（辵）与"行"字来往普遍，意义相近，所以经常互相代替作字汇的

---

① 参见曹定云先生搜集的资料，见曹定云：《释道、永兼论相关问题》，页1030。

② 《集成》器号3748，现藏于美国华盛顿弗里尔美术馆。

③ 《集成》器号2487，藏处不明。

④ 《集成》器号3731，藏处不明。

⑤ 《铭文选》器号194。

义符。笔者认为,"遹"字是西周早期"導"(道)字的异文。"舟"与"道"的古音都是幽部字,西周早期沿用无声符的"衍",同时创造新的带声符的"遹"字。从意思来看,"舟"义也符合"導"的本义。"衍"的象形意思是人在路口须要指路的"導",而"遹"以"舟"代"人"描述導领舟怎么行。西周早期金文该字写作"㣙",该字形后来没有被继承,但以后通用的"道"字的结构与其相同,同理,以幽部字的"首"取代不带音的"人","遹"与"道"甚至字形也相似。尤其是同时期的引再仲在同一个文句里采用与甲骨文相同的"伃"(導)字,加以证明"遹"是西周早期"導"的异体字。

到了战国时期,楚简里也有从"舟"的"遰"(遹)字,其字形其实与"遶"(道)相近,但用义已不同。楚简的"遹"或用作人名①,或作"周"的异文②,与西周早期短暂用过的"遹"应没有传承关系。

3. 从"行"、"首"的"衟"字

前文所引西周早中期貉子卣把甲骨文"衍"字的"人"字旁变成"首"字旁,构成了从行、首的"衟"(衟)字,用义为"導"。西周晚期宣王时代的吴虎鼎"道"字的写法相同,但用作伯的人名③。

4. 从"行"、"酱"、"寸"的"尊"(導)字

前文所引西周中期的寰鼎又出现新的从"又"的"衟"字形,用义为"導"。因为古代"又"和"寸"字形不分,所以可以说,寰鼎是最早的"導"字形。依笔者浅见,加上"又"偏旁,是一种用来强调指导、指路的意义。西周厉王晚期或共和时期的师道簋的字形一致,但用作器主的人名;而春秋早期曾伯霖簠亦用字形相同的"衟"(導)字,用义也为指路的"導"④。严一萍先生认为,石鼓将从"又"的字形讹变作从"寸"⑤。不过加上"又"字偏旁是次要的,"衟"与"衟"的核心差异依然在于以"首"字偏旁取代"人"字偏旁。

---

① 如包山简第 131、136、137、159 等;湖北省荆沙铁路考古队:《包山楚简》,北京:文物出版社,1991 年,页 26、29。

② 如参荆门市博物馆编著:《郭店楚墓竹简·太一生水、鲁穆公问子思》,页 6。

③ 《新汇编》器号 709,陕西西安黑河大桥出土,现藏于陕西省长安县文管会。

④ 《集成》器号 4631、4632,现藏于山东省博物馆、中国国家博物馆。

⑤ 严一萍:《释 衟》,页 736。

5. 从"行"、"首"、"止"的"𧗟"字

周宣王时期的塱盨铭文将"道"（導）字写从"行"、"首"、"止"的"　"（应隶为"𧗟"）。严一萍先生将该字形解释为："方悟一首一足代替全人，与'衍'实一字的时代不同，赋形有异，繁简虽歧，义仍一贯。"①严先生提出此种解释时，小屯南地的卜骨当时未被发掘。屯南667的卜骨出土后，使我们得知，殷商甲骨文中已有从"止"的"　"（𧗟）字；《合集》27878也有同样的"道"字形。从甲骨文的"𧗟"字至金文"𧗟"字的演变，其重点也在于以首字偏旁取代人字偏旁。

上编第七章已提过，笔者不用散氏盘的资料是因为从其形状、纹饰技术和铭文的内容，可判定这并不是西周的礼器，而是清代人伪造的。散氏盘有几个"道"字，写法或从"止"或从"又"，其中从"止"的一个字模仿西周的书体模仿得很不错：　，其他较差：　、　、　（"行"字偏旁有误）、　（"首"字偏旁很奇怪）等。可见书体不稳定且非常不一致，一些字写得人似乎并不知要写从"止"或从"又"，所以下部是"止"和"又"之间的形状：　。况且这些"道"字的用义也与西周铭文有区别，或代表清代人的假想。因此，虽然散氏盘的铭文有几个"道"字，但这都只是代表清代人的工夫和相当不错的仿古水平而已，不列入我们的讨论。

6. 从"辵"、"首"的"道"字

既然在字形的发展中，"行"与"止"两个偏旁都有发展为同一个"辵"字偏旁的例子，而"行"、"止"偏旁的合并，就是"辵"偏旁的形成。所以宣王时期塱盨"𧗟"字与战国时期的从"辵"、"首"的"道"即有显著的继承关系，甚至可以看作同一种字形。在金文中，从"辵"、"首"的"　"写法，最早见于战国中晚期中山国的中山王䇦鼎和𡚻盜壶②铭文上。

7. 小结

由上述对铜器铭文的分析可知，商代时用"人"字偏旁的"　"（　、　）等"道"的古体字，虽然未消失，但到了周代时普遍开始采用"首"字偏旁。先是出现"衜"的写法，后循此而发展为"導"和"道"两个今体字。换言之，在"道"字发展过

---

① 严一萍：《释　》，页736。
② 《集成》器号9734，河北平山县中山王墓出土（东库DK：6），现藏于河北省文物研究所。

程中,发生了以"首"字偏旁取代"人"字偏旁的情况。曹定云先生亦曾提出:"金文是以'首'代'人'"①。另外,由铭文可知,"道"和"導"在字形和字义上依然是同一字,且以"導"为本义。

从"衍"至"道"的发展来说,首先无疑的是从"行"、"人"的字体不含有声符,故应视为会意字;然而从"行"、"首"的字体应该是从"首"得声。古代"首"与"道"的读音相同,都属幽部字,是故,"首"有声符作用。可是,甲骨文已有从"口"的字形,也足以为会意兼形声字,何故不继续用它,而重新创造从"首"的字形?

《说文·辵部》曰:"从辵、𩠐"②,而并没有说"从辵,𩠐声",这依许慎的表达方式,则意味着他并没有把"𩠐"字偏旁定为"遺"字的声符,反而认为"遺"是会意字。笔者也怀疑,是否只是因为读音的关系,所以才把"人"改成"首",尤其是"口"偏旁本来已足以有此作用。所以,发生"首"代"人"的事情是否有其他因素? 为了厘清此一问题,我们必须回头进行甲骨文"首"字的考证。

(二)"首"与"道"的关系

在甲骨文中有"𝕯"与"𝕯"两种"首"字的写法。在该字发展过程中,这两字融合为同一个"首"字,因而学者将甲骨文的"𝕯"与"𝕯"也视为同一个字体。尽管如此,《说文·首部》还是保留了"𦣻"(百)与"𩠐"(𩠐)两种"首"字的写法。据此而论,"𝕯"字可以视为甲骨文的"百"字,而"𝕯"是甲骨文的"𩠐"字形体。许慎曰:"𩠐,古文百也"③认为"百"与"𩠐"具有古体字与今体字的关系,这或许因为两周金文未见"百"。许慎将"百"视为更古老的字体。然从甲骨文来看"𝕯"与"𝕯"同时出现,所以看不出它们有古今字的关系。

换言之,从时间脉络来看,"百"(𝕯)与"𩠐"(𝕯)都是源自商代"首"的古字,其形成时代应该相同。但是从意义来看,两种字体明显不同。"𝕯"(百)字出现在说头疼的卜辞中,而单纯用来指出人身的头部:

---

① 曹定云:《释道、永兼论相关问题》,页 1030。

② (汉)许慎著,(清)段玉裁注:《说文解字注》,页 75 下。

③ (汉)许慎著,(清)段玉裁注:《说文解字注》,页 423 上。

旬出（有）希（祟），王疾百，中日羽？　　　　　　　　　　　　《合集》13613

贞：子疾百……　　　　　　　　　　　　　　　　　《合集》13614；《英藏》1123

□□卜，㱿贞：出（有）疾百……　　　　　　　　　　　　　《合集》13615、13616

……疾百……　　　　　　　　　　　　　　　　　　　　《合集》13617、13618

乙巳卜，贞石疾百不征（徙）？　　　　　　　　　　　　　　　《合集》22092

甲辰卜，出贞：王疾百，亡征（徙）？　　　　　　　　　　　《合集》24956、24957

至于"🖐"（嘼）字，其所见卜辞与前组意思皆不相同：

贞：翌庚辰王往途嘼？

翌庚辰王往途嘼？　　　　　　　　　　　　　　　　　　　　《合集》6033

贞：翌庚申我伐，易日，庚申明雾，王来途嘼，雨？　　　　　　《合集》6037

贞：王途嘼，亡……　　　　　　　　　　　　　　　　　　　《合集》6031

甲戌卜，㱿贞：翌乙亥王途嘼，亡囚（咎）？　　　　　　　　《合集》6032

王臣固曰：□途嘼，若？　　　　　　　　　　　　　　　　　《合集》11506

甲申卜，曰贞：□嘼往……亡来……　　　　　　　　　　　　《合集》20705①

　　有关"途首"的用义，金祥恒先生的见解，读为"首涂"，即启程的意思②，但从句法来考虑"王来途嘼"释为王来启程不太顺，也没有文献的支持，因此学界没有采用金祥恒先生的说法。此外，饶宗颐先生认为，在"王来途嘼"卜辞中，"首读为道"，"途首犹言除道。《左传》庄公四年：'除道梁溠'。王出行先除道"③。但是"除道"的意思是指王出行之前所作的准备，而在甲骨文中由王亲自"途首"，视为王亲自除道相当不合理，同时从文字的角度来看，"除"与"坒"（途），虽然皆从

---

① 这两个字形的差异在首顶上是否有似为头发的三线，但是这三线应该不象征某种特殊形象，而只是指出两字的差异。甲骨文出现侧面两"首"字之前，在小乙和武丁初期的卜辞中出现过两种正面的字形："👁"和"🖐"，其二者差异也在于有无发线，用意的差异也相同，但是有发线的指头部，而无发线的则指"途首"。前者见于《花东》199、304、446卜甲上，其中《花东》199残缺不成句；《花东》304载曰："甲卜：子疾👁，亡征（徙）？子疾👁，亡征（徙）？"；《花东》446载曰："甲卜：子疾👁，亡征（徙）？甲卜：子其往□，子👁亡征（徙）？"可见，"👁"字是"🖐"字的古字。后者字形则见于《合集》916："己丑卜，由贞：界若？己丑卜，由贞：王途🖐，亡蚩？"可见其用意与侧面的"🖐"字相同，是"🖐"字的古字。所以可见，殷商语文中确定侧面的字形后，发线所指出的意思倒过来了。其实早期具象的"👁"指人头，而抽象的"🖐"是指首领的意思，所以它们的差异不限于发线存否，而侧面字形的差异只限于发线的存否。

② 金祥恒：《加拿大多伦多大学安达黎博物馆所藏一篇牛胛骨的刻辞考释》，《中国文字》第九卷，1962年，页4254。

③ 饶宗颐：《殷代贞卜人物通考》，页83—84。

"余"得声。但是"阜"（阝）与"止"字偏旁一般不来往。

　　最近较多学者从于省吾先生建议将"途"假借读作"屠"，而"途首"读为"屠首"，解释为砍头的意思①。这种解释的原因在于，如果"𤎭"字也视为指出人的头部，则"途"读如字意义不通。但是"途"假借为"屠"也明显牵强，并无例正根据；从卜辞的内容来看，"王来屠首"也相当奇怪。甲骨文有关用人牲而通过砍头礼祭神的记录相当多，仅仅以"用"字表达；为什么来"屠首"？是谁的首？又为什么同时占卜天气，问"易日"（是不是天气变晴出太阳了？）、"明雾"（晨雾）、下雨？好像是出行之前需要占卜。

　　换言之，笔者认为在此处"途"字不必假借，读如字即可；只是"𤎭"不是头部，而是"首领"的意思，卜辞中的"途首"与《左传》中的"行首"的意思接近。《春秋左传·成公·十六年》曰："塞井夷灶，陈于军中，而疏行首。"刘文淇引沈钦韩疏证："行首，即领队者也。"②更确切而言，"途𤎭"即"行首"之义，"王来途𤎭"表达王为前引者、王来引導途行。在甲骨文中"𤎭"与"𤎭"的用法不混，这应足以说明其意义有别，原本是不同的两个字。

　　过去有学者已发现，古代"首"有从"巛"和不从"巛"两种写法，也把甲骨文的"𤎭"联系于"𤎭"，而"𤎭"视为"百"的本字，而且李孝定先生早已指出二者的用法不同，但不认为这本来是意义不同的两个字③。而笔者认为，在殷商语言中，"百"与"𤎭"为不同的两个字，"百"限指人头，"𤎭"限指首领。虽然在文字的发展过程中，"百"与"𤎭"的用义结合而构成了单一"首"字，但早期"百"与"𤎭"各有其明确所指。

　　前文提及饶宗颐先生将"𤎭"释为"道"字的来源，虽然笔者不同意饶宗颐先生的解释，但是视"𤎭"为"道"的雏形字的看法还是值得参考。《春秋左传·庄公·四年》曰："令尹斗祁、莫敖屈重除道梁溠，营军临随。"杨伯峻注："除道，犹开路。"④"除道"或"开路"的意思都含有指示道途的涵义，因此与"途首"确实有些关联，只是不宜作直接的连接，甲骨文的"𤎭"还不是"道"，不宜视为"道"（導），是

①　于省吾：《殷契骈枝三编》，页 23 上。孙海波：《甲骨文编》，页 71；李孝定：《甲骨文字集释》，页 555—557 都赞同于省吾的见解。

②　（晋）杜预注，（唐）孔颖达等正义：《春秋左传正义》，页 1237。

③　李孝定：《甲骨文字集释》，页 2849。

④　（晋）杜预注，（唐）孔颖达等正义：《春秋左传正义》，页 344—345。

《说文》的"𦣻"字；但其与""不同，并不指头部，而仅限用于首领引导的意思。是故，"𦣻"字与"道"字的涵义有关联，这是毋庸置疑的。

有趣的是，在西周铭文以及在《说文》中，"道"字的写法都正好从"𦣻"者，而没有从"百"者。此即由于"道"之本义为"導"，与指出头部的"百"字意思无关联，而只有首领的"𦣻"才为"道"字的偏旁。所以，"道"字的结构中，"首"应不仅有声符作用，同时也作"道"字的义符。从"行"（辵）、"𦣻"的"道"之今体字应是会意兼形声字，从"𦣻"得声，同时以"𦣻"偏旁强调"道"之首领引导的本义。

甲骨文原来有从"口"的会意兼形声字，从作声符目的来看，"首"不胜于"口"；但是，从作义符的角度来看，"口"的意思往往不如"首"："口"是带有以言指导的意味，但是"導"的意思绝对不仅限于以言指导，指导、引导、诱导、指出正路祥道的方法很多，所以"口"义反而使"導"义变得狭隘；而首领的"首"则是加强其领導的首义。

笔者进一步推论，"道"字可能是"行"与"𦣻"两个字结合成一个字的结果。由于在甲骨文中，"行"与"𦣻"两字都有引导的用义，"行"与"𦣻"的意思从一开始就比较相近，故而在西周文字中"行"与"𦣻"就结合为一个新的"道"字了。

四、本义与衍生的用义

（一）文献中"道"用作"導"之例

严一萍先生从甲骨文的分析发现："道"的本义为"導"，而高鸿缙先生从金文的分析得出同样的结论："'道'字初意为引導。"[1]笔者也持相同的理解，且藉由上文对"道"字的字形演变分析，可进一步证明，"道"的本义确实是"導"。从甲骨文、金文、简文以及传世文献中，都可以发现这一事实，已不需加以证明。下文只拟讨论"道"（導）字在历代的用法，以观察相关观念的特点。

---

① 参见《诂林》，册二，页 457。

1. 甲骨文

从卜辞的内容来看，"導"有如下七种用义（因前文已讨论"導"字的不同异文，下文不列出甲骨金文的字形，而直接用"導"或"道"）：

（1）王導司礼

这是《合集》27310 等几条卜辞所记录，王为祭司身份的主体，来引導镛奏之礼或其他祭祀活动。引導祭礼者未必是王，如《英藏》2262："其今伊導，叀（惟）丁令？叀（惟）甲令？〔丙〕午卜，祖丁盟岁王各祉于父甲？"今日伊来引導祭礼，且卜问由丁或甲的祖先发出天令？这问题与后一条有关：向祖丁进行盟岁的祭礼时，王来而同时祭祀父甲。在这次祭礼活动中，伊为祭司，所以记载"今伊導"。《合集》5444 载："贞：晶不我多阮，臣導？"从文义来看，在这里应该由臣来導，但卜骨残缺，难以理解其完整的意思。

（2）導路指南

这是《合集》4387、23439 等几条卜辞所记录，導于并，也以王为主体，而導是其主动词，表达指導行路到达其地方的意思。導路者的身份不一定是王，卜辞有载戍導，如《合集》28038："戍，其遘，戍導？"西周早中期的金文中，有师雍父導路，有士導路等。

（3）令導途

甲骨文中有一套卜辞，占卜"令途"、"令行"、"令道"等问题。"令途"的记录如下：

壬申卜，争贞：惟ㄓ令途，肇？	《合集》6044
贞：叀（惟）陕令途，毕（擒）？	《合集》6047、6050
贞：叀（惟）朱令途，子夒？	《合集》6053
令途，子夒？	《屯南》134
贞：叀（惟）夏令途，启于并？	《合集》6055
贞：叀（惟）訝令途，启于并？	《合集》6056
贞：令途……	《合集》6030、6031、6756、10800

ㄓ、陕、朱、夏、訝等应该都是指人名，而令途的意思就是"领路"。在有些卜辞中人名和"令"字互换位置：

□□卜，宾贞：令宁途，毕（擒）？五月	《合集》6048
□戍卜，宾贞：令巂途，毕（擒）？	

　　　　□□卜，宁贞：令邰途，毕（擒）？ 八〔月〕　　　　　　　　　　《合集》6049

但其意思基本上相同：命令某人行途，意即让他领路。"令途"的句法应该不是动词和名词的结构，而是两个动词的结构，表达令或领走路的意思。

　　"令行"的卜辞较少，都简略，如《英藏》339："贞：令行，若？"《合集》4898："呼令行？"《合集》4896、4897："令行？"等。依笔者浅见，"令"的意思也是"领"；"令行"的句法也不是动词和名词，而是两个动词的结构，一样表达令或领走路的意思。

　　甲骨文中同样也有"令导"或要读为"领导"的卜辞：

　　　　戊□卜，贞：令导，取牝。　　　　　　　　　　　　　　　　　《合集》4909

　　　　壬申卜，贞：令导？　　　　　　　　　　　　　　　　　　　　《合集》4910

　　　　丙申卜，贞：令导？　　　　　　　　　　　　　　　　　　　　《合集》4911

　　　　贞：令导，妥？　　　　　　　　　　　　　　　　　　　　　　《合集》4912

　　　　贞：勿令导？　　　　　　　　　　　　　　　　　　　　　　　《英藏》824

　　　　丁酉卜，出贞：令导虫鸣？　　　　　　　　　　　　　　　　　《合集》23684

　　　　戊辰卜，宁贞：令导呈田于盖？　　　　　　　　　　　《合集》9476、9477

大部分卜辞过于简略，其完整的意思难以了解，只有最后一条似乎说及令导呈（应是人名）出去到盖（地名）田猎。

　　学界一般认为，在这里"衍"用作人名，但如果这些卜辞与上列"令途"和"令行"比较，则可以发现，这是结构相同的文句，"衍"不是人名（尤其是《合集》9476、9477很明显：呈才是人名），三个文句的句法是两个动词并立结构。"令导"的意思是命令行道、领路、领导或令导，既指令人过去并指导方向，这乃是"令导"或可读为"领导"的意思。貉子卣的铭文也类似，其所言"王令士道归"，即周王命令士引导归回的路途。《合集》6051载曰："乙未卜，宁贞：令导途，子央于南？"意为命令启程和倡导路途，与貉子卣的铭文也相近。

　　卜骨上另有字序相反的"导令"的记录，如《合集》27740、31678载："叀（惟）导令？"《屯南》1008亦录："叀（惟）戊，导令，王弗悔？"《合集》9478虽然残缺，但也似乎有"导令"的用字顺序。这几条卜辞更加以阐明："导"不可能是发令者或受令者，训为"道途"的"道"作名词亦不恰当。导令的卜辞与前文所讨论"弗悔、亡灾、导王"卜辞的意思相近，也是商王出行前祈求弗悔、除灾的指南。

　　甲骨文的"导王"、"令导"或"导令"等卜辞，显然不可简单训为"令导"或"领导"，其有深入信仰的涵义，类似首领正道、赐命与领导避祸的轨道、至上的指南等。

笔者进一步推论：从甲骨文"令"与"道"的并立，是其在哲理化时代"命"与"道"概念之相关性的源头。哲理化时代"天命"与"天道"既是名词，表达可见的天象；亦是动词，表达天的发命与指导的崇高动作。此问题下文再讨论。

（4）除灾导王——兼论"小臣"贵族的权威

在这些卜辞中，王作受命者，被某位未指名的神灵或祖先授命引导出兵或打猎。在目前所见的卜辞中，以猎辞为主，但前引《屯南》1098 是征伐曾国前祈祷除灾和导王，在出兵前王占卜祈求获得崇高的协助、指导，以避免灾祸。

这样的卜辞有时候省略受导的对象，但其意思也相同：

　　　　贞：導？

　　　　贞：戉，亡其戋（灾）？

　　　　贞：導？

　　　　贞：戉，亡其戋（灾）？　　　　　　　　　　　　　　　《合集》7706

　　　于壬，王延田，湄日，亡其戋（灾），導？　　　　　　　《怀藏》1432

　　　辛□卜，贞：……麇……湄日……導？　　　　　　　　　《合集》28382

　　　叀（惟）王罕（擒）才（在）□𩵋，不悔？

　　　……導？　　　　　　　　　　　　　　　　　　　　　　　《合集》28410

　　　丁亥卜：導？　　　　　　　　　　　　　　　　　《合集》13559、13560

　　　不導？　　　　　　　　　　　　　　　　　　　《合集》26383、27100

　　　叀（惟）戉田……

　　　弜往田，不罕（擒）？

　　　既求，王其田，導？　　　　　　　　　　　　　　　　　《合集》29382

《合集》23664 载："贞：出？贞：出？贞：出？贞：出？贞：出？贞：出？贞：道？"卜问要不要出去？有没有至上神祕的指导？也就是说《合集》29026 曰："𠂤 王〔桑〕？大吉。桑，其雨，弜至？吉"。"桑"为地名，商王祈卜有没有主导他到桑的神祕力量？又问桑地有没有下雨，需否过去？《合集》23782："甲辰卜，贞：王出，導？十二月"。这一条因记录很简略，有两种理解的可能性：王出去而亲自来导或王出去时，祈导掌握除灾的指导，笔者偏向第二种意思的可能性较高①。

────────────

① 《合集》563、3753、4913、17974、13745、19600、23663、23666、25632、37516；《屯南》670、1835；《英藏》2398；《东京》809；《天理》等卜骨残留了"𣲴"或"衍"等"道"字的字形。

甲骨文中王祈祷获得"导"时，均不指出提供指导的主体。但是在极少数的卜辞中有提及导王主体的名字，应该是身份特殊的"小臣"：

乙巳卜，叀（惟）小臣导，克又（有）戋（灾），导？　　　　　《合集》27878

叀（惟）小臣导，翌日克又（有）戋（灾），克屮戋，叀（惟）小臣？四〔月〕

导王？　　　　　　　　　　　　　　　　　　　　　　　　《合集》27879

从出现小臣的甲骨文来看，这应该是一个殷商高等贵族的家族，在殷商早中期的卜辞中只用"小臣"两个字指称其家族的成员①，殷末周初在甲骨金文上小臣族名后经常加其成员的人名②。我们不能以"小"字悟道，商王也自我称为小子，小臣的社会地位相当高。甲骨文中，小臣经常发令或用其他操作表示其至上的地位，《合集》12、13 小臣令众；《合集》27888 小臣令，而王受祐；《合集》5584 载："贞：小臣辟王？"；甚至在《合集》36418 载："小臣令王佛悔"。为什么小臣的能力那么强？甲骨文有明确的答案，如《合集》10405、10406 曰："小臣屮 车马，碾鲁王车"；《合集》27881、27882曰："叀（惟）马，小臣令"。可见，小臣是掌握车马的一大族，或这一族负责王车。从西周晚期的铭文来看，"小臣"发展为车仆的官名，如晋侯稣钟"大室小臣车仆"③。从而可以理解，为什么小臣能导路而负责无灾祸。殷商负责马车的族群，不仅有现实功能，亦有崇高象征意义，因为马车是王室至上权力的神祕象征，马是被崇拜的动物，因此能掌握马者亦能掌握"导"，能领导吉祥成功的路，这甚至是他的任务。

（5）导王升天

《合集》36180 曰："丁亥卜，贞：武丁 🔯 来导文武王，王其升正？"文武王应该是文武丁。上编第十章讨论，商文明信仰中，王家妣祖在升天以后，将归入天上的前朝十氏部族之一，又或排列于前朝十位日子所统帅的十氏师旅中。至于归属于哪一个氏族或师旅，则与其死后的日名谥号有关。商王家的成员死后卜选日名，正是为了决定妣祖在天上的位置。笔者发现《合集》1402 完整记载小乙死后祈祷升天宾于帝的故事。在这过程中，同名的祖先来协助指导，在《合集》1402 卜甲上由大乙

① 如《合集》12、13、585、629、630、1823、5571—5601、6026、10405、10406、14037、14038、16559、18081、20354、20544、21036、24138、24139、27875—27889、28008、32994；《英藏》2000、2032、2522；《屯南》2744、2759；《怀藏》961、962；殷商或周初铭文《集成》2032、5268、5870、6468 等。

② 如《合集》36416—36422；殷商铭文《集成》2653、5351、5378—5379、5990、9249；西周早期铭文《集成》2351、2556、2581、2678、2775、4179—4181、4201、4206、4238—4239、5352、5835、6512；《新汇编》962、1696、1960、1608。

③ 《新汇编》器号 878，山西省天马—曲村遗址北赵晋侯墓地 M8 出土，现藏于上海博物馆。

先王来送小乙升天①。《合集》36180 记载的意思一致，只是比武丁时代的《合集》1402 表达得更直接：文武王升天日名庙号为文武丁，与武丁属同一天上的师旅，所以文武王死后，武丁先王来引导他升天。

（6）道母

甲骨文中出现"道母"崇拜对象：

其烄道母，又（祐）雨？大吉。

弜烄，亡雨？吉。   《合集》30169

戊申……

戊申卜：其烄道母，雨？

……烄道母？   《合集》32297

戊申卜，其烄道母？

弜烄，雨？

□□卜：贞：……求禾？   《合集》32298

□□卜：其烄道母，又（有）雨？大吉。   《合集》30172

祭祀道母的技法都一致，是"烄"祭，据《说文·火部》和《玉篇·火部》是燃木祭天②。道母应该是天上的神灵，但没有更多资料了解此信仰。

（7）国名、巫名

帝辛时期《合集》33189 和 33190 录："癸未卜，龙来以道方……乙酉菁大……兹用。己丑〔卜〕，其陷道方，重今来丁？"似乎"道方"是一个方国，但对此方国没有更多的记载，所以难以讨论。同时也有名为"道"（彵）的贞人，或许是道方国的人③，他与武丁时代永贞人肯定不是同一人。

虽然"導"是一种表达信仰概念的字词：由王所祈求的神祕上導，但甲骨文中，除了"神"之外，其他信仰表达的字词也同时能作人名。前文讨论的"永"为武丁时代的巫师，而帝辛时期有名为"道"的巫师。

2. 金文

金文里几个异体字，基本上其义都为"導"。其中有如貉子卣、寏鼎等几件青铜

---

① 郭静云：《夏商周：从神话到史实》，页 346—350。

② 《大字典》，页 2200。

③ 参《合集》35658、35884、36490、36494、36848、35751、36874、37867、38677、38964—38973、41875；《英藏》2525 等。

器用来表达引导路的意思：周王命令士引导归路；师雕父引导走到戠的路途等。

第二种意义是如仲再簋、伯者父簋和其他几件青铜器所言："响王逆导"，表达谨受而张扬王导的意思。

第三种是宣王塱盨铭文载："王曰：塱，敬明乃心，用辟我一人，善效乃友内（纳）辟（辟），勿事號（暴）虐从（纵）狱，援夺叚行匷（导）。"马承源先生认为："叚，读作阻"①。也就是说王教塱政法，避开虐狱、阻塞这种行为之引导。

第四种则如战国时期中山国中山王䀐鼎铭文所言曰："臣宝（宗）之宜，夙夜不解（懈），以諑（诱）道（导）夃（寡）人。"马承源先生释读为"以诱导寡人"②。此解释相当准确，在这里"諑道"就有"诱导"之义，所以在此"道"也用为其"导"的本义。好盗壶的铭文言："犇（逢）郾（燕）亡道烫（易）上。"马承源先生释读为"值燕国无道更易君主。"③此解释基本可从，不过导更易君主的事，在该铭文中未必对应于抽象伦理的"无道"概念；此"无道"即"无导"，指燕国失去正道的领导。④

3．简文

楚简资料已属于老子之后的文献，所以"道"经常用作概念名词，尤其是在道家的文献中。但同时也屡见"道"用作"导"，如郭店《成之闻之》第四简："君子之于教也，其道（导）民也不浸，则其淳也弗深矣。"卜辞中的"王导"与竹简上"君子导民"的意思相当接近，只是用在不同的语境里。第十五至十六简也曰："上不以其道，民之从之也难。是以民可敬道（导）也，而不可弇（掩）也；可御也，而不可牵也。"刘钊先生的释读是"道指疏导。"⑤

郭店《缁衣》第十二简曰："子曰：禹立三年，百姓以仁道（导）。"举圣王为例，以证明、强调国君对臣民遵守"仁"之态度实具有关键的"引导"作用。夏禹持守对民众的父慈、亲民、仁心，犹如亲父般教导百姓。《缁衣》主张一国君民应如同一家之人，好似父祖与子孙间的"亲"密关系，这才是教导百姓的正确方法。第三十二简

---

① 《铭文选》器号443，页313。

② 《铭文选》器号880，页571。

③ 《铭文选》器号882，页580。

④ 散氏盘中"道"字的用意与这些都不同，是以相当晚期的语言指出道路，但其并非真正的西周礼器，所以不必讨论。

⑤ 刘钊先生释读："道读为导。"参见刘钊：《郭店楚简校释》，福州：福建人民出版社，2003年，页138。

也曰："君子道（导）人以言。"①可见，"道"的用义都取"导"义。

此外在楚简中已出现老子的"道"概念。从历史脉络来看"道"应该是一个动名词，从"导"发展到概念，以及从指路的意思发展到被指导的道路之义，"具有一定方向的路，称之为道，引申为天和人所必须遵循的轨道或规律。"②

4. 先秦典籍

先秦传世文献中，"道"字除了作概念性的名词之外，也通常用作引导、教导、主导的"导"，如《左传》隐公五年曰："请君释憾于宋，敝邑为道。"陆德明释文："道音导，本亦作导。"《论语·学而》曰："道千乘之国，敬事而信，节用而爱人，使民以时。"无疑也是"导"的意思。《楚辞·离骚》云："乘骐骥以驰骋兮，来吾道夫先路。"王逸注："言己如得任用，将驱先行，愿来随我，遂为君导入圣王之道也。"《庄子·田子方》言："其谏我也似子，其道我也似父。"陆德明释文："道，音导。"成玄英疏："训导我也似父之教子。"《荀子·儒效》言："上则能大其所隆，下则能开道不己若者。"《礼记·学记》也明确"道"用以"教导"的意思："故君子之教喻也，道而弗牵，强而弗抑，开而弗达。道而弗牵则和，强而弗抑则易，开而弗达则思。和易以思，可谓善喻矣。"③

5. 小结

总之，"道"的本义为"导"，但用作指导正道的途径，因此也带有道途轨道的涵义。在商代语言中，"道"虽然作动词"导"，但同时也表达古人信仰主体：藉由卜辞可知，商王祈求收到崇高的"指导"、"上导"，顺着它以确定吉祥的路途。

在商代以后的文献中，"导"义的神秘性已较弱。但这或许只是因为，我们手里几乎没有晚期的卜辞或其他表达神秘上道的记录。"导"字虽然能表达不神秘的引导、诱导、指导的意思，但这并不意味着"上导"信仰已消失。它应该一直存在，而后来在战国时期被道家思想化了。

---

① 郭静云：《亲仁与天命：从〈缁衣〉看先秦儒学转化成"经"》，页 179—185。郭静云：《楚简〈缁衣〉的"谨言慎行"论——第十五至十六章的本意考》，页 87—96。

② 葛荣晋：《中国哲学范畴通论》，页 155。

③ （晋）杜预注，（唐）孔颖达等正义：《春秋左传正义》，页 147—148。（魏）何晏等注，（宋）邢昺疏：《论语注疏》，页 22。（楚）屈原著，（宋）洪兴祖补注：《楚辞补注》，页 9。（战国宋）庄周著，王叔岷校诠：《庄子校诠》，页 771—772。（战国赵）荀况撰，（清）王先谦集解：《荀子集解》，页 83。（汉）郑玄注，（唐）孔颖达疏：《礼记注疏》，页 1637。

（二）"以言道指导正道"：以"导"为中心的意思范围

据文献可知，"道"本义是"导"。但在语言的发展过程中，其另涵盖指涉"道路"以及"言道"两种涵义，前者的文例在传世文献中颇多，在此不再列录；后者如《诗·墉风·墙有茨》："中冓之言，不可道也。"①这现象可以这样表达："道"义涵盖以言引导、指导、诱导即指出做事或行走准确的道路，换言之"以言道指导正道"为其核心观念。

单一个字如何能够囊括此三种涵义呢？假如"道"的本义是"道路"，那么其与"言道"的关系就根本无法理解，故只能作假借的解释；但如果"道"的本义系"导"，则道路的"道"和言道的"道"都可以蕴合为一个完整的涵义。"道"的涵义相当丰富，但也很系统；总表达被导的吉祥途径、由无限无名的神力所昭示的轨道、正道，以及君王对臣民的引导等涵义；而其核心之处乃崇高的"导"观念。

在古代信仰中此种"导"为关键的祈祷对象，商王祈求"导"，以企望掌握并遵守正确的做法。后来就将这种途径和作法称为"道"。崇高引导乃是"道"字和"道"观念的本义。其中以言指导、显露圣旨的用义，也是"上导"本义范围之内的用义。"言道"（以指导）的意思，是从"上导"本义衍生出来的狭义；而"道路"是"上导"所指出的正道，只有符合神祕"上导"之路，才能称之为"道"。所以"道路"的"道"也是衍生出来的涵义，但其衍生的逻辑很清楚。

在历史上最关键的衍生用义，乃是道家文化的"道"概念。笔者认为，老子开始用"道"概念，离不开其本字源自上古的涵义以及上古"道"（导）的信仰。

五、"導道"的信仰与道家思想的萌生

（一）从上古"導"的信仰阅读老子之"道"

据上所析，"道"与"導"过去是同一个字，以"導"为本义。在甲骨卜辞与传世

---

① （汉）毛公传，郑玄笺，（唐）孔颖达等正义：《毛诗正义》，页303。

文献中,虽然"道"经常有引導指路的意思,却并不单单是"指引路",还带有崇高的领導或教導等涵义。甲骨文中"道"的用义以及"道"字的字形发展,都能揭示,商时"道"是一种神祕观念,指涉崇高"指導"、"上導"信仰。掌握"導"是商人祈祷的重要目的之一,商王所祈求"導"的作用是指示祺祥的"正道",即可以避免灾害而成功的作法,是故,掌握"導"足以保证万事的成功。

如果从"導"本义来读老子对"道"的说明,则能获得有别于以往的训释,例如老子所言"天之道,不战而善胜,不言而善应,不召而自来,弹而善谋"①。老子的意思是否在于强调:天并不以言而言。其实如果"天之道"读为"天之導",则该文义好像更通顺:天不以战来领導,不以言教導,不以召诱導等。

前引《缁衣》简本第十六章曰:"君子道(導)人以言,而歪(极正)以行";《论语·学而》:曰"道(導)千乘之国,敬事而信";而老子说"天之導,不言而善应"。这反映的都是当时百家争鸣中对同一个概念的讨论。儒家虽然强调实际行为和敬事,但只是要求"敬事而信",而老子提出更高级的教導方法,是天之導,不需要说话而有理想的结果。

笔者通读老子说"道"的文句,认为基本上都符合理解为"上導"或从"上導"信仰衍生出来的涵义。"上導"才是老子之前的"道"观念,所以道家就从此观念出发而升华之,创造天地、人生、社会的中心原则概念。

(二)天道的天導方法与星命的天命作用

天道为天導的文例,以及前文所论述甲骨文"導"与"令"的相关性,使笔者联想中国传统中两个核心概念:"天道"与"天命",发现这两者实有深刻的亲密性。

甲骨文的"令"字,到了西周发展出"天令"及"天命"的用法;同时从商代"導"信仰的发展也应包含了崇高的"天導"和"天道"之意思。古代"令"和"道"虽意思不同,但却有同一而出的根源性,表达对崇高对象赐命和引導的信仰。讨论"天命"与"天道"的论著两千年内已累积无数,对此笔者并不准备着手详细讨论,只是从"道"的本义出发,提出若干浅见。

---

① 参见马王堆汉墓出土帛书;高明校注:《帛书老子校注》,页185—187。《老子》通行本第七十三章:"天之道不争而善胜,不言而善应,不召而自来。繟然而善谋。"

天道和天命，各有具体可见的天象。"天命"概念源远流长，滥觞于古国萌芽时代的信仰中，而在西周早期被确定为国家思想，表达周王君权神授的来源与基础。自西周早期以来，在国家青铜重器上常可见周王彰扬文王承受"天命"之事。青铜器铭文、楚简、传世文献，都表达"天命"有创国的作用，这是由天所出的大命。古书中很清楚地阐明，只有稀少罕见的五星连珠现象才能被视为天命的表现，故"天命"亦可谓之"星命"。

文献记载最早的星命是王国维辑校《今本竹书纪年》视为舜帝的天命，而《太平御览》引《禹时钩命决》视为大禹的天命；根据文献对星星的描述以及现代历史天文计算程式，我们可以发现这一星象确实曾经发生过，其阳历日期为公元前1953年2月24日，相当符合舜或禹的传说时代。由此也可以推想，天挂出天象，以指出建国圣王观念的形成，应该不晚于夏王国的建国时代，否则不会留下那么准确的天象纪录①。

换言之，天挂出天象，以此来命令人界，这就是天命，以实际星象宣布其至上的命令，让人观察而领会天命。

"天道"一样为天象概念，天道即是星星不停循环的道路，万星的规律。"天命"现象是罕见的大事，而"天道"是日夜不停的天上规律。则君臣昼夜观察星星运转的规律、天时的循度，由此见到"天道"的实行，此即《国语·周语下》所言："鲁侯曰：'寡人惧不免于晋，今君曰将有乱，敢问天道乎，抑人故也？'对曰：'吾非瞽、史，焉知天道？……'"韦照注："故，事也。将以天道占之乎，以人事知之乎？瞽，乐太师，掌知音乐风气，执同律以听军声，而诏吉凶。史，太史，掌抱天时，与太师同车，皆知天道者。"同时《国语·周语下》一言："苌叔必速及，将天以道补者也。夫天道导可而省否。"②直接用"导"字来说明"天"以"天道"作用，是不停地指导、补正人家的过失。郭店《语丛一》第68简上记载了如下定义："察天道，以化民气。"③也很清楚地表达"天道"的教化作用。何以"天道"能够教化君臣？此即由于"天道"规律具有天导的功能。同时"道"与"导"是同一字，"天道"就是"天之导"。

就天命与天道两个概念之比较可见：昊天只是偶尔发出大命令，以稀发的天命来安定天下，此外就不指令万物的自行造化、不表现天意；与此正好相反的是，昊

---

① 笔者曾经讨论过"天命"概念，参郭静云：《仁与命：孔子原旨与儒家经典形成》。

② （周）左丘明撰，（吴）韦昭注：《国语》，页90—91、147。

③ 荆门市博物馆编：《郭店楚墓竹简·语丛一》，北京：文物出版社，2003年，页34。

天表现其天道,以不断进行"天导",通过天象规律指出人生社会应该遵从的正道规律,此即为"天道"和"天导"概念。

总之,"天命"、"天道"都涉及天象,不过实际上此观念的目的不在于对自然界的研究,而在于对人生、社会的命令和指导。"天命"是指没有人格性的崇高昊天几百年才有一次的对天下所宣布的命令,而"天道"是指自然昊天昼夜所实行的教导、所指导的正道。同时可见,天能命,但非以言来发命,而用特殊的天象以揭示崇高的令旨或赐命;天能导,但非以言来说道,而用天道的规律揭示正道以教导人们。因此老子说:"天之导,不战而善胜,不言而善应"。

(三)未知其名

此外,笔者认为商文明与道家的"道"观念还有一个共同之处。由甲骨卜辞可知,虽然古人企望能够顺应这一崇高的指南,然而卜辞中几乎不言王祈求哪种引导者来赐予吉祥的辅导(或文献中有写成"辅道"①),只有极少数卜辞才提及导者的名号,而其意思反而比较具体,不涉及崇高的上导。由此可以推论,在商代信仰中,指导正道者系不可指名的信仰对象,人们不可知或不许明指导道者的名号,故导道者的身份从来不详。甚至有可能,祈"导"的仪式并不限于祈祷某具体的神灵,古人每次并不知吉祥之"导"的来源,甚至有可能每次会请求不同的奥祕力量或精神来辅导人,所以人每次不知其名、不知导的确切来源,但却祈祷能掌握这种来源不明的"上导"。

此种信仰似为老子说"道":"未智其名,字之曰道"②这一说法的根源。首先我们可以看出,此种说法与商代祈道的信仰观点相当接近。老子提出掌握"道"的目标,应该与古人祈求掌握"上导"有关。先秦哲学思想确实离不开此前时代信仰观念的土壤。只是在商代信仰中,根本不描述"道"的内在,也不探讨"导道"的来源,而老子以来将"上导"信仰进行哲理化以后,虽然依然强调"未智其名",但同时思想家们开始热门讨论"道"之义,并探讨导道的来源与实质。

---

① 如《汉书·王商史丹傅喜传赞》:"丹之辅道副主,掩恶扬美,傅会善意,虽宿儒达士无以加焉。"颜师古注:"道读曰导。"见(汉)班固撰,(唐)颜师古注:《汉书》,页3382—3383。

② 荆门市博物馆编:《郭店楚墓竹简·老子甲》,页21。马王堆帛书本作:"吾未知其名,字之曰道,吾强为之名曰大。"《道德经》王弼本第二十五章作:"吾不知其名,字之曰道,强为之名曰大。"参马王堆汉墓出土帛书;高明校注:《帛书老子校注》,页350—351。

（四）"道母"与道家的"母"概念

　　甲骨文中出现"道母"崇拜对象，其信仰内容不详；同时亦可发现，在道家思想中经常用"母"作譬喻，甚至将"道"与"母"形象连接在一起。如郭店《老子甲》第二十一简曰："蜀（独）立不亥（割），可以为天下母。未智（知）其名，孳（字）之曰：道。"《老子乙》第二十一简曰："又（有）邦（国）之母，可以长……□长生旧（久）见（视）之道也。"①马王堆《德道经》、传世《道德经》亦有屡次用"母"的概念，如《德道经》乙本："独立而不玹（割），可以为天地母，吾未知其名，字之曰：道。"《道德经·二十五章》："可以为天下母·吾不知其名，强字之曰道"；《道德经·五十九章》："有国之母，可以长久"；《道德经·五十二章》："天下有始，以为天下母"②。因为资料不足，殷商道母信仰与道家"母"概念的关系难以厘清，目前只能指出文献间有此相应关系。

　　老子之后对"道"的讨论，都将它作为一个哲学范畴来使用，已有学者对此问题作了相当深入的探讨，笔者不拟重复。拙文的目的在于探索哲理化之前"道"的意义，从古文字的发展角度厘清老子思想的出发点，以接近和了解老子首次提出"道"这一哲学概念的本旨。由出土文献来看，老子关于"道"的论述，最初可能指不可智通的"导"，虽导者无名，或莫知其名，但必须顺从所导的正道。这种意思相当符合先秦道家的"道"概念。从殷商"道母"的信仰来看，道家的"道"可能还有些源自上古的信仰意识，期待今后有更多资料出土，以能更细致而立体地了解"道"的观念。

六、"道"信仰哲理化后的思想趋势

（一）战国早期"天地之导"："道"与"神明"概念的结合

　　不知其名的"道"被思想化以后，成为一个追求认识的讨论命题。对"道"的定

---

①　荆门市博物馆编著：《郭店楚墓竹简·老子甲》，页21。荆门市博物馆编著：《郭店楚墓竹简·老子乙、丙》，页2—3。

②　马王堆汉墓出土帛书；高明校注：《帛书老子校注》，页348—350、115—116、74。

义历来有变，最早解释"道"本质的文献，乃郭店出土的三篇老子语录：《老子甲》、《老子乙》和《太一》（所谓《老子丙》实为《太一》的后半部①）。《老子甲》第二十一简曰："又（有）牆（优）虫城（成），先天陛（地）生。敓（悦）繆（缪），蜀（独）立不亥（割）。可以为天下母，未智（知）其名，孪（字）之曰：道。"这句话的意思是有充裕的状态，故万生的元素成生，先有天意接着地生万物：万生间的关系绸缪束薪，乐意互补相结，虽然各自独立，但不相割其关联。这样的状态就是可以视为天下之母，不能知道它的"名"，但他的"字"为"道"。②

有关"名"和"字"的关系，《释名・释言语》曰："名，明也，名实使分明也。"《国语・周语下・单穆公谏景王铸大钟》载："言以信名，明以时动；名以成政，动以殖

---

① 郭静云：《郭店出土〈太一〉：社会归于自然天地之道（再论老子丙组〈太一〉书文的结构）》。

② 笔者释文，根据如下：关于"牆"，古代"疒"即"疒"字偏旁，如甲骨文作"𠈃"，用来作"疾"字的偏旁。楚简"疒"与"疒"也通用，如郭店《缁衣》第 27 简"疵"写为"𤷹"（荆门市博物馆编著：《郭店楚墓竹简・缁衣》，页 27），包山简第 236 简"疾"写为"𤕪"，亦从"疒"。所以"牆"即"瘠"，包山简第 102 简"瘠"（瘠）写"𤺄"，而望山简第 11 简"𤻘"，而古玺上"亡瘠"乃"亡优"异文（刘信芳：《包山楚简解诂》，页 96），故"牆"字是"优"字的古字。《管子・形势》曰："顾忧者，可与致道。"《国语・鲁语上・曹列问战》言："今将惠以小赐，祀以独恭。小赐不咸，独恭不优。不咸，民不归也；不优，神弗福也。"韦昭注："优，裕也。"《淮南子・俶真训》："浑浑苍苍，纯朴未散，旁薄为一，而万物大优。"〔（春秋齐）管仲、黎翔凤撰，梁运华整理：《管子校注》，页 31。（周）左丘明撰，（吴）韦昭注：《国语》，页 151—152。（汉）刘安编，何宁撰：《淮南子集释》，页 135〕。

虫，古代人认为"虫"是含于一切生物的内在元素，如《庄子・应帝王》曰："且鸟高飞以避矰弋之害，鼷鼠深穴乎神丘之下以避熏凿之患，而曾二虫之无知？"《大戴礼记・易本命》亦言："有羽之虫三百六十，而凤凰为之长；有毛之虫三百六十，而麒麟为之长；有甲之虫三百六十，而神龟为之长；有鳞之虫三百六十，而蛟龙为之长；裸之虫三百六十，而圣人为之长。"〔（战国宋）庄周著，（清）郭庆藩撰，王孝鱼点校：《庄子集释》，页 291。（汉）戴德撰，（清）王聘珍解诂：《大戴礼记解诂》，页 259—260〕。《老子甲》此处应读如字。

敓繆：《诗・唐风・绸缪》："绸缪束薪，三星在天。"毛传："绸缪，犹缠绵也。"〔（汉）毛公传，郑玄笺，（唐）孔颖达等正义：《毛诗正义》，页 614〕。"敓"读为"悦"。

"刻"字在文献中与"附"字作反义词，如《荀子・礼论》曰："刻死而附生谓之墨，刻生而附死谓之惑。"杨倞注："刻，损减。"因此"不刻"就是相附的意思。此外《书・微子》曰："我旧云刻子。"孔安国传："刻，病也。"孔颖达疏："刻者，伤害之义，故为病也。"〔（战国赵）荀况撰，（清）王先谦集解：《荀子集解》，页 246。（汉）孔安国传，（唐）孔颖达等正义：《尚书正义》，页 393、396〕。从这些文例来看，"害"与"亥"应该是在某时间中为互换的声符，所以在这里"刻"读为"割"，既从古文字亦从用义来看最为合理。

马王堆《德道经》此处作："有物昆成，先天地生，萧呵漻呵，独立而不䜣，可以为天地母，吾未知其名，字之曰：道。"《道德经》第二十五章作："有物混成，先天地生。寂漠！独立不改，周行不殆，可以为天下母。吾不知其名，强字之曰道。"（马王堆汉墓出土帛书、高明校注：《帛书老子校注》，页 348—350。）可见版本意义逐渐发生的变化。依笔者浅见，马王堆版本的意思，虽然与郭店有差异，但却还不宜视为与传世《道德经》相同，"昆"字不宜直接读为"混"，读如字的意义更清楚。《说文・日部》："昆，同也。"扬雄《太玄・𢁀》亦言："理生昆群兼爱之谓仁也。"范望注："昆，同也。"又《书・仲虺之诰》曰："垂裕后昆。"孔安国传："垂优足之道示后世。"〔（汉）许慎著，（清）段玉裁注：《说文解字注》，页 308 上；（汉）扬雄撰，（汉）陆绩述，（晋）范望注：《太玄经》，台北：广文书局，1988 年，卷七，页九；（汉）孔安国传，（唐）孔颖达等正义：《尚书正义》，页 298〕。所以"有物昆成"的意思与"有优虫成"有关联：有物质的材质，就开始相互同昏（通婚）而不停生成后裔，循着天意地生万物。但是到了传世版本，再经过用字的变化，意思变得神祕难以理解。笔者日后拟重新作郭店《老子》语录的释读，厘清其原始的意旨。

生。"韦昭注："名，号令也。号令所以成政也。"①也就是明确表现的定义和指命。至于"字"，《易·屯》曰："女子贞不字，十年乃字。"李鼎祚《集解》引虞翻曰："字，妊娠也。"②所以"字"是内在养育的元素。万物化生的状态不可明确地定义、明确了解其指命，但其内在养育的因素即是"道"。

虽然郭店《老子甲》说"未知其名"，但同时也描述：在当时观念中"道"的意思接近于表达某种相辅结合、二极之间互补关系的原则规律。郭店《太一》第十简更加直接表达这种观念："下，土也，而胃（谓）之堃（地）。上，燹（气）也，而胃（谓）之天。道亦其怘（字）也，青昏其名。"郭店竹简整理者，为了与传世《老子》的意思搭配，在这里将"青"字读为"请"，而"昏"假借作"问"，获得"请问其名"问句③。从纯粹古文字的角度来看，"青"理解为"请"是不会存疑的，楚简"问"和"闻"字也从"昏"德声，一般写成"睯"，所以也不排除会有省略义符的"昏"作"问"或"闻"的省文。但尽管如此，这种问句的释读在意义上感觉牵强，其他版本说"未知其名"，并没有讯问某种能回答的对象。因此，学界对此释读不甚同意，例如丁四新先生也认为，"青昏"二字应读如字，但他将其意解释为天地未分的昏暗④，不过依笔者浅见这种释读也存疑。首先，前句话已表达天地已独立分出来；其次，为什么要将道视同为昼夜之间的形象？

对这句话笔者的考证如下：

虽然在楚简中"昏"字可以假借为"问"，但更多用其本义，如《老子甲》第三十简："民多利器，而邦滋昏"应纯粹读如字，了解为天昏地暗、昏德的意思⑤。至于《太一》这段文字，以笔者管见，其应与《礼记·哀公问》有互应。其言曰："孔子曰：'天地不合，万物不生。大昏，万世之嗣也。'"⑥虽然《礼记》这一段落有讨论到夫妇婚姻，然而此一问题是从广大天地之合的理想来探讨。故所用的"大昏"一词之

---

① （汉）刘熙撰，（清）王先谦疏证补：《释名疏证补》，上海：商务印书馆，1937 年，卷四，页五。（周）左丘明撰，（吴）韦昭注：《国语》，页 125—126。

② （唐）李鼎祚集解，（清）李道平纂疏：《周易集解纂疏》，北京：中华书局，1994 年，页 100。

③ 荆门市博物馆编著：《郭店楚墓竹简·太一生水、鲁穆公问子思》，页 10。

④ 丁四新：《简帛〈老子〉思想研究之前缘问题报告——兼论楚简〈太一生水〉的思想》，《现代哲学》，2002 年第 2 期，页 90—91。

⑤ 荆门市博物馆编著：《郭店楚墓竹简·老子甲》，页 30。《道德经·五十七章》作"人多利器，国家滋昏"，参马王堆汉墓出土帛书；高明校注：《帛书老子校注》，页 103—104。

⑥ （汉）郑玄注，（唐）孔颖达疏：《礼记注疏》，页 2119。

义,也牵涉到天与地之间的合和之"昏"义。《礼记》中"昏"字用于天地之大婚,适足以解读《太一》中的"昏"义,是指天地之间的相合过程,也就是指天地之交。这种意思与《老子甲》是一致,"道"概念都涉及互补相辅的"天地之道",也是"天地之导":"天先地生"是指导万物化生的准则,这一准则既可谓"母"亦可谓"道"(导)。

　　至于《太一》"青昏其名"所用的"青"字,纵使"青"与"请"是同音字,但具体来说,"青"用作"请"的文例极少。反而"青"用作"清"在出土和传世文献中文例极多①,包括在郭店文献中也有此种文例,如《老子·甲》第十五简或《语丛一》第八十八简等等②。笔者认为,《太一》的"青"也读为"清",用来强调理想的"清昏"才是造化的条件,才是正道所导的准则。"清昏"也是《礼记》所说的"万世之嗣"的规律,唯恐发生"昏"变得乱。对此《太一》第十七简言:"邦豪(家)緍(昏)□(乱),安(焉)又(有)正臣"③。如果昏变乱,则反而违背上导所教导的正道,故"清昏"才是表明道的"名"。也就是说,《太一》以"道亦其字也,青昏其名"来解释,"道"的表现就在于高洁的天地交合,或谓理想的天气和地财、天意和地物之"大昏",是对万物化生准则的指导。若昏清,则其内心(字)是"道",若昏乱,则造化不通顺,内心无"道"。《太一》接着言:"以道从事者必怕(托)其名,故事城(成)而身长。圣人之从事也,亦怕(托)其名,故社(功)城(成)而身不剔(伤)。"④在生活中掌握遵从"道"(导)者,一定依靠相合的准则,所以在事情上会成功,生命也长寿。

　　郭店老子语录均表达,"道"是整个交合过程之原则,故"道"为天地大昏内心之"字",而天地大昏为"道"的表现。在战国时期的文献中,"昏"字并没有负面的意思,而是指合和之过程。如果昏合变乱了,才是毁灭之本;而正常的话,"昏"应是指老子所说"冲气以为和"的过程,"昏"与"和"的概念相近。换言之,在郭店老子语录中,"道"义被哲理化,而表达万物之本二极间相合交流的准则,故为天地大昏之根源,互补相交及相合方乃是天地对人们的"导"。《老子甲》只是表达藉由

---

① 在先秦两汉主流文献中,《诗经》、《国语》、《庄子》、《吕氏春秋》、《山海经》、《大戴礼记》、《史记》等都有其例子,参高亨:《古字通假会典》,页68。

② 荆门市博物馆编著:《郭店楚墓竹简·老子甲》,页15。荆门市博物馆编著:《郭店楚墓竹简·语丛一》,页44—45。

③ 荆门市博物馆编著:《郭店楚墓竹简·老子乙、丙》,页21。通行本《老子》第十八章作"国家昏乱,有忠臣"。另参马王堆汉墓出土帛书;高明校注:《帛书老子校注》,页310—311。

④ 荆门市博物馆编著:《郭店楚墓竹简·太一生水、鲁穆公问子思》,页10—11。

"道"促成天地之间的昏合，但针对确定"道"之"名"还是保留不甚明确的说法；而《太一》则直接将"字"为"道"的情形定义为"清昏"之"名"。虽然这两篇在这方面有差异，但其所表达的基本意思完全一致。

商王祈求无名的对象提供指导，战国《太一》将之哲理化为实现大昏的内根，表面上看是有差异，但实际上内在逻辑很清楚，《太一》和《老子甲》里都说"未知其名"，一样不知道从哪里发出除灾的引导，只是说不可名之"道"的内在意义是一切事情的"大昏"。这与商代思想也相当吻合，商时代很多祭礼是追求事件和不同力量的相配。掌握除灾顺利的道路，显然是使一切事件、因素、力量互补相配，才能有成功、大吉。所以，掌握正路的"导"，必然是指导一切条件的合宜方法。

将"道"定义为"青昏"使我们想到另一个概念："神明"，不过《太一》的思想里"神明"与"道"意思区分得很清楚。"神明"是具体表达天地之合，是万物化生的大条件，是天降神水地出明火的大框架，同时也是很具体的现象。而"道"是万物、万事各自化生的规律，此规律与天地神明自然吻合，此规律的内在根源即是相合、相配，按照它内在意义有"导"的指导。未知发出导的对象和其名，但知道其"导"所奠基的内在规律是"青昏"，是互补相合的必要性。

所以一方面，在《太一》的理论中，"神明"先于道，"神明"是宇宙产生的阶段，而"道"是有宇宙之后，天地万物造化的规律。但另一方面，"神明"是指很具体可观察的现象：天降神，地出明，相辅而成天地宇宙；而"道"是抽象化的、未必随时可以看到的、经常未知其名（明）的相辅关系准则。所以在意义发展的脉络中，"道"比"神明"是一种更加根本的概念。因此随着道家思想发展而进一步提出神明是道所生的范畴。

不过，"导道"的信仰哲理化后，道家思想不再限于选择"青昏"的定义，"道"的本质被继续讨论，而不断提出多种理解，越来越广大，越来越抽象。

（二）战国晚期以"道"为源头的产生论

从马王堆《德道经》可以看到"道生一，一生二，二生三，三生万物"产生论的形成，同时太一的产生论被删除。在这思想演变的阶段中，"道"的含意已远离商代"上导"信仰。殷周语文中，"导"主要是用作动词，在发展为名词时，是一种动名词，表达崇高的引导。在很多传世的先秦文献中，"道"用作"导"，老子开始强调

"道"的概念,是在上古信仰和语言的背景上,用作动名词的"導"之概念,以表达人们、社会所追求掌握的崇高原则。但是"道生一"的"道"已不能视为动名词来读,这已经是抽象的哲学"本体"概念,指抽象的不可明确化的天地万物的源头,无所不包的造化之本,以及抽象的理想,如扬雄所定义的"虚形万物所道之谓道也。"①确切意思显得不详。

由于在早期的老子语录中有太一的产生论,我们基本上可以认定,"道生一"产生论并不代表老子最初的思想,其形成反而指涉道家学派的分歧以及"正统道家"的形成。这应该是在战国晚期才发生,当时在学派明确化而同时思想整体化两种背景趋势下,"正统道家"也提出了完整的以道为源头的思想结构。但与此同时,其他学派也提出自己的无所不及、无所不包的"本体"概念,如"气"、"礼"、"恒"、"一"、"神明"等等。

后来在战国末期思想统一的活动中,部分"本体"概念被解释等同,由此而形成抽象化的"道"与其他概念同等,其中最明确的是"道"与"太一"概念的混合。

(三)"道"与"太一"概念之混合

前文已论及,郭店《太一》是以太一为源头的产生论,而正统《五千言经》的整理者,从老子语论中删除了太一的产生论,以"道生一"取代之。但同时黄老学派仍继续用以太一为源头的产生论,因此在思想统一的思潮之中,两者有意被等同。也就是说,从战国末期至于秦汉,为了到达统一思想的目的,思想家开始把"太一"定义为"道"的名号。《吕氏春秋·大乐》曰:"道也者,至精也,不可为形,不可为名,强为之谓之太一。"②即最明确地表达此种统一思想之目的。

这种现象反映的是统一天下活动的思潮。在战国末期至西汉早期的血腥时代中,掌握古文化知识的人在大血光中淹没,很多文化知识和观念没有传承,早期的书籍也没有留下来,而在思想空虚化的情景上,当时政治宣传的意识形态,成为人们所认识的概念。因此很多战国时期的概念被后人误传,包括老子"道"的本意亦模糊化了。这影响到后期人,用与"道"的本义毫不相干的概念来讨论"道"的本

---

① (汉)扬雄撰,(汉)陆绩述,(晋)范望注:《太玄经》,卷七,页八。

② (秦)吕不韦著,林品石注译:《吕氏春秋今注今译》,页127。

质，其中最常用的就是"元气"和"太一"。

现今学界讨论郭店出土的《太一》和上海博物馆收藏的《恒》楚竹书时，均将"太一"和"恒"两个概念视为"道"的别名，如郭齐勇先生认为，《恒先》之"恒先"、"或"、"气"等思想概念，都是"道的别名"①。从晚期道家的立场来看，此种说法实有一定的道理："道"义已绝对涵盖了一切宇宙生成之要素，但在战国时期这绝对不是相近的概念。在此笔者赞同庞朴先生讨论《恒》的本义而言："其恒，指所作之事之恒，意为极点；并非指'道'。"②

笔者曾经初步讨论过"太一"和"恒"、"或"、"气"这些概念在战国时期的含义③，战国时期的思想家显然不把这些概念当作"道的别名"。这些概念各有自己源自上古信仰的源头和本义，尤其是太一信仰具有很古老的传统。但这问题超出本次讨论的范围，容日后再作详细地研究。

（四）"恒"和"可"；"有名"和"无名"

前文几次强调，在商时的语境里，发出"導"的对象是无名或不知名的，《老子》也说"未知其名"。但战国时期以来，道家似乎越来越多讨论"道"之"名"（明）。这两种观念最后在道家思想中合为一体。马王堆帛书《德道经》曰：

> 道，可道也，非恒道也。名，可名也，非恒名也。无名，万物之始也；有名，万物之母也。

通行的《道德经》本省略了"也"字而作："道可道非常道。名可名非常名。无名天地之始；有名万物之母。"莫人不知此句，并且从宋代以来，大家都跟着朱熹理解为：可以用言表达的"道"并不属于《道德经》所论"常道"范畴④。虽然帛书版本出土，明显表达这种解读不合乎句法，但学界依然不敢承认朱子因为手里资料不足而产生的误解⑤。

---

① 郭齐勇：《〈恒先〉——道法家形名思想的佚篇》，《江汉论坛》，2004 年第 8 期，页 5—9。

② 庞朴：《〈恒先〉试读》，中国社会科学院历史所思想史研究室编：《中国思想史研究通讯》第 2 辑，2004 年 6 月，页 23。

③ 参郭静云：《〈郭店楚简·太一生水〉与〈上海博物馆竹简·恒先〉中造化三元概念》；郭静云：《阅读〈恒先〉》；郭静云：《〈恒先〉补考二则》等。

④ 马王堆汉墓出土帛书；高明校注：《帛书老子校注》，页 221—224。

⑤ 如参尹振环：《帛书〈老子〉再疏义》，北京：商务印书馆，2007 年，页 223—227。

　　我们单纯从句法来读,"可"与"恒"明显是互文,"恒"是形容"道"或"名"的形容词,并且文本用"非"字明显否定"道"和"名"有恒性;"可"也是形容"道"或"名"的形容词,并且之前都没有"非"字。"可"与"恒"明显是反义词,文本强调"可"而否定"恒"。帛书言:道,是"可"的道,而不是"恒"的道;名,是"可"的名,而不是"恒"的名。在此"可"表达什么意思?《论衡·率性》曰:"人之性,善可变为恶,恶可变为善",是表达不固定而蕴含不同的可能性。《礼记·学记》另言:"大学之法,禁于未发之谓豫,当其可之谓时。"孔颖达疏:"言受教之端,是时最可也。"在这里"可"与"未发"相对,表达相宜、适当的状态。《荀子·正名》言:"故可道而从之,奚以损之而乱?"杨倞注:"可道,合道也。"①《荀子》年代与《德道经》相符,所以可以用于理解当时的历史语言,只是道家将"可"之义概念化后被用作思想范畴。换言之,"可"是道家所提出的与"恒"相反的概念,表达并非恒定,而是相合、相宜可便的状态。

　　笔者另认为,"恒"与"可"的相对意思,类似于上海博物馆收藏的《恒先》中"恒"与"或"的相对。"恒"是指恒定不变的形态,而"或"是或然,包含不同的可能性;"恒"是固定的恒位,而"或"是不可停定的过程概念②。不过进一步分析道家文献,更准确地表达是:道既能够恒定(所以有言"道恒无名"③),亦能够或然,这就是"可"的概念。"恒"相当于"无",而"或"在先秦文献中是"有"的表达字④。郭店《老子甲》、马王堆《德道经》皆言:"有无之相生也",通行《道德经》亦言:"有无相生",而郭店《老子甲》又言:"天下之勿(物)生于又(有)生于亡(无)",马王堆版本残缺,而通行本重复"有"字,说:"天下万物生于有,有生于无"⑤。以无作为绝对源头的概念,所表达的应该是秦汉以来的思想。先秦道家的概念是有无相生而互补生万物,这就是道家"可"的概念。

---

①　(汉)王充撰,黄晖校释,刘盼遂集解:《论衡校释附刘盼遂集解》,页70。(汉)郑玄注,(唐)孔颖达疏:《礼记注疏》,页1633—1634。(战国赵)荀况撰,(清)王先谦集解:《荀子集解》,页285。

②　有关《恒先》的释读参郭静云:《〈郭店楚简·太一生水〉与〈上海博物馆竹简·恒先〉中造化三元概念》;郭静云:《阅读〈恒先〉》;郭静云:《〈恒先〉补考二则》。

③　马王堆汉墓出土帛书;高明校注:《帛书老子校注》,页397。

④　例如,有数个《周易》帛书本用"或",而传世通行本写成"有"之文例,参邓球柏:《帛书〈周易〉校释》,页156、277、106等。高亨先生共列出十七个先秦两汉文献中"或"与"有"通假的用例,参高亨:《古字通假会典》,页370。

⑤　荆门市博物馆编:《郭店楚墓竹简·老子甲》,页15、37;马王堆汉墓出土帛书;高明校注:《帛书老子校注》,页229—230、28。

　　笔者认为，传世的《道德经》，虽然删除了"也"字，其文义与出土的版本相同，一样表达"可"的概念。道无所不及、无所不包、无为而无所不为，就是因为它是"可道"，处于有无之间，能够涵盖所有的可能性，而总是有相宜的表现（或无表现）。

　　提出"可"的概念后，道家思想能够将"不知其名"和定名的思想合为一体，使两者不相抵触。有关"始"与"母"的差异，学界已提出非常准确地理解：据《说文》"始，女之初也"，而"母"象乳房①，古"母"字与"女"字的差异就在强调乳房。因此"无名"的状态是奥祕不可见的"生"（女），而"有名"的状态是生后可见的"养"（母）。万物源头奥秘、不知其名或根本无名，而万物化生规律是可以观察和讨论，但不宜确定它固定的恒名，因为"道"的"名"（明）也是"可"，能有不同的适宜的表现。

　　是故，后期学者将"太一"和"恒"、"或"、"气"等等都视为"道"的别名，这些观念或许符合一些秦汉以来的道家思潮。但这都已远离商文明"上導"的信仰，其实也远离先秦道家所追求掌握的"道"（導）的思想，而是确定万能"本体"之后，重新信仰化了"道"的概念。

七、结　语

　　上文通过对商代甲骨文、周代金文、战国简文中"道"的字形与字义的分析，发现在老子之前"道"早已是关键的信仰观念，表达对无名至上力量给商王所提供的"引導"。

　　透过"道"的字形和字义的分析，本文了解，郭店竹简上同时出现的"衍"与"遵"二字，乃是同一个"道"的古体字与今体字。从"人"字偏旁的古体字出现在商代卜辞上，甲骨文中均有"𢓊"、"𢕊"、"𣥎"、"𡂾"等几种从"人"的"道"字；从"嘼"字偏旁的今体前缀见于西周铭文上，周代铭文中均有"衜"、"䢖"、"㝵"、"遵"等几种从"嘼"的"道"字。在今体字之首字偏旁取代了古体字的人字偏旁。从"人"的古体字"衍"，应是会意字，形容人在行道的方向中，且有"引導"的本意。从

① 马王堆汉墓出土帛书；高明校注：《帛书老子校注》，页 323。

"𦥑"的今体字,应是会意兼形声字,以𦥑偏旁强调"道"之首领引导的意味,同时把𦥑用作声符。甲骨文中有"百"与"𦥑"两个用义不同的"首"字,前者指头部,而后者含有"首领引导"之义。由于在商代文字中,"行"与"𦥑"的意思相近,因此周代此二字被融合成一个"遒"字。

从字义来说,"道"义虽丰富,但都源自"导"之本义,在商代信仰中用于表达吉祥"导道"的理想。"行"与"道"古今字的意义相同。由于先秦时"道"与"导"尚没有被区分,故"行"与"道"二者,都涵盖"导"与"道"二字的涵义。

从上述研究结果出发,笔者进一步推论,老子把"道"用作为思想概念时,尚未有战国晚期哲学所探讨的"道"之"本体"概念,更没有汉代以及汉代之后的定义,然而老子不可能无意的选择"道"字,也不可能完全随意地确定"道"的意义。老子之"道"的本旨只能溯于上古的"道"义以及相关的观念。其实,如果是根源肤浅的概念,无法衍生千世的丛芳;世界所有的哲学思想都滥觞于其自身文化的古代信仰中;所以,"道"的概念原则上也是由继承前人的信仰而来。由上述分析得知,商周时期"道"的内涵深厚而带有古老的信仰精神,并由此而形成以后的传统。

总之,"道"的本义为"导",表达其指导正道的途径,因此也带有道途轨道的涵义。在商代语言中,"道"虽然作动词"导",但同时也表达古人信仰的主体:藉由卜辞可知,商王祈求收到崇高的"指导"、"上导",以便顺着它而确定吉祥的路途。

在商代以后的文献中,"导"义的神祕性已较弱。但这或许只是因为,我们手里几乎没有晚期的卜辞或其他表达神祕上道的记录。"导"字虽然能表达并不神祕的引导、诱导、指导的意思,但这并不意味着"上导"信仰已消失。它应该一直存在,后来在战国时期被道家思想化了。

在战国早中期道家思想中,"道"的概念即是"上导"信仰的哲理化。用"导"之义阅读老子所言,文献的意思突显得很清楚。这种"上导"也包含"天导",即战国文献中的"天道",其社会作用在于以天之导,即天所表现出的理想规律,来指导人们。

甲骨卜辞中的"道"与老子的"道"有不少共同之处。例如在商代信仰中,指导正道者系不可指名的信仰对象,人们不可知或不许指名导道者的名号,故导道者的身份从来不详。甚至有可能,祈"导"的仪式并不限于祈祷某个具体的神灵,古人每次并不知吉祥之"导"的来源,甚至有可能每次会有不同的奥祕力量或精神来辅导人,所以人每次不知其名、不知其导的确切来源,唯祈祷自己掌握来源不明的"上导"。此种信仰似为老子所言："未智其名，字之曰道"。此外，甲骨文中出现"道母"崇拜对象，其信仰内容不详，但同时可以发现，在道家思想中经常用"母"的譬喻，甚至可以发现"道"与"母"的形象连接。

老子提出的掌握"道"的目标，应源自古人所祈求的掌握"上导"的思想背景。先秦哲学思想确实离不开前时的信仰观念，只是在商代信仰中，根本不描述"道"的内在，也不探讨"导道"的来源。而自老子以来，"上导"信仰被哲理化以后，思想家就开始热烈地讨论"道"义，并探讨导道的来源与实质。在这一讨论下，道家思想提出了不同的看法。在郭店老子语录中，将"道"视为天地万物之间的"昏"即相合规律，由此"道"概念与"天地神明"概念结合于共同的脉络里。

但直至战国末期，在思想进一步抽象化及整体化时，逐渐形成无所不及、无所不包的"道"之"本体"概念。此后，不仅是上古"上导"的信仰，早期道家"导正道"的思想概念，都被忘记。而在没有历史基础的观念中，"道"的意思被重新神祕化，遂逐渐发展而成为新兴宗教。这种从信仰到思想，又从思想到新的信仰的演变，所折射的恰是从先商到汉以后所发生的观念的演化过程。中国文化在哲学兴盛的战国时代，并没有放弃原来的信仰，反而加以讨论，加以思想化和理性化；而在战国之后哲学没落的时代，一方面尚未放弃哲学家所用的概念范畴，另一方面很多概念被重新神祕化，而成为新的信仰。"道"观念的演变即是其中很明显的例子。

总论：从信仰到哲学、从哲学到新的信仰

　　下编讨论很多抽象概念，发现战国百家所争鸣的命题，实际上都源自上古信仰的脉络。我们的讨论尚不全面，除了我们所提出的几个概念，还有其他，如"德"、"圣"、"礼"等等也有甲骨金文的根源，在这方面还需要作更细致全面的研究。

　　不过这一套论述，我们可以归纳出几项要点。

　　第一，在中国传统思想中，《易》和道的传统似乎最源远流长，滥觞于先商时期的精神文化。至于早期儒家和法家，他们的命题多集中于社会问题，所以更契合当时的社会背景，即便如此，还是蕴含了一些源自上古的观念①。其余百家思想渊源的问题，都需要很多功夫作细致研究，也未必能回答很多问题，但是一定会发现原来没有想到的问题的存在。

　　第二，上古信仰中有很多形象和偶像，其中很多有神兽的形状，能组成很多造型。但与此同时，已形成了一套不可造型或造型不具象的概念。惯于使用形象思考是上古观念的特点，但其并不排除用概念范畴的思考方式，这两种方式互补相成。所以一方面商文明塑造很多龙的具象造型，以描绘天神的存在，同时又用抽象的"神纹"，将龙形象以符号来表达；另一方面他们塑造龙和龟相对的造型，用来表达从上者降、从下者升以相交的概念；同时将"明纹"符号刻在高处表达上升，或创造抽象的"神明纹"寓意天地之交；并且用祭礼活动表达"神"与"明"相辅的目标，从安排祭礼的时间到所用祭牲的颜色和种类等方面，都是在用不同的象征语言表

① 有关儒家从上古信仰中传承命题的探究，笔者曾经做过讨论，参郭静云：《仁与命：孔子原旨与儒家经典形成》。

达信仰的重点。这种语言中有造型形象、刻纹符号、字形、礼器和牺牲的颜色、祭礼的时刻、采用的祭法以及其他我们已难以厘清的内容。从卜辞另可见，商王经常向先王祈求对事情的支持，同时也会祈祷抽象的"下上"，还向无名的对象祈求引导，这些祈祷与祭礼并不抵触，而是构成一套历代虽有变化但仍可以看出其连贯性的信仰和祭礼体系。

第三，通过一步一步地分析，我们发现：商文明的信仰重点在于均衡相配。商文明并不是崇拜独一无二的大神的文明，一切神力都需与其他神力搭配才行。包括独一无二的帝，也必须祭拜其周围的四方；独一无二的"中"的权力并不具有独一的极端性和主宰性，只能通过与"方"的搭配，才获得其重要性。天浩大，但是没有决定生命的权力，只有天与地相配才重要，并且如果天的神力过大，便需要多祈祷，用各种神秘方式控制天而加强地的力量。天地相符、相合，才是万事成功的条件。这种均衡相配并不意味着恒定均衡，而是指相对力量弹性机动、互相胜败，但总体还是产生互不可胜的均衡相配的理想，这才是死生、衰兴不绝的循环。这种信仰从各种祭礼活动中都可以看到。

例如殷墟甲骨占辞中屡次出现"下上若，授我祐"这一祈祷套语，请求上下护祐授权，商王祈祷"下上若"的重点不在笼括祭祀上下所有的神祇，而在于祈求天地交互，以上下共同授祐，来保障王事的成果。甲骨文又载："呼神耤于明"，即表达神降而明升之相对性以及相辅作用，进行此礼仪之地称为"明"，恰恰相对于卜辞所呼祈的"神"；在神秘的占卜记录里，很多细节并非偶然和无意义，所以我们可以合理地推论，此处之"明"，大约是指某种空间概念，同时也指太阳初升时段，借助太阳升起之力与天相交通，带去人间的祈求；并且在当时人们的观念中，天神地明相辅才有"生机"，所以亦保证有受年。甲骨文另有很多用不同颜色牺牲的记录，其中的幽与黄相对，显示了殷人以幽、黄牺牲来象征天地相配的神力，追求天地平衡相合的状态。《易·坤》"龙战于野，其血玄黄"用形象语言表达天地相配，而殷商用幽色和黄色牺牲的祭礼，以牺牲的血体现这一形象。

从这些祭法可见："相配"是商文明信仰的崇高理想，其也影响整个先秦信仰及思想。两极之间所产生的"和"是中国文化传统思想的核心所在。虽然从殷商以来经过多次集权帝国时代，但多元的中国文明始终没有放弃上古文明观念的基础，即"和"的均衡概念；虽然历代帝国都张扬天子的崇高地位，但君臣"合德"的理想一直被看作是社会思想的重点。

必有下才能有上，如果不重视下，上也无价值，上下不合根本无生。必有四方才能有中，以四方的价值确定中央的价值；各有其权，各有其责，中与方相合才是稳定的空间。必有子才能有父，重视子才能重视父的地位，父子互相各有其责任。必有臣民才能有君，重视臣民才能重视其君的地位，君臣互相各有其责任，君臣为一德才能有稳定的国。这是从自然到社会一套完整的观念，在先商时期已可见其滥觞，所以非常古老、非常深刻，而一直未曾被完全打败。也正因为有如此意识，过度集权的秦或新朝不能长久。当然，汉武帝集权的程度不弱于秦，但是他还是必须得保持上下平合的包装，而采用很多非直接的政治手段，这就是文化基础的需求：直接极端不能成功，一定要达成上下之合的中庸。

虽然迄今所能看到的较完整的资料只是从殷商才开始，我们却不能依此以为上下合的概念源自殷商。殷商只是中国最早尝试建立帝国的王朝，故它反而强调一元概念，所以上下平衡与相合的观念不可能是殷商所创造，而是孕育于早商或更早的长江中游上古文明的深厚土壤中。此一基础始终在礼仪中留下痕迹，直到战国时期进一步成为百家讨论的重点。

商王祈祷"下上若"，用"☯"（上者在下而下者在上）的顺序，而后来在《易》的传统中用结构相同的泰卦（䷊——上乾在下而下坤在上），表达"上下交，而其志同"的理想。可见，不仅在观念上如此，所用符号也表明这是一脉相承的文化。

清代段玉裁讨论《易》的"天乾"概念，假设："上出为乾，下注为湿。"甲骨卜辞也基本上证明他的假设，并显示上与湿的相对概念，也应源自上古，最初所表达的应该是长江中游的自然地貌：上为干的岗丘，而下为湿的低地；在文化整体化的背景下，形成《鹖冠子》所言："天燥而水生焉。地湿而火生焉。"天气不湿但生雨露，土地湿润但生日火。在易学传统中"乾"、"坤"二字正好构成天干地湿的相对意象，象征完整的天地宇宙，以及《易经》中自然现象彼此相对而互补的规律。

天生水地生火的形象，实际上可能是表达上古信仰与思想中最关键的概念："神明"概念。在今人看来，"神明"即指神灵或大神的概念，但是，在先秦观念中，"神明"是以两个相对范畴组成的复合词，以此表达一种自然造化的过程，而并不是作为某种祭祀对象存在，也不表达神祇和鬼神的意义。古人认为，天地万物化生是因为神明的存在，但并没有因此而将神明视为崇高神，因为"神明"指的是天地之交、天地之间的媒介，是天神与地明的相合与交流。其"神"的范畴涵盖恒星神光与天所降神灵雨的神气，而"明"的范畴涵盖出自地的日月明形，二者互补相辅才能生育万物，所以"神明"所反映的实际是古人的"生机"概念。天地不交，则无生机；有神明之交，天地之间便有了生机。所以天地万物化生皆奠基于神明、由神明来决定，但绝不能因此而认为神明是个大神。"神明"之结合表达天地"合德"状态，天地合德才有万物之生机。

古人观察大自然而得出这样的认识：自然"神"是养万物之甘露或曰神灵雨，而自然"明"是温暖万物之日火；天的生物都是水性的精气，也就是所谓的"神"；而日月二明皆有凝结的火性的形体。如果天的力量强，而地力不足，则由天所降的神水质霖霆暴洒容易造成水灾；如果地的力量强，而天力不足，则由地所出的明火质如太阳过强容易造成干旱和火灾。在这两种情况下，对生态都会有很大破坏。也正因为如此，上古信仰并不是寄命于天或寄命于地，而是追求天地之合、与其志同，配合天地"神明之德"。所以"神明"概念与"下上若"、"泰"和"乾坤"概念是同一套大体系。笔者甚至认为，先秦宇宙观是以神明观念为基础的。

不仅宇宙观以神明为基础。古人认为，人生与社会皆取法于大自然，所以无论是在自然、人生或社会生活中，"神"与"明"均是上下互不可缺的范畴。神明观从大自然扩展到社会，乃成为礼制与孝道的神明观，其观念的滥觞亦可见于商周信仰礼仪中。

商周宗庙青铜礼器的铭文皆表达祖孙关联不断的目标。子孙祭祀祖先，以实现其"明德"（概念"明"表达通天的能力，所以"明德"是能够通天达神之德），供献"明器"（具备通天达神能力的祭祀之器），以此从下面的立场实现上下之交；并同时祈祷祖先以神德（元德、懿德）保佑子孙。先祖之灵降福于子孙，而子孙"治宗庙"、"秉（供）明德"，以追孝于先人。此"礼"因为以宗庙为出发点，故其功能与"孝"的功能一致，人们秉执明德而孝于神，故在守持神明之德的"节事"、协龢方面，孝有颇关键的作用，此即《孝经·感应章》所曰："孝悌之至，通于神明，光于四海，无所不通。"

从西周以来，礼制神明观取法于自然神明观，且其目的是：社会取法于天地，保持象天地一样永久的生机。礼制神明观强调：配天地神明之德，以追求家族世世昌盛之生机，并将此概念从家族的生机扩展到跨血缘关系的社会与国家。从战国到两汉，儒家礼学仍沿着西周礼制取象于天地的作法，而模仿天地"和德"的规范，追求天与天下的沟通以及国家的调节和稳定。

这一套神明观是自然与社会合为一体的神明观。商周时期人们通过各种礼仪表达他们的神明观,并追求天地之合、通天达神而获得天恩保祐。例如在象征天的幽与象征地的黄两种颜色之间,另加白色以象征地的产物有升天的能力,作地与天之间"明"的媒介。因此,古人采用白毛与幽(青)毛的牺牲以祈祷升天的成功,如死者升天(为此而普遍以白色为丧色)或祭礼到达天界的目的。"白幽"的意思,乃祭礼犹如白日通天达神,明火在天上,因此自天上回降天祐的"大有",即大有卦的《象》传所曰:"大有上吉,自天祐也。"从天所降的神之福祐,是人们所不能掌握和管理的;人们所能掌握的只是通过从地祭天之礼,以祈祷其礼能有象日一样的升天能力,因此白色为人与天之间的媒介。同时,在商文明祭礼中,黄色与白色的相配,乃象征从黄土中白日升天;死者乘日升天,如晋卦的《象》传所言:"晋,进也。明出地上,顺而丽乎大明。"到了汉代以后,"黄白"一词专门表达升天,指代成仙方术。

可见,上古信仰在战国文献中被思想化,从此前的祭礼系统演变成为思想理论。战国时期是百家争鸣的哲学时代,百家思想不一,但他们形成的背景一致:即奠基于商周文化观念,所以百家所讨论的命题一致,这样才能够辩论、争鸣。但是,信仰与该信仰所衍生的思想,两者之间有核心的差异。首先,信仰只能遵从,并以礼仪实现,而不能被讨论;思想对信仰的命题则可以开放讨论。其次,信仰使用形象、象征等语言,既神祕又具象,可以造型和偶像化;思想则是用概念表达,不为偶像。第三,因为使用概念,所以逐渐脱离其原来形象的具象性,循着思想逻辑推理,从概念又发展出新概念,概念之分合已不会再顾及原本形象之间的关系。

这样,在上古信仰的基础上,便形成了百家哲学思想。如哲学化的"神明"概念很快跨越了其天降神、地出明的本义,而进一步塑造出很多哲学理论。礼制神明观在儒家礼学中得以发展,自然神明观则被易学与道家着重讨论。战国早中期思想家的讨论,还是接近于原始神明观的意旨,但是循着抽象概念的演化,战国晚期所讨论的神明观,其内涵越来越丰富,远超其本义。

例如在道家思想脉络中,"神明"从"天地"所生的范畴发展为"道"所生的"一"概念,又跨越天地而成为天地之前的"本体"概念,成为天地、万物合德的榜样。另外,在道家黄老学派思想中,"神"之要素,虽仍相关于天界,但不再被视为自然世界中之从天降地,而更多用于指涉万物之内心;"明"的要素,虽仍相关于地界,但不再被视为自然世界中的自地而升,而更多用于指涉万物之外状,强调明显可见的形体概念;由此,"神明"概念从原先用于指涉天地合德状态,发展为指涉万物内外表里一体的状态。

战国晚期以来,思想的发展有两种方向:宏观总体化和微观各物的观察。"神明"观念也同时经过这两种变化。在宏观化的思想中,"神明"成为天地宇宙的榜样、至上的本体;而在微观化的思想中,"神明"成为各物的内外结构。不过,由于内与外互为表里,不可单独存在,故可谓神以明创气,明以神造形,二者相辅而为万物生机之本。既然神明既在内又在外,故其既能隐藏精神,同时亦能作了解奥祕内精的依据。从此,在进一步推理下,形成了黄老学派和荀子所发展的神明认知论。荀子发展神明认知论,将神明囊橐于人心里,以此为基础,汉代演化出"神明在人"的思想。

不过,到了汉代,百家思想已然退缩,而上古信仰中"神明"的本义已被忘记。神明作为无所不及、无所不包的"本体",在汉代不知其根源的人眼中,已变成为崇高神祕的对象;"神明在人"的说法更显神祕。是故,在上古神明观的残迹上,重新出现了新的信仰观念。但这种新的信仰已与上古毫无相似之处,神明变成圣人、仙人或崇高的神圣偶像,如成语所言"敬若神明"、"举头三尺有神明"。这又反过来使后人完全遗忘上古神明观念,以至于对先秦文献中记载的上古神明观变得不理解,而对先秦文献的解读有落差。在此情况下,只有先秦一手文献资料的出土才有助于我们理解"神明"之本旨。

从上述关键演化过程可见:上古信仰经过哲理化后,又重新回到信仰的形式,但早期和晚期的信仰,形同而实异,用字相同,用义相异。这种从信仰到思想再到新的信仰的演化,可能是中国大文化的特点。例如在同时期地中海文化中,也有上古信仰哲理化的趋势,但罗马时代新兴的信仰已较少用前期思想概念,反而强调全新的"真理",严格否定以前所有的信仰,虽然在观念上仍然有很多传承自远古,但在表达方面却避免用以前的思想范畴。而在同时代的中国大文化中,虽然佛教进来后也带来了全新的"真理"概念,但与此同时对远古圣王的崇拜、对孔子的崇拜等过去文化的理想并没有被扫除,而是重新被信仰化,思想概念也循此而发展为新的信仰范畴,表面上声称这信仰是自古传承,实际上新义与原义离得很远。

在从信仰到哲学,再从哲学到信仰的转化过程中,"道"文化是非常有代表性的例子。商文明中"道"的信仰重点是"上導",即强调来源不明的"導",一种崇高的指南,可以引导商王准确选择除灾的正道,商王祈祷出行之前能掌握"導"的指南。以此信仰为基础,老子学派建立其思想体系。因奠基于上古信仰的土壤,道家思想从一开始就以神祕不可解通的概念为基础,但是循着思想化的发展而试图讨论它,追求更加了解它。这种讨论提出了很多不同的假设和解释,老子思想的继承者也因此而逐渐分成不同的派系,各派坚持不同的看法和角度,所以对"道"概念的理解趋于多样化,并经过不断的逻辑推理,越来越忘记其本义,而形成无所不集、无所不包、无为而无所不为的"本体"概念。其"本体"概念与其他概念结合,并在统一思想的思潮下与其他"本体"概念混合和等同,如"太一"、"元气"、"恒"、"阴阳"、"神明"等。"道"的概念从一开始就有神祕不可知的成分,后来又渐渐涵盖那么多不同的概念和理解,而使"道"的概念变得更加不明,进一步演变成为与上古完全不同的新信仰。

上古"道"信仰绝不为偶像崇拜,这是商王祈祷获得来源不明的正道之"導",是一种没有具象化,所以不能被祭祀的神祕真理。在商文明的信仰中,"導道"的信仰最抽象。老子的"導道"亦如此,掌握正道的理想,了解事情的内理,绝对不会有偶像的崇拜。但是汉以后的道教是多种偶像崇拜的信仰,虽然继续用"道"字作信仰的崇高范畴,但其信仰内容已完全不同。这就是从信仰到哲学,再从哲学到新信仰的演化:外在形式与用词虽然仍旧相同,内容却已大相径庭。这种情况最容易造成以后期的现象去误解上古的含义。

余言：多层面的信仰与思想
——兼谈上古观念的研究现况与前景

一、死生与长生的两面性

人均有寻根的欲望，不仅是专业历史研究者，其他很多在生活中从事不同工作的人，亦喜欢考虑人生和文化的意义，希望了解文化的形象和观念的源头，了解古人对天地和人生的看法，以及现今的各种文化与观念如何形成，古人的文化基因是否还包含在我们现时文化的血脉里，或者已竭尽了？

笔者认为，我们继承前人文化有不同方面：外形与内涵。有时候，虽然文化的形式已完全断绝，但是观念的核心重点还在，远古祖先观察天地与人生的角度还保留在几百代后裔的眼珠里，这是因为几百、几千年前的文化种籽依然在后期文化土壤中保存而继续出芽成长，只是随着外在文化气候的变化，长出来花草的外观形貌已全然不同。有时候正好相反，在后裔眼底的视网膜上还有几百、几千年前形象的影子，但头脑精神对这些形貌的理解却与古人的观念毫不相干，所以我们继续制造和使用类似的形象和词汇，但是对它们最初的本义已毫无所知。

对研究的客观性而言，第一种情况较为有利，因为若单从形貌观察，我们已不认识早期文化的形象，所以不会以为他们还跟我们有关系，不会把自己的文化观念等同于古代他者的观念，而单纯从观察他者文化遗迹本身所呈现出来的规律性，追求了解与我们血缘不同的"他"。可是，此类研究的成果有时候会使我们惊讶：从不同的形貌发现内在的传承。至于第二种情况，对研究的客观性隐含较大的危险：

我们继续使用相似的形象、同样的字,这诱惑我们把自己的观念强推到古人身上,把古人当作自己的前辈,而看不出我们与他们之间的鸿沟,所以特别容易误解他们,让他们以我们为"是",而看不出其中的误解。

中国文化自古以来强调"传承性",强调继承道统、法统,通过不断地仿古而塑造几千年不变的形状;即使在经历大乱之后,又尽量恢复原来的状态,如秦之后的汉强调自己"行归于周",金元后的明强调自己走回到宋等。这种意识形态的认同,并不全是现实政策的手法,用来强调新立王朝的法统,还包含有更加深入的自我认知观念,将沿袭传承的长生视为比全新的创生更有价值。但如果从实际的时代面貌来看,由于客观的情况已发生改变,结果汉只是回到自己想象中的周,在周的名义下建立全新的意识形态;明代与宋代的社会与观念也并不相似。

如果从大的时空范围比较,大致上可以考虑以下两种趋势:西亚与地中海周围的很多文化,不喜欢几千年继续用同样的旧瓶,每一新国总是强调自己全新的独特性,但实际上经常在新瓶中装旧酒;而中国文化的理想似乎是永久保存旧瓶,然而,即使材料再坚固的瓶子也会有其生命限制,所以努力仿古、尽量模仿原来的样子,但往往并不能恢复到原来的状态。其实,有时候也并没有实际要恢复的动机,只是在表面上做做样子,为装新酒而做一个外观似旧的瓶子,这就是因为在中国传统中,从传统之母孕育而出的"寿生"远比先死而后再生的"死生"被视为更有德性。所以,若从远处观看,会以为中国文化永恒不变,而一旦仔细比较,就会发现它只是在外观上重复古老的形象,内里却已在不断地创造新的诠释。

换言之,西方众多文化,表面上强调标新立异,强调多样性和历史文化之间的死生循环,但多样性的背后实有其共同的脉络,表面上已死亡的文化实则可以成为新生文化的种子;反之,中国文化强调静止永恒的总体性框架和寿生不死的理想,但是,总体性框架之中总是包含众多不同的变动不居的要素,而寿生不死的理想也总是隐藏在死生不息、周而复始的循环过程之中。所以,实际上中、西都一样,既基于大文化体系的大脉络,亦含有无数的多样性;既有长寿不死的传统中轴,亦经历死生不息的循环,差异不在现象上,而在于自我认同的价值观基础是倾向于与前人求同还是求异,是以传承流芳为荣还是以标新立异为傲。

二、溯源研究现况与趋势

历史研究追求掌握时间，所以离不开演化的问题；中国文化不变的假貌，容易诱惑观察者寻找一个固定的定义，建构一套固定的认识，将古今混为一谈。但这种常见的趋势实际上并不能增加知识、获得理解，而只能增加恍惚和混沌，追求真实理解的历史研究应该避免这种广阔性的宏大定义。但是，动辄用跨时空的统一的宏大概念或学术术语来定义整个历史时空中的"中国文化"的做法，在当前还是非常普遍的。这种做法，从设问一开始就已把多种文化统括为"中国文化"，预设了一个统一性的前提而把中国历来文化的多样性排除在视线之外。

对中国文化上古时代的讨论，有几种习惯性的话语、做法和套路。第一，只是利用古代的依据来证明自己国家文化自古以来的重要性。这是两千余年以来普遍存在的政治化、意识形态化地创造祖国、民族或地区的荣誉历史概念，因奠基于非学术的目的，所以成果不可靠，由其所提供的资料需要重新考证。但是，我们迄今所见到的很多历史文献，当初就是为这一目的而作记录，所以历史研究者必须了解其特点，了解其形成的原因，并追求透过表象看实质。

第二，是从某一理论的角度诠释上古社会的现象，将古人的生活归纳于某种结构之中。其中又依靠不同的思潮，如以传统中国文明的独特性概念为基础，或引入一套西方人类学或社会学理论，如历史主义、功能主义、结构主义、象征主义、实践理论、传播理论、交换理论、心理学理论等等，发展信古学派、疑古学派、唯物主义、唯心主义、现代主义或后现代主义的解释。这些都不是在上古中国文化材料上建立起来的，而是在跨文化思想中预设建构的。依靠理论所进行的探讨，虽然没有政治目标，却含有研究者所遵从的理论的意识形态，预先建构了探讨框架。

笔者认为，理论化的研究，容易忽略具体的人、时代或社会细节，忽略人生的多样性。其实一切理论结构都像普洛克路斯忒斯铁床一样有着固定的长宽，所以超越其长宽的现象强行被截断，而长宽不足的被强行拉长，削足适履、强求一律而使其符合理论。理论的目的是规律化实际上可能毫无规律的生活。理论化的研究用一套指标作支柱,而在此基础上建构新楼,由于所选的指标未必到处都能用,在观察具体社会时,容易发现,有时候在这些客观指标之外出现看似微小的现象,或许更加具有决定性的意义。并且,外观相似的现象未必都出自内在相同的基础,选定的指标并不一定能符合具体的情况,所以建构的新楼未必是古代某个具体社会文化真实的复原。简而言之,选定理论的研究,在其基础上已有选择性,故经常以科学化的诠释取代直接而深入的认识。

第三,从某个单一学科的角度对某个具体问题的研究。虽然这一类研究从研究基础伊始没有选择性,但同时因为只是从一个角度观察资料,所以很难有完整的时空和当时社会背景,会使研究者无意识中使用现代人的思考方式去理解古人。

统括化与细致化的研究方法,都带有鲜明的时代背景。前一代学界气氛趋向于用望远镜作大规模总体化的研究;而现代细胞化的社会情形,影响研究者也趋向于用显微镜观察细胞而看不到全身。这两种做法各有其优势和缺陷。总体性的研究追求含括整体社会意图,创造大体性的定义,但若对细节认识不足,大体性的结构就会有不少漏洞,使得总体性的蓝图缺乏实际生活的多样性和细节,因此,这种研究的结果到最后可能只是一个没有生气的框架,就像是一具古代整体社会的大型尸体而已。不过,前一代采用这种方法是很自然的事,因为当时细节性的资料不足,只能用大体性的讨论或理论来覆盖实际资料的匮乏。最近考古学的发展为上古研究提供了很多新的资料,允许做更细致的研究,所以最近学界热衷于用显微镜对各式各样的小细胞作微观研究,并且也做出了很多虽小但关键的突破。与此同时,采用显微镜式的研究碰到了另一端的缺陷:整体性的看法不足。

细致研究细胞的工作无疑非常重要,但是一切细胞只有在整体而多样的关联中,才能表达有生活、有灵性的研究对象,若只对某一独特细胞进行研究,就恰似解剖尸体的工作,并且解剖之后也不尝试复原原有生活的完整形貌和精神。尤其是因为现在研究者较少试图重新做总体性的复原研究,所以在总体的讨论上,依然采用前一代的定义和概念,但是前一代定义和概念是在资料不足的情况下成立的,所以必然与真相有误差,用它观察实际材料必然导致对材料的误解,就好像从实见之前预先默认的尸体结构,来观察残迹中的真实细胞,也必然导致对真实细胞的误解,而恢复不了原来的真相。

在人文研究中,近几十年以来普遍有学科分化的思想,学者的专长过于分化、细化及雾化,导致研究对象和目标模糊不清楚。例如,殷商考古、殷商人骨、古文字、甲骨文、殷商史、殷商玉器、殷商青铜器、殷商地理、殷商信仰、语言学等不同分支的研究者，以学科分工和专业专长为由切割出互不相干的研究领域，互相不理解或甚至不看其他领域的研究成果，所以看不到各自的研究成果之间到底存在多少矛盾。因为只从一个角度看一种史料，不追求看到立体的现象。实际上以上所列都是互不可缺的一体性的殷商史料、殷商社会的残片，只有经过无所不用的互补参照，才能发现原本认识的矛盾，而进一步接近于了解殷商时代的生活样貌。对其他时代的历史研究，情况亦与此大体相似，并且研究早晚不同时代的研究者也相隔很远，所以经常看不出早晚时代之间的实际关联。

三、从人生欲望到史学目标

我们回到最基础性的问题，即从历史研究的目标说起：它并不在于坚持学科的纯洁性，而是在于了解过去已亡的人。甚至更准确的表达：历史研究的目标是与过去已消亡的文明和社会中的人物建立一条沟通管道，了解古人的观念、思维方式、他们对是非的理解，试图从当时人的角度观察自然界、社会与人生；历史研究的目标就是要从尸体的残骨和遗物的残片中、从今天所有能看到的文字资料和历史传说中，复原当时生活的精神世界和物质世界。

19世纪宇宙主义哲学创造者费奥多罗夫，晚年时提出了一个狂妄的目标：人类共同的事务和生活之目的在于掌握大自然，以克服死亡并使所有已亡的祖先复活（N.F. Fedorov. *The Philosophy of the Common Task*）。虽然此目的明显超越现实的可能性，但是其思想产生很大的影响并导致实际的成果。祖先复活这一目的激发他的学生齐奥尔科夫斯基组织起由一些科学技术天才参加的团体（其中本人祖父Y.A.Rapoport为该团体首要角色），并积极开始掌握太空的研究，并且成功了！也就是说，并不是某些现实的考虑促使人类开始研究太空，而是因为祖先复活的狂妄目标，欲在太空中为活过来的祖先找到住处的狂想，激发和促进人类离开地球以寻找更多生活空间。这一段历史告诉我们：如果仅考虑现实、建立可实现的目标，而排除狂妄的念头，人类就上不了太空。

　　费奥多罗夫的思想实际上与史学有直接的关系。如果要准确表达史学的目的,特别是上古思想史的研究目的,其就在于使祖先复活,并不是用现代文化的语言去解释他们,而是通过自己的研究让他们再有说话的声音、重新获得活力和精神,让他们已亡的生活、已消失的观念,在我们时代里继续存在,允许不同时代人的精神并存。当然可以说,这是一个狂妄不可行的目标,但不怀着狂妄的目标就突破不了地球而进入太空遨游。

四、从目标到方法论的基本原则

　　从这一目标出发,我们才需要进一步思考实现它的方法。首先需要了解古人的想法、活力和精神、观念是否已完全散失净尽,或者亡星的光辉还可以搜集以复原星星? 我们应该理解考古遗物的作用和价值,它们不仅是物质文化的残片,同时也含着古人精神的余晖。古人的想法、观念并没有完全消失,它们存在于其主人所有的遗迹中,并更明显集中于古人亲手造的礼器中,以神祕的形象及符号来传承创作者的文化信仰。因此我们首先需要详细地观察古人所创造的形象,细致地分析,厘清规律以及核心之要点。笔者以为,研究者为达到此一目标,在前行过程中,至少需要遵守以下八项基本原则。

(一) 白纸法

　　第一是"白纸"原则,即忘记一切常识,并不用任何理论或预设或成见,不通过理论、常识、范式或其他"第三者",而直接与史料沟通。一切历史问题首先是人生问题,而人生问题的研究只能从具体而细致地观察开始,理论、范式或任何解释模型不等于事实本身。如果一开始就只认定一种认识框架,然后只在这个框架中获取材料、观察思考,其结果只会自我强化这一框架,以致臻于荒谬而不自觉。所以,从着手研究始,应该对任何理论或观点都无偏向,甚至忘掉所谓的常识和教条,不做任何预设,近乎从一张白纸开始。

（二）自行不取名

第二是自行不取名的原则，即避免诠释，在没有全面研究之前，不能依靠自己的感觉来对古代的形象取名，同样，亦不能从某种理论的角度去定义它。

（三）不许仅从一条材料说任何话

第三是需要坚持如果只有一条材料就不能诠释它的原则；也就是说，一定要搜集所有的资料，从无先知的角度去比对，让资料自由表达自己，而告诉我们它原来的真名。在厘清原名的基础上，思考、寻找资料之间的内在关系，一条条线索汇聚在一起，综合起来，否定或肯定，相互冲突或相互支持，以试图看到原来的生活，复原立体的社会生活与历史脉络。所以研究起始时无法知道研究的结果，并不排除研究失败的可能性。

（四）表里分合

第四是表里分合的原则，即如何从对外形的分析去理解内在的意义，以及如何看待各种内在与外形的关系。从外表来看相似的形象，实际上经常毫不相干，内在意义并不相同；另一方面，外表相异的形象，经常有可能指涉同一种意思，所以不能单纯从外在形象作判断，不能以貌取人。在文化中同一概念能有不同的表达形式，例如用文字表达、用抽象符号表达、用形象造型表达、用祭礼活动表达等等，虽然形式各异，内在意义却相同。此外，无论是文字、抽象符号、形象造型或祭礼活动，在时间脉络上都会有变化；在社会还没有放弃原来观念的时候，其具象表达方式也会有变化。所以观察古代遗迹，需要全面搜集时代早晚不同的资料，系统地对照，从多样的形貌中抽出不变的核心之处，即其所表达的观念母题。

不过同时需要注意，文化中一直有两种过程并存：不断地创造新瓶装旧酒，而同时用旧瓶装新酒，用新创造的形象表达原来的信条，或继续用旧的形象而提出对它的新认识。尤其是在多元的文明交流中，礼器的外表形象和内在意义总处于有分有合的状态：有些礼器的器形或纹饰，外表虽相似，但信仰来源却不同；常见的原因是，人们在接受非本地的造型时，仍从本地文化的角度来了解其形象，所以模仿外形但却并不顾是否抓住其原本的重点，最后塑造出混合意义的礼器，但这两种意义不同的礼器之间仍可以看出渊源关系。另外一种常见的情况是，在同一个观念的发展过程中，其外在表达方式经过很大的变化，导致外形不同，但其核心重点始终不变。换言之，外形的传播和内在意义的传承经常各有自己相对独立的途径。所以我们需要特别注意到礼器的核心之处、造型的母题，从而判断文化发展与转变的关系；只有表达核心观念母题的沿用或演化之处，才能作信仰的传承、没落或变革的指标。

（五）寻找主轴、追求掌握母题

第五项原则在前段已有部分表达：掌握母题而顺着母题演化走的原则。但如何理解哪一部分为母题的表现？在这一研究阶段，不宜采用任何理论或固定的方法。理论或固定的套路就像那些解剖用的仪器，在尚不认识将要解剖的对象之前，岂能先行兀自选定仪器？所以，首先只有经过非常细致而全方位的观察、分析，才有可能在黑暗中摸索到古人原有思路的蛛丝。换言之，一切研究确实得从研究每一细胞开始，就此而言，当前的学术风气无误，但是不能仅是对一个细胞，而需要对所有的细胞通通观察比对、互补研究，而从其彼此之间的关联中，去尝试复原立体的形貌和内在的意义。

（六）多种资料和多种学科方法

所以，第六项原则是多种材料和学科方法的互补对照研究。其实，经过细致的分析和对照，并不意味着就一定能够理解古人创造礼器的重点在哪里。这或许是因为资料不足；或许是因为资料过于杂乱；或者是因为古人的基础观念原本就模糊，使我们不能掌握内在逻辑。但是，倘若造型的内在规律明晰可见，我们依然不能允许自己立刻就去解释它，而需要再寻找其他搭配的、辅释的材料来佐证，以帮助材料本身说话。在研究上古信仰的问题上，这样的材料，首先指其他考古的遗迹，如聚落和墓葬的安排、技术和其来源等等；也包括迄今出土的当时的零散记录，还包括口传留下来的神话。

战国以来的神话文本也遗留着古人信仰中的神祕形象，虽然蕴含着后期记录者的角度和理解，但是将其与一手史料进行比较，有助于区分古人与后人的观念层次。其实，进一步观察容易发现，战国思想家所讨论的命题，也滥觞于上古信仰的峰峦溪谷中。经过历史长河中条条支流的混杂、融合和演化，这些观念虽已不再明晰，却没有完全断根。因此，一方面分析礼器造型，归纳其造型规律和纹饰母题；另一方面分析传统信仰及神话，探索其远古的渊源及后世的演变，经由礼器和神话母题的对照，结合考古遗存研究，对古人的观念定能有所理解。而再进一步与传统思想对照，又可以使我们发现，上古文明在后期甚至现代社会观念中都留下了遗迹；虽然有些具体的观念被误解，如"神明"的意思被忘记，但在同时其基础性观念——上下互补相配——则继续存在，只是改用其他概念范畴来表达了。

（七）历史方法——兼否定"史前"用词

这就是笔者拟特别强调的第七种原则："历史方法"，即从不断演化的过程去理解不同时代的社会及其观念和理想。在现代学术分工中，学科分歧和专业区分导致对不同时代的研究过度割裂，所以做所谓"史前"（即被定为三代之前）文化的考古学家，不碰所谓"夏商"时代，前两者更加不去研究殷商或两周。

在此笔者要说明，学界常用"史前"一词指称"三代"之前的文化遗迹，包括用"史前城址"的用语（已有城、已有古国社会，怎么还能称之为"史前"呢？）。"史前"（prehistory）一词的本义是指文字书写出现之前的时代。同时，这一词在使用过程中还往往带有将历史他者化和亡化的意味，似乎史前属于他者已亡的历史，是跟我们后来的历史不相干的。在人类学里"史前人类"是指与我们不同过去的人种；在生物学里"史前动物"或"史前植物"是指已亡化的生物种类。同理，殖民者来到美洲，把之前原住民的历史视为史前时代。在讨论中国上古史时，如果采用文字起源的指针认定"历史时代"，则因为中国早期有很多文字并没有留下来，所以无法确定"历史时代"从哪里开始，以及"史前时代"的终点在哪里。同时这种用法意味着所定之"史前"与后期历史发展不相干，故这个词在当下具有意识形态化色彩。当前学界武断地将所谓"史前"时代的终点确定在距今 4 000 年前，这其实是大一统的王朝历史观的反映，即武断地认定夏王朝存在于郑州洛阳地区,且开始于距今4 000年,以此作为中国历史的起点,之前都是他者的非中国文明的人类活动。

通过实际的研究,我们已经知道,长江中游地区具有文字的国家文明发端于距今5 500年之前,经屈家岭文化、石家河文化和盘龙城文化,一脉相承到殷周及以后。夏和汤商的历史发生地不是郑洛中原而是在长江中游地区,并奠基于更早的文化传统。在此情况下,如果继续以距今4 000年为界将历史划断,用"史前"这一概念指称此前的时代,一方面并不符合实际情况,同时还意味着割裂历史的联系,或否定长江流域作为文明起源地的重要性。把"史前"和"历史"划分在距今5 500年之前的屈家岭文化城邦出现之际也不妥,因为屈家岭文化之前也可见一脉相承的发展过程,不宜因使用概念而割裂它。对于大多数人来说,当前"史前"这种用法虽属集体无意识,但很容易误导研究者和民众,或将中国的文明起源研究引向一个错误的方向。所以在讨论中国上古史时,不建议使用这个概念,更加不建议在研究上作时代的割裂,以免不能完整地观察历史长河。

从掌握和研究史料的方面,甲骨文、金文、简文、《说文》也是由不同学者来研究,侧重于探讨古文字的研究者一般不用陶器、玉器等同时期的其他材料来作佐证;而专门研究礼器纹饰者则被归入到"美术考古"这一笔者难以接受的新专业。(依笔者浅见,该专业的设置既违背考古学的目标,又忽视了早期礼器在社会中的作用其实与后期所谓"美术"范畴并不相同。考古学的目标是从零散的遗存复原聚落、墓葬等遗址的原貌,追求获得完整的史料,而不是寻找宝贵物品提供给美术馆收藏、给艺术史讨论。同时,墓葬里的随葬品或祭祀坑、祭坛上的礼器,也都不宜当作美术品去研究,不能只看物品而不顾创造者的目的。历史研究者不应该用自己的观念去理解他者,这种做法只能使我们越来越不认识古人,断绝他们自我表达的声音,否定他们自身的靈性。)

(八)"既得其母,又知其子;既知其子,复守其母"的通考

笔者所强调的历史方法,是指采用一切可以得到的史料和所有相关的学科专业的分析方法(包括所需要的自然科学的方法,一切所需要用到的方法要从具体的问题和可用的材料来决定),同时一定要放在历史长河里来观察。道家所提出的"既得其母,又知其子;既知其子,复守其母,没身不殆"的认知方法相当准确。从

出萌芽之前的文化土壤、未出萌芽的种籽、初叶、蓓蕾,到落瓣、无实花或结果、落种、枯死而新种籽发芽的过程以及新种籽所生的新株,观察这一切,方能获得近乎真相的理解。因此,在所有的问题上,笔者都强调要用"通考"的历史方法。

五、从方法到成果：观察多层面的信仰与思想

笔者在本书所提出的研究成果,是多年累积知识的结果,从最早对汉代的资料分析,经过不断溯源研究,一路走到青铜时代以前的文化。再从远古的角度回头看战国秦汉文化的现象才看得很清楚,汉画造型、百家所谈的问题来源,以及后人如何采用及如何更改原义的路途,都看得很明晰。同时也可以看到商文明的核心作用。早商时代在浓厚肥沃的文化土壤上,重新建构了大王国信仰体系,并广泛影响到整个长江流域以及江河中原广大地区范围内的文化面貌;在此基础上殷商进一步总体化不同族群的信仰,而形成上古大帝国宗教。

商文明的信仰所展现出来的并不是零散的残片,而是完整的宇宙图景：天中有帝,先王等祖先在祂左右;天空四方有四凤,在天上负责中与方的相合;天上另有龙负责降甘露,从天上实现上下之交;地面之下水中有乌龟,能受天意,以参加上下之交;神灵雨之甘露降地,而太阳从地下升天,构成上下神明之交;另外地上中央有王,负责四方相合,而共同供明德祭天,同时从地的中央,人王通达天中的帝。

这种信仰在当时文化中有不同的表达语言：如神兽形象、神祕符号、祈卜仪式、颜色等等非直接叙述的语言。所以对我们来说,无论是观察礼器或阅读甲骨文,都是解读当时文化密码的过程,但是因为文化的系统性,不同语言所表达的内在观念是一致的。这从本书贯彻的研究可以看到。

另外,我们在理解古人的时候需要不断修正自己习惯的逻辑。神祕化的神祕思考方式允许将不同的现象和说明合为一体而不相矛盾。在当时人的头脑里有不同的层次存在,所以将自己视为人格性祖先的后裔、老鹰的后裔、十日的后裔或者由神龙重新创生的神人等,在神话化的神祕观念中,并不产生矛盾。在他们的理解中,所有的现象包括人生,各有不同的观察和认识角度,所以从这些不同的角度来

看,由人所生、由鹰虎所生、由龙所吞吐或乘日自生,都准确而并不相抵触,且构成一个完整的信仰体系。一般认为,中国虽然有很多零散的神话,但没有类似古埃及、苏美尔和古希腊的神话体系,笔者认为上述研究足以否定此看法。在中国神话记录里,虽然包含有很多不同的文化和多元的因素,但也仍可以看出古代系统的信仰之存在。

古代信仰观念中同时包含多种角度的看法,这种情况当然部分地源自多种文化的混合,但不仅仅如此,因为这也符合世界上古文明中人们常有的思考方式。就是因为这种思考方式,偶像化的龙与龟和抽象且不可偶像化的神降与明升的观念同时存在而无矛盾。直至战国时代这两者开始有矛盾,前者在神祕信仰中逐步改变其义,后者成为百家所探讨的哲学命题。

对于百家思想植根于上古信仰的观点,前文已有足够的讨论,在本书最后笔者拟指出一项核心的方面:双嘴龙饕餮的偶像语言,一贯强调"双"的概念;而百家思想依然如此,"双"为核心所在,而且"双"的相配是古今不变的中国大文化的重点。在发展二元相配的观念上,百家思想进一步提出"三生万物"的三元概念,将双之"和"定为独立的中心范畴。

六、未解决的问题比已解决的更多

本书显然不能回答一切问题,在此成果之外,还有很多需要进一步研究的难题。例如商文明虽然已有系统的信仰,但其系统不能涵盖一切。中国大文明超越商文明的时空,所以还需要进一步将多元的体系与体系之外多样的信仰进行互补研究。例如十日从扶桑升天、日月升自汤谷落到蒙汜、日月所出落的十二山,这三种传说明显源自不同的信仰体系。扶桑的信仰又能产生很多疑虑,它应该与商王室十日信仰有关,但为什么盘龙城和其他江河中原遗址未见扶桑铜像,而目前独见于三星堆祭祀坑中?这现象隐藏什么真相?还有语言传承的大问题。在大中国的地图上原来有很多语言并存。这些语言之间的沟通,在不同语言中同一崇拜对象的称呼和其特殊意义,这应该是根本无法了解的难题。但是一定需要进一步做的是,商文明之前各地信仰的复原研究。因为其没有留下文字记录,所以该研究的难度很高,但是现在流行的对河姆渡、良渚、红山、高庙、屈家岭、石家河、半坡、凌家滩、三星堆等文化信仰的理解,很多都只是从现代人角度的诠释,而并没有经过以上所讨论的考证方法,所以不符合历史复原研究的目标,不合乎"使祖先复活"的历史学的理想。

图　录

图七　1.塔纳赫(旧约圣经)中克托尼俄斯蛇的形象(据奥伯利·比亚兹莱版画);2.明代汪肇《起蛟图》局部,龙于雷云中。

图八　斯拉夫民间故事神龙的形象。

图九　西周时期甘肃铜镜被视为日蚀和月蚀图。

图一〇　恐龙假设。

图一一　明代补子,团龙云中。

图一二　1—2.红山文化玉龙;3.陶寺文化陶器上的龙图;4.殷商青铜器上的夔龙;5.殷墟妇好墓出土的玉龙;6.震旦艺术博物馆收藏殷商玉龙;7.桐乡普安桥良渚墓出土的玉龙(M28∶8);8.余杭瑶山良渚祭台1号墓出土的龙首纹玉镯(M1∶30)。

图一三　1.阿尔金先生的对照图:A　叶蜂科的幼虫,a　红山文化玉龙;B—C　金龟子科的幼虫,b—c　殷墟妇好墓出土的玉龙。2.孙机先生的昆虫图:D　金龟子,d　蛴螬(金龟子幼虫);E　豆象,e　蛴螬(豆象幼虫)。

图一四　1.自然界多种小龙;2.头角尾刺的幼虫;3.蝴蝶的头部;4.蜻蜓幼虫;5.毛虫吐出虫丝悬垂在空中;6.商代晚期串🐛父丁卣铭文;7—10.天门石家河肖家屋脊出土三苗时期的玉蚕: 7. W71∶2;8. W6∶8;9. W6∶12;10.天门石家河罗家柏岭出土三苗时期的玉蚕 T27(3)∶4;11.妇好墓出土的玉蝉;12.殷墟出土的玉蝉;13.西周时期虢国孟姞墓(M2006)出土的玉虫龙;14.西周时期虢国虢季的梁姬夫人墓(M2012)出土的玉手链;15.盘龙城 PLWM4∶12出土的玉蚕形器。

图一五　明代佚名《白描罗汉》图。

图一六　1.卡纳克神庙巨大蜣螂像;2.古埃及金龟蜣螂"Hepri"字;3.繁化写的"Hepri"字;4.法老名中,下埃及和上埃及的象征;5.金龟蜣螂乘日之古埃及新王国宝石雕;6.红山文化玉龙;7.天门石家河肖家屋脊出土的玉蚕 AT1321(1)∶1。

图一七　1.红山出土玉质蚕蛹;2—3.虢国墓死者身体上的虫形玉链;4—7.头嘴尾犬齿的幼虫;8—10.红山出土的双首玉龙;11.西周虢国墓出土的双首玉龙璜;12.新郑市博物馆收藏春秋时期双首龙形的编钟钟耳;13.北京故宫收藏西周中期趠鬲的口沿双首龙纹;14.西周虢国墓出土的梁姬罐盖上的双首龙图;15.台北故宫收藏的殷商末期亚丑簋上的双首龙图;16.上海博物馆收藏殷商时期的父丁卣提梁上的双首龙图;17.北京故宫收藏的杜伯盨器盖上的尾刺龙图。

图一八   1. 美洲阿兹特克文化的 Aigos 神;2. 秘鲁的崇拜神。

图一九   1. 中国社会科学院考古研究所二里头考古工作站收藏的三虫陶簋;
2. 偃师博物馆收藏的二里头时期的陶质六虫透底器;3. 河南濮阳南乐县宋耿治村
出土东汉延熹三年(160 年)的六龙石砚。

图二〇   盘龙城李家嘴二号墓出土三、四期的铜瓿(PLZM2:45)。

图二一   二里头出土四期硬陶簋的饰带分析。

图二二   上海博物馆收藏汤商早期圆鼎饰带的分析。

图二三   盘龙城早中期带神纹的青铜器:1. 杨家湾出土盘龙城三期的铜爵
(PYWM6:1);2. 楼子湾出土盘龙城四期的铜鬲饰带;3. 李家嘴一号墓出土盘龙城
四、五期的铜鬲(PLZM1:4)。

图二四   郑州出土汤商早期圆鼎饰带的分析。

图二五   带夔纹的硬陶片:1. 湖北黄石阳新县大路铺遗址出土;2. 偃师二里
头四期出土。

图二六   盘龙城李家嘴一号墓出土四、五期的铜瓿(PLZM1:19)。

图二七   江汉地区出土盘龙城文化四、五期的铜瓿。

图二八   殷墟出土史语所收藏 R2058 饰带的分析。

图二九   两商双嘴夔龙形状分析。

图三〇   殷商时期夔纹饰带:1. 殷墟出土、史语所收藏的 R2078;2. 上海博物
馆收藏的斜角杯口沿纹;3. 北京保利艺术博物馆收藏的铜簋圈足纹;4. 上海博物
馆收藏的齐妇鬲饰带;5. 上海博物馆收藏的竹斿卣提梁饰;6. 北京保利艺术博物
馆收藏的犅伯棽卣提梁饰;7. 台北故宫收藏的 𝍐 召卣。

图三一   西周时期夔纹饰带:1. 上海博物馆收藏的凤纹卣提梁饰(早期);
2. 上海博物馆收藏的斜角盆(中期)。

图三二   从一条双首双爪夔龙到两条成对的夔一足:1. 洛阳博物馆收藏殷商
子甲父己鼎的饰带;2. 上海博物馆收藏西周昭王时期的令盘足纹。

图三三   1. 北京故宫收藏西周中期的师趛鬲;2. 新郑博物馆收藏郑国方壶的
饰带。

图三四   台北故宫收藏西周宣王时期的颂壶。

图三五   1. 湖北省博物馆收藏的春秋塞公𠤳父铜匜;2. 南越王墓出土的双头
龙金带钩;3. 西周金文"神"字。

墟出土、史语所收藏的羽纹肥遗型纹瓿形器的足纹 R2057；3. 殷墟出土肥遗型觯形器的足纹 R1075；4. 殷墟出土、史语所收藏的重盖活颈扁条提梁卣形器的颈纹 R1071；5. 殷墟出土、史语所收藏的罍形器的腰纹 R2076；6. 台北故宫收藏的神纹簋口沿纹；7. 台北故宫收藏的子父癸觚上的纹饰符号；8. 殷墟 1001 大墓神纹原始瓷器。

图五一　商周时期璜形或双勾形的神纹：1. 湖北江陵荆南寺遗址出土的硬陶片；2—4. 二里头出土的三期的硬陶片；5. 上海博物馆收藏盘龙城文化铜斝的纹饰；6. 上海博物馆收藏殷商时期的 🯄 觚纹饰；7. 山西曲沃北赵春秋时期晋侯墓铜鸟尊的翅纹。

图五二　汤商时期夔纹符号：1. 湖北江陵荆南寺遗址出土的硬陶片；2. 二里岗遗址出土的硬陶片；3. 二里头遗址出土的三、四期绿松石龙面的纹饰分析；4. 上海博物馆收藏的扁足鼎足纹；5. 北京故宫收藏圆鼎阴刻线纹局部分析（M4：5）；6. 上海博物馆收藏的铜觚纹饰。

图五三　殷商时期夔纹符号：1. 上海博物馆收藏的犾觚纹饰；2. 北京故宫收藏的正鼎足纹；3. 殷周青铜器上夔形和璜形的阴刻线纹；4. 上海博物馆收藏圆壶的阴刻线纹。

图五四　妇好墓出土的身上带夔纹的玉鸟。

图五五　1. 殷商礼器扉棱；2. 安阳出土的一件独立的扉棱单元；3. 天津博物馆收藏西周厉王时期的克镈。

图五六　宝鸡眉县杨家村窖藏出土的西周晚期的编镈。

图五七　上海博物馆收藏殷墟时期 🯄 父丁卣。

图五八　晋侯墓出土的玉牌。

图五九　春秋时期芮国金饰。

图六〇　1. 殷墟郭家庄出土的小方鼎；2. 成对尾刺龙交口构图的发展。

图六一　上海博物馆收藏殷墟时期㲎簋的足纹。

图六二　1. 北京故宫收藏西周时期的杜伯盨盖；2. 金文"神"字。

图六三　成对夔龙构图：1. 台北故宫收藏殷商时期门祖丁簋的足纹；2. 台北故宫收藏殷商时期 🯄 父癸簋的足纹；3. 上海博物馆收藏殷商时期戉箙卣成对夔龙饰带；4. 上海博物馆收藏殷商时期竹斿卣的饕餮纹；5. 上海博物馆收藏西周早期川鼎的足纹；6. 台北故宫收藏西周早期乳丁夔纹簋的足纹；7. 上海博物馆收藏

殷商时期戈父丁簋的足纹；8. 上海博物馆收藏西周早期作册嗌卣的腰纹；9. 台北故宫收藏西周早期舟簋的口沿纹；10. 西周早期琉璃河出土围方鼎盖的刻纹。

图六四　1. 西周晚期虢国墓出土的玉璜；2. 西周中晚期芮国墓出土的玉璜；3. 上海博物馆收藏西周毛公方鼎的口沿纹；4. 西周中晚期芮国墓出土的玉玦；5. 西周晚期虢国墓出土的玉玦；6. 殷墟1001号墓木器遗迹。

图六五　西汉早期马王堆一号墓和三号墓出土的帛画。

图六六　1. 南阳唐河电厂墓出土西汉晚期的画像石；2. 四川新津宝子山崖出土东汉时期的画像石。

图六七　山东沂南县出土东汉时期的画像石。

图六八　1. 西周晚期晋侯M31墓出土的玉璜；2. 西周晚期晋侯M113墓出土的玉璜；3. 北京故宫收藏西周晚期的玉璜；4. 养德堂收藏的西周晚期的玉璜。

图六九　1. 石家河晚期肖家屋脊玉作坊出土的人面像；2. 石家河晚期枣林岗出土的人面像；3. 殷墟小屯发现石家河系统的玉器神人头像；4—5. 春秋早期黄君孟夫妇墓出土的玉牌。

图七〇　1. 南阳唐河县湖阳镇墓出土西汉中晚期的画像石；2. 山东西张官庄墓出土东汉时期的画像石。

图七一　山东嘉祥东汉时期的武氏祠画像石。

图七二　1. 四川郫县出土一号石棺上的画像石；2. 四川合江县出土四号石棺上的画像石。

图七三　西周晚期成对蟠龙交身：1. 晋侯斯壶盖；2. 颂壶盖纹；3. 晋侯方壶盖纹。

图七四　秦朝咸阳宫殿空心砖。

图七五　1. 春秋时期芮国金饰；2. 春秋时期芮国玉环；3. 上海博物馆收藏西周时期仲枏父鬲的器纹；4. 殷墟妇好墓出土鸟负龙玉牌。

图七六　1. 上海博物馆收藏西周早期斿父癸壶盖；2. 台北故宫收藏西周早期龙纹簋的器纹。

图七七　西周早期作册大方鼎。

图七八　1. 二里头出土的陶片；2. 上海博物馆收藏战国时期双尾龙玉佩。

图七九　1. 上海博物馆收藏殷商晚期铜觯的腰纹；2. 殷墟出土中柱旋龙盂形器的足纹和口沿纹；3. 殷墟出土白陶罐的口沿纹；4. 台北故宫收藏殷商时期铜簋

的足纹。

　　图八〇　　1. 石家河、盘龙城文化的神面纹（据台北故宫收藏的玉圭）；2. 良渚玉器上的刻纹。

　　图八一　　史语所收藏礼器上的饕餮纹。

　　图八二　　据张光直先生分类的夔龙图和兽头图的类型。

　　图八三　　殷商时期的饕餮纹：1. 上海博物馆收藏的🐾🐾鼎；2. 台北故宫收藏的融尊。

　　图八四　　1. 上海博物馆收藏殷商时期乳钉纹簋的足纹；2. 震旦艺术博物馆收藏殷商时期的玉龙；3. 上海博物馆收藏殷商时期🐾🐾爵的器纹。

　　图八五　　上海博物馆收藏西周早期的从簋。

　　图八六　　北京故宫收藏殷商时期的扁足🐾鼎。

　　图八七　　殷商时期的饕餮纹：1. 上海博物馆收藏的亚丑觚；2. 上海博物馆收藏的龙纹觚；3. 殷墟侯家庄 1400 墓出土、史语所收藏的铜觚 R1034。

　　图八八　　上海博物馆收藏殷商时期的三层饕餮纹铜簋。

　　图八九　　1. 上海博物馆收藏殷商时期的三层饕餮纹铜簋；2. 上海博物馆收藏殷商时期的牽鼎。

　　图九〇　　殷商时期的射女鼎（上海博物馆和台北故宫各藏一件）。

　　图九一　　上海博物馆收藏殷商时期🐾父丁鼎的饕餮纹。

　　图九二　　殷商方彝饕餮纹：1. 史语所收藏 R2067；2. 上海博物馆收藏的竹宝父戊方彝。

　　图九三　　1. 洛阳博物馆收藏的西周方鼎；2. 台北故宫收藏西周早期的铜簋。

　　图九四　　天盖符号图：1. 河姆渡陶钵；2. 良渚玉质头饰；3. 良渚神祕符号；4. 荆门六合出土的后石家河玉虎面饰；5. 襄汾陶寺出土的玉虎面饰；6—7. 台北故宫收藏后石家河—盘龙城时期玉圭的刻纹；8. 春秋晚期曾侯乙墓出土铜镬鼎的饕餮纹及其鼻形符号；9. 殷商饕餮纹鼻形神杖；10. 良渚文化玉翼形器。

　　图九五　　1—3. 殷墟墓葬出土的兽面形饰；4. 殷墟妇好墓出土的玉匙。

　　图九六　　1. 台北故宫收藏殷商时期的亞丑方彝盖；2. 山西出土西周早期的方彝盖；3. 信阳罗山天湖商周墓里出土的铜鼎铭文。

　　图九七　　长沙子弹库楚墓出土河伯乘龙游河帛画。

图一一七　1. 崧泽遗址 95 号墓出土的陶豆;2. 桐乡市博物馆收藏崧泽文化的陶豆;3. 江苏宁镇咎庙遗址出土镂孔纹的豆把;4. 浙江湖州出土的崧泽文化的陶杯;5. 郑州洛达庙遗址出土二里头文化的陶豆;6. 夏家店下层大甸子遗址 713、806 等号墓陶出土的纹饰带。

图一一八　上海青浦区大盈镇寺前村遗址出土的陶壶。

图一一九　1—3. 胡家屋场遗址出土皂市下层文化中期的镂孔纹陶器:1. 低足豆;2. 圆足盘;3. 罐耳;4—6. 汤家岗遗址白陶圈足盘的足纹饰带。

图一二〇　大溪文化晚期屈家岭文化早期的陶器:1—2. 三斗坪遗址出土的彩陶片;3. 澧县梦溪三元宫遗址出土的中期彩陶片;4—9. 划城岗遗址出土的陶器:4. 早一期的彩陶罐;5—6. 中一期 88 号墓出土的簋;7. 中一期 63 号墓出土的簋;8. 中一期 88 号墓出土的鼎;9. 中二期 33 号墓出土的豆。

图一二一　长江中游镂孔饰带:1. 京山屈家岭出土晚期的瓶形器;2. 江西湖口史家桥遗址出土的豆柄;3—4. 江西靖安郑家坳遗址出土的陶豆。

图一二二　后石家河与殷商妇好墓出土玉器之对比

图一二三　1. 石家河邓家湾出土的鸭形器;2. 二里头出土的鸭形器;3. 马桥出土的鸭形器。

图一二四　1. 邓家湾祭祀区出土屈家岭时期的筒形偶像;2. 屈家岭文化器盖;3. 石家河文化周索状堆纹陶壶;4. 二里头出土的周索状堆纹陶壶;5. 王家嘴出土盘龙城三期的周索状堆纹陶缸;6—10. 后石家河玉立鹰;6. 石家河遗址出土的;7. 禹州瓦店出土的后石家河玉立鹰;8—9. 陕北神木石峁遗址埋藏的后石家河玉立鹰;10. 殷墟妇好墓出土的后石家河玉立鹰;11—17. 石家河文化陶鸟;11—13. 河南汝州李楼遗址出土;14. 石家河肖家屋脊遗址出土;15—16. 石家河邓家湾遗址出土;17. 河南驻马店杨庄一期出土;18. 偃师二里头遗址出土的鸟头。19—22. 古文字中的"祖"字。

图一二五　袋足陶鬹、盉:1. 石家河文化陶鬹;2. 石家河文化晚期袋足陶盉;3. 良渚文化陶鬹;4. 苏北花厅遗址出土的良渚文化陶鬹;5. 三星堆带袋陶盉;6. 二里头二、三期出土的袋足陶盉。

图一二六　1. 二里头遗址出土带眼形符号的硬陶尊;2. 江陵荆南寺遗址出土带眼形符号的硬陶片;3. 路家河遗址出土二期硬陶上的眼形符号;4. 豫中贾湖遗址出土龟甲上的眼睛符号;5. 新砦二期器盖上的龙面图;6. 二里头出土的绿松石

眼形器;7—8. 石家河文化玉质神人头像;9. 金沙遗址出土的铜眼睛形器;10. 汉中地区商时期宝山文化眼纹陶片。

　　图一二七　　1. 松滋桂花村出土大溪文化斜刃微弧璋;2. 高庙上层大溪文化层出土的玉钺(M27:1);3. 保康穆林头屈家岭晚期墓地出土的玉铲(M33:1);4. 保康穆林头屈家岭晚期墓地出土的玉璇玑(M26:29);5. 天门石家河城出土的玉璇玑;6. 孙家岗墓地出土的玉面像;7. 罗家柏岭出土的玉鹰;8—10. 谭家岭后石家河三苗王瓮棺墓出土的玉器:8. 玉鹰牌(W8:34);9. 玉面饰(W9:50);10. 玉虎座双鹰(W8:13)。

　　图一二八　　1. 三星堆礼器上的夒神符号;2. 三星堆祭祀坑出土的铜鸟;3. 三星堆铜面具。

　　图一二九　　1. 三星堆铜殿顶部;2. 上海博物馆收藏殷商时期铜觯上的明纹;3. 殷墟 R2058 瓿形器的饰带;4. 三星堆铜人座上的饰带。

　　图一三〇　　江河中原盘龙城二、三期带弯形神纹的陶片:1. 湖北宜昌遗址出土;2. 荆南寺遗址出土;3. 秭归大沙坝遗址出土;4—5. 三峡库区长府沱遗址出土;6. 驻马店遗址三期出土;7. 洛阳皂角树遗址出土;8—9. 渑池县郑窑遗址出土;10—12. 江河中原盘龙城二、三期带璜形神纹的陶片:10. 荆南寺遗址出土;11. 汝州李楼遗址二期出土的纺伦;12. 驻马店遗址三期出土。

　　图一三一　　广富林文化陶器:1. 一期圈足盘;2. 三期印纹硬陶片;3. 一期良渚类型的鬶;4. 二期石家河类型的鬶;5. 一期良渚类型的盉;6. 二期良渚类型鱼鳍形足鼎。

　　图一三二　　江西地区出土相当于盘龙城时期的带神纹硬陶片:1—2. 湖口县下石钟山遗址出土;3. 新余市拾年山遗址出土;4. 清江地区出土;5. 德安米粮铺黄牛岭遗址出土;6—9. 德安米粮铺猪山龙遗址出土;10—11. 德安蚌壳山遗址出土;12. 德安陈家墩遗址出土;13. 德安、永修界牌岭遗址出土;14—16. 九江神墩遗址出土;17—18. 小张家遗址出土(吴城文化一期);19—22. 吴城遗址出土(吴城文化一期)。

　　图一三三　　1—12. 后石家河文化硬陶:1—3. 尧家岭泥质硬陶片;4. 尧家岭夹砂硬陶片;5. 肖家屋脊陶罐 H68:89;6—11. 蟹子地出土:6. H16:5;7. T21316:13;8. T19314:28;9. T17306:33;10. T313204:10;11. T31204:27;12. 大路铺 03ET2406⑦:59;13—15. 大冶香炉山炉壁标本;16. 大路铺出土炉壁块 03ET25078:11。

土的虎头像（W9：10）；8. 孙家岗墓地出土的虎首（M87：6）；9. 孙家岗墓地出土的虎首配饰（M71：2）。

图二一一　新干祭祀坑出土的虎形礼器：1. 扁圆虎足鼎（标本 16）；2. 伏鸟双尾虎；3. 虎首戈。

图二一二　安徽阜南县朱寨镇出土的龙虎尊。

图二一三　1. 千家坪遗址出土的白陶残片刻纹；2. 千家坪遗址出土的白陶罐高领刻纹；3. 松溪口遗址出土的白陶豆；4. 松溪口遗址出土的白陶罐口部；5. 松溪口遗址出土的白陶盘上双野猪刻纹；6. 河姆渡一期神猪刻纹长方钵；7. 河姆渡一期陶猪；8. 江苏邳县刘林新石器晚期遗址出土的雕刻野猪獠牙。

图二一四　1—3. 高庙遗址出土的白陶礼器的纹饰：1. 簋；2. 罐高领的刻纹；3. 钵的刻纹；4—7. 千家坪遗址出土的白陶礼器的纹饰：4. 高领罐刻纹；5. 圈足盘刻纹；6. 陶片盘刻纹；7. 圈足碗刻纹；8. 高庙遗址出土的野猪獠牙；9. 长沙南托大塘出土圈足器底獠牙刻纹；10. 白音长汗遗址二期 AT27②探方出土的叶蜡石镶嵌蚌壳獠牙面像。

图二一五　兴隆洼遗址随葬一对野猪的巫师大墓（M118）。

图二一六　1. 王因遗址出土大汶口早期文化的野猪獠牙礼器；2. 王因 2201 号墓随葬的猪下颚；3—4. 三里河遗址 267 和 111 号墓出土的狗形陶鬶和公猪形陶鬶；5. 湖南湘潭县出土、湖南省博物馆收藏殷商时期的铜豕尊。

图二一七　1. 上海博物馆收藏殷商时期的双首豕卣；2. 山西曲沃出土西周早期晋仲卫父盉的线图。

图二一八　各地收藏的獠牙神面玉像：1. 藏于上海博物馆；2. 藏于伦敦大英博物馆；3. 美国史密森宁研究院收藏；4. 加州收藏鸟冠獠牙神人像；5. 河南省文物商店收藏头上坐鸟的獠牙神面像；6. 藏于美国哈佛大学福格博物馆；7. 藏于香港傅忠漠；8. 藏于美国旧金山亚洲美术馆；9. 藏于芝加哥艺术学院。

图二一九　各地出土的獠牙神面玉像：1. 晋侯墓出土鹰冠獠牙神面像；2. 长安张家坡西周墓出土；3. 陕西岐山凤雏出土；4. 新干祭祀坑出土；5. 肖家屋脊出土神人像（W6：17）；6. 孙家岗墓地出土的獠牙神面像（M149：1）。

图二二〇　1. 湘潭县出土殷商时期铜豕尊的线图；2. 新干祭祀坑出土伏鸟双尾铜虎的线图。

图二二一　1. 弗瑞尔艺廊收藏殷商时期的虎尊；2. 京都泉屋博古馆收藏殷商

时期的虎鸮觥;3. 荆州市江北农场出土、荆州博物馆收藏西周早期的虎尊。

图二二二　　1. 湖南省博物馆收藏的虎纹铜钺;2. 湖南省邵东县毛荷殿乡民安村出土、湖南省博物馆收藏的一对四虎铜镈。

图二二三　　后石家河神虎与神人合为一体的玉器:1—2. 石家河城谭家岭瓮棺墓 W9 出土神虎天冠;3. 美国史密森尼-马恩省美术馆收藏虎神人玉璋;4. 美国史密森尼研究院收藏虎目天冠神人面像;5. 震旦艺术博物馆收藏虎目冠神人面像。

图二二四　　1. 大溪文化巫山大水田遗址 M232 局部;2. 巫山大溪遗址随葬的虎牙;3. 三星堆二号祭祀坑出土的虎牙饰。

图二二五　　虎食人玉刀,虎国礼器。

图二二六　　1. 日本京都泉屋博古馆虎食人卣的刻纹;2. 安徽阜南龙虎尊的虎食人刻纹;3. 三星堆龙虎尊的虎食人刻纹;4—5. 西北美洲原住民(阿留申人或爱斯基摩人)虎食人的萨满雕刻;6. 印度尼西亚苏门答腊岛巴塔克人的短剑象牙柄端上的虎食人雕刻;7. 南美洲秘鲁库比斯尼克文化(Cupisnique culture,BC1500—1100)獠牙神面。

图二二七　　1. 西北冈王陵 1001 号大墓翻葬坑大理石虎神像;2. 殷墟妇好墓出土玉虎头鸮身像。

图二二八　　1. 新干祭祀坑出土的虎头胄;2. 西北冈 1004 号大型王墓出土的似虎头形貌的铜头盔。

图二二九　　殷墟出土的神虎石雕:1. 1001 大墓白石双头虎;2. 1001 大墓白石虎像;3—4. 妇好墓玉虎。

图二三〇　　殷墟出土虎形木器的遗痕:1—2.1001 大墓;3. 1003 大墓。

图二三一　　金文上虎形族徽:1. 安阳出土的殷商时期的虎戈;2. 殷商虎簋的族徽;3. 殷商时期戕虎瓠的族徽;4. 殷商时期虤虎父乙瓠的铭文;5. 车觥戈的族徽;6—8. 西周早期虎簋的族徽。

图二三二　　1. 牛河梁神庙出土的熊下颚骨;2. 红山文化玉熊;3—4. 殷墟妇好墓出土的玉坐熊像;5.《三礼图》中熊虎旗的形状。

图二三三　　1. 新干祭祀坑出土的獠牙铜钺;2—3. 山东苏埠屯出土的两件神面铜钺;4. 史语所收藏的 R1077 方彝饕餮纹。

图二三四　　1. 上海博物馆收藏西周早期的龙钺;2. 甘肃灵台县白草坡遗址出土的西周虎钺。

图二四七 古埃及十九王朝妮菲塔莉大王后墓室的壁画上白兀鹫涅赫贝特神母造型。

图二四八 长沙子弹库楚墓出土“简狄在台”帛画。

图二四九 铜戈、钺上双夔间的族徽：1. 屰戈；2. 交戈；3. 𢔶戈；4. 𤰇戈；5. 万戈；6. 弔戈；7. 宁戈；8. 叀戈；9. 伐甗戈；10. 伐甗钺。

图二五〇 殷周鸟形族徽：1. 鸟父辛盘族徽；2. 信阳罗山县蟒张公社出土的亞鸟觚；3. 亞鸟爵；4. 西周初期的亞鸟效尊的腰纹和铭文；5. 𪀉祖癸鬲；6. 亞𪀉父丁鬲与盉；7. 亞𪇰父乙；8. 作册大鼎；9. 䳑己祖觚；10. 冉𢍏父乙鼎；11. 安阳市小屯村 18 号墓出土的鸟举觚。

图二五一 殷周族徽铭文：1. 亞雀渔父己卣；2. 亞𪈭鼎；3. 𪈭爵；4. 𪈭卣。

图二五二 曾侯乙墓漆绘衣箱盖上的弋射鸟图。

图二五三 山东邹城西南大故乡村出土东汉画像石的羽人凤鸟仙树图。

图二五四 安徽淮北市北山乡出土东汉画像石的射鸟图。

图二五五 山东临沂白庄出土，临沂市博物馆收藏的东汉画像石。

图二五六 甲骨文“秋”字的象形意义。

图二五七 四方鸟图：1. 河姆渡四期泥质灰陶豆的盘内刻纹；2. 草鞋山 198 号墓出土良渚陶鼎盖上的刻纹；3. 广富林二号墓出土陶鼎盖上的刻纹；4. 金沙遗址出土的四方凤金饰；5. 陕西凤翔县范家寨乡北干河村出土的秦国铜泡。

图二五八 1—3. 石家河文化玉凤：1. 孙家岗出土；2. 罗家柏岭玉质作坊出土；3. 妇好墓出土；4—7. 战国时期楚墓凤形漆器：4. 晋侯墓孔雀尊（M114：210）；5. 天星观二号墓虎座飞鹤；6. 江陵九店 M526 楚墓虎座飞鹤；7. 李家台 M4 楚墓虎座飞鹤；8. 江陵雨台山 M354 虎座鹤架鼓。

图二五九 1. 夏商时期“帝”字形的北极天象；2. 推测的夏商时计算北极的仪器和方式；3. 西汉晚期的北极天象。

图二六〇 商文明宇宙与国家之对应关系示意图。

图二六一 1. 邓家湾祭祀区出土的屈家岭陶祖偶像；2. 杨家湾文字中的“祖”字；3. 太平洋社会群岛祖庙石表的形状（摘自《考古》1995 年第 7 期）；4—10. 后岗殷墓出土的玉祖（摘自《考古》1993 年第 10 期和 1995 年第 7 期）；11. 偃师二里头出土盘龙城类型的玉祖；12—14. 李家嘴出土盘龙城四期的柄形器；15. 陕北神木石峁遗址埋藏的盘龙城类型玉祖；16. 殷墟出土小臣族带铭文的玉祖（瓒）；17. 西周

长子口 1 号墓出土的加刻纹的玉祖;18. 殷墟郭家庄 160 号墓出土的加刻纹的玉祖;19. 虢国墓出土的玉瓒;20. 茹家庄出土的玉瓒;21. 平江县哲寮村旗杆石。

图二六二　1. 彭头山遗址出土的彭头山文化的陶祖;2. 八十垱遗址出土的彭头山文化的陶祖;3—4. 胡家屋场遗址出土的皂市下层文化的陶祖;5. 坟山堡遗址出土的皂市下层文化的陶祖;6—7. 石家河城邓家湾出土的陶祖;8—9. 石家河城邓家湾出土的神母抱祖陶塑;10. 芝加哥艺术所收藏的后石家河类型獠牙玉祖;11—13. 肖家屋脊遗址出土的石家河玉祖;14. 二里头三区一号墓出土的玉祖;15. 二里头出土石家河类型的玉祖;16—17. 殷墟妇好墓出土石家河类型玉祖;5—7. 李家嘴出土盘龙城四期的柄形器;8. 偃师二里头出土盘龙城类型的玉祖;9. 陕北神木石峁遗址埋藏的盘龙城类型玉祖;10. 芝加哥艺术所收藏的石家河类型獠牙玉祖;11—17. 后岗殷墓出土的玉祖(摘自《考古》,1993 年第 10 期和 1995 年第 7 期);18. 太平洋社会群岛祖庙石表的形状(摘自《考古》,1995 年第 7 期);19. 大司空村 23 号墓出土的玉祖;18. 新干祭祀坑出土的玉祖;20. 阳新大路铺遗址出土盘龙城类型的陶祖;21. 阴湘城出土屈家岭早期漆木祖。

图二六三　1.《集成》1401 铭文;2.《集成》1403 铭文;3.《集成》11392 铭文。

图二六四　吉萨博物馆收藏古埃及希克索斯法老石像。

图二六五　1—16. 纺丝彩陶纺轮:1—8. 静态四方纹之彩陶纺轮;9—16. 旋转纹之彩陶纺轮;屈家岭文化彩陶纺轮:1—4. 邓家湾 AT307⑥:14、T31④:13;谭家岭ⅣT2211⑥B:10;罗家柏岭 T10⑦:6;9—12. 邓家湾 AT307⑤:9、T5⑦:1;谭家岭ⅢH9:2;罗家柏岭 T11⑤:1;石家河文化彩陶纺轮:5—8. 邓家湾 T34③:21、AT3⑤:88、T34③:3;罗家柏岭 T11④A:2;13—16. 邓家湾 AT104⑦a:17. AT104⑦b:5;谭家岭ⅡK17:31;罗家柏岭 T7⑤:13;17、坟山堡器盖:3. T9H13(上):8;18—19. 澧县八十垱陶祖:18:M8:21;19、T4319:23;20—22. 柳林溪陶祖礼器顶面四分纹:20、T1015⑥:18;21. T0915⑨:50;22、T0915⑧:168;23—24. 关庙山彩陶碗底:23. T51⑤A:436;24、T59⑤B:91;25、青铜器上的明纹图案;26. 甲骨文"日"字;27—29. 蚕虫;30、南阳唐河县湖阳镇西汉墓画像石上的羲和主日、常羲主月图案;31—32. 千家坪白、红陶日鹰纹:31、M41:1 盘底纹;32、T2G1②:84 高领罐肩纹;33. 凌家滩 29 号墓出土的玉日鹰;34. 屈家岭遗址祭坛出土的"四耳器";35. 崧泽文化晚期绰墩遗址出土的日历纹纺轮;36. 樊城堆遗址出土樊城堆文化模仿石家河文化日历纹纺轮;37. 崧泽遗址出土的良渚文化时期陶壶和器底纹;

38. 汤家岗遗址 43 号墓出土白陶圈足盘底的八角星图;39. 山东枣庄小山出土汉景帝时代二号墓石椁南侧西版图案。

图二六六 1. 三星堆二号祭祀坑出土的铜质扶桑神树;2. 三星堆扶桑日鹰;3. 澧县孙家岗出土夏时代的玉蚕;4. 蚕蛾;5. 天门石家河肖家屋脊出土三苗时期的飞蛾蚕母(W6∶7)。

图二六七 《合集》1402 卜辞。

图二六八 1.《合集》1657 卜辞;2.《合集》1401 卜辞。

图二六九 1—3. 三星堆祭祀坑出土的青铜面具;4—5. 石家河与三星堆面像对照(据《成都大学学报》,2011 年第 1 期)。

图二七〇 1. 江西新干祭祀坑出土的青铜面像;2. 新干祭祀坑出土的铜戈柄;3. 广东曲江石峡上层遗址出土的西周剑;4. 华盛顿弗瑞尔艺廊收藏的玉祖;5. 山东苏埠屯出土车軏的浮纹;6. 殷墟出土、上海博物馆收藏的人面纹弓。

图二七一 1. 峡江地区东门头遗址采集的屈家岭、石家河之际的通天石刻碑;2. 秭归柳林溪遗址出土的石人偶像;3. 曾侯乙墓漆棺羽人像;4—5. 马王堆三号墓"太一将行"帛画图(局部)。

图二七二 1. 三星堆二号祭祀坑出土残缺的铜人像;2. 台北故宫收藏西汉青铜鎏金铺首;3. 优周岗遗址出土的木构面像;4. 石家河城址谭家岭瓮棺出土的虎头带三叉角面像的玉佩;5—7. 南越遗物: 5. 漆木屏风上有青铜鎏金双面像;6. 墓主棺铺首衔环;7. 王宫的瓦片。

图二七三 1. 南阳画像石墓铺首造型;2. 洛阳画像砖铺首造型;3. 陕北子洲县淮宁湾出土的东汉墓门左扇。

图二七四 1. 徐州铜山县白集汉墓画像石;2. 四川芦山县沫东镇先锋村出土的王晖石棺盖。

图二七五 湖南沅江流域出土的两汉滑石面具:1—6. 怀化溆浦县马田坪西汉墓;7. 常德南坪乡西汉墓;8. 常德南坪乡东汉墓;9. 秘鲁库比斯尼克(Cupisnique)文化公元前第一千纪的石杯。

图二七六 河南平顶山西周应国 84 号墓出土的面具。

图二七七 殷末周初的青铜面具:1. 陕西城固苏村小冢出土;2. 北京琉璃河1193 号大墓出土;3. 西安老牛坡 41 号墓出土;4. 陕西岐山贺家村四号车马坑出土的虎形獠牙面具;5. 陕西岐山贺家村一号墓出土的无獠牙的面具;6—7. 斯德哥尔

摩远东古物博物馆收藏的面具。

图二七八　安阳侯家庄西北岗 1400 号大墓出土的青铜面具。

图二七九　1. 河北刘家河遗址出土的青铜面具；2. 安阳后岗出土的四面陶壶盖；3. 河北藁城台西下层出土的四面器盖；4. 安阳王裕口村东南出土的人面陶范。

图二八〇　1. 琉璃河 1193 号大墓出土的青铜面具；2. 阿姆斯特丹王氏博物馆收藏的殷周时期的青铜面具。

图二八一　新石器时代面像：1—7. 河北易县北福地遗址出土；8—9. 辽西赵宝沟遗址出土；10. 辽西榆树山遗址出土；11. 巫山大溪遗址出土黑玉人面护身符。

图二八二　刘家河王级大墓青铜器对照：1. 盘龙城五期圆鼎；2—4. 刘家河圆鼎；5. 盘龙城四期盉；6. 刘家河盉；7. 大洋洲三羊罍；8. 刘家河三羊罍；9. 刘家河圈足卣；10. 盘龙城五期圈足卣；11. 刘家河三足卣；12. 大洋洲三足卣；13. 刘家河鬲；14. 盘龙城三期鬲；15. 盘龙城五期鬲；16. 刘家河斝；17. 盘龙城四期斝；18. 盘龙城五期斝；19. 刘家河方鼎；20. 刘家河绿松石珠；21. 黄金臂钏；22. 黄金喇叭形耳环。

图二八三　1. 大禾方鼎；2. 西北岗 1400 号大墓出土的青铜面具；3. 琉璃河 1193 号大墓出土的青铜面具；4. 荆州秦家山二号墓出土的战国时期覆面；5—6. 大禾方鼎铭文。

图二八四　大禾方鼎两侧的面像。

图二八五　1. 司母戊方鼎耳上的图；2. 大禾方鼎的鼎耳；3. 郑邑出土的陶片。

图二八六　1. 殷商夒食人玉器；2. 弗瑞尔艺廊收藏殷商时期三足觚。

图二八七　弗瑞尔艺廊收藏的夒食神人铜刀。

图二八八　上海博物馆收藏西周早期的神龙食人首车軏。

图二八九　大英博物馆收藏西周早期的神龙食人首车軏。

图二九〇　伦敦苏富比行收藏西周早期的神龙食人首车軏。

图二九一　1. 大英博物馆神龙食人首车軏的正面线图；2. 苏富比行神龙食人首车軏的侧面线图。

图二九二　1. 上海博物馆收藏殷周之际虎食白人首车軏；2—3. 两件周原扶风召陈遗址出土西周早期的蚌雕白人头。

图二九三　安阳出土的人头像：1. 中国社会科学院考古研究所安阳工作队收藏的陶像；2. 史语所收藏的陶像；3. 玉像；4. 铜簋内壁上的人头符号。

图二九四　加泰土丘生命兀鹫与殷商双虎龙饕餮比较：1—2. 加泰土丘壁画；

3. 妇好墓铜钺刻纹；4. 欧西里斯（Osiris）法老再生礼——躺在狮子床上；5. 殷墟1001 大墓双头虎灵轿。

　　图二九五　　1. 殷墟 164 号墓马具复原图；2. 芝加哥艺术研究院收藏的护马玉巫。

　　图二九六　　1. 西安老牛坡遗址出土的铜钺；2. 扶风齐镇遗址出土的西周早期人面扁茎短剑；3. 江苏仪征破山口遗址出土的西周中期人面扁茎短剑；4. 长沙金井遗址出土的西周晚期人面扁茎短剑；5—6. 北京故宫收藏西周时期的人面扁茎短剑。

　　图二九七　　柏林东亚艺术博物馆收藏的神面铜钺。

　　图二九八　　人虎銎钺：1. 宝鸡竹园沟十三号墓出土的弜国人虎銎钺；2. 伦敦收藏的人虎銎钺。

　　图二九九　　盘龙城文化晚期带明纹的礼器：1. 盘龙城出土五期的弧腹斝（P：042）；2. 盘龙城李家嘴三号墓出土五期的铜斝（M3：1）；3. 盘龙城王家嘴一号墓出土六期的铜鬲形斝（M1：1）；4. 偃师城邑五号墓出土的铜斝（M1：5）；5. 上海博物馆收藏盘龙城文化铜斝菌状柱顶上的明纹；6. 盘龙城杨家湾十一号墓出土七期的铜斝（M11：29）；7. 郑州二里岗出土硬陶器底（T18：3）；8. 郑州向阳街窖藏出土菌状中柱铜盉（H1：6）。

　　图三〇〇　　三星堆二号祭祀坑出土的铜罍盖的纹饰。

　　图三〇一　　上海博物馆收藏的殷商时期带明纹的礼器：1. ▦鼎（口沿下）；2. 斝（口沿下和菌状柱顶）；3. 瓠（器上部和盖）；4. 罍（肩部）；5. 宁罍盖。

　　图三〇二　　上海博物馆收藏的殷商时期带明纹的礼器：1. 饮壶；2. 袋足盉盖耳。

　　图三〇三　　盘龙城文化礼器上的日纹：1. 盘龙城三期的铜鬲；2. 荆南寺出土盘龙城三期的铜斝；3. 盘龙城五期的陶鬲；4. 盘龙城五期的陶鬲；5. 盘龙城四期的陶片；6. 盘龙城六期的陶片；7. 盘龙城五期的隔鬲；8. 盘龙城六期的陶鬲；9. 二里岗上层出土的陶鬲；10—14. 荆南寺出土盘龙城五、六期的陶鬲；15. 荆南寺出土的陶甗。

　　图三〇四　　1. 殷墟 1001 王墓骨栖残片的神明图；2. 吴城二期带日纹的陶鬲；3. 吴城二期带日纹的陶豆；4. 吴城三期硬陶器盖上的日纹。

图三〇五　西汉承露盘玉杯：1.南越王墓出土；2.震旦艺术博物馆收藏。

图三〇六　1.震旦艺术博物馆收藏的龟龙纹弧形玉佩；2.四神玄武高句丽古墓壁画。

图三〇七　凌家滩玉器：1.十六号墓出土的玉玦龙（98M16：2）；2.九号墓出土的龙凤璜（87M9：17,18局部）；3.四号墓出土的玉龟（87M4：35,29）。

图三〇八　1.石家河邓家湾祭祀坛出土的陶龟；2—3.石家河肖家屋脊玉作坊出土的玉龙。

图三〇九　1.中国社会科学院考古研究所二里头考古工作站收藏的陶质龟鳖；2.汉武帝茂陵画像砖。

图三一〇　1.安阳出土亞疑盘的内底背带钻凿纹的龟；2.北京故宫收藏的亞疑盘在内底背带钻凿纹的龟（局部）；3.北京故宫收藏的亞疑盘内底蟠龙（局部）；4.安阳小屯 M232 出土 R2073 盘内底背带明纹的龟；5.陕西清涧县张家坬出土龟鱼纹盘的内底背带明纹的龟；6.郑州白家庄二号墓出土的铜罍颈部上背带明纹的龟（M2：1）。

图三一一　1.安阳出土夆旅盘的内底背带钻凿纹的龟；2.斣盘外底背带钻凿纹的龟；3.殷墟 1001 大墓出土白石龟；4.山西天马—曲村遗址出土戈父辛盘外底蟠龙（M6081：2）。

图三一二　日本京都泉屋博古馆收藏的戈双鸮卣。

图三一三　上海博物馆收藏的戈双鸮卣。

参考书目

一、出土文献资料

中国社会科学院考古研究所编著:《殷墟花园庄东地甲骨》,昆明:云南人民出版社,2003 年。（简称《花东》。）

王懿荣旧藏,唐兰释:《天壤阁甲骨文存并考释》,北京:北京图书馆出版社,2000 年。

董作宾编:《小屯·第二本·殷虚文字·甲编·图版》,台北:"中研院"历史语言研究所,1976 年。

屈万里编:《小屯·第二本·殷虚文字·甲编·考释》,台北:"中研院"历史语言研究所,1961 年。

董作宾编:《小屯·第二本·殷虚文字·丙编》,台北:"中研院"历史语言研究所,1957 年。

中国社会科学院历史研究所编,郭沫若主编:《甲骨文合集》,北京:中华书局,1982 年。（简称《合集》。）

中国社会科学院考古研究所编:《小屯南地甲骨》,北京:中华书局,1980—1983 年。（简称《屯南》。）

艾兰、李学勤、齐文心编:《英国所藏甲骨集》,北京:中华书局,1985 年。（简称《英藏》。）

Royal Ontario Museum, Hsü Chin-hsiung. *Oracle bones from the White and other collections*（《怀特氏等收藏甲骨文集》）.Toronto：Royal Ontario Museum，1979. （简称《怀藏》。）

胡厚宣编集:《苏德美日所见甲骨集》,成都:四川辞书出版社,1988 年。（简称《苏德美日》。）

松丸道雄编:《東京大學東洋文化研究所藏甲骨文字》,東京:東京大學東洋文化研究所,1983 年。（简作《东京》。）

天理大學、天理教道友社共编:《天理大學附屬參考館甲骨文字》,東京:天理教道友社,1987 年。（简作《天理》。）

中国社会科学院考古研究所编:《甲骨文编》,北京:中华书局,1965 年。

蔡哲茂:《甲骨缀合集》,台北:乐学书局,1999 年。

蔡哲茂:《甲骨缀合续集》,台北:文津出版社,2004 年。

（宋）王黼等奉敕撰:《宣和博古图录》,明万历十六年（1588）泊如斋刊本。

中国科学院考古研究所编:《美帝国主义劫掠的我国殷周铜器集录》,北京:科学出版社,

1962 年。

中国社会科学院考古研究所编：《殷周金文集成》，北京：中华书局，1984—1994 年。

中国社会科学院考古研究所编，王世民主编：《殷周金文集成（修订增补本）》，北京：中华书局，2007 年。（简称《集成》。）

中国社会科学院考古研究所编：《殷周金文集成释文》，香港：中文大学中国文化研究所，2001 年。

钟柏生、陈昭容、黄铭崇、袁国华编：《新收殷周青铜器铭文暨器影汇编》，台北：艺文印书馆，2006 年。（简称《新汇编》。）

山西省文物工作委员会编：《侯马盟书》，北京：文物出版社，1976 年。

张颔著：《侯马盟书》，太原：山西古籍出版社，2006 年。

张光裕、滕壬生、黄锡全主编，袁国华等合编：《曾侯乙墓竹简文字编》，台北：艺文印书馆，1997 年。

湖北省荆沙铁路考古队：《包山楚简》，北京：文物出版社，1991 年。

刘信芳：《包山楚简解诂》，台北：艺文印书馆，2001 年。

荆门市博物馆编：《战国楚墓竹简》，北京：文物出版社，1998 年。

荆门市博物馆编著：《郭店楚墓竹简·老子甲》，北京：文物出版社，2002 年。

荆门市博物馆编著：《郭店楚墓竹简·老子乙、丙》，北京：文物出版社，2002 年。

荆门市博物馆编著：《郭店楚墓竹简·太一生水、鲁穆公问子思》，北京：文物出版社，2002 年。

荆门市博物馆编著：《郭店楚墓竹简·唐虞之道》，北京：文物出版社，2002 年。

荆门市博物馆编著：《郭店楚墓竹简·语丛一》，北京：文物出版社，2003 年。

荆门市博物馆编著：《郭店楚墓竹简·缁衣》，北京：文物出版社，2002 年。

马承源主编：《上海博物馆藏战国楚竹书（一）》，上海：上海古籍出版社，2001 年。

马承源主编：《上海博物馆藏战国楚竹书（二）》，上海：上海古籍出版社，2002 年。

马承源主编：《上海博物馆藏战国楚竹书（三）》，上海：上海古籍出版社，2003 年。

马承源主编：《上海博物馆藏战国楚竹书（四）》，上海：上海古籍出版社，2004 年。

马承源主编：《上海博物馆藏战国楚竹书（五）》，上海：上海古籍出版社，2006 年。

马承源主编：《上海博物馆藏战国楚竹书（六）》，上海：上海古籍出版社，2007 年。

马承源主编：《上海博物馆藏战国楚竹书（七）》，上海：上海古籍出版社，2008 年。

湖北省文物考古研究所、北京大学中文系编：《九店楚简》，北京：中华书局，2000 年。

马王堆汉墓帛书整理小组编：《马王堆汉墓帛书》，北京：文物出版社，1974 年。

邓球柏：《帛书周易校释（增订本）》，长沙：湖南人民出版社，1996 年。

陈鼓应注译：《黄帝四经今注今译》，台北：台湾商务印书馆，1995 年。

高明校注：《帛书老子校注》，北京：中华书局，1996 年。

杨朝明主编：《孔子家语通解——附出土资料与相关研究》，台北：万卷楼图书，2005 年。

二、传世文献资料

经部（以《十三经注疏》为首，其后按《易》、《书》、《诗》、《礼》、《春秋》、《四书》、小学顺序排列）

（魏）王弼、（晋）韩康伯注，（唐）孔颖达等正义：《周易正义》，《十三经注疏》，台北：新文丰出版公司,2001 年。

（汉）孔安国传,（唐）孔颖达等正义:《尚书正义》,《十三经注疏》,台北:新文丰出版公司,
2001 年。

（汉）毛公传,（汉）郑玄笺,（唐）孔颖达等正义:《毛诗正义》,《十三经注疏》,台北:新文丰
出版公司,2001 年。

（汉）郑玄注,（唐）贾公彦疏:《周礼注疏》,《十三经注疏》,台北:新文丰出版公司,2001 年。

（汉）郑玄注,（唐）贾公彦疏:《仪礼注疏》,《十三经注疏》,台北:新文丰出版公司,2001 年。

（汉）郑玄注,（唐）孔颖达疏:《礼记注疏》,《十三经注疏》,台北:新文丰出版公司,2001 年。

（晋）杜预注,（唐）孔颖达等正义:《春秋左传正义》,《十三经注疏》,台北:新文丰出版公司,
2001 年。

（汉）何休注,（唐）徐彦疏:《春秋公羊传注疏》,《十三经注疏》,台北:新文丰出版公司,
2001 年。

（晋）范宁注,（唐）杨士勋疏:《春秋穀梁传注疏》,《十三经注疏》,台北:新文丰出版公司,
2001 年。

（魏）何晏等注,（宋）邢昺疏:《论语注疏》,《十三经注疏》,台北:新文丰出版公司,2001 年。

（汉）赵岐注,（宋）孙奭疏:《孟子注疏》,《十三经注疏》,台北:新文丰出版公司,2001 年。

（晋）郭璞注,（宋）邢昺疏:《尔雅注疏》,《十三经注疏》,台北:新文丰出版公司,2001 年。

（汉）焦延寿撰,徐传武、胡真校点集注:《易林汇校集注》,上海:上海古籍出版社,2012 年。

（汉）郑玄注,（清）黄奭辑:《易乾凿度》,《黄氏逸书考》,第十二函,严一萍编:《丛书集成三
编》,台北:艺文印书馆,1971 年。

（汉）荀爽撰,（清）黄奭辑:《易言》,《黄氏逸书考》,第一函,严一萍编:《丛书集成三编》,台
北:艺文印书馆,1971 年。

（汉）荀爽注:《周易荀氏注》,济南:山东大学出版社,2006 年。

（唐）李鼎祚集解,（清）李道平纂疏:《周易集解纂疏》,北京:中华书局,1994 年。

（清）马国翰辑:《归藏》,严灵峰编:《无求备斋易经集成》,第 185 册,台北:成文出版社,
1976 年。

（宋）蔡沈注,钱宋武、钱忠弼整理:《书集传》,南京:凤凰出版集团,2010 年。

顾颉刚、刘起釪著:《尚书校释译论》,北京:中华书局,2005 年。

曾运乾正读:《尚书正读》,台北:华正书局,1983 年。

屈万里注译:《尚书今注今译》,台北:台湾商务印书馆,1969 年。

（宋）朱熹:《诗集传》,北京:中华书局,1958 年。

［日］竹添光鸿撰:《毛诗会笺》,台北:华国出版社,1975 年。

高亨注:《诗经今注》,上海:上海古籍出版社,1980 年。

（清）孙诒让著,中华书局点校:《周礼正义》,《四部备要》,台北:中华书局,1965 年。

（清）孙希旦撰,沈啸寰、王星贤注释:《礼记集解》,北京:中华书局,2012 年。

（元）陈澔注,万久富整理:《礼记集说》,南京:凤凰出版社,2010 年。

王梦鸥注译:《礼记今注今译》,台北:台湾商务印书馆,1984 年。

（汉）戴德撰,（清）王聘珍解诂:《大戴礼记解诂》,北京:中华书局,1983 年。

（汉）戴德撰,高明注译:《大戴礼记今注今译》,台北:商务印书馆,1984 年。

（宋）聂崇义集注：《三礼图》，上海：同文书局石印。

（宋）聂崇义集注：《三礼图集注》，《景印文渊阁四库全书》，第 129 册，台北：台湾商务印书馆，1983 年。

（清）徐乾学撰：《读礼通考》，光绪七年四月，江苏书局刊版。

（清）刘文淇：《春秋左氏传旧注疏证》，北京：科学出版社，1959 年。

杨伯峻撰：《春秋左传注（修订本）》，北京：中华书局，2006 年。

（汉）董仲舒撰：《春秋繁露》，台北：中国子学名著集成编印基金会，1978 年。

（汉）董仲舒撰，（清）苏舆义证：《春秋繁露义证》，北京：中华书局，1992 年。

慧丰学会编：《论语集说》，《汉文大系》，台北：新文丰出版公司，1978 年。

（清）郝懿行撰：《尔雅义疏》，《续修四库全书·经部·小学类》，上海：上海古籍出版社，1995—2002 年。

（汉）许慎撰，（清）段玉裁注：《说文解字注》，台北：艺文印书馆，1966 年。

（汉）许慎撰，（清）朱骏声、朱镜蓉通训：《说文通训定声》，北京：中华局出版社，1998 年。

（汉）许慎撰，（清）桂馥义证：《说文解字义证》，济南：齐鲁书社，1994 年。

（汉）许慎撰，臧克和、王平校订：《说文解字新订》，北京：中华书局，2002 年。

王进祥、岳喜平撰：《说文解字今述》，台北：说文出版社，2003 年。

李恩江、贾玉民撰：《说文解字译疏》，郑州：中原农民出版社，2000 年。

（汉）刘熙撰：《释名》，《丛书集成初编》，第 1151 册，北京：中华书局，1985 年。

（汉）刘熙撰，（清）王先谦疏证补：《释名疏证补》，上海：商务印书馆，1937 年。

（南朝梁）顾野王撰：《大广益会玉篇》，北京：中华书局，1987 年。

（北周）郭忠恕编，（清）郑珍笺正：《汗简笺正》，台北：艺文印书馆，1991 年。

（北周）郭忠恕编，（宋）夏竦编，李零、刘新光整理：《汗简·古文四声韵》，北京：中华书局，1983 年。

（清）吴大澂撰：《字说》，台北：学海出版社，1998 年。

（清）吴大澂撰：《说文古籀补》，《石刻史料新编》第四辑，台北：新文丰出版公司，2006 年。

史部

方诗铭、王修龄撰：《古本竹书纪年辑证》，上海：上海古籍出版社，2005 年。

（晋）孔晁注：《逸周书》，《四部备要》，台北：台湾中华书局，1965 年。

黄怀信、张懋镕、田旭东编：《逸周书汇校集注》，上海：上海古籍出版社，2007 年。

（春秋）左丘明撰，（三国）韦昭注：《国语》，北京：中华书局，1985 年。

（春秋）左丘明撰，上海师范大学古籍整理研究所点校：《国语》，上海：上海古籍出版社，1988 年。

（汉）刘向集录，范祥雍笺证，范邦瑾协校：《战国策笺证》，上海：上海古籍出版社，2006 年。

（汉）司马迁撰，[日]泷川龟太郎会注考证：《史记会注考证》，台北：大安出版社，1998 年。

（汉）司马迁撰，王利器编：《史记注译》，西安：三秦出版社，1988 年。

（汉）司马迁撰，（南朝宋）裴骃集解，（唐）司马贞索隐，（唐）张守节正义，杨家骆编：《新校本史记三家注并附编二种》，台北：鼎文书局，1981 年。

（汉）班固撰，（唐）颜师古注：《汉书》，北京：中华书局，1962 年。

（汉）佚名撰，何清谷校注：《三辅黄图校注》，西安：三秦出版社，1995 年。

（汉）刘珍等撰，吴树平校注：《东观汉记校注》，郑州：中州古籍出版社，1987 年。

（晋）常璩撰，任乃强校注：《华阳国志校补图注》，上海：上海古籍出版社，1987 年。

（北魏）郦道元撰：《水经注》，北京：华夏出版社，2006 年。

（南朝宋）范晔撰，（唐）李贤等注：《后汉书》，台北：乐天出版社，1974 年。

（唐）魏征等撰：《隋书》，北京：中华书局，1973 年。

（宋）李昉等编纂：《太平御览》，北京：中华书局，1960 年。

（宋）张耒撰：《张太史明道杂志》，石家庄：河北教育出版社，1995 年。

（元）脱脱等撰，（清）陆费逵总勘，新刊本《宋史》编纂委员会编纂：《宋史》，台北：中华学术
　　　院，1972—1982 年。

（清）王国维撰：《观堂集林》，台北：世界书局，1961 年。

（清）王国维撰：《殷礼征文》，台北：台湾商务印书馆，1979 年。

子部

（春秋）管仲撰，慧丰学会编：《管子纂诂》，《汉文大系》，台北：新文丰出版公司，1978 年。

（春秋）管仲撰，汤孝纯注译：《新译管子读本》，台北：三民书局，1995 年。

（春秋）管仲撰，黎翔凤校注，梁运华整理：《管子校注》，北京：中华书局，2006 年。

（春秋）老子撰，严灵峰编：《老子达解》，台北：华正书局，1987 年。

（春秋）老子撰，陈鼓应注译：《老子今注今译》，台北：台湾商务印书馆，2005 年。

（汉）严遵撰：《道德指归论》，《丛书集成初编》，北京：中华书局，1985 年。

（汉）严遵撰：《道德真经指归》，《续修四库全书·子部·道家类》，上海：上海古籍出版社，
　　　1995—2002 年。

（汉）严遵撰，樊波成校笺：《老子指归校笺》，上海：上海古籍出版社，2013 年。

（春秋）师旷撰，（晋）张华注：《师旷禽经》，北京：中华书局，1991 年。

（春秋）晏婴撰，王更生校注：《新编晏子春秋》，台北：台湾古籍出版有限公司，2001 年。

（战国）商鞅撰，贺凌虚注译：《商君书今注今译》，台北：商务印书馆，1985 年。

（战国）鹖冠子撰，（宋）陆佃注解：《鹖冠子》，《百部丛书集成》，台北县板桥：艺文书局，
　　　1965 年。

（战国）鹖冠子撰，黄怀信校注：《鹖冠子校注》，北京，中华书局，2014 年。

（战国）墨翟撰，张纯一编：《墨子集解》，成都：成都古籍书店，1988 年。

（战国）墨翟撰，吴毓江校注，孙启治点校：《墨子校注》，北京：中华书局，1993 年。

（战国）墨翟撰，（清）孙诒让间诂，孙启治点校：《墨子间诂》，北京：中华书局，2001 年。

（战国）庄周撰，（清）林云铭述：《庄子因》，台北：广文书局，1968 年。

（战国）庄周撰，（清）郭庆藩集释，王孝鱼点校：《庄子集释》，北京：中华书局，1985 年。

（战国）庄周撰，王叔岷校诠：《庄子校诠》，台北："中研院"历史语言研究所，1999 年。

（战国）王诩撰，（梁）陶弘景注：《鬼谷子》，台北：广文书局，1975 年。

（战国）王禅原作，（汉）高诱注：《鬼谷子》，《子书二十八种》，台北：广文书局，1991 年。

（战国）王禅原作，萧登福导读：《鬼谷子》，台北：金枫出版社，1997 年。

（战国）王诩撰，许富宏校注：《鬼谷子集校集注》，北京：中华书局，2010 年。

（战国）荀况撰，熊公哲注译：《荀子今注今译》，台北：台湾商务印书馆，1988 年。

（战国）荀况撰，（清）王先谦集解：《荀子集解》，台北：华正书局，1991 年。

（战国）韩非撰，陈启天校释：《增订韩非子校释》，台北：台湾商务印书馆，1969 年。

（战国）韩非撰，陈奇猷校注：《韩非子新校注》，上海：上海古籍出版社，2009 年。

（战国）列御寇撰，杨伯峻集释：《列子集释》，北京：中华书局，1979 年。

（战国）列御寇撰，严北溟、严捷译注：《列子》，上海：上海古籍出版社，1986 年。

（清）张隐庵集注：《黄帝内经素问集注》，北京：学苑出版社，2002 年。

（秦）吕不韦撰，尹仲容校释：《吕氏春秋校释》，台北："国立编译馆"中华丛书编审委员会，
　　1979 年。

（秦）吕不韦撰，林品石注译：《吕氏春秋今注今译》，台北：台湾商务印书馆，1985 年。

（晋）郭璞注，袁珂点校：《山海经校注》，上海：上海古籍出版社，1980 年。

（晋）郭璞注，袁珂校注：《山海经校注》，台北：里仁书局，1995 年。

（晋）郭璞注，郭郛注证：《山海经注证》，北京，中国社会科学出版社，2004 年。

张耘点校：《山海经·穆天子传》，长沙：岳麓书社，2006 年。

（晋）郭璞注：《穆天子传》，台北：广文书局，1981 年。

（汉）刘安等撰，刘文典集解：《淮南鸿烈集解》，北京：中华书局，1989 年。

（汉）刘安等撰，何宁集释：《淮南子集释》，北京：中华书局，1998 年。

（汉）桓宽撰，王利器校注：《盐铁论》，北京：中华书局，1996 年。

（汉）刘向撰，卢元骏、陈贻钰注译：《说苑今注今译》，台北：台湾商务印书馆，1988 年。

（汉）王充撰，黄晖校释，刘盼遂集解：《论衡校释附刘盼遂集解》，北京：中华书局，1990 年。

（汉）王充撰，萧登福校注：《新编论衡》，台北：台湾古籍出版有限公司，2000 年。

（汉）应劭撰，王利器校注：《风俗通义校注》，北京：中华书局，1981 年。

（汉）扬雄撰，（汉）陆绩述，（晋）范望注：《太玄经》，台北：广文书局，1988 年。

（汉）扬雄撰，（宋）司马光集注，刘韵军点校：《太玄集注》，北京：中华书局，2005 年。

（汉）扬雄撰，（清）汪荣宝义疏，陈仲夫点校：《法言义疏》，北京：中华书局，1997 年。

（汉）于吉撰，罗炽主编：《太平经注译》，重庆：西南师范大学出版社，1996 年。

（汉）佚名撰，闻人军译注：《周髀算经译注》，上海：上海古籍出版社，2012 年。

（晋）王嘉撰：《拾遗记》，《中国野史集成·续编》，成都：巴蜀书社，2000 年。

（晋）干宝撰，黄涤明译注：《搜神记》，台北：台湾书房出版有限公司，2007 年。

（晋）葛洪撰，王明校释：《抱朴子内篇校释》，北京：中华书局，1985 年。

（晋）葛洪撰，杨明照校笺：《抱朴子外篇校笺》，北京：中华书局，2008 年。

（晋）葛洪撰，李中华注释：《新译抱朴子》，台北：三民书局，1996 年。

（晋）撰人不详：《洞真太上八素真经精耀三景妙诀》，《正统道藏·正乙部·通字号》，台北：
　　新文丰出版公司，1985 年。

（南朝梁）陶弘景等撰：《养性延命录等三十二种》，《道藏要籍选刊》第 9 册，

上海：上海古籍出版社，1989 年。

（南朝梁）陶弘景撰：《养性延命录》，《续修四库全书·子部·宗教类》，上海：上海古籍出版
　　社，1997 年。

（南朝梁）任昉撰：《述异记》，《百子全书》第 32 册，台北：黎明文化，1996 年。

（宋）朱熹撰：《四书章句集注》，北京：中华书局，2007 年。

（宋）朱熹撰，（宋）黎靖德编，王星贤点校：《朱子语类》，北京：中华书局，2007 年。

集部

（宋）洪兴祖补注：《楚辞补注》，台北：大安出版社，2004 年。

（宋）朱熹集注：《楚辞集注》，台北：艺文印书馆，1987 年。

台静农撰：《楚辞天问新笺》，台北：艺文印书馆，1972 年。

陈子展撰，杜月村、范祥雍校：《楚辞直解》，南京：江苏古籍出版社，1988 年。

（汉）张衡撰，张震泽校注：《张衡诗文集校注》，上海：上海古籍出版社，1986 年。

（南朝梁）萧统编，（唐）李善注：《文选》，上海：上海古籍出版社，1986 年。

（南朝梁）萧统编，张启成、徐达等译注：《昭明文选》，台北：台湾古籍出版有限公司，
　　2001 年。

（唐）王维撰，王福耀选注：《王维诗选》，广州：广东人民出版社，1986 年。

（唐）杜甫撰，（清）仇兆鳌注：《杜诗详注》，台北：汉京文化，1984 年。

（唐）李贺撰，（明）曾益、（清）王琦、（清）姚文燮注，（清）方扶南批：《李贺诗注》，杨家骆主
　　编：《中国文学名著》第六集，台北，世界书局，1991 年。

（宋）郭茂倩编：《乐府诗集》，台北：里仁书局，1981 年。

（宋）邵雍撰：《击壤集》，台北：广文书局，1988 年。

（宋）欧阳修撰：《欧阳修全集》，上海：国学整理社，1936 年。

（宋）苏东坡撰，（清）王文诰辑注：《苏轼诗集》，北京：中华书局，1982 年。

（宋）朱熹撰，（清）朱玉辑：《朱子文集大全类编》，《四库全书存目丛书》集部第 16 册，台南：
　　庄严文化事业有限公司，1997 年。

（清）严可均辑：《全上古三代秦汉三国六朝文》，北京：中华书局，1958 年。

三、考古报告

安徽省文物考古研究所：《凌家滩——田野考古发掘报告之一》，北京：文物出版社，2006 年。

安徽省文物考古研究所、安徽省蚌埠市博物馆，阚绪杭、周群：《安徽蚌埠双墩新石器时代遗址
　　发掘》，《考古学报》，2007 年第 1 期，页 97—138。

安徽省文物考古研究所、韩立刚：《安徽濉溪县石山子遗址动物鉴定与研究》，《考古》，1992 年
　　第 3 期，页 253—262、293—294。

安徽省文物考古研究所、贾庆元：《安徽濉溪石山子新石器时代遗址》，《考古》，1992 年第 3
　　期，页 193—203。

安徽省文物考古研究所编：《凌家滩玉器》，北京：文物出版社，2000 年。

安阳市文物工作队，孟宪武、李贵昌：《河南安阳郭庄村北发现一座殷墓》，《考古》，1991 年第
　　10 期，页 902—909、964—965。

北京大学、河北省文化局邯郸考古发掘队：《1957 年邯郸发掘简报》，《考古》，1959 年第 10
　　期，页 531—536、588。

北京大学考古文博学院、山西省考古研究所，商彤流、孙庆伟、李夏廷、马教河：《天马——曲村
　　遗址北赵晋侯墓地第六次发掘》，《文物》，2001 年第 8 期，页 4—21、55、1。

北京大学考古系、山西省考古研究所，李夏廷、张奎：《天马——曲村遗址北赵晋侯墓地第四次
　　发掘》，《文物》，1994 年第 8 期，页 1—21、1。

北京大学考古系、山西省考古研究所，孙华、张奎、张崇宁、孙庆伟：《天马——曲村遗址北赵晋

侯墓地第二次发掘》,《文物》,1994 年第 1 期,页 4—28、97—98、1。

北京大学考古学系、驻马店市文物保护管理所编著:《驻马店杨庄——中全新世淮河上游的文化遗存与环境信息》,北京:科学出版社,1998 年。

曹桂岑、马全:《河南淮阳平粮台龙山文化城址试掘简报》,《文物》,1983 年第 3 期,页 21—36、99,另载孙进己、孙海主编:《中国考古集成·华北卷·河南省、山东省》,郑州:中州古籍出版社,1999 年,石器时代册,页 1188—1202。

曹桂岑、杨肇清、翟继才、王明瑞、樊温泉:《郾城郝家台遗址的发掘》,《华夏考古》,1992 年第 3 期,页 62—91,另载孙进己、孙海主编:《中国考古集成·华北卷·河南省、山东省》,郑州:中州古籍出版社,1999 年,石器时代册,页 2023—2046。

昌潍地区文物管理组、诸城县博物馆,杜在忠:《山东诸城呈子遗址发掘报告》,《考古学报》,1980 年第 3 期,页 329—385、413—422。

长江流域规划办公室考古队河南分队:《河南淅川黄楝树遗址发掘报告》,《华夏考古》,1990 年第 3 期,页 1—69;另载孙进己、孙海主编:《中国考古集成·华北卷·河南省、山东省》,郑州:中州古籍出版社,1999 年,石器时代册,页 1766—1824。

长江水利委员会编著:《宜昌路家河——长江三峡考古发掘报告》,北京:科学出版社,2002 年。

长沙市博物馆,黄冈正、王立华:《长沙南托大塘遗址发掘报告》,《湖南考古集刊》第 8 集,2009 年,页 17—27。

成都市文物考古研究所、北京大学考古文博学院:《金沙淘珍——成都市金沙村遗址出土文物》,北京:文物出版社,2002 年。

成都市文物考古研究所,朱章义、王方、张擎:《成都金沙遗址 I 区"梅苑"地点发掘一期简报》,《文物》,2004 年第 4 期,页 4—68。

邓伯清:《四川新凡县水观音遗址试掘简报》,《考古》,1959 年第 8 期,页 404—410、453,另载孙海、蔺新建主编:《中国考古集成·西卷·云南省、贵州省、重庆市、四川省、西藏自治区》,郑州:中州古籍出版社,2003 年,青铜时代册,页 3162—3168。

丁清贤、孙德萱、赵连生、张相梅:《从濮阳蚌壳龙虎墓的发现谈仰韶文化的社会性质》,《中原文物》,1988 年第 1 期,页 45—48、53,另载于孙海、蔺新建主编:《中国考古集成·华北卷·河南省、山东省》,郑州:中州古籍出版社,1999 年,石器时代册,页 723—727、1581—1590。

丁清贤、张相梅:《1988 年河南濮阳西水坡遗址发掘简报》,《考古》,1989 年第 12 期,页 3—12、99—100,另载于孙海、蔺新建主编:《中国考古集成·华北卷·河南省、山东省》,郑州:中州古籍出版社,1999 年,石器时代册,页 1581—1590。

方酉生:《河南偃师二里头遗址发掘简报》,《考古》,1965 年第 5 期,页 215—224、3—7,另载孙进己、孙海主编:《中国考古集成·华北卷·河南省、山东省》,郑州:中州古籍出版社,1999 年,商周时代册,页 1681—1693。

方酉生、孙德萱、赵连生:《河南汤阴白营龙山文化遗址》,《考古》,1980 年第 3 期,页 193—202、289,另载孙进己、孙海主编:《中国考古集成·华北卷·河南省、山东省》,郑州:中州古籍出版社,1999 年,石器时代册,页 1916—1925。

福建省博物馆、林公务:《福建闽侯庄边山遗址发掘报告》,《考古学报》,1998 年第 2 期,页

171—227、267—270。

傅举有、陈松长：《马王堆汉墓文物》，长沙：湖南出版社，1992 年。

甘肃省博物馆、魏怀珩：《武威皇娘娘台遗址第四次发掘》，《考古学报》，1978 年第 4 期，页 421—448、517—528。

甘肃省博物馆文物工作队，张朋川、郎树德：《甘肃秦安大地湾遗址 1978 至 1982 年发掘的主要收获》，《文物》1983 年第 11 期，页 21—30。

甘肃省文物考古研究所：《秦安大地湾——新石器时代遗址发掘报告》，北京：文物出版社，2006 年。

甘肃省文物考古研究所、赵建龙：《甘肃秦安县大地湾遗址仰韶文化早期聚落发掘简报》，《考古》，2003 年第 6 期，页 499—511、577—579、582。

国家文物局考古领队培训班：《兖州西吴寺》，北京：文物出版社，1990 年。

国务院三峡工程建设委员会办公室、国家文物局编著：《秭归柳林溪》，北京：科学出版社，2003 年。

河北省文物管理处、邯郸市文物保管所，孙德海、刘勇、陈光唐：《河北武安磁山遗址》，《考古学报》，1981 年第 3 期，页 303—338、407—414。

河北省文物考古研究所、保定市文物管理处、易县文物保管所，段宏振：《河北易县北福地新石器时代遗址发掘简报》，《文物》，2006 年第 9 期，页 4—20、1。

河北省文物考古研究所、段宏振：《河北易县北福地史前遗址的发掘》，《考古》，2005 年第 7 期，页 3—9、97—98、2。

河北省文物考古研究所、段宏振主编：《北福地——易水流域史前遗址》，北京：文物出版社，2007 年。

河北省文物研究所：《藁城台西商代遗》，北京：文物出版社，1985 年。

河南省博物馆、长江流域规划办公室、文物考古队河南分队：《河南淅川下王岗遗址的试掘》，《文物》，1972 年第 10 期，页 6—15、28、16—19，另载孙进己、孙海主编：《中国考古集成·华北卷·河南省、山东省》，郑州：中州古籍出版社，1999 年，石器时代册，页 1147—1159。

河南省博物馆编：《馆藏青铜器选》，香港：香港摄影艺术出版社，出版年代不详。

河南省博物院编：《群雄逐鹿：两周中原列国文物瑰宝》，郑州：大象出版社，2003 年。

河南省社科院河洛文化研究所、河南省巩义市文物保护管理所：《洛汭地带河南龙山与二里头文化遗存调查》，《中原文物》，1994 年第 1 期，页 80—90。

河南省文化局文物工作队编著：《郑州二里岗》，北京：科学出版社，1959 年。

河南省文物考古所、郑州市博物馆，杨育彬、于晓兴：《郑州新发现商代窖藏青铜器》，《文物》，1983 年第 3 期，页 49—59、97、101。

河南省文物考古研究所，姜涛、王龙正、乔斌编：《三门峡虢国女贵族墓出土玉器精粹》，台北：众志美术出版社，2002 年。

河南省文物考古研究所、三门峡市文物工作队编著：《三门峡虢国墓》，北京：文物出版社，1999 年。

河南省文物考古研究所、袁广阔：《河南伊川县南寨二里头文化墓葬发掘简报》，《考古》，1996 年第 12 期，页 36—43、100—101。

河南省文物考古研究所编著：《舞阳贾湖》，北京：科学出版社，1999 年。

河南省文物考古研究所编著：《郑州商城1953—1985考古发掘报告》，北京：文物出版社，2001年。

河南省文物考古研究所郑州工作站，杨育彬、郭培育、曾晓敏：《近年来郑州商代遗址发掘收获》，《中原文物》，1984年第1期，页11—18、101—102；另载孙进己、孙海主编：《中国考古集成·华北卷·河南省、山东省》，郑州：中州古籍出版社，1999年，石器时代册，页481—488。

河南省文物研究所：《郑州洛达庙遗址发掘报告》，《华夏考古》，1989年第4期，页48—77；另载孙进己、孙海主编：《中国考古集成·华北卷·河南省、山东省》，郑州：中州古籍出版社，1999年，石器时代册，页2035—2059。

河南省文物研究所、长江流域规划办公室考古队河南分队编：《淅川下王岗》，北京：文物出版社，1989年。

河南省文物研究所，冯沂、张居中：《河南舞阳贾湖新石器时代遗址第二至六次发掘简报》，《文物》，1989年第1期，页1—14、47、97—100，另载孙进己、孙海主编：《中国考古集成·华北卷·河南省、山东省》，郑州：中州古籍出版社，1999年，石器时代册，页1350—1365。

河南省信阳地区文管会、河南省罗山县文化馆，欧潭生：《罗山天湖商周墓地》，《考古学报》，1986年第2期，页153—197、265—274。

河南文物工作队第一队：《郑州市白家庄商代墓葬发掘简报》，《文物参考资料》，1955年第10期，页24—42。

河南信阳地区文管会、光山县文管会，欧潭生：《春秋早期黄君孟夫妇墓发掘报告》，《考古》，1984年第4期，页302—332、348、385—390。

湖北省博物馆：《盘龙城商代二里岗期的青铜器》，《文物》，1976年第2期，页26—41；另载于孙海、蔺新建主编：《中国考古集成·华南卷·湖北省、湖南省》，郑州：中州古籍出版社，2004年，青铜时代册，页2132—2150。

湖北省博物馆、武大考古专业、房县文化馆，王劲、林邦存：《房县七里河遗址发掘的主要收获》，《江汉考古》，1984年第3期，页1—12。

湖北省博物馆编：《盘龙城：长江中游的青铜文明》，北京：文物出版社，2007年。

湖北省博物馆编：《图说楚文化：恢诡谲怪惊采绝艳》，武汉：湖北美术出版社，2005年。

湖北省黄冈地区博物馆、吴晓松：《湖北黄冈螺蛳山遗址墓葬》，《考古学报》，1987年第3期，页339—358、399—406。

湖北省京九铁路考古队、湖北省文物考古研究所：《武穴鼓山——新石器时代墓地发掘报告》，北京：科学出版社，2001年。

湖北省荆州博物馆、湖北省文物考古研究所石家河考古队、北京大学考古学系编著：《肖家屋脊——天门石家河考古发掘报告之一》，北京：文物出版社，1999年。

湖北省荆州地区博物馆：《湖北松滋县桂花树新石器时代遗址》，《考古》，1976年第3期，页187—196、160、216—218。

湖北省清江隔河岩考古队，王善才、张典维：《湖北清江香炉石遗址的发掘》，《文物》，1995年第9期，页4—28、1。

湖北省文物考古研究所：《1985—1986年宜昌白庙遗址发掘简报》，《江汉考古》，1996年第3期，页1—12、54。

湖北省文物考古研究所：《武昌放鹰台》，北京：文物出版社，2003 年。

湖北省文物考古研究所、保康县博物馆、笪浩波：《湖北保康穆林头遗址 2017 年第一次发掘》，《江汉考古》，2019 年第 1 期，页 49—54。

湖北省文物考古研究所、北京大学考古学系石家河考古队、湖北省荆州博物馆编著：《邓家湾——天门石家河考古发掘报告之二》，北京：文物出版社，2003 年。

湖北省文物考古研究所、北京科技大学冶金与材料史研究所、大冶市博物馆大冶鄂王城保护站、陈树祥、席奇峰、李延祥、龚长根、王文平、陈建军：《湖北大冶市香炉山遗址调查简报》，《江汉考古》，2015 年第 2 期，页 29—39。

湖北省文物考古研究所、黄石市博物馆，罗运兵、曲毅、陈斌、陶洋、杨胜：《湖北大冶蟹子地遗址 2009 年发掘报告》，《江汉考古》，2010 年第 4 期，页 18—62、153—155。

湖北省文物考古研究所、湖北省黄石市博物馆、湖北省阳新县博物馆：《阳新大路铺》，北京：文物出版社，2013 年。

湖北省文物考古研究所，孟华平、胡文春：《湖北宜昌白庙遗址 1993 年发掘简报》，《江汉考古》，1994 年第 1 期，页 22—34。

湖北省文物考古研究所，孟华平、张成明、黄文新、曾令斌，《湖北省天门市龙嘴遗址 2005 年发掘简报》，《江汉考古》，2008 年第 4 期，页 3—13、30、131—136。

湖北省文物考古研究所、随州市博物馆编著：《随州金鸡岭》，北京：科学出版社，2011 年。

湖北省文物考古研究所，王军、王鲁茂、杨林：《湖北秭归朝天嘴遗址发掘简报》，《文物》，1989 年第 2 期，页 41—51。

湖北省文物考古研究所、杨权喜：《1985—1986 年三峡坝区三斗坪遗址发掘简报》，国家文物局三峡工程文物保护领导小组湖北工作站编：《三峡考古之发现（二）》，武汉：湖北科学技术出版社，2000 年，页 477—496。

湖北省文物考古研究所、杨权喜：《长江三峡工程坝区白狮湾遗址发掘简报》，《江汉考古》，1999 年第 1 期，页 1—10，另载孙海、蔺新建主编：《中国考古集成·华南卷·湖北省、湖南省》，郑州：中州古籍出版社，2004 年，新石器时代册，页 1324—1331。

湖北省文物考古研究所、杨权喜：《湖北秭归大沙坝遗址发掘报告》，《考学报古》，2005 年第 3 期，页 347—380、391—396。

湖北省文物考古研究所、杨权喜：《荆门叉堰冲新石器时代遗址第二次发掘简报》，《江汉考古》，2006 年第 1 期，页 3—20。

湖北省文物考古研究所、阳新县博物馆，周国平、宋有志：《阳新大路铺遗址东区发掘简报》，《江汉考古》，1992 年第 3 期，页 10—21、97—100。

湖北省文物考古研究所、中国社会科学院考古研究所，张云鹏、王劲：《湖北石家河罗家柏岭新石器时代遗址》，《考古学报》，1994 年第 2 期，页 191—229。

湖北省文物考古研究所编著：《盘龙城：1963—1994 年考古发掘报告》，北京：文物出版社，2001 年。

湖北省文物考古研究所编著：《宜昌杨家湾》，北京：科学出版社，2013 年。

湖南省博物馆：《澧县梦溪三元宫遗址》，《考古学报》，1979 年第 4 期，页 461—489、547—554。

湖南省博物馆、何介钧：《安县划城岗新石器时代遗址》，《考古学报》，1983 年第 4 期，页 427—470、521—530。

湖南省博物馆、湖南省文物考古研究所：《长沙马王堆二、三号汉墓》，北京：文物出版社，2004 年。

湖南省博物馆、湖南省文物考古研究所：《长沙马王堆一号汉墓》，北京：文物出版社，1973 年。

湖南省博物馆，金则恭、贺刚：《湖南石门县皂市下层新石器遗存》，《考古》，1986 年第 1 期，页 8、10—11。

湖南省博物馆、周世荣：《湖南省博物馆新发现的几件铜器》，《文物》，1966 年第 4 期，页 1—6、60。

湖南省文物考古研究所编著：《安乡汤家岗——新石器时代遗址发掘报告》，北京：科学出版社，2013 年。

湖南省文物考古研究所：《湖南洪江市高庙新石器时代遗址》，《考古》，2006 年第 7 期，页 9—15、99—100。

湖南省文物考古研究所，贺刚、向开旺：《湖南黔阳县高庙遗址发掘简报》，《文物》，2000 年第 4 期，页 4—23。

湖南省文物考古研究所、澧县博物馆、赵亚锋、周华：《湖南澧县孙家岗遗址墓地 2016—2018 年发掘简报》，《考古》，2020 年第 6 期，页 53—76。

湖南省文物考古研究所，王文建、张春龙：《湖南临澧县胡家屋场新石器时代遗址》，《考古学报》，1993 年第 2 期，页 171—206、281—284。

湖南省文物考古研究所，吴顺东、贺刚：《湖南辰溪县松溪口贝丘遗址发掘简报》，《文物》，2001 年第 6 期，页 4—16。

湖南省文物考古研究所，吴顺东、贺刚：《湖南辰溪县征溪口贝丘遗址发掘简报》，《文物》，2001 年第 6 期，页 17—27。

湖南省文物考古研究所、湘西自治州文物管理处：《湘西永顺不二门发掘报告》，《湖南考古 2002》，长沙：岳麓书社，2003 年，页 72—125。

江苏省文物工作队、尹焕章、张正祥：《江苏邳县刘林新石器时代遗址第一次发掘》，《考古学报》，1962 年第 1 期，页 81—102、121—129。

江西省博物馆、清江县博物馆，许智范、李家和：《江西青江吴城商代遗址第四次发掘的主要收获》，《文物资料丛刊（2）》，北京：文物出版社，1978 年，页 1—13，另载孙海、蔺新建主编：《中国考古集成·华东卷·江西省、上海市、浙江省》，郑州：中州古籍出版社，2007 年，商周至秦汉时代册，页 1205—1217。

江西省博物馆、上海博物馆合编：《长江中游青铜王国：江西新干出土青铜艺术》，香港：两木出版社，1994 年。

江西省文物工作队、九江县文物管理所、李家和、刘诗中、曹柯平：《九江神墩遗址发掘简报》，《江西历史文物》，1987 年第 2 期，页 1—19，另载孙海、蔺新建主编：《中国考古集成·华东卷·江西省、上海市、浙江省》，郑州：中州古籍出版社，2007 年，商周至秦汉时代册，页 1435—1449。

江西省文物工作队、靖安县博物馆、李家和：《江西靖安郑家坳新石器时代墓葬清理简报》，《东南文化》，1989 年第 4—5 期合刊，页 1—13、259，另载孙海、蔺新建主编：《中国考古集成·华东卷·江西省、上海市、浙江省》，郑州：中州古籍出版社，2007 年，石器时代册，页

881—890。

江西省文物工作队、清江县博物馆、中山大学人类学系、李家和：《清江樊城堆遗址发掘简报》，《考古与文物》，1989 年第 2 期，页 20—40。

江西省文物工作队、刘林、李家和：《江西永丰县尹家坪遗址试掘简报》，《江西历史文物》，1986 年第 2 期，页 1—12。

江西省文物工作队、石钟山文管所、刘诗中、杨赤宇：《湖口县下石钟山遗址调查记》，《江西历史文物》，1985 年第 1 期，页 13—21，另载孙海、蔺新建主编：《中国考古集成·华东卷·江西省、上海市、浙江省》，郑州：中州古籍出版社，2007 年，石器时代册，页 718—724。

江西省文物工作队吴城考古工作站、厦门大学人类学系八四级考古专业、清江县博物馆，周广明、吴诗池、李家和：《清江吴城遗址第六次发掘的主要收获》，《江西历史文物》，1987 年第 2 期，页 20—31，另载孙海、蔺新建主编：《中国考古集成·华东卷·江西省、上海市、浙江省》，郑州：中州古籍出版社，2007 年，商周至秦汉时代册，页 1218—1227。

江西省文物管理委员会、陈柏泉、胡义慈：《南昌莲塘新石器遗址调查》，《考古》，1963 年第 1 期，页 12—14、3，另载孙海、蔺新建主编：《中国考古集成·华东卷·江西省、上海市、浙江省》，郑州：中州古籍出版社，2007 年，石器时代册，页 584—587。

江西省文物管理委员会、郭远谓：《一九六二年江西万年新石器遗址墓葬的调查与试掘》，《考古》，1963 年第 12 期，页 637—640、648、3—4，另载孙海、蔺新建主编：《中国考古集成·华东卷·江西省、上海市、浙江省》，郑州：中州古籍出版社，2007 年，石器时代册，页 752—757。

江西省文物管理委员会、郭远谓、陈柏泉：《江西南昌青云谱遗址调查》，《考古》，1961 年第 10 期，页 12—14、3，另载孙海、蔺新建主编：《中国考古集成·华东卷·江西省、上海市、浙江省》，郑州：中州古籍出版社，2007 年，石器时代册，页 588—589。

江西省文物管理委员会、刘玲、陈文华：《一九六一年江西万年遗址的调查和墓葬清理》，《考古》，1962 年第 4 期，页 167—170、3，另载孙海、蔺新建主编：《中国考古集成·华东卷·江西省、上海市、浙江省》，郑州：中州古籍出版社，2007 年，石器时代册，页 747—751。

江西省文物管理委员会、杨厚礼：《江西清江营盘里遗址发掘报告》，《考古》，1962 年第 4 期，页 172—181、4—7。

江西省文物考古研究所、德安县博物馆、刘诗中、李家和、李荣华：《江西德安米粮铺遗址发掘简报》，《南方文物》，1993 年第 2 期，页 1—18，另载孙海、蔺新建主编：《中国考古集成·华东卷·江西省、上海市、浙江省》，郑州：中州古籍出版社，2007 年，商周至秦汉时代册，页 1363—1376。

江西省文物考古研究所、德安县博物馆，徐长青、余志忠、杨明：《江西德安县陈家墩遗址第二次发掘简报》，《东方文化》，2000 年第 9 期，页 14—24。

江西省文物考古研究所、德安县博物馆，于少先、李荣华、白坚、熊海清：《江西德安县陈家墩遗址发掘简报》，《南方文物》，1995 年第 2 期，页 30—49。

江西省文物考古研究所、德安县博物馆，张文江：《江西德安蚌壳山遗址发掘简报》，《南方文物》，1994 年第 3 期，页 24—29。

江西省文物考古研究所、厦门大学人类学系、广丰县文物管理所，徐长青、翁松龄、李家和：《江西广丰社山头遗址发掘》，《东南文化》，1993 年第 4 期，页 9—35；另载孙海、蔺新建主编：

《中国考古集成·华东卷·江西省、上海市、浙江省》,郑州:中州古籍出版社,2007年,石器时代册,页662—683。

江西省文物考古研究所、厦门大学人类学系、广丰县文物管理所,徐长青、庄景辉、李家和、唐杏煌:《江西广丰社山头遗址第三次发掘》,《南方文物》,1997年第1期,页1—22;另载孙海、蔺新建主编:《中国考古集成·华东卷·江西省、上海市、浙江省》,郑州:中州古籍出版社,2007年,石器时代册,页684—702。

江西省文物考古研究所、厦门大学人类学系考古专业、江西省樟树市博物馆:《江西樟树吴城商代遗址第八次发掘简报》,《南方文物》,1995年第1期,页5—23。

江西省文物考古研究所、宜春地区文物博物事业管理所、靖安县博物馆:《靖安郑家坳墓地第二次发掘》,《考古与文物》,1994年第2期,页12—26。

江西省文物考古研究所、樟树市博物馆编著:《吴城——1973—2002年考古发掘报告》,北京:科学出版社,2005年。

荆州博物馆,彭军、王家政、王莉、金陵、王明钦、杨开勇、丁家元、赵晓斌:《湖北荆州熊家冢墓地2006~2007年发掘简报》,《文物》,2009年第4期,页4—25、1。

荆州博物馆,田勇、赵晓斌:《湖北荆州院墙湾一号楚墓》,《文物》,2008年第4期,页4—23、1。

荆州博物馆,王明钦、彭军、王家政、王莉、金陵、杨开勇:《湖北荆州谢家桥一号汉墓发掘简报》,《文物》,2009年第4期,页26—42。

荆州博物馆编著:《石家河文化玉器》,北京:文物出版社,2008年。

荆州博物馆主编:《荆州荆南寺》,北京:文物出版社,2009年。

荆州地区博物馆、北京大学考古系、王宏:《湖北江陵荆南寺遗址第一、二次发掘简报》,《考古》,1989年第8期,页679—692、698、769—770。

荆州地区博物馆、钟祥县博物馆,张绪球、何德珍、王运新、王宏、朱江松、刘昌银、孟世和、柳勇、熊学斌、周文、代修正、王福英、肖玉军:《钟祥六合遗址》,《江汉考古》,1987年第2期,页1—31、101—102、106—107。

荆州市博物馆、钟祥市博物馆,郑中华:《钟祥乱葬岗夏文化遗存清理简报》,《江汉考古》,2001年第3期,页38—43。

莒县博物馆,刘云涛、夏兆礼、张开学、王健:《山东莒县西大庄西周墓葬》,《考古》,1999年第7期,页38—45、97—98。

阚续杭:《望江汪洋庙新石器时代遗址》,《考古学报》,1986年第1期,页43—60、131—136;另载孙海、蔺新建主编:《中国考古集成·华东卷·江苏省、安徽省》,郑州:中州古籍出版社,2006年,《新石器》,页3315—3332。

考古研究所洛阳发掘队:《1958洛阳东干沟遗址发掘简报》,《考古》,1959年第10期,页537—540、589—590;另载孙进己、孙海主编:《中国考古集成·华北卷·河南省、山东省》,郑州:中州古籍出版社,1999年,石器时代册,页1846—1850。

李海荣、刘均雄:《广东深圳市咸头岭新石器时代遗址》,《考古》,2007年第7期,页9—16、99—100。

李济:《古器物研究专刊》,第三本《殷墟出土青铜斝形器之研究》,李济总编辑、石璋如、高去寻编辑:《中国考古报告集·新编》,台北:"中研院"历史语言研究所,1968年。

李济:《古器物研究专刊》,第一本《殷虚出土青铜觚形器之研究》,李济总编辑、石璋如、高去寻编辑:《中国考古报告集·新编》,台北:"中研院"历史语言研究所,1964年。

李济:《殷虚青铜器研究》,上海:上海人民出版社,2008年。

李济、万家保著:《古器物研究专刊》,第五本《殷虚出土伍拾叁件青铜容器之研究》,李济总编辑、石璋如、高去寻编辑:《中国考古报告集·新编》,台北:"中研院"历史语言研究所,1972年。

李家和:《靖安县发现新石器时代墓地》,《江西历史文物》,1983年第3期,图版一:15;另载孙海、蔺新建主编:《中国考古集成·华东卷·江西省、上海市、浙江省》,郑州:中州古籍出版社,2007年,石器时代册,页879—880。

李家和、杨后礼:《南昌、永修、宁都发现的三处商周遗址》,《江西历史文物》,1981年第3期;另载孙海、蔺新建主编:《中国考古集成·华东卷·江西省、上海市、浙江省》,郑州:中州古籍出版社,2007年,商周至秦汉时代册,页1067—1072。

李林:《陕西绥德县延家岔二号画像石墓》,《考古》1990年第2期。

李清临、朱君孝:《二里头文化研究的新视角———从青铜器的铅同位素比值看二里头四期的文化性质》,《江汉考古》,2007年第4期,第21、67—71页。

李荣华:《江西都昌小张家商代遗址发掘简报》,《南方文物》,1999年第3期,页88—104,另载孙海、蔺新建主编:《中国考古集成·华东卷·江西省、上海市、浙江省》,郑州:中州古籍出版社,2007年,商周至秦汉时代册,页1409—1422。

李荣华:《江西瑞昌市檀树咀商周遗址发掘简报》,《考古》,2000年第12期,页50—59、98—99。

李天元、祝恒富:《湖北宜昌杨家嘴遗址发掘简报》,《江汉考古》,1994年第1期,页39—55、12,另载孙海、蔺新建主编:《中国考古集成·华南卷·湖北省、湖南省》,郑州:中州古籍出版社,2004年,新石器时代册,页1335—1351。

李昭和、翁善良、张肖马、江章华、刘钊、周科华:《成都十二桥商代建筑遗址第一期发掘简报》,《文物》,1987年第12期,页1—23、37、99—101;另载孙海、蔺新建主编:《中国考古集成·西卷·云南省、贵州省、重庆市、四川省、西藏自治区》,郑州:中州古籍出版社,2003年,青铜时代册,页3169—3191。

梁思永未完稿,高去寻辑补,李济总编辑:《侯家庄·第二本·1001号大墓:安阳侯家庄殷代墓地》,《中国考古报告集之三》,台北:"中研院"历史语言研究所,1962年。

梁思永未完稿,高去寻辑补,李济总编辑:《侯家庄·第二本·1003号大墓:安阳侯家庄殷代墓地》,《中国考古报告集之三》,台北:"中研院"历史语言研究所,1967年。

梁思永未完稿,高去寻辑补,李济总编辑:《侯家庄·第五本·1004号大墓:安阳侯家庄殷代墓地》,《中国考古报告集之三》,台北:"中研院"历史语言研究所,1970年。

梁思永遗著,高去寻辑补,石璋如校补,石璋如编:《侯家庄·第九本·1129、1400、1443号大墓:河南安阳侯家庄殷代墓地》,《中国考古报告集之三》,台北:"中研院"历史语言研究所,1996年。

辽宁省文物考古研究所:《牛河梁红山文化遗址发掘报告(1983—2003年度)》,北京:文物出版社,2012年。

辽宁省文物考古研究所编著:《查海新石器时代聚落遗址发掘报告》,北京:文物出版社,

2012 年。

辽宁省文物考古研究所、大连市文物管理委员会、庄河市文物管理办公室、许玉林、苏小幸、王嗣洲、孙德源:《大连市北吴屯新石器时代遗址》,《考古学报》,1994 年第 3 期,页 343—380。

临川县文物管理所,程应林、彭适凡、李家和:《江西临川新石器时代遗址调查简报》,《考古》,1964 年第 4 期,页 169—175;另载孙海、蔺新建主编:《中国考古集成·华东卷·江西省、上海市、浙江省》,郑州:中州古籍出版社,2007 年,石器时代册,页 636—644。

临沂市博物馆编:《临沂汉画像石》,济南:山东美术出版社,2002 年。

刘辉主编:《孝感叶家庙》,北京:科学出版社,2016 年

刘礼纯:《江西瑞昌市求雨垴遗址的调查》,《考古》,1997 年第 5 期,87—88。

刘礼纯:《江西瑞昌县大路口、螺石口遗址调查》,《考古》,1993 年第 7 期,页 654—655。

刘森森:《盘龙城外缘带状夯土遗迹的初步认识》,《武汉城市之根——商代盘龙城与武汉城市发展研讨会论文集》,武汉:武汉出版社,2002 年,页 190—198。

刘诗中:《拾年山遗存文化分析》,《南方文物》,1992 年第 3 期,页 52—59。

刘诗中、卢本珊:《江西铜岭铜矿遗址的发掘与研究》,《考古学报》,1998 年第 4 期,页 465—496、529—536。

刘诗中、李家和:《江西新余市拾年山遗址》,《考古学报》,1991 年第 3 期,页 285—323、389—394,另载孙海、蔺新建主编:《中国考古集成·华东卷·江西省、上海市、浙江省》,郑州:中州古籍出版社,2007 年,石器时代册,页 805—837。

刘诗中、李家和:《江西新余拾年山遗址原始农业遗存》,《农业考古》,1989 年第 2 期,页 126—130、154,另载孙海、蔺新建主编:《中国考古集成·华东卷·江西省、上海市、浙江省》,郑州:中州古籍出版社,2007 年,石器时代册,页 801—804。

刘诗中、杨赤宇:《湖口县下石钟山遗址调查记》,《江西历史文物》,1985 年第 1 期,另载孙海、蔺新建主编:《中国考古集成·华东卷·江西省、上海市、浙江省》,郑州:中州古籍出版社,2007 年,石器时代册,页 718—724。

卢德佩:《鄂西发现的古文化遗存》,《考古》,1986 年第 1 期,页 16—21、15;另载孙海、蔺新建主编:《中国考古集成·华南卷·湖北省、湖南省》,郑州:中州古籍出版社,2004 年,青铜器时代册,页 1299—1304。

卢德佩:《三峡库区秭归长府沱商代遗址发掘》,《三峡考古之发现(二)》,武汉:湖北科学技术出版社,2000 年;另载孙海、蔺新建主编:《中国考古集成·华南卷·湖北省、湖南省》,郑州:中州古籍出版社,2004 年,青铜时代册,页 1433—1448。

卢德佩、马继贤:《湖北宜昌白庙遗址试掘简报》,《考古》,1983 年第 5 期,页 415—419、483。

卢连成、胡智生:《宝鸡𢎛国墓地》,北京:文物出版社,1988 年。

洛阳古墓博物馆、黄明兰编著:《洛阳汉画像砖》,郑州:河南美术出版社,1986 年。

洛阳市文物工作队编:《洛阳皂角树:1992—1993 年洛阳皂角树二里头文化聚落遗址发掘报告》,北京:科学出版社,2002 年。

马俊才:《河南南阳黄山遗址》,《大众考古》,2020 年第 12 期,页 12—15。

马继贤、卢德佩:《宜昌中堡岛新石器时代遗址》,《考古学报》,1987 年第 1 期,页 45—97、132—139;另载孙海、蔺新建主编:《中国考古集成·华南卷·湖北省、湖南省》,郑州:中

州古籍出版社,2004 年,新石器时代册,页 1404—1447。

孟华平、胡文春、周国平:《湖北宜昌鹿角包遗址发掘简报》,《考古》,2002 年第 7 期,页 30—
36;另载于孙海、蔺新建主编:《中国考古集成·华南卷·湖北省、湖南省》,郑州:中州古
籍出版社,2004 年,青铜时代册,页 1318—1323。

《南方文物》编辑部:《中国南方青铜器暨殷商文明国际学术研讨会论文目录》,《南方文物》,
1994 年第 1 期,页 121—123。

南京博物馆,尹焕章、张正祥、纪仲庆:《江苏邳县四户镇大墩子遗址探掘报告》,《考古学报》,
1964 年第 2 期,页 9—56、205—222。

南京博物院:《北阴阳营——新石器时代及商周时期遗址发掘报告》,北京:文物出版社,
1993 年。

南京博物院:《江苏吴县草鞋山遗址》,《文物资料丛刊(3)》,北京:文物出版社,1980 年,页
15—24。

南京博物院、尹焕章、袁颖、纪仲庆:《江苏邳县刘林新石器时代遗址第二次发掘》,《考古学
报》,1965 年第 2 期,页 9—47、152—165、180—183。

南京博物院编著:《花厅——新石器时代墓地发掘报告》,北京:文物出版社,2003 年。

南京大学历史系考古专业、常熟博物馆、宋建、戴宁汝、吴慧虞:《江苏常熟钱底巷遗址发掘报
告》,《考古学报》,1996 年第 4 期,473—513、544—551。

南京市文物局、南京市博物馆、高淳县文管所,周裕兴、王志高、张金喜:《江苏高淳县薛城新石
器时代遗址发掘简报》,《考古》,2000 年第 5 期,页 1—20、97—101。

南阳地区文物工作队、唐河县文化馆:《唐河县湖阳镇汉画像石墓清理简报》,《中原文物》,
1985 年第 3 期,页 8—13。

内蒙古自治区文物考古研究所编著:《白音长汗——新石器时代遗址发掘报告》,北京:科学
出版社,2004 年。

盘龙城遗址博物馆筹建处、韩用祥:《湖北黄陂盘龙城李家嘴二号墓发掘的补充资料》,《文
物》,2007 年第 8 期,页 93—94。

彭适凡、李家和:《江西清江吴城商代遗址发掘简报》,《文物》,1975 年第 7 期,页 51—71、
104,另载孙海、蔺新建主编:《中国考古集成·华东卷·江西省、上海市、浙江省》,郑州:
中州古籍出版社,2007 年,商周至秦汉时代册,页 1186—1204。

彭适凡、刘林、詹开逊:《江西新干大洋洲商墓发掘简报》,《文物》,1991 年第 10 期,页 1—26、
97—103;另载于孙海、蔺新建主编:《中国考古集成·华东卷·江西省、上海市、浙江省》,
郑州:中州古籍出版社,2007 年,商周至秦汉时代册,页 1530—1557。

濮阳市文物管理委员会、濮阳市博物馆、濮阳市文物工作队,孙德萱、丁清贤、赵连生、张相梅:
《河南濮阳西水坡遗址发掘简报》,《文物》,1988 年第 3 期,页 3—8;另载于孙海、蔺新建
主编:《中国考古集成·华北卷·河南省、山东省》,郑州:中州古籍出版社,1999 年,石器
时代册,页 1575—1580。

人民网:《凤阳首次发掘古堆桥商周遗址》,人民网,2012/12/20。

瑞昌博物馆、刘礼纯:《江西瑞昌县良田寺遗址调查》,《考古》,1987 年第 1 期,页 1—4,另载
孙海、蔺新建主编:《中国考古集成·华东卷·江西省、上海市、浙江省》,郑州:中州古籍
出版社,2007 年,石器时代册,页 627—630。

山东大学历史系考古教研室编：《泗水尹家城》，北京：文物出版社，1990 年。

山东省博物馆：《山东益都苏埠屯第一号奴隶询葬墓》，《文物》，1972 年第 8 期，页 17—30；另载于孙海、蔺新建主编：《中国考古集成·华北卷·河南省、山东省》，郑州：中州古籍出版社，1999 年，商周时代册，页 4298—4309。

山东省博物馆、山东省文物考古研究所：《邹县野店》，北京：文物出版社，1985 年。

山东省博物馆，王思礼、蒋英炬：《山东藤县岗山村新石器时代墓葬试掘报告》，《考古》，1963 年第 7 期，页 351—361、6—10。

山东省博物馆、郑笑梅：《山东潍坊姚官庄遗址发掘简报》，《考古》，1963 年第 7 期，页 347—350、3—5。

山东省考古所、上东省博物馆、莒县博物馆，王树明：《山东莒县陵阳河大汶口文化墓葬发掘简报》，《史前研究》，1987 年第 3 期，页 62—82。

山东省文物管理处、济南市博物馆：《大汶口——新石器时代墓葬发掘报告》，北京：文物出版社，1974 年。

山东省文物考古研究所：《大汶口续集——大汶口遗址第二、三次发掘报告》，北京：科学出版社，1997 年。

山东省文物考古研究所、何德亮：《山东曲阜南兴埠遗址的发掘》，《考古》，1984 年第 12 期，页 1057—1068、1153—1154。

山东省文物考古研究所、莒县博物馆，常兴照、苏兆庆：《山东莒县杭头遗址》，《考古》，1988 年第 12 期，1057—1071、1153—1154。

山东省文物考古研究所、莒县博物馆，何德亮：《莒县大朱家村大汶口文化墓葬》，《考古学报》，1991 年第 2 期，页 167—206、265—272。

山东省文物考古研究所，吴诗池、吴文祺：《茌平尚庄新石器时代遗址》，《考古学报》，1985 年第 4 期，页 465—505、547—554。

山西省大同市考古研究所：《大同湖东北魏一号墓》，《文物》，2004 年第 12 期，页 26—34。

山西省大同市考古研究所：《山西大同下深井北魏墓发掘简报》，《文物》，2004 年第 6 期，页 29—34。

陕西省考古研究所、宝鸡市考古工作队、杨家村联合考古队、眉县文化馆：《陕西眉县杨家村西周青铜器窖藏发掘简报》，《文物》，2003 年第 6 期，页 4—42。

陕西省考古研究所、陕西省安康水电站库区考古队：《陕南考古报告集》，西安：三秦出版社，1994 年。

陕西省考古研究所、陕西省文物管理委员会、陕西省博物馆编：《陕西出土商周青铜器》，北京：文物出版社，1979 年。

陕西省考古研究院、震旦艺术博物馆编，孙秉君、蔡庆良合著：《芮国金玉选粹——陕西韩城春秋宝藏》，西安：三秦出版社，2007 年。

陕西周原考古队、陈全方：《陕西岐山贺家村西周墓发掘报告》，《文物资料丛刊》第八辑，北京：文物出版社，1983 年，页 77—94；另载于孙进己、孙海主编：《中国考古集成·西北卷·陕西省、宁夏回族自治区》，郑州：中州古籍出版社，2002 年，青铜时代册，页 1887—1905。

上海博物馆编：《翰墨荟萃：细读美国藏中国五代宋元书画珍品》，北京：北京大学出版社，

2012 年。

上海博物馆考古研究部、宋建、周丽娟、陈杰、翟杨：《上海松江区广富林遗址 2001—2005 年发掘简报》，《考古》，2008 年第 8 期，页 3—21、97—98、2。

上海市文物保管委员会，孙维昌、姜泉生：《上海市松江县广富林新石器时代遗址试探》，《考古》，1962 年第 9 期，页 465—469、5—6，另载孙海、蔺新建主编：《中国考古集成·华东卷·江西省、上海市、浙江省》，郑州：中州古籍出版社，2007 年，石器时代册，页 1256—1262。

上海市文物管理委员会，黄宣佩、张明华主编：《崧泽——新石器时代遗址发掘报告》，北京：文物出版社，1986 年。

上海市文物管理委员会，黄宣佩主编：《福泉山——新石器时代遗址发掘报告》，北京：文物出版社，2000 年。

上海市文物管理委员会、宋建、何继英、周丽娟、李峰、江松：《上海市闵行区马桥遗址 1993—1995 年发掘报告》，《考古学报》，1997 年第 2 期，页 197—236、255—276。

上海市文物管理委员会主编，宋建、袁靖、洪雪晴、何继英、周丽娟等编著：《马桥 1993—1997 年发掘报告》，上海：上海书画出版社，2002 年。

石河考古队：《湖北省石河遗址群 1987 年发掘简报》，《文物》，1990 年第 8 期，页 1—16。

首都博物馆书库编辑委员会：《燕地青铜艺术精品展》，北京：北京出版社，2005 年。

四川省博物馆编：《四川省博物馆》，北京：文物出版社；东京都：讲谈社，1992 年。

四川省文物管理委员会、四川省文物考古研究所、广汉市文化局文馆所：《广汉三星堆遗址二号祭祀坑发掘简报》，《文物》，1989 年第 5 期，页 1—20、97—103；另载于孙海、蔺新建主编：《中国考古集成·西南卷·云南省、贵州省、重庆市、四川省、西藏自治区》，郑州：中州古籍出版社，2003 年，青铜时代册，页 3312—3334。

四川省文物考古研究所编：《三星堆祭祀坑》，北京：文物出版社，1999 年。

四川省文物考古研究所三星堆工作站、广汉市文物管理所，陈德安、敖天照：《三星堆遗址真武仓包包祭祀坑调查简报》，《四川考古报告集》，北京：文物出版社，1998 年；另载孙海、蔺新建主编：《中国考古集成·西卷·云南省、贵州省、重庆市、四川省、西藏自治区》，郑州：中州古籍出版社，2003 年，青铜时代册，页 3284—3293。

宋建、周丽娟、陈杰：《上海松江区广富林遗址 1999—2000 年发掘简报》，《考古》，2002 年第 10 期，页 31—48、98、104、2。

随州市博物馆编：《随州出土文物精粹》，北京：文物出版社，2009 年。

孙德萱、丁清贤、赵连生、张相梅：《濮阳西水坡遗址试掘简报》，《中原文物》，1988 年 1 期，页 3—8、24、103；另载于孙海、蔺新建主编：《中国考古集成·华北卷·河南省、山东省》，郑州：中州古籍出版社，1999 年，石器时代册，页 1569—1574。

孙维昌：《上海青浦寺前村和果园村遗址试掘》，《南方文物》，1998 年第 1 期，页 25—37。

太原市文物考古研究所编：《晋国赵卿墓》，北京：文物出版社，2004 年。

汤文兴：《临汝阎村新石器时代遗址调查》，《中原文物》，1981 年第 1 期，页 5—8、67、75、2；另载孙进己、孙海主编：《中国考古集成·华北卷·河南省、山东省》，郑州：中州古籍出版社，1999 年，石器时代册，页 1007—1011。

滕州市博物馆、李鲁滕：《藤州前掌大村南墓地发掘报告（1998—2001）》，山东省文物考古研究所编：《海岱考古》第三辑,北京：科学出版社,2010 年,页 229—375。

汪遵国：《苏州草鞋山良渚文化墓葬》,《东方文明之光——良渚文化发现 60 周年纪念文集（1936—1996）》,海口：海南国际新闻出版中心,1996 年;另载孙海、蔺新建主编：《中国考古集成·华东卷·江苏省、安徽省》,郑州：中州古籍出版社,2006 年,新石器时代册,页 2403—2422。

王斌主编,刘社刚、乔斌、宁会振副主编：《虢国墓地的发现与研究》,北京：社会科学文献出版社,2000 年。

王龙正、夏麦陵、王宏伟、姜涛、王胜利、牛清彬、娄金山、冯陆平、张水木：《平顶山应国墓地八十四号墓发掘简报》,《文物》,1998 年第 9 期,页 4—17、102、1—2。

王清刚：《2012 年度上海广富林遗址山东大学发掘区发掘报告》,山东大学历史学院硕士学位论文,2013 年。

潍坊市艺术馆、潍坊市寒亭区图书馆,曹远启、杨传德：《山东潍县狮子行遗址发掘简报》,《考古》,1984 年第 8 期,页 673—688、768—771。

《文物》编辑部：《无产阶级文化大革命期间出土文物展览简介》,《文物》,1972 年第 1 期,页 70—105。

翁松龄、李家和、曹柯平：《江西九江县马回岭遗址调查》,《东南文物》,1991 年第 6 期,页 170—174;另载孙海、蔺新建主编：《中国考古集成·华东卷·江西省、上海市、浙江省》,郑州：中州古籍出版社,2007 年,商周至秦汉时代册,页 1450—1452。

吴耀利、陈星灿：《河南汝州李楼遗址的发掘》,《考古学报》,1994 年第 1 期,页 63—96。

武汉大学历系考古教研室、襄樊市博物馆、随州市博物馆编：《西花园与庙台子：田野考古发掘报告》,武昌：武汉大学出版社,1993 年。

武汉市博物馆、汉南区文化局、《1996 年汉南纱帽山遗址发掘》,《江汉考古》,1998 年第 4 期,页 1—11。

武汉市博物馆、湖北省文物考古研究所、黄陂县文物管理所,李桃元、许志斌：《1997—1998 年盘龙城发掘简报》,《江汉考古》,1998 年第 3 期,页 34—48。

武汉市黄陂区文馆所、武汉市文物考古研究所、武汉市盘龙城遗址博物馆（筹）,鄂学玉、韩用祥、余才山：《商代盘龙城遗址杨家湾十三号墓清理简报》,《江汉考古》,2005 年第 1 期,页 19—23、54。

西北大学历史系考古专业,刘士莪、宋新潮：《西安老牛坡商代墓地的发掘》,《文物》,1988 年第 6 期,页 1—22;另载于孙进己、孙海主编：《中国考古集成·西北卷·陕西省、宁夏回族自治区》,郑州：中州古籍出版社,2002 年,青铜时代册,页 1887—1905。

西汉南越博物馆编：《西汉南越博物馆珍品图录》,北京：文物出版社,2007 年。

夏名采、刘华国：《山东青州市苏埠屯墓群出土的青铜器》,《考古》,1996 年第 5 期,页 21—28、97—98。

香炉山考古队、黄锂：《湖北武汉市阳逻香炉山遗址考古发掘纪要》,《南方文物》,1993 年第 1 期,页 1—7、127。

襄樊市文物普查办公室、叶植：《襄樊市文物史迹普查实录》,北京：今日中国出版社,1995 年。

襄石复线襄樊考古队、王先福：《湖北襄阳法龙王树岗遗址二里头文化灰坑清理简报》,《江汉考古》,2002 年第 4 期,页 44—50。

信阳地区文管会、淮滨现文化馆,欧潭生、李绍曾:《河南淮滨发现新石器时代墓葬》,《考古》,
　　1981 年第 1 期,页 1—4、97;另载孙进己、孙海主编:《中国考古集成·华北卷·河南省、
　　山东省》,郑州:中州古籍出版社,1999 年,石器时代册,页 1867—1870。

徐长青、翁松龄、李家和:《江西夏文化遗存的发现与研究》,《南方文物》,1994 年第 2 期,页
　　54—66。

许玉林、傅仁义、王传普:《辽宁东沟县后洼遗址发掘概要》,《文物》,1989 年第 12 期,页 1—
　　22;另载于孙进己、冯永谦、苏天钧主编:《中国考古集成·东北卷》,郑州:中州古籍出版
　　社,1997 年,新石器时代册,页 1272—1291。

燕生东、徐加军:《山东枣庄小山西汉画像石墓》,《文物》,1997 年第 12 期,页 34—43。

偃师县文物馆:《二里头遗址出土的铜器和玉器》,《考古》,1978 年第 4 期,页 27;另载孙进
　　己、孙海主编:《中国考古集成·华北卷·河南省、山东省》,郑州:中州古籍出版社,1999
　　年,商周时代册,页 1721。

杨赤宇:《江西湖口史家桥新石器时代遗址》,《南方文物》,1998 年第 2 期,页 16—28;另载孙
　　海、蔺新建主编:《中国考古集成·华东卷·江西省、上海市、浙江省》,郑州:中州古籍出
　　版社,2007 年,石器时代册,页 703—717。

杨春棠:《河南出土陶瓷》,香港:香港大学美术博物馆,1997 年。

杨德标:《潜山薛家冈新石器时代遗址》,《考古学报》,1982 年第 3 期,页 283—324、387—398;
　　另载孙海、蔺新建主编:《中国考古集成·华东卷·江苏省、安徽省》,郑州:中州古籍出
　　版社,2006 年,新石器时代册,页 2925—2955。

杨国忠:《1981 年偃师二里头遗址墓葬发掘简报》,《考古》,1984 年第 1 期,页 37—40、99—
　　100;另载孙进己、孙海主编:《中国考古集成·华北卷·河南省、山东省》,郑州:中州古
　　籍出版社,1999 年,商周时代册,页 1740—1743。

杨国忠、刘忠伏:《1980 年秋河南偃师二里头遗址发掘简报》,《考古》,1983 年第 3 期,页
　　199—205、219;另载孙进己、孙海主编:《中国考古集成·华北卷·河南省、山东省》,郑
　　州:中州古籍出版社,1999 年,商周时代册,页 1722—1719。

杨虎、林秀贞:《内蒙古敖汉旗榆树山、西梁遗址出土遗物综述》,《北方文物》,2009 年第 2 期,
　　页 13—21。

杨华:《从鄂西考古发现谈巴文化的起源》,《考古与文物》,1995 年第 1 期,页 30—43;另载孙
　　海、蔺新建主编:《中国考古集成·华南卷·湖北省、湖南省》,郑州:中州古籍出版社,
　　2004 年,青铜时代册,页 407—417。

杨华:《鄂西地区与成都平原夏商时期巴蜀文化陶器的研究》,《湖北省考古学会论文选集》,
　　《江汉考古》增刊三,1998 年;另载孙海、蔺新建主编:《中国考古集成·华南卷·湖北省、
　　湖南省》,郑州:中州古籍出版社,2004 年,青铜时代册,页 518—528。

杨华:《三峡新石器时代埋葬习俗考古与同时期人类社会发展历史》,《四川三峡学院学报》,
　　1999 年第 2 期,页 10—18。

杨子范:《山东宁阳县堡头遗址清理简报》,《文物》,1959 年第 10 期,页 61—64、78。

宜昌博物馆:《三峡地区发现原始社会腰坑墓葬》,《江汉考古》,1999 年第 1 期,页 43。

宜昌地区博物馆,余秀翠、王劲:《宜昌县杨家湾新石器时代遗址》,《江汉考古》,1984 年第 4
　　期,页 27—37;另载孙海、蔺新建主编:《中国考古集成·华南卷·湖北省、湖南省》,郑

州：中州古籍出版社,2004 年,新石器时代册,页 1460—1469。

宜昌市博物馆、卢德佩：《三峡库区长府沱遗址试掘简报》,《江汉考古》,1995 年第 4 期,页 13—17,另载孙海、蔺新建主编：《中国考古集成·华南卷·湖北省、湖南省》,郑州：中州古籍出版社,2004 年,青铜器时代册,页 1295—1298。

宜城市博物馆编：《楚风汉韵——宜城地区出土楚汉文物陈列》,北京：文物出版社,2011 年。

尹检顺：《湖南桂阳千家坪新石器时代遗址考古发掘简报》,《湖南考古集刊》第 15 集,2021 年,页 1—36。

余盛华、王上海、白坚：《玉山双明地区考古调查与试掘》,《南方文物》,1994 年第 3 期,页 8—23;另载孙海、蔺新建主编：《中国考古集成·华东卷·江苏省、安徽省》,郑州：中州古籍出版社,2006 年,商周时代册,页 1474—1486。

袁进京、张先得：《北京市平谷献发现商代墓葬》,《文物》,1977 年第 11 期,页 1—8;另载孙进己、苏天钧、孙海主编：《中国考古集成·华北卷·北京市、天津市、河北省、山西省》,郑州：中州古籍出版社,1994 年,商周时代册,页 541—550。

岳阳市文物工作队、钱粮湖农场文管会,何钦法、罗仁林：《钱粮湖坟山堡新石器时代遗址试掘报告》,《湖南考古辑刊》第 6 集,1994 年,页 17—33。

张国柱：《河南偃师二里头遗址发现龙山文化早期遗存》,《考古》,1982 年第 5 期,页 460—462、565,另载孙进己、孙海主编：《中国考古集成·华北卷·河南省、山东省》,郑州：中州古籍出版社,1999 年,商周时代册,页 1871—1874。

张先得、王武钰、郁金城：《北京平谷刘家河遗址调查》,《北京文物与考古》,1992 年第 3 期;另载孙进己、苏天钧、孙海主编：《中国考古集成·华北卷·北京市、天津市、河北省、山西省》,郑州：中州古籍出版社,1994 年,商周时代册,页 533—540。

浙江省文物考古研究所：《河姆渡——新石器时代遗址考古发掘报告》,北京：文物出版社,2003 年。

浙江省文物考古研究所：《南河浜——崧泽文化遗址发掘报告》,北京：文物出版社,2005 年。

浙江省文物考古研究所、海盐县博物馆、孙国平、李林：《浙江海盐县龙潭港良渚文化墓地》,《考古》,2001 年 10 月,页 26—45、99—101。

郑州市文物工作队、张松林、赵清：《青台仰韶文化遗址 1981 年上半年发掘简报》,《中原文物》,1987 年第 1 期,页 1—7。

郑州市文物考古研究院、张松林：《荥阳青台遗址出土纺织物的报告》,《中原文物》,1999 年第 3 期,页 4—9。

记者桂娟、李文哲：《郑州考古实证 5000 多年前中国先民已育蚕制丝》,新华网 2019 年 12 月 5 日。

中国科学技术大学科技史与科技考古系、河南省文物考古研究所、武阳县博物馆,张居中、潘伟彬：《河南舞阳贾湖遗址 2001 年春发掘简报》,《华夏考古》,2002 年第 2 期,页 14—30、113。

中国科学院考古研究所、北京市文物管理处、房山县文教局琉璃河考古工作队：《北京附近发现的西周奴隶殉葬墓》,《考古》,1974 年第 5 期,页 309—321、344—348;另载于载孙进己、苏天钧、孙海主编：《中国考古集成·华北卷·北京市、天津市、河北省、山西省》,郑州：中州古籍出版社,1994 年,商周时代册,页 556—570。

中国科学院考古研究所、陕西省西安半坡博物馆编：《西安半坡》，北京：文物出版社，1963 年。

中国科学院考古研究所编：《京山屈家岭》，北京：科学出版社，1965 年。

中国科学院考古研究所甘肃工作队：《甘肃永靖大河庄遗址发掘报告》，《考古学报》，1974 年第 2 期，页 29—62、144—161。

中国科学院考古研究所甘肃工作队、谢端琚：《甘肃永靖秦魏家齐家文化墓地》，《考古学报》，1975 年第 2 期，页 57—96、180—191。

中国科学院考古研究所山东队，高广仁、任式楠：《山东曲阜西夏候遗址第一次发掘报告》，《考古学报》，1964 年第 2 期，页 57—106、223—234、257—258。

中国青铜器全集编辑委员会：《中国青铜器全集》，北京：文物出版社，1997 年。

中国社会科学院考古所河南一队，郑乃武、梁中合、田富强：《河南汝州中山寨遗址》，《考古学报》，1991 年第 1 期，页 57—89、129—136。

中国社会科学院考古研究所：《1971 年安阳后岗发掘简报》，《考古》，1972 年第 3 期，页 14—25、66—68。

中国社会科学院考古研究所：《宝鸡北首岭》，北京：文物出版社，1983 年。

中国社会科学院考古研究所、北京市文物研究所琉璃河考古队：《北京琉璃河 1193 号大墓发掘简报》，《考古》，1990 年第 1 期，页 20—31、38；另载孙进己、苏天钧、孙海主编：《中国考古集成·华北卷·北京市、天津市、河北省、山西省》，郑州：中州古籍出版社，1994 年，商周时代册，页 598—610。

中国社会科学院考古研究所、沣西发掘队：《长安张家坡 M183 西周洞室墓发掘简报》，《考古》，1989 年第 8 期，页 524—529。

中国社会科学院考古研究所、考古科技实验研究中心，王增林：《尉迟寺遗址的植物硅酸体分析与史前农业经济特点》，《农业考古》，1998 年第 1 期，页 412。

中国社会科学院考古研究所安阳队、徐广德：《1991 年安阳后冈殷墓的发掘》，《考古》，1993 年第 10 期，页 880—903、961—964。

中国社会科学院考古研究所安阳工作队，杨宝成、杨锡璋：《1969—1977 年殷墟西区墓葬发掘报告》，《考古学报》，1979 年第 1 期，页 27—166。

中国社会科学院考古研究所安阳工作队，杨锡璋、刘一曼：《安阳郭家庄西南的殷代车马坑》，《考古》，1988 年第 10 期，页 882—909。

中国社会科学院考古研究所编：《二里头陶器集粹》，北京：中国社会科学出版社，1995 年。

中国社会科学院考古研究所编：《中国考古学中碳十四年代数据集 1965—1991》，北京：文物出版社，1991 年。

中国社会科学院考古研究所编著：《安阳殷墟出土玉器》，北京：科学出版社，2005 年。

中国社会科学院考古研究所编著：《敖汉赵宝沟——新石器时代聚落》，北京：中国大百科全书出版社，1997 年。

中国社会科学院考古研究所编著：《二里头（1999—2006）》，北京：文物出版社，2014 年。

中国社会科学院考古研究所编著：《大甸子——夏家店下层文化遗址与墓葬发掘报告》，北京：科学出版社，1998 年。

中国社会科学院考古研究所编著：《胶县三里河》，北京：文物出版社，1988 年。

中国社会科学院考古研究所编著:《临潼白家村》,成都:巴蜀书社,1994 年。

中国社会科学院考古研究所编著:《蒙城尉迟寺——皖北新石器时代聚落遗存的发掘与研究》,北京:科学出版社,2001 年。

中国社会科学院考古研究所编著:《山东王因——新石器时代遗址发学报告》,北京:科学出版社,2000 年。

中国社会科学院考古研究所编著:《偃师二里头:1959 年—1978 年考古发掘报告》,北京:中国大百科全书出版社,1999 年。

中国社会科学院考古研究所编著:《殷墟妇好墓》,北京:文物出版社,1980 年。

中国社会科学院考古研究所编著:《中国考古学·夏商卷》,北京:中国社会科学出版社,2003 年。

中国社会科学院考古研究所二里头工作队:《河南偃师二里头遗址三、八区发掘简报》,《考古》,1975 年第 5 期,页 302—309、294、328—329;另载孙进己、孙海主编:《中国考古集成·华北卷·河南省、山东省》,郑州:中州古籍出版社,1999 年,商周时代册,页 1711—1719。

中国社会科学院考古研究所二里头工作队:《河南偃师市二里头遗址发现一件青铜钺》,《考古》,2002 年第 11 期,页 31—34、97—99。

中国社会科学院考古研究所二里头工作队:《河南偃师二里头早商宫殿遗址发掘简报》,《考古》,1972 年第 4 期,页 234—248、278—281;另载孙进己、孙海主编:《中国考古集成·华北卷·河南省、山东省》,郑州:中州古籍出版社,1999 年,商周时代册,页 1694—1710。

中国社会科学院考古研究所二里头工作队、杜金鹏:《偃师二里头遗址发现仰韶文化遗存》,《考古》,1985 年第 3 期,页 193—196、289;另载孙进己、孙海主编:《中国考古集成·华北卷·河南省、山东省》,郑州:中州古籍出版社,1999 年,商周时代册,页 1736—1740。

中国社会科学院考古研究所二里头工作队、许宏、赵海涛:《河南偃师市二里头遗址宫城及宫殿区外围道路的勘察与发掘》,《考古》,2004 年第 11 期,页 3—13。

中国社会科学院考古研究所二里头工作队、许宏、赵海涛、陈国梁:《河南偃师市二里头遗址 4 号夯土基址发掘简报》,《考古》,2004 年第 11 期,页 14—22。

中国社会科学院考古研究所二里头工作队、许宏、赵海涛、李志鹏、陈国梁:《河南偃师市二里头遗址中心区的考古新发现》,《考古》,2005 年第 7 期,页 15—20、101—103、2。

中国社会科学院考古研究所甘青工作队、青海省文物考古研究所,叶茂林、王国道、蔡林海、何克洲:《青海民和县胡李家遗址的发掘》,《考古》,2001 年第 1 期,页 40—58、101—102。

中国社会科学院考古研究所河南第二工作队,赵芝荃、徐殿魁:《1983 年秋季河南偃师商城发掘简报》,《考古》,1984 年第 10 期,页 872—879、961—963。

中国社会科学院考古研究所河南一队、王吉怀:《河南信阳南山咀新石器时代遗址试掘简报》,《考古》,1990 年第 5 期,页 385—389;另载孙进己、孙海主编:《中国考古集成·华北卷·河南省、山东省》,郑州:中州古籍出版社,1999 年,石器时代册,页 1254—1257。

中国社会科学院考古研究所湖北工作队,任式楠、陈超:《湖北黄梅陆墩新石器时代墓葬》,《考古》,1991 年第 6 期,页 481—496、577—580。

中国社会科学院考古研究所内蒙古工作队,刘晋祥、朱延平:《内蒙古敖汉旗赵宝沟一号遗址发掘简报》,《考古》,1988 年第 1 期,页 1—6、97;另载于孙进己、冯永谦、苏天钧主编:《中国考古集成·东北卷》,郑州:中州古籍出版社,1997 年,新石器时代册,页 637—641。

中国社会科学院考古研究所内蒙古工作队、敖汉旗博物馆,杨虎、刘国祥、邵国田:《内蒙古敖汉旗兴隆沟新石器时代遗址调查》,《考古》,2000 年第 9 期,页 30—48。

中国社会科学院考古研究所内蒙古第一工作队,刘国祥、贾笑冰、赵明辉、田广林、邵国田:《内蒙古赤峰市兴隆沟聚落遗址 2002—2003 年的发掘》,《考古》,2004 年第 7 期,页 3—8、97—98、2。

中国社会科学院考古研究所内蒙古工作队,杨虎、刘国祥:《内蒙古敖汉旗兴隆洼聚落遗址 1992 年发掘简报》,《考古》,1997 年第 1 期,页 1—26、52、97—101。

中国社会科学院考古研究所内蒙古工作队,杨虎、朱延平:《内蒙古敖汉旗兴隆洼遗址发掘简报》,《考古》,1985 年第 10 期,页 865—874、961—962。

中国社会科学院考古研究所山东队、山东省滕县博物馆,吴汝祚、万树瀛:《山东滕县北辛遗址发掘报告》,《考古学报》,1984 年第 2 期,页 159—191、264—273。

中国社会科学院考古研究所山东队、吴汝祚:《山东省长岛县砣矶岛大口遗址》,《考古》,1985 年第 12 期,页 1068—1083、1145、1084、1153—1154。

中国社会科学院考古研究所山东工作队、胡秉华:《山东汶上县东贾柏村新石器时代遗址发掘简报》,《考古》,1993 年第 6 期,页 461—467、557—558。

中国社会科学院考古研究所著:《殷墟的发现与研究》,北京:科学出版社,1994 年。

"中研院"历史语言研究所编著:《安阳发掘报告》,台北:南天书局,1978 年。

朱垂珂、何国良:《江西瑞昌檀树嘴遗址试掘》,《南方文物》,1994 年第 4 期,页 1—4。

四、研究论著

中文(以拼音排序):

阿尔金(〔俄〕С·В·阿尔金)著,王德厚译:《红山文化软玉的昆虫鉴证》,《北方文物》,1997 年第 3 期,页 28—29。

阿尔金(〔俄〕谢尔盖·符拉基米洛维奇·阿尔金):《关于长城地带青铜时代居民天文历法的第一批考古资料》,吉林大学边疆考古研究中心主编:《边疆考古研究》,2002 年第 1 辑,北京:科学出版社,页 214—217。

艾兰:《太一、水、郭店〈老子〉》,《郭店楚简国际学术研讨会论文集》,武汉:湖北人民出版社,2000 年,页 524—532。

敖天照:《三星堆玉石器再研究》,《四川文物》,2003 年第 2 期,页 39—45。

白九江:《巴蜀虎形纹饰与虎崇拜》,《巴渝文化》第 4 辑,1999 年,另载孙海、蔺新建主编:《中国考古集成·西南卷·云南省、贵州省、重庆市、四川省、西藏自治区》,郑州:中州古籍出版社,2003 年,青铜时代册,页 2412—2418。

白雅力克:《如夏家店下层文化彩陶纹饰与商代青铜器纹饰研究》,《大家》,2010 年第 20 期,页 87—88。

保利艺术博物馆编:《保利藏金》,广州:岭南美术出版社,1999 年。

保利艺术博物馆编:《保利藏金(续)》,广州:岭南美术出版社,2001 年。

薄树人编:《中国天文学史》,台北:文津出版社,1996 年。

卜工:《磁山祭祀遗址及相关问题》,《文物》1987 年第 11 期,页 43—47。

布雷特·辛斯基著,蓝勇、刘建、钟春来、严奇岩译:《气候变迁和中国历史》,《中国历史地理论丛》,2003 年 2 期。

蔡庆良:《商至西周铜器与玉器纹饰分期研究》,北京大学考古学院博士学位论文,2002 年。

蔡运章、张居中:《中华文明的绚丽曙光——论舞阳贾湖发现的卦象文字》,《中原文物》,2003 年第 3 期,页 17—22。

蔡哲茂:《甲骨文考释两则》,《第三届中国文字学国际学术研讨会论文集》,台北:辅仁大学出版社,1992 年,页 27—52。

蔡哲茂:《甲骨文释读辨误五则》,《第二十二届中国文字国际学术研讨会论文集》,台中:逢甲大学中国文学系,2011 年,页 129—140。

曹定云:《论商人庙号及其相关的问题》,中国社会科学院考古研究所编:《新世纪的中国考古学——王仲舒先生八十华诞纪念世论文集》,北京:科学出版社,2005 年,页 269—303。

曹定云:《释道、永兼论相关的问题》,《考古》,1995 年第 11 期,页 1028—1035。

曹定云:《夏代文字求证——二里头文化陶文考》,《考古》,2004 年第 12 期,页 76—83。

曹定云:《殷代的"盧方"——从殷墟妇好墓玉戈铭文论及灵台白草坡"㵎白"墓》,《社会科学战线》,1982 年第 2 期,页 121—127。

曹定云:《殷墟花东 H3 卜辞中的"王"是小乙》,《古文字研究》第二十六辑,北京:中华书局,2006 年,页 8—18。

曹峻:《马桥文化再认识》,《考古》,2010 年第 11 期,页 58—70。

曹峻:《试论马桥文化与中原夏商文化的关系》,《中原文物》,2006 年第 2 期,页 40—45。

曹峻:《试谈马桥文化的泥质红褐印纹陶》,《南方文物》,2010 年第 1 期,页 76—80、26、59。

曹楠:《三代时期出土柄形玉器研究》,《考古学报》,2008 年第 2 期,页 141—174、273—276。

柴晓明:《论商周时期的青铜面饰》,《考古》,1992 年第 12 期,页 1111—1121。

常怀颖:《淅川下王岗龙山至二里头时期陶器群初探》,《四川文物》,2005 年第 2 期,页 30—38。

常庆林:《殷商玉器收藏与研究》,北京:蓝天出版社,2004 年。

常玉芝:《商代周祭制度》,北京:中国社会科学出版社,1987 年。

晁福林:《说殷卜辞中的"虹"》,《殷都学刊》,2006 年第 1 期,页 1—4。

陈邦福:《殷虚狸契考;殷契辩疑;殷契琐言》,北京:北京图书馆,2000 年。

陈邦怀:《甲骨文零拾》,东京:汲古书院,1970 年。

陈邦怀:《殷虚书契考释小笺》,宋镇豪、段志洪主编:《甲骨文献集成》,成都:四川大学出版社,2001 年。

陈淳、龚辛:《二里头、夏与中国早期国家研究》,《复旦学报(社会科学版)》,2004 年第 4 期,页 82—91。

陈发喜:《符号文字发展轨迹探微——杨家湾遗址与半坡遗址符号文字之比较》,《湖北民族学院学报》,2002 年第 3 期,页 69—71、116。

陈芳妹:《故宫商代青铜礼器图录》,台北故宫博物院,1998 年。

陈芳妹:《商周青铜酒器》,台北故宫博物院,1989 年。

陈芳妹:《商周青铜粢盛器特展图录》,台北故宫博物院,1985 年。

陈鼓应:《老庄新论》,台北:五南图书出版公司,2006 年。

陈剑：《甲骨文旧释"智"、"畿"的两个字及金文"飘"字新释》，《出土文献与古文字研究》第一辑，上海：复旦大学出版社，2006 年，页 101—154。

陈杰：《广富林文化初论》，《南方文物》，2006 年第 4 期，页 53—63。

陈久金：《中国星座神话》，台北：台湾古籍出版有限公司，2005 年。

陈梦家：《解放后甲骨的新资料和整理研究》，《文物参考资料》，1954 年第 5 期，页 3—12。

陈梦家：《殷虚卜辞综述》，北京：科学出版社，1956 年。

陈梦家：《殷虚卜辞综述》，北京：中华书局，2008 年。

陈佩芬：《夏商周青铜器研究》，上海：上海古籍出版社，2004 年。

陈器文：《玄武神话、传说与信仰》，高雄：丽文文化，2001 年。

陈巧萱：《汉代丧葬简牍：礼俗与生活》，台湾中正大学历史研究所硕士学位论文，2013 年。

陈全方：《周原与周文化》，上海：上海人民出版社，1988 年。

陈儒茵：《殷墟卜辞所见之自然神信仰研究》，台湾师范大学国文学系硕士学位论文，2011 年。

陈树祥：《黄石地区古铜矿采冶肇始及相关问题探析》，《湖北理工学院学报》，2012 年第 10 期，页 8—17。

陈树祥、龚长根：《湖北新石器时代遗址出土铜矿石与冶炼遗物初析——以鄂东南和鄂中地区为中心》，《湖北理工学院学报（人文社会科学版）》，2015 年 5 期，页 1—8。

陈铁梅、R.E.M.Hedges：《彭头山等遗址陶片和我国最早水稻遗存的加速器质谱 14C 测年》，《文物》，1994 年第 3 期，页 88—94。

陈伟：《郭店竹书别释》，武汉：湖北教育出版社，2002 年。

陈炜湛：《甲骨文论集》，上海：上海古籍出版社，2003 年。

陈贤一：《江汉地区的商文化》，《中国考古学会第二次年会论文集》，北京：文物出版社，1982 年，页 161—171，另载孙海、蔺新建主编：《中国考古集成·华南卷·湖北省、湖南省》，郑州：中州古籍出版社，2004 年，新石器时代册，页 111—117。

陈贤一、傅守平、张金国：《新干商墓与江南商代文明》，《南方文物》，1994 年第 1 期，页 49—54、41。

陈旭：《新干大洋洲商墓的年代和性质》，《南方文物》，1994 年第 1 期，页 20—25、65。

陈旭：《偃师二里头遗址考古新发现的意义》，《中国历史文物》，2006 年第 2 期，页 12—17。

陈莺、陈逸民：《神秘的面具》，天津：百花文艺出版社，2004 年。

陈钰：《试论马桥文化鸭形壶的来源与传播》，《南方文物》，2011 年第 4 期，页 81—87、66。

陈志达：《殷墟陶范及其相关的问题》，《考古》，1986 年第 3 期，页 269—277；另载于孙海、蔺新建主编：《中国考古集成·华北卷·河南省、山东省》，郑州：中州古籍出版社，1999 年，青铜时代册，页 1162—1169。

成东：《先秦时期的盾》，《考古》，1989 年第 1 期，页 71—80。

程元敏：《郭店楚简〈缁衣引书〉考》，《古文字与古文献》试刊号，台北：楚文化研究会，1999 年，页 37—40。

崔岩勤：《夏家店下层文化彩陶简析》，《赤峰学院学报》，2009 年第 10 期，页 1—3。

笪浩波：《湖北商时期古文化区分探索》，《江汉考古》增刊二；另载孙海、蔺新建主编：《中国考古集成·华南卷·湖北省、湖南省》，郑州：中州古籍出版社，2004 年，青铜时代册，页 106—110。

［日］大贯静夫：《夏商周与 C14 测年》，中国考古网，2014/01/15。

戴应新：《陕西岐山贺家村西周墓葬》，《考古》，1976 年第 1 期，页 31—38、67—70；另载于孙进己、孙海主编：《中国考古集成·西北卷·陕西省、宁夏回族自治区》，郑州：中州古籍出版社，2002 年，青铜时代册，页 2798—2803。

戴应新：《神木石峁龙山文化玉器探索（二）》，《故宫文物月刊》，十一卷第六期（总 126 期），1993 年，页 46—61。

［日］岛邦男著，濮茅左、顾伟良译：《殷墟卜辞研究》，上海：上海古籍出版社，2006 年。

［日］岛邦男撰，温天河、李寿林中译，杨家骆主编：《殷墟卜辞研究》，台北：鼎文书局，1975 年。

邓佩玲：《天命、鬼神与祝祷——东周金文嘏辞探论》，台北：艺文印书馆，2009 年。

邓淑苹：《群玉别藏》，台北故宫博物院，1995 年。

邓淑苹：《新石器时代神祖面纹研究》，杨晶、蒋卫东执行主编：《玉魂国魄——中国古代玉器与传统文化学术讨论会文集（五）》，杭州：浙江古籍出版社，2012 年，页 230—274。

邓淑苹：《再论神祖面纹玉器》，邓聪编：《东亚玉器》，香港：香港中文大学，1998 年，页 45—60。

邓淑苹：《也谈华西系统的玉器（二）》，《故宫文物月刊》，第十一卷第六期，1993 年，页 62—71。

邓淑苹：《也谈华西系统的玉器（六）——饰有弦纹的玉器》，《故宫文物月刊》，第十一卷第十期，1994 年，页 82—91。

丁山：《叔夷考》，《"中研院"历史语言研究所集刊》第 2 本 4 分，1932 年，页 419—422。

丁山：《殷商氏族方国志》，台北：大通书局，1971 年。

丁四新：《简帛〈老子〉思想研究之前缘问题报告——兼论楚简〈太一生水〉的思想》，《现代哲学》，2002 年第 2 期，页 84—91。

董莲池：《"秦"字释祷说的几点疑惑》，《古文字研究》第二十七辑，北京：中华书局，2008 年，页 117—121。

董作宾：《殷历谱》，台北："中研院"历史语言研究所，1992 年。

杜金鹏：《略论新干商墓玉、铜神像的几个问题》，《南方文物》，1992 年第 2 期，页 49—54、19；另载于孙海、蔺新建主编：《中国考古集成·华东卷·江西省、上海市、浙江省》，郑州：中州古籍出版社，2007 年，商周至秦汉时代册，页 671—676。

杜金鹏：《盘龙城商代宫殿基址讨论》，《考古学报》，2005 年第 2 期，页 161—182。

杜金鹏：《三星堆文化与二里头文化的关系及相关问题》，《四川文物》，1995 年第 1 期，页 3—9。

杜金鹏：《石家河文化玉雕神像浅说》，《江汉考古》，1993 年第 3 期，页 51—59，另载孙海、蔺新建主编：《中国考古集成·华南卷·湖北省、湖南省》，郑州：中州古籍出版社，2004 年，新石器时代册，页 854—861。

杜金鹏：《试论江西商代文化的几个问题》，《南方文物》，1994 年第 2 期，页 18—22、29。

杜金鹏：《试论夏家店下层文化中的二里头文化因素》，《华夏考古》，1995 年第 3 期，页 57—62、40。

杜金鹏：《偃师二里头遗址 4 号宫殿基址研究》，《文物》，2005 年第 6 期，页 62—71、1。

杜乃松：《记九象尊与四蛇方瓿》，《文物》，1973年第12期，页62—63、78。

杜乃松：《论青铜鸟兽尊》，《故宫博物院院刊》，1995年第S1期，页174—186。

段绍嘉：《介绍陕西省博物馆的几件青铜器》，《文物》，1963年第3期，页43—42。

俄军主编：《甘肃省博物馆》，西安：三秦出版社，2006年。

范小平：《论三星堆纵目的青铜面像》，《四川文物》，1998年第1期，页21—27。

范毓周：《殷墟卜辞中的"✚"与"✚帝"》，《南方文物》1994年第2期，页115—119、114。

范梓浩：《长江中下游泥质黑陶的起源与发展》，中山大学人类学系硕士学位论文，广州，2015年。

范梓浩：《东亚最早城址的兴起与原因初探》，中国古代史暨宗教史研究生论文发表会，台湾中正大学，2021年。

范子岚：《盘龙城：从出土青铜器论二里岗期至殷墟一期长江流域青铜文化之发展与演变》，台南艺术大学硕士学位论文，2009年。

方辉：《说"雷"及雷神》，《南方文物》，2010年第2期，页67—72。

方述鑫：《甲骨文口形偏旁释例》，《古文字研究论文集》，《四川大学学报丛刊》第10期，1982年，页280—302。

方孝谦：《洛阳东马沟二里头类型墓葬》，《考古》，1978年第1期，页18—22，另载孙进己、孙海主编：《中国考古集成·华北卷·河南省、山东省》，郑州：中州古籍出版社，1999年，商周时代册，页1851—1856。

方酉生：《从新干大洋洲商墓的发现看商王朝的南土》，《南方文物》，1994年第1期，页27—32。

方酉生：《新干商墓为"浮沉"祭场说质疑》，《南方文物》，1995年第2期，页64—66。

方酉生：《偃师二里头遗址第三期遗存与桀都斟鄩》，《考古》，1995年第2期，页160—169、185。

方酉生：《偃师二里头遗址第一期文化应比新砦期二里头文化为晚》，《江汉考古》，2005年第1期，页50—54。

冯时：《古代天文学》，台北：台湾古籍出版有限公司，2001年。

冯时：《河南濮阳西水坡45号墓的天文学研究》，《文物》，1990年第3期，页54—62、71，另载于孙海、蔺新建主编：《中国考古集成·华北卷·河南省、山东省》，郑州：中州古籍出版社，1999年，石器时代册，页728—735。

冯时：《龙的来源——个古老文化现象的考古学观察》，《濮阳职业技术学院学报》，2011年第5期，页1—4、21。

冯时：《天文考古学与上古宇宙观》，《濮阳职业技术学院学报》，2010年第23卷第4期，页1—11。

冯时：《"文邑"考》，《考古学报》，2008年第3期，页273—290。

冯时：《文字起源与夷夏东西》，《中国社会科学院古代文明研究中心通讯》第三期，2002年7月，另载解希恭主编：《襄汾陶寺遗址研究》，北京：科学出版社，2007年，页630—632。

冯时：《中国古代天文与人文》，北京：中国社会出版社，2006年。

冯时：《中国天文考古学》，北京：社会科学文献出版社，2001年。

傅聚良：《长江中游地区商时期铜器上的虎纹》，《南方文物》，2005年第2期，页21—27。

傅聚良：《盘龙城、新干和宁乡——商代荆楚青铜文化的三个阶段》，《中原文物》，2004 年第 1
　　期，页 40—45。

傅聚良：《谈湖南出土的商代青铜器》，《考古与文物》，2001 年第 1 期，页 42—48；另载于蔺新
　　建、孙海主编：《中国考古集成·华南卷·湖北省、湖南省》，郑州：中州古籍出版社，青铜
　　时代册，2004 年，页 2661—2666。

盖山林：《契丹面具功能的新认识》，《北方文物》，1995 年第 1 期，页 35—39、26。

［日］冈村秀典：《公元前两千年前后中国玉器之扩张》，邓聪编：《东亚玉器》，香港：香港中
　　文大学，1998 年，页 79—85。

高崇文、安田喜宪主编：《长江流域青铜文化研究》，北京：科学出版社，2002。

高大伦：《广汉三星堆遗址出土玉石器的初步考察》，《考古与文物》，1994 年第 2 期，页
　　82—86。

高文：《汉碑集释》，开封：河南大学出版社，1997 年。

高文、高成刚编著：《中国画像石棺艺术》，太原：山西人民出版社，1996 年。

高西省：《论西周时期人兽母题青铜器》，《中原文物》，2002 年第 1 期，页 47—55。

高西省：《西周扁茎人面纹铜短剑初论》，《文博》，1997 年第 2 期，页 19—23。

高应勤：《鄂西夏商时期文化遗存试析》，《文物》，1992 年第 3 期，另载孙海、蔺新建主编：《中
　　国考古集成·华南卷·湖北省、湖南省》，郑州：中州古籍出版社，2004 年，青铜时代册，
　　页 381—383。

高应勤、卢德佩：《长江西陵峡至川东夏商时期文化初析》，《巴蜀历史、民族、考古文化》，成
　　都：巴蜀书社，1991 年，另载孙海、蔺新建主编：《中国考古集成·西卷·云南省、贵州省、
　　重庆市、四川省、西藏自治区》，郑州：中州古籍出版社，2003 年，青铜时代册，页
　　2979—2982。

高至喜：《人面纹方鼎》，罗宗真、秦浩主编：《中华文物鉴赏》，南京：江苏教育出版社，1990 年。

高中晓：《大溪文化陶器纹饰浅析》，《湖南考古辑刊》第 3 辑，1986 年，页 184—199，另载孙
　　海、蔺新建主编：《中国考古集成·华南卷·湖北省、湖南省》，郑州：中州古籍出版社，
　　2004 年，新石器时代册，页 522—535。

葛界屏：《安徽阜南发现殷商时代的青铜器》，《文物》，1959 年第 1 期，页 2；另载于孙海、蔺新
　　建主编：《中国考古集成·华东卷·江苏省、安徽省》，郑州：中州古籍出版社，2006 年，新
　　石器时代册，页 2774—2775。

葛荣晋：《中国哲学范畴通论》，北京：首都师范大学出版社，2001 年。

龚丹：《鄂西地区柳林溪和杨家湾遗址出土的刻画符号研究》，《武汉文博》，2006 年第 3 期，页
　　19—23。

龚延万、龚玉、戴嘉陵编著：《巴蜀汉代画像集》，北京：文物出版社，1998 年。

故宫博物院编：《故宫青铜器》，北京：紫禁城出版社，1999 年。

顾颉刚：《古史辨》，上海：上海古籍出版社，1981 年。

顾朴光：《广西西林出土西汉青铜面具考》，《民族艺术》，1994 年第 4 期，页 178—183。

顾朴光：《贵州少数民族面具文化研究》，《贵州民族学院学报》，2000 年第 2 期，页 1—5。

顾朴光：《面具的界定和分类》，《贵州民族学院学报》，1994 年第 2 期，页 70—74。

顾朴光：《面具与丧葬礼俗》，《贵州民族学院学报》，1997 年第 4 期，页 20—25。

顾朴光：《中国面具文化略论》，《贵州民族学院学报》，1996 年第 3 期，页 42—49。

［美］顾史考：《上博竹书〈恒先〉简序调整一则》，简帛研究网，2004/05/08。

顾万发：《试论新砦陶器盖上的饕餮纹》，《华夏考古》，2000 年第 4 期，页 76—82。

顾问：《大甸子墓地陶器上的"特殊彩绘"》，《古代文明》第 7 卷，北京：文物出版社，2008 年，页 72—108。

顾问、张松林：《二里头遗址所出玉器"牙璋"内涵研究——并新论圭、璋之别问题》，《殷都学刊》，2003 年第 3 期，页 22—32。

郭净：《中国面具文化》，上海：上海人民出版社，1992 年。

郭静云：《北纬 32°：亚非古文明起源猜想》，《中国社会科学报》，2014 年 03 月 19 日。

郭静云：《楚简〈缁衣〉的"谨言慎行"论——第十五至十六章的本意考》，《学术研究》，2013 年第 1 期，页 87—96。

郭静云：《从历史"世界化"的过程思考中国翼兽的萌生》，《民族艺术》，2020 年第 3 期，页 38—53。

郭静云：《从商周古文字思考"乾"、"坤"卦名构字——兼释"鼎"字》，《周易研究》，2011 年第 2 期，页 17—24。

郭静云：《"大禾方鼎"寻钥——兼论殷商巫觋的身份》，《艺术史研究》第 13 辑，广州：中山大学出版社，2011 年，页 75—112。

郭静云：《道家"神明"观》，《道文化国际学术研讨会论文集》，高雄：高雄师范大学，2006 年 5 月，页 153—168。

郭静云：《郭店出土〈太一〉：社会归于自然天地之道（再论老子丙组〈太一〉书文的结构）》，《中国出土资料研究》第 13 号，东京：東京大學中國出土資料學會，2009 年，頁 41—61。

郭静云：《〈郭店楚简·太一生水〉与〈上海博物馆竹简·恒先〉中造化三元概念》，武汉大学简帛研究中心主编：《简帛》第二期，上海：上海古籍出版社，2007 年，页 167—192。

郭静云：《郭店楚简〈太一〉四时与四季概念》，《文史哲》，2009 年第 5 期，页 20—26。

郭静云：《〈恒先〉补考二则》，简帛网 2011/03/07。

郭静云：《甲骨、金、简文"开"字的通考》，《古文字研究》二十七辑，北京：中华书局，2008 年，页 135—140。

郭静云：《甲骨文"兴"、"冗"、"幽"字考》，《甲骨文与殷商史》第三辑，上海：上海古籍出版社，2013 年，页 197—221。

郭静云：《甲骨文"下上若"祈祷占辞与天地相交观念》，《周易研究》，2007 年第 1 期，页 7—13。

郭静云：《甲骨文用辞及福祐辞》，《甲骨文与殷商史》第七辑，上海：上海古籍出版社，2017 年，页 137—175。

郭静云：《甲骨文中"神"字的雏型及其用义》，《古文字研究》二十六辑，北京：中华书局，2006 年，页 95—100。

郭静云：《江南对虎神的崇拜来源——兼探虎方之地望》，《湖南大学学报》，2014 年第 2 期，页 5—14。

郭静云：《论"肖像"艺术的主题——试探跨越文化之定义》，《意象》第三期，北京：北京大学出版社，2009 年，页 135—176。

郭静云：《论中西古代个人像艺术及其观念》，《考古学报》，2007 年第 3 期，页 267—294。

郭静云：《亲仁与天命：从〈缁衣〉看先秦儒学转化成"经"》，台北：万卷楼图书，2010 年。

郭静云：《秦始皇帝称号研究》，《历史文物》，2005 第 2 期，页 78—83。

郭静云：《秦始皇陶俑：墓俑或功臣肖像？》，《中山大学学报》，2008 年第 1 期，页 65—78。

郭静云：《仁与命：孔子原旨与儒家经典形成》，杭州：浙江大学出版社，2022 年。

郭静云：《"神明"考》，中华孔子学会：《中国儒学》丛刊，北京：商务出版社，2007 年，页 427—434。

郭静云：《史前信仰中神龙形象来源雏议》，《中原文物》，2010 年第 3 期，页 23—33。

郭静云：《试论先秦儒家"悬"概念之来源与本意》，《孔子研究》，2010 年第 1 期，页 4—17。

郭静云：《释甲骨文"彳"字》，《古文字研究》二十八辑，北京：中华书局，2010 年，页 41。

郭静云：《透过亚洲草原看石峁城址》，《中国文物报》2014 年 01 月 17 日。

郭静云：《夏商神龙祐王的信仰以及圣王神子观念》，《殷都学刊》，2008 年第 1 期，页 1—11。

郭静云：《夏商周：从神话到史实》，上海：上海古籍出版社，2013 年。

郭静云：《先秦"率"与"達"两个字用义之区分》，《漢字研究 The Journal of Chinese Character Studies》，Vol.27（12.2），2020 年 8 月，pp.1‐21。

郭静云：《先秦易学的"神明"概念与荀子的"神明"观》，《周易研究》，2008 年第 3 期，页 52—61。

郭静云：《学术由问题始，"学科"不过是方法》，《中国社会科学报》2013 年 12 月 30 日。

郭静云：《牙璋起源刍议——兼谈陕北玉器之谜》，《三峡大学学报》，2014 年第 5 期，页 10—16。

郭静云：《殷商的上帝信仰与"帝"字字形新解》，《南方文物》，2010 年第 2 期，页 63—67。

郭静云：《殷商王族祭日与祖妣日名索隐》，《甲骨文与殷商史》新二辑，上海：上海古籍出版社，2011 年，页 47—76。

郭静云：《殷商自然天神的崇拜》，中国社会科学院考古研究所编：《殷墟与商文化——殷墟科学发掘 80 周年纪年文集》，北京：科学出版社，2011 年，页 520—548。

郭静云：《殷周王关系研究》，《考古与文物》，2013 年第 2 期，页 53—68。

郭静云：《幽玄之谜：商周时期表达青色的字汇与其意义的演化》，《历史研究》，2010 年第 2 期，页 4—24。

郭静云：《由礼器纹饰、神话记载及文字论夏商双嘴龙神信仰》，《汉学研究》第二十五卷，第二期，台北：国家图书馆，2007 年，页 1—40。

郭静云：《由商周文献试论历史时间观念之形成》，《台湾师大历史学报》第 42 期，2009 年 12 月，页 1—19。

郭静云：《由商周文字论"道"的本义》，《甲骨文与殷商史》新一辑，北京：线装书局，2009 年，页 203—226。

郭静云：《"虘"与"禦"：论二字在商周语文中的涵义以及其在战国汉代时期的关系》，《语言文字与教学的多元对话》，台中：东海中文系，2009 年，页 343—357。

郭静云：《阅读〈恒先〉》，简帛研究网，2008/07/25。

郭静云：《铸造永生容器：夏商丧礼的一个角度》，《经国序民："礼学与中国传统文化"国际学术研讨会论文集》，武汉：武汉大学出版社，2021 年，页 82—89。

郭静云：《自然地理的"中原"与政治化的"中原"概念》，《中国文物报》2014 年 8 月 15 日。

郭静云：《〈总物流形〉第一章释诂——兼论其文章属性及战国末期道教的萌芽》，《语言文字与文学诠释的多元对话》，台中：东海大学，2011 年，页 107—154。

郭静云、郭立新：《从石家河玉质礼器看殷商玉器渊源》，《河南大学学报》，2018 年第 1 期，页 2—8。

郭静云、郭立新：《从新石器时代刻纹白陶和八角星图看平原与山地文化的关系》，《东南文化》，2014 年第 4 期，页 76—85。

郭静云、郭立新：《邓家湾屈家岭文化祭坛上的冶炼遗迹考辨》，《南方文物》，2020 年第 6 期，页 82—86。

郭静云、郭立新：《"蓝色革命"：新石器生活方式的发生机制及指标问题》（上），《中国农史》，2019 年第 4 期，页 3—18。

郭静云、郭立新：《"蓝色革命"：新石器生活方式的发生机制及指标问题》（下），《中国农史》，2019 年第 5 期，页 3—14。

郭静云、郭立新：《论稻作萌生与成熟的时空问题》，《中国农史》，2014 年第 5 期，页 3—13；第 6 期，页 3—13。

郭静云、郭立新：《神农神话源于何处的文化记忆?》（上），《中国农史》，2020 年第 6 期，页 3—23。

郭静云、郭立新：《神农神话源于何处的文化记忆?》（下），《中国农史》，2021 年第 1 期，页 3—12。

郭静云、郭立新：《生命的本源与再生：从石家河到盘龙城丧葬礼仪中的祖先牌位、明器与陶缸》，《纪念石家遗址考古发掘 60 周年学术研讨会论文集》，科学出版社 2019 年，页 231—254。

郭静云、郭立新：《中国洪水与治水故事》，《史林》，2020 年第 4 期，页 56—68。

郭静云、郭立新、范梓浩主编：《考古侦探》，新竹：交通大学出版社，2018 年。

郭静云、邱诗萤、范梓浩、郭立新、陶洋：《中国冶炼技术本土起源说：从长江中游冶炼遗存直接证据谈起之一》，《南方文物》，2018 年第 3 期，页 17—31。

郭静云、邱诗萤、范梓浩、郭立新：《中国冶炼技术本土起源说：从长江中游冶炼遗存直接证据谈起之二》，《南方文物》，2019 年第 3 期，页 41—55。

郭静云、邱诗萤、郭立新：《石家河文化：东亚自创的青铜文明之二》，《南方文物》，2020 年第 3 期，页 69—90。

郭静云、邱诗萤、郭立新：《石家河文化：东亚自创的青铜文明之一》，《南方文物》，2019 年第 4 期，页 67—82。

郭静云、王鸿洋：《从西亚到东亚：翼兽形象之原义及本土化》，《民族艺术》，2019 年第 3 期，页 118—133。

郭静云、王鸿洋：《汉代有翼仙兽：从多样形象到新创点范》，《宗教学研究》，2020 年第 2 期，页 244—252。

郭静云、王鸿洋：《探讨中国翼兽问题之要点》，《中国美术研究》，2019 年第 3 期（第一作者），页 40—46。

郭立新：《长江中游初期社会复杂化研究（4300B.C.—2000B.C）》，上海：上海古籍出版社，

2005 年。

郭立新：《长江中游是东亚稻作原生文明的发祥地——郭静云教授著〈夏商周：从神话到史实〉述评》，《三峡大学学报》，2014 年第 5 期，页 8—16。

郭立新：《解读邓家湾》，《江汉考古》，2009 年第 3 期，页 45—57。

郭立新、郭静云：《从古环境与考古资料论夏禹治水地望》，《广西民族大学学报》，2021 年第 2 期。

郭立新、郭静云：《盘龙城国家的兴衰暨同时代的历史地图——考古年代学的探索》，《盘龙城与长江文明国际学术研讨会论文集》，北京：科学出版社，2016 年，页 211—241。

郭立新、郭静云：《上古国家与文明研究中年代学方法的反思》，《南方文物》，2016 年第 4 期，页 17—31。

郭立新、郭静云：《夏处何境——大禹治水的背景分析》，《广西民族大学学报》，2021 年第 1 期，页 145—155。

郭立新、郭静云：《夏是哪国王朝——历史英雄大禹的文化属性暨原乡》，《广西民族大学学报》，2021 年第 3 期。

郭立新、郭静云：〈早期稻田遗存的类型及其社会相关性〉，《中国农史》，2016 年第 6 期，页 13—28。

郭立新、郭静云：《中国最早城市体系研究（一）》，《南方文物》，2021 年第 2 期。

郭立新、郭静云：《中国最早城市体系研究（二）》，《南方文物》，2021 年第 2 期，页 14—31。

郭立新、郭静云：《中国最早城市体系研究（三）》，《南方文物》，2022 年第 3 期，待刊。

郭沫若：《卜辞通纂》，北京：北京图书馆出版社，2000 年。

郭沫若：《甲骨文字研究》，北京：科学出版社，2002 年。

郭沫若：《甲骨文字研究》，北京：中国科学院考古研究所，1962 年。

郭沫若：《金文丛考》，北京：人民出版社，1954 年。

郭沫若：《殷契粹编》，北京：北京图书馆出版社，2000 年。

郭沫若著作编辑出版委员会：《郭沫若全集·考古编》卷一，北京：科学出版社，1982 年。

郭沫若著作编辑出版委员会：《郭沫若全集·历史编》卷一，北京：文学出版社，1982 年。

郭齐勇：《〈恒先〉——道法家形名思想的佚篇》，《江汉论坛》，2004 年第 8 期，页 5—9。

郭伟民：《南岭中心带史前文化现象考察》，《考古与文物》，2008 年第 5 期，页 13—17、84。

郭伟民：《新石器时代澧阳平原与汉东地区的文化和社会》，北京：文物出版社，2010 年。

郭锡良：《汉字古音手册》，北京：北京大学出版社，1986 年。

郭旭东：《卜辞与殷礼研究》，陕西师范大学博士学位论文，2010 年。

郭妍利：《二里头遗址出土兵器初探》，《江汉考古》，2009 年第 3 期，页 66—75。

国际中国古文字学研讨会：《古文字学论集·初编》，香港：中文大学出版社、吴多泰中国语文研究中心，1983 年。

海冰（记者）：《香炉山遗址首次发现早期炉渣》，《湖北日报》2013 年 12 月 28 日。

海冰（记者）：《专家云集天门探讨石家河遗址》，《湖北日报》，2015 年 12 月 20 日。

韩建业：《良渚、陶寺与二里头——早期中国文明的演进之路》，《考古》，2010 年第 11 期，页 71—78、113。

韩建业：《试论跨湖桥文化的来源和对外影响——兼论新石器时代中期长江中下游地区间的

文化交流》，《东南文化》，2010 年第 6 期，页 62—66。

韩江苏：《甲骨文中的沚戛》，郭旭东主编：《殷商文明论集》，北京：中国科学出版社，2008 年，页 125—137。

韩自强、冯耀堂：《安徽阜阳地区出土的战国时期铭文兵器》，《东南文化》，1991 年第 2 期，页 258—261。

何介钧：《洞庭湖区新石器时代文化》，《考古学报》，1986 年第 4 期，页 385—408。

何驽：《荆南寺遗址夏商时期遗存分析》，《考古学研究（二）》，北京：科学出版社，1994 年，页 78—100，另载孙海、蔺新建主编：《中国考古集成·华南卷·湖北省、湖南省》，郑州：中州古籍出版社，2004 年，青铜时代册，页 224—242。

何驽：《陶寺遗址扁壶朱书"文字"新探》，《中国文物报》2003 年 11 月 28 日，2001 年 1 月，另载解希恭主编：《襄汾陶寺遗址研究》，北京：科学出版社，2007 年，页 633—636。

贺刚：《高庙遗址的发掘与相关问题的初步研究》，《湖南省博物馆馆刊》，2005 年第 2 期，页 113—124、图版页。

贺刚：《湘西史前遗存与中国古史传说》，长沙：岳麓书社，2013 年。

贺刚、陈利文：《高庙文化及其对外传播与影响》，《南方文物》，2007 年第 2 期，页 51—60、92。

鸿禧美术馆编：《养德堂古玉特展》，台北：财团法人鸿禧艺术文教基金会，1993 年。

胡厚宣：《甲骨文合集释文》，北京：中国社会科学出版社，1999 年。

胡厚宣：《甲骨学商史论丛·初集》，台北：大通书局，1972—1973 年。

胡厚宣：《释"余一人"》，《历史研究》，1957 年第 1 期，页 75—78。

胡厚宣：《释殷代求年于四方和四方风的祭祀》，《复旦学报》，1956 年第 1 期，页 49—86。

胡厚宣：《武丁时五种记事刻辞考》，《甲骨学商史论丛·初集》，台北：大通书局，1972—1973 年，页 467—614。

胡厚宣：《殷卜辞中的上帝和王帝上》，《历史研究》，1959 年第 9 期，页 23—53。

胡厚宣：《殷卜辞中的上帝和王帝下》，《历史研究》，1959 年第 10 期，页 89—111。

胡厚宣、胡振宇：《殷商史》，上海：上海人民出版社，2003 年。

胡厚宣等著：《甲骨探史录》，北京：三联书局，1982 年。

胡华强著：《神木大保当——汉代城址与墓葬考古报告》，北京：科学出版社，2001 年。

胡万川：《民间文学的理论与实际》，新竹清华大学出版社，2004 年。

胡万川：《真实与想象：神话传说探微》，新竹清华大学出版社，2004 年。

胡新立：《山东邹城市卧虎山汉画像石墓》，《考古》1999 年第 6 期。

胡新立：《邹城汉画像石》，北京：文物出版社，2008 年。

［日］黄川田修著，蓝秋霞译，许宏校：《齐国始封地考——山东苏埠屯遗址的性质》，《文物春秋》，2005 年第 4 期，页 69—78。

黄国辉：《历组卜辞所见亲属称谓考》，《出土文献研究视野与方法第七辑》，台北：政治大学中国文学系，2020 年，页 157—186。

黄剑华：《三星堆文明与中原文明的关系》，《中原文物》，2001 年第 4 期，页 51—59。

黄曲：《湘江下游商代"混合型"青铜器问题之我见》，《江汉考古》，2001 年第 3 期，页 51—56；另载于蔺新建、孙海主编：《中国考古集成·华南卷·湖北省、湖南省》，郑州：中州古籍出版社，2004 年，青铜时代册，页 2639—2643。

黄人二：《上海博物馆藏战国楚竹书（三）研究》，台中：高文出版社，2005 年。

黄人二：《上海博物馆藏战国楚竹书（一）研究》，台中：高文出版社，2002 年。

黄尚明：《从环境史视角看石家河古城崛起的背景》，《江汉考古》，2010 年第 3 期，页 65—71。

黄尚明：《青铜面具再探》，《襄樊学院学报》，2002 年第 6 期，页 73—76。

黄尚明、笪浩波：《关于商代青铜面具的几个问题》，《江汉考古》，2007 年第 4 期，页 47—52。

黄水根：《吴城出土商代青铜斧与青铜剑》，《南方文物》，2004 年第 2 期，页 3。

黄水根、周广明：《江西樟树吴城商代遗址西城墙解剖的主要收获》，《南方文物》，2003 年第 3 期，页 1—14。

黄天树主编：《甲骨拼合集》，北京：学苑出版社，页 2010。

黄象洪：《花厅遗址 1987 年发掘墓葬出土人骨的鉴定报告》，《文物》，1990 年第 2 期，页 27—29、37。

黄象洪：《新沂花厅遗址人殉现象的鉴定和认识》，《东方文明之光——良渚文化发现 60 周年纪念文集（1936—1996）》，海口：海南国际新闻出版中心，1996 年，另载孙海、蔺新建主编：《中国考古集成·华东卷·江苏省、安徽省》，郑州：中州古籍出版社，2006 年，新石器时代册，页 946—949。

黄英豪、刘建：《万载县商周遗址的调查》，《江西历史文物》，1986 年第 2 期，另载孙海、蔺新建主编：《中国考古集成·华东卷·江西省、上海市、浙江省》，郑州：中州古籍出版社，2007 年，商周至秦汉时代册，页 1080—1090。

黄展岳：《论两广出土的先秦青铜器》，《考古学报》，1986 年第 4 期，页 409—434；另载孙海、蔺新建主编：《中国考古集成·华南卷·福建省、广东省、海南省、广西壮族自治区》，郑州：中州古籍出版社，2005 年，商周至秦汉时代册，页 1408—1424。

［美］吉德炜：《中国古代的吉日与庙号》，《殷墟博物苑苑刊》创刊号，北京：中国社会科学出版社，1989 年，页 20—31。

贾峨：《关于新干大墓几个问题的探讨》，《南方文物》，1994 年第 1 期，页 10—19、6。

贾汉清：《论江汉地区二例相关的史前陶文》，《江汉考古》，2003 年第 2 期，页 31—36、22，另载孙海、蔺新建主编：《中国考古集成·华南卷·湖北省、湖南省》，郑州：中州古籍出版社，2004 年，新石器时代册，页 242—247。

贾庆元：《宿松黄鳝嘴新石器时代遗址》，《考古学报》，1987 年第 4 期，页 451—469、529—536，另载孙海、蔺新建主编：《中国考古集成·华东卷·江苏省、安徽省》，郑州：中州古籍出版社，2006 年，新石器时代册，页 3359—3371。

江达智：《曲径通幽：换个角度看中国历史》，新北：博扬文化事业有限公司，2021 年。

江俊伟：《殷商政治空间及其主要统治结构》，博士学位论文，嘉义：中正大学历史系，2019 年。

江美英：《二里头雕纹柄形器探研》，《艺术与设计期刊》第一期，页 21—36。

［美］江伊莉、［美］古方：《玉器时代：美国博物馆藏中国早其玉器》，北京：科学出版社，2009 年。

江章华：《十二桥文化与周邻文化的关系》，《成都文物》，1998 年第 1 期；另载孙海、蔺新建主编：《中国考古集成·西卷·云南省、贵州省、重庆市、四川省、西藏自治区》，郑州：中州古籍出版社，2003 年，青铜时代册，页 1809—1814。

姜广辉：《中国经学思想史》，北京：中国社会科学出版社，2003 年。

焦智勤：《殷墟甲骨拾遗·续六》，宋镇豪主编：《甲骨文与殷商史》新二辑，上海：上海古籍出版社，2011 年，页 257—291。

金祥恒：《加拿大多伦多大学安达黎博物馆所藏一篇牛胛骨的刻辞考释》，《中国文字》卷九，台北：台湾大学文学院中国文学系，1962 年，页 4254。

金祥恒：《释赤与幽》，《中国文字》，卷八，台北：台湾大学文学院中国文学系，1962 年，第四篇。

金祥恒：《释率》，《中国文字》，卷五，台北：台湾大学文学院中国文学系，1961 年，页 2013—2018。

金正耀、W.T.Chase、[日] 平尾良光、彭适凡、[日] 马渊久夫、[日] 三轮嘉六：《江西新干大洋洲商墓青铜器的铅同位素比值研究》，《考古》，1994 年第 8 期，页 744—747、735。

孔仲温：《郭店楚简〈缁衣〉字词补释》，《古文字研究》22 辑，北京：中华书局，2000 年，页 243—250。

赖素玫：《解释的有效性：六朝志怪小说梦故事研究》，台湾中兴大学中国文学系硕士学位论文，2001 年。

赖素玫：《唐代梦故事研究》，高雄师范大学国文学系博士学位论文，2007 年。

乐庆森：《磁山遗址灰坑性质辨析》，《古今农业》，1992 年第 2 期，页 27—30。

李朝远：《青铜器火纹象征意义的原型及其转换》，《文艺理论研究》，1991 年第 5 期，页 73—79。

李发旺：《山西省翼城发现殷周铜器》，《文物》，1963 年第 4 期，页 51—52。

李福清：《从神话到鬼话》，台中：晨星出版社，1998 年。

李付强等编：《殷墟》，北京：中国对外翻译出版公司，2008 年。

李恭笃、高美璇：《试论小河沿文化》，《中国考古学会第二次年会论文集》，北京：文物出版社，1982 年；另载于孙进己、冯永谦、苏天钧主编：《中国考古集成·东北卷》，郑州：中州古籍出版社，1997 年，新石器时代册，页 570—575。

李国新：《汉画像砖造型艺术》，开封：河南大学出版社，2010 年。

李海荣、刘均雄、张建峰、肖五球：《深圳咸头岭遗址新石器时代戳印纹制作方法的模拟实验》，《南方文物》，2011 年第 2 期，页 132—137。

李建忠：《龙现中国：陶寺考古与华夏文明之根》，太原：山西人民出版社，2006 年。

李健民：《论新干商代大墓出土的青铜戈、矛及其相关问题》，《考古》，2001 年第 5 期，页 60—69。

李健民：《陶寺遗址出土的朱书"文"字扁壶》，《中国社会科学院古代文明研究中心通讯》第一期，2001 年 1 月，另载解希恭主编：《襄汾陶寺遗址研究》，北京：科学出版社，2007 年，页 620—623。

李锦山、李光雨：《中国古代面具研究》，济南：山东大学出版社，1994 年。

李京华：《〈偃师二里头〉有关铸铜技术的探讨——兼谈报告存在的几点问题》，《中原文物》，2004 年第 3 期，页 29—36。

李科友、张人鑫：《赣北地区的古代文明》，《南方文物》，1995 年第 1 期，页 80—87、68。

李昆：《试论新干商墓的几个问题》，《南方文物》，1994 年第 2 期，页 51—53。

李昆、黄水根：《吴城与三星堆》，《南方文物》，2001 年第 3 期，页 46—49。

李丽娜：《试析湖北盘龙城遗址第一至三期文化遗存的年代和性质》，《江汉考古》，2008 年第 1 期，页 74—81、109。

李林、康兰英、赵力光编著：《陕北汉代画像石》，西安：陕西人民出版社，1995 年。

李零：《恒先》，马承源主编：《上海博物馆藏战国楚竹书（三）》，上海：上海古籍出版社，2003 年，页 285—300。

李零：《上博楚简三篇·校读记》，台北：万卷楼图书，2002 年。

李旼姈：《甲骨文例研究》，台北：台湾古籍出版有限公司，2002 年。

李明斌：《巴蜀铜兵器上虎纹与巴族》，《四川文物》，1992 年第 2 期，页 24—26；另载孙海、蔺新建主编：《中国考古集成·西卷·云南省、贵州省、重庆市、四川省、西藏自治区》，郑州：中州古籍出版社，2003 年，青铜时代册，页 2424—2426。

李茜、吴卫：《大禾人面纹方鼎的文化意蕴》，《艺术百家》，2010 年第 S1 期，页 174—176、123。

李绍明：《三星堆出土青铜虎形牌饰——兼论巴蜀虎形器物》，《西南民族大学学报（人文社科版）》，2008 年第 3 期，页 88—89。

李桃元、何昌义、张汉军编著：《盘龙城青铜文化》，武汉：湖北美术出版社，2002 年。

李文杰、张居中：《渑池县郑窑遗址二里头文化制陶工艺研究》，《华夏考古》，1998 年第 2 期，页 67—85。

李小燕、井中伟：《玉柄形器名"瓒"说——辅证内史亳同与〈尚书·顾命〉"同瑁"问题》，《考古与文物》，2012 年第 3 期，页 34—53。

李孝定：《甲骨文字集释》，台北："中研院"历史语言研究所，1965 年。

李学勤、艾兰：《欧洲所藏中国青铜器遗珠》，北京：文化出版社，1995 年。

李学勤：《从两条〈花东〉卜辞看殷礼》，《吉林师范大学学报》，2004 年第 3 期，页 1—2。

李学勤：《论美澳收藏的几件商周文物》，《文物》，1979 年第 12 期，页 72—76。

李学勤：《评陈梦家殷墟卜辞综述》，《考古学报》，1957 年第 3 期，页 119—129。

李学勤：《史密簋铭所记西周重要事实考》，《中国社会科学院研究生院学报》，1991 年第 2 期，页 5—9。

李学勤：《试论虎食人卣》，四川大学博物馆、中国古代铜鼓研究学会编：《南方民族考古》第一辑，成都：四川大学出版社，1987 年，页 37—43。

李学勤：《说郭店"道"字》，中国社会科学院简帛研究中心编：《简帛研究》第三辑，南宁：广西教育出版社，1998 年，页 40—43。

李学勤：《中国古代文明研究》，上海：华东师范大学出版社，2005 年。

李学勤：《〈周礼〉玉器与先秦礼玉的源流——说裸玉》，邓聪主编，《东亚玉器》，香港：中文大学中国考古艺术研究中心，1998 年，中册，页 35。

李学勤主编：《中国美术全集·工艺美术编·青铜器》北京：文物出版社，1990 年。

李延祥、崔春鹏、李建西、陈树祥、龚长根：《大冶香炉山遗址采集炉渣初步研究》，《江汉考古》，2015 年第 2 期，页 93—100。

李延祥、朱延平、贾海新、韩汝玢、宝文博、陈铁梅：《辽西地区早期冶铜技术》，《广西民族学院学报（自然科学版）》，2004 年第 2 期，页 13。

李再华：《吴城文化的再认识——有关文明问题的讨论》，《南方文物》，1993 年第 2 期，页

73—78。

李之龙：《对"中国文明史二里头起始论"的质疑》，《华夏考古》，2009 年第 4 期，页 87—94、135。

李忠义主编：《三星堆传奇》，台北：太平洋文化基金会，1999 年。

梁东淑：《韩国所藏甲骨文简介》，《中国古文字学研究会第 16 届年会》，2006 年 11 月，单篇手稿。

梁云：《甘肃礼县大堡子山青铜乐器坑探讨》，《中国历史文物》，2008 年第 4 期，页 25—38、1—2、89—98。

廖名春：《〈周易·乾〉卦新释》，《社会科学战线》，2008 年第 3 期，页 37—46。

廖名春：《〈周易〉乾坤两卦卦爻辞五考》，《周易研究》，1999 年第 1 期，页 38—49。

廖名春：《坤卦卦名探原——兼论八卦卦气说产生的时代》，《东南学术》，2000 年第 1 期，页 13—18。

廖名春：《新出楚简试论》，台北：台湾古籍出版有限公司，2001 年。

林春：《宜昌地区长江沿岸夏商时期的一支新文化类型》，《江汉考古》，1984 年第 2 期，页 29—38、22，另载孙海、蔺新建主编：《中国考古集成·华南卷·湖北省、湖南省》，郑州：中州古籍出版社，2004 年，青铜时代册，页 301—309。

林宏明：《醉古集：甲骨的缀合与研究》，台北：万卷楼图书，2001 年。

林继来：《论春秋黄君孟夫妇墓出土玉器》，《考古与文物》，2001 年第 6 期，页 71—74、57。

林继来、马金花：《论晋南曲沃羊舌村出土的史前玉神面》，《考古与文物》，2009 年第 2 期，页 56—65。

〔日〕林巳奈夫著，徐朝龙译：《新干大洋洲出土青铜器的年代刍议》，《南方文物》，1994 年第 1 期，页 7—9。

〔日〕林巳奈夫著，杨美莉译：《中国古玉研究》，台北：艺术图书公司，1997 年。

林向：《三星堆假面考》，《寻根》，2000 年第 6 期，页 20—27。

林义光：《文源十二卷》，林氏写印本，1920 年。

林义光著：《文源》，董莲池主编：《说文解字研究文献集成·现当代卷》，第 2 册，北京：作家出版社，2006 年。

林沄：《甲骨文中的商代方国联盟》，《古文字研究》第 6 辑，北京：中华书局，1981 年。

林沄：《林沄学术文集》，北京：中国大百科全书出版社，1998 年。

林沄：《说戚、我》，《古文字研究》第十七辑，1989 年，页 202—205。

刘昶、方燕明：《河南禹州瓦店遗址出土植物遗存分析》，《南方文物》，2010 年第 4 期，页 55—64、47。

刘大钧：《〈太一生水〉篇管窥》，《周易研究》，2001 年第 4 期，页 3—8。

刘德银：《论江汉地区新石器时代出土的陶纺轮》，《湖北省考古学会论文选集（二）》，湖北省考古学会主编，《江汉考古》编辑部，1991 年，页 36—43。

刘敦愿：《论青铜器动物纹饰的对称法则问题》，台北故宫：《故宫文物月刊》，1995 年第 145 期，页 32—49。

刘观民、徐光翼：《夏家店下层文化彩陶纹饰》：《庆祝苏秉琦考古五十五年论文集》，北京：文物出版社，1989 年，页 227—234，另载孙进己、冯永谦、苏天钧主编：《中国考古集成·东北卷》，郑州：中州古籍出版社，1997 年，商周时代册，页 472—475。

刘怀君、辛怡华、刘东：《逨盘铭文试释》，《文物》，2003 年第 6 期，页 90—93。

刘慧中：《新干青铜器群双面神人头像释义》，《南方文物》，2003 年第 1 期，页 26—29。

刘士莪、黄尚明：《商周面具初探》，《考古与文物》，1993 年第 6 期，页 70—74。

刘士莪：《西安老牛坡商代墓地初探》，《文物》，1988 年第 6 期，页 23—27。

刘翔：《中国传统价值观诠释学》，上海：三联书店，1996 年。

刘晓东：《郭店楚简〈缁衣〉初探》，《兰州大学学报》，2000 年第 4 期，页 108—115。

刘新生：《三星堆出土陶器研究》，《四川文物》，1994 年第 2 期，页 29—33。

刘鑫：《王湾三期文化年代及生业研究》，中山大学人类学系硕士学位论文，广州，2019 年。

刘信芳：《"册"、"晉"、"褝"、"酋"汇释》，《考古与文物》，1990 年第 2 期，页 40—43。

刘信芳：《〈太一生水〉与〈曾子天圆〉的宇宙论问题》，庞朴等著：《古墓新知》，台北：台湾古籍出版有限公司，2002 年，页 15—17。

刘亚楠：《禹会村址的文化来源及性质分析》，中山大学人类学系硕士学位论文，广州，2020 年。

刘一曼：《殷墟新出牛尊小议——兼论衡阳出土的牺尊》，《考古》，2009 年第 4 期，页 52—57。

刘瑛：《巴蜀兵器及其纹饰符号》，《文物资料丛刊》第 7 辑，页 13—23，另载孙海、蔺新建主编：《中国考古集成·西卷·云南省、贵州省、重庆市、四川省、西藏自治区》，郑州：中州古籍出版社，2003 年，青铜时代册，页 2350—2360。

刘又铭：《合中有分——荀子、董仲舒天人关系论新诠》，《台北大学中文学报》，2007 年第 2 期，页 27—50。

刘又铭：《荀子的哲学典范及其在后代的变迁转移》，台湾云林科技大学汉学资料整理研究所编：《汉学研究集刊》，2006 年第 3 期，页 33—54。

刘渝：《巴蜀兵器虎图形性质新说》，《重庆工学院学报》，2007 年第 8 期，页 94—98。

刘渝：《巴蜀文化青铜兵器的虎图形初步研究》，四川大学历史文化学院硕士学位论文，2004 年。

刘玉堂：《夏商王朝对江汉地区的镇抚》，《江汉考古》，2001 年第 1 期，页 56—63。

刘源：《读一版新见出组田猎卜辞》，《殷都学刊》，2013 年第 1 期，页 13—16。

刘源：《试论上古宗教艺术中的"强良"主题》，《中原文化研究》，2013 年第 2 期，页 33—38。

刘源：《周承殷制的新证据及其启示》，陈光宇主编：《商文明会议论文集》待刊。

刘钊：《安阳后岗殷墓所出"柄形饰"用途考》，《考古》，1995 年第 7 期，页 623—625、605。

刘钊：《郭店楚简校释》，福建：福建人民，2003 年。

刘钊：《释"𢆶"、"𢆶"诸字兼谈甲骨文"降永"一辞》，《殷墟博物苑苑刊》创刊号，北京：中国社会科学出版社，1989 年，页 169—174。

柳冬青：《红山文化》，沈阳：内蒙古大学出版社，2002 年。

卢德佩：《试论鄂西夏商时期古文化》，《四川文物》，1993 年第 2 期，页 3—9；另载孙海、蔺新建主编：《中国考古集成·华南卷·湖北省、湖南省》，郑州：中州古籍出版社，2004 年，青铜时代册，页 384—389。

卢昉：《论商代及西周"人虎母题"青铜器的内涵及流变》，西北大学文博学院硕士学位论文，2006 年。

卢佳：《北阴阳营、薛家岗、鼓山史前文化关系之研究》，南京师范大学文博系硕士学位论文，2008 年。

鲁实先：《殷契新诠》，台北：黎明文化，2003 年。

陆思贤：《夏家店下层文化彩绘陶器纹饰研究》，《内蒙古文物考古》，2002 年第 1 期，页 49—71。

陆思贤：《夏家店下层文化两幅彩绘陶文释义》，《文物春秋》，2001 年第 4 期，页 1—7。

栾丰实：《二里头遗址中的东方文化因素》，《华夏考古》，2006 年第 3 期，页 46—53。

罗彬柯：《略论河南发现的屈家岭文化——兼述中原与周围地区原始文化的交流问题》，《中原文物》，1983 年第 3 期，页 13—20；另载孙进己、孙海主编：《中国考古集成·华北卷·河南省、山东省》，郑州：中州古籍出版社，1999 年，石器时代册，页 843—848。

罗二虎：《论鄂西地区的夏商时期文化》，《东南文化》，1994 年第 1 期，页 42—51；另载孙海、蔺新建主编：《中国考古集成·华南卷·湖北省、湖南省》，郑州：中州古籍出版社，2004 年，青铜时代册，页 390—398。

罗福颐主编，故宫博物院编：《古玺汇编》，北京：文物出版社；香港：中华书局香港分局，1981 年。

罗琨：《陶寺陶文考释》，《中国社会科学院古代文明研究中心通讯》第二期，2001 年 7 月，另载解希恭主编：《襄汾陶寺遗址研究》，北京：科学出版社，2007 年，页 624—629。

［德］罗泰：《论江西新干大洋洲出土的青铜乐器》，《南方文物》，1991 年第 3 期，页 15—20、6。

罗西章：《宰兽簋铭略考》，《文物》，1998 年第 8 期，页 83—87。

罗振玉：《殷虚书契考释》，北京：北京图书馆出版社，2000 年。

罗振玉：《殷虚书契考释三种》，北京：中华书局，2006 年。

罗振玉编：《殷虚书契续编》，北京：北京图书馆出版社，2000 年。

吕依庭：《战国时期楚文化虎座飞鹤与虎座鹤架鼓研究》，中正大学历史研究所硕士论文，2021 年。

马承源：《关于商周贵族使用日干称谓问题的探讨》，《王国维学术研究论集（二）》，上海：华东师范大学出版社，1987 年，页 19—41。

马承源：《中国青铜器》，上海：上海古籍出版社，1988 年。

马承源：《中国青铜器》，台北：南天书局，1991 年。

马承源主编：《商周青铜器铭文选》，北京：文物出版社，1986—1990 年。

马强：《商周象纹青铜器初探》，《中原文物》，2010 年第 5 期，页 57—65。

马叙伦：《说文解字六书疏证》，上海：上海书店，1985 年。

马叙伦：《中国文字之原流与研究方法之新倾向》，香港：龙门书店，1969 年。

蒙文通：《中国古代民族迁徙考》，《禹贡》七卷，1937 年，6—7 合期，页 13—38。

孟婷：《商周青铜器上的涡纹研究》，吉林大学考古系硕士学位论文，2009 年。

孟昭连：《中国虫文化》，天津：天津人民出版社，1993 年。

潘莉莉：《阳新大路铺遗址早期遗存的复原与分期》，中山大学人类学系硕士学位论文，2018 年。

潘守永、雷虹霁：《"鹰攫人首"玉佩与中国早期神像模式问题》，《民族艺术》，2001 年第 1 期，页 126—142。

庞烬：《龙的习俗》，台北：文津出版社，1990 年。

庞朴：《〈恒先〉试读》，中国社会科学院历史所思想史研究室编：《中国思想史研究通讯》第 2 辑，2004 年 6 月，页 21—23。

庞朴：《〈太一生水〉说》，姜广辉主编：《中国哲学》第 21 辑"郭店简与儒学研究"，沈阳：辽宁教育出版社，2000 年，页 189—197。

庞朴：《宇宙生成新说——漫说郭店楚简之二》，《寻根》，1999 年第 2 期，页 5—6。

庞朴等著：《古墓新知》，台北：台湾古籍出版有限公司，2002 年。

庞永臣：《面具、神器及其他——三星堆文明中的郊祀之礼》，《文史杂志》，2001 年第 4 期，页 16—20。

庞永臣：《三星堆青铜人面像之我见》，《文史杂志》，1997 年第 6 期，页 22—24。

裴明相：《江西商代铜器与二里岗商文化》，《南方文物》，1994 年第 02 期，页 23—29。

彭邦炯：《卜辞所见龙人与相关国族研究》，《殷都学刊》，1996 年第 4 期。

彭浩：《一种新的宇宙生成理论——读〈太一生水〉》，《郭店楚简国际学术研讨会论文集》，武汉：湖北人民出版社，2000 年，页 538—541。

彭明瀚：《赣江鄱阳湖区商代文化的区系类型研究》，《考古》，2004 年第 3 期，页 68—79。

彭明瀚：《江西新干大洋洲青铜器三题》，《四川大学学报》，2004 年第 1 期，页 130—137。

彭明瀚：《江西新干大洋洲商代遗存性质新探——兼与墓葬说商榷》，《中原文物》，1994 年第 1 期，页 16—19。

彭明瀚：《江西新干晚商遗存出土青铜农具浅析——兼及商代是否大量使用青铜农具》，《中原文物》，1995 年第 4 期，页 101—106、114。

彭明瀚：《商代虎方文化初探》，《中国史研究》，1995 年第 3 期，页 101—108。

彭明瀚：《商代青铜货币蠡测——从江西新干大洋洲青铜手斧谈起》，《南方文物》，1995 年第 2 期，页 68—72、126。

彭明瀚：《吴城文化》，北京：文物出版社，2005 年。

彭明瀚：《吴城文化的社会形态与文明进程》，《中原文物》，2006 年第 5 期，页 23—30。

彭明瀚：《吴城文化的畜牧业概述》，《农业考古》，2005 年第 1 期，页 135—138。

彭明瀚：《吴城文化商品经济简论——为樟树吴城遗址发掘三十周年而作》，《南方文物》，2003 年第 4 期，页 47—56。

彭明瀚：《吴城文化水井初探》，《考古与文物》，2003 年第 5 期，页 44—46。

彭明瀚：《吴城文化研究三十年的回顾与前瞻》，《殷都学刊》，2005 年第 4 期，页 16—24。

彭明瀚：《吴城文化与周边诸考古学文化之间的关系》，《东方博物》，2006 年第 1 期，页 33—39。

彭适凡：《礼器"牙璋"的类型学研究——兼论香港大湾新出牙璋的年代》，《故宫学术季刊》第十三卷，1996 年第三期，页 105—123。

彭适凡：《商代重要方国的王者之墓——新干大墓》，《文史知识》，2002 年第 3 期，页 96—97。

彭适凡：《谈新干商墓出土的神人兽面形玉饰》，《南方文物》，1991 年第 3 期，页 21—25。

彭适凡：《新干出土商代漆器玉附饰件探讨》，《中原文物》，2000 年第 5 期，页 18—21。

彭适凡：《一件诡秘怪谲的商代神人兽面铜头像》，《南方文物》，1997 年第 1 期，页 49—51、57。

普罗普（［俄］弗拉基米尔·雅可夫列维奇·普罗普）著，贾放译：《故事形态学》，北京：中华书局,2006 年。

普罗普([俄]弗拉基米尔·雅可夫列维奇·普罗普)著,贾放译:《神奇故事的历史根源》,北京:中华书店,2006 年。

齐泰定:《安阳出土的几件商代青铜器》,《考古》,1964 年第 11 期,页 591;另载于孙海、蔺新建主编:《中国考古集成·华北卷·河南省、山东省》,郑州:中州古籍出版社,1999 年,青铜时代册,页 3212—3213。

秦小丽:《河南焦作府城遗址陶器研究——对二里头、二里岗文化陶器数量分析的尝试》,《考古与文物》,2009 年第 1 期,页 39—51、109。

秦小丽:《晋西南地区二里头文化到二里岗文化的陶器演变研究》,《考古》,2006 年第 2 期,页 56—72、2。

秦小丽:《豫北地区二里头时代的地域间关系——以陶器资料分析为中心》,《华夏考古》,2008 年第 1 期,页 81—95。

[日]清水茂:《说青》,香港中国语文学会编:《王力先生纪念论文集》,香港:三联书店香港分店,1987 年,中文分册,页 141—162。

邱诗萤:《长江中游史前毁器葬》,《三峡大学学报人文社会科学版》,2014 年第 5 期,页 17—21。

邱诗萤:《汉北青铜文化之兴:从石家河到盘龙城》,台湾中正大学硕士学位论文,2015 年。

邱诗萤:《浅论盘龙城灰烬沟遗迹》,《南方文物》,2016 年第 4 期,页 32—39。

邱诗萤、郭静云:《饕餮神目与华南虎崇拜——饕餮神目形象意义和来源》,《民族艺术》,2021 年第 1 期,页 60—68。

邱诗萤、郭静云:《石家河文化的神目形象在商、殷、蜀和虎文化中的流变》,《民族艺术》,2022 年第 3 期,待刊。

邱文彬、魏华东、余志忠:《江西德安、永修界牌岭商周遗址调查》,《南方文物》,1993 年第 2 期,页 19—25;另载孙海、蔺新建主编:《中国考古集成·华东卷·江西省、上海市、浙江省》,郑州:中州古籍出版社,2007 年,商周至秦汉时代册,页 1335—1340。

裘士京、陈震:《三星堆青铜头像和石家河玉面人像——从三星堆青铜头像看三星堆文化的来源》,《成都大学学报》,2011 年第 1 期,页 41—43。

裘锡圭:《从殷墟甲骨卜辞中看殷人对白马的重视》,《殷墟博物苑苑刊》创刊号,北京:中国社会科学出版社,1989 年,页 70—72。

裘锡圭:《读安阳新出土的牛胛骨及其刻辞》,《考古》,1972 年第 5 期,页 43—45。

裘锡圭:《读逨器铭文札记三则》,《文物》,2003 年第 6 期,页 74—77。

裘锡圭:《古文字论集》,北京:中华书局,1992 年。

裘锡圭:《释"蚩"》,国际中国古文字学研讨会:《古文字学论集·初编》,香港:中文大学出版社、吴多泰中国语文研究中心,1983 年,页 217—227。

裘锡圭:《释"衍"、"侃"》,台湾师范大学国文系所、中国文字学会主办:《鲁实先先生学术讨论会论文集》,台北:台湾师范大学国文系所,1992 年,页 6—12。

裘锡圭:《说"弜"》,《古文字研究》一辑,北京:中华书局,1979 年,页 121—124。

裘锡圭:《说玄衣朱襮——兼释甲骨文虣字》,《文物》,1976 年第 12 期,页 75—76。

裘锡圭:《谈谈上博简和郭店简中的错别字》,廖名春编:《新初楚简与儒学思想国际学术研讨会论文集》，北京：清华大学出版社，2002 年，页 13—25；另载裘锡圭：《中国出土古文献十讲》，上海：复旦大学出版社，2004 年，页 308—316。

裘锡圭：《以郭店〈老子〉为例谈谈古字的考释》，邢文编译：《郭店老子与太一生水》，北京：学苑出版社，2005 年，页 17—26。

区家发：《吴城文化渊源蠡测》，《南方文物》，1994 年第 1 期，页 66—68。

屈万里：《书佣论学集》，台北：台湾开明书局，1980 年。

屈万里：《殷虚文字甲编考释》，台北：联经出版社，1984 年。

饶华松、徐长青：《从荞麦岭遗址看盘龙城类型商文化对赣北地区的影响》，《盘龙城与长江文明国际学术研讨会论文集》，北京：科学出版社，2016 年，页 242—251。

饶惠元：《江西清江的新石器时代遗址》，《考古》，1956 年第 2 期，页 33—68、151—161，另载孙海、蔺新建主编：《中国考古集成·华东卷·江西省、上海市、浙江省》，郑州：中州古籍出版社，2007 年，石器时代册，页 595—626。

饶宗颐：《巴黎所见甲骨录》，香港：Too Hung 印刷公司，1956 年。

饶宗颐：《卜辞中之危方与方》，《徐中舒先生百年诞辰纪念文集》，成都：巴蜀书社，1998 年，页 22—26。

饶宗颐：《妇好墓铜器玉器所见氏姓方国小考》，《古文字研究》第十二辑，1985 年，页 299—307。

饶宗颐：《天神观与道德思想》，《"中研院"历史语言研究所集刊》第四十九本，1978 年 12 月，页 77—100。

饶宗颐：《殷代贞卜人物通考》，香港：香港大学，1959 年。

商承祚编：《殷虚文字待问编十三卷》，北京：北京图书馆出版社，2000 年。

商承祚撰：《甲骨文字研究》，天津：天津古籍出版社，2008 年。

商彤流：《青铜猪形尊》，《中国历史文物》，2005 年第 5 期，页 55—59。

邵鸿：《新干大洋洲所出商代斧币考》，《南方文物》，1995 年第 2 期，页 67—68、49。

申斌：《商代科学技术的精华——青铜冶铸业》，《全国商史学术讨论会论文集》，《殷都学刊》增刊，1985 年，页 427—438。

沈长云：《由史密簋铭文论及西周时期的华夷之辨》，《河北师院学报》，1994 年第 3 期，页 23—28。

沈建华：《甲骨文释文二则》，《古文字研究》第六辑，北京：中华书局，1984 年，页 207—209。

沈江：《拾年山遗址研究——兼谈拾年山与樊城堆文化的关系》，中山大学硕士论文，2016 年。

沈培：《殷墟甲骨卜辞语序研究》，台北：文津出版社，1992 年。

盛定国、王自明：《宁乡月山铺发现商代大铜铙》，《文物》，1986 年第 2 期，页 44—45。

施劲松：《长江流域青铜器研究》，北京：文物出版社，2003 年。

施劲松：《读〈新干商代大墓〉——兼谈对新干商墓的再认识》，《考古》，1998 年第 9 期，页 93—96。

施劲松：《论带虎食人母题的商周青铜器》，《考古》，1998 年第 3 期，页 56—63。

施劲松：《中原与南方中国青铜文化统一体中的互动关系》，《长江流域青铜文化研究》，北京：科学出版社，2002 年，页 27—36。

施谢捷：《宰兽簋铭补释》，《文物》，1998 年第 8 期，页 78—79。

石兴邦：《有关马家窑文化的一些问题》，《考古》，1962 年第 6 期，页 318—329，另载孙进己、孙海主编：《中国考古集成·西北卷·甘肃省、青海省、新疆维吾尔自治区》，郑州：中州古籍出版社，2000 年，新石器时代册，页 740—749。

宋建忠：《龙现中国：陶寺考古与华夏文明之根》，太原：山西人民出版社，2006 年。

宋新潮：《商代青铜面具小考》，《考古与文物》，1991 年第 6 期，页 70—74。

宋艳波：《海岱地区新石器时代的动物考古学研究》，山东大学历史学院博士学位论文，2012 年。

宋镇豪：《甲骨文"出日"、"入日"考》，《出土文献研究》第 1 辑，北京：文物出版社，1985 年，页 33—40。

宋镇豪：《夏商社会生活史》，北京：中国社会科学出版社，2005 年。

苏秉琦：《关于仰韶文化的若干问题》，《考古学报》，1965 年第 1 期，页 51—82。

苏秉琦：《中国文明起源新探》，北京：三联书局，1999 年。

苏荣誉、彭适凡：《新干青铜器群技术文化属性研究——兼论中国青铜文化的统一性和独立性》，《南方文物》，1994 年第 2 期，页 30—36。

孙广清：《河南境内的大汶口文化和屈家岭文化》，《中原文物》，2000 年第 2 期，页 22—28。

孙海波：《甲骨文编》，北京：燕京大学哈佛燕京学社，1934 年。

孙华：《关于新干洋洲大墓的几个问题》，《文物》，1993 年第 7 号，页 19—26；另载于孙海、蔺新建主编：《中国考古集成·华东卷·江西省、上海市、浙江省》，郑州：中州古籍出版社，2007 年，商周至秦汉时代册，页 329—334。

孙华：《商代长江中游地区考古的新认识——读〈新干商代大墓〉》，《南方文物》，2000 年第 1 期，页 26—36。

孙机：《蜷体玉龙》，《文物》，2001 年第 3 期，页 69—76。

孙竞超：《上古信仰中的玄武形象新解》，中山大学博雅学院郭静云"上古信仰"课程报告，2012 年（未发表）。

孙勐：《浅析刘家河商墓中出土的青铜人面形饰》，《文物春秋》，2007 年第 4 期，页 15—20。

孙其刚：《对濮阳蚌塑龙虎墓的几点看法》，《中国历史博物馆馆刊》，2000 年第 1 期，页 14—21。

孙其刚：《考古所见缺头习俗的民族学考查》，《中国历史博物馆馆刊》，1998 年第 2 期，页 84—96。

孙青松、贺福顺主编：《嘉祥汉代武氏墓群石刻》，香港：香港唯美出版公司，2004 年。

孙亚冰、林欢：《商代地理与方国》，宋镇豪主编：《商代史》卷十，北京：中国社会科学出版社，2010 年。

孙智彬：《中坝文化与宝墩文化辨》，《中华文化论坛》，2005 年第 3 期，页 5—16。

孙作云：《说商代"人面方鼎"即饕餮纹鼎》，《中原文物》，1980 年第 1 期，页 20—24。

汤余惠：《略论战国文字形体研究中的几个问题》，《古文字研究》第十五辑，北京，中华书局，1986 年，页 60—61。

唐兰：《关于江西吴城文化遗址与文字的初步探索》，《文物》，1975 年第 7 期，页 72—76，另载于孙海、蔺新建主编：《中国考古集成·华东卷·江西省、上海市、浙江省》，郑州：中州古籍出版社，2007 年，商周至秦汉时代册，页 160—165。

唐兰：《唐兰先生论文集》，北京：紫禁城出版社，1995年。

唐兰：《殷虚文字记》，北京：中华书局，1981年。

唐丽雅、罗运兵、陶洋、赵志军：《湖北省大冶市蟹子地遗址炭化植物遗存研究》，《第四纪研究》，2004年第1期，页97—105。

田海峰：《试谈商周青铜冶炼和原始青瓷起源的关系》，《景德镇陶瓷》，1984年，总第26期，页82—86。

田名利：《略论皖西南地区的新石器时代玉器》，《江汉考古》，2002年第1期，页58—66；另载孙海、蔺新建主编：《中国考古集成·华东卷·江苏省、安徽省》，郑州：中州古籍出版社，2006年，新石器时代册，页3089—3095。

拓古：《二里头文化时期的江汉地区》，《江汉考古》，2002年第1期，页86—87。

汪玢玲：《中国虎文化研究》，长春：东北师范大学出版社，1998年。

汪涛：《甲骨文中的颜色词及其分类》，《第二届国际中国古文字学术研讨会论文集》，香港：香港中文大学中国语言及文学系，1993年，页173—190。

汪涛：《颜色与社会关系——西周金文中之证据》，《古文字与古代史国际学术研讨会》，台北："中研院"历史语言研究所，2008年12月，第15篇，页1—12。

汪涛著，郅晓娜译：《颜色与祭祀：中国古代文化中颜色涵义探幽》，上海：上海古籍出版社，2013年。

王博：《简帛思想》，台北：台湾古籍出版有限公司，2001年。

王大有：《中华龙种文化》，北京：中国社会出版社，2000年。

王丹：《北京平谷刘家河商代墓葬研究》，首都师范大学历史学院硕士学位论文，2008年5月。

王冠英：《作册封鬲铭文考释》，《中国历史文物》，2002年第2期，页4—6。

王贵民：《说御史》，《甲骨探史录》，北京：三联书店，1982年，页303—323。

王海东：《马家窑彩陶鉴识》，兰州：甘肃人民美术出版社，2004年。

王宏：《论长江中游地区夏商周时的文化与文化变迁》，《考古学研究（五）》，北京：科学出版社，2003年；另载孙海、蔺新建主编：《中国考古集成·华南卷·湖北省、湖南省》，青铜时代册，郑州：中州古籍出版社，2004年，页73—83。

王宏：《试论长江中游地区夏商周时的文化与族属》，《江汉考古》增刊三；另载孙海、蔺新建主编：《中国考古集成·华南卷·湖北省、湖南省》，郑州：中州古籍出版社，2004年，青铜时代册，页66—83。

王晖：《古史传说时代新探》，北京：科学出版社，2009年。

王晖：《商周文化比较研究》，北京：人民出版社，2000年。

王辉：《史密簋释文考地》，《人文杂志》，1991年第4期，页99—103、98。

王辉：《王家台秦简〈归藏〉校释》，《江汉考古》，2003年第1期，页75—84。

王辉：《一粟集：王辉学术文存》，台北：艺文印书馆，2002年。

王辉：《殷人火祭说》，《古文字研究论文集》，《四川大学学报丛刊》，第十辑，1982年5月，页269—276。

王辉、焦南峰、马振智：《秦公大墓石磬残铭考释》，《"中研院"历史语言研究所集刊》，第67本第二分，1996年6月，页263—310。

王劲：《石家河文化玉器与江汉文明》，何介钧主编：《长江中游史前文化暨第二届亚洲文明学术讨论会论文集》,长沙:岳麓书社,1996 年;另载孙海、蔺新建主编:《中国考古集成·华南卷·湖北省、湖南省》,郑州:中州古籍出版社,2004 年,新石器时代册,页 833—841。

王敬:《论商代江西青铜文明之源》,《南方文物》,1993 年第 2 期,页 79—83。

王宁:《新干大洋洲青铜器"燕尾"纹探讨》,《中原文物》,2003 年第 2 期,页 45—50。

王仁湘:《新石器时代葬猪的宗教意义——原始宗教文化遗存探讨札记》,《文物》1981 年第 2 期,页 79—85。

王善才:《长阳香炉石遗址揭示出古代巴人早期文化类型》,《中国文物报》,1994 年 12 月 18 日。

王善才:《香炉后——我国早期巴文化遗址的发现与研究》,北京:科学出版社,2007 年。

王善才主编,湖北省清江隔河岩考古队、湖北省文物考古研究所编:《清江考古》,北京:科学出版社,2004 年。

王炜林、孙周勇:《石峁玉器的年代及相关问题》,《考古与文物》,2011 年第 4 期,页 40—49。

王献本、高西省:《初论江西新干大墓出土的三件铺》,《华夏考古》,1998 年第 3 期,页 70—73、69。

王襄:《簠室殷契类纂》,天津:天津河北第一博物院,1920 年。

王襄:《簠室殷契征文》,天津:天津博物院,1925 年。

王学荣:《偃师商城与二里头遗址的几个问题》,《考古》,1996 年第 5 期,页 51—60。

王业友:《安徽屯溪发现的先秦刻画文字或符号刍议》,《东南文化》,1991 年第 2 期,页 128—130,另载孙海、蔺新建主编:《中国考古集成·华东卷·江苏省、安徽省》,郑州:中州古籍出版社,2006 年,商周时代册,页 2386—2387。

王义全:《三星堆文明以前的历史:成都平原的史前时代——兼论成都平原的土著及贵州濮僚》,《贵州文史丛刊》,2009 年第 3 期,页 11—15。

王毅、孙华:《宝墩村文化的初步认识》,《考古》,1999 年第 8 期,页 63—70。

王毅、张擎:《三星堆文化研究》,《四川文物》,1999 年第 3 期,页 13—22。

王宇清:《冕服文化永辉中华的特质与衍生》,《两岸民族服饰文化设计教育交流研讨会》,台北:实践大学,2004 年,会议内用单篇文章。

王宇信:《商代的马和养马业》,《中国史研究》,1980 年第 1 期,页 99—108。

王育成:《含山玉龟及玉片八角形来源考》,《文物》,1992 年第 4 期;另载孙海、蔺新建主编:《中国考古集成·华东卷·江苏省、安徽省》,郑州:中州古籍出版社,2006 年,新石器时代册,页 2794—2798。

王育茜、张萍、靳桂云、靳松安:《河南淅川沟湾遗址 2007 年度植物浮选结果与分析》,《四川文物》,2011 年第 2 期,页 80—92。

王钊芬:《"周成过台湾"故事的形成及演变》,台湾东吴大学中国文学研究所硕士学位论文,1994 年。

王钊芬:《周成过台湾的传述》,台北:里仁书局,2007 年。

王政:《三星堆青铜面具与眼睛巫术》,《淮北煤炭师范学院学报》,2002 年第 6 期,页 64—66。

王政:《战国前考古学文化谱系与类型的艺术美学研究》,合肥:安徽大学出版社,2006 年。

魏慈德:《殷墟 YH127 坑甲骨卜辞研究》,台湾政治大学中国文学系博士学位论文,台北,2001 年。

魏慈德：《中国古代风神崇拜》，台北：台湾古籍出版有限公司，2002 年。

魏树勋：《安阳出土的人陶范》，《考古》，1959 年第 5 期，页 262；另载于孙海、蔺新建主编：《中国考古集成·华北卷·河南省、山东省》，郑州：中州古籍出版社，1999 年，青铜时代册，页 3216。

魏正瑾：《宁镇地区新石器时代文化的特点与分期》，《考古》，1983 年第 9 期，页 822—828；另载于孙海、蔺新建主编：《中国考古集成·华东卷·江苏省、安徽省》，郑州：中州古籍出版社，2006 年，新石器时代册，页 458—463。

温少峰、袁庭东：《殷墟卜辞研究——科学技术篇》，成都：四川省社会科学院出版社，1983 年。

闻家骅著：《古典新义》，台北：九思出版社，1978 年。

吴其昌：《殷虚书契解诂》，台北：艺文印书馆，1960 年。

吴其昌：《殷虚书契解诂》，武汉：武汉大学书版社，2008 年。

吴山：《中国历代装饰纹样》，上海：人民美术出版社，1988 年。

吴棠海：《红山玉器》，台北：震旦文教基金会，2005 年。

吴怡：《试析巴蜀青铜器上的虎图像》，《四川文物》，1991 年第 3 期，页 22—27；另载孙海、蔺新建主编：《中国考古集成·西卷·云南省、贵州省、重庆市、四川省、西藏自治区》，郑州：中州古籍出版社，2003 年，青铜时代册，页 2419—2423。

吴志刚：《吴城文化与周公南征》，《四川文物》，2009 年第 3 期，页 70—72。

吴志刚：《吴城文化族属源流考辨》，《四川文物》，2011 年第 1 期，页 50—58。

武汉大学编：《郭店楚简国际学术研讨会论文集》，武汉：湖北人民出版社，2000 年。

席永杰、王惠德等著：《西辽河流域早期青铜文化》，呼和浩特：内蒙古人民出版社，2007 年。

[美] 夏含夷：《释"御方"》，《古文字研究》第九辑，北京：中华书局，1984 年，页 97—101。

夏渌：《卜辞中的天、神、命》，《武汉大学学报》，1980 年第 2 期，页 81—86。

夏渌：《学习古文字散集》，《古文字研究》第一辑，北京：中华书局，1979 年，页 148—151。

夏鼐：《我国古代蚕、桑、丝、绸的历史》，《考古》，1972 年第 2 期，页 12—27。

向桃初：《二里头文化向南方的传播》，《考古》，2011 年第 10 期，页 47—61、111。

向桃初：《湖南商代晚期青铜文化的性质及其与殷墟商文化的关系》，《考古耕耘录》，长沙：岳麓书社，1999 年；另载于蔺新建、孙海主编：《中国考古集成·华南卷·湖北省、湖南省》，郑州：中州古籍出版社，2004 年，青铜时代册，页 2446—2463。

向桃初：《宁乡铜器群与新干铜器群比较研究》，《江汉考古》，2009 年第 1 期，页 73—87。

向桃初：《三星堆文化的形成与夏人西迁》，《江汉考古》，2005 年第 1 期，页 60—67。

向桃初：《湘江流域商周青铜文化概说》，《湖南大学学报》，2007 年第 5 期，页 42—47。

向桃初：《湘江流域商周青铜文明研究的重要突破》，《南方文物》，2006 年第 2 期，页 68—80、67。

萧良琼：《"下、上"考辨》，《于省吾教授百年诞辰纪念文集》，长春：吉林大学出版社，1996 年，页 17—20。

肖楠：《安阳殷墟发现〈易卦〉卜甲》，《考古》，1989 年第 1 期，页 66—70。

谢端琚：《马家窑文化诸类型及其相关的问题》，《考古与文物》，1985 年第 1 期；另载孙进己、孙海主编：《中国考古集成·西北卷·甘肃省、青海省、新疆维吾尔自治区》，郑州：中州古籍出版社，2000 年，新石器时代册，页 774—783。

解希恭主编：《襄汾陶寺遗址研究》，北京：科学出版社，2007年。

邢文：《论郭店〈老子〉与今本〈老子〉不属一系——楚简〈太一生水〉及其意义》，姜广辉主编：《中国哲学第20辑：郭店楚简研究》，沈阳：辽宁教育出版社，1999年，页165—186。

熊传新：《湖南商周青铜器的发现与研究》，《湖南省博物馆开馆三十年暨马王堆汉墓发掘十五周年纪念文集》，长沙：湖南博物馆，1986年，页90—99。

熊建华：《湖南邵东出土一件西周四虎镈》，《考古与文物》，1991年第3期；另载于蔺新建、孙海主编：《中国考古集成·华南卷·湖北省、湖南省》，郑州：中州古籍出版社，2004年，青铜时代册，页3147—3148。

熊建华：《人面纹方鼎装饰主题的南方文化因素》，《湖南省博物馆文集》第四辑，1998年；另载于蔺新建、孙海主编：《中国考古集成·华南卷·湖北省、湖南省》，郑州：中州古籍出版社，2004年，青铜时代册，页2731—2738。

熊铁基：《对"神明"的历史考察——兼论〈太一生水〉的道家性质》，《郭店楚简国际学术研讨会论文集》，武汉：湖北人民出版社，2000年，页533—537。

徐长青：《拾年山遗址的分期及相关问题研究》，《南方文物》，1996年第2期，页49—55。

徐大立：《蚌埠双墩发现新石器时代蚕形刻画》，《中国文物报》第18期，1988年5月6日，另载孙海、蔺新建主编：《中国考古集成·华东卷·江苏省、安徽省》，郑州：中州古籍出版社，2006年，新石器时代册，页3110。

徐大立：《蚌埠双墩新石器遗址陶器刻画初论》，《文物研究》第五辑，合肥：黄山书社，1989年，页246—258；另载孙海、蔺新建主编：《中国考古集成·华东卷·江苏省、安徽省》，郑州：中州古籍出版社，2006年，新石器时代册，页3096—3106。

徐大立：《谈蚌埠双墩遗址器底刻画符号所反映养蚕业》，《文物研究》第十二辑，合肥：黄山书社，1999年，页33—35；另载孙海、蔺新建主编：《中国考古集成·华东卷·江苏省、安徽省》，郑州：中州古籍出版社，2006年，新石器时代册，页3108—3109。

徐大立：《文字起源之前——双墩607件刻画符号的文字学含义》，《中国文化遗产》，2006年第1期，页70—74、5—6。

徐良高：《商周青铜器人兽母题纹饰考释》，《考古》，1991年第5期，页442—447、404。

徐心希：《试论新干大洋洲青铜器群的族属及相关问题》，《南方文物》，1994年第2期，页37—41、50。

徐学书：《蜀国早期青铜文化年代的再探讨》，《成都文物》，1994年第4期；另载孙海、蔺新建主编：《中国考古集成·西卷·云南省、贵州省、重庆市、四川省、西藏自治区》，郑州：中州古籍出版社，2003年，青铜时代册，页1809—2836。

徐义华：《商代的帝与一神教的起源》，《南方文物》，2012年第2期，页126—141。

徐照华：《第二届通俗文学与雅正文学研讨会纪要》，《汉学研究通讯》，第十九卷第二期，1989年5月。

徐中舒：《对〈金文编〉的几点意见》，《考古》，1959年第7期，页382—383。

徐中舒：《怎样考释古文字》，国际中国古文字学研讨会论文集编辑委员会编：《古文字学论集·初编》，香港：中文大学出版社、吴多泰中国语文研究中心，1983年，页7—20。

徐州市博物馆编：《徐州汉画像石》，南京：江苏美术出版社，1985年。

许宏：《二里头遗址发掘和研究的回顾与思考》，《考古》，2004年第11期，页32—38。

许宏:《二里头遗址文化分期再检讨——以出土铜、玉礼器的墓葬为中心》,《南方文物》,2010年第3期,页44—52。

许宏:《最早的中国》,北京:科学出版社,2009年。

许宏、陈国梁、赵海涛:《二里头遗址聚落形态的初步考察》,《考古》,2004年第11期,页23—31。

许宏、刘莉:《关于二里头遗址的省思》,《文物》,2008年第1期,页43—52。

许宏、赵海涛:《二里头遗址文化分期再检讨——以出土铜、玉礼器的墓葬为中心》,《南方文物》,2010年第3期,页44—52。

许进雄:《释御》,《中国文字》,台北:艺文印书馆,1963年,页1—14。

许抗生:《初读〈太一生水〉》,《道家文化研究·郭店楚简专号》,第17辑,北京:三联书店,1999年,页306—315。

许智范:《江西新干大洋洲青铜器群及有关问题》,《故宫博物院院刊》,1994年第3期,页18—23。

严文明:《甘肃彩陶的源流》,《文物》,1978年第10期,页62—76;另载孙进己、孙海主编:《中国考古集成·西北卷·甘肃省、青海省、新疆维吾尔自治区》,郑州:中州古籍出版社,2000年,新石器时代册,页1125—1137。

严文明:《论庙底沟仰韶文化的分期》,《考古学报》,1965年第2期,页49—78、184—187。

严文明:《史前考古论集》,北京:社会科学出版社,1998年。

严文明:《中国文明起源的探索》,《中原文物》,1996年第1期,页11—12。

严一萍:《释天》,《中国文字》第五册,台北:台湾大学,1961年9月,页474—475。

严一萍:《释 𠕋 》,《中国文字》第七册,台北:台湾大学文学院中国文学系,1962年,页1—7。

严志斌:《小臣𤔲玉柄形器诠释》,《江汉考古》,2015年第4期,页93—104。

晏炎吾:《释"单"》,《华中师院学报》,1983年第1期,页136—137。

杨宝成、刘森淼:《商周方鼎初论》,《考古》,1991年第6期,页533—545。

杨伯达主编:《中国玉器全集》,石家庄:河北美术出版社,2005年。

杨建芳:《云雷纹的起源、演变与传播——兼论中国古代南方的蛇崇拜》,《文物》,2012年第3期,页31—40、86。

杨军:《谈新干商代大墓出土的蛙形玉饰》,《南方文物》,1995年第2期,页73—80。

杨美莉:《多孔石、玉刀的研究》,《故宫学术季刊》,第十五卷第三期,1997年,页17—74、2—3。

杨美莉:《浅论江西新干出土的玉羽人》,《南方文物》,1997年第1期,页52—57。

杨青:《龙的原型与地蚕生态文化——与孙机先生〈蜷体玉龙〉原型商榷》,《楚雄师范学院学报》,2002年第1期,页54—58、62。

杨清:《河南郾城郝家台遗址出土的陶瓶和陶鬶》,《华夏考古》,1991年第2期,页109—110、64。

杨权喜:《关于鄂西六处新石器时代晚期遗存的探讨》,《考古》,2001年第5期,页40—47。

杨权喜:《湖北商文化与商朝南土》,湖北省文物考古研究所编:《奋发荆楚·探索文明——湖北省文物考古研究论文集》,武汉:湖北科学技术出版社,2000年,页117—121;另载孙海、蔺新建主编:《中国考古集成·华南卷·湖北省、湖南省》,青铜时代册,郑州:中州古籍出版社,2004年,页100—105。

杨权喜:《江汉夏代文化探讨》,《中国文物报》,1998年第59期。

杨权喜:《论西陵峡古代日用炊器》,《华中师范大学学报(人文社会科学版)》,2005年第4期,页69—74。

杨权喜:《三峡地区史前文化初论》,《南方文物》,1996年第1期,页75—80。

杨权喜:《石家河古城探讨》,《中国文化论坛》,1995年第4期,页56—60。

杨权喜:《试论中国文明起源与江汉文明》,《浙江社会科学》,1994年第5期,页90—95。

杨升南:《新干大洋洲商墓中的铜铧犁、商代的犁耕和甲骨文中的"犁"字》,《南方文物》,1994年第1期,页33—34、32。

杨树达:《积微居甲文说》,北京:中国科学院出版社,1954年。

杨树达撰,王子今导读:《汉代婚丧礼俗考》,上海:上海古籍出版社,2000年。

杨希枚:《河南安阳殷墟墓葬中人体骨骼的整理与研究》,《"中研院"历史语言研究所集刊》,卷四十二,1970年第2期,页231—266。

杨希枚:《论商王庙号问题兼论同名和异名制及商周卜俗》,《殷墟博物苑苑刊》创刊号,北京:中国社会科学出版社,1989年,页9—19。

[美]杨晓能著,唐际根、孙亚冰译:《另一种古史:青铜器纹饰、图形文字与图像铭文的解读》,北京:三联书店,2008年。

杨新、李毅华、徐乃湘主编:《龙的艺术》,香港:商务印书馆香港分馆,1988年,页11—12。

杨肇清:《河南舞阳贾湖遗址生产工具的初步研究》,《农业考古》,1998年第1期,页118—123。

杨正苞:《三星堆"青铜兽面像"辨》,《文史杂志》,1997年第5期,页37。

姚孝遂:《再论古汉字的性质》,《古文字研究》第十七辑,北京:中华书局,1989年,页309—323。

姚孝遂、肖丁:《小屯南地甲骨考释》,北京:中华书局,1985年。

叶舒宪:《玉人像、玉柄形器与祖灵牌位——华夏祖神偶像源流的大传统新认识》,《民族艺术》,2013年第3期,页23—28、49。

叶万松、李德方:《偃师二里头遗址兽纹铜牌考识》,《考古与文物》,2001年第5期,页40—48。

叶祥奎、刘一曼:《河南安阳殷墟花园庄东地出土的龟甲研究》,《考古》2001年第8期,页87—88。

叶玉森:《说契》,北平:富晋书社,1929年。

叶玉森:《殷虚书契前编集释八卷》,北京:北京图书馆出版社,2000年。

尹检顺:《湖南史前白陶初论》,郭伟民主编:《湖南省文物考古研究所建所三十周年纪念文集》,北京:科学出版社,2016年,页170—184。

尹检顺:《浅析湖南洞庭湖地区皂市下层文化的分期及其文化属性》,《长江中游史前文化暨第二届亚洲文明学术讨论会论文集》,长沙:岳麓书社,1996年,页105—125。

尹盛平:《西周蚌雕人头像种族探索》,《文物》,1986年第1期,页46—49。

尹振环:《帛书老子再疏义》,北京:商务印书馆,2007年。

尤仁德:《古代玉器通论》,北京:紫禁城出版社,2002年。

于省吾：《甲骨文字释林》,北京：中华书局,1979 年。

于省吾：《甲骨文字释林》,台北：大通书局,1981 年。

于省吾：《略论图腾与宗教起源和夏商图腾》,《历史研究》,1959 年第 11 期,页 60—69。

于省吾：《殷契骈枝三编》,台北：艺文出版社,1943 年。

余文：《从新干商墓的青铜双面人神器谈起》,《中国文物报》,第 14 期,1991 年 4 月 28 日；另载于孙海、蔺新建主编：《中国考古集成·华东卷·江西省、上海市、浙江省》,郑州：中州古籍出版社,2007 年,商周至秦汉时代册,页 640—641。

余秀翠：《杨家湾遗址发现的陶文剖析》,《江汉考古》,1994 年第 1 期,页 105—108(106)；另载孙海、蔺新建主编：《中国考古集成·华南卷·湖北省、湖南省》,郑州：中州古籍出版社,2004 年,新石器时代册,页 989—991。

余秀翠：《宜昌杨家湾遗址的彩陶和陶文介绍》,《史前研究》,1986 年第 3—4 合刊；另载孙海、蔺新建主编：《中国考古集成·华南卷·湖北省、湖南省》,郑州：中州古籍出版社,2004 年,新石器时代册,页 1473—1475。

余秀翠：《宜昌杨家湾在新石器时代陶器上发现刻画符号》,《考古》,1987 年第 8 期,页 763—764、733；另载孙海、蔺新建主编：《中国考古集成·华南卷·湖北省、湖南省》,郑州：中州古籍出版社,2004 年,新石器时代册,页 1470—1472。

余英时：《东汉生死观》,上海：上海古籍出版社,2005 年。

俞鹿年：《中国官制大辞典》,哈尔滨：黑龙江人民出版社,1992 年。

俞伟超主编：《中国画像石全集》,济南：山东美术出版社、郑州：河南美术出版社,2000 年。

虞万里：《上海简、郭店简〈缁衣〉与传本合校补证(上)》,《史林》,2002 年第 2 期,页 1—17、118。

喻遂生：《甲骨文三宾语句研究》,《语言文字与文学诠释多元对话》,台中：东海大学中国文学系,2011 年,页 251—265。

袁广阔：《二里头文化研究》,郑州大学历史学院博士学位论文,2005 年。

袁靖：《中国新石器时代家畜起源的问题》,《文物》,2001 年第 5 期,页 51—58。

袁珂：《中国古代神话》,北京：中华书局,1960 年。

原来：《商前期青铜鼎器兽面纹之动物属性论证》,《屏东教育大学学报》,2006 年第 24 期,页 555—571。

岳洪彬：《殷墟青铜礼器研究》,北京：中国社会科学出版社,2006 年。

[日]斋木哲郎著,马志冰译：《方帝考补》,《殷都学刊》,1990 年第 4 期,页 13—19。

詹开逊：《试论新干青铜器的装饰特点》,《考古》,1995 年第 1 期,页 63—74、36。

詹开逊、刘林：《初论新干青铜器的地方特色》,《南方文物》,1994 年第 2 期,页 42—50。

张秉权：《殷墟文字·丙编考释》,台北,"中研院"历史语言研究所,1957—1972 年。

张昌平：《盘龙城商代青铜容器的初步考察》,《江汉考古》,2003 年第 1 期,页 45—51。

张昌平：《新干大洋洲青铜容器的年代上限问题》,《南方文物》,2007 年第 4 期,页 102—117、116。

张富海：《郭店楚简〈缁衣〉篇研究》,北京大学中文系硕士学位论文,2002 年。

张光远：《湖南商代晚期人面纹方鼎族徽考》,吉林大学古文字研究室编：《于省吾教授百年诞辰纪念文集》,长春：吉林大学出版社,1996 年,页 68—75。

张光直：《商王庙号新考》，《"中研院"民族学研究集刊》，1963 年第 15 期，页 65—95。

张光直：《商文明》，沈阳：辽宁教育出版社，2002 年。

张光直：《商周青铜器与铭文的综合研究》，台北："中研院"历史语言研究所，1973 年。

张光直：《谈王亥与伊尹的祭日并再论殷商王制》，《"中研院"民族学研究集刊》，1973 年第 35 期，页 111—127。

张光直：《殷商文明起源研究上的一个关键问题》，《中国青同时代》，北京：三联书局，1983 年，载李伯谦编：《商文化论集》，北京：文物出版社，2003 年，页 3—17。

张光直：《中国创世神话之分析与古史研究》，台北："中研院"民族学研究所，1959 年。

张光直：《中国青铜时代》，北京：三联书店，1983 年。

张桂光：《殷周"帝""天"观考查》，《华南师范大学学报》，1984 年第 2 期，105—108。

张居中：《试论贾湖类型的特征及与周围文化的关系》，《文物》，1989 年第 1 期，页 18—20。

张居中、王象坤：《贾湖与彭头山稻作文化比较研究》，《农业考古》，1998 年第 1 期，页 108—117。

张立文：《帛书周易注译》，郑州：中州古籍出版社，2008 年。

张懋镕：《古文字与青铜器论集》，北京：科学出版社，2002 年。

张懋镕：《卢方、虎方考》，《文博》，1992 年第 2 期，页 19—22。

张懋镕：《宰兽簋王年试说》，《文博》，2002 年第 1 期，页 32—35。

张懋镕、赵荣、邹东涛：《安康出土的史密簋及其意义》，《文物》，1989 年第 7 期，页 64—71、42。

张明华：《凌家滩、牛河梁抚胸玉立人说明了什么？》，《中国文物报》2005 年 3 月 18 日；另载孙海、蔺新建主编：《中国考古集成·华东卷·江苏省、安徽省》，郑州：中州古籍出版社，2006 年，新石器时代册，页 2820—2822。

张荣明：《中国文化的帝与宇宙生成原型》，《天津师大学报》，1997 年第 4 期，页 36—43。

张如柏：《三星堆石器矿物成分的初步报导（1）》，《四川文物》，1999 年第 6 期，页 56—58。

张圣福：《中华国宝·艺术珍宝分册》，南京：江苏少年儿童出版社，1988 年。

张天恩：《巴蜀文化与中原文化的关系试探》，《考古与文物》，1998 年第 5 期，页 68—77。

张婷、刘斌：《浅析商周青铜器上的圆涡纹》，《四川文物》，2006 年第 5 期，页 68—71。

张万高：《江陵荆南寺夏商遗存文化因素简析》，《江汉考古》增刊二；另载孙海、蔺新建主编：《中国考古集成·华南卷·湖北省、湖南省》，郑州：中州古籍出版社，2004 年，青铜时代册，页 289—293。

张尉主编：《新见古玉真赏》，上海：上海古籍出版社，2004 年。

张新强、李陈广编著：《南阳汉画早期拓片选集》，郑州：中州古籍出版社，1993 年。

张绪球：《长江中游新石器时代文化概论》，武汉：湖北科学出版社，1992 年。

张绪球：《简论油子岭文化遗存的分期与特征》，《纪念石家河遗址考古发掘 60 年学术研讨会论文集》，湖北省文物考古研究所，2015 年，第 127—148 页。

张绪球：《屈家岭文化》，北京：文化出版社，2004 年。

张绪球：《屈家岭文化古城的发现和初步研究》，《考古》，1994 年第 7 期，页 629—634。

张绪球、何德修、王运新：《试论大溪文化陶器的特点》，《江汉考古》，1982 年第 2 期，页 13—19、92、113；另载孙海、蔺新建主编：《中国考古集成·华南卷·湖北省、湖南省》，郑州：

中州古籍出版社,2004 年,新石器时代册,页 486—493。

张学海主编:《海岱考古》第一辑,济南:山东大学出版社,1989 年。

张雪莲、仇士华、蔡莲珍:《琉璃河西周墓葬的高精度年代测定》,《考古学报》,2003 年第 1 期,页 137—160。

张雪莲、仇士华、蔡莲珍、薄官成、王金霞、钟建:《新砦——二里头——二里岗文化考古年代序列的建立与完善》,《考古》,2007 年第 8 期,页 74—89、2。

张亚初:《古文字分类考释论稿》,《古文字研究》第十七辑,北京:中华书局,1989 年,页 230—267。

张亚初:《甲骨文金文零释》,《古文字研究》第六辑,北京:中华书局,1981 年,页 157—170。

张彦修编著:《三门峡虢国文化研究》,北京:中国社会科学出版社,2002 年。

张玉金:《殷墟甲骨文"吉"字研究》,《古文字研究》二十六辑,北京:中华书局,2006 年,页 70—75。

张玉石:《中国南方青铜器及中原商王朝与南方的关系》,《南方文物》,1994 年第 2 期,页 1—7。

赵柏熹、郭静云:《从新石器时代到国家时代长江中游礼器所见"四方"观念刍议》,《人文论丛》,2019 年第二辑,北京:社会科学出版社,2015 年,页 128—141。

赵尺子:《蒙汉语文比较学举隅》,台北:中国边疆语文研究会,1969 年。

赵丛苍主编,西北大学文博学院、陕西省文物局编:《城洋青铜器》,北京:科学出版社,2006 年。

赵殿增:《从"眼睛"崇拜谈"蜀"字的本义与起源——三星堆文明精神世界探索之一》,《四川文物》,1997 年第 3 期,页 3—8。

赵青芳:《南京市北阴阳营第一、二次的发掘》,《考古学报》,1958 年第 1 期,页 7—23、133—148;另载孙海、蔺新建主编:《中国考古集成·华东卷·江苏省、安徽省》,郑州:中州古籍出版社,2006 年,新石器时代册,页 1385—1416。

赵容俊:《殷商甲骨卜辞所见之巫术》,台北:文津出版社,2003 年。

赵志军、刘昶:《偃师二里头遗址浮选结果的分析和讨论》,《农业考古》,2019 年第 6 期,页 7—20。

赵芝荃、郑光:《河南偃师二里头二号宫殿遗址》,《考古》,1983 年第 3 期,页 206—216、289—291;另载孙进己、孙海主编:《中国考古集成·华北卷·河南省、山东省》,郑州:中州古籍出版社,1999 年,商周时代册,页 1731—1739。

郑慧生:《甲骨卜辞研究》,开封:河南大学出版,1998 年。

郑慧生:《释坒》,《殷都学刊》,1996 年第 1 期,页 1—4、10。

郑吉雄:《从〈太一生水〉试论〈乾·象〉所记两种宇宙论》,《简帛》第二辑,上海:上海古籍出版社,页 139—150。

郑杰祥:《商代地理概论》,郑州:中州古籍出版社,1994 年。

郑若葵:《长江中游地区史前农业文化与古苗蛮文化关系》,《华夏考古》,2000 年第 2 期,页 74—80。

郑振香:《商文化与北方地区古文化的关系》,《北京建城 3040 年暨燕文明国际学术研讨会会议专辑》,北京:燕山出版社,1997 年。

钟柏生：《殷商卜辞地理论丛》,台北：艺文印书馆,1989 年。

钟少异：《略论人面纹扁茎铜短剑》,《考古与文物》,1994 年第 1 期,页 61—63;另载于孙进己、孙海主编：《中国考古集成·西北卷·陕西省、宁夏回族自治区》,青铜时代册,郑州：中州古籍出版社,2002 年,页 1814—1816。

周本雄：《河北武安磁山遗址的动物骨骸》,《考古学报》,1981 年第 3 期,页 339—347、415—416。

周法高主编：《金文诂林》,香港：中文大学出版社,1974—1975 年。

周凤五：《郭店楚简识字札记》,《张以仁先生七秩寿庆论文集》,台北：学生书局,1999 年,页 351—362。

周凤五：《说巫》,《台大中文学报》,1989 年第 3 期,页 269—291。

周公庙考古队：《岐山周公庙遗址去年出土大量西周甲骨材料》,《中国文物报》2009 年 2 月 20 日。

周广明、李荣华：《羽化登仙——新干商代大墓玉羽人释义》,《南方文物》,2001 年第 3 期,页 39—45。

周广明、赵碧云：《吴城商代宗教祭祀场所探究》,《南方文物》,1994 年第 4 期,页 29—33。

周国平：《阳新大路铺遗址商周陶器浅析》,《江汉考古》,1992 年第 3 期,页 58—59、67。

周伟：《中国兵器史稿》,天津：百花文艺出版社,2006 年。

周文丽、刘煜、岳占伟：《安阳殷墟孝民屯出土两类熔铜器具的科学研究》,《南方文物》,2015 年第 1 期,第 48—57 页。

朱凤瀚：《商周时期的天神崇拜》,《中国社会科学》,1993 年第 4 期。

朱凤瀚：《中国青铜器综论》,上海：上海古籍出版社,2009 年。

朱君孝：《二里头文化与夏商分界再探》,《中原文物》,2006 年第 3 期,页 52—57。

朱君孝、李清临：《二里头晚期外来陶器因素试析》,《考古学报》,2007 年第 3 期,页 295—312。

朱歧祥：《殷墟花园庄东地甲骨校释》,台中：东海大学中文系,2006 年。

朱彦民：《商族的起源、迁徙与发展》,北京：商务印书馆,2007 年。

朱桢：《"殷人尚白"问题试证》,《殷都学刊》,1995 年第 1 期,页 6—16。

祝大震：《江西瑞昌铜岭商代木辘轳——兼论中国古代轮轴的认识与应用》,《中国历史博物馆馆刊》,1998 年第 1 期,页 32—35。

日文：

池田知久监修：《郭店楚簡の思想史的研究》第三卷,東京：東京大學,2000 年。

永田英正：《漢代石刻集成》,京都：同朋舍,1994 年。

林巳奈夫：《殷周時代青銅器紋樣の研究》,東京：吉川弘文館,1986 年。

林巳奈夫：《所謂饕餮紋表現的是甚麼》,《日本考古研究者·中国考古學研究論文集》,東京：東方書局出版社,1990 年,页 162—183。

奈良国立博物館：《奈良国立博物館藏品図版目録：中国古代青銅器編》,奈良：奈良国立博物館,2005 年。

泉屋博古館：《泉屋博古：中国古銅器編》,京都：株式會社便利堂,2002 年。

韩文：

《고구려벽화》(Koguryo kobun pyokhwa／高句丽壁画),2006 年。

英文：

Barton Loukas, Newsome Seth D., Chen Fa-Hu, Wang Hui, Guilderson Thomas P., Bettinger Robert L. "Agricultural origins and the isotopic identity of domestication in northern China." *Proceedings of the National Academy of Sciences of the United States of America*. 2009, vol.106 (14), pp.5523 – 5528.

Baxter, W. "A look at the history of Chinese color terminology". *Journal of the Chinese Language Teachers Association*, vol.XVIII (1983), № 2, pp.1 – 25.

Berlin, B., Kay P. *Basic color terms: their universality and evolution*. Berkley: University of California Press, 1969.

Childs-Johnson, Elizabeth. "The Ghost Head Mask and Metamorphic Shang Imagery" in *Early China*, vol.XX, 1996.

Coon C.S. The story of man: from the first human to primitive culture and beyond. N.Y.: Alfred A. Knopf, 1954, pp.326 – 337.

Graf, F. *Greek mythology*. Introduction by Fritz Graf, English tr. Th. Marier. Baltimore: Johns Hopkins University Press, 1996.

Grigoriev S. *Metallurgical production in northern Eurasia in the Bronze Age*. Archaeopress publishing LTD, 2015.

Elkin, P. "The rainbow-serpent myth in North-West Australia." *Oceania*, 1930, vol. I, № 3.

Euripides. *Iphigeneia at Aulis*, English tr. by A.S. Way. Cambridge, Mass.: Harvard University Press, 1978.

Falkenhausen von, Lothar, "Issues in Western Zhou Studies: A Review Article." *Early China*, v.18 (1993), p.145 – 171.

Fraser, Douglas. "Early Chinese artistic influences in Melanesia?" *Early Chinese art and its possible influence in the Pacific basin: a symposium arranged by the Department of Art History and Archaeology, Columbia University, New York City, August 21 – 25, 1967*, edited by Noel Barnard in collaboration with Douglas Fraser. New York: Intercultural Arts Press, 1972, v. III, pp. 631 – 654.

Frazer, James G. *The Golden Bough: a study in magic and religion*. London: MacMillan, 1925.

Furst, Peter T. "Shamanistic survivals in Mesoamerican religion", *Acts del XLI Congress International de Americanistas*. Mexico. vol, III.(1976), pp.149 – 157.

Gimbutas, Marija. The Civilization of the Goddess. The World of Old Europe. San Francisco: Harper, 1991.

Karlgren, B. "Grammata Serica Recensa." *Bulletin of the Museum of Far Eastern Antiquities*, № 29, Stockholm, 1957.

Kirby, W.F. (tr.) *Kalevala the land of heroes translated from the original finnish*. English tr. by W.F. Kirby London & Toronto: J.M.Dent & Sons ltd.; New York: E.P.Dutton & Co., 1915 – 1923.

Kroeber, A.L. "Gross venter myths and tales." *Anthropological Papers*. New York: American Museum of Natural History, 1907, vol.I.

Li Xueqin. "Liangzhu culture and the Shang dynasty Taotie motif", in *The Problem of Meaning in*

Early Chinese Ritual Bronzes. University of London, 1990, pp.56－66.

Linduff K.M. *Mining, Metallurgy, and Trade: Introduction*. Bryan Hanks, Katheryn Linduff (ets.). Social Complexity in Prehistoric Eurasia: Monuments, Metals, and Mobility. Cambrige Unversity Press, 2009, pp.107－114.

Linduff K.M., Mei J. Metallurgy in Ancient Eastern Asia: Retrospect and Prospects, *Journal of World Prehistory*, Sept. 2009. 22(3), pp.265－281.

Mellaart, James. *Çatal Hüyük: a neolithic town in Anatolia*. London: Thames & Hudson, 1967.

Mellaart, James, Belkis Balpinar and Udo Hirsch. *The Goddess from Anatolia*. Milan: Eskenazi, 1989.

Mallett, Marla. "A Weaver's View of the Çatal Hüyük Controversy." *Oriental Rug Review*. Vol. 10, № 6, August/September 1990.

Mallett, Marla. "An Updated View of the Çatal Hüyük Controversy." *Oriental Rug Review*. Vol. 13, № 2, December/January 1993.

Pankenier, David W. "A Brief History of Beiji 北极 (Northern Culmen), with an Excursus on the Origin of the Character di 帝." *Journal of the American Oriental Society*, Vol. 124, No. 2 (Apr.－Jun., 2004), pp.211－236.

Pope. J. *The Freer Chinese Bronzes*. Catalog. Vol.1. Washington: Smithsonian Institution, 1967.

Propp, Vladimir. *Theory and history of folklore*. Minneapolis, Minn.: University of Minnesota Press, 1984.

Radcliff-Brown, A.R. "The rainbow-serpent myth in South-East Australia." *Oceania*, vol.I, No 3, 1930.

Rawson, J. *Chinese Jade: From the Neolithic to the Qing*. London: British Museum, 2002.

Rawson, J. "Late Shang bronze desing: Meaning and purpose" in *The Problem of Meaning in Early Chinese Ritual Bronzes*. University of London, 1990, pp.67－95.

Shelach, G. "The Dragon Ascends to Heaven, the Dracon Dives into the Abbys: Creation of the Chinese Dragon Simbol." *Orental Art*. Vol.XLVII (2001) № 3, pp.29－40.

Shelach, G. "Prehistoric Dragons from Northeast China." *Orentations*. 2001, april, pp.62－65.

Tauber, H. Possible depletion in 14C in trees growing in calcareous soils. *Radiocarbon*, vol 25, No 2, 1983, pp.417－420.

University of London. *The Problem of Meaning in Early Chinese Ritual Bronzes*. London: University Press, 1990.

Wang Tao. "Color Terms in Shang oracle-bone inscriptions". *Bulletin of SOAS*, 1996, pp.63－101.

Waterbury, F. *Early Chinese symbols and literature: vestiges and speculations, with particular reference to the ritual bronzes of the Shang dynasty*. N.Y.: E. Weyhe, 1942.

法文：

Hentze, C. *Objets rituels, croyances et dieux de la Chine antique et de l'Amérique*. Anvers: Éditions "De Sikkel", 1936.

Lévi-Strauss, Claude. *Anthropologie structurale*. Paris: Librairie Plon, 1958.

德文：

Boas, F. *Indianische Sagen von der Nord-Pazifischen Küste Amerikas*. Berlin: Verlag von Gebrüder

Borntraeger, 1895.

Bölsche, W. *Drachenen Sage und Naturwissenschaft*. Stuttgart, 1921.

Frobenius, L. *Das Zeitalter des Sonnengottes*. Berlin: G. Reimer, 1904.

Frobenius, L.. *Die Weltanschauung der Naturvölker*. Weimar: E. Felber, 1898.

Hahn, J.G. *Griechische Und Albanesische Märchen*. München, Berlin: G. Muüller, 1918, Bd.1.

Küster, E. *Die Schlange in der griechischen Kunst und Religion*. Gießen: A.Töpelmann, 1913.

Meier, J. "Mythen und Sagen der Admiralitate-Insulaner." *Anthropos*, 1907 – 1909, vol.Ⅱ – Ⅳ.

Nevermann, H. *Admiralitätsinseln: Ergebnisse der Südsee-Expedition 1908 – 1910. Ethnographie: A Melanesien*, *Bd.3*. Hamburg: Hrsg. von G. Thilenius, 1934.

Schurtz, H. *Altersklassen und Männerbünde*. Berlin: G. Reimer, 1902.

Shirokogoroff, S. *The Social Organization of the Northern Tungus*. Shanghai. 1929.

Siecke, E. *Drachenkämpfe Mythol*. Bd. 1. Leipzig, 1907.

Steinitz, W. "Totemismus bei den Ostjaken in Sibirien." Steinitz, W. *Ostjakologische Arbeiten*. Berlin, 1980. Bd. Ⅳ. ss.92 – 107.

俄文:

Алкин, С.В. "Археологические свидетельства о существовании культа насекомых в неолите Северо-Восточной Азии." Якутский государственный университет им. М.К. Амосова, Отв. ред. Алексеев А. Н. *Древние культуры Северо-Востока Азии. Астроархеология. Палеоинформатика*. Новосибирск: Наука, 2003, cc.134 – 143.

Алкин, С. В. "Архетип зародыша в азиатской мифологии." *Архетипические образы в мировой культуре*. СПб.: Государственный Эрмитаж, 1998. cc.53 – 56.

Алкин, С. В. "Небесные змеи на зеркале из Ганьсу". *Гуманитарные науки в Сибири*. Новосибирск, №3, 1999 cc.79 – 83.

Алкин, С.В. "Семантика золотых силласких корон (подвески когок как воплощение идеи рождения)". *Major Issues in History of Korean Culture. Proceedings of the 3d International Conference on Korean Studies*. Moscow, Publishing Center of Institute of Asian and African Studies, Moscow State University, 1997.

Алкин С. В. "Энтомологическая идентификация хуншаньских нефритов (постановка проблемы)." *Ⅲ годовая итоговая сессия Института археологии и этнографии СО РАН*. Новосибирск: Наука, 1995, cc.14 – 16.

Афанасьев, А.Н. *Народные русские сказки*, т. 1 – 3. Подгот. текста, предисл. и примеч. В.Я. Проппа. М., 1957.

Блиновъ, Н. *Языческій культъ вотяковъ*. Вятка: Губернская Типография, 1898.

Веселовский, А.Н. *Собрание сочинений*. Пг., 1921.

Городецкая, О. М. *Зарождение портрета в Китае* (дипломная работа). Ленинград, Институт живописи, скульптуры и архитектуры им. И.Е.Ренина. 1989.

Городецкая, О. М. "Культурный феномен древнего Чу. Истоки китайской живописи." *Восток*. М.: Наука, 1993, № 1, cc.62 – 71.

Зарубин, И.И. (ред.) *Белуджские сказки, собранные И.И. Зарубиным*. Л., 1932.

Золотарев, А.М. "Новые данные о тунгусах и ламутах XVIII века." *Историк-марсист*. 1938, кн. 2 (66), cc.63 – 88.

Золотарев, А. *Пережитки тотемизма у народов Сибири*. Лен.: Издательство Института народов Севера, 1933.

Золотарев, А.М. *Родовой строй и первобытная мифология*. М.: Наука, 1964.

Крюков, В. М. "Дары земные и небесные: к символике архаического ритуала в раннечжоуском Китае." *Этика и ритуал в традиционном Китае*. Москва: Наука, 1988.

Крюков, В.М. *Текст и ритуал: Опыт интерпретации древнекитайской эпиграфики эпохи Инь-Чжоу*. Москва.: Памятники исторической мысли, 2000.

Кузьмина Е. Е. Предыстория Великого шелкового пути: Диалог культур Европа — Азия. Москва: Ком Книга, 2010, cc. 14 – 25.

Ларичев, В.Е. "Великое зерцало". *Проблемы археологии, этнографии, антропологии Сибири и сопредельных территорий*. Новосибирск, 1998, т.IV. cc.270 – 275.

Ларичев, В. Е. "Календари «страны стерегущих золото скифов»". *Сибирь в панораме тысячелетий*. Новосибирск, 1998, т,1, cc.319 – 330.

Ларичев, В.Е.; Комиссаров, С.А. "Драконический Мир, Драконическое Время (к проблеме семантики свернутого кольцом хищника)". Отв. ред. С.В. Алкин. *История и культура Востока Азии (Материалы международной научной конференции г. Новосибирск, 9 – 11 декабря 2002 г.)*, Новосибирск: Институт археологии и этнографии СО РАН, 2002, т.1, cc.181 – 193.

Максимов, А.Н. "Происхождение оленеводства." *Ученые записки РАНИОН*, т. VI, 1928, cc.3 – 37.

А.П.Окладников. *Петроглифы Нижнего Амура*. Л.: Наука, 1971.

Попов, А. А. (ред.) *Долганский фольклор*. Вступ. статья, тексты и пер. А. А. Попова. Л., 1937.

Пропп, В.Я. *Исторические корни Волшебной Сказки*. Л.: ЛГУ, 1986.

Пропп, В.Я. *Морфология "волшебной" сказки*. М.: Лабиринт, 1998.

Табарев, А.В. "Образ тигра в палеоглиптике и истоки его культа в таежной зоне Дальнего Востока." *Проблемы культурогенеза и культурное наследие*. ТД. Санкт-Петербург, 1993, ч.2, cc.67 – 72.

Табарев, А.В. "По следу халцедонового тигра (археологический этюд)." *Древнее искусство тихоокеанских культур*. Владивосток, 1996, cc.51 – 72.

Табарев, А. В. "Культ тигра на Дальнем Востоке." *Социокультурные исследования 1997*. Новосибирск, 1997, cc.96 – 106.

Табарев, А.В. "Минералы в мифологической атрибутике кошачьих хищников." *История и философия минералогии*. ТД. Сыктывкар, 1999, c.119.

Усеинов, К. У. (ред.) *Сказки и легенды татар Крыма*. Зап. текста К. У. Усеинова. Симферополь, 1936.

Шаньшина, Е.В. *Мифология претворения у тунгусоязычных народов юга Дальнего Востока*

России. Опыт мифологической реконструкции и общего анализа. Владивосток：Дальнаука，
　　2000.

Щуцкий，Ю. К. *Китайская классическая Книга перемен.* М.：Восточная литература РАН，
　　1997.

五、工具书和资料库

高亨：《古字通假会典》，济南：齐鲁书社，1997 年。

《古文字诂林》编纂委员会编纂：《古文字诂林》，上海：上海教育出版社，1999—2005 年。（简
　　称《诂林》）

国语推行委员会编辑：《异体字字典》，台北，2002 年网络版。

《汉语大字典》编纂委员会编：《汉语大字典》，武汉：湖北辞书出版社，成都：四川辞书出版
　　社，1986—1990 年。（简称《大字典》）

何琳仪：《战国古文字字典》，北京：中华书局，2004 年。

华东师范大学中国文字研究与应用中心编：《金文引得》，南宁：广西教育出版社，2001—
　　2002 年。

刘殿爵中国古籍研究中心：《汉达古文献资料库》。

《圣经中英对照》网络版。

滕壬生：《楚系简帛文字编（增订本）》，武汉：湖北教育出版社，2008 年。

吴镇烽编：《商周金文资料通鉴》，武汉：自办发行，2008 年光盘版。

徐中舒编著：《甲骨文字典》，成都：四川辞书出版社，1988 年。

姚孝遂主编，肖丁副主编：《殷墟甲骨刻辞摹释总集》，北京：中华书局，1988 年。

姚孝遂主编，肖丁副主编：《殷墟甲骨刻辞类纂》，北京：中华书局，1998 年。（简称《类纂》）

于省吾主编，姚孝遂按语编撰：《甲骨文字诂林》，北京：中华书局，1999 年。（简称《甲林》）

臧励龢等编：《中国古今地名大辞典》，台北：台湾商务印书馆，1993 年。

张光裕主编，袁国华合编：《包山楚简文字编》，台北：艺文印书馆，1992 年。

张光裕主编，袁国华合编：《郭店楚简文字编》，台北：艺文印书馆，1999 年。

张新俊、张胜波：《新蔡葛陵楚简文字编》，成都：巴蜀书社，2008 年。

"中研院"历史语言研究所、台湾大学中国文学系：《小学堂》网络版。

"中研院"历史语言研究所金文工作室：《殷周金文暨青铜器资料库》网络版。

Starostin S.（project leader）. Database query to Chinese characters. *The Tower of Babel.*

Starostin S.（project leader）. The Etymology database of Sino-Caucasian macrofamily. *The Tower of*
　　Babel.

Spirits of Heaven and Ways of Heaven & Earth: Shamanistic Beliefs and Origins of Chinese Traditional Thoughts

by Olga Gorodetskaya

Summary

Chinese traditional thought has roots in the debates of Hundred Schools of Thought in the Warring States period. However, the philosophical background to the Warring States period could be traced back to the Three Dynasties (Xia, Shang and Zhou) epoch and to even earlier concepts of Heaven and Earth and life. This background originated in diverse early Chinese shamanistic cultural beliefs. The "shamanistic culture"（巫觋文化, Wu-xi wenhua）is also named "shamanism"（萨满教）. The French sinologist Édouard Chavannes suggested that the etymological origin of the word "shaman" was the name of the legendary shaman of the Qin Dynasty: Xianmen（羡门, or Xianmen Gao 羡门高）. In the Han Dynasty, it became a moniker for a super shaman who could be a bridge between the heaven and earth. As such, the definition of "shamanism" is derived from the Chinese shamanistic (Wu-xi) culture. Far earlier than the philosophers of the Warring States period "philosophized" ancient beliefs, their ancestors had already possessed understanding of Heaven and Earth. Their use of mystical terminology and imagery to describe this understanding, should not imply that

Ancient Chinese people could not comprehend nature. In fact, it is through these systems of images that they understood it. That people of the Warring States period explored nature of the universe through philosophical debates is not necessarily the evidence of their better understanding of it, but only of the transformation of their predecessor's "language of shapes" into their own "language of thought".

The objective of this book is to reveal the spiritual culture of Bronze Age China. The foundations of this research include the author's exploration of the diverse history of Bronze Age China, and the author's understanding of societies, cultures, nations and civilizations of different areas. Before writing this book, the author has studied a variety of challenging questions of history, some of them related to author's latest research findings. China's earliest Chu (楚) civilization in the middle reaches of Yangtze River and its historical development is one of them. Since 5,000BP, the people in the middle reaches of Yangtze River mastered bronze technology through a long period of exploration, and generated belief and worship towards the mysterious smelting process. Technological development of hard pottery and proto-porcelain and their effects on their spiritual culture, the transformation of Chu civilization between the periods of Xia and Shang (夏商); the belief system formed in Shang (also named 楚商 Chu-Shang, 汤商 Tang-Shang and Early Shang) and represented by the city of Panlongcheng (盘龙城), its internal meanings, diversified trajectories and related rituals, as well as special mysterious functions of particular ritual objects. In addition, the author has also researched belief systems of other ethnic groups and nations in the Chu-Shang period, their trajectories and internal meanings, including, for example, Wu-cheng (吴城) and San-xing-dui (三星堆) etc., as well as cultures of southern nations. At the same time, author covers cultural traditions of the reaches of Liao River (辽河) and Wei River (渭河) and the steppe area, interactions between Chu-Shang civilization and other civilizations, formation of the "imperial religion" in the multiethnic empire in the Yin-Shang (殷商) period, the cultural continuities between the two Shang states, evolution of Shang civilization belief during Zhou (周) and later periods, and the process of philosophization of indigenous beliefs, as opposed to the rise of popular superstitions.

This book is the result of the author's long-time research. In the beginning, the author focused on investigating the Han Dynasty material. After thorough research she was able to trace it further back in time, through the Bronze Age to cultures of even earlier time. She gained understanding of the cultural phenomena of the Warring States period, Qin and Han Dynasties, and of the manner in which the Shang civilization had played its important role in the historical process. A large kingdom with its own belief system had been built in the early Shang period, and this kingdom had influenced cultures of the entire Yangtze River basin and the Central Plain area between the Yangtze River and the Yellow River, as well as distant areas in Northern China. On this foundation, Yin Shang further consolidated beliefs of different ethnic groups and formed a religion of a large ancient empire. Thus, the Shang civilization was on the one hand the terminus of the diverse beliefs of earlier periods, and on the other hand the beginning of a new tradition.

The Shang civilization had a complete cosmology: The Heavenly Emperor (上帝, Shangdi) was at the center of Heaven and was supported by ancestors of the Shang kings; the four phoenixes (四凤) in the four directions (四方) of Heaven were responsible for the harmony between center and four directions; the dragon in Heaven was responsible for rain and realized the connection between the Above (上) and the Below (下) by a swallow-and-expectoration action; the turtle in the water could sense the will of Heaven and participate in the connection of the Above and the Below; the rain fell from Heaven as different spirits, and the sun rose from Earth to Heaven — these two processes together established the connection among the Above, the Below, the Spirits and the Light (上下神明). On Earth, there was the king at the center who was responsible for the connection between center and four directions. All they collectively worshiped Heaven, while at the same time the human king, located at the very center of the Earth, could connect to Heavenly Emperor at the very center of Heaven.

In the past, this belief had its own representation method that was different from the ones we use today. Ancient Chinese used a language of shapes, which did not describe in words, but used such categories as mythical creatures, mystical symbols, rituals and colors. Thus, observing ritual objects and interpreting oracle bone scripts are both ways to decrypt cultures of the past. As every culture has a systemic nature, the ideas represented with different "languages" are, in fact, consistent.

This book is divided into two parts. In the first part the author analyzes ritual objects and classic texts to explore the mystical shapes of the early historical era. The main topics are the historical development of mythical creatures, Zu (祖, ancestor/ phallus), Di (帝, Heavenly Emperor), and Tian (天, Heaven), and the identity of a shaman and related rituals. In the second part she goes on to explore the more abstract objects of belief and its related concepts in the Shang period, such as the historical foundation and philosophization processes of the following concepts: Heaven and Earth (天地), four directions (方), five colors, Spirit and Light (神明), and some other concepts crucial for the study of Yi (易) and Taoist culture.

The first five chapters of the first part discuss the image of a dragon and demonstrate that the Chinese traditional dragon god worship originated from worship of insect larva by ancient agricultural societies. People in agricultural societies could often observe the transformation from larva crawling in the soil into insect flying in the air. In nature, only insects could transform themselves into bird-like creatures; only insects could "resurrect" themselves, then become airborne (the complete metamorphosis of an insect, the transformation from a pupa into an adult). The ancient people deified insects, and they became the origin of the image of a dragon and dragon worship. There are at least two regions in China from where insect worship could have originated: West Liaoning and the Yangtze-Yellow Rivers plain. The worship tradition of the former region had later merged into the wider Chinese cultural tradition, and the latter one had developed into the image of Kui Dragon (夔龙) with mouths at both ends, which subsequently became a major decorative style in the Chinese civilization.

The divine image of the Kui Dragon originated during the Neolithic period in the middle and lower reaches of Yangtze River basin in Early Bronze Age, at the time of the Shijiahe Culture (石家河文化) and the rise of Panlongcheng (盘龙城). In the course of the development of the China Bronze Age cultures — which went through the following staged: first, the early period of the Post-Shijiahe (后石家河) civilization

（三苗朝代 Sanmiao dynasty）, also known from the legends as the period of the "Great Flood"; second, the so-called period of the "Flood Control", that is, the latter part of the Post-Shijiahe civilization（夏王国 Xia Kingdom）; third, the rise of the Panlongcheng civilization（汤商 Tang Shang）— the economic, politic, cultural and social aspects have all been renewed. A new civilization had emerged and Kui Dragon worship became the foundation and core of this civilization's beliefs. In the diverse spiritual and cultural environment of Shang-Zhou period, the double mouths dragon belief had a prestige, and produced dominant and multi-cultural effects. Because of this, from Panlongcheng Period I, which still belonged to the Xia era, to the Eastern Zhou Period, nearly all designs of ritual objects were based on the double mouths dragon motif, even designs of other kind of divine mythical creatures carried Kui Dragon pattern on them. This seems to be in agreement with what the Chinese classic texts have implied — that insect（虫）is a part of all living things.

As "imperial religious art" flourished during the Yin Shang period, a variety of two intertwined dragons patterns（including different type of Taotie［饕餮］motif）were derived from the double-mouth Kui dragon motif. In all designs, the dragon's mouths at both ends were open, and those mouths were all in pairs. During the course of historical development, the design of Kui dragon and Taotie motifs had many variations and absorbed features of other mythical creatures, but the key elements of "pairs" and "mouths" were always retained. It was because the concept of "pairs" was fundamentally about death and birth; the "months" were the entrance and exit of death and birth; the major power of the double-mouthed Kui dragon, or Taotie, was to manage death and birth by swallowing-and-expectoration. The dragon expectorated rain from Heaven and nurtured all the living things; at the same time, he swallowed and killed them in order to return them to their origin in Heaven. This double-mouthed-dragon mystical symbol did not only become the motif of the "religious art" in the Shang-Zhou period, but also the prototype of the Chinese character *shen*（神, spirit）. Thus, following the name used by ancient people, it is reasonable to call all the double-mouthed Kui dragons and its variations "Spirit pattern". Since the only image of the Spirit at that time was double-mouthed dragon, or Kui dragon, only it could correspond to the concept of the Spirit of the ancient.

Analysis of the oracle bone script supports and supplements the content of belief in the "Spirit" of Shang civilization. The important ability of the Spirit was the "descending of the Spirit" (expectoration of rain) in order to complete the connection of Heaven and Earth, the connection of the Above and the Below, and the fertility of all things. However, the connection between the Above and the Below could not be completed without "ascending". The "descending of the Spirit" from the Above to the Below meant blessing to birth, while the "ascending of Spirit" from the Below to the Above meant resurrection. The dragon was responsible for the cycle of death and birth of all things, and was able to deify people, turning them into "sacred parents" (神人). The kings of Shang were the descendants of their ancestor, and "sacred offspring" (神子) given birth by the mother goddess in the image of the dragon. Thus, kings possessed superior power and protection from the dragon.

In the last two thousand years, double-mouthed dragon motif was used on various precious ritual and burial objects. Since the period of Yin-Shang, images of mythical creatures had developed from relatively simple forms to forms rich in variety, such as different kinds of animals in the air, on the ground, at the waterside and in the water, and all of them have appeared on ritual objects. It is obvious that Chinese culture was very diverse, and included many unique belief perspectives from different places. However, all these diversities are but streams and rivers of one vast water system. At the beginning of the system formation, the royal family of Yin-Shang played an important role. They were a diversified group without a solid belief system, hence in a very favorable position to build an empire across different cultural regions. They could accept all kinds of beliefs and merge them into their belief system. For this reason, although there were many different states, cities and ethnic groups, a common spiritual culture was established among the upper class in a large geographical region. The mainstream culture of dragon worship, did not only influence many local traditions, but also absorbed worship traditions of different mythical creatures of other ethnic groups. In their greatest imagination, they created a variety of images, which were later adopted by the Western Zhou Kingdom and various other kingdoms.

In this belief system, dragon always retained its special position: dragon is a multi-ethnic communicator between Heaven and Earth, and the manager of death and birth. Thus, kings of different periods and different groups were connected to the image of dragon; but it was not a totem of any particular group of people. The author presumes that there is a mistaken tendency in the discussion of Chinese dragon belief to perceive dragon as a totem. In some Neolithic cultures of China, Dragon-Spirit beliefs may include elements related to ancestry. The latest example of such could be the Hongshan Culture (红山文化) in the far northeast, where some communities still self-identified as descendants of the dragon-god. However, in Shang civilization and Chinese civilization, the image of dragon did not have any totemic meaning. In myths, available to us, both beliefs of life creation — by dragon and by phoenix — existed, but there is a key dissimilarity between them: the former expressed an universal belief about birth and death, ascension, and rebirth, which is not exclusive for any specific group of people; the latter, on the other hand, is related to a more solid concept of clan's fertility. Because the Kui belief was not related to the concept of totem, no group of people used the character "Shen" (神) as a clan emblem. However, images of other mythical creatures, such as phoenix, cow, pig, tiger, fish and toad, were in some degree related to the concept of mystical ancestry. This proves that the Kui dragon had a special position in the belief system of Shang culture that should not be regarded the same as other mythical creatures. Nowadays, the dragon is generally considered the totem of the Chinese people, but in fact, this is a misinterpretation of the original meaning of the dragon.

It should be noted here that in the Shang and Zhou scripts, apart from the character "神", which was based on the image of the double-jawed Kui dragon, there was also the single-headed character "龍", which was limited in its usage as the emblem of a noble member of the Shang royal family. Therefore, pictogram behind the character "龍" did indeed have a totemic meaning. However, in the pre-Qin era, it was not the single-headed dragon but the double-jawed Kui dragon that was the common object of worship depicted on ceremonial vessels. The dragon of the Chinese civilization was not the dragon-like ancestor of a certain Shang noble, but the double-jawed Kui dragon worshiped by everyone everywhere, or what the author calls the "Spirits dragon". This was not only the pictogram behind the character "神" but also the origin of the concept of "Spirit".

A hierarchy existed among the mythical creatures of the Shang civilization, in which Kui had a supreme position, and this was a generally accepted concept of that period. Mythical creatures who ranked the closest to Kui were phoenix and tiger, but this ranking varied among different groups of people. Moreover, the use of other animals as worship objects was far more limited, most of them merely having supporting roles. The worship of birds was perhaps the earliest one, and it was highly diversified. Many different ethnic groups considered birds as their first ancestor and made images of them as their clan emblems. Some of them used birds to symbolize astronomical phenomena, imagining different kinds of mythical birds as stars, the sun and the moon. Therefore, it was very common to use different images of birds, and the image of a phoenix was not clearly distinguished from other birds. For the image of a tiger, the range of use could be clearly identified. It was directly related to expression of authority, usually used as a special worship object and guardian deity of the royal family, or as a symbol of the ruler's military power.

The tradition of tiger worship has double origin in China: south of the Yangtze River and Northeast China. There were common features between these two traditions. The early Chinese believed in communication with Heaven through mythical creatures, and the image of tiger was related to the concept of authority and power. To some degree, the tiger represented the very existence of kingship; this implies that the tradition of tiger worship was formed in a later period. Tiger, as a mythical creature, marked the rise of states. Roughly corresponding to the proto-state culture, the worship of tiger as a great authority can be found in the Daba Mountains area between 6,000 and 5,500 years ago. Over time, the tiger worship morphed into something akin to the totem of the royal family. In the Yin-Shang empire, the tiger was viewed as a mythical creature that protected the royal family and the empire. Later, tiger worship traditions of different origins influenced and merged with one another. Since this process involved the upper class and the sacred belief of kingship, it eventually led to the formation of an "empire of the sacred tiger" in the period of Yin Shang.

The ruling ethnic group of early Shang did not assume tiger as their first ancestor in their belief system. However, the vast states network in the south, such as Hufang（虎方）and Lufang（盧方）, were ruled by an ethnic group that worshiped tiger. In the late Shang period, the Yin Shang royal family also belonged to the group that worshiped a tiger. The tiger worship of the Yin Shang was also related to the concept of the four directions. A tiger was viewed as a mythical creature that protected boundaries. For the worship of birds, it included a variety of birds and different ethnic groups; the ruling group of early Shang was also included. In other words, as the Yin Shang royal family was a diversified group, they could not have a definite totem, but used tiger as their guardian deity. On the other hand, the royal family of early Shang could use Mysterious Bird（玄鸟, Xuanniao）as their totem.

By comparing the Chinese characters of Mysterious Bird and Heaven Phoenix（天凤, Tianfeng）, we could see that they have the same meaning. The Chinese character "Xuan"（玄）symbolizes Heaven. Therefore, Mysterious Bird is equal to Heaven Phoenix. At the same time, the character "Niao"（鳥, bird）and "Feng"（鳳, phoenix）were interchangeable in oracle bone scripts. Thus, the Mysterious Bird and Heaven Phoenix were synonymous. Ritual objects with eagle images appeared in the Shijiahe period and the early stage of the Post-Shijiahe period. This kind of ritual objects was common during early Shang period, and many of them had an eagle-resting-on-a-platform design. Moreover, phoenix designs on bronze and jade objects of Shang often look like raptors. These clues imply that the mysterious bird and Heaven phoenix in myths originated from an eagle; eagle was the earliest image of Heaven phoenix. The belief in the mysterious bird does not seem to match the tiger belief of Yin Shang royal family. Nonetheless, it could represent Tang Shang（汤商, Chu Shang, Early Shang）of pre-Chu cultural（先楚文化）tradition in the middle reaches of Yangtze River basin. From the myth of the Shang birth by the Heavenly Bird, we can see the belief of the Shang kings in the spawned by the dragon and the phoenix. The oracle bone inscriptions of the characters "Feng"（鳳, phoenix）and "Long"（龍, single-headed dragon）, which are written with the semantic element "Xin"（辛）, just like the character

"Shang", are the two characters expressing this belief. The oracle bone script and the ritual objects of early Shang period show that the nobility recognized the eagle as their first ancestor. At the same time, worship of other aquatic birds, such as cranes and spoonbills, also existed. In addition, there were different ethnic groups who assumed various kinds of birds as their first ancestors and made them their totems or clan emblems.

People in the Shang period also believed that the Heaven was filled with creatures in the form of dragons and birds. Among them, the dragon and Heaven phoenix were the most important. They were worshiped by the Shang people and they possessed a range of abilities, such as the ability to call wind, rain, thunder, lightning and rainbow, to manage the relationships of the Above and the Below and between the center and the four direction; to maintain the cycle of life by giving fertility to the land from the Heaven, and swallowing the living things. Furthermore, they were subtly related to astrology and shamanistic culture.

There were images of Azure Dragon（青龙）, Vermilion Bird（朱雀）, White Tiger（白虎）, Black Tortoise（玄武）, the four palaces of ecliptic（黄道四宫）, four directions（四方）and the four seasons in Han Dynasty. Their formation time should not be earlier than the Spring and Autumn period; before that, all these concepts were presented by the images of four phoenixes. The worship of the four phoenixes was related to the importance of equinoxes and solstices, and agricultural seasons. Therefore, the four phoenixes were key deities people prayed to for a good harvest. In sum, the phoenix belief of the Shang period included the image of eagle as the bird of life, and the worship of astronomical and natural phenomena. Additionally, the Heaven phoenixes of the four directions were also the mythical birds responsible for the management of air movement and wind direction of Heaven.

In the beliefs of the Shang period, Spirit（神, Shen）and phoenix constructed the spatial concept of the Heaven, the Above-Below and the four directions respectively. Tiger was the guardian deity on the ground or in the mountains, protecting four directions and four boundaries. The notion of the unique center in the middle of four directions was an important part of this conception of space. In the beliefs of Shang civilization, in the mortal world, the "center" (中) of the two Shang Dynasties was deified as a "throne"; in the Heaven, besides all those mythical creatures, such as dragons and birds, there was the unique The Heavenly Emperor who always occupied the Center of the Heaven. Dragons and phoenixes were subordinate to Heavenly Emperor. Phoenixes and Spirits can be viewed as direction officers (方官) and masters of fate (司命) respectively, sent by and received orders from Heavenly Emperor. In this belief, almost all of the worshiped deities, including all natural deities and ancestors, were always represented in plural form; only Heavenly Emperor was the unique and superior deity.

The Heavenly Emperor belief of the Shang civilization must have originated from the worship of the North Celestial Pole, and the Chinese character "帝" (Di) vividly and adequately demonstrates its original meaning. It had not only depicted the situation of the sky around the North Celestial Pole of that time, but also preserved the method of finding the North Celestial Pole used by shamans of the time. These not only matched with the beliefs of Shang and Zhou periods, but they also indicate that those people took astronomical observations seriously. In addition, the shape and purpose of the Chinese character "帝" (Di) can be corresponded to the actual astronomical phenomena at the time of Shang.

In oracle bone scripts, it is very often to see using direction (方) ritual to worship Heavenly Emperor and using di-ritual (帝/禘) to worship directions, they were related due to the complementary relationship between Heavenly Emperor and the directions. The relationship of central Heavenly Emperor and four directions represented the key ideology tenet of Shang civilization. Although the Heaven was the Above and Earth was the Below, nothing was dictated by the Heaven; the complementary and harmonic nature of the relationship between Heaven and Earth was the most important concept; Similarly, the center was in a dominant position, but the the same kind of relationship between center and directions was important. Thus, not only the four directions paid respect to the central Heavenly Emperor, Heavenly Emperor also had the same attitude towards the four directions. Moreover, the relationship of Heavenly Emperor and the four directions was not limited to the representation of spatial relationship; it was also related to the movement of stars in the four palaces of the ecliptic and the cycling of seasons and time. On Earth, the king at the center also took these concepts and paid respect to neighboring states. In addition to worshipping Heavenly Emperor, people of the Shang civilization also worshipped the intangible Supreme Heaven（昊天）, and this worship of Supreme Heaven involved the "Heavenly Time" agricultural year cycle.

Besides being the principle of the universe, the power of Heavenly Emperor symbolized and represented the holy power of Shang king. Heavenly Emperor was at the center of Heaven, thus, the king at the center of Earth directly corresponded to Heavenly Emperor and even represented Heavenly Emperor. The king on Earth was supported, tested and punished by Heavenly Emperor. Moreover, the king was the center of Earth, the focus of Heavenly Emperor also linked to the spatial concept of the Center and Directions — to protect or destruction of the capital of the state, or to authorize the protection of the state boundary. The earthly king also takes on the image of the Heavenly Emperor visiting the four directions and respecting state boundaries.

In other words, the royal house of Shang had close relationship with Heavenly Emperor, the king at throne prayed for authorization and protection from Heavenly Emperor and his ascension to Heaven and rest next to Heavenly Emperor after death, which formed the Purple Forbidden Enclosure（紫宫/紫微垣/中宫）around Heavenly Emperor. However, the self-consciousness of Tang Shang nobility was not homogeneous, but included heterogeneous beliefs related to birth from the Heaven. Among those beliefs, the Mysterious Bird dropping egg was an image of first ancestor coming down to the Earth from the Heaven. At the same time, the belief in Fusang（扶桑）and the Ten Suns（十日）was another angle to describe the Tang Shang rulers who were a sacred group of people, but not a single clan. In the belief of the Tang Shang royal house, deceased kings imitated suns. After their death, they entered the mouth of dragon, were born again and ascended to Heaven.

The "Ten Suns" solar system adopted by the Shang kings has a long history, with origins in the Neolithic and the proto-state era in the middle reaches of the Yangtze River, and contains several clues. First, the worship of the solar calendar and the concept of the heroic ancestors of farming civilization; second, the belief and worship of the common ancestor of all emerging states during the Qujialing culture and the merging of several states into an alliance system; third, the development of silk spinning and the related sericulture industry. In this context, there appear for the first time in the Neolithic period ancestral ritual objects with calendar patterns to symbolize the original shamans who mastered the solar calendar and were regarded in a given culture as heroes who mastered transcendent wisdom and were the ancestors of the said culture. Later, in the Qujialing culture, "Sun-ancestor" idols appear on the state altar, combined of three parts: Ancestor, Sun, and Gnomon, symbolizing the rulers of emerging states, who regarded themselves as the descendants of the sun, directly succeeding the sun. The lower part of the Sun-ancestor idol sometimes appeared alone, and its shape was a pictogram of the character "Ancestor" (且), which was already present at that time.

However, more than one state emerged at that time, and the idol of the sun-ancestor was not unearthed on the altar of only one city-state. In the state religious system of the emerging alliance of states, the recognition of the ten nobles as descendants of the Ten Suns and the ideology of ten equal sun-brothers taking turns to be the main sun emerged. At the same time, because of the origin of spinning silk, the calendar ornament originally on the ancestral ritual vessel was adapted to the delicate spinning wheel, and the concept of the Ten Suns ancestors was connected to the silk-producing mulberry tree, giving rise to the belief in the Ten Suns of the sacred Fusang tree (Hibiscus rosa-sinensis). As the silkworm appeared to have a head and tail with two mouths, and became a pupa after eating mulberry leaves, sericulture once again influenced the development of the image of the two-mouthed Kui dragon-spirit. In addition, because of the combination with the sun and the solar lunar calendar, the round white cocoon was used as a metaphor for the sun image in the Fusang mythology. Therefore, jade silkworms were the most common ritual objects in the tombs of the nobility of the Post-Shijiahe culture.

The idols of the Sun-ancestors gradually fell out of use as the state expanded and became centralized, and there may have even been a time when the idea of abandoning the belief in the Ten Suns was advocated, thus giving rise to the story of Yi shooting down the Ten Suns. However, when Cheng Tang established the Shang kingdom, he restored the belief in the Ten Suns and established the royal temple rituals accordingly. As the Shang royal family worshipped the eagle Heavenly bird as their ancestor, and combined it with the image of the Ten Suns and the sacred Fusang tree, the image representation of the sun was changed from the original silkworm moth to the eagle (in the pre-Qin culture after the Shang, it was further transformed into the golden crow, that is, the three-legged crow).

In the context of ancestor worship, the "Light pattern" (明纹) can also be seen on the bronzes of Shang civilization, which also traces its roots to the calendar pattern in the middle reaches of the Yangtze River. There is another type of ritual vessel: the jade ancestor. Jade ancestor ritual objects also originated from the Shijiahe and Post-Shijiahe cultures in the Yangtze River valley, which were the predecessors of ancestor tablets of later periods. There was a tradition of writing ancestors' day names and temple numbers on king-level jade ancestors in the Shang era.

Since sun worship beliefs are related to ancestor worship and ancestors are a group-object of worship, the sun also becomes a group-object of worship. In this belief, the suns did not have superior power to rule because they were ten suns, ten equal brothers. This image of ten brothers, who acted as masters in turns, was more suitable to represent the coordinated system of an multi-state-alliance empire. Nonetheless, there was the unique Heavenly Emperor deity above the ten suns, this phenomenon makes it obvious that the idea of the alliance of multiple states coexisted with the idea of the supreme power of an empire. For that reason in the Shang civilization's The former kings worship, the former kings ascended to heaven riding the sun and met with Heavenly Emperor in the middle of the sky. The coexistence of the ten suns and Heavenly Emperor beliefs may have reflected this development tendency of the political situation.

In all images of Shang civilization there were also images of human and human face, besides those mythical creatures. The author believes that the picturing of mythical creatures swallowing human head reflected the concept of shaman sacrifice. It was used to depict the sending of the shaman to Spirits in Heaven in exchange for protection for the group. The shaman acted as the communicator between humans and Spirits. Thus, this kind of imagery could be titled as the image of shaman ascension and rebirth.

In the Shang period, ritual sacrifice of a shaman was committed by decapitation; therefore, in the images a mythical creature always swallowed the shaman starting from his or her head, or just the shaman's head was placed between the teeth of the mythical creature. This type of imagery was related to the decapitation ritual during a sacrifice, and it represented a cultural concept from the same system. It is possible that the key idea was that the ancient people believed that the head was the "Heaven" of human, and only the head had the power to ascend to Heaven. The meaning of this concept may be similar to the belief of people of the Warring States period, Qin and Han Dynasties that the soul of the deceased would be separated in two parts, the Hun (魂, cloud-soul) will ascend to Heaven and the Po (魄, white-soul) will descend to Earth.

The beliefs of Shang civilization contained different types of images: mythical creatures, astronomical phenomena, time, space and life. These images had formed a large system by the connections with the Above-Below and Center-Directions. The swallowing-and-expectoration action of dragon, tiger eating people and the cycling of ten suns from Fusang all represented the same topics: the life cycle and the ideal ascension and rebirth. The ten suns in "the nature" and the shaman on Earth were the communicators between the Heaven and the Earth. This set of beliefs was formed in the Tang Shang civilization of middle reach of Yangtze River basin. The diverse elements of this belief had already existed by this time, and they included the ideals of a flatland agricultural society and mountain hunter-warrior groups of Yangtze River basin. Based on this diversity, among the other elements the belief of Tang Shang nobility was emphasized. When we try to understand the ancient people, we need to adjust continuously our usual way of thinking. Mythologized and mysterious ways of thinking allows different phenomena and explanations to merge without any conflict. There were different layers in the minds of ancient people. They could view themselves as descendants of an anthropomorphic ancestor, an eagle, or ten suns; or as sacred parents (神人) being born again by the dragon etc., without any conflict among all those mythologized and mysterious concepts. In their understanding, all these phenomena, including their life, had different angles of observation and understanding. For that reason, whether they were born by human, eagle, or tiger; or expectorated by a dragon; or by the riding sun

（乘日自生）, all of these versions were accurate and did not conflict; moreover, they all constituted a complete belief system. This concept is a common characteristic of early civilization. Moreover, this concept also agrees with the way of thinking of people in many early civilizations throughout the world. It was because of this way of thinking that ideas such as the idolized dragon and tortoise, and the abstract and non-idolizable descending of Spirit（神降）and ascending of Light（明升）, could both exist simultaneously and without conflict. It was not until the Warring States period that these two sets of concepts started to conflict. Meanings of the former set of concept gradually gravitated towards mystical beliefs; while the later ones became topics of philosophical discussions.

In the second part of the book, a number of abstract concepts is discussed. Firstly, it is shown that all philosophical topics discussed during the Warring States period actually had their roots in the earlier historical beliefs discussed above. Secondly, it is shown that the abstract concepts and the worship of idols had no conflict in those beliefs. Both of them were representations of the same cultural tradition.

There were many images and idols in early historical beliefs, most of them contained shapes of mythical creatures and combined many designs. At the same time, however, a set of concept about the formless or the image without form was established. Thinking through shape was common in early historical era, and it did not reject the way of thinking through ideas. These two ways of thinking complemented one another. Therefore, on one hand, Shang civilization created a lot of designs with the dragon image in order to illustrate the existence of Spirits; on the other hand, it used the abstract "Spirit pattern"（神纹）, marked the image of dragon on ritual objects by inscribing the Chinese character "Shen"（神, Spirit）, in order to show their sacredness. All of them were ways to represent the Spirits. Moreover, they created images of dragon and tortoise in order to represent the concepts of harmony between descending of the Above and ascending of the Below; at the same time, they used the abstract "Light pattern"（明纹）by inscribing the Chinese character "Jiong"（囧）（日/明, sun/light）on the top of ritual objects, in order to make their worship reach the Heaven. They also created the abstract "Spirit-Light pattern"（神明纹）to represent the goal of reaching the Heaven and harmony of the Heavenly favors; and emphasized the harmony of the Heaven and the Earth. In addition, they used rituals to represent the complementary goals of the Spirit and the Light. From the time arrangement of rituals to the color or type of the sacrifices they made, all of them were representing the focus of their beliefs with different kind of symbolic language.

In this language, there were images and designs, inscribed symbols, writing characters, ritual objects and colors of sacrifice, the timing of rituals, the methods of rituals, and other related things that are difficult to identify presently. From the divination inscriptions, we can see that Shang kings always asked ancestral kings for their support in different issues. At the same time, they would pray to the abstract "Below" and "Above" (下上) in order to seek guidance from those nameless objects. All those prayers did not conflict with other rituals, but reveal a multidimensional concept; and they constructed a consistent ritual and belief system with variations within it.

We should understand cosmology and law of creation in early historical beliefs and pre-Qin thought as a continuous tradition. The features of their concepts could be mostly understood and represented by the ideas of "Spirit and Light" (神明) of that time. In pre-Qin concepts, "Spirit and Light" was a compound word formed by two opposing areas in order to represent the harmony of Heaven and Earth, and the media between them. The area covered by "Spirit" came from the light of stars and the falling of rain of Heaven; the area covered by "Light" came from the light shape of sun, moon and fire of Earth; the fertility of everything would only be possible when Spirit and Light complemented and supported each other. There would be no vitality, if Heaven and Earth were not in harmony. Thus, the concept of "Spirit and Light" was a reflection of the ancient concept of "vitality" (生机). The vitality of everything was based on and decided by Spirit and Light. However, we could not consider Spirit and Light as supreme deities based on this. The combination of "Spirit and Light" represented the condition of "complementation of virtues" of the Heaven and Earth, only when this condition is satisfied would there be vitality for everything.

In early historical beliefs, fate did not depended on the Heaven or Earth, but strove for harmony of Heaven and Earth, to conform to their essence, and to match the "virtues of Spirit and Light" （神明之德） of the Heaven and Earth. The pre-Qin cosmology was, in fact, based on the concept of Spirit and Light. In addition, the ancients believed that life and society were all learn from nature. Thus, no matter whether it was nature, life or society, "Spirit" and "Light" must not be absent. The concept of Spirit and Light expanded from a natural aspect to a social aspect, and became the concept of Spirit and Light, in the set of etiquette rules （礼制） and the way of filial piety （孝道）. The beginning of this concept could be seen in the ritual of the Shang-Zhou. Since the Western Zhou period, the set of etiquette rules for "Spirit and Light" concept was learned from the natural "Spirit and Light" concept. The goal was to make society learn from the Heaven and Earth, in order to maintain the same vitality as the Heaven and Earth. The concept of Spirit and Light in the set of etiquette emphasized the matching of virtue of Spirit and Light of Heaven and Earth in order to achieve prosperity of the family; and expand this concept to trans-blood relationship societies and states. From the Warring States period to the Study of rites （礼学） during Han Dynasty, learning from the Heaven and Earth in Western Zhou period set of etiquette rules was still in practice, striving for communication between Heaven and Earth, and for regulation and stability of the state.

People of Shang-Zhou period used a different type of ritual to present their concept of Spirit and Light; to achieve harmony of Heaven and Earth, and to communicate with Heaven and Spirit, in order to receive blessing from Heaven. For example, they added the color white （白） between the color blue/green （幽, You） and yellow （黄） which represented Heaven and Earth respectively, to represent that the product of Earth had the ability to ascend to Heaven and also acted as the medium — Light （明） — between Earth and Heaven. It explains the fact that ancient people used sacrifices with white fur and blue/green furs to pray for successful ascending, such as the ascending to Heaven of the deceased （therefore white is usually related to death） or to allow their worship reaching Heaven; or used sacrifices with white and yellow furs to represent ascending of white sun from yellow Earth to Heaven or the deceased ascending to Heaven by riding sun. Since the Han Dynasty, "yellow-white"（黄白） was specialized in referring to ascending to Heaven, as the philosophical concept of "Spirit and Light" quickly went beyond the original concepts of descending of Spirit from Heaven and ascending of Light from Earth, and generated many philosophical theories. The set of etiquette rules, Spirit and Light concept, was further developed in Confucian study of rites, while the natural Spirit and Light concept was discussed by the study of Yi (易学) and Taoist thinkers. The discussions among philosophers of the early to middle Warring States period were closer to the original idea of Spirit and Light concept. However, when the concept became more abstract in the late Warring States period, the content of Spirit and Light concept expanded beyond its original meanings. (However, in Han Dynasty, the Hundred Schools of Thought declined, and the original meaning of "Spirit and Light" of the early historical beliefs was forgotten.)

Beside the belief which represented relationships between Heaven and Earth and fitted with early thought of the Book of Changes (Zhouyi, 周易) there was "Tao" (道) belief in the Shang civilization. This "Tao" had been used to describe "instruction" or "guide" (導) from unidentified source, that is, a supreme instruction, which could lead the Shang kings to make correct decisions in order to prevent disasters. Every time before traveling, Shang kings would pray for the direction from this "guide" (導). Laozi (老子) suggested the possession of "Tao", which might have originated from ancient people praying for "instructions from Above" (上導). The differences were that, in Shang belief, they did not mention the content of "Tao" and never investigated the source of "guide and Tao" (導道). Since Laozi, belief of "guide from Above" was philosophized. Philosophers became enthusiastic in arguing the meaning, source and truth of "Tao". In this argument, a lot of different opinions have been presented by Taoists, in the text of Guodian Laozi (郭店老子) of the middle Warring States period, "Tao" had been viewed as "Hun" (昏) among everything of Heaven and Earth, which was the principle of interrelation (相合规律). Since then, the concepts of "Tao" and "Heaven and Earth; Spirit and Light" had combined into a common tradition.

In fact, by careful analysis, we could see that since Shang civilization, the focus of beliefs was in balance and matching. Shang civilization was not a civilization that worshiped only one unique Heavenly Emperor, every divine power had to be matched with another power. This included the unique Heavenly Emperor, who had to worship the four Directions; the power of unique "Center" was not ultimate and dominant, it only worked with the "Directions" to obtain its importance. The Heaven was enormous, but did not have decision power relating to life, only the matching of the Heaven and Earth was important. Moreover, if the power of the Heaven was too strong, it would need a lot of praying in order to control the power of Heaven and to increase the power of Earth by mysterious method; the harmony and matching of Heaven and Earth was the only way to success for everything. This condition of equilibrium and matching did not mean a static equilibrium, but a dynamic process resulting in equilibrium. This was the cycle of death and birth, decline and rise. This kind of belief could be seen in many different rituals.

For example, the typical prayer wording — xiashang ruo, shouwo you（下上若, 授我祐; literally: Below Above promise, give me blessing) — had appeared many times in Yinxu oracle bone scripts, asking for the blessing from Above and Below. However, the intentions of Shang kings praying for "xiashang ruo"（下上若; the Below Above promise) were not to include every deity of Above and Below, but to pray for the harmony of the Above and Below; in order to assure the success of the kings' businesses by the blessing of Above and Below. Moreover, in oracle bones scripts, "hu shen ji yu ming"（呼神耤于明; literally: call Spirit cultivate at Light) was a representation of the reliability and supportiveness of Spirit descending and Light ascending. The place where this ritual was hold was called "Light"（明), corresponding to "Spirit"（神) called in the script. In those mysterious divination records, many details were not simply coincidental and meaningless. Therefore, we could deduce that here "Light" was referring to some kind of spatial concept, at the same time, referring to the time of dawn. The ancient people borrowed the rising power of the sun to connect and to bring their prayers to Heaven; as they also believed that Heaven Spirit and Earth Light had to be mutually supportive in order to have "vitality", thus this ritual also ensured good harvest. In the oracle bone scripts, there were records of sacrifices in different colors, in which, the color blue/green（幽, You) and the color yellow were paired. This showed that the Yin people used sacrifices in blue/green and yellow colors to represent the matching powers of Heaven and Earth, and strive for the balancing and matching status of Heaven and Earth. In the section Kun (坤) of I (易, also known as I Ching), "long zhan yu ye, qi xie xuanhuang," (龙战于野, 其血玄黄; literally: dragon fight at the field, its blood is blue/green and yellow) had vividly presented the matching of Heaven and Earth. And the Yin Shang used sacrifices in the color of blue/green (幽) and yellow (黄) to demonstrate this idea.

From those rituals, we can see that "matching" was the ideal condition of Shang civilization's belief. At the same time, the "harmony" (和) generated between two extremes was the key of Chinese traditional culture. Although there has been a number of centralized empires since the Yin Shang, these diversified Chinese civilizations have never given up the conceptual foundation of the early historical civilization, which are the concepts of "harmony" (和) and balance. Even though the supreme position of rulers has always been emphasized in those empires, the ideal condition of "complementary of virtue" (合德) between ruler and officials was always viewed as key in social throught.

The Above only existed with the existence of the Below. If the Below is undervalued, the Above would have no value; vitality would not exist when the Above and Below do not match. The Center only existed with the existence of the four Directions, the value of Center is confirmed by the value of four Directions; each of them had their own power and responsibilities, only the matching of Center and Directions would assure a stable space. Father only existed with the existence of son, only through valuing the position of the son could one value the position of the father; each of them had their responsibility. The Ruler only existed with the existence of officials and people, only valuing the officials and people could value the position of the ruler; each of them had their responsibility, the stability of the state relied on the complementation of the virtue of ruler and officials. This is a complete concept that had its origin in nature and was conveyed to the society. It had its roots in the pre-Shang period. Therefore, it is an ancient and profound concept, which has never been defeated. And because of this consciousness, totalitarian governments, such as Qin and Xin Dynasties, did not last long. Of course, the Emperor Wu of Han was no less dictatorial than the Qin rulers, but he had combined his dictatorship with peace between the Above and Below and applied many indirect political manipulations. This is what the cultural foundation required — direct extreme acts would never succeed, the golden mean（中庸）must be achieved between the Above and Below.

The relatively complete data could be seen from the Yin Shang period, but we should not assume that the matching of Above and Below concept originated from Yin Shang. Yin Shang was only the earliest regime which tried to build an empire in China and emphasized the unification concept. Thus, the creator of the concepts of balance between the Above and Below, and matching would not be Yin Shang; but the early historical civilization of pre-Shang or early Shang periods in the middle reach of Yangtze River basin. This foundation left its traces in rites, starting from the Warring States period; this became the key discussing point for the Hundred Schools of Thought.

In the Chinese traditional thoughts, the traditions of Yi and Tao seem to be the longest two, originating from the spiritual culture of pre-Shang period. Both of them are discussed in the Part II. For the early Confucianism and the School of Legalism（法家）, since they focused on social problems, they are more suitable for discussing the social background of that time. However, both of them still have some concepts originated from earlier historical eras.

Shamanistic belief not only developed intellectually, but also acquired a superstitious aspect. Ancient shamans were small groups of people who had the ability to observe natural phenomena and cosmological signs, to design calendar and rituals, to calculate and conduct divinations, and to answer concerns of the society. Those who did not have abundant knowledge and experience of nature would not have been able to take up the responsibilities of a shaman. All these experiences were secretly transmitted from generation to generation. However, as the society developed, more and more people outside the shamanic circle could possess this kind of knowledge. Some of them started to rethink that knowledge and seek causal relationships. Those people were later identified as "scholars". Scholars took a step forward and turned the knowledge of shamans into systems of thought; at the same time, they turned beliefs into "philosophy". Outside of these systems of thought, another group of people turned the knowledge of shamans into "folk customs" and spread it. They may not have understand the original concepts or the reasons for those rituals, rules and taboos, but they imitated the practices of ancient shamans and formed a simplified and unadorned version of these earliest historical beliefs. This "version" would be viewed as superstitious in a society that had already philosophized its original concepts. However, when we conduct research seeking for the origins of shamanistic cultures, we shall not view the early historical beliefs as superstitious. Our duty is to build up a correct understanding: in those early historical societies, activities of shamans were, in fact, means for the mortals to understand the noble spirits of the universe and of life.